資料索引

○管理栄養士学校指定規則……一五九七
○技術士法……一三七八
○技術士法施行令……一三八五
○技術士法施行規則……一三八六
○教育基本法……四〇
○教育公務員特例法……六八六
○教育公務員特例法施行令……六九一
○教育職員免許法……二二七
○教育職員免許法施行令……二四七
○教育職員免許法施行規則……二四七
○教員資格認定試験規程……三七六
○教員養成評価機構の認証評価基準
・教職大学院評価基準……六二八
・学校教育系専門職大学院評価基準……六四八
○行政機関が行う政策の評価に関する法律……九〇六
○行政機関が行う政策の評価に関する法律施行令……九〇九
関の保有する個人情報の保護に関する
……八五一
関の保有する個人情報の保護に関する
令……八六〇
関の保有する情報の公開に関する法律……八七五
関の保有する情報の公開に関する法律
……八八〇
難な学校法人への対応方針について」
分析の実施と学生に対するセーフティ
ネットの考え方―……六二
○研究開発等に係る遺伝子組換え生物等の第二種使用等に当たって執るべき拡散防止措置等を定める省令……一二三六
○研究開発等に係る遺伝子組換え生物等の第二種使用等に当たって執るべき拡散防止措置等を定める省令の規定に基づき認定宿主ベクター系等を定める件……一二三四
○研究活動の不正行為への対応に関する科学研究費補助金における運用方針……八二七
○原子力基本法……一〇三〇
○構造改革特別区域法……九一〇
○構造改革特別区域法施行令……九一六
○構造改革特別区域法施行規則……九二七
○高等学校卒業程度認定試験規則……三二一
○高等学校に文部科学大臣が定める年数以上在学した者に準ずる者を指定する件……三一六
○高等専門学校設置基準……二七〇
○高等専門学校設置基準第二十条第一項の規定により、高等専門学校が単位の修得を認定することのできる学修を定める件……二七四
○高等専門学校設置基準第十七条の二第一項の規定に基づき、高等専門学校が履修させることができる授業について定める件……二七五
○高等専門学校設置基準第十七条の二第三項の規定に基づき、高等専門学校が授業の一部を校舎及び附属施設以外の場所で行う場合について定める件……二七六
○高等専門学校設置基準第二十九条の規定に基づき、新たに高等専門学校等を設置する場合の教員組織、校舎等の施設及び設備の段階的な整備について定める件……二七六
○公立学校施設災害復旧費国庫負担法……八三三
○公立の大学における外国人教員の任用等に関する特別措置法……七〇八
○国費外国人留学生制度実施要項……四四〇
○国費外国人留学生取扱要項……四四二
○国費外国人留学生等渡日旅費および帰国旅費支給要項……四四三
○国費外国人留学生研究旅費支給要項……四四四
○国費外国人留学生給与等支給事務取扱要項……四四五
○国費外国人留学生の成績管理及び学業成績不良者等の取扱いについて……四四六
○国立大学等の授業料その他の費用に関する省令……一四九
○国立大学法人法……九〇
○国立大学法人法施行令……一〇七
○国立大学法人法施行規則……一二六
○「国立大学法人会計基準」及び「国立大学法人会計基準注解」報告書……一二〇
○国立大学法人評価委員会令……一六九
○個人情報の保護に関する法律……八四二

○個人情報の保護に関する法律施行令……八四九
○国家行政組織法……一二四六
○国家賠償法……一二七六
○雇用の分野における男女の均等な機会及び待遇の確保等に関する法律……七六五

【さ行】

○産業技術力強化法……九八一
○産業技術力強化法施行令……九八六
○視学委員規程……二一九
○出入国管理及び難民認定法……三九九
○生涯学習の振興のための施策の推進体制等の整備に関する法律……九三二
○生涯学習の振興のための施策の推進体制等の整備に関する法律施行令……九三四
○私立学校振興助成法……八〇二
○私立学校振興助成法施行令……八〇五
○私立学校法……四二
○私立学校法施行規則……五一
○私立学校法施行令……五〇
○私立大学の研究設備に対する国の補助に関する法律……八三
○私立大学の研究設備に対する国の補助に関する法律施行令……八三
○人権教育及び人権啓発の推進に関する法律……一二七
○人事院規則一〇―一〇（セクシュアル・ハラスメントの防止等）……七九〇
○生殖補助医療研究目的でのヒト受精胚の作成・利用の在り方について……一九二
○専修学校設置基準……二七七
○専修学校設置基準第十条第一項及び第三項の規定により、専修学校が授業科目の履修とみなすことができる学修……二八一
○専修学校の高等課程のうち、当該課程を修了した者が大学への入学に関し高等学校を卒業した者と同等以上の学力があると認められるものに係る基準を定める件……三一七
○専修学校の専門課程のうち、当該課程を修了した者が大学（短期大学を除く。）の専攻科又は大学院への入学に関し大学を卒業した者と同等以上の学力があると認められるものに係る基準を定める件……三一七
○専修学校の専門課程の修了者に対する専門士及び高度専門士の称号の付与に関する規程……三三三
○専修学校の専門課程の修了者に対する専門士の称号の付与に関する実施要項……三三三
○専修学校の専門課程の修了者に対する高度専門士の称号の付与に関する実施要項……三三四
○専門職大学院設置基準……二六四
○専門職大学院に関し必要な事項について定める件……二六八
○専門職大学院を置く大学が外国に研究科、専攻その他の組織を設ける場合の基準……二六九
○総合科学技術会議令……九四〇

【た行】

○大学院及び大学の専攻科の入学に関し大学を卒業した者と同等以上の学力があると認められる者を指定する件……三一四
○大学院設置基準……二五四
○大学院設置基準第三十八条の規定に基づき、新たに大学院等を設置する場合の教員組織、校舎等の施設及び設備の段階的な整備について定める件……二六二
○大学院に専攻ごとに置くものとする教員の数について定める件……二五九
○大学院の研究科における一個の専攻当たりの入学定員の一定規模数を専門分野ごとに定める件……二六二
○大学院の入学に関し修士の学位を有する者と同等以上の学力があると認められる者を指定する件……三一五
○大学院を置く大学が外国に研究科、専攻その他の組織を設ける場合の基準……二六三
○大学が外国に学部、学科その他の組織を設ける場合の基準……二三四

第一版

大学関係六法

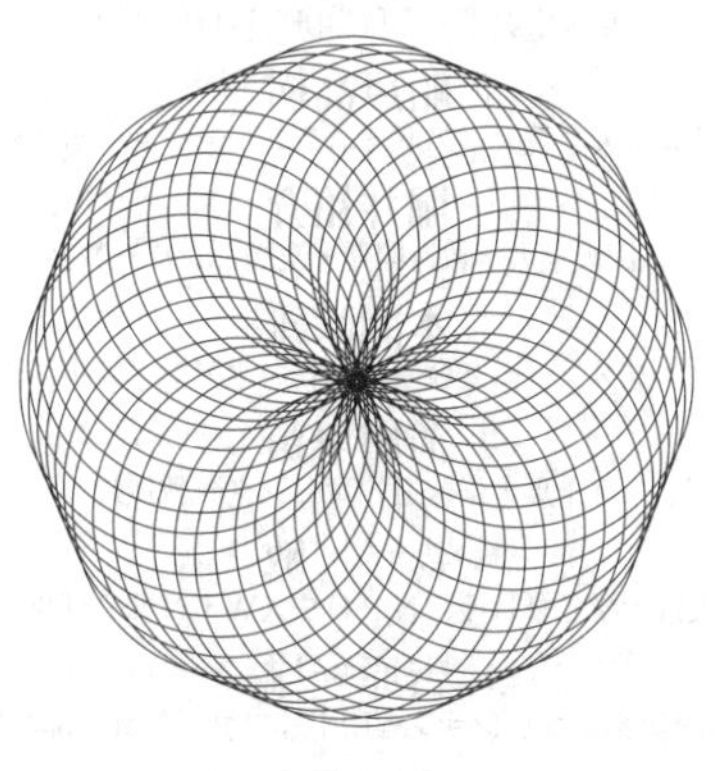

エイデル研究所

『大学関係六法』編集委員

編集代表　早田幸政
（大阪大学大学教育実践センター教授）

編集委員（50音順）

伊藤敏弘
（日本高等教育評価機構評価事業部長）

入澤　充
（群馬大学大学院教育学研究科教授）

大島英穂
（大学行政管理学会会長、立命館大学教学部事務部長）

菊田　薫
（全国専修学校各種学校総連合会事務局長）

清永敬文
（日弁連法務研究財団認証評価事務局長、弁護士）

工藤　潤
（大学基準協会評価・研究部長）

小杉信行
（大学評価・学位授与機構評価事業部長）

齊藤貴浩
（大阪大学大学教育実践センター准教授）

中西啓仁
（東京大学農学生命科学研究科特任准教授）

船戸高樹
（桜美林大学大学院大学アドミニストレーション研究科教授）

堀井祐介
（金沢大学大学教育開発・支援センター教授）

本間政雄
（国立大学マネジメント研究会会長、立命館アジア太平洋大学副学長）

前田早苗
（千葉大学普遍教育センター教授）

森　　敏
（東京大学名誉教授、ＮＰＯ法人ＷＩＮＥＰ理事長）

吉原一雄
（福岡大村美容ファッション専門学校ファッション部教務部長）

吉田武大
（関西国際大学教育学部専任講師）

和賀　崇
（岡山大学教育開発センター准教授）

『大学関係六法』発刊の辞

本『大学関係六法』は、高等教育に直接関わる教職員、公的機関のスタッフはもとより、高等教育に関心を寄せる多くの人々の広範な便宜に供するために編纂されたものである。

ここにいう「高等教育」は、大学や大学院でのそれに限定するものではなく、短期大学、高等専門学校、それに専門学校での教育までをも視野に入れている。従って、本『大学関係六法』は、上記関係者にとどまらず、これら高等教育機関に籍を置く現役の学生諸君、その父母の方々、進路指導等に携わる高等学校や進学塾などの関係者、それに卒業生の受入れ先である企業・官公庁など雇用の現場の方々等、大学をはじめとするこれら教育機関の組織・活動を基礎づけている制度に対し、利害や関心をお持ちの人々の用に十分供するものとして編纂することが出来たと自負している。

昭和五九年八月に臨時教育審議会が設置され、同審議会第四部会において高等教育改革に関する審議が開始されて以降、「改革」の歩みはとどまることなく、今日においても、未だに先の見えない状況が続いている。上記臨時教育審議会、その後継組織である大学審議会、そして現在の中央教育審議会（大学分科会）が、高等教育改革に関わる様々な提言を提起し続け、それを政府・議会が実行に移すべく、高等教育に関わる多様な法規が生まれ、頻繁に改廃がなされている。

ここ十数年来の政策スローガンである「規制改革」、「官から民へ」、「競争と評価」、「選択と集中」の具体化のプロセスにおいて、少なくとも高等教育分野では、上記審議機関による多岐に亘る政策提言等に対応した法改正の影響等もあって、同制度を基礎づけている制度は、簡素化されるどころか、複雑多様化の様相を一層帯びてきている。制度の複雑化を促進させている大きな要因として、学校教育法に依拠した認証評価制度の構築により、各大学が認証評価の受審を義務づけられ、認証評価機関による評価活動の拠り所となっている評価基準が準法規的な効果をもつに至ってきた点も挙げられる。

本『大学関係六法』では、上記認証評価機関等が固有に定めた評価基準を加えた上で、高等教育を規律する規範を、各範疇ごとに分類・整理して、同分野を律する規範体系の全貌を明らかにすることにとりわけ意を払った。

現下の高等教育制度に対する認識を共有するとともに、その教育政策の動向を把握した上で、今日の高等教育が抱える課題の所在をそれぞれの立場から見極め、各現場においてそうした制度の適切かつ十全な運用を期していくものとして、本『大学関係六法』が活用されることを読者諸氏に願うものである。

編集委員一同としては、本『大学関係六法』が、高等教育に関心を寄せる広範な方々に活用され、その役割を効果的に果たすことを心より期待したい。

最後に、本『大学関係六法』の編集に当っては、その過程で林透氏（北陸先端科学技術大学院大学大学院教育イニシアティブセンター特任助教）、青島泰之氏（一般社団法人日本技術者教育認定機構事務局長）、小泉弓子氏（道和書院）からも貴重なご意見を頂いた。編集の実務と制作に際しては、山添路子氏、兒島博文氏（エイデル研究所）にその労を委ねた。謹んで、これら各位に謝意を表します。

二〇一〇年七月

『大学関係六法』編集代表

早田幸政

総目次

発刊の辞……三
凡例……二

解説

1 我が国高等教育政策の潮流……三
2 「大学の自治」と高等教育の規範体系……一五
3 高等教育機関……一八
4 学生と高等教育……二〇
5 認証評価……二四
6 高等教育行財政と「学校」経営……二五
7 私立大学のガバナンスとマネジメント……二七
8 大学の国際化政策……二八
9 科学技術政策……三〇
10 専修学校の制度と実体……三二

法令等

1 基本

○日本国憲法……三五
○教育基本法……四〇

2 学校

(1) 私立学校

○私立学校法……四三
○私立学校法施行令……五〇
○私立学校法施行規則……五一
○学校法人の寄附行為及び寄附行為の変更の認可に関する審査基準……五五
○「経営困難な学校法人への対応方針について」―経営分析の実施と学生に対するセーフティネットの考え方―……六一

(2) 公立学校

○地方独立行政法人法……六九
○地方独立行政法人法施行令……八四
○地方独立行政法人法施行規則……八七
○地方独立行政法人の設立、定款の変更及び解散の認可の基準……八八

(3) 国立学校

○国立大学法人法……九〇
○国立大学法人法施行令……一〇七
○国立大学法人法施行規則……一一六
○「国立大学法人会計基準」及び「国立大学法人会計基準注解」報告書……一二〇
○国立大学等の授業料その他の費用に関する省令……一四九
○独立行政法人国立高等専門学校機構法……一五三
○独立行政法人国立高等専門学校機構法施行令……一五八
○独立行政法人国立高等専門学校機構に関する省令……一六一
○独立行政法人大学評価・学位授与機構法……一六三
○独立行政法人大学入試センター法……一六六
○国立大学法人評価委員会令……一六九
○文部科学省独立行政法人評価委員会令……一七〇

(4) 放送大学

○放送大学学園法……一七三
○放送大学学園法施行令……一七五
○放送大学学園法施行規則……一七六

3 高等教育

(1) 一般

○学校教育法……一七八
○学校教育法施行令……一八九

○学校教育法施行規則……一九六
○学校教育法第八十九条の規定を適用しない者を定める省令……二一七
○学校教育法施行令第二十三条の二第一項第四号の規定による分野を定める件……二一七
○学校教育法施行規則第九十八条各号の規定に基づく別に定める学修等……二一八
○視学委員規程……二一九

(2) 設置基準

○大学設置基準……二二〇
○大学設置基準第二十五条第二項の規定に基づき、大学が履修させることができる授業について定める件……二三二
○大学設置基準第二十九条第一項の規定により、大学が単位を与えることのできる学修を定める件……二三二
○大学が授業の一部を校舎及び附属施設以外の場所で行う場合について定める件……二三三
○大学設置基準第五十三条の規定に基づき新たに大学等を設置し、又は薬学を履修する課程の修業年限を変更する場合の教員組織、校舎等の施設及び設備の段階的な整備について定める件……二三三
○大学が外国に学部、学科その他の組織を設ける場合の基準……二三四
○大学通信教育設置基準……二三五
○大学通信教育設置基準第七条の規定により、通信教育を行う大学が単位を与えることのできる学修を定める件……二三七
○短期大学設置基準……二三八
○短期大学設置基準第十一条第二項の規定に基づき、短期大学が履修させることができる授業等について定める件……二四八
○短期大学設置基準第十五条第一項の規定により、短期大学が単位を与えることのできる学修を定める件……二四九
○短期大学が授業の一部を校舎及び附属施設以外の場所で行う場合について定める件……二四九
○短期大学が外国に学科その他の組織を設ける場合の基準……二五〇
○短期大学設置基準第四十五条の規定に基づき、新たに短期大学等を設置する場合の教員組織、校舎等の施設及び設備の段階的な整備について定める件……二五〇
○短期大学通信教育設置基準……二五一
○短期大学通信教育設置基準第七条の規定により、通信教育を行う短期大学が単位を与えることのできる学修を定める件……二五四
○大学院設置基準……二五四
○大学院に専攻ごとに置くものとする教員の数について定める件……二五九
○大学院の研究科における一個の専攻当たりの入学定員の一定規模数を専門分野ごとに定める件……二六三
○大学院設置基準第三十八条の規定に基づき、新たに大学院等を設置する場合の教員組織、校舎等の施設及び設備の段階的な整備について定める件……二六三
○大学院を置く大学が外国に研究科、専攻その他の組織を設ける場合の基準……二六三
○専門職大学院設置基準……二六四
○専門職大学院に関し必要な事項について定める件……二六八
○専門職大学院を置く大学が外国に研究科、専攻その他の組織を設ける場合の基準……二六九
○高等専門学校設置基準……二七〇
○高等専門学校設置基準第二十条第一項の規定により、高等専門学校が単位の修得を認定することのできる学修を定める件……二七四
○高等専門学校設置基準第十七条の二第一項の規定に基づき、高等専門学校が履修させることができる授業について定める件……二七五
○高等専門学校設置基準第十七条の二第三項の規定に基づき、高等専門学校が授業の一部を校舎及び附属施設以外の場所で行う場合について定める件……二七六
○高等専門学校設置基準第二十九条の規定に基づき、新たに高等専門学校等を設置する場合の教員組織、校舎等の施設及び設備の段階的な整備について定める件……二七六
○専修学校設置基準……二七七
○専修学校設置基準第十条第一項及び第三項の規定により、専修学校が授業科目の履修とみなすことができる学修……二八一
○各種学校規程……二八二

(3) 設置認可手続

○大学の設置等の認可の申請及び届出に係る手続等に関する規則……二八四
○大学、大学院、短期大学及び高等専門学校の設置等に係る認可の基準……三〇九

(4) 入学資格・入学者選抜

○高等学校卒業程度認定試験規則……三一一
○学校教育法施行規則第百五十条第四号に規定する大学入学に関し高等学校を卒業した者と同等以上の学力があると認められる者を指定する件……三一三
○大学院及び大学の専攻科の入学に関し大学を卒業した者と同等以上の学力

があると認められる者を指定する件……三一四
○大学院の入学に関し修士の学位を有する者と同等以上の学力があると認められる者を指定する件……三一五
○医学、歯学、薬学又は獣医学を履修する博士課程若しくは専攻科の入学に関し大学を卒業した者と同等以上の学力があると認められる者を指定する件……三一六
○高等学校に文部科学大臣が定める年数以上在学した者に準ずる者を指定する件……三一六
○専修学校の高等課程のうち、当該課程を修了した者が大学への入学に関し高等学校を卒業した者と同等以上の学力があると認められるものに係る基準を定める件……三一七
○専修学校の専門課程のうち、当該課程を修了した者が大学（短期大学を除く。）の専攻科又は大学院への入学に関し大学を卒業した者と同等以上の学力があると認められるものに係る基準を定める件……三一七
○大学へ編入学できる専修学校の専門課程の総授業時数を定める件……三一八
○外国において学校教育における十二年の課程を修了した者に準ずる者を指定する件……三一八

(5) 学位

○学位規則……三二〇
○学位の種類及び分野の変更等に関する基準……三二一
○専修学校の専門課程の修了者に対する専門士及び高度専門士の称号の付与に関する規程……三二三
○専修学校の専門課程の修了者に対する専門士の称号の付与に関する実施要項……三二三
○専修学校の専門課程の修了者に対する高度専門士の称号の付与に関する実施要項……三二四

(6) 資格・免許

○法科大学院の教育と司法試験等との連携等に関する法律……三二六
○教育職員免許法……三二七
○教育職員免許法施行令……三四七
○教育職員免許法施行規則……三四七
○教員資格認定試験規程……三七六
○技術士法……三七八
○技術士法施行令……三八五
○技術士法施行規則……三八六
○栄養士法……三九二
○栄養士法施行令……三九四
○管理栄養士学校指定規則……三九七

(7) 留学生等

○出入国管理及び難民認定法……三九九
○国費外国人留学生制度実施要項……四四〇
○国費外国人留学生取扱要項……四四二
○国費外国人留学生等渡日旅費および帰国旅費支給要項……四四三
○国費外国人留学生研究旅費支給要項……四四四
○国費外国人留学生給与等支給事務取扱要項……四四五
○国費外国人留学生の成績管理及び学業成績不良者等の取扱いについて……四四六
○留学生の卒業後のフォローアップについて……四四六
○留学生交流支援制度（長期派遣）実施規程……四四七
○留学生交流支援制度（長期派遣）実施細則……四四八

4 学生支援

○独立行政法人日本学生支援機構法……四五〇
○独立行政法人日本学生支援機構法施行令……四五五
○独立行政法人日本学生支援機構に関する省令……四六一
○薬物乱用防止に係る学生指導について……四六七
○薬物乱用防止教育の充実について……四六八
○インターンシップの推進に当たっての基本的考え方……四六九

5 評価基準等

○学校教育法第百十条第二項に規定する基準を適用するに際して必要な細目を定める省令……四七二

(1) 認証評価基準

○「大学基準」およびその解説　財団法人大学基準協会……四七四
○学士課程基準　財団法人大学基準協会……四七八

○修士・博士課程基準　財団法人大学基準協会……四八二
○専門職学位課程基準　財団法人大学基準協会……四八七
○大学評価基準（機関別認証評価）付　選択的評価事項　独立行政法人大学評価・学位授与機構……四九五
○大学評価基準　財団法人日本高等教育評価機構……五〇四
○短期大学評価基準　財団法人短期大学基準協会……五〇九
○短期大学評価基準（機関別認証評価）付　選択的評価事項　独立行政法人大学評価・学位授与機構……五一七
○短期大学基準　財団法人大学基準協会……五二五
○短期大学評価基準　財団法人日本高等教育評価機構……五三四
○高等専門学校評価基準（機関別認証評価）付　選択的評価事項　独立行政法人大学評価・学位授与機構……五三九
○法科大学院評価基準　財団法人日弁連法務研究財団……五四六
○法科大学院評価基準要綱　独立行政法人大学評価・学位授与機構……五五四
○法科大学院基準　財団法人大学基準協会……五六九
○会計大学院評価基準要綱　特定非営利活動法人国際会計教育協会会計大学院評価機構……五七七
○ABEST21　経営分野専門職大学院認証評価基準　特定非営利活動法人ABEST21……五八九
○経営系専門職大学院基準　財団法人大学基準協会……五九三
○助産専門職大学院評価基準　特定非営利活動法人日本助産評価機構……六〇三
○臨床心理士養成のための大学院専門職学位課程評価基準要綱　財団法人日本臨床心理士資格認定協会……六一一
○公共政策系専門職大学院基準　財団法人大学基準協会……六二六
○ファッション・ビジネス系専門職大学院評価基準　財団法人日本高等教育評価機構……六三三
○産業技術系専門職大学院基準　一般社団法人日本技術者教育認定機構……六三六
○教職大学院評価基準　教員養成評価機構……六三八
○学校教育系専門職大学院評価基準　教員養成評価機構……六四八

(2) 技術者教育プログラム認定基準

○日本技術者教育認定基準　一般社団法人日本技術者教育認定機構……六五七
○日本技術者教育認定基準（ソウル協定対応プログラム用）　一般社団法人日本技術者教育認定機構……六六七
○修士課程　日本技術者教育認定基準　一般社団法人日本技術者教育認定機構……六七〇

6 審議会

○中央教育審議会令……六七四
○科学技術・学術審議会令……六七六
○大学設置・学校法人審議会令……六七七
○大学設置・学校法人審議会の私立大学等関係委員の推薦に関する省令……六七八
○大学設置・学校法人審議会運営規則……六七九
○大学設置・学校法人審議会の議決の取扱いについて……六八〇
○大学設置分科会運営規則……六八〇
○大学設置分科会審査運営内規……六八一
○学校法人分科会運営規則……六八四

7 職員

○教育公務員特例法……六八六
○教育公務員特例法施行令……六九一
○地方公務員法……六九四
○大学の教員等の任期に関する法律……七〇七
○公立の大学における外国人教員の任用等に関する特別措置法……七〇八
○法科大学院への裁判官及び検察官その他の一般職の国家公務員の派遣に関する法律……七〇九
○法科大学院への裁判官及び検察官その他の一般職の国家公務員の派遣に関する法律施行令……七一四
○労働基準法……七一九
○労働組合法……七三五
○労働契約法……七四六
○育児休業、介護休業等育児又は家族介護を行う労働者の福祉に関する法律……七四七
○育児休業、介護休業等育児又は家族介護を行う労働者の福祉に関する法律施行規則……七六四
○地方公務員の育児休業等に関する法律……七八二
○雇用の分野における男女の均等な機会及び待遇の確保等に関する法律……七八五
○文部科学省におけるセクシュアル・ハラスメント防止等に関する規程……七八九
○人事院規則一〇—一〇（セクシュアル・ハラスメントの防止等）……七九〇

8　高等教育行財政

○補助金等に係る予算の執行の適正化に関する法律……七九二
○補助金等に係る予算の執行の適正化に関する法律施行令……七九六
○私立学校振興助成法……八〇二
○私立学校振興助成法施行令……八〇五
○日本私立学校振興・共済事業団法……八〇六
○日本私立学校振興・共済事業団法施行令……八一四
○日本私立学校振興・共済事業団法施行規則……八一七
○日本私立学校振興・共済事業団の財務及び会計に関する省令……八一九
○私立大学の研究設備に対する国の補助に関する法律……八二三
○私立大学の研究設備に対する国の補助に関する法律施行令……八二三
○独立行政法人国立大学財務・経営センター法……八二四
○独立行政法人国立大学財務・経営センター法施行令……八二七
○独立行政法人国立大学財務・経営センターに関する省令……八三〇
○公立学校施設災害復旧費国庫負担法……八三二
○科学研究費補助金取扱規程……八三四
○科学研究費補助金取扱規程第四条第一項第一号に定める科学研究費補助金を交付しない期間の扱いについて……八三六
○研究活動の不正行為への対応に関する科学研究費補助金における運用方針……八三七
○科学研究費補助金（基盤研究等）交付要綱……八三九

9　情報公開・個人情報保護等

○個人情報の保護に関する法律……八四二
○個人情報の保護に関する法律施行令……八四九
○行政機関の保有する個人情報の保護に関する法律……八五一
○行政機関の保有する個人情報の保護に関する法律施行令……八六〇
○独立行政法人等の保有する個人情報の保護に関する法律……八六四
○独立行政法人等の保有する個人情報の保護に関する法律施行令……八七三
○行政機関の保有する情報の公開に関する法律……八七五
○行政機関の保有する情報の公開に関する法律施行令……八八〇
○独立行政法人等の保有する情報の公開に関する法律……八八六
○独立行政法人等の保有する情報の公開に関する法律施行令……八九二

10　規制改革等

○独立行政法人通則法……八九六
○行政機関が行う政策の評価に関する法律……九〇六
○行政機関が行う政策の評価に関する法律施行令……九〇九
○構造改革特別区域法……九一〇
○構造改革特別区域法施行令……九二六
○構造改革特別区域法施行規則……九二七
○文部科学省関係構造改革特別区域法施行規則……九二八
○文部科学省関係構造改革特別区域法第二条第三項に規定する省令の特例に関する措置及びその適用を受ける特定事業を定める省令……九三〇

11　生涯学習

○生涯学習の振興のための施策の推進体制等の整備に関する法律……九三三
○生涯学習の振興のための施策の推進体制等の整備に関する法律施行令……九三四

12　科学技術

（1）　科学技術振興

○日本学術会議法……九三六
○日本学術会議法施行令……九三八
○日本学士院法……九三九
○総合科学技術会議令……九四〇
○科学技術基本法……九四一
○第三期科学技術基本計画……九四三
○文部科学省における研究及び開発に関する評価指針……九六四
○産業技術力強化法……九八一
○産業技術力強化法施行令……九八六

（2）　産学官連携

○大学等における技術に関する研究成果の民間事業者への移転の促進に関する法律……九九二

○大学等における技術に関する研究成果の民間事業者への移転の促進に関する法律施行令……九九五
○特定大学技術移転事業の実施に関する指針……九九七
○特定大学技術移転事業の実施に関する計画承認実施要綱……九九八
○知的財産基本法……九九九
○特許法（抄）……一〇〇三
○民間資金等の活用による公共施設等の整備等の促進に関する法律……一〇〇四
○民間資金等の活用による公共施設等の整備等の促進に関する法律施行令……一〇二九

（3）原子力利用・安全管理

○原子力基本法……一〇三〇
○核原料物質、核燃料物質及び原子炉の規制に関する法律……一〇三二
○放射性同位元素等による放射線障害の防止に関する法律……一〇八一
○放射線を発散させて人の生命等に危険を生じさせる行為等の処罰に関する法律……一一〇二
○大学等における放射性同位元素等に関する安全管理の徹底について……一一〇三
○廃棄物の処理及び清掃に関する法律……一一〇四
○大学等における毒物及び劇物の適正な保管管理の徹底について……一一二四
○病原性微生物等の管理の徹底について……一一二五
○大学等における実験動物の取扱いに関する安全管理の徹底について……一一二七

（4）生命倫理

○ヒトES細胞の樹立及び分配に関する指針……一一三九
○ヒトES細胞の使用に関する指針……一一五〇
○ヒトに関するクローン技術等の規制に関する法律……一一五四
○ヒトに関するクローン技術等の規制に関する法律施行規則……一一五八
○特定胚の取扱いに関する指針……一一六〇
○ヒトゲノム・遺伝子解析研究に関する倫理指針……一一六四
○疫学研究に関する倫理指針……一一八〇
○生殖補助医療研究目的でのヒト受精胚の作成・利用の在り方について……一一九二
○ヒト胚の取扱いに関する基本的考え方……一二〇四
○遺伝子組換え生物等の使用等の規制による生物の多様性の確保に関する法律……一二一三
○遺伝子組換え生物等の使用等の規制による生物の多様性の確保に関する法律における主務大臣を定める政令……一二二〇
○遺伝子組換え生物等の使用等の規制による生物の多様性の確保に関する法律施行規則……一二二〇
○研究開発等に係る遺伝子組換え生物等の第二種使用等に当たって執るべき拡散防止措置等を定める省令……一二二六
○遺伝子組換え生物等の使用等の規制による生物の多様性の確保に関する法律第三条の規定に基づく基本的事項……一二三〇
○遺伝子組換え生物等の第一種使用等による生物多様性影響評価実施要領……一二三四
○研究開発等に係る遺伝子組換え生物等の第二種使用等に当たって執るべき拡散防止措置等を定める省令の規定に基づき認定宿主ベクター系等を定める件……一二三四
○遺伝子治療臨床研究に関する指針……一二三五
○遺伝子治療臨床研究に関する指針の改正等について……一二四三
○医学及び歯学の教育のための献体に関する法律……一二四四
○医学及び歯学の教育のための献体に関する法律に基づく正常解剖の解剖体の記録に関する省令……一二四四

13　その他関係法令等

○国家行政組織法……一二四六
○文部科学省設置法……一二四八
○文部科学省組織令……一二五三
○国家賠償法……一二七六
○人権教育及び人権啓発の推進に関する法律……一二七七
○男女共同参画社会基本法……一二七八
○著作権法……一二八〇

凡　例

〈本書の特徴〉

本書は、主として高等教育にたずさわる教職員、公的機関のスタッフの広範な便宜に供するために編集されたものである。高等教育を規律する法令などをジャンルごとに分類・整理して収録しているほか、現存する認証評価機関が定めた認証評価基準をすべて収録、さらに高等教育に係わる主要な論点に触れた詳細な解説を収録している。これらを併せて利用することで、高等教育制度の概要を理解することができる。また、高等教育機関に関するものについては、大学、大学院、短期大学、高等専門学校等のほか、「専門学校」に係る法令なども収録した。

〈収録法令等〉

国の法律、政令、省令、告示、通達及び認証評価機関の評価基準などを合計253件収録する。法律、政令、省令および評価基準については、一部を除き平成22年6月1日現在、告示、通達については、平成21年6月30日現在となっている。法令の公布年月日と番号、最終改正は、標題（法令名）の次に掲げてある。施行期日については、附則でその定めが政令に委任されているときは、附則にその根拠となる法令番号を注記しているが、特に規定されていない場合には、法適用通則法第二条の定めるところによる。

〈検索方法〉

掲載法令の検索のために、五～一〇頁に「総目次」を、また五十音による検索のために、表紙及び裏表紙見返しに「法令・資料索引（五十音順）」を備えている。

〈法令の省略〉

法令の附則については、原則的に公布された当時の附則および最新の附則のみを収録しており、特に必要でないと思われる部分は省略している（この場合附則の下に「抄」とした）。また、収録法令の一部については、法令中高等教育に係わる部分のみを収録しているが、この場合は法令名の下に「(抄)」とした。

〈評価基準〉

評価基準については、認証評価機関として文部科学大臣の認証を得ているもの以外に、「技術者教育プログラム認定基準」として日本技術者教育認定機構の「日本技術者教育認定基準」「日本技術者教育認定基準（ソウル協定対応プログラム用）」「修士課程　日本技術者教育認定基準」も参考として収録している。薬学及び看護等についても、専門職団体の策定に係る第三者評価のための基準（案）が存在するが、現状において、この第三者評価が試行段階にあるため、今回、これら基準（案）の掲載は見送った。

解説

1　我が国高等教育政策の潮流

①戦後高等教育政策についての概括的整理

終戦直後、我が国の高等教育制度は、総司令部・CI&Eの主導の下、旧来の学制（六・五・三・三制）を廃し、これを六・三・三・四制に転換すること、すなわち（旧制）高等学校の廃止とこれに代わる「一般教育」の導入を軸に、抜本的な制度改変がなされた。この制度改変は、旧制大学と旧制専門学校の教育内容・水準の差異や官立大学間に存在した同等の差異を超克し、国民に開かれたある種「一律的な大学教育」の制度化を指向するものであった。以後、戦後高等教育政策において、大学教育の中身に関わる論議は、「一般教育」と「専門教育」、「教養教育」と「専門教育」の在り方を軸に展開され、「一般」と「専門」の壁を打破し、各大学の個性に即した柔軟な高等教育システムを樹立するという旗印の下に、大学教育の根幹に関わる重要な制度改革がなされてきた。

高等教育政策は、一八歳人口の急増・急減といった人口動態や、経済・産業構造の絶え間ない転変とそれに伴う社会構造の変化、さらにはグローバリゼーションの進展などの社会的、経済的要因によっても大きく左右されてきた。ＩＴ利用の普及は、高等教育が、国内はもとより、国境の壁を超え広く展開していくことを必然化させるもので、国際レベルでの高等教育質保証の必要性を強く認識させることにもつながった。一八歳人口の急増・急減との関連で言えば、まず、一八歳人口急増に対応させる狙いで措置された「臨時的定員」に係る施策は、その一部の恒常定員化を認めることにより、我が国が少子化に向かう中で、経営基盤の脆弱な一群の大学に対し、少なからぬ負の影響を残すことにもなった。また、少子化の影響との関連について、いわゆる「ゆとり教育世代」の若者が高等教育に大量にアクセスするようになったことに伴い、高等教育機関への進学率が高い数値で推移する中、多様な資質・能力水準をもつ個々の学生の特性に配慮して、教育の内容・方法に工夫を凝らし、その改善・改革を推進・支援するため諸種の政策が講じられることとなった。

さらに、国の学術・科学技術政策との関連では、先導的・独創的な学術研究を推進し、「科学技術創造立国」を目指す我が国学術・科学技術政策と高等教育政策が、連動し合いつつ遂行されていく中で、研究拠点大学の形成を視野に収めつつ、競争的な研究開発環境の実現と効果的・効率的な資源配分の方途が模索され、研究者間の競争を促進する制度条件の整備も図られていった。

ところで、公財政の急迫化が深刻さを増しつつある状況の下、近年、政府主導で進められているいわゆる国の行財政改革が、高等教育政策に与えている影響にも無視できないものがある。需給調整を「官」のイニシアティブを通じ行ってきたこれまでの統治手法が見直され、国家機能の最小化を図り、競争原理が有効に働くような環境を政策的に創出すること、公的資金の投入に伴う説明責任の十全な履行を担保することなどが大きな政策課題となった。高等教育分野においても、国の行財政改革の流れが反映され、大学評価制度の導入・整備が図られるとともに、大学教育の活性化を図ることを目的に、各種の競争的教育資金制度が用意された。

戦後我が国高等教育政策の流れを、上述の如く、様々な社会的、経済的要因、さらには国の学術・科学技術政策、行財政政策等との関連で簡単に整理したが、次に、高等教育、とりわけ大学教育の在り方に関わる政策動向に焦点を当てて、文部科学省・審議会などがこれまで公にしてきた諸種の答申等を確認することを通じて、そうした流れの推移を瞥見しておきたい。

②審議会答申と立法動向等にみる「改革」の流れ

戦後新制大学制度発足の後、高等教育政策が全国規模で系統的に展開されるのは、一九七〇年代半ば以降のことである。

この時期、大学への進学者数、進学率が急上昇を遂げ、「マス」段階にさしかかろうとする中で、大学の教育研究条件に対する懸念が強まってきた。そして、大学の地域的適正配置や教育研究条件の改善等の要請を踏まえ、一九七六（昭五一）年三月の高等教育懇談会「高等教育の計画的整備について」を皮切りに、文部省の許で数次に亘る高等教育整備計画が策定され実行に移された。

同計画の下、文部省の設置認可行政は、高等教育の質的充実の局面で相当程度の寄与をした反面、設置基準運用に対し、一部から、硬直的であるとの批判もなされた。この時期の高等教育政策において、上記に関連する事柄として、私学政策の充実が図られたほか、各地域に、いわゆる新構想大学が設立されていった。専修学校制度が導入されたのも、この時期である。ちなみに、専修学校のうち、高等学校卒業生を受け入れる「専門課程」（＝「専門学校」）は、高等教育整備計画による規模の想定の対象外とされ、その後、短期高等教育機関として着実な発展を遂げていく遠因ともなった。

一九八〇年代になると、「臨調行革路線」をベースとした国の政策は、高等教育政策にも及んだ。大学の「規制緩和」、「自由化」、「個性化」に向け、一九八四（昭五九）年八月に総理府内に設置された臨時教育審議会（臨教審）が、そのための改革方針を検討し、数次に亘る答申を公にした。その中でも、一九八六（昭六一）年四月の臨教審第二次答申は、一般教育等と専門教育の在り方の見直し、各大学の特長を活かしうるような教育方法開発の必要性、自己点検・評価の大学への導入、等につき踏み込んだ提言を行った。

一九八七（昭六二）年九月、高等教育に固有の専門的な審議機関として文部省に置かれた大学審議会（大学審）も、臨教審路線を踏襲し、我が国大学の高度で特色ある発展を標榜し、数次に亘り重要な答申を公にした。

このうち、一九九一（平三）年二月の「大学教育の改善について（答申）」は、一般教育、専門教育の科目区分に係る授業科目の区分の撤廃並びに一般、専門を自由に組み合わせた一貫性のあるカリキュラム編成の主張を柱とする大学設置基準の大綱化の提言を行ったほか、大学の自由度を増すことと引き換えに自己点検・評価システムを導入する必要性を強く訴えた。そして、それらの提言は、同年の大学設置基準の抜本改正を行う中で、個別具体の規定として結実していった。

大学審答申のうち、一九九八（平一〇）年一〇月の「二一世紀の大学像と今後の改革方策について ― 競争的環境の中で個性が輝く大学 ―（答申）」も重要である。同答申では、教育改善の方途として、教員の教育責任の確立（単位制度の周知・徹底化を含む）、成績評価基準の明示と厳格な成績評価の実施、キャップ制、FDなどに係る具体的提言が示されるとともに、高等教育システム全般に関わる制度改革の方向として、高度専門職業人養成を目的とする大学院の設置促進、九月入学の拡大、教育研究組織の柔構造化、国立大学の人事、会計・財務の柔軟性の向上、設置認可手続の簡素化、などについても踏み込んだ提言がなされた。第三者評価導入を含む「多元的な評価システムの確立」の必要性を訴えたのも、同答申である。同答申の趣旨を具体的に実現すべく、一九九九（平一一）年九月の大学設置基準等の改正により、自己点検・評価の義務化、FDの努力義務化、履修登録上限の努力義務化が法定化された。加えて、二〇〇〇（平一二）年三月の「国立学校設置法の一部を改正する法律」により、学位授与機構が改組され、国の大学第三者評価機関として大学評価・学位授与機構が創設された。

少子化の一層の進行と高等教育機関への進学率が引き続き上昇する中で、我が国高等教育は、「ユニバーサル」の段階に突入した。前述の「ゆとり教育世代」が高等教育にアクセスし始めたことと相俟って、これまで以上に多様化した学生の資質・能力水準にきめ細かに対応できるよう、大学は教育の内容・方法を継続して評価し、教育の質の確保と自己改善を図ることが急務となっている。少子化の影響は、また学生確保という観点から、相当数の大学、とりわけ私学の経営に対して深刻な影響を及ぼしつつあり、教育改善のみではもはや解決できない程度にまで、その深刻の度合いを増しつつある。

さらに国の行財政改革、規制改革の流れの中で、従来の国立大学の在り方に対しても抜本的な見直しが図られ、マネジメント手法に基づく大学運営、大学経営における自己責任体制の確立が求められ、制約された物的条件の下で大学教育を行うことを余儀なくされている。

「事前規制から事後チェック体制の確立を」、「公正な競争と評価に基づく資源配分の実行を」といった政治的プロパガンダに基づく国の規制改革路線は、高等教育分野にまで及び、様々なレベルでの制度改革の仕掛けが整備されつつある。

この点を具体的に見れば、行財政改革、規制改革の視点に立脚した総合規制改革会議、規制改革・民間開放推進会議、規制改革会議による諸答申、経済財政諮問会議が年度毎に公にしてきた「経済財政運営と構造改革」に関する一連の「骨太の方針」は、国立大学の設置形態の在り方や大学評価制度の充実策に関する論議に大きな影響を与えてきた。なかんずく、二〇〇一（平一三）年一二月の総合規制改革会議「規制改革の推進に関する第一次答申」は、国立大学の法人化に関する方向性の確定、「国立大学」制度に競争原理を導入する必要性、「大学に対する第三者による評価（アクレディテーション）」の制度導入の必要性、を強く訴えた点において、とりわけ大きな意義を持つものであった。この「第一次答申」を踏まえ、中央教育審議会（中教審）は、二〇〇二（平一四）年八月、認証評価制度の確立を内容とする「大学の質の保証に係る新たなシステムの構築について」を公にすることになった。そして、これら答申の趣旨を受けて、二〇〇二年一一月の学校教育法の改正により認証評価に関する詳細な規定が新設されるとともに、二〇〇三（平一五）年七月には国立大学法人制度の創設に関わる国立大学法人法が制定された。両制度は、二〇〇四年度より実施に移された。

文教当局による学生定員管理を通じた規制により質保証がなされてきた従来型の行政手法の限界が顕在化してくる中、ユニバーサル時代の只中にある我が国高等教育は、現在及び将来に亘って、さらなる改変の波にさらされようとしている。

二〇〇五（平一七）年一月の中教審「我が国の高等教育の将来像（答申）」は、高等教育政策の手法が「高等教育政策の策定と各種規制」から「将来像の提示と政策誘導」へと変質を遂げることを余儀なくされている旨を確認した。そして、その上で、高等教育機関の機能別分化の必要性を訴えるとともに、教育研究組織に依拠して高等教育の在り方を模索しようとする従来型の考え方に対して軌道修正を迫り、授与する学位に対応した「課程」を単位として教育の内容・方法とその質保証の在り方を検討していく必要性を力説した。

同年九月の中教審「新時代の大学院教育―国際的に魅力ある大学院教育の構築に向けて―（答申）」も、上記一月答申とその方向性において軌を一にするものであったが、そこではとりわけ、大学院の人材養成目的の明確化とそれに適合した人材養成機能の効果的発揮の必要性、コースワークの充実化や単位認定方法の改善等を含む大学院教育の実質化の必要性が強調された。同答申は、科学技術・学術審議会基本計画特別委員会「第三期科学技術基本計画の重要政策―知の大競争時代を先導する科学技術戦略―（中間とりまとめ）」（二〇〇五年四月）の策定に関わる審議と並行して審議・検討が進められたという経緯があったこととも相俟って、「第三期科学技術基本計画」実施期間における学術・科学技術発展を人的に支える大学院教育の役割を洞察しようとしている点でも意義が認められた。

今日、学生の資質・能力の多様化・分散化の問題が語られ、学生の「学力レベル」のばらつきにどう対処すべきかが、我が国高等教育全体の課題となっている。大学は、様々な教育内容・方法上の配慮や工夫をしていく中で、適切な学力レベルに達した学生に対し修了認定を行う教育上の責務を担っている。大学が授与する「学士」の学位は、教養と専門の両課程を通じ、当該大学の「カリキュラム・ポリシー」や「リテンション・ポリシー」に基づき適切に設定されたコンピテンシーを習得したことの証としての「学習成果会得証明」としての意義を有している。

二〇〇八（平二〇）年一二月の中教審「学士課程教育の構築に向けて（答申）」は、学士課程教育が目指す「学習成果」を「学士力」として意義づけ、学士力の涵養が、学士課程教育が共通に担う基本的責務であるとした。そして、「教養」、「専門」の一貫した学士課程を通じ、学生が身につけるべき学士力の中身とその達成に向けた方途について様々な提言を行った。

当面の高等教育政策は、冒頭に示した性格の異なる様々な要因に左右されながら、引き続き紆余曲折の道を辿ることが予想される。とはいえ、高等教育に係る内容や実施システムさらにはその質保証を含む高等教育の在り方の見直しを行うに当り、学部・大学院といった教育組織に係る伝統的観点から、学士・修士・博士等の学位を与える課程中心の観点へと考察の視点を転換した上で、学生の「学習成果」の十全な達成とそこに至るプロセスの有効性の促進を確保するというスローガンの下、我が国高等教育政策が展開されていくであろうことは、疑うべくもない。

（早田幸政）

2 「大学の自治」と高等教育の規範体系

① 「大学の自治」と「高等教育法体系」

我が国高等教育全体を制度的に基礎づけている規範の体系として、「高等教育規範体系」の存在が挙げられる。この問題を、「大学の自治」との関連付けの中で、以下に記述する。

周知の如く、初・中等教育及び後期中等教育の領域を規律する法秩序として、日本国憲法第二六条の教育権規定を頂点に、諸種の教育関係法で構成される「教育法体系」という独自の法体系が存在する。

さて、憲法第二三条は、「学問の自由は、これを保障する」と定めている。「大学の自治」に関する憲法上の明文の根拠規定はないものの、大学の自治が学問の自由と密接不可分の関係にあり、沿革的にも相補的な関連の中で両概念が醸成されてきたことなどから、通説は、「大学の自治」は、憲法二三条により制度的に保障されているものと解している。その意味から、同条は、高等教育を規律する最も重要な基本規範である。学習者の学習権を保障するとともに、公教育制度の整備・充実の義務づけを公権力に対し課している憲法第二六条、私学助成の正当性の根拠規定でもある憲法第八九条も、高等教育を規律する基本規範として位置づけられる。そして、これらの憲法規定の相互関係に対する理解の上に立って、視した視点から、同論の再構成をすることも必要となっている。

伝統的「大学の自治」論への修正を迫り、学習者の立場をより重視した視点から、同論の再構成をすることも必要となっている。

こうした点を踏まえ、高等教育領域において形成された法源として、上記憲法諸規定を頂点とし、教育基本法、学校教育法などを核に構成される高等教育関係法令を「高等教育法体系」として法的に価値づけることは、自律性に支えられた我が国高等教育機関の自由で多様な発展を促進させていく上で極めて大きな意義があるものと考える。

ところで、「大学の自治」の保障ということに関しては、日本国憲法施行の約二ヵ月後の一九四七（昭二二）年七月、国・公・私立の各大学の連合組織として発足した大学基準協会が、大学の個別自治を超えた「連合自治」の枠組みの中で、同協会独自の「大学基準」の定立・適用を通じ、我が国大学の質保証を行う営みの第一歩を踏み出したことに留意する必要がある。

②「大学の自治」と戦後の立法政策

さて、戦前にあって、帝国大学を中心とする旧制大学下の「大学の自治」の中軸をなしていたのは、いわゆる教授会自治である。戦後発足した新制大学制度の下でも、教授会自治は、「大学の自治」の核心をなすものと理解されていた。

新制大学発足に向けた準備過程にあっても、大学の自治の意義は、関係者の間で十分認識されていた。にもかかわらず、そうした考え方は、当時の我が国内外を取り巻く政治・社会情勢のめまぐるしい変化を背景に、その見直しを迫る施策が波状的に打ち出されていく中で、紆余曲折の道を辿ることとなった。

まず、一九四七（昭二二）年～一九四八（昭二三）年の時期、総司令部・CI&Eそれに我が国文教当局サイドより、国立大学一部地方委譲案、大学理事会案が示された後、一九四八（昭二三）年七月付で、文部省より「大学法試案要綱」が明らかにされた。そこで国立大学の管理を掌る機関に学外者を加える構想が示されていたことに対し、それが大学の自治への大きな脅威となるという理由で、大学関係者を中心に強い反対運動が展開され、同要綱が日の目を見ることはなかった。

この間、共産主義的傾向の教員の学外排除を主張したいわゆる「イールズ旋風」が全国大学を席巻した。同時期、我が国を訪れた第二次米国教育使節団は、その報告書中で、我が国大学における教授会自治への修正を迫るとともに、各大学の方針を樹立する会議体の構成員の大半が学外者で占められることを求めた（一九五〇（昭二五）年九月）。

そして、一九五一（昭二六）年三月には、上記報告書の趣旨と同様の視点に立った国立大学管理法案が国会に提出されたが、廃案になった。こうした経緯を経た後、国立大学内の教学代表が大学運営を掌理することを内容とする「国立大学の評議会に関する暫定措置を定める規則」（一九五三年四月）が制定された。なお、中央教育審議会は、一九六二（昭三七）年六月の「大学の管理運営について」（答申原案）において、国立大学における学長、学部長、教員の各候補者の適格性を審査する「中央の機関」の創設を構想した。

日米安全保障条約改定期と重なる一九六〇年代半ばから一九七〇年代初めにかけ、全国各地の大学でいわゆる大学紛争が勃発した。これに対処すべく、学園の正常化を立法目的に掲げ、一九六九（昭和四四）年八月、「大学の運営に関する臨時措置法」（五年の時限立法）が制定された。同法には、紛争が生じた国立大学について、文部大臣が当該学長に対し、学部等の教育研究機能の休止・停止を指示するとともに、紛争大学の廃止措置を含む規定が置かれていたことから、その制定前夜より、これに対し各界関係者より強い批判の声が上がった。

その後も、国立大学を中心とする組織運営の改変を求める政府・

審議会等の答申なども公にされたが、そうした提言が実現されることはなかった。しかし、大学審議会「二一世紀の大学像と今後の改革方策について（答申）」（一九九八（平一〇）年一〇月）における国立大学の組織運営体制の改革に関する提言の趣旨を踏まえ、一九九九（平一一）年五月、国立学校設置法の改正がなされた。この改正により、評議会・教授会の権限・審議事項の明確化・限定化を内容とする規定が盛り込まれたほか、国立大学の機動的運営や大学運営への学外者の参与に関する規定が導入され、文教当局の積年の懸案が実現される形となった。そして、国立大学の組織運営体制の改変に係る最終仕上げとして、二〇〇三（平一五）年七月、国立大学法人制度創設に関わる国立大学法人法が制定された。

「大学の自治」に係る問題として、さらに一点、規範形式の変更に関する事項について付言する。一九四七（昭二二）年七月、大学基準協会は、「大学設置基準設定連合協議会」が採択した「大学設置基準」を、アクレディテーションの準則である「大学基準」として採用する決定を行った。当時、大学基準は、設置認可と質向上の両面を担保する評価基準として、大学界に広く定着していた。しかし、一九五六（昭三一）年一〇月、その法制化に向けた文部省内での検討結果とそれまでの審査内規を基に、「大学設置基準」の省令化の措置がとられた。このことに対し、従来より、憲法学説の一部から、省令への委任が白紙委任といえるほど広範に亘っていること、大学の教育研究に関する事項は、行政権からの規制を排しつつ、そのための基準を大学（大学団体を含む）が自主的に維持・発展させることが「大学の自治」の要請に適うものであること、を理由に疑義が提起されてきた。

③認証評価制度の導入と「高等教育規範体系」の形成

昨今の大学改革に伴う制度改正に対しては、往時の「大学自治論」がすでに霧散してしまった観もあり、これに真っ向から反対する声は強いとは言えない状況にある。とはいえ、そうした制度改正が、大学の自主性を阻害する要因となることを懸念する意見が聞かれることも、また事実である。とりわけ認証評価を軸とする第三者評価制度に対しては、今なお、それが大学の自律性とは相容れないとしてこれを否定的に評価する意見は根強い。

二〇〇四（平一六）年四月に「認証評価」制度が導入されて後、大学評価・学位授与機構、日本高等教育評価機構、短期大学基準協会等とともに、大学基準協会も認証評価機関としての地位を取得し、「大学基準」を中軸とする認証評価基準によって、大学教育に係る質保証の営みを系統的に実施している。そして、現在、そうした複数の認証評価機関が、大学の個性を尊重しその自由な発展を支援するという基本理念に立脚して、独自に定立した基準に沿って質保証活動に従事している。

今日、我が国大学が将来に亘り栄えある発展を遂げていく上で、「大学の自治」に支えられた事後評価システムの効果的運用は、もはや必要不可欠である。認証評価制度は、学校教育法に依拠する国法上の制度であるとはいえ、制度創設に当り、大学連合自治の保障を標榜し会員大学の質保証の営みを連綿と続けてきた大学基準協会の評価活動の経験と蓄積の与えた影響は、過小評価されてはならない。

認証評価システムにあって、評価基準が、一部外部有識者の参加も仰ぎつつ、多数の大学関係者の能動的関与と合意の基に、さらに専門職大学院に特化した評価基準においては、大学関係者と当該分野のプロフェッションとの協働の基に、大学における教育研究の自律的な発展を支援するという視点から、自主的、自律的にその策定・決定がなされている。このことは、認証評価が、大学関係者の主導下で実質的に担われている営為で、そのこと故に、大学の自治や自律性を担保するための正当性の契機として機能することも意味している。

こうした制度上の背景を踏まえ、国法秩序の中に位置づけられている国の高等教育関係法令を、「大学の自治」を保障する法規範の体系としての「高等教育法体系」へと再構成しその適切な運用を期していく上で、上記認証評価機関の独自基準（＝認証評価基準）に、上記国法体系の適切運用を先導する解釈指針の一としての位置づけを付与することが可能である。事前認可基準としての設置基準と事後評価基準としての認証評価基準の両者について、そうした解釈上の相補性を認めることで、先述した省令委任に関わる設置基準に対する旧来の憲法学説からの批判を回避することもできると思われる。

そして、認証評価活動を基底づけている各機関の認証評価基準と設置基準等との間の相補性を是認することに加え、認証評価基準が、法制度上、直接的には大学に対する事後評価基準として機能している以上、それが個別大学の自律性を尊重し自由で多様な発展に貢献する性格・内容のものである限りにおいて、これらを高等教育を規律する固有の法源を構成する価値規範として位置づけた上で、国の法令からなる「高等教育法体系」を包摂する「高等教育規範体系」の重要な一翼に直接組み込むことも可能となる。

かかる規範体系を制度面から考察する高等教育論、高等教育制度論の理論的発展の中で、従来ややもすれば等閑視されがちであった判例の法理論面での精度や実務に及ぼす影響の度合いも、次第に高まっていくことが期待される。そして、同論の発展動向を踏まえた一群の判例に限って、高等教育領域において有為性をもつ「法源」としての位置づけを獲得することができよう。

（早田幸政）

3　高等教育機関

日本の六・三・三・四制の学校制度の根幹を定めているのは、一九四七（昭二二）年三月に教育基本法とともに公布された学校教育法である。その学校教育法で規定されている学校の種類は、幼稚園、小学校、中学校、高等学校、中等教育学校、特別支援学校、大学及び高等専門学校である（学校教育法第一条）。これらの学校は、一般に「一条校」と呼ばれる。

学校教育法では、「大学」の目的を「学術の中心として、広く知識を授けるとともに、深く専門の学芸を教授研究し、知的、道徳的及び応用的能力を展開させること」としているが（同法八三条）、同法に規定する「大学」の目的に代えて、「深く専門の学芸を教授研究し、職業又は実際生活に必要な能力を育成することを主な目的」とし、「修業年限を二年又は三年」とする大学を「短期大学」としている（同法第一〇八条）。したがって第一条における「大学」には「短期大学」を含んでいる。また、「高等専門学校」の目的は、「深く専門の学芸を教授し、職業に必要な能力を育成すること」とされている（同法第一一五条）。

第一条で掲げる学校以外の教育施設として専修学校（同法一二四条）、各種学校（同法一三四条）がある。

これらの学校および教育施設のうち高等教育機関は、大学、短期大学、高等専門学校、そして専修学校の専門課程（高等学校を卒業した者およびこれに準ずる学力がある者に対して、高等学校教育の基礎の上に教育を行う課程）である。

大学・短期大学・高等専門学校の現状は次のようになっている。学校の設置数では、二〇〇八年度で、大学七六五校、短期大学四一七校、高等専門学校六四校である。大学数を時系列的に見ていくと、一九九八年度が六〇四校、二〇〇二年度が六八六校、二〇〇五年度が七二六校となっており、順調に増加していることがうかがえる。短期大学数を時系列的にみていくと、一九九八年度が五八八校、二〇〇二年度が五四一校、二〇〇五年度が四八八校となっており、大学の増加とは対照的に減少の一途をたどっている。二〇〇八年度の短期大学数が一〇年前の七割となっていることからも、減少の程度がうかがえる。高等専門学校数を時系列的にみていくと、一九九八年度が六二校、二〇〇二年度が六二校、二〇〇五年度が六三校となっており、横ばいの状態が続いている。私立機関の割合については、二〇〇八年度で、私立大学が全大学の約七七％（五八九校）を、私立短期大学が全短期大学の約九二・六％（三八六校）を、そして私立高等専門学校が全高等専門学校の約四・七％（三校）を、それぞれ占めている。これらの割合については、時系列上、大きな変化はみられない。ここからも明らかなように、大学および短期大学については、私立機関が量的に大きな比重を占めており、教育機会の提供に多大な貢献を果たしていることがうかがえよう。

学生数では、二〇〇八年度で、大学約二八三万六〇〇〇人、短期大学約一七万三〇〇〇人、高等専門学校約五万六〇〇〇人となっている。大学の学生数を時系列的にみていくと、一九九八年度が約二六六万八〇〇〇人、二〇〇二年度が約二七八万六〇〇〇人、二〇〇五年度が約二八六万五〇〇〇人となっており、二〇〇五年度をピークとして、その後は漸減している。短期大学の学生数を時系列的にみていくと、一九九八年度が約四一万七〇〇〇人、二〇〇二年度が約二六万七〇〇〇人、二〇〇五年度が約二一万九〇〇〇人となっており、減少傾向が続いている。これに対して高等専門学校の学生数を時系列的にみていくと、一九九七年度が約五万六〇〇〇人、二〇〇二年度が約五万七〇〇〇人、二〇〇五年度が約五万六〇〇〇人となっており、ほぼ横ばいとなっている。

学校教育法による学校を設置できるのは、国、地方公共団体、学校法人である（同法第二条）。従前、国立大学は、国立学校設置法によって設置されていたが、二〇〇四（平一六）年四月から国立大学が法人化され、その設置は国立大学法人法によるところとなった。国立高等専門学校は、独立行政法人国立高等専門学校機構法に基づき、独立行政法人国立高等専門学校機構の下に置かれることとなった。

国立大学の法人化の背景には、一八歳人口の減少、国際化や情報化の進展、産業構造の変化等に対応するための大学改革の必要性が理由としてあげられるが、より直接的な要因として、政府の行政改革方針のもと、公務員削減が求められたことが指摘できよう。

公立大学の場合は、設置者である地方公共団体によって大学を法人化するか否かの対応が異なる。法人化されていない大学は地方自治法に、法人化された大学は地方独立行政法人法に設置根拠があるという二様の公立大学が併存している。

私立大学の設置者である学校法人については、私立学校法で定められている。私立についても、一八歳人口の減少を始めとして大学を巡る社会情勢の変化に伴う変革が求められている。これに加え、国立大学の法人化によるさらなる競争環境の激化で、学校法人の経営強化やガバナンスの改革を実現していくために、理事制度や監事制度を改善・強化することを目的として、私立学校法の改正が二〇〇五（平一七）年四月に行われた。

上記の国立、公立、私立大学に加え、大学構造改革特別区域法により、二〇〇四（平一六）年から、地方公共団体が教育研究上「特別なニーズ」があると認める場合には、株式会社に学校の設置を認めるところとなり、二〇〇九年現在六校の株式会社立大学が存在する。しかし、これらの大学の設置認可の際には、多くの留意事項が付されたことなどから、株式会社立大学の全面的な解禁については現在のところ見送られている。

学校を設置しようとする者は、学校の種類に応じ、文部科学大臣の定める設置基準に従ってこれを設置することとされており（学校教育法第三条）、高等教育機関については、それぞれ大学設置基準、大学院設置基準、短期大学設置基準、高等専門学校設置基準、専修学校設置基準が定められている。

公立又は私立の大学（短期大学を含む）および高等専門学校の設置や学位の変更を伴う学部等の新設・改組には、文部科学大臣の認可が必要であり、大学設置・学校法人審議会が諮問を受けて審査する。同審議会には大学設置分科会と学校法人分科会があり、前者は公立、私立の大学および高等専門学校の教学事項について、後者は私立の大学および高等専門学校の設置者である学校法人の審査を行う。なお、国立大学は、同審議会の審査の対象とはなっていないが、公私立大学において文部科学大臣の認可が必要とされる変更を国立大学が行う場合には、文部科学大臣は同審議会に意見を聴くことになっている。

高等教育全体の規模については、文部省（当時）に置かれた高等教育懇談会が一九七六（昭五一）年にまとめた「高等教育の計画的整備について」の方針を皮切りに、一九九三年度以降一八歳人口が減少に転ずるのを踏まえ、大学等の新増設と定員増は原則として抑制されてきた。

しかし、政府の強力な規制改革方針のもと、二〇〇一（平一三）年に内閣府に設置された総合規制改革会議の「規制改革に関する第一次答申」において大学・学部の認可に対する抑制方針の見直しが提唱されたことにより、二〇〇二年度以降、高等教育の量的規制方針が撤廃され、設置認可の弾力化がすすめられた。同時に、高等教育機関の質は、設置認可による事前規制と、認証評価による事後チェックの組み合わせによって質を保証するというシステムへの転換が図られた。

（前田早苗、吉田武大）

4　学生と高等教育

高等教育機関は、長年にわたり改革の波にさらされている。その契機となったのは、一九八四（昭五九）年八月に設置された臨時教育審議会（臨教審）である。これまでも高等教育制度改革については中央教育審議会をはじめとして様々な検討が行われてきた。しかし、臨教審がユニバシティ・カウンシル（後の大学審議会）の創設とそこでの臨教審答申の具体化を示唆したことは、従来、大規模な制度改革が提唱されながらそれが実現されてこなかったことと大きく異なる点である。臨教審の提言によって一九八七（昭六二）年に設置された大学審議会（大学審）が、高等教育の個性化・多様化・高度化を推進するために精力的にまとめた数々の答申は、法令等の改正へと順次具体化されていった（なお、大学審は、その後中央省庁等の改革の一環として中央教育審議会（中教審）に統合され、中教審の下に置かれた大学分科会へと引き継がれた）。

以下に、一連の改革を主な法改正に則してみていくこととする。

①設置基準の大綱化

高等教育機関には、大学、短期大学、高等専門学校、専修学校の専門課程があり、そのそれぞれに対応して、設置に必要な最低の基準を定めた文部科学省令の設置基準（大学設置基準、大学院設置基準、短期大学設置基準、高等専門学校設置基準、専修学校設置基準）がある。これらの設置基準では、教育機関を構成する教育組織、教員組織、教員の資格、学生定員、卒業要件、施設・

設備などが規定されている。

一連の改革のなかでも高等教育に最も大きな影響を与えたのが、一九九一（平三）年に行われたいわゆる「大綱化」と呼ばれる設置基準の改正である。

大学設置基準を例にしてみると、まず、一般教育科目、外国語科目、保健体育科目および専門教育科目に区分されていた授業科目区分が撤廃されるという大きな変化がもたらされた。それぞれの科目区分ごとの修得単位数の定めもなくなり、卒業要件は、学生が修得すべき最低の総単位数を規定するにとどめられた。単位の計算方法も講義、演習、実験・実習・実技等の三種類に分けて明確に決められていたものが、講義・演習と実験・実習・実技等の二通りに区分し、それぞれ一定の範囲内で大学が自由に単位設定できることとなった。

このほか授業日数について、年間の合計日数の削除、授業期間、授業を行う学生数など、定量的な規定が大幅に緩和された。

また、教員組織についても、大学全体としての必要専任教員数は変わらないものの、授業科目区分の撤廃により、一般教育科目を担当する必要専任教員数の規定を廃止し、その配置については、大学の裁量にゆだねられた。この改正以降、国立大学教養部の解体に見られるように、一般教育をもっぱら担当する組織を存続させている大学は、ほとんどない。

大学等の設置認可の審査を行うのは、大学設置・学校法人審議会である。審査に当たっては、審議会内規等で審査基準を細かく定めていたが、政府の規制改革方針を踏まえ、二〇〇三（平一五）年から内規等が廃止され、最低限必要な基準のみを告示以上の法令で規定することとされた。いわゆる設置認可の「準則化」である。審査内規等の廃止により、学部改組等、これまでの認可から届出に変わった事項が大幅に増加し、今後も大学による大規模な組織変更が行われることが予想される。

これらの改正は、従来の設置基準が、高等教育の画一化を招いていたとの反省からなされたものであり、高等教育機関が、一八歳人口の減少と社会状況の変化による学生の多様化に対応し、教育の実質化を図ること、そして大学による特色あるカリキュラムの編成を可能にすることを目的としていた。しかし、その意図に反し、大学が一般教育軽視の風潮を生んだとの指摘や大学改革が実質的な成果を生んでいないとの批判もある。

設置基準の大綱化から始まった規制緩和を経て、今、最も重視されているのが、学生の「学び」の実質化である。高等教育機関には、多様化する学生のニーズや学習形態に対応して、シラバスによる明確な授業内容の提示、キャップ制（一学期または一年間の履修登録単位数の上限設定）の導入、ＧＰＡ制度を活用した厳格な成績評価などが求められている。また、教員の組織的な教育改善のための研修・研究（ファカルティ・ディベロップメント（ＦＤ））は設置基準でその実施が義務づけられた。こうした新たな仕組みを形骸化させず、有効活用することがこれからの高等教育機関の使命となろう。

②大学院制度の弾力化

大学院は、学校教育法で大学に置くことができるものとされている。

その大学院についても、質的・量的整備を目指して平成元年に大学院設置基準が改正された。主な改正には、博士課程の目的変更（高度専門職業人養成を目的に加える）、昼夜開講制の制度化と夜間大学院の設置、修士課程の修業年限の弾力化、大学院入学資格の弾力化、大学院教員資格の改正（社会人の登用）、大学院の組織編制の弾力化などがある。一九九九（平一一）年には高度専門職業人養成に特化した実践的な教育を行う修士課程として、専門大学院制度が設けられた。この改正に対応して設置された専門大学院は数校のみであったが、その後、司法制度改革の中心である法曹養成を支える法科大学院の設置に向け、これをさらに発展させて二〇〇三（平一五）年に専門職大学院制度が導入された。

専門職大学院における人材養成機能については、社会から注視されているところだが、従来型の大学院についても、修士課程、博士課程のそれぞれにおいて教育の実質化と国際的な通用性、信頼性の向上が求められている。

③学位制度の見直し

学位は、学校教育法および学位規則で大学がその授与権を持つものとされている。一九九一（平三）年までは学位は修士と博士のみで、その種類（たとえば文学修士、医学博士など）もそれぞれ学位規則で規定されていた。世界では、日本の学士に相当する資格は「学位」であることが多いなかで、大学卒業者に与えられる学士は「称号」にすぎなかった。しかし、上に見てきたように大学院の拡充にともない、学位授与の円滑化を図るために、一九九一（平三）年に学位制度の見直しが行われた。

まず、学位の専攻分野ごとの種類は廃止され、大学の判断により専攻分野を付記して学位を授与することとなった。また、それまで「称号」だった学士は「学位」として位置づけられ、新たに短期大学および高等専門学校の卒業生に対して準学士の称号が与えられた。その後二〇〇五（平一七）年より、短期大学の卒業生には短期大学士という学位が、専修学校の専門課程の修了者には専門士または高度専門士の称号がそれぞれ与えられることになった。特に高度専門士は、専門士より就業年限、総授業時数において高い基準の課程であることが要件とされており、高度専門士を取得した学生には大学院進学の資格が付与される。

専門職大学院の課程を修了した学生に与えられる学位は、修士（専門職）と明記して従来型の大学院と区別するものとしている。ただし、法科大学院修了者には法務博士（専門職）が、教職大学院修了者には教職修士（専門職）が授与されることが学位規則で規定されている。

また、学位制度の見直しと同じ一九九一（平三）年には、高等教育段階の様々な教育機会において大学卒業者・大学院修了者と同等の学修を修めた者に対する学位授与の道を開くために学位授与機構（現在の独立行政法人大学評価・学位授与機構）が創設された。

学位は、高等教育機関で提供される教育の成果であることから、学位制度の見直しが高等教育の改革と密接にかかわっているのは当然のことであるが、他方、学生、教員、研究者等が国境を越えて流動する国際化の時代にあっては、学位の質・水準が一国の教育の質を表す重要な役割を果たすようになっており、学位とそこで提供される教育の質の問題が高等教育の中心課題のひとつになっている。

④学生支援

学生が安んじて学修を行うためには、学生の生活にかかわる支援も重要である。こうした支援は、様々な民間団体によっても担われているが、中心的な役割を果たしているのは、独立行政法人日本学生支援機構である。同機構は、独立行政法人通則法及び独立行政法人日本学生支援機構法に基づき、二〇〇四（平一六）年四月一日に設立された独立行政法人である。同機構は、日本育英会の奨学金貸与事業、日本国際教育協会、内外学生センター、国際学友会、関西国際学友会の各公益法人の留学生交流事業及び国による留学生に対する奨学金の給付事業、学生生活調査等の事業を整理・統合して、学生支援事業を総合的に実施している。

このうち、日本人学生に対する奨学金貸与事業は、学業成績が優秀であるにもかかわらず、経済的な理由で修学困難な学生に対する学資金の貸与を目的としたもので、日本育英会が実施していた当時の一九八四（昭五九）年に、従来から実施していた無利子の貸与制度（第一種）に加え、有利子の制度である第二種を創設した。その後一九九九（平一一）年の奨学金制度改革で第二種が大幅に拡大されることとなった。奨学金貸与を受けている学生数においても貸与総額においても、無利子の第一種より有利子の第二種のほうがはるかに多い。第二種は、第一種に比して学業成績に関する審査が緩やかで、家族の年収の上限が高い。所得の低い家庭にとっては、利子が付くことで後の返済への不安感もある。こうした点は、本来の奨学制度からすると課題を残す点である。

⑤生涯学習

設置基準の大綱化は、国民の意識や生活の多様化とそれに伴う学習ニーズ・学習形態の変化に対して、大学の教育提供の仕組みにも大きな変化をもたらした。たとえば、社会人に対してパートタイム形式で教育が受けられるよう、単位取得を目的とする科目登録制や、コースとして設定された複数の授業科目の単位を修得するコース登録制、昼夜開講制の制度化、入学前や他大学等で取得した単位を自大学の卒業必要単位に組み入れることを可能とした単位認定制度などがそれである。現行の設置基準では、卒業に必要な単位のほぼ半分までもが、自大学以外の単位の認定によることが可能となった。

さらに二〇一〇（平二二）年からは、複数の大学が相互に教育研究資源を有効に活用し、共同で教育研究を実施する共同教育課程が編成できるようになった。この制度改正の主なねらいは、地方の高等教育の活性化にあり、学生の学習の場の選択が広がることにもつながる。

このような大学の正規の単位を取得できる学習機会の拡大に加えて、二〇〇八（平成二〇）年度から、新たに履修証明制度が創設された。同制度の目的は、大学等（大学、大学院、短期大学、高等専門学校、専門学校）が多彩なプログラムを開設し、社会人等の多様なニーズに応じた学習機会を提供すること、さらには履修証明プログラムを各種資格の取得と結びつけたり、職能団体、地方公共団体、企業等と連携して提供するなどして、学習成果としての履修証明書を職業キャリア形成に活用することにある。

同プログラムは、体系的な知識・技術等の取得を目指した教育プログラムであること、総時間数一二〇時間以上でなければならないこと等から、広く一般市民を対象とした公開講座とは別に設定しなければならない（ただし、大学の正規の授業科目を組み合わせることは可能である）。

この履修証明は、資格証明（Certificate）が定着している欧米に対応するものであり、社会に浸透することで、新しい高等教育ニーズの創出が期待されている。

一方、地域レベルの生涯学習振興施策として、一九九〇（平二）年に「生涯学習の振興のための施策の推進体制等の整備に関する法律」が制定され、同法に基づき、相当数の都道府県に生涯学習審議会が設置されるなど、生涯学習機会の整備と振興がはかられるようになった。

二〇〇八（平二〇）年二月に出された中教審答申「新しい時代を切り拓く生涯学習の振興方策について—知の循環型社会の構築を目指して—」は、国民一人ひとりの生涯を通じた学習を支援し、その学習成果を活用して社会全体の教育力の向上につなげ、さらに新たな学習の需要を創出するという「知の循環型社会」の構築を目指している。

世界でも類を見ない少子高齢化を迎えた我が国において、高等教育の充実は知識基盤型社会の確立に欠かすことはできない。こうしたなかで、高等教育機関は教育を提供する場から学生が主体的に学ぶ場へとその役割を変化させてきた。どのような内容とレベルの教育を提供するかではなく、学生が何を獲得したかを明らかにすることが求められているのである。

（前田早苗）

5　認証評価

従前、日本では大学設置基準による設置認可や視学委員実地視察といった一種の大学評価が行われてきたが、設置基準が到達すべき最大限の基準とみなされる傾向があり、大学の改善にまで結びつくことは少なかった。そのため、一九九九（平一一）年の設置基準改正において自己点検・評価の実施とその結果の公表などが大学に求められるようになった。また、文部科学省は、設置認可の大幅な弾力化を進めるとともに「事前規制から事後チェックへ」の方針のもと、二〇〇二（平一四）年に学校教育法等を改正し認証評価制度を制定した。同制度により、二〇〇四（平一六）年度から全ての大学・短期大学・高等専門学校等は七年以内ごとに、専門職大学院は五年以内ごとに認証評価を受けることが義務付けられた。

この認証評価は、文部科学大臣に認証評価機関として認証を受けた機関が実施するもので、大学等の教育研究、組織運営および施設設備の総合的な状況についての評価（機関別認証評価）と専門職大学院の教育課程、教員組織その他教育研究活動の状況についての評価（専門分野別認証評価）がある。二〇一〇（平二二）年四月現在、十一機関が認証され評価を行っており、大学等は複数の認証評価機関の中から評価を受ける機関を選択することができる。

評価機関の認証については、「学校教育法第一一〇条第二項に規定する基準を適用するに際して必要な細目を定める省令」に示された要件を評価機関が具備することが求められ、文部科学大臣が中央教育審議会に諮問した上で認証する。同省令では、認証評価機関の定める評価基準に含まれるべき事項のほか、当該評価が大学等の行う自己点検の分析を基にしていること、実地調査を行うこと、大学の教育研究活動等に関し識見を有するものが評価業務に従事していること、大学の教員がその所属する大学を対象とする認証評価の業務に従事しないよう必要な措置を講じていること、認証評価の業務に従事する者に対し研修の実施その他の必要な措置を講じていること等、評価の仕組みの大枠が定められている。

認証評価機関は、その評価対象とする機関もしくは専門分野の種類ごとに認証される。現在（二〇一〇（平二二）年四月）認証評価機関は、大学の評価を行うものが三機関、短期大学四機関、高等専門学校一機関があり、分野別認証評価としては、法科大学院三機関、経営分野二機関、会計分野一機関、助産分野一機関、臨床心理分野一機関、公共政策分野一機関、ファッション・ビジネス分野一機関、産業技術分野一機関、教職大学院・学校教育分野一機関がある。認証評価機関は、それぞれに評価基準を定めており、同評価基準に従って評価を行う。評価の方法としては、上述の大学等の行う自己点検の分析、実地調査を行うほか、大部分の機関がピア・レビューを謳う。認証評価の評価結果は公表することが求められるが、その形式については法令による特段の定めはなく、各評価機関は評価区分ごとに記述式でとりまとめ、評価報告書として公表している。

機関別認証評価を行う団体を概観すると、独立行政法人大学評価・学位授与機構は、大学、短期大学、高等専門学校、法科大学院の認証評価を行う機関であり、「大学評価基準」、「短期大学評価基準」、「高等専門学校評価基準」、「法科大学院評価基準要綱」を策定している。法科大学院を除いた基準には「選択的評価事項」(「研究活動の状況」、「正規課程の学生以外に対する教育サービスの状況」)が設定されている。

財団法人大学基準協会は、一九四七(昭二二)年大学関係者によって設立された団体であり、日本の大学評価では最も歴史のある団体である。大学、短期大学、法科大学院、経営系専門職大学院、公共政策系の専門職大学院の認証評価を行う。二〇〇七(平一九)年度までは、評価結果と会員に加盟する審査が結びついた仕組みを有していた関係で、加盟判定審査と相互評価という二種類の評価を行っていたが、二〇〇八(平二〇)年度より一つの評価に統合された。会員制を採用しており、国公私立合わせて三三一の正会員と二一六の賛助会員がある(二〇〇九(平二一)年四月)。「大学基準」、「短期大学基準」、「法科大学院基準」、「経営系専門職大学院基準」、「公共政策系専門職大学院基準」を策定している。

財団法人日本高等教育評価機構は、日本の私立大学の六割が加盟する日本私立大学協会の支援により設立された財団法人で、大学および短期大学の認証評価を行う団体である。会員制を採り、私立大学三〇八大学が加盟している(二〇一〇(平二二)年四月)。「大学評価基準」および「短期大学評価基準」、「ファッション・ビジネス系専門職大学院評価基準」を定め、評価を行っている。

財団法人短期大学基準協会は、日本私立短期大学協会の支援により設立された団体であり、短期大学の認証評価を行う団体である。会員制を採り、三五〇校の短期大学が加盟している(二〇〇九(平二一)年七月)。「短期大学評価基準」を定めており、協会が行う「第三者評価」を認証評価と位置づけている。

財団法人日弁連法務研究財団は、法律実務の研修、法および司法制度の研究、法情報の収集と提供を目的とする財団法人であり、二〇〇四(平一六)年に認証評価機関として認証された団体である。「法科大学院評価基準」により法科大学院の評価を行う。このほかの専門分野別認証評価を行う団体として、特定非営利活動法人国際会計教育協会会計大学院評価機構、特定非営利活動法人ＡＢＥＳＴ21、特定非営利活動法人日本助産評価機構、財団法人日本臨床心理士資格認定協会、一般社団法人日本技術者教育認定機構、教員養成評価機構がある。

なお、一般社団法人日本技術者教育認定機構は、ＪＡＢＥＥ(Japan Accreditation Board for Engineering Education)という名称でも知られる評価団体で、一九九九(平一一)年に設立された非政府団体である。比較的早い時期から評価(アクレディテーション)を行っており、技術系学協会と連携しながら、「日本技術者教育認定基準」により技術者教育プログラムの審査・認定を行ってきた。二〇一〇(平二二)年には、認証評価機関として認証も受け、産業技術系専門職大学院の認証評価も行うこととなった。

(和賀　崇)

6 高等教育行財政と「学校」経営

日本の高等教育行政機関としては、内閣府、文部科学省等があるが、それら機関の政策審議、実施に際して、審議会の役割は小さくない。審議会等は、二〇〇一(平一三)年の中央省庁再編によって、基本的な政策を審議事項に含む基本的政策型審議会と、法令によって審議会等が決定・同意機関とされ、当該事項のみを審議事項とする法施行型審議会に整理・統合された。中央教育審議会は、「国家行政組織法」を根拠に設置され、従前の中央教育審議会を基に、大学審議会等を統合して発足したもので、五つの分科会がおかれている。科学技術・学術審議会は、六つの分科会を置く。

以上の二審議会は基本的政策型に分類される。大学設置・学校法人審議会は、法施行型の審議会であり、文部科学大臣は大学の設置、寄附行為の認可等の事項について権限を行使する場合には同審議会に諮問しなければならない旨定められている。同審議会学校法人分科会の委員については、「教育基本法」や「私立学校法」の趣旨に則り、私立大学の職員や学校法人の理事等が多数を占めるよう規定されており、また一定要件を具備した団体があるときには当該団体から推薦された者でなければならないと定められている。

財政の仕組みは、設置者によって大きく異なるが、私立大学に対しては「私立学校振興助成法」や「私立大学の研究設備に対する国の補助に関する法律」に基づき、公的資金による財政支援が行われている。「私立大学の研究設備に対する国の補助に関する法律」では、教育研究装置設備等に対する助成が行われ、また、「私立学校法」および「私立学校振興助成法」では経常的経費に対する助成と同法に基づく種々の税制上の優遇措置が採られている。「私立学校振興助成法」による補助は、間接補助であり、日本私立学校振興・共済事業団を通じて行われる。なお、同団は、補助金の交付、資金の貸付けおよび共済制度を運営する文部科学省所管の特殊法人である。学校法人は、同法に定める経常的経費の補助を受ける場合、文部科学大臣の定める「学校法人会計基準」に従って会計処理を行い、貸借対照表、収支計算書その他の財務計算に関する書類を作成しなければならない。また、設置者によらず、国から補助金の交付を受けている場合、「補助金等に係る予算の執行の適正化に関する法律」により、文部科学大臣の監督も受ける。同法にいう「補助金等」には、例えば科学研究費補助金等が該当する。

国立大学は二〇〇四（平一六）年に法人化され、従前「国立学校設置法」によって設置されていたが、二〇〇三（平一五）年に成立した「国立大学法人法」等により設置されるものとなった。国立大学法人には、「独立行政法人通則法」の一部の規定が準用されるが、「国立大学法人法」において「国は、この法律の運用に当たっては、国立大学及び大学共同利用機関における教育研究の特性に常に配慮しなければならない」（第三条）と教育研究の特性への配慮が明示されており、学外役員制度や独自の評価システム、学長選考や中期目標設定などにおいて大学の特性・自主性を考慮している。国立大学法人における会計は、「国立大学法人会計基準」による。授業料の額等は「国立大学等の授業料その他の費用に関する省令」によって定められる。また、法人化により、職員の身分は「国家公務員法」等の規定が適用されない非公務員型となり、給与等は各国立大学法人が定めるものとなったが、刑法その他の罰則の適用については「法令により公務に従事する職員」（第一九条）とみなされている（「みなし公務員」）。弾力的な人事システムに移行することで、兼職・兼業の規制が緩和され産学連携をより容易に行うことなどが可能となった。なお、国立大学の法人化に伴い、国立大学財務・経営センター、大学評価・学位授与機構等の大学共同利用機関も独立行政法人となった。

「労働基準法」や上掲以外の教職員の就業に関する法令として、一九九七（平九）年に成立した「大学の教員等の任期に関する法律」は、国公私立大学の教員の労働契約において、任期を定めることができるとした。そのほか、育児・介護を行う労働者の雇用の継続や再就職の促進を図り、職業生活と家庭生活の両立を図る「地方公務員の育児休業等に関する法律」および「育児休業・介護休業等育児又は家族介護を行う労働者の福祉に関する法律」や、募集・採用、配置・昇進、教育訓練、福利厚生、定年・退職・解雇において、男女差をつけることが禁止され、またポジティブ・アクション（積極的差別是正措置）としてその差の解消を目指す「雇用の分野ににおける男女の均等な機会及び待遇の確保等に関する法律」（男女雇用機会均等法）がある。男女雇用機会均等法は、二〇〇六（平一八）年の改正により、男女双方への差別を禁じるものとなった。

情報公開に関しては、国等の行政文書の原則開示を義務づける「行政機関の保有する情報の公開に関する法律」、「独立行政法人等の保有する情報の公開に関する法律」が成立したことにより、すべての行政機関、独立行政法人等の保有する行政文書が公開の対象とされた。一方で、個人情報の保護についても法整備が進められており、「個人情報の保護に関する法律」、「行政機関の保有する個人情報の保護に関する法律」等によって保護されている。

一九八〇年代以降、大学入学資格の弾力化、大学設置基準の大綱化等、諸規制の緩和がなされてきた。今般行政改革委員会等の報告を受けて設定された、いわゆる教育特区は、株式会社による学校設置の容認、大学設置基準の緩和（運動場設置の弾力化、空地確保の弾力化）、インターネットを利用した教育を行う大学・大学院について各種施設の基準の弾力化等の取り組みが認められている（「文部科学省関係構造改革特別区域法第二条第三項に規定する省令の特例に関する措置及びその適用を受ける特定事業を定める省令」）。規制緩和の進行と同時に、アカウンタビリティの履行も求められており、国立大学法人等は「国立大学法人法」、「独立行政法人通則法」や「行政機関が行う政策の評価に関する法律」の定めにより、目標に対する評価やその結果の公開も求められる。

（和賀　崇）

7 私立大学のガバナンスとマネジメント

教育の普及と経済発展との間に密接な関係があることは、世界銀行のレポートでも指摘されているが、特に高等教育については経営革新や科学技術開発に対する波及効果を通じて、経済成長に貢献すると述べている。

「知識に対する投資は、最高の金利をもたらす」という言葉があるように、教育を通じた人的資本投資は労働の質の向上につながり、それが経済の発展に結びつく。すなわち、一国の経済でも、また個人レベルでも、教育は経済成長と生活水準の向上にきわめて重要な決定要因になっているわけである。

経済が成長し、国民所得が上昇すると、家計の学費負担能力が高まり、大学への進学率を押し上げるという相関にある。戦後、我が国の経済成長と進学率の推移を検証してみると、一九五五（昭三〇）年の国民一人当たりGDPは、ドル換算で二〇〇ドル（以下、為替変動要因を加味しない単純換算）だった。当時、経済成長レースの先頭を走る米国は、既に二〇〇〇ドル。ここから、我が国の先進国を目指したキャッチ・アップがスタートした。

一〇年後の一九六五（昭四〇）年には約一〇〇〇ドル。一九七五（昭五〇）年には、四五〇〇ドル、一九八五（昭六〇）年には、一万一〇〇〇ドルとなり、一九八七（昭六二）年には、二万ドルを突破して米国を追い抜いた。そして一九九三（平五）年には、三万五〇〇〇ドルとなり、OECD諸国のトップに躍り出た。

この間の大学・短大への進学率を見ると、一九五五年の一〇・一％の〝エリート型〟から、一九六五年には一七・〇％の〝マス型〟へと変化、一九七五年には三八・四％と上昇した。その後、一八歳人口の急増期には一時的に落ち込むことがあったものの、一九九三（平五）年には四〇％を超え、二〇〇五（平一七）年にはついに五〇％を超えて〝ユニバーサル型〟に突入している。

つまり、高等教育の発展は制度設計や法の整備に加えて、経済成長が欠かせない要因となっているのである。このように、我が国の高等教育は経済発展と国民の高学歴志向の高まりの下で拡大と発展を遂げてきたが、大学数でも学生数でも、その多くの部分を担ってきた私立大学の存在を抜きには語れない。

しかし、一九九二（平四）年の二〇五万人をピークに一八歳人口のマーケットが縮小、さらに規制緩和によって大学数が増加、私立大学は学生確保に向けて熾烈な競争環境の下に置かれることになった。私立学校振興・共済事業団の調べによると私立大学の定員割れは一九九九（平一一）年に前年の倍以上の八九校、一九・八％に増加して以来、年々増え続けている。二〇〇九（平二一）年には、私立大学の約半数に当たる四六・五％が、また短大は七割近い六九・一％が定員割れを起こしている。学費依存率が高く財政基盤が脆弱な私立大学は、学生数が確保できなければ、経営危機に直面する。財政状況が悪化し、経営危機に陥ったため民事再生法の適用を受けて再建に取り組む大学のほか合併、閉鎖に追い込まれる大学も現れている。このような状況を受け、私立大学・短大の経営母体である学校法人に経営理念の確立や管理運営体制の整備が求められることとなった。

二〇〇五（平一七）年には、「私立学校法」の一部が改正され理事・監事の役割と責任が明確化され、さらに財務情報の公開も義務付けられた。コンプライアンス（法令順守）やアカウンタビリティ（説明責任）といった大学のガバナンス機能の強化とマネジメント能力の向上を目指すものである。このほか、私立大学を取り巻く法律としては、「学校教育法」や「私立学校振興助成法」「学校法人会計基準」「補助金等に係る予算の執行の適正化に関する法律」等があり、それぞれ大学経営や管理運営に欠かせないものばかりである。

私立大学は人材を養成し、我が国の経済発展に寄与するという公共性の高い存在である。そのため、私立大学を経営する学校法人は、納税の義務を免除され、また多額の経常費補助金が投入されるなど多くの特典が与えられている。このような考え方に立てば、納税者あるいは国民から支持され、信頼される経営を行うことは当然といえる。そのためには、大学自身が透明性と自律性に立脚した経営理念を確立することが求められている。

（船戸高樹）

8 大学の国際化政策

我が国の法は、我が国の大学の在り方を規定している。しかし、我が国の大学は、大学が興った当初から外国人教師を雇い入れているなど、必ずしも国境のなかに閉じて存在するものではなかった。そして今日の国際化の進展は、学生や教員、さらには教育そのものが国境を越える環境をも生み出し、もはや大学に関係する法は我が国の法令だけにとどまらず、交流する相手国の法や教育制度までも視野に入れなければならなくなっている。

大学の国際化を最も端的に表すのは留学生の存在である。我が国が留学生受入に関する計画を明確に打ち出したのは、一九八三（昭五八）年の中曽根内閣による「留学生一〇万人計画」であった。当時の一万人程度の留学生数を、二〇年かけて現在の一〇万人程度まで増加させ、二〇〇九年の留学生数は、およそ一三万人となっている。うち半数以上が中国からの留学生であり、アジア地域からの留学生が九二％を占めている。なお、留学生数は現在伸び悩んでおり、福田内閣が国際競争力を強化するために「留学生三〇万人計画」を策定したが、財政逼迫の現状を背景にその将来が見通せない状況となっている。

しかしながら、少子化の波を受けている大学にとっては、組織を存続させるためにも海外から来る留学生は重要な存在となっている。また、知識基盤立国を目指す我が国にとって、大学院で学び、高度な研究に勤しむ留学生も、知的資源としてまた無視できない存在である。実際、厚生労働省が策定する雇用政策基本方針でも、国際競争力強化の観点から、専門的・技術的分野の外国人について、我が国での就業を積極的に促進することとされている。

法的に見て留学生受入に関して最も重要なのは、「出入国管理及び難民認定法」である。大学が入学許可証や在学許可証を外国人学生に発行することを通じて、外国人学生は在留資格「留学」の日本国査証を手に入れることができ、それによって日本国内の大学で教育を受ける活動ができることとなる。また、留学生は、資格外活動許可を得ることによって、時間と場所に制約はあるものの就労することができるが、その申請の際には大学の副申書が必要であるし、大学卒業後も日本国内で就職活動を継続する場合には大学からの推薦状が必要となっており、このような留学生の在学中および卒業後の活動にも大学の支援が必要となっている。

また、留学生の受入時には、当該学生が出身国で受けてきた教育が日本の教育とは異なることに留意すべきである。大学に入学することのできる者は学校教育法および学校教育法施行規則で定められているが、外国の教育課程の修了者は、「大学入学に関し、高等学校を卒業した者と同等以上の学力があると認められる者」という範疇で大学入学資格を得ることとなる。

さらに、国境を越える教育への対応としては、二〇〇五（平一七）年に学校教育法施行規則、および大学設置基準等が一斉に改正され、外国大学日本校のうち、当該外国の学校教育制度において、当該外国大学の一部と位置付けられているものについては、当該外国大学に準じて取扱うこと、そして我が国の大学が外国において教育活動を行う場合、大学設置基準等を満たしたものについては我が国の大学の一部と位置付けることを可能とした。すなわち、外国大学日本校を文部科学省が認定することで、その学生や卒業生を外国大学のそれと同等に扱うことができるようにし、また我が国の大学が国際展開できる素地を法的に提供した。また、二〇〇八（平二〇）年には、文部科学大臣が定めることとされている事項が告示として出され、外国に設けられた組織における専任教員数、校地面積、校舎面積は国内と同様に要件が付され、学位の種類及び分野が国内と同一であること、授業科目が恒常的に開設されていること、学長が校務をつかさどり、所属職員を統督していることなどの要件が明確化された。

現在、編入学や単位互換等、様々な方法で外国大学との交流が行われており、卒業時に複数の大学が関係して複数の学位を提供するような事例（ダブル・ディグリー、ジョイント・ディグリー、ツイニング・プログラム等）も多数見られる。もはや、学生が一つの大学、一つの国の中だけで学位取得の条件を満たすという前提は、崩れつつある。

文部科学省の調査によれば、二〇〇六（平一八）年一〇月時点で、大学等機関が締結している交流協定は一三四八四件にのぼり、そして我が国の九六の大学等機関が合計二七六の海外拠点を設置している。また、戦略的国際連携支援のプログラムや二〇〇九（平二一）年度から開始された国際化拠点整備事業（グローバル30）のように、国際共同・連携支援を目的とした政府主導のプログラムも提供されている。最近でこそ、このような国際展開に際して大学が組織として活動する事例も見られるものの、多くの場合、大学の国際展開は教員個人の興味や個人的な関係が中心となっているのが常態である。しかしながら、特に教育プログラムの国際展開は、複数国間の法制度や教育制度の違いにも配慮しなければならず、さらにはそのプログラムで学ぶ学生が存在する以上、プログラムの継続性と質の保証が問われる。我が国の大学、対象国の大学、両国政府、両国質保証機関等の多面的な質の保証が必要とされ、ユネスコ／ＯＥＣＤ『国境を越えて提供される高等教育の質保証に関するガイドライン』（Guidelines for Quality Provision in Cross-border Higher Education）などを参考にしつつ、我が国の高等教育としての質の保証に配慮しなければならない。（齊藤貴浩）

9 科学技術政策

基本的な科学技術振興のため、一九九五（平七）年に制定された「科学技術基本法」の下、「科学技術基本計画」が策定されている。その策定と実行を狙い、総合的な科学技術政策の企画立案および総合調整を行うのが、総合科学技術会議であり、内閣府に置かれた四つの「重要政策に関する会議」の一つである。そのほか、内閣府の特別の機関で、科学に関する重要事項を審議し、その実現を図ることなどを職務としている日本学術会議や、文部科学省の特別の機関で、学術上功績顕著な科学者を優遇し、学術の発達に寄与するため必要な事業を行うことを目的とした日本学士院等により科学技術の振興が図られている。

産学連携の振興策としては、二〇〇〇（平一二）年に施行された「産業技術力強化法」により、大学および大学の教員に対する特許料等の軽減、民間企業の役員兼業規約の緩和等が可能となったほか、一九九八（平一〇）年に施行された「大学等における技術に関する研究成果の民間事業者への移転の促進に関する法律」（ＴＬＯ法）により、大学の技術や研究成果を民間企業へ移転する仲介役となる承認・認定ＴＬＯ（技術移転機関）の活動が国によって支援されることとなった。なお、研究施設等に関しても、国と国以外の者との間の交流や施設の共用等を促進するための措置を講ずることにより、科学技術に関する試験、研究および開発の効率的推進を図ることを目的とする「研究交流促進法」や、国立大学法人が施設設備の整備に際し、文部科学省の判断を経て、ＰＦＩ（Private Finance Initiative）事業を展開することを可能とした「民間資金等の活用による公共施設等の整備等の促進に関する法律」等による推進策がとられている。

大学等の研究においては、様々な危険物質も取り扱われる。原子力もその一つであるが、日本の原子力政策の基本方針は一九五五（昭三〇）年に制定された「原子力基本法」に定められており、同法に基づき制定された「核原料物質、核燃料物質及び原子炉の規制に関する法律」、「放射性同位元素等による放射線障害の防止に関する法律」により当該施設・物質についての安全の確保のための規制が行われる。大学等に対しては「大学等における放射性同位元素等に関する安全管理の徹底について」、「大学等における毒物及び劇物の適正な保管管理の徹底について」等の通知文書によって注意喚起がなされてきた。また、その他の危険物質の管理、処理に関して「廃棄物の処理及び清掃に関する法律」等の定めがあり、加えて近年のテロ事件等に関連して「病原性微生物等の管理の徹底について」等の文書により、該当物質の厳重な管理が求められている。

高度な生命科学を研究する大学等においては、生命倫理に関する法整備も必要となる。遺体解剖実習等に関して、「医学及び歯学の教育のための献体に関する法律」等が定められている。また、近年、生命に関する倫理的問題、遺伝子操作による動植物の管理に関する問題も浮上してきた。罰則規定のある「遺伝子組換え生物等の使用等の規制による生物の多様性の確保に関する法律」が施行されているほか、「ヒトに関するクローン技術等の規制に関する法律」および同法に基づく「特定胚の取扱いに関する指針」は、クローン人間等の産生を禁じ、同法に定義する特定胚の取り扱いが適切になされるよう定めるものである。

研究開発活動によって生産された知識や技術等は、学術論文や特許として公開される。それらは、特許制度によって公開、保護されるのに加え、二〇〇二（平一四）年には知的財産権制度も成立し、より手厚く保護されることとなった。「知的財産基本法」は、二〇〇二（平一四）年に成立した法律で、特許権や著作権などの知的財産の創造、保護および活用に関する施策を推進することを目的としている。

（和賀　崇）

10　専門学校の制度と実体

①専門学校の制度

学校教育法は、いわゆる「一条校」以外に、同法第一二四条に根拠を置き、職業教育もしくは実際生活に必要な能力を育成し、または教養の向上を図ることを目的とする学校種として「専修学校」の制度を設けている。同制度は、一九七六（昭五一）年に創設されたもので、従来より存した各種学校のうち、法の定める要件を充たすものが「専修学校」に転換した。

専修学校は、入学資格などの違いにより、専門課程、高等課程、一般課程の三つの課程に分かれている。これらのうち、高等学校卒業程度を入学資格とする専門課程を擁する専修学校に対し、法は「専門学校」と称することを認めてきた（学教法第一二六条二項）。そして、この専門学校には、そこに専門課程が置かれていることを以って、高等教育機関としての位置づけも付与されてきた。

近年における新規高卒者の専門学校への進学率は、各種職業資格の取得等、一定水準の実務能力の習得を希求する昨今の学生の教育ニーズを反映して、短大への進学率を抜き、大学進学率に次ぐ高い率を維持している。

専門課程を含む専修学校は、「工業」、「農業」、「医療」、「衛生」、「教育・社会福祉」、「商業実務」、「服飾・家政」、「文化・教養」の八分野で教育活動を展開している。このうち、最近の学校基本調査において、専門学校への進学率が高いのは、「医療」、「文化・教養」、「工業」、「衛生」の各分野である。

専門課程を含む専修学校設置に係る要件は、学校教育法その他の法令の規定によるほか、専修学校設置基準により、教育内容、教育方法、教員組織、施設・設備等の領域毎に詳細に定められている。とりわけ、専門課程の教育内容・方法に関しては、高等教育の実施単位としての特性を踏まえた厳格な規定が用意されている点に、留意が必要である。なお、「各種学校」設置のガイドラインに関しては、各種学校規程が設けられている。

専修学校の設置認可等の手続は、都道府県単位で行われる。個別具体の手続は、学校教育法、同施行令、同施行規則等の諸規定に準拠して実施される。

ところで、専門学校と大学との関係について見ると、一九九一（平三）年の大学設置基準等の改正により、修業年限二年以上の専門学校での学修を、大学等の判断で単位認定できる仕組みが用意されたほか、一九九八（平一〇）年の学校教育法の改正に伴い、一定の履修要件を充たした専門学校修了者に対し、大学への編入学の門戸が開放された。

なお、一九九四（平六）年には、文部省告示により、所要の要件を充たす専門学校修了者に対し、「専門士」の称号を付与する制度が作られている。

さらには、二〇〇五（平一七）年、文部科学省告示を以って、修業年限四年以上でかつ一定の履修要件を充足した専門学校修了者に対して「高度専門士」の称号を付与するとともに、学校教育法施行規則の改正に伴い、上記該当者に大学院入学資格を認める制度が創設された（同規則第七〇条一項五号）。

今日、高等教育に対する需要が多様に変化していく中、高等教育機関としての専門学校の位置づけについては、制度面、実態面双方の観点から看過し得ないものがある。文部科学省内でも、一定の規模を擁し、高質の職業教育を展開する専門学校を対象に、これを新たな学校制度の中に位置づけその振興を図っていくことや、その一環として、上記専門学校に固有の設置基準を新設することの可能性について、検討が進められている。

昨今、相当数の大学において「大学の専門学校化」が進行しているといった指摘のなされている中で、大学・短期大学制度、さらには専門職大学院制度との対比を念頭に置きつつ、現行の専門学校に係る制度と実態及びその発展方向について思いを致すことには、将来の高等教育像を展望していく上でも大きな意義があるといえる。

（早田幸政）

②専門学校の実体

専門学校の進学率の急速な向上には、大きな社会背景を見ることができる。

一つは学歴主義の衰退である。高学歴よりは、実社会に即し、就職後に成果を問われる時代に入っている。大手企業が履歴書に卒業学校を記さないように指示をしたり、求人の応募資格に学歴不問の文字が飛び交うようになった現象も後押しをしている。

もう一つには専門的職種がブームになったことが挙げられる。エリートとは逆の実力主義的な仕事観が若者に人気を集めている。その背景には、メディアの力も大きく働いている。例えば、テレビ番組の主人公が、インテリアコーディネーターやグラフィックデザイナー、カメラマン、ファッションデザイナーであるというように、専門的職種がもてはやされており、専門的職業が、職業訓練校の排出先というイメージを払拭したことは大きい。

しかし、テレビの料理番組がヒットすれば、料理専門学校の進学率が向上するという状況は、現代の若者達が職業を表面的に理解し、目先の憧れなどで進路を選択していることの顕著な現れである。また、専門学校も学生数の拡大、確保のために、メディアを利用し、それぞれの職種を憧れの職業として過大広告している実態も確かであり、その宣伝力は実務教育の学校ゆえに短大、大学にはまねのできない、魅力的なものとなっている。

このような社会背景が、卒業しても社会に通用しないとレッテルを貼られた短大の進学率を一気に抜き去った要因として挙げられる。

しかしながら、このような要因で拡大した専門学校には課題も多く残されている。

職業に就くことを目的とした専門学校の位置づけが、専門学校に入学した後に自己の適正が職業に合っているか否かを確認する機関へと変化している。これは社会メディアと過大広告が実際の職業とのミスマッチを発生させていることにある。また、専門学校自体も学生のモチベーションを維持することに追われ、そこでは学生の興味のある表面的な授業しか行われない実態もある。これらのことは、未就職者の増加や就職後にすぐに退職する専門学校の就職状況が裏付けている。また、専門学校の教員制度にも大きな問題がある。専門学校の講師の実態は、業界の仕事をしている非常勤講師に委ねている授業が多い。非常勤講師は専門職種としての能力には優れているものの、教えるという教職のプロではなく学習の機会もない。そのため学生への学習の動機付けやクラス運営等は不慣れで、現在の専門学校に在籍する学生達の学習意欲を喚起させることは難しい。この要因で、退学者を多数発生させる、また、非常勤講師の退職者も多く、教育の質が向上しないという悪循環が発生している。

専門学校の専門職講師の教育は、より業界に必要な能力を学生に涵養していく上での最優先課題であり、今後、専門教育に取り組む機関が同様に抱える問題となるだろう。

専門学校はさまざまな問題解決を迫られながら、学習機関の延長、(二年制から四年生、大学院)や専門士などの社会的資格などの基盤を整備し始めた。専門学校が生き残りをかけて、他校との差別化を図り特徴を生み出していきながらも、入学する学生の個々のニーズに柔軟に対応していく姿勢の表れと見て取れる。

さて、「大学の専門学校化」が進行している中、お互いに何をもって差別化していくことが望ましいのか、その方向性を見定めるに当り試行錯誤するところではあるが、そのヒントは業界企業の運営組織にあると考えられる。既に専門職種の業界は、学歴や学生が学んだ内容によって、人的組織をすみ分けている。例えば大手アパレル企業は、企画職や広報、営業職は専門的能力を必要としながらも大卒を戦力としており、デザインや制作、販売管理は専門学校卒、一般販売員は高卒といった具合に役割分担を明確にしている。

業界が役割を分担しているのであれば、教育側もその役割に応じた教育を行うことでおのずと進むべき方向が見えてくると言える。「大学の専門学校化」が進行している中、企業が専門学校に委ねられない人材への教育の期待は大きいと言える。補足すると、デザイナーや生産管理、一般販売職のように専門特化した人材をマネジメントできる人材の育成が期待される。専門職を使いこなせるだけの専門知識、更に専門職のスキルを最大限に活用し成果を出すことのできるマネジメント力を習得したゼネラリストが必要なのである。つまりスペシャリストの知恵やスキルを企業の利益、社会の利益に還元できるディレクター的な役割を担う人材の育成こそが、大学が担うべき専門学校化への方向性といえる。

更に言えば、優秀な専門職は、優秀なマネージャーによって活かされており、現在もそのマネージャー職は大卒の人材に委ねられている。業界、企業が「大学の専門学校化」に期待を寄せるとすれば、スペシャリストとゼネラリストをバランスよく習得したマネージャーに他ならない。

(吉原一雄)

一　基本

日本国憲法

昭和二十一年十一月三日公布
昭和二十二年五月三日施行

日本国民は、正当に選挙された国会における代表者を通じて行動し、われらとわれらの子孫のために、諸国民との協和による成果と、わが国全土にわたつて自由のもたらす恵沢を確保し、政府の行為によつて再び戦争の惨禍が起ることのないやうにすることを決意し、ここに主権が国民に存することを宣言し、この憲法を確定する。そもそも国政は、国民の厳粛な信託によるものであつて、その権威は国民に由来し、その権力は国民の代表者がこれを行使し、その福利は国民がこれを享受する。これは人類普遍の原理であり、この憲法は、かかる原理に基くものである。われらは、これに反する一切の憲法、法令及び詔勅を排除する。

日本国民は、恒久の平和を念願し、人間相互の関係を支配する崇高な理想を深く自覚するのであつて、平和を愛する諸国民の公正と信義に信頼して、われらの安全と生存を保持しようと決意した。われらは、平和を維持し、専制と隷従、圧迫と偏狭を地上から永遠に除去しようと努めてゐる国際社会において、名誉ある地位を占めたいと思ふ。われらは、全世界の国民が、ひとしく恐怖と欠乏から免かれ、平和のうちに生存する権利を有することを確認する。

われらは、いづれの国家も、自国のことのみに専念して他国を無視してはならないのであつて、政治道徳の法則は、普遍的なものであり、この法則に従ふことは、自国の主権を維持し、他国と対等関係に立たうとする各国の責務であると信ずる。

日本国民は、国家の名誉にかけ、全力をあげてこの崇高な理想と目的を達成することを誓ふ。

第一章　天皇

第一条　天皇は、日本国の象徴であり日本国民統合の象徴であつて、この地位は、主権の存する日本国民の総意に基く。

第二条　皇位は、世襲のものであつて、国会の議決した皇室典範の定めるところにより、これを継承する。

第三条　天皇の国事に関するすべての行為には、内閣の助言と承認を必要とし、内閣が、その責任を負ふ。

第四条　天皇は、この憲法の定める国事に関する行為のみを行ひ、国政に関する権能を有しない。

②　天皇は、法律の定めるところにより、その国事に関する行為を委任することができる。

第五条　皇室典範の定めるところにより摂政を置くときは、摂政は、大皇の名でその国事に関する行為を行ふ。この場合には、前条第一項の規定を準用する。

第六条　天皇は、国会の指名に基いて、内閣総理大臣を任命する。

②　天皇は、内閣の指名に基いて、最高裁判所の長たる裁判官を任命する。

第七条　天皇は、内閣の助言と承認により、国民のために、左の国事に関する行為を行ふ。

一　憲法改正、法律、政令及び条約を公布すること。
二　国会を召集すること。
三　衆議院を解散すること。
四　国会議員の総選挙の施行を公示すること。
五　国務大臣及び法律の定めるその他の官吏の任免並びに全権委任状及び大使及び公使の信任状を認証すること。
六　大赦、特赦、減刑、刑の執行の免除及び復権を認証すること。
七　栄典を授与すること。
八　批准書及び法律の定めるその他の外交文書を認証すること。
九　外国の大使及び公使を接受すること。
十　儀式を行ふこと。

第八条　皇室に財産を譲り渡し、又は皇室が、財産を譲り受け、若しくは賜与することは、国会の議決に基かなければならない。

第二章　戦争の放棄

第九条　日本国民は、正義と秩序を基調とする国際平和を誠実に希求し、国権の発動たる戦争と、武力による威嚇又は武力の行使は、国際紛争を解決する手段としては、永久にこれを放棄する。

②　前項の目的を達するため、陸海空軍その他の戦力は、これを保持しない。国の交戦権は、これを認めない。

第三章　国民の権利及び義務

第十条　日本国民たる要件は、法律でこれを定める。

第十一条　国民は、すべての基本的人権の享有を妨げられない。この憲法が国民に保障する基本的人権は、侵すことのできない永久の権利として、現在及び将来の国民に与へられる。

第十二条　この憲法が国民に保障する自由及び権利は、国民の不断の努力によつて、これを保持しなければならない。又、国民は、これを濫用してはならないのであつて、常に公共の福祉のためにこれを利用する責任を負ふ。

第十三条　すべて国民は、個人として尊重される。生命、自由及び幸福追求に対する国民の権利については、公共の福祉に反しない限り、立法その他の国政の上で、最大の尊重を必要とする。

第十四条　すべて国民は、法の下に平等であつて、人種、信条、性別、社会的身分又は門地により、政治的、経済的又は社会的関係において、差別されない。

②　華族その他の貴族の制度は、これを認めない。

③　栄誉、勲章その他の栄典の授与は、いかなる特権も伴はない。栄典の授与は、現にこれを有し、又は将来これを受ける者の一代に限り、その効力を有する。

第十五条　公務員を選定し、及びこれを罷免することは、国民固有の権利である。

② すべて公務員は、全体の奉仕者であつて、一部の奉仕者ではない。

③ 公務員の選挙については、成年者による普通選挙を保障する。

④ すべて選挙における投票の秘密は、これを侵してはならない。選挙人は、その選択に関し公的にも私的にも責任を問はれない。

第十六条 何人も、損害の救済、公務員の罷免、法律、命令又は規則の制定、廃止又は改正その他の事項に関し、平穏に請願する権利を有し、何人も、かかる請願をしたためにいかなる差別待遇も受けない。

第十七条 何人も、公務員の不法行為により、損害を受けたときは、法律の定めるところにより、国又は公共団体に、その賠償を求めることができる。

第十八条 何人も、いかなる奴隷的拘束も受けない。又、犯罪に因る処罰の場合を除いては、その意に反する苦役に服させられない。

第十九条 思想及び良心の自由は、これを侵してはならない。

第二十条 信教の自由は、何人に対してもこれを保障する。いかなる宗教団体も、国から特権を受け、又は政治上の権力を行使してはならない。

② 何人も、宗教上の行為、祝典、儀式又は行事に参加することを強制されない。

③ 国及びその機関は、宗教教育その他いかなる宗教的活動もしてはならない。

第二十一条 集会、結社及び言論、出版その他一切の表現の自由は、これを保障する。

② 検閲は、これをしてはならない。通信の秘密は、これを侵してはならない。

第二十二条 何人も、公共の福祉に反しない限り、居住、移転及び職業選択の自由を有する。

② 何人も、外国に移住し、又は国籍を離脱する自由を侵されない。

第二十三条 学問の自由は、これを保障する。

第二十四条 婚姻は、両性の合意のみに基いて成立し、夫婦が同等の権利を有することを基本として、相互の協力により、維持されなければならない。

② 配偶者の選択、財産権、相続、住居の選定、離婚並びに婚姻及び家族に関するその他の事項に関しては、法律は、個人の尊厳と両性の本質的平等に立脚して、制定されなければならない。

第二十五条 すべて国民は、健康で文化的な最低限度の生活を営む権利を有する。

② 国は、すべての生活部面について、社会福祉、社会保障及び公衆衛生の向上及び増進に努めなければならない。

第二十六条 すべて国民は、法律の定めるところにより、その能力に応じて、ひとしく教育を受ける権利を有する。

② すべて国民は、法律の定めるところにより、その保護する子女に普通教育を受けさせる義務を負ふ。義務教育は、これを無償とする。

第二十七条 すべて国民は、勤労の権利を有し、義務を負ふ。

② 賃金、就業時間、休息その他の勤労条件に関する基準は、法律でこれを定める。

③ 児童は、これを酷使してはならない。

第二十八条 勤労者の団結する権利及び団体交渉その他の団体行動をする権利は、これを保障する。

第二十九条 財産権は、これを侵してはならない。

② 財産権の内容は、公共の福祉に適合するやうに、法律でこれを定める。

③ 私有財産は、正当な補償の下に、これを公共のために用ひることができる。

第三十条 国民は、法律の定めるところにより、納税の義務を負ふ。

第三十一条 何人も、法律の定める手続によらなければ、その生命若しくは自由を奪はれ、又はその他の刑罰を科せられない。

第三十二条 何人も、裁判所において裁判を受ける権利を奪はれない。

第三十三条 何人も、現行犯として逮捕される場合を除いては、権限を有する司法官憲が発し、且つ理由となつてゐる犯罪を明示する令状によらなければ、逮捕されない。

第三十四条 何人も、理由を直ちに告げられ、且つ、直ちに弁護人に依頼する権利を与へられなければ、抑留又は拘禁されない。又、何人も、正当な理由がなければ、拘禁されず、要求があれば、その理由は、直ちに本人及びその弁護人の出席する公開の法廷で示されなければならない。

第三十五条 何人も、その住居、書類及び所持品について、侵入、捜索及び押収を受けることのない権利は、第三十三条の場合を除いては、正当な理由に基いて発せられ、且つ捜索する場所及び押収する物を明示する令状がなければ、侵されない。

② 捜索又は押収は、権限を有する司法官憲が発する各別の令状により、これを行ふ。

第三十六条 公務員による拷問及び残虐な刑罰は、絶対にこれを禁ずる。

第三十七条 すべて刑事事件においては、被告人は、公平な裁判所の迅速な公開裁判を受ける権利を有する。

② 刑事被告人は、すべての証人に対して審問する機会を充分に与へられ、又、公費で自己のために強制的手続により証人を求める権利を有する。

③ 刑事被告人は、いかなる場合にも、資格を有する弁護人を依頼することができる。被告人が自らこれを依頼することができないときは、国でこれを附する。

第三十八条 何人も、自己に不利益な供述を強要されない。

② 強制、拷問若しくは脅迫による自白又は不当に長く抑留若しくは拘禁された後の自白は、これを証拠とすることができない。

③ 何人も、自己に不利益な唯一の証拠が本人の自白である場合には、有罪とされ、又は刑罰を科せられない。

第三十九条 何人も、実行の時に適法であつた行為又は既に無罪とされた行為については、刑事上の責任を問はれない。又、同一の犯罪について、重ねて刑事上の責任を問はれない。

第四十条 何人も、抑留又は拘禁された後、無罪の裁判を受けたときは、法律の定めるところにより、国にその補償を求めることができる。

第四章　国会

第四十一条　国会は、国権の最高機関であつて、国の唯一の立法機関である。

第四十二条　国会は、衆議院及び参議院の両議院でこれを構成する。

第四十三条　両議院は、全国民を代表する選挙された議員でこれを組織する。

②　両議院の議員の定数は、法律でこれを定める。

第四十四条　両議院の議員及びその選挙人の資格は、法律でこれを定める。但し、人種、信条、性別、社会的身分、門地、教育、財産又は収入によつて差別してはならない。

第四十五条　衆議院議員の任期は、四年とする。但し、衆議院解散の場合には、その期間満了前に終了する。

第四十六条　参議院議員の任期は、六年とし、三年ごとに議員の半数を改選する。

第四十七条　選挙区、投票の方法その他両議院の議員の選挙に関する事項は、法律でこれを定める。

第四十八条　何人も、同時に両議院の議員たることはできない。

第四十九条　両議院の議員は、法律の定めるところにより、国庫から相当額の歳費を受ける。

第五十条　両議院の議員は、法律の定める場合を除いては、国会の会期中逮捕されず、会期前に逮捕された議員は、その議院の要求があれば、会期中これを釈放しなければならない。

第五十一条　両議院の議員は、議院で行つた演説、討論又は表決について、院外で責任を問はれない。

第五十二条　国会の常会は、毎年一回これを召集する。

第五十三条　内閣は、国会の臨時会の召集を決定することができる。いづれかの議院の総議員の四分の一以上の要求があれば、内閣は、その召集を決定しなければならない。

第五十四条　衆議院が解散されたときは、解散の日から四十日以内に、衆議院議員の総選挙を行ひ、その選挙の日から三十日以内に、国会を召集しなければならない。

②　衆議院が解散されたときは、参議院は、同時に閉会となる。但し、内閣は、国に緊急の必要があるときは、参議院の緊急集会を求めることができる。

③　前項但書の緊急集会において採られた措置は、臨時のものであつて、次の国会開会の後十日以内に、衆議院の同意がない場合には、その効力を失ふ。

第五十五条　両議院は、各々その議員の資格に関する争訟を裁判する。但し、議員の議席を失はせるには、出席議員の三分の二以上の多数による議決を必要とする。

第五十六条　両議院は、各々その総議員の三分の一以上の出席がなければ、議事を開き議決することができない。

②　両議院の議事は、この憲法に特別の定のある場合を除いては、出席議員の過半数でこれを決し、可否同数のときは、議長の決するところによる。

第五十七条　両議院の会議は、公開とする。但し、出席議員の三分の二以上の多数で議決したときは、秘密会を開くことができる。

②　両議院は、各々その会議の記録を保存し、秘密会の記録の中で特に秘密を要すると認められるもの以外は、これを公表し、且つ一般に頒布しなければならない。

③　出席議員の五分の一以上の要求があれば、各議員の表決は、これを会議録に記載しなければならない。

第五十八条　両議院は、各々その議長その他の役員を選任する。

②　両議院は、各々その会議その他の手続及び内部の規律に関する規則を定め、又、院内の秩序をみだした議員を懲罰することができる。但し、議員を除名するには、出席議員の三分の二以上の多数による議決を必要とする。

第五十九条　法律案は、この憲法に特別の定のある場合を除いては、両議院で可決したとき法律となる。

②　衆議院で可決し、参議院でこれと異なつた議決をした法律案は、衆議院で出席議員の三分の二以上の多数で再び可決したときは、法律となる。

③　前項の規定は、法律の定めるところにより、衆議院が、両議院の協議会を開くことを求めることを妨げない。

④　参議院が、衆議院の可決した法律案を受け取つた後、国会休会中の期間を除いて六十日以内に、議決しないときは、衆議院は、参議院がその法律案を否決したものとみなすことができる。

第六十条　予算は、さきに衆議院に提出しなければならない。

②　予算について、参議院で衆議院と異なつた議決をした場合に、法律の定めるところにより、両議院の協議会を開いても意見が一致しないとき、又は参議院が、衆議院の可決した予算を受け取つた後、国会休会中の期間を除いて三十日以内に、議決しないときは、衆議院の議決を国会の議決とする。

第六十一条　条約の締結に必要な国会の承認については、前条第二項の規定を準用する。

第六十二条　両議院は、各々国政に関する調査を行ひ、これに関して、証人の出頭及び証言並びに記録の提出を要求することができる。

第六十三条　内閣総理大臣その他の国務大臣は、両議院の一に議席を有すると有しないとにかかはらず、何時でも議案について発言するため議院に出席することができる。又、答弁又は説明のため出席を求められたときは、出席しなければならない。

第六十四条　国会は、罷免の訴追を受けた裁判官を裁判するため、両議院の議員で組織する弾劾裁判所を設ける。

②　弾劾に関する事項は、法律でこれを定める。

第五章　内閣

第六十五条　行政権は、内閣に属する。

第六十六条　内閣は、法律の定めるところにより、その首長たる内閣総理大臣及びその他の国務大臣でこれを組織する。

②　内閣総理大臣その他の国務大臣は、文民でなければならない。

③　内閣は、行政権の行使について、国会に対し連帯して責任を負ふ。

第六十七条　内閣総理大臣は、国会議員の中から国会の議決で、これを指名する。この指名は、他のすべての案件に先だつて、これを行ふ。

② 衆議院と参議院とが異なつた指名の議決をした場合に、法律の定めるところにより、両議院の協議会を開いても意見が一致しないとき、又は衆議院が指名の議決をした後、国会休会中の期間を除いて十日以内に、参議院が、指名の議決をしないときは、衆議院の議決を国会の議決とする。

第六十八条　内閣総理大臣は、国務大臣を任命する。但し、その過半数は、国会議員の中から選ばれなければならない。

② 内閣総理大臣は、任意に国務大臣を罷免することができる。

第六十九条　内閣は、衆議院で不信任の決議案を可決し、又は信任の決議案を否決したときは、十日以内に衆議院が解散されない限り、総辞職をしなければならない。

第七十条　内閣総理大臣が欠けたとき、又は衆議院議員総選挙の後に初めて国会の召集があつたときは、内閣は、総辞職をしなければならない。

第七十一条　前二条の場合には、内閣は、あらたに内閣総理大臣が任命されるまで引き続きその職務を行ふ。

第七十二条　内閣総理大臣は、内閣を代表して議案を国会に提出し、一般国務及び外交関係について国会に報告し、並びに行政各部を指揮監督する。

第七十三条　内閣は、他の一般行政事務の外、左の事務を行ふ。

一　法律を誠実に執行し、国務を総理すること。
二　外交関係を処理すること。
三　条約を締結すること。但し、事前に、時宜によつては事後に、国会の承認を経ることを必要とする。
四　法律の定める基準に従ひ、官吏に関する事務を掌理すること。
五　予算を作成して国会に提出すること。
六　この憲法及び法律の規定を実施するために、政令を制定すること。但し、政令には、特にその法律の委任がある場合を除いては、罰則を設けることができない。
七　大赦、特赦、減刑、刑の執行の免除及び復権を決定すること。

第七十四条　法律及び政令には、すべて主任の国務大臣が署名し、内閣総理大臣が連署することを必要とする。

第七十五条　国務大臣は、その在任中、内閣総理大臣の同意がなければ、訴追されない。但し、これがため、訴追の権利は、害されない。

第六章　司法

第七十六条　すべて司法権は、最高裁判所及び法律の定めるところにより設置する下級裁判所に属する。

② 特別裁判所は、これを設置することができない。行政機関は、終審として裁判を行ふことができない。

③ すべて裁判官は、その良心に従ひ独立してその職権を行ひ、この憲法及び法律にのみ拘束される。

第七十七条　最高裁判所は、訴訟に関する手続、弁護士、裁判所の内部規律及び司法事務処理に関する事項について、規則を定める権限を有する。

② 検察官は、最高裁判所の定める規則に従はなければならない。

③ 最高裁判所は、下級裁判所に関する規則を定める権限を、下級裁判所に委任することができる。

第七十八条　裁判官は、裁判により、心身の故障のために職務を執ることができないと決定された場合を除いては、公の弾劾によらなければ罷免されない。裁判官の懲戒処分は、行政機関がこれを行ふことはできない。

第七十九条　最高裁判所は、その長たる裁判官及び法律の定める員数のその他の裁判官でこれを構成し、その長たる裁判官以外の裁判官は、内閣でこれを任命する。

② 最高裁判所の裁判官の任命は、その任命後初めて行はれる衆議院議員総選挙の際国民の審査に付し、その後十年を経過した後初めて行はれる衆議院議員総選挙の際更に審査に付し、その後も同様とする。

③ 前項の場合において、投票者の多数が裁判官の罷免を可とするときは、その裁判官は、罷免される。

④ 審査に関する事項は、法律でこれを定める。

⑤ 最高裁判所の裁判官は、法律の定める年齢に達した時に退官する。

⑥ 最高裁判所の裁判官は、すべて定期に相当額の報酬を受ける。この報酬は、在任中、これを減額することができない。

第八十条　下級裁判所の裁判官は、最高裁判所の指名した者の名簿によつて、内閣でこれを任命する。その裁判官は、任期を十年とし、再任されることができる。但し、法律の定める年齢に達した時には退官する。

② 下級裁判所の裁判官は、すべて定期に相当額の報酬を受ける。この報酬は、在任中、これを減額することができない。

第八十一条　最高裁判所は、一切の法律、命令、規則又は処分が憲法に適合するかしないかを決定する権限を有する終審裁判所である。

第八十二条　裁判の対審及び判決は、公開法廷でこれを行ふ。

② 裁判所が、裁判官の全員一致で、公の秩序又は善良の風俗を害する虞があると決した場合には、対審は、公開しないでこれを行ふことができる。但し、政治犯罪、出版に関する犯罪又はこの憲法第三章で保障する国民の権利が問題となつてゐる事件の対審は、常にこれを公開しなければならない。

第七章　財政

第八十三条　国の財政を処理する権限は、国会の議決に基いて、これを行使しなければならない。

第八十四条　あらたに租税を課し、又は現行の租税を変更するには、法律又は法律の定める条件によることを必要とする。

第八十五条　国費を支出し、又は国が債務を負担するには、国会の議決に基くことを必要とする。

第八十六条　内閣は、毎会計年度の予算を作成し、国会に提出して、その審議を受け議決を経なければならない。

第八十七条　予見し難い予算の不足に充てるため、国会の議決に基いて予備費を設け、内閣の責任でこれを支出することができる。

②　すべて予備費の支出については、内閣は、事後に国会の承諾を得なければならない。

第八十八条　すべて皇室財産は、国に属する。すべて皇室の費用は、予算に計上して国会の議決を経なければならない。

第八十九条　公金その他の公の財産は、宗教上の組織若しくは団体の使用、便益若しくは維持のため、又は公の支配に属しない慈善、教育若しくは博愛の事業に対し、これを支出し、又はその利用に供してはならない。

第九十条　国の収入支出の決算は、すべて毎年会計検査院がこれを検査し、内閣は、次の年度に、その検査報告とともに、これを国会に提出しなければならない。

②　会計検査院の組織及び権限は、法律でこれを定める。

第九十一条　内閣は、国会及び国民に対し、定期に、少くとも毎年一回、国の財政状況について報告しなければならない。

第八章　地方自治

第九十二条　地方公共団体の組織及び運営に関する事項は、地方自治の本旨に基いて、法律でこれを定める。

第九十三条　地方公共団体には、法律の定めるところにより、その議事機関として議会を設置する。

②　地方公共団体の長、その議会の議員及び法律の定めるその他の吏員は、その地方公共団体の住民が、直接これを選挙する。

第九十四条　地方公共団体は、その財産を管理し、事務を処理し、及び行政を執行する権能を有し、法律の範囲内で条例を制定することができる。

第九十五条　一の地方公共団体のみに適用される特別法は、法律の定めるところにより、その地方公共団体の住民の投票においてその過半数の同意を得なければ、国会は、これを制定することができない。

第九章　改正

第九十六条　この憲法の改正は、各議院の総議員の三分の二以上の賛成で、国会が、これを発議し、国民に提案してその承認を経なければならない。この承認には、特別の国民投票又は国会の定める選挙の際行はれる投票において、その過半数の賛成を必要とする。

②　憲法改正について前項の承認を経たときは、天皇は、国民の名で、この憲法と一体を成すものとして、直ちにこれを公布する。

第十章　最高法規

第九十七条　この憲法が日本国民に保障する基本的人権は、人類の多年にわたる自由獲得の努力の成果であつて、これらの権利は、過去幾多の試錬に堪へ、現在及び将来の国民に対し、侵すことのできない永久の権利として信託されたものである。

第九十八条　この憲法は、国の最高法規であつて、その条規に反する法律、命令、詔勅及び国務に関するその他の行為の全部又は一部は、その効力を有しない。

②　日本国が締結した条約及び確立された国際法規は、これを誠実に遵守することを必要とする。

第九十九条　天皇又は摂政及び国務大臣、国会議員、裁判官その他の公務員は、この憲法を尊重し擁護する義務を負ふ。

第十一章　補則

第百条　この憲法は、公布の日から起算して六箇月を経過した日から、これを施行する。

②　この憲法を施行するために必要な法律の制定、参議院議員の選挙及び国会召集の手続並びにこの憲法を施行するために必要な準備手続は、前項の期日よりも前に、これを行ふことができる。

第百一条　この憲法施行の際、参議院がまだ成立してゐないときは、その成立するまでの間、衆議院は、国会としての権限を行ふ。

第百二条　この憲法による第一期の参議院議員のうち、その半数の者の任期は、これを三年とする。その議員は、法律の定めるところにより、これを定める。

第百三条　この憲法施行の際現に在職する国務大臣、衆議院議員及び裁判官並びにその他の公務員で、その地位に相応する地位がこの憲法で認められてゐる者は、法律で特別の定をした場合を除いては、この憲法施行のため、当然にはその地位を失ふことはない。但し、この憲法によつて、後任者が選挙又は任命されたときは、当然その地位を失ふ。

1 基本

教育基本法

平成十八年十二月二十二日法律第百二十号

教育基本法(昭和二十二年法律第二十五号)の全部を改正する。

我々日本国民は、たゆまぬ努力によって築いてきた民主的で文化的な国家を更に発展させるとともに、世界の平和と人類の福祉の向上に貢献することを願うものである。

我々は、この理想を実現するため、個人の尊厳を重んじ、真理と正義を希求し、公共の精神を尊び、豊かな人間性と創造性を備えた人間の育成を期するとともに、伝統を継承し、新しい文化の創造を目指す教育を推進する。

ここに、我々は、日本国憲法の精神にのっとり、我が国の未来を切り拓く教育の基本を確立し、その振興を図るため、この法律を制定する。

第一章　教育の目的及び理念

(教育の目的)

第一条　教育は、人格の完成を目指し、平和で民主的な国家及び社会の形成者として必要な資質を備えた心身ともに健康な国民の育成を期して行われなければならない。

(教育の目標)

第二条　教育は、その目的を実現するため、学問の自由を尊重しつつ、次に掲げる目標を達成するよう行われるものとする。

一　幅広い知識と教養を身に付け、真理を求める態度を養い、豊かな情操と道徳心を培うとともに、健やかな身体を養うこと。

二　個人の価値を尊重して、その能力を伸ばし、創造性を培い、自主及び自律の精神を養うとともに、職業及び生活との関連を重視し、勤労を重んずる態度を養うこと。

三　正義と責任、男女の平等、自他の敬愛と協力を重んずるとともに、公共の精神に基づき、主体的に社会の形成に参画し、その発展に寄与する態度を養うこと。

四　生命を尊び、自然を大切にし、環境の保全に寄与する態度を養うこと。

五　伝統と文化を尊重し、それらをはぐくんできた我が国と郷土を愛するとともに、他国を尊重し、国際社会の平和と発展に寄与する態度を養うこと。

(生涯学習の理念)

第三条　国民一人一人が、自己の人格を磨き、豊かな人生を送ることができるよう、その生涯にわたって、あらゆる機会に、あらゆる場所において学習することができ、その成果を適切に生かすことのできる社会の実現が図られなければならない。

(教育の機会均等)

第四条　すべて国民は、ひとしく、その能力に応じた教育を受ける機会を与えられなければならず、人種、信条、性別、社会的身分、経済的地位又は門地によって、教育上差別されない。

2　国及び地方公共団体は、障害のある者が、その障害の状態に応じ、十分な教育を受けられるよう、教育上必要な支援を講じなければならない。

3　国及び地方公共団体は、能力があるにもかかわらず、経済的理由によって修学が困難な者に対して、奨学の措置を講じなければならない。

第二章　教育の実施に関する基本

(義務教育)

第五条　国民は、その保護する子に、別に法律で定めるところにより、普通教育を受けさせる義務を負う。

2　義務教育として行われる普通教育は、各個人の有する能力を伸ばしつつ社会において自立的に生きる基礎を培い、また、国家及び社会の形成者として必要とされる基本的な資質を養うことを目的として行われるものとする。

3　国及び地方公共団体は、義務教育の機会を保障し、その水準を確保するため、適切な役割分担及び相互の協力の下、その実施に責任を負う。

4　国又は地方公共団体の設置する学校における義務教育については、授業料を徴収しない。

(学校教育)

第六条　法律に定める学校は、公の性質を有するものであって、国、地方公共団体及び法律に定める法人のみが、これを設置することができる。

2　前項の学校においては、教育の目標が達成されるよう、教育を受ける者の心身の発達に応じて、体系的な教育が組織的に行われなければならない。この場合において、教育を受ける者が、学校生活を営む上で必要な規律を重んずるとともに、自ら進んで学習に取り組む意欲を高めることを重視して行われなければならない。

(大学)

第七条　大学は、学術の中心として、高い教養と専門的能力を培うとともに、深く真理を探究して新たな知見を創造し、これらの成果を広く社会に提供することにより、社会の発展に寄与するものとする。

2　大学については、自主性、自律性その他の大学における教育及び研究の特性が尊重されなければならない。

(私立学校)

第八条　私立学校の有する公の性質及び学校教育において果たす重要な役割にかんがみ、国及び地方公共団体は、その自主性を尊重しつつ、助成その他の適当な方法によって私立学校教育の振興に努めなければならない。

(教員)

第九条　法律に定める学校の教員は、自己の崇高な使命を深く自覚し、絶えず研究と修養に励み、その職責の遂行に努めなければならない。

2　前項の教員については、その使命と職責の重要性にかんがみ、その身分は尊重され、待遇の適正が期せられるとともに、養成と研修の充実が図られなければならない。

（家庭教育）

第十条　父母その他の保護者は、子の教育について第一義的責任を有するものであって、生活のために必要な習慣を身に付けさせるとともに、自立心を育成し、心身の調和のとれた発達を図るよう努めるものとする。

2　国及び地方公共団体は、家庭教育の自主性を尊重しつつ、保護者に対する学習の機会及び情報の提供その他の家庭教育を支援するために必要な施策を講ずるよう努めなければならない。

（幼児期の教育）

第十一条　幼児期の教育は、生涯にわたる人格形成の基礎を培う重要なものであることにかんがみ、国及び地方公共団体は、幼児の健やかな成長に資する良好な環境の整備その他適当な方法によって、その振興に努めなければならない。

（社会教育）

第十二条　個人の要望や社会の要請にこたえ、社会において行われる教育は、国及び地方公共団体によって奨励されなければならない。

2　国及び地方公共団体は、図書館、博物館、公民館その他の社会教育施設の設置、学校の施設の利用、学習の機会及び情報の提供その他の適当な方法によって社会教育の振興に努めなければならない。

（学校、家庭及び地域住民等の相互の連携協力）

第十三条　学校、家庭及び地域住民その他の関係者は、教育におけるそれぞれの役割と責任を自覚するとともに、相互の連携及び協力に努めるものとする。

（政治教育）

第十四条　良識ある公民として必要な政治的教養は、教育上尊重されなければならない。

2　法律に定める学校は、特定の政党を支持し、又はこれに反対するための政治教育その他政治的活動をしてはならない。

（宗教教育）

第十五条　宗教に関する寛容の態度、宗教に関する一般的な教養及び宗教の社会生活における地位は、教育上尊重されなければならない。

2　国及び地方公共団体が設置する学校は、特定の宗教のための宗教教育その他宗教的活動をしてはならない。

第三章　教育行政

（教育行政）

第十六条　教育は、不当な支配に服することなく、この法律及び他の法律の定めるところにより行われるべきものであり、教育行政は、国と地方公共団体との適切な役割分担及び相互の協力の下、公正かつ適正に行われなければならない。

2　国は、全国的な教育の機会均等と教育水準の維持向上を図るため、教育に関する施策を総合的に策定し、実施しなければならない。

3　地方公共団体は、その地域における教育の振興を図るため、その実情に応じた教育に関する施策を策定し、実施しなければならない。

4　国及び地方公共団体は、教育が円滑かつ継続的に実施されるよう、必要な財政上の措置を講じなければならない。

（教育振興基本計画）

第十七条　政府は、教育の振興に関する施策の総合的かつ計画的な推進を図るため、教育の振興に関する施策についての基本的な方針及び講ずべき施策その他必要な事項について、基本的な計画を定め、これを国会に報告するとともに、公表しなければならない。

2　地方公共団体は、前項の計画を参酌し、その地域の実情に応じ、当該地方公共団体における教育の振興のための施策に関する基本的な計画を定めるよう努めなければならない。

第四章　法令の制定

第十八条　この法律に規定する諸条項を実施するため、必要な法令が制定されなければならない。

附　則　抄

（施行期日）

1　この法律は、公布の日から施行する。

二 学校

(一) 私立学校

私立学校法

昭和二十四年十二月十五日法律第二百七十号
最終改正 平成一九年六月二七日法律第九六号

第一章 総則

(この法律の目的)
第一条 この法律は、私立学校の特性にかんがみ、その自主性を重んじ、公共性を高めることによつて、私立学校の健全な発達を図ることを目的とする。

(定義)
第二条 この法律において「学校」とは、学校教育法(昭和二十二年法律第二十六号)第一条に規定する学校をいう。

2 この法律において、「専修学校」とは学校教育法第百二十四条に規定する専修学校をいい、「各種学校」とは同法第百三十四条第一項に規定する各種学校をいう。

3 この法律において「私立学校」とは、学校法人の設置する学校をいう。

第三条 この法律において「学校法人」とは、私立学校の設置を目的として、この法律の定めるところにより設立される法人をいう。

(所轄庁)
第四条 この法律中「所轄庁」とあるのは、第一号、第三号及び第五号に掲げるものにあつては文部科学大臣とし、第二号及び第四号に掲げるものにあつては都道府県知事とする。

一 私立大学及び私立高等専門学校
二 前号に掲げる私立学校以外の私立学校並びに私立専修学校及び私立各種学校
三 第一号に掲げる私立学校を設置する学校法人
四 第二号に掲げる私立学校を設置する学校法人及び第六十四条第四項の法人
五 第一号に掲げる私立学校と第二号に掲げる私立学校、私立専修学校又は私立各種学校とを併せて設置する学校法人

第二章 私立学校に関する教育行政

(学校教育法の特例)
第五条 私立学校には、学校教育法第十四条の規定は、適用しない。

(報告書の提出)
第六条 所轄庁は、私立学校に対して、教育の調査、統計その他に関し必要な報告書の提出を求めることができる。

第七条 削除

(私立学校審議会等への諮問)
第八条 都道府県知事は、私立大学及び私立高等専門学校以外の私立学校について、学校教育法第四条第一項又は第十三条に規定する事項を行う場合においては、あらかじめ、私立学校審議会の意見を聴かなければならない。

2 文部科学大臣は、私立大学又は私立高等専門学校について、学校教育法第四条第一項又は第十三条に規定する事項(同法第九十五条の規定により諮問すべきこととされている事項を除く。)を行う場合においては、あらかじめ、同法第九十五条に規定する審議会等の意見を聴かなければならない。

(私立学校審議会)
第九条 この法律の規定によりその権限に属せしめられた事項を審議させるため、都道府県に、私立学校審議会を置く。

2 私立学校審議会は、私立大学及び私立高等専門学校以外の私立学校並びに私立専修学校及び私立各種学校に関する重要事項について、都道府県知事に建議することができる。

(委員)
第十条 私立学校審議会は、十人以上二十人以内において都道府県知事の定める員数の委員をもつて、組織する。

2 委員は、教育に関し学識経験を有する者のうちから、都道府県知事が任命する。

第十一条 削除

(委員の任期)
第十二条 私立学校審議会の委員の任期は、四年とする。ただし、欠員が生じた場合の補欠委員の任期は、前任者の残任期間とする。

2 委員は、再任されることができる。

(会長)
第十三条 私立学校審議会に、会長を置く。

2 会長は、委員が互選した者について、都道府県知事が任命する。

3 会長は、私立学校審議会の会務を総理する。

(委員の解任)
第十四条 都道府県知事は、私立学校審議会の委員が心身の故障のため職務の執行ができないと認めるときその他委員として必要な適格性を欠くに至つたと認めるときは、私立学校審議会の議を経て、これを解任することができる。

(議事参与の制限)
第十五条 私立学校審議会の委員は、自己、配偶者若しくは三親等以内の親族の一身上に関する事件又は自己の関係する学校、専修学校、各種学校、学校法人若しくは第六十四条第四項の法人に関する事件については、その議事の議決に加わることができない。ただし、会議に出席し、発言することを妨げない。

（委員の費用弁償）

第十六条　私立学校審議会の委員は、職務を行うために要する費用の弁償を受けることができる。

2　前項の費用は、都道府県の負担とする。

3　費用弁償の額及びその支給方法は、都道府県の条例で定めなければならない。

（運営の細目）

第十七条　この法律に規定するものを除くほか、私立学校審議会の議事の手続その他その運営に関し必要な事項は、都道府県知事の承認を経て、私立学校審議会が定める。

第十八条　削除

第十九条　削除

第二十条　削除

第二十一条　削除

第二十二条　削除

第二十三条　削除

第二十四条　削除

第三章　学校法人

第一節　通則

（資産）

第二十五条　学校法人は、その設置する私立学校に必要な施設及び設備又はこれらに要する資金並びにその設置する私立学校の経営に必要な財産を有しなければならない。

2　前項に規定する私立学校に必要な施設及び設備についての基準は、別に法律で定めるところによる。

（収益事業）

第二十六条　学校法人は、その設置する私立学校の教育に支障のない限り、その収益を私立学校の経営に充てるため、収益を目的とする事業を行うことができる。

2　前項の事業の種類は、私立学校審議会又は学校教育法第九十五条に規定する審議会等（以下「私立学校審議会等」という。）の意見を聴いて、所轄庁が定める。所轄庁は、その事業の種類を公告しなければならない。

3　第一項の事業に関する会計は、当該学校法人の設置する私立学校の経営に関する会計から区分し、特別の会計として経理しなければならない。

（住所）

第二十七条　学校法人の住所は、その主たる事務所の所在地にあるものとする。

（登記）

第二十八条　学校法人は、政令の定めるところにより、登記しなければならない。

2　前項の規定により登記しなければならない事項は、登記の後でなければ、これをもつて第三者に対抗することができない。

（準用規定）

第二十九条　一般社団法人及び一般財団法人に関する法律（平成十八年法律第四十八号）第七十八条の規定は、学校法人について準用する。

第二節　設立

（申請）

第三十条　学校法人を設立しようとする者は、その設立を目的とする寄附行為をもつて少なくとも次に掲げる事項を定め、文部科学省令で定める手続に従い、当該寄附行為について所轄庁の認可を申請しなければならない。

一　目的

二　名称

三　その設置する私立学校の名称及び当該私立学校に課程、学部、大学院、大学院の研究科、学科又は部を置く場合には、その名称又は種類（私立高等学校（私立中等教育学校の後期課程を含む。）に広域の通信制の課程（学校教育法第五十四条第三項（同法第七十条第一項において準用する場合を含む。）に規定する広域の通信制の課程をいう。）を置く場合には、その旨を含む。）

四　事務所の所在地

五　役員の定数、任期、選任及び解任の方法その他役員に関する規定

六　理事会に関する規定

七　評議員会及び評議員に関する規定

八　資産及び会計に関する規定

九　収益を目的とする事業を行う場合には、その事業の種類その他その事業に関する規定

十　解散に関する規定

十一　寄附行為の変更に関する規定

十二　公告の方法

2　学校法人の設立当初の役員は、寄附行為をもつて定めなければならない。

3　第一項第十号に掲げる事項中に残余財産の帰属すべき者に関する規定を設ける場合には、その者は、学校法人その他教育の事業を行う者のうちから選定されるようにしなければならない。

（認可）

第三十一条　所轄庁は、前条第一項の規定による申請があつた場合には、当該申請に係る学校法人の資産が第二十五条の要件に該当しているかどうか、その寄附行為の内容が法令の規定に違反していないかどうか等を審査した上で、当該寄附行為の認可を決定しなければならない。

2　所轄庁は、前項の規定により寄附行為の認可をする場合には、あらかじめ、私立学校審議会等の意見を聴かなければならない。

（寄附行為の補充）

第三十二条　学校法人を設立しようとする者が、その目的及び資産に関する事項を除くほか、第三十条第一項各号に掲げる事項を定めないで死亡した場合には、所轄庁は、利害関係人の請求により、これらの事項を定めなければならない。

2　前条第二項の規定は、前項の場合に準用する。

（設立の時期）

第三十三条　学校法人は、その主たる事務所の所在地において政令の定めるところにより設立の登記をすることによつて成立する。

（財産目録の作成及び備置き）

第三十三条の二　学校法人は、設立の時に財産目録を作成し、常にこれをその主たる事務所に備え置かなければ

ばならない。

（準用規定）

第三十四条　一般社団法人及び一般財団法人に関する法律第百五十八条及び第百六十四条の規定は、学校法人の設立について準用する。この場合において、これらの規定中「財産の拠出」とあるのは「寄附行為」と、同条中「当該財産」とあるのは「寄附財産」と読み替えるものとする。

第三節　管理

（役員）

第三十五条　学校法人には、役員として、理事五人以上及び監事二人以上を置かなければならない。

2　理事のうち一人は、寄附行為の定めるところにより、理事長となる。

（理事会）

第三十六条　学校法人に理事をもつて組織する理事会を置く。

2　理事会は、学校法人の業務を決し、理事の職務の執行を監督する。

3　理事会は、理事長が招集する。理事（理事長を除く。）が、寄附行為の定めるところにより、理事会の招集を請求したときは、理事長は、理事会を招集しなければならない。

4　理事会に議長を置き、理事長をもつて充てる。

5　理事会は、理事の過半数の出席がなければ、その議事を開き、議決することができない。

6　理事会の議事は、寄附行為に別段の定めがある場合を除いて、出席した理事の過半数で決し、可否同数のときは、議長の決するところによる。

（役員の職務）

第三十七条　理事長は、学校法人を代表し、その業務を総理する。

2　理事（理事長を除く。）は、寄附行為の定めるところにより、学校法人を代表し、理事長を補佐して学校法人の業務を掌理し、理事長に事故があるときはその職務を代理し、理事長が欠けたときはその職務を行う。

3　監事の職務は、次のとおりとする。

一　学校法人の業務を監査すること。

二　学校法人の財産の状況を監査すること。

三　学校法人の業務又は財産の状況について、毎会計年度、監査報告書を作成し、当該会計年度終了後二月以内に理事会及び評議員会に提出すること。

四　第一号又は第二号の規定による監査の結果、学校法人の業務又は財産に関し不正の行為又は法令若しくは寄附行為に違反する重大な事実があることを発見したときは、これを所轄庁に報告し、又は理事会及び評議員会に報告すること。

五　前号の報告をするために必要があるときは、理事長に対して評議員会の招集を請求すること。

六　学校法人の業務又は財産の状況について、理事会に出席して意見を述べること。

（役員の選任）

第三十八条　理事となる者は、次の各号に掲げる者とする。

一　当該学校法人の設置する私立学校の校長（学長及び園長を含む。以下同じ。）

二　当該学校法人の評議員のうちから、寄附行為の定めるところにより選任された者（寄附行為をもつて定められた者を含む。次号及び第四十四条第一項において同じ。）

三　前二号に規定する者のほか、寄附行為の定めるところにより選任された者

2　学校法人が私立学校を二以上設置する場合には、前項第一号の規定にかかわらず、寄附行為の定めるところにより、校長のうち、一人又は数人を理事とすることができる。

3　第一項第一号及び第二号に規定する理事は、校長又は評議員の職を退いたときは、理事の職を失うものとする。

4　監事は、評議員会の同意を得て、理事長が選任する。

5　理事又は監事には、それぞれその選任の際現に当該学校法人の役員又は職員（当該学校法人の設置する私立学校の校長、教員その他の職員を含む。以下同じ。）でない者が含まれるようにしなければならない。

6　役員が再任される場合において、当該役員がその最初の選任の際現に当該学校法人の役員又は職員でなかつたときの前項の規定の適用については、その再任の際現に当該学校法人の役員又は職員でない者とみなす。

7　役員のうちには、各役員について、その配偶者又は三親等以内の親族が一人を超えて含まれることになつてはならない。

8　学校教育法第九条（校長及び教員の欠格事由）の規定は、役員に準用する。

（役員の兼職禁止）

第三十九条　監事は、理事、評議員又は学校法人の職員と兼ねてはならない。

（役員の補充）

第四十条　理事又は監事のうち、その定数の五分の一をこえるものが欠けたときは、一月以内に補充しなければならない。

（理事の代理行為の委任）

第四十条の二　理事は、寄附行為によつて禁止されていないときに限り、特定の行為の代理を他人に委任することができる。

（仮理事）

第四十条の三　理事が欠けた場合において、事務が遅滞することにより損害を生ずるおそれがあるときは、所轄庁は、利害関係人の請求により又は職権で、仮理事を選任しなければならない。

（利益相反行為）

第四十条の四　学校法人と理事との利益が相反する事項については、理事は、代理権を有しない。この場合において、所轄庁は、利害関係人の請求により又は職権で、特別代理人を選任しなければならない。

（評議員会）

第四十一条　学校法人に、評議員会を置く。

2　評議員会は、理事の定数の二倍をこえる数の評議員をもつて、組織する。

3　評議員会は、理事長が招集する。

4　評議員会に、議長を置く。

5　理事長は、評議員総数の三分の一以上の評議員から

会議に付議すべき事項を示して評議員会の招集を請求された場合には、その請求のあつた日から二十日以内に、これを招集しなければならない。

6　評議員会は、評議員の過半数の出席がなければ、その議事を開き、議決をすることができない。

7　評議員会の議事は、出席評議員の過半数で決し、可否同数のときは、議長の決するところによる。

8　前項の場合において、議長は、評議員として議決に加わることができない。

第四十二条　次に掲げる事項については、理事長において、あらかじめ、評議員会の意見を聞かなければならない。

一　予算、借入金（当該会計年度内の収入をもつて償還する一時の借入金を除く。）及び重要な資産の処分に関する事項

二　事業計画

三　寄附行為の変更

四　合併

五　第五十条第一項第一号（評議員会の議決を要する場合を除く。）及び第三号に掲げる事由による解散

六　収益を目的とする事業に関する重要事項

七　その他学校法人の業務に関する重要事項で寄附行為をもつて定めるもの

2　前項各号に掲げる事項は、寄附行為をもつて評議員会の議決を要するものとすることができる。

第四十三条　評議員会は、学校法人の業務若しくは財産の状況又は役員の業務執行の状況について、役員に対して意見を述べ、若しくはその諮問に答え、又は役員から報告を徴することができる。

（評議員の選任）

第四十四条　評議員となる者は、次の各号に掲げる者とする。

一　当該学校法人の職員のうちから、寄附行為の定めるところにより選任された者

二　当該学校法人の設置する私立学校を卒業した者で年齢二十五年以上のもののうちから、寄附行為の定めるところにより選任された者

三　前各号に規定する者のほか、寄附行為の定めるところにより選任された者

2　前項第一号に規定する評議員は、職員の地位を退いたときは、評議員の職を失うものとする。

（寄附行為変更の認可等）

第四十五条　寄附行為の変更（文部科学省令で定める事項に係るものを除く。）は、所轄庁の認可を受けなければ、その効力を生じない。

2　学校法人は、前項の文部科学省令で定める事項に係る寄附行為の変更をしたときは、遅滞なく、その旨を所轄庁に届け出なければならない。

（評議員会に対する決算等の報告）

第四十六条　理事長は、毎会計年度終了後二月以内に、決算及び事業の実績を評議員会に報告し、その意見を求めなければならない。

（財産目録等の備付け及び閲覧）

第四十七条　学校法人は、毎会計年度終了後二月以内に財産目録、貸借対照表、収支計算書及び事業報告書を作成しなければならない。

2　学校法人は、前項の書類及び第三十七条第三項第三号の監査報告書（第六十六条第四号において「財産目録等」という。）を各事務所に備えて置き、当該学校法人の設置する私立学校に在学する者その他の利害関係人から請求があつた場合には、正当な理由がある場合を除いて、これを閲覧に供しなければならない。

（会計年度）

第四十八条　学校法人の会計年度は、四月一日に始まり、翌年三月三十一日に終るものとする。

第四十九条　削除

第四節　解散

（解散事由）

第五十条　学校法人は、次の事由によつて解散する。

一　理事の三分の二以上の同意及び寄附行為で更に評議員会の議決を要するものと定められている場合には、その議決

二　寄附行為に定めた解散事由の発生

三　目的たる事業の成功の不能

四　学校法人又は第六十四条第四項の法人との合併

五　破産手続開始の決定

六　第六十二条第一項の規定による所轄庁の解散命令

2　前項第一号及び第三号に掲げる事由による解散は、所轄庁の認可又は認定を受けなければ、その効力を生じない。

3　第三十一条第二項の規定は、前項の認可又は認定の場合に準用する。

4　清算人は、第一項第二号又は第五号に掲げる事由によつて解散した場合には、所轄庁にその旨を届け出なければならない。

（学校法人についての破産手続の開始）

第五十条の二　学校法人がその債務につきその財産をもつて完済することができなくなつた場合には、裁判所は、理事若しくは債権者の申立てにより又は職権で、破産手続開始の決定をする。

2　前項に規定する場合には、理事は、直ちに破産手続開始の申立てをしなければならない。

（清算中の学校法人の能力）

第五十条の三　解散した学校法人は、清算の目的の範囲内において、その清算の結了に至るまではなお存続するものとみなす。

（清算人）

第五十条の四　学校法人が解散したときは、破産手続開始の決定による解散の場合を除き、理事がその清算人となる。ただし、寄附行為に別段の定めがあるときは、この限りでない。

（裁判所による清算人の選任）

第五十条の五　前条の規定により清算人となる者がないとき、又は清算人が欠けたため損害を生ずるおそれがあるときは、裁判所は、利害関係人若しくは検察官の請求により又は職権で、清算人を選任することができる。

（清算人の解任）

第五十条の六　重要な事由があるときは、裁判所は、利害関係人若しくは検察官の請求により又は職権で、清算人を解任することができる。

（清算人の届出）

第五十条の七　清算中に就職した清算人は、その氏名及び住所を所轄庁に届け出なければならない。

（清算人の職務及び権限）

第五十条の八　清算人の職務は、次のとおりとする。

一　現務の結了

二　債権の取立て及び債務の弁済

三　残余財産の引渡し

2　清算人は、前項各号に掲げる職務を行うために必要な一切の行為をすることができる。

（債権の申出の催告等）

第五十条の九　清算人は、その就職の日から二月以内に、少なくとも三回の公告をもつて、債権者に対し、一定の期間内にその債権の申出をすべき旨の催告をしなければならない。この場合において、その期間は、二月を下ることができない。

2　前項の公告には、債権者がその期間内に申出をしないときは清算から除斥されるべき旨を付記しなければならない。ただし、清算人は、判明している債権者を除斥することができない。

3　清算人は、判明している債権者には、各別にその申出の催告をしなければならない。

4　第一項の公告は、官報に掲載してする。

（期間経過後の債権の申出）

第五十条の十　前条第一項の期間の経過後に申出をした債権者は、学校法人の債務が完済された後まだ権利の帰属すべき者に引き渡されていない財産に対してのみ、請求をすることができる。

（清算中の学校法人についての破産手続の開始）

第五十条の十一　清算中に学校法人の財産がその債務を完済するのに足りないことが明らかになつたときは、清算人は、直ちに破産手続開始の申立てをし、その旨を公告しなければならない。

2　清算人は、清算中の学校法人が破産手続開始の決定を受けた場合において、破産管財人にその事務を引き継いだときは、その任務を終了したものとする。

3　前項に規定する場合において、清算中の学校法人が既に債権者に支払い、又は権利の帰属すべき者に引き渡したものがあるときは、破産管財人は、これを取り戻すことができる。

4　第一項の規定による公告は、官報に掲載してする。

（裁判所の選任する清算人の報酬）

第五十条の十二　裁判所は、第五十条の五の規定により清算人を選任した場合には、学校法人が当該清算人に対して支払う報酬の額を定めることができる。この場合において、裁判所は、当該清算人及び監事の陳述を聴かなければならない。

（裁判所による監督）

第五十条の十三　学校法人の解散及び清算は、裁判所の監督に属する。

2　裁判所は、職権で、いつでも前項の監督に必要な検査をすることができる。

3　裁判所は、第一項の監督に必要な調査をさせるため、検査役を選任することができる。

4　前条の規定は、前項の規定により裁判所が検査役を選任した場合に準用する。この場合において、同条中「清算人及び監事」とあるのは、「学校法人及び検査役」と読み替えるものとする。

5　学校法人の解散及び清算を監督する裁判所は、所轄庁に対し、意見を求め、又は調査を嘱託することができる。

6　所轄庁は、前項に規定する裁判所に対し、意見を述べることができる。

（清算結了の届出）

第五十条の十四　清算が結了したときは、清算人は、その旨を所轄庁に届け出なければならない。

（解散及び清算の監督等に関する事件の管轄）

第五十条の十五　学校法人の解散及び清算の監督並びに清算人に関する事件は、その主たる事務所の所在地を管轄する地方裁判所の管轄に属する。

（即時抗告）

第五十条の十六　清算人又は検査役の解任についての裁判及び第五十条の十二（第五十条の十三第四項において準用する場合を含む。）の規定による裁判に対しては、即時抗告をすることができる。

（不服申立ての制限）

第五十条の十七　清算人又は検査役の選任の裁判に対しては、不服を申し立てることができない。

（残余財産の帰属）

第五十一条　解散した学校法人の残余財産は、合併及び破産手続開始の決定による解散の場合を除くほか、所轄庁に対する清算結了の届出の時において、寄附行為の定めるところにより、その帰属すべき者に帰属する。

2　前項の規定により処分されない財産は、国庫に帰属する。

3　国は、前項の規定により国庫に帰属した財産（金銭を除く。）を私立学校教育の助成のために、学校法人に対して譲与し、又は無償で貸し付けるものとする。ただし、国は、これに代えて、当該財産の価額に相当する金額を補助金として支出することができる。

4　前項の助成については、私立学校振興助成法（昭和五十年法律第六十一号）第十一条から第十三条までの規定の適用があるものとする。

5　第二項の規定により国庫に帰属した財産が金銭である場合には、国は、その金額について第三項ただし書の処置をとるものとする。

6　第二項の規定により国庫に帰属した財産（金銭を除く。）は、文部科学大臣の所管とし、第三項本文の処分は、文部科学大臣が行う。ただし、当該財産につき同項ただし書の処置がとられた場合には、当該財産を財務大臣に引き継がなければならない。

（合併手続）

第五十二条　学校法人が合併しようとするときは、理事の三分の二以上の同意がなければならない。ただし、寄附行為で評議員会の議決を要するものと定められている場合には、更にその議決がなければならない。

2　合併は、所轄庁の認可を受けなければ、その効力を生じない。

第五十三条　学校法人は、前条第二項に規定する所轄庁の認可があつたときは、その認可の通知のあつた日から二週間以内に、財産目録及び貸借対照表を作らなければならない。

2　学校法人は、前項の期間内に、その債権者に対し異議があれば一定の期間内に述べるべき旨を公告し、かつ、判明している債権者に対しては、各別にこれを催告しなければならない。ただし、その期間は、二月を下ることができない。

第五十四条　債権者が前条第二項の期間内に合併に対して異議を述べなかつたときは、合併を承認したものとみなす。

2　債権者が異議を述べたときは、学校法人は、これに弁済をし、若しくは相当の担保を提供し、又はその債権者に弁済を受けさせることを目的として信託会社若しくは信託業務を営む金融機関に相当の財産を信託しなければならない。ただし、合併をしてもその債権者を害するおそれがないときは、この限りでない。

第五十五条　合併により学校法人を設立する場合においては、寄附行為その他学校法人の設立に関する事務は、各学校法人又は第六十四条第四項の法人において選任した者が共同して行わなければならない。

（合併の効果）

第五十六条　合併後存続する学校法人又は合併によつて設立した学校法人は、合併によつて消滅した学校法人又は第六十四条第四項の法人の権利義務（当該学校法人又は第六十四条第四項の法人がその行う事業に関し所轄庁の認可その他の処分に基いて有する権利義務を含む。）を承継する。

（合併の時期）

第五十七条　学校法人の合併は、合併後存続する学校法人又は合併によつて設立する学校法人の主たる事務所の所在地において政令の定めるところにより登記をすることによつて効力を生ずる。

第五十八条　削除

第五節　助成及び監督

（助成）

第五十九条　国又は地方公共団体は、教育の振興上必要があると認める場合には、別に法律で定めるところにより、学校法人に対し、私立学校教育に関し必要な助成をすることができる。

第六十条　削除

（収益事業の停止）

第六十一条　所轄庁は、第二十六条第一項の規定により収益を目的とする事業を行う学校法人につき、次の各号の一に該当する事由があると認めるときは、当該学校法人に対して、その事業の停止を命ずることができる。

一　当該学校法人が寄附行為で定められた事業以外の事業を行うこと。

二　当該学校法人が当該事業から生じた収益をその設置する私立学校の経営の目的以外の目的に使用すること。

三　当該事業の継続が当該学校法人の設置する私立学校の教育に支障があること。

2　所轄庁は、前項の規定による停止命令をしようとする場合には、あらかじめ、私立学校審議会等の意見を聴かなければならない。

3　所轄庁は、第一項の規定による停止命令をしようとする場合には、行政手続法（平成五年法律第八十八号）第三十条の規定による通知において、所轄庁による弁明の機会の付与に代えて私立学校審議会等による弁明の機会の付与を求めることができる旨並びに当該弁明のために出席すべき私立学校審議会等の日時及び場所並びに第五項の規定による弁明書を提出する場合における当該弁明書の提出先及び提出期限を通知しなければならない。

4　私立学校審議会等は、当該学校法人が私立学校審議会等による弁明の機会の付与を求めたときは、所轄庁に代わつて弁明の機会を付与しなければならない。

5　前項の規定による弁明は、当該学校法人が弁明書を提出してすることを求めたときを除き、私立学校審議会等に出席してするものとする。

6　行政手続法第二十九条第二項及び第三十一条（同法第十六条の準用に係る部分に限る。）の規定は、第四項の規定により私立学校審議会等が行う弁明の機会の付与について準用する。この場合において、同法第三十一条において準用する同法第十六条第四項中「行政庁」とあるのは、「私立学校法第二十六条第二項の私立学校審議会等」と読み替えるものとする。

7　第四項の規定により私立学校審議会等が弁明の機会を付与する場合には、行政手続法第三章（第十二条及び第十四条を除く。）の規定は、適用しない。

8　第一項の規定による停止命令については、行政不服審査法（昭和三十七年法律第百六十号）による不服申立てをすることができない。

（解散命令）

第六十二条　所轄庁は、学校法人が法令の規定に違反し、又は法令の規定に基く所轄庁の処分に違反した場合においては、他の方法により監督の目的を達することができない場合に限り、当該学校法人に対して、解散を命ずることができる。

2　所轄庁は、前項の規定による解散命令をしようとする場合には、あらかじめ、私立学校審議会等の意見を聴かなければならない。

3　所轄庁は、第一項の規定による解散命令をしようとする場合には、行政手続法第十五条第一項の規定による通知において、所轄庁による聴聞に代えて私立学校審議会等による意見の聴取を求めることができる旨並びに当該意見の聴取の期日及び場所並びに当該意見の聴取に関する事務を所掌する組織の名称及び所在地を通知しなければならない。この場合において、所轄庁は、次に掲げる事項を教示しなければならない。

一　当該意見の聴取の期日に私立学校審議会等に出席して意見を述べ、及び証拠書類若しくは証拠物を提出し、又は当該意見の聴取の期日における私立学校審議会等への出席に代えて陳述書及び証拠書類若しくは証拠物を提出することができること。

二　当該意見の聴取が終結する時までの間、所轄庁に対し、第一項の規定による解散命令の原因となる事実を証する資料の閲覧を求めることができること。

4　私立学校審議会等は、当該学校法人が私立学校審議会等による意見の聴取を求めたときは、所轄庁に代わつて意見の聴取を行わなければならない。

5　行政手続法第三章第二節（第十五条、第十九条、第二十六条及び第二十八条を除く。）の規定は、前項の規定により私立学校審議会等が行う意見の聴取について準用する。この場合において、同法第十六条第四項（同法第十七条第三項において準用する場合を含む。）、第二十条第六項及び第二十二条第三項（同法第二十五条において準用する場合を含む。）において準用する同法第十五条第三項中「行政庁」とあり、同法第十七条第一項中「第十九条の規定により聴聞を主宰する者（以下「主宰者」という。）」とあり、並びに同法第二十条から第二十五条までの規定及び同法第二十七条第一項中「主宰者」とあるのは「私立学校法第二十六条第二項の私立学校審議会等」と、同法第二十五条中「命ずることができる」とあるのは「求めることができる」と、「この場合」とあるのは「私立学校法第二十六条第二項の私立学校審議会等が意見の聴取を再開する場合」と読み替えるものとする。

6　私立学校審議会等は、前項において準用する行政手続法第二十四条第一項の調書の内容及び同条第三項の報告書を十分に参酌して第二項に規定する意見を述べなければならない。

7　第四項の規定により私立学校審議会等が意見の聴取を行う場合には、行政手続法第三章（第十二条及び第十四条を除く。）の規定は、適用しない。

8　第一項の規定による解散命令については、行政不服審査法による不服申立てをすることができない。

第六十三条　削除

第四章　雑則

（私立専修学校等）

第六十四条　第五条、第六条及び第八条第一項の規定は私立専修学校及び私立各種学校について準用する。この場合において、私立専修学校について準用する第八条第一項中「学校教育法第四条第一項又は第十三条に規定する事項」とあるのは「学校教育法第百三十条第一項の都道府県知事の権限又は同法第百三十三条第一項において読み替えて準用する同法第十三条の都道府県知事の権限」と読み替え、私立各種学校について準用する第八条第一項中「学校教育法第四条第一項」とあるのは「学校教育法第百三十四条第二項において読み替えて準用する同法第四条第一項」と読み替えるものとする。

2　学校法人は、学校のほかに、専修学校又は各種学校を設置することができる。

3　前項の規定により専修学校又は各種学校を設置する学校法人に対して第三章の規定を適用する場合には、同章の規定中私立学校のうちには、私立専修学校又は私立各種学校を含むものとする。

4　専修学校又は各種学校を設置しようとする者は、専修学校又は各種学校の設置のみを目的とする法人を設立することができる。

5　第三章の規定（同章に関する罰則の規定を含む。）は、前項の法人に準用する。この場合において、同章の規定中「私立学校」とあるのは、「私立専修学校又は私立各種学校」と読み替えるものとする。

6　学校法人及び第四項の法人は、寄附行為の定めるところにより必要な寄附行為の変更をして所轄庁の認可を受けた場合には、それぞれ第四項の法人及び学校法人となることができる。

7　第三十一条及び第三十三条（第五項において準用する場合を含む。）の規定は、前項の場合に準用する。

（類似名称の使用禁止）

第六十五条　学校法人でない者は、その名称中に、学校法人という文字を用いてはならない。ただし、第六十四条第四項の法人は、この限りでない。

（実施規定）

第六十五条の二　この法律に規定するものを除くほか、この法律の施行に関し必要な事項で、都道府県知事が処理しなければならないものは政令で、その他のものは文部科学省令で定める。

（事務の区分）

第六十五条の三　第二十六条第二項（第六十四条第五項において準用する場合を含む。）、第三十一条第一項（第六十四条第五項及び第七項において準用する場合を含む。）及び第二項（第三十二条第二項、第五十条第三項並びに第六十四条第五項及び第七項において準用する場合を含む。）、第三十二条第一項（第六十四条第五項において準用する場合を含む。）、第三十七条第三項（第一号から第三号まで、第五号及び第六号を除き、第六十四条第五項において準用する場合を含む。）、第四十条の三（第六十四条第五項において準用する場合を含む。）、第四十条の四（第六十四条第五項において準用する場合を含む。）、第四十五条（第六十四条第五項において準用する場合を含む。）、第五十条第二項（第六十四条第五項において準用する場合を含む。）及び第四項（第六十四条第五項において準用する場合を含む。）、第五十条の七（第六十四条第五項において準用する場合を含む。）、第五十条の十三第五項（第六十四条第五項において準用する場合を含む。）及び第六項（第六十四条第五項において準用する場合を含む。）、第五十条の十四（第六十四条第五項において準用する場合を含む。）、第五十二条第二項（第六十四条第五項において準用する場合を含む。）、第六十一条第一項から第三項まで（第六十四条第五項において準用する場合を含む。）並びに第六十二条第一項から第三項まで（第六十四条第五項において準用する場合を含む。）の規定により都道府県が処理することとされている事務は、地方自治法（昭和二十二年法律第六十七号）第二条第九項第一号に規定する第一号法定受託事務とする。

（経過措置）

第六十五条の四　この法律の規定に基づき命令を制定し、又は改廃する場合においては、その命令で、その制定又は改廃に伴い合理的に必要と判断される範囲内において、所要の経過措置（罰則に関する経過措置を含む。）を定めることができる。

第五章　罰則

第六十六条　次の各号のいずれかに該当する場合においては、学校法人の理事、監事又は清算人は、二十万円以下の過料に処する。

一　この法律に基づく政令の規定による登記をすることを怠つたとき。

二　第三十三条の二の規定による財産目録の備付けを怠り、又はこれに記載すべき事項を記載せず、若しくは虚偽の記載をしたとき。
三　第四十五条第二項の規定に違反して、届出をせず、又は虚偽の届出をしたとき。
四　第四十七条第二項の規定に違反して、財産目録等の備付けを怠り、又は財産目録等に記載すべき事項を記載せず、若しくは虚偽の記載をしたとき。
五　第五十条の二第二項又は第五十条の十一第一項の規定による破産手続開始の申立てを怠つたとき。
六　第五十条の九第一項又は第五十条の十一第一項の規定による公告を怠り、又は虚偽の公告をしたとき。
七　第五十三条又は第五十四条第二項の規定に違反したとき。
八　第六十一条第一項の規定による命令に違反して事業を行つたとき。

第六十七条　第六十五条の規定に違反した者は、十万円以下の過料に処する。

附　則　抄

1　この法律は、公布の日から起算して三月を経過した日から施行する。
2　この法律施行の際現に民法による財団法人で私立学校（学校教育法附則第三条の規定により存続する私立学校を含む。）を設置しているもの及び学校教育法附則第三条の規定により存続する私立学校で民法による財団法人であるもの（以下「財団法人」と総称する。）は、この法律施行の日から一年以内にその組織を変更して学校法人となることができる。
3　前項の規定により財団法人がその組織を変更して学校法人となるには、その財団法人の寄附行為の定めるところにより、組織変更のため必要な寄附行為の変更をし、所轄庁の認可を受けなければならない。この場合においては、財団法人の寄附行為に寄附行為の変更に関する規定がないときでも、所轄庁の承認を得て理事の定める手続により、寄附行為の変更をすることができるものとする。
4　前項の組織変更は、学校法人の主たる事務所の所在地において登記をすることによつて効力を生ずる。
5　前項の規定による登記に関し必要な事項は、政令で定める。
6　この法律施行の際現に存する民法による財団法人で各種学校のみを設置しているものは、第二項の期間内にその組織を変更して第六十四条第四項の法人となることができる。
7　第三項から第五項までの規定は、前項の場合に準用する。
8　第四条及び第九条第二項の規定中私立学校、私立高等学校及び私立大学のうちには、それぞれ学校教育法附則第三条の規定により存続する私立学校、私立中等学校並びに私立の大学（大学予科を含む。）、高等学校及び専門学校を含むものとする。
9　第二項の規定により財団法人がその組織を変更して学校法人となつた場合において、当該財団法人が学校教育法附則第三条の規定により存続する私立学校を設置していたとき、又は同条の規定により存続する私立学校であつたときは、当該学校法人は、引き続いて、当該学校を設置することができる。
10　前項の規定により同項の学校を設置する学校法人に対して第三章の規定を適用する場合には、同章の規定中私立学校のうちには、前項の学校を含むものとする。
11　学校法人及び第六十四条第四項の法人が有しなければならない施設及び設備に関しては、第二十五条第二項（第六十四条第五項において準用する場合を含む。）の規定にかかわらず、別に学校の施設及び設備の基準に関して規定する法律が制定施行されるまでは、なお従前の例による。
12　第四条第二号、第五条、第六条、第八条第一項、第九条第二項及び第五十九条の規定中私立学校には、当分の間、学校教育法附則第六条の規定により学校法人以外の者によつて設置された私立の学校（以下「学校法人立以外の私立の学校」という。）を含むものとし、第五十九条の規定中学校法人には、当分の間、学校法人立以外の私立の学校を設置する者を含むものとする。

附　則（平成一九年六月二七日法律第九六号）抄

（施行期日）
第一条　この法律は、公布の日から起算して六月を超えない範囲内において政令で定める日から施行する。

私立学校法施行令

昭和二十五年三月十四日政令第三十一号
最終改正　平成一七年二月一八日政令第二四号

内閣は、私立学校法（昭和二十四年法律第二百七十号）第二十八条第一項、第三十三条、第五十七条、第六十四条第五項及び第七項並びに附則第五項及び第七項の規定に基き、この政令を制定する。

（登記の届出等）

第一条　都道府県知事を所轄庁とする学校法人又は私立学校法（以下「法」という。）第六十四条第四項の法人は、組合等登記令（昭和三十九年政令第二十九号）の規定により登記をしたときは、遅滞なく、登記事項証明書を添えて、その旨を都道府県知事に届け出なければならない。

2　都道府県知事を所轄庁とする学校法人又は法第六十四条第四項の法人は、理事又は監事が就任し、又は退任したときは、遅滞なく、文部科学省令で定める事項を都道府県知事に届け出なければならない。法第三十七条第二項の規定により理事（理事長を除く。以下この項において同じ。）が理事長の職務を代理し、又は理事長の職務を行うこととなつたとき及び理事長の職務を代理する理事が当該職務の代理をやめたときも、同様とする。

（都道府県知事を経由する申請）

第二条　法の規定に基づき文部科学大臣に対してする申請のうち、次に掲げるものは、当該都道府県知事を経由してしなければならない。

一　文部科学大臣を所轄庁とする学校法人で都道府県知事を所轄庁とする私立学校、私立専修学校又は私立各種学校を設置するものがする法第三十条、第四十五条第一項（当該私立学校、私立専修学校又は私立各種学校に係る場合に限る。）、第五十条第二項、第五十二条第二項又は第六十四条第六項の規定による認可又は認定の申請

二　都道府県知事を所轄庁とする学校法人又は法第六十四条第四項の法人が、寄附行為の変更により、文部科学大臣を所轄庁とする学校法人となる場合における法第四十五条第一項又は第六十四条第六項の規定による認可の申請

三　合併の当事者の一方又は双方が都道府県知事を所轄庁とする学校法人又は法第六十四条第四項の法人であつて、その合併後存続する法人又は合併により設立する法人が文部科学大臣を所轄庁とする学校法人である場合における法第五十二条第二項（法第六十四条第五項において準用する場合を含む。）の規定による認可の申請

2　都道府県知事は、前項に掲げる申請を受理したときは、これにその意見を付して、速やかに、文部科学大臣に進達しなければならない。

（文部科学大臣に対する協議）

第三条　都道府県知事は、次に掲げる場合においては、あらかじめ、文部科学大臣に協議しなければならない。

一　文部科学大臣を所轄庁とする学校法人が、寄附行為の変更により、都道府県知事を所轄庁とする学校法人又は法第六十四条第四項の法人となる場合における法第四十五条第一項又は法第六十四条第六項の規定による認可をするとき。

二　合併の当事者の一方又は双方が文部科学大臣を所轄庁とする学校法人であつて、その合併後存続する法人又は合併により設立する法人が都道府県知事を所轄庁とする学校法人又は法第六十四条第四項の法人である場合における法第五十二条第二項（法第六十四条第五項において準用する場合を含む。）の規定による認可をするとき。

（学校法人及び法第六十四条第四項の法人の台帳の調製等）

第四条　都道府県知事は、文部科学省令で定める様式により、その所轄に属する学校法人及び法第六十四条第四項の法人の台帳を調製しなければならない。

2　都道府県知事は、前項の台帳の記載事項に異動を生じたときは、すみやかに、加除訂正をしなければならない。

3　都道府県知事の所轄に属する学校法人又は法第六十四条第四項の法人の所轄庁に異動を生じた場合には、旧所轄庁は、当該学校法人又は法第六十四条第四項の法人の関係書類及び台帳を新所轄庁に送付しなければならない。

（台帳等の保存）

第五条　都道府県知事は、その所轄に属する学校法人又は法第六十四条第四項の法人で解散したものの関係書類及び台帳をその解散の日から五年間保存しなければならない。

（事務の区分）

第六条　第一条、第二条第二項及び第三条から前条までの規定により都道府県が処理することとされている事務は、地方自治法（昭和二十二年法律第六十七号）第二条第九項第一号に規定する第一号法定受託事務とする。

附　則　抄

1　この政令は、法施行の日（昭和二十五年三月十五日）から施行する。

11　日本私学振興財団法（昭和四十五年法律第六十九号）附則第十四条第三項の政令で定める学校法人は、都道府県知事を所轄庁とする学校法人（同法附則第七条に規定する学校法人以外の者を含む。）とする。

附　則（平成一七年二月一八日政令第二四号）抄

（施行期日）

第一条　この政令は、不動産登記法の施行の日（平成十七年三月七日）から施行する。

私立学校法施行規則

昭和二十五年三月十四日文部省令第十二号
最終改正　平成一九年一二月二五日文部科学省令第四〇号

私立学校法（昭和二十四年法律第二百七十号）の規定に基き、及びこれを実施するため私立学校法施行規則を次のように定める。

（収益事業の種類）

第一条　私立学校法（以下「法」という。）第二十六条第二項の事業の種類は、文部科学大臣の所轄に属する学校法人については文部科学省告示で定める。

（寄附行為認可申請手続）

第二条　法第三十条の規定により文部科学大臣の所轄に属する学校法人の設立を目的とする寄附行為の認可を受けようとするときは、認可申請書及び寄附行為に次に掲げる書類を添付して、当該学校法人の設置する私立大学又は私立高等専門学校（以下「私立大学等」という。）の開設する年度（以下「開設年度」という。）の前々年度の三月一日から同月三十一日までの間に文部科学大臣に申請するものとする。

一　設立趣意書
二　設立決議録
三　設置に係る基本計画及び当該学校法人の概要を記載した書類
四　設立代表者の履歴書
五　役員に関する次に掲げる書類
イ　役員の就任承諾書及び履歴書
ロ　役員のうちに、各役員について、その配偶者又は三親等以内の親族が一人を超えて含まれていないことを証する書類
ハ　役員が法第三十八条第八項において準用する学校教育法（昭和二十二年法律第二十六号）第九条各号に該当しない者であることを証する書類
六　経費の見積り及び資金計画を記載した書類
七　当該学校法人の事務組織の概要を記載した書類
八　その他文部科学大臣が定める書類

2　前項の申請をした者は、次に掲げる書類を当該私立大学等の開設年度の前年度の六月三十日までに文部科学大臣に提出するものとする。
一　財産目録その他の最近における財産の状況を知ることができる書類
二　寄附申込書
三　不動産（当該申請に係る学校その他の事業に係るものをいう。以下同じ。）の権利の所属についての登記所の証明書類等
四　不動産その他の主なる財産については、その評価をする十分な資格を有する者の作成した価格評価書
五　校地校舎等の整備の内容を明らかにする図面
六　開設年度の前年度から開設後修業年限に相当する年数が経過する年度までの事業計画及びこれに伴う予算書
七　その他文部科学大臣が定める書類

3　第一項の寄附行為が、他の学校法人が設置している私立大学等の目的、位置、職員組織並びに施設及び設備の現状を変更することなく、当該私立大学等の設置を目的とする新たな学校法人を設立する場合に係るものであるときは、同項中「前々年度の三月一日から」とあるのは、「前年度の五月一日から」とする。

4　第二項の規定は、前項の申請をした者について準用する。

5　法第三十条の規定により都道府県知事の所轄に属する学校法人の設立を目的とする寄附行為の認可を受けようとするときは、認可申請書及び寄附行為に次に掲げる書類を添付して、所轄庁が定める日までに所轄庁に申請するものとする。
一　第一項第一号、第二号、第四号及び第五号に掲げる書類
二　第二項各号（第七号を除く。）に掲げる書類（この場合において、同項第六号中「開設年度の前年度から開設後修業年限に相当する年数が経過する年度まで」とあるのは「二年間」とする。）
三　その他所轄庁が定める書類

6　第二項第一号の財産目録は、基本財産（学校法人の設置する私立学校に必要な施設及び設備又はこれらに要する資金をいう。）と運用財産（学校法人の設置する私立学校の経営に必要な財産をいう。）とを区分して記載するものとする。ただし、学校法人が収益を目的とする事業を行う場合には、収益事業用財産（収益を目的とする事業に必要な財産をいう。）を、さらに区分して記載するものとする。

7　第一項、第三項及び第五項の認可申請書及び寄附行為並びに第二項第一号の財産目録には、副本を添付することを要する。

（文部科学大臣の認可の手続）

第三条　文部科学大臣は、前条第一項及び第三項の申請があつた場合には、当該私立大学等の開設年度の前年度の三月三十一日までに当該申請について認可するかどうかを決定し、当該申請をした者に対しその旨を速やかに通知するものとする。

（寄附行為変更認可申請手続等）

第四条　法第四十五条第一項の規定により寄附行為の変更の認可を受けようとするときは、認可申請書並びに寄附行為変更の条項（当該条項に係る新旧の比較対照表を含む。以下同じ。）及び事由を記載した書類に次に掲げる書類を添付して、所轄庁に申請するものとする。
一　寄附行為所定の手続（法第四十二条に規定する手続を含む。以下同じ。）を経たことを証する書類
二　文部科学大臣の所轄に属する学校法人にあつては、次に掲げる書類
イ　当該学校法人の概要を記載した書類
ロ　第二条第一項第七号に掲げる書類
三　その他所轄庁が定める書類

2　前項の寄附行為の変更が、学校法人が私立大学等を設置する場合に係るものであるときは、同項の規定にかかわらず、次に掲げる書類を添付して、当該私立大学等の開設年度の前々年度の三月一日から同月三十一日までの間に文部科学大臣に申請するものとする。
一　前項第一号に掲げる書類

二　第二条第一項第三号、第六号及び第七号に掲げる書類
三　その他文部科学大臣が定める書類

3　前項の申請をした者は、次に掲げる書類を当該私立大学等の開設年度の前年度の六月三十日までに文部科学大臣に提出するものとする。
一　開設年度の前々年度の財産目録その他の最近における財産の状況を知ることができる書類、貸借対照表及び収支決算書並びに開設年度の前年度の予算書
二　負債がある場合又は借入れを予定する場合には、その償還計画書
三　第二条第二項第二号及び第四号から第六号までに掲げる書類
四　その他文部科学大臣が定める書類

4　前二項の規定は、第一項の寄附行為の変更が、私立大学の学部若しくは学科、大学院若しくは大学院の研究科又は私立高等専門学校の学科（以下「私立大学の学部等」と総称する。）を設置する場合に係るものであるときの申請について準用する。この場合において、次の表の第一欄に掲げる規定中同表の第二欄に掲げる字句は、それぞれ同表の第三欄に掲げる字句に読み替えるものとする。

第一欄	第二欄	第三欄
第二項	当該私立大学等の開設年度の前々年度の三月一日から同月三十一日までの間	当該私立大学の学部等の開設年度の前年度の五月一日から同月三十一日までの間
前項	当該私立大学等	当該私立大学の学部等

5　第一項の寄附行為の変更が、都道府県知事の所轄に属する学校法人が都道府県知事の所轄に属する私立学校を設置し、又は設置している私立学校に課程、学科若しくは部（以下「課程等」という。）を設置する場合（広域の通信制の課程以外の通信制の課程を広域の通信制の課程とする場合を含む。以下同じ。）に係るものであるときは、同項に掲げる書類のほか、次に掲げる書類を添付して、所轄庁が定める日までに所轄庁に申請するものとする。
一　第二条第二項各号（第二号及び第七号を除く。）に掲げる書類（この場合において、同項第六号中「開設年度の前年度から開設後修業年限に相当する年数が経過する年度まで」とあるのは「二年間」とする。）
二　第三項第一号及び第二号に掲げる書類
三　その他所轄庁が定める書類

6　第一項の寄附行為の変更が、文部科学大臣の所轄に属する学校法人が都道府県知事の所轄に属する私立学校を設置し、又は都道府県知事の所轄に属する私立学校に課程等を設置する場合に係るものであるときは、同項に掲げる書類のほか、次に掲げる書類を添付して、文部科学大臣に申請するものとする。
一　第二条第一項第六号に掲げる書類
二　第二条第二項第一号及び第四号から第六号までに掲げる書類
三　第三項第一号及び第二号に掲げる書類
四　その他文部科学大臣が定める書類

7　第三条の規定は、第二項及び第四項の申請について準用する。この場合において、同項の申請については、同条中「私立大学等」とあるのは「私立大学の学部等」と読み替えるものとする。

8　第一項の寄附行為の変更が、私立学校を廃止し、若しくは都道府県知事の所轄に属する私立学校に置いていた課程等を廃止する場合（広域の通信制の課程を広域の通信制の課程以外の課程とする場合を含む。以下この項において同じ。）又は従来行つていた収益事業を廃止する場合に係るものであるときは、同項に掲げる書類のほか、次に掲げる書類を添付して、所轄庁に申請するものとする。
一　当該廃止する私立学校若しくは課程等又は収益事業に係る財産の処分に関する事項を記載した書類
二　第二条第二項第一号及び第六号に掲げる書類（この場合において、同号中「開設年度の前年度から開設後修業年限に相当する年数が経過する年度まで」とあるのは「二年間」とする。）

9　第一項の寄附行為の変更が、都道府県知事の所轄に属する私立学校又は課程等を廃止し、その職員組織等を基に、他の都道府県知事の所轄に属する私立学校又は他の課程等を設置しようとする場合に係るものであるときは、同項に掲げる書類のほか、第五項又は第六項の規定にかかわらず、第二条第二項第一号及び第五号に掲げる書類を添付して、所轄庁が定める日までに所轄庁に申請するものとする。

10　第一項の寄附行為の変更が、当該学校法人が新たに収益事業を行う場合に係るものであるときは、同項に掲げる書類のほか、次に掲げる書類を添付して、所轄庁に申請するものとする。
一　第二条第二項第四号から第六号までに掲げる書類（この場合において、同号中「開設年度の前年度から開設後修業年限に相当する年数が経過する年度まで」とあるのは「二年間」とする。）
二　第三項第一号及び第二号に掲げる書類

11　第一項の寄附行為の変更が登記事項の変更に係る場合には、同項の認可申請書並びに寄附行為変更の条項及び事由を記載した書類には、副本を添付することを要する。

第四条の二　前条第一項の寄附行為の変更が、学校教育法第四条第一項に基づく私立大学等の設置者の変更により当該私立大学等の設置者となる場合に係るものであるときは、前条第一項の規定にかかわらず、次に掲げる書類を添付して、文部科学大臣に申請するものとする。
一　前条第一項第一号及び第二号ロに掲げる書類
二　前条第三項第一号及び第二号に掲げる書類
三　第二条第一項第三号に掲げる書類
四　第二条第二項第四号から第六号までに掲げる書類
五　その他文部科学大臣が定める書類

2　前条第一項の寄附行為の変更が、学校教育法第四条第一項に基づく私立大学等の設置者の変更により当該私立大学等の設置者でなくなる場合（当該変更後も文部科学大臣の所轄に属する学校法人である場合に限る。）に係るものであるときは、前条第一項の規定にかかわらず、次に掲げる書類を添付して、文部科学大臣に申請するものとする。
一　当該設置者の変更による財産の処分に関する事項を記載した書類

二　前条第一項第一号及び第二号に掲げる書類

三　第二条第二項第一号及び第六号に掲げる書類（この場合において、同号中「開設年度の前年度から開設後修業年限に相当する年数が経過する年度まで」とあるのは「二年間」とする。）

（寄附行為変更の届出手続等）

第四条の三　法第四十五条第一項（法第六十四条第五項において準用する場合を含む。）に規定する文部科学省令で定める事項は、次のとおりとする。

一　法第三十条第一項第三号（法第六十四条第五項において読み替えて準用する場合を含む。）に掲げる事項のうち、学校教育法第四条第二項の規定に基づき、認可を受けることを要しないこととされた事項、同条第一項（同法第百三十四条第二項において読み替えて準用する場合を含む。）及び同法第百三十条第一項の設置廃止を伴わない名称の変更に係る事項並びに大学の学部の学科、高等専門学校の学科及び大学における通信教育の廃止に係る事項

二　法第三十条第一項第四号（法第六十四条第五項において準用する場合を含む。）に掲げる事項（ただし、所轄庁の変更を伴わない場合に限る。）

三　法第三十条第一項第十二号（法第六十四条第五項において準用する場合を含む。）に掲げる事項

2　法第四十五条第二項に規定する寄附行為の変更の届出を行おうとするときは、届出書に寄附行為変更の条項及び事由を記載した書類、変更後の寄附行為並びに第四条第一項第一号に掲げる書類を添付して、所轄庁に提出するものとする。

（計算書類の作成）

第四条の四　法第四十七条第一項（法第六十四条第五項において準用する場合を含む。以下この条において同じ。）に規定する書類（事業報告書にあつては、財務の状況に関する部分に限る。）の作成は、一般に公正妥当と認められる学校法人会計の基準その他の学校法人会計の慣行に従つて行わなければならない。

2　法第四十七条第一項に規定する書類のうち貸借対照表については、前項の規定によるほか、金融商品取引法施行令（昭和四十年政令第三百二十一号）第一条第二号に掲げる証券若しくは証書を発行し、若しくは発行しようとし、又は同令第一条の三の四に規定する権利を有価証券として発行し、若しくは発行しようとする学校法人及び法第六十四条第四項の法人であつて、当該証券若しくは当該証書又は当該権利について金融商品取引法（昭和二十三年法律第二十五号）に規定する募集又は売出しを行うもの（次項において「有価証券発行学校法人」という。）にあつては、文部科学大臣が別に定めるところにより作成しなければならない。

3　法第四十七条第一項に規定する書類のうち収支計算書については、第一項の規定によるほか、有価証券発行学校法人にあつては、損益計算書、純資産変動計算書、キャッシュ・フロー計算書及び附属明細表に分けて、文部科学大臣が別に定めるところにより作成しなければならない。

（解散認可又は解散認定申請手続）

第五条　法第五十条第二項の規定により解散の認可又は認定を受けようとするときは、解散の事由を記載した認可申請書又は認定申請書に次に掲げる書類を添付して、所轄庁に申請するものとする。

一　理由書

二　法第五十条第一項第一号に該当する場合にあつては同号に規定する手続（法第四十二条に規定する手続を含む。）、法第五十条第一項第三号に該当する場合にあつては法第四十二条に規定する手続を経たことを証する書類

三　残余財産の処分に関する事項を記載した書類

四　第二条第二項第一号に掲げる書類

五　文部科学大臣の所轄に属する学校法人にあつては、第二条第一項第七号及び第四条第一項第二号イに掲げる書類

六　その他所轄庁が定める書類

2　前項の認可申請書又は認定申請書及び同項第一号に掲げる書類には、副本を添付することを要する。

（合併認可申請手続）

第六条　法第五十二条第二項の規定により合併の認可を受けようとするときは、認可申請書に次に掲げる書類を添付して、所轄庁に申請するものとする。

一　理由書

二　法第五十二条第一項に規定する手続（法第四十二条に規定する手続を含む。）を経たことを証する書類

三　法第五十五条の場合においては、申請者が同条の規定により選任された者であることを証する書類

四　合併契約書

五　合併後存続する学校法人（以下この項において「存続学校法人」という。）又は合併によつて設立する学校法人（以下この項において「設立学校法人」という。）について、次に掲げる書類

イ　寄附行為

ロ　第二条第一項第五号に掲げる書類（存続学校法人については、同号イの書類のうち引き続き役員となる者に係る就任承諾書を除く。）

ハ　第二条第二項第六号に掲げる書類（この場合において、同号中「開設年度の前年度から開設後修業年限に相当する年数が経過する年度まで」とあるのは「二年間」とする。）

六　合併前の学校法人又は法第六十四条第四項の法人（以下「準学校法人」という。）について、次に掲げる書類

イ　寄附行為

ロ　貸借対照表

ハ　第二条第二項第一号から第五号まで（第二号を除く。）に掲げる書類

七　合併前の学校法人又は準学校法人について、存続学校法人又は設立学校法人が文部科学大臣の所轄に属する学校法人である場合にあつては、当該学校法人の概要を記載した書類及び第二条第一項第七号に掲げる書類

八　存続学校法人又は設立学校法人の設置する私立学校の学則

九　その他所轄庁が定める書類

2　前項の規定による申請は、合併後当事者の一方である学校法人が存続する場合にあつては、合併の当事者である学校法人又は準学校法人の双方が共同して行な

うものとする。

3　第一項の認可申請書、同項第一号及び第五号イに掲げる書類並びに同項第六号ハに掲げる書類のうち財産目録には、副本を添付することを要する。

第七条　削除

（準学校法人への準用）

第八条　第二条第五項から第七項まで、第四条第二項、第五項、第八項、第十項及び第十一項、第四条の三第二項、第五条並びに第六条の規定は、準学校法人について準用する。この場合において、次の表の第一欄に掲げる規定中同表の第二欄に掲げる字句は、それぞれ同表の第三欄に掲げる字句に読み替えるものとする。

第一欄	第二欄	第三欄
第四条第五項	都道府県知事の所轄に属する私立学校	私立専修学校若しくは私立各種学校
	設置している私立学校に課程、学科若しくは部（以下「課程等」という。）を設置する場合（広域の通信制の課程以外の通信制の課程を広域の通信制の課程とする場合を含む。以下同じ。）	設置する私立専修学校の課程を設置する場合
第四条第八項	私立学校を廃止し、若しくは都道府県知事の所轄に属する私立学校に置いていた課程等を廃止する場合（広域の通信制の課程を広域の通信制の課程以外の課程とする場合を含む。以下この項において同じ。）	私立専修学校若しくは私立各種学校若しくは私立専修学校の課程を廃止する場合
第六条第一項	私立学校	私立学校又は私立専修学校若しくは私立各種学校

（学校法人及び準学校法人の組織変更認可申請手続等）

第九条　法第六十四条第六項の規定により学校法人及び準学校法人がそれぞれ準学校法人及び学校法人となること（以下この条において「組織の変更」という。）の認可を受けようとするときは、認可申請書並びに寄附行為変更の条項及び事由を記載した書類に次に掲げる書類を添付して、所轄庁に認可を申請するものとする。

一　理由書

二　寄附行為所定の手続を経たことを証する書類

2　前項の組織の変更が、当該準学校法人が文部科学大臣の所轄に属する学校法人になろうとする場合に係るものであるときは、同項に掲げる書類のほか、次に掲げる書類を添付して、開設年度の前々年度の三月一日から同月三十一日までの間に文部科学大臣に申請するものとする。

一　第二条第一項第三号及び第五号から第七号までに掲げる書類

二　その他文部科学大臣が定める書類

3　前項の申請をした者は、次に掲げる書類を設置する私立大学等の開設年度の前年度の六月三十日までに文部科学大臣に提出するものとする。

一　第二条第二項第二号から第六号までに掲げる書類

二　第四条第三項第一号及び第二号に掲げる書類

三　その他文部科学大臣が定める書類

4　第三条の規定は、第二項の申請について準用する。

5　第一項の組織の変更が、当該学校法人が準学校法人になろうとする場合（新たに私立専修学校又は私立各種学校を設置する場合に限る。）又は準学校法人が都道府県知事の所轄に属する学校法人になろうとする場合に係るものであるときは、同項に掲げる書類のほか、次に掲げる書類を添付して、所轄庁が定める日までに所轄庁に申請するものとする。この場合において、文部科学大臣の所轄に属する当該学校法人が準学校法人になろうとする場合に係るものであるときは、当該学校法人を都道府県知事の所轄に属する学校法人とみなす。

一　第二条第一項第五号に掲げる書類

二　第二条第二項各号（第二号及び第七号を除く。）に掲げる書類（この場合において、同項第六号中「開設年度の前年度から開設後修業年限に相当する年数が経過する年度まで」とあるのは「二年間」とする。）

三　第四条第三項第一号及び第二号に掲げる書類

四　その他所轄庁が定める書類

6　第一項の認可申請書並びに寄附行為変更の条項及び事由を記載した書類並びに同項第一号に掲げる書類には、副本を添付することを要する。

（認可申請書の様式等）

第九条の二　第二条、第四条から第六条まで及び前条の認可申請書その他の書類（次項において「認可申請書等」という。）のうち文部科学大臣に提出するものの様式及び提出部数等は、文部科学大臣が別に定める。

2　文部科学大臣は、必要があると認めるときは、認可申請書等以外の書類の提出を求め、又は認可申請書等の一部の提出を免除することができる。

（専修学校又は各種学校を設置する学校法人に対してこの省令の規定を適用する場合）

第十条　法第六十四条第二項の規定により専修学校又は各種学校を設置する学校法人に対してこの省令の規定を適用する場合には、この省令の規定中私立学校のうちには、私立専修学校又は私立各種学校を含むものとする。

第十一条　削除

第十二条　削除

（登記の届出等）

第十三条　私立学校法施行令（昭和二十五年政令第三十一号。以下「令」という。）第一条第二項の規定により都道府県知事に届け出なければならない事項は、理事又は監事が就任したときに係るものである場合にはその氏名及び住所並びにその年月日、理事又は監事が退任したとき並びに理事（理事長を除く。以下この項において同じ。）が理事長の職務を代理し、又は理事長の職務を行うこととなつたとき及び理事長の職務を代理する理事が当該職務の代理をやめたときに係るものである場合にはその氏名及びその年月日とする。

2　文部科学大臣を所轄庁とする学校法人は、組合等登記令（昭和三十九年政令第二十九号）の規定により登記をしたときは、遅滞なく、登記事項証明書を添えて、その旨を文部科学大臣に届け出ることを要する。

3　文部科学大臣を所轄庁とする学校法人は、理事又は監事が就任したときはその氏名及び住所並びにその年月日を、理事又は監事が退任したとき並びに理事（理事長を除く。以下この項において同じ。）が理事長の職務を代理し、又は理事長の職務を行うこととなつたとき及び理事長の職務を代理する理事が当該職務の代理をやめたときはその氏名及びその年月日を、遅滞なく、文部科学大臣に届け出ることを要する。

4　令第一条第一項若しくは第二項又は前二項の届出が、理事又は監事の就任に係るものである場合には、届出書に第二条第一項第五号イ及びロに掲げる書類及び同条第一項第五号ロに掲げる書類並びに第四条第一項第一号に掲げる書類を、理事長その他の代表権を有する理事の異動に係るものである場合には、届出書に同号に掲げる書類を添付するものとする。

（学校法人及び準学校法人台帳）

第十四条　令第四条第一項に規定する台帳の様式は、別表のとおりとする。

附　則　抄

1　この省令は、法施行の日（昭和二十五年三月十五日）から施行する。

10　第一条第一項第三号、第四条第三項、第六条第一項第九号及び第十条第一項の規定中私立学校及び私立大学のうちには、それぞれ学校教育法第九十八条の規定により存続する私立学校並びに私立の大学（大学予科を含む。）高等学校及び専門学校を含むものとする。

附　則（平成一九年一二月二五日文部科学省令第四〇号）抄

この省令は、学校教育法等の一部を改正する法律の施行の日（平成十九年十二月二十六日）から施行する。

別表（第十四条関係）略

学校法人の寄附行為及び寄附行為の変更の認可に関する審査基準

平成十九年文部科学省告示第四十一号
最終改正　平成二二年二月二六日文部科学省告示第三九号

第一　学校法人の寄附行為を認可する場合

大学、短期大学又は高等専門学校（以下「大学等」という。）を設置する学校法人の設立に係る寄附行為の認可については、次の基準によって審査する。

一　校地並びに施設及び設備について

(一)　大学等の校地並びに校舎等の施設及び図書、機械、器具等の設備（以下単に「施設及び設備」という。）は、教育研究上支障のないよう整備されるとともに、大学等の種類の別に応じ、それぞれ、大学設置基準（昭和三十一年文部省令第二十八号）、高等専門学校設置基準（昭和三十六年文部省令第二十三号）、大学院設置基準（昭和四十九年文部省令第二十八号）、短期大学設置基準（昭和五十年文部省令第二十一号）、大学通信教育設置基準（昭和五十六年文部省令第三十三号）、短期大学通信教育設置基準（昭和五十七年文部省令第三号）、専門職大学院設置基準（平成十五年文部科学省令第十六号）その他の法令（別表第二において総称して「大学設置基準等」という。）に適合していること。

(二)　校地は、申請時において申請者の自己所有（申請者名義の所有権の登記がなされていることを要する。第一の一の(六)を除き、以下同じ。）であり、かつ、負担附きでないこと。ただし、次のいずれかに該当するものについては、この限りでない。

ア　現物により負担附きの寄附を受けた校地で、当該負担が申請者の資産状況等からみて長期にわた

り使用する上で支障がないと認められるもの

イ　申請者名義の借地権の設定登記がなされた借用又は開設時以降二十年以上にわたり使用できる保証（独立大学院大学（学校教育法（昭和二十二年法律第二十六号）第六十八条に定める大学をいう。以下同じ。）の専用の校地にあっては、開設時以降十年以上にわたり使用できる保証。第一の一の（二）のウにおいて同じ。）のある借用である校地であって、次のいずれかに該当するもの

（ア）　地方公共団体、国、独立行政法人及びこれらに準ずる者（以下「地方公共団体等」という。）の所有する土地で、申請時までに貸付けについての議会の議決等がなされているもの

（イ）　地方公共団体等以外の者の所有する土地で、申請時までに賃貸借の契約等が締結されているもの

ウ　開設時以降二十年以上にわたり使用できる保証を得ることが困難な特別な事情があり、かつ、大学等の教育研究上の目的を達成する上でやむを得ない理由があると認められる場合において、学校教育法に定める当該大学等の修業年限に相当する年数以上にわたり使用できる保証のある借用である校地であって、第一の一の（二）のイの（ア）及び（イ）のいずれかに該当するもの

（三）　次のいずれかに該当する土地を校地とするときは、第一の一の（二）の規定の適用については、当該校地は、申請時において自己所有であるとみなすこと。

ア　所有権の移転登記をすることが困難な特別の事情があると認められる場合において、申請時までに仮登記され、かつ、開設時以降確実に登記できる見込みのある土地

イ　地方公共団体等の所有する土地で、申請時までに譲渡についての議会の議決等がなされ、寄附行為の認可があれば開設時までにその所有権を取得できる保証のあるもの

ウ　農地転用の許可申請が受理されている場合において、申請時までに仮登記され、かつ、開設時までに正式許可がなされる見込みのある土地

エ　土地区画整理事業等法令の規定により、申請時までに所有権の移転登記ができない土地で、開設時以降に登記できるもの

（四）　校舎その他必要な施設（以下第一の一の（四）、（五）及び別表第一において単に「施設」という。）は、申請者の自己所有であり、かつ、負担附きでないこと。ただし、次のいずれかに該当するものは、この限りでない。

ア　現物により負担附きの寄附を受けた施設で、当該負担が申請者の資産状況等からみて長期にわたり使用する上で支障がないと認められるもの

イ　申請者名義の賃借権の設定登記がなされた借用又は開設時以降二十年以上にわたり使用できる保証（独立大学院大学の専用の校舎にあっては、開設時以降十年以上にわたり使用できる保証。第一の一の（四）のウにおいて同じ。）のある借用である施設であって、次のいずれかに該当するもの

（ア）　地方公共団体等の所有する建物等で、申請時までに貸付けについての議会の議決等がなされているもの

（イ）　地方公共団体等以外の者の所有する建物等で、申請時までに賃貸借の契約等が締結されているもの

ウ　開設時以降二十年以上にわたり使用できる保証を得ることが困難な特別な事情があり、かつ、大学等の教育研究上の目的を達成する上でやむを得ない理由があると認められる場合において、学校教育法に定める当該大学等の修業年限に相当する年数以上にわたり使用できる保証のある借用である施設であって、第一の一の（四）のイの（ア）及び（イ）のいずれかに該当するもの

エ　実務の経験を有する者等を対象とした授業を行う校舎及び附属施設以外の施設で、学校教育法に定める当該大学等の修業年限に相当する年数以上にわたり使用できる保証のある借用であるもの

（五）　地方公共団体等の所有する建物等を施設とする場合において、申請時までに譲渡についての議会の議決等がなされ、寄附行為の認可があれば開設時までにその所有権を取得できる保証があるときは、第一の一の（四）の規定の適用については、当該施設は、申請時において自己所有であるとみなすこと。

（六）　設備は、申請者の自己所有であり、かつ、負担附きでないこと。ただし、設備を借用とすることにつき教育研究上支障がないと認められる場合は、この限りでない。

（七）　校地は、開設時までに教育研究上支障のないよう整備されること。

（八）　大学等（独立大学院大学を除く。）の施設及び設備を段階的に年次計画により整備するときは、次の表の上欄に掲げる各年次において、整備をした施設及び設備の全体に対する割合が、それぞれ同表の下欄に掲げる大学等の種類に応じた割合以上であり、かつ、教育研究上支障のないよう行うこと。この場合において、当該計画は、財源の調達時期、支払計画等からみて適切でなければならない。また、独立大学院大学にあっては、当該独立大学院大学の教育研究上支障のないよう行うこと。

年次	大学等の種類に応じた割合		
	大学	短期大学	高等専門学校
開設時まで	十分の四	五分の三	五分の一
第一年次中	十分の七	五分の五	五分の二
第二年次中	十分の十	ー	五分の三
第三年次中	ー	ー	五分の四
第四年次中	ー	ー	五分の五

（九）　大学等（独立大学院大学を除く。）の施設及び設備（設備のうち図書等を除く。以下第一の一の（九）、第二の一の（三）のア及び第二の四の（七）のアにおいて同じ。）の整備に要する経費は、大学等の種類の別に応じ、別表第一の一から三までの各表に定める標準設置経費額以上の額を計上していることとし、図書等の整備に要する経費は、学部（短期大学及び高等専門学校にあっては学科）の種類、規模等に応じて必要な額を別途計上していること。ただし、現物による寄附がある場合にあっては、当該寄附に係る施設及び設備の価額等、施設及び設備

が借用である場合にあっては、当該借用に係る施設及び設備の評価額等からみて相当と認められるときは、標準設置経費額を下回ることができる。また、独立大学院大学にあっては、当該独立大学院大学の教育研究上の必要に応じた十分な額を計上していること。

(十) 校地並びに施設及び設備の整備に要する経費(以下「設置経費」という。)の財源は、寄附金を充てるものであり、かつ、申請時において設置経費に相当する額の寄附金が収納されていること。この場合において、当該寄附金等については、次のとおり取り扱うこととする。

ア 入学を条件とする寄附金、当該施設の建築等に係る請負業者の寄附金、寄附能力のない者の寄附金、寄附者が借入金により調達した寄附金その他設置経費の財源として適当と認められない寄附金は、設置経費の財源に算入しないこと。

イ 寄附金は、寄附申込書のほか、株式会社等法人にあっては役員会の決議録その他の資料により、個人にあっては寄附者の収入又は資産の状況を明らかにする納税証明書その他の資料により、当該寄附の事実を確認できる場合に限り、設置経費の財源に算入すること。

ウ 地方公共団体等の寄附金又は補助金は、申請時までに予算についての議会の議決等がなされ、当該寄附又は補助の事実を確認できる場合に限り、第一の一の(十)の適用については、申請時において収納されている寄附金とみなすことができること。

エ 学校法人の寄附金は、次に掲げる要件のすべてに該当する場合に限り、第一の一の(十)の適用については、申請時において収納されている寄附金とみなすことができること。

(ア) 当該学校法人が文部科学大臣の所轄に属する学校法人であること。

(イ) 当該学校法人の理事会において、当該寄附についての議決がなされていること。

(ウ) 申請時以降に当該寄附を行うことに合理的な理由があり、かつ、申請時に当該寄附ができない理由が明確でやむを得ないと認められるものであること。

(エ) 寄附行為の認可時までに当該寄附金が確実に収納される見込みがあると認められるものであること。

オ 設置経費の財源の保有形態は、現金預金のほか、国債等の有価証券で額面金額が保証されているものであること。この場合において、有価証券は、設置経費の支払時期が到来するまでに現金化できる場合に限り、その額面金額を上限として、設置経費の財源に算入する。

二 経営に必要な財産について

(一) 大学等(独立大学院大学を除く。)の経常経費は、別表第二に定める標準経常経費額以上の額を計上していること。ただし、人件費については、大学等(独立大学院大学を除く。)の教員組織を段階的に年次計画により整備する場合その他教職員の採用等の実情からみてやむを得ないと認められるときは、この限りでない。また、独立大学院大学にあっては、当該独立大学院大学の教育研究上の必要に応じた十分な額を計上していること。

(二) 経常経費の財源は、申請時において開設年度の経常経費に相当する額の寄附金が収納されていること。

(三) 開設年度から完成年度までの各年度の経常経費の財源は、原則として、学生納付金、寄附金、資産運用収入その他確実な計画による資金をもって充てるものとし、借入金を充てるものでないこと。

(四) 校地及び校舎が借用の場合には、第一の二の(二)の規定にかかわらず、原則として、申請時において、開設年度から完成年度までの経常経費に相当する額の寄附金が収納されていること。

(五) 経常経費の財源の取扱いについては、第一の一の(十)の規定(寄附金等の取扱いに係る部分に限る。)を準用すること。この場合において、第一の一の(十)中「設置経費」とあるのは「経常経費」と、(十)のエ中「第一の一の(十)」とあるのは「第一の二の(二)から(四)まで」と読み替えるものとする。

三 役員等について

(一) 理事及び監事は、学校法人の管理運営に必要な知識又は経験を有し、その職務を十分に果たすことができると認められ、かつ、学校法人の理事及び監事としてふさわしい社会的信望を有する者であること。

(二) 理事及び監事は、他の学校法人の理事又は監事を四以上兼ねていない者であること。

(三) 理事長は、他の学校法人の理事長を二以上兼ねていない者であること。

(四) 役員の構成は、教授会等の意向が適切に反映されるよう配慮されていること。

(五) 理事である評議員以外の評議員は、学校法人の設立後速やかに選任できるよう、その候補者が選定されていること。

(六) 学校法人の事務局長その他の幹部職員は、その職務に専念できる者であること。

(七) 学校法人の事務局長その他の幹部職員は、役員の配偶者又は親族等に偏っていないこと。

(八) 学校法人の事務を処理するため、設置する大学等の規模に応じた専任の職員を置く適切な事務組織が設けられていること。

(九) 学校法人の管理運営上必要な諸規程の整備その他大学等を設置する学校法人にふさわしい管理運営体制が整えられていること。

四 その他

文部科学大臣は、第一の規定に基づく認可の審査については、申請者が、私立学校法第三十一条第一項の申請において、偽りその他不正の行為のあった者であって、当該行為が判明した日から起算して五年以内で相当と認める期間を経過していないものである場合には、当該認可をしないこと。

第二 文部科学大臣の所轄に属する学校法人が大学等を設置する場合に係る寄附行為の変更を認可する場合

文部科学大臣の所轄に属する学校法人が大学等を設

置する場合に係る寄附行為の変更の認可については、次の基準によって審査する。

一　校地並びに施設及び設備について

（一）　設置経費の財源は、申請時において、当該設置経費に相当する額の寄附金、資産売却収入その他学校法人の負債とならない収入により積み立てられた資産（以下「寄附金等の資産」という。）を保有していることとし、当該財源の取扱いについては、第一の一の（十）の規定（寄附金等の取扱いに係る部分に限る。）を準用すること。

（二）　第二の一の（一）に掲げる資産を保有している場合には、設置経費及び開設年度の経常経費（以下「設置経費等」という。）に借入金を充てることができること。この場合において、当該借入金の額は、当該設置経費等の額の二分の一を超えることができない。

（三）　校地並びに施設及び設備に係るその他の事項については、第一の一（（十）を除く。）の規定を準用するほか、従来設置している学校又は専修学校若しくは各種学校（以下「既設の学校等」という。）その他の事業から転共用する施設及び設備がある場合には、次のとおり取り扱うこと。

ア　施設及び設備の整備に要する経費の額は、当該転共用に係る施設及び設備の帳簿価額等からみて相当と認められるときは、標準設置経費額を下回ることができること。

イ　当該転共用に係る施設及び設備の整備のために借入金が償還中である場合には、次に掲げる要件のすべてに該当していること。

（ア）　当該借入金の額と設置経費等に充てる借入金の額との合計額が設置経費等の額の二分の一を超えないこと。

（イ）　申請時において、当該借入金に相当する額の財源として、寄附金等の資産を保有していること。

（ウ）　申請者の資産状況等からみて当該借入金に対する適正な償還計画が策定され、かつ、当該施設及び設備の帳簿価額が当該借入金の額を上回っていること。

二　経営に必要な財産について

（一）　経常経費の財源は、申請時において、開設年度の経常経費に相当する額の寄附金等の資産を保有していること。

（二）　第二の二の（一）に掲げる資産を保有している場合には、設置経費等に借入金を充てることができること。この場合において、当該借入金の額については、第二の一の（二）の規定を準用する。

（三）　経営に必要な財産に係るその他の事項については、第一の二（（二）を除く。）の規定を準用すること。この場合において、第一の二の（三）中「開設年度」とあるのは「開設年度（設置経費等に借入金を充てる場合にあっては、開設年度の翌年度）」と、第一の二の（四）中「第一の二の（二）」とあるのは「第二の二の（一）」と、「寄附金が収納されて」とあるのは「寄附金等の資産を保有して」と読み替えるものとする。

三　役員等について

役員等については、第一の三の規定を準用すること。

四　既設校等について

（一）　従来設置している大学等（以下「既設の大学等」という。）の学部、学科、大学院又は大学院の研究科（以下「学部等」という。）の校地並びに施設及び設備については、第一の一の（一）の規定を準用すること。

（二）　既設の大学等の学部等の在籍学生数が収容定員を著しく超過していないこと。

（三）　既設の大学等又はその学部等に、第一から第四までの規定に基づく認可を受け、開設後学校教育法に定める修業年限に相当する年数を経過していないものがある場合、当該認可に係る大学等又は学部等の設置に関する計画が確実に履行されていること。

（四）　既設の学校等のためにした借入金その他の負債は、その償還が適正に行われ、かつ、適正な償還計画が策定されていることとし、次のとおり取り扱うこと。

ア　学校法人の資産状況について、開設年度の前々年度の末日における負債率（総資産額に対する前受金を除く総負債額（設置経費等に借入金を充てる場合にあっては、当該借入金を含む。）の割合をいう。）（以下単に「負債率」という。）が〇・二五以下であり、かつ、既設の学校等のための負債に係る償還計画において、開設年度の初日の属する年の三年前の年の四月一日の属する年度から完成年度までの各年度における負債償還率（借入金等返済支出から短期借入金（当該借り入れを行う年度内に償還期限が到来するものに限る。）に係る支出を控除したものの額と借入金等利息支出の額との合計額が帰属収入の額に占める割合をいう。）が〇・二以下であること。

イ　開設年度の前々年度及び開設年度の初日の属する年の三年前の年の四月一日の属する年度において帰属収入の額が消費支出の額を上回っており、かつ、開設年度の前年度から完成年度までの各年度において帰属収入が消費支出を上回る見込みがあると認められる場合には、第二の四の（四）のアの規定にかかわらず、負債率は、〇・三三以下であること。

ウ　校地の再評価（校地について時価による評価を行い、当該校地の価額を改定することをいう。）を行った後の総資産額により算出した場合における負債率が〇・二五以下である場合には、第二の四の（四）のアの規定の適用については、負債率は、〇・二五以下であるとみなすこと。この場合において、再評価後の価額は、鑑定評価額によるものとする。ただし、当該価額の計算の方法及び根拠が明確である場合に限り、路線価その他の資料に基づく時価を基準として申請者が評価した価額によることができる。

エ　余裕金等により借入金の償還期限を繰り上げて償還を行った場合であって、借入金等返済支出から当該借入金の元本に相当する金額を控除した額により算出した場合における負債償還率が〇・二以下であるときは、第二の四の（四）のアの規定の適用については、負債償還率は、〇・二以下であるとみなすこと。

（五）　偽りその他不正の手段により私立学校振興助成法（昭和五十年法律第六十一号）の規定による補助金（以下第二の四の（五）において単に「補助金」という。）の交付を受け、又は補助金の他の用途への使用その他補助金の交付条件に違反したことにより、補助金等に係る予算の執行の適正化に関する法律（昭和三十年法律第百七十九号）第十八条又は第十九条（日本私立学校振興・共済事業団法（平成九年法律第四十八号）第二十七条において準用する場合を含む。）の規定による返還又は納付を命ぜられた場合、その履行を完了していること。

（六）　学校紛争その他学校等の管理運営の適正を期し難いと認められる事実がないこと。この場合において、既設の学校等の管理運営の状況に関し、次に掲げる事項に留意する。

ア　法令の規定、当該規定による処分及び寄附行為に基づく登記、届出、報告等の適正な実施

イ　役員間、教職員間又はこれらの者の間における訴訟その他の紛争

ウ　日本私立学校振興・共済事業団からの借入金の償還（利息及び延滞金の支払を含む。）又はその徴収する掛金若しくは公租公課の支払の状況

（七）　短期大学又は短期大学の学科（以下第二の四の（七）において「短期大学等」という。）を廃止して、その教員組織、施設及び設備を基に、新たに大学等を設置する場合であって、当該大学等の入学定員が当該廃止に係る短期大学等の入学定員の百分の百十以下であるときは、以下のとおり取り扱うこと。

ア　第二の一の（三）において準用する第一の一の（九）の規定にかかわらず、施設及び設備の整備に要する経費については、施設及び設備の状況が教育研究に支障がないと認められる場合には、標準設置経費額を下回ることができること。

イ　第二の一の（三）のイの規定は、当該転共用に係る施設及び設備の整備のためにした借入金については、適用しないこと。

ウ　第二の四の（四）のアの規定にかかわらず、負債率は、設置経費等に借入金を充てない場合には、〇・三三以下であること。

五　その他

文部科学大臣は、第二の規定に基づく認可の審査については、申請者が、私立学校法第三十一条第一項の申請又は同法第四十五条の申請若しくは届出（私立学校法施行規則（昭和二十五年文部省令第十二号）第四条の三第一項第一号の事項に関する届出に限る。）において、偽りその他不正の行為のあった者であって、当該行為が判明した日から起算して五年以内で相当と認める期間を経過していないものである場合には、当該認可をしないこと。

第三　都道府県知事の所轄に属する学校法人が大学等を設置する場合に係る寄附行為の変更等を認可する場合

都道府県知事の所轄に属する学校法人が大学等を設置する場合に係る寄附行為の変更及び私立学校法第六十四条第四項の法人が大学等を設置する場合に係る組織変更の認可については、次の基準によって審査する。

一　校地並びに施設及び設備について

校地並びに施設及び設備については、第二の一の規定を準用すること。

二　経営に必要な財産について

経営に必要な財産については、第二の二の規定を準用すること。

三　役員等について

役員等については、第二の三の規定を準用すること。

四　既設校等について

既設校等については、第二の四（（一）から（三）まで及び（七）を除く。）の規定を準用すること。

五　その他

その他については、第二の五の規定を準用すること。この場合において、当該規定中「第二」とあるのは「第三」と、「第一項の申請」とあるのは「第一項の申請（文部科学大臣への申請に限る。）」と、「届出」とあるのは「文部科学大臣への届出」と読み替えるものとする。

第四　文部科学大臣の所轄に属する学校法人が学部等を設置する場合に係る寄附行為の変更を認可する場合

文部科学大臣の所轄に属する学校法人が学部等を設置する場合に係る寄附行為の変更の認可については、次の基準によって審査する。ただし、当該学部等の設置が大学等の教育研究条件の向上又は学校法人の運営の改善のために必要かつ適切と認められる特別の事情があり、かつ、学部等の施設及び設備の整備のために要する経費の支出が、学校法人にとって過大な負担とならないと認められる場合には、校地並びに施設及び設備に係るこれらの基準を弾力的に取り扱うことができることとする。

一　校地並びに施設及び設備について

校地並びに施設及び設備については、第二の一の規定を準用すること。この場合において、第二の一の（二）中「設置経費及び開設年度の経常経費（以下「設置経費等」という。）」とあるのは「設置経費」と、「当該設置経費等」とあるのは「当該設置経費」と、第二の一の（三）において準用する第一の一の（一）中「大学等の校地」とあるのは「学部等の校地」と、第二の一の（三）において準用する第一の一の（二）のイ中「独立大学院大学（学校教育法（昭和二十二年法律第二十六号）第六十八条に定める大学をいう。以下同じ。）」とあるのは「大学院」と、第二の一の（三）において準用する第一の一の（二）のウ中「大学等」とあるのは「学部等」と、第二の一の（三）において準用する第一の一の（四）のイ中「独立大学院大学」とあるのは「大学院」と、第二の一の（三）において準用する第一の一の（八）及び（九）中「大学等（独立大学院大学を除く。）」とあるのは「学部等（大学院を除く。）」と、「独立大学院大学」とあるのは「大学院」と、第二の一の（三）中「設置経費等」とあるのは「設置経費」と読み替えるものとする。

二　経営に必要な財産について

経営に必要な財産については、第一の二（（二）及び（四）を除く。）の規定を準用すること。この

場合において、第一の二の（一）中「大学等」とあるのは「学部等」と、「独立大学院大学」とあるのは「大学院」と読み替えるものとする。

三　役員等について

役員等については、第二の三の規定を準用すること。

四　既設校等について

既設校等については、第二の四の規定を準用すること。この場合において、第二の四の（四）のア中「開設年度の前々年度の末日」とあるのは「開設年度の前々年度の末日又は開設年度の前年度の五月三十一日までの間において申請者が定める日」と読み替えるものとする。

五　その他

その他については、第二の五の規定を準用すること。この場合において、当該規定中「第二」とあるのは「第四」と読み替えるものとする。

第五　設置者の変更に係る文部科学大臣の所轄に属する学校法人の寄附行為及び寄附行為の変更を認可する場合

設置者の変更に係る文部科学大臣の所轄に属する学校法人の寄附行為及び寄附行為の変更の認可については、次の基準によって審査する。ただし、設置者の変更は、大学等の組織又は校地並びに施設及び設備の同一性を保持しつつ行われるものであることを要し、当該変更後の財務状況等を勘案し、負債償還率等に係るこれらの基準を弾力的に取り扱うことができることとする。

一　設置者の変更により大学等の設置者となる学校法人の寄附行為の認可について

第一（一の（七）及び（八）並びに二の（一）及び（三）を除く。）の規定を準用すること。この場合において、第一の二の（四）中「開設年度」とあるのは「開設年度の翌年度」と、第一の四中「第一」とあるのは「第五」と読み替えるものとする。

二　設置者の変更により大学等の設置者となる学校法人の寄附行為の変更の認可について

第二（一の（三）において準用する第一の一の（七）及び（八）並びに二の（三）において準用する第一の二の（三）を除く。）の規定を準用すること。この場合において、第二の二の（三）において準用する第一の二の（四）中「開設年度」とあるのは「開設年度の翌年度」と、第二の五中「第二」とあるのは「第五」と読み替えるものとする。

三　設置者の変更により大学等の設置者でなくなる学校法人の寄附行為の変更（所轄庁が都道府県知事に変更となる場合を除く。）の認可について

第二の三及び四の（一）の規定を準用すること。

第六　その他

一　文部科学大臣は、第一から第三までの規定に基づく認可をしたときは、申請者の同意を得て、当該認可に係る大学等の校地並びに施設及び設備に関する事項の概要及び第六の二に規定する事項その他必要な事項をインターネットの利用その他適切な方法により公表すること。

二　文部科学大臣は、第一から第四までの規定に基づく認可を受けた者が、当該認可に係る大学等及び学部等の設置に関する計画（第六の三において単に「計画」という。）を履行するに当たって留意すべき事項（第六の三において単に「留意事項」という。）があると認めるときは、当該者に対し、当該事項の内容を通知すること。

三　文部科学大臣は、第一から第四までの規定に基づく認可に係る計画及び留意事項の履行の状況及び学校法人の経営の実態を確認するため必要があると認めるときは、書類、実地等による調査を実施すること。

附　則

本告示による改正後の第二の四の（四）のア（第三の四、第四の四及び第五の二において準用する場合を含む。）の規定中負債率を算出する日に係る部分は、平成二十一年度を開設年度とする申請の審査から適用し、平成二十年度を開設年度とするものについては、なお従前の例による。

附　則（平成二二年二月二六日文部科学省告示第三九号）

この告示は、公布の日から施行する。

別表第一　略

別表第二　略

「経営困難な学校法人への対応方針について」
―経営分析の実施と学生に対するセーフティネットの考え方―

平成十七年五月十六日
文部科学省高等教育局
私立大学経営支援プロジェクトチーム

1　趣旨

(1) 私立学校は、建学の精神に基づく個性豊かな教育研究を行う機関として発展し、今日では、例えば大学では全学生数の70パーセント以上、短期大学では90パーセント以上を占めるなど、我が国の公教育において極めて大きな役割を担っている。我が国の公教育は、今や私立学校の存在を抜きにしては考えられず、私立学校は、今後とも安定した経営基盤の上に特色ある教育研究活動を展開し、社会の要請に応えていくことが期待される。

(2) しかるに、近年における少子化等の影響もあり、私立学校をめぐる経営環境は全体として大変厳しい状況にある。平成16年度に入学定員を充足していない私立学校が、大学で約30パーセント、短期大学で約40パーセントに上り、また単年度の帰属収入で消費支出をまかなうことのできない学校法人も平成15年度で約30パーセントを占めている。

このような中で、各学校法人も危機感を持ち、様々な努力を行っている。新しい時代の要請に応えた学部・学科の見直しや特色ある教育活動の展開、経費の節減など経営の効率化等によって成果をあげているところも少なくない。しかし、その一方で、学生数の減少等から経営状況が悪化している学校法人が増えつつあるのも事実である。また、少数ではあるが、不適切な経理等、学生数の減少以外の要因から経営困難に陥るという事例も生じている。

(3) もとより、学校法人の経営困難対策については、資金面の問題のみならず、学生の問題、教職員の問題等を含め様々な観点からの検討が必要である。

その中でも、特に最優先に考えなければならない重要な課題として、在学生の就学機会の確保の問題がある。仮に学校法人の経営が破綻し、学生が在学したままの状態で学校が閉鎖に追い込まれることになった場合、最も大きな影響を被るのは在学生に他ならない。

この場合、条件の整う他の学校への転学ということも考えられ、過去には立志舘大学（平成15年4月休校、その後廃止）のように関係者の尽力により幸いにも多くの学生が近隣の他大学に転学できた（174名中155名）という例もあるが、一般的には、転学という形での就学機会の継続は決して容易なことではない。したがって、学校法人をはじめとする関係者は、できる限りこのような事態に陥ることのないよう最善の努力を尽くすべきである。

その上で、どうしてもこれを避けられない万一の場合に備え、転学による在学生の就学機会の確保を可能な限り支援するための仕組についても、考えておく必要がある。

(4) 以上のような観点から、文部科学省としても高等教育局に私立大学経営支援プロジェクトチーム（注1）を設け、最近の具体的な事例も踏まえ、また関係機関の意見も聞きつつ検討を行い、学校法人の経営困難対策についての基本的な対応方針を取りまとめたものである。

> （注1）文部科学省私立大学経営支援プロジェクトチーム：
> 学校法人の経営基盤強化に向けた取組等の支援策や、学校法人が経営破綻した場合の対応策を検討・協議するため、高等教育局長決定により平成14年3月に設置。私学部長が主査を務め、高等教育企画課長、大学振興課長、学生支援課長、国立大学法人支援課長、私学行政課長、私学助成課長、私学部参事官で構成。

(5) 本対応方針は、直接には文部科学大臣が所轄する大学、短期大学、高等専門学校（以下「大学等」という。）及びこれらを設置する学校法人を念頭に置いたものである。都道府県知事が所轄する私立学校については、都道府県によって状況が様々であり、学校数、規模、児童・生徒等の通学範囲、学科等の構成、また小・中学校については義務教育制度との関係等の点で大学等とは事情を異にする。しかし、基本的な考え方については共通するところもあると考えられるので、各都道府県においても本対応方針も参考としつつ、必要に応じ方策等を検討されるよう期待したい。

2　基本的な考え方

〔私立学校の自主性の尊重〕

(1) 私立学校教育の根幹は、何より私立学校の「自主性」にある。このため私立学校法においても、私立学校に対する所轄庁の権限を学校教育法よりも限定的なものとするなど、自主的・自律的な運営を最大限尊重する仕組としている。また、学校の設置認可に当たっても、所轄庁は、申請内容が必要な基準を満たしていれば、所定の手続を経て認可することとされている。

このような私立学校の基本的性格に鑑みれば、経営基盤の強化に向けての努力は、あくまでも各学校法人が自らの判断により、自らの責任において行うべきものである。所轄庁としては、私立学校の自主性を尊重しつつ、学校法人からの相談に応じたり、経営分析や指導・助言等を通じ、その主体的な改善努力を促すことが基本となる。

〔学生の就学機会の確保〕

(2)他方、様々な手立てを講じても経営が好転せず、最終的に学校の存続が不可能となるような事態も想定しておかねばならない。

仮にそのような状況になれば、在学生、卒業生、教職員をはじめ多くの関係者に影響が及ぶことになるが、最も避けなければならないのは、学生が在学したままの状態で学校が存続できなくなることである。この場合、在学生は当該学校での就学の機会を失い、極めて大きな不利益を被ることになる。このことはまた、公教育の安定性に対する国民の信頼にも関わる問題である。

したがって、当該学校法人をはじめとする関係者は、このような最悪の事態を回避するため、あらゆる手を尽くすべきである。その上で、どうしてもこれを避けることができないという万一の場合には、学業の継続を希望する学生ができる限り他の大学等に転学できるよう、関係者の協力によりこれを支援するための基本的な仕組を作っておくことが必要である。今回、このような考え方に立って、後述のような基本的な仕組(「学生転学支援プログラム」)を示すこととした。

なお、学校法人の経営困難対策は、私立学校のみの問題ではなく、国公私立を通じた学校教育全体の在り方と深く関わる問題であり、国公私立を通じ広く関係者が連携・協力して取り組むべきものである。

〔要点〕

(3)今回取りまとめた対応方針は、以上に述べた「私立学校の自主性の尊重」と「学生の就学機会の確保」を基本としつつ、現時点における考え方を整理したものである。その内容は3以下で述べるが、要点は次のとおり。

① 学校法人の経営基盤の強化に向けての努力は、各学校法人が自らの責任において行うべきものである。

② 文部科学省は、日本私立学校振興・共済事業団(以下「私学事業団」という。)等の協力も得つつ、各学校法人の経営分析や、その結果を踏まえた指導・助言を通じ、学校法人の自主的な経営改善努力を促す。

③ 改善に向けた取組への早急な着手が必要な学校法人に対しては、状況に応じ、経営改善計画の作成を求め、より詳細な分析や必要な指導・助言を行う。

④ これらによってもなお改善が不十分で、更に踏み込んだ対応が必要と考えられる学校法人に対しては、在学生の就学機会の継続確保を最優先に、法的手続等の活用も視野に入れた、より抜本的な対応策の検討を促す。

⑤ 仮に、近い将来、学校の存続が困難となると判断されるに至った場合でも、まずは、在学生が卒業するまでの間、学校を存続し授業を継続できるよう、最大限の努力を促す。

⑥ これらの様々な努力や取組にもかかわらず、最終的に、学生が在学したままの状態で学校を存続できなくなった場合には、後述の「学生転学支援プログラム」の仕組により、関係機関の連携の下に、主として近隣の大学等の協力を求め、学業の継続を希望する在学生の他大学等への転学を支援することとする。

《「経営困難対策の全体」(イメージ)》

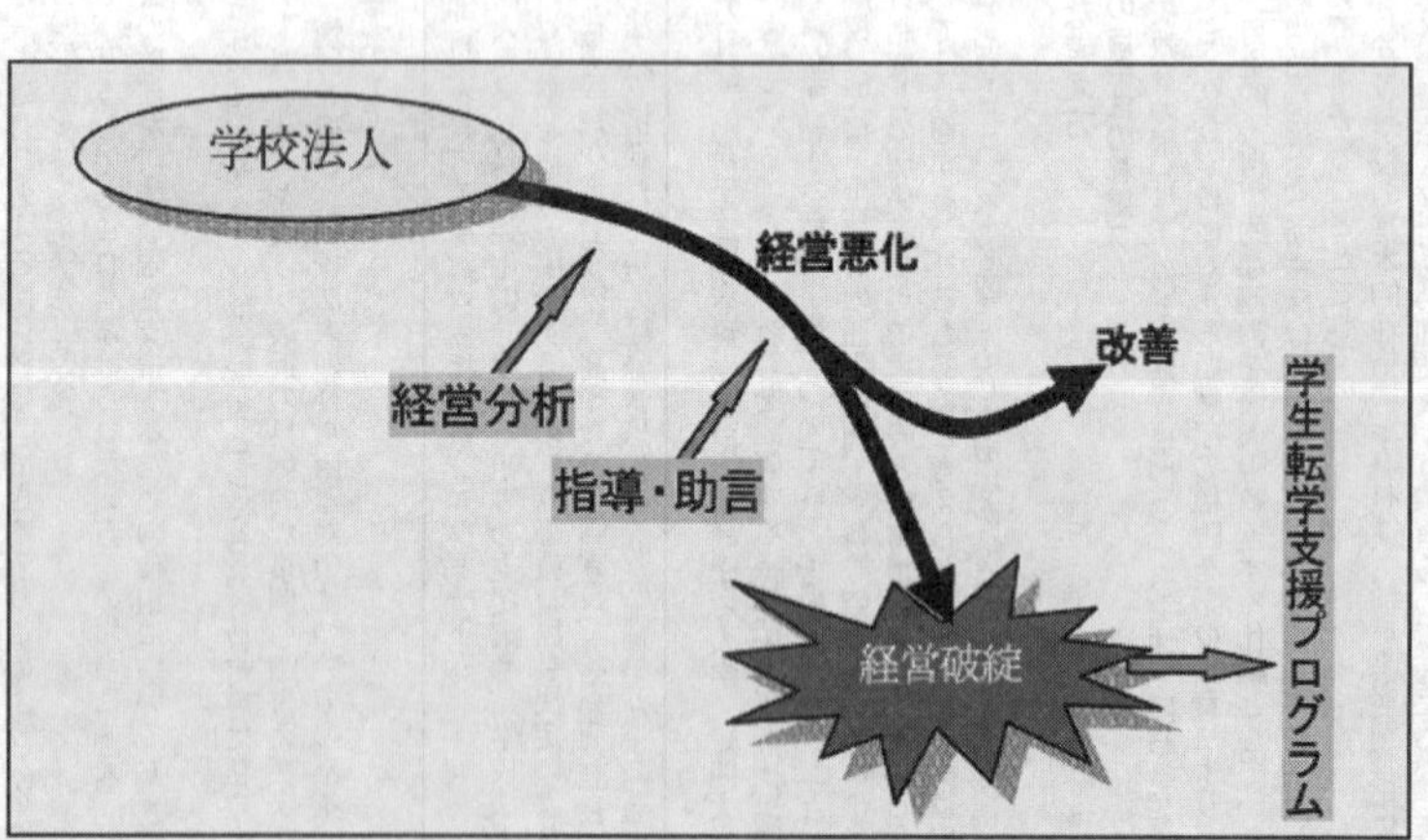

3　経営分析及び指導・助言

〔学校法人自らの経営状況把握〕

（1）学校法人が経営困難に陥らないようにするためには、まず何よりも各学校法人自身が経営悪化の兆候を早期に見出し、改善努力を行い、一層の悪化を未然にくい止めることが重要である。そのためには、個々の学校法人において、理事会や評議員会、また監事による監査等を通じて財政及び経営状況を的確に把握し、問題点の発見と解決に努めるとともに、中長期計画を策定するなど計画的な財政運営を図ることが必要である。その際、必要に応じ、事業再生に詳しい弁護士や公認会計士等の外部の専門家の意見を聞くこと等も有益である。なお、経営状況については、例えば私学事業団が毎年公表している「今日の私学財政」等を参考にしつつ、様々な経営分析指標を活用してその把握に努めるべきである。

〈参考〉主な経営分析指標

指標名	計算式	評価
帰属収支差額比率	（帰属収入－消費支出）÷帰属収入	「帰属収入」から「消費支出」を差し引いた「帰属収支差額」の「帰属収入」に対する割合で、この比率がプラスで大きいほど自己資金は充実。逆にマイナスの場合、基本金組入前で既に消費支出超過の状態。 （注）「帰属収入」とは、授業料などの学校法人の負債とならない収入。「消費支出」とは、人件費、教育研究経費や管理経費など学校法人が経常的に支出する経費。学校法人会計基準では基本金への組入は「帰属収入」から行うこととされている。
人件費比率	人件費÷帰属収入	「帰属収入」に対する「人件費」の割合。一般に学校法人の場合「人件費」が「消費支出」の中で最大の割合を占めているため、この比率が特に高くなると、「消費支出」全体を大きく膨張させ、消費収支の悪化を招きやすい。また、いったん上昇した人件費比率の低下は容易でない。
総負債比率	総負債÷総資産	「総資産」に対する「総負債」の割合。100パーセント以下で低い方が望ましい。
前受金保有率	現金預金÷前受金	翌年度の「帰属収入」となるべき授業料等の「前受金」が、翌年度繰越支払資金として当該年度末に保有されているかどうかをみるもの。この比率が100パーセント未満であれば、この「前受金」を先食いしていることを示し資金繰りが苦しい状態の一つの表れ。
流動比率	流動資産÷流動負債	短期的な支払い能力を示す指標。現金預金または現金化が短期的に可能な資産である「流動資産」と、一年以内に返済義務を負う「流動負債」の比較から、短期的な資金繰りの見通しを分析する指標。

〔経営分析に基づく早期の指導・助言〕

（2）文部科学省においても、昨年度から毎年度、私学事業団及び必要に応じ私学団体の協力も得つつ、全学校法人の決算書等の基礎的な資料を分析し、その結果を踏まえ必要な指導・助言を行い、学校法人の自主的な経営改善努力を促すこととしている。

　また、毎年度約50法人を対象として、学校法人の管理運営の組織及びその活動状況、財務状況等について実態を調査し、健全な経営の確保に資することを目的に、学校法人運営調査委員（注2）による実地調査を実施している。これは直接的には経営困難な学校法人を主たる対象とするものではないが、経営悪化が懸念される学校法人も適宜調査対象に加え、改善への取組を指導・助言する機会としても活用していく。

（注2）学校法人運営調査委員（会）：学校法人の健全な経営の確保に資することを目的として、文部科学省に設けられた委員制度。学校法人の管理運営の組織及びその活動状況、財務状況等について実態を調査するとともに、必要な指導、助言を行う。昭和59年に創設され、私立学校関係者、公認会計士、弁護士、マスコミ関係者等30人の委員が委嘱されている。

〔経営改善計画の作成等〕

（3）経営悪化の兆候がみられ、早急に改善に向けた取組に着手することが必要と考えられる学校法人に対しては、その状況に応じ、経営改善計画の作成等を求めることとする。この経営改善計画の作成に際しては、学生にとって魅力ある教育組織への見直しや経費節減等の経営努力はもちろんのこと、場合によっては、採算のとれない学部・学科等の縮小・廃止なども含めた対応策の検討も必要である。

　文部科学省としては、学校法人が作成した経営改善計画について、私学事業団の協力を得てさらに詳細な分析を行い、必要な指導・助言を行う。この段階では特に資金繰りの悪化に重点を置いた分析を行うとともに、改善計画の実現可能性、妥当性等についても検討を加える。

〔より抜本的な対応が必要な場合〕

（4）これらによってもなお改善が不十分であり、更に踏み込んだ対応が必要と考えられる学校法人に対しては、現に在籍している学生の就学の継続確保を最優先に、法的な手続の活用等も視野に入れた、より抜本的な対応策の検討を促す。

　具体的には、当該学校法人が設置する大学等の学生充足状況、資金繰り状況、資産保有状況、債務額の多寡等にもよるが、例えば、事業の縮小、債権者・債務者の合意に基づく私的整理、他の学校法人との合併、事業譲渡、民事再生法に基づく再生手続、破産法に基づく清算手続、自主解散等の選択肢も含めた検討を指導・助言することもあり得る。

　あわせて、経営状況が極めて悪化し、近い将来、学校運営の継続が困難となることが不可避と判断される学校法人については、民事再生手続等の方法をとることができないのであれば、破綻時の在学生への影響を最小限にとどめるため、新規の学生募集を停止し、現に在学する学生が卒業するまで学校運営を継続することに全力を注ぐとの決断が迫られる場合もあり得よう。

　文部科学省としては、特に学校法人の存続に関わるような内容の指導等を行うに当たっては、慎重を期すため、必要に応じ学校法人運営調査委員会の意見も聞きつつ検討する。

　また、私学事業団において、支援者を求める学校法人とこれに応じることのできる可能性のある者とのマッチング（紹介等）や、学校法人の合併等の仲介等の支援を積極的に行うこととする。

〈参考〉学校法人の経営破綻処理

事項	類型	成立要件	経営陣	特徴
破産手続	法的手続・清算型	債務者または債権者が裁判所へ破産申立て（破産法）	破産宣告により理事失職	破産管財人の下で手続が進むため確実（適正・公平）だが時間と費用がかかる。
私的整理（清算型）	任意手続・清算型	債権者全員の同意解散には理事の特別多数の同意が必要（私立学校法）	清算手続中、現体制が存続 解散手続後は理事がそのまま清算人となる。	費用が安く済み、簡易迅速柔軟な対応が可能だが、不公平の生じる恐れもある。 債務超過の場合は破産手続へ移行
民事再生手続	法的手続・再建型	債務者または債権者が裁判所へ民事再生申立て再生計画には債権者の同意と裁判所の認可が必要（民事再生法）	現体制が存続ただし、実際上は債権者の同意が必要	債権者多数の同意（出席過半数、総額1／2以上）で手続が進むが、再生計画失敗の場合は破産手続へ移行
私的整理（再生型）	任意手続・再建型	債権者全員の同意	現体制の存続もあり得るが支援先からの理事派遣が通常	費用が安く済み、簡易迅速柔軟な対応が可能だが、不公平の生じる恐れもある。

〔求められる早期の決断〕

（5）どのような形にせよ、最終的に学校が廃止されるということになれば、「建学の精神」を掲げて教育を行う学校法人としてはまさに苦渋の決断となるが、公教育の一翼を担う極めて公共性の高い社会的存在として、当該学校に入学し、学んでいる在学生の就学機会を失わせないという社会的責任を全うするためにも、早い段階での適切な判断が求められる。

　なお、現実には、例えば民事再生法に基づく再生手続開始の申立を行うにも当面の資金繰りのための運営資金を保有していることが必要であり、運営資金が枯渇する前に決断することが、在学生等への影響を最小限にとどめる上で極めて重要である。このため、事態が逼迫している場合には、特に早期の決断を強く促すこととする。

　また、私的整理や再生手続により再生を目指す場合、あるいは破産手続の開始後も当面学校を存続させる必要がある場合には、債権者を中心とする関係者の理解を得ることが不可欠である。同時に、学生、保護者、教職員及び地元自治体等の理解と一致協力が重要なポイントとなることを認識しておく必要がある。ちなみに、学校法人が破産宣告を受けた後であっても、債権者等の協力により破産手続中に強制和議という形で再建を遂げた事例が過去に2例ある。

〔経営分析、指導・助言の流れ〕

（6）以上の流れを簡単に図示すると、次のようになる。

《「経営分析等の流れ」（イメージ）》（次頁上図※編集部）

〔経営困難法人の存続のための国費の投入〕

（7）なお、経営が悪化し再建の見込がないと判断される学校法人に対し、国費の投入によりその存続を図ることについては、現時点では、国民の理解は得られないと考える。

4　学生の就学機会の確保

〔学生の就学機会確保の重要性〕

（1）学校法人が経営破綻に陥り、学校を存続できなくなった場合、直接的に最も大きな影響を被るのは、当該学校に在学する学生である。このような形で突然に学生の就学機会が失われることは、単に一学校の問題にとどまらず、公教育に対する国民の信頼にも関わる問題である。したがって、学校法人はもちろんのこと、関係者は、できる限りこのような事態を避けるべくあらゆる手立てを尽くす必要がある。

　いかなる状況であっても、常に最優先に考えるべきは学生の就学機会の確保であり、仮に最終的には学校法人の解散あるいは破産が不可避であるような場合でも、まずは現に在籍する学生が卒業するまでの間、学校を存続し授業を継続できるよう、

《「経営分析等の流れ」（イメージ）》

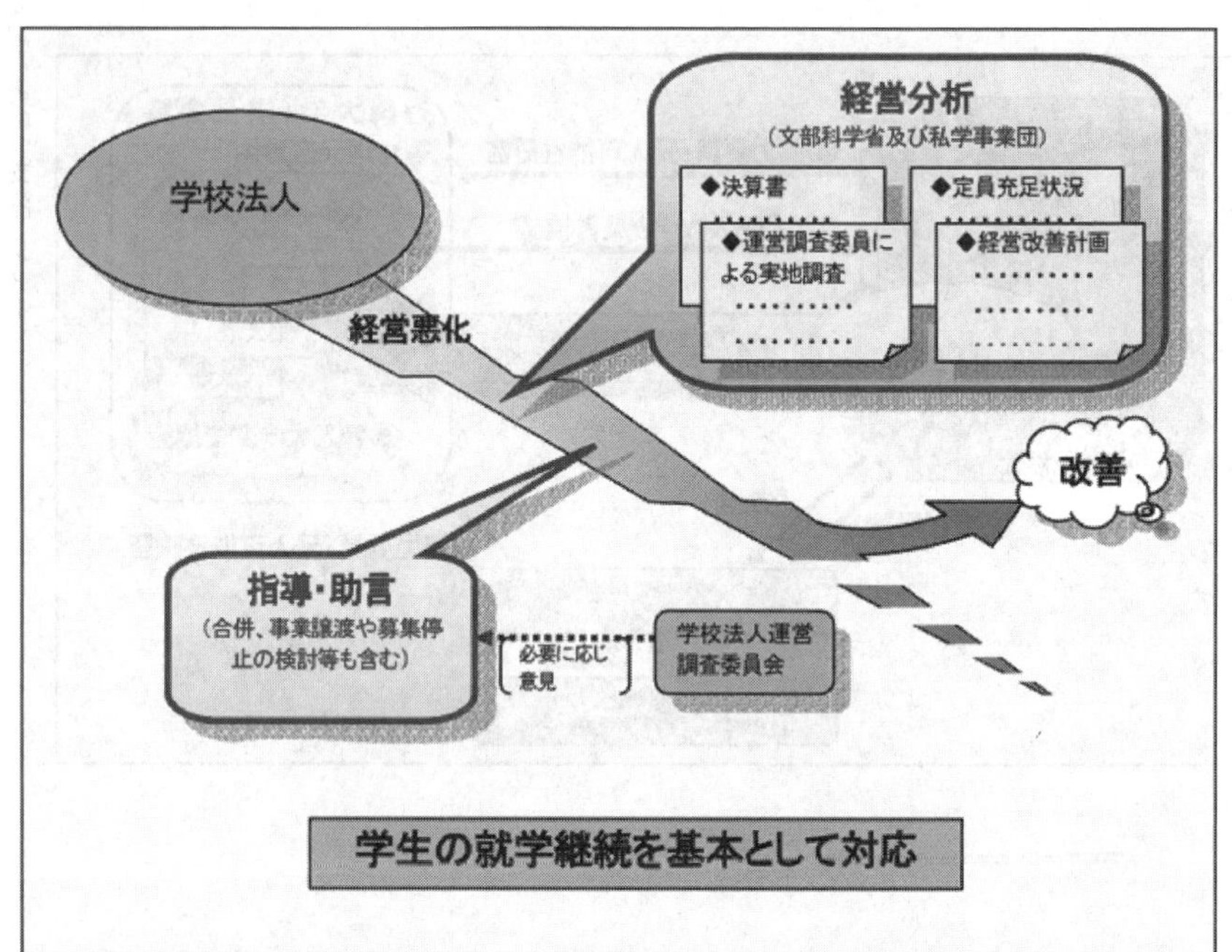

債権者、地域関係者、破産管財人等の理解を得ることなども含め、最大限の努力を重ねることが重要である。

〔最後の手段としての転学支援〕

（2）仮に、関係者の理解が得られ、様々な条件が整った場合には、近隣の大学等への転学という方法も考えられる。現に、休校の決まった大学の学生の大部分を近隣の他大学が受け入れた例があることは前述した。しかし、これは極めて幸運な例であって、一般的には転学は決して容易な道ではない。

例えば、近隣に大学等が設置されていない場合、仮にあっても専門分野等が合致しない場合、カリキュラムや国家資格の取得・受験資格に係る要件が合致しない場合、転学生を受け入れるだけの施設・設備等が十分でない等の理由から受入が困難な場合、転学を希望する学生と他大学等の意向が合わない場合も少なくないと考えられる。当然ながら、希望する全ての学生がいずれかの大学等に転学できるという保証もない。また、既修得単位の認定や授業料の扱い等について調整がつかないこともあり得る。

他大学等への転学は、いわば最後の最後に残るやむを得ない手段であるということを、関係者は十分認識しておくべきである。

〔学生転学支援プログラム〕

（3）以上のことを前提としつつ、それでもなお、学生が在学したままの状態で学校を存続できなくなるという最悪の事態を想定しておく必要がある。学校法人が経営破綻に陥り設置する大学等が存続できなくなった場合に、学業の継続を希望する在学生の近隣の国公私立大学等への転学をできる限り支援するための基本的な仕組としては、次のような対応策（「学生転学支援プログラム」（以下「プログラム」という。））が考えられる。

本プログラムは、経営破綻に陥った学校法人からの支援要請を受け、関係機関の連携の下に、主に近隣地域に所在する高等教育機関等の協力を求め、学業の継続を希望する学生ができる限り近隣の大学等に転学できるよう支援を行うものである。なお、本プログラムは、現時点で考えられる基本的な仕組を整理したものであり、実際の適用に当たっては、これを基本としつつ、個々の事例に応じ柔軟に対応すべきものである。また、本プログラムは今後、具体的な状況等を踏まえつつ随時見直しを行う予定である。

《「学生の転学支援」（イメージ）》（次頁上図※編集部）

〔転学支援の仕組〕

（4）本プログラムにおける転学支援のための基本的な仕組は、次のとおりである。

①学生等への説明：

経営破綻に伴い、存続が困難となった大学等の設置者である学校法人（以下、本項において「破綻法人」という。）は、まず在学生、保護者、教職員、地元自治体等に対し、そのような状況に至った経緯や学生の他大学等への転学等についてきちんと説明し、理解を得るよう努力することが当然の責務である。

《「学生の転学支援」（イメージ）》

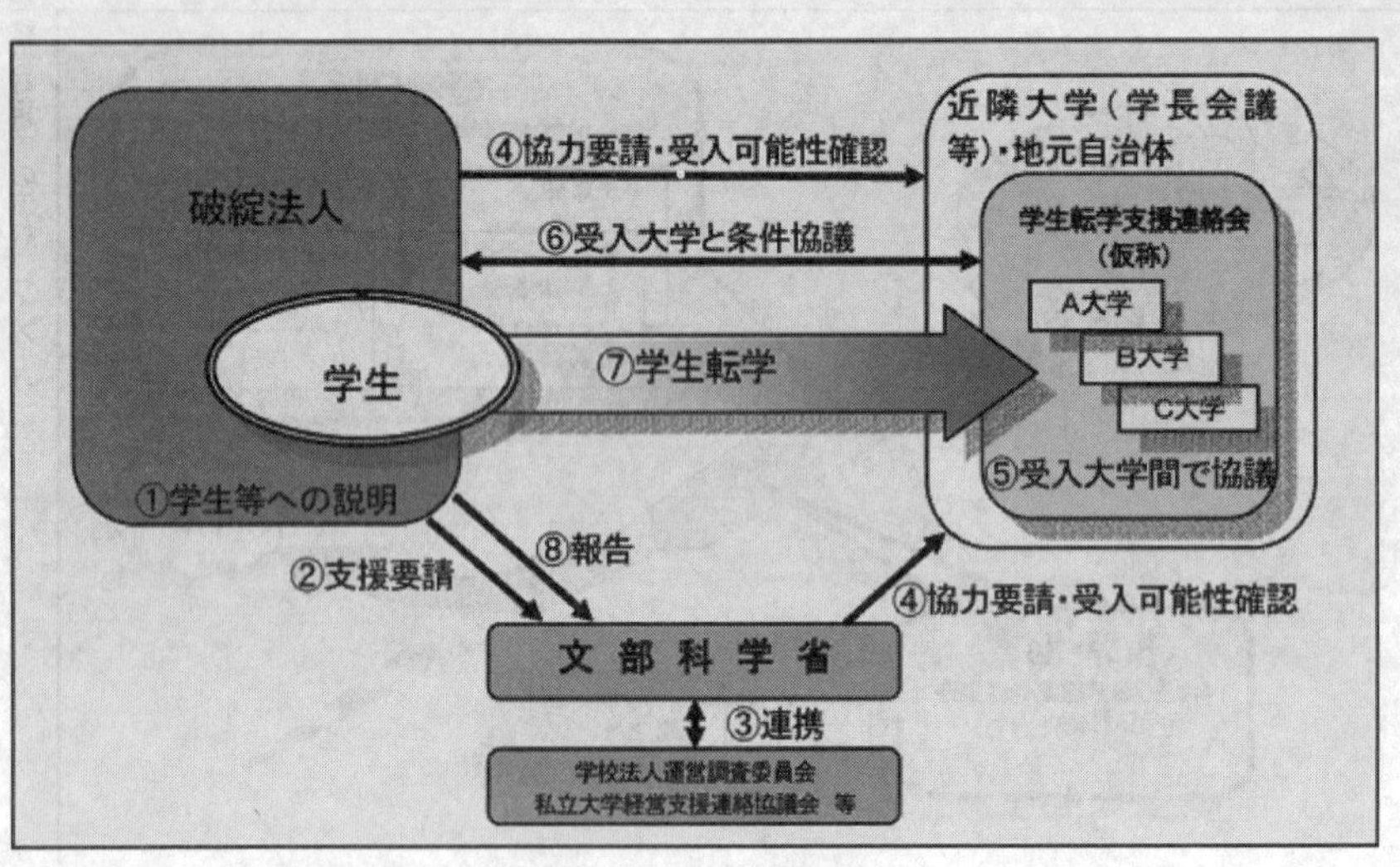

②支援要請：
　破綻法人から文部科学省等に対し、在学生の転学に係る支援を要請する。

③対応協議：
　文部科学省において関係機関と連携を図りつつ今後の対応を協議する。その際、必要に応じ、現に設置されている組織（例えば学校法人運営調査委員会、私立大学経営支援連絡協議会（注３）等）とも連携を図る。

> （注３）　私立大学経営支援連絡協議会：
> 　学校法人の経営基盤強化に向けた取組等を支援するため基本的な施策について協議するとともに、実際に学校法人が経営破綻した場合にその対応について連絡調整を図ることを目的として設けられた協議会。平成14年に設置され、文部科学省、日本私立学校振興・共済事業団、主な私学団体から構成されている。

④近隣大学等への協力要請と受入可能性の確認：
　破綻法人及び文部科学省等から、当該地域に近隣の国公私立大学等で構成される学長会議等の大学間連携組織がある場合にはそれらの組織、あるいは必要に応じその他の個別の大学等、また地元自治体に対し、状況を説明するとともに、学生の転学受入について協力を要請する。その上で、これらの組織等を通じ、各大学等に対し学生の転学受入の可能性等について確認する。

⑤「学生転学支援連絡会」（仮称）における協議：
　学生の転学を受け入れる可能性のある大学等で「学生転学支援連絡会」（仮称）を構成し、この連絡会において受入分野、受入学生数等について事前の協議を行う。

⑥受入条件協議等：
　破綻法人と各受入大学等との間で受入条件等について協議、調整を行う。

⑦学生転学：
　以上を経て、正式に学生の転学が行われる。なお、受入大学等においては、既修得単位の認定をはじめ、転学生に対する履修上・学生生活上の指導等、適切な配慮が必要である。

⑧報告：
　その後、破綻法人が文部科学省に対し調整の結果を報告する。

〔転学促進のための支援〕

（５）このような手順による転学支援をより円滑に進めるため、転学生を受け入れた大学等に対する支援など次のような施策を講じる。

■支援事項と内容

①転学生に係る入学金等の減免、既修得単位の認定等についての協力要請
国公私立大学等に対する要請
↓ 転学生を受け入れた国公私立大学等（放送大学を含む。）に対し、入学金等の減免や既修得単位の認定等について配慮を要請

②奨学金に係る配慮
ア 転学後の大学等での奨学金の継続
↓ 転学前に受給していた独立行政法人日本学生支援機構の奨学金、国費留学生奨学金及び学習奨励費の取扱いについては、転学後の大学等に引き継ぎ、継続的な支給を確保
イ 緊急採用奨学金制度の活用
↓ 転学により経済的に困窮した学生については、緊急採用奨学金制度により対応

③転学生の受入大学等に対する支援 ⇓ 私立大学等が転学生を受け入れた場合には、次のような支援を行う
ア 受け入れた転学生の定員上の取扱い（定員の一時的な増員など）を検討し、措置
イ アの取扱いに伴い、経常費補助金について以下のような措置を実施
・定員の増加措置に伴う一般補助の増額
・転学生受入に係る特別補助加算
・収容定員充足率に係る不利益な取扱いの排除
ウ 転学生に係る授業料の減免等に対する助成
↓ 受け入れた転学生について、入学金や授業料の減免、奨学金の支給等の支援を実施する大学等に対し、経常費補助金を増額（一般補助）
エ 転学生受入に係る融資
↓ 転学生を受け入れた場合、私学事業団において必要な融資を実施

④転学に関する情報提供等
ア 日本学生支援機構における転学情報の提供
↓ 日本学生支援機構において、各大学における転学の受入要件等の情報を収集し提供
イ 私学団体による情報提供・相談窓口の開設
↓ 必要に応じ、各私学団体においても、経営破綻した大学等の学生の転学についての情報提供を行うための窓口を開設

⑤学籍簿の管理 ↓ 大学等の学籍簿については、他に引き受け手がなければ、当面、文部科学省で管理。私学事業団または日本学生支援機構での管理も検討

〔各大学等の主体的な協力〕

（6）本プログラムが円滑かつ有効に機能するためには、近隣の国公私立大学等の理解と協力が不可欠である。経営破綻に陥った学校法人が設置する大学等からの学生の受入について、各大学等がそれぞれの自主性を当然の前提としつつ、主体的に協力することが望まれる。このような意識を、国公私立を通じ広く大学等の関係者が共有することを期待したい。

本プログラムの実施に際しては、当該地域に学長会議等の大学間連携組織等がある場合には、それらの組織を通じて協力を要請することが合理的である。既に全国ほとんどの都道府県で何らかの組織が設けられているが、文部科学省としては、私学事業団とも連携しつつ、このような組織の設置を一層促していく方針である。

5 関連する事項等

〔教職員の雇用に関する問題〕

（1）学校法人の経営破綻や学校の閉鎖、あるいは経営困難に伴う人員整理等は、教職員の雇用機会確保の点からも大きな問題である。学校法人に雇用される教職員には労働基準法をはじめとする労働関係法令が適用され、これらの場合も同様に、労働関係法令及びそれに基づく労働協約、就業規則等により対応がなされることとなる。

また、学校法人の破産や民事再生手続の開始の際、教職員に対する未払給与がある場合には、一定の範囲内で独立行政法人労働者健康福祉機構から立替払いを受けることができる制度も設けられている。

その上で、民間企業の場合も同様であるが、学校法人としては、可能な限り教職員の雇用確保に配慮すべきことは当然である。万一、極度の経営悪化のため人員整理という手段を選択せざるを得ない場合であっても、まずは他部門等への配置換や希望退職者の募集、退職者の再就職の支援等を含め、できる限り雇用を継続するための努力を払うことが重要である。また、教職員側に対し人員整理の必要性と内容を十分説明すべきである。

〔設置認可制度の重要性と的確な運用〕

（2）事前規制から事後チェックという社会全体の流れの中で、大学設置認可制度についても大幅な規制緩和が進んでおり、大学の新規参入のみならず、学部・学科の増設、改編の動きが増大している。このような中で、学生や社会の信頼を保持する上でも、高等教育の質を保証し、また、学校法人経営の安定性・継続性を確保することは極めて重要であり、そのためには今後とも一定程度の事前のチェックシステムは不可欠である。このような観点から、設置認可制度については、我が国の高等教育の質を保証する仕組全体の中での重要性に鑑み、今後とも的確に運用する必要がある。

〔文部科学省、私学事業団における体制の強化〕

（3）文部科学省では、平成15年10月から私学部内に「学校法人経営指導室」を設け、学校法人の経営困難等の問題に対応する体制を充実するとともに、昨年9月から、学校法人の会計、法務等に関し必要に応じ専門的な助言等を得るため、新たに公認会計士、弁護士を「アドバイザー」として委嘱した。また私学事業団においても、平成15年度から「私学経営相談センター」を設置し、経営分析・経営相談体制を強化したところである。

各学校法人においては、経営上課題を抱えている場合には、できるだけ早期に「学校法人経営指導室」や「私学経営相談センター」に相談するよう求めたい。

〔理事（会）、監事、評議員会の責任の明確化〕

（4）昨年4月に成立した私立学校法の一部改正により、学校法人の理事（会）、監事、評議員会の制度について、それぞれの権限や役割分担をより明確化し、管理運営制度の改善を図ったところである。今後、学校法人の経営についても、これらの各機関が責任をもって判断、チェックを行うことにより、経営の安定確保に資するものと考える。

従来、学校法人では、概して「経営」の視点、意識が十分であったとは言い難いとの指摘もある。今後は、私立学校を取り巻く厳しい環境を踏まえた的確な対応がこれまで以上に重要となる。

〔財務書類の公開〕

（5）同じく私立学校法の一部改正により、学校法人には、財産目録、貸借対照表等の財務書類、事業報告書及び監事による監査報告書を、利害関係人の請求に応じ閲覧に供することが義務付けられた。学校法人は、学生、保護者等関係者の理解と協力に支えられた社会的存在であり、説明責任を果たすという観点から、また、運営の透明性・健全性を高める観点からも適切な対応が求められる。既に自らの判断により、例えば広報誌やインターネットのホームページへの掲載などを行っている学校法人も多いが、今後とも、それぞれの実情に応じ、積極的な取組を期待したい。

資料　略

（二）　公立学校

地方独立行政法人法

平成十五年七月十六日法律第百十八号
最終改正　平成二二年三月三一日法律第一九号

第一章　総則

第一節　通則

（目的）
第一条　この法律は、地方独立行政法人の運営の基本その他の制度の基本となる事項を定め、地方独立行政法人制度の確立並びに地方独立行政法人が公共上の見地から行う事務及び事業の確実な実施を図り、もって住民の生活の安定並びに地域社会及び地域経済の健全な発展に資することを目的とする。

（定義）
第二条　この法律において「地方独立行政法人」とは、住民の生活、地域社会及び地域経済の安定等の公共上の見地からその地域において確実に実施されることが必要な事務及び事業であって、地方公共団体が自ら主体となって直接に実施する必要のないもののうち、民間の主体にゆだねた場合には必ずしも実施されないおそれがあるものと地方公共団体が認めるものを効率的かつ効果的に行わせることを目的として、この法律の定めるところにより地方公共団体が設立する法人をいう。

2　この法律において「特定地方独立行政法人」とは、地方独立行政法人（第二十一条第二号に掲げる業務を行うものを除く。）のうち、その業務の停滞が住民の生活、地域社会若しくは地域経済の安定に直接かつ著しい支障を及ぼすため、又はその業務運営における中立性及び公正性を特に確保する必要があるため、その役員及び職員に地方公務員の身分を与える必要があるものとして第七条の規定により地方公共団体が定款で定めるものをいう。

（業務の公共性、透明性及び自主性）
第三条　地方独立行政法人は、その行う事務及び事業が住民の生活、地域社会及び地域経済の安定等の公共上の見地から確実に実施されることが必要なものであることにかんがみ、適正かつ効率的にその業務を運営するよう努めなければならない。

2　地方独立行政法人は、この法律の定めるところによりその業務の内容を公表すること等を通じて、その組織及び運営の状況を住民に明らかにするよう努めなければならない。

3　この法律の運用に当たっては、地方独立行政法人の業務運営における自主性は、十分配慮されなければならない。

（名称）
第四条　地方独立行政法人は、その名称中に地方独立行政法人という文字を用いなければならない。

2　地方独立行政法人でない者は、その名称中に、地方独立行政法人という文字を用いてはならない。

（法人格）
第五条　地方独立行政法人は、法人とする。

（財産的基礎）
第六条　地方独立行政法人は、その業務を確実に実施するために必要な資本金その他の財産的基礎を有しなければならない。

2　地方公共団体でなければ、地方独立行政法人に出資することができない。

3　設立団体（地方独立行政法人を設立する一又は二以上の地方公共団体をいう。以下同じ。）は、地方独立行政法人の資本金の額の二分の一以上に相当する資金その他の財産を出資しなければならない。

4　地方独立行政法人に出資される財産のうち金銭以外のものの価額は、出資の日現在における時価を基準として出資する地方公共団体が評価した価額とする。

5　前項の評価に関し必要な事項は、政令で定める。

（設立）
第七条　地方公共団体は、地方独立行政法人を設立しようとするときは、その議会の議決を経て定款を定め、都道府県（都道府県の加入する一部事務組合又は広域連合を含む。以下この条において同じ。）又は都道府県及び都道府県以外の地方公共団体が設立しようとする場合にあっては総務大臣、その他の場合にあっては都道府県知事の認可を受けなければならない。

（定款）
第八条　地方独立行政法人の定款には、次に掲げる事項を規定しなければならない。

一　目的
二　名称
三　設立団体
四　事務所の所在地
五　特定地方独立行政法人又は特定地方独立行政法人以外の地方独立行政法人の別
六　役員の定数、任期その他役員に関する事項
七　業務の範囲及びその執行に関する事項
八　公共的な施設（住民の福祉を増進する目的をもってその利用に供するための施設をいう。以下この条、第二十一条第五号及び第二十四条において同じ。）の設置及び管理を行う場合にあっては、当該公共的な施設の名称及び所在地
九　資本金、出資及び資産に関する事項
十　公告の方法
十一　解散に伴う残余財産の帰属に関する事項

2　定款（前項第五号に掲げる事項を除く。）の変更は、設立団体の議会の議決を経て前条の規定の例により総務大臣又は都道府県知事の認可を受けなければ、その効力を生じない。ただし、その変更が政令で定める軽微なものであるときは、この限りでない。

3　第一項第五号に掲げる事項については、定款を変更することができない。

（登記）
第九条　地方独立行政法人は、政令で定めるところにより、登記しなければならない。

2　前項の規定により登記しなければならない事項は、

登記の後でなければ、これをもって第三者に対抗することができない。

3 地方独立行政法人は、その主たる事務所の所在地において設立の登記をすることによって成立する。

（一般社団法人及び一般財団法人に関する法律の準用）

第十条 一般社団法人及び一般財団法人に関する法律（平成十八年法律第四十八号）第四条及び第七十八条の規定は、地方独立行政法人について準用する。

第二節　地方独立行政法人評価委員会

（地方独立行政法人評価委員会）

第十一条 設立団体に、地方独立行政法人に関する事務を処理させるため、執行機関の附属機関として、地方独立行政法人評価委員会（以下「評価委員会」という。）を置く。

2 評価委員会は、次に掲げる事務をつかさどる。

一 地方独立行政法人の業務の実績に関する評価に関すること。

二 その他この法律又は条例によりその権限に属させられた事項を処理すること。

3 前項に定めるもののほか、評価委員会の組織及び委員その他の職員その他評価委員会に関し必要な事項については、条例で定める。

第三章　役員及び職員

（役員）

第十二条 地方独立行政法人に、役員として、理事長一人、副理事長、理事及び監事を置く。ただし、定款で副理事長を置かないことができる。

（役員の職務及び権限）

第十三条 理事長は、地方独立行政法人を代表し、その業務を総理する。

2 副理事長は、地方独立行政法人を代表し、定款で定めるところにより、理事長を補佐して地方独立行政法人の業務を掌理し、理事長に事故があるときはその職務を代理し、理事長が欠員のときはその職務を行う。

3 理事は、定款で定めるところにより、理事長及び副理事長を補佐して地方独立行政法人の業務を掌理し、理事長及び副理事長に事故があるときはその職務を代理し、理事長及び副理事長が欠員のときはその職務を行う。

4 監事は、地方独立行政法人の業務を監査する。

5 監事は、監査の結果に基づき、必要があると認めるときは、理事長又は設立団体の長に意見を提出することができる。

（役員の任命）

第十四条 理事長は、次に掲げる者のうちから、設立団体の長が任命する。

一 当該地方独立行政法人が行う事務及び事業に関して高度な知識及び経験を有する者

二 前号に掲げる者のほか、当該地方独立行政法人が行う事務及び事業を適正かつ効率的に運営することができる者

2 監事は、財務管理、経営管理その他当該地方独立行政法人が行う事務又は事業の運営に関し優れた識見を有する者であって、弁護士、公認会計士、税理士その他監査に関する実務に精通しているもののうちから、設立団体の長が任命する。

3 副理事長及び理事は、第一項各号に掲げる者のうちから、理事長が任命する。

4 理事長は、前項の規定により副理事長及び理事を任命したときは、遅滞なく、その旨を設立団体の長に届け出るとともに、これを公表しなければならない。

（役員の任期）

第十五条 役員の任期は、四年以内において定款で定める期間とする。ただし、補欠の役員の任期は、前任者の残任期間とする。

2 役員は、再任されることができる。

（役員の欠格条項）

第十六条 政府又は地方公共団体の職員（非常勤の者を除く。）は、役員となることができない。

2 前項の規定にかかわらず、教育公務員で政令で定める者は、非常勤の役員となることができる。

（役員の解任）

第十七条 設立団体の長又は理事長は、それぞれその任命に係る役員が前条の規定により役員となることができない者に該当するに至ったときは、その役員を解任しなければならない。

2 設立団体の長又は理事長は、それぞれその任命に係る役員が次の各号のいずれかに該当するとき、その他役員たるに適しないと認めるときは、その役員を解任することができる。

一 心身の故障のため職務の遂行に堪えないと認められるとき。

二 職務上の義務違反があるとき。

3 前項に規定するもののほか、設立団体の長又は理事長は、それぞれその任命に係る役員（監事を除く。）の職務の執行が適当でないため当該地方独立行政法人の業務の実績が悪化した場合であって、その役員に引き続き当該職務を行わせることが適切でないと認めるときは、その役員を解任することができる。

4 理事長は、前二項の規定により副理事長及び理事を解任したときは、遅滞なく、その旨を設立団体の長に届け出るとともに、これを公表しなければならない。

（代表権の制限）

第十八条 地方独立行政法人と理事長又は副理事長との利益が相反する事項については、これらの者は、代表権を有しない。この場合には、監事が当該地方独立行政法人を代表する。

（代理人の選任）

第十九条 理事長又は副理事長は、理事又は地方独立行政法人の職員のうちから、当該地方独立行政法人の業務の一部に関し一切の裁判上又は裁判外の行為をする権限を有する代理人を選任することができる。

（職員の任命）

第二十条 地方独立行政法人の職員は、理事長が任命する。

第三章　業務運営

第一節　業務

（業務の範囲）

第二十一条　地方独立行政法人は、次に掲げる業務のうち定款で定めるものを行う。

一　試験研究を行うこと。

二　大学又は大学及び高等専門学校の設置及び管理を行うこと。

三　主として事業の経費を当該事業の経営に伴う収入をもって充てる事業で、次に掲げるものを経営すること。

イ　水道事業（簡易水道事業を除く。）

ロ　工業用水道事業

ハ　軌道事業

ニ　自動車運送事業

ホ　鉄道事業

ヘ　電気事業

ト　ガス事業

チ　病院事業

リ　その他政令で定める事業

四　社会福祉事業を経営すること。

五　公共的な施設で政令で定めるものの設置及び管理を行うこと（前三号に掲げるものを除く。）。

六　前各号に掲げる業務に附帯する業務を行うこと。

（業務方法書）

第二十二条　地方独立行政法人は、業務開始の際、業務方法書を作成し、設立団体の長の認可を受けなければならない。これを変更しようとするときも、同様とする。

2　前項の業務方法書に記載すべき事項は、設立団体の規則で定める。

3　設立団体の長は、第一項の認可をしようとするときは、あらかじめ、評価委員会の意見を聴かなければならない。

4　地方独立行政法人は、第一項の認可を受けたときは、遅滞なく、その業務方法書を公表しなければならない。

（料金）

第二十三条　地方独立行政法人は、その業務に関して料金を徴収するときは、あらかじめ、料金の上限を定め、設立団体の長の認可を受けなければならない。これを変更しようとするときも、同様とする。

2　設立団体の長は、前項の認可をしようとするときは、あらかじめ、議会の議決を経なければならない。

（公共的な施設の設置及び管理）

第二十四条　地方独立行政法人が行う公共的な施設の設置及び管理については、地方自治法（昭和二十二年法律第六十七号）第二百四十四条第二項及び第三項の規定を準用する。

第二節　中期目標等

（中期目標）

第二十五条　設立団体の長は、三年以上五年以下の期間において地方独立行政法人が達成すべき業務運営に関する目標（以下「中期目標」という。）を定め、これを当該地方独立行政法人に指示するとともに、公表しなければならない。これを変更したときも、同様とする。

2　中期目標においては、次に掲げる事項について定めるものとする。

一　中期目標の期間（前項の期間の範囲内で設立団体の長が定める期間をいう。以下同じ。）

二　住民に対して提供するサービスその他の業務の質の向上に関する事項

三　業務運営の改善及び効率化に関する事項

四　財務内容の改善に関する事項

五　その他業務運営に関する重要事項

3　設立団体の長は、中期目標を定め、又はこれを変更しようとするときは、あらかじめ、評価委員会の意見を聴くとともに、議会の議決を経なければならない。

（中期計画）

第二十六条　地方独立行政法人は、前条第一項の指示を受けたときは、中期目標に基づき、設立団体の規則で定めるところにより、当該中期目標を達成するための計画（以下「中期計画」という。）を作成し、設立団体の長の認可を受けなければならない。これを変更しようとするときも、同様とする。

2　中期計画においては、次に掲げる事項を定めるものとする。

一　住民に対して提供するサービスその他の業務の質の向上に関する目標を達成するためとるべき措置

二　業務運営の改善及び効率化に関する目標を達成するためとるべき措置

三　予算（人件費の見積りを含む。）、収支計画及び資金計画

四　短期借入金の限度額

五　重要な財産を譲渡し、又は担保に供しようとするときは、その計画

六　剰余金の使途

七　その他設立団体の規則で定める業務運営に関する事項

3　設立団体の長は、第一項の認可をしようとするときは、あらかじめ、評価委員会の意見を聴かなければならない。

4　設立団体の長は、第一項の認可をした中期計画が前条第二項第二号から第五号までに掲げる事項の適正かつ確実な実施上不適当となったと認めるときは、その中期計画を変更すべきことを命ずることができる。

5　地方独立行政法人は、第一項の認可を受けたときは、遅滞なく、その中期計画を公表しなければならない。

（年度計画）

第二十七条　地方独立行政法人は、毎事業年度の開始前に、前条第一項の認可を受けた中期計画（同項後段の規定による変更の認可を受けたときは、その変更後のもの。以下「認可中期計画」という。）に基づき、設立団体の規則で定めるところにより、その事業年度の業務運営に関する計画（次項において「年度計画」という。）を定め、これを設立団体の長に届け出るとともに、公表しなければならない。これを変更したときも、同様とする。

2　地方独立行政法人の最初の事業年度の年度計画につ

いては、前項中「毎事業年度の開始前に、前条第一項の認可を受けた」とあるのは、「その成立後最初の中期計画について前条第一項の認可を受けた後遅滞なく、その」とする。

（各事業年度に係る業務の実績に関する評価）

第二十八条 地方独立行政法人は、設立団体の規則で定めるところにより、各事業年度における業務の実績について、評価委員会の評価を受けなければならない。

2 前項の評価は、当該事業年度における中期計画の実施状況の調査をし、及び分析をし、並びにこれらの調査及び分析の結果を考慮して当該事業年度における業務の実績の全体について総合的な評定をして、行わなければならない。

3 評価委員会は、第一項の評価を行ったときは、遅滞なく、当該地方独立行政法人に対して、その評価の結果を通知しなければならない。この場合において、評価委員会は、必要があると認めるときは、当該地方独立行政法人に対し、業務運営の改善その他の勧告をすることができる。

4 評価委員会は、前項の規定による通知を行ったときは、遅滞なく、その通知に係る事項（同項後段の規定による勧告をした場合にあっては、その通知に係る事項及びその勧告の内容）を設立団体の長に報告するとともに、公表しなければならない。

5 設立団体の長は、前項の規定による報告を受けたときは、その旨を議会に報告しなければならない。

（中期目標に係る事業報告書）

第二十九条 地方独立行政法人は、中期目標の期間の終了後三月以内に、設立団体の規則で定めるところにより、当該中期目標に係る事業報告書を設立団体の長に提出するとともに、これを公表しなければならない。

2 設立団体の長は、前項の規定により中期目標に係る事業報告書の提出を受けたときは、これを議会に報告しなければならない。

（中期目標に係る業務の実績に関する評価）

第三十条 地方独立行政法人は、設立団体の規則で定めるところにより、中期目標の期間における業務の実績について、評価委員会の評価を受けなければならない。

2 前項の評価は、当該中期目標の期間における中期目標の達成状況の調査をし、及び分析をし、並びにこれらの調査及び分析の結果を考慮して当該中期目標の期間における業務の実績の全体について総合的な評定をして、行わなければならない。

3 第二十八条第三項から第五項までの規定は、第一項の評価について準用する。

（中期目標の期間の終了時の検討）

第三十一条 設立団体の長は、地方独立行政法人の中期目標の期間の終了時において、当該地方独立行政法人の業務を継続させる必要性、組織の在り方その他その組織及び業務の全般にわたる検討を行い、その結果に基づき、所要の措置を講ずるものとする。

2 設立団体の長は、前項の規定による検討を行うに当たっては、評価委員会の意見を聴かなければならない。

第四章 財務及び会計

（事業年度）

第三十二条 地方独立行政法人の事業年度は、毎年四月一日に始まり、翌年三月三十一日に終わる。

2 地方独立行政法人の最初の事業年度は、前項の規定にかかわらず、その成立の日に始まり、翌年の三月三十一日（一月一日から三月三十一日までの間に成立した地方独立行政法人にあっては、その年の三月三十一日）に終わるものとする。

（企業会計原則）

第三十三条 地方独立行政法人の会計は、総務省令で定めるところにより、原則として企業会計原則によるものとする。

（財務諸表等）

第三十四条 地方独立行政法人は、毎事業年度、貸借対照表、損益計算書、利益の処分又は損失の処理に関する書類その他設立団体の規則で定める書類及びこれらの附属明細書（以下「財務諸表」という。）を作成し、当該事業年度の終了後三月以内に設立団体の長に提出し、その承認を受けなければならない。

2 地方独立行政法人は、前項の規定により財務諸表を設立団体の長に提出するときは、これに当該事業年度の事業報告書及び予算の区分に従い作成した決算報告書を添え、並びに財務諸表及び決算報告書に関する監事の意見（次条の規定により会計監査人の監査を受けなければならない地方独立行政法人にあっては、監事及び会計監査人の意見。第四項及び第九十九条第八号において同じ。）を付けなければならない。

3 設立団体の長は、第一項の規定により財務諸表を承認しようとするときは、あらかじめ、評価委員会の意見を聴かなければならない。

4 地方独立行政法人は、第一項の規定による設立団体の長の承認を受けたときは、遅滞なく、財務諸表を公告し、かつ、財務諸表並びに第二項の事業報告書、決算報告書及び監事の意見を記載した書面を、各事務所に備えて置き、設立団体の規則で定める期間、一般の閲覧に供しなければならない。

（会計監査人の監査）

第三十五条 地方独立行政法人（その資本の額その他の経営の規模が政令で定める基準に達しない地方独立行政法人を除く。）は、財務諸表、事業報告書（会計に関する部分に限る。）及び決算報告書について、監事の監査のほか、会計監査人の監査を受けなければならない。

（会計監査人の選任）

第三十六条 会計監査人は、設立団体の長が選任する。

（会計監査人の資格）

第三十七条 会計監査人は、公認会計士（公認会計士法（昭和二十三年法律第百三号）第十六条の二第五項に規定する外国公認会計士を含む。）又は監査法人でなければならない。

2 公認会計士法の規定により、財務諸表について監査をすることができない者は、会計監査人となることができない。

（会計監査人の任期）

第三十八条 会計監査人の任期は、その選任の日以後最初に終了する事業年度の財務諸表についての設立団体の長の第三十四条第一項の承認の時までとする。

（会計監査人の解任）

第三十九条　設立団体の長は、会計監査人が次の各号のいずれかに該当するときは、その会計監査人を解任することができる。

一　職務上の義務に違反し、又は職務を怠ったとき。

二　会計監査人たるにふさわしくない非行があったとき。

三　心身の故障のため、職務の遂行に支障があり、又はこれに堪えないとき。

（利益及び損失の処理等）

第四十条　地方独立行政法人は、毎事業年度、損益計算において利益を生じたときは、前事業年度から繰り越した損失をうめ、なお残余があるときは、その残余の額は、積立金として整理しなければならない。ただし、第三項の規定により同項の使途に充てる場合は、この限りでない。

2　地方独立行政法人は、毎事業年度、損益計算において損失を生じたときは、前項の規定による積立金を減額して整理し、なお不足があるときは、その不足額は、繰越欠損金として整理しなければならない。

3　地方独立行政法人は、毎事業年度、第一項に規定する残余があるときは、設立団体の長の承認を受けて、その残余の額の全部又は一部を翌事業年度に係る認可中期計画の第二十六条第二項第六号の剰余金の使途に充てることができる。

4　地方独立行政法人は、中期目標の期間の最後の事業年度に係る第一項又は第二項の規定による整理を行った後、第一項の規定による積立金があるときは、その額に相当する金額のうち設立団体の長の承認を受けた金額を、当該中期目標の期間の次の中期目標の期間に係る認可中期計画の定めるところにより、当該次の中期目標の期間における業務の財源に充てることができる。

5　設立団体の長は、前二項の規定による承認をしようとするときは、あらかじめ、評価委員会の意見を聴かなければならない。

6　地方独立行政法人は、第四項に規定する積立金の額に相当する金額から同項の規定による承認を受けた金額を控除してなお残余があるときは、その残余の額を設立団体に納付しなければならない。

7　前三項に定めるもののほか、納付金の納付の手続その他積立金の処分に関し必要な事項は、設立団体の規則で定める。

（借入金等）

第四十一条　地方独立行政法人は、認可中期計画の第二十六条第二項第四号の短期借入金の限度額の範囲内で、短期借入金をすることができる。ただし、やむを得ない事由があるものとして設立団体の長の認可を受けた場合は、当該限度額を超えて短期借入金をすることができる。

2　前項の規定による短期借入金は、当該事業年度内に償還しなければならない。ただし、資金の不足のため償還することができないときは、その償還することができない金額に限り、設立団体の長の認可を受けて、これを借り換えることができる。

3　前項ただし書の規定により借り換えた短期借入金は、一年以内に償還しなければならない。

4　設立団体の長は、第一項ただし書又は第二項ただし書の規定による認可をしようとするときは、あらかじめ、評価委員会の意見を聴かなければならない。

5　地方独立行政法人は、長期借入金及び債券発行をすることができない。ただし、設立団体からの長期借入金については、この限りでない。

（財源措置）

第四十二条　設立団体は、地方独立行政法人に対し、その業務の財源に充てるために必要な金額の全部又は一部に相当する金額を交付することができる。

（余裕金の運用）

第四十三条　地方独立行政法人は、次の方法による場合を除くほか、業務上の余裕金を運用してはならない。

一　国債、地方債、政府保証債（その元本の償還及び利息の支払について政府が保証する債券をいう。）その他総務省令で定める有価証券の取得

二　銀行その他総務省令で定める金融機関への預金

三　信託業務を営む金融機関（金融機関の信託業務の兼営等に関する法律（昭和十八年法律第四十三号）第一条第一項の認可を受けた金融機関をいう。第六十六条第七項において同じ。）への金銭信託

（財産の処分等の制限）

第四十四条　地方独立行政法人は、条例で定める重要な財産を譲渡し、又は担保に供しようとするときは、設立団体の長の認可を受けなければならない。

2　設立団体の長は、前項の認可をしようとするときは、あらかじめ、評価委員会の意見を聴くとともに、議会の議決を経なければならない。

（会計規程）

第四十五条　地方独立行政法人は、業務開始の際、会計に関する事項について規程を定め、これを設立団体の長に届け出なければならない。これを変更したときも、同様とする。

（設立団体の規則への委任）

第四十六条　この法律及びこれに基づく政令に規定するもののほか、地方独立行政法人の財務及び会計に関し必要な事項は、設立団体の規則で定める。

第五章　人事管理

第一節　特定地方独立行政法人

（役員及び職員の身分）

第四十七条　特定地方独立行政法人の役員及び職員は、地方公務員とする。

（役員の報酬等）

第四十八条　特定地方独立行政法人の役員に対する報酬及び退職手当（以下この条、次条及び第五十六条第一項において「報酬等」という。）は、その役員の業績が考慮されるものでなければならない。

2　特定地方独立行政法人は、その役員に対する報酬等の支給の基準を定め、これを設立団体の長に届け出るとともに、公表しなければならない。これを変更したときも、同様とする。

3　前項の報酬等の支給の基準は、国及び地方公共団体の職員の給与、他の特定地方独立行政法人及び民間事業の役員の報酬等、当該特定地方独立行政法人の業務

の実績及び認可中期計画の第二十六条第二項第三号の人件費の見積りその他の事情を考慮して定めなければならない。

（評価委員会の意見の申出）

第四十九条　設立団体の長は、前条第二項の規定による届出があったときは、その届出に係る報酬等の支給の基準を評価委員会に通知するものとする。

2　評価委員会は、前項の規定による通知を受けたときは、その通知に係る報酬等の支給の基準が社会一般の情勢に適合したものであるかどうかについて、設立団体の長に対し、意見を申し出ることができる。

（役員の服務）

第五十条　特定地方独立行政法人の役員（以下この条において単に「役員」という。）は、職務上知ることのできた秘密を漏らしてはならない。その職を退いた後も、同様とする。

2　役員は、在任中、政党その他の政治的団体の役員となり、又は積極的に政治運動をしてはならない。

3　役員（非常勤の者を除く。）は、在任中、任命権者の承認のある場合を除くほか、報酬を得て他の職務に従事し、又は営利事業を営み、その他金銭上の利益を目的とする業務を行ってはならない。

（職員の給与）

第五十一条　特定地方独立行政法人の職員の給与は、その職務の内容と責任に応ずるものであり、かつ、職員が発揮した能率が考慮されるものでなければならない。

2　特定地方独立行政法人は、その職員の退職手当以外の給与及び退職手当の支給の基準をそれぞれ定め、これを設立団体の長に届け出るとともに、公表しなければならない。これを変更したときも、同様とする。

3　前項の退職手当以外の給与及び退職手当の支給の基準は、同一又は類似の職種の国及び地方公共団体の職員、他の特定地方独立行政法人の職員並びに民間事業の従事者の給与、当該特定地方独立行政法人の業務の実績及び認可中期計画の第二十六条第二項第三号の人件費の見積りその他の事情を考慮して定めなければならない。

（職員の勤務時間等）

第五十二条　特定地方独立行政法人は、その職員の勤務時間、休憩、休日及び休暇について規程を定め、これを設立団体の長に届け出るとともに、公表しなければならない。これを変更したときも、同様とする。

2　前項の規程は、国及び地方公共団体の職員の勤務条件その他の事情を考慮したものでなければならない。

（職員に係る他の法律の適用除外等）

第五十三条　次に掲げる法律の規定は、特定地方独立行政法人の職員（以下この条において単に「職員」という。）には適用しない。

一　地方公務員法（昭和二十五年法律第二百六十一号）第八条（第七項を除く。）、第十四条第二項、第二十四条から第二十六条の三まで、第二十六条の五第三項、第三十七条、第三十八条第二項、第三十九条第三項及び第四項、第四十条第二項、第四十六条から第四十九条まで、第五十二条から第五十六条まで、第五十八条（同条第三項中労働基準法（昭和二十二年法律第四十九号）第十四条第二項及び第三項に係る部分並びに同法第七十五条から第八十八条まで及び船員法（昭和二十二年法律第百号）第八十九条から第九十六条までに係る部分（地方公務員災害補償法（昭和四十二年法律第百二十一号）第二条第一項に規定する者に適用される場合に限る。）を除く。）並びに第五十八条の二の規定

二　行政不服審査法（昭和三十七年法律第百六十号）の規定

三　地方公務員の育児休業等に関する法律（平成三年法律第百十号）第四条第二項、第七条、第八条、第十四条、第十五条及び第十九条の規定

2　職員（政令で定める基準に従い特定地方独立行政法人の理事長が定める職にある者を除く。）については、地方公務員法第三十六条の規定は、適用しない。

3　職員に関する地方公務員法の適用については、次の表の上欄に掲げる同法の規定中同表の中欄に掲げる字句は、それぞれ同表の下欄に掲げる字句に読み替えるものとする。

第六条第一項	地方公共団体の長、議会の議長、選挙管理委員会、代表監査委員、教育委員会、人事委員会及び公平委員会並びに警視総監、道府県警察本部長、市町村の消防長（特別区が連合して維持する消防の消防長を含む。）その他法令又は条例に基づく任命権者	特定地方独立行政法人の理事長
	条例、地方公共団体の規則及び地方公共団体の機関の定める	設立団体（地方独立行政法人法第六条第三項に規定する設立団体をいう。以下同じ。）の条例及び特定地方独立行政法人の
	それぞれ職員	職員
第六条第二項	前項の任命権者は、同項	特定地方独立行政法人の理事長は、前項
	その補助機関たる上級の地方公務員	副理事長若しくは理事又は上級の職員
第十四条第一項	地方公共団体	特定地方独立行政法人
第十六条各号列記以外の部分	条例	設立団体の条例
第十六条第三号	地方公共団体	特定地方独立行政法人又は設立団体
第十七条第四項	人事委員会を置かない地方公共団体	特定地方独立行政法人
第十七条第五項	人事委員会（人事委員会を置かない地方公共団体においては、任命権者とする。以下第十八条、第十九条及び第二十二条第一項におい	特定地方独立行政法人の理事長

	て同じ。）	
第十八条第一項	人事委員会	特定地方独立行政法人の理事長
	他の地方公共団体の機関	地方公共団体の機関若しくは他の特定地方独立行政法人
	これらの機関	これらの機関又は他の特定地方独立行政法人
第十八条第二項	人事委員会	特定地方独立行政法人の理事長
	又は他の地方公共団体	、地方公共団体又は他の特定地方独立行政法人
第十九条及び第二十二条第一項	人事委員会	特定地方独立行政法人の理事長
第二十二条第五項	人事委員会を置かない地方公共団体	特定地方独立行政法人
第二十六条の五第一項、第五項及び第六項並びに第二十七条第二項	条例	設立団体の条例
第二十八条第一項第四号	職制	組織
第二十八条第三項及び第四項並びに第二十八条の二第一項及び第二項	条例	設立団体の条例
第二十八条の二第三項	地方公共団体における	特定地方独立行政法人における
	条例で	特定地方独立行政法人の規程で
	他の地方公共団体	地方公共団体
第二十八条の三第一項	かかわらず、条例で定めるところにより	かかわらず
第二十八条の三第二項	ときは、条例で定めるところにより	ときは
第二十八条の四第一項	地方公共団体	特定地方独立行政法人
	条例	設立団体の条例
第二十八条の四第二項及び第三項	条例	設立団体の条例
第二十八条の五第一項	地方公共団体	特定地方独立行政法人
第二十九条第一項第一号	条例、地方公共団体の規則若しくは地方公共団体の機関の定める	設立団体の条例若しくは特定地方独立行政法人の
第二十九条第二項	当該地方公共団体	当該特定地方独立行政法人
	他の地方公共団体若しくは特定地方独立行政法人	他の特定地方独立行政法人若しくは地方公共団体
	条例	設立団体の条例
第二十九条第四項及び第二十九条の二第二項	条例	設立団体の条例
第三十一条	条例	特定地方独立行政法人の規程
第三十二条	条例、地方公共団体の規則及び地方公共団体の機関の定める	設立団体の条例及び特定地方独立行政法人の
第三十五条	条例	設立団体の条例
	地方公共団体	特定地方独立行政法人
第三十六条第二項各号列記以外の部分	地方公共団体の区域	特定地方独立行政法人の設立団体の区域
第三十六条第二項第五号	条例で	設立団体の条例
第三十八条第一項	人事委員会規則（人事委員会を置かない地方公共団体においては、地方公共団体の規則）	特定地方独立行政法人の規程
第四十二条	地方公共団体	特定地方独立行政法人

4　職員に関する外国の地方公共団体の機関等に派遣される一般職の地方公務員の処遇等に関する法律（昭和六十二年法律第七十八号）第二条及び第七条の規定の適用については、同法第二条第一項中「、条例」とあるのは「、設立団体（地方独立行政法人法（平成十五年法律第百十八号）第六条第三項に規定する設立団体をいう。以下同じ。）の条例」と、「（条例」とあるのは「（設立団体の条例」と、同項第四号中「条例で定めるもの」とあるのは「設立団体の条例で定めるもの」と、同法第七条中「条例」とあるのは「地方独立行政法人法第五十一条第二項に規定する退職手当以外の給与及び退職手当の支給の基準」とする。

5　職員に関する地方公務員の育児休業等に関する法律第二条第一項、第三条第二項、第五条第二項、第十条第一項及び第二項、第十七条並びに第十八条第三項の規定の適用については、同法第二条第一項中「条例で定める職員」とあるのは「設立団体（地方独立行政法人法（平成十五年法律第百十八号）第六条第三項に規定する設立団体をいう。以下同じ。）の条例で定める職員」と、「条例で定める期間」とあるのは「設立団体の条例で定める期間」と、「、条例」とあるのは「、設立団体の条例」と、同法第三条第二項及び第五条第二項中「条例」とあるのは「設立団体の条例」と、同法第十条第一項中「条例」とあるのは「設立団体の条例」と、「次の各号に掲げるいずれかの勤務の形態（一般職の職員の勤務時間、休暇等に関する法律（平成六年法律第三十三号）第六条の規定の適用を受ける国家公務員と同様の勤務の形態によって勤務する職員以外の職員にあっては、第五号に掲げる勤務の形態）」とあるのは「五分の一勤務時間（当該職員の一週間当たりの通常の勤務時間（以下この項において「週間勤務時間」という。）に五分の一を乗じて得た時間に端数処理（五分を最小の単位とし、これに満たない端数を切り上げることをいう。以下この項において同じ。）を行って得た時間をいう。）に二を乗じて得た時間に十分の一勤務時間（週間勤務時間に十分の一を乗じて得た時間に端数処理を行って得た時間をいう。）を加えた時間から八分の一勤務時間（週間勤務時間に八分の一を乗じて得た時間に端数処理を行って得た時間をいう。）に五を乗じて得た時間までの範囲内の時間となるように地方独立行政法人法第二条第二項に規定する特定地方独立行政法人の理事長が定める勤務の形態」と、同条第二項及び同法第十七条中「条例」とあるのは「設立団体の条例」と、同条中「第十三条から前条まで」とあるのは「第十三条及び前条」と、同法第十八条第三項中「条例」とあるのは「設立団体の条例」とする。

6　職員に関する地方公共団体の一般職の任期付職員の採用に関する法律（平成十四年法律第四十八号）第三条から第七条までの規定の適用については、同法第三条第一項中「条例」とあるのは「設立団体（地方独立行政法人法（平成十五年法律第百十八号）第六条第三項に規定する設立団体をいう。以下同じ。）の条例」と、同条第二項、同法第四条並びに第五条第一項及び第二項中「条例」とあるのは「設立団体の条例」と、同条第三項中「承認（第二号にあっては、承認その他の処分）」とあるのは「承認その他の処分」と、「条例で」とあるのは「設立団体の条例で」と、同項第一号中「承認」とあるのは「承認に相当する承認その他の処分」と、同項第二号中「条例の規定」とあるのは「規程」と、同項第三号中「承認」とあるのは「承認に相当する承認その他の処分」と、同法第六条第二項並びに第七条第一項及び第二項中「条例」とあるのは「設立団体の条例」とする。

（議会への報告等）

第五十四条　特定地方独立行政法人は、政令で定めるところにより、毎事業年度、常時勤務に服することを要するその職員（地方公務員法第二十八条第二項又は第二十九条の規定による休職又は停職の処分を受けた者、法律又は条例の規定により職務に専念する義務を免除された者その他の常時勤務に服することを要しない職員で政令で定めるものを含む。次項において「常勤職員」という。）の数を設立団体の長に報告しなければならない。

2　設立団体の長は、毎年、議会に対し、特定地方独立行政法人の常勤職員の数を報告しなければならない。

第二節　一般地方独立行政法人

（役員の兼職禁止）

第五十五条　特定地方独立行政法人以外の地方独立行政法人（以下「一般地方独立行政法人」という。）の役員（非常勤の者を除く。）は、在任中、任命権者の承認のある場合を除くほか、営利を目的とする団体の役員となり、又は自ら営利事業に従事してはならない。

（準用）

第五十六条　第四十八条及び第四十九条の規定は、一般地方独立行政法人の役員の報酬等について準用する。この場合において、第四十八条第三項中「実績及び認可中期計画の第二十六条第二項第三号の人件費の見積り」とあるのは、「実績」と読み替えるものとする。

2　第五十条第一項の規定は、一般地方独立行政法人の役員及び職員について準用する。

（職員の給与）

第五十七条　一般地方独立行政法人の職員の給与は、その職員の勤務成績が考慮されるものでなければならない。

2　一般地方独立行政法人は、その職員の給与及び退職手当の支給の基準をそれぞれ定め、これを設立団体の長に届け出るとともに、公表しなければならない。これを変更したときも、同様とする。

3　前項の退職手当以外の給与及び退職手当の支給の基準は、当該一般地方独立行政法人の業務の実績を考慮し、かつ、社会一般の情勢に適合したものとなるように定めなければならない。

（役員及び職員の地位）

第五十八条　一般地方独立行政法人の役員及び職員は、刑法（明治四十年法律第四十五号）その他の罰則の適用については、法令により公務に従事する職員とみなす。

第六章　移行型地方独立行政法人の設立に伴う措置

（職員の引継ぎ等）

第五十九条　移行型特定地方独立行政法人（特定地方独立行政法人であってその成立の日の前日において現に設立団体が行っている業務に相当する業務を当該特定地方独立行政法人の成立の日以後行うものをいう。以下この章において同じ。）の成立の際、現に設立団体の内部組織で当該移行型特定地方独立行政法人の業務に相当する業務を行うもののうち当該設立団体の条例で定めるものの職員である者は、別に辞令を発せられない限り、当該移行型特定地方独立行政法人の成立の日において、当該移行型特定地方独立行政法人の相当の職員となるものとする。

2　移行型一般地方独立行政法人（一般地方独立行政法人であってその成立の日の前日において現に設立団体が行っている業務に相当する業務を当該一般地方独立行政法人の成立の日以後行うものをいう。以下この章において同じ。）の成立の際、現に設立団体の内部組織で当該移行型一般地方独立行政法人の業務に相当する業務を行うもののうち当該設立団体の条例で定めるものの職員である者は、別に辞令を発せられない限り、当該移行型一般地方独立行政法人の成立の日において、当該移行型一般地方独立行政法人の職員となるものとする。

第六十条　前条第二項の規定により移行型一般地方独立行政法人の職員となった者に対する地方公務員法第二十九条第二項の規定の適用については、当該移行型一般地方独立行政法人の職員を同項に規定する特別職地方公務員等と、前条第二項の規定により地方公務員としての身分を失ったことを任命権者の要請に応じ同法第二十九条第二項に規定する特別職地方公務員等となるため退職したこととみなす。

第六十一条　移行型特定地方独立行政法人及び移行型一般地方独立行政法人（移行型特定地方独立行政法人をいう。以下この章において同じ。）は、第五十九条の規定により当該移行型地方独立行政法人の職員となった者の退職に際し、退職手当を支給しようとするときは、その者の設立団体の職員としての引き続いた在職期間を当該移行型地方独立行政法人の職員としての在職期間とみなして取り扱うべきものとする。ただし、その者が当該設立団体を退職したことにより退職手当の支給を受けているときは、この限りでない。

第六十二条　移行型地方独立行政法人は、当該移行型地方独立行政法人の成立の日の前日に設立団体の職員として在職し、第五十九条の規定により当該移行型地方独立行政法人の職員となった者のうち当該移行型地方独立行政法人の成立の日から雇用保険法（昭和四十九年法律第百十六号）による失業等給付の受給資格を取得するまでの間に当該移行型地方独立行政法人を退職したものであって、その退職した日まで当該設立団体の職員として在職したものとしたならば国家公務員退職手当法（昭和二十八年法律第百八十二号）第十条の規定に相当する当該設立団体の条例の規定による退職手当の支給を受けることができるものに対しては、当該規定の例により算出した退職手当の額に相当する額を退職手当として支給するものとする。ただし、その者が当該設立団体を退職したことにより退職手当の支給を受けているときは、この限りでない。

2　前項の規定は、国家公務員退職手当法第十条の規定に相当する退職手当の支給の基準（第五十一条第二項又は第五十七条第二項に規定する基準のうち退職手当の支給に係るものをいう。）の規定による退職手当の支給を受ける移行型地方独立行政法人の職員については、適用しない。

（児童手当に関する経過措置）

第六十三条　第五十九条の規定により移行型地方独立行政法人の職員となった者であって、当該移行型地方独立行政法人の成立の日の前日において設立団体の長又はその委任を受けた者から児童手当法（昭和四十六年法律第七十三号）第七条第一項（同法附則第六条第二項、第七条第五項又は第八条第四項において準用する場合を含む。以下この条において同じ。）の規定による認定を受けているものが、当該移行型地方独立行政法人の成立の日において児童手当又は同法附則第六条第一項、第七条第一項若しくは第八条第一項の給付（以下この条において「特例給付等」という。）の支給要件に該当するときは、その者に対する児童手当又は特例給付等の支給に関しては、当該移行型地方独立行政法人の成立の日において同法第七条第一項の規定による市町村長（特別区の区長を含む。）の認定があったものとみなす。この場合において、その認定があったものとみなされた児童手当又は特例給付等の支給は、同法第八条第二項（同法附則第六条第二項、第七条第五項又は第八条第四項において準用する場合を含む。）の規定にかかわらず、当該移行型地方独立行政法人の成立の日の前日の属する月の翌月から始める。

（移行型地方独立行政法人の職員となる者の職員団体についての経過措置）

第六十四条　移行型特定地方独立行政法人の成立の際現に存する地方公務員法第五十二条第一項に規定する職員団体であって、その構成員の過半数が第五十九条第一項の規定により当該移行型特定地方独立行政法人の職員となる者であるものは、当該移行型特定地方独立行政法人の成立の際地方公営企業等の労働関係に関する法律（昭和二十七年法律第二百八十九号）の適用を受ける労働組合となるものとする。この場合において、当該職員団体が法人であるときは、法人である労働組合となるものとする。

2　前項の規定により法人である労働組合となったものは、当該移行型特定地方独立行政法人の成立の日から起算して六十日を経過する日までに、労働組合法（昭和二十四年法律第百七十四号）第二条及び第五条第二項の規定に適合する旨の労働委員会の証明を受け、かつ、その主たる事務所の所在地において登記しなければ、その日の経過により解散するものとする。

3　第一項の規定により労働組合となったものについては、当該移行型特定地方独立行政法人の成立の日から起算して六十日を経過する日までは、労働組合法第二条ただし書（第一号に係る部分に限る。）の規定は、適用しない。

第六十五条　移行型一般地方独立行政法人の成立の際現に存する地方公務員法第五十二条第一項に規定する職員団体であって、その構成員の過半数が第五十九条第二項の規定により当該移行型一般地方独立行政法人の職員となる者であるものは、当該移行型一般地方独立行政法人の成立の際労働組合法の適用を受ける労働組合となるものとする。この場合において、当該職員団体が法人であるときは、法人である労働組合となるものとする。

2　前条第二項の規定は前項の規定により法人である労働組合となったものについて、同条第三項の規定は前項の規定により労働組合となったものについて、それぞれ準用する。

（権利義務の承継等）

第六十六条　移行型地方独立行政法人の成立の際、当該移行型地方独立行政法人が行う業務に関し、現に設立団体が有する権利及び義務（当該移行型地方独立行政法人の成立前に設立団体が当該業務に相当する業務に関して起こした地方債のうち当該移行型地方独立行政法人の成立の日までに償還されていないものに係るものを除く。）のうち政令で定めるところにより設立団体の長が定めるものは、当該移行型地方独立行政法人の成立の時において当該移行型地方独立行政法人が承継する。

2　前項の規定により移行型地方独立行政法人が権利及び義務を承継する場合においては、設立団体の長は、あらかじめ、総務省令で定めるところにより、当該移行型地方独立行政法人の成立の日現在における当該移行型地方独立行政法人の資産及び負債の見込みを明らかにする書類（次項において「資産及び負債に関する書類」という。）を作成し、かつ、当該義務に係る債権者（次項、第六項及び第七項において「債権者」という。）の閲覧に供するため、これをその事務所に備えて置かなければならない。

3　設立団体の長は、前項の規定により資産及び負債に関する書類をその事務所に備え置くまでに、債権者に対し、異議があれば当該資産及び負債に関する書類を備え置いた日から一定の期間内にこれを述べるべき旨を公告し、かつ、知れている債権者には、格別にこれを催告しなければならない。

4　前項の規定による公告を日刊新聞紙に掲載してするときは、同項の規定にかかわらず、設立団体の長による格別の催告は、することを要しない。

5　第三項の一定の期間は、一月を下ってはならない。

6　債権者が第三項の一定の期間内に異議を述べなかったときは、当該義務の承継を承認したものとみなす。

7　債権者が異議を述べたときは、設立団体は、弁済し、若しくは相当の担保を供し、又はその債権者に弁済を受けさせることを目的として、信託会社若しくは信託業務を営む金融機関に相当の財産を信託しなければならない。ただし、第一項の規定により当該義務を承継してもその債権者を害するおそれがないときは、この限りでない。

第六十七条　前条の規定により移行型地方独立行政法人が設立団体の有する権利及び義務を承継した場合において、その承継の際、承継される権利に係る財産の価額の合計額が承継される義務に係る負債の価額の合計額を超えるときは、その差額に相当する金額及び当該設立団体が出資する資金その他の財産の価額の合算額が当該設立団体から当該移行型地方独立行政法人に対し出資されたものとする。

2　前条の規定により移行型地方独立行政法人が設立団体の有する権利及び義務を承継した場合において、その承継の際、承継される権利に係る財産の価額の合計額が承継される義務に係る負債の価額の合計額を下回るときは、その差額に相当する金額を当該設立団体が当該移行型地方独立行政法人の設立に際して出えんする資金その他の財産の価額から控除して得た額が当該設立団体から当該移行型地方独立行政法人に対し出資されたものとする。

3　前二項に規定する承継される権利に係る財産の価額は、移行型地方独立行政法人の成立の日現在における時価を基準として設立団体が評価した価額とする。

4　前項の評価に関し必要な事項は、政令で定める。

第七章　公立大学法人に関する特例

（名称の特例）

第六十八条　一般地方独立行政法人で第二十一条第二号に掲げる業務を行うもの（以下この章において「公立大学法人」という。）は、第四条第一項の規定にかかわらず、その名称中に、地方独立行政法人という文字に代えて、公立大学法人という文字を用いなければならない。

2　公立大学法人でない者は、その名称中に、公立大学法人という文字を用いてはならない。

（教育研究の特性への配慮）

第六十九条　設立団体は、公立大学法人に係るこの法律の規定に基づく事務を行うに当たっては、公立大学法人が設置する大学における教育研究の特性に常に配慮しなければならない。

（他業の禁止）

第七十条　公立大学法人は、第二十一条第二号に掲げる業務及びこれに附帯する業務以外の業務を行ってはならない。

（理事長の任命の特例等）

第七十一条　公立大学法人の理事長は、当該公立大学法人が設置する大学の学長となるものとする。ただし、定款で定めるところにより、当該公立大学法人が設置する大学の全部又は一部について、学長を理事長と別に任命するものとすることができる。

2　前項の規定により大学の学長となる公立大学法人の理事長（以下この章において「学長となる理事長」という。）の任命は、第十四条第一項の規定にかかわらず、当該公立大学法人の申出に基づいて、設立団体の長が行う。

3　前項の申出は、学長となる理事長が学長となる大学に係る選考機関（学長となる理事長又は第五項に規定する学長を別に任命する大学の学長をこの項又は第五項の規定により選考するために、定款で定めるところにより公立大学法人に当該公立大学法人が設置する大学ごとに設置される機関をいう。以下この章において同じ。）の選考に基づき行う。この場合において、学長となる理事長で二以上の大学の学長となるものの任命に係るこれらの大学に係る選考機関の選考の結果が一致しないときは、前項の申出は、定款で定めるところにより、これらの選考機関の代表者で構成する会議の選考に基づき行う。

4　選考機関は、公立大学法人が設置する大学ごとに、第七十七条第一項に規定する経営審議機関を構成する者の中から当該経営審議機関において選出された者及び同条第三項に規定する教育研究審議機関を構成する者の中から当該教育研究審議機関において選出された者により構成するものとする。

5　第一項ただし書の規定により学長を理事長と別に任命するものとされた大学（以下この章において「学長を別に任命する大学」という。）の学長の任命は、当該学長を別に任命する大学に係る選考機関の選考に基づき、理事長が行う。

6　第三項に規定する学長となる理事長の選考及び前項に規定する学長を別に任命する大学の学長の選考は、人格が高潔で、学識が優れ、かつ、大学における教育研究活動を適切かつ効果的に運営することができる能力を有する者のうちから行わなければならない。

7　第五項の規定により任命された学長を別に任命する大学の学長は、第十四条第三項の規定にかかわらず、当該公立大学法人の副理事長となるものとする。

8　公立大学法人（第一項ただし書の規定により、当該公立大学法人が設置する大学の全部について、学長を理事長と別に任命するものとされているものに限る。）の理事長は、第十四条第一項の規定にかかわらず、第六項に規定する者のうちから、設立団体の長が任命する。

9　公立大学法人の副理事長（第七項の規定により副理事長となるものを除く。）及び理事は、第十四条第三項の規定にかかわらず、第六項に規定する者のうちから、理事長が任命する。この場合においては、同条第四項の規定を準用する。

第七十二条　学長となる理事長の公立大学法人の成立後最初の任命については、前条第二項及び第三項の規定にかかわらず、当該公立大学法人の申出に基づくことを要しないものとし、定款で定めるところにより、設立団体の長が任命するものとする。

2　学長を別に任命する大学の学長の当該学長を別に任命する大学の設置後最初の任命については、前条第五項の規定にかかわらず、当該学長を別に任命する大学に係る選考機関の選考に基づくことを要しないものとし、定款で定めるところにより、理事長が任命するものとする。

3　前条第六項の規定は、前二項の規定による任命について準用する。この場合において、同条第六項中「第三項に規定する学長となる理事長の選考及び前項に規定する学長を別に任命する大学の学長の選考」とあるのは、「次条第一項に規定する学長となる理事長の任命及び同条第二項に規定する学長を別に任命する大学の学長の任命」と読み替えるものとする。

（教員等の任命等）

第七十三条　学長を別に任命する大学においては、理事長が副学長、学部長その他政令で指定する部局の長及び教員（教授、准教授、助教、講師及び助手をいう。）を第二十条の規定により任命し、免職し、又は降任するときは、学長の申出に基づき行うものとする。

（学長の任期等）

第七十四条　公立大学法人が設置する大学の学長の任期は、二年以上六年を超えない範囲内において、当該大学に係る選考機関の議を経て、当該公立大学法人の規程で定めるものとする。この場合において、当該公立大学法人の理事長が二以上の大学の学長となるときは、これらの学長の任期は、同一の期間となるように定めるものとする。

2　前項の規定にかかわらず、公立大学法人が設置する大学の設置後最初の当該大学の学長の任期は、六年を超えない範囲内において、定款で定めるものとする。

3　学長となる理事長及び副理事長（第七十一条第七項の規定により副理事長となるものに限る。）の任期は、第十五条第一項の規定にかかわらず、前二項の規定により定められる学長の任期によるものとし、第八条第一項第六号の規定にかかわらず、これを定款に規定することを要しないものとする。

4　公立大学法人（第七十一条第一項ただし書の規定により、当該公立大学法人が設置する大学の全部について、学長を理事長と別に任命するものとされているものを除く。）の副理事長（同条第七項の規定により副理事長となるものを除く。以下この項及び次項において同じ。）及び理事の任期は、第十五条第一項の規定にかかわらず、六年を超えない範囲内において理事長が定める。ただし、副理事長及び理事の任期の末日は、当該副理事長及び理事を任命する理事長の任期の末日以前でなければならない。

5　前項に規定する副理事長及び理事の任期は、第八条第一項第六号の規定にかかわらず、これを定款に規定することを要しないものとする。

（理事長の解任の特例等）

第七十五条　第十七条第一項（次条において準用する場合を含む。）に規定する場合を除き、第十七条第二項及び第三項（これらの規定を次条において準用する場合を含む。）の規定により、学長となる理事長を解任する場合又は学長を別に任命する大学の学長を解任する場合には、当該学長となる理事長が学長である大学又は当該学長を別に任命する大学に係る選考機関の申出により行うものとする。この場合において、公立大学法人の理事長が二以上の大学の学長であるときは、これらの大学に係るすべての選考機関の申出により行うものとする。

（準用）

第七十六条　第十四条第四項、第十五条第二項、第十六条第一項及び第十七条の規定は、学長を別に任命する大学の学長の任命及び解任について準用する。この場合において、第十四条第四項中「前項」とあるのは「第七十一条第五項」と、「副理事長及び理事」とあるのは「学長を別に任命する大学（同項に規定する学長を別に任命する大学をいう。以下同じ。）の学長」と、第十五条第二項及び第十六条第一項中「役員」とあるのは「学長を別に任命する大学の学長」と、第十七条第一項及び第二項中「設立団体の長又は理事長は、それぞれ」とあるのは「理事長は、」と、「役員」とあるのは「学長を別に任命する大学の学長」と、同条第三項中「設立団体の長又は理事長は、それぞれ」とあるのは「理事長は、」と、「役員（監事を除く。）」とあるのは「学長を別に任命する大学の学長」と、「その役員」とあるのは「その学長を別に任命する大学の学長」と、同条第四項中「前二項」とあるのは「前二項及び第七十五条」と、「副理事長及び理事」とあるのは「学長を別に任命する大学の学長」と読み替えるものとする。

（審議機関）

第七十七条　公立大学法人は、定款で定めるところにより、当該公立大学法人の経営に関する重要事項を審議する機関（次項において「経営審議機関」という。）を置くものとする。

2　経営審議機関は、理事長、副理事長その他の者により構成するものとする。

3　公立大学法人は、定款で定めるところにより、当該公立大学法人が設置する大学ごとに当該大学の教育研究に関する重要事項を審議する機関（次項において「教育研究審議機関」という。）を置くものとする。

4　教育研究審議機関は、学長、学部長その他の者により構成するものとする。

（中期目標等の特例）

第七十八条　公立大学法人に関する第二十五条第一項及び第二項の規定の適用については、同条第一項中「三年以上五年以下の期間」とあり、及び同条第二項第一号中「前項の期間の範囲内」とあるのは、「六年間」とする。

2　公立大学法人に係る中期目標においては、前項の規定により読み替えられた第二十五条第二項各号に掲げる事項のほか、教育及び研究並びに組織及び運営の状況について自ら行う点検及び評価並びに当該状況に係る情報の提供に関する事項について定めるものとする。

3　設立団体の長は、公立大学法人に係る中期目標を定め、又はこれを変更しようとするときは、あらかじめ、当該公立大学法人の意見を聴き、当該意見に配慮しなければならない。

4　公立大学法人に関する第二十六条第四項の規定の適

用については、同項中「事項」とあるのは、「事項及び第七十八条第二項に定める事項」とする。

（認証評価機関の評価の活用）

第七十九条 評価委員会が公立大学法人について第三十条第一項の評価を行うに当たっては、学校教育法（昭和二十二年法律第二十六号）第百九条第二項に規定する認証評価機関の教育及び研究の状況についての評価を踏まえることとする。

（設立の認可等の特例）

第八十条 公立大学法人に関するこの法律の規定の適用については、この法律中「総務大臣」とあるのは、「総務大臣及び文部科学大臣」とする。

第八章 公営企業型地方独立行政法人に関する特例

（企業の経済性の発揮）

第八十一条 地方独立行政法人で第二十一条第三号に掲げる業務を行うもの（以下この章において「公営企業型地方独立行政法人」という。）は、住民の生活の安定並びに地域社会及び地域経済の健全な発展に資するよう努めるとともに、常に企業の経済性を発揮するよう努めなければならない。

（他業の禁止）

第八十二条 公営企業型地方独立行政法人は、第二十一条第三号に掲げる業務及びこれに附帯する業務以外の業務を行ってはならない。

（料金及び中期計画の特例）

第八十三条 第二十三条の規定は、公営企業型地方独立行政法人には適用しない。

2 公営企業型地方独立行政法人に係る中期計画においては、第二十六条第二項各号に掲げる事項のほか、料金に関する事項について定めるものとする。

3 設立団体の長は、公営企業型地方独立行政法人に係る中期計画について、第二十六条第一項の認可をしようとするときは、あらかじめ、議会の議決を経なければならない。

（利益及び損失の処理の特例）

第八十四条 公営企業型地方独立行政法人が、毎事業年度、第四十条第一項に規定する残余の額の全部又は一部を翌事業年度に係る認可中期計画の第二十六条第二項第六号の剰余金の使途に充てる場合には、第四十条第三項の規定にかかわらず、設立団体の長の承認を受けることを要しない。

（財源措置の特例）

第八十五条 公営企業型地方独立行政法人の事業の経費のうち、次に掲げるものは、設立団体が負担するものとする。

一 その性質上当該公営企業型地方独立行政法人の事業の経営に伴う収入をもって充てることが適当でない経費

二 当該公営企業型地方独立行政法人の性質上能率的な経営を行ってもなおその事業の経営に伴う収入のみをもって充てることが客観的に困難であると認められる経費

2 公営企業型地方独立行政法人の事業の経費は、前項の規定により設立団体が負担するものを除き、原則として当該公営企業型地方独立行政法人の事業の経営に伴う収入をもって充てなければならない。

（債務の負担）

第八十六条 公営企業型地方独立行政法人（第六十一条に規定する移行型地方独立行政法人であるものに限る。以下この項及び次条において同じ。）は、設立団体に対し、第六十六条第一項に規定する地方債のうち当該公営企業型地方独立行政法人の成立の日までに償還されていないものに相当する額の債務を負担する。

2 前項の規定により負担する債務の償還及び当該債務に係る利子の支払その他の同項の規定による債務の負担に関し必要な事項は、政令で定める。

（権利義務の承継等の特例）

第八十七条 公営企業型地方独立行政法人に関する第六十七条第一項及び第二項の規定の適用については、これらの規定中「負債の価額」とあるのは、「負債の価額及び第八十六条第一項の規定により公営企業型地方独立行政法人が設立団体に対して負担する債務の額」とする。

2 公営企業型地方独立行政法人が第六十六条第一項の規定により承継する権利に係る財産の価額については、当該財産の種類、用途その他の事項を勘案して時価によることが適当でないと認めるときは、第六十七条第三項の規定にかかわらず、当該財産の時価によらないことができる。

第九章 雑則

（報告及び検査）

第八十八条 総務大臣若しくは都道府県知事又は設立団体の長は、この法律を施行するため必要があると認めるときは、地方独立行政法人に対し、その業務並びに資産及び債務の状況に関し報告をさせ、又はその職員に、地方独立行政法人の事務所に立ち入り、業務の状況若しくは帳簿、書類その他の必要な物件を検査させることができる。

2 前項の規定により職員が立入検査をする場合には、その身分を示す証明書を携帯し、関係人にこれを提示しなければならない。

3 第一項の規定による立入検査の権限は、犯罪捜査のために認められたものと解してはならない。

（違法行為等の是正）

第八十九条 設立団体の長は、地方独立行政法人又はその役員若しくは職員の行為がこの法律、他の法令若しくは設立団体の条例若しくは規則に違反し、又は違反するおそれがあると認めるときは、当該地方独立行政法人に対し、当該行為の是正のため必要な措置をとるべきことを命ずることができる。

2 地方独立行政法人は、前項の規定による設立団体の長の命令があったときは、速やかに当該行為の是正その他の必要と認める措置を講ずるとともに、当該措置の内容を設立団体の長に報告しなければならない。

3 総務大臣又は都道府県知事は、地方独立行政法人又はその役員若しくは職員の行為がこの法律若しくは他の法令に違反し、又は違反するおそれがあると認めるときは、設立団体又はその長に対し、第一項の規定による命令その他必要な措置を講ずべきことを求めることができる。

4　総務大臣又は都道府県知事は、前項の規定によるほか、地方独立行政法人又はその役員若しくは職員の行為がこの法律若しくは他の法令に違反し、又は違反するおそれがあると認める場合において、緊急を要するときその他特に必要があると認めるときは、自ら当該地方独立行政法人に対し、当該行為の是正のため必要な措置をとるべきことを命ずることができる。

5　第二項の規定は、前項の規定による命令について準用する。

（設立団体が二以上である場合の特例）

第九十条　設立団体が二以上である地方独立行政法人に係る第十四条第一項及び第二項、第十七条第一項から第三項まで（第七十六条において準用する場合を含む。）、第二十二条第一項、第二十三条第一項、第二十五条第一項及び第二項第一号、第二十六条第一項及び第四項、第三十一条第一項、第三十四条第一項、第三十六条、第三十九条、第四十条第三項及び第四項、第四十一条第一項ただし書及び第二項ただし書、第四十四条第一項、第五十条第三項、第五十五条、第七十一条第二項及び第八項、第七十二条第一項、第八十八条第一項並びに前条第一項に規定する権限の行使については、当該設立団体の長が協議して定めるところによる。

2　設立団体が二以上である場合において、第二十二条第二項、第二十六条第一項及び第二項第七号、第二十七条第一項、第二十九条第一項、第三十四条第一項及び第四項、第四十条第七項、第四十四条第一項並びに第四十六条の規定により条例又は規則で定めるものとされている事項は、当該設立団体が協議して定めるものとする。

3　設立団体は、前項の規定により協議して定めようとする場合において、当該事項が第四十四条第一項の規定により条例で定めるものとされている事項であるときは、あらかじめ、それぞれ議会の議決を経なければならない。

4　第八条第一項各号に掲げる事項のほか、設立団体が二以上である特定地方独立行政法人の定款には、当該特定地方独立行政法人の職員に対していずれの設立団体の条例を適用するかを定めなければならない。

5　設立団体が二以上である場合における第五十三条第三項から第六項までの規定の適用については、同条第三項の表中「設立団体（地方独立行政法人法第六条第三項に規定する設立団体をいう。以下同じ。）の」とあるのは「地方独立行政法人法第九十条第四項の規定によりその条例を特定地方独立行政法人の職員に対して適用する旨が定款に定められた地方公共団体（以下「条例適用設立団体」という。）の」と、「設立団体の条例」とあるのは「条例適用設立団体の条例」と、同条第四項から第六項までの規定中「設立団体（地方独立行政法人法（平成十五年法律第百十八号）第六条第三項に規定する設立団体をいう。以下同じ。）の」とあるのは「地方独立行政法人法（平成十五年法律第百十八号）第九十条第四項の規定によりその条例を同法第二条第二項に規定する特定地方独立行政法人の職員に対して適用する旨が定款に定められた地方公共団体（以下「条例適用設立団体」という。）の」と、「設立団体の条例」とあるのは「条例適用設立団体の条例」とする。

（職員の派遣）

第九十一条　地方公共団体の長又は委員会若しくは委員は、当該地方公共団体の事務の処理のため特別の必要があると認めるときは、特定地方独立行政法人の理事長に対し、当該特定地方独立行政法人の職員の派遣を求めることができる。

2　地方自治法第二百五十二条の十七第二項から第四項までの規定は、前項の規定により職員の派遣を求める場合について準用する。この場合において、同条第二項中「前項」とあるのは「地方独立行政法人法第九十一条第一項」と、「退職手当」とあるのは「退職手当又はこれに相当する給与」と、「旅費」とあるのは「旅費又はこれらに相当する給与その他の給付」と、「派遣をした普通地方公共団体」とあるのは「派遣をした特定地方独立行政法人」と、「普通地方公共団体及び」とあるのは「地方公共団体の長又は委員会若しくは委員及び」と、「普通地方公共団体の長又は委員会若しくは委員」とあるのは「特定地方独立行政法人の理事長」と、同条第三項中「第一項」とあるのは「地方独立行政法人法第九十一条第一項」と、「求め、若しくはその求めに応じて職員を派遣しようとするとき」とあるのは「求めようとするとき」と、「退職手当」とあるのは「退職手当又はこれに相当する給与」と、同条第四項中「第一項」とあるのは「地方独立行政法人法第九十一条第一項」と、「普通地方公共団体」とあるのは「特定地方独立行政法人」と読み替えるものとする。

3　特定地方独立行政法人の理事長は、当該特定地方独立行政法人の事務の処理又は事業の実施のため特別の必要があると認めるときは、地方公共団体の長若しくは委員会若しくは委員又は他の特定地方独立行政法人の理事長に対し、当該地方公共団体又は他の特定地方独立行政法人の職員の派遣を求めることができる。

4　地方自治法第二百五十二条の十七第二項から第四項までの規定は、前項の規定により職員の派遣を求める場合について準用する。この場合において、同条第二項中「前項」とあるのは「地方独立行政法人法第九十一条第三項」と、「派遣を受けた普通地方公共団体」とあるのは「派遣を受けた特定地方独立行政法人」と、「退職手当」とあるのは「退職手当又はこれに相当する給与」と、「旅費」とあるのは「旅費又はこれらに相当する給与その他の給付」と、「派遣をした地方公共団体」とあるのは「派遣をした普通地方公共団体又は他の特定地方独立行政法人」と、「普通地方公共団体及び」とあるのは「特定地方独立行政法人の理事長及び」と、「又は委員会若しくは委員」とあるのは「若しくは委員会若しくは委員又は他の特定地方独立行政法人の理事長」と、「普通地方公共団体が」とあるのは「特定地方独立行政法人が」と、同条第三項中「第一項の規定により職員の派遣を求め、若しくはその」とあるのは「地方独立行政法人法第九十一条第三項の規定による」と、同条第四項中「第一項」とあるのは「地方独立行政法人法第九十一条第三項」と、「普通地方公共団体」とあるのは「地方公共団体又は他の特定地方独立行政法人」と読み替えるものとする。

（解散）

第九十二条　地方独立行政法人は、設立団体がその議会の議決を経て第七条の規定の例により総務大臣又は都道府県知事の認可を受けたときに、解散する。

2　地方独立行政法人は、解散した場合において、その債務を弁済してなお残余財産があるときは、地方独立行政法人に出資した地方公共団体に対し、これを定款で定めるところにより分配しなければならない。

（清算中の地方独立行政法人の能力）

第九十二条の二　解散した地方独立行政法人は、清算の目的の範囲内において、その清算の結了に至るまではなお存続するものとみなす。

（清算人）

第九十二条の三　地方独立行政法人が解散したときは、理事長、副理事長及び理事がその清算人となる。ただし、定款に別段の定めがあるときは、この限りでない。

（裁判所による清算人の選任）

第九十二条の四　前条の規定により清算人となる者がないとき、又は清算人が欠けたため損害を生ずるおそれがあるときは、裁判所は、利害関係人若しくは検察官の請求により又は職権で、清算人を選任することができる。

（清算人の解任）

第九十二条の五　重要な事由があるときは、裁判所は、利害関係人若しくは検察官の請求により又は職権で、清算人を解任することができる。

（清算人の届出）

第九十二条の六　清算人は、その氏名及び住所を地方独立行政法人の業務を監督する官庁に届け出なければならない。

（清算人の職務及び権限）

第九十二条の七　清算人の職務は、次のとおりとする。

一　現務の結了

二　債権の取立て及び債務の弁済

三　残余財産の引渡し

2　清算人は、前項各号に掲げる職務を行うために必要な一切の行為をすることができる。

（債権の申出の催告等）

第九十二条の八　清算人は、その就職の日から二月以内に、少なくとも三回の公告をもって、債権者に対し、一定の期間内にその債権の申出をすべき旨の催告をしなければならない。この場合において、その期間は、二月を下ることができない。

2　前項の公告には、債権者がその期間内に申出をしないときは清算から除斥されるべき旨を付記しなければならない。ただし、清算人は、知れている債権者を除斥することができない。

3　清算人は、知れている債権者には、各別にその申出の催告をしなければならない。

4　第一項の公告は、官報に掲載してする。

（期間経過後の債権の申出）

第九十二条の九　前条第一項の期間の経過後に申出をした債権者は、地方独立行政法人の債務が完済された後まだ権利の帰属すべき者に引き渡されていない財産に対してのみ、請求をすることができる。

（裁判所による監督）

第九十二条の十　地方独立行政法人の解散及び清算は、裁判所の監督に属する。

2　裁判所は、職権で、いつでも前項の監督に必要な検査をすることができる。

3　地方独立行政法人の解散及び清算を監督する裁判所は、地方独立行政法人の業務を監督する官庁に対し、意見を求め、又は調査を嘱託することができる。

4　前項に規定する官庁は、同項に規定する裁判所に対し、意見を述べることができる。

（清算結了の届出）

第九十二条の十一　清算が結了したときは、清算人は、その旨を地方独立行政法人の業務を監督する官庁に届け出なければならない。

（解散及び清算の監督等に関する事件の管轄）

第九十二条の十二　地方独立行政法人の解散及び清算の監督並びに清算人に関する事件は、その主たる事務所の所在地を管轄する地方裁判所の管轄に属する。

（不服申立ての制限）

第九十二条の十三　清算人の選任の裁判に対しては、不服を申し立てることができない。

（裁判所の選任する清算人の報酬）

第九十二条の十四　裁判所は、第九十二条の四の規定により清算人を選任した場合には、地方独立行政法人が当該清算人に対して支払う報酬の額を定めることができる。この場合においては、裁判所は、当該清算人及び監事の陳述を聴かなければならない。

（即時抗告）

第九十二条の十五　清算人の解任についての裁判及び前条の規定による裁判に対しては、即時抗告をすることができる。

（検査役の選任）

第九十二条の十六　裁判所は、地方独立行政法人の解散及び清算の監督に必要な調査をさせるため、検査役を選任することができる。

2　前三条の規定は、前項の規定により裁判所が検査役を選任した場合について準用する。この場合において、第九十二条の十四中「清算人及び監事」とあるのは、「地方独立行政法人及び検査役」と読み替えるものとする。

（費用の負担）

第九十三条　設立団体は、地方独立行政法人が解散する場合において、その財産をもって債務を完済することができないときは、当該地方独立行政法人に対し、当該債務を完済するために要する費用の全部を負担しなければならない。

（不動産登記法等の準用）

第九十四条　不動産登記法（平成十六年法律第百二十三号）及び政令で定めるその他の法令については、政令で定めるところにより、地方独立行政法人を地方公共団体とみなしてこれらの法令を準用する。

（指定都市の特例）

第九十五条　地方自治法第二百五十二条の十九第一項の指定都市に対する第七条（第八条第二項及び第九十二条第一項においてその例による場合を含む。）の規定の適用については、当該指定都市を都道府県とみなす。

（政令への委任）

第九十六条　この法律に定めるもののほか、この法律の実施のため必要な事項は、政令で定める。

第十章　罰則

第九十七条　第五十条第一項（第五十六条第二項において準用する場合を含む。）の規定に違反して秘密を漏らした者は、一年以下の懲役又は五十万円以下の罰金に処する。

第九十八条　第八十八条第一項の規定による報告をせず、若しくは虚偽の報告をし、又は同項の規定による検査を拒み、妨げ、若しくは忌避した場合には、その違反行為をした地方独立行政法人の役員、清算人又は職員は、二十万円以下の罰金に処する。

第九十九条　次の各号のいずれかに該当する場合には、その違反行為をした地方独立行政法人の役員又は清算人は、二十万円以下の過料に処する。

一　この法律の規定により総務大臣若しくは都道府県知事又は設立団体の長の認可又は承認を受けなければならない場合において、その認可又は承認を受けなかったとき。

二　この法律の規定により設立団体の長に届出をしなければならない場合において、その届出をせず、又は虚偽の届出をしたとき。

三　この法律の規定により公表をしなければならない場合において、その公表をせず、又は虚偽の公表をしたとき。

四　定款に規定する業務以外の業務を行ったとき。

五　第九条第一項の規定による政令に違反して登記することを怠ったとき。

六　第二十六条第四項の規定による設立団体の長の命令に違反したとき。

七　第二十九条第一項の規定による事業報告書の提出をせず、又は事業報告書に記載すべき事項を記載せず、若しくは虚偽の記載をして事業報告書を提出したとき。

八　第三十四条第四項の規定に違反して財務諸表、事業報告書、決算報告書若しくは監事の意見を記載した書面を備え置かず、又は閲覧に供しなかったとき。

九　第四十三条の規定に違反して業務上の余裕金を運用したとき。

十　第五十四条第一項又は第八十九条第二項（同条第五項において準用する場合を含む。）の規定による報告をせず、又は虚偽の報告をしたとき。

十一　第八十九条第一項の規定による設立団体の長の命令又は同条第四項の規定による総務大臣若しくは都道府県知事の命令に違反したとき。

十二　第九十二条第二項の規定に違反して、残余財産を分配したとき。

十三　第九十二条の八第一項の規定に違反して、公告することを怠り、又は虚偽の公告をしたとき。

十四　第九十二条の八第一項に規定する期間内に債権者に弁済したとき。

第百条　第四条第二項又は第六十八条第二項の規定に違反した者は、十万円以下の過料に処する。

附　則

（施行期日）

第一条　この法律は、平成十六年四月一日から施行する。ただし、次条及び附則第四条の規定は、公布の日から起算して六月を超えない範囲内において政令で定める日から施行する。

（設立に関する経過措置）

第二条　地方公共団体は、この法律の施行の日前においても、第二条、第四条第一項、第五条から第七条まで、第八条第一項、第十二条、第十三条第二項及び第三項、第十五条第一項、第二十一条、第六十八条第一項、第七十条、第七十一条第一項及び第三項、第七十二条第一項及び第二項、第七十四条第二項、第七十七条、第八十条、第八十二条、第九十条第四項、第九十二条第二項並びに第九十五条の規定の例により、その議会の議決を経て定款を定め、総務大臣又は都道府県知事の認可を受けることができる。この場合において、当該認可の効力は、この法律の施行の日から生ずるものとする。

2　地方公共団体は、この法律の施行の日前においても、第六十六条の規定の例により、移行型地方独立行政法人に権利及び義務を承継させるために必要な行為をすることができる。

（名称の使用制限に関する経過措置）

第三条　この法律の施行の際現にその名称中に地方独立行政法人又は公立大学法人という文字を用いている者については、第四条第二項又は第六十八条第二項の規定は、この法律の施行後六月間は、適用しない。

（その他の経過措置の政令への委任）

第四条　前二条に定めるもののほか、この法律の施行に伴い必要な経過措置は、政令で定める。

附　則（平成二二年三月三一日法律第一九号）抄

（施行期日）

第一条　この法律は、平成二十二年四月一日から施行する。

地方独立行政法人法施行令

平成十五年十二月三日政令第四百八十六号
最終改正 平成二〇年一〇月三一日政令第三三八号

内閣は、地方独立行政法人法（平成十五年法律第百十八号）第六条第五項、第八条第二項ただし書、第十六条第二項、第二十一条第五号、第三十五条、第五十三条第二項、第五十四条第一項、第六十六条第一項、第六十七条第四項、第七十三条、第八十六条第二項、第九十四条第二項及び第九十六条の規定に基づき、この政令を制定する。

（出資財産の評価の方法）
第一条 地方公共団体は、地方独立行政法人法（以下「法」という。）第六条第四項の規定により評価をする場合には、評価に関して学識経験を有する者の意見を聴かなければならない。

（議決及び認可を要しない定款の変更）
第二条 法第八条第二項ただし書に規定する政令で定める軽微な変更は、次に掲げるものとする。
一 従たる事務所の所在地の変更
二 設立団体（法第六条第三項に規定する設立団体をいう。以下同じ。）である地方公共団体の名称の変更

（教育公務員の範囲）
第三条 法第十六条第二項に規定する政令で定める教育公務員は、学校教育法（昭和二十二年法律第二十六号）の規定による公立の大学の学長、副学長、学部長、教授、准教授、助教又は講師の職にある者（当該大学においてその他の職を兼ねる者を含む。）とする。

（公共的な施設の範囲）
第四条 法第二十一条第五号に規定する政令で定める公共的な施設は、次に掲げるものとする。
一 介護保険法（平成九年法律第百二十三号）第八条第二十五項に規定する介護老人保健施設
二 会議場施設、展示施設又は見本市場施設であって総務省令で定める規模以上のもの

（資本の額その他の経営の規模の基準）
第五条 法第三十五条に規定する政令で定める基準は、次の各号のいずれかに該当することとする。
一 法第三十五条に規定する財務諸表、事業報告書（会計に関する部分に限る。）及び決算報告書に係る事業年度の開始の日における資本金の額が百億円以上であること。
二 法第三十四条第一項の規定により設立団体の長の承認を受けた最終の貸借対照表（以下この号において「最終の貸借対照表」という。）の負債の部に計上した金額の合計額（新たに設立された地方独立行政法人（法第二条第一項に規定する地方独立行政法人をいう。以下同じ。）であって最終の貸借対照表がないものにあっては、当該地方独立行政法人の負債の金額に相当する金額として設立団体の長が定める額）が二百億円以上であること。

（政治的行為を制限される職員の職に係る基準）
第六条 法第五十三条第二項の規定に基づき特定地方独立行政法人（法第二条第二項に規定する特定地方独立行政法人をいう。以下この条において同じ。）の理事長が定める職の基準は、次のとおりとする。
一 特定地方独立行政法人の役員を職制上直接に補佐する職
二 特定地方独立行政法人の主たる事務所の局、部若しくは課又はこれらに準ずる組織の長及び職制上これを直接に補佐する職
三 特定地方独立行政法人の営業所、出張所、附属施設その他これらに準ずる組織（以下この号において「営業所等」という。）の長及び職制上これを直接に補佐する職並びに営業所等で大規模なものの局、部若しくは課又はこれらに準ずる組織の長及び職制上これを直接に補佐する職

（設立団体の長への報告）
第七条 法第五十四条第一項の規定による報告は、一月一日現在における同項に規定する常勤職員の数について、設立団体の規則で定めるところにより、同月三十日までに行うものとする。

（常勤職員の範囲）
第八条 法第五十四条第一項に規定する常時勤務に服することを要しない職員で政令で定めるものは、次に掲げる者とする。
一 地方公務員法（昭和二十五年法律第二百六十一号）第二十八条第二項又は第二十九条の規定による休職又は停職の処分を受けた者
二 地方公務員法第二十六条の五第一項に規定する自己啓発等休業をしている者
三 地方公営企業等の労働関係に関する法律（昭和二十七年法律第二百八十九号）第六条第五項の規定により休職者とされた者
四 外国の地方公共団体の機関等に派遣される一般職の地方公務員の処遇等に関する法律（昭和六十二年法律第七十八号）第二条第一項の規定により派遣された者
五 地方公務員の育児休業等に関する法律（平成三年法律第百十号）第二条第一項の規定により育児休業をしている者又は同法第十一条第一項に規定する育児短時間勤務職員（同法第十七条の規定による勤務をしている者を含む。）

（権利の承継に係る議会の議決）
第九条 設立団体の長は、法第六十六条第一項の規定により移行型地方独立行政法人（法第六十一条に規定する移行型地方独立行政法人をいう。）に承継させる権利（地方自治法（昭和二十二年法律第六十七号）第二百三十七条第一項に規定する財産に限る。）を定めようとするときは、あらかじめ、議会の議決を経なければならない。

（承継財産の評価の方法）
第十条 設立団体は、法第六十七条第三項の規定により評価をする場合には、評価に関して学識経験を有する者の意見を聴かなければならない。

（部局の長の範囲）
第十一条 法第七十三条に規定する政令で指定する部局の長は、次に掲げる者とする。
一 大学の教養部の長

二　大学に附置される研究所の長
三　大学又は大学の医学部若しくは歯学部に附属する病院の長
四　大学に附属する図書館の長
五　大学院に置かれる研究科（学校教育法第百条ただし書に規定する組織を含む。）の長

（設立団体に対して負担する債務の償還等）

第十二条　法第八十六条第一項の規定により公営企業型地方独立行政法人（法第八十一条に規定する公営企業型地方独立行政法人をいう。以下この条及び次条第一項において同じ。）が設立団体に対して負担する債務の償還額及び当該債務に係る利子の支払額並びにこれらの支払期日は、法第六十六条第一項に規定する地方債のうち当該公営企業型地方独立行政法人の成立の日までに償還されていないもの（以下この項において「未償還地方債」という。）を当該設立団体が償還し、又は当該未償還地方債に係る利子を当該設立団体が支払う場合における当該未償還地方債の償還額及び当該未償還地方債に係る利子の支払額並びにこれらの支払期日（当該設立団体が、支払に関する事務を委託した者に対しこれらの支払期日と異なる日に当該未償還地方債の償還額又は当該未償還地方債に係る利子の支払額を支払うこととされている場合にあっては、その日）とする。

2　前項に定めるもののほか、公営企業型地方独立行政法人が法第八十六条第一項の規定により負担する債務の償還及び当該債務に係る利子の支払その他の同項の規定による債務の負担に関し必要な事項は、設立団体と当該公営企業型地方独立行政法人が協議して定めるものとする。

（他の法令の準用）

第十三条　次の法令の規定については、地方独立行政法人（第十九号及び第二十三号に掲げる規定にあっては、公営企業型地方独立行政法人に限る。）を、都道府県（都道府県の加入する一部事務組合又は広域連合を含む。以下この項において同じ。）又は都道府県及び都道府県以外の地方公共団体が設立したものにあっては当該都道府県と、その他のものにあっては市町村とみなして、これらの規定を準用する。

一　大麻取締法（昭和二十三年法律第百二十四号）第二十二条の三第二項
二　医療法（昭和二十三年法律第二百五号）第四条第一項、第七条の二第一項第一号及び第二項並びに第三十一条
三　漁港漁場整備法（昭和二十五年法律第百三十七号）第三十九条第四項及び第三十九条の五第一項ただし書
四　港湾法（昭和二十五年法律第二百十八号）第三十七条第三項（同法第四十三条の八第四項において準用する場合を含む。）、第三十七条第四項並びに第三十八条の二第一項、第九項及び第十項
五　土地収用法（昭和二十六年法律第二百十九号）第十一条第一項ただし書、第十五条第一項、第十七条第一項第一号（同法第百三十八条第一項において準用する場合を含む。）、第二十一条（同法第百三十八条第一項において準用する場合を含む。）、第八十二条第五項及び第六項（これらの規定を同法第百三十八条第一項において準用する場合を含む。）、第百二十二条第一項ただし書（同法第百三十八条第一項において準用する場合を含む。）並びに第百二十五条第一項ただし書（同法第百三十八条第一項において準用する場合を含む。）
六　覚せい剤取締法（昭和二十六年法律第二百五十二号）第三十条の十五第一項及び第四項、第三十四条の三第二項、第三十五条第二項並びに第三十六条第一項及び第二項
七　麻薬及び向精神薬取締法（昭和二十八年法律第十四号）第六十条の二第二項
八　海岸法（昭和三十一年法律第百一号）第十条第二項
九　水道法（昭和三十二年法律第百七十七号）第八条第一項第六号、第九条第一項、第十四条第五項及び第六項、第二十八条第一項第三号、第二十九条第一項、第三十八条第一項並びに第五十五条第一号
十　地すべり等防止法（昭和三十三年法律第三十号）第十一条第二項、第二十条第二項（同法第四十五条第一項において準用する場合を含む。）及び第二十三条第五項
十一　工業用水道事業法（昭和三十三年法律第八十四号）第三条、第六条第一項及び第二項、第七条、第八条第一項、第九条第一項及び第二項、第十条第一項及び第二項、第十七条第一項及び第二項、第十八条第一項並びに第二十九条第二号
十二　公共用地の取得に関する特別措置法（昭和三十六年法律第百五十号）第五条ただし書（同法第四十五条において準用する場合を含む。）及び第八条（同法第四十五条において準用する土地収用法第二十一条において準用する場合を含む。）
十三　急傾斜地の崩壊による災害の防止に関する法律（昭和四十四年法律第五十七号）第七条第四項及び第十三条
十四　都市緑地法（昭和四十八年法律第七十二号）第八条第七項及び第八項並びに第十四条第八項
十五　土砂災害警戒区域等における土砂災害防止対策の推進に関する法律（平成十二年法律第五十七号）第十四条
十六　大深度地下の公共的使用に関する特別措置法（平成十二年法律第八十七号）第九条において準用する土地収用法第十一条第一項ただし書及び第十五条第一項、第十一条第一項第一号、第十八条並びに第三十九条ただし書
十七　特定都市河川浸水被害対策法（平成十五年法律第七十七号）第十四条（同法第十六条第四項及び第十八条第四項において準用する場合を含む。）
十八　独立行政法人都市再生機構法（平成十五年法律第百号）第十一条第一項第八号
十九　不動産登記法（平成十六年法律第百二十三号）第十六条、第百十六条、第百十七条及び第百十八条第二項（同条第三項において準用する場合を含む。）
二十　毒物及び劇物取締法施行令（昭和三十年政令第二百六十一号）第十一条第一号、第十三条第一号イ、第十六条第一号、第十八条第一号イ及びへ、第二十二条第一号、第二十四条第一号イ並びに第二十八条第一号イ

二十一　教育基本法（平成十八年法律第百二十号）第十五条第二項

二十二　地域における歴史的風致の維持及び向上に関する法律（平成二十年法律第四十号）第十五条第六項及び第七項並びに第三十三条第一項第三号

二十三　不動産登記令（平成十六年政令第三百七十九号）第七条第一項第六号（同令別表の七十三の項に係る部分に限る。）、第十六条第四項、第十七条第二項、第十八条第四項及び第十九条第二項

2　前項の規定により次の表の上欄に掲げる法令の規定を準用する場合においては、これらの規定中同表の中欄に掲げる字句は、それぞれ同表の下欄に掲げる字句に読み替えるものとする。

土地収用法第二十一条第一項（同法第百三十八条第一項において準用する場合を含む。）	行政機関若しくはその地方支分部局の長	地方独立行政法人
土地収用法第二十一条第二項（同法第百三十八条第一項において準用する場合を含む。）	行政機関又はその地方支分部局の長	地方独立行政法人
土地収用法第百二十二条第一項ただし書（同法第百三十八条第一項において準用する場合を含む。）	都道府県知事	地方独立行政法人
公共用地の取得に関する特別措置法第八条（同法第四十五条において準用する場合を含む。）において準用する土地収用法第二十一条第一項	行政機関若しくはその地方支分部局の長	地方独立行政法人
公共用地の取得に関する特別措置法第八条（同法第四十五条において準用する場合を含む。）において準用する土地収用法第二十一条第二項	行政機関又はその地方支分部局の長	地方独立行政法人

3　次の法令の規定については、地方独立行政法人を市町村とみなして、これらの規定を準用する。

一　児童福祉法（昭和二十二年法律第百六十四号）第三十五条第三項、第四項、第六項及び第七項

二　身体障害者福祉法（昭和二十四年法律第二百八十三号）第十八条第二項（入所の委託を受ける障害者支援施設等の設置者に関する部分に限る。）、第二十八条第二項及び第四項ただし書並びに第四十一条

三　社会福祉法（昭和二十六年法律第四十五号）第六十二条第一項及び第二項並びに第六十七条第一項及び第二項

四　知的障害者福祉法（昭和三十五年法律第三十七号）第十六条第一項第二号（入所及び更生援護の実施の委託を受ける障害者支援施設等の設置者に関する部分に限る。）

五　障害者自立支援法（平成十七年法律第百二十三号）第八十三条第三項及び第八十六条第一項

六　身体障害者福祉法施行令（昭和二十五年政令第七十八号）第二十八条

七　障害者自立支援法施行令（平成十八年政令第十号）第四十三条の四

4　前項の規定により身体障害者福祉法施行令第二十八条及び障害者自立支援法施行令第四十三条の四の規定を準用する場合においては、これらの規定中「市町村長」とあるのは、「地方独立行政法人」と読み替えるものとする。

5　勅令及び政令以外の命令であって総務省令で定めるものについては、総務省令で定めるところにより、地方独立行政法人を地方公共団体とみなして、これらの命令を準用する。

（設立団体が二以上である場合の特例）

第十四条　設立団体が二以上である地方独立行政法人に係る第五条第二号に規定する権限の行使については、当該設立団体の長が協議して定めるところによる。

2　設立団体が二以上である場合において、第七条の規定により規則で定めるものとされている事項は、当該設立団体が協議して定めるものとする。

附　則

この政令は、平成十六年四月一日から施行する。

附　則（平成二〇年一〇月三一日政令第三三八号）抄

（施行期日）

1　この政令は、地域における歴史的風致の維持及び向上に関する法律の施行の日（平成二十年十一月四日）から施行する。

地方独立行政法人法施行規則

平成十六年三月二十四日総務省令第五十一号
最終改正　平成二〇年一〇月一日総務省令第一〇八号

地方独立行政法人法（平成十五年法律第百十八号）第三十三条、第四十三条第一号及び第二号並びに第六十六条第二項並びに地方独立行政法人法施行令（平成十五年政令第四百八十六号）第十三条第五項の規定に基づき、地方独立行政法人法施行規則を次のように定める。

（会計の原則）

第一条　地方独立行政法人の会計については、この省令に定めるところにより、この省令に定めのないものについては、一般に公正妥当と認められる企業会計の基準に従うものとする。

2　金融庁組織令（平成十年政令第三百九十二号）第二十四条第一項に規定する企業会計審議会により公表された企業会計の基準は、前項に規定する一般に公正妥当と認められる企業会計の基準に該当するものとする。

3　地方独立行政法人に適用する会計の基準として総務大臣が別に公示する地方独立行政法人会計基準は、第一項に規定する一般に公正妥当と認められる企業会計の基準に優先して適用されるものとする。

（有価証券）

第二条　地方独立行政法人法（以下「法」という。）第四十三条第一号に規定する総務省令で定める有価証券は、次に掲げる金融機関が発行する債券とする。

一　株式会社商工組合中央金庫
二　信金中央金庫
三　長期信用銀行法（昭和二十七年法律第百八十七号）第二条に規定する長期信用銀行
四　農林中央金庫

（金融機関）

第三条　法第四十三条第二号に規定する総務省令で定める金融機関は、次のとおりとする。

一　信用協同組合及び信用協同組合連合会
二　信用金庫及び信金中央金庫
三　労働金庫及び労働金庫連合会
四　農業協同組合及び農業協同組合連合会
五　漁業協同組合及び漁業協同組合連合会
六　農林中央金庫
七　株式会社商工組合中央金庫

（資産及び負債に関する書類）

第四条　法第六十六条第二項に規定する移行型地方独立行政法人の資産及び負債の見込みを明らかにする書類は、次に掲げる事項を記載して作成しなければならない。

一　資産の種類、内容、所在の場所及び価額
二　負債の種類、内容及び価額

（他の省令の準用）

第五条　次の省令の規定については、地方独立行政法人（第三号に掲げる規定にあっては都道府県（都道府県の加入する一部事務組合又は広域連合を含む。）又は都道府県及び都道府県以外の地方公共団体が設立する地方独立行政法人に限り、第四号に掲げる規定にあっては公営企業型地方独立行政法人（法第八十一条に規定する公営企業型地方独立行政法人をいう。）に限る。）を地方公共団体とみなして、これらの規定を準用する。

一　児童福祉法施行規則（昭和二十三年厚生省令第十一号）第三十七条第四項及び第五項
二　身体障害者福祉法施行規則（昭和二十五年厚生省令第十五号）第十五条及び第十七号
三　麻薬及び向精神薬取締法施行規則（昭和二十八年厚生省令第十四号）第四十九条
四　不動産登記規則（平成十七年法務省令第十八号）第四十三条第一項第四号（同令第五十一条第八項、第六十五条第九項、第六十八条第十項及び第七十条第七項において準用する場合を含む。）、第六十三条第三項、第六十四条第一項第一号及び第四号、第百八十二条第二項並びに附則第十五条第四項第一号及び第三号
五　障害者自立支援法施行規則（平成十八年厚生労働省令第十九号）第六十八条の三

附　則

この省令は、平成十六年四月一日から施行する。

附　則（平成二〇年一〇月一日総務省令第一〇八号）

この省令は、平成二十年十月一日から施行する。

地方独立行政法人の設立、定款の変更及び解散の認可の基準

平成十六年三月十七日総務省文部科学省告示第一号

第一 地方独立行政法人の設立を認可する場合

地方独立行政法人の設立の認可については、地方独立行政法人法（平成十五年法律第百十八号。以下「法」という。）その他の法令の規定によるほか、次の基準によって審査する。

一 地方独立行政法人（公立大学法人及び公営企業型地方独立行政法人を除く。）については、その定款が次に定める基準に適合していること。

（一） 名称に地方独立行政法人という文字が用いられていること。

（二） 特定地方独立行政法人については、当該地方独立行政法人に行わせようとする業務の停滞が住民の生活、地域社会若しくは地域経済の安定に直接かつ著しい支障を及ぼし、又はその業務の遂行に当たり中立性及び公正性を特に確保する必要があると認められること。

（三） 役員については、次に定める基準に適合していること。

ア 役員の定数は、法人の業務の規模、業務内容等法人の実態からみて適正なものであること。

イ 副理事長を置かない場合には、法人の業務運営に支障がないと認められること。

（四） 業務については、法第二十一条第一号、第四号及び第五号に掲げる業務並びにこれらに附帯する業務の範囲であること。

（五） 資本金、出資及び資産については、次に定める基準に適合していること。

ア 地方独立行政法人が、業務を確実に実施するために必要な資本金その他の財産的基礎を有していること。

イ 出資が、地方公共団体に限られていること。

ウ 設立団体（法第六条第三項に規定する設立団体をいう。以下同じ。）が、地方独立行政法人の資本金の額の二分の一以上に相当する資金その他の財産を出資していること。

エ 出資される財産のうち金銭以外のものの価格が、出資の日現在における時価を基準として出資する地方公共団体が学識経験を有する者の意見を聴いて評価した価格であること。

オ 移行型地方独立行政法人に承継される権利に係る財産の価格は、移行型地方独立行政法人の成立する日現在における時価を基準として設立団体が学識経験を有する者の意見を聴いて評価した価格であること。

（六） 公告については、設立団体の公報への掲載又は掲示板への掲示等適切な方法により行われること。

（七） 解散に伴う残余財産の分配の方法が適切であること。

二 公立大学法人については、次に定める基準に適合していること。

（一） 公立大学法人の定款については、次に定める基準に適合していること。

ア 第一の一（（一）、（二）及び（四）を除く。）に定める基準に適合していること。

イ 名称に公立大学法人という文字が用いられていること。

ウ 定款は、法第六十九条の規定を踏まえ、公立大学法人が設置する大学における教育研究の特性に配慮したものとなっていること。

エ 学長を理事長と別に任命する場合については、その旨を定めていること。

オ 法第七十一条第三項に規定する選考機関については、当該選考機関の構成員に関する事項及び当該選考機関の議事の手続に関する事項その他当該選考機関の適正な運営を確保するために必要な事項を定めていること。

カ 学長となる理事長が二以上の大学の学長となる場合の大学ごとに設置される選考機関の代表者で構成する会議については、当該会議の構成員に関する事項及び当該会議の議事の手続に関する事項その他当該会議の適正な運営を確保するために必要な事項を定めていること。

キ 公立大学法人の理事長が当該公立大学法人の設置する大学の学長となる場合については、当該公立大学法人の成立後最初の学長となる理事長の任命に関する手続を定めていること。

ク 学長を理事長と別に任命する場合については、学長を別に任命する大学の学長の当該大学設置後最初の任命に関する手続を定めていること。

ケ 公立大学法人が設置する大学の設置後最初の当該大学の学長の任期を定めていること。

コ 経営審議機関については、経営審議機関の構成員に関する事項及び経営審議機関の審議事項に関する事項その他経営審議機関の適正な運営を確保するために必要な事項を定めていること。

サ 教育研究審議機関については、教育研究審議機関の構成員に関する事項及び教育研究審議機関の審議事項に関する事項その他教育研究審議機関の適正な運営を確保するために必要な事項を定めていること。

シ 業務については、法第二十一条第二号に掲げる業務及びこれに附帯する業務以外のものを定めていないこと。

（二） 公立大学法人については、その定款において設置することとしている大学の設置が確実に見込まれていること。

三 公営企業型地方独立行政法人については、次に定める基準に適合していること。

（一） 公営企業型地方独立行政法人の定款については、次に定める基準に適合していること。

ア 第一の一（（四）を除く。）に定める基準に適合していること。

イ 業務の内容が住民の生活の安定並びに地域社会

及び地域経済の健全な発展に資するものであるとともに、常に企業の経済性を発揮するよう努めたものとなっていること。

ウ　業務については、法第二十一条第三号に掲げる業務及びこれに附帯する業務以外のものを定めていないこと。

(二) 公営企業型地方独立行政法人（移行型地方独立行政法人であるものを除く。）については、その定款において設置することとしている法人が事業を開始することが確実に見込まれていること。

(三) 公営企業型地方独立行政法人（移行型地方独立行政法人であるものに限る。第一の三(四)及び(六)において同じ。）への移行時及び設立団体の長が法第二十五条第二項の規定に基づき定める中期目標の期間において、当該公営企業型地方独立行政法人がその業務を確実に実施するために必要な資本金その他の財産的基礎を維持することが確実に見込まれていること。

(四) 債務の負担については、次に定める基準に適合していること。

ア　設立団体に対し、法第六十六条第一項に規定する地方債のうち当該公営企業型地方独立行政法人の成立の日までに償還されていないものに相当する額の債務を負担していること。

イ　設立団体に対して負担する債務の償還の償還額及び当該債務に係る利子の支払額並びにこれらの期日が、当該設立団体が償還する地方債の償還額及び当該地方債に係る支払額並びにこれらの支払期日となっていること。

(五) 事業の経費については、法第八十五条第一項の規定により設立団体が負担するものを除き、原則として当該公営企業型地方独立行政法人の事業の経営に伴う収入をもって充てられることが予定されていること。

(六) 公営企業型地方独立行政法人に承継される権利に係る財産の価額を評価する際に、地方公共団体が評価に関して学識経験を有する者の意見を聴いていること。

(七) 二以上の事業（法第二十一条第三号に規定する事業に限る。）を行う公営企業型地方独立行政法人においては、各事業に直接賦課することが困難な共通経費の配賦基準について、設立団体の規則で定められていること。

第二　地方独立行政法人の定款の変更を認可する場合

地方独立行政法人の定款の変更の認可については、法その他の法令の規定によるほか、次の基準によって審査する。

一　関係法令の改正、業務の範囲の拡大又は縮小等、定款の変更を行う相当の理由が認められること。

二　地方独立行政法人（公立大学法人及び公営企業型地方独立行政法人を除く。）の定款の変更については、第一の一に定める基準に適合していること。

三　公立大学法人の定款の変更については、第一の二(一)に定める基準に適合していることのほか、その定款の変更において設置することとしている大学の設置が確実に見込まれていること。

四　公営企業型地方独立行政法人の定款の変更については、第一の三に定める基準に適合していること。

第三　地方独立行政法人の解散を認可する場合

地方独立行政法人の解散の認可については、法その他の法令の規定によるほか、次の基準によって審査する。

一　業務の継続の必要性がなくなる等、解散を行う相当の理由が認められること。

(三) 国立学校

国立大学法人法

平成十五年七月十六日法律第百十二号
最終改正 平成二二年五月二八日法律第三七号

第一章 総則

第一節 通則

(目的)

第一条 この法律は、大学の教育研究に対する国民の要請にこたえるとともに、我が国の高等教育及び学術研究の水準の向上と均衡ある発展を図るため、国立大学を設置して教育研究を行う国立大学法人の組織及び運営並びに大学共同利用機関を設置して大学の共同利用に供する大学共同利用機関法人の組織及び運営について定めることを目的とする。

(定義)

第二条 この法律において「国立大学法人」とは、国立大学を設置することを目的として、この法律の定めるところにより設立される法人をいう。

2 この法律において「国立大学」とは、別表第一の第二欄に掲げる大学をいう。

3 この法律において「大学共同利用機関法人」とは、大学共同利用機関を設置することを目的として、この法律の定めるところにより設立される法人をいう。

4 この法律において「大学共同利用機関」とは、別表第二の第二欄に掲げる研究分野について、大学における学術研究の発展等に資するために設置される大学の共同利用の研究所をいう。

5 この法律において「中期目標」とは、国立大学法人及び大学共同利用機関法人(以下「国立大学法人等」という。)が達成すべき業務運営に関する目標であって、第三十条第一項の規定により文部科学大臣が定めるものをいう。

6 この法律において「中期計画」とは、中期目標を達成するための計画であって、第三十一条第一項の規定により国立大学法人等が作成するものをいう。

7 この法律において「年度計画」とは、準用通則法(第三十五条において準用する独立行政法人通則法(平成十一年法律第百三号)をいう。以下同じ。)第三十一条第一項の規定により中期計画に基づき国立大学法人等が定める計画をいう。

8 この法律において「学則」とは、国立大学法人の規則のうち、修業年限、教育課程、教育研究組織その他の学生の修学上必要な事項を定めたものをいう。

(教育研究の特性への配慮)

第三条 国は、この法律の運用に当たっては、国立大学及び大学共同利用機関における教育研究の特性に常に配慮しなければならない。

(国立大学法人の名称等)

第四条 各国立大学法人の名称及びその主たる事務所の所在地は、それぞれ別表第一の第一欄及び第三欄に掲げるとおりとする。

2 別表第一の第一欄に掲げる国立大学法人は、それぞれ同表の第二欄に掲げる国立大学を設置するものとする。

(大学共同利用機関法人の名称等)

第五条 各大学共同利用機関法人の名称及びその主たる事務所の所在地は、それぞれ別表第二の第一欄及び第三欄に掲げるとおりとする。

2 別表第二の第一欄に掲げる大学共同利用機関法人は、それぞれ同表の第二欄に掲げる研究分野について、文部科学省令で定めるところにより、大学共同利用機関を設置するものとする。

(法人格)

第六条 国立大学法人等は、法人とする。

(資本金)

第七条 各国立大学法人等の資本金は、附則第九条第二項の規定により政府から出資があったものとされた金額とする。

2 政府は、必要があると認めるときは、予算で定める金額の範囲内において、国立大学法人等に追加して出資することができる。

3 政府は、必要があると認めるときは、前項の規定にかかわらず、土地、建物その他の土地の定着物及びその建物に附属する工作物(第六項において「土地等」という。)を出資の目的として、国立大学法人等に追加して出資することができる。

4 政府は、前項の規定により土地を出資の目的として出資する場合において、国立大学法人等が当該土地の全部又は一部を譲渡したときは、当該譲渡により生じた収入の範囲内で文部科学大臣が定める基準により算定した額に相当する金額を独立行政法人国立大学財務・経営センターに納付すべき旨の条件を付することができる。

5 国立大学法人等は、第二項又は第三項の規定による政府の出資があったときは、その出資額により資本金を増加するものとする。

6 政府が出資の目的とする土地等の価額は、出資の日現在における時価を基準として評価委員が評価した価額とする。

7 前項の評価委員その他評価に関し必要な事項は、政令で定める。

8 国立大学法人等は、準用通則法第四十八条第一項本文に規定する重要な財産のうち、文部科学大臣が定める財産を譲渡したときは、当該譲渡した財産に係る部分として文部科学大臣が定める金額については、当該国立大学法人等に対する政府からの出資はなかったものとし、当該国立大学法人等は、その額により資本金を減少するものとする。

(名称の使用制限)

第八条 国立大学法人又は大学共同利用機関法人でない者は、その名称中に、それぞれ国立大学法人又は大学共同利用機関法人という文字を用いてはならない。

第二節　国立大学法人評価委員会

第九条　文部科学省に、国立大学法人等に関する事務を処理させるため、国立大学法人評価委員会（以下「評価委員会」という。）を置く。

2　評価委員会は、次に掲げる事務をつかさどる。

一　国立大学法人等の業務の実績に関する評価に関すること。

二　その他この法律によりその権限に属させられた事項を処理すること。

3　前項に定めるもののほか、評価委員会の組織、所掌事務及び委員その他の職員その他評価委員会に関し必要な事項については、政令で定める。

第二章　組織及び業務

第一節　国立大学法人

第一款　役員及び職員

（役員）

第十条　各国立大学法人に、役員として、その長である学長及び監事二人を置く。

2　各国立大学法人に、役員として、それぞれ別表第一の第四欄に定める員数以内の理事を置く。

（役員の職務及び権限）

第十一条　学長は、学校教育法（昭和二十二年法律第二十六号）第九十二条第三項に規定する職務を行うとともに、国立大学法人を代表し、その業務を総理する。

2　学長は、次の事項について決定をしようとするときは、学長及び理事で構成する会議（第五号において「役員会」という。）の議を経なければならない。

一　中期目標についての意見（国立大学法人等が第三十条第三項の規定により文部科学大臣に対し述べる意見をいう。以下同じ。）及び年度計画に関する事項

二　この法律により文部科学大臣の認可又は承認を受けなければならない事項

三　予算の作成及び執行並びに決算に関する事項

四　当該国立大学、学部、学科その他の重要な組織の設置又は廃止に関する事項

五　その他役員会が定める重要事項

3　理事は、学長の定めるところにより、学長を補佐して国立大学法人の業務を掌理し、学長に事故があるときはその職務を代理し、学長が欠員のときはその職務を行う。

4　監事は、国立大学法人の業務を監査する。

5　監事は、監査の結果に基づき、必要があると認めるときは、学長又は文部科学大臣に意見を提出することができる。

（役員の任命）

第十二条　学長の任命は、国立大学法人の申出に基づいて、文部科学大臣が行う。

2　前項の申出は、第一号に掲げる委員及び第二号に掲げる委員各同数をもって構成する会議（以下「学長選考会議」という。）の選考により行うものとする。

一　第二十条第二項第三号に掲げる者の中から同条第一項に規定する経営協議会において選出された者

二　第二十一条第二項第三号又は第四号に掲げる者の中から同条第一項に規定する教育研究評議会において選出された者

3　前項各号に掲げる者のほか、学長選考会議の定めるところにより、学長又は理事を学長選考会議の委員に加えることができる。ただし、その数は、学長選考会議の委員の総数の三分の一を超えてはならない。

4　学長選考会議に議長を置き、委員の互選によってこれを定める。

5　議長は、学長選考会議を主宰する。

6　この条に定めるもののほか、学長選考会議の議事の手続その他学長選考会議に関し必要な事項は、議長が学長選考会議に諮って定める。

7　第二項に規定する学長の選考は、人格が高潔で、学識が優れ、かつ、大学における教育研究活動を適切かつ効果的に運営することができる能力を有する者のうちから行わなければならない。

8　監事は、文部科学大臣が任命する。

第十三条　理事は、前条第七項に規定する者のうちから、学長が任命する。

2　学長は、前項の規定により理事を任命したときは、遅滞なく、文部科学大臣に届け出るとともに、これを公表しなければならない。

第十四条　学長又は文部科学大臣は、それぞれ理事又は監事を任命するに当たっては、その任命の際現に当該国立大学法人の役員又は職員でない者が含まれるようにしなければならない。

（役員の任期）

第十五条　学長の任期は、二年以上六年を超えない範囲内において、学長選考会議の議を経て、各国立大学法人の規則で定める。

2　理事の任期は、六年を超えない範囲内で、学長が定める。ただし、理事の任期の末日は、当該理事を任命する学長の任期の末日以前でなければならない。

3　監事の任期は、二年とする。ただし、補欠の監事の任期は、前任者の残任期間とする。

4　役員は、再任されることができる。この場合において、当該役員がその最初の任命の際現に当該国立大学法人の役員又は職員でなかったときの前条の規定の適用については、その再任の際現に当該国立大学法人の役員又は職員でない者とみなす。

（役員の欠格条項）

第十六条　政府又は地方公共団体の職員（非常勤の者を除く。）は、役員となることができない。

2　前項の規定にかかわらず、教育公務員で政令で定める者は、非常勤の理事又は監事となることができる。

（役員の解任）

第十七条　文部科学大臣又は学長は、それぞれその任命に係る役員が前条の規定により役員となることができない者に該当するに至ったときは、その役員を解任しなければならない。

2　文部科学大臣又は学長は、それぞれその任命に係る役員が次の各号のいずれかに該当するとき、その他役員たるに適しないと認めるときは、その役員を解任することができる。

一　心身の故障のため職務の遂行に堪えないと認めら

れるとき。

二　職務上の義務違反があるとき。

3　前項に規定するもののほか、文部科学大臣又は学長は、それぞれその任命に係る役員（監事を除く。）の職務の執行が適当でないため当該国立大学法人の業務の実績が悪化した場合であって、その役員に引き続き当該職務を行わせることが適当でないと認めるときは、その役員を解任することができる。

4　前二項の規定により文部科学大臣が行う学長の解任は、当該国立大学法人の学長選考会議の申出により行うものとする。

5　学長は、第一項から第三項までの規定により理事を解任したときは、遅滞なく、文部科学大臣に届け出るとともに、これを公表しなければならない。

（役員及び職員の秘密保持義務）

第十八条　国立大学法人の役員及び職員は、職務上知ることのできた秘密を漏らしてはならない。その職を退いた後も、同様とする。

（役員及び職員の地位）

第十九条　国立大学法人の役員及び職員は、刑法（明治四十年法律第四十五号）その他の罰則の適用については、法令により公務に従事する職員とみなす。

第二款　経営協議会等

（経営協議会）

第二十条　国立大学法人に、国立大学法人の経営に関する重要事項を審議する機関として、経営協議会を置く。

2　経営協議会は、次に掲げる委員で組織する。

一　学長

二　学長が指名する理事及び職員

三　当該国立大学法人の役員又は職員以外の者で大学に関し広くかつ高い識見を有するもののうちから、次条第一項に規定する教育研究評議会の意見を聴いて学長が任命するもの

3　前項第三号の委員の数は、経営協議会の委員の総数の二分の一以上でなければならない。

4　経営協議会は、次に掲げる事項を審議する。

一　中期目標についての意見に関する事項のうち、国立大学法人の経営に関するもの

二　中期計画及び年度計画に関する事項のうち、国立大学法人の経営に関するもの

三　学則（国立大学法人の経営に関する部分に限る。）、会計規程、役員に対する報酬及び退職手当の支給の基準、職員の給与及び退職手当の支給の基準その他の経営に係る重要な規則の制定又は改廃に関する事項

四　予算の作成及び執行並びに決算に関する事項

五　組織及び運営の状況について自ら行う点検及び評価に関する事項

六　その他国立大学法人の経営に関する重要事項

5　経営協議会に議長を置き、学長をもって充てる。

6　議長は、経営協議会を主宰する。

（教育研究評議会）

第二十一条　国立大学法人に、国立大学の教育研究に関する重要事項を審議する機関として、教育研究評議会を置く。

2　教育研究評議会は、次に掲げる評議員で組織する。

一　学長

二　学長が指名する理事

三　学部、研究科、大学附置の研究所その他の教育研究上の重要な組織の長のうち、教育研究評議会が定める者

四　その他教育研究評議会が定めるところにより学長が指名する職員

3　教育研究評議会は、次に掲げる事項について審議する。

一　中期目標についての意見に関する事項（前条第四項第一号に掲げる事項を除く。）

二　中期計画及び年度計画に関する事項（前条第四項第二号に掲げる事項を除く。）

三　学則（国立大学法人の経営に関する部分を除く。）その他の教育研究に係る重要な規則の制定又は改廃に関する事項

四　教員人事に関する事項

五　教育課程の編成に関する方針に係る事項

六　学生の円滑な修学等を支援するために必要な助言、指導その他の援助に関する事項

七　学生の入学、卒業又は課程の修了その他学生の在籍に関する方針及び学位の授与に関する方針に係る事項

八　教育及び研究の状況について自ら行う点検及び評価に関する事項

九　その他国立大学の教育研究に関する重要事項

4　教育研究評議会に議長を置き、学長をもって充てる。

5　議長は、教育研究評議会を主宰する。

第三款　業務等

（業務の範囲等）

第二十二条　国立大学法人は、次の業務を行う。

一　国立大学を設置し、これを運営すること。

二　学生に対し、修学、進路選択及び心身の健康等に関する相談その他の援助を行うこと。

三　当該国立大学法人以外の者から委託を受け、又はこれと共同して行う研究の実施その他の当該国立大学法人以外の者との連携による教育研究活動を行うこと。

四　公開講座の開設その他の学生以外の者に対する学習の機会を提供すること。

五　当該国立大学における研究の成果を普及し、及びその活用を促進すること。

六　当該国立大学における技術に関する研究の成果の活用を促進する事業であって政令で定めるものを実施する者に出資すること。

七　前各号の業務に附帯する業務を行うこと。

2　国立大学法人は、前項第六号に掲げる業務を行おうとするときは、文部科学大臣の認可を受けなければならない。

3　文部科学大臣は、前項の認可をしようとするときは、あらかじめ、評価委員会の意見を聴かなければならない。

4　国立大学及び次条の規定により国立大学に附属して設置される学校の授業料その他の費用に関し必要な事

項は、文部科学省令で定める。

（大学附属の学校）

第二十三条　国立大学に、文部科学省令で定めるところにより、幼稚園、小学校、中学校、高等学校、中等教育学校、特別支援学校又は専修学校を附属させて設置することができる。

第二節　大学共同利用機関法人

第一款　役員及び職員

（役員）

第二十四条　各大学共同利用機関法人に、役員として、その長である機構長及び監事二人を置く。

2　各大学共同利用機関法人に、役員として、それぞれ別表第二の第四欄に定める員数以内の理事を置く。

（役員の職務及び権限）

第二十五条　機構長は、大学共同利用機関法人を代表し、その業務を総理する。

2　機構長は、次の事項について決定をしようとするときは、機構長及び理事で構成する会議（第五号において「役員会」という。）の議を経なければならない。

一　中期目標についての意見及び年度計画に関する事項

二　この法律により文部科学大臣の認可又は承認を受けなければならない事項

三　予算の作成及び執行並びに決算に関する事項

四　当該大学共同利用機関その他の重要な組織の設置又は廃止に関する事項

五　その他役員会が定める重要事項

3　理事は、機構長の定めるところにより、機構長を補佐して大学共同利用機関法人の業務を掌理し、機構長に事故があるときはその職務を代理し、機構長が欠員のときはその職務を行う。

4　監事は、大学共同利用機関法人の業務を監査する。

5　監事は、監査の結果に基づき、必要があると認めるときは、機構長又は文部科学大臣に意見を提出することができる。

（国立大学法人の役員及び職員に関する規定の準用）

第二十六条　第十二条から第十九条までの規定は、大学共同利用機関法人の役員及び職員について準用する。この場合において、これらの規定中「学長」とあるのは「機構長」と、「国立大学法人」とあるのは「大学共同利用機関法人」と、「学長選考会議」とあるのは「機構長選考会議」と読み替えるほか、第十二条第二項第一号中「第二十条第二項第三号」とあるのは「第二十七条第二項第三号」と、同項第二号中「第二十一条第二項第三号又は第四号」とあるのは「第二十八条第二項第三号から第五号まで」と、同条第七項中「大学」とあるのは「大学共同利用機関」と読み替えるものとする。

第二款　経営協議会等

（経営協議会）

第二十七条　大学共同利用機関法人に、大学共同利用機関法人の経営に関する重要事項を審議する機関として、経営協議会を置く。

2　経営協議会は、次に掲げる委員で組織する。

一　機構長

二　機構長が指名する理事及び職員

三　当該大学共同利用機関法人の役員又は職員以外の者で大学共同利用機関に関し広くかつ高い識見を有するもののうちから、次条第一項に規定する教育研究評議会の意見を聴いて機構長が任命するもの

3　前項第三号の委員の数は、経営協議会の委員の総数の二分の一以上でなければならない。

4　経営協議会は、次に掲げる事項を審議する。

一　中期目標についての意見に関する事項のうち、大学共同利用機関法人の経営に関するもの

二　中期計画及び年度計画に関する事項のうち、大学共同利用機関法人の経営に関するもの

三　会計規程、役員に対する報酬及び退職手当の支給の基準、職員の給与及び退職手当の支給の基準その他の経営に係る重要な規則の制定又は改廃に関する事項

四　予算の作成及び執行並びに決算に関する事項

五　組織及び運営の状況について自ら行う点検及び評価に関する事項

六　その他大学共同利用機関法人の経営に関する重要事項

5　経営協議会に議長を置き、機構長をもって充てる。

6　議長は、経営協議会を主宰する。

（教育研究評議会）

第二十八条　大学共同利用機関法人に、大学共同利用機関の教育研究に関する重要事項を審議する機関として、教育研究評議会を置く。

2　教育研究評議会は、次に掲げる評議員で組織する。

一　機構長

二　機構長が指名する理事

三　大学共同利用機関の長

四　その他教育研究評議会が定めるところにより機構長が指名する職員

五　当該大学共同利用機関法人の役員及び職員以外の者で当該大学共同利用機関の行う研究と同一の研究に従事するもの（前条第二項第三号に掲げる者を除く。）のうちから教育研究評議会が定めるところにより機構長が任命するもの

3　教育研究評議会は、次に掲げる事項について審議する。

一　中期目標についての意見に関する事項（前条第四項第一号に掲げる事項を除く。）

二　中期計画及び年度計画に関する事項（前条第四項第二号に掲げる事項を除く。）

三　教育研究に係る重要な規則の制定又は改廃に関する事項

四　職員のうち、専ら研究又は教育に従事する者の人事に関する事項

五　共同研究計画の募集及び選定に関する方針並びに共同研究の実施に関する方針に係る事項

六　大学院における教育その他大学における教育への協力に関する事項

七　教育及び研究の状況について自ら行う点検及び評価に関する事項

八 その他大学共同利用機関の教育研究に関する重要事項

4 教育研究評議会に議長を置き、機構長をもって充てる。

5 議長は、教育研究評議会を主宰する。

第三款　業務等

（業務の範囲等）

第二十九条 大学共同利用機関法人は、次の業務を行う。

一 大学共同利用機関を設置し、これを運営すること。

二 大学共同利用機関の施設及び設備等を大学の教員その他の者で当該大学共同利用機関の行う研究と同一の研究に従事するものの利用に供すること。

三 大学の要請に応じ、大学院における教育その他その大学における教育に協力すること。

四 当該大学共同利用機関における研究の成果（第二号の規定による大学共同利用機関の施設及び設備等の利用に係る研究の成果を含む。次号において同じ。）を普及し、及びその活用を促進すること。

五 当該大学共同利用機関における技術に関する研究の成果の活用を促進する事業であって政令で定めるものを実施する者に出資すること。

六 前各号の業務に附帯する業務を行うこと。

2 大学共同利用機関法人は、前項第五号に掲げる業務を行おうとするときは、文部科学大臣の認可を受けなければならない。

3 文部科学大臣は、前項の認可をしようとするときは、あらかじめ、評価委員会の意見を聴かなければならない。

第三章　中期目標等

（中期目標）

第三十条 文部科学大臣は、六年間において国立大学法人等が達成すべき業務運営に関する目標を中期目標として定め、これを当該国立大学法人等に示すとともに、公表しなければならない。これを変更したときも、同様とする。

2 中期目標においては、次に掲げる事項について定めるものとする。

一 教育研究の質の向上に関する事項

二 業務運営の改善及び効率化に関する事項

三 財務内容の改善に関する事項

四 教育及び研究並びに組織及び運営の状況について自ら行う点検及び評価並びに当該状況に係る情報の提供に関する事項

五 その他業務運営に関する重要事項

3 文部科学大臣は、中期目標を定め、又はこれを変更しようとするときは、あらかじめ、国立大学法人等の意見を聴き、当該意見に配慮するとともに、評価委員会の意見を聴かなければならない。

（中期計画）

第三十一条 国立大学法人等は、前条第一項の規定により中期目標を示されたときは、当該中期目標に基づき、文部科学省令で定めるところにより、当該中期目標を達成するための計画を中期計画として作成し、文部科学大臣の認可を受けなければならない。これを変更しようとするときも、同様とする。

2 中期計画においては、次に掲げる事項を定めるものとする。

一 教育研究の質の向上に関する目標を達成するためとるべき措置

二 業務運営の改善及び効率化に関する目標を達成するためとるべき措置

三 予算（人件費の見積りを含む。）、収支計画及び資金計画

四 短期借入金の限度額

五 重要な財産を譲渡し、又は担保に供しようとするときは、その計画

六 剰余金の使途

七 その他文部科学省令で定める業務運営に関する事項

3 文部科学大臣は、第一項の認可をしようとするときは、あらかじめ、評価委員会の意見を聴かなければならない。

4 文部科学大臣は、第一項の認可をした中期計画が前条第二項各号に掲げる事項の適正かつ確実な実施上不適当となったと認めるときは、その中期計画を変更すべきことを命ずることができる。

5 国立大学法人等は、第一項の認可を受けたときは、遅滞なく、その中期計画を公表しなければならない。

第四章　財務及び会計

（積立金の処分）

第三十二条 国立大学法人等は、中期目標の期間の最後の事業年度に係る準用通則法第四十四条第一項又は第二項の規定による整理を行った後、同条第一項の規定による積立金があるときは、その額に相当する金額のうち文部科学大臣の承認を受けた金額を、当該中期目標の期間の次の中期目標の期間に係る前条第一項の認可を受けた中期計画（同項後段の規定による変更の認可を受けたときは、その変更後のもの）の定めるところにより、当該次の中期目標の期間における第二十二条第一項又は第二十九条第一項に規定する業務の財源に充てることができる。

2 文部科学大臣は、前項の規定による承認をしようとするときは、あらかじめ、評価委員会の意見を聴かなければならない。

3 国立大学法人等は、第一項に規定する積立金の額に相当する金額から同項の規定による承認を受けた金額を控除してなお残余があるときは、その残余の額を国庫に納付しなければならない。

4 前三項に定めるもののほか、納付金の納付の手続その他積立金の処分に関し必要な事項は、政令で定める。

（長期借入金及び債券）

第三十三条 国立大学法人等は、政令で定める土地の取得、施設の設置若しくは整備又は設備の設置に必要な費用に充てるため、文部科学大臣の認可を受けて、長期借入金をし、又は当該国立大学法人等の名称を冠する債券（以下「債券」という。）を発行することができる。

2 前項に規定するもののほか、国立大学法人等は、長期借入金又は債券で政令で定めるものの償還に充てる

ため、文部科学大臣の認可を受けて、長期借入金をし、又は債券を発行することができる。ただし、その償還期間が政令で定める期間のものに限る。

3　文部科学大臣は、前二項の規定による認可をしようとするときは、あらかじめ、評価委員会の意見を聴かなければならない。

4　第一項又は第二項の規定による債券の債権者は、当該債券を発行した国立大学法人等の財産について他の債権者に先立って自己の債権の弁済を受ける権利を有する。

5　前項の先取特権の順位は、民法（明治二十九年法律第八十九号）の規定による一般の先取特権に次ぐものとする。

6　国立大学法人等は、文部科学大臣の認可を受けて、債券の発行に関する事務の全部又は一部を銀行又は信託会社に委託することができる。

7　会社法（平成十七年法律第八十六号）第七百五条第一項及び第二項並びに第七百九条の規定は、前項の規定により委託を受けた銀行又は信託会社について準用する。

8　前各項に定めるもののほか、第一項又は第二項の規定による長期借入金又は債券に関し必要な事項は、政令で定める。

（償還計画）

第三十四条　前条第一項又は第二項の規定により、長期借入金をし、又は債券を発行する国立大学法人等は、毎事業年度、長期借入金及び債券の償還計画を立てて、文部科学大臣の認可を受けなければならない。

2　文部科学大臣は、前項の規定による認可をしようとするときは、あらかじめ、評価委員会の意見を聴かなければならない。

第五章　雑則

（独立行政法人通則法の規定の準用）

第三十五条　独立行政法人通則法第三条、第七条第二項、第八条第一項、第九条、第十一条、第十四条から第十七条まで、第二十四条から第二十六条まで、第二十八条、第三十一条から第四十条まで、第四十一条第一項、第四十二条から第五十条まで、第五十二条、第五十三条、第六十一条及び第六十三条から第六十六条までの規定は、国立大学法人等について準用する。この場合において、これらの規定中「主務大臣」とあるのは「文部科学大臣」と、「主務省令」とあるのは「文部科学省令」と、「評価委員会」とあり、及び「当該評価委員会」とあるのは「国立大学法人評価委員会」と読み替えるほか、次の表の上欄に掲げる同法の規定中同表の中欄に掲げる字句は、それぞれ同表の下欄に掲げる字句に読み替えるものとする。

読み替えられる独立行政法人通則法の規定	読み替えられる字句	読み替える字句
第三条第三項	個別法	国立大学法人法
第十四条第一項	長（以下「法人の長」という。）	学長（大学共同利用機関法人にあっては、機構長。以下同じ。）
第十四条第二項	法人の長	学長
	この法律	国立大学法人法
第十四条第三項	第二十条第一項	国立大学法人法第十二条第七項（大学共同利用機関法人にあっては、同法第二十六条において準用する同項）
	法人の長	学長
第十五条第二項、第十六条及び第二十四条から第二十六条まで	法人の長	学長
第二十八条第二項	主務省令（当該独立行政法人を所管する内閣府又は各省の内閣府令又は省令をいう。以下同じ。）	文部科学省令
第三十一条第一項	前条第一項	国立大学法人法第三十一条第一項
	中期計画	同項に規定する中期計画（以下「中期計画」という。）
第三十一条第二項	前条第一項の認可を受けた後	国立大学法人法第三十一条第一項の認可を受けた後
第三十三条	中期目標の期間	国立大学法人法第三十条第一項に規定する中期目標（以下「中期目標」という。）の期間
第三十四条第二項	考慮して	考慮するとともに、独立行政法人大学評価・学位授与機構に対し独立行政法人大学評価・学位授与機構法（平成十五年法律第百十四号）第十六条第二項に規定する国立大学及び大学共同利用機関の教育研究の状況についての評価の実施を要請し、当該評価の結果を尊重して
第三十八条第二項	監事の意見（次条の規定により会計監査人の監査を受けなければならない独立行政法人にあっては、監事及び会計監査人の意見。以下同じ。）	監事及び会計監査人の意見
第三十八条第四項	及び監事	並びに監事及び会計監査人
第三十九条	独立行政法人（その資本の額その他の経営の規模が政令で定める基準に達しない独立行政法人を除く。）	国立大学法人等

第四十一条第一項	監査法人でなければならない	監査法人であることを要し、その欠格事由については、会社法第三百三十七条第三項の規定を準用する。この場合において、同項第一号中「第四百三十五条第二項に規定する計算書類」とあるのは、「国立大学法人法第三十五条において準用する独立行政法人通則法第三十八条第一項に規定する財務諸表」と読み替えるものとする
第四十四条第三項	第三十条第一項	国立大学法人法第三十一条第一項
第四十四条第五項	個別法で定める	国立大学法人法第三十二条で定めるところによる
第四十五条第一項	第三十条第二項第四号	国立大学法人法第三十一条第二項第四号
第四十五条第五項	個別法に別段の定めがある	国立大学法人法第三十三条第一項又は第二項の規定による
第四十八条第一項	第三十条第二項第五号	国立大学法人法第三十一条第二項第五号
第五十条	この法律及びこれ	この法律及び国立大学法人法並びにこれら
第五十二条第三項	実績及び中期計画の第三十条第二項第三号の人件費の見積り	実績
第六十五条第一項	個別法	国立大学法人法

（財務大臣との協議）

第三十六条 文部科学大臣は、次の場合には、財務大臣に協議しなければならない。

一 第七条第四項の規定により基準を定めようとするとき、又は同条第八項の規定により金額を定めようとするとき。

二 第二十二条第二項、第二十九条第二項、第三十一条第一項、第三十三条第一項、第三十四条第一項又は準用通則法第四十五条第一項ただし書若しくは第二項ただし書若しくは準用通則法第四十八条第一項の規定による認可をしようとするとき。

三 第三十条第一項の規定により中期目標を定め、又は変更しようとするとき。

四 第三十二条第一項又は準用通則法第四十四条第三項の規定による承認をしようとするとき。

五 準用通則法第四十七条第一号又は第二号の規定による指定をしようとするとき。

（他の法令の準用）

第三十七条 教育基本法（平成十八年法律第百二十号）その他政令で定める法令については、政令で定めるところにより、国立大学法人等を国とみなして、これらの法令を準用する。

2 博物館法（昭和二十六年法律第二百八十五号）その他政令で定める法令については、政令で定めるところにより、国立大学法人等を独立行政法人とみなして、これらの法令を準用する。

第六章 罰則

第三十八条 第十八条（第二十六条において準用する場合を含む。）の規定に違反して秘密を漏らした者は、一年以下の懲役又は五十万円以下の罰金に処する。

第三十九条 準用通則法第六十四条第一項の規定による報告をせず、若しくは虚偽の報告をし、又は同項の規定による検査を拒み、妨げ、若しくは忌避した場合には、その違反行為をした国立大学法人の役員若しくは職員又は大学共同利用機関法人の役員若しくは職員は、二十万円以下の罰金に処する。

第四十条 次の各号のいずれかに該当する場合には、その違反行為をした国立大学法人の役員又は大学共同利用機関法人の役員は、二十万円以下の過料に処する。

一 この法律又は準用通則法の規定により文部科学大臣の認可又は承認を受けなければならない場合において、その認可又は承認を受けなかったとき。

二 この法律又は準用通則法の規定により文部科学大臣に届出をしなければならない場合において、その届出をせず、又は虚偽の届出をしたとき。

三 この法律又は準用通則法の規定により公表をしなければならない場合において、その公表をせず、又は虚偽の公表をしたとき。

四 第二十二条第一項に規定する業務以外の業務を行ったとき。

五 第二十九条第一項に規定する業務以外の業務を行ったとき。

六 第三十一条第四項の規定による文部科学大臣の命令に違反したとき。

七 準用通則法第九条第一項の規定による政令に違反して登記することを怠ったとき。

八 準用通則法第三十三条の規定による事業報告書の提出をせず、又は事業報告書に記載すべき事項を記載せず、若しくは虚偽の記載をして事業報告書を提出したとき。

九 準用通則法第三十八条第四項の規定に違反して財務諸表、事業報告書、決算報告書若しくは監事及び会計監査人の意見を記載した書面を備え置かず、又は閲覧に供しなかったとき。

十 準用通則法第四十七条の規定に違反して業務上の余裕金を運用したとき。

十一 準用通則法第六十五条第二項の規定による報告をせず、又は虚偽の報告をしたとき。

第四十一条 第八条の規定に違反した者は、十万円以下の過料に処する。

附 則

（施行期日）

第一条 この法律は、平成十五年十月一日から施行する。

（学長となるべき者の指名等に関する特例）

第二条　文部科学大臣は、この法律の施行の日において、この法律の施行の際現に附則別表第一の上欄に掲げる大学の学長である者を、それぞれ同表の下欄に掲げる国立大学法人の学長となるべき者として指名するものとする。ただし、当該指名の後に、指名された者以外の者が新たに当該大学の学長となったときは、当該指名された者に代えて、当該学長を国立大学法人の学長となるべき者として指名するものとする。

2　前項に規定する国立大学法人の学長となるべき者の指名については、準用通則法第十四条第三項の規定は、適用しない。

3　文部科学大臣は、附則別表第一の上欄に掲げる大学の学長である者の任期の末日が平成十六年三月三十一日であるときは、準用通則法第十四条第二項の規定にかかわらず、当該大学に設けられた選考会議（学長、副学長及び学部、研究科、大学附置の研究所その他の教育研究上の重要な組織の長（旧設置法（国立大学法人法等の施行に伴う関係法律の整備等に関する法律（平成十五年法律第百十七号。以下「整備法」という。）第二条の規定による廃止前の国立学校設置法（昭和二十四年法律第百五十号）をいう。以下同じ。）第七条の三第一項に規定する評議会の評議員その他これに準ずる者を含む。）並びに旧設置法第七条の二第一項に規定する運営諮問会議の委員のうち当該大学が定める者で構成する会議をいう。）において第十二条第七項に規定する者のうちから選考された者を、当該大学の学長の申出に基づき、国立大学法人の成立の日において、同表の下欄に掲げる国立大学法人の学長として任命するものとする。

4　第一項の規定により指名され、準用通則法第十四条第二項の規定により国立大学法人等の成立の時に学長に任命されたものとされる学長の任期は、第十五条第一項の規定にかかわらず、附則別表第一の上欄に掲げる大学の学長としての任期の残任期間と同一の期間とする。

（国立大学法人等の成立）

第三条　別表第一に規定する国立大学法人及び別表第二に規定する大学共同利用機関法人は、準用通則法第十七条の規定にかかわらず、整備法第二条の規定の施行の時に成立する。

2　前項の規定により成立した国立大学法人等は、準用通則法第十六条の規定にかかわらず、国立大学法人等の成立後遅滞なく、政令で定めるところにより、その設立の登記をしなければならない。

（職員の引継ぎ等）

第四条　国立大学法人等の成立の際現に附則別表第一の上欄に掲げる機関の職員である者（独立行政法人日本学生支援機構法（平成十五年法律第九十四号）附則第二条又は独立行政法人海洋研究開発機構法（平成十五年法律第九十五号）附則第二条の規定により、独立行政法人日本学生支援機構又は独立行政法人海洋研究開発機構の職員となるものとされた者を除く。）は、別に辞令を発せられない限り、国立大学法人等の成立の日において、それぞれ同表の下欄に掲げる国立大学法人等の職員となるものとする。

第五条　前条の規定により各国立大学法人等の職員となった者に対する国家公務員法（昭和二十二年法律第百二十号）第八十二条第二項の規定の適用については、各国立大学法人等の職員を同項に規定する特別職国家公務員等と、前条の規定により国家公務員としての身分を失ったことを任命権者の要請に応じ同項に規定する特別職国家公務員等となるため退職したこととみなす。

第六条　附則第四条の規定により附則別表第一の上欄に掲げる機関（以下「旧機関」という。）の職員が同表の下欄に掲げる国立大学法人等の職員となる場合には、その者に対しては、国家公務員退職手当法（昭和二十八年法律第百八十二号）に基づく退職手当は、支給しない。

2　各国立大学法人等は、前項の規定の適用を受けた当該国立大学法人等の職員の退職に際し、退職手当を支給しようとするときは、その者の国家公務員退職手当法第二条第一項に規定する職員（同条第二項の規定により職員とみなされる者を含む。）としての引き続いた在職期間を当該国立大学法人等の職員としての在職期間とみなして取り扱うべきものとする。

3　国立大学法人等の成立の日の前日に旧機関の職員として在職する者が、附則第四条の規定により引き続いて国立大学法人等の職員となり、かつ、引き続き国立大学法人等の職員として在職した後引き続いて国家公務員退職手当法第二条第一項に規定する職員となった場合におけるその者の同法に基づいて支給する退職手当の算定の基礎となる勤続期間の計算については、その者の国立大学法人等の職員としての在職期間を同項に規定する職員としての引き続いた在職期間とみなす。ただし、その者が国立大学法人等を退職したことにより退職手当（これに相当する給付を含む。）の支給を受けているときは、この限りでない。

4　各国立大学法人等は、国立大学法人等の成立の日の前日に旧機関の職員として在職し、附則第四条の規定により引き続いて附則別表第一の下欄に掲げる国立大学法人等の職員となった者のうち国立大学法人等の成立の日から雇用保険法（昭和四十九年法律第百十六号）による失業等給付の受給資格を取得するまでの間に当該国立大学法人等を退職したものであって、その退職した日まで旧機関の職員として在職したものとしたならば国家公務員退職手当法第十条の規定による退職手当の支給を受けることができるものに対しては、同条の規定の例により算定した退職手当の額に相当する額を退職手当として支給するものとする。

第七条　附則第四条の規定により国立大学法人等の職員となった者であって、国立大学法人等の成立の日の前日において文部科学大臣又はその委任を受けた者から児童手当法（昭和四十六年法律第七十三号）第七条第一項（同法附則第六条第二項、第七条第四項又は第八条第四項において準用する場合を含む。以下この条において同じ。）の規定による認定を受けているものが、国立大学法人等の成立の日において児童手当又は同法附則第六条第一項、第七条第一項若しくは第八条第一項の給付（以下この条において「特例給付等」という。）の支給要件に該当するときは、その者に対する児童手当当又は特例給付等の支給に関しては、国立大学法人等の成立の日において同法第七条第一項の規定による市町村長（特別区の区長を含む。）の認定があったものとみなす。この場合において、その認定があったものとみなされた児童手当又は特例給付等の支給は、同法第八条第二項（同法附則第六条第二項、第七条第四項又は第八条第四項において準用する場合を含む。）の規定にかかわらず、国立大学法人等の成立の日の前日の属する月の翌月から始める。

（各国立大学法人等の職員となる者の職員団体についての経過措置）

第八条　国立大学法人等の成立の際現に存する国家公務員法第百八条の二第一項に規定する職員団体であって、その構成員の過半数が附則第四条の規定により各国立大学法人等に引き継がれる者であるものは、国立大学法人等の成立の際労働組合法（昭和二十四年法律第百七十四号）の適用を受ける労働組合となるものとする。この場合において、当該職員団体が法人であるときは、法人である労働組合となるものとする。

2　前項の規定により法人である労働組合となったものは、国立大学法人等の成立の日から起算して六十日を経過する日までに、労働組合法第二条及び第五条第二項の規定に適合する旨の労働委員会の証明を受け、かつ、その主たる事務所の所在地において登記しなければ、その日の経過により解散するものとする。

3　第一項の規定により労働組合となったものについては、国立大学法人等の成立の日から起算して六十日を経過する日までは、労働組合法第二条ただし書（第一号に係る部分に限る。）の規定は、適用しない。

（権利義務の承継等）

第九条　国立大学法人等の成立の際現に国が有する権利及び義務（整備法第二条の規定による廃止前の国立学校特別会計法（昭和三十九年法律第五十五号。以下この項及び次条において「旧特別会計法」という。）附則第二十一項の規定により旧特別会計法に基づく国立学校特別会計（附則第十一条第一項において「旧特別会計」という。）から産業投資特別会計社会資本整備勘定に繰り入れるものとされた繰入金に係る義務を含む。）のうち、各国立大学法人等が行う第二十二条第一項又は第二十九条第一項に規定する業務に関するものは、政令で定めるところにより、政令で定めるものを除き、当該国立大学法人等が承継する。

2　前項の規定により各国立大学法人等が国の有する権利及び義務を承継したときは、当該国立大学法人等に承継される権利に係る財産で政令で定めるものの価額の合計額から、承継される義務に係る負債で政令で定めるものの価額（国立大学法人にあっては、当該価額に附則第十二条第一項の規定により当該国立大学法人が独立行政法人国立大学財務・経営センター（以下「センター」という。）に対して負担する債務の額を加えた額）を差し引いた額に相当する金額は、政令で定めるところにより、政府から当該国立大学法人等に対し出資されたものとする。

3　前項に規定する財産のうち、土地については、国立大学法人等が当該土地の全部又は一部を譲渡したときは、当該譲渡により生じた収入の範囲内で文部科学大臣が定める基準により算定した額に相当する金額をセンターに納付すべき旨の条件を付して出資されたものとする。

4　文部科学大臣は、前項の規定により基準を定めようとするときは、財務大臣に協議しなければならない。

5　第二項の財産の価額は、国立大学法人等の成立の日現在における時価を基準として評価委員が評価した価額とする。

6　前項の評価委員その他評価に関し必要な事項は、政令で定める。

第十条　国立大学法人等の成立の際、旧特別会計法第十七条の規定に基づき文部科学大臣から旧機関の長に交付され、その経理を委任された金額に残余があるときは、その残余に相当する額は、国立大学法人等の成立の日において各国立大学法人等に奨学を目的として寄附されたものとする。この場合において、当該寄附金の経理に関し必要な事項は、文部科学省令で定める。

第十一条　整備法第二条の規定の施行前に日本電信電話株式会社の株式の売払収入の活用による社会資本の整備の促進に関する特別措置法（昭和六十二年法律第八十六号。附則第十四条第一項において「社会資本整備特別措置法」という。）第七条第六項の規定により産業投資特別会計社会資本整備勘定から旧特別会計に繰り入れられた金額（附則第九条第一項の規定により各国立大学法人等に承継されたものに限る。）は、附則第十四条第一項の規定により国から当該国立大学法人等に対し無利子で貸し付けられたものとみなして、同条第四項及び第五項の規定を適用する。

2　前項に定めるもののほか、同項の規定による貸付金の償還期間、償還方法、償還期限の繰上げその他償還に関し必要な事項は、政令で定める。

（センターの債務の負担等）

第十二条　文部科学大臣が定める国立大学法人は、センターに対し、独立行政法人国立大学財務・経営センター法（平成十五年法律第百十五号）附則第八条第一項第二号の規定によりセンターが承継した借入金債務のうち、当該国立大学法人の施設及び設備の整備に要した部分として文部科学大臣が定める債務に相当する額の債務を負担する。

2　文部科学大臣は、前項の規定により債務を定めようとするときは、財務大臣に協議しなければならない。

3　第一項の規定により債務を負担することとされた国立大学法人は、文部科学大臣が定めるところにより、センターが承継した借入金債務を保証するものとする。

4　第一項の規定により負担する債務の償還、当該債務に係る利子の支払その他の同項の規定による債務の負担及び前項の規定により行う債務の保証に関し必要な事項は、政令で定める。

5　前項の債務の償還及び当該債務に係る利子の支払については、第三十三条第二項に規定する長期借入金又は債券の発行による収入をもって充ててはならない。

（国有財産の無償使用）

第十三条　国は、国立大学法人等の成立の際現に各旧機関に使用されている国有財産であって政令で定めるものを、政令で定めるところにより、各国立大学法人等の用に供するため、当該国立大学法人等に無償で使用させることができる。

2　国は、国立大学法人等の成立の際現に各旧機関の職員の住居の用に供されている国有財産であって政令で定めるものを、政令で定めるところにより、各国立大学法人等の用に供するため、当該国立大学法人等に無償で使用させることができる。

（国の無利子貸付け等）

第十四条　国は、当分の間、国立大学法人等に対し、その施設の整備で社会資本整備特別措置法第二条第一項第二号に該当するものに要する費用に充てる資金の全部又は一部を、予算の範囲内において、無利子で貸し付けることができる。この場合における第三十五条の規定の適用については、同条の表第四十五条第五項の項中「第三十三条第一項又は第二項」とあるのは、「第三十三条第一項若しくは第二項又は附則第十四条第一項」とする。

2　前項の国の貸付金の償還期間は、五年（二年以内の据置期間を含む。）以内で政令で定める期間とする。

3　前項に定めるもののほか、第一項の規定による貸付金の償還方法、償還期限の繰上げその他償還に関し必要な事項は、政令で定める。

4　国は、第一項の規定により国立大学法人等に対し貸付けを行った場合には、当該貸付けの対象である施設の整備について、当該貸付金に相当する金額の補助を行うものとし、当該補助については、当該貸付金の償還時において、当該貸付金の償還金に相当する金額を交付することにより行うものとする。

5　国立大学法人等が、第一項の規定による貸付けを受けた無利子貸付金について、第二項及び第三項の規定に基づき定められる償還期限を繰り上げて償還を行った場合（政令で定める場合を除く。）における前項の規定の適用については、当該償還は、当該償還期限の到来時に行われたものとみなす。

（旧設置法に規定する大学等に関する経過措置）

第十五条　附則別表第一の上欄に掲げる大学は、国立大学法人の成立の時において、それぞれ同表の下欄に掲げる国立大学法人が第四条第二項の規定により設置する別表第一の第二欄に掲げる国立大学となるものとする。

2　旧設置法第九条に規定する国立久里浜養護学校は、国立大学法人筑波大学の成立の時において、国立大学法人筑波大学が第四条第二項の規定により設置する筑波大学に附属して設置される養護学校となるものとする。

第十六条　国立大学法人の成立の際現に附則別表第二の上欄に掲げる国立短期大学に在学する学生が存する場合には、同表の中欄に掲げる国立大学法人は、当該学生が当該国立短期大学を卒業するため必要であった教育課程の履修を行うことができるようにするため、同表の下欄に掲げる短期大学（以下「新国立短期大学」という。）を設置する。

2　新国立短期大学は、前項に規定する学生が当該新国立短期大学に在学しなくなる日において、廃止するものとする。

3　第一項の規定により新国立短期大学を設置する国立大学法人に対する第二十二条第一項第一号の規定の適用については、同号中「国立大学」とあるのは、「国立大学（附則別表第二の下欄に掲げる新国立短期大学を含む。以下この条において同じ。）」とする。

4　附則別表第二の上欄に掲げる国立短期大学は、国立大学法人の成立の時において、それぞれ同表の下欄に掲げる新国立短期大学となるものとする。

第十七条　国立大学法人の成立の際現に国立学校設置法の一部を改正する法律（平成十四年法律第二十三号）附則第二項の規定により平成十四年九月三十日に当該大学に在学する者が在学しなくなる日までの間存続するものとされた図書館情報大学、山梨大学及び山梨医科大学並びに国立学校設置法の一部を改正する法律（平成十五年法律第二十九号）附則第二項の規定により平成十五年九月三十日に当該大学に在学する者が在学しなくなる日までの間存続するものとされた東京商船大学、東京水産大学、福井大学、福井医科大学、神戸商船大学、島根大学、島根医科大学、香川大学、香川医科大学、高知大学、高知医科大学、九州芸術工科大学、佐賀大学、佐賀医科大学、大分大学、大分医科大学、宮崎大学及び宮崎医科大学に在学する者は、当該大学を卒業するため又は当該大学の大学院の課程を修了するため必要であった教育課程の履修を、附則別表第三の上欄に掲げる者ごとにそれぞれ同表の下欄に掲げる国立大学において行うものとし、当該国立大学は、そのため必要な教育を行うものとする。この場合における教育課程の履修その他当該学生の教育に関し必要な事項は、当該国立大学の定めるところによる。

（不動産に関する登記）

第十八条　各国立大学法人等が附則第九条第一項の規定により不動産に関する権利を承継した場合において、その権利につきなすべき登記の手続については、政令で特例を設けることができる。

（国の利害に関係のある訴訟についての法務大臣の権限等に関する法律に関する経過措置）

第十九条　国立大学法人等の成立の際現に係属している国立大学法人等が行う第二十二条第一項又は第二十九条第一項に規定する業務に関する訴訟事件又は非訟事件であって各国立大学法人等が受け継ぐものについては、政令で定めるところにより、当該国立大学法人等を国の利害に関係のある訴訟についての法務大臣の権限等に関する法律（昭和二十二年法律第百九十四号）に規定する国又は行政庁とみなし、同法の規定を適用する。

（最初の教育研究評議会の評議員）

第二十条　国立大学法人等の成立後の最初の第二十一条第一項及び第二十八条第一項に規定する教育研究評議会は、次の各号に掲げる区分に応じ、当該各号に定める評議員で組織するものとする。

一　国立大学法人の教育研究評議会　第二十一条第二項第一号及び第二号に掲げる者

二　大学共同利用機関法人の教育研究評議会　第二十八条第二項第一号から第三号までに掲げる者

（名称の使用制限に関する経過措置）

第二十一条　この法律の施行の際現にその名称中に国立大学法人又は大学共同利用機関法人という文字を用いている者については、第八条の規定は、この法律の施行後六月間は、適用しない。

（政令への委任）

第二十二条　附則第二条及び第四条から前条までに定めるもののほか、国立大学法人等の設立に伴い必要な経過措置その他この法律の施行に関し必要な経過措置は、政令で定める。

附　則（平成二三年五月二八日法律第三七号）　抄

（施行期日）

第一条　この法律は、公布の日から起算して六月を超えない範囲内において政令で定める日（以下「施行日」という。）から施行する。

（罰則の適用に関する経過措置）

第三十四条　この法律の施行前にした行為に対する罰則の適用については、なお従前の例による。

（その他の経過措置の政令への委任）

第三十五条　この附則に規定するもののほか、この法律の施行に関し必要な経過措置は、政令で定める。

附則別表第一（附則第二条、附則第四条、附則第六条、附則第十五条関係）

機関	国立大学法人等
旧設置法第三条第一項の表に掲げる北海道大学	国立大学法人北海道大学
旧設置法第三条第一項の表に掲げる北海道教育大学	国立大学法人北海道教育大学
旧設置法第三条第一項の表に掲げる室蘭工業大学	国立大学法人室蘭工業大学
旧設置法第三条第一項の表に掲げる小樽商科大学	国立大学法人小樽商科大学
旧設置法第三条第一項の表に掲げる帯広畜産大学	国立大学法人帯広畜産大学
旧設置法第三条第一項の表に掲げる旭川医科大学	国立大学法人旭川医科大学
旧設置法第三条第一項の表に掲げる北見工業大学	国立大学法人北見工業大学
旧設置法第三条第一項の表に掲げる弘前大学	国立大学法人弘前大学
旧設置法第三条第一項の表に掲げる岩手大学	国立大学法人岩手大学
旧設置法第三条第一項の表に掲げる東北大学	国立大学法人東北大学
旧設置法第三条第一項の表に掲げる宮城教育大学	国立大学法人宮城教育大学
旧設置法第三条第一項の表に掲げる秋田大学	国立大学法人秋田大学
旧設置法第三条第一項の表に掲げる山形大学	国立大学法人山形大学
旧設置法第三条第一項の表に掲げる福島大学	国立大学法人福島大学
旧設置法第三条第一項の表に掲げる茨城大学	国立大学法人茨城大学
旧設置法第三条第一項の表に掲げる筑波大学及び旧設置法第九条に規定する国立久里浜養護学校	国立大学法人筑波大学
旧設置法第三条第一項の表に掲げる宇都宮大学	国立大学法人宇都宮大学
旧設置法第三条第一項の表に掲げる群馬大学	国立大学法人群馬大学
旧設置法第三条第一項の表に掲げる埼玉大学	国立大学法人埼玉大学
旧設置法第三条第一項の表に掲げる千葉大学	国立大学法人千葉大学
旧設置法第三条第一項の表に掲げる東京大学	国立大学法人東京大学
旧設置法第三条第一項の表に掲げる東京医科歯科大学	国立大学法人東京医科歯科大学
旧設置法第三条第一項の表に掲げる東京外国語大学	国立大学法人東京外国語大学
旧設置法第三条第一項の表に掲げる東京学芸大学	国立大学法人東京学芸大学
旧設置法第三条第一項の表に掲げる東京農工大学	国立大学法人東京農工大学
旧設置法第三条第一項の表に掲げる東京芸術大学	国立大学法人東京芸術大学
旧設置法第三条第一項の表に掲げる東京工業大学	国立大学法人東京工業大学
旧設置法第三条第一項の表に掲げる東京海洋大学	国立大学法人東京海洋大学
旧設置法第三条第一項の表に掲げるお茶の水女子大学	国立大学法人お茶の水女子大学
旧設置法第三条第一項の表に掲げる電気通信大学	国立大学法人電気通信大学
旧設置法第三条第一項の表に掲げる一橋大学	国立大学法人一橋大学
旧設置法第三条第一項の表に掲げる横浜国立大学	国立大学法人横浜国立大学
旧設置法第三条第一項の表に掲げる新潟大学	国立大学法人新潟大学
旧設置法第三条第一項の表に掲げる長岡技術科学大学	国立大学法人長岡技術科学大学
旧設置法第三条第一項の表に掲げる上越教育大学	国立大学法人上越教育大学
旧設置法第三条第一項の表に掲げる富山大学	国立大学法人富山大学
旧設置法第三条第一項の表に掲げる富山医科薬科大学	国立大学法人富山医科薬科大学
旧設置法第三条第一項の表に掲げる金沢大学	国立大学法人金沢大学

旧設置法第三条第一項の表に掲げる福井大学	国立大学法人福井大学
旧設置法第三条第一項の表に掲げる山梨大学	国立大学法人山梨大学
旧設置法第三条第一項の表に掲げる信州大学	国立大学法人信州大学
旧設置法第三条第一項の表に掲げる岐阜大学	国立大学法人岐阜大学
旧設置法第三条第一項の表に掲げる静岡大学	国立大学法人静岡大学
旧設置法第三条第一項の表に掲げる浜松医科大学	国立大学法人浜松医科大学
旧設置法第三条第一項の表に掲げる名古屋大学	国立大学法人名古屋大学
旧設置法第三条第一項の表に掲げる愛知教育大学	国立大学法人愛知教育大学
旧設置法第三条第一項の表に掲げる名古屋工業大学	国立大学法人名古屋工業大学
旧設置法第三条第一項の表に掲げる豊橋技術科学大学	国立大学法人豊橋技術科学大学
旧設置法第三条第一項の表に掲げる三重大学	国立大学法人三重大学
旧設置法第三条第一項の表に掲げる滋賀大学	国立大学法人滋賀大学
旧設置法第三条第一項の表に掲げる滋賀医科大学	国立大学法人滋賀医科大学
旧設置法第三条第一項の表に掲げる京都大学	国立大学法人京都大学
旧設置法第三条第一項の表に掲げる京都教育大学	国立大学法人京都教育大学
旧設置法第三条第一項の表に掲げる京都工芸繊維大学	国立大学法人京都工芸繊維大学
旧設置法第三条第一項の表に掲げる大阪大学	国立大学法人大阪大学
旧設置法第三条第一項の表に掲げる大阪外国語大学	国立大学法人大阪外国語大学
旧設置法第三条第一項の表に掲げる大阪教育大学	国立大学法人大阪教育大学
旧設置法第三条第一項の表に掲げる兵庫教育大学	国立大学法人兵庫教育大学
旧設置法第三条第一項の表に掲げる神戸大学	国立大学法人神戸大学
旧設置法第三条第一項の表に掲げる奈良教育大学	国立大学法人奈良教育大学
旧設置法第三条第一項の表に掲げる奈良女子大学	国立大学法人奈良女子大学
旧設置法第三条第一項の表に掲げる和歌山大学	国立大学法人和歌山大学
旧設置法第三条第一項の表に掲げる鳥取大学	国立大学法人鳥取大学
旧設置法第三条第一項の表に掲げる島根大学	国立大学法人島根大学
旧設置法第三条第一項の表に掲げる岡山大学	国立大学法人岡山大学
旧設置法第三条第一項の表に掲げる広島大学	国立大学法人広島大学
旧設置法第三条第一項の表に掲げる山口大学	国立大学法人山口大学
旧設置法第三条第一項の表に掲げる徳島大学	国立大学法人徳島大学
旧設置法第三条第一項の表に掲げる鳴門教育大学	国立大学法人鳴門教育大学
旧設置法第三条第一項の表に掲げる香川大学	国立大学法人香川大学
旧設置法第三条第一項の表に掲げる愛媛大学	国立大学法人愛媛大学
旧設置法第三条第一項の表に掲げる高知大学	国立大学法人高知大学
旧設置法第三条第一項の表に掲げる福岡教育大学	国立大学法人福岡教育大学
旧設置法第三条第一項の表に掲げる九州大学	国立大学法人九州大学
旧設置法第三条第一項の表に掲げる九州工業大学	国立大学法人九州工業大学
旧設置法第三条第一項の表に掲げる佐賀大学	国立大学法人佐賀大学
旧設置法第三条第一項の表に掲げる長崎大学	国立大学法人長崎大学
旧設置法第三条第一項の表に掲げる熊本大学	国立大学法人熊本大学
旧設置法第三条第一項の表に掲げる大分大学	国立大学法人大分大学

旧設置法第三条第一項の表に掲げる宮崎大学	国立大学法人宮崎大学
旧設置法第三条第一項の表に掲げる鹿児島大学	国立大学法人鹿児島大学
旧設置法第三条第一項の表に掲げる鹿屋体育大学	国立大学法人鹿屋体育大学
旧設置法第三条第一項の表に掲げる琉球大学	国立大学法人琉球大学
旧設置法第三条の三第一項に規定する総合研究大学院大学	国立大学法人総合研究大学院大学
旧設置法第三条の三第一項に規定する政策研究大学院大学	国立大学法人政策研究大学院大学
旧設置法第三条の三第一項に規定する北陸先端科学技術大学院大学	国立大学法人北陸先端科学技術大学院大学
旧設置法第三条の三第一項に規定する奈良先端科学技術大学院大学	国立大学法人奈良先端科学技術大学院大学
旧設置法第三条の五第一項の表に掲げる筑波技術短期大学	国立大学法人筑波技術短期大学
旧設置法第三条の五第一項の表に掲げる高岡短期大学	国立大学法人高岡短期大学
旧設置法第九条の二第一項に規定する大学共同利用機関（以下「旧大学共同利用機関」という。）のうち、大学共同利用機関法人人間文化研究機構の研究分野に関する研究を行う機関として政令で定めるもの	大学共同利用機関法人人間文化研究機構
旧大学共同利用機関のうち、大学共同利用機関法人自然科学研究機構の研究分野に関する研究を行う機関として政令で定めるもの	大学共同利用機関法人自然科学研究機構
旧大学共同利用機関のうち、大学共同利用機関法人高エネルギー加速器研究機構の研究分野に関する研究を行う機関として政令で定めるもの	大学共同利用機関法人高エネルギー加速器研究機構
旧大学共同利用機関のうち、大学共同利用機関法人情報・システム研究機構の研究分野に関する研究を行う機関として政令で定めるもの	大学共同利用機関法人情報・システム研究機構

附則別表第二（附則第十六条関係）

国立短期大学	国立大学法人	新国立短期大学
旧設置法第三条の五第二項の表に掲げる北海道大学医療技術短期大学部	国立大学法人北海道大学	北海道大学医療技術短期大学部
国立学校設置法の一部を改正する法律（平成十二年法律第十号）附則第三項の規定により存続するものとされた弘前大学医療技術短期大学部	国立大学法人弘前大学	弘前大学医療技術短期大学部
旧設置法第三条の五第二項の表に掲げる東北大学医療技術短期大学部	国立大学法人東北大学	東北大学医療技術短期大学部
旧設置法第三条の五第二項の表に掲げる秋田大学医療技術短期大学部	国立大学法人秋田大学	秋田大学医療技術短期大学部
旧設置法第三条の五第二項の表に掲げる筑波大学医療技術短期大学部	国立大学法人筑波大学	筑波大学医療技術短期大学部
国立学校設置法の一部を改正する法律（平成十一年法律第二十一号）附則第三項の規定により存続するものとされた新潟大学医療技術短期大学部	国立大学法人新潟大学	新潟大学医療技術短期大学部
旧設置法第三条の五第二項の表に掲げる信州大学医療技術短期大学部	国立大学法人信州大学	信州大学医療技術短期大学部
国立学校設置法の一部を改正する法律（平成十二年法律第十号）附則第二項の規定により存続するものとされた岐阜大学医療技術短期大学部	国立大学法人岐阜大学	岐阜大学医療技術短期大学部
旧設置法第三条の五第二項の表に掲げる京都大学医療技術短期大学部	国立大学法人京都大学	京都大学医療技術短期大学部
国立学校設置法の一部を改正する法律（平成十二年法律第十号）附則第二項の規定により存続するものとされた山口大学医療技術短期大学部	国立大学法人山口大学	山口大学医療技術短期大学部
旧設置法第三条の五第二項の表に掲げる徳島大学医療技術短期大学部	国立大学法人徳島大学	徳島大学医療技術短期大学部
旧設置法第三条の五第二項の表に掲げる九州大学医療技術短期大学部	国立大学法人九州大学	九州大学医療技術短期大学部
旧設置法第三条の五第二項の表に掲げる長崎大学医療技術短期大学部	国立大学法人長崎大学	長崎大学医療技術短期大学部
旧設置法第三条の五第二項の表に掲げる熊本大学医療技術短期大学部	国立大学法人熊本大学	熊本大学医療技術短期大学部

附則別表第三（附則第十七条関係）

在学者	必要な教育を行う国立大学
図書館情報大学に在学する者	筑波大学
東京商船大学に在学する者	東京海洋大学
東京水産大学に在学する者	
山梨大学に在学する者	山梨大学
山梨医科大学に在学する者	
福井大学に在学する者	福井大学
福井医科大学に在学する者	
神戸商船大学に在学する者	神戸大学
島根大学に在学する者	島根大学
島根医科大学に在学する者	
香川大学に在学する者	香川大学
香川医科大学に在学する者	
高知大学に在学する者	高知大学
高知医科大学に在学する者	
九州芸術工科大学に在学する者	九州大学
佐賀大学に在学する者	佐賀大学
佐賀医科大学に在学する者	
大分大学に在学する者	大分大学
大分医科大学に在学する者	
宮崎大学に在学する者	宮崎大学
宮崎医科大学に在学する者	

別表第一（第二条、第四条、第十条、附則第三条、附則第十五条関係）

国立大学法人の名称	国立大学の名称	主たる事務所の所在地	理事の員数
国立大学法人北海道大学	北海道大学	北海道	七
国立大学法人北海道教育大学	北海道教育大学	北海道	四
国立大学法人室蘭工業大学	室蘭工業大学	北海道	三
国立大学法人小樽商科大学	小樽商科大学	北海道	二
国立大学法人帯広畜産大学	帯広畜産大学	北海道	二
国立大学法人旭川医科大学	旭川医科大学	北海道	四
国立大学法人北見工業大学	北見工業大学	北海道	二
国立大学法人弘前大学	弘前大学	青森県	五
国立大学法人岩手大学	岩手大学	岩手県	四
国立大学法人東北大学	東北大学	宮城県	七
国立大学法人宮城教育大学	宮城教育大学	宮城県	三
国立大学法人秋田大学	秋田大学	秋田県	五
国立大学法人山形大学	山形大学	山形県	五
国立大学法人福島大学	福島大学	福島県	四
国立大学法人茨城大学	茨城大学	茨城県	四
国立大学法人筑波大学	筑波大学	茨城県	八
国立大学法人筑波技術大学	筑波技術大学	茨城県	二
国立大学法人宇都宮大学	宇都宮大学	栃木県	四
国立大学法人群馬大学	群馬大学	群馬県	五
国立大学法人埼玉大学	埼玉大学	埼玉県	四
国立大学法人千葉大学	千葉大学	千葉県	六
国立大学法人東京大学	東京大学	東京都	七
国立大学法人東京医科歯科大学	東京医科歯科大学	東京都	五
国立大学法人東京外国語大学	東京外国語大学	東京都	三
国立大学法人東京学芸大学	東京学芸大学	東京都	四
国立大学法人東京農工大学	東京農工大学	東京都	四
国立大学法人東京芸術大学	東京芸術大学	東京都	四
国立大学法人東京工業大学	東京工業大学	東京都	四
国立大学法人東京海洋大学	東京海洋大学	東京都	四
国立大学法人お茶の水女子大学	お茶の水女子大学	東京都	四
国立大学法人電気通信大学	電気通信大学	東京都	四
国立大学法人一橋大学	一橋大学	東京都	四
国立大学法人横浜国立大学	横浜国立大学	神奈川県	四
国立大学法人新潟大学	新潟大学	新潟県	六
国立大学法人長岡技術科学大学	長岡技術科学大学	新潟県	三
国立大学法人上越教育大学	上越教育大学	新潟県	三
国立大学法人富山大学	富山大学	富山県	六
国立大学法人金沢大学	金沢大学	石川県	六
国立大学法人福井大学	福井大学	福井県	六

国立大学法人山梨大学	山梨大学	山梨県	六
国立大学法人信州大学	信州大学	長野県	六
国立大学法人岐阜大学	岐阜大学	岐阜県	五
国立大学法人静岡大学	静岡大学	静岡県	四
国立大学法人浜松医科大学	浜松医科大学	静岡県	四
国立大学法人名古屋大学	名古屋大学	愛知県	七
国立大学法人愛知教育大学	愛知教育大学	愛知県	四
国立大学法人名古屋工業大学	名古屋工業大学	愛知県	三
国立大学法人豊橋技術科学大学	豊橋技術科学大学	愛知県	三
国立大学法人三重大学	三重大学	三重県	五
国立大学法人滋賀大学	滋賀大学	滋賀県	四
国立大学法人滋賀医科大学	滋賀医科大学	滋賀県	四
国立大学法人京都大学	京都大学	京都府	七
国立大学法人京都教育大学	京都教育大学	京都府	三
国立大学法人京都工芸繊維大学	京都工芸繊維大学	京都府	四
国立大学法人大阪大学	大阪大学	大阪府	八
国立大学法人大阪教育大学	大阪教育大学	大阪府	四
国立大学法人兵庫教育大学	兵庫教育大学	兵庫県	三
国立大学法人神戸大学	神戸大学	兵庫県	八
国立大学法人奈良教育大学	奈良教育大学	奈良県	二
国立大学法人奈良女子大学	奈良女子大学	奈良県	四
国立大学法人和歌山大学	和歌山大学	和歌山県	四
国立大学法人鳥取大学	鳥取大学	鳥取県	五
国立大学法人島根大学	島根大学	島根県	六
国立大学法人岡山大学	岡山大学	岡山県	七
国立大学法人広島大学	広島大学	広島県	七
国立大学法人山口大学	山口大学	山口県	五
国立大学法人徳島大学	徳島大学	徳島県	五
国立大学法人鳴門教育大学	鳴門教育大学	徳島県	三
国立大学法人香川大学	香川大学	香川県	六
国立大学法人愛媛大学	愛媛大学	愛媛県	五
国立大学法人高知大学	高知大学	高知県	六
国立大学法人福岡教育大学	福岡教育大学	福岡県	三
国立大学法人九州大学	九州大学	福岡県	八
国立大学法人九州工業大学	九州工業大学	福岡県	四
国立大学法人佐賀大学	佐賀大学	佐賀県	六
国立大学法人長崎大学	長崎大学	長崎県	六
国立大学法人熊本大学	熊本大学	熊本県	六
国立大学法人大分大学	大分大学	大分県	六
国立大学法人宮崎大学	宮崎大学	宮崎県	六
国立大学法人鹿児島大学	鹿児島大学	鹿児島県	六

平成二十二年五月二十八日法律第三十七号の未施行内容

独立行政法人通則法の一部を改正する法律

第二十八条　国立大学法人法（平成十五年法律第百十二号）の一部を次のように改正する。

第三十五条第一項中「第四十二条から」の下に「第四十六条まで、第四十七条から」を加える。

同条の表第二十八条第二項の項を削り、同表第四十八条第一項の項を次のように改める。

第四十八条第一項	不要財産以外の重要な財産	重要な財産
	第三十条第二項第五号	国立大学法人法第三十一条第二項第五号

附　則（平成二二年五月二八日法律第三七号）抄

（施行期日）

第一条　この法律は、公布の日から起算して六月を超えない範囲内において政令で定める日（以下「施行日」という。）から施行する。

（罰則の適用に関する経過措置）

第三十四条　この法律の施行前にした行為に対する罰則の適用については、なお従前の例による。

（その他の経過措置の政令への委任）

第三十五条　この附則に規定するもののほか、この法律の施行に関し必要な経過措置は、政令で定める。

国立大学法人鹿屋体育大学	鹿屋体育大学	鹿児島県	二
国立大学法人琉球大学	琉球大学	沖縄県	五
国立大学法人政策研究大学院大学	政策研究大学院大学	東京都	二
国立大学法人総合研究大学院大学	総合研究大学院大学	神奈川県	二
国立大学法人北陸先端科学技術大学院大学	北陸先端科学技術大学院大学	石川県	四
国立大学法人奈良先端科学技術大学院大学	奈良先端科学技術大学院大学	奈良県	四

備考

一　政策研究大学院大学、総合研究大学院大学、北陸先端科学技術大学院大学及び奈良先端科学技術大学院大学は、学校教育法第百三条に規定する大学とする。

二　総合研究大学院大学は、大学共同利用機関法人及び独立行政法人宇宙航空研究開発機構との緊密な連係及び協力の下に教育研究を行うものとする。

三　この表の各項の第四欄に掲げる理事の員数が二人である当該各項の第一欄に掲げる国立大学法人が一人以上の非常勤の理事を置く場合における当該国立大学法人に対するこの表の適用については、それぞれ当該各項の第四欄中「二」とあるのは、「三」とする。

別表第二（第二条、第五条、第二十四条、附則第三条関係）

大学共同利用機関法人の名称	研究分野	主たる事務所の所在地	理事の員数
大学共同利用機関法人人間文化研究機構	人間の文化活動並びに人間と社会及び自然との関係に関する研究	東京都	四
大学共同利用機関法人自然科学研究機構	天文学、物質科学、エネルギー科学、生命科学その他の自然科学に関する研究	東京都	五
大学共同利用機関法人高エネルギー加速器研究機構	高エネルギー加速器による素粒子、原子核並びに物質の構造及び機能に関する研究並びに高エネルギー加速器の性能の向上を図るための研究	茨城県	四
大学共同利用機関法人情報・システム研究機構	情報に関する科学の総合研究並びに当該研究を活用した自然及び社会における諸現象等の体系的な解明に関する研究	東京都	四

国立大学法人法施行令

平成十五年十二月三日政令第四百七十八号
最終改正 平成二〇年一〇月三一日政令第三三八号

内閣は、国立大学法人法（平成十五年法律第百十二号）第七条第七項、第十六条第二項（第二十六条において準用する場合を含む。）、第二十二条第一項第六号、第二十九条第一項第五号、第三十二条第四項、第三十三条第一項、第二項及び第八項、第三十七条並びに附則第九条第一項、第二項及び第六項、第十一条第二項、第十二条第四項、第十三条、第十四条第二項、第三項及び第五項、第十八条、第十九条並びに第二十二条並びに附則別表第一の規定に基づき、この政令を制定する。

第一章　評価委員及び役員

（評価委員の任命等）

第一条　国立大学法人法（以下「法」という。）第七条第六項の評価委員は、必要の都度、同条第三項の規定により出資を受ける国立大学法人又は大学共同利用機関法人ごとに、次に掲げる者につき文部科学大臣が任命する。

一　財務省の職員　一人
二　文部科学省の職員　一人
三　当該国立大学法人又は大学共同利用機関法人の役員　一人
四　学識経験のある者　二人

2　法第七条第六項の規定による評価は、同項の評価委員の過半数の一致によるものとする。

3　法第七条第六項の規定による評価に関する庶務は、国立大学法人への出資に係るものについては文部科学省高等教育局国立大学法人支援課において、大学共同利用機関法人への出資に係るものについては文部科学省研究振興局学術機関課において処理する。

（教育公務員の範囲）

第二条　法第十六条第二項（法第二十六条において準用する場合を含む。）の政令で定める教育公務員は、次に掲げる者とする。

一　学校教育法（昭和二十二年法律第二十六号）の規定による公立の大学の学長、副学長、学部長又は教授の職にある者（当該大学においてその他の職を兼ねる者を含む。）
二　国立教育政策研究所の長及びその職員のうち専ら研究又は教育に従事する者で前号に掲げる者に準ずるもの

第二章　出資の対象

第三条　法第二十二条第一項第六号及び第二十九条第一項第五号の政令で定める事業は、大学等における技術に関する研究成果の民間事業者への移転の促進に関する法律（平成十年法律第五十二号）第四条第一項の承認を受けた者（同法第五条第一項の変更の承認を受けた者を含む。）が実施する同法第二条第一項の特定大学技術移転事業とする。

第三章　積立金及び国庫納付金

（積立金の処分に係る承認の手続）

第四条　国立大学法人及び大学共同利用機関法人（以下「国立大学法人等」という。）は、中期目標の期間の最後の事業年度（以下「期間最後の事業年度」という。）に係る準用通則法（法第三十五条において準用する独立行政法人通則法（平成十一年法律第百三号）をいう。）第四十四条第一項又は第二項の規定による整理を行った後、同条第一項の規定による積立金がある場合において、その額に相当する金額の全部又は一部を法第三十二条第一項の規定により当該中期目標の期間の次の中期目標の期間における業務の財源に充てようとするときは、次に掲げる事項を記載した承認申請書を文部科学大臣に提出し、当該次の中期目標の期間の最初の事業年度の六月三十日までに、同項の規定による承認を受けなければならない。

一　法第三十二条第一項の規定による承認を受けようとする金額
二　前号の金額を財源に充てようとする業務の内容

2　前項の承認申請書には、当該期間最後の事業年度の事業年度末の貸借対照表、当該期間最後の事業年度の損益計算書その他の文部科学省令で定める書類を添付しなければならない。

（国庫納付金の納付の手続）

第五条　国立大学法人等は、法第三十二条第三項に規定する残余があるときは、同項の規定による納付金（以下「国庫納付金」という。）の計算書に、当該期間最後の事業年度の事業年度末の貸借対照表、当該期間最後の事業年度の損益計算書その他の当該国庫納付金の計算の基礎を明らかにした書類を添付して、当該期間最後の事業年度の次の事業年度の六月三十日までに、これを文部科学大臣に提出しなければならない。ただし、前条第一項の承認申請書を提出したときは、これに添付した同条第二項に規定する書類を重ねて提出することを要しない。

2　文部科学大臣は、前項の国庫納付金の計算書及び添付書類の提出があったときは、遅滞なく、当該国庫納付金の計算書及び添付書類の写しを財務大臣に送付するものとする。

（国庫納付金の納付期限）

第六条　国庫納付金は、期間最後の事業年度の次の事業年度の七月十日までに納付しなければならない。

（国庫納付金の帰属する会計）

第七条　国庫納付金は、一般会計に帰属する。

第四章　長期借入金及び国立大学法人等債券

（土地の取得等）

第八条　法第三十三条第一項の政令で定める土地の取得、施設の設置若しくは整備又は設備の設置（以下「土地の取得等」という。）は、次に掲げるものとする。

一　国立大学の附属病院の用に供するために行う土地

の取得等

二 国立大学法人等の施設の移転のために行う土地の取得等

三 次に掲げる土地の取得等であって、当該土地、施設又は設備を用いて行われる業務に係る収入をもって当該土地の取得等に係る長期借入金又は債券（法第三十三条第一項に規定する債券をいう。以下この条において同じ。）を償還することができる見込みがあるもの

イ 学生の寄宿舎、職員の宿舎その他これらに類する宿泊施設の用に供するために行う土地の取得等

ロ 当該国立大学法人以外の者との連携による教育研究活動に係る施設の用に供するために行う土地の取得等

ハ 当該国立大学に附属して設置される飼育動物診療施設（獣医療法（平成四年法律第四十六号）第二条第二項に規定する診療施設をいう。）の用に供するために行う土地の取得等

四 前三号に掲げるもののほか、国立大学法人等の業務の実施に必要な土地の取得であって、長期借入金の借入れ又は債券の発行により調達した資金により一括して取得することが、段階的な取得（毎年度、国から交付を受けた補助金又は交付金により段階的に当該土地の一部を取得し、当該土地のすべてを取得するまでの間、当該土地のうち既に取得した部分以外の部分の賃借に係る費用を負担する方法により当該土地のすべてを取得する行為をいう。）を行う場合に比して相当程度有利と文部科学大臣が認めるもの

（借換えの対象となる長期借入金又は債券等）

第九条 法第三十三条第二項本文の政令で定める長期借入金又は債券は、同条第一項の規定により土地の取得等に必要な費用に充てるためにした長期借入金又は発行した債券（同条第二項の規定によりした長期借入金又は発行した債券を含む。以下この条において「既往の長期借入金等」という。）とし、同条第二項ただし書の政令で定める期間は、次条の文部科学省令で定める期間から当該既往の長期借入金等の償還期間を控除した期間を超えない範囲内の期間とする。

（長期借入金又は債券の償還期間）

第十条 法第三十三条第一項の規定による長期借入金又は債券の償還期間は、当該長期借入金の借入れ又は当該債券の発行により調達する資金の使途に応じて文部科学省令で定める期間を超えてはならない。

（長期借入金の借入れの認可）

第十一条 国立大学法人等は、法第三十三条第一項又は第二項の規定により長期借入金の借入れの認可を受けようとするときは、次に掲げる事項を記載した申請書を文部科学大臣に提出しなければならない。

一 借入れを必要とする理由

二 長期借入金の額

三 借入先

四 長期借入金の利率

五 長期借入金の償還の方法及び期限

六 利息の支払の方法及び期限

七 その他文部科学大臣が必要と認める事項

2 前項の申請書には、長期借入金の借入れにより調達する資金の使途を記載した書面を添付しなければならない。

（国立大学法人等債券の形式）

第十二条 法第三十三条第一項又は第二項の規定により発行する債券（以下「国立大学法人等債券」という。）は、無記名利札付きとする。

（国立大学法人等債券の発行の方法）

第十三条 国立大学法人等債券の発行は、募集の方法による。

（国立大学法人等債券申込証）

第十四条 国立大学法人等債券の募集に応じようとする者は、国立大学法人等債券の申込証（以下「国立大学法人等債券申込証」という。）にその引き受けようとする国立大学法人等債券の数及び住所を記載し、これに署名し、又は記名押印しなければならない。

2 社債、株式等の振替に関する法律（平成十三年法律第七十五号。以下「社債等振替法」という。）の規定の適用がある国立大学法人等債券（次条第二項において「振替国立大学法人等債券」という。）の募集に応じようとする者は、前項の記載事項のほか、自己のために開設された当該国立大学法人等債券の振替を行うための口座（同条第二項において「振替口座」という。）を国立大学法人等債券申込証に記載しなければならない。

3 国立大学法人等債券申込証は、国立大学法人等債券の募集をしようとする国立大学法人等が作成し、これに次に掲げる事項を記載しなければならない。

一 国立大学法人等債券の名称

二 国立大学法人等債券の総額

三 各国立大学法人等債券の金額

四 国立大学法人等債券の利率

五 国立大学法人等債券の償還の方法及び期限

六 利息の支払の方法及び期限

七 国立大学法人等債券の発行の価額

八 社債等振替法の規定の適用があるときは、その旨

九 社債等振替法の規定の適用がないときは、無記名式である旨

十 応募額が国立大学法人等債券の総額を超える場合の措置

十一 募集又は管理の委託を受けた会社があるときは、その商号

（国立大学法人等債券の引受け）

第十五条 前条の規定は、政府若しくは地方公共団体が国立大学法人等債券を引き受ける場合又は国立大学法人等債券の募集の委託を受けた会社が自ら国立大学法人等債券を引き受ける場合においては、その引き受ける部分については、適用しない。

2 前項の場合において、振替国立大学法人等債券を引き受ける政府若しくは地方公共団体又は振替国立大学法人等債券の募集の委託を受けた会社は、その引受けの際に、振替口座を当該振替国立大学法人等債券の募集をした国立大学法人等に示さなければならない。

（国立大学法人等債券の成立の特則）

第十六条 国立大学法人等債券の応募総額が国立大学法人等債券の総額に達しないときでも、国立大学法人等債券を成立させる旨を国立大学法人等債券申込証に記載したときは、その応募総額をもって国立大学法人等

債券の総額とする。

（国立大学法人等債券の払込み）

第十七条　国立大学法人等債券の募集が完了したときは、当該国立大学法人等債券の募集をした国立大学法人等は、遅滞なく、各国立大学法人等債券についてその全額の払込みをさせなければならない。

（債券の発行）

第十八条　国立大学法人等は、前条の払込みがあったときは、遅滞なく、債券を発行しなければならない。ただし、国立大学法人等債券につき社債等振替法の規定の適用があるときは、この限りでない。

2　各債券には、第十四条第三項第一号から第六号まで、第九号及び第十一号に掲げる事項並びに番号を記載し、国立大学法人等の学長又は機構長がこれに記名押印しなければならない。

（国立大学法人等債券原簿）

第十九条　国立大学法人等は、国立大学法人等債券を発行したときは、主たる事務所に国立大学法人等債券原簿（次項において「国立大学法人等債券原簿」という。）を備えて置かなければならない。

2　国立大学法人等債券原簿には、次に掲げる事項を記載しなければならない。

一　債券の発行の年月日

二　債券の数（社債等振替法の規定の適用がないときは、債券の数及び番号）

三　第十四条第三項第一号から第六号まで、第八号及び第十一号に掲げる事項

四　元利金の支払に関する事項

（利札が欠けている場合）

第二十条　国立大学法人等は、国立大学法人等債券を償還する場合において、欠けている利札があるときは、これに相当する金額を償還額から控除する。ただし、既に支払期が到来した利札については、この限りでない。

2　前項の利札の所持人がこれと引換えに控除金額の支払を請求したときは、国立大学法人等は、これに応じなければならない。

（国立大学法人等債券の発行の認可）

第二十一条　国立大学法人等は、法第三十三条第一項又は第二項の規定により国立大学法人等債券の発行の認可を受けようとするときは、国立大学法人等債券の募集の日の二十日前までに次に掲げる事項を記載した申請書を文部科学大臣に提出しなければならない。

一　発行を必要とする理由

二　第十四条第三項第一号から第八号までに掲げる事項

三　国立大学法人等債券の募集の方法

四　発行に要する費用の概算額

五　第二号に掲げるもののほか、国立大学法人等債券に記載しようとする事項

2　前項の申請書には、次に掲げる書類を添付しなければならない。

一　作成しようとする国立大学法人等債券申込証

二　国立大学法人等債券の発行により調達する資金の使途を記載した書面

三　国立大学法人等債券の引受けの見込みを記載した書面

第五章　雑則

（他の法令の準用）

第二十二条　次の法令の規定については、国立大学法人等を国とみなして、これらの規定を準用する。

一　船舶安全法（昭和八年法律第十一号）第二十九条の四第一項

二　児童福祉法（昭和二十二年法律第百六十四号）第二十条第五項

三　大麻取締法（昭和二十三年法律第百二十四号）第二十二条の三第二項から第四項まで

四　医療法（昭和二十三年法律第二百五号）第四条第一項及び第六条

五　精神保健及び精神障害者福祉に関する法律（昭和二十五年法律第百二十三号）第十九条の八、第二十九条第一項及び第四項、第二十九条の六第一項並びに第二十九条の七

六　漁港漁場整備法（昭和二十五年法律第百三十七号）第三十九条第四項及び第三十九条の五第一項

七　生活保護法（昭和二十五年法律第百四十四号）第四十九条（中国残留邦人等の円滑な帰国の促進及び永住帰国後の自立の支援に関する法律（平成六年法律第三十号）第十四条第四項（中国残留邦人等の円滑な帰国の促進及び永住帰国後の自立の支援に関する法律の一部を改正する法律（平成十九年法律第百二十七号）附則第四条第二項において準用する場合を含む。）においてその例による場合を含む。次項の表において同じ。）

八　建築基準法（昭和二十五年法律第二百一号）第十八条（同法第八十七条第一項、第八十七条の二、第八十八条第一項から第三項まで及び第九十条第三項において準用する場合を含む。）

九　港湾法（昭和二十五年法律第二百十八号）第三十七条第三項及び第四項並びに第三十八条の二第一項、第九項及び第十項

十　道路運送車両法（昭和二十六年法律第百八十五号）第百二条第一項

十一　土地収用法（昭和二十六年法律第二百十九号）第十一条第一項ただし書、第十五条第一項、第十七条第一項第一号（同法第百三十八条第一項において準用する場合を含む。）、第二十一条（同法第百三十八条第一項において準用する場合を含む。）、第八十二条第五項及び第六項（同法第百三十八条第一項において準用する場合を含む。）、第八十三条第三項（同法第八十四条第三項（同法第百三十八条第一項において準用する場合を含む。）及び第百三十八条第一項において準用する場合を含む。）、第百二十二条第一項ただし書（同法第百三十八条第一項において準用する場合を含む。）並びに第百二十五条第一項ただし書（同法第百三十八条第一項において準用する場合を含む。）

十二　覚せい剤取締法（昭和二十六年法律第二百五十二号）第三十条の十五、第三十四条の三第二項及び第三項、第三十五条第一項及び第三項、第三十六条並びに第三十七条

十三　麻薬及び向精神薬取締法（昭和二十八年法律第十四号）第五十条の五及び第六十条の二第二項から第四項まで
十四　都市公園法（昭和三十一年法律第七十九号）第九条（同法第三十三条第四項において準用する場合を含む。）
十五　海岸法（昭和三十一年法律第百一号）第十条第二項
十六　核原料物質、核燃料物質及び原子炉の規制に関する法律（昭和三十二年法律第百六十六号）第七十六条
十七　放射性同位元素等による放射線障害の防止に関する法律（昭和三十二年法律第百六十七号）第五十条
十八　銃砲刀剣類所持等取締法（昭和三十三年法律第六号）第三条第一項第二号及び第二号の二
十九　地すべり等防止法（昭和三十三年法律第三十号）第十一条第二項、第二十条第二項（同法第四十五条第一項において準用する場合を含む。）及び第二十三条第五項
二十　下水道法（昭和三十三年法律第七十九号）第四十一条
二十一　宅地造成等規制法（昭和三十六年法律第百九十一号）第十一条（同法第十二条第三項において準用する場合を含む。）
二十二　河川法（昭和三十九年法律第百六十七号）第九十五条（同法第百条第一項において準用する場合を含む。）
二十三　母子保健法（昭和四十年法律第百四十一号）第二十条第五項
二十四　古都における歴史的風土の保存に関する特別措置法（昭和四十一年法律第一号）第七条第三項及び第八条第八項
二十五　都市計画法（昭和四十三年法律第百号）第四十二条第二項（同法第五十二条の二第二項（同法第五十七条の三第一項において準用する場合を含む。）、第五十三条第二項及び第六十五条第三項において準用する場合を含む。）、第五十八条の二第一項第三号、第五十八条の六第一項、第五十九条第三項及び第四項、第六十三条第一項並びに第八十条第一項
二十六　急傾斜地の崩壊による災害の防止に関する法律（昭和四十四年法律第五十七号）第七条第四項及び第十三条
二十七　著作権法（昭和四十五年法律第四十八号）第七十条第二項、第七十八条第五項及び第百七条第二項
二十八　海洋汚染等及び海上災害の防止に関する法律（昭和四十五年法律第百三十六号）第五十一条の三第一項
二十九　都市緑地法（昭和四十八年法律第七十二号）第八条第七項及び第八項、第十四条第八項並びに第三十七条第二項
三十　幹線道路の沿道の整備に関する法律（昭和五十五年法律第三十四号）第十条第一項第三号
三十一　船舶のトン数の測度に関する法律（昭和五十五年法律第四十号）第十条
三十二　半導体集積回路の回路配置に関する法律（昭和六十年法律第四十三号）第四十九条第三項
三十三　プログラムの著作物に係る登録の特例に関する法律（昭和六十一年法律第六十五号）第二十六条
三十四　集落地域整備法（昭和六十二年法律第六十三号）第六条第一項第三号
三十五　看護師等の人材確保の促進に関する法律（平成四年法律第八十六号）第十三条
三十六　密集市街地における防災街区の整備の促進に関する法律（平成九年法律第四十九号）第三十三条第一項第三号
三十七　原子力災害対策特別措置法（平成十一年法律第百五十六号）第三十九条
三十八　土砂災害警戒区域等における土砂災害防止対策の推進に関する法律（平成十二年法律第五十七号）第十四条
三十九　建設工事に係る資材の再資源化等に関する法律（平成十二年法律第百四号）第十一条
四十　小型船舶の登録等に関する法律（平成十三年法律第百二号）第二十九条第一項
四十一　特定都市河川浸水被害対策法（平成十五年法律第七十七号）第十四条（同法第十六条第四項及び第十八条第四項において準用する場合を含む。）
四十二　心神喪失等の状態で重大な他害行為を行った者の医療及び観察等に関する法律（平成十五年法律第百十号）第十六条第一項
四十三　国際航海船舶及び国際港湾施設の保安の確保等に関する法律（平成十六年法律第三十一号）第四十八条第一項及び附則第四条第九項
四十四　景観法（平成十六年法律第百十号）第十六条第五項及び第六項、第二十二条第四項並びに第六十六条第一項から第三項まで及び第五項
四十五　高齢者、障害者等の移動等の円滑化の促進に関する法律（平成十八年法律第九十一号）第十五条第二項
四十六　教育基本法（平成十八年法律第百二十号）第五条第四項及び第十五条第二項
四十七　地域における歴史的風致の維持及び向上に関する法律（平成二十年法律第四十号）第十五条第六項及び第七項並びに第三十三条第一項第三号
四十八　医療法施行令（昭和二十三年政令第三百二十六号）第一条、第三条第一項及び第四条の五
四十九　診療放射線技師法施行令（昭和二十八年政令第三百八十五号）第十四条
五十　保健師助産師看護師法施行令（昭和二十八年政令第三百八十六号）第二十一条
五十一　歯科技工士法施行令（昭和三十年政令第二百二十八号）第十七条
五十二　毒物及び劇物取締法施行令（昭和三十年政令第二百六十一号）第十一条第一号、第十八条第一号、第二十二条第一号及び第二十八条第一号イ
五十三　臨床検査技師等に関する法律施行令（昭和三十三年政令第二百二十六号）第十七条
五十四　理学療法士及び作業療法士法施行令（昭和四十年政令第三百二十七号）第十六条
五十五　視能訓練士法施行令（昭和四十六年政令第

二百四十六号）第十七条
五十六　歯科衛生士法施行令（平成三年政令第二百二十六号）第九条
五十七　あん摩マツサージ指圧師、はり師、きゆう師等に関する法律施行令（平成四年政令第三百一号）第八条
五十八　柔道整復師法施行令（平成四年政令第三百二号）第九条
五十九　看護師等の人材確保の促進に関する法律施行令（平成四年政令第三百四十五号）第二条
六十　原子爆弾被爆者に対する援護に関する法律施行令（平成七年政令第二十六号）第十一条から第十三条まで
六十一　景観法施行令（平成十六年政令第三百九十八号）第二十二条第二号（同令第二十四条において準用する場合を含む。）

2　前項の規定により次の表の上欄に掲げる法令の規定を準用する場合においては、これらの規定中の字句で同表の中欄に掲げるものは、それぞれ同表の下欄の字句と読み替えるものとする。

読み替える法令の規定	読み替えられる字句	読み替える字句
児童福祉法第二十条第五項	その主務大臣	当該病院を開設する国立大学法人
生活保護法第四十九条	その主務大臣	当該病院若しくは診療所又は薬局を開設する国立大学法人
土地収用法第二十一条第一項（同法第百三十八条第一項において準用する場合を含む。）	行政機関若しくはその地方支分部局の長	国立大学法人等
土地収用法第二十一条第二項（同法第百三十八条第一項において準用する場合を含む。）	行政機関又はその地方支分部局の長	国立大学法人等
土地収用法第百二十二条第一項ただし書（同法第百三十八条第一項において準用する場合を含む。）	当該事業の施行について権限を有する行政機関又はその地方支分部局の長	当該起業者である国立大学法人等
覚せい剤取締法第三十五条第一項	主務大臣	当該病院又は診療所を開設する国立大学法人
核原料物質、核燃料物質及び原子炉の規制に関する法律第七十六条	除く。）及び次章の規定	除く。）
放射性同位元素等による放射線障害の防止に関する法律第五十条	前条及び次章	前条
母子保健法第二十条第五項	その主務大臣	当該病院若しくは診療所又は薬局を開設する国立大学法人
原子力災害対策特別措置法第三十九条	第三十三条及び次章	第三十三条
医療法施行令第一条の表第七条第一項の項	主務大臣	当該病院、診療所又は助産所を開設しようとする国立大学法人
医療法施行令第一条の表第七条第三項の項	主務大臣	当該診療所の開設者である国立大学法人
医療法施行令第一条の表第八条の二第二項及び第九条第一項の項、第十二条第二項の項、第二十四条第一項の項及び第二十八条の項	主務大臣	当該病院、診療所又は助産所の開設者である国立大学法人
医療法施行令第一条の表第二十三条の二の項	主務大臣	当該病院又は診療所の開設者である国立大学法人
医療法施行令第一条の表第二十四条第二項の項	主務大臣	当該特定機能病院の開設者である国立大学法人
医療法施行令第四条の五の表第三条の二の項及び第四条第二項の項	主務大臣	当該診療所の開設者である国立大学法人
医療法施行令第四条の五の表第四条第一項の項	主務大臣	当該病院、診療所又は助産所の開設者である国立大学法人
診療放射線技師法施行令第十四条の表	所管大臣	設置者である国立大学法人
保健師助産師看護師法施行令第二十一条の表	所管大臣	設置者である国立大学法人
歯科技工士法施行令第十七条の表	所管大臣	設置者である国立大学法人
臨床検査技師等に関する法律施行令第十七条の表	所管大臣	設置者である国立大学法人
理学療法士及び作業療法士法施行令第十六条の表	所管大臣	設置者である国立大学法人
視能訓練士法施行令第十七条の表	所管大臣	設置者である国立大学法人
歯科衛生士法施行令第九条の表第三条の項、第四条第一項の項、第四条第二項の項、第五条の項及び第六条第一項の項	所管大臣	設置者である国立大学法人
歯科衛生士法施行令第九条の表第七条の項	所管大臣	その設置者である国立大学法人
あん摩マツサージ指圧師、はり師、きゆう師等に関する法律施行令第八条の表	所管大臣	設置者である国立大学法人
柔道整復師法施行令第九条の表	所管大臣	設置者である国立大学法人
看護師等の人材確保の促進に関する法律施行令第二条の表	主務大臣	当該看護師等確保推進者を置く病院の開設者である国立大学法人

3　次の表の上欄に掲げる法令の規定については、それぞれ同表の下欄に掲げる国立大学法人等を国とみなして、これらの規定を準用する。

航空法（昭和二十七年法律第二百三十一号）第百三十五条	国立大学法人等のうち、その業務の内容その他の事情を勘案して文部科学大臣及び国土

	交通大臣が指定するもの
種苗法（平成十年法律第八十三号）第六条第二項及び第三項、第四十五条第二項及び第三項並びに第五十四条第二項	国立大学法人等のうち、その業務の内容その他の事情を勘案して文部科学大臣及び農林水産大臣が指定するもの

第二十三条　次の法令の規定については、国立大学法人等を独立行政法人（独立行政法人通則法第二条第一項に規定する独立行政法人をいう。以下この条及び次条において同じ。）とみなして、これらの規定を準用する。

一　国の利害に関係のある訴訟についての法務大臣の権限等に関する法律（昭和二十二年法律第百九十四号）第二条第四項、第六条の三、第七条第一項及び第四項並びに第八条（これらの規定を同法第九条において準用する場合を含む。）

二　博物館法（昭和二十六年法律第二百八十五号）第二条第一項及び第二十九条

三　海洋汚染等及び海上災害の防止に関する法律第四十七条第一項

四　運輸安全委員会設置法（昭和四十八年法律第百十三号）第二十八条の三

五　基盤技術研究円滑化法（昭和六十年法律第六十五号）第七条第一号及び第十一条第一号

六　国際緊急援助隊の派遣に関する法律（昭和六十二年法律第九十三号）第四条第七項及び第八項並びに第五条第一項

七　多極分散型国土形成促進法（昭和六十三年法律第八十三号）第三条並びに第四条第一項、第二項及び第六項

八　高度情報通信ネットワーク社会形成基本法（平成十二年法律第百四十四号）第三十一条

九　行政機関が行う政策の評価に関する法律（平成十三年法律第八十六号）第十五条第二項第一号

十　都市再生特別措置法（平成十四年法律第二十二号）第十条及び第十九条第二項から第五項まで

十一　知的財産基本法（平成十四年法律第百二十二号）第三十条

十二　構造改革特別区域法（平成十四年法律第百八十九号）第三十九条

十三　独立行政法人医薬基盤研究所法（平成十六年法律第百三十五号）第十五条第一号ハ及びニ

十四　郵政民営化法（平成十七年法律第九十七号）第二十五条

2　次の表の上欄に掲げる法令の規定については、国立大学法人等を同表の下欄に掲げる独立行政法人とみなして、これらの規定を準用する。

医療法第七条の二第七項	同項の政令で定める独立行政法人
国家公務員倫理法（平成十一年法律第百二十九号）第四十二条	独立行政法人通則法第二条第一項に規定する独立行政法人であって同条第二項に規定する特定独立行政法人以外のもの
国等による環境物品等の調達の推進等に関する法律（平成十二年法律第百号）第一条、第二条第二項、第三条第一項、第六条第一項及び第二項、同条第三項及び第四項（これらの規定を同条第六項において準用する場合を含む。）、第七条第一項、第三項及び第四項、第八条、第九条並びに第十一条	同法第二条第二項の政令で定める独立行政法人
公共工事の入札及び契約の適正化の促進に関する法律（平成十二年法律第百二十七号）第一条、第二条第一項及び第二項、第六条、第十条、第十一条、第十四条、第十五条第一項及び第二項、同条第三項及び第四項（これらの規定を同条第七項において準用する場合を含む。）、第十六条、第十七条第一項、第十八条第一項並びに第二十条第一項	同法第二条第一項の政令で定める独立行政法人
国等における温室効果ガス等の排出の削減に配慮した契約の推進に関する法律（平成十九年法律第五十六号）第一条、第二条第二項及び第三項、第三条、第五条第一項及び第二項、同条第四項及び第五項（これらの規定を同条第七項において準用する場合を含む。）、第六条、第八条から第十条まで、第十二条並びに第十三条並びに附則第三項及び第四項	同法第二条第三項の政令で定める独立行政法人

3　電波法（昭和二十五年法律第百三十一号）第百四条第一項の規定については、国立大学法人等のうち業務の内容その他の事情を勘案して文部科学大臣及び総務大臣が指定するものを同項の政令で定める独立行政法人とみなして、この規定を準用する。

第二十四条　政令以外の命令であって文部科学省令で定めるものについては、文部科学省令で定めるところにより、国立大学法人等を国又は独立行政法人とみなして、これらの命令を準用する。

附　則

（施行期日）

第一条　この政令は、公布の日から施行する。ただし、第二十二条第一項（第四十五号に係る部分に限る。）の規定は、心神喪失等の状態で重大な他害行為を行った者の医療及び観察等に関する法律の施行の日又はこの政令の施行の日のいずれか遅い日から施行する。

（各大学共同利用機関法人に引き継がれる職員が属する旧大学共同利用機関）

第二条　法附則別表第一の大学共同利用機関法人人間文化研究機構の研究分野に関する研究を行う機関として政令で定めるものは、国文学研究資料館、国際日本文化研究センター、総合地球環境学研究所、国立民族学博物館及び国立歴史民俗博物館とする。

2　法附則別表第一の大学共同利用機関法人自然科学研究機構の研究分野に関する研究を行う機関として政令で定めるものは、国立天文台、核融合科学研究所及び岡崎国立共同研究機構とする。

3　法附則別表第一の大学共同利用機関法人高エネルギー加速器研究機構の研究分野に関する研究を行う機関として政令で定めるものは、高エネルギー加速器研究機構とする。

4　法附則別表第一の大学共同利用機関法人情報・システム研究機構の研究分野に関する研究を行う機関として政令で定めるものは、国立極地研究所、国立遺伝学研究所、統計数理研究所及び国立情報学研究所とする。

（国立大学法人等が承継しない権利及び義務）

第三条　法附則第九条第一項の政令で定める権利及び義務は、次に掲げる権利及び義務とする。

一　法附則別表第一の上欄に掲げる機関（以下「旧機関」という。）に所属する土地、建物、立木竹、工作物、船舶及び航空機（その土地に定着する物及びその建物に附属する工作物を含む。附則第五条第一項第一号及び第十条第一項において「土地等」という。）のうち、文部科学大臣が財務大臣に協議して各国立大学法人等ごとに指定するもの以外のものに関する権利及び義務

二　国立大学法人等の成立の際現に旧機関に使用されている物品のうち、文部科学大臣が指定するもの以外のものに関する権利及び義務

三　国立大学法人等の業務に関し国が有する権利及び義務のうち前二号に掲げるもの以外のものであって、文部科学大臣が指定するもの

（権利及び義務の承継の時期）

第四条　法附則第九条第一項に規定する権利及び義務は、国立大学法人等の成立の時において当該国立大学法人等が承継する。ただし、国立大学法人法等の施行に伴う関係法律の整備等に関する法律（平成十五年法律第百十七号。以下「整備法」という。）附則第二条第一項の規定によりなお従前の例によることとされた国立学校特別会計（以下「旧特別会計」という。）における平成十五年度の収入及び支出に関する事務に係るものにあっては、同年度の決算が完結した時において当該国立大学法人等が承継する。

（権利及び義務の承継の際出資があったものとされる財産等）

第五条　法附則第九条第二項の政令で定める財産は、次に掲げるものとする。

一　附則第三条第一号の規定により指定された土地等

二　前号に掲げるもののほか、文部科学大臣が指定するもの

2　法附則第九条第二項の政令で定める負債は、整備法第二条の規定による廃止前の国立学校特別会計法（昭和三十九年法律第五十五号）附則第二十一項の規定により旧特別会計から産業投資特別会計社会資本整備勘定に繰り入れるものとされた繰入金に係る負債とする。

（出資の時期）

第六条　法附則第九条第一項の規定により各国立大学法人等が国の有する権利及び義務を承継したときは、その承継の際、同条第二項に規定する金額は、政府から当該国立大学法人等に対し出資されたものとする。

（評価に関する規定の準用）

第七条　第一条の規定は、法附則第九条第五項の評価委員その他評価について準用する。この場合において、第一条第一項中「必要の都度、同条第三項の規定により出資を受ける国立大学法人又は大学共同利用機関法人」とあるのは「各国立大学法人又は各大学共同利用機関法人」と、同項第三号中「役員」とあるのは「役員（当該国立大学法人又は大学共同利用機関法人が成立するまでの間は、当該国立大学法人又は大学共同利用機関法人に係る法第三十五条において準用する独立行政法人通則法第十五条第一項の設立委員）」と読み替えるものとする。

（国から承継した貸付金の償還期間等）

第八条　法附則第十一条第一項の規定による貸付金（以下この条において「承継貸付金」という。）の償還期間は、次の各号に掲げる承継貸付金の区分に応じ、それぞれ当該各号に定める期間とする。

一　平成十三年度において産業投資特別会計社会資本整備勘定から旧特別会計に繰り入れられた金額に係る承継貸付金　三年

二　平成十四年度において産業投資特別会計社会資本整備勘定から旧特別会計に繰り入れられた金額に係る承継貸付金　四年（一年の据置期間を含む。）

2　前項に規定する期間は、国立大学法人等の成立の日から起算する。

3　附則第十一条第三項及び第四項の規定は、承継貸付金について準用する。

（独立行政法人国立大学財務・経営センターに対して負担する債務の償還等）

第九条　法附則第十二条第一項の規定による債務の負担及び同条第三項の規定による債務の保証に関し必要な事項は、文部科学大臣が財務大臣に協議して定める。

（国有財産の無償使用）

第十条　法附則第十三条第一項の政令で定める国有財産は、国立大学法人等の成立の際現に専ら各旧機関に使用されている土地等とする。

2　前項の国有財産については、法第三十五条において準用する独立行政法人通則法第十四条第一項の規定により指名を受けた学長又は機構長となるべき者が当該国立大学法人等の成立前に申請したときに限り、当該国立大学法人等に対し、無償で使用させることができる。

3　法附則第十三条第二項の規定により国が国立大学法人等に無償で使用させることができる国有財産及び当該国有財産の使用に関し必要な手続は、文部科学大臣が財務大臣に協議して定める。

（国の貸付金の償還期間等）

第十一条　法附則第十四条第二項の政令で定める期間は、五年（二年の据置期間を含む。）とする。

2　前項に規定する期間は、日本電信電話株式会社の株式の売払収入の活用による社会資本の整備の促進に関する特別措置法（昭和六十二年法律第八十六号）第五条第一項の規定により読み替えて準用される補助金等に係る予算の執行の適正化に関する法律（昭和三十年法律第百七十九号）第六条第一項の規定による貸付けの決定（以下この項において「貸付決定」という。）ごとに、当該貸付決定に係る法附則第十四条第一項の規定による国の貸付金（以下この条において「国の貸

付金」という。）の交付を完了した日（その日が当該貸付決定があった日の属する年度の末日の前日以後の日である場合には、当該年度の末日の前々日）の翌日から起算する。

3　国の貸付金の償還は、均等年賦償還の方法によるものとする。

4　国は、国の財政状況を勘案し、相当と認めるときは、国の貸付金の全部又は一部について、前三項の規定により定められた償還期限を繰り上げて償還させることができる。

5　法附則第十四条第五項の政令で定める場合は、前項（附則第八条第三項において準用する場合を含む。）の規定により償還期限を繰り上げて償還を行った場合とする。

（不動産に関する登記の特例）

第十二条　国立大学法人等が法附則第九条第一項の規定により不動産に関する権利を承継した場合において、その権利についてすべき登記については、国立大学法人等を国とみなして、司法書士法（昭和二十五年法律第百九十七号）第六十八条第一項、土地家屋調査士法（昭和二十五年法律第二百二十八号）第六十三条第一項、不動産登記法（平成十六年法律第百二十三号）第十六条、第百十六条及び第百十七条並びに不動産登記令（平成十六年政令第三百七十九号）第七条第一項第六号（同令別表の七十三の項（添付情報欄ロを除く。）に係る部分に限る。）及び第二項並びに第十七条第二項の規定を準用する。この場合において、同法第百十六条第一項中「遅滞なく、登記義務者の承諾を得て」とあるのは「遅滞なく」と、同令第七条第二項中「命令又は規則により指定された官庁又は公署の職員」とあるのは「国立大学法人の学長又は大学共同利用機関法人の機構長が指定し、その旨を官報により公告した国立大学法人の役員若しくは職員又は大学共同利用機関法人の役員若しくは職員」と読み替えるものとする。

（国の利害に関係のある訴訟についての法務大臣の権限等に関する法律に関する経過措置）

第十三条　法附則第十九条の規定により国立大学法人等を国の利害に関係のある訴訟についての法務大臣の権限等に関する法律に規定する国又は行政庁とみなして同法の規定を適用する場合には、同法第二条第一項中「前条の訴訟」とあるのは「国立大学法人等を当事者又は参加人とする訴訟」と、同条第二項中「行政庁（国に所属するものに限る。第五条、第六条及び第八条において同じ。）の所管し、又は監督する事務に係る前条の訴訟」とあるのは「前項の訴訟」と、「当該行政庁」とあるのは「当該国立大学法人等」と、同法第五条第一項及び第三項並びに第六条中「行政庁」とあるのは「国立大学法人等」と、同法第八条本文中「第二条、第五条第一項、第六条第二項、第六条の二第四項若しくは第五項、第六条の三第四項若しくは第五項又は前条第三項」とあるのは「第二条第一項若しくは第二項、第五条第一項又は第六条第二項」と、「行政庁」とあるのは「国立大学法人等」とする。

（健康保険法等の適用に関する経過措置）

第十四条　国立大学法人等の成立前に健康保険法（大正十一年法律第七十号）、あん摩マツサージ指圧師、はり師、きゆう師等に関する法律（昭和二十二年法律第二百十七号）、食品衛生法（昭和二十二年法律第二百三十三号）、栄養士法（昭和二十二年法律第二百四十五号）、温泉法（昭和二十三年法律第百二十五号）、化製場等に関する法律（昭和二十三年法律第百四十号）、保健師助産師看護師法（昭和二十三年法律第二百三号）、歯科衛生士法（昭和二十三年法律第二百四号）、医療法、教育職員免許法（昭和二十四年法律第百四十七号）、社会教育法（昭和二十四年法律第二百七号）、身体障害者福祉法、精神保健及び精神障害者福祉に関する法律、電波法、生活保護法、火薬類取締法（昭和二十五年法律第百四十九号）、結核予防法、高圧ガス保安法（昭和二十六年法律第二百四号）、診療放射線技師法（昭和二十六年法律第二百二十六号）、覚せい剤取締法、航空法、麻薬及び向精神薬取締法、歯科技工士法（昭和三十年法律第百六十八号）、核原料物質、核燃料物質及び原子炉の規制に関する法律、放射性同位元素等による放射線障害の防止に関する法律、水道法（昭和三十二年法律第百七十七号）、銃砲刀剣類所持等取締法、臨床検査技師、衛生検査技師等に関する法律（昭和三十三年法律第七十六号）、下水道法、電気事業法（昭和三十九年法律第百七十号）、理学療法士及び作業療法士法（昭和四十年法律第百三十七号）、母子保健法、外国医師又は外国歯科医師が行う臨床修練に係る医師法第十七条及び歯科医師法第十七条の特例等に関する法律（昭和六十二年法律第二十九号）、獣医療法（平成四年法律第四十六号）、原子爆弾被爆者に対する援護に関する法律（平成六年法律第百十七号）、化学兵器の禁止及び特定物質の規制等に関する法律（平成七年法律第六十五号）、感染症の予防及び感染症の患者に対する医療に関する法律（平成十年法律第百十四号）、原子力災害対策特別措置法、健康増進法（平成十四年法律第百三号）、医療法施行令又は食品衛生法施行令（昭和二十八年政令第二百二十九号）の規定により旧機関について国に対しされた許可、承認、指定その他の処分又は通知その他の行為であって、法附則第九条第一項の規定により各国立大学法人等が承継することとなる権利及び義務に係るものは、当該国立大学法人等の成立後は、それぞれの法令の規定により当該国立大学法人等に対しされた許可、承認、指定その他の処分又は通知その他の行為とみなす。

2　国立大学法人等の成立前に健康保険法、あん摩マツサージ指圧師、はり師、きゆう師等に関する法律、食品衛生法、栄養士法、温泉法、化製場等に関する法律、保健師助産師看護師法、歯科衛生士法、医療法、教育職員免許法、社会教育法、身体障害者福祉法、精神保健及び精神障害者福祉に関する法律、電波法、生活保護法、火薬類取締法、結核予防法、高圧ガス保安法、診療放射線技師法、覚せい剤取締法、航空法、麻薬及び向精神薬取締法、歯科技工士法、核原料物質、核燃料物質及び原子炉の規制に関する法律、放射性同位元素等による放射線障害の防止に関する法律、水道法、銃砲刀剣類所持等取締法、臨床検査技師、衛生検査技師等に関する法律、下水道法、電気事業法、理学療法士及び作業療法士法、母子保健法、外国医師又は外国歯科医師が行う臨床修練に係る医師法第十七条及び歯科医師法第十七条の特例等に関する法律、獣医療法、原子爆弾被爆者に対する援護に関する法律、化学兵器の禁止及び特定物質の規制等に関する法律、感染症の予防及び感染症の患者に対する医療に関する法律、原子力災害対策特別措置法、健康増進法、医療法施行令又は食品衛生法施行令の規定により旧機関について国がしている届出その他の行為であって、法附則第九条第一項の規定により各国立大学法人等が承継することとなる権利及び義務に係るものは、当該国立大学法人等の成立後は、それぞれの法令の規定により当該国立大学法人等がした届出その他の行為とみなす。

（漁港漁場整備法等の適用に関する経過措置）

第十五条　国立大学法人等の成立前に旧機関について国が漁港漁場整備法の規定により漁港管理者にした協議に基づく行為、港湾法の規定により港湾管理者とした協議に基づく行為、道路法（昭和二十七年法律第百八十号）の規定により道路管理者にした協議に基づく占用、都市公園法の規定により公園管理者とした協議に基づく占用、海岸法の規定により海岸管理者にした協議に基づく占用若しくは行為、下水道法の規定により公共下水道管理者とした協議に基づく行為、河川法の規定により河川管理者とした協議に基づく占用若しくは行為又は電線共同溝の整備等に関する特別措置法（平成七年法律第三十九号）の規定により道路管理者とした協議に基づく占用であって、各国立大学法人等の業務に係るものは、当該国立大学法人等の成立後は、それぞれ、当該国立大学法人等が漁港漁場整備法の規定により漁港管理者にした協議に基づく行為、港湾法の規定により港湾管理者とした協議に基づく行為、道路法の規定により受けた道路管理者の許可に基づく占用、都市公園法の規定により公園管理者とした協議に基づく占用、海岸法の規定により海岸管理者にした協議に基づく占用若しくは行為、下水道法の規定により公共下水道管理者とした協議に基づく行為、河川法の規定により河川管理者とした協議に基づく占用若しくは行為又は電線共同溝の整備等に関する特別措置法の規定により受けた道路管理者の許可に基づく占用とみなす。

（独立行政法人等の保有する情報の公開に関する法律の適用に関する経過措置）

第十六条　国立大学法人等の成立前に行政機関の保有する情報の公開に関する法律（平成十一年法律第四十二号。同法第二条第二項に規定する行政文書の開示に係る部分に限る。）の規定に基づき旧機関（国立久里浜養護学校（整備法による廃止前の国立学校設置法（昭和二十四年法律第百五十号）第九条に規定する国立久里浜養護学校をいう。次項において同じ。）を除く。以下この項において同じ。）の長（行政機関の保有する情報の公開に関する法律第十七条の規定により委任を受けた職員を含む。以下この項において同じ。）がした行為及び旧機関の長に対してされた行為は、国立大学法人等の成立後は、独立行政法人等の保有する情報の公開に関する法律（平成十三年法律第百四十号。同法第二条第二項に規定する法人文書の開示に係る部分に限る。）の規定に基づき各国立大学法人等がした行為及び各国立大学法人等に対してされた行為とみなす。

2　国立大学法人等の成立前に行政機関の保有する情報の公開に関する法律（同法第二条第二項に規定する行政文書の開示に係る部分に限る。）の規定に基づき国立久里浜養護学校の業務に係る行政文書に関して文部科学大臣（同法第十七条の規定により委任を受けた職員を含む。以下この項において同じ。）がした行為及び文部科学大臣に対してされた行為は、国立大学法人等の成立後は、独立行政法人等の保有する情報の公開に関する法律（同法第二条第二項に規定する法人文書の開示に係る部分に限る。）の規定に基づき国立大学法人筑波大学がした行為及び国立大学法人筑波大学に対してされた行為とみなす。

（都市計画法の適用に関する経過措置）

第十七条　国立大学法人等の成立前に旧機関について国が着手していた都市計画法第四条第十二項に規定する開発行為であって、法附則第九条第一項の規定により各国立大学法人等が承継することとなる権利及び義務に係るものについての都市計画法第二十九条第一項第四号及び第二項第二号、第三十五条の二第一項ただし書並びに第四十三条第一項第五号並びに都市計画法施行令（昭和四十四年政令第百五十八号）第三十四条第一号の規定の適用については、当該開発行為を同法第二十九条第一項第四号に掲げる開発行為とみなす。この場合において、当該開発行為を行う各国立大学法人等は、その成立後速やかに、同法第三十条第一項第一号に掲げる事項を都道府県知事（当該開発行為が同法第二十九条第一項に規定する指定都市等の区域内において行われる場合にあっては、当該指定都市等の長）に通知するものとする。

（電気通信事業法及び日本電信電話株式会社等に関する法律の一部を改正する法律による構造改革特別区域法の一部改正に伴う経過措置）

第十八条　この政令の施行の日が電気通信事業法及び日本電信電話株式会社等に関する法律の一部を改正する法律（平成十五年法律第百二十五号）附則第四十七条の規定の施行の日前である場合には、同条の規定の施行の日の前日までの間における第二十三条第一項第十三号の規定の適用については、同号中「第三十九条」とあるのは、「第四十条」とする。

附　則（平成二〇年一〇月三一日政令第三三八号）　抄

（施行期日）

1　この政令は、地域における歴史的風致の維持及び向上に関する法律の施行の日（平成二十年十一月四日）から施行する。

国立大学法人法施行規則

平成十五年十二月十九日文部科学省令第五十七号
最終改正　平成二一年九月一一日文部科学省令第三一号

国立大学法人法（平成十五年法律第百十二号）第三十一条第一項及び第二項第七号並びに附則第十条並びに同法第三十五条において準用する独立行政法人通則法（平成十一年法律第百三号）第二十八条第二項、第三十一条第一項、第三十二条第一項、第三十三条、第三十四条第一項、第三十七条、第三十八条第一項及び第四項、第四十八条第一項並びに第五十条並びに国立大学法人法施行令（平成十五年政令第四百七十八号）第四条第二項、第十条及び第二十四条の規定に基づき、並びに国立大学法人法を実施するため、国立大学法人法施行規則を次のように定める。

（大学共同利用機関法人の設置する大学共同利用機関）

第一条　国立大学法人法（以下「法」という。）第五条第二項の規定により大学共同利用機関法人が設置する大学共同利用機関は、別表第一の上欄に掲げる大学共同利用機関法人の区分に応じ、それぞれ同表の中欄に掲げる大学共同利用機関とし、当該大学共同利用機関の目的は、同表の下欄に掲げるとおりとする。

（出資の認可の申請）

第二条　国立大学法人は、国立大学法人法第二十二条第二項の認可を受けようとするときは、次に掲げる事項を記載した申請書を文部科学大臣に提出しなければならない。

一　出資先の名称、住所又は居所及び代表者名
二　出資に係る財産の内容及び評価額
三　出資を行う時期
四　出資を必要とする理由
五　その他文部科学大臣が必要と認める事項

2　前項の申請書には、次に掲げる書類を添付しなければならない。

一　出資先の定款その他の基本約款
二　出資先の貸借対照表、損益計算書その他の財務に関する書類
三　その他文部科学大臣が必要と認める書類

3　前二項の規定は、大学共同利用機関法人が法第二十九条第二項の認可を受けようとするときについて準用する。

（国立大学等の授業料その他の費用）

第三条　国立大学及び国立大学に附属して設置される学校の授業料その他の費用に関しては、他の法令に別段の定めがあるもののほか、国立大学等の授業料その他の費用に関する省令（平成十六年文部科学省令第十六号）の定めるところによる。

（国立大学の附属の学校）

第四条　法第二十三条の規定により別表第二の上欄に掲げる国立大学に附属して設置される幼稚園、小学校、中学校、高等学校、中等教育学校及び特別支援学校（以下「附属学校」という。）は、それぞれ同表の下欄に定めるとおりとする。

2　附属学校の名称は、別表第二の上欄の国立大学の名称に同表下欄の学校の名称を附したものとする。

3　附属学校の位置は、別表第三に掲げるものを除き、当該附属学校が附属する国立大学を設置する国立大学法人の主たる事務所の所在地とする。

（国立大学の附属の専修学校）

第五条　法第二十三条の規定により別表第四の上欄に掲げる国立大学に附属して設置される専修学校は、それぞれ同表の下欄に定めるとおりとする。

（中期計画の作成・変更に係る事項）

第六条　国立大学法人及び大学共同利用機関法人（以下「国立大学法人等」という。）は、法第三十一条第一項の規定により中期計画の認可を受けようとするときは、中期計画を記載した申請書を、当該中期計画の最初の事業年度開始三十日前までに（国立大学法人等の最初の事業年度の属する中期計画については、国立大学法人等の成立後遅滞なく）、文部科学大臣に提出しなければならない。

2　国立大学法人等は、法第三十一条第一項後段の規定により中期計画の変更の認可を受けようとするときは、変更しようとする事項及びその理由を記載した申請書を文部科学大臣に提出しなければならない。

（中期計画記載事項）

第七条　法第三十一条第二項第七号に規定する文部科学省令で定める業務運営に関する事項は、次のとおりとする。

一　施設及び設備に関する計画
二　人事に関する計画
三　中期目標の期間を超える債務負担
四　積立金の使途
五　その他国立大学法人等の業務の運営に関し必要な事項

（業務方法書に記載すべき事項）

第八条　法第三十五条において読み替えて準用する独立行政法人通則法第二十八条第二項の文部科学省令で定める業務方法書に記載すべき事項は、次のとおりとする。

一　法第二十二条第一項第六号又は第二十九条第一項第五号に規定する出資の方法に関する基本的事項
二　業務委託の基準
三　競争入札その他契約に関する基本的事項
四　その他国立大学法人等の業務の執行に関して必要な事項

（年度計画の作成・変更に係る事項）

第九条　準用通則法（法第三十五条において準用する独立行政法人通則法をいう。以下同じ。）第三十一条第一項の年度計画には、中期計画に定めた事項に関し、当該事業年度において実施すべき事項を記載しなければならない。

2　国立大学法人等は、準用通則法第三十一条第一項後段の規定により年度計画の変更をしたときは、変更した事項及びその理由を記載した届出書を文部科学大臣に提出しなければならない。

（各事業年度の業務の実績の評価に係る事項）

第十条　国立大学法人等は、法第三十五条において読み替えて準用する独立行政法人通則法第三十二条第一項の規定により各事業年度における業務の実績について

は、年度計画に定めた項目ごとにその実績を明らかにした報告書を当該事業年度の終了後三月以内に国立大学法人評価委員会に提出しなければならない。

2　国立大学法人評価委員会は、前項の評価を決定しようとするときは、あらかじめ、国立大学法人等に意見の申立ての機会を付与するものとする。

（中期目標期間終了後の事業報告書の文部科学大臣への提出に係る事項）

第十一条　準用通則法第三十三条の中期目標に係る事業報告書には、当該中期目標に定めた項目ごとにその実績を明らかにしなければならない。

（中期目標期間の業務の実績の評価に係る事項）

第十二条　国立大学法人等は、法第三十五条において読み替えて準用する独立行政法人通則法第三十四条第一項の規定により各中期目標の期間における業務の実績について国立大学法人評価委員会の評価を受けようとするときは、当該中期目標に定めた項目ごとにその実績を明らかにした報告書を当該中期目標の期間の終了後三月以内に国立大学法人評価委員会に提出しなければならない。

2　第十条第二項の規定は、前項の評価について準用する。

（会計の原則）

第十三条　国立大学法人等の会計については、この省令の定めるところにより、この省令に定めのないものについては、一般に公正妥当と認められる企業会計の基準に従うものとする。

2　金融庁組織令（平成十年政令第三百九十二号）第二十四条第一項に規定する企業会計審議会により公表された企業会計の基準は、前項に規定する一般に公正妥当と認められる企業会計の基準に該当するものとする。

3　国立大学法人等に適用する会計の基準として文部科学大臣が別に公示する国立大学法人会計基準は、第一項に規定する一般に公正妥当と認められる企業会計の基準に優先して適用されるものとする。

（会計処理）

第十四条　文部科学大臣は、国立大学法人等が業務のため取得しようとしている償却資産についてその減価に対応すべき収益の獲得が予定されないと認められる場合には、その取得までの間に限り、当該償却資産を指定することができる。

2　前項の指定を受けた資産の減価償却については、減価償却費は計上せず、資産の減価額と同額を資本剰余金に対する控除として計上するものとする。

（財務諸表）

第十五条　法第三十五条において読み替えて準用する独立行政法人通則法第三十八条第一項に規定する文部科学省令で定める書類は、キャッシュ・フロー計算書及び国立大学法人等業務実施コスト計算書並びに連結貸借対照表、連結損益計算書、連結キャッシュ・フロー計算書、連結剰余金計算書及び連結附属明細書とする。

（財務諸表等の閲覧期間）

第十六条　法第三十五条において読み替えて準用する独立行政法人通則法第三十八条第四項に規定する文部科学省令で定める期間は、六年とする。

（重要な財産の範囲）

第十七条　法第三十五条において読み替えて準用する独立行政法人通則法第四十八条第一項に規定する文部科学省令で定める重要な財産は、土地、建物、船舶及び航空機並びに文部科学大臣が指定するその他の財産とする。

（重要な財産の処分等の認可の申請）

第十八条　国立大学法人等は、準用通則法第四十八条第一項の規定により重要な財産を譲渡し、又は担保に供すること（以下この条において「処分等」という。）について認可を受けようとするときは、次に掲げる事項を記載した申請書を文部科学大臣に提出しなければならない。

一　処分等に係る財産の内容及び評価額
二　処分等の条件
三　処分等の方法
四　国立大学法人等の業務運営上支障がない旨及びその理由

（土地の譲渡に関する報告）

第十九条　国立大学法人等は、毎事業年度、法第七条第四項の規定により条件を付して出資された土地の全部又は一部の譲渡（事業年度末までの譲渡の予定を含む。以下同じ。）を行ったときは、次に掲げる事項を記載した報告書を、当該譲渡を行った事業年度の二月末日までに文部科学大臣に提出しなければならない。

一　譲渡を行った土地の所在地及び面積
二　譲渡を行った土地の帳簿価額及び譲渡価額
三　法第七条第四項の文部科学大臣が定める基準により算定した額

2　前項の報告書には、当該譲渡に関する契約書の写しその他の譲渡を証する書類を添付しなければならない。

3　国立大学法人等は、第一項各号に掲げる事項に変更があったときは、遅滞なく、変更に係る事項を記載した報告書を文部科学大臣に提出しなければならない。

4　第二項の規定は、前項の報告書について準用する。

（資本金の減少対象額等の通知等）

第二十条　文部科学大臣は、法第七条第八項の規定により金額を定めたときは、次の各号に掲げる事項を同項に規定する財産を譲渡した国立大学法人等に通知するとともに、第二号に掲げる事項を独立行政法人国立大学財務・経営センター（以下この条において「センター」という。）に通知するものとする。

一　法第七条第八項の規定により定めた金額
二　当該国立大学法人等がセンターに納付すべき金額

2　センターは、前項の通知を受けたときは、遅滞なく、同項に規定する国立大学法人等に対し、同項第二号の金額の納付を請求しなければならない。

3　国立大学法人等は、前項の規定により請求があったときは、当該請求があった事業年度末までに、センターに対し第一項第二号の金額を納付しなければならない。

4　国立大学法人等は、法第七条第八項の規定により資本金を減少したときは、遅滞なく、その旨を文部科学大臣に報告するものとする。

5　文部科学大臣は、前項の報告があった場合は、遅滞なく、その旨を財務大臣に報告するものとする。

（国立大学法人法施行令第十条に規定する文部科学省令で定める期間）

第二十一条　国立大学法人法施行令第十条に規定する文部科学省令で定める期間は、次の各号に掲げる区分に応じ、それぞれ当該各号に定める期間とする。

一　土地（次号括弧書に規定する土地を除く。）　十五年間

二　施設（その用に供する土地を含む。）　二十五年間

三　設備　十年間

（償還計画の認可の申請）

第二十二条　国立大学法人等は、法第三十四条第一項の規定により償還計画の認可を受けようとするときは、準用通則法第三十一条第一項前段の規定により年度計画を届け出た後遅滞なく、次に掲げる事項を記載した申請書を文部科学大臣に提出しなければならない。ただし、償還計画の変更の認可を受けようとするときは、その都度提出しなければならない。

一　長期借入金の総額及び当該事業年度における借入見込額並びにその借入先

二　債券の総額及び当該事業年度における発行見込額並びに発行の方法

三　長期借入金及び債券の償還の方法及び期限

四　その他必要な事項

（短期借入金の認可の申請）

第二十三条　国立大学法人等は、準用通則法第四十五条第一項ただし書の規定により短期借入金の借入れの認可を受けようとするとき、又は同条第二項ただし書の規定により短期借入金の借換えの認可を受けようとするときは、次に掲げる事項を記載した申請書を文部科学大臣に提出しなければならない。

一　借入れを必要とする理由

二　借入金の額

三　借入先

四　借入金の利率

五　借入金の償還の方法及び期限

六　利息の支払の方法及び期限

七　その他必要な事項

（剰余金のうち中期計画に定める使途に充てられる額の承認手続）

第二十四条　国立大学法人等は、準用通則法第四十四条第三項の承認を受けようとするときは、次に掲げる事項を記載した申請書を文部科学大臣に提出しなければならない。

一　承認を受けようとする金額

二　前号の金額を充てようとする剰余金の使途

2　前項の申請書には、準用通則法第四十四条第一項に規定する残余がある事業年度の事業年度末の貸借対照表、当該事業年度の損益計算書その他文部科学大臣が必要と認める事項を記載した書類を添付しなければならない。

（積立金の処分に係る申請書の添付書類）

第二十五条　国立大学法人法施行令第四条第二項に規定する文部科学省令で定める書類は、同条第一項に規定する中期目標の期間の最後の事業年度の事業年度末の貸借対照表、当該事業年度の損益計算書その他文部科学大臣が必要と認める事項を記載した書類とする。

（他の省令の準用）

第二十六条　次の省令の規定については、国立大学法人等を国とみなして、これらの規定を準用する。

一　健康保険法施行規則（大正十五年内務省令第三十六号）第百五十九条第一項第六号

二　児童福祉法施行規則（昭和二十三年厚生省令第十一号）第十四条

三　医療法施行規則（昭和二十三年厚生省令第五十号）第三条の二第一項及び第四十三条

四　生活保護法施行規則（昭和二十五年厚生省令第二十一号）第十条第一項

五　精神保健及び精神障害者福祉に関する法律施行規則（昭和二十五年厚生省令第三十一号）第十二条

六　覚せい剤取締法施行規則（昭和二十六年厚生省令第三十号）第十四条並びに第十七条第一項第十六号及び第十七号

七　麻薬及び向精神薬取締法施行規則（昭和二十八年厚生省令第十四号）第二十一条、第二十三条第一項、第二十四条から第二十六条まで及び第四十九条

八　保険医療機関及び保険薬局の指定並びに特定承認保険医療機関の承認並びに保険医及び保険薬剤師の登録に関する省令（昭和三十二年厚生省令第十三号）第一条第一号及び第一条の三第一号

九　母子保健法施行規則（昭和四十年厚生省令第五十五号）第十二条

十　外国医師又は外国歯科医師が行う臨床修練に係る医師法第十七条及び歯科医師法第十七条の特例等に関する法律施行規則（昭和六十二年厚生省令第四十七号）第一条

十一　介護保険法施行規則（平成十一年厚生省令第三十六号）第百二十六条第一項

2　前項の規定により次の表の上欄に掲げる省令の規定を準用する場合においては、これらの規定中の字句で同表の中欄に掲げるものは、それぞれ同表の下欄の字句と読み替えるものとする。

読み替える省令の規定	読み替えられる字句	読み替える字句
覚せい剤取締法施行規則第十四条第二項	主務大臣	当該覚せい剤施用機関を開設する国立大学法人
外国医師又は外国歯科医師が行う臨床修練に係る医師法第十七条及び歯科医師法第十七条の特例等に関する法律施行規則第一条	主務大臣	当該病院の開設者である国立大学法人

第二十七条　次の省令の規定については、国立大学法人等を独立行政法人とみなして、これらの規定を準用する。

一　博物館法施行規則（昭和三十年文部省令第二十四号）第十八条及び第二十一条

二　社会教育調査規則（昭和三十五年文部省令第十一号）第六条第二項第一号

2　前項の規定により社会教育調査規則第六条第二項第一号の規定を準用する場合においては、同号中「博物

館相当施設、博物館類似施設、青少年教育施設、女性教育施設、体育施設及び文化会館」とあるのは、「博物館相当施設及び博物館類似施設」と読み替えるものとする。

附　則

（施行期日）
第一条　この省令は、公布の日から施行する。

（成立の際の会計処理の特例）
第二条　国立大学法人等の成立の際法附則第九条第二項の規定により国立大学法人等に出資されたものとされる財産のうち償却資産（附属病院に属する償却資産にあっては、別に文部科学大臣が指定するもの）及び文部科学大臣が別に指定する償却資産については、第十四条第一項の指定があったものとみなす。

（土地の譲渡に関する規定の準用）
第三条　第十九条の規定は、法附則第九条第三項の規定により条件を付して出資されたものとされた土地の全部又は一部の譲渡について準用する。この場合において、第十九条第一項第三号中「法第七条第四項」とあるのは「法附則第九条第三項」と読み替えるものとする。

（寄附金の経理）
第四条　法附則第十条の規定により国立大学法人等に寄附されたものとされた委任経理金（国立大学法人法等の施行に伴う関係法律の整備等に関する法律（平成十五年法律第百十七号）第二条の規定による廃止前の国立学校特別会計法（昭和三十九年法律第五十五号）第十七条の規定に基づき文部科学大臣から法附則別表第一の上欄に掲げる機関の長に交付され、その経理を委任された金額をいう。以下この条において同じ。）の残余に相当する額は、国立大学法人法等の施行に伴う文部科学省関係省令の整備等に関する省令（平成十六年文部科学省令第十五号）第一条の規定による廃止前の奨学寄附金委任経理事務取扱規則（昭和三十九年文部省令第十四号）第二条第一項の規定により文部科学大臣が当該委任経理金の交付をするときに同条第三項の規定により示した使途に使用するものとして経理するものとする。

（法附則第十五条第二項に規定する養護学校）
第五条　法附則第十五条第二項に規定する筑波大学に附属して設置される養護学校は、筑波大学附属久里浜養護学校とする。

（旧設置法施行規則に規定する附属学校に関する経過措置）
第六条　次の表の上欄に掲げる旧設置法施行規則（国立大学法人法等の施行に伴う文部科学省関係省令の整備等に関する省令（平成十六年文部科学省令第十五号）第一条の規定による廃止前の国立学校設置法施行規則（昭和三十九年文部省令第十一号）をいう。以下同じ。）別表第九に掲げる附属学校は、国立大学法人の成立の時において、それぞれ同表の中欄に掲げる国立大学法人が法第四条第二項の規定により設置する国立大学に附属して設置される同表の下欄に掲げる附属学校（以下この条において「新附属学校」という。）となるものとする。（表　略）

（旧設置法施行規則に規定する教育施設に関する経過措置）
第七条　次の表の上欄に掲げる旧設置法施行規則別表第五に掲げる教育施設は、国立大学法人の成立の時において、それぞれ同表の中欄に掲げる国立大学法人が法第四条第二項の規定により設置する国立大学に附属して設置される同表の下欄に掲げる専修学校となるものとする。（表　略）

第八条　国立大学法人の成立の際現に次の表の上欄に掲げる旧設置法施行規則別表第五に掲げる教育施設（以下「旧教育施設」という。）に在学する生徒が存する場合には、同表の中欄に掲げる国立大学法人は、当該生徒が旧教育施設を卒業するため必要であった教育課程の履修を行うことができるようにするため、同表の下欄に掲げる専修学校を設置する。（表　略）

2　前項の専修学校は、前項に規定する生徒が当該専修学校に在学しなくなる日において、廃止するものとする。

3　旧教育施設は、国立大学法人の成立の時において、それぞれ第一項の表の下欄に掲げる専修学校となるものとする。

附　則（平成二一年九月一一日文部科学省令第三一号）抄

（施行期日）
第一条　この省令は、平成二十一年十月一日から施行する。

（会計処理の特例）
第三条　独立行政法人に係る改革を推進するための文部科学省関係法律の整備等に関する法律附則第三条第一項の規定により大学共同利用機関法人人間文化研究機構に出資されたものとされる資産のうち償却資産については、この省令による改正後の国立大学法人法施行規則第十四条第一項の指定があったものとみなす。

別表第一（第一条関係）　略
別表第二（第四条関係）　略
別表第三（第四条関係）　略
別表第四（第五条関係）　略

「国立大学法人会計基準」及び「国立大学法人会計基準注解」報告書

平成十五年三月五日国立大学法人会計基準等検討会議
最終改訂　平成二一年七月二八日

第1章　一般原則

第1　真実性の原則

国立大学法人法（平成15年法律第112号）第2条に規定する国立大学法人及び大学共同利用機関法人（以下「国立大学法人等」という。）の会計は、国立大学法人等の財政状態及び運営状況に関して、真実な報告を提供するものでなければならない。（注1）

〈注1〉真実性の原則について

1　国立大学法人等は教育研究に係る国の業務の実施に関して負託された経済資源に関する情報を負託主体である国民に開示する責任を負っており、説明責任の観点から、その財政状態及び運営状況を明らかにし、適切に情報開示を行うことが要請される。

2　国立大学法人等の業務運営については、その自律性及び自発性の発揮の観点から、国による事前統制を極力排除し、事後チェックに重点を置くこととされているが、適切に事後チェックを行うためには、業績評価が適正に行われなければならない。

3　このような説明責任の観点及び業績の適正評価の観点から、国立大学法人等の会計は、その財政状態及び運営状況に関して、真実な報告を提供するものでなければならない。

第2　正規の簿記の原則

1　国立大学法人等の会計は、国立大学法人等の財政状態及び運営状況に関するすべての取引及び事象について、複式簿記により体系的に記録し、正確な会計帳簿を作成しなければならない。（注2）

2　会計帳簿は、国立大学法人等の財政状態及び運営状況に関するすべての取引及び事象について、網羅的かつ検証可能な形で作成されなければならない。

3　国立大学法人等の財務諸表は、正確な会計帳簿に基づき作成し、相互に整合性を有するものでなければならない。（注3）

〈注2〉複式簿記について

国立大学法人等においては、その財政状態及び運営状況に関するすべての取引及び事象について捕捉しうる合理的な会計処理及び記録の仕組みとして、複式簿記を導入するものとする。

〈注3〉国立大学法人等業務実施コスト計算書の整合性について

1　国立大学法人等業務実施コスト計算書は、国立大学法人等の財務諸表を構成する書類の一つであり、基本的には正確な会計帳簿に基づき作成されるべきものである。

2　しかし、国立大学法人等業務実施コスト計算書には、その性格上一定の仮定計算に基づく機会費用を含むことから、会計帳簿によらないで作成される部分が存することに留意する必要がある。その場合には、当該部分の作成根拠等を注記等により開示しなければならない。

第3　明瞭性の原則

国立大学法人等の会計は、財務諸表によって、国民その他の利害関係者に対し必要な会計情報を明瞭に表示し、国立大学法人等の状況に関する判断を誤らせないようにしなければならない。（注4）

〈注4〉明瞭性の原則について

1　国民の需要に応じた教育研究を実施するために創設された国立大学法人等は、その教育研究のために負託された経済資源に関する会計情報を負託主体である国民を始めとする利害関係者に対し報告する責任を負っている。

2　国民その他の利害関係者にわかりやすい形で適切に情報開示するため、国立大学法人等の財務諸表は明瞭に表示されなければならない。

第4　重要性の原則

1　国立大学法人等の会計は、国民その他の利害関係者の国立大学法人等の状況に関する判断を誤らせないようにするため、取引及び事象の金額的側面及び質的側面の両面からの重要性を勘案して、適切な記録、計算及び表示を行わなければならない。

2　質的側面の考慮においては、国立大学法人等の会計の見地からの判断に加え、国立大学法人等の公共的性格に基づく判断も加味して行わなければならない。

3　重要性の乏しいものについては、本来の方法によらないで他の簡便な方法によることも正規の簿記の原則及び明瞭性の原則に従った処理として認められる。（注5）

〈注5〉重要性の原則について

1　公共的な性格を有する国立大学法人等の会計は、国立大学法人会計基準に定めるところに従った会計処理及び表示が求められるものである。

2　ただし、国立大学法人等の会計が目的とするところは、国立大学法人等の財政状態及び運営状況を明らかにし、国民その他の利害関係者の判断を誤らせないようにすることにあることから、重要性の乏しいものについては、本来の会計処理によらないで合理的な範囲で他の簡便な方法によることも、正規の簿記の原則に従った処理として認められる。

一方で、国立大学法人等は、多数の法人が同種の業務を行うため、当該法人間における会計情報の比較可能性の確保を強く要請されることから、一定の事項については個々に判断するのではなく統一的な取扱いをする必要があることに留意する必要がある。

3　重要性の原則は、財務諸表の表示に関しても適用され、本来の財務諸表の表示方法によらないで合理的な範囲で他の簡便な方法によることも、明瞭性の原則に従った表示として認められる。

第5　資本取引・損益取引区分の原則

国立大学法人等の会計においては、資本取引と損益取引とを明瞭に区別しなければならない。（注6）

〈注6〉資本取引・損益取引区分の原則について

1　公共的な性格を有し、利益の獲得を目的とせず、独立採算制を前提としない国立大学法人等においては、第一に、経営成績ではなく運営状況を明らかにするために損益計算を行うこととなる。この観点からその運営状況を適正に示すため、国立大学法人等が中期計画に沿って通常の運営を行った場合、運営費交付金等の財源措置が行われる業務についてはその範囲において損益が均衡するように損益計算の仕組みが構築されることとなる。なお、国立大学法人等が行う業務には、その実施に収入が伴うものがあるが、こうした業務の中には、経営成績も加味した運営状況の開示が必要となるものもある。また、国との関係において、国立大学法人等の独自判断では意思決定が完結し得ない行為に起因する支出など国立大学法人等の業績を評価する手段としての損益計算に含めることが合理的ではない支出は、国立大学法人等の損益計算には含まれないものとする。

2　また、国立大学法人等においては、第二に、国立大学法人法第35条において準用する独立行政法人通則法（平成11年法律第１０３号）（以下「準用通則法」という。）第44条にいう利益又は損失を確定するために損益計算を行うこととしている。

3　このように、国立大学法人等においては、財政状態及び運営状況を適正に示すという観点並びに準用通則法第44条にいう利益又は損失の確定を適切に行うという観点から、その会計において、資本取引と損益取引とを明瞭に区別しなければならない。

第6　継続性の原則

国立大学法人等の会計においては、その処理の原則及び手続を毎期継続して適用し、みだりにこれを変更してはならない。（注7）

〈注7〉継続性の原則について

1　国立大学法人等は、その公共的な性格から適切に情報開示を行わなければならず、さらに、多数の法人が同種の業務を行うため、当該法人間における会計情報の比較可能性の確保を強く要請されることから、その会計処理の原則及び手続に関する選択性は原則として排除される。

2　しかしながら、一つの会計事実について二つ以上の会計処理の原則又は手続の選択適用が認められる場合は皆無とはいえない。そのような場合において、国立大学法人等が選択した会計処理の原則又は手続を継続して適用しないときは、同一の会計事実について異なる計算結果が算出されることになる。その結果、財務諸表の期間比較を困難ならしめ、国立大学法人等の財政状態及び運営状況に関する国民その他の利害関係者の判断を誤らしめるおそれがある。したがって、いったん採用した会計処理の原則及び手続は、正当な理由により変更を行う場合を除き、財務諸表を作成する各事業年度を通じて継続して適用しなければならない。

3　正当な理由によって、会計処理の原則又は手続に変更を加えたときは、これを財務諸表に注記しなければならない。

4　財務諸表の表示方法について変更を加えたときは、これを財務諸表に注記しなければならない。

第7　保守主義の原則

1　国立大学法人等の会計は、予測される将来の危険に備えて慎重な判断に基づく会計処理を行わなければならない。

2　国立大学法人等の会計は、過度に保守的な会計処理を行うことにより、国立大学法人等の財政状態及び運営状況の真実な報告をゆがめてはならない。

第2章　概念

第8　資産の定義

1　国立大学法人等の資産とは、過去の取引又は事象の結果として国立大学法人等が支配する資源であって、それにより教育研究の実施能力又は将来の経済的便益が期待されるものをいう。

2　資産は、流動資産及び固定資産に分類される。

3　国立大学法人等においては、繰延資産を計上してはならない。（注8）

〈注8〉繰延資産について

1　国立大学法人等においては、国からの財源措置が行われるが、その額は、国立大学法人等に負託された業務に係る支出額に対応する形で措置されることとなる。また、研究開発費等を資産として貸借対照表に計上することは適当でないとする「研究開発費等に係る会計基準」の考え方を勘案すると、国立大学法人等においては繰延資産を計上することは適当ではなく、支出した当該事業年度の費用として処理すべきものである。

2　債券発行に要した費用は、当該費用が発生した事業年度の費用として処理しなければならない。

第9　固定資産

固定資産は、有形固定資産、無形固定資産及び投資その他の資産に分類される。（注9）

〈注9〉流動資産又は流動負債と固定資産又は固定負債とを区別する基準について

1　国立大学法人等の通常の業務活動により発生した受取手形、未収入金、前渡金、未払金、前受金等の債権及び債務は、流動資産又は流動負債に属するものとする。ただし、これらの債権のうち、破産債権、再生債権、更生債権及びこれに準ずる債権で、貸借対照表日の翌日から起算して一年以内（以下この章において「一年以内」という。）に回収されないことが明らかなものは、固定資産たる投資その他の資産に属するものとする。

2　借入金、差入保証金、当該国立大学法人等の通常の業務以外によって発生した未収金、未払金等の債権及び債務で、一年以内に入金又は支払の期限が到来するものは、流動資産又は流動負債に属するものとし、入金又は支払の期限が一年を超えて到来するものは、投資その他の資産又は固定負債に属するものとする。

3　現金及び預金は、原則として、流動資産に属するが、預金については、一年以内に期限が到来するものは、流動資産に属するものとし、期限が一年を超えて到来するものは、投資その他の資産に属するものとする。

4　売買目的有価証券及び一年以内に満期の到来する国債、地方債、政府保証債その他の債券は流動資産に属するものとし、それ以外の有価証券は投資その他の資産に属するものとする。

5　製品、半製品、原材料、仕掛品、医薬品、診療材料等のたな卸資産（以下同じ。但し、基準第51及び第55については、医薬品及び診療材料を除く。）は、流動資産に属するものとし、国立大学法人等がその業務目的を達成するために所有し、かつ、その加工若しくは売却を予定しない財貨は、固定資産に属するものとする。

6　なお、固定資産のうち残存耐用年数が一年以下となったものも流動資産とせず固定資産に含ませ、たな卸資産のうち恒常在庫品として保有するもの又は余剰品として長期間にわたって所有するものも固定資産とせず流動資産に含ませるものとする。

第10　有形固定資産

次に掲げる資産（ただし、（1）から（7）までに掲げる資産については、国立大学法人等の通常の業務活動の用に供するものに限る。）は、有形固定資産に属するものとする。

（1）土地
（2）建物及び附属設備
（3）構築物（土地に定着する土木設備又は工作物をいう。以下同じ。）
（4）機械及び装置並びにその他の附属設備
（5）工具、器具及び備品。ただし、耐用年数一年以上のものに限る。
（6）図書
（7）美術品、収蔵品（標本を含む。以下同じ。）
（8）船舶及び水上運搬具
（9）車両その他の陸上運搬具
（10）建設仮勘定（（1）から（4）まで、（8）及び（9）に掲げる資産で通常の業務活動の用に供することを前提として、建設又は製作途中における当該建設又は製作のために支出した金額及び充当した材料をいう。以下同じ。）
（11）その他の有形資産で流動資産又は投資たる資産に属しないもの

第11　無形固定資産

特許権、借地権、地上権、商標権、実用新案権、意匠権、鉱業権、漁業権、ソフトウェアその他これらに準ずる資産は、無形固定資産に属するものとする。

第12　投資その他の資産

1　流動資産、有形固定資産又は無形固定資産に属するもの以外の長期資産は、投資その他の資産に属するものとする。

2　次に掲げる資産は、投資その他の資産に属するものとする。

（1）投資有価証券。ただし、関係会社（「第93　連結の範囲」及び「第103　関連会社等に対する持分法の適用」において定める特定関連会社及び関連会社をいう。）有価証券を除く。
（2）関係会社株式
（3）その他の関係会社有価証券
（4）長期貸付金。ただし、関係法人（「第91　連結財務諸表の作成目的」において定める関係法人をいう。）に対する長期貸付金（以下「関係法人長期貸付金」という。）を除く。
（5）関係法人長期貸付金
（6）破産債権、再生債権、更生債権その他これらに準ずる債権
（7）長期前払費用
（8）未収財源措置予定額（「第80　事後に財源措置が行われる特定の費用に係る会計処理」により計上される未収財源措置予定額をいう。以下同じ。）
（9）その他

第13　流動資産

次に掲げる資産は、流動資産に属するものとする。（注9）

（1）現金及び預金。ただし、一年以内に期限の到来しない預金を除く。
（2）未収入金（国立大学法人等の通常の業務活動において発生した未収入金をいう。ただし、破産債権、再生債権、更生債権その他これらに準ずる債権で一年以内に回収されないことが明らかなものを除く。以下同じ。）
（3）受取手形（国立大学法人等の通常の業務活動において発生した手形債権をいう。ただし、破産債権、再生債権、更生債権その他これらに準ずる債権で一年以内に回収されないことが明らかなものを除く。以下同じ。）
（4）有価証券で、「第31　有価証券の評価基準及び評価方法」において定める売買目的有価証券及び一年以内に満期の到来するもの
（5）商品
（6）製品、副産物及び作業くず
（7）半製品
（8）原料及び材料（購入部分品を含む。）
（9）仕掛品
（10）医薬品
（11）診療材料
（12）消耗品、消耗工具、器具及び備品その他の貯蔵品で相当価額以上のもの
（13）前渡金（原材料、商品等の購入のための前渡金をいう。ただし、破産債権、再生債権、更生債権その他これらに準ずる債権で一年以内に回収されないことが明らかなものを除く。以下同じ。）
（14）前払費用で一年以内に費用となるべきもの（注10）

(15) 未収収益で一年以内に対価の支払を受けるべきもの（注10）
(16) その他の資産で一年以内に現金化できると認められるもの

〈注10〉経過勘定項目について

1 前払費用
(1) 前払費用は、一定の契約に従い、継続して役務の提供を受ける場合、いまだ提供されていない役務に対し支払われた対価をいう。
(2) したがって、前払費用として対価を支払った国立大学法人等においては、いまだ提供されていない役務の提供を受けるという経済的便益が期待されるものであるため、前払費用は資産に属するものとする。

2 前受収益
(1) 前受収益は、一定の契約に従い、継続して役務の提供を行う場合、いまだ提供していない役務に対し支払を受けた対価をいう。
(2) したがって、前受収益として対価の支払を受けた国立大学法人等においては、いまだ提供していない役務の提供をしなければならず、経済的便益の減少を生じさせるものであるため、前受収益は負債に属するものとする。

3 未払費用
(1) 未払費用は、一定の契約に従い、継続して役務の提供を受ける場合、既に提供された役務に対していまだその対価の支払が終らないものをいう。
(2) したがって、既に提供された役務に対していまだ対価の支払を終えていない国立大学法人等においては、その対価の支払を行わなければならず、経済的便益の減少を生じさせるものであるため、未払費用は負債に属するものとする。

4 未収収益
(1) 未収収益は、一定の契約に従い、継続して役務の提供を行う場合、既に提供した役務に対していまだその対価の支払を受けていないものをいう。
(2) したがって、既に提供した役務に対していまだ対価の支払を受けていない国立大学法人等においては、その対価の支払を受けるという経済的便益が期待されるものであるため、資産に属するものとする。

第14 負債の定義

1 国立大学法人等の負債とは、過去の取引又は事象に起因する現在の義務であって、その履行が国立大学法人等に対して、将来、教育研究の実施又は経済的便益の減少を生じさせるものをいう。
2 負債は、法律上の債務に限定されるものではない。
3 負債は、流動負債及び固定負債に分類される。

第15 固定負債

次に掲げる負債は、固定負債に属するものとする。（注9）

(1) 資産見返負債（中期計画の想定の範囲内で、運営費交付金により、又は国若しくは地方公共団体からの補助金等（補助金、負担金、交付金、補給金等の名称をもって交付されるものであって、相当の反対給付を求められないもの（運営費交付金及び施設費を除く。）をいう。以下同じ。）によりその交付の目的に従い、若しくは寄附金により寄附者の意図若しくは国立大学法人等があらかじめ特定した使途に従い償却資産を取得した場合（これらに関し、長期の契約により固定資産を取得する場合であって、当該契約に基づき前払金又は部分払金を支払った場合を含む。）に計上される負債をいう。）
(2) 寄附金債務で一年以内に使用されないと認められるもの
(3) 前受受託研究費等（受託研究費及び共同研究費を受領した場合に計上される負債をいう。以下同じ。）で一年以内に使用されないと認められるもの
(4) 前受受託事業費等（受託事業費及び共同事業費を受領した場合に計上される負債をいう。以下同じ。）で一年以内に使用されないと認められるもの
(5) 国立大学財務・経営センター債務負担金（国立学校特別会計から独立行政法人国立大学財務・経営センターが承継した借入金の償還のための独立行政法人国立大学財務・経営センターへの拠出債務をいう。以下同じ。）
(6) 長期借入金
(7) 国立大学法人等債（国立大学法人法第33条の規定により発行する債券をいう。以下同じ。）で一年以内に償還されないもの
(8) 退職給付（国立大学法人等の役員及び教職員の退職を事由として支払われる退職一時金、厚生年金基金から支払われる年金給付をいう。以下同じ。）に係る引当金
(9) 退職給付に係る引当金及び資産に係る引当金以外の引当金であって、一年以内に使用されないと認められるもの
(10) 長期未払金
(11) その他の負債で流動負債に属しないもの

第16 流動負債

次に掲げる負債は、流動負債に属するものとする。（注9）

(1) 運営費交付金債務
(2) 授業料債務（当該年度に係る授業料及び前受金に係る授業料相当額を振り替えたものをいう。以下同じ。）
(3) 預り施設費
(4) 預り補助金等。ただし、預り科学研究費補助金等（科学研究費補助金等の当該国立大学法人等以外を補助対象とする補助金を受領した場合に計上される負債をいう。以下同じ。）及び固定負債に属するものを除く。
(5) 寄附金債務。ただし、固定負債に属するものを除く。
(6) 前受受託研究費等。ただし、固定負債に属するものを除く。
(7) 前受受託事業費等。ただし、固定負債に属するものを除く。
(8) 前受金（年度開始前に受領した当該年度に係る授業料等をいう。以下同じ。）
(9) 預り科学研究費補助金等
(10) 預り金（(3)、(4)及び(9)を除く。以下同じ。）
(11) 短期借入金

(12) 一年以内償還予定国立大学法人等債
(13) 未払金（国立大学法人等の通常の業務活動に基づいて発生した未払金をいう。以下同じ。）
(14) 前受収益で一年以内に収益となるべきもの（注10）
(15) 未払費用で一年以内に対価の支払をすべきもの（注10）
(16) 未払消費税等
(17) 引当金（資産に係る引当金及び固定負債に属する引当金を除く。）
(18) その他の負債で一年以内に支払われ又は返済されると認められるもの

第17 引当金

1 将来の支出の増加又は将来の収入の減少であって、その発生が当期以前の事象に起因し、発生の可能性が高く、かつ、その金額を合理的に見積もることができる場合には、当該金額を引当金として流動負債又は固定負債に計上するとともに、当期の負担に帰すべき金額を費用に計上する。ただし、引当金のうち資産に係る引当金の場合は、資産の控除項目として計上する。

2 法令、中期計画等に照らして客観的に財源が措置されていると明らかに見込まれる将来の支出については、引当金を計上しない。

3 発生の可能性の低い偶発事象に係る費用又は損失については、引当金は計上することができない。

第18 純資産の定義

1 国立大学法人等の純資産とは、国立大学法人等の業務を確実に実施するために与えられた財産的基礎及びその業務に関連し発生した剰余金から構成されるものであって、資産から負債を控除した額に相当するものをいう。

2 純資産は、資本金、資本剰余金及び利益剰余金に分類される。

第19 資本金等

1 資本金とは、国立大学法人等に対する出資を財源とする払込資本に相当する。

2 資本剰余金とは、資本金及び利益剰余金以外の純資産であって、贈与資本及び評価替資本が含まれる。（注11）（注12）

3 利益剰余金とは、国立大学法人等の業務に関連し発生した剰余金であって、稼得資本に相当する。

〈注11〉資本剰余金を計上する場合について

1 国立大学法人等が固定資産を取得した場合において、取得原資拠出者の意図や取得資産の内容等を勘案し、国立大学法人等の財産的基礎を構成すると認められる場合には、相当額を資本剰余金として計上する。

2 具体的には、以下のような場合が想定される。
(1) 国又は独立行政法人国立大学財務・経営センターからの施設費により非償却資産又は「第83 特定の償却資産の減価に係る会計処理」を行うこととされた償却資産を取得した場合
(2) 国又は地方公共団体からの補助金等により非償却資産を取得した場合
(3) 中期計画に定める「剰余金の使途」として固定資産を取得した場合
(4) 中期計画の想定の範囲内で、運営費交付金により非償却資産を取得した場合
(5) 中期計画の想定の範囲内で、授業料債務により非償却資産を取得した場合
(6) 中期計画の想定の範囲内で、寄附金により、寄附者の意図に従い、又は国立大学法人等があらかじめ特定した使途に従い、非償却資産を取得した場合

3 なお、2(2)、(4)から(6)までの場合において償却資産を取得した場合には、相当額を資産見返負債として計上する。その際、取得原資が、運営費交付金及び当該年度に係る授業料の場合は、資産見返運営費交付金等とする。

〈注12〉民間出えん金について

1 中期計画等において、国立大学法人等の財産的基礎に充てる目的で民間からの出えんを募ることが明らかにされている場合であって、当該中期計画等に従って出えんを募った場合には、当該民間出えん金は、国立大学法人等の財産的基礎を構成すると認められることから、資本剰余金として計上する。

2 資本剰余金として計上した民間出えん金は、出えんに係る事業が終了した場合等、出えんを募った際の条件に基づき出えん者に払い戻す場合を除き、取り崩すことはできない。

第20 費用の定義

国立大学法人等の費用とは、教育研究の実施、財貨の引渡又は生産その他の国立大学法人等の業務に関連し、その資産の減少又は負債の増加（又は両者の組合せ）をもたらす経済的便益の減少であって、国立大学法人等の財産的基礎を減少させる資本取引によってもたらされるものを除くものをいう。（注13）

〈注13〉国立大学法人等の費用の定義から除かれる事例について

資本取引として国立大学法人等の費用から除外されるものの例は、以下のとおり。
(1)「第83 特定の償却資産の減価に係る会計処理」を行うこととされた償却資産の減価償却相当額
(2) 上記（1）の償却資産の売却、交換又は除去等に直接起因する資産の減少又は負債の増加（又は両者の組合せ）
(3) 別添の規定により、国立大学法人等が中期計画等で想定した業務運営を行ったにもかかわらず生じた減損額

第21 収益の定義

国立大学法人等の収益とは、教育研究の実施、財貨の引渡又は生産その他の国立大学法人等の業務に関連し、その資産の増加又は負債の減少（又は両者の組合せ）をもたらす経済的便益の増加であって、国立大学法人等の財産的基礎を増加させる資本取引によってもたらされるものを除くものをいう。（注14）

〈注14〉国立大学法人等の収益の定義から除かれる事例について

資本取引として国立大学法人等の収益から除

外されるものの例として、「第83　特定の償却資産の減価に係る会計処理」を行うこととされた償却資産の売却、交換又は除去等に直接起因する資産の増加又は負債の減少（又は両者の組合せ）がある。

第22　キャッシュ・フロー計算書の資金

国立大学法人等のキャッシュ・フロー計算書が対象とする資金の範囲は、手元現金及び要求払預金とする。（注15）（注16）

〈注15〉貸借対照表との関連性について

キャッシュ・フロー計算書の資金の期末残高と貸借対照表上の科目との関連性については注記するものとする。

〈注16〉要求払預金について

要求払預金には、例えば、当座預金、普通預金、通知預金及びこれらの預金に相当する郵便貯金が含まれる。

第23　国立大学法人等業務実施コストの定義

国立大学法人等の国立大学法人等業務実施コストとは、国立大学法人等の業務運営に関して、国民の負担に帰せられるコストをいう。

第24　国立大学法人等業務実施コスト

次に掲げるコストは、国立大学法人等業務実施コストに属するものとする。

（1）国立大学法人等の損益計算上の費用から運営費交付金及び国又は地方公共団体からの補助金等に基づく収益以外の収益を控除した額（注17）

（2）「第83　特定の償却資産の減価に係る会計処理」を行うこととされた償却資産の減価償却相当額

（3）「第84　賞与引当金に係る会計処理」により、引当金を計上しないこととされた場合の賞与増加見積額

（4）「第85　退職給付に係る会計処理」により、引当金を計上しないこととされた場合の退職給付の増加見積額

（5）国又は地方公共団体の資産を利用することから生ずる機会費用（注18）

ア　国又は地方公共団体の財産の無償又は減額された使用料による貸借取引から生ずる機会費用

イ　政府出資等から生ずる機会費用

ウ　国又は地方公共団体からの無利子又は通常よりも有利な条件による融資取引から生ずる機会費用

（6）別添の規定により、国立大学法人等が中期計画等で想定した業務運営を行ったにもかかわらず生じた減損額

〈注17〉国立大学法人等業務実施コスト計算における損益計算上の費用及び控除すべき収益の範囲について

1　損益計算上の費用には、損益計算書上の費用に計上された国庫納付額も含まれる。

2　国立大学法人等業務実施コストとは、国立大学法人等の業務運営に関して、国民の負担に帰せられるコストであることから、損益計算上の費用から控除すべき収益は、国民負担に帰せられない自己収入に限られる必要があり、例えば、次のような収益は控除すべき収益には含まれない。

（1）特殊法人又は他の独立行政法人等から交付される補助金又は助成金等に係る収益のうち、当該交付法人が国又は地方公共団体から交付された補助金等を財源とするもの

（2）国からの現物出資が、消費税の課税仕入とみなされることによって生じた還付消費税に係る収益

（3）財源措置予定額収益

〈注18〉機会費用について

1　国又は地方公共団体の財産の減額された使用料による貸借とは、貸主である国又は地方公共団体が法令の規定に従い減額して貸し付けている場合の当該貸借をいう。

2　国又は地方公共団体からの有利な条件による融資とは、貸主である国又は地方公共団体が政策的に低利融資を行っている場合の当該融資をいう。

第3章　認識及び測定

第25　取得原価主義

貸借対照表に記載する資産の価額は、原則として、当該資産の取得原価を基礎として計上しなければならない。

第26　無償取得資産の評価原則

譲与、贈与その他無償で取得した資産については、公正な評価額をもって取得原価とする。

第27　有形固定資産の評価方法

1　有形固定資産については、その取得原価から減価償却累計額及び減損損失累計額（別添「第9　貸借対照表における表示」1に規定する減損損失累計額をいう。以下同じ。）を控除した価額をもって貸借対照表価額とする。

2　有形固定資産の取得原価については、原則として当該資産の引取費用等の付随費用を含めて算定した金額とする。

3　政府からの現物出資として受け入れた固定資産については、国立大学法人法の現物出資の根拠規定に基づき評価委員が決定した価額を取得価額とする。

4　償却済の有形固定資産は、除却されるまで残存価額又は備忘価額で記載する。

第28　無形固定資産の評価

無形固定資産については、当該資産の取得のために支出した金額から減価償却累計額及び減損損失累計額を控除した価額をもって貸借対照表価額とする。（注19）

〈注19〉ソフトウェアについて

1　ソフトウェア（コンピュータを機能させるように指令を組み合わせて表現したプログラム等をいう。以下同じ。）を用いて外部に業務処理等のサービスを提供する契約等が締結されている場合のように、その提供により将来の収益獲得が確実であると認められる場合

には、適正な原価を集計した上、当該ソフトウェアの制作に要した費用に相当する額を無形固定資産として計上しなければならない。

2 国立大学法人等内利用のソフトウェアについては、完成品を購入した場合のように、その利用により将来の収益獲得又は費用削減が確実であると認められる場合には、当該ソフトウェアの取得に要した費用に相当する額を無形固定資産として計上しなければならない。

3 機械装置等に組み込まれているソフトウェアについては、原則として当該機械装置等に含めて処理する。

第29 リース資産の会計処理

リース取引に係る会計基準については、リース取引をファイナンス・リース取引とオペレーティング・リース取引の二種類に分け、ファイナンス・リース取引については、通常の売買取引に係る方法に準じて会計処理を行い、オペレーティング・リース取引については、通常の賃貸借取引に係る方法に準じて会計処理を行い、かつ、リース期間の中途において当該契約を解除することができるオペレーティング・リース取引を除き、次に掲げる事項を財務諸表に注記する。(注20)

(1) 貸借対照表日後一年以内のリース期間に係る未経過リース料

(2) 貸借対照表日後一年を超えるリース期間に係る未経過リース料

〈注20〉リース資産の表示方法について

ファイナンス・リース取引とは、リース契約に基づくリース期間の中途において当該契約を解除することができないリース取引又はこれに準ずるリース取引で、借り手が、当該契約に基づき使用する物件（以下「リース物件」という。）からもたらされる経済的便益を実質的に享受することができ、かつ、当該リース物件の使用に伴って生じるコストを実質的に負担することとなるリース取引をいう。オペレーティング・リース取引とは、ファイナンス・リース取引以外のリース取引をいう。

第30 たな卸資産の評価方法

1 たな卸資産については、原則として購入代価又は製造原価に引取費用等の付随費用を加算し、これに原則として移動平均法を適用して算定した取得原価をもって貸借対照表価額とする。(注21)

2 ただし、時価が取得原価よりも下落した場合には時価をもって貸借対照表価額としなければならない。

3 なお、たな卸資産の評価方法は毎事業年度継続して適用しなければならず、みだりに変更してはならない。

〈注21〉たな卸資産の貸借対照表価額について

たな卸資産の貸借対照表価額の算定のための方法である移動平均法とは、単価の異なる仕入れが行われる毎に、当該仕入直前の残高（金額）と当該仕入額との合計額を、残高数量と当該仕入数量の合計数量で割って平均原価を求め、これを順次、その後の払出単価とする方法である。

第31 有価証券の評価基準及び評価方法

1 有価証券の取得原価は、購入代価に手数料等の付随費用を加算し、これに平均原価法等の方法を適用して算定した金額とする。

2 有価証券は、国立大学法人等が保有する目的により、次のように区分し、評価差額等について処理した上、それぞれ区分ごとの評価額をもって貸借対照表価額としなければならない。

(1) 売買目的有価証券

時価の変動により利益を得ることを目的として保有する有価証券（以下「売買目的有価証券」という。）は、時価をもって貸借対照表価額とし、評価差額は当期の損益として処理する。(注22)

(2) 満期保有目的の債券

満期まで所有する意図をもって保有する国債、地方債、政府保証債、その他の債券（以下「満期保有目的の債券」という。）は、取得原価をもって貸借対照表価額とする。ただし、債券を債券金額より低い価額又は高い価額で取得した場合において、取得価額と債券金額との差額の性格が金利の調整と認められるときは、償却原価法に基づいて算定された価額をもって貸借対照表価額としなければならない。(注23)(注24)(注25)

(3) 関係会社株式

関係会社株式は、取得原価をもって貸借対照表価額とする。ただし、当該会社の財務諸表を基礎とした純資産額に持分割合を乗じて算定した額が取得原価よりも下落した場合には、当該算定額をもって貸借対照表価額とし、評価差額は当期の費用として処理するとともに、翌期首に取得原価に洗い替えなければならない。

(4) その他の有価証券

売買目的有価証券、満期保有目的の債券及び関係会社株式以外の有価証券（以下「その他有価証券」という。）は、時価をもって貸借対照表価額とし、評価差額はその全額を純資産の部に計上し、翌期首に取得原価に洗い替えなければならない。なお、純資産の部に計上されるその他有価証券の評価差額については、純資産の部に計上される他の剰余金と区分して記載しなければならない。(注22)

3 満期保有目的の債券及びその他有価証券のうち市場価格のあるものについて時価が著しく下落したときは、回復する見込みがあると認められる場合を除き、時価をもって貸借対照表価額とし、評価差額は当期の費用として処理しなければならない。市場価格のない株式については、発行会社の財政状態の悪化により実質価額が著しく低下したときは、相当の減額をなし、評価差額は当期の費用として処理しなければならない。

〈注22〉時価について

時価とは、公正な評価額をいい、市場において形成されている取引価格、気配又は指標その他の相場に基づく価額をいう。市場において形成されている取引価格、気配又は指標その他の相場がない場合には、合理的に算定された価額を公正な評価額とする。

〈注23〉償却原価法について

償却原価法とは、債券を債券金額より低い価額又は高い価額で取得した場合において、当該差額に相当する金額を償還期に至るまで毎期一定の方法で貸借対照表価額に加減する方法をいう。なお、この場合には、当該加減額を受取利息に含めて処理する。

〈注24〉満期保有目的の債券とその他有価証券との区分

1　その他有価証券とは、売買目的有価証券、満期保有目的の債券及び関係会社株式以外の有価証券であり、長期的な時価の変動により利益を得ることを目的として保有する有価証券が含まれることになる。

2　余裕資金等の運用として、利息収入を得ることを主たる目的として保有する国債、地方債、政府保証債、その他の債券であって、長期保有の意思をもって取得した債券は、資金繰り等から長期的には売却の可能性が見込まれる債券であっても、満期保有目的の債券に区分することとする。

〈注25〉満期保有目的の債券の保有目的の変更について

満期保有目的の債券を償還期限前に売却した場合には、次に掲げる場合を除き、当該売却した債券と同じ事業年度に購入した残りの満期保有目的の債券の全てについて、保有目的の変更があったものとして売買目的有価証券に振り替えなければならない。

(1)　満期保有目的の債券を購入した中期目標期間後の中期目標期間において、中期計画上の資金計画において、満期保有目的の債券の売却収入を財源とした事業計画が策定されている場合であって、当該事業計画に従って売却した場合

(2)　満期保有目的の債券を購入した中期目標期間後の中期目標期間において、金利情勢の変化に対応して、より運用利回りの高い債券に切り換えるため、又は国立大学法人等が定める信用上の運用基準に該当しなくなったことに伴い、運用基準に該当する他の債券に切り換えるために売却した場合

第32　貸付金等の貸借対照表価額

1　未収入金、貸付金、割賦元金等の債権の貸借対照表価額は、取得価額から貸倒引当金を控除した金額とする。なお、貸倒引当金は、資産の控除項目として貸借対照表に計上するものとする。

2　貸倒引当金は、債権全体又は同種・同類の債権ごとに、債権の状況に応じて求めた過去の貸倒実績率等合理的な基準により算定する。なお、貸倒引当金の算定について、他の方法によることがより適当であると認められる場合には、当該方法により算定することができる。

第33　債務保証の会計処理

1　国立大学法人等が民間企業等の債務の保証を行っている場合は、債務保証の履行によって損失が生じると見込まれる額を保証債務損失引当金として計上しなければならない。

2　保証債務損失引当金の額は、主たる債務者の財政状態、担保価値の評価、プロジェクトの損益の見込、他の保証人の負担能力等を総合的に判断して見積もらなければならない。

3　決算日における債務保証の総額は、注記しなければならない。また、保証債務の明細、増減及び保証料収益との関係並びに保証債務損失引当金の増減を附属明細書において明らかにしなければならない。

第34　外貨建取引の会計処理

1　外貨建取引は、原則として、当該取引発生時の為替相場による円換算額をもって記録する。(注26)(注27)

2　在外事務所における外貨建取引については、原則として、主たる事務所と同様に処理する。ただし、外国通貨で表示されている在外事務所の財務諸表に基づき国立大学法人等の財務諸表を作成する場合には、在外事務所の財務諸表の費用及び収益（費用性資産の費用化額及び収益性負債の収益化額を除く。）の換算については、期中平均相場によることができる。

3　外国通貨、外貨建金銭債権債務及び外貨建有価証券については、決算時において、次の区分ごとの換算額をもって貸借対照表価額とする。

(1)　外国通貨については、決算時の為替相場による円換算額

(2)　外貨建金銭債権債務については、決算時の為替相場による円換算額

(3)　外貨建有価証券の換算額については、保有目的による区分に応じ、次により換算した額

ア　満期保有目的の外貨建債券については、決算時の為替相場による円換算額

イ　売買目的有価証券及びその他有価証券については、外国通貨による時価を決算時の為替相場により円換算した額

ウ　関係会社株式については、取得時の為替相場による円換算額。ただし、当該会社の財務諸表を基礎とした純資産額に持分割合を乗じて外国通貨により算定した額が外国通貨による取得原価よりも下落した場合には、当該算定額を決算時の為替相場により円換算した額

4　外貨建有価証券について時価の著しい下落又は実質価額の著しい低下により評価額の引下げが求められる場合には、当該有価証券の時価又は実質価額は、外国通貨による時価又は実質価額を決算時の為替相場により円換算した額とする。

5　決算時における換算によって生じた換算差額は、当期の為替差損益として処理する。ただし、外貨建有価証券換算差額については、時価の著しい下落又は実質価額の著しい低下により、決算時の為替相場による換算を行ったことによって生じた換算差額は、当期の有価証券の評価損として処理するほか、次に定めるところにより処理するものとする。

(1)　満期保有目的の外貨建債券について決算時の為替相場による換算を行うことによって生じた換算差額は、当期の為替差損益として処理する。

(2)　売買目的の外貨建債券について決算時の為替相場による換算を行うことによって生じた換算差額は、当期の有価証券評価損益として処理する。

(3)　外貨建の関係会社株式について決算時の為替相場による換算を行うことによって生じた換算差額は、当期の有価証券評価損益として処理する。

(4) 外貨建のその他有価証券について決算時の為替相場による換算を行うことによって生じた換算差額は、純資産の部に計上し、翌期首に取得原価に洗い替える。

〈注26〉取引発生時の為替相場について

　取引発生時の為替相場とは、取引が発生した日における直物為替相場又は合理的な基準に基づいて算定された平均相場、例えば取引の行われた月又は週の前月又は前週の直物為替相場を平均したもの等、直近の一定期間の直物相場に基づいて算出されたものとする。ただし、取引が発生した日の直近の一定の日における直物為替相場、例えば取引の行われた月若しくは週の前月若しくは前週の末日又は当月若しくは当週の初日の直物為替相場によることも認められる。

〈注27〉外国通貨による記録について

　外貨建債権債務及び外国通貨の保有状況並びに決済方法等から、外貨建取引について当該取引発生時の外国通貨により記録することが合理的であると認められる場合には、取引発生時の外国通貨の額をもって記録する方法を採用することができる。この場合には、外国通貨の額をもって記録された外貨建取引は、各月末等一定の時点において、当該時点の直物為替相場又は合理的な基礎に基づいて算定された一定期間の平均相場による円換算額を付するものとする。

第35　退職給付引当金の計上方法

1　退職給付引当金は、退職給付債務に未認識過去勤務債務及び未認識数理計算上の差異を加減した額から年金資産の額を控除した額を計上しなければならない。

2　退職給付債務は、国立大学法人等の役員及び教職員の退職時に見込まれる退職給付の総額のうち、期末までに発生していると認められる額を一定の割引率及び予想される退職時から現在までの期間に基づき割り引いて計算する。（注28）（注29）

3　退職給付債務には、退職一時金のほか、厚生年金基金から支給される年金給付に係る債務が含まれる。

4　未認識過去勤務債務とは、退職給付水準の改訂等に起因して発生した退職給付債務の増加又は減少部分のうち、費用処理（費用の減額処理又は費用を超過して減額した場合の利益処理を含む。次項において同じ。）されていないものをいう。未認識過去勤務債務は、平均残存勤務期間内の一定年数で均等償却することができる。

5　未認識数理計算上の差異とは、年金資産の期待運用収益と実際の運用収益との差異、退職給付債務の数理計算に用いた見積数値と実績との差異及び見積数値の変更等により発生した差異のうち、費用処理されていないものをいう。未認識数理計算上の差異は、平均残存勤務期間内の一定年数で均等償却することができる。

6　年金資産の額は、厚生年金基金が運用している年金資産を期末における公正な評価額により計算する。

7　複数の事業主により設立された厚生年金基金に加入している場合においては、退職給付債務の比率その他の合理的な基準により、国立大学法人等の負担に属する年金資産等の計算を行うこととする。

8　教職員の数が３００人未満の国立大学法人等については、退職給付債務のうち、退職一時金に係る債務については、期末要支給額によることができる。（注30）

〈注28〉退職給付の総額のうち期末までに発生していると認められる額

　退職給付の総額のうち期末までに発生していると認められる額は、退職給付見込額について全勤務期間で除した額を各期の発生額とする方法その他の役員及び教職員の勤務の対価を合理的に反映する方法を用いて計算しなければならない。

〈注29〉割引率について

　退職給付債務の計算における割引率は、安全性の高い長期の債券の利回りを基準として決定しなければならない。

〈注30〉簡便法による退職給付債務の見積について

　教職員の数が３００人未満の国立大学法人等については、退職一時金に係る債務については、期末要支給額によることができるが、年金債務については、簡便法によることは認められない。

第36　費用配分の原則

1　資産の取得原価は、資産の種類に応じた費用配分の原則によって、各事業年度に配分しなければならない。

2　有形固定資産は、当該資産の耐用年数にわたり、無形固定資産は、当該資産の有効期間にわたり、減価償却の方法によって、その取得原価を各事業年度に配分しなければならない。

3　減価償却の方法は、有形固定資産及び無形固定資産のいずれについても定額法によるものとする。（注31）（注32）

〈注31〉図書の評価方法について

　図書（印刷その他の方法により複製した文書又は図画、又は電子的方法、磁気的方法その他の人の知覚によっては認識できない方法により文字、映像、音を記録した物品としての管理が可能な物。以下同じ。）は国立大学法人等にとって、教育研究の基礎となるものであることから、雑誌やパンフレット等教育研究上一時的な意義しか有さないものを除き、有形固定資産として取得原価をもって貸借対照表価額とする。なお、図書は個々により使用の実態が大きく異なること及び比較的少額かつ大量にあることから、図書を除却する際に費用として認識することとし、使用期間中における減価償却は行わないこととする。

〈注32〉美術品・収蔵品の評価方法について

　美術品・収蔵品については、原則として取得原価によることとする。なお、美術品・収蔵品については減価償却は行わないこととする。

第37　発生主義の原則

1　国立大学法人等に発生したすべての費用及び収益は、その支出及び収入に基づいて計上し、その発生した期間に正しく割当てられるように処理しなければならない。

2 なお、未実現収益は、原則として、当期の損益計算に計上してはならない。

第4章 財務諸表の体系

第38 財務諸表の体系

国立大学法人等の財務諸表の体系は、次のとおりである。

(1) 貸借対照表
(2) 損益計算書
(3) キャッシュ・フロー計算書
(4) 利益の処分又は損失の処理に関する書類
(5) 国立大学法人等業務実施コスト計算書
(6) 附属明細書

第39 セグメント情報の開示

1 国立大学法人等における開示すべきセグメント情報は、当該法人の業務内容等に応じた適切な区分に基づくセグメント情報とする。

2 開示すべき情報は、業務収益、業務損益及び当該セグメントに属する総資産額とする。(注33)

〈注33〉セグメント情報の開示について

1 国立大学法人等は、業績評価のための情報提供等による国民その他の利害関係者に対する説明責任を果たす観点から、その業務の内容が多岐にわたる場合、区分及び開示内容について企業会計で求められるよりも詳細なセグメントに係る財務情報を開示することが求められる。

2 このため、開示すべき情報についても、主要な資産項目、主要な事業費用及び主要な事業収益（国又は地方公共団体による財源措置等を含む。）の内訳を積極的に開示する必要がある。

3 セグメントの区分については、運営費交付金に基づく収益以外の収益の性質や複数の業務を統合した法人における業務の区分を参考にしつつ、各国立大学法人等において個々に定めていくこととする。ただし、比較可能性の確保の観点から、一定のセグメント情報については、全ての国立大学法人等において共通に開示する必要がある。

第40 貸借対照表の作成目的

貸借対照表は、国立大学法人等の財政状態を明らかにするため、貸借対照表日におけるすべての資産、負債及び純資産を記載し、国民その他の利害関係者にこれを正しく表示するものでなければならない。

第41 損益計算書の作成目的

1 損益計算書は、国立大学法人等の運営状況を明らかにするため、一会計期間に属する国立大学法人等のすべての費用とこれに対応するすべての収益とを記載して当期純利益を表示しなければならない。

2 損益計算書は、準用通則法第44条にいう利益又は損失を確定するため、当期純利益に必要な項目を加減して、当期総利益を表示しなければならない。

第42 キャッシュ・フロー計算書の作成目的

キャッシュ・フロー計算書は、国立大学法人等の一会計期間におけるキャッシュ・フローの状況を報告するため、キャッシュ・フローを一定の活動区分別に表示しなければならない。(注34)

〈注34〉キャッシュ・フロー計算書の位置付けについて

キャッシュ・フロー計算書は、一会計期間におけるキャッシュ・フローの状況を一定の活動区分別に表示するものであり、貸借対照表及び損益計算書と同様に国立大学法人等の活動の全体を対象とする重要な情報を提供するものである。このようなキャッシュ・フロー計算書の重要性にかんがみ、国立大学法人等の財務諸表の一つに位置付けられるものとする。

第43 利益の処分又は損失の処理に関する書類の作成目的

利益の処分又は損失の処理に関する書類は、国立大学法人等の当期未処分利益の処分又は当期未処理損失の処理の内容を明らかにするために作成しなければならない。

第44 国立大学法人等業務実施コスト計算書の作成目的

国立大学法人等業務実施コスト計算書は、納税者である国民の国立大学法人等の業務に対する評価及び判断に資するため、一会計期間に属する国立大学法人等の業務運営に関し、国立大学法人等業務実施コストに係る情報を一元的に集約して表示する。(注35)

〈注35〉国立大学法人等業務実施コスト計算書について

1 国立大学法人等業務実施コスト計算書は、国立大学法人等の業務運営に関して国民が負担するコストを集約し、情報開示の徹底を図り、納税者である国民の国立大学法人等における業務に対する評価及び判断に資するための書類である。国立大学法人等の損益計算書は法人の運営状況を表示する書類であり、ここに計上される損益は、法人の業績を示す損益であって必ずしも納税者にとっての負担とは一致しない。例えば、運営費交付金収益が増えると、国立大学法人等の損益にはプラスにはたらくが、納税者の負担は逆に増加する。また、損益計算を通じない場合の減価償却相当額、引当金を計上しない場合の退職給付増加見積額、国又は地方公共団体の財産や出資等を利用することから生じる機会費用等、国立大学法人等の損益計算書等には計上されないが、広い意味で最終的に国民の負担に帰すべきコストも存在する。国立大学法人等業務実施コスト計算書は、これらのコストを集約表示する書類である。

2 なお、表示すべき国立大学法人等業務実施コストには、政府内の企画立案部門の費用等までは含まないものとし、「第24 国立大学法人等業務実施コスト」で示した項目に限定する。

3 国立大学法人等業務実施コスト計算書は、独立行政法人における行政サービス実施コスト計算書と同一の位置付けを有する計算書類であり、国立大学法人等の財務諸表の一つに位置付けられるものとする。

2 学校

第5章　貸借対照表

第45　表示区分

貸借対照表は、資産の部、負債の部及び純資産の部の三区分に分かち、更に資産の部を固定資産及び流動資産に、負債の部を固定負債及び流動負債に区分しなければならない。

第46　資産、負債及び純資産の記載の基準

資産、負債及び純資産は、適切な区分、配列、分類及び評価の基準に従って記載しなければならない。

第47　総額主義の原則

資産、負債及び純資産は、総額によって記載することを原則とし、資産の項目と負債又は純資産の項目とを相殺することによって、その全部又は一部を貸借対照表から除去してはならない。

第48　資産と負債・純資産の均衡

貸借対照表の資産の合計金額は、負債と純資産の合計金額に一致しなければならない。

第49　配列

資産及び負債の項目の配列は、この基準に定めるもののほか、固定性配列法によるものとする。

第50　貸借対照表科目の分類

1　資産、負債及び純資産の各科目は、一定の基準に従って明瞭に分類しなければならない。

2　資産は、固定資産に属する資産及び流動資産に属する資産に分類しなければならない。

3　負債は、固定負債に属する負債及び流動負債に属する負債に分類しなければならない。

4　純資産は、資本金に属するもの、資本剰余金に属するもの及び利益剰余金に属するものに分類しなければならない。

第51　資産の表示項目

1　有形固定資産に属する資産は、次に掲げる項目の区分に従い、当該資産を示す名称を付した科目をもって表示しなければならない。

（1）土地
（2）建物（その附属設備を含む。以下同じ。）
（3）構築物
（4）機械及び装置（その附属設備を含む。以下同じ。）
（5）工具、器具及び備品
（6）図書
（7）美術品、収蔵品
（8）船舶（水上運搬具を含む。以下同じ。）
（9）車両その他の陸上運搬具
（10）建設仮勘定
（11）その他

2　無形固定資産に属する資産は、次に掲げる項目の区分に従い、当該資産を示す名称を付した科目をもって表示しなければならない。

（1）特許権
（2）借地権（地上権を含む。）
（3）商標権
（4）実用新案権
（5）意匠権
（6）鉱業権
（7）漁業権
（8）ソフトウェア
（9）その他

3　投資その他の資産に属する資産は、次に掲げる項目の区分に従い、当該資産を示す名称を付した科目をもって表示しなければならない。

（1）投資有価証券（関係会社株式及びその他の関係会社有価証券を除く。）
（2）関係会社株式
（3）その他の関係会社有価証券
（4）長期貸付金（関係法人長期貸付金を除く。）
（5）関係法人長期貸付金
（6）破産債権、再生債権、更生債権その他これらに準ずる債権
（7）長期前払費用
（8）未収財源措置予定額
（9）その他

4　流動資産に属する資産は、次に掲げる項目の区分に従い、当該資産を示す名称を付した科目をもって表示しなければならない。

（1）現金及び預金
（2）未収入金
（3）受取手形
（4）有価証券
（5）たな卸資産（「第13　流動資産」（5）から（9）まで及び（12）に掲げる資産をいう。）
（6）医薬品及び診療材料
（7）前渡金
（8）前払費用
（9）未収収益
（10）その他

第52　減価償却累計額の表示方法

1　有形固定資産に対する減価償却累計額は、その資産が属する科目ごとに取得原価から控除する形式で記載する。（注36）

2　無形固定資産については、減価償却累計額を控除した未償却残高を記載する。

〈注36〉減価償却累計額について

減価償却累計額には、各年度の損益計算書に計上された減価償却費の累計額だけでなく、損益外減価償却相当額の累計額が含まれる。

第53　負債の表示項目

1　固定負債に属する負債は、次に掲げる項目の区分に従い、当該負債を示す名称を付した科目をもって表示しなければならない。

（1）資産見返負債
（2）長期寄附金債務
（3）長期前受受託研究費等
（4）長期前受受託事業費等

(5) 国立大学財務・経営センター債務負担金
(6) 長期借入金
(7) 国立大学法人等債
(8) 引当金
(9) 長期未払金
(10) その他

2　流動負債に属する負債は、次に掲げる項目の区分に従い、当該負債を示す名称を付した科目をもって表示しなければならない。

(1) 運営費交付金債務
(2) 授業料債務
(3) 預り施設費
(4) 預り補助金等
(5) 寄附金債務
(6) 前受受託研究費等
(7) 前受受託事業費等
(8) 前受金
(9) 預り金
(10) 短期借入金
(11) 一年以内返済予定長期借入金
(12) 一年以内償還予定国立大学法人等債
(13) 未払金
(14) 前受収益
(15) 未払費用
(16) 未払消費税等
(17) 引当金
(18) その他

第54　純資産の表示項目

1　資本金は、政府出資金とそれ以外の者からの出資金とに区分して表示しなければならない。（出資者等により適切な名称を付することを要する。）

2　資本剰余金は、資本剰余金の総額を表示するとともに、「第83　特定の償却資産の減価に係る会計処理」を行うこととされた償却資産の損益外減価償却相当額の累計額又は損益外減損損失相当額の累計額を、それぞれ損益外減価償却累計額又は損益外減損損失累計額として控除して表示しなければならない。（注37）

3　利益剰余金は、準用通則法第44条第1項に基づく積立金（以下「積立金」という。）、国立大学法人法において定められている前中期目標期間繰越積立金、準用通則法第44条第3項により中期計画で定める使途に充てるために、使途ごとに適当な名称を付した積立金（以下「目的積立金」という。）及び当期未処分利益に区分して表示する。なお、当期未処分利益の内訳として、当期総利益を表示するものとする。

4　その他有価証券の評価差額は、利益剰余金の次に別の区分を設け、その他有価証券評価差額金の科目により表示しなければならない。

〈注37〉資本剰余金に含まれる民間出えん金の表示方法

資本剰余金として民間出えん金を計上する場合は、民間出えん金の科目により、他の資本剰余金と区分して表示しなければならない。

第55　貸借対照表の様式

貸借対照表の標準的な様式は、次のとおりとする。

貸借対照表
（平成○○年3月31日）

資産の部			
I　固定資産			
1　有形固定資産			
土地	×××		
減損損失累計額	×××	×××	
建物	×××		
減価償却累計額	×××		
減損損失累計額	×××	×××	
構築物	×××		
減価償却累計額	×××		
減損損失累計額	×××	×××	
機械装置	×××		
減価償却累計額	×××		
減損損失累計額	×××	×××	
工具器具備品	×××		
減価償却累計額	×××		
減損損失累計額	×××	×××	
図書		×××	
美術品・収蔵品		×××	
船舶	×××		
減価償却累計額	×××		
減損損失累計額	×××	×××	
車両運搬具	×××		
減価償却累計額	×××		
減損損失累計額	×××	×××	
建設仮勘定		×××	
……		×××	
有形固定資産合計		×××	
2　無形固定資産			
特許権		×××	
借地権		×××	
商標権		×××	
実用新案権		×××	
意匠権		×××	
鉱業権		×××	
漁業権		×××	
ソフトウェア		×××	
……		×××	
無形固定資産合計		×××	
3　投資その他の資産			
投資有価証券		×××	
関係会社株式		×××	
長期貸付金		×××	
関係法人長期貸付金		×××	
長期前払費用		×××	
未収財源措置予定額		×××	
……		×××	
投資その他の資産合計		×××	
固定資産合計			×××
II　流動資産			
現金及び預金		×××	
未収学生納付金収入	×××		
徴収不能引当金	×××	×××	
未収附属病院収入	×××		

徴収不能引当金	XXX	XXX		
受取手形	XXX			
貸倒引当金	XXX	XXX		
有価証券		XXX		
たな卸資産		XXX		
医薬品及び診療材料		XXX		
前渡金		XXX		
前払費用		XXX		
未収収益		XXX		
………		XXX		
流動資産合計			XXX	
資産合計				XXX
負債の部				
Ⅰ　固定負債				
資産見返負債				
資産見返運営費交付金等	XXX			
資産見返補助金等	XXX			
資産見返寄附金	XXX			
建設仮勘定見返運営費交付金	XXX			
建設仮勘定見返施設費	XXX			
建設仮勘定見返補助金等	XXX	XXX		
長期寄附金債務		XXX		
長期前受受託研究費等		XXX		
長期前受受託事業費等		XXX		
国立大学財務・経営センター債務負担金		XXX		
長期借入金		XXX		
国立大学法人等債	XXX			
債券発行差額	XXX	XXX		
引当金				
退職給付引当金	XXX			
追加退職給付引当金	XXX			
………	XXX	XXX		
長期未払金		XXX		
………		XXX		
固定負債合計			XXX	
Ⅱ　流動負債				
運営費交付金債務		XXX		
授業料債務		XXX		
預り施設費		XXX		
預り補助金等		XXX		
寄附金債務		XXX		
前受受託研究費等		XXX		
前受受託事業費等		XXX		
前受金		XXX		
預り金		XXX		
短期借入金		XXX		
一年以内返済予定長期借入金		XXX		
一年以内償還予定国立大学法人等債	XXX			
債券発行差額	XXX	XXX		
未払金		XXX		
前受収益		XXX		
未払費用		XXX		
未払消費税等		XXX		
引当金		XXX		
………		XXX		
流動負債合計			XXX	
負債合計				XXX
純資産の部				
Ⅰ　資本金				
政府出資金		XXX		
資本金合計			XXX	
Ⅱ　資本剰余金				
資本剰余金		XXX		
損益外減価償却累計額（－）		－XXX		
損益外減損損失累計額（－）		－XXX		
民間出えん金		XXX		
資本剰余金合計			XXX	
Ⅲ　利益剰余金（又は繰越欠損金）				
前中期目標期間繰越積立金		XXX		
（何）積立金		XXX		
積立金		XXX		
当期未処分利益 （又は当期未処理損失） （うち当期総利益（又は当期総損失）XXX）		XXX		
利益剰余金（又は繰越欠損金）合計			XXX	
Ⅳ　その他有価証券評価差額金			XXX	
純資産合計				XXX
負債純資産合計				XXX

第6章　損益計算書

第56　表示区分

損益計算書には、経常損益計算及び純損益計算の区分を設けなければならない。

第57　総額主義の原則

費用及び収益は、総額によって記載することを原則とし、費用の項目と収益の項目とを直接に相殺することによってその全部又は一部を損益計算書から除去してはならない。

第58　費用収益対応の原則

費用及び収益は、その発生源泉に従って明瞭に分類し、各費用項目とそれに関連する収益項目とを損益計算書に対応表示しなければならない。

第59　損益計算書科目の分類

1　経常損益計算の区分は、当該国立大学法人等の業務活動から生じた費用及び収益を記載して、経常利益を計算する。

2　純損益計算の区分は、経常損益計算の結果を受けて、固定資産売却損益、減損損失、災害損失等の臨時損益を記載し、当期純利益を計算する。（注38）

3　純損益計算の結果を受けて、目的積立金取崩額等を記載し、当期総利益を計算する。

〈注38〉臨時損益項目について

臨時損益に属する項目であっても、金額の僅少なもの又は毎期経常的に発生するものは、経常損益計算に含めることができる。

第60 費用の表示項目

業務費及び一般管理費については、これらを構成する費用の内容に応じて区分し、それぞれにその内容を表す適切な名称を付して表示するものとする。

第61 収益の表示項目

1 運営費交付金収益及び当該年度に係る授業料収益は、「第77 運営費交付金等の会計処理」による会計処理を行った結果、当期の収益として認識された額を表示する。

2 入学金収入、検定料収入、附属病院収入、受託研究等収入、受託事業等収入等については、教育研究等の実施によって実現したもののみをそれぞれ適切な名称を付して表示する。

3 補助金等収益は、「第79 補助金等の会計処理」による会計処理を行った結果、当期の収益として認識された額を表示する。なお、補助金等収益は、補助金等の交付決定区分ごとに適切な名称を付して表示する。

4 寄附金収益は、「第81 寄附金の会計処理」による会計処理を行った結果、当期の収益として認識された額を表示する。

第62 損益計算書の様式

損益計算書の標準的な様式は、次のとおりとする。

損益計算書

(平成○○年4月1日~平成○○年3月31日)

経常費用			
業務費			
教育経費	×××		
研究経費	×××		
診療経費	×××		
教育研究支援経費	×××		
受託研究費	×××		
受託事業費	×××		
役員人件費	×××		
教員人件費	×××		
職員人件費	×××		
…………	×××	×××	
一般管理費		×××	
財務費用			
支払利息	×××		
…………	×××	×××	
雑　損		×××	
経常費用合計			×××
経常収益			
運営費交付金収益		×××	
授業料収益		×××	
入学金収益		×××	
検定料収益		×××	
附属病院収益		×××	
受託研究等収益		×××	
受託事業等収益		×××	
寄附金収益		×××	
財務収益			
受取利息	×××		
有価証券利息	×××		
…………	×××	×××	
雑　益			
財産貸付料収入	×××		
(何)入場料収入	×××		
物品受贈益	×××		
…………	×××	×××	
経常収益合計			×××
経常利益			×××
臨時損失			
固定資産除却損		×××	
減損損失		×××	
災害損失		×××	
…………		×××	×××
臨時利益			
固定資産売却益		×××	
(何)引当金戻入益		×××	
…………		×××	×××
当期純利益			×××
目的積立金取崩額			×××
当期総利益			×××

第7章 キャッシュ・フロー計算書

第63 表示区分

1 キャッシュ・フロー計算書には、業務活動によるキャッシュ・フロー、投資活動によるキャッシュ・フロー及び財務活動によるキャッシュ・フローの区分を設けなければならない。(注39)

2 業務活動によるキャッシュ・フローの区分には、投資活動及び財務活動以外の取引によるキャッシュ・フローを記載する。(注40)

3 投資活動によるキャッシュ・フローの区分には、固定資産の取得及び売却、投資資産の取得及び売却等によるキャッシュ・フローを記載する。(注41)

4 財務活動によるキャッシュ・フローの区分には、資金の調達及び返済によるキャッシュ・フローを記載する。(注42)

5 国庫納付に係るキャッシュ・フローは、業務活動によるキャッシュ・フローの区分に記載する。

6 利息に係るキャッシュ・フローについては、受取利息及び受取配当金は投資活動によるキャッシュ・フローの区分に記載し、支払利息は財務活動によるキャッシュ・フローの区分に記載する。(注43)

〈注39〉キャッシュ・フロー計算書の表示区分について

1 キャッシュ・フロー計算書においては、一会計期間におけるキャッシュ・フローを業務活動によるキャッシュ・フロー、投資活動によるキャッシュ・フロー及び財務活動によるキャッシュ・フローの三つに区分して表示する。

2 業務活動によるキャッシュ・フローの区分には、国立大学法人等の通常の業務の実施に係る資金の状態を表すため、教育研究の実施による収入、原材料、商品又はサービスの購入による支出等、投資活動及び財務活動以外の取引によるキャッシュ・フローを記載する。

3　国立大学法人等に対して国から交付される運営費交付金については、法人がその業務を行うことを前提に、そのための財源として交付される資金であり、損益計算においても法人の業務の遂行によって最終的に収益計上されるものであるので、その収入額を業務活動によるキャッシュ・フローの区分に表示する。

4　国又は地方公共団体から交付される補助金等については、国立大学法人等が行う業務の財源として交付される資金であり、損益計算書においても法人の業務の遂行によって最終的に収益計上されるものもあるので、その収入額を業務活動によるキャッシュ・フローの区分に表示する。

5　なお、教育研究の実施による収入等、業務活動に係る債権・債務から生ずるキャッシュ・フローは、業務活動によるキャッシュ・フローの区分に表示する。

6　投資活動によるキャッシュ・フローの区分には、固定資産の取得など、将来に向けた運営基盤の確立のために行われる投資活動に係る資金の状態を表すため、国立大学法人等の通常の業務活動の実施の基礎となる固定資産の取得及び売却、投資資産の取得及び売却等によるキャッシュ・フローを記載する。

7　国立大学法人等に対して国又は独立行政法人国立大学財務・経営センターから交付される施設費については、その収入額を投資活動によるキャッシュ・フローの区分に表示する。

8　財務活動によるキャッシュ・フローの区分には、増減資による資金の収入・支出、債券の発行・償還及び借入れ・返済による収入・支出等、資金の調達及び返済によるキャッシュ・フローを記載する。

9　国立大学法人等の場合、準用通則法第47条で余裕金の運用先を安全資産に限ってはいるが、外部資金による資産運用等により利息収入等を見込めることから、利息の表示区分としては、損益の算定に含まれる受取利息及び受取配当金は投資活動によるキャッシュ・フローの区分に記載し、支払利息は財務活動によるキャッシュ・フローの区分に記載する。

〈注40〉業務活動によるキャッシュ・フローの区分について

業務活動によるキャッシュ・フローの区分には、例えば、次のようなものが記載される。

(1) 原材料、商品又はサービスの購入による支出
(2) 人件費支出（教職員及び役員に対する報酬の支出）
(3) その他の業務支出
(4) 運営費交付金収入
(5) 授業料収入、入学金収入、検定料収入、附属病院収入、受託研究等収入、受託事業等収入など教育研究の実施による収入
(6) 補助金等収入
(7) 補助金等の精算による返還金の支出
(8) 寄附金収入（「第81　寄付金の会計処理」により資本剰余金として計上されるものを除く。）
(9) 国庫納付金の支払額

〈注41〉投資活動によるキャッシュ・フローの区分について

1　投資活動によるキャッシュ・フローの区分には、例えば、次のようなものが記載される。

(1) 有価証券の取得による支出
(2) 有価証券の売却による収入
(3) 有形固定資産及び無形固定資産の取得による支出
(4) 有形固定資産及び無形固定資産の売却による収入
(5) 施設費による収入
(6) 施設費の精算による返還金の支出
(7) 国立大学財務・経営センターへの納付による支出
(8) 金銭出資による支出
(9) 利息及び配当金の受取額

2　ただし、国立大学法人等の通常の業務活動として実施される、出資及び貸付けによる支出等については、業務活動によるキャッシュ・フローの区分に記載される。

〈注42〉財務活動によるキャッシュ・フローの区分について

財務活動によるキャッシュ・フローの区分には、例えば、次のようなものが記載される。

(1) 短期借入れによる収入
(2) 短期借入金の返済による支出
(3) 債券の発行による収入
(4) 債券の償還による支出
(5) 長期借入れによる収入
(6) 長期借入金の返済による支出
(7) 金銭出資の受入による収入
(8) 民間出えん金（「第81　寄附金の会計処理」により、資本剰余金に計上される寄附金に限る。）の受入による収入
(9) 利息の支払額

〈注43〉利息の表示について

利息の受取額及び支払額は、総額で表示するものとする。

第64　表示方法

1　業務活動によるキャッシュ・フローは、主要な取引ごとにキャッシュ・フローを総額表示する方法により表示しなければならない。

2　投資活動によるキャッシュ・フロー及び財務活動によるキャッシュ・フローは、主要な取引ごとにキャッシュ・フローを総額表示しなければならない。

3　資金に係る換算差額は、他と区別して表示する。

第65　キャッシュ・フロー計算書の様式

キャッシュ・フロー計算書の標準的な様式は、次のとおりとする。

キャッシュ・フロー計算書

（平成○○年4月1日～平成○○年3月31日）

I　業務活動によるキャッシュ・フロー

原材料、商品又はサービスの購入による支出	－×××
人件費支出	－×××
その他の業務支出	－×××

運営費交付金収入	×××
授業料収入	×××
入学金収入	×××
検定料収入	×××
附属病院収入	×××
受託研究等収入	×××
受託事業等収入	×××
………	×××
補助金等収入	×××
補助金等の精算による返還金の支出	－×××
寄附金収入	×××
小計	×××
………	×××
国庫納付金の支払額	－×××
業務活動によるキャッシュ・フロー	×××
II 投資活動によるキャッシュ・フロー	
有価証券の取得による支出	－×××
有価証券の売却による収入	×××
有形固定資産の取得による支出	－×××
有形固定資産及び無形固定資産の売却による収入	×××
施設費による収入	×××
施設費の精算による返還金の支出－	×××
国立大学財務・経営センターへの納付による支出	－×××
金銭出資による支出	－×××
………	×××
小計	×××
利息及び配当金の受取額	×××
投資活動によるキャッシュ・フロー	×××
III 財務活動によるキャッシュ・フロー	
短期借入れによる収入	×××
短期借入金の返済による支出	－×××
国立大学法人等債の償還による支出	×××
国立大学法人等債の発行による収入	×××
長期借入金の返済による支出	－×××
金銭出資の受入による収入	×××
民間出えん金の受入による収入	×××
………	×××
小計	×××
利息の支払額	－×××
財務活動によるキャッシュ・フロー	×××
IV 資金に係る換算差額	×××
V 資金増加額（又は減少額）	×××
VI 資金期首残高	×××
VII 資金期末残高	×××

第66 注記事項

キャッシュ・フロー計算書については、次の事項を注記しなければならない。

（1）資金の期末残高の貸借対照表科目別の内訳

（2）重要な非資金取引（注44）

（3）各表示区分の記載内容を変更した場合には、その内容

〈注44〉重要な非資金取引について

キャッシュ・フロー計算書に注記すべき重要な非資金取引には、例えば、次のようなものがある。

（1）現物出資の受入れによる資産の取得

（2）資産の交換

（3）ファイナンス・リースによる資産の取得

（4）PFIによる資産の取得

第8章 利益の処分又は損失の処理に関する書類

第67 表示区分

1 利益の処分に関する書類は、当期未処分利益と利益処分額に分けて表示しなければならない。中期目標の期間の最後の事業年度においては、積立金振替額も加えて表示しなければならない。

2 損失の処理に関する書類は、当期未処理損失、損失処理額及び次期繰越欠損金に分けて表示しなければならない。

第68 利益の処分に関する書類の科目

1 当期未処分利益は、前期繰越欠損金が存在するときは、当期総利益から前期繰越欠損金の額を差し引いて表示しなければならない。

2 利益処分額の区分には、積立金及び目的積立金を内容ごとに表示するものとする。

第69 損失の処理に関する書類の科目

1 当期未処理損失は、前期繰越欠損金が存在し、当期総損失を生じた場合は当期総損失に前期繰越欠損金を加えて表示し、前期繰越欠損金が存在し、その額よりも小さい当期総利益を生じた場合は、前期繰越欠損金から当期総利益を差し引いて表示しなければならない。

2 損失処理額の区分には、当期未処理損失を埋めるための各積立金の取崩額を積立金ごとに表示しなければならない。

3 各積立金を取り崩しても当期未処理損失が埋まらないときは、その額は繰越欠損金として整理しなければならない。

第70 準用通則法第44条第3項による承認の額

利益の処分に関する書類において、目的積立金として整理しようとするときは、「国立大学法人法第35条において準用する独立行政法人通則法第44項第3項により文部科学大臣の承認を受けた額」（承認前にあっては「国立大学法人法第35条において準用する独立行政法人通則法第44項第3項により文部科学大臣の承認を受けようとする額」）としてその総額を表示しなければならない。（参考）

〈参考〉経営努力認定の考え方について

1 利益の処分に関する書類における「国立大学法人法第35条において準用する独立行政法人通則法第44項第3項により文部科学大臣の承認を受けた額」（承認前にあっては「国立大学法人法第35条において準用する独立行政法人通則法第44項第3項により文部科学大臣の承認を受けようとする額」）は、国立大学法人等の

当該事業年度における経営努力により生じたとされる額である。

2 上記1の額の処分先としては、国立大学法人等自体の動機付け確保の観点から、文部科学大臣の承認を得て中期計画で定められることとなるが、国立大学法人等の公共性等の性質により、その処分内容についてはいかなるものであっても主務大臣の承認さえ得られれば認められるというものではなく、合理的な使途でなければならない。

3 「国立大学法人法第35条において準用する独立行政法人通則法第44項第3項により文部科学大臣の承認を受けた額」が、国立大学法人等の経営努力により生じたものであることについては、国立大学法人等が自らその根拠を示すものとする。

4 具体的には、以下の考え方によるものとする。

(1) 運営費交付金及び国又は地方公共団体からの補助金等に基づく収益以外の収益（「第24 国立大学法人等業務実施コスト」に定める、業務費用から控除すべき収入をいう。）から生じた利益については、経営努力により生じたものとする。

(2) 運営費交付金に基づく収益から生じた利益については、中期計画（年度計画）の記載内容に照らして、運営費交付金により行うべき業務を効率的に行ったために費用が減少した場合、その結果発生したものについては、原則として経営努力によるものとする。ただし、運営費交付金により行うべき業務を行わなかったために費用が減少したと認められる場合には、経営努力によらないものとする。

第71 利益の処分に関する書類及び損失の処理に関する書類の様式

利益の処分に関する書類及び損失の処理に関する書類の標準的な様式は、次のとおりとする。

利益の処分に関する書類

(平成○○年○月○日)

I 当期未処分利益			XXX
当期総利益		XXX	
前期繰越欠損金	XXX		
II 利益処分額			
積立金		XXX	
国立大学法人法第35条において準用する独立行政法人通則法第44項第3項により文部科学大臣の承認を受けた額			
(何)積立金	XXX		
……	XXX		
……	XXX	XXX	XXX

損失の処理に関する書類

(平成○○年○月○日)

I 当期未処理損失				XXX
当期総損失		XXX		
(当期総利益)			(XXX)	
前期繰越欠損金		XXX		
II 損失処理額				
(何)積立金取崩額	XXX			
……	XXX			
積立金取崩額	XXX			XXX
III 次期繰越欠損金				XXX

第9章 国立大学法人等業務実施コスト計算書

第72 表示区分

1 国立大学法人等業務実施コスト計算書は、コストの発生原因ごとに、業務費用、損益外減価償却相当額、損益外減損損失相当額、引当外賞与増加見積額、引当外退職給付増加見積額、機会費用及び国庫納付額に区分して表示しなければならない。

2 業務費用は、損益計算書における費用相当額を計上し、更にこれより運営費交付金に基づく収益及び国又は地方公共団体からの補助金等に基づく収益以外の収益を差し引いて業務費用を計上する。

3 機会費用は、国又は地方公共団体の財産の無償又は減額された使用料による貸借取引から生ずるものと、政府出資等から生ずるもの、国又は地方公共団体からの無利子又は通常よりも有利な条件による融資取引から生ずるものとを区別して表示する。

4 (控除) 国庫納付額は、業務費用に計上されている国庫納付額を控除項目として計上する。

第73 国立大学法人等業務実施コスト計算書の様式

国立大学法人等業務実施コスト計算書の標準的な様式は、次のとおりとする。

国立大学法人等業務実施コスト計算書

(平成○○年4月1日〜平成○○年3月31日)

I 業務費用			
(1) 損益計算書上の費用			
業務費	XXX		
一般管理費	XXX		
財務費用	XXX	XXX	
(2) (控除) 自己収入等			
授業料収益	−XXX		
入学料収益	−XXX		
検定料収益	−XXX		
附属病院収益	−XXX		
受託研究等収益	−XXX		
受託事業等収益	−XXX		
寄附金収益	−XXX		
・・・	−XXX	−XXX	
業務費用合計			XXX
II 損益外減価償却相当額			XXX
III 損益外減損損失相当額			XXX
IV 引当外賞与増加見積額			XXX

Ⅴ 引当外退職給付増加見積額		×××
Ⅵ 機会費用		
国又は地方公共団体の無償又は減額された使用料による貸借取引の機会費用	×××	
政府出資の機会費用	×××	
無利子又は通常よりも有利な条件による融資取引の機会費用	×××	×××
Ⅶ (控除)国庫納付額		−×××
Ⅷ 国立大学法人等業務実施コスト		×××

第74 注記事項

国立大学法人等業務実施コスト計算書には、次の事項を注記しなければならない。

(注45)

(1) 国又は地方公共団体の財産の無償又は減額された使用料による貸借取引の機会費用があるときは、その計算方法

(2) 政府出資等の機会費用があるときは、計算に使用した利率

(3) 政府又は地方公共団体からの無利子又は通常よりも有利な条件による融資取引の機会費用があるときは、計算に使用した利率

〈注45〉機会費用計算の注記について

機会費用の計算に当たっては、一定の仮定計算を行うものとする。

(1) 国又は地方公共団体の財産を無償又は減額された使用料による貸借取引の機会費用は、例えば近隣の地代や賃貸料等を参考に計算を行い、その計算方法を注記する。

(2) 政府出資等の機会費用は、資本金のうち政府出資金に「第77 運営費交付金等の会計処理」、「第78 施設費の会計処理」及び「第79 補助金等の会計処理」による会計処理を行った結果資本剰余金に計上された額を加算し、「第83 特定の償却資産の減価に係る会計処理」による損益外減価償却累計額(目的積立金を財源として取得した償却資産に係る損益外減価償却累計額を除く。)及び損益外減損損失累計額を控除した政府出資等の純額に一定の利率を乗じて計算する。一定利率については、国債の利回り等を参考にしつつ、簡明な数値を用いることとし、その計算方法を注記する。

(3) 政府又は地方公共団体からの無利子又は通常よりも有利な条件による融資取引の機会費用は、当該融資の各事業年度における平均残高に通常の調達利率と実際の融資利率との差の利率を乗じて計算することとし、その計算方法を注記する。

第10章 附属明細書及び注記

第75 附属明細書

国立大学法人等は、貸借対照表及び損益計算書等の内容を補足するため、次の事項を明らかにした附属明細書を作成しなければならない。(注46)

(1) 固定資産の取得及び処分、減価償却費(「第83 特定の償却資産の減価に係る会計処理」による損益外減価償却相当額も含む。)並びに減損損失の明細
(2) たな卸資産の明細
(3) 無償使用国有財産の明細
(4) PFIの明細
(5) 有価証券の明細
(6) 出資金の明細
(7) 長期貸付金の明細
(8) 長期借入金の明細
(9) 国立大学法人等債の明細
(10) 引当金の明細
(11) 保証債務の明細
(12) 資本金及び資本剰余金の明細
(13) 積立金等の明細及び目的積立金の取崩しの明細
(14) 業務費及び一般管理費の明細
(15) 運営費交付金債務及び運営費交付金収益の明細
(16) 国等からの財源措置の明細
(17) 役員及び教職員の給与の明細
(18) 開示すべきセグメント情報
(19) 寄附金の明細
(20) 受託研究の明細
(21) 共同研究の明細
(22) 受託事業等の明細
(23) 科学研究費補助金の明細
(24) 上記以外の主な資産、負債、費用及び収益の明細

〈注46〉附属明細書による開示について

1 セグメント情報との関係、国民に対する業務の情報開示等の観点から、国立大学法人等が実施する業務の目的ごとに固定資産をグルーピングして表示することが適切な場合は、業務の目的ごとに固定資産の状況を明らかにしなければならない。

2 有価証券については、流動資産に計上した有価証券と投資有価証券を区分し、さらに売買目的有価証券、満期保有目的の債券、関係会社株式及びその他有価証券に区分して記載するほか、その他の関係会社有価証券を保有する場合は当該有価証券は区分して記載しなければならない。

3 長期貸付金については、関係法人長期貸付金とその他の貸付金に区分して記載しなければならない。

4 引当金の明細において、資産の控除項目として計上される引当金については、当該資産の総額との関係を明らかにしなければならない。

第76 注記

1 国立大学法人等の財務諸表には、重要な会計方針、重要な債務負担行為、その作成日までに発生した重要な後発事象、固有の表示科目の内容その他国立大学法人等の状況を適切に開示するために必要な会計情報を注記しなければならない。

2 重要な会計方針に係る注記事項は、まとめて記載するものとする。その他の注記事項についても、重要な会計方針の注記の次に記載することができる。(注47)(注48)(注49)(注49の2)

〈注47〉附属明細書及び注記における開示について

国立大学法人等の財務諸表は、広く国民にとってわかりやすい形で会計情報を開示するものでなければならないが、一方で、各種専門家にとって高度な分析に耐えられるような詳細な情報が含まれていなければならない。このため、貸借対照表や損益計算書等はいたずらに複雑なものとならないように留意しつつ、詳細な情報を附属明細書及び注記によって、開示していくものとする。

〈注48〉重要な会計方針の開示について

1 会計方針とは、国立大学法人等が財務諸表の作成に当たって、その会計情報を正しく示すために採用した会計処理の原則及び手続並びに表示の方法をいう。

2 会計方針の例としては次のようなものがある。

(1) 運営費交付金収益の計上基準
(2) 減価償却の会計処理方法
(3) 退職給付に係る引当金及び見積額の計上基準
(4) 有価証券の評価基準及び評価方法
(5) たな卸資産の評価基準及び評価方法
(6) 債券発行差額の償却基準
(7) 外貨建資産及び負債の本邦通貨への換算基準
(8) 未収財源措置予定額の計上基準
(9) 国立大学法人等業務実施コスト計算書における機会費用の計上方法

3 なお、重要な会計方針を変更した場合には、次の各号に掲げる事項を前項による記載の次に記載しなければならない。

(1) 会計処理の原則又は手続を変更した場合には、その旨、変更の理由及び当該変更が財務諸表に与えている影響の内容
(2) 表示方法を変更した場合には、その内容

〈注49〉重要な後発事象の開示について

1 財務諸表には、その作成日までに発生した重要な後発事象を注記しなければならない。後発事象とは、貸借対照表日以降に発生した事象で、次期以降の財政状態及び運営状況に影響を及ぼすものをいう。重要な後発事象を注記事項として開示することは、当該国立大学法人等の将来の財政状態や運営状況を理解するための補足情報として有用である。

2 重要な後発事象の例としては、次のようなものがある。

(1) 主要な業務の改廃
(2) 中期計画の変更
(3) 国からの財源措置の重大な変更
(4) 火災、出水等による重大な損害の発生

〈注49の2〉法人移行時に係る固有の会計処理等の注記

利益剰余金及び当期総利益のうち、国立大学法人等の法人移行時に係る固有の会計処理等に起因して生ずる一定の項目については、その内容及び金額を継続して財務諸表に注記するものとする。

第11章 国立大学法人等固有の会計処理

第77 運営費交付金等の会計処理

1 国立大学法人等が運営費交付金を受領したときは、相当額を運営費交付金債務として整理するものとする。運営費交付金債務は、流動負債に属するものとする。また、当該年度に係る授業料を受領したときは授業料債務として、運営費交付金債務同様に整理する。

2 運営費交付金債務及び授業料債務は、中期目標の期間中は原則として業務の進行が期間の進行に対応するものとして収益化を行うものとする。なお、他の方法により収益化することがより適当であると認められる場合には、当該方法により収益化することができる。

3 運営費交付金債務は、次の中期目標の期間に繰り越すことはできず、中期目標の期間の最後の事業年度の期末処理において、これを全額収益に振り替えなければならない。

4 国立大学法人等が固定資産を取得した際、その取得額のうち運営費交付金又は授業料に対応する額については、次のように処理するものとする。

(1) 取得固定資産が運営費交付金又は当該年度に係る授業料により支出されたと合理的に特定できる場合においては、

ア 当該資産が非償却資産であって、その取得が中期計画の想定の範囲内であるときに限り、その金額を運営費交付金債務又は授業料債務から資本剰余金に振り替える。

イ 当該資産が非償却資産であってアに該当しないとき又は当該資産が償却資産若しくは重要性が認められるたな卸資産（通常の業務活動の過程において販売するために保有するものを除く。以下この項において同じ。）であるときは、その金額を運営費交付金債務又は授業料債務から別の負債項目である資産見返運営費交付金等に振り替える。資産見返運営費交付金等は、償却資産の場合は毎事業年度、減価償却相当額を、たな卸資産の場合は消費した際に、それぞれ取り崩して、資産見返運営費交付金等戻入として収益に振り替える。

(2) 取得固定資産等が運営費交付金又は当該年度に係る授業料により支出されたと合理的に特定できない場合においては、相当とする金額を運営費交付金債務又は授業料債務から収益に振り替える。（注50）

〈注50〉運営費交付金等の会計処理について

1 運営費交付金は国立大学法人等に対して国から負託された業務の財源であり、交付金の交付をもって直ちに収益と認識することは適当ではない。したがって、交付された運営費交付金は相当額を運営費交付金債務として負債に計上し、業務の進行に応じて収益化を行うものとする。授業料については、学生から負託された教育の経済資源であり、一定の負債性が認められることから、会計処理上運営費交付金と同様の取扱いをする。

2 運営費交付金及び授業料の収益化については、具体的には以下の考え方によるものとする。

(1) 国立大学法人等における教育研究という業務の実施に関しては、一般に進行度の客観的な測定が困難であるため、中期計画及びこれを具体化する年度計画等

において、業務の実施と運営費交付金及び授業料財源とが期間的に対応しているものとして、一定の期間の経過を業務の進行とみなし、運営費交付金及び授業料債務を収益化することを原則とする。

なお、運営費交付金については、中期計画及びこれを具体化する年度計画等において、一定の業務等との対応関係が明らかにされている場合には、当該業務等の達成度に応じて、財源として予定されていた運営費交付金債務の収益化を進行させることができる。例えば、一定のプロジェクトの実施（未了のプロジェクトについて投入費用に対応して業務の達成度を測定する方法を含む。）や、財源措置上、交付金財源との対応関係が明らかにされている場合等がこれに該当する。また、特定の支出のために運営費交付金が措置されている場合には、当該支出額を限度として収益化することができる。

(2) 運営費交付金が既に実施された業務の財源を補てんするために交付されたことが明らかといえる場合においては、交付時において収益計上するものとする。

3　中期目標の期間の終了時点においては、期間中に交付された運営費交付金を精算するものとする。

このため、中期目標の期間の最後の事業年度においては、当該事業年度の業務の進行に応じて交付金を収益化し、なお、運営費交付金債務が残る場合には、当該残額は、別途、精算のための収益化を行うものとする。

4　運営費交付金の収益化に関する会計方針については、適切な開示を行わなければならない。

5　長期の契約により固定資産を取得する場合であって、当該契約に基づき前払金又は部分払金を支払うときは、当該支出額が運営費交付金により支出されたと合理的に特定できる場合には、その金額を運営費交付金債務から建設仮勘定見返運営費交付金に振り替え、現実に引渡しを受けたときに建設仮勘定見返運営費交付金を本来の科目（資本剰余金又は資産見返運営費交付金）に振り替えるものとする。

6　資産見返運営費交付金等を計上している固定資産を売却、交換又は除去した場合には、これを全額収益に振り替えるものとする。

第78　施設費の会計処理

1　国立大学法人等が国又は独立行政法人国立大学財務・経営センターから施設費を受領したときは、相当額を預り施設費として整理するものとする。預り施設費は、流動負債に属するものとする。預り施設費は、拠出者毎に区分して表示する。

2　施設費によって固定資産を取得した場合は、当該資産が非償却資産であるとき又は当該資産の減価償却について「第83　特定の償却資産の減価に係る会計処理」に定める処理が行われることとされたときは、当該固定資産の取得費に相当する額を、預り施設費から資本剰余金に振り替えなければならない。（注51）

〈注51〉施設費を財源に固定資産を取得した場合の会計処理について

1　国立大学法人等における施設費は、国又は独立行政法人国立大学財務・経営センターから拠出された対象資産の取得を行うまでは、その使途が特定された財源として、預り施設費として負債に整理する。

2　施設費を財源とする償却資産については、通常、「第83　特定の償却資産の減価に係る会計処理」にしたがって減価償却の処理を行うことが想定される。そのような場合には、当該資産の購入時において、預り施設費を資本剰余金に振り替えることとし、国立大学法人等の財産的基礎を構成するものとする。資本剰余金は、「第83　特定の償却資産の減価に係る会計処理」の規定により、減価償却の進行に応じて実質的に減価していくこととなる。

3　長期の契約により固定資産を取得する場合であって、当該契約に基づき前払金又は部分払金を支払うときは、その金額を預り施設費から建設仮勘定見返施設費に振り替え、現実に引渡しを受けたときに建設仮勘定見返施設費を資本剰余金に振り替えるものとする。

第79　補助金等の会計処理

1　国立大学法人等が国又は地方公共団体から補助金等の概算交付を受けたときは、相当額を預り補助金等として整理するものとする。預り補助金等は流動負債に属するものとする。

2　預り補助金等は、補助金等の交付の目的に従った業務の進行に応じて収益化を行うものとする。

3　補助金等を財源の全部又は一部として固定資産等を取得したときは、次のように処理するものとする。（注52）

(1) 当該資産が非償却資産であるときは、取得に充てられた補助金等の金額を預り補助金等から資本剰余金に振り替える。

(2) 当該資産が償却資産であるときは、取得に充てられた補助金等の金額を預り補助金等から資産見返補助金等に振り替える。資産見返補助金等は、毎事業年度、当該資産の減価償却額に取得価額に占める補助金等の割合を乗じて算定した額を取り崩して、資産見返補助金等戻入として収益に振り替える。

〈注52〉補助金等の会計処理について

1　補助金等が既に実施された業務の財源を補てんするために精算交付された場合においては、補助金等の交付を受けたときに収益計上するものとする。

2　長期の契約により固定資産を取得する場合であって、当該契約に基づき前払金又は部分払金を支払うときは、その金額を預り補助金等から建設仮勘定見返補助金等に振り替え、現実に引渡しを受けたときに建設仮勘定見返補助金等を本来の科目（資本剰余金又は資産見返補助金等）に振り替えるものとする。また、当該固定資産が償却資産の場合は毎事業年度、減価償却相当額を取り崩して、資産見返補助金等戻入として収益に振り替える。

3　資産見返補助金等を計上している固定資産を売却、交換又は除去した場合には、これを全額収益に振り替えるものとする。

第80　事後に財源措置が行われる特定の費用に係る会計処理

1　国立大学法人等の業務運営に要する費用のうち、その発生額を後年度において財源措置することとされている特定の費用が発生したときは、財源措置が予定される金額を財源措置予定額収益の科目により収益に計上するとともに、未収財源措置予定額の科目により資産として計上する。

2　後年度において財源措置することとされている特定の費用は、国立大学法人等が負担した特定の費用について、事後に財源措置を行うこと及び財源措置を行う費用の範囲、時期、方法等が、例えば中期計画等で明らかにされていなければならない。（注53）

3　なお、財源措置予定額収益は、国立大学法人等業務実施コスト計算書に計上される業務費用から控除すべき収益には含まれない。

〈注53〉財源措置予定額収益の計上が認められる場合について

財源措置予定額収益の計上が認められるのは、運営費交付金等による事前の財源措置を困難とする合理的な理由がある場合に限られる。

第81　寄附金の会計処理

1　国立大学法人等が受領した寄附金については、次により処理するものとする。（注54）

（1）　中期計画等において、国立大学法人等の財産的基礎に充てる目的で民間からの出えんを募ることを明らかにしている場合であって、当該計画に従って出えんを募った場合には、民間出えん金の科目により資本剰余金として計上する。

（2）　寄附者がその使途を特定した場合又は寄附者が使途を特定していなくとも国立大学法人等が使用に先立ってあらかじめ計画的に使途を特定した場合において、寄附金を受領した時点では寄附金債務として負債に計上し、当該使途に充てるための費用が発生した時点で当該費用に相当する額を寄附金債務から収益に振り替えなければならない。

2　1（2）の寄附金によって固定資産を取得した場合は、次のように処理するものとする。

（1）　当該資産が非償却資産であって、その取得が中期計画の想定の範囲内であるときに限り、その金額を寄附金債務から資本剰余金に振り替える。

（2）　当該資産が償却資産であって、（1）に該当しないとき及び当該資産が償却資産であるときは、その金額を寄附金債務から別の負債項目である資産見返寄附金に振り替える。償却資産の場合は毎事業年度、減価償却相当額を取り崩して、資産見返寄附金戻入として収益に振り替える。（注55）

3　1（1）又は（2）のいずれにも該当しない寄附金については、当該寄附金に相当する額を受領した期の収益として計上する。

〈注54〉寄附金の負債計上について

国立大学法人等においては、その性格上、様々な趣旨の寄附金を受けることが想定される。寄附金は、寄附者が国立大学法人等の業務の実施を財産的に支援する目的で出えんするものであるが、寄附者があらかじめその使途を特定したり、あるいは国立大学法人等の側で使途を示して計画的に管理支出することが想定され、国立大学法人等が通常はこれを何らかの特定の業務のための支出に計画的に充てなければならないという責務を負っているものと考えられる。このため、受領した寄附金の会計的な性格として、あらかじめ使途が特定されて管理されている寄附金に関しては、その未使用額と同額の負債の存在を認め、受領した期の終了後も引き続き国立大学法人等に留保することとしている。これは、中期計画期間の終了時においても同様であり、運営費交付金とは異なり、精算のための収益化は不要である。

〈注55〉寄附金を財源として固定資産を取得した場合の会計処理について

1　国立大学法人等が使途を特定した寄附金によって非償却資産を取得した場合においては、これが中期計画の想定の範囲内である場合には、国立大学法人等の財産的基礎を構成するものと考えられることから、資本剰余金に振り替えるものとする。

2　資産見返寄附金を計上している固定資産を売却、交換又は除去した場合は、これを全額収益に振り替えることとする。

第82　教育研究の実施等による収益の会計処理

国立大学法人等がその教育研究の実施等に伴い得た収入については、その実施によって実現したもののみを、各期の収益として計上する。（注56）

〈注56〉国又は地方公共団体からの委託費の扱いについて

国立大学法人等に対して国又は地方公共団体から支出された委託費については、国立大学法人等の教育研究の提供等の対価に該当するものであるので、他の主体からの受託収入と同様の会計処理を行う。ただし、国又は地方公共団体からの受託による収益と他の主体からの受託による収益とは区別して表示しなければならない。

第83　特定の償却資産の減価に係る会計処理

国立大学法人等が保有する償却資産のうち、その減価に対応すべき収益の獲得が予定されないものとして特定された資産については、当該資産の減価償却相当額は、損益計算上の費用には計上せず、資本剰余金を減額することとする。（注57）

〈注57〉減価償却の会計処理について

1　国立大学法人等が固定資産を取得するに当たっては、国は、国有財産の現物出資あるいは施設費の交付等を行うことができるものとされている。ところで、国立大学法人等は業務運営の財源を主に運営費交付金に依存することになるが、このような資産の減価部分については通常は運営費交付金の算定対象とはならず、また、運営費交付金に基づく収益以外の収益によって充当することも必ずしも予定されていない。更に資産の更新に当たっては、出資者たる国により改めて必要な措置が講じられることになるものと想定される。このような場合においては、減価償却に相当する額は、むしろ実質的には財産的基礎の減少と考えるべきであることから、損益計算上の費用には計上せず、国立大学法人等の資本剰余金を直接に減額することによって処理するものとする。この取扱いは、取得時までに別途特定された資産に限り行うものとする。

2 このような資産に係る減価償却相当額は、各期間に対応させるべき収益が存在するものではなく、また、国立大学法人等の運営責任という観点からも、その範囲外にあると考えることができる。これを損益計算上の費用としてとらえることは、国立大学法人等の運営状況の測定を誤らせることとなり、準用通則法44条を適用する上での計算方法として適当ではない。

3 貸借対照表の資本剰余金の区分においては、「第83 特定の償却資産の減価に係る会計処理」の規定に基づく損益外減価償却相当額の累計額を表示しなければならない。この累計額は、国立大学法人等の実質的な財産的基礎の減少の程度を表示し、当該資産の更新に係る情報提供の機能を果たすこととなる。

4 附属病院における一定の償却資産に係る減価償却については、当該減価に対応すべき附属病院収入の獲得が予定されていると考えられるため、当該収入をもって充当することが適当と考える。よって、附属病院における上記資産の減価償却相当額は、損益計算上の費用に計上し、それ以外については損益外減価償却を行うこととする。

第84 賞与引当金に係る会計処理

1 賞与のうち、運営費交付金に基づく収益以外の収益によってその支払財源が手当されることが予定されている部分については、「第17 引当金」により賞与引当金を計上する。

2 賞与に充てるべき財源措置が翌期以降の運営費交付金により行なわれることが、中期計画等で明らかにされている場合には、賞与引当金を計上しない。なお、この場合において、当期の運営費交付金により財源措置が手当されない引当外賞与見積額を貸借対照表の注記において表示するとともに、引当外賞与増加見積額を国立大学法人等業務実施コスト計算書に表示する。

第85 退職給付に係る会計処理

1 退職給付債務のうち、運営費交付金に基づく収益以外の収益によってその支払財源が手当されることが予定されている部分については、「第35 退職給付引当金の計上方法」により退職給付引当金を計上する。

2 退職給付債務について、次の要件に該当する場合には退職給付引当金は計上しない。なお、その場合は次の要件に合致しない場合に計上したであろう退職給付引当金の見積額を貸借対照表の注記において表示するとともに、退職給付債務に係る毎事業年度の増加額は国立大学法人等業務実施コスト計算書に表示する。

(1) 退職一時金(役員及び教職員の退職時に支払われる退職手当をいう。)については、退職一時金に充てるべき財源措置が運営費交付金により行われることが、例えば中期計画等で明らかにされている場合

(2) 年金債務のうち厚生年金基金から支給される年金給付については、厚生年金基金に払い込むべき掛金に充てるべき財源措置が運営費交付金によって行われること、及び厚生年金基金に積立不足がある場合には、当該積立不足額とその解消のために必要となる財源措置が運営費交付金によって行われることが、例えば中期計画等で明らかにされている場合

3 国立大学法人等が中期計画等で想定した運営を行わなかったことにより将来の追加的な退職給付債務が発生した場合には、当期において負担すべき追加的費用を追加退職給付引当金に繰り入れ、貸借対照表の固定負債の部に表示するものとする。なお、その場合において、当該年度中に追加的な退職一時金が支給されているときには、当該追加分を当期の損益に反映させるものとする。

4 2の見積額のうち、退職一時金に係る退職給付債務の見積額の計算に当たっては、退職一時金の期末要支給額を用いた計算によることができる。

第86 退職共済年金に係る共済組合への負担金の会計処理

退職共済年金に係る共済組合への負担金は、拠出時に費用として認識するものとし、特別の引当金は計上しない。

第87 債券発行差額の会計処理

1 国立大学法人等が事業資金等の調達のために債券を発行する場合においては、債券の額面金額をもって貸借対照表価額とする。

2 債券の額面金額と異なる金額で発行したときは、当該額面金額と異なる金額は、収入金額と額面金額との差額を債券発行差額として貸借対照表に表示するものとする。

3 債券発行差額は、毎事業年度、債券の償還期間にわたり合理的な基準で計算した額を償却しなければならない。期限前に債券を償還した場合には、債券発行差額の未償却残高のうち、償還した債券に対応する部分を当該事業年度に償却するものとする。

第88 毎事業年度の利益処分

1 当期未処分利益は、毎事業年度、積立金として整理するもののほか、中期目標の期間の最後の事業年度を除く毎事業年度、目的積立金として整理するものとする。

2 当期未処理損失は、毎事業年度、積立金(目的積立金が残っている場合は当該目的積立金を含む。)を減額して整理し、なお不足がある場合は繰越欠損金として整理するものとする。

第89 中期目標の期間の最後の事業年度の利益処分

国立大学法人等の中期目標の期間の最後の事業年度においては、当期未処分利益は、積立金として整理しなければならない。目的積立金及び国立大学法人法の規定に基づく前中期目標期間繰越積立金が残っている場合は、積立金に振り替えなければならない。(注58)

〈注58〉中期目標の期間の最後の事業年度の利益処分について

1 国立大学法人制度においては、中期目標による運営・評価のシステムが導入されており、運営費交付金のルール設定等財務関係においても一の中期目標及び

それに基づく中期計画の期間を一つの区切りとしているところである。国立大学法人等においては、運営費交付金等をこの中期目標の期間の終了時に精算するという考え方にたっていることから、最終年度に損益計算上の利益が生じた場合であっても準用通則法第44条第3項の処理は行わないほか、目的積立金や前中期目標期間繰越積立金が使用されずに残っていた場合は、中期目標の期間の最後の事業年度の利益処分時において、積立金に振り替えることを要するものである。

2　国立大学法人法においては、積立金を次の中期目標の期間に繰り越す旨の規定が設けられているが、利益の処分又は損失の処理に関する書類のほか、国庫納付金の計算書の作成を要する。当該計算書においては、中期目標の期間の最後の事業年度に係る利益処分を行った後の積立金の総額並びにその処分先である国庫納付金の額及び前中期目標期間繰越積立金として次の中期目標の期間に繰り越される金額を記載するものとする。

第90　目的積立金を取り崩す場合の会計処理

目的積立金について、中期計画であらかじめ定めた「剰余金の使途」に沿った費用が発生したときは、その同額を取り崩して目的積立金取崩額に振り替えなければならない。また、「剰余金の使途」に沿って固定資産を取得した場合、その取得に要した額を取り崩して資本剰余金に振り替えなければならない。

第12章　連結財務諸表

第1節　連結財務諸表の作成目的及び一般原則

第91　連結財務諸表の作成目的

連結財務諸表は、国立大学法人等とその出資先の会社等（以下「関係法人」という。）を公的な資金が供給されている一つの会計主体として捉え、国立大学法人等が関係法人集団（国立大学法人等及び関係法人の集団をいう。以下同じ。）の財政状態及び運営状況を総合的に報告するために作成するものである。（注59）

〈注59〉連結財務諸表の作成目的及び性格について

1　国立大学法人等が行う出資等は、法人の設立目的を達成するために業務として行われるものであり、国立大学法人等と関係法人の間に必ずしも支配従属関係が認められるわけではないが、公的な資金が供給されている一つの会計主体とみなして、公的な主体としての説明責任を果たす観点から、連結財務諸表の作成、開示を行うものである。

2　このような観点から作成される連結財務諸表は、公的な資金がどのように使用されているかを示すことを主たる目的としており、国立大学法人等の評価は個別財務諸表により行われる必要がある。

3　関係法人には、国立大学法人等が出資を行っている民間企業のほか、法人と一定の関係を有する公益法人等が含まれる。

第92　連結財務諸表一般原則

1　連結財務諸表は、関係法人集団の財政状態及び運営状況に関して真実な報告を提供するものでなければならない。

2　連結財務諸表は、関係法人集団に属する国立大学法人等及び関係法人が準拠すべき一般に公正妥当と認められる会計基準に準拠して作成された個別財務諸表を基礎として作成されなければならない。

3　国立大学法人等の会計は、連結財務諸表によって、国民その他の利害関係者に対し必要な会計情報を明瞭に表示し、関係法人集団の状況に関する判断を誤らせないようにしなければならない。（注60）

4　連結財務諸表作成のために採用した基準及び手続は、毎期継続して適用し、みだりにこれを変更してはならない。

〈注60〉重要性の原則の適用について

1　連結財務諸表を作成するに当たっては、国民その他の利害関係者の関係法人集団の状況に関する判断を誤らせないようにするため、金額的側価及び質的側面の両面からの重要性を勘案して、適切な会計処理及び表示を行わなければならない。

2　なお、連結財務諸表は、関係法人集団の財政状態及び運営状況を国民その他の利害関係者に総合的に報告するために作成するものであることから、その判断を誤らせない限り、連結の範囲、特定関連会社の決算日が連結決算日と異なる場合の仮決算の手続、連結のための個別財務諸表の修正、特定関連会社の資産及び負債の評価、未実現利益の消去、連結財務諸表の表示等に関して重要性の乏しいものについては、本来の会計処理によらないで合理的な範囲で他の簡便な方法によることも認められる。

第93　連結の範囲

1　国立大学法人等は、原則としてすべての特定関連会社を連結の範囲に含めなければならない。（注61）

2　特定関連会社とは、国立大学法人等が出資する会社であって、次のいずれかに該当する場合には、当該会社は特定関連会社に該当するものとする。

（1）会社の議決権の過半数を所有しているという事実が認められる場合

（2）会社に対する議決権の所有割合が１００分の50以下であっても、高い比率の議決権を保有している場合であって、次のような事実が認められる場合

ア　議決権を行使しない株主が存在することにより、株主総会において議決権の過半数を継続的に占めることができると認められるとき。

イ　役員、関連会社等の協力的な株主の存在により、株主総会において議決権の過半数を継続的に占めることができると認められるとき。

ウ　役員若しくは教職員である者又はこれらであった者が、取締役会の構成員の過半数を継続的に占めているとき。

エ　重要な財務及び営業の方針決定に関し国立大学法人等の承認を要する契約等が存在するとき。

3　国立大学法人等及び特定関連会社が、他の会社に出資又は投資を行い、多大な影響力を与えていると認められる場合における当該他の会社も、また、特定関連

会社とみなすものとする。

〈注61〉連結の範囲からの除外について

特定関連会社であって、その資産、収益等を考慮して、連結の範囲から除いても関係法人集団の財政状態、運営状況及び公的資金の使用状況等に関する合理的な判断を妨げない程度に重要性が乏しいものは、連結の範囲に含めないことができる。

第94　連結決算日

1　連結財務諸表の作成に関する期間は一年とし、国立大学法人等の会計期間に基づき、毎年3月31日をもって連結決算日とする。

2　特定関連会社の決算日が連結決算日と異なる場合には、特定関連会社は、連結決算日に正規の決算に準ずる合理的な手続により決算を行わなければならない。（注62）

〈注62〉決算日に差異がある場合の取扱いについて

決算日の差異が三か月を超えない場合には、特定関連会社の正規の決算を基礎として、連結決算を行うことができる。ただし、この場合には、決算日が異なることから生ずる国立大学法人等及び連結される特定関連会社間の取引に係る会計記録の重要な不一致について、必要な整理を行うものとする。

第95　会計処理の原則及び手続

1　同一環境下で行われた同一の性質の取引等について、国立大学法人等及び特定関連会社が採用する会計処理の原則及び手続は、「第11章国立大学法人等固有の会計処理」に定めるものを除き、原則として国立大学法人等の会計処理に統一しなければならない。（注63）

2　会計処理の原則及び手続で国立大学法人等及び特定関連会社との間で特に異なるものがあるときは、その概要を注記しなければならない。

〈注63〉会計処理の統一について

1　資産の評価方法及び固定資産の減価償却の方法については、本来統一することが望ましいが、事務処理に多大の時間と労力を要するため、統一が困難な場合には、統一をしないことができる。

2　特定関連会社に対する国立大学法人等の出資が、当該特定関連会社が行う研究開発事業等に要する資金の供給として他の民間会社と共同して実施される場合であって、当該特定関連会社が、当該他の民間会社の持分法適用会社に該当するため、当該特定関連会社の会計処理が当該他の民間会社の会計処理に統一されており、国立大学法人等の会計処理に統一することが困難な場合等合理的理由がある場合には、関係法人集団の財政状態及び運営状況に関する国民その他の利害関係者の判断を誤らせない限りにおいて、会計処理の統一を行わないことができる。

3　上記の場合においては、会計処理の統一が困難な理由、統一されていない会計処理の概要を注記しなければならない。

第96　連結財務諸表の体系

国立大学法人等の連結財務諸表は、次のとおりとする。

（1）連結貸借対照表
（2）連結損益計算書
（3）連結キャッシュ・フロー計算書
（4）連結剰余金計算書
（5）連結附属明細書

第2節　連結貸借対照表の作成基準

第97　連結貸借対照表作成の基本原則

連結貸借対照表は、国立大学法人等及び特定関連会社の個別貸借対照表における資産、負債及び純資産の金額を基礎とし、特定関連会社の資産及び負債の評価並びに連結される特定関連会社（以下「連結法人」という。）に対する出資とこれに対応する当該連結法人の資本との相殺消去その他必要とされる国立大学法人等及び連結法人相互間の項目を消去して作成する。

第98　特定関連会社の資産及び負債の評価

1　連結貸借対照表の作成に当たっては、特定関連会社に該当することとなった日において、特定関連会社の資産及び負債のすべてを、特定関連会社に該当することとなった日の時価により評価しなければならない。（注64）

2　特定関連会社の資産及び負債の時価による評価額と当該資産及び負債の個別貸借対照表上の金額との差額は、特定関連会社の純資産とする。

〈注64〉特定関連会社に該当することとなった日が、特定関連会社の決算日以外の日である場合の取扱いについて

特定関連会社に該当することとなった日が特定関連会社の決算日以外の日であるときは、当該日の前後いずれか近い決算日とおいて特定関連会社に該当することとなったものとみなして処理することができる。

第99　出資と資本の相殺消去

1　国立大学法人等の特定関連会社に対する出資とこれに対応する特定関連会社の資本は、相殺消去しなければならない。

2　国立大学法人等の特定関連会社に対する出資とこれに対応する特定関連会社の資本との相殺消去に当たり、差額が生ずる場合には、当該差額は発生した事業年度の損益として処理しなければならない。

3　特定関連会社相互間の投資とこれに対応する資本とは、国立大学法人等の特定関連会社に対する出資とこれに対応する特定関連会社の資本との相殺消去に準じて相殺消去しなければならない。

第100　少数株主持分

1　特定関連会社の純資産のうち国立大学法人等に帰属しない部分は、少数株主持分とする。

2　特定関連会社の欠損のうち、当該特定関連会社に係る少数株主持分に割り当てられる額が、当該少数株主の負担すべき額を超える場合には、当該超過額については、当該特定関連会社との関係を勘案して処理する

ものとする。（注65）

〈注65〉特定関連会社の欠損が当該特定関連会社に係る少数株主持分に割り当てられるべき額を超える場合の処理について

1　例えば、特定関連会社に対する国立大学法人等の出資が、当該特定関連会社が行う研究開発事業等に要する資金の供給として他の民間会社と共同して実施される場合等であって、特定関連会社の欠損金について国立大学法人等と当該他の民間会社がその出資割合に応じて負担することが合理的な場合には、次のように処理することが考えられる。

（1）国立大学法人等が当該特定関連会社の債務保証を行っている等、契約等による義務を負っている場合には、特定関連会社の欠損のうち、当該特定関連会社に係る少数株主の負担すべき額を超える額（以下「少数株主持分超過欠損額」という。）のうち、国立大学法人等が負担すべき義務の金額の範囲内で国立大学法人等の持分に負担させる。

（2）国立大学法人等が契約等による義務を負っていない場合の少数株主持分超過欠損額及び少数株主持分超過欠損額が契約等により国立大学法人等が負担すべき義務の金額を超える場合の当該超過欠損額は、少数株主持分に割当てるものとする。

2　上記1（1）の場合において、その後特定関連会社に利益が計上されたときは、国立大学法人等が負担した欠損が回収されるまで、その利益の金額を国立大学法人等の持分に加算するものとする。

第101　債権と債務の相殺消去

1　連結法人相互間の債権と債務とは、相殺消去しなければならない。

2　連結法人相互間での債務保証に関し計上されている保証債務損失引当金は、その全額を消去しなければならない。

第102　法人税等の期間配分に係る会計処理

1　連結法人の法人税等については、一時差異等に係る税金の額を期間配分しなければならない。

2　一時差異等に係る税金の額は、独立行政法人会計基準「第35　法人税等の期間配分に係る会計処理」に準じ、繰延税金資産又は繰延税金負債として計上しなければならない。

第103　関連会社等に対する持分法の適用

1　連結の範囲に含めない特定関連会社及び関連会社に対する出資については、原則として持分法を適用しなければならない。（注66）

2　関連会社とは、国立大学法人等及び特定関連会社が、出資、人事、資金、技術、取引等の関係を通じて、特定関連会社以外の会社の財務及び営業の方針決定に対して重要な影響を与えることができる場合における当該会社をいう。

3　次の場合には、特定関連会社以外の会社の財務及び事業運営の方針決定に重要な影響を与えることができないことが明らかに示されない限り、当該会社は関連会社に該当するものとする。

（1）特定関連会社以外の会社の議決権の100分の20以上を実質的に所有している場合

（2）会社に対する議決権の所有割合が100分の20未満であっても、一定の議決権を有しており、かつ、次のような事実が認められる場合

ア　国立大学法人等の役員若しくは教職員である者又はこれらであった者（国立大学法人等の設立に際し、権利義務を承継した国立大学等の教職員であった者を含む。）であって、財務及び営業又は事業の方針決定に関して影響を与えることができる者が、代表取締役又はこれに準ずる役職に就任している場合

イ　国立大学法人等が、重要な融資（債務保証又は担保の提供を含む。）を行っている場合

ウ　国立大学法人等が、重要な技術を提供している場合

エ　国立大学法人等との間に、重要な販売、仕入その他の営業上又は事業上の取引がある場合

オ　国立大学法人等が、財務及び営業又は事業の方針決定に対して重要な影響を与えることができることが推測される事実が存在する場合

4　関連会社株式の売却等により当該会社が関連会社に該当しなくなった場合には、残存する当該会社の株式は、個別貸借対照表上の帳簿価額をもって評価する。なお、特定関連会社株式の売却等により当該会社が特定関連会社及び関連会社に該当しなくなった場合には、上記に準じて処理する。

〈注66〉持分法適用の範囲からの除外について

持分法の適用により、連結財務諸表に重要な影響を与えない場合には、持分法の適用会社としないことができる。

第104　表示区分

1　連結貸借対照表は、資産の部、負債の部及び純資産の部に区分するものとする。資産の部は、流動資産、固定資産及び繰延資産に区分し、固定資産は、有形固定資産、無形固定資産及び投資その他の資産に区分して記載するものとする。負債の部は、流動負債及び固定負債に区分して記載するものとする。純資産の部は、資本金、資本剰余金、連結剰余金及び少数株主持分に区分して記載するものとする。

2　流動資産、有形固定資産、無形固定資産、投資その他の資産、繰延資産、流動負債及び固定負債は、一定の基準に従い、その性質を示す適切な名称を付した科目に明瞭に分類して記載するものとする。（注67）

〈注67〉繰延資産について

「第8　資産の定義」により、国立大学法人等においては、繰延資産を計上してはならないことにされており、連結貸借対照表に計上される繰延資産は、特定関連会社の貸借対照表に計上されている繰延資産に限られる。

第3節　連結損益計算書の作成基準

第105　連結損益計算書作成の基本原則

連結損益計算書は、国立大学法人等及び特定関連会社の個別損益計算書における費用、収益等の金額を基

礎とし、連結法人相互間の取引高の相殺消去及び未実現損益の消去等の処理を行って作成する。

第106　連結法人相互間の取引高の相殺消去

連結法人相互間における役務の提供その他の取引に係る項目は、相殺消去しなければならない。

第107　未実現損益の消去

1　連結法人相互間の取引によって取得したたな卸資産、固定資産その他の資産に含まれる未実現利益は、その全額を消去しなければならない。

2　未実現損失の金額に重要性が乏しい場合には、これを消去しないことができる。

3　売手側の特定関連会社に少数株主が存在する場合には、未実現損益は国立大学法人等と少数株主の持分比率に応じて、国立大学法人等の持分と少数株主持分に配分するものとする。

第108　表示区分

1　連結損益計算書は、経常損益計算及び純損益計算の区分を設けなければならない。経常損益計算の区分は、連結法人の業務活動から生じた費用及び収益等を記載して経常損益を表示するものとする。純損益計算の区分は、経常損益計算の結果を受けて、臨時利益及び臨時損失を記載して税金等調整前当期純利益を表示し、これに法人税、住民税及び事業税、法人税等調整額及び少数株主持分損益を加減して当期純損益を表示するものとする。純損益計算の結果を受けて、目的積立金取崩額等を表示し、当期総利益を表示するものとする。

2　業務活動から生じた費用及び収益、臨時利益及び臨時損失は、一定の基準に従い、その性質を示す適切な名称を付した科目に明瞭に分類して記載しなければならない。

第4節　連結キャッシュ・フロー計算書の作成基準

第109　連結キャッシュ・フロー計算書作成の基本原則

連結キャッシュ・フロー計算書は、国立大学法人等及び特定関連会社の個別キャッシュ・フロー計算書を基礎として、連結法人相互間のキャッシュ・フローの相殺消去の処理を行って作成する。

第110　表示区分及び表示方法

1　連結キャッシュ・フロー計算書の資金の範囲、表示区分及び表示方法については、「第22　キャッシュ・フロー計算書の資金」及び「第7章キャッシュ・フロー計算書」に準じるものとする。

2　なお、連結範囲の変動を伴う特定関連会社株式の取得又は売却に係るキャッシュ・フローは、「投資活動によるキャッシュ・フロー」の区分に独立の項目として記載する。この場合、新たに特定関連会社となった会社の資金の額は、株式の取得による支出額から控除し、特定関連会社でなくなった会社の資金の額は株式の売却による収入額から控除して記載するものとする。

第5節　連結剰余金計算書の作成基準

第111　連結剰余金計算書作成の基本原則

1　連結貸借対照表に示される連結剰余金については、その増減を示す連結剰余金計算書を作成する。

2　連結剰余金の増減は、国立大学法人等及び特定関連会社の損益計算書及び利益処分に係る金額を基礎とし、連結法人相互間の配当に係る取引を消去して計算する。

3　国立大学法人等の利益処分については、連結会計期間において確定した利益処分を基礎として連結決算を行う方法による。

第112　表示方法

連結剰余金計算書は、連結剰余金期首残高、連結剰余金増加高、連結剰余金減少高及び当期総利益を示して、連結剰余金期末残高を表示しなければならない。

第6節　関連公益法人等の取扱い

第113　関連公益法人等の情報開示

関連公益法人等については、国立大学法人等との出えん、人事、資金、技術、取引等の関係を「第7節連結財務諸表の附属明細書、連結セグメント情報及び注記」に定めるところにより開示するものとする。（注68）

〈注68〉関連公益法人等について

国立大学法人等と関連公益法人等との間には資本関係が存在しないが、国立大学法人等を通じて公的な資金が供給されている場合も多いことから、公的な会計主体である国立大学法人等は関連公益法人等との関係を開示し説明する責任を有している。

第114　関連公益法人等の範囲

1　関連公益法人等とは、国立大学法人等が出えん、人事、資金、技術、取引等の関係を通じて、財務及び事業運営の方針決定に対して重要な影響を与えることができるか又は国立大学法人等との取引を通じて公的な資金が供給されており、国立大学法人等の財務情報として、重要な関係を有する当該公益法人等をいう。（注69）

2　次の場合には、公益法人等の財務及び事業運営の方針決定に重要な影響を与えることができないことが明らかに示されない限り、当該公益法人等は関連公益法人等に該当するものとする。

（1）　理事等のうち、国立大学法人等の役員又は教職員経験者の占める割合が3分の1以上である公益法人等

（2）　事業収入に占める国立大学法人等との取引に係る額が3分の1以上である公益法人等

（3）　基本財産の5分の1以上を国立大学法人等が出えんしている財団法人

（4）　会費、寄附等の負担額の5分の1以上を国立大学法人等が負担している公益法人等

3　関連公益法人等の特定関連会社又は関連会社である会社は関連公益法人等とみなすものとする。

4 国立大学法人等が交付する助成金等の収入が事業収入の3分の1を占めることにより2（2）に該当し、かつ、2（1）、（3）及び（4）のいずれにも該当しない公益法人等について、当該助成金等が、当該国立大学法人等の審査に付された上で、継続的、恒常的でない形態で交付される場合には、当該公益法人等は、関連公益法人等に該当しないものとすることができる。

〈注69〉関連公益法人等について

公益法人等とは、財団法人、社団法人のほか、社会福祉法人、特定非営利活動法人、技術研究組合等の法人も含まれる。

第7節 連結財務諸表の附属明細書、連結セグメント情報及び注記

第115 連結財務諸表の附属明細書

国立大学法人等は、連結貸借対照表及び連結損益計算書等の内容を補足するため、附属明細書を作成しなければならない。なお、附属明細書は、「第75 附属明細書」に準じるほか、次の事項を明らかにしなければならない。

（1）特定関連会社、関連会社及び関連公益法人等の概要

ア 名称、業務の概要、国立大学法人等との関係及び役員の氏名（国立大学法人等（国立大学法人等設立に際し、権利義務を承継した国立大学等を含む。以下同じ。）の役員又は教職員経験者については、国立大学法人等での最終職名を含む。）

イ 特定関連会社、関連会社及び関連公益法人等と国立大学法人等の取引の関連図

（2）特定関連会社、関連会社及び関連公益法人等の財務状況

ア 特定関連会社及び関連会社の当該事業年度の資産、負債、資本金及び剰余金の額、並びに売上高、経常損益及び当期純損益の額

イ 関連公益法人等の当該事業年度の貸借対照表に計上されている資産、負債及び正味財産の額、正味財産増減計算書に計上されている当期正味財産増減額、正味財産期首残高及び正味財産期末残高（一般正味財産増減の部及び指定正味財産増減の部に区分したうえ、各々収益と費用に区分し、収益には内訳で受取補助金等（国、国立大学法人等、特殊法人及び地方公共団体の補助金等）とその他の収益の金額を記載する。）並びに収支計算書に計上されている事業活動収入、事業活動支出、事業活動収支差額、投資活動収入、投資活動支出、投資活動収支差額、財務活動収入、財務活動支出、財務活動収支差額及び当期収支差額

（3）特定関連会社及び関連会社株式並びに関連公益法人等の基本財産等の状況

ア 国立大学法人等が保有する特定関連会社及び関連会社の株式について、所有株式数、取得価額及び貸借対照表計上額（前事業年度末からの増加額及び減少額を含む。）

イ 関連公益法人等の基本財産に対する出えん、拠出、寄附等の明細並びに関連公益法人の運営費、事業費等に充てるため当該事業年度において負担した会費、負担金等の明細

（4）特定関連会社、関連会社及び関連公益法人等との取引の状況

ア 特定関連会社、関連会社及び関連公益法人等に対する債権債務の明細

イ 国立大学法人等が行っている関連会社及び関連公益法人等に対する債務保証の明細

ウ 特定関連会社及び関連会社の総売上高並びに関連公益法人等の事業収入の金額とこれらのうち国立大学法人等の発注等に係る金額及びその割合（内訳で、競争契約、企画競争・公募及び競争性のない随意契約の金額並びにその割合を記載する。ただし、当該内訳には、予定価格が国の基準（予算決算及び会計令（昭和22年勅令第165号）第99条に定める基準）を超えないものを含めない。）

第116 連結セグメント情報の開示

1 連結法人における開示すべきセグメント情報は、当該連結法人が異なる事業を運営している場合には、その事業内容等に応じた適切な区分に基づくセグメント情報とする。

2 開示すべき情報は、連結法人の事業収益、事業損益及び当該セグメントに属する資産総額とする。（注70）

〈注70〉連結セグメント情報の開示について

1 国立大学法人等は、業績評価のための情報提供等による国民その他の利害関係者に対する説明責任を果たす観点から、その業務の内容が多岐にわたる場合、区分及び開示内容について企業会計で求められるよりも詳細なセグメントに係る財務情報を開示することが求められる。

2 このため、開示すべき情報についても、連結法人の主要な資産項目、主要な事業費用及び主要な事業収益（国又は地方公共団体による財源措置等を含む。）の内訳等を積極的に開示する必要がある。

3 セグメントの区分については、国立大学法人等の個別財務諸表におけるセグメント情報を基礎とし、関係法人の業務内容を勘案して、運営費交付金や補助金等に基づく収益以外の収益の性質や複数の業務を行っている連結法人の業務区分を参考にしつつ、個々に定めていくこととする。

第117 連結財務諸表の注記

連結財務諸表には、次の事項を注記しなければならない。

（1）連結の範囲等

連結の範囲に含めた特定関連会社、関連会社に関する事項その他連結の方針に関する重要事項及びこれらに重要な変更があったときは、その旨及び変更の理由

（2）決算日の差異

特定関連会社の決算日が連結決算日と異なるときは、当該決算日及び連結のため当該特定関連会社について特に行った決算手続の概要

（3）会計処理の原則及び手続等

ア 重要な資産の評価基準及び減価償却の方法並びにこれらについて変更があったときは、その旨、変更

の理由及び当該変更が連結財務諸表に与えている影響の内容

イ　特定関連会社の採用する会計処理の原則及び手続で国立大学法人等及び特定関連会社との間で特に異なるものがあるときは、その概要

ウ　特定関連会社の資産及び負債の評価方法

(4)　その他の重要な事項

関係法人集団の財政状態及び運営状況を判断するために重要なその他の事項

(別添)

「固定資産の減損に係る国立大学法人会計基準」及び
「固定資産の減損に係る国立大学法人会計基準注解」

平成17年12月22日設定

第1　本基準の目的及び減損の定義

1　本基準及び注解は、貸借対照表に計上される固定資産の過大な帳簿価額を適正な金額まで減額すること及び国立大学法人等の業務運営状況を明らかにすることを目的とする。

2　固定資産の減損とは、固定資産に現在期待されるサービス提供能力が当該資産の取得時に想定されたサービス提供能力に比べ著しく減少し将来にわたりその回復が見込めない状態又は固定資産の将来の経済的便益が著しく減少した状態をいう。

第2　対象資産

本基準は、国立大学法人会計基準において減損処理に関する定めがある固定資産以外の固定資産に適用する。なお、重要性の乏しいものについては、本基準を適用しないことができる。(注1)(注2)

〈注1〉重要性の乏しい固定資産について

本基準を適用しないことができる固定資産に係る重要性の判断については、固定資産の金額的側面及び質的側面を勘案する必要があり、国立大学法人等の業務運営における主要な固定資産については、重要性が乏しいものとしてはならない。

〈注2〉国立大学法人会計基準において減損処理に関する定めがある固定資産について

国立大学法人会計基準において減損処理に関する定めがある固定資産とは、次に掲げるものをいう。

(1) 投資有価証券(関係会社株式又は関係会社有価証券を除く。)
(2) 関係会社株式
(3) その他の関係会社有価証券
(4) 長期貸付金(を除く。)
(6) 破産債権、再生債権、更生債権その他これらに準ずる債権
(7) 長期前払費用
(8) 未収財源措置予定額

第3　減損の兆候

1　固定資産に減損が生じている可能性を示す事象(以下「減損の兆候」という。)がある場合には、当該資産について、減損を認識するかどうかの判定を行わなければならない。

2　減損の兆候とは、次に掲げる事象をいう。

(1) 固定資産が使用されている業務の実績が、中期計画等の想定に照らし、著しく低下しているか、あるいは、低下する見込みであること。

(2) 固定資産が使用されている範囲又は方法について、当該資産の使用可能性を著しく低下させる変化が生じたか、あるいは、生ずる見込みであること。(注3)

(3) 固定資産が使用されている業務に関連して、業務運営の環境が著しく悪化したか、あるいは、悪化する見込みであること。

(4) 固定資産の市場価格が著しく下落したこと。(注4)

(5) 国立大学法人等自らが、固定資産の全部又は一部につき、使用しないという決定を行ったこと。(注5)

3　複数の固定資産が一体となってそのサービスを提供するものと認められる場合には、減損の兆候の有無について、これらの資産を一体として判定することができる。

〈注3〉当該資産の使用可能性を著しく低下させる変化について

当該資産の使用可能性の著しい低下については、当該資産の取得時に想定した使用可能性を基準として判断する。なお、当該資産が政府からの現物出資又は承継により取得されたものである場合には、現物出資時又は承継時に想定した使用可能性を基準として判断する。

〈注4〉市場価格が著しく下落したことについて

固定資産の市場価格について、帳簿価額からの下落割合が50%未満であるときは、著しく下落していないものとすることができる。

〈注5〉使用しないという決定について

使用しないという決定には、固定資産を全く使用しないという決定のみならず、固定資産の取得時に想定した使用目的に従って使用しないという決定、すなわち、用途変更の決定も含む。なお、固定資産が政府からの現物出資又は承継により取得されたものである場合には、現物出資時又は承継時に想定した使用目的を基準に判断する。

第4　減損の認識

1　次に掲げる場合に該当するときは、減損を認識しなければならない。

(1) 別添「第3　減損の兆候」2(1)から(3)までに該当する場合であって、当該資産の全部又は一部の使用が想定されていないとき。

(2) 別添「第3　減損の兆候」2(4)に該当する場合であって、当該資産の市場価格の回復の見込みがあると認められないとき。(注6)

(3) 別添「第3　減損の兆候」2(5)に該当する場合であって、使用しないという決定が当該決定を行った日の属する事業年度内における一定の日以後使用しないという決定であるとき。(注7)

2　1(1)において、当該資産の全部又は一部の使用が想定されていないときとは、次に掲げる要件を満たしていない場合をいう。

(1) 当該資産の全部又は一部について、将来の使用の見込みが客観的に存在すること。(注8)

(2) 当該資産がその使用目的に従った機能を現に有していること。

〈注6〉市場価格の回復可能性に関する判断基準について

市場価格の回復可能性については、経済全体の状況や固定資産の性質に照らし、相当の期間内に固定資産の市場価格が帳簿価額の相当程度まで回復する可能性があるかどうかを判断することとする。

〈注7〉固定資産について、翌事業年度以降の特定の日以後使用しないという決定を行った場合について

固定資産について、翌事業年度以降の特定の日以後使用しないという決定を行った場合には、使用しなくなる日において減損を認識することとし、その決定が将来の財務諸表に重要な影響を及ぼすと認められる場合には、それまでの間、当該資産の概要等について注記しなければならない。

〈注8〉固定資産の全部又は一部について、将来の使用の見込みが客観的に存在することについて

1 固定資産の全部又は一部について、将来の使用の見込みが客観的に存在することとは、例えば、保守管理が経常的に行われており、かつ、国立大学法人等の年度計画等においても将来の使用稼動が確実に見込まれている場合をいう。

2 固定資産の全部又は一部の使用が想定されるか否かの判断は、すべて実態によって行わなければならない。

第5 減損額の測定

減損が認識された固定資産について、帳簿価額が回収可能サービス価額を上回るときは、帳簿価額を回収可能サービス価額まで減額しなければならない。(注9)

〈注9〉回収可能サービス価額について

1 回収可能サービス価額とは、当該資産の正味売却価額と使用価値相当額のいずれか高い額をいう。

2 正味売却価額とは、固定資産の時価から処分費用見込額を控除して算定される額をいう。

3 時価とは、公正な評価額をいう。通常、それは観察可能な市場価格をいう。

4 使用価値相当額とは、減価償却後再調達価額をいう。ただし、減価償却後再調達価額を算出することが困難である場合には、当該資産の帳簿価額に、当該資産につき使用が想定されていない部分(使用しないという決定を行った部分を含む。以下同じ。)以外の部分の割合を乗じて算出した価額を用いることができる。

5 減価償却後再調達価額とは、固定資産の全部又は一部につき使用が想定されていない部分以外の部分が有するサービス提供能力と同じサービス提供能力を有する資産を新たに取得した場合において見込まれる取得価額から、減価償却累計額(当該資産を減損が認識された資産の使用期間と同じ期間使用した場合に計上される額をいう。)を控除した価額をいう。

第6 減損額の会計処理

固定資産の帳簿価額と回収可能サービス価額との差額(以下「減損額」という。)については、次のように処理するものとする。

(1) 減損が、国立大学法人等が中期計画等で想定した業務運営を行わなかったことにより生じたものであるときは、当該減損額を減損損失の科目により当期の臨時損失として計上する。(注10)

(2) 減損が、国立大学法人等が中期計画等で想定した業務運営を行ったにもかかわらず生じたものであるときは、当該減損額は損益計算書上の費用には計上せず、損益外減損損失累計額の科目により資本剰余金の控除項目として計上する。

〈注10〉中期計画等で想定した業務運営を行わなかったことについて

中期計画等で想定した業務運営を行わなかったことについては、固定資産に減損が生じた原因が、国立大学法人等が中期計画等の想定の範囲内の業務運営を行わなかったこと又は中期計画等の想定の範囲外の業務運営を行ったことにより生じたものであることが明確である場合とし、それ以外の場合は、中期計画等で想定した業務運営が行われたものとする。

中期計画等で想定した業務運営を行なわなかったことと及び想定の範囲外の業務運営を行なったこととは、例えば、中期計画等で定めた施設の利用促進方策を講じなかったこと等経営上必要な措置を採らなかったため、中期計画等で定めた年間利用予定者数を確保できなかった場合などが該当する。このため、中期計画等において中期目標を達成するためとるべき措置等をできる限り具体的に設定し、また、固定資産の利用計画等を定量的に設定する必要があることとなることに留意する。

第7 資産見返負債を計上している固定資産に係る減損額の会計処理

「第運営費交付金等の会計処理」、「第補助金等の会計処理」及び「第寄附金の会計処理」の規定により資産見返負債を計上している固定資産に係る減損額については、次のように処理するものとする。

(1) 減損が、国立大学法人等が中期計画等で想定した業務運営を行わなかったことにより生じたものであるときは、当該減損額を減損損失の科目により当期の臨時損失として計上するとともに、資産見返負債を積立金に振り替える。

(2) 減損が、国立大学法人等が中期計画等で想定した業務運営を行ったにもかかわらず生じたものであるときは、当該減損額は損益計算書上の費用には計上せず、資産見返負債を減額する。

第8 国立大学法人等業務実施コスト

国立大学法人等が中期計画等で想定した業務運営を行ったにもかかわらず生じた減損額は、業務実施コストに属するものとし、国立大学法人等業務実施コスト計算書において、損益外減損損失相当額の科目により、損益外減価償却相当額の次に区分して表示しなければならない。

第9　貸借対照表における表示

1　減損が認識された固定資産（無形固定資産を除く。）の貸借対照表における表示は、当該資産に対する減損損失累計額を取得原価から間接控除する形式で行うものとする。（注11）

2　減損が認識された無形固定資産の貸借対照表における表示は、減損処理前の帳簿価額から減損額を直接控除し、控除後の金額をその後の帳簿価額とする形式で行うものとする。

〈注11〉減損損失累計額について

減損損失累計額には、損益計算書に計上された減損損失の累計額だけでなく、国立大学法人等業務実施コスト計算書に計上された損益外減損損失相当額の累計額が含まれる。

第10　減損処理後の会計処理

1　減損処理を行った固定資産については、減損後の帳簿価額に基づき減価償却を行わなければならない。

2　減損の戻入れは、行ってはならない。

第11　注記

1　減損を認識した場合には、次に掲げる事項について注記するものとする。

(1)　減損を認識した固定資産の用途、種類、場所、帳簿価額等の概要

(2)　減損の認識に至った経緯

(3)　減損額のうち損益計算書に計上した金額と計上していない金額の主要な固定資産ごとの内訳

(4)　減損の兆候の有無について、別添「第3　減損の兆候」3に基づき、複数の固定資産を一体として判定した場合には、当該資産の概要及び当該資産が一体としてそのサービスを提供するものと認めた理由

(5)　回収可能サービス価額が、

ア　正味売却価額である場合には、その旨及び算定方法の概要

イ　使用価値相当額である場合には、その旨、採用した理由及び算定方法の概要

2　別添「第3　減損の兆候」2(1)から(4)までに掲げる減損の兆候が認められた場合（減損を認識した場合を除く。）には、次に掲げる事項について注記するものとする。

(1)　減損の兆候が認められた固定資産の用途、種類、場所、帳簿価額等の概要

(2)　認められた減損の兆候の概要

(3)　減損の兆候の有無について、別添「第3　減損の兆候」3に基づき、複数の固定資産を一体として判定した場合には、当該資産の概要及び当該資産が一体としてそのサービスを提供するものと認めた理由

(4)　別添「第4　減損の認識」2に掲げる要件を満たしている根拠又は固定資産の市場価格の回復の見込みがあると認められる根拠

3　別添「第3　減損の兆候」2(5)に規定する使用しないという決定を行った場合であって、その決定が翌事業年度以降の特定の日以後使用しないという決定である場合には、次に掲げる事項について注記するものとする。

(1)　使用しないという決定を行った固定資産の用途、種類、場所等の概要

(2)　使用しなくなる日

(3)　使用しないという決定を行った経緯及び理由

(4)　将来の使用しなくなる日における帳簿価額、回収可能サービス価額及び減損額の見込額

国立大学等の授業料その他の費用に関する省令

平成十六年三月三十一日文部科学省令第十六号
最終改正　平成一九年一二月二五日文部科学省令第四〇号

国立大学法人法（平成十五年法律第百十二号）第二十二条第四項の規定に基づき、国立大学等の授業料その他の費用に関する省令を次のように定める。

（趣旨）

第一条　国立大学及び国立大学に附属して設置される学校の授業料その他の費用に関しては、他の法令に別段の定めがあるもののほか、この省令の定めるところによる。

（授業料、入学料及び検定料の標準額等）

第二条　国立大学及び国立大学に附属して設置される学校（次条第一項に規定するものを除く。）の授業料（幼稚園（特別支援学校の幼稚部を含む。）にあっては、保育料。以下同じ。）の年額（乗船実習科（大学の教育研究組織であって、商船に関する学部の課程を履修した者で海技士の免許を受けようとするものに対し、乗船実習を行うものをいう。以下同じ。）にあっては、授業料の総額。以下同じ。）、入学料（幼稚園にあっては、入園料。以下同じ。）及び入学等に係る検定料は、次の表の第一欄に掲げる学校等の区分に応じ、授業料の年額にあっては同表の第二欄に掲げる額を、入学料にあっては同表第三欄に掲げる額を、検定料にあっては同表第四欄に掲げる額をそれぞれ標準として、国立大学法人が定める。ただし、特別支援学校の幼稚部の入学等に係る検定料は、これを徴収しないものとする。

区分		授業料の年額	入学料	検定料
大学の学部（次項に掲げるものを除く。）		五三五、八〇〇円	二八二、〇〇〇円	一七、〇〇〇円
大学の夜間において授業を行う学部（昼夜開講制であって、専ら夜間において授業を行うものを含む。以下同じ。）		二六七、九〇〇円	一四一、〇〇〇円	一〇、〇〇〇円
大学院の研究科（次項に掲げるものを除く。）		五三五、八〇〇円	二八二、〇〇〇円	三〇、〇〇〇円
法科大学院（専門職大学院であって、法曹に必要な学識及び能力を培うことを目的とするものをいう。以下同じ。）		八〇四、〇〇〇円	二八二、〇〇〇円	三〇、〇〇〇円
大学の専攻科（短期大学の専攻科を除く。）	特別支援教育特別専攻科	二七三、九〇〇円	五八、四〇〇円	一六、五〇〇円
	その他の専攻科	五三五、八〇〇円	一六九、二〇〇円	一八、〇〇〇円
大学の別科	音楽別科	五三五、八〇〇円	八四、六〇〇円	九、八〇〇円
	養護教諭特別別科	二七三、九〇〇円	五八、四〇〇円	八、三〇〇円
	その他の別科	三九〇、〇〇〇円	八四、六〇〇円	九、八〇〇円
乗船実習科		二六七、九〇〇円	一六九、二〇〇円	一八、〇〇〇円
理療科教員養成施設（大学の教育研究施設であって、特別支援学校の理療の教科の教授を担任する教員の養成を目的とするものをいう。）		三六六、〇〇〇円	一二二、〇〇〇円	五、〇〇〇円
短期大学の学科（専攻科を含む。）		三九〇、〇〇〇円	一六九、二〇〇円	一八、〇〇〇円
幼稚園		七三、二〇〇円	三一、三〇〇円	一、六〇〇円
高等学校及び中等教育学校の後期課程		一一五、二〇〇円	五六、四〇〇円	九、八〇〇円
特別支援学校の幼稚部		三、六〇〇円	一、二〇〇円	—
特別支援学校の高等部（専攻科を含む。以下同じ。）		四、八〇〇円	二、〇〇〇円	二、五〇〇円
専修学校		一六六、八〇〇円	七〇、〇〇〇円	九、六〇〇円

2　大学又は大学院において、大学設置基準（昭和三十一年文部省令第二十八号）第三十条の二（大学院設置基準（昭和四十九年文部省令第二十八号）第十五条において読み替えて準用する場合を含む。）の規定により計画的な履修を認められた学生の授業料の年額は、前項の規定にかかわらず、当該学生が卒業又は課程を修了するまでに納付する授業料の総額と当該学生以外の学生の授業料の年額に当該大学又は当該大学院の修業年限又は標準修業年限に相当する年数を乗じて得た額との均衡等を考慮して、国立大学法人が定める。

3　大学の学部の転学、編入学又は再入学に係る検定料は、第一項の規定にかかわらず、三万円（夜間において授業を行う学部にあっては、一万八千円）を標準として、国立大学法人が定める。

第三条　国立大学に附属して設置される小学校、中学校、中等教育学校の前期課程並びに特別支援学校の小学部及び中学部の入学料は、これを徴収しないものとする。

2　前項に規定する学校等の入学等に係る検定料は、次の表の上欄に掲げる学校等の区分に応じ、それぞれ同表の下欄に掲げる額を標準として、国立大学法人が定める。

区分	検定料
小学校	三、三〇〇円
中学校及び中等教育学校の前期課程	五、〇〇〇円
特別支援学校の小学部	一、〇〇〇円
特別支援学校の中学部	一、五〇〇円

（二段階選抜等に係る検定料の標準額）

第四条　大学の学部及び法科大学院において、出願書類等による選抜（以下この項において「第一段階選抜」という。）を行い、その合格者に限り学力検査その他による選抜（以下この項において「第二段階選抜」という。）を行う場合の検定料は、第二条第一項の規定にかかわらず、次の表の上欄に掲げる学部等の区分に応じ、第一段階選抜にあっては同表の中欄に掲げる額を、第二段階選抜にあっては同表の下欄に掲げる額を、それぞれ標準として、国立大学法人が定める。

区分	第一段階選抜	第二段階選抜
大学の学部（次項に掲げるものを除く。）	四、〇〇〇円	一三、〇〇〇円
大学の夜間において授業を行う学部	二、二〇〇円	七、八〇〇円
法科大学院	七、〇〇〇円	二三、〇〇〇円

2　幼稚園、小学校、中学校、高等学校、中等教育学校及び特別支援学校において、抽選による選考等を行い、その合格者に限り試験、健康診断、書面その他による選考等（以下この項において「試験等」という。）を行う場合に係る検定料は、第二条第一項及び前条第二項の規定にかかわらず、次の表の上欄に掲げる学校等の区分に応じ、抽選による選考等にあっては同表の中欄に掲げる額を、試験等にあっては同表の下欄に掲げる額をそれぞれ標準として、国立大学法人が定める。

区分	抽選による選考等	試験等
幼稚園	七〇〇円	九〇〇円
小学校	一、一〇〇円	二、二〇〇円
中学校及び中等教育学校の前期課程	一、三〇〇円	三、七〇〇円
高等学校及び中等教育学校の後期課程	二、四〇〇円	七、四〇〇円
特別支援学校の小学部	五〇〇円	五〇〇円
特別支援学校の中学部	六〇〇円	九〇〇円
特別支援学校の高等部	七〇〇円	一、八〇〇円

（授業料の徴収方法等）

第五条　各年度に係る授業料の徴収は、当該年度において、学期その他の期間に区分して行うことを原則とする。ただし、学生又は生徒等の申出があったときは、一括して徴収することができる。

2　前項の規定にかかわらず、入学年度に係る授業料について、入学を許可される者の申出があったときは、入学年度の前年度において入学を許可するときにその一部又は全部を徴収することができる。

第六条　当該年度における在学期間が十二月に満たない者の授業料は、授業料の年額の十二分の一に相当する額に在学する月数（一月未満の端数があるときは、これを一月とする。）を乗じて得た額を徴収することを原則とする。

2　乗船実習科については、前項中「十二月」とあるのは「六月」と、「十二分の一」とあるのは「六分の一」とする。

（入学料の徴収方法）

第七条　入学料は、入学を許可するときに徴収することを原則とする。

（検定料の徴収方法）

第八条　検定料は、入学、転学、編入学又は再入学の出願（第四条に規定する場合を含む。）を受理するときに徴収することを原則とする。

（寄宿料の額及び徴収方法）

第九条　寄宿舎の寄宿料の額及び徴収方法は、当該寄宿舎の居室の面積、建築後の経過年数、構造その他の事情を考慮して、各国立大学法人の規則で定める。

2　前項の寄宿料の額を定めるに当たっては、学生又は生徒等の経済的負担を勘案した適正な額とするよう配慮しなければならない。

（授業料等の上限額等）

第十条　国立大学法人は、国立大学及び国立大学に附属して設置される学校の授業料の年額、入学料又は入学等に係る検定料を定めようとする場合において、特別の事情があるときは、第二条第一項若しくは第三項、第三条第二項又は第四条の規定にかかわらず、これらに規定する額にそれぞれ百分の百二十を乗じて得た額を超えない範囲内において、これらを定めることができる。

（経済的負担の軽減のための措置）

第十一条　国立大学法人は、経済的理由によって納付が困難であると認められる者その他のやむを得ない事情があると認められる者に対し、授業料、入学料又は寄宿料の全部若しくは一部の免除又は徴収の猶予その他の経済的負担の軽減を図るために必要な措置を講ずるものとする。

（雑則）

第十二条　大学、大学院又は専修学校に在学する者のうち学生又は生徒以外の者に係る費用及びこの省令に規定する費用以外の費用に関しては、国立大学法人が定める。

附　則

（施行期日）

第一条　この省令は、公布の日から施行する。

（経過措置）

第二条　平成十一年三月三十一日に国立学校設置法の一部を改正する法律（平成十四年法律第二十三号）による改正前の国立学校設置法（昭和二十四年法律第百五十号）第三条第一項の表及び第三条の三第一項に掲げる大学に在学する者並びにその者が属することとなる年次に平成十一年四月一日以後に転学、編入学又は再入学をした者であって、当該大学を卒業するため又は当該大学の大学院の課程を修了するため必要である教育課程の履修を、国立大学法人法別表第一の第二欄に掲げる国立大学において行うこととなる者の授業料の額は、第二条第一項及び第十条の規定にかかわらず、なお従前の例による。

2　平成十六年三月三十一日以前に国立大学法人法等の施行に伴う関係法律の整備等に関する法律（平成十五年法律第百十七号）第二条の規定による廃止前の国立学校設置法第三条第一項の表に掲げる大学に附属して設置された高等学校、中等教育学校の後期課程、盲学校、聾学校及び養護学校の高等部若しくは幼稚部、幼稚園又は同法第九条に規定する養護学校の幼稚部に在学する者であって、当該学校等を卒業するため又は当該教育課程を修了するため必要である教育課程の履修を、前項に規定する国立大学に附属して設置される幼稚園、高等学校、中等教育学校の後期課程又は特別支援学校の幼稚部若しくは高等部（以下「幼稚園等」という。）において行うこととなる者の授業料の額は、第二条第一項及び第十条の規定にかかわらず、なお従前の例による。

3　平成十六年四月一日以後に幼稚園等に転学、編入学又は再入学をする者であって、前項に規定する者が属することとなる年次に在学する者の授業料の額は、第二条第一項及び第十条の規定にかかわらず、前項の規定によりなお従前の例によることとされた額と同額とする。

附　則（平成一九年一二月二五日文部科学省令第四〇号）抄

この省令は、学校教育法等の一部を改正する法律の施行の日（平成十九年十二月二十六日）から施行する。

独立行政法人国立高等専門学校機構法

平成十五年七月十六日法律第百十三号
最終改正 平成二一年三月三一日法律第一八号

第一章 総則

（目的）
第一条 この法律は、独立行政法人国立高等専門学校機構の名称、目的、業務の範囲等に関する事項を定めることを目的とする。

（名称）
第二条 この法律及び独立行政法人通則法（平成十一年法律第百三号。以下「通則法」という。）の定めるところにより設立される通則法第二条第一項に規定する独立行政法人の名称は、独立行政法人国立高等専門学校機構とする。

（機構の目的）
第三条 独立行政法人国立高等専門学校機構（以下「機構」という。）は、別表の上欄に掲げる高等専門学校（以下「国立高等専門学校」という。）を設置すること等により、職業に必要な実践的かつ専門的な知識及び技術を有する創造的な人材を育成するとともに、我が国の高等教育の水準の向上と均衡ある発展を図ることを目的とする。

（事務所）
第四条 機構は、主たる事務所を東京都に置く。

（資本金）
第五条 機構の資本金は、附則第八条第二項の規定により政府から出資があったものとされた金額とする。
2 政府は、必要があると認めるときは、予算で定める金額の範囲内において、機構に追加して出資することができる。
3 政府は、必要があると認めるときは、前項の規定にかかわらず、土地、建物その他の土地の定着物及びその建物に附属する工作物（第六項において「土地等」という。）を出資の目的として、機構に追加して出資することができる。
4 政府は、前項の規定により土地を出資の目的として出資する場合において、機構が当該土地の全部又は一部を譲渡したときは、当該譲渡により生じた収入の範囲内で文部科学大臣が定める基準により算定した額に相当する金額を独立行政法人国立大学財務・経営センターに納付すべき旨の条件を付することができる。
5 機構は、第二項又は第三項の規定による政府の出資があったときは、その出資額により資本金を増加するものとする。
6 政府が出資の目的とする土地等の価額は、出資の日現在における時価を基準として評価委員が評価した価額とする。
7 前項の評価委員その他評価に関し必要な事項は、政令で定める。
8 機構は、通則法第四十八条第一項本文に規定する重要な財産のうち、文部科学大臣が定める財産を譲渡したときは、当該譲渡した財産に係る部分として文部科学大臣が定める金額については、機構に対する政府からの出資はなかったものとし、機構は、その額により資本金を減少するものとする。
9 文部科学大臣は、第四項の規定により基準を定めようとするとき、又は前項の規定により金額を定めようとするときは、財務大臣に協議しなければならない。

第二章 役員及び職員

（役員）
第六条 機構に、役員として、その長である理事長及び監事二人を置く。
2 機構に、役員として、理事六人以内を置くことができる。

（理事の職務及び権限等）
第七条 理事は、理事長の定めるところにより、理事長を補佐して機構の業務を掌理する。
2 通則法第十九条第二項の個別法で定める役員は、理事とする。ただし、理事が置かれていないときは、監事とする。
3 前項ただし書の場合において、通則法第十九条第二項の規定により理事長の職務を代理し又はその職務を行う監事は、その間、監事の職務を行ってはならない。

（役員の任期）
第八条 理事長の任期は四年とし、理事及び監事の任期は二年とする。

（役員の欠格条項の特例）
第九条 通則法第二十二条の規定にかかわらず、教育公務員で政令で定めるものは、非常勤の理事又は監事となることができる。
2 機構の非常勤の理事及び監事の解任に関する通則法第二十三条第一項の規定の適用については、同項中「前条」とあるのは、「前条及び独立行政法人国立高等専門学校機構法第九条第一項」とする。

（役員及び職員の秘密保持義務）
第十条 機構の役員及び職員は、職務上知ることのできた秘密を漏らしてはならない。その職を退いた後も、同様とする。

（役員及び職員の地位）
第十一条 機構の役員及び職員は、刑法（明治四十年法律第四十五号）その他の罰則の適用については、法令により公務に従事する職員とみなす。

第三章 業務等

（業務の範囲等）
第十二条 機構は、第三条の目的を達成するため、次の業務を行う。
一 国立高等専門学校を設置し、これを運営すること。
二 学生に対し、修学、進路選択及び心身の健康等に関する相談、寄宿舎における生活指導その他の援助を行うこと。
三 機構以外の者から委託を受け、又はこれと共同して行う研究の実施その他の機構以外の者との連携による教育研究活動を行うこと。

四　公開講座の開設その他の学生以外の者に対する学習の機会を提供すること。

五　前各号の業務に附帯する業務を行うこと。

2　前項第一号の国立高等専門学校の位置は、それぞれ別表の下欄に掲げるとおりとする。

3　国立高等専門学校の授業料その他の費用に関し必要な事項は、文部科学省令で定める。

（積立金の処分）

第十三条　機構は、通則法第二十九条第二項第一号に規定する中期目標の期間（以下この項において「中期目標の期間」という。）の最後の事業年度に係る通則法第四十四条第一項又は第二項の規定による整理を行った後、同条第一項の規定による積立金があるときは、その額に相当する金額のうち文部科学大臣の承認を受けた金額を、当該中期目標の期間の次の中期目標の期間に係る通則法第三十条第一項の認可を受けた中期計画（同項後段の規定による変更の認可を受けたときは、その変更後のもの）の定めるところにより、当該次の中期目標の期間における前条第一項に規定する業務の財源に充てることができる。

2　文部科学大臣は、前項の規定による承認をしようとするときは、あらかじめ、文部科学省の独立行政法人評価委員会の意見を聴くとともに、財務大臣に協議しなければならない。

3　機構は、第一項に規定する積立金の額に相当する金額から同項の規定による承認を受けた金額を控除してなお残余があるときは、その残余の額を国庫に納付しなければならない。

4　前三項に定めるもののほか、納付金の納付の手続その他積立金の処分に関し必要な事項は、政令で定める。

第四章　雑則

（主務大臣等）

第十四条　機構に係る通則法における主務大臣、主務省及び主務省令は、それぞれ文部科学大臣、文部科学省及び文部科学省令とする。

（国家公務員宿舎法の適用除外）

第十五条　国家公務員宿舎法（昭和二十四年法律第百十七号）の規定は、機構の役員及び職員には適用しない。

（他の法令の準用）

第十六条　教育基本法（平成十八年法律第百二十号）その他政令で定める法令については、政令で定めるところにより、機構を国とみなして、これらの法令を準用する。

第五章　罰則

第十七条　第十条の規定に違反して秘密を漏らした者は、一年以下の懲役又は五十万円以下の罰金に処する。

第十八条　次の各号のいずれかに該当する場合には、その違反行為をした機構の役員は、二十万円以下の過料に処する。

一　第十二条第一項に規定する業務以外の業務を行ったとき。

二　第十三条第一項の規定により文部科学大臣の承認を受けなければならない場合において、その承認を受けなかったとき。

附　則

（施行期日）

第一条　この法律は、平成十五年十月一日から施行する。

（機構の成立）

第二条　機構は、通則法第十七条の規定にかかわらず、国立大学法人法等の施行に伴う関係法律の整備等に関する法律（平成十五年法律第百十七号。以下「整備法」という。）第二条の規定の施行の時に成立する。

2　機構は、通則法第十六条の規定にかかわらず、機構の成立後遅滞なく、政令で定めるところにより、その設立の登記をしなければならない。

（職員の引継ぎ等）

第三条　機構の成立の際現に整備法第二条の規定による廃止前の国立学校設置法（昭和二十四年法律第百五十号。附則別表において「旧設置法」という。）第七条の十三に規定する高等専門学校（以下「旧国立高等専門学校」という。）の職員である者は、別に辞令を発せられない限り、機構の成立の日において、機構の職員となるものとする。

第四条　前条の規定により機構の職員となった者に対する国家公務員法（昭和二十二年法律第百二十号）第八十二条第二項の規定の適用については、機構の職員を同項に規定する特別職国家公務員等と、前条の規定により国家公務員としての身分を失ったことを任命権者の要請に応じ同項に規定する特別職国家公務員等となるため退職したこととみなす。

第五条　附則第三条の規定により旧国立高等専門学校の職員が機構の職員となる場合には、その者に対しては、国家公務員退職手当法（昭和二十八年法律第百八十二号）に基づく退職手当は、支給しない。

2　機構は、前項の規定の適用を受けた機構の職員の退職に際し、退職手当を支給しようとするときは、その者の国家公務員退職手当法第二条第一項に規定する職員（同条第二項の規定により職員とみなされる者を含む。）としての引き続いた在職期間を機構の職員としての在職期間とみなして取り扱うべきものとする。

3　機構の成立の日の前日に旧国立高等専門学校の職員として在職する者が、附則第三条の規定により引き続いて機構の職員となり、かつ、引き続き機構の職員として在職した後引き続いて国家公務員退職手当法第二条第一項に規定する職員となった場合におけるその者の同法に基づいて支給する退職手当の算定の基礎となる勤続期間の計算については、その者の機構の職員としての在職期間を同項に規定する職員としての引き続いた在職期間とみなす。ただし、その者が機構を退職したことにより退職手当（これに相当する給付を含む。）の支給を受けているときは、この限りでない。

4　機構は、機構の成立の日の前日に旧国立高等専門学校の職員として在職し、附則第三条の規定により引き続いて機構の職員となった者のうち機構の成立の日から雇用保険法（昭和四十九年法律第百十六号）による失業等給付の受給資格を取得するまでの間に機構を退職したものであって、その退職した日まで旧国立高等専門学校の職員として在職したものとしたならば国家公務員退職手当法第十条の規定による退職手当の支給を受けることができるものに対しては、同条の規定の例により算定した退職手当の額に相当する額を退職手当として支給するものとする。

第六条　附則第三条の規定により機構の職員となった者であって、機構の成立の日の前日において文部科学大臣又はその委任を受けた者から児童手当法（昭和四十六年法律第七十三号）第七条第一項（同法附則第六条第二項、第七条第四項又は第八条第四項において準用する場合を含む。以下この条において同じ。）の規定による認定を受けているものが、機構の成立の日において児童手当又は同法附則第六条第一項、第七条第一項若しくは第八条第一項の給付（以下この条において「特例給付等」という。）の支給要件に該当するときは、その者に対する児童手当又は特例給付等の支給に関しては、機構の成立の日において同法第七条第一項の規定による市町村長（特別区の区長を含む。）の認定があったものとみなす。この場合において、その認定があったものとみなされた児童手当又は特例給付等の支給は、同法第八条第二項（同法附則第六条第二項、第七条第四項又は第八条第四項において準用する場合を含む。）の規定にかかわらず、機構の成立の日の前日の属する月の翌月から始める。

（機構の職員となる者の職員団体についての経過措置）

第七条　機構の成立の際現に存する国家公務員法第百八条の二第一項に規定する職員団体であって、その構成員の過半数が附則第三条の規定により機構に引き継がれる者であるものは、機構の成立の際労働組合法（昭和二十四年法律第百七十四号）の適用を受ける労働組合となるものとする。この場合において、当該職員団体が法人であるときは、法人である労働組合となるものとする。

2　前項の規定により法人である労働組合となったものは、機構の成立の日から起算して六十日を経過する日までに、労働組合法第二条及び第五条第二項の規定に適合する旨の労働委員会の証明を受け、かつ、その主たる事務所の所在地において登記しなければ、その日の経過により解散するものとする。

3　第一項の規定により労働組合となったものについては、機構の成立の日から起算して六十日を経過する日までは、労働組合法第二条ただし書（第一号に係る部分に限る。）の規定は、適用しない。

（権利義務の承継等）

第八条　機構の成立の際、第十二条第一項に規定する業務に関し、現に国が有する権利及び義務（整備法第二条の規定による廃止前の国立学校特別会計法（昭和三十九年法律第五十五号。以下この項及び次条において「旧特別会計法」という。）附則第二十一項の規定により旧特別会計法に基づく国立学校特別会計（附則第十条第一項において「旧特別会計」という。）から産業投資特別会計社会資本整備勘定に繰り入れるものとされた繰入金に係る義務を含む。）のうち、政令で定めるものは、政令で定めるところにより、機構が承継する。

2　前項の規定により機構が国の有する権利及び義務を承継したときは、承継される権利に係る財産で政令で定めるものの価額の合計額から、承継される義務に係る負債で政令で定めるものの価額を差し引いた額に相当する金額は、政令で定めるところにより、政府から機構に対し出資されたものとする。

3　前項に規定する財産のうち、土地については、機構が当該土地の全部又は一部を譲渡したときは、当該譲渡により生じた収入の範囲内で文部科学大臣が定める基準により算定した額に相当する金額を独立行政法人国立大学財務・経営センターに納付すべき旨の条件を付して出資されたものとする。

4　文部科学大臣は、前項の規定により基準を定めようとするときは、財務大臣に協議しなければならない。

5　第二項の財産の価額は、機構の成立の日現在における時価を基準として評価委員が評価した価額とする。

6　前項の評価委員その他評価に関し必要な事項は、政令で定める。

第九条　機構の成立の際、旧特別会計法第十七条の規定に基づき文部科学大臣から旧国立高等専門学校の長に交付され、その経理を委任された金額に残余があるときは、その残余に相当する額は、機構の成立の日において機構に奨学を目的として寄附されたものとする。この場合において、当該寄附金の経理に関し必要な事項は、文部科学省令で定める。

第十条　整備法第二条の規定の施行前に日本電信電話株式会社の株式の売払収入の活用による社会資本の整備の促進に関する特別措置法（昭和六十二年法律第八十六号）第七条第六項の規定により産業投資特別会計社会資本整備勘定から旧特別会計に繰り入れられた金額（附則第八条第一項の規定により機構に承継されたものに限る。）は、通則法附則第四条第一項の規定により国から機構に対し無利子で貸し付けられたものとみなして、同条第四項及び第五項の規定を適用する。

2　前項に定めるもののほか、同項の規定による貸付金の償還期間、償還方法、償還期限の繰上げその他償還に関し必要な事項は、政令で定める。

（国有財産の無償使用）

第十一条　国は、機構の成立の際現に旧国立高等専門学校に使用されている国有財産であって政令で定めるものを、政令で定めるところにより、機構の用に供するため、機構に無償で使用させることができる。

2　国は、機構の成立の際現に旧国立高等専門学校の職員の住居の用に供されている国有財産であって政令で定めるものを、政令で定めるところにより、機構の用に供するため、機構に無償で使用させることができる。

（旧国立高等専門学校に関する経過措置）

第十二条　附則別表の上欄に掲げる旧国立高等専門学校は、機構の成立の時において、それぞれ第十二条第一項第一号の規定により機構が設置する同表の下欄に掲げる国立高等専門学校となるものとする。

（不動産に関する登記）

第十三条　機構が附則第八条第一項の規定により不動産に関する権利を承継した場合において、その権利につきなすべき登記の手続については、政令で特例を設けることができる。

（国の利害に関係のある訴訟についての法務大臣の権限等に関する法律に関する経過措置）

第十四条　機構の成立の際現に係属している機構が行う非訟事件であって機構が受け継ぐものについては、政令で定めるところにより、機構を国の利害に関係のある訴訟についての法務大臣の権限等に関する法律（昭和二十二年法律第百九十四号）に規定する国又は行政庁とみなし、同法の規定を適用する。

（政令への委任）

第十五条　附則第三条から前条までに定めるもののほか、機構の設立に伴い必要な経過措置その他この法律の施行に関し必要な経過措置は、政令で定める。

附　則（平成二一年三月三一日法律第一八号）抄

（施行期日）

第一条　この法律は、平成二十一年四月一日から施行する。ただし、次の各号に掲げる規定は、当該各号に定める日から施行する。

一　次条第四項並びに附則第三条第三項及び第四項、第九条、第十三条並びに第十四条の規定　公布の日

二　第一条の規定、第二条（第一号に係る部分に限る。）の規定、次条第一項から第三項まで及び第五項から第九項までの規定（独立行政法人国立国語研究所（以下「国立国語研究所」という。）に係る部分に限る。）、同条第十項の規定、同条第十二項の規定（国立国語研究所に係る部分に限る。）、附則第三条第一項の規定、附則第六条第一項及び第二項の規定（国立国語研究所に係る部分に限る。）、附則第十条の規定、附則第十一条の規定（国立国語研究所に係る部分に限る。）、附則第十五条の規定、附則第十六条の規定（国家公務員共済組合法（昭和三十三年法律第百二十八号）別表第三の改正規定中独立行政法人国立国語研究所の項を削る部分に限る。）、附則第十九条の規定、附則第二十条の規定（雇用保険法等の一部を改正する法律（平成十九年法律第三十号）第四条のうち船員保険法（昭和十四年法律第七十三号）別表第一の改正規定中独立行政法人国立国語研究所の項を削る部分に限る。）並びに附則第二十二条の規定　平成二十一年十月一日

（国立国語研究所及びメディア教育開発センターの解散等）

第二条　附則別表の上欄に掲げる法人は、この法律（国立国語研究所にあっては、前条第二号に掲げる規定。次項及び附則第九条において同じ。）の施行の時において解散するものとし、次項の規定により国が承継する資産を除き、その一切の権利及び義務は、その時において、それぞれ同表の中欄に掲げる法人が承継する。

2　この法律の施行の際現に附則別表の上欄に掲げる法人が有する権利のうち、それぞれ同表の中欄に掲げる法人がその業務を確実に実施するために必要な資産以外の資産は、この法律の施行の時において国が承継する。

3　前項の規定により国が承継する資産の範囲その他当該資産の国への承継に関し必要な事項は、政令で定める。

4　国立国語研究所の平成二十一年四月一日に始まる事業年度は、独立行政法人通則法（平成十一年法律第百三号。以下この条において「通則法」という。）第三十六条第一項の規定にかかわらず、その解散の日の前日に終わるものとする。

5　附則別表の上欄に掲げる法人の平成二十一年四月一日（独立行政法人メディア教育開発センター（以下「メディア教育開発センター」という。）にあっては、平成二十年四月一日）に始まる事業年度（次項及び第七項において「最終事業年度」という。）に係る通則法第三十八条の規定による財務諸表、事業報告書及び決算報告書の作成等については、それぞれ同表の中欄に掲げる法人が従前の例により行うものとする。

6　附則別表の上欄に掲げる法人の最終事業年度における業務の実績については、それぞれ同表の中欄に掲げる法人が従前の例により評価を受けるものとする。この場合において、通則法第三十二条第三項の規定による通知及び勧告は、それぞれ同表の中欄に掲げる法人に対してなされるものとする。

7　附則別表の上欄に掲げる法人の最終事業年度における利益及び損失の処理については、それぞれ同表の中欄に掲げる法人が従前の例により行うものとする。

8　附則別表の上欄に掲げる法人のそれぞれ同表の下欄に掲げる日の前日を含む中期目標の期間（通則法第二十九条第二項第一号に規定する中期目標の期間をいう。以下この条において同じ。）に係る通則法第三十三条の規定による事業報告書の提出及び公表については、国立国語研究所に係るものにあっては前条第二号に掲げる規定の施行の日（以下「第二号施行日」という。）の前日において当該法人の中期目標の期間が終了したものとして、それぞれ同表の中欄に掲げる法人が従前の例により行うものとする。

9　附則別表の上欄に掲げる法人のそれぞれ同表の下欄に掲げる日の前日を含む中期目標の期間における業務の実績については、国立国語研究所に係るものにあっては第二号施行日の前日において当該法人の中期目標の期間が終了したものとして、それぞれ同表の中欄に掲げる法人が従前の例により評価を受けるものとする。この場合において、通則法第三十四条第三項において準用する通則法第三十二条第三項の規定による通知及び勧告は、それぞれ同表の中欄に掲げる法人に対してなされるものとする。

10　第七項の規定による国立国語研究所の利益及び損失の処理において、通則法第四十四条第一項及び第二項の規定による整理を行った後、同条第一項の規定による積立金があるときは、当該積立金の処分は、第二号施行日の前日において国立国語研究所の中期目標の期間が終了したものとして、大学共同利用機関法人人間文化研究機構（以下「人間文化研究機構」という。）が従前の例により行うものとする。この場合において、第二条の規定による廃止前の独立行政法人国立国語研究所法（次条第一項において「旧国立国語研究所法」という。）第十三条第一項中「中期目標の期間（以下この項において「中期目標の期間」という。）」とあるのは「中期目標の期間」と、「当該中期目標の期間の次の」とあるのは「大学共同利用機関法人人間文化研究機構の独立行政法人に係る改革を推進するための文部科学省関係法律の整備等に関する法律（平成二十一

年法律第十八号）附則第一条第二号に掲げる規定の施行の日を含む国立大学法人法（平成十五年法律第百十二号）第三十条第一項に規定する」と、「通則法第三十条第一項」とあるのは「同法第三十一条第一項」と、「次の中期目標の期間における前条」とあるのは「期間における同法第二十九条第一項」とする。

11　第七項の規定によるメディア教育開発センターの利益及び損失の処理において、通則法第四十四条第一項及び第二項の規定による整理を行った後、同条第一項の規定による積立金があるときは、放送大学学園法（平成十四年法律第百五十六号）第三条に規定する放送大学学園（以下「放送大学学園」という。）は、政令で定めるところにより、その額に相当する金額を国庫に納付するものとする。

12　第一項の規定により附則別表の上欄に掲げる法人が解散した場合における解散の登記については、政令で定める。

（人間文化研究機構及び放送大学学園への出資等）

第三条　前条第一項の規定により人間文化研究機構が国立国語研究所の権利及び義務を承継したときは、その承継の際、人間文化研究機構が承継する資産の価額（同条第十項の規定により読み替えられた旧国立国語研究所法第十三条第一項の規定による承認を受けた金額があるときは、当該金額に相当する金額を除く。）から負債の金額を差し引いた額は、政府から人間文化研究機構に対し出資されたものとする。この場合において、人間文化研究機構は、その額により資本金を増加するものとする。

2　前条第一項の規定により放送大学学園がメディア教育開発センターの権利及び義務を承継したときは、その承継の際、放送大学学園が承継する資産の価額から負債の金額を差し引いた額は、政府から放送大学学園に対し拠出されたものとする。

3　前二項に規定する資産の価額は、第一項に規定する資産にあっては第二号施行日現在、前項に規定する資産にあってはこの法律の施行の日現在における時価を基準として評価委員が評価した価額とする。

4　前項の評価委員その他評価に関し必要な事項は、政令で定める。

（非課税）

第四条　附則第二条第一項の規定により放送大学学園が権利を承継する場合における当該承継に伴う登記又は登録については、登録免許税を課さない。

2　附則第二条第一項の規定により放送大学学園が権利を承継する場合における当該承継に係る不動産又は自動車の取得に対しては、不動産取得税又は自動車取得税を課することができない。

（国家公務員法の適用に関する特例）

第五条　第二条の規定による廃止前の独立行政法人メディア教育開発センター法（以下この条及び次条において「旧メディア教育開発センター法」という。）附則第三条の規定によりメディア教育開発センターの職員となった者に対する国家公務員法（昭和二十二年法律第百二十号）第八十二条第二項の規定の適用については、メディア教育開発センターの職員として在職したことを同項に規定する特別職国家公務員等として在職したことと、旧メディア教育開発センター法附則第三条の規定により国家公務員としての身分を失ったことを任命権者の要請に応じ同項に規定する特別職国家公務員等となるため退職したこととみなす。

（国立国語研究所等の職員から引き続き人間文化研究機構等の職員となった者の退職手当の取扱いに関する経過措置）

第六条　附則別表の中欄に掲げる法人は、それぞれ同表の下欄に掲げる日の前日にそれぞれ同表の上欄に掲げる法人の職員として在職する者（国立国語研究所の職員として在職する者にあっては独立行政法人に係る改革を推進するための文部科学省関係法律の整備に関する法律（平成十八年法律第二十四号。以下この条において「整備法」という。）附則第四条第四項の規定の適用を受けた者、メディア教育開発センターの職員として在職する者にあっては旧メディア教育開発センター法附則第五条第一項の規定の適用を受けた者に限る。次項において同じ。）で引き続いてそれぞれ同表の中欄に掲げる法人の職員となったものの退職に際し、退職手当を支給しようとするときは、その者の国家公務員退職手当法（昭和二十八年法律第百八十二号）第二条第一項に規定する職員（同条第二項の規定により職員とみなされる者を含む。）としての引き続いた在職期間をそれぞれ同表の中欄に掲げる法人の職員としての在職期間とみなして取り扱うべきものとする。ただし、その者が同表の上欄に掲げる法人を退職したこと（国立国語研究所を退職した場合にあっては、整備法の施行の日以後に退職した場合に限る。）により退職手当（これに相当する給付を含む。）の支給を受けているときは、この限りでない。

2　附則別表の下欄に掲げる日の前日にそれぞれ同表の上欄に掲げる法人の職員として在職する者が、引き続いてそれぞれ同表の中欄に掲げる法人の職員となり、かつ、引き続きそれぞれ同表の中欄に掲げる法人の職員として在職した後引き続いて国家公務員退職手当法第二条第一項に規定する職員となった場合におけるその者の同法に基づいて支給する退職手当の算定の基礎となる勤続期間の計算については、その者の同表の上欄に掲げる法人の職員としての在職期間（国立国語研究所の職員としての在職期間にあっては、整備法の施行の日以後のものに限る。）及び同表の中欄に掲げる法人の職員としての在職期間を同項に規定する職員としての引き続いた在職期間とみなす。ただし、その者が同表の上欄に掲げる法人又は同表の中欄に掲げる法人を退職したこと（国立国語研究所を退職した場合にあっては、整備法の施行の日以後に退職した場合に限る。）により退職手当（これに相当する給付を含む。）の支給を受けているときは、この限りでない。

3　この法律の施行の際現に旧メディア教育開発センター法附則第五条第三項に該当する者については、同項の規定は、なおその効力を有する。

（施行日の前日において文部科学省共済組合の組合員である職員に関する経過措置）

第七条　この法律の施行の日（以下この条において「施行日」という。）の前日において文部科学省共済組合（国家公務員共済組合法第百二十四条の三の規定により読み替えて適用される同法第三条第一項の規定により文部科学省に係る同法第二条第一項第一号に規定する職員（以下この条及び次条において「常勤等職員」という。）をもって組織された国家公務員共済組合をいう。以下この条及び次条において同じ。）の組合員であるメディア教育開発センターの役員又は職員が施行日において放送大学学園の役員又は職員（常勤等職員に相当する者に限る。以下この条及び次条において「役職員」という。）となり、かつ、引き続き施行日以後において放送大学学園の役職員である場合において、その者が施行日から起算して二十日を経過する日（正当な理由があると文部科学省共済組合が認めた場合には、その認めた日）までに文部科学省共済組合に申出をしたときは、当該役職員は、施行日以後引き続く当該役職員である期間文部科学省共済組合を組織する常勤等職員に該当するものとする。

2　前項に規定する役職員が同項の申出をその期限内に行うことなく死亡した場合には、その申出は、当該期限内に当該役職員の遺族（国家公務員共済組合法第二条第一項第三号に規定する遺族に相当する者に限る。次項において同じ。）がすることができる。

3　施行日の前日において文部科学省共済組合の組合員であるメディア教育開発センターの役員又は職員が施行日において放送大学学園の役職員となる場合において、当該役職員又はその遺族が第一項の申出をその期限内に行わなかったときは、当該役職員は、施行日の前日に退職（国家公務員共済組合法第二条第一項第四号に規定する退職をいう。）をしたものとみなす。

第八条　前条第一項の規定により文部科学省共済組合を組織する常勤等職員に該当するものとされる放送大学学園の役職員は、私立学校教職員共済法（昭和二十八年法律第二百四十五号）第十四条の規定にかかわらず、同項に規定する期間同法の規定による私立学校教職員共済制度の加入者にならないものとする。

（国有財産の無償使用）

第九条　国は、この法律の施行の際現に附則別表の上欄に掲げる法人の職員の住居の用に供されている国有財産であって政令で定めるものを、政令で定めるところにより、それぞれ同表の中欄に掲げる法人の用に供するため、それぞれ同表の中欄に掲げる法人に無償で使用させることができる。

（独立行政法人国立高等専門学校機構が設置する高等専門学校に関する経過措置）

第十条　附則第一条第二号に掲げる規定の施行の際現に宮城工業高等専門学校及び仙台電波工業高等専門学校、富山工業高等専門学校及び富山商船高等専門学校、高松工業高等専門学校及び詫間電波工業高等専門学校又は熊本電波工業高等専門学校及び八代工業高等専門学校に在学する者は、当該高等専門学校を卒業するため又は当該高等専門学校の専攻科の課程を修了するため必要であった教育課程の履修を、それぞれ仙台高等専門学校、富山高等専門学校、香川高等専門学校又は熊本高等専門学校において行うものとし、これらの高等専門学校は、そのために必要な教育を行うものとする。この場合における教育課程の履修その他当該学生の教育に関し必要な事項は、これらの高等専門学校の定めるところによる。

（独立行政法人国立国語研究所法及び独立行政法人メディア教育開発センター法の廃止に伴う経過措置）

第十一条　附則別表の上欄に掲げる法人の役員又は職員であった者に係るその職務上知ることのできた秘密を漏らしてはならない義務については、それぞれ同表の下欄に掲げる日以後も、なお従前の例による。

（罰則に関する経過措置）

第十二条　この法律（附則第一条第二号に掲げる規定にあっては、当該規定。以下この条において同じ。）の施行前にした行為及びこの附則の規定によりなお従前の例によることとされる場合におけるこの法律の施行後にした行為に対する罰則の適用については、なお従前の例による。

（政令への委任）

第十三条　この附則に規定するもののほか、この法律の施行に関し必要な経過措置は、政令で定める。

（国語に関する調査研究等の業務の維持及び充実のための措置）

第十四条　国は、国立国語研究所において行われていた国語及び国民の言語生活並びに外国人に対する日本語教育に関する科学的な調査及び研究並びにこれに基づく資料の作成及びその公表等（以下「国語に関する調査研究等」という。）の業務が、人間文化研究機構において引き続き維持され、及び充実されるよう、必要な措置を講じなければならない。

（検討）

第十五条　国は、国語に関する調査研究等の業務の重要性を踏まえ、当該業務の人間文化研究機構への移管後二年を目途として当該業務を担う組織及び当該業務の在り方について検討を加え、その結果に基づいて所要の措置を講ずるものとする。

附則別表（附則第二条、附則第六条、附則第九条、附則第十一条関係）　略

別表（第三条、第十二条関係）　略

独立行政法人国立高等専門学校機構法施行令

平成十五年十二月三日政令第四百七十九号
最終改正　平成二〇年一〇月三一日政令第三三八号

内閣は、独立行政法人国立高等専門学校機構法（平成十五年法律第百十三号）第五条第七項、第十六条並びに附則第八条第一項、第二項及び第六項、第十条第二項、第十一条並びに第十三条から第十五条までの規定に基づき、この政令を制定する。

（評価委員の任命等）

第一条　独立行政法人国立高等専門学校機構法（以下「法」という。）第五条第六項の評価委員は、必要の都度、次に掲げる者につき文部科学大臣が任命する。

一　財務省の職員　一人
二　文部科学省の職員　一人
三　独立行政法人国立高等専門学校機構（以下「機構」という。）の役員　一人
四　学識経験のある者　二人

2　法第五条第六項の規定による評価は、同項の評価委員の過半数の一致によるものとする。

3　法第五条第六項の規定による評価に関する庶務は、文部科学省高等教育局専門教育課において処理する。

（他の法令の準用）

第二条　次の法令の規定については、機構を国とみなして、これらの規定を準用する。

一　建築基準法（昭和二十五年法律第二百一号）第十八条（同法第八十七条第一項、第八十七条の二、第八十八条第一項から第三項まで及び第九十条第三項において準用する場合を含む。）
二　港湾法（昭和二十五年法律第二百十八号）第三十七条第三項及び第四項並びに第三十八条の二第一項、第九項及び第十項
三　土地収用法（昭和二十六年法律第二百十九号）第十一条第一項ただし書、第十五条第一項、第十七条第一項第一号（同法第百三十八条第一項において準用する場合を含む。）、第二十一条（同法第百三十八条第一項において準用する場合を含む。）、第八十二条第五項及び第六項（同法第百三十八条第一項において準用する場合を含む。）、第八十三条第三項（同法第八十四条第三項（同法第百三十八条第一項において準用する場合を含む。）及び第百三十八条第一項において準用する場合を含む。）、第百二十二条第一項ただし書（同法第百三十八条第一項において準用する場合を含む。）並びに第百二十五条第一項ただし書（同法第百三十八条第一項において準用する場合を含む。）
四　麻薬及び向精神薬取締法（昭和二十八年法律第十四号）第五十条の五
五　海岸法（昭和三十一年法律第百一号）第十条第二項
六　銃砲刀剣類所持等取締法（昭和三十三年法律第六号）第三条第一項第二号及び第二号の二
七　地すべり等防止法（昭和三十三年法律第三十号）第十一条第二項、第二十条第二項（同法第四十五条第一項において準用する場合を含む。）及び第二十三条第五項
八　下水道法（昭和三十三年法律第七十九号）第四十一条
九　宅地造成等規制法（昭和三十六年法律第百九十一号）第十一条（同法第十二条第三項において準用する場合を含む。）
十　河川法（昭和三十九年法律第百六十七号）第九十五条（同法第百条第一項において準用する場合を含む。）
十一　都市計画法（昭和四十三年法律第百号）第四十二条第二項（同法第五十二条の二第二項（同法第五十七条の三第一項において準用する場合を含む。）、第五十三条第二項及び第六十五条第三項において準用する場合を含む。）、第五十八条の二第一項第三号、第五十八条の六第一項、第五十九条第三項及び第四項、第六十三条第一項並びに第八十条第一項
十二　急傾斜地の崩壊による災害の防止に関する法律（昭和四十四年法律第五十七号）第七条第四項及び第十三条
十三　都市緑地法（昭和四十八年法律第七十二号）第三十七条第二項
十四　幹線道路の沿道の整備に関する法律（昭和五十五年法律第三十四号）第十条第一項第三号
十五　集落地域整備法（昭和六十二年法律第六十三号）第六条第一項第三号
十六　密集市街地における防災街区の整備の促進に関する法律（平成九年法律第四十九号）第三十三条第一項第三号
十七　土砂災害警戒区域等における土砂災害防止対策の推進に関する法律（平成十二年法律第五十七号）第十四条
十八　建設工事に係る資材の再資源化等に関する法律（平成十二年法律第百四号）第十一条
十九　特定都市河川浸水被害対策法（平成十五年法律第七十七号）第十四条（同法第十六条第四項及び第十八条第四項において準用する場合を含む。）
二十　景観法（平成十六年法律第百十号）第十六条第五項及び第六項、第二十二条第四項並びに第六十六条第一項から第三項まで及び第五項
二十一　高齢者、障害者等の移動等の円滑化の促進に関する法律（平成十八年法律第九十一号）第十五条第二項
二十二　教育基本法（平成十八年法律第百二十号）第十五条第二項
二十三　地域における歴史的風致の維持及び向上に関する法律（平成二十年法律第四十号）第十五条第六項及び第七項並びに第三十三条第一項第三号
二十四　景観法施行令（平成十六年政令第三百九十八号）第二十二条第二号（同令第二十四条において準用する場合を含む。）

2　前項の規定により土地収用法の規定を準用する場合においては、次の表の上欄に掲げる同法の規定（これ

らの規定を同法第百三十八条第一項において準用する場合を含む。）中の字句で同表の中欄に掲げるものは、それぞれ同表の下欄の字句と読み替えるものとする。

読み替える土地収用法の規定	読み替えられる字句	読み替える字句
第二十一条第一項	行政機関若しくはその地方支分部局の長	独立行政法人国立高等専門学校機構
第二十一条第二項	行政機関又はその地方支分部局の長	独立行政法人国立高等専門学校機構
第百二十二条第一項ただし書	当該事業の施行について権限を有する行政機関又はその地方支分部局の長	独立行政法人国立高等専門学校機構

附　則

（施行期日）

第一条　この政令は、公布の日から施行する。

（機構が承継する権利及び義務）

第二条　法附則第八条第一項の政令で定める権利及び義務は、次に掲げる権利及び義務とする。

一　国立大学法人法等の施行に伴う関係法律の整備等に関する法律（平成十五年法律第百十七号。次条及び附則第四条第二項において「整備法」という。）第二条の規定による廃止前の国立学校設置法（昭和二十四年法律第百五十号）第七条の十三に規定する高等専門学校（以下「旧国立高等専門学校」という。）に所属する土地、建物、工作物及び船舶（その土地に定着する物及びその建物に附属する工作物を含む。附則第四条第一項第二号及び第八条第一項において「土地等」という。）のうち、文部科学大臣が財務大臣に協議して指定するものに関する権利及び義務

二　機構の成立の際現に旧国立高等専門学校に使用されている物品のうち、文部科学大臣が指定するものに関する権利及び義務

三　機構の業務に関し国が有する権利及び義務のうち前二号に掲げるもの以外のものであって、文部科学大臣が指定するもの

（権利及び義務の承継の時期）

第三条　前条各号に規定する権利及び義務は、機構の成立の時において機構が承継する。ただし、整備法附則第二条第一項の規定によりなお従前の例によることとされた国立学校特別会計（次条第二項及び附則第七条第一項において「旧特別会計」という。）における平成十五年度の収入及び支出に関する事務に係るものにあっては、同年度の決算が完結した時において機構が承継する。

（権利及び義務の承継の際出資があったものとされる財産等）

第四条　法附則第八条第二項の政令で定める財産は、次に掲げるものとする。

一　附則第二条第一号の規定により指定された土地等

二　附則第二条第三号の規定により指定された権利に係る財産のうち文部科学大臣が指定するもの

2　法附則第八条第二項の政令で定める負債は、整備法第二条の規定による廃止前の国立学校特別会計法（昭和三十九年法律第五十五号）附則第二十一項の規定により旧特別会計から産業投資特別会計社会資本整備勘定に繰り入れるものとされた繰入金に係る負債とする。

（出資の時期）

第五条　法附則第八条第一項の規定により機構が国の有する権利及び義務を承継したときは、その承継の際、同条第二項に規定する金額は、政府から機構に対し出資されたものとする。

（評価に関する規定の準用）

第六条　第一条の規定は、法附則第八条第五項の評価委員その他評価について準用する。この場合において、第一条第一項中「必要の都度、次に掲げる者」とあるのは「次に掲げる者」と、同項第三号中「役員」とあるのは「役員（機構が成立するまでの間は、機構に係る独立行政法人通則法（平成十一年法律第百三号）第十五条第一項の設立委員）」と読み替えるものとする。

（国から承継した貸付金の償還期間等）

第七条　法附則第十条第一項の規定による貸付金（以下この条において「承継貸付金」という。）の償還期間は、次の各号に掲げる承継貸付金の区分に応じ、それぞれ当該各号に定める期間とする。

一　平成十三年度において産業投資特別会計社会資本整備勘定から旧特別会計に繰り入れられた金額に係る承継貸付金　三年

二　平成十四年度において産業投資特別会計社会資本整備勘定から旧特別会計に繰り入れられた金額に係る承継貸付金　四年（一年の据置期間を含む。）

2　前項に規定する期間は、機構の成立の日から起算する。

3　承継貸付金の償還は、均等年賦償還の方法によるものとする。

4　国は、国の財政状況を勘案し、相当と認めるときは、承継貸付金の全部又は一部について、前三項の規定により定められた償還期限を繰り上げて償還させることができる。

5　法附則第十条第一項の規定により独立行政法人通則法（平成十一年法律第百三号）附則第四条第五項の規定が適用される場合における独立行政法人の組織、運営及び管理に係る共通的な事項に関する政令（平成十二年政令第三百十六号）附則第六項の規定の適用については、同項中「前項」とあるのは、「独立行政法人国立高等専門学校機構法施行令（平成十五年政令第四百七十九号）附則第七条第四項」とする。

（国有財産の無償使用）

第八条　法附則第十一条第一項の政令で定める国有財産は、機構の成立の際現に専ら旧国立高等専門学校に使用されている土地等とする。

2　前項の国有財産については、独立行政法人通則法第十四条第一項の規定により指名を受けた理事長となるべき者が機構の成立前に申請したときに限り、機構に対し、無償で使用させることができる。

3　法附則第十一条第二項の規定により国が機構に無償

で使用させることができる国有財産及び当該国有財産の使用に関し必要な手続は、文部科学大臣が財務大臣に協議して定める。

（不動産に関する登記の特例）

第九条　機構が法附則第八条第一項の規定により不動産に関する権利を承継した場合において、その権利についてすべき登記については、機構を国とみなして、司法書士法（昭和二十五年法律第百九十七号）第六十八条第一項、土地家屋調査士法（昭和二十五年法律第二百二十八号）第六十三条第一項、不動産登記法（平成十六年法律第百二十三号）第十六条、第百十六条及び第百十七条並びに不動産登記令（平成十六年政令第三百七十九号）第七条第一項第六号（同令別表の七十三の項（添付情報欄ロを除く。）に係る部分に限る。）及び第二項並びに第十七条第二項の規定を準用する。この場合において、同法第百十六条第一項中「遅滞なく、登記義務者の承諾を得て」とあるのは「遅滞なく」と、同令第七条第二項中「命令又は規則により指定された官庁又は公署の職員」とあるのは「独立行政法人国立高等専門学校機構の理事長が指定し、その旨を官報により公告した独立行政法人国立高等専門学校機構の役員又は職員」と読み替えるものとする。

（国の利害に関係のある訴訟についての法務大臣の権限等に関する法律に関する経過措置）

第十条　法附則第十四条の規定により機構を国の利害に関係のある訴訟についての法務大臣の権限等に関する法律（昭和二十二年法律第百九十四号）に規定する国又は行政庁とみなして同法の規定を適用する場合には、同法第二条第一項中「前条の訴訟」とあるのは「独立行政法人国立高等専門学校機構を当事者又は参加人とする訴訟」と、同条第二項中「行政庁（国に所属するものに限る。第五条、第六条及び第八条において同じ。）の所管し、又は監督する事務に係る前条の訴訟」とあるのは「前項の訴訟」と、「当該行政庁」とあるのは「独立行政法人国立高等専門学校機構」と、同法第五条第一項及び第三項並びに第六条中「行政庁」とあるのは「独立行政法人国立高等専門学校機構」と、同法第八条本文中「第二条、第五条第一項、第六条第二項、第六条の二第四項若しくは第五項、第六条の三第四項若しくは第五項又は前条第三項」とあるのは「第二条第一項若しくは第二項、第五条第一項又は第六条第二項」と、「行政庁」とあるのは「独立行政法人国立高等専門学校機構」とする。

（電波法等の適用に関する経過措置）

第十一条　機構の成立前に電波法（昭和二十五年法律第百三十一号）、火薬類取締法（昭和二十五年法律第百四十九号）、高圧ガス保安法（昭和二十六年法律第二百四号）、覚せい剤取締法（昭和二十六年法律第二百五十二号）、麻薬及び向精神薬取締法、核原料物質、核燃料物質及び原子炉の規制に関する法律（昭和三十二年法律第百六十六号）、放射性同位元素等による放射線障害の防止に関する法律（昭和三十二年法律第百六十七号）、水道法（昭和三十二年法律第百七十七号）、銃砲刀剣類所持等取締法、下水道法又は電気事業法（昭和三十九年法律第百七十号）の規定により旧国立高等専門学校について国に対しされた許可、承認、指定その他の処分又は通知その他の行為であって、法附則第八条第一項の規定により機構が承継することとなる権利及び義務に係るものは、機構の成立後は、それぞれの法律の規定により機構に対しされた許可、承認、指定その他の処分又は通知その他の行為とみなす。

2　機構の成立前に電波法、火薬類取締法、高圧ガス保安法、覚せい剤取締法、麻薬及び向精神薬取締法、核原料物質、核燃料物質及び原子炉の規制に関する法律、放射性同位元素等による放射線障害の防止に関する法律、水道法、銃砲刀剣類所持等取締法、下水道法又は電気事業法の規定により旧国立高等専門学校について国がしている届出その他の行為であって、法附則第八条第一項の規定により機構が承継することとなる権利及び義務に係るものは、機構の成立後は、それぞれの法律の規定により機構がした届出その他の行為とみなす。

（港湾法等の適用に関する経過措置）

第十二条　機構の成立前に旧国立高等専門学校について国が港湾法の規定により港湾管理者とした協議に基づく行為、道路法（昭和二十七年法律第百八十号）の規定により道路管理者にした協議に基づく占用、海岸法の規定により海岸管理者にした協議に基づく占用若しくは行為、下水道法の規定により公共下水道管理者とした協議に基づく行為又は河川法の規定により河川管理者とした協議に基づく占用若しくは行為であって、機構の業務に係るものは、機構の成立後は、それぞれ、機構が港湾法の規定により港湾管理者とした協議に基づく行為、道路法の規定により受けた道路管理者の許可に基づく占用、海岸法の規定により海岸管理者にした協議に基づく占用若しくは行為、下水道法の規定により公共下水道管理者とした協議に基づく行為又は河川法の規定により河川管理者とした協議に基づく占用若しくは行為とみなす。

（独立行政法人等の保有する情報の公開に関する法律の適用に関する経過措置）

第十三条　機構の成立前に行政機関の保有する情報の公開に関する法律（平成十一年法律第四十二号。同法第二条第二項に規定する行政文書の開示に係る部分に限る。）の規定に基づき、機構の業務に係る行政文書に関して文部科学大臣（同法第十七条の規定により委任を受けた職員を含む。以下この条において同じ。）がした行為及び文部科学大臣に対してされた行為は、機構の成立後は、独立行政法人等の保有する情報の公開に関する法律（平成十三年法律第百四十号。同法第二条第二項に規定する法人文書の開示に係る部分に限る。）の規定に基づき機構がした行為及び機構に対してされた行為とみなす。

附　則（平成二〇年一〇月三一日政令第三三八号）　抄

（施行期日）

1　この政令は、地域における歴史的風致の維持及び向上に関する法律の施行の日（平成二十年十一月四日）から施行する。

独立行政法人国立高等専門学校機構に関する省令

平成十五年十二月十九日文部科学省令第五十八号
最終改正　平成一六年三月三一日文部科学省令第一五号

独立行政法人通則法（平成十一年法律第百三号）第二十八条第二項、第三十条第一項及び第二項第七号、第三十一条第一項、第三十二条第一項、第三十三条、第三十四条第一項、第三十七条、第三十八条第一項及び第四項、第四十八条第一項並びに第五十条、独立行政法人国立高等専門学校機構法（平成十五年法律第百十三号）附則第九条並びに独立行政法人の組織、運営及び管理に係る共通的な事項に関する政令（平成十二年政令第三百十六号）第五条第二項の規定に基づき、並びに同法を実施するため、独立行政法人国立高等専門学校機構に関する省令を次のように定める。

（業務方法書に記載すべき事項）
第一条　独立行政法人国立高等専門学校機構（以下「機構」という。）に係る独立行政法人通則法（以下「通則法」という。）第二十八条第二項の主務省令で定める業務方法書に記載すべき事項は、次のとおりとする。
一　独立行政法人国立高等専門学校機構法（以下「機構法」という。）第十二条第一項第一号に規定する国立高等専門学校の設置及び運営に関する事項
二　機構法第十二条第一項第二号に規定する援助に関する事項
三　機構法第十二条第一項第三号に規定する教育研究活動に関する事項
四　機構法第十二条第一項第四号に規定する学習の機会の提供に関する事項
五　業務委託の基準
六　競争入札その他契約に関する基本的事項
七　その他機構の業務の執行に関して必要な事項

（中期計画の作成・変更に係る事項）
第二条　機構は、通則法第三十条第一項の規定により中期計画の認可を受けようとするときは、中期計画を記載した申請書を、当該中期計画の最初の事業年度開始三十日前までに（機構の最初の事業年度の属する中期計画については、機構の成立後遅滞なく）、文部科学大臣に提出しなければならない。
2　機構は、通則法第三十条第一項後段の規定により中期計画の変更の認可を受けようとするときは、変更しようとする事項及びその理由を記載した申請書を文部科学大臣に提出しなければならない。

（中期計画記載事項）
第三条　機構に係る通則法第三十条第二項第七号に規定する主務省令で定める業務運営に関する事項は、次のとおりとする。
一　施設及び設備に関する計画
二　人事に関する計画
三　中期目標の期間を超える債務負担
四　積立金の使途
五　その他機構の業務の運営に関し必要な事項

（年度計画の作成・変更に係る事項）
第四条　機構に係る通則法第三十一条第一項の年度計画には、中期計画に定めた事項に関し、当該事業年度において実施すべき事項を記載しなければならない。
2　機構は、通則法第三十一条第一項後段の規定により年度計画の変更をしたときは、変更した事項及びその理由を記載した届出書を文部科学大臣に提出しなければならない。

（各事業年度の業務の実績の評価に係る事項）
第五条　機構は、通則法第三十二条第一項の規定により各事業年度における業務の実績について独立行政法人評価委員会の評価を受けようとするときは、年度計画に定めた項目ごとにその実績を明らかにした報告書を当該事業年度の終了後三月以内に文部科学省の独立行政法人評価委員会に提出しなければならない。

（中期目標期間終了後の事業報告書の文部科学大臣への提出に係る事項）
第六条　機構に係る通則法第三十三条の中期目標に係る事業報告書には、当該中期目標に定めた項目ごとにその実績を明らかにしなければならない。

（中期目標期間の業務の実績の評価に係る事項）
第七条　機構は、通則法第三十四条第一項の規定により各中期目標の期間における業務の実績について独立行政法人評価委員会の評価を受けようとするときは、当該中期目標に定めた項目ごとにその実績を明らかにした報告書を当該中期目標の期間の終了後三月以内に文部科学省の独立行政法人評価委員会に提出しなければならない。

（会計の原則）
第八条　機構の会計については、この省令の定めるところにより、この省令に定めのないものについては、一般に公正妥当と認められる企業会計の基準に従うものとする。
2　金融庁組織令（平成十年政令第三百九十二号）第二十四条第一項に規定する企業会計審議会により公表された企業会計の基準は、前項に規定する一般に公正妥当と認められる企業会計の基準に該当するものとする。
3　平成十一年四月二十七日の中央省庁等改革推進本部決定に基づき行われた独立行政法人の会計に関する研究の成果として公表された基準（第十条において「独立行政法人会計基準」という。）は、この省令に準ずるものとして、第一項に規定する一般に公正妥当と認められる企業会計の基準に優先して適用されるものとする。

（会計処理）
第九条　文部科学大臣は、機構が業務のため取得しようとしている償却資産についてその減価に対応すべき収益の獲得が予定されないと認められる場合には、その取得までの間に限り、当該償却資産を指定することができる。
2　前項の指定を受けた資産の減価償却については、減価償却費は計上せず、資産の減価額と同額を資本剰余

金に対する控除として計上するものとする。

（財務諸表）

第十条　機構に係る通則法第三十八条第一項に規定する主務省令で定める書類は、独立行政法人会計基準に定めるキャッシュ・フロー計算書及び行政サービス実施コスト計算書とする。

（財務諸表等の閲覧期間）

第十一条　機構に係る通則法第三十八条第四項に規定する主務省令で定める期間は、五年とする。

（短期借入金の認可の申請）

第十二条　機構は、通則法第四十五条第一項ただし書の規定により短期借入金の借入れの認可を受けようとするとき、又は同条第二項ただし書の規定により短期借入金の借換えの認可を受けようとするときは、次に掲げる事項を記載した申請書を文部科学大臣に提出しなければならない。

一　借入れを必要とする理由
二　借入金の額
三　借入先
四　借入金の利率
五　借入金の償還の方法及び期限
六　利息の支払の方法及び期限
七　その他必要な事項

（重要な財産の範囲）

第十三条　機構に係る通則法第四十八条第一項に規定する主務省令で定める重要な財産は、土地及び建物並びに文部科学大臣が指定するその他の財産とする。

（重要な財産の処分等の認可の申請）

第十四条　機構は、通則法第四十八条第一項の規定により重要な財産を譲渡し、又は担保に供すること（以下この条において「処分等」という。）について認可を受けようとするときは、次に掲げる事項を記載した申請書を文部科学大臣に提出しなければならない。

一　処分等に係る財産の内容及び評価額
二　処分等の条件
三　処分等の方法
四　機構の業務運営上支障がない旨及びその理由

（土地の譲渡に関する報告）

第十五条　機構は、毎事業年度、機構法第五条第四項の規定により条件を付して出資された土地の全部又は一部の譲渡（事業年度末までの譲渡の予定を含む。以下同じ。）を行ったときは、次に掲げる事項を記載した報告書を、当該譲渡を行った事業年度の二月末日までに文部科学大臣に提出しなければならない。

一　譲渡を行った土地の所在地及び面積
二　譲渡を行った土地の帳簿価額及び譲渡価額
三　機構法第五条第四項の文部科学大臣が定める基準により算定した額

2　前項の報告書には、当該譲渡に関する契約書の写しその他の譲渡を証する書類を添付しなければならない。

3　機構は、第一項各号に掲げる事項に変更があったときは、遅滞なく、変更に係る事項を記載した報告書を文部科学大臣に提出しなければならない。

4　第二項の規定は、前項の報告書について準用する。

（資本金の減少対象額等の通知等）

第十六条　文部科学大臣は、機構法第五条第八項の規定により金額を定めたときは、次の各号に掲げる事項を機構に通知するとともに、第二号に掲げる事項を独立行政法人国立大学財務・経営センター（以下この条において「センター」という。）に通知するものとする。

一　機構法第五条第八項の規定により定めた金額
二　機構がセンターに納付すべき金額

2　センターは、前項の通知を受けたときは、遅滞なく、機構に対し、同項第二号の金額の納付を請求しなければならない。

3　機構は、前項の規定により請求があったときは、当該請求があった事業年度末までに、センターに対し第一項第二号の金額を納付しなければならない。

4　機構は、機構法第五条第八項の規定により資本金を減少したときは、遅滞なく、その旨を文部科学大臣に報告するものとする。

5　文部科学大臣は、前項の報告があった場合は、遅滞なく、その旨を財務大臣に報告するものとする。

（積立金の処分に係る申請書の添付書類）

第十七条　機構に係る独立行政法人の組織、運営及び管理に係る共通的な事項に関する政令第五条第二項に規定する文部科学省令で定める書類は、同条第一項に規定する中期目標の期間の最後の事業年度の事業年度末の貸借対照表及び当該事業年度の損益計算書とする。

附　則

（施行期日）

第一条　この省令は、公布の日から施行する。

（成立の際の会計処理の特例）

第二条　機構の成立の際機構法附則第八条第二項の規定により機構に出資されたものとされる財産のうち償却資産については、第九条第一項の指定があったものとみなす。

（土地の譲渡に関する規定の準用）

第三条　第十五条の規定は、法附則第八条第三項の規定により条件を付して出資されたものとされた土地の全部又は一部の譲渡について準用する。この場合において、第十五条第一項第三号中「法第五条第四項」とあるのは「法附則第八条第三項」と読み替えるものとする。

（寄附金の経理）

第四条　機構法附則第九条の規定により機構に寄附されたものとされた委任経理金（国立大学法人法等の施行に伴う関係法律の整備等に関する法律（平成十五年法律第百十七号。以下「整備法」という。）第二条の規定による廃止前の国立学校特別会計法（昭和三十九年法律第五十五号）第十七条の規定に基づき文部科学大臣から整備法第二条の規定による廃止前の国立学校設置法（昭和二十四年法律第百五十号）第七条の十三に規定する高等専門学校の長に交付され、その経理を委任された金額をいう。以下この条において同じ。）の残余に相当する額は、国立大学法人法等の施行に伴う文部科学省関係省令の整備等に関する省令（平成十六年文部科学省令第十五号）第一条の規定による廃止前の奨学寄附金委任経理事務取扱規則（昭和三十九年文部省令第十四号）第二条第一項の規定により文部科学大臣が当該委任経理金の交付をするときに同条第三項の規定により示した使途に使用するものとして経理するものとする。

附　則（平成一六年三月三一日文部科学省令第一五号）抄

（施行期日）

第一条　この省令は、平成十六年四月一日から施行する。

独立行政法人大学評価・学位授与機構法

平成十五年七月十六日法律第百十四号
最終改正　平成一九年六月二七日法律第九六号

第一章　総則

（目的）

第一条　この法律は、独立行政法人大学評価・学位授与機構の名称、目的、業務の範囲等に関する事項を定めることを目的とする。

（名称）

第二条　この法律及び独立行政法人通則法（平成十一年法律第百三号。以下「通則法」という。）の定めるところにより設立される通則法第二条第一項に規定する独立行政法人の名称は、独立行政法人大学評価・学位授与機構とする。

（機構の目的）

第三条　独立行政法人大学評価・学位授与機構（以下「機構」という。）は、大学等（学校教育法（昭和二十二年法律第二十六号）第一条に規定する大学及び高等専門学校並びに国立大学法人法（平成十五年法律第百十二号）第二条第四項に規定する大学共同利用機関をいう。以下同じ。）の教育研究活動の状況についての評価等を行うことにより、その教育研究水準の向上を図るとともに、学校教育法第百四条第四項の規定による学位の授与を行うことにより、高等教育の段階における多様な学習の成果が適切に評価される社会の実現を図り、もって我が国の高等教育の発展に資することを目的とする。

（事務所）

第四条　機構は、主たる事務所を東京都に置く。

（資本金）

第五条　機構の資本金は、附則第八条第二項の規定により政府から出資があったものとされた金額とする。

2　政府は、必要があると認めるときは、予算で定める金額の範囲内において、機構に追加して出資することができる。

3　機構は、前項の規定による政府の出資があったときは、その出資額により資本金を増加するものとする。

（名称の使用制限）

第六条　機構でない者は、大学評価・学位授与機構という名称を用いてはならない。

第二章　役員及び職員

（役員）

第七条　機構に、役員として、その長である機構長及び監事二人を置く。

2　機構に、役員として、理事二人以内を置くことができる。

（理事の職務及び権限等）

第八条　理事は、機構長の定めるところにより、機構長を補佐して機構の業務を掌理する。

2　通則法第十九条第二項の個別法で定める役員は、理事とする。ただし、理事が置かれていないときは、監事とする。

3　前項ただし書の場合において、通則法第十九条第二項の規定により機構長の職務を代理し又はその職務を行う監事は、その間、監事の職務を行ってはならない。

（役員の任期）

第九条　機構長の任期は四年とし、理事及び監事の任期は二年とする。

（機構長の任命）

第十条　文部科学大臣は、通則法第二十条第一項の規定により機構長を任命しようとするときは、あらかじめ、第十四条に規定する評議員会の意見を聴かなければならない。

（役員の欠格条項の特例）

第十一条　通則法第二十二条の規定にかかわらず、教育公務員で政令で定めるものは、非常勤の理事又は監事となることができる。

2　機構の非常勤の理事及び監事の解任に関する通則法第二十三条第一項の規定の適用については、同項中「前条」とあるのは、「前条及び独立行政法人大学評価・学位授与機構法第十一条第一項」とする。

（役員及び職員の秘密保持義務）

第十二条　機構の役員及び職員は、職務上知ることのできた秘密を漏らしてはならない。その職を退いた後も、同様とする。

（役員及び職員の地位）

第十三条　機構の役員及び職員は、刑法（明治四十年法律第四十五号）その他の罰則の適用については、法令により公務に従事する職員とみなす。

第三章　評議員会

（評議員会）

第十四条　機構に、評議員会を置く。

2　評議員会は、二十人以内の評議員で組織する。

3　評議員会は、機構長の諮問に応じ、機構の業務運営に関する重要事項を審議する。

4　評議員会は、第十条の規定による機構長の任命に関し文部科学大臣に意見を述べるほか、機構の業務運営につき、機構長に対して意見を述べることができる。

（評議員）

第十五条　評議員は、大学等に関し広くかつ高い識見を有する者その他の機構の業務の適正な運営に必要な学識経験を有する者のうちから、機構長が任命する。

2　評議員の任期は、二年とする。

3　通則法第二十一条第一項ただし書及び第二項並びに第二十三条第二項の規定は、評議員について準用する。

第四章　業務等

（業務の範囲）

第十六条　機構は、第三条の目的を達成するため、次の業務を行う。

一　大学等の教育研究水準の向上に資するため、大学等の教育研究活動等の状況について評価を行い、その結果について、当該大学等及びその設置者に提供し、並びに公表すること。

二　学校教育法第百四条第四項の規定により、学位を授与すること。

三　大学等の教育研究活動等の状況についての評価に関する調査研究及び学位の授与を行うために必要な学習の成果の評価に関する調査研究を行うこと。

四　大学等の教育研究活動等の状況についての評価に関する情報及び大学における各種の学習の機会に関する情報の収集、整理及び提供を行うこと。

五　前各号の業務に附帯する業務を行うこと。

2　機構は、国立大学法人法第三十五条において読み替えて準用する通則法第三十四条第二項の規定による国立大学法人評価委員会（以下この項において「評価委員会」という。）から前項第一号の評価の実施の要請があった場合には、遅滞なく、その評価を行い、その結果を評価委員会及び当該評価の対象となった国立大学又は大学共同利用機関に提供し、及び公表するものとする。

3　第一項第一号の評価の実施の手続その他同号の評価に関し必要な事項は、文部科学省令で定める。

（積立金の処分）

第十七条　機構は、通則法第二十九条第二項第一号に規定する中期目標の期間（以下この項において「中期目標の期間」という。）の最後の事業年度に係る通則法第四十四条第一項又は第二項の規定による整理を行った後、同条第一項の規定による積立金があるときは、その額に相当する金額のうち文部科学大臣の承認を受けた金額を、当該中期目標の期間の次の中期目標の期間に係る通則法第三十条第一項の認可を受けた中期計画（同項後段の規定による変更の認可を受けたときは、その変更後のもの）の定めるところにより、当該次の中期目標の期間における前条に規定する業務の財源に充てることができる。

2　文部科学大臣は、前項の規定による承認をしようとするときは、あらかじめ、文部科学省の独立行政法人評価委員会の意見を聴くとともに、財務大臣に協議しなければならない。

3　機構は、第一項に規定する積立金の額に相当する金額から同項の規定による承認を受けた金額を控除してなお残余があるときは、その残余の額を国庫に納付しなければならない。

4　前三項に定めるもののほか、納付金の納付の手続その他積立金の処分に関し必要な事項は、政令で定める。

第五章　雑則

（主務大臣等）

第十八条　機構に係る通則法における主務大臣、主務省及び主務省令は、それぞれ文部科学大臣、文部科学省及び文部科学省令とする。

（国家公務員宿舎法の適用除外）

第十九条　国家公務員宿舎法（昭和二十四年法律第百十七号）の規定は、機構の役員及び職員には適用しない。

第六章　罰則

第二十条　第十二条の規定に違反して秘密を漏らした者は、一年以下の懲役又は五十万円以下の罰金に処する。

第二十一条　次の各号のいずれかに該当する場合には、その違反行為をした機構の役員は、二十万円以下の過料に処する。

一　第十六条に規定する業務以外の業務を行ったとき。

二　第十七条第一項の規定により文部科学大臣の承認を受けなければならない場合において、その承認を受けなかったとき。

第二十二条　第六条の規定に違反した者は、十万円以下の過料に処する。

附　則

（施行期日）

第一条　この法律は、平成十五年十月一日から施行する。

（機構の成立）

第二条　機構は、通則法第十七条の規定にかかわらず、国立大学法人法等の施行に伴う関係法律の整備等に関する法律（平成十五年法律第百十七号。以下「整備法」という。）第二条の規定の施行の時に成立する。

2　機構は、通則法第十六条の規定にかかわらず、機構の成立後遅滞なく、政令で定めるところにより、その設立の登記をしなければならない。

（職員の引継ぎ等）

第三条　機構の成立の際現に整備法第二条の規定による廃止前の国立学校設置法（昭和二十四年法律第百五十号）第九条の四第一項に規定する大学評価・学位授与機構（以下「旧機構」という。）の職員である者は、別に辞令を発せられない限り、機構の成立の日において、機構の職員となるものとする。

第四条　前条の規定により機構の職員となった者に対する国家公務員法（昭和二十二年法律第百二十号）第八十二条第二項の規定の適用については、機構の職員を同項に規定する特別職国家公務員等と、前条の規定により国家公務員としての身分を失ったことを任命権者の要請に応じ同項に規定する特別職国家公務員等となるため退職したこととみなす。

第五条　附則第三条の規定により旧機構の職員が機構の職員となる場合には、その者に対しては、国家公務員退職手当法（昭和二十八年法律第百八十二号）に基づく退職手当は、支給しない。

2　機構は、前項の規定の適用を受けた機構の職員の退職に際し、退職手当を支給しようとするときは、その者の国家公務員退職手当法第二条第一項に規定する職員（同条第二項の規定により職員とみなされる者を含む。）としての引き続いた在職期間を機構の職員としての在職期間とみなして取り扱うべきものとする。

3　機構の成立の日の前日に旧機構の職員として在職する者が、附則第三条の規定により引き続いて機構の職員となり、かつ、引き続き機構の職員として在職した後引き続いて国家公務員退職手当法第二条第一項に規定する職員となった場合におけるその者の同法に基づいて支給する退職手当の算定の基礎となる勤続期間の計算については、その者の機構の職員としての在職期間を同項に規定する職員としての引き続いた在職期間とみなす。ただし、その者が機構を退職したことにより退職手当（これに相当する給付を含む。）の支給を受けているときは、この限りでない。

4　機構は、機構の成立の日の前日に旧機構の職員として在職し、附則第三条の規定により引き続いて機構の職員となった者のうち機構の成立の日から雇用保険法（昭和四十九年法律第百十六号）による失業等給付の受給資格を取得するまでの間に機構を退職したものであって、その退職した日まで旧機構の職員として在職したものとしたならば国家公務員退職手当法第十条の規定による退職手当の支給を受けることができるものに対しては、同条の規定の例により算定した退職手当の額に相当する額を退職手当として支給するものとする。

第六条　附則第三条の規定により機構の職員となった者であって、機構の成立の日の前日において文部科学大臣又はその委任を受けた者から児童手当法（昭和四十六年法律第七十三号）第七条第一項（同法附則第六条第二項、第七条第四項又は第八条第四項において準用する場合を含む。以下この条において同じ。）の規定による認定を受けているものが、機構の成立の日において児童手当又は同法附則第六条第一項、第七条第一項若しくは第八条第一項の給付（以下この条において「特例給付等」という。）の支給要件に該当するときは、その者に対する児童手当又は特例給付等の支給に関しては、機構の成立の日において同法第七条第一項の規定による市町村長（特別区の区長を含む。）の認定があったものとみなす。この場合において、その認定があったものとみなされた児童手当又は特例給付等の支給は、同法第八条第二項（同法附則第六条第二項、第七条第四項又は第八条第四項において準用する場合を含む。）の規定にかかわらず、機構の成立の日の前日の属する月の翌月から始める。

（機構の職員となる者の職員団体についての経過措置）

第七条　機構の成立の際現に存する国家公務員法第百八条の二第一項に規定する職員団体であって、その構成員の過半数が附則第三条の規定により機構に引き継がれる者であるものは、機構の成立の際労働組合法（昭和二十四年法律第百七十四号）の適用を受ける労働組合となるものとする。この場合において、当該職員団体が法人であるときは、法人である労働組合となるものとする。

2　前項の規定により法人である労働組合となったものは、機構の成立の日から起算して六十日を経過する日までに、労働組合法第二条及び第五条第二項の規定に適合する旨の労働委員会の証明を受け、かつ、その主たる事務所の所在地において登記しなければ、その日の経過により解散するものとする。

3　第一項の規定により労働組合となったものについては、機構の成立の日から起算して六十日を経過する日までは、労働組合法第二条ただし書（第一号に係る部分に限る。）の規定は、適用しない。

（権利義務の承継等）

第八条　機構の成立の際現に国が有する権利及び義務のうち、旧機構の業務に関するもので政令で定めるものは、政令で定めるところにより、機構が承継する。

2　前項の規定により機構が国の有する権利及び義務を承継したときは、承継される権利に係る土地、建物その他の財産で政令で定めるものの価額の合計額に相当する金額は、政令で定めるところにより、政府から機構に対し出資されたものとする。

3　前項の規定により政府から出資があったものとされる同項の財産の価額は、機構の成立の日現在における時価を基準として評価委員が評価した価額とする。

4　前項の評価委員その他評価に関し必要な事項は、政令で定める。

第九条　機構の成立の際、整備法第二条の規定による廃止前の国立学校特別会計法（昭和三十九年法律第五十五号）第十七条の規定に基づき文部科学大臣から旧機構の長に交付され、その経理を委任された金額に残余があるときは、その残余に相当する額は、機構の成立の日において機構に奨学を目的として寄附されたものとする。この場合において、当該寄附金の経理に関し必要な事項は、文部科学省令で定める。

（国有財産の無償使用）

第十条　国は、機構の成立の際現に旧機構の職員の住居の用に供されている国有財産であって政令で定めるものを、政令で定めるところにより、機構の用に供するため、機構に無償で使用させることができる。

（不動産に関する登記）

第十一条　機構が附則第八条第一項の規定により不動産に関する権利を承継した場合において、その権利につきなすべき登記の手続については、政令で特例を設けることができる。

（名称の使用制限に関する経過措置）

第十二条　この法律の施行の際現に大学評価・学位授与機構という名称を使用している者については、第六条の規定は、この法律の施行後六月間は、適用しない。

（政令への委任）

第十三条　附則第三条から前条までに定めるもののほか、機構の設立に伴い必要な経過措置その他この法律の施行に関し必要な経過措置は、政令で定める。

附　則（平成一九年六月二七日法律第九六号）抄

（施行期日）

第一条　この法律は、公布の日から起算して六月を超えない範囲内において政令で定める日から施行する。

独立行政法人大学入試センター法

平成十一年十二月二十二日法律第百六十六号
最終改正　平成二一年三月三一日法律第一八号

第一章　総則

（目的）

第一条　この法律は、独立行政法人大学入試センターの名称、目的、業務の範囲等に関する事項を定めることを目的とする。

（名称）

第二条　この法律及び独立行政法人通則法（平成十一年法律第百三号。以下「通則法」という。）の定めるところにより設立される通則法第二条第一項に規定する独立行政法人の名称は、独立行政法人大学入試センターとする。

（センターの目的）

第三条　独立行政法人大学入試センター（以下「センター」という。）は、大学に入学を志願する者に対し大学が共同して実施することとする試験に関する業務等を行うことにより、大学の入学者の選抜の改善を図り、もって大学及び高等学校（中等教育学校の後期課程及び特別支援学校の高等部を含む。以下同じ。）における教育の振興に資することを目的とする。

（事務所）

第四条　センターは、主たる事務所を東京都に置く。

（資本金）

第五条　センターの資本金は、附則第五条第二項の規定により政府から出資があったものとされた金額とする。

2　政府は、必要があると認めるときは、予算で定める金額の範囲内において、センターに追加して出資することができる。

3　センターは、前項の規定による政府の出資があったときは、その出資額により資本金を増加するものとする。

第二章　役員及び職員

（役員）

第六条　センターに、役員として、その長である理事長及び監事二人を置く。

2　センターに、役員として、理事一人を置くことができる。

（理事の職務及び権限等）

第七条　理事は、理事長の定めるところにより、理事長を補佐してセンターの業務を掌理する。

2　通則法第十九条第二項の個別法で定める役員は、理事とする。ただし、理事が置かれていないときは、監事とする。

3　前項ただし書の場合において、通則法第十九条第二項の規定により理事長の職務を代理し又はその職務を行う監事は、その間、監事の職務を行ってはならない。

（役員の任期）

第八条　役員の任期は、三年とする。

（理事長の任命）

第九条　文部科学大臣は、通則法第二十条第一項の規定により理事長を任命しようとするときは、文部科学省令で定めるところにより、大学教育に関し学識経験を有する者その他の文部科学省令で定める者の意見を聴くものとする。

（役員の欠格条項の特例）

第十条　通則法第二十二条の規定にかかわらず、教育公務員で政令で定めるものは、非常勤の理事又は監事となることができる。

2　センターの非常勤の理事及び監事の解任に関する通則法第二十三条第一項の規定の適用については、同項中「前条」とあるのは、「前条及び独立行政法人大学入試センター法第十条第一項」とする。

（役員及び職員の秘密保持義務）

第十一条　センターの役員及び職員は、職務上知ることのできた秘密を漏らしてはならない。その職を退いた後も、同様とする。

（役員及び職員の地位）

第十二条　センターの役員及び職員は、刑法（明治四十年法律第四十五号）その他の罰則の適用については、法令により公務に従事する職員とみなす。

第三章　業務等

（業務の範囲）

第十三条　センターは、第三条の目的を達成するため、次の業務を行う。

一　大学に入学を志願する者の高等学校の段階における基礎的な学習の達成の程度を判定することを主たる目的として大学が共同して実施することとする試験に関し、問題の作成及び採点その他一括して処理することが適当な業務を行うこと。

二　大学の入学者の選抜方法の改善に関する調査及び研究を行うこと。

三　大学に入学を志望する者の進路選択に資するための大学に関する情報の提供を行うこと。

四　前三号の業務に附帯する業務を行うこと。

2　前項第一号の試験の実施の方法その他同号の試験に関し必要な事項は、文部科学省令で定める。

3　センターは、第一項の業務のほか、同項の業務の遂行に支障のない範囲内で、国、地方公共団体又は一般社団法人若しくは一般財団法人その他の営利を目的としない法人の委託を受けて、これらの者が実施する試験の採点及び結果の分析に関する業務を行うことができる。

（関係機関等との連携協力体制の整備）

第十四条　センターは、前条第一項に規定する業務を円滑に遂行するため、大学、高等学校その他の関係機関及び関係団体との緊密な連携協力体制の整備に努めなければならない。

（積立金の処分）

第十五条　センターは、通則法第二十九条第二項第一号に規定する中期目標の期間（以下この項において「中期目標の期間」という。）の最後の事業年度に係る通則法第四十四条第一項又は第二項の規定による整理を行った後、同条第一項の規定による積立金があるときは、その額に相当する金額のうち文部科学大臣の承認を受けた金額を、当該中期目標の期間の次の中期目標の期間に係る通則法第三十条第一項の認可を受けた中期計画（同項後段の規定による変更の認可を受けたときは、その変更後のもの）の定めるところにより、当該次の中期目標の期間における第十三条に規定する業務の財源に充てることができる。

2　文部科学大臣は、前項の規定による承認をしようとするときは、あらかじめ、文部科学省の独立行政法人評価委員会の意見を聴くとともに、財務大臣に協議しなければならない。

3　センターは、第一項に規定する積立金の額に相当する金額から同項の規定による承認を受けた金額を控除してなお残余があるときは、その残余の額を国庫に納付しなければならない。

4　前三項に定めるもののほか、納付金の納付の手続その他積立金の処分に関し必要な事項は、政令で定める。

第四章　雑則

（主務大臣等）

第十六条　センターに係る通則法における主務大臣、主務省及び主務省令は、それぞれ文部科学大臣、文部科学省及び文部科学省令とする。

第五章　罰則

第十七条　第十一条の規定に違反して秘密を漏らした者は、一年以下の懲役又は五十万円以下の罰金に処する。

第十八条　次の各号のいずれかに該当する場合には、その違反行為をしたセンターの役員は、二十万円以下の過料に処する。

一　第十三条に規定する業務以外の業務を行ったとき。

二　第十五条第一項の規定により文部科学大臣の承認を受けなければならない場合において、その承認を受けなかったとき。

附　則　抄

（施行期日）

第一条　この法律は、平成十三年一月六日から施行する。ただし、附則第八条、第九条及び第十一条から第十三条までの規定は、同日から起算して六月を超えない範囲内において政令で定める日から施行する。

（職員の引継ぎ等）

第二条　センターの成立の際現に国立学校設置法（昭和二十四年法律第百五十号）第三章の四に規定する大学入試センター（次条、附則第五条第一項及び附則第六条において「旧センター」という。）の職員である者は、別に辞令を発せられない限り、センターの成立の日において、センターの相当の職員となるものとする。

第三条　センターの成立の際現に旧センターの職員である者のうち、センターの成立の日において引き続きセンターの職員となったもの（次条において「引継職員」という。）であって、センターの成立の日の前日において文部科学大臣又はその委任を受けた者から児童手当法（昭和四十六年法律第七十三号）第七条第一項（同法附則第六条第二項、第七条第四項又は第八条第四項において準用する場合を含む。以下この条において同じ。）の規定による認定を受けているものが、センターの成立の日において児童手当又は同法附則第六条第一項、第七条第一項若しくは第八条第一項の給付（以下この条において「特例給付等」という。）の支給要件に該当するときは、その者に対する児童手当又は特例給付等の支給に関しては、センターの成立の日において同法第七条第一項の規定による市町村長（特別区の区長を含む。）の認定があったものとみなす。この場合において、その認定があったものとみなされた児童手当又は特例給付等の支給は、同法第八条第二項（同法附則第六条第二項、第七条第四項又は第八条第四項において準用する場合を含む。）の規定にかかわらず、センターの成立の日の前日の属する月の翌月から始める。

（センターの職員となる者の職員団体についての経過措置）

第四条　センターの成立の際現に存する国家公務員法（昭和二十二年法律第百二十号）第百八条の二第一項に規定する職員団体であって、その構成員の過半数が引継職員であるものは、センターの成立の際国営企業及び特定独立行政法人の労働関係に関する法律（昭和二十三年法律第二百五十七号）の適用を受ける労働組合となるものとする。この場合において、当該職員団体が法人であるときは、法人である労働組合となるものとする。

2　前項の規定により法人である労働組合となったものは、センターの成立の日から起算して六十日を経過する日までに、労働組合法（昭和二十四年法律第百七十四号）第二条及び第五条第二項の規定に適合する旨の労働委員会の証明を受け、かつ、その主たる事務所の所在地において登記しなければ、その日の経過により解散するものとする。

3　第一項の規定により労働組合となったものについては、センターの成立の日から起算して六十日を経過する日までは、労働組合法第二条ただし書（第一号に係る部分に限る。）の規定は、適用しない。

（権利義務の承継等）

第五条　センターの成立の際現に国が有する権利及び義務のうち、国立学校設置法第九条の三第一項に規定する旧センターの業務に関するもので政令で定めるものは、センターの成立の時においてセンターが承継する。

2　前項の規定によりセンターが国の有する権利及び義務を承継したときは、その承継の際、承継される権利に係る土地、建物その他の財産で政令で定めるものの価額の合計額に相当する金額は、政府からセンターに対し出資されたものとする。

3　前項の規定により政府から出資があったものとされる同項の財産の価額は、センターの成立の日現在における時価を基準として評価委員が評価した価額とする。

4　前項の評価委員その他評価に関し必要な事項は、政令で定める。

（国有財産の無償使用）

第六条　文部科学大臣は、センターの成立の際現に旧センターにおいて国立学校設置法第九条の三第一項第三号に規定する業務の用に供されている国有財産であって政令で定めるものを、政令で定めるところにより、センターの用に供するため、センターに無償で使用させることができる。

（政令への委任）

第七条　附則第二条から前条までに定めるもののほか、センターの設立に伴い必要な経過措置その他この法律の施行に関し必要な経過措置は、政令で定める。

附　則（平成二一年三月三一日法律第一八号）抄

（施行期日）

第一条　この法律は、平成二十一年四月一日から施行する。ただし、次の各号に掲げる規定は、当該各号に定める日から施行する。

二　第一条の規定、第二条（第一号に係る部分に限る。）の規定、次条第一項から第三項まで及び第五項から第九項までの規定（独立行政法人国立国語研究所（以下「国立国語研究所」という。）に係る部分に限る。）、同条第十項の規定、同条第十二項の規定（国立国語研究所に係る部分に限る。）、附則第三条第一項の規定、附則第六条第一項及び第二項の規定（国立国語研究所に係る部分に限る。）、附則第十条の規定、附則第十一条の規定（国立国語研究所に係る部分に限る。）、附則第十五条の規定、附則第十六条の規定（国家公務員共済組合法（昭和三十三年法律第百二十八号）別表第三の改正規定中独立行政法人国立国語研究所の項を削る部分に限る。）、附則第十九条の規定、附則第二十条の規定（雇用保険法等の一部を改正する法律（平成十九年法律第三十号）第四条のうち船員保険法（昭和十四年法律第七十三号）別表第一の改正規定中独立行政法人国立国語研究所の項を削る部分に限る。）並びに附則第二十二条の規定　平成二十一年十月一日

国立大学法人評価委員会令

平成十五年九月二十五日政令第四百四十一号
最終改正　平成二一年三月三一日政令第六九号

内閣は、国立大学法人法（平成十五年法律第百十二号）第九条第三項の規定に基づき、この政令を制定する。

（組織）

第一条　国立大学法人評価委員会（以下「委員会」という。）は、委員二十人以内で組織する。

2　委員会に、特別の事項を調査審議させるため必要があるときは、臨時委員を置くことができる。

3　委員会に、専門の事項を調査させるため必要があるときは、専門委員を置くことができる。

（委員等の任命）

第二条　委員は、大学又は大学共同利用機関に関し学識経験のある者のうちから、文部科学大臣が任命する。

2　臨時委員は、当該特別の事項に関し学識経験のある者のうちから、文部科学大臣が任命する。

3　専門委員は、当該専門の事項に関し学識経験のある者のうちから、文部科学大臣が任命する。

（委員の任期等）

第三条　委員の任期は、二年とする。ただし、補欠の委員の任期は、前任者の残任期間とする。

2　委員は、再任されることができる。

3　臨時委員は、その者の任命に係る当該特別の事項に関する調査審議が終了したときは、解任されるものとする。

4　専門委員は、その者の任命に係る当該専門の事項に関する調査が終了したときは、解任されるものとする。

5　委員、臨時委員及び専門委員は、非常勤とする。

（委員長）

第四条　委員会に、委員長を置き、委員の互選により選任する。

2　委員長は、会務を総理し、委員会を代表する。

3　委員長に事故があるときは、あらかじめその指名する委員が、その職務を代理する。

（分科会）

第五条　委員会に、次の表の上欄に掲げる分科会を置き、これらの分科会の所掌事務は、国立大学法人法第九条第二項の規定により委員会の権限に属させられた事項のうち、それぞれ同表の下欄に掲げる法人に係るものを処理することとする。

国立大学法人分科会	国立大学法人法第二条第一項に規定する国立大学法人
大学共同利用機関法人分科会	国立大学法人法第二条第三項に規定する大学共同利用機関法人

2　前項の表の上欄に掲げる分科会に属すべき委員、臨時委員及び専門委員は、文部科学大臣が指名する。

3　分科会に、分科会長を置き、当該分科会に属する委員の互選により選任する。

4　分科会長は、当該分科会の事務を掌理する。

5　分科会長に事故があるときは、当該分科会に属する委員のうちから分科会長があらかじめ指名する者が、その職務を代理する。

6　委員会は、その定めるところにより、分科会の議決をもって委員会の議決とすることができる。

（部会）

第六条　委員会及び分科会は、その定めるところにより、部会を置くことができる。

2　部会に属すべき委員、臨時委員及び専門委員は、委員長（分科会に置かれる部会にあっては、分科会長）が指名する。

3　部会に、部会長を置き、当該部会に属する委員の互選により選任する。

4　部会長は、当該部会の事務を掌理する。

5　部会長に事故があるときは、当該部会に属する委員のうちから部会長があらかじめ指名する者が、その職務を代理する。

6　委員会（分科会に置かれる部会にあっては、分科会。以下この項において同じ。）は、その定めるところにより、部会の議決をもって委員会の議決とすることができる。

（議事）

第七条　委員会は、委員及び議事に関係のある臨時委員の過半数が出席しなければ、会議を開き、議決することができない。

2　委員会の議事は、委員及び議事に関係のある臨時委員で会議に出席したものの過半数で決し、可否同数のときは、委員長の決するところによる。

3　前二項の規定は、分科会及び部会の議事について準用する。

（資料の提出等の要求）

第八条　委員会は、その所掌事務を遂行するため必要があると認めるときは、関係行政機関の長に対し、資料の提出、意見の表明、説明その他必要な協力を求めることができる。

（評価結果に係る意見申立ての機会の付与等）

第九条　委員会は、準用通則法（国立大学法人法第三十五条において準用する独立行政法人通則法（平成十一年法律第百三号）をいう。以下この条において同じ。）第三十二条第一項に規定する各事業年度に係る業務の実績に関する評価の結果について、同条第三項の規定により通知をする前に、当該評価の対象となった国立大学法人及び大学共同利用機関法人に意見の申立ての機会を付与するものとする。

2　委員会は、前項の規定により意見の申立ての機会を付与された国立大学法人又は大学共同利用機関法人から意見の申立てがあった場合においては、当該意見を当該評価の結果と併せて準用通則法第三十二条第三項の規定により通知をし、及び同条第四項の規定により公表をするものとする。

3　前二項の規定は、準用通則法第三十四条第一項に規定する中期目標の期間に係る業務の実績に関する評価の結果を同条第三項において準用する準用通則法第三十二条第三項及び第四項の規定により通知をし、及び公表をする場合に準用する。

（庶務）
第十条 委員会の庶務は、文部科学省高等教育局国立大学法人支援課において総括し、及び処理する。ただし、大学共同利用機関法人分科会に係るものについては、文部科学省研究振興局学術機関課において処理する。

（雑則）
第十一条 この政令に定めるもののほか、議事の手続その他委員会の運営に関し必要な事項は、委員長が委員会に諮って定める。

附 則 抄

（施行期日）
第一条 この政令は、平成十五年十月一日から施行する。

附 則（平成二一年三月三一日政令第六九号） 抄

（施行期日）
1 この政令は、平成二十一年四月一日から施行する。

文部科学省独立行政法人評価委員会令

平成十二年六月七日政令第三百二十号
最終改正 平成二一年九月一一日政令第二四〇号

内閣は、独立行政法人通則法（平成十一年法律第百三号）第十二条第三項の規定に基づき、この政令を制定する。

（組織）
第一条 文部科学省の独立行政法人評価委員会（以下「委員会」という。）は、委員三十人以内で組織する。
2 委員会に、特別の事項を調査審議させるため必要があるときは、臨時委員を置くことができる。
3 委員会に、専門の事項を調査させるため必要があるときは、専門委員を置くことができる。

（委員等の任命）
第二条 委員は、学識経験のある者のうちから、文部科学大臣が任命する。
2 臨時委員は、当該特別の事項に関し学識経験のある者のうちから、文部科学大臣が任命する。
3 専門委員は、当該専門の事項に関し学識経験のある者のうちから、文部科学大臣が任命する。

（委員の任期等）
第三条 委員の任期は、二年とする。ただし、補欠の委員の任期は、前任者の残任期間とする。
2 委員は、再任されることができる。
3 臨時委員は、その者の任命に係る当該特別の事項に関する調査審議が終了したときは、解任されるものとする。
4 専門委員は、その者の任命に係る当該専門の事項に関する調査が終了したときは、解任されるものとする。
5 委員、臨時委員及び専門委員は、非常勤とする。

（委員長）
第四条 委員会に、委員長を置き、委員の互選により選任する。
2 委員長は、会務を総理し、委員会を代表する。
3 委員長に事故があるときは、あらかじめその指名する委員が、その職務を代理する。

（分科会）
第五条 委員会に、次の表の上欄に掲げる分科会を置き、これらの分科会の所掌事務は、独立行政法人通則法第十二条第二項の規定により委員会の権限に属させられた事項のうち、それぞれ同表の下欄に掲げる独立行政法人に係るものを処理することとする。

名称	独立行政法人
初等中等教育分科会	独立行政法人国立特別支援教育総合研究所、独立行政法人教員研修センター
高等教育分科会	独立行政法人大学入試センター、独立行政法人大学評価・学位授与機構、独立行政法人国立大学財務・経営センター、独立行政法人日本学生支援機構、独立行政法人国立高等専門学校機構、独立行政法人沖縄科学技術研究基盤整備機構
社会教育分科会	独立行政法人国立女性教育会館、独立行政法人国立科学博物館
スポーツ・青少年分科会	独立行政法人国立青少年教育振興機構、独立行政法人日本スポーツ振興センター
科学技術・学術分科会	独立行政法人物質・材料研究機構、独立行政法人防災科学技術研究所、独立行政法人放射線医学総合研究所、独立行政法人宇宙航空研究開発機構、独立行政法人日本学術振興会、独立行政法人理化学研究所、独立行政法人海洋研究開発機構、独立行政法人日本原子力研究開発機構
文化分科会	独立行政法人国立美術館、独立行政法人国立文化財機構、独立行政法人日本芸術文化振興会

2 高等教育分科会は、前項に規定するもののほか、

日本私立学校振興・共済事業団法（平成九年法律第四十八号）第九条の規定により委員会の権限に属させられた事項を処理することとする。
3　第一項の表の上欄に掲げる分科会に属すべき委員、臨時委員及び専門委員は、文部科学大臣が指名する。
4　分科会に、分科会長を置き、当該分科会に属する委員の互選により選任する。
5　分科会長は、当該分科会の事務を掌理する。
6　分科会長に事故があるときは、当該分科会に属する委員のうちから分科会長があらかじめ指名する者が、その職務を代理する。
7　委員会は、その定めるところにより、分科会の議決をもって委員会の議決とすることができる。

（部会）
第六条　委員会及び分科会は、その定めるところにより、部会を置くことができる。
2　部会に属すべき委員、臨時委員及び専門委員は、委員長（分科会に置かれる部会にあっては、分科会長）が指名する。
3　部会に、部会長を置き、当該部会に属する委員の互選により選任する。
4　部会長は、当該部会の事務を掌理する。
5　部会長に事故があるときは、当該部会に属する委員のうちから部会長があらかじめ指名する者が、その職務を代理する。
6　委員会（分科会に置かれる部会にあっては、分科会。以下この項において同じ。）は、その定めるところにより、部会の議決をもって委員会の議決とすることができる。

（議事）
第七条　委員会は、委員及び議事に関係のある臨時委員の過半数が出席しなければ、会議を開き、議決することができない。
2　委員会の議事は、委員及び議事に関係のある臨時委員で会議に出席したものの過半数で決し、可否同数のときは、委員長の決するところによる。
3　前二項の規定は、分科会及び部会の議事について準用する。

（資料の提出等の要求）
第八条　委員会は、その所掌事務を遂行するため必要があると認めるときは、関係行政機関の長に対し、資料の提出、意見の開陳、説明その他必要な協力を求めることができる。

（庶務）
第九条　委員会の庶務は、文部科学省大臣官房政策課において総括し、及び処理する。ただし、初等中等教育分科会に係るものについては文部科学省初等中等教育局初等中等教育企画課において、高等教育分科会に係るものについては文部科学省高等教育局高等教育企画課において、社会教育分科会に係るものについては文部科学省生涯学習政策局社会教育課において、スポーツ・青少年分科会に係るものについては文部科学省スポーツ・青少年局企画・体育課において、科学技術・学術分科会に係るものについては文部科学省科学技術・学術政策局計画官において、文化分科会に係るものについては文化庁長官官房政策課において処理する。

（雑則）
第十条　この政令に定めるもののほか、議事の手続その他委員会の運営に関し必要な事項は、委員長が委員会に諮って定める。

附　則

この政令は、平成十三年一月六日から施行する。

附　則（平成二一年九月一一日政令第二四〇号）　抄

この政令は、平成二十一年十月一日から施行する。

（四）　放送大学

放送大学学園法

平成十四年十二月十三日法律第百五十六号
最終改正　平成一九年一二月二八日法律第一三六号

放送大学学園法（昭和五十六年法律第八十号）の全部を改正する。

第一章　総則

（目的）
第一条　この法律は、放送大学の設置及び運営に関し必要な事項を定めることにより、大学教育の機会に対する広範な国民の要請にこたえるとともに、大学教育のための放送の普及発達を図ることを目的とする。

（定義）
第二条　この法律において、「放送大学」とは、放送大学学園が設置する大学をいう。
2　この法律において、「放送等」とは、放送及び放送法（昭和二十五年法律第百三十二号）第二条第三号の五に規定する委託放送業務をいう。

第二章　放送大学学園

（目的）
第三条　放送大学学園は、大学を設置し、当該大学において、放送等による授業を行うとともに、全国各地の学習者の身近な場所において面接による授業等を行うことを目的とする学校法人（私立学校法（昭和二十四年法律第二百七十号）第三条に規定する学校法人をいう。）とする。

（業務）
第四条　放送大学学園は、次に掲げる業務を行う。
一　放送大学を設置し、これを運営すること。
二　放送大学における教育に必要な放送等を行うこと。
三　前二号に掲げる業務に附帯する業務を行うこと。
2　放送大学学園は、前項に規定する放送等以外の放送等を行うことはできない。

（役員）
第五条　次の各号のいずれかに該当する者は、放送大学学園の役員となることができない。
一　国家公務員（教育公務員で政令で定めるもの及び非常勤の者を除く。）
二　放送法第十六条第三項第二号又は第五号から第七号までに掲げる者
三　電波法（昭和二十五年法律第百三十一号）第五条第三項各号に掲げる者
2　電波法第五条第一項第一号及び第二号に掲げる者は、放送大学学園の理事となることができない。

（補助金）
第六条　国は、予算の範囲内において、放送大学学園に対し、第四条第一項に規定する業務に要する経費について補助することができる。
2　前項の規定により国が放送大学学園に対し補助する場合においては、私立学校振興助成法（昭和五十年法律第六十一号）第十二条から第十三条までの規定の適用があるものとする。

（事業計画）
第七条　放送大学学園は、毎会計年度の開始前に、主務省令で定めるところにより、その会計年度の事業計画を作成し、主務大臣の認可を受けなければならない。これを変更しようとするときも、同様とする。

（借入金）
第八条　放送大学学園は、弁済期限が一年を超える資金を借り入れようとするときは、主務大臣の認可を受けなければならない。

（重要な財産の譲渡等）
第九条　放送大学学園は、主務省令で定める重要な財産を譲り受け、譲渡し、交換し、又は担保に供しようとするときは、主務大臣の認可を受けなければならない。

（書類の作成等）
第十条　放送大学学園は、文部科学大臣の定める基準に従い、会計処理を行い、貸借対照表、収支計算書その他の財務計算に関する書類を作成し、主務大臣に届け出なければならない。
2　前項に掲げる書類を届け出るときは、文部科学大臣の指定する事項に関する公認会計士又は監査法人の監査報告書を添付しなければならない。

（私立学校教職員共済法の長期給付に関する特例）
第十一条　私立学校教職員共済法（昭和二十八年法律第二百四十五号。以下「共済法」という。）の長期給付に関する規定は、国家公務員共済組合法（昭和三十三年法律第百二十八号）第百二十四条の二又は地方公務員等共済組合法（昭和三十七年法律第百五十二号）第百四十条の規定の適用を受ける放送大学学園の職員については適用しない。ただし、当該職員が、国家公務員共済組合法第百二十四条の二第二項第一号又は地方公務員等共済組合法第百四十条第二項第一号の規定に該当するに至ったときは、この限りではない。
2　前項の規定により共済法の長期給付に関する規定を適用しないこととされた放送大学学園の職員の共済法による掛金の標準給与の月額及び標準賞与の額に対する割合は、政令で定める範囲内において、共済規程（共済法第四条第一項に規定する共済規程をいう。）で定める。

第三章　雑則

（報告及び検査）
第十二条　主務大臣は、この法律を施行するため必要があると認めるときは、放送大学学園に対して、その財務若しくは会計に関し必要な報告をさせ、又はその職員に放送大学学園の事務所に立ち入り、財務若しくは会計の状況若しくは財務若しくは会計に関する帳簿、書類その他必要な物件を検査させることができる。

2　前項の規定により職員が立入検査をする場合には、その身分を示す証明書を携帯し、関係人にこれを提示しなければならない。

3　第一項の規定による立入検査の権限は、犯罪捜査のために認められたものと解してはならない。

（解散等）

第十三条　放送大学学園の解散に関する私立学校法第五十条第二項及び第四項の規定の適用については、同条第二項中「前項第一号及び第三号」とあるのは「前項第一号から第三号まで」と、同条第四項中「第一項第二号又は第五号」とあるのは「第一項第五号」とする。

2　文部科学大臣は、放送大学学園に対し、私立学校法第五十条第二項の認可若しくは認定若しくは同法第五十二条第二項の認可をしようとするとき、又は同法第六十二条第一項に基づき解散を命じようとするときには、あらかじめ、総務大臣及び財務大臣に協議しなければならない。

（残余財産の帰属の特例）

第十四条　放送大学学園が解散した場合において、残余財産があるときは、私立学校法第三十条第三項及び第五十一条の規定にかかわらず、当該残余財産は国に帰属する。

（主務大臣及び主務省令）

第十五条　この法律における主務大臣は、文部科学大臣及び総務大臣とする。

2　この法律における主務省令は、主務大臣の発する命令とする。

（財務大臣との協議）

第十六条　主務大臣は、次の場合には、あらかじめ、財務大臣に協議しなければならない。

一　第七条から第九条までの規定による認可をしようとするとき。

二　第七条又は第九条の規定により主務省令を定めようとするとき。

（他の法律の適用除外）

第十七条　次に掲げる法律の規定は、放送大学学園については、適用しない。

一　産業教育振興法（昭和二十六年法律第二百二十八号）第十九条の規定

二　理科教育振興法（昭和二十八年法律第百八十六号）第九条の規定

三　私立大学の研究設備に対する国の補助に関する法律（昭和三十二年法律第十八号）第二条の規定

四　スポーツ振興法（昭和三十六年法律第百四十一号）第二十条第二項の規定

五　激甚災害に対処するための特別の財政援助等に関する法律（昭和三十七年法律第百五十号）第十七条の規定

六　私立学校振興助成法第四条の規定

（放送大学学園が設置する学校についての教育基本法の準用）

第十八条　教育基本法（平成十八年法律第百二十号）第十五条第二項の規定は、放送大学学園が設置する学校について準用する。

（文部科学省令等への委任）

第十九条　この法律に定めるもののほか、この法律の実施のため必要な事項は、文部科学省令又は主務省令で定める。

第四章　罰則

第二十条　第十二条第一項の規定による報告をせず、若しくは虚偽の報告をし、又は同項の規定による検査を拒み、妨げ、若しくは忌避した場合には、その違反行為をした放送大学学園の役員又は職員は、三十万円以下の罰金に処する。

第二十一条　次の各号のいずれかに該当する場合には、その違反行為をした放送大学学園の役員は、二十万円以下の過料に処する。

一　この法律により主務大臣の認可を受けなければならない場合において、その認可を受けなかったとき。

二　第四条第二項の規定に違反して放送等を行ったとき。

附　則　抄

（施行期日）

第一条　この法律は、平成十五年十月一日から施行する。ただし、次の各号に掲げる規定は、当該各号に定める日から施行する。

一　次条第一項から第四項までの規定　公布の日

二　附則第十七条の規定　平成十五年十月一日又は独立行政法人等の保有する個人情報の保護に関する法律（平成十五年法律第五十九号）の施行の日のいずれか遅い日

（放送大学学園の設立）

第二条　文部科学大臣は、設立委員を命じ、放送大学学園の設立に関する事務を処理させる。

2　設立委員は、寄附行為を作成し、私立学校法第三十条第一項の規定による文部科学大臣の認可を申請しなければならない。

3　設立委員から前項の規定による申請があった場合に関する私立学校法第三十一条第一項の規定の適用については、同項中「当該申請に係る学校法人の資産が第二十五条の要件に該当しているかどうか、その寄附行為」とあるのは、「その寄附行為」とする。この場合において、同条第二項の規定は、適用しない。

4　設立委員は、放送大学学園の設立の準備を完了したときは、遅滞なく、その旨を文部科学大臣に届け出るとともに、私立学校法第三十条第二項の規定により、第二項の寄附行為に定められた理事長となるべき者に引き継がなければならない。

5　放送大学学園は、私立学校法第三十三条の規定にかかわらず、この法律の施行の時に成立する。

6　第四項の理事長となるべき者は、放送大学学園の成立後遅滞なく、設立の登記をしなければならない。

（旧学園の解散等）

第三条　この法律の施行の際現に存する放送大学学園（以下「旧学園」という。）は、この法律の規定による放送大学学園（以下「新学園」という。）の成立の時において解散するものとし、その一切の権利及び義務は、その時において、次項の規定により国が承継する資産を除き、新学園が承継する。

2　新学園の成立の際現に旧学園が有する権利のうち、

新学園がその業務を確実に実施するために必要な資産以外の資産は、新学園の成立の時において国が承継する。

3　前項の規定により国が承継する資産の範囲その他当該資産の国への承継に関し必要な事項は、政令で定める。

4　旧学園の解散の日の前日を含む事業年度は、同日に終わるものとする。

5　旧学園の解散の日の前日を含む事業年度に係る決算並びに財産目録、貸借対照表及び損益計算書については、なお従前の例による。この場合において、当該決算の完結の期限は、その解散の日から起算して二月を経過する日とする。

6　第一項の規定により新学園が旧学園の権利及び義務を承継したときは、その承継の際、新学園が承継する資産の価額（旧学園の解散の日の前日までに政府以外の者から出えんされた金額を除く。）から負債の金額を控除した額に相当する金額は、政府から新学園に対し拠出されたものとする。

7　前項の資産の価額は、新学園の成立の日現在における時価を基準として評価委員が評価した価額とする。

8　前項の評価委員その他評価に関し必要な事項は、政令で定める。

9　第一項の規定により旧学園が解散した場合における解散の登記については、政令で定める。

第四条　削除

（旧学園が設置する大学に関する経過措置）

第五条　この法律の施行の際現に旧学園が設置している放送大学は、新学園の成立の時において、第四条第一項第一号の規定により新学園が設置する放送大学となるものとする。この場合において、学校教育法（昭和二十二年法律第二十六号）第四条第一項に規定する設置者の変更の認可があったものとみなす。

（旧学園の放送業務に関する経過措置）

第六条　旧学園が電波法第四条の規定により受けた免許及び放送法第五十二条の十三の規定により受けた認定は、新学園の成立の時において、新学園がそれぞれの規定により受けた免許及び認定とみなす。

（健康保険の被保険者に関する経過措置）

第七条　この法律の施行の日（以下「施行日」という。）の前日において健康保険法（大正十一年法律第七十号）による保険給付を受けることができる者であった旧学園の職員で、施行日に私立学校教職員共済制度の加入者となった者（新学園の職員となった者に限る。次項において「旧学園の職員であった加入者」という。）に対する施行日以後の給付に係る共済法第二十五条において準用する国家公務員共済組合法第六十一条第二項、第六十六条第三項、第六十七条第二項及び第三項並びに第百二十六条の五第一項の規定の適用については、その者は、施行日前の健康保険法による保険給付を受けることができる者であった間私立学校教職員共済制度の加入者であったものとみなす。

2　旧学園の職員であった加入者に対する施行日以後の給付に係る共済法第二十五条において準用する国家公務員共済組合法第六十六条第二項及び第六十七条第一項の規定の適用については、その者が施行日前に健康保険法による傷病手当金及び出産手当金を受けていた場合におけるこれらの給付は、共済法に基づく傷病手当金及び出産手当金とみなす。

（厚生年金保険の被保険者に関する経過措置）

第八条　施行日の前日において厚生年金保険の被保険者であった旧学園の職員で、施行日に私立学校教職員共済制度の加入者となった者（新学園の職員となった者に限る。以下「旧学園の職員であった加入者」という。）のうち、一年以上の引き続く加入者期間（新学園の職員である期間に係るものに限る。以下同じ。）を有しない者であり、かつ、施行日前の厚生年金保険の被保険者期間（旧学園の職員であった期間に係るものに限る。以下「厚生年金保険期間」という。）と当該期間に引き続く加入者期間とを合算した期間が一年以上となるものに対する共済法第二十五条において準用する国家公務員共済組合法第七十七条第二項の規定の適用については、その者は、一年以上の引き続く加入者期間を有するものとみなす。

2　旧学園の職員であった加入者のうち、加入者期間が二十年未満であり、かつ、当該加入者期間と厚生年金保険期間とを合算した期間が二十年以上となるものに対する共済法第二十五条において準用する国家公務員共済組合法第七十七条第二項の規定の適用については、その者は、加入者期間が二十年以上である者とみなす。

3　旧学園の職員であった加入者のうち、加入者期間が二十年未満であり、かつ、当該加入者期間と厚生年金保険期間とを合算した期間が二十年以上となるものに対する共済法第二十五条において準用する国家公務員共済組合法第八十九条第一項及び第二項の規定の適用については、その者は、加入者期間が二十年以上である者とみなす。

第九条　旧学園の職員であった加入者のうち、厚生年金保険期間及び加入者期間がいずれも二十年未満であり、かつ、これらの期間を合算した期間が二十年以上となるものに係る退職共済年金については、その年金額の算定の基礎となる加入者期間が二十年以上であるものとみなして、共済法第二十五条において準用する国家公務員共済組合法第七十八条の規定を適用する。この場合において、同条第一項中「六十五歳未満の配偶者」とあるのは「配偶者」と、同条第四項中「次の各号」とあるのは「次の各号（第四号を除く。）」とする。

2　前項に規定する者に係る遺族共済年金については、その年金額の算定の基礎となる加入者期間が二十年以上であるものとみなして、共済法第二十五条において準用する国家公務員共済組合法第九十条の規定を適用する。

第十条　旧学園の職員であった加入者のうち、加入者期間が一年未満であり、かつ、当該加入者期間と厚生年金保険期間とを合算した期間が一年以上となるものに対する共済法第二十五条において準用する国家公務員共済組合法附則第十二条の三の規定の適用については、その者は、一年以上の加入者期間を有する者とみなす。

（事業計画に関する経過措置）

第十一条　新学園の最初の会計年度の事業計画については、第七条中「毎会計年度の開始前に」とあるのは、「放送大学学園の成立後遅滞なく」とする。

（罰則に関する経過措置）

第十二条　この法律の施行前にした行為及び附則第三条第五項の規定によりなお従前の例によることとされる事項に係るこの法律の施行後にした行為に対する罰則の適用については、なお従前の例による。

（政令への委任）

第十八条　この法律に規定するもののほか、新学園の設立に伴い必要な経過措置その他この法律の施行に関し必要な経過措置は、政令で定める。

附　則（平成一九年一二月二八日法律第一三六号）　抄

（施行期日）

第一条　この法律は、公布の日から起算して一年を超えない範囲内において政令で定める日（以下「施行日」という。）から施行する。

放送大学学園法施行令

平成十五年八月八日政令第三百六十五号
最終改正　平成一五年一二月三日政令第四八三号

内閣は、放送大学学園法（平成十四年法律第百五十六号）第五条第一項第一号及び第十一条第二項並びに附則第三条第三項、第八項及び第九項並びに第十八条の規定に基づき、放送大学学園法施行令（昭和五十六年政令第二百三十号）の全部を改正するこの政令を制定する。

（教育公務員の範囲）

第一条　放送大学学園法（以下「法」という。）第五条第一項第一号の政令で定める教育公務員は、国立教育政策研究所の長及びその職員のうち専ら研究又は教育に従事する者で学校教育法（昭和二十二年法律第二十六号）の規定による大学の学長、副学長、学部長又は教授に準ずるものとする。

（私立学校教職員共済法の長期給付に関する規定の適用を受けない職員の掛金の割合）

第二条　法第十一条第二項の政令で定める範囲は、千分の五十から千分の九十までの範囲とする。

附　則　抄

（施行期日）

第一条　この政令は、平成十五年十月一日から施行する。

（国が承継する資産の範囲）

第二条　法附則第三条第三項の規定により国が承継する資産は、文部科学大臣及び総務大臣が財務大臣に協議して定める。

2　前項の規定により国が承継する資産は、一般会計に帰属する。

（放送大学学園が承継する資産に係る評価委員の任命等）

第三条　法附則第三条第七項の評価委員は、次に掲げる者につき文部科学大臣が任命する。

一　総務省の職員　一人
二　財務省の職員　一人
三　文部科学省の職員　一人
四　放送大学学園の役員　一人
五　学識経験のある者　一人

2　法附則第三条第七項の規定による評価は、同項の評価委員の過半数の一致によるものとする。

3　法附則第三条第七項の規定による評価に関する庶務は、文部科学省生涯学習政策局生涯学習推進課において処理する。

（旧学園の解散の登記の嘱託等）

第四条　法附則第三条第一項の規定により法の施行の際現に存する放送大学学園が解散したときは、文部科学大臣及び総務大臣は、遅滞なく、その解散の登記を登記所に嘱託しなければならない。

2　登記官は、前項の規定による嘱託に係る解散の登記をしたときは、その登記用紙を閉鎖しなければならない。

（健康保険の被保険者に関する経過措置）

第五条　法附則第七条第一項に規定する旧学園の職員であった加入者に対する法の施行の日以後の給付に係る私立学校教職員共済法施行令（昭和二十八年政令第四百二十五号）第六条において準用する国家公務員共済組合法施行令（昭和三十三年政令第二百七号）第十一条の三の五第一項及び第二項第二号並びに第十一条の三の六第一項第一号ロの規定の適用については、その者が同日前に健康保険法（大正十一年法律第七十号）による高額療養費を受けていた場合における当該給付は、私立学校教職員共済法（昭和二十八年法律第二百四十五号）に基づく高額療養費とみなす。

附　則（平成一五年一二月三日政令第四八三号）　抄

（施行期日）

第一条 この政令は、平成十六年四月一日から施行する。

放送大学学園法施行規則

平成十五年十月一日総務省・文部科学省令第二号

放送大学学園法（平成十四年法律第百五十六号）第七条、第九条及び第十九条の規定に基づき、放送大学学園法施行規則を次のように定める。

（事業計画の作成）

第一条 放送大学学園法（以下「法」という。）第七条に規定する事業計画には、次に掲げる事項に関する計画を示さなければならない。

一 法第四条第一項第一号に規定する放送大学を設置し、これを運営することに関する事項

二 法第四条第一項第二号に規定する放送大学における教育に必要な放送等の実施に関する事項

三 法第四条第一項第三号に規定する業務に関する事項

四 前三号に掲げるもののほか、放送大学学園（以下「学園」という。）の行う業務に関する事項

（事業計画の認可の申請）

第二条 学園は、法第七条前段の規定により事業計画の認可を受けようとするときは、申請書に次に掲げる書類を添付して、主務大臣に提出しなければならない。

一 当該会計年度末における予定貸借対照表及び当該会計年度の予定損益計算書

二 前会計年度末における予定貸借対照表、前会計年度の予定損益計算書及び前会計年度における業務の実施状況を記載した書類（認可の申請の日から当該前会計年度の末日までの間に行おうとする業務があるときは、その概要を記載した書類を含む。）

三 学園が他の団体等に対して出資を行う場合における当該団体等の名称、当該会計年度末及び前会計年度末における出資予定額並びに当該会計年度における その増減その他の出資に係る明細

四 当該会計年度の収支予算書

五 その他当該事業計画の参考となる書類

2 学園は、法第七条後段の規定により事業計画の変更について認可を受けようとするときは、変更しようとする理由及び事項を記載した申請書を主務大臣に提出しなければならない。この場合において、当該変更が前項各号の書類の変更を伴うときは、当該変更後の書類を添付しなければならない。

（借入れの認可の申請）

第三条 学園は、法第八条の規定により、弁済期限が一年を超える資金の借入れの認可を受けようとするときは、次に掲げる事項を記載した申請書を主務大臣に提出しなければならない。

一 借入れを必要とする理由

二 借入金の額

三 借入先

四 借入金の利率

五 償還の方法及び期限

六 利息の支払の方法及び期限

七 その他必要な事項

（重要な財産の範囲）

第四条 法第九条に規定する主務省令で定める重要な財産は、土地及び建物並びに主務大臣が指定するその他の財産とする。

（重要な財産の譲渡等の認可の申請）

第五条 学園は、法第九条の規定により重要な財産を譲り受け、譲渡し、交換し、又は担保に供すること（以下「譲渡等」という。）について認可を受けようとするときは、次に掲げる事項を記載した申請書に、譲渡等を証する書面を添付して、主務大臣に提出しなければならない。

一 譲渡等の相手方の氏名又は名称及び住所

二 譲渡等に係る財産の内容及び評価額

三 譲渡等に係る財産が不動産の場合には、その所在地及び地番

四 譲渡等に係る財産が所有権以外の権利の目的となっているときは、その権利の種類及び内容

五 譲渡等の時期、対価の額、その支払又は受領の時期及び方法その他譲渡等の条件

六　担保に供しようとするときは、担保される債権の額及びその権利の種類
七　譲渡等の理由

附　則　抄

（施行期日）
第一条　この省令は、公布の日から施行する。

（事業計画の認可の申請に関する経過措置）
第三条　学園の最初の会計年度の事業計画の認可の申請については、第二条第一項第二号及び第三号中「前会計年度」とあるのは、「法の施行の際現に存する放送大学学園の解散の日の前日を含む事業年度」とする。

三　高等教育

（一）　一般

学校教育法

昭和二十二年三月三十一日法律第二十六号
最終改正　平成一九年六月二七日法律第九八号

第一章　総則

第一条　この法律で、学校とは、幼稚園、小学校、中学校、高等学校、中等教育学校、特別支援学校、大学及び高等専門学校とする。

第二条　学校は、国（国立大学法人法（平成十五年法律第百十二号）第二条第一項に規定する国立大学法人及び独立行政法人国立高等専門学校機構を含む。以下同じ。）、地方公共団体（地方独立行政法人法（平成十五年法律第百十八号）第六十八条第一項に規定する公立大学法人を含む。次項において同じ。）及び私立学校法第三条に規定する学校法人（以下学校法人と称する。）のみが、これを設置することができる。

②　この法律で、国立学校とは、国の設置する学校を、公立学校とは、地方公共団体の設置する学校を、私立学校とは、学校法人の設置する学校をいう。

第三条　学校を設置しようとする者は、学校の種類に応じ、文部科学大臣の定める設備、編制その他に関する設置基準に従い、これを設置しなければならない。

第四条　国立学校、この法律によつて設置義務を負う者の設置する学校及び都道府県の設置する学校（大学及び高等専門学校を除く。）のほか、学校（高等学校（中等教育学校の後期課程を含む。）の通常の課程（以下「全日制の課程」という。）、夜間その他特別の時間又は時期において授業を行う課程（以下「定時制の課程」という。）及び通信による教育を行う課程（以下「通信制の課程」という。）、大学の学部、大学院及び大学院の研究科並びに第百八条第二項の大学の学科についても同様とする。）の設置廃止、設置者の変更その他政令で定める事項は、次の各号に掲げる学校の区分に応じ、それぞれ当該各号に定める者の認可を受けなければならない。

一　公立又は私立の大学及び高等専門学校　文部科学大臣

二　市町村の設置する幼稚園、高等学校、中等教育学校及び特別支援学校　都道府県の教育委員会

三　私立の幼稚園、小学校、中学校、高等学校、中等教育学校及び特別支援学校　都道府県知事

②　前項の規定にかかわらず、同項第一号に掲げる学校を設置する者は、次に掲げる事項を行うときは、同項の認可を受けることを要しない。この場合において、当該学校を設置する者は、文部科学大臣の定めるところにより、あらかじめ、文部科学大臣に届け出なければならない。

一　大学の学部若しくは大学院の研究科又は第百八条第二項の大学の学科の設置であつて、当該大学が授与する学位の種類及び分野の変更を伴わないもの

二　大学の学部若しくは大学院の研究科又は第百八条第二項の大学の学科の廃止

三　前二号に掲げるもののほか、政令で定める事項

③　文部科学大臣は、前項の届出があつた場合において、その届出に係る事項が、設備、授業その他の事項に関する法令の規定に適合しないと認めるときは、その届出をした者に対し、必要な措置をとるべきことを命ずることができる。

④　地方自治法（昭和二十二年法律第六十七号）第二百五十二条の十九第一項の指定都市の設置する幼稚園については、第一項の規定は、適用しない。この場合において、当該幼稚園を設置する者は、同項に規定する事項を行おうとするときは、あらかじめ、都道府県の教育委員会に届け出なければならない。

⑤　第二項第一号の学位の種類及び分野の変更に関する基準は、文部科学大臣が、これを定める。

第五条　学校の設置者は、その設置する学校を管理し、法令に特別の定のある場合を除いては、その学校の経費を負担する。

第六条　学校においては、授業料を徴収することができる。ただし、国立又は公立の小学校及び中学校、中等教育学校の前期課程又は特別支援学校の小学部及び中学部における義務教育については、これを徴収することができない。

第七条　学校には、校長及び相当数の教員を置かなければならない。

第八条　校長及び教員（教育職員免許法（昭和二十四年法律第百四十七号）の適用を受ける者を除く。）の資格に関する事項は、別に法律で定めるもののほか、文部科学大臣がこれを定める。

第九条　次の各号のいずれかに該当する者は、校長又は教員となることができない。

一　成年被後見人又は被保佐人

二　禁錮以上の刑に処せられた者

三　教育職員免許法第十条第一項第二号又は第三号に該当することにより免許状がその効力を失い、当該失効の日から三年を経過しない者

四　教育職員免許法第十一条第一項から第三項までの規定により免許状取上げの処分を受け、三年を経過しない者

五　日本国憲法施行の日以後において、日本国憲法又はその下に成立した政府を暴力で破壊することを主張する政党その他の団体を結成し、又はこれに加入した者

第十条　私立学校は、校長を定め、大学及び高等専門学校にあつては文部科学大臣に、大学及び高等専門学校以外の学校にあつては都道府県知事に届け出なければならない。

第十一条　校長及び教員は、教育上必要があると認めるときは、文部科学大臣の定めるところにより、児童、生徒及び学生に懲戒を加えることができる。ただし、

体罰を加えることはできない。

第十二条　学校においては、別に法律で定めるところにより、幼児、児童、生徒及び学生並びに職員の健康の保持増進を図るため、健康診断を行い、その他その保健に必要な措置を講じなければならない。

第十三条　第四条第一項各号に掲げる学校が次の各号のいずれかに該当する場合においては、それぞれ同項各号に定める者は、当該学校の閉鎖を命ずることができる。

一　法令の規定に故意に違反したとき

二　法令の規定によりその者がした命令に違反したとき

三　六箇月以上授業を行わなかつたとき

第十四条　大学及び高等専門学校以外の市町村の設置する学校については都道府県の教育委員会、大学及び高等専門学校以外の私立学校については都道府県知事は、当該学校が、設備、授業その他の事項について、法令の規定又は都道府県の教育委員会若しくは都道府県知事の定める規程に違反したときは、その変更を命ずることができる。

第十五条　文部科学大臣は、公立又は私立の大学及び高等専門学校が、設備、授業その他の事項について、法令の規定に違反していると認めるときは、当該学校に対し、必要な措置をとるべきことを勧告することができる。

②　文部科学大臣は、前項の規定による勧告によつてもなお当該勧告に係る事項（次項において「勧告事項」という。）が改善されない場合には、当該学校に対し、その変更を命ずることができる。

③　文部科学大臣は、前項の規定による命令によつてもなお勧告事項が改善されない場合には、当該学校に対し、当該勧告事項に係る組織の廃止を命ずることができる。

④　文部科学大臣は、第一項の規定による勧告又は第二項若しくは前項の規定による命令を行うために必要があると認めるときは、当該学校に対し、報告又は資料の提出を求めることができる。

第二章　義務教育

第十六条　保護者（子に対して親権を行う者（親権を行う者のないときは、未成年後見人）をいう。以下同じ。）は、次条に定めるところにより、子に九年の普通教育を受けさせる義務を負う。

第十七条　保護者は、子の満六歳に達した日の翌日以後における最初の学年の初めから、満十二歳に達した日の属する学年の終わりまで、これを小学校又は特別支援学校の小学部に就学させる義務を負う。ただし、子が、満十二歳に達した日の属する学年の終わりまでに小学校又は特別支援学校の小学部の課程を修了しないときは、満十五歳に達した日の属する学年の終わり（それまでの間において当該課程を修了したときは、その修了した日の属する学年の終わり）までとする。

②　保護者は、子が小学校又は特別支援学校の小学部の課程を修了した日の翌日以後における最初の学年の初めから、満十五歳に達した日の属する学年の終わりまで、これを中学校、中等教育学校の前期課程又は特別支援学校の中学部に就学させる義務を負う。

③　前二項の義務の履行の督促その他これらの義務の履行に関し必要な事項は、政令で定める。

第十八条　前条第一項又は第二項の規定によつて、保護者が就学させなければならない子（以下それぞれ「学齢児童」又は「学齢生徒」という。）で、病弱、発育不完全その他やむを得ない事由のため、就学困難と認められる者の保護者に対しては、市町村の教育委員会は、文部科学大臣の定めるところにより、同条第一項又は第二項の義務を猶予又は免除することができる。

第十九条　経済的理由によつて、就学困難と認められる学齢児童又は学齢生徒の保護者に対しては、市町村は、必要な援助を与えなければならない。

第二十条　学齢児童又は学齢生徒を使用する者は、その使用によつて、当該学齢児童又は学齢生徒が、義務教育を受けることを妨げてはならない。

第二十一条　義務教育として行われる普通教育は、教育基本法（平成十八年法律第百二十号）第五条第二項に規定する目的を実現するため、次に掲げる目標を達成するよう行われるものとする。

一　学校内外における社会的活動を促進し、自主、自律及び協同の精神、規範意識、公正な判断力並びに公共の精神に基づき主体的に社会の形成に参画し、その発展に寄与する態度を養うこと。

二　学校内外における自然体験活動を促進し、生命及び自然を尊重する精神並びに環境の保全に寄与する態度を養うこと。

三　我が国と郷土の現状と歴史について、正しい理解に導き、伝統と文化を尊重し、それらをはぐくんできた我が国と郷土を愛する態度を養うとともに、進んで外国の文化の理解を通じて、他国を尊重し、国際社会の平和と発展に寄与する態度を養うこと。

四　家族と家庭の役割、生活に必要な衣、食、住、情報、産業その他の事項について基礎的な理解と技能を養うこと。

五　読書に親しませ、生活に必要な国語を正しく理解し、使用する基礎的な能力を養うこと。

六　生活に必要な数量的な関係を正しく理解し、処理する基礎的な能力を養うこと。

七　生活にかかわる自然現象について、観察及び実験を通じて、科学的に理解し、処理する基礎的な能力を養うこと。

八　健康、安全で幸福な生活のために必要な習慣を養うとともに、運動を通じて体力を養い、心身の調和的発達を図ること。

九　生活を明るく豊かにする音楽、美術、文芸その他の芸術について基礎的な理解と技能を養うこと。

十　職業についての基礎的な知識と技能、勤労を重んずる態度及び個性に応じて将来の進路を選択する能力を養うこと。

第三章　幼稚園

第二十二条　幼稚園は、義務教育及びその後の教育の基礎を培うものとして、幼児を保育し、幼児の健やかな成長のために適当な環境を与えて、その心身の発達を助長することを目的とする。

第二十三条　幼稚園における教育は、前条に規定する目的を実現するため、次に掲げる目標を達成するよう行われるものとする。

一　健康、安全で幸福な生活のために必要な基本的な習慣を養い、身体諸機能の調和的発達を図ること。

二　集団生活を通じて、喜んでこれに参加する態度を養うとともに家族や身近な人への信頼感を深め、自主、自律及び協同の精神並びに規範意識の芽生えを養うこと。

三　身近な社会生活、生命及び自然に対する興味を養い、それらに対する正しい理解と態度及び思考力の芽生えを養うこと。

四　日常の会話や、絵本、童話等に親しむことを通じて、言葉の使い方を正しく導くとともに、相手の話を理解しようとする態度を養うこと。

五　音楽、身体による表現、造形等に親しむことを通じて、豊かな感性と表現力の芽生えを養うこと。

第二十四条　幼稚園においては、第二十二条に規定する目的を実現するための教育を行うほか、幼児期の教育に関する各般の問題につき、保護者及び地域住民その他の関係者からの相談に応じ、必要な情報の提供及び助言を行うなど、家庭及び地域における幼児期の教育の支援に努めるものとする。

第二十五条　幼稚園の教育課程その他の保育内容に関する事項は、第二十二条及び第二十三条の規定に従い、文部科学大臣が定める。

第二十六条　幼稚園に入園することのできる者は、満三歳から、小学校就学の始期に達するまでの幼児とする。

第二十七条　幼稚園には、園長、教頭及び教諭を置かなければならない。

②　幼稚園には、前項に規定するもののほか、副園長、主幹教諭、指導教諭、養護教諭、栄養教諭、事務職員、養護助教諭その他必要な職員を置くことができる。

③　第一項の規定にかかわらず、副園長を置くときその他特別の事情のあるときは、教頭を置かないことができる。

④　園長は、園務をつかさどり、所属職員を監督する。

⑤　副園長は、園長を助け、命を受けて園務をつかさどる。

⑥　教頭は、園長（副園長を置く幼稚園にあつては、園長及び副園長）を助け、園務を整理し、及び必要に応じ幼児の保育をつかさどる。

⑦　主幹教諭は、園長（副園長を置く幼稚園にあつては、園長及び副園長）及び教頭を助け、命を受けて園務の一部を整理し、並びに幼児の保育をつかさどる。

⑧　指導教諭は、幼児の保育をつかさどり、並びに教諭その他の職員に対して、保育の改善及び充実のために必要な指導及び助言を行う。

⑨　教諭は、幼児の保育をつかさどる。

⑩　特別の事情のあるときは、第一項の規定にかかわらず、教諭に代えて助教諭又は講師を置くことができる。

⑪　学校の実情に照らし必要があると認めるときは、第七項の規定にかかわらず、園長（副園長を置く幼稚園にあつては、園長及び副園長）及び教頭を助け、命を受けて園務の一部を整理し、並びに幼児の養護又は栄養の指導及び管理をつかさどる主幹教諭を置くことができる。

第二十八条　第三十七条第六項、第八項及び第十二項から第十七項まで並びに第四十二条から第四十四条までの規定は、幼稚園に準用する。

第四章　小学校

第二十九条　小学校は、心身の発達に応じて、義務教育として行われる普通教育のうち基礎的なものを施すことを目的とする。

第三十条　小学校における教育は、前条に規定する目的を実現するために必要な程度において第二十一条各号に掲げる目標を達成するよう行われるものとする。

②　前項の場合においては、生涯にわたり学習する基盤が培われるよう、基礎的な知識及び技能を習得させるとともに、これらを活用して課題を解決するために必要な思考力、判断力、表現力その他の能力をはぐくみ、主体的に学習に取り組む態度を養うことに、特に意を用いなければならない。

第三十一条　小学校においては、前条第一項の規定による目標の達成に資するよう、教育指導を行うに当たり、児童の体験的な学習活動、特にボランティア活動など社会奉仕体験活動、自然体験活動その他の体験活動の充実に努めるものとする。この場合において、社会教育関係団体その他の関係団体及び関係機関との連携に十分配慮しなければならない。

第三十二条　小学校の修業年限は、六年とする。

第三十三条　小学校の教育課程に関する事項は、第二十九条及び第三十条の規定に従い、文部科学大臣が定める。

第三十四条　小学校においては、文部科学大臣の検定を経た教科用図書又は文部科学省が著作の名義を有する教科用図書を使用しなければならない。

②　前項の教科用図書以外の図書その他の教材で、有益適切なものは、これを使用することができる。

③　第一項の検定の申請に係る教科用図書に関し調査審議させるための審議会等（国家行政組織法（昭和二十三年法律第百二十号）第八条に規定する機関をいう。以下同じ。）については、政令で定める。

第三十五条　市町村の教育委員会は、次に掲げる行為の一又は二以上を繰り返し行う等性行不良であつて他の児童の教育に妨げがあると認める児童があるときは、その保護者に対して、児童の出席停止を命ずることができる。

一　他の児童に傷害、心身の苦痛又は財産上の損失を与える行為

二　職員に傷害又は心身の苦痛を与える行為

三　施設又は設備を損壊する行為

四　授業その他の教育活動の実施を妨げる行為

②　市町村の教育委員会は、前項の規定により出席停止を命ずる場合には、あらかじめ保護者の意見を聴取するとともに、理由及び期間を記載した文書を交付しなければならない。

③　前項に規定するもののほか、出席停止の命令の手続に関し必要な事項は、教育委員会規則で定めるものとする。

④　市町村の教育委員会は、出席停止の命令に係る児童の出席停止の期間における学習に対する支援その他の

教育上必要な措置を講ずるものとする。

第三十六条　学齢に達しない子は、小学校に入学させることができない。

第三十七条　小学校には、校長、教頭、教諭、養護教諭及び事務職員を置かなければならない。

② 小学校には、前項に規定するもののほか、副校長、主幹教諭、指導教諭、栄養教諭その他必要な職員を置くことができる。

③ 第一項の規定にかかわらず、副校長を置くときその他特別の事情のあるときは教頭を、養護をつかさどる主幹教諭を置くときは養護教諭を、特別の事情のあるときは事務職員を、それぞれ置かないことができる。

④ 校長は、校務をつかさどり、所属職員を監督する。

⑤ 副校長は、校長を助け、命を受けて校務をつかさどる。

⑥ 副校長は、校長に事故があるときはその職務を代理し、校長が欠けたときはその職務を行う。この場合において、副校長が二人以上あるときは、あらかじめ校長が定めた順序で、その職務を代理し、又は行う。

⑦ 教頭は、校長（副校長を置く小学校にあつては、校長及び副校長）を助け、校務を整理し、及び必要に応じ児童の教育をつかさどる。

⑧ 教頭は、校長（副校長を置く小学校にあつては、校長及び副校長）に事故があるときは校長の職務を代理し、校長（副校長を置く小学校にあつては、校長及び副校長）が欠けたときは校長の職務を行う。この場合において、教頭が二人以上あるときは、あらかじめ校長が定めた順序で、校長の職務を代理し、又は行う。

⑨ 主幹教諭は、校長（副校長を置く小学校にあつては、校長及び副校長）及び教頭を助け、命を受けて校務の一部を整理し、並びに児童の教育をつかさどる。

⑩ 指導教諭は、児童の教育をつかさどり、並びに教諭その他の職員に対して、教育指導の改善及び充実のために必要な指導及び助言を行う。

⑪ 教諭は、児童の教育をつかさどる。

⑫ 養護教諭は、児童の養護をつかさどる。

⑬ 栄養教諭は、児童の栄養の指導及び管理をつかさどる。

⑭ 事務職員は、事務に従事する。

⑮ 助教諭は、教諭の職務を助ける。

⑯ 講師は、教諭又は助教諭に準ずる職務に従事する。

⑰ 養護助教諭は、養護教諭の職務を助ける。

⑱ 特別の事情のあるときは、第一項の規定にかかわらず、教諭に代えて助教諭又は講師を、養護教諭に代えて養護助教諭を置くことができる。

⑲ 学校の実情に照らし必要があると認めるときは、第九項の規定にかかわらず、校長（副校長を置く小学校にあつては、校長及び副校長）及び教頭を助け、命を受けて校務の一部を整理し、並びに児童の養護又は栄養の指導及び管理をつかさどる主幹教諭を置くことができる。

第三十八条　市町村は、その区域内にある学齢児童を就学させるに必要な小学校を設置しなければならない。

第三十九条　市町村は、適当と認めるときは、前条の規定による事務の全部又は一部を処理するため、市町村の組合を設けることができる。

第四十条　市町村は、前二条の規定によることを不可能又は不適当と認めるときは、小学校の設置に代え、学齢児童の全部又は一部の教育事務を、他の市町村又は前条の市町村の組合に委託することができる。

② 前項の場合においては、地方自治法第二百五十二条の十四第三項において準用する同法第二百五十二条の二第二項中「都道府県知事」とあるのは、「都道府県知事及び都道府県の教育委員会」と読み替えるものとする。

第四十一条　町村が、前二条の規定による負担に堪えないと都道府県の教育委員会が認めるときは、都道府県は、その町村に対して、必要な補助を与えなければならない。

第四十二条　小学校は、文部科学大臣の定めるところにより当該小学校の教育活動その他の学校運営の状況について評価を行い、その結果に基づき学校運営の改善を図るため必要な措置を講ずることにより、その教育水準の向上に努めなければならない。

第四十三条　小学校は、当該小学校に関する保護者及び地域住民その他の関係者の理解を深めるとともに、これらの者との連携及び協力の推進に資するため、当該小学校の教育活動その他の学校運営の状況に関する情報を積極的に提供するものとする。

第四十四条　私立の小学校は、都道府県知事の所管に属する。

第五章　中学校

第四十五条　中学校は、小学校における教育の基礎の上に、心身の発達に応じて、義務教育として行われる普通教育を施すことを目的とする。

第四十六条　中学校における教育は、前条に規定する目的を実現するため、第二十一条各号に掲げる目標を達成するよう行われるものとする。

第四十七条　中学校の修業年限は、三年とする。

第四十八条　中学校の教育課程に関する事項は、第四十五条及び第四十六条の規定並びに次条において読み替えて準用する第三十条第二項の規定に従い、文部科学大臣が定める。

第四十九条　第三十条第二項、第三十一条、第三十四条、第三十五条及び第三十七条から第四十四条までの規定は、中学校に準用する。この場合において、第三十条第二項中「前項」とあるのは「第四十六条」と、第三十一条中「前条第一項」とあるのは「第四十六条」と読み替えるものとする。

第六章　高等学校

第五十条　高等学校は、中学校における教育の基礎の上に、心身の発達及び進路に応じて、高度な普通教育及び専門教育を施すことを目的とする。

第五十一条　高等学校における教育は、前条に規定する目的を実現するため、次に掲げる目標を達成するよう行われるものとする。

一　義務教育として行われる普通教育の成果を更に発展拡充させて、豊かな人間性、創造性及び健やかな身体を養い、国家及び社会の形成者として必要な資質を養うこと。

二　社会において果たさなければならない使命の自覚に基づき、個性に応じて将来の進路を決定させ、一般的な教養を高め、専門的な知識、技術及び技能を習得させること。

三　個性の確立に努めるとともに、社会について、広く深い理解と健全な批判力を養い、社会の発展に寄与する態度を養うこと。

第五十二条　高等学校の学科及び教育課程に関する事項は、前二条の規定及び第六十二条において読み替えて準用する第三十条第二項の規定に従い、文部科学大臣が定める。

第五十三条　高等学校には、全日制の課程のほか、定時制の課程を置くことができる。

②　高等学校には、定時制の課程のみを置くことができる。

第五十四条　高等学校には、全日制の課程又は定時制の課程のほか、通信制の課程を置くことができる。

②　高等学校には、通信制の課程のみを置くことができる。

③　市町村の設置する高等学校については都道府県の教育委員会、私立の高等学校については都道府県知事は、高等学校の通信制の課程のうち、当該高等学校の所在する都道府県の区域内に住所を有する者のほか、全国的に他の都道府県の区域内に住所を有する者を併せて生徒とするものその他政令で定めるもの（以下この項において「広域の通信制の課程」という。）に係る第四条第一項に規定する認可（政令で定める事項に係るものに限る。）を行うときは、あらかじめ、文部科学大臣に届け出なければならない。都道府県の設置する高等学校の広域の通信制の課程について、当該都道府県の教育委員会がこの項前段の政令で定める事項を行うときも、同様とする。

④　通信制の課程に関し必要な事項は、文部科学大臣が、これを定める。

第五十五条　高等学校の定時制の課程又は通信制の課程に在学する生徒が、技能教育のための施設で当該施設の所在地の都道府県の教育委員会の指定するものにおいて教育を受けているときは、校長は、文部科学大臣の定めるところにより、当該施設における学習を当該高等学校における教科の一部の履修とみなすことができる。

②　前項の施設の指定に関し必要な事項は、政令で、これを定める。

第五十六条　高等学校の修業年限は、全日制の課程については、三年とし、定時制の課程及び通信制の課程については、三年以上とする。

第五十七条　高等学校に入学することのできる者は、中学校若しくはこれに準ずる学校を卒業した者若しくは中等教育学校の前期課程を修了した者又は文部科学大臣の定めるところにより、これと同等以上の学力があると認められた者とする。

第五十八条　高等学校には、専攻科及び別科を置くことができる。

②　高等学校の専攻科は、高等学校若しくはこれに準ずる学校若しくは中等教育学校を卒業した者又は文部科学大臣の定めるところにより、これと同等以上の学力があると認められた者に対して、精深な程度において、特別の事項を教授し、その研究を指導することを目的とし、その修業年限は、一年以上とする。

③　高等学校の別科は、前条に規定する入学資格を有する者に対して、簡易な程度において、特別の技能教育を施すことを目的とし、その修業年限は、一年以上とする。

第五十九条　高等学校に関する入学、退学、転学その他必要な事項は、文部科学大臣が、これを定める。

第六十条　高等学校には、校長、教頭、教諭及び事務職員を置かなければならない。

②　高等学校には、前項に規定するもののほか、副校長、主幹教諭、指導教諭、養護教諭、栄養教諭、養護助教諭、実習助手、技術職員その他必要な職員を置くことができる。

③　第一項の規定にかかわらず、副校長を置くときは、教頭を置かないことができる。

④　実習助手は、実験又は実習について、教諭の職務を助ける。

⑤　特別の事情のあるときは、第一項の規定にかかわらず、教諭に代えて助教諭又は講師を置くことができる。

⑥　技術職員は、技術に従事する。

第六十一条　高等学校に、全日制の課程、定時制の課程又は通信制の課程のうち二以上の課程を置くときは、それぞれの課程に関する校務を分担して整理する教頭を置かなければならない。ただし、命を受けて当該課程に関する校務をつかさどる副校長が置かれる一の課程については、この限りでない。

第六十二条　第三十条第二項、第三十一条、第三十四条、第三十七条第四項から第十七項まで及び第十九項並びに第四十二条から第四十四条までの規定は、高等学校に準用する。この場合において、第三十条第二項中「前項」とあるのは「第五十一条」と、第三十一条中「前条第一項」とあるのは「第五十一条」と読み替えるものとする。

第七章　中等教育学校

第六十三条　中等教育学校は、小学校における教育の基礎の上に、心身の発達及び進路に応じて、義務教育として行われる普通教育並びに高度な普通教育及び専門教育を一貫して施すことを目的とする。

第六十四条　中等教育学校における教育は、前条に規定する目的を実現するため、次に掲げる目標を達成するよう行われるものとする。

一　豊かな人間性、創造性及び健やかな身体を養い、国家及び社会の形成者として必要な資質を養うこと。

二　社会において果たさなければならない使命の自覚に基づき、個性に応じて将来の進路を決定させ、一般的な教養を高め、専門的な知識、技術及び技能を習得させること。

三　個性の確立に努めるとともに、社会について、広く深い理解と健全な批判力を養い、社会の発展に寄与する態度を養うこと。

第六十五条　中等教育学校の修業年限は、六年とする。

第六十六条　中等教育学校の課程は、これを前期三年の前期課程及び後期三年の後期課程に区分する。

第六十七条　中等教育学校の前期課程における教育は、第六十三条に規定する目的のうち、小学校における教育の基礎の上に、心身の発達に応じて、義務教育として行われる普通教育を施すことを実現するため、第二十一条各号に掲げる目標を達成するよう行われるものとする。

② 中等教育学校の後期課程における教育は、第六十三条に規定する目的のうち、心身の発達及び進路に応じて、高度な普通教育及び専門教育を施すことを実現するため、第六十四条各号に掲げる目標を達成するよう行われるものとする。

第六十八条　中等教育学校の前期課程の教育課程に関する事項並びに後期課程の学科及び教育課程に関する事項は、第六十三条、第六十四条及び前条の規定並びに第七十条第一項において読み替えて準用する第三十条第二項の規定に従い、文部科学大臣が定める。

第六十九条　中等教育学校には、校長、教頭、教諭、養護教諭及び事務職員を置かなければならない。

② 中等教育学校には、前項に規定するもののほか、副校長、主幹教諭、指導教諭、栄養教諭、実習助手、技術職員その他必要な職員を置くことができる。

③ 第一項の規定にかかわらず、副校長を置くときは教頭を、養護をつかさどる主幹教諭を置くときは養護教諭を、それぞれ置かないことができる。

④ 特別の事情のあるときは、第一項の規定にかかわらず、教諭に代えて助教諭又は講師を、養護教諭に代えて養護助教諭を置くことができる。

第七十条　第三十条第二項、第三十一条、第三十四条、第三十七条第四項から第十七項まで及び第十九項、第四十二条から第四十四条まで、第五十九条並びに第六十条第四項及び第六項の規定は中等教育学校に、第五十三条から第五十五条まで、第五十八条及び第六十一条の規定は中等教育学校の後期課程に、それぞれ準用する。この場合において、第三十条第二項中「前項」とあるのは「第六十四条」と、第三十一条中「前条第一項」とあるのは「第六十四条」と読み替えるものとする。

② 前項において準用する第五十三条又は第五十四条の規定により後期課程に定時制の課程又は通信制の課程を置く中等教育学校については、第六十五条の規定にかかわらず、当該定時制の課程又は通信制の課程に係る修業年限は、六年以上とする。この場合において、第六十六条中「後期三年の後期課程」とあるのは、「後期三年以上の後期課程」とする。

第七十一条　同一の設置者が設置する中学校及び高等学校においては、文部科学大臣の定めるところにより、中等教育学校に準じて、中学校における教育と高等学校における教育を一貫して施すことができる。

第八章　特別支援教育

第七十二条　特別支援学校は、視覚障害者、聴覚障害者、知的障害者、肢体不自由者又は病弱者（身体虚弱者を含む。以下同じ。）に対して、幼稚園、小学校、中学校又は高等学校に準ずる教育を施すとともに、障害による学習上又は生活上の困難を克服し自立を図るために必要な知識技能を授けることを目的とする。

第七十三条　特別支援学校においては、文部科学大臣の定めるところにより、前条に規定する者に対する教育のうち当該学校が行うものを明らかにするものとする。

第七十四条　特別支援学校においては、第七十二条に規定する目的を実現するための教育を行うほか、幼稚園、小学校、中学校、高等学校又は中等教育学校の要請に応じて、第八十一条第一項に規定する幼児、児童又は生徒の教育に関し必要な助言又は援助を行うよう努めるものとする。

第七十五条　第七十二条に規定する視覚障害者、聴覚障害者、知的障害者、肢体不自由者又は病弱者の障害の程度は、政令で定める。

第七十六条　特別支援学校には、小学部及び中学部を置かなければならない。ただし、特別の必要のある場合においては、そのいずれかのみを置くことができる。

② 特別支援学校には、小学部及び中学部のほか、幼稚部又は高等部を置くことができ、また、特別の必要のある場合においては、前項の規定にかかわらず、小学部及び中学部を置かないで幼稚部又は高等部のみを置くことができる。

第七十七条　特別支援学校の幼稚部の教育課程その他の保育内容、小学部及び中学部の教育課程又は高等部の学科及び教育課程に関する事項は、幼稚園、小学校、中学校又は高等学校に準じて、文部科学大臣が定める。

第七十八条　特別支援学校には、寄宿舎を設けなければならない。ただし、特別の事情のあるときは、これを設けないことができる。

第七十九条　寄宿舎を設ける特別支援学校には、寄宿舎指導員を置かなければならない。

② 寄宿舎指導員は、寄宿舎における幼児、児童又は生徒の日常生活上の世話及び生活指導に従事する。

第八十条　都道府県は、その区域内にある学齢児童及び学齢生徒のうち、視覚障害者、聴覚障害者、知的障害者、肢体不自由者又は病弱者で、その障害が第七十五条の政令で定める程度のものを就学させるに必要な特別支援学校を設置しなければならない。

第八十一条　幼稚園、小学校、中学校、高等学校及び中等教育学校においては、次項各号のいずれかに該当する幼児、児童及び生徒その他教育上特別の支援を必要とする幼児、児童及び生徒に対し、文部科学大臣の定めるところにより、障害による学習上又は生活上の困難を克服するための教育を行うものとする。

② 小学校、中学校、高等学校及び中等教育学校には、次の各号のいずれかに該当する児童及び生徒のために、特別支援学級を置くことができる。

一　知的障害者
二　肢体不自由者
三　身体虚弱者
四　弱視者
五　難聴者
六　その他障害のある者で、特別支援学級において教育を行うことが適当なもの

③ 前項に規定する学校においては、疾病により療養中の児童及び生徒に対して、特別支援学級を設け、又は教員を派遣して、教育を行うことができる。

第八十二条　第二十六条、第二十七条、第三十一条（第

四十九条及び第六十二条において読み替えて準用する場合を含む。）、第三十二条、第三十四条（第四十九条及び第六十二条において準用する場合を含む。）、第三十六条、第三十七条（第二十八条、第四十九条及び第六十二条において準用する場合を含む。）、第四十二条から第四十四条まで、第四十七条及び第五十六条から第六十条までの規定は特別支援学校に、第八十四条の規定は特別支援学校の高等部に、それぞれ準用する。

第九章　大学

第八十三条　大学は、学術の中心として、広く知識を授けるとともに、深く専門の学芸を教授研究し、知的、道徳的及び応用的能力を展開させることを目的とする。

② 大学は、その目的を実現するための教育研究を行い、その成果を広く社会に提供することにより、社会の発展に寄与するものとする。

第八十四条　大学は、通信による教育を行うことができる。

第八十五条　大学には、学部を置くことを常例とする。ただし、当該大学の教育研究上の目的を達成するため有益かつ適切である場合においては、学部以外の教育研究上の基本となる組織を置くことができる。

第八十六条　大学には、夜間において授業を行う学部又は通信による教育を行う学部を置くことができる。

第八十七条　大学の修業年限は、四年とする。ただし、特別の専門事項を教授研究する学部及び前条の夜間において授業を行う学部については、その修業年限は、四年を超えるものとすることができる。

② 医学を履修する課程、歯学を履修する課程、薬学を履修する課程のうち臨床に係る実践的な能力を培うことを主たる目的とするもの又は獣医学を履修する課程については、前項本文の規定にかかわらず、その修業年限は、六年とする。

第八十八条　大学の学生以外の者として一の大学において一定の単位を修得した者が当該大学に入学する場合において、当該単位の修得により当該大学の教育課程の一部を履修したと認められるときは、文部科学大臣の定めるところにより、修得した単位数その他の事項を勘案して大学が定める期間を修業年限に通算することができる。ただし、その期間は、当該大学の修業年限の二分の一を超えてはならない。

第八十九条　大学は、文部科学大臣の定めるところにより、当該大学の学生（第八十七条第二項に規定する課程に在学するものを除く。）で当該大学に三年（同条第一項ただし書の規定により修業年限を四年を超えるものとする学部の学生にあつては、三年以上で文部科学大臣の定める期間）以上在学したもの（これに準ずるものとして文部科学大臣の定める者を含む。）が、卒業の要件として当該大学の定める単位を優秀な成績で修得したと認める場合には、同項の規定にかかわらず、その卒業を認めることができる。

第九十条　大学に入学することのできる者は、高等学校若しくは中等教育学校を卒業した者若しくは通常の課程による十二年の学校教育を修了した者（通常の課程以外の課程によりこれに相当する学校教育を修了した者を含む。）又は文部科学大臣の定めるところにより、これと同等以上の学力があると認められた者とする。

② 前項の規定にかかわらず、次の各号に該当する大学は、文部科学大臣の定めるところにより、高等学校に文部科学大臣の定める年数以上在学した者（これに準ずる者として文部科学大臣が定める者を含む。）であつて、当該大学の定める分野において特に優れた資質を有すると認めるものを、当該大学に入学させることができる。

一　当該分野に関する教育研究が行われている大学院が置かれていること。

二　当該分野における特に優れた資質を有する者の育成を図るのにふさわしい教育研究上の実績及び指導体制を有すること。

第九十一条　大学には、専攻科及び別科を置くことができる。

② 大学の専攻科は、大学を卒業した者又は文部科学大臣の定めるところにより、これと同等以上の学力があると認められた者に対して、精深な程度において、特別の事項を教授し、その研究を指導することを目的とし、その修業年限は、一年以上とする。

③ 大学の別科は、前条第一項に規定する入学資格を有する者に対して、簡易な程度において、特別の技能教育を施すことを目的とし、その修業年限は、一年以上とする。

第九十二条　大学には学長、教授、准教授、助教、助手及び事務職員を置かなければならない。ただし、教育研究上の組織編制として適切と認められる場合には、准教授、助教又は助手を置かないことができる。

② 大学には、前項のほか、副学長、学部長、講師、技術職員その他必要な職員を置くことができる。

③ 学長は、校務をつかさどり、所属職員を統督する。

④ 副学長は、学長の職務を助ける。

⑤ 学部長は、学部に関する校務をつかさどる。

⑥ 教授は、専攻分野について、教育上、研究上又は実務上の特に優れた知識、能力及び実績を有する者であつて、学生を教授し、その研究を指導し、又は研究に従事する。

⑦ 准教授は、専攻分野について、教育上、研究上又は実務上の優れた知識、能力及び実績を有する者であつて、学生を教授し、その研究を指導し、又は研究に従事する。

⑧ 助教は、専攻分野について、教育上、研究上又は実務上の知識及び能力を有する者であつて、学生を教授し、その研究を指導し、又は研究に従事する。

⑨ 助手は、その所属する組織における教育研究の円滑な実施に必要な業務に従事する。

⑩ 講師は、教授又は准教授に準ずる職務に従事する。

第九十三条　大学には、重要な事項を審議するため、教授会を置かなければならない。

② 教授会の組織には、准教授その他の職員を加えることができる。

第九十四条　大学について第三条に規定する設置基準を定める場合及び第四条第五項に規定する基準を定める場合には、文部科学大臣は、審議会等で政令で定めるものに諮問しなければならない。

第九十五条　大学の設置の認可を行う場合及び大学に対

し第四条第三項若しくは第十五条第二項若しくは第三項の規定による命令又は同条第一項の規定による勧告を行う場合には、文部科学大臣は、審議会等で政令で定めるものに諮問しなければならない。

第九十六条　大学には、研究所その他の研究施設を附置することができる。

第九十七条　大学には、大学院を置くことができる。

第九十八条　公立又は私立の大学は、文部科学大臣の所轄とする。

第九十九条　大学院は、学術の理論及び応用を教授研究し、その深奥をきわめ、又は高度の専門性が求められる職業を担うための深い学識及び卓越した能力を培い、文化の進展に寄与することを目的とする。

②　大学院のうち、学術の理論及び応用を教授研究し、高度の専門性が求められる職業を担うための深い学識及び卓越した能力を培うことを目的とするものは、専門職大学院とする。

第百条　大学院を置く大学には、研究科を置くことを常例とする。ただし、当該大学の教育研究上の目的を達成するため有益かつ適切である場合においては、文部科学大臣の定めるところにより、研究科以外の教育研究上の基本となる組織を置くことができる。

第百一条　大学院を置く大学には、夜間において授業を行う研究科又は通信による教育を行う研究科を置くことができる。

第百二条　大学院に入学することのできる者は、第八十三条の大学を卒業した者又は文部科学大臣の定めるところにより、これと同等以上の学力があると認められた者とする。ただし、研究科の教育研究上必要がある場合においては、当該研究科に係る入学資格を、修士の学位若しくは第百四条第一項に規定する文部科学大臣の定める学位を有する者又は文部科学大臣の定めるところにより、これと同等以上の学力があると認められた者とすることができる。

②　前項本文の規定にかかわらず、大学院を置く大学は、文部科学大臣の定めるところにより、第八十三条の大学に文部科学大臣の定める年数以上在学した者（これに準ずる者として文部科学大臣が定める者を含む。）であつて、当該大学院を置く大学の定める単位を優秀な成績で修得したと認めるものを、当該大学院に入学させることができる。

第百三条　教育研究上特別の必要がある場合においては、第八十五条の規定にかかわらず、学部を置くことなく大学院を置くものを大学とすることができる。

第百四条　大学（第百八条第二項の大学（以下この条において「短期大学」という。）を除く。以下この条において同じ。）は、文部科学大臣の定めるところにより、大学を卒業した者に対し学士の学位を、大学院（専門職大学院を除く。）の課程を修了した者に対し修士又は博士の学位を、専門職大学院の課程を修了した者に対し文部科学大臣の定める学位を授与するものとする。

②　大学は、文部科学大臣の定めるところにより、前項の規定により博士の学位を授与された者と同等以上の学力があると認める者に対し、博士の学位を授与することができる。

③　短期大学は、文部科学大臣の定めるところにより、短期大学を卒業した者に対し短期大学士の学位を授与するものとする。

④　独立行政法人大学評価・学位授与機構は、文部科学大臣の定めるところにより、次の各号に掲げる者に対し、当該各号に定める学位を授与するものとする。

一　短期大学若しくは高等専門学校を卒業した者又はこれに準ずる者で、大学における一定の単位の修得又はこれに相当するものとして文部科学大臣の定める学習を行い、大学を卒業した者と同等以上の学力を有すると認める者　学士

二　学校以外の教育施設で学校教育に類する教育を行うもののうち当該教育を行うにつき他の法律に特別の規定があるものに置かれる課程で、大学又は大学院に相当する教育を行うと認めるものを修了した者　学士、修士又は博士

⑤　学位に関する事項を定めるについては、文部科学大臣は、第九十四条の政令で定める審議会等に諮問しなければならない。

第百五条　大学は、文部科学大臣の定めるところにより、当該大学の学生以外の者を対象とした特別の課程を編成し、これを修了した者に対し、修了の事実を証する証明書を交付することができる。

第百六条　大学は、当該大学に学長、副学長、学部長、教授、准教授又は講師として勤務した者であつて、教育上又は学術上特に功績のあつた者に対し、当該大学の定めるところにより、名誉教授の称号を授与することができる。

第百七条　大学においては、公開講座の施設を設けることができる。

②　公開講座に関し必要な事項は、文部科学大臣が、これを定める。

第百八条　大学は、第八十三条第一項に規定する目的に代えて、深く専門の学芸を教授研究し、職業又は実際生活に必要な能力を育成することを主な目的とすることができる。

②　前項に規定する目的をその目的とする大学は、第八十七条第一項の規定にかかわらず、その修業年限を二年又は三年とする。

③　前項の大学は、短期大学と称する。

④　第二項の大学には、第八十五条及び第八十六条の規定にかかわらず、学部を置かないものとする。

⑤　第二項の大学には、学科を置く。

⑥　第二項の大学には、夜間において授業を行う学科又は通信による教育を行う学科を置くことができる。

⑦　第二項の大学を卒業した者は、文部科学大臣の定めるところにより、第八十三条の大学に編入学することができる。

⑧　第九十七条の規定は、第二項の大学については適用しない。

第百九条　大学は、その教育研究水準の向上に資するため、文部科学大臣の定めるところにより、当該大学の教育及び研究、組織及び運営並びに施設及び設備（次項において「教育研究等」という。）の状況について自ら点検及び評価を行い、その結果を公表するものとする。

②　大学は、前項の措置に加え、当該大学の教育研究等の総合的な状況について、政令で定める期間ごとに、

文部科学大臣の認証を受けた者（以下「認証評価機関」という。）による評価（以下「認証評価」という。）を受けるものとする。ただし、認証評価機関が存在しない場合その他特別の事由がある場合であつて、文部科学大臣の定める措置を講じているときは、この限りでない。

③ 専門職大学院を置く大学にあつては、前項に規定するもののほか、当該専門職大学院の設置の目的に照らし、当該専門職大学院の教育課程、教員組織その他教育研究活動の状況について、政令で定める期間ごとに、認証評価を受けるものとする。ただし、当該専門職大学院の課程に係る分野について認証評価を行う認証評価機関が存在しない場合その他特別の事由がある場合であつて、文部科学大臣の定める措置を講じているときは、この限りでない。

④ 前二項の認証評価は、大学からの求めにより、大学評価基準（前二項の認証評価を行うために認証評価機関が定める基準をいう。次条において同じ。）に従つて行うものとする。

第百十条 認証評価機関になろうとする者は、文部科学大臣の定めるところにより、申請により、文部科学大臣の認証を受けることができる。

② 文部科学大臣は、前項の規定による認証の申請が次の各号のいずれにも適合すると認めるときは、その認証をするものとする。

一 大学評価基準及び評価方法が認証評価を適確に行うに足りるものであること。

二 認証評価の公正かつ適確な実施を確保するために必要な体制が整備されていること。

三 第四項に規定する措置（同項に規定する通知を除く。）の前に認証評価の結果に係る大学からの意見の申立ての機会を付与していること。

四 認証評価を適確かつ円滑に行うに必要な経理的基礎を有する法人（人格のない社団又は財団で代表者又は管理人の定めのあるものを含む。次号において同じ。）であること。

五 次条第二項の規定により認証を取り消され、その取消しの日から二年を経過しない法人でないこと。

六 その他認証評価の公正かつ適確な実施に支障を及ぼすおそれがないこと。

③ 前項に規定する基準を適用するに際して必要な細目は、文部科学大臣が、これを定める。

④ 認証評価機関は、認証評価を行つたときは、遅滞なく、その結果を大学に通知するとともに、文部科学大臣の定めるところにより、これを公表し、かつ、文部科学大臣に報告しなければならない。

⑤ 認証評価機関は、大学評価基準、評価方法その他文部科学大臣の定める事項を変更しようとするとき、又は認証評価の業務の全部若しくは一部を休止若しくは廃止しようとするときは、あらかじめ、文部科学大臣に届け出なければならない。

⑥ 文部科学大臣は、認証評価機関の認証をしたとき、又は前項の規定による届出があつたときは、その旨を官報で公示しなければならない。

第百十一条 文部科学大臣は、認証評価の公正かつ適確な実施が確保されないおそれがあると認めるときは、認証評価機関に対し、必要な報告又は資料の提出を求めることができる。

② 文部科学大臣は、認証評価機関が前項の求めに応じず、若しくは虚偽の報告若しくは資料の提出をしたとき、又は前条第二項及び第三項の規定に適合しなくなつたと認めるときその他認証評価の公正かつ適確な実施に著しく支障を及ぼす事由があると認めるときは、当該認証評価機関に対してこれを改善すべきことを求め、及びその求めによつてもなお改善されないときは、その認証を取り消すことができる。

③ 文部科学大臣は、前項の規定により認証評価機関の認証を取り消したときは、その旨を官報で公示しなければならない。

第百十二条 文部科学大臣は、次に掲げる場合には、第九十四条の政令で定める審議会等に諮問しなければならない。

一 認証評価機関の認証をするとき。

二 第百十条第三項の細目を定めるとき。

三 認証評価機関の認証を取り消すとき。

第百十三条 大学は、教育研究の成果の普及及び活用の促進に資するため、その教育研究活動の状況を公表するものとする。

第百十四条 第三十七条第十四項及び第六十条第六項の規定は、大学に準用する。

第十章 高等専門学校

第百十五条 高等専門学校は、深く専門の学芸を教授し、職業に必要な能力を育成することを目的とする。

② 高等専門学校は、その目的を実現するための教育を行い、その成果を広く社会に提供することにより、社会の発展に寄与するものとする。

第百十六条 高等専門学校には、学科を置く。

② 前項の学科に関し必要な事項は、文部科学大臣が、これを定める。

第百十七条 高等専門学校の修業年限は、五年とする。ただし、商船に関する学科については、五年六月とする。

第百十八条 高等専門学校に入学することのできる者は、第五十七条に規定する者とする。

第百十九条 高等専門学校には、専攻科を置くことができる。

② 高等専門学校の専攻科は、高等専門学校を卒業した者又は文部科学大臣の定めるところにより、これと同等以上の学力があると認められた者に対して、精深な程度において、特別の事項を教授し、その研究を指導することを目的とし、その修業年限は、一年以上とする。

第百二十条 高等専門学校には、校長、教授、准教授、助教、助手及び事務職員を置かなければならない。ただし、教育上の組織編制として適切と認められる場合には、准教授、助教又は助手を置かないことができる。

② 高等専門学校には、前項のほか、講師、技術職員その他必要な職員を置くことができる。

③ 校長は、校務を掌り、所属職員を監督する。

④ 教授は、専攻分野について、教育上又は実務上の特に優れた知識、能力及び実績を有する者であつて、学生を教授する。

⑤ 准教授は、専攻分野について、教育上又は実務上の優れた知識、能力及び実績を有する者であつて、学生を教授する。
⑥ 助教は、専攻分野について、教育上又は実務上の知識及び能力を有する者であつて、学生を教授する。
⑦ 助手は、その所属する組織における教育の円滑な実施に必要な業務に従事する。
⑧ 講師は、教授又は准教授に準ずる職務に従事する。

第百二十一条 高等専門学校を卒業した者は、準学士と称することができる。

第百二十二条 高等専門学校を卒業した者は、文部科学大臣の定めるところにより、大学に編入学することができる。

第百二十三条 第三十七条第十四項、第五十九条、第六十条第六項、第九十四条（設置基準に係る部分に限る。）、第九十五条、第九十八条、第百五条から第百七条まで、第百九条（第三項を除く。）及び第百十条から第百十三条までの規定は、高等専門学校に準用する。

第十一章　専修学校

第百二十四条 第一条に掲げるもの以外の教育施設で、職業若しくは実際生活に必要な能力を育成し、又は教養の向上を図ることを目的として次の各号に該当する組織的な教育を行うもの（当該教育を行うにつき他の法律に特別の規定があるもの及び我が国に居住する外国人を専ら対象とするものを除く。）は、専修学校とする。
一 修業年限が一年以上であること。
二 授業時数が文部科学大臣の定める授業時数以上であること。
三 教育を受ける者が常時四十人以上であること。

第百二十五条 専修学校には、高等課程、専門課程又は一般課程を置く。
② 専修学校の高等課程においては、中学校若しくはこれに準ずる学校を卒業した者若しくは中等教育学校の前期課程を修了した者又は文部科学大臣の定めるところによりこれと同等以上の学力があると認められた者に対して、中学校における教育の基礎の上に、心身の発達に応じて前条の教育を行うものとする。
③ 専修学校の専門課程においては、高等学校若しくはこれに準ずる学校若しくは中等教育学校を卒業した者又は文部科学大臣の定めるところによりこれに準ずる学力があると認められた者に対して、高等学校における教育の基礎の上に、前条の教育を行うものとする。
④ 専修学校の一般課程においては、高等課程又は専門課程の教育以外の前条の教育を行うものとする。

第百二十六条 高等課程を置く専修学校は、高等専修学校と称することができる。
② 専門課程を置く専修学校は、専門学校と称することができる。

第百二十七条 専修学校は、国及び地方公共団体のほか、次に該当する者でなければ、設置することができない。
一 専修学校を経営するために必要な経済的基礎を有すること。
二 設置者（設置者が法人である場合にあつては、その経営を担当する当該法人の役員とする。次号において同じ。）が専修学校を経営するために必要な知識又は経験を有すること。
三 設置者が社会的信望を有すること。

第百二十八条 専修学校は、次に掲げる事項について文部科学大臣の定める基準に適合していなければならない。
一 目的、生徒の数又は課程の種類に応じて置かなければならない教員の数
二 目的、生徒の数又は課程の種類に応じて有しなければならない校地及び校舎の面積並びにその位置及び環境
三 目的、生徒の数又は課程の種類に応じて有しなければならない設備
四 目的又は課程の種類に応じた教育課程及び編制の大綱

第百二十九条 専修学校には、校長及び相当数の教員を置かなければならない。
② 専修学校の校長は、教育に関する識見を有し、かつ、教育、学術又は文化に関する業務に従事した者でなければならない。
③ 専修学校の教員は、その担当する教育に関する専門的な知識又は技能に関し、文部科学大臣の定める資格を有する者でなければならない。

第百三十条 国又は都道府県が設置する専修学校を除くほか、専修学校の設置廃止（高等課程、専門課程又は一般課程の設置廃止を含む。）、設置者の変更及び目的の変更は、市町村の設置する専修学校にあつては都道府県の教育委員会、私立の専修学校にあつては都道府県知事の認可を受けなければならない。
② 都道府県の教育委員会又は都道府県知事は、専修学校の設置（高等課程、専門課程又は一般課程の設置を含む。）の認可の申請があつたときは、申請の内容が第百二十四条、第百二十五条及び前三条の基準に適合するかどうかを審査した上で、認可に関する処分をしなければならない。
③ 前項の規定は、専修学校の設置者の変更及び目的の変更の認可の申請があつた場合について準用する。
④ 都道府県の教育委員会又は都道府県知事は、第一項の認可をしない処分をするときは、理由を付した書面をもつて申請者にその旨を通知しなければならない。

第百三十一条 国又は都道府県が設置する専修学校を除くほか、専修学校の設置者は、その設置する専修学校の名称、位置又は学則を変更しようとするときその他政令で定める場合に該当するときは、市町村の設置する専修学校にあつては都道府県の教育委員会に、私立の専修学校にあつては都道府県知事に届け出なければならない。

第百三十二条 専修学校の専門課程（修業年限が二年以上であることその他の文部科学大臣の定める基準を満たすものに限る。）を修了した者（第九十条第一項に規定する者に限る。）は、文部科学大臣の定めるところにより、大学に編入学することができる。

第百三十三条 第五条、第六条、第九条から第十四条まで及び第四十二条から第四十四条までの規定は専修学校に準用する。この場合において、第十条中「大学及び高等専門学校にあつては文部科学大臣に、大学及び高等専

門学校以外の学校にあつては都道府県知事に」とあるのは「都道府県知事に」と、第十三条中「第四条第一項各号に掲げる学校」とあるのは「市町村の設置する専修学校又は私立の専修学校」と、「同項各号に定める者」とあるのは「都道府県の教育委員会又は都道府県知事」と、同条第二号中「その者」とあるのは「当該都道府県の教育委員会又は都道府県知事」と、第十四条中「大学及び高等専門学校以外の市町村の設置する学校については都道府県の教育委員会、大学及び高等専門学校以外の私立学校については都道府県知事」とあるのは「市町村の設置する専修学校については都道府県の教育委員会、私立の専修学校については都道府県知事」と読み替えるものとする。

② 都道府県の教育委員会又は都道府県知事は、前項において準用する第十三条の規定による処分をするときは、理由を付した書面をもつて当該専修学校の設置者にその旨を通知しなければならない。

第十二章　雑則

第百三十四条　第一条に掲げるもの以外のもので、学校教育に類する教育を行うもの（当該教育を行うにつき他の法律に特別の規定があるもの及び第百二十四条に規定する専修学校の教育を行うものを除く。）は、各種学校とする。

② 第四条第一項、第五条から第七条まで、第九条から第十一条まで、第十三条、第十四条及び第四十二条から第四十四条までの規定は、各種学校に準用する。この場合において、第四条第一項中「次の各号に掲げる学校の区分に応じ、それぞれ当該各号に定める者」とあるのは「市町村の設置する各種学校にあつては都道府県の教育委員会、私立の各種学校にあつては都道府県知事」と、第十条中「大学及び高等専門学校にあつては文部科学大臣に、大学及び高等専門学校以外の学校にあつては都道府県知事に」とあるのは「都道府県知事に」と、第十三条中「第四条第一項各号に掲げる学校」とあるのは「市町村の設置する各種学校又は私立の各種学校」と、「同項各号に定める者」とあるのは「都道府県の教育委員会又は都道府県知事」と、同条第二号中「その者」とあるのは「当該都道府県の教育委員会又は都道府県知事」と、第十四条中「大学及び高等専門学校以外の市町村の設置する学校については都道府県の教育委員会、大学及び高等専門学校以外の私立学校については都道府県知事」とあるのは「市町村の設置する各種学校については都道府県の教育委員会、私立の各種学校については都道府県知事」と読み替えるものとする。

③ 前項のほか、各種学校に関し必要な事項は、文部科学大臣が、これを定める。

第百三十五条　専修学校、各種学校その他第一条に掲げるもの以外の教育施設は、同条に掲げる学校の名称又は大学院の名称を用いてはならない。

② 高等課程を置く専修学校以外の教育施設は高等専修学校の名称を、専門課程を置く専修学校以外の教育施設は専門学校の名称を、専修学校以外の教育施設は専修学校の名称を用いてはならない。

第百三十六条　都道府県の教育委員会（私人の経営に係るものにあつては、都道府県知事）は、学校以外のもの又は専修学校若しくは各種学校以外のものが専修学校又は各種学校の教育を行うものと認める場合においては、関係者に対して、一定の期間内に専修学校設置又は各種学校設置の認可を申請すべき旨を勧告することができる。ただし、その期間は、一箇月を下ることができない。

② 都道府県の教育委員会（私人の経営に係るものにあつては、都道府県知事）は、前項に規定する関係者が、同項の規定による勧告に従わず引き続き専修学校若しくは各種学校の教育を行つているとき、又は専修学校設置若しくは各種学校設置の認可を申請したがその認可が得られなかつた場合において引き続き専修学校若しくは各種学校の教育を行つているときは、当該関係者に対して、当該教育をやめるべき旨を命ずることができる。

③ 都道府県知事は、前項の規定による命令をなす場合においては、あらかじめ私立学校審議会の意見を聞かなければならない。

第百三十七条　学校教育上支障のない限り、学校には、社会教育に関する施設を附置し、又は学校の施設を社会教育その他公共のために、利用させることができる。

第百三十八条　第十七条第三項の政令で定める事項のうち同条第一項又は第二項の義務の履行に関する処分に該当するもので政令で定めるものについては、行政手続法（平成五年法律第八十八号）第三章の規定は、適用しない。

第百三十九条　文部科学大臣がした大学又は高等専門学校の設置の認可に関する処分については、行政不服審査法（昭和三十七年法律第百六十号）による不服申立てをすることができない。

第百四十条　この法律における市には、東京都の区を含むものとする。

第百四十一条　この法律（第八十五条及び第百条を除く。）及び他の法令（教育公務員特例法（昭和二十四年法律第一号）及び当該法令に特別の定めのあるものを除く。）において、大学の学部には第八十五条ただし書に規定する組織を含み、大学の大学院の研究科には第百条ただし書に規定する組織を含むものとする。

第百四十二条　この法律に規定するもののほか、この法律施行のため必要な事項で、地方公共団体の機関が処理しなければならないものについては政令で、その他のものについては文部科学大臣が、これを定める。

第十三章　罰則

第百四十三条　第十三条の規定（第百三十三条第一項及び第百三十四条第二項において準用する場合を含む。）による閉鎖命令又は第百三十六条第二項の規定による命令に違反した者は、六月以下の懲役若しくは禁錮又は二十万円以下の罰金に処する。

第百四十四条　第十七条第一項又は第二項の義務の履行の督促を受け、なお履行しない者は、十万円以下の罰金に処する。

第百四十五条　第二十条の規定に違反した者は、十万円以下の罰金に処する。

第百四十六条　第百三十五条の規定に違反した者は、

十万円以下の罰金に処する。

附　則　抄

第一条　この法律は、昭和二十二年四月一日から、これを施行する。ただし、第二十二条第一項及び第三十九条第一項に規定する盲学校、聾学校及び養護学校における就学義務並びに第七十四条に規定するこれらの学校の設置義務に関する部分の施行期日は、政令で、これを定める。

第二条　この法律施行の際、現に存する従前の規定による国民学校、国民学校に類する各種学校及び国民学校に準ずる各種学校並びに幼稚園は、それぞれこれらをこの法律によつて設置された小学校及び幼稚園とみなす。

第三条　この法律施行の際、現に存する従前の規定（国民学校令を除く。）による学校は、従前の規定による学校として存続することができる。

② 前項の規定による学校に関し、必要な事項は、文部科学大臣が定める。

第四条　従前の規定による学校の卒業者の資格に関し必要な事項は、文部科学大臣の定めるところによる。

第五条　地方独立行政法人法第六十八条第一項に規定する公立大学法人は、第二条第一項の規定にかかわらず、当分の間、大学及び高等専門学校以外の学校を設置することができない。

第六条　私立の幼稚園は、第二条第一項の規定にかかわらず、当分の間、学校法人によつて設置されることを要しない。

第七条　小学校、中学校及び中等教育学校には、第三十七条（第四十九条において準用する場合を含む。）及び第六十九条の規定にかかわらず、当分の間、養護教諭を置かないことができる。

第八条　中学校は、当分の間、尋常小学校卒業者及び国民学校初等科修了者に対して、通信による教育を行うことができる。

② 前項の教育に関し必要な事項は、文部科学大臣の定めるところによる。

第九条　高等学校、中等教育学校の後期課程及び特別支援学校並びに特別支援学級においては、当分の間、第三十四条第一項（第四十九条、第六十二条、第七十条第一項及び第八十二条において準用する場合を含む。）の規定にかかわらず、文部科学大臣の定めるところにより、第三十四条第一項に規定する教科用図書以外の教科用図書を使用することができる。

第十条　第百六条の規定により名誉教授の称号を授与する場合においては、当分の間、旧大学令、旧高等学校令、旧専門学校令又は旧教員養成諸学校官制の規定による大学、大学予科、高等学校高等科、専門学校及び教員養成諸学校並びに文部科学大臣の指定するこれらの学校に準ずる学校の校長（総長及び学長を含む。）又は教員としての勤務を考慮することができるものとする。

附　則（平成一九年六月二七日法律第九八号）　抄

（施行期日）

第一条　この法律は、平成二十年四月一日から施行する。

学校教育法施行令

昭和二十八年十月三十一日政令第三百四十号
最終改正　平成一九年一二月一二日政令第三六三号

内閣は、学校教育法（昭和二十二年法律第二十六号）第四条、第二十二条第二項、第四十条、第八十三条第三項及び第八十八条の規定に基き、この政令を制定する。

第一章　就学義務

第一節　学齢簿

（学齢簿の編製）

第一条　市（特別区を含む。以下同じ。）町村の教育委員会は、当該市町村の区域内に住所を有する学齢児童及び学齢生徒（それぞれ学校教育法（以下「法」という。）第十八条に規定する学齢児童及び学齢生徒をいう。以下同じ。）について、学齢簿を編製しなければならない。

2　前項の規定による学齢簿の編製は、当該市町村の住民基本台帳に基づいて行なうものとする。

3　市町村の教育委員会は、文部科学省令で定めるところにより、第一項の学齢簿を磁気ディスク（これに準ずる方法により一定の事項を確実に記録しておくことができる物を含む。以下同じ。）をもつて調製することができる。

4　第一項の学齢簿に記載（前項の規定により磁気ディスクをもつて調製する学齢簿にあつては、記録。以下同じ。）をすべき事項は、文部科学省令で定める。

第二条　市町村の教育委員会は、毎学年の初めから五月前までに、文部科学省令で定める日現在において、当該市町村に住所を有する者で前学年の初めから終わりまでの間に満六歳に達する者について、あらかじめ、前条第一項の学齢簿を作成しなければならない。この場合においては、同条第二項から第四項までの規定を準用する。

第三条　市町村の教育委員会は、新たに学齢簿に記載をすべき事項を生じたとき、学齢簿に記載をした事項に変更を生じたとき、又は学齢簿の記載に錯誤若しくは遺漏があるときは、必要な加除訂正を行わなければならない。

（児童生徒等の住所変更に関する届出の通知）

第四条　第二条に規定する者、学齢児童又は学齢生徒（以下「児童生徒等」と総称する。）について、住民基本台帳法（昭和四十二年法律第八十一号）第二十二条又は第二十三条の規定による届出（第二条に規定する者にあつては、同条の規定により文部科学省令で定める日の翌日以後の住所地の変更に係るこれらの規定による届出に限る。）があつたときは、市町村長（特別区にあつては区長とし、地方自治法（昭和二十二年法律第六十七号）第二百五十二条の十九第一項の指定都市（第二十三条第九号及び第二十六条第三項において「指定都市」という。）にあつてはその区の区長とする。）は速やかにその旨を当該市町村の教育委員会に通知しなければならない。

第二節　小学校、中学校及び中等教育学校

（入学期日等の通知、学校の指定）

第五条　市町村の教育委員会は、就学予定者（法第十七条第一項又は第二項の規定により、翌学年の初めから小学校、中学校、中等教育学校又は特別支援学校に就学させるべき者をいう。以下同じ。）で次に掲げる者について、その保護者に対し、翌学年の初めから二月前までに、小学校又は中学校の入学期日を通知しなければならない。

一　就学予定者のうち、視覚障害者、聴覚障害者、知的障害者、肢体不自由者又は病弱者（身体虚弱者を含む。）で、その障害が、第二十二条の三の表に規定する程度のもの（以下「視覚障害者等」という。）以外の者

二　視覚障害者等のうち、市町村の教育委員会が、その者の障害の状態に照らして、当該市町村の設置する小学校又は中学校において適切な教育を受けることができる特別の事情があると認める者（以下「認定就学者」という。）

2　市町村の教育委員会は、当該市町村の設置する小学校又は中学校（法第七十一条の規定により高等学校における教育と一貫した教育を施すもの（以下「併設型中学校」という。）を除く。以下この項、次条第七号、第六条の三、第六条の四、第七条、第八条、第十一条の二、第十二条第三項及び第十二条の二において同じ。）が二校以上ある場合においては、前項の通知において当該就学予定者の就学すべき小学校又は中学校を指定しなければならない。

3　前二項の規定は、第九条第一項の届出のあつた就学予定者については、適用しない。

第六条　前条の規定は、次に掲げる者について準用する。この場合において、同条第一項中「翌学年の初めから二月前までに」とあるのは、「速やかに」と読み替えるものとする。

一　就学予定者で前条第一項に規定する通知の期限の翌日以後に当該市町村の教育委員会が作成した学齢簿に新たに記載されたもの又は学齢児童若しくは学齢生徒でその住所地の変更により当該学齢簿に新たに記載されたもの（視覚障害者等（認定就学者を除く。）及び当該市町村の設置する小学校又は中学校に在学する者を除く。）

二　次条第二項の通知を受けた学齢児童又は学齢生徒

三　第六条の三第二項の通知を受けた学齢児童又は学齢生徒のうち認定就学者の認定をしたもの

四　第十条の通知を受けた学齢児童又は学齢生徒

五　第十二条第一項の通知を受けた学齢児童又は学齢生徒のうち認定就学者の認定をしたもの（同条第三項の通知に係る学齢児童及び学齢生徒を除く。）

六　第十二条の二第一項の通知を受けた学齢児童又は学齢生徒のうち認定就学者の認定をしたもの（同条第三項の通知に係る学齢児童及び学齢生徒を除く。）

七　小学校又は中学校の新設、廃止等によりその就学させるべき小学校又は中学校を変更する必要を生じた児童生徒等

第六条の二　特別支援学校に在学する学齢児童又は学齢生徒で視覚障害者等でなくなつたものがあるときは、当該学齢児童又は学齢生徒の在学する特別支援学校の校長は、速やかに、当該学齢児童又は学齢生徒の住所の存する都道府県の教育委員会に対し、その旨を通知しなければならない。

2　都道府県の教育委員会は、前項の通知を受けた学齢児童又は学齢生徒について、当該学齢児童又は学齢生徒の住所の存する市町村の教育委員会に対し、速やかに、その氏名及び視覚障害者等でなくなつた旨を通知しなければならない。

第六条の三　特別支援学校に在学する学齢児童又は学齢生徒でその障害の状態の変化により認定就学者として小学校又は中学校に就学することが適当であると思料するものがあるときは、当該学齢児童又は学齢生徒の在学する特別支援学校の校長は、速やかに、当該学齢児童又は学齢生徒の住所の存する都道府県の教育委員会に対し、その旨を通知しなければならない。

2　都道府県の教育委員会は、前項の通知を受けた学齢児童又は学齢生徒について、当該学齢児童又は学齢生徒の住所の存する市町村の教育委員会に対し、速やかに、その氏名及び同項の通知があつた旨を通知しなければならない。

3　市町村の教育委員会は、前項の通知を受けた学齢児童又は学齢生徒について、認定就学者として小学校又は中学校に就学させることが適当でないと認めたときは、都道府県の教育委員会に対し、速やかに、その旨を通知しなければならない。

4　都道府県の教育委員会は、前項の通知を受けたときは、第一項の校長に対し、速やかに、その旨を通知しなければならない。

第六条の四　学齢児童及び学齢生徒のうち視覚障害者等で認定就学者として小学校又は中学校に在学するもののうち視覚障害者等でなくなつたものがあるときは、その在学する小学校又は中学校の校長は、速やかに、当該学齢児童又は学齢生徒の住所の存する市町村の教育委員会に対し、その旨を通知しなければならない。

第七条　市町村の教育委員会は、第五条第一項（第六条において準用する場合を含む。）の通知と同時に、当

該児童生徒等を就学させるべき小学校又は中学校の校長に対し、当該児童生徒等の氏名及び入学期日を通知しなければならない。

第八条　市町村の教育委員会は、第五条第二項（第六条において準用する場合を含む。）の場合において、相当と認めるときは、保護者の申立により、その指定した小学校又は中学校を変更することができる。この場合においては、すみやかに、その保護者及び前条の通知をした小学校又は中学校の校長に対し、その旨を通知するとともに、新たに指定した小学校又は中学校の校長に対し、同条の通知をしなければならない。

（区域外就学等）

第九条　児童生徒等のうち視覚障害者等以外の者をその住所の存する市町村の設置する小学校又は中学校（併設型中学校を除く。）以外の小学校、中学校又は中等教育学校に就学させようとする場合には、その保護者は、就学させようとする小学校、中学校又は中等教育学校が市町村又は都道府県の設置するものであるときは当該市町村又は都道府県の教育委員会の、その他のものであるときは当該小学校、中学校又は中等教育学校における就学を承諾する権限を有する者の承諾を証する書面を添え、その旨をその児童生徒等の住所の存する市町村の教育委員会に届け出なければならない。

2　市町村の教育委員会は、前項の承諾（当該市町村の設置する小学校又は中学校（併設型中学校を除く。）への就学に係るものに限る。）を与えようとする場合には、あらかじめ、児童生徒等の住所の存する市町村の教育委員会に協議するものとする。

第十条　学齢児童及び学齢生徒のうち視覚障害者等以外の者でその住所の存する市町村の設置する小学校又は中学校（併設型中学校を除く。）以外の小学校若しくは中学校又は中等教育学校に在学するものが、小学校若しくは中学校又は中等教育学校の前期課程の全課程を修了する前に退学したときは、当該小学校若しくは中学校又は中等教育学校の校長は、速やかに、その旨を当該学齢児童又は学齢生徒の住所の存する市町村の教育委員会に通知しなければならない。

第三節　特別支援学校

（特別支援学校への就学についての通知）

第十一条　市町村の教育委員会は、第二条に規定する者のうち視覚障害者等について、都道府県の教育委員会に対し、翌学年の初めから三月前までに、その氏名及び特別支援学校に就学させるべき旨を通知しなければならない。ただし、認定就学者については、この限りでない。

2　市町村の教育委員会は、前項の通知をするときは、都道府県の教育委員会に対し、同項の通知に係る者の学齢簿の謄本（第一条第三項の規定により磁気ディスクをもつて学齢簿を調製している市町村の教育委員会にあつては、その者の学齢簿に記録されている事項を記載した書類）を送付しなければならない。

第十一条の二　前条の規定は、小学校に認定就学者として在学する学齢児童で翌学年の初めから中学校又は特別支援学校の中学部に就学させるべきものについて準用する。

第十一条の三　第十一条の規定は、第二条の規定により文部科学省令で定める日の翌日以後の住所地の変更により当該市町村の教育委員会が作成した学齢簿に新たに記載された児童生徒等のうち視覚障害者等について準用する。この場合において、第十一条第一項中「翌学年の初めから三月前までに」とあるのは、「翌学年の初めから三月前までに（翌学年の初日から三月前の応当する日以後に当該学齢簿に新たに記載された場合にあつては、速やかに）」と読み替えるものとする。

第十二条　小学校、中学校又は中等教育学校に在学する学齢児童又は学齢生徒で視覚障害者等になつたものがあるときは、当該学齢児童又は学齢生徒の在学する小学校、中学校又は中等教育学校の校長は、速やかに、当該学齢児童又は学齢生徒の住所の存する市町村の教育委員会に対し、その旨を通知しなければならない。

2　第十一条の規定は、前項の通知を受けた学齢児童又は学齢生徒について準用する。この場合において、同条中「翌学年の初めから三月前までに」とあるのは、「速やかに」と読み替えるものとする。

3　第一項の規定による通知を受けた市町村の教育委員会は、前項において準用する第十一条ただし書の規定により認定就学者として小学校又は中学校に就学させることが適当であると認めるものについて現に在学する小学校又は中学校に引き続き就学させるときは、第一項の校長に対し、その旨を通知しなければならない。

第十二条の二　学齢児童及び学齢生徒のうち視覚障害者等で認定就学者として小学校又は中学校に在学するもののうち障害の状態の変化によりこれらの小学校又は中学校に就学させることが適当でなくなつたと思料するものがあるときは、当該学齢児童又は学齢生徒の在学する小学校又は中学校の校長は、当該学齢児童又は学齢生徒の住所の存する市町村の教育委員会に対し、速やかに、その旨を通知しなければならない。

2　第十一条の規定は、前項の通知を受けた学齢児童又は学齢生徒について準用する。この場合において、同条第一項中「翌学年の初めから三月前までに」とあるのは、「速やかに」と読み替えるものとする。

3　第一項の規定による通知を受けた市町村の教育委員会は、前項において準用する第十一条ただし書の規定により認定就学者として小学校又は中学校に就学させることが適当であると認めるものについて現に在学する小学校又は中学校に引き続き就学させるときは、第一項の校長に対し、その旨を通知しなければならない。

（学齢簿の加除訂正の通知）

第十三条　市町村の教育委員会は、第十一条第一項（第十一条の二、第十一条の三、第十二条第二項及び前条第二項において準用する場合を含む。）の通知に係る児童生徒等について第三条の規定による加除訂正をしたときは、速やかに、都道府県の教育委員会に対し、その旨を通知しなければならない。

（特別支援学校の入学期日等の通知、学校の指定）

第十四条　都道府県の教育委員会は、第十一条第一項（第十一条の二、第十一条の三、第十二条第二項及び第十二条の二第二項において準用する場合を含む。）の通知を受けた児童生徒等、第十八条の通知を受けた学齢児童及び学齢生徒並びに特別支援学校の新設、廃止等によりその就学させるべき特別支援学校を変更する必要を生じた児童生徒等について、その保護者に対し、第十一条第一項（第十一条の二において準用する場合を含む。）の通知を受けた児童生徒等にあつては翌学年の初めから二月前までに、その他の児童生徒等にあつては速やかに特別支援学校の入学期日を通知しなければならない。

2　都道府県の教育委員会は、当該都道府県の設置する特別支援学校が二校以上ある場合においては、前項の通知において当該児童生徒等を就学させるべき特別支援学校を指定しなければならない。

3　前二項の規定は、第十七条の届出のあつた児童生徒等については、適用しない。

第十五条　都道府県の教育委員会は、前条第一項の通知と同時に、当該児童生徒等を就学させるべき特別支援学校の校長及び当該児童生徒等の住所の存する市町村の教育委員会に対し、当該児童生徒等の氏名及び入学期日を通知しなければならない。

2　都道府県の教育委員会は、前条第二項の規定により当該児童生徒等を就学させるべき特別支援学校を指定したときは、前項の市町村の教育委員会に対し、同項に規定する事項のほか、その指定した特別支援学校を通知しなければならない。

第十六条　都道府県の教育委員会は、第十四条第二項の場合において、相当と認めるときは、保護者の申立により、その指定した特別支援学校を変更することができる。この場合においては、速やかに、その保護者並びに前条の通知をした特別支援学校の校長及び市町村の教育委員会に対し、その旨を通知するとともに、新たに指定した特別支援学校の校長に対し、同条第一項の通知をしなければならない。

（区域外就学等）

第十七条　児童生徒等のうち視覚障害者等をその住所の存する都道府県の設置する特別支援学校以外の特別支援学校に就学させようとする場合には、その保護者は、就学させようとする特別支援学校が他の都道府県の設置するものであるときは当該都道府県の教育委員会の、その他のものであるときは当該特別支援学校における就学を承諾する権限を有する者の就学を承諾する書面を添え、その旨を、その児童生徒等の住所の存する市町村の教育委員会を経由して、その住所の存する都道府県の教育委員会に届け出なければならない。

第十八条　学齢児童及び学齢生徒のうち視覚障害者等でその住所の存する都道府県の設置する特別支援学校以外の特別支援学校に在学するものが、特別支援学校の小学部又は中学部の全課程を修了する前に退学したときは、当該特別支援学校の校長は、速やかに、その旨を、当該学齢児童又は学齢生徒の住所の存する市町村の教育委員会を経由して、その住所の存する都道府県の教育委員会に通知しなければならない。

第三節の二　保護者及び視覚障害者等の就学に関する専門的知識を有する者の意見聴取

第十八条の二　市町村の教育委員会は、翌学年の初めから認定就学者として小学校に就学させるべき者又は特別支援学校の小学部に就学させるべき者について、第五条（第六条第一号において準用する場合を含む。）又は第十一条第一項（第十一条の三において準用する場合を含む。）の通知をしようとするときは、その保護者及び教育学、医学、心理学その他の障害のある児童生徒等の就学に関する専門的知識を有する者の意見を聴くものとする。

第四節　督促等

（校長の義務）

第十九条　小学校、中学校、中等教育学校及び特別支援学校の校長は、常に、その学校に在学する学齢児童又は学齢生徒の出席状況を明らかにしておかなければならない。

第二十条　小学校、中学校、中等教育学校及び特別支援学校の校長は、当該学校に在学する学齢児童又は学齢生徒が、休業日を除き引き続き七日間出席せず、その他その出席状況が良好でない場合において、その出席させないことについて保護者に正当な事由がないと認められるときは、速やかに、その旨を当該学齢児童又は学齢生徒の住所の存する市町村の教育委員会に通知しなければならない。

（教育委員会の行う出席の督促等）

第二十一条　市町村の教育委員会は、前条の通知を受けたときその他当該市町村に住所を有する学齢児童又は学齢生徒の保護者が法第十七条第一項又は第二項に規定する義務を怠つていると認められるときは、その保護者に対して、当該学齢児童又は学齢生徒の出席を督促しなければならない。

第五節　就学義務の終了

（全課程修了者の通知）

第二十二条　小学校、中学校、中等教育学校及び特別支援学校の校長は、毎学年の終了後、速やかに、小学校、中学校、中等教育学校の前期課程又は特別支援学校の小学部若しくは中学部の全課程を修了した者の氏名をその者の住所の存する市町村の教育委員会に通知しなければならない。

第六節　行政手続法の適用除外

（行政手続法第三章の規定を適用しない処分）

第二十二条の二　法第百三十八条の政令で定める処分は、第五条第一項及び第二項（これらの規定を第六条において準用する場合を含む。）並びに第十四条第一項及び第二項の規定による処分とする。

第二章　視覚障害者等の障害の程度

第二十二条の三　法第七十五条の政令で定める視覚障害者、聴覚障害者、知的障害者、肢体不自由者又は病弱者の障害の程度は、次の表に掲げるとおりとする。

区分	障害の程度
視覚障害者	両眼の視力がおおむね〇・三未満のもの又は視力以外の視機能障害が高度のもののうち、拡大鏡等の使用によつても通常の文字、図形等の視覚による認識が不可能又は著しく困難な程度のもの
聴覚障害者	両耳の聴力レベルがおおむね六〇デシベル以上のもののうち、補聴器等の使用によつても通常の話声を解することが不可能又は著しく困難な程度のもの
知的障害者	一　知的発達の遅滞があり、他人との意思疎通が困難で日常生活を営むのに頻繁に援助を必要とする程度のもの 二　知的発達の遅滞の程度が前号に掲げる程度に達しないもののうち、社会生活への適応が著しく困難なもの
肢体不自由者	一　肢体不自由の状態が補装具の使用によつても歩行、筆記等日常生活における基本的な動作が不可能又は困難な程度のもの 二　肢体不自由の状態が前号に掲げる程度に達しないもののうち、常時の医学的観察指導を必要とする程度のもの
病弱者	一　慢性の呼吸器疾患、腎臓疾患及び神経疾患、悪性新生物その他の疾患の状態が継続して医療又は生活規制を必要とする程度のもの 二　身体虚弱の状態が継続して生活規制を必要とする程度のもの

備考
一　視力の測定は、万国式試視力表によるものとし、屈折異常があるものについては、矯正視力によつて測定する。
二　聴力の測定は、日本工業規格によるオージオメータによる。

3 高等教育

第三章　認可、届出等

第一節　認可及び届出等

（法第四条第一項の政令で定める事項）

第二十三条　法第四条第一項（法第百三十四条第二項において準用する場合を含む。）の政令で定める事項は、次のとおりとする。
一　市町村の設置する特別支援学校の位置の変更
二　高等学校（中等教育学校の後期課程を含む。第十号及び第二十四条において同じ。）の学科又は市町村の設置する特別支援学校の高等部の学科、専攻科若しくは別科の設置及び廃止
三　特別支援学校の幼稚部、小学部、中学部又は高等部の設置及び廃止
四　市町村の設置する特別支援学校の高等部の学級の編制及びその変更
五　特別支援学校の高等部における通信教育の開設及び廃止並びに大学における通信教育の開設
六　私立の大学の学部の学科の設置
七　大学の大学院（専門職大学院を含む。）の研究科の専攻の設置及び当該専攻に係る課程（法第百四条第一項に規定する課程をいう。次条第一項第一号において同じ。）の変更
八　高等専門学校の学科の設置
九　市町村の設置する幼稚園（指定都市の設置するものを除く。）、高等学校、中等教育学校又は特別支援学校の分校の設置及び廃止
十　高等学校の広域の通信制の課程（法第五十四条第三項（法第七十条第一項において準用する場合を含む。第二十四条及び第二十四条の二において同じ。）に規定する広域の通信制の課程をいう。以下同じ。）に係る学則の変更
十一　私立の学校又は私立の各種学校の収容定員に係る学則の変更

（法第四条第二項第三号の政令で定める事項）

第二十三条の二　法第四条第二項第三号の政令で定める事項は、次のとおりとする。
一　私立の大学の学部の学科の設置又は公立若しくは私立の大学の大学院（専門職大学院を含む。）の研究科の専攻の設置若しくは専攻に係る課程の変更であつて、当該大学が授与する学位の種類及び分野の変更を伴わないもの
二　高等専門学校の学科の設置であつて、当該高等専門学校が設置する学科の分野の変更を伴わないもの
三　大学における通信教育の開設であつて、当該大学が授与する学位の種類及び分野の変更を伴わないもの
四　私立の大学又は高等専門学校の収容定員（大学にあつては、通信教育及び文部科学大臣の定める分野に係るものを除く。）に係る学則の変更であつて、当該収容定員の総数の増加を伴わないもの
五　私立の大学の通信教育に係る収容定員に係る学則の変更であつて、当該収容定員の総数の増加を伴わないもの
2　前項第一号の学位の種類及び分野の変更、同項第二号の学科の分野の変更並びに同項第三号の通信教育に係る学位の種類及び分野の変更に関する基準は、文部科学大臣が定める。
3　前項に規定する基準を定める場合には、文部科学大臣は、中央教育審議会に諮問しなければならない。

（法第五十四条第三項の政令で定める通信制の課程）

第二十四条　法第五十四条第三項の政令で定める高等学校の通信制の課程（法第四条第一項に規定する通信制の課程をいう。以下同じ。）は、当該高等学校の所在する都道府県の区域内に住所を有する者のほか、他の二以上の都道府県の区域内に住所を有する者を併せて生徒とするものとする。

（法第五十四条第三項の政令で定める事項）

第二十四条の二　法第五十四条第三項の政令で定める事項は、次のとおりとする。
一　学校の設置及び廃止
二　設置者の変更
三　通信制の課程の設置及び廃止
四　学則の記載事項のうち文部科学省令で定めるものに係る変更

（法第百三十一条の政令で定める場合）

第二十四条の三　法第百三十一条の政令で定める場合は、市町村の設置する専修学校にあつては第一号に掲げる場合とし、私立の専修学校にあつては第一号及び第二号に掲げる場合とする。

一　分校を設置し、又は廃止しようとするとき。

二　校地、校舎その他直接教育の用に供する土地及び建物に関する権利を取得し、若しくは処分しようとするとき、又は用途の変更、改築等によりこれらの土地及び建物の現状に重要な変更を加えようとするとき。

（市町村立小中学校等の設置廃止等についての届出）

第二十五条　市町村の教育委員会は、当該市町村の設置する小学校又は中学校（第五号の場合にあつては、特別支援学校の小学部及び中学部を含む。）について次に掲げる事由があるときは、その旨を都道府県の教育委員会に届け出なければならない。

一　設置し、又は廃止しようとするとき。

二　新たに設置者となり、又は設置者たることをやめようとするとき。

三　名称又は位置を変更しようとするとき。

四　分校を設置し、又は廃止しようとするとき。

五　二部授業を行おうとするとき。

（市町村立高等学校等の名称の変更等についての届出等）

第二十六条　次に掲げる場合においては、市町村の教育委員会は、当該市町村の設置する幼稚園、高等学校、中等教育学校及び特別支援学校（第二号の場合にあつては、特別支援学校を除く。）について都道府県の教育委員会に対し、市町村及び都道府県の教育委員会は、当該市町村又は都道府県の設置する高等専門学校について文部科学大臣に対し、市町村長及び都道府県知事は、当該市町村又は都道府県の設置する大学について文部科学大臣に対し、公立大学法人（地方独立行政法人法（平成十五年法律第百十八号）第六十八条第一項に規定する公立大学法人をいう。以下同じ。）の理事長は、当該公立大学法人の設置する大学及び高等専門学校について文部科学大臣に対し、それぞれその旨を届け出なければならない。

一　名称を変更しようとするとき。

二　位置を変更しようとするとき。

三　学則（高等学校（中等教育学校の後期課程を含む。以下この条及び第二十七条の二において同じ。）の広域の通信制の課程に係るものを除く。）を変更したとき。

2　市町村の教育委員会は、当該市町村の設置する高等学校の専攻科若しくは別科を設置し、又は廃止しようとするときは、その旨を都道府県の教育委員会に届け出なければならない。

3　指定都市の教育委員会は、当該指定都市の設置する幼稚園の分校を設置し、又は廃止しようとするときは、その旨を都道府県の教育委員会に届け出なければならない。

4　都道府県の教育委員会は、市町村の設置する高等学校で広域の通信制の課程を置くものについて第一項第一号の届出又は同項第二号の届出（当該課程に係るものに限る。）を受けたときは、その旨を文部科学大臣に報告しなければならない。都道府県の教育委員会が当該都道府県の設置する高等学校で広域の通信制の課程を置くものについて名称又は当該課程に係る位置を変更したときも、同様とする。

（市町村立各種学校の目的等の変更についての届出）

第二十六条の二　次に掲げる場合においては、市町村の教育委員会は、当該市町村の設置する各種学校について都道府県の教育委員会に対し、その旨を届け出なければならない。

一　目的、名称又は位置を変更しようとするとき。

二　分校を設置し、又は廃止しようとするとき。

三　学則を変更したとき。

（通信教育に関する規程の変更についての届出）

第二十七条　市町村の設置する特別支援学校の高等部又は市町村、都道府県若しくは公立大学法人の設置する大学における通信教育に関する規程を変更しようとするときは、市町村の教育委員会は、当該市町村の設置する特別支援学校の高等部について都道府県の教育委員会に対し、市町村長、都道府県知事又は公立大学法人の理事長は、当該市町村、都道府県又は公立大学法人の設置する大学について文部科学大臣に対し、それぞれその旨を届け出なければならない。

（私立学校の目的の変更等についての届出等）

第二十七条の二　私立の学校の設置者は、その設置する学校（大学及び高等専門学校を除く。）について次に掲げる事由があるときは、その旨を都道府県知事に届け出なければならない。

一　目的、名称、位置又は学則（高等学校の広域の通信制の課程に係るもの及び収容定員に係るものを除く。）を変更しようとするとき。

二　高等学校の専攻科若しくは別科又は特別支援学校の高等部の学科、専攻科若しくは別科を設置し、又は廃止しようとするとき。

三　分校を設置し、又は廃止しようとするとき。

四　特別支援学校の高等部における通信教育に関する規程を変更しようとするとき。

五　経費の見積り及び維持方法を変更しようとするとき。

六　校地、校舎その他直接保育若しくは教育の用に供する土地及び建物に関する権利を取得し、若しくは処分しようとするとき、又は用途の変更、改築等によりこれらの土地及び建物の現状に重要な変更を加えようとするとき。

2　都道府県知事は、広域の通信制の課程を置く私立の高等学校について前項第一号の届出で名称の変更又は位置の変更（当該課程に係るものに限る。）に係るものを受けたときは、その旨を文部科学大臣に報告しなければならない。

（私立各種学校の目的の変更等についての届出）

第二十七条の三　私立の各種学校の設置者は、その設置する各種学校について次に掲げる事由があるときは、その旨を都道府県知事に届け出なければならない。

一　目的、名称、位置又は学則（収容定員に係るものを除く。）を変更しようとするとき。

二　分校を設置し、又は廃止しようとするとき。

三　校地、校舎その他直接教育の用に供する土地及び建物に関する権利を取得し、若しくは処分しようと

第3章　職場におけるハラスメント対策の法理

◆ハラスメントを予防し、防止する法理論と具体策を検討する。諸外国ではどのような点に留意し防止対策を講じているのか。

1　ハラスメントをめぐる課題：(1) ハラスメントとは何か (2) ハラスメント防止などの対策 (3) 労働者がハラスメントに晒されない権利 (4) 圧力をかけられたうえでなされた意思表示の効力 (5) 職場復帰 (6) 休業補償・療養補償などの生活補償 (7) 法規制

2　ハラスメントとは何か：(1) 法規制の形態　1) ハラスメントの禁止／2) 防止対策の義務づけ／3) 禁止と防止 (2) 禁止されるべきハラスメント 1) ハラスメントの法的本質～法益侵害の見地から／2) 違法となるハラスメント／3) 禁止法制の可能性

3　ジェンダーに基づくハラスメント：(1) ジェンダー平等とハラスメント根絶の今日的な課題 (2) 女性に対する暴力・ハラスメントの本質 (3) 女性に対する暴力撤廃宣言 (4) 職場におけるジェンダーに基づくハラスメントの規制 (5) ハラスメントとの闘い (6) 男女雇用機会均等法

4　企業におけるハラスメント予防対策：(1) 予防されるべきハラスメント (2) 予防責任の所在～その法的根拠　1) 企業にハラスメントを予防する責任はあるのか／2) 企業組織と労働契約関係／3) 労働契約における縦の力関係と集団的関係／4) 集団と個人の法的関係～社員相互間のいじめに企業の責任が問われる法的根拠

5　防止対策の理念：(1) 職務遂行過程における人権侵害は許さない (2) 職場いじめによる被害は深刻であり、生産性を低下させ社会的国家的損失をもたらす (3) 防止対策は人事の本命であること (4) 防止対策の対象領域

6　防止対策の手法：(1) 防止対策の方向 (2) いじめ予防対策としてのストレス予防 (3) 職場における暴力・いじめ防止対策 (4) 職場暴力を防止する5つのヒント (5) モラルハラスメントの防止対策

7　労働者の履行請求権・就労拒否権：(1) 履行請求権を認めた裁判例 (2) 防止措置の履行請求権をめぐる学説 (3) 就労拒否権 (4) 履行請求から就労拒否まで

するとき、又は用途の変更、改築等によりこれらの土地及び建物の現状に重要な変更を加えようとするとき。

（文部科学省令への委任）

第二十八条　法及びこの節の規定に基づいてなすべき認可の申請、届出及び報告の手続その他の細則については、文部科学省令で定める。

第二節　学期、休業日及び学校廃止後の書類の保存

（学期及び休業日）

第二十九条　公立の学校（大学を除く。）の学期及び夏季、冬季、学年末、農繁期等における休業日は、市町村又は都道府県の設置する学校にあつては当該市町村又は都道府県の教育委員会が、公立大学法人の設置する高等専門学校にあつては当該公立大学法人の理事長が定める。

第三十条　削除

（学校廃止後の書類の保存）

第三十一条　公立又は私立の学校（私立の大学及び高等専門学校を除く。）が廃止されたときは、市町村又は都道府県の設置する学校（大学を除く。）については当該学校を設置していた市町村又は都道府県の教育委員会が、市町村又は都道府県の設置する大学については当該大学を設置していた市町村又は都道府県の長が、公立大学法人の設置する大学又は高等専門学校については当該大学又は高等専門学校を設置していた公立大学法人の設立団体（地方独立行政法人法第六条第三項に規定する設立団体をいう。）の長が、私立の学校については当該学校の所在していた都道府県の知事が、文部科学省令で定めるところにより、それぞれ当該学校に在学し、又はこれを卒業した者の学習及び健康の状況を記録した書類を保存しなければならない。

第四章　技能教育施設の指定

（指定の申請）

第三十二条　技能教育のための施設の設置者で法第五十五条の規定による指定（第三十三条の二並びに第三十四条第二項及び第三項を除き、以下「指定」という。）を受けようとするものは、当該施設の所在地の都道府県の教育委員会に対し、その指定を申請しなければならない。

（指定の基準）

第三十三条　指定の基準は、次のとおりとする。

一　設置者が、高等学校における教育に理解を有し、かつ、この政令及びこの政令に基づく文部科学省令を遵守する等設置者として適当であると認められる者であること。

二　修業年限が一年以上であり、年間の指導時間数が六百八十時間以上であること。

三　技能教育を担当する者（実習を担任する者を除く。）のうち、半数以上の者が担当する技能教育に係る高等学校教諭の免許状を有する者又はこれと同等以上の学力を有すると認められる者であり、かつ、実習を担任する者のうち、半数以上の者が担任する実習に係る高等学校教諭の免許状を有する者若しくはこれと同等以上の学力を有すると認められる者又は六年以上担任する実習に関連のある実地の経験を有し、技術優秀と認められる者であること。

四　技能教育の内容に文部科学大臣が定める高等学校の教科に相当するものが含まれていること。

五　技能教育を担当する者及び技能教育を受ける者の数、施設及び設備並びに運営の方法が、それぞれ文部科学省令で定める基準に適合するものであること。

（連携科目等の指定）

第三十三条の二　都道府県の教育委員会は、法第五十五条の規定による指定をするときは、連携科目等（当該指定に係る技能教育のための施設における科目のうち同条に規定する措置の対象となるもの及び当該科目の学習をその履修とみなすことができる高等学校の教科の一部（文部科学省令で定める区分によるものとする。）をいう。以下同じ。）を併せて指定しなければならない。

（指定の公示）

第三十三条の三　都道府県の教育委員会は、指定をしたときは、当該指定を受けた技能教育のための施設（以下「指定技能教育施設」という。）の名称、所在地及び連携科目等を公示しなければならない。

（内容変更の届出等）

第三十四条　指定技能教育施設の設置者は、当該指定技能教育施設の名称、所在地、技能教育の種類その他の文部科学省令で定める事項を変更しようとするときは、あらかじめ、当該指定技能教育施設について指定をした都道府県の教育委員会（以下「施設指定教育委員会」という。）に届け出なければならない。

2　指定技能教育施設の設置者は、連携科目等の追加、変更又は廃止をしようとするときは、施設指定教育委員会に対し、それぞれその指定、指定の変更又は指定の解除を申請しなければならない。

3　施設指定教育委員会は、第一項の規定による届出（名称又は所在地の変更に係るものに限る。）があつたとき又は前項の規定による指定、指定の変更若しくは指定の解除をしたときは、その旨を公示しなければならない。

（廃止の届出）

第三十五条　指定技能教育施設の設置者は、当該指定技能教育施設を廃止しようとするときは、廃止しようとする日の三月前までに、施設指定教育委員会に対し、その旨及び廃止の時期を届け出なければならない。

2　施設指定教育委員会は、前項の規定による届出があつたときは、その旨を公示しなければならない。

（指定の解除）

第三十六条　施設指定教育委員会は、その指定に係る指定技能教育施設が第三十三条各号に掲げる基準に適合しなくなつたときは、その指定を解除することができる。

2　施設指定教育委員会は、前項の規定による指定の解除をしたときは、その旨を公示しなければならない。

（調査等）
第三十七条 施設指定教育委員会は、その指定に係る指定技能教育施設について、第三十三条各号に掲げる基準に適合しているかどうかを調査し、及び当該指定技能教育施設の設置者に対し、当該指定技能教育施設における技能教育に関する報告又は資料の提出を求めることができる。

（文部科学省令への委任）
第三十八条 第三十二条から前条までに規定するもののほか、指定の申請の手続その他指定に関し必要な事項は、文部科学省令で定める。

（中等教育学校の後期課程の定時制の課程又は通信制の課程に係る技能教育施設）
第三十九条 第三十二条から前条までの規定は、中等教育学校の後期課程の定時制の課程（法第四条第一項に規定する定時制の課程をいう。）又は通信制の課程に係る技能教育のための施設について準用する。この場合において、第三十三条第一号及び第四号並びに第三十三条の二中「高等学校」とあるのは、「中等教育学校の後期課程」と読み替えるものとする。

第五章　認証評価

（認証評価の期間）
第四十条 法第百九条第二項（法第百二十三条において準用する場合を含む。）の政令で定める期間は七年以内、法第百九条第三項の政令で定める期間は五年以内とする。

第六章　審議会等

（法第三十四条第三項の審議会等）
第四十一条 法第三十四条第三項（法第四十九条、第六十二条、第七十条第一項及び第八十二条において準用する場合を含む。）に規定する審議会等は、教科用図書検定調査審議会とする。

（法第九十四条の審議会等で政令で定めるもの）
第四十二条 法第九十四条（法第百二十三条において準用する場合を含む。）の審議会等で政令で定めるものは、中央教育審議会とする。

（法第九十五条の審議会等で政令で定めるもの）
第四十三条 法第九十五条（法第百二十三条において準用する場合を含む。）の審議会等で政令で定めるものは、大学設置・学校法人審議会とする。

附　則

この政令は、公布の日から施行する。

附　則（平成一九年一二月一二日政令第三六三号）抄

この政令は、学校教育法等の一部を改正する法律の施行の日（平成十九年十二月二十六日）から施行する。

学校教育法施行規則

昭和二十二年五月二十三日文部省令第十一号
最終改正　平成二二年六月一五日文部科学省令第一五号

学校教育法施行規則を次のように定める。

第一章　総則

第一節　設置廃止等

第一条 学校には、その学校の目的を実現するために必要な校地、校舎、校具、運動場、図書館又は図書室、保健室その他の設備を設けなければならない。
② 学校の位置は、教育上適切な環境に、これを定めなければならない。

第二条 私立の学校の設置者は、その設置する大学又は高等専門学校について次に掲げる事由があるときは、その旨を文部科学大臣に届け出なければならない。
一 目的、名称、位置又は学則（収容定員に係るものを除く。）を変更しようとするとき。
二 分校を設置し、又は廃止しようとするとき。
三 大学の学部、大学院の研究科、短期大学の学科その他の組織の位置を、我が国から外国に、外国から我が国に、又は一の外国から他の外国に変更するとき。
四 大学における通信教育に関する規程を変更しようとするとき。
五 経費の見積り及び維持方法を変更しようとするとき。
六 校地、校舎その他直接教育の用に供する土地及び建物に関する権利を取得し、若しくは処分しようとするとき、又は用途の変更、改築等によりこれらの土地及び建物の現状に重要な変更を加えようとするとき。

第三条 学校の設置についての認可の申請又は届出は、

それぞれ認可申請書又は届出書に、次の事項（市（特別区を含む。以下同じ。）町村立の小学校及び中学校については、第四号及び第五号の事項を除く。）を記載した書類及び校地、校舎その他直接保育又は教育の用に供する土地及び建物（以下「校地校舎等」という。）の図面を添えてしなければならない。

一　目的
二　名称
三　位置
四　学則
五　経費の見積り及び維持方法
六　開設の時期

第四条　前条の学則中には、少くとも、次の事項を記載しなければならない。

一　修業年限、学年、学期及び授業を行わない日（以下「休業日」という。）に関する事項
二　部科及び課程の組織に関する事項
三　教育課程及び授業日時数に関する事項
四　学習の評価及び課程修了の認定に関する事項
五　収容定員及び職員組織に関する事項
六　入学、退学、転学、休学及び卒業に関する事項
七　授業料、入学料その他の費用徴収に関する事項
八　賞罰に関する事項
九　寄宿舎に関する事項

②　前項各号に掲げる事項のほか、通信制の課程を置く高等学校（中等教育学校の後期課程を含む。以下この項において同じ。）については、前条の学則中に、次の事項を記載しなければならない。

一　通信教育を行う区域に関する事項
二　通信教育について協力する高等学校に関する事項

③　第一項各号に掲げる事項のほか、特別支援学校については、前条の学則中に、学校教育法（昭和二十二年法律第二十六号）第七十二条に規定する者に対する教育のうち当該特別支援学校が行うものに関する事項を記載しなければならない。

第五条　学則の変更は、前条第一項各号、第二項第一号及び第二号並びに第三項に掲げる事項に係る学則の変更とする。

②　学校の目的、名称、位置、学則又は経費の見積り及び維持方法の変更についての認可の申請又は届出は、それぞれ認可申請書又は届出書に、変更の事由及び時期を記載した書類を添えてしなければならない。

③　私立学校の収容定員に係る学則の変更についての認可の申請又は届出は、それぞれ認可申請書又は届出書に、前項の書類のほか、経費の見積り及び維持方法を記載した書類並びに当該変更後の収容定員に必要な校地校舎等の図面を添えてしなければならない。

第六条　学校の校地校舎等に関する権利を取得し、若しくは処分し、又は用途の変更、改築等によりこれらの現状に重要な変更を加えることについての届出は、届出書に、その事由及び時期を記載した書類並びに当該校地校舎等の図面を添えてしなければならない。

第七条　分校（私立学校の分校を含む。第十五条において同じ。）の設置についての認可の申請又は届出は、それぞれ認可申請書又は届出書に、次の事項（市町村立の小学校及び中学校については、第四号及び第五号の事項を除く。）を記載した書類及び校地校舎等の図面を添えてしなければならない。

一　事由
二　名称
三　位置
四　学則の変更事項
五　経費の見積り及び維持方法
六　開設の時期

第八条　第二条第三号に掲げる事由に係る届出は、届出書に、次の事項を記載した書類及び校地校舎等の図面を添えてしなければならない。

一　事由
二　名称
三　位置
四　学則の変更事項
五　経費の見積り及び維持方法
六　変更の時期

第九条　二部授業を行うことについての届出は、届出書に、その事由、期間及び実施方法を記載した書類を添えてしなければならない。

第十条　学級の編制についての認可の申請は、認可申請書に、各学年ごとの各学級別の生徒の数（数学年の生徒を一学級に編制する場合にあつては、各学級ごとの各学年別の生徒の数とする。本条中以下同じ。）を記載した書類を添えてしなければならない。

②　学級の編制の変更についての認可の申請は、認可申請書に、変更の事由及び時期並びに変更前及び変更後の各学年ごとの各学級別の生徒の数を記載した書類を添えてしなければならない。

第十一条　高等学校（中等教育学校の後期課程を含む。）の全日制の課程、定時制の課程、通信制の課程、学科、専攻科若しくは別科、特別支援学校の高等部の学科、専攻科若しくは別科、大学の学部、学部の学科、大学院、大学院の研究科若しくは研究科の専攻、短期大学の学科若しくは高等専門学校の学科の設置又は大学院の研究科の専攻に係る課程の変更についての認可の申請又は届出は、それぞれ認可申請書又は届出書に、第七条各号の事項を記載した書類及びその使用に係る部分の校地校舎等の図面を添えてしなければならない。

第十二条　特別支援学校の高等部又は大学における通信教育の開設についての認可の申請又は届出は、それぞれ認可申請書又は届出書に、第七条各号の事項を記載した書類、通信教育に関する規程及びその使用に係る部分の校地校舎等の図面を添えてしなければならない。

②　特別支援学校の高等部又は大学における通信教育に関する規程の変更についての届出は、届出書に、変更の事由及び時期を記載した書類を添えてしなければならない。

③　特別支援学校の高等部又は大学における通信教育の廃止についての認可の申請又は届出は、それぞれ認可申請書又は届出書に、廃止の事由及び時期並びに生徒又は学生の処置方法を記載した書類を添えてしなければならない。

第十三条　特別支援学校の幼稚部、小学部、中学部又は高等部の設置についての認可の申請は、認可申請書に、第七条各号の事項を記載した書類及びその使用に係る部分の校地校舎等の図面を添えてしなければなら

ない。

第十四条　学校の設置者の変更についての認可の申請又は届出は、それぞれ認可申請書又は届出書に、当該設置者の変更に関係する地方公共団体（公立大学法人（地方独立行政法人法（平成十五年法律第百十八号）第六十八条第一項に規定する公立大学法人をいう。以下同じ。）を含む。以下この条において同じ。）又は学校法人（私立の幼稚園を設置する学校法人以外の法人及び私人を含む。）が連署して、変更前及び変更後の第三条第一号から第五号まで（小学校又は中学校の設置者の変更の場合において、新たに設置者となろうとする者が市町村であるときは、第四号及び第五号を除く。）の事項並びに変更の事由及び時期を記載した書類を添えてしなければならない。ただし、新たに設置者となろうとする者が成立前の地方公共団体である場合においては、当該成立前の地方公共団体の連署を要しない。

第十五条　学校若しくは分校の廃止、高等学校（中等教育学校の後期課程を含む。）の全日制の課程、定時制の課程、通信制の課程、学科、専攻科若しくは別科の廃止、特別支援学校の幼稚部、小学部、中学部、高等部若しくは高等部の学科、専攻科若しくは別科の廃止、大学の学部、学部の学科、大学院、大学院の研究科若しくは研究科の専攻の廃止、短期大学の学科の廃止又は高等専門学校の学科の廃止についての認可の申請又は届出は、それぞれ認可申請書又は届出書に、廃止の事由及び時期並びに幼児、児童、生徒又は学生（以下「児童等」という。）の処置方法を記載した書類を添えてしなければならない。

第十六条　学校教育法施行令（昭和二十八年政令第三百四十号）第二十四条の二第四号の文部科学省令で定める学則の記載事項は、第四条第一項第一号（修業年限に関する事項に限る。）及び第五号並びに同条第二項第一号及び第二号に掲げる事項とする。

②　学校教育法施行令第二十四条の二に規定する事項についての認可の届出は、認可申請書に係る書類の写しを添えてしなければならない。

第十七条　学校教育法施行令第二十六条第四項の規定による都道府県の教育委員会の報告は、報告書に、市町村の教育委員会からの届出に係るものについては当該届出に係る書類の写しを、当該都道府県の設置する高等学校に係るものについては変更の事由及び時期を記載した書類を添えてしなければならない。

第十八条　学校教育法施行令第二十七条の二第二項の規定による都道府県知事の報告は、報告書に当該届出に係る書類の写しを添えてしなければならない。

第十九条　学校教育法、学校教育法施行令及びこの省令の規定に基づいてなすべき認可の申請、届出及び報告の手続その他の細則については、文部科学省令で定めるもののほか、公立又は私立の大学及び高等専門学校に係るものにあつては文部科学大臣、大学及び高等専門学校以外の市町村の設置する学校に係るものにあつては都道府県の教育委員会、大学及び高等専門学校以外の私立学校に係るものにあつては都道府県知事が、これを定める。

第二節　校長、副校長及び教頭の資格

第二十条　校長（学長及び高等専門学校の校長を除く。）の資格は、次の各号のいずれかに該当するものとする。

一　教育職員免許法（昭和二十四年法律第百四十七号）による教諭の専修免許状又は一種免許状（高等学校及び中等教育学校の校長にあつては、専修免許状）を有し、かつ、次に掲げる職（以下「教育に関する職」という。）に五年以上あつたこと

イ　学校教育法第一条に規定する学校及び同法第百二十四条に規定する専修学校の校長の職

ロ　学校教育法第一条に規定する学校の教授、准教授、助教、副校長、教頭、主幹教諭、指導教諭、教諭、助教諭、養護教諭、養護助教諭、栄養教諭、講師（常時勤務の者に限る。）及び同法第百二十四条に規定する専修学校の教員（以下本条中「教員」という。）の職

ハ　学校教育法第一条に規定する学校の事務職員（単純な労務に雇用される者を除く。本条中以下同じ。）、実習助手、寄宿舎指導員及び学校栄養職員（学校給食法（昭和二十九年法律第百六十号）第七条に規定する職員のうち栄養教諭以外の者をいい、同法第六条に規定する施設の当該職員を含む。）の職

ニ　学校教育法等の一部を改正する法律（平成十九年法律第九十六号）第一条の規定による改正前の学校教育法第九十四条の規定により廃止された従前の法令の規定による学校及び旧教員養成諸学校官制（昭和二十一年勅令第二百八号）第一条の規定による教員養成諸学校の長の職

ホ　ニに掲げる学校及び教員養成諸学校における教員及び事務職員に相当する者の職

ヘ　海外に在留する邦人の子女のための在外教育施設（以下「在外教育施設」という。）で、文部科学大臣が小学校、中学校又は高等学校の課程と同等の課程を有するものとして認定したものにおけるイからハまでに掲げる者に準ずるものの職

ト　へに規定する職のほか、外国の学校におけるイからハまでに掲げる者に準ずるものの職

チ　少年院法（昭和二十三年法律第百六十九号）による少年院又は児童福祉法（昭和二十二年法律第百六十四号）による児童自立支援施設（児童福祉法等の一部を改正する法律（平成九年法律第七十四号）附則第七条第一項の規定により証明書を発行することができるもので、同条第二項の規定によりその例によることとされた同法による改正前の児童福祉法第四十八条第四項ただし書の規定による指定を受けたものを除く。）において教育を担当する者の職

リ　イからチまでに掲げるもののほか、国又は地方公共団体において教育事務又は教育を担当する国家公務員又は地方公務員（単純な労務に雇用される者を除く。）の職

ヌ　外国の官公庁におけるリに準ずる者の職

二　教育に関する職に十年以上あつたこと

第二十一条　私立学校の設置者は、前条の規定により難い特別の事情のあるときは、五年以上教育に関する職又は教育、学術に関する業務に従事し、かつ、教育に

関し高い識見を有する者を校長として採用することができる。

第二十二条　国立若しくは公立の学校の校長の任命権者又は私立学校の設置者は、学校の運営上特に必要がある場合には、前二条に規定するもののほか、第二十条各号に掲げる資格を有する者と同等の資質を有すると認める者を校長として任命し又は採用することができる。

第二十三条　前三条の規定は、副校長及び教頭の資格について準用する。

第三節　管理

第二十四条　校長は、その学校に在学する児童等の指導要録（学校教育法施行令第三十一条に規定する児童等の学習及び健康の状況を記録した書類の原本をいう。以下同じ。）を作成しなければならない。

② 校長は、児童等が進学した場合においては、その作成に係る当該児童等の指導要録の抄本又は写しを作成し、これを進学先の校長に送付しなければならない。

③ 校長は、児童等が転学した場合においては、その作成に係る当該児童等の指導要録の写しを作成し、その写し（転学してきた児童等については転学により送付を受けた指導要録の写しを含む。）及び前項の抄本又は写しを転学先の校長に送付しなければならない。

第二十五条　校長（学長を除く。）は、当該学校に在学する児童等について出席簿を作成しなければならない。

第二十六条　校長及び教員が児童等に懲戒を加えるに当つては、児童等の心身の発達に応ずる等教育上必要な配慮をしなければならない。

② 懲戒のうち、退学、停学及び訓告の処分は、校長（大学にあつては、学長の委任を受けた学部長を含む。）が行う。

③ 前項の退学は、公立の小学校、中学校（学校教育法第七十一条の規定により高等学校における教育と一貫した教育を施すもの（以下「併設型中学校」という。）を除く。）又は特別支援学校に在学する学齢児童又は学齢生徒を除き、次の各号のいずれかに該当する児童等に対して行うことができる。

一　性行不良で改善の見込がないと認められる者

二　学力劣等で成業の見込がないと認められる者

三　正当の理由がなくて出席常でない者

四　学校の秩序を乱し、その他学生又は生徒としての本分に反した者

④ 第二項の停学は、学齢児童又は学齢生徒に対しては、行うことができない。

第二十七条　私立学校が、校長を定め、大学及び高等専門学校にあつては文部科学大臣、大学及び高等専門学校以外の学校にあつては都道府県知事に届け出るに当たつては、その履歴書を添えなければならない。

第二十八条　学校において備えなければならない表簿は、概ね次のとおりとする。

一　学校に関係のある法令

二　学則、日課表、教科用図書配当表、学校医執務記録簿、学校歯科医執務記録簿、学校薬剤師執務記録簿及び学校日誌

三　職員の名簿、履歴書、出勤簿並びに担任学級、担任の教科又は科目及び時間表

四　指導要録、その写し及び抄本並びに出席簿及び健康診断に関する表簿

五　入学者の選抜及び成績考査に関する表簿

六　資産原簿、出納簿及び経費の予算決算についての帳簿並びに図書機械器具、標本、模型等の教具の目録

七　往復文書処理簿

② 前項の表簿（第二十四条第二項の抄本又は写しを除く。）は、別に定めるもののほか、五年間保存しなければならない。ただし、指導要録及びその写しのうち入学、卒業等の学籍に関する記録については、その保存期間は、二十年間とする。

③ 学校教育法施行令第三十一条の規定により指導要録及びその写しを保存しなければならない期間は、前項のこれらの書類の保存期間から当該学校においてこれらの書類を保存していた期間を控除した期間とする。

第二章　義務教育

第二十九条　市町村の教育委員会は、学校教育法施行令第一条第三項（同令第二条において準用する場合を含む。）の規定により学齢簿を磁気ディスク（これに準ずる方法により一定の事項を確実に記録しておくことができる物を含む。以下同じ。）をもつて調製する場合には、電子計算機（電子計算機による方法に準ずる方法により一定の事項を確実に記録しておくことができる機器を含む。以下同じ。）の操作によるものとする。

2　市町村の教育委員会は、前項に規定する場合においては、当該学齢簿に記録されている事項が当該市町村の学齢児童又は学齢生徒に関する事務に従事している者以外の者に同項の電子計算機に接続された電気通信回線を通じて知られること及び当該学齢簿が滅失し又はき損することを防止するために必要な措置を講じなければならない。

第三十条　学校教育法施行令第一条第一項の学齢簿に記載（同条第三項の規定により磁気ディスクをもつて調製する学齢簿にあつては、記録。以下同じ。）をすべき事項は、次の各号に掲げる区分に応じ、当該各号に掲げる事項とする。

一　学齢児童又は学齢生徒に関する事項　氏名、現住所、生年月日及び性別

二　保護者に関する事項　氏名、現住所及び保護者と学齢児童又は学齢生徒との関係

三　就学する学校に関する事項

イ　当該市町村の設置する小学校又は中学校（併設型中学校を除く。）に就学する者について、当該学校の名称並びに当該学校に係る入学、転学及び卒業の年月日

ロ　学校教育法施行令第九条に定める手続きにより当該市町村の設置する小学校又は中学校（併設型中学校を除く。）以外の小学校、中学校又は中等教育学校に就学する者について、当該学校及びその設置者の名称並びに当該学校に係る入学、転学、退学及び卒業の年月日

ハ　特別支援学校の小学部又は中学部に就学する者

について、当該学校及び部並びに当該学校の設置者の名称並びに当該部に係る入学、転学、退学及び卒業の年月日

四　就学の督促等に関する事項　学校教育法施行令第二十条又は第二十一条の規定に基づき就学状況が良好でない者等について、校長から通知を受けたとき、又は就学義務の履行を督促したときは、その旨及び通知を受け、又は督促した年月日

五　就学義務の猶予又は免除に関する事項　学校教育法第十八条の規定により保護者が就学させる義務を猶予又は免除された者について、猶予の年月日、事由及び期間又は免除の年月日及び事由並びに猶予又は免除された者のうち復学した者については、その年月日

六　その他必要な事項　市町村の教育委員会が学齢児童又は学齢生徒の就学に関し必要と認める事項

2　学校教育法施行令第二条に規定する者について作成する学齢簿に記載をすべき事項については、前項第一号、第二号及び第六号の規定を準用する。

第三十一条　学校教育法施行令第二条の規定による学齢簿の作成は、十月一日現在において行うものとする。

第三十二条　市町村の教育委員会は、学校教育法施行令第五条第二項（同令第六条において準用する場合を含む。次項において同じ。）の規定により就学予定者の就学すべき小学校又は中学校（次項において「就学校」という。）を指定する場合には、あらかじめ、その保護者の意見を聴取することができる。この場合においては、意見の聴取の手続に関し必要な事項を定め、公表するものとする。

2　市町村の教育委員会は、学校教育法施行令第五条第二項の規定による就学校の指定に係る通知において、その指定の変更についての同令第八条に規定する保護者の申立ができる旨を示すものとする。

第三十三条　市町村の教育委員会は、学校教育法施行令第八条の規定により、その指定した小学校又は中学校を変更することができる場合の要件及び手続に関し必要な事項を定め、公表するものとする。

第三十四条　学齢児童又は学齢生徒で、学校教育法第十八条に掲げる事由があるときは、その保護者は、就学義務の猶予又は免除を市町村の教育委員会に願い出なければならない。この場合においては、当該市町村の教育委員会の指定する医師その他の者の証明書等その事由を証するに足る書類を添えなければならない。

第三十五条　学校教育法第十八条の規定により保護者が就学させる義務を猶予又は免除された子について、当該猶予の期間が経過し、又は当該猶予若しくは免除が取り消されたときは、校長は、当該子を、その年齢及び心身の発達状況を考慮して、相当の学年に編入することができる。

第三章　幼稚園

第三十六条　幼稚園の設備、編制その他設置に関する事項は、この章に定めるもののほか、幼稚園設置基準（昭和三十一年文部省令第三十二号）の定めるところによる。

第三十七条　幼稚園の毎学年の教育週数は、特別の事情のある場合を除き、三十九週を下つてはならない。

第三十八条　幼稚園の教育課程その他の保育内容については、この章に定めるもののほか、教育課程その他の保育内容の基準として文部科学大臣が別に公示する幼稚園教育要領によるものとする。

第三十九条　第四十八条、第四十九条、第五十四条、第五十九条から第六十八条までの規定は、幼稚園に準用する。

第四章　小学校

第一節　設備編制

第四十条　小学校の設備、編制その他設置に関する事項は、この節に定めるもののほか、小学校設置基準（平成十四年文部科学省令第十四号）の定めるところによる。

第四十一条　小学校の学級数は、十二学級以上十八学級以下を標準とする。ただし、地域の実態その他により特別の事情のあるときは、この限りでない。

第四十二条　小学校の分校の学級数は、特別の事情のある場合を除き、五学級以下とし、前条の学級数に算入しないものとする。

第四十三条　小学校においては、調和のとれた学校運営が行われるためにふさわしい校務分掌の仕組みを整えるものとする。

第四十四条　小学校には、教務主任及び学年主任を置くものとする。

2　前項の規定にかかわらず、第四項に規定する教務主任の担当する校務を整理する主幹教諭を置くときその他特別の事情のあるときは教務主任を、第五項に規定する学年主任の担当する校務を整理する主幹教諭を置くときその他特別の事情のあるときは学年主任を、それぞれ置かないことができる。

3　教務主任及び学年主任は、指導教諭又は教諭をもつて、これに充てる。

4　教務主任は、校長の監督を受け、教育計画の立案その他の教務に関する事項について連絡調整及び指導、助言に当たる。

5　学年主任は、校長の監督を受け、当該学年の教育活動に関する事項について連絡調整及び指導、助言に当たる。

第四十五条　小学校においては、保健主事を置くものとする。

2　前項の規定にかかわらず、第四項に規定する保健主事の担当する校務を整理する主幹教諭を置くときその他特別の事情のあるときは、保健主事を置かないことができる。

3　保健主事は、指導教諭、教諭又は養護教諭をもつて、これに充てる。

4　保健主事は、校長の監督を受け、小学校における保健に関する事項の管理に当たる。

第四十六条　小学校には、事務長又は事務主任を置くことができる。

2　事務長及び事務主任は、事務職員をもつて、これに充てる。

3　事務長は、校長の監督を受け、事務職員その他の職

員が行う事務を総括し、その他事務をつかさどる。

4　事務主任は、校長の監督を受け、事務をつかさどる。

第四十七条　小学校においては、前三条に規定する教務主任、学年主任、保健主事及び事務主任のほか、必要に応じ、校務を分担する主任等を置くことができる。

第四十八条　小学校には、設置者の定めるところにより、校長の職務の円滑な執行に資するため、職員会議を置くことができる。

2　職員会議は、校長が主宰する。

第四十九条　小学校には、設置者の定めるところにより、学校評議員を置くことができる。

2　学校評議員は、校長の求めに応じ、学校運営に関し意見を述べることができる。

3　学校評議員は、当該小学校の職員以外の者で教育に関する理解及び識見を有するもののうちから、校長の推薦により、当該小学校の設置者が委嘱する。

第二節　教育課程

第五十条　小学校の教育課程は、国語、社会、算数、理科、生活、音楽、図画工作、家庭及び体育の各教科（以下この節において「各教科」という。）、道徳、特別活動並びに総合的な学習の時間によつて編成するものとする。

2　私立の小学校の教育課程を編成する場合は、前項の規定にかかわらず、宗教を加えることができる。この場合においては、宗教をもつて前項の道徳に代えることができる。

第五十一条　小学校の各学年における各教科、道徳、特別活動及び総合的な学習の時間のそれぞれの授業時数並びに各学年におけるこれらの総授業時数は、別表第一に定める授業時数を標準とする。

第五十二条　小学校の教育課程については、この節に定めるもののほか、教育課程の基準として文部科学大臣が別に公示する小学校学習指導要領によるものとする。

第五十三条　小学校においては、必要がある場合には、一部の各教科について、これらを合わせて授業を行うことができる。

第五十四条　児童が心身の状況によつて履修することが困難な各教科は、その児童の心身の状況に適合するように課さなければならない。

第五十五条　小学校の教育課程に関し、その改善に資する研究を行うため特に必要があり、かつ、児童の教育上適切な配慮がなされていると文部科学大臣が認める場合においては、文部科学大臣が別に定めるところにより、第五十条第一項、第五十一条又は第五十二条の規定によらないことができる。

第五十五条の二　文部科学大臣が、小学校において、当該小学校又は当該小学校が設置されている地域の実態に照らし、より効果的な教育を実施するため、当該小学校又は当該地域の特色を生かした特別の教育課程を編成して教育を実施する必要があり、かつ、当該特別の教育課程について、教育基本法（平成十八年法律第百二十号）及び学校教育法第三十条第一項の規定等に照らして適切であり、児童の教育上適切な配慮がなされているものとして文部科学大臣が定める基準を満たしていると認める場合においては、文部科学大臣が別に定めるところにより、第五十条第一項、第五十一条又は第五十二条の規定の全部又は一部によらないことができる。

第五十六条　小学校において、学校生活への適応が困難であるため相当の期間小学校を欠席していると認められる児童を対象として、その実態に配慮した特別の教育課程を編成して教育を実施する必要があると文部科学大臣が認める場合においては、文部科学大臣が別に定めるところにより、第五十条第一項、第五十一条又は第五十二条の規定によらないことができる。

第五十七条　小学校において、各学年の課程の修了又は卒業を認めるに当たつては、児童の平素の成績を評価して、これを定めなければならない。

第五十八条　校長は、小学校の全課程を修了したと認めた者には、卒業証書を授与しなければならない。

第三節　学年及び授業日

第五十九条　小学校の学年は、四月一日に始まり、翌年三月三十一日に終わる。

第六十条　授業終始の時刻は、校長が定める。

第六十一条　公立小学校における休業日は、次のとおりとする。ただし、第三号に掲げる日を除き、特別の必要がある場合は、この限りでない。

一　国民の祝日に関する法律（昭和二十三年法律第百七十八号）に規定する日

二　日曜日及び土曜日

三　学校教育法施行令第二十九条の規定により教育委員会が定める日

第六十二条　私立小学校における学期及び休業日は、当該学校の学則で定める。

第六十三条　非常変災その他急迫の事情があるときは、校長は、臨時に授業を行わないことができる。この場合において、公立小学校についてはこの旨を教育委員会に報告しなければならない。

第四節　職員

第六十四条　講師は、常時勤務に服しないことができる。

第六十五条　学校用務員は、学校の環境の整備その他の用務に従事する。

第五節　学校評価

第六十六条　小学校は、当該小学校の教育活動その他の学校運営の状況について、自ら評価を行い、その結果を公表するものとする。

2　前項の評価を行うに当たつては、小学校は、その実情に応じ、適切な項目を設定して行うものとする。

第六十七条　小学校は、前条第一項の規定による評価の結果を踏まえた当該小学校の児童の保護者その他の当該小学校の関係者（当該小学校の職員を除く。）による評価を行い、その結果を公表するよう努めるものとする。

第六十八条　小学校は、第六十六条第一項の規定による評価の結果及び前条の規定により評価を行つた場合はその結果を、当該小学校の設置者に報告するものとする。

第五章　中学校

第六十九条　中学校の設備、編制その他設置に関する事項は、この章に定めるもののほか、中学校設置基準（平成十四年文部科学省令第十五号）の定めるところによる。

第七十条　中学校には、生徒指導主事を置くものとする。

2　前項の規定にかかわらず、第四項に規定する生徒指導主事の担当する校務を整理する主幹教諭を置くときその他特別の事情のあるときは、生徒指導主事を置かないことができる。

3　生徒指導主事は、指導教諭又は教諭をもつて、これに充てる。

4　生徒指導主事は、校長の監督を受け、生徒指導に関する事項をつかさどり、当該事項について連絡調整及び指導、助言に当たる。

第七十一条　中学校には、進路指導主事を置くものとする。

2　前項の規定にかかわらず、第三項に規定する進路指導主事の担当する校務を整理する主幹教諭を置くときは、進路指導主事を置かないことができる。

3　進路指導主事は、指導教諭又は教諭をもつて、これに充てる。校長の監督を受け、生徒の職業選択の指導その他の進路の指導に関する事項をつかさどり、当該事項について連絡調整及び指導、助言に当たる。

第七十二条　中学校の教育課程は、必修教科、選択教科、道徳、特別活動及び総合的な学習の時間によつて編成するものとする。

2　必修教科は、国語、社会、数学、理科、音楽、美術、保健体育、技術・家庭及び外国語（以下この条において「国語等」という。）の各教科とする。

3　選択教科は、国語等の各教科及び第七十四条に規定する中学校学習指導要領で定めるその他特に必要な教科とし、これらのうちから、地域及び学校の実態並びに生徒の特性その他の事情を考慮して設けるものとする。

第七十三条　中学校（併設型中学校及び第七十五条第二項に規定する連携型中学校を除く。）の各学年における必修教科、道徳、特別活動及び総合的な学習の時間のそれぞれの授業時数、各学年における選択教科等に充てる授業時数並びに各学年におけるこれらの総授業時数は、別表第二に定める授業時数を標準とする。

第七十四条　中学校の教育課程については、この章に定めるもののほか、教育課程の基準として文部科学大臣が別に公示する中学校学習指導要領によるものとする。

第七十五条　中学校（併設型中学校を除く。）においては、高等学校における教育との一貫性に配慮した教育を施すため、当該中学校の設置者が当該高等学校の設置者との協議に基づき定めるところにより、教育課程を編成することができる。

2　前項の規定により教育課程を編成する中学校（以下「連携型中学校」という。）は、第八十七条第一項の規定により教育課程を編成する高等学校と連携し、その教育課程を実施するものとする。

第七十六条　連携型中学校の各学年における必修教科、道徳、特別活動及び総合的な学習の時間のそれぞれの授業時数、各学年における選択教科等に充てる授業時数並びに各学年におけるこれらの総授業時数は、別表第四に定める授業時数を標準とする。

第七十七条　連携型中学校の教育課程については、この章に定めるもののほか、教育課程の基準の特例として文部科学大臣が別に定めるところによるものとする。

第七十八条　校長は、中学校卒業後、高等学校、高等専門学校その他の学校に進学しようとする生徒のある場合には、調査書その他必要な書類をその生徒の進学しようとする学校の校長に送付しなければならない。ただし、第九十条第三項（第百三十五条第五項において準用する場合を含む。）及び同条第四項の規定に基づき、調査書を入学者の選抜のための資料としない場合は、調査書の送付を要しない。

第七十九条　第四十一条から第四十九条まで、第五十条第二項、第五十四条から第六十八条までの規定は、中学校に準用する。この場合において、第四十二条中「五学級」とあるのは「二学級」と、第五十五条から第五十六条までの規定中「第五十条第一項、第五十一条又は第五十二条」とあるのは「第七十二条、第七十三条（併設型中学校にあつては第百十七条において準用する第百七条、連携型中学校にあつては第七十六条）又は第七十四条」と、第五十五条の二中「第三十条第一項」とあるのは「第四十六条」と読み替えるものとする。

第六章　高等学校

第一節　設備、編制、学科及び教育課程

第八十条　高等学校の設備、編制、学科の種類その他設置に関する事項は、この節に定めるもののほか、高等学校設置基準（平成十六年文部科学省令第二十号）の定めるところによる。

第八十一条　二以上の学科を置く高等学校には、専門教育を主とする学科ごとに学科主任を置き、農業に関する専門教育を主とする学科を置く高等学校には、農場長を置くものとする。

2　前項の規定にかかわらず、第四項に規定する学科主任の担当する校務を整理する主幹教諭を置くときその他特別の事情のあるときは学科主任を、第五項に規定する農場長の担当する校務を整理する主幹教諭を置くときその他特別の事情のあるときは農場長を、それぞれ置かないことができる。

3　学科主任及び農場長は、指導教諭又は教諭をもつて、これに充てる。

4　学科主任は、校長の監督を受け、当該学科の教育活動に関する事項について連絡調整及び指導、助言に当たる。

5　農場長は、校長の監督を受け、農業に関する実習地及び実習施設の運営に関する事項をつかさどる。

第八十二条　高等学校には、事務長を置くものとする。

2　事務長は、事務職員をもつて、これに充てる。

3　事務長は、校長の監督を受け、事務職員その他の職員が行う事務を総括し、その他事務をつかさどる。

第八十三条　高等学校の教育課程は、別表第三に定める各教科に属する科目、特別活動及び総合的な学習の時間によつて編成するものとする。

第八十四条　高等学校の教育課程については、この章に定めるもののほか、教育課程の基準として文部科学大臣が別に公示する高等学校学習指導要領によるものとする。

第八十五条　高等学校の教育課程に関し、その改善に資する研究を行うため特に必要があり、かつ、生徒の教育上適切な配慮がなされていると文部科学大臣が認める場合においては、文部科学大臣が別に定めるところにより、前二条の規定によらないことができる。

第八十五条の二　文部科学大臣が、高等学校において、当該高等学校又は当該高等学校が設置されている地域の実態に照らし、より効果的な教育を実施するため、当該高等学校又は当該地域の特色を生かした特別の教育課程を編成して教育を実施する必要があり、かつ、当該特別の教育課程について、教育基本法及び学校教育法第五十一条の規定等に照らして適切であり、生徒の教育上適切な配慮がなされているものとして文部科学大臣が定める基準を満たしていると認める場合においては、文部科学大臣が別に定めるところにより、第八十三条又は第八十四条の規定の全部又は一部によらないことができる。

第八十六条　高等学校において、学校生活への適応が困難であるため、相当の期間高等学校を欠席していると認められる生徒、高等学校を退学し、その後高等学校に入学していないと認められる者又は学校教育法第五十七条に規定する高等学校の入学資格を有するが、高等学校に入学していないと認められる者を対象として、その実態に配慮した特別の教育課程を編成して教育を実施する必要があると文部科学大臣が認める場合においては、文部科学大臣が別に定めるところにより、第八十三条又は第八十四条の規定によらないことができる。

第八十七条　高等学校（学校教育法第七十一条の規定により中学校における教育と一貫した教育を施すもの（以下「併設型高等学校」という。）を除く。）においては、中学校における教育との一貫性に配慮した教育を施すため、当該高等学校の設置者が当該中学校の設置者との協議に基づき定めるところにより、教育課程を編成することができる。

2　前項の規定により教育課程を編成する高等学校（以下「連携型高等学校」という。）は、連携型中学校と連携し、その教育課程を実施するものとする。

第八十八条　連携型高等学校の教育課程については、この章に定めるもののほか、教育課程の基準の特例として文部科学大臣が別に定めるところによるものとする。

第八十九条　高等学校においては、文部科学大臣の検定を経た教科用図書又は文部科学省が著作の名義を有する教科用図書のない場合には、当該高等学校の設置者の定めるところにより、他の適切な教科用図書を使用することができる。

第二節　入学、退学、転学、留学、休学及び卒業等

第九十条　高等学校の入学は、第七十八条の規定により送付された調査書その他必要な書類、選抜のための学力検査（以下この条において「学力検査」という。）の成績等を資料として行う入学者の選抜に基づいて、校長が許可する。

2　学力検査は、特別の事情のあるときは、行わないことができる。

3　調査書は、特別の事情のあるときは、入学者の選抜のための資料としないことができる。

4　連携型高等学校における入学者の選抜は、第七十五条第一項の規定により編成する教育課程に係る連携型中学校の生徒については、調査書及び学力検査の成績以外の資料により行うことができる。

5　公立の高等学校に係る学力検査は、当該高等学校を設置する都道府県又は市町村の教育委員会が行う。

第九十一条　第一学年の途中又は第二学年以上に入学を許可される者は、相当年齢に達し、当該学年に在学する者と同等以上の学力があると認められた者とする。

第九十二条　他の高等学校に転学を志望する生徒のあるときは、校長は、その事由を具し、生徒の在学証明書その他必要な書類を転学先の校長に送付しなければならない。転学先の校長は、教育上支障がない場合には、転学を許可することができる。

2　全日制の課程、定時制の課程及び通信制の課程相互の間の転学又は転籍については、修得した単位に応じて、相当学年に転入することができる。

第九十三条　校長は、教育上有益と認めるときは、生徒が外国の高等学校に留学することを許可することができる。

2　校長は、前項の規定により留学することを許可された生徒について、外国の高等学校における履修を高等学校における履修とみなし、三十六単位を超えない範囲で単位の修得を認定することができる。

3　校長は、前項の規定により単位の修得を認定された生徒について、第百四条第一項において準用する第五十九条又は第百四条第二項に規定する学年の途中においても、各学年の課程の修了又は卒業を認めることができる。

第九十四条　生徒が、休学又は退学をしようとするときは、校長の許可を受けなければならない。

第九十五条　学校教育法第五十七条の規定により、高等学校入学に関し、中学校を卒業した者と同等以上の学力があると認められる者は、次の各号のいずれかに該当する者とする。

一　外国において、学校教育における九年の課程を修了した者

二　文部科学大臣が中学校の課程と同等の課程を有するものとして認定した在外教育施設の当該課程を修了した者

三　文部科学大臣の指定した者

四　就学義務猶予免除者等の中学校卒業程度認定規則（昭和四十一年文部省令第三十六号）により、中学校を卒業した者と同等以上の学力があると認定され

た者

五　その他高等学校において、中学校を卒業した者と同等以上の学力があると認めた者

第九十六条　校長は、生徒の高等学校の全課程の修了を認めるに当たつては、高等学校学習指導要領の定めるところにより、七十四単位以上を修得した者について行わなければならない。ただし、第八十五条、第八十五条の二又は第八十六条の規定により、高等学校の教育課程に関し第八十三条又は第八十四条の規定によらない場合においては、文部科学大臣が別に定めるところにより行うものとする。

第九十七条　校長は、教育上有益と認めるときは、生徒が当該校長の定めるところにより他の高等学校又は中等教育学校の後期課程において一部の科目の単位を修得したときは、当該修得した単位数を当該生徒の在学する高等学校が定めた全課程の修了を認めるに必要な単位数のうちに加えることができる。

2　前項の規定により、生徒が他の高等学校又は中等教育学校の後期課程において一部の科目の単位を修得する場合においては、当該他の高等学校又は中等教育学校の校長は、当該生徒について一部の科目の履修を許可することができる。

3　同一の高等学校に置かれている全日制の課程、定時制の課程及び通信制の課程相互の間の併修については、前二項の規定を準用する。

第九十八条　校長は、教育上有益と認めるときは、当該校長の定めるところにより、生徒が行う次に掲げる学修を当該生徒の在学する高等学校における科目の履修とみなし、当該科目の単位を与えることができる。

一　大学、高等専門学校又は専修学校の高等課程若しくは専門課程における学修その他の教育施設等における学修で文部科学大臣が別に定めるもの

二　知識及び技能に関する審査で文部科学大臣が別に定めるものに係る学修

三　ボランティア活動その他の継続的に行われる活動（当該生徒の在学する高等学校の教育活動として行われるものを除く。）に係る学修で文部科学大臣が別に定めるもの

第九十九条　第九十七条の規定に基づき加えることのできる単位数及び前条の規定に基づき与えることのできる単位数の合計数は三十六を超えないものとする。

第百条　校長は、教育上有益と認めるときは、当該校長の定めるところにより、生徒が行う次に掲げる学修（当該生徒が入学する前に行つたものを含む。）を当該生徒の在学する高等学校における科目の履修とみなし、当該科目の単位を与えることができる。

一　高等学校卒業程度認定試験規則（平成十七年文部科学省令第一号）の定めるところにより合格点を得た試験科目（同令附則第二条の規定による廃止前の大学入学資格検定規程（昭和二十六年文部省令第十三号。以下「旧規程」という。）の定めるところにより合格点を得た受検科目を含む。）に係る学修

二　高等学校の別科における学修で第八十四条の規定に基づき文部科学大臣が公示する高等学校学習指導要領の定めるところに準じて修得した科目に係る学修

第三節　定時制の課程及び通信制の課程並びに学年による教育課程の区分を設けない場合その他

第百一条　通信制の課程の設備、編制その他に関し必要な事項は、この章に定めるもののほか、高等学校通信教育規程（昭和三十七年文部省令第三十二号）の定めるところによる。

2　第八十条（施設、設備及び編制に係るものに限る。）並びに第百四条において準用する第五十九条及び第六十一条から第六十三条までの規定は、通信制の課程に適用しない。

第百二条　高等学校の定時制の課程又は通信制の課程の修業年限を定めるに当たつては、勤労青年の教育上適切な配慮をするよう努めるものとする。

第百三条　高等学校においては、第百四条第一項において準用する第五十七条（各学年の課程の修了に係る部分に限る。）の規定にかかわらず、学年による教育課程の区分を設けないことができる。

2　前項の規定により学年による教育課程の区分を設けない場合における入学等に関する特例その他必要な事項は、単位制高等学校教育規程（昭和六十三年文部省令第六号）の定めるところによる。

第百四条　第四十三条から第四十九条まで（第四十六条を除く。）、第五十四条、第五十七条から第七十一条まで（第六十九条を除く。）の規定は、高等学校に準用する。

2　前項の規定において準用する第五十九条の規定にかかわらず、修業年限が三年を超える定時制の課程を置く場合は、その最終の学年は、四月一日に始まり、九月三十日に終わるものとすることができる。

3　校長は、特別の必要があり、かつ、教育上支障がないときは、第一項において準用する第五十九条に規定する学年の途中においても、学期の区分に従い、入学（第九十一条に規定する入学を除く。）を許可し並びに各学年の課程の修了及び卒業を認めることができる。

第七章　中等教育学校並びに併設型中学校及び併設型高等学校

第一節　中等教育学校

第百五条　中等教育学校の設置基準は、この章に定めるもののほか、別に定める。

第百六条　中等教育学校の前期課程の設備、編制その他設置に関する事項については、中学校設置基準の規定を準用する。

2　中等教育学校の後期課程の設備、編制、学科の種類その他設置に関する事項については、高等学校設置基準の規定を準用する。

第百七条　次条第一項において準用する第七十二条に規定する中等教育学校の前期課程の各学年における必修教科、道徳、特別活動及び総合的な学習の時間のそれぞれの授業時数、各学年における選択教科等に充てる授業時数並びに各学年におけるこれらの総授業時数は、別表第四に定める授業時数を標準とする。

第百八条　中等教育学校の前期課程の教育課程について

は、第五十条第二項、第五十五条から第五十六条まで及び第七十二条の規定並びに第七十四条の規定に基づき文部科学大臣が公示する中学校学習指導要領の規定を準用する。この場合において、第五十五条から第五十六条までの規定中「第五十条第一項、第五十一条又は第五十二条」とあるのは、「第百七条又は第百八条第一項において準用する第七十二条若しくは第七十四条の規定に基づき文部科学大臣が公示する中学校学習指導要領」と、第五十五条の二中「第三十条第一項」とあるのは「第六十七条第一項」と読み替えるものとする。

2　中等教育学校の後期課程の教育課程については、第八十三条及び第八十五条から第八十六条までの規定並びに第八十四条の規定に基づき文部科学大臣が公示する高等学校学習指導要領の規定を準用する。この場合において、第八十五条中「前二条」とあり、並びに第八十五条の二及び第八十六条中「第八十三条又は第八十四条」とあるのは、「第百八条第二項において準用する第八十三条又は第八十四条の規定に基づき文部科学大臣が公示する高等学校学習指導要領」と、第八十五条の二中「第五十一条」とあるのは「第六十七条第二項」と読み替えるものとする。

第百九条　中等教育学校の教育課程については、この章に定めるもののほか、教育課程の基準の特例として文部科学大臣が別に定めるところによるものとする。

第百十条　中等教育学校の入学は、設置者の定めるところにより、校長が許可する。

2　前項の場合において、公立の中等教育学校については、学力検査を行わないものとする。

第百十一条　中等教育学校の後期課程の通信制の課程の設備、編制その他に関し必要な事項は、この章に定めるもののほか、高等学校通信教育規程の規定を準用する。

第百十二条　次条第三項において準用する第百三条第一項の規定により学年による教育課程の区分を設けない場合における入学等に関する特例その他必要な事項は、単位制高等学校教育規程の規定を準用する。

第百十三条　第四十三条から第四十九条まで（第四十六条を除く。）、第五十四条、第五十七条、第五十八条、第五十九条から第七十一条まで（第六十九条を除く。）、第八十二条、第九十一条及び第九十四条の規定は、中等教育学校に準用する。

2　第七十八条の規定は、中等教育学校の前期課程に準用する。

3　第八十一条、第八十九条、第九十二条、第九十三条、第九十六条から第百条まで、第百一条第二項、第百二条、第百三条第一項及び第百四条第二項の規定は、中等教育学校の後期課程に準用する。この場合において、第九十六条中「第八十五条、第八十五条の二又は第八十六条」とあるのは「第百八条第二項において読み替えて準用する第八十五条、第八十五条の二又は第八十六条」と、「第八十三条又は第八十四条」とあるのは「第百八条第二項において準用する第八十三条又は第八十四条の規定に基づき文部科学大臣が公示する高等学校学習指導要領」と読み替えるものとする。

第二節　併設型中学校及び併設型高等学校の教育課程及び入学

第百十四条　併設型中学校の教育課程については、第五章に定めるもののほか、教育課程の基準の特例として文部科学大臣が別に定めるところによるものとする。

2　併設型高等学校の教育課程については、第六章に定めるもののほか、教育課程の基準の特例として文部科学大臣が別に定めるところによるものとする。

第百十五条　併設型中学校及び併設型高等学校においては、中学校における教育と高等学校における教育を一貫して施すため、設置者の定めるところにより、教育課程を編成するものとする。

第百十六条　第九十条第一項の規定にかかわらず、併設型高等学校においては、当該高等学校に係る併設型中学校の生徒については入学者の選抜は行わないものとする。

第百十七条　第百七条及び第百十条の規定は、併設型中学校に準用する。

第八章　特別支援教育

第百十八条　特別支援学校の設置基準及び特別支援学級の設備編制は、この章に規定するもののほか、別に定める。

第百十九条　特別支援学校においては、学校教育法第七十二条に規定する者に対する教育のうち当該特別支援学校が行うものを学則その他の設置者の定める規則（次項において「学則等」という。）で定めるとともに、これについて保護者等に対して積極的に情報を提供するものとする。

2　前項の学則等を定めるに当たつては、当該特別支援学校の施設及び設備等の状況並びに当該特別支援学校の所在する地域における障害のある児童等の状況について考慮しなければならない。

第百二十条　特別支援学校の幼稚部において、主幹教諭、指導教諭又は教諭（以下「教諭等」という。）一人の保育する幼児数は、八人以下を標準とする。

2　特別支援学校の小学部又は中学部の一学級の児童又は生徒の数は、法令に特別の定めのある場合を除き、視覚障害者又は聴覚障害者である児童又は生徒に対する教育を行う学級にあつては十人以下を、知的障害者、肢体不自由者又は病弱者（身体虚弱者を含む。以下同じ。）である児童又は生徒に対する教育を行う学級にあつては十五人以下を標準とし、高等部の同時に授業を受ける一学級の生徒数は、十五人以下を標準とする。

第百二十一条　特別支援学校の小学部、中学部又は高等部の学級は、同学年の児童又は生徒で編制するものとする。ただし、特別の事情がある場合においては、数学年の児童又は生徒を一学級に編制することができる。

2　特別支援学校の幼稚部における保育は、特別の事情のある場合を除いては、視覚障害者、聴覚障害者、知的障害者、肢体不自由者及び病弱者の別ごとに行うものとする。

3　特別支援学校の小学部、中学部又は高等部の学級は、特別の事情のある場合を除いては、視覚障害者、聴覚障害者、知的障害者、肢体不自由者又は病弱者の別ごとに編制するものとする。

第百二十二条 特別支援学校の幼稚部においては、同時に保育される幼児数八人につき教諭等を一人置くことを基準とする。

2 特別支援学校の小学部においては、校長のほか、一学級当たり教諭等を一人以上置かなければならない。

3 特別支援学校の中学部においては、一学級当たり教諭等を二人置くことを基準とする。

4 視覚障害者である生徒及び聴覚障害者である生徒に対する教育を行う特別支援学校の高等部においては、自立教科（理療、理学療法、理容その他の職業についての知識技能の修得に関する教科をいう。）を担任するため、必要な数の教員を置かなければならない。

5 前四項の場合において、特別の事情があり、かつ、教育上支障がないときは、校長、副校長若しくは教頭が教諭等を兼ね、又は助教諭若しくは講師をもつて教諭等に代えることができる。

第百二十三条 寄宿舎指導員の数は、寄宿舎に寄宿する児童等の数を六で除して得た数以上を標準とする。

第百二十四条 寄宿舎を設ける特別支援学校には、寮務主任及び舎監を置かなければならない。

2 前項の規定にかかわらず、第四項に規定する寮務主任の担当する寮務を整理する主幹教諭を置くときその他特別の事情のあるときは寮務主任を、第五項に規定する舎監の担当する寮務を整理する主幹教諭を置くときは舎監を、それぞれ置かないことができる。

3 寮務主任及び舎監は、指導教諭又は教諭をもつて、これに充てる。

4 寮務主任は、校長の監督を受け、寮務に関する事項について連絡調整及び指導、助言に当たる。

5 舎監は、校長の監督を受け、寄宿舎の管理及び寄宿舎における児童等の教育に当たる。

第百二十五条 特別支援学校には、各部に主事を置くことができる。

2 主事は、その部に属する教諭等をもつて、これに充てる。校長の監督を受け、部に関する校務をつかさどる。

第百二十六条 特別支援学校の小学部の教育課程は、国語、社会、算数、理科、生活、音楽、図画工作、家庭及び体育の各教科（知的障害者である児童を教育する場合は生活、国語、算数、音楽、図画工作及び体育の各教科とする。）、道徳、特別活動、自立活動並びに総合的な学習の時間（知的障害者である児童を教育する場合を除く。）によつて編成するものとする。

第百二十七条 特別支援学校の中学部の教育課程は、必修教科、選択教科、道徳、特別活動、自立活動及び総合的な学習の時間によつて編成するものとする。

2 必修教科は、国語、社会、数学、理科、音楽、美術、保健体育、技術・家庭及び外国語（次項において「国語等」という。）の各教科（知的障害者である生徒を教育する場合は国語、社会、数学、理科、音楽、美術、保健体育及び職業・家庭の各教科とする。）とする。

3 選択教科は、国語等の各教科（知的障害者である生徒を教育する場合は外国語とする。）及び第百二十九条に規定する特別支援学校小学部・中学部学習指導要領で定めるその他特に必要な教科とし、これらのうちから、地域及び学校の実態並びに生徒の特性その他の事情を考慮して設けるものとする。

第百二十八条 特別支援学校の高等部の教育課程は、別表第三及び別表第五に定める各教科に属する科目（知的障害者である生徒を教育する場合は国語、社会、数学、理科、音楽、美術、保健体育、職業、家庭、外国語、情報、家政、農業、工業及び流通・サービスの各教科並びに第百二十九条に規定する特別支援学校高等部学習指導要領で定めるこれら以外の教科とする。）、特別活動（知的障害者である生徒を教育する場合は、道徳及び特別活動とする。）、自立活動及び総合的な学習の時間によつて編成するものとする。

第百二十九条 特別支援学校の幼稚部の教育課程その他の保育内容並びに小学部、中学部及び高等部の教育課程については、この章に定めるもののほか、教育課程その他の保育内容又は教育課程の基準として文部科学大臣が別に公示する特別支援学校幼稚部教育要領、特別支援学校小学部・中学部学習指導要領及び特別支援学校高等部学習指導要領によるものとする。

第百三十条 特別支援学校の小学部、中学部又は高等部においては、特に必要がある場合は、第百二十六条から第百二十八条までに規定する各教科（次項において「各教科」という。）又は別表第三及び別表第五に定める各教科に属する科目の全部又は一部について、合わせて授業を行うことができる。

2 特別支援学校の小学部、中学部又は高等部においては、知的障害者である児童若しくは生徒又は複数の種類の障害を併せ有する児童若しくは生徒を教育する場合において特に必要があるときは、各教科、道徳、特別活動及び自立活動の全部又は一部について、合わせて授業を行うことができる。

第百三十一条 特別支援学校の小学部、中学部又は高等部において、複数の種類の障害を併せ有する児童若しくは生徒を教育する場合又は教員を派遣して教育を行う場合において、特に必要があるときは、第百二十六条から第百二十九条までの規定にかかわらず、特別の教育課程によることができる。

2 前項の規定により特別の教育課程による場合においては、文部科学大臣の検定を経た教科用図書又は文部科学省が著作の名義を有する教科用図書を使用することが適当でないときは、当該学校の設置者の定めるところにより、他の適切な教科用図書を使用することができる。

第百三十二条 特別支援学校の小学部、中学部又は高等部の教育課程に関し、その改善に資する研究を行うため特に必要があり、かつ、児童又は生徒の教育上適切な配慮がなされていると文部科学大臣が認める場合においては、文部科学大臣が別に定めるところにより、第百二十六条から第百二十九条までの規定によらないことができる。

第百三十二条の二 文部科学大臣が、特別支援学校の小学部、中学部又は高等部において、当該特別支援学校又は当該特別支援学校が設置されている地域の実態に照らし、より効果的な教育を実施するため、当該特別支援学校又は当該地域の特色を生かした特別の教育課程を編成して教育を実施する必要があり、かつ、当該特別の教育課程について、教育基本法及び学校教育法第七十二条の規定等に照らして適切であり、児童又は生徒の教育上適切な配慮がなされているものとして文部科学大臣が定める基準を満たしていると認める場合においては、文部科学大臣が別に定めるところにより、第百二十六条から第百二十九条までの規定の一部又は全部によらないことができる。

第百三十三条　校長は、生徒の特別支援学校の高等部の全課程の修了を認めるに当たつては、特別支援学校高等部学習指導要領に定めるところにより行うものとする。ただし、前二条の規定により、特別支援学校の高等部の教育課程に関し第百二十八条及び第百二十九条の規定によらない場合においては、文部科学大臣が別に定めるところにより行うものとする。

第百三十四条　特別支援学校の高等部における通信教育に関する事項は、別に定める。

第百三十五条　第四十三条から第四十九条まで（第四十六条を除く。）、第五十四条、第五十九条から第六十三条まで、第六十五条から第六十八条まで及び第八十二条の規定は、特別支援学校に準用する。

2　第五十七条、第五十八条、第六十四条及び第八十九条の規定は、特別支援学校の小学部、中学部及び高等部に準用する。

3　第三十五条、第五十条第二項及び第五十三条の規定は、特別支援学校の小学部に準用する。

4　第三十五条、第五十条第二項、第七十条、第七十一条及び第七十八条の規定は、特別支援学校の中学部に準用する。

5　第七十条、第七十一条、第八十一条、第九十条第一項から第三項まで、第九十一条から第九十五条まで、第九十七条第一項及び第二項、第九十八条から第百条まで並びに第百四条第三項の規定は、特別支援学校の高等部に準用する。この場合において、第九十七条第一項及び第二項中「他の高等学校又は中等教育学校の後期課程」とあるのは「他の特別支援学校の高等部、高等学校又は中等教育学校の後期課程」と、同条第二項中「当該他の高等学校又は中等教育学校」とあるのは「当該他の特別支援学校、高等学校又は中等教育学校」と読み替えるものとする。

第百三十六条　小学校若しくは中学校又は中等教育学校の前期課程における特別支援学級の一学級の児童又は生徒の数は、法令に特別の定めのある場合を除き、十五人以下を標準とする。

第百三十七条　特別支援学級は、特別の事情のある場合を除いては、学校教育法第八十一条第二項各号に掲げる区分に従つて置くものとする。

第百三十八条　小学校若しくは中学校又は中等教育学校の前期課程における特別支援学級に係る教育課程については、特に必要がある場合は、第五十条第一項、第五十一条及び第五十二条の規定並びに第七十二条から第七十四条までの規定にかかわらず、特別の教育課程によることができる。

第百三十九条　前条の規定により特別の教育課程による特別支援学級においては、文部科学大臣の検定を経た教科用図書を使用することが適当でない場合には、当該特別支援学級を置く学校の設置者の定めるところにより、他の適切な教科用図書を使用することができる。

第百四十条　小学校若しくは中学校又は中等教育学校の前期課程において、次の各号のいずれかに該当する児童又は生徒（特別支援学級の児童及び生徒を除く。）のうち当該障害に応じた特別の指導を行う必要があるものを教育する場合には、文部科学大臣が別に定めるところにより、第五十条第一項、第五十一条及び第五十二条の規定並びに第七十二条から第七十四条までの規定にかかわらず、特別の教育課程によることができる。

一　言語障害者
二　自閉症者
三　情緒障害者
四　弱視者
五　難聴者
六　学習障害者
七　注意欠陥多動性障害者
八　その他障害のある者で、この条の規定により特別の教育課程による教育を行うことが適当なもの

第百四十一条　前条の規定により特別の教育課程による場合においては、校長は、児童又は生徒が、当該小学校、中学校又は中等教育学校の設置者の定めるところにより他の小学校、中学校、中等教育学校の前期課程又は特別支援学校の小学部若しくは中学部において受けた授業を、当該小学校若しくは中学校又は中等教育学校の前期課程において受けた当該特別の教育課程に係る授業とみなすことができる。

第九章　大学

第一節　設備、編制、学部及び学科

第百四十二条　大学（大学院を含み、短期大学を除く。以下この項において同じ。）の設備、編制、学部及び学科に関する事項、教員の資格に関する事項、通信教育に関する事項その他大学の設置に関する事項は、大学設置基準（昭和三十一年文部省令第二十八号）、大学通信教育設置基準（昭和五十六年文部省令第三十三号）、大学院設置基準（昭和四十九年文部省令第二十八号）及び専門職大学院設置基準（平成十五年文部科学省令第十六号）の定めるところによる。

②　短期大学の設備、編制、学科、教員の資格、通信教育に関する事項その他短期大学の設置に関する事項は、短期大学設置基準（昭和五十年文部省令第二十一号）及び短期大学通信教育設置基準（昭和五十七年文部省令第三号）の定めるところによる。

第百四十三条　教授会は、その定めるところにより、教授会に属する職員のうちの一部の者をもつて構成される代議員会、専門委員会等（次項において「代議員会等」という。）を置くことができる。

2　教授会は、その定めるところにより、代議員会等の議決をもつて、教授会の議決とすることができる。

第百四十三条の二　大学における教育に係る施設は、教育上支障がないと認められるときは、他の大学の利用に供することができる。

2　前項の施設を他の大学の利用に供する場合において、当該施設が大学教育の充実に特に資するときは、教育関係共同利用拠点として文部科学大臣の認定を受けることができる。

第百四十三条の三　大学には、学校教育法第九十六条の

規定により大学に附置される研究施設として、大学の教員その他の者で当該研究施設の目的たる研究と同一の分野の研究に従事する者に利用させるものを置くことができる。

2　前項の研究施設のうち学術研究の発展に特に資するものは、共同利用・共同研究拠点として文部科学大臣の認定を受けることができる。

第二節　入学、退学、転学、留学、休学及び卒業等

第百四十四条　学生の入学、退学、転学、留学、休学及び卒業は、教授会の議を経て、学長が定める。

第百四十五条　学位に関する事項は、学位規則（昭和二十八年文部省令第九号）の定めるところによる。

第百四十六条　学校教育法第八十八条に規定する修業年限の通算は、大学の定めるところにより、大学設置基準第三十一条第一項又は短期大学設置基準第十七条第一項に規定する科目等履修生（大学の学生以外の者に限る。）として一の大学において一定の単位（同法第九十条の規定により入学資格を有した後、修得したものに限る。）を修得した者に対し、大学設置基準第三十条第一項又は短期大学設置基準第十六条第一項の規定により当該大学に入学した後に修得したものとみなすことのできる当該単位数、その修得に要した期間その他大学が必要と認める事項を勘案して行うものとする。

第百四十七条　学校教育法第八十九条に規定する卒業の認定は、次の各号に掲げる要件のすべてに該当する場合（学生が授業科目の構成等の特別の事情を考慮して文部科学大臣が別に定める課程に在学する場合を除く。）に限り行うことができる。

一　大学が、学修の成果に係る評価の基準その他の学校教育法第八十九条に規定する卒業の認定の基準を定め、それを公表していること。

二　大学が、大学設置基準第二十七条の二に規定する履修科目として登録することができる単位数の上限を定め、適切に運用していること。

三　学校教育法第八十七条第一項に定める学部の課程を履修する学生が、卒業の要件として修得すべき単位を修得し、かつ、当該単位を優秀な成績をもつて修得したと認められること。

四　学生が、学校教育法第八十九条に規定する卒業を希望していること。

第百四十八条　学校教育法第八十七条第一項ただし書の規定により修業年限を四年を超えるものとする学部に在学する学生にあつては、同法第八十九条の規定により在学すべき期間は、四年とする。

第百四十九条　学校教育法第八十九条の規定により、一の大学（短期大学を除く。以下この条において同じ。）に三年以上在学したものに準ずる者を、次の各号のいずれかに該当する者であつて、在学期間が通算して三年以上となつたものと定める。

一　第百四十七条第一号及び第二号の要件を満たす一の大学から他の当該各号の要件を満たす大学へ転学した者

二　第百四十七条第一号及び第二号の要件を満たす大学を退学した者であつて、当該大学における在学期間以下の期間を別の当該各号の要件を満たす大学の修業年限に通算されたもの

三　第百四十七条第一号及び第二号の要件を満たす大学を卒業した者であつて、当該大学における修業年限以下の期間を別の当該各号の要件を満たす大学の修業年限に通算されたもの

第百五十条　学校教育法第九十条第一項の規定により、大学入学に関し、高等学校を卒業した者と同等以上の学力があると認められる者は、次の各号のいずれかに該当する者とする。

一　外国において学校教育における十二年の課程を修了した者又はこれに準ずる者で文部科学大臣の指定したもの

二　文部科学大臣が高等学校の課程と同等の課程を有するものとして認定した在外教育施設の当該課程を修了した者

三　専修学校の高等課程（修業年限が三年以上であることその他の文部科学大臣が定める基準を満たすものに限る。）で文部科学大臣が別に指定するものを文部科学大臣が定める日以後に修了した者

四　文部科学大臣の指定した者

五　高等学校卒業程度認定試験規則による高等学校卒業程度認定試験に合格した者（旧規程による大学入学資格検定（以下「旧検定」という。）に合格した者を含む。）

六　学校教育法第九十条第二項の規定により大学に入学した者であつて、当該者をその後に入学させる大学において、大学における教育を受けるにふさわしい学力があると認めたもの

七　大学において、個別の入学資格審査により、高等学校を卒業した者と同等以上の学力があると認めた者で、十八歳に達したもの

第百五十一条　学校教育法第九十条第二項の規定により学生を入学させる大学は、特に優れた資質を有すると認めるに当たつては、入学しようとする者の在学する学校の校長の推薦を求める等により、同項の入学に関する制度が適切に運用されるよう工夫を行うものとする。

第百五十二条　学校教育法第九十条第二項の規定により学生を入学させる大学は、同項の入学に関する制度の運用の状況について、同法第百九条第一項に規定する点検及び評価を行い、その結果を公表しなければならない。

第百五十三条　学校教育法第九十条第二項に規定する文部科学大臣の定める年数は、二年とする。

第百五十四条　学校教育法第九十条第二項の規定により、高等学校に文部科学大臣が定める年数以上在学した者に準ずる者を、次の各号のいずれかに該当する者と定める。

一　中等教育学校の後期課程、特別支援学校の高等部又は高等専門学校に二年以上在学した者

二　外国において、学校教育における九年の課程に引き続く学校教育の課程に二年以上在学した者

三　文部科学大臣が高等学校の課程と同等の課程を有するものとして認定した在外教育施設（高等学校の課程に相当する課程を有するものとして指定したも

のを含む。）の当該課程に二年以上在学した者

四　第百五十条第三号の規定により文部科学大臣が別に指定する専修学校の高等課程に同号に規定する文部科学大臣が定める日以後において二年以上在学した者

五　文部科学大臣が指定した者

六　高等学校卒業程度認定試験規則第四条に定める試験科目の全部（試験の免除を受けた試験科目を除く。）について合格点を得た者（旧規程第四条に規定する受検科目の全部（旧検定の一部免除を受けた者については、その免除を受けた科目を除く。）について合格点を得た者を含む。）で、十七歳に達したもの

第百五十五条　学校教育法第九十一条第二項又は第百二条第一項本文の規定により、大学（短期大学を除く。以下この項において同じ。）の専攻科又は大学院への入学に関し大学を卒業した者と同等以上の学力があると認められる者は、次の各号のいずれかに該当する者とする。ただし、第七号及び第八号については、大学院への入学に係るものに限る。

一　学校教育法第百四条第四項の規定により学士の学位を授与された者

二　外国において、学校教育における十六年（医学を履修する博士課程、歯学を履修する博士課程、薬学を履修する博士課程（当該課程に係る研究科の基礎となる学部の修業年限が六年であるものに限る。以下同じ。）又は獣医学を履修する博士課程への入学については、十八年）の課程を修了した者

三　外国の学校が行う通信教育における授業科目を我が国において履修することにより当該外国の学校教育における十六年（医学を履修する博士課程、歯学を履修する博士課程、薬学を履修する博士課程又は獣医学を履修する博士課程への入学については、十八年）の課程を修了した者

四　我が国において、外国の大学の課程（その修了者が当該外国の学校教育における十六年（医学を履修する博士課程、歯学を履修する博士課程、薬学を履修する博士課程又は獣医学を履修する博士課程への入学については、十八年）の課程を修了したとされるものに限る。）を有するものとして当該外国の学校教育制度において位置付けられた教育施設であつて、文部科学大臣が別に指定するものの当該課程を修了した者

五　専修学校の専門課程（修業年限が四年以上であることその他の文部科学大臣が定める基準を満たすものに限る。）で文部科学大臣が別に指定するものを文部科学大臣が定める日以後に修了した者

六　文部科学大臣の指定した者

七　学校教育法第百二条第二項の規定により大学院に入学した者であつて、当該者をその後に入学させる大学院において、大学院における教育を受けるにふさわしい学力があると認めたもの

八　大学院において、個別の入学資格審査により、大学を卒業した者と同等以上の学力があると認めた者で、二十二歳（医学を履修する博士課程、歯学を履修する博士課程、薬学を履修する博士課程又は獣医学を履修する博士課程への入学については、二十四歳）に達したもの

2　学校教育法第九十一条第二項の規定により、短期大学の専攻科への入学に関し短期大学を卒業した者と同等以上の学力があると認められる者は、次の各号のいずれかに該当する者とする。

一　高等専門学校を卒業した者（修業年限を二年とする短期大学の専攻科への入学に限る。）

二　専修学校の専門課程を修了した者のうち学校教育法第百三十二条の規定により大学に編入学することができるもの（修業年限を三年とする短期大学の専攻科への入学については、修業年限を三年以上とする専修学校の専門課程を修了した者に限る。）

三　外国において、学校教育における十四年（修業年限を三年とする短期大学の専攻科への入学については、十五年）の課程を修了した者

四　外国の学校が行う通信教育における授業科目を我が国において履修することにより当該外国の学校教育における十四年（修業年限を三年とする短期大学の専攻科への入学については、十五年）の課程を修了した者

五　我が国において、外国の短期大学の課程（その修了者が当該外国の学校教育における十四年（修業年限を三年とする短期大学の専攻科への入学については、十五年）の課程を修了したとされるものに限る。）を有するものとして当該外国の学校教育制度において位置付けられた教育施設であつて、文部科学大臣が別に指定するものの当該課程を修了した者

六　その他短期大学の専攻科において、短期大学を卒業した者と同等以上の学力があると認めた者

第百五十六条　学校教育法第百二条第一項ただし書の規定により、大学院への入学に関し修士の学位又は同法第百四条第一項に規定する文部科学大臣の定める学位を有する者と同等以上の学力があると認められる者は、次の各号のいずれかに該当する者とする。

一　外国において修士の学位又は専門職学位（学校教育法第百四条第一項の規定に基づき学位規則第五条の二に規定する専門職学位をいう。以下この条において同じ。）に相当する学位を授与された者

二　外国の学校が行う通信教育における授業科目を我が国において履修し、修士の学位又は専門職学位に相当する学位を授与された者

三　我が国において、外国の大学院の課程を有するものとして当該外国の学校教育制度において位置付けられた教育施設であつて、文部科学大臣が別に指定するものの当該課程を修了し、修士の学位又は専門職学位に相当する学位を授与された者

四　文部科学大臣の指定した者

五　大学院において、個別の入学資格審査により、修士の学位又は専門職学位を有する者と同等以上の学力があると認めた者で、二十四歳に達したもの

第百五十七条　学校教育法第百二条第二項の規定により学生を入学させる大学は、同項に規定する大学の定める単位その他必要な事項をあらかじめ公表するなど、同項の入学に関する制度が適切に運用されるよう配慮するものとする。

第百五十八条　学校教育法第百二条第二項の規定により学生を入学させる大学は、同項の入学に関する制度の

運用の状況について、同法第百九条第一項に規定する点検及び評価を行い、その結果を公表しなければならない。

第百五十九条　学校教育法第百二条第二項に規定する文部科学大臣の定める年数は、三年（医学を履修する博士課程、歯学を履修する博士課程、薬学を履修する博士課程又は獣医学を履修する博士課程への入学については、医学を履修する課程、歯学を履修する課程、薬学を履修する課程のうち臨床に係る実践的な能力を培うことを主たる目的とするもの又は獣医学を履修する課程に四年）とする。

第百六十条　学校教育法第百二条第二項の規定により、大学に文部科学大臣の定める年数以上在学した者に準ずる者を、次の各号のいずれかに該当するものと定める。

一　外国において学校教育における十五年（医学を履修する博士課程、歯学を履修する博士課程、薬学を履修する博士課程又は獣医学を履修する博士課程への入学については、十六年）の課程を修了した者

二　外国の学校が行う通信教育における授業科目を我が国において履修することにより当該外国の学校教育における十五年（医学を履修する博士課程、歯学を履修する博士課程、薬学を履修する博士課程又は獣医学を履修する博士課程への入学については、十六年）の課程を修了した者

三　我が国において、外国の大学の課程（その修了者が当該外国の学校教育における十五年（医学を履修する博士課程、歯学を履修する博士課程、薬学を履修する博士課程又は獣医学を履修する博士課程への入学については、十六年）の課程を修了したとされるものに限る。）を有するものとして当該外国の学校教育制度において位置付けられた教育施設であつて、文部科学大臣が別に指定するものの当該課程を修了した者

第百六十一条　短期大学を卒業した者は、編入学しようとする大学（短期大学を除く。）の定めるところにより、当該大学の修業年限から、卒業した短期大学における修業年限に相当する年数以下の期間を控除した期間を在学すべき期間として、当該大学に編入学することができる。

2　前項の規定は、外国の短期大学を卒業した者及び外国の短期大学の課程を有するものとして当該外国の学校教育制度において位置付けられた教育施設であつて、文部科学大臣が別に指定するものの当該課程を我が国において修了した者（学校教育法第九十条第一項に規定する者に限る。）について準用する。

第百六十二条　我が国において、外国の大学、大学院又は短期大学の課程を有するものとして当該外国の学校教育制度において位置付けられた教育施設であつて、文部科学大臣が別に指定するものの当該課程に在学した者（大学及び短期大学にあつては学校教育法第九十条第一項に規定する者に、大学院にあつては同法第百二条第一項に規定する者に限る。）は、転学しようとする大学、大学院又は短期大学の定めるところにより、それぞれ当該大学、大学院又は短期大学に転学することができる。

第百六十三条　大学の学年の始期及び終期は、学長が定める。

②　大学は、前項に規定する学年の途中においても、学期の区分に従い、学生を入学させ及び卒業させることができる。

第三節　履修証明書が交付される特別の課程

第百六十四条　大学（大学院及び短期大学を含む。以下この条において同じ。）は、学校教育法第百五条に規定する特別の課程（以下この条において「特別の課程」という。）の編成に当たつては、当該大学の開設する講習若しくは授業科目又はこれらの一部により体系的に編成するものとする。

2　特別の課程の総時間数は、百二十時間以上とする。

3　特別の課程の履修資格は、大学において定めるものとする。ただし、当該資格を有する者は、学校教育法第九十条第一項の規定により大学に入学することができる者でなければならない。

4　特別の課程における講習又は授業の方法は、大学設置基準、大学通信教育設置基準、大学院設置基準、専門職大学院設置基準、短期大学設置基準及び短期大学通信教育設置基準の定めるところによる。

5　大学は、特別の課程の編成に当たつては、当該特別の課程の名称、目的、総時間数、履修資格、定員、内容、講習又は授業の方法、修了要件その他当該大学が必要と認める事項をあらかじめ公表するものとする。

6　大学は、学校教育法第百五条に規定する証明書（次項において「履修証明書」という。）に、特別の課程の名称、内容の概要、総時間数その他当該大学が必要と認める事項を記載するものとする。

7　大学は、特別の課程の編成及び当該特別の課程の実施状況の評価並びに履修証明書の交付を行うために必要な体制を整備しなければならない。

第四節　認証評価その他

第百六十五条　公開講座に関する事項は、別にこれを定める。

第百六十六条　大学は、学校教育法第百九条第一項に規定する点検及び評価を行うに当たつては、同項の趣旨に即し適切な項目を設定するとともに、適当な体制を整えて行うものとする。

第百六十七条　学校教育法第百九条第三項ただし書に規定する文部科学大臣の定める措置は、次の各号に掲げるいずれかの措置とする。

一　専門職大学院を置く大学が、外国に主たる事務所を有する法人その他の団体であつて、当該専門職大学院の課程に係る分野について評価を行うもののうち、適正な評価を行うと国際的に認められたものとして文部科学大臣が指定した団体から、当該専門職大学院の教育課程、教員組織その他教育研究活動の状況について定期的に評価を受け、その結果を公表するとともに、文部科学大臣に報告すること。

二　専門職大学院を置く大学が、学校教育法第百九条第一項に規定する点検及び評価の結果のうち、当該専門職大学院に関するものについて、当該大学の職員以外の者による検証を定期的に行い、その結果を

公表するとともに、文部科学大臣に報告すること。

第百六十八条　学校教育法第百九条第二項の認証評価に係る同法第百十条第一項の申請は、大学又は短期大学の学校の種類に応じ、それぞれ行うものとする。

2　学校教育法第百九条第三項の認証評価に係る同法第百十条第一項の申請は、専門職大学院の課程に係る分野ごとに行うものとする。

第百六十九条　学校教育法第百十条第一項の申請は、次に掲げる事項を記載した申請書を文部科学大臣に提出して行うものとする。

一　名称及び事務所の所在地

二　役員（申請者が人格のない社団又は財団で代表者又は管理人の定めのあるものである場合においては、当該代表者又は管理人）の氏名

三　評価の対象

四　大学評価基準及び評価方法

五　評価の実施体制

六　評価の結果の公表の方法

七　評価の周期

八　評価に係る手数料の額

九　その他評価の実施に関し参考となる事項

2　前項の申請書には、次に掲げる書類を添付するものとする。

一　定款若しくは寄附行為及び登記事項証明書又はこれらに準ずるもの

二　申請の日の属する事業年度の前事業年度における財産目録及び貸借対照表（申請の日の属する事業年度に設立された法人（申請者が人格のない社団又は財団で代表者又は管理人の定めのあるものを含む。）にあつては、その設立時における財産目録）

三　申請の日の属する事業年度の前事業年度における大学の教育研究活動等の状況についての評価の業務の実施状況（当該評価の業務を実施していない場合にあつては、申請の日の属する事業年度及びその翌事業年度における認証評価の業務に係る実施計画）を記載した書面

四　認証評価の業務以外の業務を行つている場合には、その業務の種類及び概要を記載した書面

第百七十条　学校教育法第百十条第三項に規定する細目は、同法同条第二項に規定する基準を適用するに際して必要な細目を定める省令（平成十六年文部科学省令第七号）の定めるところによる。

第百七十一条　学校教育法第百十条第四項に規定する公表は、刊行物への掲載、インターネットの利用その他広く周知を図ることができる方法によつて行うものとする。

第百七十二条　学校教育法第百十条第五項に規定する文部科学大臣の定める事項は、第百六十九条第一項第一号から第三号まで及び第五号から第八号までに掲げる事項とする。

第百七十三条　第五十八条の規定は、大学に準用する。

第十章　高等専門学校

第百七十四条　高等専門学校の設備、編制、学科、教育課程、教員の資格に関する事項その他高等専門学校の設置に関する事項については、高等専門学校設置基準（昭和三十六年文部省令第二十三号）の定めるところによる。

第百七十五条　高等専門学校には、教務主事及び学生主事を置くものとする。

2　高等専門学校には、寮務主事を置くことができる。

3　教務主事は、校長の命を受け、教育計画の立案その他教務に関することを掌理する。

4　学生主事は、校長の命を受け、学生の厚生補導に関すること（寮務主事を置く高等専門学校にあつては、寮務主事の所掌に属するものを除く。）を掌理する。

5　寮務主事は、校長の命を受け、寄宿舎における学生の厚生補導に関することを掌理する。

第百七十六条　校長は、教育上有益と認めるときは、学生が外国の高等学校又は大学に留学することを許可することができる。

2　校長は、前項の規定により留学することを許可された学生について、高等専門学校設置基準第二十条第三項により準用する同条第一項の規定により単位の修得を認定した場合においては、当該学生について、第百七十九条において準用する第五十九条に規定する学年の途中においても、各学年の課程の修了又は卒業を認めることができる。

第百七十七条　学校教育法第百十九条第二項の規定により、高等専門学校の専攻科への入学に関し高等専門学校を卒業した者と同等以上の学力があると認められる者は、次の各号のいずれかに該当する者とする。

一　短期大学を卒業した者

二　専修学校の専門課程を修了した者のうち学校教育法第百三十二条の規定により大学に編入学することができるもの

三　外国において、学校教育における十四年の課程を修了した者

四　外国の学校が行う通信教育における授業科目を我が国において履修することにより当該外国の学校教育における十四年の課程を修了した者

五　我が国において、外国の短期大学の課程（その修了者が当該外国の学校教育における十四年の課程を修了したとされるものに限る。）を有するものとして当該外国の学校教育制度において位置付けられた教育施設であつて、文部科学大臣が別に指定するものの当該課程を修了した者

六　その他高等専門学校の専攻科において、高等専門学校を卒業した者と同等以上の学力があると認めた者

第百七十八条　高等専門学校を卒業した者は、編入学しようとする大学の定めるところにより、当該大学の修業年限から、二年以下の期間を控除した期間を在学すべき期間として、当該大学に編入学することができる。

第百七十九条　第五十七条から第六十二条まで、第九十条第一項及び第二項、第九十一条、第九十二条第一項、第九十四条、第九十五条、第百四条第三項、第百六十四条から第百六十六条まで並びに第百六十九条から第百七十二条までの規定は、高等専門学校に準用する。この場合において、第六十一条第三号中「教育委員会」とあるのは「教育委員会（公立大学法人の設置する高等専門学校にあつては、当該公立大学法人の理事長）」と、第百六十四条第一項中「第百五条」と

あるのは「第百二十三条において準用する第百五条」と、同条第三項中「第九十条第一項の規定により大学」とあるのは「第百十八条の規定により高等専門学校」と、同条第四項中「大学設置基準、大学通信教育設置基準、大学院設置基準、専門職大学院設置基準、短期大学設置基準及び短期大学通信教育設置基準」とあるのは「高等専門学校設置基準」と、同条第六項中「第百五条」とあるのは「第百二十三条において準用する第百五条」と読み替えるものとする。

第十一章　専修学校

第百八十条　専修学校の設備、編制、授業、教員の資格その他専修学校の設置に関する事項は、専修学校設置基準（昭和五十一年文部省令第二号）の定めるところによる。

第百八十一条　専修学校の生徒の入学、退学、休学等については、校長が定める。

第百八十二条　学校教育法第百二十五条第二項に規定する専修学校の高等課程の入学に関し中学校を卒業した者と同等以上の学力があると認められる者は、第九十五条各号のいずれかに該当する者とする。この場合において、同条第五号中「高等学校」とあるのは「専修学校」とする。

第百八十三条　学校教育法第百二十五条第三項に規定する専修学校の専門課程の入学に関し高等学校を卒業した者に準ずる学力があると認められる者は、同法第九十条第一項に規定する通常の課程による十二年の学校教育を修了した者（通常の課程以外の課程によりこれに相当する学校教育を修了した者を含む。）若しくは第百五十条第一号、第二号、第四号若しくは第五号に該当する者又は次の各号のいずれかに該当する者とする。

一　修業年限が三年以上の専修学校の高等課程を修了した者

二　学校教育法第九十条第二項の規定により大学に入学した者であつて、当該者をその後に入学させる専修学校において、高等学校を卒業した者に準ずる学力があると認めたもの

三　専修学校において、個別の入学資格審査により、高等学校を卒業した者に準ずる学力があると認めた者で、十八歳に達したもの

第百八十四条　専修学校の学年の始期及び終期は、校長が定める。

第百八十五条　専修学校には、校長及び教員のほか、助手、事務職員その他の必要な職員を置くことができる。

第百八十六条　学校教育法第百三十二条に規定する文部科学大臣の定める基準は、次のとおりとする。

一　修業年限が二年以上であること。

二　課程の修了に必要な総授業時数が別に定める授業時数以上であること。

2　前項の基準を満たす専修学校の専門課程を修了した者は、編入学しようとする大学の定めるところにより、当該大学の修業年限から、修了した専修学校の専門課程における修業年限に相当する年数以下の期間を控除した期間を在学すべき期間として、当該大学に編入学することができる。ただし、在学すべき期間は、一年を下つてはならない。

第百八十七条　第三条及び第四条の規定は、専修学校の設置（高等課程、専門課程又は一般課程の設置を含む。）の認可の申請について準用する。

第百八十八条　第十五条の規定は、専修学校の廃止（高等課程、専門課程又は一般課程の廃止を含む。）の認可の申請、専修学校の分校の廃止の届出及び専修学校の学科の廃止に係る学則の変更の届出について準用する。

第百八十九条　第五条の規定は専修学校の名称、位置又は学則の変更の届出について、第十一条の規定は専修学校の目的の変更の認可の申請及び専修学校の学科の設置に係る学則の変更の届出について、第六条、第七条、第十四条、第十九条、第二十五条から第二十八条まで、第五十七条、第五十八条、第六十条及び第六十六条から第六十八条までの規定は専修学校について、第百六十四条の規定は専門課程を置く専修学校について、それぞれ準用する。この場合において、第十九条中「公立又は私立の大学及び高等専門学校に係るものにあつては文部科学大臣、大学及び高等専門学校以外の市町村の設置する学校に係るものにあつては都道府県の教育委員会、大学及び高等専門学校以外の私立学校に係るものにあつては都道府県知事」とあるのは「市町村の設置する専修学校に係るものにあつては都道府県の教育委員会、私立の専修学校に係るものにあつては都道府県知事」と、第二十七条中「大学及び高等専門学校にあつては文部科学大臣、大学及び高等専門学校以外の学校にあつては都道府県知事」とあるのは「都道府県知事」と、第百六十四条第一項中「第百五条」とあるのは「第百三十三条第一項において準用する第百五条」と、同条第三項中「第九十条第一項の規定により大学」とあるのは「第百二十五条第三項に規定する専修学校の専門課程」と、同条第四項中「大学設置基準、大学通信教育設置基準、大学院設置基準、専門職大学院設置基準、短期大学設置基準及び短期大学通信教育設置基準」とあるのは「専修学校設置基準」と、同条第六項中「第百五条」とあるのは「第百三十三条第一項において準用する第百五条」と読み替えるものとする。

第十二章　雑則

第百九十条　第三条から第七条まで、第十四条、第十五条、第十九条、第二十六条から第二十八条まで及び第六十六条から第六十八条までの規定は、各種学校に準用する。この場合において、第十九条中「公立又は私立の大学及び高等専門学校に係るものにあつては文部科学大臣、大学及び高等専門学校以外の市町村の設置する学校に係るものにあつては都道府県の教育委員会、大学及び高等専門学校以外の私立学校に係るものにあつては都道府県知事」とあるのは「市町村の設置する各種学校に係るものにあつては都道府県の教育委員会、私立の各種学校に係るものにあつては都道府県知事」と、第二十七条中「大学及び高等専門学校にあつては文部科学大臣、大学及び高等専門学校以外の学校にあつては都道府県知事」とあるのは「都道府県知事」と読み替えるものとする。

第百九十一条　前条に規定するもののほか、各種学校に関し必要な事項は、各種学校規程（昭和三十一年文部省令第三十一号）の定めるところによる。

附　則

第一条　この省令は、昭和二十二年四月一日から、これを適用する。

第二条　従前の規定による師範学校、高等師範学校及び女子高等師範学校の附属国民学校及び附属幼稚園は、それぞれこれを学校教育法による小学校及び幼稚園とみなす。

②　従前の規定による盲学校及び聾唖学校の初等部並びにその予科は、それぞれこれを学校教育法による特別支援学校の小学部及び幼稚部とみなす。

第三条　従前の規定による高等師範学校の附属中学校、女子高等師範学校の附属高等女学校、中学校、高等女学校及び実業学校並びに盲学校及び聾唖学校の中等部には、それぞれ学校教育法による中学校並びに盲学校及び聾唖学校の中学部を併置したものとみなす。

第四条　私立学校令によつてのみ設立された学校（別に定めるものを除く。）は、学校教育法第百三十四条の規定による各種学校とみなす。

第五条　この省令適用の際、左表の上欄に掲げる学校の課程を修了した者は、下欄のように編入し、又は入学させる。（表　略）

②　この省令適用の際、左表の上欄に掲げる学校の課程を修了した者は、これを下欄のように編入することができる。（表　略）

③　国民学校高等科修了を入学資格とする中学校、高等女学校及び実業学校の第一学年に入学した者は、学校教育法による中学校の第三学年に入学した者とみなす。

④　幼稚園令による幼稚園（師範教育令による附属幼稚園及び盲学校及聾唖学校令による盲学校及び聾唖学校の初等部の予科を含む。）に在園する幼児は、これをそのまま学校教育法による幼稚園に編入する。

⑤　私立学校令によつてのみ設立された学校（別に定めるものを除く。）に在学する者は、これを学校教育法第百三十四条の規定による各種学校の在学者として、編入する。

第六条　この省令適用の際、左表の上欄に掲げる学校の課程を修了した者は、これを下欄のように編入することができる。（表　略）

第七条　左表の上欄に掲げる従前の規定による学校の課程を修了し、又はこれらの学校を卒業した者は、学年の初めにおいて下欄のように大学に編入し、又は入学させることができる。（表　略）

②　専門学校卒業程度検定規程（昭和十八年文部省令第四十六号）による専門学校卒業程度検定に合格した者は、前項の表の適用については、従前の規定による中等学校卒業程度を入学資格とする従前の規定による専門学校の本科の第三学年の課程又は高等学校卒業程度を入学資格とする従前の規定による専門学校本科第二学年の課程をそれぞれ修了し、又はこれらの学校を卒業した者とみなす。

③　旧高等学校高等科学力検定規程（大正十年文部省訓令）による高等学校高等科学力検定に合格した者は、第一項の表の適用については、従前の規定による高等学校高等科を卒業した者とみなす。

第八条　前条の規定によつて学校教育法による大学に編入し、又は入学した者は、その大学で定める課程を履修しなければならない。

第九条　尋常小学校卒業者及び国民学校初等科修了者は、学校教育法による小学校の卒業者とみなす。

②　国民学校高等科、国民学校特修科及び青年学校普通科修了者は、学校教育法による中学校の第二学年修了者とみなす。

第十条　左表の上欄に掲げる従前の規定による学校の卒業者は、下欄に掲げる学校教育法による高等学校（学校教育法による特別支援学校の高等部を含む。）の全日制の課程の各学年の課程を修了した者と見なす。（表　略）

②　左表の上欄に規定する者は、下欄に掲げる学校教育法による高等学校（学校教育法による盲学校及び聾学校の高等部を含む。）の全日制の課程の各学年の課程を修了した者とみなす。（表　略）

第十一条　従前の規定による中学校、高等女学校又は実業学校の各学年の課程を修了した者の資格については、附則第五条及び第六条の規定による。

第十二条　前三条に規定するもののほか、従前の規定による学校の卒業者の資格については、別に定める。

第十三条　学校教育法附則第八条の規定による通信教育については、別に定める。

附　則（平成二二年六月一五日文部科学省令第一五号）

（施行期日）

1　この省令は、平成二十三年四月一日から施行する。

別表第一（第五十一条関係）略

別表第二（第七十三条関係）略

別表第三（第八十三条、第百八条、第百二十八条関係）略

別表第四（第七十六条、第百七条、第百十七条関係）略

別表第五（第百二十八条関係）略

平成二十年三月二十八日文部科学省令第五号の未施行内容

学校教育法施行規則の一部を改正する省令

学校教育法施行規則（昭和二十二年文部省令第十一号）の一部を次のように改正する。

第五十条第一項中「特別活動並びに総合的な学習の時間」を「外国語活動、総合的な学習の時間並びに特別活動」に改める。

第五十一条第一項中「特別活動及び総合的な学習の時間」を「外国語活動、総合的な学習の時間及び特別活動」に改める。

第七十二条第一項中「必修教科、選択教科、道徳、特別活動及び総合的な学習の時間」を「国語、社会、数学、理科、音楽、美術、保健体育、技術・家庭及び外国語の各教科（以下本章及び第七章中「各教科」という。）、道徳、総合的な学習の時間並びに特別活動」に改める。

第七十二条第二項を削る。

第七十二条第三項を削る。

第七十三条第一項中「必修教科、道徳、特別活動及び総合的な学習の時間」を「各教科、道徳、総合的な学習の時間及び特別活動」に改める。

第七十三条第一項中「、各学年における選択教科等に充てる授業時数」を削る。

第七十六条第一項中「必修教科、道徳、特別活動及び総合的な学習の時間」を「各教科、道徳、総合的な学習の時間及び特別活動」に改める。

第七十六条第一項中「、各学年における選択教科等に充てる授業時数」を削る。

第百七条第一項中「必修教科、道徳、特別活動及び総合的な学習の時間」を「各教科、道徳、総合的な学習の時間及び特別活動」に改める。

第百七条第一項中「、各学年における選択教科等に充てる授業時数」を削る。

別表第一を次のように改める。

別表第一（第五十一条関係）　略
別表第二を次のように改める。

別表第二（第七十三条関係）　略
別表第四を次のように改める。

別表第四（第七十六条、第百七条、第百十七条関係）

略

附　則（平成二〇年三月二八日文部科学省令第五号）

この省令は、平成二十年四月一日から施行する。ただし、第五十条、第五十一条及び別表第一の改正規定は平成二十三年四月一日から、第七十二条、第七十三条、第七十六条、第百七条、別表第二及び別表第四の改正規定は平成二十四年四月一日から施行する。

平成二十一年三月九日文部科学省令第三号の未施行内容

学校教育法施行規則の一部を改正する省令

学校教育法施行規則（昭和二十二年文部省令第十一号）の一部を次のように改正する。

第八十一条第一項中「、専門教育を主とする学科」の下に「（以下「専門学科」という。）」を加える。

第八十一条第一項中「専門教育を主とする学科を」を「専門学科を」に改める。

第八十三条第一項中「特別活動及び総合的な学習の時間」を「総合的な学習の時間及び特別活動」に改める。

第百二十六条第一項中「（知的障害者である児童を教育する場合は生活、国語、算数、音楽、図画工作及び体育の各教科とする。）」を削る。

第百二十六条第一項中「特別活動、自立活動並びに」を「外国語活動、」に改める。

第百二十六条第一項中「（知的障害者である児童を教育する場合を除く。）」を「、特別活動並びに自立活動」に改める。

第百二十六条の次に次の一項を加える。
2　前項の規定にかかわらず、知的障害者である児童を教育する場合は、生活、国語、算数、音楽、図画工作及び体育の各教科、道徳、特別活動並びに自立活動によつて教育課程を編成するものとする。
第百二十七条第一項中「必修教科、選択教科」を「国語、社会、数学、理科、音楽、美術、保健体育、技術・家庭及び外国語の各教科」に改める。

第百二十七条第一項中「特別活動、自立活動及び総合的な学習の時間」を「総合的な学習の時間、特別活動並びに自立活動」に改める。

第百二十七条第二項を次のように改める。
2　前項の規定にかかわらず、知的障害者である生徒を教育する場合は、国語、社会、数学、理科、音楽、美術、保健体育及び職業・家庭の各教科、道徳、総合的な学習の時間、特別活動並びに自立活動によつて教育課程を編成するものとする。ただし、必要がある場合には、外国語科を加えて教育課程を編成することができる。

第百二十七条第三項を削る。

第百二十八条第一項中「(知的障害者である生徒を教育する場合は国語、社会、数学、理科、音楽、美術、保健体育、職業、家庭、外国語、情報、家政、農業、工業及び流通・サービスの各教科並びに第百二十九条に規定する特別支援学校高等部学習指導要領で定めるこれら以外の教科とする。)、特別活動(知的障害者である生徒を教育する場合は、道徳及び特別活動とする。)、自立活動及び総合的な学習の時間」を「、総合的な学習の時間、特別活動並びに自立活動」に改める。

第百二十八条の次に次の一項を加える。

2　前項の規定にかかわらず、知的障害者である生徒を教育する場合は、国語、社会、数学、理科、音楽、美術、保健体育、職業、家庭、外国語、情報、家政、農業、工業、流通・サービス及び福祉の各教科、第百二十九条に規定する特別支援学校高等部学習指導要領で定めるこれら以外の教科、道徳、総合的な学習の時間、特別活動並びに自立活動によつて教育課程を編成するものとする。

第百三十条第二項中「道徳」の下に「、外国語活動」を加える。

別表第三を次のように改める。

別表第三(第八十三条、第百八条、第百二十八条関係)

(一)　各学科に共通する各教科(略)

(二)　主として専門学科において開設される各教科(略)

備考

一　(一)及び(二)の表の上欄に掲げる各教科について、それぞれの表の下欄に掲げる各教科に属する科目以外の科目を設けることができる。

二　(一)及び(二)の表の上欄に掲げる各教科以外の教科及び当該教科に関する科目を設けることができる。

別表第五を次のように改める。

別表第五(第百二十八条関係)

(一)　視覚障害者である生徒に対する教育を行う特別支援学校の主として専門学科において開設される各教科(略)

(二)　聴覚障害者である生徒に対する教育を行う特別支援学校の主として専門学科において開設される各教科(略)

備考

一　(一)及び(二)の表の上覧に掲げる各教科について、それぞれの表の下欄に掲げる各教科に属する科目以外の科目を設けることができる。二　(一)及び(二)の表の上覧に掲げる各教科以外の教科及び当該教科に関する科目を設けることができる。

附　則(平成二一年三月九日文部科学省令第三号)

1　この省令は、平成二十一年四月一日から施行する。ただし、次の各号に掲げる規定は、当該各号に定める日から施行する。

一　第百二十六条及び第百三十条第二項の改正規定　平成二十三年四月一日

二　第百二十七条第一項及び第二項の改正規定並びに第百二十七条第三項を削る改正規定　平成二十四年四月一日

三　第八十一条、第八十三条、第百二十八条、別表第三及び別表第五の改正規定　平成二十五年四月一日

2　改正後の学校教育法施行規則(以下「新令」という。)別表第三の規定は、平成二十五年四月一日以降高等学校(中等教育学校の後期課程及び特別支援学校の高等部を含む。以下同じ。)に入学した生徒(新令第九十一条(新令第百十三条第一項及び第百三十五条第五項で準用する場合を含む。附則第四項及び第五項において同じ。)の規定により入学した生徒であって同日前に入学した生徒に係る教育課程により履修するものを除く。)に係る教育課程から適用する。

3　前項の規定により新令別表第三の規定が適用されるまでの高等学校の教育課程については、なお従前の例による。

4　平成二十一年四月一日から平成二十五年三月三十一日までの間に高等学校に入学した生徒(新令第九十一条の規定により入学した生徒であって平成二十一年三月三十一日までに入学した生徒に係る教育課程により履修するものを除く。)に係る教育課程についての平成二十一年四月一日から新令別表第三の規定が適用されるまでの間における改正前の学校教育法施行規則(以下「旧令」という。)別表第三の規定の適用については、同表(二)の表福祉の項中「福祉情報処理」とあるのは、「福祉情報処理、介護福祉基礎、コミュニケーション技術、生活支援技術、介護過程、介護総合演習、介護実習、こころとからだの理解、福祉情報活用」とする。

5　平成二十四年四月一日から平成二十五年三月三十一日までの間に高等学校に入学した生徒(新令第九十一条の規定により入学した生徒であって平成二十四年三月三十一日までに入学した生徒に係る教育課程により履修するものを除く。)に係る教育課程についての平成二十四年四月一日から新令別表第三の規定が適用されるまでの間における旧令別表第三の規定の適用については、旧令別表第三(一)の表数学の項中「数学基礎、数学Ⅰ」とあるのは「数学Ⅰ」と、「数学C」とあるのは「数学活用」とし、同表理科の項中「理科基礎、理科総合A、理科総合B、物理Ⅰ物理Ⅱ、化学Ⅰ化学Ⅱ、生物Ⅰ生物Ⅱ、地学Ⅰ地学Ⅱ」とあるのは「科学と人間生活、物理基礎、物理、化学基礎、化学、生物基礎、生物、地学基礎、地学、理科課題研究」とし、旧令別表第三(二)の表理数の項中「理数数学探究」とあるのは「理数数学特論」と、「理数地学」とあるのは「理数地学、課題研究」とする。

6　平成二十一年四月一日から平成二十三年三月三十一日までの間における旧令第百二十六条及び第百三十条第二項の規定の適用については、旧令第百二十六条中「編成するものとする。」とあるのは「編成するものとする。ただし、第五学年及び第六学年においては、知的障害者である児童を教育する場合を除き、外国語活動を加えて編成することができる。」とし、旧令第百三十条第二項中「道徳」とあるのは「道徳、外国語活動」とする。

7　新令第百二十八条及び別表第五の規定は、平成

二十五年四月一日以降特別支援学校の高等部に入学した生徒（新令第百三十五条第五項で準用する新令第九十一条の規定により入学した生徒であって同日前に入学した生徒に係る教育課程により履修するものを除く。）に係る教育課程から適用する。

8　前項の規定により新令第百二十八条及び別表第五の規定が適用されるまでの特別支援学校の高等部の教育課程については、なお従前の例による。

9　平成二十二年四月一日から平成二十五年三月三十一日までの間に特別支援学校の高等部に入学した生徒（新令第百三十五条第五項で準用する新令第九十一条の規定により入学した生徒であって平成二十二年三月三十一日までに入学した生徒に係る教育課程により履修するものを除く。）に係る教育課程についての平成二十二年四月一日から新令第百二十八条及び別表第五の規定が適用されるまでの間における旧令第百二十八条及び別表第五の規定の適用については、同条中「及び流通・サービス」とあるのは「、流通・サービス及び福祉」とし、旧令別表第五（一）の表保健理療の項中「課題研究」とあるのは「課題研究、保健理療情報活用」とし、同表理療の項中「課題研究」とあるのは「課題研究、理療情報活用」とし、同表理学療法の項中「課題研究」とあるのは「課題研究、理学療法情報活用」とし、旧令別表第五（二）の表理容・美容の項中「課題研究」とあるのは「課題研究、理容・美容情報活用」とし、同表「歯科技工」の項中「課題研究」とあるのは「課題研究、歯科技工情報活用」とする。

平成二十二年六月十五日文部科学省令第十五号の未執行内容

学校教育法施行規則等の一部を改正する省令

（学校教育法施行規則の一部改正）

第一条　学校教育法施行規則（昭和二十二年文部省令第十一号）の一部を次のように改正する。

第百七十条中「同法同条第二項に規定する基準を適用するに際して必要な細目を定める省令」を「学校教育法第百十条第二項に規定する基準を適用するに際して必要な細目を定める省令」に改める。

第百七十二条の次に次の一条を加える。

第百七十二条の二　大学は、次に掲げる教育研究活動等の状況についての情報を公表するものとする。

一　大学の教育研究上の目的に関すること

二　教育研究上の基本組織に関すること

三　教員組織、教員の数並びに各教員が有する学位及び業績に関すること

四　入学者に関する受入方針及び入学者の数、収容定員及び在学する学生の数、卒業又は修了した者の数並びに進学者数及び就職者数その他進学及び就職等の状況に関すること

五　授業科目、授業の方法及び内容並びに年間の授業の計画に関すること

六　学修の成果に係る評価及び卒業又は修了の認定に当たつての基準に関すること

七　校地、校舎等の施設及び設備その他の学生の教育研究環境に関すること

八　授業料、入学料その他の大学が徴収する費用に関すること

九　大学が行う学生の修学、進路選択及び心身の健康等に係る支援に関すること

2　大学は、前項各号に掲げる事項のほか、教育上の目的に応じ学生が修得すべき知識及び能力に関する情報を積極的に公表するよう努めるものとする。

3　第一項の規定による情報の公表は、適切な体制を整えた上で、刊行物への掲載、インターネットの利用その他広く周知を図ることができる方法によつて行うものとする。

第百七十九条中「第百七十二条」を「第百七十二条の二」に改める。

附　則

この省令は、平成二十三年四月一日から施行する。

学校教育法第八十九条の規定を適用しない者を定める省令

平成十一年九月十四日文部省令第三十八号
最終改正　平成一九年一二月二五日文部科学省令第四〇号

学校教育法等の一部を改正する法律（平成十一年法律第五十五号）附則第二項の規定に基づき、学校教育法等の一部を改正する法律附則第二項の規定に基づき同法による改正後の学校教育法第五十五条の三の規定を適用しない者を定める省令を次のように定める。

学校教育法等の一部を改正する法律（平成十一年法律第五十五号）附則第二項の規定に基づき、同法の施行の日（以下「施行日」という。）前に大学に在学し、施行日以後に再び大学に在学することとなった者のうち、学校教育法第八十九条の規定を適用しない者として文部科学大臣の定める者は、次の各号の一に該当するものとする。

一　大学を退学した後に再び当該大学に入学し、当該退学までの在学期間が修業年限に通算された者であって、当該在学期間に施行日前の期間が含まれるもの
二　大学を卒業した後に再び当該大学に入学し、当該卒業までの在学期間が修業年限に通算された者であって、当該在学期間に施行日前の期間が含まれるもの
三　学校教育法施行規則第百四十九条各号に規定する者であって、転学、退学又は卒業した大学に入学した時期が施行日前であるもの

附　則

この省令は、学校教育法等の一部を改正する法律（平成十一年法律第五十五号）の施行の日（平成十二年四月一日）から施行する。

附　則（平成一九年一二月二五日文部科学省令第四〇号）抄

この省令は、学校教育法等の一部を改正する法律の施行の日（平成十九年十二月二十六日）から施行する。

学校教育法施行令第二十三条の二第一項第四号の規定による分野を定める件

平成十七年三月三十一日文部科学省告示第五十一号

学校教育法施行令（昭和二十八年政令第三百四十号）第二十三条の二第一項第四号の規定により、文部科学大臣が定めることとされた分野について次のように定め、平成十七年四月一日から施行し、平成十五年文部科学省告示第四十号（学校教育法施行令第二十三条の二第一項第五号の規定による分野を定める件）は、平成十七年三月三十一日限り、廃止する。

医師、歯科医師、獣医師及び船舶職員の養成に係る分野

学校教育法施行規則第九十八条各号の規定に基づく別に定める学修等

平成十年三月二十七日文部省告示第四十一号
最終改正　平成一九年一二月二五日文部科学省告示第一四六号

学校教育法施行規則（昭和二十二年文部省令第十一号）（以下「省令」という。）第六十三条の四の規定に基づき、次のように定め、平成十年四月一日から施行する。

なお、学校教育法施行規則第六十三条の四の規定により、別に定めることとされた学修について定める件（平成五年文部省告示第二十四号）及び学校教育法施行規則第六十三条の五の規定により、知識及び技能に関する審査で別に定めることとされたものについて定める件（平成五年文部省告示第二十五号）は廃止する。

1　省令第九十八条第一号の別に定める学修は、次に掲げる学修（第四号に掲げる学修にあっては、高等学校教育に相当する水準を有すると校長が認めたものに限る。）とする。

一　大学又は高等専門学校における学校教育法第百五条（同法第百二十三条において準用する場合を含む。）に規定する特別の課程における学修及び科目等履修生、研究生又は聴講生としての学修

二　専修学校の高等課程における学修並びに専門課程における学校教育法第百三十三条において準用する同法第百五条に規定する特別の課程における学修及び科目等履修生又は聴講生としての学修

三　専修学校が高等課程又は専門課程において高等学校の生徒を対象として行う附帯的教育事業における学修

四　大学において開設する公開講座における学修、公民館その他の社会教育施設において開設する講座における学修その他これらに類する学修

2　省令第九十八条第二号の知識及び技能に関する審査で別に定めるものは、次に掲げる審査とする。

一　青少年及び成人の学習活動に係る知識・技能審査事業の認定に関する規則（平成十二年文部省令第二十五号）又は技能審査の認定に関する規則（昭和四十二年文部省告示第二百三十七号）により文部科学大臣が認定した技能審査で、当該審査の合格に係る学修が高等学校教育に相当する水準を有すると校長が認めたもの

二　次に掲げる要件を備えた知識及び技能に関する審査で、当該審査における成果に係る学修が高等学校教育に相当する水準を有すると校長が認めたもの

イ　審査を行うものが国又は民法（明治二十九年法律第八十九号）第三十四条の規定による法人その他の団体であること。

ロ　審査の実施に関し、十分な社会的信用を得ていること。

ハ　審査が全国的な規模において、毎年一回以上行われるものであること。

ニ　審査の実施の方法が、適切かつ公正であること。

3　省令第九十八条第三号の別に定める学修は、次に掲げる活動に係る学修で高等学校教育に相当する水準を有すると校長が認めたものとする。

一　ボランティア活動、就業体験その他これらに類する活動

二　スポーツ又は文化に関する分野における活動で顕著な成果をあげたもの

附　則

（施行期日）

1　この告示は、平成十二年四月一日から施行する。

（経過措置）

2　この告示の施行前に、技能審査の認定に関する規則（昭和四十二年文部省告示第二百三十七号）により認定された技能審査については、平成十三年三月三十一日までの間、従前の例による。ただし、当該技能審査が青少年及び成人の学習活動に係る知識・技能審査事業の認定に関する規則（平成十二年文部省令第二十五号）により認定を受けた場合は、この限りではない。

附　則（平成一九年一二月二五日文部科学省告示一四六号）抄

（施行期日）

1　この告示は、学校教育法等の一部を改正する法律の施行の日（平成十九年十二月二十六日）から施行する。

視学委員規程

昭和三十年四月四日大臣裁定文大庶第一七五号
最終改正　平成一三年一月六日大臣裁定12文科高第四号

第一条　視学委員は、次の事項について、大学、短期大学又は高等専門学校に対し、専門的な指導、助言に当たる。
一　学部、研究科等の教育研究組織に関すること。
二　教員組織に関すること。
三　教育課程に関すること。
四　施設、設備等に関すること。
2　視学委員は、必要に応じ会議を開き、文部科学大臣に対し、大学、短期大学又は高等専門学校に関し、前項各号に掲げる事項について意見を述べることができる。

第二条　視学委員の種類は、次のとおりとし、その総数は二百十名以内とする。
大学
一般教育視学委員
文学視学委員
法学・政治学視学委員
経済学・商学視学委員
理学視学委員
医学視学委員
歯学視学委員
薬学視学委員
看護学・保健学視学委員
工学視学委員
農学視学委員
獣医学視学委員
教員養成視学委員
家政学視学委員
芸術視学委員
体育学視学委員
短期大学
短期大学視学委員
高等専門学校
高等専門学校視学委員

第三条　視学委員は、次に掲げる者のうちから、文部科学大臣が任命する。
一　大学及び短期大学の学長又は教授
二　高等専門学校の校長又は教授
三　学識経験者

附　則（昭和三三年二月二七日）
1　この規程は、昭和三十三年三月一日から実施する。
2　この規程施行の際現に在職する視学委員の任期は、なお従前の例による。

附　則（平成一三年一月六日）
この規程は、平成十三年一月六日から実施する。

3 高等教育

（二）設置基準

大学設置基準

昭和三十一年十月二十二日文部省令第二十八号
最終改正 平成二二年六月一五日文部科学省令第一五号

学校教育法第三条、第八条、第六十三条及び第八十八条の規定に基き、大学設置基準を次のように定める。

第一章 総則

（趣旨）

第一条 大学（短期大学を除く。以下同じ。）は、学校教育法（昭和二十二年法律第二十六号）その他の法令の規定によるほか、この省令の定めるところにより設置するものとする。

2 この省令で定める設置基準は、大学を設置するのに必要な最低の基準とする。

3 大学は、この省令で定める設置基準より低下した状態にならないようにすることはもとより、その水準の向上を図ることに努めなければならない。

（情報の積極的な提供）

第二条 大学は、当該大学における教育研究活動等の状況について、刊行物への掲載その他広く周知を図ることができる方法によつて、積極的に情報を提供するものとする。

（教育研究上の目的の公表等）

第二条の二 大学は、学部、学科又は課程ごとに、人材の養成に関する目的その他の教育研究上の目的を学則等に定め、公表するものとする。

（入学者選抜）

第二条の三 入学者の選抜は、公正かつ妥当な方法により、適当な体制を整えて行うものとする。

第二章 教育研究上の基本組織

（学部）

第三条 学部は、専攻により教育研究の必要に応じ組織されるものであつて、教育研究上適当な規模内容を有し、教員組織、教員数その他が学部として適当であると認められるものとする。

（学科）

第四条 学部には、専攻により学科を設ける。

2 前項の学科は、それぞれの専攻分野を教育研究するに必要な組織を備えたものとする。

（課程）

第五条 学部の教育上の目的を達成するため有益かつ適切であると認められる場合には、学科に代えて学生の履修上の区分に応じて組織される課程を設けることができる。

（学部以外の基本組織）

第六条 学校教育法第八十五条ただし書に規定する学部以外の教育研究上の基本となる組織（以下「学部以外の基本組織」という。）は、当該大学の教育研究上の目的を達成するため有益かつ適切であると認められるものであつて、次の各号に掲げる要件を備えるものとする。

一 教育研究上適当な規模内容を有すること。

二 教育研究上必要な教員組織、施設設備その他の諸条件を備えること。

三 教育研究を適切に遂行するためにふさわしい運営の仕組みを有すること。

2 学部以外の基本組織に係る専任教員数、校舎の面積及び学部以外の基本組織の教育研究に必要な附属施設の基準は、当該学部以外の基本組織の教育研究上の分野に相当すると認められる分野の学部又は学科に係るこれらの基準（第四十五条第一項に規定する共同学科（第十三条及び第三十七条の二において単に「共同学科」という。）に係るものを含む。）に準ずるものとする。

3 この省令において、この章、第十三条、第三十七条の二、第三十九条、第四十六条、第四十八条、第四十九条（第三十九条の規定に係る附属施設について適用する場合に限る。）、別表第一、別表第二及び別表第三を除き、「学部」には学部以外の基本組織を、「学科」には学部以外の基本組織を置く場合における相当の組織を含むものとする。

第三章 教員組織

（教員組織）

第七条 大学は、その教育研究上の目的を達成するため、教育研究組織の規模並びに授与する学位の種類及び分野に応じ、必要な教員を置くものとする。

2 大学は、教育研究の実施に当たり、教員の適切な役割分担の下で、組織的な連携体制を確保し、教育研究に係る責任の所在が明確になるように教員組織を編制するものとする。

3 大学は、教育研究水準の維持向上及び教育研究の活性化を図るため、教員の構成が特定の範囲の年齢に著しく偏ることのないよう配慮するものとする。

4 大学は、二以上の校地において教育を行う場合においては、それぞれの校地ごとに必要な教員を置くものとする。なお、それぞれの校地には、当該校地における教育に支障のないよう、原則として専任の教授又は准教授を少なくとも一人以上置くものとする。ただし、その校地が隣接している場合は、この限りでない。

第八条 削除

第九条 削除

（授業科目の担当）

第十条 大学は、教育上主要と認める授業科目（以下「主要授業科目」という。）については原則として専任の教授又は准教授に、主要授業科目以外の授業科目についてはなるべく専任の教授、准教授、講師又は助教（第十三条及び第四十六条第一項において「教授等」という。）に担当させるものとする。

2 大学は、演習、実験、実習又は実技を伴う授業科目については、なるべく助手に補助させるものとする。

（授業を担当しない教員）

第十一条 大学には、教育研究上必要があるときは、授業を担当しない教員を置くことができる。

（専任教員）

第十二条　教員は、一の大学に限り、専任教員となるものとする。

2　専任教員は、専ら前項の大学における教育研究に従事するものとする。

3　前項の規定にかかわらず、大学は、教育研究上特に必要があり、かつ、当該大学における教育研究の遂行に支障がないと認められる場合には、当該大学における教育研究以外の業務に従事する者を、当該大学の専任教員とすることができる。

（専任教員数）

第十三条　大学における専任教員の数は、別表第一により当該大学に置く学部の種類及び規模に応じ定める教授等の数（共同学科を置く学部にあつては、当該学部における共同学科以外の学科を一の学部とみなして同表を適用して得られる教授等の数と第四十六条の規定により得られる当該共同学科に係る専任教員の数を合計した数）と別表第二により大学全体の収容定員に応じ定める教授等の数を合計した数以上とする。

第四章　教員の資格

（学長の資格）

第十三条の二　学長となることのできる者は、人格が高潔で、学識が優れ、かつ、大学運営に関し識見を有すると認められる者とする。

（教授の資格）

第十四条　教授となることのできる者は、次の各号のいずれかに該当し、かつ、大学における教育を担当するにふさわしい教育上の能力を有すると認められる者とする。

一　博士の学位（外国において授与されたこれに相当する学位を含む。）を有し、研究上の業績を有する者

二　研究上の業績が前号の者に準ずると認められる者

三　学位規則（昭和二十八年文部省令第九号）第五条の二に規定する専門職学位（外国において授与されたこれに相当する学位を含む。）を有し、当該専門職学位の専攻分野に関する実務上の業績を有する者

四　大学において教授、准教授又は専任の講師の経歴（外国におけるこれらに相当する教員としての経歴を含む。）のある者

五　芸術、体育等については、特殊な技能に秀でていると認められる者

六　専攻分野について、特に優れた知識及び経験を有すると認められる者

（准教授の資格）

第十五条　准教授となることのできる者は、次の各号のいずれかに該当し、かつ、大学における教育を担当するにふさわしい教育上の能力を有すると認められる者とする。

一　前条各号のいずれかに該当する者

二　大学において助教又はこれに準ずる職員としての経歴（外国におけるこれらに相当する職員としての経歴を含む。）のある者

三　修士の学位又は学位規則第五条の二に規定する専門職学位（外国において授与されたこれらに相当する学位を含む。）を有する者

四　研究所、試験所、調査所等に在職し、研究上の業績を有する者

五　専攻分野について、優れた知識及び経験を有すると認められる者

（講師の資格）

第十六条　講師となることのできる者は、次の各号のいずれかに該当する者とする。

一　第十四条又は前条に規定する教授又は准教授となることのできる者

二　その他特殊な専攻分野について、大学における教育を担当するにふさわしい教育上の能力を有すると認められる者

（助教の資格）

第十六条の二　助教となることのできる者は、次の各号のいずれかに該当し、かつ、大学における教育を担当するにふさわしい教育上の能力を有すると認められる者とする。

一　第十四条各号又は第十五条各号のいずれかに該当する者

二　修士の学位（医学を履修する課程、歯学を履修する課程、薬学を履修する課程のうち臨床に係る実践的な能力を培うことを主たる目的とするもの又は獣医学を履修する課程を修了した者については、学士の学位）又は学位規則第五条の二に規定する専門職学位（外国において授与されたこれらに相当する学位を含む。）を有する者

三　専攻分野について、知識及び経験を有すると認められる者

（助手の資格）

第十七条　助手となることのできる者は、次の各号のいずれかに該当する者とする。

一　学士の学位（外国において授与されたこれに相当する学位を含む。）を有する者

二　前号の者に準ずる能力を有すると認められる者

第五章　収容定員

（収容定員）

第十八条　収容定員は、学科又は課程を単位とし、学部ごとに学則で定めるものとする。この場合において、第二十六条の規定による昼夜開講制を実施するときはこれに係る収容定員を、第五十条の規定により外国に学部、学科その他の組織を設けるときはこれに係る収容定員を、編入学定員を設けるときは入学定員及び編入学定員を、それぞれ明示するものとする。

2　収容定員は、教員組織、校地、校舎等の施設、設備その他の教育上の諸条件を総合的に考慮して定めるものとする。

3　大学は、教育にふさわしい環境の確保のため、在学する学生の数を収容定員に基づき適正に管理するものとする。

第六章　教育課程

（教育課程の編成方針）

第十九条　大学は、当該大学、学部及び学科又は課程等の教育上の目的を達成するために必要な授業科目を自ら開設し、体系的に教育課程を編成するものとする。

2　教育課程の編成に当たつては、大学は、学部等の専攻に係る専門の学芸を教授するとともに、幅広く深い教養及び総合的な判断力を培い、豊かな人間性を涵養するよう適切に配慮しなければならない。

（教育課程の編成方法）

第二十条　教育課程は、各授業科目を必修科目、選択科目及び自由科目に分け、これを各年次に配当して編成するものとする。

（単位）

第二十一条　各授業科目の単位数は、大学において定めるものとする。

2　前項の単位数を定めるに当たつては、一単位の授業科目を四十五時間の学修を必要とする内容をもつて構成することを標準とし、授業の方法に応じ、当該授業による教育効果、授業時間外に必要な学修等を考慮して、次の基準により単位数を計算するものとする。

一　講義及び演習については、十五時間から三十時間までの範囲で大学が定める時間の授業をもつて一単位とする。

二　実験、実習及び実技については、三十時間から四十五時間までの範囲で大学が定める時間の授業をもつて一単位とする。ただし、芸術等の分野における個人指導による実技の授業については、大学が定める時間の授業をもつて一単位とすることができる。

三　一の授業科目について、講義、演習、実験、実習又は実技のうち二以上の方法の併用により行う場合については、その組み合わせに応じ、前二号に規定する基準を考慮して大学が定める時間の授業をもつて一単位とする。

3　前項の規定にかかわらず、卒業論文、卒業研究、卒業制作等の授業科目については、これらの学修の成果を評価して単位を授与することが適切と認められる場合には、これらに必要な学修等を考慮して、単位数を定めることができる。

（一年間の授業期間）

第二十二条　一年間の授業を行う期間は、定期試験等の期間を含め、三十五週にわたることを原則とする。

（各授業科目の授業期間）

第二十三条　各授業科目の授業は、十週又は十五週にわたる期間を単位として行うものとする。ただし、教育上特別の必要があると認められる場合は、これらの期間より短い特定の期間において授業を行うことができる。

（授業を行う学生数）

第二十四条　大学が一の授業科目について同時に授業を行う学生数は、授業の方法及び施設、設備その他の教育上の諸条件を考慮して、教育効果を十分にあげられるような適当な人数とするものとする。

（授業の方法）

第二十五条　授業は、講義、演習、実験、実習若しくは実技のいずれかにより又はこれらの併用により行うものとする。

2　大学は、文部科学大臣が別に定めるところにより、前項の授業を、多様なメディアを高度に利用して、当該授業を行う教室等以外の場所で履修させることができる。

3　大学は、第一項の授業を、外国において履修させることができる。前項の規定により、多様なメディアを高度に利用して、当該授業を行う教室等以外の場所で履修させる場合についても、同様とする。

4　大学は、文部科学大臣が別に定めるところにより、第一項の授業の一部を、校舎及び附属施設以外の場所で行うことができる。

（成績評価基準等の明示等）

第二十五条の二　大学は、学生に対して、授業の方法及び内容並びに一年間の授業の計画をあらかじめ明示するものとする。

2　大学は、学修の成果に係る評価及び卒業の認定に当たつては、客観性及び厳格性を確保するため、学生に対してその基準をあらかじめ明示するとともに、当該基準にしたがつて適切に行うものとする。

（教育内容等の改善のための組織的な研修等）

第二十五条の三　大学は、当該大学の授業の内容及び方法の改善を図るための組織的な研修及び研究を実施するものとする。

（昼夜開講制）

第二十六条　大学は、教育上必要と認められる場合には、昼夜開講制（同一学部において昼間及び夜間の双方の時間帯において授業を行うことをいう。）により授業を行うことができる。

第七章　卒業の要件等

（単位の授与）

第二十七条　大学は、一の授業科目を履修した学生に対しては、試験の上単位を与えるものとする。ただし、第二十一条第三項の授業科目については、大学の定める適切な方法により学修の成果を評価して単位を与えることができる。

（履修科目の登録の上限）

第二十七条の二　大学は、学生が各年次にわたつて適切に授業科目を履修するため、卒業の要件として学生が修得すべき単位数について、学生が一年間又は一学期に履修科目として登録することができる単位数の上限を定めるよう努めなければならない。

2　大学は、その定めるところにより、所定の単位を優れた成績をもつて修得した学生については、前項に定める上限を超えて履修科目の登録を認めることができる。

（他の大学又は短期大学における授業科目の履修等）

第二十八条　大学は、教育上有益と認めるときは、学生が大学の定めるところにより他の大学又は短期大学において履修した授業科目について修得した単位を、六十単位を超えない範囲で当該大学における授業科目の履修により修得したものとみなすことができる。

2　前項の規定は、学生が、外国の大学又は短期大学に留学する場合、外国の大学又は短期大学が行う通信教育における授業科目を我が国において履修する場合及び外国の大学又は短期大学の教育課程を有するものとして当該外国の学校教育制度において位置付けられた教育施設であつて、文部科学大臣が別に指定するものの当該教育課程における授業科目を我が国において履修する場合について準用する。

（大学以外の教育施設等における学修）

第二十九条　大学は、教育上有益と認めるときは、学生が行う短期大学又は高等専門学校の専攻科における学修その他文部科学大臣が別に定める学修を、当該大学における授業科目の履修とみなし、大学の定めるところにより単位を与えることができる。

2　前項により与えることができる単位数は、前条第一項及び第二項により当該大学において修得したものとみなす単位数と合わせて六十単位を超えないものとする。

（入学前の既修得単位等の認定）

第三十条　大学は、教育上有益と認めるときは、学生が当該大学に入学する前に大学又は短期大学において履修した授業科目について修得した単位（第三十一条第一項の規定により修得した単位を含む。）を、当該大学に入学した後の当該大学における授業科目の履修により修得したものとみなすことができる。

2　大学は、教育上有益と認めるときは、学生が当該大学に入学する前に行つた前条第一項に規定する学修を、当該大学における授業科目の履修とみなし、大学の定めるところにより単位を与えることができる。

3　前二項により修得したものとみなし、又は与えることのできる単位数は、編入学、転学等の場合を除き、当該大学において修得した単位以外のものについては、第二十八条第一項（同条第二項において準用する場合を含む。）及び前条第一項により当該大学において修得したものとみなす単位数と合わせて六十単位を超えないものとする。

（長期にわたる教育課程の履修）

第三十条の二　大学は、大学の定めるところにより、学生が、職業を有している等の事情により、修業年限を超えて一定の期間にわたり計画的に教育課程を履修し卒業することを希望する旨を申し出たときは、その計画的な履修を認めることができる。

（科目等履修生等）

第三十一条　大学は、大学の定めるところにより、当該大学の学生以外の者で一又は複数の授業科目を履修する者（以下「科目等履修生」という。）に対し、単位を与えることができる。

2　科目等履修生に対する単位の授与については、第二十七条の規定を準用する。

3　大学は、科目等履修生その他の学生以外の者（次項において「科目等履修生等」という。）を相当数受け入れる場合においては、第十三条、第三十七条及び第三十七条の二に規定する基準を考慮して、教育に支障のないよう、それぞれ相当の専任教員並びに校地及び校舎の面積を増加するものとする。

4　大学は、科目等履修生等を受け入れる場合においては、一の授業科目について同時に授業を行うこれらの者の人数は、第二十四条の規定を踏まえ、適当な人数とするものとする。

（卒業の要件）

第三十二条　卒業の要件は、大学に四年以上在学し、百二十四単位以上を修得することとする。

2　前項の規定にかかわらず、医学又は歯学に関する学科に係る卒業の要件は、大学に六年以上在学し、百八十八単位以上を修得することとする。ただし、教育上必要と認められる場合には、大学は、修得すべき単位の一部の修得について、これに相当する授業時間の履修をもつて代えることができる。

3　第一項の規定にかかわらず、薬学に関する学科のうち臨床に係る実践的な能力を培うことを主たる目的とするものに係る卒業の要件は、大学に六年以上在学し、百八十六単位以上（将来の薬剤師としての実務に必要な薬学に関する臨床に係る実践的な能力を培うことを目的として大学の附属病院その他の病院及び薬局で行う実習（以下「薬学実務実習」という。）に係る二十単位以上を含む。）を修得することとする。

4　第一項の規定にかかわらず、獣医学に関する学科に係る卒業の要件は、大学に六年以上在学し、百八十二単位以上を修得することとする。

5　第一項の規定により卒業の要件として修得すべき百二十四単位のうち、第二十五条第二項の授業の方法により修得する単位数は六十単位を超えないものとする。

（授業時間制をとる場合の特例）

第三十三条　前条第二項ただし書により授業時間の履修をもつて単位の修得に代える授業科目に係る第二十一条第一項又は第二十七条の規定の適用については、第二十一条第一項中「単位数」とあるのは「授業時間数」と、第二十七条中「一の授業科目」とあるのは「授業科目」と、「単位を与えるものとする」とあるのは「修了を認定するものとする」とする。

2　授業時間数を定めた授業科目については、当該授業科目の授業時間数をこれに相当する単位数とみなして第二十八条第一項（同条第二項において準用する場合を含む。）、第二十九条第一項又は第三十条第一項若しくは第二項の規定を適用することができる。

第八章　校地、校舎等の施設及び設備等

（校地）

第三十四条　校地は、教育にふさわしい環境をもち、校舎の敷地には、学生が休息その他に利用するのに適当な空地を有するものとする。

（運動場）

第三十五条　運動場は、教育に支障のないよう、原則として校舎と同一の敷地内又はその隣接地に設けるものとし、やむを得ない場合には適当な位置にこれを設けるものとする。

（校舎等施設）

第三十六条　大学は、その組織及び規模に応じ、少なくとも次に掲げる専用の施設を備えた校舎を有するものとする。ただし、特別の事情があり、かつ、教育研究に支障がないと認められるときは、この限りでない。

一　学長室、会議室、事務室

二　研究室、教室（講義室、演習室、実験・実習室等とする。）

三　図書館、医務室、学生自習室、学生控室

2　研究室は、専任の教員に対しては必ず備えるものとする。

3　教室は、学科又は課程に応じ、必要な種類と数を備えるものとする。

4　校舎には、第一項に掲げる施設のほか、なるべく情報処理及び語学の学習のための施設を備えるものとする。

5　大学は、校舎のほか、原則として体育館を備えるとともに、なるべく体育館以外のスポーツ施設及び講堂並びに寄宿舎、課外活動施設その他の厚生補導に関する施設を備えるものとする。

6　夜間において授業を行う学部（以下「夜間学部」という。）を置く大学又は昼夜開講制を実施する大学にあつては、研究室、教室、図書館その他の施設の利用について、教育研究に支障のないようにするものとする。

（校地の面積）

第三十七条　大学における校地の面積（附属病院以外の附属施設用地及び寄宿舎の面積を除く。）は、収容定員上の学生一人当たり十平方メートルとして算定した面積に附属病院建築面積を加えた面積とする。

2　前項の規定にかかわらず、同じ種類の昼間学部（昼間において授業を行う学部をいう。以下同じ。）及び夜間学部が近接した施設等を使用し、又は施設等を共用する場合の校地の面積は、当該昼間学部及び夜間学部における教育研究に支障のない面積とする。

3　昼夜開講制を実施する場合においては、これに係る収容定員、履修方法、施設の使用状況等を考慮して、教育に支障のない限度において、第一項に規定する面積を減ずることができる。

（校舎の面積）

第三十七条の二　校舎の面積は、一個の学部のみを置く大学にあつては、別表第三イ又はロの表に定める面積（共同学科を置く場合にあつては、当該学部における共同学科以外の学科を一の学部とみなして同表を適用して得られる面積に第四十八条第一項の規定により得られる当該共同学科に係る面積を加えた面積）以上とし、複数の学部を置く大学にあつては、当該複数の学部のうち同表に定める面積（共同学科を置く学部については、当該学部における共同学科以外の学科を一の学部とみなして同表を適用して得られる面積）が最大である学部についての同表に定める面積（共同学科を置く学部については、当該学部における共同学科以外の学科を一の学部とみなして同表を適用して得られる面積）に当該学部以外の学部についてのそれぞれ別表第三ロ又はハの表に定める面積（共同学科を置く学部については、当該学部における共同学科以外の学科を一の学部とみなして同表を適用して得られる面積）を合計した面積を加えた面積（共同学科を置く場合にあつては、第四十八条第一項の規定により得られる当該共同学科に係る面積を加えた面積）以上とする。

（図書等の資料及び図書館）

第三十八条　大学は、学部の種類、規模等に応じ、図書、学術雑誌、視聴覚資料その他の教育研究上必要な資料を、図書館を中心に系統的に備えるものとする。

2　図書館は、前項の資料の収集、整理及び提供を行うほか、情報の処理及び提供のシステムを整備して学術情報の提供に努めるとともに、前項の資料の提供に関し、他の大学の図書館等との協力に努めるものとする。

3　図書館には、その機能を十分に発揮させるために必要な専門的職員その他の専任の職員を置くものとする。

4　図書館には、大学の教育研究を促進できるような適当な規模の閲覧室、レフアレンス・ルーム、整理室、書庫等を備えるものとする。

5　前項の閲覧室には、学生の学習及び教員の教育研究のために十分な数の座席を備えるものとする。

（附属施設）

第三十九条　次の表の上欄に掲げる学部を置き、又は学科を設ける大学には、その学部又は学科の教育研究に必要な施設として、それぞれ下欄に掲げる附属施設を置くものとする。

学部又は学科	附属施設
教員養成に関する学部又は学科	附属学校
医学又は歯学に関する学部	附属病院
農学に関する学部	農場
林学に関する学科	演習林
獣医学に関する学部又は学科	家畜病院
畜産学に関する学部又は学科	飼育場又は牧場
水産学又は商船に関する学部	練習船（共同利用による場合を含む。）
水産増殖に関する学科	養殖施設
薬学に関する学部又は学科	薬用植物園（薬草園）
体育に関する学部又は学科	体育館

2　工学に関する学部を置く大学には、原則として実験・実習工場を置くものとする。

（薬学実務実習に必要な施設）

第三十九条の二　薬学に関する学部又は学科のうち臨床に係る実践的な能力を培うことを主たる目的とするものを置き、又は設ける大学は、薬学実務実習に必要な施設を確保するものとする。

（機械、器具等）

第四十条　大学は、学部又は学科の種類、教員数及び学生数に応じて必要な種類及び数の機械、器具及び標本を備えるものとする。

（二以上の校地において教育研究を行う場合における施設及び設備）

第四十条の二　大学は、二以上の校地において教育研究を行う場合においては、それぞれの校地ごとに教育研究に支障のないよう必要な施設及び設備を備えるものとする。ただし、その校地が隣接している場合は、この限りでない。

（教育研究環境の整備）

第四十条の三　大学は、その教育研究上の目的を達成するため、必要な経費の確保等により、教育研究にふさわしい環境の整備に努めるものとする。

（大学等の名称）

第四十条の四　大学、学部及び学科（以下「大学等」という。）の名称は、大学等として適当であるとともに、

当該大学等の教育研究上の目的にふさわしいものとする。

第九章　事務組織等

（事務組織）

第四十一条　大学は、その事務を処理するため、専任の職員を置く適当な事務組織を設けるものとする。

（厚生補導の組織）

第四十二条　大学は、学生の厚生補導を行うため、専任の職員を置く適当な組織を設けるものとする。

第十章　共同教育課程に関する特例

（共同教育課程の編成）

第四十三条　二以上の大学は、その大学、学部及び学科の教育上の目的を達成するために必要があると認められる場合には、第十九条第一項の規定にかかわらず、当該二以上の大学のうち一の大学が開設する授業科目を、当該二以上の大学のうち他の大学の教育課程の一部とみなして、それぞれの大学ごとに同一内容の教育課程（通信教育に係るもの及び大学が外国に設ける学部、学科その他の組織において開設される授業科目の履修により修得する単位を当該学科に係る卒業の要件として修得すべき単位の全部又は一部として修得するものを除く。以下「共同教育課程」という。）を編成することができる。ただし、共同教育課程を編成する大学（以下「構成大学」という。）は、それぞれ当該共同教育課程に係る主要授業科目の一部を必修科目として自ら開設するものとする。

2　大学は、共同教育課程（大学院の課程に係るものを含む。）のみを編成することはできない。

3　構成大学は、当該共同教育課程を編成し、及び実施するための協議の場を設けるものとする。

（共同教育課程に係る単位の認定）

第四十四条　構成大学は、学生が当該構成大学のうち一の大学において履修した共同教育課程に係る授業科目について修得した単位（第三十二条第二項ただし書により授業時間の履修をもつて代えるものを含む。）を、当該構成大学のうち他の大学における当該共同教育課程に係る授業科目の履修により修得したものとそれぞれみなすものとする。

（共同学科に係る卒業の要件）

第四十五条　共同教育課程を編成する学科（以下「共同学科」という。）に係る卒業の要件は、第三十二条第一項、第三項又は第四項に定めるもののほか、それぞれの大学において当該共同教育課程に係る授業科目の履修により三十一単位以上を修得することとする。

2　前項の規定にかかわらず、医学又は歯学に関する共同学科に係る卒業の要件は、第三十二条第二項に定めるもののほか、それぞれの大学において当該共同教育課程に係る授業科目の履修により三十二単位（同項ただし書により授業時間の履修をもつて代えるものを含む。）以上を修得することとする。

3　前二項の規定によりそれぞれの大学において当該共同教育課程に係る授業科目の履修により修得する単位数には、第二十八条第一項（同条第二項において準用する場合を含む。）、第二十九条第一項、第三十条第一項若しくは第二項又は前条の規定により修得したものとみなし、若しくは与えることができ、又はみなすものとする単位を含まないものとする。

（共同学科に係る専任教員数）

第四十六条　共同学科に係る専任教員の数は、それぞれの大学に置く当該共同教育課程を編成する学科を合わせて一の学部とみなして、その種類及び規模に応じ別表第一イの表の中欄又はロの表を適用して得られる教授等の数（次項において「全体専任教員数」という。）をこれらの学科に係る収容定員の割合に応じて按分した数（その数に一に満たない端数があるときはこれを切り捨てる。以下この条において「大学別専任教員数」という。）以上とする。

2　前項に規定する当該共同教育課程を編成する学科に係る大学別専任教員数の合計が全体専任教員数に満たないときは、その不足する数の専任教員をいずれかの大学の当該共同教育課程を編成する学科に置くものとする。

3　第一項の規定による当該共同教育課程を編成する学科に係る大学別専任教員数（前項の規定により当該学科に不足する数の専任教員を置くときは、当該専任教員の数を加えた数）が、当該学科の種類に応じ、別表第一イの表の下欄（保健衛生学関係（看護学関係）にあつては、中欄）に定める専任教員の数の八割に相当する数又は別表第一ロの表の収容定員三六〇人までの場合の専任教員数の欄の数（以下これらをこの項において「最小大学別専任教員数」という。）に満たないときは、前二項の規定にかかわらず、当該学科に係る専任教員の数は、最小大学別専任教員数以上とする。

（共同学科に係る校地の面積）

第四十七条　第三十七条第一項の規定にかかわらず、共同学科に係る校地の面積については、それぞれの大学に置く当該共同教育課程を編成する学科に係る校地の面積を合計した面積がこれらの学科に係る収容定員を合計した数に十平方メートルを乗じて得た面積を超え、かつ、教育研究に支障がないと認められる場合には、それぞれの大学ごとに当該学科に係る収容定員上の学生一人当たり十平方メートルとして算定した面積を有することを要しない。

（共同学科に係る校舎の面積）

第四十八条　共同学科に係る校舎の面積は、それぞれの大学に置く当該共同教育課程を編成する学科を合わせて一の学部とみなしてその種類に応じ別表第三イ又はロの表を適用して得られる面積（次項において「全体校舎面積」という。）をこれらの学科に係る収容定員の割合に応じて按分した面積（次項において「大学別校舎面積」という。）以上とする。

2　第三十七条の二及び前項の規定にかかわらず、共同学科に係る校舎の面積については、それぞれの大学に置く当該共同教育課程を編成する学科に係る校舎の面積を合計した面積が全体校舎面積を超え、かつ、教育研究に支障がないと認められる場合には、それぞれの大学ごとに大学別校舎面積を有することを要しない。

（共同学科に係る施設及び設備）

第四十九条　前二条に定めるもののほか、第三十四条から第三十六条まで及び第三十八条から第四十条までの規定にかかわらず、共同学科に係る施設及び設備については、それぞれの大学に置く当該共同教育課程を編成する学科を合わせて一の学部又は学科とみなしてその種類、教員数及び学生数に応じて必要な施設及び設備を備え、かつ、教育研究に支障がないと認められる場合には、それぞれの大学ごとに当該学科に係る施設及び設備を備えることを要しない。

第十一章　雑則

（外国に設ける組織）

第五十条　大学は、文部科学大臣が別に定めるところにより、外国に学部、学科その他の組織を設けることができる。

（学校教育法第百三条に定める大学についての適用除外）

第五十一条　第三十四条、第三十五条、第三十六条第四項及び第五項、第三十七条、第三十七条の二、第四十七条、第四十八条並びに第四十九条（第三十四条、第三十五条並びに第三十六条第四項及び第五項の規定に係る施設及び設備について適用する場合に限る。）の規定は、学校教育法第百三条に定める大学には適用しない。

（その他の基準）

第五十二条　大学院その他に関する基準は、別に定める。

（段階的整備）

第五十三条　新たに大学等を設置し、又は薬学を履修する課程の修業年限を変更する場合の教員組織、校舎等の施設及び設備については、別に定めるところにより、段階的に整備することができる。

附　則

1　この省令は、公布の日から施行する。

2　この省令施行の際、現に設置されている大学に在職する教員については、その教員が現に在職する教員の職に在る限り、この省令の教員の資格に関する規定は、適用しない。

3　この省令施行の際、現に設置されている大学の組織、編制、施設及び設備でこの省令施行の日前に係るものについては、当分の間、なお従前の例によることができる。

4　昭和六十一年度から平成四年度までの間に期間（昭和六十一年度から平成十一年度までの間の年度間に限る。）を付して入学定員を増加する大学（次項において「期間を付して入学定員を増加する大学」という。）の専任教員数については、第十三条の規定により算定し、当該入学定員の増加に伴い必要とされる専任教員数が増加することとなるときは、当該増加することとなる専任教員数は、教育に支障のない限度において、兼任の教員をもつて充てることができるものとする。

5　期間を付して入学定員を増加する大学の校地の面積の算定については、当該入学定員の増加はないものとみなして第三十七条第一項の規定を適用する。

6　昭和六十一年度以降に期間（平成十一年度を終期とするものに限る。）を付して入学定員を増加又は設定した大学であって、当該期間の経過後引き続き、当該入学定員の範囲内で期間（平成十二年度から平成十六年度までの間の年度間に限る。）を付して入学定員を増加するものの専任教員数及び校地の面積の算定については、前二項の例による。

7　平成二十二年度以降に期間（平成三十六年度までの間の年度間に限る。）を付して医学に関する学部の学科に係る収容定員を、七百二十人を超えて、地域医療再生臨時特例交付金の申請に際して都道府県が策定する地域医療の再生に関する計画に記載された大学の入学定員及び編入学定員の増加により算出される収容定員の増加のみにより七百五十人までの範囲で増加する大学（次項及び第九項において「医学部の収容定員を七百二十人を超えて増加する大学」という。）の専任教員数の算定については、別表第一ロに定める医学関係の専任教員数は、百五十人とし、かつ、文部科学大臣が別に定める基準に適合することとして、第十三条の規定を適用する。

8　医学部の収容定員を七百二十人を超えて増加する大学の校地の面積の算定については、当該大学の医学に関する学部の学科における七百二十人を超える部分の収容定員の増加はないものとみなして第三十七条第一項の規定を適用する。

9　医学部の収容定員を七百二十人を超えて増加する大学の校舎の面積の算定については、別表第三ロに定める収容定員七百二十人までの場合の医学関係の校舎の面積に七百二十人を超える収容定員に応じて六人につき七十五平方メートルの割合により算出される面積を増加した面積とし、及び別表第三ロに定める医学関係の附属病院の面積を別表第三ロに定める収容定員七百二十人までの場合の医学関係の附属病院の面積に七百二十人を超える収容定員に応じて六人につき百平方メートルの割合により算出される面積を増加した面積として、第三十七条の二の規定を適用する。

附　則（平成二二年六月一五日文部科学省令第一五号）

この省令は、平成二十三年四月一日から施行する。

別表第一　学部の種類及び規模に応じ定める専任教員数（第十三条関係）

イ　医学又は歯学に関する学部以外の学部に係るもの

学部の種類	一学科で組織する場合の専任教員数		二以上の学科で組織する場合の一学科の収容定員並びに専任教員数	
	収容定員	専任教員数	収容定員	専任教員数
文学関係	三二〇―六〇〇	一〇	二〇〇―四〇〇	六
教育学・保育学関係	三二〇―六〇〇	一〇	二〇〇―四〇〇	六
法学関係	四〇〇―八〇〇	一四	四〇〇―六〇〇	一〇
経済学関係	四〇〇―八〇〇	一四	四〇〇―六〇〇	一〇
社会学・社会福祉学関係	四〇〇―八〇〇	一四	四〇〇―六〇〇	一〇
理学関係	二〇〇―四〇〇	一四	一六〇―三二〇	八
工学関係	二〇〇―四〇〇	一四	一六〇―三二〇	八
農学関係	二〇〇―四〇〇	一四	一六〇―三二〇	八
獣医学関係	三〇〇―六〇〇	二八	二四〇―四八〇	一六
薬学関係（臨床に係る実践的な能力を培うことを主たる目的とするもの）	三〇〇―六〇〇	二八	二四〇―三六〇	一六
薬学関係（臨床に係る実践的な能力を培うことを主たる目的とするものを除く。）	二〇〇―四〇〇	一四	一六〇―二四〇	八
家政関係	二〇〇―四〇〇	一〇	一六〇―二四〇	六
美術関係	二〇〇―四〇〇	一〇	一六〇―二四〇	六
音楽関係	二〇〇―四〇〇	一〇	一六〇―二四〇	六
体育関係	二〇〇―四〇〇	一二	一六〇―三二〇	八
保健衛生学関係（看護学関係）	二〇〇―四〇〇	一二	―	―
保健衛生学関係（看護学関係を除く。）	二〇〇―四〇〇	一四	一六〇―三二〇	八

備考

一　この表に定める教員数の半数以上は原則として教授とする（別表第二において同じ。）。

二　この表に定める教員数には、第十一条の授業を担当しない教員を含まないこととする（以下ロの表及び別表第二において同じ。）。

三　収容定員がこの表に定める数に満たない場合の専任教員数は、その二割の範囲内において兼任の教員に代えることができる（別表第二において同じ。）。

四　収容定員がこの表の定める数を超える場合は、その超える収容定員に応じて四〇〇人につき教員三人（獣医学関係又は薬学関係（臨床に係る実践的な能力を培うことを主たる目的とするもの）にあつては、収容定員六〇〇人につき教員六人）の割合により算出される数の教員を増加するものとする（ロの表において同じ。）。

五　夜間学部がこれと同じ種類の昼間学部と同一の施設等を使用する場合の教員数は、この表に定める教員数の三分の一以上とする。ただし、夜間学部の収容定員が当該昼間学部の収容定員を超える場合は、夜間学部の教員数はこの表に定める教員数とし、当該昼間学部の教員数はこの表に定める教員数の三分の一以上とする（別表第二において同じ。）。

六　昼夜開講制を実施する場合は、これに係る収容定員、履修方法、授業の開設状況等を考慮して、教育に支障のない限度において、この表に定める教員数を減ずることができる（別表第二において同じ。）。

七　二以上の学科で組織する学部における教員数は、同一分野に属する二以上の学科ごとにそれぞれこの表の下欄から算出される教員数の合計数とする。ただし、同一分野に属する学科が他にない場合には、当該学科については、この表の中欄から算出される教員数とする。

八　二以上の学科で組織される学部に獣医学関係の学科を置く場合における教員数は、それぞれの学科が属する分野のこの表の下欄から算出される教員数の合計数とする。

九　薬学分野に属する二以上の学科で組織される学部に薬学関係（臨床に係る実践的な能力を培うことを主たる目的とするもの）の一学科を置く場合における当該一学科に対するこの表の適用については、下欄中「一六」とあるのは、「二二」とする。

十　薬学関係（臨床に係る実践的な能力を培うことを主たる目的とするもの）の学部に係る専任教員のうちには、文部科学大臣が別に定めるところにより、薬剤師としての実務の経験を有する者を含むものとする。

十一　この表に掲げる学部以外の学部に係る教員数については、当該学部に類似するこの表に掲げる学部の例によるものとする。ただし、教員養成に関する学部については、免許状の種類に応じ、教育職員免許法（昭和二十四年法律第百四十七号）及び教育職員免許法施行規則（昭和二十九年文部省令第二十六号）に規定する教科及び教職に関する科目の所要単位を修得させるのに必要な数の教員を置くものとするほか、この表によることが適当でない場合については、別に定める。

3 高等教育

ロ　医学又は歯学に関する学部に係るもの

学部の種類	収容定員三六〇人までの場合の専任教員数	収容定員四八〇人までの場合の専任教員数	収容定員六〇〇人までの場合の専任教員数	収容定員七二〇人までの場合の専任教員数	収容定員八四〇人までの場合の専任教員数	収容定員九六〇人までの場合の専任教員数
医学関係	一三〇	一四〇	一四〇	一四〇	—	—
歯学関係	七五	八五	九二	九九	一〇六	一一三

備考

一　この表に定める医学に関する学部に係る専任教員数のうち教授、准教授又は講師の合計数は、六十人以上とし、そのうち三十人以上は教授とする。

二　この表に定める歯学に関する学部に係る専任教員数のうち、教授、准教授又は講師の合計数は、三十六人以上とし、そのうち十八人以上は教授とする。

三　附属病院における教育、研究及び診療に主として従事する相当数の専任教員を別に置くものとする。

四　この表に定める専任教員数は、医学又は歯学に関する学科のみを置く場合に係る専任教員数とし、その他の学科を置く場合に係る専任教員数については、医学又は歯学に関する学科についてこの表に定める教員数と当該医学又は歯学に関する学科以外の学科についてイの表に定める教員数の合計数とする。

別表第二　大学全体の収容定員に応じ定める専任教員数
（第十三条関係）

大学全体の収容定員	四〇〇人	八〇〇人
専任教員数	七	一二

備考

一　この表に定める収容定員は、医学又は歯学に関する学部以外の学部の収容定員を合計した数とする。

二　収容定員がこの表に定める数を超える場合は、収容定員が四〇〇人を超え八〇〇人未満の場合にあつては収容定員八〇人につき教員一人の割合により、収容定員が八〇〇人を超える場合にあつては収容定員四〇〇人につき教員三人の割合により算出される数の教員を増加するものとする。

三　医学又は歯学に関する学部を置く場合（当該学部に医学又は歯学に関する学科のみを置く場合に限る。）においては、当該学部の収容定員が四八〇人の場合にあつては七人、七二〇人の場合にあつては八人をこの表に定める数に加えるものとする。ただし、当該学部の収容定員が四八〇人未満の場合には、その加える数を六人とすることができる。

四　医学又は歯学に関する学部を置く場合で当該学部に医学又は歯学に関する学科以外の学科を置く場合においては、当該医学又は歯学に関する学科については前号により算出される教員数とし、当該医学又は歯学に関する学科以外の学科についてはその収容定員と他の学部の収容定員の合計数から第一号により算出される教員数とする。

別表第三　学部の種類に応じ定める校舎の面積（第三十七条の二関係）

イ　医学又は歯学に関する学部以外の学部に係る基準校舎面積

収容定員 学部の種類	二〇〇人までの場合の面積（平方メートル）	四〇〇人までの場合の面積（平方メートル）	八〇〇人までの場合の面積（平方メートル）	八〇一人以上の場合の面積（平方メートル）
文学関係	2,644	（収容定員―200）×611÷200+2,644	（収容定員―400）×1,653÷400+3,305	（収容定員―800）×1,322÷400+4,958
教育学・保育学関係	2,644	（収容定員―200）×661÷200+2,644	（収容定員―400）×1,653÷400+3,305	（収容定員―800）×1,322÷400+4,958
法学関係	2,644	（収容定員―200）×661÷200+2,644	（収容定員―400）×1,653÷400+3,305	（収容定員―800）×1,322÷400+4,958
経済学関係	2,644	（収容定員―200）×661÷200+2,644	（収容定員―400）×1,653÷400+3,305	（収容定員―800）×1,322÷400+4,958
社会学・社会福祉学関係	2,644	（収容定員―200）×661÷200+2,644	（収容定員―400）×1,653÷400+3,305	（収容定員―800）×1,322÷400+4,958
理学関係	4,628	（収容定員―200）×1,157÷200+4,628	（収容定員―400）×3,140÷400+5,785	（収容定員―800）×3,140÷400+8,925
工学関係	5,289	（収容定員―200）×1,322÷200+5,289	（収容定員―400）×4,628÷400+6,611	（収容定員―800）×4,628÷400+11,239
農学関係	5,024	（収容定員―200）×1,256÷200+5,024	（収容定員―400）×4,629÷400+6,280	（収容定員―800）×4,629÷400+10,909
獣医学関係	5,024	（収容定員―200）×1,256÷200+5,024	（収容定員―400）×4,629÷400+6,280	（収容定員―800）×4,629÷400+10,909
薬学関係	4,628	（収容定員―200）×1,157÷200+4,628	（収容定員―400）×1,983÷400+5,785	（収容定員―800）×1,983÷400+7,768
家政関係	3,966	（収容定員―200）×992÷200+3,966	（収容定員―400）×1,984÷400+4,958	（収容定員―800）×1,984÷400+6,942
美術関係	3,834	（収容定員―200）×959÷200+3,834	（収容定員―400）×3,140÷400+4,793	（収容定員―800）×3,140÷400+7,933
音楽関係	3,438	（収容定員―200）×859÷200+3,438	（収容定員―400）×2,975÷400+4,297	（収容定員―800）×2,975÷400+7,272
体育関係	3,438	（収容定員―200）×859÷200+3,438	（収容定員―400）×1,983÷400+4,297	（収容定員―800）×1,983÷400+6,280
保健衛生学関係（看護学関係）	3,966	（収容定員―200）×992÷200+3,966	（収容定員―400）×1,984÷400+4,958	（収容定員―800）×1,984÷400+6,942
保健衛生学関係（看護学関係を除く。）	4,628	（収容定員―200）×1,157÷200+4,628	（収容定員―400）×3,140÷400+5,785	（収容定員―800）×3,140÷400+8,925

備考

一　この表に掲げる面積には、第三十六条第五項の施設、第三十九条の附属施設及び第三十九条の二の薬学実務実習に必要な施設の面積は含まない（ロ及びハの表において同じ。）。

二　夜間学部（同じ種類の昼間学部と同一の施設等を使用するものを除く。）における面積については、この表に掲げる学部の例によるものとする（ハの表において同じ。）。

三　夜間学部が同じ種類の昼間学部と同一の施設等を使用する場合は、夜間学部又は昼間学部の収容定員のいずれか多い数によりこの表に定める面積とする（ハの表において同じ。）。

四　昼夜開講制を実施する場合においては、これに係る収容定員、履修方法、授業の開設状況等を考慮して、教育に支障のない限度において、この表に定める面積を減ずることができる（ハの表において同じ。）。

五　この表に掲げる学部以外の学部における面積については、当該学部に類似するこの表に掲げる学部の例によるものとする。

六　この表に定める面積は、専用部分の面積とする。ただし、当該大学と他の学校、専修学校又は各種学校（以下この号において「学校等」という。）が同一の敷地内又は隣接地に所在する場合であつて、それぞれの学校等の校舎の専用部分の面積及び共用部分の面積を合算した面積が、それぞれの学校等が設置の認可を受ける場合において基準となる校舎の面積を合算した面積以上のものであるときは、当該大学の教育研究に支障がない限度において、この表に定める面積に当該学校等との共用部分の面積を含めることができる（ロ及びハの表において同じ。）。

ロ　医学又は歯学に関する学部に係るもの

収容定員 区分 学部の種類		収容定員三六〇人までの場合の面積（平方メートル）	収容定員四八〇人までの場合の面積（平方メートル）	収容定員六〇〇人までの場合の面積（平方メートル）	収容定員七二〇人までの場合の面積（平方メートル）	収容定員八四〇人までの場合の面積（平方メートル）	収容定員九六〇人までの場合の面積（平方メートル）
医学関係	校舎	一二、六五〇	一四、三〇〇	一六、七五〇	一八、二五〇	—	—
	附属病院	二八、〇五〇	三一、一〇〇	三三、一〇〇	三五、一〇〇	—	—
歯学関係	校舎	八、八五〇	九六、〇〇	一〇、三五〇	一一、二〇〇	一一、九五〇	一三、一〇〇
	附属病院	五、七〇〇	五、八〇〇	五、九〇〇	六、〇〇〇	六、一〇〇	六、二〇〇

備考　この表に定める面積は、医学又は歯学に関する学科のみを置く場合に係る面積とし、その他の学科を置く場合に係る面積については、医学又は歯学に関する学科についてこの表に定める面積と当該医学又は歯学に関する学科以外の学科についてイの表に定める面積の合計とする。

ハ　医学又は歯学に関する学部以外の学部に係る加算校舎面積

収容定員 学部の種類	二〇〇人までの面積（平方メートル）	四〇〇人までの面積（平方メートル）	六〇〇人までの面積（平方メートル）	八〇〇人までの面積（平方メートル）	一〇〇〇人までの面積（平方メートル）	一二〇〇人までの面積（平方メートル）	一四〇〇人までの面積（平方メートル）	一六〇〇人までの面積（平方メートル）	一八〇〇人までの面積（平方メートル）	二〇〇〇人までの面積（平方メートル）
文学関係	一、七一九	二、一四八	二、九七五	三、八〇一	四、四六二	五、一二三	五、七八五	六、四四六	七、一〇七	七、七六八
教育学・保育学関係	一、七一九	二、一四八	二、九七五	三、八〇一	四、四六二	五、一二三	五、七八五	六、四四六	七、一〇七	七、七六八
法学関係	一、七一九	二、一四八	二、九七五	三、八〇一	四、四六二	五、一二三	五、七八五	六、四四六	七、一〇七	七、七六八
経済学関係	一、七一九	二、一四八	二、九七五	三、八〇一	四、四六二	五、一二三	五、七八五	六、四四六	七、一〇七	七、七六八
社会学・社会福祉学関係	一、七一九	二、一四八	二、九七五	三、八〇一	四、四六二	五、一二三	五、七八五	六、四四六	七、一〇七	七、七六八
理学関係	三、一七三	三、九六六	五、六一九	七、一〇七	八、七六〇	一〇、一四七	一一、七三四	一三、三二一	一四、七〇八	一六、一九五
工学関係	三、八三四	四、七九三	七、一〇七	九、四二一	一一、七三五	一四、〇四九	一六、三六三	一八、六七七	二〇、九九一	二三、三〇五
農学関係	三、六三六	四、六二八	六、九四二	九、二五八	一一、五七〇	一三、八八四	一六、一九八	一八、五一二	二〇、八二六	二三、一四〇
獣医学関係	三、六三六	四、六二八	六、九四二	九、二五八	一一、五七〇	一三、八八四	一六、一九八	一八、五一二	二〇、八二六	二三、一四〇
薬学関係	三、三〇五	四、一三二	五、一二三	六、一一五	七、一〇七	八、〇九九	九、〇九一	一〇、〇八三	一一、〇七五	一二、〇六七
家政関係	二、五一二	三、一四〇	四、一三二	五、一二三	六、一一五	七、一〇七	八、〇九九	九、〇九一	一〇、〇八三	一一、〇七五
美術関係	二、六四四	三、三〇五	四、九五八	六、六一一	八、〇九九	九、五八六	一一、〇七三	一二、五六〇	一四、〇四七	一五、五三四
音楽関係	二、五一二	三、一四〇	四、六二八	六、二八〇	七、六〇三	九、〇九〇	一〇、五七七	一二、〇六四	一三、五五一	一五、〇三八
体育関係	二、七七六	三、四七一	四、四六二	五、四五四	六、四四六	七、七六八	九、〇九〇	一〇、四一二	一一、七三四	一三、〇五六
保健衛生学関係（看護学関係）二、五一二	二、五一二	三、一四〇	四、一三二	五、一二三	六、一一五	七、一〇七	八、〇九九	九、〇九一	一〇、〇八三	一一、〇七五
保健衛生学関係（看護学関係を除く。）	三、一七三	三、九六六	五、六一九	七、一〇七	八、七六〇	一〇、一四七	一一、七三四	一三、三二一	一四、七〇八	一六、一九五

備考
　収容定員が二、〇〇〇人を超える場合は、二〇〇人を増すごとに、この表に定める二、〇〇〇人までの面積から一、八〇〇人までの面積を減じて算出される数を加算するものとする。

平成二十二年二月二十五日文部科学省令第三号の未施行内容

大学設置基準及び短期大学設置基準の一部を改正する省令

第一条　大学設置基準（昭和三十一年文部省令第二十八号）の一部を次のように改正する。

第四十二条の次に次の一条を加える。

（社会的及び職業的自立を図るために必要な能力を培うための体制）

第四十二条の二　大学は、当該大学及び学部等の教育上の目的に応じ、学生が卒業後自らの資質を向上させ、社会的及び職業的自立を図るために必要な能力を、教育課程の実施及び厚生補導を通じて培うことができるよう、大学内の組織間の有機的な連携を図り、適切な体制を整えるものとする。

附　則（平成二二年二月二五日文部科学省令第三号）

この省令は、平成二十三年四月一日から施行する。

平成二十二年六月十五日文部科学省令第十五号の未執行内容

学校教育法施行規則等の一部を改正する省令

（大学設置基準の一部改正）

第二条　大学設置基準（昭和三十一年文部省令第二十八号）の一部を次のように改正する。

第二条を削る。

第二条の二の見出し中「の公表等」を削り、同条中「定め、公表する」を「定める」に改め、同条を第二条とする。

第二条の三中「適当な」を「適切な」に改め、同条を第二条の二とする。

附　則

この省令は、平成二十三年四月一日から施行する。

大学設置基準第二十五条第二項の規定に基づき、大学が履修させることができる授業について定める件

平成十三年三月三十日文部科学省告示第五十一号
最終改正　平成一九年七月三一日文部科学省告示第一一四号

大学設置基準（昭和三十一年文部省令第二十八号）第二十五条第二項の規定に基づき、大学が履修させることができる授業等について次のように定め、平成十三年三月三十日から施行する。

なお、平成十年文部省告示第四十六号（大学設置基準第二十五条第二項の規定に基づき、大学が履修させることができる授業について定める件）は、廃止する。

通信衛星、光ファイバ等を用いることにより、多様なメディアを高度に利用して、文字、音声、静止画、動画等の多様な情報を一体的に扱うもので、次に掲げるいずれかの要件を満たし、大学において、大学設置基準第二十五条第一項に規定する面接授業に相当する教育効果を有すると認めたものであること。

一　同時かつ双方向に行われるものであって、かつ、授業を行う教室等以外の教室、研究室又はこれらに準ずる場所（大学設置基準第三十一条第一項の規定により単位を授与する場合においては、企業の会議室等の職場又は住居に近い場所を含む。以下次号において「教室等以外の場所」という。）において履修させるもの

二　毎回の授業の実施に当たって、指導補助者が教室等以外の場所において学生等に対面することにより、又は当該授業を行う教員若しくは指導補助者が当該授業の終了後すみやかにインターネットその他の適切な方法を利用することにより、設問解答、添削指導、質疑応答等による十分な指導を併せ行うものであって、かつ、当該授業に関する学生等の意見の交換の機会が確保されているもの

大学設置基準第二十九条第一項の規定により、大学が単位を与えることのできる学修を定める件

平成三年六月五日文部省告示第六十八号
最終改正　平成二〇年一二月一日文部科学省告示第一六九号

大学設置基準（昭和三十一年文部省令第二十八号）第二十九条第一項の規定により、大学が単位を与えることのできる学修を次のように定め、平成三年七月一日から施行する。

一　大学の専攻科における学修

二　高等専門学校の課程における学修で、大学において大学教育に相当する水準を有すると認めたもの

三　専修学校の専門課程のうち修業年限が二年以上のものにおける学修で、大学において大学教育に相当する水準を有すると認めたもの

四　教育職員免許法（昭和二十四年法律第百四十七号）別表第三備考第六号の規定により文部科学大臣の認定を受けて大学、短期大学等が行う講習又は公開講座における学修で、大学において大学教育に相当する水準を有すると認めたもの

五　社会教育法（昭和二十四年法律第二百七号）第九条の五の規定により文部科学大臣の委嘱を受けて大学、短期大学その他の教育機関が行う社会教育主事の講習における学修で、大学において大学教育に相当する水準を有すると認めたもの

六　図書館法（昭和二十五年法律第百十八号）第六条の規定により文部科学大臣の委嘱を受けて大学又は短期大学が行う司書及び司書補の講習における学修で、大学

において大学教育に相当する水準を有すると認めたもの

七　学校図書館法（昭和二十八年法律第百八十五号）第五条第三項の規定により文部科学大臣の委嘱を受けて大学又は短期大学が行う司書教諭の講習における学修で、大学において、大学教育に相当する水準を有すると認めたもの

八　青少年及び成人の学習活動に係る知識・技能審査事業の認定に関する規則（平成十二年文部省令第二十五号）又は技能審査の認定に関する規則（昭和四十二年文部省告示第二百三十七号）による文部科学大臣の認定を受けた技能審査の合格に係る学修で、大学において、大学教育に相当する水準を有すると認めたもの

九　アメリカ合衆国の営利を目的としない法人であるエデュケーショナル・テスティング・サービスが英語の能力を判定するために実施するトフル及びトーイック又は次に掲げる要件を備えた知識及び技能に関する審査であつてこれらと同等以上の社会的評価を有するものにおける成果に係る学修で、大学において、大学教育に相当する水準を有すると認めたもの

イ　審査を行うものが国又は一般社団法人若しくは一般財団法人その他の団体であること。

ロ　審査の内容が、学校教育法（昭和二十二年法律第二十六号）第八十三条に規定する大学の目的に照らし適切なものであること。

ハ　審査が全国的な規模において、毎年一回以上行われるものであること。

ニ　審査の実施の方法が、適切かつ公正であること。

附　則　抄

この告示は、学校教育法の一部を改正する法律の施行の日（平成十九年十二月二十六日）から施行する

附　則（平成二〇年一二月一日文部科学省告示第一六九号）

この告示は、平成二十年十二月一日から施行する。

大学が授業の一部を校舎及び附属施設以外の場所で行う場合について定める件

平成十五年三月三十一日文部科学省告示第四十三号

大学設置基準（昭和三十一年文部省令第二十八号）第二十五条第四項の規定に基づき、大学が授業の一部を校舎及び附属施設以外の場所で行う場合について次のように定める。

大学が授業の一部を校舎及び附属施設以外の場所で行う場合は、次に掲げる要件を満たすものとする。

一　実務の経験を有する者等を対象とした授業を行うものであること

二　校舎及び附属施設において十分な教育研究を行い、その一部を校舎及び附属施設以外の場所において行うものであること

三　当該授業を行う校舎及び附属施設以外の場所は、実務の経験を有する者等の利便及び教員等の移動等に配慮し、教育研究上支障がない位置にあること

四　当該授業を行う校舎及び附属施設以外の場所は、教育にふさわしい環境を有し、当該場所には、学生自習室その他の施設及び図書等の設備が適切に整備されていること

附　則

この告示は、平成十五年四月一日から施行する。

大学設置基準第五十三条の規定に基づき新たに大学等を設置し、又は薬学を履修する課程の修業年限を変更する場合の教員組織、校舎等の施設及び設備の段階的な整備について定める件

平成十五年三月三十一日文部科学省告示第四十四号
最終改正　平成一六年一二月一五日文部科学省告示第一七四号

大学設置基準第五十三条の規定に基づき新たに大学等を設置し、又は薬学を履修する課程の修業年限を変更する場合の教員組織、校舎等の施設及び設備の段階的な整備について次のように定める。

1　教員組織の段階的な整備については、次の各号に該当する場合において認めるものとする。

一　大学全体の整備に係る計画が確立し、かつ、教育研究に支障のない限度において、各年次にわたって行うものであること

二　各授業科目を開設する年次において当該授業科目の授業を担当する教員を置くことを原則として、次のイ又はロの表の上欄に掲げる各年次においてそれぞれこれらの表の下欄に掲げる必要とする教員数に占める割合以上の数の教員を置くものであること

イ　修業年限を四年とする大学等

年次	必要とする教員数に占める割合
開設時	一／四
第一年次中	一／四
第二年次中	一／四
第三年次中	一／四

ロ　修業年限を六年とする大学等

年次	必要とする教員数に占める割合
開設時	一／六
第一年次中	一／六
第二年次中	一／六
第三年次中	一／六
第四年次中	一／六
第五年次中	一／六

三　整備に係る期間中に、原則として教員が異動しないこと

2　校舎等の施設及び設備（以下「校舎等」という。）の段階的な整備については、次の各号に該当する場合において認めるものとする。

一　大学全体の整備に係る計画が確立し、かつ、教育研究に支障のない限度において、各年次にわたって行うものであること

二　各授業科目を開設する年次において当該授業科目に必要な教室を備えることを原則として、次の表の上欄に掲げる各年次においてそれぞれ同表の下欄に掲げる必要とする校舎等に占める割合以上の施設等を置くものであること

年次	必要とする校舎等に占める割合
開設時	四／一〇
第一年次中	三／一〇
第二年次中	三／一〇

3　文部科学大臣は、大学等の設置を認可した後、当該認可時における留意事項、授業科目の開設状況、教員組織の整備状況その他の年次計画の履行状況について報告を求め、必要に応じ、書類、面接又は実地により調査することができるものとする。

附　則

この告示は、平成十五年四月一日から施行する。

附　則（平成一六年一二月一五日文部科学省告示第一七四号）

この告示は、平成十八年四月一日から施行する。

大学が外国に学部、学科その他の組織を設ける場合の基準

平成二十年六月三十日文部科学省告示第百三号

大学設置基準（昭和三十一年文部省令第二十八号）第四十三条の規定に基づき、大学が外国に学部、学科その他の組織を設ける場合について次のように定める。

大学設置基準第四十三条の規定に基づき、大学（短期大学を除く。以下同じ。）が外国に学部、学科その他の組織を設ける場合は、次に掲げる要件を満たすものとする。

一　大学が外国に設ける学部、学科その他の組織（以下「外国組織」という。）における専任教員数は、次に定めるところにより、大学設置基準第十三条の規定を適用して得た数とすること。

イ　別表第一の規定の適用については、外国組織における教育期間が当該外国組織を設ける大学の修業年限の全部である場合の当該外国組織の収容定員を、当該大学の一の学部、学科その他の組織の収容定員とみなして得た数に、当該大学の修業年限に対する当該外国組織における教育期間（一年未満の端数期間があるときは、その端数期間を切り上げる。）の割合を乗じて得た数

ロ　別表第二の規定の適用については、外国組織を設ける大学の大学全体の収容定員に応じ定める数に、当該収容定員に対する当該外国組織の収容定員の割合を乗じて得た数

二　外国組織において、当該外国組織を設ける大学の教育課程の全部又は一部として、授業科目が恒常的に開設されていること。

三　前号に規定する授業科目の履修により修得する単位

を卒業の要件として修得すべき単位の全部又は一部として外国組織を設ける大学が授与する学位の種類及び分野（学位の種類及び分野の変更等に関する基準（平成十五年文部科学省告示第三十九号）別表第一に掲げる学位の種類及び分野をいう。以下この号において同じ。）が、当該大学が我が国において授与する学位の種類及び分野と同一のものであること。

四　外国組織における校地の面積は、当該外国組織の収容定員を、当該外国組織を設ける大学の一の学部、学科その他の組織の収容定員とみなして大学設置基準第三十七条の規定を適用して得た数とすること。

五　外国組織における校舎の面積は、当該外国組織における教育期間が当該外国組織を設ける大学の修業年限の全部である場合の当該外国組織の収容定員を、当該大学の一の学部の収容定員とみなして大学設置基準第三十七条の二の規定を適用して得た数に、当該大学の修業年限に対する当該外国組織における教育期間（一年未満の端数期間があるときは、その端数期間を切り上げる。）の割合を乗じて得た数とすること。

六　外国組織を設ける大学の学長が、当該外国組織に係る校務をつかさどり、当該外国組織の所属職員を統督していること。

附　則

この告示は、公布の日から施行する。

大学通信教育設置基準

昭和五十六年十月二十九日文部省令第三十三号
最終改正　平成一九年一二月二五日文部科学省令第四〇号

学校教育法（昭和二十二年法律第二十六号）第三条及び第八十八条の規定に基づき、大学通信教育設置基準を次のように定める。

（趣旨）

第一条　大学（短期大学を除く。以下同じ。）が行う通信教育に係る設置基準は、この省令の定めるところによる。

2　この省令で定める設置基準は、通信教育を行う大学を設置し、又は大学において通信教育を開設するのに必要な最低の基準とする。

3　大学は、この省令で定める設置基準より低下した状態にならないようにすることはもとより、その水準の向上を図ることに努めなければならない。

（通信教育を行い得る専攻分野）

第二条　大学は、通信教育によつて十分な教育効果が得られる専攻分野について、通信教育を行うことができるものとする。

（授業の方法等）

第三条　授業は、印刷教材その他これに準ずる教材を送付若しくは指定し、主としてこれにより学修させる授業（以下「印刷教材等による授業」という。）、主として放送その他これに準ずるものの視聴により学修させる授業（以下「放送授業」という。）、大学設置基準第二十五条第一項の方法による授業（以下「面接授業」という。）若しくは同条第二項の方法による授業（以下「メディアを利用して行う授業」という。）のいずれかにより又はこれらの併用により行うものとする。

2　印刷教材等による授業及び放送授業の実施に当たつては、添削等による指導を併せ行うものとする。

3　大学は、第一項の授業を、外国において履修させることができる。

第四条　授業は、定期試験等を含め、年間を通じて適切に行うものとする。

（単位の計算方法）

第五条　各授業科目の単位数は、一単位の授業科目を四十五時間の学修を必要とする内容をもつて構成することを標準とし、次の基準により計算するものとする。

一　印刷教材等による授業については、四十五時間の学修を必要とする印刷教材の学修をもつて一単位とする。

二　放送授業については、十五時間の放送授業をもつて一単位とする。

三　面接授業及びメディアを利用して行う授業については、大学設置基準第二十一条第二項各号の定めるところによる。

2　前項の規定にかかわらず、卒業論文、卒業研究、卒業制作等の授業科目については、大学設置基準第二十一条第三項の定めるところによる。

（卒業の要件）

第六条　卒業の要件は、大学設置基準第三十二条第一項の定めるところによる。

2　前項の規定により卒業の要件として修得すべき単位数百二十四単位のうち三十単位以上は、面接授業又はメディアを利用して行う授業により修得するものとする。ただし、当該三十単位のうち十単位までは、放送授業により修得した単位で代えることができる。

（大学以外の教育施設等における学修）

第七条　大学は、大学設置基準第二十九条の定めるところにより単位を与えるほか、あらかじめ当該大学が定めた基準に照らして教育上適当であると認めるときは、通信教育の特性等を考慮して文部科学大臣が別に定める学修を当該大学における履修とみなし、その成果について単位を与えることができる。

第八条　削除

（専任教員数）

第九条　学校教育法（昭和二十二年法律第二十六号）第八十六条に規定する通信による教育を行う学部（以下

「通信教育学部」という。）における専任教員の数は、別表第一により定める教授、准教授、講師又は助教の数以上とする。

2　昼間又は夜間において授業を行う学部が通信教育を併せ行う場合においては、当該学部が行う通信教育に係る収容定員四千人につき四人の専任教員を増加するものとする。ただし、当該増加する専任教員の数が当該学部の通信教育に係る学科又は課程における大学設置基準第十三条の規定による専任教員の数の二割に満たない場合には、当該専任教員の数の二割の専任教員を増加するものとする。

3　大学は、大学設置基準第三十一条第一項の科目等履修生その他の学生以外の者を前二項の学部の収容定員を超えて相当数受け入れる場合においては、教育に支障のないよう、相当数の専任教員を増加するものとする。

（校舎等の施設）

第十条　通信教育学部を置く大学は、当該学部に係る大学設置基準第三十六条第一項に規定する校舎を有するほか、特に添削等による指導並びに印刷教材等の保管及び発送のための施設（第三項において「通信教育関係施設」という。）について、教育に支障のないようにするものとする。

2　前項の校舎等の施設の面積は、別表第二のとおりとする。

3　昼間又は夜間において授業を行う学部が通信教育を併せ行う場合にあつては、大学は、通信教育関係施設及び面接授業を行う施設について、教育に支障のないようにするものとする。

4　図書館の閲覧室には、通信教育を受ける学生の利用に支障のないよう相当数の座席を備えるものとする。

（通信教育学部の校地）

第十一条　通信教育学部のみを置く大学は、教育に支障のない場合には、運動場を設けないことができる。

2　通信教育学部に係る校地の面積については、当該学部における教育に支障のないものとする。

（添削等のための組織等）

第十二条　大学は、添削等による指導及び教育相談を円滑に処理するため、適当な組織等を設けるものとする。

（その他の基準）

第十三条　通信教育を行う大学の組織、編制、施設、設備その他通信教育を行う大学の設置又は大学における通信教育の開設に関する事項で、この省令に定めのないものについては、大学設置基準（第二十三条を除く。）の定めるところによる。

附　則　抄

1　この省令は、昭和五十七年四月一日から施行する。ただし、次項の規定は、公布の日から施行する。

2　昭和五十八年度に設置しようとする通信教育を行う大学の設置認可又は同年度に開設しようとする大学の通信教育の開設認可の申請に係る審査に当たつては、この省令の規定の適用があるものとする。

3　この省令施行の際、現に通信教育を開設している大学の組織、編制、施設及び設備で、この省令の施行の日前に係るものについては、当分の間、なお従前の例によることができる。

附　則（平成一九年一二月二五日文部科学省令第四〇号）抄

この省令は、学校教育法等の一部を改正する法律の施行の日（平成十九年十二月二十六日）から施行する。

別表第一　通信教育学部の専任教員数（第九条関係）

学部の種類	収容定員八、〇〇〇人の場合の専任教員数	収容定員一二、〇〇〇人の場合の専任教員数	収容定員一六、〇〇〇人の場合の専任教員数
文学関係	一七	二一	二五
教育学・保育学関係	一七	二一	二五
法学関係	二一	二三	二七
経済学関係	二一	二三	二七
社会学・社会福祉学関係	二一	二三	二七
理学関係	二一	二三	二七
工学関係	二一	二三	二七
家政関係	一七	二一	二五
美術関係	一七	二一	二五
音楽関係	一七	二一	二五

備考

一　この表に定める教員数の半数以上は原則として教授とする。

二　収容定員が八、〇〇〇人未満の場合には、収容定員八、〇〇〇人として取り扱うものとする。

三　収容定員がこの表に定める数を超える場合は、その超える収容定員に応じて四、〇〇〇人につき教員三人の割合により算出される数の教員を増加するものとする。

四　この表に定める教員数は、一の学部を置く大学が当該学部を一学科で組織する場合の専任教員数とし、二以上の学科で組織する場合又は二以上の学部を置く場合にあつては、共通する授業科目を勘案して、それぞれ相当数の教員を増加し、又は減ずるものとする。

五　この表に掲げる学部以外の学部における教員数については、当該学部に類似するこの表に掲げる学部の例によるものとする。ただし、この表によることが適当でない場合については、別に定める。

別表第二　通信教育学部の校舎等面積（第十条関係）

学部の種類	収容定員四、〇〇〇人の場合の面積（平方メートル）	収容定員八、〇〇〇人の場合の面積（平方メートル）	収容定員一二、〇〇〇人の場合の面積（平方メートル）	収容定員一六、〇〇〇人の場合の面積（平方メートル）
文学関係	三、四四〇	五、七九〇	八、三九〇	一一、〇〇〇
教育学・保育学関係	三、四四〇	五、七九〇	八、三九〇	一一、〇〇〇
法学関係	三、六九〇	六、〇四〇	八、五二〇	一一、一三〇
経済学関係	三、六九〇	六、〇四〇	八、五二〇	一一、一三〇
社会学・社会福祉学関係	三、六九〇	六、〇四〇	八、五二〇	一一、一三〇
理学関係	七、六六〇	一三、五六〇	一九、六三〇	二五、八七〇
工学関係	八、七五〇	一五、四九〇	二二、四二〇	二九、五五〇
家政関係	五、五二〇	九、六六〇	一四、一二〇	一八、五九〇
美術関係	五、三四〇	九、三五〇	一三、六七〇	一八、〇〇〇
音楽関係	四、七八〇	八、三七〇	一二、二三〇	一六、一〇〇

備考

一　この表には、大学設置基準第三十六条第五項の施設及び第三十九条の附属施設の面積は含まない。

二　収容定員が四、〇〇〇人未満の場合にあつては、学科並びに収容定員及び教員数に応じて二割の範囲内においてこの表に定める面積を減ずることができるものとし、この表に定める収容定員を超える場合にあつては、教育に支障のないよう、その超える収容定員に応じてこの表に定める面積を増加するものとする。

三　大学設置基準第三十一条第一項の科目等履修生その他の学生以外の者を当該学部の収容定員を超えて相当数受け入れる場合においては、教育に支障のないよう、この表に定める面積を増加するものとする。

四　二以上の学部を置く大学は、各学部が共同に使用する建物があるときは、教育に支障のない限度において、この表に定める面積を減ずることができる。

五　この表に掲げる学部以外の学部における面積については、当該学部に類似するこの表に掲げる学部の例によるものとする。ただし、この表によることが適当でない場合については、別に定める。

大学通信教育設置基準第七条の規定により、通信教育を行う大学が単位を与えることのできる学修を定める件

平成三年六月五日文部省告示第七十号

大学通信教育設置基準（昭和五十六年文部省令第三十三号）第七条の規定により、通信教育を行う大学が単位を与えることのできる学修を次のように定め、平成三年七月一日から施行する。

他の大学、短期大学若しくは高等専門学校が行う公開講座又は地方公共団体、公益法人等が行う事業における計画的かつ継続的な体育実技の学修で、大学において大学教育に相当する水準を有すると認めたもの

短期大学設置基準

昭和五十年四月二十八日文部省令第二十一号
最終改正 平成二二年六月一五日文部科学省令第一五号

学校教育法（昭和二十二年法律第二十六号）第三条、第八条及び第八十八条の規定に基づき、短期大学設置基準を次のように定める。

第一章　総則

（趣旨）

第一条 短期大学は、学校教育法（昭和二十二年法律第二十六号）その他の法令の規定によるほか、この省令の定めるところにより設置するものとする。

2 この省令で定める設置基準は、短期大学を設置するのに必要な最低の基準とする。

3 短期大学は、この省令で定める設置基準より低下した状態にならないようにすることはもとより、その水準の向上を図ることに努めなければならない。

（情報の積極的な提供）

第二条 短期大学は、当該短期大学における教育研究活動等の状況について、刊行物への掲載その他広く周知を図ることができる方法によつて、積極的に情報を提供するものとする。

（教育研究上の目的の公表等）

第二条の二 短期大学は、学科又は専攻課程ごとに、人材の養成に関する目的その他の教育研究上の目的を学則等に定め、公表するものとする。

（入学者選抜）

第二条の三 入学者の選抜は、公正かつ妥当な方法により、適当な体制を整えて行うものとする。

第二章　学科

（学科）

第三条 学科は、教育研究上の必要に応じ組織されるものであつて、教員組織その他が学科として適当な規模内容をもつと認められるものとする。

2 学科には、教育上特に必要があるときは、専攻課程を置くことができる。

第三章　学生定員

（学生定員）

第四条 学生定員は、学科ごとに学則で定めるものとする。この場合において、学科に専攻課程を置くときは、専攻課程を単位として学科ごとに定めるものとする。

2 前項の場合において、第十二条の規定による昼夜開講制を実施するときは、これに係る学生定員を、第四十三条の規定により外国に学科その他の組織を設けるときは、これに係る学生定員を、それぞれ明示するものとする。

3 学生定員は、教員組織、校地、校舎その他の教育上の諸条件を総合的に考慮して定めるものとする。

4 短期大学は、教育にふさわしい環境の確保のため、在学する学生の数を学生定員に基づき適正に管理するものとする。

第四章　教育課程

（教育課程の編成方針）

第五条 短期大学は、当該短期大学及び学科の教育上の目的を達成するために必要な授業科目を自ら開設し、体系的に教育課程を編成するものとする。

2 教育課程の編成に当たつては、短期大学は、学科に係る専門の学芸を教授し、職業又は実際生活に必要な能力を育成するとともに、幅広く深い教養及び総合的な判断力を培い、豊かな人間性を涵養するよう適切に配慮しなければならない。

（教育課程の編成方法）

第六条 教育課程は、各授業科目を必修科目及び選択科目に分け、これを各年次に配当して編成するものとする。

（単位）

第七条 各授業科目の単位数は、短期大学において定めるものとする。

2 前項の単位数を定めるに当たつては、一単位の授業科目を四十五時間の学修を必要とする内容をもつて構成することを標準とし、授業の方法に応じ、当該授業による教育効果、授業時間外に必要な学修等を考慮して、次の基準により単位数を計算するものとする。

一 講義及び演習については、十五時間から三十時間までの範囲で短期大学が定める時間の授業をもつて一単位とする。

二 実験、実習及び実技については、三十時間から四十五時間までの範囲で短期大学が定める時間の授業をもつて一単位とする。ただし、芸術等の分野における個人指導による実技の授業については、短期大学が定める時間の授業をもつて一単位とすることができる。

三 一の授業科目について、講義、演習、実験、実習又は実技のうち二以上の方法の併用により行う場合については、その組み合わせに応じ、前二号に規定する基準を考慮して短期大学が定める時間の授業をもつて一単位とする。

3 前項の規定にかかわらず、卒業研究、卒業制作等の授業科目については、これらの学修の成果を評価して単位を授与することが適切と認められる場合には、これらに必要な学修等を考慮して、単位数を定めることができる。

（一年間の授業期間）

第八条 一年間の授業を行う期間は、定期試験等の期間を含め、三十五週にわたることを原則とする。

（各授業科目の授業期間）

第九条 各授業科目の授業は、十週又は十五週にわたる期間を単位として行うものとする。ただし、教育上特別の必要があると認められる場合は、これらの期間より短い特定の期間において授業を行うことができる。

（授業を行う学生数）

第十条　一の授業科目について同時に授業を行う学生数は、授業の方法及び施設設備その他の教育上の諸条件を考慮して、教育効果を十分にあげられるような適当な人数とするものとする。

（授業の方法）

第十一条　授業は、講義、演習、実験、実習若しくは実技のいずれかにより又はこれらの併用により行うものとする。

2　短期大学は、文部科学大臣が別に定めるところにより、前項の授業を、多様なメディアを高度に利用して、当該授業を行う教室等以外の場所で履修させることができる。

3　短期大学は、第一項の授業を、外国において履修させることができる。前項の規定により、多様なメディアを高度に利用して、当該授業を行う教室等以外の場所で履修させる場合についても、同様とする。

4　短期大学は、文部科学大臣が別に定めるところにより、第一項の授業の一部を、校舎及び附属施設以外の場所で行うことができる。

（成績評価基準等の明示等）

第十一条の二　短期大学は、学生に対して、授業の方法及び内容並びに一年間の授業の計画をあらかじめ明示するものとする。

2　短期大学は、学修の成果に係る評価及び卒業の認定に当たつては、客観性及び厳格性を確保するため、学生に対してその基準をあらかじめ明示するとともに、当該基準にしたがつて適切に行うものとする。

（教育内容等の改善のための組織的な研修等）

第十一条の三　短期大学は、当該短期大学の授業の内容及び方法の改善を図るための組織的な研修及び研究を実施するものとする。

（昼夜開講制）

第十二条　短期大学は、教育上必要と認められる場合には、昼夜開講制（同一学科において昼間及び夜間の双方の時間帯において授業を行うことをいう。）により授業を行うことができる。

第五章　卒業の要件等

（単位の授与）

第十三条　短期大学は、一の授業科目を履修した学生に対し、試験の上単位を与えるものとする。ただし、第七条第三項の授業科目については、短期大学の定める適切な方法により学修の成果を評価して単位を与えることができる。

（履修科目の登録の上限）

第十三条の二　短期大学は、学生が各年次にわたつて適切に授業科目を履修するため、卒業の要件として学生が修得すべき単位数について、学生が一年間又は一学期に履修科目として登録することができる単位数の上限を定めるよう努めなければならない。

2　短期大学は、その定めるところにより、所定の単位を優れた成績をもつて修得した学生については、前項に定める上限を超えて履修科目の登録を認めることができる。

（他の短期大学又は大学における授業科目の履修等）

第十四条　短期大学は、教育上有益と認めるときは、学生が短期大学の定めるところにより他の短期大学又は大学において履修した授業科目について修得した単位を、修業年限が二年の短期大学にあつては三十単位、修業年限が三年の短期大学にあつては四十六単位（第十九条の規定により卒業の要件として六十二単位以上を修得することとする短期大学にあつては三十単位）を超えない範囲で当該短期大学における授業科目の履修により修得したものとみなすことができる。

2　前項の規定は、学生が、外国の短期大学又は大学に留学する場合、外国の短期大学又は大学が行う通信教育における授業科目を我が国において履修する場合及び外国の短期大学又は大学の教育課程を有するものとして当該外国の学校教育制度において位置付けられた教育施設であつて、文部科学大臣が別に指定するものの当該教育課程における授業科目を我が国において履修する場合について準用する。

（短期大学又は大学以外の教育施設等における学修）

第十五条　短期大学は、教育上有益と認めるときは、学生が行う短期大学又は高等専門学校の専攻科における学修その他文部科学大臣が別に定める学修を、当該短期大学における授業科目の履修とみなし、短期大学の定めるところにより単位を与えることができる。

2　前項により与えることができる単位数は、修業年限が二年の短期大学にあつては前条第一項（同条第二項において準用する場合を含む。以下この項において同じ。）により当該短期大学において修得したものとみなす単位数と合わせて三十単位、修業年限が三年の短期大学にあつては前条第一項により当該短期大学において修得したものとみなす単位数と合わせて四十六単位（第十九条の規定により卒業の要件として六十二単位以上を修得することとする短期大学にあつては三十単位）を超えないものとする。

（入学前の既修得単位等の認定）

第十六条　短期大学は、教育上有益と認めるときは、学生が当該短期大学に入学する前に短期大学又は大学において履修した授業科目について修得した単位（第十七条第一項の規定により修得した単位を含む。）を、当該短期大学に入学した後の当該短期大学における授業科目の履修により修得したものとみなすことができる。

2　短期大学は、教育上有益と認めるときは、学生が当該短期大学に入学する前に行つた前条第一項に規定する学修を、当該短期大学における授業科目の履修とみなし、短期大学の定めるところにより単位を与えることができる。

3　前二項により修得したものとみなし、又は与えることのできる単位数は、転学等の場合を除き、当該短期大学において修得した単位以外のものについては、第十四条第一項及び前条第一項により当該短期大学において修得したものとみなす単位数と合わせて、修業年限が二年の短期大学にあつては、三十単位、修業年限が三年の短期大学にあつては、四十六単位（第十九条の規定により卒業の要件として六十二単位以上を修得することとする短期大学にあつては、三十単位）を超えないものとする。この場合において、第十四条第二項において準用する同条第一項により当該短期大学において修得したものとみなす単位数と合わせるときは、修業年限が二年の短期大学にあつては、四十五単位、修業年限が三年の短期大学にあつては、五十三単位（第十九条の規定により卒業の要件として六十二単位以上を修得することとする短期大学にあつては四十五単位）を超えないものとする。

（長期にわたる教育課程の履修）

第十六条の二　短期大学は、短期大学の定めるところにより、学生が、職業を有している等の事情により、修業年限を超えて一定の期間にわたり計画的に教育課程を履修し卒業することを希望する旨を申し出たときは、その計画的な履修を認めることができる。

（科目等履修生等）

第十七条　短期大学は、短期大学の定めるところにより、当該短期大学の学生以外の者で一又は複数の授業科目を履修する者（以下「科目等履修生」という。）に対し、単位を与えることができる。

2　科目等履修生に対する単位の授与については、第十三条の規定を準用する。

3　短期大学は、科目等履修生その他の学生以外の者（次項において「科目等履修生等」という。）を相当数受け入れる場合においては、第二十二条、第三十条及び第三十一条に規定する基準を考慮して、教育に支障のないよう、それぞれ相当の専任教員並びに校地及び校舎の面積を増加するものとする。

4　短期大学は、科目等履修生等を受け入れる場合においては、一の授業科目について同時に授業を行うこれらの者の人数は、第十条の規定を踏まえ、適当な人数とするものとする。

（卒業の要件）

第十八条　修業年限が二年の短期大学の卒業の要件は、短期大学に二年以上在学し、六十二単位以上を修得することとする。

2　修業年限が三年の短期大学の卒業の要件は、短期大学に三年以上在学し、九十三単位以上を修得することとする。

3　前二項の規定により卒業の要件として修得すべき単位数のうち、第十一条第二項の授業の方法により修得する単位数は、修業年限が二年の短期大学にあつては三十単位、修業年限が三年の短期大学にあつては四十六単位（第十九条の規定により卒業の要件として六十二単位以上を修得することとする短期大学にあつては三十単位）を超えないものとする。

（卒業の要件の特例）

第十九条　夜間において授業を行う学科その他授業を行う時間について教育上特別の配慮を必要とする学科（以下「夜間学科等」という。）に係る修業年限が三年の短期大学の卒業の要件は、前条第二項の規定にかかわらず、短期大学に三年以上在学し、六十二単位以上を修得することとすることができる。

第六章　教員組織

（教員組織）

第二十条　短期大学は、その教育研究上の目的を達成するため、学科の規模及び授与する学位の分野に応じ、必要な教員を置くものとする。

2　短期大学は、教育研究の実施に当たり、教員の適切な役割分担の下で、組織的な連携体制を確保し、教育研究に係る責任の所在が明確になるように教員組織を編制するものとする。

3　短期大学は、教育研究水準の維持向上及び教育研究の活性化を図るため、教員の構成が特定の範囲の年齢に著しく偏ることのないよう配慮するものとする。

4　短期大学は、二以上の校地において教育を行う場合においては、それぞれの校地ごとに必要な教員を置くものとする。なお、それぞれの校地には、当該校地における教育に支障のないよう、原則として専任の教授又は准教授を少なくとも一人以上置くものとする。ただし、その校地が隣接している場合は、この限りでない。

（授業科目の担当）

第二十条の二　短期大学は、教育上主要と認める授業科目（以下「主要授業科目」という。）については原則として専任の教授又は准教授に、主要授業科目以外の授業科目についてはなるべく専任の教授、准教授、講師又は助教（第二十二条及び第三十九条第一項において「教授等」という。）に担当させるものとする。

2　短期大学は、演習、実験、実習又は実技を伴う授業科目については、なるべく助手に補助させるものとする。

（授業を担当しない教員）

第二十一条　短期大学には、教育研究上必要があるときは、授業を担当しない教員を置くことができる。

（専任教員）

第二十一条の二　教員は、一の短期大学に限り、専任教員となるものとする。

2　専任教員は、専ら前項の短期大学における教育研究に従事するものとする。

3　前項の規定にかかわらず、短期大学は、教育研究上特に必要があり、かつ、当該短期大学における教育研究の遂行に支障がないと認められる場合には、当該短期大学における教育研究以外の業務に従事する者を、当該短期大学の専任教員とすることができる。

（専任教員数）

第二十二条　短期大学における専任教員の数は、別表第一イの表により当該短期大学に置く学科の種類及び規模に応じ定める教授等の数（第三十八条第一項に規定する共同学科（以下この条及び第三十一条において単に「共同学科」という。）が属する分野にあつては、共同学科以外の学科について同表を適用して得られる教授等の数と第三十九条の規定により得られる当該共同学科に係る専任教員の数を合計した数）と別表第一ロの表により短期大学全体の入学定員に応じ定める教授等の数を合計した数以上とする。

第七章　教員の資格

（学長の資格）

第二十二条の二　学長となることのできる者は、人格が高潔で、学識が優れ、かつ、大学運営に関し識見を有すると認められる者とする。

（教授の資格）

第二十三条　教授となることのできる者は、次の各号のいずれかに該当し、かつ、短期大学における教育を担当するにふさわしい教育上の能力を有すると認められる者とする。

一　博士の学位（外国において授与されたこれに相当する学位を含む。）を有し、研究上の業績を有する者

二　研究上の業績が前号の者に準ずると認められる者

三　学位規則（昭和二十八年文部省令第九号）第五条の二に規定する専門職学位（外国において授与されたこれに相当する学位を含む。）を有し、当該専門職学位の専攻分野に関する実務上の業績を有する者

四　芸術上の優れた業績を有すると認められる者及び実際的な技術の修得を主とする分野にあつては実際的な技術に秀でていると認められる者

五　大学（短期大学を含む。以下同じ。）又は高等専門学校において教授、准教授又は専任の講師の経歴（外国におけるこれらに相当する教員としての経歴を含む。）のある者

六　研究所、試験所、病院等に在職し、研究上の業績を有する者

七　特定の分野について、特に優れた知識及び経験を有すると認められる者

（准教授の資格）

第二十四条　准教授となることのできる者は、次の各号のいずれかに該当し、かつ、短期大学における教育を担当するにふさわしい教育上の能力を有すると認められる者とする。

一　前条各号のいずれかに該当する者

二　大学又は高等専門学校において助教又はこれに準ずる職員としての経歴（外国におけるこれらに相当する職員としての経歴を含む。）のある者

三　修士の学位又は学位規則第五条の二に規定する専門職学位（外国において授与されたこれらに相当する学位を含む。）を有する者

四　特定の分野について、優れた知識及び経験を有すると認められる者

（講師の資格）

第二十五条　講師となることのできる者は、次の各号のいずれかに該当する者とする。

一　第二十三条又は前条に規定する教授又は准教授となることのできる者

二　特定の分野について、短期大学における教育を担当するにふさわしい教育上の能力を有すると認められる者

（助教の資格）

第二十五条の二　助教となることのできる者は、次の各号のいずれかに該当し、かつ、短期大学における教育を担当するにふさわしい教育上の能力を有すると認められる者とする。

一　第二十三条各号又は第二十四条各号のいずれかに該当する者

二　修士の学位（医学を履修する課程、歯学を履修する課程、薬学を履修する課程のうち臨床に係る実践的な能力を培うことを主たる目的とするもの又は獣医学を履修する課程を修了した者については、学士の学位）又は学位規則第五条の二に規定する専門職学位（外国において授与されたこれらに相当する学位を含む。）を有する者

三　特定の分野について、知識及び経験を有すると認められる者

（助手の資格）

第二十六条　助手となることのできる者は、次の各号のいずれかに該当する者とする。

一　学士の学位（外国において授与されたこれに相当する学位を含む。）を有する者

二　前号の者に準ずる能力を有すると認められる者

第八章　校地、校舎等の施設及び設備等

（校地）

第二十七条　校地は、教育にふさわしい環境をもち、校舎の敷地には、学生が休息その他に利用するのに適当な空地を有するものとする。

2　運動場は、教育に支障のないよう、原則として校舎と同一の敷地内又はその隣接地に設けるものとし、やむを得ない場合には適当な位置にこれを設けるものとする。

（校舎等）

第二十八条　校舎には、短期大学の組織及び規模に応じ、少なくとも次に掲げる専用の施設を備えるものとする。ただし、特別の事情があり、かつ、教育研究に支障がないと認められるときは、この限りでない。

一　学長室、会議室、事務室

二　教室（講義室、演習室、実験室、実習室等とする。）、研究室

三　図書館、保健室

2　教室は、学科の種類及び学生数に応じ、必要な種類と数を備えるものとする。

3　研究室は、専任の教員に対しては必ず備えるものとする。

4　校舎には、第一項に掲げる施設のほか、なるべく情報処理及び語学の学習のための施設を備えるものとする。

5　短期大学は、第一項及び前項に掲げる施設のほか、原則として体育館を備えるとともに、なるべく体育館以外のスポーツ施設、講堂、学生自習室及び学生控室並びに寄宿舎、課外活動施設その他の厚生補導に関する施設を備えるものとする。

6　夜間学科等を置く短期大学又は昼夜開講制を実施する短期大学にあつては、研究室、教室、図書館その他の施設の利用について、教育研究に支障のないようにするものとする。

（図書等の資料及び図書館）

第二十九条　短期大学は、学科の種類、規模等に応じ、図書、学術雑誌、視聴覚資料その他の教育研究上必要な資料を、図書館を中心に系統的に備えるものとする。

2　図書館は、前項の資料の収集、整理及び提供を行うほか、情報の処理及び提供のシステムを整備して学術情報の提供に努めるとともに、前項の資料の提供に関し、他の短期大学の図書館等との協力に努めるものとする。

3　図書館には、その機能を十分に発揮させるために必

要な専門的職員その他の専任の職員を置くものとする。

4 図書館には、短期大学の教育研究を促進できるような適当な規模の閲覧室、レファレンス・ルーム、整理室、書庫等を備えるものとする。

5 前項の閲覧室には、学生の学習及び教員の教育研究のために十分な数の座席を備えるものとする。

（校地の面積）

第三十条 短期大学における校地の面積（附属施設用地及び寄宿舎の面積を除く。）は、学生定員上の学生一人当たり十平方メートルとして算定した面積とする。

2 前項の規定にかかわらず、同じ種類の昼間学科（昼間において授業を行う学科をいう。以下同じ。）及び夜間学科が近接した施設等を使用し、又は施設等を共用する場合の校地の面積は、当該昼間学科及び夜間学科における教育研究に支障のない面積とする。

3 昼夜開講制を実施する場合においては、これに係る収容定員、履修方法、施設の使用状況等を考慮して、教育に支障のない限度において、第一項に規定する面積を減ずることができる。

（校舎の面積）

第三十一条 校舎の面積は、一の分野についてのみ学科を置く短期大学にあつては、別表第二イの表に定める面積（共同学科を置く場合にあつては、共同学科以外の学科について同表を適用して得られる面積に第四十一条第一項の規定により得られる当該共同学科に係る面積を加えた面積）以上とし、二以上の分野についてそれぞれ学科を置く短期大学にあつては、当該二以上の分野（当該分野に共同学科のみが属するものを除く。）のうち同表の同一分野に属する学科の収容定員の百人までの欄の基準校舎面積が最大である分野についての同表に定める面積（共同学科が属する分野については、共同学科以外の学科について同表を適用して得られる面積）に当該分野以外の分野についてのそれぞれ別表第二ロの表に定める面積（共同学科が属する分野については、共同学科以外の学科について同表を適用して得られる面積）を合計した面積を加えた面積（共同学科を置く場合にあつては、第四十一条第一項の規定により得られる当該学科に係る面積を加えた面積）以上とする。

（附属施設）

第三十二条 短期大学には、学科の種類に応じ、教育研究上必要な場合は、適当な規模内容を備えた附属施設を置くものとする。

（機械、器具等）

第三十三条 短期大学には、学科の種類、学生数及び教員数に応じて必要な種類及び数の機械、器具及び標本を備えるものとする。

（二以上の校地において教育研究を行う場合における施設及び設備）

第三十三条の二 短期大学は、二以上の校地において教育研究を行う場合においては、それぞれの校地ごとに教育研究に支障のないよう必要な施設及び設備を備えるものとする。ただし、その校地が隣接している場合は、この限りでない。

（教育研究環境の整備）

第三十三条の三 短期大学は、その教育研究上の目的を達成するため、必要な経費の確保等により、教育研究にふさわしい環境の整備に努めるものとする。

（短期大学等の名称）

第三十三条の四 短期大学及び学科（以下「短期大学等」という。）の名称は、短期大学等として適当であるとともに、当該短期大学等の教育研究上の目的にふさわしいものとする。

第九章　事務組織等

（事務組織）

第三十四条 短期大学には、その事務を処理するため、専任の職員を置く適当な事務組織を設けるものとする。

（厚生補導の組織）

第三十五条 短期大学には、学生の厚生補導を行うため、専任の職員を置く適当な組織を設けるものとする。

第十章　共同教育課程に関する特例

（共同教育課程の編成）

第三十六条 二以上の短期大学は、その短期大学及び学科の教育上の目的を達成するために必要があると認められる場合には、第五条第一項の規定にかかわらず、当該二以上の短期大学のうち一の短期大学が開設する授業科目を、当該二以上の短期大学のうち他の短期大学の教育課程の一部とみなして、それぞれの短期大学ごとに同一内容の教育課程（通信教育に係るもの及び短期大学が外国に設ける学科その他の組織において開設される授業科目の履修により修得する単位を当該学科に係る卒業の要件として修得すべき単位の全部又は一部として修得するものを除く。以下「共同教育課程」という。）を編成することができる。ただし、共同教育課程を編成する短期大学（以下「構成短期大学」という。）は、それぞれ当該共同教育課程に係る主要授業科目の一部を必修科目として自ら開設するものとする。

2 短期大学は、共同教育課程のみを編成することはできない。

3 構成短期大学は、当該共同教育課程を編成し、及び実施するための協議の場を設けるものとする。

（共同教育課程に係る単位の認定）

第三十七条 構成短期大学は、学生が当該構成短期大学のうち一の短期大学において履修した共同教育課程に係る授業科目について修得した単位を、当該構成短期大学のうち他の短期大学における当該共同教育課程に係る授業科目の履修により修得したものとそれぞれみなすものとする。

（共同学科に係る卒業の要件）

第三十八条 修業年限が二年の短期大学の共同教育課程を編成する学科（以下「共同学科」という。）に係る卒業の要件は、第十八条第一項に定めるもののほか、それぞれの短期大学において当該共同教育課程に係る授業科目の履修により十単位以上を修得することとする。

2 修業年限が三年の短期大学の共同学科に係る卒業の

要件は、第十八条第二項に定めるもののほか、それぞれの短期大学において当該共同教育課程に係る授業科目の履修により二十単位以上を修得することとする。

3　前項の規定にかかわらず、夜間学科等に係る修業年限が三年の短期大学の共同学科に係る卒業の要件は、第十九条に規定するもののほか、それぞれの短期大学において当該共同教育課程に係る授業科目の履修により十単位以上を修得することとする。

4　前三項の規定によりそれぞれの短期大学において当該共同教育課程に係る授業科目の履修により修得する単位数には、第十四条第一項（同条第二項において準用する場合を含む。）、第十五条第一項、第十六条第一項若しくは第二項又は前条の規定により修得したものとみなし、若しくは与えることができ、又はみなすものとする単位を含まないものとする。

（共同学科に係る専任教員数）

第三十九条　共同学科に係る専任教員の数は、それぞれの短期大学に置く当該共同教育課程を編成する学科を合わせて一の学科とみなして、その種類及び規模に応じ別表第一イの表を適用して得られる教授等の数（次項において「全体専任教員数」という。）をこれらの学科に係る入学定員の割合に応じて按分した数（その数に一に満たない端数があるときはこれを切り捨てる。以下この条において「短期大学別専任教員数」という。）以上とする。

2　前項に規定する当該共同教育課程を編成する学科に係る短期大学別専任教員数の合計が全体専任教員数に満たないときは、その不足する数の専任教員をいずれかの短期大学の当該共同教育課程を編成する学科に置くものとする。

3　第一項の規定による当該共同教育課程を編成する学科に係る短期大学別専任教員数（前項の規定により当該学科に不足する数の専任教員を置くときは、当該専任教員の数を加えた数）が、当該学科の種類に応じ、別表第一イの表の第四欄（保健衛生学関係（看護学関係）にあつては、第三欄）に定める専任教員数（以下この項において「最小短期大学別専任教員数」という。）に満たないときは、前二項の規定にかかわらず、当該学科に係る専任教員の数は、最小短期大学別専任教員数以上とする。

（共同学科に係る校地の面積）

第四十条　第三十条第一項の規定にかかわらず、共同学科に係る校地の面積については、それぞれの短期大学に置く当該共同教育課程を編成する学科に係る校地の面積を合計した面積がこれらの学科に係る学生定員を合計した数に十平方メートルを乗じて得た面積を超え、かつ、教育研究に支障がないと認められる場合には、それぞれの短期大学ごとに当該学科に係る学生定員上の学生一人当たり十平方メートルとして算定した面積を有することを要しない。

（共同学科に係る校舎の面積）

第四十一条　共同学科に係る校舎の面積は、それぞれの短期大学に置く当該共同教育課程を編成する学科を合わせて一の学科とみなしてその種類に応じ別表第二イの表を適用して得られる面積（次項において「全体校舎面積」という。）をこれらの学科に係る収容定員の割合に応じて按分した面積（次項において「短期大学別校舎面積」という。）以上とする。

2　第三十一条及び前項の規定にかかわらず、共同学科に係る校舎の面積については、それぞれの短期大学に置く当該共同教育課程を編成する学科に係る校舎の面積を合計した面積が全体校舎面積を超え、かつ、教育研究に支障がないと認められる場合には、それぞれの短期大学ごとに短期大学別校舎面積を有することを要しない。

（共同学科に係る施設及び設備）

第四十二条　前二条に定めるもののほか、第二十七条から第二十九条まで、第三十二条及び第三十三条の規定にかかわらず、共同学科に係る施設及び設備については、それぞれの短期大学に置く当該共同教育課程を編成する学科を合わせて一の学科とみなしてその種類、教員数及び学生数に応じて必要な施設及び設備を備え、かつ、教育研究に支障がないと認められる場合には、それぞれの短期大学ごとに当該学科に係る施設及び設備を備えることを要しない。

第十一章　雑則

（外国に設ける組織）

第四十三条　短期大学は、文部科学大臣が別に定めるところにより、外国に学科その他の組織を設けることができる。

（その他の基準）

第四十四条　専攻科及び別科に関する基準は、別に定める。

（段階的整備）

第四十五条　新たに短期大学等を設置する場合の教員組織、校舎等の施設及び設備については、別に定めるところにより、段階的に整備することができる。

附　則

1　この省令は、昭和五十一年四月一日から施行する。ただし、次項の規定は、公布の日から施行する。

2　昭和五十一年度又は昭和五十二年度に開設しようとする短期大学又は短期大学の学科の設置認可の申請に係る審査に当たつては、この省令の規定の適用があるものとする。

3　この省令施行の際、現に設置されている短期大学に在職する教員については、その教員が現に在職する教員の職に在る限り、この省令の教員の資格に関する規定は、適用しない。

4　この省令施行の際、現に設置されている短期大学の組織、編制、施設及び設備でこの省令施行の日前に係るものについては、当分の間、従前の例によることができる。

5　昭和六十一年度から平成十一年度までの間に期間（昭和六十一年度から平成四年度までの間の年度間に限る。）を付して入学定員を増加する短期大学（次項において「期間を付して入学定員を増加する短期大学」という。）の専任教員数については、第二十二条の規定により算定し、当該入学定員の増加に伴い必要とされる専任教員数が増加することとなるときは、当該増加することとなる専任教員数は、教育に支障のない限度において、兼任の教員をもつて充てることができるものとする。

6　期間を付して入学定員を増加する短期大学の校地の

面積の算定については、当該入学定員の増加はないものとみなして第三十条の規定を適用する。

7　昭和六十一年度以降に期間（平成十一年度を終期とするものに限る。）を付して入学定員を増加又は設定した短期大学であって、当該期間の経過後引き続き、当該入学定員の範囲内で期間（平成十二年度から平成十六年度までの間の年度間に限る。）を付して入学定員を増加するものの専任教員数及び校地の面積の算定については、前二項の例による。

附　則（平成二三年六月一五日文部科学省令第一五号）

この省令は、平成二十三年四月一日から施行する。

別表第一（第二十二条関係）

イ　学科の種類及び規模に応じ定める専任教員数

学科の属する分野の区分	一学科の入学定員	同一分野に属する学科が一学科の場合の教員数	同一分野に属する学科を二以上置く場合の一学科の教員数	一学科の入学定員	同一分野に属する学科が一学科の場合の教員数	同一分野に属する学科を二以上置く場合の一学科の教員数	一学科の入学定員	同一分野に属する学科が一学科の場合の教員数	同一分野に属する学科を二以上置く場合の一学科の教員数
文学関係	一〇〇人まで	五	四	一〇一人～二〇〇人	七	六			
教育学・保育学関係	五〇人まで	六	四	五一人～一〇〇人	八	六	一〇一人～一五〇人	十	八
法学関係	一〇〇人まで	七	四	一〇一人～一五〇人	七	四	一五一人～二〇〇人	九	六
経済学関係	一〇〇人まで	七	四	一〇一人～一五〇人	七	四	一五一人～二〇〇人	九	六
社会学・社会福祉学関係	一〇〇人まで	七	四	一〇一人～一五〇人	七	四	一五一人～二〇〇人	九	六
理学関係	一〇〇人まで	七	四	一〇一人～一五〇人	九	六			
工学関係	一〇〇人まで	七	四	一〇一人～一五〇人	九	六			
農学関係	一〇〇人まで	七	四	一〇一人～一五〇人	九	六			
家政関係	一〇〇人まで	五	四	一〇一人～二〇〇人	七	六			
美術関係	五〇人まで	五	三	五一人～一〇〇人	七	四	一〇一人～一五〇人	八	五
音楽関係	五〇人まで	五	五	五一人～一〇〇人	七	七	一〇一人～一五〇人	八	八
体育関係	五〇人まで	六	四	五一人～一〇〇人	八	六	一〇一人～一五〇人	九	七
保健衛生学関係（看護学関係）	一〇〇人まで	七	一	一〇一人～一五〇人	九	一			
保健衛生学関係（看護学関係を除く。）	一〇〇人まで	七	四	一〇一人～一五〇人	九	六			

備考
一　この表に定める教員数の三割以上は教授とする（ロの表において同じ。）。
二　この表に定める教員数には、第二十一条の授業を担当しない教員を含まないこととする（ロの表において同じ。）。
三　この表の入学定員及び教員数は、学科に専攻課程を置く場合については、専攻課程の入学定員及び教員数とする。
四　入学定員が、この表に定める数を超える場合には、文学関係、法学関係、経済学関係、社会学・社会福祉学関係及び家政関係にあつては、同一分野に属する学科が一学科の場合については一〇〇人につき一人を、同一分野に属する学科を二以上置く場合については一五〇人につき一人を増加するものとし、教育学・保育学関係、理学関係、工学関係、農学関係、美術関係、体育関係及び保健衛生学関係にあつては、同一分野に属する学科が一学科の場合については五〇人につき一人を、同一分野に属する学科を二以上置く場合については八〇人につき一人を増加するものとし、音楽関係にあつては、同一分野に属する学科が一学科の場合及び同一分野に属する学科を二以上置く場合については五〇人につき一人を、それぞれ増加するものとする。
五　第十八条第二項の短期大学の学科については、この表に定める教員数（入学定員がこの表に定める数を超える場合には、前号の規定により算定した教員数とする。以下この号において同じ。）にこの表に定める教員数の三割に相当する数を加えたものとする。
六　教育課程が同一又は類似の夜間学科等を併せ置く場合の当該夜間学科等の教員数は、この表に定める教員数の三分の一以上とする。ただし、夜間学科等の入学定員が昼間学科等の入学定員を超える場合には、当該夜間学科等の教員数はこの表に定める教員数とし、当該昼間学科等の教員数はこの表に定める教員数の三分の一以上とする（ロの表において同じ。）。
七　昼夜開講制を実施する場合は、これに係る学生定員、履修方法、授業の開設状況等を考慮して、教育に支障のない限度において、この表に定める教員数を減ずることができる（ロの表において同じ。）。
八　看護に関する学科において第十八条第一項に定める学科と同条第二項に定める学科とを併せ置く場合は、同条第一項に定める学科にあつては、入学定員が一〇〇人までの場合は二人を、一〇〇人を超える場合は三人を、同条第二項に定める学科にあつては、第四号により算定した教員数から三人を減ずることができる。
九　この表に掲げる分野以外の分野に属する学科の教員数については、当該学科の属する分野に類似するこの表に掲げる分野の例によるものとする。ただし、教員養成に関する学科については、免許状の種類に応じ、教育職員免許法（昭和二十四年法律第百四十七号）及び教育職員免許法施行規則（昭和二十九年文部省令第二十六号）に規定する教科及び教職に関する科目の所要単位を修得させるのに必要な数の教員を置くものとするほか、この表によることが適当でない場合については、別に定める。

ロ　短期大学全体の入学定員に応じ定める専任教員数

入学定員	五〇人まで	一五〇人まで	二五〇人まで	四〇〇人まで	六〇〇人まで
教員数	二	三	四	五	六

備考　入学定員が六〇〇人を超える場合には、この表に定める教員数に、入学定員二〇〇人につき教員一人を加えるものとする。

別表第二（第三十一条関係）

イ　基準校舎面積

収容定員／学科の種類	一〇〇人までの場合の面積（平方メートル）	一五〇人までの場合の面積（平方メートル）	二〇〇人までの場合の面積（平方メートル）	二五〇人までの場合の面積（平方メートル）	三〇〇人までの場合の面積（平方メートル）	三五〇人までの場合の面積（平方メートル）	四〇〇人までの場合の面積（平方メートル）	四五〇人までの場合の面積（平方メートル）	五〇〇人までの場合の面積（平方メートル）	五五〇人までの場合の面積（平方メートル）	六〇〇人までの場合の面積（平方メートル）
文学関係	一、六〇〇	一、七〇〇	一、九〇〇	二、一〇〇	二、三五〇	二、六〇〇	二、八五〇	三、〇五〇	三、二五〇	三、四五〇	三、六五〇
教育学・保育学関係	二、〇〇〇	二、一〇〇	二、三五〇	二、六〇〇	二、八五〇	三、一〇〇	三、三五〇	三、六〇〇	三、八五〇	四、一〇〇	四、三五〇
法学関係	一、六〇〇	一、七〇〇	一、九〇〇	二、一〇〇	二、三五〇	二、六〇〇	二、八五〇	三、〇五〇	三、二五〇	三、四五〇	三、六五〇
経済学関係	一、六〇〇	一、七〇〇	一、九〇〇	二、一〇〇	二、三五〇	二、六〇〇	二、八五〇	三、〇五〇	三、二五〇	三、四五〇	三、六五〇
社会学・社会福祉学関係	一、六〇〇	一、七〇〇	一、九〇〇	二、一〇〇	二、三五〇	二、六〇〇	二、八五〇	三、〇五〇	三、二五〇	三、四五〇	三、六五〇
理学関係	二、〇〇〇	二、一五〇	二、四〇〇	二、七五〇	三、一〇〇	三、六五〇	四、一五〇	四、六〇〇	五、〇五〇	五、五〇〇	六、〇〇〇
工学関係	二、一〇〇	二、二五〇	二、五〇〇	二、九〇〇	三、三五〇	三、八〇〇	四、二五〇	四、七五〇	五、二〇〇	五、六五〇	六、一〇〇
農学関係	二、〇〇〇	二、一五〇	二、四〇〇	二、七五〇	三、一〇〇	三、六五〇	四、一五〇	四、六〇〇	五、〇五〇	五、五〇〇	六、〇〇〇
家政関係	二、〇〇〇	二、一〇〇	二、三五〇	二、六〇〇	二、八五〇	三、一〇〇	三、三五〇	三、六〇〇	三、八五〇	四、一〇〇	四、三五〇
体育関係	一、七〇〇	一、八五〇	二、〇五〇	二、二五〇	二、五〇〇	二、七五〇	三、〇〇〇	三、二五〇	三、五〇〇	三、七五〇	四、〇〇〇
美術関係	一、九〇〇	二、〇五〇	二、二五〇	二、六〇〇	三、〇〇〇	三、三五〇	三、七五〇	四、一五〇	四、五五〇	四、九五〇	五、三五〇
音楽関係	一、七〇〇	一、八五〇	二、〇五〇	二、三五〇	二、七〇〇	三、一〇〇	三、四五〇	三、八〇〇	四、二〇〇	四、五五〇	四、九五〇
保健衛生学関係（看護学関係）	二、〇〇〇	二、一〇〇	二、三五〇	二、六〇〇	二、八五〇	三、一〇〇	三、三五〇	三、六〇〇	三、八五〇	四、一〇〇	四、三五〇
保健衛生学関係（看護学関係を除く。）	一、八五〇	一、九五〇	二、二〇〇	二、四五〇	二、八〇〇	三、一〇〇	三、四〇〇	三、七五〇	四、〇五〇	四、三五〇	四、六五〇

備考

一　この表に掲げる面積には、講堂、寄宿舎、附属施設等の面積は含まない（ロの表において同じ。）。

二　同一分野に属する学科の収容定員が六〇〇人を超える場合には、五〇人を増すごとに、この表に定める六〇〇人までの場合の面積から五五〇人までの場合の面積を減じて算出される数を加算するものとする。

三　同じ種類の昼間学科及び夜間学科等が近接した施設等を使用し、又は施設等を共用する場合の校舎の面積は、当該昼間学科及び夜間学科等における教育研究に支障のない面積とする。

四　昼夜開講制を実施する場合においては、これに係る学生定員、履修方法、施設の使用状況等を考慮して、教育に支障のない限度において、この表に定める面積を減ずることができる（ロの表において同じ。）。

五　この表に掲げる分野以外の分野に属する学科に係る面積については、当該学科の属する分野に類似するこの表に掲げる分野の例によるものとする。ただし、これにより難い場合は別に定める（ロの表において同じ。）。

六　この表に定める面積は、専用部分の面積とする。ただし、当該短期大学と他の学校、専修学校又は各種学校（以下この号において「学校等」という。）が同一の敷地内又は隣接地に所在する場合であって、それぞれの学校等の校舎の専用部分の面積及び共用部分の面積を合算した面積が、それぞれの学校等が設置の認可を受ける場合において基準となる校舎の面積を合算した面積以上のものであるときは、当該短期大学の教育研究に支障がない限度において、この表に定める面積に当該学校等との共用部分の面積を含めることができる（ロの表において同じ。）。

ロ　加算校舎面積

収容定員／学科の種類	一〇〇人までの面積（平方メートル）	二〇〇人までの面積（平方メートル）	三〇〇人までの面積（平方メートル）	四〇〇人までの面積（平方メートル）	五〇〇人までの面積（平方メートル）	六〇〇人までの面積（平方メートル）
文学関係	一、〇〇〇	一、三〇〇	一、八〇〇	二、三〇〇	二、七〇〇	三、〇五〇
教育学・保育学関係	一、二五〇	一、五五〇	二、〇五〇	二、五五〇	三、〇五〇	三、五五〇
法学関係	一、〇〇〇	一、三〇〇	一、八〇〇	二、三〇〇	二、七〇〇	三、〇五〇
経済学関係	一、〇〇〇	一、三〇〇	一、八〇〇	二、三〇〇	二、七〇〇	三、〇五〇
社会学・社会福祉学関係	一、〇〇〇	一、三〇〇	一、八〇〇	二、三〇〇	二、七〇〇	三、〇五〇
理学関係	一、五〇〇	一、八五〇	二、八〇〇	三、七〇〇	四、六五〇	五、五五〇
工学関係	一、五〇〇	一、九〇〇	二、八五〇	三、七五〇	四、七〇〇	五、六〇〇
農学関係	一、五〇〇	一、八五〇	二、八〇〇	三、七〇〇	四、六五〇	五、五五〇
家政関係	一、二五〇	一、五五〇	二、〇五〇	二、五五〇	三、〇五〇	三、五五〇
体育関係	一、四〇〇	一、七〇〇	二、二〇〇	二、七〇〇	三、二〇〇	三、八五〇
美術関係	一、三〇〇	一、六五〇	三、三〇〇	三、三〇〇	四、〇五〇	四、八〇〇
音楽関係	一、二五〇	一、五五〇	三、一五〇	三、一五〇	三、八〇〇	四、五五〇
保健衛生学関係（看護学関係）	一、二五〇	一、五五〇	二、〇五〇	二、五五〇	三、〇五〇	三、五五〇
保健衛生学関係（看護学関係を除く。）	一、二五〇	一、六〇〇	二、二五〇	二、八五〇	三、五〇〇	四、一〇〇

備考　収容定員が六〇〇人を超える場合は、一〇〇人を増すごとに、六〇〇人までの場合の面積から五〇〇人までの場合の面積を減じて算出される数を加算するものとする。

平成二十二年二月二十五日文部科学省令第三号の未施行内容

大学設置基準及び短期大学設置基準の一部を改正する省令

第二条　短期大学設置基準（昭和五十年文部省令第二十一号）の一部を次のように改正する。

第三十五条の次に次の一条を加える。

（社会的及び職業的自立を図るために必要な能力を培うための体制）

第三十五条の二　短期大学は、当該短期大学及び学科又は専攻課程の教育上の目的に応じ、学生が卒業後自らの資質を向上させ、社会的及び職業的自立を図るために必要な能力を、教育課程の実施及び厚生補導を通じて培うことができるよう、短期大学内の組織間の有機的な連携を図り、適切な体制を整えるものとする。

附　則（平成二二年二月二五日文部科学省令第三号）

この省令は、平成二十三年四月一日から施行する。

平成二十二年六月十五日文部科学省令第十五号の未執行内容

学校教育法施行規則等の一部を改正する省令

（短期大学設置基準の一部改正）

第五条　短期大学設置基準（昭和五十年文部省令第二十一号）の一部を次のように改正する。

第二条を削る。

第二条の二の見出し中「の公表等」を削り、同条中「定め、公表する」を「定める」に改め、同条を第二条とする。

第二条の三中「適当な」を「適切な」に改め、同条を第二条の二とする。

附　則

この省令は、平成二十三年四月一日から施行する。

短期大学設置基準第十一条第二項の規定に基づき、短期大学が履修させることができる授業について定める件

平成十三年三月三十日文部科学省告示第五十一号
最終改正　平成一九年七月三一日文部科学省告示第一一四号

短期大学設置基準（昭和五十年文部省令第二十一号）第十一条第二項の規定に基づき、短期大学が履修させることができる授業等について次のように定め、平成十三年三月三十日から施行する。

なお、平成十年文部省告示第四十四号（短期大学設置基準第十一条第二項の規定に基づき、短期大学が履修させることができる授業について定める件）は、廃止する。

通信衛星、光ファイバ等を用いることにより、多様なメディアを高度に利用して、文字、音声、静止画、動画等の多様な情報を一体的に扱うもので、次に掲げるいずれかの要件を満たし、短期大学において、短期大学設置基準第十一条第一項に規定する面接授業に相当する教育効果を有すると認めたものであること。

一　同時かつ双方向に行われるものであって、かつ、授業を行う教室等以外の教室、研究室又はこれらに準ずる場所（短期大学設置基準第十七条第一項の規定により単位を授与する場合においては、企業の会議室等の職場又は住居に近い場所を含む。以下次号において「教室以外の場所」という。）において履修させるもの

二　毎回の授業の実施に当たって、指導補助者が教室等以外の場所において学生等に対面することにより、又は当該授業を行う教員若しくは指導補助者が当該授業の終了後すみやかにインターネットその他の適切な方法を利用することにより、設問解答、添削指導、質疑応答等による十分な指導を併せ行うものであって、かつ、当該授業に関する学生等の意見の交換の機会が確保されているもの

短期大学設置基準第十五条第一項の規定により、短期大学が単位を与えることのできる学修を定める件

平成三年六月五日文部省告示第六十九号
最終改正　平成二〇年一二月一日文部科学省告示第一六九号

短期大学設置基準（昭和五十年文部省令第二十一号）第十五条第一項の規定により、短期大学が単位を与えることのできる学修を次のように定め、平成三年七月一日から施行する。

一　大学の専攻科における学修
二　高等専門学校の課程における学修で、短期大学において短期大学教育に相当する水準を有すると認めたもの
三　専修学校の専門課程のうち修業年限が二年以上のものにおける学修で、短期大学において短期大学教育に相当する水準を有すると認めたもの
四　教育職員免許法（昭和二十四年法律第百四十七号）別表第三備考第六号の規定により文部科学大臣の認定を受けて短期大学、大学等が行う講習又は公開講座における学修で、短期大学において短期大学教育に相当する水準を有すると認めたもの
五　社会教育法（昭和二十四年法律第二百七号）第九条の五の規定により文部科学大臣の委嘱を受けて短期大学、大学その他の教育機関が行う社会教育主事の講習における学修で、短期大学において短期大学教育に相当する水準を有すると認めたもの
六　図書館法（昭和二十五年法律第百十八号）第六条の規定により文部科学大臣の委嘱を受けて短期大学又は大学が行う司書及び司書補の講習における学修で、短期大学において短期大学教育に相当する水準を有すると認めたもの
七　学校図書館法（昭和二十八年法律第百八十五号）第五条第三項の規定により文部科学大臣の委嘱を受けて短期大学又は大学が行う司書教諭の講習における学修で、短期大学において短期大学教育に相当する水準を有すると認めたもの
八　青少年及び成人の学習活動に係る知識・技能審査事業の認定に関する規則（平成十二年文部省令第二十五号）又は技能審査の認定に関する規則（昭和四十二年文部省告示第二百三十七号）による文部科学大臣の認定を受けた技能審査の合格に係る学修で、短期大学において短期大学教育に相当する水準を有すると認めたもの
九　アメリカ合衆国の営利を目的としない法人であるエデュケーショナル・テスティング・サービスが英語の能力を判定するために実施するトフル及びトーイック又は次に掲げる要件を備えた知識及び技能に関する審査であつてこれらと同等以上の社会的評価を有するものにおける成果に係る学修で、短期大学において、短期大学教育に相当する水準を有すると認めたもの
イ　審査を行うものが国又は一般社団法人若しくは一般財団法人その他の団体であること。
ロ　審査の内容が、学校教育法（昭和二十二年法律第二十六号）第百八条第一項に規定する短期大学の目的に照らし適切なものであること。
ハ　審査が全国的な規模において、毎年一回以上行われるものであること。
ニ　審査の実施の方法が、適切かつ公正であること。

附　則（平成二〇年一二月一日文部科学省告示第一六九号）

この告示は、平成二十年十二月一日から施行する。

短期大学が授業の一部を校舎及び附属施設以外の場所で行う場合について定める件

平成十五年三月三十一日文部科学省告示第五十一号

短期大学設置基準（昭和五十年文部省令第二十一号）第十一条第四項の規定に基づき、短期大学が授業の一部を校舎及び附属施設以外の場所で行う場合について次のように定める。

短期大学設置基準第十一条第四項の規定に基づき、短期大学が授業の一部を校舎及び附属施設以外の場所で行う場合は、次に掲げる要件を満たすものとする。

一　実務の経験を有する者等を対象とした授業を行うものであること
二　校舎及び附属施設において十分な教育研究を行い、その一部を校舎及び附属施設以外の場所において行うものであること
三　当該授業を行う校舎及び附属施設以外の場所は、実務の経験を有する者等の利便及び教員等の移動等に配慮し、教育研究上支障がない位置にあること
四　当該授業を行う校舎及び附属施設以外の場所は、教育にふさわしい環境を有し、当該場所には、学生自習室その他の施設及び図書等の設備が適切に整備されていること

附　則

この告示は、平成十五年四月一日から施行する。

短期大学が外国に学科その他の組織を設ける場合の基準

短期大学設置基準（昭和五十年文部省令第二十一号）第三十六条の規定に基づき、短期大学が外国に学科その他の組織を設ける場合について次のように定める。

短期大学が外国に学科その他の組織を設ける場合は、次に掲げる要件を満たすものとする。

一　短期大学が外国に設ける学科その他の組織（以下「外国組織」という。）における専任教員数は、次に定めるところにより、短期大学設置基準第二十二条の規定を適用して得た数とすること。

イ　別表第一イの表の規定の適用については、外国組織における教育期間が当該外国組織を設ける短期大学の修業年限の全部である場合の当該外国組織の入学定員を、当該外国組織を設ける短期大学の一の学科その他の組織の入学定員とみなして得た数に、当該短期大学の修業年限に対する当該外国組織における教育期間（一年未満の端数期間があるときは、その端数期間を切り上げる。）の割合を乗じて得た数

ロ　別表第一ロの表の規定の適用については、外国組織を設ける短期大学の短期大学全体の入学定員に応じ定める数に、当該入学定員に対する当該外国組織の入学定員の割合を乗じて得た数

二　外国組織において、当該外国組織を設ける短期大学の教育課程の全部又は一部として、授業科目が恒常的に開設されていること。

三　前号に規定する授業科目の履修により修得する単位を卒業の要件として修得すべき単位の全部又は一部として外国組織を設ける短期大学が授与する学位の種類及び分野（学位の種類及び分野の変更等に関する基準（平成十五年文部科学省告示第三十九号）別表第一に掲げる学位の種類及び分野をいう。以下この号において同じ。）が、当該短期大学が我が国において授与する学位の種類及び分野と同一のものであること。

四　外国組織における校地の面積は、当該外国組織の学生定員を、当該外国組織を設ける短期大学の一の学科その他の組織の学生定員とみなして短期大学設置基準第三十条の規定を適用して得た数とすること。

五　外国組織における校舎の面積は、当該外国組織における教育期間が当該外国組織を設ける短期大学の修業年限の全部である場合の当該外国組織の収容定員を、当該短期大学の一の学科の収容定員とみなして短期大学設置基準第三十一条の規定を適用して得た数に、当該短期大学の修業年限に対する当該外国組織における教育期間（一年未満の端数期間があるときは、その端数期間を切り上げる。）の割合を乗じて得た数とすること。

六　外国組織を設ける短期大学の学長が、当該外国組織に係る校務をつかさどり、当該外国組織の所属職員を統督していること。

附則

この告示は、公布の日から施行する。

短期大学設置基準第四十五条の規定に基づき、新たに短期大学等を設置する場合の教員組織、校舎等の施設及び設備の段階的な整備について定める件

平成十五年三月三十一日文部科学省告示第五十二号

短期大学設置基準（昭和五十年文部省令第二十一号）第四十五条の規定に基づき、新たに短期大学等を設置する場合の教員組織、校舎等の施設及び設備の段階的な整備について次のように定める。

1　教員組織の段階的な整備については、次の各号に該当する場合において認めるものとする。

一　短期大学全体の整備に係る計画が確立し、かつ、教育研究に支障のない限度において、各年次にわたって行うものであること

二　各授業科目を開設する年次において当該授業科目の授業を担当する教員を置くことを原則として、次の表の上欄に掲げる各年次においてそれぞれ同表の下欄に掲げる必要とする教員数に占める割合以上の数の教員を置くものであること

年次	必要とする教員数に占める割合	
	二年制	三年制
開設時	五〇%	三四%
第一年次中	五〇%	三三%
第二年次中	—	三三%

三　整備に係る計画の期間中に、原則として教員が異動しないこと

2　校舎等の施設及び設備（以下「校舎等」という。）の段階的な整備については、次の各号に該当する場合において認めるものとする。

一　短期大学全体の整備に係る計画が確立し、かつ、教育研究に支障のない限度において、各年次にわたつて行うものであること

二　各授業科目を開設する年次において当該授業科目に必要な教室を備えることを原則として、次の表の上欄に掲げる各年次においてそれぞれ同表の下欄に掲げる必要とする校舎等に占める割合以上の施設等を置くものであること

年次	必要とする校舎等に占める割合
開設時まで	六〇%
第一年次中	四〇%

3　文部科学大臣は、短期大学等の設置を認可した後、当該認可時における留意事項、授業科目の開設状況、教員組織の整備状況その他の年次計画の履行状況について報告を求め、必要に応じ、書類、面接又は実地により調査することができるものとする。

附　則

この告示は、平成十五年四月一日から施行する。

短期大学通信教育設置基準

昭和五十七年三月二十三日文部省令第三号
最終改正　平成一九年一二月二五日文部科学省令第四〇号

学校教育法（昭和二十二年法律第二十六号）第三条及び第八十八条の規定に基づき、短期大学通信教育設置基準を次のように定める。

（趣旨）

第一条　短期大学が行う通信教育に係る設置基準は、この省令の定めるところによる。

2　この省令で定める設置基準は、通信教育を行う短期大学を設置し、又は短期大学において通信教育を開設するのに必要な最低の基準とする。

3　短期大学は、この省令で定める設置基準より低下した状態にならないようにすることはもとより、その水準の向上を図ることに努めなければならない。

（通信教育を行い得る専攻分野）

第二条　短期大学は、通信教育によつて十分な教育効果が得られる専攻分野について、通信教育を行うことができるものとする。

（授業の方法等）

第三条　授業は、印刷教材その他これに準ずる教材を送付若しくは指定し、主としてこれにより学修させる授業（以下「印刷教材等による授業」という。）、主として放送その他これに準ずるものの視聴により学修させる授業（以下「放送授業」という。）、短期大学設置基準第十一条第一項の方法による授業（以下「面接授業」という。）若しくは同条第二項の方法による授業（以下「メディアを利用して行う授業」という。）のいずれかにより又はこれらの併用により行うものとする。

2　印刷教材等による授業及び放送授業の実施に当たつては、添削等による指導を併せ行うものとする。

3　短期大学は、第一項の授業を、外国において履修させることができる。

第四条　授業は、定期試験等を含め、年間を通じて適切に行うものとする。

（単位の計算方法）

第五条　各授業科目の単位数は、一単位の授業科目を四十五時間の学修を必要とする内容をもつて構成することを標準とし、次の基準により計算するものとする。

一　印刷教材等による授業については、四十五時間の学修を必要とする印刷教材等の学修をもつて一単位とする。

二　放送授業については、十五時間の放送授業をもつて一単位とする。

三　面接授業及びメディアを利用して行う授業については、短期大学設置基準第七条第二項各号の定めるところによる。

2　前項の規定にかかわらず、卒業研究、卒業制作等の授業科目については、短期大学設置基準第七条第三項の定めるところによる。

（卒業の要件）

第六条　卒業の要件は、短期大学設置基準第十八条又は第十九条の定めるところによる。

2　前項の規定により卒業の要件として修得すべき単位については、修業年限二年の短期大学にあつては十五単位以上、修業年限三年の短期大学にあつては二十三単位以上（短期大学設置基準第十九条の規定により卒業の要件として六十二単位以上を修得することとする短期大学にあつては十五単位以上）は、面接授業又はメディアを利用して行う授業により修得するものとする。ただし、当該十五単位又は二十三単位のうちそれぞれ五単位又は八単位までは、放送授業により修得した単位で代えることができる。

（短期大学又は大学以外の教育施設等における学修）

第七条　短期大学は、短期大学設置基準第十五条に定めるところにより単位を与えるほか、あらかじめ当該短期大学が定めた基準に照らして教育上適当であると認めるときは、通信教育の特性等を考慮して文部科学大臣が別に定める学修を当該短期大学における履修とみなし、単位を与えることができる。

第八条　削除

（専任教員数）

第九条　学校教育法（昭和二十二年法律第二十六号）第百八条第六項に規定する通信による教育を行う学科（以下「通信教育学科」という。）における専任教員の数は、別表第一により定める教授、准教授、講師又は助教の数以上とする。

2　昼間又は夜間において授業を行う学科が通信教育を併せ行う場合においては、短期大学設置基準第二十二条の規定による専任教員の数に当該学科が行う通信教育に係る入学定員千人につき二人の専任教員を加えたものとする。ただし、当該加える専任教員の数が当該学科における同条の規定による専任教員の数の二割に満たない場合には、当該専任教員の数の二割の専任教員の数を加えたものとする。

3　短期大学は、短期大学設置基準第十七条第一項の科目等履修生その他の学生以外の者を前二項の学科の収容定員を超えて相当数受け入れる場合においては、教育に支障のないよう、前二項の規定による専任教員の数に相当数の専任教員を加えたものとする。

（校舎等の施設）

第十条　通信教育学科を置く短期大学は、当該学科に係る短期大学設置基準第二十八条第一項に規定する校舎を有するほか、特に添削等による指導並びに印刷教材等の保管及び発送のための施設（第三項において「通信教育関係施設」という。）について、教育に支障のないようにするものとする。

2　前項の校舎等の施設の面積は、別表第二のとおりとする。

3　昼間又は夜間において授業を行う学科が通信教育を併せ行う場合にあつては、短期大学は、通信教育関係施設及び面接授業を行う施設について、教育に支障のないようにするものとする。

4　図書館の閲覧室には、通信教育を受ける学生の利用に支障のないよう相当数の座席を備えるものとする。

（通信教育学科の校地）

第十一条　通信教育学科のみを置く短期大学は、教育に支障のない場合には、運動場を設けないことができる。

2　通信教育学科に係る校地の面積については、当該学科における教育に支障のないものとする。

（添削等のための組織等）

第十二条　短期大学には、添削等による指導及び教育相談を円滑に処理するため、適当な組織等を設けるものとする。

（その他の基準）

第十三条　通信教育を行う短期大学の組織、編制、施設、設備その他通信教育を行う短期大学の設置又は短期大学における通信教育の開設に関する事項で、この省令に定めのないものについては、短期大学設置基準（第九条を除く。）の定めるところによる。

附　則　抄

1　この省令は、昭和五十七年四月一日から施行する。

2　この省令施行の際、現にされている短期大学の通信教育の開設認可の申請に係る審査については、なお従前の例による。

3　この省令施行の際、現に通信教育を開設している短期大学の組織、編制、施設及び設備で、この省令の施行の日前に係るものについては、当分の間、なお従前の例によることができる。

附　則（平成一九年一二月二五日文部科学省令第四〇号）抄

この省令は、学校教育法等の一部を改正する法律の施行の日（平成十九年十二月二十六日）から施行する。

別表第一（第九条関係）

学科の属する分野の区分	一学科の入学定員二、〇〇〇人までの場合の専任教員数	一学科の入学定員三、〇〇〇人までの場合の専任教員数	一学科の入学定員四、〇〇〇人までの場合の専任教員数
文学関係	八	一〇	一二
教育学・保育学関係	八	一〇	一二
法学関係	一〇	一一	一三
経済学関係	一〇	一一	一三
社会学・社会福祉学関係	一〇	一一	一三
理学関係	一〇	一一	一三
工学関係	一〇	一一	一三
家政関係	八	一〇	一二
美術関係	八	一〇	一二
音楽関係	八	一〇	一二

備考

一　この表に定める入学定員及び教員数は、学科に専攻課程を置く場合については、専攻課程の入学定員及び教員数とする。

二　この表に定める教員数の三割以上は原則として教授とする。

三　入学定員がこの表に定める数を超える場合には、その超える入学定員に応じて、一、〇〇〇人につき教員二人の割合により算出される数の教員を増加するものとする。

四　修業年限三年の短期大学（短期大学設置基準第十九条の規定により卒業の要件として六十二単位以上を修得することとする短期大学を除く。）の学科については、この表に定める教員数（入学定員がこの表に定める数を超える場合には、前号の規定により算定した教員数とする。）にこの表に定める教員数の三割に相当する数を加えたものとする。

五　学科又は専攻課程を二以上置く場合にあつては、共通する授業科目を勘案して、それぞれ相当数の教員を減ずるものとする。

六　この表に掲げる分野以外の分野に属する学科の教員数については、当該学科の属する分野に類似するこの表に掲げる分野の例によるものとする。ただし、これにより難い場合は別に定める。

別表第二（第十条関係）

同一分野に属する学科の収容定員 学科の属する分野の区分	二、〇〇〇人までの場合の面積（平方メートル）	四、〇〇〇人までの場合の面積（平方メートル）	六、〇〇〇人までの場合の面積（平方メートル）	八、〇〇〇人までの場合の面積（平方メートル）
文学関係	二、〇五〇	三、四五〇	五、〇五〇	六、六〇〇
教育学・保育学関係	二、七五〇	四、八五〇	七、〇五〇	九、三〇〇
法学関係	二、二〇〇	三、六〇〇	五、一〇〇	六、七〇〇
経済学関係	二、二〇〇	三、六〇〇	五、一〇〇	六、七〇〇
社会学・社会福祉学関係	二、二〇〇	三、六〇〇	五、一〇〇	六、七〇〇
理学関係	三、七三〇	六、六六〇	九、八〇〇	一二、九四〇
工学関係	三、八九〇	六、九五〇	一〇、二三〇	一三、五一〇
家政関係	二、七五〇	四、八五〇	七、〇五〇	九、三〇〇
美術関係	三、五〇〇	六、二五〇	九、二〇〇	一二、一五〇
音楽関係	二、三五〇	四、一四〇	六、〇二〇	七、九四〇

備考

一　この表に掲げる面積には、講堂、寄宿舎、附属施設等の面積は含まない。

二　同一分野に属する学科の収容定員が八、〇〇〇人を超える場合には、二、〇〇〇人を増すごとに、この表に定める八、〇〇〇人までの場合の面積から六、〇〇〇人までの場合の面積を減じて算出される数を加算するものとする。

三　短期大学設置基準第十七条第一項の科目等履修生その他の学生以外の者を同一分野に属する学科の収容定員を超えて相当数受け入れる場合においては、教育に支障のないよう、この表に定める面積に相当数の面積を加えたものとする。

四　この表に掲げる分野以外の分野に属する学科に係る面積については、当該学科の属する分野に類似するこの表に掲げる分野の例によるものとする。ただし、これにより難い場合は別に定める。

短期大学通信教育設置基準第七条の規定により、通信教育を行う短期大学が単位を与えることのできる学修を定める件

平成三年六月五日文部省告示第七十一号

短期大学通信教育設置基準（昭和五十七年文部省令第三号）第七条の規定により、通信教育を行う短期大学が単位を与えることのできる学修を次のように定め、平成三年七月一日から施行する。

他の短期大学、大学若しくは高等専門学校が行う公開講座又は地方公共団体、公益法人等が行う事業における計画的かつ継続的な体育実技の学修で、短期大学において短期大学教育に相当する水準を有すると認めたもの

大学院設置基準

昭和四十九年六月二十日文部省令第二十八号
最終改正　平成二二年六月一五日文部科学省令第一五号

学校教育法（昭和二十二年法律第二十六号）第三条、第八条、第六十八条第一項及び第八十八条の規定に基づき、大学院設置基準を次のように定める。

第一章　総則

（趣旨）

第一条　大学院は、学校教育法（昭和二十二年法律第二十六号）その他の法令の規定によるほか、この省令の定めるところにより設置するものとする。

2　この省令で定める設置基準は、大学院を設置するのに必要な最低の基準とする。

3　大学院は、この省令で定める設置基準より低下した状態にならないようにすることはもとより、その水準の向上を図ることに努めなければならない。

（教育研究上の目的の公表等）

第一条の二　大学院は、研究科又は専攻ごとに、人材の養成に関する目的その他の教育研究上の目的を学則等に定め、公表するものとする。

（大学院の課程）

第二条　大学院における課程は、修士課程、博士課程及び専門職学位課程（学校教育法第九十九条第二項の専門職大学院の課程をいう。以下同じ。）とする。

2　大学院には、修士課程、博士課程及び専門職学位課程のうち二以上を併せ置き、又はそのいずれかを置くものとする。

（専ら夜間において教育を行う大学院の課程）

第二条の二　大学院には、専ら夜間において教育を行う修士課程、博士課程及び専門職学位課程のうち二以上を併せ置き、又はそのいずれかを置くことができる。

（修士課程）

第三条　修士課程は、広い視野に立つて精深な学識を授け、専攻分野における研究能力又はこれに加えて高度の専門性が求められる職業を担うための卓越した能力を培うことを目的とする。

2　修士課程の標準修業年限は、二年とする。ただし、教育研究上の必要があると認められる場合には、研究科、専攻又は学生の履修上の区分に応じ、その標準修業年限は、二年を超えるものとすることができる。

3　前項の規定にかかわらず、修士課程においては、主として実務の経験を有する者に対して教育を行う場合であつて、教育研究上の必要があり、かつ、昼間と併せて夜間その他特定の時間又は時期において授業又は研究指導を行う等の適切な方法により教育上支障を生じないときは、研究科、専攻又は学生の履修上の区分に応じ、標準修業年限を一年以上二年未満の期間とすることができる。

（博士課程）

第四条　博士課程は、専攻分野について、研究者として自立して研究活動を行い、又はその他の高度に専門的な業務に従事するに必要な高度の研究能力及びその基礎となる豊かな学識を養うことを目的とする。

2　博士課程の標準修業年限は、五年とする。ただし、教育研究上の必要があると認められる場合には、研究科、専攻又は学生の履修上の区分に応じ、その標準修業年限は、五年を超えるものとすることができる。

3　博士課程は、これを前期二年及び後期三年の課程に区分し、又はこの区分を設けないものとする。ただし、博士課程を前期及び後期の課程に区分する場合において、教育研究上の必要があると認められるときは、研究科、専攻又は学生の履修上の区分に応じ、前期の課程については二年を、後期の課程については三年を超えるものとすることができる。

4　前期二年及び後期三年の課程に区分する博士課程においては、その前期二年の課程は、これを修士課程として取り扱うものとする。前項ただし書の規定により二年を超えるものとした前期の課程についても、同様とする。

5　第二項及び第三項の規定にかかわらず、教育研究上必要がある場合においては、第三項に規定する後期三年の課程のみの博士課程を置くことができる。この場合において、当該課程の標準修業年限は、三年とする。ただし、教育研究上の必要があると認められる場合には、研究科、専攻又は学生の履修上の区分に応じ、その標準修業年限は、三年を超えるものとすることができる。

第二章　教育研究上の基本組織

（研究科）

第五条　研究科は、専門分野に応じて、教育研究上の目的から組織されるものであつて、専攻の種類及び数、教員数その他が大学院の基本となる組織として適当な規模内容を有すると認められるものとする。

（専攻）

第六条　研究科には、それぞれの専攻分野の教育研究を行うため、数個の専攻を置くことを常例とする。ただし、教育研究上適当と認められる場合には、一個の専攻のみを置くことができる。

2　前期及び後期の課程に区分する博士課程においては、教育研究上適当と認められる場合には、前期の課程と後期の課程で異なる専攻を置くことができるものとする。

（研究科と学部等の関係）

第七条　研究科を組織するに当たつては、学部、大学附置の研究所等と適切な連携を図る等の措置により、当該研究科の組織が、その目的にふさわしいものとなるよう配慮するものとする。

（複数の大学が協力して教育研究を行う研究科）

第七条の二　大学院には、二以上の大学が協力して教育研究（第三十一条第二項に規定する共同教育課程（次条第二項、第十三条第二項及び第二十三条の二において単に「共同教育課程」という。）を編成して行うものを除く。第八条第四項において同じ。）を行う研究科を置くことができる。

（研究科以外の基本組織）

第七条の三　学校教育法第百条ただし書に規定する研究科以外の教育研究上の基本となる組織（以下「研究科以外の基本組織」という。）は、当該大学院の教育研究上の目的を達成するため有益かつ適切であると認められるものであつて、次の各号に掲げる要件を備えるものとする。

一　教育研究上適当な規模内容を有すること。

二　教育研究上必要な相当規模の教員組織その他諸条件を備えること。

三　教育研究を適切に遂行するためにふさわしい運営の仕組みを有すること。

2　研究科以外の基本組織に係る第九条に規定する教員の配置の基準は、当該研究科以外の基本組織における専攻に相当する組織の教育研究上の分野に相当すると認められる分野の専攻に係るこれらの基準（共同教育課程を編成する専攻に係るものを含む。）に準ずるものとする。

3　この省令において、この章及び第九条を除き、「研究科」には研究科以外の基本組織を、「専攻」には研究科以外の基本組織を置く場合における相当の組織を含むものとする。

第三章　教員組織

（教員組織）

第八条　大学院には、その教育研究上の目的を達成するため、研究科及び専攻の規模並びに授与する学位の種類及び分野に応じ、必要な教員を置くものとする。

2　大学院は、教員の適切な役割分担及び連携体制を確保し、組織的な教育が行われるよう特に留意するものとする。

3　大学院の教員は、教育研究上支障を生じない場合には、学部、研究所等の教員等がこれを兼ねることができる。

4　第七条の二に規定する研究科の教員は、教育研究上支障を生じない場合には、当該研究科における教育研究を協力して実施する大学の教員がこれを兼ねることができる。

5　大学院は、教育研究水準の維持向上及び教育研究の活性化を図るため、教員の構成が特定の範囲の年齢に著しく偏ることのないよう配慮するものとする。

6　大学院は、二以上の校地において教育を行う場合においては、それぞれの校地ごとに必要な教員を置くものとする。なお、それぞれの校地には、当該校地における教育に支障のないよう、原則として専任の教授又は准教授を少なくとも一人以上置くものとする。ただし、その校地が隣接している場合は、この限りでない。

第九条　大学院には、前条第一項に規定する教員のうち次の各号に掲げる資格を有する教員を、専攻ごとに、文部科学大臣が別に定める数置くものとする。

一　修士課程を担当する教員にあつては、次の一に該当し、かつ、その担当する専門分野に関し高度の教育研究上の指導能力があると認められる者

イ　博士の学位を有し、研究上の業績を有する者

ロ　研究上の業績がイの者に準ずると認められる者

ハ　芸術、体育等特定の専門分野について高度の技術・技能を有する者

ニ　専攻分野について、特に優れた知識及び経験を有する者

二　博士課程を担当する教員にあつては、次の一に該当し、かつ、その担当する専門分野に関し、極めて高度の教育研究上の指導能力があると認められる者

イ　博士の学位を有し、研究上の顕著な業績を有する者

ロ　研究上の業績がイの者に準ずると認められる者

ハ　専攻分野について、特に優れた知識及び経験を有する者

2　博士課程（前期及び後期の課程に区分する博士課程における前期の課程を除く。）を担当する教員は、教育研究上支障を生じない場合には、一個の専攻に限り、修士課程を担当する教員のうち前項第二号の資格を有する者がこれを兼ねることができる。

（一定規模数以上の入学定員の大学院研究科の教員組織）

第九条の二　研究科の基礎となる学部の学科の数を当該研究科の専攻の数とみなして算出される一個の専攻当たりの入学定員が、専門分野ごとに文部科学大臣が別に定める数（以下「一定規模数」という。）以上の場合には、当該研究科に置かれる前条に規定する教員のうち、一定規模数を超える部分について当該一定規模数ごとに一人を、大学設置基準（昭和三十一年文部省令第二十八号）第十三条に定める専任教員の数に算入できない教員とする。

第四章　収容定員

（収容定員）

第十条　収容定員は、教員組織及び施設設備その他の教育研究上の諸条件を総合的に考慮し、課程の区分に応じ専攻を単位として研究科ごとに定めるものとする。

2　前項の場合において、第三十七条の規定により外国に研究科、専攻その他の組織を設けるときは、これに係る収容定員を明示するものとする。

3　大学院は、教育研究にふさわしい環境の確保のため、在学する学生の数を収容定員に基づき適正に管理するものとする。

第五章　教育課程

（教育課程の編成方針）

第十一条　大学院は、当該大学院、研究科及び専攻の教育上の目的を達成するために必要な授業科目を自ら開設するとともに学位論文の作成等に対する指導（以下「研究指導」という。）の計画を策定し、体系的に教育課程を編成するものとする。

2　教育課程の編成に当たつては、大学院は、専攻分野に関する高度の専門的知識及び能力を修得させるとともに、当該専攻分野に関連する分野の基礎的素養を涵養するよう適切に配慮しなければならない。

（授業及び研究指導）

第十二条　大学院の教育は、授業科目の授業及び研究指導によつて行うものとする。

（研究指導）

第十三条　研究指導は、第九条の規定により置かれる教員が行うものとする。

2　大学院は、教育上有益と認めるときは、学生が他の大学院又は研究所等において必要な研究指導（共同教育課程を編成する専攻の学生が当該共同教育課程を編成する大学院において受けるものを除く。以下この項において同じ。）を受けることを認めることができる。ただし、修士課程の学生について認める場合には、当該研究指導を受ける期間は、一年を超えないものとする。

（教育方法の特例）

第十四条　大学院の課程においては、教育上特別の必要があると認められる場合には、夜間その他特定の時間又は時期において授業又は研究指導を行う等の適当な方法により教育を行うことができる。

（成績評価基準等の明示等）

第十四条の二　大学院は、学生に対して、授業及び研究指導の方法及び内容並びに一年間の授業及び研究指導の計画をあらかじめ明示するものとする。

2　大学院は、学修の成果及び学位論文に係る評価並びに修了の認定に当たつては、客観性及び厳格性を確保するため、学生に対してその基準をあらかじめ明示するとともに、当該基準にしたがつて適切に行うものとする。

（教育内容等の改善のための組織的な研修等）

第十四条の三　大学院は、当該大学院の授業及び研究指導の内容及び方法の改善を図るための組織的な研修及び研究を実施するものとする。

（大学設置基準の準用）

第十五条　大学院の各授業科目の単位、授業日数、授業期間、授業を行う学生数、授業の方法及び単位の授与、他の大学院における授業科目の履修等、入学前の既修得単位等の認定、長期にわたる教育課程の履修並びに科目等履修生等については、大学設置基準第二十一条から第二十五条まで、第二十七条、第二十八条第一項（同条第二項において準用する場合を含む。）、第三十条第一項及び第三項、第三十条の二並びに第三十一条（第三項を除く。）の規定を準用する。この場合において、第二十八条第一項中「六十単位」とあるのは「十単位」と、第三十条第三項中「前二項」とあるのは「第一項」と、同項中「第二十八条第一項（同条第二項において準用する場合を含む。）及び前条第一項により当該大学において修得したものとみなす単位数と合わせて六十単位」とあるのは「十単位」と、第三十条の二中「修業年限」とあるのは「標準修業年限」と、同条中「卒業」とあるのは「課程を修了」と読み替えるものとする。

第六章　課程の修了要件等

（修士課程の修了要件）

第十六条　修士課程の修了の要件は、大学院に二年（二年以外の標準修業年限を定める研究科、専攻又は学生の履修上の区分にあつては、当該標準修業年限）以上在学し、三十単位以上を修得し、かつ、必要な研究指導を受けた上、当該修士課程の目的に応じ、当該大学院の行う修士論文又は特定の課題についての研究の成果の審査及び試験に合格することとする。ただし、在学期間に関しては、優れた業績を上げた者については、大学院に一年以上在学すれば足りるものとする。

（博士課程の修了要件）

第十七条　博士課程の修了の要件は、大学院に五年（五年を超える標準修業年限を定める研究科、専攻又は学生の履修上の区分にあつては、当該標準修業年限とし、修士課程（第三条第三項の規定により標準修業年限を一年以上二年未満とした修士課程を除く。以下この項において同じ。）に二年（二年を超える標準修業年限を定める研究科、専攻又は学生の履修上の区分にあつては、当該標準修業年限。以下この条本文において同じ。）以上在学し、当該課程を修了した者にあつては、当該課程における二年の在学期間を含む。）以上在学し、三十単位以上を修得し、かつ、必要な研究指導を受けた上、当該大学院の行う博士論文の審査及び試験に合格することとする。ただし、在学期間に関しては、優れた研究業績を上げた者については、大学院に三年（修士課程に二年以上在学し、当該課程を修了した者にあつては、当該課程における二年の在学期間を含む。）以上在学すれば足りるものとする。

2　第三条第三項の規定により標準修業年限を一年以上二年未満とした修士課程を修了した者及び前条ただし書の規定による在学期間をもつて修士課程を修了した者の博士課程の修了の要件については、前項中「五年（五年を超える標準修業年限を定める研究科、専攻又は学生の履修上の区分にあつては、当該標準修業年限とし、修士課程（第三条第三項の規定により標準修業年限を一年以上二年未満とした修士課程を除く。以下この項において同じ。）に二年（二年を超える標準修業年限を定める研究科、専攻又は学生の履修上の区分にあつては、当該標準修業年限。以下この条本文において同じ。）以上在学し、当該課程を修了した者にあつては、当該課程における二年の在学期間を含む。）」とあるのは「修士課程における在学期間に三年（第四条第三項ただし書の規定により博士課程の後期の課程について三年を超える標準修業年限を定める研究科、専攻又は学生の履修上の区分にあつては、当該標準修業年限）を加えた期間」と、「三年（修士課程に二年以上在学し、当該課程を修了した者にあつては、当該課程における二年の在学期間を含む。）」とあるのは「三年（第三条第三項の規定により標準修業年限を一年以上二年未満とした修士課程を修了した者にあつては、当該一年以上二年未満の期間を、前条ただし書の規定による在学期間をもつて修士課程を修了した者にあつては、当該課程における在学期間（二年を限度とする。）を含む。）」と読み替えて、同項の規定を適用する。

3　第一項及び前項の規定にかかわらず、修士の学位若しくは専門職学位（学位規則（昭和二十八年文部省令第九号）第五条の二に規定する専門職学位をいう。以下この項において同じ。）を有する者又は学校教育法施行規則（昭和二十二年文部省令第十一号）第百五十六条の規定により大学院への入学資格に関し修士の学位若しくは専門職学位を有する者と同等以上の学力があると認められた者が、博士課程の後期の課程に入学した場合の博士課程の修了の要件は、大学院（専門職大学院を除く。以下この項において同じ。）に三年（第四条第三項ただし書の規定により博士課程の後期の課程について三年を超える標準修業年限を定める研究科、専攻又は学生の履修上の区分にあつては、当該標準修業年限とし、専門職大学院設置基準（平成十五年文部科学省令第十六号）第十八条第一項の法科大学院の課程を修了した者にあつては、二年（第四条第三項ただし書の規定により博士課程の後期の課程について三年を超える標準修業年限を定める研究科、専攻又は学生の履修上の区分にあつては、当該標準修業年限から一年の期間を減じた期間）とする。）以上在学し、必要な研究指導を受けた上、当該大学院の行う博士論文の審査及び試験に合格することとする。ただし、在学期間に関しては、優れた研究業績を上げた者については、大学院に一年（第三条第三項の規定により標準修業年限を一年以上二年未満とした修士課程を修了した者及び専門職大学院設置基準第二条第二項の規定により標準修業年限を一年以上二年未満とした専門職学位課程を修了した者にあつては、三年から当該一年以上二年未満の期間を減じた期間とし、前条ただし書の規定による在学期間をもつて修士課程を修了した者にあつては、三年から当該課程における在学期間（二年を限度とする。）を減じた期間とする。）以上在学すれば足りるものとする。

第十八条　削除

第七章　施設及び設備等

（講義室等）

第十九条　大学院には、当該大学院の教育研究に必要な専用の講義室、研究室、実験・実習室、演習室等を備えるものとする。ただし、特別の事情があり、かつ、教育研究に支障がないと認められるときは、この限りではない。

（機械、器具等）

第二十条　大学院には、研究科又は専攻の種類、教員数及び学生数に応じて必要な種類及び数の機械、器具及び標本を備えるものとする。

（図書等の資料）

第二十一条　大学院には、研究科及び専攻の種類に応じ、図書、学術雑誌、視聴覚資料その他の教育研究上必要な資料を系統的に整理して備えるものとする。

（学部等の施設及び設備の共用）

第二十二条　大学院は、教育研究上支障を生じない場合には、学部、大学附置の研究所等の施設及び設備を共用することができる。

（二以上の校地において教育研究を行う場合における施設及び設備）

第二十二条の二　大学院は、二以上の校地において教育研究を行う場合においては、それぞれの校地ごとに教育研究に支障のないよう必要な施設及び設備を備えるものとする。ただし、その校地が隣接している場合は、この限りでない。

（教育研究環境の整備）

第二十二条の三　大学院は、その教育研究上の目的を達成するため、必要な経費の確保等により、教育研究にふさわしい環境の整備に努めるものとする。

（研究科等の名称）

第二十二条の四　研究科及び専攻（以下「研究科等」という。）の名称は、研究科等として適当であるとともに、当該研究科等の教育研究上の目的にふさわしいものとする。

第八章　独立大学院

（独立大学院）

第二十三条　学校教育法第百三条に定める大学に置く大学院（以下「独立大学院」という。）の研究科の種類及び数、教員数その他は、当該大学院の教育研究上の目的に応じ適当な規模内容を有すると認められるものとする。

第二十三条の二　独立大学院は、共同教育課程のみを編成することはできない。

第二十四条　独立大学院は、当該大学院の教育研究上の必要に応じた十分な規模の校舎等の施設を有するものとする。

2　独立大学院が研究所等との緊密な連係及び協力の下に教育研究を行う場合には、当該研究所等の施設及び設備を共用することができる。ただし、その利用に当たつては、十分な教育上の配慮等を行うものとする。

第九章　通信教育を行う課程を置く大学院

（通信教育を行う課程）

第二十五条　大学院には、通信教育を行う修士課程、博士課程及び専門職学位課程のうち二以上を併せ置き、又はそのいずれかを置くことができる。

（通信教育を行い得る専攻分野）

第二十六条　大学院は、通信教育によつて十分な教育効果が得られる専攻分野について、通信教育を行うことができるものとする。

（通信教育を併せ行う場合の教員組織）

第二十七条　昼間又は夜間において授業を行う大学院が通信教育を併せ行う場合においては、通信教育を行う専攻ごとに、第九条に規定する教員を、教育に支障のないよう相当数増加するものとする。

（大学通信教育設置基準の準用）

第二十八条　通信教育を行う課程の授業の方法及び単位の計算方法等については、大学通信教育設置基準（昭和五十六年文部省令第三十三号）第三条から第五条までの規定を準用する。

（通信教育を行う課程を置く大学院の施設）

第二十九条　通信教育を行う課程を置く大学院は、添削等による指導並びに印刷教材等の保管及び発送のための施設について、教育に支障のないようにするものとする。

（添削等のための組織等）

第三十条　通信教育を行う課程を置く大学院は、添削等による指導及び教育相談を円滑に処理するため、適当な組織等を設けるものとする。

第十章　共同教育課程に関する特例

（共同教育課程の編成）

第三十一条　二以上の大学院は、その大学院、研究科及び専攻の教育上の目的を達成するために必要があると認められる場合には、第十一条第一項の規定にかかわらず、当該二以上の大学院のうち一の大学院が開設する授業科目を、当該二以上の大学院のうち他の大学院の教育課程の一部とみなして、それぞれの大学院ごとに同一内容の教育課程（通信教育に係るもの及び大学院を置く大学が外国に設ける研究科、専攻その他の組織において開設される授業科目の履修により修得する単位を当該課程に係る修了の要件として修得すべき単位の全部又は一部として修得するものを除く。）を編成することができる。

2　前項に規定する教育課程（以下「共同教育課程」という。）を編成する大学院（以下「構成大学院」という。）は、当該共同教育課程を編成し、及び実施するための協議の場を設けるものとする。

（共同教育課程に係る単位の認定等）

第三十二条　構成大学院は、学生が当該構成大学院のうち一の大学院において履修した共同教育課程に係る授業科目について修得した単位を、当該構成大学院のうち他の大学院における当該共同教育課程に係る授業科目の履修により修得したものとそれぞれみなすものとする。

2　構成大学院は、学生が当該構成大学院のうち一の大学院において受けた共同教育課程に係る研究指導を、当該構成大学院のうち他の大学院において受けた当該共同教育課程に係るものとそれぞれみなすものとする。

（共同教育課程に係る修了要件）

第三十三条　共同教育課程である修士課程の修了の要件は、第十六条に定めるもののほか、それぞれの大学院において当該共同教育課程に係る授業科目の履修により十単位以上を修得することとする。

2　共同教育課程である博士課程の修了の要件（第十七条第三項本文に規定する場合を除く。）は、第十七条（第三項を除く。）に定めるもののほか、それぞれの大学院において当該共同教育課程に係る授業科目の履修により十単位以上を修得することとする。

3　前二項の規定によりそれぞれの大学院において当該共同教育課程に係る授業科目の履修により修得する単位数には、第十五条において読み替えて準用する大学設置基準第二十八条第一項（同条第二項において準用する場合を含む。）、第十五条において準用する同省令第三十条第一項又は前条の規定により修得したものとみなすことができ、又はみなすものとする単位を含まないものとする。

（共同教育課程を編成する専攻に係る施設及び設備）

第三十四条　第十九条から第二十一条までの規定にかかわらず、共同教育課程を編成する専攻に係る施設及び設備については、それぞれの大学院に置く当該共同教育課程を編成する専攻を合わせて一の研究科又は専攻とみなしてその種類、教員数及び学生数に応じ必要な施設及び設備を備え、かつ、教育研究に支障がないと認められる場合には、それぞれの大学院ごとに当該専攻に係る施設及び設備を備えることを要しない。

第十一章　雑則

（事務組織）

第三十五条　大学院を置く大学には、大学院の事務を処理するため、適当な事務組織を設けるものとする。

（医学、歯学、薬学又は獣医学を履修する博士課程に関する特例）

第三十六条　医学を履修する博士課程、歯学を履修する博士課程、薬学を履修する博士課程（当該課程に係る研究科の基礎となる学部の修業年限が六年であるものに限る。）又は獣医学を履修する博士課程については、第四条第二項中「五年」とあるのは「四年」と、第十七条第一項中「五年（五年を超える標準修業年限を定める研究科、専攻又は学生の履修上の区分にあつては、当該標準修業年限とし、修士課程（第三条第三項の規定により標準修業年限を一年以上二年未満とした修士課程を除く。以下この項において同じ。）に二年（二年を超える標準修業年限を定める研究科、専攻又は学生の履修上の区分にあつては、当該標準修業年限。以下この条本文において同じ。）以上在学し、当該課程を修了した者にあつては、当該課程における二年の在学期間を含む。）」とあるのは「四年（四年を超える標準修業年限を定める研究科、専攻又は学生の履修上の区分にあつては、当該標準修業年限）」と、「三年（修士課程に二年以上在学し、当該課程を修了した者にあつては、当該課程における二年の在学期間を含む。）」とあるのは「三年」と読み替えて、これらの規定を適用し、第四条第三項から第五項まで並びに第十七条第二項及び第三項の規定は、適用しない。

（外国に設ける組織）

第三十七条　大学院を置く大学は、文部科学大臣が別に定めるところにより、外国に研究科、専攻その他の組織を設けることができる。

（段階的整備）

第三十八条　新たに大学院及び研究科等を設置する場合の教員組織、校舎等の施設及び設備については、別に定めるところにより、段階的に整備することができる。

附　則　抄

1　この省令は、昭和五十年四月一日から施行する。ただし、次項の規定は、公布の日から施行する。

2　昭和五十年度に開設しようとする大学院の設置認可の申請に係る審査に当たつては、この省令の規定の適用があるものとする。

附　則（平成二二年六月一五日文部科学省令第一五号）

この省令は、平成二十三年四月一日から施行する。

平成二十二年六月十五日文部科学省令第十五号の未執行内容

学校教育法施行規則等の一部を改正する省令

（大学院設置基準の一部改正）

第四条　大学院設置基準（昭和四十九年文部省令第二十八号）の一部を次のように改正する。

第一条の二の見出し中「の公表等」を削り、同条中「定め、公表する」を「定める」に改める。

附　則

この省令は、平成二十三年四月一日から施行する。

大学院に専攻ごとに置くものとする教員の数について定める件

平成十一年九月十四日文部省告示第百七十五号
最終改正　平成二〇年一一月一三日文部科学省告示第一六五号

大学院設置基準（昭和四十九年文部省令第二十八号）第九条の規定に基づき、大学院に専攻ごとに置くものとする教員の数について次のように定め、平成十一年九月十四日から適用する。

一　大学院には、専門分野の別に応じ専攻ごとに、不可欠な教員組織として、別表第一及び別表第二に定めるところにより、大学院設置基準第九条第一項各号に掲げる資格を有する教員（以下「研究指導教員」という。）を置くとともに、それらの表のその他の教員組織の欄に定める研究指導の補助を行い得る教員（以下「研究指導補助教員」という。）を置くものとする。

二　別表第一及び別表第二のその他の教員組織の欄に定めのない場合においても、それらの表に定める研究指導教員の数と同数の研究指導補助教員を置くものとする。

三　第一号に定めるもののほか、別表第三に定めるところにより、学生の収容定員に応じ、必要な数の研究指導教員を置くものとする。

四　第一号から前号までの規定にかかわらず、共同教育課程を編成する専攻には、それぞれの大学院に置く当該共同教育課程を編成する専攻を合わせて一の専攻とみなして第一号から前号までの規定を適用して得られる研究指導教員の数（次号において「全体研究指導教員数」という。）及び研究指導補助教員の数（次号において「全体研究指導補助教員数」という。）をこれ

別表第一

専門分野		研究指導教員数	その他の教員組織
文学関係	国文専攻	三	原則として、研究指導教員数と研究指導補助教員数を合わせて五以上とする。 史学専攻は、研究指導教員数を四、研究指導教員数と研究指導補助教員数を合わせて七以上とし、日本史、東洋史、西洋史の各分野に研究指導教員を欠いてはならない。 地理学専攻は、研究指導教員数を四、研究指導教員数と研究指導補助教員数を合わせて七以上とする。
	英文専攻	三	
	その他	二	
教育学・保育学関係	教育学・保育学系	三	研究指導補助教員は、研究指導教員数と同数とする。
	教員養成系 学校教育専攻	五	研究指導補助教員は、研究指導教員数の三分の二以上置くものとする。ただし、社会科教育専攻及び理科教育専攻については、研究指導教員数と同数とする。 教科に係る専攻については、教科教育科目担当の研究指導教員及び研究指導補助教員数を含むものとする。 学校教育専攻が特殊教育及び幼児教育の分野を含む場合は、それぞれについて研究指導教員を一人加えるものとする。
	特殊（障害児）専攻	三	
	幼児教育専攻	三	
	国語教育専攻	四	
	社会科教育専攻	六	
	数学教育専攻	四	
	理科教育専攻	六	
	音楽教育専攻	四	
	美術教育専攻	四	
	保健体育専攻	四	
	技術教育専攻	三	
	家政教育専攻	四	
	英語教育専攻	三	
法学関係	法学系	五	公法、私法等に分割したときは、各専攻ごとに研究指導教員数を三以上とする。
	政治学系	三	
経済学関係		五	研究指導教員数と研究指導補助教員数を合わせて九以上とする。
社会学・社会福祉学関係		三	研究指導教員数と研究指導補助教員数を合わせて六以上とする。ただし、二専攻以上を置くとき又は修士課程のみを置くときは、各専攻ごとに、研究指導教員数と研究指導補助教員数を合わせて五以上とする。
理学関係		四	原則として、研究指導教員数と研究指導補助教員数を合わせて七以上とする。
工学関係		四	原則として、研究指導教員数と研究指導補助教員数を合わせて七以上とする。
農学関係		四	修士課程は、研究指導教員数と研究指導補助教員数を合わせて六以上とする。 博士過程は、研究指導教員数と研究指導補助教員数を合わせて八以上とする。

らの専攻に係る収容定員の割合に応じてそれぞれ按分した数（その数に一に満たない端数があるときはこれを切り捨てる。ただし、その数が一に満たないときは一とする。以下それぞれ「大学院別研究指導教員数」及び「大学院別研究指導補助教員数」という。）の研究指導教員及び研究指導補助教員を置くものとする。

五　前号の規定による当該共同教育課程を編成する専攻に係る大学院別研究指導教員数の合計が全体研究指導教員数に満たないとき又は当該共同教育課程を編成する専攻に係る大学院別研究指導補助教員数の合計が全体研究指導補助教員数に満たないときは、その不足する数の研究指導教員又は研究指導補助教員をいずれかの大学院の当該共同教育課程を編成する専攻に置くものとする。

六　第四号の規定による当該共同教育課程を編成する専攻に係る大学院別研究指導教員数が、当該専攻の専門分野の別に応じ、別表第一又は別表第二に定める研究指導教員の数（以下この号において「最小大学院別研究指導教員数」という。）に満たないときは、前二号の規定にかかわらず、当該専攻に係る研究指導教員の数は、最小大学院別研究指導教員数以上とする。この場合において、当該最小大学院別研究指導教員数から前二号の規定を適用するとしたならば当該専攻に置くものとされる研究指導教員の数を減じた数の研究指導教員については、他の大学院に置く当該共同教育課程を編成する専攻の研究指導教員がこれを兼ねることができる。

附　則（平成二〇年一一月一三日文部科学省告示第一六五号）

この告示は、平成二十一年三月一日から実施する。

獣医学関係		四	研究指導教員数と研究指導補助教員数を合わせて八以上とする。
薬学関係		八	研究指導教員数と研究指導補助教員数を合わせて十四以上とする。二専攻以上を置くときは、専攻ごとに、研究指導教員数を五、研究指導教員数と研究指導補助教員数を合わせて九以上とする。
家政関係		四	原則として研究指導教員数と研究指導補助教員数を合わせて六以上とする。
美術関係	絵画専攻	四	研究指導補助教員数は、研究指導教員数の半数以上を置くものとする。 芸術学専攻を置かない研究科にあっては、上記の研究指導教員数以外に、基礎理論（美学、美術学）の分野に研究指導教員数を一以上置くものとする。
	デザイン専攻	四	
	建築専攻	四	
	工芸専攻	四	
	芸術学専攻	四	
	彫刻専攻	二	
	写真専攻	四	
音楽関係	器楽専攻	四	研究指導補助教員数は、研究指導教員数の半数以上を置くものとする。 器楽専攻は、研究指導教員数と研究指導補助教員数を合わせて五以上とし、鍵盤楽器及び弦楽器の各分野に研究指導教員を、管・打楽器の各分野に研究指導教員又は研究指導補助教員を欠いてはならない。
	声楽専攻	三	
	作曲専攻	二	
	音楽学専攻	二	
	音楽教育学専攻	一	
	指揮専攻	一	
体育関係		四	原則として、研究指導教員数と研究指導補助教員数を合わせて八以上とする。
保健衛生学関係		六	

備考

一　学際領域等上記の区分により難い専門分野に係る研究指導教員数等については、最も関連深い分野における専攻の例による。それによることが適当でない場合には、別に定める。

二　研究指導教員の三分の二以上は、原則として教授でなければならない。

三　昼間又は夜間において授業を行う大学院（以下「通学制大学院」という。）が通信教育を併せ行う場合は、通学の課程、通信教育の課程のそれぞれについて、課程を担当する教員がこの表及び別表第二に定めるとおり配置されていなければならない。この場合、当該専攻の研究指導教員又は研究指導補助教員が通学の課程及び通信教育の課程の両方の課程を担当することができる。

別表第二

専門分野	課程	研究指導教員数	その他の教員組織
医学系	博士課程	三十	研究指導教員数と研究指導補助教員数を合わせて六十以上とする。
	修士課程	六	研究指導教員数と研究指導補助教員数を合わせて十二以上とする。
歯学系	博士課程	十八	研究指導教員数と研究指導補助教員数を合わせて三十六以上とする。
	修士課程	五	研究指導教員数と研究指導補助教員数を合わせて十以上とする。

別表第三

通学又は通信教育の課程	専門分野	研究指導教員一人当たりの学生の収容定員
修士課程	人文社会科学系	二十人
	自然科学系	十四人
	医学、歯学系	八人
博士課程	人文社会科学系	二十人
	自然科学系	十五人
	医学、歯学系	八人
前期及び後期の課程に区分する博士課程の前期の課程	人文社会科学系	二十人
	自然科学系	十四人
前期及び後期の課程に区分する博士課程の後期の課程	人文社会科学系	十二人
	自然科学系	九人

備考

一　学際領域等上記の区分により難い専門分野に係る研究指導教員数については、最も関連深い分野における専攻の例による。それによることが適当でない場合には、別に定める。

二　通学制大学院が通信教育を併せ行う場合の通信教育の学生収容定員は、この表に定めるところによる。
　この場合の当該専攻の研究指導教員数（通信教育のみを担当する教員も含む。）については、別表第一、別表第二及びこの表により通学の課程に必要とされる研究指導教員数に、通信教育の学生収容定員に応じた研究指導教員数を加えるものとする。

大学院の研究科における一個の専攻当たりの入学定員の一定規模数を専門分野ごとに定める件

平成十一年九月十四日文部省告示第百七十六号
最終改正　平成一九年一二月一四日文部科学省告示第一四二号

大学院設置基準第九条の二の規定に基づき、研究科の基礎となる学部の学科の数を当該研究科の専攻の数とみなして算出される一個の専攻当たりの入学定員の一定規模数を専門分野ごとに次のように定める。

専門分野	修士課程（博士課程の前期の課程）	博士課程（博士課程の後期の課程）
文学系	五十人	二十人
教育学系		
社会学系	六十三人	二十五人
法学系	七十人	二十八人
政治学系		
経済学系		
理学系	四十九人	二十一人
工学系		
農学系		
薬学系	五十六人	二十四人
家政学系	三十五人	十五人
保健学系	四十二人	十八人
栄養学		
美術系	三十五人	十五人
音楽系		
体育学専攻	四十人	十八人
医学系	百二十人	六十人
歯学系	七十人	三十六人

備考
　学際領域等上記の区分により難い専門分野については、最も関連深い分野における区分の例による。それによることが適当でない場合には、別に定める。

附　則（平成一九年一二月一四日文部科学省告示第一四二号）

　この告示は、大学院設置基準の一部を改正する省令の施行の日（平成十九年十二月十四日）から施行する。

大学院設置基準第三十八条の規定に基づき、新たに大学院等を設置する場合の教員組織、校舎等の施設及び設備の段階的な整備について定める件

平成十五年三月三十一日文部科学省告示第五十号

大学院設置基準（昭和四十九年文部省令第二十八号）第三十八条の規定に基づき、新たに大学院等を設置する場合の教員組織、校舎等の施設及び設備の段階的な整備について次のように定める。

1　教員組織の段階的な整備については、次の各号に該当する場合において認めるものとする。
一　基礎となる学部等がない研究科等を設置する場合又は当該研究科等において課程を変更する場合は、教育研究に支障のない限度において、各年次にわたって行うものであること。
二　各授業科目を開設する年次又は研究指導を行う年次において、当該授業科目又は研究指導を担当する教員を置くことを原則として、次の表の上欄に掲げる各年次においてそれぞれ同表の下欄に掲げる必要とする教員数に占める割合以上の数の教員を置くものであること。

年次	必要とする教員数に占める割合
開設時	五〇％
第一年次中	五〇％

三　整備に係る計画の期間中に、原則として教員が異動しないこと。

2　校舎等の施設及び設備（以下「校舎等」という。）の段階的な整備については、次の各号に該当する場合において認めるものとする。

一　教育研究に支障のない限度において、各年次にわたって行うものであること。

二　各授業科目を開設する年次又は研究指導を行う年次において、当該授業科目又は研究指導に必要な教室を備えることを原則として、次の表の上欄に掲げる各年次においてそれぞれ同表の下欄に掲げる必要とする校舎等に占める割合以上の施設等を置くものとする。

年次	必要とする校舎等に占める割合
開設時まで	六〇％
第一年次中	四〇％

3　文部科学大臣は、大学院等の設置又は課程の変更を認可した後、当該認可時における留意事項、授業科目の開設状況、教員組織の整備状況その他の年次計画の履行状況について報告を求め、必要に応じ、書類、面接又は実地により調査することができるものとする。

附　則

この告示は、平成十五年四月一日から施行する。

大学院を置く大学が外国に研究科、専攻その他の組織を設ける場合の基準

平成二十年六月三十日文部科学省告示第百四号

大学院設置基準（昭和四十九年文部省令第二十八号）第三十三条の規定に基づき、大学院を置く大学が外国に研究科、専攻その他の組織を設ける場合について次のように定める。

大学院を置く大学（以下単に「大学院」という。）が外国に研究科、専攻その他の組織を設ける場合は、次に掲げる要件を満たすものとする。

一　大学院が外国に設ける研究科、専攻その他の組織（以下「外国組織」という。）における教員の数は、当該外国組織における教育期間が当該外国組織を設ける大学院の標準修業年限の全部である場合の当該外国組織の収容定員を、当該大学院の一の研究科、専攻その他の組織の収容定員とみなして大学院設置基準第九条第一項の規定を適用して得た数に、当該大学院の標準修業年限に対する当該外国組織における教育期間（一年未満の端数期間があるときは、その端数期間を切り上げる。）の割合を乗じて得た数とすること。

二　外国組織において、当該外国組織を設ける大学院の教育課程の全部又は一部として、授業科目が恒常的に開設されていること。

三　前号に規定する授業科目の履修により修得する単位を修了の要件として修得すべき単位の全部又は一部として外国組織を設ける大学院が授与する学位の種類及び分野（学位の種類及び分野の変更等に関する基準（平成十五年文部科学省告示第三十九号）別表第一に掲げる学位の種類及び分野をいう。以下この号において同じ。）が、当該大学院が我が国において授与する学位の種類及び分野と同一のものであること。

四　外国組織における校地は、当該外国組織を設ける大学院の教育研究にふさわしい環境をもつものとすること。

五　外国組織における校舎は、当該外国組織を設ける大学院の教育研究上の必要に応じた十分な規模とすること。

六　外国組織を設ける大学院の学長が、当該外国組織に係る校務をつかさどり、当該外国組織の所属職員を統督していること。

附　則

この告示は、公布の日から施行する。

専門職大学院設置基準

平成十五年三月三十一日文部科学省令第十六号
最終改正　平成二二年三月一〇日文部科学省令第四号

学校教育法（昭和二十二年法律第二十六号）第三条、第八条、第八十八条の規定に基づき、専門職大学院設置基準を次のように定める。

第一章　総則

（趣旨）

第一条　専門職大学院の設置基準は、この省令の定めるところによる。

2　この省令で定める設置基準は、専門職大学院を設置するのに必要な最低の基準とする。

3　専門職大学院は、この省令で定める設置基準より低下した状態にならないようにすることはもとより、その水準の向上を図ることに努めなければならない。

（専門職学位課程）

第二条　専門職学位課程は、高度の専門性が求められる職業を担うための深い学識及び卓越した能力を培うことを目的とする。

2　専門職学位課程の標準修業年限は、二年又は一年以上二年未満の期間（一年以上二年未満の期間は、専攻分野の特性により特に必要があると認められる場合に限る。）とする。

（標準修業年限の特例）

第三条　前条の規定にかかわらず、専門職学位課程の標準修業年限は、教育上の必要があると認められるときは、研究科、専攻又は学生の履修上の区分に応じ、その標準修業年限が二年の課程にあっては一年以上二年未満の期間又は二年を超える期間とし、その標準修業年限が一年以上二年未満の期間の課程にあっては当該期間を超える期間とすることができる。

2　前項の場合において、一年以上二年未満の期間とすることができるのは、主として実務の経験を有する者に対して教育を行う場合であって、かつ、昼間と併せて夜間その他特定の時間又は時期において授業を行う等の適切な方法により教育上支障を生じない場合に限る。

第二章　教員組織

（教員組織）

第四条　専門職大学院には、研究科及び専攻の種類及び規模に応じ、教育上必要な教員を置くものとする。

第五条　専門職大学院には、前条に規定する教員のうち次の各号のいずれかに該当し、かつ、その担当する専門分野に関し高度の教育上の指導能力があると認められる専任教員を、専攻ごとに、文部科学大臣が別に定める数置くものとする。

一　専攻分野について、教育上又は研究上の業績を有する者

二　専攻分野について、高度の技術・技能を有する者

三　専攻分野について、特に優れた知識及び経験を有する者

2　前項に規定する専任教員は、大学設置基準（昭和三十一年文部省令第二十八号）第十三条に規定する専任教員の数及び大学院設置基準（昭和四十九年文部省令第二十八号）第九条第一項に規定する教員の数に算入できないものとする。

3　第一項に規定する専任教員のうちには、文部科学大臣が別に定めるところにより、専攻分野における実務の経験を有し、かつ、高度の実務の能力を有する者を含むものとする。

第三章　教育課程

（教育課程）

第六条　専門職大学院は、その教育上の目的を達成するために専攻分野に応じ必要な授業科目を自ら開設し、体系的に教育課程を編成するものとする。

（授業を行う学生数）

第七条　専門職大学院が一の授業科目について同時に授業を行う学生数は、授業の方法及び施設、設備その他の教育上の諸条件を考慮して、教育効果を十分にあげられるような適当な人数とするものとする。

（授業の方法等）

第八条　専門職大学院においては、その目的を達成し得る実践的な教育を行うよう専攻分野に応じ事例研究、現地調査又は双方向若しくは多方向に行われる討論若しくは質疑応答その他の適切な方法により授業を行うなど適切に配慮しなければならない。

2　大学院設置基準第十五条において準用する大学設置基準第二十五条第二項の規定により多様なメディアを高度に利用して授業を行う教室等以外の場所で履修させることは、これによって十分な教育効果が得られる専攻分野に関して、当該効果が認められる授業について、行うことができるものとする。

第九条　専門職大学院は、通信教育によって十分な教育効果が得られる専攻分野に関して、当該効果が認められる授業等について、多様なメディアを高度に利用する方法による通信教育を行うことができるものとする。この場合において、授業の方法及び単位の計算方法等については、大学通信教育設置基準（昭和五十六年文部省令第三十三号）第三条中面接授業又はメディアを利用して行う授業に関する部分、第四条並びに第五条第一項第三号及び第二項の規定を準用する。

（成績評価基準等の明示等）

第十条　専門職大学院は、学生に対して、授業の方法及び内容、一年間の授業の計画をあらかじめ明示するものとする。

2　専門職大学院は、学修の成果に係る評価及び修了の認定に当たっては、客観性及び厳格性を確保するため、学生に対してその基準をあらかじめ明示するとともに、当該基準にしたがって適切に行うものとする。

（教育内容等の改善のための組織的な研修等）

第十一条　専門職大学院は、当該専門職大学院の授業の内容及び方法の改善を図るための組織的な研修及び研究を実施するものとする。

第四章　課程の修了要件等

（履修科目の登録の上限）

第十二条　専門職大学院は、学生が各年次にわたって適切に授業科目を履修するため、学生が一年間又は一学期に履修科目として登録することができる単位数の上限を定めるものとする。

（他の大学院における授業科目の履修等）

第十三条　専門職大学院は、教育上有益と認めるときは、学生が専門職大学院の定めるところにより他の大学院において履修した授業科目について修得した単位を、当該専門職大学院が修了要件として定める三十単位以上の単位数の二分の一を超えない範囲で当該専門職大学院における授業科目の履修により修得したものとみなすことができる。

2　前項の規定は、学生が、外国の大学院に留学する場合、外国の大学院が行う通信教育における授業科目を我が国において履修する場合及び外国の大学院の教育課程を有するものとして当該外国の学校教育制度において位置付けられた教育施設であって、文部科学大臣が別に指定するものの当該教育課程における授業科目を我が国において履修する場合について準用する。

（入学前の既修得単位等の認定）

第十四条　専門職大学院は、教育上有益と認めるときは、学生が当該専門職大学院に入学する前に大学院において履修した授業科目について修得した単位（科目等履修生として修得した単位を含む。）を、当該専門職大学院に入学した後の当該専門職大学院における授業科目の履修により修得したものとみなすことができる。

2　前項の規定により修得したものとみなすことのできる単位数は、編入学、転学等の場合を除き、当該専門職大学院において修得した単位以外のものについては、前条第一項（同条第二項において準用する場合を含む。）の規定により当該専門職大学院において修得したものとみなす単位数と合わせて当該専門職大学院が修了要件として定める三十単位以上の単位数の二分の一を超えないものとする。

（専門職学位課程の修了要件）

第十五条　専門職学位課程の修了の要件は、専門職大学院に二年（二年以外の標準修業年限を定める研究科、専攻又は学生の履修上の区分にあっては、当該標準修業年限）以上在学し、当該専門職大学院が定める三十単位以上の修得その他の教育課程の履修により課程を修了することとする。

（専門職大学院における在学期間の短縮）

第十六条　専門職大学院は、第十四条第一項の規定により当該専門職大学院に入学する前に修得した単位（学校教育法第百二条第一項の規定により入学資格を有した後、修得したものに限る。）を当該専門職大学院において修得したものとみなす場合であって当該単位の修得により当該専門職大学院の教育課程の一部を履修したと認めるときは、当該単位数、その修得に要した期間その他を勘案して当該専門職学位課程の標準修業年限の二分の一を超えない範囲で当該専門職大学院が定める期間在学したものとみなすことができる。ただし、この場合においても、当該専門職大学院に少なくとも一年以上在学するものとする。

第五章　施設及び設備等

（専門職大学院の諸条件）

第十七条　専門職大学院の施設及び設備その他諸条件は、専門職大学院の目的に照らし十分な教育効果をあげることができると認められるものとする。

第六章　法科大学院

（法科大学院の課程）

第十八条　第二条第一項の専門職学位課程のうち専ら法曹養成のための教育を行うことを目的とするものを置く専門職大学院は、当該課程に関し、法科大学院とする。

2　法科大学院の課程の標準修業年限は、第二条第二項の規定にかかわらず、三年とする。

3　前項の規定にかかわらず、教育上の必要があると認められる場合は、研究科、専攻又は学生の履修上の区分に応じ、その標準修業年限は、三年を超えるものとすることができる。

（法科大学院の入学者選抜）

第十九条　法科大学院は、入学者の選抜に当たっては、文部科学大臣が別に定めるところにより、多様な知識又は経験を有する者を入学させるよう努めるものとする。

第二十条　法科大学院は、入学者の選抜に当たっては、入学者の適性を適確かつ客観的に評価するものとする。

（他の大学院における授業科目の履修等）

第二十一条　法科大学院は、教育上有益と認めるときは、学生が法科大学院の定めるところにより他の大学院において履修した授業科目について修得した単位を、第十三条第一項の規定にかかわらず、三十単位を超えない範囲で当該法科大学院における授業科目の履修により修得したものとみなすことができる。ただし、九十三単位を超える単位の修得を修了の要件とする法科大学院にあっては、その超える部分の単位数に限り三十単位を超えてみなすことができる。

2　前項の規定は、学生が、外国の大学院に留学する場合、外国の大学院が行う通信教育における授業科目を我が国において履修する場合及び外国の大学院の教育課程を有するものとして当該外国の学校教育制度において位置付けられた教育施設であって、文部科学大臣が別に指定するものの当該教育課程における授業科目を我が国において履修する場合について準用する。

（入学前の既修得単位等の認定）

第二十二条　法科大学院は、教育上有益と認めるときは、学生が当該法科大学院に入学する前に大学院において履修した授業科目について修得した単位（科目等履修生として修得した単位を含む。）を、当該法科大学院に入学した後の当該法科大学院における授業科目の履修により修得したものとみなすことができる。

2　前項の規定により修得したものとみなすことのできる単位数は、編入学、転学等の場合を除き、当該法科大学院において修得した単位以外のものについては、

第十四条第二項の規定にかかわらず、前条第一項（同条第二項において準用する場合を含む。）の規定により当該法科大学院において修得したものとみなす単位数と合わせて三十単位（同条第一項ただし書の規定により三十単位を超えてみなす単位を除く。）を超えないものとする。

（法科大学院の課程の修了要件）

第二十三条　法科大学院の課程の修了の要件は、第十五条の規定にかかわらず、法科大学院に三年（三年を超える標準修業年限を定める研究科、専攻又は学生の履修上の区分にあっては、当該標準修業年限）以上在学し、九十三単位以上を修得することとする。

（法科大学院における在学期間の短縮）

第二十四条　法科大学院は、第二十二条第一項の規定により当該法科大学院に入学する前に修得した単位（学校教育法第百二条第一項の規定により入学資格を有した後、修得したものに限る。）を当該法科大学院において修得したものとみなす場合であって当該単位の修得により当該法科大学院の教育課程の一部を履修したと認めるときは、当該単位数、その修得に要した期間その他を勘案して一年を超えない範囲で当該法科大学院が定める期間在学したものとみなすことができる。

（法学既修者）

第二十五条　法科大学院は、当該法科大学院において必要とされる法学の基礎的な学識を有すると認める者（以下「法学既修者」という。）に関しては、第二十三条に規定する在学期間については一年を超えない範囲で当該法科大学院が認める期間在学し、同条に規定する単位については三十単位を超えない範囲で当該法科大学院が認める単位を修得したものとみなすことができる。ただし、九十三単位を超える単位の修得を修了の要件とする法科大学院にあっては、その超える部分の単位数に限り三十単位を超えてみなすことができる。

2　前項の規定により法学既修者について在学したものとみなすことのできる期間は、前条の規定により在学したものとみなす期間と合わせて一年を超えないものとする。

3　第一項の規定により法学既修者について修得したものとみなすことのできる単位数（第一項ただし書の規定により三十単位を超えてみなす単位を除く。）は、第二十一条第一項（同条第二項において準用する場合を含む。）及び第二十二条第一項の規定により修得したものとみなす単位数と合わせて三十単位（第二十一条第一項ただし書の規定により三十単位を超えてみなす単位を除く。）を超えないものとする。

第七章　教職大学院

（教職大学院の課程）

第二十六条　第二条第一項の専門職学位課程のうち、専ら幼稚園、小学校、中学校、高等学校、中等教育学校及び特別支援学校（以下「小学校等」という。）の高度の専門的な能力及び優れた資質を有する教員の養成のための教育を行うことを目的とするものであって、この章の規定に基づくものを置く専門職大学院は、当該課程に関し、教職大学院とする。

2　教職大学院の課程の標準修業年限は、第二条第二項の規定にかかわらず、二年とする。

3　前項の規定にかかわらず、教育上の必要があると認められる場合は、研究科、専攻又は学生の履修上の区分に応じ、その標準修業年限は、一年以上二年未満の期間又は二年を超える期間とすることができる。

4　前項の場合において、一年以上二年未満の期間とすることができるのは、主として実務の経験を有する者に対して教育を行う場合であって、かつ、昼間と併せて夜間その他特定の時間又は時期において授業を行う等の適切な方法により教育上支障を生じない場合に限る。

（他の大学院における授業科目の履修等）

第二十七条　教職大学院は、教育上有益と認めるときは、学生が教職大学院の定めるところにより他の大学院において履修した授業科目について修得した単位を、当該教職大学院が修了要件として定める四十五単位以上の単位数の二分の一を超えない範囲で当該教職大学院における授業科目の履修により修得したものとみなすことができる。

2　前項の規定は、学生が、外国の大学院に留学する場合及び外国の大学院の教育課程を有するものとして当該外国の学校教育制度において位置付けられた教育施設であって、文部科学大臣が別に指定するものの当該教育課程における授業科目を我が国において履修する場合について準用する。

（入学前の既修得単位の認定）

第二十八条　教職大学院は、教育上有益と認めるときは、学生が当該教職大学院に入学する前に大学院において履修した授業科目について修得した単位（科目等履修生として修得した単位を含む。）を、当該教職大学院に入学した後の当該教職大学院における授業科目の履修により修得したものとみなすことができる。

2　前項の規定により修得したものとみなすことのできる単位数は、編入学、転学等の場合を除き、当該教職大学院において修得した単位以外のものについては、第十四条第二項の規定にかかわらず、前条第一項（同条第二項において準用する場合を含む。）の規定により当該教職大学院において修得したものとみなす単位数及び次条第二項の規定により免除する単位数と合わせて当該教職大学院が修了要件として定める四十五単位以上の単位数の二分の一を超えないものとする。

（教職大学院の課程の修了要件）

第二十九条　教職大学院の課程の修了の要件は、第十五条の規定にかかわらず、教職大学院に二年（二年以外の標準修業年限を定める研究科、専攻又は学生の履修上の区分にあっては、当該標準修業年限）以上在学し、四十五単位以上（高度の専門的な能力及び優れた資質を有する教員に係る実践的な能力を培うことを目的として小学校等その他の関係機関で行う実習に係る十単位以上を含む。）を修得することとする。

2　教職大学院は、教育上有益と認めるときは、当該教職大学院に入学する前の小学校等の教員としての実務の経験を有する者について、十単位を超えない範囲で、前項に規定する実習により修得する単位の全部又は一部を免除することができる。

（教職大学院における在学期間の短縮）
第三十条　教職大学院における第十六条の適用については、「専門職大学院」とあるのは「教職大学院」と、「第十四条第一項」とあるのは「第二十八条第一項」と、「専門職学位課程」とあるのは「教職大学院の課程」と読み替えるものとする。

（連携協力校）
第三十一条　教職大学院は、第二十九条第一項に規定する実習その他当該教職大学院の教育上の目的を達成するために必要な連携協力を行う小学校等を適切に確保するものとする。

第八章　共同教育課程に関する特例

（共同教育課程の編成）
第三十二条　二以上の専門職大学院は、その教育上の目的を達成するために必要があると認められる場合には、第六条の規定にかかわらず、当該二以上の専門職大学院のうち一の専門職大学院が開設する授業科目を、当該二以上の専門職大学院のうち他の専門職大学院の教育課程の一部とみなして、それぞれの専門職大学院ごとに同一内容の教育課程（通信教育に係るもの及び専門職大学院を置く大学が外国に設ける研究科、専攻その他の組織において開設される授業科目の履修により修得する単位を当該専門職学位課程に係る修了の要件として修得すべき単位の全部又は一部として修得するものを除く。）を編成することができる。

2　前項に規定する教育課程（以下「共同教育課程」という。）を編成する専門職大学院（以下「構成専門職大学院」という。）は、当該共同教育課程を編成し、及び実施するための協議の場を設けるものとする。

（共同教育課程に係る単位の認定）
第三十三条　構成専門職大学院は、学生が当該構成専門職大学院のうち一の専門職大学院において履修した共同教育課程に係る授業科目について修得した単位を、当該構成専門職大学院のうち他の専門職大学院における当該共同教育課程に係る授業科目の履修により修得したものとそれぞれみなすものとする。

（共同教育課程に係る修了要件）
第三十四条　共同教育課程である専門職学位課程の修了の要件は、第十五条に定めるもののほか、それぞれの専門職大学院において当該共同教育課程に係る授業科目の履修により十単位以上を修得することとする。

2　前項の規定によりそれぞれの専門職大学院において当該共同教育課程に係る授業科目の履修により修得する単位数には、第十三条第一項（同条第二項において準用する場合を含む。）、第十四条第一項又は前条の規定により修得したものとみなすことができ、又はみなすものとする単位を含まないものとする。

3　共同教育課程である法科大学院又は教職大学院の課程の修了の要件は、第一項の規定にかかわらず、第二十三条又は第二十九条に定めるもののほか、それぞれの法科大学院又は教職大学院において当該共同教育課程に係る授業科目の履修により七単位以上を修得することとする。

4　前項の規定によりそれぞれの法科大学院又は教職大学院において当該共同教育課程に係る授業科目の履修により修得する単位数には、法科大学院にあつては第二十一条第一項（同条第二項において準用する場合を含む。）、第二十二条第一項若しくは第二十五条第一項の規定により、教職大学院にあつては第二十七条第一項（同条第二項において準用する場合を含む。）若しくは第二十八条第一項の規定により、それぞれ修得したものとみなすことができる単位又は前条の規定により修得したものとみなすものとする単位を含まないものとする。

第九章　雑則

（その他の基準）
第三十五条　専門職大学院の組織、編制、施設、設備その他専門職大学院の設置に関する事項で、この省令に定めのないものについては、大学院設置基準（第九条の二、第十二条、第十三条及び第三十二条第二項を除く。）の定めるところによる。

2　この省令又は他の法令に別段の定めのあるものを除くほか、専門職大学院に関し必要な事項については、文部科学大臣が別に定める。

附　則

1　この省令は、平成十五年四月一日から施行する。

2　第五条第一項に規定する専任教員は、平成二十五年度までの間、第五条第二項の規定にかかわらず、第五条第一項に規定する教員の数の三分の一を超えない範囲で、大学設置基準第十三条に規定する専任教員の数及び大学院設置基準第九条に規定する教員の数に算入することができるものとする。ただし、大学院設置基準第九条に規定する教員のうち博士課程の後期の課程を担当する教員の数には、第五条第一項に規定する専任教員の数のすべてを算入することができるものとする。

3　学校教育法施行規則等の一部を改正する省令（平成十五年文部科学省令第十五号）第七条による改正前の大学院設置基準第三十一条に定める大学院の課程のうち大学院設置基準の一部を改正する省令（平成十一年文部省令第四十二号）附則第五項の規定により大学設置基準第十三条に規定する専任教員の数に算入される教員をもってその教員の一部とするものが専門職学位課程となる場合にあっては、平成十六年度までの間に限り、第五条第二項の規定にかかわらず、大学設置基準第十三条に規定する専任教員の数に算入される教員をもって専門職大学院の教員の一部とすることができる。

附　則（平成二二年三月一〇日文部科学省令第四号）

この省令は、平成二十二年四月一日から施行する。

専門職大学院に関し必要な事項について定める件

平成十五年三月三十一日文部科学省告示第五十三号
最終改正　平成二〇年一一月一三日文部科学省告示第一六五号

専門職大学院設置基準（平成十五年文部科学省令第十六号）第五条第一項、同条第三項、第十九条及び第二十六条第二項の規定に基づき、専門職大学院に関し必要な事項について次のように定め、平成十五年四月一日から施行する。

なお、平成十一年文部省告示第百七十七号（高度の専門性を要する職業等に必要な高度の能力を専ら養うことを目的とする修士課程に専攻ごとに置くものとする教員の数について定める件）は、廃止する。

（専攻ごとに置くものとする専任教員の数）

第一条　専門職学位課程には、専攻ごとに、平成十一年文部省告示第百七十五号（大学院に専攻ごとに置くものとする教員の数について定める件）の別表第一及び別表第二に定める修士課程を担当する研究指導教員の数の一・五倍の数（小数点以下の端数があるときは、これを切り捨てる。）に、同告示の第二号、別表第一及び別表第二に定める修士課程を担当する研究指導補助教員の数を加えた数（第四項において「最小専門職大学院別専任教員数」という。）の専任教員を置くとともに、同告示の別表第三に定める修士課程を担当する研究指導教員一人当たりの学生の収容定員に四分の三を乗じて算出される収容定員の数（小数点以下の端数があるときは、これを切り捨てる。）につき一人の専任教員を置くものとする。

2　前項の規定にかかわらず、共同教育課程を編成する専攻には、それぞれの専門職大学院に置く当該共同教育課程を編成する専攻を合わせて一の専攻とみなして同項の規定を適用して得られる専任教員の数（次項において「全体専任教員数」という。）をこれらの専攻に係る収容定員の割合に応じてそれぞれ按分した数（その数に一に満たない端数があるときはこれを切り捨てる。ただし、その数が一に満たないときは一とする。以下この条において「専門職大学院別専任教員数」という。）の専任教員を置くものとする。

3　前項の規定による当該共同教育課程を編成する専攻に係る専門職大学院別専任教員数の合計が全体専任教員数に満たないときは、その不足する数の専任教員をいずれかの専門職大学院の当該共同教育課程を編成する専攻に置くものとする。

4　第二項の規定による当該共同教育課程を編成する専攻に係る専門職大学院別専任教員数が、当該専攻の専門分野の別に応じ、最小専門職大学院別専任教員数に満たないときは、前二項の規定にかかわらず、当該専攻に係る専任教員の数は、最小専門職大学院別専任教員数以上とする。この場合において、当該最小専門職大学院別専任教員数から前二項の規定を適用するとしたならば当該専攻に置くものとされる専任教員の数を減じた数の専任教員については、他の専門職大学院に置く当該共同教育課程を編成する専攻の専任教員がこれを兼ねることができる。

5　第一項の規定により専攻ごとに置くものとされる専任教員又は第二項及び第三項若しくは前項の規定によりそれぞれの専門職大学院に置く当該共同教育課程を編成する専攻に置くものとされる専任教員は、専門職学位課程について一専攻に限り専任教員として取り扱うものとする。ただし、同項後段に規定する場合は、この限りでない。

6　第一項の規定により専攻ごとに置くものとされる専任教員の数又は第二項及び第三項若しくは第四項の規定によりそれぞれの専門職大学院に置く当該共同教育課程を編成する専攻に置くものとされる専任教員の数を合計した数の半数以上は、原則として教授でなければならない。

（専攻分野における実務の経験及び高度の実務の能力を有する教員）

第二条　前条第一項の規定により専攻ごとに置くものとされる専任教員の数又は同条第二項及び第三項若しくは同条第四項の規定によりそれぞれの専門職大学院に置く当該共同教育課程を編成する専攻に置くものとされる専任教員の数を合計した数のおおむね三割以上は、専攻分野におけるおおむね五年以上の実務の経験を有し、かつ、高度の実務の能力を有する者とする。

2　前項に規定するおおむね三割の専任教員の数に三分の二を乗じて算出される数（小数点以下の端数があるときは、これを四捨五入する。）の範囲内については、専任教員以外の者であっても、一年につき六単位以上の授業科目を担当し、かつ、教育課程の編成その他の専門職学位課程を置く組織の運営について責任を担う者で足りるものとする。

3　法科大学院に対する前二項の規定の適用については、これらの項中「おおむね三割」とあるのは「おおむね二割」と読み替えるものとする。

4　法科大学院においては、第一項に規定する実務の経験を有し、かつ、高度の実務の能力を有する専任教員は、法曹としての実務の経験を有する者を中心として構成されるものとする。

5　教職大学院に対する第一項及び第二項の規定の適用については、これらの項中「おおむね三割」とあるのは「おおむね四割」と読み替えるものとする。

6　教職大学院においては、第一項に規定する実務の経験を有し、かつ、高度の実務の能力を有する専任教員は、小学校、中学校、高等学校、中等教育学校、特別支援学校及び幼稚園の教員としての実務の経験を有する者を中心として構成されるものとする。

（法科大学院の入学者選抜）

第三条　法科大学院は、入学者のうちに法学を履修する課程以外の課程を履修した者又は実務等の経験を有する者の占める割合が三割以上となるよう努めるものとする。

2　法科大学院は、前項の割合が二割に満たない場合は、当該法科大学院における入学者の選抜の実施状況を公表するものとする。

（法科大学院の収容定員）

第四条　法科大学院においては、法学既修者を入学させるかどうかにかかわらず、その収容定員は当該法科大学院の入学定員の三倍の数とする。

（法科大学院の教育課程）

第五条　法科大学院は、次の各号に掲げる授業科目を開設するものとする。

一　法律基本科目（憲法、行政法、民法、商法、民事訴訟法、刑法、刑事訴訟法に関する分野の科目をいう。）

二　法律実務基礎科目（法曹としての技能及び責任その他の法律実務に関する基礎的な分野の科目をいう。）

三　基礎法学・隣接科目（基礎法学に関する分野又は法学と関連を有する分野の科目をいう。）

四　展開・先端科目（先端的な法領域に関する科目その他の実定法に関する多様な分野の科目であって、法律基本科目以外のものをいう。）

2　法科大学院は、前項各号のすべてにわたって授業科目を開設するとともに、学生の授業科目の履修が同項各号のいずれかに過度に偏ることのないよう配慮するものとする。

3　前二項の規定にかかわらず、共同教育課程を編成する法科大学院（以下この項において「構成法科大学院」という。）は、当該構成法科大学院のうち一の法科大学院が開設する授業科目を、当該構成法科大学院のうち他の法科大学院が開設したものとそれぞれみなすものとする。

（法科大学院の授業を行う学生数）

第六条　法科大学院は、一の授業科目について同時に授業を行う学生数を少人数とすることを基本とする。

2　前項の場合において、法律基本科目の授業については、五十人を標準として行うものとする

（法科大学院の履修科目の登録の上限）

第七条　法科大学院の学生が履修科目として登録することができる単位数の上限は、一年につき三十六単位を標準として定めるものとする。

（教職大学院の教育課程）

第八条　教職大学院は、専門職大学院設置基準第二十九条第一項に規定する実習により行われる授業科目（次項及び第三項において「実習により行われる授業科目」という。）に加え、次の各号に掲げる領域について授業科目を開設するものとする。

一　教育課程の編成及び実施に関する領域

二　教科等の実践的な指導方法に関する領域

三　生徒指導及び教育相談に関する領域

四　学級経営及び学校経営に関する領域

五　学校教育と教員の在り方に関する領域

2　教職大学院は、前項各号のすべてにわたって授業科目を開設するとともに、実習により行われる授業科目、その他各教職大学院において開設する科目を含め、体系的に教育課程を編成するものとする。

3　教職大学院は、学生の授業科目の履修が第一項各号に掲げる領域の授業科目、実習により行われる授業科目又は前項に規定するその他各教職大学院において開設する科目のいずれかに過度に偏ることのないよう配慮するものとする。

4　第一項及び第二項の規定にかかわらず、共同教育課程を編成する教職大学院（以下この項において「構成教職大学院」という。）は、当該構成教職大学院のうち一の教職大学院が開設する授業科目を、当該構成教職大学院のうち他の教職大学院が開設したものとそれぞれみなすものとする。

附　則（平成二〇年一一月一三日文部科学省告示第一六五号）

この告示は、平成二十一年三月一日から実施する。

専門職大学院を置く大学が外国に研究科、専攻その他の組織を設ける場合の基準

平成二十年六月三十日文部科学省告示第百六号

専門職大学院設置基準（平成十五年文部科学省令第十六号）第三十二条第一項において準用する大学院設置基準（昭和四十九年文部省令第二十八号）第三十三条の規定に基づき、専門職大学院を置く大学が外国に研究科、専攻その他の組織を設ける場合について次のように定める。

専門職大学院を置く大学（以下単に「専門職大学院」という。）が外国に研究科、専攻その他の組織を設ける場合は、次に掲げる要件を満たすものとする。

一　専門職大学院が外国に設ける研究科、専攻その他の組織（以下「外国組織」という。）における専任教員の数は、当該外国組織における教育期間が当該外国組織を設ける専門職大学院の標準修業年限の全部である場合の当該外国組織の収容定員を、当該専門職大学院の一の研究科、専攻その他の組織の収容定員とみなして専門職大学院設置基準第五条の規定を適用して得た数に、当該専門職大学院の標準修業年限に対する当該外国組織における教育期間（一年未満の端数期間があるときは、その端数期間を切り上げる。）の割合を乗じて得た数とすること。

二　外国組織において、当該外国組織を設ける専門職大学院の教育課程の全部又は一部として、授業科目が恒常的に開設されていること。

三　前号に規定する授業科目の履修により修得する単位を修了の要件として修得すべき単位の全部又は一部として外国組織を設ける専門職大学院が授与する学位の種類及び分野（学位の種類及び分野の変更等に関する

基準（平成十五年文部科学省告示第三十九号）別表第一に掲げる学位の種類及び分野をいう。以下この号において同じ。）が、当該専門職大学院が我が国において授与する学位の種類及び分野と同一のものであること。
四　外国組織における校地は、当該外国組織を設ける専門職大学院の教育研究にふさわしい環境をもつものとすること。
五　外国組織における校舎は、当該外国組織を設ける専門職大学院の教育研究上の必要に応じた十分な規模とすること。
六　外国組織を設ける専門職大学院の学長が、当該外国組織に係る校務をつかさどり、当該外国組織の所属職員を統督していること。

附　則

この告示は、公布の日から施行する。

高等専門学校設置基準

昭和三十六年八月三十日文部省令第二十三号
最終改正　平成二二年六月一五日文部科学省令第一五号

高等専門学校設置基準を次のように定める。

第一章　総則

（趣旨）
第一条　高等専門学校は、学校教育法（昭和二十二年法律第二十六号）その他の法令の規定によるほか、この省令の定めるところにより設置するものとする。

（教育水準の維持向上）
第二条　高等専門学校は、その組織編制、施設、設備等がこの省令で定める設置基準より低下した状態にならないようにすることはもとより、常にその充実を図り、もつて教育水準の維持向上に努めなければならない。
2　前項の場合において、高等専門学校は、その教育内容を学術の進展に即応させるため、必要な研究が行なわれるように努めるものとする。

（情報の積極的な提供）
第三条　高等専門学校は、当該高等専門学校における教育研究活動等の状況について、刊行物への掲載その他広く周知を図ることができる方法によつて、積極的に情報を提供するものとする。

（教育上の目的の公表等）
第三条の二　高等専門学校は、学科ごとに、人材の養成に関する目的その他の教育上の目的を学則等に定め、公表するものとする。

（入学者選抜）
第三条の三　入学者の選抜は、公正かつ妥当な方法により、適当な体制を整えて行うものとする。

第二章　組織編制

（学科）
第四条　高等専門学校の学科は、専攻分野を教育するために組織されるものであつて、その規模内容が学科として適当と認められるものとする。

（学生定員）
第四条の二　学生定員は、学科ごとに学則で定めるものとする。
2　学生定員は、教員組織、校地、校舎その他の教育上の諸条件を総合的に考慮して定めるものとする。
3　高等専門学校は、教育にふさわしい環境の確保のため、在学する学生の数を学生定員に基づき適正に管理するものとする。

（学級）
第五条　高等専門学校においては、同一の学科につき同一の学年の学生をもつて一又は数個の学級を編制するものとする。ただし、教育上有益と認めるときには、異なる学科の学生をもつて学級を編制することができる。
2　一学級の学生の数は、四十人を標準とする。

（教員組織）
第六条　高等専門学校には、学科の種類及び学級数に応じ、各授業科目を教授するために必要な相当数の教員（助手を除く。次項及び第三項において同じ。）を置かなければならない。
2　教員のうち、第十六条に規定する一般科目を担当する専任者の数は、次の各号に掲げる数を下つてはならない。
一　入学定員に係る学生を一の学級に編制する場合は、十人
二　入学定員に係る学生を二の学級に編制する場合は、十二人
三　入学定員に係る学生を三の学級に編制する場合は、十四人
四　入学定員に係る学生を四の学級から六の学級までに編制する場合は、十四人に三学級を超えて一学級を増すごとに四人を加えた数

五　入学定員に係る学生を七以上の学級に編制する場合は、二十六人に六学級を超えて一学級を増すごとに三人を加えた数

3　教員のうち、工学に関する学科において第十六条に規定する専門科目を担当する専任者の数は、当該学校に一の学科を置くときは八人、二以上の学科を置くときは八人に一学科を超えて一学科を増すごとに七人を加えた数を下つてはならない。この場合において、一学科の入学定員に係る学生を二以上の学級に編制するときは、これらに一学級を超えて一学級を増すごとに五人を加えるものとする。

4　工学に関する学科以外の学科において第十六条に規定する専門科目を担当する専任者の数は、別に定める。

5　高等専門学校は、教育の実施に当たり、教員の適切な役割分担の下で、組織的な連携体制を確保し、教育に係る責任の所在が明確になるように教員組織を編制するものとする。

6　高等専門学校は、教育研究水準の維持向上及び教育研究の活性化を図るため、教員の構成が特定の範囲の年齢に著しく偏ることのないよう配慮するものとする。

第七条　高等専門学校は、演習、実験、実習又は実技を伴う授業科目については、なるべく助手に補助させるものとする。

第八条　専門科目を担当する専任の教授及び准教授の数は、一般科目を担当する専任教員数と専門科目を担当する専任教員数との合計数の二分の一を下つてはならない。

第九条　教員は、一の高等専門学校に限り、専任教員となるものとする。

2　専任教員は、専ら前項の高等専門学校における教育に従事するものとする。

3　前項の規定にかかわらず、高等専門学校は、教育上特に必要があり、かつ、当該高等専門学校における教育の遂行に支障がないと認められる場合には、当該高等専門学校における教育以外の業務に従事する者を、当該高等専門学校の専任教員とすることができる。

（事務職員等）

第十条　高等専門学校には、その運営のために必要な相当数の事務職員その他の職員を置かなければならない。

（校長の資格）

第十条の二　校長となることのできる者は、人格が高潔で、学識が優れ、かつ、高等専門学校の運営に関し識見を有すると認められる者とする。

第三章　教員の資格

（教授の資格）

第十一条　教授となることのできる者は、次の各号のいずれかに該当し、かつ、高等専門学校における教育を担当するにふさわしい教育上の能力を有すると認められる者とする。

一　博士の学位（外国において授与されたこれに相当する学位を含む。）を有する者

二　学位規則（昭和二十八年文部省令第九号）第五条の二に規定する専門職学位（外国において授与されたこれに相当する学位を含む。）を有し、当該専門職学位の専攻分野に関する業務についての実績を有する者

三　大学（短期大学を含む。以下同じ。）又は高等専門学校において教授、准教授又は専任の講師の経歴（外国におけるこれらに相当する教員としての経歴を含む。）のある者

四　学校、研究所、試験所、調査所等に在職し、教育若しくは研究に関する実績を有する者又は工場その他の事業所に在職し、技術に関する業務についての実績を有する者

五　特定の分野について、特に優れた知識及び経験を有すると認められる者

六　前各号に掲げる者と同等以上の能力を有すると文部科学大臣が認めた者

（准教授の資格）

第十二条　准教授となることのできる者は、次の各号のいずれかに該当し、かつ、高等専門学校における教育を担当するにふさわしい教育上の能力を有すると認められる者とする。

一　前条各号のいずれかに該当する者

二　大学又は高等専門学校において助教又はこれに準ずる職員としての経歴（外国におけるこれらに相当する職員としての経歴を含む。）のある者

三　修士の学位又は学位規則第五条の二に規定する専門職学位（外国において授与されたこれらに相当する学位を含む。）を有する者

四　特定の分野について、優れた知識及び経験を有すると認められる者

五　前各号に掲げる者と同等以上の能力を有すると文部科学大臣が認めた者

（講師の資格）

第十三条　講師となることのできる者は、次の各号のいずれかに該当する者とする。

一　第十一条又は前条に規定する教授又は准教授となることのできる者

二　高等学校（中等教育学校の後期課程を含む。）において教諭の経歴のある者で、かつ、高等専門学校における教育を担当するにふさわしい教育上の能力を有すると認められる者

三　前各号に掲げる者と同等以上の能力を有すると文部科学大臣が認めた者

（助教の資格）

第十三条の二　助教となることのできる者は、次の各号のいずれかに該当し、かつ、高等専門学校における教育を担当するにふさわしい教育上の能力を有すると認められる者とする。

一　第十一条各号又は第十二条各号のいずれかに該当する者

二　修士の学位（医学を履修する課程、歯学を履修する課程、薬学を履修する課程のうち臨床に係る実践的な能力を培うことを主たる目的とするもの又は獣医学を履修する課程を修了した者については、学士の学位）又は学位規則第五条の二に規定する専門職学位（外国において授与されたこれらに相当する学位を含む。）を有する者

三　特定の分野について、知識及び経験を有すると認められる者

（助手の資格）

第十四条　助手となることのできる者は、次の各号のいずれかに該当する者とする。

一　学士若しくは短期大学士の学位（外国において授与されたこれらに相当する学位を含む。）又は準学士の称号（外国におけるこれに相当する称号を含む。）を有する者

二　前号に掲げる者と同等以上の能力を有すると文部科学大臣が認めた者

第四章　教育課程

（一年間の授業期間）

第十五条　一年間の授業を行う期間は、定期試験等の期間を含め、三十五週にわたることを原則とする。

（授業科目）

第十六条　高等専門学校の授業科目は、その内容により、各学科に共通する一般科目及び学科ごとの専門科目に分ける。

（教育課程の編成）

第十七条　高等専門学校は、当該高等専門学校及び学科の教育上の目的を達成するために必要な授業科目を自ら開設し、体系的に教育課程を編成するものとする。

2　教育課程は、各授業科目を各学年に配当して編成するものとする。

3　各授業科目の単位数は、三十単位時間（一単位時間は、標準五十分とする。第七項において同じ。）の履修を一単位として計算するものとする。

4　前項の規定にかかわらず、高等専門学校が定める授業科目については、一単位の授業科目を四十五時間の学修を必要とする内容をもつて構成することを標準とし、授業の方法に応じ、当該授業による教育効果、授業時間外に必要な学修等を考慮して、次の基準により単位数を計算することができる。

一　講義及び演習については、十五時間から三十時間までの範囲で高等専門学校が定める時間の授業をもつて一単位とする。

二　実験、実習及び実技については、三十時間から四十五時間までの範囲で高等専門学校が定める時間の授業をもつて一単位とする。

三　一の授業科目について、講義、演習、実験、実習又は実技のうち二以上の方法の併用により行う場合については、その組み合わせに応じ、前二号に規定する基準を考慮して高等専門学校が定める時間の授業をもつて一単位とする。

5　前項の規定により計算することのできる授業科目の単位数の合計数は、六十単位を超えないものとする。

6　前三項の規定にかかわらず、卒業研究、卒業制作等の授業科目については、これらの学修の成果を評価して単位の修得を認定することが適切と認められる場合には、これらに必要な学修等を考慮して、単位数を定めることができる。

7　第一項に定める授業科目のほか、高等専門学校においては、特別活動を九十単位時間以上実施するものとする。

（授業の方法）

第十七条の二　高等専門学校は、文部科学大臣が別に定めるところにより、授業を、多様なメディアを高度に利用して、当該授業を行う教室等以外の場所で履修させることができる。

2　高等専門学校は、授業を、外国において履修させることができる。前項の規定により、多様なメディアを高度に利用して、当該授業を行う教室等以外の場所で履修させる場合についても、同様とする。

3　高等専門学校は、文部科学大臣が別に定めるところにより、授業の一部を、校舎及び附属施設以外の場所で行うことができる。

（成績評価基準等の明示等）

第十七条の三　高等専門学校は、学生に対して、授業の方法及び内容並びに一年間の授業の計画をあらかじめ明示するものとする。

2　高等専門学校は、学修の成果に係る評価及び卒業の認定に当たつては、客観性及び厳格性を確保するため、学生に対してその基準をあらかじめ明示するとともに、当該基準にしたがつて適切に行うものとする。

（教育内容等の改善のための組織的な研修等）

第十七条の四　高等専門学校は、当該高等専門学校の授業の内容及び方法の改善を図るための組織的な研修及び研究を実施するものとする。

第五章　課程修了の認定等

（課程修了の認定）

第十八条　全課程の修了の認定に必要な単位数は、百六十七単位以上（そのうち、一般科目については七十五単位以上、専門科目については八十二単位以上とする。）とする。ただし、商船に関する学科にあつては練習船実習を除き百四十七単位以上（そのうち、一般科目については七十五単位以上、専門科目については六十二単位以上とする。）とする。

2　前項の規定により卒業の要件として修得すべき単位数のうち、第十七条の二の授業の方法により修得する単位数は三十単位を超えないものとする。

（他の高等専門学校における授業科目の履修）

第十九条　高等専門学校は、教育上有益と認めるときは、学生が高等専門学校の定めるところにより他の高等専門学校において履修した授業科目について修得した単位を、三十単位を超えない範囲で当該高等専門学校における授業科目の履修により修得したものとみなすことができる。

（高等専門学校以外の教育施設等における学修等）

第二十条　高等専門学校は、教育上有益と認めるときは、学生が行う大学における学修その他文部科学大臣が別に定める学修を、当該高等専門学校における授業科目の履修とみなし、高等専門学校の定めるところにより単位の修得を認定することができる。

2　前項により認定することができる単位数は、前条により当該高等専門学校において修得したものとみなす単位数と合わせて三十単位を超えないものとする。

3　第一項の規定は、学生が、外国の大学又は高等学校に留学する場合及び外国の大学が行う通信教育における授業科目を我が国において履修する場合について準

用する。この場合において認定することができる単位数の合計数は三十単位を超えないものとする。

（科目等履修生等）

第二十一条　高等専門学校は、高等専門学校の定めるところにより、当該高等専門学校の学生以外の者で一又は複数の授業科目を履修する者（次項において「科目等履修生」という。）に対し、単位の修得を認定することができる。

2　高等専門学校は、科目等履修生その他の学生以外の者（次項において「科目等履修生等」という。）を相当数受け入れる場合においては、第六条及び第二十四条に規定する基準を考慮して、教育に支障のないよう、それぞれ相当の教員並びに校地及び校舎の面積を増加するものとする。

3　高等専門学校は、科目等履修生等を受け入れる場合においては、これらの者の人数は、一の授業科目について同時に授業を行う学生数並びに授業の方法及び施設、設備その他の教育上の諸条件を考慮して、教育効果を十分にあげられるような適当な人数とするものとする。

第六章　施設及び設備等

（校地）

第二十二条　校地は、教育にふさわしい環境をもち、校舎の敷地には、学生が休息その他に利用するのに適当な空地を有するものとする。

2　運動場は、校舎と同一の敷地内又はその隣接地に設けるものとし、やむを得ない場合に限り、その他の適当な位置にこれを設けるものとする。

（校舎等）

第二十三条　校舎には、少なくとも次に掲げる専用の施設を備えるものとする。ただし、特別の事情があり、かつ、教育に支障がないと認められるときは、この限りでない。

一　校長室、教員室、会議室、事務室

二　教室（講義室、演習室、実験・実習室等とする。）、研究室

三　図書館、保健室、学生控室

2　校舎には、第一項に掲げる施設のほか、なるべく情報処理及び語学の学習のための施設を備えるものとする。

3　高等専門学校には、校舎のほか、なるべく体育館及び講堂並びに寄宿舎、課外活動施設その他の厚生補導に関する施設を備えるものとする。

（校地及び校舎の面積）

第二十四条　高等専門学校における校地の面積（附属施設用地及び寄宿舎の面積を除く。）は、学生定員上の学生一人当たり十平方メートルとして算定した面積とする。

2　高等専門学校における校舎の面積は、その教育に支障のないよう、少なくとも次の各号に定める面積に学科の種類に応じ次項又は第四項に定める面積を加えた面積を下らないものとする。

一　入学定員に係る学生を一の学級に編制する場合は、一六五二・八九平方メートル

二　入学定員に係る学生を二の学級に編制する場合は、二六四四・六三平方メートル

三　入学定員に係る学生を三の学級に編制する場合は、三四七一・〇七平方メートル

四　入学定員に係る学生を四の学級に編制する場合は、四一三二・二三平方メートル

五　入学定員に係る学生を五の学級に編制する場合は、四七九三・三九平方メートル

六　入学定員に係る学生を六の学級に編制する場合は、五二八九・二六平方メートル

七　入学定員に係る学生を七以上の学級に編制する場合は、五二八九・二六平方メートルに六学級を超えて一学級を増すごとに三三〇・五八平方メートルを加えた面積

3　工学に関する学科に係る前項の加える面積は、次の各号に掲げるとおりとする。

一　当該学科の入学定員に係る学生を、一の学級に編制するときは一六五二・八九平方メートル、二以上の学級に編制するときは一六五二・八九平方メートルに学級数の増加に応じて相当面積を加えた面積

二　二以上の学科を置く場合は、それぞれの学科の所要面積を合計した面積。ただし、二以上の学科が共用する建物があるときは、教育に支障のない限度において、当該合計した面積から一部を減じた面積

4　工学に関する学科以外の学科に係る第二項の加える面積は、別に定める。

5　前三項に定める面積は、専用部分の面積とする。ただし、当該高等専門学校と他の学校、専修学校又は各種学校（以下この項において「学校等」という。）が同一の敷地内又は隣接地に所在する場合であつて、それぞれの学校等の校舎の専用部分の面積及び共用部分の面積を合算した面積が、それぞれの学校等が設置の認可を受ける場合において基準となる校舎の面積を合算した面積以上のものであるときは、当該高等専門学校の教育に支障がない限度において、前三項に定める面積に当該学校等との共用部分の面積を含めることができる。

（図書等の資料及び図書館）

第二十五条　高等専門学校には、学科の種類、教員数及び学生数に応じ、図書、学術雑誌、視聴覚資料その他の教育研究上必要な資料を、図書館を中心に系統的に備えるものとする。

2　図書館には、その機能を十分に発揮させるために必要な専門的職員その他の専任の職員を置くとともに、適当な規模の閲覧室、レフアレンス・ルーム、整理室、書庫等を備えるものとする。

（附属施設）

第二十六条　高等専門学校には、学科の種類に応じ、教育上必要な場合は、実験・実習工場、練習船その他の適当な規模内容を備えた附属施設を置くものとする。

（機械、器具等）

第二十七条　高等専門学校には、学科の種類、教員数及び学生数に応じて必要な種類及び数の機械、器具及び標本その他の設備を備えるものとする。

（教育研究環境の整備）

第二十七条の二　高等専門学校は、その教育研究上の目的を達成するため、必要な経費の確保等により、教育研究にふさわしい環境の整備に努めるものとする。

（高等専門学校等の名称）

第二十七条の三　高等専門学校及び学科（以下「高等専門学校等」という。）の名称は、高等専門学校等として適当であるとともに、当該高等専門学校等の教育研究上の目的にふさわしいものとする。

第七章　雑則

（その他の基準）

第二十八条　専攻科に関する基準は、別に定める。

（段階的整備）

第二十九条　新たに高等専門学校等を設置する場合の教員組織、校舎等の施設及び設備については、別に定めるところにより、段階的に整備することができる。

附　則

この省令は、公布の日から施行する。

附　則（平成二二年六月一五日文部科学省令第一五号）抄

（施行期日）

第一条　この省令は、平成二十三年四月一日から施行する。

平成二十二年六月十五日文部科学省令第十五号の未執行内容

学校教育法施行規則等の一部を改正する省令

（高等専門学校設置基準の一部改正）

第三条　高等専門学校設置基準（昭和三十六年文部省令第二十三号）の一部を次のように改正する。

第三条を削る。

第三条の二の見出し中「の公表等」を削り、同条中「定め、公表する」を「定める」に改め、同条を第三条とする。

第三条の三中「適当な」を「適切な」に改め、同条を第三条の二とする。

附　則

この省令は、平成二十三年四月一日から施行する。

高等専門学校設置基準第二十条第一項の規定により、高等専門学校が単位の修得を認定することのできる学修を定める件

平成三年六月二十八日文部省告示第八十五号

最終改正　平成二〇年一二月一日文部科学省告示第一六九号

高等専門学校設置基準（昭和三十六年文部省令第二十三号）第二十条第一項の規定により、高等専門学校が単位の修得を認定することのできる学修を次のように定め、平成三年七月一日から施行する。

一　大学又は短期大学の専攻科における学修

二　高等専門学校の専攻科における学修

三　専修学校の専門課程のうち修業年限が二年以上のものにおける学修で、高等専門学校において高等専門学校教育に相当する水準を有すると認めたもの

四　技能審査の認定に関する規則（昭和四十二年文部省告示第二百三十七号）による文部科学大臣の認定を受けた技能審査の合格に係る学修で、高等専門学校において高等専門学校教育に相当する水準を有すると認めたもの

五　次に掲げる要件を備えた知識及び技能に関する審査における成果に係る学修で、高等専門学校において、高等専門学校教育に相当する水準を有すると認めたもの

イ　審査を行うものが国又は一般社団法人若しくは一般財団法人その他の団体であること。

ロ　審査の内容が、学校教育法（昭和二十二年法律第

二十六号）第百十五条に規定する高等専門学校の目的に照らし適切なものであること。

ハ　審査が全国的な規模において、毎年一回以上行われるものであること。

ニ　審査の実施の方法が、適切かつ公正であること。

附　則（平成二〇年一二月一日文部科学省告示第一六九号）

この告示は、平成二十年十二月一日から施行する。

高等専門学校設置基準第十七条の二第一項の規定に基づき、高等専門学校が履修させることができる授業について定める件

平成十三年三月三十日文部科学省告示第五十三号
最終改正　平成一九年七月三一日文部科学省告示第一一四号

高等専門学校設置基準（昭和三十六年文部省令第二十三号）第十七条の二第一項の規定に基づき、高等専門学校が履修させることができる授業等について次のように定め、平成十三年三月三十日から施行する。

なお、平成十年文部省告示第四十五号（高等専門学校設置基準第十七条の二の規定に基づき、高等専門学校が履修させることができる授業について定める件）は、廃止する。

通信衛星、光ファイバ等を用いることにより、多様なメディアを高度に利用して、文字、音声、静止画、動画等の多様な情報を一体的に扱うもので、次に掲げるいずれかの要件を満たし、高等専門学校において、対面授業に相当する教育効果を有すると認めたものであること。

一　同時かつ双方向に行われるものであって、かつ、授業を行う教室等以外の教室、研究室又はこれらに準ずる場所（高等専門学校設置基準第二十一条第一項の規定により単位を授与する場合においては、企業の会議室等の職場又は住居に近い場所を含む。以下次号において「教室等以外の場所」という。）において履修させるもの

二　毎回の授業の実施に当たって、指導補助者が教室等以外の場所において学生等に対面することにより、又は当該授業を行う教員若しくは指導補助者が当該授業の終了後すみやかにインターネットその他の適切な方法を利用することにより、設問解答、添削指導、質疑応答等による十分な指導を併せ行うものであって、かつ、当該授業に関する学生等の意見の交換の機会が確保されているもの

高等専門学校設置基準第十七条の二第三項の規定に基づき、高等専門学校が授業の一部を校舎及び附属施設以外の場所で行う場合について定める件

平成一五年三月三十一日文部科学省告示第四十七号

高等専門学校設置基準（昭和三十六年文部省令第二十三号）第十七条の二第三項の規定に基づき、高等専門学校が授業の一部を校舎及び附属施設以外の場所で行う場合について次のように定める。

高等専門学校設置基準第十七条の二第三項の規定に基づき、高等専門学校が授業の一部を校舎及び附属施設以外の場所で行う場合は、次に掲げる要件を満たすものとする。

一　実務の経験を有する者等を対象とした授業を行うものであること

二　校舎及び附属施設において十分な教育研究を行い、その一部を校舎及び附属施設以外の場所において行うものであること

三　当該授業を行う校舎及び附属施設以外の場所は、実務の経験を有する者等の利便及び教員等の移動等に配慮し、教育研究上支障がない位置にあること

四　当該授業を行う校舎及び附属施設以外の場所は、教育にふさわしい環境を有し、当該場所には、学生自習室その他の施設及び図書等の設備が適切に整備されていること

附　則

この告示は、平成十五年四月一日から施行する。

高等専門学校設置基準第二十九条の規定に基づき、新たに高等専門学校等を設置する場合の教員組織、校舎等の施設及び設備の段階的な整備について定める件

平成十五年三月三十一日文部科学省告示第四十八号

高等専門学校設置基準（昭和三十六年文部省令第二十三号）第二十九条の規定に基づき、新たに高等専門学校等を設置する場合の教員組織、校舎等の施設及び設備の段階的な整備について次のように定める。

1　教員組織の段階的な整備については、次の各号に該当する場合において認めるものとする。

一　高等専門学校全体の整備日に係る計画が確立し、かつ、教育研究に支障のない限度において、各年次にわたって行うものであること

二　各授業科目を開設する年次又は研究指導を行う年次において、当該授業科目又は研究指導を担当する教員を置くことを原則として、次の表の上欄に掲げる各年次においてそれぞれ同表の下欄に掲げる必要とする教員数に占める割合以上の数の教員を置くものであること

年次	必要とする教員数に占める割合
開設時まで	三〇％
第一年次中	二〇％
第二年次中	二〇％
第三年次中	二〇％
第四年次中	一〇％

三　整備に係る計画の期間中に、原則として教員が異動しないこと

2　校舎等の施設及び設備（以下「校舎等」という。）の段階的な整備については、次の各号に該当する場合において認めるものとする。

一　高等専門学校全体の整備に係る計画が確立し、かつ、教育研究に支障のない限度において、各年次にわたって行うものであること

二　各授業科目を開設する年次において当該授業科目に必要な教室を備えることを原則として、次の表の上欄に掲げる各年次においてそれぞれ同表の下欄に掲げる必要とする校舎等に占める割合以上の施設等を置くものであること

年次	必要とする校舎等に占める割合
開設時まで	二〇％
第一年次中	二〇％
第二年次中	二〇％
第三年次中	二〇％
第四年次中	二〇％

3　文部科学大臣は、高等専門学校等の設置を認可した後、当該認可時における留意事項、授業科目の開設状況、教員組織の整備状況その他の年次計画の履行状況について報告を求め、必要に応じ、書類、面接又は実地により調査することができるものとする。

附　則

この告示は、平成十五年四月一日から施行する。

専修学校設置基準

昭和五十一年一月十日文部省令第二号
最終改正　平成一九年一二月二五日文部科学省令第四〇号

学校教育法（昭和二十二年法律第二十六号）第八十二条の二、第八十二条の六、第八十二条の七及び第八十八条の規定に基づき、専修学校設置基準を次のように定める。

第一章　総則

（趣旨）

第一条　専修学校は、学校教育法（昭和二十二年法律第二十六号）その他の法令の規定によるほか、この省令の定めるところにより設置するものとする。

2　この省令で定める設置基準は、専修学校を設置するのに必要な最低の基準とする。

3　専修学校は、この省令で定める設置基準より低下した状態にならないようにすることはもとより、広く社会の要請に応じ、専修学校の目的を達成するため多様な分野にわたり組織的な教育を行うことをその使命とすることにかんがみ、常にその教育水準の維持向上に努めなければならない。

第二章　組織編制

（教育上の基本組織）

第二条　専修学校の高等課程、専門課程又は一般課程には、専修学校の目的に応じた分野の区分ごとに教育上の基本となる組織を置くものとする。

2　前項の組織には、教育上必要な教員組織その他を備えなければならない。

（学科）

第三条　前条第一項の組織には、一又は二以上の学科を置くものとする。

2　前項の学科は、専修学校の教育を行うため適当な規模及び内容があると認められるものでなければならない。

第四条　第二条第一項の組織には、夜間その他特別な時間において授業を行う学科（以下「夜間学科等」という。）を置くことができる。

（授業時数）

第五条　専修学校の授業時数は、学科ごとに、一年間にわたり八百時間以上とする。

2　前項の規定にかかわらず、夜間学科等にあつては、当該夜間学科等に係る修業年限に応じて前項の授業時数を減ずるものとする。ただし、この場合において一年間の授業時数は、四百五十時間を下ることができない。

（同時に授業を行う生徒）

第六条　専修学校において、一の授業科目について同時に授業を行う生徒数は、四十人以下とする。ただし、特別の事由があり、かつ、教育上支障のない場合は、この限りでない。

第七条　専修学校において、教育上必要があるときは、学年又は学科を異にする生徒を合わせて授業を行うことができる。

第三章　教育課程等

（授業科目）

第八条　専修学校の高等課程においては、中学校における教育の基礎の上に、心身の発達に応じて専修学校の教育を施すにふさわしい授業科目を開設しなければならない。

2　専修学校の専門課程においては、高等学校における教育の基礎の上に、深く専門的な程度において専修学校の教育を施すにふさわしい授業科目を開設しなければならない。

3　前項の専門課程の授業科目の開設に当たつては、豊かな人間性を涵養するよう適切に配慮しなければならない。

4　専修学校の一般課程においては、その目的に応じて専修学校の教育を施すにふさわしい授業科目を開設しなければならない。

（他の専修学校における授業科目の履修等）

第九条　専修学校の高等課程においては、教育上有益と認めるときは、専修学校の定めるところにより、生徒が行う他の専修学校の高等課程又は専門課程における授業科目の履修を、当該高等課程の修了に必要な総授業時数の二分の一を超えない範囲で、当該高等課程における授業科目の履修とみなすことができる。

2　専修学校の専門課程においては、教育上有益と認めるときは、専修学校の定めるところにより、生徒が行う他の専修学校の専門課程における授業科目の履修を、当該専門課程の修了に必要な総授業時数の二分の一を超えない範囲で、当該専門課程における授業科目の履修とみなすことができる。

（専修学校以外の教育施設等における学修）

第十条　専修学校の高等課程においては、教育上有益と認めるときは、専修学校の定めるところにより、生徒が行う高等学校又は中等教育学校の後期課程における科目の履修その他文部科学大臣が別に定める学修を、当該高等課程における授業科目の履修とみなすことができる。

2　前項により当該高等課程における授業科目の履修とみなすことができる授業時数は、前条第一項により当該高等課程における授業科目の履修とみなす授業時数と合わせて当該高等課程の修了に必要な総授業時数の二分の一を超えないものとする。

3　専修学校の専門課程においては、教育上有益と認めるときは、専修学校の定めるところにより、生徒が行う大学又は短期大学における学修その他文部科学大臣が別に定める学修を、当該専門課程における授業科目の履修とみなすことができる。

4　前項により当該専門課程における授業科目の履修とみなすことができる授業時数は、前条第二項により当該専門課程における授業科目の履修とみなす授業時数と合わせて当該専門課程の修了に必要な総授業時数の二分の一を超えないものとする。

5　第一項及び第二項の規定は、専修学校において、当該専修学校の高等課程に相当する教育を行つていると認めた外国の教育施設に生徒が留学する場合について、前二項の規定は、専修学校において、当該専修学校の専門課程に相当する教育を行つていると認めた外国の教育施設に生徒が留学する場合について、それぞれ準用する。

（入学前の授業科目の履修等）

第十一条　専修学校の高等課程においては、教育上有益と認めるときは、専修学校の定めるところにより、生徒が当該高等課程に入学する前に行つた専修学校の高等課程又は専門課程における授業科目の履修（第十四条の規定により行つた授業科目の履修を含む。）並びに生徒が当該高等課程に入学する前に行つた前条第一項及び第五項に規定する学修を、当該高等課程における授業科目の履修とみなすことができる。

2　前項により当該高等課程における授業科目の履修とみなすことができる授業時数は、転学等の場合を除き、当該高等課程において履修した授業時数以外のものについては、第九条第一項並びに前条第一項及び第五項により当該高等課程における授業科目の履修とみなす授業時数と合わせて当該高等課程の修了に必要な総授業時数の二分の一を超えないものとする。

3　専修学校の専門課程においては、教育上有益と認めるときは、専修学校の定めるところにより、生徒が当該専門課程に入学する前に行つた専修学校の専門課程における授業科目の履修（第十四条の規定により行つた授業科目の履修を含む。）並びに生徒が当該専門課程に入学する前に行つた前条第三項及び第五項に規定する学修を、当該専門課程における授業科目の履修とみなすことができる。

4　前項により当該専門課程における授業科目の履修とみなすことができる授業時数は、転学等の場合を除き、当該専門課程において履修した授業時数以外のものについては、第九条第二項並びに前条第三項及び第五項により当該専門課程における授業科目の履修とみなす授業時数と合わせて当該専門課程の修了に必要な総授業時数の二分の一を超えないものとする。

（授業の方法）

第十二条　専修学校は、文部科学大臣が別に定めるところにより、授業を、多様なメディアを高度に利用して、当該授業を行う教室等以外の場所で履修させることができる。

2　前項の授業の方法による授業科目の履修は、専修学校の課程の修了に必要な総授業時数のうち四分の三を超えないものとする。

（昼夜開講制）

第十三条　専修学校は、教育上必要と認められる場合には、昼夜開講制（同一学科において昼間及び夜間の双方の時間帯において授業を行うことをいう。）により授業を行うことができる。

（科目等履修生）

第十四条　専修学校は、専修学校の定めるところにより、当該専修学校の生徒以外の者に、当該専修学校において、一又は複数の授業科目を履修させることができる。

（授業時数の単位数への換算）

第十五条　専修学校の高等課程の授業科目の授業時数を単位数に換算する場合においては、三十五時間をもつて一単位とする。

第十六条　専修学校の専門課程の授業科目の授業時数を単位数に換算する場合においては、四十五時間の学修を必要とする内容の授業科目を一単位とすることを標準とし、授業の方法に応じ、当該授業による教育効果、授業時間外に必要な学修等を考慮して、次の基準により単位数に換算するものとする。

一　講義及び演習については、十五時間から三十時間までの範囲で専修学校が定める授業時数をもつて一単位とする。

二　実験、実習及び実技については、三十時間から四十五時間までの範囲で専修学校が定める授業時数をもつて一単位とする。ただし、芸術等の分野における個人指導による実技の授業については、専修学校が定める授業時数をもつて一単位とすることができる。

2　前項の規定にかかわらず、卒業研究、卒業制作等の授業科目の授業時数については、これらに必要な学修等を考慮して、単位数に換算するものとする。

第四章　教員

（教員数）

第十七条　専修学校に置かなければならない教員の数は、別表第一に定めるところによる。

2　前項の教員の数の半数以上は、専任の教員（常勤の校長が教員を兼ねる場合にあつては、当該校長を含む。）でなければならない。ただし、専任の教員の数は、三人を下ることができない。

3　夜間学科等を併せ置く場合にあつては、相当数の教員を増員するものとする。

（教員の資格）

第十八条　専修学校の専門課程の教員は、次の各号の一に該当する者でその担当する教育に関し、専門的な知識、技術、技能等を有するものでなければならない。

一　専修学校の専門課程を修了した後、学校、専修学校、各種学校、研究所、病院、工場等（以下「学校、研究所等」という。）においてその担当する教育に関する教育、研究又は技術に関する業務に従事した者であつて、当該専門課程の修業年限と当該業務に従事した期間とを通算して六年以上となる者

二　学士の学位を有する者にあつては二年以上、短期大学士の学位又は準学士の称号を有する者にあつては四年以上、学校、研究所等においてその担当する教育に関する教育、研究又は技術に関する業務に従事した者

三　高等学校（中等教育学校の後期課程を含む。）において二年以上主幹教諭、指導教諭又は教諭の経験のある者

四　修士の学位又は学位規則（昭和二十八年文部省令第九号）第五条の二に規定する専門職学位を有する者

五　特定の分野について、特に優れた知識、技術、技能及び経験を有する者

六　その他前各号に掲げる者と同等以上の能力があると認められる者

第十九条　専修学校の高等課程の教員は、次の各号の一に該当する者でその担当する教育に関し、専門的な知識、技術、技能等を有するものでなければならない。

一　前条各号の一に該当する者

二　専修学校の専門課程を修了した後、学校、研究所等においてその担当する教育に関する教育、研究又は技術に関する業務に従事した者であつて、当該専門課程の修業年限と当該業務に従事した期間とを通算して四年以上となる者

三　短期大学士の学位又は準学士の称号を有する者で、二年以上、学校、研究所等においてその担当する教育に関する教育、研究又は技術に関する業務に従事した者

四　学士の学位を有する者

五　その他前各号に掲げる者と同等以上の能力があると認められる者

第二十条　専修学校の一般課程の教員は、次の各号の一に該当する者でその担当する教育に関し、専門的な知識、技術、技能等を有するものでなければならない。

一　前二条各号の一に該当する者

二　高等学校又は中等教育学校卒業後、四年以上、学校、研究所等においてその担当する教育に関する教育、研究又は技術に関する業務に従事した者

三　その他前各号に掲げる者と同等以上の能力があると認められる者

第五章　施設及び設備等

（位置及び環境）

第二十一条　専修学校の校地及び校舎の位置及び環境は、教育上及び保健衛生上適切なものでなければならない。

（校地等）

第二十二条　専修学校は、次条に定める校舎等を保有するに必要な面積の校地を備えなければならない。

2　専修学校は、前項の校地のほか、目的に応じ、運動場その他必要な施設の用地を備えなければならない。

（校舎等）

第二十三条　専修学校の校舎には、目的、生徒数又は課程に応じ、教室（講義室、演習室、実習室等とする。）、教員室、事務室その他必要な附帯施設を備えなければならない。

2　専修学校の校舎には、前項の施設のほか、なるべく図書室、保健室、教員研究室等を備えるものとする。

3　専修学校は、目的に応じ、実習場その他の必要な施設を確保しなければならない。

（校舎の面積）

第二十四条　専修学校の校舎の面積は、次の各号に定める面積以上とする。ただし、地域の実態その他により特別の事情があり、かつ、教育上支障がない場合は、この限りでない。

一　一の課程のみを置く専修学校で当該課程に一の分野についてのみ学科を置くものにあつては、別表第二イの表により算定した面積

二　一の課程のみを置く専修学校で当該課程に二以上の分野について学科を置くもの又は二若しくは三の課程を置く専修学校で、当該課程にそれぞれ一若しくは二以上の分野について学科を置くものにあつては、次のイ及びロに掲げる面積を合計した面積

イ　これらの課程ごとの分野のうち別表第二イの表第四欄の生徒総定員四十人までの面積が最大となるいずれか一の分野について同表により算定した面積

ロ　これらの課程ごとの分野のうち前イの分野以外の分野についてそれぞれ別表第二ロの表により算定した面積を合計した面積

（設備）

第二十五条　専修学校は、目的、生徒数又は課程に応じ、必要な種類及び数の機械、器具、標本、図書その他の設備を備えなければならない。

第二十六条　夜間において授業を行う専修学校は、適当な照明設備を備えなければならない。

（他の学校等の施設及び設備の使用）

第二十七条　専修学校は、特別の事情があり、かつ、教育上及び安全上支障がない場合は、他の学校等の施設及び設備を使用することができる。

（名称）

第二十八条　専修学校の名称は、専修学校として適当であるとともに、当該専修学校の目的にふさわしいものでなければならない。

附　則

1　この省令は、昭和五十一年一月十一日から施行する。

2　この省令の施行の際、現に設置されている各種学校が、昭和五十六年三月三十一日までの間に、高等課程、専門課程又は一般課程の設置の認可を受けることにより専修学校となる場合（以下「課程の認可により昭和五十六年三月三十一日までに専修学校となる場合」という。）において、当該専修学校の生徒総定員が四十人であり、かつ、第十条第二項ただし書に規定する専任の教員の数により難い特別の事由があるときは、同項ただし書の規定にかかわらず、当該専修学校の専任の教員の数を二人とすることができる。

3　課程の認可により昭和五十六年三月三十一日までに専修学校となる場合において、第十一条から第十三条までに規定する教員の資格により難い特別の事由があるときは、これらの規定にかかわらず、この省令の施行の日に当該各種学校の教員として在職する者で当該各種学校が専修学校となる日の前日まで引き続き在職するものは、その担当する教育に関する経験年数等に応じこれらの規定の各号に掲げる者に準ずる能力があると監督庁が認めたときは、専修学校の教員となることができる。

4　課程の認可により昭和五十六年三月三十一日までに専修学校となる場合において、第十七条に規定する専修学校の校舎の面積により難い特別の事由があるときは、同条の規定の適用については、別表第二イの表中「２６０」とあるのは「２３０」と、「２００」とあるのは「１８０」と、「１３０」とあるのは「１１７」

とする。

附　則（平成一九年一二月二五日文部科学省令第四〇号）

この省令は、学校教育法等の一部を改正する法律の施行の日（平成十九年十二月二十六日）から施行する。ただし、第一条中学校教育法施行規則第一章第二節の節名、第二十条第一号ロ、第二十三条、第四十四条第一項、第二項及び第三項、第四十五条第一項、第二項及び第三項、第七十条第一項、第二項及び第三項、第七十一条第二項及び第三項、第八十一条第一項、第二項及び第三項、第百二十条、第百二十二条、第百二十四条第一項、第二項及び第三項並びに第百二十五条第二項の改正規定、第五条中学校基本調査規則第三条第二項の改正規定、第八条中学校教員統計調査規則第三条第二項の改正規定、第九条中教育職員免許法施行規則第六十八条及び第六十九条の改正規定、第十二条中幼稚園設置基準第五条第一項、第二項及び第三項並びに第六条の改正規定、第十七条中高等学校通信教育規程第五条第一項の改正規定、第二十三条中専修学校設置基準第十八条第三号の改正規定、第三十八条中小学校設置基準第六条第一項及び第二項の改正規定、第三十九条中中学校設置基準第六条第一項及び第二項の改正規定並びに第四十七条中高等学校設置基準第八条第一項及び第二項並びに第九条の改正規定（副校長、主幹教諭又は指導教諭に係る部分に限る。）は、平成二十年四月一日から施行する。

別表第一　専修学校の教員数（第十七条関係）

課程の区分	学科の属する分野の区分	学科の属する分野ごとの生徒総定員の区分	教員数
高等課程又は専門課程	工業関係、農業関係、医療関係、衛生関係又は教育・社会福祉関係	八十人まで	3
		八十一人から二百人まで	3＋｛(生徒総定員－80)÷40｝
		二百一人から六百人まで	6＋｛(生徒総定員－200)÷50｝
		六百一人以上	14＋｛(生徒総定員－600)÷60｝
	商業実務関係、服飾・家政関係又は文化・教養関係	八十人まで	3
		八十一人から二百人まで	3＋｛(生徒総定員－80)÷40｝
		二百一人から四百人まで	6＋｛(生徒総定員－200)÷50｝
		四百一人以上	10＋｛(生徒総定員－400)÷60｝
一般課程	工業関係、農業関係、医療関係、衛生関係、教育・社会福祉関係、商業実務関係、服飾・家政関係又は文化・教養関係	八十人まで	3
		八十一人から二百人まで	3＋｛(生徒総定員－80)÷40｝
		二百一人以上	6＋｛(生徒総定員－200)÷60｝

備考　この表の算式中生徒総定員とあるのは、学科の属する分野ごとの生徒総定員をいう。

別表第二　専修学校の校舎面積（第二十四条関係）

イ　基準校舎面積の表

課程の区分	学科の属する分野の区分	学科の属する分野ごとの生徒総定員の区分	面積（平方メートル）
高等課程又は専門課程	工業関係、農業関係、医療関係、衛生関係又は教育・社会福祉関係	四十人まで	260
		四十一人以上	260＋3.0×（生徒総定員－40）
	商業実務関係、服飾・家政関係又は文化・教養関係	四十人まで	200
		四十一人以上	200＋2.5×（生徒総定員－40）
一般課程	工業関係、農業関係、医療関係、衛生関係又は教育・社会福祉関係	四十人まで	130
		四十一人以上	130＋2.5×（生徒総定員－40）
	商業実務関係、服飾・家政関係又は文化・教養関係	四十人まで	130
		四十一人以上	130＋2.3×（生徒総定員－40）

備考　この表に掲げる算式中生徒総定員とあるのは、学科の属する分野ごとの生徒総定員をいう。（ロの表において同じ。）

ロ　加算校舎面積の表

課程の区分	学科の属する分野の区分	学科の属する分野ごとの生徒総定員の区分	面積（平方メートル）
高等課程又は専門課程	工業関係、農業関係、医療関係、衛生関係又は教育・社会福祉関係	四十人まで	180
		四十一人以上	180＋3.0×（生徒総定員－40）
	商業実務関係、服飾・家政関係又は文化・教養関係	四十人まで	140
		四十一人以上	140＋2.5×（生徒総定員－40）
一般課程	工業関係、農業関係、医療関係、衛生関係又は教育・社会福祉関係	四十人まで	110
		四十一人以上	110＋2.5×（生徒総定員－40）
	商業実務関係、服飾・家政関係又は文化・教養関係	四十人まで	100
		四十一人以上	100＋2.3×（生徒総定員－40）

専修学校設置基準第十条第一項及び第三項の規定により、専修学校が授業科目の履修とみなすことができる学修

平成十一年十月二十五日文部省告示第百八十四号
最終改正　平成二〇年一二月一日文部科学省告示第一六九号

専修学校設置基準（昭和五十一年文部省令第二号）（以下「省令」という。）第十条第一項及び第三項の規定により、専修学校が授業科目の履修とみなすことができる学修を次のように定める。

なお、改正前の省令第九条第二項の規定により、別に定めることとされた学修を定める件（平成六年文部省告示第八十三号）は廃止する。

1　省令第十条第一項の別に定める学修は、次に掲げる学修とする。

一　大学、短期大学又は高等専門学校における科目等履修生、研究生又は聴講生としての学修

二　大学において開設する公開講座における学修、公民館その他の社会教育施設において開設する講座における学修その他これらに類する学修

三　社会教育法（昭和二十四年法律第二百七号）第五十一条第一項の規定による文部科学大臣の認定を受けた通信教育における学修

四　技能審査の認定に関する規則（昭和二十四年文部省告示第二百三十七号）による文部大臣の認定を受けた技能審査の合格に係る学修で、専修学校において、当該専修学校教育に相当する水準を有すると認

めたもの

五　次に掲げる要件を備えた知識及び技能に関する審査における成果に係る学修で、専修学校において、当該専修学校教育に相当する水準を有すると認めたもの

イ　審査を行うものが国又は一般社団法人若しくは一般財団法人の規定による法人その他の団体であること。

ロ　審査の内容が、学校教育法（昭和二十二年法律第二十六号）第百二十四条に規定する専修学校の目的に照らし適切なものであること。

ハ　審査が全国的な規模において、毎年一回以上行われるものであること。

ニ　審査の実施の方法が、適切かつ公正であること。

六　継続的に行われる活動（当該生徒の在学する専修学校の教育活動として行われるものを除く。）のうち、次に掲げる学修で、専修学校において、当該専修学校教育に相当する水準を有すると認めたもの

イ　ボランティア活動、就業体験その他これらに類する活動

ロ　スポーツ又は文化に関する分野における活動で顕著な成果をあげたもの

2　省令第十条第三項の別に定める学修は、1に掲げるもののほか、次に掲げる学修とする。

一　高等専門学校の課程における学修で、専修学校において、専門課程における教育に相当する水準を有すると認めたもの

二　大学の専攻科における学修

三　短期大学又は高等専門学校の専攻科における学修

附　則

（施行期日）

1　この告示は、平成十二年四月一日から施行する。

附　則（平成二〇年一二月一日文部科学省告示第一六九号）

この告示は、平成二十年十二月一日から施行する。

各種学校規程

昭和三十一年十二月五日文部省令第三十一号
最終改正　平成一九年一〇月三〇日文部科学省令第三四号

学校教育法第八十三条第四項及び第八十八条の規定に基き、各種学校規程を次のように定める。

（趣旨）

第一条　各種学校に関し必要な事項は、学校教育法（昭和二十二年法律第二十六号）その他の法令に規定するもののほか、この省令の定めるところによる。

（水準の維持、向上）

第二条　各種学校は、この省令に定めるところによることはもとより、その水準の維持、向上を図ることに努めなければならない。

（修業期間）

第三条　各種学校の修業期間は、一年以上とする。ただし、簡易に修得することができる技術、技芸等の課程については、三月以上一年未満とすることができる。

（授業時数）

第四条　各種学校の授業時数は、その修業期間が、一年以上の場合にあつては一年間にわたり六百八十時間以上を基準として定めるものとし、一年未満の場合にあつてはその修業期間に応じて授業時数を減じて定めるものとする。

（生徒数）

第五条　各種学校の収容定員は、教員数、施設及び設備その他の条件を考慮して、適当な数を定めるものとする。

2　各種学校の同時に授業を行う生徒数は、四十人以下とする。ただし、特別の事由があり、かつ、教育上支障のない場合は、この限りでない。

（入学資格の明示）

第六条　各種学校は、課程に応じ、一定の入学資格を定め、これを適当な方法によつて明示しなければならない。

（校長）

第七条　各種学校の校長は、教育に関する識見を有し、かつ、教育、学術又は文化に関する職又は業務に従事した者でなければならない。

（教員）

第八条　各種学校には、課程及び生徒数に応じて必要な数の教員を置かなければならない。ただし、三人を下ることができない。

2　各種学校の教員は、その担当する教科に関して専門的な知識、技術、技能等を有する者でなければならない。

3　各種学校の教員は、つねに前項の知識、技術、技能等の向上に努めなければならない。

（位置及び施設、設備）

第九条　各種学校の位置は、教育上及び保健衛生上適切な環境に定めなければならない。

2　各種学校には、その教育の目的を実現するために必要な校地、校舎、校具その他の施設、設備を備えなければならない。

第十条　各種学校の校舎の面積は、百十五・七〇平方メートル以上とし、かつ、同時に授業を行う生徒一人当り二・三一平方メートル以上とする。ただし、地域の実態その他により特別の事情があり、かつ、教育上支障がない場合は、この限りでない。

2　校舎には、教室、管理室、便所その他必要な施設を備えなければならない。

3　各種学校は、課程に応じ、実習場その他の必要な施設を備えなければならない。

4　各種学校は、特別の事情があり、かつ、教育上及び安全上支障がない場合は、他の学校等の施設及び設備を使用することができる。

第十一条　各種学校は、課程及び生徒数に応じ、必要な種類及び数の校具、教具、図書その他の設備を備えなければならない。

2　前項の設備は、学習上有効適切なものであり、かつ、つねに補充し、改善されなければならない。

3　夜間において授業を行う各種学校は、適当な照明設備を備えなければならない。

（名称）

第十二条　各種学校の名称は、各種学校として適当であるとともに、課程にふさわしいものでなければならない。

（標示）

第十三条　各種学校は、設置の認可を受けたことを、公立の各種学校については都道府県教育委員会、私立の各種学校については都道府県知事の定めるところにより標示することができる。

（各種学校の経営）

第十四条　各種学校の経営は、その設置者が学校教育以外の事業を行う場合には、その事業の経営と区別して行われなければならない。

2　各種学校の設置者が個人である場合には、教育に関する識見を有し、かつ、各種学校を経営するにふさわしい者でなければならない。

附　則　抄

1　この省令は、昭和三十二年一月一日から施行する。

2　この省令施行の際、現に存する各種学校については、第六条、第七条、第八条第二項及び第三項、第十三条並びに第十四条の規定を除くほか、当分の間、なお、従前の例による。

附　則（平成一九年一〇月三〇日文部科学省令第三四号）

この省令は、学校教育法等の一部を改正する法律（平成十九年法律第九十六号）の施行の日から施行する。

（三） 設置認可手続

大学の設置等の認可の申請及び届出に係る手続等に関する規則

平成十八年三月三十一日文部科学省令第十二号
最終改正 平成二一年一二月二一日文部科学省令第三五号

学校教育法（昭和二十二年法律第二十六号）第八十八条の規定に基づき、大学の設置等の認可の申請及び届出に係る手続等に関する規則を次のように定める。

（定義）
第一条 この省令において「大学の設置等」とは、次に掲げるものをいう。
一 大学又は高等専門学校の設置
二 大学の学部、短期大学の学科又は私立の大学の学部の学科（以下「学部等」という。）の設置
三 大学の大学院の設置、大学の大学院の研究科若しくは研究科の専攻（以下「研究科等」という。）の設置又は大学の大学院の研究科の専攻に係る課程の変更
四 高等専門学校の学科の設置
五 大学における通信教育の開設
六 私立の大学又は高等専門学校の収容定員に係る学則の変更
七 大学若しくは高等専門学校又は大学の学部、大学の大学院若しくは大学院の研究科若しくは短期大学の学科（以下「大学等」という。）の設置者の変更
八 大学等の廃止

（大学又は高等専門学校の設置の認可の申請）
第二条 大学又は高等専門学校の設置の認可を受けようとする者は、認可申請書（別記様式第一号の一）に次に掲げる書類を添えて、当該大学又は高等専門学校を開設する年度（以下「開設年度」という。）の前々年度の三月一日から同月三十一日までの間に文部科学大臣に申請するものとする。
一 基本計画書（別記様式第二号）
二 校地校舎等の図面
三 学則
四 当該申請についての意思の決定を証する書類
五 大学又は高等専門学校の設置の趣旨等を記載した書類
六 教員名簿（別記様式第三号）
七 教員個人調書（別記様式第四号）
八 教員就任承諾書（別記様式第五号）

2 前項の申請をした者のうち、医科大学（医学又は歯学に関する学部又は学部の学科を設置する大学をいう。以下この項において同じ。）を設置しようとする者は、同項の書類に加え、次に掲げる書類を、同項に規定する期間内に文部科学大臣に提出するものとする。
一 附属病院所在地域の概況説明書（別記様式第六号）
二 附属病院の医師、歯科医師、看護師等の配置計画書（別記様式第七号）
三 関連教育病院（医科大学と連携して学生の臨床教育等に当たる病院をいう。）の概要等を記載した書類（関連教育病院を利用する場合に限る。）

3 第一項の申請をした者のうち、薬学に関する学部又は学部の学科のうち臨床に係る実践的な能力を培うことを主たる目的とするもの（以下「臨床薬学に関する学部又は学部の学科」という。）を設置する大学を設置しようとする者は、同項の書類に加え、大学設置基準（昭和三十一年文部省令第二十八号）第三十九条の二に規定する薬学実務実習に必要な施設の概要等を記載した書類（以下「薬学実務実習施設概要書類」という。）を、同項に規定する期間内に文部科学大臣に提出するものとする。

4 第一項の申請をした者のうち、既設の大学、学部等、大学の大学院又は研究科等（以下この項において「既設大学等」という。）を廃止し、その職員組織等を基に大学を設置しようとする者は、同項の規定にかかわらず、当該大学に置く学部等又は研究科等のうち、教育研究上の目的、授与する学位の種類及び分野、教育組織の編制並びに教育課程の編成等が既設大学等と同等であると文部科学大臣が認めるものについては、教員個人調書（別記様式第四号）を提出することを要しない。

5 第一項の申請をした者のうち、既設の高等専門学校又は高等専門学校の学科（以下この項において「既設高等専門学校等」という。）を廃止し、その職員組織等を基に高等専門学校を設置しようとする者は、同項の規定にかかわらず、当該高等専門学校に置く学科のうち、教育上の目的、学科の分野、教員組織の編制及び教育課程の編成等が既設高等専門学校等と同等であると文部科学大臣が認めるものについては、教員個人調書（別記様式第四号）を提出することを要しない。

6 第一項の申請をしようとする者のうち、あわせて通信教育の開設の認可を受けようとする者は、同項の書類に加え、第六条第一項第九号及び第十号に掲げる書類を、第一項に規定する期間内に文部科学大臣に申請するものとする。

（学部等の設置の認可の申請及び届出）
第三条 学部等の設置の認可を受けようとする者は、認可申請書（別記様式第一号の二）に次に掲げる書類を添えて、当該学部等を開設する年度（以下「学部等開設年度」という。）の前年度の五月一日から同月三十一日までの間に文部科学大臣に申請するものとする。
一 基本計画書（別記様式第二号）
二 校地校舎等の図面
三 学則（変更事項を記載した書類及び新旧の比較対照表を含む。）
四 当該申請についての意思の決定を証する書類
五 学部等の設置の趣旨等を記載した書類
六 教員名簿（別記様式第三号）

七　教員個人調書（別記様式第四号）
八　教員就任承諾書（別記様式第五号）

2　前項の申請をしようとする者のうち、医学又は歯学に関する学部又は学部の学科を設置しようとする者は、同項の書類に加え、前条第二項に掲げる書類を、前項に規定する期間内に文部科学大臣に提出するものとする。この場合において、前条第二項第三号中「医科大学」とあるのは「医学又は歯学に関する学部又は学部の学科」とする。

3　第一項の申請をしようとする者のうち、臨床薬学に関する学部又は学部の学科を設置しようとする者は、同項の書類に加え、薬学実務実習施設概要書類を、第一項に規定する期間内に文部科学大臣に提出するものとする。

4　第一項の申請をしようとする者のうち、既設の大学又は学部等（以下この項において「既設大学等」という。）を廃止し、その職員組織等を基に学部等を設置しようとする者は、同項の規定にかかわらず、当該学部等のうち、教育研究上の目的、授与する学位の種類及び分野、教員組織の編制並びに教育課程の編成等が既設大学等と同等であると文部科学大臣が認めるものについては、教員個人調書（別記様式第四号）を提出することを要しない。

5　第一項の申請をしようとする者のうち、大学の学部を設置しようとする者は、同項の規定にかかわらず、当該学部に設ける学科のうち、当該大学の授与する学位の種類及び分野の変更を伴わないものについては、教員個人調書（別記様式第四号）を提出することを要しない。

6　第一項の申請をしようとする者のうち、あわせて通信教育の開設の認可を受けようとする者は、同項の書類に加え、第六条第一項第九号及び第十号に掲げる書類を、第一項に規定する期間内に文部科学大臣に申請するものとする。

7　学部等の設置の届出を行おうとする者は、届出書（別記様式第一号の二）に第一項に掲げる書類（同項第七号及び第八号に掲げるものを除く。）を添えて、学部等開設年度の前年度の四月一日から十二月三十一日までの間に文部科学大臣に届け出るものとする。この場合において、同項第四号中「申請」とあるのは「届出」とする。

8　前項の届出を行おうとする者のうち、臨床薬学に関する学部又は学部の学科を設置しようとする者は、同項の書類に加え、薬学実務実習施設概要書類を、前項に規定する期間内に文部科学大臣に提出するものとする。

9　第七項の届出を行おうとする者のうち、あわせて通信教育の開設の届出を行おうとする者は、同項の書類に加え、第六条第一項第九号及び第十号に掲げる書類を、第七項に規定する期間内に文部科学大臣に届け出るものとする。

（大学の大学院の設置、研究科等の設置又は大学の大学院の研究科の専攻に係る課程の変更の認可の申請及び届出）

第四条　第三条第一項、第四項から第七項まで及び第九項の規定は、大学の大学院の設置、研究科等の設置又は大学の大学院の研究科の専攻に係る課程の変更の認可の申請及び届出について準用する。この場合において、次の表の第一欄に掲げる規定中同表の第二欄に掲げる字句は、それぞれ同表の第三欄に掲げる字句に読み替えるものとする。

第一欄	第二欄	第三欄
第三条第一項	学部等の設置	大学の大学院の設置、研究科等の設置又は大学の大学院の研究科の専攻に係る課程の変更
	学部等を開設する年度	大学の大学院を設置する年度、研究科等を設置する年度又は大学の大学院の研究科の専攻に係る課程を変更する年度
	学部等開設年度	研究科等開設年度
第三条第四項	大学又は学部等	大学又は大学の大学院若しくは研究科等
	学部等を	大学の大学院又は研究科等を
	学部等の	大学の大学院又は研究科等の
第三条第五項	大学の学部	大学の大学院の研究科
	学部に設ける学科	研究科に設ける専攻
第三条第七項	学部等の設置	大学の大学院の設置、研究科等の設置又は大学の大学院の研究科の専攻に係る課程の変更
	学部等開設年度	研究科等開設年度

（高等専門学校の学科の設置の認可の申請及び届出）

第五条　第三条第一項、第四項及び第七項の規定は、高等専門学校の学科の設置の認可の申請及び届出について準用する。この場合において、次の表の第一欄に掲げる規定中同表の第二欄に掲げる字句は、それぞれ同表の第三欄に掲げる字句に読み替えるものとする。

第一欄	第二欄	第三欄
第三条第一項	学部等の	高等専門学校の学科の
	学部等を	高等専門学校の学科を
	学部等開設年度	学科開設年度
第三条第四項	大学又は学部等	高等専門学校又は高等専門学校の学科
	既設大学等	既設高等専門学校等
	学部等を	高等専門学校の学科を
	学部等の	高等専門学校の学科の
	教育研究上の目的、授与する学位の種類及び分野、教員組織の編制並びに	教育上の目的、学科の分野、教員組織の編制及び
第三条第七項	学部等の	高等専門学校の学科の
	学部等開設年度	学科開設年度

（大学における通信教育の開設の認可の申請及び届出）
第六条　大学における通信教育の開設の認可を受けようとする者（第二条第六項及び第三条第六項に規定するものを除く。）は、認可申請書（別記様式第一号の一）に次に掲げる書類を添えて、当該通信教育を開設する年度（以下「通信教育開設年度」という。）の前年度の五月一日から同月三十一日までの間に文部科学大臣に申請するものとする。
一　基本計画書（別記様式第二号）
二　校地校舎等の図面
三　学則（変更事項を記載した書類及び新旧の比較対照表を含む。）
四　当該申請についての意思の決定を証する書類
五　大学における通信教育の開設の趣旨等を記載した書類
六　教員名簿（別記様式第三号）
七　教員個人調書（別記様式第四号）
八　教員就任承諾書（別記様式第五号）
九　通信教育実施方法説明書（別記様式第八号）
十　通信教育に係る規程
2　大学における通信教育の開設の届出を行おうとする者は、届出書（別記様式第一号の二）に前項に掲げる書類（同項第七号及び第八号に掲げるものを除く。）を添えて、通信教育開設年度の前年度の四月一日から十二月三十一日までの間に文部科学大臣に届け出るものとする。この場合において、同項第四号中「申請」とあるのは「届出」とする。

（私立の大学又は高等専門学校の収容定員に係る学則の変更の認可の申請及び届出）
第七条　私立の大学又は高等専門学校の収容定員（通信教育に係るものを除く。）に係る学則の変更の認可を受けようとする者は、認可申請書（別記様式第一号の一）に次に掲げる書類を添えて、当該学則を変更する年度（以下「学則変更年度」という。）の前々年度の三月一日から同月三十一日まで又は前年度の六月一日から同月三十日までの間に文部科学大臣に申請するものとする。
一　基本計画書（別記様式第二号）
二　校地校舎等の図面
三　学則（変更事項を記載した書類及び新旧の比較対照表を含む。）
四　当該申請についての意思の決定を証する書類
五　学則の変更の趣旨等を記載した書類
六　教員名簿（別記様式第三号）
2　私立の大学の通信教育に係る収容定員に係る学則の変更の認可を受けようとする者は、認可申請書（別記様式第一号の一）に前項並びに第六条第一項第九号及び第十号に掲げる書類を添えて、前項に規定する期間内に文部科学大臣に申請するものとする。
3　私立の大学又は高等専門学校の収容定員（通信教育に係るものを除く。）に係る学則の変更の届出を行おうとする者は、届出書（別記様式第一号の二）に第一項に掲げる書類を添えて、学則変更年度の前年度の四月一日から十二月三十一日までの間に文部科学大臣に届け出るものとする。この場合において、同項第四号中「申請」とあるのは「届出」とする。
4　私立の大学の通信教育に係る収容定員に係る学則の変更の届出を行おうとする者は、届出書（別記様式第一号の二）に第一項並びに第六条第一項第九号及び第十号に掲げる書類を添えて、前項に規定する期間内に文部科学大臣に届け出るものとする。この場合において、第一項第四号中「申請」とあるのは「届出」とする。

（大学等の設置者の変更の認可の申請）
第八条　大学等の設置者の変更の認可を受けようとする者は、認可申請書（別記様式第一号の一）に次に掲げる書類を添えて、文部科学大臣に申請するものとする。
一　基本計画書（別記様式第二号）
二　校地校舎等の図面
三　学則（変更事項を記載した書類及び新旧の比較対照表を含む。）
四　当該申請についての意思の決定を証する書類
五　変更の事由及び時期を記載した書類
六　教員名簿（別記様式第三号）

（大学等の廃止の認可の申請及び届出）
第九条　大学等の廃止の認可を受けようとする者は、認可申請書（別記様式第一号の一）に次に掲げる書類を添えて、文部科学大臣に申請するものとする。
一　基本計画書（別記様式第二号）
二　当該申請についての意思の決定を証する書類
三　廃止の事由及び時期並びに学生の処置方法を記載した書類
2　大学等の廃止の届出を行おうとする者は、届出書（別記様式第一号の二）及び学則（変更事項を記載した書類及び新旧の比較対照表を含む。）に前項に掲げる書類を添えて、文部科学大臣に届け出るものとする。この場合において、同項第二号中「申請」とあるのは「届出」とする。

（認可の手続）
第十条　文部科学大臣は、第二条第一項及び第六項、第三条第一項（第四条及び第五条において準用する場合を含む。）及び第六項（第四条において準用する場合を含む。）、第六条第一項並びに第七条第一項及び第二項の申請があった場合には、開設年度、学部等開設年度、研究科等開設年度、学科開設年度、通信教育開設年度又は学則変更年度の前年度の三月三十一日までに当該申請に係る認可をするかどうかを決定し、当該申請をした者に対しその旨を速やかに通知するものとする。

（法第四条第三項の命令の期限）
第十一条　文部科学大臣は、法第四条第二項の届出（次条、第十三条及び第十四条において単に「届出」という。）をした者に対し、法第四条第三項の規定による命令を行う場合には、当該届出があった日から起算して六十日以内にこれを行わなければならない。ただし、当該届出と関連を有する認可の申請が行われている場合においては、この限りでない。

（認可等の公表）
第十二条　文部科学大臣は、法第四条第一項の認可（次条及び第十四条において単に「認可」という。）をした場合又は届出があった場合には、速やかに、その旨、名称、位置、当該認可の申請又は届出の際に提出された基本計画書（別記様式第二号）、校地校舎等の図面、学則、大学の設置等の趣旨等（大学等の設置者の変更にあっては、変更の事由及び時期）を記載した書類及び教員名簿（別記様式第三号。年齢及び月額基本給を除く。）並びに次条に規定する事項その他必要な事項（大学等の廃止の認可をした場合又は届出があった場合にあっては、その旨、名称、位置及び次条に規定する事項その他必要な事項）をインターネットの利用その他適切な方法により公表するものとする。

（留意事項）

第十三条　文部科学大臣は、認可を受けた者又は届出を行った者が当該認可又は届出に係る大学の設置等に関する計画（次条において「設置計画」という。）を履行するに当たって留意すべき事項（次条において「留意事項」という。）があると認めるときは、当該者に対し、当該事項の内容を通知するものとする。

（履行状況についての報告等）

第十四条　文部科学大臣は、設置計画及び留意事項の履行の状況を確認するため必要があると認めるときは、認可を受けた者又は届出を行った者に対し、その設置計画及び留意事項の履行の状況について報告を求め、又は調査を行うことができる。

（提出部数）

第十五条　この省令の規定による認可申請書（別記様式第一号の一）その他の書類（次項において「認可申請書等」という。）の提出部数は、別表のとおりとする。

2　文部科学大臣は、必要があると認めるときは、認可申請書等以外の書類の提出を求め、又は認可申請書等の一部の提出を免除することができる。

附　則　抄

1　この省令は、平成十八年四月一日から施行する。

3　平成二十一年度の私立の大学の収容定員（医学又は歯学に関する学部又は学部の学科に係るものに限る。）に係る学則の変更の認可を受けようとする者は、第七条に定めるもののほか、平成二十年十月二十日から同月三十一日までの間に文部科学大臣に申請することができる。

4　平成二十二年度の私立の大学の収容定員（医学又は歯学に関する学部の学科に係るものに限る。）に係る学則の変更の認可を受けようとする者は、第七条に定めるもののほか、平成二十一年十一月十一日から同月十六日までの間に文部科学大臣に申請することができる。

5　平成二十二年度以降に期間（平成三十六年度までの間の年度間に限る。）を付して私立の大学の収容定員（医学に関する学部の学科に係るものに限る。）を七百二十人を超えて増加する学則の変更の認可を受けようとする者は、第七条の各号に掲げる書類に加え、専任教員の氏名等を記載した書類（附則別記様式）を添えて文部科学大臣に申請するものとする。

附則別記様式　略

附　則（平成二二年一一月一一日文部科学省令第三五号）

この省令は、公布の日から施行する。

別記様式第１号の１

（用紙　日本工業規格Ａ４縦型）

○○大学設置認可申請書

年　　月　　日

文部科学大臣　殿

申請者の職名及び氏名　　　　　印

このたび，○○大学を設置したいので，学校教育法第４条第１項の規定により認可されるよう，別紙書類を添えて申請します。なお，認可の上は，確実に申請に係る計画を履行します。

（注）
1　「○○大学設置」及び「○○大学を設置」の部分については，認可の申請の内容に応じ，適切に表記を変更すること。
2　設置者の変更の認可を受けようとする場合には，「申請者の職名及び氏名」の欄は，当該変更に関係する地方公共団体又は学校法人の連署とすること。
3　「申請者の職名及び氏名」の欄の「印」は，本人の署名（法人にあっては，代表者の署名）をもって代えることができること。
4　「学校教育法第４条第１項」の部分については，申請の内容に応じ，「学校教育法第４条第１項及び学校教育法施行令第２３条」とすること。

別記様式第１号の２

（用紙　日本工業規格Ａ４縦型）

○○大学○○学部設置届出書

年　　月　　日

文部科学大臣　殿

届出者の職名及び氏名　　　　　印

このたび，○○大学○○学部を設置することについて，学校教育法第４条第２項の規定により，別紙書類を添えて届け出ます。なお，届出の上は，確実に届出に係る計画を履行します。

（注）
1　「○○大学○○学部設置」及び「○○大学○○学部を設置」の部分については，届出の内容に応じ，適切に表記を変更すること。
2　「届出者の職名及び氏名」の欄の「印」は，本人の署名（法人にあっては，代表者の署名）をもって代えることができること。
3　「学校教育法第４条第２項」の部分については，届出の内容に応じ，「学校教育法第４条第２項及び学校教育法施行令第２３条の２第１項」とすること。

別記様式第２号（その１の１）

（用紙　日本工業規格Ａ４縦型）

基本計画書

基本計画		
事項	記入欄	備考
計画の区分		
フリガナ 設置者		
フリガナ 大学の名称		
大学本部の位置		
大学の目的		
新設学部等の目的		

新設学部等の概要	新設学部等の名称	修業年限	入学定員	編入学定員	収容定員	学位又は称号	開設時期及び開設年次	所在地	
		年	人	年次 人	人		年　月 第　年次		
	計								

同一設置者内における変更状況（定員の移行，名称の変更等）		

教育課程	新設学部等の名称	開設する授業科目の総数				卒業要件単位数	
		講義	演習	実験・実習	計		
		科目	科目	科目	科目	単位	

教員組織の概要		学部等の名称	専任教員等 教授	准教授	講師	助教	計	助手	兼任教員等	
	新設分		人 ()	人 ()	人 ()	人 ()	人 ()	人 ()	人 ()	
			()	()	()	()	()	()	()	
		計	()	()	()	()	()	()	()	
	既設分		()	()	()	()	()	()	()	
			()	()	()	()	()	()	()	
		計	()	()	()	()	()	()	()	
	合計		()	()	()	()	()	()	()	

教員以外の職員の概要	職種	専任	兼任	計	
	事務職員	人 ()	人 ()	人 ()	
	技術職員	()	()	()	
	図書館専門職員	()	()	()	
	その他の職員	()	()	()	
	計	()	()	()	

校地等	区分	専用	共用	共用する他の学校等の専用	計
	校舎敷地	㎡	㎡	㎡	㎡
	運動場用地	㎡	㎡	㎡	㎡
	小計	㎡	㎡	㎡	㎡
	その他	㎡	㎡	㎡	㎡
	合計	㎡	㎡	㎡	㎡

校舎	専用	共用	共用する他の学校等の専用	計
	㎡ （　㎡）	㎡ （　㎡）	㎡ （　㎡）	㎡ （　㎡）

教室等	講義室	演習室	実験実習室	情報処理学習施設	語学学習施設
	室	室	室	室 （補助職員　人）	室 （補助職員　人）

専任教員研究室	新設学部等の名称	室数
		室

図書・設備	新設学部等の名称	図書〔うち外国書〕 冊	学術雑誌〔うち外国書〕 種	電子ジャーナル〔うち外国書〕	視聴覚資料 点	機械・器具 点	標本 点
		〔　〕 （〔　〕）	〔　〕 （〔　〕）	〔　〕 （〔　〕）	（　）	（　）	（　）
	計	〔　〕 （〔　〕）	〔　〕 （〔　〕）	〔　〕 （〔　〕）	（　）	（　）	（　）

図書館	面積	閲覧座席数	収納可能冊数
	㎡		

体育館	面積	体育館以外のスポーツ施設の概要
	㎡	

経費の見積り及び維持方法の概要		区分	開設前年度	第1年次	第2年次	第3年次	第4年次	第5年次	第6年次
	経費の見積り	教員1人当り研究費等	／						
		共同研究費等	／						
		図書購入費							
		設備購入費							

学生1人当り納付金	第1年次	第2年次	第3年次	第4年次	第5年次	第6年次
	千円	千円	千円	千円	千円	千円

学生納付金以外の維持方法の概要	

既設大学等の状況	大学の名称								
	学部等の名称	修業年限	入学定員	編入学定員	収容定員	学位又は称号	定員超過率	開設年度	所在地
		年	人	年次 人	人		倍		

附属施設の概要	

（注）

1　共同学科等の認可の申請及び届出の場合，「計画の区分」，「新設学部等の目的」，「新設学部等の概要」，「教育課程」及び「教員組織の概要」の「新設分」の欄に記入せず，斜線を引くこと。

2　「教員組織の概要」の「既設分」については，共同学科等に係る数を除いたものとすること。

3　私立の大学又は高等専門学校の収容定員に係る学則の変更の届出を行おうとする場合は，「教育課程」，「教室等」，「専任教員研究室」，「図書・設備」，「図書館」及び「体育館」の欄に記入せず，斜線を引くこと。

4　大学等の廃止の認可の申請又は届出を行おうとする場合は，「教育課程」，「校地等」，「校舎」，「教室等」，「専任教員研究室」，「図書・設備」，「図書館」，「体育館」及び「経費の見積もり及び維持方法の概要」の欄に記入せず，斜線を引くこと。

5　「教育課程」の欄の「実験・実習」には，実技も含むこと。

6　空欄には，「－」又は「該当なし」と記入すること。

別記様式第2号（その1の2）

（用紙　日本工業規格Ａ４縦型）

基本計画書（共同学科等）

事項	記入欄		
計画の区分			
構成大学の設置者			
構成大学の名称			
構成大学の本部の位置			
共同学科等の名称			
共同学科等の目的			

共同学科等の概要	入学定員	編入学定員	収容定員		入学定員	編入学定員	収容定員		入学定員	編入学定員	収容定員		修業年限	入学定員（合計）	編入学定員（合計）	収容定員（合計）

事項	記入欄
学位	
開設時期及び開設年次	

教育課程（各構成大学が開設する授業科目数）	講義	演習	実験・演習	計	講義	演習	実験・演習	計	講義	演習	実験・演習	計	講義（合計）	演習（合計）	実験・演習（合計）	計
	科目	科目	科目	科目	科目	科目	科目	科目	科目	科目	科目	科目	科目	科目	科目	科目

教員組織の概要

	専任教員等						兼任教員等
	教授	准教授	講師	助教	計	助手	
構成大学1	人 ()	人 ()	人 ()	人 ()	人 ()	人 ()	人 ()
構成大学2	人 ()	人 ()	人 ()	人 ()	人 ()	人 ()	人 ()
構成大学3	人 ()	人 ()	人 ()	人 ()	人 ()	人 ()	人 ()
合計	人 ()	人 ()	人 ()	人 ()	人 ()	人 ()	人 ()

	研究指導教員等					その他の教員
	教授	准教授	講師	助教	計	
構成大学1	人 ()	人 ()	人 ()	人 ()	人 ()	人 ()
構成大学2	人 ()	人 ()	人 ()	人 ()	人 ()	人 ()
構成大学3	人 ()	人 ()	人 ()	人 ()	人 ()	人 ()
合計	人 ()	人 ()	人 ()	人 ()	人 ()	人 ()

教員以外の職員の概要

職種	専任	兼任	計	専任	兼任	計	専任	兼任	計
事務職員	人 ()	人 ()	人 ()	人 ()	人 ()	人 ()	人 ()	人 ()	人 ()
技術職員	人 ()	人 ()	人 ()	人 ()	人 ()	人 ()	人 ()	人 ()	人 ()
図書館専門職員	人 ()	人 ()	人 ()	人 ()	人 ()	人 ()	人 ()	人 ()	人 ()
その他の職員	人 ()	人 ()	人 ()	人 ()	人 ()	人 ()	人 ()	人 ()	人 ()
計	人 ()	人 ()	人 ()	人 ()	人 ()	人 ()	人 ()	人 ()	人 ()

区分		専用	共用	共用する他の学校等の専用	計	専用	共用	共用する他の学校等の専用	計	専用	共用	共用する他の学校等の専用	計	専用（合計）	共用（合計）	共用する他の学校等の専用（合計）	計
校地等	校舎敷地	㎡	㎡	㎡	㎡	㎡	㎡	㎡	㎡	㎡	㎡	㎡	㎡	㎡	㎡	㎡	㎡
	運動場用地	㎡	㎡	㎡	㎡	㎡	㎡	㎡	㎡	㎡	㎡	㎡	㎡	㎡	㎡	㎡	㎡
	小計	㎡	㎡	㎡	㎡	㎡	㎡	㎡	㎡	㎡	㎡	㎡	㎡	㎡	㎡	㎡	㎡
	その他	㎡	㎡	㎡	㎡	㎡	㎡	㎡	㎡	㎡	㎡	㎡	㎡	㎡	㎡	㎡	㎡
	合計	㎡	㎡	㎡	㎡	㎡	㎡	㎡	㎡	㎡	㎡	㎡	㎡	㎡	㎡	㎡	㎡
大学全体の収容定員（うち共同学科に係る収容定員を除いた数）					人 （ ）				人 （ ）				人 （ ）				

区分	講義室	演習室	実験実習室	講義室	演習室	実験実習室	講義室	演習室	実験実習室
教室等	室	室	室	室	室	室	室	室	室
	情報処理学習施設	語学学習施設		情報処理学習施設	語学学習施設		情報処理学習施設	語学学習施設	
	室 （補助職員　人）	室 （補助職員　人）		室 （補助職員　人）	室 （補助職員　人）		室 （補助職員　人）	室 （補助職員　人）	
専任教員研究室数			室			室			室

区分	図書〔うち外国書〕	学術雑誌〔うち外国書〕	電子ジャーナル〔うち外国書〕	視聴覚資料	機械器具	標本	図書〔うち外国書〕	学術雑誌〔うち外国書〕	電子ジャーナル〔うち外国書〕	視聴覚資料	機械器具	標本	図書〔うち外国書〕	学術雑誌〔うち外国書〕	電子ジャーナル〔うち外国書〕	視聴覚資料	機械器具	標本
図書・設備	冊	種					冊	種					冊	種				
	〔 〕	〔 〕	〔 〕				〔 〕	〔 〕	〔 〕				〔 〕	〔 〕	〔 〕			
	（ 〔 〕）	（ 〔 〕）	（ 〔 〕）	（ ）	（ ）	（ ）	（ 〔 〕）	（ 〔 〕）	（ 〔 〕）	（ ）	（ ）	（ ）	（ 〔 〕）	（ 〔 〕）	（ 〔 〕）	（ ）	（ ）	（ ）

区分	面積	閲覧座席数	収納可能冊数	面積	閲覧座席数	収納可能冊数	面積	閲覧座席数	収納可能冊数
図書館	㎡			㎡			㎡		

経費の見積り及び維持方法の概要														
経費の見積り	区分	開設前年度	第1年次	第2年次	第3年次	開設前年度	第1年次	第2年次	第3年次	開設前年度	第1年次	第2年次	第3年次
		第4年次	第5年次	第6年次		第4年次	第5年次	第6年次		第4年次	第5年次	第6年次	
	教員1人当り研究費等		千円	千円	千円		千円	千円	千円		千円	千円	千円
		千円	千円	千円		千円	千円	千円		千円	千円	千円	
	共同研究費等		千円	千円	千円		千円	千円	千円		千円	千円	千円
		千円	千円	千円		千円	千円	千円		千円	千円	千円	
	図書購入費	千円	千円	千円	千円	千円	千円	千円	千円	千円	千円	千円	千円
		千円	千円	千円		千円	千円	千円		千円	千円	千円	
	設備購入費	千円	千円	千円	千円	千円	千円	千円	千円	千円	千円	千円	千円
		千円	千円	千円		千円	千円	千円		千円	千円	千円	
学生1人当り納付金		第1年次	第2年次	第3年次	第4年次	第1年次	第2年次	第3年次	第4年次	第1年次	第2年次	第3年次	第4年次
		第5年次	第6年次			第5年次	第6年次			第5年次	第6年次		
		千円	千円	千円	千円	千円	千円	千円	千円	千円	千円	千円	千円
		千円	千円			千円	千円			千円	千円		
学生納付金以外の維持方法の概要													
備考													

既設学部等の状況	大学の名称							
	学部等の名称	修業年限	入学定員	編入学定員	収容定員	学位又は称号	開設年度	所在地
		年	人	年次 人	人			
校舎		専用	共用	共用する他の学校等の専用	計			
		㎡ （　㎡）	㎡ （　㎡）	㎡ （　㎡）	㎡ （　㎡）			

既設学部等の状況	大学の名称							
	学部等の名称	修業年限	入学定員	編入学定員	収容定員	学位又は称号	開設年度	所在地
		年	人	年次 人	人			
校舎		専用	共用	共用する他の学校等の専用	計			
		㎡ （　㎡）	㎡ （　㎡）	㎡ （　㎡）	㎡ （　㎡）			

既設学部等の状況	大学の名称							
	学部等の名称	修業年限	入学定員	編入学定員	収容定員	学位又は称号	開設年度	所在地
		年	人	年次 人	人			
校舎		専用	共用	共用する他の学校等の専用	計			
		㎡ （　㎡）	㎡ （　㎡）	㎡ （　㎡）	㎡ （　㎡）			

（注）
1　共同学科等を設置する場合、別記様式第２号（その１の１）に加え、この書類を作成すること。
2　私立の大学の収容定員に係る学則の変更の届出を行おうとする場合は，「教育課程」，「教室等」，「専任教員研究室」，「図書・設備」，「図書館」及び「体育館」の欄に記入せず，斜線を引くこと。
3　大学等の廃止の認可の申請を行おうとする場合は，「教育課程」，「校地等」，「校舎」，「教室等」，「専任教員研究室」，「図書・設備」，「図書館」，「体育館」及び「経費の見積もり及び維持方法の概要」の欄に記入せず，斜線を引くこと。
4　「教育課程」の欄の「実験・実習」には，実技も含むこと。
5　空欄には，「－」又は「該当なし」と記入すること。

3　高等教育

別記様式第２号（その２の１）

（用紙　日本工業規格Ａ４縦型）

教　育　課　程　等　の　概　要

（○○学部○○学科等）

科目区分		授業科目の名称	配当年次	単位数			授業形態			専任教員等の配置					備考
				必修	選択	自由	講義	演習	実験・実習	教授	准教授	講師	助教	助手	
○○科目															
		小計（　科目）	－					－							
△△科目															
		小計（　科目）	－					－							
□□科目	○○科目														
		小計（　科目）	－					－							
	△△科目														
		小計（　科目）	－					－							
合計（　　科目）			－					－							

学位又は称号		学位又は学科の分野	

卒業要件及び履修方法	授業期間等	
	１学年の学期区分	期
	１学期の授業期間	週
	１時限の授業時間	分

（注）

1　学部等，研究科等若しくは高等専門学校の学科の設置又は大学における通信教育の開設の届出を行おうとする場合には，授与する学位の種類及び分野又は学科の分野が同じ学部等，研究科等若しくは高等専門学校の学科（学位の種類及び分野の変更等に関する基準（平成十五年文部科学省告示第三十九号）別表第一備考又は別表第二備考に係るものを含む。）についても作成すること。

2　私立の大学若しくは高等専門学校の収容定員に係る学則の変更の認可を受けようとする場合若しくは届出を行おうとする場合，大学等の設置者の変更の認可を受けようとする場合又は大学等の廃止の認可を受けようとする場合若しくは届出を行おうとする場合は，この書類を作成する必要はない。

3　開設する授業科目に応じて，適宜科目区分の枠を設けること。

4　「授業形態」の欄の「実験・実習」には，実技も含むこと。

別記様式第２号（その２の２）

（用紙　日本工業規格Ａ４縦型）

教育課程等の概要（共同学科等）

（共同○○学部○○学科等）

科目区分		授業科目の名称	配当年次	開設大学	単位数			授業形態			専任教員等の配置					備考
					必修	選択	自由	講義	演習	実験・実習	教授	准教授	講師	助教	助手	
○○科目																
		小計（　科目）	—					—								
△△科目																
		小計（　科目）	—					—								
□□科目	○○科目															
		小計（　科目）	—					—								
	△△科目															
		小計（　科目）	—					—								
合計（　　科目）			—					—								

学位又は称号		学位又は学科の分野		
卒業要件及び履修方法	開設大学	開設単位数（必修）	授業期間等	
			１学年の学期区分	期
			１学期の授業期間	週
			１時限の授業時間	分

（注）

1　共同学科等を設置する場合は，別記様式第２号（その２の１）に代えて，この書類を作成すること。

2　共同学科等を設置する場合は，この書類に加え，別記様式第２号（その２の１）の例により，構成大学別のものを作成すること。

3　学部等，研究科等若しくは高等専門学校の学科の設置又は大学における通信教育の開設の届出を行おうとする場合には，授与する学位の種類及び分野又は学科の分野が同じ学部等，研究科等若しくは高等専門学校の学科（学位の種類及び分野の変更等に関する基準（平成十五年文部科学省告示第三十九号）別表第一備考又は別表第二備考に係るものを含む。）についても作成すること。

4　私立の大学若しくは高等専門学校の収容定員に係る学則の変更の認可を受けようとする場合若しくは届出を行おうとする場合，大学等の設置者の変更の認可を受けようとする場合又は大学等の廃止の認可を受けようとする場合若しくは届出を行おうとする場合は，この書類を作成する必要はない。

5　開設する授業科目に応じて，適宜科目区分の枠を設けること。

6　「授業形態」の欄の「実験・実習」には，実技も含むこと。

別記様式第２号（その３の１）

（用紙　日本工業規格Ａ４縦型）

授　業　科　目　の　概　要

（○○学部○○学科等）

科目区分		授業科目の名称	講義等の内容	備考

（注）

1　開設する授業科目の数に応じ，適宜枠の数を増やして記入すること。

2　私立の大学若しくは高等専門学校の収容定員に係る学則の変更の認可を受けようとする場合若しくは届出を行おうとする場合，大学等の設置者の変更の認可を受けようとする場合又は大学等の廃止の認可を受けようとする場合若しくは届出を行おうとする場合は，この書類を作成する必要はない。

別記様式第２号（その３の２）

（用紙　日本工業規格Ａ４縦型）

授業科目の概要（共同学科等）

（共同○○学部○○学科等）

科目区分		開設大学	授業科目の名称	講義等の内容	備考

（注）
1　共同学科等を設置する場合は，別記様式第２号（その３の１）に代えて，この書類を作成すること。
2　共同学科等を設置する場合は，この書類に加え，別記様式第２号（その３の１）の例により，構成大学別のものを作成すること。
3　開設する授業科目の数に応じ，適宜枠の数を増やして記入すること。
4　私立の大学若しくは高等専門学校の収容定員に係る学則の変更の認可を受けようとする場合若しくは届出を行おうとする場合，大学等の設置者の変更の認可を受けようとする場合又は大学等の廃止の認可を受けようとする場合若しくは届出を行おうとする場合は，この書類を作成する必要はない。

別記様式第３号（その１）

（用紙　日本工業規格Ａ４縦型）

教　員　名　簿

学長の氏名等						
調書番号	役職名	フリガナ 氏名 ＜就任（予定）年月＞	年齢	保有学位等	月額基本給（千円）	現職（就任年月）

（注）　高等専門学校にあっては校長について記入すること。

別記様式第３号（その２の１）

（用紙　日本工業規格Ａ４縦型）

教　員　の　氏　名　等

（○○学部○○学科等）

調書番号	専任等区分	職位	フリガナ 氏名 ＜就任（予定）年月＞	年齢	保有学位等	月額基本給（千円）	担当授業科目の名称	配当年次	担当単位数	年間開講数	現職（就任年月）	申請に係る大学等の職務に従事する週当たり平均日数

（注）

1　教員の数に応じ，適宜枠を増やして記入すること。

2　私立の大学若しくは高等専門学校の収容定員に係る学則の変更の認可を受けようとする場合若しくは届出を行おうとする場合又は大学等の設置者の変更の認可を受けようとする場合は，この書類を作成する必要はない。

3　「申請に係る学部等に従事する週当たりの平均日数」の欄は，専任教員のみ記載すること。

別記様式第３号（その２の２）

（用紙　日本工業規格Ａ４縦型）

教　員　の　氏　名　等

（共同○○学部○○学科等）

調書番号	専任等区分	所属大学	職位	フリガナ 氏名 ＜就任(予定)年月＞	年齢	保有学位等	月額基本給（千円）	担当授業科目の名称	配当年次	担当単位数	年間開講数	現職（就任年月）	申請に係る大学等の職務に従事する週当たり平均日数

（注）
1　共同学科等を設置する場合は，別記様式第３号（その２の１）に代えて，この書類を作成すること。
2　共同学科等を設置する場合は，この書類に加え，別記様式第３号（その２の１）の例により，構成大学別のものを作成すること。
3　教員の数に応じ，適宜枠を増やして記入すること。
4　私立の大学若しくは高等専門学校の収容定員に係る学則の変更の認可を受けようとする場合若しくは届出を行おうとする場合又は大学等の設置者の変更の認可を受けようとする場合は，この書類を作成する必要はない。
5　「申請に係る学部等に従事する週当たりの平均日数」の欄は，専任教員のみ記載すること。

別記様式第３号（その３）

（用紙　日本工業規格Ａ４縦型）

専任教員の年齢構成・学位保有状況

職位	学位	29歳以下	30～39歳	40～49歳	50～59歳	60～64歳	65～69歳	70歳以上	合計	備考
教授	博士	人	人	人	人	人	人	人	人	
	修士	人	人	人	人	人	人	人	人	
	学士	人	人	人	人	人	人	人	人	
	短期大学士	人	人	人	人	人	人	人	人	
	その他	人	人	人	人	人	人	人	人	
准教授	博士	人	人	人	人	人	人	人	人	
	修士	人	人	人	人	人	人	人	人	
	学士	人	人	人	人	人	人	人	人	
	短期大学士	人	人	人	人	人	人	人	人	
	その他	人	人	人	人	人	人	人	人	
講師	博士	人	人	人	人	人	人	人	人	
	修士	人	人	人	人	人	人	人	人	
	学士	人	人	人	人	人	人	人	人	
	短期大学士	人	人	人	人	人	人	人	人	
	その他	人	人	人	人	人	人	人	人	
助教	博士	人	人	人	人	人	人	人	人	
	修士	人	人	人	人	人	人	人	人	
	学士	人	人	人	人	人	人	人	人	
	短期大学士	人	人	人	人	人	人	人	人	
	その他	人	人	人	人	人	人	人	人	
合計	博士	人	人	人	人	人	人	人	人	
	修士	人	人	人	人	人	人	人	人	
	学士	人	人	人	人	人	人	人	人	
	短期大学士	人	人	人	人	人	人	人	人	
	その他	人	人	人	人	人	人	人	人	

（注）

1　この書類は，申請又は届出に係る学部等ごとに作成すること。
2　この書類は，専任教員についてのみ，作成すること。
3　この書類は，申請又は届出に係る学部等の開設後，当該学部等の修業年限に相当する期間が満了する年度（以下「完成年度」という。）における状況を記載すること。
4　専門職大学院の課程を修了した者に対し授与された学位については，「その他」の欄にその数を記載し，「備考」の欄に，具体的な学位名称を付記すること。

別記様式第４号（その１）

（用紙　日本工業規格Ａ４縦型）

教　員　個　人　調　書

履　歴　書					
フリガナ		性別		生年月日（年齢）	年　月　日（満　歳）
氏　名					
国　籍		現住所			
月額基本給	千円				

学　歴	
年　月	事　項
年　月	
年　月	
年　月	

職　歴	
年　月	事　項
年　月	
年　月	
年　月	

学会及び社会における活動等	
現在所属している学会	
年　月	事　項
年　月	
年　月	
年　月	

賞　罰	
年　月	事　項
年　月	
年　月	
年　月	

現在の職務の状況			
勤務先	職名	学部等又は所属部局の名称	勤務状況

開設後の職務の状況			
勤務先	職名	学部等又は所属部局の名称	勤務状況

上記のとおり相違ありません。

年　月　日

氏名　　　　　　印

（注）

1　この書類は，学長（高等専門学校にあっては校長）及び専任教員について作成すること。

2　医科大学又は医学若しくは歯学に関する学部若しくは学部の学科の設置の認可を受けようとする場合，附属病院の長についてもこの書類を作成すること。

3　「国籍」の欄は，当該学長等が外国籍である場合にのみ，その国名を記入すること。

4　「氏名」は，本人が自署すること。

5　印影は，印鑑登録をしている印章により押印すること。ただし，やむを得ない事由があるときは，省略することができる。この場合において，「氏名」は，旅券にした署名と同じ文字及び書体で自署すること。

6　押印した印章に係る印鑑登録証明書を添付すること。押印を省略した場合には，旅券の写しを添付すること。

別記様式第４号（その２）

（用紙　日本工業規格Ａ４縦型）

教育研究業績書

年　月　日

氏名　　　　　印

研究分野	研究内容のキーワード

教育上の能力に関する事項		
事項	年月日	概要
1　教育方法の実践例		
2　作成した教科書，教材		
3　教育上の能力に関する大学等の評価		
4　実務の経験を有する者についての特記事項		
5　その他		

職務上の実績に関する事項		
事項	年月日	概要
1　資格，免許		
2　特許等		
3　実務の経験を有する者についての特記事項		
4　その他		

研究業績等に関する事項				
著書，学術論文等の名称	単著・共著の別	発行又は発表の年月	発行所，発表雑誌等又は発表学会等の名称	概要
（著書） 1 2 3 :				
（学術論文） 1 2 3 :				
（その他） 1 2 3 :				

（注）

1　この書類は，学長（高等専門学校にあっては校長）及び専任教員について作成すること。

2　医科大学又は医学若しくは歯学に関する学部若しくは学部の学科の設置の認可を受けようとする場合，附属病院の長についてもこの書類を作成すること。

3　「研究業績等に関する事項」には，書類の作成時において未発表のものを記入しないこと。

4　「氏名」は，本人が自署すること。

5　印影は，印鑑登録をしている印章により押印すること。ただし，やむを得ない事由があるときは，省略することができる。この場合において，「氏名」は，旅券にした署名と同じ文字及び書体で自署すること。

別記様式第５号

（用紙　日本工業規格Ａ４縦型）

教　員　就　任　承　諾　書

年　　月　　日

（申　請　者　名）　殿

氏名　　　　　　　　　　　印

私は，○○大学の設置の認可の上は，○○学部○○学科の専任の教員として，○○年○○月○○日から就任し，下記の科目を担当することを承諾します。

記

・

・

・

・

・

（注）

1　この書類は，学長（高等専門学校にあっては校長）及び教員について作成すること。

2　医科大学又は医学若しくは歯学に関する学部若しくは学部の学科の設置の認可を受けようとする場合，附属病院の長についてもこの書類を作成すること。

3　「○○大学の設置」及び「○○学部○○学科」の部分については，認可の申請の内容に応じ，適切に表記を変更すること。

4　「○○学部○○学科の専任の教員」及び「就任し，下記の科目を担当する」の部分については，役職，授業科目の担当の有無等に応じ，適切に表記を変更すること。

5　「氏名」は，本人が自署すること。

6　印影は，印鑑登録をしている印章により押印すること。ただし，やむを得ない事由があるときは，省略することができる。この場合において，「氏名」は，旅券にした署名と同じ文字及び書体で自署すること。

7　専任教員として就任する者については，押印した印章に係る印鑑登録証明書を添付すること。押印を省略した場合には，旅券の写しを添付すること。ただし，別記様式第４号に添付したときはこの限りでない。

別記様式第６号

（用紙　日本工業規格Ａ４縦型）

附属病院所在地域の概況説明書

<table>
<tr><th>事項</th><th colspan="8">記　　入　　欄</th><th>備考</th></tr>
<tr><td rowspan="6">人口及びその動態</td><td rowspan="2">区　域</td><td rowspan="2">左の区域に含まれる市区町村名</td><td rowspan="2">人　口</td><td colspan="3">過去３年間における人口増減数</td><td rowspan="2" colspan="2">今後５年間における人口増減の見込み</td><td rowspan="6"></td></tr>
<tr><td>年</td><td>年</td><td>年</td></tr>
<tr><td></td><td></td><td>千人</td><td>千人</td><td>千人</td><td>千人</td><td colspan="2"></td></tr>
<tr><td>所在地からほぼ10km圏内にある市区町村の区域</td><td></td><td></td><td></td><td></td><td></td><td colspan="2"></td></tr>
<tr><td>所在地からほぼ20km圏内にある市区町村の区域</td><td></td><td></td><td></td><td></td><td></td><td colspan="2"></td></tr>
<tr><td>同一都道府県内</td><td></td><td></td><td></td><td></td><td></td><td colspan="2"></td></tr>
<tr><td rowspan="6">医療機関の配置状況</td><td rowspan="2">区　域</td><td rowspan="2">医療機関数</td><td rowspan="2">保有病床数</td><td rowspan="2">医師数</td><td rowspan="2">医師一人当り人口</td><td colspan="3">推定患者数（年間延べ）</td><td rowspan="6"></td></tr>
<tr><td colspan="2">入院患者数</td><td>外来患者数</td></tr>
<tr><td></td><td></td><td>床</td><td>人</td><td>人</td><td colspan="2">人</td><td>人</td></tr>
<tr><td>所在地からほぼ10km圏内にある市区町村の区域</td><td></td><td></td><td></td><td></td><td colspan="2"></td><td></td></tr>
<tr><td>所在地からほぼ20km圏内にある市区町村の区域</td><td></td><td></td><td></td><td></td><td colspan="2"></td><td></td></tr>
<tr><td>同一都道府県内</td><td></td><td></td><td></td><td></td><td colspan="2"></td><td></td></tr>
<tr><td>附属病院の患者確保の見通し</td><td colspan="8"></td><td></td></tr>
<tr><td>附属病院と地域社会との連携関係</td><td colspan="8"></td><td></td></tr>
</table>

（注）

1　「人口及びその動態」及び「医療機関の配置状況」の欄に記入する数値について，その基礎となった調査統計等の名称及び調査時点を「備考」の欄に記入すること。

2　「所在地からほぼ10（20）km圏内にある市区町村の区域」とは，当該附属病院の所在する市区町村（政令指定都市の区を含む。）又は当該附属病院の所在地から直線距離で10（20）km以内に市区役所，町村役場が所在する市区町村の区域をいう。

別記様式第７号

（用紙　日本工業規格Ａ４縦型）

附属病院の医師，歯科医師，看護師等の配置計画書

職名＼区分	専任					兼任					計					備考
	開設時	第一年次	第二年次	第三年次	計	開設時	第一年次	第二年次	第三年次	計	開設時	第一年次	第二年次	第三年次	計	
医師	人	人	人	人	人	人	人	人	人	人	人	人	人	人	人	
歯科医師																
薬剤師																
看護師																
准看護師																
看護助手																
診療放射線技師																
診療エックス線技師																
臨床検査技師																
衛生検査技師																
栄養士																
歯科衛生士																
歯科技工士																
理学療法士																
作業療法士																
臨床工学技士																
その他の技術職員																
事務員																
その他の職員																
計																
これらの職員の確保のための計画																

（注）

1　医師及び歯科医師については，当該大学の教員である医師及び歯科医師の数をそれぞれ括弧書き（内数）で記入すること。

2　「その他の技術職員」とは，あん摩マッサージ指圧師，はり師，きゅう師等医療従事者をいう。

3　「これらの職員の確保のための計画」の欄には，医師，歯科医師，薬剤師，看護師，准看護師，診療放射線技師，診療エックス線技師，臨床検査技師，衛生検査技師，歯科衛生士及び歯科技工士の確保のための計画の概要について記入すること。

別記様式第８号

（用紙　日本工業規格Ａ４縦型）

通信教育実施方法説明書

（○○学部○○学科等）

通信教育を開設する学部等の計画						備考
主たる授業の方法		印刷教材	放送	メディア利用	面接	
開設する授業科目の合計単位数						
うち卒業又は修了に必要な単位数						
通信教育に係る教員組織等の概要	職種		通信教育の課程を専ら担当	通学の課程を併せて担当	計	
	専任教員		人 ()	人 ()	人 ()	
	兼任教員		()	()	()	
	指導補助者		()	()	()	
	計		()	()	()	
指導補助者の名称，役割，採用条件及び研修の方法						
事務職員等の概要	職種		専任	兼任	計	
	事務職員		人 ()	人 ()	人 ()	
	技術職員		()	()	()	
	図書館専門職員		()	()	()	
	その他の職員		()	()	()	
	計		()	()	()	

通信教育の実施方法			
印刷教材授業の実施計画	利用する教材の特色		
	学修過程の管理方法		
	試験の実施方法等		
放送授業の実施計画	利用する技術の特色		
	学修過程の管理方法		
	試験の実施方法等		
メディア利用授業の実施計画	利用する技術の特色		
	同時双方向性の確保		
	学修過程の管理方法		
	試験の実施方法等		

面接授業の実施計画

実施期間	実施施設の名称及び所在地	授業科目の名称

実施施設の名称	室の区分	室数	総面積	収容人員
			㎡	人

別表

認可の申請又は届出の区分		大学又は高等専門学校の設置（第2条）			学部等の設置（第3条） 大学の大学院の設置、研究科等の設置又は大学の大学院の研究科の専攻に係る過程の変更（第4条） 高等専門学校の学科の設置（第5条）					大学における通信教育の開設（第6条）					私立の大学又は高等専門学校の収容定員に係る学則の変更（第7条）				大学等の設置者の変更（第8条）	大学等の廃止（第9条）	
		認可を受けようとする場合			認可を受けようとする場合			届出を行おうとする場合		認可を受けようとする場合			届出を行おうとする場合		認可を受けようとする場合		届出を行おうとする場合		認可を受けようとする場合	認可を受けようとする場合	届出を行おうとする場合
提出期限		開設年度の前々年度の3月1日から同月31日まで			開設年度の前年度の5月1日から同月31日まで			開設年度の前年度の12月31日まで		開設年度の前年度の5月1日から同月31日まで			開設年度の前年度の12月31日まで		開設年度の前々年度の3月1日から同月31日まで又は前年度の6月1日から同月30日まで		開設年度の前年度の12月31日まで				
提出すべき書類（別記様式）		正本	抜刷	個人調書	正本	抜刷	個人調書	正本	抜刷	正本	抜刷	個人調書	正本	抜刷	正本	抜刷	正本	抜刷	正本	正本	正本
認可申請書	（様式第1号の1）	○			○					○					○				○	○	
届出書	（様式第1号の2）							○					○				○				○
基本計画書	（様式第2号（その1の1））	○	○	○	○	○	○	○	○	○	○	○	○	○	○	○	○	○	○	○	○
	（様式第2号（その1の2））	※1	※1	※1	※1	※1	※1	※1	※1	※1	※1	※1	※1	※1	※1	※1	※1	※1	※1	※1	※1
	（様式第2号（その2の1））	○	○	○	○	○	○	○	○	○	○	○	○	○							
	（様式第2号（その2の2））	※1	※1	※1	※1	※1	※1	※1	※1	※1	※1	※1	※1	※1							
	（様式第2号（その3の1））	○	○		○	○		○	○	○	○		○	○							
	（様式第2号（その3の2））	※1	※1		※1	※1		※1	※1	※1	※1		※1	※1							
校地校舎等の図面		○	○		○	○		○	○	○	○		○	○	○		○		○		
学則		○	○																		
学則（変更事項を記載した書類及び新旧の比較対照表を含む）					○			○		○			○		○		○		○		○
意思の決定を証する書類		○			○			○		○			○		○		○		○	○	○
大学の設置の趣旨等を記載した書類		○	○																		
大学の設置の趣旨等を記載した書類					○	○		○	○												
大学における通信教育の開設の趣旨等を記載した書類										○	○		○	○							
変更の事由及び時期を記載した書類																			○		
学則の変更の趣旨等を記載した書類															○	○	○	○			
廃止の事由及び時期並びに学生の処置方法を記載した書類																				○	○
教員名簿	（様式第3号その1）	○	○	○	○	○	○	○	○	○	○	○	○	○	○	○	○	○	○		
	（様式第3号（その2の1））	○	○	○	○	○	○	○	○	○	○	○	○	○							
	（様式第3号（その2の2））	※1	※1	※1	※1	※1	※1	※1	※1	※1	※1	※1	※1	※1							
	（様式第3号（その3））	○	○	○	○	○	○	○	○	○	○	○	○	○							
教員個人調書	（様式第4号）	○	△	○	○	△	○			○	△	○									
教員就任承諾書	（様式第5号）	○	△	○	○	△	○			○	△	○									
附属病院所在地域の概況説明書	（様式第6号）	※2	※2		※2	※2															
附属病院の医師、歯科医師、看護師等の配置計画書	（様式第7号）	※2	※2		※2	※2															
関連教育病院の概要等を記載した書類		※2	※2		※2	※2															
薬学実務実習施設概要書類		※3	※3		※3	※3		※3	※3												
通信教育実施方法説明書	（様式第8号）	※4	※4		※4	※4		※4	※4	○	○		○	○	※5	※5	※5	※5			
通信教育に係る規定		※4	※4		※4	※4		※4	※4	○	○		○	○	※5	※5	※5	※5			
提出部数		1	35	15	1	35	15	1	3	1	35	15	1	3	1	1	1	1	1	1	1

注）
1　※1は、共同学科等を設置する場合又は申請若しくは届出に係る大学等が共同学科等を設置している場合に添付すること。
2　※2は、医学若しくは歯学に関する学部又は学部の学科を設置する場合に添付すること。
3　※3は、臨床薬学に関する学部又は学部の学科を設置する場合に添付すること。
4　※4は、併せて通信教育を開設する場合に添付すること。
5　※5は、私立の大学の通信教育に係る収容定員に係る学則を変更する場合に添付すること。
6　△は、学長の個人調書のみ添付すること。

大学、大学院、短期大学及び高等専門学校の設置等に係る認可の基準

平成十五年三月三十一日文部科学省告示第四十五号
最終改正　平成二二年一一月一一日文部科学省告示一七二号

大学、大学院、短期大学及び高等専門学校の設置等に係る認可の基準

第一条　文部科学大臣は、大学、短期大学及び高等専門学校（以下この条及び附則第二項において「大学等」という。）並びに大学院に関する学校教育法（昭和二十二年法律第二十六号。以下「法」という。）第四条第一項の認可（設置者の変更及び廃止に係るものを除く。次条第一号を除き、以下同じ。）の申請の審査に関しては、法、大学設置基準（昭和三十一年文部省令第二十八号）、高等専門学校設置基準（昭和三十六年文部省令第二十三号）、大学院設置基準（昭和四十九年文部省令第二十八号）、短期大学設置基準（昭和五十年文部省令第二十一号）、大学通信教育設置基準（昭和五十六年文部省令第三十三号）、短期大学通信教育設置基準（昭和五十七年文部省令第三号）、専門職大学院設置基準（平成十五年文部科学省令第十六号）その他の法令に適合すること及び次に掲げる要件を満たすことを審査の基準とする。

一　大学等及び大学院に関する法第四条第一項の認可の申請を行った者（以下「認可申請者」という。）が設置する大学等における開設前年度から過去四年間（修業年限が六年の学部にあっては過去六年間、短期大学において修業年限が二年の学科にあっては過去二年間、修業年限が三年の学科にあっては過去三年間、高等専門学校にあっては過去五年間）の入学定員に対する入学者の割合の平均（以下「平均入学定員超過率」という。）が一定値未満（大学にあっては学部単位（学部の学科ごとに修業年限が異なる場合には学科単位）で一・三倍未満、短期大学及び高等専門学校にあっては学科単位（学科の専攻課程ごとに修業年限が異なる場合には専攻課程単位）で一・三倍未満）であること。

二　歯科医師、獣医師及び船舶職員の養成に係る大学等の設置若しくは収容定員増又は医師の養成に係る大学等の設置でないこと。

第二条　文部科学大臣は、大学、大学院、短期大学及び高等専門学校（以下この条において「大学等」という。）に関する法第四条第一項の認可の申請を審査する場合において、認可申請者が次の各号のいずれかに該当するときは、当該認可をしないものとする。

一　大学等に関する法第四条第一項の認可の申請又は同条第二項の届出において、偽りその他不正の行為があった者であって、当該行為が判明した日から起算して五年以内で相当と認める期間を経過していない者

二　認可申請者が設置する大学等について、法第四条第三項に規定する命令、法第十五条第一項に規定する勧告又は同条第二項及び第三項に規定する命令（以下この号において「命令等」という。）を受けたにもかかわらず、当該命令等に係る事項の改善が認められない者

三　大学の設置等の認可の申請及び届出に係る手続等に関する規則（平成十八年文部科学省令第十二号）第十三条に規定する設置計画の履行の状況が著しく不適当と認められる大学等を設置する者

第三条　文部科学大臣は、法第四条第一項の認可の申請のうち医師の養成に係る収容定員増に係る学則の変更の認可の申請については、平成二十二年度以降に期間（平成三十六年度までの間の年度間に限る。）を付して医学に関する学部の学科（この条において「医学部」という。）に係る収容定員増を行おうとする大学が、平成二十一年度の当該大学の医学部に係る入学定員及び編入学定員（この項及び第二項において「入学定員等」という。）に次の各号に掲げる増加を行おうとすることにより算出される収容定員増を行おうとするものである場合に限り認可を行うことができる。

一　地域医療再生臨時特例交付金の申請に関して都道府県が策定する地域医療の再生に関する計画に当該大学の医学部に係る入学定員等の増加として記載された人数の増加

二　当該大学の医学部において、他の大学と協力して教育研究を行い、基礎医学及び社会医学に関する優れた研究者の養成を重点的に担おうとする場合の当該医学部における三人以内の増加

三　歯学に関する学部の学科に係る入学定員等の減少に係る学則の変更の認可の申請を行おうとする当該大学の医学部における当該減少の人数以内の増加

2　文部科学大臣は、前項の学則の変更の認可の申請を審査する場合において、当該学則を変更する年度における全国の大学の医学部に係る入学定員等の合計数の見込みが八千八百五十五人を超えない範囲で認可を行うものとする。

3　第一項の認可の申請の審査については、前二条に掲げる基準のほか、当該大学に係る地域における社会的な医師の養成に係る需要に照らした大学の医学部に係る収容定員の状況に照らして行うものとする。

附　則

1　この告示は、平成十五年四月一日から施行する。

2　大学等及び大学院の設置又は収容定員増の認可の申請のうち、平成十六年度から平成十九年度までの間に開設しようとするものに対する審査についての平均入学定員超過率に係る要件については、平成十九年度までの間、第一条第一号の規定にかかわらず、次の表の上欄に掲げる開設年度の区分に応じ、それぞれ同表の下欄に定めるところによるものとする。

開設年度	平均入学定員超過率に係る要件				
	大学		短期大学		高等専門学校
	入学定員が二〇〇人以上又は医歯系の学部	入学定員が二〇〇人未満の学部	入学定員が一〇〇人以上の学科	入学定員が一〇〇人未満の学科	学科
平成十六年度	平均入学定員超過率が一・五〇倍未満であること。	平均入学定員超過率が一・七五倍未満であり、かつ、開設前年度から過去四年間（修業年限が六年の学部にあっては過去六年間）の学部全体の入学者数の平均が三〇〇人未満であること。	平均入学定員超過率が一・五〇倍未満であること。	平均入学定員超過率が一・七五倍未満であり、かつ、開設前年度から過去二年間（修業年限が三年の学科にあっては過去三年間）の学科全体の入学者数の平均が一五〇人未満であること。	平均入学定員超過率が一・五〇倍未満であること。
平成十七年度	平均入学定員超過率が一・四五倍未満であること。	平均入学定員超過率が一・六四倍未満であり、かつ、開設前年度から過去四年間（修業年限が六年の学部にあっては過去六年間）の学部全体の入学者数の平均が二九〇人未満であること。	平均入学定員超過率が一・四五倍未満であること。	平均入学定員超過率が一・六四倍未満であり、かつ、開設前年度から過去二年間（修業年限が三年の学科にあっては過去三年間）の学科全体の入学者数の平均が一四五人未満であること。	平均入学定員超過率が一・四五倍未満であること。
平成十八年度	平均入学定員超過率が一・四〇倍未満であること。	平均入学定員超過率が一・五三倍未満であり、かつ、開設前年度から過去四年間（修業年限が六年の学部にあっては過去六年間）の学部全体の入学者数の平均が二八〇人未満であること。	平均入学定員超過率が一・四〇倍未満であること。	平均入学定員超過率が一・五三倍未満であり、かつ、開設前年度から過去二年間（修業年限が三年の学科にあっては過去三年間）の学科全体の入学者数の平均が一四〇人未満であること。	平均入学定員超過率が一・四〇倍未満であること。
平成十九年度	平均入学定員超過率が一・三五倍未満であること。	平均入学定員超過率が一・四二倍未満であり、かつ、開設前年度から過去四年間（修業年限が六年の学部にあっては過去六年間）の学部全体の入学者数の平均が二七〇人未満であること。	平均入学定員超過率が一・三五倍未満であること。	平均入学定員超過率が一・四二倍未満であり、かつ、開設前年度から過去二年間（修業年限が三年の学科にあっては過去三年間）の学科全体の入学者数の平均が一三五人未満であること。	平均入学定員超過率が一・三五倍未満であること。

附　則（平成二一年一一月一一日文部科学省令第一七二号）

この告示は、公布の日から施行する。

（四）入学資格・入学者選抜

高等学校卒業程度認定試験規則

平成十七年一月三十一日文部科学省令第一号
最終改正　平成一九年一二月二五日文部科学省令第四〇号

学校教育法（昭和二十二年法律第二十六号）第五十六条第一項の規定に基づき、高等学校卒業程度認定試験規則を次のように定める。

（趣旨）
第一条　学校教育法第九十条第一項の規定に基づき、高等学校を卒業した者と同等以上の学力があるかどうかの認定のための試験（以下「高等学校卒業程度認定試験」という。）を行う場合は、この省令の定めるところによる。

（試験の施行）
第二条　高等学校卒業程度認定試験は、毎年少なくとも一回、文部科学大臣が行う。
2　試験の施行期日、場所及び出願の期限は、あらかじめ、官報で告示する。

（受験資格）
第三条　高等学校卒業程度認定試験を受けることができる者は、受験しようとする試験の日の属する年度の終わりまでに満十六歳以上になる者とする。

（試験科目、方法及び程度）
第四条　試験科目は、別表の第一欄に定めるとおりとする。
2　高等学校卒業程度認定試験は、各試験科目について、筆記の方法により、高等学校（中等教育学校の後期課程を含む。第五条第三項を除き、以下同じ。）において別表の第二欄に定める科目を履修した程度において行う。

（試験の免除）
第五条　高等学校（特別支援学校（学校教育法等の一部を改正する法律（平成十八年法律第八十号）第一条の規定による改正前の学校教育法第一条に規定する盲学校、聾（ろう）学校及び養護学校を含む。）の高等部を含む。別表において同じ。）において、各試験科目に相当する別表の第二欄に定める科目を修得した者に対しては、その願い出により、当該試験科目についての試験を免除する。
2　高等専門学校において、各試験科目に相当する授業科目を、別表の第二欄に定める高等学校の科目を修得したと同程度において修得したと認められた者に対しては、その願い出により、当該試験科目についての試験を免除する。
3　第一項の規定は、海外に在留する邦人の子女のための在外教育施設で、文部科学大臣が高等学校の課程と同等の課程を有するものとして認定したものの当該課程において各試験科目に相当する科目を修得した者について準用する。
4　専修学校の高等課程で文部科学大臣が別に定めるものにおいて、各試験科目に相当する授業科目を別表の第二欄に定める高等学校の科目を修得したと同程度において修得したと認められた者に対しては、その願い出により、当該試験科目についての試験を免除する。
5　知識及び技能に関する審査で、当該審査の合格に係る学修が各試験科目に相当する別表の第二欄に定める高等学校の科目を修得したと同程度と認められるものとして文部科学大臣が別に定めるものに合格した者に対しては、その願い出により、当該試験科目についての試験を免除する。
6　前各項の規定による試験の免除は、試験科目の全部について行うことはできない。

（受験方法）
第六条　高等学校卒業程度認定試験は、二回以上にわたり、それぞれ一以上の試験科目について受けることができる。

（受験手続）
第七条　高等学校卒業程度認定試験を受けようとする者は、受験願書に次の各号に掲げる書類を添えて、文部科学大臣に願い出なければならない。
一　履歴書一通
二　戸籍抄本又は住民票の写し（日本の国籍を有しない者については、外国人登録法（昭和二十七年法律第百二十五号）の規定による登録原票の写し又は登録原票記載事項証明書）一通（いずれも出願前六月以内に交付を受けたもの）
三　写真二枚（出願前六月以内に撮影した無帽かつ正面上半身のもの）
四　試験の免除を願い出る者については、その免除を受ける資格を証明する書類
2　前項第二号に掲げる書類は、やむを得ない事由があると文部科学大臣が特に認めた場合においては、他の証明書をもって代えることができる。
3　一以上の試験科目について合格点を得た者は、第一項第二号及び前項に掲げる書類の提出を要しない。ただし、一以上の試験科目について合格点を得た後、氏名又は本籍（日本の国籍を有しない者については、その国籍。以下同じ。）に変更があった者は、戸籍抄本（日本の国籍を有しない者については、外国人登録法の規定による登録原票の写し（出願前六ケ月以内に交付を受けたものに限る。）又は登録原票記載事項証明書（氏名又は国籍の変更を確認できるものであり、かつ出願前六ケ月以内に交付を受けたものに限る。））一通を添えるものとする。

（合格）
第八条　試験科目の全部（試験の免除を受けた試験科目を除く。）について合格点を得た者を高等学校卒業程度認定試験の合格者（以下「認定試験合格者」という。）とする。ただし、その者が十八歳に達していないときは、その者は、十八歳に達した日の翌日から認定試験合格者となるものとする。
2　認定試験合格者のほか、一以上の試験科目について合格点を得た者を高等学校卒業程度認定試験の科目合

格者（以下「認定試験科目合格者」という。）とする。

3　認定試験科目合格者に対しては、その願い出により、当該試験科目についての試験を免除する。

（合格証書の授与等）

第九条　認定試験合格者（十八歳に達していない者を含む。第十二条第三項において同じ。）に対しては、合格証書を授与する。

2　合格証書を有する者がその氏名若しくは本籍を変更し、又は合格証書を破損し、若しくは紛失した場合において、その事由を付して願い出たときは、合格証書を書き換え又は再交付する。

（証明書の交付）

第十条　認定試験合格者がその合格の証明を願い出たときは、合格証明書を交付する。

2　認定試験合格者がその成績の証明を願い出たときは、合格成績証明書を交付する。

3　認定試験科目合格者がその科目合格の証明を願い出たときは、科目合格証明書を交付する。

4　認定試験科目合格者がその成績の証明を願い出たときは、科目合格成績証明書を交付する。

5　学校教育法施行規則（昭和二十二年文部省令第十一号）第百五十四条第六号に規定する者がその試験科目の全部について合格点を得た旨の証明を願い出たときは、特別合格証明書を交付する。

6　前項に規定する者がその成績の証明を願い出たときは、特別合格成績証明書を交付する。

（手数料）

第十一条　次の表の上欄に掲げる者は、それぞれ同表の下欄に掲げる額の手数料を納付しなければならない。

（表　略）

2　前項の規定により納付すべき手数料は、願書に収入印紙をはって納付しなければならない。ただし、行政手続等における情報通信の技術の利用に関する法律（平成十四年法律第百五十一号）第三条第一項の規定により同項に規定する電子情報処理組織を使用して願い出を行う場合は、当該願い出により得られた納付情報により、現金をもってするものとする。

3　第一項の規定により納付された手数料は、これを返還しない。

（不正の行為を行った者等に対する処分）

第十二条　文部科学大臣は、高等学校卒業程度認定試験に関して不正の行為があった場合には、その不正行為に関係のある者に対しては、その受験を停止させ、又はその試験を無効とすることができる。

2　文部科学大臣は、前項の規定による処分を受けた者に対し、期間を定めて高等学校卒業程度認定試験を受けることができないものとすることができる。

3　第一項の規定による処分を受けた認定試験合格者及び認定試験科目合格者は、直ちに合格証書その他当該合格を証明する書類を返納しなければならない。

4　第一項の規定による処分をしたときは、処分を受けた者の氏名、本籍及び現住所を官報に公告する。

附　則　抄

（施行期日）

第一条　この省令は、平成十七年四月一日から施行する。ただし、第二条の規定は、公布の日から施行する。

2　第五条第一項（同条第三項において準用する場合を含む。）の規定は、平成十五年四月一日以後に高等学校に入学した生徒（学校教育法施行規則第六十条の規定により入学した生徒で同日前に入学した生徒に係る教育課程により履修するものを除く。）に係る教育課程の科目を修得した者に適用する。

（大学入学資格検定規程の廃止）

第二条　大学入学資格検定規程（昭和二十六年文部省令第十三号）は、廃止する。

（経過措置）

第三条　第七条第三項、第九条第二項及び第十条から第十二条までの規定は、前条の規定による廃止前の大学入学資格検定規程（以下「旧規程」という。）による大学入学資格検定（以下「旧検定」という。）を受検した者についても適用する。この場合において、第七条第三項中「試験科目」とあるのは「附則第七条の表の上欄に掲げる科目」と、第十条第一項中「認定試験合格者」とあるのは「附則第二条の規定による廃止前の大学入学資格検定規程（昭和二十六年文部省令第十三号。以下「旧規程」という。）第八条第一項に規定する資格検定合格者（以下「資格検定合格者」という。）」と、同条第二項中「認定試験合格者」とあるのは「資格検定合格者」と、同条第三項中「認定試験科目合格者」とあるのは「旧規程第八条第二項に規定する資格検定科目合格者（以下「資格検定科目合格者」という。）」と、同条第四項中「認定試験科目合格者」とあるのは「資格検定科目合格者」と、同条第五項中「試験科目」とあるのは「受検科目」と、第十二条第一項中「高等学校卒業程度認定試験」とあるのは「旧規程による大学入学資格検定」と、「受験」とあるのは「受検」と、「その試験」とあるのは「その資格検定」と、同条第三項中「認定試験合格者及び認定試験科目合格者」とあるのは「資格検定合格者及び資格検定科目合格者」と読み替えるものとする。

第四条　次の表の上欄の各号に掲げる者に対しては、その願い出により、それぞれ同表の下欄に掲げる試験科目以外の試験科目についての試験を免除する。（表略）

第五条　高等学校（学校教育法等の一部を改正する法律第一条による改正前の学校教育法第一条に規定する盲学校、聾（ろう）学校及び養護学校を含む。以下この項において同じ。）において次の表の上欄に掲げる試験科目に相当する科目を修得した者（平成十五年四月一日前に高等学校に入学した生徒に係る教育課程の科目を修得した者に限る。）に対しては、その願い出により、それぞれ同表の下欄に掲げる試験科目についての試験を免除する。（表　略）

2　前項の免除に関し必要な事項は、文部科学大臣が別に定める。

3　第一項の規定による試験の免除は、試験科目の全部について行うことはできない。

4　前三項の規定は、第五条第三項に規定する課程において試験科目に相当する科目を修得した者について準用する。

第六条　旧専門学校入学者検定規程による試験検定、旧実業学校卒業程度検定規程による検定又は旧高等試験令第七条の規定により文部大臣が中学校卒業程度において行う試験において次の表の上欄に掲げる教科及び科目又は科目について合格点を得た者（これらの試験検定、検定又は試験に合格した者を除く。）に対しては、その願い出により、それぞれ同表の下欄に掲げる試験科目についての試験を免除する。（表　略）

第七条　旧検定において次の表の上欄に掲げる科目について合格点を得た者（当該旧検定に合格した者を除く。）に対しては、その願い出により、それぞれ同表の下欄に掲げる試験科目についての試験を免除する。

（表　略）

附　則（平成一九年一二月二五日文部科学省令第四〇号）　抄

この省令は、学校教育法等の一部を改正する法律の施行の日（平成十九年十二月二十六日）から施行する。

別表　（第四条及び第五条関係）　略

学校教育法施行規則第百五十条第四号に規定する大学入学に関し高等学校を卒業した者と同等以上の学力があると認められる者を指定する件

昭和二十三年五月三十一日文部省告示第四十七号
最終改正　平成二一年六月二三日文部科学省告示第九〇号

学校教育法施行規則第百五十条第四号の規定により、大学入学に関し、高等学校を卒業した者と同等以上の学力があると認められる者を、次のように指定する。

一　従前の規定による高等学校高等科又は大学予科の第一学年を修了した者

二　専門学校本科又は中等学校卒業程度を入学資格とする専門学校予科の第一学年を修了した者

三　高等師範学校、女子高等師範学校、実業教員養成所又は臨時教員養成所の第一学年を修了した者

四　師範学校本科（昭和十八年勅令第百九号施行以前のものを除く。）又は青年師範学校の第一学年を修了した者及び師範学校予科において四年の課程を修了した者

五　昭和十八年勅令第百九号施行以前の師範学校の本科第一部第四学年又は本科第二部第一学年を修了した者並びに青年学校教員養成所の第一学年を修了した者

六　修業年限五年の高等女学校卒業程度を入学資格とする高等女学校の専攻科又は高等科の第一学年を修了した者又は修業年限四年の高等女学校卒業程度を入学資格とする高等女学校の専攻科又は高等科の第二学年を修了した者

七　国民学校初等科修了程度を入学資格とする修業年限五年の実業学校卒業程度を入学資格とする実業学校専攻科の第一学年を修了した者又は国民学校初等科修了程度を入学資格とする修業年限四年の実業学校卒業程度を入学資格とする実業学校専攻科の第二学年を修了した者

八　大正七年文部省令第三号第二条第二号により指定した学校の第一学年を修了した者（昭和三十年三月三十一日までに修了した者に限る。）

九　従前の規定による大学において高等学校高等科又は専門学校本科と同等以上の学校として入学資格を認められた学校の第一学年を修了した者

十　朝鮮教育令、台湾教育令、在関東州及満州国帝国臣民教育令又は在外指定学校規則による学校において前各号の一に該当する者

十一　高等学校高等科学力検定試験又は専門学校卒業程度検定試験に合格した者

十二　教育職員免許法（昭和二十四年法律第百四十七号）による小学校、中学校若しくは高等学校の教諭の普通免許状を有する者又は教育職員免許法施行法（昭和二十四年法律第百四十八号）によりこれらの免許状を有するものとみなされた者（旧教員免許令（明治三十三年勅令第百三十四号）に基く旧実業学校教員検定に関する規程（大正十一年文部省令第四号）による実習科目に関する限りの実業学校教員免許状を有する者を除く。）

十三　専門学校の別科第一学年を修了した者、但し、中等学校（旧中等学校令第十九条の規定によるものを除く。）卒業程度を入学資格とする者に限る。

十四　東京盲学校師範部甲種音楽科第一部第一学年、同鍼按科第一学年を修了した者及び同校師範部普通科乙種を卒業した者、又は東京聾唖学校師範部技芸科第一部第一学年を修了した者及び同校師範部普通科乙種を卒業した者

十五　各都道府県において行う新制大学の入学資格を認定する試験に合格した者（昭和二十六年三月三十一日

までの試験に合格した者に限る。）

十六　旧運輸省設置法（昭和二十四年法律第百五十七号）による商船学校の席上課程三年修了者

十七　旧海軍工廠、旧海軍航空廠、旧海軍技術廠、旧海軍火薬廠、旧海軍施設部、旧海軍燃料廠及び旧海軍工作部（旧海軍工廠等という。以下同じ。）に設置した工員養成所において修業年限二年の補修科を修了した者、旧海軍工廠等に設置した工員教習所において修業年限一年の補修科を修了した者又は旧海軍工廠等に設置した職工教習所において修業年限二年の高等科、修業年限一年の専修科若しくは補修科を修了した者

十八　旧運輸省設置法及び旧運輸省組織令（昭和五十九年政令第百七十五号）による海員学校の高等科を卒業し、独立行政法人海技教育機構法（平成十一年法律第二百十四号）による独立行政法人海技教育機構（旧運輸省設置法、旧運輸省組織令及び独立行政法人国立公文書館等の設立に伴う関係政令の整備等に関する政令（平成十二年政令第三百三十三号）による改正前の国土交通省組織令（平成十二年政令第二百五十五号）による海技大学校並びに独立行政法人に係る改革を推進するための国土交通省関係法律の整備に関する法律（平成十八年法律第二十八号）による廃止前の独立行政法人海技大学校法（平成十一年法律第二百十二号）による独立行政法人海技大学校を含む。）の普通科Ａ課程を卒業した者（昭和五十年四月一日以降に当該課程に入学した者に限る。）

十九　独立行政法人海技教育機構法による独立行政法人海技教育機構（旧運輸省組織令及び独立行政法人国立公文書館等の設立に伴う関係政令の整備等に関する政令による改正前の国土交通省組織令による海員学校並びに独立行政法人に係る改革を推進するための国土交通省関係法律の整備に関する法律による改正前の独立行政法人海員学校法による独立行政法人海員学校を含む。）の本科を卒業した者

二十　スイス民法典に基づく財団法人である国際バカロレア事務局が授与する国際バカロレア資格を有する者で十八歳に達した者

二十一　ドイツ連邦共和国の各州において大学入学資格として認められているアビトゥア資格を有する者で十八歳に達したもの

二十二　フランス共和国において大学入学資格として認められているバカロレア資格を有する者で十八歳に達したもの

二十三　外国人を対象に教育を行うことを目的として我が国において設置された教育施設であって、その教育活動等について、アメリカ合衆国カリフォルニア州に主たる事務所が所在する団体であるウェスタン・アソシエーション・オブ・スクールズ・アンド・カレッジズ、同国コロラド州に主たる事務所が所在する団体であるアソシエーション・オブ・クリスチャン・スクールズ・インターナショナル又はグレート・ブリテン及び北部アイルランド連合王国ハンプシャー市に主たる事務所が所在する団体であるカウンセル・オブ・インターナショナル・スクールズの認定を受けたものに置かれる十二年の課程を修了した者で、十八歳に達したもの

附　則

この告示の施行前にヨーロピアン・カウンセル・オブ・インターナショナル・スクールズの認定を受けた教育施設に置かれる十二年の課程を修了した者については、この告示による改正前の大学入学に関し高等学校を卒業した者と同等以上の学力があると認められる者を指定する件第二十三号の規定は、なお効力を有する。

大学院及び大学の専攻科の入学に関し大学を卒業した者と同等以上の学力があると認められる者を指定する件

昭和二十八年二月七日文部省告示第五号
最終改正　平成一九年一二月二五日文部科学省告示第一四六号

学校教育法施行規則（昭和二十二年文部省令第十一号）第百五十五条第一項第六号の規定により、大学院及び大学の専攻科（医学を履修する博士課程及び専攻科、歯学を履修する博士課程及び専攻科、薬学を履修する博士課程及び専攻科（当該課程に係る研究科及び当該専攻科の基礎となる学部の修業年限が六年である者に限る。）並びに獣医学を履修する博士課程及び専攻科を除く。）の入学に関し、大学を卒業した者と同等以上の学力があると認められる者を、次のように指定する。

一　旧大学令（大正七年勅令第三百八十八号）による大学を卒業した者

二　旧高等師範学校規程（明治二十七年文部省令第十一号）による高等師範学校専攻科を卒業した者

三　旧師範教育令（昭和十八年勅令第百九号）による高等師範学校又は女子高等師範学校の修業年限一年以上の研究科を修了した者

四　旧中等学校令（昭和十八年勅令第三十六号）による中学校若しくは高等女学校を卒業した者又は旧専門学校入学者検定規程（大正十三年文部省令第二十二号）により、これと同等以上の学力を有するものと検定された者を入学資格とする旧専門学校令（明治三十六年

勅令第六十一号）による専門学校（以下「専門学校」という。）で修業年限（予科の修業年限を含む。以下同じ。）五年以上の専門学校を卒業した者又は修業年限四年以上の専門学校を卒業し修業年限四年以上の専門学校に置かれる修業年限一年以上の研究科を修了した者

五　防衛省設置法（昭和二十九年法律第百六十四号）による防衛大学校又は防衛医科大学校を卒業した者

六　独立行政法人水産大学校法（平成十一年法律第百九十一号）による水産大学校（旧農林水産省設置法（昭和二十四年法律第百五十三号）、旧農林水産省組織令（昭和二十七年政令第三百八十九号）及び独立行政法人国立公文書館等の設立に伴う関係政令の整備等に関する政令（平成十二年政令第三百三十三号）による改正前の農林水産省組織令（平成十二年政令第二百五十三号）による水産大学校を含む。）を卒業した者（旧水産庁設置法（昭和二十三年法律第七十八号）による水産講習所を卒業した者を含む。）

七　国土交通省組織令（平成十二年政令第二百五十五号）による海上保安大学校（国家行政組織法の一部を改正する法律の施行に伴う関係法律の整理等に関する法律（昭和五十八年法律第七十八号）による改正前の海上保安庁法（昭和二十三年法律第二十八号）及び旧運輸省組織令（昭和五十九年政令第百七十五号）による海上保安大学校を含む。）を卒業した者

八　職業能力開発促進法（昭和四十四年法律第六十四号）による職業能力開発総合大学校の長期課程を修了した者（旧職業訓練法（昭和三十三年法律第百三十三号）による中央職業訓練所又は職業訓練大学校の長期指導員訓練課程を修了した者、職業訓練法の一部を改正する法律（昭和六十年法律第五十六号）による改正前の職業訓練法（昭和四十四年法律第六十四号）による職業訓練大学校の長期指導員訓練課程を修了した者、職業能力開発促進法の一部を改正する法律（平成四年法律第六十七号）による改正前の職業能力開発促進法による職業訓練大学校の長期課程を修了した者及び職業能力開発促進法及び雇用促進事業団法の一部を改正する法律（平成九年法律第四十五号）による改正前の職業能力開発促進法による職業能力開発大学校の長期課程を修了した者を含む。）

九　国土交通省組織令による気象大学校（旧運輸省設置法（昭和二十四年法律第百五十七号）及び旧運輸省組織令による気象大学校を含む。）の大学部を卒業した者

十　教育職員免許法（昭和二十四年法律第百四十七号）による小学校、中学校、高等学校若しくは幼稚園の教諭若しくは養護教諭の専修免許状又は一種免許状を有する者で二十二歳に達した者

十一　旧国立養護教諭養成所設置法（昭和四十年法律第十六号）による国立養護教諭養成所を卒業した者で、教育職員免許法による中学校教諭若しくは養護教諭の専修免許状又は一種免許状を有する者

十二　旧国立工業教員養成所の設置等に関する臨時措置法（昭和三十六年法律第八十七号）による国立工業教員養成所を卒業した者で、教育職員免許法による高等学校教諭免許状及び三年以上教諭として良好な成績で勤務した旨の実務証明責任者の証明を有する者

附　則（平成一九年一二月二五日文部科学省告示第一四六号）抄

この告示は、学校教育法等の一部を改正する法律の施行日（平成十九年十二月二十六日）から施行する。

大学院の入学に関し修士の学位を有する者と同等以上の学力があると認められる者を指定する件

平成元年九月一日文部省告示第百十八号
最終改正　平成一九年一二月二五日文部科学省告示第一四六号

学校教育法施行規則（昭和二十二年文部省令第十一号）第百五十六条第四号の規定により、大学院の入学に関し、修士の学位を有する者と同等以上の学力があると認められる者を次のように指定する。

一　大学を卒業し、大学、研究所等において、二年以上研究に従事した者で、大学院において、当該研究の成果等により、修士の学位を有する者と同等以上の学力があると認めた者

二　外国において学校教育における十六年の課程を修了した後、又は外国の学校が行う通信教育における授業科目を我が国において履修することにより当該外国の学校教育における十六年の課程を修了した後、大学、研究所等において、二年以上研究に従事した者で、大学院において、当該研究の成果等により修士の学位を有する者と同等以上の学力があると認めた者

附　則（平成一九年一二月二五日文部科学省告示第一四六号）抄

この告示は、学校教育法等の一部を改正する法律の施行の日（平成十九年十二月二十六日）から施行する。

医学、歯学、薬学又は獣医学を履修する博士課程若しくは専攻科の入学に関し大学を卒業した者と同等以上の学力があると認められる者を指定する件

昭和三十年四月八日文部省告示第三十九号
最終改正　平成一九年一二月二五日文部科学省告示一四六号

学校教育法施行規則（昭和二十二年文部省令第十一号）第百五十五条第一項第六号の規定により、医学を履修する博士課程若しくは専攻科、歯学を履修する博士課程若しくは専攻科、薬学を履修する博士課程若しくは専攻科（当該課程に係る研究科又は当該専攻科の基礎となる学部の修業年限が六年であるものに限る。）又は獣医学を履修する博士課程若しくは専攻科の入学に関し、大学を卒業した者と同等以上の学力があると認められる者を次のように指定する。

一　旧大学令（大正七年勅令第三百八十八号）による大学の医学又は歯学の学部において医学及び歯学を履修し、これらの学部を卒業した者

二　防衛省設置法（昭和二十九年法律第百六十四号）による防衛医科大学校を卒業した者

三　修士課程又は学校教育法（昭和二十二年法律第二十六号）第九十九条第二項の専門職大学院の課程を修了した者及び修士の学位の授与を受けることのできる者並びに前期及び後期の課程の区分を設けない博士課程に二年以上在学し、三十単位以上を修得し、かつ、必要な研究指導を受けた者（学位規則の一部を改正する省令（昭和四十九年文部省令第二十九号）による改正前の学位規則（昭和二十八年文部省令第九号）第六条第一号に該当する者を含む。）で大学院又は専攻科において、大学の医学を履修する課程、歯学を履修する課程、薬学を履修する課程のうち臨床に係る実践的な能力を培うことを主たる目的とするもの又は獣医学を履修する課程を卒業した者と同等以上の学力があると認めた者

四　大学（医学を履修する課程、歯学を履修する課程、薬学を履修する課程のうち臨床に係る実践的な能力を培うことを主たる目的とするもの及び獣医学を履修する課程を除く。）を卒業し、又は外国において学校教育における十六年の課程を修了した後、大学、研究所等において二年以上研究に従事した者で、大学院又は専攻科において、当該研究の成果等により、大学の医学を履修する課程、歯学を履修する課程、薬学を履修する課程のうち臨床に係る実践的な能力を培うことを主たる目的とするもの又は獣医学を履修する課程を卒業した者と同等以上の学力があると認めた者

附　則（平成一九年一二月二五日文部科学省告示第一四六号）抄

この告示は、学校教育法等の一部を改正する法律の施行の日（平成十九年十二月二十六日）から施行する。

高等学校に文部科学大臣が定める年数以上在学した者に準ずる者を指定する件

平成十三年十一月二十七日文部科学省告示第百六十七号
最終改正　平成一九年一二月二五日文部科学省告示第一四六号

学校教育法施行規則（昭和二十二年文部省令第十一号）第百五十四条第五号の規定により、高等学校に、文部科学大臣が定める年数以上在学した者に準ずる者を、次のように指定する。

一　高等学校及び学校教育法施行規則第百五十四条第一号に掲げる学校並びに同条第三号に掲げる施設並びに同条第二号及び第四号に掲げる課程に通算して二年以上在学した者

二　外国において、学校教育における十二年の課程を修了した者と同等以上の学力があるかどうかに関する認定試験であると認められる当該国の検定（国の検定に準ずるものを含む。）に合格した者で、十七歳に達したもの

三　スイス民法典に基づく財団法人である国際バカロレア事務局が授与する国際バカロレア資格を有する者で、十七歳に達したもの

四　ドイツ連邦共和国の各州において大学入学資格として認められているアビトゥア資格を有する者で、十七歳に達したもの

五　フランス共和国において大学入学資格として認められているバカロレア資格を有する者で、十七歳に達したもの

附　則（平成一九年一二月二五日文部科学省告示第一四六号）抄

この告示は、学校教育法等の一部を改正する法律の施行の日（平成十九年十二月二十六日）から施行する。

専修学校の高等課程のうち、当該課程を修了した者が大学への入学に関し高等学校を卒業した者と同等以上の学力があると認められるものに係る基準を定める件

平成十七年九月九日文部科学省告示第百三十七号
最終改正　平成一九年一二月二五日文部科学省告示第一四六号

学校教育法施行規則（昭和二十二年文部省令第十一号）第百五十条第三号の規定に基づき、専修学校の高等課程のうち、当該課程を修了した者が大学入学に関し高等学校を卒業した者と同等以上の学力があると認められるものに係る基準を次のように定め、平成十七年十二月一日から施行する。

1　修業年限が三年以上であること。
2　課程の修了に必要な総授業時数が二千五百九十時間以上であること。

附　則（平成一九年一二月二五日文部科学省告示第一四六号）抄

この告示は、学校教育法等の一部を改正する法律の施行の日（平成十九年十二月二十六日）から施行する。

専修学校の専門課程のうち、当該課程を修了した者が大学（短期大学を除く。）の専攻科又は大学院への入学に関し大学を卒業した者と同等以上の学力があると認められるものに係る基準を定める件

平成十七年九月九日文部科学省告示第百三十八号
最終改正　平成一九年一二月二五日文部科学省告示第一四六号

学校教育法施行規則（昭和二十二年文部省令第十一号）第百五十五条第一項第五号の規定に基づき、専修学校の専門課程のうち、当該課程を修了した者が大学（短期大学を除く。）の専攻科又は大学院への入学に関し大学を卒業した者と同等以上の学力があると認められるものに係る基準を次のように定める。

1　修業年限が四年以上であること。
2　課程の修了に必要な総授業時数が三千四百時間以上であること。
3　体系的に教育課程が編成されていること。
4　試験等により成績評価を行い、その評価に基づいて課程の修了の認定を行っていること。

附　則（平成一九年一二月二五日文部科学省告示第一四六号）抄

この告示は、学校教育法等の一部を改正する法律の施行の日（平成十九年十二月二十六日）から施行する。

大学へ編入学できる専修学校の専門課程の総授業時数を定める件

平成十年八月十四日文部省告示第百二十五号
最終改正　平成一九年一二月二五日文部科学省告示第一四六号

学校教育法施行規則（昭和二十二年文部省令第十一号）第百八十六条第一項第二号の規定に基づき、専修学校の専門課程を修了した者が大学へ編入学できる専修学校の専門課程の総授業時数を次のように定める。

課程の修了に必要な総授業時数が千七百時間以上であること。

附　則（平成一九年一二月二五日文部科学省告示第一四六号）抄

この告示は、学校教育法等の一部を改正する法律の施行の日（平成十九年十二月二十六日）から施行する。

外国において学校教育における十二年の課程を修了した者に準ずる者を指定する件

昭和五十六年十月三日文部省告示第百五十三号
最終改正　平成二〇年七月二四日文部科学省告示第一一二号

学校教育法施行規則（昭和二十二年文部省令第十一号）第百五十条第一号の規定により、外国において学校教育における十二年の課程を修了した者に準ずる者を次のように指定する。

外国において学校教育における十二年の課程を修了した者に準ずる者の指定（昭和五十四年文部省告示第百四十三号）は、廃止する。

一　外国において、学校教育における十二年の課程を修了した者と同等以上の学力があるかどうかに関する認定試験であると認められる当該国の検定（国の検定に準ずる者を含む。次号において同じ。）に合格した者で、十八歳に達したもの

二　外国において、高等学校に対応する学校の課程を修了した者（これと同等以上の学力があるかどうかに関する認定試験であると認められる当該国の検定に合格した者を含む。）で、文部科学大臣が別に定めるところにより指定した我が国の大学に入学するための準備教育を行う課程又は別表第一の上欄及び中欄に掲げる施設における研修並びに同表の下欄に掲げる施設における我が国の大学に入学するために必要な教科に係る教育をもって編成される当該課程を修了し、かつ、十八歳に達したもの

三　我が国において、高等学校に対応する外国の学校の課程（その修了者が当該外国の学校教育における十二年の課程を修了したとされるものに限る。）と同等の課程を有するものとして当該外国の学校教育制度において位置付けられた別表第二に掲げる教育施設の当該課程を修了した者で、十八歳に達したもの

別表第一（第二号関係）略
別表第二（第三号関係）略

附　則（平成二〇年七月二四日文部科学省告示第一二一号）

この告示は、公布の日から施行する。

（五）学位

学位規則

昭和二十八年四月一日文部省令第九号
最終改正 平成二〇年一一月一三日文部科学省令第三五号

学校教育法（昭和二十二年法律第二十六号）第六十八条第一項の規定に基き、学位規則を次のように定める。

第一章 総則

（趣旨）
第一条 学校教育法（昭和二十二年法律第二十六号。以下「法」という。）第百四条第一項から第四項までの規定により大学又は独立行政法人大学評価・学位授与機構が授与する学位については、この省令の定めるところによる。

第二章 大学が行う学位授与

（学士の学位授与の要件）
第二条 法第百四条第一項の規定による学士の学位の授与は、大学（短期大学を除く。第十条、第十条の二、第十一条及び第十三条を除き、以下同じ。）が、当該大学を卒業した者に対し行うものとする。

（修士の学位授与の要件）
第三条 法第百四条第一項の規定による修士の学位の授与は、大学院を置く大学が、当該大学院の修士課程を修了した者に対し行うものとする。
2 前項の修士の学位の授与は、大学院設置基準（昭和四十九年文部省令第二十八号）第四条第三項の規定により前期及び後期の課程の区分を設けない博士課程に入学し、大学院設置基準第十六条に規定する修士課程の修了要件を満たした者に対しても行うことができる。

（博士の学位授与の要件）
第四条 法第百四条第一項の規定による博士の学位の授与は、大学院を置く大学が、当該大学院の博士課程を修了した者に対し行うものとする。
2 法第百四条第二項の規定による博士の学位の授与は、前項の大学が、当該大学の定めるところにより、大学院の行う博士論文の審査に合格し、かつ、大学院の博士課程を修了した者と同等以上の学力を有することを確認された者に対し行うことができる。

（学位論文の審査の協力）
第五条 前二条の学位の授与に係る学位論文の審査に当たつては、他の大学院又は研究所等の教員等の協力を得ることができる。

（専門職大学院の課程を修了した者に対し授与する学位）
第五条の二 法第百四条第一項に規定する文部科学大臣の定める学位は、次の表の上欄に掲げる区分に応じ、それぞれ同表の下欄に掲げるとおりとし、これらは専門職学位とする。

区分	学位
専門職大学院の課程（次項以下の課程を除く。）を修了した者に授与する学位	修士（専門職）
専門職大学院設置基準（平成十五年文部科学省令第十六号）第十八条第一項に規定する法科大学院の課程を修了した者に授与する学位	法務博士（専門職）
専門職大学院設置基準第二十六条第一項に規定する教職大学院の課程を修了した者に授与する学位	教職修士（専門職）

（専門職学位の授与の要件）
第五条の三 法第百四条第一項の規定による前条の専門職学位の授与は、専門職大学院を置く大学が、当該専門職大学院の課程を修了した者に対し行うものとする。

第三章 短期大学が行う学位授与

（短期大学士の学位授与の要件）
第五条の四 法第百四条第三項の規定による短期大学士の学位の授与は、短期大学が、当該短期大学を卒業した者に対し行うものとする。

第四章 独立行政法人大学評価・学位授与機構が行う学位授与

（学士、修士及び博士の学位授与の要件）
第六条 法第百四条第四項の規定による同項第一号に掲げる者に対する学士の学位の授与は、独立行政法人大学評価・学位授与機構の定めるところにより、短期大学若しくは高等専門学校を卒業した者又は次の各号の一に該当する者で、大学設置基準（昭和三十一年文部省令第二十八号）第三十一条第一項の規定による単位等大学における一定の単位の修得又は短期大学若しくは高等専門学校に置かれる専攻科のうち独立行政法人大学評価・学位授与機構が定める要件を満たすものにおける一定の学修その他文部科学大臣が別に定める学修を行い、かつ、独立行政法人大学評価・学位授与機構が行う審査に合格した者に対し行うものとする。
一 大学に二年以上在学し六十二単位以上を修得した者
二 専修学校の専門課程を修了した者のうち法第百三十二条の規定により大学に編入学することができるもの
三 外国において学校教育における十四年の課程を修了した者
四 その他前三号に掲げる者と同等以上の学力がある者として文部科学大臣が別に定める者
2 法第百四条第四項の規定による同項第二号に掲げる者に対する学士、修士又は博士の学位の授与は、独立行政法人大学評価・学位授与機構が定めるところにより、同号に規定する教育施設に置かれる課程で独立行政法人大学評価・学位授与機構がそれぞれ大学の学部、大学院の修士課程又は大学院の博士課程に相当する教育を行うと認めるものを修了し、かつ、独立行政法人大学評価・学位授与機構の行う審査に合格した者に対し行うものとする。

（学位授与の審査への参画）

第七条　前条の学位の授与の審査に当たつては、大学の教員等で高度の学識を有する者の参画を得るものとする。

第五章　雑則

（論文要旨等の公表）

第八条　大学及び独立行政法人大学評価・学位授与機構は、博士の学位を授与したときは、当該博士の学位を授与した日から三月以内に、当該博士の学位の授与に係る論文の内容の要旨及び論文審査の結果の要旨を公表するものとする。

第九条　博士の学位を授与された者は、当該学位を授与された日から一年以内に、その論文を印刷公表するものとする。ただし、当該学位を授与される前に既に印刷公表したときは、この限りでない。

２　前項の規定にかかわらず、博士の学位を授与された者は、やむを得ない事由がある場合には、当該博士の学位を授与した大学又は独立行政法人大学評価・学位授与機構の承認を受けて、当該論文の全文に代えてその内容を要約したものを印刷公表することができる。この場合、当該大学又は独立行政法人大学評価・学位授与機構は、その論文の全文を求めに応じて閲覧に供するものとする。

（専攻分野の名称）

第十条　大学及び独立行政法人大学評価・学位授与機構は、学位を授与するに当たつては、適切な専攻分野の名称を付記するものとする。

（共同教育課程に係る学位授与の方法）

第十条の二　大学設置基準第四十三条第一項、大学院設置基準第三十一条第二項、短期大学設置基準（昭和五十年文部省令第二十一号）第三十六条第一項又は専門職大学院設置基準第三十二条第二項に規定する共同教育課程を修了した者に対し行う学位の授与は、当該共同教育課程を編成する大学が連名で行うものとする。

（学位の名称）

第十一条　学位を授与された者は、学位の名称を用いるときは、当該学位を授与した大学又は独立行政法人大学評価・学位授与機構の名称を付記するものとする。

（学位授与の報告）

第十二条　大学又は独立行政法人大学評価・学位授与機構は、博士の学位を授与したときは、当該学位を授与した日から三月以内に、それぞれ別記様式第一又は別記様式第二による学位授与報告書を文部科学大臣に提出するものとする。

（学位規程）

第十三条　大学は、学位に関する事項を処理するため、論文審査の方法、試験及び学力の確認の方法等学位に関し必要な事項を定めて文部科学大臣に報告するものとする。

２　独立行政法人大学評価・学位授与機構は、第六条に規定する学位の授与に係る要件及び審査の方法等学位に関し必要な事項を定めて文部科学大臣に報告するとともに、これを官報に公示するものとする。

附　則

この省令は、公布の日から施行する。

附　則（平成二〇年一一月一三日文部科学省令第三五号）

この省令は、平成二十一年三月一日から施行する。

別記様式第一　略

別記様式第二　略

学位の種類及び分野の変更等に関する基準

平成十五年三月三十一日文部科学省告示第三十九号
最終改正　平成一九年三月一日文部科学省第三二号

学校教育法（昭和二十二年法律第二十六号）第四条第五項及び学校教育法施行令（昭和二十八年政令第三百四十号）第二十三条の二第二項の規定に基づき、学位の種類及び分野の変更等に関する基準を次のように定める。

（学位の種類及び分野の変更に関する基準）

第一条　大学の学部若しくは学部の学科、大学の大学院の研究科若しくは研究科の専攻若しくは短期大学の学科の設置又は当該専攻に係る課程の変更（以下この項において「設置等」という。）であって、学校教育法（以下「法」という。）第四条第二項第一号又は学校教育法施行令（以下「令」という。）第二十三条の二第一項第一号に該当するものは、次の各号に掲げる要件のいずれにも該当する設置等とする。

一　設置等の前後において、当該大学が授与する別表第一の上欄に掲げる学位の種類の変更を伴わないこと

二　設置等の前後において、別表第一の上欄に掲げる学位の種類に応じ同表の下欄に掲げる学位の分野の変更を伴わないこと

２　大学における通信教育の開設（以下この項において「開設」という。）であって、令第二十三条の二第一項第三号に該当するものは、次の各号に掲げる要件のいずれにも該当する開設とする。

一　開設の前後において、当該大学が授与する別表第一の上欄に掲げる学位の種類の変更を伴わないこと

二　開設の前後において、別表第一の上欄に掲げる学位の種類に応じ同表の下欄に掲げる学位の分野の変

更を伴わないこと

（学科の分野の変更に関する基準）

第二条　高等専門学校の学科の設置であって、令第二十三条の二第一項第二号に該当するものは、当該設置の前後において、別表第二に掲げる学科の分野の変更を伴わないものとする。

附　則

この告示は、平成十五年四月一日から施行する。

附　則（平成一九年三月一日文部科学省告示第三二号）

この告示は、平成十九年四月一日から施行する。

別表第一

学位の種類	学位の分野
学士、修士及び博士	文学関係、教育学・保育学関係、法学関係、経済学関係、社会学・社会福祉学関係、理学関係、工学関係、農学関係、獣医学関係、医学関係、歯学関係、薬学関係、家政関係、美術関係、音楽関係、体育関係、保健衛生学関係
専門職学位（法務博士（専門職）及び教職修士（専門職）を除く。）	文学関係、教育学・保育学関係、法学関係、経済学関係、社会学・社会福祉学関係、理学関係、工学関係、農学関係、獣医学関係、医学関係、歯学関係、薬学関係、家政関係、美術関係、音楽関係、体育関係、保健衛生学関係
専門職学位のうち法務博士（専門職）	法曹養成関係
専門職学位のうち教職修士（専門職）	教育養成関係
短期大学士	文学関係、教育学・保育学関係、法学関係、経済学関係、社会学・社会福祉学関係、理学関係、工学関係、農学関係、家政関係、美術関係、音楽関係、体育関係、保健衛生学関係

備考　学際領域等右記の区分により難い学位の分野の判定に当たっては、設置等又は開設に係る学部等の教員数（大学設置基準（昭和三十一年文部省令第二十八号）その他の法令の規定に基づき必要とされる教員数をいう。以下同じ。）の半数以上が既設の学部等に所属していた教員で占められる場合に限り、第一条第一項第二号又は第二項第二号の規定に該当するものとして取り扱う。

別表第二

学科の種類	学科の分野
高等専門学校の学科	文学関係、教育学・保育学関係、法学関係、経済学関係、社会学・社会福祉学関係、理学関係、工学関係、農学関係、家政関係、美術関係、音楽関係、体育関係、保健衛生学関係

備考　学際領域等右記の区分により難い学科の分野の判定に当たっては、設置等又は開設に係る学科の教員数の半数以上が既設の学科に所属していた教員で占められる場合に限り、第二条の規定に該当するものとして取り扱う。

専修学校の専門課程の修了者に対する専門士及び高度専門士の称号の付与に関する規程

平成六年六月二十一日文部省告示第八十四号
最終改正　平成一九年一二月二五日文部科学省告示一四六号

専修学校の専門課程の修了者に対する専門士及び高度専門士の称号の付与に関する規程を次のように定める。

（目的）
第一条　この規程は、専修学校の専門課程における学習の成果を適切に評価し、一定の専修学校の専門課程の修了者に対し専門士又は高度専門士の称号を付与することにより、その修了者の社会的評価の向上を図り、もって生涯学習の振興に資することを目的とする。

（専門士の称号）
第二条　学校教育法（昭和二十二年法律第二十六号）第百二十四条に規定する専修学校の同法第百二十五条第一項に規定する専門課程（次条において「専修学校専門課程」という。）の課程で、次に掲げる要件を満たすと文部科学大臣が認めるものを修了した者は、専門士と称することができる。

一　修業年限が二年以上であること。
二　課程の修了に必要な総授業時数が千七百時間以上であること。
三　試験等により成績評価を行い、その評価に基づいて課程修了の認定を行っていること。
四　次条の規定により認められた課程でないこと。

（高度専門士の称号）
第三条　専修学校専門課程の課程で、次に掲げる要件を満たすと文部科学大臣が認めるものを修了した者は、高度専門士と称することができる。

一　修業年限が四年以上であること。
二　課程の修了に必要な総授業時数が三千四百時間以上であること。
三　体系的に教育課程が編成されていること。
四　試験等により成績評価を行い、その評価に基づいて課程修了の認定を行っていること。

（告示）
第四条　文部科学大臣は、前二条の規定により認めた課程を官報で告示する。課程の名称に変更のあったときも、同様とする。

2　文部科学大臣は、前項の規定により告示した課程について、廃止されたとき又は第二条各号若しくは前条各号に掲げる要件に適合しなくなったと認めたときは、その旨を官報で告示する。

附　則（平成一九年一二月二五日文部科学省告示第一四六号）抄

この告示は、学校教育法等の一部を改正する法律の施行の日（平成十九年十二月二十六日）から施行する。

専修学校の専門課程の修了者に対する専門士の称号の付与に関する実施要項

1　趣旨

「専修学校の専門課程の修了者に対する専門士及び高度専門士の称号の付与に関する規程（平成6年6月21日文部省告示第84号）」に基づく専門士の称号の付与に関しては、本実施要項の定めるところによるものとします。

2　目的

専修学校の専門課程における学習の成果を適切に評価し、一定の専修学校の専門課程の修了者に対し専門士の称号を付与することにより、その修了者の社会的評価の向上を図り、もって生涯学習の振興に資することを目的としています。

3　課程の要件

修了者が専門士と称することができる専修学校の専門課程の要件は次のとおりとします。

(1)　修業年限が2年以上であること。
(2)　課程の修了に必要な総授業時数が1700時間以上であること。
(3)　試験等により成績評価を行い、その評価に基づいて課程修了の認定を行っていること。
(4)　高度専門士と称することができる課程と認められたものでないこと。

4　手続

(1)　文部科学大臣は、私立の専修学校にあっては都道府県知事、公立の専修学校にあっては都道府県教育委員会、国立大学法人学長（以下「都道府県知事等」という。）の推薦に基づき、上記3の要件を満たすと認めた課程を官報で告示します。
(2)　都道府県知事等は、上記3の要件を満たす課程を

専修学校の専門課程の修了者に対する高度専門士の称号の付与に関する実施要項

1 趣旨

「専修学校の専門課程の修了者に対する専門士及び高度専門士の称号の付与に関する規程（平成6年6月21日文部省告示第84号）」に基づく高度専門士の称号の付与に関しては、本実施要項の定めるところによるものとします。

2 目的

専修学校の専門課程における学習の成果を適切に評価し、一定の専修学校の専門課程の修了者に対し高度専門士の称号を付与することにより、その修了者の社会的評価の向上を図り、もって生涯学習の振興に資することを目的としています。

3 課程の要件

修了者が高度専門士と称することができる専修学校の専門課程の要件は次のとおりとします。

(1) 修業年限が4年以上であること。

(2) 課程の修了に必要な総授業時数が3400時間以上であること。

(3) 体系的に教育課程が編成されていること。

(4) 試験等により成績評価を行い、その評価に基づいて課程修了の認定を行っていること。

4 手続

(1) 文部科学大臣は、私立の専修学校にあっては都道府県知事、公立の専修学校にあっては都道府県教育委員会、国立大学法人の置く専修学校にあっては国立大学法人学長（以下「都道府県知事等」という。）の推薦に基づき、上記3の要件を満たすと認めた課程を官報で告示します。

(2) 都道府県知事等は、上記3の要件を満たす課程を別紙様式6により文部科学大臣宛推薦願います。

別紙様式1により文部科学大臣宛推薦願います。

(3) 文部科学大臣の告示は、毎年度、原則として11月に行うものとし、都道府県知事等は、毎年度、8月31日までに文部科学大臣宛推薦願います。

(4) 都道府県知事等は、告示された課程について、初めて課程の修了者が出る年度（以下「完成年度」という。）までの間、当該課程の状況について別紙様式5により、毎年度、6月30日までに文部科学大臣宛届出願います（但し、告示された年度が完成年度以後である場合には、届出は不要です。）。

(5) 都道府県知事等は、告示された課程について、名称に変更があったとき又は廃止されたときは、別紙様式2又は別紙様式3により文部科学大臣宛届出願います。

(6) 都道府県知事等は、告示された課程について、上記3の要件に適合しなくなったときは、別紙様式4により文部科学大臣宛届出願います。

(7) 文部科学大臣は、告示した課程について、名称に変更があったとき、廃止されたとき又は上記3の要件に適合しなくなったときは、その旨を官報で告示します。

5 適用時期等

(1) 上記3の要件を満たす課程として告示された日以後に当該課程を修了した者について、専門士と称することができることとします。

(2) 卒業証書等の表記においては、専門士には書きで修了した分野の専門課程名を付記することとします。

例 専門士（工業専門課程）

6 留意事項

告示された課程について、名称に変更があったとき、廃止されたとき又は上記3の要件に適合しなくなったときは、遅滞なく所要の手続をお取り願います。

7 附 則

(1) この実施要項は、平成18年8月1日から施行します。

(2) 平成18年度における文部科学大臣宛の推薦の期限については、4―(3)にかかわらず、平成18年9月15日とし、文部科学大臣の告示については、平成18年11月に行うものとします。

(3)　文部科学大臣の告示は、毎年度、原則として11月に行うものとし、都道府県知事等は、毎年度、8月31日までに文部科学大臣宛推薦願います。

(4)　都道府県知事等は、告示された課程について、初めて課程の修了者が出る年度（以下「完成年度」という。）までの間、当該課程の状況について別紙様式10により、毎年度、6月30日までに文部科学大臣宛届出願います（但し、告示された年度が完成年度以後である場合には、届出は不要です。）。

(5)　都道府県知事等は、告示された課程について、名称に変更があったとき又は廃止されたときは、別紙様式7又は別紙様式8により文部科学大臣宛届出願います。

(6)　都道府県知事等は、告示された課程について、上記3の要件に適合しなくなったときは、別紙様式9により文部科学大臣宛届出願います。

(7)　文部科学大臣は、告示した課程について、名称に変更があったとき、廃止されたとき又は上記3の要件に適合しなくなったときは、その旨を官報で告示します。

5　適用時期等

(1)　上記3の要件を満たす課程として告示された日以後に当該課程を修了した者について、高度専門士と称することができることとします。

(2)　卒業証書等の表記においては、高度専門士には書きで修了した分野の専門課程名を付記することとします。

例　高度専門士（工業専門課程）

6　留意事項

(1)　別紙様式6から10において記載すべき事項は、「大学院入学資格等に係る専修学校専門課程の指定に関する実施要項」（平成18年8月1日付け文科高第274号別紙2）の別記様式6から10において記載すべき事項と概ね同一となっています。従って、別紙様式6から10により推薦又は届出を行うに当たっては、「大学院入学資格等に係る専修学校専門課程の指定に関する実施要項」中の別記様式6から10の記載内容と異ならないように留意して下さい。

(2)　修了者が専門士と称することができる専修学校の専門課程として官報で告示されているものについて、別紙様式6により推薦を行う際には、「官報告示の状況」の欄に必要事項を記入願います。この場合、「専修学校の専門課程の修了者に対する専門士の称号の付与に関する実施要項（別紙1）」中の「修了者が専門士と称することができる専修学校の専門課程の要件の不適合について（別紙様式4）」の届出は不要です。

(3)　告示された課程について、名称に変更があったとき、廃止されたとき又は上記3の要件に適合しなくなったときは、遅滞なく所要の手続をお取り願います。

7　附則

(1)　この実施要項は、平成18年8月1日から施行します。

(2)　平成18年度における文部科学大臣宛の推薦の期限については、4―(3)にかかわらず、平成18年9月15日とし、文部科学大臣の告示については、平成18年11月に行うものとします。

（六）資格・免許

法科大学院の教育と司法試験等との連携等に関する法律

平成十四年十二月六日法律第百三十九号
最終改正　平成一九年六月二七日法律第九六号

（目的）
第一条　この法律は、法曹の養成に関し、その基本理念並びに次条第一号に規定する法科大学院における教育の充実、法科大学院における教育と司法試験及び司法修習生の修習との有機的連携の確保に関する事項その他の基本となる事項を定めることにより、高度の専門的な能力及び優れた資質を有する多数の法曹の養成を図り、もって司法制度を支える人的体制の充実強化に資することを目的とする。

（法曹養成の基本理念）
第二条　法曹の養成は、国の規制の撤廃又は緩和の一層の進展その他の内外の社会経済情勢の変化に伴い、より自由かつ公正な社会の形成を図る上で法及び司法の果たすべき役割がより重要なものとなり、多様かつ広範な国民の要請にこたえることができる高度の専門的な法律知識、幅広い教養、国際的な素養、豊かな人間性及び職業倫理を備えた多数の法曹が求められていることにかんがみ、国の機関、大学その他の法曹の養成に関係する機関の密接な連携の下に、次に掲げる事項を基本として行われるものとする。

一　法科大学院（学校教育法（昭和二十二年法律第二十六号）第九十九条第二項に規定する専門職大学院であって、法曹に必要な学識及び能力を培うことを目的とするものをいう。以下同じ。）において、法曹の養成のための中核的な教育機関として、各法科大学院の創意をもって、入学者の適性の適確な評価及び多様性の確保に配慮した公平な入学者選抜を行い、少人数による密度の高い授業により、将来の法曹としての実務に必要な学識及びその応用能力（弁論の能力を含む。次条第三項において同じ。）並びに法律に関する実務の基礎的素養を涵養するための理論的かつ実践的な教育を体系的に実施し、その上で厳格な成績評価及び修了の認定を行うこと。

二　司法試験において、前号の法科大学院における教育との有機的連携の下に、裁判官、検察官又は弁護士となろうとする者に必要な学識及びその応用能力を有するかどうかの判定を行うこと。

三　司法修習生の修習において、第一号の法科大学院における教育との有機的連携の下に、裁判官、検察官又は弁護士としての実務に必要な能力を修得させること。

（国の責務）
第三条　国は、前条の基本理念（以下「法曹養成の基本理念」という。）にのっとり、法科大学院における教育の充実並びに法科大学院における教育と司法試験及び司法修習生の修習との有機的連携を図る責務を有する。

2　国は、法曹の養成が国の機関、大学その他の法曹の養成に関係する機関の密接な連携の下に行われることを確保するため、これらの機関の相互の協力の強化に必要な施策を講ずるものとする。

3　国は、法科大学院において将来の法曹としての実務に必要な学識及びその応用能力並びに法律に関する実務の基礎的素養を涵養するための教育が行われることを確保するため、法科大学院における法曹である教員の確保及び教員の教育上の能力の向上のために必要な施策を講ずるとともに、関係する審議会等における調査審議に法曹である委員を参画させるものとする。

4　国は、法科大学院における教育に関する施策を策定し、及びこれを実施するに当たっては、大学における教育の特性に配慮しなければならない。

5　政府は、法曹養成の基本理念にのっとり、法曹の養成のための施策を実施するため必要な法制上又は財政上の措置その他の措置を講じなければならない。

（大学の責務）
第四条　大学は、法曹養成の基本理念にのっとり、法科大学院における教育の充実に自主的かつ積極的に努めるものとする。

（法科大学院の適格認定等）
第五条　文部科学大臣は、法科大学院の教育課程、教員組織その他教育研究活動の状況（以下単に「教育研究活動の状況」という。）についての評価を行う者の認証の基準に係る学校教育法第百十条第三項に規定する細目を定めるときは、その者の定める法科大学院に係る同法第百九条第四項に規定する大学評価基準（以下この条において「法科大学院評価基準」という。）の内容が法曹養成の基本理念（これを踏まえて定められる法科大学院に係る同法第三条に規定する設置基準を含む。）を踏まえたものとなるように意を用いなければならない。

2　学校教育法第百九条第二項に規定する認証評価機関（以下この条において単に「認証評価機関」という。）が行う法科大学院の教育研究活動の状況についての同条第三項の規定による認証評価（第四項において単に「認証評価」という。）においては、当該法科大学院の教育研究活動の状況が法科大学院評価基準に適合しているか否かの認定をしなければならない。

3　大学は、その設置する法科大学院の教育研究活動の状況について法科大学院評価基準に適合している旨の認証評価機関の認定（第五項において「適格認定」という。）を受けるよう、その教育研究水準の向上に努めなければならない。

4　文部科学大臣は、法科大学院の教育研究活動の状況について認証評価を行った認証評価機関から学校教育法第百十条第四項の規定によりその結果の報告を受けたときは、遅滞なく、これを法務大臣に通知するものとする。

5　文部科学大臣は、大学がその設置する法科大学院の教育研究活動の状況について適格認定を受けられなかつたときは、当該大学に対し、当該法科大学院の教育研究活動の状況について、報告又は資料の提出を求めるものとする。

（法務大臣と文部科学大臣との関係）

第六条　法務大臣及び文部科学大臣は、法科大学院における教育の充実及び法科大学院における教育と司法試験との有機的連携の確保を図るため、相互に協力しなければならない。

2　文部科学大臣は、次に掲げる場合には、あらかじめ、その旨を法務大臣に通知するものとする。この場合において、法務大臣は、文部科学大臣に対し、必要な意見を述べることができる。

一　法科大学院に係る学校教育法第三条に規定する設置基準を定め、又はこれを改廃しようとするとき。

二　法科大学院の教育研究活動の状況についての評価を行う者の認証の基準に係る学校教育法第百十条第三項に規定する細目を定め、又はこれを改廃しようとするとき。

三　学校教育法第百九条第二項の規定により法科大学院の教育研究活動の状況についての評価を行う者を認証し、又は同法第百十一条第二項の規定によりその認証を取り消そうとするとき。

3　法務大臣は、特に必要があると認めるときは、文部科学大臣に対し、法科大学院について、学校教育法第十五条第四項の規定による報告又は資料の提出の要求、同条第一項の規定による勧告、同条第二項の規定による命令その他の必要な措置を講ずることを求めることができる。

4　文部科学大臣は、法科大学院における教育と司法試験との有機的連携を確保するため、必要があると認めるときは、法務大臣に対し、協議を求めることができる。

附　則

（施行期日）

第一条　この法律は、平成十五年四月一日から施行する。ただし、次の各号に掲げる規定は、それぞれ当該各号に定める日から施行する。

一　第三条第三項から第五項まで及び第六条第二項第一号の規定　公布の日

二　第五条第二項、第四項及び第五項並びに第六条第二項第三号の規定　平成十六年四月一日

（検討）

第二条　政府は、この法律の施行後十年を経過した場合において、法科大学院における教育、司法試験及び司法修習生の修習の実施状況等を勘案し、法曹の養成に関する制度について検討を加え、必要があると認めるときは、その結果に基づいて所要の措置を講ずるものとする。

附　則（平成一九年六月二七日法律第九六号）　抄

（施行期日）

第一条　この法律は、公布の日から起算して六月を超えない範囲内において政令で定める日から施行する。

教育職員免許法

昭和二十四年五月三十一日法律第百四十七号
最終改正　平成二〇年六月一八日法律第七三号

第一章　総則

（この法律の目的）

第一条　この法律は、教育職員の免許に関する基準を定め、教育職員の資質の保持と向上を図ることを目的とする。

（定義）

第二条　この法律で「教育職員」とは、学校教育法（昭和二十二年法律第二十六号）第一条に定める幼稚園、小学校、中学校、高等学校、中等教育学校及び特別支援学校（以下「学校」という。）の主幹教諭、指導教諭、教諭、助教諭、養護教諭、養護助教諭、栄養教諭及び講師（以下「教員」という。）をいう。

2　この法律で「免許管理者」とは、免許状を有する者が教育職員及び文部科学省令で定める教育の職にある者である場合にあつてはその者の勤務地の都道府県の教育委員会、これらの者以外の者である場合にあつてはその者の住所地の都道府県の教育委員会をいう。

3　この法律で「所轄庁」とは、大学附置の国立学校（学校教育法第二条第二項に規定する国立学校をいう。以下同じ。）又は公立学校の教員にあつてはその大学の学長、大学附置の学校以外の公立学校の教員にあつてはその学校を所管する教育委員会、私立学校の教員にあつては都道府県知事をいう。

4　この法律で「自立教科等」とは、理療（あん摩、マッサージ、指圧等に関する基礎的な知識技能の修得を目標とした教科をいう。）、理学療法、理容その他の職業についての知識技能の修得に関する教科及び学習上又は生活上の困難を克服し自立を図るために必要な知識技能の修得を目的とする教育に係る活動（以下「自立活動」という。）をいう。

5　この法律で「特別支援教育領域」とは、学校教育法第七十二条に規定する視覚障害者、聴覚障害者、知的障害者、肢体不自由者又は病弱者（身体虚弱者を含む。）に関するいずれかの教育の領域をいう。

（免許）

第三条　教育職員は、この法律により授与する各相当の免許状を有する者でなければならない。

2　前項の規定にかかわらず、主幹教諭（養護又は栄養の指導及び管理をつかさどる主幹教諭を除く。）及び指導教諭については各相当学校の教諭の免許状を有する者を、養護をつかさどる主幹教諭については養護教諭の免許状を有する者を、栄養の指導及び管理をつかさどる主幹教諭については栄養教諭の免許状を有する者を、講師については各相当学校の教員の相当免許状を有する者を、それぞれ充てるものとする。

3　特別支援学校の教員（養護又は栄養の指導及び管理をつかさどる主幹教諭、養護教諭、養護助教諭、栄養教諭並びに特別支援学校において自立教科等の教授を担任する教員を除く。）については、第一項の規定にかかわらず、特別支援学校の教員の免許状のほか、特別支援学校の各部に相当する学校の教員の免許状を有する者でなければならない。

4　中等教育学校の教員（養護又は栄養の指導及び管理をつかさどる主幹教諭、養護教諭、養護助教諭並びに栄養教諭を除く。）については、第一項の規定にかかわらず、中学校の教員の免許状及び高等学校の教員の免許状を有する者でなければならない。

（免許状を要しない非常勤の講師）

第三条の二　次に掲げる事項の教授又は実習を担任する非常勤の講師については、前条の規定にかかわらず、各相当学校の教員の相当免許状を有しない者を充てることができる。

一　小学校における次条第六項第一号に掲げる教科の領域の一部に係る事項

二　中学校における次条第五項第一号に掲げる教科及び第十六条の三第一項の文部科学省令で定める教科の領域の一部に係る事項

三　高等学校における次条第五項第二号に掲げる教科及び第十六条の三第一項の文部科学省令で定める教科の領域の一部に係る事項

四　中等教育学校における前二号に掲げる事項

五　特別支援学校（幼稚部を除く。）における第一号から第三号までに掲げる事項及び自立教科等の領域の一部に係る事項

六　教科に関する事項で文部科学省令で定めるもの

2　前項の場合において、非常勤の講師に任命し、又は雇用しようとする者は、あらかじめ、文部科学省令で定めるところにより、その旨を第五条第七項で定める授与権者に届け出なければならない。

第二章　免許状

（種類）

第四条　免許状は、普通免許状、特別免許状及び臨時免許状とする。

2　普通免許状は、学校（中等教育学校を除く。）の種類ごとの教諭の免許状、養護教諭の免許状及び栄養教諭の免許状とし、それぞれ専修免許状、一種免許状及び二種免許状（高等学校教諭の免許状にあつては、専修免許状及び一種免許状）に区分する。

3　特別免許状は、学校（幼稚園及び中等教育学校を除く。）の種類ごとの教諭の免許状とする。

4　臨時免許状は、学校（中等教育学校を除く。）の種類ごとの助教諭の免許状及び養護助教諭の免許状とする。

5　中学校及び高等学校の教員の普通免許状及び臨時免許状は、次に掲げる各教科について授与するものとする。

一　中学校の教員にあつては、国語、社会、数学、理科、音楽、美術、保健体育、保健、技術、家庭、職業（職業指導及び職業実習（農業、工業、商業、水産及び商船のうちいずれか一以上の実習とする。以下同じ。）を含む。）、職業指導、職業実習、外国語（英語、ドイツ語、フランス語その他の外国語に分ける。）及び宗教

二　高等学校の教員にあつては、国語、地理歴史、公民、数学、理科、音楽、美術、工芸、書道、保健体育、保健、看護、看護実習、家庭、家庭実習、情報、情報実習、農業、農業実習、工業、工業実習、商業、商業実習、水産、水産実習、福祉、福祉実習、商船、商船実習、職業指導、外国語（英語、ドイツ語、フランス語その他の外国語に分ける。）及び宗教

6　小学校教諭、中学校教諭及び高等学校教諭の特別免許状は、次に掲げる教科又は事項について授与するものとする。

一　小学校教諭にあつては、国語、社会、算数、理科、生活、音楽、図画工作、家庭及び体育

二　中学校教諭にあつては、前項第一号に掲げる各教科及び第十六条の三第一項の文部科学省令で定める教科

三　高等学校教諭にあつては、前項第二号に掲げる各教科及びこれらの教科の領域の一部に係る事項で第十六条の四第一項の文部科学省令で定めるもの並びに第十六条の三第一項の文部科学省令で定める教科

第四条の二　特別支援学校の教員の普通免許状及び臨時免許状は、一又は二以上の特別支援教育領域について授与するものとする。

2　特別支援学校において専ら自立教科等の教授を担任する教員の普通免許状及び臨時免許状は、前条第二項の規定にかかわらず、文部科学省令で定めるところにより、障害の種類に応じて文部科学省令で定める自立教科等について授与するものとする。

3　特別支援学校教諭の特別免許状は、前項の文部科学省令で定める自立教科等について授与するものとする。

（授与）

第五条　普通免許状は、別表第一、別表第二若しくは別表第二の二に定める基礎資格を有し、かつ、大学若しくは文部科学大臣の指定する養護教諭養成機関において別表第一、別表第二若しくは別表第二の二に定める単位を修得した者又はその免許状を授与するため行う教育職員検定に合格した者に授与する。ただし、次の各号のいずれかに該当する者には、授与しない。

一　十八歳未満の者

二　高等学校を卒業しない者（通常の課程以外の課程におけるこれに相当するものを修了しない者を含む。）。ただし、文部科学大臣において高等学校を卒業した者と同等以上の資格を有すると認めた者を除く。

三　成年被後見人又は被保佐人

四　禁錮以上の刑に処せられた者

五　第十条第一項第二号又は第三号に該当することにより免許状がその効力を失い、当該失効の日から三年を経過しない者

六　第十一条第一項から第三項までの規定により免許状取上げの処分を受け、当該処分の日から三年を経過しない者

七　日本国憲法施行の日以後において、日本国憲法又はその下に成立した政府を暴力で破壊することを主張する政党その他の団体を結成し、又はこれに加入した者

2　前項本文の規定にかかわらず、別表第一から別表第二の二までに規定する普通免許状に係る所要資格を得た日の翌日から起算して十年を経過する日の属する年度の末日を経過した者に対する普通免許状の授与は、その者が免許状更新講習（第九条の三第一項に規定する免許状更新講習をいう。以下第九条の二までにおいて同じ。）の課程を修了した後文部科学省令で定める二年以上の期間内にある場合に限り、行うものとする。

3　特別免許状は、教育職員検定に合格した者に授与する。ただし、第一項各号のいずれかに該当する者には、授与しない。

4　前項の教育職員検定は、次の各号のいずれにも該当する者について、教育職員に任命し、又は雇用しようとする者が、学校教育の効果的な実施に特に必要があると認める場合において行う推薦に基づいて行うものとする。

一　担当する教科に関する専門的な知識経験又は技能を有する者

二　社会的信望があり、かつ、教員の職務を行うのに必要な熱意と識見を持つている者

5　第七項で定める授与権者は、第三項の教育職員検定において合格の決定をしようとするときは、あらかじめ、学校教育に関し学識経験を有する者その他の文部科学省令で定める者の意見を聴かなければならない。

6　臨時免許状は、普通免許状を有する者を採用することができない場合に限り、第一項各号のいずれにも該当しない者で教育職員検定に合格したものに授与する。ただし、高等学校助教諭の臨時免許状は、次の各号のいずれかに該当する者以外の者には授与しない。

一　短期大学士の学位又は準学士の称号を有する者

二　文部科学大臣が前号に掲げる者と同等以上の資格を有すると認めた者

7　免許状は、都道府県の教育委員会（以下「授与権者」という。）が授与する。

（免許状の授与の手続等）

第五条の二　免許状の授与を受けようとする者は、申請書に授与権者が定める書類を添えて、授与権者に申し出るものとする。

2　特別支援学校の教員の免許状の授与に当たつては、当該免許状の授与を受けようとする者の別表第一の第三欄に定める特別支援教育に関する科目（次項において「特別支援教育科目」という。）の修得の状況又は教育職員検定の結果に応じて、文部科学省令で定めるところにより、一又は二以上の特別支援教育領域を定めるものとする。

3　特別支援学校の教員の免許状の授与を受けた者が、その授与を受けた後、当該免許状に定められている特別支援教育領域以外の特別支援教育領域（以下「新教育領域」という。）に関して特別支援教育科目を修得し、申請書に当該免許状を授与した授与権者が定める書類を添えて当該授与権者にその旨を申し出た場合、又は当該授与権者が行う教育職員検定に合格した場合には、当該授与権者は、前項に規定する文部科学省令で定めるところにより、当該免許状に当該新教育領域を追加して定めるものとする。

（教育職員検定）

第六条　教育職員検定は、受検者の人物、学力、実務及び身体について、授与権者が行う。

2　学力及び実務の検定は、第五条第三項及び第六項、前条第三項並びに第十八条の場合を除くほか、別表第三又は別表第五から別表第八までに定めるところによつて行わなければならない。

3　一以上の教科についての教諭の免許状を有する者に他の教科についての教諭の免許状を授与するため行う教育職員検定は、第一項の規定にかかわらず、受検者の人物、学力及び身体について行う。この場合における学力の検定は、前項の規定にかかわらず、別表第四の定めるところによつて行わなければならない。

4　第一項及び前項の規定にかかわらず、第五条第三項及び第六項、前条第三項並びに第十八条の場合を除くほか、別表第三から別表第八までに規定する普通免許状に係る所要資格を得た日の翌日から起算して十年を経過する日の属する年度の末日を経過した者に普通免許状を授与するため行う教育職員検定は、その者が免許状更新講習の課程を修了した後文部科学省令で定める二年以上の期間内にある場合に限り、行うものとする。

（証明書の発行）

第七条　大学（文部科学大臣の指定する教員養成機関、並びに文部科学大臣の認定する講習及び通信教育の開設者を含む。）は、免許状の授与、新教育領域の追加の定め（第五条の二第三項の規定による新教育領域の追加の定めをいう。）又は教育職員検定を受けようとする者から請求があつたときは、その者の学力に関する証明書を発行しなければならない。

2　国立学校又は公立学校の教員にあつては所轄庁、私立学校の教員にあつてはその私立学校を設置する学校法人（私立学校法（昭和二十四年法律第二百七十号）第三条に規定する学校法人をいう。以下同じ。）の理事長は、教育職員検定を受けようとする者から請求があつたときは、その者の人物、実務及び身体に関する証明書を発行しなければならない。

3　所轄庁が前項の規定による証明書を発行する場合において、所轄庁が大学の学長で、その証明書の発行を請求した者が大学附置の国立学校又は公立学校の教員であるときは、当該所轄庁は、その学校の校長（幼稚園の園長を含む。）の意見を聞かなければならない。

4 免許状更新講習を行う者は、免許状の授与又は免許状の有効期間の更新を受けようとする者から請求があつたときは、その者の免許状更新講習の課程の修了又は免許状更新講習の課程の一部の履修に関する証明書を発行しなければならない。

5 第一項、第二項及び前項の証明書の様式その他必要な事項は、文部科学省令で定める。

（授与の場合の原簿記入等）

第八条 授与権者は、免許状を授与したときは、免許状の種類、その者の氏名及び本籍地、授与の日、免許状の有効期間の満了の日その他文部科学省令で定める事項を原簿に記入しなければならない。

2 前項の原簿は、その免許状を授与した授与権者において作製し、保存しなければならない。

3 第五条の二第三項の規定により免許状に新教育領域を追加して定めた授与権者は、その旨を第一項の原簿に記入しなければならない。

（効力）

第九条 普通免許状は、その授与の日の翌日から起算して十年を経過する日の属する年度の末日まで、すべての都道府県（中学校及び高等学校の教員の宗教の教科についての免許状にあつては、国立学校又は公立学校の場合を除く。次項及び第三項において同じ。）において効力を有する。

2 特別免許状は、その授与の日の翌日から起算して十年を経過する日の属する年度の末日まで、その免許状を授与した授与権者の置かれる都道府県においてのみ効力を有する。

3 臨時免許状は、その免許状を授与したときから三年間、その免許状を授与した授与権者の置かれる都道府県においてのみ効力を有する。

4 第一項の規定にかかわらず、その免許状に係る別表第一から別表第八までに規定する所要資格を得た日、第十六条の二第一項に規定する教員資格認定試験に合格した日又は第十六条の三第二項若しくは第十七条第一項に規定する文部科学省令で定める資格を有することとなつた日の属する年度の翌年度の初日以後、同日から起算して十年を経過する日までの間に授与された普通免許状（免許状更新講習の課程を修了した後文部科学省令で定める二年以上の期間内に授与されたものを除く。）の有効期間は、当該十年を経過する日までとする。

5 普通免許状又は特別免許状を二以上有する者の当該二以上の免許状の有効期間は、第一項、第二項及び前項並びに次条第四項及び第五項の規定にかかわらず、それぞれの免許状に係るこれらの規定による有効期間の満了の日のうち最も遅い日までとする。

（有効期間の更新及び延長）

第九条の二 免許管理者は、普通免許状又は特別免許状の有効期間を、その満了の際、その免許状を有する者の申請により更新することができる。

2 前項の申請は、申請書に免許管理者が定める書類を添えて、これを免許管理者に提出してしなければならない。

3 第一項の規定による更新は、その申請をした者が当該普通免許状又は特別免許状の有効期間の満了する日までの文部科学省令で定める二年以上の期間内において免許状更新講習の課程を修了した者である場合又は知識技能その他の事項を勘案して免許状更新講習を受ける必要がないものとして文部科学省令で定めるところにより免許管理者が認めた者である場合に限り、行うものとする。

4 第一項の規定により更新された普通免許状又は特別免許状の有効期間は、更新前の有効期間の満了の日の翌日から起算して十年を経過する日の属する年度の末日までとする。

5 免許管理者は、普通免許状又は特別免許状を有する者が、次条第三項第一号に掲げる者である場合において、同条第四項の規定により免許状更新講習を受けることができないことその他文部科学省令で定めるやむを得ない事由により、その免許状の有効期間の満了の日までに免許状更新講習の課程を修了することが困難であると認めるときは、文部科学省令で定めるところにより相当の期間を定めて、その免許状の有効期間を延長するものとする。

6 免許状の有効期間の更新及び延長に関する手続その他必要な事項は、文部科学省令で定める。

（免許状更新講習）

第九条の三 免許状更新講習は、大学その他文部科学省令で定める者が、次に掲げる基準に適合することについての文部科学大臣の認定を受けて行う。

一 講習の内容が、教員の職務の遂行に必要なものとして文部科学省令で定める事項に関する最新の知識技能を修得させるための課程（その一部として行われるものを含む。）であること。

二 講習の講師が、次のいずれかに該当する者であること。

イ 文部科学大臣が第十六条の三第四項の政令で定める審議会等に諮問して免許状の授与の所要資格を得させるために適当と認める課程を有する大学において、当該課程を担当する教授、准教授又は講師の職にある者

ロ イに掲げる者に準ずるものとして文部科学省令で定める者

三 講習の課程の修了の認定（課程の一部の履修の認定を含む。）が適切に実施されるものであること。

四 その他文部科学省令で定める要件に適合するものであること。

2 前項に規定する免許状更新講習（以下単に「免許状更新講習」という。）の時間は、三十時間以上とする。

3 免許状更新講習は、次に掲げる者に限り、受けることができる。

一 教育職員及び文部科学省令で定める教育の職にある者

二 教育職員に任命され、又は雇用されることとなつている者及びこれに準ずるものとして文部科学省令で定める者

4 前項の規定にかかわらず、公立学校の教員であつて教育公務員特例法（昭和二十四年法律第一号）第二十五条の二第一項に規定する指導改善研修（以下この項及び次項において単に「指導改善研修」という。）を命ぜられた者は、その指導改善研修が終了するまでの間は、免許状更新講習を受けることができない。

5 前項に規定する者の任命権者（免許管理者を除く。）

は、その者に指導改善研修を命じたとき、又はその者の指導改善研修が終了したときは、速やかにその旨を免許管理者に通知しなければならない。

6　前各項に規定するもののほか、免許状更新講習に関し必要な事項は、文部科学省令で定める。

（有効期間の更新又は延長の場合の通知等）

第九条の四　免許管理者は、普通免許状又は特別免許状の有効期間を更新し、又は延長したときは、その旨をその免許状を有する者、その者の所轄庁（免許管理者を除く。）及びその免許状を授与した授与権者（免許管理者を除く。）に通知しなければならない。

2　免許状の有効期間を更新し、若しくは延長したとき、又は前項の通知を受けたときは、その免許状を授与した授与権者は、その旨を第八条第一項の原簿に記入しなければならない。

（二種免許状を有する者の一種免許状の取得に係る努力義務）

第九条の五　教育職員で、その有する相当の免許状（主幹教諭（養護又は栄養の指導及び管理をつかさどる主幹教諭を除く。）及び指導教諭についてはその有する相当学校の教諭の免許状、養護をつかさどる主幹教諭についてはその有する養護教諭の免許状、栄養の指導及び管理をつかさどる主幹教諭についてはその有する栄養教諭の免許状、講師についてはその有する相当学校の教員の相当免許状）が二種免許状であるものは、相当の一種免許状の授与を受けるように努めなければならない。

第三章　免許状の失効及び取上げ

（失効）

第十条　免許状を有する者が、次の各号のいずれかに該当する場合には、その免許状はその効力を失う。

一　第五条第一項第三号、第四号又は第七号に該当するに至つたとき。

二　公立学校の教員であつて懲戒免職の処分を受けたとき。

三　公立学校の教員（地方公務員法（昭和二十五年法律第二百六十一号）第二十九条の二第一項各号に掲げる者に該当する者を除く。）であつて同法第二十八条第一項第一号又は第三号に該当するとして分限免職の処分を受けたとき。

2　前項の規定により免許状が失効した者は、速やかに、その免許状を免許管理者に返納しなければならない。

（取上げ）

第十一条　国立学校又は私立学校の教員が、前条第一項第二号に規定する者の場合における懲戒免職の事由に相当する事由により解雇されたと認められるときは、免許管理者は、その免許状を取り上げなければならない。

2　免許状を有する者が、次の各号のいずれかに該当する場合には、免許管理者は、その免許状を取り上げなければならない。

一　国立学校又は私立学校の教員（地方公務員法第二十九条の二第一項各号に掲げる者に相当する者を含む。）であつて、前条第一項第三号に規定する者の場合における同法第二十八条第一項第一号又は第三号に掲げる分限免職の事由に相当する事由により解雇されたと認められるとき。

二　地方公務員法第二十九条の二第一項各号に掲げる者に該当する公立学校の教員であつて、前条第一項第三号に規定する者の場合における同法第二十八条第一項第一号又は第三号に掲げる分限免職の事由に相当する事由により免職の処分を受けたと認められるとき。

3　免許状を有する者（教育職員以外の者に限る。）が、法令の規定に故意に違反し、又は教育職員たるにふさわしくない非行があつて、その情状が重いと認められるときは、免許管理者は、その免許状を取り上げることができる。

4　前三項の規定により免許状取上げの処分を行つたときは、免許管理者は、その旨を直ちにその者に通知しなければならない。この場合において、当該免許状は、その通知を受けた日に効力を失うものとする。

5　前条第二項の規定は、前項の規定により免許状が失効した者について準用する。

（聴聞の方法の特例）

第十二条　免許管理者は、前条の規定による免許状取上げの処分に係る聴聞を行おうとするときは、聴聞の期日の三十日前までに、行政手続法（平成五年法律第八十八号）第十五条第一項の規定による通知をしなければならない。

2　前項の聴聞の期日における審理は、当該聴聞の当事者から請求があつたときは、公開により行わなければならない。

3　第一項の聴聞に際しては、利害関係人（同項の聴聞の参加人を除く。）は、当該聴聞の主宰者に対し、当該聴聞の期日までに証拠書類又は証拠物を提出することができる。

4　第一項の聴聞の主宰者は、当該聴聞の期日における証人の出席について、当該聴聞の当事者から請求があつたときは、これを認めなければならない。

（失効等の場合の公告等）

第十三条　免許管理者は、この章の規定により免許状が失効したとき、又は免許状取上げの処分を行つたときは、その免許状の種類及び失効又は取上げの事由並びにその者の氏名及び本籍地を官報に公告するとともに、その旨をその者の所轄庁及びその免許状を授与した授与権者に通知しなければならない。

2　この章の規定により免許状が失効し、若しくは免許状取上げの処分を行い、又はその旨の通知を受けたときは、その免許状を授与した授与権者は、この旨を第八条第一項の原簿に記入しなければならない。

（通知）

第十四条　所轄庁（免許管理者を除く。）は、教育職員が、次の各号のいずれかに該当すると認めたときは、速やかにその旨を免許管理者に通知しなければならない。

一　第五条第一項第三号、第四号又は第七号に該当するとき。

二　第十条第一項第二号又は第三号に該当するとき（懲戒免職又は分限免職の処分を行つた者が免許管理者である場合を除く。）。

三　第十一条第一項又は第二項に該当する事実があると思料するとき（同項第二号に規定する免職の処分

を行つた者が免許管理者である場合を除く。）。

（報告）

第十四条の二　学校法人は、その設置する私立学校の教員について、第五条第一項第三号、第四号若しくは第七号に該当すると認めたとき、又は当該教員を解雇した場合において、当該解雇の事由が第十一条第一項若しくは第二項第一号に定める事由に該当すると思料するときは、速やかにその旨を所轄庁に報告しなければならない。

第四章　雑則

（書換又は再交付）

第十五条　免許状を有する者がその氏名又は本籍地を変更し、又は免許状を破損し、若しくは紛失したときは、その事由をしるして、免許状の書換又は再交付をその免許状を授与した授与権者に願い出ることができる。

第十六条　削除

（免許状授与の特例）

第十六条の二　普通免許状は、第五条第一項の規定によるほか、普通免許状の種類に応じて文部科学大臣又は文部科学大臣が委嘱する大学の行なう試験（以下「教員資格認定試験」という。）に合格した者で同項各号に該当しないものに授与する。

2　教員資格認定試験に合格した日の翌日から起算して十年を経過する日の属する年度の末日を経過した者については、前項の規定にかかわらず、その者が免許状更新講習の課程を修了した後文部科学省令で定める二年以上の期間内にある場合に限り、普通免許状を授与する。

3　教員資格認定試験の受験資格、実施の方法その他試験に関し必要な事項は、文部科学省令で定める。

（中学校等の教員の特例）

第十六条の三　中学校教諭又は高等学校教諭の普通免許状は、それぞれ第四条第五項第一号又は第二号に掲げる教科のほか、これらの学校における教育内容の変化並びに生徒の進路及び特性その他の事情を考慮して文部科学省令で定める教科について授与することができる。

2　前項の免許状は、第五条第一項本文の規定によるほか、その免許状に係る教員資格認定試験に合格した者又は文部科学省令で定める資格を有する者に授与する。

3　前条第二項の規定は、前項の規定による免許状の授与について準用する。この場合において、同条第二項中「合格した日」とあるのは「合格した日又は次条第二項に規定する文部科学省令で定める資格を有することとなつた日」と、「前項」とあるのは「同項」と読み替えるものとする。

4　第一項及び第二項の文部科学省令を定めるに当たつては、文部科学大臣は、審議会等（国家行政組織法（昭和二十三年法律第百二十号）第八条に規定する機関をいう。別表第一備考第五号イにおいて同じ。）で政令で定めるものの意見を聴かなければならない。

第十六条の四　高等学校教諭の普通免許状は、第四条第五項第二号に掲げる教科のほか、これらの教科の領域の一部に係る事項で文部科学省令で定めるものについて授与することができる。

2　前項の免許状は、一種免許状とする。

3　第一項の免許状は、第五条第一項本文の規定にかかわらず、その免許状に係る教員資格認定試験に合格した者に授与する。

4　第十六条の二第二項の規定は、前項の規定による免許状の授与について準用する。この場合において、同条第二項中「前項」とあるのは、「第十六条の四第三項」と読み替えるものとする。

第十六条の五　中学校又は高等学校の教諭の免許状を有する者は、第三条第一項から第三項までの規定にかかわらず、それぞれその免許状に係る教科に相当する教科その他教科に関する事項で文部科学省令で定めるものの教授又は実習を担任する小学校の主幹教諭、指導教諭、教諭若しくは講師又は特別支援学校の小学部の主幹教諭、指導教諭、教諭若しくは講師となることができる。ただし、特別支援学校の小学部の主幹教諭、指導教諭、教諭又は講師となる場合は、特別支援学校の教員の免許状を有する者でなければならない。

2　工芸、書道、看護、情報、農業、工業、商業、水産、福祉若しくは商船又は看護実習、情報実習、農業実習、工業実習、商業実習、水産実習、福祉実習若しくは商船実習の教科又は前条第一項に規定する文部科学省令で定める教科の領域の一部に係る事項について高等学校の教諭の免許状を有する者は、第三条の規定にかかわらず、それぞれその免許状に係る教科に相当する教科その他教科に関する事項で文部科学省令で定めるものの教授又は実習を担任する中学校若しくは中等教育学校の前期課程の主幹教諭、指導教諭、教諭若しくは講師又は特別支援学校の中学部の主幹教諭、指導教諭、教諭若しくは講師となることができる。ただし、特別支援学校の中学部の主幹教諭、指導教諭、教諭又は講師となる場合は、特別支援学校の教員の免許状を有する者でなければならない。

第十七条　第四条の二第二項に規定する免許状は、第五条第一項本文、同項第二号及び第六項並びに第五条の二第二項の規定にかかわらず、その免許状に係る教員資格認定試験に合格した者又は文部科学省令で定める資格を有する者に授与する。

2　第十六条の二第二項の規定は、前項の規定による普通免許状の授与について準用する。この場合において、同条第二項中「合格した日」とあるのは「合格した日又は第十七条第一項に規定する文部科学省令で定める資格を有することとなつた日」と、「前項」とあるのは「同項」と読み替えるものとする。

第十七条の二　特別支援学校において自立活動の教授を担任するために必要な第四条の二第二項に規定する普通免許状又は同条第三項に規定する特別免許状を有する者は、第三条第一項及び第二項並びに第四条第二項及び第三項の規定にかかわらず、学校教育法第八十一条第二項及び第三項に規定する特別支援学級において、これらの免許状に係る障害の種類に応じた自立活動の教授を担任する主幹教諭、指導教諭、教諭又は講師となることができる。

第十七条の三　特別支援学校の教諭の普通免許状のほか、幼稚園、小学校、中学校又は高等学校のいずれかの学校の教諭の普通免許状を有する者は、第三条第一項から第三項までの規定にかかわらず、特別支援学校においては自立教科等以外の教科（幼稚部にあつては、自立教科等以外の事項）の教授又は実習（専ら知的障害者に対するものに限る。）を担任する主幹教諭、指導教諭、教諭又は講師となることができる。

（外国において授与された免許状を有する者等の特例）

第十八条　外国（本州、北海道、四国、九州及び文部科学省令で定めるこれらに附属する島以外の地域をいう。以下同じ。）において授与された教育職員に関する免許状を有する者又は外国の学校を卒業し、若しくは修了した者については、この法律及びこの法律施行のために発する法令の規定に準じ、教育職員検定により、各相当の免許状を授与することができる。

2　前項の規定は、第五条の二第三項の規定により特別支援学校の教員の免許状に新教育領域を追加して定める場合について準用する。この場合において、前項中「外国（」とあるのは「特別支援学校の教員の免許状を有する者であつて、当該免許状の授与を受けた後、外国（」と、「各相当の免許状を授与する」とあるのは「その有する特別支援学校の教員の免許状に各相当の新教育領域を追加して定める」と読み替えるものとする。

第十九条　削除

（その他の事項）

第二十条　免許状に関し必要な事項は、この法律及びこの法律施行のために発する法令で定めるものを除くほか、都道府県の教育委員会規則で定める。

第五章　罰則

第二十一条　次の各号のいずれかに該当する場合には、その行為をした者は、一年以下の懲役又は五十万円以下の罰金に処する。

一　第五条第一項、第三項若しくは第六項、第五条の二第二項若しくは第三項又は第六条第一項から第三項までの規定に違反して、免許状を授与し、若しくは特別支援教育領域を定め、又は教育職員検定を行つたとき。

二　第七条第一項又は第二項の請求があつた場合に、虚偽の証明書を発行したとき。

2　偽りその他不正の手段により、免許状の授与若しくは特別支援教育領域の定め又は教育職員検定を受けた者も、前項と同様とする。

第二十二条　第三条の規定に違反して、相当の免許状を有しない者を教育職員に任命し、又は雇用した場合には、その違反行為をした者は、三十万円以下の罰金に処する。

2　第三条の規定に違反して、相当の免許状を有しないにもかかわらず教育職員となつた者も、前項と同様とする。

第二十三条　次の各号のいずれかに該当する者は、十万円以下の過料に処する。

一　第三条の二第二項の規定に違反して、届出をせず、又は虚偽の届出をした者

二　第十条第二項（第十一条第五項において準用する場合を含む。）の規定に違反して免許状を返納しなかつた者

附　則

1　この法律は、昭和二十四年九月一日から施行する。

2　授与権者は、当分の間、中学校、高等学校、中等教育学校の前期課程若しくは後期課程又は特別支援学校の中学部若しくは高等部において、ある教科の教授を担任すべき教員を採用することができないと認めるときは、当該学校の校長及び主幹教諭、指導教諭又は教諭（以下この項において「主幹教諭等」という。）の申請により、一年以内の期間を限り、当該教科についての免許状を有しない主幹教諭等が当該教科の教授を担任することを許可することができる。この場合においては、許可を得た主幹教諭等は、第三条第一項及び第二項の規定にかかわらず、当該学校、当該前期課程若しくは後期課程又は当該中学部若しくは高等部において、その許可に係る教科の教授を担任することができる。

3　旧国民学校令（昭和十六年勅令第百四十八号）、旧教員免許令（明治三十三年勅令第百三十四号）又は旧幼稚園令（大正十五年勅令第七十四号）による教員免許状を有する者及び学校教育法第八条に基づく学校教育法施行規則（以下単に「学校教育法施行規則」という。）第九十六条又は第九十七条の規定により、校長仮免許状、園長仮免許状、教諭仮免許状、助教諭仮免許状、養護教諭仮免許状又は養護助教諭仮免許状を有するものとみなされた者には、第五条第一項第二号及び第六項ただし書の規定にかかわらず、免許状を授与することができる。

4　教育職員免許法施行法（昭和二十四年法律第百四十八号。以下「施行法」という。）第一条又は第二条の規定により免許状の交付又は授与を受けた者が、別表第三、第五、第六又は第七の規定により、それぞれの上級の免許状を受けようとする場合には、別表第三、第六若しくは第七の第三欄又は別表第五の第二欄に掲げる在職年数については、それぞれの表の第二欄に掲げる免許状の交付又は授与を受けるために必要とする施行法第一条又は第二条の表の上欄に掲げる資格を得たのち、それぞれの表の第一欄に掲げる学校の教員（これに相当するものとして、文部科学省令で定める旧令による学校の校長及び教員、文部科学省令で定める学校以外の教育施設において教育に従事する者並びに文部科学省令で定める官公庁又は私立学校において教育事務に従事する職員を含む。）として在職した年数を通算することができる。

5　別表第三により中学校教諭の一種免許状又は高等学校教諭の専修免許状を受けようとする者が、次の表の第一欄に掲げる基礎資格を有する者で施行法第一条又は第二条の規定により次の表の第二欄に掲げる免許状の交付又は授与を受けているときは、学力及び実務の検定は、次の表の第三欄及び第四欄によるものとする。この場合において、第六条第四項及び第九条第四項の規定の適用については、これらの規定中「別表第八まで」とあるのは、「別表第八まで（別表第三については、附則第五項の規定の適用がある場合を含む。）」とする。

番号	第一欄 基礎資格	第二欄 施行法第一条又は第二条の規定により交付又は授与を受けている免許状の種類	第三欄 第一欄に規定する基礎資格を取得したのち、第二欄に掲げる各免許状に係る学校の教員として良好な成績で勤務した旨の実務証明責任者の証明を有することを必要とする最低在職年数	第四欄 第一欄に規定する基礎資格を取得したのち、大学において修得することを必要とする最低単位数
一	旧教員免許令による中学校高等女学校教員免許状、高等女学校教員免許状又は実業学校教員免許状を有すること。	中学校教諭の二種免許状	一〇	一〇
二	イ 旧教員養成諸学校官制（昭和二十一年勅令第二百八号）第一条に規定する教員養成諸学校（以下「教員養成諸学校」という。）のうち修業年限四年の学校を卒業したこと。 ロ 旧専門学校令（明治三十六年勅令第六十一号）による専門学校（以下「専門学校」という。）のうち修業年限四年以上の学校を卒業したこと。	中学校教諭の二種免許状	三	一〇
三	イ 旧大学令（大正七年勅令第三百八十八号）による学士の称号を有すること。 ロ 旧学位令（大正九年勅令第二百号）による学位を有すること。	中学校教諭の二種免許状		一〇
四	イ 修業年限四年の教員養成諸学校を卒業したこと。 ロ 修業年限四年以上の専門学校を卒業したこと。	高等学校教諭の一種免許状	五	一〇
五	イ 旧大学令による学士の称号を有すること。 ロ 旧学位令による学位を有すること	高等学校教諭の一種免許状	一	一〇

備考

一 第三欄の学校の教員についての同欄の実務証明責任者は、国立学校又は公立学校の教員にあつては所轄庁と、私立学校の教員にあつてはその私立学校を設置する学校法人の理事長とする。（附則第九項及び第十八項の表の場合においても同様とする。）

二 この表の第二号のロ及び第四号のロに掲げる基礎資格を有する者には、これに相当する者として文部科学省令で定める者を含むものとする。

6 臨時免許状については、当分の間、相当期間にわたり普通免許状を有する者を採用することができない場合に限り、第九条第三項の規定にかかわらず、都道府県の教育委員会規則で、その有効期間を六年とすることができる。

7 養護助教諭の臨時免許状は、当分の間、保健師助産師看護師法（昭和二十三年法律第二百三号）による准看護師の免許を受けた者、同法第五十一条第一項若しくは第五十三条第一項の規定に該当する者又は同法第五十一条第三項若しくは第五十三条第三項の規定により免許を受けた者に対しては、第五条第六項本文の規定にかかわらず、その者が同条第一項第二号に該当する場合にも授与することができる。

8 高等学校教諭の工業の教科についての一種免許状は、当分の間、第五条第一項本文の規定にかかわらず、旧国立工業教員養成所の設置等に関する臨時措置法（昭和三十六年法律第八十七号）による国立工業教員養成所に三年以上在学し、所定の課程を終えて卒業した者に対して授与することができる。ただし、免許状更新講習の課程を修了した後文部科学省令で定める二年以上の期間内にない者については、この限りでない。

9 次の表の第二欄に掲げる基礎資格を有する者に対して教育職員検定により次の表の第一欄に掲げる高等学校教諭の一種免許状を授与する場合における学力及び実務の検定は、当分の間、第六条第二項の規定にかかわらず、次の表の第三欄及び第四欄の定めるところによる。この場合において、第六条第四項及び第九条第四項の規定の適用については、第六条第四項中「別表第八まで」とあるのは「別表第八まで又は附則第九項の表」と、第九条第四項中「別表第八まで」とあるのは「別表第八まで若しくは附則第九項の表」とする。

第一欄	第二欄	第三欄	第四欄
受けようとする免許状の種類	所要資格		
	基礎資格	第二欄に規定する基礎資格を取得したのち、高等学校（中等教育学校の後期課程及び特別支援学校の高等部を含む。）において第一欄に掲げる実習を担任する教諭の職務を助ける職員として良好な成績で勤務した旨の実務証明責任者の証明を有することを必要とする最低在職年数	第二欄に規定する基礎資格を取得したのち、大学において修得することを必要とする最低単位数
高等学校において看護実習、家庭実習、情報実習、農業実習、工業実習、商業実習、水産実習、福祉実習又は商船実習を担任する教諭の一種免許状	イ　大学において第一欄に掲げる実習に係る実業に関する学科を専攻し、短期大学士の学位を有すること又は文部科学大臣がこれと同等以上と認める資格を有すること。	三	一〇
	ロ　高等専門学校において第一欄に掲げる実習に係る実業に関する学科を専攻し、学校教育法第百二十一条に定める準学士の称号を有すること。	三	一〇
	ハ　高等学校（中等教育学校の後期課程を含む。）において第一欄に掲げる実習に係る実業に関する学科を修めて卒業すること又は文部科学大臣がこれと同等以上と認める資格を有すること。	六	一〇
	ニ　九年以上第一欄に掲げる実習に関する実地の経験を有すること。	三	一〇

一 別表第一備考第一号並びに別表第三備考第六号の規定は、この表の場合について準用する。

二 第三欄に掲げる「高等学校（中等教育学校の後期課程及び特別支援学校の高等部を含む。）において第一欄に掲げる実習を担任する教諭の職務を助ける職員」とは、高等学校（中等教育学校の後期課程及び特別支援学校の高等部を含む。以下この号において同じ。）において第一欄に掲げる実習を担任する助教諭及び高等学校において第一欄に掲げる実習を担任する教諭の職務を助ける実習助手（文部科学省令で定めるものに限る。）をいい、実習助手についての第三欄の実務証明責任者は、文部科学省令で定める。

三 九年以上第一欄に掲げる実習に関する実地の経験を有する者のうち、その者の小学校から最終学校を卒業し、又は修了するに至るまでの学校における修業の年数が通算して九年に不足するものについては、二の項中「九年以上」とあるのは、九年に不足する年数に二を乗じて得た年数を九年に加えた年数以上」と読み替えるものとする。

10 前項の表二の項に掲げる基礎資格を有する者に、前項の規定による教育職員検定により、同表第一欄に掲げる高等学校教諭の一種免許状を授与する場合については、第五条第一項第二号の規定は、適用しない。同項の規定による教育職員検定により当該一種免許状の授与を受けた者に、当該免許状に係る教科の高等学校教諭の専修免許状を授与する場合についても、同様とする。

11 別表第一の規定により高等学校教諭の工業の教科についての普通免許状の授与を受ける場合は、同表の高等学校教諭の免許状の項に掲げる教職に関する科目についての単位数の全部又は一部の数の単位の修得は、当分の間、同表の規定にかかわらず、それぞれ当該免許状に係る教科に関する科目についての同数の単位の修得をもつて、これに替えることができる。

12 養護教諭の二種免許状又は中学校教諭の保健の教科についての二種免許状は、第五条第一項本文の規定にかかわらず、旧国立養護教諭養成所設置法（昭和四十年法律第十六号）による国立養護教諭養成所（次項において「旧国立養護教諭養成所」という。）を卒業した者に対して授与することができる。ただし、免許状更新講習の課程を修了した後文部科学省令で定める二年以上の期間内にない者については、この限りでない。

13 別表第六の所要資格の項第四欄に掲げる大学には、同表の規定にかかわらず、旧国立養護教諭養成所を含むものとする。

14 第七条第二項、附則第五項の表備考第一号及び別表第三備考第二号の私立学校を設置する学校法人の理事長には、当分の間、学校法人以外の者の設置する私立の幼稚園の設置者（法人にあつては、その法人を代表する権限を有する者）を含むものとする。

15 養護教諭の免許状を有する者（三年以上養護をつかさどる主幹教諭又は養護教諭として勤務したことがある者に限る。）で養護をつかさどる主幹教諭又は養護教諭として勤務しているものは、当分の間、第三条の規定にかかわらず、その勤務する学校（幼稚園を除く。）において、保健の教科の領域に係る事項（小学校又は特別支援学校の小学部にあつては、体育の教科の領域の一部に係る事項で文部科学省令で定めるもの）の教授を担任する教諭又は講師となることができる。

16 幼稚園、小学校、中学校又は高等学校の教諭の免許状を有する者は、当分の間、第三条第一項から第三項までの規定にかかわらず、特別支援学校の相当する各部の主幹教諭（養護又は栄養の指導及び管理をつかさどる主幹教諭を除く。）、指導教諭、教諭又は講師となることができる。

17 中学校の教諭の免許状又は高等学校の教諭の免許状を有する者は、当分の間、第三条第一項、第二項及び第四項の規定にかかわらず、それぞれ中等教育学校の前期課程における教科又は後期課程における教科の教授又は実習を担任する主幹教諭、指導教諭、教諭又は講師となることができる。

18 次の表の第二欄に掲げる基礎資格を有する者（学校給食法（昭和二十九年法律第百六十号）第七条に規定する職員その他の学校給食の栄養に関する専門的事項をつかさどる職員のうち栄養の指導及び管理をつかさどる主幹教諭並びに栄養教諭以外の者並びに教育委員会の事務局において学校給食の適切な実施に係る指導を担当する者に限る。）に対して教育職員検定により次の表の第一欄に掲げる栄養教諭の一種免許状又は二種免許状を授与する場合における学力及び実務の検定は、当分の間、第六条第二項の規定にかかわらず、次の表の第三欄及び第四欄の定めるところによる。この場合において、第六条第四項及び第九条第四項の規定の適用については、第六条第四項中「別表第八まで」とあるのは「別表第八まで又は附則第十八項の表」と、第九条第四項中「別表第八まで」とあるのは「別表第八まで若しくは附則第十八項の表」とする。

第一欄 受けようとする免許状の種類	所要資格	第二欄 基礎資格	第三欄 第二欄に規定する基礎資格を取得した後、学校給食法第七条に規定する職員その他の学校給食の栄養に関する専門的事項をつかさどる職員として良好な成績で勤務した旨の実務証明責任者の証明を有することを必要とする最低在職年数	第四欄 第二欄に規定する基礎資格を取得した後、大学において修得することを必要とする最低単位数
栄養教諭	一種免許状	栄養士法（昭和二十二年法律第二百四十五号）第二条第三項の規定により管理栄養士の免許を受けていること又は同法第五条の三第四号の規定により指定された管理栄養士養成施設の課程を修了し、同法第二条第一項の規定により栄養士の免許を受けていること。	三	一〇
	二種免許状	栄養士法第二条第一項の規定により栄養士の免許を受けていること。	三	八

備考

一　別表第一備考第一号及び別表第三備考第六号の規定は、この表の場合について準用する。

二　この表の規定により栄養教諭の免許状を受けようとする者が、この法律の規定により教諭又は養護教諭の普通免許状を有するときは、第三欄に定める最低在職年数に満たない在職期間（一年未満の期間を含む。）があるときも、当該在職年数を満たすものとみなし、第四欄中「一〇」とあり、及び「八」とあるのは、「二」と読み替えるものとする。

附　則（平成二〇年六月一八日法律第七三号）　抄

（施行期日）

第一条　この法律は、平成二十一年四月一日から施行する。

別表第一（第五条、第五条の二関係）

第一欄		第二欄	第三欄			
免許状の種類	所要資格	基礎資格	大学において修得することを必要とする最低単位数			
			教科に関する科目	教職に関する科目	教科又は教職に関する科目	特別支援教育に関する科目
幼稚園教諭	専修免許状	修士の学位を有すること。	六	三五	三四	
	一種免許状	学士の学位を有すること。	六	三五	一〇	
	二種免許状	短期大学士の学位を有すること。	四	二七		
小学校教諭	専修免許状	修士の学位を有すること。	八	四一	三四	
	一種免許状	学士の学位を有すること。	八	四一	一〇	
	二種免許状	短期大学士の学位を有すること。	四	三一	二	
中学校教諭	専修免許状	修士の学位を有すること。	二〇	三一	三二	
	一種免許状	学士の学位を有すること。	二〇	三一	八	
	二種免許状	短期大学士の学位を有すること。	一〇	二一	四	
高等学校教諭	専修免許状	修士の学位を有すること。	二〇	二三	四〇	
	一種免許状	学士の学位を有すること。	二〇	二三	一六	
特別支援学校教諭	専修免許状	修士の学位を有すること及び小学校、中学校、高等学校又は幼稚園の教諭の普通免許状を有すること。				五〇
	一種免許状	学士の学位を有すること及び小学校、中学校、高等学校又は幼稚園の教諭の普通免許状を有すること。				二六
	二種免許状	小学校、中学校、高等学校又は幼稚園の教諭の普通免許状を有すること。				一六

備考

一　この表における単位の修得方法については、文部科学省令で定める（別表第二から別表第八までの場合においても同様とする。）。

二　第二欄の「修士の学位を有すること」には、大学（短期大学を除く。第六号及び第七号において同じ。）の専攻科又は文部科学大臣の指定するこれに相当する課程に一年以上在学し、三十単位以上修得した場合を含むものとする（別表第二及び別表第二の二の場合においても同様とする。）。

二の二　第二欄の「学士の学位を有すること」には、文部科学大臣がこれと同等以上の資格を有すると認めた場合を含むものとする（別表第二の場合においても同様とする。）。

二の三　第二欄の「短期大学士の学位を有すること」には、文部科学大臣の指定する教員養成機関を卒業した場合又は文部科学大臣が短期大学士の学位を有することと同等以上の資格を有すると認めた場合を含むものとする（別表第二の二の場合においても同様とする。）。

三　高等学校教諭以外の教諭の二種免許状の授与の所要資格に関しては、第三欄の「大学」には、文部科学大臣の指定する教員養成機関を含むものとする。

四　この表の規定により幼稚園、小学校、中学校若しくは高等学校の教諭の専修免許状若しくは一種免許状又は幼稚園、小学校若しくは中学校の教諭の二種免許状の授与を受けようとする者については、特に必要なものとして文部科学省令で定める科目の単位を大学又は文部科学大臣の指定する教員養成機関において修得していることを要するものとする（別表第二及び別表第二の二の場合においても同様とする。）。

五　第三欄に定める科目の単位は、次のいずれかに該当するものでなければならない（別表第二及び別表第二の二の場合においても同様とする。）。

イ　文部科学大臣が第十六条の三第四項の政令で定める審議会等に諮問して免許状の授与の所要資格を得させるために適当と認める課程（以下「認定課程」という。）において修得したもの

ロ　免許状の授与を受けようとする者が認定課程以外

の大学の課程又は文部科学大臣が大学の課程に相当するものとして指定する課程において修得したもので、当該者の在学する認定課程を有する大学が免許状の授与の所要資格を得させるための教科に関する科目として適当であると認めるもの

六　前号の認定課程には、第三欄に定める科目の単位のうち、教職に関する科目又は特別支援教育に関する科目の単位を修得させるために大学が設置する修業年限を一年とする課程を含むものとする。

七　専修免許状に係る第三欄に定める科目の単位数のうち、その単位数からそれぞれの一種免許状に係る同欄に定める科目の各単位数をそれぞれ差し引いた単位数については、大学院の課程又は大学の専攻科の課程において修得するものとする（別表第二の二の場合においても同様とする。）。

八　一種免許状（高等学校教諭の一種免許状を除く。）に係る第三欄に定める科目の単位数は、短期大学の課程及び短期大学の専攻科で文部科学大臣が指定するものの課程において修得することができる。この場合において、その単位数からそれぞれの二種免許状に係る同欄に定める科目の各単位数をそれぞれ差し引いた単位数については、短期大学の専攻科の課程において修得するものとする。

九　中学校教諭の音楽及び美術の各教科についての免許状並びに高等学校教諭の数学、理科、音楽、美術、工芸、書道、農業、工業、商業、水産及び商船の各教科についての免許状については、当分の間、この表の中学校教諭の項及び高等学校教諭の項中教職に関する科目の欄に定める単位数（専修免許状に係る単位数については、第七号の規定を適用した後の単位数）のうちその半数までの単位は、当該免許状に係る教科に関する科目について修得することができる。

別表第二（第五条関係）

第一欄 免許状の種類	所要資格	第二欄 基礎資格	第三欄 大学又は文部科学大臣の指定する養護教諭養成機関において修得することを必要とする最低単位数 養護に関する科目	教職に関する科目	養護又は教職に関する科目
養護教諭	専修免許状	修士の学位を有すること。	二八	二一	三一
	一種免許状	イ　学士の学位を有すること。	二八	二一	七
		ロ　保健師助産師看護師法第七条第一項の規定により保健師の免許を受け、文部科学大臣の指定する養護教諭養成機関に半年以上在学すること。	四	八	
		ハ　保健師助産師看護師法第七条第三項の規定により看護師の免許を受け、文部科学大臣の指定する養護教諭養成機関に一年以上在学すること。	一二	一〇	
	二種免許状	イ　短期大学士の学位を有すること又は文部科学大臣の指定する養護教諭養成機関を卒業すること。	二四	一四	四
		ロ　保健師助産師看護師法第七条の規定により保健師の免許を受けていること。			
		ハ　保健師助産師看護師法第五十一条第一項の規定に該当すること又は同条第三項の規定により免許を受けていること。			

備考

一　第二欄の「短期大学士の学位を有すること又は文部科学大臣の指定する養護教諭養成機関を卒業すること」には、文部科学大臣がこれと同等以上の資格を有すると認めた場合を含むものとする。

二　専修免許状に係る第三欄に定める養護又は教職に関する科目の単位数のうち、その単位数から一種免許状のイの項に定める当該科目の単位数を差し引いた単位数については、大学院の課程又は大学（短期大学を除く。）の専攻科の課程において修得するものとする。

三　この表の一種免許状のロの項又はハの項の規定により一種免許状の授与を受けた者が、この表の規定により専修免許状の授与を受けようとするときは、専修免許状に係る第三欄に定める単位数のうち一種免許状のイの項に定める単位数については既に修得したものとみなす。

四　一種免許状に係る第三欄に定める単位数（イの項に定めるものに限る。）は、短期大学の課程及び短期大学の専攻科で文部科学大臣が指定するものの課程において修得することができる。この場合において、その単位数から二種免許状のイの項に定める各単位数をそれぞれ差し引いた単位数については、短期大学の専攻科の課程において修得するものとする。

別表第二の二（第五条関係）

第一欄		第二欄	第三欄		
免許状の種類	所要資格	基礎資格	大学において修得することを必要とする最低単位数		
			栄養に係る教育に関する科目	教職に関する科目	栄養に係る教育又は教職に関する科目
栄養教諭	専修免許状	修士の学位を有すること及び栄養士法第二条第三項の規定により管理栄養士の免許を受けていること。	四	一八	二四
	一種免許状	学士の学位を有すること、かつ、栄養士法第二条第三項の規定により管理栄養士の免許を受けていること又は同法第五条の三第四号の規定により指定された管理栄養士養成施設の課程を修了し、同法第二条第一項の規定により栄養士の免許を受けていること。	四	一八	
	二種免許状	短期大学士の学位を有すること及び栄養士法第二条第一項の規定により栄養士の免許を受けていること。	二	一二	

備考
一　第二欄の「学士の学位を有すること」には、文部科学大臣がこれと同等以上の資格を有すると認めた場合を含むものとする。
二　第三欄の「大学」には、文部科学大臣の指定する教員養成機関を含むものとする。

別表第三（第六条関係）

第一欄 受けようとする免許状の種類	所要資格	第二欄 有することを必要とする第一欄に掲げる教員（当該学校の助教諭を含む。第三欄において同じ。）の免許状の種類	第三欄 第二欄に定める各免許状を取得した後、第一欄に掲げる教員又は当該学校の主幹教諭（養護又は栄養の指導及び管理をつかさどる主幹教諭を除く。）、指導教諭若しくは講師（これらに相当する中等教育学校の前期課程又は後期課程及び特別支援学校の各部の教員を含む。）として良好な成績で勤務した旨の実務証明責任者の証明を有することを必要とする最低在職年数	第四欄 第二欄に定める各免許状を取得した後、大学において修得することを必要とする最低単位数
幼稚園教諭	専修免許状	一種免許状	三	一五
	一種免許状	二種免許状	五	四五
	二種免許状	臨時免許状	六	四五
小学校教諭	専修免許状	一種免許状	三	一五
		特別免許状	三	四一
	一種免許状	二種免許状	五	四五
		特別免許状	三	二六
	二種免許状	臨時免許状	六	四五
中学校教諭	専修免許状	一種免許状	三	一五
		特別免許状	三	二五
	一種免許状	二種免許状	五	四五
	二種免許状	臨時免許状	六	四五
高等学校教諭	専修免許状	一種免許状	三	一五
		特別免許状	三	二五
	一種免許状	臨時免許状	五	四五

備考

一　実務の検定は第三欄により、学力の検定は第四欄によるものとする（別表第六、別表第六の二、別表第七及び別表第八の場合においても同様とする。）。

二　第三欄の学校の教員についての同欄の実務証明責任者は、国立学校又は公立学校の教員にあつては所轄庁と、私立学校の教員にあつてはその私立学校を設置する学校法人の理事長とする（別表第五の第二欄並びに別表第六、別表第六の二、別表第七及び別表第八の第三欄の場合においても同様とする。）。

三　第三欄の「第一欄に掲げる教員」には、これに相当するものとして文部科学省令で定める学校以外の教育施設において教育に従事する者を含むものとし、その者についての第三欄の実務証明責任者については、文部科学省令で定める。

四　専修免許状に係る第四欄に定める単位数のうち十五単位については、大学院の課程又は大学（短期大学を除く。）の専攻科の課程において修得するものとする（別表第五の第三欄並びに別表第六、別表第六の二及び別表第七の第四欄の場合においても同様とする。）。

五　一種免許状（高等学校教諭の一種免許状を除く。）に係る第四欄に定める単位数は、短期大学の専攻科で文部科学大臣が指定するものの課程において修得することができる（別表第五の第三欄並びに別表第六、別表第六の二及び別表第七の第四欄の場合においても同様とする。）。

六　第四欄の単位数（第四号に規定するものを含む。）は、文部科学大臣の指定する養護教諭養成機関において修得した単位、文部科学大臣の認定する講習、大学の公開講座若しくは通信教育において修得した単位又は文部科学大臣が大学に委嘱して行う試験の合格により修得した単位をもつて替えることができる（別表第四及び別表第五の第三欄並びに別表第六、別表第六の二、別表第七及び別表第八の第四欄の場合においても同様とする。）。

七　この表の規定により一種免許状又は二種免許状の授与を受けようとする者（小学校教諭の特別免許状を有する者でこの表の規定により小学校教諭の一種免許状の授与を受けようとするものを除く。）について、第三欄に定める最低在職年数を超える在職年数があるときは、五単位にその超える在職年数を乗じて得た単位数（第四欄に定める最低単位数から十単位を控除した単位数を限度とする。）を当該最低単位数から差し引くものとする。この場合における最低在職年数を超える在職年数には、文部科学省令で定める教育の職における在職年数を通算することができる（別表第六及び別表第六の二の場合においても同様とする。）。

八　二種免許状を有する者で教育職員に任命され、又は雇用された日から起算して十二年を経過したもの（幼稚園の教員を除く。）の免許管理者は、当該十二年を経過した日（第十号において「経過日」という。）から起算して三年の間において、当該者の意見を聴いて、一種免許状を取得するのに必要とする単位を修得することができる大学の課程、文部科学大臣の認定する講習、大学の公開講座若しくは通信教育又は文部科学大臣が大学に委嘱して行う試験（次号及び第十号において「大学の課程等」という。）の指定を行う。

九　前号に規定する者を任命し、又は雇用する者は、前号の規定により指定される大学の課程等において当該者が単位を修得することができる機会を与えるように努めなければならない。

十　第八号の規定により大学の課程等の指定を受けた者で経過日から起算して三年を経過する日までに一種免許状を取得していないものについては、第七号の規定にかかわらず、当該日の翌日以後は、第四欄に定める最低単位数は同欄に定める単位数とする。

別表第四（第六条関係）

第一欄		第二欄	第三欄		
受けようとする他の教科についての免許状の種類	所要資格	有することを必要とする第一欄に掲げる教員の一以上の教科についての免許状の種類	大学において修得することを必要とする最低単位数		
			教科に関する科目	教職に関する科目	教科又は教職に関する科目
中学校教諭	専修免許状	専修免許状	二〇	八	二四
	一種免許状	専修免許状又は一種免許状	二〇	八	
	二種免許状	専修免許状、一種免許状又は二種免許状	一〇	三	
高等学校教諭	専修免許状	専修免許状	二〇	四	二四
	一種免許状	専修免許状又は一種免許状	二〇	四	

備考
一　学力の検定は、第三欄によるものとする。
二　専修免許状に係る第三欄に定める教科又は教職に関する科目の単位は、大学院の課程又は大学（短期大学を除く。）の専攻科の課程において修得するものとする。
三　中学校教諭の一種免許状に係る第三欄に定める科目の単位数は、短期大学の課程及び短期大学の専攻科で文部科学大臣が指定するものの課程において修得することができる。この場合において、その単位数から中学校教諭の二種免許状に係る同欄に定める科目の各単位数をそれぞれ差し引いた単位数については、短期大学の専攻科の課程において修得するものとする。
四　この表の規定により他の教科についての専修免許状又は一種免許状の授与を受けようとする者が、当該他の教科についての一種免許状又は二種免許状を有するときは、専修免許状又は一種免許状の項第三欄に定める単位数からそれぞれ一種免許状又は二種免許状の項第三欄に定める単位数を差し引くものとする。
五　第十六条の四第一項の一種免許状を有する者が高等学校教諭の同項の文部科学省令で定める事項に係る教科についての一種免許状の授与を受けようとする場合については、当該教科を他の教科とみなし、同項の免許状を一以上の教科についての一種免許状とみなして、この表の高等学校教諭の一種免許状の項の規定を適用する。この場合においては、同項第三欄に定める単位数から文部科学省令で定める単位数を差し引くものとする。

別表第五（第六条関係）

第一欄		第二欄	第三欄
受けようとする免許状の種類	所要資格	基礎資格	第二欄に定める各免許状を取得した後、大学において修得することを必要とする最低単位数
中学校において職業実習を担任する教諭	専修免許状	第一欄に掲げる教諭の一種免許状を取得した後、三年以上中学校（中等教育学校の前期課程及び特別支援学校の中学部を含む。以下この欄において同じ。）において職業実習を担任する教員として良好な成績で勤務した旨の実務証明責任者の証明を有すること。	一五

3　高等教育

	一種免許状	第一欄に掲げる教諭の二種免許状を取得した後、三年以上中学校において職業実習を担任する教員として良好な成績で勤務した旨の実務証明責任者の証明を有すること。	一五
	二種免許状	イ　大学において職業実習に関する学科を専攻して、学士の学位を有し、一年以上その学科に関する実地の経験を有し、技術優秀と認められること。	
		ロ　大学に二年以上在学し、職業実習に関する学科を専攻して、三年以上その学科に関する実地の経験を有し、技術優秀と認められること。	
		ハ　職業実習についての中学校助教諭の臨時免許状を取得した後、六年以上中学校において職業実習を担任する教員として良好な成績で勤務した旨の実務証明責任者の証明を有すること。	二〇
高等学校において看護実習、家庭実習、情報実習、農業実習、工業実習、商業実習、水産実習、福祉実習又は商船実習を担任する教諭	専修免許状	第一欄に掲げる教諭の一種免許状を取得した後、三年以上高等学校（中等教育学校の後期課程及び特別支援学校の高等部を含む。以下この欄において同じ。）において当該実習を担任する教員として良好な成績で勤務した旨の実務証明責任者の証明を有すること。	一五
	一種免許状	イ　大学において第一欄に掲げる実習に係る実業に関する学科を専攻して、学士の学位を有し、一年以上その学科に関する実地の経験を有し、技術優秀と認められること。	
		ロ　第一欄に掲げる実習についての高等学校助教諭の臨時免許状を取得した後、三年以上高等学校において当該実習を担任する教員として良好な成績で勤務した旨の実務証明責任者の証明を有すること。	一〇

備考

一　実務の検定は第二欄により、学力の検定は第三欄によるものとする。

一の二　第二欄の「学士の学位」には、文部科学大臣がこれと同等以上の資格として認めたものを含むものとする。

二　第二欄の「当該実習を担任する教員」には、これに相当するものとして文部科学省令で定める学校以外の教育施設において教育に従事する者を含むものとし、その者についての同欄の実務証明責任者については、文部科学省令で定める。

三　この表の規定により一種免許状又は二種免許状の授与を受けようとする者について、第二欄に定める最低在職年数を超える在職年数があるときは、五単位にその超える在職年数を乗じて得た単位数（第三欄に定める最低単位数から十単位を控除した単位数を限度とする。）を当該最低単位数から差し引くものとする。この場合における最低在職年数を超える在職年数には、文部科学省令で定める教育の職における在職年数を通算することができる。

四　この表の規定により中学校教諭の二種免許状を受けようとする者が、職業実習に関する学科の課程を修めて高等学校（旧中等学校令（昭和十八年勅令第三十六号）による実業学校を含む。）又は中等教育学校を卒業した者であるときは、中学校において職業実習を担任する教諭の二種免許状ハの項第三欄中「二〇」とあるのを「一〇」と読み替えるものとする。

3 高等教育

別表第六（第六条関係）

第一欄 受けようとする免許状の種類	所要資格	第二欄 有することを必要とする養護教諭又は養護助教諭の免許状の種類	第三欄 第二欄に定める各免許状を取得した後、養護をつかさどる主幹教諭、養護教諭又は養護助教諭として良好な成績で勤務した旨の実務証明責任者の証明を有することを必要とする最低在職年数	第四欄 第二欄に定める各免許状を取得した後、大学又は文部科学大臣の指定する養護教諭養成機関において修得することを必要とする最低単位数
養護教諭	専修免許状	一種免許状	三	一五
	一種免許状	二種免許状	三	二〇
	二種免許状	臨時免許状	六	三〇

備考

一　この表の規定により一種免許状を受けようとする者が、別表第二の二種免許状のロの項の規定により授与された二種免許状を有するときは、一種免許状の項第三欄中「三」とあるのは「一」と、同項第四欄中「二〇」とあるのは「一〇」と読み替えるものとする。

二　この表の規定により二種免許状を受けようとする者が、保健師助産師看護師法第七条第三項の規定により看護師の免許を受けている場合においては、二種免許状の項第三欄に定める最低在職年数に満たない在職期間（一年未満の期間を含む。）があるときも、当該在職年数を満たすものとみなし、同項第四欄中「三〇」とあるのは、「一〇」と読み替えるものとする。

三　第二欄の臨時免許状を有する者には、当分の間、これに相当する者として文部科学省令で定める者を含むものとし、その者についての二種免許状の項第三欄及び第四欄の規定の適用については、当該文部科学省令で定める者となつたことをもつて臨時免許状の取得とみなす。

四　第三欄の「養護をつかさどる主幹教諭、養護教諭又は養護助教諭」には、当分の間、学校において幼児、児童又は生徒の養護に従事する職員で文部科学省令で定めるものを含むものとし、その者についての同欄の実務証明責任者については、文部科学省令で定める。

別表第六の二（第六条関係）

第一欄 受けようとする免許状の種類	所要資格	第二欄 有することを必要とする栄養教諭の免許状の種類	第三欄 第二欄に定める各免許状を取得した後、栄養の指導及び管理をつかさどる主幹教諭又は栄養教諭として良好な勤務成績で勤務した旨の実務証明責任者の証明を有することを必要とする最低在職年数	第四欄 第二欄に定める各免許状を取得した後、大学において修得することを必要とする最低単位数
栄養教諭	専修免許状	一種免許状	三	一五
	一種免許状	二種免許状	三	四〇

備考　この表の規定により一種免許状を受けようとする者が、栄養士法第二条第三項の規定により管理栄養士の免許を受けている場合においては、一種免許状の項第三欄に定める最低在職年数に満たない在職期間（一年未満の期間を含む。）があるときも、当該在職年数を満たすものとみなし、同項第四欄中「四〇」とあるのは、「八」と読み替えるものとする。

別表第七（第六条関係）

第一欄		第二欄	第三欄	第四欄
所要資格 受けようとする免許状の種類		有することを必要とする特別支援学校の教員（二種免許状の授与を受けようとする場合にあつては幼稚園、小学校、中学校又は高等学校の教員）の免許状の種類	第二欄に定める各免許状を取得した後、特別支援学校の教員（二種免許状の授与を受けようとする場合にあつては、幼稚園、小学校、中学校、高等学校又は中等教育学校の教員を含む。）として良好な成績で勤務した旨の実務証明責任者の証明を有することを必要とする最低在職年数	第二欄に定める各免許状を取得した後、大学において修得することを必要とする最低単位数
特別支援学校教諭	専修免許状	一種免許状	三	一五
	一種免許状	二種免許状	三	六
	二種免許状	幼稚園、小学校、中学校又は高等学校の教諭の普通免許状	三	六

備考　この表の規定により専修免許状又は一種免許状の授与を受けようとする者に係る第三欄に定める最低在職年数については、その授与を受けようとする免許状に定められることとなる特別支援教育領域を担任する教員として在職した年数とする。

別表第八（第六条関係）

第一欄	第二欄	第三欄	第四欄
所要資格 受けようとする免許状の種類	有することを必要とする学校の免許状	第二欄に定める各免許状を取得した後、当該学校における主幹教諭（養護又は栄養の指導及び管理をつかさどる主幹教諭を除く。）、指導教諭、教諭又は講師（これらに相当する中等教育学校の前期課程又は後期課程及び特別支援学校の各部の主幹教諭（養護又は栄養の指導及び管理をつかさどる主幹教諭を除く。）、指導教諭、教諭又は講師を含む。）として良好な勤務成績で勤務した旨の実務証明責任者の証明を有することを必要とする最低在職年数	第二欄に定める免許状を取得した後、大学において修得することを必要とする単位数
幼稚園教諭二種免許状	小学校教諭普通免許状	三	六
小学校教諭二種免許状	幼稚園教諭普通免許状	三	一三
	中学校教諭普通免許状	三	一二
中学校教諭二種免許状	小学校教諭普通免許状	三	一四
	高等学校教諭普通免許状	三	九
高等学校教諭一種免許状	中学校教諭普通免許状（二種免許状を除く。）	三	一二

備考　中学校教諭免許状を有する者が高等学校教諭一種免許状の授与を受けようとする場合又は高等学校教諭免許状を有する者が中学校教諭二種免許状の授与を受けようとする場合の免許状に係る教科については、文部科学省令で定める。

教育職員免許法施行令

昭和二十四年九月十九日政令第三百三十八号
最終改正　平成二〇年二月二〇日政令第二九号

内閣は、教育職員免許法（昭和二十四年法律第百四十七号）第十六条第一項の規定に基き、この政令を制定する。

教育職員免許法第十六条の三第四項の審議会等で政令で定めるものは、中央教育審議会とする。

附　則　抄

1　この政令は、公布の日から施行する。

附　則（平成二〇年二月二〇日政令第二九号）

この政令は、平成二十年四月一日から施行する。ただし、第二条の規定は、平成二十一年四月一日から施行する。

教育職員免許法施行規則

昭和二十九年十月二十七日文部省令第二十六号
最終改正　平成二二年三月三一日文部科学省令第九号

教育職員免許法（昭和二十四年法律第百四十七号）の規定に基き、及びその規定を実施するため教育職員免許法施行規則（昭和二十四年文部省令第三十八号）の全部を改正する省令を次のように定める。

第一章　単位の修得方法等

第一条　教育職員免許法（昭和二十四年法律第百四十七号。以下「免許法」という。）別表第一から別表第八までにおける単位の修得方法等に関しては、この章の定めるところによる。

第一条の二　免許法別表第一から別表第八までにおける単位の計算方法は、大学設置基準（昭和三十一年文部省令第二十八号）第二十一条第二項及び第三項（大学院設置基準（昭和四十九年文部省令第二十八号）第十五条において準用する場合を含む。）、大学通信教育設置基準（昭和五十年文部省令第三十三号）第五条、短期大学設置基準（昭和五十年文部省令第二十一号）第七条第二項及び第三項並びに短期大学通信教育設置基準（昭和五十七年文部省令第三号）第五条に定める基準によるものとする。

第一条の三　免許法別表第一備考第二号の規定により専修免許状に係る基礎資格を取得する場合の単位の修得方法は、大学院における単位の修得方法の例によるものとする。

第二条　免許法別表第一に規定する幼稚園教諭の普通免許状の授与を受ける場合の教科に関する科目の単位の修得方法は、小学校の教科に関する科目について修得するものとし、国語、算数、生活、音楽、図画工作及び体育の教科に関する科目（これら科目に含まれる内容を合わせた内容に係る科目その他これら科目に準ずる内容の科目を含む。）のうち一以上の科目について修得するものとする。

2　学生が前項の科目の単位を修得するに当たつては、大学は、各科目についての学生の知識及び技能の修得状況に応じ適切な履修指導を行うよう努めなければならない。

第三条　免許法別表第一に規定する小学校教諭の普通免許状の授与を受ける場合の教科に関する科目の単位の修得方法は、国語（書写を含む。）、社会、算数、理科、生活、音楽、図画工作、家庭及び体育の教科に関する科目のうち一以上の科目について修得するものとする。

2　学生が前項の科目の単位を修得するに当たつては、大学は、各科目についての学生の知識及び技能の修得状況に応じ適切な履修指導を行うよう努めなければならない。

第四条　免許法別表第一に規定する中学校教諭の普通免許状の授与を受ける場合の教科に関する科目の単位の修得方法は、次の表の第一欄に掲げる免許教科の種類に応じ、第二欄に掲げる科目について、専修免許状又は一種免許状の授与を受ける場合にあつてはそれぞれ一単位以上計二十単位を、二種免許状の授与を受ける場合にあつてはそれぞれ一単位以上計十単位を修得するものとする。

第一欄	第二欄
免許教科	教科に関する科目
国語	国語学（音声言語及び文章表現に関するものを含む。）
	国文学（国文学史を含む。）
	漢文学
	書道（書写を中心とする。）
社会	日本史及び外国史
	地理学（地誌を含む。）
	「法律学、政治学」
	「社会学、経済学」
	「哲学、倫理学、宗教学」
数学	代数学
	幾何学

	解析学
	「確率論、統計学」
	コンピュータ
理科	物理学
	物理学実験（コンピュータ活用を含む。）
	化学
	化学実験（コンピュータ活用を含む。）
	生物学
	生物学実験（コンピュータ活用を含む。）
	地学
	地学実験（コンピュータ活用を含む。）
音楽	ソルフェージュ
	声楽（合唱及び日本の伝統的な歌唱を含む。）
	器楽（合奏及び伴奏並びに和楽器を含む。）
	指揮法
	音楽理論、作曲法（編曲法を含む。）及び音楽史（日本の伝統音楽及び諸民族の音楽を含む。）
美術	絵画（映像メディア表現を含む。）
	彫刻
	デザイン（映像メディア表現を含む。）
	工芸
	美術理論及び美術史（鑑賞並びに日本の伝統美術及びアジアの美術を含む。）
保健体育	体育実技
	「体育原理、体育心理学、体育経営管理学、体育社会学」及び運動学（運動方法学を含む。）
	生理学（運動生理学を含む。）
	衛生学及び公衆衛生学
	学校保健（小児保健、精神保健、学校安全及び救急処置を含む。）
保健	生理学及び栄養学
	衛生学及び公衆衛生学
	学校保健（小児保健、精神保健、学校安全及び救急処置を含む。）
技術	木材加工（製図及び実習を含む。）
	金属加工（製図及び実習を含む。）
	機械（実習を含む。）
	電気（実習を含む。）
	栽培（実習を含む。）
	情報とコンピュータ（実習を含む。）
家庭	家庭経営学（家族関係学及び家庭経済学を含む。）
	被服学（被服製作実習を含む。）
	食物学（栄養学、食品学及び調理実習を含む。）
	住居学
	保育学（実習を含む。）
職業	産業概説
	職業指導
	「農業、工業、商業、水産」
	「農業実習、工業実習、商業実習、水産実習、商船実習」
職業指導	職業指導
	職業指導の技術
	職業指導の運営管理
英語	英語学
	英米文学
	英語コミュニケーション
	異文化理解
宗教	宗教学
	宗教史
	「教理学、哲学」

備考

一　第二欄に掲げる教科に関する科目は、一般的包括的な内容を含むものでなければならない。（次条の表の場合においても同様とする。）

二　英語以外の外国語の教科に関する科目の単位の修得方法は、それぞれ英語の場合の例によるものとする。（次条の表の場合においても同様とする。）

三　「　」内に表示された教科に関する科目の単位の修得は、当該教科に関する科目の一以上にわたつて行うものとする。ただし、「農業、工業、商業、水産」の修得方法は、これらの科目のうち二以上の科目（商船をもつて水産と替えることができる。）についてそれぞれ二単位以上を修得するものとする。（次条、第九条、第十五条第四項、第十八条の二及び第六十四条第二項の場合においても同様とする。）

第五条　免許法別表第一に規定する高等学校教諭の普通免許状の授与を受ける場合の教科に関する科目の単位の修得方法は、次の表の第一欄に掲げる免許教科の種類に応じ、第二欄に掲げる科目について、それぞれ一単位以上計二十単位を修得するものとする。

第一欄 免許教科	第二欄 教科に関する科目
国語	国語学（音声言語及び文章表現に関するものを含む。）
	国文学（国文学史を含む。）
	漢文学
地理歴史	日本史
	外国史
	人文地理学及び自然地理学
	地誌
公民	「法律学（国際法を含む。）、政治学（国際政治を含む。）」
	「社会学、経済学（国際経済を含む。）」
	「哲学、倫理学、宗教学、心理学」
数学	代数学
	幾何学
	解析学
	「確率論、統計学」
	コンピュータ
理科	物理学
	化学
	生物学
	地学
	「物理学実験（コンピュータ活用を含む。）、化学実験（コンピュータ活用を含む。）、生物学実験（コンピュータ活用を含む。）、地学実験（コンピュータ活用を含む。）」
音楽	ソルフェージュ
	声楽（合唱及び日本の伝統的な歌唱を含む。）
	器楽（合奏及び伴奏並びに和楽器を含む。）
	指揮法
	音楽理論、作曲法（編曲法を含む。）及び音楽史（日本の伝統音楽及び諸民族の音楽を含む。）
美術	絵画（映像メディア表現を含む。）
	彫刻
	デザイン（映像メディア表現を含む。）
	美術理論及び美術史（鑑賞並びに日本の伝統美術及びアジアの美術を含む。）
工芸	図法及び製図

	デザイン
	工芸制作（プロダクト制作を含む。）
	工芸理論、デザイン理論及び美術史（鑑賞並びに日本の伝統工芸及びアジアの工芸を含む。）
書道	書道（書写を含む。）
	書道史
	「書論、鑑賞」
	「国文学、漢文学」
保健体育	体育実技
	「体育原理、体育心理学、体育経営管理学、体育社会学」及び運動学（運動方法学を含む。）
	生理学（運動生理学を含む。）
	衛生学及び公衆衛生学
	学校保健（小児保健、精神保健、学校安全及び救急処置を含む。）
保健	「生理学、栄養学、微生物学、解剖学」
	衛生学及び公衆衛生学
	学校保健（小児保健、精神保健、学校安全及び救急処置を含む。）
看護	「生理学、生化学、病理学、微生物学、薬理学」
	看護学（成人看護学、老年看護学及び母子看護学を含む。）
	看護実習
家庭	家庭経営学（家族関係学及び家庭経済学を含む。）
	被服学（被服製作実習を含む。）
	食物学（栄養学、食品学及び調理実習を含む。）
	住居学（製図を含む。）
	保育学（実習及び家庭看護を含む。）
	家庭電気・機械及び情報処理
情報	情報社会及び情報倫理
	コンピュータ及び情報処理（実習を含む。）
	情報システム（実習を含む。）
	情報通信ネットワーク（実習を含む。）
	マルチメディア表現及び技術（実習を含む。）
	情報と職業
農業	農業の関係科目
	職業指導
工業	工業の関係科目
	職業指導
商業	商業の関係科目
	職業指導
水産	水産の関係科目
	職業指導
福祉	社会福祉学（職業指導を含む。）
	高齢者福祉、児童福祉及び障害者福祉
	社会福祉援助技術
	介護理論及び介護技術
	社会福祉総合実習（社会福祉援助実習及び社会福祉施設等における介護実習を含む。）
商船	商船の関係科目
	職業指導
職業指導	職業指導
	職業指導の技術
	職業指導の運営管理
英語	英語学
	英米文学
	英語コミュニケーション
	異文化理解
宗教	宗教学
	宗教史
	「教理学、哲学」

第六条　免許法別表第一に規定する幼稚園、小学校、中学校又は高等学校の教諭の普通免許状の授与を受ける場合の教職に関する科目の単位の修得方法は、次の表の定めるところによる。

㊟次の表⇩次頁の表

2　免許法別表第一備考第六号に規定する教職に関する科目の単位を修得させるために大学が設置する修業年限を一年とする課程（以下「教職特別課程」という。）における教職に関する科目の単位の修得方法は、前項に定める修得方法の例によるものとする。

3　大学は、第一項に規定する各科目の開設に当たつては、各科目の内容の整合性及び連続性を確保するとともに、効果的な教育方法を確保するように努めなければならない。

第六条の二　免許法別表第一に規定する幼稚園、小学校、中学校又は高等学校の教諭の専修免許状の授与を受ける場合の教科又は教職に関する科目の単位の修得方法は、第二条から第五条までに規定する教科に関する科目（中学校及び高等学校にあつては、当該専修免許状の授与を受けようとする者が有し又は所要資格を得ている一種免許状の教科に応じた教科に関する科目）又は前条に規定する教職に関する科目のうち一以上の科目について単位を修得するものとする。

2　免許法別表第一に規定する幼稚園、小学校、中学校又は高等学校の教諭の一種免許状又は二種免許状の授与を受ける場合の教科又は教職に関する科目の単位の修得方法は、第二条から第五条までに規定する教科に関する科目（中学校及び高等学校にあつては、授与を受けようとする免許状の教科に応じた教科に関する科目）又は前条に規定する教職に関する科目若しくは大学が加えるこれに準ずる科目のうち一以上の科目について単位を修得するものとする。

第七条　免許法別表第一に規定する特別支援学校教諭の普通免許状の授与を受ける場合の特別支援教育に関する科目の単位の修得方法は、次の表の定めるところによる。㊟次の表⇩三五二頁の表

第一欄		第二欄	第三欄	第四欄			第五欄	第六欄
教職に関する科目		教職の意義等に関する科目	教育の基礎理論に関する科目	教育課程及び指導法に関する科目		生徒指導、教育相談及び進路指導等に関する科目	教育実習	教職実践演習
右項の各科目に含めることが必要な事項		教職の意義及び教員の役割 教員の職務内容（研修、服務及び身分保障等を含む。） 進路選択に資する各種の機会の提供等	教育の理念並びに教育に関する歴史及び思想 幼児、児童及び生徒の心身の発達及び学習の過程（障害のある幼児、児童及び生徒の心身の発達及び学習の過程を含む。） 教育に関する社会的、制度的又は経営的事項	教育課程の意義及び編成の方法 各教科の指導法 道徳の指導法 特別活動の指導法 教育の方法及び技術（情報機器及び教材の活用を含む。）	教育課程の意義及び編成の方法 保育内容の指導法 教育の方法及び技術（情報機器及び教材の活用を含む。）	生徒指導の理論及び方法 教育相談（カウンセリングに関する基礎的な知識を含む。）の理論及び方法 進路指導の理論及び方法	幼児理解の理論及び方法 教育相談（カウンセリングに関する基礎的な知識を含む。）の理論及び方法		
最低修得単位数									
幼稚園教諭	専修免許状	二	六		一八		二	五	二
	一種免許状	二	六		一八		二	五	二
	二種免許状	二	四		一二		二	五	二
小学校教諭	専修免許状	二	六	二二		四		五	二
	一種免許状	二	六	二二		四		五	二
	二種免許状	二	四	一四		四		五	二
中学校教諭	専修免許状	二	六（五）	一二（六）		四（二）		五（三）	二
	一種免許状	二	六（五）	一二（六）		四（二）		五（三）	二
	二種免許状	二	四（三）	四（三）		四（二）		五（三）	二
高等学校教諭	専修免許状	二	六（四）	六（四）		四（二）		三（二）	二
	一種免許状	二	六（四）	六（四）		四（二）		三（二）	二

備考

一　教育課程及び指導法に関する科目は、幼稚園教諭の普通免許状の授与を受ける場合にあつては、教育課程の意義及び編成の方法、保育内容の指導法並びに教育の方法及び技術（情報機器及び教材の活用を含む。）を含むものとし、小学校又は中学校の教諭の普通免許状の授与を受ける場合にあつては、教育課程の意義及び編成の方法、各教科の指導法、道徳の指導法、特別活動の指導法並びに教育の方法及び技術（情報機器及び教材の活用を含む。）を含むものとし、高等学校教諭の普通免許状の授与を受ける場合にあつては、教育課程の意義及び編成の方法、各教科の指導法、特別活動の指導法並びに教育の方法及び技術（情報機器及び教材の活用を含む。）を含むものとする。

二　教育課程及び指導法に関する科目は、学校教育法施行規則（昭和二十二年文部省令第十一号）第三十八条に規定する幼稚園教育要領、同令第五十二条に規定する小学校学習指導要領、同令第七十四条に規定する中学校学習指導要領又は同令第八十四条に規定する高等学校学習指導要領に掲げる事項に即し、包括的な内容を含むものでなければならない。

三　教育の基礎理論に関する科目に教育課程の意義及び編成の方法を含む場合にあつては、教育課程及び指導法に関する科目に教育課程の意義及び編成の方法を含むことを要しない。

四　各教科の指導法の単位の修得方法は、小学校教諭の専修免許状又は一種免許状の授与を受ける場合にあつては、国語（書写を含む。）、社会、算数、理科、生活、音楽、図画工作、家庭及び体育（以下この号において「国語等」という。）の教科の指導法についてそれぞれ二単位以上を、小学校教諭の二種免許状の授与を受ける場合にあつては、国語等のうち六以上の教科の指導法（音楽、図画工作又は体育の教科の指導法のうち二以上を含む。）についてそれぞれ二単位以上を、中学校又は高等学校の教諭の普通免許状の授与を受ける場合にあつては、それぞれ、受けようとする免許教科ごとに修得するものとする。

五　道徳の指導法の単位の修得方法は、小学校又は中学校の教諭の専修免許状又は一種免許状の授与を受ける場合にあつては二単位以上を、小学校又は中学校の教諭の二種免許状の授与を受ける場合にあつては一単位以上を修得するものとする。

六　生徒指導、教育相談及び進路指導等に関する科目は、幼稚園教諭の普通免許状の授与を受ける場合にあつては、幼児理解の理論及び方法並びに教育相談（カウンセリングに関する基礎的な知識を含む。）の理論及び方法を含むものとし、小学校、中学校又は高等学校の教諭の普通免許状の授与を受ける場合にあつては、生徒指導の理論及び方法、教育相談（カウンセリングに関する基礎的な知識を含む。）の理論及び方法並びに進路指導の理論及び方法を含むものとする。

七　教育実習は、授与を受けようとする普通免許状に係る学校並びに幼稚園教諭の普通免許状の授与を受ける場合にあつては小学校、小学校教諭の普通免許状の授与を受ける場合にあつては幼稚園及び中学校、中学校教諭の普通免許状の授与を受ける場合にあつては小学校及び高等学校、高等学校教諭の普通免許状の授与を受ける場合にあつては中学校の教育を中心とするものとする。この場合において、幼稚園又は小学校には、特別支援学校の幼稚部又は小学部を含み、中学校又は高等学校には、中等教育学校の前期課程又は後期課程及び特別支援学校の中学部又は高等部を含む。

八　教育実習の単位数には、教育実習に係る事前及び事後の指導（授与を受けようとする普通免許状に係る学校以外の学校、専修学校、社会教育に関する施設、社会福祉施設、児童自立支援施設及びボランティア団体における教育実習に準ずる経験を含むことができる。）の一単位を含むものとする。（第七条第一項、第十条及び第十条の四の表の場合においても同様とする。）

九　幼稚園又は小学校の教諭の普通免許状の授与を受ける場合の教育実習の単位は、幼稚園（特別支援学校の幼稚部及び附則第十八項第四号に規定する幼稚園に相当する旧令による学校を含む。）又は、小学校（特別支援学校の小学部及び附則第十八項第一号に規定する小学校に相当する旧令による学校を含む。）において、教員として一年以上良好な成績で勤務した旨の実務証明責任者の証明を有する者については、経験年数一年について一単位の割合で、表に掲げる幼稚園又は小学校の教諭の普通免許状の授与を受ける場合の教職に関する科目（教育実習を除く。）の単位をもつて、これに替えることができる。

十　中学校又は高等学校の教諭の普通免許状の授与を受ける場合の教育実習の単位は、中学校（中等教育学校の前期課程及び特別支援学校の中学部並びに附則第十八項第二号に規定する中学校に相当する旧令による学校を含む。）又は高等学校（中等教育学校の後期課程及び特別支援学校の高等部並びに附則第十八項第三号に規定する高等学校に相当する旧令による学校を含む。）において、教員として一年以上良好な成績で勤務した旨の実務証明責任者の証明を有する者については、経験年数一年について一単位の割合で、表に掲げる中学校又は高等学校の教諭の普通免許状の授与を受ける場合の教職に関する科目（教育実習を除く。）の単位をもつて、これに替えることができる。

十一　教職実践演習は、当該演習を履修する者の教科に関する科目及び教職に関する科目（教職実践演習を除く。）の履修状況を踏まえ、教員として必要な知識技能を修得したことを確認するものとする（第十条及び第十条の四の表の場合においても同様とする。）。

十二　幼稚園、小学校又は中学校の教諭の普通免許状の授与を受ける場合の教職の意義等に関する科目、教育の基礎理論に関する科目、生徒指導、教育相談及び進路指導等に関する科目、教育実習又は教職実践演習の単位は、教職の意義等に関する科目にあつては二単位まで、教育の基礎理論に関する科目にあつては六単位（二種免許状の授与を受ける場合にあつては四単位）まで、生徒指導、教育相談及び進路指導等に関する科目にあつては二単位まで、教育実習にあつては三単位まで、他の学校の教諭の普通免許状の授与を受ける場合のそれぞれの科目の単位をもつてあてることができる。

十三　高等学校教諭の普通免許状の授与を受ける場合の教職の意義等に関する科目、教育の基礎理論に関する科目、生徒指導、教育相談及び進路指導等に関する科目、教育実習又は教職実践演習の単位は、教職の意義等に関する科目にあつては二単位まで、教育の基礎理論に関する科目にあつては六単位まで、生徒指導、教育相談及び進路指導等に関する科目、教育実習並びに教職実践演習にあつてはそれぞれ二単位まで、幼稚園、小学校又は中学校の教諭の普通免許状の授与を受ける場合のそれぞれの科目の単位をもつてあてることができる。

十四　幼稚園又は小学校の教諭の普通免許状の授与を受ける場合の教育課程及び指導法に関する科目に係る教育課程の意義及び編成の方法並びに教育の方法及び技術（情報機器及び教材の活用を含む。）の単位のうち、二単位（二種免許状の授与を受ける場合にあつては一単位）までは、幼稚園又は小学校の教諭の普通免許状の授与を受ける場合の単位をもつてあてることができる。

十五　小学校の教諭の普通免許状の授与を受ける場合の教育課程及び指導法に関する科目に係る各教科の指導法の単位のうち、生活の教科の指導法の単位にあつては二単位まで、特別活動の指導法の単位にあつては一単位まで、幼稚園の教諭の普通免許状の授与を受ける場合の保育内容の指導法の単位をもつてあてることができる。

十六　保育内容の指導法の単位のうち、半数までは、小学校教諭の普通免許状の授与を受ける場合の各教科の指導法又は特別活動の指導法の単位をもつてあてることができる。

十七　括弧内の数字は、免許法別表第一備考第九号の規定の適用を受ける者の修得すべき単位数とする。

免許状の種類		特別支援教育に関する科目　最低修得単位数					
		第一欄	第二欄		第三欄		第四欄
		特別支援教育の基礎理論に関する科目	特別支援教育領域に関する科目		免許状に定められることとなる特別支援教育領域以外の領域に関する科目		心身に障害のある幼児、児童又は生徒についての教育実習
			心身に障害のある幼児、児童又は生徒の心理、生理及び病理に関する科目	心身に障害のある幼児、児童又は生徒の教育課程及び指導法に関する科目	心身に障害のある幼児、児童又は生徒の心理、生理及び病理に関する科目	心身に障害のある幼児、児童又は生徒の教育課程及び指導法に関する科目	
特別支援学校教諭	専修免許状	二	十六		五		三
	一種免許状	二	十六		五		三
	二種免許状	二	八		三		三

備考

一　第一欄に掲げる科目は、特別支援学校の教育に係る、心身に障害のある幼児、児童又は生徒についての教育の理念並びに教育に関する歴史及び思想並びに心身に障害のある幼児、児童又は生徒についての教育に係る社会的、制度的又は経営的事項を含むものとする。

二　第二欄に掲げる科目の単位の修得方法は、特別支援教育領域のうち、一又は二以上の免許状教育領域（授与を受けようとする免許状に定められることとなる特別支援教育領域をいう。次項において同じ。）について、それぞれ次のイ又はロに定める単位を修得するものとする。

イ　視覚障害者又は聴覚障害者に関する教育の領域を定める免許状の授与を受けようとする場合にあつては、当該領域に関する心身に障害のある幼児、児童又は生徒の心理、生理及び病理に関する科目（以下「心理等に関する科目」という。）並びに当該領域に関する心身に障害のある幼児、児童又は生徒の教育課程及び指導法に関する科目（以下「教育課程等に関する科目」という。）について合わせて八単位（二種免許状の授与を受ける場合にあつては四単位）以上（当該心理等に関する科目に係る一単位以上及び当該教育課程等に関する科目に係る二単位（二種免許状の授与を受ける場合にあつては一単位）以上を含む。）

ロ　知的障害者、肢体不自由者又は病弱者（身体虚弱者を含む。以下同じ。）に関する教育の領域を定める免許状の授与を受けようとする場合にあつては、当該領域に関する心理等に関する科目及び当該領域に関する教育課程等に関する科目について合わせて四単位（二種免許状の授与を受ける場合にあつては二単位）以上（当該心理等に関する科目に係る一単位以上及び当該教育課程等に関する科目に係る二単位（二種免許状の授与を受ける場合にあつては一単位）以上を含む。）

三　第三欄に掲げる科目は、視覚障害者、聴覚障害者、知的障害者、肢体不自由者及び病弱者に関する教育並びにその他障害により教育上特別の支援を必要とする者に対する教育に関する事項のうち、授与を受けようとする免許状に定められることとなる特別支援教育領域に関する事項以外の全ての事項を含むものとする。

四　第四欄に定める単位は、特別支援学校において、教員として一年以上良好な成績で勤務した旨の実務証明責任者の証明を有するものについては、経験年数一年について一単位の割合で、それぞれ第一欄から第三欄までに掲げる科目に関する単位をもつて、これに替えることができる。

2　免許法別表第一に規定する特別支援学校教諭の専修免許状の授与を受ける場合の特別支援教育に関する科目の単位は、前項に規定するもののほか、免許状教育領域の種類に応じ、大学の加える特別支援教育に関する科目についても修得することができる。

3　特別支援教育に関する科目の修得により免許法第五条の二第三項の規定による新教育領域の追加の定めを受けようとする場合における特別支援教育に関する科目の単位の修得方法は、追加の定めを受けようとする新教育領域の種類に応じ、第一項の表備考第二号イ又はロに定める単位を修得するものとする。

4　前項の規定により修得するものとされる単位は、新教育領域の追加の定めを受けようとする者が免許状の授与を受けた際に修得した単位（新たに追加の定めを受けようとする新教育領域に関する科目に係るものに限る。）をもつて、これに替えることができる。この場合において、第一項の表の第三欄に掲げる科目について修得した単位数が同欄に定める最低修得単位数に不足することとなるときは、同欄に掲げる科目について、その不足する単位数と同数以上の単位を修得しなければならない。

5　免許法第五条の二第三項に規定する教育職員検定のうち、特別支援学校教諭の普通免許状に新教育領域を追加して定める場合の学力及び実務の検定は、次に定めるところによつて行わなければならない。

一　学力の検定は、追加の定めを受けようとする新教育領域の種類に応じ、第一項の表第二欄に掲げる科目についてそれぞれ次のイ又はロに定める単位を修得するものとする。

イ　視覚障害者又は聴覚障害者に関する教育の領域の追加の定めを受けようとする場合にあつては、当該領域に関する心理等に関する科目及び当該領域に関する教育課程等に関する科目について合わせて四単位（二種免許状に新教育領域の追加の定めを受けようとする場合にあつては二単位）以上（当該心理等に関する科目に係る一単位以上及び当該教育課程等に関する科目に係る一単位以上を含む。）

ロ　知的障害者、肢体不自由者又は病弱者に関する教育の領域の追加の定めを受けようとする場合にあつては、当該領域に関する心理等に関する科目及び当該領域に関する教育課程等に関する科目についてそれぞれ一単位又は当該教育課程等に関する科目並びに当該心理等に関する科目及び当該教育課程等に関する科目の内容を含む科目（以下この号において「心理及び教育課程等に関する科目」という。）についてそれぞれ一単位（二種免許状に当該領域の追加の定めを受ける場合にあつては当該心理及び教育課程等に関する科目一単位）以上

二　前号の単位は、文部科学大臣の認定する講習、大学の公開講座若しくは通信教育において修得した単位又は文部科学大臣が大学に委嘱して行う試験の合格により修得した単位をもつて替えることができる。

三　実務の検定は、特別支援学校の教員（専修免許状又は一種免許状に新教育領域の追加の定めを受けようとする場合にあつては、当該免許状に定められている特別支援教育領域又は追加の定めを受けようとする新教育領域を担任する教員に限り、二種免許状に新教育領域の追加の定めを受けようとする場合にあつては、幼稚園、小学校、中学校、高等学校又は中等教育学校の教員を含む。）として一年間良好な成績で勤務した旨の実務証明責任者の証明を有することを必要とする。

6　第四項の規定は、前項の場合について準用する。この場合において、「前項」とあるのは「第五項」と読み替えるものとする。

7　免許法別表第一備考第六号に規定する特別支援教育に関する科目の単位を修得させるために大学が設置する修業年限を一年とする課程（以下「特別支援教育特別課程」という。）における特別支援教育に関する科目の単位の修得方法は、第一項から第四項までに定める修得方法の例によるものとする。

第八条　削除

第九条　免許法別表第二に規定する養護教諭の普通免許状の授与を受ける場合の養護に関する科目の単位の修得方法は、次の表の定めるところによる。

養護に関する科目		最低修得単位数								
免許状の種類		衛生学及び公衆衛生学（予防医学を含む。）	学校保健	養護概説	健康相談活動の理論及び方法	栄養学（食品学を含む。）	解剖学及び生理学	「微生物学、免疫学、薬理概論」	精神保健	看護学（臨床実習及び救急処置を含む。）
養護教諭	専修免許状	四	二	二	二	二	二	二	二	一〇
	一種免許状	四	二	二	二	二	二	二	二	一〇
	二種免許状	二	一	一	二	二	二	二	二	一〇

備考一　免許法別表第二の養護教諭の一種免許状のロの項に規定する養護に関する科目の単位の修得方法は、衛生学及び公衆衛生学（予防医学を含む。）、学校保健、養護概説及び栄養学（食品学を含む。）に含まれる内容について、合わせて三単位以上を修得するものとする。

二　免許法別表第二の養護教諭の一種免許状のハの項に規定する養護に関する科目の単位の修得方法は、衛生学及び公衆衛生学（予防医学を含む。）並びに栄養学（食品学を含む。）についてそれぞれ二単位以上を、学校保健及び養護概説について合わせて二単位以上を修得するものとする。

第十条 免許法別表第二に規定する養護教諭の普通免許状の授与を受ける場合の教職に関する科目の単位の修得方法は、次の表の定めるところによる。

第一欄	最低修得単位数					
教職に関する科目	第二欄 教職の意義等に関する科目	第三欄 教育の基礎理論に関する科目	第四欄 教育課程に関する科目	生徒指導及び教育相談に関する科目	第五欄 養護実習	第六欄 教職実践演習
右項の各科目に含めることが必要な事項	教職の意義及び教員の役割 教員の職務内容（研修、服務及び身分保障等を含む。） 進路選択に資する各種の機会の提供等	教育の理念並びに教育に関する歴史及び思想 幼児、児童及び生徒の心身の発達及び学習の過程（障害のある幼児、児童及び生徒の心身の発達及び学習の過程を含む。） 教育に関する社会的、制度的又は経営的事項	教育課程の意義及び編成の方法 道徳及び特別活動に関する内容 教育の方法及び技術（情報機器及び教材の活用を含む。）	生徒指導の理論及び方法 教育相談（カウンセリングに関する基礎的な知識を含む。）の理論及び方法		
養護教諭 専修免許状	二	四	四	四	五	二
養護教諭 一種免許状	二	四	四	四	五	二
養護教諭 二種免許状	二	二	二	二	四	二

備考

一 免許法別表第二の養護教諭の一種免許状のロの項及びハの項に規定する教職に関する科目の単位の修得方法は、教育の理念並びに教育に関する歴史及び思想並びに幼児、児童及び生徒の心身の発達及び学習の過程（障害のある幼児、児童及び生徒の心身の発達及び学習の過程を含む。）のうち一以上の事項並びに養護実習について、それぞれ二単位以上を修得するものとする。

二 養護実習の単位は、養護教諭、養護助教諭又は第六十九条の二に規定する職員として一年以上良好な成績で勤務した旨の実務証明責任者の証明を有する者については、経験年数一年について一単位の割合で、表に掲げる教職に関する科目（養護実習を除く。）の単位をもつて、これに替えることができる。

三 教職の意義等に関する科目、教育の基礎理論に関する科目又は生徒指導及び教育相談に関する科目の単位は、教職の意義等に関する科目にあつては二単位まで、教育の基礎理論に関する科目にあつては四単位（二種免許状の授与を受ける場合にあつては二単位）まで、生徒指導及び教育相談に関する科目にあつては二単位まで、幼稚園、小学校、中学校又は高等学校の教諭の普通免許状の授与を受ける場合のそれぞれの科目の単位をもつてあてることができる。

四 教職の意義等に関する科目、教育の基礎理論に関する科目、教育課程に関する科目又は生徒指導及び教育相談に関する科目の単位は、教職の意義等に関する科目にあつては二単位まで、教育の基礎理論に関する科目、教育課程に関する科目並びに生徒指導及び教育相談に関する科目にあつてはそれぞれ四単位（二種免許状の授与を受ける場合にあつては二単位）まで、栄養教諭の普通免許状の授与を受ける場合のそれぞれの科目の単位をもつてあてることができる。

第十条の二 免許法別表第二に規定する養護教諭の専修免許状の授与を受ける場合の養護又は教職に関する科目の単位の修得方法は、第九条に規定する養護に関する科目又は前条に規定する教職に関する科目のうち一以上の科目について単位を修得するものとする。

2 免許法別表第二に規定する養護教諭の一種免許状又は二種免許状の授与を受ける場合の養護又は教職に関する科目の単位の修得方法は、第九条に規定する養護に関する科目又は前条に規定する教職に関する科目若しくは大学が加えるこれに準ずる科目のうち一以上の科目について単位を修得するものとする。

第十条の三 免許法別表第二の二に規定する栄養教諭の

普通免許状の授与を受ける場合の栄養に係る教育に関する科目の単位の修得方法は、栄養教諭の役割及び職務内容に関する事項、幼児、児童及び生徒の栄養に係る課題に関する事項、食生活に関する歴史的及び文化的事項並びに食に関する指導の方法に関する事項を含む科目について、専修免許状又は一種免許状の授与を受ける場合にあつては四単位以上を、二種免許状の授与を受ける場合にあつては二単位以上を修得するものとする。

第十条の四　免許法別表第二の二に規定する栄養教諭の普通免許状の授与を受ける場合の教職に関する科目の単位の修得方法は、次の表の定めるところによる。

第一欄	最低修得単位数												
教職に関する科目	第二欄 教職の意義等に関する科目			第三欄 教育の基礎理論に関する科目			第四欄 教育課程に関する科目			生徒指導及び教育相談に関する科目		第五欄 栄養教育実習	第六欄 教職実践演習
右項の各科目に含めることが必要な事項	教職の意義及び教員の役割	教員の職務内容（研修、服務及び身分保障等を含む。）	進路選択に資する各種の機会の提供等	教育の理念並びに教育に関する歴史及び思想	幼児、児童及び生徒の心身の発達及び学習の過程（障害のある幼児、児童及び生徒の心身の発達及び学習の過程を含む。）	教育に関する社会的、制度的又は経営的事項	教育課程の意義及び編成の方法	道徳及び特別活動に関する内容	教育の方法及び技術（情報機器及び教材の活用を含む。）	生徒指導の理論及び方法	教育相談（カウンセリングに関する基礎的な知識を含む。）の理論及び方法		
栄養教諭　専修免許状	二			四			四			四		二	二
栄養教諭　一種免許状	二			四			四			四		二	二
栄養教諭　二種免許状	二			二			二			二		二	二

備考

一　教職の意義等に関する科目、教育の基礎理論に関する科目又は生徒指導及び教育相談に関する科目の単位は、教職の意義等に関する科目にあつては二単位まで、教育の基礎理論に関する科目にあつては四単位（二種免許状の授与を受ける場合にあつては二単位）まで、生徒指導及び教育相談に関する科目にあつては二単位まで、幼稚園、小学校、中学校又は高等学校の教諭の普通免許状の授与を受ける場合のそれぞれの科目の単位をもつてあてることができる。

二　教職の意義等に関する科目、教育の基礎理論に関する科目、教育課程に関する科目又は生徒指導及び教育相談に関する科目の単位は、教職の意義等に関する科目にあつては二単位まで、教育の基礎理論に関する科目、教育課程に関する科目並びに生徒指導及び教育相談に関する科目にあつてはそれぞれ四単位（二種免許状の授与を受ける場合にあつては二単位）まで、養護教諭の普通免許状の授与を受ける場合のそれぞれの科目の単位をもつてあてることができる。

第十条の五　免許法別表第二の二に規定する栄養教諭の専修免許状の授与を受ける場合の栄養に係る教育又は教職に関する科目の単位の修得方法は、第十条の三に規定する栄養に係る教育に関する科目若しくは大学が加えるこれに準ずる科目（管理栄養士学校指定規則（昭和四十一年文部省・厚生省令第二号）別表第一に掲げる教育内容に係るものに限る。）又は前条に規定する教職に関する科目のうち一以上の科目について単位を修得するものとする。

第十条の六　幼稚園、小学校、中学校若しくは特別支援学校の教諭、養護教諭若しくは栄養教諭の一種免許状若しくは二種免許状を有する者又はこれらの免許状に係る所要資格を得ている者が、免許法別表第一、別表第二又は別表第二の二の規定により、それぞれの専修免許状又は一種免許状の授与を受けようとするときは、これらの別表の専修免許状又は一種免許状に係る第三欄に定める単位数のうちその者が有し又は所要資格を得ている一種免許状又は二種免許状に係る第三欄に定める単位数は、既に修得したものとみなす。

2　前項の規定の適用を受ける場合の教職に関する科目、特別支援教育に関する科目、養護に関する科目又は栄養に係る教育に関する科目の単位の修得方法は、第六条、第七条、第九条、第十条、第十条の三及び第十条の四に規定する一種免許状に係る各科目の単位数から二種免許状に係る各科目の単位数を差し引いた単位数について修得するものとする。

3　免許法別表第一、別表第二又は別表第二の二の規定により幼稚園、小学校、中学校若しくは特別支援学校の教諭の一種免許状、養護教諭の一種免許状又は栄養教諭の一種免許状の授与を受けようとする者は、それぞれの二種免許状の授与を受けるために修得した科目の単位をこれらの別表の一種免許状に係る第三欄に掲げる単位数に含めることができる。ただし、第二条から第六条、第七条、第九条、第十条、第十条の三及び第十条の四に規定する二種免許状に係る各科目の単位数を上限とする。

4　第七条第三項又は第五項の規定により一種免許状に新教育領域の追加の定めを受けようとする者が、当該領域を定めた二種免許状を所持している場合、当該領域を定めた二種免許状に係る所要資格を得ている場合又は特別支援学校教諭の二種免許状に当該新教育領域の追加の定めを受けることができる者である場合には、同条第三項又は第五項に定める単位数のうち二種免許状に当該領域の追加の定めを受けるためにそれぞれ必要な単位数は、既に修得したものとみなす。

5　第七条第三項又は第五項の規定により一種免許状に新教育領域の追加の定めを受けようとする者は、当該新教育領域を定めた二種免許状の授与を受けるため、又は二種免許状に当該新教育領域の追加の定めを受けるために修得した科目の単位を同条第三項又は第五項に定める一種免許状に係る単位数に含めることができる。ただし、同条第三項又は第五項に定める単位数のうち、二種免許状に当該新教育領域の追加の定めを受けるためにそれぞれ必要な単位数を上限とする。

第十条の七　認定課程を有する大学に入学した者は、当該大学の認めるところにより、当該大学に入学する前に大学（認定課程を有する大学に限る。）において修得した科目の単位のうち、大学設置基準第三十条第一項（大学院設置基準第十五条において準用する場合を含む。）、短期大学設置基準第十六条第一項又は専門職大学院設置基準（平成十五年文部科学省令第十六号）第二十二条第一項若しくは第二十八条第一項の規定により当該大学における授業科目の履修により修得したものとみなされるものについては、当該大学が有する認定課程に係る免許状の授与を受けるための科目の単位に含めることができる。この場合において、当該大学に入学する前の大学が短期大学である場合にあつては、第二条から第六条、第七条、第九条、第十条、第十条の三及び第十条の四に規定する二種免許状（高等学校教諭の普通免許状の授与を受ける場合にあつては、中学校教諭の二種免許状）に係る各科目の単位数を上限とする。

2　免許法別表第一、別表第二又は別表第二の二の規定により普通免許状の授与を受けようとする者は、認定課程を有する大学の認めるところにより、認定課程を有する他の大学（授与を受けようとする普通免許状に係る学校の教員を養成する外国の大学を含む。）において修得した科目の単位のうち、大学設置基準第二十八条（大学院設置基準第十五条において準用する場合を含む。）、短期大学設置基準第十四条又は専門職大学院設置基準第二十一条若しくは第二十七条の規定により当該大学における授業科目の履修により修得したものとみなされるものについては、当該大学が有する認定課程に係る免許状の授与を受けるための科目の単位に含めることができる。

第十一条　免許法別表第三の規定により普通免許状の授与を受ける場合（特別免許状を有する者で免許法別表第三の規定により普通免許状の授与を受ける場合を除く。）の単位の修得方法は、次の表の第一欄に掲げる免許状の種類に応じ、それぞれ第二欄に掲げる科目の単位を含めて第三欄に掲げる単位を修得するものとする。㊟次の表⇩次頁の表

2　免許法別表第三の規定により一種免許状又は二種免許状の授与を受けようとする者は、前項の表の第二欄に掲げる教科に関する科目及び教職に関する科目以外の科目の単位を修得するに当たつては、幅広く深い教養を身に付けるよう努めなければならない。

第十一条の二　特別免許状を有する者で免許法別表第三の規定により普通免許状の授与を受ける場合の単位の修得方法は、次の表の定めるところによる。

第一欄		第二欄	
受けようとする免許状の種類		教職に関する科目	教科又は教職に関する科目
小学校教諭	専修免許状	二六	一五
	一種免許状	二六	
中学校教諭	専修免許状	一〇	一五
高等学校教諭	専修免許状	一〇	一五

備考一　第二欄に掲げる教科又は教職に関する科目の単位の修得方法は、第六条の二第一項に定める修得方法の例にならうものとする。ただし、教科又は教職に関する科目の単位のうち三単位までは、第六条第一項の表に規定する教職に関する科目に準ずる科目の単位をもつて、これに替えることができる。

二　小学校教諭の専修免許状又は一種免許状の授与を受ける場合の教職に関する科目の単位の修得方法は、第六条第一項の表に規定する教育の基礎理論に関する科目六単位以上並びに生徒指導、教育相談及び進路指導等に関する科目四単位以上並びに国語（書写を含む。）、社会、算数、理科、生活、音楽、図画工作、家庭及び体育の教科の指導法のうち専修免許状又は一種免許状の授与を受けようとするものが有している特別免許状の教科以外の教科の指導法についてそれぞれ二単位以上を修得するものとする。

三　中学校教諭又は高等学校教諭の専修免許状の授与を受ける場合の教職に関する科目の単位の修得方法は、第六条第一項の表に規定する教育の基礎理論に関する科目六単位以上並びに生徒指導、教育相談及び進路指導等に関する科目四単位以上を修得するものとする。

第十二条　第十一条第一項の表備考第三号又は第四号に規定する者の免許法別表第三の第三欄に定める最低在職年数の通算については、その者の大学又は旧国立養護教諭養成所における在学年数のうち二年を超える在学年数一年をもつて在職年数二年とみなして取り扱うことができる。第十七条第一項の表備考に規定する者の免許法別表第六の第三欄に定める最低在職年数の通算についても、同様とする。

第一欄 受けようとする免許状の種類		第二欄 教科に関する科目	教職に関する科目	教科又は教職に関する科目	第三欄 最低修得単位数
幼稚園教諭	専修免許状			一五	一五
	一種免許状	四	二〇	六	四五
	二種免許状	五	三〇		四五
小学校教諭	専修免許状			一五	一五
	一種免許状	四	二一	五	四五
	二種免許状	四	二九	二	四五
中学校教諭	専修免許状			一五	一五
	一種免許状	一〇	一六	四	四五
	二種免許状	一〇	二一	四	四五
高等学校教諭	専修免許状			一五	一五
	一種免許状	一〇	二一	八	四五

備考

一　第二欄に掲げる教科に関する科目、教職に関する科目及び教科又は教職に関する科目の単位の修得方法は、それぞれ第二条から第六条の二までに定める修得方法の例にならうものとする。ただし、専修免許状の授与を受ける場合の教科又は教職に関する科目の単位のうち三単位までは、第六条第一項の表に規定する教職に関する科目に準ずる科目の単位をもつて、これに替えることができる。

二　高等学校教諭の一種免許状の授与を受けようとする者が、大学に二年以上在学し、六十二単位以上を修得した者又は高等専門学校を卒業した者で、免許法第五条第六項の規定により高等学校助教諭の臨時免許状の授与を受けたものであり、かつ、大学又は高等専門学校において教職に関する科目について四単位以上を修得していないものであるときは、四単位に不足する単位数を十二単位に加えた単位数を、教職に関する科目の単位として修得しなければならない。

三　幼稚園、小学校、中学校又は高等学校の教諭の一種免許状の授与を受けようとする者が大学に三年以上在学し、かつ、九十三単位以上を修得したもの又は大学に二年以上及び大学の専攻科に一年以上在学し、かつ、九十三単位以上を修得したものであるときは、その者は、幼稚園又は小学校の教諭の一種免許状の授与を受ける場合にあつては、この表の当該一種免許状の項の第三欄に掲げる最低修得単位数のうち、第二欄に掲げる教科に関する科目二単位及び教職に関する科目八単位を含めて二十単位を、中学校の教諭の一種免許状の授与を受ける場合にあつては、この表の当該一種免許状の項の第三欄に掲げる最低修得単位数のうち、第二欄に掲げる教科に関する科目四単位及び教職に関する科目六単位を含めて二十単位を、高等学校教諭の一種免許状の授与を受ける場合にあつては、この表の当該一種免許状の項の第三欄に掲げる最低修得単位数のうち、第二欄に掲げる教科に関する科目五単位及び教職に関する科目五単位を含めて二十単位を修得したものとみなして、この表を適用する。

四　保健の教科についての中学校教諭の一種免許状の授与を受けようとする者が旧国立養護教諭養成所を卒業したものであるときは、その者は、この表の中学校教諭の一種免許状の項の第三欄に掲げる最低修得単位数のうち、第二欄に掲げる教科に関する科目四単位及び教職に関する科目六単位を含めて二十単位を修得したものとみなして、この表を適用する。

第十三条　免許法別表第三の規定により一種免許状又は二種免許状の授与を受けようとする者が、同表備考第七号の規定により十単位の修得をもつて足りる場合における単位の修得方法は、次の表の定めるところによる。㊟次の表⇩次頁右の表

第十四条　免許法別表第三の規定により一種免許状又は二種免許状の授与を受けようとする者で、同表備考第七号の規定の適用を受けるもの（十単位の修得をもつて足りる者を除く。）の単位の修得方法は、第十一条及び前条に定める修得方法を参酌して、都道府県の教育委員会規則で定める。

第十五条　免許法別表第四に規定する中学校又は高等学校の教諭の普通免許状の授与を受ける場合の教科に関する科目の単位の修得方法は、それぞれ第四条又は第五条に定める修得方法の例にならうものとする。

2　免許法別表第四に規定する中学校又は高等学校の教諭の普通免許状の授与を受ける場合の教職に関する科目の単位は、当該教科に関する教科の指導法の単位とする。

3　免許法別表第四に規定する中学校又は高等学校の教諭の専修免許状の授与を受ける場合の教科又は教職に関する科目の単位の修得方法は、第六条の二第一項に定める修得方法の例にならうものとする。

4　次の表の第一欄に掲げる事項についての免許法第十六条の四第一項の免許状を有する者が免許法別表第四の規定により次の表の第二欄に掲げる教科についての高等学校教諭の一種免許状の授与を受ける場合には、それぞれ免許法別表第四の高等学校教諭の一種免許状の項第三欄に定める単位数から、教科に関する科目については四単位を、教職に関する科目については一単位を差し引くものとする。この場合における教科に関する科目の単位の修得方法については、次の表の第三欄に掲げる単位を修得したものとみなして、第一項の規定を適用する。㊟次の表⇩次頁中の表

第十六条　免許法別表第五に規定する単位の修得方法は、次の表の定めるところによる。㊟次の表⇩次頁左の表

受けようとする免許状の種類		最低修得単位数		
		教科に関する科目	教職に関する科目	教科又は教職に関する科目
幼稚園教諭	一種免許状	一	七	二
	二種免許状	一	九	
小学校教諭	一種免許状	一	七	二
	二種免許状	一	八	一
中学校教諭	一種免許状	三	五	二
	二種免許状	三	六	一
高等学校教諭	一種免許状	三	四	三
備考 この表各項の教科に関する科目、教職に関する科目及び教科又は教職に関する科目の単位の修得方法は、それぞれ第二条から第六条の二までに定める修得方法の例にならうものとする。				

第一欄 受けている免許状の事項の種類	第二欄 受けようとする免許状の教科の種類	第三欄 修得したものとみなす教科に関する科目の単位数
柔道又は剣道	保健体育	第五条に規定するもの 体育実技 二 「体育原理、体育心理学、体育経営管理学、体育社会学」及び運動学（運動方法学を含む。） 二
情報技術、建築、インテリア又はデザイン	工業	工業の関係科目 四
情報処理又は計算実務	商業	商業の関係科目 四

受けようとする免許状の種類		最低修得単位数		
		教科に関する科目	教職に関する科目	教科又は教職に関する科目
中学校において職業実習を担任する教諭	専修免許状			一五
	一種免許状	一〇	五	
	二種免許状	一〇	一〇	
高等学校において看護実習、家庭実習、情報実習、農業実習、工業実習、商業実習、水産実習、福祉実習又は商船実習を担任する教諭	専修免許状			一五
	一種免許状	五	五	

2 免許法別表第五備考第三号の規定の適用を受ける者の単位の修得方法は、前項の規定にかかわらず、同表第三欄に定める最低修得単位数が十単位である場合には、教科に関する科目五単位以上及び教職に関する科目五単位以上を、同表第三欄に定める最低修得単位数が十五単位である場合には、教科に関する科目八単位以上及び教職に関する科目七単位以上を修得するものとする。

3 免許法別表第五備考第四号の規定の適用を受ける者の単位の修得方法は、第一項の規定にかかわらず、教科に関する科目五単位以上及び教職に関する科目五単位以上を修得するものとする。

4 前三項の教科に関する科目の単位の修得方法は、第四条に定める職業についての修得方法又は第五条に定める看護、家庭、情報、農業、工業、商業、水産、福祉若しくは商船についての修得方法の例にならうものとし、教職に関する科目の単位の修得方法は、第六条に定める修得方法の例にならうものとする。

5 第一項の教科又は教職に関する科目の単位の修得方法は、第六条の二第一項に定める修得方法の例にならうものとする。ただし、教科又は教職に関する科目の単位のうち三単位までは、第六条第一項の表に規定する教職に関する科目に準ずる科目の単位をもつて、これに替えることができる。

第十七条 免許法別表第六に規定する単位の修得方法は、次の表の第一欄に掲げる免許状の種類に応じ、それぞれ第二欄に掲げる科目の単位を含めて第三欄に掲げる単位を修得するものとする。

㊟次の表⇩次頁右の表

2 免許法別表第六の規定により一種免許状又は二種免許状の授与を受けようとする者は、前項の表の第二欄に掲げる養護に関する科目及び教職に関する科目以外の科目の単位を修得するに当たつては、幅広く深い教養を身に付けるよう努めなければならない。

3 免許法別表第六備考第一号又は第二号の規定の適用を受ける者の単位の修得方法は、第一項の規定にかかわらず、養護に関する科目四単位及び教職に関する科目三単位を含めて十単位を修得するものとする。

4　第一項及び前項の養護に関する科目、教職に関する科目及び養護又は教職に関する科目の単位の修得方法は、それぞれ第九条、第十条及び第十条の二に定める修得方法の例にならうものとする。ただし、専修免許状の授与を受ける場合の養護又は教職に関する科目の単位のうち三単位までは、第十条の表に規定する教職に関する科目に準ずる科目の単位をもつて、これに替えることができる。

第十七条の二　免許法別表第六の二に規定する単位の修得方法は、次の表の第一欄に掲げる免許状の種類に応じ、それぞれ第二欄に掲げる科目の単位を含めて第三欄に掲げる単位を修得するものとする。

2　免許法別表第六の二備考の規定の適用を受ける者の単位の修得方法は、前項の規定にかかわらず、栄養に係る教育に関する科目二単位以上及び教職に関する科目六単位以上を修得するものとする。

3　前二項の栄養に係る教育に関する科目、教職に関する科目及び栄養に係る教育又は教職に関する科目の単位の修得方法は、それぞれ第十条の三、第十条の四及び第十条の五に定める修得方法の例にならうものとする。

㊟次の表⇩下段左の表

第十八条　免許法別表第七に規定する単位の修得方法は、第七条に定める修得方法の例にならうものとする。

第十八条の二　免許法別表第八に規定する単位の修得方法は、次の表の定めるところによる。

㊟次の表⇩次頁の表

第一欄		第二欄			第三欄
受けようとする免許状の種類		養護に関する科目	教職に関する科目	養護又は教職に関する科目	最低修得単位数
養護教諭	専修免許状			一五	一五
	一種免許状	八	六	二	二〇
	二種免許状	一四	八	二	三〇

備考
　養護教諭の一種免許状の授与を受けようとする者が、大学に三年以上在学し、かつ、九十三単位以上を修得したもの若しくは大学に二年以上及び大学の専攻科に一年以上在学し、かつ、九十三単位以上を修得したもの又は旧国立養護教諭養成所を卒業したものであるときは、その者は、この表の当該一種免許状の項の第三欄に掲げる最低修得単位数のうち、第二欄に掲げる養護に関する科目四単位及び教職に関する科目三単位を含めて十単位を修得したものとみなして、この表を適用する。

第一欄		第二欄				第三欄
受けようとする免許状の種類		管理栄養士学校指定規則別表第一に掲げる教育内容に係る科目	栄養に係る教育に関する科目	教職に関する科目	栄養に係る教育又は教職に関する科目	最低修得単位数
栄養教諭	専修免許状				一五	一五
	一種免許状	三二	二	六		四〇

受けようとする免許状の種類	有することを必要とする学校の免許状	最低修得単位数					
		教科に関する科目	教職に関する科目				教科又は教職に関する科目
			教育課程及び指導法に関する科目			生徒指導、教育相談及び進路指導等に関する科目	
			各教科の指導法	道徳の指導法	保育内容の指導法		
幼稚園教諭二種免許状	小学校教諭普通免許状				六		
小学校教諭二種免許状	幼稚園教諭普通免許状		一〇	一		二	
	中学校教諭普通免許状		一〇			二	
中学校教諭二種免許状	小学校教諭普通免許状	一〇	二			二	
	高等学校教諭普通免許状		二	一		二	四
高等学校教諭一種免許状	中学校教諭普通免許状（二種免許状を除く。）		二			二	八

備考

一　教科に関する科目の単位の修得方法は、第四条に定める修得方法の例にならうものとする。

二　各教科の指導法の単位の修得方法は、小学校教諭の二種免許状の授与を受ける場合にあつては、国語（書写を含む。）、社会、算数、理科、生活、音楽、図画工作、家庭及び体育のうち五以上の教科の指導法（幼稚園教諭の普通免許状を有する場合にあつては生活、中学校教諭の普通免許状を有する場合にあつてはその免許教科に相当する教科を除く。）についてそれぞれ二単位以上を、中学校教諭の二種免許状又は高等学校教諭の一種免許状の授与を受ける場合にあつては、それぞれ受けようとする免許教科ごとに修得するものとする。

三　教科又は教職に関する科目の修得方法は、第六条の二に定める修得方法の例にならうものとし、高等学校教諭の普通免許状を有する者が中学校教諭の二種免許状の授与を受ける場合の教科又は教職に関する科目の修得方法は、国語の教科についての免許状の授与を受ける場合にあつては書道（書写を中心とする。）について一単位以上を、地理歴史の教科についての免許状を有する者が社会の教科についての免許状の授与を受ける場合にあつては「法律学、政治学」、「社会学、経済学」及び「哲学、倫理学、宗教学」についてそれぞれ一単位以上を、公民の教科についての免許状を有する者が社会の教科についての免許状の授与を受ける場合にあつては日本史及び外国史並びに地理学（地誌を含む。）についてそれぞれ一単位以上を、理科の教科についての免許状の授与を受ける場合にあつては物理学実験（コンピュータ活用を含む。）、化学実験（コンピュータ活用を含む。）、生物学実験（コンピュータ活用を含む。）及び地学実験（コンピュータ活用を含む。）のうち三以上の科目についてそれぞれ一単位以上を、美術の教科についての免許状の授与を受ける場合にあつては工芸について一単位以上を、技術の教科についての免許状の授与を受ける場合にあつては木材加工（製図及び実習を含む。）、金属加工（製図及び実習を含む。）及び栽培（実習を含む。）についてそれぞれ一単位以上を修得するものとし、中学校教諭の普通免許状（二種免許状を除く。）を有する者が高等学校教諭の一種免許状の授与を受ける場合の教科又は教職に関する科目の修得方法は、地理歴史の教科についての免許状の授与を受ける場合にあつては第五条の表第二欄に掲げる地理歴史の教科に関する科目のうち一以上の科目について一単位以上を、公民の教科についての免許状の授与を受ける場合にあつては同表第二欄に掲げる公民の教科に関する科目のうち一以上の科目について一単位以上を、情報の教科についての免許状の授与を受ける場合にあつては同表第二欄に掲げる情報の教科に関する科目（情報社会及び情報倫理並びにコンピュータ及び情報処理（実習を含む。）を除く。）についてそれぞれ一単位以上を、工業の教科についての免許状の授与を受ける場合にあつては同表第二欄に掲げる工業の教科に関する科目についてそれぞれ二単位以上を、家庭の教科についての免許状の授与を受ける場合にあつては住居学（製図を含む。）、保育学（実習及び家庭看護を含む。）並びに家庭電気・機械及び情報処理についてそれぞれ一単位以上を修得するものとする。

第十八条の三　免許法別表第八備考に規定する中学校教論普通免許状（二種免許状を除く。）を有する者が高等学校教論一種免許状の授与を受けようとする場合の免許状に係る教科については、次の表の定めるところによる。

有している中学校教論の普通免許状（二種免許状を除く。）の教科の種類	受けようとする高等学校教論一種免許状の教科の種類
国語	国語
社会	地理歴史又は公民
数学	数学
理科	理科
音楽	音楽
美術	美術
保健体育	保健体育
保健	保健
技術	工業又は情報
家庭	家庭
外国語（英語その他外国語ごとに応ずるものとする。）	外国語（英語その他外国語ごとに応ずるものとする。）
宗教	宗教

2　免許法別表第八備考に規定する高等学校教論普通免許状を有する者が中学校教論二種免許状の授与を受けようとする場合の免許状に係る教科については、次の表の定めるところによる。

有している高等学校教論の普通免許状の教科の種類	受けようとする中学校教論二種免許状の教科の種類
国語	国語
地理歴史又は公民	社会
数学	数学
理科	理科
音楽	音楽
美術	美術
保健体育	保健体育
保健	保健
工業又は情報	技術
家庭	家庭
外国語（英語その他外国語ごとに応ずるものとする。）	外国語（英語その他外国語ごとに応ずるものとする。）
宗教	宗教

第二章　認定課程

第十九条　免許法別表第一備考第五号イ又は第六号の規定に基づき文部科学大臣が免許状授与の所要資格を得させるための適当と認める大学の課程（以下「認定課程」という。）に関しては、この章の定めるところによる。

第二十条　文部科学大臣は、免許法別表第一、別表第二又は別表第二の二に規定する科目の単位の修得に関し、大学の課程が教育課程、教員組織、教育実習並びに施設及び設備について、免許状授与の所要資格を得させるための課程として適当であることを当該科目に係る免許状の種類（中学校及び高等学校の教員の免許状にあつては免許教科の種類を、特別支援学校の教員の免許状にあつては特別支援教育領域の種類を含む。以下この章において同じ。）ごとに、認定するものとする。ただし、教職特別課程にあつては専修免許状又は一種免許状授与の所要資格を得させるための課程（当該課程において専修免許状授与の所要資格を得ることができる者は、免許法別表第一の専修免許状の項に係る所要資格のうち教職に関する科目以外の科目の最低単位数は既に修得している者に限る。）について、特別支援教育特別課程にあつては一種免許状授与の所要資格を得させるための課程について認定するものとする。

2　前項ただし書の規定による認定は、教職特別課程にあつては中学校又は高等学校の教論の一種免許状に係る認定課程を有する大学、特別支援教育特別課程にあつては特別支援学校教論の一種免許状に係る認定課程を有する大学に限り行うものとする。

第二十一条　前条の規定により課程の認定を受けようとする大学の設置者は、認定を受けようとする課程について、次の事項を記載した申請書を文部科学大臣に提出しなければならない。ただし、大学設置基準第四十三条第一項、大学院設置基準第三十一条第二項、短期大学設置基準第三十六条第一項又は専門職大学院設置基準第三十二条第二項に規定する共同教育課程（以下この項及び次条第四項において単に「共同教育課程」という。）について課程の認定を受けようとする場合は、当該共同教育課程を編成するすべての大学の設置者が申請書を提出しなければならない。

一　大学及び大学の学部の名称
二　大学の学科、課程若しくはこれらに相当する組織、大学の専攻科又は大学院の研究科の名称
三　免許状の種類
四　学生定員
五　教育課程
六　教員の氏名、職名、履歴、担任科目及び専任兼任の別
七　教育実習施設に関する事項
八　学則
九　その他大学において必要と認める事項

2　大学の設置者は、前項第五号に掲げる事項を変更しようとするときは、あらかじめ文部科学大臣に届け出なければならない。

第二十二条　認定課程を有する大学は、免許状授与の所要資格を得させるために必要な授業科目を自ら開設し、体系的に教育課程を編成しなければならない。

2　免許法別表第一備考第八号及び別表第二備考第四号に規定する文部科学大臣が指定する短期大学の専攻科は、前項の規定にかかわらず、一種免許状に係る科目の単位数から二種免許状に係る科目の単位数を差し引いた単位数について修得させるために必要な授業科目を開設しなければならない。

3　認定課程を有する大学は、教育上有益と認めるときは、大学設置基準第二十八条第一項（大学院設置基準第十五条において準用する場合を含む。）又は短期大学設置基準第十四条第一項の規定により大学が定める

他の大学の授業科目として開設される教職に関する科目及び特別支援教育に関する科目を前二項の規定により開設する授業科目とみなすことができる。この場合において、当該みなすことができる授業科目の単位数は、免許法別表第一、別表第二及び別表第二の二に規定する当該科目の単位数のそれぞれ三割を超えないものとする。

4　認定課程であり、かつ、共同教育課程である教育課程を編成する大学（以下この項において「構成大学」という。）は、当該構成大学のうちの一の大学が開設する当該共同教育課程に係る授業科目を、当該構成大学のうちの他の大学が第一項の規定により開設する授業科目とそれぞれみなすものとする。

5　第一項及び第二項の教育課程の編成に当たつては、教員として必要な幅広く深い教養及び総合的な判断力を培い、豊かな人間性を涵養するよう適切に配慮しなければならない。

第二十二条の二　文部科学大臣は、認定課程につき必要があると認めるときは、認定課程を有する大学に対して当該認定課程の実施について報告を求めることができる。

2　文部科学大臣は、認定課程を有する大学が、第二十一条第二項、前条及び次条並びに第二十三条の規定による文部科学大臣の定めに違反しているときその他認定課程の教育課程、教員組織、教育実習並びに施設及び設備が認定課程として適当でないと認めるときは、免許法第十六条の三第四項の政令で定める審議会の意見を聴いて、当該大学に対し、その是正を勧告することができる。

3　文部科学大臣は、前項の勧告によつてもなお是正が行われない場合には、第二十条第一項に規定する認定を取り消すことができる。

第二十二条の三　免許法別表第一備考第八号及び別表第二備考第四号に規定する文部科学大臣が指定する短期大学の専攻科は、学位規則（昭和二十八年文部省令第九号）第六条第一項に規定する独立行政法人大学評価・学位授与機構が定める要件を満たす短期大学の専攻科とする。

第二十二条の四　認定課程を有する大学は、学生が普通免許状に係る所要資格を得るために必要な科目の単位を修得するに当たつては、当該認定課程の全体を通じて当該学生に対する適切な指導及び助言を行うよう努めなければならない。

第二十二条の五　認定課程を有する大学は、第六条第一項の表第五欄に掲げる教育実習、第七条第一項の表第四欄に規定する心身に障害のある幼児、児童又は生徒についての教育実習、第十条の表第五欄に規定する養護実習及び第十条の四の表第五欄に規定する栄養教育実習（この条において「教育実習等」という。）を行うに当たつては、教育実習等の受入先の協力を得て、その円滑な実施に努めなければならない。

第二十三条　認定課程に関し、必要な事項は、この章に規定するもののほか、別に文部科学大臣が定める。

第三章　相当課程

第二十四条　免許法別表第一備考第二号の規定に基づき文部科学大臣が大学の専攻科に相当する課程として指定する課程及び同表備考第五号ロの規定に基づき文部科学大臣が大学の課程に相当する課程として指定する課程に関しては、この章の定めるところによる。

第二十五条　免許法別表第一備考第二号に規定する大学の専攻科に相当する課程は、大学院の課程とする。

第二十六条　免許法別表第一備考第五号ロに規定する大学の課程に相当する課程は、高等専門学校の課程（第四学年及び第五学年に係る課程に限る。）及び高等専門学校の専攻科の課程とする。

第四章　教員養成機関の指定

第二十七条　免許法第五条第一項に規定する養護教諭養成機関、免許法別表第一備考第二号の三及び第三号に規定する幼稚園、小学校、中学校又は特別支援学校の教員養成機関並びに免許法別表第二の二備考第二号に規定する栄養教諭の教員養成機関に対する文部科学大臣の指定に関しては、この章の定めるところによる。

第二十八条　前条の指定は、大学の課程における前条に掲げる学校の教員、養護教諭又は栄養教諭の養成数が、不充分な場合に限り、行うものとする。

2　前条の教員養成機関は、大学（当該教員の養成課程を有するものに限るものとし、養護教諭養成機関、特別支援学校の教員養成機関又は栄養教諭の教員養成機関の場合には、当分の間、教育学部又は学校教育学部を有する大学とすることができる。この章中以下同じ。）に附置されるか又は大学の指導と承認のもとに運営されなければならない。

第二十九条　第二十七条の指定は、国（国立大学法人法（平成十五年法律第百十二号）第二条第一項に規定する国立大学法人を含む。）、地方公共団体（地方独立行政法人法（平成十五年法律第百十八号）第六十八条第一項に規定する公立大学法人を含む。）、私立学校法（昭和二十四年法律第二百七十号）第三条の規定による学校法人又は同法第六十四条第四項の規定による法人が設置する教員養成機関について行うものとする。

第三十条　第二十七条の教員養成機関の指定を受けようとするときは、その設置者は、次の事項を記載した申請書を、これに指導と承認を受けようとする大学の意見書を添え、文部科学大臣に提出しなければならない。

一　設置者の名称及び住所
二　目的
三　名称及び位置
四　開設年月日
五　教育課程
六　生徒定員
七　長の氏名及び履歴
八　教員の氏名、職名、履歴、担任科目及び専任兼任の別
九　施設、設備、実習施設等に関する事項
十　収支予算
十一　学則
十二　法人の寄附行為
十三　その他設置者において必要と認める事項

第三十一条　指定を受けた教員養成機関（以下「指定教員養成機関」という。）の設置者は、前条第五号又は

第六号に掲げる事項を変更しようとするときは、文部科学大臣に申請してその承認を受けなければならない。

2　指定教員養成機関の設置者は、前条第一号から第三号まで、第七号若しくは第九号に掲げる事項を変更しようとするとき又は指定教員養成機関を廃止しようとするときは、文部科学大臣に届け出なければならない。

第三十一条の二　免許法別表第一備考第二号の三に規定する教員養成機関及び免許法別表第二の養護教諭の二種免許状のイの項の養護教諭養成機関に係る卒業の要件は、当該教員養成機関又は養護教諭養成機関に二年以上在学し、六十二単位以上を修得することとする。

第三十二条　免許法別表第一の幼稚園、小学校及び中学校の教諭の二種免許状の授与の所要資格に関する指定教員養成機関、免許法別表第二の養護教諭の二種免許状のイの項の指定教員養成機関並びに免許法別表第二の二の栄養教諭の一種免許状及び二種免許状の授与の所要資格に関する指定教員養成機関においては、それぞれ、その免許状授与の所要資格を得させるために必要な授業科目を開設し、生徒に履修させなければならない。

2　免許法別表第一の特別支援学校教諭の二種免許状の授与の所要資格に関する指定教員養成機関においては、それぞれ、特別支援教育に関する科目について、その免許状授与の所要資格を得させるために必要な授業科目を開設し、生徒に履修させなければならない。

3　免許法別表第二の養護教諭の一種免許状のロの項及びハの項の指定教員養成機関においては、それぞれ、その免許状授与の所要資格を得させるために必要な養護に関する科目の単位及び教職に関する科目の単位を含めて、十七単位及び三十二単位以上の授業科目を開設し、生徒に履修させなければならない。

4　第一項及び前項の指定教員養成機関においては、その授業科目の開設に当たつては、幅広く深い教養を身に付けさせるよう適切に配慮しなければならない。

第三十三条　指定教員養成機関が第二十八条第二項又は第三十一条の規定に違反したときは、文部科学大臣はその指定を取り消すことができる。

第五章　免許法認定講習

第三十四条　免許法別表第三備考第六号に規定する文部科学大臣の認定する講習に関しては、この章の定めるところによる。

第三十五条　この章の規定により認定を受けた講習は、免許法認定講習と称する。

第三十六条　免許法認定講習を開設することのできる者は、次の各号のいずれかに掲げるものとする。

一　開設しようとする講習の課程に相当する課程を有する大学（第四章に規定する特別支援学校の教員養成機関を含む。第三十九条第三項において同じ。）

二　免許法に定める授与権者

三　独立行政法人国立特別支援教育総合研究所

四　地方自治法（昭和二十二年法律第六十七号）第二百五十二条の十九第一項の指定都市の教育委員会

五　地方自治法第二百五十二条の二十二第一項の中核市の教育委員会

2　前項第二号、第四号及び第五号に掲げるものの開設する免許法認定講習は、大学（開設しようとする講習の課程に相当する課程を有するものに限るものとし、養護教諭、特別支援学校教諭及び栄養教諭の普通免許状の授与を受けようとするために必要とする単位を修得させることを目的として開設しようとする講習の課程の場合には、当分の間、教育学部又は学校教育学部を有する大学とすることができる。）の指導のもとに、運営されなければならない。

3　免許法認定講習を開設する者は、その適切な水準の確保に努めなければならない。

第三十七条　免許法認定講習の講師は、次の各号のいずれかに該当する者でなければならない。

一　大学の教員（第四章に規定する文部科学大臣の指定する養護教諭養成機関、特別支援学校の教員養成機関又は栄養教諭の教員養成機関の教員を含む。この章中以下同じ。）

二　その他前号に準ずる者（免許法第五条第一項ただし書各号の一に該当する者を除く。）

2　前条第一項第二号及び第四号に掲げるものが開設する免許法認定講習の講師の半数以上は、大学の教員でなければならない。

3　前条第一項第二号及び第四号に掲げるものが、第一項第二号に掲げる者を講師として委嘱しようとするときは、指導を受ける大学の意見を聞かなければならない。

第三十八条　免許法認定講習における単位は、第一条の二の定めるところにより、開設者が当該単位の課程として定めた授業時数について、それぞれ五分の四以上出席し、開設者の行う試験、論文、報告書その他による成績審査に合格した者に授与するものとする。

第三十九条　第三十六条第一項各号に掲げるものが、開設しようとする講習について、免許法別表第三備考第六号の規定による認定（この章中以下「認定」という。）を受けようとするときは、当該講習に関し次の事項を記載した申請書を、講習開始一月前までに、文部科学大臣に提出しなければならない。

一　講習の目的及び名称

二　指導を受けようとする大学の名称

三　会場

四　期間

五　講習人員及び学級区分

六　講習課程

七　各科目についての時間及び単位の配当

八　全日制定時制の別及びその計画

九　講師の氏名、主要職歴及び担任科目

十　成績審査の方法

十一　実験又は実習を伴う科目を開設する場合はその施設、設備

十二　受講料

十三　収支予算

十四　その他開設しようとする者において必要と認める事項

2　前項第四号から第九号までに掲げる事項は、会場ごとに記載しなければならない。

3　開設しようとする講習について認定を受けようとするものが第三十六条第一項第一号に掲げる大学であるときは、第一項の申請書に当該大学の学則を添付しなければならない。

第四十条 免許法認定講習の開設者が、前条第一項第六号、第七号及び第九号に掲げる事項を変更しようとするときは、文部科学大臣に届け出なければならない。

第四十一条 免許法認定講習の開設者が、第三十六条第二項から第三十八条まで及び前条の規定に違反したときは、文部科学大臣はその認定を取り消すことができる。

第四十二条 免許法認定講習の開設者は、講習終了後二月以内に、講習実施状況及び収支決算について、文部科学大臣に報告しなければならない。

第四十三条 免許法認定講習の実施に関する基準は、この章に規定するもののほか、別に文部科学大臣が定める。

第五章の二 免許法認定公開講座

第四十三条の二 免許法別表第三備考第六号に規定する文部科学大臣の認定する大学の公開講座に関しては、この章の定めるところによる。

第四十三条の三 この章の規定により認定を受けた大学の公開講座は、免許法認定公開講座と称する。

第四十三条の四 免許法認定公開講座は、開設しようとする公開講座の課程に相当する課程を有する大学に限り開設することができる。

第四十三条の五 第三十九条の規定は公開講座について認定を受けようとする大学に、第三十八条及び第四十条から第四十二条までの規定は公開講座について認定を受けた大学に準用する。

第四十三条の六 免許法認定公開講座の実施に関する基準は、この章に規定するもののほか、別に文部科学大臣が定める。

第六章 免許法認定通信教育

第四十四条 免許法別表第三備考第六号に規定する文部科学大臣の認定する通信教育に関しては、この章の定めるところによる。

第四十五条 この章の規定により認定を受けた通信教育は、免許法認定通信教育と称する。

第四十六条 免許法認定通信教育は、開設しようとする通信教育の課程に相当する課程を有する大学に限り開設することができる。

第四十七条 免許法認定通信教育における単位は、第一条の二の定めるところに準じて行う通信教育の課程を修了し、開設者の行う試験、論文、報告書その他による成績審査に合格した者に授与するものとする。

第四十八条 大学が開設しようとする通信教育について、免許法別表第三備考第六号の規定による認定を受けようとするときは、当該通信教育に関し次の事項を記載した申請書に、通信教育用教材及び学習指導書を添えて当該通信教育の開設二月前までに、文部科学大臣に提出しなければならない。

一 通信教育の目的及び名称
二 受講者定員
三 教育課程及び指導計画
四 各科目についての単位の配当
五 教員の氏名、主要職歴及び担任科目
六 成績審査の方法
七 受講料
八 収支予算
九 その他開設しようとする者において必要と認める事項

2 免許法認定通信教育の開設者が前項第三号から第五号までに掲げる事項を変更しようとするときは、文部科学大臣に届け出なければならない。

第四十九条 免許法認定通信教育の開設者が前条第二項の規定に違反したときは、文部科学大臣はその認定を取り消すことができる。

第五十条 削除

第七章 単位修得試験

第五十一条 免許法別表第三備考第六号に規定する文部科学大臣が大学に委嘱して行う試験に関しては、この章の定めるところによる。

第五十二条 この章の規定により行う試験は、単位修得試験（以下「試験」という。）と称する。

第五十三条 試験の問題は、試験の委嘱を受けた大学（この章中以下「大学」という。）が作成するものとする。

第五十四条 大学、試験の科目、場所及び期日並びに出願期日その他の試験の実施細目については、そのつど文部科学大臣が、官報で告示する。ただし、特別の事情のある場合には、適宜な方法によつて公示するものとする。

第五十五条 試験は、原則として、筆記試験によるものとする。ただし、大学において必要があると認める場合には、口述又は実地の試験を加えることができる。

第五十六条 大学は、科目ごとに、試験の合格者の決定を行い、その者に対して単位を授与しなければならない。

2 前項の単位は、原則として、一科目について二単位とする。

第五十七条 大学は、試験に関し、次の事項を記載した計画書を、試験の開始期日の二月前までに、文部科学大臣に提出しなければならない。

一 科目
二 場所
三 期日
四 問題作成者及び採点者の氏名
五 成績審査の方法
六 収支予算
七 その他大学において必要と認める事項

第五十八条 大学が、前条各号に掲げる事項を変更しようとするときは、文部科学大臣に届け出なければならない。

第五十九条 大学は、試験終了後一月以内に、試験問題、試験実施状況、科目ごとの合格者数及び授与単位数並びに収支決算について、文部科学大臣に報告しなければならない。

第六十条 試験を受けようとする者は、一科目について百円を基準として試験を行う大学が定める額の受験手数料を納付しなければならない。

2 前項の規定により納付した受験手数料は、いかなる場合においても返還しない。

第六十一条 試験の実施に関する基準は、この章に規定するもののほか、別に文部科学大臣が定める。

第七章の二　免許状の有効期間の更新及び延長

第六十一条の二　免許法第九条の二に規定する免許状の有効期間の更新及び延長に関しては、この章の定めるところによる。

第六十一条の三　免許法第九条の二第三項に規定する文部科学省令で定める期間は、二年二月とする。

第六十一条の四　免許管理者は、免許法第九条の二第一項の規定による申請をした者（免許法第九条の三第三項各号に掲げる者に限る。）が次の各号のいずれかに該当する者（第一号、第二号及び第五号に掲げる者については、最新の知識技能を十分に有していないと免許管理者が認める者を除く。）であるときは、免許法第九条の二第三項の規定により、免許状更新講習を受ける必要がないものとして認めるものとする。

一　校長、副校長、教頭、主幹教諭又は指導教諭

二　指導主事、社会教育主事その他教育委員会において学校教育又は社会教育に関する専門的事項の指導等に関する事務に従事している者として免許管理者が定める者

三　免許状更新講習の講師

四　国若しくは地方公共団体の職員又は次に掲げる法人の役員若しくは職員で、前二号に掲げる者に準ずる者として免許管理者が定める者

イ　国立大学法人法（平成十五年法律第百十二号）第二条第一項に規定する国立大学法人及び同条第三項に規定する大学共同利用機関法人

ロ　地方独立行政法人法（平成十五年法律第百十八号）第六十八条第一項に規定する公立大学法人

ハ　私立学校法（昭和二十四年法律第二百七十号）第三条に規定する学校法人

ニ　独立行政法人通則法（平成十一年法律第百三号）第二条第一項に規定する独立行政法人であつて、文部科学大臣が指定したもの

五　学校における学習指導、生徒指導等に関し、特に顕著な功績があつた者に対する表彰等であつて免許管理者が指定したものを受けた者

六　その他前各号に掲げる者と同等以上の最新の知識技能を有する者として、文部科学大臣が別に定める者

第六十一条の五　免許法第九条の二第五項の文部科学省令で定めるやむを得ない事由は、次の各号に掲げる事由とする。

一　心身の故障若しくは刑事事件に関し起訴されたことによる休職、引き続き九十日以上の病気休暇（九十日未満の病気休暇で免許管理者がやむを得ないと認めるものを含む。）、産前及び産後の休業、育児休業又は介護休業の期間中であること。

二　地震、積雪、洪水その他の自然現象により交通が困難となつていること。

三　海外に在留する邦人のための在外教育施設若しくは外国の教育施設又はこれらに準ずるものにおいて教育に従事していること。

四　外国の地方公共団体の機関等に派遣されていること。

五　大学の大学院の課程若しくは専攻科の課程又はこれらの課程に相当する外国の大学の課程に専修免許状の取得を目的として在学していること（取得しようとする専修免許状に係る基礎となる免許状（免許法別表第三、別表第五、別表第六、別表第六の二又は別表第七の規定により専修免許状の授与を受けようとする場合には有することを必要とされる免許状をいう。）を有している者に限る。）。

六　教育職員として任命され、又は雇用された日から普通免許状又は特別免許状の有効期間の満了の日までの期間が二年二月未満であること。

七　前各号に掲げる事由のほか、免許管理者がやむを得ない事由として認める事由があること。

第六十一条の六　免許管理者は、免許法第九条の二第五項に規定する相当の期間を定めるに当たつては、免許法第九条の三第四項の規定により免許状更新講習を受けることができない場合並びに前条第一号から第五号まで及び第七号に掲げる事由による場合にあつては、当該事由がなくなつた日から起算して二年二月を超えない範囲内で、同条第六号に掲げる事由による場合にあつては、教育職員として任命され、又は雇用された日から起算して二年二月を超えない範囲内で定めなければならない。

第六十一条の七　免許法第九条の二第一項に規定する申請は、当該申請に係る普通免許状又は特別免許状の有効期間の満了する日の二月前までにしなければならない。

第六十一条の八　前条の申請をしようとする者は、免許状更新講習規則（平成二十年文部科学省令第十号）第四条第一項第二号に掲げる事項に係る免許状更新講習を履修するに当たつては、次の各号に掲げる者の区分に応じ、当該各号に定める免許状更新講習を履修しなければならない。

一　教諭の免許状の有効期間の更新を受けようとする者　教諭を対象とする免許状更新講習

二　養護教諭の免許状の有効期間の更新を受けようとする者　養護教諭を対象とする免許状更新講習

三　栄養教諭の免許状の有効期間の更新を受けようとする者　栄養教諭を対象とする免許状更新講習

第六十一条の九　免許法第九条の二第五項に規定する有効期間の延長は、当該有効期間の延長に係る普通免許状又は特別免許状を有する者の申請により行うものとする。

2　前項の申請は、普通免許状又は特別免許状の有効期間の満了する日の二月前までに、申請書に免許管理者が定める書類を添えて、これを免許管理者に提出しなければならない。

第六十一条の十　免許管理者は、普通免許状又は特別免許状の有効期間を更新し、又は延長したときは、その免許状を有する者に対して、普通免許状又は特別免許状の有効期間の更新又は延長に関する証明書を発行しなければならない。

第七章の三　免許状更新講習

第六十一条の十一　免許状更新講習に関し必要な事項は、免許法に定めるもののほか、免許状更新講習規則の定めるところによる。

第八章　教員資格認定試験

第六十一条の十二　免許法第十六条の二第一項の教員資格認定試験（以下「教員資格認定試験」という。）の受験資格、実施の方法その他試験に関し必要な事項は、教員資格認定試験規程（昭和四十八年文部省令第十七号）の定めるところによる。

第九章　中学校等の教員の特例

第六十一条の十三　免許法第十六条の三及び第十六条の四に規定する中学校教諭又は高等学校教諭の普通免許状の授与については、この章の定めるところによる。

第六十一条の十四　免許法第十六条の四第一項の規定による高等学校教諭の普通免許状は、柔道、剣道、情報技術、建築、インテリア、デザイン、情報処理及び計算実務の事項について授与するものとする。

第十章　自立教科等の免許状

第六十二条　免許法第四条の二第二項に規定する特別支援学校において専ら自立教科等の教授を担任する教員の普通免許状及び臨時免許状の授与については、この章の定めるところによる。

第六十三条　特別支援学校の高等部において専ら自立教科（自立教科等のうち自立活動を除いたものをいう。以下同じ。）の教授を担任する教員の普通免許状及び臨時免許状については、次項から第四項までに定めるところによる。

2　普通免許状は、特別支援学校自立教科教諭の免許状とし、それぞれ一種免許状及び二種免許状に区分する。

3　臨時免許状は、特別支援学校自立教科助教諭の免許状とする。

4　特別支援学校の自立教科の教員の普通免許状及び臨時免許状は、視覚障害者である生徒に対する教育を行う特別支援学校の高等部における理療（あん摩マッサージ指圧、はり及びきゆうを含む。）、理学療法及び音楽並びに聴覚障害者である生徒に対する教育を行う特別支援学校の高等部における理容及び特殊技芸（美術、工芸及び被服に分ける。）の各教科について授与するものとする。

第六十三条の二　特別支援学校において専ら自立活動の教授を担任する教員の普通免許状については、次項及び第三項に定めるところによる。

2　普通免許状は、特別支援学校自立活動教諭の一種免許状とする。

3　特別支援学校の自立活動の教員の普通免許状は、視覚障害教育、聴覚障害教育、肢体不自由教育、言語障害教育の各自立活動について授与するものとする。

第六十四条　特別支援学校自立教科教諭の普通免許状は、次の表の下欄に掲げる基礎資格を有する者又は免許法第六条第一項の規定による教育職員検定（以下この章において「教育職員検定」という。）に合格した者に授与する。ただし、特別支援学校自立教科教諭の普通免許状のうち次の各号に掲げるものは、それぞれ当該各号に定める者には、授与しない。

一　理療の教科についての普通免許状　あん摩マッサージ指圧師、はり師、きゆう師等に関する法律（昭和二十二年法律第二百十七号）の規定によるあん摩マッサージ指圧師免許、はり師免許又はきゆう師免許（以下それぞれ「あん摩マッサージ指圧師免許」、「はり師免許」及び「きゆう師免許」という。）のいずれかを有しない者（医師法（昭和二十三年法律第二百一号）の規定による医師免許（以下この項において「医師免許」という。）を受けているものを除く。）

二　理学療法の教科についての普通免許状　理学療法士及び作業療法士法（昭和四十年法律第百三十七号）の規定による理学療法士の免許（第六十五条において「理学療法士免許」という。）を有しない者

三　理容の教科についての普通免許状　理容師法（昭和二十二年法律第二百三十四号）、美容師法（昭和三十二年法律第百六十三号）又は理容師法及び美容師法の特例に関する法律（昭和二十三年法律第六十七号）の規定による理容師免許及び美容師免許（第六十五条においてそれぞれ「理容師免許」及び「美容師免許」という。）のいずれも有しない者

上欄 免許状の種類	教科の種類	下欄 基礎資格
特別支援学校自立教科教諭 二種免許状	理療	イ　文部科学大臣の指定する特別支援学校の教員養成機関の理療科を卒業したこと。 ロ　医師免許を受けていること。
	理学療法	次に掲げる科目の単位を含めて計二十六単位以上取得していること。 イ　特別支援教育の基礎理論に関する科目　二単位以上 ロ　視覚障害者に関する教育の領域に関する科目　八単位以上 ハ　視覚障害者に関する教育の領域に関する科目又は視覚障害者に関する教育の領域以外の領域に関する科目　十三単位以上（視覚障害者に関する教育の領域以外の領域に関する科目に係る五単位以上を含む。） ニ　心身に障害のある幼児、児童又は生徒についての教育実習　三単位以上
	音楽	文部科学大臣の指定する特別支援学校の教員養成機関の音楽科を卒業したこと。
	特殊技芸	文部科学大臣の指定

		する特別支援学校の教員養成機関の特殊技芸科を卒業したこと。
二種免許	理療	文部科学大臣の指定する特別支援学校の教員養成機関の理療科に一年以上在学したこと。
	理学療法	次に掲げる科目の単位を含めて計十六単位以上取得していること。 イ　特別支援教育の基礎理論に関する科目　二単位以上 ロ　視覚障害者に関する教育の領域に関する科目　四単位以上 ハ　視覚障害者に関する教育の領域に関する科目又は視覚障害者に関する教育の領域以外の領域に関する科目　七単位以上（視覚障害者に関する教育の領域以外の領域に係る三単位以上を含む。） ニ　心身に障害のある幼児、児童又は生徒についての教育実習　三単位以上
	音楽	文部科学大臣の指定する特別支援学校の教員養成機関の音楽科に一年以上在学したこと。
	特殊技芸	文部科学大臣の指定する特別支援学校の教員養成機関の特殊技芸科に一年以上在学したこと。

備考
一　この表の下欄に掲げる科目の単位の修得方法は、免許法別表第一に規定する特別支援学校教諭の普通免許状（視覚障害者に関する教育の領域を定めるものに限る。）の授与を受ける場合における第七条に定める特別支援教育に関する科目の各科目の修得方法の例にならうものとする。
二　この表の下欄に規定する文部科学大臣の指定する特別支援学校の教員養成機関については、第四章（第二十九条を除く。）の規定を準用する（次項の表の第四欄の場合においても同様とする。）

2　前項の教育職員検定のうち、学力及び実務の検定は、次の表の定めるところによる。

第一欄 所要資格 受けようとする免許状の種類		第二欄 有することを必要とする特別支援学校の教員の免許状の種類及び免許状に係る教科の種類		第三欄 第二欄に定める各免許状を取得した後、特別支援学校の教員として良好な成績で勤務した旨の実務証明責任者の証明を有することを必要とする最低在職年数	第四欄 第二欄に定める各免許状を取得した後、大学、文部科学大臣の指定する特別支援学校の教員養成機関又は文部科学大臣の認定する講習、大学の公開講座若しくは通信教育において修得することを必要とする最低単位数
特別支援学校自立教科教諭	一種免許状	二種免許状	理療	五	一〇
			理学療法	五	三
			音楽	一〇	
			理容	一〇	
			特殊技芸	一〇	
	二種免許状	臨時免許状	理療	五	一五
			理学療法	五	六
			音楽	五	一〇
			理容	五	
			特殊技芸	五	一〇

備考

一　実務の検定は第三欄により、学力の検定は第四欄によるものとする。

二　第三欄に定める最低在職年数については、その授与を受けようとする免許状に係る教科の種類に応じ、それぞれ視覚障害者である幼児、児童若しくは生徒に対する教育を行う特別支援学校（次号において「視覚特別支援学校」という。）又は聴覚障害者である幼児、児童若しくは生徒に対する教育を行う特別支援学校（次号において「聴覚特別支援学校」という。）の教員として在職した年数とし、同欄の実務証明責任者は、特別支援学校の教員についての免許法別表第三の第三欄に規定する実務証明責任者と同様とする。

三　この表の第四欄に定める単位の修得方法は、次のイからへまでに定めるところによる。ただし、イからへまでに掲げる科目は、授与を受けようとする免許状に係る教科の種類に応じ、それぞれ視覚特別支援学校又は聴覚特別支援学校の教育を中心として修得するものとする。

イ　理療の教科の教授を担任する特別支援学校自立教科教諭の一種免許状の授与を受ける場合にあつては、「第七条第一項の表に定める特別支援教育の基礎理論に関する科目、特別支援教育領域に関する科目」三単位以上及び理療に関する科目七単位以上

ロ　理学療法の教科の教授を担任する特別支援学校自立教科教諭の一種免許状の授与を受ける場合にあつては、「第七条第一項の表に定める特別支援教育の基礎理論に関する科目、特別支援教育領域に関する科目」三単位以上

ハ　理療の教科の教授を担任する特別支援学校自立教科教諭の二種免許状の授与を受ける場合にあつては、第七条第一項の表に定める特別支援教育の基礎理論に関する科目四単位以上、特別支援教育領域に関する科目のうち心理等に関する科目二単位以上及び理療に関する科目九単位以上

ニ　理学療法の教科の教授を担任する特別支援学校自立教科教諭の二種免許状の授与を受ける場合にあつては、第七条第一項の表に定める特別支援教育の基礎理論に関する科目四単位以上及び特別支援教育領域に関する科目のうち心理等に関する科目二単位以上

ホ　音楽の教科の教授を担任する特別支援学校自立教科教諭の二種免許状の授与を受ける場合にあつては、第七条第一項の表に定める特別支援教育の基礎理論に関する科目四単位以上、特別支援教育領域に関する科目のうち心理等に関する科目二単位以上及び音楽に関する科目四単位以上

ヘ　特殊技芸の教授を担任する特別支援学校自立教科教諭の二種免許状の授与を受ける場合にあつては、第七条第一項の表に定める特別支援教育の基礎理論に関する科目四単位以上、特別支援教育領域に関する科目のうち心理等に関する科目二単位以上及びその免許教科に係る教科に関する科目四単位以上

四　この表の第四欄に規定する文部科学大臣の認定する講習、大学の公開講座又は通信教育については、第五章、第五章の二又は第六章の規定を、同欄に規定する単位の計算方法については第一条の二の規定をそれぞれ準用する。

第六十五条　特別支援学校自立教科助教諭の臨時免許状は、次の各号に掲げる免許教科に応じ、それぞれ当該各号に定める者に、教育職員検定により授与する。

一　理療　あん摩マツサージ指圧師免許、はり師免許及びきゆう師免許を受けている者

二　理学療法　理学療法士免許を受けている者

三　音楽　視覚障害者である生徒に対する教育を行う特別支援学校の高等部の音楽専攻科を卒業した者

四　理容　理容師免許又は美容師免許を受けている者で、かつ、聴覚障害者である生徒に対する教育を行う特別支援学校高等部の理容科の専攻科を卒業したもの又は四年以上理容に関する実地の経験を有するもの

五　特殊技芸　免許教科の種類に応じ、それぞれ聴覚障害者である生徒に対する教育を行う特別支援学校の高等部の相当課程の専攻科において二年以上の課程を修了した者又は十年以上実地の経験を有する者

第六十五条の二　特別支援学校自立活動教諭の一種免許状は、その免許状に係る教員資格認定試験に合格した者に授与する。

第十章の二　特別免許状

第六十五条の三　免許法第四条の二第三項及び第五条第三項から第五項までに規定する特別免許状の授与については、この章の定めるところによる。

第六十五条の四　免許法第五条第五項に規定する文部科学省令で定める者は、認定課程を有する大学の学長又は認定課程を有する学部の学部長、小学校、中学校、高等学校、中等教育学校又は特別支援学校の校長及びその他学校教育に関し学識経験を有する者とする。

第六十五条の五　免許法第四条の二第三項の規定による特別支援学校教諭の特別免許状は、第六十三条第四項に掲げる各教科及び第六十三条の二第三項に掲げる各自立活動について授与するものとする。

第六十五条の六　免許法第五条第四項に規定する教育職員検定の申請は、特別免許状の授与を受けようとする者が、当該者を教育職員に任命し、又は雇用しようとする者の推薦書を添えて行うものとする。

第十一章　雑則

第六十五条の七　免許法第二条第二項に規定する文部科学省令で定める教育の職にある者は、次に掲げる者であつて教育職員以外の者とする。

一　幼稚園、小学校、中学校、高等学校、中等教育学校又は特別支援学校の職員

二　教育委員会又は教育委員会の所管に属する教育機関（前号に規定するものを除く。）の職員

三　教育職員として任命され、又は雇用された者であつて、任命権者又は雇用者の要請に応じ、引き続き地方公共団体の職員又は国立大学法人法第二条第一

項に規定する国立大学法人、地方独立行政法人法第六十八条第一項に規定する公立大学法人若しくは私立学校法第三条に規定する学校法人の役員若しくは職員となっている者

第六十五条の八　免許法第五条第二項、第六条第四項（免許法附則第五項後段、第九項後段及び第十八項後段の規定により読み替えて適用される場合を含む。次条において同じ。）、第九条第四項括弧書（免許法附則第五項後段、第九項後段及び第十八項後段の規定により読み替えて適用される場合を含む。次条において同じ。）及び第十六条の二第二項（第十六条の三第三項、第十六条の四第四項及び第十七条第二項において読み替えて準用する場合を含む。次条において同じ。）に規定する文部科学省令で定める期間は、二年二月とする。

第六十五条の九　免許法第五条第二項、第六条第四項、第九条第四項括弧書及び第十六条の二第二項の規定により普通免許状の授与を受けようとする者は、免許状更新講習規則第四条第一項第二号に掲げる事項に係る免許状更新講習を履修するに当たつては、次の各号に掲げる授与を受けようとする普通免許状の種類に応じ、当該各号に定めるものを履修するものとする。

一　教諭の免許状　教諭を対象とする免許状更新講習
二　養護教諭の免許状　養護教諭を対象とする免許状更新講習
三　栄養教諭の免許状　栄養教諭を対象とする免許状更新講習

第六十五条の十　免許法第三条の二第一項第六号に規定する教科に関する事項は、学校教育法施行規則第五十条第一項に規定する外国語活動の一部、同項、同令第七十二条第一項、第百二十六条、第百二十七条第一項及び第百二十八条に規定する道徳の一部、同令第五十条第一項、第七十二条第一項、第八十三条、第百二十六条、第百二十七条第一項及び第百二十八条に規定する総合的な学習の時間の一部並びに同令第五十二条に規定する小学校学習指導要領及び同令第百二十九条に規定する特別支援学校小学部・中学部学習指導要領で定めるクラブ活動とする。

第六十五条の十一　免許法第三条の二第二項の届出は、次に掲げる事項を記載した届出書により行うものとする。

一　設置者及び学校名
二　任命又は雇用しようとする者の氏名
三　教授又は実習を担任しようとする事項の内容及び期間
四　前号の教授又は実習を担任させる理由
五　その他都道府県の教育委員会規則で定める事項

第六十六条　次の各号の一に該当する者は、免許法第五条第一項第二号ただし書の規定に基づき、高等学校を卒業した者と同等以上の資格を有するものと認める。

一　中等教育学校を卒業した者
二　通常の課程による十二年の学校教育を修了した者（通常の課程以外の課程により、これに相当する学校教育を修了した者を含む。）
三　学校教育法（昭和二十二年法律第二十六号）第九十条第二項の規定により、大学への入学を認められた者
四　学校教育法施行規則第百五十条の規定により、大学入学に関し、高等学校を卒業した者と同等以上の学力があると認められた者（前号に該当する者を除く。）
五　免許法第五条第一項に規定する養護教諭養成機関、免許法別表第一備考第二号の三及び第三号に規定する教員養成機関並びに免許法別表第二の二備考第二号に規定する栄養教諭の教員養成機関において、個別の入学資格審査により、高等学校を卒業した者と同等以上の学力があると認めた者で、十八歳に達したもの

第六十六条の二　免許法第五条第六項第二号の規定により同項第一号に掲げる者と同等以上の資格を有すると認められる者は、次に掲げる者とする。

一　大学に二年以上在学し、六十二単位以上を修得した者（短期大学士の学位を有する者を除く。）
二　旧国立養護教諭養成所を卒業した者
三　旧国立工業教員養成所を卒業した者

第六十六条の二の二　免許法第五条の二第三項の規定による特別支援学校助教諭の臨時免許状についての新教育領域の追加の定めは、当該新教育領域が定められた普通免許状を有する者を採用することができない場合に限り、免許法第六条第一項の規定による教育職員検定に合格した者が所有する臨時免許状について行うものとする。

第六十六条の三　免許法第十六条の五第一項に規定する教科に関する事項は、学校教育法施行規則第五十条第一項に規定する外国語活動並びに同項及び同令第百二十六条に規定する総合的な学習の時間とする。

2　免許法第十六条の五第二項に規定する教科に関する事項は、学校教育法施行規則第七十二条第一項及び第百二十七条第一項に規定する総合的な学習の時間とする。

第六十六条の四　免許法別表第一備考第二号の二に規定する学士の学位を有することと同等以上の資格を有すると認められる場合は、学校教育法第百二条第二項の規定により大学院への入学を認められる場合とする。

第六十六条の五　免許法別表第一備考第二号の三の規定により短期大学士の学位を有することと同等以上の資格を有すると認められる場合は、次に掲げる場合とする。

一　大学に二年以上在学し、六十二単位以上を修得した場合（短期大学士の学位を有する場合を除く。）
二　指定教員養成機関に二年以上在学し、六十二単位以上を修得した場合（指定教員養成機関を卒業した場合を除く。）

第六十六条の六　免許法別表第一備考第四号に規定する文部科学省令で定める科目の単位は、日本国憲法二単位、体育二単位、外国語コミュニケーション二単位及び情報機器の操作二単位とする。

第六十六条の七　免許法別表第一備考第五号ロの規定により認定課程を有する大学が免許状の授与の所要資格を得させるための教科に関する科目として適当であると認める科目の単位は、次の表の第一欄に掲げる課程について、それぞれ、第二欄に掲げる免許状の種類に応じ、第三欄に掲げる単位数を限度とする。

㊟次の表⇩次頁上の表

第一欄	第二欄	第三欄
課程	免許状の種類	単位数
短期大学の専攻科	幼稚園又は小学校の教諭の普通免許状	二
	中学校又は高等学校の教諭の普通免許状	五
高等専門学校（第四学年及び第五学年に係る課程に限る。）	中学校又は高等学校の教諭の普通免許状	一〇
高等専門学校の専攻科	中学校又は高等学校の教諭の普通免許状	五

第六十六条の八　免許法別表第二備考第一号の規定により短期大学士の学位を有することと同等以上の資格を有すると認められる場合は、大学に二年以上在学し、六十二単位以上を修得した場合（短期大学士の学位を有する場合を除く。）とする。

2　免許法別表第二備考第一号の規定により文部科学大臣の指定する養護教諭養成機関を卒業することと同等以上の資格を有すると認められる場合は、免許法第五条第一項に規定する養護教諭養成機関に二年以上在学し、六十二単位以上を修得した場合（養護教諭養成機関を卒業した場合を除く。）とする。

第六十六条の九　免許法別表第二の二備考第一号の規定により学士の学位を有することと同等以上の資格を有すると認められる場合は、学校教育法第百二条第二項の規定により大学院への入学を認められる場合又は栄養教諭の指定教員養成機関に四年以上在学し、百二十四単位以上を修得し卒業した場合とする。

第六十七条　免許法別表第三の規定の適用については、次の表の第一欄に掲げる学校以外の教育施設において教育に従事した者（免許法別表第三備考第二号の規定により実務に関する証明を受けることのできる者を除く。）は、それぞれ第二欄に掲げる学校の教員に相当するものとし、その勤務成績についての実務証明責任者は第三欄に掲げるとおりとする。

第一欄	第二欄	第三欄
少年院法（昭和二十三年法律第百六十九号）による少年院	授業を担当した課程に応じ、小学校、中学校又は高等学校	法務大臣
海外に在留する邦人のための在外教育施設で、文部科学大臣が小学校、中学校又は高等学校の課程と同等の課程を有するものとして認定したもの	授業を担当した課程に応じ、小学校、中学校又は高等学校	文部科学大臣
外国の教育施設又はこれに準ずるもの（前項に掲げるものを除き、独立行政法人国際協力機構法（平成十四年法律第百三十六号）に基づき派遣された場合に限る。第七十条の二において同じ。）	授業を担当した課程に応じ、幼稚園、小学校、中学校又は高等学校	独立行政法人国際協力機構の理事長

第六十七条の二　免許法別表第三備考第五号及び免許法別表第四備考第三号に規定する文部科学大臣が指定する短期大学の専攻科は、学位規則第六条第一項に規定する独立行政法人大学評価・学位授与機構が定める要件を満たす短期大学の専攻科とする。

第六十八条　免許法別表第三備考第七号に規定する文部科学省令で定める教育の職は、免許法別表第三の規定の適用を受ける者にあつては、校長、副校長、教頭、主幹教諭、指導教諭、教育長、指導主事、社会教育主事の職又は中学校教諭の一種免許状の授与を受ける場合にあつては免許法第十六条の五第一項の規定による小学校若しくは特別支援学校の小学部の主幹教諭、指導教諭、教諭若しくは講師の職とする。

第六十八条の二　免許法別表第五備考第一号の二に規定する資格は、学校教育法第百二条第二項の規定により大学院への入学を認められることとする。

第六十九条　免許法別表第五備考第三号に規定する文部科学省令で定める教育の職は、校長、副校長、教頭、教育長、指導主事、社会教育主事の職又は中学校教諭の一種免許状の授与を受ける場合にあつては免許法第十六条の五第一項の規定による小学校若しくは特別支援学校の小学部の主幹教諭、指導教諭、教諭若しくは講師の職とする。

第六十九条の二　免許法別表第六備考第三号の文部科学省令で定める者は、次条に規定する職員で、次に掲げる者とする。

一　免許法第五条第一項各号の一に該当しない者

二　免許法附則第三項の規定により免許状の授与を受けることができる者

三　免許法附則第七項の規定により養護助教諭の臨時免許状を受けることができる者

第六十九条の三　免許法別表第六備考第四号に規定する文部科学省令で定める職員は、幼稚園、小学校、中学校、高等学校、中等教育学校又は特別支援学校において専ら幼児、児童又は生徒の養護に従事する職員で常時勤務に服することを要するものとし、その者についての実務証明責任者は、その者の勤務する学校の教員について免許法別表第三の第三欄に規定する実務証明責任者と同様とする。

第七十条　免許法別表第三、別表第六、別表第六の二、別表第七、別表第八若しくは第六十四条第二項の表の第三欄又は別表第五の第二欄に規定する在職年数には、休職の期間は通算しない。

第七十条の二　免許法別表第三備考第八号及び第十号に規定する期間には、心身の故障による休職、引き続き九十日以上の病気休暇（九十日未満の病気休暇で授与権者がやむを得ないと認めるものを含む。）、産前及び産後の休業並びに育児休業の期間、指導主事又は社会教育主事の職に従事した期間並びに海外に在留する邦人のための在外教育施設並びに外国の教育施設又はこれに準ずるものにおいて教育に従事した期間は通算しない。

第七十一条　免許状の授与、新教育領域の追加の定め、書換若しくは再交付又は教育職員検定を受けようとする者は、免許法第五条の二第一項及び第三項に定めるものほか、都道府県の教育委員会規則の定めるところにより、授与権者に申し出るものとする。

第七十二条　普通免許状の様式は、別記第一号様式のとおりとする。

2　専修免許状には、大学院での専攻を記入するものとする。この場合において、次の各号に掲げる免許状の区分に応じ当該各号に掲げるいずれかの分野に関する単位を十二単位以上修得した場合は、大学院での専攻に加えて当該分野を記入することができる。

一　幼稚園教諭の専修免許状においては、教育哲学、教育史、教育制度・学校経営、教育社会学、教育内容・方法、教育心理学・発達心理学、教育臨床、幼児教育又は授与権者が適当と認めた分野

二　小学校又は中学校の教諭の専修免許状においては、教育哲学、教育史、教育制度・学校経営、教育社会学、教育内容・方法、教育心理学・発達心理学、教育臨床、生徒指導・進路指導、国語教育、社会科教育、数学教育、理科教育、音楽教育、美術教育、保健体育、技術教育、家政教育、英語教育、道徳教育、国際理解教育、環境教育、情報教育、日本語教育、生涯学習（社会教育を含む。）又は授与権者が適当と認めた分野

三　高等学校教諭の専修免許状においては、前号に掲げる分野、世界史、日本史、地理、倫理、政治・経済、物理、化学、生物、地学、体育若しくは保健又は授与権者が適当と認めた分野

四　特別支援学校の教諭の専修免許状においては、視覚障害教育、聴覚障害教育、知的障害教育、肢体不自由教育、病弱教育又は授与権者が適当と認めた分野

五　養護教諭の専修免許状においては、教育哲学、教育史、教育制度、教育社会学、教育心理学・発達心理学、教育臨床、生徒指導、衛生学・公衆衛生学、健康相談、栄養学、解剖学・生理学、微生物学・免疫学・薬理概論、精神保健、看護学又は授与権者が適当と認めた分野

六　栄養教諭の専修免許状においては、教育哲学、教育史、教育制度、教育社会学、教育心理学・発達心理学、教育臨床、生徒指導、衛生学・公衆衛生学、生理学・生化学、食品学・食品衛生学、基礎栄養学、応用栄養学、臨床栄養学、栄養教育論、調理学、給食経営管理論又は授与権者が適当と認めた分野

3　特別免許状及び臨時免許状の様式は、第一項の普通免許状の様式を参酌して、都道府県の教育委員会規則で定める。

第七十三条　免許法第七条第一項に規定する証明書の様式は、別記第二の一号様式から第二の四号様式までのとおりとする。

第七十三条の二　免許法第七条第二項に規定する証明書の様式は、別記第三の一号様式から第三の三号様式までのとおりとする。

第七十三条の三　免許法第七条第四項に規定する証明書の様式は、別記第四号様式のとおりとする。

第七十三条の四　第六十一条の十に規定する有効期間の更新又は延長に関する証明書の様式は、それぞれ別記第五号様式及び別記第六号様式のとおりとする。

第七十四条　免許法第八条の原簿は、免許法第四条及び第四条の二第一項の規定による免許状、免許法第十六条の三第一項の規定による中学校教諭又は高等学校教諭の普通免許状、免許法第十六条の四第一項の規定による高等学校教諭の普通免許状並びに第六十三条、第六十三条の二及び第六十五条の五の規定による特別支援学校の自立教科又は自立活動の教員の免許状の種類に応じて作製しなければならない。

2　前項の原簿には、氏名、生年月日、本籍地、免許状授与年月日、普通免許状に係る所要資格を得た日の属する年度、教員資格認定試験に合格した日の属する年度、免許法第十六条の三第二項又は第十七条第一項に規定する文部科学省令で定める資格を有することとなつた日の属する年度、教育職員免許法施行法（昭和二十四年法律第百四十八号）第二条の表の上欄各号に掲げる者となつた日の属する年度、有効期間の更新年月日、有効期間の更新番号、有効期間の延長年月日、有効期間の延長番号、有効期間の満了の年月日（有効期間が延長されたときにあつては延長後の有効期間の満了の年月日）、免許状の番号、授与の根拠規定、教科、特別支援教育領域（新教育領域の追加の定めがあつたときにあつては、当該新教育領域及び当該新教育領域の追加の定めの年月日を含む。）及び授与条件その他必要と認める事項を記載しなければならない。

第七十五条　免許法第十八条第一項（同条第二項において準用する場合を含む。）の文部科学省令で定める島は、本州、北海道、四国及び九州に附属する島のうち内閣府設置法第四条第一項第十三号に規定する北方地域の範囲を定める政令（昭和三十四年政令第三十三号）に規定する北方地域の島以外の島とする。

第七十六条　免許法認定講習を開設した者は、単位修得原簿及びこれに関する主なる公文書を相当期間保存しなければならない。

2　大学は、大学、免許法認定公開講座、免許法認定通信教育及び単位修得試験における単位修得原簿その他これらに関する主なる公文書を相当期間保存しなければならない。

3　指定教員養成機関は、単位修得原簿その他これに関する主なる公文書を相当期間保存しなければならない。

附　則　抄

1　この省令は、昭和二十九年十二月三日から施行する。

4　免許法附則第五項の規定の適用を受ける者の単位の修得方法は、次の表の定めるところによる。

免許法附則第五項の表の番号	最低修得単位数	
	教科に関する科目	教職に関する科目
一	四	六
二	四	六
三	四	六
四	六	四
五	四	六

備考　この表各号の教科に関する科目及び教職に関する科目の単位の修得方法は、それぞれ第四条、第五条及び第六条に定める修得方法の例にならうものとする。

3 高等教育

5 免許法附則第九項の規定の適用を受ける者の単位の修得方法は、第十六条に定める修得方法の例にならうものとする。

6 免許法附則第十八項の規定の適用を受ける者の単位の修得方法は、次の表の定めるところによる。

受けようとする免許状の種類		最低修得単位数	
		栄養に係る教育に関する科目	教職に関する科目
栄養教諭	一種免許状	二	八
	二種免許状	二	六

備考
一 この表における単位の計算方法に関しては、第一条の二の規定を準用する。
二 栄養に係る教育に関する科目の単位の修得方法は、第十条の三に定める修得方法の例にならうものとする。
三 教職に関する科目の単位の修得方法は、教職の意義等に関する科目、教育の基礎理論に関する科目、教育課程に関する科目、生徒指導及び教育相談に関する科目並びに栄養教育実習についてそれぞれ一単位以上を修得するものとする。
四 前号の栄養教育実習の単位は、免許法第三条の二に規定する非常勤の講師として一年以上栄養の指導に関し良好な成績で勤務した旨の実務証明責任者の証明を有する者については、経験年数一年について一単位の割合で、前号の教職に関する科目（栄養教育実習を除く。）の単位をもつてこれに替えることができる。
五 免許法附則第十八項の表備考第二号の規定の適用を受ける者の単位の修得方法は、栄養に係る教育に関する科目について二単位以上を修得するものとする。

7 改正法附則第五項の規定の適用を受ける者の単位の修得方法は、次の表の定めるところによる。

受けようとする免許状の種類	最低修得単位数			
	一般教育科目	専門科目		
		教科に関するもの	教職に関するもの	特殊教育に関するもの
幼稚園又は小学校の教諭の二級普通免許状	五	五	五	
中学校教諭二級普通免許状	五	一〇	五	
高等学校教諭二級普通免許状	一五	二五	五	
中学校又は高等学校において、職業実習又は農業実習、工業実習、商業実習、水産実習若しくは商船実習を担任する教諭の二級普通免許状		五	五	
養護教諭二級普通免許状	二	六	二	
旧法の規定により盲学校、聾学校又は養護学校の教諭の仮免許状を有する者が授与を受けようとする盲学校、聾学校又は養護学校の教諭の二級普通免許状				六
旧施行法の規定により盲学校又は聾学校の教諭の仮免許状を有する者が授与を受けようとする盲学校又は聾学校の教諭の二級普通免許状				一〇

備考 この表各項の単位の修得方法は、第二条から第七条まで、第九条及び第十条並びに第十一条の表備考第一号に定める修得方法の例にならうものとする。

8 前項の規定により高等学校教諭二級普通免許状の授与を受けようとする者についての改正法附則第五項の表備考第二号において準用する免許法第六条別表第三備考第五号の規定により文部省令で定める教育の職は、校長、教育長若しくは指導主事又は盲学校、聾学校若しくは養護学校の高等部の教員の職とする。

9 改正法附則第五項の表備考第四号又は第五号の規定の適用を受ける者の単位の修得方法は、教科に関する専門科目五単位以上、教職に関する専門科目五単位以上とし、教科に関する専門科目及び教職に関する専門科目の単位の修得方法は、それぞれ第二条、第三条及び第六条に定める修得方法の例にならうものとする。

10 改正法附則第八項の規定の適用を受ける者の単位の修得方法は、教科に関する科目二十単位、教職に関する科目二十四単位及び教科又は教職に関する科目十六単位を含めて九十単位を修得するものとし、教科に関する科目及び教職に関する科目の単位の修得方法にあつてはそれぞれ第五条及び第六条に定める修得方法の例にならうものとする。

11 改正法附則第十一項又は改正法附則第十二項若しくは第十三項の規定の適用を受ける者の単位の修得方法は、それぞれ附則第七項又は第九項に定める修得方法の例にならうものとする。

12 改正法附則第十八項の規定の適用を受ける者の単位の修得方法は、附則第七項に定める修得方法の例にならうものとする。

13 改正法附則第三項の規定により旧法第六条別表第四に規定する幼稚園、小学校若しくは中学校の教諭の仮免許状に係る所要資格、同条別表第五に規定する中学校若しくは高等学校において職業実習、農業実習、工業実習、商業実習、水産実習若しくは商船実習を担任する教諭の仮免許状に係る所要資格又は同条別表第六に規定する養護教諭仮免許状に係る所要資格を得た者又は改正法附則第四項の規定により旧法第六条別表第四に規定する高等学校教諭仮免許状に係る所要資格を得た者で、これらの学校の教諭（講師を含む。）になろうとするものは、授与権者に願い出て所要資格を得たむねの証明を受けなければならない。

14　免許法附則第二項の規定により、ある教科の免許状を有しない主幹教諭、指導教諭又は教諭（以下この項において「主幹教諭等」という。）が、当該教科の教授を担任しようとするときは、当該学校の校長及び当該主幹教諭等は、連署をもつて、次の事項を記載した申請書を授与権者に提出し、許可を受けなければならない。

一　設置者、学校名及び位置

二　校長及び当該教科の教授を担任しようとする主幹教諭等の氏名

三　教授を担任しようとする教科の名称及び期間

四　前号の教授を担任しようとする事由

五　第二号に掲げる主幹教諭等の履歴及び所有する免許状の種類

六　当該学校の学級編成及び免許教科別教員数

15　昭和二十九年十二月二日までに免許状授与の所要資格を得させるための課程として文部大臣の認定を受けた大学の課程は、第二章の規定による認定課程とみなす。

18　免許法附則第四項の旧令による学校の校長及び教員は、次の各号に掲げる学校の校長及び教員とする。

一　小学校に相当する旧令による学校については、国民学校（教員養成諸学校の附属国民学校を含む。この項中以下同じ。）、青年学校（青年師範学校の附属青年学校を含む。この項中以下同じ。）、盲学校、聾唖学校、国民学校に準ずる各種学校、国民学校に類する各種学校、文部省以外の官庁の所管に属した学校であつて国民学校に相当する学校、第四号に掲げる学校その他文部科学大臣がこれらの学校に準ずるものと認めた学校

二　中学校に相当する旧令による学校については、国民学校、中等学校（教員養成諸学校の附属中学校及び附属高等女学校を含む。この項中以下同じ。）、高等学校尋常科、師範学校予科、盲学校、聾唖学校、青年学校、国民学校に準ずる各種学校、国民学校に類する各種学校、中等学校に相当する学校、文部省以外の官庁の所管に属した学校であつて国民学校又は中等学校に相当する学校、専門学校入学に関し指定を受けた学校その他文部大臣がこれらの学校に準ずるものと認めた学校

三　高等学校に相当する旧令による学校については、中等学校、高等学校尋常科、師範学校予科、青年学校、専門学校入学に関し指定を受けた学校、高等学校高等科、大学予科、専門学校、大学、高等学校高等科又は専門学校に類する各種学校、中等学校に相当する学校、文部省以外の官庁の所管に属した学校であつて高等学校高等科又は専門学校に相当する学校、盲学校又は聾唖学校の師範部、教員養成諸学校（青年学校教員養成所及び臨時の教員養成機関を含む。）その他文部大臣がこれらの学校に準ずるものと認めた学校

四　幼稚園に相当する旧令による学校については、旧幼稚園令（大正十五年勅令第七十四号）による幼稚園（教員養成諸学校の附属幼稚園及び文部大臣が幼稚園に相当するものと認めた学校を含む。）及び第一号に掲げる学校（青年学校を除く。）

19　免許法附則第四項の学校以外の教育施設において教育に従事する者は、第六十七条の表の第一欄に掲げる施設において教育に従事する者とする。

20　免許法附則第四項の官公庁又は私立学校において教育事務に従事する職員は、学校教育法施行規則第二十条第一号イからヌまでに掲げる職にある者とする。

21　免許法附則第五項の表備考に規定する基礎資格を有する者に相当する者及び改正法附則第五項の表備考第四号の規定により修業年限四年以上の専門学校を卒業した者に相当する者は、旧令による専門学校の入学資格を入学資格とする修業年限一年以上の専門学校の予科を修了し、修業年限三年以上の専門学校を卒業した者又は修業年限三年以上の専門学校を卒業し、修業年限一年以上の専門学校研究科を修了した者とする。

22　免許法附則第四項、第五項、第九項及び第十八項の表の第三欄並びに改正法附則第五項の表の第三欄に規定する在職年数の通算に関しては、第七十条の規定を準用する。

23　免許法附則第八項ただし書及び第十二項ただし書に規定する文部科学省令で定める期間は、二年二月とする。

24　免許法附則第八項ただし書の規定により普通免許状の授与を受けようとする者は、免許状更新講習規則第四条第一項第二号に掲げる事項に係る免許状更新講習を履修するに当たつては、教諭を対象とするものを履修しなければならない。

25　免許法附則第九項の表イの項に掲げる「文部科学大臣がこれと同等以上と認める資格」は、大学に二年以上在学し、同表の第一欄に掲げる実習に係る実業に関する学科を専攻し、六十二単位以上を修得すること（短期大学士の学位を有することを除く。）又は旧令による修業年限三年以上の専門学校において同表の第一欄に掲げる実習に係る実業に関する学科を専攻して卒業することとし、同表のハの項に掲げる「文部科学大臣がこれと同等以上と認める資格」とは、旧令による国民学校初等科修了程度を入学資格とする修業年限五年の実業学校又は旧令による国民学校高等科修了程度を入学資格とする修業年限三年の実業学校において同表の第一欄に掲げる実習に係る実業に関する学科を修めて卒業することとする。

26　免許法附則第九項の表備考第二号に規定する文部科学省令で定める実習助手は、高等学校（中等教育学校の後期課程並びに特別支援学校の高等部を含む。）において専ら実習助手の職務に従事する者で常時勤務に服することを要するものとし、その者についての実務証明責任者は、その者の勤務する学校の教員について免許法別表第三の第三欄に規定する実務証明責任者と同様とする。

27　改正法附則第五項の表備考第七号に規定する文部省令で定める職員は、第六十九条の二に規定する職員とし、その者について証明をすべき所轄庁は、その者の勤務する学校の教員について免許法第二条第三項に規定する所轄庁と同様とする。

28　免許法附則第十二項ただし書の規定により普通免許状の授与を受けようとする者は、免許状更新講習規則第四条第一項第二号に掲げる事項に係る免許状更新講

習を履修するに当たつては、次の各号に掲げる授与を受けようとする普通免許状の種類に応じ、当該各号に定めるものを履修しなければならない。

一　養護教諭の免許状　養護教諭を対象とする免許状更新講習

二　教諭の免許状　教諭を対象とする免許状更新講習

29　免許法附則第十八項の表第三欄に規定する実務証明責任者は、その者の勤務する学校（学校給食法（昭和二十九年法律第百六十号）第六条に規定する共同調理場に勤務する者については、当該共同調理場の設置者が設置する学校とする。）の教員について免許法別表第三の第三欄に規定する実務証明責任者と同様とする。

32　前項の者で盲学校又は聾学校の高等部において特殊の教科の教授を担任する教諭（講師を含む。）になろうとするものについては、第十二項の規定を準用する。

33　第二十五項及び第二十六項の規定に該当する者に対して、教育職員検定により、盲学校又は聾学校の特殊教科の教諭の二級普通免許状を授与する場合における学力及び実務の検定は、第六十四条第二項の規定にかかわらず、次の表の第三欄及び第四欄の定めるところによる。㊟次の表⇩下段の表

第一欄	第二欄	第三欄	第四欄
受けようとする免許状の種類	所要資格		
	基礎資格	第二欄に規定する基礎資格を取得したのち、第一欄に掲げる学校の教員として良好な成績で勤務した旨の所轄庁の証明を有することを必要とする最低在職年数	第二欄に規定する基礎資格を取得したのち、大学、特殊教科教員養成機関又は特殊教科認定講習において修得することを必要とする最低単位数
盲学校特殊教科教諭二級普通免許状	第二十五項又は第二十六項の規定により、盲学校の高等部において特殊の教科の教授を担任する教諭の職にあることができること。	三	四
聾学校特殊教科教諭二級普通免許状	第二十五項又は第二十六項の規定により、聾学校の高等部において特殊の教科の教授を担任する教諭の職にあることができること。	三	四

備考

一　この表により理容の教科についての聾学校特殊教科教諭二級普通免許状の授与を受けようとする場合には、第四欄に掲げる単位は、修得することを要しない。

二　この表各項の単位の修得方法は、第六十四条第三項に定める修得方法の例にならうものとする。

34　免許法別表第三により保健の教科についての高等学校教諭の一種免許状の授与を受けようとする者が、改正法附則第七項の規定により保健の教科についての高等学校助教諭の臨時免許状の授与を受けており、かつ、保健師助産師看護師法（昭和二十三年法律第二百三号）第七条の規定により看護師の免許を受けているものであるときは、当分の間、その者は、附則第十項に規定する最低修得単位数のうち、教科に関する科目十単位、教職に関する科目十二単位及び教科又は教職に関する科目八単位を含めて四十五単位（同法第二十一条第二号又は第三号の規定に基づき文部科学大臣又は厚生労働大臣が指定した学校又は看護師養成所（次項において「看護師養成施設」という。）のうち修業年限二年のものを卒業した者にあつては、教科に関する科目七単位、教職に関する科目八単位及び教科又は教職に関する科目五単位を含めて三十単位）を修得したものとみなして、附則第十項の規定を適用する。

35　前項の規定の適用を受ける者の改正法附則第八項より読み替えられた免許法別表第三に規定する最低在職年数については、当分の間、その者の看護師養成施設における在学年数一年を在職年数二年とみなして通算することができる。

36　旧国立工業教員養成所を卒業した者が、免許法第六条第三項別表第四により数学又は理科の教科についての高等学校教諭二級普通免許状の授与を受けようとする場合にあつては、当分の間、第二十五条第三項の規定にかかわらず、同項に定めるもののほか、旧国立工業教員養成所は、同法第六条第二項別表第三備考第一号の規定に基づく他の課程とみなす。

37　免許法附則第十五項に規定する文部科学省令で定める事項は、学校教育法施行規則第五十二条に規定する小学校学習指導要領で定める保健に係る事項とする。

附　則（平成二二年三月三一日文部科学省令第九号）　抄

（施行期日）

第一条　この省令は、公布の日から施行する。

別記第一号様式（第七十二条関係）略

別記第二の一号様式（第七十三条関係）略

別記第二の二号様式（第七十三条関係）略

別記第二の三号様式（第七十三条関係）略

別記第二の四号様式（第七十三条関係）略

別記第三の一号様式（第七十三条の二関係）略

別記第三の二号様式（第七十三条の二関係）略

別記第三の三号様式（第七十三条の二関係）略

別記第四号様式（第七十三条の三関係）略

別記第五号様式（第七十三条の四関係）　略
別記第六号様式（第七十三条の四関係）　略

平成二十二年三月三十一日文部科学省令第九号の未施行内容

教育職員免許法施行規則の一部を改正する省令

教育職員免許法施行規則（昭和二十九年文部省令第二十六号）の一部を次のように改正する。

第四条第一項中「体育社会学」の下に「、体育史」を加える。

第五条第一項中「体育社会学」の下に「、体育史」を加える。

第五条の表中「福祉社会福祉学（職業指導を含む。）高齢者福祉、児童福祉及び障害者福祉社会福祉援助技術介護理論及び介護技術社会福祉総合実習（社会福祉援助実習及び社会福祉施設等における介護実習を含む。）」を「福祉社会福祉学（職業指導を含む。）高齢者福祉、児童福祉及び障害者福祉社会福祉援助技術介護理論及び介護技術社会福祉総合実習（社会福祉援助実習及び社会福祉施設等における介護実習を含む。）人体構造及び日常生活行動に関する理解加齢及び障害に関する理解」に改める。

附　則（平成二二年三月三一日文部科学省令第九号）　抄

（施行期日）
第一条　この省令は、公布の日から施行する。ただし、次の各号に掲げる規定は、当該各号に定める日から施行する。
一　教育職員免許法施行規則第四条及び第五条の改正規定　平成二十三年四月一日
二　教育職員免許法施行規則附則第三十四項の改正規定　平成二十二年四月一日

（経過措置）
第二条　平成二十三年三月三十一日において教育職員免許法別表第一備考第五号イに規定する認定課程を有する大学（次項において「課程認定大学」という。）の課程に在学する者で、当該大学を卒業するまでに、この省令による改正前の教育職員免許法施行規則（以下「旧規則」という。）第五条に規定する福祉の教科に関する科目の最低修得単位数を修得した者については、この省令による改正後の教育職員免許法施行規則（以下「新規則」という。）第五条に規定する福祉の教科に関する科目の最低修得単位数を修得した者とみなす。
2　平成二十三年四月一日以後に課程認定大学に入学した者（学校教育法（昭和二十二年法律第二十六号）第八十八条の規定により当該大学が定める期間を当該大学の修業年限に通算された者、同法第百八条第七項、第百二十二条又は第百三十二条の規定により課程認定大学に編入学した者、大学を退学した後に課程認定大学に入学し当該退学までの在学期間が修業年限に通算された者及び大学を卒業した後に課程認定大学に入学し当該卒業までの在学期間が修業年限に通算された者を除く。）以外の者であって、平成二十六年三月三十一日までに、旧規則第五条に規定する福祉の教科についての教科に関する科目の最低修得単位数を修得した者は、新規則第五条に規定する福祉の教科に関する科目の最低修得単位数を修得した者とみなす。

教員資格認定試験規程

昭和四十八年八月九日文部省令第十七号
最終改正　平成二二年四月一四日文部科学省令第一四号

教育職員免許法（昭和二十四年法律第百四十七号）第十六条の二第二項の規定に基づき、教員資格認定試験規程を次のように定める。

（趣旨）

第一条　教育職員免許法（昭和二十四年法律第百四十七号）第十六条の二第一項の規定による教員資格認定試験（以下「認定試験」という。）については、この省令の定めるところによる。

（試験の種類等）

第二条　認定試験の種類は、次の表の上欄に掲げるとおりとし、同欄に掲げる認定試験に合格した者にそれぞれ同表の下欄に掲げる普通免許状を授与する。

㊟次の表⇩下段の表

上欄		下欄	
認定試験の種類	種目	普通免許状の種類	免許教科等
幼稚園教員資格認定試験		幼稚園教諭二種免許状	
小学校教員資格認定試験		小学校教諭二種免許状	
高等学校教員資格認定試験	看護	高等学校教諭一種免許状	看護
	情報	高等学校教諭一種免許状	情報
	福祉	高等学校教諭一種免許状	福祉
	柔道	高等学校教諭一種免許状	柔道
	剣道	高等学校教諭一種免許状	剣道
	情報技術	高等学校教諭一種免許状	情報技術
	建築	高等学校教諭一種免許状	建築
	インテリア	高等学校教諭一種免許状	インテリア
	デザイン	高等学校教諭一種免許状	デザイン
	情報処理	高等学校教諭一種免許状	情報処理
	計算実務	高等学校教諭一種免許状	計算実務
特別支援学校教員資格認定試験	自立活動（視覚障害教育）	特別支援学校自立活動教諭一種免許状	視覚障害教育
	自立活動（聴覚障害教育）		聴覚障害教育
	自立活動（肢体不自由教育）		肢体不自由教育
	自立活動（言語障害教育）		言語障害教育

（受験資格）

第三条　幼稚園教員資格認定試験を受けることができる者は、次に掲げる者で文部科学大臣が定める資格を有するものとする。

一　大学に二年以上在学し、かつ、六十二単位以上を修得した者

二　前号に掲げる者のほか、高等学校を卒業した者又は教育職員免許法施行規則第六十六条各号の一に該当する者で、受験しようとする幼稚園教員資格認定試験の施行の日の属する年度の四月一日における年齢が満二十歳以上のもの

2　小学校教員資格認定試験を受けることができる者は、次に掲げる者とする。

一　大学に二年以上在学し、かつ、六十二単位以上を修得した者

二　前号に掲げる者のほか、高等学校を卒業した者又は教育職員免許法施行規則（昭和二十九年文部省令第二十七号）第六十六条各号の一に該当する者で、受験しようとする小学校教員資格認定試験の施行の日の属する年度の四月一日における年齢が満二十歳以上のもの

3　高等学校教員資格認定試験及び特別支援学校教員資格認定試験を受けることができる者は、次に掲げる者で文部科学大臣が認定試験の種類ごとに定める資格を有するものとする。

一　大学（短期大学を除く。）を卒業した者

二　前号に掲げる者のほか、高等学校を卒業した者又は教育職員免許法施行規則第六十六条各号の一に該当する者で、受験しようとする高等学校教員資格認定試験又は特殊教育教員資格認定試験の施行の日の属する年度の四月一日における年齢が満二十二歳以上のもの

（試験の方法等）

第四条　認定試験は、受験者の人物、学力及び実技について、筆記試験、口述試験又は実技試験の方法により行なう。

2　認定試験の実施の方法その他試験に関し必要な事項については、この省令の定めるもののほか、別に文部科学大臣が認定試験の種類ごとに定める試験の実施要領（次項において「実施要領」という。）によるものとする。

3　文部科学大臣は、その委嘱する大学が行なう認定試験に係る実施要領を定めようとするときは、あらかじめ関係大学の教職員その他の学識経験のある者のうちから文部科学大臣が委嘱した委員の意見を聞くものとする。

4　文部科学大臣が行なう認定試験については、大学の教授その他の学識経験のある者のうちから文部科学大

臣が委嘱した委員及び専門委員がその実施に当たるものとする。

（試験の施行等）

第五条　認定試験は、毎年、第二条に定める認定試験の種類のなかから文部科学大臣が必要と認めるものについて行なう。

２　文部科学大臣は、認定試験の種類、実施機関、施行期日、場所その他試験の実施に関し必要な事項について、あらかじめ、官報で告示する。

（受験手続）

第六条　認定試験を受けようとする者は、当該認定試験を行なう文部科学大臣又は大学が定める所定の受験願書に履歴書、戸籍抄本又は住民票の写し、写真その他必要な書類を添えて、その認定試験を行なう文部科学大臣又は大学の学長に提出しなければならない。

（合格証書の授与等）

第七条　文部科学大臣及び大学の学長は、その行なつた認定試験に合格した者に別記第一号様式による合格証書を授与する。

２　合格証書の授与を受けた者がその氏名若しくは本籍地を変更し、又は合格証書を破損し、若しくは紛失したときは、当該認定試験を行なつた文部科学大臣又は大学の学長に、その認定試験を行なつた文部科学大臣又は大学が定める所定の申請書により合格証書の書換え又は再交付を申請することができる。

（合格証明書の交付）

第八条　認定試験に合格した者は、当該認定試験を行なつた文部科学大臣又は大学の学長に、その認定試験を行なつた文部科学大臣又は大学が定める所定の申請書により、合格の証明を申請することができる。

２　前項の申請があつた場合には、当該認定試験を行なつた文部科学大臣又は大学の学長は別記第二号様式による合格証明書を交付する。

（手数料）

第九条　次の表の上欄に掲げる者は、それぞれ下欄に掲げる額の手数料を納付しなければならない。

㊟次の表⇩下段の表

上欄		下欄
一　認定試験を受けようとする者	幼稚園教員資格認定試験	一万三千四百円
	小学校教員資格認定試験	一万四千六百円
	高等学校教員資格認定試験又は特別支援学校教員資格認定試験	五千六百円
二　合格証書の書換え又は再交付を申請する者		四百円
三　合格証明書の交付を申請する者		二百円

２　前項の規定による手数料は、収入印紙をもつて納付するものとする。ただし、行政手続等における情報通信の技術の利用に関する法律（平成十四年法律第百五十一号）第三条第一項の規定により申請等を行つた場合は、当該申請等により得られた納付情報により手数料を納付しなければならない。

３　納付した手数料は、いかなる場合においても返還しない。

（合格の取消し等）

第十条　文部科学大臣又は大学の学長は、不正の手段によつてその行なう認定試験を受け、又は受けようとした者に対しては、合格の決定を取り消し、又はその認定試験を受けることを禁止することができる。

（文部科学大臣への報告等）

第十一条　認定試験を行なつた大学の学長は、認定試験の終了後すみやかにその試験問題、試験実施状況、合格者の氏名その他必要な事項について、文部科学大臣に報告するものとする。

２　文部科学大臣は、認定試験に合格した者の氏名を官報で公告する。

３　認定試験を行なつた大学の学長は、第一項の文部科学大臣への報告を行なつた後前条の規定により合格の決定を取り消したときは、その旨を文部科学大臣に報告するものとする。

（合格者原簿の作製等）

第十二条　認定試験を行なつた大学は、認定試験の種類ごとに教員資格認定試験合格者原簿を作製するものとする。

２　前項の教員資格認定試験合格者原簿には、認定試験に合格した者の氏名、生年月日、本籍地及び合格証書の授与年月日その他必要な事項を記載するものとする。

３　認定試験を行なつた大学は、次に掲げる書類を相当期間保存するものとする。

一　教員資格認定試験合格者原簿

二　受験願書、合格証書の書換え又は再交付に関する申請書及び合格証明書の交付に関する申請書

三　合格の決定の取消しに関する書類

四　その他認定試験の実施に関する主な書類

附　則

１　この省令は、公布の日から施行する。

２　高等学校教員資格試験規程（昭和三十九年文部省令第二十五号）は、廃止する。

３　この省令の施行前に前項の規定による廃止前の高等学校教員資格試験規程（附則第五項において「旧高等学校教員資格試験規程」という。）による柔道、剣道及び計算実務の種目に係る高等学校教員資格試験に合格した者は、それぞれこの省令によるそれらの種目に係る認定試験に合格した者とみなす。

４　高等学校卒業程度認定試験規則（平成十七年文部科学省令第一号）附則第四条の表の上欄の各号に掲げる者で文部科学大臣が認定試験の種類ごとに定める資格を有するものは、当分の間、第三条第二項の規定にかかわらず、高等学校教員資格認定試験（看護、情報及び福祉の種目に係るものを除く。）及び特別支援学校教員資格認定試験を受けることができる。

５　旧高等学校教員資格試験規程による高等学校教員資

格試験を受験した者で文部科学大臣が定める資格を有するものが、柔道、剣道及び計算実務の種目に係る高等学校教員資格認定試験を受験する場合には、第三条第二項第二号中「満二十二歳」とあるのは、昭和四十八年度にあつては「満十九歳」と、昭和四十九年度にあつては「満二十歳」と、昭和五十年度にあつては「満二十一歳」と読み替えるものとする。

附　則（平成二二年四月一四日文部科学省令第一四号）抄

この省令は、公布の日から施行する。

別記第1号様式　略
別記第2号様式　略

技術士法

昭和五十八年四月二十七日法律第二十五号
最終改正　平成一八年六月二日法律第五〇号

技術士法（昭和三十二年法律第百二十四号）の全部を改正する。

第一章　総則

（目的）

第一条　この法律は、技術士等の資格を定め、その業務の適正を図り、もつて科学技術の向上と国民経済の発展に資することを目的とする。

（定義）

第二条　この法律において「技術士」とは、第三十二条第一項の登録を受け、技術士の名称を用いて、科学技術（人文科学のみに係るものを除く。以下同じ。）に関する高等の専門的応用能力を必要とする事項についての計画、研究、設計、分析、試験、評価又はこれらに関する指導の業務（他の法律においてその業務を行うことが制限されている業務を除く。）を行う者をいう。

2　この法律において「技術士補」とは、技術士となるのに必要な技能を修習するため、第三十二条第二項の登録を受け、技術士補の名称を用いて、前項に規定する業務について技術士を補助する者をいう。

（欠格条項）

第三条　次のいずれかに該当する者は、技術士又は技術士補となることができない。

一　成年被後見人又は被保佐人

二　禁錮以上の刑に処せられ、その執行を終わり、又は執行を受けることがなくなつた日から起算して二年を経過しない者

三　公務員で、懲戒免職の処分を受け、その処分を受けた日から起算して二年を経過しない者

四　第五十七条第一項又は第二項の規定に違反して、罰金の刑に処せられ、その執行を終わり、又は執行を受けることがなくなつた日から起算して二年を経過しない者

五　第三十六条第一項第二号又は第二項の規定により登録を取り消され、その取消しの日から起算して二年を経過しない者

六　弁理士法（平成十二年法律第四十九号）第三十二条第三号の規定により業務の禁止の処分を受けた者、測量法（昭和二十四年法律第百八十八号）第五十二条第二号の規定により登録を消除された者、建築士法（昭和二十五年法律第二百二号）第十条第一項の規定により免許を取り消された者又は土地家屋調査士法（昭和二十五年法律第二百二十八号）第四十二条第三号の規定により業務の禁止の処分を受けた者で、これらの処分を受けた日から起算して二年を経過しないもの

第二章　技術士試験

（技術士試験の種類）

第四条　技術士試験は、これを分けて第一次試験及び第二次試験とし、文部科学省令で定める技術の部門（以下「技術部門」という。）ごとに行う。

2　第一次試験に合格した者は、技術士補となる資格を有する。

3　第二次試験に合格した者は、技術士となる資格を有する。

（第一次試験）

第五条　第一次試験は、技術士となるのに必要な科学技術全般にわたる基礎的学識及び第四章の規定の遵守に関する適性並びに技術士補となるのに必要な技術部門についての専門的学識を有するかどうかを判定することをもつてその目的とする。

2　文部科学省令で定めるところにより、第一次試験の一部を免除することができる。

（第二次試験）

第六条　第二次試験は、技術士となるのに必要な技術部門についての専門的学識及び高等の専門的応用能力を有するかどうかを判定することをもつてその目的とする。

2　次のいずれかに該当する者は、第二次試験を受けることができる。

一　技術士補として技術士を補助したことがある者で、その補助した期間が文部科学省令で定める期間を超えるもの

二　前号に掲げる者のほか、科学技術に関する専門的応用能力を必要とする事項についての計画、研究、設計、分析、試験、評価又はこれらに関する指導の業務を行う者の監督（文部科学省令で定める要件に該当する内容のものに限る。）の下に当該業務に従事した者で、その従事した期間が文部科学省令で定める期間を超えるもの（技術士補となる資格を有するものに限る。）

三　前二号に掲げる者のほか、前号に規定する業務に従事した者で、その従事した期間が文部科学省令で定める期間を超えるもの（技術士補となる資格を有するものに限る。）

3　既に一定の技術部門について技術士となる資格を有する者であつて当該技術部門以外の技術部門につき第二次試験を受けようとするものに対しては、文部科学省令で定めるところにより、第二次試験の一部を免除することができる。

（技術士試験の執行）

第七条　技術士試験は、毎年一回以上、文部科学大臣が行う。

（合格証書）

第八条　技術士試験の第一次試験又は第二次試験（第十条第一項において「各試験」という。）に合格した者には、それぞれ当該試験に合格したことを証する証書を授与する。

（合格の取消し等）

第九条　文部科学大臣は、不正の手段によつて技術士試験を受け、又は受けようとした者に対しては、合格の決定を取り消し、又はその試験を受けることを禁止することができる。

2　文部科学大臣は、前項の規定による処分を受けた者に対し、二年以内の期間を定めて技術士試験を受けることができないものとすることができる。

（受験手数料）

第十条　技術士試験の各試験を受けようとする者は、政令で定めるところにより、実費を勘案して政令で定める額の受験手数料を国（次条第一項に規定する指定試験機関が同項に規定する試験事務を行う技術士試験の各試験を受けようとする者にあつては、指定試験機関）に納付しなければならない。

2　前項の規定により同項に規定する指定試験機関に納められた受験手数料は、指定試験機関の収入とする。

3　第一項の受験手数料は、これを納付した者が技術士試験を受けない場合においても、返還しない。

（指定試験機関の指定）

第十一条　文部科学大臣は、文部科学省令で定めるところにより、その指定する者（以下「指定試験機関」という。）に、技術士試験の実施に関する事務（以下「試験事務」という。）を行わせることができる。

2　指定試験機関の指定は、文部科学省令で定めるところにより、試験事務を行おうとする者の申請により行う。

3　文部科学大臣は、他に指定を受けた者がなく、かつ、前項の申請が次の要件を満たしていると認めるときでなければ、指定試験機関の指定をしてはならない。

一　職員、設備、試験事務の実施の方法その他の事項についての試験事務の実施に関する計画が、試験事務の適正かつ確実な実施のために適切なものであること。

二　前号の試験事務の実施に関する計画の適正かつ確実な実施に必要な経理的及び技術的な基礎を有するものであること。

4　文部科学大臣は、第二項の申請が次のいずれかに該当するときは、指定試験機関の指定をしてはならない。

一　申請者が、一般社団法人又は一般財団法人以外の者であること。

二　申請者が、その行う試験事務以外の業務により試験事務を公正に実施することができないおそれがあること。

三　申請者が、第二十四条の規定により指定を取り消され、その取消しの日から起算して二年を経過しない者であること。

四　申請者の役員のうちに、次のいずれかに該当する者があること。

イ　この法律に違反して、刑に処せられ、その執行を終わり、又は執行を受けることがなくなつた日から起算して二年を経過しない者

ロ　次条第二項の規定による命令により解任され、その解任の日から起算して二年を経過しない者

（指定試験機関の役員の選任及び解任）

第十二条　指定試験機関の役員の選任及び解任は、文部科学大臣の認可を受けなければ、その効力を生じない。

2　文部科学大臣は、指定試験機関の役員が、この法律（この法律に基づく命令又は処分を含む。）若しくは第十四条第一項に規定する試験事務規程に違反する行為をしたとき、又は試験事務に関し著しく不適当な行為をしたときは、指定試験機関に対し、当該役員の解任を命ずることができる。

（事業計画の認可等）

第十三条　指定試験機関は、毎事業年度、事業計画及び収支予算を作成し、当該事業年度の開始前に、文部科学大臣の認可を受けなければならない。これを変更しようとするときも、同様とする。

2　指定試験機関は、毎事業年度の経過後三月以内に、その事業年度の事業報告書及び収支決算書を作成し、文部科学大臣に提出しなければならない。

（試験事務規程）

第十四条　指定試験機関は、試験事務の開始前に、試験事務の実施に関する規程（以下「試験事務規程」という。）を定め、文部科学大臣の認可を受けなければならない。これを変更しようとするときも、同様とする。

2　試験事務規程で定めるべき事項は、文部科学省令で定める。

3　文部科学大臣は、第一項の認可をした試験事務規程

が試験事務の適正かつ確実な実施上不適当となつたと認めるときは、指定試験機関に対し、試験事務規程の変更を命ずることができる。

（指定試験機関の技術士試験委員）

第十五条 指定試験機関は、技術士試験の問題の作成及び採点を技術士試験委員（次項、第四項及び第五項並びに次条及び第十八条第一項において「試験委員」という。）に行わせなければならない。

2 試験委員は、技術士試験の執行ごとに、文部科学大臣が選定した技術士試験委員候補者のうちから、指定試験機関が選任する。

3 文部科学大臣は、技術士試験の執行ごとに、技術士試験の執行について必要な学識経験のある者のうちから、科学技術・学術審議会の推薦に基づき技術士試験委員候補者を選定する。

4 試験委員の選任及び解任は、文部科学大臣の認可を受けなければ、その効力を生じない。

5 第十二条第二項の規定は、試験委員の解任について準用する。

（不正行為の禁止）

第十六条 試験委員は、技術士試験の問題の作成及び採点について、厳正を保持し不正の行為のないようにしなければならない。

（受験の禁止等）

第十七条 指定試験機関が試験事務を行う場合において は、指定試験機関は、不正の手段によつて技術士試験を受けようとした者に対しては、その試験を受けることを禁止することができる。

2 前項に定めるもののほか、指定試験機関が試験事務を行う場合における第九条の規定の適用については、同条第一項中「不正の手段によつて技術士試験を受け、又は受けようとした者に対しては、合格の決定を取り消し、又はその試験を受けることを禁止すること」とあるのは「不正の手段によつて技術士試験を受けた者に対しては、合格の決定を取り消すこと」と、同条第二項中「前項」とあるのは「前項又は第十七条第一項」とする。

（秘密保持義務等）

第十八条 指定試験機関の役員若しくは職員（試験委員を含む。次項において同じ。）又はこれらの職にあつた者は、試験事務に関して知り得た秘密を漏らしてはならない。

2 試験事務に従事する指定試験機関の役員又は職員は、刑法（明治四十年法律第四十五号）その他の罰則の適用については、法令により公務に従事する職員とみなす。

（帳簿の備付け等）

第十九条 指定試験機関は、文部科学省令で定めるところにより、試験事務に関する事項で文部科学省令で定めるものを記載した帳簿を備え、これを保存しなければならない。

（監督命令）

第二十条 文部科学大臣は、この法律を施行するため必要があると認めるときは、指定試験機関に対し、試験事務に関し監督上必要な命令をすることができる。

（報告）

第二十一条 文部科学大臣は、この法律を施行するため必要があると認めるときは、その必要な限度で、文部科学省令で定めるところにより、指定試験機関に対し、報告をさせることができる。

（立入検査）

第二十二条 文部科学大臣は、この法律を施行するため必要があると認めるときは、その必要な限度で、その職員に、指定試験機関の事務所に立ち入り、指定試験機関の帳簿、書類その他必要な物件を検査させ、又は関係者に質問させることができる。

2 前項の規定により立入検査を行う職員は、その身分を示す証明書を携帯し、かつ、関係者の請求があるときは、これを提示しなければならない。

3 第一項に規定する権限は、犯罪捜査のために認められたものと解してはならない。

（試験事務の休廃止）

第二十三条 指定試験機関は、文部科学大臣の許可を受けなければ、試験事務の全部又は一部を休止し、又は廃止してはならない。

（指定の取消し等）

第二十四条 文部科学大臣は、指定試験機関が第十一条第四項各号（第三号を除く。以下この項において同じ。）の一に該当するに至つたときは、その指定を取り消さなければならない。この場合において、同条第四項各号中「申請者」とあるのは、「指定試験機関」とする。

2 文部科学大臣は、指定試験機関が次のいずれかに該当するに至つたときは、その指定を取り消し、又は二年以内の期間を定めて試験事務の全部若しくは一部の停止を命ずることができる。

一 第十一条第三項各号の要件を満たさなくなつたと認められるとき。

二 第十二条第二項（第十五条第五項において準用する場合を含む。）、第十四条第三項又は第二十条の規定による命令に違反したとき。

三 第十三条、第十五条第一項若しくは第二項又は前条の規定に違反したとき。

四 第十四条第一項の認可を受けた試験事務規程によらないで試験事務を行つたとき。

五 次条第一項の条件に違反したとき。

（指定等の条件）

第二十五条 この章の規定による指定、認可又は許可には、条件を付し、及びこれを変更することができる。

2 前項の条件は、当該指定、認可又は許可に係る事項の確実な実施を図るため必要な最小限度のものに限り、かつ、当該指定、認可又は許可を受ける者に不当な義務を課することとなるものであつてはならない。

（聴聞の方法の特例）

第二十六条 第二十四条の規定による処分に係る聴聞の期日における審理は、公開により行わなければならない。

2 前項の聴聞の主宰者は、行政手続法（平成五年法律第八十八号）第十七条第一項の規定により当該処分に係る利害関係人が当該聴聞に関する手続に参加することを求めたときは、これを許可しなければならない。

（指定試験機関がした処分等に係る不服申立て）

第二十七条 指定試験機関が行う試験事務に係る処分又はその不作為について不服がある者は、文部科学大臣

3 高等教育

に対し、行政不服審査法（昭和三十七年法律第百六十号）による審査請求をすることができる。

（文部科学大臣による試験事務の実施等）

第二十八条　文部科学大臣は、指定試験機関の指定をしたときは、試験事務を行わないものとする。

2　文部科学大臣は、指定試験機関が第二十三条の規定による許可を受けて試験事務の全部若しくは一部を休止したとき、第二十四条第二項の規定により指定試験機関に対し試験事務の全部若しくは一部の停止を命じたとき、又は指定試験機関が天災その他の事由により試験事務の全部若しくは一部を実施することが困難となつた場合において必要があると認めるときは、試験事務の全部又は一部を自ら行うものとする。

第二十九条　文部科学大臣が自ら試験事務の全部又は一部を行う場合には、技術士試験委員（次項から第五項までにおいて「試験委員」という。）に、技術士試験の問題の作成及び採点を行わせる。

2　試験委員の定数は、政令で定める。

3　試験委員は、技術士試験の執行ごとに、技術士試験の執行について必要な学識経験のある者のうちから、科学技術・学術審議会の推薦に基づき、文部科学大臣が任命する。

4　試験委員は、非常勤とする。

5　第十六条の規定は、試験委員について準用する。

（公示）

第三十条　文部科学大臣は、次の場合には、その旨を官報に公示しなければならない。

一　第十一条第一項の規定による指定をしたとき。

二　第二十三条の規定による許可をしたとき。

三　第二十四条の規定により指定を取り消し、又は試験事務の全部若しくは一部の停止を命じたとき。

四　第二十八条第二項の規定により試験事務の全部若しくは一部を自ら行うこととするとき、又は自ら行つていた試験事務の全部若しくは一部を行わないこととするとき。

（技術士試験の細目等）

第三十一条　この章に定めるもののほか、試験科目、受験手続、試験事務の引継ぎその他技術士試験及び指定試験機関に関し必要な事項は、文部科学省令で定める。

第二章の二　技術士等の資格に関する特例

第三十一条の二　技術士と同等以上の科学技術に関する外国の資格のうち文部科学省令で定めるものを有する者であつて、我が国においていずれかの技術部門について我が国の法令に基づき技術士の業務を行うのに必要な相当の知識及び能力を有すると文部科学大臣が認めたものは、第四条第三項の規定にかかわらず、技術士となる資格を有する。

2　大学その他の教育機関における課程であつて科学技術に関するもののうちその修了が第一次試験の合格と同等であるものとして文部科学大臣が指定したものを修了した者は、第四条第二項の規定にかかわらず、技術士補となる資格を有する。

第三章　技術士等の登録

（登録）

第三十二条　技術士となる資格を有する者が技術士となるには、技術士登録簿に、氏名、生年月日、事務所の名称及び所在地、合格した第二次試験の技術部門（前条第一項の規定により技術士となる資格を有する者にあつては、同項の規定による認定において文部科学大臣が指定した技術部門）の名称その他文部科学省令で定める事項の登録を受けなければならない。

2　技術士補となる資格を有する者が技術士補となるには、その補助しようとする技術士（合格した第一次試験の技術部門（前条第二項の規定により技術士補となる資格を有する者にあつては、同項の課程に対応するものとして文部科学大臣が指定した技術部門。以下この項において同じ。）と同一の技術部門の登録を受けている技術士に限る。）を定め、技術士補登録簿に、氏名、生年月日、合格した第一次試験の技術部門の名称、その補助しようとする技術士の氏名、当該技術士の事務所の名称及び所在地その他文部科学省令で定める事項の登録を受けなければならない。

3　技術士補が第一項の規定による技術士の登録を受けたときは、技術士補の登録は、その効力を失う。

（技術士登録簿及び技術士補登録簿）

第三十三条　技術士登録簿及び技術士補登録簿は、文部科学省に備える。

（技術士登録証及び技術士補登録証）

第三十四条　文部科学大臣は、技術士又は技術士補の登録をしたときは、申請者にそれぞれ技術士登録証又は技術士補登録証（以下「登録証」と総称する。）を交付する。

2　登録証には、次の事項を記載しなければならない。

一　登録の年月日及び登録番号

二　氏名

三　生年月日

四　登録した技術部門の名称

（登録事項の変更の届出等）

第三十五条　技術士又は技術士補は、登録を受けた事項に変更があつたときは、遅滞なく、その旨を文部科学大臣に届け出なければならない。

2　技術士又は技術士補は、前項の規定による届出をする場合において、登録証に記載された事項に変更があつたときは、当該届出に登録証を添えて提出し、その訂正を受けなければならない。

（登録の取消し等）

第三十六条　文部科学大臣は、技術士又は技術士補が次のいずれかに該当する場合には、その登録を取り消さなければならない。

一　第三条各号（第五号を除く。）の一に該当するに至つた場合

二　虚偽又は不正の事実に基づいて登録を受けた場合

三　第三十一条の二第一項の規定により技術士となる資格を有する者が外国において同項に規定する資格を失つた場合

2　文部科学大臣は、技術士又は技術士補が次章の規定に違反した場合には、その登録を取り消し、又は二年以内の期間を定めて技術士若しくは技術士補の名称の使用の停止を命ずることができる。

第三十七条　文部科学大臣は、技術士又は技術士補が虚偽若しくは不正の事実に基づいて登録を受け、又は次章の規定に違反したと思料するときは、職権をもつて、必要な調査をすることができる。

2　文部科学大臣は、前条第一項第二号又は第二項の規定による技術士又は技術士補の登録の取消し又は名称の使用の停止の命令をする場合においては、聴聞又は弁明の機会の付与を行つた後、科学技術・学術審議会の意見を聴いてするものとする。

3　文部科学大臣は、第一項の規定により事件について必要な調査をするため、その職員に、次のことを行わせることができる。

一　事件関係人若しくは参考人に出頭を命じて審問し、又はこれらの者から意見若しくは報告を徴すること。

二　鑑定人に出頭を命じて鑑定させること。

三　帳簿、書類その他の物件の所有者に対し、当該物件を提出させること。

4　前項の規定により出頭を命ぜられた参考人又は鑑定人は、政令で定めるところにより、旅費、日当その他の費用を請求することができる。

（登録の消除）

第三十八条　文部科学大臣は、技術士又は技術士補の登録がその効力を失つたときは、その登録を消除しなければならない。

（登録免許税及び登録手数料）

第三十九条　第三十二条第一項の規定により技術士の登録を受けようとする者及び同条第二項の規定により技術士補の登録を受けようとする者は、登録免許税法（昭和四十二年法律第三十五号）の定めるところにより登録免許税を納付しなければならない。

2　第三十二条第一項の規定により技術士の登録を受けようとする者、同条第二項の規定により技術士補の登録を受けようとする者、第三十五条第二項の規定により登録証の訂正を受けようとする者及び登録証の再交付を受けようとする者は、政令で定めるところにより、実費を勘案して政令で定める額の登録手数料を国（次条第一項に規定する指定登録機関が同項に規定する登録事務を行う場合にあつては、指定登録機関）に、それぞれ納付しなければならない。

3　前項（技術士の登録を受けようとする者及び技術士補の登録を受けようとする者に係る部分に限る。）の規定は、文部科学大臣が次条第一項に規定する登録事務を行う場合については、適用しない。

4　第二項の規定により次条第一項に規定する指定登録機関に納められた登録手数料は、指定登録機関の収入とする。

（指定登録機関の指定等）

第四十条　文部科学大臣は、文部科学省令で定めるところにより、その指定する者（以下「指定登録機関」という。）に、技術士及び技術士補の登録の実施に関する事務（以下「登録事務」という。）を行わせることができる。

2　指定登録機関の指定は、文部科学省令で定めるところにより、登録事務を行おうとする者の申請により行う。

第四十一条　指定登録機関が登録事務を行う場合における第三十三条、第三十四条第一項、第三十五条第一項及び第三十八条の規定の適用については、これらの規定中「文部科学省」とあり、及び「文部科学大臣」とあるのは、「指定登録機関」とする。

（準用）

第四十二条　第十一条第三項及び第四項、第十二条から第十四条まで、第十八条から第二十八条まで並びに第三十条の規定は、指定登録機関について準用する。この場合において、これらの規定中「指定試験機関」とあるのは「指定登録機関」と、「試験事務」とあるのは「登録事務」と、「試験事務規程」とあるのは「登録事務規程」と、第十一条第三項中「前項」とあり、及び同条第四項中「第二項」とあるのは「第四十条第二項」と、第十八条第一項中「職員（試験委員を含む。次項において同じ。）」とあるのは「職員」と、第二十四条第二項第二号中「第十二条第二項（第十五条第五項において準用する場合を含む。）」とあるのは「第十二条第二項」と、同項第三号中「、第十五条第一項若しくは第二項又は前条」とあるのは「又は前条」と、第二十五条第一項中「この章」とあるのは「第十二条第一項、第十三条第一項、第十四条第一項、第二十三条又は第四十条第一項」と、第三十条第一号中「第十一条第一項」とあるのは「第四十条第一項」と読み替えるものとする。

（登録の細目等）

第四十三条　この章に定めるもののほか、登録及び登録の消除の手続、登録証の再交付及び返納、登録事務の引継ぎその他技術士及び技術士補の登録並びに指定登録機関に関し必要な事項は、文部科学省令で定める。

第四章　技術士等の義務

（信用失墜行為の禁止）

第四十四条　技術士又は技術士補は、技術士若しくは技術士補の信用を傷つけ、又は技術士及び技術士補全体の不名誉となるような行為をしてはならない。

（技術士等の秘密保持義務）

第四十五条　技術士又は技術士補は、正当の理由がなく、その業務に関して知り得た秘密を漏らし、又は盗用してはならない。技術士又は技術士補でなくなつた後においても、同様とする。

（技術士等の公益確保の責務）

第四十五条の二　技術士又は技術士補は、その業務を行うに当たつては、公共の安全、環境の保全その他の公益を害することのないよう努めなければならない。

（技術士の名称表示の場合の義務）

第四十六条　技術士は、その業務に関して技術士の名称を表示するときは、その登録を受けた技術部門を明示してするものとし、登録を受けていない技術部門を表示してはならない。

（技術士補の業務の制限等）

第四十七条　技術士補は、第二条第一項に規定する業務について技術士を補助する場合を除くほか、技術士補の名称を表示して当該業務を行つてはならない。

2　前条の規定は、技術士補がその補助する技術士の業務に関してする技術士補の名称の表示について準用する。

（技術士の資質向上の責務）

第四十七条の二　技術士は、常に、その業務に関して有する知識及び技能の水準を向上させ、その他その資質の向上を図るよう努めなければならない。

第五章　削除

第四十八条　削除

第四十九条　削除

第五十条　削除

第五十一条　削除

第五十二条　削除

第五十三条　削除

第六章　日本技術士会

（設立）

第五十四条　その名称中に日本技術士会という文字を使用する一般社団法人は、技術士を社員とする旨の定款の定めがあり、かつ、全国の技術士の品位の保持、資質の向上及び業務の進歩改善に資するため、技術士の研修並びに社員の指導及び連絡に関する事務を全国的に行うことを目的とするものに限り、設立することができる。

2　前項に規定する定款の定めは、これを変更することができない。

（成立の届出）

第五十五条　前条の一般社団法人（以下「技術士会」という。）は、成立したときは、成立の日から二週間以内に、登記事項証明書及び定款の写しを添えて、その旨を、文部科学大臣に届け出なければならない。

（技術士会の業務の監督）

第五十五条の二　技術士会の業務は、文部科学大臣の監督に属する。

2　文部科学大臣は、技術士会の業務の適正な実施を確保するため必要があると認めるときは、いつでも、当該業務及び技術士会の財産の状況を検査し、又は技術士会に対し、当該業務に関し監督上必要な命令をすることができる。

第七章　雑則

（業務に対する報酬）

第五十六条　技術士の業務に対する報酬は、公正かつ妥当なものでなければならない。

（名称の使用の制限）

第五十七条　技術士でない者は、技術士又はこれに類似する名称を使用してはならない。

2　技術士補でない者は、技術士補又はこれに類似する名称を使用してはならない。

（経過措置）

第五十八条　この法律の規定に基づき命令を制定し、又は改廃する場合においては、その命令で、その制定又は改廃に伴い合理的に必要と判断される範囲内において、所要の経過措置（罰則に関する経過措置を含む。）を定めることができる。

第八章　罰則

第五十九条　第四十五条の規定に違反した者は、一年以下の懲役又は五十万円以下の罰金に処する。

2　前項の罪は、告訴がなければ公訴を提起することができない。

第六十条　第十八条第一項（第四十二条において準用する場合を含む。）の規定に違反した者は、一年以下の懲役又は三十万円以下の罰金に処する。

第六十一条　第二十四条第二項（第四十二条において準用する場合を含む。）の規定による試験事務又は登録事務の停止の命令に違反したときは、その違反行為をした指定試験機関又は指定登録機関の役員又は職員は、一年以下の懲役又は三十万円以下の罰金に処する。

第六十二条　次の各号の一に該当する者は、三十万円以下の罰金に処する。

一　第十六条（第二十九条第五項において準用する場合を含む。）の規定に違反して、不正の採点をした者

二　第三十六条第二項の規定により技術士又は技術士補の名称の使用の停止を命ぜられた者で、当該停止を命ぜられた期間中に、技術士又は技術士補の名称を使用したもの

第六十三条　次の各号の一に該当するときは、その違反行為をした指定試験機関又は指定登録機関の役員又は職員は、二十万円以下の罰金に処する。

一　第十九条（第四十二条において準用する場合を含む。）の規定に違反して帳簿を備えず、帳簿に記載せず、若しくは帳簿に虚偽の記載をし、又は帳簿を保存しなかつたとき。

二　第二十一条（第四十二条において準用する場合を含む。）の規定による報告をせず、又は虚偽の報告をしたとき。

三　第二十二条（第四十二条において準用する場合を含む。）の規定による立入り若しくは検査を拒み、妨げ、若しくは忌避し、又は質問に対して陳述をせず、若しくは虚偽の陳述をしたとき。

四　第二十三条（第四十二条において準用する場合を含む。）の許可を受けないで試験事務又は登録事務の全部を廃止したとき。

第六十四条　技術士会の理事、監事又は清算人は、次の各号のいずれかに該当する場合には、五十万円以下の過料に処する。

一　第五十五条の規定に違反して、成立の届出をせず、又は虚偽の届出をしたとき。

二　第五十五条の二第二項の規定による文部科学大臣の検査を拒み、妨げ、若しくは忌避し、又は同項の規定による文部科学大臣の監督上の命令に違反したとき。

附　則

（施行期日）

第一条　この法律は、昭和五十九年四月一日から施行する。ただし、第十一条、第十二条第一項、第十三条、第十四条、第十八条から第二十二条まで、第二十四条

から第二十六条まで、第三十条第一号及び第三号、第三十一条（指定試験機関に係る部分に限る。）、第四十条、第四十二条（第十二条第二項、第二十三条、第二十七条、第二十八条並びに第三十条第二号及び第四号に係る部分を除く。）、第四十三条（指定登録機関に係る部分に限る。）、第六十条並びに第六十三条（第四号を除く。）の規定並びに附則第七条、第八条及び第十一条の規定並びに附則第十五条中科学技術庁設置法（昭和三十一年法律第四十九号）第四条第十号の二の次に一号を加える改正規定は、昭和五十九年一月一日から施行する。

（合格者に関する経過措置）

第二条　改正前の技術士法（以下「旧法」という。）第四条に規定する本試験に合格した者は、改正後の技術士法（以下「新法」という。）第四条第一項に規定する第二次試験に合格した者とみなす。

（技術士の登録に関する経過措置）

第三条　旧法第十四条の規定によりされた技術士の登録は新法第三十二条第一項の規定によりされた技術士の登録と、旧法第十六条第一項の規定により交付された技術士登録証は新法第三十四条第一項の規定により交付された技術士登録証とみなす。

2　旧法第十四条の規定によりされた技術士の登録の申請であつて、この法律の施行の際現にその手続が終了していないものは、この法律の施行の日（以下「施行日」という。）に新法第三十二条第一項の規定によりされた技術士の登録の申請とみなして、新法の規定を適用する。

3　旧法第十七条第一項の規定によりされた技術士登録証の訂正の申請であつて、この法律の施行の際現にその手続が終了していないものについては、次の各号に掲げる場合の区分に応じ、当該各号に定めるところによるものとし、当該訂正の申請が氏名又は技術部門の変更に係るものを含むものでない場合においても、当該訂正の申請につき納付された手数料は、返還しない。

一　当該訂正の申請が氏名若しくは技術部門の変更に係るものを含むものである場合又は氏名若しくは技術部門のみの変更に係るものである場合　当該氏名又は技術部門の変更に係る訂正の申請は、施行日に新法第三十五条第二項の規定によりされた技術士登録証の訂正の申請とみなして、新法の規定を適用する。

二　当該訂正の申請が事務所の名称若しくは所在地の変更に係るものを含むものである場合又は事務所の名称若しくは所在地のみの変更に係るものである場合　当該事務所の名称又は所在地の変更に係る訂正の申請は、施行日に新法第三十五条第一項の規定によりされた登録事項の変更の届出とみなして、新法の規定を適用する。

三　当該訂正の申請が住所の変更に係るものを含むものである場合又は住所のみの変更に係るものである場合　当該住所の変更に係る訂正の申請は、なかつたものとみなす。

（欠格条項等に関する経過措置）

第四条　旧法第十八条第二号若しくは第十九条の規定により技術士の登録を取り消され、その取消しの日から起算して二年を経過しない者、又は旧法第三十九条の規定に違反して、罰金の刑に処せられ、その執行を終わり、若しくは執行を受けることがなくなつた日から起算して二年を経過しない者に係る新法第三条第四号及び第五号の規定の適用については、同条第四号中「第五十七条第一項又は第二項」とあるのは「改正前の技術士法（昭和三十二年法律第百二十四号。次号において「旧法」という。）第三十九条」と、同条第五号中「第三十六条第一項第二号又は第二項」とあるのは「旧法第十八条第二号又は第十九条」とする。

第五条　旧法第十二条後段の規定により技術士試験の予備試験又は本試験の受験の停止を命ぜられた者は、施行日に新法第九条第二項の規定により技術士試験の受験の停止を命ぜられた者とみなす。この場合において、当該受験の停止の期間は、施行日における旧法第十二条後段の規定により命ぜられた期間の残存期間と同一の期間とする。

第六条　前条の規定は、旧法第十九条の規定により技術士の名称の使用の停止を命ぜられた者について準用する。この場合において、前条中「旧法第十二条後段」とあるのは「旧法第十九条」と、「技術士試験の予備試験又は本試験の受験の停止」とあり、及び「技術士試験の受験の停止」とあるのは「技術士の名称の使用の停止」と、「新法第九条第二項」とあるのは「新法第三十六条第二項」と、「当該受験の停止」とあるのは「当該名称の使用の停止」と読み替えるものとする。

第七条　旧法に違反して、刑に処せられ、その執行を終わり、又は執行を受けることがなくなつた日から起算して二年を経過しない者に係る新法第十一条第四項第四号イ（第四十二条において準用する場合を含む。）の規定の適用については、同号イ中「この法律」とあるのは、「改正前の技術士法」とする。

（試験事務及び登録事務に関する経過措置）

第八条　施行日前に指定試験機関又は指定登録機関の指定がされた場合においては、指定試験機関又は指定登録機関は、新法第十一条第一項又は第四十条第一項の規定にかかわらず、施行日の前日までの間は、試験事務又は登録事務を行うことができないものとする。

（技術士審議会に関する経過措置）

第九条　旧法第二十七条の規定により置かれた技術士審議会は、施行日において、新法第四十八条の規定により置かれた技術士審議会となり、同一性をもつて存続するものとする。

2　施行日の前日において技術士審議会の委員である者は、別に辞令を用いないで、施行日に新法第五十二条第一項の規定により技術士審議会の委員として任命された者とみなす。

3　前項の規定により任命されたものとみなされた技術士審議会の委員の任期は、新法第五十二条第二項の規定にかかわらず、施行日におけるその者の技術士審議会の委員としての残任期間と同一の期間とする。

（日本技術士会に関する経過措置）

第十条　施行日に現に存する日本技術士会は、施行日において、新法第五十四条の規定による日本技術士会となり、同一性をもつて存続するものとする。

（指定試験機関の事業計画等に関する経過措置）

第十一条　指定試験機関及び指定登録機関の最初の事業年度の事業計画及び収支予算については、第十三条第一項（第四十二条において準用する場合を含む。）中「当該事業年度の開始前に」とあるのは、「その指定を受けた後遅滞なく」とする。

（罰則に関する経過措置）

第十二条　この法律の施行前にした行為に対する罰則の適用については、なお従前の例による。

（政令への委任）

第十三条　附則第二条から前条までに定めるもののほか、この法律の施行に関し必要な経過措置は、政令で定める。

（登録免許税法の一部改正）

第十四条　登録免許税法の一部を次のように改正する。

（十七）技術士法（昭和五十八年法律第二十五号）第三十二条第一項又は第二項（登録）の技術士又は技術士補の登録		
イ　技術士の登録	登録件数	一件につき三万円
ロ　技術士補の登録	登録件数	一件につき一万五千円

（科学技術庁設置法の一部改正）

第十五条　科学技術庁設置法の一部を次のように改正する。

第四条第十号の二中「及び技術士」を「並びに技術士及び技術士補」に改め、同号の次に次の一号を加える。

十の三　技術士法（昭和五十八年法律第二十五号）に基づくて、指定試験機関及び指定登録機関を指定し、並びにこれらに対し、認可その他監督を行うこと。

第二十一条第一項の表技術士審議会の項中「技術士に」を「技術士制度に」に、「及び技術士の登録の取消等」を「並びに技術士及び技術士補の登録の取消し等」に改める。

附　則（平成一八年六月二日法律第五〇号）　抄

（施行期日）

1　この法律は、一般社団・財団法人法の施行の日から施行する。

（調整規定）

2　犯罪の国際化及び組織化並びに情報処理の高度化に対処するための刑法等の一部を改正する法律（平成十八年法律第　　号）の施行の日が施行日後となる場合には、施行日から同法の施行の日の前日までの間における組織的な犯罪の処罰及び犯罪収益の規制等に関する法律（平成十一年法律第百三十六号。次項において「組織的犯罪処罰法」という。）別表第六十二号の規定の適用については、同号中「中間法人法（平成十三年法律第四十九号）第百五十七条（理事等の特別背任）の罪」とあるのは、「一般社団法人及び一般財団法人に関する法律（平成十八年法律第四十八号）第三百三十四条（理事等の特別背任）の罪」とする。

3　前項に規定するもののほか、同項の場合において、犯罪の国際化及び組織化並びに情報処理の高度化に対処するための刑法等の一部を改正する法律の施行の日の前日までの間における組織的犯罪処罰法の規定の適用については、第四百五十七条の規定によりなお従前の例によることとされている場合における旧中間法人法第百五十七条（理事等の特別背任）の罪は、組織的犯罪処罰法別表第六十二号に掲げる罪とみなす。

技術士法施行令

昭和五十八年十二月二十三日政令第二百六十九号
最終改正　平成一八年二月一日政令第一四号

内閣は、技術士法（昭和五十八年法律第二十五号）第十条第一項、第二十九条第二項、第三十七条第四項及び第三十九条第二項の規定に基づき、技術士法施行令（昭和三十二年政令第三百四十五号）の全部を改正するこの政令を制定する。

（受験手数料）

第一条　技術士法（以下「法」という。）第十条第一項の受験手数料の額は、第一次試験については一万千円、第二次試験については一万四千円とする。

2　前項の受験手数料は、国に納付するものにあつては受験申込書にそれぞれ同項に規定する受験手数料の額に相当する額の収入印紙をはることにより、法第十一条第一項に規定する指定試験機関に納付するものにあつては法第十四条第一項に規定する試験事務規程で定めるところにより納付しなければならない。

（技術士試験委員の定数）

第二条　法第二十九条第二項の技術士試験委員の定数は、第一次試験については百人、第二次試験については三百五十人とする。

（旅費、日当その他の費用）

第三条　法第三十七条第三項第一号又は第二号の規定による命令に基づいて出頭した参考人又は鑑定人が同条第四項の規定に基づき請求することができる旅費及び日当の額は、国家公務員等の旅費に関する法律（昭和二十五年法律第百十四号）の規定により一般職の職員の給与に関する法律（昭和二十五年法律第九十五号）第六条第一項第一号イに規定する行政職俸給表（一）の二級の職員が受ける鉄道賃、船賃、航空賃、車賃、宿泊料及び日当に相当する額とする。

2　文部科学大臣は、前項の参考人又は鑑定人に意見書、報告書又は鑑定書の作成を求めた場合において、必要と認めるときは、同項に規定する旅費及び日当のほか、相当額の費用を支給することができる。

（登録手数料）

第四条　法第三十九条第二項の登録手数料の額は、六千五百円とする。

2　前項の登録手数料は、国に納付するものにあつては登録証の訂正の申請書又は登録証の再交付の申請書に同項に規定する登録手数料の額に相当する額の収入印紙をはることにより、法第四十条第一項に規定する指定登録機関に納付するものにあつては法第四十二条の規定により読み替えられた法第十四条第一項に規定する登録事務規程で定めるところにより納付しなければならない。

3　第一項の登録手数料は、これを納付した後においては、返還しない。

附　則

この政令は、昭和五十九年四月一日から施行する。

附　則（平成一八年二月一日政令第一四号）　抄

（施行期日）

第一条　この政令は、平成十八年四月一日から施行する。

技術士法施行規則

昭和五十九年三月二十一日総理府令第五号
最終改正　平成一九年一二月二五日文部科学省令第四〇号

（試験期日等の公告）

第一条　第一次試験又は第二次試験を施行する日時、場所その他技術士試験の施行に関し必要な事項は、文部科学大臣があらかじめ官報で公告する。

（技術部門）

第二条　技術士法（以下「法」という。）第四条第一項の技術部門は、次のとおりとする。

一　機械部門
二　船舶・海洋部門
三　航空・宇宙部門
四　電気電子部門
五　化学部門
六　繊維部門
七　金属部門
八　資源工学部門
九　建設部門
十　上下水道部門
十一　衛生工学部門
十二　農業部門
十三　森林部門
十四　水産部門
十五　経営工学部門
十六　情報工学部門
十七　応用理学部門
十八　生物工学部門
十九　環境部門
二十　原子力・放射線部門
二十一　総合技術監理部門

（第一次試験の試験方法）

第三条　第一次試験は、筆記の方法により行う。

（第一次試験の実施）

第四条　第一次試験は、北海道、宮城県、東京都、神奈川県、新潟県、石川県、愛知県、大阪府、広島県、香川県、福岡県、沖縄県その他文部科学大臣の指定する場所において行う。

（第一次試験の試験科目）

第五条　第一次試験の試験科目は、次のとおりとする。

一　基礎科目
二　適性科目
三　共通科目のうち受験者があらかじめ選択する二科目
四　専門科目

2　基礎科目は、科学技術全般にわたる基礎知識に関するものとする。

3　適性科目は、法第四章の規定の遵守に関する適性に関するものとする。

4　共通科目は、数学、物理学、化学、生物学及び地学とする。

5　専門科目は、当該技術部門に係る基礎知識及び専門知識に関するものとする。

6　専門科目の範囲については、文部科学大臣が告示する。

（第一次試験の一部免除）

第六条　法第五条第二項の文部科学省令で定める資格を有する者は、次の表の上欄に掲げる者とし、その者に対して、それぞれ、同表の中欄に掲げる試験の区分に応じ、同表の下欄に掲げる科目を免除する。

㊟次の表⇩次頁の表

（第一次試験の受験手続）

第七条　第一次試験を受けようとする者は、別記様式第一による第一次試験受験申込書を文部科学大臣（指定試験機関が試験事務を行う第一次試験を受けようとする者にあつては、指定試験機関）に提出しなければならない。

2　前項の場合において、前条各号に掲げる者については、第一次試験受験申込書にこれらの者のいずれかに該当することを証する証明書又は書面を添付しなければならない。

免除を受けることができる者	試験の区分	科目
一　学校教育法（昭和二十二年法律第二十六号）第百四条に規定する学士の学位（理科系統の専攻分野のものに限る。）を有する者又はこれと同等以上の学力を有すると認められる者	全技術部門	共通科目
二　旧大学令（大正七年勅令第三百八十八号）による大学において理科系統の正規の課程を修めて卒業した者		
三　旧高等師範学校規程（明治二十七年文部省令第十一号）による高等師範学校専攻科において理科系統の正規の課程を修めて卒業した者		
四　旧師範教育令（昭和十八年勅令第百九号）による高等師範学校又は女子高等師範学校の修業年限一年以上の研究科において理科系統の正規の課程を修了した者		
五　旧中学校令（昭和十八年勅令第三十六号）による中学校若しくは高等女学校を卒業した者又は旧専門学校入学者検定規程（大正十三年文部省令第二十二号）により、これと同等以上の学力を有するものと検定された者を入学資格とする旧専門学校令（明治三十六年勅令第六十一号）による専門学校（以下「専門学校」という。）で修業年限（予科の修業年限を含む。以下同じ。）五年以上の専門学校において理科系統の正規の課程を修めて卒業した者又は修業年限四年以上の専門学校において理科系統の正規の課程を修めて卒業し修業年限四年以上の専門学校に置かれる修業年限一年以上の研究科において理科系統の正規の課程を修了した者		
六　防衛省設置法（昭和二十九年法律第百六十四号）による防衛大学校において理科系統の正規の課程を修めて卒業した者又は同法による防衛医科大学校を卒業した者		
七　独立行政法人水産大学校法（平成十一年法律第百九十一号）による独立行政法人水産大学校又は独立行政法人国立公文書館等の設立に伴う関係政令の整備等に関する政令（平成十二年政令第三百三十三号）による改正前の農林水産省組織令（平成十二年政令第二百五十三号）による水産大学校を卒業した者（旧農林水産省組織令（昭和二十七年政令第三百八十九号）による水産大学校を卒業した者及び旧水産庁設置法（昭和二十三年法律第七十八号）による水産講習所を卒業した者を含む。）		
八　国土交通省組織令（平成十二年政令第二百五十五号）による海上保安大学校を卒業した者（旧運輸省組織令（昭和五十九年政令第百七十五号）による海上保安大学校を卒業した者を含む。）		
九　職業能力開発促進法（昭和四十四年法律第六十四号）による職業能力開発総合大学校の長期課程を修了した者（職業能力開発促進法及び雇用促進事業団法の一部を改正する法律（平成九年法律第四十五号）による改正前の職業能力開発促進法による職業能力開発大学校若しくは職業能力開発促進法の一部を改正する法律（平成四年法律第六十七号）による改正前の職業能力開発促進法による職業訓練大学校の長期課程を修了した者又は職業訓練法の一部を改正する法律（昭和六十年法律第五十六号）による改正前の職業訓練法（昭和四十四年法律第六十四号）による職業訓練大学校若しくは旧職業訓練法（昭和三十三年法律第百三十三号）による中央職業訓練所若しくは職業訓練大学校の長期指導員訓練課程を修了した者を含む。）		
十　国土交通省組織令による気象大学校の大学部を卒業した者（旧運輸省組織令による気象大学校の大学部を卒業した者を含む。）		
十一　特定工場における公害防止組織の整備に関する法律（昭和四十六年法律第百七		

（第二次試験の試験方法）

第八条　第二次試験は、筆記及び口頭の方法により行う。

2　口頭試験は、筆記試験に合格した者について行う。

（第二次試験の実施）

第九条　第二次試験は、筆記試験については北海道、宮城県、東京都、神奈川県、新潟県、石川県、愛知県、大阪府、広島県、香川県、福岡県、沖縄県その他文部科学大臣の指定する場所において、口頭試験については東京都その他文部科学大臣の指定する場所において行う。

（期間）

第十条　法第六条第二項第一号の文部科学省令で定める期間は、総合技術監理部門について受験する場合にあつては通算して七年とし、総合技術監理部門以外の技術部門について受験する場合にあつては通算して四年とする。

2　前項の期間については、法第六条第二項第二号に定める期間を算入することができる。

3　法第六条第二項第二号の文部科学省令で定める期間は、総合技術監理部門について受験する場合にあつては通算して七年（技術士補となる資格を得た後のものに限る。）とし、総合技術監理部門以外の技術部門について受験する場合にあつては通算して四年（技術士補となる資格を得た後のものに限る。）とする。

4　前項の期間については、法第六条第二項第一号に定める期間を算入することができる。

5　法第六条第二項第三号の文部科学省令で定める期間は、総合技術監理部門について受験する場合にあつては通算して十年（既に総合技術監理部門以外の技術部門について技術士となる資格を有する者にあつては通算して七年）とし、総合技術監理部門以外の技術部門について受験する場合にあつては通算して七年とする。

6　学校教育法による大学院修士課程（理科系統のものに限る。）若しくは専門職学位課程（理科系統のものに限る。）を修了し、又は博士課程（理科系統のものに限る。）に在学し、若しくは在学していた者にあつては、第一項、第三項又は前項に定める期間は、当該

号）第七条第一項第一号に規定する公害防止管理者の資格を有する者（特定工場における公害防止組織の整備に関する法律施行令（昭和四十六年政令第二百六十四号）別表第二に規定する大気関係第一種有資格者、大気関係第三種有資格者、水質関係第一種有資格者及び水質関係第三種有資格者に限る。）又は同法第七条第一項第二号に規定する公害防止主任管理者の資格を有する者 十二　高圧ガス取締法（昭和二十六年法律第二百四号）第二十九条第一項に規定する甲種化学責任者免状、甲種機械責任者免状又は第一種冷凍機械責任者免状の交付を受けている者 十三　エネルギーの使用の合理化に関する法律（昭和五十四年法律第四十九号）第八条第一項に規定するエネルギー管理士免状の交付を受けている者 十四　電気事業法（昭和三十九年法律第百七十号）第四十四条第一項に規定する第一種電気主任技術者免状、第二種電気主任技術者免状、第一種ダム水路主任技術者免状又は第一種ボイラー・タービン主任技術者免状の交付を受けている者 十五　ガス事業法（昭和二十九年法律第五十一号）第三十二条第一項に規定する甲種ガス主任技術者免状の交付を受けている者 十六　電波法（昭和二十五年法律第百三十一号）第四十条第一項に規定する第一級総合無線通信士又は第一級陸上無線技術士 十七　建設業法（昭和二十四年法律第百号）第二十七条第一項に規定する技術検定（建設業法施行令（昭和三十一年政令第二百七十三号）第二十七条の三第二項に規定する一級を区分とするものに限る。）に合格した者 十八　測量法（昭和二十四年法律第百八十八号）第四十八条第一項に規定する測量士 十九　核原料物質、核燃料物質及び原子炉の規制に関する法律（昭和三十二年法律第百六十六号）第二十二条の三第一項に規定する核燃料取扱主任者免状又は同法第四十一条第一項に規定する原子炉主任技術者免状の交付を受けている者 二十　放射性同位元素等による放射線障害の防止に関する法律（昭和三十二年法律第百六十七号）第三十五条第一項に規定する第一種放射線取扱主任者免状の交付を受けている者 二十一　労働安全衛生法（昭和四十七年法律第五十七号）第八十二条第一項に規定する労働安全コンサルタント試験又は同法第八十三条第一項に規定する労働衛生コンサルタント試験に合格した者 二十二　労働安全衛生規則（昭和四十七年労働省令第三十二号）別表第四の上欄に掲げる特級ボイラー技士免許を受けている者 二十三　建築士法（昭和二十五年法律第二百二号）第十二条第一項に規定する一級建築士試験に合格した者 二十四　消防法（昭和二十三年法律第百八十六号）第十三条の二第一項に規定する甲種危険物取扱者免状の交付を受けている者		
技術士法の一部を改正する法律（平成十二年法律第四十八号）の規定による改正前の技術士法（昭和五十八年法律第二十五号）第六条第二項の規定に基づき既に一定の技術部門について技術士となる資格を有する者	一　既に技術士となる資格を有する技術部門	基礎科目、共通科目及び専門科目
	二　前号に掲げる技術部門以外の技術部門	基礎科目及び共通科目

期間から、その在学した期間（二年を限度とする。）を減じた期間とする。

（監督の要件）

第十条の二　法第六条第二項第二号の文部科学省令で定める監督の要件は、次の各号に掲げるものとする。

一　科学技術に関する専門的応用能力を必要とする事項についての計画、研究、設計、分析、試験、評価又はこれらに関する指導の業務に従事した期間が七年を超え、かつ、第二次試験を受けようとする者を適切に監督することができる職務上の地位にある者によるものであること。

二　第二次試験を受けようとする者が技術士となるのに必要な技能を修習することができるよう、前号に規定する業務について、指導、助言その他の適切な手段により行われるものであること。

（第二次試験の試験科目）

第十一条　第二次試験の試験科目は、次の表の上欄に掲げる技術部門について、それぞれ同表の中欄に掲げる必須科目及び同表の下欄に掲げる選択科目のうち受験者があらかじめ選択する一科目とする。

㊟次の表⇩次頁の表

2　総合技術監理部門の必須科目及び総合技術監理部門以外の技術部門の選択科目の内容については、文部科学大臣が告示する。

（第二次試験の一部免除）

第十一条の二　既に総合技術監理部門以外のいずれかの技術部門について技術士となる資格を有する者であつて総合技術監理部門につき第二次試験を受けようとするものに対しては、既に技術士となる資格を有する技術部門に対応する選択科目を免除する。

（第二次試験の受験手続）

第十二条　第二次試験を受けようとする者は、別記様式第二による第二次試験受験申込書に次の書類を添え、これを文部科学大臣（指定試験機関が試験事務を行う第二次試験を受けようとする者にあつては、指定試験機関）に提出しなければならない。

一　法第六条第二項第一号に該当する者については、技術士補として技術士を補助したこと及びその期間

技術部門	必須科目	選択科目
一　機械部門	機械一般	機械設計 材料力学 機械力学・制御 動力エネルギー 熱工学 流体工学 加工・ファクトリーオートメーション及び産業機械 交通・物流機械及び建設機械 ロボット 情報・精密機器
二　船舶・海洋部門	船舶・海洋一般	船舶 海洋空間利用 舶用機器
三　航空・宇宙部門	航空・宇宙一般	機体システム 航行援助施設宇宙環境利用
四　電気電子部門	電気電子一般	発送配変電 電気応用 電子応用 情報通信 電気設備
五　化学部門	化学一般	セラミックス及び無機化学製品 有機化学製品 燃料及び潤滑油 高分子製品 化学装置及び設備
六　繊維部門	繊維一般	紡糸・加工糸の方法及び設備 紡績及び製布 繊維加工 繊維二次製品の製造及び評価
七　金属部門	金属一般	鉄鋼生産システム 非鉄生産システム 金属材料 表面技術 金属加工
八　資源工学部門	資源工学一般	固体資源の開発及び生産 流体資源の開発及び生産 資源循環及び環境
九　建設部門	建設一般	土質及び基礎 鋼構造及びコンクリート 都市及び地方計画

を証する証明書又は書面（法第六条第二項第二号に定める期間を算入する場合にあつては、これらに加えて、法第六条第二項第二号に規定する受験資格に係る業務に従事したこと及びその期間を証する証明書又は書面並びに第十条の二に規定する要件を満たす内容の監督を受けたことを証する別記様式第二の二及び第二の三による証明書又は書面）

二　法第六条第二項第二号に該当する者については、同号に規定する受験資格に係る業務に従事したこと及びその期間を証する証明書又は書面並びに第十条の二に規定する要件を満たす内容の監督を受けたことを証する別記様式第二の二及び第二の三による証明書又は書面（法第六条第二項第一号に定める期間を算入する場合にあつては、これらに加えて、技術士補として技術士を補助したこと及びその期間を証する証明書又は書面）

三　法第六条第二項第三号に該当する者については、同号に規定する受験資格に係る業務に従事したこと及びその期間を証する証明書又は書面

四　法第三十一条の二第二項の規定により技術士補となる資格を有する者については、同項の規定により文部科学大臣が指定した大学その他の教育機関における課程を修了したことを証する証明書又は書面

五　第十条第六項に該当する者については、大学院修士課程（理科系統のものに限る。）若しくは専門職学位課程（理科系統のものに限る。）を修了し、又は博士課程（理科系統のものに限る。）に在学し、若しくは在学していたこと及びこれらの期間を証する証明書又は書面

（合格証書の授与及び合格者の公告）

第十三条　第一次試験又は第二次試験に合格した者には、それぞれ当該試験に合格したことを証する別記様式第三又は別記様式第四による証書を授与するほか、その氏名を官報で公告する。

（技術士の資格に関する特例）

第十三条の二　法第三十一条の二第一項の文部科学省令で定める技術士と同等以上の科学技術に関する外国の資格は、オーストラリア連邦首都特別地域に主たる事

		河川、砂防及び海岸・海洋 港湾及び空港 電力土木 道路 鉄道 トンネル 施工計画、施工設備及び積算 建設環境
十　上下水道部門	上下水道一般	上水道及び工業用水道 下水道 水道環境
十一　衛生工学部門	衛生工学一般	大気管理 水質管理 廃棄物管理 空気調和 建築環境
十二　農業部門	農業一般	畜産 農芸化学 農業土木 農業及び蚕糸 農村地域計画 農村環境 植物保護
十三　森林部門	森林一般	林業 森林土木 林産 森林環境
十四　水産部門	水産一般	漁業及び増養殖 水産加工 水産土木 水産水域環境
十五　経営工学部門	経営工学一般	生産マネジメント サービスマネジメント ロジスティクス 数理・情報 金融工学
十六　情報工学部門	情報工学一般	コンピュータ工学 ソフトウェア工学 情報システム・データ工学 情報ネットワーク
十七　応用理学部門	応用理学一般	物理及び化学

務所が所在する団体であるオーストラリアエンジニア協会が認定するチャータード・プロフェッショナル・エンジニアとする。

2　法第三十一条の二第一項の規定による認定は、前項の資格を有する者の申請により、技術部門を指定して行うものとする。

3　前項の認定を受けた者には、技術士となる資格を有することを証する別記様式第四の二による証書を授与するほか、その氏名を官報で公告する。

（登録事項）

第十四条　法第三十二条第一項の規定による技術士登録簿の登録事項は、次のとおりとする。

一　登録番号及び登録年月日

二　氏名及び生年月日

三　第二次試験に合格した年月及び合格した第二次試験の技術部門の名称（法第三十一条の二第一項の規定により技術士となる資格を有する者にあつては、同項の規定による認定を受けた年月及び文部科学大臣が指定した技術部門の名称）

四　自ら技術士としての業務を営もうとするときは、その事務所の名称及び所在地

五　他の技術士、会社その他の者の事務所に勤務するときは、その勤務する事務所の名称及び所在地

2　法第三十二条第二項の規定による技術士補登録簿の登録事項は、次のとおりとする。

一　登録番号及び登録年月日

二　氏名及び生年月日

三　第一次試験に合格した年月及び合格した第一次試験の技術部門の名称（法第三十一条の二第二項の規定により技術士補となる資格を有する者にあつては、同項の規定により文部科学大臣が指定した大学その他の教育機関における課程を修了した年月及び当該課程に対応するものとして文部科学大臣が指定した技術部門の名称）

四　補助しようとする技術士の登録番号及び氏名並びに当該技術士の事務所の名称及び所在地

		地球物理及び地球化学 地質
十八　生物工学部門	生物工学一般	細胞遺伝子工学 生物化学工学 生物環境工学
十九　環境部門	環境一般	環境保全計画 環境測定 自然環境保全 環境影響評価
二十　原子力・放射線部門	原子力・放射線一般	原子炉システムの設計及び建設 原子炉システムの運転及び保守 核燃料サイクルの技術 放射線利用 放射線防護
二十一　総合技術監理部門	総合技術監理一般	この表の第一号から第二十号までの上欄に掲げるいずれかの技術部門について、それぞれ同表の中欄に掲げる必須科目及び同表の下欄に掲げる選択科目のうち受験者があらかじめ選択する一科目

（登録の申請）

第十五条　技術士又は技術士補の登録を受けようとする者は、それぞれ別記様式第五若しくは別記様式第五の二又は別記様式第六若しくは別記様式第六の二による技術士登録申請書又は技術士補登録申請書（以下「登録申請書」と総称する。）に法第三条第一号に掲げる者（民法の一部を改正する法律（平成十一年法律第百四十九号）附則第三条第一項の規定により成年被後見人とみなされる者、同条第二項の規定により被保佐人とみなされる者及び同条第三項の規定により従前の例によることとされる準禁治産者を含む。）に該当しない旨の官公署の証明書を添え、これを文部科学大臣に提出しなければならない。

2　前項の別記様式第六の二による登録申請書には、同項の証明書に加えて、法第三十一条の二第二項の規定により文部科学大臣が指定した大学その他の教育機関における課程を修了したことを証する証明書又は書面を添えなければならない。

（登録）

第十六条　文部科学大臣は、前条の申請があつたときは、登録申請書及び添付書類の記載事項を審査し、当該申請者が技術士又は技術士補となる資格を有すると認めたときは、別記様式第七若しくは別記様式第七の二又は別記様式第八若しくは別記様式第八の二による技術士登録簿又は技術士補登録簿（以下「登録簿」と総称する。）に登録し、かつ、当該申請者に別記様式第九又は別記様式第十による技術士登録証又は技術士補登録証（以下「登録証」と総称する。）を交付する。

2　文部科学大臣は、前項の審査の結果、当該申請者が技術士又は技術士補となる資格を有しないと認めたときは、登録申請書を当該申請者に返却する。

（登録事項の変更の届出）

第十七条　技術士又は技術士補は、登録を受けた事項に変更があつたときは、別記様式第十一による登録事項変更届出書を文部科学大臣に提出しなければならない。

（登録証再交付の申請等）

第十八条　技術士又は技術士補は、登録証を汚損し、又は失つたときは、遅滞なく、別記様式第十二による登録証再交付申請書にその理由を記載し、汚損した場合にあつては、その登録証を添え、これを文部科学大臣に提出しなければならない。

2　技術士又は技術士補は、前項の申請をした後失つた登録証を発見したときは、遅滞なく、これを文部科学大臣に返納しなければならない。

（業務の廃止等の届出）

第十九条　技術士又は技術士補が次のいずれかに該当する場合には、当該技術士若しくは当該技術士補又はその相続人若しくは法定代理人は、遅滞なく、登録証を添え、その旨を文部科学大臣に届け出なければならない。

一　業務を廃止した場合

二　死亡した場合

三　法第三十六条第一項第一号又は第三号に該当するに至つた場合

（登録の取消し等の通知等）

第二十条　文部科学大臣は、法第三十六条第一項第二号又は第二項の規定により技術士若しくは技術士補の登録を取り消し、又は技術士若しくは技術士補の名称の使用の停止を命じたときは、その旨を取消し又は停止の処分を受けた者に通知しなければならない。

2　法第三十六条第一項第二号又は第二項の規定により技術士又は技術士補の登録を取り消された者は、前項の通知を受けた日から起算して十日以内に、登録証を文部科学大臣に返納しなければならない。

（登録簿の登録の訂正等）

第二十一条　文部科学大臣は、第十七条の届出があつたとき、第十九条の届出（同条第三号に係るものを除く。）があつたとき、又は法第三十六条の規定により技術士若しくは技術士補の登録を取り消し、若しくは技術士若しくは技術士補の名称の使用の停止を命じたときは、登録簿の当該技術士若しくは技術士補に関する登録を訂正し、若しくは消除し、又は当該技術士若しくは技術士補の名称の使用の停止をした旨を登録簿に記載するとともに、それぞれ登録の訂正若しくは消除又は名称の使用の停止の理由及びその年月日を記載するものとする。

（指定登録機関への通知）

第二十二条　文部科学大臣は、指定登録機関が登録事務を行う場合において、法第三十六条の規定により技術士若しくは技術士補の登録を取り消し、又は技術士若しくは技術士補の名称の使用の停止を命じたときは、理由を付し、その旨を指定登録機関に通知しなければならない。

（適用）

第二十三条　指定登録機関が登録事務を行う場合における第十五条から第十八条まで、第十九条（同条第三号に該当する場合を除く。）、第二十条第二項及び第二十一条の規定の適用については、これらの規定中「文部科学大臣」とあるのは「指定登録機関」と、第二十一条中「法第三十六条の規定により技術士若しくは技術士補の登録を取り消し、若しくは技術士若しくは技術士補の名称の使用の停止を命じたとき」とあるのは「次条の規定による通知があつたとき」と、「停止をした」とあるのは「停止があつた」とする。

附　則

1　この府令は、昭和五十九年四月一日から施行する。

2　改正前の技術士法（昭和三十二年法律第百二十四号）第十六条第一項の規定により交付された技術士登録証を有する技術士の住所の変更があつた場合には、当該技術士は、第十八条第一項の規定にかかわらず、登録証の再交付の申請をすることができる。

3　改正前の技術士法第十六条第一項の規定により交付された技術士登録証を有する技術士であつて改正後の技術士法第三十五条第一項の規定による事務所の名称又は所在地の変更の届出をしようとするものは、第十八条第一項の規定にかかわらず、登録証の再交付の申請をすることができる。

4　前二項の申請をしようとする者は、別記様式第十二による登録証再交付申請書にその理由を記載し、登録証を添え、これを科学技術庁長官（指定登録機関が登録証の再交付をする場合には、指定登録機関）に提出するものとする。この場合において、別記様式第十二中「第十八条第一項」とあるのは「附則第四項」と読み替えるものとする。

附　則（平成一九年一二月二五日文部科学省令第四〇号）抄

この省令は、学校教育法等の一部を改正する法律の施行の日（平成十九年十二月二十六日）から施行する。

（別記）様式第一（第七条関係）　略
様式第二（第十二条関係）　略
様式第三（第十三条関係）　略
様式第四（第十三条関係）　略
様式第四の二（第十三条の二関係）　略
様式第五（第十五条関係）　略
様式第五の二（第十五条関係）　略
様式第六（第十五条関係）　略
様式第六の二（第十五条関係）　略
様式第七（第十六条関係）　略
様式第七の二（第十六条関係）　略
様式第八（第十六条関係）　略
様式第八の二（第十六条関係）　略
様式第九（第十六条関係）　略
様式第十（第十六条関係）　略
様式第十一（第十七条関係）　略
様式第十二（第十八条関係）　略

栄養士法

昭和二十二年十二月二十九日法律第二百四十五号
最終改正　平成一九年六月二七日法律第九六号

第一条　この法律で栄養士とは、都道府県知事の免許を受けて、栄養士の名称を用いて栄養の指導に従事することを業とする者をいう。

②　この法律で管理栄養士とは、厚生労働大臣の免許を受けて、管理栄養士の名称を用いて、傷病者に対する療養のため必要な栄養の指導、個人の身体の状況、栄養状態等に応じた高度の専門的知識及び技術を要する健康の保持増進のための栄養の指導並びに特定多数人に対して継続的に食事を供給する施設における利用者の身体の状況、栄養状態、利用の状況等に応じた特別の配慮を必要とする給食管理及びこれらの施設に対する栄養改善上必要な指導等を行うことを業とする者をいう。

第二条　栄養士の免許は、厚生労働大臣の指定した栄養士の養成施設（以下「養成施設」という。）において二年以上栄養士として必要な知識及び技能を修得した者に対して、都道府県知事が与える。

②　養成施設に入所することができる者は、学校教育法（昭和二十二年法律第二十六号）第九十条に規定する者とする。

③　管理栄養士の免許は、管理栄養士国家試験に合格した者に対して、厚生労働大臣が与える。

第三条　次の各号のいずれかに該当する者には、栄養士又は管理栄養士の免許を与えないことがある。

一　罰金以上の刑に処せられた者

二　前号に該当する者を除くほか、第一条に規定する業務に関し犯罪又は不正の行為があつた者

第三条の二　都道府県知事は、栄養士名簿を備え、栄養士の免許に関する事項を登録する。

②　厚生労働省に管理栄養士名簿を備え、管理栄養士の免許に関する事項を登録する。

第四条　栄養士の免許は、都道府県知事が栄養士名簿に登録することによつて行う。

②　都道府県知事は、栄養士の免許を与えたときは、栄養士免許証を交付する。

③　管理栄養士の免許は、厚生労働大臣が管理栄養士名簿に登録することによつて行う。

④　厚生労働大臣は、管理栄養士の免許を与えたときは、管理栄養士免許証を交付する。

第五条　栄養士が第三条各号のいずれかに該当するに至つたときは、都道府県知事は、当該栄養士に対する免許を取り消し、又は一年以内の期間を定めて栄養士の名称の使用の停止を命ずることができる。

②　管理栄養士が第三条各号のいずれかに該当するに至つたときは、厚生労働大臣は、当該管理栄養士に対する免許を取り消し、又は一年以内の期間を定めて管理栄養士の名称の使用の停止を命ずることができる。

③　都道府県知事は、第一項の規定により栄養士の免許を取り消し、又は栄養士の名称の使用の停止を命じたときは、速やかに、その旨を厚生労働大臣に通知しなければならない。

④　厚生労働大臣は、第二項の規定により管理栄養士の免許を取り消し、又は管理栄養士の名称の使用の停止を命じたときは、速やかに、その旨を当該処分を受けた者が受けている栄養士の免許を与えた都道府県知事に通知しなければならない。

第五条の二　厚生労働大臣は、毎年少なくとも一回、管理栄養士として必要な知識及び技能について、管理栄養士国家試験を行う。

第五条の三　管理栄養士国家試験は、栄養士であつて次の各号のいずれかに該当するものでなければ、受けることができない。

一　修業年限が二年である養成施設を卒業して栄養士の免許を受けた後厚生労働省令で定める施設において三年以上栄養の指導に従事した者

二　修業年限が三年である養成施設を卒業して栄養士の免許を受けた後厚生労働省令で定める施設において二年以上栄養の指導に従事した者

三　修業年限が四年である養成施設を卒業して栄養士の免許を受けた後厚生労働省令で定める施設において一年以上栄養の指導に従事した者

四　修業年限が四年である養成施設であつて、学校（学校教育法第一条の学校並びに同条の学校の設置者が設置している同法第百二十四条の専修学校及び同法第百三十四条の各種学校をいう。以下この号において同じ。）であるものにあつては文部科学大臣及び厚生労働大臣が、学校以外のものにあつては厚生労働大臣が、政令で定める基準により指定したもの（以下「管理栄養士養成施設」という。）を卒業した者

第五条の四　管理栄養士国家試験に関して不正の行為があつた場合には、当該不正行為に関係のある者について、その受験を停止させ、又はその試験を無効とすることができる。この場合においては、なお、その者について、期間を定めて管理栄養士国家試験を受けることを許さないことができる。

第五条の五　管理栄養士は、傷病者に対する療養のため必要な栄養の指導を行うに当たつては、主治の医師の指導を受けなければならない。

第六条　栄養士でなければ、栄養士又はこれに類似する名称を用いて第一条第一項に規定する業務を行つてはならない。

②　管理栄養士でなければ、管理栄養士又はこれに類似する名称を用いて第一条第二項に規定する業務を行つてはならない。

第六条の二　管理栄養士国家試験に関する事務をつかさどらせるため、厚生労働省に管理栄養士国家試験委員を置く。

第六条の三　管理栄養士国家試験委員その他管理栄養士国家試験に関する事務をつかさどる者は、その事務の施行に当たつて厳正を保持し、不正の行為がないようにしなければならない。

第六条の四　この法律に規定する厚生労働大臣の権限は、厚生労働省令で定めるところにより、地方厚生局長に委任することができる。

②　前項の規定により地方厚生局長に委任された権限は、厚生労働省令で定めるところにより、地方厚生支局長に委任することができる。

第七条　この法律に定めるもののほか、栄養士の免許及び免許証、養成施設、管理栄養士の免許及び免許証、管理栄養士養成施設、管理栄養士国家試験並びに管理栄養士国家試験委員に関し必要な事項は、政令でこれを定める。

第七条の二　第六条の三の規定に違反して、故意若しくは重大な過失により事前に試験問題を漏らし、又は故意に不正の採点をした者は、六月以下の懲役又は五十万円以下の罰金に処する。

第八条　次の各号のいずれかに該当する者は、三十万円以下の罰金に処する。

一　第五条第一項の規定により栄養士の名称の使用の停止を命ぜられた者で、当該停止を命ぜられた期間中に、栄養士の名称を使用して第一条第一項に規定する業務を行つたもの

二　第五条第二項の規定により管理栄養士の名称の使用の停止を命ぜられた者で、当該停止を命ぜられた期間中に、管理栄養士の名称を使用して第一条第二項に規定する業務を行つたもの

三　第六条第一項の規定に違反して、栄養士又はこれに類似する名称を用いて第一条第一項に規定する業務を行つた者

四　第六条第二項の規定に違反して、管理栄養士又はこれに類似する名称を用いて第一条第二項に規定する業務を行つた者

附　則　抄

第九条　この法律は、昭和二十三年一月一日から、これを施行する。

第十条　栄養士規則（昭和二十年厚生省令第十四号）は、これを廃止する。

第十一条　この法律施行前昭和二十年厚生省令第十四号栄養士規則の規定によりした処分その他の行為は、これをこの法律又はこの法律に基いて発する命令の相当規定によりした処分その他の行為とみなす。

第十二条　中等学校令による中等学校を卒業し、又はこれと同等以上の学力を有すると文部科学大臣が認めた

者は、第二条第二項の規定にかかわらず、当分の間同条第一項に規定する栄養士の養成施設に入所することができる。

附　則（平成一九年六月二七日法律第九六号）抄

（施行期日）

第一条　この法律は、公布の日から起算して六月を超えない範囲内において政令で定める日から施行する。

栄養士法施行令

昭和二十八年八月三十一日政令第二百三十一号
最終改正　平成一三年九月五日政令第二八七号

内閣は、栄養士法（昭和二十二年法律第二百四十五号）第七条の規定に基き、この政令を制定する。

（免許の申請等）

第一条　栄養士の免許を受けようとする者は、申請書に厚生労働省令で定める書類を添え、これを住所地の都道府県知事に提出しなければならない。

2　管理栄養士の免許を受けようとする者は、申請書に厚生労働省令で定める書類を添え、住所地の都道府県知事を経由して、これを厚生労働大臣に提出しなければならない。

3　管理栄養士免許証の交付は、住所地の都道府県知事を経由して行うものとする。

（名簿の登録事項）

第二条　栄養士名簿には、次に掲げる事項を登録する。

一　登録番号及び登録年月日
二　本籍地都道府県名（日本の国籍を有しない者については、その国籍）、氏名、生年月日及び性別
三　免許の取消し又は名称の使用の停止の処分に関する事項
四　その他厚生労働省令で定める事項

2　管理栄養士名簿には、次に掲げる事項を登録する。

一　登録番号及び登録年月日
二　本籍地都道府県名（日本の国籍を有しない者については、その国籍）、氏名、生年月日及び性別
三　管理栄養士国家試験合格の年月（栄養士法及び栄養改善法の一部を改正する法律（昭和六十年法律第七十三号）附則第六条の規定により管理栄養士になつた者については、同条の登録を受けた年月）
四　免許の取消し又は名称の使用の停止の処分に関する事項
五　その他厚生労働省令で定める事項

（名簿の訂正）

第三条　栄養士は、前条第一項第二号の登録事項に変更を生じたときは、三十日以内に、栄養士名簿の訂正を申請しなければならない。

2　前項の申請をするには、申請書に申請の原因たる事実を証する書類を添え、これを免許を与えた都道府県知事に提出しなければならない。

3　管理栄養士は、前条第二項第二号の登録事項に変更を生じたときは、三十日以内に、管理栄養士名簿の訂正を申請しなければならない。

4　前項の申請をするには、申請書に申請の原因たる事実を証する書類を添え、住所地の都道府県知事を経由して、これを厚生労働大臣に提出しなければならない。

（登録の抹消）

第四条　栄養士名簿の登録の抹消を申請するには、申請書を免許を与えた都道府県知事に提出しなければならない。

2　管理栄養士名簿の登録の抹消を申請するには、住所地の都道府県知事を経由して、申請書を厚生労働大臣に提出しなければならない。

3　栄養士又は管理栄養士が死亡し、又は失踪の宣告を受けたときは、戸籍法（昭和二十二年法律第二百二十四号）による死亡又は失踪の届出義務者は、三十日以内に、栄養士名簿又は管理栄養士名簿の登録の抹消を申請しなければならない。

（免許証の書換え交付）

第五条　栄養士は、栄養士免許証の記載事項に変更を生じたときは、免許を与えた都道府県知事に栄養士免許証の書換え交付を申請することができる。

2　管理栄養士は、管理栄養士免許証の記載事項に変更を生じたときは、住所地の都道府県知事を経由して、厚生労働大臣に管理栄養士免許証の書換え交付を申請することができる。

3　前項の申請をするには、厚生労働省令で定める額の手数料を納めなければならない。

4　第一項又は第二項の申請をするには、申請書に栄養士免許証又は管理栄養士免許証を添えなければならな

い。

5　第一条第三項の規定は、管理栄養士免許証の書換え交付について準用する。

（免許証の再交付）

第六条　栄養士は、栄養士免許証を破り、汚し、又は失つたときは、免許を与えた都道府県知事に栄養士免許証の再交付を申請することができる。

2　管理栄養士は、管理栄養士免許証を破り、汚し、又は失つたときは、厚生労働大臣に管理栄養士免許証の再交付を申請することができる。

3　前項の申請をするには、厚生労働省令で定める額の手数料を納めなければならない。

4　栄養士免許証又は管理栄養士免許証（以下この条において「免許証」と総称する。）を破り、又は汚した栄養士又は管理栄養士が第一項又は第二項の申請をするには、申請書にその免許証を添えなければならない。

5　栄養士又は管理栄養士は、免許証の再交付を受けた後、失つた免許証を発見したときは、五日以内に、これを免許を与えた都道府県知事又は厚生労働大臣に返納しなければならない。

6　管理栄養士に係る第二項の申請及び前項の免許証の返納は、住所地の都道府県知事を経由して行わなければならない。

7　第一条第三項の規定は、管理栄養士免許証の再交付について準用する。

（栄養士免許の取消し等に関する通知）

第七条　都道府県知事は、他の都道府県知事の免許を受けた栄養士又は管理栄養士について、栄養士法（以下「法」という。）第五条の処分が行われる必要があると認めるときは、理由を付して、免許を与えた都道府県知事又は厚生労働大臣に、その旨を通知しなければならない。

（免許証の返納）

第八条　栄養士は、栄養士名簿の登録の抹消を申請するときは、栄養士免許証を免許を与えた都道府県知事に返納しなければならない。第四条第三項の規定により栄養士名簿の登録の抹消を申請する者についても、同様とする。

2　管理栄養士は、管理栄養士名簿の登録の抹消を申請するときは、住所地の都道府県知事を経由して、管理栄養士免許証を厚生労働大臣に返納しなければならない。第四条第三項の規定により管理栄養士名簿の登録の抹消を申請する者についても、同様とする。

3　栄養士は、免許を取り消されたときは、五日以内に、栄養士免許証を免許を与えた都道府県知事に返納しなければならない。

4　管理栄養士は、免許を取り消されたときは、五日以内に、住所地の都道府県知事を経由して、管理栄養士免許証を厚生労働大臣に返納しなければならない。

（養成施設又は管理栄養士養成施設の指定）

第九条　法第二条第一項の規定による養成施設の指定の申請又は法第五条の三第四号の規定による管理栄養士養成施設の指定の申請は、その施設の所在地の都道府県知事を経由して行わなければならない。この場合において、都道府県知事は、必要な意見を付さなければならない。

（養成施設の指定の基準）

第十条　法第二条第一項の規定による養成施設の指定の基準は、次のとおりとする。

一　入所資格は、法第二条第二項又は第十二条第一項に規定する者であること。

二　修業年限は、二年以上であること。

三　教育の内容、施設の長の資格、教員の組織、数及び資格、学生又は生徒の定員、同時に授業を行う学生又は生徒の数、施設の構造設備、機械、器具、図書その他の備品並びに施設の経営の方法に関し、それぞれ厚生労働省令で定める基準に適合するものであること。

（管理栄養士養成施設の指定の基準）

第十一条　法第五条の三第四号の政令で定める基準は、管理栄養士として必要な知識及び技能を修得させるための教育の内容、教員の組織、数及び資格並びに施設の構造設備、機械、器具、図書その他の備品に関し、それぞれ主務省令で定める基準に適合するものであることとする。

（指定養成施設の内容変更）

第十二条　法第二条第一項に規定する養成施設又は法第五条の三第四号に規定する管理栄養士養成施設（以下「指定養成施設」と総称する。）の設置者は、指定養成施設における学生若しくは生徒の定員、同時に授業を行う学生若しくは生徒の数、修業年限又は教育の内容の変更をしようとするときは、主務大臣の承認を得なければならない。

2　第九条の規定は、前項の承認の申請について準用する。

（届出事項）

第十三条　指定養成施設の設置者は、毎年七月末日までに次に掲げる事項を当該指定養成施設の所在地の都道府県知事を経由して、主務大臣に届け出なければならない。

一　前年度卒業者の員数

二　学生又は生徒の現在員数

（指定養成施設の名称等の変更の届出）

第十四条　指定養成施設の設置者は、指定養成施設の名称又は所在地その他の主務省令で定める事項に変更があつたときは、一月以内に、その旨を、当該指定養成施設の所在地の都道府県知事を経由して、主務大臣に届け出なければならない。

（廃止等の届出）

第十五条　指定養成施設の設置者は、その指定養成施設を廃止したときは、速やかに、その旨、廃止の理由、廃止年月日及び在学中の学生又は生徒の処置を、当該指定養成施設の所在地の都道府県知事を経由して、主務大臣に届け出なければならない。

（指定の取消）

第十六条　主務大臣は、指定養成施設が第十条又は第十一条の規定による基準に適合しなくなつたと認めるときは、これらの規定による指定を取り消すことができる。

2　前項に定める場合のほか、主務大臣は、指定養成施設の設置者が第十二条第一項の規定に違反したときは、その指定を取り消すことができる。

（管理栄養士国家試験）

第十七条　法第五条の二の規定による管理栄養士国家試験は、学科試験とする。

（管理栄養士国家試験委員）

第十八条　管理栄養士国家試験委員（以下「委員」という。）は、管理栄養士国家試験を行うについて必要な学識経験のある者のうちから、厚生労働大臣が任命する。

2　委員の数は、五十八人以内とする。

3　委員の任期は、二年とする。ただし、補欠の委員の任期は、前任者の残任期間とする。

4　委員は、非常勤とする。

（主務大臣等）

第十九条　この政令における主務大臣は、次の各号に掲げる事項の区分に応じ、それぞれ当該各号に定める大臣とする。

一　法第二条第一項の規定による養成施設の指定に関する事項　厚生労働大臣

二　法第五条の三第四号の規定による学校である管理栄養士養成施設の指定に関する事項　文部科学大臣及び厚生労働大臣

三　法第五条の三第四号の規定による学校以外の管理栄養士養成施設の指定に関する事項　厚生労働大臣

2　この政令における主務省令は、前項各号に掲げる事項の区分に応じ、それぞれ当該各号に定める主務大臣の発する命令とする。

（事務の区分）

第二十条　第一条第二項及び第三項（第五条第五項及び第六条第七項において準用する場合を含む。）、第三条第四項、第四条第二項、第五条第二項、第六条第六項、第八条第二項及び第四項、第九条前段（第十二条第二項において準用する場合を含む。）並びに第十三条から第十五条までの規定により都道府県が処理することとされている事務は、地方自治法（昭和二十二年法律第六十七号）第二条第九項第一号に規定する第一号法定受託事務とする。

（権限の委任）

第二十一条　この政令に規定する厚生労働大臣の権限は、厚生労働省令で定めるところにより、地方厚生局長に委任することができる。

2　前項の規定により地方厚生局長に委任された権限は、厚生労働省令で定めるところにより、地方厚生支局長に委任することができる。

（省令への委任）

第二十二条　この政令に定めるもののほか、栄養士の免許、免許証、管理栄養士養成施設並びに管理栄養士の免許、免許証、管理栄養士養成施設及び試験に関して必要な事項は、主務省令で定める。

附　則

この政令は、昭和二十八年九月一日から施行する。

附　則（平成一三年九月五日政令第二八七号）　抄

（施行期日）

第一条　この政令は、平成十四年四月一日から施行する。

（経過措置）

第二条　この政令の施行の際現にこの政令による改正前の栄養士法施行令（以下「旧令」という。）第二条の三第一項の規定によりされている管理栄養士の登録の申請は、この政令による改正後の栄養士法施行令（以下「新令」という。）第一条第二項の規定による管理栄養士の免許の申請とみなす。

2　この政令の施行の日前に旧令第二条の三第二項により交付された管理栄養士登録証は、栄養士法の一部を改正する法律による改正後の栄養士法第四条第四項の規定により交付された管理栄養士免許証とみなす。

3　この政令の施行の際現に旧令第二条の五第一項の規定によりされている管理栄養士登録証の書換え交付の申請、旧令第二条の六第一項の規定によりされている管理栄養士登録証の再交付の申請又は旧令第二条の八第一項の規定によりされている管理栄養士の登録証の返納は、それぞれ新令第五条第二項の規定による管理栄養士免許証の書換え交付の申請、新令第六条第二項の規定による管理栄養士免許証の再交付の申請又は新令第四条第二項の規定による管理栄養士名簿の登録の抹消の申請とみなす。

管理栄養士学校指定規則

昭和四十一年三月二日文部省・厚生省令第二号
最終改正　平成二一年三月三一日文部科学省・厚生労働省令第二号

栄養士法施行令（昭和二十八年政令第二百三十一号）第四条の二、第四条の三、第五条第一項及び第八条の規定に基づき、管理栄養士学校指定規則を次のように定める。

（この省令の趣旨）

第一条　栄養士法（昭和二十二年法律第二百四十五号。以下「法」という。）第五条の三第四号の規定による指定（以下「指定」という。）のうち、学校（同号に規定する学校をいう。第二条第二項を除き、以下同じ。）に係るものに関しては、栄養士法施行令（昭和二十八年政令第二百三十一号。以下「令」という。）に定めるもののほか、この省令の定めるところによる。

（指定の基準）

第二条　令第十一条の規定による主務省令で定める基準は、次のとおりとする。

一　教育の内容は、別表第一に定めるもの以上であること。

二　別表第一専門基礎分野の項に掲げる教育内容を担当する教員（助手を除く。以下この項において同じ。）については、三人以上が専任であり、そのうち一人以上は人体の構造と機能及び疾病の成り立ちを担当する者であること。

三　基礎栄養学又は応用栄養学のいずれかの教育内容並びに栄養教育論、臨床栄養学、公衆栄養学及び給食経営管理論の各教育内容を担当する教員については、それぞれ一人以上が専任であること。

四　専任の助手の数は、五人以上であり、そのうち三人以上は別表第一専門分野の項に掲げる教育内容を担当する者であり、かつ、管理栄養士であること。

五　人体の構造と機能及び疾病の成り立ちを担当する専任の教員のうち一人以上は、医師であること。

六　栄養教育論、臨床栄養学、公衆栄養学及び給食経営管理論を担当する専任の教員のうち、それぞれ一人以上は、管理栄養士又は管理栄養士と同等の知識及び経験を有する者であること。

七　教育上必要な専用の講義室、実験室及び実習室並びに栄養教育実習室、臨床栄養実習室及び給食経営管理実習室（実習食堂を備えるものに限る。）を有すること。

八　教育上必要な機械、器具、標本及び模型を有すること。

九　別表第二の上欄に掲げる施設には、それぞれ同表の下欄に掲げる機械、器具、標本及び模型が教育上必要な数以上備えられていること。

十　別表第一に掲げる教育内容に関する五千冊以上の図書及び二十種以上の学術雑誌が備えられていること。

十一　適当な施設を臨地実習施設（臨床栄養学、公衆栄養学及び給食経営管理論の臨地実習を行う施設をいう。以下同じ。）として利用できること。

2　法第五条の三第四号に規定する学校のうち、学校教育法第一条に規定する学校以外のものに係る指定の基準に関しては、前項に規定するもののほか、同号に規定する学校以外の養成施設に係る指定の基準の例によるものとする。

（指定申請手続）

第三条　指定を受けようとする学校の設置者は、指定を受けようとする年度の前年度の九月三十日までに、次の各号に掲げる事項を記載した申請書を文部科学大臣及び厚生労働大臣（以下「主務大臣」という。）に提出しなければならない。

一　学校の名称及び所在地

二　設置者の名称、主たる事務所の所在地及び代表者の氏名

三　指定を受けようとする年度

四　学生又は生徒の定員及び同時に授業を行う学生又は生徒の数

五　修業年限及び教育課程

六　教員の氏名、職名、担当する教育内容及び専任又は兼任の別

七　校舎の各室の用途、構造及び面積

八　機械、器具、標本、模型及び図書の種類及び数

九　臨地実習施設として利用しようとする施設の名称及び所在地

2　前項の申請書には、次の各号に掲げる書類を添えなければならない。

一　寄附行為又は設置に関する条例

二　教員の履歴書

三　校舎の配置図及び平面図

（内容変更の承認）

第四条　令第十二条第一項の規定による内容変更の承認を受けようとする学校の設置者は、学生若しくは生徒の定員又は修業年限を変更しようとする場合は、変更しようとする年度の前年度の九月三十日までに、同時に授業を行う学生若しくは生徒の数を変更しようとする場合又は教育内容ごとの単位数若しくは履修方法を変更しようとする場合は、変更しようとする日の二月前までに、変更の内容を記載した申請書を主務大臣に提出しなければならない。

（変更の届出）

第五条　指定を受けた学校の設置者に係る令第十四条の主務省令で定める事項は、第三条第一項第一号又は第二号に掲げる事項とする。

（報告の請求）

第六条　主務大臣は、指定を受けた学校の設置者に対し、第三条第一項各号に掲げる事項について必要があると認めたときは、報告を求めることができる。

（権限の委任）

第七条　前条に規定する厚生労働大臣の権限は、地方厚生局長に委任する。

2　前項の規定により地方厚生局長に委任された権限は、地方厚生支局長に委任する。ただし、地方厚生局長が当該権限を自ら行うことを妨げない。

附　則　抄

（施行期日）

1　この省令は、公布の日から施行する。

附　則（平成二一年三月三一日文部科学省・厚生労働省令第二号）

この省令は、平成二十一年四月一日から施行する。

別表第一（第二条第一号関係）

教育内容		単位数	
		講義又は演習	実験又は実習
専門基礎分野	社会・環境と健康	六	一〇
	人体の構造と機能及び疾病の成り立ち	一四	
	食べ物と健康	八	
専門分野	基礎栄養学	二	
	応用栄養学	六	
	栄養教育論	六	
	臨床栄養学	八	八
	公衆栄養学	四	
	給食経営管理論	四	
	総合演習	二	
	臨地実習		四

備考

一　単位の計算方法は、大学設置基準（昭和三十一年文部省令第二十八号）第二十一条第二項の規定の例による。

二　臨地実習以外の専門分野の教育内容の実験又は実習は、教育内容ごとに一単位以上行う。

三　臨地実習の単位数には、給食の運営に係る校外実習の一単位を含むものとする。

別表第二（第二条第九号関係）

栄養教育実習室	視聴覚機器及び栄養教育用食品模型
臨床栄養実習室	計測用器具、検査用器具、健康増進関連機器、エネルギー消費の測定機器、要介護者等に対する食事介助等の機器及び器具、経腸栄養用具一式、経静脈栄養用具一式、ベッド、栄養評価及び情報処理のためのコンピュータ、標本並びに模型
給食経営管理実習室	食品衛生上の危害の発生を防止するための措置が総合的に講じられた給食の実習を行うための施設及び設備、品質管理測定機器、作業管理測定機器並びに冷温配膳設備

（七）留学生等

出入国管理及び難民認定法

昭和二十六年十月四日政令第三百十九号
最終改正 平成二一年七月一五日法律第七九号

内閣は、ポツダム宣言の受諾に伴い発する命令に関する件（昭和二十年勅令第五百四十二号）に基き、この政令を制定する。

第一章　総則

（目的）

第一条　出入国管理及び難民認定法は、本邦に入国し、又は本邦から出国するすべての人の出入国の公正な管理を図るとともに、難民の認定手続を整備することを目的とする。

（定義）

第二条　出入国管理及び難民認定法及びこれに基づく命令において、次の各号に掲げる用語の意義は、それぞれ当該各号に定めるところによる。

一　削除
二　外国人　日本の国籍を有しない者をいう。
三　乗員　船舶又は航空機（以下「船舶等」という。）の乗組員をいう。
三の二　難民　難民の地位に関する条約（以下「難民条約」という。）第一条の規定又は難民の地位に関する議定書第一条の規定により難民条約の適用を受ける難民をいう。
四　日本国領事官等　外国に駐在する日本国の大使、公使又は領事官をいう。
五　旅券　次に掲げる文書をいう。
イ　日本国政府、日本国政府の承認した外国政府又は権限のある国際機関の発行した旅券又は難民旅行証明書その他当該旅券に代わる証明書（日本国領事官等の発行した渡航証明書を含む。）
ロ　政令で定める地域の権限のある機関の発行したイに掲げる文書に相当する文書
六　乗員手帳　権限のある機関の発行した船員手帳その他乗員に係るこれに準ずる文書をいう。
七　人身取引等　次に掲げる行為をいう。
イ　営利、わいせつ又は生命若しくは身体に対する加害の目的で、人を略取し、誘拐し、若しくは売買し、又は略取され、誘拐され、若しくは売買された者を引き渡し、収受し、輸送し、若しくは蔵匿すること。
ロ　イに掲げるもののほか、営利、わいせつ又は生命若しくは身体に対する加害の目的で、十八歳未満の者を自己の支配下に置くこと。
ハ　イに掲げるもののほか、十八歳未満の者が営利、わいせつ若しくは生命若しくは身体に対する加害の目的を有する者の支配下に置かれ、又はそのおそれがあることを知りながら、当該十八歳未満の者を引き渡すこと。
八　出入国港　外国人が出入国すべき港又は飛行場で法務省令で定めるものをいう。
九　運送業者　本邦と本邦外の地域との間において船舶等により人又は物を運送する事業を営む者をいう。
十　入国審査官　第六十一条の三に定める入国審査官をいう。
十一　主任審査官　上級の入国審査官で法務大臣が指定するものをいう。
十二　特別審理官　口頭審理を行わせるため法務大臣が指定する入国審査官をいう。
十二の二　難民調査官　第六十一条の三第二項第二号（第六十一条の二の八第二項において準用する第二十二条の四第二項に係る部分に限る。）及び第六号（第六十一条の二の十四第一項に係る部分に限る。）に掲げる事務を行わせるため法務大臣が指定する入国審査官をいう。
十三　入国警備官　第六十一条の三の二に定める入国警備官をいう。
十四　違反調査　入国警備官が行う外国人の入国、上陸又は在留に関する違反事件の調査をいう。
十五　入国者収容所　法務省設置法（平成十一年法律第九十三号）第十三条に定める入国者収容所をいう。
十六　収容場　第六十一条の六に定める収容場をいう。

（在留資格及び在留期間）

第二条の二　本邦に在留する外国人は、出入国管理及び難民認定法及び他の法律に特別の規定がある場合を除き、それぞれ、当該外国人に対する上陸許可若しくは当該外国人の取得に係る在留資格又はそれらの変更に係る在留資格をもつて在留するものとする。

2　在留資格は、別表第一又は別表第二の上欄に掲げるとおりとし、別表第一の上欄の在留資格をもつて在留する者は当該在留資格に応じそれぞれ本邦において同表の下欄に掲げる活動を行うことができ、別表第二の上欄の在留資格をもつて在留する者は当該在留資格に応じそれぞれ本邦において同表の下欄に掲げる身分若しくは地位を有する者としての活動を行うことができる。

3　第一項の外国人が在留することのできる期間（以下「在留期間」という。）は、各在留資格について、法務省令で定める。この場合において、外交、公用及び永住者の在留資格以外の在留資格に伴う在留期間は、三年（特定活動（別表第一の五の表の下欄ニに係るものを除く。）の在留資格にあつては、五年）を超えることができない。

第二章　入国及び上陸

第一節　外国人の入国

（外国人の入国）

第三条　次の各号のいずれかに該当する外国人は、本邦に入つてはならない。

一　有効な旅券を所持しない者（有効な乗員手帳を所

持する乗員を除く。）

二　入国審査官から上陸許可の証印若しくは第九条第四項の規定による記録又は上陸の許可（以下「上陸の許可等」という。）を受けないで本邦に上陸する目的を有する者（前号に掲げる者を除く。）

2　本邦において乗員となる外国人は、前項の規定の適用については、乗員とみなす。

第二節　外国人の上陸

第四条　削除

（上陸の拒否）

第五条　次の各号のいずれかに該当する外国人は、本邦に上陸することができない。

一　感染症の予防及び感染症の患者に対する医療に関する法律（平成十年法律第百十四号）に定める一類感染症、二類感染症、新型インフルエンザ等感染症若しくは指定感染症（同法第七条の規定に基づき、政令で定めるところにより、同法第十九条又は第二十条の規定を準用するものに限る。）の患者（同法第八条（同法第七条において準用する場合を含む。）の規定により一類感染症、二類感染症、新型インフルエンザ等感染症又は指定感染症の患者とみなされる者を含む。）又は新感染症の所見がある者

二　精神上の障害により事理を弁識する能力を欠く常況にある者又はその能力が著しく不十分な者で、本邦におけるその活動又は行動を補助する者として法務省令で定めるものが随伴しないもの

三　貧困者、放浪者等で生活上国又は地方公共団体の負担となるおそれのある者

四　日本国又は日本国以外の国の法令に違反して、一年以上の懲役若しくは禁錮又はこれらに相当する刑に処せられたことのある者。ただし、政治犯罪により刑に処せられた者は、この限りでない。

五　麻薬、大麻、あへん、覚せい剤又は向精神薬の取締りに関する日本国又は日本国以外の国の法令に違反して刑に処せられたことのある者

五の二　国際的規模若しくはこれに準ずる規模で開催される競技会若しくは国際的規模で開催される会議（以下「国際競技会等」という。）の経過若しくは結果に関連して、又はその円滑な実施を妨げる目的をもつて、人を殺傷し、人に暴行を加え、人を脅迫し、又は建造物その他の物を損壊したことにより、日本国若しくは日本国以外の国の法令に違反して刑に処せられ、又は出入国管理及び難民認定法の規定により本邦からの退去を強制され、若しくは日本国以外の国の法令の規定によりその国から退去させられた者であつて、本邦において行われる国際競技会等の経過若しくは結果に関連して、又はその円滑な実施を妨げる目的をもつて、当該国際競技会等の開催場所又はその所在する市町村（東京都の特別区の存する区域及び地方自治法（昭和二十二年法律第六十七号）第二百五十二条の十九第一項の指定都市にあつては、区）の区域内若しくはその近傍の不特定若しくは多数の者の用に供される場所において、人を殺傷し、人に暴行を加え、人を脅迫し、又は建造物その他の物を損壊するおそれのあるもの

六　麻薬及び向精神薬取締法（昭和二十八年法律第十四号）に定める麻薬若しくは向精神薬、大麻取締法（昭和二十三年法律第百二十四号）に定める大麻、あへん法（昭和二十九年法律第七十一号）に定めるけし、あへん若しくはけしがら、覚せい剤取締法（昭和二十六年法律第二百五十二号）に定める覚せい剤若しくは覚せい剤原料又はあへん煙を吸食する器具を不法に所持する者

七　売春又はその周旋、勧誘、その場所の提供その他売春に直接に関係がある業務に従事したことのある者（人身取引等により他人の支配下に置かれていた者が当該業務に従事した場合を除く。）

七の二　人身取引等を行い、唆し、又はこれを助けた者

八　銃砲刀剣類所持等取締法（昭和三十三年法律第六号）に定める銃砲若しくは刀剣類又は火薬類取締法（昭和二十五年法律第百四十九号）に定める火薬類を不法に所持する者

九　次のイからニまでに掲げる者で、それぞれ当該イからニまでに定める期間を経過していないもの

イ　第六号又は前号の規定に該当して上陸を拒否された者　拒否された日から一年

ロ　第二十四条各号（第四号オからヨまで及び第四号の三を除く。）のいずれかに該当して本邦からの退去を強制された者で、その退去の日前に本邦からの退去を強制されたこと及び第五十五条の三第一項の規定による出国命令により出国したことのないもの　退去した日から五年

ハ　第二十四条各号（第四号オからヨまで及び第四号の三を除く。）のいずれかに該当して本邦からの退去を強制された者（ロに掲げる者を除く。）　退去した日から十年

ニ　第五十五条の三第一項の規定による出国命令により出国した者　出国した日から一年

九の二　別表第一の上欄の在留資格をもつて本邦に在留している間に刑法（明治四十年法律第四十五号）第二編第十二章、第十六章から第十九章まで、第二十三章、第二十六章、第二十七章、第三十一章、第三十三章、第三十六章、第三十七章若しくは第三十九章の罪、暴力行為等処罰に関する法律（大正十五年法律第六十号）第一条、第一条ノ二若しくは第一条ノ三（刑法第二百二十二条又は第二百六十一条に係る部分を除く。）の罪、盗犯等の防止及び処分に関する法律（昭和五年法律第九号）の罪又は特殊開錠用具の所持の禁止等に関する法律（平成十五年法律第六十五号）第十五条若しくは第十六条の罪により懲役又は禁錮に処する判決の宣告を受けた者で、その後出国して本邦外にある間にその判決が確定し、確定の日から五年を経過していないもの

十　第二十四条第四号オからヨまでのいずれかに該当して本邦からの退去を強制された者

十一　日本国憲法又はその下に成立した政府を暴力で破壊することを企て、若しくは主張し、又はこれを企て若しくは主張する政党その他の団体を結成し、若しくはこれに加入している者

十二　次に掲げる政党その他の団体を結成し、若しくはこれに加入し、又はこれと密接な関係を有する者

イ　公務員であるという理由により、公務員に暴行を加え、又は公務員を殺傷することを勧奨する政党その他の団体

ロ　公共の施設を不法に損傷し、又は破壊することを勧奨する政党その他の団体

ハ　工場事業場における安全保持の施設の正常な維持又は運行を停廃し、又は妨げるような争議行為を勧奨する政党その他の団体

十三　第十一号又は前号に規定する政党その他の団体の目的を達するため、印刷物、映画その他の文書図画を作成し、頒布し、又は展示することを企てる者

十四　前各号に掲げる者を除くほか、法務大臣において日本国の利益又は公安を害する行為を行うおそれがあると認めるに足りる相当の理由がある者

2　法務大臣は、本邦に上陸しようとする外国人が前項各号のいずれにも該当しない場合でも、その者の国籍又は市民権の属する国が同項各号以外の事由により日本人の上陸を拒否するときは、同一の事由により当該外国人の上陸を拒否することができる。

第三章　上陸の手続

第一節　上陸のための審査

（上陸の申請）

第六条　本邦に上陸しようとする外国人（乗員を除く。以下この節において同じ。）は、有効な旅券で日本国領事官等の査証を受けたものを所持しなければならない。ただし、国際約束若しくは日本国政府が外国政府に対して行つた通告により日本国領事官等の査証を必要としないこととされている外国人の旅券、第二十六条の規定による再入国の許可を受けている者の旅券又は第六十一条の二の十二の規定による難民旅行証明書の交付を受けている者の当該証明書には、日本国領事官等の査証を要しない。

2　前項本文の外国人は、その者が上陸しようとする出入国港において、法務省令で定める手続により、入国審査官に対し上陸の申請をして、上陸のための審査を受けなければならない。

3　前項の申請をしようとする外国人は、入国審査官に対し、申請者の個人の識別のために用いられる法務省令で定める電子計算機の用に供するため、法務省令で定めるところにより、電磁的方式（電子的方式、磁気的方式その他人の知覚によつては認識することができない方式をいう。以下同じ。）によつて個人識別情報（指紋、写真その他の個人を識別することができる情報として法務省令で定めるものをいう。以下同じ。）を提供しなければならない。ただし、次の各号のいずれかに該当する者については、この限りでない。

一　日本国との平和条約に基づき日本の国籍を離脱した者等の出入国管理に関する特例法（平成三年法律第七十一号）に定める特別永住者（以下「特別永住者」という。）

二　十六歳に満たない者

三　本邦において別表第一の一の表の外交の項又は公用の項の下欄に掲げる活動を行おうとする者

四　国の行政機関の長が招へいする者

五　前二号に掲げる者に準ずる者として法務省令で定めるもの

（入国審査官の審査）

第七条　入国審査官は、前条第二項の申請があつたときは、当該外国人が次の各号（第二十六条第一項の規定により再入国の許可を受け又は第六十一条の二の十二第一項の規定により交付を受けた難民旅行証明書を所持して上陸する外国人については、第一号及び第四号）に掲げる上陸のための条件に適合しているかどうかを審査しなければならない。

一　その所持する旅券及び、査証を必要とする場合には、これに与えられた査証が有効であること。

二　申請に係る本邦において行おうとする活動が虚偽のものでなく、別表第一の下欄に掲げる活動（五の表の下欄（ニに係る部分に限る。）に掲げる活動については、法務大臣があらかじめ告示をもつて定める活動に限る。）又は別表第二の下欄に掲げる身分若しくは地位（永住者の項の下欄に掲げる地位を除き、定住者の項の下欄に掲げる地位については法務大臣があらかじめ告示をもつて定めるものに限る。）を有する者としての活動のいずれかに該当し、かつ、別表第一の二の表及び四の表の下欄並びに五の表の下欄（ロに係る部分に限る。）に掲げる活動を行おうとする者については我が国の産業及び国民生活に与える影響その他の事情を勘案して法務省令で定める基準に適合すること。

三　申請に係る在留期間が第二条の二第三項の規定に基づく法務省令の規定に適合するものであること。

四　当該外国人が第五条第一項各号のいずれにも該当しないこと。

2　前項の審査を受ける外国人は、同項に規定する上陸のための条件に適合していることを自ら立証しなければならない。この場合において、別表第一の五の表の下欄（イからハまでに係る部分に限る。）に掲げる活動を行おうとする外国人は、同項第二号に掲げる条件に適合していることの立証については、次条に規定する証明書をもつてしなければならない。

3　法務大臣は、第一項第二号の法務省令を定めようとするときは、あらかじめ、関係行政機関の長と協議するものとする。

4　入国審査官は、第一項の規定にかかわらず、前条第三項各号のいずれにも該当しないと認める外国人が同項の規定による個人識別情報の提供をしないときは、第十条の規定による口頭審理を行うため、当該外国人を特別審理官に引き渡さなければならない。

（在留資格認定証明書）

第七条の二　法務大臣は、法務省令で定めるところにより、本邦に上陸しようとする外国人（本邦において別表第一の三の表の短期滞在の項の下欄に掲げる活動を行おうとする者を除く。）から、あらかじめ申請があつたときは、当該外国人が前条第一項第二号に掲げる条件に適合している旨の証明書を交付することができる。

2　前項の申請は、当該外国人を受け入れようとする機関の職員その他の法務省令で定める者を代理人としてこれをすることができる。

（船舶等への乗込）

第八条　入国審査官は、第七条第一項の審査を行う場合には、船舶等に乗り込むことができる。

（上陸許可の証印）

第九条　入国審査官は、審査の結果、外国人が第七条第一項に規定する上陸のための条件に適合していると認定したときは、当該外国人の旅券に上陸許可の証印をしなければならない。

2　前項の場合において、第五条第一項第一号又は第二号の規定に該当するかどうかの認定は、厚生労働大臣又は法務大臣の指定する医師の診断を経た後にしなければならない。

3　第一項の証印をする場合には、入国審査官は、当該外国人の在留資格及び在留期間を決定し、旅券にその旨を明示しなければならない。ただし、当該外国人が第二十六条第一項の規定により再入国の許可を受けて、又は第六十一条の二の十二第一項の規定により交付を受けた難民旅行証明書を所持して上陸するものである場合は、この限りでない。

4　入国審査官は、次の各号のいずれにも該当する外国人が第七条第一項に規定する上陸のための条件に適合していると認定したときは、氏名、上陸年月日、上陸する出入国港その他の法務省令で定める事項を上陸許可の証印に代わる記録のために用いられるファイルであつて法務省令で定める電子計算機に備えられたものに記録することができる。この場合においては、第一項の規定にかかわらず、同項の証印をすることを要しない。

一　第七項の規定による登録を受けた者であること。

二　上陸の申請に際して、法務省令で定めるところにより、電磁的方式によつて個人識別情報を提供していること。

5　第一項の規定による上陸許可の証印又は前項の規定による記録をする場合を除き、入国審査官は、次条の規定による口頭審理を行うため、当該外国人を特別審理官に引き渡さなければならない。

6　外国人は、第四節に特別の規定がある場合を除き、第一項、次条第八項若しくは第十一条第四項の規定による上陸許可の証印又は第四項の規定による記録を受けなければ上陸してはならない。

7　法務大臣は、本邦に在留する外国人で本邦に再び上陸する意図をもつて出国しようとするものが、次の各号（特別永住者にあつては、第三号を除く。）のいずれにも該当し、かつ、その上陸しようとする出入国港において第四項の規定による記録を受けることを希望するときは、法務省令で定めるところにより、その旨の登録をすることができる。

一　第二十六条第一項の規定により再入国の許可を受けていること又は第六十一条の二の十二第一項の規定により交付を受けた難民旅行証明書を所持していること。

二　法務省令で定めるところにより、電磁的方式によつて個人識別情報を提供していること。

三　当該登録の時において、第五条第一項各号のいずれにも該当しないこと。

第二節　口頭審理及び異議の申出

（口頭審理）

第十条　特別審理官は、第七条第四項又は前条第五項の規定による引渡しを受けたときは、当該外国人に対し、速やかに口頭審理を行わなければならない。

2　特別審理官は、口頭審理を行つた場合には、口頭審理に関する記録を作成しなければならない。

3　当該外国人又はその者の出頭させる代理人は、口頭審理に当つて、証拠を提出し、及び証人を尋問することができる。

4　当該外国人は、特別審理官の許可を受けて、親族又は知人の一人を立ち会わせることができる。

5　特別審理官は、職権に基き、又は当該外国人の請求に基き、法務省令で定める手続により、証人の出頭を命じて、宣誓をさせ、証言を求めることができる。

6　特別審理官は、口頭審理に関し必要がある場合には、公務所又は公私の団体に照会して必要な事項の報告を求めることができる。

7　特別審理官は、口頭審理の結果、第七条第四項の規定による引渡しを受けた外国人が、第六条第三項各号のいずれにも該当しないと認定したときは、当該外国人に対し、速やかにその旨を知らせて、本邦からの退去を命ずるとともに、当該外国人が乗つてきた船舶等の長又はその船舶等を運航する運送業者にその旨を通知しなければならない。ただし、当該外国人が、特別審理官に対し、法務省令で定めるところにより、電磁的方式によつて個人識別情報を提供したときは、この限りでない。

8　特別審理官は、口頭審理の結果、当該外国人（第七条第四項の規定による引渡しを受けた外国人にあつては、第六条第三項各号のいずれかに該当すると認定した者又は特別審理官に対し法務省令で定めるところにより電磁的方式によつて個人識別情報を提供した者に限る。第十項において同じ。）が第七条第一項に規定する上陸のための条件に適合していると認定したときは、直ちにその者の旅券に上陸許可の証印をしなければならない。

9　前条第三項の規定は、前項の証印をする場合に準用する。

10　特別審理官は、口頭審理の結果、当該外国人が第七条第一項に規定する上陸のための条件に適合していないと認定したときは、その者に対し、速やかに理由を示してその旨を知らせるとともに、次条の規定により異議を申し出ることができる旨を知らせなければならない。

11　前項の通知を受けた場合において、当該外国人が同項の認定に服したときは、特別審理官は、その者に対し、異議を申し出ない旨を記載した文書に署名させ、本邦からの退去を命ずるとともに、当該外国人が乗つてきた船舶等の長又はその船舶等を運航する運送業者にその旨を通知しなければならない。

（異議の申出）

第十一条　前条第十項の通知を受けた外国人は、同項の認定に異議があるときは、その通知を受けた日から三日以内に、法務省令で定める手続により、不服の事由を記載した書面を主任審査官に提出して、法務大臣に対し異議を申し出ることができる。

2　主任審査官は、前項の異議の申出があつたときは、前条第二項の口頭審理に関する記録その他の関係書類を法務大臣に提出しなければならない。

3　法務大臣は、第一項の規定による異議の申出を受理したときは、異議の申出が理由があるかどうかを裁決して、その結果を主任審査官に通知しなければならない。

4　主任審査官は、法務大臣から異議の申出が理由があると裁決した旨の通知を受けたときは、直ちに当該外国人の旅券に上陸許可の証印をしなければならない。

5　第九条第三項の規定は、前項の証印をする場合に準用する。

6　主任審査官は、法務大臣から異議の申出が理由がないと裁決した旨の通知を受けたときは、速やかに当該外国人に対しその旨を知らせて、本邦からの退去を命ずるとともに、当該外国人が乗つてきた船舶等の長又はその船舶等を運航する運送業者にその旨を知らせなければならない。

（法務大臣の裁決の特例）

第十二条　法務大臣は、前条第三項の裁決に当たつて、異議の申出が理由がないと認める場合でも、当該外国人が次の各号のいずれかに該当するときは、その者の上陸を特別に許可することができる。

一　再入国の許可を受けているとき。

二　人身取引等により他人の支配下に置かれて本邦に入つたものであるとき。

三　その他法務大臣が特別に上陸を許可すべき事情があると認めるとき。

2　前項の許可は、前条第四項の適用については、異議の申出が理由がある旨の裁決とみなす。

第三節　仮上陸等

（仮上陸の許可）

第十三条　主任審査官は、この章に規定する上陸の手続中において特に必要があると認める場合には、その手続が完了するときまでの間、当該外国人に対し仮上陸を許可することができる。

2　前項の許可を与える場合には、主任審査官は、当該外国人に仮上陸許可書を交付しなければならない。

3　第一項の許可を与える場合には、主任審査官は、当該外国人に対し、法務省令で定めるところにより、住居及び行動範囲の制限、呼出しに対する出頭の義務その他必要と認める条件を付し、かつ、二百万円を超えない範囲内で法務省令で定める額の保証金を本邦通貨又は外国通貨で納付させることができる。

4　前項の保証金は、当該外国人が第十条第八項若しくは第十一条第四項の規定により上陸許可の証印を受けたとき、又は第十条第七項若しくは第十一条第六項の規定により本邦からの退去を命ぜられたときは、その者に返還しなければならない。

5　主任審査官は、第一項の許可を受けた外国人が第三項の規定に基き附された条件に違反した場合には、法務省令で定めるところにより、逃亡し、又は正当な理由がなくて呼出に応じないときは同項の保証金の全部、その他のときはその一部を没取するものとする。

6　主任審査官は、第一項の許可を受けた外国人が逃亡する虞があると疑うに足りる相当の理由があるときは、収容令書を発付して入国警備官に当該外国人を収容させることができる。

7　第四十条から第四十二条第一項までの規定は、前項の規定による収容に準用する。この場合において、第四十条中「前条第一項の収容令書」とあるのは「第十三条第六項の収容令書」と、「容疑者」とあるのは「仮上陸の許可を受けた外国人」と、「容疑事実の要旨」とあるのは「収容すべき事由」と、第四十一条第一項中「三十日以内とする。但し、主任審査官は、やむを得ない事由があると認めるときは、三十日を限り延長することができる。」とあるのは「第三章に規定する上陸の手続が完了するまでの間において、主任審査官が必要と認める期間とする。」と、同条第三項及び第四十二条第一項中「容疑者」とあるのは「仮上陸の許可を受けた外国人」と読み替えるものとする。

（退去命令を受けた者がとどまることができる場所）

第十三条の二　特別審理官又は主任審査官は、それぞれ第十条第七項若しくは第十一条第六項の規定により退去を命ずる場合において、当該外国人が船舶等の運航の都合その他その者の責めに帰することができない事由により直ちに本邦から退去することができないと認めるときは、法務省令で定めるところにより、当該外国人に対して、その指定する期間内に限り、出入国港の近傍にあるその指定する施設にとどまることを許すことができる。

2　特別審理官又は主任審査官は、前項の指定をしたときは、当該外国人及びその者が乗つてきた船舶等の長又はその船舶等を運航する運送業者に対しその旨を通知しなければならない。

第四節　上陸の特例

（寄港地上陸の許可）

第十四条　入国審査官は、船舶等に乗つている外国人で、本邦を経由して本邦外の地域に赴こうとするもの（乗員を除く。）が、その船舶等の寄港した出入国港から出国するまでの間七十二時間の範囲内で当該出入国港の近傍に上陸することを希望する場合において、その者につき、その船舶等の長又はその船舶等を運航する運送業者の申請があつたときは、当該外国人に対し寄港地上陸を許可することができる。ただし、第五条第一項各号のいずれかに該当する者に対しては、この限りでない。

2　入国審査官は、前項の許可に係る審査のために必要があると認めるときは、法務省令で定めるところにより、当該外国人に対し、電磁的方式によつて個人識別情報を提供させることができる。

3　第一項の許可を与える場合には、入国審査官は、当該外国人の所持する旅券に寄港地上陸の許可の証印をしなければならない。

4　第一項の許可を与える場合には、入国審査官は、法務省令で定めるところにより、当該外国人に対し、上陸時間、行動の範囲その他必要と認める制限を付することができる。

（通過上陸の許可）

第十五条　入国審査官は、船舶に乗つている外国人（乗員を除く。）が、船舶が本邦にある間、臨時観光のため、その船舶が寄港する本邦の他の出入国港でその船舶に帰船するように通過することを希望する場合において、その者につき、その船舶の船長又はその船舶を運航する運送業者の申請があつたときは、当該外国人に対し通過上陸を許可することができる。

2　入国審査官は、船舶等に乗つている外国人で、本邦を経由して本邦外の地域に赴こうとするもの（乗員を除く。）が、上陸後三日以内にその入国した出入国港の周辺の他の出入国港から他の船舶等で出国するため、通過することを希望する場合において、その者につき、その船舶等の長又はその船舶等を運航する運送業者の申請があつたときは、当該外国人に対し通過上陸を許可することができる。

3　入国審査官は、前二項の許可に係る審査のために必要があると認めるときは、法務省令で定めるところにより、当該外国人に対し、電磁的方式によつて個人識別情報を提供させることができる。

4　第一項又は第二項の許可を与える場合には、入国審査官は、当該外国人の所持する旅券に通過上陸の許可の証印をしなければならない。

5　第一項又は第二項の許可を与える場合には、入国審査官は、法務省令で定めるところにより、当該外国人に対し、上陸期間、通過経路その他必要と認める制限を付することができる。

6　前条第一項ただし書の規定は、第一項又は第二項の場合に準用する。

（乗員上陸の許可）

第十六条　入国審査官は、外国人である乗員（本邦において乗員となる者を含む。以下この条において同じ。）が、船舶等の乗換え（船舶等への乗組みを含む。）、休養、買物その他これらに類似する目的をもつて十五日を超えない範囲内で上陸を希望する場合において、法務省令で定める手続により、その者につき、その者が乗り組んでいる船舶等（その者が乗り組むべき船舶等を含む。）の長又はその船舶等を運航する運送業者の申請があつたときは、当該乗員に対し乗員上陸を許可することができる。

2　入国審査官は、次の各号のいずれかに該当する場合において相当と認めるときは、当該各号に規定する乗員に対し、その旨の乗員上陸の許可をすることができる。

一　本邦と本邦外の地域との間の航路に定期に就航する船舶その他頻繁に本邦の出入国港に入港する船舶の外国人である乗員が、許可を受けた日から一年間、数次にわたり、休養、買物その他これらに類似する目的をもつて当該船舶が本邦にある間上陸することを希望する場合であつて、法務省令で定める手続により、その者につき、その者が乗り組んでいる船舶の長又はその船舶を運航する運送業者から申請があつたとき。

二　本邦と本邦外の地域との間の航空路に定期に航空機を就航させている運送業者に所属する外国人である乗員が、許可を受けた日から一年間、数次にわたり、その都度、同一の運送業者の運航する航空機の乗員として同一の出入国港から出国することを条件として休養、買物その他これらに類似する目的をもつて本邦に到着した日から十五日を超えない範囲内で上陸することを希望する場合であつて、法務省令で定める手続により、その者につき、当該運送業者から申請があつたとき。

3　入国審査官は、前二項の許可に係る審査のために必要があると認めるときは、法務省令で定めるところにより、当該外国人に対し、電磁的方式によつて個人識別情報を提供させることができる。

4　第一項又は第二項の許可を与える場合には、入国審査官は、当該乗員に乗員上陸許可書を交付しなければならない。

5　第一項の許可を与える場合には、入国審査官は、法務省令で定めるところにより、当該乗員に対し、上陸期間、行動範囲（通過経路を含む。）その他必要と認める制限を付することができる。

6　第十四条第一項ただし書の規定は、第一項及び第二項の場合に準用する。

7　入国審査官は、第二項の許可を受けている乗員が当該許可に基づいて上陸しようとする場合において、必要があると認めるときは、法務省令で定めるところにより、当該乗員に対し、電磁的方式によつて個人識別情報を提供させることができる。

8　入国審査官は、第二項の許可を受けている乗員が当該許可に基づいて上陸しようとする場合において、当該乗員が第五条第一項各号のいずれかに該当することを知つたときは、直ちに当該許可を取り消すものとする。

9　前項に定める場合を除き、入国審査官は、第二項の許可を受けている乗員に対し、引き続き当該許可を与えておくことが適当でないと認める場合には、法務省令で定める手続により、当該許可を取り消すことができる。この場合において、その乗員が本邦にあるときは、当該乗員が帰船又は出国するために必要な期間を指定するものとする。

（緊急上陸の許可）

第十七条　入国審査官は、船舶等に乗つている外国人が疾病その他の事故により治療等のため緊急に上陸する必要を生じたときは、当該外国人が乗つている船舶等の長又はその船舶等を運航する運送業者の申請に基づき、厚生労働大臣又は法務大臣の指定する医師の診断を経て、その事由がなくなるまでの間、当該外国人に対し緊急上陸を許可することができる。

2　入国審査官は、前項の許可に係る審査のために必要があると認めるときは、法務省令で定めるところにより、当該外国人に対し、電磁的方式によつて個人識別情報を提供させることができる。

3　第一項の許可を与える場合には、入国審査官は、当該外国人に緊急上陸許可書を交付しなければならない。

4　第一項の許可があつたときは、同項の船舶等の長又は運送業者は、緊急上陸を許可された者の生活費、治療費、葬儀費その他緊急上陸中の一切の費用を支弁しなければならない。

（遭難による上陸の許可）

第十八条　入国審査官は、遭難船舶等がある場合において、当該船舶等に乗つていた外国人の救護のためその他緊急の必要があると認めたときは、水難救護法（明治三十二年法律第九十五号）の規定による救護事務を行う市町村長、当該外国人を救護した船舶等の長、当該遭難船舶等の長又は当該遭難船舶等に係る運送業者の申請に基づき、当該外国人に対し遭難による上陸を許可することができる。

2　入国審査官は、警察官又は海上保安官から前項の外国人の引渡しを受けたときは、同項の規定にかかわらず、直ちにその者に対し遭難による上陸を許可するものとする。

3　入国審査官は、第一項の許可に係る審査のために必要があると認めるときは、法務省令で定めるところにより、当該外国人に対し、電磁的方式によつて個人識別情報を提供させることができる。前項の規定による引渡しを受ける場合において必要があると認めるときも、同様とする。

4　第一項又は第二項の許可を与える場合には、入国審査官は、当該外国人に遭難による上陸許可書を交付しなければならない。

5　第一項又は第二項の許可を与える場合には、入国審査官は、法務省令で定めるところにより、当該外国人に対し、上陸期間、行動の範囲その他必要と認める制限を付することができる。

（一時庇護のための上陸の許可）

第十八条の二　入国審査官は、船舶等に乗つている外国人から申請があつた場合において、次の各号に該当すると思料するときは、一時庇護のための上陸を許可することができる。

一　その者が難民条約第一条A（2）に規定する理由その他これに準ずる理由により、その生命、身体又は身体の自由を害されるおそれのあつた領域から逃れて、本邦に入つた者であること。

二　その者を一時的に上陸させることが相当であること。

2　入国審査官は、前項の許可に係る審査のために必要があると認めるときは、法務省令で定めるところにより、当該外国人に対し、電磁的方式によつて個人識別情報を提供させることができる。

3　第一項の許可を与える場合には、入国審査官は、当該外国人に一時庇護許可書を交付しなければならない。

4　第一項の許可を与える場合には、入国審査官は、法務省令で定めるところにより、当該外国人に対し、上陸期間、住居及び行動範囲の制限その他必要と認める条件を付することができる。

第四章　在留及び出国

第一節　在留、在留資格の変更及び取消し等

（在留）

第十九条　別表第一の上欄の在留資格をもつて在留する者は、次項の許可を受けて行う場合を除き、次の各号に掲げる区分に応じ当該各号に掲げる活動を行つてはならない。

一　別表第一の一の表、二の表及び五の表の上欄の在留資格をもつて在留する者　当該在留資格に応じこれらの表の下欄に掲げる活動に属しない収入を伴う事業を運営する活動又は報酬（業として行うものではない講演に対する謝金、日常生活に伴う臨時の報酬その他の法務省令で定めるものを除く。以下同じ。）を受ける活動

二　別表第一の三の表及び四の表の上欄の在留資格をもつて在留する者　収入を伴う事業を運営する活動又は報酬を受ける活動

2　法務大臣は、別表第一の上欄の在留資格をもつて在留する者から、法務省令で定める手続により、当該在留資格に応じ同表の下欄に掲げる活動の遂行を阻害しない範囲内で当該活動に属しない収入を伴う事業を運営する活動又は報酬を受ける活動を行うことを希望する旨の申請があつた場合において、相当と認めるときは、これを許可することができる。

3　第十六条から第十八条までに規定する上陸の許可を受けた外国人である乗員は、解雇により乗員でなくなつても、本邦にある間は、引き続き乗員とみなす。

（就労資格証明書）

第十九条の二　法務大臣は、本邦に在留する外国人から申請があつたときは、法務省令で定めるところにより、その者が行うことができる収入を伴う事業を運営する活動又は報酬を受ける活動を証明する文書を交付することができる。

2　何人も、外国人を雇用する等に際し、その者が行うことができる収入を伴う事業を運営する活動又は報酬を受ける活動が明らかな場合に、当該外国人が前項の文書を提示し又は提出しないことを理由として、不利益な取扱いをしてはならない。

（在留資格の変更）

第二十条　在留資格を有する外国人は、その者の有する在留資格（これに伴う在留期間を含む。以下第三項までにおいて同じ。）の変更（特定活動の在留資格を有する者については、法務大臣が個々の外国人について特に指定する活動の変更を含む。）を受けることができる。

2　前項の規定により在留資格の変更を受けようとする外国人は、法務省令で定める手続により、法務大臣に対し在留資格の変更を申請しなければならない。ただし、永住者の在留資格への変更を希望する場合は、第二十二条第一項の定めるところによらなければならない。

3　前項の申請があつた場合には、法務大臣は、当該外国人が提出した文書により在留資格の変更を適当と認めるに足りる相当の理由があるときに限り、これを許可することができる。ただし、短期滞在の在留資格をもつて在留する者の申請については、やむを得ない特別の事情に基づくものでなければ許可しないものとする。

4　法務大臣は、前項の許可をする場合には、入国審査官に、当該許可に係る外国人が旅券を所持しているときは旅券に新たな在留資格及び在留期間を記載させ、旅券を所持していないときは当該外国人に対し新たな在留資格及び在留期間を記載した在留資格証明書を交

付させ、又は既に交付を受けている在留資格証明書に新たな在留資格及び在留期間を記載させるものとする。この場合において、その許可は、当該記載又は交付のあつた時に、その記載された内容をもつて効力を生ずる。

（在留期間の更新）

第二十一条　本邦に在留する外国人は、現に有する在留資格を変更することなく、在留期間の更新を受けることができる。

2　前項の規定により在留期間の更新を受けようとする外国人は、法務省令で定める手続により、法務大臣に対し在留期間の更新を申請しなければならない。

3　前項の申請があつた場合には、法務大臣は、当該外国人が提出した文書により在留期間の更新を適当と認めるに足りる相当の理由があるときに限り、これを許可することができる。

4　法務大臣は、前項の許可をする場合には、入国審査官に、当該許可に係る外国人が旅券を所持しているときは旅券に新たな在留期間を記載させ、旅券を所持していないときは当該外国人に対し在留資格及び新たな在留期間を記載した在留資格証明書を交付させ、又は既に交付を受けている在留資格証明書に新たな在留期間を記載させるものとする。この場合においては、前条第四項後段の規定を準用する。

（永住許可）

第二十二条　在留資格を変更しようとする外国人で永住者の在留資格への変更を希望するものは、法務省令で定める手続により、法務大臣に対し永住許可を申請しなければならない。

2　前項の申請があつた場合には、法務大臣は、その者が次の各号に適合し、かつ、その者の永住が日本国の利益に合すると認めたときに限り、これを許可することができる。ただし、その者が日本人、永住許可を受けている者又は特別永住者の配偶者又は子である場合においては、次の各号に適合することを要しない。

一　素行が善良であること。

二　独立の生計を営むに足りる資産又は技能を有すること。

3　法務大臣は、前項の許可をする場合には、入国審査官に、当該許可に係る外国人が旅券を所持しているときは旅券に記載された在留資格及び在留期間をまつ消させた上当該旅券に永住許可の証印をさせ、旅券を所持していないときは永住を許可された旨を記載した在留資格証明書を交付させるものとする。この場合において、その許可は、当該証印又は交付のあつた時に、その効力を生ずる。

（在留資格の取得）

第二十二条の二　日本の国籍を離脱した者又は出生その他の事由により前章に規定する上陸の手続を経ることなく本邦に在留することとなる外国人は、第二条の二第一項の規定にかかわらず、それぞれ日本の国籍を離脱した日又は出生その他当該事由が生じた日から六十日を限り、引き続き在留資格を有することなく本邦に在留することができる。

2　前項に規定する外国人で同項の期間をこえて本邦に在留しようとするものは、日本の国籍を離脱した日又は出生その他当該事由が生じた日から三十日以内に、法務省令で定めるところにより、法務大臣に対し在留資格の取得を申請しなければならない。

3　第二十条第三項及び第四項の規定は、前項に規定する在留資格の取得の申請（永住者の在留資格の取得の申請を除く。）の手続に準用する。この場合において、第二十条第三項中「在留資格の変更」とあるのは、「在留資格の取得」と読み替えるものとする。

4　前条の規定は、第二項に規定する在留資格の取得の申請中永住者の在留資格の取得の申請の手続に準用する。この場合において、前条第一項中「在留資格を変更」とあるのは「在留資格を取得」と、「在留資格への変更」とあるのは「在留資格の取得」と、同条第三項中「旅券に記載された在留資格及び在留期間をまつ消させた上当該旅券に永住許可の証印」とあるのは「旅券に永住許可の証印」と読み替えるものとする。

第二十二条の三　前条第二項から第四項までの規定は、第十八条の二第一項に規定する一時庇護のための上陸の許可を受けた外国人で別表第一又は別表第二の上欄の在留資格のいずれかをもつて在留しようとするものに準用する。この場合において、前条第二項中「日本の国籍を離脱した日又は出生その他当該事由が生じた日から三十日以内」とあるのは、「当該上陸の許可に係る上陸期間内」と読み替えるものとする。

（在留資格の取消し）

第二十二条の四　法務大臣は、別表第一又は別表第二の上欄の在留資格をもつて本邦に在留する外国人（第六十一条の二第一項の難民の認定を受けている者を除く。）について、次の各号に掲げるいずれかの事実が判明したときは、法務省令で定める手続により、当該外国人が現に有する在留資格を取り消すことができる。

一　偽りその他不正の手段により、当該外国人が第五条第一項各号のいずれにも該当しないものとして、前章第一節又は第二節の規定による上陸許可の証印（第九条第四項の規定による記録を含む。）又は許可を受けたこと。

二　偽りその他不正の手段により、上陸許可の証印等（前章第一節若しくは第二節の規定による上陸許可の証印若しくは許可（在留資格の決定を伴うものに限る。）又はこの節（第十九条第二項を除く。）の規定による許可をいい、これらが二以上ある場合には直近のものをいうものとする。以下この号、次号及び第四号において同じ。）の申請に係る本邦において行おうとする活動が虚偽のものでなく、別表第一の下欄に掲げる活動又は別表第二の下欄に掲げる身分若しくは地位を有する者としての活動のいずれかに該当するものとして、当該上陸許可の証印等を受けたこと。

三　前二号に掲げるもののほか、偽りその他不正の手段により、上陸許可の証印等を受けたこと。

四　前三号に掲げるもののほか、不実の記載のある文書（不実の記載のある文書又は図画の提出又は提示により交付を受けた第七条の二第一項の規定による証明書及び不実の記載のある文書又は図画の提出又は提示により旅券に受けた査証を含む。）又は図画の提出又は提示により、上陸許可の証印等を受けたこと。

五　前各号に掲げるもののほか、別表第一の上欄の在留資格をもつて在留する者が、当該在留資格に応じ同表の下欄に掲げる活動を継続して三月以上行わないで在留していること（当該活動を行わないで在留していることにつき正当な理由がある場合を除く。）。

2　法務大臣は、前項の規定による在留資格の取消しをしようとするときは、その指定する入国審査官に、当該外国人の意見を聴取させなければならない。

3　法務大臣は、前項の意見の聴取をさせるときは、あらかじめ、意見の聴取の期日及び場所並びに取消しの原因となる事実を当該外国人に通知しなければならない。

4　当該外国人又はその者の代理人は、前項の期日に出頭して、意見を述べ、及び証拠を提出することができる。

5　法務大臣は、当該外国人が正当な理由がなくて第二項の意見の聴取に応じないときは、同項の規定にかかわらず、意見の聴取を行わないで、第一項の規定による在留資格の取消しをすることができる。

6　法務大臣は、第一項（第三号から第五号までに係るものに限る。）の規定により在留資格を取り消す場合には、三十日を超えない範囲内で当該外国人が出国するために必要な期間を指定するものとする。

7　法務大臣は、前項の規定により期間を指定する場合には、法務省令で定めるところにより、当該外国人に対し、住居及び行動範囲の制限その他必要と認める条件を付することができる。

第二節　在留の条件

（旅券等の携帯及び提示）

第二十三条　本邦に在留する外国人は、常に旅券（次の各号に掲げる者にあつては、当該各号に定める文書）を携帯していなければならない。ただし、外国人登録法（昭和二十七年法律第百二十五号）による外国人登録証明書を携帯する場合は、この限りでない。

一　仮上陸の許可を受けた者　仮上陸許可書

二　乗員上陸の許可を受けた者　乗員上陸許可書及び旅券又は乗員手帳

三　緊急上陸の許可を受けた者　緊急上陸許可書

四　遭難による上陸の許可を受けた者　遭難による上陸許可書

五　一時庇護のための上陸の許可を受けた者　一時庇護許可書

六　仮滞在の許可を受けた者　仮滞在許可書

2　前項の外国人は、入国審査官、入国警備官、警察官、海上保安官その他法務省令で定める国又は地方公共団体の職員が、その職務の執行に当たり、同項に規定する旅券、乗員手帳又は許可書（以下この条において「旅券等」という。）の提示を求めたときは、これを提示しなければならない。

3　前項に規定する職員は、旅券等の提示を求める場合には、その身分を示す証票を携帯し、請求があるときは、これを提示しなければならない。

4　第一項本文の規定は、十六歳に満たない外国人には適用しない。

（退去強制）

第二十四条　次の各号のいずれかに該当する外国人については、次章に規定する手続により、本邦からの退去を強制することができる。

一　第三条の規定に違反して本邦に入つた者

二　入国審査官から上陸の許可等を受けないで本邦に上陸した者

二の二　第二十二条の四第一項（第一号又は第二号に係るものに限る。）の規定により在留資格を取り消された者

二の三　第二十二条の四第六項（第六十一条の二の八第二項において準用する場合を含む。）の規定により期間の指定を受けた者で、当該期間を経過して本邦に残留するもの

三　他の外国人に不正に前章第一節若しくは第二節の規定による証明書の交付、上陸許可の証印（第九条第四項の規定による記録を含む。）若しくは許可、同章第四節の規定による上陸の許可又は第一節若しくは次章第三節の規定による許可を受けさせる目的で、文書若しくは図画を偽造し、若しくは変造し、虚偽の文書若しくは図画を作成し、若しくは偽造若しくは変造された文書若しくは図画若しくは虚偽の文書若しくは図画を行使し、所持し、若しくは提供し、又はこれらの行為を唆し、若しくはこれを助けた者

三の二　公衆等脅迫目的の犯罪行為のための資金の提供等の処罰に関する法律（平成十四年法律第六十七号）第一条に規定する公衆等脅迫目的の犯罪行為（以下この号において「公衆等脅迫目的の犯罪行為」という。）、公衆等脅迫目的の犯罪行為の予備行為又は公衆等脅迫目的の犯罪行為の実行を容易にする行為を行うおそれがあると認めるに足りる相当の理由がある者として法務大臣が認定する者

三の三　国際約束により本邦への入国を防止すべきものとされている者

三の四　次のイからハまでに掲げるいずれかの行為を行い、唆し、又はこれを助けた者

イ　事業活動に関し、外国人に不法就労活動（第十九条第一項の規定に違反する活動又は第七十条第一項第一号から第三号の二まで、第五号、第七号、第七号の二若しくは第八号の二から第八号の四までに掲げる者が行う活動であつて報酬その他の収入を伴うものをいう。以下同じ。）をさせること。

ロ　外国人に不法就労活動をさせるためにこれを自己の支配下に置くこと。

ハ　業として、外国人に不法就労活動をさせる行為又はロに規定する行為に関しあつせんすること。

四　本邦に在留する外国人（仮上陸の許可、寄港地上陸の許可、通過上陸の許可、乗員上陸の許可又は遭難による上陸の許可を受けた者を除く。）で次に掲げる者のいずれかに該当するもの

イ　第十九条第一項の規定に違反して収入を伴う事業を運営する活動又は報酬を受ける活動を専ら行つていると明らかに認められる者（人身取引等により他人の支配下に置かれている者を除く。）

ロ　在留期間の更新又は変更を受けないで在留期間

を経過して本邦に残留する者

ハ　人身取引等を行い、唆し、又はこれを助けた者

ニ　旅券法（昭和二十六年法律第二百六十七号）第二十三条第一項（第六号を除く。）から第三項までの罪により刑に処せられた者

ホ　第七十四条から第七十四条の六の三まで又は第七十四条の八の罪により刑に処せられた者

ヘ　外国人登録に関する法令の規定に違反して禁錮以上の刑に処せられた者。ただし、執行猶予の言渡しを受けた者を除く。

ト　少年法（昭和二十三年法律第百六十八号）に規定する少年で昭和二十六年十一月一日以後に長期三年を超える懲役又は禁錮に処せられたもの

チ　昭和二十六年十一月一日以後に麻薬及び向精神薬取締法、大麻取締法、あへん法、覚せい剤取締法、国際的な協力の下に規制薬物に係る不正行為を助長する行為等の防止を図るための麻薬及び向精神薬取締法等の特例等に関する法律（平成三年法律第九十四号）又は刑法第二編第十四章の規定に違反して有罪の判決を受けた者

リ　ニからチまでに掲げる者のほか、昭和二十六年十一月一日以後に無期又は一年を超える懲役若しくは禁錮に処せられた者。ただし、執行猶予の言渡しを受けた者を除く。

ヌ　売春又はその周旋、勧誘、その場所の提供その他売春に直接に関係がある業務に従事する者（人身取引等により他人の支配下に置かれている者を除く。）

ル　他の外国人が不法に本邦に入り、又は上陸することをあおり、唆し、又は助けた者

オ　日本国憲法又はその下に成立した政府を暴力で破壊することを企て、若しくは主張し、又はこれを企て若しくは主張する政党その他の団体を結成し、若しくはこれに加入している者

ワ　次に掲げる政党その他の団体を結成し、若しくはこれに加入し、又はこれと密接な関係を有する者

（1）　公務員であるという理由により、公務員に暴行を加え、又は公務員を殺傷することを勧奨する政党その他の団体

（2）　公共の施設を不法に損傷し、又は破壊することを勧奨する政党その他の団体

（3）　工場事業場における安全保持の施設の正常な維持又は運行を停廃し、又は妨げるような争議行為を勧奨する政党その他の団体

カ　オ又はワに規定する政党その他の団体の目的を達するため、印刷物、映画その他の文書図画を作成し、頒布し、又は展示した者

ヨ　イからカまでに掲げる者のほか、法務大臣が日本国の利益又は公安を害する行為を行つたと認定する者

四の二　別表第一の上欄の在留資格をもつて在留する者で、刑法第二編第十二章、第十六章から第十九章まで、第二十三章、第二十六章、第二十七章、第三十一章、第三十三章、第三十六章、第三十七章若しくは第三十九章の罪、暴力行為等処罰に関する法律第一条、第一条ノ二若しくは第一条ノ三（刑法第二百二十二条又は第二百六十一条に係る部分を除く。）の罪、盗犯等の防止及び処分に関する法律の罪又は特殊開錠用具の所持の禁止等に関する法律第十五条若しくは第十六条の罪により懲役又は禁錮に処せられたもの

四の三　短期滞在の在留資格をもつて在留する者で、本邦において行われる国際競技会等の経過若しくは結果に関連して、又はその円滑な実施を妨げる目的をもつて、当該国際競技会等の開催場所又はその所在する市町村（東京都の特別区の存する区域及び地方自治法第二百五十二条の十九第一項の指定都市にあつては、区）の区域内若しくはその近傍の不特定若しくは多数の者の用に供される場所において、不法に、人を殺傷し、人に暴行を加え、人を脅迫し、又は建造物その他の物を損壊したもの

五　仮上陸の許可を受けた者で、第十三条第三項の規定に基づき付された条件に違反して、逃亡し、又は正当な理由がなくて呼出しに応じないもの

五の二　第十条第十項又は第十一条第六項の規定により退去を命ぜられた者で、遅滞なく本邦から退去しないもの

六　寄港地上陸の許可、通過上陸の許可、乗員上陸の許可、緊急上陸の許可、遭難による上陸の許可又は一時庇護のための上陸の許可を受けた者で、旅券又は当該許可書に記載された期間を経過して本邦に残留するもの

六の二　第十六条第九項の規定により期間の指定を受けた者で、当該期間内に帰船し又は出国しないもの

七　第二十二条の二第一項に規定する者で、同条第三項において準用する第二十条第三項及び第四項の規定又は第二十二条の二第四項において準用する第二十二条第二項及び第三項の規定による許可を受けないで、第二十二条の二第一項に規定する期間を経過して本邦に残留するもの

八　第五十五条の三第一項の規定により出国命令を受けた者で、当該出国命令に係る出国期限を経過して本邦に残留するもの

九　第五十五条の六の規定により出国命令を取り消された者

十　第六十一条の二の二第一項若しくは第二項又は第六十一条の二の三の許可を受けて在留する者で、第六十一条の二の七第一項（第一号又は第三号に係るものに限る。）の規定により難民の認定を取り消されたもの

第二十四条の二　法務大臣は、前条第三号の二の規定による認定をしようとするときは、外務大臣、警察庁長官、公安調査庁長官及び海上保安庁長官の意見を聴くものとする。

2　外務大臣、警察庁長官、公安調査庁長官又は海上保安庁長官は、前条第三号の二の規定による認定に関し法務大臣に意見を述べることができる。

（出国命令）

第二十四条の三　第二十四条第二号の三、第四号ロ又は第六号から第七号までのいずれかに該当する外国人で次の各号のいずれにも該当するもの（以下「出国命令対象者」という。）については、同条の規定にかかわらず、次章第一節から第三節まで及び第五章の二に規

定する手続により、出国を命ずるものとする。
一　速やかに本邦から出国する意思をもつて自ら入国管理官署に出頭したこと。
二　第二十四条第三号、第四号ハからヨまで、第八号又は第九号のいずれにも該当しないこと。
三　本邦に入つた後に、刑法第二編第十二章、第十六章から第十九章まで、第二十三章、第二十六章、第二十七章、第三十一章、第三十三章、第三十六章、第三十七章若しくは第三十九章の罪、暴力行為等処罰に関する法律第一条、第一条ノ二若しくは第一条ノ三（刑法第二百二十二条又は第二百六十一条に係る部分を除く。）の罪、盗犯等の防止及び処分に関する法律の罪又は特殊開錠用具の所持の禁止等に関する法律第十五条若しくは第十六条の罪により懲役又は禁錮に処せられたものでないこと。
四　過去に本邦からの退去を強制されたこと又は第五十五条の三第一項の規定による出国命令により出国したことがないこと。
五　速やかに本邦から出国することが確実と見込まれること。

第三節　出国

（出国の手続）
第二十五条　本邦外の地域に赴く意図をもつて出国しようとする外国人（乗員を除き、第二十六条の規定により再入国の許可を受けて出国する外国人を含む。次条において同じ。）は、その者が出国する出入国港において、法務省令で定める手続により、入国審査官から出国の確認を受けなければならない。
2　前項の外国人は、出国の確認を受けなければ出国してはならない。

（出国確認の留保）
第二十五条の二　入国審査官は、本邦に在留する外国人が本邦外の地域に赴く意図をもつて出国しようとする場合において、関係機関から当該外国人が次の各号のいずれかに該当する者である旨の通知を受けているときは、前条の出国の確認を受けるための手続がされた時から二十四時間を限り、その者について出国の確認を留保することができる。
一　死刑若しくは無期若しくは長期三年以上の懲役若しくは禁錮に当たる罪につき訴追されている者又はこれらの罪を犯した疑いにより逮捕状、勾引状、勾留状若しくは鑑定留置状が発せられている者
二　禁錮以上の刑に処せられ、その刑につき執行猶予の言渡しを受けなかつた者で、刑の執行を終わるまで、又は執行を受けることがなくなるまでのもの（当該刑につき仮釈放中の者を除く。）
三　逃亡犯罪人引渡法（昭和二十八年法律第六十八号）の規定により仮拘禁許可状又は拘禁許可状が発せられている者
2　入国審査官は、前項の規定により出国の確認を留保したときは、直ちに同項の通知をした機関にその旨を通報しなければならない。

（再入国の許可）
第二十六条　法務大臣は、本邦に在留する外国人（仮上陸の許可を受けている者及び第十四条から第十八条までに規定する上陸の許可を受けている者を除く。）がその在留期間（在留期間の定めのない者にあつては、本邦に在留し得る期間）の満了の日以前に本邦に再び入国する意図をもつて出国しようとするときは、法務省令で定める手続により、その者の申請に基づき、再入国の許可を与えることができる。この場合において、法務大臣は、その者の申請に基づき、相当と認めるときは、当該許可を数次再入国の許可とすることができる。
2　法務大臣は、前項の許可をする場合には、入国審査官に、当該許可に係る外国人が旅券を所持しているときは旅券に再入国の許可の証印をさせ、旅券を所持していない場合で国籍を有しないことその他の事由で旅券を取得することができないときは、法務省令で定めるところにより、再入国許可書を交付させるものとする。この場合において、その許可は、当該証印又は再入国許可書に記載された日からその効力を生ずる。
3　法務大臣は、再入国の許可（数次再入国の許可を含む。）を与える場合には、当該許可が効力を生ずるものとされた日から三年を超えない範囲内においてその有効期間を定めるものとする。
4　法務大臣は、再入国の許可を受けて出国した者について、当該許可の有効期間内に再入国することができない相当の理由があると認めるときは、その者の申請に基づき、一年を超えず、かつ、当該許可が効力を生じた日から四年を超えない範囲内で、当該許可の有効期間の延長の許可をすることができる。
5　前項の許可は、旅券又は再入国許可書にその旨を記載して行うものとし、その事務は、日本国領事官等に委任するものとする。
6　法務大臣は、数次再入国の許可を受けている外国人で再入国したものに対し、引き続き当該許可を与えておくことが適当でないと認める場合には、その者が本邦にある間において、当該許可を取り消すことができる。
7　第二項の規定により交付される再入国許可書は、当該再入国許可書に係る再入国の許可に基づき本邦に入国する場合に限り、旅券とみなす。

第五章　退去強制の手続

第一節　違反調査

（違反調査）
第二十七条　入国警備官は、第二十四条各号の一に該当すると思料する外国人があるときは、当該外国人（以下「容疑者」という。）につき違反調査をすることができる。

（違反調査について必要な取調べ及び報告の要求）
第二十八条　入国警備官は、違反調査の目的を達するため必要な取調べをすることができる。ただし、強制の処分は、この章及び第八章に特別の規定がある場合でなければすることができない。
2　入国警備官は、違反調査について、公務所又は公私の団体に照会して必要な事項の報告を求めることができる。

（容疑者の出頭要求及び取調）

第二十九条 入国警備官は、違反調査をするため必要があるときは、容疑者の出頭を求め、当該容疑者を取り調べることができる。

2 前項の場合において、入国警備官は、容疑者の供述を調書に記載しなければならない。

3 前項の調書を作成したときは、入国警備官は、容疑者に閲覧させ、又は読み聞かせて、署名をさせ、且つ、自らこれに署名しなければならない。

4 前項の場合において、容疑者が署名することができないとき、又は署名を拒んだときは、入国警備官は、その旨を調書に附記しなければならない。

（証人の出頭要求）

第三十条 入国警備官は、違反調査をするため必要があるときは、証人の出頭を求め、当該証人を取り調べることができる。

2 前項の場合において、入国警備官は、証人の供述を調書に記載しなければならない。

3 前条第三項及び第四項の規定は、前項の場合に準用する。この場合において、前条第三項及び第四項中「容疑者」とあるのは「証人」と読み替えるものとする。

（臨検、捜索及び押収）

第三十一条 入国警備官は、違反調査をするため必要があるときは、その所属官署の所在地を管轄する地方裁判所又は簡易裁判所の裁判官の許可を得て、臨検、捜索又は押収をすることができる。

2 前項の場合において、急速を要するときは、入国警備官は、臨検すべき場所、捜索すべき身体若しくは物件又は押収すべき物件の所在地を管轄する地方裁判所又は簡易裁判所の裁判官の許可を得て、同項の処分をすることができる。

3 入国警備官は、第一項又は前項の許可を請求しようとするときは、容疑者が第二十四条各号の一に該当すると思料されるべき資料並びに、容疑者以外の者の住居その他の場所を臨検しようとするときは、その場所が違反事件に関係があると認めるに足りる状況があることを認めるべき資料、容疑者以外の者の身体、物件又は住居その他の場所について捜索しようとするときは、押収すべき物件の存在及びその物件が違反事件に関係があると認めるに足りる状況があることを認めるべき資料、容疑者以外の者の物件を押収しようとするときは、その物件が違反事件に関係があると認めるに足りる状況があることを認めるべき資料を添付して、これをしなければならない。

4 前項の請求があつた場合においては、地方裁判所又は簡易裁判所の裁判官は、臨検すべき場所、捜索すべき身体又は物件、押収すべき物件、請求者の官職氏名、有効期間及び裁判所名を記載し、自ら記名押印した許可状を入国警備官に交付しなければならない。

5 入国警備官は、前項の許可状を他の入国警備官に交付して、臨検、捜索又は押収をさせることができる。

（必要な処分）

第三十二条 入国警備官は、捜索又は押収をするため必要があるときは、錠をはずし、封を開き、その他必要な処分をすることができる。

（証票の携帯）

第三十三条 入国警備官は、取調、臨検、捜索又は押収をする場合には、その身分を示す証票を携帯し、関係人の請求があるときは、これを呈示しなければならない。

（捜索又は押収の立会）

第三十四条 入国警備官は、住居その他の建造物内で捜索又は押収をするときは、所有者、借主、管理者又はこれらの者に代るべき者を立ち会わせなければならない。これらの者を立ち会わせることができないときは、隣人又は地方公共団体の職員を立ち会わせなければならない。

（時刻の制限）

第三十五条 入国警備官は、日出前、日没後には、許可状に夜間でも執行することができる旨の記載がなければ、捜索又は押収のため、住居その他の建造物内に入つてはならない。

2 入国警備官は、日没前に捜索又は押収に着手したときは、日没後でも、その処分を継続することができる。

3 左の場所で捜索又は押収をするについては、入国警備官は、第一項に規定する制限によることを要しない。

一 風俗を害する行為に常用されるものと認められる場所

二 旅館、飲食店その他夜間でも公衆が出入することができる場所。但し、公開した時間内に限る。

（出入禁止）

第三十六条 入国警備官は、取調、臨検、捜索又は押収をする間は、何人に対しても、許可を得ないでその場所に出入することを禁止することができる。

（押収の手続）

第三十七条 入国警備官は、押収をしたときは、その目録を作り、所有者、所持者若しくは保管者又はこれらの者に代るべき者にこれを交付しなければならない。

2 入国警備官は、押収物について、留置の必要がないと認めたときは、すみやかにこれを還付しなければならない。

（調書の作成）

第三十八条 入国警備官は、臨検、捜索又は押収をしたときは、これらに関する調書を作成し、立会人に閲覧させ、又は読み聞かせて、署名をさせ、且つ、自らこれに署名しなければならない。

2 前項の場合において、立会人が署名することができないとき、又は署名を拒んだときは、入国警備官は、その旨を調書に附記しなければならない。

第二節　収容

（収容）

第三十九条 入国警備官は、容疑者が第二十四条各号の一に該当すると疑うに足りる相当の理由があるときは、収容令書により、その者を収容することができる。

2 前項の収容令書は、入国警備官の請求により、その所属官署の主任審査官が発付するものとする。

（収容令書の方式）

第四十条 前条第一項の収容令書には、容疑者の氏名、居住地及び国籍、容疑事実の要旨、収容すべき場所、有効期間、発付年月日その他法務省令で定める事項を記載し、且つ、主任審査官がこれに記名押印しなければならない。

（収容の期間及び場所並びに留置の嘱託）

第四十一条　収容令書によつて収容することができる期間は、三十日以内とする。但し、主任審査官は、やむを得ない事由があると認めるときは、三十日を限り延長することができる。

2　収容令書によつて収容することができる場所は、入国者収容所、収容場その他法務大臣又はその委任を受けた主任審査官が指定する適当な場所とする。

3　警察官は、主任審査官が必要と認めて依頼したときは、容疑者を留置施設に留置することができる。

（収容の手続）

第四十二条　入国警備官は、収容令書により容疑者を収容するときは、収容令書を容疑者に示さなければならない。

2　入国警備官は、収容令書を所持しない場合でも、急速を要するときは、容疑者に対し、容疑事実の要旨及び収容令書が発付されている旨を告げて、その者を収容することができる。但し、収容令書は、できるだけすみやかに示さなければならない。

（要急事件）

第四十三条　入国警備官は、第二十四条各号の一に明らかに該当する者が収容令書の発付をまつていては逃亡の虞があると信ずるに足りる相当の理由があるときは、収容令書の発付をまたずに、その者を収容することができる。

2　前項の収容を行つたときは、入国警備官は、すみやかにその理由を主任審査官に報告して、収容令書の発付を請求しなければならない。

3　前項の場合において、主任審査官が第一項の収容を認めないときは、入国警備官は、直ちにその者を放免しなければならない。

（容疑者の引渡）

第四十四条　入国警備官は、第三十九条第一項の規定により容疑者を収容したときは、容疑者の身体を拘束した時から四十八時間以内に、調書及び証拠物とともに、当該容疑者を入国審査官に引き渡さなければならない。

第三節　審査、口頭審理及び異議の申出

（入国審査官の審査）

第四十五条　入国審査官は、前条の規定により容疑者の引渡しを受けたときは、容疑者が退去強制対象者（第二十四条各号のいずれかに該当し、かつ、出国命令対象者に該当しない外国人をいう。以下同じ。）に該当するかどうかを速やかに審査しなければならない。

2　入国審査官は、前項の審査を行つた場合には、審査に関する調書を作成しなければならない。

（容疑者の立証責任）

第四十六条　前条の審査を受ける容疑者のうち第二十四条第一号（第三条第一項第二号に係る部分を除く。）又は第二号に該当するとされたものは、その号に該当するものでないことを自ら立証しなければならない。

（審査後の手続）

第四十七条　入国審査官は、審査の結果、容疑者が第二十四条各号のいずれにも該当しないと認定したときは、直ちにその者を放免しなければならない。

2　入国審査官は、審査の結果、容疑者が出国命令対象者に該当すると認定したときは、速やかに主任審査官にその旨を知らせなければならない。この場合において、入国審査官は、当該容疑者が第五十五条の三第一項の規定により出国命令を受けたときは、直ちにその者を放免しなければならない。

3　入国審査官は、審査の結果、容疑者が退去強制対象者に該当すると認定したときは、速やかに理由を付した書面をもつて、主任審査官及びその者にその旨を知らせなければならない。

4　前項の通知をする場合には、入国審査官は、当該容疑者に対し、第四十八条の規定による口頭審理の請求をすることができる旨を知らせなければならない。

5　第三項の場合において、容疑者がその認定に服したときは、主任審査官は、その者に対し、口頭審理の請求をしない旨を記載した文書に署名させ、速やかに第五十一条の規定による退去強制令書を発付しなければならない。

（口頭審理）

第四十八条　前条第三項の通知を受けた容疑者は、同項の認定に異議があるときは、その通知を受けた日から三日以内に、口頭をもつて、特別審理官に対し口頭審理の請求をすることができる。

2　入国審査官は、前項の口頭審理の請求があつたときは、第四十五条第二項の調書その他の関係書類を特別審理官に提出しなければならない。

3　特別審理官は、第一項の口頭審理の請求があつたときは、容疑者に対し、時及び場所を通知して速やかに口頭審理を行わなければならない。

4　特別審理官は、前項の口頭審理を行つた場合には、口頭審理に関する調書を作成しなければならない。

5　第十条第三項から第六項までの規定は、第三項の口頭審理の手続に準用する。

6　特別審理官は、口頭審理の結果、前条第三項の認定が事実に相違すると判定したとき（容疑者が第二十四条各号のいずれにも該当しないことを理由とする場合に限る。）は、直ちにその者を放免しなければならない。

7　特別審理官は、口頭審理の結果、前条第三項の認定が事実に相違すると判定したとき（容疑者が出国命令対象者に該当することを理由とする場合に限る。）は、速やかに主任審査官にその旨を知らせなければならない。この場合において、特別審理官は、当該容疑者が第五十五条の三第一項の規定により出国命令を受けたときは、直ちにその者を放免しなければならない。

8　特別審理官は、口頭審理の結果、前条第三項の認定が誤りがないと判定したときは、速やかに主任審査官及び当該容疑者にその旨を知らせるとともに、当該容疑者に対し、第四十九条の規定により異議を申し出ることができる旨を知らせなければならない。

9　前項の通知を受けた場合において、当該容疑者が同項の判定に服したときは、主任審査官は、その者に対し、異議を申し出ない旨を記載した文書に署名させ、速やかに第五十一条の規定による退去強制令書を発付しなければならない。

（異議の申出）

第四十九条　前条第八項の通知を受けた容疑者は、同項の判定に異議があるときは、その通知を受けた日から三日以内に、法務省令で定める手続により、不服の事由を記載した書面を主任審査官に提出して、法務大臣に対し異議を申し出ることができる。

2　主任審査官は、前項の異議の申出があつたときは、第四十五条第二項の審査に関する調書、前条第四項の口頭審理に関する調書その他の関係書類を法務大臣に提出しなければならない。

3　法務大臣は、第一項の規定による異議の申出を受理したときは、異議の申出が理由があるかどうかを裁決して、その結果を主任審査官に通知しなければならない。

4　主任審査官は、法務大臣から異議の申出（容疑者が第二十四条各号のいずれにも該当しないことを理由とするものに限る。）が理由があると裁決した旨の通知を受けたときは、直ちに当該容疑者を放免しなければならない。

5　主任審査官は、法務大臣から異議の申出（容疑者が出国命令対象者に該当することを理由とするものに限る。）が理由があると裁決した旨の通知を受けた場合において、当該容疑者に対し第五十五条の三第一項の規定により出国命令をしたときは、直ちにその者を放免しなければならない。

6　主任審査官は、法務大臣から異議の申出が理由がないと裁決した旨の通知を受けたときは、速やかに当該容疑者に対し、その旨を知らせるとともに、第五十一条の規定による退去強制令書を発付しなければならない。

（法務大臣の裁決の特例）

第五十条　法務大臣は、前条第三項の裁決に当たつて、異議の申出が理由がないと認める場合でも、当該容疑者が次の各号のいずれかに該当するときは、その者の在留を特別に許可することができる。

一　永住許可を受けているとき。

二　かつて日本国民として本邦に本籍を有したことがあるとき。

三　人身取引等により他人の支配下に置かれて本邦に在留するものであるとき。

四　その他法務大臣が特別に在留を許可すべき事情があると認めるとき。

2　前項の場合には、法務大臣は、法務省令で定めるところにより、在留期間その他必要と認める条件を附することができる。

3　第一項の許可は、前条第四項の適用については、異議の申出が理由がある旨の裁決とみなす。

第四節　退去強制令書の執行

（退去強制令書の方式）

第五十一条　第四十七条第五項、第四十八条第九項若しくは第四十九条第六項の規定により、又は第六十三条第一項の規定に基づく退去強制の手続において発付される退去強制令書には、退去強制を受ける者の氏名、年齢及び国籍、退去強制の理由、送還先、発付年月日その他法務省令で定める事項を記載し、かつ、主任審査官がこれに記名押印しなければならない。

（退去強制令書の執行）

第五十二条　退去強制令書は、入国警備官が執行するものとする。

2　警察官又は海上保安官は、入国警備官が足りないため主任審査官が必要と認めて依頼したときは、退去強制令書の執行をすることができる。

3　入国警備官（前項の規定により退去強制令書を執行する警察官又は海上保安官を含む。以下この条において同じ。）は、退去強制令書を執行するときは、退去強制を受ける者に退去強制令書又はその写しを示して、速やかにその者を次条に規定する送還先に送還しなければならない。ただし、第五十九条の規定により運送業者が送還する場合には、入国警備官は、当該運送業者に引き渡すものとする。

4　前項の場合において、退去強制令書の発付を受けた者が、自らの負担により、自ら本邦を退去しようとするときは、入国者収容所長又は主任審査官は、その者の申請に基づき、これを許可することができる。この場合においては、退去強制令書の記載及び次条の規定にかかわらず、当該申請に基づき、その者の送還先を定めることができる。

5　入国警備官は、第三項本文の場合において、退去強制を受ける者を直ちに本邦外に送還することができないときは、送還可能のときまで、その者を入国者収容所、収容場その他法務大臣又はその委任を受けた主任審査官が指定する場所に収容することができる。

6　入国者収容所長又は主任審査官は、前項の場合において、退去強制を受ける者を送還することができないことが明らかになつたときは、住居及び行動範囲の制限、呼出に対する出頭の義務その他必要と認める条件を附して、その者を放免することができる。

（送還先）

第五十三条　退去強制を受ける者は、その者の国籍又は市民権の属する国に送還されるものとする。

2　前項の国に送還することができないときは、本人の希望により、左に掲げる国のいずれかに送還されるものとする。

一　本邦に入国する直前に居住していた国

二　本邦に入国する前に居住していたことのある国

三　本邦に向けて船舶等に乗つた港の属する国

四　出生地の属する国

五　出生時にその出生地の属していた国

六　その他の国

3　前二項の国には、次に掲げる国を含まないものとする。

一　難民条約第三十三条第一項に規定する領域の属する国（法務大臣が日本国の利益又は公安を著しく害すると認める場合を除く。）

二　拷問及び他の残虐な、非人道的な又は品位を傷つける取扱い又は刑罰に関する条約第三条第一項に規定する国

第五節　仮放免

(仮放免)

第五十四条　収容令書若しくは退去強制令書の発付を受けて収容されている者又はその者の代理人、保佐人、配偶者、直系の親族若しくは兄弟姉妹は、法務省令で定める手続により、入国者収容所長又は主任審査官に対し、その者の仮放免を請求することができる。

2　入国者収容所長又は主任審査官は、前項の請求により又は職権で、法務省令で定めるところにより、収容令書又は退去強制令書の発付を受けて収容されている者の情状及び仮放免の請求の理由となる証拠並びにその者の性格、資産等を考慮して、三百万円を超えない範囲内で法務省令で定める額の保証金を納付させ、かつ、住居及び行動範囲の制限、呼出しに対する出頭の義務その他必要と認める条件を付して、その者を仮放免することができる。

3　入国者収容所長又は主任審査官は、適当と認めるときは、収容令書又は退去強制令書の発付を受けて収容されている者以外の者の差し出した保証書をもつて保証金に代えることを許すことができる。保証書には、保証金額及びいつでもその保証金を納付する旨を記載しなければならない。

(仮放免の取消)

第五十五条　入国者収容所長又は主任審査官は、仮放免された者が逃亡し、逃亡すると疑うに足りる相当の理由があり、正当な理由がなくて呼出に応ぜず、その他仮放免に附された条件に違反したときは、仮放免を取り消すことができる。

2　前項の取消をしたときは、入国者収容所長又は主任審査官は、仮放免取消書を作成し、収容令書又は退去強制令書とともに、入国警備官にこれを交付しなければならない。

3　入国者収容所長又は主任審査官は、逃亡し、又は正当な理由がなくて呼出に応じないことを理由とする仮放免の取消をしたときは保証金の全部、その他の理由によるときはその一部を没取するものとする。

4　入国警備官は、仮放免を取り消された者がある場合には、その者に仮放免取消書及び収容令書又は退去強制令書を示して、その者を入国者収容所、収容場その他法務大臣又はその委任を受けた主任審査官が指定する場所に収容しなければならない。

5　入国警備官は、仮放免取消書及び収容令書又は退去強制令書を所持しない場合でも、急速を要するときは、その者に対し仮放免を取り消された旨を告げて、その者を収容することができる。但し、仮放免取消書及び収容令書又は退去強制令書は、できるだけすみやかに示さなければならない。

第五章の二　出国命令

(出国命令に係る審査)

第五十五条の二　入国警備官は、容疑者が出国命令対象者に該当すると認めるに足りる相当の理由があるときは、第三十九条の規定にかかわらず、当該容疑者に係る違反事件を入国審査官に引き継がなければならない。

2　入国審査官は、前項の規定により違反事件の引継ぎを受けたときは、当該容疑者が出国命令対象者に該当するかどうかを速やかに審査しなければならない。

3　入国審査官は、審査の結果、当該容疑者が出国命令対象者に該当すると認定したときは、速やかに主任審査官にその旨を知らせなければならない。

4　入国審査官は、当該容疑者が退去強制対象者に該当すると疑うに足りる相当の理由があるときは、その旨を入国警備官に通知するとともに、当該違反事件を入国警備官に差し戻すものとする。

(出国命令)

第五十五条の三　主任審査官は、第四十七条第二項、第四十八条第七項、第四十九条第五項又は前条第三項の規定による通知を受けたときは、速やかに当該通知に係る容疑者に対し、本邦からの出国を命じなければならない。この場合において、主任審査官は、十五日を超えない範囲内で出国期限を定めるものとする。

2　主任審査官は、前項の規定により出国命令をする場合には、当該容疑者に対し、次条の規定による出国命令書を交付しなければならない。

3　主任審査官は、第一項の規定により出国命令をする場合には、法務省令で定めるところにより、当該容疑者に対し、住居及び行動範囲の制限その他必要と認める条件を付することができる。

(出国命令書の方式)

第五十五条の四　前条第二項の規定により交付される出国命令書には、出国命令を受ける者の氏名、年齢及び国籍、出国命令の理由、出国期限、交付年月日その他法務省令で定める事項を記載し、かつ、主任審査官がこれに記名押印しなければならない。

(出国期限の延長)

第五十五条の五　主任審査官は、法務省令で定めるところにより、第五十五条の三第一項の規定により出国命令を受けた者から、当該出国命令に係る出国期限内に出国することができない旨の申出があつた場合には、船舶等の運航の都合その他その者の責めに帰することができない事由があると認めるときに限り、当該出国期限を延長することができる。

(出国命令の取消し)

第五十五条の六　主任審査官は、第五十五条の三第一項の規定により出国命令を受けた者が同条第三項の規定に基づき付された条件に違反したときは、当該出国命令を取り消すことができる。

第六章　船舶等の長及び運送業者の責任

(協力の義務)

第五十六条　本邦に入る船舶等の長及びその船舶等を運航する運送業者は、入国審査官の行う審査その他の職務の遂行に協力しなければならない。

(旅券等の確認義務)

第五十六条の二　本邦に入る船舶等を運航する運送業者(運送業者がないときは、当該船舶等の長)は、外国人が不法に本邦に入ることを防止するため、当該船舶等に乗ろうとする外国人の旅券、乗員手帳又は再入国許可書を確認しなければならない。

（報告の義務）

第五十七条　本邦に入る船舶等の長は、法務省令で定めるところにより、あらかじめ、その船舶等が到着する出入国港の入国審査官に対し、その乗員及び乗客に係る氏名その他の法務省令で定める事項を報告しなければならない。

2　本邦から出る船舶等の長は、その船舶等が出発する出入国港の入国審査官の要求があつたときは、その乗員及び乗客に係る前項に規定する事項を報告しなければならない。

3　本邦に入る船舶等の長は、有効な旅券、乗員手帳又は再入国許可書を所持しない外国人がその船舶等に乗つていることを知つたときは、直ちにその旨をその出入国港の入国審査官に報告しなければならない。

4　本邦に入る船舶等の長は、当該船舶等に第十六条第二項の許可を受けている乗員が乗り組んでいるときは、当該船舶等が出入国港に到着する都度、直ちに、当該乗員の氏名その他法務省令で定める事項をその出入国港の入国審査官に報告しなければならない。

5　本邦から出る船舶等の長は、その船舶等の出発する出入国港の入国審査官の要求があつたときは、第十五条第一項の規定による通過上陸の許可を受けた者がその船舶に帰船しているかどうか、乗員上陸の許可を受けた者で当該船舶等に乗り組むべきものが乗り組んでいるかどうか及び第二十五条第二項又は第六十条第二項の規定に違反して出国しようとする者が乗つているかどうかを報告しなければならない。

（上陸防止の義務）

第五十八条　本邦に入る船舶等の長は、前条第三項に規定する外国人がその船舶等に乗つていることを知つたときは、当該外国人が上陸することを防止しなければならない。

（送還の義務）

第五十九条　次の各号の一に該当する外国人が乗つてきた船舶等の長又はその船舶等を運航する運送業者は、当該外国人をその船舶等又は当該運送業者に属する他の船舶等により、その責任と費用で、速やかに本邦外の地域に送還しなければならない。

一　第三章第一節又は第二節の規定により上陸を拒否された者

二　第二十四条第五号から第六号の二までのいずれかに該当して本邦からの退去強制を受けた者

三　前号に規定する者を除き、上陸後五年以内に、第二十四条各号の一に該当して退去強制を受けた者のうち、その者の上陸のときに当該船舶等の長又は運送業者がその者について退去強制の理由となつた事実があることを明らかに知つていたと認められるもの

2　前項の場合において、当該運送業者は、その外国人を同項に規定する船舶等により送還することができないときは、その責任と費用で、すみやかに他の船舶等により送還しなければならない。

3　主任審査官は、前二項の規定にかかわらず、これらの規定により船舶等の長又はその船舶等を運航する運送業者が負うべき責任と費用の負担のうち、第十三条の二第一項の規定によりとどまることができる場所として法務省令で定める施設の指定を受けている第一項第一号に該当する外国人を当該指定に係る施設にとどめておくことに伴うものについては、有効な旅券で日本国領事官等の査証を受けたものを所持する外国人に係るものに限り、その全部又は一部を免除することができる。

第六章の二　事実の調査

（事実の調査）

第五十九条の二　法務大臣は、第七条の二第一項の規定による証明書の交付又は第十二条第一項、第十九条第二項、第二十条第三項（第二十二条の二第三項（第二十二条の三において準用する場合を含む。）において準用する場合を含む。）、第二十一条第三項、第二十二条第二項（第二十二条の二第四項（第二十二条の三において準用する場合を含む。）において準用する場合を含む。）、第五十条第一項若しくは第六十一条の二の十一の規定による許可若しくは第二十二条の四第一項の規定による在留資格の取消しに関する処分を行うため必要がある場合には、入国審査官に事実の調査をさせることができる。

2　入国審査官は、前項の調査のため必要があるときは、外国人その他の関係人に対し出頭を求め、質問をし、又は文書の提示を求めることができる。

3　法務大臣又は入国審査官は、第一項の調査について、公務所又は公私の団体に照会して必要な事項の報告を求めることができる。

第七章　日本人の出国及び帰国

（日本人の出国）

第六十条　本邦外の地域に赴く意図をもつて出国する日本人（乗員を除く。）は、有効な旅券を所持し、その者が出国する出入国港において、法務省令で定める手続により、入国審査官から出国の確認を受けなければならない。

2　前項の日本人は、出国の確認を受けなければ出国してはならない。

（日本人の帰国）

第六十一条　本邦外の地域から本邦に帰国する日本人（乗員を除く。）は、有効な旅券（有効な旅券を所持することができないときは、日本の国籍を有することを証する文書）を所持し、その者が上陸する出入国港において、法務省令で定める手続により、入国審査官から帰国の確認を受けなければならない。

第七章の二　難民の認定等

（難民の認定）

第六十一条の二　法務大臣は、本邦にある外国人から法務省令で定める手続により申請があつたときは、その提出した資料に基づき、その者が難民である旨の認定（以下「難民の認定」という。）を行うことができる。

2　法務大臣は、難民の認定をしたときは、法務省令で定める手続により、当該外国人に対し、難民認定証明書を交付し、その認定をしないときは、当該外国人に対し、理由を付した書面をもつて、その旨を通知する。

3

高等教育

（在留資格に係る許可）

第六十一条の二の二　法務大臣は、前条第一項の規定により難民の認定をする場合であつて、同項の申請をした外国人が在留資格未取得外国人（別表第一又は別表第二の上欄の在留資格をもつて本邦に在留する者、一時庇護のための上陸の許可を受けた者で当該許可書に記載された期間を経過していないもの及び特別永住者以外の者をいう。以下同じ。）であるときは、当該在留資格未取得外国人が次の各号のいずれかに該当する場合を除き、その者に定住者の在留資格の取得を許可するものとする。

一　本邦に上陸した日（本邦にある間に難民となる事由が生じた者にあつては、その事実を知つた日）から六月を経過した後前条第一項の申請を行つたものであるとき。ただし、やむを得ない事情がある場合を除く。

二　本邦にある間に難民となる事由が生じた場合を除き、その者の生命、身体又は身体の自由が難民条約第一条A（2）に規定する理由によつて害されるおそれのあつた領域から直接本邦に入つたものでないとき。

三　第二十四条第三号又は第四号ハからヨまでに掲げる者のいずれかに該当するとき。

四　本邦に入つた後に、刑法第二編第十二章、第十六章から第十九章まで、第二十三章、第二十六章、第二十七章、第三十一章、第三十三章、第三十六章、第三十七章若しくは第三十九章の罪、暴力行為等処罰に関する法律第一条、第一条ノ二若しくは第一条ノ三（刑法第二百二十二条又は第二百六十一条に係る部分を除く。）の罪、盗犯等の防止及び処分に関する法律の罪又は特殊開錠用具の所持の禁止等に関する法律第十五条若しくは第十六条の罪により懲役又は禁錮に処せられたものであるとき。

2　法務大臣は、前条第一項の申請をした在留資格未取得外国人について、難民の認定をしない処分をするとき、又は前項の許可をしないときは、当該在留資格未取得外国人の在留を特別に許可すべき事情があるか否かを審査するものとし、当該事情があると認めるときは、その在留を特別に許可することができる。

3　法務大臣は、前二項の許可をする場合には、在留資格及び在留期間を決定し、入国審査官に、当該在留資格未取得外国人に対し当該在留資格及び在留期間を記載した在留資格証明書を交付させるものとする。この場合において、その許可は、当該交付のあつた時に、その記載された内容をもつて効力を生ずる。

4　法務大臣は、第一項又は第二項の許可をする場合において、当該在留資格未取得外国人が仮上陸の許可又は第三章第四節の規定による上陸の許可を受けているときは、当該仮上陸の許可又は上陸の許可を取り消すものとする。

第六十一条の二の三　法務大臣は、難民の認定を受けている外国人（前条第二項の許可により在留資格を取得した者を除く。）から、第二十条第二項の規定による定住者の在留資格への変更の申請があつたとき、又は第二十二条の二第二項（第二十二条の三において準用する場合を含む。）の規定による定住者の在留資格の取得の申請があつたときは、第二十条第三項（第二十二条の二第三項（第二十二条の三において準用する場合を含む。）において準用する場合を含む。）の規定にかかわらず、当該外国人が前条第一項第一号に該当する場合を除き、これを許可するものとする。

（仮滞在の許可）

第六十一条の二の四　法務大臣は、在留資格未取得外国人から第六十一条の二第一項の申請があつたときは、当該在留資格未取得外国人が次の各号のいずれかに該当する場合を除き、その者に仮に本邦に滞在することを許可するものとする。

一　仮上陸の許可を受けているとき。

二　寄港地上陸の許可、通過上陸の許可、乗員上陸の許可、緊急上陸の許可又は遭難による上陸の許可を受け、旅券又は当該許可書に記載された期間を経過していないとき。

三　第二十二条の二第一項の規定により本邦に在留することができるとき。

四　本邦に入つた時に、第五条第一項第四号から第十四号までに掲げる者のいずれかに該当していたとき。

五　第二十四条第三号又は第四号ハからヨまでに掲げる者のいずれかに該当すると疑うに足りる相当の理由があるとき。

六　第六十一条の二の二第一項第一号又は第二号のいずれかに該当することが明らかであるとき。

七　本邦に入つた後に、刑法第二編第十二章、第十六章から第十九章まで、第二十三章、第二十六章、第二十七章、第三十一章、第三十三章、第三十六章、第三十七章若しくは第三十九章の罪、暴力行為等処罰に関する法律第一条、第一条ノ二若しくは第一条ノ三（刑法第二百二十二条又は第二百六十一条に係る部分を除く。）の罪、盗犯等の防止及び処分に関する法律の罪又は特殊開錠用具の所持の禁止等に関する法律第十五条若しくは第十六条の罪により懲役又は禁錮に処せられたものであるとき。

八　退去強制令書の発付を受けているとき。

九　逃亡するおそれがあると疑うに足りる相当の理由があるとき。

2　法務大臣は、前項の許可をする場合には、法務省令で定めるところにより、当該許可に係る滞在期間（以下「仮滞在期間」という。）を決定し、入国審査官に、当該在留資格未取得外国人に対し当該仮滞在期間を記載した仮滞在許可書を交付させるものとする。この場合において、その許可は、当該交付のあつた時に、その記載された内容をもつて効力を生ずる。

3　法務大臣は、第一項の許可をする場合には、法務省令で定めるところにより、当該在留資格未取得外国人に対し、住居及び行動範囲の制限、活動の制限、呼出しに対する出頭の義務その他必要と認める条件を付し、かつ、必要があると認める場合は、指紋を押なつさせることができる。

4　法務大臣は、第一項の許可を受けた外国人から仮滞在期間の更新の申請があつたときは、これを許可するものとする。この場合においては、第二項の規定を準用する。

5　第一項の許可を受けた外国人が次の各号に掲げるいずれかの事由に該当することとなつたときは、当該外国人に係る仮滞在期間（前項の規定により更新された仮滞在期間を含む。以下同じ。）は、当該事由に該当することとなつた時に、その終期が到来したものとする。

一　難民の認定をしない処分につき第六十一条の二の九第一項の異議申立てがなくて同条第二項の期間が経過したこと。

二　難民の認定をしない処分につき第六十一条の二の九第一項の異議申立てがあつた場合において、当該異議申立てが取り下げられ、又はこれを却下若しくは棄却する旨の決定があつたこと。

三　難民の認定がされた場合において、第六十一条の二の二第一項及び第二項の許可をしない処分があつたこと。

四　次条の規定により第一項の許可が取り消されたこと。

五　第六十一条の二第一項の申請が取り下げられたこと。

（仮滞在の許可の取消し）

第六十一条の二の五　法務大臣は、前条第一項の許可を受けた外国人について、次の各号に掲げるいずれかの事実が判明したときは、法務省令で定める手続により、当該許可を取り消すことができる。

一　前条第一項の許可を受けた当時同項第四号から第八号までのいずれかに該当していたこと。

二　前条第一項の許可を受けた後に同項第五号又は第七号に該当することとなつたこと。

三　前条第三項の規定に基づき付された条件に違反したこと。

四　不正に難民の認定を受ける目的で、偽造若しくは変造された資料若しくは虚偽の資料を提出し、又は虚偽の陳述をし、若しくは関係人に虚偽の陳述をさせたこと。

五　第二十五条の出国の確認を受けるための手続をしたこと。

（退去強制手続との関係）

第六十一条の二の六　第六十一条の二の二第一項又は第二項の許可を受けた外国人については、当該外国人が当該許可を受けた時に第二十四条各号のいずれかに該当していたことを理由としては、第五章に規定する退去強制の手続（第六十三条第一項の規定に基づく退去強制の手続を含む。以下この条において同じ。）を行わない。

2　第六十一条の二第一項の申請をした在留資格未取得外国人で第六十一条の二の四第一項の許可を受けたものについては、第二十四条各号のいずれかに該当すると疑うに足りる相当の理由がある場合であつても、当該許可に係る仮滞在期間が経過するまでの間は、第五章に規定する退去強制の手続を停止するものとする。

3　第六十一条の二第一項の申請をした在留資格未取得外国人で、第六十一条の二の四第一項の許可を受けていないもの又は当該許可に係る仮滞在期間が経過することとなつたもの（同条第五項第一号から第三号まで及び第五号に該当するものを除く。）について、第五章に規定する退去強制の手続を行う場合には、同条第五項第一号から第三号までに掲げるいずれかの事由に該当することとなるまでの間は、第五十二条第三項の規定による送還（同項ただし書の規定による引渡し及び第五十九条の規定による送還を含む。）を停止するものとする。

4　第五十条第一項の規定は、第二項に規定する者で第六十一条の二の四第五項第一号から第三号までのいずれかに該当することとなつたもの又は前項に規定する者に対する第五章に規定する退去強制の手続については、適用しない。

（難民の認定の取消し）

第六十一条の二の七　法務大臣は、本邦に在留する外国人で難民の認定を受けているものについて、次の各号に掲げるいずれかの事実が判明したときは、法務省令で定める手続により、その難民の認定を取り消すものとする。

一　偽りその他不正の手段により難民の認定を受けたこと。

二　難民条約第一条C（1）から（6）までのいずれかに掲げる場合に該当することとなつたこと。

三　難民の認定を受けた後に、難民条約第一条F（a）又は（c）に掲げる行為を行つたこと。

2　法務大臣は、前項の規定により難民の認定を取り消す場合には、当該外国人に対し、理由を付した書面をもつて、その旨を通知するとともに、当該外国人に係る難民認定証明書及び難民旅行証明書がその効力を失つた旨を官報に告示する。

3　前項の規定により難民の認定の取消しの通知を受けたときは、難民認定証明書又は難民旅行証明書の交付を受けている外国人は、速やかに法務大臣にこれらの証明書を返納しなければならない。

（難民の認定を受けた者の在留資格の取消し）

第六十一条の二の八　法務大臣は、別表第一又は別表第二の上欄の在留資格をもつて本邦に在留する外国人で難民の認定を受けているものについて、偽りその他不正の手段により第六十一条の二の二第一項各号のいずれにも該当しないものとして同項の許可を受けたことが判明したときは、法務省令で定める手続により、当該外国人が現に有する在留資格を取り消すことができる。

2　第二十二条の四第二項から第七項までの規定は、前項の規定による在留資格の取消しに準用する。この場合において、同条第二項中「入国審査官」とあるのは「難民調査官」と、同条第六項中「第一項（第三号から第五号までに係るものに限る。）」とあるのは「第六十一条の二の八第一項」と読み替えるものとする。

（異議申立て）

第六十一条の二の九　次に掲げる処分に不服がある外国人は、法務省令で定める事項を記載した書面を提出して、法務大臣に対し異議申立てをすることができる。

一　難民の認定をしない処分

二　第六十一条の二の七第一項の規定による難民の認定の取消し

2　前項の異議申立てに関する行政不服審査法（昭和三十七年法律第百六十号）第四十五条の期間は、第六十一条の二第二項又は第六十一条の二の七第二項の通知を受けた日から七日以内とする。

3　法務大臣は、第一項の異議申立てに対する決定に当たつては、法務省令で定めるところにより、難民審査参与員の意見を聴かなければならない。

4　法務大臣は、第一項の異議申立てについて行政不服審査法第四十七条第一項又は第二項の規定による決定をする場合には、当該決定に付する理由において、前項の難民審査参与員の意見の要旨を明らかにしなければならない。

5　難民審査参与員は、法務大臣に対し、異議申立人又は参加人に口頭で意見を述べる機会を与えるよう求めることができる。この場合において、法務大臣は、速やかにこれらの者に当該機会を与えなければならない。

6　難民審査参与員は、行政不服審査法第四十八条において準用する同法第二十五条第一項ただし書又は前項の規定による異議申立人又は参加人の意見の陳述に係る手続に立ち会い、及びこれらの者を審尋することができる。

（難民審査参与員）

第六十一条の二の十　法務省に、前条第一項の規定による異議申立てについて、難民の認定に関する意見を提出させるため、難民審査参与員若干人を置く。

2　難民審査参与員は、人格が高潔であつて、前条第一項の異議申立てに関し公正な判断をすることができ、かつ、法律又は国際情勢に関する学識経験を有する者のうちから、法務大臣が任命する。

3　難民審査参与員の任期は、二年とする。ただし、再任を妨げない。

4　難民審査参与員は、非常勤とする。

（難民に関する永住許可の特則）

第六十一条の二の十一　難民の認定を受けている者から第二十二条第一項の永住許可の申請があつた場合には、法務大臣は、同条第二項本文の規定にかかわらず、その者が同項第二号に適合しないときであつても、これを許可することができる。

（難民旅行証明書）

第六十一条の二の十二　法務大臣は、本邦に在留する外国人で難民の認定を受けているものが出国しようとするときは、法務省令で定める手続により、その者の申請に基づき、難民旅行証明書を交付するものとする。ただし、法務大臣においてその者が日本国の利益又は公安を害する行為を行うおそれがあると認める場合は、この限りでない。

2　前項の規定により難民旅行証明書の交付を受ける外国人で、外国の難民旅行証明書を所持するものは、その交付を受ける際に当該外国の難民旅行証明書を法務大臣に提出しなければならない。

3　第一項の難民旅行証明書の有効期間は、一年とする。

4　第一項の難民旅行証明書の交付を受けている者は、当該証明書の有効期間内は本邦に入国し、及び出国することができる。この場合において、入国については、第二十六条の規定による再入国の許可を要しない。

5　前項の場合において、法務大臣が特に必要があると認めるときは、三月以上一年未満の範囲内で、当該難民旅行証明書により入国することのできる期限を定めることができる。

6　法務大臣は、第一項の難民旅行証明書の交付を受けて出国した者について、当該証明書の有効期間内に入国することができない相当の理由があると認めるときは、その者の申請に基づき、六月を超えない範囲内で、当該証明書の有効期間を延長することができる。

7　前項の延長は、難民旅行証明書にその旨を記載して行うものとし、その事務は、日本国領事官等に委任するものとする。

8　法務大臣は、第一項の難民旅行証明書の交付を受けている者が日本国の利益又は公安を害する行為を行うおそれがあると認めるときは、その者が本邦にある間において、法務省令で定めるところにより、その者に対して、期限を付して、その所持する難民旅行証明書の返納を命ずることができる。

9　前項の規定により返納を命ぜられた難民旅行証明書は、その返納があつたときは当該返納の時に、同項の期限までに返納がなかつたときは当該期限を経過した時に、その効力を失う。この場合において、同項の期限までに返納がなかつたときは、法務大臣は、当該難民旅行証明書がその効力を失つた旨を官報に告示する。

（退去強制令書の発付に伴う難民認定証明書等の返納）

第六十一条の二の十三　本邦に在留する外国人で難民の認定を受けているものが、第四十七条第五項、第四十八条第九項若しくは第四十九条第六項の規定により、又は第六十三条第一項の規定に基づく退去強制の手続において退去強制令書の発付を受けたときは、当該外国人は、速やかに法務大臣にその所持する難民認定証明書及び難民旅行証明書を返納しなければならない。

（事実の調査）

第六十一条の二の十四　法務大臣は、難民の認定、第六十一条の二の二第一項若しくは第二項、第六十一条の二の三若しくは第六十一条の二の四第一項の規定による許可、第六十一条の二の五の規定による許可の取消し、第六十一条の二の七第一項の規定による難民の認定の取消し又は第六十一条の二の八第一項の規定による在留資格の取消しに関する処分を行うため必要がある場合には、難民調査官に事実の調査をさせることができる。

2　難民調査官は、前項の調査のため必要があるときは、関係人に対し出頭を求め、質問をし、又は文書の提示を求めることができる。

3　法務大臣又は難民調査官は、第一項の調査について、公務所又は公私の団体に照会して必要な事項の報告を求めることができる。

第八章　補則

（入国審査官）

第六十一条の三　入国者収容所及び地方入国管理局に、入国審査官を置く。

2　入国審査官は、次の事務を行う。

一　上陸及び退去強制についての審査及び口頭審理並びに出国命令についての審査を行うこと。

二　第二十二条の四第二項（第六十一条の二の八第二項において準用する場合を含む。）の規定による意見の聴取を行うこと。

三　収容令書又は退去強制令書を発付すること。

四　収容令書又は退去強制令書の発付を受けて収容されている者を仮放免すること。
五　第五十五条の三第一項の規定による出国命令をすること。
六　第五十九条の二第一項及び第六十一条の二の十四第一項に規定する事実の調査を行うこと。

3　地方入国管理局に置かれた入国審査官は、必要があるときは、その地方入国管理局の管轄区域外においても、職務を行うことができる。

（入国警備官）

第六十一条の三の二　入国者収容所及び地方入国管理局に、入国警備官を置く。

2　入国警備官は、左の事務を行う。
一　入国、上陸又は在留に関する違反事件を調査すること。
二　収容令書及び退去強制令書を執行するため、その執行を受ける者を収容し、護送し、及び送還すること。
三　入国者収容所、収容場その他の施設を警備すること。

3　前条第三項の規定は、入国警備官に準用する。

4　入国警備官は、国家公務員法（昭和二十二年法律第百二十号）の規定の適用については、警察職員とする。

5　入国警備官の階級は、別に政令で定める。

（武器の携帯及び使用）

第六十一条の四　入国審査官及び入国警備官は、その職務を行うに当り、武器を携帯することができる。

2　入国審査官及び入国警備官は、その職務の執行に関し、その事態に応じ、合理的に必要と判断される限度において、武器を使用することができる。但し、左の各号の一に該当する場合を除く外、人に危害を加えてはならない。
一　刑法第三十六条又は第三十七条に該当するとき。
二　収容令書又は退去強制令書の執行を受ける者がその者に対する入国審査官若しくは入国警備官の職務の執行に対して抵抗しようとする場合又は第三者がその者を逃がそうとして入国審査官若しくは入国警備官に抵抗する場合において、これを防止するために他の手段がないと入国審査官又は入国警備官において信ずるに足りる相当の理由があるとき。

（制服及び証票）

第六十一条の五　入国審査官及び入国警備官がその職務を執行する場合においては、法令に特別の規定がある場合のほか、制服を着用し、又はその身分を示す証票を携帯しなければならない。

2　前項の証票は、職務の執行を受ける者の要求があるときは、その者にこれを呈示しなければならない。

3　第一項の制服及び証票の様式は、法務省令で定める。

（収容場）

第六十一条の六　地方入国管理局に、収容令書の執行を受ける者を収容する収容場を設ける。

（被収容者の処遇）

第六十一条の七　入国者収容所又は収容場に収容されている者（以下「被収容者」という。）には、入国者収容所又は収容場の保安上支障がない範囲内においてできる限りの自由が与えられなければならない。

2　被収容者には、一定の寝具を貸与し、及び一定の糧食を給与するものとする。

3　被収容者に対する給養は、適正でなければならず、入国者収容所又は収容場の設備は、衛生的でなければならない。

4　入国者収容所長又は地方入国管理局長は、入国者収容所又は収容場の保安上又は衛生上必要があると認めるときは、被収容者の身体、所持品又は衣類を検査し、及びその所持品又は衣類を領置することができる。

5　入国者収容所長又は地方入国管理局長は、入国者収容所又は収容場の保安上必要があると認めるときは、被収容者の発受する通信を検閲し、及びその発受を禁止し、又は制限することができる。

6　前各項に規定するものを除く外、被収容者の処遇に関し必要な事項は、法務省令で定める。

（関係行政機関の協力）

第六十一条の八　法務省の内部部局として置かれる局で政令で定めるもの、入国者収容所又は地方入国管理局の長は、警察庁、都道府県警察、海上保安庁、税関、公共職業安定所その他の関係行政機関に対し、出入国の管理及び難民の認定に関する事務の遂行に関して、必要な協力を求めることができる。

2　前項の規定による協力を求められた関係行政機関は、本来の任務の遂行を妨げない範囲において、できるだけその求に応じなければならない。

（情報提供）

第六十一条の九　法務大臣は、出入国管理及び難民認定法に規定する出入国の管理及び難民の認定の職務に相当する職務を行う外国の当局（以下この条において「外国入国管理当局」という。）に対し、その職務（出入国管理及び難民認定法に規定する出入国の管理及び難民の認定の職務に相当するものに限る。次項において同じ。）の遂行に資すると認める情報を提供することができる。

2　前項の規定による情報の提供については、当該情報が当該外国入国管理当局の職務の遂行に資する目的以外の目的で使用されないよう適切な措置がとられなければならない。

3　法務大臣は、外国入国管理当局からの要請があったときは、前項の規定にかかわらず、次の各号のいずれかに該当する場合を除き、第一項の規定により提供した情報を当該要請に係る外国の刑事事件の捜査又は審判（以下この項において「捜査等」という。）に使用することについて同意をすることができる。
一　当該要請に係る刑事事件の捜査等の対象とされている犯罪が政治犯罪であるとき、又は当該要請が政治犯罪について捜査等を行う目的で行われたものと認められるとき。
二　当該要請に係る刑事事件の捜査等の対象とされている犯罪に係る行為が日本国内において行われたとした場合において、その行為が日本国の法令によれば罪に当たるものでないとき。
三　日本国が行う同種の要請に応ずる旨の要請国の保証がないとき。

4　法務大臣は、前項の同意をする場合においては、あらかじめ、同項第三号に該当しないことについて、外務大臣の確認を受けなければならない。

（出入国管理基本計画）

第六十一条の十　法務大臣は、出入国の公正な管理を図るため、外国人の入国及び在留の管理に関する施策の基本となるべき計画（以下「出入国管理基本計画」という。）を定めるものとする。

2　出入国管理基本計画に定める事項は、次のとおりとする。

一　本邦に入国し、在留する外国人の状況に関する事項

二　外国人の入国及び在留の管理の指針となるべき事項

三　前二号に掲げるもののほか、外国人の入国及び在留の管理に関する施策に関し必要な事項

3　法務大臣は、出入国管理基本計画を定めるに当たつては、あらかじめ、関係行政機関の長と協議するものとする。

4　法務大臣は、出入国管理基本計画を定めたときは、遅滞なく、その概要を公表するものとする。

5　前二項の規定は、出入国管理基本計画の変更について準用する。

第六十一条の十一　法務大臣は、出入国管理基本計画に基づいて、外国人の出入国を公正に管理するよう努めなければならない。

（通報）

第六十二条　何人も、第二十四条各号の一に該当すると思料する外国人を知つたときは、その旨を通報することができる。

2　国又は地方公共団体の職員は、その職務を遂行するに当つて前項の外国人を知つたときは、その旨を通報しなければならない。

3　矯正施設の長は、第一項の外国人が刑の執行を受けている場合において、刑期の満了、刑の執行の停止その他の事由（仮釈放を除く。）により釈放されるとき、又は少年法第二十四条第一項第三号若しくは売春防止法（昭和三十一年法律第百十八号）第十七条の処分を受けて退院するときは、直ちにその旨を通報しなければならない。

4　地方更生保護委員会は、第一項の外国人が刑の執行を受けている場合又は少年法第二十四条第一項第三号の処分を受けて少年院に在院している場合若しくは売春防止法第十七条の処分を受けて婦人補導院に在院している場合において、当該外国人について仮釈放又は仮退院の許可決定をしたときは、直ちにその旨を通報しなければならない。

5　前四項の通報は、書面又は口頭をもつて、所轄の入国審査官又は入国警備官に対してしなければならない。

（刑事手続との関係）

第六十三条　退去強制対象者に該当する外国人について刑事訴訟に関する法令、刑の執行に関する法令又は少年院若しくは婦人補導院の在院者の処遇に関する法令の規定による手続が行われる場合には、その者を収容しないときでも、その者について第五章（第二節並びに第五十二条及び第五十三条を除く。）の規定に準じ退去強制の手続を行うことができる。この場合において、第二十九条第一項中「容疑者の出頭を求め」とあるのは「容疑者の出頭を求め、又は自ら出張して」と、第四十五条第一項中「前条の規定により容疑者の引渡しを受けたときは」とあるのは「違反調査の結果、容疑者が退去強制対象者に該当すると疑うに足りる理由があるときは」と読み替えるものとする。

2　前項の規定に基き、退去強制令書が発付された場合には、刑事訴訟に関する法令、刑の執行に関する法令又は少年院若しくは婦人補導院の在院者の処遇に関する法令の規定による手続が終了した後、その執行をするものとする。但し、刑の執行中においても、検事総長又は検事長の許可があるときは、その執行をすることができる。

3　入国審査官は、第四十五条又は第五十五条の二第二項の審査に当たつて、容疑者が罪を犯したと信ずるに足りる相当の理由があるときは、検察官に告発するものとする。

（身柄の引渡）

第六十四条　検察官は、第七十条の罪に係る被疑者を受け取つた場合において、公訴を提起しないと決定するときは、入国警備官による収容令書又は退去強制令書の呈示をまつて、当該被疑者を釈放して当該入国警備官に引き渡さなければならない。

2　矯正施設の長は、第六十二条第三項又は第四項の場合において、当該外国人に対し収容令書又は退去強制令書の発付があつたときは、入国警備官による収容令書又は退去強制令書の呈示をまつて、釈放と同時にその者を当該入国警備官に引き渡さなければならない。

（刑事訴訟法の特例）

第六十五条　司法警察員は、第七十条の罪に係る被疑者を逮捕し、若しくは受け取り、又はこれらの罪に係る現行犯人を受け取つた場合には、収容令書が発付され、且つ、その者が他に罪を犯した嫌疑のないときに限り、刑事訴訟法（昭和二十三年法律第百三十一号）第二百三条（同法第二百十一条及び第二百十六条の規定により準用する場合を含む。）の規定にかかわらず、書類及び証拠物とともに、当該被疑者を入国警備官に引き渡すことができる。

2　前項の場合には、被疑者が身体を拘束された時から四十八時間以内に、当該被疑者を引き渡す手続をしなければならない。

（報償金）

第六十六条　第六十二条第一項の規定による通報をした者がある場合において、その通報に基いて退去強制令書が発付されたときは、法務大臣は、法務省令で定めるところにより、その通報者に対し、五万円以下の金額を報償金として交付することができる。但し、通報が国又は地方公共団体の職員がその職務の遂行に伴い知り得た事実に基くものであるときは、この限りでない。

（手数料）

第六十七条　外国人は、次に掲げる許可を受ける場合には、当該許可に係る記載、交付又は証印の時に、一万円を超えない範囲内において別に政令で定める額の手数料を納付しなければならない。

一　第二十条の規定による在留資格の変更の許可

二　第二十一条の規定による在留期間の更新の許可

三　第二十二条の規定による永住許可

四　第二十六条の規定による再入国の許可（有効期間

の延長の許可を含む。）

第六十七条の二　外国人は、第十九条の二第一項の規定により就労資格証明書の交付を受けるときは、実費を勘案して別に政令で定める額の手数料を納付しなければならない。

第六十八条　外国人は、第六十一条の二の十二第一項の規定により難民旅行証明書の交付を受け、又は同条第七項の規定により難民旅行証明書に有効期間の延長の記載を受けるときは、手数料を納付しなければならない。

2　前項に規定する手数料の額は、難民条約附属書第三項の定めるところにより、別に政令で定める。

（省令への委任）

第六十九条　第二章からこの章までの規定の実施のための手続その他その執行について必要な事項は、法務省令で定める。

（権限の委任）

第六十九条の二　出入国管理及び難民認定法に規定する法務大臣の権限は、法務省令で定めるところにより、地方入国管理局長に委任することができる。ただし、第二十二条第二項（第二十二条の二第四項（第二十二条の三において準用する場合を含む。）において準用する場合を含む。）に規定する権限及び第二十二条の四第一項に規定する権限（永住者の在留資格に係るものに限る。）並びに第六十一条の二の七第一項及び第六十一条の二の十一に規定する権限については、この限りでない。

（経過措置）

第六十九条の三　出入国管理及び難民認定法の規定に基づき命令を制定し、又は改廃する場合においては、その命令で、その制定又は改廃に伴い合理的に必要と判断される範囲内において、所要の経過措置（罰則に関する経過措置を含む。）を定めることができる。

第九章　罰則

第七十条　次の各号のいずれかに該当する者は、三年以下の懲役若しくは禁錮若しくは三百万円以下の罰金に処し、又はその懲役若しくは禁錮及び罰金を併科する。

一　第三条の規定に違反して本邦に入つた者

二　入国審査官から上陸の許可等を受けないで本邦に上陸した者

三　第二十二条の四第一項（第一号又は第二号に係るものに限る。）の規定により在留資格を取り消された者で本邦に残留するもの

三の二　第二十二条の四第六項（第六十一条の二の八第二項において準用する場合を含む。）の規定により期間の指定を受けた者で、当該期間を経過して本邦に残留するもの

四　第十九条第一項の規定に違反して収入を伴う事業を運営する活動又は報酬を受ける活動を専ら行つていると明らかに認められる者

五　在留期間の更新又は変更を受けないで在留期間を経過して本邦に残留する者

六　仮上陸の許可を受けた者で、第十三条第三項の規定に基づき付された条件に違反して、逃亡し、又は正当な理由がなくて呼出しに応じないもの

七　寄港地上陸の許可、通過上陸の許可、乗員上陸の許可、緊急上陸の許可、遭難による上陸の許可又は一時庇護のための上陸の許可を受けた者で、旅券又は当該許可書に記載された期間を経過して本邦に残留するもの

七の二　第十六条第九項の規定により期間の指定を受けた者で当該期間内に帰船し又は出国しないもの

八　第二十二条の二第一項に規定する者で、同条第三項において準用する第二十条第三項及び第四項の規定又は第二十二条の二第四項において準用する第二十二条第二項及び第三項の規定による許可を受けないで、第二十二条の二第一項に規定する期間を経過して本邦に残留するもの

八の二　第五十五条の三第一項の規定により出国命令を受けた者で、当該出国命令に係る出国期限を経過して本邦に残留するもの

八の三　第五十五条の六の規定により出国命令を取り消された者で本邦に残留するもの

八の四　第六十一条の二の四第一項の許可を受けた者で、仮滞在期間を経過して本邦に残留するもの

九　偽りその他不正の手段により難民の認定を受けた者

2　前項第一号又は第二号に掲げる者が、本邦に上陸した後引き続き不法に在留するときも、同項と同様とする。

第七十条の二　前条第一項第一号、第二号、第五号若しくは第七号又は同条第二項の罪を犯した者については、次の各号に該当することの証明があつたときは、その刑を免除する。ただし、当該罪に係る行為をした後遅滞なく入国審査官の面前において、次の各号に該当することの申出をした場合に限る。

一　難民であること。

二　その者の生命、身体又は身体の自由が難民条約第一条A（2）に規定する理由によつて害されるおそれのあつた領域から、直接本邦に入つたものであること。

三　前号のおそれがあることにより当該罪に係る行為をしたものであること。

第七十一条　第二十五条第二項又は第六十条第二項の規定に違反して出国し、又は出国することを企てた者は、一年以下の懲役若しくは禁錮若しくは三十万円以下の罰金に処し、又はその懲役若しくは禁錮及び罰金を併科する。

第七十二条　次の各号のいずれかに該当する者は、一年以下の懲役若しくは二十万円以下の罰金に処し、又はこれを併科する。

一　収容令書又は退去強制令書によつて身柄を拘束されている者で逃走したもの

二　第五十二条第六項の規定により放免された者で、同項の規定に基づき付された条件に違反して、逃亡したもの

三　一時庇護のための上陸の許可を受けた者で、第十八条の二第四項の規定に基づき付された条件に違反して逃亡し、又は正当な理由がなくて呼出しに応じないもの

三の二　第五十五条の三第一項の規定により出国命令を受けた者で、同条第三項の規定に基づき付された条件に違反して逃亡したもの

三の三　第六十一条の二の四第一項の許可を受けた者で、同条第三項の規定に基づき付された条件に違反して、逃亡し、又は正当な理由がなくて呼出しに応じないもの

四　第六十一条の二の七第三項又は第六十一条の二の十三の規定に違反して難民認定証明書又は難民旅行証明書を返納しなかつた者

五　第六十一条の二の十二第八項の規定により難民旅行証明書の返納を命ぜられた者で、同項の規定により付された期限内にこれを返納しなかつたもの

第七十三条　第七十条第一項第四号に該当する場合を除き、第十九条第一項の規定に違反して収入を伴う事業を運営する活動又は報酬を受ける活動を行つた者は、一年以下の懲役若しくは禁錮若しくは二百万円以下の罰金に処し、又はその懲役若しくは禁錮及び罰金を併科する。

第七十三条の二　次の各号のいずれかに該当する者は、三年以下の懲役若しくは三百万円以下の罰金に処し、又はこれを併科する。

一　事業活動に関し、外国人に不法就労活動をさせた者

二　外国人に不法就労活動をさせるためにこれを自己の支配下に置いた者

三　業として、外国人に不法就労活動をさせる行為又は前号の行為に関しあつせんした者

2　前項において、不法就労活動とは、第十九条第一項の規定に違反する活動又は第七十条第一項第一号から第三号の二まで、第五号、第七号、第七号の二若しくは第八号の二から第八号の四までに掲げる者が行う活動であつて報酬その他の収入を伴うものをいう。

第七十四条　自己の支配又は管理の下にある集団密航者（入国審査官から上陸の許可等を受けないで、又は偽りその他不正の手段により入国審査官から上陸の許可等を受けて本邦に上陸する目的を有する集合した外国人をいう。以下同じ。）を本邦に入らせ、又は上陸させた者は、五年以下の懲役又は三百万円以下の罰金に処する。

2　営利の目的で前項の罪を犯した者は、一年以上十年以下の懲役及び千万円以下の罰金に処する。

3　前二項の罪（本邦に上陸させる行為に係る部分に限る。）の未遂は、罰する。

第七十四条の二　自己の支配又は管理の下にある集団密航者を本邦に向けて輸送し、又は本邦内において上陸の場所に向けて輸送した者は、三年以下の懲役又は二百万円以下の罰金に処する。

2　営利の目的で前項の罪を犯した者は、七年以下の懲役及び五百万円以下の罰金に処する。

第七十四条の三　第七十四条第一項若しくは第二項又は前条の罪を犯す目的で、その用に供する船舶等を準備した者は、二年以下の懲役又は百万円以下の罰金に処する。情を知つて、その用に供する船舶等を提供した者も、同様とする。

第七十四条の四　第七十四条第一項又は第二項の罪を犯した者からその上陸させた外国人の全部若しくは一部を収受し、又はその収受した外国人を輸送し、蔵匿し、若しくは隠避させた者は、五年以下の懲役又は三百万円以下の罰金に処する。当該外国人の全部若しくは一部を、これを収受した者から収受し、又はその収受した外国人を輸送し、蔵匿し、若しくは隠避させた者も、同様とする。

2　営利の目的で前項の罪を犯した者は、一年以上十年以下の懲役及び千万円以下の罰金に処する。

3　前二項の罪の未遂は、罰する。

第七十四条の五　前条第一項又は第二項の罪を犯す目的で、その予備をした者は、二年以下の懲役又は百万円以下の罰金に処する。

第七十四条の六　営利の目的で第七十条第一項第一号又は第二号に規定する行為（以下「不法入国等」という。）の実行を容易にした者は、三年以下の懲役若しくは三百万円以下の罰金に処し、又はこれを併科する。

第七十四条の六の二　次の各号のいずれかに該当する者は、三年以下の懲役若しくは三百万円以下の罰金に処し、又はこれを併科する。

一　他人の不法入国等の実行を容易にする目的で、偽りその他不正の手段により、日本国の権限のある機関から難民旅行証明書、渡航証明書、乗員手帳又は再入国許可書の交付を受けた者

二　他人の不法入国等の実行を容易にする目的で、次に掲げる文書を所持し、提供し、又は収受した者

イ　旅券（旅券法第二条第一号及び第二号に規定する旅券並びに同法第十九条の三第一項に規定する渡航書を除く。以下この項において同じ。）、乗員手帳又は再入国許可書として偽造された文書

ロ　当該不法入国等を実行する者について効力を有しない旅券、乗員手帳又は再入国許可書

三　第七十条第一項第一号又は第二号の罪を犯す目的で、偽りその他不正の手段により、日本国の権限のある機関から難民旅行証明書、渡航証明書、乗員手帳又は再入国許可書の交付を受けた者

四　第七十条第一項第一号又は第二号の罪を犯す目的で、次に掲げる文書を所持し、又は収受した者

イ　旅券、乗員手帳又は再入国許可書として偽造された文書

ロ　自己について効力を有しない旅券、乗員手帳又は再入国許可書

2　営利の目的で前項第一号又は第二号の罪を犯した者は、五年以下の懲役及び五百万円以下の罰金に処する。

第七十四条の六の三　前条の罪（所持に係る部分を除く。）の未遂は、罰する。

第七十四条の七　第七十三条の二第一項第二号及び第三号、第七十四条の二（本邦内における輸送に係る部分を除く。）、第七十四条の三並びに前三条の罪は、刑法第二条の例に従う。

第七十四条の八　退去強制を免れさせる目的で、第二十四条第一号又は第二号に該当する外国人を蔵匿し、又は隠避させた者は、三年以下の懲役又は三百万円以下の罰金に処する。

2　営利の目的で前項の罪を犯した者は、五年以下の懲役及び五百万円以下の罰金に処する。

3　前二項の罪の未遂は、罰する。

第七十五条　第十条第五項（第四十八条第五項において準用する場合を含む。）の規定に違反して、正当な理由がなくて出頭せず、宣誓若しくは証言を拒み、又は虚偽の証言をした者は、二十万円以下の罰金に処する。

第七十六条　次の各号のいずれかに該当する者は、十万円以下の罰金に処する。

一　第二十三条第一項の規定に違反した者（特別永住者を除く。）

二　第二十三条第二項の規定に違反して旅券、乗員手帳又は許可書の提示を拒んだ者

（両罰規定）

第七十六条の二　法人の代表者又は法人若しくは人の代理人、使用人その他の従業者が、その法人又は人の業務に関して第七十三条の二から第七十四条の六までの罪、第七十四条の六の二（第一項第三号及び第四号を除く。）の罪若しくはその未遂罪又は第七十四条の八の罪を犯したときは、行為者を罰するほか、その法人又は人に対しても、各本条の罰金刑を科する。

（過料）

第七十七条　次の各号のいずれかに該当する者は、五十万円以下の過料に処する。

一　第五十六条の規定に違反して入国審査官の行う審査その他入国審査官の職務の執行を拒み、又は妨げた者

一の二　第五十六条の二の規定に違反して、外国人の旅券、乗員手帳又は再入国許可書の確認をしないで当該外国人を本邦に入らせた者

二　第五十七条第一項若しくは第二項の規定に違反して報告をせず、若しくは虚偽の報告をし、同条第三項の規定に違反して報告をせず、又は同条第四項若しくは第五項の規定に違反して報告をせず、若しくは虚偽の報告をした者

三　第五十八条の規定に違反して上陸することを防止しなかつた者

四　第五十九条の規定に違反して送還を怠つた者

第七十七条の二　特別永住者が第二十三条第一項の規定に違反したときは、十万円以下の過料に処する。

（没収）

第七十八条　第七十条第一項第一号、第七十四条、第七十四条の二又は第七十四条の四の犯罪行為の用に供した船舶等又は車両で、犯人の所有又は占有に係るものは、没収する。ただし、その船舶等又は車両が犯人以外の者の所有に係り、かつ、その者が次の各号のいずれかに該当する場合は、この限りでない。

一　第七十条第一項第一号、第七十四条、第七十四条の二又は第七十四条の四の犯罪が行われることをあらかじめ知らないでその犯罪が行われた時から引き続きその船舶等又は車両を所有していると認められるとき。

二　前号に規定する犯罪が行われた後、その情を知らないでその船舶等又は車両を取得したと認められるとき。

附　則　抄

（施行期日）

1　この政令は、昭和二十六年十一月一日から施行する。

（廃止する政令）

2　左の政令は、廃止する。

出入国の管理に関する政令（昭和二十四年政令第二百九十九号）

不法入国者等退去強制手続令（昭和二十六年政令第三十三号）

附　則（平成二一年七月一五日法律第七九号）　抄

（施行期日）

第一条　この法律は、公布の日から起算して三年を超えない範囲内において政令で定める日から施行する。ただし、次の各号に掲げる規定は、当該各号に定める日から施行する。

一　第一条のうち出入国管理及び難民認定法（以下「入管法」という。）第五十三条第三項の改正規定（同項第三号に係る部分を除く。）及び第三条のうち日本国との平和条約に基づき日本の国籍を離脱した者等の出入国管理に関する特例法（以下「特例法」という。）第八条中「第七十条第八号」を「第七十条第一項第八号」に改める改正規定並びに附則第六十条の規定　公布の日

二　第一条中入管法第二十三条（見出しを含む。）、第七十六条及び第七十七条の二の改正規定並びに附則第六条の規定　公布の日から起算して六月を超えない範囲内において政令で定める日

三　第一条の規定（入管法第二十三条（見出しを含む。）、第五十三条第三項、第七十六条及び第七十七条の二の改正規定を除く。）並びに次条から附則第五条まで、附則第四十四条（第六号を除く。）及び第五十一条の規定、附則第五十三条中雇用対策法（昭和四十一年法律第百三十二号）第四条第三項の改正規定、附則第五十五条第一項の規定並びに附則第五十七条のうち行政手続等における情報通信の技術の利用に関する法律（平成十四年法律第百五十一号）別表出入国管理及び難民認定法（昭和二十六年政令第三百十九号）の項中「第二十条第四項」の下に「、第二十一条第四項」を加え、「、第二十一条第四項及び」を削る改正規定　公布の日から起算して一年を超えない範囲内において政令で定める日

四　附則第十三条（第六項を除く。）、第十四条、第二十七条（第五項を除く。）、第三十五条（附則第二十七条第一項に係る部分に限る。）及び第四十二条の規定　公布の日から起算して二年六月を超えない範囲内において政令で定める日

五　第一条中入管法第五十三条第三項の改正規定（同項第三号に係る部分に限る。）　強制失踪からのすべての者の保護に関する国際条約が日本国について効力を生ずる日又はこの法律の公布の日のいずれか遅い日

（第一条の規定による入管法の一部改正に伴う経過措置）

第二条　第一条の規定による改正後の入管法（以下「改正入管法」という。）第二十四条第三号の規定は、第三号施行日以後に改正入管法第二十四条第三号に規定する行為を行い、唆し、又はこれを助けた者について適用し、同日前に第一条の規定による改正前の入管法（以下「旧入管法」という。）第二十四条第三号に規定する行為を行った者に対する退去強制については、なお従前の例による。

第三条　改正入管法第二十四条第三号の四の規定は、第三号施行日以後に同条第三号の四イからハまでに掲げるいずれかの行為を行い、唆し、又はこれを助けた者について適用する。

第四条　改正入管法第二十四条第四号へ（改正入管法第七十三条の罪により禁錮以上の刑に処せられた者に係る部分に限る。）の規定は、第三号施行日以後に当該罪により禁錮以上の刑に処せられた者について適用する。

第五条　第三号施行日前に旧入管法別表第一の四の表の研修の在留資格を決定されて本邦に上陸した外国人であってその後引き続き本邦に在留するものは、改正入管法第二十条の二第一項の規定にかかわらず、技能実習の在留資格（改正入管法別表第一の二の表の技能実習の項の下欄第二号イ又はロに係るものに限る。）への変更を受けることができる。この場合において、改正入管法別表第一の二の表の技能実習の項の下欄第二号イ中「前号イ」とあり、及び同号ロ中「前号ロ」とあるのは、「四の表の研修の項の下欄」とする。

2　第三号施行日前に旧入管法別表第一の四の表の就学の在留資格を決定されて本邦に上陸した外国人であってその後引き続き本邦に在留するものは、改正入管法別表第一の四の表の留学の在留資格をもって在留するものとみなす。この場合において、当該在留資格に伴う在留期間は、当該就学の在留資格に伴う在留期間が満了する日に応当する日までの期間とする。

第六条　法務大臣は、第三号施行日以後に本邦に上陸しようとする外国人であって改正入管法別表第一の二の表の技能実習の項の下欄第一号イ又はロに掲げる活動を行おうとするものから、あらかじめ申請があったときは、法務省令で定めるところにより、同日前に、当該外国人に対し、技能実習の在留資格（同表の技能実習の項の下欄第一号イ又はロに係るものに限る。）に係る在留資格認定証明書を交付することができる。

（第二条の規定による入管法の一部改正に伴う経過措置等）

第七条　法務大臣は、当分の間、第二条の規定による改正後の入管法（以下「新入管法」という。）第十九条の六に規定する上陸許可の証印又は許可を受けた中長期在留者（新入管法第十九条の三に規定する中長期在留者をいう。以下同じ。）に対し、当該上陸許可の証印又は許可を受けた出入国港において、直ちに新入管法第十九条の六の規定により在留カード（新入管法第十九条の三に規定する在留カードをいう。以下同じ。）を交付することができないときは、法務省令で定めるところにより、入国審査官に、当該中長期在留者の旅券に、後日在留カードを交付する旨の記載をさせるものとする。

2　前項の規定により旅券に後日在留カードを交付する旨の記載を受けた中長期在留者（在留カードの交付を受けた者を除く。）に対する新入管法第十九条の七第一項及び第三項並びに第十九条の九第一項及び第三項の規定の適用については、これらの規定中「在留カードを提出し」とあるのは、「後日在留カードを交付する旨の記載を受けた旅券を提示し」とする。

3　前項に規定する中長期在留者に対する新入管法第二十六条の二の規定の適用については、同条第一項中「在留カードを所持する」とあるのは、「当該旅券に後日在留カードを交付する旨の記載を受けた」とする。

第八条　新入管法第十九条の七の規定は、この法律の施行の日（以下「施行日」という。）以後に新入管法第十九条の六に規定する上陸許可の証印又は許可を受けて中長期在留者となった者について適用する。

第九条　新入管法第十九条の八の規定は、施行日以後に同条第一項に規定する新入管法の規定による許可を受けて新たに中長期在留者となった者について適用する。

第十条　新入管法第十九条の九の規定は、附則第十七条第一項及び第十八条第一項に規定する中長期在留者（その住居地（本邦における主たる住居の所在地をいう。以下同じ。）について、附則第十七条第一項又は第十八条第一項の規定による届出をした者を除く。）には、適用しない。

第十一条　新入管法第十九条の十の規定は、附則第十六条第一項に規定する中長期在留者であって、第四条の規定による廃止前の外国人登録法（以下「旧外国人登録法」という。）第三条第一項の規定による申請をしていないもの（附則第十六条第一項の規定による申請をした者を除く。）には、適用しない。

第十二条　新入管法第十九条の十六の規定は、施行日以後に新入管法第十九条の六に規定する上陸許可の証印若しくは許可又は新入管法第二十条第三項本文（新入管法第二十二条の二第三項（新入管法第二十二条の三において準用する場合を含む。）において準用する場合を含む。）、第二十一条第三項、第二十二条第二項（新入管法第二十二条の三において準用する場合を含む。）、第五十条第一項若しくは第六十一条の二の二第一項若しくは第二項の規定による許可を受けた中長期在留者について適用する。

第十三条　本邦に在留資格をもって在留する外国人で、旧外国人登録法第四条第一項の規定による登録を受け、その有する在留期間（新入管法第二十条第五項（新入管法第二十一条第四項において準用する場合を含む。）の規定により本邦に在留することができる期間を含む。以下この項及び附則第十五条第二項において同じ。）の満了の日が施行日以後に到来するもののうち、次に掲げる者以外の者（以下「予定中長期在留者」という。）は、附則第一条第四号に定める日から施行日の前日までの間に、法務省令で定める手続により、法務大臣に対し、在留カードの交付を申請することができる。

一　三月以下の在留期間が決定された者

二　短期滞在の在留資格が決定された者

三　外交又は公用の在留資格が決定された者

四　前三号に準ずる者として法務省令で定めるもの

2　前項の規定による申請は、地方入国管理局に自ら出頭して行わなければならない。

3　予定中長期在留者が十六歳に満たない場合又は疾病その他の事由により自ら第一項の規定による申請をすることができない場合には、当該申請は、次の各号に掲げる者（十六歳に満たない者を除く。）であって当該予定中長期在留者と同居するものが、当該各号の順位により、当該予定中長期在留者に代わってしなければばならない。

一　配偶者

二　子

三　父又は母

四　前三号に掲げる者以外の親族

4　第一項の規定による申請については、前項に規定する場合のほか、同項各号に掲げる者（十六歳に満たない者を除く。）であって予定中長期在留者と同居するものが当該予定中長期在留者の依頼により当該予定中長期在留者に代わってする場合その他法務省令で定める場合には、第二項の規定にかかわらず、当該予定中長期在留者が自ら出頭してこれを行うことを要しない。

5　予定中長期在留者が、施行日の一月前から施行日の前日までの間に、旧外国人登録法第六条第一項、第六条の二第一項若しくは第二項又は第十一条第一項の規定による申請をしたときは、その時に、第一項の規定による申請をしたものとみなす。

6　法務大臣は、施行日以後、第一項の規定による申請をした予定中長期在留者が中長期在留者として本邦に在留するときは、速やかに、入国審査官に、その者に対し、在留カードを交付させるものとする。

第十四条　法務大臣は、施行日前においても、前条第一項の規定による申請に関し、同条第六項の規定による在留カードの交付の準備のため必要があるときは、その職員に事実の調査をさせることができる。

2　入国審査官又は入国警備官は、前項の調査のため必要があるときは、関係人に対し、出頭を求め、質問をし、又は文書の提示を求めることができる。

3　法務大臣、入国審査官又は入国警備官は、第一項の調査について、公務所又は公私の団体に照会して必要な事項の報告を求めることができる。

第十五条　中長期在留者が所持する旧外国人登録法に規定する外国人登録証明書（以下「登録証明書」という。）は、新入管法第十九条の九、第十九条の十一第一項及び第二項、第十九条の十二第一項、第十九条の十三第一項から第三項まで（第一項後段を除く。）、第十九条の十四、第十九条の十五、第二十三条、第二十六条の二第一項、第六十一条の九の三第一項第一号（新入管法第十九条の九第一項及び同条第二項に係る部分に限る。以下この項において同じ。）並びに第六十一条の九の三第二項及び第三項（いずれも同条第一項第一号に係る部分に限り、これらの規定を附則第十九条第二項において準用する場合を含む。）並びに附則第十七条（第二項第一号及び第二号に係る部分に限る。）及び第十九条第一項（附則第十七条第一項及び同条第二項において準用する新入管法第十九条の七第二項に係る部分に限る。）の規定（これらの規定に係る罰則を含む。）の適用については、在留カードとみなす。

2　前項の規定により登録証明書が在留カードとみなされる場合におけるその有効期間は、次の各号に掲げる中長期在留者の区分に応じ、当該各号に定める日が経過するまでの期間とする。

一　永住者　施行日から起算して三年を経過する日（施行日に十六歳に満たない者にあっては、施行日から起算して三年を経過する日又は十六歳の誕生日（当該外国人の誕生日が二月二十九日であるときは、当該外国人のうるう年以外の年における誕生日は二月二十八日であるものとみなす。以下同じ。）のいずれか早い日）

二　入管法別表第一の五の表の上欄の在留資格を決定され、同表の下欄（二に係る部分を除く。）に掲げる活動を指定された者　在留期間の満了の日又は前号に定める日のいずれか早い日

三　前二号に掲げる者以外の者　在留期間の満了の日（施行日に十六歳に満たない者にあっては、在留期間の満了の日又は十六歳の誕生日のいずれか早い日）

3　第一項の規定により在留カードとみなされる登録証明書を所持する中長期在留者は、前項に規定するその有効期間が満了する前に、法務省令で定める手続により、法務大臣に対し、在留カードの交付を申請することができる。

4　法務大臣は、前項の規定による申請があった場合には、入国審査官に、当該中長期在留者に対し、在留カードを交付させるものとする。

第十六条　この法律の施行の際現に登録証明書を所持しない中長期在留者は、附則第十三条第一項の規定による在留カードの交付の申請をした場合を除き、施行日（施行日において本邦から出国している場合にあっては、施行日以後最初に入国した日）から十四日以内に、法務省令で定める手続により、法務大臣に対し、在留カードの交付を申請しなければならない。

2　前項の規定にかかわらず、同項に規定する中長期在留者が、施行日の一月前から施行日の前日までの間に、旧外国人登録法第三条第一項又は第七条第一項の規定による申請をし、この法律の施行の際現に当該申請に係る登録証明書の交付を受けていないときは、施行日において、前項の規定による申請をしたものとみなす。

3　法務大臣は、第一項の規定による申請があった場合には、入国審査官に、当該中長期在留者に対し、在留カードを交付させるものとする。

第十七条　旧外国人登録法第四条第一項の規定による登録を受け、施行日の前日において同項に規定する外国人登録原票（以下「登録原票」という。）に登録された居住地が住居地に該当しない中長期在留者は、次の各号に掲げる場合の区分に応じ、当該各号に定める日から十四日以内に、法務省令で定める手続により、住居地の市町村（東京都の特別区の存する区域及び地方自治法（昭和二十二年法律第六十七号）第二百五十二条の十九第一項の指定都市にあっては、区。以下同じ。）の長に対し、在留カードを提出した上、当該住居地の市町村の長を経由して、法務大臣に対し、その住居地を届け出なければならない。

一　この法律の施行の際現に登録証明書を所持し、施行日に住居地がある場合　施行日（施行日において本邦から出国している場合にあっては、施行日以後最初に入国した日）

二　この法律の施行の際現に登録証明書を所持し、施行日後に住居地を定めた場合　住居地を定めた日

三　この法律の施行の際現に登録証明書を所持せず、施行日に住居地がある場合　前条第三項の規定により在留カードの交付を受けた日

四　この法律の施行の際現に登録証明書を所持せず、施行日後に住居地を定めた場合　住居地を定めた日又は前条第三項の規定により在留カードの交付を受けた日のいずれか遅い日

2　新入管法第十九条の七第二項の規定は、前項の規定による在留カードの提出があった場合に準用する。

3　第一項に規定する中長期在留者が、在留カードを提出して住民基本台帳法（昭和四十二年法律第八十一号）第三十条の四十六の規定による届出をしたときは、当該届出は同項の規定による届出とみなす。

第十八条　この法律の施行の際現に本邦に在留する中長期在留者であって、旧外国人登録法第三条第一項の規定による申請をしていないものは、附則第十六条第三項の規定により在留カードの交付を受けた日（当該日に住居地がない場合にあっては、その後に住居地を定めた日）から十四日以内に、法務省令で定める手続により、住居地の市町村の長に対し、在留カードを提出した上、当該住居地の市町村の長を経由して、法務大臣に対し、その住居地を届け出なければならない。

2　新入管法第十九条の七第二項の規定は、前項の規定による在留カードの提出があった場合に準用する。

3　第一項に規定する中長期在留者が、在留カードを提出して住民基本台帳法第三十条の四十六の規定による届出をしたときは、当該届出は同項の規定による届出とみなす。

第十九条　附則第十三条第六項、第十五条第四項若しくは第十六条第三項の規定により交付される在留カードの受領又は附則第十五条第三項若しくは第十六条第一項の規定による申請は地方入国管理局に、附則第十七条第一項若しくは前条第一項の規定による届出又は附則第十七条第二項及び前条第二項において準用する新入管法第十九条の七第二項の規定により返還される在留カードの受領は住居地の市町村の事務所に、それぞれ自ら出頭して行わなければならない。

2　新入管法第六十一条の九の三第二項及び第三項の規定は、前項に規定する受領、申請又は届出の手続について準用する。

第二十条　新入管法第二十二条の四第一項第五号の規定は、施行日以後に偽りその他不正の手段により、新入管法第五十条第一項又は第六十一条の二の二第二項の規定による許可を受けた者について適用する。

第二十一条　この法律の施行の際現に新入管法第二十二条の四第一項第七号に規定する日本人の配偶者等の在留資格又は永住者の配偶者等の在留資格をもって在留する者で、その配偶者の身分を有する者としての活動を継続して六月以上行わないで在留しているものについての同号の規定の適用については、同号中「継続して六月」とあるのは、「出入国管理及び難民認定法及び日本国との平和条約に基づき日本の国籍を離脱した者等の出入国管理に関する特例法の一部を改正する等の法律（平成二十一年法律第七十九号）の施行後継続して六月」とする。

第二十二条　施行日前に旧外国人登録法の規定に違反する行為を行い、施行日前又は施行日以後に禁錮以上の刑に処せられた者（執行猶予の言渡しを受けた者を除く。）に対する退去強制については、なお従前の例による。

第二十三条　法務大臣は、附則第十七条第一項又は第十八条第一項に規定する中長期在留者について、次の各号に掲げるいずれかの事実が判明したときは、当該中長期在留者が現に有する在留資格を取り消すことができる。

一　施行日から九十日以内に、法務大臣に、住居地の届出をしないこと（届出をしないことにつき正当な理由がある場合を除く。）。

二　法務大臣に、虚偽の住居地を届け出たこと。

2　前項に規定する在留資格の取消しの手続については、新入管法の規定を準用する。

第二十四条　附則第三十七条又は第三十九条の罪により懲役に処せられた外国人については、本邦からの退去を強制することができる。

2　前項に規定する退去強制の手続については、新入管法の規定を準用する。

（登録原票の送付）

第三十三条　市町村の長は、施行日の前日において市町村の事務所に備えている登録原票を、施行日以後、速やかに、法務大臣に送付しなければならない。

（登録証明書の返納）

第三十四条　この法律の施行の際現に本邦に在留する外国人（中長期在留者及び特別永住者を除く。）で登録証明書を所持するものは、施行日から三月以内に、法務大臣に対し、当該登録証明書を返納しなければならない。

（事務の区分）

第三十五条　附則第十七条第一項、同条第二項及び附則第十八条第二項において準用する新入管法第十九条の七第二項、附則第十八条第一項、第二十七条第一項及び第五項、第二十八条第三項及び第四項、第二十九条第一項及び第三項並びに第三十条第一項、同条第二項及び附則第三十一条第二項において準用する新特例法第十条第三項並びに附則第三十一条第一項及び第三十三条の規定により市町村が処理することとされている事務は、地方自治法第二条第九項第一号に規定する第一号法定受託事務とする。

（罰則等に関する経過措置）

第三十六条　施行日前にした行為に対する罰則の適用については、なお従前の例による。

2　旧外国人登録法附則第四項の規定によりなお従前の例によることとされる同項に規定する行為に対する旧外国人登録法附則第二項の規定による廃止前の外国人登録令（昭和二十二年勅令第二百七号）第十四条から第十六条までの規定の適用については、なお従前の例による。

（罰則）

第三十七条　次の各号のいずれかに該当する者は、一年以下の懲役又は二十万円以下の罰金に処する。

一　附則第十六条第一項又は第二十九条第一項の規定に違反した者

二　附則第十七条第一項、第十八条第一項、第三十条第一項又は第三十一条第一項の規定による届出に関し虚偽の届出をした者

第三十八条　附則第十七条第一項、第十八条第一項、第三十条第一項又は第三十一条第一項の規定に違反して住居地を届け出なかった者は、二十万円以下の罰金に

処する。

第三十九条　施行日以後に、次の各号のいずれかに該当する行為をした者は、一年以下の懲役又は二十万円以下の罰金に処する。

一　他人名義の登録証明書を行使すること。

二　行使の目的をもって、登録証明書を提供し、又は他人名義の登録証明書を収受すること。

第四十条　附則第十九条第三項において準用する新入管法第六十一条の九の三第二項各号に掲げる者が、同項の規定に違反して、附則第十三条第六項、第十五条第四項若しくは第十六条第三項の規定により交付され、若しくは附則第十七条第二項及び第十八条第二項において準用する新入管法第十九条の七第二項の規定により返還される在留カードの受領、附則第十六条第一項の規定による申請又は附則第十七条第一項若しくは第十八条第一項の規定による届出をしなかったときは、五万円以下の過料に処する。

第四十一条　附則第三十二条第二項において準用する新特例法第十九条第二項各号に掲げる者が、同項の規定に違反して、附則第二十七条第五項、第二十八条第四項若しくは第二十九条第三項の規定により交付され、若しくは附則第三十条第二項及び第三十一条第二項において準用する新特例法第十条第三項の規定により返還される特別永住者証明書の受領、附則第二十九条第一項の規定による申請又は附則第三十条第一項若しくは第三十一条第一項の規定による届出をしなかったときは、五万円以下の過料に処する。

（検討）

第六十条　法務大臣は、現に本邦に在留する外国人であって入管法又は特例法の規定により本邦に在留することができる者以外のもののうち入管法第五十四条第二項の規定により仮放免をされ当該仮放免の日から一定期間を経過したものについて、この法律の円滑な施行を図るとともに、施行日以後においてもなおその者が行政上の便益を受けられることとなるようにするとの観点から、施行日までに、その居住地、身分関係等を市町村に迅速に通知すること等について検討を加え、その結果に基づいて必要な措置を講ずるものとする。

2　法務大臣は、この法律の円滑な施行を図るため、現に本邦に在留する外国人であって入管法又は特例法の規定により本邦に在留することができる者以外のものについて、入管法第五十条第一項の許可の運用の透明性を更に向上させる等その出頭を促進するための措置その他の不法滞在者の縮減に向けた措置を講ずることを検討するものとする。

3　法務大臣は、永住者の在留資格をもって在留する外国人のうち特に我が国への定着性の高い者について、歴史的背景を踏まえつつ、その者の本邦における生活の安定に資するとの観点から、その在留管理の在り方を検討するものとする。

第六十一条　政府は、この法律の施行後三年を目途として、新入管法及び新特例法の施行の状況を勘案し、必要があると認めるときは、これらの法律の規定について検討を加え、その結果に基づいて必要な措置を講ずるものとする。

別表第一（第二条の二、第五条、第七条、第七条の二、第十九条、第二十二条の三、第二十二条の四、第二十四条、第六十一条の二の二、第六十一条の二の八関係）略

別表第一の二　略

別表第一の三　略

別表第一の四　略

別表第一の五　略

別表第二（第二条の二、第七条、第二十二条の三、第二十二条の四、第六十一条の二の二、第六十一条の二の八関係）略

平成二十一年七月十五日法律第七十九号の未施行内容

出入国管理及び難民認定法及び日本国との平和条約に基づき日本の国籍を離脱した者等の出入国管理に関する特例法の一部を改正する等の法律

第一条　出入国管理及び難民認定法（昭和二十六年政令第三百十九号）の一部を次のように改正する。

目次中「・第五条」を「―第五条の二」に改める。

第二条の二第一項中「取得に係る在留資格」の下に「（技能実習の在留資格にあつては、別表第一の二の表の技能実習の項の下欄に掲げる第一号イ若しくはロ又は第二号イ若しくはロの区分を含む。以下同じ。）」を加える。

第二条の二第二項中「在留資格は、別表第一」の下に「の上欄（技能実習の在留資格にあつては、二の表の技能実習の項の下欄に掲げる第一号イ若しくはロ又は第二号イ若しくはロの区分を含む。以下同じ。）」を加える。

第五条の次に次の一条を加える。

（上陸の拒否の特例）

第五条の二　法務大臣は、外国人について、前条第一項第四号、第五号、第七号、第九号又は第九号の二に該当する特定の事由がある場合であつても、当該外国人に第二十六条第一項の規定により再入国の許可を与えた場合その他の法務省令で定める場合において、相当と認めるときは、法務省令で定めるところにより、当該事由のみによつては上陸を拒否しないこととすることができる。

第七条第一項第二号中「活動（」の下に「二の表の技能実習の項の下欄第二号に掲げる活動を除き、」を加える。

第七条第一項第四号中「こと」の下に「（第五条の二の規定の適用を受ける外国人にあつては、当該外国人が同条に規定する特定の事由によつて第五条第一項第四号、第五号、第七号、第九号又は第九号の二に該当する場合

であつて、当該事由以外の事由によつては同項各号のいずれにも該当しないこと。以下同じ。）」を加える。

第十四条第一項中「該当する者」の下に「（第五条の二の規定の適用を受ける者にあつては、同条に規定する特定の事由のみによつて第五条第一項各号のいずれかに該当する場合を除く。以下同じ。）」を加える。

第十六条第八項中「該当する」の下に「者である」を加える。

第十九条の見出しを次のように改める。

（活動の範囲）

第十九条第二項中「きる。」の下に「この場合において、法務大臣は、当該許可に必要な条件を付することができる。」を加える。

第十九条第三項を第十九条第四項とする。

第十九条第二項の次に次の一項を加える。

３　法務大臣は、前項の許可を受けている者が同項の規定に基づき付された条件に違反した場合その他その者に引き続き当該許可を与えておくことが適当でないと認める場合には、法務省令で定める手続により、当該許可を取り消すことができる。

第二十条第一項中「第三項まで」の下に「及び次条」を加える。

第二十条第一項中「変更（」の下に「技能実習の在留資格（別表第一の二の表の技能実習の項の下欄第二号イ又はロに係るものに限る。）を有する者については、法務大臣が指定する本邦の公私の機関の変更を含み、」を加える。

第二十条の次に次の一項を加える。

５　第二項の規定による申請があつた場合（三十日以下の在留期間を決定されている者から申請があつた場合を除く。）において、その申請の時に当該外国人が有する在留資格に伴う在留期間の満了の日までにその申請に対する処分がされないときは、当該外国人は、その在留期間の満了後も、当該処分がされる日又は従前の在留期間の満了の日から二月を経過する日のいずれか早い日までの間は、引き続き当該在留資格をもつて本邦に在留することができる。

第二十条の次に次の一条を加える。

（技能実習の在留資格の変更の特則）

第二十条の二　技能実習の在留資格（別表第一の二の表の技能実習の項の下欄第二号イ又はロに係るものに限る。）への変更は、前条第一項の規定にかかわらず、技能実習の在留資格（同表の技能実習の項の下欄第一号イ又はロに係るものに限る。）をもつて本邦に在留していた外国人でなければ受けることができない。

２　法務大臣は、外国人から前条第二項の規定による技能実習の在留資格（別表第一の二の表の技能実習の項の下欄第二号イ又はロに係るものに限る。）への変更の申請があつたときは、当該外国人が法務省令で定める基準に適合する場合でなければ、これを許可することができない。

３　法務大臣は、前項の法務省令を定めようとするときは、あらかじめ、関係行政機関の長と協議するものとする。

第二十一条第三項中「前項の」の下に「規定による」を加える。

第二十一条第四項を次のように改める。

４　第二十条第四項の規定は前項の規定による許可をする場合に、同条第五項の規定は第二項の規定による申請があつた場合に、それぞれ準用する。この場合において、同条第四項中「新たな在留資格及び在留期間を記載させ、」とあるのは「新たな在留期間を記載させ、」と、「新たな在留資格及び在留期間を記載した」とあるのは「在留資格及び新たな在留期間を記載した」と、「新たな在留資格及び新たな在留期間を記載させる」とあるのは「新たな在留期間を記載させる」と読み替えるものとする。

第二十四条第一項第四号中「次に掲げる者」を「次のイからヨまでに掲げる者」に改める。

第二十四条第一項第四号中「在留期間を」を「在留期間（第二十条第五項（第二十一条第四項において準用する場合を含む。）の規定により本邦に在留することができる期間を含む。）を」に改める。

同号へを次のように改める。

へ　次の（１）又は（２）に掲げる者のいずれかに該当するもの

（１）第七十三条の罪により禁錮以上の刑に処せられた者

（２）外国人登録に関する法令の規定に違反して禁錮以上の刑に処せられた者。ただし、執行猶予の言渡しを受けた者を除く。

第二十四条の三第一項第二号中「第二十四条第三号」の下に「から第三号の四まで」を加える。

第五十三条第三項の次に次の一号を加える。

三　強制失踪からのすべての者の保護に関する国際条約第十六条第一項に規定する国

第五十九条第三項中「定める施設」の下に「（第六十一条の七の六において「出国待機施設」という。）」を加える。

第六十一条の二の二第一項第三号中「第二十四条第三号」の下に「から第三号の四まで」を加える。

第六十一条の二の四第一項第五号中「第二十四条第三号」の下に「から第三号の四まで」を加える。

第六十一条の七第一項中「収容場に」を「収容場（以下「入国者収容所等」という。）に」に改める。

第六十一条の七第二項中「入国者収容所又は収容場の」を「入国者収容所等の」に改める。

第六十一条の七第三項中「入国者収容所又は収容場」を「入国者収容所等」に改める。

第六十一条の七第四項中「地方入国管理局長」の下に「（以下「入国者収容所長等」という。）」を加える。

第六十一条の七第四項中「入国者収容所又は収容場」を「入国者収容所等」に改める。

第六十一条の七第五項中「入国者収容所長又は地方入国管理局長」を「入国者収容所長等」に改める。

第六十一条の七第五項中「入国者収容所又は収容場」を「入国者収容所等」に改める。

第六十一条の七第五項中「検閲し」を「検査し」に改める。

第六十一条の七の次に次の五条を加える。

（入国者収容所等視察委員会）

第六十一条の七の二　法務省令で定める入国管理官署に、入国者収容所等視察委員会（以下「委員会」という。）を置く。

２　委員会は、入国者収容所等の適正な運営に資するため、法務省令で定める担当区域内にある入国者収容所等を視察し、その運営に関し、入国者収容所長等に対して意見を述べるものとする。

（組織等）

第六十一条の七の三　委員会は、委員十人以内で組織する。

2　委員は、人格識見が高く、かつ、入国者収容所等の運営の改善向上に熱意を有する者のうちから、法務大臣が任命する。

3　委員の任期は、二年とする。ただし、再任を妨げない。

4　委員は、非常勤とする。

5　前各項に定めるもののほか、委員会の組織及び運営に関し必要な事項は、法務省令で定める。

（委員会に対する情報の提供及び委員の視察等）

第六十一条の七の四　入国者収容所長等は、入国者収容所等の運営の状況について、法務省令で定めるところにより、定期的に、又は必要に応じて、委員会に対し、情報を提供するものとする。

2　委員会は、入国者収容所等の運営の状況を把握するため、委員による入国者収容所等の視察をすることができる。この場合において、委員会は、必要があると認めるときは、入国者収容所長等に対し、委員による被収容者との面接の実施について協力を求めることができる。

3　入国者収容所長等は、前項の視察及び面接について、必要な協力をしなければならない。

4　第六十一条の七第五項の規定にかかわらず、被収容者が委員会に対して提出する書面については、検査し、又はその提出を禁止し、若しくは制限してはならない。

（委員会の意見等の公表）

第六十一条の七の五　法務大臣は、毎年、委員会が入国者収容所長等に対して述べた意見及びこれを受けて入国者収容所長等が講じた措置の内容を取りまとめ、その概要を公表するものとする。

（出国待機施設の視察等）

第六十一条の七の六　委員会は、第六十一条の七の二第二項に規定する事務を行うほか、出国待機施設の適正な運営に資するため、法務省令で定める担当区域内にある出国待機施設を視察し、その運営に関し、当該出国待機施設の所在地を管轄する地方入国管理局の長に対して意見を述べるものとする。

2　前二条の規定は、前項に規定する事務を行う場合に準用する。

第七十条第一項第五号中「在留期間を」を「在留期間（第二十条第五項（第二十一条第四項において準用する場合を含む。）の規定により本邦に在留することができる期間を含む。）を」に改める。

第七十三条の二第二項を削る。

第七十四条の七第一項中「第七十三条の二第一項第二号」を「第七十三条の二第二号」に改める。

第二条　出入国管理及び難民認定法（昭和二十六年政令第三百十九号）の一部を次のように改正する。

目次中「第一節　在留、在留資格の変更及び取消し等（第十九条―第二十二条の四）

第二節　在留の条件（第二十三条―第二十四条の三）

第三節　出国（第二十五条―第二十六条）」を「第一節　在留

第一款　在留中の活動（第十九条・第十九条の二）

第二款　中長期の在留（第十九条の三―第十九条の十九）

第二節　在留資格の変更及び取消し等（第二十条―第二十二条の五）

第三節　在留の条件（第二十三条―第二十四条の三）

第四節　出国（第二十五条―第二十六条の二）」に改める。

第二条第一項第十二号の二中「第六号」を「第三号」に改める。

第二条の二第三項中「三年（特定活動（別表第一の五の表の下欄ニに係るものを除く。）の在留資格にあつては、五年）」を「五年」に改める。

第六条第一項中「第二十六条の規定による」を「第二十六条第一項の規定により」に改める。

第六条第一項中「許可を受けている者」の下に「（第二十六条の二第一項の規定により再入国の許可を受けたものとみなされる者を含む。以下同じ。）」を加える。

第六条第一項中「第六十一条の二の十二第一項の規定による」を「第六十一条の二の十二第一項の規定により」に改める。

第七条第一項中「許可を受け」を「許可を受けている者」に改める。

第七条第一項中「所持して上陸する外国人」を「所持している者」に改める。

第九条第三項中「受けて」を「受けている者」に改める。

第九条第三項中「所持して上陸するもの」を「所持している者」に改める。

第九条第七項第一号中「受けていること」を「受けている者」に改める。

第九条第七項第一号中「所持している」の下に「者である」を加える。

第四章第一節の節名を次のように改める。

第一節　在留

第四章第一節中第十九条の前に次の款名を付する。

第一款　在留中の活動

第十九条の二の次に次の款を加える。

第二款　中長期の在留

（中長期在留者）

第十九条の三　法務大臣は、本邦に在留資格をもつて在留する外国人のうち、次に掲げる者以外の者（以下「中長期在留者」という。）に対し、在留カードを交付するものとする。

一　三月以下の在留期間が決定された者

二　短期滞在の在留資格が決定された者

三　外交又は公用の在留資格が決定された者

四　前三号に準ずる者として法務省令で定めるもの

（在留カードの記載事項等）

第十九条の四　在留カードの記載事項は、次に掲げる事項とする。

一　氏名、生年月日、性別及び国籍の属する国又は第二条第五号ロに規定する地域

二　住居地（本邦における主たる住居の所在地をいう。以下同じ。）

三　在留資格、在留期間及び在留期間の満了の日

四　許可の種類及び年月日

五　在留カードの番号、交付年月日及び有効期間の満了の日

六　就労制限の有無
七　第十九条第二項の規定による許可を受けているときは、その旨

2　前項第五号の在留カードの番号は、法務省令で定めるところにより、在留カードの交付（再交付を含む。）ごとに異なる番号を定めるものとする。

3　在留カードには、法務省令で定めるところにより、中長期在留者の写真を表示するものとする。この場合において、法務大臣は、第六条第三項の規定その他法務省令で定める法令の規定により当該中長期在留者から提供された写真を利用することができる。

4　前三項に規定するもののほか、在留カードの様式、在留カードに表示すべきものその他在留カードについて必要な事項は、法務省令で定める。

5　法務大臣は、法務省令で定めるところにより、第一項各号に掲げる事項及び前二項の規定により表示されるものについて、その全部又は一部を、在留カードに電磁的方式により記録することができる。

（在留カードの有効期間）

第十九条の五　在留カードの有効期間は、その交付を受ける中長期在留者に係る次の各号に掲げる区分に応じ、当該各号に定める日が経過するまでの期間とする。

一　永住者（次号に掲げる者を除く。）　在留カードの交付の日から起算して七年を経過する日
二　永住者であつて、在留カードの交付の日に十六歳に満たない者（第十九条の十一第三項において準用する第十九条の十第二項の規定により在留カードの交付を受ける者を除く。第四号において同じ。）　十六歳の誕生日（当該外国人の誕生日が二月二十九日であるときは、当該外国人のうるう年以外の年における誕生日は二月二十八日であるものとみなす。以下同じ。）
三　永住者以外の者（次号に掲げる者を除く。）　在留期間の満了の日
四　永住者以外の者であつて、在留カードの交付の日に十六歳に満たない者　在留期間の満了の日又は十六歳の誕生日のいずれか早い日

2　前項第三号又は第四号の規定により、在留カードの有効期間が在留期間の満了の日が経過するまでの期間となる場合において、当該在留カードの交付を受けた中長期在留者が、第二十条第五項（第二十一条第四項において準用する場合を含む。以下この項、第二十四条第四号ロ及び第二十六条第四項において同じ。）の規定により、在留期間の満了後も引き続き本邦に在留することができることとなる場合にあつては、当該在留カードの有効期間は、第二十条第五項の規定により在留することができる期間の末日が経過するまでの期間とする。

（新規上陸に伴う在留カードの交付）

第十九条の六　法務大臣は、入国審査官に、前章第一節又は第二節の規定による上陸許可の証印又は許可（在留資格の決定を伴うものに限る。）を受けて中長期在留者となつた者に対し、法務省令で定めるところにより、在留カードを交付させるものとする。

（新規上陸後の住居地届出）

第十九条の七　前条に規定する中長期在留者は、住居地を定めた日から十四日以内に、法務省令で定める手続により、住居地の市町村（東京都の特別区の存する区域及び地方自治法第二百五十二条の十九第一項の指定都市にあつては、区。以下同じ。）の長に対し、在留カードを提出した上、当該市町村の長を経由して、法務大臣に対し、その住居地を届け出なければならない。

2　市町村の長は、前項の規定による在留カードの提出があつた場合には、当該在留カードにその住居地の記載（第十九条の四第五項の規定による記録を含む。）をし、これを当該中長期在留者に返還するものとする。

3　第一項に規定する中長期在留者が、在留カードを提出して住民基本台帳法（昭和四十二年法律第八十一号）第三十条の四十六の規定による届出をしたときは、当該届出は同項の規定による届出とみなす。

（在留資格変更等に伴う住居地届出）

第十九条の八　第二十条第三項本文（第二十二条の二第三項（第二十二条の三において準用する場合を含む。）において準用する場合を含む。）、第二十一条第三項、第二十二条第二項（第二十二条の二第四項（第二十二条の三において準用する場合を含む。）において準用する場合を含む。）、第五十条第一項又は第六十一条の二の二第一項若しくは第二項の規定による許可を受けて新たに中長期在留者となつた者は、住居地を定めた日（既に住居地を定めている者にあつては、当該許可の日）から十四日以内に、法務省令で定める手続により、住居地の市町村の長に対し、在留カードを提出した上、当該市町村の長を経由して、法務大臣に対し、その住居地を届け出なければならない。

2　前条第二項の規定は、前項の規定による在留カードの提出があつた場合に準用する。

3　第一項に規定する中長期在留者が、在留カードを提出して住民基本台帳法第三十条の四十六又は第三十条の四十七の規定による届出をしたときは、当該届出は同項の規定による届出とみなす。

4　第二十二条の二第一項又は第二十二条の三に規定する外国人が、第二十二条の二第二項（第二十二条の三において準用する場合を含む。）の規定による申請をするに際し、法務大臣に対し、住民基本台帳法第十二条第一項に規定する住民票の写し又は住民票記載事項証明書を提出したときは、第二十二条の二第三項（第二十二条の三において準用する場合を含む。）において準用する第二十条第三項本文の規定による許可又は第二十二条の二第四項（第二十二条の三において準用する場合を含む。）において準用する第二十二条第二項の規定による許可があつた時に、第一項の規定による届出があつたものとみなす。

（住居地の変更届出）

第十九条の九　中長期在留者は、住居地を変更したときは、新住居地（変更後の住居地をいう。以下同じ。）に移転した日から十四日以内に、法務省令で定める手続により、新住居地の市町村の長に対し、在留カードを提出した上、当該市町村の長を経由して、法務大臣に対し、その新住居地を届け出なければならない。

2　第十九条の七第二項の規定は、前項の規定による在留カードの提出があつた場合に準用する。

3　第一項に規定する中長期在留者が、在留カードを提出して住民基本台帳法第二十二条、第二十三条又は第三十条の四十六の規定による届出をしたときは、当該

届出は同項の規定による届出とみなす。

（住居地以外の記載事項の変更届出）

第十九条の十　中長期在留者は、第十九条の四第一項第一号に掲げる事項に変更を生じたときは、その変更を生じた日から十四日以内に、法務省令で定める手続により、法務大臣に対し、変更の届出をしなければならない。

2　法務大臣は、前項の届出があつた場合には、入国審査官に、当該中長期在留者に対し、新たな在留カードを交付させるものとする。

（在留カードの有効期間の更新）

第十九条の十一　在留カードの交付を受けた中長期在留者は、当該在留カードの有効期間が当該中長期在留者の在留期間の満了の日までとされている場合を除き、当該在留カードの有効期間の満了の日の二月前（有効期間の満了の日が十六歳の誕生日とされているときは、六月前）から有効期間が満了する日までの間（次項において「更新期間」という。）に、法務省令で定める手続により、法務大臣に対し、在留カードの有効期間の更新を申請しなければならない。

2　やむを得ない理由のため更新期間内に前項の規定による申請をすることが困難であると予想される者は、法務省令で定める手続により、更新期間前においても、法務大臣に対し、在留カードの有効期間の更新を申請することができる。

3　前条第二項の規定は、前二項の規定による申請があつた場合に準用する。

（紛失等による在留カードの再交付）

第十九条の十二　在留カードの交付を受けた中長期在留者は、紛失、盗難、滅失その他の事由により在留カードの所持を失つたときは、その事実を知つた日（本邦から出国している間に当該事実を知つた場合にあつては、その後最初に入国した日）から十四日以内に、法務省令で定める手続により、法務大臣に対し、在留カードの再交付を申請しなければならない。

2　第十九条の十第二項の規定は、前項の規定による申請があつた場合に準用する。

（汚損等による在留カードの再交付）

第十九条の十三　在留カードの交付を受けた中長期在留者は、当該在留カードが著しく毀損し、若しくは汚損し、又は第十九条の四第五項の規定による記録が毀損したとき（以下この項において「毀損等の場合」という。）は、法務省令で定める手続により、法務大臣に対し、在留カードの再交付を申請することができる。在留カードの交付を受けた中長期在留者が、毀損等の場合以外の場合であつて在留カードの交換を希望するとき（正当な理由がないと認められるときを除く。）も、同様とする。

2　法務大臣は、著しく毀損し、若しくは汚損し、又は第十九条の四第五項の規定による記録が毀損した在留カードを所持する中長期在留者に対し、在留カードの再交付を申請することを命ずることができる。

3　前項の規定による命令を受けた中長期在留者は、当該命令を受けた日から十四日以内に、法務省令で定める手続により、法務大臣に対し、在留カードの再交付を申請しなければならない。

4　第十九条の十第二項の規定は、第一項又は前項の規定による申請があつた場合に準用する。

（在留カードの失効）

第十九条の十四　在留カードは、次の各号のいずれかに該当する場合には、その効力を失う。

一　在留カードの交付を受けた中長期在留者が中長期在留者でなくなつたとき。

二　在留カードの有効期間が満了したとき。

三　在留カードの交付を受けた中長期在留者（第二十六条第一項の規定により再入国の許可を受けている者を除く。）が、第二十五条第一項の規定により、出国する出入国港において、入国審査官から出国の確認を受けたとき。

四　在留カードの交付を受けた中長期在留者であつて、第二十六条第一項の規定により再入国の許可を受けている者が出国し、再入国の許可の有効期間内に再入国をしなかつたとき。

五　在留カードの交付を受けた中長期在留者が新たな在留カードの交付を受けたとき。

六　在留カードの交付を受けた中長期在留者が死亡したとき。

（在留カードの返納）

第十九条の十五　在留カードの交付を受けた中長期在留者は、その所持する在留カードが前条第一号、第二号又は第四号に該当して効力を失つたときは、その事由が生じた日から十四日以内に、法務大臣に対し、当該在留カードを返納しなければならない。

2　在留カードの交付を受けた中長期在留者は、その所持する在留カードが前条第三号又は第五号に該当して効力を失つたときは、直ちに、法務大臣に対し、当該在留カードを返納しなければならない。

3　在留カードの交付を受けた中長期在留者は、在留カードの所持を失つた場合において、前条（第六号を除く。）の規定により当該在留カードが効力を失つた後、当該在留カードを発見するに至つたときは、その発見の日から十四日以内に、法務大臣に対し、当該在留カードを返納しなければならない。

4　在留カードが前条第六号の規定により効力を失つたときは、死亡した中長期在留者の親族又は同居者は、その死亡の日（死亡後に在留カードを発見するに至つたときは、その発見の日）から十四日以内に、法務大臣に対し、当該在留カードを返納しなければならない。

（所属機関等に関する届出）

第十九条の十六　中長期在留者であつて、次の各号に掲げる在留資格をもつて本邦に在留する者は、当該各号に掲げる在留資格の区分に応じ、当該各号に定める事由が生じたときは、当該事由が生じた日から十四日以内に、法務省令で定める手続により、法務大臣に対し、その旨及び法務省令で定める事項を届け出なければならない。

一　教授、投資・経営、法律・会計業務、医療、教育、企業内転勤、技能実習、留学又は研修　当該在留資格に応じてそれぞれ別表第一の下欄に掲げる活動を行う本邦の公私の機関の名称若しくは所在地の変更若しくはその消滅又は当該機関からの離脱若しくは移籍

二　研究、技術、人文知識・国際業務、興行（本邦の

公私の機関との契約に基づいて当該在留資格に係る活動に従事する場合に限る。）又は技能　契約の相手方である本邦の公私の機関の名称若しくは所在地の変更若しくはその消滅又は当該機関との契約の終了若しくは新たな契約の締結

三　家族滞在（配偶者として行う日常的な活動を行うことができる者に係るものに限る。）、特定活動（別表第一の五の表の下欄ハに掲げる配偶者として行う日常的な活動を行うことができる者に係るものに限る。）、日本人の配偶者等（日本人の配偶者の身分を有する者に係るものに限る。）又は永住者の配偶者等（永住者の在留資格をもつて在留する者又は特別永住者（以下「永住者等」という。）の配偶者の身分を有する者に係るものに限る。）　配偶者との離婚又は死別

（所属機関による届出）

第十九条の十七　別表第一の在留資格をもつて在留する中長期在留者が受け入れられている本邦の公私の機関その他の法務省令で定める機関（雇用対策法（昭和四十一年法律第百三十二号）第二十八条第一項の規定による届出をしなければならない事業主を除く。）は、法務省令で定めるところにより、法務大臣に対し、当該中長期在留者の受入れの開始及び終了その他の受入れの状況に関する事項を届け出るよう努めなければならない。

（中長期在留者に関する情報の継続的な把握）

第十九条の十八　法務大臣は、中長期在留者の身分関係、居住関係及び活動状況を継続的に把握するため、出入国管理及び難民認定法その他の法令の定めるところにより取得した中長期在留者の氏名、生年月日、性別、国籍の属する国、住居地、所属機関その他在留管理に必要な情報を整理しなければならない。

2　法務大臣は、前項に規定する情報を正確かつ最新の内容に保つよう努めなければならない。

3　法務大臣は、在留管理の目的を達成するために必要な最小限度の範囲を超えて、第一項に規定する情報を取得し、又は保有してはならず、当該情報の取扱いに当たつては、個人の権利利益の保護に留意しなければならない。

（事実の調査）

第十九条の十九　法務大臣は、中長期在留者に関する情報の継続的な把握のため必要があるときは、この款の規定により届け出ることとされている事項について、その職員に事実の調査をさせることができる。

2　入国審査官又は入国警備官は、前項の調査のため必要があるときは、関係人に対し、出頭を求め、質問をし、又は文書の提示を求めることができる。

3　法務大臣、入国審査官又は入国警備官は、第一項の調査について、公務所又は公私の団体に照会して必要な事項の報告を求めることができる。

第二十五条第一項中「除き、第二十六条の規定により再入国の許可を受けて出国する外国人を含む」を「除く」に改める。

第二十六条第三項中「（数次再入国の許可を含む。）」を削る。

第二十六条第二項中「三年」を「五年」に改める。

第二十六条第七項を第二十六条第八項とする。

第二十六条第六項中「数次再入国」を「再入国」に改める。

第二十六条第六項中「で再入国したもの」を削る。

第二十六条第五項を第二十六条第七項とする。

第二十六条第四項を第二十六条第六項とする。

第二十六条第四項中「四年」を「六年」に改める。

第二十六条第三項を第二十六条第五項とする。

第二十六条第三項の次に次の一項を加える。

4　法務大臣は、再入国の許可を受けている外国人から、第二十条第二項又は第二十一条第二項の規定による申請があつた場合において、相当と認めるときは、当該外国人が第二十条第五項の規定により在留できる期間の末日まで、当該許可の有効期間を延長することができる。

第二十六条の次に次の一条を加える。

（みなし再入国許可）

第二十六条の二　本邦に在留資格をもつて在留する外国人（第十九条の三第一号及び第二号に掲げる者を除く。）で有効な旅券（第六十一条の二の十二第一項に規定する難民旅行証明書を除く。）を所持するもの（中長期在留者にあつては、在留カードを所持するものに限る。）が、法務省令で定めるところにより、入国審査官に対し、再び入国する意図を表明して出国するときは、前条第一項の規定にかかわらず、同項の再入国の許可を受けたものとみなす。ただし、出入国の公正な管理のため再入国の許可を要する者として法務省令で定めるものに該当する者については、この限りでない。

2　前項の規定により外国人が受けたものとみなされる再入国の許可の有効期間は、前条第三項の規定にかかわらず、出国の日から一年（在留期間の満了の日が出国の日から一年を経過する日前に到来する場合には、在留期間の満了までの期間）とする。

3　第一項の規定により外国人が受けたものとみなされる再入国の許可については、前条第五項の規定は、適用しない。

第四章第三節を第四章第四節とする。

第二十三条第一項中「外国人登録法（昭和二十七年法律第百二十五号）による外国人登録証明書」を「次項の規定により在留カード」に改める。

第二十三条第四項を削る。

第二十三条第三項を第二十三条第四項とする。

第二十三条第二項中「前項」を「前二項」に改める。

第二十三条第二項中「同項」を「これらの規定」に改める。

第二十三条第二項中「又は許可書」を「、許可書又は在留カード」に改める。

第二十三条第二項を第二十三条第三項とする。

第二十三条第一項の次に次の一項を加える。

2　中長期在留者は、法務大臣が交付し、又は市町村の長が返還する在留カードを受領し、常にこれを携帯していなければならない。

第二十三条の次に次の一項を加える。

5　十六歳に満たない外国人は、第一項本文及び第二項の規定にかかわらず、旅券等を携帯することを要しない。

第二十四条第一項第二号の三中「第二十二条の四第六項」を「第二十二条の四第七項」に改める。

第二十四条第一項第三号中「又は第一節」の下に「、第

二節」を加える。

第二十四条第一項第三号の四の次に次の一号を加える。

　三の五　次のイからニまでに掲げるいずれかの行為を行い、唆し、又はこれを助けた者
　イ　行使の目的で、在留カード若しくは日本国との平和条約に基づき日本の国籍を離脱した者等の出入国管理に関する特例法第七条第一項に規定する特別永住者証明書（以下単に「特別永住者証明書」という。）を偽造し、若しくは変造し、又は偽造若しくは変造の在留カード若しくは特別永住者証明書を提供し、収受し、若しくは所持すること。
　ロ　行使の目的で、他人名義の在留カード若しくは特別永住者証明書を提供し、収受し、若しくは所持し、又は自己名義の在留カードを提供すること。
　ハ　偽造若しくは変造の在留カード若しくは特別永住者証明書又は他人名義の在留カード若しくは特別永住者証明書を行使すること。
　ニ　在留カード若しくは特別永住者証明書の偽造又は変造の用に供する目的で、器械又は原料を準備すること。
第二十四条第一項第四号中「（第二十一条第四項において準用する場合を含む。）」を削る。

第二十四条第一項第四号中「期間を含む」の下に「。第二十六条第一項及び第二十六条の二第二項において同じ」を加える。

第二十四条第四号へを次のように改める。

　へ　第七十三条の罪により禁錮以上の刑に処せられた者
第二十四条第一項第四号の三中「（東京都の特別区の存する区域及び地方自治法第二百五十二条の十九第一項の指定都市にあつては、区）」を削る。

第二十四条第一項第四号の三の次に次の一号を加える。

　四の四　中長期在留者で、第七十一条の二又は第七十五条の二の罪により懲役に処せられたもの
第二十四条第一項第七号中「第二十条第三項及び第四項」を「第二十条第三項本文」に改める。

第二十四条第一項第七号中「及び第三項」を削る。

第二十四条の三第一項第二号中「第三号の四」を「第三号の五」に改める。

第四章第二節を第四章第三節とする。

第二十二条の四の次に次の一条を加える。


（在留資格の取消しの手続における配慮）

第二十二条の五　法務大臣は、前条第一項に規定する外国人について、同項第七号に掲げる事実が判明したことにより在留資格の取消しをしようとする場合には、第二十条第二項の規定による在留資格の変更の申請又は第二十二条第一項の規定による永住許可の申請の機会を与えるよう配慮しなければならない。

第二十条の前に次の節名を付する。
　第二節　在留資格の変更及び取消し等
第二十条第四項を次のように改める。
４　法務大臣は、前項の規定による許可をする場合には、次の各号に掲げる区分に応じ、当該各号に定める措置をとるものとする。この場合において、その許可は、それぞれ当該各号に定める在留カード若しくは在留資格証明書の交付又は旅券若しくは在留資格証明書の記載のあつた時に、当該在留カード、在留資格証明書又は旅券に記載された内容をもつて効力を生ずる。
　一　当該許可に係る外国人が引き続き中長期在留者に該当し、又は新たに中長期在留者に該当することとなるとき　入国審査官に、当該外国人に対し、在留カードを交付させること。
　二　前号に掲げる場合以外の場合において、当該許可に係る外国人が旅券を所持しているとき　入国審査官に、当該旅券に新たな在留資格及び在留期間を記載させること。
　三　第一号に掲げる場合以外の場合において、当該許可に係る外国人が旅券を所持していないとき　入国審査官に、当該外国人に対し新たな在留資格及び在留期間を記載した在留資格証明書を交付させ、又は既に交付を受けている在留資格証明書に新たな在留資格及び在留期間を記載させること。
第二十一条第四項後段を次のように改める。

　この場合において、同条第四項第二号及び第三号中「新たな在留資格及び在留期間」とあるのは、「在留資格及び新たな在留期間」と読み替えるものとする。

第二十一条第四項中「この場合において、」を「この場合において、」に改める。

第二十二条第三項中「が旅券を所持しているときは旅券に記載された在留資格及び在留期間をまつ消させた上当該旅券に永住許可の証印をさせ、旅券を所持していないときは永住を許可された旨を記載した在留資格証明書」を「に対し在留カード」に改める。

第二十二条第三項中「証印又は」を「在留カードの」に改める。

第二十二条の二第三項中「第二十条第三項及び」を「第二十条第三項本文及び」に改める。

第二十二条の二第三項中「第二十条第三項中」を「同条第三項本文中」に改める。

第二十二条の二第四項中「前条第一項」を「同条第一項」に改める。

第二十二条の二第四項中「在留資格を変更」を「変更しよう」に改める。

第二十二条の二第四項中「在留資格を取得」を「取得しよう」に改める。

第二十二条の二第四項中「、同条第三項中「旅券に記載された在留資格及び在留期間をまつ消させた上当該旅券に永住許可の証印」とあるのは「旅券に永住許可の証印」と」を削る。

第二十二条の四第一項第二号中「（第十九条第二項を除く。）」を削る。

第二十二条の四第一項第二号中「この号、次号及び第四号」を「この項」に改める。

第二十二条の四第一項第五号中「前各号に掲げるもののほか、」を削る。

第二十二条の四第一項第五号を第二十二条の四第一項第六号とする。

第二十二条の四第一項第四号の次に次の一号を加える。
　五　偽りその他不正の手段により、第五十条第一項又は第六十一条の二の二第二項の規定による許可を受けたこと（当該許可の証印等を受けた後、これらの規定による許可又は上陸許可の証印等を受けた場合を除く。）。
第二十二条の四第一項の次に次の四号を加える。
　七　日本人の配偶者等の在留資格（日本人の配偶者の

身分を有する者（兼ねて日本人の特別養子（民法（明治二十九年法律第八十九号）第八百十七条の二の規定による特別養子をいう。以下同じ。）又は日本人の子として出生した者の身分を有する者を除く。）に係るものに限る。）をもつて在留する者又は永住者の配偶者等の在留資格（永住者等の子として本邦で出生しその後引き続き本邦に在留している者の身分を有する者を除く。）に係るものに限る。）をもつて在留する者が、その配偶者の身分を有する者としての活動を継続して六月以上行わないで在留していること（当該活動を行わないで在留していることにつき正当な理由がある場合を除く。）。

八　前章第一節若しくは第二節の規定による上陸許可の証印若しくは許可、この節の規定による許可又は第五十条第一項若しくは第六十一条の二の二第二項の規定による許可を受けて、新たに中長期在留者となつた者が、当該上陸許可の証印又は許可を受けた日から九十日以内に、法務大臣に、住居地の届出をしないこと（届出をしないことにつき正当な理由がある場合を除く。）。

九　中長期在留者が、法務大臣に届け出た住居地から退去した場合において、当該退去の日から九十日以内に、法務大臣に、新住居地の届出をしないこと（届出をしないことにつき正当な理由がある場合を除く。）。

十　中長期在留者が、法務大臣に、虚偽の住居地を届け出たこと。

第二十二条の四第三項中「当該外国人に通知しなければ」を「記載した意見聴取通知書を当該外国人に送達しなければ」に改める。

同項に次のただし書を加える。

ただし、急速を要するときは、当該通知書に記載すべき事項を入国審査官又は入国警備官に口頭で通知させてこれを行うことができる。

第二十二条の四第七項を第二十二条の四第八項とする。

第二十二条の四第六項中「第三号から第五号までに係るものに限る」を「第一号及び第二号を除く」に改める。

第二十二条の四第六項を第二十二条の四第七項とする。

第二十二条の四第五項の次に次の一項を加える。

6　在留資格の取消しは、法務大臣が在留資格取消通知書を送達して行う。

第二十二条の四の次に次の一項を加える。

9　法務大臣は、第六項に規定する在留資格取消通知書に第七項の規定により指定された期間及び前項の規定により付された条件を記載しなければならない。

第五十条第二項中「在留期間」を「在留資格及び在留期間を決定し、」に改める。

第五十条第二項中「附する」を「付する」に改める。

第五十条第三項中「前条第四項」の下に「の規定」を加える。

第五十条第三項を第五十条第四項とする。

第五十条第二項の次に次の一項を加える。

3　法務大臣は、第一項の規定による許可（在留資格の決定を伴うものに限る。）をする場合において、当該外国人が中長期在留者となるときは、入国審査官に、当該外国人に対し、在留カードを交付させるものとする。

第五十九条の二第一項中「第二十条第三項」を「第二十条第三項本文」に改める。

第六十一条の二の二第一項第三号中「第三号の四」を「第三号の五」に改める。

第六十一条の二の二第三項中「入国審査官に、当該在留資格未取得外国人に対し当該在留資格及び在留期間を記載した在留資格証明書を交付させるものとする」を「次の各号に掲げる区分に応じ、当該各号に定める措置をとるものとする」に改める。

第六十一条の二の二第三項中「当該交付」を「それぞれ当該各号に定める在留カード又は在留資格証明書の交付」に改める。

第六十一条の二の二第三項中「その記載された」を「当該在留カード又は在留資格証明書に記載された」に改める。

第六十一条の二の二第三項の次に次の二号を加える。

一　当該許可に係る外国人が中長期在留者となるとき　入国審査官に、当該外国人に対し、在留カードを交付させること。

二　前号に掲げる場合以外の場合　入国審査官に、当該外国人に対し、在留資格及び在留期間を記載した在留資格証明書を交付させること。

第六十一条の二の三第一項中「第二十条第三項」を「第二十条第三項本文」に改める。

第六十一条の二の四第一項第五号中「第三号の四」を「第三号の五」に改める。

第六十一条の二の八第二項中「第七項」を「第九項」に改める。

第六十一条の二の八第二項中「同条第六項中「第一項（第三号から第五号までに係るものに限る。）」を「同条第七項中「第一項（第一号及び第二号を除く。）」に改める。

第六十一条の二の十二第四項中「第二十六条」を「第二十六条第一項」に改める。

第六十一条の三第二項中「次の」を「次に掲げる」に改める。

第六十一条の三第二項第二号中「聴取」の下に「、第二十二条の四第三項ただし書（第六十一条の二の八第二項において準用する場合を含む。次条第二項第五号において同じ。）の規定による通知並びに第六十一条の九の二第四項及び第五項の規定による交付送達」を加える。

第六十一条の三第二項第六号を削る。

第六十一条の三第二項第五号を第六十一条の三第二項第六号とする。

第六十一条の三第二項第四号を第六十一条の三第二項第五号とする。

第六十一条の三第二項第三号中「又は」を「及び」に改める。

第六十一条の三第二項第三号を第六十一条の三第二項第四号とする。

第六十一条の三第二項第二号の次に次の一号を加える。

三　第十九条の十九第一項、第五十九条の二第一項及び第六十一条の二の十四第一項に規定する事実の調査を行うこと。

第六十一条の三の二第二項中「左の」を「次に掲げる」に改める。

第六十一条の三の二第二項第一号中「又は」を「及び」

に改める。

第六十一条の三の二第二項の次に次の二号を加える。

四　第十九条の十九第一項に規定する事実の調査を行うこと。

五　第二十二条の四第三項ただし書の規定による通知並びに第六十一条の九の二第四項及び第五項の規定による交付送達を行うこと。

第六十一条の八の次に次の一条を加える。

（住民票の記載等に係る通知）

第六十一条の八の二　市町村の長は、住民基本台帳法第三十条の四十五に規定する外国人住民に係る住民票について、政令で定める事由により、その記載、消除又は記載の修正をしたときは、直ちにその旨を法務大臣に通知しなければならない。

第六十一条の九の次に次の二条を加える。

（送達）

第六十一条の九の二　第二十二条の四第三項又は第六項（第六十一条の二の八第二項においてこれらの規定を準用する場合を含む。）の規定による書類の送達は、郵便若しくは民間事業者による信書の送達に関する法律（平成十四年法律第九十九号）第二条第六項に規定する一般信書便事業者若しくは同条第九項に規定する特定信書便事業者による同条第二項に規定する信書便（以下「信書便」という。）による送達又は交付送達により、その送達を受けるべき者の住居地に送達して行う。

2　通常の取扱いによる郵便又は信書便によつて前項に規定する書類を発送した場合には、その郵便物又は民間事業者による信書の送達に関する法律第二条第三項に規定する信書便物は、通常到達すべきであつた時に送達があつたものと推定する。

3　法務大臣は、前項に規定する場合には、その書類の名称、その送達を受けるべき者の氏名、あて先及び発送の年月日を確認するに足りる記録を作成しなければならない。

4　交付送達は、入国審査官又は入国警備官が、第一項の規定により送達すべき場所において、その送達を受けるべき者に書類を交付して行う。ただし、その者に異議がないときは、その他の場所において交付することができる。

5　次の各号に掲げる場合には、交付送達は、前項の規定による交付に代え、当該各号に定める行為により行うことができる。

一　送達すべき場所において書類の送達を受けるべき者に出会わない場合　同居の者であつて送達を受けるべき者に受領した書類を交付することが期待できるものに書類を交付すること。

二　書類の送達を受けるべき者及び前号に規定する者が送達すべき場所にいない場合又はこれらの者が正当な理由がなく書類の受領を拒んだ場合　送達すべき場所に書類を差し置くこと。

6　前各項の規定により送達すべき書類について、その送達を受けるべき者の住居地が明らかでない場合には、法務大臣は、その送達に代えて公示送達をすることができる。ただし、第六十一条の二の八第二項において準用する第二十二条の四第三項及び第六項の規定による書類の送達については、この限りでない。

7　公示送達は、送達すべき書類の名称、その送達を受けるべき者の氏名及び法務大臣がその書類をいつでも送達を受けるべき者に交付する旨を法務省の掲示場に掲示して行う。

8　前項の場合において、掲示を始めた日から起算して二週間を経過したときは、書類の送達があつたものとみなす。

（本人の出頭義務と代理人による届出等）

第六十一条の九の三　外国人が次の各号に掲げる行為をするときは、それぞれ当該各号に定める場所に自ら出頭して行わなければならない。

一　第十九条の七第一項、第十九条の八第一項若しくは第十九条の九第一項の規定による届出又は第十九条の七第二項（第十九条の八第二項及び第十九条の九第二項において準用する場合を含む。）の規定により返還される在留カードの受領　住居地の市町村の事務所

二　第十九条の十第一項の規定による届出、第十九条の十一第一項若しくは第二項、第十九条の十二第一項若しくは第十九条の十三第一項若しくは第三項の規定による申請又は第十九条の十第二項（第十九条の十一第三項、第十九条の十二第二項及び第十九条の十三第四項において準用する場合を含む。）の規定により交付される在留カードの受領　地方入国管理局

三　第二十条第二項、第二十一条第二項、第二十二条第一項（第二十二条の二第四項（第二十二条の三において準用する場合を含む。）において準用する場合を含む。）若しくは第二十二条の二第二項（第二十二条の三において準用する場合を含む。）の規定による申請又は第二十条第四項第一号（第二十一条第四項及び第二十二条の二第三項（第二十二条の三において準用する場合を含む。）において準用する場合を含む。）、第二十二条第三項（第二十二条の二第四項（第二十二条の三において準用する場合を含む。）において準用する場合を含む。）、第五十条第三項若しくは第六十一条の二の二第三項第一号の規定により交付される在留カードの受領　地方入国管理局

2　外国人が十六歳に満たない場合又は疾病その他の事由により自ら前項第一号又は第二号に掲げる行為をすることができない場合には、当該行為は、次の各号に掲げる者（十六歳に満たない者を除く。）であつて当該外国人と同居するものが、当該各号の順位により、当該外国人に代わつてしなければならない。

一　配偶者

二　子

三　父又は母

四　前三号に掲げる者以外の親族

3　第一項第一号及び第二号に掲げる行為については、前項に規定する場合のほか、同項各号に掲げる者（十六歳に満たない者を除く。）であつて外国人と同居するものが当該外国人の依頼により当該外国人に代わつてする場合その他法務省令で定める場合には、第一項の規定にかかわらず、当該外国人が自ら出頭してこれを行うことを要しない。

4　第一項第三号に掲げる行為については、外国人の法

定代理人が当該外国人に代わつてする場合その他法務省令で定める場合には、同項の規定にかかわらず、当該外国人が自ら出頭してこれを行うことを要しない。

第六十七条第一項第一号中「第二十条」を「第二十条第三項本文」に改める。

第六十七条第一項第二号中「第二十一条」を「第二十一条第三項」に改める。

第六十七条第一項第三号中「第二十二条」を「第二十二条第二項」に改める。

第六十七条第一項第四号中「第二十六条」を「第二十六条第一項」に改める。

第六十七条第一項第四号中「許可（」の下に「同条第五項の規定による」を加える。

第六十七条の二第一項中「交付を」の下に「受け、又は第十九条の十三第一項後段の規定による申請に基づき同条第四項において準用する第十九条の十第二項の規定により在留カードの交付を」を加える。

第六十八条の次に次の一条を加える。

（事務の区分）

第六十八条の二　第十九条の七第一項及び第二項（第十九条の八第二項及び第十九条の九第二項において準用する場合を含む。）、第十九条の八第一項並びに第十九条の九第一項の規定により市町村が処理することとされている事務は、地方自治法第二条第九項第一号に規定する第一号法定受託事務とする。

第六十九条の見出しを次のように改める。

（政令等への委任）

第六十九条第一項中「法務省令」の下に「（市町村の長が行うべき事務については、政令）」を加える。

第七十条第一項第三号の二中「第二十二条の四第六項」を「第二十二条の四第七項」に改める。

第七十条第一項第八号中「第二十条第三項及び第四項」を「第二十条第三項本文」に改める。

第七十条第一項第八号中「及び第三項」を削る。

第七十一条の次に次の二条を加える。

第七十一条の二　次の各号のいずれかに該当する者は、一年以下の懲役又は二十万円以下の罰金に処する。

一　第十九条の七第一項、第十九条の八第一項、第十九条の九第一項、第十九条の十第一項又は第十九条の十六の規定による届出に関し虚偽の届出をした者

二　第十九条の十一第一項、第十九条の十二第一項又は第十九条の十三第三項の規定に違反した者

第七十一条の三　次の各号のいずれかに該当する者は、二十万円以下の罰金に処する。

一　第十九条の七第一項又は第十九条の八第一項の規定に違反して住居地を届け出なかつた者

二　第十九条の九第一項の規定に違反して新住居地を届け出なかつた者

三　第十九条の十第一項、第十九条の十五（第四項を除く。）又は第十九条の十六の規定に違反した者

第七十三条の二の次に次の一項を加える。

2　前項各号に該当する行為をした者は、次の各号のいずれかに該当することを知らないことを理由として、同項の規定による処罰を免れることができない。ただし、過失のないときは、この限りでない。

一　当該外国人の活動が当該外国人の在留資格に応じた活動に属しない収入を伴う事業を運営する活動又は報酬を受ける活動であること。

二　当該外国人が当該外国人の活動を行うに当たり第十九条第二項の許可を受けていないこと。

三　当該外国人が第七十条第一項第一号から第三号の二まで、第五号、第七号、第七号の二又は第八号の二から第八号の四までに掲げる者であること。

第七十三条の二の次に次の四条を加える。

第七十三条の三　行使の目的で、在留カードを偽造し、又は変造した者は、一年以上十年以下の懲役に処する。

2　偽造又は変造の在留カードを行使した者も、前項と同様とする。

3　行使の目的で、偽造又は変造の在留カードを提供し、又は収受した者も、第一項と同様とする。

4　前三項の罪の未遂は、罰する。

第七十三条の四　行使の目的で、偽造又は変造の在留カードを所持した者は、五年以下の懲役又は五十万円以下の罰金に処する。

第七十三条の五　第七十三条の三第一項の犯罪行為の用に供する目的で、器械又は原料を準備した者は、三年以下の懲役又は五十万円以下の罰金に処する。

第七十三条の六　次の各号のいずれかに該当する者は、一年以下の懲役又は二十万円以下の罰金に処する。

一　他人名義の在留カードを行使した者

二　行使の目的で、他人名義の在留カードを提供し、収受し、又は所持した者

三　行使の目的で、自己名義の在留カードを提供した者

2　前項（所持に係る部分を除く。）の罪の未遂は、罰する。

第七十四条の七第一項中「第七十三条の二第二号」を「第七十三条の二第一項第二号」に改める。

第七十四条の七第一項中「第三号」の下に「、第七十三条の三から第七十三条の六まで」を加える。

第七十五条の次に次の二条を加える。

第七十五条の二　次の各号のいずれかに該当する者は、一年以下の懲役又は二十万円以下の罰金に処する。

一　第二十三条第二項の規定に違反して在留カードを受領しなかつた者

二　第二十三条第三項の規定に違反して在留カードの提示を拒んだ者

第七十五条の三　第二十三条第二項の規定に違反して在留カードを携帯しなかつた者は、二十万円以下の罰金に処する。

第七十六条第一項第一号中「（特別永住者を除く。）」を削る。

第七十六条第一項第二号中「第二十三条第二項」を「第二十三条第三項」に改める。

第七十六条の二第一項中「第七十三条の二」の下に「若しくは第七十四条」を加える。

第七十七条の二を次のように改める。

第七十七条の二　第六十一条の九の三第二項各号に掲げる者が、同項の規定に違反して、第十九条の七第一項、第十九条の八第一項、第十九条の九第一項若しくは第十九条の十第一項の規定による届出、第十九条の七第二項（第十九条の八第二項及び第十九条の九第二項において準用する場合を含む。）の規定により返還され、

若しくは第十九条の十第二項（第十九条の十一第三項、第十九条の十二第二項及び第十九条の十三第四項において準用する場合を含む。）の規定により交付される在留カードの受領又は第十九条の十一第一項、第十九条の十二第一項若しくは第十九条の十三第三項の規定による申請をしなかつたときは、五万円以下の過料に処する。

附　則（平成二一年七月一五日法律第七九号）抄

（施行期日）

第一条　この法律は、公布の日から起算して三年を超えない範囲内において政令で定める日から施行する。ただし、次の各号に掲げる規定は、当該各号に定める日から施行する。

一　第一条のうち出入国管理及び難民認定法（以下「入管法」という。）第五十三条第三項の改正規定（同項第三号に係る部分を除く。）及び第三条のうち日本国との平和条約に基づき日本の国籍を離脱した者等の出入国管理に関する特例法（以下「特例法」という。）第八条中「第七十条第八号」を「第七十条第一項第八号」に改める改正規定並びに附則第六十条の規定　公布の日

二　第一条中入管法第二十三条（見出しを含む。）、第七十六条及び第七十七条の二の改正規定並びに附則第六条の規定　公布の日から起算して六月を超えない範囲内において政令で定める日

三　第一条の規定（入管法第二十三条（見出しを含む。）、第五十三条第三項、第七十六条及び第七十七条の二の改正規定を除く。）並びに次条から附則第五条まで、附則第四十四条（第六号を除く。）及び第五十一条の規定、附則第五十三条中雇用対策法（昭和四十一年法律第百三十二号）第四条第三項の改正規定、附則第五十五条第一項の規定並びに附則第五十七条のうち行政手続等における情報通信の技術の利用に関する法律（平成十四年法律第百五十一号）別表出入国管理及び難民認定法（昭和二十六年政令第三百十九号）の項中「第二十条第四項（」の下に「第二十一条第四項及び」を加え、「、第二十一条第四項」を削る改正規定　公布の日から起算して一年を超えない範囲内において政令で定める日

四　附則第十三条（第六項を除く。）、第十四条、第二十七条（第五項を除く。）、第三十五条（附則第二十七条第一項に係る部分に限る。）及び第四十二条の規定　公布の日から起算して二年六月を超えない範囲内において政令で定める日

五　第一条中入管法第五十三条第三項の改正規定（同項第三号に係る部分に限る。）　強制失踪からのすべての者の保護に関する国際条約が日本国について効力を生ずる日又はこの法律の公布の日のいずれか遅い日

（第一条の規定による入管法の一部改正に伴う経過措置等）

第二条　第一条の規定による改正後の入管法（以下「改正入管法」という。）第二十四条第三号の規定は、第三号施行日以後に改正入管法第二十四条第三号に規定する行為を行い、唆し、又はこれを助けた者について適用し、同日前に第一条の規定による改正前の入管法（以下「旧入管法」という。）第二十四条第三号に規定する行為を行った者に対する退去強制については、なお従前の例による。

第三条　改正入管法第二十四条第三号の四の規定は、第三号施行日以後に同条第三号の四イからハまでに掲げるいずれかの行為を行い、唆し、又はこれを助けた者について適用する。

第四条　改正入管法第二十四条第四号へ（改正入管法第七十三条の罪により禁錮以上の刑に処せられた者に係る部分に限る。）の規定は、第三号施行日以後に当該罪により禁錮以上の刑に処せられた者について適用する。

第五条　第三号施行日前に旧入管法別表第一の四の表の研修の在留資格を決定されて本邦に上陸した外国人であってその後引き続き本邦に在留するものは、改正入管法第二十条の二第一項の規定にかかわらず、技能実習の在留資格（改正入管法別表第一の二の表の技能実習の項の下欄第二号イ又はロに係るものに限る。）への変更を受けることができる。この場合において、改正入管法別表第一の二の表の技能実習の項の下欄第二号イ中「前号イ」とあり、及び同号ロ中「前号ロ」とあるのは、「四の表の研修の項の下欄」とする。

2　第三号施行日前に旧入管法別表第一の四の表の就学の在留資格を決定されて本邦に上陸した外国人であってその後引き続き本邦に在留するものは、改正入管法別表第一の四の表の留学の在留資格をもって在留するものとみなす。この場合において、当該在留資格に伴う在留期間は、当該就学の在留資格に伴う在留期間が満了する日に応当する日までの期間とする。

第六条　法務大臣は、第三号施行日以後に本邦に上陸しようとする外国人であって改正入管法別表第一の二の表の技能実習の項の下欄第一号イ又はロに掲げる活動を行おうとするものから、あらかじめ申請があったときは、法務省令で定めるところにより、同日前に、当該外国人に対し、技能実習の在留資格（同表の技能実習の項の下欄第一号イ又はロに係るものに限る。）に係る在留資格認定証明書を交付することができる。

（第二条の規定による入管法の一部改正に伴う経過措置等）

第七条　法務大臣は、当分の間、第二条の規定による改正後の入管法（以下「新入管法」という。）第十九条の六に規定する上陸許可の証印又は許可を受けた中長期在留者（新入管法第十九条の三に規定する中長期在留者をいう。以下同じ。）に対し、当該上陸許可の証印又は許可を受けた出入国港において、直ちに新入管法第十九条の六の規定により在留カード（新入管法第十九条の三に規定する在留カードをいう。以下同じ。）を交付することができないときは、法務省令で定めるところにより、入国審査官に、当該中長期在留者の旅券に、後日在留カードを交付する旨の記載をさせるものとする。

2　前項の規定により旅券に後日在留カードを交付する旨の記載を受けた中長期在留者（在留カードの交付を受けた者を除く。）に対する新入管法第十九条の七第一項及び第三項並びに第十九条の九第一項及び第三項の規定の適用については、これらの規定中「在留カー

ドを提出し」とあるのは、「後日在留カードを交付する旨の記載を受けた旅券を提示し」とする。

3　前項に規定する中長期在留者に対する新入管法第二十六条の二の規定の適用については、同条第一項中「在留カードを所持する」とあるのは、「当該旅券に後日在留カードを交付する旨の記載を受けた」とする。

第八条　新入管法第十九条の七の規定は、この法律の施行の日（以下「施行日」という。）以後に新入管法第十九条の六に規定する上陸許可の証印又は許可を受けて中長期在留者となった者について適用する。

第九条　新入管法第十九条の八の規定は、施行日以後に同条第一項に規定する新入管法の規定による許可を受けて新たに中長期在留者となった者について適用する。

第十条　新入管法第十九条の九の規定は、附則第十七条第一項及び第十八条第一項に規定する中長期在留者（その住居地（本邦における主たる住居の所在地をいう。以下同じ。）について、附則第十七条第一項又は第十八条第一項の規定による届出をした者を除く。）には、適用しない。

第十一条　新入管法第十九条の十の規定は、附則第十六条第一項に規定する中長期在留者であって、第四条の規定による廃止前の外国人登録法（以下「旧外国人登録法」という。）第三条第一項の規定による申請をしていないもの（附則第十六条第一項の規定による申請をした者を除く。）には、適用しない。

第十二条　新入管法第十九条の十六の規定は、施行日以後に新入管法第十九条の六に規定する上陸許可の証印若しくは許可又は新入管法第二十条第三項本文（新入管法第二十二条の二第三項（新入管法第二十二条の三において準用する場合を含む。）において準用する場合を含む。）、第二十一条第三項、第二十二条第二項（新入管法第二十二条の二第四項（新入管法第二十二条の三において準用する場合を含む。）において準用する場合を含む。）、第五十条第一項若しくは第六十一条の二の二第一項若しくは第二項の規定による許可を受けた中長期在留者について適用する。

第十三条　本邦に在留資格をもって在留する外国人で、旧外国人登録法第四条第一項の規定による登録を受け、その有する在留期間（新入管法第二十条第五項（新入管法第二十一条第四項において準用する場合を含む。）の規定により本邦に在留することができる期間を含む。以下この項及び附則第十五条第二項において同じ。）の満了の日が施行日以後に到来するもののうち、次に掲げる者以外の者（以下「予定中長期在留者」という。）は、附則第一条第四号に定める日から施行日の前日までの間に、法務省令で定める手続により、法務大臣に対し、在留カードの交付を申請することができる。

一　三月以下の在留期間が決定された者
二　短期滞在の在留資格が決定された者
三　外交又は公用の在留資格が決定された者
四　前三号に準ずる者として法務省令で定めるもの

2　前項の規定による申請は、地方入国管理局に自ら出頭して行わなければならない。

3　予定中長期在留者が十六歳に満たない場合又は疾病その他の事由により自ら第一項の規定による申請をすることができない場合には、当該申請は、次の各号に掲げる者（十六歳に満たない者を除く。）であって当該予定中長期在留者と同居するものが、当該各号の順位により、当該予定中長期在留者に代わってしなければならない。

一　配偶者
二　子
三　父又は母
四　前三号に掲げる者以外の親族

4　第一項の規定による申請については、前項に規定する場合のほか、同項各号に掲げる者（十六歳に満たない者を除く。）であって予定中長期在留者と同居するものが当該予定中長期在留者の依頼により当該予定中長期在留者に代わってする場合その他法務省令で定める場合には、第二項の規定にかかわらず、当該予定中長期在留者が自ら出頭してこれを行うことを要しない。

5　予定中長期在留者が、施行日の一月前から施行日の前日までの間に、旧外国人登録法第六条第一項、第六条の二第一項若しくは第二項又は第十一条第一項の規定による申請をしたときは、その時に、第一項の規定による申請をしたものとみなす。

6　法務大臣は、施行日以後、第一項の規定による申請をした予定中長期在留者が中長期在留者として本邦に在留するときは、速やかに、入国審査官に、その者に対し、在留カードを交付させるものとする。

第十四条　法務大臣は、施行日前においても、前条第一項の規定による申請に関し、同条第六項の規定による在留カードの交付の準備のため必要があるときは、その職員に事実の調査をさせることができる。

2　入国審査官又は入国警備官は、前項の調査のため必要があるときは、関係人に対し、出頭を求め、質問をし、又は文書の提示を求めることができる。

3　法務大臣、入国審査官又は入国警備官は、第一項の調査について、公務所又は公私の団体に照会して必要な事項の報告を求めることができる。

第十五条　中長期在留者が所持する旧外国人登録法に規定する外国人登録証明書（以下「登録証明書」という。）は、新入管法第十九条の九、第十九条の十一第一項及び第二項、第十九条の十二第一項、第十九条の十三第一項から第三項まで（第一項後段を除く。）、第十九条の十四、第十九条の十五、第二十三条、第二十六条の二第一項、第六十一条の九の三第一項第一号（新入管法第十九条の九第一項及び同条第二項において準用する新入管法第十九条の七第二項に係る部分に限る。以下この項において同じ。）並びに第六十一条の九の三第二項及び第三項（いずれも同条第一項第一号に係る部分に限り、これらの規定を附則第十九条第二項において準用する場合を含む。）並びに附則第十七条（第一項第一号及び第二号に係る部分に限る。）及び第十九条第一項（附則第十七条第一項及び同条第二項において準用する新入管法第十九条の七第二項に係る部分に限る。）の規定（これらの規定に係る罰則を含む。）の適用については、在留カードとみなす。

2　前項の規定により登録証明書が在留カードとみなされる場合におけるその有効期間は、次の各号に掲げる中長期在留者の区分に応じ、当該各号に定める日が経過するまでの期間とする。

一　永住者　施行日から起算して三年を経過する日（施行日に十六歳に満たない者にあっては、施行日から起算して三年を経過する日又は十六歳の誕生日（当該外国人の誕生日が二月二十九日であるときは、当該外国人のうるう年以外の年における誕生日は二月二十八日であるものとみなす。以下同じ。）のいずれか早い日）

二　入管法別表第一の五の表の上欄の在留資格を決定され、同表の下欄（二に係る部分を除く。）に掲げる活動を指定された者　在留期間の満了の日又は前号に定める日のいずれか早い日

三　前二号に掲げる者以外の者　在留期間の満了の日（施行日に十六歳に満たない者にあっては、在留期間の満了の日又は十六歳の誕生日のいずれか早い日）

3　第一項の規定により在留カードとみなされる登録証明書を所持する中長期在留者は、前項に規定するその有効期間が満了する前に、法務省令で定める手続により、法務大臣に対し、在留カードの交付を申請することができる。

4　法務大臣は、前項の規定による申請があった場合には、入国審査官に、当該中長期在留者に対し、在留カードを交付させるものとする。

第十六条　この法律の施行の際現に登録証明書を所持しない中長期在留者は、附則第十三条第一項の規定による在留カードの交付の申請をした場合を除き、施行日（施行日において本邦から出国している場合にあっては、施行日以後最初に入国した日）から十四日以内に、法務省令で定める手続により、法務大臣に対し、在留カードの交付を申請しなければならない。

2　前項の規定にかかわらず、同項に規定する中長期在留者が、施行日の一月前から施行日の前日までの間に、旧外国人登録法第三条第一項又は第七条第一項の規定による申請をし、この法律の施行の際現に当該申請に係る登録証明書の交付を受けていないときは、施行日において、前項の規定による申請をしたものとみなす。

3　法務大臣は、第一項の規定による申請があった場合には、入国審査官に、当該中長期在留者に対し、在留カードを交付させるものとする。

第十七条　旧外国人登録法第四条第一項の規定による登録を受け、施行日の前日において同項に規定する外国人登録原票（以下「登録原票」という。）に登録された居住地が住居地に該当しない中長期在留者は、次の各号に掲げる場合の区分に応じ、当該各号に定める日から十四日以内に、法務省令で定める手続により、住居地の市町村（東京都の特別区の存する区域及び地方自治法（昭和二十二年法律第六十七号）第二百五十二条の十九第一項の指定都市にあっては、区。以下同じ。）の長に対し、在留カードを提出した上、当該住居地の市町村の長を経由して、法務大臣に対し、その住居地を届け出なければならない。

一　この法律の施行の際現に登録証明書を所持し、施行日に住居地がある場合　施行日（施行日において本邦から出国している場合にあっては、施行日以後最初に入国した日）

二　この法律の施行の際現に登録証明書を所持し、施行日後に住居地を定めた場合　住居地を定めた日

三　この法律の施行の際現に登録証明書を所持せず、施行日に住居地がある場合　前条第三項の規定により在留カードの交付を受けた日

四　この法律の施行の際現に登録証明書を所持せず、施行日後に住居地を定めた場合　住居地を定めた日又は前条第三項の規定により在留カードの交付を受けた日のいずれか遅い日

2　新入管法第十九条の七第二項の規定は、前項の規定による在留カードの提出があった場合に準用する。

3　第一項に規定する中長期在留者が、在留カードを提出して住民基本台帳法（昭和四十二年法律第八十一号）第三十条の四十六の規定による届出をしたときは、当該届出は同項の規定による届出とみなす。

第十八条　この法律の施行の際現に本邦に在留する中長期在留者であって、旧外国人登録法第三条第一項の規定による申請をしていないものは、附則第十六条第三項の規定により在留カードの交付を受けた日（当該日に住居地がない場合にあっては、その後に住居地を定めた日）から十四日以内に、法務省令で定める手続により、住居地の市町村の長に対し、在留カードを提出した上、当該住居地の市町村の長を経由して、法務大臣に対し、その住居地を届け出なければならない。

2　新入管法第十九条の七第二項の規定は、前項の規定による在留カードの提出があった場合に準用する。

3　第一項に規定する中長期在留者が、在留カードを提出して住民基本台帳法第三十条の四十六の規定による届出をしたときは、当該届出は同項の規定による届出とみなす。

第十九条　附則第十三条第六項、第十五条第四項若しくは第十六条第三項の規定により交付される在留カードの受領又は附則第十五条第三項若しくは第十六条第一項の規定による申請は地方入国管理局に、附則第十七条第一項若しくは前条第一項の規定による届出又は附則第十七条第二項及び前条第二項において準用する新入管法第十九条の七第二項の規定により返還される在留カードの受領は住居地の市町村の事務所に、それぞれ自ら出頭して行わなければならない。

2　新入管法第六十一条の九の三第二項及び第三項の規定は、前項に規定する受領、申請又は届出の手続について準用する。

第二十条　新入管法第二十二条の四第一項第五号の規定は、施行日以後に偽りその他不正の手段により、新入管法第五十条第一項又は第六十一条の二の二第二項の規定による許可を受けた者について適用する。

第二十一条　この法律の施行の際現に新入管法第二十二条の四第一項第七号に規定する日本人の配偶者等の在留資格又は永住者の配偶者等の在留資格をもって在留する者で、その配偶者の身分を有する者としての活動を継続して六月以上行わないで在留しているものについての同号の規定の適用については、同号中「継続して六月」とあるのは、「出入国管理及び難民認定法及び日本国との平和条約に基づき日本の国籍を離脱した者等の出入国管理に関する特例法の一部を改正する等の法律（平成二十一年法律第七十九号）の施行後継続して六月」とする。

第二十二条　施行日前に旧外国人登録法の規定に違反する行為を行い、施行日前又は施行日以後に禁錮以上の

刑に処せられた者（執行猶予の言渡しを受けた者を除く。）に対する退去強制については、なお従前の例による。

第二十三条　法務大臣は、附則第十七条第一項又は第十八条第一項に規定する中長期在留者について、次の各号に掲げるいずれかの事実が判明したときは、当該中長期在留者が現に有する在留資格を取り消すことができる。

一　施行日から九十日以内に、法務大臣に、住居地の届出をしないこと（届出をしないことにつき正当な理由がある場合を除く。）。

二　法務大臣に、虚偽の住居地を届け出たこと。

2　前項に規定する在留資格の取消しの手続については、新入管法の規定を準用する。

第二十四条　附則第三十七条又は第三十九条の罪により懲役に処せられた外国人については、本邦からの退去を強制することができる。

2　前項に規定する退去強制の手続については、新入管法の規定を準用する。

（登録原票の送付）

第三十三条　市町村の長は、施行日の前日において市町村の事務所に備えている登録原票を、施行日以後、速やかに、法務大臣に送付しなければならない。

（登録証明書の返納）

第三十四条　この法律の施行の際現に本邦に在留する外国人（中長期在留者及び特別永住者を除く。）で登録証明書を所持するものは、施行日から三月以内に、法務大臣に対し、当該登録証明書を返納しなければならない。

（事務の区分）

第三十五条　附則第十七条第一項、同条第二項及び附則第十八条第二項において準用する新入管法第十九条の七第二項、附則第十八条第一項、第二十七条第一項及び第五項、第二十八条第三項及び第四項、第二十九条第一項及び第三項並びに第三十条第一項、同条第二項及び附則第三十一条第二項において準用する新特例法第十条第三項並びに附則第三十一条第一項及び第三十三条の規定により市町村が処理することとされている事務は、地方自治法第二条第九項第一号に規定する第一号法定受託事務とする。

（罰則等に関する経過措置）

第三十六条　施行日前にした行為に対する罰則の適用については、なお従前の例による。

2　旧外国人登録法附則第四項の規定によりなお従前の例によることとされる同項に規定する行為に対する旧外国人登録法附則第二項の規定による廃止前の外国人登録令（昭和二十二年勅令第二百七号）第十四条から第十六条までの規定の適用については、なお従前の例による。

（罰則）

第三十七条　次の各号のいずれかに該当する者は、一年以下の懲役又は二十万円以下の罰金に処する。

一　附則第十六条第一項又は第二十九条第一項の規定に違反した者

二　附則第十七条第一項、第十八条第一項、第三十条第一項又は第三十一条第一項の規定による届出に関し虚偽の届出をした者

第三十八条　附則第十七条第一項、第十八条第一項、第三十条第一項又は第三十一条第一項の規定に違反して住居地を届け出なかった者は、二十万円以下の罰金に処する。

第三十九条　施行日以後に、次の各号のいずれかに該当する行為をした者は、一年以下の懲役又は二十万円以下の罰金に処する。

一　他人名義の登録証明書を行使すること。

二　行使の目的をもって、登録証明書を提供し、又は他人名義の登録証明書を収受すること。

第四十条　附則第十九条第二項において準用する新入管法第六十一条の九の三第二項各号に掲げる者が、同項の規定に違反して、附則第十三条第六項、第十五条第四項若しくは第十六条第三項の規定により交付され、若しくは附則第十七条第二項及び第十八条第二項において準用する新入管法第十九条の七第二項の規定により返還される在留カードの受領、附則第十六条第一項の規定による申請又は附則第十七条第一項若しくは第十八条第一項の規定による届出をしなかったときは、五万円以下の過料に処する。

第四十一条　附則第三十二条第二項において準用する新特例法第十九条第二項各号に掲げる者が、同項の規定に違反して、附則第二十七条第五項、第二十八条第四項若しくは第二十九条第三項の規定により交付され、若しくは附則第三十条第二項及び第三十一条第二項において準用する新特例法第十条第三項の規定により返還される特別永住者証明書の受領、附則第二十九条第一項の規定による申請又は附則第三十条第一項若しくは第三十一条第一項の規定による届出をしなかったときは、五万円以下の過料に処する。

（検討）

第六十条　法務大臣は、現に本邦に在留する外国人であって入管法又は特例法の規定により本邦に在留することができる者以外のもののうち入管法第五十四条第二項の規定により仮放免をされ当該仮放免の日から一定期間を経過したものについて、この法律の円滑な施行を図るとともに、施行日以後においてもなおその者が行政上の便益を受けられることとなるようにするとの観点から、施行日までに、その居住地、身分関係等を市町村に迅速に通知すること等について検討を加え、その結果に基づいて必要な措置を講ずるものとする。

2　法務大臣は、この法律の円滑な施行を図るため、現に本邦に在留する外国人であって入管法又は特例法の規定により本邦に在留することができる者以外のものについて、入管法第五十条第一項の許可の運用の透明性を更に向上させる等その出頭を促進するための措置その他の不法滞在者の縮減に向けた措置を講ずることを検討するものとする。

3　法務大臣は、永住者の在留資格をもって在留する外国人のうち特に我が国への定着性の高い者について、歴史的背景を踏まえつつ、その者の本邦における生活の安定に資するとの観点から、その在留管理の在り方を検討するものとする。

第六十一条　政府は、この法律の施行後三年を目途として、新入管法及び新特例法の施行の状況を勘案し、必要があると認めるときは、これらの法律の規定について検討を加え、その結果に基づいて必要な措置を講ずるも

のとする。

国費外国人留学生制度実施要項

昭和二十九年三月三十一日文部大臣裁定
最終改正　平成二一年四月二七日

（趣旨）

第一条　この要項は、日本の国費による外国人留学生の受入れに係る募集、選定、配置、給与の支給その他必要な事項を定めるものとする。

（定義）

第二条　この要項において「国費外国人留学生」とは、出入国管理及び難民認定法（昭和二十六年政令第三百十九号。以下「入管法」という。）別表第一の四の表の留学の在留資格をもって本邦に在留し、日本の国費により、学校教育法（昭和二十二年法律第二十六号）第一条に規定する大学若しくは高等専門学校若しくは同法第八十二条の三に規定する専修学校の専門課程（以下「大学等」という。）又は大学等への入学に先立ち実施される日本語等の予備教育（以下「日本語等予備教育」という。）を行う教育施設（以下「日本語等予備教育施設」という。）に在学し、学習又は研究を行う外国の国籍を有する者（二重国籍により日本の国籍を有する者を除く。）で、次の各号に掲げるものをいう。

一　研究留学生（大学院の修士課程、博士課程若しくは専門職学位課程に在学する者（次号及び第三号に掲げる者を除く。）、大学の学部、大学院若しくは大学の附置研究所等において課程の修了を目的とせずに専門の分野について研究を行う者及びこれらに先立ち日本語等予備教育を受ける者をいう。）

二　ヤング・リーダーズ・プログラム留学生（アジア諸国等の将来の指導的立場になる者の養成を目的とする大学院の課程に在学する者をいう。）

三　教員研修留学生（大学院に課程の修了を目的とせずに在学し、初等中等教育における指導方法等に関する研修を受ける者及びこれに先立ち日本語等予備教育を受ける者をいう。）

四　学部留学生（大学の学部の課程に在学する者及びこれに先立ち日本語等予備教育を受ける者をいう。）

五　日本語・日本文化研修留学生（大学の学部に課程の修了を目的とせずに在学し、日本語能力及び日本事情・日本文化の理解を向上させるための研修を受ける者をいう。）

六　高等専門学校留学生（高等専門学校の学科又は専攻科に在学する者及びこれに先立ち日本語等予備教育を受ける者をいう。）

七　専修学校留学生（専修学校の専門課程に在学する者及びこれに先立ち日本語等予備教育を受ける者をいう。）

（選定）

第三条　文部科学大臣は、次条各号に定める推薦方法による推薦に基づき、別に定める選考委員会の協議を経て、国費外国人留学生を選定する。

（推薦）

第四条　国費外国人留学生の推薦は、次条に定める募集に応募した者の中から、次の各号に掲げる国費外国人留学生の区分に応じ当該各号に定める推薦方法により行うものとする。

一　第二条第一号及び第三号から第七号までの国費外国人留学生　大使館推薦（在外公館が、海外に在住する者を現地における選考試験の結果に基づき推薦する方法をいう。）

二　第二条第一号及び第五号の国費外国人留学生　大学推薦（大学が、大学間交流協定等を締結する海外の大学と協力して海外に在住する者を推薦する方法をいう。）

三　第二条第二号の国費外国人留学生　外国の推薦機関からの推薦（文部科学省が指定する外国の推薦機関が、海外に在住する者を推薦する方法をいう。）

四　第二条第一号及び第四号の国費外国人留学生　国内採用（日本の大学が、当該大学に在学する外国人留学生を推薦する方法をいう。）

（募集等）

第五条　国費外国人留学生の募集は、前条各号に定める推薦方法ごとに、文部科学大臣が当該各号に掲げる機関を通じて行う。

2　募集分野、応募条件、応募手続き等については、別に定める。

（応募の要件）

第六条　国費外国人留学生の募集に応募することができる者は、次の各号に掲げる国費外国人留学生の区分に応じ、当該各号に定めるとおりとする。

一　研究留学生及びヤング・リーダーズ・プログラム留学生　我が国の大学院入学資格を有する者

二　教員研修留学生　大学又は外国の教員養成機関を卒業した者で、現に外国の初等中等教育機関等において、教員として相当期間の在職経験を有する者

三　学部留学生及び専修学校留学生　我が国の大学入学資格を有する者

四　日本語・日本文化研修留学生　外国の大学に在学している者で、日本語又は日本文化に関する分野を専攻し、相当程度の日本語能力を有する者

五　高等専門学校留学生　外国において、学校教育における九年の課程に引き続く学校教育の課程に二年以上在学した者

（留学期間）

第七条　国費外国人留学生の留学期間は、次の各号に掲げる国費外国人留学生の区分に応じ、当該各号に定める期間とし、その始期及び終期は別に定める。ただし、第四条第四号の推薦方法による推薦に基づき選定される学部留学生及び研究留学生については、この限りではない。

一　研究留学生　課程の修了を目的としない者については六か月の日本語等予備教育の期間を含め二年以内、大学院の修士課程、博士課程又は専門職学位課程に在学する者については六か月の日本語等予備教育の期間に当該課程の修業年限に相当する年数を加えた期間以内

二　ヤング・リーダーズ・プログラム留学生　一年以内

三　教員研修留学生　六か月の日本語等予備教育の期間を含め一年六か月以内

四　学部留学生　一年の日本語等予備教育の期間に当該学部の修業年限に相当する年数を加えた期間以内

五　日本語・日本文化研修留学生　一年以内

六　高等専門学校留学生及び専修学校留学生　一年の日本語等予備教育の期間に当該高等専門学校又は当該専修学校の専門課程の修業年限（高等専門学校にあっては、編入学以後の修学年限）に相当する年数を加えた期間以内

2　文部科学大臣は、国費外国人留学生が次の各号のいずれかに該当する場合には、文部科学大臣が別に定める取扱要領に基づき、留学期間の延長を認めることができる。

一　現に研究留学生である者で、留学期間満了後引き続き大学院の修士課程、博士課程若しくは専門職学位課程に入学することが許可された者又は大学院の修士課程、博士課程若しくは専門職学位課程の在学中に留学期間が満了する者

二　現に学部留学生として大学の学部の最終年次に在学する者又は高等専門学校の専攻科の最終年次に在学する者で、留学期間満了後引き続き大学院修士課程、博士課程（前期二年及び後期三年の課程に区分する博士課程における後期三年の課程を除く。）又は専門職学位課程に入学することが許可された者

三　現に高等専門学校留学生として高等専門学校の学科の最終年次に在学する者で、留学期間満了後、大学の三年次に編入学すること又は高等専門学校の専攻科に入学することが許可された者

四　現に専修学校留学生として専修学校の専門課程の最終年次に在学する者で、留学期間満了後、大学の三年次に編入学することが許可された者

3　休学した期間は、第一項に定める留学期間に算入する。

4　前項の規定は、国費外国人留学生が長期にわたり欠席した場合に準用する。

（国別割当）

第八条　第四条第一号に定める推薦方法により推薦される国費外国人留学生の国別割当は、外務省と協議して、文部科学省が決定する。

（配置）

第九条　国費外国人留学生を入学させる大学等及び日本語等予備教育施設は、文部科学大臣があらかじめ当該大学等及び日本語等予備教育施設の長と協議して決定する。

（給与）

第十条　国費外国人留学生の給与は、第七条に定める留学期間中支給するものとし、給与の額及び給与に係る事務の取扱いについては、文部科学省高等教育局長が別に定める。

2　国費外国人留学生が休学した場合は、前項の規定にかかわらず、休学期間中の給与を支給しない。ただし、月の中途から休学し又は復学した場合の当該月の休学期間についてはこの限りでない。

3　前項の規定は、国費外国人留学生が長期にわたり欠席した場合に準用する。

（教育費）

第十一条　国費外国人留学生が、国立の大学等又は日本語等予備教育施設に入学する場合には授業料、入学料、検定料等（以下「教育費」という。）を徴収せず、公立及び私立の大学等又は日本語等予備教育施設に入学する場合には教育費は国が負担するものとする。

2　前項に定める教育費の取扱いについては、文部科学省高等教育局長が別に定める。

（旅費）

第十二条　国費外国人留学生に対しては、渡日旅費及び帰国旅費を支給する。

2　ヤング・リーダーズ・プログラム留学生に対しては、前項に定めるもののほか、研究旅費を支給することができる。

3　渡日旅費、帰国旅費及び研究旅費の支給額及び支給方法等については文部科学省高等教育局長が別に定める。

（誓約）

第十三条　文部科学大臣は、選定の後、国費外国人留学生に対して、国費外国人留学生として遵守すべき事項について誓約させる。

（給与支給の停止）

第十四条　文部科学大臣は、国費外国人留学生が次の各号のいずれかに該当する場合には、選考委員会の協議を踏まえ、給与支給の停止を行うことができる。

一　前条に規定する誓約に係る事項を遵守していないことが判明したとき

二　申請書類に虚偽の記載があることが判明したとき

三　大学等又は日本語等予備教育施設において、退学（他の大学等に編入学等する場合を除く。）若しくは除籍等の処分を受けたとき又は学業成績が著しく不良であって課程を修了する見込みがないと判断されたとき

四　日本語等予備教育施設における課程を修了できなかったとき

五　入管法別表第一の四の表の留学の在留資格を他の在留資格に変更したとき

六　第十条に定める給与以外の奨学金（使途が研究費として特定されているものを除く。）の支給を受けたとき

七　前各号に掲げる場合のほか、在学する大学等の長又は日本語等予備教育施設の長が国費外国人留学生として不適当であると判断したとき

2　国費外国人留学生が、前項各号のいずれかに該当する事由が生じた場合には、在学する大学等の長及び日本語予備教育施設の長は、速やかに文部科学大臣に通知するものとする。

（学事上の取扱い等）

第十五条　国費外国人留学生の入学、転学、転科及び諸学事報告等の学事上の取扱いについては別に定める。

2　前項に規定するもののほか、各大学及び各日本語等予備教育施設は、必要に応じ、国費外国人留学生の取扱いについて文部科学省と協議するものとする。

（細則）

第十六条　この要項に定めるもののほか、この要項の実施に関し必要な事項は、文部科学省高等教育局長が別に定める。

（事務処理）

第十七条　国費外国人留学生に関する事務は、文部科学省高等教育局学生・留学生課において処理する。

附　則（昭和五十年四月十二日）

1　この要項は、昭和五十年四月一日から適用する。

2　（昭和五十年度分の給与の額の特例）

昭和五十年度分の給与の額については、この要項による改正後の国費外国人留学生制度実施要項第七の一の規定にかかわらず、学部留学生については月額八万千円、研究留学生については月額十一万千円とする。

附　則（平成二十一年四月二十七日）

この要項は、決定の日から実施し、平成二十一年四月一日から適用する。

国費外国人留学生取扱要項

昭和二十九年三月三十一日文部大臣裁定
最終改正　平成一八年四月二六日

第一　大学等に在学する国費外国人留学生の取扱い

一　入学、転学等及び卒業（又は修了）について

（一）入学

国費外国人留学生は、当該国費外国人留学生が入学しようとする大学等が定める入学に関する規程等に基づき入学する。

（二）転科又は転学

転科又は転学は、原則として認めない。ただし、当該大学等が、国費外国人留学生の専門分野等から判断し、転科又は転学することがやむを得ないと判断した場合にあっては、文部科学省との協議により、転科又は転学が認められる場合がある。

（三）卒業（又は修了）

国費外国人留学生は、当該国費外国人留学生が在学する大学等が定める卒業（又は修了）に関する規程等に基づき卒業（又は修了）する。

二　報告事項について

（一）大学等の長は、国費外国人留学生に係る学業成績及び出席状況等について、文部科学省高等教育局学生支援課長が毎年度通知する様式により、文部科学大臣に報告を行う。

（二）大学等の長は、国費外国人留学生が卒業（又は修了）、休学、停学、退学その他により、身分に変更のある場合には、文部科学大臣に事前に報告を行う。

三　指導教員及び世話係について

大学等の長は、国費外国人留学生の研究等を指導するために指導教員を、また、当該大学等において学生補導に関する事務を所掌する部課に国費外国人留学生

の補導及び生活上の世話を行う世話係を置くものとする。

第二　日本語等予備教育施設に在学する国費外国人留学生の取扱い

一　配置、転学及び修了について

（一）配置

国費外国人留学生の日本語等予備教育施設への配置については、あらかじめ文部科学大臣が当該日本語等予備教育施設の長と協議し、決定する。

（二）転学

いかなる場合にあっても、日本語等予備教育施設間の転学は認めない。

（三）修了

国費外国人留学生は、日本語等予備教育施設が定める修了に関する規程等に基づき修了する。

二　報告事項について

（一）日本語等予備教育施設の長は、国費外国人留学生に係る学業成績及び出席状況等について、文部科学省高等教育局学生支援課長が毎年度通知する様式により、文部科学大臣に報告を行う。

（二）日本語等予備教育施設の長は、国費外国人留学生が修了、休学、停学、退学その他により身分に変更のある場合には、文部科学大臣に事前に報告を行う。

三　指導教員及び世話係について

日本語等予備教育施設の長は、国費外国人留学生を指導するために指導教員を、また、当該日本語等予備教育施設において学生補導に関する事務を所掌する部課に国費外国人留学生の補導及び生活上の世話を行う世話係を置くものとする。

附　則（平成十八年四月二十六日）

この要項は、決定の日から実施し、平成十八年四月一日から適用する。

国費外国人留学生等渡日旅費及び帰国旅費支給要項

昭和三十九年十月二十八日大蔵大臣協議済蔵計第三千六十一号

最終改正　平成一八年四月一日

（支給対象者）

一　国費外国人留学生の渡日旅費及び帰国旅費（以下「渡日旅費及び帰国旅費」という。）の支給対象となる者は、国費外国人留学生制度実施要項（昭和二十九年三月三十一日文部大臣裁定。以下「実施要項」という。）第二条各号に定められた者及び国費外国人臨床研修生制度実施要項（昭和三十六年六月三日文部大臣裁定）に基づく臨床研修生並びに国費外国人工場等実習生制度実施要項（昭和三十九年六月十一日文部大臣裁定）に基づく工場等実習生であって、渡日旅費及び帰国旅費のそれぞれについて、次の各号の一に該当する者であること。

（一）渡日旅費

国費外国人留学生として選定され渡日する者

（二）帰国旅費

ア　研究留学生で留学期間を終了し、研究を終了した者

イ　ヤング・リーダーズ・プログラム留学生で留学期間を終了し、研究を終了した者

ウ　教員研修留学生で留学期間を終了し、教員研修を修了した者

エ　学部留学生で留学期間を終了し、大学を卒業した者

オ　日本語・日本文化研修留学生で留学期間を終了し、日本語・日本文化研修を修了した者

カ　高等専門学校留学生で留学期間を終了し、高等専門学校を卒業した者

キ　専修学校留学生で留学期間を終了し、専修学校を卒業した者

ク　臨床研修生で留学期間を終了し、臨床研修を終了した者

ケ　工場等実習生で留学期間を終了し、実習を終了した者

コ　上記アからケの者であって、病気その他特別の事情により帰国させることを文部科学省高等教育局長が適当と認めた者

二　次の各号に掲げる者については、当該各号に掲げる旅費は支給しない。

（一）文部科学省以外の者から渡日旅費又は帰国旅費の支給を受ける者　渡日旅費又は帰国旅費

（二）前項の（二）のアに該当する者で実施要項第七条第二項第一号による研究留学生、前項の（二）のエに該当する者で同条同項第二号による研究留学生、前項の（二）のカに該当する者で同条同項第三号による学部留学生若しくは高等専門学校留学生、前項の（二）のキに該当する者で同条同項第四号による学部留学生、臨床研修生又は工場等実習生に選定された者　帰国旅費

（三）実施要項第七条第二項第一号及び第二号による研究留学生、同条同項第三号及び第四号による学部留学生若しくは高等専門学校留学生、臨床研修生又は工場等実習生に選定された者　渡日旅費

（支給額）

三　渡日旅費及び帰国旅費の支給については、国家公務員等の旅費に関する法律（昭和二十五年法律第百十四号）によるものとし、その額は予算の範囲内において、文部科学省高等教育局長が指定する者が出発又は帰着すべき外国の国際空港と、東京又は受入大学等が通常の経路で使用する国際空港との間の下級航空賃の額とする。

文部科学省高等教育局長が指定する空路を変更した場合に生ずる航空賃の差額については、文部科学省は負担しない。

特別の事情により、船舶を利用する者には、支給額

の範囲内において、船賃を支給する。

（支給方法）

四　渡日旅費及び帰国旅費の支給方法は、次のとおりとする。

なお、既に支給を受けた者が旅行をとりやめる場合には、直ちに、支給された航空券又は乗船券を、文部科学省高等教育局長に返還しなければならない。

（一）渡日旅費

原則として、現金では支給せず、航空券を在外公館を経由して支給する。ただし、やむを得ず船舶を利用する者に対しては、渡日後、三に規定する船賃を日本円で支給する。

（二）帰国旅費

現金では支給せず、航空券又は乗船券を支給する。

（支給手続き）

五　渡日旅費及び帰国旅費の支給手続きは、次のとおりとする。

なお、これらの手続きは、独立行政法人日本学生支援機構を通じて行うものとする。

（一）渡日旅費

渡日しようとする者は、在外日本公館を経由して、あらかじめ出発の日時を文部科学省高等教育局長あて届け出るものとする。

（二）帰国旅費

帰国しようとする者は、申請書を在学する大学等又は在籍する臨床研修施設若しくは工場等実習施設を経て、文部科学省高等教育局長に提出する。文部科学省高等教育局長は、提出された申請書を検討した上、経路及び出発の日時を決定する。

六　この要項に定めるもののほか、国費外国人留学生の渡日旅費及び帰国旅費に係る必要な事項は、別に定める。

国費外国人留学生研究旅費支給要項

昭和三十九年六月三十日大蔵大臣協議済蔵計第二千百十五号

最終改正　平成一八年四月一日

一　国費外国人留学生研究旅費（以下「研究旅費」という。）の支給の対象となる留学生は、国費外国人留学生制度実施要項（昭和二十九年三月三十一日文部大臣裁定）第二条第二号に規定する国費外国人留学生とする。（以下「留学生」という。）

二　研究旅費の支給の対象となる旅行は、留学生が自己の研究目的にそった研究を行うために必要な日本国内における旅行とする。

三　旅費の支給については、国家公務員等の旅費に関する法律（昭和二十五年四月三十日法律第百十四号）によるものとする。

四　留学生に支給する研究旅費は、一般職の職員の給与に関する法律（昭和二十五年法律第九十五号）第六条第一項第一号イに規定する行政職俸給表（一）一級の職務に相当する者に支給すべき旅費とし、その額については毎年度予算の範囲内において文部科学省高等教育局長が決定する。

五　留学生は、研究旅費の支給を受けようとする旅行について、あらかじめ年度間の旅行計画書を作成し、その在学する大学の長の承認を受けなければならない。

六　留学生は、前項により承認を受けた研究旅費を申請する場合には、当該大学の長を経由して、旅行の日ごとに出発地、経路、到着地及び宿泊地並びに利用する交通機関を明記した明細書を文部科学省高等教育局長あて提出しなければならない。

七　旅行計画書により大学の長の承認を得た旅行を変更する場合及び承認を得た旅行以外に、四の旅費の限度額内において研究旅費の支給を受けて旅行を行う場合には、前二項に定めるところと同様の手続きをしなければならない。

八　研究旅費の支払いは、文部科学省において行うものとする。

九　研究旅費の支給を受けて旅行した留学生は、当該旅行について旅行終了後当該留学生の在学する大学の長を経由して、速やかに文部科学省高等教育局長あてに報告書を提出しなければならない。

十　この要項は昭和三十九年四月一日以降の旅行から実施する。

国費外国人留学生給与等支給事務取扱要項

平成十一年四月一日文部省学術国際局長裁定
最終改正　平成二一年四月二七日

第一　趣旨

国費外国人留学生制度実施要項（昭和二十九年三月三十一日文部大臣裁定（以下「実施要項」という。））第十条に定める国費外国人留学生の給与並びに実施要項第十一条に定める公立及び私立の大学等又は日本語等予備教育施設に入学する国費外国人留学生に係る授業料等（以下「教育費」という。）の支払いに係る事務の取扱いについてはこの要項によるものとする。

第二　定義

一　この要項において「給与」とは、日本における留学生活に必要な費用として、在学する大学等の長からの在籍確認に基づき、国費外国人留学生に対して、文部科学省が毎月支給するものをいう。

二　この要項において「教育費」とは、入学料及び授業料等、公私立の大学等に在籍する国費外国人留学生の受入れに係る費用として、文部科学省が当該大学に対して支払うものをいう。

第三　給与の額及び支給方法

給与の額は、毎年度、文部科学省高等教育局長が別に定める。

2　給与は、その支給を円滑に行うため、大学等の長からの在籍確認報告に基づき、独立行政法人日本学生支援機構（以下「機構」という。）を通じて支給する。

3　在籍の確認ができない場合には当該月の給与は支給しないものとし、日割計算も行わない。

第四　在籍確認

国費外国人留学生及び大学等の長は、給与の支給に係る在籍確認のため、次の各号による手続きを行う。

一　国費外国人留学生は、在学する大学等の長に対して自己の在籍を報告するため、大学等の長が作成した在籍簿に、毎月押印（又はサイン）を行う。

二　大学等の長は、前号の押印（又はサイン）に基づき、機構に在籍確認報告を行う。

2　前項第一号の規定にかかわらず、国費外国人留学生が大学等の長の認めた研究目的等のために大学等を離れ、やむを得ず在籍簿の押印（又はサイン）ができない場合にあっては、大学等の長は、在籍簿に代理に押印（又はサイン）することができる。

ただし、当該行為は、大学等の長があらかじめ文部科学省高等教育局学生・留学生課長に協議し、認められたものに限る。

第五　在籍簿の作成及び管理

第四の第一項第一号に規定する在籍簿は、別紙様式一により作成する。

2　大学等の長は、作成した在籍簿を当分の間保管することとし、文部科学省高等教育局学生・留学生課長からの要請があった場合には、速やかに提出しなければならない。

3　大学等の長は、適正かつ円滑な在籍確認を行うために、在籍簿の管理を、大学等の長の管理下にある部局長等に委任することができる。

第六　給与の支給手続き

機構は、第四の第一項第二号による在籍確認報告を取りまとめて内容を確認し、毎月、文部科学省高等教育局学生・留学生課に、給与を支給すべき国費外国人留学生の報告を行う。

2　文部科学省は、前項の規定による報告に基づき、必要な額を機構に支払う。

3　給与の支給を安全に行うため、国費外国人留学生の給与については、国費外国人留学生から給与の受領を委任された機構理事長が、指定を受けた金融機関の口座等に毎月振り込むこととする。

4　機構は、給与支給に当たり、支給簿を作成し、管理する。

第七　教育費の額及び支払い方法

教育費の額は、国費外国人留学生が在学する大学等において、教育に必要な経費として学則等により定められている経費で、当該大学等から毎年請求される金額とする。

ただし、実施要項第四条第二号の推薦方法により選定された者に係る教育費及び同条第四号の推薦方法により選定された国費外国人留学生に係る入学料及び入学検定料を除く。

2　前項ただし書の規定は、実施要項第七条第二項第二号により、留学期間の延長を認められた場合に生ずる入学料及び入学検定料には適用しない。

3　教育費は、その支払いを円滑に行うため、その請求及び受領を委任された機構理事長を通じて支払う。

第八　教育費の請求

大学等の長は、国費外国人留学生の受入れに必要な教育費の請求のための書類を機構理事長に提出する。

2　大学等の長は、教育費の請求に係る書類等を当分の間保管することとし、文部科学省高等教育局学生・留学生課長からの要請があった場合には、速やかに提出しなければならない。

第九　教育費の支払手続き

機構理事長は、第八の第一項による大学等の長からの教育費の請求を取りまとめて内容を確認し、文部科学省官署支出官（大臣官房会計課長）に請求する。

2　文部科学省官署支出官（大臣官房会計課長）は、前項の規定による請求に基づき、必要な額を機構理事長に支払う。

3　教育費の支払いを安全に行うため、機構理事長が、指定を受けた金融機関の口座等に振り込むこととする。

4　機構理事長は、教育費の支払いに当たり、支払簿を作成し、管理する。

第十　その他

この要項に定めるもののほか、国費外国人留学生の給与の支給及び教育費の支払いに係る手続きに関し必要な事項は、別に定める。

国費外国人留学生の成績管理及び学業成績不良者等の取扱いについて

平成十九年三月文部科学省高等教育局学生支援課留学生交流室

標記の件について、文部科学省において、「外国人留学生の選考等に関する調査・研究協力者会議」において、「新たな留学生政策の展開について（平成15年12月16日中央教育審議会答申）」等を踏まえ、国費外国人留学生の質の確保・向上に資するための改善方策について議論してきたところです。

このたび、平成20年度以降に国費外国人留学生として採用された者から、学業成績不良等の場合には、下記の取り扱いに基づいて、以降の奨学金の支給を取り止めることとします。大学等関係者におかれましては、予めご承知おき願います。

1　対象プログラム

研究留学生、学部留学生、高等専門学校留学生、専修学校留学生

（日韓共同理工系学部留学生は両国政府の協定に基づく取扱いによる）

2　奨学金の支給取り止めに相当する事項

①学業成績不良

・留年が確定した場合、又は標準修業年限内での卒業（若しくは修了）が不可能であることが確定した場合。

※ただし、病気等の特別な理由がある場合は考慮する場合がある。

②素行不良

・受入れ機関における学則等に則り、退学等の懲戒処分を受けた場合、あるいは除籍となった場合。

3　手続き等

理由の如何を問わず、退学及び除籍となった場合、留年した場合、又は学業成績不良や停学等により標準修業年限内での卒業（若しくは修了）が不可能であることが確定した場合は、その時点（遅くとも当該年度末）で奨学金の支給を取り止める。

【具体な手続きの流れ】

①受入機関は本人と面談し奨学金の支給を取り止める旨を説明する。

②受入機関は書面にて文部科学省に奨学金の支給取り止めについて報告する。

③文部科学省は、受入れ機関を通じ、当該学生に対し奨学金の支給を取り止める旨を書面により通知する。

④受入機関は、当該学生について、帰国又は私費留学生への異動について適切に指導を行うとともに、当該学生の奨学金の支給取り止めについて、関係機関に対して所要の事務手続きを行う。

※退学等の場合は、従来通り辞退届の提出により処理する。

留学生の卒業後のフォローアップについて

平成二十年七月十八日20高学支第二十三号

各国公私立大学（短期大学を除く）
各国立高等専門学校　留学生担当部長
関係専修学校宛

文部科学省高等教育局学生支援課長通知

日頃より、各種留学生施策について、ご理解及びご協力を賜りありがとうございます。

留学生の受入れに当たっては、在学中の支援はもとより、卒業（又は修了）後の動向を把握することによりフォローアップを積極的に行い、元留学生との関係を適切に継続していくことが、元留学生及び受入れ機関の双方にとって大変重要です。

つきましては、各受入れ機関において受入れた留学生について、データベースを作成する等により、可能な範囲で卒業（又は修了）後のフォローアップを行い、各機関における留学生交流、さらには国際化の一層の推進に努めていただくようお願いします。

特に、国費外国人留学生については、制度の趣旨に鑑み、奨学金支給期間終了後のフォローアップを継続的に実施しますので、独立行政法人日本学生支援機構から別途発出される帰国旅費申請等に係る通知に従い、奨学金支給期間終了手続きとあわせて、奨学金支給期間終了後の連絡先等の情報を収集の上ご提出いただくようお願いします。

なお、情報の収集に当たっては、帰国留学生支援事業への活用について、多くの留学生の同意が得られるようご協力をお願いします。

留学生交流支援制度（長期派遣）実施規程

平成二十一年四月一日独立行政法人日本学生支援機構平成二十一年規程第二十三号
最終改正　平成二二年四月一日規程第四四号

留学生交流支援制度（長期派遣）実施規程を次のように定める。

（目的）
第1条　この制度は、我が国から諸外国に所在する大学（以下「留学先大学」という。）へ留学する日本人学生等に対し、独立行政法人日本学生支援機構（以下「機構」という。）が、教育研究活動に必要な経費を支援することにより、留学生交流の一層の拡充を図り、我が国と諸外国との相互理解と友好親善を増進するとともに、国際的にも指導的立場で活躍できる優秀な人材の育成及び我が国の国際化・国際競争力強化に資することを目的とする。

（定義）
第2条　この規程において、「長期派遣留学生」とは、修士又は博士の学位を取得するために留学（ダブルディグリー・プログラム等の複数学位制度による留学を含む。）する日本人学生等で、留学先大学における学位取得のための正式な教育課程の間、本制度により教育研究活動に対する支援を受ける者をいう。

（支援の対象者）
第3条　この制度により、支援の対象となる者は、日本国籍を有する者又は日本への永住が許可されている者とする。

（資格及び条件）
第4条　この制度により、長期派遣留学生として支援を受ける資格を有する者は、次の各号に掲げる要件をすべて満たす者とする。

（1）次のいずれかに該当する者
ア　留学期間終了後、大学や研究機関等において、我が国の国際競争力の強化や国際社会への知的貢献に資する教育研究を行う意思を有する者
イ　留学期間終了後、国際機関等の中核的な職員として国際貢献に資する活動を行う意思を有する者
ウ　留学期間終了後、その他の機関において、ア又はイに類する活動を行う意思を有する者
（2）募集年度の4月1日現在の年齢が、別に定める年齢である者
（3）原則として、大学を卒業し学士の学位を有している者
（4）留学期間開始時に、大学、企業等に常勤・非常勤を問わず雇用されていない者
（5）留学先大学での主たる使用言語の語学能力が、別に定める水準以上である者
（6）学業成績が、別に定める水準以上である者
（7）留学先大学での取得予定学位が、取得済み学位と同分野かつ同レベルでない者
（8）留学先大学での勉学に耐えられる健康状態である者
（9）その他理事長が必要と認める条件を満たす者

（支援の内容）
第5条　機構は、長期派遣留学生に対し、奨学金及び授業料（以下「奨学金等」という。）を支給する。
2　奨学金等は、単年度毎に支給する。ただし、修士の学位を取得するコースは2年以内、博士の学位を取得するコースは原則3年を限度として更新することができる。

（選考方針等の決定）
第6条　理事長は、組織運営規程（独立行政法人日本学生支援機構平成16年規程第10号）第30条の規定に基づき、別に設置する留学生交流支援制度（長期派遣）実施委員会（以下「委員会」という。）に諮り、この制度に係る選考方針及び選考基準等を審議のうえ決定する。

（長期派遣留学生留学計画等の提出）
第7条　この制度に基づき、長期派遣留学生としての支援を希望する我が国の大学の長（以下「大学長」という。）は、長期派遣留学生の留学計画等について、別に定める関係書類を取りまとめたうえ、理事長に提出するものとする。

（留学計画等の審査）
第8条　理事長は、組織運営規程（独立行政法人日本学生支援機構平成16年規程第10号）第30条の規定に基づき、別に設置する留学生交流支援制度（長期派遣）審査会において、第6条により決定された選考方針及び選考基準等に基づき、前条により提出のあった留学計画等を審査のうえ、長期派遣留学生候補者を決定する。

（長期派遣留学生の決定及び通知）
第9条　理事長は、前条により審査された留学計画等に基づき、委員会に諮り、前条により決定された候補者を審査のうえ、長期派遣留学生としての採否を決定し、大学長に通知する。

（奨学金等の支給）
第10条　長期派遣留学生に対する奨学金等の支給は、別に定める方法により、大学を通じて行う。

（留学状況の報告）
第11条　大学長は、長期派遣留学生から、留学期間中6か月に一度及び留学期間終了後速やかに、次の各号に定める報告を受けるものとする。
（1）留学期間中6か月に一度 学習・研究状況に関する報告
（2）留学期間終了後 学習・研究成果に関する報告
2　大学長は、前項により受けた報告を取りまとめたうえ、別に定める関係書類により、理事長に報告するものとする。

（事務処理）
第12条　この制度に係る事務は、留学生事業部留学生事業計画課において処理する。

（雑則）
第13条　この規程に定めるもののほか、この制度の実施に関し必要な事項は、別に定める。

附　則

この規程は、平成21年4月1日から施行する。

附　則（独立行政法人日本学生支援機構平成21年規程第44号）

この規程は、平成21年11月20日から施行する。

留学生交流支援制度（長期派遣）実施細則

平成二十一年四月一日独立行政法人日本学生支援機構平成二十一年細則第十一号

留学生交流支援制度（長期派遣）実施細則を次のように定める。

（趣旨）

第1条　この細則は、留学生交流支援制度（長期派遣）実施規程（平成21年規程第23号。以下「規程」という。）第10条及び第13条の規定に基づき、長期派遣留学生に対する奨学金及び授業料（以下「奨学金等」という。）の支給及びその他の事項に関し、必要な事項を定める。

（支給内容）

第2条　独立行政法人日本学生支援機構（以下「機構」という。）は、長期派遣留学生として採用が決定された者（以下「支給対象者」という。）に対し、奨学金等を支給する。

（採用の取消し及び辞退）

第3条　理事長は、支給対象者が規程第4条各号に掲げる要件のいずれかを満たさなくなったと判断した場合、長期派遣留学生としての採用を取り消す。

2　支給対象者は、長期派遣留学生としての支援を希望する我が国の大学（以下「大学」という。）を通じ、渡航前に長期派遣留学生としての採用を辞退することができるものとし、大学の長（以下「大学長」という。）は、支給対象者から採用辞退の申出があった場合、別に定める関係書類により、当該支給対象者の採用辞退の申出を理事長に届け出るものとする。

3　理事長は、第1項に規定する採用の取消しを行った場合又は前項に規定する採用辞退の届出があった場合、奨学金等を当該支給対象者に支給せず、すでに大学へ支給済みの場合はその全額を返納させるものとする。

（奨学金等の支給期間の変更）

第4条　大学長は、支給対象者が奨学金等の支給期間の変更を希望する場合、別に定める関係書類により、その変更を理事長に申請するものとする。

2　理事長は、次の各号の条件をすべて満たしていると判断した場合に限り、支給期間の変更を承認する。

（1）査証発給の遅れや病気など、やむを得ない理由によること。

（2）変更後の奨学金等支給期間が、変更前の期間を超えないこと。

（3）変更後の奨学金等の支給開始月が、変更前の開始月と同年度内に属していること。

（奨学金等の支給方法）

第5条　大学長は、支給対象者の申請に基づき、別に定める関係書類により、奨学金等の支給を理事長に申請するものとする。

2　理事長は、前項による申請の内容を審査のうえ、大学が設置する銀行口座に振込送金する。

3　大学長は、前項により受領した奨学金等について、支給対象者の留学先大学での在籍を確認したうえで、奨学金については毎月送金するものとし、授業料については原則として当該年度分を一括で送金するものとする。その際、支給対象者から受領書を徴収し保管するか、又は、銀行の振込受領書等を保管するものとする。

（奨学金等を支給しない場合）

第6条　理事長は、第3条に規定するもののほか、支給対象者に対する奨学金等の支給が不適切であると認められる場合、奨学金等は支給しないものとする。

2　理事長は、前項に該当する支給対象者に対してすでに奨学金等を支給している場合、奨学金等の全部又は一部を返納させるものとする。

（受給証明書の発行）

第7条　大学長は、支給対象者の申請に基づき、別に定める関係書類式により、機構に代わって奨学金等の受給証明書を発行することができるものとし、その際、必ず控えを取り保管するものとする。

（支給対象者の資格及び条件の変更）

第8条　大学長は、規程第7条により理事長に提出した資格及び条件に関する書類のうち、支給対象者に係る内容に変更が生じた場合、当該変更内容について、別に定める関係書類により、速やかに理事長に届け出るものとする。

（雑則）

第9条　この細則に定めるもののほか、必要な事項については、別に定める。

附　則

この細則は、平成21年4月1日から施行する。

四　学生支援

独立行政法人日本学生支援機構法

平成十五年六月十八日法律第九十四号
最終改正　平成一八年六月二一日法律第八〇号

第一章　総則

（目的）
第一条　この法律は、独立行政法人日本学生支援機構の名称、目的、業務の範囲等に関する事項を定めることを目的とする。

（名称）
第二条　この法律及び独立行政法人通則法（平成十一年法律第百三号。以下「通則法」という。）の定めるところにより設立される通則法第二条第一項に規定する独立行政法人の名称は、独立行政法人日本学生支援機構とする。

（機構の目的）
第三条　独立行政法人日本学生支援機構（以下「機構」という。）は、教育の機会均等に寄与するために学資の貸与その他学生等（大学及び高等専門学校の学生並びに専修学校の専門課程の生徒をいう。以下同じ。）の修学の援助を行い、大学等（大学、高等専門学校及び専門課程を置く専修学校をいう。以下同じ。）が学生等に対して行う修学、進路選択その他の事項に関する相談及び指導について支援を行うとともに、留学生交流（外国人留学生の受入れ及び外国への留学生の派遣をいう。以下同じ。）の推進を図るための事業を行うことにより、我が国の大学等において学ぶ学生等に対する適切な修学の環境を整備し、もって次代の社会を担う豊かな人間性を備えた創造的な人材の育成に資するとともに、国際相互理解の増進に寄与することを目的とする。

（事務所）
第四条　機構は、主たる事務所を神奈川県に置く。

（資本金）
第五条　機構の資本金は、附則第八条第二項及び第十条第五項の規定により政府から出資があったものとされた金額の合計額とする。

2　政府は、必要があると認めるときは、予算で定める金額の範囲内において、機構に追加して出資することができる。

3　機構は、前項の規定による政府の出資があったときは、その出資額により資本金を増加するものとする。

（名称の使用制限）
第六条　機構でない者は、日本学生支援機構という名称を用いてはならない。

第二章　役員及び職員

（役員）
第七条　機構に、役員として、その長である理事長及び監事二人を置く。

2　機構に、役員として、理事四人以内を置くことができる。

（理事の職務及び権限等）
第八条　理事は、理事長の定めるところにより、理事長を補佐して機構の業務を掌理する。

2　通則法第十九条第二項の個別法で定める役員は、理事とする。ただし、理事が置かれていないときは、監事とする。

3　前項ただし書の場合において、通則法第十九条第二項の規定により理事長の職務を代理し又はその職務を行う監事は、その間、監事の職務を行ってはならない。

（役員の任期）
第九条　理事長の任期は四年とし、理事及び監事の任期は二年とする。

（役員の欠格条項の特例）
第十条　通則法第二十二条の規定にかかわらず、教育公務員で政令で定めるものは、非常勤の理事又は監事となることができる。

2　機構の非常勤の理事及び監事の解任に関する通則法第二十三条第一項の規定の適用については、同項中「前条」とあるのは、「前条及び独立行政法人日本学生支援機構法第十条第一項」とする。

（役員及び職員の秘密保持義務）
第十一条　機構の役員及び職員は、職務上知ることのできた秘密を漏らしてはならない。その職を退いた後も、同様とする。

（役員及び職員の地位）
第十二条　機構の役員及び職員は、刑法（明治四十年法律第四十五号）その他の罰則の適用については、法令により公務に従事する職員とみなす。

第三章　業務

（業務の範囲）
第十三条　機構は、第三条の目的を達成するため、次の業務を行う。

一　経済的理由により修学に困難がある優れた学生等に対し、学資の貸与その他必要な援助を行うこと。

二　外国人留学生、我が国に留学を志願する外国人及び外国に派遣される留学生に対し、学資の支給その他必要な援助を行うこと。

三　外国人留学生の寄宿舎その他の留学生交流の推進を図るための事業の拠点となる施設の設置及び運営を行うこと。

四　我が国に留学を志願する外国人に対し、大学等において教育を受けるために必要な学習の達成の程度を判定することを目的とする試験を行うこと。

五　外国人留学生に対し、日本語教育を行うこと。

六　外国人留学生の寄宿舎を設置する者又はその設置する施設を外国人留学生の居住の用に供する者に対する助成金の支給を行うこと。

七　留学生交流の推進を目的とする催しの実施、情報

4
学生支援

及び資料の収集、整理及び提供その他留学生交流の推進を図るための事業を行うこと。

八　大学等が学生等に対して行う修学、進路選択、心身の健康その他の事項に関する相談及び指導に係る業務に関し、大学等の教育関係職員に対する専門的、技術的な研修を行うとともに、当該業務に関する情報及び資料を収集し、整理し、及び提供すること。

九　学生等の修学の環境を整備するための方策に関する調査及び研究を行うこと。

十　前各号の業務に附帯する業務を行うこと。

2　機構は、前項に規定する業務のほか、当該業務の遂行に支障のない範囲内で、同項第三号の施設を一般の利用に供する業務を行うことができる。

（学資の貸与）

第十四条　前条第一項第一号に規定する学資として貸与する資金（以下「学資金」という。）は、無利息の学資金（以下「第一種学資金」という。）及び利息付きの学資金（以下「第二種学資金」という。）とする。

2　第一種学資金は、優れた学生等であって経済的理由により修学に困難があるもののうち、文部科学省令で定める基準及び方法に従い、特に優れた者であって経済的理由により著しく修学に困難があるものと認定された者に対して貸与するものとする。

3　第二種学資金は、前項の規定による認定を受けた者以外の学生等のうち、文部科学省令で定める基準及び方法に従い、大学その他政令で定める学校に在学する優れた者であって経済的理由により修学に困難があるものと認定された者に対して貸与するものとする。

4　第一種学資金の額並びに第二種学資金の額及び利率は、学校等の種別その他の事情を考慮して、その学資金の種類ごとに政令で定めるところによる。

5　第三項の大学その他政令で定める学校に在学する者であって第二項の規定による認定を受けたもののうち、文部科学省令で定める基準及び方法に従い、第一種学資金の貸与を受けることによっても、なおその修学を維持することが困難であると認定された者に対しては、第三項の規定にかかわらず、政令で定めるところにより、第一種学資金に併せて前二項の規定による第二種学資金を貸与することができる。

6　前各項に定めるもののほか、学資金の貸与に関し必要な事項は、政令で定める。

（返還の条件等）

第十五条　学資金の返還の期限及び返還の方法は、政令で定める。

2　機構は、学資金の貸与を受けた者が災害又は傷病により学資金を返還することが困難となったとき、その他政令で定める事由があるときは、その返還の期限を猶予することができる。

3　機構は、学資金の貸与を受けた者が死亡又は精神若しくは身体の障害により学資金を返還することができなくなったときは、政令で定めるところにより、その学資金の全部又は一部の返還を免除することができる。

第十六条　機構は、大学院において第一種学資金の貸与を受けた学生等のうち、在学中に特に優れた業績を挙げたと認められる者には、政令の定めるところにより、その学資金の全部又は一部の返還を免除することができる。

（回収の業務の方法）

第十七条　学資金の回収の業務の方法については、文部科学省令で定める。

第四章　財務及び会計

（積立金の処分）

第十八条　機構は、通則法第二十九条第二項第一号に規定する中期目標の期間（以下この項において「中期目標の期間」という。）の最後の事業年度に係る通則法第四十四条第一項又は第二項の規定による整理を行った後、同条第一項の規定による積立金があるときは、その額に相当する金額のうち文部科学大臣の承認を受けた金額を、当該中期目標の期間の次の中期目標の期間に係る通則法第三十条第一項の認可を受けた中期計画（同項後段の規定による変更の認可を受けたときは、その変更後のもの）の定めるところにより、当該次の中期目標の期間における第十三条に規定する業務の財源に充てることができる。

2　文部科学大臣は、前項の規定による承認をしようとするときは、あらかじめ、文部科学省の独立行政法人評価委員会の意見を聴かなければならない。

3　機構は、第一項に規定する積立金の額に相当する金額から同項の規定による承認を受けた金額を控除してなお残余があるときは、その残余の額を国庫に納付しなければならない。

4　前三項に定めるもののほか、納付金の納付の手続その他積立金の処分に関し必要な事項は、政令で定める。

（長期借入金及び日本学生支援債券）

第十九条　機構は、第十三条第一項第一号に規定する学資の貸与に係る業務に必要な費用に充てるため、文部科学大臣の認可を受けて、長期借入金をし、又は日本学生支援債券（以下「債券」という。）を発行することができる。

2　文部科学大臣は、前項の規定による認可をしようとするときは、あらかじめ、文部科学省の独立行政法人評価委員会の意見を聴かなければならない。

3　第一項の規定による債券の債権者は、機構の財産について他の債権者に先立って自己の債権の弁済を受ける権利を有する。

4　前項の先取特権の順位は、民法（明治二十九年法律第八十九号）の規定による一般の先取特権に次ぐものとする。

5　機構は、文部科学大臣の認可を受けて、債券の発行に関する事務の全部又は一部を銀行又は信託会社に委託することができる。

6　会社法（平成十七年法律第八十六号）第七百五条第一項及び第二項並びに第七百九条の規定は、前項の規定により委託を受けた銀行又は信託会社について準用する。

7　前各項に定めるもののほか、債券に関し必要な事項は、政令で定める。

（債務保証）

第二十条　政府は、法人に対する政府の財政援助の制限に関する法律（昭和二十一年法律第二十四号）第三条の規定にかかわらず、国会の議決を経た金額の範囲内において、機構の長期借入金又は債券に係る債務（国際復興開発銀行等からの外資の受入に関する特別措置に関する法律（昭和二十八年法律第五十一号）第二条の規定に基づき政府が保証契約をすることができる債務を除く。）について保証することができる。

（償還計画）

第二十一条　機構は、毎事業年度、長期借入金及び債券の償還計画を立てて、文部科学大臣の認可を受けなければならない。

2　文部科学大臣は、前項の規定による認可をしようとするときは、あらかじめ、文部科学省の独立行政法人評価委員会の意見を聴かなければならない。

（政府貸付金等）

第二十二条　政府は、毎年度予算の範囲内において、機構に対し、第十三条第一項第一号に規定する学資の貸与に係る業務（第一種学資金に係るものに限る。）に要する資金を無利息で貸し付けることができる。

2　政府は、機構が第十五条第三項又は第十六条の規定により第一種学資金の返還を免除したときは、機構に対し、その免除した金額に相当する額の前項の貸付金の償還を免除することができる。

（補助金）

第二十三条　政府は、毎年度予算の範囲内において、機構に対し、第十三条第一項第一号に規定する学資の貸与に係る業務に要する経費の一部を補助することができる。

（補助金等に係る予算の執行の適正化に関する法律の準用）

第二十四条　補助金等に係る予算の執行の適正化に関する法律（昭和三十年法律第百七十九号）の規定（罰則を含む。）は、第十三条第一項第六号の規定により機構が支給する助成金について準用する。この場合において、同法（第二条第七項を除く。）中「各省各庁」とあるのは「独立行政法人日本学生支援機構」と、「各省各庁の長」とあるのは「独立行政法人日本学生支援機構の理事長」と、同法第二条第一項（第二号を除く。）及び第四項、第七条第二項、第十九条第一項及び第二項、第二十四条並びに第三十三条中「国」とあるのは「独立行政法人日本学生支援機構」と、同法第十四条中「国の会計年度」とあるのは「独立行政法人日本学生支援機構の事業年度」と読み替えるものとする。

第五章　雑則

（財務大臣との協議）

第二十五条　文部科学大臣は、次の場合には、あらかじめ、財務大臣に協議しなければならない。

一　第十四条第二項、第三項若しくは第五項又は第十七条の規定により文部科学省令を定めようとするとき。

二　第十八条第一項の規定による承認をしようとするとき。

三　第十九条第一項若しくは第五項又は第二十一条第一項の規定による認可をしようとするとき。

（主務大臣等）

第二十六条　機構に係る通則法における主務大臣、主務省及び主務省令は、それぞれ文部科学大臣、文部科学省及び文部科学省令とする。

第二十七条　削除

（国家公務員宿舎法の適用除外）

第二十八条　国家公務員宿舎法（昭和二十四年法律第百十七号）の規定は、機構の役員及び職員には、適用しない。

第六章　罰則

第二十九条　第十一条の規定に違反して秘密を漏らした者は、一年以下の懲役又は五十万円以下の罰金に処する。

第三十条　次の各号のいずれかに該当する場合には、その違反行為をした機構の役員は、二十万円以下の過料に処する。

一　この法律の規定により文部科学大臣の認可又は承認を受けなければならない場合において、その認可又は承認を受けなかったとき。

二　第十三条に規定する業務以外の業務を行ったとき。

第三十一条　第六条の規定に違反した者は、十万円以下の過料に処する。

附　則　抄

（施行期日）

第一条　この法律は、公布の日から施行する。ただし、附則第十一条、第十五条から第十八条まで及び第二十一条から第二十三条までの規定は、平成十六年四月一日から施行する。

（職員の引継ぎ等）

第二条　機構の成立の際現に文部科学省の部局又は機関で政令で定めるものの職員である者のうち、文部科学大臣の指定する官職を占めるものは、別に辞令を発せられない限り、機構の成立の日において、機構の職員となるものとする。

第三条　前条の規定により機構の職員となった者に対する国家公務員法（昭和二十二年法律第百二十号）第八十二条第二項の規定の適用については、機構の職員を同項に規定する特別職国家公務員等と、前条の規定により国家公務員としての身分を失ったことを任命権者の要請に応じ同項に規定する特別職国家公務員等となるため退職したこととみなす。

第四条　附則第二条の規定により文部科学省の職員が機構の職員となる場合には、その者に対しては、国家公務員退職手当法（昭和二十八年法律第百八十二号）に基づく退職手当は、支給しない。

2　機構は、前項の規定の適用を受けた機構の職員の退職に際し、退職手当を支給しようとするときは、その者の国家公務員退職手当法第二条第一項に規定する職員（同条第二項の規定により職員とみなされる者を含む。）としての引き続いた在職期間を機構の職員としての在職期間とみなして取り扱うべきものとする。

3　機構の成立の日の前日に文部科学省の職員として在職する者が、附則第二条の規定により引き続いて機構の職員となり、かつ、引き続き機構の職員として在職した後引き続いて国家公務員退職手当法第二条第一項に規定する職員となった場合におけるその者の同法に基づいて支給する退職手当の算定の基礎となる勤続期間の計算については、その者の機構の職員としての在職期間を同項に規定する職員としての引き続いた在職期間とみなす。ただし、その者が機構を退職したことにより退職手当（これに相当する給付を含む。）の支給を受けているときは、この限りでない。

4　機構は、機構の成立の日の前日に文部科学省の職員として在職し、附則第二条の規定により引き続いて機構の職員となった者のうち機構の成立の日から雇用保険法（昭和四十九年法律第百十六号）による失業等給付の受給資格を取得するまでの間に機構を退職したものであって、その退職した日まで文部科学省の職員として在職したものとしたならば国家公務員退職手当法第十条の規定による退職手当の支給を受けることができるものに対しては、同条の規定の例により算定した退職手当の額に相当する額を退職手当として支給するものとする。

第五条　附則第二条の規定により機構の職員となった者であって、機構の成立の日の前日において文部科学大臣又はその委任を受けた者から児童手当法（昭和四十六年法律第七十三号）第七条第一項（同法附則第六条第二項、第七条第四項又は第八条第四項において準用する場合を含む。以下この条において同じ。）の規定による認定を受けているものが、機構の成立の日において児童手当又は同法附則第六条第一項、第七条第一項若しくは第八条第一項の給付（以下この条において「特例給付等」という。）の支給要件に該当するときは、その者に対する児童手当又は特例給付等の支給に関しては、機構の成立の日において同法第七条第一項の規定による市町村長（特別区の区長を含む。）の認定があったものとみなす。この場合において、その認定があったものとみなされた児童手当又は特例給付等の支給は、同法第八条第二項（同法附則第六条第二項、第七条第四項又は第八条第四項において準用する場合を含む。）の規定にかかわらず、機構の成立の日の前日の属する月の翌月から始める。

第六条　機構の成立の日の前日において国家公務員共済組合法（昭和三十三年法律第百二十八号）第三条第一項の規定により文部科学省に属する同法第二条第一項第一号に規定する職員及びその所管する独立行政法人の同号に規定する職員をもって組織された国家公務員共済組合（以下この条において「文部科学省共済組合」という。）の組合員である同号に規定する職員（同日において附則第二条に規定する文部科学省の部局又は機関で政令で定めるものに属する者に限る。）が機構の成立の日において機構の役員又は職員（同号に規定する職員に相当する者に限る。以下この条において「役職員」という。）となり、かつ、引き続き同日以後において機構の役職員である場合において、その者が同日から起算して二十日を経過する日（正当な理由があると文部科学省共済組合が認めた場合には、その認めた日）までに文部科学省共済組合に申出をしたときは、当該役職員は、機構の成立の日以後引き続く当該役職員である期間文部科学省共済組合を組織する同号に規定する職員に該当するものとする。

2　前項に規定する役職員が同項に規定する申出をその期限内に行うことなく死亡した場合には、その申出は、当該期限内に当該役職員の遺族（国家公務員共済組合法第二条第一項第三号に規定する遺族に相当する者に限る。次項において同じ。）がすることができる。

3　機構の成立の日の前日において文部科学省共済組合の組合員である国家公務員共済組合法第二条第一項第一号に規定する職員（同日において附則第二条に規定する文部科学省の部局又は機関で政令で定めるものに属する者に限る。）が機構の成立の日において機構の役職員となる場合において、当該役職員又はその遺族が第一項の規定による申出を行わなかったときは、当該役職員は、機構の成立の日の前日に退職（同条第一項第四号に規定する退職をいう。）をしたものとみなす。

（機構の職員となる者の職員団体についての経過措置）

第七条　機構の成立の際現に存する国家公務員法第百八条の二第一項に規定する職員団体であって、その構成員の過半数が附則第二条の規定により機構に引き継がれる者であるものは、機構の成立の際労働組合法（昭和二十四年法律第百七十四号）の適用を受ける労働組合となるものとする。この場合において、当該職員団体が法人であるときは、法人である労働組合となるものとする。

2　前項の規定により法人である労働組合となったものは、機構の成立の日から起算して六十日を経過する日までに、労働組合法第二条及び第五条第二項の規定に適合する旨の労働委員会の証明を受け、かつ、その主たる事務所の所在地において登記しなければ、その日の経過により解散するものとする。

3　第一項の規定により労働組合となったものについては、機構の成立の日から起算して六十日を経過する日までは、労働組合法第二条ただし書（第一号に係る部分に限る。）の規定は、適用しない。

（国の権利義務の承継等）

第八条　機構の成立の際、第十三条第一項第二号、第八号及び第九号に規定する業務に関し、現に国が有する権利及び義務のうち政令で定めるものは、機構の成立の時において機構が承継する。

2　前項の規定により機構が国の有する権利及び義務を承継したときは、その承継の際、承継される権利に係る財産で政令で定めるものの価額の合計額に相当する金額は、政府から機構に対し出資されたものとする。

3　前項の規定により政府から出資があったものとされる同項の財産の価額は、機構の成立の日現在における時価を基準として評価委員が評価した価額とする。

4　前項の評価委員その他評価に関し必要な事項は、政令で定める。

（国有財産の無償使用）

第九条　国は、機構の成立の際現に附則第二条に規定する文部科学省の部局又は機関で政令で定めるものに属する者の住居の用に供されている国有財産であって政令で定めるものを、政令で定めるところにより、機構の用に供するため、機構に無償で使用させることができる。

（日本育英会の解散等）

第十条　日本育英会（以下「育英会」という。）は、機構の成立の時において解散するものとし、その一切の権利及び義務は、その時において、次項の規定により国が承継する資産を除き、機構が承継する。

2　機構の成立の際現に育英会が有する権利のうち、機構がその業務を確実に実施するために必要な資産以外の資産は、機構の成立の時において国が承継する。

3　前項の規定により国が承継する資産の範囲その他当該資産の国への承継に関し必要な事項は、政令で定める。

4　育英会の平成十五年四月一日に始まる事業年度に係る決算並びに財産目録、貸借対照表及び損益計算書については、なお従前の例による。この場合において、当該決算の完結の期限は、解散の日から起算して二月を経過する日とする。

5　第一項の規定により機構が育英会の権利及び義務を承継したときは、その承継の際、機構が承継する資産の価額から負債の金額を差し引いた額は、政府から機構に対し出資されたものとする。

6　附則第八条第三項及び第四項の規定は、前項の資産の価額について準用する。

7　第一項の規定により育英会が解散した場合における解散の登記については、政令で定める。

（政府が有する債権の免除）

第十一条　政府は、旧育英会法（附則第十五条の規定による廃止前の日本育英会法（昭和五十九年法律第六十四号）をいう。以下同じ。）第二十一条第一項第一号の業務に必要な費用に充てるため政府から旧育英会法第四十条第一項の規定により育英会に貸し付けた資金であって政令で定めるものに係る育英会に対する債権を免除するものとする。

（育英会の発行する日本育英会債券に関する経過措置）

第十二条　旧育英会法第三十二条第一項の規定により育英会が発行した日本育英会債券は、第十九条第三項及び第四項の規定の適用については、同条第一項の規定による日本学生支援債券とみなす。

（財団法人国際学友会等からの引継ぎ）

第十三条　次の表の上欄に掲げる法人は、寄附行為の定めるところにより、設立委員に対し、機構の成立の時において現にこれらの法人が有する権利及び義務のうち、それぞれ同表の下欄に掲げる事業の遂行に伴いこれらの法人に属するに至ったものを、機構において承継すべき旨を申し出ることができる。

法人	事業
昭和十五年十二月六日に設立された財団法人国際学友会（以下この項において「学友会」という。）	平成十五年三月一日現在における学友会の寄附行為第五条第一号から第六号まで及び第八号に掲げる事業並びにこれらに附帯する事業
昭和二十年七月一日に設立された財団法人内外学生センター（以下この項において「センター」という。）	平成十五年三月一日現在におけるセンターの寄附行為第四条に掲げる事業のうち留学生交流の推進及び大学等に対する支援に係るもの並びにこれらに附帯する事業
昭和三十一年六月八日に設立された財団法人関西国際学友会（以下この項において「関西学友会」という。）	平成十五年三月一日現在における関西学友会の寄附行為第五条第二号から第七号までに掲げる事業及びこれらに附帯する事業
昭和三十二年三月一日に設立された財団法人日本国際教育協会（以下この項において「協会」という。）	平成十五年三月一日現在における協会の寄附行為第五条第一号から第六号まで及び第八号に掲げる事業並びにこれらに附帯する事業

2　設立委員は、前項の規定による申出があったときは、遅滞なく、文部科学大臣の認可を申請しなければならない。

3　前項の認可があったときは、第一項の規定による申出に係る権利及び義務は、機構の成立の時において機構に承継されるものとする。

（業務の特例等）

第十四条　機構は、当分の間、第十三条に規定する業務のほか、旧育英会法第二十一条第一項第一号に規定する業務及びこれに附帯する業務のうち、高等学校（中等教育学校の後期課程及び特別支援学校の高等部を含む。）又は専修学校の高等課程の生徒（機構の成立の日の属する年度の翌年度以降にこれらの学校に入学する者を除く。）に対する旧育英会法第二十二条第一項に規定する第一種学資金に係る業務を行う。

2　前項に規定する業務については、旧育英会法第二十二条及び第二十三条の規定は、次条の規定の施行後も、なおその効力を有する。この場合において、旧育英会法第二十三条中「育英会」とあるのは「独立行政法人日本学生支援機構」とする。

3　機構が第一項に規定する業務を行う場合における第十七条、第十八条第一項、第十九条第一項、第二十二条、第二十三条及び第三十条第二号の規定の適用については、第十七条中「学資金」とあるのは「学資金（附則第十四条第一項に規定する第一種学資金を含む。）」と、第十八条第一項及び第三十条第二号中「第十三条」とあるのは「第十三条及び附則第十四条第一項」と、第十九条第一項及び第二十三条中「第十三条第一項第一号に規定する学資の貸与に係る業務」とあるのは「第十三条第一項第一号に規定する学資の貸与に係る業務及び附則第十四条第一項に規定する業務（附帯する業務を除く。）」と、第二十二条第一項中「第十三条第一項第一号に規定する学資の貸与に係る業務（第一種学資金に係るものに限る。）」とあるのは「第十三条第一項第一号に規定する学資の貸与に係る業務（第一種学資金に係るものに限る。）及び附則第十四条第一項に規定する業務（附帯する業務を除く。）」と、同条第二項中「第十五条第三項又は第十六条」とあるのは「第十五条第三項、第十六条又は附則第十四条第二項の規定によりなおその効力を有することとされる旧育英会法第二十三条第三項」とする。

（日本育英会法の廃止）

第十五条　日本育英会法は、廃止する。

（従前の被貸与者に関する経過措置）

第十六条　前条の規定の施行前に育英会がした貸与契約による学資の貸与及び貸与金の返還については、なお従前の例による。

2　政府は、機構が前項の規定によりなお従前の例によることとされる貸与金の返還の免除（無利息の貸与金に係るものに限る。）をしたときは、機構に対し、その免除した金額に相当する額の貸付金の償還を免除することができる。

（日本育英会法の廃止に伴う経過措置）

第十七条　附則第十五条の規定の施行前に旧育英会法（第十条、第十七条及び第二十条第一項を除く。）の規定によりした処分、手続その他の行為は、通則法又はこの法律中の相当する規定によりした処分、手続その他の行為とみなす。

（罰則の適用に関する経過措置）

第十八条　附則第十五条の規定の施行前にした行為及び附則第十条第四項の規定によりなお従前の例によることとされる事項に係るこの法律の施行後にした行為に対する罰則の適用については、なお従前の例による。

（名称の使用制限に関する経過措置）

第十九条　この法律の施行の際現に日本学生支援機構という名称を使用している者については、第六条の規定は、この法律の施行後六月間は、適用しない。

（政令への委任）

第二十条　附則第二条から第十四条まで及び第十六条から前条までに定めるもののほか、機構の設立に伴い必要な経過措置その他この法律の施行に関し必要な経過措置は、政令で定める。

附　則（平成一八年六月二一日法律第八〇号）　抄

（施行期日）

第一条　この法律は、平成十九年四月一日から施行する。

独立行政法人日本学生支援機構法施行令

平成十六年一月七日政令第二号
最終改正　平成二一年三月三一日政令第七四号

内閣は、独立行政法人日本学生支援機構法（平成十五年法律第九十四号）第十四条第三項から第五項まで、第十五条、第十六条、第十九条第七項及び第二十七条並びに附則第二条、第八条第一項及び第二項、同条第四項（附則第十条第六項において準用する場合を含む。）、第九条、第十条第三項及び第七項、第十一条並びに第二十条の規定に基づき、並びに同法を実施するため、この政令を制定する。

（第一種学資金の額）

第一条　独立行政法人日本学生支援機構法（以下「法」という。）第十四条第一項の第一種学資金（以下単に「第一種学資金」という。）の月額は、次の表の上欄に掲げる学校に在学する者について、同欄に掲げる学校等及び通学形態の区分に応じ、それぞれ同表の下欄に定める額のうち貸与を受ける学生又は生徒が選択する額とする。

㊟次の表⇩次頁からの表

2　大学において通信による教育を受ける者のうち、教員に面接して授業を受ける期間が夏季等の特別の時期に集中する者その他文部科学省令で定める者に対する第一種学資金の月額については、前項の表大学の項下欄の規定にかかわらず、年当たりの合計額が八八、〇〇〇円を超えない額の範囲内で学校等の種別及び通学形態の別を考慮して独立行政法人日本学生支援機構（以下「機構」という。）の定める額とする。

（第二種学資金の貸与並びにその額及び利率）

第二条　法第十四条第一項の第二種学資金（以下単に「第二種学資金」という。）の月額は、次の各号に掲げる学校に在学する者（通信による教育を受ける者を除く。）について、それぞれ当該各号に定める額のうち貸与を受ける学生又は生徒が選択する額とし、その利率は、年三パーセントとする。

一　大学　三〇、〇〇〇円、五〇、〇〇〇円、八〇、〇〇〇円、一〇〇、〇〇〇円又は一二〇、〇〇〇円

二　大学院　五〇、〇〇〇円、八〇、〇〇〇円、一〇〇、〇〇〇円、一三〇、〇〇〇円又は一五〇、〇〇〇円

三　高等専門学校（第四学年及び第五学年に限る。）三〇、〇〇〇円、五〇、〇〇〇円、八〇、〇〇〇円、一〇〇、〇〇〇円又は一二〇、〇〇〇円

四　専修学校（前条第一項の表備考第五号に規定する専門課程に限る。）三〇、〇〇〇円、五〇、〇〇〇円、八〇、〇〇〇円、一〇〇、〇〇〇円又は一二〇、〇〇〇円

2　私立の大学の医学、歯学、薬学若しくは獣医学を履修する課程又は法科大学院（専門職大学院であって、法曹に必要な学識及び能力を培うことを目的とするものをいう。以下この項において同じ。）の法学を履修する課程に在学する者に対する第二種学資金については、前項の規定にかかわらず、その月額を、次の表の上欄に掲げる課程の区分に応じ、それぞれ同表の中欄に定める額（機構の定める額が二以上あるときは、そのうち貸与を受ける学生が選択する額）とすることができるものとし、その場合における利率は、年当たり同表の下欄に掲げる算式により算定した利率とする。

㊟次の表⇩四五七頁左の表

区分				月額
大学	地方公共団体、国立大学法人（国立大学法人法（平成十五年法律第百十二号）第二条第一項に規定する国立大学法人をいう。以下この表において同じ。）及び公立大学法人（地方独立行政法人法（平成十五年法律第百十八号）第六十八条第一項に規定する公立大学法人をいう。以下この表において同じ。）が設置する大学		自宅通学のとき	三〇、〇〇〇円又は四五、〇〇〇円
			自宅外通学のとき	三〇、〇〇〇円又は五一、〇〇〇円
	私立の大学	学部	自宅通学のとき	三〇、〇〇〇円又は五四、〇〇〇円
			自宅外通学のとき	三〇、〇〇〇円又は六四、〇〇〇円
		短期大学	自宅通学のとき	三〇、〇〇〇円又は五三、〇〇〇円
			自宅外通学のとき	三〇、〇〇〇円又は六〇、〇〇〇円
大学院	修士課程及び専門職大学院の課程			五〇、〇〇〇円又は八八、〇〇〇円
	博士課程			八〇、〇〇〇円又は一二二、〇〇〇円
高等専門学校	地方公共団体、独立行政法人国立高等専門学校機構及び公立大学法人が設置する高等専門学校	第一学年から第三学年まで	自宅通学のとき	一〇、〇〇〇円又は二一、〇〇〇円
			自宅外通学のとき	一〇、〇〇〇円又は二二、五〇〇円
		第四学年及び第五学年	自宅通学のとき	三〇、〇〇〇円又は四五、〇〇〇円
			自宅外通学のとき	三〇、〇〇〇円又は五一、〇〇〇円
	私立の高等専門学校	第一学年から第三学年まで	自宅通学のとき	一〇、〇〇〇円又は三二、〇〇〇円
			自宅外通学のとき	一〇、〇〇〇円又は三五、〇〇〇円
		第四学年及び第五学年	自宅通学のとき	三〇、〇〇〇円又は五三、〇〇〇円
			自宅外通学のとき	三〇、〇〇〇円又は六〇、〇〇〇円
専修学校	国、地方公共団体及び国立大学法人が設置する専修学校の専門課程		自宅通学のとき	三〇、〇〇〇円又は四五、〇〇〇円
			自宅外通学のとき	三〇、〇〇〇円又は五一、〇〇〇円
	私立の専修学校の専門課程		自宅通学のとき	三〇、〇〇〇円又は五三、〇〇〇円

3　第一項各号に掲げる学校（以下この項及び次条第一項において「貸与対象校」という。）に在学する者が当該貸与対象校に入学した月又は当該貸与対象校（学校教育法（昭和二十二年法律第二十六号）の規定により設置されたものに限る。同条第一項において「貸与対象日本校」という。）に在学する者が外国の大学若しくは大学院に留学した月に貸与される第二種学資金の月額については、前二項の規定にかかわらず、第一項の場合にあっては同項各号に定める額のうち学生又は生徒が選択する額に、前項の場合にあっては同項の表の中欄に掲げる機構の定める額（その額が二以上あるときは、そのうち貸与を受ける学生が選択する額）に、それぞれ一〇〇、〇〇〇円、二〇〇、〇〇〇円、三〇〇、〇〇〇円、四〇〇、〇〇〇円又は五〇〇、〇〇〇円（貸与を受ける学生又は生徒が当該入学をした月に当該留学をした場合においては、一〇〇、〇〇〇円、二〇〇、〇〇〇円、三〇〇、〇〇〇円、四〇〇、〇〇〇円、五〇〇、〇〇〇円、六〇〇、〇〇〇円、七〇〇、〇〇〇円、八〇〇、〇〇〇円、九〇〇、〇〇〇円又は一、〇〇〇、〇〇〇円）のうち貸与を受ける学生又は生徒が選択する額を加えた額とすることができるものとし、その場合における利率は、年当たり次の算式により算定した利率とする。

利率（パーセント）＝（C×3＋（D－C）×r）÷D

（第一種学資金に併せて貸与する第二種学資金の額及び利率）

第三条　法第十四条第五項の規定により第一種学資金に併せて貸与する第二種学資金については、月額第二種学資金（貸与対象校に在学する者に対し、機構の定める期間において毎月貸与する第二種学資金をいう。次項において同じ。）又は一時金額第二種学資金（貸与対象校に入学した者に対しその入学の際に一時金として貸与する第二種学資金及び貸与対象日本校に在学する者に対しその者が外国の大学又は大学院に留学する際に一時金として貸与する第二種学資金をいう。第三項において同じ。）のうち、貸与を受ける学生又は生徒が機構の定めるところにより選択するいずれか一の第二種学資金とする。

自宅外通学のとき	三〇、〇〇〇円又は六〇、〇〇〇円

備考
一　「大学」には、別科を含まない（第六条を除き、以下同じ。）。
二　「学部」には、専攻科を含む。
三　「修士課程」には、博士課程のうち、修士課程として取り扱われる課程及び修士課程に相当すると認められるものを含む。
四　「第四学年及び第五学年」には、専攻科を含む（次条第一項第三号において同じ。）。
五　「専門課程」は、機械又は装置の修理、保守又は操作、製造、加工、建設、医療、栄養の指導、保育、経理その他これらに類する職業に必要な技術の教授を目的とする修業年限二年以上の専門課程で文部科学省令で定めるものに限る。
六　「自宅通学のとき」とは、その者の生計を主として維持する者と同居するとき、又はこれに準ずると認められるときをいう。
七　「自宅外通学のとき」とは、前号の自宅通学のとき以外のときをいう。

区分	月額	利率（パーセント）
私立の大学の医学又は歯学を履修する課程	一二〇、〇〇〇円を超え一六〇、〇〇〇円以内で機構の定める額	{A×3＋(B—A)×r}÷B
私立の大学の薬学又は獣医学を履修する課程	一二〇、〇〇〇円を超え一四〇、〇〇〇円以内で機構の定める額	
法科大学院の法学を履修する課程	一五〇、〇〇〇円を超え二二〇、〇〇〇円以内で機構の定める額	

備考　この表の下欄に掲げる算式中次に掲げる記号の意義は、それぞれ次に定めるとおりとする。
A　私立の大学の医学又は歯学を履修する課程及び薬学又は獣医学を履修する課程にあっては一二〇、〇〇〇円、法科大学院の法学を履修する課程にあっては一五〇、〇〇〇円
B　この表の中欄の機構の定める額（その額が二以上あるときは、そのうち貸与を受ける学生が選択した額）
r　年三パーセントを超える利率で機構の定める利率に相当する数

2　月額第二種学資金の額及び利率については、前条の規定の例による。

3　一時金額第二種学資金の額は、一〇〇、〇〇〇円、二〇〇、〇〇〇円、三〇〇、〇〇〇円、四〇〇、〇〇〇円又は五〇〇、〇〇〇円（貸与を受ける学生又は生徒が当該入学をした月に当該留学をした場合においては、一〇〇、〇〇〇円、二〇〇、〇〇〇円、三〇〇、〇〇〇円、四〇〇、〇〇〇円、五〇〇、〇〇〇円、六〇〇、〇〇〇円、七〇〇、〇〇〇円、八〇〇、〇〇〇円、九〇〇、〇〇〇円又は一、〇〇〇、〇〇〇円）のうち貸与を受ける学生又は生徒が選択する額とし、その利率は、年三パーセントを超える利率で機構の定める利率とする。

（第二種学資金の利息の特例）
第四条　前二条の規定にかかわらず、第二種学資金は、その貸与を受けている間並びに法第十五条第二項の規定によりその返還の期限を猶予される場合における同項及び第六条に規定する事由がある間は無利息とする。

（返還の期限等）
第五条　法第十四条第一項の学資金（以下単に「学資金」という。）の返還の期限は、貸与期間の終了した月の翌月から起算して六月を経過した後二十年以内で機構の定める期日とし、その返還は、年賦、半年賦、月賦その他の機構の定める割賦の方法によるものとする。ただし、学資金の貸与を受けた者は、いつでも繰上返還をすることができる。

2　第二種学資金についての前項の規定による年賦、半年賦、月賦その他の割賦による返還は、元利均等返還の方法によるものとする。

3　学資金の貸与を受けた者が、支払能力があるにもかかわらず割賦金の返還を著しく怠ったと認められるときは、前二項の規定にかかわらず、その者は、機構の請求に基づき、その指定する日までに返還未済額の全部を返還しなければならない。

（返還期限の猶予）
第六条　法第十五条第二項の政令で定める事由は、大学、大学院若しくは高等専門学校又は専修学校の第一条第

一項の表備考第五号に規定する専門課程に在学することその他文部科学大臣の認めるやむを得ない事由があることとする。

（死亡等による返還免除）

第七条　死亡した者又は精神若しくは身体の障害により労働能力を喪失した者については、その学資金の返還未済額の全部又は一部を免除することができる。

2　精神又は身体の障害により労働能力に高度の制限を有する者については、その学資金の返還未済額の一部の返還を免除することができる。

3　機構は、前二項の規定による学資金の返還の免除につき必要な事項を定め、文部科学大臣の認可を受けなければならない。

（特に優れた業績による返還免除）

第八条　大学院において第一種学資金の貸与を受けた学生であって、在学中に特に優れた業績を挙げた者として機構が認定したものには、貸与期間終了の時において、その学資金の全部又は一部の返還を免除することができる。

2　前項の認定は、大学院において第一種学資金の貸与を受けた学生のうち、当該大学院を置く大学の学長が、学内選考委員会（機構に対して同項の認定を受ける候補者として推薦すべき者の選考に関する事項を調査審議する機関として文部科学省令で定めるところにより当該大学に設置されるものをいう。）の議に基づき推薦する者について、その専攻分野に関する論文その他の文部科学省令で定める業績を総合的に評価することにより行うものとする。

3　機構は、前項に規定するもののほか、第一項の規定による学資金の返還の免除につき必要な事項を定め、文部科学大臣の認可を受けなければならない。

（日本学生支援債券の形式）

第九条　日本学生支援債券は、無記名利札付きとする。

（日本学生支援債券の発行の方法）

第十条　日本学生支援債券の発行は、募集の方法による。

（日本学生支援債券申込証）

第十一条　日本学生支援債券の募集に応じようとする者は、日本学生支援債券申込証にその引き受けようとする日本学生支援債券の数及び住所を記載し、これに署名し、又は記名押印しなければならない。

2　社債、株式等の振替に関する法律（平成十三年法律第七十五号。以下「社債等振替法」という。）の規定の適用がある日本学生支援債券（次条第二項において「振替日本学生支援債券」という。）の募集に応じようとする者は、前項の記載事項のほか、自己のために開設された当該日本学生支援債券の振替を行うための口座（同条第二項において「振替口座」という。）を日本学生支援債券申込証に記載しなければならない。

3　日本学生支援債券申込証は、機構が作成し、これに次に掲げる事項を記載しなければならない。

一　日本学生支援債券の名称
二　日本学生支援債券の総額
三　各日本学生支援債券の金額
四　日本学生支援債券の利率
五　日本学生支援債券の償還の方法及び期限
六　利息の支払の方法及び期限
七　日本学生支援債券の発行の価額
八　社債等振替法の規定の適用があるときは、その旨
九　社債等振替法の規定の適用がないときは、無記名式である旨
十　応募額が日本学生支援債券の総額を超える場合の措置
十一　募集又は管理の委託を受けた会社があるときは、その商号

（日本学生支援債券の引受け）

第十二条　前条の規定は、政府若しくは地方公共団体が日本学生支援債券を引き受ける場合又は日本学生支援債券の募集の委託を受けた会社が自ら日本学生支援債券を引き受ける場合におけるその引き受ける部分については、適用しない。

2　前項の場合において、振替日本学生支援債券を引き受ける政府若しくは地方公共団体又は振替日本学生支援債券の募集の委託を受けた会社は、その引受けの際に、振替口座を機構に示さなければならない。

（日本学生支援債券の成立の特則）

第十三条　日本学生支援債券の応募総額が日本学生支援債券の総額に達しないときでも、日本学生支援債券を成立させる旨を日本学生支援債券申込証に記載したときは、その応募総額をもって日本学生支援債券の総額とする。

（日本学生支援債券の払込み）

第十四条　機構は、日本学生支援債券の募集が完了したときは、遅滞なく、各日本学生支援債券についてその全額の払込みをさせなければならない。

（債券の発行）

第十五条　機構は、前条の払込みがあったときは、遅滞なく、債券を発行しなければならない。ただし、日本学生支援債券につき社債等振替法の規定の適用があるときは、この限りでない。

2　各債券には、第十一条第三項第一号から第六号まで、第九号及び第十一号に掲げる事項並びに番号を記載し、機構の理事長がこれに記名押印しなければならない。

（日本学生支援債券原簿）

第十六条　機構は、主たる事務所に日本学生支援債券原簿を備えて置かなければならない。

2　日本学生支援債券原簿には、次に掲げる事項を記載しなければならない。

一　債券の発行の年月日
二　債券の数（社債等振替法の規定の適用がないときは、債券の数及び番号）
三　第十一条第三項第一号から第六号まで、第八号及び第十一号に掲げる事項
四　元利金の支払に関する事項

（利札が欠けている場合）

第十七条　日本学生支援債券を償還する場合において、欠けている利札があるときは、これに相当する金額を償還額から控除する。ただし、既に支払期が到来した利札については、この限りでない。

2　前項の利札の所持人がこれと引換えに控除金額の支払を請求したときは、機構は、これに応じなければならない。

（日本学生支援債券の発行の認可）

第十八条　機構は、法第十九条第一項の規定により日本学生支援債券の発行の認可を受けようとするときは、日本学生支援債券の募集の日の二十日前までに次に掲げる事項を記載した申請書を文部科学大臣に提出しなければならない。

一　発行を必要とする理由

二　第十一条第三項第一号から第八号までに掲げる事項

三　日本学生支援債券の募集の方法

四　発行に要する費用の概算額

五　第二号に掲げるもののほか、日本学生支援債券に記載しようとする事項

2　前項の申請書には、次に掲げる書類を添付しなければならない。

一　作成しようとする日本学生支援債券申込証

二　日本学生支援債券の発行により調達する資金の使途を記載した書面

三　日本学生支援債券の引受けの見込みを記載した書面

（政府貸付金の償還免除）

第十九条　法第二十二条第二項の規定による政府の機構に対する貸付金の償還の免除は、毎年度その前年度において機構が返還を免除した第一種学資金の額に相当する額につき、償還期限の早い貸付金から順次行うものとする。

附　則　抄

（施行期日）

第一条　この政令は、公布の日から施行する。ただし、附則第十条第一項及び第三項並びに第十三条から第二十八条までの規定は、平成十六年四月一日から施行する。

（第二種学資金の利率の特例）

第二条　第二種学資金に係る第二条及び第三条第三項の規定の適用については、当分の間、第二条第一項中「年三パーセント」とあるのは「年三パーセント（法第十九条第一項の規定による財政融資資金からの借入金の利率及び同項の規定による日本学生支援債券の利率を加重平均する方法であって文部科学省令で定めるもののうち、貸与を受ける学生又は生徒が選択した方法により算定した利率が年三パーセント未満の場合にあっては、当該利率）」と、同条第二項の表利率の欄中「3」とあるのは「附則第二条第一項の規定により読み替えられた前項に規定する利率（パーセント）に相当する数」と、同表備考中「年三パーセント」とあるのは「附則第二条第一項の規定により読み替えられた前項に規定する利率」と、同条第三項に掲げる算式中「3」とあるのは「附則第二条第一項の規定により読み替えられた第一項に規定する利率（パーセント）に相当する数」と、同項の備考中「年三パーセント」とあるのは「附則第二条第一項の規定により読み替えられた第一項に規定する利率」と、第三条第三項中「年三パーセント」とあるのは「附則第二条第一項の規定により読み替えられた前条第一項に規定する利率」とする。

2　文部科学大臣は、前項の規定により読み替えられた第二条第一項に規定する文部科学省令を定めようとするときは、あらかじめ、財務大臣に協議しなければならない。

（職員の引継ぎに係る政令で定める部局又は機関）

第三条　法附則第二条の政令で定める文部科学省の部局又は機関は、次に掲げるものとする。

一　高等教育局学生課及び留学生課

二　国立大学法人法等の施行に伴う関係法律の整備等に関する法律（平成十五年法律第百十七号）第二条の規定による廃止前の国立学校設置法（昭和二十四年法律第百五十号）第三条第一項の表及び第三条の三第一項に掲げる国立大学の内部組織のうち文部科学大臣が定めるもの

（機構の成立の時において承継される国の権利及び義務）

第四条　法附則第八条第一項の政令で定める権利及び義務は、次に掲げる権利及び義務とする。

一　文部科学大臣の所管に属する物品のうち文部科学大臣が指定するものに関する権利及び義務

二　法第十三条第一項第二号、第八号及び第九号に規定する業務に関し国が有する権利及び義務のうち前号に掲げるもの以外のものであって、文部科学大臣が指定するもの

（国の有する権利及び義務の承継の際出資があったものとされる財産）

第五条　法附則第八条第二項の政令で定める財産は、前条第二号の規定により指定された権利に係る財産のうち文部科学大臣が指定するものとする。

（機構が承継する資産に係る評価委員の任命等）

第六条　法附則第八条第三項（法附則第十条第六項において準用する場合を含む。次項及び第三項において同じ。）の評価委員は、次に掲げる者につき文部科学大臣が任命する。

一　財務省の職員　一人

二　文部科学省の職員　一人

三　機構の役員（機構が成立するまでの間は、機構に係る独立行政法人通則法（平成十一年法律第百三号）第十五条第一項の設立委員）　一人

四　学識経験のある者　二人

2　法附則第八条第三項の規定による評価は、同項の評価委員の過半数の一致によるものとする。

3　法附則第八条第三項の規定による評価に関する庶務は、文部科学省高等教育局学生支援課において処理する。

（国有財産の無償使用）

第七条　法附則第九条の規定により国が機構に無償で使用させることができる国有財産及び当該国有財産の使用に関し必要な手続は、文部科学大臣が財務大臣に協議して定める。

（国が承継する資産の範囲等）

第八条　法附則第十条第二項の規定により国が承継する資産は、文部科学大臣が財務大臣に協議して定める。

2　前項の規定により国が承継する資産は、一般会計に帰属する。

（日本育英会の解散の登記の嘱託等）

第九条　法附則第十条第一項の規定により日本育英会（以下「育英会」という。）が解散したときは、文部科学大臣は、遅滞なく、その解散の登記を登記所に嘱託しなければならない。

2　登記官は、前項の規定による嘱託に係る解散の登記をしたときは、その登記用紙を閉鎖しなければならない。

（免除するものとする債権の額等）

第十条　法附則第十一条の規定により免除するものとする債権の額は、機構が育英会から承継する負債のうち法附則第十五条の規定による廃止前の日本育英会法（昭和五十九年法律第六十四号。以下「旧育英会法」という。）第二十一条第一項第一号に規定する業務に係るものの金額から、機構が育英会から承継する資産のうち当該業務に係るものの価額を差し引いた額の範囲内で文部科学大臣が定める額とする。

2　文部科学大臣は、前項の規定により額を定めようとするときは、財務大臣に協議しなければならない。

3　法附則第十一条の規定による債権の免除は、第一項に規定する額につき、償還期限の早い貸付金から順次行うものとする。

（業務の特例に関する経過措置）

第十一条　法附則第十四条第一項の規定により機構が行う業務については、旧育英会法施行令（附則第十三条の規定による廃止前の日本育英会法施行令（昭和五十九年政令第二百五十三号）をいう。以下同じ。）第二条第一項（高等学校及び専修学校の高等課程に係る部分に限る。）、第六条第一項及び第三項、第七条並びに第八条の規定は、附則第十三条の規定の施行後も、なおその効力を有する。この場合において、旧育英会法施行令第二条第一項の表中「国立及び公立の高等学校」とあるのは「地方公共団体及び国立大学法人法（平成十五年法律第百十二号）第二条第一項に規定する国立大学法人が設置する高等学校」と、「国立及び公立の専修学校」とあるのは「国、地方公共団体及び国立大学法人法第二条第一項に規定する国立大学法人が設置する専修学校」と、旧育英会法施行令第六条第三項及び第八条第三項中「育英会」とあるのは「独立行政法人日本学生支援機構」とする。

2　機構が法附則第十四条第一項に規定する業務を行う場合における第十九条の規定の適用については、同条中「法第二十二条第二項」とあるのは「法附則第十四条第三項の規定により読み替えられた法第二十二条第二項」と、「第一種学資金」とあるのは「第一種学資金（法附則第十四条第一項に規定する第一種学資金を含む。）」とする。

第十一条の二　機構は、当分の間、法附則第十四条第一項に規定する業務において回収される同項に規定する第一種学資金の額に相当する額について、平成十七年度以降に同項に規定する高等学校又は専修学校の高等課程に入学する者に学資の貸与を行う都道府県に対して、当該貸与に供する資金として支給するものとする。

（独立行政法人等の保有する情報の公開に関する法律の適用に関する経過措置）

第十二条　機構の成立前に行政機関の保有する情報の公開に関する法律（平成十一年法律第四十二号。同法第二条第二項に規定する行政文書の開示に係る部分に限る。）の規定に基づき法第十三条第一項第二号、第八号及び第九号に規定する機構の業務に係る行政文書に関して文部科学大臣（行政機関の保有する情報の公開に関する法律第十七条の規定により委任を受けた職員を含む。以下この条において同じ。）がした行為及び文部科学大臣に対してされた行為は、機構の成立後は、独立行政法人等の保有する情報の公開に関する法律（平成十三年法律第百四十号。同法第二条第二項に規定する法人文書の開示に係る部分に限る。）の規定に基づき機構がした行為及び機構に対してされた行為とみなす。

（日本育英会法施行令の廃止）

第十三条　日本育英会法施行令は、廃止する。

（従前の被貸与者に関する政府貸付金の償還免除）

第十四条　第十九条の規定は、法附則第十六条第二項の規定による政府の機構に対する貸付金の償還の免除について準用する。

（日本育英会債券原簿等に係る経過措置）

第十五条　育英会が旧育英会法第三十二条第一項の規定により発行した日本育英会債券に係る日本育英会債券原簿及び利札の取扱いについては、附則第十三条の規定の施行後においても、旧育英会法施行令第二十条及び第二十一条の規定は、なおその効力を有する。この場合において、旧育英会法施行令第二十条第一項中「育英会は、主たる事務所に」とあるのは「独立行政法人日本学生支援機構は、独立行政法人日本学生支援機構法（平成十五年法律第九十四号）附則第十条第一項の規定による解散前の日本育英会が作成した日本育英会債券原簿に係る日本育英会債券の償還及びその利息の支払を完了するまでの間、主たる事務所にその」と、同条第二項第三号中「第十五条第三項第一号」とあるのは「独立行政法人日本学生支援機構法施行令附則第十三条の規定による廃止前の日本育英会法施行令第十五条第三項第一号」と、旧育英会法施行令第二十一条第二項中「育英会」とあるのは「独立行政法人日本学生支援機構」とする。

附　則（平成二一年三月三一日政令第七四号）

この政令は、平成二十一年四月一日から施行する。

独立行政法人日本学生支援機構に関する省令

平成十六年三月三十一日文部科学省令第二十三号
最終改正　平成一九年三月三〇日文部科学省令第一一号

独立行政法人通則法（平成十一年法律第百三号）、独立行政法人日本学生支援機構法（平成十五年法律第九十四号）、独立行政法人の組織、運営及び管理に係る共通的な事項に関する政令（平成十二年政令第三百十六号）及び独立行政法人日本学生支援機構法施行令（平成十六年政令第二号）の規定に基づき、並びにこれらの法律を実施するため、独立行政法人日本学生支援機構に関する省令を次のように定める。

（業務方法書に記載すべき事項）
第一条　独立行政法人日本学生支援機構（以下「機構」という。）に係る独立行政法人通則法（以下「通則法」という。）第二十八条第二項の主務省令で定める業務方法書に記載すべき事項は、次のとおりとする。
一　独立行政法人日本学生支援機構法（以下「法」という。）第十三条第一項第一号に規定する学資の貸与その他必要な援助に関する事項
二　法第十三条第一項第二号に規定する学資の支給その他必要な援助に関する事項
三　法第十三条第一項第三号に規定する施設の設置及び運営に関する事項
四　法第十三条第一項第四号に規定する試験に関する事項
五　法第十三条第一項第五号に規定する日本語教育に関する事項
六　法第十三条第一項第六号に規定する助成金の支給に関する事項
七　法第十三条第一項第七号に規定する催しの実施、情報及び資料の収集、整理及び提供その他留学生交流の推進を図るための事業に関する事項
八　法第十三条第一項第八号に規定する研修並びに情報及び資料の収集、整理及び提供に関する事項
九　法第十三条第一項第九号に規定する調査及び研究に関する事項
十　法第十三条第一項第十号に規定する附帯業務に関する事項
十一　法第十三条第二項に規定する施設の供用に関する事項
十二　業務委託の基準
十三　競争入札その他契約に関する基本的事項
十四　その他機構の業務の執行に関して必要な事項
2　第二十一条第一項第二号及び第二項、第二十二条第二項、第二十三条第二項、第二十四条、第二十五条並びに第三十六条の規定に基づき機構が定める事項は、前項第一号に掲げる事項に該当するものとする。

（中期計画の作成・変更に係る事項）
第二条　機構は、通則法第三十条第一項の規定により中期計画の認可を受けようとするときは、中期計画を記載した申請書を、当該中期計画の最初の事業年度開始三十日前までに（機構の最初の事業年度の属する中期計画については、機構の成立後遅滞なく）、文部科学大臣に提出しなければならない。
2　機構は、通則法第三十条第一項後段の規定により中期計画の変更の認可を受けようとするときは、変更しようとする事項及びその理由を記載した申請書を文部科学大臣に提出しなければならない。

（中期計画記載事項）
第三条　機構に係る通則法第三十条第二項第七号に規定する主務省令で定める業務運営に関する事項は、次のとおりとする。
一　施設及び設備に関する計画
二　人事に関する計画
三　中期目標の期間を超える債務負担
四　積立金の使途

（年度計画の作成・変更に係る事項）
第四条　機構に係る通則法第三十一条第一項の年度計画には、中期計画に定めた事項に関し、当該事業年度において実施すべき事項を記載しなければならない。
2　機構は、通則法第三十一条第一項後段の規定により年度計画の変更をしたときは、変更した事項及びその理由を記載した届出書を文部科学大臣に提出しなければならない。

（各事業年度の業務の実績の評価に係る事項）
第五条　機構は、通則法第三十二条第一項の規定により各事業年度における業務の実績について独立行政法人評価委員会の評価を受けようとするときは、年度計画に定めた項目ごとにその実績を明らかにした報告書を当該事業年度の終了後三月以内に文部科学省の独立行政法人評価委員会に提出しなければならない。

（中期目標期間終了後の事業報告書の文部科学大臣への提出に係る事項）
第六条　機構に係る通則法第三十三条の中期目標に係る事業報告書には、当該中期目標に定めた項目ごとにその実績を明らかにしなければならない。

（中期目標期間の業務の実績の評価に係る事項）
第七条　機構は、通則法第三十四条第一項の規定により各中期目標の期間における業務の実績について独立行政法人評価委員会の評価を受けようとするときは、当該中期目標に定めた項目ごとにその実績を明らかにした報告書を当該中期目標の期間の終了後三月以内に文部科学省の独立行政法人評価委員会に提出しなければならない。

（会計の原則）
第八条　機構の会計については、この省令の定めるところにより、この省令に定めのないものについては、一般に公正妥当と認められる企業会計の基準に従うものとする。
2　金融庁組織令（平成十年政令第三百九十二号）第二十四条第一項に規定する企業会計審議会により公表された企業会計の基準は、前項に規定する一般に公正妥当と認められる企業会計の基準に該当するものとする。
3　平成十一年四月二十七日の中央省庁等改革推進本部決定に基づき行われた独立行政法人の会計に関する研究の成果として公表された基準（第十条において「独

立行政法人会計基準」という。）は、この省令に準ずるものとして、第一項に規定する一般に公正妥当と認められる企業会計の基準に優先して適用されるものとする。

（会計処理）

第九条 文部科学大臣は、機構が業務のため取得しようとしている償却資産についてその減価に対応すべき収益の獲得が予定されないと認められる場合には、その取得までの間に限り、当該償却資産を指定することができる。

2 前項の指定を受けた資産の減価償却については、減価償却費は計上せず、資産の減価額と同額を資本剰余金に対する控除として計上するものとする。

（財務諸表）

第十条 機構に係る通則法第三十八条第一項に規定する主務省令で定める書類は、独立行政法人会計基準に定めるキャッシュ・フロー計算書及び行政サービス実施コスト計算書とする。

（財務諸表の閲覧期間）

第十一条 機構に係る通則法第三十八条第四項に規定する主務省令で定める期間は、五年とする。

（短期借入金の認可の申請）

第十二条 機構は、通則法第四十五条第一項ただし書の規定により短期借入金の借入れの認可を受けようとするとき、又は同条第二項ただし書の規定により短期借入金の借換えの認可を受けようとするときは、次に掲げる事項を記載した申請書を文部科学大臣に提出しなければならない。

一 借入れを必要とする理由
二 借入金の額
三 借入先
四 借入金の利率
五 借入金の償還の方法及び期限
六 利息の支払の方法及び期限
七 その他必要な事項

（長期借入金の認可の申請）

第十三条 機構は、法第十九条第一項の規定により長期借入金の借入れの認可を受けようとするときは、次に掲げる事項を記載した申請書を文部科学大臣に提出しなければならない。

一 借入れを必要とする理由
二 借入金の額
三 借入先
四 借入金の利率
五 借入金の償還の方法及び期限
六 利息の支払の方法及び期限
七 その他必要な事項

（償還計画の認可の申請）

第十四条 機構は、法第二十一条第一項の規定により償還計画の認可を受けようとするときは、通則法第三十一条第一項前段の規定により年度計画を届け出た後遅滞なく、次に掲げる事項を記載した申請書を文部科学大臣に提出しなければならない。ただし、償還計画の変更の認可を受けようとするときは、その都度提出しなければならない。

一 長期借入金の総額及び当該事業年度における借入見込額並びにその借入先
二 日本学生支援債券の総額及び当該事業年度における発行見込額並びに発行の方法
三 長期借入金及び日本学生支援債券の償還の方法及び期限
四 その他必要な事項

（重要な財産の範囲）

第十五条 機構に係る通則法第四十八条第一項に規定する主務省令で定める重要な財産は、土地及び建物並びに文部科学大臣が指定するその他の財産とする。

（重要な財産の処分等の認可の申請）

第十六条 機構は、通則法第四十八条第一項の規定により重要な財産を譲渡し、又は担保に供すること（以下この条において「処分等」という。）について認可を受けようとするときは、次に掲げる事項を記載した申請書を文部科学大臣に提出しなければならない。

一 処分等に係る財産の内容及び評価額
二 処分等の条件
三 処分等の方法
四 機構の業務運営上支障がない旨及びその理由

（経理方法）

第十七条 機構は、次に掲げる業務ごとに経理を区分して整理しなければならない。

一 法第十四条第一項の第一種学資金（以下単に「第一種学資金」という。）の貸与に係る業務
二 法第十四条第一項の第二種学資金（以下単に「第二種学資金」という。）の貸与に係る業務
三 前二号に掲げる業務以外の業務

（恩賜基金）

第十八条 機構は、恩賜基金を設け、恩賜金をもってこれに充てるものとする。

2 前項の恩賜基金については、他の財産と区分して管理し、文部科学大臣の承認を受けなければ、処分することができない。

（積立金の処分に係る申請書の添付書類）

第十九条 機構に係る独立行政法人の組織、運営及び管理に係る共通的な事項に関する政令第五条第二項に規定する文部科学省令で定める書類は、同条第一項に規定する中期目標の期間の最後の事業年度の事業年度末の貸借対照表及び当該事業年度の損益計算書とする。

（認定のための選考）

第二十条 法第十四条の規定により機構が学資の貸与を行う場合の認定は、機構が選考により行うものとする。

（選考の基準及び方法）

第二十一条 第一種学資金の貸与を受ける者に係る選考は、次の各号のいずれかに該当する者について行うものとする。

一 高等専門学校（これに相当する外国の学校を除く。以下同じ。）に入学したとき第一種学資金の貸与を受けようとする中学校（中等教育学校の前期課程及び特別支援学校の中学部を含む。以下同じ。）の生徒で、当該中学校の校長の推薦を受けたもの
二 大学（これに相当する外国の学校（以下「外国の大学」という。）を除く。次条第二項を除き、以下同じ。）又は専修学校（これに相当する外国の学校を除く。以下同じ。）の専門課程に入学したとき第一種学資金の貸与を受けようとする者で、高等学校（中等教育学校の後期課程及び特別支援学校の高等

部を含む。以下同じ。）若しくは専修学校の高等課程の生徒若しくは高等学校（学校教育法等の一部を改正する法律（平成十八年法律第八十号）第一条の規定による改正前の学校教育法（昭和二十二年法律第二十六号）第一条に規定する盲学校、聾学校又は養護学校（以下「旧盲学校等」という。）の高等部を含む。）若しくは専修学校の高等課程を卒業した者のうち当該学校の校長（旧盲学校等にあっては、学校教育法等の一部を改正する法律附則第二条第一項の規定により当該旧盲学校等がなるものとされた特別支援学校の校長。以下同じ。）の推薦を受けたもの又は高等学校卒業程度認定試験規則（平成十七年文部科学省令第一号。以下「試験規則」という。）第八条第一項に規定する認定試験合格者（試験規則附則第二条の規定による廃止前の大学入学資格検定規程（昭和二十六年文部省令第十三号。以下「旧規程」という。）第八条第一項に規定する資格検定合格者を含む。）若しくは試験規則第八条第二項に規定する認定試験科目合格者（旧規程第八条第二項に規定する資格検定科目合格者を含む。）で機構の定める基準に該当するもの（以下「認定試験合格者等」という。）

三　大学院（これに相当する外国の学校（以下「外国の大学院」という。）を除く。次条第二項を除き、以下同じ。）に入学したとき第一種学資金の貸与を受けようとする者で、入学しようとする大学院を置く大学の学長の推薦を受けたもの

四　高等専門学校、大学、大学院又は専修学校の専門課程に在学する者で、当該学校の校長又は学長（大学院については、当該大学院を置く大学の学長。次条及び第二十三条において同じ。）の推薦を受けたもの

2　前項の選考は、次に掲げる基準及び方法により行うものとする。

一　中学校、高等学校（旧盲学校等の高等部を含む。）、高等専門学校、大学、大学院又は専修学校の高等課程若しくは専門課程における学習成績（認定試験合格者等については、当該合格に係る成績）その他機構の定める資料に基づき、学力及び資質を総合的に判定する方法により、特に優れていると認められること。

二　高等専門学校、大学又は専修学校の専門課程において第一種学資金の貸与を受ける者については、その者の生計を維持する者の収入に関する資料に基づき、その収入の年額が、機構の定める収入基準額以下であるかどうかを判定する方法により、著しく修学に困難があると認められること。

三　大学院において第一種学資金の貸与を受ける者については、その者（配偶者があるときは、その者及びその配偶者をいう。以下この号、次条第二項第三号及び第二十三条第二項第三号において同じ。）の収入に関する資料に基づき、その者の収入の年額が、機構の定める収入基準額以下であるかどうかを判定する方法により、著しく修学に困難があると認められること。

第二十二条　第二種学資金の貸与を受ける者に係る選考は、次の各号のいずれかに該当する者について行うものとする。

一　高等専門学校の第四学年に進級したとき第二種学資金の貸与を受けようとする高等専門学校の学生で、当該高等専門学校の校長の推薦を受けたもの

二　大学又は専修学校の専門課程に入学したとき第二種学資金の貸与を受けようとする者で、高等学校若しくは専修学校の高等課程の生徒若しくは高等学校（旧盲学校等の高等部を含む。）若しくは専修学校の高等課程を卒業した者のうち当該学校の校長の推薦を受けたもの又は認定試験合格者等

三　外国の大学に入学したとき第二種学資金（その月額を独立行政法人日本学生支援機構法施行令（以下「令」という。）第二条第一項及び第三項に規定する額とするものに限る。第五号において同じ。）の貸与を受けようとする者で、高等学校若しくは専修学校の高等課程の生徒又は高等学校（旧盲学校等の高等部を含む。）若しくは専修学校の高等課程を卒業した者のうち当該学校の校長の推薦を受けたもの

四　大学院に入学したとき第二種学資金の貸与を受けようとする者で、入学しようとする大学院を置く大学の学長の推薦を受けたもの

五　外国の大学院に入学したとき第二種学資金の貸与を受けようとする者で、大学の学生若しくは大学を卒業した者のうち当該大学の学長の推薦を受けたもの又は外国の大学の学生のうち第二種学資金の貸与を受けているもの

六　高等専門学校（第四学年、第五学年及び専攻科に限る。次項第二号並びに次条第一項第四号及び第二項第二号において同じ。）、大学、大学院又は専修学校の専門課程に在学する者で、当該学校の校長又は学長の推薦を受けたもの

2　前項の選考は、次に掲げる基準及び方法により行うものとする。

一　高等学校（旧盲学校等の高等部を含む。）、高等専門学校、大学、大学院又は専修学校の高等課程若しくは専門課程における学習成績（認定試験合格者等については、当該合格に係る成績）その他機構の定める資料に基づき、学力及び資質を総合的に判定する方法により、優れていると認められること。

二　高等専門学校、大学又は専修学校の専門課程において第二種学資金の貸与を受ける者については、その者の生計を維持する者の収入に関する資料に基づき、その収入の年額が、機構の定める収入基準額以下であるかどうかを判定する方法により、修学に困難があると認められること。

三　大学院において第二種学資金の貸与を受ける者については、その者の収入に関し機構の定める資料に基づき、その者の収入の年額が、機構の定める収入基準額以下であるかどうかを判定する方法により、修学に困難があると認められること。

第二十三条　第一種学資金に併せて第二種学資金の貸与を受ける者に係る選考は、次の各号のいずれかに該当する者について行うものとする。

一　高等専門学校の第四学年に進級したとき第一種学資金に併せて第二種学資金の貸与を受けようとする高等専門学校の学生で、当該高等専門学校の校長の推薦を受けたもの

二　大学又は専修学校の専門課程に入学したとき第一種学資金に併せて第二種学資金の貸与を受けようとする者で、高等学校若しくは専修学校の高等課程の生徒若しくは高等学校（旧盲学校等の高等部を含む。）若しくは専修学校の高等課程を卒業した者のうち当該学校の校長の推薦を受けたもの又は認定試験合格者等

三　大学院に入学したとき第一種学資金に併せて第二種学資金の貸与を受けようとする者で、入学しようとする大学院を置く大学の学長の推薦を受けたもの

四　高等専門学校、大学、大学院又は専修学校の専門課程に在学する者で、当該学校の学長又は校長の推薦を受けたもの

2　前項の選考は、次に掲げる基準及び方法により行うものとする。

一　高等学校（旧盲学校等の高等部を含む。）、高等専門学校、大学、大学院又は専修学校の高等課程若しくは専門課程における学習成績（認定試験合格者等については、当該合格に係る成績）その他機構の定める資料に基づき、学力及び資質を総合的に判定する方法により、特に優れていると認められること。

二　高等専門学校、大学又は専修学校の専門課程において第一種学資金に併せて第二種学資金の貸与を受ける者については、その者の生計を維持する者の収入に関する資料に基づき、その収入の年額が、機構の定める収入基準額以下であるかどうかを判定する方法により、第一種学資金の貸与を受けることによっても、なおその修学を維持することが困難であると認められること。

三　大学院において第一種学資金に併せて第二種学資金の貸与を受ける者については、その者の収入に関する資料に基づき、その者の収入の年額が、機構の定める収入基準額以下であるかどうかを判定する方法により、第一種学資金の貸与を受けることによっても、なおその修学を維持することが困難であると認められること。

第二十四条　第二十一条第一項、第二十二条第一項及び前条第一項に規定する推薦の基準は、機構が定める。

（保証人）

第二十五条　機構は、法第十四条第一項の学資金（以下単に「学資金」という。）の貸与を受けようとする者に対し、機構の定めるところにより、保証人を立てさせるものとする。

（割賦金の返還の通知）

第二十六条　機構は、六月以内にその返還期日が到来することとなる割賦金（令第五条第一項に規定する割賦の方法により学資金を返還する場合における各返還期日ごとの返還分をいう。以下同じ。）を返還する義務を有する要返還者（学資金の貸与を受け、当該学資金を返還する義務を有する者をいう。以下同じ。）に対しては、あらかじめ当該割賦金の額及び返還期日並びにその支払方法等を通知するものとする。

2　前項の規定による通知は、機構が必要と認めるときは、要返還者の連帯保証人（保証人のうち要返還者と連帯して債務を負担する者（自然人に限る。）をいう。以下同じ。）に対して行うものとする。

（割賦金の返還の督促等）

第二十七条　機構は、割賦金の返還を延滞している要返還者に対しては、少なくとも六月ごとに当該要返還者が延滞している割賦金の額及びその支払方法等を示して返還を督促するものとする。

2　前項の規定による督促は、機構が必要と認めるときは、要返還者の連帯保証人に対して行うものとする。

3　機構は、前二項の規定により要返還者又はその連帯保証人に対し割賦金の返還を督促する場合には、次に返還期日が到来することとなる割賦金の額及び返還期日並びにその支払方法等を併せて通知することができる。この場合においては、当該割賦金に係る前条の規定による通知を要しない。

（保証人に対する請求）

第二十八条　機構は、前条に規定する督促によっては割賦金の返還を確保することが困難であると認めるときは、要返還者の連帯保証人以外の保証人に対し、当該要返還者が返還を延滞している割賦金の額及びその支払方法等を示して返還を請求するものとする。

（割賦金に係る延滞金）

第二十九条　機構は、前二条の規定による督促又は請求を行う場合には、次項の規定により計算した額の延滞金の納入を併せて督促し又は請求するものとする。

2　機構が割賦金の返還を延滞している要返還者に賦課する延滞金の額は、機構の定めるところにより、当該延滞している割賦金（利息を除く。）の額につき年十パーセントの割合で計算した金額とする。ただし、要返還者が割賦金の返還を延滞したことにつき災害、傷病その他やむを得ない事由があると認められるときは、これを減免することができる。

（割賦金の返還の強制）

第三十条　機構は、割賦金の返還を延滞している要返還者等（要返還者又はその保証人（自然人に限る。）をいう。以下同じ。）が前三条の規定による督促又は請求を受けてもその延滞している割賦金を返還しないときその他特別の必要があると認めるときは、民事訴訟法（平成八年法律第百九号）第七編に定める手続により割賦金の返還を確保するものとする。

2　機構は、前項の規定によっても割賦金の返還を確保することができないときその他学資金の適正な回収を図るため必要があると認めるときは、民事執行法（昭和五十四年法律第四号）その他強制執行の手続に関する法令に定める手続により割賦金の返還を確保するものとする。

（返還未済額の全部の返還の強制等）

第三十一条　前条の規定は、返還未済額の全部の返還（令第五条第三項の規定による学資金の返還未済額の全部の返還をいう。以下同じ。）について準用する。この場合において、前条第一項中「前三条の規定による督促又は請求を受けてもその延滞している割賦金を返還しないとき」とあるのは「機構の指定した日までに返還未済額の全部の返還を行わないとき」と、「割賦金の返還」とあるのは「返還未済額の全部の返還」と、同条第二項中「割賦金の返還」とあるのは「返還未済額の全部の返還」と、それぞれ読み替えるものとする。

2　機構は、要返還者等が機構の指定した日までに返還未済額の全部の返還を行わないときは、機構の定める

ところにより、当該延滞している返還未済額（利息を除く。）の全部の額につき年十パーセントの割合で計算した延滞金を請求するものとする。ただし、要返還者が返還未済額の全部の返還を延滞したことにつき災害、傷病その他やむを得ない事由があると認められるときは、これを減免することができる。

（学資金回収業務の委託）

第三十二条　機構は、要返還者の同意を得、かつ、その者に係る割賦金の支払方法についての特約を付した上で、当該要返還者を使用する者に対し、当該要返還者に係る学資金の回収業務の一部を委託することができる。この場合において、当該要返還者に係る学資金の回収に関しては、第二十六条から前条までの規定によらないものとする。

2　機構は、前項の規定により学資金の回収業務の一部を委託する場合には、当該委託に係る業務に関し、受託者と次に掲げる事項について取り決めなければならない。

一　要返還者の名簿の作成及び変更に関する事項

二　受託者が行う学資金の回収業務の方法

三　受託者が回収した学資金の管理及び機構に対する引渡しの方法

四　前三号に掲げるもののほか、学資金の回収業務の委託に関し必要な事項

（専修学校の課程）

第三十三条　令第一条第一項の表備考第五号に規定する文部科学省令で定める専門課程は、工業関係、農業関係、医療関係、衛生関係、教育・社会福祉関係若しくは商業実務関係の分野に属する専修学校の学科又は服飾、デザイン、写真、外国語、音楽若しくは美術に関する専修学校の学科であって、その授業が年二回を超えない一定の時期に開始され、かつ、その終期が明確に定められているものとする。

（令第一条第二項の文部科学省令で定める者）

第三十四条　令第一条第二項の文部科学省令で定める者は、放送大学学園法（平成十四年法律第百五十六号）第三条に規定する放送大学学園が設置する放送大学に在学する者とする。

（学内選考委員会）

第三十五条　令第八条第二項に規定する学内選考委員会（以下「委員会」という。）は、次に掲げる委員で組織する。

一　学長

二　学部、研究科、大学附置の研究所その他の教育研究上の重要な組織の長のうち、委員会が定める者

三　その他委員会が定めるところにより学長が指名する者

2　委員会に委員長を置き、委員の互選によってこれを定める。

3　委員長は、委員会を主宰する。

4　委員会は、令第八条第二項の調査審議を行うに当たっては、法第十六条の返還の免除を受けようとする大学院の学生の専攻分野に係る教育研究の特性に配慮しなければならない。

5　この条に定めるもののほか、委員会の議事の手続その他委員会に関し必要な事項は、委員長が委員会に諮って定める。

（専攻分野に関する業績）

第三十六条　令第八条第二項の文部科学省令で定める業績は、次の各号に掲げる業績とする。

一　学位論文その他の研究論文

二　大学院設置基準（昭和四十九年文部省令第二十八号）第十六条に定める特定の課題についての研究の成果

三　著書、データベースその他の著作物（前二号に掲げるものを除く。）

四　発明

五　授業科目の成績

六　研究又は教育に係る補助業務の実績

七　音楽、演劇、美術その他芸術の発表会における成績

八　スポーツの競技会における成績

九　ボランティア活動その他の社会貢献活動の実績

十　その他機構が定める業績

（特に優れた業績による返還免除の数）

第三十七条　法第十六条の規定により機構がその第一種学資金の全部又は一部の返還を免除することができる者の数は、大学院において第一種学資金の貸与を受けた学生であって、当該免除をしようとする日の属する年度に貸与期間が終了する者の数の百分の三十以下とするものとする。

附　則

（施行期日）

第一条　この省令は、公布の日から施行する。ただし、附則第七条から第九条までの規定は、平成十六年四月一日から施行する。

（成立の際の会計処理の特例）

第二条　機構成立の際法附則第八条第二項及び第十条第五項の規定により機構に出資されたものとされる財産のうち償却資産については、第九条第一項の指定があったものとみなす。

第三条　機構は、法附則第十条第一項の規定により日本育英会の権利及び義務を承継したときは、貸借対照表の資産の部に未収財源措置予定額の勘定科目を設けて、法附則第十五条の規定による廃止前の日本育英会法（昭和五十九年法律第六十四号）第二十二条第一項に規定する第二種学資金に係る債権の貸倒引当金の額の範囲内で文部科学大臣が定める額を同科目に計上するものとする。

（業務の特例に関する経過措置）

第四条　法附則第十四条第一項の規定により機構が行う業務については、旧認定省令（附則第七条の規定による廃止前の日本育英会が学資の貸与を行う場合の認定の基準及び方法に関する省令（昭和五十九年文部省令第四十号）をいう。以下同じ。）第一条から第三条まで、第六条及び第七条並びに旧課程省令（附則第七条の規定による廃止前の日本育英会が専修学校に在学する者に対し学資の貸与を行う場合の当該者の在学する専修学校の課程を定める省令（昭和五十九年文部省令第四十四号）をいう。以下同じ。）の規定は、次条の

規定の施行後も、なおその効力を有する。この場合において、旧認定省令第一条中「日本育英会法（昭和五十九年法律第六十四号）」とあるのは「独立行政法人日本学生支援機構法（平成十五年法律第九十四号）」と、「第二十二条」とあるのは「附則第十四条第二項の規定によりなお効力を有するとされる日本育英会法（昭和五十九年法律第六十四号）第二十二条」と、「日本育英会（以下「育英会」とあるのは「独立行政法人日本学生支援機構（以下「機構」と、第二条中「育英会」とあるのは「機構」と、第三条第一項中「法第二十二条第一項」とあるのは「法附則第十四条第一項」と、同条第二項、第六条及び第七条中「育英会」とあるのは「機構」と、旧課程省令中「日本育英会法施行令（昭和五十九年政令第二百五十三号）」とあるのは「独立行政法人日本学生支援機構法施行令（平成十六年政令第二号）附則第十一条第一項の規定によりなおその効力を有するとされる日本育英会法施行令（昭和五十九年政令第二百五十三号）」と、「高等課程及び専門課程」とあるのは「高等課程」とする。

2　機構が法附則第十四条第一項に規定する業務を行う場合における第一条、第十七条及び第二十五条の規定の適用については、第一条第一号中「第十三条第一項第一号に規定する学資の貸与」とあるのは「第十三条第一項第一号に規定する学資の貸与及び法附則第十四条第一項に規定する学資の貸与に係る業務」と、第十七条第一号中「法第十四条第一項の第一種学資金（以下単に「第一種学資金」という。）」とあるのは「法第十四条第一項の第一種学資金（以下単に「第一種学資金」という。）及び法附則第十四条第一項の第一種学資金」と、第二十五条第一項中「学資金（以下単に「学資金」という。）」とあるのは「学資金（法附則第十四条第一項に規定する第一種学資金を含む。以下単に「学資金」という。）」とする。

（第二種学資金の特例的な利率を定める方法）

第五条　令附則第二条第一項の規定により読み替えられた同令第二条第一項の法第十九条第一項の規定による財政融資資金からの借入金の利率及び同項の規定による日本学生支援債券の利率を加重平均する方法であって文部科学省令で定めるものは、利率固定方式（第二種学資金の返還の期限が到来するまでの間（当該第二種学資金の貸与を受けている間及び法第十五条第二項の規定により返還の期限を猶予されている期間を除く。）、貸与期間終了の際に算定した利率とする貸与に係る利率を決定する方式をいう。）又は利率見直し方式（第二種学資金の返還の期限が到来するまでの間（当該第二種学資金の貸与を受けている間及び法第十五条第二項の規定により返還の期限を猶予されている期間を除く。）、おおむね五年ごとに見直した利率とする貸与に係る利率を決定する方式をいう。）に従って、次の算式により算定する方法とする。

$R=(R_1\times A+R_2\times B)\div(A+B)$

この式においてR、R_1、R_2、A及びBは、それぞれ次の値を表すものとする。

R　当該第二種学資金に係る利率（パーセント）

R_1　当該第二種学資金の貸与を受けた者が返還すべき額（利息及び延滞金を除く。以下この条において同じ。）に相当する費用に充てるために機構が法第十九条第一項の規定により した財政融資資金からの借入金の利率に相当する数（当該費用に充てた財政融資資金からの借入れが二回以上あるときは、それぞれの財政融資資金からの借入金の利率を、それぞれの財政融資資金からの借入金の総額のうち当該費用に充てた額により加重平均した利率）に相当する数。貸与期間の終了前に当該費用に充てるための財政融資資金からの借入れがなかったときは、貸与期間の終了した月の翌月一日において財政融資資金から借入金をするとしたならば当該借入金について定められるべき利率に相当する数）

R_2　機構が法第十九条第一項の規定により発行した日本学生支援債券（以下この条において「債券」という。）のうち当該第二種学資金の貸与を受けた者が返還すべき額又はその残額に相当する費用に充てたものの利率に相当する数（当該費用に充てる債券の発行が二回以上あるときは、それぞれの債券の利率を、それぞれの債券の総額のうち当該費用に充てる額により加重平均した利率に相当する数）

A　当該第二種学資金の貸与を受けた者が返還すべき額に相当する費用に充てるために機構が法第十九条第一項の規定によりした財政融資資金からの借入金の額又はその償還残額

B　機構が法第十九条第一項の規定により発行した債券の総額のうち当該第二種学資金の貸与を受けた者が返還すべき額又はその残額に相当する費用に充てた資金の額

（報奨金）

第六条　機構は、要返還者（平成十六年度に機構と貸与契約を締結した者に限る。）又はその連帯保証人若しくは保証人が第一種学資金に係る最終の割賦金の返還期日の四年前までに第一種学資金の返還未済額の全部を一時に返還したときは、その者に対し、当該返還により繰上返還したこととなる割賦金の金額につき五パーセントの割合で計算した金額を報奨金として支払うことができるものとする。ただし、返還を開始した日の翌日から起算して七年以上（返還の期限を猶予されている期間を除く。）経過した後に返還未済額の全部を一時に返還したときに支払うことができる報奨金は、当該返還により繰上返還したこととなる第一種学資金に係る割賦金の金額につき三パーセントの割合で計算した金額とする。

（日本育英会が学資の貸与を行う場合の認定の基準及び方法に関する省令等の廃止）

第七条　次に掲げる省令は、廃止する。

一　日本育英会が学資の貸与を行う場合の認定の基準及び方法に関する省令

二　日本育英会の業務方法書に記載すべき事項を定める省令（昭和五十九年文部省令第四十一号）

三　日本育英会が行う学資金回収業務の方法に関する省令（昭和五十九年文部省令第四十二号）

四　日本育英会の財務及び会計に関する省令（昭和五十九年文部省令第四十三号）

五　日本育英会が専修学校に在学する者に対し学資の貸与を行う場合の当該者の在学する専修学校の課程を定める省令

六　日本育英会の第一種学資金の返還を免除される職

を置く研究所等の指定に関する省令（昭和五十九年文部省令第四十五号）
七　日本育英会が第一種学資金の貸与を行う場合の大学通信教育における面接授業の方法に関する省令（昭和六十年文部省令第十七号）
八　日本育英会の第二種学資金の特例的な利率を定める方法に関する省令（平成十四年文部科学省令第三十四号）

（日本育英会が学資の貸与を行う場合の認定の基準及び方法に関する省令等の廃止に伴う経過措置）

第八条　前条の規定の施行前に同条の規定による廃止前の日本育英会が学資の貸与を行う場合の認定の基準及び方法に関する省令並びに日本育英会が行う学資金回収業務の方法に関する省令の規定によりした処分、手続その他の行為は、この省令中の相当する規定によりした処分、手続その他の行為とみなす。

（日本育英会の第一種学資金の返還を免除される職を置く研究所等の指定に関する省令の廃止に伴う経過措置）

第九条　法附則第十六条第一項の規定によりなお従前の例によることとされる貸与金の返還の免除については、附則第七条の規定による廃止前の日本育英会の第一種学資金の返還を免除される職を置く研究所等の指定に関する省令第三条第一項第一号中「国」とあるのは「国（国立大学法人法（平成十五年法律第百十二号）第二条第三項に規定する大学共同利用機関法人を含む。）」と、「地方公共団体」とあるのは「地方公共団体（地方独立行政法人法（平成十五年法律第百十八号）第二条第一項に規定する地方独立行政法人を含む。）」とする。

附　則（平成一九年三月三〇日文部科学省令第一一号）

（施行期日）

1　この省令は、平成十九年四月一日から施行する。

（経過措置）

2　この省令の施行の日前の貸与契約による第二種学資金の利率については、なお従前の例による。

薬物乱用防止に係る学生指導について

平成十六年十月二十七日16高学支第八十号
各国公私立大学学生部長（相当職）、各国公私立短期大学事務部長（相当職）宛
文部科学省高等教育局学生支援課長通知

各大学におかれましては、日頃より大学教育や学生生活に関し、学生に対する指導、助言などに御尽力いただいていることと存じます。

今般、新聞報道等でも御存知のとおり、特に今年度に入り大麻等の薬物の乱用や販売などの理由で大学生が逮捕される事件が数多く発生しており、社会的に大きな問題となっております。

大学は社会の公共機関として、学生に対し豊かな知識を教授するのみならず、道徳観や責任感といった高い倫理性など、社会の中で生きていくために必要な能力の涵養に努めていくことが求められております。各大学におかれましては、学生が今後このような事件を起こすことがないよう、入学時のガイダンスなど様々な機会を通じ学生に対する啓発及び指導の徹底に努めていただくようお願いします。

また、薬物乱用防止の広報啓発活動については、警察庁からも別紙のとおり各大学における薬物乱用防止に係る取組みに対して協力する用意がある旨の連絡がありましたので、各都道府県警察との連携、協力にも御配慮くださるようお願いします。

別紙

警察庁丁薬銃発第二五八号
警察庁丁少発第一八四号
平成一六年一〇月一九日

文部科学省高等教育局学生支援課長　殿
警察庁刑事局組織犯罪対策部薬物銃器対策課長
警察庁生活安全局少年課長

大学生を対象とする薬物乱用防止のための広報啓発活動の推進について（通知）

平素より警察による薬物乱用防止のため各種取り組みの推進に御理解と御協力を賜り、厚く御礼申し上げます。

さて、最近、大学生が薬物を乱用し検挙される事案が続発するなど大学生による大麻やMDMAを中心とする薬物乱用の拡大が懸念されているところであります。

かかる状況にかんがみ、大学生を対象とする薬物乱用防止のための広報啓発活動の必要性が痛感されるところでありますが、警察といたしましては、そのような活動を企画、実施する大学に対しては、講師派遣、資料提供等積極的に協力していくこととしております。

つきましては、その旨を貴管下の大学に対し周知していただくようお願い申し上げます。

薬物乱用防止教育の充実について

平成二十年九月十七日20文科ス第六百三十九号
各都道府県知事／各都道府県教育委員会教育長／各指定都市教育委員会教育長／各国公私立大学長／各国公私立高等専門学校長／宛
文部科学省スポーツ・青少年局長通知

児童生徒の薬物乱用防止に関する取り組みについては、薬物乱用防止五か年戦略（平成10年5月26日薬物乱用対策推進本部決定）及び薬物乱用防止新五か年戦略（平成15年7月29日薬物乱用対策推進本部決定）を踏まえ、青少年の覚せい剤等の薬物乱用防止に関する指導のより一層の徹底を図るようお願いしているところであります。

薬物乱用対策推進本部においては、青少年、特に中学生及び高校生の覚せい剤事犯検挙者は過去10年間の取組により減少傾向が認められるものの、近年我が国において増加傾向にある大麻やMDMA等合成麻薬事犯の検挙者の6～7割が未成年及び20歳代の若者であり、青少年を中心に乱用の状況がうかがえることが指摘されており、総合的な対策を推進し、薬物乱用の根絶に向けた継続的な取組を図る必要があるとの認識を示しています。

こうした状況を踏まえ、このたび、薬物乱用対策推進本部では、別添のとおり「第三次薬物乱用防止五か年戦略」を決定しました。

第三次薬物乱用防止五か年戦略においては、中学生及び高校生を中心に薬物乱用の有害性・危険性の啓発を継続し、特に地域の実情や児童生徒等の発達段階を踏まえ、大麻やMDMA等合成麻薬の有害性・危険性に関する指導の充実を図るなど「青少年による薬物乱用の根絶及び薬物乱用を拒絶する規範意識の向上」を目標の一つに掲げ、中でも「大学等の学生に対する薬物乱用防止のため、大学等に対し入学時のガイダンスの活用を促し、その際に活用できる啓発資料を作成するなどの啓発の強化を図る。」など、学校における薬物乱用防止教育を一層推進することを求めております。

ついては、貴職におかれては、このたびの「第三次薬物乱用防止五か年戦略」を踏まえ、下記事項に留意するとともに、域内の市区町村教育委員会、管下の学校等の関係機関に対して本内容の周知を図り、青少年の薬物乱用防止に関するより一層の指導の徹底を図られますようお願いいたします。

1　小学校、中学校及び高等学校等においては、児童生徒への薬物乱用防止教育の充実のため、「体育」、「保健体育」、「道徳」、「特別活動」における指導に加え、「総合的な学習の時間」の例示として示されている「健康」に関する横断的・総合的な課題についての学習活動等も活用しながら、学校の教育活動全体を通じて指導すること。

2　すべての中学校及び高等学校において、年に1回は「薬物乱用防止教室」を開催するとともに、地域の実情に応じて小学校においても「薬物乱用防止教室」の開催に努め、警察職員、麻薬取締官OB、学校薬剤師等の協力を得つつ、その指導の一層の充実を図ること。なお「薬物乱用防止教室」は、学校保健計画において位置付け実施するものとし、薬物等に関する専門的な知識を有する外部講師による指導が望ましいものの、国や教育委員会等が開催する研修会等において研修を受けた薬物乱用防止教育に造詣の深い指導的な教員の活用も考えられる。

3　地方公共団体においては、児童生徒に正しい知識を習得させるため、薬物乱用防止に関する児童生徒用教材、教師用指導資料等を、適宜作成・配布するよう努めること。

4　地方公共団体においては、国、地方公共団体等において作成・配付した教材等の活用の促進を図るための周知に努めるとともに、教材等の使用について関係機関との連携の充実を図ること。

5　効果的な実践のための指導の充実を図るため、教員や薬物乱用防止教室の指導者に対する効果的な研修の機会の拡充を図ること。
6　児童生徒等の薬物等の認識の定着、薬物乱用の実態等について調査分析の実施に努めること。
7　学校警察連絡協議会等において、少年の薬物乱用の実態、薬物の有害性・危険性等について情報提供を行うとともに、薬物乱用を把握した場合の早期連絡の要請等、学校関係者等との連携を一層強化すること。
8　大学等においては、入学時のガイダンスなど様々な機会を通じ大学等の学生に対して薬物乱用防止に係る啓発及び指導の徹底に努めること。

インターンシップの推進に当たっての基本的考え方

平成九年九月十八日
文部省／通商産業省／労働省

1　インターンシップ推進の背景及び趣旨

国際化・情報化の進展、産業構造の変化など、日本の社会経済の変化に伴って、企業内での能力主義の徹底など雇用慣行を取り巻く環境が急速に変わりつつあるとともに、求められる人材についても大きく変わってきている。

こうした状況の中、人材育成の核となる大学等においては、産業界のニーズに応える人材育成の観点も踏まえ、創造的人材の育成を目指して教育機能の強化に努めているが、その一環として、産学連携による人材育成の一形態であるインターンシップが注目されている。

政府においても、インターンシップが、高等教育における創造的人材育成に大きな意義を有するとともに、新規産業の創出等を通じた経済構造の改革にもつながるという観点から、「経済構造の変革と創造のための行動計画」（平成9年5月16日閣議決定）及び「教育改革プログラム」（平成9年1月24日文部省）において、インターンシップを総合的に推進することとしている。

我が国においても、既にいくつかの大学等や企業等においてインターンシップを実施しており、また、今後、新たに導入を検討しているところもある。

インターンシップについては、個々の大学等や企業等の独自性を活かしつつ、多様な形態のものを推進していくことが基本であるが、今後様々な取り組みが広がるに伴って、その在り方が大学等、企業等、学生それぞれに大きな影響を与えるものであり、望ましい推進の方向について、早急に政府としての基本的な考え方を明らかにすることが求められている。

インターンシップに関しては、文部省、通商産業省、労働省が連携して施策の推進に努めているところであるが、インターンシップのより一層の推進を図るため、インターンシップに関する共通した基本的認識及び今後の推進方策の在り方をとりまとめたものである。

2　インターンシップとは何か

インターンシップとは、一般的には、学生が企業等において実習・研修的な就業体験をする制度のことであるが、インターンシップが活発に行われているアメリカにおいては、大学のイニシアチブの有無、実施期間、実施形態等によってインターンシップと称するかどうかを区分する場合もあるとされている。

一方、我が国においては、インターンシップについて、関係者間で共通した認識・定義が確立しているわけではなく、「経済構造の変革と創造のための行動計画」及び「教育改革プログラム」においては、インターンシップを「学生が在学中に自らの専攻、将来のキャリアに関連した就業体験を行うこと」として幅広くとらえることとしている。

3　インターンシップの意義

インターンシップは、大学等の教育サイド、これを体験する学生、学生を受け入れる企業等のサイドそれぞれにとって、様々な意義を有するものであり、ぞれぞれの側において積極的に対応していくことが望まれる。

1）大学等の教育サイド及び学生にとっての意義

○　教育内容・方法の改善・充実

アカデミックな教育研究と社会での実地の体験を結び付けることが可能となり、大学等における教育内容・方法の改善・充実につながる。

また、学生の新たな学習意欲を喚起する契機となることも期待できる。

○　高い職業意識の育成

学生が自己の職業適性や将来設計について考える機会となり、主体的な職業選択や高い職業意識の育成が図られる。また、これにより、就職後の職場への適応力や定着率の向上にもつながる。

○　自主性・独創性のある人材の育成

企業等の現場において就業体験を積み、専門分野における高度な知識・技術に触れながら実務能力を高めることは、自主的に考え行動できる人材の育成にもつながる。

また、企業等の現場において独創的な技術やノウハウ等がもたらすダイナミズムを目の当たりにすることにより、21世紀に向けた新規産業の担い手となる独創性と未知の分野に挑戦する意欲を持った人材の育成にも資する。

2） 企業等における意義

○ 実践的な人材の育成

インターンシップによって学生が得る成果は、就職後の企業等において実践的な能力として発揮されるものであり、インターンシップの普及は実社会への適応能力のより高い実践的な人材の育成につながる。

○ 大学等の教育への産業界等のニーズの反映

インターンシップの実施を通じて大学等と連携を図ることにより、大学等に新たな産業分野の動向を踏まえた産業界等のニーズを伝えることができ、大学等の教育にこれを反映させていくことにつながる。

○ 企業等に対する理解の促進

大学等と企業等の接点が増えることにより、相互の情報の発進・受信の促進につながり、企業等の実態について学生の理解を促す一つの契機になる。これについては、特に中小企業やベンチャー企業等にとって意義が大きいものと思われる。

4 インターンシップ推進の望ましい在り方

インターンシップの形態としては、概ね次の3つに類型される。

イ 大学等における正規の教育課程として位置付け、現場実習などの授業科目とする場合。

ロ 大学等の授業科目ではないが、学校行事や課外活動等大学等における活動の一環として位置付ける場合。

ハ 大学等と無関係に企業等が実施するインターンシップのプログラムに学生が個人的に参加する場合。

いずれの類型のものについても、インターンシップの効果が発揮されるよう、個々の大学等や企業等が独自性を発揮しつつ、多様な形態で行われることが望ましい。

なお、インターンシップと称して就職・採用活動そのものが行われることにより、インターンシップ全体に対する信頼性を失わせるようなことにならないよう、インターンシップに関わる者それぞれが留意することが、今後のインターンシップの推進に当たって重要である。

（1） 大学等における留意事項

1） 大学等におけるインターンシップの位置付け

上述の3つの類型は、インターンシップを大学等における単位として認めるか否かに関係し、イの場合には、大学等の教育課程に位置付けられたものとして単位が認定されるが、ロやハの場合には単位として認定されないということになる。

一方、ロやハの形態のものであっても、広い意味でインターンシップとしての効果は認められるものも多いと思われる。このため、人材育成の観点から有益と判断されるものについては、大学等の教育課程の中に位置付けていくことを含め、その積極的な評価について検討することが必要である。

2） インターンシップの実施体制の整備

企業等との連携を適切に図り、インターンシップを円滑に実施するため、インターンシップの窓口を設けるなど、実施体制の整備が不可欠である。

3） インターンシップの教育目的の明確化

インターンシップの実施に際しては、インターンシップの教育目的を明確化し、これに基づき、必修か選択か、何年生で実施するか、授業期間中に行うか休業期間中に行うか、期間をどれくらいとするかなど様々な点について、どのように行うのが最も効果的かという観点から検討する必要がある。

また、インターンシップは企業等にとっても大きな負担を伴うものであり、こうした点からも、インターンシップの効果が最大のものとなるよう努力していくことが重要である。

4） インターンシップによる学習成果の評価等

インターンシップは大学等の外の場所における学習であり、こうした学習成果について企業等と連携した適切な評価方法について検討し、インターンシップの目的を踏まえながら適切な評価を行っていく必要がある。

5） インターンシップの実施時期、期間等

インターンシップの実施時期については、インターンシップの教育目的、全体の教育課程との関係、企業等の受け入れ可能時期との関係等を検討した上で、適切な時期を選択する必要がある。また、採用・就職活動の秩序の維持にも配慮する必要がある。

さらに、大学院における実施など、多様な時期に実施することについても積極的に検討していくことが望まれる。

インターンシップの実施期間については、現状においては様々であるが、インターンシップの教育目的や効果などを踏まえながら、企業等の意見を十分に聞き適切な期間を定める必要がある。

6） インターンシップの場の多様化

インターンシップの場としては、一般的には企業が考えられるが、インターンシップの目的に応じて、行政機関や公益法人等の団体なども考えられる。また、受け入れ先の企業を選ぶ場合、特定の業種や大企業に偏ることなく、中小企業やベンチャー企業等を含めバランスが保たれるよう配慮する必要がある。

さらに、職業意識を高める観点からは、必ずしも学生の専攻に関連する分野だけでなく、幅広い分野を対象にしたり、また一つの分野にだけ行くのではなく、複数の分野を体験することも有意義であると考えられる。

（2） 学生を受け入れる企業等における留意事項

1） インターンシップに対する基本認識

インターンシップについては、産学連携による人材育成の観点から推進するものであり、自社の人材

確保にとらわれない広い見地からの取り組みが必要である。また、こうした観点から、長期的な視野に立って継続的にインターンシップを受け入れていくことが望ましい。

インターンシップの学生を受け入れる企業等において、こうした趣旨を十分理解して対応することが、今後のインターンシップの推進において極めて重要である。

2）インターンシップ実施体制の整備

インターンシップは、企業等の場における学生に対する教育活動であり、十分な教育効果をあげるためには、企業等における実施体制の整備が必要である。また、実際の教育・訓練の目的・方法を明確化するとともに、大学等と連携しながら効果的なプログラムを開発することが重要である。

3）経費に関する問題

インターンシップに関しては、これに要する経費負担や学生に対する報酬支給の扱いなど経費に関する問題である。

現状においては、こうした経費の扱いに関しては多様な例が見られるとともに、インターンシップの形態には様々なものがあるため、基本的には、個別に大学等と企業等が協議して決定することが適切であると考えられる。

4）安全、災害補償等の確保

インターンシップ中の学生の事故等への対応については、大学等、企業等の双方において十分に留意する必要があるが、インターンシップの現場における安全の確保に関しては、企業等において責任をもった対応が必要である。

また、万一の災害補償の確保に関しても、大学等と事前に十分協議し、責任範囲を明確にした上で、それぞれの責任範囲における補償の確保を図ることが重要である。

なお、インターンシップ中の学生について、労働関係法令が適用される場合もあることに留意する必要がある。

5）適切な運用のためのルールづくり

インターンシップにより、企業等と大学等や学生との結び付きが強くなり、採用の早期化、指定校制などにつながるのではないかといった懸念も指摘されている。

このため、インターンシップの実施に当たっては、学生の受け入れの公正性、透明性を確保するための適切な運用のためのルールづくりが必要である。

5　インターンシップの推進方策の在り方

インターンシップの円滑な推進のため、文部省、通商産業省、労働省が連携しつつ、大学等、企業等の協力を得ながら、以下の施策を積極的に展開することが必要であると考える。

1）インターンシップに関する調査研究及び情報提供

インターンシップに関しては、いくつかの実態調査があるものの、我が国における大学等、企業等におけるインターンシップの全般的な状況については必ずしも十分に把握されていないのが現状である。

また、大学等や企業等においてインターンシップに関心がありながら、実際の実施にまで至りにくい大きな原因として、インターンシップの実施について検討するために必要な具体的な情報が不足していることが指摘されている。

このため、インターンシップに関する実態など全般的な状況の把握に努めるとともに、インターンシップに関するニーズ調査、事例の収集、効果的なプログラムの開発などについて調査研究を行い、その成果の大学等や企業等への適切な情報提供を図る。

また、インターンシップそのものについてまだなじみが薄いことから、その意義、メリットなどが十分理解されるよう、広報パンフレットの作成やシンポジウムの開催などにより、インターンシップの普及啓発を図る。

さらに、このようなインターンシップの推進のための各種施策の実施や指導・助言等を行うための体制整備を図る。

2）インターンシップ推進のための仕組みの整備

上記の情報提供に加え、実際に大学等の側のニーズと企業等のニーズとを効果的に結び付けるため、マッチングが円滑に行われるような仕組みを整備することが必要である。このため、例えば、各地域毎に企業等、大学等、関係する諸々の行政機関からなる産官学による協議会等の場を活用するなどし、インターンシップに関する情報交換等を図る。

3）大学等及び受け入れ企業等に対する支援

インターンシップの実施は、大学等、企業等にとって、新たな負担が伴うものであり、インターンシップの推進のため、これに積極的に取り組む大学等や企業等に対する適切な支援を図る。特に、資金力や情報力等が十分でない中小企業やベンチャー企業等にもインターンシップが普及するよう適切な支援を図る。

五 評価基準等

学校教育法第百十条第二項に規定する基準を適用するに際して必要な細目を定める省令

平成十六年三月十二日文部科学省令第七号
最終改正 平成二二年六月一五日文部科学省令第一五号

学校教育法（昭和二十二年法律第二十六号）第六十九条の四第三項（同法第七十条の十において準用する場合を含む。）の規定に基づき、学校教育法第六十九条の四第二項に規定する基準を適用するに際して必要な細目を定める省令を次のように定める。

（法第百十条第二項各号を適用するに際して必要な細目）

第一条 学校教育法（以下「法」という。）第百十条第三項に規定する細目のうち、同条第二項第一号に関するものは、次に掲げるものとする。

一 大学評価基準が、法並びに大学（大学院を含み、短期大学を除く。）に係るものにあっては大学設置基準（昭和三十一年文部省令第二十八号）、大学通信教育設置基準（昭和五十六年文部省令第三十三号）、大学院設置基準（昭和四十九年文部省令第二十八号）及び専門職大学院設置基準（平成十五年文部科学省令第十六号）に、短期大学に係るものにあっては短期大学設置基準（昭和五十年文部省令第二十一号）及び短期大学通信教育設置基準（昭和五十七年文部省令第三号）に、それぞれ適合していること。

二 大学評価基準において、評価の対象となる大学における特色ある教育研究の進展に資する観点からする評価に係る項目が定められていること。

三 大学評価基準を定め、又は変更するに当たっては、その過程の公正性及び透明性を確保するため、その案の公表その他の必要な措置を講じていること。

四 評価方法に、大学が自ら行う点検及び評価の結果の分析並びに大学の教育研究活動等の状況についての実地調査が含まれていること。

2 前項に定めるもののほか、法第百九条第二項の認証評価に係る認証評価機関になろうとする者の認証の基準に係る法第百十条第三項に規定する細目のうち、同条第二項第一号に関するものは、当該認証評価に係る大学評価基準が、次に掲げる事項について認証評価を行うものとして定められているものとする。

一 教育研究上の基本となる組織に関すること。

二 教員組織に関すること。

三 教育課程に関すること。

四 施設及び設備に関すること。

五 事務組織に関すること。

六 財務に関すること。

七 前各号に掲げるもののほか、教育研究活動等に関すること。

3 第一項に定めるもののほか、法第百九条第三項の認証評価に係る認証評価機関になろうとする者の認証の基準に係る法第百十条第三項に規定する細目のうち、同条第二項第一号に関するものは、当該認証評価に係る大学評価基準が、次に掲げる事項について認証評価を行うものとして定められているものとする。

一 教員組織に関すること。

二 教育課程に関すること。

三 施設及び設備に関すること。

四 前各号に掲げるもののほか、教育研究活動に関すること。

第二条 法第百十条第三項に規定する細目のうち、同条第二項第二号に関するものは、次に掲げるものとする。

一 大学の教員及びそれ以外の者であって大学の教育研究活動等に関し識見を有するものが認証評価の業務に従事していること。ただし、法第百九条第三項の認証評価にあっては、これらの者のほか、当該専門職大学院の課程に係る分野に関し実務の経験を有する者が認証評価の業務に従事していること。

二 大学の教員が、その所属する大学を対象とする認証評価の業務に従事しないよう必要な措置を講じていること。

三 認証評価の業務に従事する者に対し、研修の実施その他の必要な措置を講じていること。

四 法第百九条第二項の認証評価の業務及び同条第三項の認証評価の業務を併せて行う場合においては、それぞれの認証評価の業務の実施体制を整備していること。

五 認証評価の業務に係る経理については、認証評価の業務以外の業務を行う場合にあっては、その業務に係る経理と区分して整理し、法第百九条第二項の認証評価の業務及び同条第三項の認証評価の業務を併せて行う場合にあっては、それぞれの認証評価の業務に係る経理を区分して整理していること。

第三条 法第百十条第三項に規定する細目のうち、同条第二項第六号に関するものは、次に掲げるものとする。

一 学校教育法施行規則（昭和二十二年文部省令第十一号）第百六十九条第一項第一号から第八号までに規定する事項を公表することとしていること。

二 大学から認証評価を行うことを求められたときは、正当な理由がある場合を除き、遅滞なく、当該認証評価を行うこととしていること。

三 大学の教育研究活動等の評価の実績があることその他により認証評価を公正かつ適確に実施することが見込まれること。

2 前項に定めるもののほか、法第百九条第三項の認証評価に係る認証評価機関になろうとする者の認証の基準に係る法第百十条第三項に規定する細目のうち、同条第二項第六号に関するものは、認証評価を行った後、当該認証評価の対象となった専門職大学院を置く大学が次の認証評価を受ける前に、当該専門職大学院の教育課程又は教員組織に重要な変更があったときは、変更に係る事項について把握し、当該大学の意見を聴いた上で、必要に応じ、公表した評価の結果に当該事項を付記する等の措置を講ずるよう努めることとしていることとする。

（法科大学院に係る法第百十条第二項各号を適用するに際して必要な細目）

第四条　第一条第一項及び第三項に定めるもののほか、専門職大学院設置基準第十八条第一項に規定する法科大学院（以下この項及び次項において単に「法科大学院」という。）の認証評価に係る認証評価機関になろうとする者の認証の基準に係る法第百十条第三項に規定する細目のうち、同条第二項第一号に関するものは、次に掲げるものとする。

一　大学評価基準が、第一条第三項の規定にかかわらず、次に掲げる事項について認証評価を行うものとして定められていること。

イ　教育活動等の状況に係る情報の提供に関すること。

ロ　入学者の選抜における入学者の多様性の確保及び適性の適確かつ客観的な評価に関すること。

ハ　専任教員の適切な配置その他の教員組織に関すること。

ニ　在学する学生の数の収容定員に基づく適正な管理に関すること。

ホ　教育上の目的を達成するために必要な授業科目の開設その他の体系的な教育課程の編成に関すること。

ヘ　一の授業科目について同時に授業を行う学生の数の設定に関すること。

ト　授業の方法に関すること。

チ　学修の成果に係る評価及び修了の認定の客観性及び厳格性の確保に関すること。

リ　授業の内容及び方法の改善を図るための組織的な研修及び研究の実施に関すること。

ヌ　学生が一年間又は一学期に履修科目として登録することができる単位数の上限の設定に関すること。

ル　専門職大学院設置基準第二十五条第一項に規定する法学既修者の認定に関すること。

ヲ　教育上必要な施設及び設備（ワに掲げるものを除く。）に関すること。

ワ　図書その他の教育上必要な資料の整備に関すること。

カ　法科大学院の課程を修了した者の進路（司法試験の合格状況を含む。）に関すること。

二　評価方法が、前号に掲げる事項のうち認証評価機関になろうとする者が法科大学院の教育と司法試験等との連携等に関する法律（平成十四年法律第百三十九号）第二条に規定する法曹養成の基本理念を踏まえて特に重要と認める事項の評価結果を勘案しつつ総合的に評価するものその他の同法第五条第二項に規定する認定を適確に行うに足りるものであること。

2　第二条に定めるもののほか、法科大学院の認証評価に係る認証評価機関になろうとする者の認証の基準に係る法第百十条第三項に規定する細目のうち、同条第二項第二号に関するものは、法曹としての実務の経験を有する者が認証評価の業務に従事していることとする。

（高等専門学校への準用）

第五条　第一条第一項及び第二項、第二条並びに第三条第一項の規定は、高等専門学校に、これを準用する。この場合において、第一条第一項第一号中「並びに大学（大学院を含み、短期大学を除く。）に係るものにあっては大学設置基準（昭和三十一年文部省令第二十八号）、大学通信教育設置基準（昭和五十六年文部省令第三十三号）、大学院設置基準（昭和四十九年文部省令第二十八号）及び専門職大学院設置基準（平成十五年文部科学省令第十六号）に、短期大学に係るものにあっては短期大学設置基準（昭和五十年文部省令第二十一号）及び短期大学通信教育設置基準（昭和五十七年文部省令第三号）に、それぞれ」とあるのは、「及び高等専門学校設置基準（昭和三十六年文部省令第二十三号）に」と読み替えるものとする。

附　則

この省令は、平成十六年四月一日から施行する。

附　則（平成二二年六月一五日文部科学省令第一五号）

この省令は、平成二十三年四月一日から施行する。

平成二十二年六月十五日文部科学省令第十五号の未執行内容

学校教育法施行規則等の一部を改正する省令

（学校教育法第百十条第二項に規定する基準を適用するに際して必要な細目を定める省令の一部改正）

第六条　学校教育法第百十条第二項に規定する基準を適用するに際して必要な細目を定める省令（平成十六年文部科学省令第七号）の一部を次のように改正する。

第一条第一項第一号中「法」の下に「及び学校教育法施行規則（昭和二十二年文部省令第十一号）」を加え、同条第二項中第七号を第八号とし、第六号を第七号とし、第五号の次に次の一号を加える。

六　教育研究活動等の状況に係る情報の公表に関すること。

第三条第一項第一号中「（昭和二十二年文部省令第十一号）」を削る。

附　則

この省令は、平成二十三年四月一日から施行する。

(一) 認証評価基準

「大学基準」およびその解説

財団法人 大学基準協会

昭和二二年七月八日決定 昭和四九年五月一四日改定
昭和二二年一二月一五日改定 昭和五四年二月二〇日改定
昭和二三年五月二五日改定 平成六年五月一七日改定
昭和二四年五月二四日改定 平成一六年三月五日改定
昭和二五年六月一三日改定 平成二一年九月一五日改定
昭和二六年六月二一日改定 平成二二年三月一二日改定
昭和二八年六月九日改定 平成二三年四月一日改定
昭和四六年五月一八日改定

大学基準

趣 旨

1 大学は、学問の自由を尊重し、高度の教育および学術研究の中心機関として、豊かな人間性を備えた有為な人材の育成、新たな知識と技術の創造および活用、学術文化の継承と発展等を通して、学問の進歩と社会の発展に貢献するという使命を担っている。大学は、この使命を自覚し、大学として適切な水準を維持すると同時に、その掲げる理念・目的の実現に向けて組織・活動を不断に検証し、その充実向上に努めていくことが必要である。

2 この大学基準は、大学基準協会が行う大学評価の基準となるものであり、同時に大学が適切な水準を維持し、その向上を図るための指針を定めるものである。

基 準

[理念・目的]

1 大学は、その理念に基づき、人材育成の目的、その他の教育研究上の目的を適切に設定し、公表しなければならない。

[教育研究組織]

2 大学は、その理念・目的を踏まえて、適切な教育研究組織を整備しなければならない。

[教員・教員組織]

3 大学は、その理念・目的を実現するために、求める教員像や教員組織の編制方針を明確にし、それに基づく教員組織を整備しなければならない。

[教育内容・方法・成果]

4 大学は、その理念・目的を実現するために、教育目標を定め、それに基づき学位授与方針および教育課程の編成・実施方針を明示しなければならない。また、こうした方針に則して、十分な教育上の成果を上げるための教育内容と方法を整備・充実させ、学位授与を適切に行わなければならない。

[学生の受け入れ]

5 大学は、その理念・目的を実現するために、学生の受け入れ方針を明示し、その方針に沿って公正な受け入れを行わなければならない。

[学生支援]

6 大学は、学生が学修に専念できるよう、修学支援、生活支援および進路支援を適切に行わなければならない。

[教育研究等環境]

7 大学は、学生の学修ならびに教員による教育研究活動を必要かつ十分に行えるよう、学習環境や教育研究環境を整備し、これを適切に管理運営しなければならない。

[社会連携・社会貢献]

8 大学は、社会との連携と協力に配慮し、教育研究の成果を広く社会に還元しなければならない。

[管理運営・財務]

9 大学は、その機能を円滑かつ十分に発揮するために、明文化された規定に基づき適切な管理運営を行わなければならない。また、教育研究を支援しそれを維持・向上させるために、適切な事務組織を設置するとともに、必要かつ十分な財政的基盤を確立し、財務を適切に行わなければならない。

[内部質保証]

10 大学は、その理念・目的を実現するために、教育の質を保証する制度を整備し、定期的に点検・評価を行い、大学の現況を公表しなければならない。

大学基準の解説

趣　旨

ここでは、大学のあり方について明らかにするとともに、大学基準の意義について述べている。

1　大学のあり方について

大学は、高度の教育および学術研究の中心機関として、豊かな人間性の涵養に留意しつつ真理の探究と人材育成に努め、不断に大学と社会の活動全般を検証し、大学としてふさわしい教育研究水準の維持・向上と、社会の福祉の向上に資する責務を負っている。

今日における学術研究の高度化、社会・経済構造の変化、国際化の進展は、大学の高度化・多様化・個性化の促進を要請している。一方で、大学は高度な専門性を有する者の集団として、社会の動向を建設的な見地から批判的に検証し、より良い社会の実現のための提言や知識の提供を行うことが、社会から求められている。大学は、これらの社会的要請にどのように対応しているか、絶えず自らに問いかけ、教育研究活動の改善向上に努めなければならない。

2　大学基準の意義について

大学基準は、本協会が大学評価を行う際の評価の基準として設定したものである。また、この基準は、各大学の理念・目的の実現に向けた改善・向上のための指針として機能することが期待されている。

大学基準は、この基準に基づいて行う大学評価を通して、自ら行う点検・評価を十全たらしめることとするほか、新たに正会員校となろうとする大学の改善・向上の努力を促すとともに、すでに正会員校となっている大学についても現に大学が行っている努力の状況を自ら検証するための基準として活用されることを期待し、その充実向上と発展を促すことを目的としている。

大学基準の各項目は、それぞれの大学の特徴や立場を尊重しその改善・向上を促すという観点に立って、各大学の理念・目的を踏まえて、大学のあるべき姿を追求するための留意点を明らかにすることに主眼をおいている。

基　準

ここでは、各大学の理念・目的を尊重しつつも、高等教育機関としての大学が守るべき基準について述べている。

1　理念・目的について

理念・目的は大学のもつ個性や特徴を明らかにするものであると同時に、学問の自由を保障し、「広く知識を授けるとともに、深く専門の学芸を教授研究し、知的、道徳的及び応用的能力を展開させる」（学校教育法 第83条第1項）という大学の目的にも沿い、最高の教育機関として、また、学術文化の研究機関として、ふさわしい内容を有するものであることが必要である。

大学は、自ら掲げる理念・目的を具現化するために、教育研究活動に必要な組織・制度とその諸条件を整備し、その機能を十分に発揮することが必要である。同時に大学は、理念・目的に照らして教育研究活動の充実向上のための検証を行う必要がある。

また、理念・目的は、刊行物やホームページ等を通じて、学内の構成員に周知させるとともに、社会に対しても明らかにする必要がある。

大学は、こうした理念・目的自体の適切性についても定期的に検証し、その結果を改善に結びつける必要がある。

2　教育研究組織について

大学は、理念・目的を踏まえ、その実現に必要な学部・学科・大学院研究科等の教育研究上の組織を編成・設置し、これを適切に管理・運営する必要がある。教育研究組織は、大学における活動単位として機能するものであり、各大学の特徴はもとより、学問の動向や社会的要請、大学を取り巻く国際的環境に適切に対応したものである必要がある。大学は、教育研究上の組織の適切性について定期的に検証しその結果を改善に結びつけ、そのことを通して大学の潜在的能力を十分発揮させる必要がある。

3　教員・教員組織について

大学は、大学として求める教員像や教員組織の編制の方針を明確に定め、学部・研究科等の教育課程、学生収容定員等に応じた教育研究上必要な規模の教員組織を設けるとともに、組織ごとに十分な教員を配置し、教育と研究の成果を上げる必要がある。また、大学は、教員の適切な役割分担の下で、組織的な連携体制を確保し教育研究に係る責任の所在が明確になるよう教員組織を編制する必要がある。

大学は、教員の募集、採用、昇任等を適切に行うとともに、その地位の保障にも十分に配慮する必要がある。教員の採用に際しては、広く国内外に人材を求める等人事の活性化を図るとともに、明文化された基準と手続きに従い、公正かつ適切な方法で採用を行わなければならない。その際、大学は高度の教育機関であるとともに、学術研究の中心機関でもある点を考慮し、人格、教育研究指導上の能力、教育業績、研究業績、学界および社会における活動実績等に留意して、候補者を選考する必要がある。また、特定の範囲の年齢に偏ることのないよう教員の年齢構成に留意するとともに、男女共同参画社会の実現に向けて教員の適正な男女比構成にも配慮することが重要である。

大学は、教員の資質向上を図るために、組織的に、また、多面的に必要な措置を講じなければならない。

4　教育内容・方法・成果について

（1）教育目標、学位授与方針、教育課程の編成・実施方針

大学は、その理念・目的を実現するために、教育目標を定めこれに基づき学位授与方針および教育課程の編成・実施方針を明示しなければならない。

学位授与方針には、学位の授与にあたり、学位授与基準および当該学位に相応しい学習成果を明確に示す必要がある。また、教育課程の編成・実施方針には、教育内容、学修時間、科目の履修順序など教育活動の体系性を示すとともに、教育課程を構成する授業科目の科目区分、授業形態、教育方法など教育課程を円滑に実施するための基本的方策の枠組みを示す必要がある。

（2）教育課程・教育内容

大学は、学位授与方針および教育課程の編成・実施方針に基づき、授業科目を適切に開設し、教育課程を体系的に編成する必要がある。

教育課程の編成にあたっては、いずれの専門分野にあっても、国際化や情報化の進展、また学術の動向や社会からの要請等に留意しつつ、それぞれの課程における教育研究上の目的や学習成果の修得のためにふさわしい授業科目を適切に開設する必要がある。その際、学部・研究科等の教育目標、学問の体系などを考慮するとともに、各授業科目を大学教育の一環として適切に組合せ、順次性に配慮し体系的かつ効果的に編成する必要がある。

また、いずれの課程においても各課程にふさわしい教育内容を提供する必要がある。

（3）　教育方法

大学は、学位授与方針および教育課程の編成・実施方針に基づき、適切な授業形態を採用するとともに、教育効果を十分に発揮するために、教育方法の改善に多面的な努力を払う必要がある。

学生の学修意欲を促進させるために、適切な履修指導を行うとともに、適切なシラバスを作成し授業計画に基づいて教育研究指導を行い、授業形態、授業方法にも工夫を凝らすなど、学修の活性化のための十分な措置を講ずることが必要である。

履修単位の認定方法に関しては、各授業科目の特徴や内容、履修形態等を考慮し、期待する学習成果を見極めながら、単位制の趣旨に沿った措置をとることが必要である。また、教育の質を保証するために、厳格かつ適正な成績評価を行う必要がある。

大学は、教育水準の維持・向上のために、ファカルティ・ディベロップメント（FD）の一環として、授業の内容および方法の改善を図るための組織的研修・研究を実施するとともに、教育内容・方法および教育上の効果を定期的に検証し、その結果を改善に結びつける必要がある。

（4）成果

大学は、学習成果を的確に評価するために、その評価方法や評価指標の開発に努めなければならない。

大学は、いずれの課程においても、明示された学位授与方針に基づき、一定の成果を修めたと認定された学生に対して、学位を授与する必要がある。

5　学生の受け入れについて

大学は、その理念・目的および教育目標を効果的に実現できるよう、学生の受け入れ方針および学生収容定員を定める必要がある。

大学は、入学者の選抜にあたり、その受け入れ方針を基礎とし、高等学校教育と大学教育との関連、社会人、帰国生徒および外国人留学生の受け入れ、飛び級、編入学、転科・転部など、国際的規模での社会的要請に配慮し、適切な選抜制度を採用し、また運用するよう努める必要がある。

大学は、学生収容定員と在籍学生数の比率を適切に維持しなければならない。また、教育効果を十分にあげるために、過度な学生増は避け、大学の規模に見合う学生数を収容することが重要である。

大学は、入学者選抜が学生の受け入れ方針に基づいて公正かつ適切に実施されているかについて定期的に検証し、その結果を改善に結びつける必要がある。

6　学生支援について

大学は、幅広く深い教養と専門的知識を身につけた人材を育成するという責務を果たすことが求められる。また、大学における学生生活を通して豊かな人間性を涵養し、学生の資質・能力を十分に発揮させるために、適切な環境を整えるとともに、それぞれの学生の個性に応じた学生生活上の指導・助言を適切に行う必要がある。そのために大学は、学生が学修に専念し、安定した学生生活を送ることができるよう、学生支援に関する方針を明確にする必要がある。

学生の修学支援として、補習・補充教育の実施、障がい学生に対する修学支援等の充実に加え、学生生活の安定のために大学独自の奨学基金を設置し、これを適切に運用するほか、学外の奨学金の受給に関わる相談や取り扱い業務を充実させるなど、経

5
評価基準等

済的支援が重要である。

学生の生活支援として、心身の健康、保健衛生等に係る相談等に適切に対応するために カウンセリング等の指導相談体制を整備する必要がある。また、学生の住環境に配慮することも望まれる。さらに大学は、学生が快適で安全な学生生活を送れるように、学生の人権を保障し、ハラスメントがないよう十分に配慮する必要がある。

学生の進路支援として、キャリア支援に関する組織体制を整備し、進路選択に関わる指導・ガイダンスを実施することが必要である。

7　教育研究等環境について

大学は、教育研究組織の規模や特性に応じて、必要にして十分な広さの校地・校舎を配備するとともに、大学の理念・目的を実現するために適切な施設・設備等を整備し、学生の学修と教員の教育研究環境を整えなければならない。とりわけ使用者の安全・衛生の確保に万全を期すとともに、学生の立場に立ったキャンパス環境の形成に努めることが重要である。

大学は、適切な規模の図書館を配備し、質・量ともに十分な水準の学術情報資料を系統的に集積し、その効果的な利用を促進する必要がある。また、図書館ネットワーク等を利用した、国内外の教育研究機関との学術情報の相互提供システムを講築することも重要である。

大学は、ティーチング・アシスタント（TA）やリサーチ・アシスタント（RA）等のスタッフを適切に配置し、学生の学修および教員による教育研究活動を支援すると同時に、教員研究費・研究室・研究時間の確保に留意し、また、研究倫理に関する規定類を明文化するなど、教員の教育研究活動の活性化を支援する環境を整備する必要がある。

8　社会連携・社会貢献について

大学は、その知的資源をもって学外の教育研究機関および企業・団体、地域等との連携・協力を促進する必要がある。さらに、大学が生み出す知識・技術等を社会に有効に還元するシステムを構築することが期待される。

大学は、これらのことを前提に、特性に応じた、社会との連携・協力に関する方針を定めるとともにこれを明示する必要がある。

とりわけ国際化への積極的な対応を理念・目的の中に掲げる大学においては、国際社会への貢献として、研究成果を国際学術誌等に速やかに公開すること、学外の研究者・留学生との情報交換・交流に努めること、途上国への知識・技術の供与等に努めることが期待される。

9　管理運営・財務について

（1）管理運営

大学は、理念・目的を実現するために、明確な中・長期の管理運営方針を策定するとともに、それを構成員に周知させる必要がある。その際、同方針において民主的かつ効果的な大学の意思決定プロセスが担保される必要がある。また、わが国においては、大学の多くが教学組織と法人組織で構成されている現状に鑑みて、両者の権限と責任を予め明確にしておく必要がある。

管理運営は、関係法令に基づいて明文化された規定に従い、適切・公正にこれを行う必要がある。その一環として、学長、学部長、研究科長、理事等の権限と責任を明確化し、それらの任免方法および任免は適切に行う必要がある。

大学は、大学業務を円滑かつ効果的に行うために、適切な事務組織を設置し、これを十分に機能させなければならない。事務組織は、学生に対する支援と大学の教育研究の趣旨と目的に深い理解を有する職員によって構成されるとともに、積極的に企画・立案能力を発揮し、大学運営を総合的に行える環境を整備する必要がある。そのためには、職員の採用・昇格に関する諸規程の整備等による優秀な人材の確保に加え、適正な業務評価に基づく処遇改善やスタッフ・ディベロップメント（SD）の活用等により、事務職員の意欲・資質の向上を図る仕組みを構築する必要がある。

（2）財務

大学は、教育研究を安定して遂行し、かつ中・長期の管理運営方針を実施するために、明確な中・長期財政計画のもと、必要かつ十分な財政的基盤を確保し、これを公正かつ効率的に運営する必要がある。また、わが国の有為な人材の育成と学術研究の進展に寄与するにとどまらず、世界の人材養成と学術研究を先導することができる教育研究水準を維持していくための基盤整備を図ることが求められている。そのため、大学の安定的な財政運営には、特段の配慮が必要である。

大学財政は、授業料収入への過度の依存を避け、授業料以外の財源の確保を図ることが教育研究水準の維持・向上にとって必要である。そのため、学外からの資金を受け入れるための組織・体制を整備し、その受け入れに積極的に取り組むことが重要である。

10　内部質保証について

大学は、社会の負託を受けた組織体であることに鑑み、組織運営と諸活動の状況について積極的に情報公開し、社会に対する説明責任を果たすことが必要である。

また、大学が、自律的な存在として機能するためには、自らの活動を点検・評価し、その結果を公開するとともに、改善・改革を行うことのできる組織でなければならない。大学の質を保証する第一義的責任は大学自身にあることから、大学は自らの質を保証する（内部質保証）ための組織を整備するとともに、内部質保証に関する方針と手続きを明確にする必要がある。

　また、内部質保証システムを十全に機能させるためには、自己点検・評価の客観性・妥当性を高めるための工夫を講じるとともに、自己点検・評価の結果を改善・改革に繋げることが重要である。

以　上

学士課程基準

財団法人　大学基準協会

平成一五年四月二一日決定
平成一六年三月五日改定

1　学士課程の使命および目的、教育目標

(1)　学士課程の使命および目的

　大学は、高度の教育機関および学術研究の中心機関として、「学問の自由」を基礎に、有為な人材を育成し学問の進歩と社会の発展に貢献するという使命を担っている。

　学部・学科および学士課程（以下、「学部等」と表記する）は、それぞれの専攻に係る専門の学芸を教授するとともに、幅広く深い教養および総合的な判断力を培い、豊かな人間性を涵養することを目的としている。

(2)　学士課程の教育目標

　学部等は、こうした使命や目的を視座に据えて、当該大学の設立趣旨や理念・目的、さらにはそれぞれを構成する学問分野や専攻領域の特性に基づき、教育目標を明確に定めるとともに、その中でいかなる人材を育成しようとするのかを具体的に明示する必要がある。

　学部等は、こうした教育目標に則って、教育研究活動を行うに必要な組織・制度とその諸条件を整備するとともに、目標の達成に向けて、教育研究を行う必要がある。

　また、設定された教育目標は、大学案内や学生便覧等の公的刊行物、ホームページ等を通じ、教職員、学生を含む学内の構成員に浸透させると同時に、受験生を含む社会一般の人々に対しても明らかにする必要がある。

　学部等は、学術研究・文化の発展や社会的要請の変化等を視野に入れながら、自らの教育目標の適切性を不断に検証する必要がある。

2　教育組織

　学部等は、その教育目標を達成するために、適切な教育組織を構成する必要がある。加えて学部等は、教育目標に則ってどのような組織形態をとるのが望ましいのかを不断に検証する必要がある。

3　教育内容・方法等

(1)　教育課程等

①　教育課程の編成

　学部等は、その教育目標を達成するために、専門性に沿って、教育課程を適切かつ体系的に編成することが重要である。その際、学士課程の目的に留意して、それにふさわしい授業科目を配置し、教育を行う必要がある。加えて、国際化、情報化の進展等に留意して、実践的な語学能力、情報活用能力等の育成を図るという観点にも十分に配慮する必要がある。

学部等における教育は、専門教育に関わる授業科目、教養教育に関わる授業科目、外国語に関わる授業科目、情報教育に関わる授業科目等を、その教育目標に従い、総合的な大学教育の一環として、量的バランスを含めて効果的に編成する必要がある。

特に、社会の多様化・複雑化が進行する中で、現代の社会的・学問的課題に積極的に取り組む知性を育むという視点に立脚し、学部等では、教養教育を通じて、総合的な視野から物事を見ることのできる能力、自主的、総合的、批判的に物事を思考し、的確に判断できる能力等を育成するとともに、豊かな人間性を涵養し高い倫理観をもった人材を育成していくことが重要である。

② 授業科目の設定と単位

学部等の教育課程は、授業科目を必修科目、選択科目および自由科目に分け、これを各年次に配当して編成する。その設定にあたっては、当該学部等の教育目標や、その教育課程の基礎をなす学問分野や専攻領域の体系性等を考慮するとともに、学生の主体的学修の機会の保障にも十分に留意することが重要である。

学生の学修の活性化を図り、その教育上の成果を責任をもって認定していくためには、単位制のもつ本来の趣旨に十分留意する必要がある。同時に、具体的な単位計算にあたっては、各授業科目の特徴、内容、履修形態等を考慮し、その履修のために要する学生の学修負担等も見極める必要がある。

③ 単位互換および単位認定

学部等においては、学士課程の目的と専門性の要請をよりよく充たし、教育の多様化・活性化を図るために、大学間の単位互換、当該大学内の他学部等における学修の単位認定、および大学以外の教育施設等における学修の単位認定を推進し、遠隔授業を含む多様な学修機会を提供するとともに、国内外の大学間のより一層の連携・交流を可能とすることが望ましい。これらの方法を講じる場合には、それぞれの教育目標との整合性、単位認定する授業科目の内容や水準等について十分な検討を加えるとともに、単位認定の方針並びにその要件と手続を明文化する等、教育上の適切な配慮を行う必要がある。

④ 導入教育

入学者の多様化に伴って、一律の学修歴を求めることが困難になってきている状況に鑑み、学士課程教育への円滑な移行を図るために、必要に応じて導入教育を実施することが重要である。

また、留学生に対し、必要に応じて日本語教育を実施することも重要である。

(2) 教育方法等

① 学生に対する履修指導等

教育効果をあげるためには、学生の学修意欲を一層促進する適切な履修指導を行う必要がある。履修指導にあたっては、開設している授業科目の意義・内容を十分に理解させるために、入学時のオリエンテーション、公的刊行物もしくは電子媒体等を通じて、履修順序の明確化や履修コースモデルの提示等に努めるとともに、個々の学生に対して履修指導を行う教職員を配置すること等にも配慮する必要がある。

また、学生の学修の活性化を図るために、シラバスを作成し、その中で各授業科目の学修目標、授業方法、授業計画に加え、毎回の授業に向けた準備の指示や成績評価基準等を明確にするとともに、これに基づいて教育指導を行う必要がある。なお、シラバスの内容は、毎年度刷新されるよう努める必要がある。

② 履修科目登録の上限設定および成績評価

学生の主体的学修を促し、単位制度の実質化を図る観点から、学生が各年次にわたって適切に授業科目を履修するために、1年間又は1学期に履修科目登録できる単位数の上限を定めることも重要である。なお、単位数の上限をどのように設定するか等の取扱いについては、それぞれの教育目標を考慮して大学が自主的に判断するべきである。

あわせて、学生の卒業時における質の確保を図るため、教員は、厳格な成績評価の実施に努める必要がある。そのためには、学部等の状況に応じた成績評価の仕組みを整備する必要がある。

③ 教育内容等の組織的な改善

学部等における教育方法の充実を促進するためには、教員の教育能力の向上を不断に図ることが重要である。このことから、教員の授業内容、授業方法の改善と向上に向けて、学生による授業評価の導入と活用、研修会の開催等、ファカルティ・ディベロップメントに関わる各種の組織的な取り組みを促進する必要がある。

④ 教育上の効果

学部等が、その教育目標の達成を目指し教育活動を展開していくにあたっては、その活動を通じていかなる教育効果が発揮されているか不断に検証することが重要である。そのためには、教育効果を測定する上で有効な種々の方法を開発・活用する必要がある。

また、学生の卒業後の進路状況等を調査・検討し、その結果を有効に活用することは、教育を改善させる上で重要である。

(3) 学位授与・課程修了の認定

学士の学位授与は、学士課程の重要な責務の一つである。学部等は、その教育目標に則って、学位授与・課程修了に関わる柔軟で多様な認定システムを確立するとともに、大学制度本来の趣旨に従いこれを適切に運用することが重要である。そのためには、学位授与の可否に関わる基準や審査手続き等を明文化するとともに、その適切性について不断に検証する必要がある。なお、学位授与にあたっては、適切な専攻分野の名称を付記する必要がある。

また、標準修業年限未満で修了することを認めている場合においては、そうした措置の適切性に留意する必要がある。

4　学生の受け入れ

(1)　学生の受け入れ方法

学部等では、その教育目標を適切に反映させた学生の受け入れ方針を定め、その方針に基づいて適切な体制を整えた上で、適切かつ公正な受け入れを行う必要がある。

受け入れの方法については、入学希望者が学士課程の教育を受けるに足る基礎学力を有しているか否かの確認を適切に行うことが基本となるが、入学希望者の意欲・適性等を多面的に評価することも重要である。社会人や留学生等様々な学生を入学させて教育研究を活性化させる観点から、受け入れ方法の多様化を図ることも重要である。ただしその場合でも、常に教育研究水準の向上に努める必要がある。

また、学生の受け入れのあり方を恒常的かつ系統的に検証する体制を整備する必要がある。この他、公正性を確保するために、合格判定基準の公表や、合否理由の開示による説明責任の遂行等にも配慮する必要がある。

(2)　学生の受け入れ時期

学部等は、その教育目標に応じて、学生の受け入れ時期を適切に決定する必要がある。また、わが国の大学やこれに対応する諸外国の教育機関との間を学生が円滑に移動できるように配慮することが重要である。

(3)　定員並びに在籍学生数の適正化

学部等は、その種類・性格、教員組織、施設・設備等の諸条件を基礎に、学生収容定員を決定するとともに、これに基づいて適正な数の学生を受け入れ、教育目標に即した教育を実施し、教育上の効果を高める必要がある。

また、推薦入学の募集人員については、それぞれの入学定員に占める割合を考慮し、適正に定める必要がある。

とりわけ、恒常的に著しい欠員や定員超過が生じている学部等においては、その原因を把握するとともに、適正化に向けた速やかな対処が必要である。

5　学生生活

学部等は、その教育目標を達成するために、学生が学修に専念することができるように、学生生活に適切に配慮する必要がある。

学生の経済状態を安定させるための配慮として、大学独自の奨学基金を設置しこれを適切に運用する他、学外の奨学金の受給に関わる相談や取り扱い業務を充実させることが重要である。

加えて、学部等は、日常生活、心身の健康や保健衛生に関わる相談等に適切に対処するために、カウンセリング制度や卒業後の進路選択指導等の体制を整備する必要がある。また、学部等は、学生が適切な教育を受けられるように、学生の人権に十分に配慮する必要がある。

学生の心身の健康を保持・増進するために、福利厚生面においても体育施設や研修施設の整備・充実を図ることが重要である。

また、集団生活を通じその人格と能力を磨くための学生の課外活動に対し、適切な指導や支援を行う必要がある。

6　教員の教育研究環境

学部等においては、教員が質の高い教育研究活動を遂行できるように、人的・物的・時間的な環境を適切に整備する必要がある。

学部等は個人研究費や研究旅費を用意し、研究室を含む研究用施設・設備を整備するとともに、ティーチング・アシスタントやリサーチ・アシスタント等の教育研究補助スタッフの充実を図ることが必要である。また、研究活動の活性化に資するために学外からの研究受託を推進する措置をとることも有益である。加えて、教員の研究活動に必要な研修機会を確保するとともに、授業や管理運営の負担が過重にならないような配慮も必要である。

7　社会貢献

学部等は、その知的資源をもって積極的に社会に貢献することが期待される。社会に貢献できる人材養成に配慮した教育課程、教育方法を確立するとともに、公開講座の開設等、社会との交流を促進するシステムの構築に努め、情報を発信し、教育研究上の成果を社会に積極的に還元する必要がある。

8　教員組織等

学部等では、その教育目標に応じて最も適切な教員組織を設け、これに必要かつ十分な教員を配置し、教育研究の成果を収めることに絶えず努力を傾注することが重要である。そのためには、以下のような配慮を払う必要がある。

(1)　教員組織

学部等は、その教育目標を達成するために、教育課程の種類および規模に応じ、教育上必要な内容と規模の教員組織を設ける必要がある。教育課程を展開していく上で主要と見なされる科目には専任教員が適切に配置されるとともに、兼任教員については、適当な数の専任教員を備えた上で必要に応じて置くことが望ましい。

また、学部等は、適切な教育研究体制を維持するとともに、その一層の充実を期するため、専任教員の年齢構成を適正に保つことも重要である。

教育課程の編成・展開にあたっては、学生が有機的・体系的に学修できるように、各授業科目の担当教員間の連絡調整を密にするための措置をあらかじめ講じておく必要がある。

実験・実習を伴う教育、外国語教育、情報処理関連教育等を効果的に実施するためには、その教育を補助する要員の適切な配置等、学生の学修活動を支援するための人的体制を確立することが必要である。

(2) 教員の資格と責務

大学は、高度の教育機関であるとともに、学術研究の中心機関であることから、教員には、教育と研究という職責が課される。特に、学部等では、学生の学修を充実させ、教育の高度化、個性化を図る必要がある。教員の資格判定にあたっては、人格、国内外における教育業績、研究業績、関連分野における実務経験等に十分に留意する必要がある。

また、学士課程を担当する教員は、所属する学部等の目的について十分な理解を有し、これを達成させるべく努力する必要がある他、教育研究に関わる管理活動を主体的に分担することも必要である。

(3) 教員の任免、昇任等と身分保障

教員の任免、昇格等に際しては、本人の教育研究上の能力の実証を基礎に、明文化された基準と手続に従い、適正な方法で行う必要がある。

教員には、教育研究活動を全うできるようにするために、その職責にふさわしい地位・身分が保障されると同時に、適切な待遇が与えられなければならない。これは任期制度を導入する場合においても同様である。

(4) 教員の教育研究活動の評価

学部等においては、その教育課程の種類・内容等にふさわしい教育研究上の能力を有する教員を置くとともに教員の教育研究能力の向上を図るために、様々な評価法を開発しこれを活用の上、評価結果を公表する必要がある。評価にあたっては、各教員の教育研究上の実績、研究成果の発表状況、学会活動、国内外の共同研究や国際プロジェクトへの参加状況、学術賞の受賞状況、学外での社会的活動の実状等、多面にわたる考慮が期待される。

9 事務組織

学部等は、教育研究を円滑かつ効果的に行うために、適切な事務組織によって運営されなければならない。事務組織は、学部等における教育研究の趣旨と目的に深い理解を有する職員によって構成されるとともに、教育研究組織と適切な連携協力関係を保持しつつ、積極的に企画・立案能力を発揮し、大学運営を総合的に行うことが求められる。このためには、学内の意思決定・伝達システムの中での役割を明確にするとともに、優秀な人材の確保と合理的な事務組織の構築が不可欠であり、職員の研修制度の確立など適切な環境を整備する必要がある。また、学生等の便宜を図るため、国際交流、入試、就職等の業務を専門に掌る事務組織を設けることも重要である。

10 施設・設備等

学部等は、その理念と目的に沿った教育研究を遂行するために、開設している教育課程の種類、学生数・教員数等の組織規模等に応じて、必要かつ十分な広さの校地、校舎を整備するとともに、その教育課程を有効に展開し学生への教育指導上の効果が十分発揮される適切な数・面積の講義室、演習室、実験・実習室等を設ける必要がある。また、その教育効果が十分あげられるような機器・備品等を整備し学生の学修に供すると同時に、社会の様々な要請の変化に適切に対応するために絶えずその更新・充実を図り、その有効活用に留意する必要がある。

加えて、近年における大学の教育研究環境を決定するコンピュータその他の各種情報機器の整備には十分に配慮する必要がある。その際、単に機械・設備等の整備に限らず、機器利用を補助するための人員を配置するとともに、学生や教職員がこれらを十分活用できるような措置が必要である。

また、施設・設備および機器・備品を維持・管理するための十分な責任体制を確立するとともに、併せて衛生・安全を確保するためのシステムを整備することが必要である。

11 図書館等

学生の主体的学修の促進等を図るために、学生閲覧室の座席数を学生数に応じて適切に整備するとともに、必要かつ十分な図書等を体系的に整備しておく必要がある。また、効果的な図書館利用を可能とするための図書館利用のガイダンス、学内外の資料の閲覧・貸出業務、レファレンス等、図書館利用者に対する利用上の配慮を十分に行う必要がある。さらに、1年間の開館日数や、授業の終了時間を考慮した開館時間等についても配慮が必要である。

また、学術研究の高度化、国際化、多様化に対応して、電子図書館の開設をも考慮することが望ましい。

12 管理運営

学部等は、その機能を円滑かつ充分に発揮し、理念・目的を実現するために、明文化された規定に従った管理運営を適切、公正に行う必要がある。

管理運営に関する規定の整備とその運用にあたっては、理念・目的の実現、民主的かつ効果的な意思決定、学問の自由等に十分に配慮しなければならない。

教授会は、他学部教授会や研究科委員会、全学的審議機関との連携のもと、教育研究の推進に寄与するよう努める必要がある。

学部長等の任免は、各大学の理念・目的に配慮しつつ、規定に従って、公正かつ妥当な方法で行わなければならない。

13 財務

学部等は、教育研究を適切に遂行するために、明確な将来計画のもと、必要な経費を支弁する財源を確保し、これを適切に運用する必要がある。特に学部等は、科学研究費補助金等や寄附金など、学外からの資金を受け入れるための組織・体制を整備し、その受け入れに積極的に取り組むことが重要である。

14　点検・評価等

(1)　自己点検・評価

学部等は、教育研究を適切な水準に維持するとともに、その教育目標の達成に向けて改善・向上を図り多様で個性的な教育研究活動を展開していくために、自らの活動を不断に点検し評価する必要がある。

自己点検・評価を行うにあたって、学部等は、その特色、組織および規模等に応じて、固有の組織体制を整備し、評価の手続・方法を確立するとともに、適切な評価項目を設定し、これを実施する必要がある。とりわけ、自己点検・評価の結果を将来の改善・向上に結び付けていくためのシステムを整備する必要がある。

また、学部等は、こうした自己点検・評価の結果を広く社会に公表する責任がある。

(2)　第三者評価等

自己点検・評価をより一層効果的に実施するために、学部等は、その結果について学外者による第三者評価を定期的に受ける必要がある。あわせて、学部等は、第三者評価の結果を、自らの改善・向上に結び付けていくためのシステムを整備する必要がある。

15　情報公開・説明責任

学部等は、関係法規を遵守するとともに、組織・運営と諸活動の状況について積極的に情報公開し、社会に対する説明責任を果たすことが必要である。また大学は、要請を受けて情報公開する場合の適切な規定と組織を整える必要がある。

学部等は透明性の高い運営を行うとともに、適正な情報公開を行うことによって、社会がその学部等の状況を正しく理解し得るよう、特段の配慮をしなければならない。

以上

修士・博士課程基準

財団法人　大学基準協会

平成一五年四月二一日決定
平成一六年三月五日改定

1　修士・博士課程の使命および目的、教育目標

(1)　修士・博士課程の使命および目的

大学院は、学術の理論および応用の深奥をきわめるとともに、それを教授研究し、又は高度の専門性が求められる職業を担うための深い学識および卓越した能力を培い、学術の創造と文化の進展に寄与することを目的としており、わが国が将来にわたって発展を続ける上で、きわめて重要な使命を担っている。

大学院には常例として研究科・専攻が置かれるが、そこには、修士課程、博士課程および専門職学位課程のすべて又はそれらのいずれかが置かれる（注1）。修士課程は、広い視野に立って精深な学識を授け、専攻分野における研究能力又は高度の専門性を要する職業等に必要な能力を養うことを目的とし、博士課程は、専攻分野について、研究者として自立した研究活動を行うに必要な、又はその他の高度に専門的な業務に従事するに必要な高度の研究能力、およびその基礎となる豊かな学識を養うことを目的としている。

(2)　修士・博士課程の教育目標

大学院の研究科・専攻および課程（以下、「研究科等」と表記する）は、こうした使命や目的を視座に据えて、当該大学・大学院の設立趣旨や理念・目的、さらにはそれぞれを構成する学問分野や専攻領域の特性に基づき、学術研究の高度化や国際化、社会との連携、生涯学習への対応にも配慮しつつ、教育研究上の到達目標を明確に定めるとともに、その中でいかなる人材を育成しようとするのかを具体的に明示する必要がある。

研究科等は、こうした教育目標に則って、教育研究活動を行うに必要な組織・制度とその諸条件を整備するとともに、目標の達成に向けて教育研究を行う必要がある。

また、設定された教育目標は、大学案内や学生便覧等の公的刊行物、ホームページ等を通じ、教職員、学生を含む学内の構成員に浸透させると同時に、受験生を含む社会一般の人々に対しても明らかにする必要がある。

研究科等は、学術研究・文化の発展や社会的要請の変化等を視野に入れながら、自らの教育目標の適切性を不断に検証することが必要である。

2　教育研究組織

近年急速に多様化が進む社会状況の中で、研究科等にも多様で柔軟なあり方が求め

られている。どのような設置形態（注2）をとる場合でも、研究科等は、関連する学部や研究所等との関係に留意し、また、その目的を遂行し達成するにふさわしい教育研究を行えるような人的・物的環境を整える必要がある。とりわけ一定規模以上の学生を擁する専攻や独立大学院等においては、専任の教員や専用の施設・設備を設ける必要がある。

　加えて研究科等は、その教育目標を達成するためにはどのような組織形態をとるのが望ましいのかを不断に検証する必要がある。

3　教育内容・方法等

(1)　教育課程等

①　教育課程の編成

　研究科等は、その教育目標を達成するために、専門性に沿って、教育課程を適切かつ体系的に編成することが重要である。

　その際、修士課程においては「修士課程の目的」に留意し、また、博士課程においては「博士課程の目的」に留意して、それにふさわしい授業科目を配置し、教育研究指導を行う必要がある。加えて、学術研究の進歩や文化の多様化、科学技術の高度化等の動向にも十分に配慮する必要がある。また、高度専門職業人や研究者に必要な教養や倫理観の涵養にも十分に留意するとともに、実践力を涵養する授業科目を適切に配置することが望ましい。

　また、その教育課程の編成にあたっては、受け入れる学生が入学前に受けた教育内容に配慮する必要がある。とりわけ、独立大学院や連合大学院においては、学生の入学前の教育内容や教育水準を視野に入れて、適切な編成となるように配慮する必要がある。

②　授業科目の設定と単位

　大学院の教育は、学位論文の作成等に対する研究指導とともに、授業科目の授業によって行われる。授業科目の開設にあたっては、研究科等の教育目標や学問分野、専攻領域の体系性等を考慮することが重要である。

　学生の学修の活性化を図り、その教育研究上の成果を責任をもって認定していくためには、単位制のもつ本来の趣旨に十分留意する必要がある。同時に、具体的な単位計算にあたっては、各授業科目の特徴、内容、履修形態等を考慮し、その履修のために要する学生の学修負担等も見極める必要がある。

③　単位互換

　研究科等においては、課程の目的と専門性の要請をよりよく充たし、教育研究の多様化、活性化を図るために、大学院間の単位互換や当該大学院内の他の研究科等における学修の単位認定を推進し、遠隔授業を含む多様な学修機会を提供するとともに、国内外の大学院間のより一層の連携・交流を可能とすることが望ましい。

　これらの方法を講じる場合には、それぞれの教育目標との整合性、単位認定する授業科目の内容、水準等について十分な検討を加えるとともに、単位認定の方針並びにその要件と手続を明文化する等、教育研究上の適切な配慮を行う必要がある。

④　導入教育

　入学者の多様化に伴って、一律の学修歴を求めることが困難になってきている状況に鑑み、修士・博士課程の教育への円滑な移行を図るために、必要に応じて導入教育を実施することが重要である。

　また、留学生に対し、必要に応じて日本語教育を実施することも重要である。

(2)　教育方法等

①　学生に対する履修指導等

　教育効果をあげるためには、学生の学修意欲を一層促進する適切な履修指導を行う必要がある。履修指導にあたっては、開設している授業科目の意義・内容を充分に理解させるために、入学時のオリエンテーション、個々の学生に対して履修指導を行う教職員の配置、さらに、公的刊行物もしくは電子媒体等を通じて必要な情報を提供することも重要である。その際、学位授与に関する要件や基準等もあらかじめ学生に周知させる必要がある。

　また、学生の学修の活性化を図るために、シラバスを作成し、その中で各授業科目の学修目標、授業方法、授業計画に加え、毎回の授業に向けた準備の指示や成績評価基準等を明確にするとともに、これに基づいて教育研究上の指導を行うことが重要である。なお、シラバスの内容は、毎年度刷新されるよう努める必要がある。

②　教育・研究指導の方法等

　研究科等においては、学生に広く知識を修得させるとともに、学生が各自の専攻分野について主体的に思考し研究を進める能力を育成することが重要である。そのためには、研究科等の教育目標に沿った体系的カリキュラムによる授業を行うとともに、少人数教育や双方向的授業形式を基本とし、教育・研究指導を実質化するための環境を整えることが重要である。特に、論文指導等を伴う研究指導や実技指導を行うにあたっては、個別による指導が不可欠である。なお、学生の能力を多面的に発展させ、広い視野や豊かな学識を涵養するためには、複数指導制を採用することも有効であるが、その場合は指導上の責任を明確にするとともに、指導の一貫性を損なわないように配慮することが必要である。

　さらに、教育研究の内容によっては、他の研究科において必要な研究指導を受けることも有益である。その際、その措置が当該研究科等の理念・目的に適っているか、また、その内容がその課程レベルにふさわしいものとなっているかどうかを具体的に判断することも必要である。

③　教育内容等の組織的な改善

　研究科等における教育方法の充実を促進するためには、教員の教育研究に関わる指導能力の向上を不断に図ることが重要である。このことから、教員の授業内容、授業方法の改善と向上に向けて、学生による授業評価の導入と活用、研修会の開催等、ファカルティ・ディベロップメントに関わる各種の組織的な取り組みを促進する必要がある。

④ 教育上の効果

研究科等が、その教育目標の達成を目指し教育研究活動を展開していくにあたっては、その教育研究活動を通じていかなる教育効果が発揮されているかを不断に検証することが重要である。そのためには、教育効果を測定する上で有効な種々の方法を開発・活用する必要がある。

また、学位の授与状況や学生の課程修了後の進路状況等を調査・検討し、その結果を有効に活用することは、教育研究を改善させる上で重要である。

(3) 学位授与・課程修了の認定

修士および博士の学位授与は、大学院の重要な責務の一つである。修士・博士課程は、それぞれの課程の目的を基礎に、研究科等の固有の理念と目的に則って学位授与に関わる柔軟で多様なシステムを確立するとともに、大学院制度本来の趣旨に従いこれを適切に運用することが重要である。そのためには、学位授与の可否に関わる実体的な判断基準や審査手続き等を明文化するとともに、その適切性について不断に検証する必要がある。なお、学位授与にあたっては、適切な専攻分野の名称を付記する必要がある。

また、標準修業年限未満で修了することを認めている課程においては、そうした措置の適切性に留意する必要がある。

4 学生の受け入れ

(1) 学生の受け入れ方法

研究科等では、その教育目標を適切に反映させた学生の受け入れ方針を定め、その方針に基づいて適切な体制を整えた上で、適切かつ公正な受け入れを行う必要がある。

受け入れの方法については、入学希望者が修士課程又は博士課程の教育を受けるに足る学力・技能を有しているか否かの確認を適切に行うことが基本となるが、入学希望者の意欲・適性等を多面的に評価することも重要である。

社会人や留学生等様々な学生を入学させることにより、また、学生の流動性を高めることにより、教育研究を活性化させる観点から、受け入れ方法の多様化を図ることも重要である。そのために、入学資格を弾力化する等の取り組みは有効であるが、多様な学生を受け入れる場合には、常に教育研究水準の向上に努める必要がある。

また、学生の受け入れのあり方を恒常的かつ系統的に検証する体制を整備する必要がある。この他、公正性を確保するために、合格判定基準の公表や、合否理由の開示による責任体制の確立等にも配慮することが望まれる。

(2) 学生の受け入れ時期

研究科等は、その教育目標に応じて、学生の受け入れ時期を適切に決定する必要がある。また、わが国の大学やこれに対応する諸外国の教育機関との間を学生が円滑に移動できるように配慮することが重要である。

(3) 定員並びに在籍学生数の適正化

研究科等は、その種類・性格、教員組織、施設・設備等の諸条件を基礎に、学生収容定員を決定するとともに、これに基づいて適正な数の学生を受け入れ、教育目標に即した教育・研究指導を行い、教育研究上の効果を高める必要がある。

とりわけ、恒常的に著しい欠員や定員超過が生じている研究科等においては、その原因を把握するとともに、適正化に向けた速やかな対処が必要である。

5 学生生活

研究科等は、その教育目標を達成するために、学生が学修に専念することができるように、学生生活に適切に配慮する必要がある。

学生の経済状態を安定させるための配慮として、大学独自の奨学基金を設置しこれを適切に運用する他、学外の奨学金の受給に関わる相談や取り扱い業務を充実させることが重要である。

研究科等は、ティーチング・アシスタント制度やリサーチ・アシスタント制度を採用する場合は、採用の基準、職務内容、報酬額等をあらかじめ明文化するとともに、その業務の遂行に伴い学生に過度の負担が生じないよう、十分に配慮することが重要である。

加えて、研究科等は、日常生活、心身の健康や保健衛生に関わる相談等に適切に対処するために、カウンセリング制度や課程修了後の進路選択指導等の体制を整備する必要がある。また、研究科等は、学生が適切な教育研究を受けられるように、学生の人権に十分に配慮する必要がある。

6 教員の教育研究環境

研究科等は、教員が質の高い教育研究活動を遂行できるように、人的・物的・時間的な環境を適切に整備する必要がある。

研究科等は個人研究費や研究旅費を適切に用意し、研究室を含む研究用施設・設備を整備するとともに、ティーチング・アシスタントやリサーチ・アシスタント等の教育研究補助スタッフの充実を図ることが必要である。また、研究活動の活性化に資するために学外からの研究受託を推進する措置をとることも有益である。加えて、教員の研究活動に必要な研修機会を確保するとともに、授業や管理運営の負担が過重にならないような配慮も必要である。

研究科等は、特に学部教育を兼担する教員においては、負担が過重にならないように配慮しなければならない。

7 社会貢献

研究科等は、その知的資源をもって積極的に社会に貢献することが期待される。社会との交流を促進するシステムの構築に努め、情報を発信し、教育研究上の成果を社会に積極的に還元する必要がある。

また研究科等は、教育研究の充実を図るために、学外の教育研究機関、企業・団体、および地域との連携・交流を促進する必要がある。さらに、研究科等が生み出す知識・技術等を社会に有効に還元する技術移転システムを構築することが期待される。

さらに研究科等は、国際社会への貢献として、研究成果の国際学術誌等への速やかな公開、研究者・留学生との情報交換と交流、途上国への知識・技術の供与等に努めることが期待される。

8　教員組織等

研究科等では、その教育目標に応じて最も適切な教員組織を設け、これに必要かつ十分な教員を配置し、教育と研究の成果を収めることに絶えず努力することが重要である。そのためには、以下のような配慮を払う必要がある。

(1)　教員組織

研究科等は、その教育目標を達成するために、種類および規模に応じ、教育研究上必要な内容と規模の教員組織を設けるとともに、そこに教員を適切に配置する必要がある。研究科等は、大学院専任教員や学部兼担教員を十分に配置した上で、教育研究上の必要に応じて兼任教員を適切に配置することが重要である。

また、研究科等は、適切な教育研究体制を維持するとともに、その一層の充実を期するために、教員の年齢構成を適正に保つことも重要である。

(2)　教員の資格と責務

大学は、高度の教育機関であるとともに、学術研究の中心機関であることから、教員には、教育と研究という職責が課される。特に、研究科等の教員は、各自の専門における高度で精深な教育と研究を行うとともに、大学院全体の教育研究水準の一層の向上を期するために、自らの教育研究能力を不断に高めていく必要がある。また、研究科等の教員には、各課程における教育研究の特性に応じて、高度の教育研究上の指導能力や顕著な研究業績、並びに専攻分野によっては高度の技術・技能ないしは実務能力が要求される。教員の資格判定にあたっては、人格、国内外における教育業績、研究業績、関連分野における実務経験等に十分留意する必要がある。

また、教員は、所属する研究科等の目的について十分な理解を有し、その達成のために努力する必要がある他、教育研究に関わる管理活動を主体的に分担することも必要である。

(3)　教員の任免、昇任等と身分保障

教員の任免、昇任等に際しては、本人の教育研究上の能力の実証を基礎に、明文化された基準と手続に従い、公正かつ適正な方法で行う必要がある。

教員には、教育研究活動を全うできるようにするために、その職責にふさわしい地位・身分が保障されると同時に、適切な待遇が与えられなければならない。これは任期制度を導入する場合においても同様である。

(4)　教員の教育研究活動の評価

研究科等においては、その種類・内容等にふさわしい教育研究上の能力を有する教員を置くとともに、教員の教育研究能力の向上を図るために、様々な評価法を開発しこれを活用の上、評価結果を公表する必要がある。評価にあたっては、各教員の教育・研究指導上の実績、研究成果の発表状況、学会活動、国内外の共同研究や国際プロジェクトへの参加状況、学術賞の受賞状況、学外での社会的活動等の実状等、多面にわたる考慮が期待される。

9　事務組織

研究科等は、教育研究を円滑かつ効果的に行うために、適切な事務組織によって運営されなければならない。事務組織は、研究科等における教育研究の趣旨と目的に深い理解を有する職員によって構成されるとともに、教育研究組織と適切な連携協力関係を保持しつつ、積極的に企画・立案能力を発揮し、研究科等の運営を総合的に行うことが求められる。このためには、優秀な人材の確保と合理的な事務組織の構築が不可欠であり、職員の研修制度の確立など適切な環境を整備する必要がある。

10　施設・設備等

研究科等は、その理念と目的に沿った教育研究を遂行するために、開設している教育課程の種類、学生数・教員数等の組織規模等に応じて、必要かつ十分な施設・設備、機器・備品等を整備するとともに、絶えずこれらの更新拡充とその有効な活用を図る必要がある。

ただし、同一分野の学部を基礎にし、かつ入学定員が一定規模に満たない研究科等は、学部、大学附置研究所等の施設・設備を共用することも認められる。その場合でも、研究科等は、教育研究上、支障をきたさぬように十分に配慮することが望まれる。特に、修士・博士課程の学生は、学士課程に学ぶ学生と比較してより高度かつ主体的な学修・研究に取り組むことが想定されていることに十分配慮する必要がある。

近年社会の様々な要請に応えて、サテライト式のキャンパスを設置したり、夜間開講の教育課程を用意する等、多様な教育形態の研究科等が設置されている。この場合には、そこで十分な教育研究が行えるように、研究科等は、施設・設備の充実に特に配慮する必要がある。

これらに加えて、研究科等は近年における大学の教育研究環境を決定するコンピュータその他の、各種情報機器の整備にも十分に配慮する必要がある。その際、単に機械・設備等の整備に限らず、機器利用を補助するための人員を配置するとともに、学生や教職員がこれらを十分活用できるような措置が必要である。

また、研究科等は施設・設備および機器・備品を維持・管理するための責任体制を確立するとともに、衛生・安全を確保するためのシステムを整備することも必要である。

11　図書館等

研究科等は、その教育目標に応じて、必要な図書・電子的媒体等の資料を体系的、計画的に整備し、必要に応じてそれらの保管および利用のために固有の施設を設けることが望ましい。夜間開講の教育課程を設けている場合は、開館時間についての配慮が必要である。また、学術研究の高度化、国際化、多様化に対応して、データベースの構築に努めるとともに、電子図書館の開設をも考慮することが望ましい。

12　管理運営

研究科等は、その機能を円滑かつ充分に発揮し、理念・目的を実現するために、明文化された規定に従った管理運営を適切、公正に行う必要がある。

管理運営に関する規定の整備とその運用にあたっては、理念・目的の実現、民主的かつ効果的な意思決定、学問の自由等に十分に配慮しなければならない。

研究科委員会は、他の学部教授会、全学的審議機関との連携のもと、教育研究の推進に寄与するよう努める必要がある。

研究科長等の任免は、各大学の理念・目的に配慮しつつ、規定に従って、公正かつ妥当な方法で行わなければならない。

13　財務

研究科等は、教育研究を適切に遂行するために、明確な将来計画のもと、必要な経費を支弁する財源を確保しこれを適切に運用する必要がある。また、わが国の有為な人材の養成と学術研究の進展に寄与するにとどまらず、世界の人材養成と学術研究を先導することができる教育研究水準を維持していくための基盤整備を図ることが求められている。そのため、研究科等の安定的な財源の確保には、特段の配慮が必要である。

特に研究科等は、科学研究費補助金等の受給や、社会への技術移転など、学外からの資金を受け入れるための組織・体制を整備し、その受け入れに積極的に取り組むことが重要である。

14　点検・評価等

(1)　自己点検・評価

研究科等は、教育研究を適切な水準に維持するとともに、その教育目標の達成に向けて改善・向上を図り多様で個性的な教育研究活動を展開していくために、自らの活動を不断に点検し評価する必要がある。

自己点検・評価を行うにあたって、研究科等は、その特色、組織および規模等に応じて、固有の組織体制を整備し、評価の手続き・方法等を確立するとともに、適切な評価項目を設定し、これを実施する必要がある。とりわけ、自己点検・評価の結果を将来の改善・向上に結び付けていくためのシステムを整備する必要がある。

また、研究科等は、こうした自己点検・評価の結果を広く社会に公表する責任がある。

(2)　第三者評価等

自己点検・評価をより一層効果的に実施するために、研究科等は、その結果について学外者による第三者評価を定期的に受ける必要がある。あわせて、研究科等は、第三者評価の結果を、自らの改善・向上に結び付けていくためのシステムを整備する必要がある。

15　情報公開・説明責任

研究科等は、関係法規を遵守するとともに、組織・運営と諸活動の状況について積極的に情報公開し、社会に対する説明責任を果たす必要がある。また研究科等は、要請を受けて情報公開する場合の適切な規定と組織を整える必要がある。

研究科等は透明性の高い運営を行うとともに、適正な情報公開を行うことによって、社会がその研究科等の状況を正しく理解し得るよう、特段の配慮をしなければならない。

注1　専門職学位課程に関する基準については、本基準とは別に策定する。

注2　現在のところ、わが国の修士・博士課程は、学士課程を有する大学に、当該学部学科等との関連のもとに設置される場合が多いが、他にも、複数の学部の関連のもとに設置される修士・博士課程、特定の学部と関連をもたない修士・博士課程（独立大学院）、大学の附置研究所その他の教育研究組織との連携において教育研究を行う修士・博士課程、大学附置以外の研究所との連携において教育研究を行う修士・博士課程（連携大学院）、複数の大学の学部又は修士課程と関連をもつ修士・博士課程（連合大学院）等、多様な形態が存在する。さらに、大学院には、通信教育を行う修士・博士課程（通信制大学院）や、専ら夜間において教育を行う修士・博士課程等、特徴的な教育方法で運営されるものがある。

以上

専門職学位課程基準

財団法人　大学基準協会

平成二〇年四月

凡　例

本基準において、関連法令等を以下のように略記した。

「専　門　職」：専門職大学院設置基準（平成15年文部科学省令第16号）

「告示第53号」：平成15年文部科学省告示第53号（専門職大学院に関し必要な事項について定める件）

「告示第31号」：平成19年文部科学省告示第31号（専門職大学院に関し必要な事項について定める件（平成15年文部科学省告示第53号）の一部を改正する件）

専門職学位課程基準について

1　専門職学位課程基準は、専門職大学院が、その設置目的に基づき、専門職学位課程の適切な水準の維持・向上を図るための指針として、同時に、大学基準協会が行う大学評価の基準として設定されたものである。

2　専門職学位課程基準は、以下の項目から構成されている。

（1）使命・目的ならびに教育目標
（2）教育の内容・方法・成果
（3）教員組織
（4）学生の受け入れ
（5）学生生活
（6）教育研究環境の整備
（7）管理運営
（8）点検・評価
（9）情報公開・説明責任

3　項目は、「本文」と「評価の視点」で構成されている。

「本文」は、専門職学位課程制度の目的を考慮した上で、それぞれの専門職大学院が自ら掲げる使命・目的を実現し、教育目標を達成するための重要な事項を大綱的に定めたものである。

「評価の視点」は、各項目についての評価を行う際の具体的な視点を示したもので、以下の2段階に分かれている。

レベルⅠ：専門職学位課程において必要とされる基本的な事項
レベルⅡ：専門職学位課程の一層の充実と質的向上のために点検・評価することが求められる事項

なお、レベルⅠにおいては、法令等によって遵守することが求められている事項を含む視点については◎を付し、特に専門職学位課程に深く関わる法令については、その根拠となる関係法令等と条文番号を示した。

4　「レベルⅠ」の評価の視点

ここでは、専門職学位課程制度の目的および各専門職大学院の使命・目的ならびに教育目標の実現のために、カリキュラム編成および授業科目の開設状況、入学定員に対する入学者数、専任教員数および専任教員一人当たりの学生数、施設・設備の充実度など、学生の教育環境や教員の教育研究条件等について、どのように整備し、どのような教育を提供しているかについて評価が行われる。

「レベルⅠ」の評価の視点で示されているものは、学校教育法、大学設置基準、大学院設置基準、専門職大学院設置基準など、高等教育に関する関係法令に根拠を求めることができるものを含んでおり、こうした視点については、専門職大学院の設置に当たり遵守することが強く求められている。

5　「レベルⅡ」の評価の視点

ここでは、使命・目的の実現と教育目標の達成のために、各専門職大学院が行っている特色ある取組み、学生の学修の活性化に向けての努力、効果的な教育指導方法の改善のための仕組み、教育目標の達成度や教育効果の測定方法の開発など、専門職学位課程の一層の充実と質的向上のために払っている努力や工夫について評価が行われる。

「レベルⅡ」の評価の視点で示されているものは、大学基準協会が定めている大学基準、修士・博士課程基準を参考に、専門職大学院の教育課程としての質的向上と専門職学位課程の使命・目的の実現に資するものとして期待される事項である。

専門職学位課程基準

平成一九年五月二三日決定
平成一九年六月二六日改定
平成二〇年四月二二日改定

1　使命・目的ならびに教育目標

専門職学位課程は、国際的に通用する高度専門職業人の養成に特化した大学院における教育課程であり、高度の専門性が求められる職業を担うための深い学識および卓越した能力を培うことを設置目的としている。

各大学は、専門職学位課程制度の目的を十分理解し、該当する専門職大学院の使命・目的ならびに教育目標を明確に定め、それを学内外に広く明らかにするとともに、教育目標の達成度や社会的要請の変化等を視野に入れながら、絶えず教育目標や教育内容・方法等の適切さについての検証を行い、使命・目的の実現に向けて改善・改革に努めることが必要である。

使命とは、専門職学位課程に期待される社会的任務であり、当該専門職大学院が、自らが依って立つ大学の理念に照らし合わせながら、高等教育機関として社会に対して果たすべき役割である。目的とは、専門職大学院が掲げる基本となる教育方針や養成すべき人材像など当該専門職大学院の構成員が一丸となって実現を目指すべき方向である。また、教育目標とは、目的の実現のために設定される具体的な到達課題であり、適切な方法によってその達成度の評価が可能なものである。

項目	評価の視点	レベル I	レベル II
使命・目的ならびに教育目標の適切性	1―1 専門職大学院の使命・目的ならびに教育目標が明確に設定されているか。	◎	
	1―2 使命・目的ならびに教育目標は、専門職学位課程制度の目的に適ったものであるか。(「専門職」第2条)	◎	
	1―3 使命・目的ならびに教育目標の中に、養成すべき人材像が適切に表現されているか。	○	
	1―4 使命・目的ならびに教育目標の中に、職業的倫理の涵養が適切に盛り込まれているか。	○	
	1―5 使命・目的ならびに教育目標の中に、国際的に通用する高度職業人の養成が、明確な形で謳われているか		○
使命・目的ならびに教育目標の周知	1―6 使命・目的ならびに教育目標は、ホームページや大学案内等を通じ、社会一般に広く明らかにされているか。	◎	
	1―7 使命・目的ならびに教育目標は、教職員、学生等の学内の構成員に周知されているか。	○	
	1―8 使命・目的ならびに教育目標を教職員、学生等に理解させ、社会一般に周知させるため、特別な努力と工夫がなされているか。		○
使命・目的ならびに教育目標の検証と改善	1―9 教育目標の達成状況等を踏まえて、教育目標の検証が適切に行われているか。	○	
	1―10 検証結果を改革・改善に繋げる仕組みが十分整備されているか。		○

2 教育の内容・方法・成果

(1) 教育課程等

学位授与は、専門職学位課程の重要な責務の一つである。学位授与にあたっては、専攻分野の特性や教育内容に合致する適切な専攻分野の名称を付記するとともに、当該職業分野の期待に応える水準の維持に努めなければならない。

課程の修了認定や在学期間の短縮にあたっては、当該専攻分野の特性や当該職業分野の期待を踏まえて、その基準および方法を適切に設定しなければならない。また、その認定にあたっては、公正性および厳格性を確保するため、学生に対してあらかじめ明示した基準および方法に基づきこれを行う必要がある。

専門職学位課程にあっては、その教育課程は、「高度の専門性が求められる職業を担うための深い学識及び卓越した能力を培う」という専門職学位課程の目的および当該専門職大学院固有の使命・目的ならびに教育目標に即して、適切に編成されなければならない。

教育課程の編成にあたっては、関連法令等を遵守するとともに、当該専攻分野の特性や当該職業分野の期待に応えるのにふさわしい内容の授業科目を体系的に配置する必要がある。また、高度専門職業人としての職業倫理ならびに基礎的技能等の涵養を図り、理論と実務を架橋する実践的な授業科目を配置することが不可欠である。さらに、専門職学位の水準を維持するとともに学生の履修に応じ、教育課程が適切に管理されていなければならない。

項目	評価の視点	レベル I	レベル II
学位の名称と授与基準	2―1 授与する学位の名称は、専攻分野の特性や教育内容に合致する適切な名称が付されているか。	◎	
	2―2 授与する学位の水準は、専攻分野の特性を踏まえ、かつ、当該職業分野の期待に応える水準が維持されているか。		○
課程の修了等	2―3 学位授与に関わる基準および審査手続等は明文化されているか。	◎	
	2―4 修了認定に必要な在学期間および修得単位数が、法令上の規定や当該専門職大学院の教育目標に対して適切に設定されているか。また、それらが学生の履修の負担が過重にならないように配慮して設定されているか。(「専門職」第2条、第3条、第15条)	◎	
	2―5 課程の修了認定の基準および方法は当該専門職大学院の目的に応じて策定され、学生に周知されているか。(「専門職」第10条)	◎	

項目	評価の視点	レベルⅠ	レベルⅡ
	2—6 在学期間の短縮を行っている場合、法令上の規定に沿って設定されているか。（「専門職」第16条）	◎	
	2—7 課程の修了認定や在学期間の短縮の基準および方法が、学生に対して学則等を通じてあらかじめ明示されているか。また、明示された基準および方法に基づいて公正かつ厳格に行われているか。	○	
	2—8 課程の修了認定や在学期間の短縮の基準および方法について、その適切性を検証する仕組みが設定されているか。		○
教育課程の編成	2—9 専門職学位課程制度の目的ならびに専門職大学院固有の教育目標を達成するためにふさわしい授業科目が開設されているか。（「専門職」第6条）	◎	
	2—10 専攻分野の特性に応じた基本的な科目、実務の基礎・技能を学ぶ科目に加え、広い視野や周辺領域の知識を涵養する科目、基礎知識を展開発展させる科目、先端知識を学ぶ科目等が適切に配置され、かつ、体系的に教育課程が編成されているか。	○	
	2—11 カリキュラム編成においては、授業科目が必修科目、選択必修科目、選択科目等に適切に分類され、学生による履修が系統的・段階的に行えるよう適切に配置されているか。	○	
	2—12 授業科目の特徴、内容、履修形態、その履修のために要する学生の学習負担等を考慮して、適切な単位が設定されているか。	○	
	2—13 学生が各年次にわたって適切に授業科目を履修するため、学生が一年間または一学期間に履修登録できる単位数の上限が適切に設定されているか。（「専門職」第12条）	◎	
	2—14 学生の学習時間に関し、各科目に設定された単位の実質化に配慮しているか。	○	
	2—15 一学年修了に必要な単位数を修得できない学生や成績不良の学生の進級を制限する措置がとられているか。進級制限を行っていない場合は、それに代わる適切な措置が講じられているか。		○
理論教育と実務教育の架橋	2—16 理論教育と実務教育の架橋を図るために、カリキュラム編成、授業の内容、履修方法等について適切な工夫がなされているか。	○	
	2—17 職業倫理に関する科目が開設されているか。	○	
導入教育	2—18 多様な入学者に対応した導入教育が実施されているか。	○	
	2—19 専門職学位課程を特徴付ける授業方法（事例研究、現地調査または双方向もしくは多方向に行われる討論もしくは質疑応答等）に対応して、それらの学修方法を学ぶ適切な導入教育がなされているか。		○

(2) 教育方法等

専門職学位課程が十分な教育効果を上げるために、当該専攻分野の特性に応じた適切な教育方法を導入すること、とりわけ、当該職業分野の期待に応えるため理論と実務の架橋を図る教育方法を導入し、これを効果的に実施する体制を整備することが肝要である。

専門職学位課程は、事例研究、現地調査または質疑応答や討論による双方向・多方向の授業など、個々の授業の履修形態に応じて最も効果的な授業方法を採用しなければならない。

学生に対しては、授業の内容・方法、履修要件等を、シラバスを通じてあらかじめ明示しなければならない。

成績評価ならびに単位認定にあたっては、専門職学位課程の目的を踏まえ、評価の公正性および厳格性を担保できる適切な仕組みを導入しなければならない。また、それらの基準および方法を適切に設定するとともに、シラバスを通じてあらかじめ明示し、明示した基準および方法に基づいて成績評価や単位認定を行う必要がある。

専門職大学院の教育目標を達成するためには、入学前における学生の経験や修得知識の多様性を踏まえた履修指導体制を整備するとともに、学生の学修意欲を一層促進する適切な履修指導を行う必要がある。

専門職大学院は、その授業内容および方法を自ら不断に検証するとともに、それらの結果を有効に活用し当該専門職大学院の教育の改善を図ることが重要である。

項目	評価の視点	レベルⅠ	レベルⅡ
授業の方法等	2—20 専攻分野に応じて事例研究、現地調査または双方向もしくは多方向に行われる討論もしくは質疑応答その他の適切な方法により授業を行うなど、適切な授業の方法が採られているか。（「専門職」第8条第1項）	◎	
	2—21 多様なメディアを利用して教室等以外の場所で履修させる授業については、その教育効果が十分に期待できる専攻分野および授業科目をその対象としているか。（「専門職」第8条第2項）	◎	
	2—22 通信教育によって授業を行う専門職学位課程については、その教育効果が十分に期待できる専攻分野お	◎	

		よび授業科目をその対象としているか。（「専門職」第9条）		
	2—23	授業のクラスサイズは、授業の内容、授業の方法および施設・設備その他の教育上の諸条件を考慮して、教育効果を十分に上げられる適切な人数となっているか。（「専門職」第7条）	◎	
	2—24	個別的指導が必要な授業科目（インターンシップやエクスターンシップ等）については、それに相応しい学生数が設定されているか。	○	
授業計画、シラバスおよび履修登録	2—25	授業時間帯や時間割等は学生の履修に配慮して作成されているか。	○	
	2—26	授業の内容・方法、履修要件および一年間の授業日程等が、学生に対してシラバスを通じてあらかじめ明示されているか。またシラバスは毎年度刷新されているか。（「専門職」第10条第1項）	◎	
	2—27	授業はシラバスに従って適切に実施されているか。	○	
単位認定・成績評価および再試験・追試験	2—28	成績評価、単位認定の基準および方法が、学生に対してシラバスを通じてあらかじめ明示されているか。	◎	
	2—29	明示された基準および方法に基づいて成績評価、単位認定が公正かつ厳格に行われているか。（「専門職」第10条第2項）	◎	
	2—30	学修の成果に対する評価、単位認定において、評価の公正性および厳格性を担保するために、適切な仕組みが導入されているか。	○	
	2—31	再試験および追試験を行っている場合、その基準および方法が、学生に対してシラバス等を通じてあらかじめ明示されているか。また、明示された基準および方法に基づいて公正かつ厳格に行われているか。	○	
他の大学院における授業科目の履修等	2—32	学生が他の大学院において履修した授業科目について修得した単位や当該専門職大学院に入学前に修得した単位を、当該専門職大学院で修得した単位として認定する場合、教育上有益と認められ、かつ、その認定が法令上の基準の下に、当該専門職大学院の教育水準および教育課程としての一体性を損なわないよう十分に留意した方法で行われているか。（「専門職」第13条、第14条）	◎	
履修指導等	2—33	入学前における学生の多様なバックグランドや職業観に配慮するなど、個々の学生のキャリアに応じた履修指導が行われているか。	○	
	2—34	入学時のオリエンテーションやオフィス・アワーを設定するなど、教員による履修指導や学習相談体制が整備され、学生への学習支援が効果的に行われているか。	○	
	2—35	アカデミック・アドバイザーやティーチング・アシスタント等による学習相談体制が整備され、学生への学習支援が適切に行われているか。		○
	2—36	インターンシップやエクスターンシップ等を実施する場合、守秘義務に関する仕組みが学則等で整えられ、かつ、適切な指導が行われているか。	○	
改善のための組織的な研修等	2—37	当該専門職大学院の授業の内容および方法の改善を図るために、組織的な研修および研究を継続的かつ効果的に行う体制（FD体制）が整備され、かつ、実施されているか。さらに、当該FD活動は教育内容および方法の改善に有効に機能しているか。（「専門職」第11条）	◎	
	2—38	学生による授業評価が組織的に実施されているか。また、授業評価の結果を教育の改善につなげる仕組みが整備されているか。さらに、こうした仕組みが教育の改善に有効に機能しているか。	○	

(3) 成果等

専門職学位課程は、専門職学位課程制度の目的および当該専門職大学院固有の使命・目的ならびに教育目標に沿って教育研究活動を展開し、着実に教育成果を上げることが期待されている。

また、学位の授与状況、修了者の進路状況、進路先等における修了者の評価ならびに活躍状況等を把握する体制を整備し、当該専門職大学院の使命・目的ならびに教育目標に即した教育効果を測定することが不可欠である。その測定結果を当該専門職大学院の教育の質の改善に繋げる努力が必要である。

その他、教育の内容・方法・成果等に関して不断に検証することが望まれる。

項目	評価の視点		レベル I	レベル II
学位授与数	2—39	学位の授与状況等を調査・検討する体制は整備されているか。また、その学内や社会への公表が、定期的かつ継続的に実施されているか。	○	
	2—40	収容定員や在籍学生数に基づき適正な数の学位が授	○	

5

評価基準等

項目	評価の視点	レベルI	レベルII
	与されているか。		
修了生の進路および活躍状況の把握	2―41 修了者の進路を把握する体制が整備されているか。また、その学内や社会への公表が、定期的かつ継続的に実施されているか。	○	
	2―42 修了者の進路先等における評価や活躍状況の把握を行う体制が整備されているか。また、その学内や社会への公表が、定期的かつ継続的に実施されているか。		○
教育効果の測定	2―43 使命・目的ならびに教育目標に即した教育効果を測定する仕組みが整備されているか。	○	
	2―44 測定項目、測定指標、分析・評価基準の設定および実施体制の整備等が適切に行われ、その測定方法が有効に機能しているか。		○
	2―45 教育効果の測定結果をもとに、組織的に教育内容・方法の改善につなげる仕組みが整備されているか。		○

3　教員組織

専門職大学院は、専門職学位課程制度の目的に即し、かつ、当該専門職大学院の使命・目的ならびに教育目標を達成することができるよう、適切な教員組織を設けるとともに、これにふさわしい教員を配置することが必要である。また、専門職大学院は、将来にわたり教育研究活動を維持するに十分な教育研究能力や専門的知識・経験を備えた教員を任用するために、透明性のある手続を定め、その公正な運用に努めることが必要である。

また、専門職大学院は、教員組織が有効に機能しているか否かについて不断に検証し、その改善・向上に努めることが重要である。

項目	評価の視点	レベルI	レベルII
専任教員数	3―1 専任教員数に関して、法令上の基準を遵守しているか。（「告示第53号」第1条第1項）	◎	
	3―2 専任教員は、1専攻に限り専任教員として取り扱われているか。（「告示第53号」第1条第2項。なお、平成25年度まで、専門職大学院設置基準附則2が適用される。）	◎	
	3―3 法令上必要とされる専任教員数の半数以上は原則として教授で構成されているか。（「告示第53号」第1条第3項）	◎	
専任教員としての能力	3―4 教員は、以下のいずれかに該当し、かつ、その担当する専門分野に関し高度の指導能力を備えているか。 1　専攻分野について、教育上または研究上の業績を有する者 2　専攻分野について、高度の技術・技能を有する者 3　専攻分野について、特に優れた知識および経験を有する者 （「専門職」第5条）	◎	
実務家教員	3―5 専任教員のうち実務家教員数は、当該分野で必要とされる一定の割合が確保されているか。（「告示第53号」第2条および「告示第31号」）	◎	
	3―6 実務家教員は、5年以上の実務経験を有し、かつ高度の実務能力を有する教員で構成されているか。（「告示第53号」第2条）	◎	
専任教員の分野構成、科目配置	3―7 専門職分野の特性に応じた基本的な科目、実務の基礎・技能を学ぶ科目、広い視野や周辺領域の知識を涵養する科目、基礎知識を展開発展させる科目、先端知識を学ぶ科目について専任教員が適切に配置されているか。	○	
	3―8 専門職分野の実務の基礎・技能を学ぶ科目のうち、主要な科目に実務経験のある教員が配置されているか。	○	
	3―9 主要科目を兼担・兼任教員が担当する場合、その教員配置は、適切な基準および手続によって行われているか。	○	
教員の構成	3―10 専任教員の年齢構成が、教育研究の水準の維持向上および教育研究の活性化を図る上で支障を来たすような、著しく偏ったものになっていないか。	○	
	3―11 教員の男女構成比率について、適切な配慮を行っているか。		○
教員の募集・任免・昇格	3―12 教員の募集・任免・昇格について、適切な内容の基準手続きに関する規程が定められているか。	○	
	3―13 教員の募集・任免・昇格は、その規程に則って、教授会等の専門職大学院固有の専任教員組織の責任において適切に行われているか。	○	
	3―14 専任教員の後継者の養成または補充について適切に配慮しているか。		◎
教員の教育研究条件	3―15 専任教員の授業担当時間は、教育の準備および研究に配慮したものとなっているか。	○	

5
評価基準等

項目	評価の視点	レベル Ⅰ	レベル Ⅱ
教育研究の評価と教育方法の改善	3―16　教員の研究活動に必要な機会が保証されているか。		○
	3―17　専任教員に対する個人研究費が適切に配分されているか。	○	
	3―18　専任教員の教育活動および研究活動の活性度を評価する方法が整備されているか。また、その方法は、教育研究の活性化に有効に機能しているか。		○

4　学生の受け入れ

専門職学位課程は、当該課程において将来専門職として活躍できる職能を育むに足る資質を有し、当該専門職大学院が提供する様々な教育諸活動を享受しうる基礎的能力を持った学生を入学させることが必要である。そのためには、学生の十全な勉学を可能にする適切な学生募集、受け入れ方針および選抜手続を整備するとともに、これに基づき適切かつ公正に学生を受け入れなければならない。

項目	評価の視点	レベル Ⅰ	レベル Ⅱ
学生の受け入れ方針等	4―1　専門職学位課程制度の目的に合致し、かつ、当該専門職大学院の使命・目的ならびに教育目標に即した学生の受け入れ方針、選抜方法および選抜手続が設定され、それが事前に入学志願者をはじめ広く社会に公表されているか。	○	
	4―2　入学者選抜にあたっては、受け入れ方針・選抜基準・選抜方法に適った学生を的確かつ客観的な評価によって受け入れているか。	○	
	4―3　学生募集方法および入学者選抜方法は、当該専門職大学院の入学資格を有するすべての志願者に対して、入学者選抜を受ける公正な機会を等しく確保したものとなっているか。	○	
実施体制	4―4　入学者選抜に関する業務は、責任ある実施体制の下で、適切かつ公正に行われているか。	○	
多様な入学者選抜	4―5　複数の入学者選抜方法を採用している場合、各々の選抜方法の位置づけおよび関係は適切であるか。		○
身体障がい者等への配慮	4―6　身体障がい者等が入学試験を受験するための仕組みや体制等が整備されているか。		○
定員管理	4―7　当該専門職大学院の教育にふさわしい環境を継続的に確保するために、入学定員に対する入学者数および学生収容定員に対する在籍学生数は適正に管理されているか。	○	
入学者選抜方法の検証	4―8　学生の受け入れ方針・選抜基準・選抜方法等の学生受け入れのあり方について、継続的に検証する組織体制・仕組みが確立されているか。		○

5　学生生活

専門職学位課程は、在学中の学生生活に関する相談・支援体制ならびに修了後の進路に関する助言・指導体制を適切に整備するとともに、こうした体制について学生に十分周知させる必要がある。

また、学生生活に関する支援・指導体制を改善し、より優れた専門的職能教育を個々の学生が享受できるようにするために、教育システム改善のための授業評価、種々のアンケート調査等を通じて学生の声が反映できる仕組みを整備することが望ましい。

項目	評価の視点	レベル Ⅰ	レベル Ⅱ
学生の心身の健康の保持	5―1　学生の心身の健康を保持・増進するための適切な相談・支援体制が整備されているか。	○	
各種ハラスメントへの対応	5―2　各種ハラスメントに関する規程および相談体制が適切に整備され、それが学生に周知されているか。	○	
学生への経済的支援	5―3　奨学金その他学生への経済的支援についての適切な相談・支援体制が整備されているか。	○	
身体障がい者への配慮	5―4　身体障がい者等を受け入れるための適切な支援体制が整備されているか。		○
キャリア教育の開発と推進	5―5　学生の課程修了後を見越したキャリア教育開発はもちろん、適切な助言・指導の体制が整備されているか。	○	
進路についての相談体制	5―6　学生の進路選択に関わる相談・支援体制が適切に整備されているか。	○	
支援・指導体制の改善	5―7　学生生活に関する支援・指導体制を継続的に検証する仕組みが確立されているか。また、その向上に向けて必要な改善が行われているか。		○

6　教育研究環境の整備

専門職大学院は、専門職学位課程制度の目的に即し、かつ、それぞれの専門職大学院の使命・目的ならびに教育目標を達成することができるよう、適切に教育研究環境の整備を図らねばならない。

そのために専門職大学院は、教員の学問的創造性を伸長し、十全な教育研究活動をなし得るよう、その環境を整えるとともに、恒常的に教育方法を改善し向上させることができるよう人的支援体制を整備することが必要である。

また、専門職大学院は、それぞれの使命・目的ならびに教育目標を達成することができるよう、学生数・教員数等の組織規模に応じて、適切に施設・設備を整備するとともに、専門職学位課程における教育研究活動に必要かつ十分な図書等の資料を整備し、その有効な活用を図らねばならない。

加えて各専門職大学院は、コンピュータ、ネットワークその他の情報関連設備を含めて、教育形態に対応する施設・設備を整える必要がある。

これらの施設・設備は、身体障がい者に対しても配慮されていることが重要である。

項目	評価の視点	レベル I	レベル II
人的支援体制の整備	6—1 教務・技能・事務職員等の教育研究に資する人的な補助体制が適切に整備されているか。		○
	6—2 ティーチングアシスタント制度等、教育効果を上げるための制度が十分に整備されているか。		○
教育形態に即した施設・設備	6—3 講義室、演習室その他の施設・設備が、専門職学位課程の規模および教育形態に応じ、適切に整備されているか。（「専門職」第17条）	◎	
自習スペース	6—4 学生研究室等の学生が自由に学習できる環境が十分に整備され、効果的に利用されているか。	○	
研究室の整備	6—5 各専任教員の個別研究室の整備等、十分な教育研究環境が用意されているか。	○	
情報関連設備および人的体制	6—6 学生の学習および教員の教育研究のために必要な情報インフラストラクチャーおよびそれを支援する人的体制が適切に整備されているか。	○	
身体障がい者等への配慮	6—7 身体障がい者等のために適切な施設・設備が整備されているか。		○
施設・設備の維持・充実	6—8 施設・設備が適切に維持され、また教育研究内容、社会状況等の変化に合わせて、施設・設備が整備されているか。	○	
図書等の整備	6—9 図書館には専門職学位課程の学生の学習および教員の教育研究のために必要かつ十分な図書および電子媒体を含む各種資料が計画的・体系的に整備されているか。	○	
	6—10 図書館の利用規程や開館時間は専門職学位課程の学生の学習および教員の教育研究に配慮したものとなっているか。	○	
	6—11 国内外の専門職学位課程の大学院・研究機関等との学術情報・資料の相互利用のための条件整備を行っているか。	○	
財政的基礎	6—12 専門職大学院における教育活動等を適切に遂行できる財政的基礎を有しているか。		○
教育研究環境の改善	6—13 教育研究環境について、継続的に検証する組織体制・仕組みが確立されているか。また、教育研究環境の向上に向けて必要な改善が行われているか。		○

7　管理運営

専門職学位課程を設置している大学は、当該専門職大学院を管理運営する固有の組織体制を整備するとともに、専門職学位課程制度の目的に即し、かつ、当該専門職大学院の使命・目的ならびに教育目標を達成することができるよう、関連法令等に基づき学内規程を定めるとともに、これらを遵守するよう努めなければならない。

管理運営に関する体制・学内規程等の整備とその運用にあたっては、管理運営組織の自律性・自主性、意思決定の適切性・効率性、学問研究の自律性等に十分に配慮しなければならない。

当該専門職大学院の管理運営は、関係する学部・研究科や全学的諸機関との適切な連携のもとに行われることが必要である。

大学は、社会の状況を適切に反映させるよう、適宜、学内規程の内容を点検・評価し、管理運営の改善に努めなければならない。

大学は、教員組織（前項3）の他、専門職学位課程制度の目的に即し、かつ、当該専門職大学院の使命・目的ならびに教育目標を達成することができるよう、適切な事務組織を専門職大学院に設けるとともに、これを適切に運営し、また、その質を維持し、改善するよう努めなければならない。

項目	評価の視点	レベル I	レベル II
学内体制・規程の整備	7—1 専門職大学院を管理運営する固有の組織体制が整備され、その活動のために適切な規程が自主的に制定されているか。	○	
法令等の遵守	7—2 関連法令等および学内規程は適切に遵守されているか。（「専門職」第1条）	◎	
管理運営体制	7—3 専門職大学院の設置形態にかかわらず、当該大学院の教学およびその他の管理運営に関する重要事項については教授会等の当該大学院固有の専任教員組織	○	

項目	評価の視点		レベル I	レベル II
	7—4	の決定が尊重されているか。専門職大学院固有の管理運営を行う専任教員組織の長の任免等に関して適切な規程等が設けられ、かつ、適切に運用されているか。	○	
関係学部・研究科等との連携	7—5	専門職大学院と関係する学部・研究科等が設置されている場合、それとの連携・役割分担は適切に行われているか。	○	
点検・評価および改善	7—6	専門職大学院の管理運営に関する学内規程の内容および形式に関する点検・評価は適切に行われているか。	○	
	7—7	点検・評価に基づき管理運営の改善の努力が適切に行われているか。	○	
事務組織の設置	7—8	専門職大学院の管理運営のために適切な事務組織を設置しているか。	○	
事務組織の運営	7—9	事務組織は、関係諸組織と有機的連携を図りつつ、適切に運営されているか。	○	
事務組織の改善	7—10	事務組織の活動を向上せるために、組織的な研修システムの導入など、必要な工夫・改善が行われているか。		○

8　点検・評価

専門職大学院の使命・目的ならびに教育目標の実現に向けて、Plan - Do - Check- Action（PDCA）などの仕組みを整備し、その活動を不断に点検・評価し、改善・改革に結びつける必要がある。

また、専門職大学院の自己点検・評価の結果は広く社会に公表しなければならない。

項目	評価の視点		レベル I	レベル II
自己点検・評価	8—1	自己点検・評価のための仕組みおよび組織体制を整備し、適切な評価項目および方法に基づいた自己点検・評価を、組織的、継続的な取組として実施しているか。	◎	
	8—2	自己点検・評価の結果を広く公表しているか。	◎	
認証評価等	8—3	認証評価機関がある分野においては認証評価を、他の分野においては信頼できる外部評価を受けているか。	◎	
改善・向上のための仕組みの整備	8—4	自己点検・評価および認証評価等の外部評価の結果を当該専門職大学院の教育研究活動の改善・向上に結びつけるための仕組みを整備しているか。	○	
評価結果に基づく改善・向上	8—5	自己点検・評価および認証評価等の外部評価の結果を当該専門職大学院の教育研究活動の改善・向上に有効に結びつけているか。		○

9　情報公開・説明責任

専門職大学院は、透明性の高い運営を行うとともに、自らの諸活動の状況を社会に対して積極的に情報公開し、その説明責任を果たすことが必要である。

項目	評価の視点		レベル I	レベル II
情報公開・説明責任	9—1	専門職大学院の組織運営と諸活動の状況について、社会が正しく理解できるよう、ホームページや大学案内等を利用して適切に情報公開を行っているか。	○	
	9—2	学内外からの要請による情報公開のための規程および体制は整備しているか。	○	
	9—3	現在実施している情報公開が、社会に対する説明責任の役割を果たしているかどうかを検証する仕組を整備しているか。		○

（平成二二年度実施分）

大学評価基準（機関別認証評価）付 選択的評価事項

独立行政法人　大学評価・学位授与機構

平成一六年一〇月
平成二〇年二月改訂

基準1　大学の目的

1―1　大学の目的（教育研究活動を行うに当たっての基本的な方針，達成しようとしている基本的な成果等）が明確に定められており，その内容が，学校教育法に規定された，大学一般に求められる目的に適合するものであること。

1―2　目的が，大学の構成員に周知されているとともに，社会に公表されていること。

趣旨

本評価においては，大学の個性や特色が十分に発揮できるよう，各大学に対して教育研究活動に関する「目的」の明示を求め，その内容を踏まえて評価を実施します。大学の目的とは，大学の使命，教育研究活動を実施する上での基本方針，及び，養成しようとする人材像を含めた，達成しようとしている基本的な成果等を言います。

各大学は，それぞれが持つ設立の理念，歴史，環境条件等を踏まえた上で，その大学の機関としての目的を明確に定めていることが必要です。また，学部又はその学科等ごとに，大学院を有する大学においては研究科又はその専攻ごとに，人材の養成に関する目的その他の教育研究上の目的を学則等に定めていることが必要です。その内容は，学校教育法に定められた大学又は大学院一般が果たすべき目的から外れるものであってはならないことは当然です。さらに，目的は，教職員や学生等学内に広く周知されているとともに，広く社会に対して公表されている必要があります。

これらのことは，各大学の教育研究活動を実施・発展させるとともに，その成果を適切に評価するためにも不可欠です。

なお，各大学がその教育研究活動に関して，例えば，国際連携や地域社会への貢献等を目的として重視している場合，そのことを明示することで，大学の個性や特徴を評価に反映させることも可能です。

基本的な観点

1―1―①　大学の目的（学部，学科又は課程の目的を含む。）が，明確に定められ，その目的が，学校教育法第83条に規定された，大学一般に求められる目的から外れるものでないか。

1―1―②　大学院を有する大学においては，大学院の目的（研究科又は専攻の目的を含む。）が，明確に定められ，その目的が，学校教育法第99条に規定された，大学院一般に求められる目的から外れるものでないか。

1―2―①　目的が，大学の構成員（教職員及び学生）に周知されているとともに，社会に広く公表されているか。

基準2　教育研究組織（実施体制）

2―1　大学の教育研究に係る基本的な組織構成（学部及びその学科，研究科及びその専攻，その他の組織並びに教養教育の実施体制）が，大学の目的に照らして適切なものであること。

2―2　教育活動を展開する上で必要な運営体制が適切に整備され，機能していること。

趣旨

この基準は，各大学の教育研究に係る基本的な組織や，各種委員会等，その他の教育活動を展開する上で必要な実施体制の状況について評価するものです。

大学が，その目的を達成するために教育研究活動を有効に行えるよう，学部，学科，研究科，専攻（これらの組織を置かない場合にはこれに代わる組織），別科，専攻科，附属施設，センター等（特定の学部又は学科に設置が必要な附属学校，附属病院等を含む。）の基本的な教育研究組織及び教養教育の実施体制が，その大学の目的に基づいた活動を実施する上で有効かつ適切な形で設置あるいは整備され，機能していることが必要です。また，大学全体，及びそれぞれの基本的な教育組織を有効に機能させ，教育を展開していくためには，教授会，教務委員会等の各種委員会といった組織や，その他の運営体制が適切に整備され，機能していることが必要です。

基本的な観点

2―1―①　学部及びその学科の構成（学部，学科以外の基本的組織を設置している場合には，その構成）が，学士課程における教育研究の目的を達成する上で適切なものとなっているか。

2―1―②　教養教育の体制が適切に整備され，機能しているか。

2—1—③ 研究科及びその専攻の構成（研究科，専攻以外の基本的組織を設置している場合には，その構成）が，大学院課程における教育研究の目的を達成する上で適切なものとなっているか。

2—1—④ 別科，専攻科を設置している場合には，その構成が教育研究の目的を達成する上で適切なものとなっているか。

2—1—⑤ 大学の教育研究に必要な附属施設，センター等が，教育研究の目的を達成する上で適切に機能しているか。

2—2—① 教授会等が，教育活動に係る重要事項を審議するための必要な活動を行っているか。

2—2—② 教育課程や教育方法等を検討する教務委員会等の組織が，適切な構成となっているか。また，必要な回数の会議を開催し，実質的な検討が行われているか。

基準3 教員及び教育支援者

3—1 教育課程を遂行するために必要な教員が適切に配置されていること。
3—2 教員の採用及び昇格等に当たって，適切な基準が定められ，それに従い適切な運用がなされていること。
3—3 教育の目的を達成するための基礎となる研究活動が行われていること。
3—4 教育課程を遂行するために必要な教育支援者の配置や教育補助者の活用が適切に行われていること。

趣旨

この基準では，基準1で定められた大学の目的を達成する上で，教員の配置が，適切であるかどうかを評価します。

大学の教育を実施する上で，個々の教員，及び教員組織の果たす役割が重要であるのは言うまでもありません。各大学には，大学設置基準（通信教育を行う課程を置いている場合には，大学通信教育設置基準を含む。），大学院設置基準及び専門職大学院設置基準に定められた要件を具備しつつ，教育の目的を達成するために，教員の適切な役割分担や組織的な連携体制の下で，教育研究に係る責任の所在が明確にされた教員組織編制が必要です。また，質，量の両面において，教育課程を遂行するに十分な教員組織を有していることが求められます。さらには，その前提として，教員の資格や能力を適切に評価し，これを教員組織の編制に反映させる体制が機能していることが求められます。

このほか，各教員及び教員組織には，教育の目的を達成するための基礎として，必要な研究活動が行われ，その内容，成果を教育内容等に反映させることが求められます。

さらに，大学において編成された教育課程を遂行する上では，教員のみならず，事務職員，技術職員等の教育支援者が適切に配置され，TA（ティーチング・アシスタント）等の教育補助者の活用が図られていることが必要です。

基本的な観点

3—1—① 教員組織編制のための基本的方針を有しており，それに基づいて教員の適切な役割分担の下で，組織的な連携体制が確保され，教育研究に係る責任の所在が明確にされた教員組織編制がなされているか。

3—1—② 学士課程において，教育課程を遂行するために必要な教員が確保されているか。また，教育上主要と認める授業科目には，専任の教授又は准教授を配置しているか。

3—1—③ 大学院課程（専門職学位課程を除く。）において，必要な研究指導教員及び研究指導補助教員が確保されているか。

3—1—④ 専門職学位課程において，必要な専任教員（実務の経験を有する教員を含む。）が確保されているか。

3—1—⑤ 大学の目的に応じて，教員組織の活動をより活性化するための適切な措置が講じられているか。

3—2—① 教員の採用基準や昇格基準等が明確かつ適切に定められ，適切に運用がなされているか。特に，学士課程においては，教育上の指導能力の評価，また大学院課程においては，教育研究上の指導能力の評価が行われているか。

3—2—② 教員の教育活動に関する定期的な評価が行われているか。また，その結果把握された事項に対して適切な取組がなされているか。

3—3—① 教育の目的を達成するための基礎として，教育内容等と関連する研究活動が行われているか。

3—4—① 大学において編成された教育課程を遂行するに必要な事務職員，技術職員等の教育支援者が適切に配置されているか。また，TA等の教育補助者の活用が図られているか。

基準4 学生の受入

4—1 教育の目的に沿って，求める学生像及び入学者選抜の基本方針などの入学者受入方針（アドミッション・ポリシー）が明確に定められ，公表，周知されていること。
4—2 入学者受入方針（アドミッション・ポリシー）に沿って適切な学生の受入が実施され，機能していること。
4—3 実入学者数が，入学定員と比較して適正な数となっていること。

趣旨

この基準では，各大学の学生の受入の状況について評価します。

大学の学生の受入の在り方は，高等学校教育や社会に大きな影響を与えるものであり，公正かつ妥当な方法，適切な体制によって行われることはもちろんですが，その上で，各大学の教育の目的にふさわしい資質を持った「求める学生」を適切に見い出す観点に立って実施されることが重要です。

このため，将来の学生及び社会に対して，どのような目的を持って教育活動を行い，また，その教育の目的に沿って，どのような能力や適性等を有する学生を求めているのか，どのような方針で入学者選抜を行うのかなどの考え方をまとめた入学者受入方針（アドミッション・ポリシー）を明確に定め，公表されていることが必要です。

その上で，これらの方針に沿った入学者選抜方法が実施され，大学の「求める学生」が適切に見い出されていることが求められます。

なお，大学の教育体制は，学生数に応じて整備されているものであり，教育の効果を担保する観点から，各大学の実入学者数は，入学定員とできるだけ合致していることが求められます。

基本的な観点

4－1－① 教育の目的に沿って，求める学生像及び入学者選抜の基本方針などの入学者受入方針（アドミッション・ポリシー）が明確に定められ，公表，周知されているか。

4－2－① 入学者受入方針（アドミッション・ポリシー）に沿って適切な学生の受入方法が採用されており，実質的に機能しているか。

4－2－② 入学者受入方針（アドミッション・ポリシー）において，留学生，社会人，編入学生の受入等に関する基本方針を示している場合には，これに応じた適切な対応が講じられているか。

4－2－③ 実際の入学者選抜が適切な実施体制により，公正に実施されているか。

4－2－④ 入学者受入方針（アドミッション・ポリシー）に沿った学生の受入が実際に行われているかどうかを検証するための取組が行われており，その結果を入学者選抜の改善に役立てているか。

4－3－① 実入学者数が，入学定員を大幅に超える，又は大幅に下回る状況になっていないか。また，その場合には，これを改善するための取組が行われるなど，入学定員と実入学者数との関係の適正化が図られているか。

基準５　教育内容及び方法

（学士課程）

5－1 教育課程が教育の目的に照らして体系的に編成されており，その内容，水準，授与される学位名において適切であること。

5－2 教育課程を展開するにふさわしい授業形態，学習指導法等が整備されていること。

5－3 成績評価や単位認定，卒業認定が適切であり，有効なものとなっていること。

（大学院課程）

5－4 教育課程が教育の目的に照らして体系的に編成されており，その内容，水準，授与される学位名において適切であること。

5－5 教育課程を展開するにふさわしい授業形態，学習指導法等が整備されていること。

5－6 研究指導が大学院教育の目的に照らして適切に行われていること。

5－7 成績評価や単位認定，修了認定が適切であり，有効なものとなっていること。

（専門職学位課程）

5－8 教育課程が教育の目的に照らして体系的に編成されており，その内容，水準，授与される学位名において適切であること。

5－9 教育課程が当該職業分野における期待にこたえるものになっていること。

5－10 教育課程を展開するにふさわしい授業形態，学習指導法等が整備されていること。

5－11 成績評価や単位認定，修了認定が適切であり，有効なものとなっていること。

趣旨

教育内容及び方法は，大学教育の質の保証を行う上で，根幹的な部分です。

各大学の教育内容及び方法は，大学に求められる内容を満たすものであると同時に，その大学の教育の目的を体現するものである必要があります。

教育課程については，教育の目的に照らして体系的に編成されており，その内容，水準，授与される学位名において適切であることが必要です。また，教育課程を展開するにふさわしい授業形態，学習指導法等が整備されていることが必要です。

さらに，学生が修得する単位や取得する学位は，大学が意図した教育の目的の下で学生が獲得した知識・技術等に対して，認定・授与され，大学は組織として自らが認定・授与した単位，学位の通用性について保証することが求められています。各大学は，そのような観点から，成績評価や単位認定，卒業（修了）認定を適切に実施し，学修の成果を有効なものとすることが求められます。

本基準には，学士課程，大学院課程及び専門職学位課程で，その特性に応じて，それぞれ別の基準が定められています。通信教育を行う課程を置いている場合には，大学通信教育設置基準等の内容を踏まえつつ，学士課程，大学院課程及び専門職学位課程の基準に準じて評価します。また，別科を設置している場合には，その課程につい

5 評価基準等

ては，学士課程の基準に準じて評価します。専攻科を設置している場合には，その課程については，大学院課程の基準に準じて評価します。

基本的な観点

（学士課程）

5－1－① 教育の目的や授与される学位に照らして，授業科目が適切に配置され，教育課程が体系的に編成されており，授業科目の内容が，全体として教育課程の編成の趣旨に沿ったものになっているか。

5－1－② 教育課程の編成又は授業科目の内容において，学生の多様なニーズ，研究成果の反映，学術の発展動向，社会からの要請等に配慮しているか。

5－1－③ 単位の実質化への配慮がなされているか。

5－2－① 教育の目的に照らして，講義，演習，実験，実習等の授業形態の組合せ・バランスが適切であり，それぞれの教育内容に応じた適切な学習指導法の工夫がなされているか。

5－2－② 教育課程の編成の趣旨に沿って適切なシラバスが作成され，活用されているか。

5－2－③ 自主学習への配慮，基礎学力不足の学生への配慮等が組織的に行われているか。

5－2－④ 夜間において授業を実施している課程（夜間学部や昼夜開講制（夜間主コース））を置いている場合には，その課程に在籍する学生に配慮した適切な時間割の設定等がなされ，適切な指導が行われているか。

5－2－⑤ 通信教育を行う課程を置いている場合には，印刷教材等による授業（添削等による指導を含む。），放送授業，面接授業（スクーリングを含む。）若しくはメディアを利用して行う授業の実施方法が整備され，適切な指導が行われているか。

5－3－① 教育の目的に応じた成績評価基準や卒業認定基準が組織として策定され，学生に周知されており，これらの基準に従って，成績評価，単位認定，卒業認定が適切に実施されているか。

5－3－② 成績評価等の正確さを担保するための措置が講じられているか。

（大学院課程）

5－4－① 教育の目的や授与される学位に照らして，教育課程が体系的に編成されており，授業科目の内容が，全体として教育課程の編成の趣旨に沿ったものになっているか。

5－4－② 教育課程の編成又は授業科目の内容において，学生の多様なニーズ，研究成果の反映，学術の発展動向，社会からの要請等に配慮しているか。

5－4－③ 単位の実質化への配慮がなされているか。

5－5－① 教育の目的に照らして，講義，演習，実験，実習等の授業形態の組合せ・バランスが適切であり，それぞれの教育内容に応じた適切な学習指導法の工夫がなされているか。

5－5－② 教育課程の編成の趣旨に沿って適切なシラバスが作成され，活用されているか。

5－5－③ 夜間において授業を実施している課程（夜間大学院や教育方法の特例）を置いている場合には，その課程に在籍する学生に配慮した適切な時間割の設定等がなされ，適切な指導が行われているか。

5－5－④ 通信教育を行う課程を置いている場合には，印刷教材等による授業（添削等による指導を含む。），放送授業，面接授業（スクーリングを含む。）若しくはメディアを利用して行う授業の実施方法が整備され，適切な指導が行われているか。

5－6－① 教育課程の趣旨に沿った研究指導，学位論文（特定課題研究の成果を含む。）に係る指導の体制が整備され，適切な計画に基づいて行われているか。

5－6－② 研究指導，学位論文に係る指導に対する適切な取組が行われているか。

5－7－① 教育の目的に応じた成績評価基準や修了認定基準が組織として策定され，学生に周知されており，これらの基準に従って，成績評価，単位認定，修了認定が適切に実施されているか。

5－7－② 学位論文に係る評価基準が組織として策定され，学生に周知されており，適切な審査体制が整備されているか。

5－7－③ 成績評価等の正確さを担保するための措置が講じられているか。

（専門職学位課程）

5－8－① 教育の目的や授与される学位に照らして，教育課程が体系的に編成されており，授業科目の内容が，全体として教育課程の編成の趣旨に沿ったものになっているか。

5－8－② 教育課程の編成又は授業科目の内容において，学生の多様なニーズ，研究成果の反映，学術の発展動向，社会からの要請等に配慮しているか。

5－8－③ 単位の実質化への配慮がなされているか。

5－9－① 教育課程や教育内容の水準が，当該職業分野の期待にこたえるものになっているか。

5－10－① 教育の目的に照らして，講義，演習，実験，実習等の授業形態の組合せ・バランスが適切であり，それぞれの教育内容に応じた適切な学習指導法の工夫がなされているか。

5－10－② 教育課程の編成の趣旨に沿って適切なシラバスが作成され，活用されているか。

5－10－③ 夜間において授業を実施している課程（夜間大学院や教育方法の特例）を置いている場合には，その課程に在籍する学生に配慮した適切な時間割の設定等がなされ，適切な指導が行われているか。

5—10—④　通信教育を行う課程を置いている場合には，印刷教材等による授業（添削等による指導を含む。），放送授業，面接授業（スクーリングを含む。）若しくはメディアを利用して行う授業の実施方法が整備され，適切な指導が行われているか。

5—11—①　教育の目的に応じた成績評価基準や修了認定基準が組織として策定され，学生に周知されており，これらの基準に従って，成績評価，単位認定，修了認定が適切に実施されているか。

5—11—②　成績評価等の正確さを担保するための措置が講じられているか。

基準6	教育の成果
6—1	教育の目的において意図している，学生が身に付ける学力，資質・能力や養成しようとする人材像等に照らして，教育の成果や効果が上がっていること。

趣旨

大学の教育の目的において，教育活動によって学生がどのような知識，技術，態度を身に付け，どのような人材となることを意図しているのかという点は，極めて重要です。大学の教育等に関する各種の取組が計画通りに行われ，実績を上げていることは重要ですが，最終的にはこれらの取組の成果は学生が享受すべきものであり，大学は学生が享受した，あるいは将来的に享受するであろう教育の成果を，適切な情報をもとに正確に把握しなければなりません。

基本的な観点

6—1—①　学生が身に付ける学力，資質・能力や養成しようとする人材像等に照らして，その達成状況を検証・評価するための適切な取組が行われているか。

6—1—②　各学年や卒業（修了）時等において学生が身に付ける学力や資質・能力について，単位修得，進級，卒業（修了）の状況，資格取得の状況等から，あるいは卒業（学位）論文等の内容・水準から判断して，教育の成果や効果が上がっているか。

6—1—③　授業評価等，学生からの意見聴取の結果から判断して，教育の成果や効果が上がっているか。

6—1—④　教育の目的で意図している養成しようとする人材像等について，就職や進学といった卒業（修了）後の進路の状況等の実績や成果について定量的な面も含めて判断して，教育の成果や効果が上がっているか。

6—1—⑤　卒業（修了）生や，就職先等の関係者からの意見聴取の結果から判断して，教育の成果や効果が上がっているか。

基準7	学生支援等
7—1	学習を進める上での履修指導が適切に行われていること。また，学生相談・助言体制等の学習支援が適切に行われていること。
7—2	学生の自主的学習を支援する環境が整備され，機能していること。また，学生の活動に対する支援が適切に行われていること。
7—3	学生の生活や就職，経済面での援助等に関する相談・助言，支援が適切に行われていること。

趣旨

学生は，大学で学習をする上で，また生活をする上で，様々な問題に直面します。学生は自らの努力のみで全ての問題を解決することは困難であり，大学としての適切な支援が必要です。

学生が抱える問題としては，授業の履修，学習に関する問題，生活，就職に関する問題，ハラスメント等が考えられ，これらの問題への相談・助言体制等の対応が要求されます。その一方で，授業外での知識資源へのアクセスを含め，自己学習への施設・設備面での支援や，学習者コミュニティの形成支援，経済的就学困難に関する援助等が考えられ，これらもまた，学生支援として必要な要素です。

また，特別な支援を行うことが必要と考えられる学生に対して適切な支援を行っていくことも必要です。

これらの支援を効果的に行うためには，学生支援に関する明確な目的を設定し，質，量ともに適切な人員及び施設，設備を配置し，それらを組織的に機能させることが必要となります。学生の抱える問題や，学習のためのニーズは多種多様です。特別な支援を行うことが必要と考えられる学生のニーズの把握はもちろんのこと，一般の学生のニーズも多様化しているために，学生のニーズを把握する取組も必要です。

基本的な観点

7—1—①　授業科目や専門，専攻の選択の際のガイダンスが適切に実施されているか。

7—1—②　学習支援に関する学生のニーズが適切に把握されており，学習相談，助言，支援が適切に行われているか。

7—1—③　通信教育を行う課程を置いている場合には，そのための学習支援，教育相談が適切に行われているか。

7—1—④　特別な支援を行うことが必要と考えられる学生への学習支援を適切に行うことのできる状況にあるか。また，必要に応じて学習支援が行われているか。

7—2—① 自主的学習環境が十分に整備され，効果的に利用されているか。
7—2—② 学生のサークル活動や自治活動等の課外活動が円滑に行われるよう支援が適切に行われているか。
7—3—① 生活支援等に関する学生のニーズが適切に把握されており，健康，生活，進路，各種ハラスメント等に関する相談・助言体制が整備され，適切に行われているか。
7—3—② 特別な支援を行うことが必要と考えられる学生への生活支援等を適切に行うことのできる状況にあるか。また，必要に応じて生活支援等が行われているか。
7—3—③ 学生の経済面の援助が適切に行われているか。

基準8 施設・設備
8—1 大学において編成された教育研究組織及び教育課程に対応した施設・設備が整備され，有効に活用されていること。
8—2 大学において編成された教育研究組織及び教育課程に応じて，図書館が整備されており，図書，学術雑誌，視聴覚資料その他の教育研究上必要な資料が系統的に収集，整理されていること。

趣旨

この基準では，各大学の目的に沿って編成された教育研究組織の運営及び教育課程の実現に必要とされる施設・設備が，学生，教員，職員等の関係者の利用のために十分に整備され，機能しているかどうかを評価します。

講義室，研究室，実験・実習室，演習室，情報処理学習のための施設，語学学習のための施設については，それらが講義等に使用される場合には，使用する学生数，教育内容，教育方法等を検討し，それが必要とされる能力（収容力，性能等）を有し，また有効に活用されていなければなりません。また，図書館が整備され，学生による学習のために必要な図書等の資料についても系統的に収集，整理されており，かつ実用に供していなければなりません。これらは同時に，大学の有する資産として，メンテナンスやセキュリティについても管理されていなければなりません。

基本的な観点

8—1—① 大学において編成された教育研究組織の運営及び教育課程の実現にふさわしい施設・設備が整備され，有効に活用されているか。また，施設・設備のバリアフリー化への配慮がなされているか。
8—1—② 大学において編成された教育課程の遂行に必要なＩＣＴ環境が整備され，有効に活用されているか。
8—1—③ 施設・設備の運用に関する方針が明確に規定され，大学の構成員（教職員及び学生）に周知されているか。
8—2—① 図書館が整備され，図書，学術雑誌，視聴覚資料その他の教育研究上必要な資料が系統的に収集，整理されており，有効に活用されているか。

（注）ＩＣＴ（Information and Communication Technology）

基準9 教育の質の向上及び改善のためのシステム
9—1 教育の状況について点検・評価し，その結果に基づいて改善・向上を図るための体制が整備され，取組が行われており，機能していること。
9—2 教員，教育支援者及び教育補助者に対する研修等，その資質の向上を図るための取組が適切に行われていること。

趣旨

教育等の目的を達成するためには，教育の質の向上や継続的改善が必要となります。そのためには，教育の状況について点検・評価し，その結果に基づいて改善・向上を図るための体制が整備されており，実際に取組が行われ，機能していることが求められます。仮に現状のままでも十分に教育の目的を達成することが予想される場合においても，外的環境の変化等への対応として，大学内外の関係者の意見を採り入れた評価を行うことが必要です。

また，この基準では，教材，学習指導法に係る研究開発が適切に行われているか，ファカルティ・ディベロップメントが適切に行われているか，教育支援者及び教育補助者に対する研修等，その資質の向上を図るための取組が適切に行われているかなど，基準1に定めた大学の目的に沿って，不断に教育活動の質の維持・向上を図る仕組みが適切に整備され，機能しているかを評価します。

基本的な観点

9—1—① 教育の状況について，活動の実態を示すデータや資料を適切に収集し，蓄積しているか。
9—1—② 大学の構成員（教職員及び学生）の意見の聴取が行われており，教育の質の向上，改善に向けて具体的かつ継続的に適切な形で活かされているか。
9—1—③ 学外関係者の意見が，教育の質の向上，改善に向けて具体的かつ継続的に適切な形で活かされているか。
9—1—④ 個々の教員は，評価結果に基づいて，それぞれの質の向上を図るとともに，授業内容，教材，教授技術等の継続的改善を行っているか。

5 評価基準等

9―2―① ファカルティ・ディベロップメントが，適切な方法で実施され，組織として教育の質の向上や授業の改善に結び付いているか。
9―2―② 教育支援者や教育補助者に対し，教育活動の質の向上を図るための研修等，その資質の向上を図るための取組が適切に行われているか。

基準10 財務
10―1 大学の目的を達成するために，教育研究活動を将来にわたって適切かつ安定して遂行できるだけの財務基盤を有していること。
10―2 大学の目的を達成するための活動の財務上の基礎として，適切な収支に係る計画等が策定され，履行されていること。
10―3 大学の財務に係る監査等が適正に実施されていること。

趣旨

大学の活動は財務の裏付けがなければ成立しません。教育研究活動を組織として将来にわたって適切かつ安定的に遂行するためには，安定した財務基盤が必要になります。学生からの授業料収入に基盤を置く場合には，安定した入学者数の確保が必要になります。また，予期できない外的要因の変化に対する危機管理として，適当な自己資本（資金・資産）を保有することなどが必要になります。

また，大学は各種財源から収入を得て，それを管理し，大学の目的に応じて配分しますが，その際には，明確な計画，配分の方針等が設定され，履行されていなければなりません。また，財務諸表等，大学の財務状況が公表されるとともに，自己改善を目的とした評価とは別に，財務が適正であることを保証するための監査等が適正に実施されていることが必要となります。

基本的な観点

10―1―① 大学の目的に沿った教育研究活動を安定して遂行できる資産を有しているか。また，債務が過大ではないか。
10―1―② 大学の目的に沿った教育研究活動を安定して遂行するための，経常的収入が継続的に確保されているか。
10―2―① 大学の目的を達成するための活動の財務上の基礎として，適切な収支に係る計画等が策定され，関係者に明示されているか。
10―2―② 収支の状況において，過大な支出超過となっていないか。
10―2―③ 大学の目的を達成するため，教育研究活動（必要な施設・設備の整備を含む。）に対し，適切な資源配分がなされているか。
10―3―① 大学を設置する法人の財務諸表等が適切な形で公表されているか。
10―3―② 財務に対して，会計監査等が適正に行われているか。

基準11 管理運営
11―1 大学の目的を達成するために必要な管理運営体制及び事務組織が整備され，機能していること。
11―2 管理運営に関する方針が明確に定められ，それらに基づく規程が整備され，各構成員の責務と権限が明確に示されていること。
11―3 大学の目的を達成するために，大学の活動の総合的な状況に関する自己点検・評価が行われ，その結果が公表されていること。

趣旨

大学が教育等の目的の達成に向けて組織として機能するためには，管理運営組織が教育研究等の活動を支援，促進させるために有機的に機能しなければなりません。予期できない外的環境の変化等に対する対応，構成員への法令遵守や研究者倫理等を含めた危機管理体制の整備も重要です。また，各構成員の責務と権限が明確に規定され，滞りなく効果的な運営がなされる必要があります。さらには，大学内外の関係者のニーズを把握した上で，組織として効果的な意思決定がなされる必要があります。

大学は，学校教育法等において，自ら点検及び評価を行うことが定められています。基準９「教育の質の向上及び改善のためのシステム」では，教育活動の改善システムを評価しますが，本基準においては，大学全体の活動及び活動の成果に関して自己点検・評価を行い，継続的に改善を行うための体制が整備され，適切に機能していること，そして自己点検・評価の結果が公表されていることを評価します。

また，大学には，教育研究の成果の普及及び活用の促進に資するために，大学の教育研究活動の状況や，その活動の成果に関する情報を広く社会に提供することが求められます。

基本的な観点

11―1―① 管理運営のための組織及び事務組織が，大学の目的の達成に向けて支援するという任務を果たす上で，適切な規模と機能を持っているか。また，危機管理等に係る体制が整備されているか。
11―1―② 大学の目的を達成するために，学長のリーダーシップの下で，効果的な意思決定が行える組織形態となっているか。
11―1―③ 大学の構成員（教職員及び学生），その他学外関係者のニーズを把握し，適切な形で管理運営に反映されているか。
11―1―④ 監事が置かれている場合には，監事が適切な役割を果たしているか。

11—1—⑤　管理運営のための組織及び事務組織が十分に任務を果たすことができるよう，研修等，管理運営に関わる職員の資質の向上のための取組が組織的に行われているか。

11—2—①　管理運営に関する方針が明確に定められ，その方針に基づき，学内の諸規程が整備されるとともに，管理運営に関わる委員や役員の選考，採用に関する規程や方針，及び各構成員の責務と権限が文書として明確に示されているか。

11—2—②　大学の活動状況に関するデータや情報が適切に収集，蓄積されているとともに，教職員が必要に応じて活用できる状況にあるか。

11—3—①　大学の活動の総合的な状況について，根拠となる資料やデータ等に基づいて，自己点検・評価が行われており，その結果が大学内及び社会に対して広く公開されているか。

11—3—②　自己点検・評価の結果について，外部者（当該大学の教職員以外の者）による検証が実施されているか。

11—3—③　評価結果がフィードバックされ，管理運営の改善のための取組が行われているか。

11—3—④　大学における教育研究活動の状況や，その活動の成果に関する情報をわかりやすく社会に発信しているか。

選択的評価事項

（平成二二年度実施分）

> 選択的評価事項に係る評価は，大学の希望に応じて，大学機関別認証評価とは異なる側面から大学の活動等を評価します。

選択的評価事項について

機構の実施する認証評価は、大学の正規課程における教育活動を中心として大学の教育研究活動等の総合的な状況を評価するものですが、大学にとって研究活動は、教育活動とともに主要な活動の一つであり、さらに大学は、社会の一員として、地域社会、産業界と連携・交流を図るなど、教育、研究の両面にわたって知的資産を社会に還元することが求められており、実際にそのような活動が広く行われています。

そこで、「評価結果を各大学にフィードバックすることにより、各大学の教育研究活動等の改善に役立てること」「大学の教育研究活動等の状況を明らかにし、それを社会に示すことにより、広く国民の理解と支持が得られるよう支援・促進していくこと」という評価の目的に鑑み、各大学の個性の伸長に資するよう、大学評価基準とは異なる側面から大学の活動を評価するために、「研究活動の状況」と「正規課程の学生以外に対する教育サービスの状況」の二つの選択的評価事項を設定しています。この選択的評価事項は、大学の希望に基づいて、これらの事項に関わる活動等について評価を実施するものです。

なお、選択的評価事項においては、大学評価基準とは異なり、基準を満たしているかどうかの判断ではなく、その事項に関わる各大学が有する目的の達成状況等について、評価することとしています。

> 選択的評価事項A　研究活動の状況
>
> A—1　大学の目的に照らして，研究活動を実施するために必要な体制が適切に整備され，機能していること。
>
> A—2　大学の目的に照らして，研究活動が活発に行われており，研究の成果が上がっていること。

趣旨

大学は優れた人材の育成を担うとともに、幅広い研究活動によって、広く社会・経済・

文化の発展を支える役割を社会から期待されています。

機構の大学評価基準では、教育活動を中心として大学の教育研究活動等の総合的な状況の評価を実施するとの基本的方針から、研究活動に関しては教育活動と関連する側面から評価を行います。具体的には、基準3で「教育の目的を達成するための基礎となる研究活動が行われていること」を挙げるとともに、基準5において「教育課程の編成又は授業科目の内容において、研究成果の反映、学術の発展動向に配慮しているか」との基本的な観点を設定しています。したがって、大学では、このような側面から研究活動について自己評価を行うこととなります。

一方、大学では、教育活動と関連する側面のみからでは十分把握することが難しい研究活動も広く行われています。大学が研究活動を継続して活発に進めるためには、研究を実施する体制及びその支援・推進を行う体制の整備、研究推進の施策の実施が不可欠です。同時に、大学は、現在の研究活動や研究成果の状況及び社会・経済・文化の領域への効果について的確に把握し、研究活動の改善や向上を図り、それらを社会に対して広く示していくことを求められています。

この選択的評価事項は、このような大学の研究活動に関する全般的状況の評価を希望する大学に対応するために設けられているものです。

この選択的評価事項では、まず、研究活動に関する大学の目的に照らして、研究を実施する体制、それを支援・推進する体制、研究推進のための施策の実施状況（組織内の資源配分に関する措置や研究に関わる規定の策定等）、研究活動の質の向上のための改善システムが、それぞれ適切に整備され、機能しているかを評価します。

さらに、成果物の刊行、共同研究の状況、競争的研究資金への応募状況等を踏まえた研究活動の活発さ、競争的研究資金の獲得状況、外部評価や受賞状況等から判断した研究の質の状況、研究成果の活用状況等の分析から明らかにされた社会・経済・文化的な貢献について、それぞれ大学の目的に照らして評価します。

なお、ここで言う研究活動とは、基礎研究や応用研究等に限らず、広く教員の創造的活動を指します。

基本的な観点

A－1－①　研究の実施体制及び支援・推進体制が適切に整備され、機能しているか。

A－1－②　研究活動に関する施策が適切に定められ、実施されているか。

A－1－③　研究活動の質の向上のために研究活動の状況を検証し、問題点等を改善するための取組が行われているか。

A－2－①　研究活動の実施状況から判断して、研究活動が活発に行われているか。

A－2－②　研究活動の成果の質を示す実績から判断して、研究の質が確保されているか。

A－2－③　社会・経済・文化の領域における研究成果の活用状況や関連組織・団体からの評価等から判断して、社会・経済・文化の発展に資する研究が行われているか。

選択的評価事項B　正規課程の学生以外に対する教育サービスの状況
B－1　大学の目的に照らして、正規課程の学生以外に対する教育サービスが適切に行われ、成果を上げていること。

趣旨

大学は、現代社会において、社会の各分野で活躍できる優れた人材の養成をはじめ、社会の高度化・複雑化に伴う職業能力向上のニーズ、国民のゆとりや価値の多様化に伴う幅広い年齢層における生涯学習ニーズの高まり、地域貢献への要請等に対応し、体系的かつ継続的な学習の場として、より社会に開かれた大学となることが求められてきています。各大学は、実際に、これらのニーズや大学の置かれた状況を踏まえ、その知的資産を社会に還元すべく、正規課程に在籍する学生以外に対しても様々な教育サービスを実施しています。

これらの教育サービスとしては、科目等履修生制度、聴講生制度、公開講座、資格関係の講座、各種の研修やセミナーの開設等の教育活動のほか、博物館等の公開、図書館開放のような学習機会の提供等が挙げられます。このほかにも各大学においては組織的に、講演会、シンポジウム、委員会等への参画等を通じて、地域への教育支援・協力等様々な地域貢献のための活動等が行われています。

大学によっては、このような教育サービスに関連する社会貢献、社会活動を社会に対する重要なサービスとして位置付けている場合もありますので、そのことが大学の目的に明示されていれば、本事項の評価対象とすることができます。

この選択的評価事項では、教育サービスに関わる目的の達成状況について、目的・計画の策定と周知、実際の活動内容や方法の適切性、教育サービスの成果、改善のためのシステム等を観点として評価を行います。

基本的な観点

B－1－①　大学の教育サービスの目的に照らして、目的を達成するためにふさわしい計画や具体的方針が定められているか。また、これらの目的と計画が周知されているか。

B－1－②　計画に基づいた活動が適切に実施されているか。

B－1－③　活動の結果及び成果として、活動への参加者が十分に確保されているか。また、活動の実施担当者やサービス享受者等の満足度等から判断して、活動の成果が上がっているか。

B－1－④　改善のための取組が行われているか。

大学評価基準

財団法人 日本高等教育評価機構

平成二〇年一一月改訂

大学評価基準

基準1．建学の精神・大学の基本理念及び使命・目的

本基準の趣旨

本基準は、大学の建学の精神・大学の基本理念及び使命・目的について規定するものです。大学は、建学の精神・基本理念及び使命・目的がともに学内外に示されていることが求められます。

領域・基準項目

領域：教育の理念・目的・目標、大学の個性、特色等
1－1　建学の精神・大学の基本理念が学内外に示されていること。
1－2　大学の使命・目的が明確に定められ、かつ学内外に周知されていること。

評価の視点

《1－1の視点》

1－1－①　建学の精神・大学の基本理念が学内外に示されているか。

《1－2の視点》

1－2－①　建学の精神・大学の基本理念を踏まえた、大学の使命・目的が明確に定められているか。

1－2－②　大学の使命・目的が学生及び教職員に周知されているか。

1－2－③　大学の使命・目的が学外に公表されているか。

基準2．教育研究組織

本基準の趣旨

本基準は、大学の教育研究組織について規定するものです。大学は、教育研究上の目的を達成するために、学部・学科、大学院研究科・課程等の必要な組織を設置し、使命・目的に沿って運営されていることが求められます。また、教養教育組織・附属研究所・附属学校・附属機関等が設置されている場合は、相互の連携関係が円滑になされていることが必要です。

領域・基準項目

領域：学部、学科、大学院等の教育システム等
2－1　教育研究の基本的な組織（学部、学科、研究科、附属機関等）が、大学の使命・目的を達成するための組織として適切に構成され、かつ、各組織相互の適切な関連性が保たれていること。
2－2　人間形成のための教養教育が十分できるような組織上の措置がとられていること。
2－3　教育方針等を形成する組織と意思決定過程が、大学の使命・目的及び学習者の要求に対応できるよう整備され、十分に機能していること。

評価の視点

《2－1の視点》

2－1－①　教育研究上の目的を達成するために必要な学部、学科、研究科、附属機関等の教育研究組織が、適切な規模、構成を有しているか。

2－1－②　教育研究の基本的な組織（学部、学科、研究科、附属機関等）が教育研究上の目的に照らして、それぞれ相互に適切な関連性を保っているか。

《2－2の視点》

2－2－①　教養教育が十分できるような組織上の措置がとられているか。

2－2－②　教養教育の運営上の責任体制が確立されているか。

《2－3の視点》

2－3－①　教育研究に関わる学内意思決定機関の組織が適切に整備されているか。

2－3－②　教育研究に関わる学内意思決定機関の組織が大学の使命・目的及び学習者の要求に対応できるよう十分に機能しているか。

基準3．教育課程

本基準の趣旨

本基準は、大学の教育課程について規定するものです。大学は、教育研究上の目的を達成するために、学部・研究科等の各教育組織において教育課程を編成し、学生にとって必要な学習量、教育評価の方法を定める必要があります。そして、学部・研究科等において、それぞれの教育目的に沿った教育課程が定められていることが求められます。

領域・基準項目

領域：教育目的、教育内容、学習量、教育評価等
3－1　教育目的が教育課程や教育方法等に十分反映されていること。

3―2　教育課程の編成方針に即して、体系的かつ適切に教育課程が設定されていること。
3―3　教育目的の達成状況を点検・評価するための努力が行われていること。

評価の視点

《3―1の視点》

3―1―①　建学の精神・大学の基本理念及び学生のニーズや社会的需要に基づき、学部、学科又は課程、研究科又は専攻ごとの教育目的が設定され、学則等に定められ、かつ公表されているか。
3―1―②　教育目的の達成のために、課程別の教育課程の編成方針が適切に設定されているか。
3―1―③　教育目的が教育方法等に十分反映されているか。

《3―2の視点》

3―2―①　教育課程が体系的に編成され、その内容が適切であるか。
3―2―②　教育課程の編成方針に即した授業科目、授業の内容となっているか。
3―2―③　年間学事予定、授業期間が明示されており、適切に運営されているか。
3―2―④　単位の認定、進級及び卒業・修了の要件が適切に定められ、厳正に適用されているか。
3―2―⑤　履修登録単位数の上限の適切な設定など、単位制度の実質を保つための工夫が行われているか。
3―2―⑥　教育内容・方法に、特色ある工夫がなされているか。
3―2―⑦　学士課程、大学院課程、専門職大学院課程等において通信教育を行っている場合には、それぞれの添削等による指導を含む印刷教材等による授業、添削等による指導を含む放送授業、面接授業もしくはメディアを利用して行う授業の実施方法が適切に整備されているか。

《3―3の視点》

3―3―①　学生の学習状況・資格取得・就職状況の調査、学生の意識調査、就職先の企業アンケートなどにより、教育目的の達成状況を点検・評価するための努力が行われているか。

基準4．学生

本基準の趣旨

本基準は、学生に関する大学の対応について規定するものです。学生は、自律的な学習活動を行う主体であり、学生の学習を支援し、学生生活を支えるよう適切な組織的対応が必要です。

領域・基準項目

領域：入試・入学、学習支援、学生サービス、就職支援、学生からの要望処理システム、卒業・進路指導、国際交流等
4―1　アドミッションポリシー（受入れ方針・入学者選抜方針）が明確にされ、適切に運用されていること。
4―2　学生への学習支援の体制が整備され、適切に運営されていること。
4―3　学生サービスの体制が整備され、適切に運営されていること。
4―4　就職・進学支援等の体制が整備され、適切に運営されていること。

評価の視点

《4―1の視点》

4―1―①　アドミッションポリシーが明確にされているか。
4―1―②　アドミッションポリシーに沿って、入学者選抜等が適切に運用されているか。
4―1―③　教育にふさわしい環境の確保のため、収容定員と入学定員及び在籍学生数並びに授業を行う学生数が適切に管理されているか。

《4―2の視点》

4―2―①　学生への学習支援体制が整備され、適切に運営されているか。
4―2―②　学士課程、大学院課程、専門職大学院課程等において通信教育を実施している場合には、学習支援・教育相談を行うための適切な組織を設けているか。
4―2―③　学生への学習支援に対する学生の意見等を汲み上げる仕組みが適切に整備されているか。

《4―3の視点》

4―3―①　学生サービス、厚生補導のための組織が設置され、適切に機能しているか。
4―3―②　学生に対する経済的な支援が適切になされているか。
4―3―③　学生の課外活動への支援が適切になされているか。
4―3―④　学生に対する健康相談、心的支援、生活相談等が適切に行われているか。
4―3―⑤　学生サービスに対する学生の意見等を汲み上げる仕組みが適切に整備されているか。

《4―4の視点》

4―4―①　就職・進学に対する相談・助言体制が整備され、適切に運営されているか。
4―4―②　キャリア教育のための支援体制が整備されているか。

基準5．教員

本基準の趣旨

本基準は、大学の教員に関する内容を規定するものです。大学は、教育研究上の目

的を達成するために必要な教員を配置することが求められます。また、教員の教育研究活動を支援する体制を整え、教員による教育研究活動等を改善するために組織的な取組みを行う必要があります。

領域・基準項目

領域：教育研究活動、教員人事の方針、FD(Faculty Development) 等
5—1　教育課程を遂行するために必要な教員が適切に配置されていること。
5—2　教員の採用・昇任の方針が明確に示され、かつ適切に運用されていること。
5—3　教員の教育担当時間が適切であること。同時に、教員の教育研究活動を支援する体制が整備されていること。
5—4　教員の教育研究活動を活性化するための取組みがなされていること。

評価の視点

《5—1の視点》

5—1—①　教育課程を適切に運営するために必要な教員が確保され、かつ適切に配置されているか。

5—1—②　教員構成（専任・兼任、年齢、専門分野等）のバランスがとれているか。

《5—2の視点》

5—2—①　教員の採用・昇任の方針が明確にされているか。

5—2—②　教員の採用・昇任の方針に基づく規程が定められ、かつ適切に運用されているか。

《5—3の視点》

5—3—①　教育研究目的を達成するために、教員の教育担当時間が適切に配分されているか。

5—3—②　教員の教育研究活動を支援するために、TA（Teaching Assistant）・RA（Research Assistant）等が適切に活用されているか。

5—3—③　教育研究目的を達成するための資源（研究費等）が、適切に配分されているか。

《5—4の視点》

5—4—①　教育研究活動の向上のために、FD等組織的な取組みが適切になされているか。

5—4—②　教員の教育研究活動を活性化するための評価体制が整備され、適切に運用されているか。

基準6. 職員

本基準の趣旨

本基準は、大学の職員について規定するものです。大学は、教育研究上の目的を達成するために必要な事務組織を設置し、専任の職員を配置しなければなりません。また、大学は、職員の資質・能力の向上のための取組みを行うことが必要です。

領域・基準項目

領域：教育研究支援、職員人事の方針、SD(Staff Development) 等
6—1　職員の組織編制の基本視点及び採用・昇任・異動の方針が明確に示され、かつ適切に運営されていること。
6—2　職員の資質・能力の向上のための取組み（SD等）がなされていること。
6—3　大学の教育研究支援のための事務体制が構築されていること。

評価の視点

《6—1の視点》

6—1—①　大学の目的を達成するために必要な職員が確保され、適切に配置されているか。

6—1—②　職員の採用・昇任・異動の方針が明確にされているか。

6—1—③　職員の採用・昇任・異動の方針に基づく規程が定められ、かつ適切に運用されているか。

《6—2の視点》

6—2—①　職員の資質・能力の向上のための研修、SD等の取組みが適切になされているか。

《6—3の視点》

6—3—①　教育研究支援のための事務体制が構築され、適切に機能しているか。

基準7. 管理運営

本基準の趣旨

本基準は、大学及び設置者である法人等の管理運営について規定するものです。大学は、教育研究上の目的を達成するために必要な管理運営体制を整備し、機能的に運営されていることが求められます。また、そのためには、大学設置者である法人等の運営方針及び管理運営体制が明確でなければなりません。

領域・基準項目

領域：大学の管理運営体制、設置者との関係、設置者の管理運営体制等
7—1　大学の目的を達成するために、大学及びその設置者の管理運営体制が整備されており、適切に機能していること。
7—2　管理部門と教学部門の連携が適切になされていること。

5
評価基準等

7—3　自己点検・評価のための恒常的な体制が確立され、かつその結果を教育研究をはじめ大学運営の改善・向上につなげる仕組みが構築されていること。

評価の視点

《7—1の視点》

7—1—①　大学の目的を達成するために、大学及びその設置者の管理運営体制が整備され、適切に機能しているか。

7—1—②　管理運営に関わる役員等の選考や採用に関する規程が明確に示されているか。

《7—2の視点》

7—2—①　管理部門と教学部門の連携が適切になされているか。

《7—3の視点》

7—3—①　教育研究活動をはじめ大学運営の改善・向上を図るために、自己点検・評価の恒常的な実施体制が整えられているか。

7—3—②　自己点検・評価の結果を教育研究をはじめ大学運営の改善・向上につなげる仕組みが構築され、かつ適切に機能しているか。

7—3—③　自己点検・評価の結果が学内外に適切に公表されているか。

基準8．財務

本基準の趣旨

本基準は、大学の財務運営について規定するものです。大学は、教育研究上の目的を達成するために適切な財務状況を維持し、運営されていることが求められます。また、法令に基づいて適切に財務情報の公開がなされるとともに、外部資金の獲得のための努力がなされていることが求められます。

領域・基準項目

領域：予算、決算、財務情報の公開等

8—1　大学の教育研究目的を達成するために必要な財政基盤を有し、収入と支出のバランスを考慮した運営がなされ、かつ適切に会計処理がなされていること。

8—2　財務情報の公開が適切な方法でなされていること。

8—3　教育研究を充実させるために、外部資金の導入等の努力がなされていること。

評価の視点

《8—1の視点》

8—1—①　大学の教育研究目的を達成するために、必要な経費が確保され、かつ収入と支出のバランスを考慮した運営がなされているか。

8—1—②　適切に会計処理がなされているか。

8—1—③　会計監査等が適正に行われているか。

《8—2の視点》

8—2—①　財務情報の公開が適切な方法でなされているか。

《8—3の視点》

8—3—①　教育研究を充実させるために、寄附金、委託事業、科学研究費補助金、各種ＧＰ（Good Practice）などの外部資金の導入や収益事業、資産運用等の努力がなされているか。

基準9．教育研究環境

本基準の趣旨

本基準は、大学の教育研究環境について規定するものです。大学は、教育研究上の目的を達成するために必要な教育研究環境を整備し、機能的に運用されていることが求められます。

領域・基準項目

領域：施設設備、図書館、情報サービス・ＩＴ環境等

9—1　教育研究目的を達成するために必要なキャンパス（校地、運動場、校舎等の施設設備）が整備され、適切に維持、運営されていること。

9—2　施設設備の安全性が確保されていること。

9—3　アメニティに配慮した教育環境が整備されていること。

評価の視点

《9—1の視点》

9—1—①　校地、運動場、校舎、図書館、体育施設、情報サービス施設、附属施設等、教育研究活動の目的を達成するための施設設備が適切に整備され、かつ有効に活用されているか。

9—1—②　教育研究活動の目的を達成するための施設設備等が、適切に維持、運営されているか。

《9—2の視点》

9—2—①　施設設備の安全性（耐震性、バリアフリー等）が確保されているか。

《9—3の視点》

9—3—① 教育研究目的を達成するための、アメニティに配慮した教育研究環境が整備され、有効に活用されているか。

基準10．社会連携

本基準の趣旨

本基準は、大学の社会連携活動について規定するものです。大学は、社会・地域との関係の中で、その役割を果たすために社会的連携活動を心がけることが求められます。

領域・基準項目

領域：教育研究上の資源、企業、地域社会等
10—1 大学が持っている物的・人的資源を社会に提供する努力がなされていること。
10—2 教育研究上において、企業や他大学との適切な関係が構築されていること。
10—3 大学と地域社会との協力関係が構築されていること。

評価の視点

《10—1の視点》
10—1—① 大学施設の開放、公開講座、リフレッシュ教育など、大学が持っている物的・人的資源を社会に提供する努力がなされているか。
《10—2の視点》
10—2—① 教育研究上において、企業や他大学との適切な関係が構築されているか。
《10—3の視点》
10—3—① 大学と地域社会との協力関係が構築されているか。

基準11．社会的責務

本基準の趣旨

本基準は、大学の社会的責務について規定するものです。高い公共性を有する大学が、社会的存在としての役割を果たしていくためには、法令上の義務の履行をはじめ、社会に対して誠実に行動することが求められます。そのためには、組織倫理を有し、適切に運営されることにより、大学に対する信頼を維持向上させるための努力がなされる必要があります。

領域・基準項目

領域：組織倫理、危機管理、広報活動等
11—1 社会的機関として必要な組織倫理が確立され、かつ適切な運営がなされていること。
11—2 学内外に対する危機管理の体制が整備され、かつ適切に機能していること。
11—3 大学の教育研究成果を公正かつ適切に学内外に広報活動する体制が整備されていること。

評価の視点

《11—1の視点》
11—1—① 社会的機関として必要な組織倫理に関する規定がされているか。
11—1—② 組織倫理に関する規定に基づき、適切な運営がなされているか。
《11—2の視点》
11—2—① 学内外に対する危機管理の体制が整備され、かつ適切に機能しているか。
《11—3の視点》
11—3—① 大学の教育研究成果を公正かつ適切に学内外に広報活動する体制が整備されているか。

特記事項

大学独自の取組み、特色ある活動、事業等を自由に記述できます。記述の内容によって、関連の基準項目において評価の対象となります。

5 評価基準等

短期大学評価基準

（平成二二年度評価用）

財団法人　短期大学基準協会

平成一六年一〇月制定
平成二〇年五月改訂

短期大学評価基準
—評価領域、評価項目—

評価領域	評価項目
＊当該短期大学の特色等	
Ⅰ　建学の精神・教育理念、教育目的・教育目標	1　建学の精神・教育理念が確立していること 2　教育目的・教育目標が明確であり点検の努力がみられること 3　教育目的・教育目標が共通に理解される努力がみられること
Ⅱ　教育の内容	1　教育課程が体系的に編成されていること 2　教育課程が学生の多様なニーズに応えるものとなっていること 3　授業内容、教育方法及び評価方法が学生に明らかにされていること 4　授業内容、教育方法に改善への努力がみられること
Ⅲ　教育の実施体制	1　教員組織等が整備されていること 2　教育環境が整備・活用されていること 3　図書館もしくは学習資源センター等が整備されていること
Ⅳ　教育目標の達成度と教育の効果	1　教育目標の達成への努力がみられること 2　学生の卒業後評価への取組みの努力がみられること
Ⅴ　学生支援	1　入学に関する支援が行われていること 2　学習支援が組織的に行われていること 3　学生生活支援体制が整備されていること 4　進路支援が行われていること 5　多様な学生に対する特別な支援が行われていること（留学生・社会人・障害者・長期履修生等）
Ⅵ　研究	1　教員の研究活動が展開されていること 2　研究活動の活性化のための条件整備が行われていること
Ⅶ　社会的活動	1　社会的活動への取組みが推進されていること 2　学生の社会的活動を促進していること 3　国際交流・協力への取組みの努力がみられること
Ⅷ　管理運営	1　理事会等の学校法人の管理運営体制が確立していること 【公立短期大学の場合】大学全体の管理運営システムについて 2　教授会等の短期大学の運営体制が確立していること 3　事務組織が整備されていること 4　人事管理が適切に行われていること
Ⅸ　財務	1　財務運営が適切に行われていること 【公立短期大学の場合】財務運営について 2　財務体質が健全であること 【公立短期大学の場合】財務体質について 3　短期大学に必要な施設設備が整備され、その管理が適切に行われていること
Ⅹ　改革・改善	1　自己点検・評価活動の実施体制が確立していること 2　改革・改善のためのシステム構築への努力がみられること 3　相互評価（独自に行う外部評価を含む）への取組みに努力していること
＊＊将来計画の策定	

〈＊当該短期大学の特色等〉

（評価員が評価を行うにあたり、あらかじめ貴学の特色を理解し、より正確な評価を行うために、できるだけ認識を深める必要がありますので、貴学の教育の特色ないし今後の方針等について記述して下さい。）

〈評価領域Ⅰ　建学の精神・教育理念、教育目的・教育目標〉

短期大学は、自らの建学の精神や理念の下で、それぞれ有為な人材育成をめざした教育研究活動を展開する短期高等教育機関である。そこでは、建学の精神を反映した明確な教育理念が掲げられ、それに基づいた教育目的や教育目標が具体的に明示されなければならない。また、こうした教育目的や教育目標は、教育理念とともに、当該短期大学にふさわしいものであり、さらに時代や社会の変化にも対応しながら、その適切性・妥当性について点検される必要がある。そして、教職員や学生はもちろんのこと、広く社会や国民にも明示され、理解されることが大切であり、そのための努力が求められるのである。

建学の精神・教育理念は、それらが各短期大学で展開されるすべての活動の基本に位置づけられるものである。それゆえ、評価領域・評価項目においても、この建学の精神・教育理念との関係において適確に評価されることが求められる。短期大学における教育の個性は、こうした建学の精神・教育理念の中にその本質が現れていると考えられる。

（評価項目1）　建学の精神・教育理念が確立していること

〈評価の観点〉

（1）建学の精神が確立し明確に示されているか。
（2）教育理念が確立し明確に示されているか。

(評価項目2) 教育目的・教育目標が明確であり点検の努力がみられること

〈評価の観点〉

(1) 教育目的もしくは教育目標が全学的並びに設置する学科・専攻（以下「学科等」という。）に示されているか。

(2) 教育目的もしくは教育目標は定期的に点検されているか。

(3) 教育目的もしくは教育目標はどのような手続きで点検されているか。

(評価項目3) 教育目的・教育目標が共通に理解される努力がみられること

〈評価の観点〉

(1) 教育目的や教育目標を全学的並びに設置する学科等において学生や教職員が共有するために具体的な施策を行っているか。

(2) 日頃から教育目的や教育目標を実現し共有するための具体的な施策について理事会や教授会で議論しているか。

◇ 建学の精神・教育理念、教育目的・教育目標についての特記事項

(1) 以上の評価項目以外に建学の精神・教育理念、教育目的・教育目標について努力している事項。

(2) 特別の事由や事情があり、以上の評価項目及び評価の観点の求めることが実現（達成）できない事項。

〈評価領域II 教育の内容〉

認証評価機関としての短期大学基準協会の最大の特徴は、教育面における評価を重視していることである。評価領域として教育の内容、教育の実施体制及び教育目標の達成度と教育の効果の三つを掲げているのはその証左であり、多様な学生のニーズと現状を踏まえた教育内容・方法を提供し教育目標を達成すること、また確実に教育実績や教育効果を積み上げていくことが肝要である。

短期大学の教育内容は、短期大学設置基準（通信による教育を行う学科の場合には、短期大学通信教育設置基準を含む。以下「設置基準」という。）を充たすものであると同時に当該短期大学の教育理念・目標を実現するために適切な教育課程が体系的に編成され、学生の主体的な学習の機会が保障されるものでなければならない。また、日常的にも授業内容や教育方法において必要な工夫や改善が行われ、効果的な学習が展開されるものでなければならない。

教育課程の体系的編成では、教養教育や専門教育が教育理念に沿ったものであり、科目区分や授業形態など必要な履修上の工夫とともに、適切な教員配置が求められる。他方、授業内容や教育方法においては、授業計画としてのシラバスあるいは授業の概要を示した講義要項の利用や教育の効果を高めるための工夫・改善が求められる。

こうした教育の内容は、学問の進展や社会の発展に応じて常にその妥当性を検証し、組織的な改革・改善へと結びつける必要があり、各短期大学にはそうした努力が求められる。

(評価項目1) 教育課程が体系的に編成されていること

〈評価の観点〉

(1) 設置する学科等の教育課程には建学の精神や教育理念が反映され、またその内容はそれぞれの学科等の教育目的や教育目標に基づいたものであるか。

(2) 設置する学科等の教育課程には教養教育への取組みがなされているか。

(3) 設置する学科等の教育課程は短期大学の専門教育として十分な内容を備えているか。

(4) 設置する学科等の教育課程の主要な科目に専任教員が適切に配置されているか。

(5) それぞれの授業は短期大学にふさわしい内容とレベルを有しているか。

(6) それぞれの授業の単位認定と評価は適切に行われているか。

(7) 設置する学科等の教育課程改善への意欲は十分か。また教育課程改善への組織的な対応はなされているか。

(評価項目2) 教育課程が学生の多様なニーズに応えるものとなっていること

〈評価の観点〉

(1) 設置する学科等の教育課程には免許・資格等の取得への配慮がなされているか。

(2) 設置する学科等の教育課程の授業形態（講義、演習、実験・実習等）はバランスがとれているか。また、通信による教育を行う学科の場合には印刷教材等による授業（添削等による指導を含む。）、放送授業（添削等による指導を含む。）、面接授業もしくはメディアを利用して行う授業の実施方法が適切に行われているか。

(3) 設置する学科等の教育課程は必修と選択のバランスが適切であり、また選択科目は学生に選択の自由を保障しているか。

(4) それぞれの授業内容に応じたクラス規模は適当であるか。

(5) 設置する学科等の卒業要件は適切であり、その要件は学生に理解しやすい表現となっているか。

(6) それぞれの授業について学生は意欲を持って履修できるように工夫しているか。

(評価項目3) 授業内容、教育方法及び評価方法が学生に明らかにされていること

〈評価の観点〉

(1) シラバスあるいは講義要項等が作成され、事前に学生に配付されているか。また学生は活用しているか。

(2) シラバスあるいは講義要項等は授業の概要を示す十分な内容を有しているか。また学生に理解しやすい表現になっているか。

(3) それぞれの授業には教科書、参考書等が用意され、また参考文献等が示されているか。

〔評価項目4〕　授業内容、教育方法に改善への努力がみられること

〈評価の観点〉

（1）学生による授業評価が定期的に行われ、その評価結果が授業改善のために活用されているか。

（2）短期大学全体の授業改善（FD活動等）への取組みは活発か。また授業改善のための組織等が設置され活発に活動しているか。

（3）それぞれの授業の担当教員は授業改善への意欲を持っているか。

（4）授業担当者間での意思の疎通、協力・調整はなされているか。また兼任教員（非常勤講師）との意思の疎通はなされているか。

（5）授業改善や教員の能力開発のための経費は準備されているか。

（6）授業改善を支援する職員の研修（SD活動等）は、定期的に行われているか。

◇**教育の内容についての特記事項**

（1）以上の評価項目以外に教育の充実について努力している事項。

（例えば、他の教育機関との単位互換制度、習熟度別授業、情報・メディア教育、国際理解教育、海外研修制度、インターンシップ、女子教育の伝統の継承と発展への取組みなど）

（2）特別の事由や事情があり、以上の評価項目及び評価の観点の求めることが実現（達成）できない事項。

〈評価領域Ⅲ　教育の実施体制〉

教育の内容を効果的に展開する上で重要な役割と責任を担うのが教員であり、組織体としての教員組織であることはいうまでもない。また教育を効率よく遂行していくためには、短期大学の校地・校舎の立地条件や施設・設備その他の教育環境の整備・活用が必要である。特に教育・研究の中心的な施設である図書館あるいは学習資源センターの整備は重要である。

教員組織は、短期大学の学科等ごとに開設された教育課程を展開する上で必要な教員数を確保するとともに、適切かつ妥当な教員資格を有し、教育支援者としての助手や補助職員等を含めて明確な選考基準によって任用され、効果的に配置される必要がある。

教育環境は、教員の教育研究活動を活性化させると同時に、多様な学生の幅広い教育活動を支援する観点からその整備・活用が図られなければならない。また、図書館や学習資源センターは、質的にも量的にも適切な水準の図書・学習用器材・AV資料・情報等を有するとともに、地域社会への発信を含めて開かれた幅広い利用を促進することが大切である。

こうした教育の実施体制を維持しながら、短期大学は、さらにその教育水準の向上を図るために、学生の授業評価や教員間の評価、教職員のFD活動・SD活動等を通じて教育改善への努力を積極的に行うことが求められる。

〔評価項目1〕　教員組織等が整備されていること

〈評価の観点〉

（1）設置する学科等は、設置基準の教員数の規定（教授数を含む）を充足しているか。

（2）教員は学位、教育実績、研究業績、制作物発表、その他の経歴等、短期大学の教員にふさわしい資格と資質を有しているか。

（3）教員の採用、昇任はその選考基準等が整備され適切に行われているか。

（4）教員の年齢構成はバランスが取れているか。

（5）教員は、（a）授業担当、（b）研究活動、（c）学生指導、（d）その他教育研究上の業務に意欲的か。

（6）助手、補助職員等が確保され、教育活動等に機能しているか。

（7）教育実施にあたる責任体制は確保されているか。

〔評価項目2〕　教育環境が整備・活用されていること

〈評価の観点〉

（1）短期大学が保有する校地の面積は設置基準の規定を充足しているか。また校地は教育環境として適切に整備されているか。

（2）短期大学が保有する校舎の面積は設置基準の規定を充足しているか。また校舎は授業や学生生活のために常に整備され快適な環境となっているか。

（3）それぞれの授業を行うにふさわしい講義室、演習室、実験・実習室を充分に用意しているか。通信による教育を行う学科の場合には、添削等による指導、印刷教材等の保管・発送のための施設は整備されているか。

（4）それぞれの授業を行うにふさわしい情報機器を設置するパソコン教室、マルチメディア教室、LL教室は整備されているか。また学生自習室等は整備されているか。

（5）授業用の機器・備品についてその整備システムが確立しているか。また、それぞれの授業を行うための機器・備品は充分に備わっているか。

（6）短期大学が保有する校地と校舎は学生や教職員の安全性に配慮しているか。また障害者に対応したものとなっているか。

（7）適切な広さの運動場、体育館を有しているか。

〔評価項目3〕　図書館もしくは学習資源センター等が整備されていること

〈評価の観点〉

（1）図書館（以下、学習資源センター等を含む）の蔵書数、学術雑誌数、AV資料数及び座席数等は、在籍学生数に比し適当か。

（2）図書館の広さは充分であり、その環境は適切に整備されているか。また蔵書数の増加等、将来に備えたものとなっているか。

（3）年間の図書（以下、学術雑誌、AV資料等を含む）購入予算は充分か。また購入図書選定システムや廃棄システムは確立しているか。

（4）図書館には学生が利用できる参考図書、関連図書は充分に備えられているか。

(5) 司書数、司書の能力、図書検索システムなどを含む、図書館のサービス体制は充分か。
(6) 学生の図書館利用を活発にするための努力は行っているか。
(7) 学内外への情報発信、他の図書館との相互利用活動など、図書館活動は活発か。

◇ **教育の実施体制についての特記事項**
(1) 以上の評価項目以外に教育の実施体制について努力している事項。
(例えば、外国人教員の採用、授業の公開、学習評価活動など)
(2) 特別の事由や事情があり、以上の評価項目及び評価の観点の求めることが実現(達成)できない事項。

〈評価領域Ⅳ　教育目標の達成度と教育の効果〉

短期大学は、深く専門の学芸を教授研究し、職業又は実際生活に必要な能力を育成することを目的としている。開かれた高等教育機関としての短期大学は、この目的に向けてそれぞれの具体的な教育目標の実現を図るとともに、その効果を広く国民や社会に公表する社会的使命を負っている。

教育の効果は、各短期大学における教育目標の達成度と学生の卒業後の評価という二つの視点からとらえることができる。教育目標の達成度の視点からは、単位認定方法や成績評価の適切性や単位取得状況の妥当性あるいは卒業率・就職率、資格取得率、編入学状況、卒業後の活動などが判断される必要がある。

他方、学生の卒業後評価の視点からは、卒業生の就職先からの評価や卒業生・同窓生からの評価、編入校からの評価を含むものであり、それによって教育実績や教育効果が全体として適切に判断される必要がある。各短期大学にはそうした取組みへの努力が求められる。

〈評価項目1〉　教育目標の達成への努力がみられること
〈評価の観点〉
(1) それぞれの授業の単位認定の方法(試験、レポートや制作物の提出等)は適切か。また単位の取得状況は妥当な範囲であり、担当教員による学習評価は適切に行われているか。
(2) 担当教員は、授業終了後の学生の満足度に配慮しているか。
(3) 退学、休学、留年等の学生の全体の学生に占める状況は妥当な範囲か。またそれらの学生に対するケアは充分か。
(4) 資格取得の取組みと実績は充分であるか。
(5) 編入学希望に対応しているか。

〈評価項目2〉　学生の卒業後評価への取組みの努力がみられること
〈評価の観点〉
(1) 専門就職(学習した分野に関連する就職)の割合は充分か。
(2) 卒業生の就職先からの評価について意見を聴取しているか。
(3) 教育の実績や効果を確認するために卒業生との接触、同窓会との連携等は行われているか。
(4) 編入先からの評価について意見を聴取しているか。

◇ **教育目標の達成度と教育の効果についての特記事項**
(1) 以上の評価項目以外に教育目標の達成度と教育の効果について努力している事項。
(2) 特別の事由や事情があり、以上の評価項目及び評価の観点の求めることが実現(達成)できない事項。

〈評価領域Ⅴ　学生支援〉

短期大学は、学生への教育とともに、学生生活に対する幅広い支援が求められる。学生支援は、学生の本務である学習の活性化を促すと同時に、個性豊かな人間性を涵養する上で不可欠なものであり、入学から卒業に至るすべてのプロセスにおいて必要かつ適切な措置が講じられなければならない。

入学に関する支援では、短期大学の理念・目標を反映した入学者選抜方針(アドミッション・ポリシー)の明示をはじめ、入学者選抜方法の多様化及び公正な入学者選抜の実施や、入学後に行われるきめ細かなオリエンテーションなどが求められる。また、学生の学習支援では、適切かつ効果的な履修ガイダンスのほか、学習上の問題や悩みを有する学生に対する指導助言体制とそれにふさわしい措置などが求められる。

学生生活支援は、課外活動や行事、学生サービス(保健管理・カウンセリング、学生食堂、学生寮、下宿、奨学金等)、安全対策あるいは緊急対応(危機管理)といったように多岐にわたっているが、その明確な支援体制と適切な条件整備の確立が必要である。就職や進学などの進路支援では、就職及び進学のための支援体制づくりと必要な措置が求められる。

このほか、留学生や社会人あるいは障害者に対する特別な支援策が求められ、そのためには学生及び教職員全体の理解と協力が不可欠となる。

〈評価項目1〉　入学に関する支援が行われていること
〈評価の観点〉
(1) 短期大学案内には建学の精神・教育理念や教育目的・教育目標、望ましい学生像等が明示されているか。
(2) 募集要項には入学者選抜の方針、多様な選抜方法(推薦、一般、AO選抜等)が分かりやすく記載されているか。
(3) 広報もしくは入試事務の体制が整備され、受験生の問い合わせ等に対して適切

5
評価基準等

は対応できているか。
（4）多様な選抜が公正かつ正確に実施されているか。
（5）入学手続者に対し入学までに授業や学生生活についての情報を提供できているか。
（6）入学者に対し学習、学生生活のためのオリエンテーションは適切に行われているか。

（評価項目2）　学習支援が組織的に行われていること

〈評価の観点〉
（1）特に学習の動機づけに焦点をあわせた学習や科目選択のためのガイダンス等が適切に行われているか。
（2）学生便覧等、学習支援のための印刷物が発行されているか。またそれらの印刷物は学生に理解しやすいものとなっているか。
（3）基礎学力が不足する学生に対し、補習授業等の学習支援に対する組織的な取組みに努めているか。
（4）学習上の悩みなどの相談にのり、適切な指導助言を行う体制が整備されているか。通信による教育を行う学科の場合には、添削等による指導の学習支援の体制が整備されているか。
（5）進度の早い学生や優秀学生に対する学習上の配慮や学習支援を行っているか。

（評価項目3）　学生生活支援体制が整備されていること

〈評価の観点〉
（1）生活支援のための教職員の組織（学生指導、厚生補導）が整備されているか。
（2）クラブ活動、学園行事、学友会など、学生が主体的に参画する活動が活発に行われ支援体制も確立しているか。
（3）休息空間、保健室、学生相談室、食堂、売店の設置等、学生のキャンパス・アメニティへの配慮は充分か。
（4）宿舎が必要な学生に適切な支援（学生寮、宿舎の斡旋等）は行われているか。また通学のための便宜（通学バスの運行、駐輪場・駐車場の設置等）は図られているか。
（5）奨学金等、学生への経済的支援のための制度は用意されているか。
（6）学生の健康管理、メンタルケアやカウンセリングの体制は整っているか。
（7）学生個々の記録が作成されているか。またその記録は適切に保管されているか。
（8）学生生活に関して学生の意見や要望の聴取に努めているか。

（評価項目4）　進路支援が行われていること

〈評価の観点〉
（1）就職支援のための教職員の組織が整備され適切に活動しているか。
（2）就職支援室等が完備され、学生に必要な情報が提供できているか。
（3）就職のための資格取得、就職試験対策などの支援はなされているか。
（4）就職内定率（3／31現在）は充分な水準か。
（5）その他、進学、留学に対する支援は充分になされているか。

（評価項目5）　多様な学生に対する特別な支援が行われていること
（例：留学生・社会人・障害者・長期履修生等）

〈評価の観点〉
（1）留学生の学習（日本語教育等）及び生活を支援する体制は整っているか。
（2）社会人学生の学習を支援する体制は整っているか。
（3）障害者の受入れが可能な施設を整備する等、障害者への支援体制は整っているか。
（4）長期履修生を受入れる体制は整っているか。

◇　学生支援についての特記事項

（1）以上の評価項目以外に学生支援について努力している事項。
（例えば、学生の個人情報保護への取組み、成績不良者への支援、長期欠席者に対する援助、学生に対する表彰制度など）
（2）特別の事由や事情があり、以上の評価項目及び評価の観点の求めることが実現（達成）できない事項。

〈評価領域Ⅵ　研究〉

短期大学は、基本的には教育機関であり、教員にとっては研究の場でもあるが、教員の研究の中心は教育にあって、研究は教育の基礎として位置づけられなければならない。したがって、いたずらに教員の研究志向を促したり、研究業績主義に陥ったりすることは、短期大学の教育機能の低下を招くだけでなく、基準協会のめざす教育重視の評価そのものを歪めることになる。

教員の研究活動状況については、個々の教員の研究活動をみることに限らず、複数あるいは学科・専攻ごとのグループ研究や短期大学全体としての活動状況を把握することが大切である。また、研究実績とその公開はもとより、特に教員の担当授業科目に関する研究の取組み方法や実践成果が重視される必要がある。

教員の研究活動を活性化させるための条件整備も大切であり、相当の研究費や適切な研究施設・整備、さらには適当な時間的確保にも配慮する必要がある。

（評価項目1）　教員の研究活動が展開されていること

〈評価の観点〉
（1）教員の研究活動（論文発表、学会活動、国際会議出席等、その他）は成果をあげているか。
（2）教員各個人の研究活動の状況が公開されているか。
（3）科学研究費補助金等の申請・採択、研究費の外部からの調達は実績があがっているか。
（4）教員あるいは教員グループの担当授業科目に関する研究や教育実践及びその成

果についての報告が奨励されているか。

（評価項目２）研究活動の活性化のための条件整備が行われていること

〈評価の観点〉

（１）教員の研究に係る経費の支出は充分か。また研究経費についての規程が整備されているか。

（２）教員の研究成果を発表する機会（研究紀要の発行等）は確保されているか。

（３）教員の研究に係る機器、備品、図書等は充分か。

（４）教員が研究を行うにふさわしい教員室、研究室または研修室が整備されているか。

（５）教員には研究日（研修日）等、教員が研究を行うに充分な時間の確保に配慮がされているか。

◇研究についての特記事項

（１）以上の評価項目以外に研究について努力している事項。

（２）特別の事由や事情があり、以上の評価項目及び評価の観点の求めることが実現（達成）できない事項。

〈評価領域Ⅶ　社会的活動〉

短期大学は、教育及び研究とともに地域社会を含む社会的活動を重要な使命としている。その発展の歴史からみれば、短期大学は、４年制大学以上に地域社会との関わりを強くもっているといえる。近年の生涯学習の高まりの中で、短期大学が地域の生涯学習機関の中核的な役割を果たすことが要請されており、そのため教育理念や教育目標との関係において社会的活動に対する明確な意味づけを行うとともに、社会人の受け入れやリカレント教育、地域連携等の推進策を検討し、実践に結びつけていく努力が必要である。また、学生の地域活動や地域貢献、ボランティア活動などを積極的に促進させ、これらの社会的活動を適切に評価していくことも求められる。

さらに、短期大学は、その理念・目標との関係において、地域社会に対する社会的活動のみならず、国際化やグローバル化といった社会的変化に対応した国際交流・協力にも取組むことが求められる。

なお、こうした地域貢献や社会貢献に関する評価においては、短期大学が立地する地域的特性や社会的環境の差異を十分に考慮して行うことが大切である。

（評価項目１）社会的活動への取組みが推進されていること

〈評価の観点〉

（１）社会的活動についての位置づけが明確にされているか。

（２）社会人の受け入れに対して意欲的か。

（３）地域社会に向けた公開講座、生涯学習授業、正規授業の開放等を実施しているか。

（４）地域社会の行政、商工業、教育機関、文化団体等と効果的な交流活動を行っているか。

（評価項目２）学生の社会的活動を促進していること

〈評価の観点〉

（１）ボランティア活動等を通じて地域社会に貢献しているか。

（２）学生の社会的活動（地域活動、地域貢献、ボランティア活動等）に対して積極的に評価しているか。

（評価項目３）国際交流・協力への取組みの努力がみられること

〈評価の観点〉

（１）留学生の受け入れ及び留学生の派遣（長期・短期）に対して意欲的か。

（２）海外教育機関等との密接な双方向的交流を継続しているか。

（３）教職員の留学、海外派遣、国際会議出席等は活発か。

◇社会的活動についての特記事項

（１）以上の評価項目以外に社会的活動について努力している事項。
（例えば、高大連携など他の教育機関との連携への取組み、その他の社会的活動、日本語教育体制等）

（２）特別の事由や事情があり、以上の評価項目及び評価の観点の求めることが実現（達成）できない事項。

〈評価領域Ⅷ　管理運営〉

短期大学の管理運営は、広い意味では教育、研究及び社会サービスのすべての機能に関わる内部組織の管理や、組織を構成する人的・物的要素に係る管理のほか、財務管理やマーケティング等も含むものと考えられる。しかし、ここでは短期大学の内部組織としての法人組織をはじめ、教員組織としての教授会、事務組織及び人的要素としての人事管理という範囲においてこれをとらえる。

管理運営については、教育、研究の一体的で効率的な活動の実現をめざして、学内外の意見にも十分に耳を傾けつつ、自主的・自律的に運営できるような体制を確立する必要がある。そのためには、最高意思決定機関としての理事会の適切な運営をはじめ、理事長・学長を中心とする執行機関による指導性の確立、管理運営に係る機関相互の機能的な役割分担の明確化、教授会における教学に関する審議プロセスや手続きの適切性と合理化のほか、事務部門における組織の整備及び人的・物的整備や管理の適正化などが図られなければならない。また、人事管理においても、規程の整備とともに適切な運用及び全学的な協調の確保が求められる。

〈評価項目1〉　理事会等の学校法人の管理運営体制が確立していること

〈評価の観点〉

（1）学校法人の運営全般に理事長のリーダーシップが適切に発揮されているか。
（2）理事会は寄附行為の規定に基づいて開催され、学校法人の意思決定機関として適切に運営されているか。
（3）監事は寄附行為の規定に基づいて適切に業務を行っているか。
（4）評議員会は寄附行為の規定に基づいて開催され、理事会の諮問機関として適切に運営されているか。
（5）理事の構成に著しい偏りがないか。

【公立短期大学の場合】

〈評価項目1〉　大学全体の管理運営システムについて

〈評価の観点〉

（1）学長、教員等の選考は適切か。
（2）大学運営の意思決定は適切か。
（3）設置者との合意を図るシステムができているか。
（4）外部の意見を取り入れる仕組みはできているか。
（5）その他大学全体の管理運営体制と執行は適切か。また今後の改善事項はあるか。

〈評価項目2〉　教授会等の短期大学の運営体制が確立していること

〈評価の観点〉

（1）短期大学の運営全般に学長のリーダーシップが適切に発揮されているか。
（2）教授会は学則等の規定に基づいて開催され、短期大学の教育研究上の審議（諮問）機関として適切に運営されているか。
（3）学長もしくは教授会のもとに教育上の委員会等が設置され、規程に基づいて適切に運営されているか。

〈評価項目3〉　事務組織が整備されていること

〈評価の観点〉

（1）短期大学の事務部門の規模は適当か。また事務職員の任用は適切に行われているか。
（2）短期大学の事務部門は事務諸規程等を整備し、それらの規程に基づいて適切に業務を行っているか。
（3）事務処理のための事務室、情報機器、施設・備品等は整備されているか。
（4）決裁規程に従って決裁処理が適正に行われているか。また公印や重要書類・データの管理、防災対策、情報システムのセキュリティ対策は適切か。
（5）事務職員及びその組織は学生から支持され信頼されているか。
（6）事務部門にSD活動等を行う組織を設け、日常的に業務の見直しや事務処理の改善に努力しているか。具体的には事務職員の能力開発、事務能力の向上のための内部研修、外部への研修が活発に行われているか。

〈評価項目4〉　人事管理が適切に行われていること

〈評価の観点〉

（1）学校法人は教職員の就業に関する規程（就業規則、給与規程等）を整備し、それらを教職員に周知するとともにそれらの規程に基づいて適正に処理しているか。
（2）学校法人（理事長、理事会）と教職員は、互いの立場を尊重しつつ協力する体制が整っているか。
（3）教員と事務職員が互いの立場を尊重しつつ緊密に連携する雰囲気が醸成されているか。
（4）教職員の健康管理、就業環境の改善、就業時間の順守等は配慮されているか。
（注）公立短期大学については、上記（1）及び（2）の学校法人等の用語は、設置者（又は学長）等に読み替える。

◇　**管理運営についての特記事項**

（1）以上の評価項目以外に管理運営について努力している事項。
（2）特別の事由や事情があり、以上の評価項目及び評価の観点の求めることが実現（達成）できない事項。

〈評価領域IX　財　務〉

財務運営では、将来のビジョンを目指した中・長期計画に基づいて翌年度の事業計画及び予算編成方針を策定し、学校法人及び短期大学の建学の精神による基本方針を基に各部門との調整を行い、総合予算を編成し、各部門に伝達する。予算執行状況のチェック、財務部門の職務分掌など内部統制制度の整備に努めるとともに、監事の監査機能の有効性を高め、公認会計士監査における指摘事項があれば改善策を検討し、監事との連携を図ることが必要である。また改正私立学校法に基づく情報公開のあり方について検討を進める。

財務体質は、教育研究の質の向上に多大な影響を与える。一方、定員の充足率と教育水準の維持向上が財務体質の強化につながることは言を俟たない。財務体質の現況を把握するために、学内外の情報を収集し、過去3ヶ年にわたる財務分析と学科別等の収支状況、入学者と在籍者の分析及び進路分析等の統計資料を整備する必要がある。同時に貸借対照表の資産、負債の状況とその改善についても常に留意する。

施設設備、物品の管理は、固定資産管理規程等、財務諸規程の整備と見直し、さらにはこれらの台帳管理と点検を適時に行い、財産目録等との整合性をはかることが肝要である。さらに、コンピュータシステムのセキュリティ対策等の危機管理を含め、災害、防犯等に対処する施設設備の整備と運用の点検が重要である。

〈評価項目1〉　**財務運営が適切に行われていること**

〈評価の観点〉

(1) 学校法人及び短期大学は、中・長期計画に基づいた毎年度の事業計画と予算を、関係部門の意向を集約し、適切な時期に決定しているか。また、決定した事業計画と予算は速やかに関係部門に伝達しているか。

(2) 年度予算は、適正に執行されているか。日常的な出納業務は円滑に実施され、所管担当責任者を経て理事長に報告されているか。

(3) 決算終了後の計算書類、財産目録等は、法人の経営状況及び財政状態を適正に表示しているか。これに係る監事の機能は有効に働いているか。また、公認会計士の監査意見への対応は適切か。

(4) 資産及び資金（有価証券を含む）の管理と運用については、資産等の管理台帳、資金出納簿などに適切な会計処理に基づいて記録され、安全かつ適正に管理されているか。また、寄付金の募集及び学校債の発行は適正か。

(5) 月次試算表が毎月適時に作成され、財務担当責任者を経て理事長に報告されているか。

(6) 改正私立学校法の規定に基づき、財務情報を適切に公開しているか。

【公立短期大学の場合】

〈評価項目1〉　**財務運営について**

(1) 中、長期の事業計画に基づき毎年度予算が適切に立てられているか。

(2) 歳出予算は適切に執行され、効率的に使われているか。

(3) 学内における予算配分状況及び手続きは適切か。

(4) 歳入歳出決算の会計処理は地方自治法等に基づき適正に行われているか。

(5) 内部、外部の監査は行われているか。

〈評価項目2〉　**財務体質が健全であること**

〈評価の観点〉

(1) 学校法人及び短期大学の経営の状況（資金収支及び消費収支）は、評価を受ける過去3ヶ年にわたり均衡しているか。消費収支計算における収入超過または支出超過の状況について、その理由を把握しているか。

(2) 学校法人の財政状態（貸借対照表）は健全に推移しているか。短期大学の経営状況が法人の財政にどのような影響を与えているかを把握しているか。

(3) 短期大学の永続を可能とする学校法人の資金は、健全に維持されているか。余裕資金については、将来計画を見込んで目的別に引当資産化しているか。単に現預金のみに留保資金が集中していないか。

(4) 短期大学の教育研究経費は、評価を受ける過去3ヶ年の平均が帰属収入の20％程度を超えているか。短期大学に係る教育研究用の施設設備及び学習資源（図書等）についての配分は適切か。

(5) 財務体質は定員充足率いかんにかかっており、過去3ヶ年の平均及び直近年度の充足は妥当か。過去3ヶ年の収容定員充足率に相応した財務体質を維持しているか。

【公立短期大学の場合】

〈評価項目2〉　**財務体質について**

(1) 一般財源の中に占める短期大学経費の割合、支出水準は適切か。

(2) 専任教員及び学生1人当りの経常費は適切か。

(3) 民間資金等外部資金の導入に努力しているか。

(4) 授業料の額は適正か。また、歳入は予定通りか。

(5) 地方交付税の基準財政需要額の教育費に対する単位費用は適切か。

〈評価項目3〉　**短期大学に必要な施設設備が整備され、その管理が適切に行われていること**

〈評価の観点〉

(1) 固定資産管理規程、図書管理規程、消耗品及び貯蔵品管理規程等の財務諸規程を含め整備し、施設設備、物品（消耗品、貯蔵品等）を適切に管理しているか。

(2) 施設設備の維持管理について、火災等災害対策、防犯対策、避難対策に対処した整備及び定期的な点検訓練がなされているか。コンピュータシステムのセキュリティ対策は適切か。

(3) 施設設備の維持管理において、省エネ・省資源対策、その他地球環境保全の配慮がなされているか。

◇**財務の管理についての特記事項**

(1) 以上の評価項目以外に財務管理について努力している事項。

(2) 特別の事由や事情があり、以上の評価項目及び評価の観点の求めることが実現（達成）できない事項。

〈評価領域X　改革・改善〉

短期大学は、常に自らの点検・評価を通じて、その教育と研究の水準の向上を当該短期大学が社会や学生のニーズに応じるための教育・研究活動の改革・改善によって実現することが求められる。そのためには、自己点検・評価を恒常的に行

5

評価基準等

うための組織体制や実施手続きが確立され、同時に点検・評価の結果を新たな充実・改善に結びつける学内システムの構築に向けた努力も行われなければならない。

　また、法律に基づく第三者評価の他に、先導的に試行・実践してきた短期大学同士が相互に評価し合う「相互評価」についても尊重される必要がある。この相互評価は、それぞれの自己点検・評価の客観性・妥当性を相互に確認する作業として、また短期大学の存在意義を広く国民や社会にアピールする共通の努力として、今後さらに広範な展開が期待される。


（評価項目１）　自己点検・評価活動の実施体制が確立していること

〈評価の観点〉
（１）自己点検・評価のための規程及び組織を整備し、定期的に自己点検・評価を行っているか。
（２）定期的に自己点検・評価報告書が公表されているか。

（評価項目２）　改革・改善のためのシステム構築への努力がみられること

〈評価の観点〉
（１）自己点検・評価活動には出来るだけ多くの教職員が関与するよう配慮されているか。
（２）自己点検・評価の成果を出来るだけ活用するよう配慮しているか。

（評価項目３）　相互評価（独自に行う外部評価を含む。以下、評価の観点も同じ）への取組みに努力していること

〈評価の観点〉
（１）前の第三者評価から今回までの間に相互評価を実施したか。
（２）相互評価のための規程及び組織を整備し、定期的に相互評価を行っているか。
（３）相互評価の成果を出来るだけ活用するよう配慮しているか。

◇　改革・改善についての特記事項

（１）以上の評価項目以外に改革・改善について努力している事項。
（例えば、教員及び職員に対する研修の実施など）
（２）特別の事由や事情があり、以上の評価項目及び評価の観点の求めることが実現（達成）できない事項。

〈＊＊　将来計画の策定（自由記述欄）〉

以上

（平成二二年度実施分）

短期大学評価基準（機関別認証評価）付 選択的評価事項

独立行政法人　大学評価・学位授与機構

平成一六年一〇月
平成二〇年二月改訂

基準１　短期大学の目的
１−１　短期大学の目的（教育研究活動を行うに当たっての基本的な方針，達成しようとしている基本的な成果等）が明確に定められており，その内容が，学校教育法に規定された，短期大学一般に求められる目的に適合するものであること。
１−２　目的が，短期大学の構成員に周知されているとともに，社会に公表されていること。

趣旨
　本評価においては，短期大学の個性や特色が十分に発揮できるよう，各短期大学に対して教育研究活動に関する「目的」の明示を求め，その内容を踏まえて評価を実施します。短期大学の目的とは，短期大学の使命，教育研究活動を実施する上での基本方針，及び，養成しようとする人材像を含めた，達成しようとしている基本的な成果等を言います。

　各短期大学は，それぞれが持つ設立の理念，歴史，環境条件等を踏まえた上で，その短期大学の機関としての目的を明確に定めていることが必要です。また，学科又は専攻課程ごとに，人材の養成に関する目的その他の教育研究上の目的を学則等に定めていることが必要です。その内容は，学校教育法第１０８条に定められた「深く専門の学芸を教授研究し，職業又は実際生活に必要な能力を育成する」との短期大学一般が果たすべき目的から外れるものであってはならないことは当然です。さらに，目的は，教職員や学生等学内に広く周知されているとともに，広く社会に対して公表されている必要があります。

　これらのことは，各短期大学の教育研究活動を実施・発展させるとともに，その成果を適切に評価するためにも不可欠です。

　なお，各短期大学がその教育研究活動に関して，例えば，国際連携や地域社会への貢献等を目的として重視している場合，そのことを明示することで，短期大学の個性や特徴を評価に反映させることも可能です。

基本的な観点

1―1―① 短期大学の目的（学科又は専攻課程の目的を含む。）が，明確に定められ，その目的が，学校教育法第108条に規定された，短期大学一般に求められる目的から外れるものでないか。

1―2―① 目的が，短期大学の構成員（教職員及び学生）に周知されているとともに，社会に広く公表されているか。

基準2 教育研究組織（実施体制）

2―1 短期大学の教育研究に係る基本的な組織構成（学科，専攻科及びその他の組織並びに教養教育の実施体制）が，短期大学の目的に照らして適切なものであること。

2―2 教育活動を展開する上で必要な運営体制が適切に整備され，機能していること。

趣旨

この基準は，各短期大学の教育研究に係る基本的な組織や，各種委員会等，その他の教育活動を展開する上で必要な実施体制の状況について評価するものです。

短期大学が，その目的を達成するために教育研究活動を有効に行えるよう，学科（専攻課程を含む。），専攻科，別科，附属施設，センター等の基本的な教育研究組織及び教養教育の実施体制が，その短期大学の目的に基づいた活動を実施する上で有効かつ適切な形で設置あるいは整備され，機能していることが必要です。また，短期大学全体，及びそれぞれの基本的な教育組織を有効に機能させ，教育を展開していくためには，教授会，教務委員会等の各種委員会といった組織や，その他の運営体制が適切に整備され，機能していることが必要です。

基本的な観点

2―1―① 学科（専攻課程を含む。）の構成が，教育研究の目的を達成する上で適切なものとなっているか。

2―1―② 教養教育が適切に行えるような仕組みが整備され，機能しているか。

2―1―③ 専攻科，別科を設置している場合には，その構成が教育研究の目的を達成する上で適切なものとなっているか。

2―1―④ 短期大学の教育研究に必要な附属施設，センター等が，教育研究の目的を達成する上で適切に機能しているか。

2―2―① 教授会等が，教育活動に係る重要事項を審議するための必要な活動を行っているか。

2―2―② 教育課程や教育方法等を検討する教務委員会等の組織が，適切な構成となっているか。また，必要な回数の会議を開催し，実質的な検討が行われているか。

基準3 教員及び教育支援者

3―1 教育課程を遂行するために必要な教員が適切に配置されていること。

3―2 教員の採用及び昇格等に当たって，適切な基準が定められ，それに従い適切な運用がなされていること。

3―3 教育の目的を達成するための基礎となる研究活動が行われていること。

3―4 教育課程を遂行するために必要な教育支援者が適切に配置されていること。

趣旨

この基準では，基準1で定められた短期大学の目的を達成する上で，教員の配置が，適切であるかどうかを評価します。

短期大学の教育を実施する上で，個々の教員，及び教員組織の果たす役割が重要であるのは言うまでもありません。各短期大学には，短期大学設置基準（通信教育を行う課程を置いている場合には，短期大学通信教育設置基準を含む。）に定められた要件を具備しつつ，教育の目的を達成するために，教員の適切な役割分担や組織的な連携体制の下で，教育研究に係る責任の所在が明確にされた教員組織編制が必要です。また，質，量の両面において，教育課程を遂行するに十分な教員組織を有していることが求められます。さらには，その前提として，教員の資格や能力を適切に評価し，これを教員組織の編制に反映させる体制が機能していることが求められます。

このほか，各教員及び教員組織には，教育の目的を達成するための基礎として，必要な研究活動が行われ，その内容，成果を教育内容等に反映させることが求められます。

さらに，短期大学において編成された教育課程を遂行する上では，教員のみならず，事務職員，技術職員等の教育支援者が適切に配置されていることが必要です。

基本的な観点

3―1―① 教員組織編制のための基本的方針を有しており，それに基づいて教員の適切な役割分担の下で，組織的な連携体制が確保され，教育研究に係る責任の所在が明確にされた教員組織編制がなされているか。

3―1―② 教育課程を遂行するため，各学科（専攻課程を含む。）に必要な教員が確保されているか。また，教育上主要と認める授業科目には，専任の教授又は准教授を配置しているか。

3―1―③ 短期大学の目的に応じて，教員組織の活動をより活性化するための適切な措置が講じられているか。

3－2－①　教員の採用基準や昇格基準等が明確かつ適切に定められ，適切に運用がなされているか。特に，教育上の指導能力の評価が行われているか。

3－2－②　教員の教育活動に関する定期的な評価が行われているか。また，その結果把握された事項に対して適切な取組がなされているか。

3－3－①　教育の目的を達成するための基礎として，教育内容等と関連する研究活動が行われているか。

3－4－①　短期大学において編成された教育課程を遂行するに必要な事務職員，技術職員等の教育支援者が適切に配置されているか。

基準４　学生の受入

4－1　教育の目的に沿って，求める学生像及び入学者選抜の基本方針などの入学者受入方針（アドミッション・ポリシー）が明確に定められ，公表，周知されていること。

4－2　入学者受入方針（アドミッション・ポリシー）に沿って適切な学生の受入が実施され，機能していること。

4－3　実入学者数が，入学定員と比較して適正な数となっていること。

趣旨

この基準では，各短期大学の学生の受入の状況について評価します。

短期大学の学生の受入の在り方は，高等学校教育や社会に大きな影響を与えるものであり，公正かつ妥当な方法，適切な体制によって行われることはもちろんですが，その上で，各短期大学の教育の目的にふさわしい資質を持った「求める学生」を適切に見い出す観点に立って実施されることが重要です。

このため，将来の学生及び社会に対して，どのような目的を持って教育活動を行い，また，その教育の目的に沿って，どのような能力や適性等を有する学生を求めているのか，どのような方針で入学者選抜を行うのかなどの考え方をまとめた入学者受入方針（アドミッション・ポリシー）を明確に定め，公表されていることが必要です。

その上で，これらの方針に沿った入学者選抜方法が実施され，短期大学の「求める学生」が適切に見い出されていることが求められます。

なお，短期大学の教育体制は，学生数に応じて整備されているものであり，教育の効果を担保する観点から，各短期大学の実入学者数は，入学定員とできるだけ合致していることが求められます。

基本的な観点

4－1－①　教育の目的に沿って，求める学生像及び入学者選抜の基本方針などの入学者受入方針（アドミッション・ポリシー）が明確に定められ，公表，周知されているか。

4－2－①　入学者受入方針（アドミッション・ポリシー）に沿って適切な学生の受入方法が採用されており，実質的に機能しているか。

4－2－②　入学者受入方針（アドミッション・ポリシー）において，留学生，社会人の受入等に関する基本方針を示している場合には，これに応じた適切な対応が講じられているか。

4－2－③　実際の入学者選抜が適切な実施体制により，公正に実施されているか。

4－2－④　入学者受入方針（アドミッション・ポリシー）に沿った学生の受入が実際に行われているかどうかを検証するための取組が行われており，その結果を入学者選抜の改善に役立てているか。

4－3－①　実入学者数が，入学定員を大幅に超える，又は大幅に下回る状況になっていないか。また，その場合には，これを改善するための取組が行われるなど，入学定員と実入学者数との関係の適正化が図られているか。

基準５　教育内容及び方法

（短期大学士課程）

5－1　教育課程が教育の目的に照らして体系的に編成されており，その内容，水準，授与される学位名において適切であること。

5－2　教育課程を展開するにふさわしい授業形態，学習指導法等が整備されていること。

5－3　成績評価や単位認定，卒業認定が適切であり，有効なものとなっていること。

（専攻科課程）

5－4　教育課程が教育の目的に照らして体系的に編成されており，その内容，水準が適切であること。

5－5　教育課程を展開するにふさわしい授業形態，学習指導法等が整備されていること。

5－6　研究指導が教育の目的に照らして適切に行われていること。

5－7　成績評価や単位認定，修了認定が適切であり，有効なものとなっていること。

趣旨

教育内容及び方法は，短期大学教育の質の保証を行う上で，根幹的な部分です。

各短期大学の教育内容及び方法は，短期大学設置基準に示された，一般的に短期大学に求められる内容を満たすものであると同時に，その短期大学の教育の目的を体現するものである必要があります。

教育課程については，教育の目的に照らして体系的に編成されており，その内容，水準，授与される学位名において適切であることが必要です。また，教育課程を展開するにふさわしい授業形態，学習指導法等が整備されていることが必要です。
さらに，学生が修得する単位や取得する学位は，短期大学が意図した教育の目的の下で学生が獲得した知識・技術等に対して，認定・授与され，短期大学は組織として自らが認定・授与した単位，学位の通用性について保証することが求められています。各短期大学は，そのような観点から，成績評価や単位認定，卒業（修了）認定を適切に実施し，学修の成果を有効なものとすることが求められます。
本基準には，短期大学士課程及び専攻科課程で，その特性に応じて，それぞれ別の基準が定められています。通信教育を行う課程を置いている場合には，短期大学通信教育設置基準の内容を踏まえつつ，短期大学士課程の基準に準じて評価します。また，別科を設置している場合には，その課程については，短期大学士課程の基準に準じて評価します。

基本的な観点
（短期大学士課程）
5―1―① 教育の目的や授与される学位に照らして，授業科目が適切に配置され，教育課程が体系的に編成されており，授業科目の内容が，全体として教育課程の編成の趣旨に沿ったものになっているか。
5―1―② 教育課程の編成又は授業科目の内容において，学生の多様なニーズ，研究成果の反映，学術の発展動向，社会からの要請等に配慮しているか。
5―1―③ 単位の実質化への配慮がなされているか。
5―2―① 教育の目的に照らして，講義，演習，実験，実習等の授業形態の組合せ・バランスが適切であり，それぞれの教育内容に応じた適切な学習指導法の工夫がなされているか。
5―2―② 教育課程の編成の趣旨に沿って適切なシラバスが作成され，活用されているか。
5―2―③ 自主学習への配慮，基礎学力不足の学生への配慮等が組織的に行われているか。
5―2―④ 夜間において授業を実施している課程（第二部や昼夜開講制（夜間主コース））を置いている場合には，その課程に在籍する学生に配慮した適切な時間割の設定等がなされ，適切な指導が行われているか。
5―2―⑤ 通信教育を行う課程を置いている場合には，印刷教材等による授業（添削等による指導を含む。），放送授業，面接授業（スクーリングを含む。）若しくはメディアを利用して行う授業の実施方法が整備され，適切な指導が行われているか。
5―3―① 教育の目的に応じた成績評価基準や卒業認定基準が組織として策定され，学生に周知されており，これらの基準に従って，成績評価，単位認定，卒業認定が適切に実施されているか。
5―3―② 成績評価等の正確さを担保するための措置が講じられているか。

（専攻科課程）
5―4―① 学科の教育との連携を考慮した教育課程となっているか。
5―4―② 教育の目的に照らして，授業科目が適切に配置され，教育課程が体系的に編成されており，授業科目の内容が，全体として教育課程の編成の趣旨に沿ったものになっているか。
5―4―③ 教育課程の編成又は授業科目の内容において，学生の多様なニーズ，研究成果の反映，学術の発展動向，社会からの要請等に配慮しているか。
5―5―① 教育の目的に照らして，講義，演習，実験，実習等の授業形態の組合せ・バランスが適切であり，それぞれの教育内容に応じた適切な学習指導法の工夫がなされているか。
5―5―② 教育課程の編成の趣旨に沿って適切なシラバスが作成され，活用されているか。
5―5―③ 自主学習への配慮，多様な専門分野への配慮等が組織的に行われているか。
5―6―① 専攻科で修学するにふさわしい研究指導が適切な計画に基づいて行われているか。
5―7―① 教育の目的に応じた成績評価基準や修了認定基準が組織として策定され，学生に周知されており，これらの基準に従って，成績評価，単位認定，修了認定が適切に実施されているか。
5―7―② 成績評価等の正確さを担保するための措置が講じられているか。

基準６ 教育の成果
6―1 教育の目的において意図している，学生が身に付ける学力，資質・能力や養成しようとする人材像等に照らして，教育の成果や効果が上がっていること。

趣旨
短期大学の教育の目的において，教育活動によって学生がどのような知識，技術，態度を身に付け，どのような人材となることを意図しているのかという点は，極めて重要です。短期大学の教育等に関する各種の取組が計画通りに行われ，実績を上げていることは重要ですが，最終的にはこれらの取組の成果は学生が享受すべきものであり，短期大学は学生が享受した，あるいは将来的に享受するであろう教育の成果を，適切な情報をもとに正確に把握しなければなりません。

基本的な観点
6―1―① 学生が身に付ける学力，資質・能力や養成しようとする人材像等に照ら

5
評価基準等

して、その達成状況を検証・評価するための適切な取組が行われているか。

6―1―②　各学年や卒業（修了）時等において学生が身に付ける学力や資質・能力について、単位修得、進級、卒業（修了）の状況、資格取得の状況等から、あるいは卒業研究、卒業制作等を課している場合には、その内容・水準から判断して、教育の成果や効果が上がっているか。

6―1―③　授業評価等、学生からの意見聴取の結果から判断して、教育の成果や効果が上がっているか。

6―1―④　教育の目的で意図している養成しようとする人材像等について、就職や進学といった卒業（修了）後の進路の状況等の実績や成果について定量的な面も含めて判断して、教育の成果や効果が上がっているか。

6―1―⑤　卒業（修了）生や、就職先等の関係者からの意見聴取の結果から判断して、教育の成果や効果が上がっているか。

基準7　学生支援等

7―1　学習を進める上での履修指導が適切に行われていること。また、学生相談・助言体制等の学習支援が適切に行われていること。

7―2　学生の自主的学習を支援する環境が整備され、機能していること。また、学生の活動に対する支援が適切に行われていること。

7―3　学生の生活や就職、経済面での援助等に関する相談・助言、支援が適切に行われていること。

趣旨

学生は、短期大学で学習をする上で、また生活をする上で、様々な問題に直面します。学生は自らの努力のみで全ての問題を解決することは困難であり、短期大学としての適切な支援が必要です。

学生が抱える問題としては、授業の履修、学習に関する問題、生活、就職に関する問題、ハラスメント等が考えられ、これらの問題への相談・助言体制等の対応が要求されます。その一方で、授業外での知識資源へのアクセスを含め、自己学習への施設・設備面での支援や、学習者コミュニティの形成支援、経済的就学困難に関する援助等が考えられ、これらもまた、学生支援として必要な要素です。

また、特別な支援を行うことが必要と考えられる学生に対して適切な支援を行っていくことも必要です。

これらの支援を効果的に行うためには、学生支援に関する明確な目的を設定し、質、量ともに適切な人員及び施設、設備を配置し、それらを組織的に機能させることが必要となります。学生の抱える問題や、学習のためのニーズは多種多様です。特別な支援を行うことが必要と考えられる学生のニーズの把握はもちろんのこと、一般の学生のニーズも多様化しているために、学生のニーズを把握する取組も必要です。

基本的な観点

7―1―①　授業科目や専門、専攻の選択の際のガイダンスが適切に実施されているか。

7―1―②　学習支援に関する学生のニーズが適切に把握されており、進路・学習相談、助言、支援が適切に行われているか。

7―1―③　通信教育を行う課程を置いている場合には、そのための学習支援、教育相談が適切に行われているか。

7―1―④　特別な支援を行うことが必要と考えられる学生への学習支援を適切に行うことのできる状況にあるか。また、必要に応じて学習支援が行われているか。

7―2―①　自主的学習環境が十分に整備され、効果的に利用されているか。

7―2―②　学生のサークル活動や自治活動等の課外活動が円滑に行われるよう支援が適切に行われているか。

7―3―①　生活支援等に関する学生のニーズが適切に把握されており、健康、生活、進路、各種ハラスメント等に関する相談・助言体制が整備され、適切に行われているか。

7―3―②　特別な支援を行うことが必要と考えられる学生への生活支援等を適切に行うことのできる状況にあるか。また、必要に応じて生活支援等が行われているか。

7―3―③　学生の経済面の援助が適切に行われているか。

基準8　施設・設備

8―1　短期大学において編成された教育研究組織及び教育課程に対応した施設・設備が整備され、有効に活用されていること。

8―2　短期大学において編成された教育研究組織及び教育課程に応じて、図書館が整備されており、図書、学術雑誌、視聴覚資料その他の教育研究上必要な資料が系統的に収集、整理されていること。

趣旨

この基準では、各短期大学の目的に沿って編成された教育研究組織の運営及び教育課程の実現に必要とされる施設・設備が、学生、教員、職員等の関係者の利用のために十分に整備され、機能しているかどうかを評価します。

講義室、研究室、実験・実習室、演習室、情報処理学習のための施設、語学学習のための施設については、それらが講義等に使用される場合には、使用する学生数、教育内容、教育方法等を検討し、それが必要とされる能力（収容力、性能等）を有し、また有効に活用されていなければなりません。また，図書館が整備され，学生による学習のために必要な図書等の資料についても系統的に収集，整理されており，かつ実用に供していなければなりません。これらは同時に，短期大学の有する資産として，メンテナンスやセキュリティについても管理されていなければなりません。

基本的な観点

8—1—① 短期大学において編成された教育研究組織の運営及び教育課程の実現にふさわしい施設・設備が整備され，有効に活用されているか。また，施設・設備のバリアフリー化への配慮がなされているか。

8—1—② 短期大学において編成された教育課程の遂行に必要なICT環境が整備され，有効に活用されているか。

8—1—③ 施設・設備の運用に関する方針が明確に規定され，短期大学の構成員（教職員及び学生）に周知されているか。

8—2—① 図書館が整備され，図書，学術雑誌，視聴覚資料その他の教育研究上必要な資料が系統的に収集，整理されており，有効に活用されているか。

（注）ICT（Information and Communication Technology）

基準9 教育の質の向上及び改善のためのシステム

9—1 教育の状況について点検・評価し，その結果に基づいて改善・向上を図るための体制が整備され，取組が行われており，機能していること。

9—2 教員及び教育支援者に対する研修等，その資質の向上を図るための取組が適切に行われていること。

趣旨

教育等の目的を達成するためには，教育の質の向上や継続的改善が必要となります。そのためには，教育の状況について点検・評価し，その結果に基づいて改善・向上を図るための体制が整備されており，実際に取組が行われ，機能していることが求められます。仮に現状のままでも十分に教育の目的を達成することが予想される場合においても，外的環境の変化等への対応として，短期大学内外の関係者の意見を採り入れた評価を行うことが必要です。

また，この基準では，教材，学習指導法に係る研究開発が適切に行われているか，ファカルティ・ディベロップメントが適切に行われているか，教育支援者に対する研修等，その資質の向上を図るための取組が適切に行われているかなど，基準1に定めた短期大学の目的に沿って，不断に教育活動の質の維持・向上を図る仕組みが適切に整備され，機能しているかを評価します。

基本的な観点

9—1—① 教育の状況について，活動の実態を示すデータや資料を適切に収集し，蓄積しているか。

9—1—② 短期大学の構成員（教職員及び学生）の意見の聴取が行われており，教育の質の向上，改善に向けて具体的かつ継続的に適切な形で活かされているか。

9—1—③ 学外関係者の意見が，教育の質の向上，改善に向けて具体的かつ継続的に適切な形で活かされているか。

9—1—④ 個々の教員は，評価結果に基づいて，それぞれの質の向上を図るとともに，授業内容，教材，教授技術等の継続的改善を行っているか。

9—2—① ファカルティ・ディベロップメントが，適切な方法で実施され，組織として教育の質の向上や授業の改善に結び付いているか。

9—2—② 教育支援者に対し，教育活動の質の向上を図るための研修等，その資質の向上を図るための取組が適切に行われているか。

基準10 財務

10—1 短期大学の目的を達成するために，教育研究活動を将来にわたって適切かつ安定して遂行できるだけの財務基盤を有していること。

10—2 短期大学の目的を達成するための活動の財務上の基礎として，適切な収支に係る計画等が策定され，履行されていること。

10—3 短期大学の財務に係る監査等が適正に実施されていること。

趣旨

短期大学の活動は財務の裏付けがなければ成立しません。教育研究活動を組織として将来にわたって適切かつ安定的に遂行するためには，安定した財務基盤が必要になります。学生からの授業料収入に基盤を置く場合には，安定した入学者数の確保が必要になります。また，予期できない外的要因の変化に対する危機管理として，適当な自己資本（資金・資産）を保有することなどが必要になります。

また，短期大学は各種財源から収入を得て，それを管理し，短期大学の目的に応じて配分しますが，その際には，明確な計画，配分の方針等が設定され，履行されていなければなりません。また，財務諸表等，短期大学の財務状況が公表されるとともに，自己改善を目的とした評価とは別に，財務が適正であることを保証するための監査等が適正に実施されていることが必要となります。

基本的な観点

10—1—① 短期大学の目的に沿った教育研究活動を安定して遂行できる資産を有しているか。また，債務が過大ではないか。

10—1—② 短期大学の目的に沿った教育研究活動を安定して遂行するための，経常的収入が継続的に確保されているか。

10—2—① 短期大学の目的を達成するための活動の財務上の基礎として、適切な収支に係る計画等が策定され、関係者に明示されているか。

10—2—② 収支の状況において、過大な支出超過となっていないか。

10—2—③ 短期大学の目的を達成するため、教育研究活動（必要な施設・設備の整備を含む。）に対し、適切な資源配分がなされているか。

10—3—① 短期大学を設置する法人の財務諸表等が適切な形で公表されているか。

10—3—② 財務に対して、会計監査等が適正に行われているか。

基準11 管理運営

11—1 短期大学の目的を達成するために必要な管理運営体制及び事務組織が整備され、機能していること。

11—2 管理運営に関する方針が明確に定められ、それらに基づく規程が整備され、各構成員の責務と権限が明確に示されていること。

11—3 短期大学の目的を達成するために、短期大学の活動の総合的な状況に関する自己点検・評価が行われ、その結果が公表されていること。

趣旨

短期大学が教育等の目的の達成に向けて組織として機能するためには、管理運営組織が教育研究等の活動を支援，促進させるために有機的に機能しなければなりません。予期できない外的環境の変化等に対する対応，構成員への法令遵守や研究者倫理等を含めた危機管理体制の整備も重要です。また，各構成員の責務と権限が明確に規定され，滞りなく効果的な運営がなされる必要があります。さらには，短期大学内外の関係者のニーズを把握した上で，組織として効果的な意思決定がなされる必要があります。

短期大学は，学校教育法等において，自ら点検及び評価を行うことが定められています。基準9「教育の質の向上及び改善のためのシステム」では，教育活動の改善システムを評価しますが，本基準においては，短期大学全体の活動及び活動の成果に関して自己点検・評価を行い，継続的に改善を行うための体制が整備され，適切に機能していること，そして自己点検・評価の結果が公表されていることを評価します。

また，短期大学には，教育研究の成果の普及及び活用の促進に資するために，短期大学の教育研究活動の状況や，その活動の成果に関する情報を広く社会に提供することが求められます。

基本的な観点

11—1—① 管理運営のための組織及び事務組織が，短期大学の目的の達成に向けて支援するという任務を果たす上で，適切な規模と機能を持っているか。また，危機管理等に係る体制が整備されているか。

11—1—② 短期大学の目的を達成するために，学長のリーダーシップの下で，効果的な意思決定が行える組織形態となっているか。

11—1—③ 短期大学の構成員（教職員及び学生），その他学外関係者のニーズを把握し，適切な形で管理運営に反映されているか。

11—1—④ 監事が置かれている場合には，監事が適切な役割を果たしているか。

11—1—⑤ 管理運営のための組織及び事務組織が十分に任務を果たすことができるよう，研修等，管理運営に関わる職員の資質の向上のための取組が組織的に行われているか。

11—2—① 管理運営に関する方針が明確に定められ，その方針に基づき，学内の諸規程が整備されるとともに，管理運営に関わる委員や役員の選考，採用に関する規程や方針，及び各構成員の責務と権限が文書として明確に示されているか。

11—2—② 短期大学の活動状況に関するデータや情報が適切に収集，蓄積されているとともに，教職員が必要に応じて活用できる状況にあるか。

11—3—① 短期大学の活動の総合的な状況について，根拠となる資料やデータ等に基づいて，自己点検・評価が行われており，その結果が短期大学内及び社会に対して広く公開されているか。

11—3—② 自己点検・評価の結果について，外部者（当該短期大学の教職員以外の者）による検証が実施されているか。

11—3—③ 評価結果がフィードバックされ，管理運営の改善のための取組が行われているか。

11—3—④ 短期大学における教育研究活動の状況や，その活動の成果に関する情報をわかりやすく社会に発信しているか。

選択的評価事項
（平成二二年度実施分）

選択的評価事項に係る評価は，短期大学の希望に応じて，短期大学機関別認証評価とは異なる側面から短期大学の活動等を評価します。

選択的評価事項について

機構の実施する認証評価は，短期大学の正規課程における教育活動を中心として短期大学の教育研究活動等の総合的な状況を評価するものですが，短期大学にとって研究活動は，教育活動とともに主要な活動の一つであり，さらに短期大学は，社会の一員として，地域社会，産業界と連携・交流を図るなど，教育，研究の両面にわたって知的資産を社会に還元することが求められており，実際にそのような活動が広く行われています。

そこで，「評価結果を各短期大学にフィードバックすることにより，各短期大学の教育研究活動等の改善に役立てること」「短期大学の教育研究活動等の状況を明らかにし，それを社会に示すことにより，広く国民の理解と支持が得られるよう支援・促進していくこと」という評価の目的に鑑み，各短期大学の個性の伸長に資するよう，短期大学評価基準とは異なる側面から短期大学の活動を評価するために，「研究活動の状況」と「正規課程の学生以外に対する教育サービスの状況」の二つの選択的評価事項を設定しています。

この選択的評価事項は，短期大学の希望に基づいて，これらの事項に関わる活動等について評価を実施するものです。

なお，選択的評価事項においては，短期大学評価基準とは異なり，基準を満たしているかどうかの判断ではなく，その事項に関わる各短期大学が有する目的の達成状況等について，評価することとしています。

選択的評価事項Ａ　研究活動の状況

Ａ－１　短期大学の目的に照らして，研究活動を実施するために必要な体制が適切に整備され，機能していること。

Ａ－２　短期大学の目的に照らして，研究活動が活発に行われており，研究の成果が上がっていること。

趣旨

短期大学は優れた人材の育成を担うとともに，幅広い研究活動によって，広く社会・経済・文化の発展を支える役割を社会から期待されています。

機構の短期大学評価基準では，教育活動を中心として短期大学の教育研究活動等の総合的な状況の評価を実施するとの基本的方針から，研究活動に関しては教育活動と関連する側面から評価を行います。具体的には，基準３で「教育の目的を達成するための基礎となる研究活動が行われていること」を挙げるとともに，基準５において「教育課程の編成又は授業科目の内容において，研究成果の反映，学術の発展動向に配慮しているか」との基本的な観点を設定しています。したがって，短期大学では，このような側面から研究活動について自己評価を行うこととなります。

一方，短期大学では，教育活動と関連する側面のみからでは十分把握することが難しい研究活動も広く行われています。短期大学が研究活動を継続して活発に進めるためには，研究を実施する体制及びその支援・推進を行う体制の整備，研究推進の施策の実施が不可欠です。同時に，短期大学は，現在の研究活動や研究成果の状況及び社会・経済・文化の領域への効果について的確に把握し，研究活動の改善や向上を図り，それらを社会に対して広く示していくことを求められています。

この選択的評価事項は，このような短期大学の研究活動に関する全般的状況の評価を希望する短期大学に対応するために設けられているものです。

この選択的評価事項では，まず，研究活動に関する短期大学の目的に照らして，研究を実施する体制，それを支援・推進する体制，研究推進のための施策の実施状況（組織内の資源配分に関する措置や研究に関わる規定の策定等），研究活動の質の向上のための改善システムが，それぞれ適切に整備され，機能しているかを評価します。

さらに，成果物の刊行，共同研究の状況，競争的研究資金への応募状況等を踏まえた研究活動の活発さ，競争的研究資金の獲得状況，外部評価や受賞状況等から判断した研究の質の状況，研究成果の活用状況等の分析から明らかにされた社会・経済・文化的な貢献について，それぞれ短期大学の目的に照らして評価します。

なお，ここで言う研究活動とは，基礎研究や応用研究等に限らず，広く教員の創造的活動を指します。

基本的な観点

Ａ－１－①　研究の実施体制及び支援・推進体制が適切に整備され，機能しているか。

Ａ－１－②　研究活動に関する施策が適切に定められ，実施されているか。

Ａ－１－③　研究活動の質の向上のために研究活動の状況を検証し，問題点等を改善するための取組が行われているか。

Ａ－２－①　研究活動の実施状況から判断して，研究活動が活発に行われているか。

Ａ－２－②　研究活動の成果の質を示す実績から判断して，研究の質が確保されているか。

Ａ－２－③　社会・経済・文化の領域における研究成果の活用状況や関連組織・団体

からの評価等から判断して，社会・経済・文化の発展に資する研究が行われているか。

選択的評価事項B　正規課程の学生以外に対する教育サービスの状況
B―1　短期大学の目的に照らして，正規課程の学生以外に対する教育サービスが適切に行われ，成果を上げていること。

趣旨

短期大学は，現代社会において，社会の各分野で活躍できる優れた人材の養成をはじめ，社会の高度化・複雑化に伴う職業能力向上のニーズ，国民のゆとりや価値の多様化に伴う幅広い年齢層における生涯学習ニーズの高まり，地域貢献への要請等に対応し，体系的かつ継続的な学習の場として，より社会に開かれた短期大学となることが求められてきています。各短期大学は，実際に，これらのニーズや短期大学の置かれた状況を踏まえ，その知的資産を社会に還元すべく，正規課程に在籍する学生以外に対しても様々な教育サービスを実施しています。

これらの教育サービスとしては，科目等履修生制度，聴講生制度，公開講座，資格関係の講座，各種の研修やセミナーの開設等の教育活動のほか，博物館等の公開，図書館開放のような学習機会の提供等が挙げられます。このほかにも各短期大学においては組織的に，講演会，シンポジウム，委員会等への参画等を通じて，地域への教育支援・協力等様々な地域貢献のための活動等が行われています。

短期大学によっては，このような教育サービスに関連する社会貢献，社会活動を社会に対する重要なサービスとして位置付けている場合もありますので，そのことが短期大学の目的に明示されていれば，本事項の評価対象とすることができます。

この選択的評価事項では，教育サービスに関わる目的の達成状況について，目的・計画の策定と周知，実際の活動内容や方法の適切性，教育サービスの成果，改善のためのシステム等を観点として評価を行います。

基本的な観点

B―1―①　短期大学の教育サービスの目的に照らして，目的を達成するためにふさわしい計画や具体的方針が定められているか。また，これらの目的と計画が周知されているか。

B―1―②　計画に基づいた活動が適切に実施されているか。

B―1―③　活動の結果及び成果として，活動への参加者が十分に確保されているか。また，活動の実施担当者やサービス享受者等の満足度等から判断して，活動の成果が上がっているか。

B―1―④　改善のための取組が行われているか。

短期大学基準

財団法人 大学基準協会

【1．理念・目的・教育目標】

短期大学は、各大学の理念に基づき適切な目的を設定するとともに、教育目標を明確にしなければならない。

〈解説〉

短期大学は、深く専門の学芸を教授研究し、職業または実際生活に必要な能力を育成することを主な目的としている。各短期大学は、こうした一般的目的を踏まえて、それぞれの理念に基づき、適切な目的を設定しなければならない。その際、社会や時代の変化の中で自らの個性や特徴を一層明確にし、自ら掲げる目的には、こうした個性や特徴を充分反映させる必要がある。

また、学科および専攻科は、一般的目的を視座に据えて、当該短期大学の設立趣旨や理念、さらにはそれぞれを構成する専攻領域等の特性に基づき、目的・教育目標を明確に定めるとともに、その中でいかなる人材を育成しようとするのかを具体的に明示しなければならない。それらは、適切な方法で教職員、学生を含む学内の構成員に浸透させると同時に、受験生を含む社会一般の人々に対しても明らかにする必要がある。

短期大学および学科・専攻科において設定された目的・教育目標は、社会的要請の変化等を視野に入れながら、その適切性を不断に検証することが求められる。

＊主要点検・評価項目

［理念・目的・教育目標］
・短期大学の理念に基づく目的および学科・専攻科等の目的・教育目標の適切性
・短期大学の理念に基づく目的および学科・専攻科等の目的・教育目標の周知方法とその有効性

［目的・教育目標の検証］
・短期大学の目的および学科・専攻科等の目的・教育目標を検証する仕組みの状況

【2．教育研究組織】

短期大学は、理念・目的・教育目標を踏まえて、適切な教育研究上の組織を整備しなければならない。

〈解説〉

短期大学は、理念・目的に基づいて適切な学科、専攻科、研究所等の教育研究組織を設置し、これらが目的・教育目標を達成する上でふさわしい組織構成であるかを、適宜検証しなければならない。

＊主要点検・評価項目
[教育研究組織]
・短期大学の学科・専攻科・研究所等の組織構成と理念・目的・教育目標との関連

【3．学科・専攻科の教育内容・方法等】

短期大学は、理念に基づき、目的・教育目標を達成するために、適切な教育課程を体系的に整備し、教育効果が十分にあがるよう、教育内容・方法等の改善に努めなければならない。


〈解説〉
(1) 教育内容等
教育課程では、理念・目的を達成するための具体的な教育目標に照らし、学問の体系性等も考慮した上で、各学科、専攻科ごとに学生の視点に立った特色ある教育課程を適切に整備しなくてはならない。教育課程の編成にあたっては、国際化や情報化の進展等にも留意して幅広い教養と専門知識が身に付くよう、バランスよく必修・選択科目を配置することが必要である。こうした教育課程により、課題解決能力、コミュニケーション能力、プレゼンテーション能力、総合的な判断能力等、職業および生活に必要な能力を醸成するとともに、豊かな人間性と高い倫理観を持った人材を育成していくことが求められる。

また、すべての学生が、短期大学で行われる専門的な高等教育のレベルに見合った能力を保有するよう、推薦入学等による早期入学決定者に対する入学前教育や入学後の導入教育を行うなど、目標とする人材育成に向けた教育を効果的に行うことが求められる。

教育課程においては、各授業科目の特徴、内容、履修形態、学生に求められる予復習時間等を考慮した上で単位計算を行い、単位制のもつ本来の趣旨に十分留意しながら、教育の成果に即して単位を認定する必要がある。

さらには、社会人や外国人留学生等、多様な学生に対し、円滑な学修が行えるよう、教育課程や履修方法における教育上の配慮が求められる。また、リカレント教育や社会のニーズに応じた教育プログラム等を実施するなど、生涯学習への対応が望まれる。
(2) 教育方法等
短期大学は、その教育効果を十分に発揮するために、教育方法の改善に多面的な努力を払う必要がある。

教育効果をあげるためには、履修指導によって学生の学習意欲を促進するとともに、適切な履修ができるよう導かなければならない。また、学習の活性化を図るために毎年度シラバスを作成し、授業科目ごとに、学習目標、授業方法、授業計画に加え、予習の指示や成績評価基準、オフィスアワー等を明確にしなければならない。

教育の質を確保するためには、授業形態に即した授業方法の開発や厳格な成績評価を行う必要があり、学生が予・復習をもとに授業科目において十分な学習成果が得られるよう、履修科目登録に上限を設けることも重要である。

また、教育方法を向上させるためには、教員個人の授業内容・方法への改善努力はもちろんのこと、学生による授業評価の有効な活用、研修会の開催等、ファカルティ・ディベロップメント（FD）活動を組織的に行い、教員全体の教育能力の向上に努めなければならない。さらに、真摯な授業への取り組みや学生からの意見への配慮など、教員の教育倫理向上のための適切な配慮が求められる。

このような教育活動を展開していく中で、教育効果を測定する有効な方法を開発し、不断に検証することで、教育方法の改善に努めなければならない。
(3) 国際交流
短期大学は、学生の視野を広げ、教育や研究を一層促進していくため、一定の基本方針に基づいて国際交流に努めなければならない。そのためには、外国の大学・短期大学等と協定を結び、互いに協力しながら交流を深めていくことが望まれる。
(4) 学位授与
短期大学の重要な責務の1つである学位授与にあっては、学修の成果にふさわしい学位を公正に授与するため、学位授与に関わる基準や卒業判定手続き等を明文化し、それらの適切性について不断に検証する必要がある。

＊主要点検・評価項目
(1) 教育内容等
[学科・専攻科の教育課程]
・学科・専攻科等の教育課程と学科・専攻科等の理念・目的ならびに学校教育法第108条、短期大学設置基準第5条との関連
・学科・専攻科等の目的・教育目標との対応関係における、短期大学士課程教育の体系の適切性
・教育課程における教養教育、専門基礎教育、専門教育、倫理性を培う教育等の位置づけ
・教育課程の開設授業科目、卒業所要総単位に占める専門教育科目・教養教育科目・外国語科目等の量的配分とその適切性
[履修科目の区分]

・教育課程編成における、必修・選択の量的配分の適切性
［臨床実習・学外実習等］
・臨床実習・学外実習を行っている学科における、当該実習の教育課程上の位置づけとその適切性
［キャリア教育］
・キャリア教育の実施状況
［インターンシップ、ボランティア］
・インターンシップやボランティアを導入している学科・専攻科等における、システムの実施の適切性
［国家試験］
・国家試験につながりのある教育課程を持つ学科・専攻科における、受験率・合格者数・合格率
［資格取得］
・資格取得につながりのある教育課程を持つ学科・専攻科における、受験率・合格者数・合格率
［高・大の接続］
・推薦入試等での入学決定者に対する入学前教育の実施状況
・学生が後期中等教育から高等教育へ円滑に移行するために必要な導入教育の実施状況
［授業形態と単位の関係］
・各授業科目の特徴・内容や履修形態との関係における、その各々の授業科目の単位計算方法の適切性
［単位互換、単位認定］
・他の大学・短期大学および併設大学と単位互換を行っている短期大学にあっては、実施している単位互換方法と単位認定方法ならびに認定単位数の適切性
［社会人学生、外国人留学生等への教育上の配慮］
・社会人学生、外国人留学生、帰国生徒に対する教育課程編成上や教育指導上の配慮
［生涯学習への対応］
・生涯学習システムの整備状況とその有効性
［正課外教育］
・正課外教育の充実度

(2) 教育方法等
［履修指導］
・学生に対する履修指導の適切性
・学生の学習意欲を促進する仕組みの状況
・オフィスアワーの制度や学習支援を恒常的に行うアドバイザー制度の実施状況とその適切性
・留年者に対する教育指導上の配慮の適切性
・科目等履修生、聴講生等に対する教育指導上の配慮の適切性
［授業形態と授業方法の関係］
・授業形態と授業方法の適切性とその教育指導上の有効性
［授業運営と成績評価］
・履修科目登録の上限設定とその運用の適切性
・成績評価法、成績評価基準の公平性、適切性
［教育改善への組織的な取り組み］
・学生の学習の活性化と教員の教育指導方法の改善を促進するための方策とその有効性
・シラバスの作成とその内容・項目の充実ならびに活用状況
・学生による授業評価や学生満足度調査等の実施とその結果の公表ならびに活用状況
・FD活動に対する組織的な取り組み状況の適切性
・教員の教育倫理向上のための配慮の適切性
［教育効果の測定］
・教育上の効果と目標達成度を測定するための方法の適切性およびその有効性
・卒業生の進路状況と人材育成の目的の達成状況

(3) 国際交流
［国際交流の推進］
・国際化への対応と国際交流の推進に関する基本方針の適切性
・海外の大学・短期大学との学生交流協定の締結状況とそのカリキュラム上の位置づけ

(4) 学位授与
［学位授与に関する基準および手続き］
・学位授与に関する基準および卒業判定手続きの適切性

(5) 通信制短期大学・学科・専攻科等
［通信教育の内容・方法等］
・通信制の短期大学・学科・専攻科において実施している、教育の内容、方法、単位認定、学位授与の適切性とそのための条件整備の適切性

【4. 学生の受け入れ】
短期大学は、理念に基づき目的・教育目標に応じた適切な学生の受け入れ方針を定め、公正な受け入れを行わなければならない。

〈解説〉
（1）学生の受け入れ方針および受け入れ方法
短期大学・学科・専攻科等では、理念に基づく目的・教育目標に応じた人材育

5 評価基準等

成を図るために、理念・目的・教育目標を適切に反映させた受け入れ方針を定める必要がある。その方針に基づいて適切な体制を整え、社会的要請や教育課程との関係にも配慮した、公正で透明性の高い選抜制度を整備してその運用に努めるとともに、これらを恒常的かつ系統的に検証する仕組みを整備する必要がある。

入学者の選抜にあたっては、入学希望者が短期大学士課程の教育を受けるに足る基礎学力を有しているか否かの確認を適切に行うことが基本となるが、入学希望者の意欲・適性等を多面的に評価することも重要である。また、入学者選抜のための募集や方法の公正性・透明性を確保するために、入学者選抜基準の公表ならびに入試得点の開示等、受験生への説明責任も適切に行わなければならない。

さらに、推薦入学を実施している場合には、高等学校等との協力関係についても適切な配慮が望まれる。

（２）学生収容定員と在籍学生数の適正化

短期大学・学科・専攻科等は、その種類・特性、教員組織、施設・設備等の諸条件を基礎に、学生収容定員を決定するとともに、これに基づいて適正な数の学生を受け入れ、目的・教育目標に即した教育を実施し、教育上の効果を高める必要がある。

また、退学者数が多い学科等においては、その原因を把握するとともに、適切な対応策を講じる必要がある。

＊主要点検・評価項目

⑴学生の受け入れ方針および受け入れ方法

［入学者受け入れ方針等］

・短期大学・学科・専攻科等の理念・目的・教育目標との関係における入学者受け入れ方針の適切性
・入学者受け入れ方針と入学者選抜方法、教育課程との関係

［入学者選抜の仕組み］

・入学者選抜試験実施体制の適切性

［学生募集方法、入学者選抜方法］

・短期大学・学科・専攻科等の学生募集方法、入学者選抜方法の適切性およびそれを検証する仕組みの状況

［入学者選抜における高・大の連携］

・入学者選抜基準の公表ならびに受験者への説明責任の配慮
・推薦入学における、高等学校等との協力関係の適切性

⑵学生収容定員と在籍学生数の適正化

［定員管理］

・学生収容定員と在籍学生数の比率の適切性

［退学者］

・退学者数と退学理由の把握ならびに対応策の適切性

【5．学生生活】

短期大学は、学生が学習に専念できるよう、学生の生活支援体制と生活環境を整備しなければならない。

〈解説〉

短期大学は、学生が学習に専念し、より良い学生生活が送れるよう、適切な環境を整えなくてはならない。そのためには、学生への学習支援はもとより、心身の健康保持への支援、就職や進学等の進路選択支援、経済的支援、課外活動への支援等を行うことが必要である。

心身の健康保持への支援に関しては、日常生活、心身の健康や保健衛生等に関わる悩みに適切に対処するため、カウンセラーやアドバイザーを相談室に配置する他、留年者や不登校等の学生への働きかけ等、学生のメンタルケアに充分配慮する必要がある。また、ハラスメントの防止のために、委員会の設置や規程の整備、広報活動等に努めるなど、学生の人権に十分配慮することも重要である。これらの支援策については、その有効性を測る上でも、アンケート等を実施して学生の満足度を調査することが望まれる。

学生の進路選択における支援では、就職や進学のガイダンスをはじめ、卒業生の進路データの整備や就職・進学情報の提供等を効果的に行い、学生が自分に合った進路を選択できる環境を整える必要がある。また、学生の就職活動や進学準備では、教育に支障をきたさないよう、制度上の工夫が望まれる。

学生の経済状態を安定させるための配慮としては、授業料の減免制度や短期大学独自の奨学基金を設置しこれを適切に運用する他、学外の奨学金の受給に関わる相談や取り扱い業務を充実させることが重要である。こうした経済的支援に関わる情報は、学生に対して適切に提供していく必要がある。

さらに、集団生活を通じ学生の人格と能力を磨くための課外活動に対しては、短期大学としての組織的な指導や支援を適切に行う必要がある。

＊主要点検・評価項目

［心身の健康保持への支援］

・学生の心身の健康保持・増進および安全・衛生への配慮の適切性
・学生のメンタルケアとして、生活相談、進路相談を行う専門のカウンセラーやアドバイザー等の配置状況
・留年者、不登校等の学生への対応状況
・セクシャル・ハラスメント、アカデミック・ハラスメント等の防止策を含めた人権保護のための措置の適切性

・学生生活に関する満足度アンケートの実施とその結果の活用状況
［進路選択支援］
・学生の進路選択に関わる支援の適切性
・学生への就職ガイダンスや進学ガイダンス等、進路支援の適切性およびその有効性
・就職活動の早期化に対する教育上その他の対応状況
・就職・編入等卒業進路データの整備と活用の状況
［経済的支援］
・奨学金やその他学生への経済的支援を図るための方法と学生への情報提供の適切性およびその有効性
［課外活動への支援］
・学生の課外活動に対して短期大学として組織的に行っている指導、支援の適切性およびその有効性

【6．研究活動と研究環境】

短期大学は、教員が適切な研究活動を行えるよう、研究環境を整備しなければならない。

〈解説〉
（1）研究活動
短期大学は、短期大学全体として、または学科等の組織単位ごとに教員の研究活動状況を把握し研究業績の質を検証するためのシステムを確立して、研究活動の活性化に努めることが必要である。また、教員が学内外の研究組織等と研究上の連携を図り、研究活動を推進していくことも重要である。
（2）研究環境
短期大学は、教員が学術研究の進展に寄与するために、適切な研究費の制度化や、研究室等の研究用施設・設備、研究支援スタッフ等、研究環境を整備しなければならない。また、研究成果を公表する機会や研修機会等を確保し、授業時間数や管理運営の面での負担に対しても適切な配慮をする必要がある。さらに、研究上の倫理に関する審議機関の設置等、倫理面からの研究条件の整備が必要である。

＊主要点検・評価項目
(1) 研究活動
［研究活動］
・論文等研究成果の発表状況
・国内外の学会での活動状況
［教育研究組織単位間の研究上の連携］
・学内外の研究組織等との研究上の連携状況
(2) 研究環境
［経常的な研究条件の整備］
・個人研究費（研究旅費を含む）と共同研究費の制度化の状況とその運用の適切性
・教員個室等の研究室の整備状況および教員の研究時間を確保させる方策の適切性
・研究活動に必要な研修機会確保のための方策の適切性
・研究支援スタッフの人的配置の適切性
［研究上の成果の公表、発信・受信等］
・研究論文・研究成果を公表、発信・受信する機会の確保および支援措置の適切性
［競争的な研究環境創出のための措置］
・科学研究費補助金および研究助成財団等への研究助成金の申請とその採択の状況
［倫理面からの研究条件の整備］
・倫理面から実験・研究の自制が求められている活動・行為に対する学内的な審議機関の開設・運営や規制システムの適切性

【7．社会貢献】

短期大学は、広く社会に貢献するために、社会との連携と交流に努めなければならない。

〈解説〉
短期大学は、研究成果等の情報発信に努める他、地域社会のニーズにも配慮した公開講座やセミナー等の生涯学習の機会を提供するなど、教育研究上の成果を積極的に還元し、社会貢献を推進していくことが求められる。また、教育研究の充実を図るために、学外の教育研究機関、自治体、企業・団体および地域との連携も図り、積極的に社会との交流を促進していくことが求められる。

＊主要点検・評価項目
［社会への貢献］
・公開講座の開設等、教育研究上の成果の社会への還元状況
・社会との文化交流等を目的とした教育システムの充実度
［自治体や企業等との連携］
・自治体や企業等との教育研究上の連携状況

【8. 教員組織】

短期大学は、十分な教育研究を行うために、適切な教員組織を整備しなければならない。

〈解説〉

（1）教員組織

短期大学・学科・専攻科等は、その目的・教育目標を達成するために、教育課程の種類および規模に応じ、教育上必要な内容と規模の教員組織を設ける必要がある。教育課程を展開していく上で主要と見なされる科目には専任教員を適切に配置するとともに、兼任教員については、適切な数の専任教員を備えた上で必要に応じて置くことが望ましい。適切な教育研究体制を維持するとともに、その一層の充実を期するために、専任教員の年齢構成を適正に保つことも重要である。

また、短期大学・学科・専攻科等は、学生が有機的・体系的に学修できるように、各授業科目の担当教員間の連絡調整を密にするための措置をあらかじめ講じておく必要がある。

さらに、実験・実習を伴う教育、外国語教育、情報処理関連教育等を効果的に実施するためには、その教育を支援する要員の適切な配置等、学生の学習活動の向上を図るための人的体制を確立することが必要である。

（2）教員の任免、昇任等と身分保障

教員の募集に際しては、広く国内外に人材を求めて人事の活性化を図り、教員の任免・昇任については、教育研究能力の実証を基本とする明文化された基準と手続きに従い、公正かつ適切に行わなければならない。また、教員の資格判定にあたっては、人格、国内外における教育業績、研究業績、関連分野における実務経験等を十分に考慮する必要がある。

教員には、教育研究活動を全うするため、その職責にふさわしい地位・身分が保障されると同時に、適切な待遇が与えられなければならない。これは任期制度を導入する場合においても同様である。

（3）教員の教育研究活動の評価

学科等においては、その教育課程の種類・内容等にふさわしい教育研究上の能力を有する教員を置くとともに、教員の教育研究能力の向上を図るために様々な評価法を開発し、これを活用の上、評価結果を公表する必要がある。評価にあたっては、各教員の教育研究上の実績、研究成果の発表状況、学会活動、国内外の共同研究や国際プロジェクトへの参加状況、学外での社会的活動の実状等、多面的な評価が望まれる。

＊主要点検・評価項目

⑴ 教員組織

（教員組織）

・短期大学・学科・専攻科等の理念・目的ならびに教育課程の種類、学生数との関係における当該学科の教員組織の適切性
・主要な授業科目への専任教員の配置状況および専任・兼任の比率の適切性
・教員組織の年齢構成の適切性と性別構成の状況
・教育課程編成の目的を具体的に実現するための教員間における連絡調整の状況とその適切性
・教員組織における社会人、外国人の受け入れ状況

（教育研究支援職員等）

・実験・実習を伴う教育、外国語教育、情報処理関連教育等を実施するための人的補助体制の整備状況と人員配置の適切性
・教員と教育研究支援職員等との間の連携・協力関係の適切性

（短期大学と併設大学との関係）

・短期大学と併設大学における各々固有の人員配置・人的交流の適切性

⑵ 教員の任免、昇任等と身分保障

（教員の募集・任免・資格・昇格に対する基準・手続）

・教員の募集・任免・資格・昇格に関する基準・手続の明確化とその運用の適切性
・教員の適切な流動化を促進させるための措置の実施状況

⑶ 教員の教育研究活動の評価

（教育研究活動の評価）

・教員の教育研究活動についての評価方法とその有効性

【9. 事務組織】

短期大学は、その経営と教育研究の支援のため、適切な事務組織を整えなければならない。

〈解説〉

短期大学は、教育研究を円滑かつ効果的に行うために、適切な事務組織を設け、短期大学の運営を総合的に行う環境を整備しなくてはならない。事務組織には、必要に応じた部署を設けて、その役割を明確にするとともに職員を適切に配置し、組織が十分に機能するよう、人事も含めて適宜検証されることが求められる。事務職員の任免、昇任については、明文化された基準と手続きに従い、公正かつ適切に行う必要がある。

また、事務組織は、短期大学の理念・目的ならびに教育研究の趣旨に対する理解を共有し、業務において独自性を保つと同時に教学組織と有機的に連携・協力し合い、学校法人理事会とも適切な関係を築くことが必要である。さらに、職員研修等のスタッフ・ディベロップメント（ＳＤ）活動等を行うことにより、事務組織を構成する職員の専門能力を高め、組織の活性化と業務の効率化、ひいては

組織全体の機能の向上を図る工夫が求められる。

＊主要点検・評価項目
（事務組織の整備）
・事務組織の規模と職員配置の適切性
・事務職員の任用手続の適切性
（事務組織の役割）
・各部局における事務組織の役割とその活動の適切性
（事務組織と教学組織との関係）
・事務組織と教学組織との連携関係の状況
・短期大学運営における、事務組織と教学組織の相対的独自性と協力関係を確保させる方策の適切性
（事務組織と学校法人理事会との関係）
・事務組織と学校法人理事会との関係の適切性
（事務組織の機能強化のための取り組み）
・SD活動等の実施状況とその有効性
・事務の業務の効率化を図るための方策とその適切性

【10．施設・設備等】

短期大学は、教育研究を行う上で十分な施設・設備を整備し、これを適切に管理・運用しなければならない。

〈解説〉

短期大学は、教育研究組織の規模や特性、また学生の収容定員等に応じて、学生が学習するために必要十分な面積の校地・校舎を整備し、そこに適切な施設・設備等を備えなくてはならない。施設・設備には、講義室、実験室の他、情報関連施設や機器等、教育研究を行う高等教育機関として必要なものを十分に備えることが求められる。これらは適宜更新・充実を図り、学生の利便性やキャンパス・アメニティの向上を図るとともに、バリアフリーの形成等にも配慮した効果的な教育研究活動が行える環境を整備する必要がある。こうした施設・設備においては、その維持・管理の責任体制を明確にするとともに、利用者の衛生・安全を確保するためのシステムを整備し、適切に運用しなければならない。

＊主要点検・評価項目
（施設・設備等の整備）
・短期大学・学科・専攻科等の教育研究目的を実現するための校地・校舎・施設・設備等諸条件の整備状況の適切性
・教育の用に供する情報関連施設と機器等の整備状況
（キャンパス・アメニティ）
・キャンパス・アメニティの達成状況
（利用上の配慮）
・各施設・設備の利便性への配慮の状況
・施設・設備面におけるバリアフリーの形成状況
（組織・管理体制）
・施設・設備等の維持・管理や、衛生・安全・防犯・防災に関する責任体制の確立とシステムの整備状況

【11．図書館および図書・電子媒体等】

短期大学は、図書館に図書・電子媒体等の十分な資料を体系的・計画的に整備し、利用者の有効な活用に供しなければならない。

〈解説〉

短期大学は、教育研究を推進するために図書館を設置して司書等の専門職員を配置し、質・量ともに十分な図書、学術雑誌、視聴覚資料とその電子媒体等の学術情報を整備するとともに、図書検索や調査・研究に必要な機器、備品等を備えなければならない。図書館には、学生閲覧室を設けて学生収容定員に応じた十分な座席数を確保し、利用者の有効な活用に供することができるよう、開館日と開館時間にも配慮することが求められる。

また、図書館ネットワーク等を利用してその活用の促進に努めるとともに、国内外の他の大学・短期大学等と協力し合い、より豊富な学術情報にアクセスできるよう、システムを整備することや、図書館を可能な限り地域にも開放することが重要である。

＊主要点検・評価項目
（図書、図書館の整備）
・図書、学術雑誌、視聴覚資料、その他教育研究上必要な資料の体系的整備とその量的整備の適切性
・図書館施設の規模、機器・備品の整備状況とその適切性
・学生閲覧室の座席数、開館日、開館時間、図書館ネットワークの整備等、図書館利用者に対する利用上の配慮の状況とその適切性
（専門職員の配置）
・図書館司書等、専門的職員およびその他職員の配置状況とその適切性
（学術情報へのアクセス）

・学術情報の処理・提供システムの整備状況
・国内外の他大学・短期大学等との協力の状況
（図書館の地域開放）
・図書館の地域への開放状況

【12 管理運営】

短期大学は、高等教育機関としての役割と機能を果たすため、明文化された規定により適切な管理運営を行わなければならない。

〈解説〉

短期大学は、教授会、理事会等、管理運営に関わる組織を構成し、それぞれの役割や権限等を規定で明文化した上で、理念・目的の実現に向けて適切かつ公正に管理運営を行わなければならない。管理運営に関わる組織にあっては、学長・短期大学部長等も含めて互いの組織が連携・協力し合い、教育研究の推進に寄与するよう努めることが求められる。また、学長や短期大学部長等の役職者については、その役割や権限を明確にすると同時に、任免の手続きを規定に従って適切かつ公正に行わなければならない。

短期大学の意思決定においては、的確な決断が民主的・効果的に行われるよう、外部有識者を関与させるなど、適切な意思決定のプロセスを確立しておく必要がある。

＊主要点検・評価項目
（教授会）
・教授会の役割、特に教育課程や教員人事等において教授会が果たしている役割とその活動の適切性
・教授会と学長もしくは短期大学部長との間の連携協力関係および機能分担の適切性
・教授会と評議会、短大協議会等の全学的審議機関との間の連携および役割分担の適切性
（学長、短期大学部長の役割と選任手続）
・学長・短期大学部長の選任手続の適切性
・学長・短期大学部長の役割とその適切性
・学長・短期大学部長と評議会、短大協議会等の全学的審議機関の間の連携協力関係および機能分担の適切性
・学科長の役割の内容とその行使の適切性
（教学組織と学校法人理事会との関係）
・教学組織と学校法人理事会との間の連携協力関係および機能分担の適切性
（意思決定）
・短期大学の意思決定プロセスの確立状況とその運用の適切性
（管理運営への学外有識者の関与）
・管理運営に対する学外有識者の関与の状況とその有効性

【13 財務】

短期大学は、十分な財政的基盤を確立するとともに、財務運営を適切に行わなければならない。

〈解説〉

短期大学は、教育研究を適切に遂行するために、明確な将来計画に基づいて、必要な経費のための財源を確保しなければならない。その際、授業料収入への過度な依存を避け、授業料以外の財源を確保することが、教育研究水準を高度化する上で必要である。そのため、科学研究費補助金や寄附金など、学外からの資金を受け入れるための組織・体制を整備し、資金獲得に向けて積極的に取り組むことが重要である。また、財源は、質の高い教育・研究を行うために、公正かつ効果的に配分・運用しなければならない。

＊主要点検・評価項目
（教育研究と財政）
・教育研究目的・目標を具体的に実現する上で必要な財政基盤（もしくは配分予算）の確立状況
・総合将来計画（もしくは中・長期の教育研究計画）に対する中・長期的な財政計画の策定状況および両者の関連性
（外部資金等）
・文部科学省科学研究費補助金、外部資金（寄附金、受託研究費、共同研究費等）、資産運用益等の受け入れ体制と受け入れ状況
（予算の配分と執行）
・予算配分と執行のプロセスの明確性、透明性、適切性
（財務監査）
・アカウンタビリティを履行するシステムの実施状況
・監査システムの運用の適切性
（私立短期大学財政の財務比率）
・消費収支計算書関係比率および貸借対照表関係比率における、各項目ごとの比率の適切性

【14. 自己点検・評価】
短期大学は、教育研究水準を維持・向上させるために、組織・活動について不断に自己点検・評価し、改善に努めなければならない。

〈解説〉

短期大学は、理念・目的の実現と教育研究水準の維持・向上のため、教育研究活動や管理運営等を不断に自己点検・評価し、改善に努めなければならない。

自己点検・評価の実施にあたっては、教学組織と事務組織が一体となって適切な部署や委員会等の体制を整備するとともに、評価の結果を改善に繋げるための効果的なシステムを確立して、定期的なサイクルで恒常的に評価活動を行う必要がある。こうした一連の自己点検・評価活動を一層効果的なものとするためにも、学校教育法第69条の3に定められる第三者評価（認証評価）に加え、必要に応じて外部評価を受けることが望まれる。また、こうした継続的な自己点検・評価活動を行う全教職員の、評価に対する理解と認識を深める工夫も必要である。

＊主要点検・評価項目
（自己点検・評価）
・自己点検・評価を恒常的に行うためのシステムとその活動上の有効性
（自己点検・評価と改善・改革システムの連結）
・自己点検・評価の結果を基礎に、将来の発展に向けた改善・改革を行うためのシステムとその活動上の有効性
（自己点検・評価に対する学外者による検証）
・自己点検・評価結果に対する学外者による検証システムの実施状況およびその有効性
（短期大学に対する指摘事項および勧告等への対応）
・文部科学省からの指摘事項および大学基準協会からの勧告等への対応

【15. 情報公開・説明責任】
短期大学は、組織・運営や諸活動の状況、およびそれらの点検・評価結果について情報公開し、個人情報の保護に努めながら、社会に対する説明責任を果たさなければならない。

〈解説〉

短期大学は、関係法規を遵守するとともに、組織・運営や諸活動の状況について積極的にホームページや刊行物等において情報公開し、社会に対する説明責任を果たして透明性の高い運営をしなければならない。特に、財務状況や、自己点検・評価および第三者評価等の評価結果を学内外へ発信し、現状と今後の改善策を社会に対し明らかにすることが必要である。

なお、情報公開をはじめとした業務一般および要請を受けての情報開示等においては、適切な規定と組織を整えるとともに、学生や教職員等の個人情報の保護に注意を払わなければならない。

＊主要点検・評価項目
（財政公開）
・財政公開の状況とその内容・方法の適切性
（自己点検・評価）
・自己点検・評価結果の学内外への発信状況とその適切性
・第三者評価結果および外部評価結果の学内外への発信状況とその適切性
（個人情報保護）
・個人情報保護に関する規定の整備状況とその運用の適切性

【特色ある取り組み】　※オプション項目

＊主要点検・評価項目
・教育内容・方法、学生の受け入れ、学生生活、社会貢献、管理運営等において、特色ある取り組みを行っている場合の実施状況およびその有効性

短期大学評価基準

財団法人 日本高等教育評価機構

短期大学評価基準

基準1．建学の精神・短期大学の基本理念及び使命・目的

本基準の趣旨

本基準は、短期大学の建学の精神・短期大学の基本理念及び使命・目的について規定するものです。短期大学は、建学の精神・基本理念及び使命・目的がともに学内外に示されていることが求められます。

領域・基準項目

領域：教育の理念・目的・目標、短期大学の個性、特色等

1―1 建学の精神・短期大学の基本理念が学内外に示されていること。

1―2 短期大学の使命・目的が明確に定められ、かつ学内外に周知されていること。

評価の視点

《1―1の視点》

1―1―① 建学の精神・短期大学の基本理念が学内外に示されているか。

《1―2の視点》

1―2―① 建学の精神・短期大学の基本理念を踏まえた、短期大学の使命・目的が明確に定められているか。

1―2―② 短期大学の使命・目的が学生及び教職員に周知されているか。

1―2―③ 短期大学の使命・目的が学外に公表されているか。

基準2．教育研究組織

本基準の趣旨

本基準は、短期大学の教育研究組織について規定するものです。短期大学は、教育研究上の目的を達成するために、学科、専攻科等の必要な組織を設置し、使命・目的に沿って運営されていることが求められます。また、教養教育組織・附属研究所・附属学校・附属機関等が設置されている場合は、相互の連携関係が円滑になされていることが必要です。

領域・基準項目

領域：学科、専攻科等の教育システム等

2―1 教育研究の基本的な組織（学科、専攻科、附属機関等）が、短期大学の使命・目的を達成するための組織として適切に構成され、かつ、各組織相互の適切な関連性が保たれていること。

2―2 幅広い教養教育が十分できるような措置がとられていること。

2―3 教育方針等を形成する組織と意思決定過程が、短期大学の使命・目的及び学習者の要求に対応できるよう整備され、十分に機能していること。

評価の視点

《2―1の視点》

2―1―① 教育研究上の目的を達成するために必要な学科、専攻科、附属機関等の教育研究組織が、適切な規模、構成を有しているか。

2―1―② 教育研究の基本的な組織（学科、専攻科、附属機関等）が教育研究上の目的に照らして、それぞれ相互に適切な関連性を保っているか。

《2―2の視点》

2―2―① 幅広い教養教育が十分できるような運営上の責任体制の整備など必要な措置がとられているか。

《2―3の視点》

2―3―① 教育研究に関わる学内意思決定機関の組織が適切に整備されているか。

2―3―② 教育研究に関わる学内意思決定機関の組織が短期大学の使命・目的及び学習者の要求に対応できるよう十分に機能しているか。

基準3．教育課程

本基準の趣旨

本基準は、短期大学の教育課程について規定するものです。短期大学は、教育研究上の目的を達成するために、学科・専攻科等の各教育組織において教育課程を編成し、学生にとって必要な学習量、教育評価の方法を定める必要があります。そして、学科・専攻科等において、それぞれの教育目的に沿った教育課程が定められていることが求められます。

領域・基準項目

領域：教育目的、教育内容、学習量、教育評価等

3―1 教育目的が教育課程や教育方法等に十分反映されていること。

3―2 教育課程の編成方針に即して、体系的かつ適切に教育課程が設定されていること。

3―3 教育目的の達成状況を点検・評価するための取組みが行われていること。

評価の視点

《3−1の視点》
3−1−① 建学の精神・短期大学の基本理念及び学生のニーズや社会的需要に基づき、学科、専攻科ごとの教育目的が明確にされているか。
3−1−② 教育目的の達成のために、教育課程の編成方針が適切に設定されているか。
3−1−③ 教育目的が教育方法等に十分反映されているか。

《3−2の視点》
3−2−① 教育課程が体系的に編成され、その内容が適切であるか。
3−2−② 教育課程の編成方針に即した授業科目、授業の内容となっているか。
3−2−③ 年間学事予定、授業期間が明示されており、適切に運営されているか。
3−2−④ 単位の認定及び卒業・修了の要件が適切に定められ、厳正に適用されているか。
3−2−⑤ 履修登録単位数の上限の適切な設定など、単位制度の実質を保つための工夫が行われているか。
3−2−⑥ 教育内容・方法に、進路の多様性に配慮した特色ある工夫がなされているか。
3−2−⑦ 通信教育を行っている場合には、それぞれの添削等による指導を含む印刷教材等による授業、添削等による指導を含む放送授業、面接授業もしくはメディアを利用して行う授業の実施方法が適切に整備されているか。

《3−3の視点》
3−3−① 学生の学習状況・資格取得・就職状況の調査、学生の意識調査、企業アンケートなどにより、教育目的の達成状況を点検・評価するための努力が行われているか。

基準4．学生

本基準の趣旨

本基準は、学生に関する短期大学の対応について規定するものです。学生は、自律的な学習活動を行う主体であり、学生の学習を支援し、学生生活を支えるよう適切な組織的対応が必要です。

領域・基準項目

領域：入試・入学、学習支援、学生サービス、就職支援、学生からの要望処理システム、卒業・進路指導、国際交流等

4−1 アドミッションポリシー（受入れ方針・入学者選抜方針）が明確にされ、適切に運用されていること。
4−2 学生への学習支援の体制が整備され、適切に運営されていること。
4−3 学生サービスの体制が整備され、適切に運営されていること。
4−4 就職・進学支援等の体制が整備され、適切に運営されていること。

評価の視点

《4−1の視点》
4−1−① アドミッションポリシーが明確にされているか。
4−1−② アドミッションポリシーに沿って、入学者選抜が適切に運用されているか。
4−1−③ 教育にふさわしい環境の確保のため、収容定員と入学定員及び在籍学生数が適切に保たれ、授業を行う学生数が適切に管理されているか。

《4−2の視点》
4−2−① 学生への学習支援体制が整備され、適切に運営されているか。
4−2−② 通信教育を実施している場合には、学習支援・教育相談を行うための適切な組織を設けているか。
4−2−③ 学生への学習支援に対する学生の意見等を汲み上げる仕組みが適切に整備されているか。

《4−3の視点》
4−3−① 学生サービスのための組織が設置され、適切に機能しているか。
4−3−② 学生に対する経済的な支援が適切になされているか。
4−3−③ 学生の課外活動への支援が適切になされているか。
4−3−④ 学生に対する健康相談、心的支援、生活相談等が適切に行われているか。
4−3−⑤ 学生サービスに対する学生の意見等を汲み上げる仕組みが適切に整備されているか。

《4−4の視点》
4−4−① 就職・進学に対する相談・助言体制が整備され、適切に運営されているか。
4−4−② キャリア教育のための体制が整備されているか。

基準5．教員

本基準の趣旨

本基準は、短期大学の教員に関する内容を規定するものです。短期大学は、教育研究上の目的を達成するために必要な教員を配置することが求められます。また、教員の教育研究活動を支援する体制を整え、教員による教育研究活動等を改善するために組織的な取組みを行う必要があります。

領域・基準項目

領域：教育研究活動、教員人事の方針、FD (Faculty Development) 等

5−1 教育課程を遂行するために必要な教員が適切に配置されていること。

5―2　教員の採用・昇任の方針が明確に示され、かつ適切に運用されていること。
5―3　教員の教育担当時間が適切であること。同時に、教員の教育研究活動を支援する体制が整備されていること。
5―4　教員の教育研究活動を活性化するための取組みがなされていること。

評価の視点

《5―1の視点》

5―1―①　教育課程を適切に運営するために必要な教員が確保され、かつ適切に配置されているか。

5―1―②　教員構成（専任・兼任、年齢、専門分野等）のバランスがとれているか。

《5―2の視点》

5―2―①　教員の採用・昇任の方針が明確にされているか。

5―2―②　教員の採用・昇任の方針に基づく規程が定められ、かつ適切に運用されているか。

《5―3の視点》

5―3―①　教育研究目的を達成するために、教員の教育担当時間が適切に配分されているか。

5―3―②　教員の教育研究活動を支援する体制が整えられ、適切に運用されているか。

5―3―③　教育研究目的を達成するための学内経費（教育研究費等）が、適切に措置されているか。

《5―4の視点》

5―4―①　教育研究活動の向上のために、FD等の組織的な取組みが適切になされているか。

5―4―②　教員の教育研究活動を活性化するための評価体制が整備され、適切に運用されているか。

基準6．職員

本基準の趣旨

本基準は、短期大学の職員について規定するものです。短期大学は、その目的を達成するために必要な職員組織を設置し、専任の職員を適切に配置しなければなりません。また、短期大学は、職員の資質・能力向上のための取組みを行うことが必要です。

領域・基準項目

領域：専任職員の配置、職員人事の方針、SD(Staff Development)等
6―1　短期大学の目的を達成するための必要な組織を設置し、専任の職員を適切に配置していること。
6―2　職員の組織編制の基本視点及び採用・昇任・異動の方針が明確に示され、かつ適切に運営されていること。
6―3　職員の資質・能力向上のための取組み（SD等）がなされていること。

評価の視点

《6―1の視点》

6―1―①　短期大学の目的を達成するために必要な専任職員が確保され、適切に配置されているか。

《6―2の視点》

6―2―①　職員の採用・昇任・異動の方針が明確にされているか。

6―2―②　職員の採用・昇任・異動の方針に基づく規程が定められ、かつ適切に運用されているか。

《6―3の視点》

6―3―①　職員の資質・能力向上のための研修、SD等の取組みが適切になされているか。

基準7．管理運営

本基準の趣旨

本基準は、短期大学及び設置者である法人等の管理運営について規定するものです。短期大学は、教育研究上の目的を達成するために必要な管理運営体制を整備し、機能的に運営されていることが求められます。また、そのためには、短期大学設置者である法人等の運営方針及び管理運営体制が明確でなければなりません。

領域・基準項目

領域：短期大学の管理運営体制、設置者との関係、設置者の管理運営体制等
7―1　短期大学の目的を達成するために、短期大学及びその設置者の管理運営体制が整備されており、適切に機能していること。
7―2　管理部門と教学部門の連携が適切になされていること。
7―3　自己点検・評価のための恒常的な実施体制が確立され、かつその結果を教育研究をはじめ短期大学運営の改善・向上につなげるシステムが構築されていること。

評価の視点

《7―1の視点》

7―1―①　短期大学の目的を達成するために、短期大学及びその設置者の管理運営体制が整備され、適切に機能しているか。

7―1―②　管理運営に関わる役員等の選考や採用に関する規程が明確に示されてい

るか。

《7―2の視点》

7―2―① 管理部門と教学部門の連携が適切になされているか。

《7―3の視点》

7―3―① 教育研究活動をはじめ短期大学運営の改善・向上を図るために、自己点検・評価の恒常的な実施体制が整えられているか。

7―3―② 自己点検・評価の結果を教育研究をはじめ短期大学運営の改善・向上につなげるシステムが構築され、かつ適切に機能しているか。

7―3―③ 自己点検・評価の結果が学内外に適切に公表されているか。

基準8．財務

本基準の趣旨

本基準は、短期大学の財務運営について規定するものです。短期大学は、教育研究上の目的を達成するために適切な財務状況を維持し、運営されていることが求められます。また、法令に基づいて適切に財務情報の公開がなされるとともに、外部資金の獲得のための努力がなされていることが求められます。

領域・基準項目

領域：予算、決算、財務情報の公開等
8―1 短期大学の教育研究目的を達成するために必要な財政基盤を有し、収入と支出のバランスを考慮した運営がなされ、かつ適切に会計処理がなされていること。
8―2 財務情報の公開が適切な方法でなされていること。
8―3 教育研究を充実させるために、外部資金の導入等の努力がなされていること。

評価の視点

《8―1の視点》

8―1―① 短期大学の教育研究目的を達成するために、必要な経費が確保され、かつ収入と支出のバランスを考慮した運営がなされているか。

8―1―② 適切に会計処理がなされているか。

8―1―③ 会計監査等が適正に行われているか。

《8―2の視点》

8―2―① 財務情報の公開が適切な方法でなされているか。

《8―3の視点》

8―3―① 教育研究を充実させるために、寄附金、委託事業、科学研究費補助金などの外部資金の導入や収益事業の努力がなされているか。

基準9．教育研究環境

本基準の趣旨

本基準は、短期大学の教育研究環境について規定するものです。短期大学は、教育研究上の目的を達成するために必要な教育研究環境を整備し、機能的に運用されていることが求められます。

領域・基準項目

領域：施設設備、図書館、情報サービス・IT環境等
9―1 教育研究目的を達成するために必要なキャンパス（校地、運動場、校舎等の施設設備）が整備され、適切に維持、運営されていること。
9―2 施設設備の安全性が確保されていること。
9―3 アメニティに配慮した教育研究環境が整備されていること。

評価の視点

《9―1の視点》

9―1―① 校地、運動場、校舎、図書館、体育施設、情報サービス施設、附属施設等、教育研究活動の目的を達成するための施設設備が適切に整備され、かつ有効に活用されているか。

9―1―② 教育研究活動の目的を達成するための施設設備等が、適切に維持、運営されているか。

《9―2の視点》

9―2―① 施設設備の安全性（耐震性・バリアフリー等）が確保されているか。

《9―3の視点》

9―3―① 教育研究目的を達成するための、アメニティに配慮した教育研究環境が整備され、有効に活用されているか。

基準10．社会連携

本基準の趣旨

本基準は、短期大学の社会連携活動について規定するものです。短期大学は、社会・地域との関係の中で、その役割を果たすために社会的連携活動を心がけることが求められます。

領域・基準項目

領域：教育研究上の資源、企業、地域社会等
10―1 短期大学が持っている物的・人的資源を社会に提供する努力がなされていること。
10―2 教育研究上において、企業や他の短期大学・大学との適切な関係が構築さ

5 評価基準等

れていること。
10―3　短期大学と地域社会との協力関係が構築されていること。

評価の視点

《10―1の視点》

10―1―①　短期大学施設の開放、公開講座、リフレッシュ教育など、短期大学が持っている物的・人的資源を社会に提供する努力がなされているか。

《10―2の視点》

10―2―①　教育研究上において、企業や他の短期大学・大学との適切な関係が構築されているか。

《10―3の視点》

10―3―①　短期大学と地域社会との協力関係が構築されているか。

基準11.　社会的責務

本基準の趣旨

本基準は、短期大学の社会的責務について規定するものです。高い公共性を有する短期大学が、社会的存在としての役割を果たしていくためには、法令上の義務の履行をはじめ、社会に対して誠実に行動することが求められます。そのためには、組織倫理を有し、適切に運営されることにより、短期大学に対する信頼を維持向上させるための努力がなされる必要があります。

領域・基準項目

領域：組織倫理、危機管理、広報活動等
11―1　社会的機関として必要な組織倫理が確立され、かつ適切な運営がなされていること。
11―2　学内外に対する危機管理の体制が整備され、かつ適切に機能していること。
11―3　短期大学の教育研究成果を公正かつ適切に学内外に広報活動する体制が整備されていること。

評価の視点

《11―1の視点》

11―1―①　社会的機関として必要な組織倫理に関する規定がされているか。

11―1―②　組織倫理に関する規定に基づき、適切な運営がなされているか。

《11―2の視点》

11―2―①　学内外に対する危機管理の体制が整備され、かつ適切に機能しているか。

《11―3の視点》

11―3―①　短期大学の教育研究成果を公正かつ適切に学内外に広報活動する体制が整備されているか。

特記事項

短期大学独自の取組み、特色ある活動、事業等を自由に記述できます。記述の内容によって、関連の基準項目において評価の対象となります。

5

評価基準等

（平成二二年度実施分）

高等専門学校評価基準（機関別認証評価）付 選択的評価事項

独立行政法人　大学評価・学位授与機構

平成一七年三月
平成一九年一二月改訂

基準１　高等専門学校の目的
１―１　高等専門学校の目的（高等専門学校の使命、教育研究活動を実施する上での基本方針、及び、養成しようとする人材像を含めた、達成しようとしている基本的な成果等）が明確に定められており、その内容が、学校教育法に規定された、高等専門学校一般に求められる目的から、はずれるものでないこと。
１―２　目的が、学校の構成員に周知されているとともに、社会に公表されていること。

趣旨
本評価においては、高等専門学校の個性や特色が十分に発揮できるよう、高等専門学校に対してその学校の教育研究活動に関する目的の明示を求め、その内容を踏まえて評価を行います。この学校の目的とは、高等専門学校の使命、教育研究活動を実施する上での基本方針、及び、養成しようとする人材像を含めた、達成しようとしている基本的な成果などを言います。
各高等専門学校は、各学校が持つ設立の理念、歴史、環境条件等を踏まえた上で、その高等専門学校の機関としての目的を明確に定めていることが必要です。その内容は、学校教育法に定められた高等専門学校一般が果たすべき目的にはずれるものであってはならないことは当然です。また、目的は、教職員や学生など学内に広く周知されているとともに、社会に対して公表されている必要があります。
このことは、各高等専門学校の教育研究活動を実施・発展させるとともに、その成果を適切に評価するためにも不可欠です。
また、高等専門学校の運営に関する中期目標等を有しており、その達成状況等を評価内容に反映させるためには、その基本的な内容を目的として位置付けることも可能です。
なお、各高等専門学校がその教育研究活動に関して、例えば、国際連携や地域社会への貢献等を目的として重視している場合、そのことを明示することで、高等専門学校の個性や特徴を評価に反映させることも可能です。

基本的な観点
１―１―①　目的として、高等専門学校の使命、教育研究活動を実施する上での基本方針、及び、養成しようとする人材像を含めた、達成しようとしている基本的な成果等が、明確に定められているか。
１―１―②　目的が、学校教育法第１１５条に規定された、高等専門学校一般に求められる目的から、はずれるものでないか。
１―２―①　目的が、学校の構成員（教職員及び学生）に周知されているか。
１―２―②　目的が、社会に広く公表されているか。

基準２　教育組織（実施体制）
２―１　学校の教育に係る基本的な組織構成（学科、専攻科及びその他の組織）が、目的に照らして適切なものであること。
２―２　教育活動を展開する上で必要な運営体制が適切に整備され、機能していること。

趣旨
この基準は、各高等専門学校の教育に係る基本的な組織や、各種委員会等、その他の教育活動を展開する上で必要な実施体制の状況について評価するものです。
高等専門学校がその目的を達成するために教育活動を有効に行えるよう、学科、専攻科、各種センターなどの教育組織及びその他の教育の実施体制が、その学校の目的に基づいた活動を実施する上で有効かつ適切な形で設置あるいは整備されていることが必要です。また、学校全体、及びそれぞれの基本的な教育組織を有効に機能させ、教育を展開していくためには、その運営体制が適切に整備され、機能していることが必要です。

基本的な観点
２―１―①　学科の構成が、教育の目的を達成する上で適切なものとなっているか。
２―１―②　専攻科を設置している場合には、専攻科の構成が、教育の目的を達成する上で適切なものとなっているか。
２―１―③　全学的なセンター等を設置している場合には、それらが教育の目的を達成する上で適切なものとなっているか。
２―２―①　教育課程全体を企画調整するための検討・運営体制及び教育課程を有効に展開するための検討・運営体制が整備され、教育活動等に係る重要事項を審議するなどの必要な活動を行っているか。
２―２―②　一般科目及び専門科目を担当する教員間の連携が、機能的に行われてい

２－２－③　教育活動を円滑に実施するための支援体制が機能しているか。

基準３　教員及び教育支援者
３－１　教育課程を遂行するために必要な教員が適切に配置されていること。
３－２　教員の採用及び昇格等に当たって，適切な基準が定められ，それに従い適切な運用がなされていること。
３－３　教育課程を遂行するために必要な教育支援者が適切に配置されていること。

趣旨
この基準では，基準１で定められた高等専門学校の目的を達成する上で，教員の配置が，適切であるかどうかを評価します。
学校の教育を実施する上で，個々の教員，及び教員組織の果たす役割が重要であるのは言うまでもありません。各学校には，高等専門学校設置基準に定められた要件を具備しつつ，教育の目的を達成するために必要な教員組織編制の基本的な方針に基づいて，質，量の両面において，教育課程を展開するに十分な教員組織を有していることが求められます。また，その前提として，教員の資格や能力を適切に評価し，これを教員組織の編制に反映させる体制が機能していることが求められます。
さらに，学校において編成された教育課程を展開する上では，教員のみならず，事務職員，技術職員等の教育支援者が適切に配置されていることが必要です。

基本的な観点
３－１－①　教育の目的を達成するために必要な一般科目担当教員が適切に配置されているか。
３－１－②　教育の目的を達成するために必要な各学科の専門科目担当教員が適切に配置されているか。
３－１－③　専攻科を設置している場合には，教育の目的を達成するために必要な専攻科の授業科目担当教員が適切に配置されているか。
３－１－④　学校の目的に応じて，教員組織の活動をより活発化するための適切な措置（例えば，均衡ある年齢構成への配慮，教育経歴や実務経験への配慮等が考えられる。）が講じられているか。
３－２－①　教員の採用や昇格等に関する規定などが明確かつ適切に定められ，適切に運用がなされているか。
３－２－②　教員の教育活動に関する定期的な評価を適切に実施するための体制が整備され，実際に評価が行われているか。また，その結果把握された事項に対して適切な取組がなされているか。
３－３－①　学校において編成された教育課程を展開するに必要な事務職員，技術職員等の教育支援者が適切に配置されているか。

基準４　学生の受入
４－１　教育の目的に沿って，求める学生像や入学者選抜の基本方針が記載された入学者受入方針（アドミッション・ポリシー）が明確に定められ，公表，周知されていること。
４－２　入学者の選抜が，入学者受入方針（アドミッション・ポリシー）に沿って適切な方法で実施され，機能していること。
４－３　実入学者数が，入学定員と比較して適正な数となっていること。

趣旨
この基準では，各高等専門学校の学生の受入の状況について評価します。
高等専門学校の学生の受入の在り方は，公正かつ妥当な方法，適切な体制によって行われることはもちろんですが，その上で，各学校の教育の目的にふさわしい資質を持った「求める学生」を適切に見い出す観点に立って実施されることが重要です。
このため，将来の学生を含め社会に対して，どのような目的を持って教育活動を行い，また，その教育の目的に沿って，どのような能力や適性等を有する学生を求めているのか，どのような方針で入学者選抜を行うのかなどの考え方をまとめた入学者受入方針（アドミッション・ポリシー）を明確に定め，公表されていることが必要です。
その上で，これらの方針に沿った入学者選抜方法が適切に実施されていることが求められます。
なお，高等専門学校の教育体制は，学生数に応じて整備されているものであり，教育の効果を担保する観点から，各高等専門学校の実入学者数は，入学定員とできるだけ合致していることが求められます。

基本的な観点
４－１－①　教育の目的に沿って，求める学生像や入学者選抜（例えば，準学士課程の入学者選抜，編入学生選抜，留学生選抜，専攻科入学者選抜等が考えられる。）の基本方針などが記載された入学者受入方針（アドミッション・ポリシー）が明確に定められ，学校の教職員に周知されているか。また，将来の学生を含め社会に公表されているか。
４－２－①　入学者受入方針（アドミッション・ポリシー）に沿って適切な学生の受入方法が採用されており，実際の入学者選抜が適切に実施されているか。
４－２－②　入学者受入方針（アドミッション・ポリシー）に沿った学生の受入が実際に行われているかどうかを検証しており，その結果を入学者選抜の改善に役立てているか。
４－３－①　実入学者数が，入学定員を大幅に超える，又は大幅に下回る状況になっていないか。また，その場合には，これを改善するための取組が行われるなど，入学定員と実入学者数との関係の適正化が図られているか。

基準5　教育内容及び方法

（準学士課程）

5－1　教育課程が教育の目的に照らして体系的に編成されており、その内容、水準が適切であること。

5－2　教育課程を展開するにふさわしい授業形態、学習指導法等が整備されていること。

5－3　成績評価や単位認定、進級・卒業認定が適切であり、有効なものとなっていること。

5－4　人間の素養の涵養に関する取組が適切に行われていること。

（専攻科課程）

5－5　教育課程が教育の目的に照らして体系的に編成されており、その内容、水準が適切であること。

5－6　教育課程を展開するにふさわしい授業形態、学習指導法等が整備されていること。

5－7　研究指導が教育の目的に照らして適切に行われていること。

5－8　成績評価や単位認定、修了認定が適切であり、有効なものとなっていること。

趣旨

教育内容及び方法は、高等専門学校教育の質の保証を行う上で、根幹的な部分です。各学校の教育内容及び方法は、高等専門学校設置基準に示された、一般的に高等専門学校に求められる内容を満たすものであると同時に、その学校の教育の目的を体現するものである必要があります。

教育課程については、教育の目的に照らして体系的に編成されており、その内容、水準において適切であることが必要です。また、教育課程を展開するにふさわしい授業形態、学習指導法等が整備されていることが必要です。

さらに、学生が修得する単位や取得する称号は、学校が意図した教育の目的の下で学生が獲得した知識・技術等に対して、認定・授与され、学校は組織として自らが認定・授与した単位、称号の通用性について保証することが求められています。各学校は、そのような観点から、成績評価や単位認定、卒業（修了）認定を適切に実施し、学修の成果を有効なものとすることが求められます。

また、高等専門学校においては、人間の素養を涵養するための適切な取組が行われていることも必要です。

なお、本基準には、準学士課程及び専攻科課程で、その特性に応じて、それぞれ別の基準が定められています。

基本的な観点

（準学士課程）

5－1－①　教育の目的に照らして、授業科目が学年ごとに適切に配置（例えば、一般科目及び専門科目のバランス、必修科目、選択科目等の配当等が考えられる。）され、教育課程が体系的に編成されているか。また、授業の内容が、全体として教育課程の編成の趣旨に沿って、教育の目的を達成するために適切なものになっているか。

5－1－②　学生の多様なニーズ、学術の発展動向、社会からの要請等に対応した教育課程の編成（例えば、他学科の授業科目の履修、他高等教育機関との単位互換、インターンシップによる単位認定、補充教育の実施、専攻科教育との連携等が考えられる。）に配慮しているか。

5－2－①　教育の目的に照らして、講義、演習、実験、実習等の授業形態のバランスが適切であり、それぞれの教育内容に応じた適切な学習指導法の工夫がなされているか。（例えば、教材の工夫、少人数授業、対話・討論型授業、フィールド型授業、情報機器の活用、基礎学力不足の学生に対する配慮等が考えられる。）

5－2－②　教育課程の編成の趣旨に沿って、適切なシラバスが作成され、活用されているか。

5－2－③　創造性を育む教育方法（ＰＢＬなど）の工夫やインターンシップの活用が行われているか。

5－3－①　成績評価・単位認定規定や進級・卒業認定規定が組織として策定され、学生に周知されているか。また、これらの規定に従って、成績評価、単位認定、進級認定、卒業認定が適切に実施されているか。

5－4－①　教育課程の編成において、特別活動の実施など人間の素養の涵養がなされるよう配慮されているか。

5－4－②　教育の目的に照らして、生活指導面や課外活動等において、人間の素養の涵養が図られるよう配慮されているか。

（専攻科課程）

5－5－①　準学士課程の教育との連携を考慮した教育課程となっているか。

5－5－②　教育の目的に照らして、授業科目が適切に配置（例えば、必修科目、選択科目等の配当等が考えられる。）され、教育課程が体系的に編成されているか。また、授業の内容が、全体として教育課程の編成の趣旨に沿って、教育の目的を達成するために適切なものになっているか。

5－5－③　学生の多様なニーズ、学術の発展動向、社会からの要請等に対応した教育課程の編成（例えば、他専攻の授業科目の履修、他高等教育機関との単位互換、インターンシップによる単位認定、補充教育の実施等が考えられる。）に配慮しているか。

5－6－①　教育の目的に照らして、講義、演習、実験、実習等の授業形態のバランスが適切であり、それぞれの教育内容に応じた適切な学習指導法の工夫がなされているか。（例えば、教材の工夫、少人数授業、対話・討論型授業、フィールド型授業、情報機器の活用等が考えられる。）

5―6―② 創造性を育む教育方法（PBLなど）の工夫やインターンシップの活用が行われているか。
5―6―③ 教育課程の編成の趣旨に沿って，シラバスが作成され，事前に行う準備学習，教育方法や内容，達成目標と評価方法の明示など内容が適切に整備され，活用されているか。
5―7―① 専攻科で修学するにふさわしい研究指導（例えば，技術職員などの教育的機能の活用，複数教員指導体制や研究テーマ決定に対する指導などが考えられる。）が行われているか。
5―8―① 成績評価・単位認定規定や修了認定規定が組織として策定され，学生に周知されているか。また，これらの規定に従って，成績評価，単位認定，修了認定が適切に実施されているか。

基準6 教育の成果
6―1 教育の目的において意図している，学生が身に付ける学力，資質・能力や養成しようとする人材像等に照らして，教育の成果や効果が上がっていること。

趣旨
高等専門学校の教育の目的において，教育活動によって学生がどのような知識，技術，態度を身に付け，どのような人材となることを意図しているのかという点は，極めて重要です。高等専門学校の教育等に関する各種の取組が計画通りに行われ，実績を上げていることは重要ですが，最終的にはこれらの取組の成果は学生が享受すべきものであり，学校は学生が享受した，あるいは将来的に享受するであろう教育の成果を，適切な情報をもとに正確に把握しなければなりません。

基本的な観点
6―1―① 高等専門学校として，その目的に沿った形で，課程に応じて，学生が卒業（修了）時に身に付ける学力や資質・能力，養成する人材像等について，その達成状況を把握・評価するための適切な取組が行われているか。
6―1―② 各学年や卒業（修了）時などにおいて学生が身に付ける学力や資質・能力について，単位修得状況，進級の状況，卒業（修了）時の状況，資格取得の状況等から，あるいは卒業研究，卒業制作などの内容・水準から判断して，教育の成果や効果が上がっているか。
6―1―③ 教育の目的において意図している養成しようとする人材像等について，就職や進学といった卒業（修了）後の進路の状況等の実績や成果から判断して，教育の成果や効果が上がっているか。
6―1―④ 学生が行う学習達成度評価等，学生からの意見聴取の結果から判断して，教育の成果や効果が上がっているか。
6―1―⑤ 卒業（修了）生や進路先などの関係者から，卒業（修了）生が在学時に身に付けた学力や資質・能力等に関する意見を聴取するなどの取組を実施しているか。また，その結果から判断して，教育の成果や効果が上がっているか。

基準7 学生支援等
7―1 学習を進める上での履修指導，学生の自主的学習の相談・助言等の学習支援体制が整備され，機能していること。また，学生の課外活動に対する支援体制等が整備され，機能していること。
7―2 学生の生活や経済面並びに就職等に関する相談・助言，支援体制が整備され，機能していること。

趣旨
学生は，高等専門学校で学習する上で，また生活する上で，様々な問題に直面します。学生は自らの努力のみで全ての問題を解決することは困難であり，高等専門学校としての適切な支援が必要です。
学生が抱える問題としては，授業の履修，学習に関する問題，生活，就職に関する問題，ハラスメント等が考えられ，これらの問題への相談・助言体制等の対応が要求されます。
その一方で，授業外での知識資源へのアクセスを含め，自己学習への施設・設備面での支援や，学習者コミュニティの形成支援，経済的就学困難に関する援助等が考えられ，これらもまた，学生支援として必要な要素です。
また，特別な支援を行うことが必要と考えられる者（例えば，留学生，編入学生，社会人学生，障害のある学生等が考えられる。）に対して適切な支援を行っていくことも必要です。
これらの支援を効果的に行うためには，学生支援に関する明確な目的を設定し，質，量ともに適切な人員及び施設，設備を配置し，それらを組織的に機能させることが必要となります。学生の抱える問題や，学習のためのニーズは多種多様です。特別な支援を行うことが必要と考えられる者（例えば，留学生，障害のある学生等が考えられる。）のニーズの把握はもちろんのこと，一般の学生のニーズも多様化しているために，学生のニーズを把握する取組も必要です。

基本的な観点
7―1―① 学習を進める上でのガイダンスが整備され，適切に実施されているか。また，学生の自主的学習を進める上での相談・助言を行う体制が整備され，機能しているか。
7―1―② 自主的学習環境（例えば，自主学習スペース，図書館等が考えられる。）及び厚生施設，コミュニケーションスペース等のキャンパス生活環境等が整備され，効果的に利用されているか。

7－1－③　学習支援に関する学生のニーズ（例えば，資格試験や検定試験受講，外国留学等に関する学習支援等が考えられる。）が適切に把握されているか。
7－1－④　資格試験や検定試験受講，外国留学のための支援体制が整備され，機能しているか。
7－1－⑤　特別な支援を行うことが必要と考えられる者（例えば，留学生，編入学生，社会人学生，障害のある学生等が考えられる。）への学習支援体制が整備されているか。また，必要に応じて学習支援が行われているか。
7－1－⑥　学生のクラブ活動や学生会等の課外活動に対する支援体制が整備され，機能しているか。
7－2－①　学生の生活や経済面に係わる指導・相談・助言を行う体制が整備され，機能しているか。
7－2－②　特別な支援を行うことが必要と考えられる者（例えば，留学生，障害のある学生等が考えられる。）への生活支援等を適切に行うことのできる状況にあるか。また，必要に応じて生活支援等が行われているか。
7－2－③　学生寮が整備されている場合には，学生の生活及び勉学の場として有効に機能しているか。
7－2－④　就職や進学などの進路指導を行う体制が整備され，機能しているか。

基準8　施設・設備
8－1　教育課程に対応して施設，設備が整備され，有効に活用されていること。
8－2　図書，学術雑誌，視聴覚資料その他の教育研究上必要な資料が系統的に整備されていること。

趣旨
この基準では，高等専門学校の目的及び目的に沿って編成された教育課程の実現に必要とされる施設・設備が，学生，教員，職員等の関係者の利用のために十分に整備され，機能しているかどうかを評価します。
教室，研究室，実験・実習室，演習室，情報処理学習のための施設，語学学習のための施設については，それらが講義等に使用される場合には，使用する学生数，教育内容，教育方法等を検討し，それが必要とされる能力（収容力，性能等）を有し，また有効に活用されていなければなりません。また，学生による学習のために必要な図書等の資料についても系統的に収集され，かつ実用に供していなければなりません。
これらは同時に，学校の有する資産として，メンテナンスやセキュリティについても管理されていなければなりません。

基本的な観点
8－1－①　学校において編成された教育課程の実現にふさわしい施設・設備（例えば，校地，運動場，体育館，教室，研究室，実験・実習室，演習室，情報処理学習のための施設，語学学習のための施設，図書館等，実験・実習工場さらには職業教育のための練習船等の設備等が考えられる。）が整備され，有効に活用されているか。また，施設・設備のバリアフリー化への配慮がなされているか。
8－1－②　教育内容，方法や学生のニーズを満たす情報ネットワークが十分なセキュリティ管理の下に適切に整備され，有効に活用されているか。
8－2－①　図書，学術雑誌，視聴覚資料その他の教育研究上必要な資料が系統的に整備され，有効に活用されているか。

基準9　教育の質の向上及び改善のためのシステム
9－1　教育の状況について点検・評価し，その結果に基づいて改善・向上を図るための体制が整備され，取組が行われており，機能していること。
9－2　教員の資質の向上を図るための取組が適切に行われていること。

趣旨
教育等の目的を達成するためには，教育の質の向上や継続的改善が必要となります。そのためには，教育の状況について点検・評価し，その結果に基づいて改善・向上を図るための体制が整備されており，実際に取組が行われ，機能していることが求められます。仮に現状のままでも十分に教育の目的を達成することが予想される場合においても，外的環境の変化等への対応として，学校内外の関係者の意見を採り入れた評価を行うことが必要です。
また，この基準では，教材，学習指導法に係る研究開発が適切に行われているか，ファカルティ・ディベロップメントが適切に行われているか，など，基準1に定めた高等専門学校の目的に沿って，不断に教育活動の質の維持・向上を図る仕組みが適切に整備され，機能しているかを評価します。

基本的な観点
9－1－①　教育の状況について，教育活動の実態を示すデータや資料が適切に収集・蓄積され，評価を適切に実施できる体制が整備されているか。
9－1－②　学生の意見の聴取（例えば，授業評価，満足度評価，学習環境評価等が考えられる。）が行われており，教育の状況に関する自己点検・評価に適切な形で反映されているか。
9－1－③　学外関係者（例えば，卒業（修了）生，就職先等の関係者等が考えられる。）の意見が，教育の状況に関する自己点検・評価に適切な形で反映されているか。
9－1－④　各種の評価（例えば，自己点検・評価，教員の教育活動に関する評価，学生による達成度評価等が考えられる。）の結果を教育の質の向上，改善に結び付けられるようなシステムが整備され，教育課程の見直しなど具体的

5　評価基準等

かつ継続的な方策が講じられているか。

9—1—⑤ 個々の教員は，評価結果に基づいて，それぞれの質の向上を図るとともに，授業内容，教材，教授技術等の継続的改善を行っているか。また，個々の教員の改善活動状況を，学校として把握しているか。

9—1—⑥ 研究活動が教育の質の改善に寄与しているか。

9—2—① ファカルティ・ディベロップメントについて，組織として適切な方法で実施されているか。

9—2—② ファカルティ・ディベロップメントが，教育の質の向上や授業の改善に結び付いているか。

基準10 財務

10—1 学校の目的を達成するために，教育研究活動を将来にわたって適切かつ安定して遂行できるだけの財務基盤を有していること。

10—2 学校の目的を達成するための活動の財務上の基礎として，適切な収支に係る計画等が策定され，履行されていること。

10—3 学校の財務に係る監査等が適正に実施されていること。

趣旨

高等専門学校の活動は財務の裏付けがなければ成立しません。教育研究活動を組織として将来にわたって適切かつ安定的に遂行するためには，安定した財務基盤が必要になります。学生からの授業料収入に基盤を置く場合には，安定した入学者数の確保が必要になります。また，予期できない外的要因の変化に対する危機管理として，適当な自己資本（資金・資産）を保有することなどが必要になります。

また，高等専門学校は各種財源から収入を得て，それを管理し，学校の目的に応じて配分しますが，その際には，明確な計画，配分の方針等が設定され，履行されていなければなりません。

また，財務諸表等，高等専門学校の財務状況が公表されるとともに，自己改善を目的とした評価とは別に，財務が適正であることを保証するための監査等が適正に実施されていることが必要となります。

基本的な観点

10—1—① 学校の目的に沿った教育研究活動を安定して遂行できる資産を有しているか。また，債務が過大ではないか。

10—1—② 学校の目的に沿った教育研究活動を安定して遂行するための，経常的収入が継続的に確保されているか。

10—2—① 学校の目的を達成するための活動の財務上の基礎として，適切な収支に係る計画等が策定され，関係者に明示されているか。

10—2—② 収支の状況において，過大な支出超過となっていないか。

10—2—③ 学校の目的を達成するため，教育研究活動（必要な施設・設備の整備を含む）に対し，適切な資源配分がなされているか。

10—3—① 学校を設置する法人の財務諸表等が適切な形で公表されているか。

10—3—② 財務に対して，会計監査等が適正に行われているか。

基準11 管理運営

11—1 学校の目的を達成するために必要な管理運営体制及び事務組織が整備され，機能していること。

11—2 学校の目的を達成するために，外部有識者の意見が適切に管理運営に反映されていること。

11—3 学校の目的を達成するために，高等専門学校の活動の総合的な状況に関する自己点検・評価が行われ，その結果が公表されていること。

趣旨

高等専門学校が教育等の目的の達成に向けて組織として機能するためには，管理運営組織が教育等の活動を支援，促進させるために有機的に機能しなければなりません。各構成員の責務と権限が明確に規定され，滞りなく効果的な運営がなされる必要があります。また，外部有識者の意見が反映され，組織として効果的な意思決定がなされる必要があります。

また，高等専門学校は，学校教育法等において，自ら点検及び評価を行うことが定められています。基準9「教育の質の向上及び改善のためのシステム」では，教育活動の改善システムを評価しますが，本基準においては，学校全体の活動及び活動の成果に関して自ら対象となる項目を設定し，自己評価を行い，継続的に改善を行うための体制が整備され，機能していること，そして自己評価の結果が公表されていることを評価します。

基本的な観点

11—1—① 学校の目的を達成するために，校長，各主事，委員会等の役割が明確になっており，校長のリーダーシップの下で，効果的な意思決定が行える態勢となっているか。

11—1—② 管理運営に関する各種委員会及び事務組織が適切に役割を分担し，効果的に活動しているか。

11—1—③ 管理運営の諸規定が整備されているか。

11—2—① 外部有識者の意見が適切な形で管理運営に反映されているか。

11—3—① 自己点検・評価（や第三者評価）が高等専門学校の活動の総合的な状況に対して行われ，かつ，それらの評価結果が公表されているか。

11—3—② 評価結果がフィードバックされ，高等専門学校の目的の達成のための改善に結び付けられるようなシステムが整備され，有効に運営されているか。

選択的評価事項

（平成二二年度実施分）

選択的評価事項について

機構の実施する認証評価は，高等専門学校の正規の課程における教育活動を中心として高等専門学校の教育研究活動等の総合的な状況を評価するものですが，高等専門学校にとって研究活動は，教育活動とともに主要な活動の一つです。さらには，知的資産を有する高等専門学校は，社会の一員として，地域社会，産業界と連携・交流を図るなど，教育，研究の両面にわたって知的資産を社会に還元することが求められており，実際にそのような活動が広く行われています。

そこで，「評価結果を各高等専門学校にフィードバックすることにより，各高等専門学校の教育研究活動等の改善に役立てること」「高等専門学校の教育研究活動等の状況を明らかにし，それを社会に示すことにより，広く国民の理解と支持が得られるよう支援・促進していくこと」という評価の目的に鑑み，各高等専門学校の個性の伸長に資するよう，高等専門学校評価基準とは異なる側面から高等専門学校の活動を評価するために，「研究活動の状況」と「正規課程の学生以外に対する教育サービスの状況」の2つの選択的評価事項を設定しています。

この選択的評価事項は，高等専門学校の希望に基づいて，これらの事項に関わる活動等について評価を実施するものです。

なお，選択的評価事項は，高等専門学校評価基準とは異なり，満たしているかどうかの判断ではなく，その事項に関わる各学校が有する目的の達成状況等について，評価することとしています。

「研究活動の状況」では高等専門学校で行われる研究活動及びそれを支援する活動が対象となり，高等専門学校が有する研究の目的が達成されたか否かによって評価されます。高等専門学校の研究活動から派生した産業界との研究連携や，地域貢献等の社会的効果は，この事項に該当する活動です。一方，「正規課程の学生以外に対する教育サービスの状況」は，正規課程の学生以外を対象とした教育活動及びそれを支援する活動が対象となり，高等専門学校が有する教育サービスの目的が達成されたか否かによって評価されます。公開講座の実施，学校（施設）開放など，広く高等専門学校が有する資産を正規課程の学生以外に提供する活動が，この事項に含まれます。

選択的評価事項A　研究活動の状況

A―1　高等専門学校の目的に照らして，必要な研究体制及び支援体制が整備され，機能しており，研究の目的に沿った活動の成果が上がっていること。

趣旨

高等専門学校は，大学や短大と並ぶ高等教育機関として，「知」の時代における現代社会に対して，個性ある多様な人材の供給に，独自の貢献を果たしています。各高等専門学校における研究活動は，その教育の質を保証する上での，重要な手段として位置付けられているとともに，日本の各地域に設置されている高等専門学校は，それぞれの地域において，重要な知的情報の発生源でもあり，研究活動を通して地域に貢献することへの期待もあります。

各高等専門学校においては，それぞれの置かれた状況に応じて，研究の目的やそれを実施するための方策を掲げており，ここでは，高等専門学校における研究の目的に沿った実施体制や，その成果等について評価を行います。

基本的な観点

A―1―①　高等専門学校の研究の目的に照らして，研究体制及び支援体制が適切に整備され，機能しているか。

A―1―②　研究の目的に沿った活動の成果が上げられているか。

A―1―③　研究活動等の実施状況や問題点を把握し，改善を図っていくための体制が整備され，機能しているか。

選択的評価事項B　正規課程の学生以外に対する教育サービスの状況

B―1　高等専門学校の目的に照らして，正規課程の学生以外に対する教育サービスが適切に行われ，成果を上げていること。

趣旨

高等専門学校は，現代社会において，社会の各分野で活躍できる優れた人材の養成をはじめ，社会の高度化・複雑化に伴う職業能力向上のニーズ，国民のゆとりや価値の多様化に伴う幅広い年齢層における生涯学習ニーズの高まり，地域貢献への要請などに対応し，体系的かつ継続的な学習の場として，より社会に開かれた学校となることが求められてきています。各学校は，実際に，これらのニーズや学校の置かれた状況を踏まえ，社会に対して様々な教育サービスを実施しています。

正規の課程に在籍する学生以外の者に対する教育活動及び学習機会の提供には，科目等履修生制度，聴講生制度，公開講座，資格関係の講座，各種の研修やセミナーの開設等の教育活動のほか，図書館開放のような学習機会の提供などが挙げられます。このほかにも各学校においては組織的に，講演会，シンポジウム，委員会等への参画等を通じて，地域への教育支援・協力等様々な地域貢献のための活動等が行われています。

高等専門学校によっては，このような教育サービスに関連する社会貢献，社会活動を社会に対する重要なサービスとして位置付けている場合もありますので，そのことが学校の目的に明示されていれば，本事項の評価対象とすることができます。

この選択的評価事項では，教育サービスに関わる目的の達成状況について，目的と計画の周知，計画に基づく実際の活動内容，成果，さらに改善のためのシステムを観点として評価を行います。

基本的な観点

B―1―① 高等専門学校の教育サービスの目的に照らして，公開講座等の正規課程の学生以外に対する教育サービスが計画的に実施されているか。

B―1―② サービス享受者数やその満足度等から判断して，活動の成果が上がっているか。また，改善のためのシステムがあり，機能しているか。

法科大学院評価基準

財団法人 日弁連法務研究財団

二〇一〇年五月改定

Ⅰ．総説

1．評価の目的及び評価に当たっての考慮事項

本法科大学院評価基準（以下「本評価基準」という。）は，財団法人日弁連法務研究財団（以下「当財団」という。）が，法科大学院の法曹養成機能の維持・向上に資するため，学校教育法第110条に規定する認証評価機関として，各法科大学院の教育活動等が，必要と考えられる基準に全体として適合していることの評価（適格認定）及び分野毎に法曹養成に向け効果的な取り組みをしていることの評価（分野別評価）（以下総称して「認証評価」という。）を行うために設定したものである。

本評価基準は，「法科大学院の教育と司法試験等との連携等に関する法律」や法科大学院の設置基準に基づく基準に加えて，当財団が法曹養成教育に必要かつ有益と考える基準を含んでいる。ここには，各法科大学院が，設置基準を充足することにとどまらず，さらなる教育活動の質的向上に向けて発展して欲しいという，当財団の願いが込められている。本評価基準が，各法科大学院の教育活動等の改善に向けて松明の役割を果たすことができれば，当財団としては望外の喜びである。

一方，日本の法科大学院制度は2004年に始まったばかりであり，各法科大学院が創意工夫を凝らし，教育内容，教育方法等を開発し実践していく中で，何が効果的な法曹養成教育なのかを引き続き検討し，改善努力を重ねていく段階にある。法科大学院の評価基準やそれに基づく評価が，法曹養成教育の質の向上という，そもそもの使命の達成の妨げになるようなことのないよう，常に注意を払わねばならない。本評価基準の解釈や適用に当たっても，各法科大学院の教育活動の向上に向けた自由な発想や果敢な挑戦意欲を殺ぐことにならないよう，十分に配慮する必要がある。

2．評価及び評価基準

(1) 評価及び評価基準

当財団は，評価の対象となる法科大学院（以下「評価対象法科大学院」という。）の教育等の水準を，38の評価基準に基づいて評価判定した上で，9つの分野別に多段階評価し，かつ，全体として当財団の基準に適合しているか否かの評価判定（適格認定）を行う。評価判定の基準は本書の「Ⅱ．評価基準」に記載のとおりである。

⑵評価基準の変更手続

本評価基準の変更は以下の手続に従って行う。

①　公表及び意見照会

当財団は，本評価基準を変更しようとする場合には，その検討段階において，事前に変更案を公表するとともに評価対象法科大学院へ送付して，広く意見を求めるものとする。

②　文部科学大臣への届出等

当財団は，本評価基準を変更しようとする場合には，あらかじめ文部科学大臣に届出るとともに，変更後速やかに評価対象法科大学院に通知するものとする。

③　適用時期

変更後の評価基準は，上記②の通知のなされた年度（毎年4月を始期とし翌年3月を終期とする）の翌年度以降に評価対象法科大学院が作成する自己点検・評価報告書に係る評価に対して適用される。ただし，評価対象法科大学院が同意した場合には，繰り上げて適用することができるものとする。

3．評価の方法

当財団は，当財団が別途定めるところにより，評価対象法科大学院の作成した自己点検・評価報告書その他当財団が必要と認めて入手した資料の分析・検討及び評価対象法科大学院の教育活動等の現地調査等を実施した上で，本評価基準に従って評価を行う。詳細は法科大学院認証評価手続細則参照。

4．評価の実施体制

⑴当財団は以下の体制により評価対象法科大学院の評価を実施する。詳細は法科大学院認証評価事業基本規則参照。

①　認証評価評議会

当財団の理事会の選任した認証評価評議員12名（法科大学院関係者4名，法曹4名，一般有識者4名）により構成される。理事会による授権の下，評価基準の策定・変更等，認証評価事業の基本的事項の決定のほか，評価報告書に対する評価対象法科大学院からの異議の採否を決定し，必要があるときには評価報告書の修正を行う。

②　評価委員会

認証評価評議会の選任した評価委員30名程度（法科大学院関係者13名，法曹11名，一般有識者6名を基本とする）により構成される。評価報告書を作成するほか，認証評価事業の実施に関する事項を決定する。評価委員会は若干名の幹事を選任することができる。

評価委員会内に教員審査分科会を組織し，評価対象法科大学院の教員の適格性を審査する。法科大学院の教員として適格であるか否かは，教員審査分科会の書面審査に基づく参考意見及び評価チームの現地調査に基づく意見を踏まえて，評価委員会が決定する。

③　評価チーム

評価委員会が評価対象法科大学院毎に選任した評価員により構成される。評価チームを構成する評価員数は原則として5名とするが，評価対象法科大学院の規模により評価員数は増減することがある。評価チームは，評価対象法科大学院についての自己点検・評価報告書その他の資料の調査及び現地調査等を実施して，評価についての調査結果及び意見を記載した評価チーム報告書を作成し，評価委員会に提出する。

④　異議審査委員会

認証評価評議会の選任した異議審査委員6名で構成される。評価報告書について，評価対象法科大学院から異議の申立てがなされた場合には，当該異議について審査し，異議審査書を認証評価評議会へ提出する。

⑤　認証評価事務局

評価委員会が任命した事務局長及び所要の事務局員により構成される。認証評価に係る事務を処理する。

⑵利害関係人

4（1）①から⑤までの構成員のうち，評価対象法科大学院に所属し又は利害関係を有する者は，当該評価対象法科大学院に係る評価に関与することはできない。

(3)守秘義務

当財団，4（1）①から⑤までの組織体及びその構成員は，評価の遂行に関して取得した法科大学院及びその関係者に関する秘密の情報について守秘義務を負う。ただし，評価の実施・公表のために必要がある場合を除く。

5．評価の周期及び時期

(1)原則

当財団は，評価対象法科大学院について，原則として5年に1回，当該法科大学院と合意した時期に評価を実施する。ただし，後記11の追評価は，当該認証評価の翌々年度までに1回実施する。

(2)評価対象法科大学院からの要求

評価対象法科大学院は，前項の規定にかかわらず，いつでも，本評価基準の全部について，当財団に対して認証評価の実施を求めることができる。ただし，評価の具体的な実施時期については，当該法科大学院と当財団とで別途協議して定めるものとする。

6．評価報告書とその決定

(1)評価報告書原案の作成

当財団は，評価対象法科大学院の評価の結果及び理由等を記載した評価報告書原案を作成する。評価報告書原案には，必要に応じて，評価対象法科大学院に対する改善提案等も記載される。

(2)評価報告書原案に対する意見申述

当財団は，評価報告書原案を評価対象法科大学院に送付し，当該法科大学院は，評価報告書原案受領後30日以内に，当財団に対して意見を申述することができる。

(3)評価報告書の決定

当財団は，評価委員会において，評価報告書原案に対する評価対象法科大学院の意見を検討の上，評価報告書を決定し，後記7のとおり通知・公表を行う。

(4)評価報告書に対する異議申立手続

評価報告書の送付を受けた評価対象法科大学院は，評価報告書について異議があるときは，当財団が別途定めるところにより，当財団に対して異議を申し立てることができる。

(5)修正評価報告書の決定

当財団は，認証評価評議会において，(4)の異議を相当とした場合には修正評価報告書を決定し，後記7のとおり通知・公表を行う。

7．評価結果の通知及び公表

当財団は，評価対象法科大学院について決定した評価報告書を，文部科学大臣に提出するとともに，評価対象法科大学院に送付し，かつ，当財団のホームページへの掲載，刊行物その他当財団が適当と認める方法にて公表する。また，評価報告書に対して評価対象法科大学院から異議の申立てがあり，修正評価報告書が決定された場合も，同様とする。

なお，異議申立てが行われた場合は，異議申立書及びこれに対する当財団の回答書も同様に公表する。

8．評価報告書決定後の事情の変更等

(1)変更通知義務

評価対象法科大学院は，当財団の評価を受けた後，次回の認証評価を受ける前に，評価対象項目に関し重要な変更があったときは，速やかに，変更に係る事項を当財団に通知するものとする。

(2)評価報告書への追記等

当財団は，8（1）に規定する通知を受けた場合，当該法科大学院について直前に行った評価に係る評価報告書に，当財団が必要と認める内容を追記し公表するこ

とができるものとし，また，当該変更内容にかんがみ，当財団が本評価基準の全部又は一部について当該法科大学院に対し評価を受けることを求めた場合には，直前の評価から4年未満の期間しか経過していない場合であっても，当該法科大学院はこれに応じるものとする。

(3)重大な事実の把握

当財団が，評価対象項目について重大な事実（その存在時期を問わない。）を把握し，認証評価評議会において，評価対象法科大学院に対し，評価基準の全部又は一部につき評価を受けることを求める旨決定した場合も，8（2）と同様とする。

9．年次報告書

8（1）に定めるほか，評価対象法科大学院は，当財団の指定した事項についての年次報告書を当財団に提出するものとする。

10．評価手数料等

当財団は，評価に関して評価対象法科大学院の負担する評価手数料等について，別に定める。

11．追評価

当財団は，当財団による認証評価において不適格認定を受けた評価対象法科大学院のうち，追評価可能と当財団が認めた法科大学院から申請を受けたときは，追評価を1回行う。追評価の実施期間は，認証評価実施年度の翌年度から翌々年度までとする。

追評価は，不適格認定の原因となった評価基準及び事後の重要な変更のあった評価基準を中心に，全評価基準についての評価を行い，その結果，評価基準毎の評価を総合考慮し全体として適格と判定されるときには，適格認定を行う。ただし，認定期間は，追評価の時点から5年ではなく，その基となった認証評価の時点から起算して5年の残余期間とする。

追評価の実施に当たっては，法科大学院と協議の上，一部の評価基準について簡易な評価手続とすることができる。

追評価の実施を翌年度と翌々年度のいずれに行うかについては，評価対象法科大学院と協議して定める。

なお，追評価に関する評価手数料等について，別に定める。

12．再評価（改善確認）

当財団は，当財団の適格認定を受けた法科大学院について，以下の場合には，認証評価に準じた評価（「再評価（改善確認）」）を行う。

① 当財団が，評価報告書において，当該認証評価実施年度から4年未満の期間内に評価基準の一部について評価を受けることを求めた場合

② 当財団の認証評価を過去4年以内に受けた法科大学院から，評価基準の一部について評価を求められた場合

なお，再評価に関する評価手数料等について，別に定める。

II．評価基準

0．概要

(1)評価基準の構成及び評価との関係

当財団の評価基準は9分野にわたる38の評価基準より構成される。当財団は，個々の評価基準についての評価判定を行った上で，9つの分野についての「分野別評価」と，全体について本評価基準に適合しているか否かの評価判定（適格認定）を行う。

(2)個々の評価基準についての評価

まず，個々の評価基準毎に別途定める判定基準に従い，「合否判定」又は「多段階評価」を行う。「合否判定」及び「多段階評価」における評価及びその内容は以下のとおりである。

① 合否判定

適　合：当該基準に適合している。
不適合：当該基準に適合していない。

② 多段階評価

A＋：卓越している。
A：非常によく実施できている。
B：よく実施できている。
C：実施できている（最低限必要な水準に達している）。
D：実施できていない（最低限必要な水準に達していない）。
（A＋、A、B及びCを適合とし，Dを不適合とする）

個々の評価基準（Ⅱ1以下に記載）の末尾の（合）（多）は，それぞれ合否判定を行うもの，多段階評価を行うものであることを示す。

⑶分野別評価

当財団は，個々の評価基準についての評価に基づき，評価対象法科大学院が以下の各分野毎に「どの程度しっかり取り組んでいるか」の多段階評価を行う。多段階評価は，個々の評価基準についての評価を，各分野毎に総合して行うものとする。

① 運営と自己改革
② 入学者選抜
③ 教育体制
④ 教育内容・教育方法の改善に向けた組織的取り組み
⑤ カリキュラム
⑥ 授業
⑦ 学習環境及び人的支援体制
⑧ 成績評価・修了認定
⑨ 法曹に必要なマインド・スキルの養成

⑷適格認定

当財団は，個々の評価基準についての評価に基づき，評価対象法科大学院が全体として本評価基準に適合しているか否かの認定（適格認定）を行う。認定の基準は以下のとおりとする。

まず，評価基準は，以下の3種に分類される

◎ 法令由来基準　設置基準等の法令に由来する評価基準
● 追加基準A　法令由来基準以外で重要な評価基準
○ 追加基準B　法令由来基準及び追加基準A以外で充足すべき評価基準

個々の評価基準の評価を踏まえつつ，すべての評価基準の評価を総合考慮して，「適格」，「不適格」と判定する。◎及び●基準については，1つでも満たさない場合は，原則として不適格と判定されるが，当該評価基準の不適合の程度（逸脱の度合い），期間，早期改善の蓋然性，第9分野その他の関連する評価基準の評価結果などを総合考慮し，法曹養成教育機関として重大な欠陥があるとまでは認められないときは，適格と判定されることもある。また，○基準については，満たさないものがあっても，それだけでは直ちに不適格と判定されないが，当該評価基準の不適合の程度（逸脱の度合い），期間，早期改善の蓋然性，第9分野その他の関連する評価基準の評価結果などを総合考慮し，法曹養成教育機関として重大な欠陥があると認められるときは，不適格と判定されることもある。

法科大学院評価基準（改定案）

二〇一〇年五月一一日

第1分野　運営と自己改革

1－1　法曹像の周知

◎　養成しようとする法曹像が明確であり，関係者等に周知されていること。（多）

1－2　特徴の追求

◎○　特徴を追求する取り組みが適切になされていること。（多）

1－3　自己改革

◎　自己改革を目的とした組織・体制が，適切に整備され機能していること。（多）

（注）

①「自己改革」とは，当該法科大学院における法曹養成教育の状況等（入学者選抜及び修了認定等に関する事項を含む。）を不断に検証し，検証結果等を踏まえて，法科大学院の社会的使命のより効果的な達成に向け諸要素を改善していくことをいう。自己点検・評価活動（学校教育法第109条第1項）は本評価基準の評価対象とする。また，教育内容・教育方法の改善に向けた組織的活動（FD活動）に関する事項はすべて評価基準4－1の評価対象とする。

②「組織・体制」とは，法科大学院の自己改革活動を目的として設定された組織や，自己改革に恒常的に取り組むためにとられた体制をいい，公開された情報に対する評価や改善提案に適切に対応する体制及び修了者の進路を

適切に把握してその結果を教育の改善に活用する取り組みも含まれる。

1－4　法科大学院の自主性・独立性
◎　法科大学院の教育活動に関する重要事項が，法科大学院により自主性・独立性をもって意思決定されていること。（合）

1－5　情報公開
●　教育活動等に関する情報が適切に公開されていること。（多）

1－6　学生への約束の履行
○　法科大学院が教育活動等の重要事項について学生に約束したことを実施していること，実施していない場合には合理的理由があり，かつ適切な手当等を行っていること。（合）

第2分野　入学者選抜

2－1　入学者選抜〈入学者選抜基準等の規定・公開・実施〉
◎　入学者選抜において，適切な学生受入方針，選抜基準及び選抜手続が明確に規定され，適切に公開された上で，選抜が適切に実施されていること。（多）
（注）
①　「適切な選抜基準及び選抜手続」とは，学生受入方針に適合しており，かつ公平，公正であるとともに，法曹養成という法科大学院の目的に照らして，入学者の適性を適確に評価することのできる選抜基準及び選抜手続をいう。「公正」とは，法曹養成と合理的関係のないこと（寄附金の多寡，法科大学院関係者との縁故関係，自大学出身であること等）を選抜の過程で考慮要素としないことをいう。
②　「適切に実施されている」とは，選抜基準及び選抜手続に従って入学者選抜が実施され，入学者の適性が適確に評価されて，法曹養成という目的に照らし，当該法科大学院への入学を認めることが相当な者が選抜されていることをいう。

2－2　既修者認定〈既修者選抜基準等の規定・公開・実施〉
◎　法学既修者選抜・既修単位認定において，適切な法学既修者の選抜基準・選抜手続及び既修単位認定基準・認定手続が明確に規定され，適切に公開された上で，選抜・認定が適切に実施されていること。（多）
（注）
①　「適切な法学既修者の選抜基準・選抜手続」及び「適切な既修単位認定基準・認定手続」とは，関係法令に適合し，公平，公正であるとともに，当該法科大学院において必要とされる法学の基礎的な学識を有する者に単位を認定するという法学既修者制度の趣旨及び法曹養成という法科大学院の目的に照らして，法学既修者の適性を適確に評価することのできる選抜基準・選抜手続及び認定基準・認定手続をいう。
②　「適切に実施されている」とは，選抜基準・選抜手続及び認定基準・認定手続に従って法学既修者の選抜・認定が実施され，法学既修者の適性が適確に評価されて，法学既修者制度の趣旨及び法曹養成という目的に照らし，各科目の既修単位認定を行うことが相当な者が法学既修者として選抜され，既修単位が認定されていることをいう。

2－3　多様性〈入学者の多様性の確保〉
◎　入学者全体に対する「法学部以外の学部出身者」又は「実務等の経験のある者」の割合が3割以上であること，これに至らない場合は3割以上となることを目標として適切な努力をしていること。（多）
（注）
①　「実務等の経験のある者」とは，各法科大学院が，社会人等の入学者の割合を確保しようとする趣旨を考慮しつつ定義するものであるが，最終学歴卒業後3年を経過していない者を含めることは原則として適当でない。

第3分野　教育体制

3－1　教員体制・教員組織（1）〈専任教員の必要数及び適格性〉
◎　法科大学院の規模に応じて，教育に必要な能力を有する専任教員がいること。（合）
（注）
①　専任教員が12人以上おり，かつ収容定員（入学定員に3を乗じた数）に対し学生15人に専任教員1人以上の割合を確保していること。
②　法律基本科目の各分野毎に必要数の専任教員がいること。
③　5年以上の実務経験を有する専任教員が2割以上であること。
④　専任教員の半数以上は教授であること。

3－2　教員体制・教員組織（2）〈教員の確保・維持・向上〉
○　継続的な教員確保に向けた工夫がなされ，教員の教育に必要な能力を適切に評価し，その後も維持・向上するための体制が整備され，有効に機能していること。（多）

3－3　教員体制・教員組織（3）〈専任教員の構成〉
○　教員の科目別構成等が適切であり，バランスが取れている等，法曹養成機関として充実した教育体制を確保できるように配慮されていること。（多）

3－4　教員体制・教員組織（4）〈教員の年齢構成〉
○　教員の年齢構成に配慮がなされていること。（多）

3－5　教員体制・教員組織（5）〈教員のジェンダーバランス〉
○　教員のジェンダーバランスに配慮がなされていること。（多）

3－6　教員支援体制（1）〈担当授業時間数〉
○　専任教員の担当する授業時間数が十分な授業準備をすることができる程度の適正なものであること。（多）

3－7　教員支援体制（2）〈研究支援体制〉
○　教員の研究活動を支援するための制度・環境に配慮がなされていること。（多）

第4分野　教育内容・教育方法の改善に向けた組織的取り組み

4－1　教育内容・教育方法の改善に向けた組織的取り組み（1）〈FD活動〉
◎　教育内容や教育方法の改善に向けた組織的取り組みが適切に実施されていること。（多）

4－2　教育内容・教育方法の改善に向けた組織的取り組み（2）〈学生評価〉
○　教育内容や教育方法についての学生による評価を把握し，その結果を教育内容や教育方法の改善に活用する取り組みが適切に実施されていること。（多）

第5分野　カリキュラム

5－1　科目構成（1）〈科目設定・バランス〉
◎　授業科目が法律基本科目，法律実務基礎科目，基礎法学・隣接科目，展開・先端科目のすべてにわたって設定され，学生の履修が各科目のいずれかに過度に偏ることのないように配慮されていること。（多）
（注）
①　「学生の履修が各科目のいずれかに過度に偏ることのないように配慮」するとは，必修や選択必修の構成，開設科目のコマ組みや履修指導等で，バランスよく履修させるための取り組みを実施することをいう。具体的には，修了までに「法律基本科目のみで10単位以上」、「基礎法学・隣接科目のみで4単位以上」、かつ「法律実務基礎科目」，「基礎法学・隣接科目及び展開・先端科目の合計で33単位以上」が履修されるように，カリキュラムや単位配分等が工夫されていることをいう。

5－2　科目構成（2）〈科目の体系性・適切性〉
◎　授業科目が体系的かつ適切に開設されていること。（多）
（注）
①　「体系的かつ適切に」とは，当該法科大学院で養成しようとする法曹に必要なスキルやマインドを修得できる内容の科目が，効果的に学習できるように配置されていることをいう。

5－3　科目構成（3）〈法曹倫理の開設〉
●　法曹倫理を必修科目として開設していること。（合）
（注）
①　「法曹倫理」とは，法曹として職務を遂行するに当たり遵守すべき真実義務，誠実義務及び守秘義務等の倫理原則の理解，及び裁判官，検察官，弁護士としての職務を遂行するに当たり要求される高い倫理観の涵養を目的とする科目をいう。

5－4　履修（1）〈履修選択指導等〉
○　学生が履修科目の選択を適切に行うことができるようにするための取り組みがなされていること。（多）

5－5　履修（2）〈履修登録の上限〉
◎　履修科目として登録することのできる単位数の上限が年間36単位を標準とするものであること。（合）
（注）
①　修了年度の年次は44単位を上限とすることができる。

第6分野　授業

6－1　授業
◎　開設科目が効果的に履修できるよう，授業の計画・準備が適切になされ，適切な態様・方法で授業が実施されていること。（多）

（注）

①　「授業の計画・準備が適切になされ」ているとは，法科大学院の学生が最低限修得すべき内容を踏まえ，科目の特性等に応じて，授業の計画及び準備が適切になされていることをいう。

②　「適切な態様・方法で授業が実施されている」とは，法科大学院の学生が最低限修得すべき内容を踏まえ，開設科目の効果的な履修に向け，具体的予習指示，授業の仕方，授業後のフォローアップ等に創意工夫や努力がなされていることをいう。特に，学生が十分な予習を効率的に行うことができるように的確な指示や指導を行うことが必要である。また，授業の仕方については，授業の中での双方向・多方向の議論をするといった法的議論能力等の養成が可能となる工夫が必要である。

6－2　理論と実務の架橋（1）〈理論と実務の架橋〉

●　理論と実務の架橋を意識した授業が実施されていること。（多）

6－3　理論と実務の架橋（2）〈臨床科目〉

○　臨床科目が適切に開設され実施されていること。（多）

第7分野　学習環境及び人的支援体制

7－1　学生数（1）〈クラス人数〉

◎　1つの授業を同時に受講する学生数が適切な数であること。（合）

（注）

①　「1つの授業を同時に受講する学生数」とは，クラスに参加するすべての学生の数をいい，本科生，留学生，科目等履修生，聴講生等を含む。

②　「適切な数」とは，その開設科目として効果的な授業を行うのに適した人数をいう。法律基本科目の場合は，50人を標準とし，60人を大幅に超えることのないように適切な努力がなされていることをいう。

7－2　学生数（2）〈入学者数〉

◎　入学者数が入学定員に対してバランスを失していないこと。（合）

（注）

①　「入学者数」とは，実際に入学した学生の数をいう。

②　「入学定員」とは，各年度の入学定員として各法科大学院が定める人数をいう。

③　「バランスを失していないこと」とは，入学定員の110％以下を標準として入学者数が収容定員に対するバランスを失していないことをいう。

7－3　学生数（3）〈在籍者数〉

◎　在籍者数が収容定員に対してバランスを失していないこと。（合）

（注）

①　「在籍者数」とは，在籍の法科大学院生の数をいう。

②　「収容定員」とは，「入学定員」に3を乗じた人数をいう。

③　「バランスを失していないこと」とは，在籍者数が収容定員を大幅に上回っていないことをいう。

7－4　施設・設備（1）〈施設・設備の確保・整備〉

◎　教育及び学習に必要な施設・設備が適切に確保・整備されていること。（多）

7－5　施設・設備（2）〈図書・情報源の整備〉

◎　教育及び学習に必要な図書・情報源及びその利用環境が整備されていること。（多）

7－6　教育・学習支援体制

○　教育及び学習を支援するための人的支援体制が整備されていること。（多）

7－7　学生支援体制（1）〈学生生活支援体制〉

○　学生生活を支援するための体制が備わっていること。（多）

（注）

①　「学生生活を支援するための体制」とは，経済的支援体制，精神面のカウンセリングを受けることのできる体制，身体面において障がいのある者を支援する体制，学生生活に関する相談に応じる体制を含むものとする。

7－8　学生支援体制（2）〈学生へのアドバイス〉

●　学生が学習方法や進路選択等につき適切にアドバイスを受けられる体制があり，有効に機能していること。（多）

第8分野　成績評価・修了認定

8－1　成績評価〈厳格な成績評価の実施〉

◎　厳格な成績評価基準が適切に設定・開示され，成績評価が厳格に実施されていること。（多）

8－2　修了認定〈修了認定の適切な実施〉

◎　修了認定基準，修了認定の体制・手続が適切に設定・開示された上で，修了認

定が適切に実施されていること。（多）

（注）

① 「適切に設定され」ているとは，法科大学院の学生が最低限修得すべき内容を踏まえて，修了認定要件が設定されていること，及び，修了認定要件としての，必要単位数や履修必要科目（必修科目や選択必修科目），他の大学院や他の法科大学院等との単位互換条件等が，適用される法令に準拠し明確に規定されていることをいう。修了に必要な単位数は93単位以上でなければならず，100単位程度までで設定されることが望ましい。

8－3 異議申立手続〈成績評価・修了認定に対する異議申立手続〉

○ 成績評価及び修了認定に対する学生からの異議申立手続が規定されており，適切に実施されていること。（多）

第9分野　法曹に必要なマインド・スキルの養成

9－1 法曹に必要なマインド・スキルの養成〈法曹養成教育〉

◎ 法曹に必要なマインドとスキルを養成する教育が，適切に実施されていること。（多）

（注）

① 「法曹に必要なマインドとスキル」とは，社会から期待される法曹となるために備えておくべきマインドとスキルをいう。

② 「適切に実施されている」といえるためには，法曹となるにふさわしい適性を持った人材に，「法曹に必要なマインドとスキル」を養成するための専門職法学教育が実施され，「法曹に必要なマインドとスキル」を備えた者が修了するようになっていることが必要である。

法科大学院評価基準要綱

独立行政法人　大学評価・学位授与機構

平成一六年一〇月
平成一九年一二月改訂

Ⅰ 総則

1 評価の目的

1－1

独立行政法人大学評価・学位授与機構（以下，「機構」という。）が，法科大学院を置く大学からの求めに応じて，法科大学院に対して実施する評価（以下，「評価」という。）においては，我が国の法科大学院の教育等の水準の維持及び向上を図るとともに，その個性的で多様な発展に資することを目的として，機構が定める法科大学院評価基準（以下，「評価基準」という。）に基づき，次のことを実施する。

(1) 法科大学院の教育活動等の質を保証するため，法科大学院を定期的に評価し，教育活動等の状況が評価基準に適合しているか否かの認定をすること。

(2) 当該法科大学院の教育活動等の改善に役立てるため，法科大学院の教育活動等について多面的な評価を実施し，評価結果を当該法科大学院にフィードバックすること。

(3) 法科大学院の活動について，広く国民の理解と支持が得られるよう支援及び促進していくため，法科大学院の教育活動等の状況を多面的に明らかにし，それを社会に示すこと。

2 評価基準の性質及び機能

2－1

評価基準は，学校教育法第109条第4項に規定する大学評価基準として策定されたものである。

2－2

評価基準は，「法科大学院の教育と司法試験等との連携等に関する法律」第2条に規定する「法曹養成の基本理念」及び専門職大学院設置基準（平成15年文部科学省令第16号）に規定される法科大学院の設置基準等を踏まえて，同法第5条に基づき，機構が，法科大学院の教育活動等に関し，評価基準に適合している旨の認定（以下，「適格認定」という。）をする際に法科大学院として満たすことが必要と考える要件及び当該法科大学院の目的に照らして教育活動等の状況を多面的に分析するための内容を定めたものである。

2－3　基準は，その内容により，次の2つに分類される。

(1)　各法科大学院において，定められた内容が満たされていることが求められるもの。

例「・・・であること。」「・・・されていること。」等

(2)　各法科大学院において，少なくとも，定められた内容に関わる措置を講じていることが求められるもの。

例「・・・に努めていること。」等

2－4　解釈指針は，各基準に関する細則，並びに各基準に係る説明及び例示を規定したものである。

2－5　2－4における「各基準に関する細則」としての解釈指針は，その内容により，次の3つに分類される。

(1)　各法科大学院において，定められた内容が満たされていることが求められるもの。

例「・・・であること。」「・・・されていること。」等

(2)　各法科大学院において，少なくとも，定められた内容に関わる措置を講じていることが求められるもの。

例「・・・に努めていること。」等

(3)　各法科大学院において，定められた内容が実施されていれば，評価において「優れている」と判断されるもの。

例「・・・が望ましい。」等

3　適格認定の要件等

3－1　各法科大学院は，評価の結果，評価基準に適合していると認められた場合に，適格認定が与えられる。（以下，機構から適格認定を受けた法科大学院を「機構認定法科大学院」という。）

3－2　評価基準に適合していると認められるためには，すべての基準が満たされていなければならない。

3－3　各基準を満たすためには，2－5(1)及び(2)に分類される解釈指針が満たされていなければならない。

3－4　機構認定法科大学院は，評価基準で定める要件を継続的に充足するだけでなく，法曹養成の基本理念や当該法科大学院の目的に照らして，教育活動等の水準を高めることに努めなければならない。

II　評価の基準

第1章　教育目的

1－1　教育目的

1－1－1

各法科大学院においては，その創意をもって，将来の法曹としての実務に必要な学識及びその応用能力並びに法律実務の基礎的素養を涵養するための理論的かつ実践的な教育が体系的に実施され，その上で厳格な成績評価及び修了認定が行われていること。

1－1－2

各法科大学院の教育の理念，目的が明確に示されており，その内容が基準1－1－1に適合していること。各法科大学院の養成しようとする法曹像に適った教育が実施され，成果を上げていること。

解釈指針1－1－2－1

各法科大学院の教育目的の達成度は，学生の学業成績及び在籍状況，並びに修了者の進路及び活動状況，その他必要な事項を総合勘案して判断するものとする。

第2章　教育内容

2－1　教育内容

2－1－1

教育課程が，理論的教育と実務的教育の架橋に留意しつつ，法曹としての実務に必要な専門的な法知識，思考力，分析力，表現力等を修得させるとともに，豊かな人間性並びに法曹としての責任感及び倫理観を涵養するよう適切に編成されていること。

解釈指針2－1－1－1

法科大学院の教育課程は，司法試験及び司法修習と有機的に連携された「プロセス」としての法曹養成のための中核的教育機関として，学部での法学教育との関係を明確にした上で，法曹養成に特化した専門職大学院にふさわしい内容・方法で理論的教育と実務的教育の架橋が段階的かつ完結的に行われるよう編成されていること。

2－1－2

次の各号に掲げる授業科目が開設されていること。

(1)　法律基本科目

（憲法、行政法、民法、商法、民事訴訟法、刑法、刑事訴訟法に関する分野の科目をいう。）

(2) 法律実務基礎科目

（法曹としての技能及び責任その他の法律実務に関する基礎的な分野の科目をいう。）

(3) 基礎法学・隣接科目

（基礎法学に関する分野又は法学と関連を有する分野の科目をいう。）

(4) 展開・先端科目

（応用的先端的な法領域に関する科目、その他の実定法に関する多様な分野の科目であって、法律基本科目以外のものをいう。）

解釈指針2—1—2—1

法律基本科目は、憲法、行政法、民法、商法、民事訴訟法、刑法、刑事訴訟法の分野について、将来の法曹としての実務に共通して必要とされる基本的な教育内容であること。

解釈指針2—1—2—2

法律実務基礎科目は、実務の経験を有する教員が関与するなどして、法律基本科目などとの連携のもとに、法律実務に携わることへの導入を行うにふさわしい教育内容であること。

解釈指針2—1—2—3

基礎法学・隣接科目は、社会に生起する様々な問題に関心をもたせ、人間や社会の在り方に関する思索を深めることによって、法に対する理解の視野を拡げることに寄与する科目であって、専門職大学院にふさわしい専門的な教育内容であること。

解釈指針2—1—2—4

展開・先端科目は、社会の多様な新しい法的ニーズに応え、応用的先端的な法領域について基礎的な理解を得させるために、幅広くかつ高度の専門的教育を行うことによって、実務との融合をも図る教育内容であること。

解釈指針2—1—2—5

内容的に法律基本科目に当たる授業科目が、法律実務基礎科目、基礎法学・隣接科目、展開・先端科目、その他の授業科目として開設されていないこと。

2—1—3

基準2—1—2の各号のすべてにわたって教育上の目的に応じて適当と認められる単位数以上の授業科目が開設されているとともに、学生の授業科目の履修が同基準各号のいずれかに過度に偏ることがないように配慮されていること。また、法科大学院の目的に照らして、必修科目、選択必修科目、選択科目等の分類が適切に行われ、学生による段階的履修に資するよう各年次にわたって適切に配当されていること。

解釈指針2—1—3—1

基準2—1—2(1)に定める法律基本科目については、次に掲げる単位数の授業科目を必修科目として開設することを標準とする。標準単位数を超えて必修科目又は選択必修科目を開設する場合には、8単位増をもって必修総単位数の上限とする。

(1) 公法系科目（憲法又は行政法に関する分野の科目をいう。） 10単位

(2) 民事系科目（民法、商法又は民事訴訟法に関する分野の科目をいう。） 32単位

(3) 刑事系科目（刑法又は刑事訴訟法に関する分野の科目をいう。） 12単位

解釈指針2—1—3—2

(1) 法律実務基礎科目は、次に掲げる内容に相当する授業科目6単位が必修とされていること。

ア 法曹としての責任感や倫理観を涵養するための教育内容（2単位）

イ 要件事実及び事実認定に関する基礎的な教育を含む民事訴訟実務の基礎（2単位）

ウ 事実認定に関する基礎的な教育を含む刑事訴訟実務の基礎（2単位）

(2) 法曹としての責任感や倫理観を涵養するために、「法曹倫理」などとして独立の授業科目が開設されていること。また、他の授業科目の授業においてもこのことに留意した教育が行われていること。

(3) 次に掲げる教育内容について指導が行われていること。ただし、これらの指導のために授業科目を開設し、単位を認定することは要しない。

ア 法情報調査

（法令、判例及び学説等の検索、並びに判例の意義及び読み方の学習等、法学を学ぶ上で必要な法情報の調査・分析に関する技法を修得させる教育内容）

イ 法文書作成

（契約書・遺言書又は法律意見書・調査報告書等の法的文書の作成の基本的技能を、添削指導等により修得させる教育内容）

(4) 法律実務基礎科目について、(1)に掲げる6単位のほか、平成23年度までに、次に例示する内容の授業科目その他の法曹としての技能及び責任等を修得させるために適切な内容を有する授業科目のうち、4単位相当が必修又は選択必修とされていること。

ア 模擬裁判

（民事・刑事裁判過程の主要場面について、ロールプレイ等のシミュレーショ

ン方式によって学生に参加させ、裁判実務の基礎的技能を身に付けさせる教育内容）

イ　ローヤリング

（依頼者との面接・相談・説得の技法や、交渉・調停・仲裁等のADR（裁判外紛争処理）の理論と実務を、ロールプレイをも取り入れて学ばせ、法律実務の基礎的技能を修得させる教育内容）

ウ　クリニック

（弁護士の指導監督のもとに、法律相談、事件内容の予備的聴き取り、事案の整理、関係法令の調査、解決案の検討等を具体的事例に則して学ばせる教育内容）

エ　エクスターンシップ

（法律事務所、企業法務部、官公庁法務部門等で行う研修）

(5) 法律実務基礎科目については、(1)及び(3)に定める内容の授業科目並びに(4)に例示する内容の授業科目に加え、公法系の諸問題を含む訴訟実務に関する授業科目及び各法科大学院の目的に応じて専門的訴訟領域の実務に関する授業科目を開設することが望ましい。

解釈指針2－1－3－3

基礎法学・隣接科目については、学生がそれぞれの関心に応じて効果的な履修を行うために十分な数の授業科目が開設され、そのうち、4単位以上が必修又は選択必修とされていること。

解釈指針2－1－3－4

展開・先端科目については、各法科大学院の養成しようとする法曹像に適った内容を有する授業科目が十分な数開設され、かつ、これらの授業科目のうち、12単位以上が必修又は選択必修とされていること。

2－1－4

各授業科目における、授業時間等の設定が、単位数との関係において、大学設置基準第21条から第23条までの規定に照らして適切であること。

第3章　教育方法

3－1　授業を行う学生数

3－1－1

法科大学院においては、少人数による双方向的又は多方向的な密度の高い教育が行われなければならないことが基本であることにかんがみ、一の授業科目について同時に授業を行う学生数が、この観点から適切な規模に維持されていること。

解釈指針3－1－1－1

法科大学院においては、すべての授業科目について、当該授業科目の性質及び教育課程上の位置付けにかんがみて、基準3－1－1に適合する数の学生に対して授業が行われていること。（なお、適切な授業方法については解釈指針3－2－1－3を参照。）

解釈指針3－1－1－2

基準3－1－1にいう「学生数」とは、実際に当該授業科目を履修する者全員の数を指し、次に掲げる者を含む。

(1) 当該授業科目を再履修している者。

(2) 当該授業科目の履修を認められている他専攻の学生、他研究科の学生（以下、合わせて「他専攻等の学生」という。）及び科目等履修生。

解釈指針3－1－1－3

他専攻等の学生又は科目等履修生による法科大学院の授業科目の履修は、当該授業科目の性質等に照らして適切な場合に限られていること。

3－1－2

法律基本科目について同時に授業を行う学生数は、50人を標準とすること。

解釈指針3－1－2－1

法律基本科目について同時に授業を行う学生数が、原則として、80人を超えていないこと。

80人を超える場合には、超えるに至った事情及びそれを将来的に是正する措置が明らかにされているとともに、当該授業科目の授業の方法及び施設、設備その他の教育上の諸条件に照らして、双方向的又は多方向的な密度の高い教育を行うことが妨げられないための具体的な措置がとられていること。（解釈指針3－2－1－3を参照。）

3－2　授業の方法

3－2－1

法科大学院における授業は、次に掲げるすべての基準を満たしていること。

(1) 専門的な法知識を確実に修得させるとともに、批判的検討能力、創造的思考力、事実に即して具体的な問題を解決していくために必要な法的分析能力及び法的議論の能力その他の法曹として必要な能力を育成するために、授業科目の性質に応じた適切な方法がとられていること。

(2) 1年間の授業の計画、各授業科目における授業の内容及び方法、成績評価の基準と方法があらかじめ学生に周知されていること。

(3) 授業の効果を十分に上げられるよう、授業時間外における学習を充実させるための措置が講じられていること。

解釈指針3－2－1－1

「専門的な法知識」とは，当該授業科目において法曹として一般に必要と考えられる水準及び範囲の法知識をいうものとする。

解釈指針3－2－1－2

「批判的検討能力，創造的思考力，事実に即して具体的な問題を解決していくために必要な法的分析能力及び法的議論の能力その他の法曹として必要な能力」とは，具体的事例や新たな事例に的確に対応することのできる能力をいうものとする。

解釈指針3－2－1－3

「授業科目の性質に応じた適切な方法」とは，各授業科目の目的を効果的に達成するため，少人数による双方向的又は多方向的な討論（教員と学生の間，又は学生相互の間において，質疑応答や討論が行われていることをいう。），現地調査，事例研究その他の方法であって，適切な教材等を用いて行われるものをいうものとする。

法律基本科目については，とりわけ双方向的又は多方向的な討論を通じた授業が，確実に実施されていること。（解釈指針3－1－2－1を参照。）

解釈指針3－2－1－4

法律実務基礎科目については，次に掲げる事項が確保されていること。

(1) クリニック及びエクスターンシップにおいては，参加学生による関連法令の遵守の確保のほか，守秘義務等に関する適切な指導監督が行われていること。

(2) エクスターンシップにおいては，法科大学院の教員が，研修先の実務指導者との間の連絡を踏まえて研修学生を適切に指導監督し，かつ，単位認定等の成績評価に責任をもつ体制がとられていること。また，エクスターンシップによる単位認定を受ける学生は，研修先から報酬を受け取っていないこと。

解釈指針3－2－1－5

学生が事前事後の学習を効果的に行うための適切な具体的措置としては，例えば次に掲げるものが考えられる。

(1) 授業時間割が学生の自習時間を十分に考慮したものであること。
(2) 関係資料が配布され，予習事項等が事前に周知されていること。
(3) 予習又は復習に関して，教員による適切な指示がなされていること。
(4) 授業時間外の自習が可能となるよう，第10章の各基準に適合する自習室スペースや教材，データベース等の施設，設備及び図書が備えられていること。

解釈指針3－2－1－6

集中講義を実施する場合には，その授業の履修に際して授業時間外の事前事後の学習に必要な時間が確保されるよう配慮されていること。

3－3　履修科目登録単位数の上限

3－3－1

法科大学院における各年次において，学生が履修科目として登録することのできる単位数は，原則として合計36単位が上限とされていること。

在学の最終年次においては，44単位が上限とされていること。

解釈指針3－3－1－1

法科大学院の授業においては，授業時間外の事前事後の学習時間が十分に確保される必要があることから，各年次（最終年次を除く。）における履修登録可能な単位数の上限は36単位とすることを原則とし，これを超える単位数が設定されている場合には，その理由が明らかにされていること。

解釈指針3－3－1－2

法科大学院における最終年次については，それまでの履修実績や選択科目の履修可能性の拡大等の点を考慮し，履修登録可能な単位数の上限を44単位まで増加させることができる。

これを超える単位数の設定はすることができない。

解釈指針3－3－1－3

解釈指針3－3－1－1で定める履修登録可能な単位数は，原級留置となった場合の再履修科目単位数及び基準4－2－1(1)アにしたがって履修の認められる授業科目単位数を含む。ただし，進級が認められた場合の再履修科目単位については，4単位を限度として，履修登録可能な単位数に算入しないものとすることができる。

解釈指針3－3－1－2で定める履修登録可能な単位数は，再履修科目単位数及び基準4－2－1(1)アにしたがって履修の認められる授業科目単位数を含む。

解釈指針3－3－1－4

研究科，専攻又は学生の履修上の区分に応じ，3年を超える標準修業年限を定める場合には，基準3－3－1及び解釈指針3－3－1－1において「36単位」とあるのは，「36を当該標準修業年限数で除した数に3を乗じて算出される数の単位」と，基準3－3－1及び解釈指針3－3－1－2において「44単位」とあるのは，「44を当該標準修業年限数で除した数に3を乗じて算出される数の単位」と読み替えるものとする。

第4章　成績評価及び修了認定

4－1　成績評価

4－1－1

学修の成果に係る評価（以下，「成績評価」という。）が，学生の能力及び資質を正確に反映する客観的かつ厳正なものとして行われており，次に掲げるすべての基準を満たしていること。

(1) 成績評価の基準が設定され，かつ，学生に周知されていること。
(2) 当該成績評価の基準にしたがって成績評価が行われていることを確保するた

めの措置がとられていること。
(3) 成績評価の結果が，必要な関連情報とともに学生に告知されていること。
(4) 期末試験を実施する場合には，実施方法についても適切な配慮がなされていること。

解釈指針4－1－1－1
基準4－1－1(1)における成績評価の基準として，授業科目の性質上不適合な場合を除き，成績のランク分け，各ランクの分布の在り方についての方針の設定，成績評価における考慮要素があらかじめ明確に示されていること。

解釈指針4－1－1－2
基準4－1－1(2)における措置としては，例えば次に掲げるものが考えられる。
(1) 成績評価について説明を希望する学生に対して説明する機会が設けられていること。
(2) 筆記試験採点の際の匿名性が適切に確保されていること。
(3) 科目間や担当者間の採点分布に関するデータが関係教員の間で共有されていること。

解釈指針4－1－1－3
基準4－1－1(3)にいう「必要な関連情報」とは，筆記試験を行った場合については，当該試験における成績評価の基準及び成績分布に関するデータを指す。

解釈指針4－1－1－4
基準4－1－1(4)にいう「適切な配慮」とは，筆記試験において合格点に達しなかった者に対して行われる試験（いわゆる再試験）についても厳正な成績評価が行われていること，及び当該学期の授業につき，一定のやむを得ない事情により筆記試験を受験することができなかった者に対して行われる試験（いわゆる追試験）について受験者が不当に利益又は不利益を受けることのないよう配慮されていることなどを指す。

4－1－2
学生が在籍する法科大学院以外の機関における履修結果をもとに，当該法科大学院における単位を認定する場合には，当該法科大学院としての教育課程の一体性が損なわれていないこと，かつ，厳正で客観的な成績評価が確保されていること。

4－1－3
一学年を終了するに当たって履修成果が一定水準に達しない学生に対し，次学年配当の授業科目の履修を制限する制度（以下，「進級制」という。）が原則として採用されていること。

解釈指針4－1－3－1
進級制を採用するに当たっては，対象学年，進級要件（進級に必要な修得単位数及び成績内容），原級留置の場合の取扱い（再履修を要する授業科目の範囲）などが，各法科大学院において決定され，学生に周知されていること。

解釈指針4－1－3－2
進級制を採用しない場合には，その理由が明らかにされていること。

4－2 修了認定及びその要件

4－2－1
法科大学院の修了要件が，次に掲げるすべての基準を満たしていること。
(1) 3年（3年を超える標準修業年限を定める研究科，専攻又は学生の履修上の区分にあっては，当該標準修業年限）以上在籍し，93単位以上を修得していること。
この場合において，次に掲げる取扱いをすることができる。
ア 教育上有益であるとの観点から，他の大学院（他の専攻を含む。）において履修した授業科目について修得した単位を，30単位を超えない範囲で，当該法科大学院における授業科目の履修により修得したものとみなすこと。
なお，93単位を超える単位の修得を修了の要件とする法科大学院にあっては，その超える部分の単位数に限り30単位を超えてみなすことができる。
イ 教育上有益であるとの観点から，当該法科大学院に入学する前に大学院において履修した授業科目について修得した単位を，アによる単位と合わせて30単位を超えない範囲で，当該法科大学院における授業科目の履修により修得したものとみなすこと。
なお，当該単位数，その修得に要した期間その他を勘案し，1年を超えない範囲で当該法科大学院が定める期間在学したものとみなすことができる。
ウ 当該法科大学院において必要とされる法学の基礎的な学識を有すると認める者（以下，「法学既修者」という。）に関して，1年を超えない範囲で当該法科大学院が認める期間在学し，アとイによる単位と合わせて30単位（アのなお書きにより30単位を超えてみなす単位を除く。）を超えない範囲で当該法科大学院が認める単位を修得したものとみなすこと。
(2) 次のアからカまでに定める授業科目につき，それぞれアからカまでに定める単位数以上を修得していること。
ただし，3年未満の在学期間での修了を認める場合には，当該法科大学院において，アからウまでに定める授業科目について合計18単位以上並びにエからカに定める授業科目についてそれぞれエからカに定める単位数以上を修得していること。
ア 公法系科目 8単位
イ 民事系科目 24単位

ウ　刑事系科目 10単位
エ　法律実務基礎科目 6単位
オ　基礎法学・隣接科目 4単位
カ　展開・先端科目 12単位
(3)　法律基本科目以外の科目の単位を，修了要件単位数の3分の1以上修得していること。（基準2－1－3参照。）

解釈指針4－2－1－1
修了の認定に必要な修得単位数は，102単位を上限とすること。

解釈指針4－2－1－2
基準4－2－1(3)にいう法律基本科目は，授業科目の名称を問わず，実質的な内容が法律基本科目に当たるものを含む。

4－3　法学既修者の認定
4－3－1
法科大学院が，当該法科大学院において必要とされる法学の基礎的な学識を有する者であると認める（いわゆる法学既修者として認定する）に当たっては，法律科目試験の実施，その他の教育上適切な方法が用いられていること。

解釈指針4－3－1－1
「法律科目試験の実施，その他の教育上適切な方法」とは，基準4－2－1(1)ウの趣旨に照らし当該法科大学院において必要とされる法学の基礎的な学識を有するか否かを判定するために適切な方法であって，法科大学院の入学者選抜における「公平性」，「開放性」，「多様性」の確保の要請に適合するものであること。

解釈指針4－3－1－2
法律科目試験を実施する場合においては，当該法科大学院と同じ大学出身の受験者と他の受験者との間で，出題及び採点において，公平を保つことができるような措置がとられていること。

解釈指針4－3－1－3
当該法科大学院が法学既修者として認定した者について，法律科目試験に含まれない科目の単位を修得したものとみなす場合には，解釈指針4－3－1－1に照らして，適正な判定方法であることが明らかにされていること。

解釈指針4－3－1－4
学生が入学する法科大学院以外の機関が実施する法律科目試験の結果を考慮して，法学既修者としての認定を行う場合には，解釈指針4－3－1－1に照らして，適正な方法であることが明らかにされていること。

解釈指針4－3－1－5
当該法科大学院が法学既修者として認定した者について認める在学期間の短縮が，修得したものとみなされる単位数との関係を適切に考慮したものとなっていること。

第5章　教育内容等の改善措置
5－1　教育内容等の改善措置
5－1－1
教育の内容及び方法の改善を図るための研修及び研究が，組織的かつ継続的に行われていること。

解釈指針5－1－1－1
「教育の内容及び方法の改善」とは，いかなるトピックがどのような観点からどの程度の質と量において教育課程の中で取り上げられるべきか等（教育内容），及び学生に対する発問や応答，資料配付，板書，発声の仕方等（教育方法）についての改善をいうものとする。

解釈指針5－1－1－2
「組織的かつ継続的に行われていること」とは，改善すべき項目及びその方法に関する方針を決定し，改善に関する情報を管理し，改善のための諸措置の実施を担当する組織が，法科大学院内に設置されていることをいうものとする。

解釈指針5－1－1－3
「研修及び研究」の内容としては，例えば次に掲げるものが考えられる。
(1)　授業及び教材等に対する学生，教員相互，又は外部者による評価を行い，その結果を検討する実証的方法。
(2)　教育方法に関する専門家，又は教育経験豊かな同僚教員による講演会や研修会の開催等の啓蒙的方法。
(3)　外国大学や研究所等における情報・成果の蓄積・利用等の調査的方法。

5－1－2
法科大学院における実務家教員における教育上の経験の確保，及び研究者教員における実務上の知見の確保に努めていること。

解釈指針5－1－2－1
実務家として十分な経験を有する教員であって，教育上の経験に不足すると認められる者については，これを補うための教育研修の機会を得ること，また，大学の学部や大学院において十分な教育経験を有する教員であって，実務上の知見に不足すると認められる者については，担当する授業科目に関連する実務上の知見を補完する機会を得ることが，それぞれ確保されているよう，法科大学院において適切な措置をとるよう努めていること。

第6章 入学者選抜等

6―1 入学者受入

6―1―1

公平性，開放性，多様性の確保を前提としつつ，各法科大学院の教育の理念及び目的に照らして，各法科大学院はアドミッション・ポリシー（入学者受入方針）を設定し，公表していること。

解釈指針6―1―1―1

法科大学院には，入学者の適性及び能力等の評価，その他の入学者受入に係る業務（法学既修者の認定に係る業務を含む。）を行うための責任ある体制がとられていること。

解釈指針6―1―1―2

入学志願者に対して，当該法科大学院の理念及び教育目的，設置の趣旨，アドミッション・ポリシー，入学者選抜の方法，並びに基準9―3―2に定める事項について，事前に周知するよう努めていること。

6―1―2

入学者選抜が各法科大学院のアドミッション・ポリシーに基づいて行われていること。

6―1―3

法科大学院の入学資格を有するすべての志願者に対して，各法科大学院のアドミッション・ポリシーに照らして，入学者選抜を受ける公正な機会が等しく確保されていること。

解釈指針6―1―3―1

入学者選抜において，当該法科大学院を設置している大学の主として法学を履修する学科又は課程等に在学，又は卒業した者（以下，「自校出身者」という。）について優先枠を設けるなどの優遇措置を講じていないこと。入学者に占める自校出身者の割合が著しく多い場合には，それが不当な措置によるものでないことが説明されていること。

解釈指針6―1―3―2

入学者に対して法科大学院への寄附等の募集を行う場合には，その開始時期は入学後とし，それ以前にあっては募集の予告にとどめていること。

6―1―4

入学者選抜に当たっては，法科大学院において教育を受けるために必要な入学者の適性及び能力等が適確かつ客観的に評価されていること。

解釈指針6―1―4―1

入学者選抜に当たっては，適性試験を用いて，法科大学院における履修の前提として要求される判断力，思考力，分析力，表現力等が，適確かつ客観的に評価されていること。

6―1―5

入学者選抜に当たって，多様な知識又は経験を有する者を入学させるよう努めていること。

解釈指針6―1―5―1

大学等の在学者については，入学者選抜において，学業成績のほか，多様な学識及び課外活動等の実績が，適切に評価できるよう努めていること。

解釈指針6―1―5―2

社会人等については，入学者選抜において，多様な実務経験及び社会経験等を適切に評価できるよう努めていること。

解釈指針6―1―5―3

入学者選抜に当たって，入学者のうちに法学を履修する課程以外の課程を履修した者，又は実務等の経験を有する者の占める割合が3割以上となるよう努めていること。

解釈指針6―1―5―4

入学者のうちに法学を履修する課程以外の課程を履修した者，又は実務等の経験を有する者の占める割合が2割に満たない場合には，当該法科大学院における入学者の選抜の実施状況を公表するとともに，満たさなかった理由が示され，改善の措置が講じられていること。

6―2 収容定員と在籍者数

6―2―1

法科大学院の在籍者数については，収容定員を上回る状態が恒常的なものとならないよう配慮されていること。

解釈指針6―2―1―1

基準6―2―1に規定する「収容定員」とは，入学定員の3倍の数をいう。また，同基準に規定する在籍者には，原級留置者及び休学者を含む。

解釈指針6―2―1―2

在籍者数が収容定員を上回った場合には，この状態が恒常的なものとならないための措置が講じられていること。

6―2―2
入学者受入において，所定の入学定員と乖離しないよう努めていること。
解釈指針6―2―2―1
在籍者数等を考慮しつつ，入学定員の見直しが適宜行われていること。

第7章 学生の支援体制
7―1 学習支援
7―1―1
学生が在学期間中に法科大学院の課程の履修に専念できるよう，また，教育課程上の成果を上げるために，各法科大学院の目的に照らして，履修指導の体制が十分にとられていること。
解釈指針7―1―1―1
入学者に対して，法科大学院における教育の導入ガイダンスが適切に行われていること。
解釈指針7―1―1―2
法学未修者に対しては，1年次に配当される法律基本科目の学修が適切に行われるように，履修指導において，特段の配慮がなされていること。
解釈指針7―1―1―3
法学既修者に対しては，各法科大学院における法学既修者の認定の方法に応じて，理論教育と実務教育との架橋を図るために適切な履修指導が行われていること。
解釈指針7―1―1―4
履修指導においては，各法科大学院が掲げる教育の理念及び目的に照らして適切なガイダンスが実施されていること。
7―1―2
各法科大学院の目的及び教育課程上の成果を実現する上で，教員と学生とのコミュニケーションを十分に図ることができるよう，学習相談，助言体制の整備がなされていること。
解釈指針7―1―2―1
オフィスアワーが設定されている場合には，それを有効に活用できるよう，学生に対して各教員のオフィスアワーの日時又は面談の予約の方法等が周知されていること。
解釈指針7―1―2―2
学習相談，助言体制を有効に機能させるための施設や環境の整備に努めていること。
7―1―3
各種の教育補助者による学習支援体制の整備に努めていること。
7―2 生活支援等
7―2―1
学生が在学期間中に法科大学院の課程の履修に専念できるよう，学生の経済的支援及び修学や学生生活に関する相談・助言，支援体制の整備に努めていること。
解釈指針7―2―1―1
各法科大学院は，多様な措置（各法科大学院における奨学基金の設定，卒業生等の募金による基金の設定，他の団体等が給付又は貸与する奨学金への応募の紹介等）によって学生が奨学金制度等を利用できるよう努めていること。
解釈指針7―2―1―2
学生の健康相談，生活相談，各種ハラスメントの相談等のために，保健センター，学生相談室を設置するなど必要な相談助言体制の整備に努めていること。
7―3 障害のある学生に対する支援
7―3―1
身体に障害のある者に対しても，受験の機会を確保するとともに，身体に障害のある学生について，施設及び設備の充実を含めて，学習や生活上の支援体制の整備に努めていること。
解釈指針7―3―1―1
身体に障害のある者に対しても，等しく受験の機会を確保し，障害の種類や程度に応じた特別措置や組織的対応を工夫することに努めていること。
解釈指針7―3―1―2
身体に障害のある学生の修学のために必要な基本的な施設及び設備の整備充足に努めていること。
解釈指針7―3―1―3
身体に障害のある学生に対しては，修学上の支援，実習・実験・実技上の特別措置を認めるなど，相当な配慮に努めていること。
7―4 職業支援（キャリア支援）
7―4―1
学生支援の一環として，学生がその能力及び適性，志望に応じて，主体的に進路を選択できるように，必要な情報の収集・管理・提供，ガイダンス，指導，助言に努めていること。

解釈指針7―4―1―1
学生がそれぞれの目指す進路の選択ができるように，その規模及び教育目的に照らして，適切な相談窓口を設置するなど，支援に努めていること。

第8章　教員組織

8―1　教員の資格と評価

8―1―1
研究科及び専攻の種類及び規模に応じ，教育上必要な教員が置かれていること。

8―1―2
基準8―1―1に規定する教員のうち，次の各号のいずれかに該当し，かつ，その担当する専門分野に関し高度の教育上の指導能力があると認められる者が，専任教員として専攻ごとに置かれていること。
(1) 専攻分野について，教育上又は研究上の業績を有する者
(2) 専攻分野について，高度の技術・技能を有する者
(3) 専攻分野について，特に優れた知識及び経験を有する者

解釈指針8―1―2―1
教員の最近5年間における教育上又は研究上の業績等，各教員が，その担当する専門分野について，教育上の経歴や経験，理論と実務を架橋する法学専門教育を行うために必要な高度の教育上の指導能力を有することを示す資料が，自己点検及び評価の結果の公表その他の方法で開示されていること。

解釈指針8―1―2―2
基準8―1―2に規定する専任教員については，その専門の知識経験を生かした学外での公的活動や社会貢献活動も自己点検及び評価の結果の公表その他の方法で開示されていることが望ましい。

解釈指針8―1―2―3
基準8―1―2に規定する専任教員は，大学設置基準（昭和31年文部省令第28号）第13条に規定する専任教員の数及び大学院設置基準（昭和49年文部省令第28号）第9条に規定する教員の数に算入することができない。

解釈指針8―1―2―4
基準8―1―2に規定する専任教員は，平成25年度までの間，解釈指針8―1―2―3の規定にかかわらず，同基準に規定する教員の数の3分の1を超えない範囲で，大学設置基準第13条に規定する専任教員の数及び大学院設置基準第9条に規定する教員の数に算入することができるものとする。
ただし，大学院設置基準第9条に規定する教員のうち博士課程の後期の課程を担当する教員の数には，基準8―1―2に規定する専任教員の数のすべてを算入することができる。

8―1―3
教員の採用及び昇任に関し，教員の教育上の指導能力等を適切に評価するための体制が整備されていること。

8―2専任教員の配置と構成

8―2―1
法科大学院には，専攻ごとに，平成11年文部省告示第１７５号の別表第一及び別表第二に定める修士課程を担当する研究指導教員の数の1．5倍の数（小数点以下の端数があるときは，これを切り捨てる。）に，同告示の第2号，別表第一及び別表第二に定める修士課程を担当する研究指導補助教員の数を加えた数の専任教員を置くとともに，同告示の別表第三に定める修士課程を担当する研究指導教員1人当たりの学生の収容定員に4分の3を乗じて算出される収容定員の数（小数点以下の端数があるときは，これを切り捨てる。）につき1人の専任教員が置かれていること。

解釈指針8―2―1―1
基準8―2―1の規定により専攻ごとに置くものとされる専任教員は，専門職学位課程たる法科大学院について1専攻に限り専任教員として取り扱われていること。

解釈指針8―2―1―2
基準8―2―1の規定により専攻ごとに置くものとされる専任教員の数の半数以上は，原則として教授であること。

解釈指針8―2―1―3
法律基本科目（憲法，行政法，民法，商法，民事訴訟法，刑法，刑事訴訟法）については，いずれも当該科目を適切に指導できる専任教員が置かれていること。

解釈指針8―2―1―4
入学定員１０１～１９９人の法科大学院については，法律基本科目のうち民法に関する分野を含む少なくとも3科目について複数の専任教員を置いていること。入学定員２００人以上の法科大学院については，法律基本科目のうち，公法系4人，刑事法系4人，民法に関する分野4人，商法に関する分野2人，民事訴訟法に関する分野2人以上の専任教員（専ら実務的側面を担当する教員を除く。）が置かれていること。

解釈指針8―2―1―5
各法科大学院は，その教育の理念及び目的を実現するために必要と認められる場合には，基準8―2―1に定める数を超えて，専任教員を適切に配置する

よう努めることが望ましい。

8―2―2
専任教員の科目別配置等のバランスが適正であること。

解釈指針8―2―2―1
基礎法学・隣接科目，展開・先端科目について，法科大学院の理念や教育目的に応じた専任教員が置かれていること。

解釈指針8―2―2―2
専任教員の年齢構成に著しい偏りがないよう努めていること。

8―3 実務経験と高度な実務能力を有する教員

8―3―1
基準8―2―1に規定する専任教員の数のおおむね2割以上は，専攻分野におけるおおむね5年以上の実務の経験を有し，かつ，高度の実務の能力を有する者であること。

解釈指針8―3―1―1
基準8―3―1で規定する実務家教員は，その実務経験との関連が認められる授業科目を担当していること。

解釈指針8―3―1―2
基準8―3―1に規定するおおむね2割の専任教員の数に3分の2を乗じて算出される数（小数点以下の端数があるときは，これを四捨五入する。）の範囲内については，専任教員以外の者を充てることができる。その場合には，1年につき6単位以上の授業科目を担当し，かつ，教育課程の編成その他の法科大学院の組織の運営について責任を担う者であること。

8―3―2
基準8―3―1に規定する実務の経験を有し，かつ，高度の実務の能力を有する専任教員の少なくとも3分の2は，法曹としての実務の経験を有する者であること。

8―4 専任教員の担当授業科目の比率

8―4―1
各法科大学院における教育上主要と認められる授業科目については，原則として，専任教員が配置されていること。

解釈指針8―4―1―1
基準8―4―1に掲げる授業科目のうち必修科目については，その授業のおおね7割以上が，専任教員によって担当されていること。

8―5 教員の教育研究環境

8―5―1
法科大学院の教員の授業負担は，年度ごとに，適正な範囲内にとどめられていること。

解釈指針8―5―1―1
各専任教員の授業負担は，他専攻，他研究科及び学部等（他大学の非常勤を含む。）を通じて，年間20単位以下にとどめられていることが望ましい。なお，多くとも年間30単位以下であること。

8―5―2
法科大学院の専任教員には，その教育上，研究上及び管理運営上の業績に応じて，数年ごとに相当の研究専念期間が与えられるよう努めていること。

8―5―3
法科大学院の専任教員の教育上及び研究上の職務を補助するため，必要な資質及び能力を有する職員が適切に置かれていること。

第9章 管理運営等

9―1 管理運営の独自性

9―1―1
法科大学院における教育活動等を適切に実施するためにふさわしい独自の運営の仕組みを有していること。

解釈指針9―1―1―1
法科大学院の運営に関する重要事項を審議する会議（以下，「法科大学院の運営に関する会議」という。）が置かれていること。
法科大学院の運営に関する会議は，当該法科大学院の専任教授により構成されていること。
ただし，当該法科大学院の運営に関する会議の定めるところにより，准教授その他の職員を加えることができる。

解釈指針9―1―1―2
専任の長が置かれていること。

解釈指針9―1―1―3
法科大学院の教育課程，教育方法，成績評価，修了認定，入学者選抜及び教員の人事その他運営に関する重要事項については，法科大学院の運営に関する

5
評価基準等

会議における審議が尊重されていること。

解釈指針9－1－1－4
平成15年文部科学省告示第53号第2条第2項により法科大学院の専任教員とみなされる者については，法科大学院の教育課程の編成等に関して責任を担うことができるよう配慮されていること。

9－1－2
法科大学院の管理運営を行うために適切な事務体制が整備され，職員が適切に置かれていること。

解釈指針9－1－2－1
法科大学院の管理運営のための事務体制及び職員の配置は，法科大学院の設置形態及び規模等に応じて，適切なものであること。

解釈指針9－1－2－2
法科大学院の管理運営を適切に行うために，職員の能力の向上を図るよう努めていること。

9－1－3
法科大学院における教育活動等を適切に実施するためにふさわしい十分な財政的基礎を有していること。

解釈指針9－1－3－1
法科大学院の設置者が，法科大学院における教育活動等を適切に実施するために十分な経費を負担していること。

解釈指針9－1－3－2
法科大学院の設置者が，法科大学院において生じる収入又は法科大学院の運営のために提供された資金等について，法科大学院の教育活動等の維持及び向上を図るために使用することができるよう配慮していること。

解釈指針9－1－3－3
法科大学院の設置者が，法科大学院の運営に係る財政上の事項について，法科大学院の意見を聴取する適切な機会を設けていること。

9－2　自己点検及び評価

9－2－1
法科大学院の教育水準の維持向上を図り，当該法科大学院の目的及び社会的使命を達成するため，当該法科大学院における教育活動等の状況について，自ら点検及び評価を行い，その結果を公表していること。

9－2－2
自己点検及び評価を行うに当たっては，その趣旨に則し適切な項目を設定するとともに，適当な実施体制が整えられていること。

解釈指針9－2－2－1
法科大学院には，教育活動等に関する自己点検及び評価を行う独自の組織を設置するよう努めていること。

9－2－3
自己点検及び評価の結果を当該法科大学院の教育活動等の改善に活用するために，適当な体制が整えられていること。

解釈指針9－2－3－1
自己点検及び評価においては，当該法科大学院における教育活動等を改善するための目標を設定し，この目標を実現するための方法及び取組の状況等について示されていることが望ましい。

9－2－4
自己点検及び評価の結果について，当該法科大学院を置く大学の職員以外の者による検証を行うよう努めていること。

解釈指針9－2－4－1
法科大学院の自己点検及び評価に対する検証を行う者については，法律実務に従事し，法科大学院の教育に関し広くかつ高い識見を有する者を含んでいること。

9－3　情報の公表

9－3－1
法科大学院における教育活動等の状況について，印刷物の刊行及びウェブサイトへの掲載等，広く社会に周知を図ることができる方法によって，積極的に情報が提供されていること。

9－3－2
法科大学院の教育活動等に関する重要事項を記載した文書を，毎年度，公表していること。

解釈指針9－3－2－1
教育活動等に関する重要事項を記載した文書には，次に掲げる事項が記載されていること。

(1)　設置者

5　評価基準等

(2) 教育上の基本組織
(3) 教員組織
(4) 収容定員及び在籍者数
(5) 入学者選抜
(6) 標準修了年限
(7) 教育課程及び教育方法
(8) 成績評価及び課程の修了
(9) 学費及び奨学金等の学生支援制度
(10) 修了者の進路及び活動状況

9−4 情報の保管

9−4−1
評価の基礎となる情報について，適宜，調査及び収集を行い，適切な方法で保管されていること。

解釈指針9−4−1−1
「評価の基礎となる情報」には，基準9−2−1に規定する自己点検及び評価に関する文書並びに基準9−3−2に規定する公表に係る文書を含む。

解釈指針9−4−1−2
評価の際に用いた情報については，評価を受けた年から5年間保管されていること。

解釈指針9−4−1−3
「適切な方法での保管」とは，評価機関の求めに応じて，すみやかに提出できる状態で保管することをいう。

第10章 施設，設備及び図書館等

10−1 施設の整備

10−1−1
法科大学院には，その規模に応じ，教員による教育及び研究並びに学生の学習その他当該法科大学院の運営に必要十分な種類，規模，質及び数の教室，演習室，実習室，自習室，図書館，教員室，事務室その他の施設が備えられていること。これらの施設は，当面の教育計画に対応するとともに，その後の発展の可能性にも配慮されていること。

解釈指針10−1−1−1
教室，演習室及び実習室は，当該法科大学院において提供されるすべての授業を支障なく，効果的に実施することができるだけの規模，質及び数が備えられていること。

解釈指針10−1−1−2
教員室は，少なくとも各常勤専任教員につき1室が備えられていること，非常勤教員については，勤務時間に応じて，授業等の準備を十分かつ適切に行うことができるだけのスペースを確保するよう努めていること。

解釈指針10−1−1−3
教員が学生と十分に面談できるスペースが確保されていること。

解釈指針10−1−1−4
すべての事務職員が十分かつ適切に職務を行うことができるだけのスペースを確保するよう努めていること。

解釈指針10−1−1−5
学生の自習室については，学生が基準10−3−1で規定する図書館に備えられた図書資料を有効に活用して学習することを可能とするよう，その配置及び使用方法等において，図書館との有機的連携が確保されていることが望ましい。
自習室は，学生総数に対して，十分なスペースと利用時間が確保されるよう努めていること。

解釈指針10−1−1−6
法科大学院の図書館等を含む各施設は，当該法科大学院の専用であるか，又は，法科大学院が管理に参画し，その教育及び研究その他の業務に支障なく使用することができる状況にあること。

10−2 設備及び機器の整備

10−2−1
法科大学院の各施設には，教員による教育及び研究並びに学生の学習その他の業務を効果的に実施するために必要で，かつ，技術の発展に対応した設備及び機器が整備されていること。

10−3 図書館の整備

10−3−1
法科大学院には，その規模に応じ，教員による教育及び研究並びに学生の学習を支援し，かつ促進するために必要な規模及び内容の図書館が整備されていること。

解釈指針10−3−1−1
法科大学院の図書館は，当該法科大学院の専用であるか，又は，法科大学院が管理に参画し，その教育及び研究その他の業務に支障なく使用することができる状況にあること。

解釈指針10−3−1−2
法科大学院の図書館には，その規模に応じ，専門的能力を備えた職員が適切に配置されていること。

解釈指針10－3－1－3
法科大学院の図書館の職員は，司書の資格及び法情報調査に関する基本的素養を備えていることが望ましい。

解釈指針10－3－1－4
法科大学院の図書館には，その法科大学院の規模に応じ，教員による教育及び研究並びに学生の学習のために必要な図書及び資料が適切に備えられていること。

解釈指針10－3－1－5
法科大学院の図書館の所蔵する図書及び資料については，その適切な管理及び維持に努めていること。

解釈指針10－3－1－6
法科大学院の図書館には，図書及び資料を活用して，教員による教育及び研究並びに学生の学習を支援するために必要な体制が整えられていること。

解釈指針10－3－1－7
法科大学院の図書館には，その法科大学院の規模に応じ，教員による教育及び研究並びに学生の学習が十分な効果を上げるために必要で，かつ，技術の発展に対応した設備及び機器が整備されていること。

Ⅲ 評価の組織と方法等

1 評価の組織

1－1
機構は，次の評価組織により法科大学院の評価を実施する。

(1) 法科大学院認証評価委員会
法科大学院に関し高く広い知見を有する大学関係者及び法曹関係者並びに社会，経済，文化その他の分野に関する学識経験を有する者により構成される法科大学院認証評価委員会（以下，「評価委員会」という。）は，機構が実施する法科大学院の評価に関し，次の事項を審議し，決定する。
ア 評価基準及び評価方法その他評価に必要な事項の制定，改訂及び変更
イ 評価報告書の作成

(2) 評価部会及び運営連絡会議
評価委員会の下に評価部会及び運営連絡会議を置く。
評価部会は，評価対象機関を分担して書面調査及び訪問調査を実施し，評価報告書原案を作成する。
運営連絡会議は，各評価部会間における横断的な事項の審議，評価部会がとりまとめる評価報告書原案の調整及び評価基準，評価方法その他評価に必要な事項に関する改善案を評価委員会に提案する。

1－2
評価委員会，評価部会及び運営連絡会議の委員は，自己の関係する大学に関する事案については，その議事の議決に加わることができないこととする。

1－3
機構は，機構が実施する評価を，客観的な立場からの専門的な判断を基礎とした信頼性の高いものとするため，評価担当者が共通理解の下で公正，適切かつ円滑にその職務が遂行できるよう，評価担当者に対して，評価の目的，内容及び方法等について十分な研修を実施する。

2 評価の方法等

2－1
評価の手順は次のとおりとする。
(1) 各法科大学院の自己評価等を踏まえ，評価基準に基づき法科大学院の教育活動等の状況を分析し，その結果を踏まえて各基準を満たしているかどうかの判断等を行う。
(2) (1)の結果に基づき，評価基準に適合しているか否かの認定をする。
(3) 評価基準に基づいて，法曹養成の基本理念及び当該法科大学院の目的等に照らし，教育活動等の優れた点や改善を要する点等について明らかにする。

2－2
評価は，書面調査及び訪問調査により実施する。
書面調査は，別途策定される自己評価実施要項に基づき，当該法科大学院が作成する自己評価書の分析等により実施する。
訪問調査は，別途策定される訪問調査実施要項に基づき，評価担当者が当該法科大学院を訪問し，書面調査では確認することのできない内容等を中心に調査を実施する。

2－3
評価結果を確定する前に，評価結果（案）を当該法科大学院に通知し，その内容等に対する当該法科大学院の意見の申立ての機会を設ける。
意見の申立てがあった場合は，再度審議を行った上で，評価結果を確定する。
意見の申立てのうち，適格と認定されない評価結果（案）に対する意見の申立ての審議に当たっては，評価委員会の下に意見申立審査専門部会を置き，その議を踏まえ，評価委員会において決定を行う。

2－4
機構は，評価結果を評価報告書としてまとめ，当該法科大学院を置く大学へ通知し，文部科学大臣に報告するとともに，印刷物の刊行及びウェブサイトへの掲載等により，広く社会に公表する。
評価結果の公表の際には，評価の透明性を確保するため，当該法科大学院を置く大学から提出された自己評価書（法科大学院の自己評価において根拠として別

添で提出された資料・データ等を除く。）を機構のウェブサイトに掲載する。

3　追評価
3－1
　適格認定を受けられなかった法科大学院は，評価実施年度の翌々年度までであれば，別に定める手続に従って，満たしていないと判断された基準に限定して追評価を受けることができる。
3－2
　追評価において当該基準を満たしているものと判断された場合には，先の評価と併せて，適格認定を行うものとする。

4　評価の時期
4－1
　機構は，毎年度1回，別に定める様式に従い提出された評価申請の受付を行い，当該評価申請に基づいて評価を実施する。
　なお，機構は，評価申請があった場合には，正当な理由がある場合を除き，遅滞なく，当該法科大学院の評価を実施する。
4－2
　法科大学院は，開設後5年以内に初回の評価を受け，以降は5年以内に次の評価を受けるものとする。
4－3
　追評価を受けた法科大学院に関する次の評価の時期は，当該追評価の時期からではなく，本評価の時期から起算するものとする。

5　予備評価
5－1
　法科大学院の開設後，初年度の入学者（3年課程）の修了以前の段階における教育活動等の状況について，法科大学院を置く大学からの求めに応じて，予備評価を実施する。

5－2
　予備評価は，当該法科大学院関係者の評価に対する理解と習熟を高めるとともに，本評価に先立って教育活動等の改善に資するために実施する。

　なお，予備評価は，本評価を申請する際の要件ではない。

5－3
　予備評価の内容等は次のとおりとする。

⑴　予備評価は，原則として本評価と同様に実施する。

　ただし，初年度の入学者（3年課程）の修了以前の段階においては評価し得ない部分について，予備評価においては実施しないものとする。

⑵　予備評価の評価結果は，当該法科大学院を置く大学に通知するが，文部科学大臣への報告，社会への公表を行うものではない。

⑶　予備評価は，基準のすべてについての適合状況の評価ではないため，適格認定を行うものではない。

6　教育課程又は教員組織の重要な変更への対応
6－1
　機構認定法科大学院を置く大学は，基準9－3－2に規定する教育活動等に関する重要事項を記載した文書を，別に定めるところにより，法科大学院年次報告書として，次の評価までの間，毎年度，機構へ提出するものとする。
　なお，機構は，法科大学院年次報告書の提出がない場合には，その旨を公表するものとする。
6－2
　機構の評価を受けた法科大学院を置く大学は，教育課程又は教員組織に重要な変更を行った場合には，別に定めるところにより，当該変更について機構に届け出るものとする。
6－3
　機構の評価を受けた法科大学院の教育課程又は教員組織に重要な変更があった場合は，その内容について評価委員会において審議する。
　審議の結果，次の評価を待たずに評価を実施する必要があると判断した場合には，その旨法科大学院を置く大学に通知し，当該大学の申請に基づいて当該事項について評価を実施し，その結果を踏まえ，法科大学院としての適格認定の判断を行う。
　また，当該大学の意見を聴いた上で，必要に応じ，変更前に評価し公表した評価の結果に当該事項を付記する等の措置を講じる。

7　情報公開
7－1
　機構は，評価基準，評価方法，評価の実施体制等の学校教育法施行規則第169条第1項に規定する事項を公表するとともに，その他の評価に関して保有する情報についても，可能な限り，ウェブサイトへの掲載等適切な方法により提供する。
7－2
　機構に対し，評価に関する法人文書の開示請求があった場合は，「独立行政法人等の保有する情報の公開に関する法律」（以下，「独立行政法人等情報公開法」という。）に基づき，原則として開示する。
　ただし，法科大学院を置く大学から提出され，機構が保有することとなった法人文書（Ⅲ　2－4により公表済みのものを除く。）の開示に当たっては，独立行政法人等情報公開法に基づき当該法科大学院を置く大学と協議するものとする。

8　評価基準の改訂等

8―1

機構は，法科大学院関係者，法曹関係者及び評価担当者等の意見を踏まえ，適宜，評価基準等の改善を図り，開放的で進化する評価システムの構築に努める。

評価基準の改訂及び評価方法その他評価に必要な事項の変更は，事前に法科大学院関係者及び法曹関係者等へ意見照会を行うなど，その過程の公正性及び透明性を確保しつつ，評価委員会で審議し決定する。

なお，評価基準等が改訂される場合には，相当の周知期間を置き，法科大学院の理解や自己評価の便宜等に配慮するものとする。

9　評価手数料

9―1

評価を実施するに当たっては，別に定めるところにより，評価手数料を設定し，徴収する。

法科大学院基準

財団法人 大学基準協会

凡　例

本基準において、関連法令等を以下のように略した。

「連　携　法」：法科大学院の教育と司法試験等との連携等に関する法律

「告示第53号」：文部科学省告示第53号（専門職大学院に関し必要な事項について定める件）

「専　門　職」：専門職大学院設置基準（平成15年文部科学省令第16号）

法科大学院基準について

(1)　法科大学院基準は、大学基準協会が法科大学院の認証評価機関として法科大学院の認証評価を行うために設定されたものである。

(2)　大学基準協会は、大学が適切な水準の維持・向上を図るための指針として、同時に大学基準協会が行う大学評価の基準として「大学基準」をはじめ諸基準の設定・改定を行ってきた。

法科大学院基準は、大学基準を頂点とする本協会諸基準の中に位置づけられるものである。

(3)　法科大学院基準は、以下の10の大項目で構成されている。

1 理念・目的ならびに教育目標
2 教育の内容・方法等
3 教員組織
4 学生の受け入れ
5 学生生活への支援
6 施設・設備、図書館
7 事務組織
8 管理運営
9 点検・評価等
10 情報公開・説明責任

(4)
基準の各大項目は、「**本文**」と「**評価の視点**」で構成されている。

「**本文**」は、法科大学院制度の趣旨を考慮した上で、それぞれの法科大学院が自ら掲げる理念・目的を実現し、教育目標を達成するために各大項目において最も基本的な事項について大綱的に定めたものである。

「**評価の視点**」は、二つの機能を有する。第一に、評価を受ける法科大学院にとっては、自己点検・評価の円滑な実施と法科大学院における教育研究活動の改善に資するためのものとして、第二に、評価者である大学基準協会にとっては、文字通り評価を行う際の視点としての役割を果たすものである。

「**評価の視点**」は、以下の2段階に分かれている。


【レベルⅠ】

法科大学院に必要とされる最も基本的な事項

ここでは、それぞれの法科大学院が法科大学院の制度目的ならびに各法科大学院固有の理念・目的および教育目標（以下、理念・目的・教育目標という）の実現のために、カリキュラム編成および授業科目の開設状況、入学定員に対する入学者数、専任教員数および専任教員1人当りの学生数、施設・設備の充実度など、学生の学習環境や教員の教育研究条件等について、どのように整備し、どのような教育を提供しているかについて評価が行われる。

【レベルⅠ】にかかわる事項のうち、
・◎は法令等の遵守に関する事項である。「**評価の視点**」の後に（　）で根拠となる法科大学院関連法令等と該当条文を示した。
なお、根拠法令が示されていない「**評価の視点**」もあるが、これらは①学校教育法、大学設置基準、大学院設置基準等の、高等教育に関する一般的な法令に根拠を求めることができる事項、②法令に根拠を求めることはできないものの、設置認可の際に法科大学院に対して遵守することが求められている事項である。
◎を付した「**評価の視点**」については、法令遵守状況に重大な問題がある場合は、認定しない。ただし、状況によっては勧告(※)を付すにとどめる場合がある。
また法令遵守状況に軽微な問題がある場合についても勧告を付す。
・○は大学基準協会が法令に準じて法科大学院に求める基本的事項である。この事項に問題がある場合は、勧告を付す。また、重大な問題がある場合や、多くの点で問題がある場合は、認定しない。
・なお、◎、○のいずれにおいても、勧告とはいえないが、法科大学院の一層の改善を促すために、以下の**レベルⅡ**と同様に問題点の指摘を行う場合がある。

【レベルⅡ】

法科大学院が行う教育研究の質を今後も継続的に維持・向上させていくために点検・評価することが高度に望まれる事項

法科大学院は、その理念・目的の実現と教育目標の達成のために払っている努力とその効果について、点検・評価の結果を明らかにすることが必要である。加えて、理念・目的の実現と教育目標の達成のために、法科大学院が行っている固有の特色ある取組みについても積極的な点検・評価を行うことが求められる。

ここでは、レベルⅠの視点に加えて、法科大学院の理念・目的・教育目標の達成度や努力の成果を検証する視点からの評価が行われる。すなわち、理念・目的・教育目標の実現に向けてどれだけ有効な活動を行っているかに焦点をあてた評価（学生に対する履修指導、学生の学修の活性化への取組み、教員の教育指導方法の改善のための仕組みなど）や、教育上の成果から法科大学院の理念・目的・教育目標の達成度や努力の成果を検証する視点からの評価（各授業科目の単位取得・修了の状況、大学院修了後の進路の状況、教育効果の測定など）がこれにあたる。

【レベルⅡ】にかかわる事項のうち、理念・目的の実現と教育目標の達成のために払っている努力の状況およびその成果ならびに特色ある取組みについて、
・不十分である
・制度化とその制度の運用が不十分である
場合は、「問題点」(※)を付す。

また、
・努力の成果が十分上がっている
・制度が整い、十分機能している
場合は、「長所」(※)を付す。

◆レベルⅠとⅡを簡単に表にまとめると以下のようになる。

評価の視点のレベル	評価の視点にかかわる事項	評価
レベルⅠ◎	法令等の遵守に関する事項	認定の可否、勧告、問題点
レベルⅠ○	大学基準協会が法令に準じて法科大学院に求める基本的事項	勧告、問題点（ただし、重大な問題点がある場合は認定の可否）

レベルⅡ○	法科大学院が行う教育研究の質を今後も継続的に維持・向上させていくために点検・評価することが高度に望まれる事項	問題点、長所

（※）法科大学院の認証評価の結果は、①認定の可否、②長所、③問題点、④勧告等で構成される。

このうち、「勧告」は、法科大学院に対して、改善計画を立て、速やかにその具体的な措置を講じることを求める事項について付されるものであり、2年後に提出を求める改善報告書では改善状況を必ず報告することが義務づけられる。

これに対して、「問題点」は、法科大学院の改善を一層促進させることを目的に付されるものであり、必ずしも改善義務を課すものではないが、2年後に提出を求める改善報告書ではその対応状況について必ず言及されなければならない。

法科大学院基準

平成一七年一月二七日決定

1　理念・目的ならびに教育目標

法科大学院制度の目的は、専門的な法律知識、将来の法曹としての実務に必要な学識およびその応用能力、法律に関する実務の基礎的素養、幅広い教養、豊かな人間性ならびに高い職業倫理等を備えた法曹を養成することにある。法科大学院は21世紀の社会において司法に期待される役割を十全に果たすための人的基盤の確立という重要な使命を担っている。

法科大学院は、この制度目的・使命を踏まえ、固有の理念・目的ならびに教育目標を掲げ、その実現に向けて教育研究活動を行うに必要な組織・制度を整備し、人材育成を行うことが肝要である。

法科大学院は理念・目的ならびに教育目標を学内外に広く明らかにするとともに、社会的要請の変化等を視野に入れながら、教育目標の適切性について不断に検証することが必要である。

評価の視点

項目	評価の視点	レベル Ⅰ	レベル Ⅱ
（理念・目的ならびに教育目標）	1—1　理念・目的ならびに教育目標が明確に設定されているか。	○	
	1—2　理念・目的ならびに教育目標は、法科大学院制度の目的に適っているか（「連携法」第1条）。	◎	
	1—3　理念・目的ならびに教育目標は、教職員、学生等の学内の構成員に周知されているか。	○	
	1—4　理念・目的ならびに教育目標はホームページや大学案内等を通じ、社会一般に広く明らかにされているか。	○	
（教育目標の検証）	1—5　教育目標の達成状況等を踏まえて、教育目標の検証が適切に行われているか。	○	

2　教育の内容・方法等

法科大学院の教育課程は、法科大学院制度の目的に即し、かつ、それぞれの法科大学院の理念・目的ならびに教育目標を達成するために、適切に編成されなければならない。教育課程の編成にあたっては、関連法令等を遵守し、法科大学院制度の目的ならびに各法科大学院固有の教育目標にふさわしい授業科目を体系的に配置する必要がある。また、法曹としての職業倫理および基礎的技能等の涵養のために、理論的かつ実践的な教育を適切に実施することが必要である。

法科大学院が十分な教育上の成果をあげるためには、履修形態に応じた適切な教育方法を整備すること、とりわけ、理論と実務の架橋を図る教育方法を導入し、効果的に実施する体制を整えることが必要である。

単位認定および課程修了認定にあたっては、法科大学院制度の目的を踏まえ、その基準を適切に設定するとともに、これを厳格に運用する必要がある。

各法科大学院は、教育研究活動を通じていかなる教育効果があがっているかを不断に検証することが重要である。そのためには教育効果を測定する上で有効な種々の方法を開発・活用するとともに、教育内容・方法等の改善を図るための組織的な体制を整備し、恒常的に改善努力を行うことが必要である。

評価の視点

項目	評価の視点	レベル Ⅰ	レベル Ⅱ
（教育課程の編成）	2—1　法令が定める法律基本科目、法律実務基礎科目、基礎法学・隣接科目、展開・先端科目のすべてにわたり、法科大学院制度の目的に即して構成され、授業科目がバランスよく開設されているか。また、授業科目の内容がそれぞれの科目群にふさわしいものとなっているか（「連携法」第2条、「告示第53号」第5条）。	◎	
	2—2　法科大学院固有の教育目標を達成するためにふさわしい授業科目が開設されているか（「連携法」第2条）。	◎	
	2—3　学生の履修が、法律基本科目、法律実務基礎科目、	◎	

項目	No.	評価の視点		
		基礎法学・隣接科目、展開・先端科目のいずれかに過度に偏らないよう規定するなど、適切に配慮されているか（「告示第53号」第5条第2項）。		
	2—4	カリキュラム編成においては、授業科目が必修科目、選択必修科目、選択科目等に適切に分類され、学生による履修が系統的・段階的に行えるよう適切に配置されているか。	○	
（法理論教育と法実務教育の架橋）	2—5	法理論教育と法実務教育の架橋を図るために、カリキュラム編成、授業の内容、履修方法等について工夫がなされているか。	○	
（法律実務基礎科目）	2—6	法律実務基礎科目として、法曹倫理に関する科目ならびに民事訴訟実務および刑事訴訟実務に関する科目が必修科目として開設されているか（「告示第53号」第5条第1項の2）。	◎	
（法情報調査および法文書作成）	2—7	法情報調査および法文書作成を扱う科目が開設されているか。	○	
（実習科目）	2—8	法律実務基礎科目として、法曹に求められる実務的な技能を修得させ、法曹としての責任感を涵養するための実習を主たる内容とする科目（模擬裁判、ローヤリング、リーガル・クリニック、エクスターンシップ等）が開設されているか。	○	
	2—9	リーガル・クリニックやエクスターンシップ等が実施されている場合、それが、臨床実務教育にふさわしい内容を有し、かつ、明確な責任体制のもとで指導が行われているか。	○	
（実習科目における守秘義務等）	2—10	リーガル・クリニックやエクスターンシップ等が実施されている場合、関連法令等に規定される守秘義務に関する仕組みが学則等で整えられ、かつ、適切な指導が行われているか。	◎	
（課程修了の要件）	2—11	課程修了の要件については、在学期間および修了の認定に必要な単位数が法令上の基準（原則として3年、93単位以上）を遵守し、かつ、履修上の負担が過重にならないように配慮して設定されているか（「専門職」第23条）。	◎	
（履修科目登録の上限）	2—12	学生が各年次において履修科目として登録することのできる単位数の上限が、法令上の基準（36単位を標準とする）に従って適切に設定されているか（「告示第53号」第7条）。	◎	
（他の大学院において修得した単位等の認定）	2—13	学生が他の大学院において履修した授業科目について修得した単位を当該法科大学院で修得した単位として認定する場合、その認定が法令上の基準（原則として30単位以内）のもとに、当該法科大学院の教育水準および教育課程としての一体性を損なわないよう十分に留意した方法で行われているか（「専門職」第21条）。	◎	
（入学前に修得した単位等の認定）	2—14	学生が当該法科大学院に入学する前に大学院で履修した授業科目について修得した単位を入学後に当該法科大学院で修得した単位として認定する場合、その認定が法令上の基準（原則として30単位以内）のもとに、当該法科大学院の教育水準および教育課程としての一体性を損なわないよう十分に留意した方法で行われているか（「専門職」第22条）。	◎	
（在学期間の短縮）	2—15	在学期間の短縮を行っている場合、その期間が法令上の基準（1年以内）に従って設定され、適切な基準および方法によって、その認定が行われているか（「専門職」第24条）。	◎	
（履修指導の体制）	2—16	法学未修者および法学既修者それぞれに応じた履修指導の体制が整備され、履修指導が効果的に行われているか。	○	
（学習相談体制）	2—17	オフィス・アワーを設定するなど、教員による学習方法等の相談体制が整備され、学習支援が効果的に行われているか。	○	
	2—18	アカデミック・アドバイザーやティーチング・アシスタント等による相談体制が整備され、学習支援が適切に行われているか。		○
（授業計画等の明示）	2—19	授業の内容・方法および1年間の授業計画が、学生に対してシラバス等を通じてあらかじめ明示されているか（「専門職」第10条第1項）。	◎	
（授業の方法）	2—20	授業はシラバスに従って適切に実施されているか。	○	
	2—21	授業科目に相応して、双方向または多方向の討論もしくは質疑応答等、法曹養成のための実践的な教育方法が取り入れられ、それが適切に実施されているか（「専門職」第8条）。	◎	
（授業を行う学生数）	2—22	効果的な学修のために、一つの授業科目について同時に授業を行う学生数を少人数とすることを基本としているか（「告示第53号」第6条第1項）（注）。（注：「一つの授業科目について同時に授業を行う学生数」とは、授業を受講するすべての学生をいう。）	◎	
	2—23	法律基本科目については、一つの授業科目について同時に授業を行う学生数が法令上の基準（50人を標準とする）に従って適切に設定されているか（「告示第53号」第6条第2項）（注）。（注：「一つの授業	◎	

項目		評価の視点	I	II
		科目について同時に授業を行う学生数」とは、授業を受講するすべての学生をいう。）		
	2―24	個別的指導が必要な授業科目（リーガル・クリニックやエクスターンシップ等）については、それにふさわしい学生数が設定されているか。	○	
（成績評価および修了認定）	2―25	学修の成果に対する評価、単位認定および課程修了の認定の基準および方法が、学生に対してシラバス等を通じてあらかじめ明示されているか（「専門職」第10条第2項）。	◎	
	2―26	学修の成果に対する評価、単位認定および課程修了の認定は、明示された基準および方法に基づいて客観的かつ厳格に行われているか（「専門職」第10条第2項）。	◎	
（再試験および追試験）	2―27	単位認定に関わる再試験を行っている場合、その基準および方法が学生に対してシラバス等を通じてあらかじめ明示されているか。また、その認定が客観的かつ厳格に行われているか。	○	
	2―28	学生がやむをえない事情により単位認定に関わる試験を受験できなかった場合、追試験を行うなどの相当の措置がとられているか。また、追試験制度はあらかじめ明示された客観的な基準に基づいて実施されているか。	○	
（進級制限）	2―29	一学年修了に必要な単位数を修得できない学生や成績不良の学生の進級を制限する措置がとられているか。	○	
	2―30	進級制限を行っていない場合は、それに代わる適切な措置が講じられているか。	○	
（教育効果の測定）	2―31	教育目標に即した教育効果がどの程度達成されているかについて、それを測定する仕組みが整備されているか。測定項目、測定指標、分析・評価基準の設定等および実施体制の構成等が適切に行われ、その測定方法は有効に機能しているか。		○
（教育内容および方法の改善）	2―32	教育内容および方法の改善を図るために、組織的な研究および研修を継続的かつ効果的に行う体制（FD体制）が整備され、実施されているか（「専門職」第11条）。	◎	
	2―33	FD活動は、教育内容および方法の改善に有効に機能しているか。		○
	2―34	学生による授業評価が組織的に実施されているか。	○	
	2―35	学生による授業評価の結果を教育の改善につなげる仕組みが整備されているか。		○
（特色ある取組み）	2―36	理念・目的ならびに教育目標の達成のため、教育内容および方法について、特色ある取組みを行っているか。		○

3 教員組織

法科大学院は、法科大学院制度の目的に即し、かつ、それぞれの法科大学院の理念・目的および教育目標を達成できるよう、適切な教員組織を設けるとともに、これにふさわしい教員を配置することが必要である。また、法科大学院は、将来にわたり教育研究活動を維持するに十分な教育研究能力や専門的知識・経験を備えた教員を任用するために、透明性のある手続を定め、その公正な運用に努めなければならない。

法科大学院は、教員の学問的創造性を伸張し、十全な教育研究活動をなし得るよう、その環境を整えるとともに、恒常的に教育方法を改善し向上させることができるよう、支援体制を整備することが必要である。また、法科大学院は、教員組織が有効に機能しているか否かについて不断に検証し、その改善・向上に努めることが重要である。

評価の視点 項目		評価の視点	レベル I	レベル II
（専任教員数）	3―1	専任教員数に関して、法令上の基準（最低必要専任教員12名、学生15人につき専任教員1名）を遵守しているか（「告示53号」第1条第1項）。	◎	
	3―2	専任教員は、1専攻に限り専任教員として取り扱われているか（「告示53号」第1条第2項。なお、平成25年度まで「専門職」附則2が適用される）。	◎	
	3―3	法令上必要とされる専任教員数の半数以上は原則として教授で構成されているか（「告示53号」第1条第3項）。	◎	
（専任教員としての能力）	3―4	教員は、以下のいずれかに該当し、かつ、その担当する専門分野に関し高度の指導能力を備えているか。 1　専攻分野について、教育上または研究上の業績を有する者 2　専攻分野について、高度の技術・技能を有する者 3　専攻分野について、特に優れた知識および経験を有する者 （「専門職」第5条）	◎	
（実務家教員）	3―5	法令上必要とされる専任教員数のおおむね2割以上は、5年以上の法曹としての実務の経験を有し、かつ高度の実務能力を有する教員を中心として構	◎	

項目	評価の視点		I	II
		成されているか（「告示第53号」第2条）。		
（専任教員の分野構成、科目配置）	3—6	法律基本科目の各科目に1名ずつ専任教員（専ら実務的側面を担当する教員を除く）が適切に配置されているか。その際、入学定員101～200人未満の法科大学院については、民法に関する科目を含む少なくとも3科目については2人以上の専任教員が、入学定員200人以上の法科大学院については、公法系（憲法、行政法に関する科目）4名、刑事法系（刑法、刑事訴訟法に関する科目）4名、民法に関する科目4名、商法に関する科目2名、民事訴訟法に関する科目2名以上の専任教員が配置されているか。	◎	
	3—7	法律基本科目、基礎法学・隣接科目および展開・先端科目について、専任教員が適切に配置されているか。	◎	
	3—8	法律実務基礎科目のうち、主要な科目に実務経験のある教員が配置されているか。	○	
（教員の構成）	3—9	専任教員の年齢構成が、教育研究の水準の維持向上および教育研究の活性化を図る上で支障を来たすような、著しく偏ったものになっていないか。	◎	
	3—10	教員の男女構成比率について、配慮を行っているか。		○
（専任教員の後継者の補充等）	3—11	専任教員の後継者の養成または補充等について適切に配慮しているか。		○
（教員の募集・任免・昇格）	3—12	教員の募集・任免・昇格について、適切な内容の基準、手続きに関する規程が定められているか。	○	
	3—13	教員の募集・任免・昇格は、その規程に則って、教授会等の法科大学院固有の専任教員組織の責任において適切に行われているか。	○	
（教員の教育研究条件）	3—14	専任教員の授業担当時間は、教育の準備および研究に配慮した適正な範囲（多くとも年間30単位相当、みなし専任教員は15単位相当を上限とする）となっているか。	◎	
	3—15	研究専念期間制度（サバティカル・リーヴ）等、教員の研究活動に必要な機会が保障されているか。		○
	3—16	専任教員に対する個人研究費が適切に配分されているか。		○
（人的補助体制）	3—17	教育研究に資する人的な補助体制が適切に整備されているか。		○
（教育研究の評価と教育方法の改善）	3—18	専任教員の教育活動および研究活動の活性度を評価する方法が整備されているか。		○
（特色ある取組み）	3—19	理念・目的ならびに教育目標を達成するため、また、カリキュラムに即した教育を実現するために、教員組織について特色ある取組みを行っているか。		○

4 学生の受け入れ

法科大学院は、法科大学院制度の目的に即し、かつ、それぞれの法科大学院の理念・目的ならびに教育目標を達成することができるよう、適切な学生の受け入れ方針を定め、それに基づいて適切かつ公正に学生を受け入れなければならない。法科大学院は、教育効果を高めるために、学生の受け入れ方針・方法等について不断に検証し、その改善・向上に努めることが必要である。

評価の視点 項目	評価の視点		レベル I	レベル II
（学生の受け入れ方針等）	4—1	法科大学院制度の目的に合致し、かつ、各法科大学院の理念・目的ならびに教育目標に即した学生の受け入れ方針、選抜方法および選抜手続きが設定され、事前に入学志願者をはじめ広く社会に公表されているか。	○	
	4—2	入学者選抜にあたっては、受け入れ方針・選抜基準・選抜方法に適った学生を適確かつ客観的な評価によって受け入れているか（「専門職」第20条）。	◎	
	4—3	学生募集方法および入学者選抜方法は、法科大学院の入学資格を有するすべての志願者に対して、入学者選抜を受ける公正な機会を等しく確保したものとなっているか（「専門職」第20条）。	◎	
（実施体制）	4—4	入学者選抜試験に関する業務は、責任ある実施体制の下で、適切かつ恒常的に安定して行われているか。	○	
（複数の入学者選抜の実施）	4—5	複数の入学者選抜方法を採用している場合、各々の選抜方法の位置づけおよび関係は適切であるか。		○
（公平な入学者選抜）	4—6	自校推薦や団体推薦等による優先枠を設けるなどの形で、公平性を欠く入学者選抜が行われていないか。	◎	
（複数の適性試験の結果）	4—7	入学者選抜において、複数の適性試験の結果を考慮する場合、その内容・方法は適切か。また、その内容・方法は事前に公表されているか。	◎	
（法学既修者の認定等）	4—8	法学既修者の認定は、適切な認定基準および認定方法に基づき公正に行われているか。また、認定基準は適切な方法で事前に公表されているか（「専門職」第25条）。	◎	
	4—9	法学既修者の課程修了の要件については、在学期間の短縮および修得したものとみなす単位数が法令上	◎	

項目	評価の視点		レベルI	レベルII
		の基準（1年、30単位を上限とする）に基づいて適切に設定されているか（「専門職」第25条）。		
（入学者選抜方法の検証）	4—10	学生の受け入れ方針・選抜基準・選抜方法等の学生受け入れのあり方について、恒常的に検証する組織体制・システムが確立されているか。		○
（入学者の多様性）	4—11	多様な知識または経験を有する者を入学させるよう適切に配慮しているか（「連携法」第2条、「専門職」第19条）。	◎	
	4—12	入学者のうちに法学以外の課程を履修した者または実務等の経験を有する者の占める割合が3割以上となるよう努めているか。また、その割合が2割に満たない場合は、当該法科大学院における入学者の選抜の実施状況を公表しているか（「告示第53号」第3条）。	◎	
（入学試験における身体障がい者等への配慮）	4—13	身体障がい者等が入学試験を受験するための仕組みや体制等が整備されているか。		○
（定員管理）	4—14	法科大学院の教育にふさわしい環境を継続的に確保するために、入学定員に対する入学者数および学生収容定員（注）に対する在籍学生数は適正に管理されているか。	○	
	4—15	学生収容定員（注）に対する在籍学生数に大幅な超過や不足が生じないための仕組み・体制等が講じられているか。また、大幅な超過や不足が生じた場合、その是正に向けた措置が適切にとられているか。（注：ここでいう「収容定員」は、法令にいう「入学定員の3倍」であるから、既修者認定を受けた者の人数によっては、収容定員対在籍学生数は、必ずしも1対1が適正とはいえない。）		○
（休学者・退学者の管理）	4—16	休学者・退学者の状況および理由の把握・分析に努め、適切な指導等がなされているか。	○	
（特色ある取組み）	4—17	法科大学院における適切な学生の受け入れを達成するために、特色ある取組みを行っているか。		○

5 学生生活への支援

法科大学院は、法科大学院制度の目的に即し、かつ、それぞれの法科大学院の理念・目的ならびに教育目標を達成することができるよう、学生の心身の健康や経済状況等に関する相談・支援体制等の学修環境を整備することを通じて、学生生活に適切に配慮しなければならない。

評価の視点

項目	評価の視点		レベルI	レベルII
（学生の心身の健康の保持）	5—1	学生の心身の健康を保持・増進するための適切な相談・支援体制が整備されているか。	○	
（各種ハラスメントへの対応）	5—2	各種ハラスメントに関する規定および相談体制が適切に整備され、それが学生へ周知されているか。	○	
（学生への経済的支援）	5—3	奨学金その他学生への経済的支援についての適切な相談・支援体制が整備されているか。	○	
（身体障がい者等への配慮）	5—4	身体障がい者等を受け入れるための適切な支援体制が整備されているか。		○
（進路についての相談体制）	5—5	学生の進路選択に関わる相談・支援体制が適切に整備されているか。		○
（特色ある取組み）	5—6	学生が安心して学修に専念できるよう、学生生活の支援に関する特色ある取組みを行っているか。		○

6 施設・設備、図書館

法科大学院は、法科大学院制度の目的に即し、かつ、それぞれの法科大学院の理念・目的ならびに教育目標を達成することができるよう、学生数・教員数等の組織規模等に応じて、適切に施設・設備を整備するとともに、法科大学院における教育研究活動に十分な図書等の資料を整備し、その有効な活用を図らなければならない。

各法科大学院は、コンピュータその他の情報関連設備を含めて、教育形態に対応する施設・設備を整える必要がある。

これらの施設・設備は身体に障がいを持つ人に対しても配慮されていることが重要である。

評価の視点

項目	評価の視点		レベルI	レベルII
（教育形態に即した施設・設備）	6—1	講義室、演習室その他の施設・設備が、各法科大学院の規模および教育形態に応じ、適切に整備されているか（「専門職」第17条）。	◎	
（自習スペース）	6—2	学生が自主的に学習できるスペースが十分に備えられ、かつ、利用時間が十分に確保されているか。	○	
（研究室の整備）	6—3	各専任教員に十分なスペースの個別研究室が用意されているか。	○	
（情報関連設備および人的体制）	6—4	学生の学習および教員による教育研究のために必要な情報インフラストラクチャーおよびそれを支援す	○	

項目	評価の視点	レベル I	レベル II
	る人的体制が適切に整備されているか。		
（身体障がい者等への配慮）	6―5 身体障がい者等のために適切な施設・設備が整備されているか。		○
（施設・設備の維持・充実）	6―6 施設・設備を維持し、社会状況等の変化に合わせて、施設・設備を充実するよう、適切に配慮されているか。		○
（図書等の整備）	6―7 図書館には法科大学院の学生の学習および教員の教育研究のために必要かつ十分な図書および電子媒体を含む各種資料が計画的・体系的に整備されているか。	○	
（開館時間）	6―8 図書館の開館時間は法科大学院の学生の学習および教員の教育研究のために、十分に確保されているか。	○	
（国内外の法科大学院等との相互利用）	6―9 国内外の法科大学院・研究機関等との図書等の学術情報・資料の相互利用のための条件整備を行っているか。		○
（特色ある取組み）	6―10 法科大学院の理念・目的ならびに教育目標を達成するために、施設・設備の整備について特色ある取組みを行っているか。		○

7 事務組織

法科大学院は、法科大学院制度の目的に即し、かつ、それぞれの法科大学院の理念・目的ならびに教育目標を達成することができるよう、適切な事務組織を設けるとともに、これを適正に運営しなければならない。

事務組織は、法科大学院における教育研究活動の趣旨と目的に深い理解を有する職員によって構成されることが必要である。事務組織は、教育研究組織と適切な連携協力関係を保持しつつ、法科大学院の運営に参画することが求められる。このためには、優秀な人材の確保と合理的な事務組織の構築が不可欠であり、法科大学院は、職員に求められる能力を継続的に啓発する機会の確立など適切な環境の整備に努めることが肝要である。

評価の視点

項目	評価の視点	レベル I	レベル II
（適切な事務組織の整備）	7―1 法科大学院の管理運営および教育研究活動の支援を行うため、法科大学院の設置形態および規模等に応じた適切な事務組織の整備および職員配置が行われているか。	○	
（事務組織と教学組織との関係）	7―2 管理運営および教育研究活動の支援において、事務組織と教学組織との間で有機的な連携が図られているか。	○	
（事務組織の役割）	7―3 法科大学院の中・長期的充実を支えるために、事務組織としての企画・立案機能は適切に発揮されているか。		○
（事務組織の機能強化のための取組み）	7―4 管理運営および教育研究活動の十全な遂行のため、職員に求められる能力の継続的な啓発・向上に努めているか。		○
（特色ある取組み）	7―5 法科大学院における事務組織とその機能の充実を図るために、特色ある取組みを行っているか。		○

8 管理運営

法科大学院は、法科大学院制度の目的に即し、かつ、それぞれの法科大学院の理念・目的ならびに教育目標を達成することができるよう、関連法令等を遵守するとともに、明文化された学内規程等に従って適切に管理運営を行わなければならない。

管理運営に関する規程等の整備とその運用にあたっては、管理運営組織の独自性・自主性、意思決定の適切性・効率性、学問研究の自律性等に十分に配慮しなければならない。

また、法科大学院の管理運営は、関係する学部・研究科や全学的諸機関との適切な連携のもとに行われることが必要である。

評価の視点

項目	評価の視点	レベル I	レベル II
（管理運営体制等）	8―1 法科大学院の管理運営に関する規程等が整備されているか。	○	
	8―2 法科大学院の設置形態にかかわらず、法科大学院の教学およびその他の管理運営に関する重要事項については教授会等の法科大学院固有の専任教員組織の決定が尊重されているか。	◎	
（法科大学院固有の専任教員組織の長の任免）	8―3 法科大学院固有の管理運営を行う専任教員組織の長の任免等に関して適切な基準が設けられ、かつ、適切に運用されているか。	○	
（関係学部・研究科等との連携）	8―4 法科大学院と関係する学部・研究科等が設置されている場合、それとの連携・役割分担は適切に行われているか。	○	
（財政基盤の確保）	8―5 法科大学院の教育研究活動の環境整備のために十分な財政基盤および資金の確保に努めているか。	○	
（特色ある取組み）	8―6 法科大学院における管理運営の機能・あり方等の充実を図るために、特色ある取組みを行っているか。		○

5 評価基準等

9 点検・評価等

法科大学院は、法科大学院制度の目的に即し、かつ、それぞれの法科大学院の理念・目的ならびに教育目標を達成することができるよう、教育研究を適切な水準に維持するとともに、その活動を不断に点検・評価し、改善・向上に結び付けてゆく必要がある。また、法科大学院は、自己点検・評価の結果を広く社会に公表しなければならない。

評価の視点

項目	評価の視点	レベル I	レベル II
(自己点検・評価)	9—1 自己点検・評価のための組織体制を整備し、適切な評価項目および確立された方法に基づいた自己点検・評価を実施しているか。	◎	
	9—2 自己点検・評価の結果を広く公表しているか。	◎	
(評価結果に基づく改善・向上)	9—3 自己点検・評価および認証評価の結果を法科大学院の教育研究活動の改善・向上に結び付けるためのシステムを整備しているか。	○	
	9—4 自己点検・評価の結果を法科大学院の教育研究活動の改善・向上に有効に結び付けているか。		○
(特色ある取組み)	9—5 自己点検・評価を自らの改善に結び付けるために、特色ある取組みを行っているか。		○

10 情報公開・説明責任

法科大学院は、透明性の高い運営を行うとともに、自らの諸活動の状況につき、社会に対し積極的に情報公開に努め、その説明責任を果たすことが必要である。

評価の視点

項目	評価の視点	レベル I	レベル II
(情報公開・説明責任)	10—1 法科大学院の組織・運営と諸活動の状況について、社会が正しく理解できるよう、ホームページや大学案内等を利用して適切に情報公開を行っているか。	○	
	10—2 学内外からの要請による情報公開のための規程および体制は整備されているか。	○	
	10—3 現在実施している情報公開は、説明責任の役割を適切に果たしているか。		○

会計大学院評価基準要綱

特定非営利活動法人国際会計教育協会　会計大学院評価機構

第1章　教育目的

1—1 教育目的

1—1—1

高度な会計系職業人養成を目的とした専門職大学院（以下「会計大学院」という。）においては、その創意をもって、将来の会計専門職業人（会計・監査に関係する業務に携わる者）が備えるべき高い倫理観、実務に必要な学識及びその応用能力並びに会計実務の基礎的素養を涵養するために、教育目的を明文化すること。

1—2 教育目的の達成

1—2—1

1—1—1 の目的が達成されるように、各会計大学院は養成しようとする会計専門職業人像に適った教育を行うこと。

1—2—2

1—1—1 の目的を達成し、1—2—1 の教育を実現するために、各会計大学院は教育の理念や目的を具体的に示し、それらと矛盾しない体系的な教育を施し、その教育を貫徹するために成績評価と修了認定を厳格に行うこと。

1—2—3

各会計大学院は1—2—2 が実施されているかどうかをレビューする第三者評価を尊重し、教育目的を達成するための努力を継続して行うこと。

□教育上の理念・目的、養成しようとする職業的会計人像等の明文化された冊子等の該当箇所（研究科概要，入学者選抜要項，ウェブサイト等の抜粋）
□開講授業科目一覧
□シラバスの授業計画，科目概要など授業内容を示した箇所
□履修モデルなど，教育課程編成のコンセプトの明示された資料
□修了後の進路及び活動状況（関連する資格試験の受験・合格状況，修了生の就職先）が把握できる資料
□各種資格取得状況が把握できる資料
□進路先などの関係者に対するアンケートが実施されている場合，そのデータ等

第2章　教育内容

2—1 教育内容

2—1—1

教育課程が，社会的期待を反映し，理想とする会計専門職業人を養成する目的を実現することに資するものであること。

解釈指針2—1—1—1

会計大学院は，その目的のひとつに公認会計士養成があげられるが，社会からはより広範な期待が寄せられていることをふまえ，各会計大学院が創意工夫のうえ，教育課程を編成する。

教育課程は，会計専門職業人の理想像を明確にし，その養成にふさわしい教育内容をもとに編成する。

□教育上の理念・目的，養成しようとする職業的会計人像等の明文化された
□冊子等の該当箇所（研究科概要，入学者選抜要項，ウェブサイト等の抜粋）
□開講授業科目一覧
□シラバスの授業計画，科目概要など授業内容を示した箇所
□基礎となる学部のカリキュラム及びコース編成が把握できる資料

2—1—2

次の各号に掲げる授業科目群からの履修により，段階的な教育課程が編成されていること。

（1）基本科目群
（2）発展科目群
（3）応用・実践科目群

解釈指針2—1—2—1

基本科目は，会計並びに関連諸科目についての学部レベルでの知識を確認するとともに，会計専門職業人として最低限必要とされる知識を教育することを目的とする。

会計分野（財務会計，管理会計，監査），経済経営分野，IT分野，法律分野等の各分野について，基本的な科目を複数配置し，これらのうちの主要なものについては選択必修科目とすることが望まれる。

解釈指針2—1—2—2

発展科目は，基本科目群に配置された授業科目を履修していること，あるいはそれらの知識があることを前提として，国際的に通用する会計専門職業人としての必要な知識を教育することを目的とする。

基本科目群の各科目に接続して発展的に授業科目を配置するとともに基本科目群にない専門科目についても複数の科目を配置する。これらの科目については，各会計大学院の目標等に応じて，選択必修科目とすることが望まれる。

解釈指針2—1—2—3

応用・実践科目は，会計専門職業人としての最先端の知識を教育するための授業科目を配置するとともに，会計専門職業の現場で典型的な判断・事例等をシミュレートした教育手法を取り入れ，独自の判断力，論理的な思考力を養成することを目的とする。会計倫理や監査判断等については，事例研究，ディベート，実地調査等の教育手法を取り入れる。

これらの授業科目については，各会計大学院が創意工夫して開設することとする。

解釈指針2—1—2—4

それぞれの実質的内容に応じて，各科目が各科目群に適切に配置されていること。

□開講授業科目一覧
□シラバスの授業計画，科目概要など授業内容を示した箇所

2—1—3

基準2—1—2の各号のすべてにわたって教育上の目的に応じて適当と認められる単位数以上の授業科目が開設されているとともに，学生の授業科目の履修が同基準各号のいずれかに過度に偏ることがないように配慮されていること。また，会計大学院の目的に照らして，選択必修科目，選択科目等の分類が適切に行われ，学生による段階的履修に資するよう各年次にわたって適切に配当されていること。

解釈指針2—1—3—1

会計分野（財務会計，管理会計，監査）の科目を重点的に配置すること。

解釈指針2—1—3—2

会計専門職業人が備えるべき資質・能力の観点から，上記の会計分野の科目以外の幅広い科目を設置することが望ましい。

2—1—4

各授業科目における，授業時間等の設定が，単位数との関係において，大学設置基準第21条から第23条までの規定に照らして適切であること。

□休講となった授業科目における補習等の措置が把握できる資料
□開講授業科目一覧
□シラバスの授業計画，科目概要など授業内容を示した箇所
□授業時間割表

第3章　教育方法

3—1　授業を行う学生数

3―1―1

　会計大学院においては，少人数による双方向的又は多方向的な密度の高い教育が行われなければならないことが基本であることにかんがみ，一の授業科目について同時に授業を行う学生数が，この観点から適切な規模に維持されていること。

解釈指針3―1―1―1

　会計大学院においては，すべての科目について，当該科目の性質及び教育課程上の位置付けにかんがみて，基準3―1―1に適合する数の学生に対して授業が行われていること。

解釈指針3―1―1―2

　基準3―1―1にいう「学生数」とは，実際に当該授業を履修する者全員の数を指し，次に掲げる者を含む。

（1）当該科目を再履修している者。
（2）当該科目の履修を認められている他専攻の学生，他研究科の学生（以下，合わせて「他専攻等の学生」という。）及び科目等履修生。

解釈指針3―1―1―3

　他専攻等の学生又は科目等履修生による会計大学院の科目の履修は，当該科目の性質等に照らして適切な場合に限られていること。

□開講授業科目一覧

3―2　授業の方法

3―2―1

　会計大学院における授業は，次に掲げる事項を考慮したものであること。

（1）専門的な会計知識を確実に修得させるとともに，事実に即して具体的な問題を解決していくために必要な分析能力及び議論の能力，会計判断を関係当事者に正しく伝える能力その他の会計専門職業人として必要な能力を育成するために，授業科目の性質に応じた適切な方法がとられていること。
（2）1年間の授業の計画，各科目における授業の内容及び方法，成績評価の基準と方法があらかじめ学生に周知されていること。
（3）授業の効果を十分にあげられるよう，授業時間外における学習を充実させるための措置が講じられていること。

解釈指針3―2―1―1

　「専門的な会計知識」とは，当該授業科目において会計専門職業人として一般に必要と考えられる水準及び範囲の会計知識をいうものとする。

解釈指針3―2―1―2

　「事実に即して具体的な問題を解決していくために必要な分析能力及び議論の能力，会計判断を関係当事者に正しく伝える能力その他の会計専門職業人として必要な能力」とは，具体的事例に的確に対応することのできる能力をいうものとする。

解釈指針3―2―1―3

　「授業科目の性質に応じた適切な方法」とは，各授業科目の目的を効果的に達成するため，少人数による双方向的又は多方向的な討論（教員と学生の間，又は学生相互の間において，質疑応答や討論が行われていることをいう。），実地調査，事例研究その他の方法であって，適切な教材等を用いて行われるものをいうものとする。

　応用・実践科目については，とりわけ双方向的又は多方向的な討論を通じた授業が，確実に実施されていること。

解釈指針3―2―1―4

　学生が事前事後の学習を効果的に行うための適切な具体的措置としては，次に掲げるものが考えられる。

（1）授業時間割が学生の自習時間を十分に考慮したものであること。
（2）関係資料が配布され，予習事項等が事前に周知されていること。
（3）予習又は復習に関して，教員による適切な指示がなされていること。
（4）授業時間外の自習が可能となるよう，第10章の各基準に適合する自習室スペースや教材，データベース等の施設，設備及び図書が備えられていること。

解釈指針3―2―1―5（集中講義を実施する場合のみ）

　集中講義を実施する場合には，授業時間外の学習に必要な時間が確保されるように配慮されていること。

□開講授業科目一覧
□シラバスの授業計画，科目概要など授業内容を示した箇所
□授業時間割表
□予習・復習のために配布した資料等

3―3　履修科目登録単位数の上限

3―3―1

　会計大学院における各年次において，学生が履修科目として登録することのできる単位数は，モデルカリキュラム等を参考に各会計大学院で適切に設定すること。

解釈指針3―3―1―1

　会計大学院の授業においては，授業時間外の事前事後の学習時間が十分に確保される必要があることから，各年次における履修登録可能な単位数の上限を各会計大学院で適切に設定する。

□履修科目登録に関する規則等
□履修科目登録の状況の把握できる資料

第4章　成績評価及び修了認定

4—1 成績評価

4—1—1

学修の成果に係る評価（以下，「成績評価」という。）が，学生の能力及び資質を正確に反映する客観的かつ厳正なものとして行われており，次に掲げるすべての基準を満たしていること。

（1）成績評価の基準が設定され，かつ学生に周知されていること。
（2）当該成績評価基準にしたがって成績評価が行われていることを確保するための措置がとられていること。
（3）成績評価の結果が，必要な関連情報とともに学生に告知されていること。
（4）期末試験を実施する場合は，実施方法についても適切な配慮がなされていること。

解釈指針4—1—1—1

基準4—1—1（1）における成績評価の基準として，科目の性質上不適合な場合を除き，成績のランク分け，各ランクの分布の在り方についての方針の設定，成績評価における考慮要素があらかじめ明確に示されていること。

解釈指針4—1—1—2

基準4—1—1（2）における措置として，例えば次のものが考えられる。

（1）成績評価について説明を希望する学生に対して説明する機会が設けられていること。
（2）筆記試験採点の際の匿名性が適切に確保されていること。
（3）科目間や担当者間の採点分布に関するデータが関係教員の間で共有されていること。

解釈指針4—1—1—3

基準4—1—1（3）にいう「必要な関連情報」とは，筆記試験を行った場合については，当該試験における成績評価の基準及び成績分布に関するデータを指す。

解釈指針4—1—1—4

基準4—1—1（4）にいう「適切な配慮」とは，筆記試験において合格点に達しなかった者に対して行われる試験（いわゆる再試験）についても厳正な成績評価が行われていること，及び当該学期の授業につき，一定のやむを得ない事情により筆記試験を受験することができなかった者に対して行われる試験（いわゆる追試験）について受験者が不当に利益又は不利益を受けることのないよう配慮されていることなどを指す。

□成績のランク分け，各ランクの分布の在り方についての方針の設定，成績評価における考慮要素の明確化等が明示された規則等
□実際の成績評価の分布状況が把握できる資料
□定められた成績評価基準を明示している規則等
□シラバスの成績評価内容を示した箇所
□各種試験（期末試験，再試験，追試験等）の実施要領，実施状況が把握できる資料
□学期末試験等の試験問題及びその答案・レポート等

4—1—2

学生が在籍する会計大学院以外の機関における履修結果をもとに，当該会計大学院における単位を認定する場合は，当該会計大学院としての教育課程の一体性が損なわれていないこと，かつ厳正で客観的な成績評価が確保されていること。

□他の機関における履修による単位認定に関して定めた規則
□他の機関において修得した授業科目の内容が把握できる資料等

4—2 修了認定及びその要件

4—2—1

会計大学院の修了要件が，専門職大学院設置基準の定めを満たすものであること。

この場合において，次に掲げる取扱いをすることができる。

ア　教育上有益であるとの観点から，他の大学院において（他専攻を含む）履修した授業科目について修得した単位を，各会計大学院が修了要件として定める30単位以上の単位数の二分の一を超えない範囲で，当該会計大学院における授業科目の履修により修得したものとみなすこと。

イ　教育上有益であるとの観点から，当該会計大学院に入学する前に大学院において履修した授業科目について修得した単位を，アによる単位と合わせて各会計大学院が修了要件として定める30単位以上の単位数の二分の一を超えない範囲で，当該会計大学院における授業科目の履修により修得したものとみなすこと。

解釈指針4—2—1—1

修了の認定に必要な修得単位数は，モデルカリキュラム等を参考に各会計大学院が適切に設定する。

解釈指針4—2—1—2

修了の認定に当たっては，例えばＧＰＡ等の方法等を活用して，修了生の成績認定の客観化に努めることとする。

□修了に必要な修得単位数など，修了要件，修了認定に関して定めた規則

第5章　教育内容等の改善措置

5―1 教育内容等の改善措置

5―1―1
教育の内容及び方法の改善を図るための研修及び研究が，組織的かつ継続的に行われていること。

解釈指針5―1―1―1
「教育の内容及び方法の改善」とは，いかなるトピックがどのような観点からどの程度の質と量において教育課程の中で取り上げられるべきか等（教育内容），及び学生に対する発問や応答，資料配付，板書，発声の仕方等（教育方法）についての改善をいうものとする。

解釈指針5―1―1―2
「組織的かつ継続的に行われていること」とは，改善すべき項目及びその方法に関する方針を決定し，改善に関する情報を管理し，改善のための諸措置の実施を担当する組織が，会計大学院内に設置されていることをいうものとする。

解釈指針5―1―1―3
「研修及び研究」の内容として，例えば次に掲げるものが考えられる。
（1）授業及び教材等に対する学生，教員相互，又は外部者による評価を行い，その結果を検討する実証的方法。
（2）教育方法に関する専門家，又は教育経験豊かな同僚教員による講演会や研修会の開催等の啓蒙的方法。
（3）外国大学や研究所等における情報・成果の蓄積・利用等の調査的方法。

□ファカルティ・ディベロップメントに関する委員会や講演会等に関する資料（議事録，配付資料，参加状況等）
□委員会組織の関係図等，役割と責任が把握できる資料
□改善のために設置された組織に関して定められた規則
□授業評価アンケートを行っている場合，そのデータ等

5―1―2
会計大学院における実務家教員における教育上の経験の確保，及び研究者教員における実務上の知見の確保に努めていること。

解釈指針5―1―2―1
実務家として十分な経験を有する教員であって，教育上の経験に不足すると認められる者については，これを補うための教育研修の機会を得ること，また，大学の学部や大学院において十分な教育経験を有する教員であって，実務上の知見に不足すると認められる者については，担当する科目に関連する実務上の知見を補完する機会を得ることが，それぞれ確保されているよう，会計大学院において適切な措置をとるよう努めていること。

□教育研修等に関して定められた規則
□教育研修等の実施状況，参加状況が把握できる資料
□教育研修等で使用した資料等

第6章　入学者選抜等

6―1 入学者受入

6―1―1
公平性，開放性，多様性の確保を前提としつつ，各会計大学院の教育の理念及び目的に照らして，各会計大学院はアドミッション・ポリシー（入学者受入方針）を設定し，公表していること。

解釈指針6―1―1―1
会計大学院には，入学者の能力等の評価，その他の入学者受入に係る業務を行うための責任ある体制がとられていること。

解釈指針6―1―1―2
入学志願者に対して，当該会計大学院の理念及び教育目的，設置の趣旨，アドミッション・ポリシー，入学者選抜の方法，並びに基準9―3―2に定める事項について，事前に周知するように努めていること。

□入学者選抜業務に関する体制（実施体制）等に関して定められた規則
□アドミッション・ポリシー本文（入学者選抜要項等の刊行物やウェブサイトなど，公表されている資料の抜粋）
□公表・周知の状況が把握できる資料（刊行物の配布先・配布数・ウェブサイトの利用状況等
□アドミッション・ポリシー策定時の会議資料や議事録等

6―1―2
入学者選抜が各会計大学院のアドミッション・ポリシーに基づいて行われていること。

6―1―3
会計大学院の入学資格を有するすべての志願者に対して，各会計大学院のアド

されていること。

ミッション・ポリシーに照らして，入学者選抜を受ける公正な機会が等しく確保

解釈指針6―1―3―1
入学者選抜において，当該会計大学院を設置している大学の主として会計学を履修する学科又は課程等に在学，又は卒業した者（以下，「自校出身者」という。）について優遇措置を講じていないこと。入学者に占める自校出身者の割合が著しく多い場合には，それが不当な措置によるものでないことが説明されていること。

解釈指針6―1―3―2（寄附等の募集を行う会計大学院のみ）
入学者への会計大学院に対する寄附等の募集開始時期は入学後とし，それ以前にあっては募集の予告にとどめていること。

□入学者選抜要項
□学生数の状況
□寄附に関して定めた規則，実際の募集状況が把握できる資料等

6―1―4
入学者選抜に当たっては，会計大学院において教育を受けるために必要な入学者の能力等が適確かつ客観的に評価されていること。

解釈指針6―1―4―1
入学者選抜に当たっては，会計大学院における履修の前提として要求される判断力，思考力，分析力，表現力等が，適確かつ客観的に評価されていること。

□入学者選抜要項
□入学試験問題及び学生の解答
□入学者選抜の審査基準に関して定めた規則
□入学者選抜に関する会議資料，議事録等

6―1―5
入学者選抜に当たって，多様な知識又は経験を有する者を入学させるよう努めていること。

解釈指針6―1―5―1
大学等の在学者については，入学者選抜において，学業成績のほか，多様な学識及び課外活動等の実績が，適切に評価できるよう考慮されていることが望ましい。

解釈指針6―1―5―2
社会人等については，入学者選抜において，多様な実務経験及び社会経験等を適切に評価できるよう考慮されていることが望ましい。

□入学者選抜要項
□入学者選抜の審査基準に関して定めた規則
□学生数の状況
□どのような多様な知識又は経験を有する者が入学したか，把握できる資料
□当該会計大学院における社会人及び他学部出身者の定義を明示した資料

6―2 収容定員と在籍者数

6―2―1
会計大学院の在籍者数については，収容定員を上回る状態が恒常的なものとならないよう配慮されていること。

解釈指針6―2―1―1
基準6―2―1に規定する「収容定員」とは，入学定員の2倍の数をいう。また同基準に規定する在籍者には，休学者を含む。

解釈指針6―2―1―2（在籍者数が収容定員を上回った場合のみ）
在籍者数が収容定員を上回った場合には，かかる状態が恒常的なものとならないための措置が講じられていること。

□学生数の状況
□原級留置者数，休学者数が把握できる資料
□会計大学院の運営に関する委員会の議事録等

6―2―2
入学者受入において，所定の入学定員と乖離しないよう努めていること。

解釈指針6―2―2―1
在籍者数等を考慮しつつ，入学定員の見直しが適宜行われていること。

□学生数の状況
□入学者選抜に関する会議資料，議事録等

第7章 学生の支援体制

7―1 学習支援

7―1―1

学生が在学期間中に会計大学院の課程の履修に専念できるよう，また，教育課程上の成果を上げるために，各会計大学院の目的に照らして，履修指導の体制が十分にとられていること。

解釈指針7－1－1－1
入学者に対して，会計大学院における教育の導入ガイダンスが適切に行われていること。

解釈指針7－1－1－2
履修指導においては，各会計大学院が掲げる教育理念及び目的に照らして適切なガイダンスが実施されていること。

□説明会，ガイダンス等の履修指導の実施状況が把握できる資料
□説明会，ガイダンス等で配布された資料，担当者及び対象者の参加状況が把握できる資料

7－1－2
各会計大学院の目的及び教育課程上の成果を実現する上で，教員と学生とのコミュニケーションを十分に図ることができるよう，学習相談，助言体制の整備がなされていること。

解釈指針7－1－2－1（オフィスアワーが設定されている場合のみ）
オフィスアワーが設定されている場合には，それを有効に活用できるよう，学生に対して各教員のオフィスアワーの日時又は面談の予約の方法等が周知されていること。

解釈指針7－1－2－2
学習相談，助言体制を有効に機能させるための施設や環境の整備に努めていること。

□学習相談，助言体制に関して定められた規則
□オフィスアワーが設定されている場合，シラバス等その内容の明示された資料や周知状況の把握できる資料（刊行物，プリント，ウェブサイトの該当箇所等）
□学生の利用状況や具体的事例が把握できる資料
□学習相談のために整備された施設等に関する資料
□学生の意見を汲み上げる制度が把握できる資料

7－1－3
各種の教育補助者による学習支援体制の整備に努めていること。

7－2 生活支援等

7－2－1
学生が在学期間中に会計大学院の課程の履修に専念できるよう，学生の経済的支援及び修学や学生生活に関する相談・助言，支援体制の整備に努めていること。

解釈指針7－2－1－1
各会計大学院は，多様な措置（各会計大学院における奨学基金の設定，卒業生等の募金による基金の設定，他の団体等が給付又は貸与する奨学金への応募の紹介等）によって学生が奨学金制度等を利用できるように努めていること。

解釈指針7－2－1－2
学生の健康相談，生活相談，各種ハラスメントの相談等のために，保健センター，学生相談室を設置するなど必要な相談助言体制の整備に努めていること。

□奨学金や教育ローンなどの募集要項，規則，利用実績が把握できる資料
□相談・助言，支援体制の整備状況，利用実績，具体的相談・助言事例が把握できる資料
□各種ハラスメント等に対応するための委員会の規則，ガイドライン
□保健センター，学生相談室等の概要

7－3 障害のある学生に対する支援

7－3－1
身体に障害のある者に対しても，受験の機会を確保するとともに，身体に障害のある学生について，施設及び設備の充実を含めて，学習や生活上の支援体制の整備に努めていること。

解釈指針7－3－1－1
身体に障害のある者に対しても，等しく受験の機会を確保し，障害の種類や程度に応じた特別措置や組織的対応を工夫することに努めていること。

解釈指針7－3－1－2
身体に障害のある学生の修学のために必要な基本的な施設及び設備の整備充足に努めていること。

解釈指針7－3－1－3
身体に障害のある学生に対しては，修学上の支援，実験・実習・実技上の特別措置を認めるなど，相当な配慮に努めていること。

□障害のある学生に対して整備された施設及び設備の状況が把握できる資料
□障害のある学生に対して行っている特別措置が把握できる資料
□支援体制（ノートテイカー等）の配備状況が把握できる資料

□障害のある学生に対する具体的な予算措置等の状況が把握できる資料

7―4 職業支援（キャリア支援）

7―4―1

学生支援の一環として，学生がその能力及び適性，志望に応じて，主体的に進路を選択できるように，必要な情報の収集・管理・提供，ガイダンス，指導，助言に努めていること。

解釈指針7―4―1―1

学生がそれぞれの目指す進路の選択ができるように，その規模及び教育目的に照らして，適切な相談窓口を設置するなど，支援に努めていること。

□進路選択について学生に配慮していることが把握できる資料
□相談窓口を設置している場合，窓口の概要，相談員の体制，学生の利用状況等が把握できる資料
□職業支援（キャリア支援）に関する委員会，センターの概要，組織図
□説明会，進路指導等の実施状況が把握できる資料

第8章　教員組織

8―1 教員の資格と評価

8―1―1

研究科及び専攻の種類及び規模に応じ，教育上必要な教員が置かれていること。

□教員一覧，教員分類別内訳

8―1―2

基準8―1―1に規定する教員のうち，次の各号のいずれかに該当し，かつ，その担当する専門分野に関し高度の教育上の指導能力があると認められる者が，専任教員として専攻ごとに置かれていること。

（1）専攻分野について，教育上又は研究上の業績を有する者
（2）専攻分野について，高度の技術・技能を有する者
（3）専攻分野について，特に優れた知識及び経験を有する者

解釈指針8―1―2―1

教員の最近5年間における教育上又は研究上の業績等，各教員が，その担当する専門分野について，教育上の経歴や経験，理論と実務を架橋する会計学専門教育を行うために必要な高度の教育上の指導能力を有することを示す資料が，自己点検及び自己評価の結果の公表等を通じて開示されていること。

解釈指針8―1―2―2

基準8―1―2に規定する専任教員については，その専門の知識経験を生かした学外での公的活動や社会貢献活動も自己点検及び自己評価の結果の公表等を通じて開示されていることが望ましい。

解釈指針8―1―2―3

基準8―1―2に規定する専任教員は，大学設置基準（昭和31年文部省令第28号）第13条に規定する専任教員の数及び大学院設置基準（昭和49年文部省令第２８号）第9条に規定する教員の数に算入することができない。

解釈指針8―1―2―4

基準8―1―2に規定する専任教員は，平成２５年度までの間，解釈指針8―1―2―3の規定にかかわらず，同基準に規定する教員の数の3分の1を超えない範囲で，大学設置基準第13条に規定する専任教員の数及び大学院設置基準第９条に規定する教員の数に算入することができるものとする。ただし，大学院設置基準第9条に規定する教員のうち博士課程の後期の課程を担当する教員の数には，基準8―1―2に規定する専任教員の数のすべてを算入することができる。

□教員の情報開示に関する資料（自己点検及び自己評価の結果が掲載された刊行物，ウェブサイト等）
□教員一覧，教員分類別内訳

8―1―3

教員の採用及び昇任に関し，教員の教育上の指導能力等を適切に評価するための体制が整備されていること。

□教員の採用及び昇任に関する規則

8―2 専任教員の配置と構成

8―2―1

会計大学院には，専攻ごとに，平成１１年文部省告示第１７５号の別表第一及び別表第二に定める修士課程を担当する研究指導教員の数の１．５倍の数（小数点以下の端数があるときは，これを切り捨てる。）に，同告示の第2号，別表第一及び別表第二に定める修士課程を担当する研究指導補助教員の数を加えた数の専任教員を置くとともに，同告示の別表第三に定める修士課程を担当する研究指導教員1人当たりの学生の収容定員に4分の3を乗じて算出される収容定員の数（小数点以下の端数があるときは，これを切り捨てる。）につき1人の専任教員が置かれていること。

解釈指針8—2—1—1
基準8—2—1の規定により専攻ごとに置くものとされる専任教員は，専門職学位課程たる会計大学院について1専攻に限り専任教員として取り扱われていること。

解釈指針8—2—1—2
基準8—2—1の規定により専攻ごとに置くものとされる専任教員の数の半数以上は，原則として教授であること。

解釈指針8—2—1—3
基本科目（財務会計，管理会計，監査等）については，いずれも当該科目を適切に指導できる専任教員が置かれていること。

解釈指針8—2—1—4
各会計大学院は，その教育の理念及び目的を実現するために必要と認められる場合には，基準8—2—1に定める数を超えて，専任教員を適切に配置するよう努めることが望ましい。

□教員一覧，教員分類別内訳
□科目別専任教員数一覧

8—2—2
専任教員の科目別配置等のバランスが適正であること。

解釈指針8—2—2—1
各科目について，会計大学院の理念や教育目的に応じた専任教員が置かれていること。

解釈指針8—2—2—2
専任教員の年齢構成に著しい偏りがないように努めていること。

□教員一覧，教員分類別内訳
□科目別専任教員数一覧

8—3　研究者教員

8—3—1
研究者教員（次項8—4—1で規定する実務家教員以外の教員）は，おおむね3年以上の教育歴を有し，かつ，担当する授業科目にかかる高度の研究の能力を有する者であること。

解釈指針8—3—1—1
教育歴については，研究教育機関において専任教員として3年以上の経験を有すること。

解釈指針8—3—1—2
高度の研究の能力とは，担当する授業科目の分野において，過去5年間一定の研究業績を有すること。

□教員の情報開示に関する資料（自己点検及び自己評価の結果が掲載された刊行物，ウェブサイト等）

8—4　実務家教員（実務経験と高度な実務能力を有する教員）

8—4—1
基準8—2—1に規定する専任教員の数のおおむね3割以上は，専攻分野におけるおおむね5年以上の実務の経験を有し，かつ，高度の実務の能力を有する者であること。

解釈指針8—4—1—1
基準8—4—1で規定する実務家教員は，その実務経験との関連が認められる科目を担当していること。

解釈指針8—4—1—2（専任教員以外の者を充てる場合のみ）
基準8—4—1に規定するおおむね3割の専任教員の数に3分の2を乗じて算出される数（小数点以下の端数があるときは，これを四捨五入する。）の範囲内については，専任教員以外の者を充てることができる。
その場合には，1年につき6単位以上の授業科目を担当し，かつ，教育課程の編成その他の会計大学院の組織の運営について責任を担う者であること。

□教員の情報開示に関する資料（自己点検及び自己評価の結果が掲載された刊行物，ウェブサイト等）
□教員一覧，教員分類別内訳
□科目別専任教員数一覧

8—5　専任教員の担当科目の比率

8—5—1
各会計大学院における教育上主要と認められる科目については，原則として，専任教員が配置されていること。

解釈指針8—5—1—1
基準8—5—1に掲げる科目のうち選択必修科目については，その授業のおおむね7割以上が，専任教員によって担当されていること。

□教員一覧，教員分類別内訳
□科目別専任教員数一覧

8—6 教員の教育研究環境

8—6—1
会計大学院の教員の授業負担は，年度ごとに，適正な範囲内にとどめられていること。

解釈指針8—6—1—1
各専任教員の授業負担は，会計大学院で少なくとも8単位以上，会計大学院も含む他専攻，他研究科及び学部等（他大学の非常勤を含む。）を通じて，多くとも年間30単位以下であることとし，年間24単位以下にとどめられていることが望ましい。

□教員一覧，教員分類別内訳

8—6—2
会計大学院の専任教員には，その教育上，研究上及び管理運営上の業績に応じて，数年ごとに相当の研究専念期間が与えられるよう努めていること。
専任教員の処遇に関して定められた規則等

8—6—3
会計大学院の専任教員の教育上及び研究上の職務を補助するため，必要な資質及び能力を有する職員が適切に置かれていること。

□職員の配置等が把握できる資料

第9章 管理運営等

9—1 管理運営の独立性

9—1—1
会計大学院における教育活動等を適切に実施するためにふさわしい独立の運営の仕組みを有していること。

解釈指針9—1—1—1
会計大学院の運営に関する重要事項を審議する会議が置かれていること。
会計大学院の運営に関する会議は，当該会計大学院の専任教授により構成されていること。ただし，当該会計大学院の運営に関する会議の定めるところにより，助教授その他の職員を加えることができる。

解釈指針9—1—1—2
専任の長が置かれていること。

□教員一覧，教員分類別内訳
□組織規則

9—1—2
会計大学院の教育課程，教育方法，成績評価，修了認定，入学者選抜に関する重要事項については，会計大学院の教育に関する重要事項を審議する会議における審議が尊重されていること。

解釈指針9—1—2—1
平成15年文部科学省告示第53号第2条第2項により会計大学院の専任教員とみなされる者については，会計大学院の教育課程の編成等に関して責任を担うことができるよう配慮されていること。

□事務組織図
□スタッフ・ディベロップメントに関する研修会の実施状況等が把握できる資料
□管理運営組織の業務内容，人員配置状況が把握できる資料

9—1—3
教員の人事に関する重要事項については，会計大学院の教員の人事に関する会議における審議が尊重されていること。

9—1—4
会計大学院における教育活動等を適切に実施するためにふさわしい十分な財政的基礎を有していること。

解釈指針9—1—4—1
会計大学院の設置者が，会計大学院における教育活動等を適切に実施するために十分な経費を負担していること。

解釈指針9—1—4—2
会計大学院の設置者が，会計大学院において生じる収入又は会計大学院の運営のために提供された資金等について，会計大学院の教育活動等の維持及び向上を図るために使用することができるよう配慮していること。

解釈指針9—1—4—3
会計大学院の設置者が，会計大学院の運営に係る財政上の事項について，会計大学院の意見を聴取する適切な機会を設けていること。

□予算・決算に関する資料等

9－2 自己点検及び評価

9－2－1

会計大学院の教育水準の維持向上を図り，当該会計大学院の目的及び社会的使命を達成するため，当該会計大学院における教育活動等の状況について，自ら点検及び評価を行い，その結果を公表していること。

□自己点検及び評価に関して定められた規則
□自己点検及び評価の活動状況が把握できる資料
□自己点検及び評価書
□自己点検及び評価結果の掲載された刊行物，ウェブサイト

9－2－2

自己点検及び評価を行うに当たっては，その趣旨に則し適切な項目を設定するとともに，適当な実施体制が整えられていること。

解釈指針9－2－2－1

会計大学院には，教育活動等に関する自己点検及び評価を行う独自の組織が設置されていることが望ましい。

□自己点検及び評価に関して定められた規則
□自己点検及び評価の実施体制が把握できる資料
□自己点検及び評価書

9－2－3

自己点検及び評価の結果を当該会計大学院の教育活動等の改善に活用するために，適当な体制が整えられていること。

解釈指針9－2－3－1

自己点検及び評価においては，当該会計大学院における教育活動等を改善するための目標を設定し，かかる目標を実現するための方法及び取組の状況等について示されていることが望ましい。

□自己点検及び評価に対する各種委員会等の体制が把握できる資料

9－2－4

自己点検及び評価の結果について，当該会計大学院を置く大学の職員以外の者による検証を行うよう努めていること。

解釈指針9－2－4－1

会計大学院の自己点検及び評価に対する検証を行う者については，会計実務に従事し，会計大学院の教育に関し広くかつ高い識見を有する者を含んでいること。

□自己点検及び評価の検証に関する資料

9－3 情報の公表

9－3－1

会計大学院における教育活動等の状況について，印刷物の刊行及びウェブサイトへの掲載等，広く社会に周知を図ることができる方法によって，積極的に情報が提供されていること。

□教育活動等の状況を掲載した刊行物，ウェブサイト

9－3－2

会計大学院の教育活動等に関する重要事項を記載した文書を，毎年度，公表していること。

解釈指針9－3－2－1

教育活動等に関する重要事項を記載した文書には，次に掲げる事項が記載されていること。

（1）設置者
（2）教育上の基本組織
（3）教員組織
（4）収容定員及び在籍者数
（5）入学者選抜
（6）標準修了年限
（7）教育課程及び教育方法
（8）成績評価及び課程の修了
（9）学費及び奨学金等の学生支援制度
（10）修了者の進路及び活動状況

□教育活動等に関する重要事項を記載した文書等

9－4 情報の保管

9－4－1

評価の基礎となる情報について，適宜，調査及び収集を行い，適切な方法で保管されていること。

解釈指針9―4―1―1
「評価の基礎となる情報」には，基準9―2―1に規定する自己点検及び評価に関する文書並びに基準9―3―2に規定する公表に係る文書を含む。

解釈指針9―4―1―2
評価の際に用いた情報については，評価を受けた年から5年間保管されていること。

解釈指針9―4―1―3
「適切な方法での保管」とは，評価機関の求めに応じて，すみやかに提出できる状態で保管することをいう。

□保管されている情報の種類及び保管方法が把握できる資料

第10章　施設，設備及び図書館等

10―1　施設の整備

10―1―1
会計大学院には，その規模に応じ，教員による教育及び研究並びに学生の学習その他当該会計大学院の運営に必要十分な種類，規模，質及び数の教室，演習室，実習室，自習室，図書館，教員室，事務室その他の施設が備えられていること。これらの施設は，当面の教育計画に対応するとともに，その後の発展の可能性にも配慮されていること。

解釈指針10―1―1―1
教室，演習室及び実習室は，当該会計大学院において提供されるすべての授業を支障なく，効果的に実施することができるだけの規模，質及び数が備えられていること。

解釈指針10―1―1―2
教員室は，少なくとも各常勤専任教員につき1室が備えられていること，非常勤教員については，勤務時間に応じて，授業等の準備を十分かつ適切に行うことができるだけのスペースが確保されていることが望ましい。

解釈指針10―1―1―3
教員が学生と面談することのできる十分なスペースが確保されていること。

解釈指針10―1―1―4
すべての事務職員が十分かつ適切に職務を行えるだけのスペースが確保されていることが望ましい。

解釈指針10―1―1―5（後段のみ）
学生の自習室については，学生が基準10―3―1で規定する図書館に備えられた図書資料を有効に活用して学習することを可能とするよう，その配置及び使用方法等において，図書館との有機的連携が確保されていることが望ましい。
自習室は，学生総数に対して，十分なスペースと利用時間が確保されるよう努めていること。

解釈指針10―1―1―6
会計大学院の図書館等を含む各施設は，当該会計大学院の専用であるか，又は，会計大学院が管理に参画し，その教育及び研究その他の業務に支障なく使用することができる状況にあること。

□会計大学院管理の施設の概要・見取り図等
□施設の整備計画・利用計画が把握できる資料

10―2　設備及び機器の整備

10―2―1
会計大学院の各施設には，教員による教育及び研究並びに学生の学習その他の業務を効果的に実施するために必要で，かつ技術の発展に対応した設備及び機器が整備されていること。

□施設に備えられた設備・機器リスト等

10―3　図書館の整備

10―3―1
会計大学院には，その規模に応じ，教員による教育及び研究並びに学生の学習を支援し，かつ促進するために必要な規模及び内容の図書館及び蔵書が整備されていること。

解釈指針10―3―1―1
会計大学院の図書館は，当該会計大学院の専用であるか，又は，会計大学院が管理に参画し，その教育及び研究その他の業務に支障なく使用することができる状況にあること。

解釈指針10―3―1―2
会計大学院の図書館には，その規模に応じ，専門的能力を備えた職員が適切に配置されていること。

解釈指針10―3―1―3
図書館の職員は，司書の資格及び情報調査に関する基本的素養を備えていることが望ましい。

解釈指針10―3―1―4
会計大学院の図書館には，教員による教育及び研究並びに学生の学習のために必要な書籍，雑誌及び資料を5万冊以上有すること。
解釈指針10―3―1―5
会計大学院の図書館の所蔵する図書及び資料については，その適切な管理及び維持に努めていること。
解釈指針10―3―1―6
会計大学院の図書館には，図書及び資料を活用して，教員による教育及び研究並びに学生の学習を支援するために必要な体制が整えられていること。
解釈指針10―3―1―7
会計大学院の図書館には，その会計大学院の規模に応じ，教員による教育及び研究並びに学生の学習が十分な効果をあげるために必要で，かつ，技術の発展に対応した設備及び機器が整備されていること。

□図書館案内
□図書館に携わる職員に関する資料
□図書及び資料に関するデータ
□図書館に備えられた設備・機器リスト

ABEST21 経営分野専門職大学院認証評価基準

特定非営利活動法人 ABEST21

二〇〇六年七月二日制定
二〇〇九年一〇月一六日改正

Ⅰ．認証評価の概略　略

Ⅱ．認証評価基準

二〇〇六年七月二日制定
二〇〇九年一〇月一六日改正

第1章 教育研究上の目的
基準1：教育研究上の目的
[基本視点]
認証評価を申請する経営専門職大学院（以下「受審校」という。）は，教育研究の活動の意思決定の指針となる「教育研究上の目的（mission）」を明確に規定し，明文化していなければならない。
[細目視点]
1．受審校は，「教育研究上の目的」をグローバル化時代の要請に応えた国際的に通用する高度専門職業人育成に配慮した内容のものとしているか。
2．受審校は，「教育研究上の目的」をステークホルダーの意見を反映した内容のものとしているか。
3．受審校の「教育研究上の目的」は，学校教育法第99条第2項の「高度の専門性が求められる職業を担うための深い学識及び卓越した能力を培う」の規定から外れるものではないか。
4．受審校は，「教育研究上の目的」を受審校の発行する印刷物等，例えば，学則，入学案内，授業要覧及び履修要綱等に，また，ホームページに掲載し，周知公表を図っているか。
基準2：「教育研究上の目的」の重要な要素
[基本視点]
受審校の「教育研究上の目的」は，企業等組織のマネジメントに係る高度専門職業人育成に重要な要素を含む内容のもので，受審校が所属する大学の「教育研究上の目的」

と整合していなければならない。
［細目視点］
1．「教育研究上の目的」は、企業等組織のマネジメントに関する高度の専門知識・技能及び基礎的素養を修得する内容のものとなっているか。
2．「教育研究上の目的」は、学生のキャリア形成に寄与する内容のものとなっているか。
3．「教育研究上の目的」は、所属教員の教育研究活動の推進に寄与する内容のものとなっているか。

基準3：「教育研究上の目的」の継続的な検証
［基本視点］
受審校は、「教育研究上の目的」を継続的に検証していくプロセスを定め、教育研究環境の変化に対応して見直していかなければならない。
［細目視点］
1．受審校は、「教育研究上の目的」を検証する組織的な体制が整備されているか。
2．受審校は、「教育研究上の目的」の継続的な検証に必要な資料の収集及び管理の体制を整備しているか。
3．受審校は、「教育研究上の目的」の検証プロセスにステークホルダーの意見を聴取する機会を設けているか。

基準4：「教育研究上の目的」の達成に必要な財務戦略
［基本視点］
受審校は、「教育研究上の目的」の達成のために必要な資金を獲得する短期的及び長期的な財務戦略を策定していなければならない。
［細目視点］
1．受審校は、「教育研究上の目的」の達成のために必要な財政的基礎を有しているか。
2．受審校は、「教育研究上の目的」の達成のために必要な資金調達の戦略を立てているか。
3．受審校は、「教育研究上の目的」の達成のために必要な予算措置をしているか。

第2章 教育課程等
基準5：学習目標
［基本視点］
受審校は、「教育研究上の目的」の達成のために、イノベーションと知見、グローバリゼーション及び先端的な科学技術の普及等の要素を含む学習目標を明確に定めていなければならない。
［細目視点］
1．受審校は、学習目標をシラバス等に明記し、学生に周知公表をしているか。
2．受審校は、学習目標の達成のために、授業科目履修指導指針を定め、履修相談に応じる配慮をしているか。
3．受審校は、学習目標の達成のために、学生、教員及び職員の間のコミュニケーションシステムを構築し、学習相談及び学習助言の円滑化を図る方策をとっているか。

基準6：教育課程
［基本視点］
受審校は、「教育研究上の目的」の達成のために、教育課程を体系的に編成していなければならない。
［細目視点］
1．受審校は、教育課程の編成において、「教育研究上の目的」を達成する理論的教育と実務的教育の架橋に留意し、マネジメントの教育研究及び実務の動向に配慮しているか。
2．受審校は、教育課程の編成において、企業等組織のマネジメントに係る高度専門職業人育成に必要な高度の専門的知識・技能と高度の職業能力の修得、職業倫理観の涵養及び国際的視野の拡大に配慮しているか。
3．受審校は、教育課程の体系的な編成において、マネジメント教育に必要なコア科目への分類を含めて体系的に配置しているか。
4．受審校は、教育課程を検証するプロセスを明確に定め、継続的に検証しているか。
5．受審校は、他研究科の授業科目の履修、他大学との単位互換、インターンシップによる単位認定等の措置を講じているか。
6．受審校は、授業の方法において、実践的な教育を行うために事例研究、現地調査、双方向又は多方向に行われる討論又は質疑応答その他の適切な授業の方法を導入しているか。
7．受審校は、授業の方法において、多様なメディアを高度に利用して通信教育の授業を行う場合には、授業の実施方法の整備に努め、教育効果の向上に努めているか。

基準7：教育水準
［基本視点］
受審校は、学生の学習目標の達成のために、教育内容の水準を定めていなければならない。
［細目視点］
1．受審校は、教育内容の水準を維持していくために、学習環境及び学習指導体制を整備しているか。
2．受審校は、教育内容の水準を維持していくために、1単位の授業科目の学修に必要とされる授業時間を確保しているか。
3．受審校は、教育内容の水準を維持していくために、授業科目の時間割配置を適切にし、授業科目の履修登録単位数の上限を設定し、授業科目の履修を適切にする指導をしているか。
4．受審校は、教育内容の水準を維持していくために、履修した授業科目の学業成績の評価基準及び教育課程修了の判定基準を明確に定め、学則等に記載し、学生に周知公表しているか。
5．受審校は、教育内容の水準を維持していくために、学業成績の評価及び課程修了

6．の判定を公正に実施し、客観性と厳格性が得られる措置を講じているか。
6．受審校は、教育内容の水準を維持していくために、授業科目の履修登録の学生数を、授業の方法等の教育上の諸条件を考慮して授業の教育効果が十分に得られる適正な数としているか。
7．受審校は、教育内容の水準を維持していくために、留学生等の学生の多様化に対応した履修指導、学習相談及び進路指導等の学生支援を適切に行っているか。また、通信教育を行う場合には、十分に配慮した学生支援を適切に行っているか。
8．受審校は、教育内容の水準を維持していくために、学生の科目履修及び単位取得の状況等についての情報を教員間で共有し、必要な改善措置を講じているか。
9．受審校は、標準修業年限を短縮している場合には、「教育研究上の目的」に照らして、十分な教育成果が得られる教育方法及び授業時間割設定の配慮をしているか。

基準8：教育研究の質維持向上の取組

［基本視点］

受審校は、「教育研究上の目的」の達成のために、組織的な教育課程の改善に取組まなければならない。

［細目視点］

1．受審校は、開講する各授業科目の授業目的、授業内容、授業計画、授業方法、使用教材、オフィスアワー及び授業評価基準等を明記し、学生の学習目標の達成に資する内容のシラバスを作成し、公開し、ピアーレビューによるシラバスの検証をしているか。
2．受審校は、学生の科目履修状況、課程修了状況、単位取得状況、学業成績状況及び進路状況等の調査から、また、ステークホルダーの意見等から、教育課程の改善の検証をしているか。
3．受審校は、教育研究の質維持向上を図るために、自己点検評価を継続的に行い、その評価結果を広く社会に公表しているか。
4．受審校は、教育研究の質維持向上を図るために、自己点検・評価の結果をフィードバックし、教育研究の質の維持向上及び改善を図る組織的な研修をしているか。
5．受審校は、教育研究の質維持向上を図るために、教員の優れた教育及び研究の業績を評価する制度を整備しているか。

第3章　学生

基準9：求める学生像

［基本視点］

受審校は、「教育研究上の目的」の達成のために、本教育課程の教育を受けるに望ましい学生像を明確にしていなければならない。

［細目視点］

1．受審校は、入学者選抜において求める学生像の学生を実際に入学させているか。
2．受審校は、入学志願者層に入学者選抜を受ける公正な機会を提供しているか。
3．受審校は、「教育研究上の目的」の達成を担う学生像を継続的に検証しているか。

基準10：アドミッション・ポリシーと入学者選抜

［基本視点］

受審校は、入学者選抜において、アドミッション・ポリシー（入学者受入方針）を明確に定め、明文化していなければならない。

［細目視点］

1．受審校のアドミッション・ポリシーは、「教育研究上の目的」を達成する内容のものとなっているか。
2．受審校は、アドミッション・ポリシーとアドミッション・ポリシーに従った入学出願資格条件を募集要項等の印刷物に明確に記載し、入学出願者に周知公表しているか。
3．受審校は、入学者選抜において、出願者の適性及び能力等を客観的かつ厳格に評価する選抜をしているか。
4．受審校は、入学者選抜において、実入学者数が入学定員を大幅に超える、又は大幅に下回る状況になっていないか。また、その場合には、これを改善するための取組を行うなど入学定員と実入学者数との関係の適正化を図っているか。
5．受審校は、入学者選抜において、経済のグローバル化に対応して多様な知識又は経験を有する入学生の多様化に努めているか。

基準11：学生支援

［基本視点］

受審校は、学生の学業継続のために、適切な学生支援体制を整備していなければならない。

［細目視点］

1．受審校は、経済的支援を求める学生に対して、必要な措置を講じているか。
2．受審校は、学生の進路指導及びキャリア形成支援を求める学生に対して、必要な情報収集、情報管理、情報提供及び学生相談等の支援を行う事務組織体制を整備しているか。
3．受審校は、学生生活の支援を求める学生に対して、学業及び学生生活に関する相談・助言等を行う支援体制を整備しているか。
4．受審校は、特別な支援を求める留学生及び障害のある学生に対して、学習支援及び生活支援等を適切に行っているか。

基準12：学生の学業奨励

［基本視点］

受審校は、「教育研究上の目的」の達成のために必要な学生の学業奨励の取組をしていなければならない。

［細目視点］

1．受審校は、学業成績優秀な学生に対して報奨する制度を整備しているか。
2．受審校は、学業継続の困難な学生に対して経済的支援や学習支援等の相談を行う

3. 体制を整備しているか。
3. 受審校は、学生の学業奨励のために、入学時や新学期授業開始前に、また、教育課程の変更時にオリエンテーションを実施しているか。

第4章 教員組織
基準13：教員組織
[基本視点]
受審校は、「教育研究上の目的」の達成のために必要な教員組織を整備していなければならない。
[細目視点]
1. 受審校は、教育課程における専任の教員を必要と認められる数を任用しているか。
2. 受審校は、教員組織の構成において、「教育研究上の目的」の達成のために必要と認められる授業科目に必要かつ十分な専任の教授又は准教授を任用しているか。
3. 受審校は、教員組織の構成において、「教育研究上の目的」の達成のために必要と認められる実務家教員を任用しているか。
4. 受審校は、教員組織の構成において、「教育研究上の目的」の達成のために必要と認められる専任の教員と非専任の教員との割合に配慮しているか。
5. 受審校は、教員組織の構成において、教員の年齢構成の割合、男性・女性教員の比率及び外国人教員の任用等教員の多様性に配慮しているか。
6. 受審校は、開講授業科目について高度の教育上の指導能力があると認められる下記の各号に該当する専任の教員を、専攻ごとに「文部科学大臣が別に定める数」（平成15年文部科学省告示第53号第1条。以下同じ。）を置いているか。
1）専攻分野について、教育上又は研究上の業績を有する者
2）専攻分野について、高度の技術・技能を有する者
3）専攻分野について、特に優れた知識及び経験を有する者

基準14：教員の資格
[基本視点]
受審校は、「教育研究上の目的」の達成のために必要な教育上の指導能力を有する教員を任用していなければならない。
[細目視点]
1. 受審校は、教員の任用及び昇任に関する規則及び基準を定めているか。
2. 受審校は、教員の任用及び昇任に関する審査プロセスを明確に定め、客観的な審査をしているか。
3. 受審校は、最近5年間の教育研究業績等により教員の教育上の指導能力を評価する組織的な取組をしているか。
4. 受審校は、専任教員の最近5年間の教育研究業績の資料を開示しているか。
5. 受審校は、実務家教員の実務経験について定期的に評価を行い、授業科目担当の割り当てを適切に行っているか。

基準15：教員に対する教育研究支援
[基本視点]
受審校は、教員の教育研究活動を推進していくために必要な教育研究環境の整備をしていなければならない。
[細目視点]
1. 受審校は、教員の教育研究活動の推進と教員の授業担当時間数との関係について、適切な範囲内にとどめるように配慮しているか。
2. 受審校は、教員の教育研究活動の推進に必要な研究費獲得の支援体制を整備しているか。
3. 受審校は、教員の教育研究活動の推進に必要な事務職員及び技術職員等の支援体制を整備しているか。
4. 受審校は、教員の教育研究活動の推進に必要な教育課程の活性化を図る適切な措置を講じているか。

基準16：教員の任務
[基本視点]
受審校は、「教育研究上の目的」の達成のために、ステークホルダーとの意思疎通を図り、教員の学術研究の推進に努め、「教育研究上の目的」を達成する授業の実現を図っていかなければならない。
[細目視点]
1. 教員は、自己点検評価及び学生の授業評価の結果に基づいて、授業の内容、使用教材及び授業方法等の改善を絶えず行っているか。
2. 教員は、学習目標の達成のために、先端的な高度専門的知識や技能の教授に努めているか。
3. 教員は、学習目標の達成のために、オフィスアワーの設定及び電子媒体等を通じて学生との対話を積極的に図り、学生の学習指導に努めているか。

第5章 管理運営と施設設備
基準17：管理運営
[基本視点]
受審校は、「教育研究上の目的」の達成のために、教員の教育研究活動を適切に支援していく管理運営体制を整備していなければならない。
[細目視点]
1. 受審校は、「教育研究上の目的」の達成のために必要な管理運営事項を審議する教授会及び委員会等を設置し、審議事項を尊重し、教育研究環境を整備していく体制を講じているか。
2. 受審校は、受審校の設置形態及び規模に応じた管理運営の事務組織を整備しているか。
3. 受審校は、「教育研究上の目的」の達成のために、専任教員の教育研究活動に応じ

た規模と機能を持った管理運営組織を設けているか。

基準18：施設支援

［基本視点］

受審校は、「教育研究上の目的」の達成のために、教育研究活動の推進に必要な施設及び設備等を整備していなければならない。

［細目視点］

1．受審校は、教育効果の向上を図る教室、演習室及び実習室等の教育研究施設及び設備等の質的かつ量的な整備をしているか。

2．受審校は、専任教員ごとに個別の研究室を用意しているか。

3．受審校は、図書、学術雑誌及び視聴覚資料その他の教育研究上必要な資料を系統的に収集しているか。

4．受審校は、受審校の教育研究組織及び教育課程に応じた施設及び設備を整備し有効に活用しているか。

5．受審校は、学生の自主的な学習を促進する学習環境を十分に整備し、学生の利用に供しているか。

経営系専門職大学院基準

財団法人　大学基準協会

平成二〇年一月

凡例

本基準において、関連法令等を以下のように略した。

「専　門　職」：専門職大学院設置基準（平成15年文部科学省令第16号）

「告示第53号」：専門職大学院に関し必要な事項について定める件（平成15年文部科学省告示第53号）

経営系専門職大学院基準について

(1) 経営系専門職大学院基準は、大学基準協会が経営系専門職大学院の認証評価機関として経営系専門職大学院の認証評価を行うために設定されたものである。

本基準が対象とする経営系専門職大学院とは、以下の要件を備えた大学院をいう。

① 授与する学位名称が、経営（学）修士（専門職）、経営管理（学）修士（専門職）、国際経営（学）修士（専門職）、会計（学）修士（専門職）、ファイナンス修士（専門職）、技術経営（学）修士（専門職）またはこれらに相当する名称のものであること。

② 企業やその他の組織のマネジメントに必要な専門的知識を身につけるとともに、高い倫理観と国際的な視野をもった人材の養成を掲げていること。

③ 人材養成の目的を達成するために必要な力量として、専門的知識に加え、例えば、先見性、分析的思考能力、戦略的思考能力、先端技術活用能力、情報技術活用能力、多文化理解力、コミュニケーション能力等を明示していること。

(2) 大学基準協会は、大学が適切な水準の維持・向上を図るための指針として、同時に大学基準協会が行う大学評価の基準として「大学基準」をはじめ諸基準の設定・改定を行ってきた。

経営系専門職大学院基準は、大学基準を頂点とする大学基準協会諸基準の中に位置づけられるものである。

(3) 経営系専門職大学院基準は、専門職大学院設置基準等が求めている専門職大学院としての必須条件にとどまらず、経営系専門職大学院の多様性、独自性を尊重し、

5 評価基準等

経営系専門職大学院のより一層の充実・発展に資するための基準として策定したものである。

大学基準協会は、本基準によって経営系専門職大学院の認証評価を行う。また、認証評価にあたっては、本基準に適合しているか否かの認定を行う。

(4) 経営系専門職大学院基準は、以下の9の大項目で構成されている。

1 使命・目的および教育目標
2 教育の内容・方法・成果
3 教員組織
4 学生の受け入れ
5 学生生活
6 教育研究環境の整備
7 管理運営
8 点検・評価
9 情報公開・説明責任

(5) 基準の各大項目は、「**本文**」と「**評価の視点**」で構成されている。

「**本文**」は、専門職学位課程制度の趣旨を考慮した上で、それぞれの経営系専門職大学院が自ら掲げる使命・目的を実現し、教育目標を達成するために各大項目において最も基本的な事項について大綱的に定めたものである。

「**評価の視点**」は、二つの機能を有する。第一に、評価を受ける経営系専門職大学院にとっては、自己点検・評価の円滑な実施と経営系専門職大学院における教育研究活動の改善に資するためのものとして、第二に、評価者である大学基準協会にとっては、文字通り評価を行う際の視点としての役割を果たすものである。

「**評価の視点**」は、以下の2段階に分かれている。

【レベルⅠ】
経営系専門職大学院に必要とされる最も基本的な事項

ここでは、それぞれの経営系専門職大学院が経営系専門職大学院の制度目的ならびに各経営系専門職大学院固有の使命・目的および教育目標（以下、使命・目的・教育目標という）の実現のために、カリキュラム編成および授業科目の開設状況、入学定員に対する入学者数、専任教員数および専任教員1人当りの学生数、施設・設備の充実度など、学生の学習環境や教員の教育研究条件等について、どのように整備し、どのような教育を提供しているかについて評価が行われる。

・【**レベルⅠ**】にかかわる事項のうち、◎は法令等の遵守に関する事項である。「**評価の視点**」の後に（ ）で根拠となる専門職大学院関連法令等と該当条文を示した。

なお、根拠法令が示されていない「**評価の視点**」もあるが、これらは①学校教育法、大学設置基準、大学院設置基準等の、高等教育に関する一般的な法令に根拠を求めることができる事項、②法令に根拠を求めることはできないものの、設置認可の際に経営系専門職大学院に対して遵守することが求められている事項である。

◎を付した「**評価の視点**」については、法令遵守状況に重大な問題がある場合は、認定しない。ただし、状況によっては勧告[※]を付すにとどめる場合がある。

また法令遵守状況に軽微な問題がある場合についても勧告を付す。

・○は大学基準協会が法令に準じて経営系専門職大学院に求める基本的事項である。この事項に問題がある場合は、勧告を付す。また、重大な問題がある場合や、多くの点で問題がある場合は、認定しない。

・なお、◎、○のいずれにおいても、勧告とはいえないが、経営系専門職大学院の一層の改善を促すために、以下の**レベルⅡ**と同様に問題点の指摘を行う場合がある。

【レベルⅡ】
経営系専門職大学院が行う教育研究の質を今後も継続的に維持・向上させていくために点検・評価することが高度に望まれる事項

経営系専門職大学院は、その使命・目的の実現と教育目標の達成のために払っている努力とその効果について、点検・評価の結果を明らかにすることが必要である。

加えて、使命・目的の実現と教育目標の達成のために、経営系専門職大学院が行っている固有の特色ある取組みについても積極的な点検・評価を行うことが求められる。

ここでは、**レベルⅠ**の視点に加えて、経営系専門職大学院の使命・目的・教育目標の達成に向けた努力とその成果を検証する視点からの評価が行われる。すなわち、使命・目的・教育目標の実現に向けてどれだけ有効な活動を行っているかに焦点をあてた評価（学生に対する履修指導、学生の学修の活性化への取組み、教員の教育指導方法の改善のための仕組みなど）や、教育上の成果から経営系専門職大学院の使命・目的・教育目標の達成に向けた努力とその成果を検証する視点からの評価（各授業科目の単位取得・修了の状況、大学院修了後の進路の状況、教育効果の測定など）がこれにあたる。

【レベルII】にかかわる事項のうち、使命・目的の実現と教育目標の達成に向けた努力の状況およびその成果ならびに特色ある取組みについて、

・不十分である
・制度化とその制度の運用が不十分である

場合は、「問題点」(※)を付す。
また、

・努力の成果が十分上がっている
・制度が整い、十分機能している

場合は、「長所」(※)を付す。

◆レベルIとIIを簡単に表にまとめると以下のようになる。

評価の視点のレベル	評価の視点にかかわる事項	評価
レベルI◎	法令等の遵守に関する事項	認定の可否、勧告、問題点
レベルI○	大学基準協会が法令に準じて経営系専門職大学院に求める基本的事項	勧告、問題点（ただし、重大な問題がある場合は認定の可否）
レベルII○	経営系専門職大学院が行う教育研究の質を今後も継続的に維持・向上させていくために点検・評価することが高度に望まれる事項	問題点、長所

（※）経営系専門職大学院の認証評価の結果は、①認定の可否、②長所、③問題点、④勧告等で構成される。

このうち、「勧告」は、経営系専門職大学院に対して、改善計画を立て、速やかにその具体的な措置を講じることを求める事項について付されるものであり、2年後に提出を求める改善報告書では改善状況を必ず報告することが義務づけられる。

これに対して、「問題点」は、経営系専門職大学院の改善を一層促進させることを目的に付されるものであり、必ずしも改善義務を課すものではないが、2年後に提出を求める改善報告書ではその対応状況について必ず言及されなければならない。

経営系専門職大学院基準

平成一九年九月一一日決定
平成一九年一一月一六日改定
平成二〇年一月一八日改定

1　使命・目的および教育目標

経営系専門職学位課程は、経営系の分野において、経営のプロフェッショナルとして、国内外において活躍できる高度専門職業人の養成に特化した大学院における教育課程であり、高度の専門性が求められる職業を担うための深い学識および卓越した能力を培うことを設置目的としている。

各大学は、経営系専門職大学院の使命・目的および教育目標を明確に定め、それを学内外に広く明らかにするとともに、教育目標の達成度や社会的要請の変化等を視野に入れながら、絶えず教育目標や教育内容・方法等の適切性についての検証を行い、使命・目的の実現に向けて改善・改革に努めることが必要である。

使命とは、経営系専門職学位課程に期待される社会的任務であり、当該経営系専門職大学院が、自らが依って立つ大学の理念に照らし合わせながら、高等教育機関として社会に対して果たすべき役割である。目的とは、経営系専門職大学院が掲げる基本となる教育方針や養成すべき人材像など当該経営系専門職大学院の構成員が一丸となって実現を目指すべき方向である。また、教育目標とは、目的の実現のために設定される具体的な到達課題であり、適切な方法によってその達成度の評価が可能なものである。

項目	評価の視点		レベル I	レベル II
使命・目的および教育目標の適切性	1—1	経営系専門職大学院の使命・目的および教育目標が明確に設定されているか。	◎	
	1—2	使命・目的および教育目標は、専門職学位課程制度の目的に適ったものであるか。（「専門職」第2条）	◎	
	1—3	使命・目的および教育目標の中に、養成すべき人材像が適切に表現されているか。	○	
	1—4	使命・目的および教育目標の中に、職業的倫理の涵養が適切に盛り込まれているか。	○	
	1—5	使命・目的および教育目標は現在および想定される将来の経営の人材ニーズに適合しているか。	○	
	1—6	使命・目的および教育目標の中に、経営のプロフェッ		○

項目	評価の視点	レベル I	レベル II
	ショナルとして、国内外において活躍できる高度専門職業人の養成が、明確な形で謳われているか。		
	1―7 使命・目的を実現するための中長期のビジョンあるいは戦略およびアクションプランがあるか。		○
使命・目的および教育目標の周知	1―8 使命・目的および教育目標は、ホームページや大学案内等を通じ、社会一般に広く明らかにされているか。	◎	
	1―9 使命・目的および教育目標は、教職員、学生等の学内の構成員に周知されているか。	○	
	1―10 使命・目的および教育目標を教職員、学生等に理解させ、社会一般に周知させるため、特別な努力と工夫がなされているか。		○
使命・目的および教育目標の検証と改善	1―11 教育目標の達成状況等を踏まえて、教育目標の検証が適切に行われているか。	◎	
	1―12 検証結果を改革・改善に繋げる仕組みが十分整備されているか。		○

2 教育の内容・方法・成果

(1) 教育課程等

学位授与は、専門職学位課程の重要な責務の一つである。学位授与にあたっては、経営系分野の特性や教育内容に合致する適切な経営系分野の名称を付記するとともに、ビジネス界等の期待に応える水準の維持に努めなければならない。

課程の修了認定や在学期間の短縮にあたっては、経営系分野の特性やビジネス界等の期待を踏まえて、その基準および方法を適切に設定しなければならない。また、その認定にあたっては、公正性および厳格性を確保するため、学生に対してあらかじめ明示した基準および方法に基づきこれを行う必要がある。

経営系専門職学位課程にあっては、その教育課程は、「高度の専門性が求められる職業を担うための深い学識及び卓越した能力を培う」という専門職学位課程制度の目的および当該経営系専門職大学院固有の使命ならびに教育目標に即して、適切に編成されなければならない。

教育課程の編成にあたっては、関連法令等を遵守するとともに、経営系分野の特性やビジネス界等の期待に応えるのにふさわしい内容の授業科目を体系的に配置する必要がある。また、高度専門職業人としての職業倫理ならびに基礎的技能等の涵養を図り、理論と実務を架橋する実践的な授業科目を配置することが不可欠である。さらに、専門職学位の水準を維持するとともに学生の履修に応じ、教育課程が適切に管理されていなければならない。

項目	評価の視点	レベル I	レベル II
学位の名称と授与基準	2―1 授与する学位の名称は、経営系分野の特性や教育内容に合致する適切な名称が付されているか。	◎	
	2―2 学位授与に関わる基準および審査手続等は明文化され、学生に周知されているか。	◎	
	2―3 授与する学位の水準は、経営系分野の特性を踏まえ、かつ、ビジネス界等の期待に応える水準が維持されているか。		○
課程の修了等	2―4 課程の修了認定に必要な在学期間および修得単位数が、法令上の規定や当該経営系専門職大学院の目的に対して適切に設定されているか。また、それらが学生の履修の負担が過重にならないように配慮して設定されているか。（「専門職」第2条、第3条、第15条）	◎	
	2―5 課程の修了認定の基準および方法は当該経営系専門職大学院の目的に応じて策定され、学生に周知されているか。（「専門職」第10条）	◎	
	2―6 在学期間の短縮を行っている場合、法令上の規定に沿って設定されているか。（「専門職」第16条）また、その場合、経営系専門職大学院の目的に照らして十分な成果が得られるよう配慮がなされているか。	◎	
	2―7 在学期間の短縮の基準および方法が、学生に対して学則等を通じてあらかじめ明示されているか。また、明示された基準および方法に基づいて公正かつ厳格に行われているか。	○	
	2―8 課程の修了認定や在学期間の短縮の基準および方法について、その適切性を検証する仕組みが設定されているか。		○
教育課程の編成	2―9 専門職学位課程制度の目的ならびに当該経営系専門職大学院固有の目的を達成するためにふさわしい授業科目が開設されているか。（「専門職」第6条）	◎	
	2―10 経営系分野の特性に応じた基本的な科目、広い視野や周辺領域の知識を涵養する科目、基礎知識を展開発展させる科目、先端知識を学ぶ科目等が適切に配置され、かつ、体系的に教育課程が編成されているか。	○	
	2―11 教育課程が、経営の実務に必要な専門的な知識、思考力、分析力、表現力等を修得させるとともに高い倫理観および国際的視野を持つプロフェッショナルな人材を養成する観点から適切に編成されているか。	○	
	2―12 経営系専門職大学院の使命・目的および教育目標	○	

項目	評価の視点		レベルI	レベルII
		に応じて、それぞれの分野の教育課程が次に掲げるような事項を踏まえた内容になっているか。 【ビジネス・技術経営分野】 例えば、経営戦略、組織行動、ファイナンス、会計、マーケティング、技術・生産管理、情報マネジメント等に関する内容を扱う科目が適切に教育課程に盛り込まれているか。 【会計分野】 例えば、財務会計、管理会計、監査等に関する内容を扱う科目が適切に教育課程に盛り込まれているか。		
	2—13	学生の多様なニーズ、学術の発展動向、社会からの要請等に対応した教育課程の編成に配慮しているか。		○
系統的・段階的履修	2—14	各年次にわたって授業科目をバランスよく履修させるため、学生が1年間または1学期間に履修登録できる単位数の上限が設定されているか。（「専門職」第12条）	◎	
	2—15	教育課程の編成においては、学生による履修が系統的・段階的に行えるよう適切に配置されているか。	○	
	2—16	授業科目の特徴、内容、履修形態、その履修のために要する学生の学習時間（教室外の準備学習・復習を含む）等を考慮して、適切な単位が設定されているか。	○	
理論教育と実務教育の架橋	2—17	理論教育と実務教育の架橋を図るために、カリキュラム編成、授業の内容、履修方法等について工夫がなされているか。	○	
	2—18	職業倫理を養う授業科目が開設されているか。	○	
導入教育と補習教育	2—19	多様な入学者に対応した導入教育が実施されているか。	○	
	2—20	基礎学力の低い学生に対応した補習教育等の措置がとられているか。		○
教育研究の国際化	2—21	教育研究の国際化について、当該経営系専門職大学院内で方向性が明らかにされているか。また、海外の大学との連携等、国際化を進めるための具体的なプログラムは定められているか。		○
	2—22	海外の大学との連携等、国際化に関する取組みの実績はあるか。また、今後の具体的な取組みの計画は定められているか。		○
教職員・学生等からの意見の反映	2—23	教育課程の編成や教育水準の設定のプロセスにおいて、教職員や学生のみならず、ビジネス界その他の外部の意見・要望が適切に反映されているか。意見反映のための手続は明文化されているか。		○
特色ある取組み	2—24	教育内容について特色ある取組みを行っている場合は、その取組みの趣旨・内容は、当該経営系専門職大学院固有の使命・目的および教育目標の達成にとって有効なものとなっているか。		○
	2—25	取組みの成果について検証する仕組みが整備されているか。また、検証結果を取組みのさらなる改善に結びつける仕組みが整備されているか。		○

(2)　教育方法等

経営系専門職学位課程が十分な教育効果を上げるために、経営系分野の特性に応じた適切な教育方法を導入すること、とりわけ、当該職業分野の期待に応えるため理論と実務の架橋を図る教育方法を導入し、これを効果的に実施する体制を整備することが肝要である。

経営系専門職学位課程は、事例研究、現地調査または質疑応答や討論による双方向・多方向の授業等、個々の授業の履修形態に応じて最も効果的な授業方法を採用しなければならない。

学生に対しては、授業の内容・方法、履修要件等を、シラバス等を通じてあらかじめ明示しなければならない。

成績評価ならびに単位認定にあたっては、経営系専門職学位課程の目的を踏まえ、評価の公正性および厳格性を担保できる適切な仕組みを導入しなければならない。また、それらの基準および方法を適切に設定するとともに、シラバス等を通じてあらかじめ明示し、明示した基準および方法に基づいて行う必要がある。

経営系専門職大学院の教育目標を達成するためには、入学前における学生の経験や修得知識の多様性を踏まえた履修指導体制を整備するとともに、学生の学修意欲を一層促進する適切な履修指導を行う必要がある。

経営系専門職大学院は、その授業内容および方法を自ら不断に検証するとともに、それらの結果を有効に活用し当該経営系専門職大学院の教育の改善を図ることが重要である。

項目	評価の視点		レベルI	レベルII
授業の方法等	2—26	実践教育を充実させるため、講義、討論、演習、グループ学習、ケーススタディ、ゲーム、シミュレーション、フィールド・スタディ、インターンシップ等、適切な教育手法や授業形態が採用されているか。（「専門職」第8条第1項）	◎	
	2—27	実践教育に関する授業の水準を適切に把握し、向上させていくための取組みが行われているか。		○
	2—28	多様なメディアを利用して遠隔授業を行う場合は、	◎	

5　評価基準等

項目	番号	内容	区分
		その教育効果が十分に期待できる専攻分野および授業科目をその対象としているか。(「専門職」第8条第2項)	
	2—29	通信教育によって授業を行う場合は、その教育効果が十分に期待できる専攻分野および授業科目をその対象としているか。(「専門職」第9条)	◎
	2—30	授業のクラスサイズは、授業の内容、授業の方法および施設・設備その他の教育上の諸条件を考慮して、教育効果を十分に上げられる適切な人数となっているか。(「専門職」第7条)	◎
	2—31	個別的指導が必要な授業科目については、それに相応しい学生数が設定されているか。	○
授業計画、シラバスおよび履修登録	2—32	教育課程の編成の趣旨に沿って、毎回の授業の具体的な内容・方法、使用教材、履修要件および一年間の授業日程等が明示されたシラバスが作成されているか。(「専門職」第10条第1項)	◎
	2—33	授業時間帯や時間割等は学生の履修に配慮して作成されているか。	○
	2—34	授業はシラバスに従って適切に実施されているか。	○
単位認定・成績評価	2—35	経営系専門職大学院の目的に応じた成績評価、単位認定の基準および方法が策定され、学生に対してシラバス等を通じてあらかじめ明示されているか。(「専門職」第10条第2項)	◎
	2—36	明示された基準および方法に基づいて成績評価、単位認定が統一的な方法で公正かつ厳格に行われているか。(「専門職」第10条第2項)	◎
	2—37	学修の成果に対する評価、単位認定において、評価の公正性および厳格性を担保するために、成績評価に関する学生からのクレームに対応するなど、適切な仕組みが導入されているか。	○
他の大学院における授業科目の履修等	2—38	学生が他の大学院において履修した授業科目について修得した単位や当該経営系専門職大学院に入学前に修得した単位を、当該経営系専門職大学院で修得した単位として認定する場合、教育上有益と認められ、かつ、その認定が法令上の基準の下に、当該経営系専門職大学院の教育水準および教育課程としての一体性を損なわないよう十分に留意した方法で行われているか。(「専門職」第13条、第14条)	◎
履修指導等	2—39	入学前における学生の多様なバックグランドや職業観に配慮するなど、個々の学生のキャリアに応じた履修指導が行われているか。	○

項目	番号	内容	区分
	2—40	入学時のオリエンテーションやオフィス・アワーを設定するなど、教員による履修指導や学習相談体制が整備され、学生への学習支援が組織的、効果的に行われているか。	○
	2—41	試験やレポート評価の結果について適切なフィードバックが組織的に行われているか。	○
	2—42	通信教育や多様なメディアを通じた教育を行う場合には、そのための学習支援、教育相談が適切に行われているか。	○
	2—43	アカデミック・アドバイザーやティーチング・アシスタント等による学習相談体制が整備され、学生への学習支援が適切に行われているか。	○
	2—44	インターンシップ等を実施する場合、守秘義務に関する仕組みが規程等で明文化され、かつ、適切な指導が行われているか。	○
改善のための組織的な研修等	2—45	経営系専門職大学院の授業の内容および方法の改善と教員の資質向上を図るために、組織的な研修および研究を継続的かつ効果的に行う体制(FD体制)が整備され、かつ、適切に実施されているか。(「専門職」第11条)	◎
	2—46	学生による授業評価が組織的に実施され、その結果が公表されているか。また、授業評価の結果を教育の改善につなげる仕組みが整備されているか。さらに、こうした仕組みが教育の改善に有効に機能しているか。	○
	2—47	FD活動に学生や教職員の意見・要望が反映されているか。	○
	2—48	FD活動や自己点検・評価等が、個々の教員の教育内容、授業運営方法、教材等に反映されるなど教育内容・方法の改善に有効に機能しているか。また、反映の状況を把握する措置がとられているか。	○
	2—49	学生の修学等の状況や各教員の授業内容、指導方法、さらには教育研究の質向上のための自主的取組みの実施状況、成果、問題点等が大学院内、学内、関係者間で適切に情報共有され、それが更なる改善に結びついているか。	○
特色ある取組み	2—50	教育方法について特色ある取組みを行っている場合は、その取組みの趣旨・内容は、当該経営系専門職大学院固有の使命・目的および教育目標の達成にとって有効なものとなっているか。	○
	2—51	取組みの成果について検証する仕組みが整備され	○

5 評価基準等

項目	評価の視点	レベル I	レベル II
	ているか。また、検証結果を取組みのさらなる改善に結びつける仕組みが整備されているか。		

(3) 成果等

経営系専門職学位課程は、専門職学位課程制度の目的および当該経営系専門職大学院固有の使命・目的および教育目標に沿って教育研究活動を展開し、着実に教育成果を上げることが期待されている。

また、学位の授与状況、修了者の進路状況、進路先等における修了者の評価ならびに活躍状況等を把握する体制を整備し、当該経営系専門職大学院の使命・目的および教育目標に即した教育効果について評価することが不可欠であり、その評価結果を当該経営系専門職大学院の教育の質の改善に繋げる努力が必要である。

その他、教育の内容・方法・成果等に関して不断に検証することが望まれる。

項目	評価の視点	レベル I	レベル II
学位授与数	2―52　収容定員や在籍学生数に応じて、学位授与が適切に行われているか。	◯	
	2―53　学位の授与状況等を調査・検討する体制は整備されているか。また、その調査・検討結果の学内や社会への公表が定期的かつ継続的に実施されているか。		◯
修了生の進路および活躍状況の把握	2―54　修了者の進路を把握する体制が整備されているか。また、その学内や社会への公表が、定期的かつ継続的に実施されているか。	◯	
	2―55　修了者の進路先等における評価や活躍状況の把握を行う体制が整備されているか。また、その学内や社会への公表が、定期的かつ継続的に実施されているか。		◯
教育効果の測定	2―56　使命・目的および教育目標に即した教育効果について評価する仕組みが整備されているか。	◯	
	2―57　使命・目的および教育目標に即した修了者を輩出しているか。		◯
	2―58　教育効果を評価する指標や基準の開発に取り組んでいるか。		◯
	2―59　教育効果の評価結果を組織的に教育内容・方法の改善につなげる仕組みが整備されているか。		◯

3　教員組織

経営系専門職大学院は、専門職学位課程制度の目的に即し、かつ、当該経営系専門職大学院の使命・目的および教育目標を達成することができるよう、適切な教員組織を設けるとともに、これにふさわしい教員を配置することが必要である。また、経営系専門職大学院は、将来にわたり教育研究活動を維持するに十分な教育研究能力や専門的知識・経験を備えた教員を任用するために、透明性のある手続を定め、その公正な運用に努めることが必要である。

また、経営系専門職大学院は、教員組織が有効に機能しているか否かについて不断に検証し、その改善・向上に務めることが重要である。

項目	評価の視点	レベル I	レベル II
専任教員数組	3―1　専任教員数に関して、法令上の基準を遵守しているか。（「告示第53号」第1条第1項）	◎	
	3―2　専任教員は、1専攻に限り専任教員として取り扱われているか。（「告示第53号」第1条第2項。なお、平成25年度まで、専門職大学院設置基準附則2が適用される。）	◎	
	3―3　法令上必要とされる専任教員数の半数以上は原則として教授で構成されているか。（「告示第53号」第1条第3項）	◎	
専任教員としての能力	3―4　教員は、以下のいずれかに該当し、かつ、その担当する専門分野に関し高度の指導能力を備えているか。 1　専攻分野について、教育上または研究上の業績を有する者 2　専攻分野について、高度の技術・技能を有する者 3　専攻分野について、特に優れた知識および経験を有する者 （「専門職」第5条）	◎	
実務家教員	3―5　専任教員のうち実務家教員数は、当該分野で必要とされる一定の割合が確保されているか。（「告示第53号」第2条）	◎	
	3―6　実務家教員は、5年以上の実務経験を有し、かつ高度の実務能力を有する教員で構成されているか。（「告示第53号」第2条）	◎	
専任教員の分野構成、科目配置	3―7　経営系分野の特性に応じた基本的な科目、実務の基礎・技能を学ぶ科目、広い視野や周辺領域の知識を涵養する科目、基礎知識を展開発展させる科目、先端知識を学ぶ科目について専任教員が適切に配置されているか。	◯	
	3―8　経営系専門職大学院において教育上主要と認められる授業科目については、原則として、専任の教	◯	

項目	評価の視点		レベルⅠ	レベルⅡ
		授または准教授が配置されているか。		
	3―9	経営分野において実践性を重視する科目に実務家教員が配置されているか。	○	
	3―10	教育上主要と認められる授業科目を兼担・兼任教員が担当する場合、その教員配置は、適切な基準および手続によって行われているか。	○	
教員の構成	3―11	専任教員は、職業経歴、国際経験、年齢や性別のバランス等を考慮して適切に構成されているか。	○	
教員の募集・任免・昇格	3―12	教授、准教授、客員教授、任期つき教授、講師、助教等の教員組織編制のための基本的方針を有しており、それに基づいた教員組織編制がなされているか。	○	
	3―13	教員の募集・任免・昇格について、適切な内容の基準、手続に関する規程が定められ、運用されているか。特に、教育上の指導能力の評価が行われているか。	○	
	3―14	教員の募集・任免・昇格は、その規程に則って、教授会等の経営系専門職大学院固有の教員組織の責任において適切に行われているか。	○	
	3―15	任期制の適用や特定分野について高度の知見を有する内外の専門家の処遇など、教育研究の必要性に応じた配慮が可能な制度となっているか。		○
	3―16	専任教員の後継者の養成または補充について適切に配慮しているか。		○
教員の教育研究条件	3―17	専任教員の授業担当時間は、教育の準備および研究に配慮したものとなっているか。	○	
	3―18	専任教員に対する個人研究費が適切に配分されているか。	○	
	3―19	研究専念期間制度（サバティカル・リーブ）等、教員の研究活動に必要な機会が保証されているか。		○
教育研究活動等の評価	3―20	専任教員の教育活動について、適切に評価する仕組みが整備されているか。		○
	3―21	専任教員の研究活動について、適切に評価する仕組みが整備されているか。		○
	3―22	専任教員の経営系専門職大学院の運営への貢献について、適切に評価する仕組みが整備されているか。		○

4 学生の受け入れ

経営系専門職学位課程は、当該課程において将来専門職として活躍できる職能を育むに足る資質を有し、当該経営系専門職大学院が提供する様々な教育諸活動を享受しうる基礎的能力を持った学生を入学させることが必要である。そのためには、学生の十全な学習を可能にする適切な学生募集、受け入れ方針および選抜手続を整備するとともに、これに基づき適切かつ公正に学生を受け入れなければならない。

項目	評価の視点		レベルⅠ	レベルⅡ
学生の受け入れ方針等	4―1	専門職学位課程制度の目的に合致し、かつ、当該経営系専門職大学院の使命・目的および教育目標に即した学生の受け入れ方針、選抜方法および選抜手続が設定され、それが事前に入学志願者をはじめ広く社会に公表されているか。	○	
	4―2	入学者選抜にあたっては、受け入れ方針・選抜基準・選抜方法に適った学生を的確かつ客観的な評価によって受け入れているか。	○	
	4―3	学生募集方法および入学者選抜方法は、当該経営系専門職大学院の入学資格を有するすべての志願者に対して、入学者選抜を受ける公正な機会を等しく確保したものとなっているか。	○	
	4―4	入学希望者に対して、説明会や開放講座等を実施しているか。		○
実施体制	4―5	入学者受け入れ方針に沿った学生の受け入れ方法が採用され、実際の入学者選抜が、責任ある実施体制の下で、適切かつ公正に実施されているか。	○	
多様な入学者選抜	4―6	複数の入学者選抜方法を採用している場合、各々の選抜方法の位置づけおよび関係は適切であるか。		○
身体に障がいのある者への配慮	4―7	身体に障がいのある者が入学試験を受験するための仕組みや体制等が整備されているか。		○
定員管理	4―8	経営系専門職大学院の教育にふさわしい環境を継続的に確保するために、入学定員に対する入学者数および学生収容定員に対する在籍学生数は適正に管理されているか。	○	
	4―9	実入学者数が、入学定員を大幅に超える、または大幅に下回る状況になっている場合、これを改善するための取組みが行われるなど、入学定員と実入学者数との関係の適正化が図られているか。		○
入学者選抜方法の検証	4―10	学生の受け入れ方針・選抜基準・選抜方法等の学生受け入れのあり方について、継続的に検証する組織体制・仕組みが確立されているか。		○

5 学生生活

経営系専門職学位課程は、在学中の学生生活に関する相談・支援体制ならびに修了後の進路に関する助言・指導体制を適切に整備するとともに、こうした体制について学生に十分周知させる必要がある。

また、学生生活に関する支援・指導体制を改善し、より優れた専門的職能教育を個々の学生が享受できるようにするために、教育システム改善のための授業評価、種々のアンケート調査等を通じて学生の声が反映できる仕組みを整備することが望ましい。

項目	評価の視点	レベル I	レベル II
支援・指導体制の確立	5—1　学生生活に関する支援・指導体制が確立しているか。	○	
学生の心身の健康の保持	5—2　学生の心身の健康を保持・増進するための適切な相談・支援体制が整備されているか。	○	
各種ハラスメントへの対応	5—3　各種ハラスメントに関する規定および相談体制が適切に整備され、それが学生に周知されているか。	○	
学生への経済的支援	5—4　奨学金その他学生への経済的支援についての適切な相談・支援体制が整備されているか。	○	
キャリア教育の開発と推進	5—5　学生の課程修了後を見越したキャリア教育開発とともに適切な助言・指導の体制が整備されているか。	○	
進路についての相談体制	5—6　学生の進路選択に関わる相談・支援体制が適切に整備されているか。	○	
身体に障がいのある者への配慮	5—7　身体に障がいのある者を受け入れるための適切な支援体制が整備されているか。		○
留学生、社会人への配慮	5—8　留学生、社会人学生等を受け入れるための適切な支援体制が整備されているか。		○
支援・指導体制の改善	5—9　学生生活に関する支援・指導体制を継続的に検証する仕組みが確立されているか。また、その向上に向けて必要な改善が行われているか。		○

6　教育研究環境の整備

経営系専門職大学院は、専門職学位課程制度の目的に即し、かつ、当該経営系専門職大学院の使命・目的および教育目標を達成することができるよう、適切に教育研究環境の整備を図らねばならない。

そのために経営系専門職大学院は、教員の学問的創造性を伸張し、十全な教育研究活動をなし得るよう、その環境を整えるとともに、恒常的に教育方法を改善し向上させることができるよう人的支援体制を整備することが必要である。

また、経営系専門職大学院は、それぞれの使命・目的および教育目標を達成することができるよう、学生数・教員数等の組織規模に応じて、適切に施設・設備を整備するとともに、経営系専門職学位課程における教育研究活動に必要かつ十分な図書等の資料を整備し、その有効な活用を図らねばならない。

加えて当該経営系専門職大学院は、コンピュータ、ネットワークその他の情報関連設備を含めて、教育形態に対応する施設・設備を整える必要がある。

これらの施設・設備は、身体に障がいを持つ人に対しても配慮されていることが重要である。

項目	評価の視点	レベル I	レベル II
人的支援体制の整備	6—1　経営系専門職大学院の使命・目的および教育目標に沿った優れた人材を育成するために、教務・技能・事務職員等の教育研究に資する人的な補助体制が適切に整備されているか。	○	
	6—2　ティーチングアシスタント制度等、教育効果を上げるための制度が十分に整備されているか。		○
教育形態に即した施設・設備	6—3　講義室、演習室その他の施設・設備が、経営系専門職学位課程の規模および教育形態に応じ、適切に整備されているか。（「専門職」第17条）	◎	
学生用スペース	6—4　学生が自由に学習できる自習室および学生相互の交流のためのラウンジ等の環境が十分に整備され、効果的に利用されているか。	○	
研究室等の整備	6—5　専任教員の個別研究室の整備等、十分な教育研究環境が用意されているか。	○	
情報関連設備および人的体制	6—6　学生の学習および教員の教育研究のために必要な情報インフラストラクチャーおよびそれを支援する人的体制が適切に整備されているか。	○	
施設・設備の維持・充実	6—7　施設・設備が適切に維持され、また教育研究内容、社会状況等の変化に合わせて、施設・設備が整備されているか。	○	
身体に障がいのある者への配慮	6—8　身体に障がいのある者のために適切な施設・設備が整備されているか。		○
図書等の整備	6—9　図書館には経営系専門職学位課程の学生の学習および教員の教育研究のために必要かつ十分な図書および電子媒体を含む各種資料が計画的・体系的に整備されているか。	○	
	6—10　図書館の利用規程や開館時間は経営系専門職学位課程の学生の学習および教員の教育研究に配慮したものとなっているか。	○	
	6—11　国内外の大学院・研究機関等との学術情報・資料の相互利用のための条件整備を行っているか。	○	
財政的基礎	6—12　経営系専門職大学院における教育活動等を適切に遂行できる財政的基礎を有しているか。		○
教育研究環境の改善	6—13　教育研究環境について、学生や教職員の意見要望を把握し、施設の改善等に結び付けていくために、継		○

	続的に検証する組織体制・システムが確立されているか。また、教育研究環境の向上に向けて必要な改善が行われているか。		

7　管理運営

経営系専門職学位課程を設置している大学は、当該経営系専門職大学院を管理運営する固有の組織体制を整備するとともに、専門職学位課程制度の目的に即し、かつ、当該経営系専門職大学院の使命・目的および教育目標を達成することができるよう、関連法令等に基づき学内規程を定めるとともに、これらを遵守するよう努めなければならない。

管理運営に関する体制・学内規程等の整備とその運用にあたっては、管理運営組織の自律性・自主性、意思決定の適切性・効率性、学問研究の自律性等に十分に配慮しなければならない。

当該経営系専門職大学院の管理運営は、関係する学部・研究科や全学的諸機関との適切な連携のもとに行われることが必要である。

大学は、社会の状況を適切に反映させるよう、適宜、学内規程の内容を点検・評価し、管理運営の改善に努めなければならない。

大学は、教員組織の他、専門職学位課程制度の目的に即し、かつ、当該経営系専門職大学院の使命・目的および教育目標を達成することができるよう、適切な事務組織を当該経営系専門職大学院に設けるとともに、これを適切に運営し、また、その質を維持し、改善するよう努めなければならない。

項目	評価の視点	レベル I	レベル II
学内体制・規程の整備	7―1　経営系専門職大学院を管理運営する固有の組織体制が整備され、その活動のために適切な規程が制定されているか。	○	
法令等の遵守	7―2　関連法令等および学内規程は適切に遵守されているか。	◎	
管理運営体制	7―3　経営系専門職大学院の設置形態にかかわらず、当該専門職大学院の教学およびその他の管理運営に関する重要事項については教授会等の当該専門職大学院固有の専任教員組織の決定が尊重されているか。	○	
	7―4　経営系専門職大学院固有の管理運営を行う専任教員組織の長の任免等に関して適切な基準が設けられ、かつ、適切に運用されているか。	○	
関係組織等との連携	7―5　経営系専門職大学院と関係する学部・研究科等が設置されている場合、それとの連携・役割分担は適切に行われているか。	○	
	7―6　企業、地方自治体、その他外部機関との連携・協働を進めるための協定、契約等の決定・承認や資金の授受・管理等は適切に行われているか。		○
点検・評価および改善	7―7　経営系専門職大学院の管理運営に関する学内規程の内容および形式に関する点検・評価は適切に行われているか。	○	
	7―8　点検・評価に基づき管理運営の改善の努力が適切に行われているか。	○	
事務組織の設置	7―9　経営系専門職大学院を管理運営し、その使命・目的および教育目標の達成を支援するために適切な規模と機能を備えた事務組織を設置しているか。	○	
事務組織の運営	7―10　事務組織は、関係諸組織と有機的連携を図りつつ、適切に運営されているか。	○	
事務組織の改善	7―11　事務組織の活動を向上させるために、組織的な研修システムの導入等、必要な工夫・改善が行われているか。		○

8　点検・評価

経営系専門職大学院の使命・目的および教育目標の実現に向けて、Plan-Do-Check-Action（PDCA）等の仕組みを整備し、その活動を不断に点検・評価し、改善・改革に結びつける必要がある。

また、経営系専門職大学院の自己点検・評価の結果は広く社会に公表しなければならない。

項目	評価の視点	レベル I	レベル II
自己点検・評価	8―1　自己点検・評価のための仕組みおよび組織体制を整備し、適切な評価項目および方法に基づいた自己点検・評価を、組織的、継続的な取組みとして実施しているか。	◎	
	8―2　自己点検・評価の結果を広く公表しているか。	◎	
改善・向上のための仕組みの整備	8―3　自己点検・評価および第三者評価等の結果を当該経営系専門職大学院の教育研究活動の改善・向上に結びつけるための仕組みを整備しているか。	○	
評価結果に基づく改善・向上	8―4　自己点検・評価および第三者評価等の結果を当該経営系専門職大学院の教育研究活動の改善・向上に有効に結びつけているか。		○

9　情報公開・説明責任

経営系専門職大学院は、透明性の高い運営を行うとともに、自らの諸活動の状況を社会に対して積極的に情報公開し、その説明責任を果たすことが必要である。

項目	評価の視点	レベル I	レベル II
情報公開・説明責任	9―1　経営系専門職大学院の組織運営と諸活動の状況について、社会が正しく理解できるよう、ホームページや大学案内等を利用して適切に情報公開を行っているか。	○	
	9―2　学内外からの要請による情報公開のための規程および体制は整備しているか。	○	
	9―3　現在実施している情報公開が、社会に対する説明責任の役割を果たしているかどうかを検証する仕組みを整備しているか。		○

助産専門職大学院評価基準

特定非営利活動法人日本助産評価機構

二〇〇七年一一月

I 総説　略

II 評価基準

1 評価基準の性質および機能

（1）評価基準は、学校教育法第69条の3第4項に規定する大学評価基準として策定されたものである。

（2）評価基準は、社団法人日本助産師会の「助産師の声明」に定める助産師の理念に基づき、正常な出産の支援、女性のライフステージに応じた健康支援、家族を含めた地域母子保健活動を自立して実践し、これらの活動を行うための管理調整ができる高度な助産専門職の教育活動等を評価するために策定されたものである。

（3）この評価基準は、専門職大学院設置基準（平成15年文部科学省令第16号）等を踏まえて、当機構が助産専門職大学院の教育活動等が評価基準に適合している旨の適格認定を行う際に、助産専門職大学院に必要と考える要件および評価対象専門職大学院の目的に照らして、教育活動等を分析・判断するために定めたものである。

2 評価基準の表現方法

（1）評価基準の表現方法は、その内容により、次の2つに分類される。

①助産専門職大学院において、定められた内容が満たされていることが求められるもの。

例「・・・であること。」「・・・されていること。」等

②助産専門職大学院において、少なくとも、定められた内容に関する措置が講じられていることが求められるもの。

例「・・・に努めていること。」等

（2）解釈指針の表現方法

解釈指針は各基準に関する規則、ならびに各基準に係る説明、および例示を規定したものであり、その内容により、次の3つに分類される。

①助産専門職大学院において、定められた内容が満たされていることが求められるもの。

例「・・・であること。」「・・・されていること。」等

②助産専門職大学院において、少なくとも、定められた内容に関する措置が講じ

られていることが求められるもの。

例「・・・に努めていること。」等

③助産専門職大学院において、定められた内容が実施されていれば、「優れている」と判断されるもの。

例「・・・が望ましい。」等

3 適格認定

（1）適格認定は、当機構が評価の結果、助産専門職大学院が、評価基準に適合していると認められた場合に与えられる。

（2）評価基準に適合していると認められるためには、すべての基準が満たされていなければならない。

（3）各基準を満たすためには、上記2.（2）解釈指針の表現方法の①および②が満たされていなければならない。

第1章 教育の理念・目的

助産専門職大学院の目的は、専門的な助産知識及び、高度な助産技術および他職種との協働を含む管理的な能力を身につけた実践者、あるいは、教育指導者として幅広い教養、豊かな人間性ならびに高い職業倫理等を備えた助産師を養成することにある。助産専門職大学院は21世紀の社会において助産師に期待される役割を十全に果たし、国際的に通用するような人的基盤の確立という重要な使命を担っている。

助産専門職大学院は、この理念・目的ならびに教育目標を掲げ、その実現に向けて教育活動等を行うに必要な組織・制度を整備し、人材育成を行うことが肝要である。

この章においては、評価対象となる助産専門職大学院の理念として、教育に対する価値観や使命および、それを実現するための教育目的について評価を行う。

助産専門職大学院の理念・目的とは、基本となる教育方針や養成すべき人材像など、当該専門職大学院の構成員が一丸となって実現を目指すべき方向である。また教育目標とは、目的の実現のために設定される具体的な到達課題であり、適切な方法によってその達成度の評価が可能なものである。

1―1 助産専門職大学院の理念

1―1―1

助産専門職大学院においては、その理念を明確に定め、それを教育目的や教育目標として、教育課程に反映していること。

解釈指針1―1―1―1

助産専門職大学院の理念が明文化されていること。

解釈指針1―1―1―2

助産専門職大学院の教員は、その理念がどのように教育内容に反映されているかを明確に説明できること。

1―1―2

助産専門職大学院においては、その理念を学内に周知し、学外に公表していること。

解釈指針1―1―2―1

助産専門職大学院の教職員・学生および学外に対して、その理念はWEB等により知らされていること。

1―2 助産専門職大学院の教育目的

1―2―1

助産専門職大学院においては、その教育目的を明確に定めていること。

解釈指針1―2―1―1

助産専門職大学院の教育目的が明文化されていること。

解釈指針1―2―1―2

助産専門職大学院の教育目的は、高度な助産専門職業人が備えるべき高い倫理観、質の高い助産実践に必要な学識とその応用能力を涵養することができるような目的であること。

1―2―2

助産専門職大学院においては、その教育目的に適った教育が実施され、成果を上げていること。

解釈指針1―2―2―1

助産専門職大学院の教育の成果は、学生の学業成績および在籍状況ならびに修了者の進路および活動状況を総合的に勘案して判断されていること。

第2章 教育課程

助産専門職大学院の教育課程は、それぞれの助産専門職大学院固有の理念に沿って教育研究活動等を展開し、着実に教育成果を上げることが期待されている。

教育課程は、高度の専門性が求められる助産という職業を担うための深い学識および卓越した能力を養えるよう、助産専門職大学院の目的ならびに目標に即して、適切に編成されなければならない。

教育課程の編成にあたっては、助産専門職大学院の目的ならびに教育目標にふさわしい授業科目を体系的に配置する必要がある。

助産専門職大学院が十分な教育上の成果をあげるためには、履修形態に応じた適切な教育方法を整備すること、とりわけ、理論と実務の架橋を図る教育方法を導入し、効果的に実施する体制を整えることが必要である。

学生に対しては、授業の内容・方法、履修要件等について、シラバスを通じてあらかじめ明示しなければならない。

成績評価ならびに単位認定にあたっては、助産専門職大学院の目的を踏まえ、評価の公正性および厳格性を担保できる適切な仕組みを導入しなければならない。また、それらの基準および方法に基づいて成績評価や単位認定を行う必要がある。
教育目標を達成するために、入学前における学生の経験や修得知識の多様性を踏まえた履修指導体制を整備するとともに、学生の学修意欲をいっそう促進する適切な履修指導を行う必要がある。
さらに、助産専門職大学院は、教育活動等を通じていかなる教育効果があがっているかを不断に検証することが重要である。そのためには教育効果を測定する上で有効な種々の方法を開発・活用するとともに、教育内容・方法等の改善を図るための組織的な体制を整備し、恒常的に改善努力を行うことが必要である。

2—1 教育内容

2—1—1
高度な助産実践に必要な授業科目が配置されていること。授業科目の内容がそれぞれの科目群にふさわしいものとなっていること。

解釈指針2—1—1—1
科目群は、原則として（1）基本助産科目群（2）発展助産科目群（3）その他をさす。
（1）基本助産科目群は、自立して、マタニティサイクルにおける正常とその逸脱を判断でき、ケアに必要な高度な知識と技術を修得するための科目をさし、それらには、ウィメンズヘルスに関する広範な知識の修得、生殖先端医療に伴う生命倫理、遺伝に関するケア能力を修得する科目等を含むこと。（2）発展助産科目群は、高度な助産技術および他職種との協働を含む管理的な能力、あるいは教育指導に携わる能力、応用的・先端的な助産領域に関する内容、国際的な母子保健問題に対応する能力、その他の助産に関する多様な内容の修得科目群であって、基本助産科目群以外のものが助産専門職大学院の理念に基づいて構成されていること。（3）その他は上記以外の科目をさす。

解釈指針2—1—1—2
専門職業人としての職業倫理に関する授業科目を設けていること。

2—1—2
カリキュラム編成においては、授業科目が必修科目、選択必修科目、選択科目等に適切に分類され、学生による履修が系統的・段階的に行えるよう適切に配置されていること。
また、学生に対して、授業の内容・方法、履修要件等について、シラバスを通じてあらかじめ明示されていること。

2—1—3
各授業科目における授業時間等の設定が、単位数との関係において、大学設置基準第21条から第23条までの規定に照らして適切であること。

2—2 教育方法

2—2—1
助産専門職大学院においては、講義・事例検討・実習または質疑応答・討議その他の方法による少人数による双方向的あるいは多方向的な密度の高い教育を行うことが基本であることに鑑み、同時に授業を行う学生数が適切な規模に維持されていること。

解釈指針2—2—1—1
助産専門職大学院においては、すべての授業科目について、当該授業科目の性質および教育課程上の位置づけに鑑みて、基準2—2—1に適合する数の学生に対して授業が行われていること。

解釈指針2—2—1—2
基準2—2—1にいう「学生数」とは、実際に当該授業科目を履修する者全員の数を指し、次に挙げる者を含む。
①当該授業科目を再履修している者。
②当該授業科目の履修を認められている対象専門職大学院学生および科目等履修生。

2—2—2
助産専門職大学院における授業は、次に挙げる事項を考慮したものであること。
（1）効果的に履修できるような方法で授業を実施していること。
（2）授業の効果を十分に上げられるよう、授業時間外における学修を充実させるための措置が講じられていること。

解釈指針2—2—2—1
「授業時間外における学修を充実させるための措置」としては、例えば次に挙げるものが考えられる。
①授業時間割が学生の自習時間を考慮したものであること。
②関係資料が配布され、予習事項等が事前に周知されていること。
③予習または復習に関して、教員による適切な指示がなされていること。
④授業時間外の自習が可能となるように、自習室スペースや教材、データベース等の施設、設備および図書が備えられていること。

2—2—3
助産専門職大学院は、履修科目の履修登録の上限を設定し、学生が1年間または学期毎に履修科目として登録する単位数の上限を定めていること。

2—3 実習指導体制

2—3—1
助産実習科目の履修については、助産専門職大学院の目的を達成するために必要な実習の内容と方法が具体的に示されていること。

解釈指針2―3―1―1
実習の具体的な内容や方法が、実習要綱に明文化され、学生と教員の双方に配布され、更に各実習施設にも常置されて、その内容や方法が周知されるよう努めていること。

解釈指針2―3―1―2
実習要綱は、定期的にその内容が見直され、適宜改訂するよう努めていること。

2―3―2
助産実習科目の履修に際しては、学生個々の能力レベルに応じた指導体制の配慮がなされていること。

2―3―3
助産専門職大学院は、実習科目を履修する実習施設に、助産専門職大学院の目的を達成するために、1名以上の適切な指導能力を有する臨床指導者が配置されているよう配慮していること。

解釈指針2―3―3―1
「臨床指導者」とは、実習施設において学生の臨床指導を主たる業務とする助産師のことをいう。この者には、実習施設に所属する助産師のほか、助産専門職大学院の実務家教員である助産師、助産専門職大学院が必要に応じて採用する非常勤の助産師等が含まれる。

解釈指針2―3―3―2
「適切な指導能力を有する臨床指導者」とは、適切な指導のために助産師としての実務経験や教育経験等を有し、特に高い倫理観、豊かな人間性をあわせもつ者が望ましい。

2―3―4
各実習施設に同時に配置する学生数は、当該実習施設の規模に応じ、実習の目的を達成するにふさわしい数であること。

解釈指針2―3―4―1
「実習の目的を達成するにふさわしい数」とは、実習施設で対象となる妊産婦・褥婦・新生児の数に鑑み、実習の到達度が保証される学生の配置数をいう。

2―3―5
助産専門職大学院では、実習施設および臨床指導者と連携をとり、実習内容の質の向上に努めていること。

解釈指針2―3―5―1
助産専門職大学院と実習施設の間で実習連絡会議や実習指導者相談会などが組織されており、定期的に公的な話し合いがもたれていること。

2―3―6
助産専門職大学院は、実習科目の目的に合致した助産活動を行っている実習施設を確保していること。

2―4 成績評価および修了認定

2―4―1
学修の成果に係る評価（以下「成績評価」という）が、学生の能力および資質を正確に反映するよう客観的かつ厳正なものとして行われており、次に掲げるすべての基準を満たしていること。

（1）成績評価の基準が設定され、かつ、学生に周知されていること。
（2）当該成績評価基準に従って、成績評価が行われていることを確保するための措置がとられていること。
（3）成績評価の結果が、必要な関連情報と共に学生に告知されていること。
（4）期末試験を実施する場合は、実施方法についても適切な配慮がなされていること。

解釈指針2―4―1―1
基準2―4―1（1）における成績評価の基準として、科目の性質上、不適切な場合を除き、成績評価のあり方についての方針の設定、成績評価における考慮要素があらかじめ明確に示されていること。

解釈指針2―4―1―2
基準2―4―1（2）における措置として、例えば次のものが考えられる。
①成績評価について説明を希望する学生に対して、説明の機会が設けられていること。また、そのことがシラバス等に明文化されていること。
②科目間や担当者間の採点分布に関するデータが関係教員の間で共有されていること。

解釈指針2―4―1―3
基準2―4―1（3）にいう「必要な関連情報」とは、筆記試験を行った場合については、当該試験における成績分布等に関するデータのことをいう。

解釈指針2―4―1―4
基準2―4―1（4）にいう「適切な配慮」とは、筆記試験において合格点に達しなかった者に対して行われる試験（いわゆる再試験）についても厳正な成績評価が行われていること。また、該当学期の授業につき一定のやむを得ない事情により筆記試験を実施することができなかった者に対して行われる試験（いわゆる追試験）について、受験者は不当な利益または不利益を受けることのないように配慮されていることなどを指す。

2―4―2
学生が在籍する助産専門職大学院以外の機関における履修結果をもとに、当該助産専門職大学院における単位を認定する場合は、当該助産専門職大学院としての教育課程の一体性が損なわれていないこと、かつ厳正で客観的な成績評価が確保されていること。

2―4―3
助産専門職大学院の修了要件は、専門職大学院設置基準の定めを満たすものであること。この場合において、次に掲げる取り扱いをすることができる。
（1）教育上有益であるとの観点から、他の大学院において履修した授業科目について修得した単位を助産専門職大学院が修了要件として定める30単位以上の単位数の2分の1を超えない範囲で、当該助産専門職大学院における授業科目の履修により修得したものとみなすこと。
（2）教育上有益であるとの観点から、当該助産専門職大学院に入学する前に他の大学院において履修した授業科目について修得した単位を、（1）による単位と合わせて助産専門職大学院が修了要件として定める30単位以上の単位数の2分の1を超えない範囲で、当該助産専門職大学院における授業科目の履修により修得したものとみなすこと。

解釈指針2―4―3―1
修了の設定に必要な修得単位数は、助産専門職大学院が適切に設定する。

2―4―4
教育内容および方法の改善を図るために、組織的な研究および研修を継続的かつ効果的に行う体制（FD体制）が整備され、実施されていること。
また、学生および教員による授業評価が組織的に実施されていること。学生による授業評価、教員評価等を総合的に判断し、その結果を教育の改善につなげる仕組みが整備されていること。

解釈指針2―4―4―1
学生による授業評価および教員による授業評価に加えて、就職先等からの評価を実施することが望ましい。

第3章　入学者選抜

助産専門職大学院は、それぞれの助産専門職大学院の理念・目的ならびに教育目標を達成することができるよう、適切な入学者選抜の方針を定め、それに基づいて適切かつ公正に学生を受け入れなければならない。さらに助産専門職大学院は、教育効果を高めるために、入学者選抜の方針・方法等について不断に検証し、その改善・向上に努めることが必要である。

3―1　入学者選抜

3―1―1
助産専門職大学院は、入学者選抜について、公平性、透明性、多様性の確保を前提とし、助産専門職大学院の理念・目的に照らして、適切な選抜方針、選抜基準および選抜手続きを明確に規定し、公開していること。

解釈指針3―1―1―1
助産専門職大学院には、入学者の能力等の評価、その他の入学者選抜に係る業務を行うための責任ある体制がとられていること。

解釈指針3―1―1―2
入学志願者に対して、当該助産専門職大学院の理念・目的、設置の趣旨、アドミッション・ポリシー、入学者選抜の方法等について、事前に周知するように努めていること。

3―1―2
入学者選抜にあたっては、助産専門職大学院において教育を受けるために必要な入学者の能力等が適確かつ客観的に評価されていること。

解釈指針3―1―3―1
入学者選抜において、複数の適性試験の結果を考慮する場合、その内容・方法は適切であること。また、その内容・方法が事前に公表されていること。

3―1―3
入学者選抜が入学者選抜の基準および手続きに従って実施されていること。

3―1―4
学生の受け入れ方針・選抜基準・選抜方法等の学生受け入れのあり方について、恒常的に検証する組織体制・システムが確立されていること。

3―2　収容定員と在籍者数

3―2―1
助産専門職大学院の在籍者数については、収容定員に対して著しい欠員ないし超過が恒常的なものにならないよう対応等が講じられていること。

解釈指針3―2―1―1
基準3―2―1に規定する「収容定員」とは、入学定員の2倍の数をいう。
また、同基準に規定する「在籍者」には、休学者を含む。

解釈指針3―2―1―2
在籍者数が収容定員に対して著しい欠員ないし超過が恒常的なものにならないための措置が講じられていること。

第4章　学生への支援体制

助産専門職大学院は、それぞれの助産専門職大学院の目的ならびに教育目標を達成することができるよう、学生の心身の健康や経済状況等に関する相談・支援体制等の学修環境を整備することを通じて、学生生活に適切に配慮しなければならない。

4―1　学修支援

4―1―1

5
評価基準等

学生が在学期間中に助産専門職大学院課程の履修に専念できるよう、また、教育の成果をあげるために、助産専門職大学院の目的に照らして、履修指導、学習相談や助言体制の整備が十分になされていること。

解釈指針4—1—1—1
履修指導においては、助産専門職大学院が掲げる目的に照らして適切なガイダンスが実施されていること。

解釈指針4—1—1—2
助産の有資格者および未資格者それぞれに応じた履修指導の体制が整備され、履修指導が効果的に行われていること。

4—2 生活支援等

4—2—1
学生が在学期間中に助産専門職大学院課程の履修に専念できるよう、学生の経済的支援および修学や学生生活に関する相談・助言や支援体制が整備されていること。

解釈指針4—2—1—1
助産専門職大学院は、多様な措置（奨学基金、修了生等の募金、他の団体等が給付または貸与する奨学金への応募の紹介等）によって学生が奨学金制度等を利用できるように整備されていること。

4—2—2
学生の健康相談、生活相談、各種ハラスメントの相談等のために、保健センター、学生相談室を設置するなど必要な相談・助言体制が整備されていること。

4—2—3
学生の能力および適性、志望に応じて、主体的に助産の専門家としての進路を選択できるように、必要な情報の収集、提供、および指導・助言体制が整備されていること。

解釈指針4—2—3—1
学生がそれぞれの目指す進路の選択ができるように、適切な相談窓口を設置するなど、支援体制が整備されていること。

第5章　教員組織

助産専門職大学院は、それぞれの助産専門職大学院の目的および教育目標を達成することができるよう、適切な教員組織を設けるとともに、これにふさわしい教員を配置することが必要である。また、助産専門職大学院は、将来にわたり教育活動等を維持するに十分な教育能力や専門的知識・経験を備えた教員を任用するために、透明性のある手続を定め、その公正な運用に努めなければならない。

5—1 教員の資格と評価

5—1—1
助産専門職大学院においては、各研究科および専攻の種類ならびに規模に応じて、教育上必要な教員が置かれていること。

5—1—2
基準5—1—1に規定する教員のうち、次の各号のいずれかに該当し、かつ、その担当する専門分野に関し高度の教育上の指導能力があると認められる者が、専任教員として専攻ごとに置かれていること。

（1）当該専攻分野について、教育上又は研究上の業績を有する者。
（2）当該専攻分野について、高度の技術技能を有する者。
（3）当該専攻分野について、特に優れた知識および経験を有する者。

5—1—3
教員の採用および昇任に関しては、教育上の指導能力等を適切に評価するための体制が整備されていること。

5—2 専任教員の配置と構成

5—2—1
助産専門職大学院には、専攻ごとに、平成11年文部省告示第175号の別表第一および別表第二に定める修士課程を担当する研究指導教員の数の1・5倍の数（小数点以下の端数があるときは、これを切り捨てる。）に、同告示の第2号、別表第一および別表第二に定める修士課程を担当する研究指導補助教員の数を加えた数の専任教員を置くとともに、同告示の別表第三に定める修士課程を担当する研究指導教員1人あたりの学生の収容定員に4分の3を乗じて算出される収容定員の数（小数点以下の端数があるときは、これを切り捨てる。）につき1人の専任教員が置かれていること。

解釈指針5—2—1—1
各教員の担当科目数や担当時間数について、極端な偏りがないよう配慮されていること。

解釈指針5—2—1—2
各教員の年齢構成に著しい偏りがないように努めていること。

5—2—2
5—2—1で規定される専任教員は、専攻分野に応じた担当科目に配置されていること。

5—2—3
5—2—1で規定される専任教員数のおおむね3割以上は、助産に関するおおむね5年以上の実務の経験を有し、かつ、高度の実務能力を有する者であること。

第6章　施設、設備および図書館等

助産専門職大学院は、それぞれの助産専門職大学院の目的ならびに教育目標を達成することができるよう、学生数・教員数の組織規模等に応じて、適切に施設・設備を整備するとともに、教育活動等に十分な図書などの資料を整備する必要がある。
助産専門職大学院は、コンピュータその他の情報関連設備を含めて、教育形態に対応する施設・設備を整える必要がある。

6—1 施設の整備

6—1—1
助産専門職大学院には、その規模に応じて、教員による教育および研究ならびに学生の学修その他、当該助産専門職大学院の運営に必要で十分な種類、規模、質および数の教室、演習室、実習室、自習室、図書館、教員室、事務室その他の施設が備えられていること。

解釈指針6—1—1—1
教室、演習室、実習室は、当該助産専門職大学院におけるすべての授業を支障なく、効果的に実施することができるだけの規模、質および数が備えられていること。

解釈指針6—1—1—2
教員室は、少なくとも各専任教員につき1室が備えられていることが望ましい。非常勤教員については、勤務時間に応じて、授業等の準備を十分かつ適切に行うことができるだけのスペースが確保されていることが望ましい。

6—2 設備の整備

6—2—1
助産専門職大学院には、教員による教育および研究ならびに学生を支援するのに必要な設備が整備されていること。

6—3 図書館の整備

6—3—1
図書館には学生の学習および教員の教育研究のために、必要かつ十分な図書および電子媒体を含む各種資料が計画的・体系的に整備されていること。図書館の開館時間は学生の学習および教員の教育研究のために、十分に確保されていること。

第7章　管理運営等

助産専門職大学院は、それぞれの助産専門職大学院の目的ならびに教育目標を達成することができるよう、明文化された学内規程等に従って適切に管理運営を行わなければならない。
管理運営に関する規程等の整備とその運用にあたっては、管理運営組織の独自性・自主性、意思決定の適切性・効率性、自律性等に十分に配慮しなければならない。
また、助産専門職大学院の管理運営は、関係する学部・研究科や全学的諸機関との適切な連携のもとに行われることが必要である。

7—1 管理運営体制

7—1—1
助産専門職大学院の管理運営に関する規程等が整備されていること。

7—2 管理運営の仕組み

7—2—1
助産専門職大学院における教育活動等を適切に実施するためにふさわしい運営の仕組みが整備され、実施されていること。

解釈指針7—2—1—1
助産専門職大学院の運営に関する重要事項を審議する会議組織がおかれていること。
助産専門職大学院の運営に関する会議は、当該助産専門職大学院の専任教授により構成されていること。ただし、運営に関する会議の定めるところにより、准教授その他の職員を加えることができる。

解釈指針7—2—1—2
助産専門職大学院には、運営に関する専任の長が置かれていること。

7—2—2
重要事項を審議する会議では、助産専門職大学院の教育課程、教育方法、成績評価、修了認定、入学者選抜および教員組織等に関する事項が審議されていること。

解釈指針7—2—2—1
「専攻分野における実務の経験及び高度の実務の能力を有する教員」（平成15年文部科学省告示第53号第2条第2項）により助産専門職大学院の専任教員とみなされる者においては、助産専門職大学院の教育課程の編成等に関して責任を担うことができるように配慮されていること。

解釈指針7—2—2—2
教学およびその他の管理運営に関する重要事項については、教授会等の助産専門職大学院固有の専任教員組織による決定が尊重されていること。助産専門職大学院固有の管理運営を行う専任教員組織の長の任免等に関して適切な基準が設けられ、かつ、適切に運用されていること。

第8章　点検・評価

助産専門職大学院は、それぞれの助産専門職大学院の目的ならびに教育目標を達成することができるよう、教育研究を適切な水準に維持するとともに、その活動を不断に点検・評価し、改善・向上に結び付ける必要がある。また、助産専門職大学院は、自己点検・評価の結果を広く社会に公表しなければならない。

8―1　結果の公表

8―1―1
助産専門職大学院の教育水準の維持向上を図り、当該助産専門職大学院の社会的使命を達成するために教育活動等の状況について、自ら点検および評価を行い、その結果を公表していること。

8―2　実施体制の整備

8―2―1
自己点検および評価を行うにあたっては、その趣旨に即し、適切な項目を設定するとともに、適当な実施体制が整えられていること。

解釈指針8―2―1―1
助産専門職大学院には、教育活動等に関する自己点検および評価を行う組織が設置されていること。

8―3　教育活動等の改善に資する体制

8―3―1
助産専門職大学院の自己点検および評価の結果は、当該助産専門職大学院の教育活動等の改善に活用するために適切な体制が整えられていること。

解釈指針8―3―1―1
自己点検および評価においては、当該助産専門職大学院における教育活動等を改善するための目標を設定し、その目標を実現するための方法および取り組みの状況等について示されていることが望ましい。

8―4　評価結果の検証

8―4―1
自己点検および評価の結果について、当該助産専門職大学院を置く大学の職員以外の者による検証を行うよう努めていること。

解釈指針8―4―1―1
助産専門職大学院の自己点検および評価に対する検証を行う者においては、助産実務に従事し、助産専門職大学院の教育について広くかつ高い見識を有する者を含むことが望ましい。

第9章　情報の公開・説明責任

助産専門職大学院は、透明性の高い運営を行うとともに、自らの諸活動の状況につき、社会に対し積極的に情報公開に努め、その説明責任を果たすことが必要である。

9―1　情報の公表・説明責任

9―1―1
助産専門職大学院における教育活動等の状況について、印刷物の刊行およびウェブサイトへの掲載等、広く社会に周知を図ることができる方法によって、積極的に情報が提供されていること。

解釈指針9―1―1―1
教育活動の状況については、当該専門職大学院の理念、目的、教育課程、教員組織等について公表されていること。

9―2　情報公開のための体制整備

9―2―1
学内外からの要請による情報公開のための規程および体制が整備されていることが望ましい。

Ⅲ　附則

本評価基準は、平成19年11月20日を制定日とし、当機構が認証評価機関として文部科学大臣の認証を受けた平成20年4月8日を施行日とする。

5

評価基準等

平成二二年度版

臨床心理士養成のための大学院専門職学位課程評価基準要綱

財団法人 日本臨床心理士資格認定協会

平成二二年二月

Ⅰ　総則

1　評価の目的

1—1

協会が、大学からの求めに応じて実施する認証評価においては、我が国の専門職大学院の教育活動等の水準の維持及び向上を図るとともに、その個性的で多様な発展に資することを目的として、協会が定める専門職大学院評価基準（以下、「評価基準」という）に基づき、次のことを実施する。

（1）専門職大学院の教育活動等の質を保障するため、専門職大学院を定期的に評価し、教育活動等の状況が評価基準に適合しているか否かの認定をすること。

（2）専門職大学院の教育活動等の改善に役立てるため、専門職大学院の教育活動等について多面的な評価を実施し、評価結果を専門職大学院にフィードバックすること。

（3）専門職大学院の活動について、広く国民の理解と支持が得られるよう支援及び促進していくため、専門職大学院の教育活動等の状況を多面的に明らかにし、それを社会に示すこと。

2　評価項目及び評価基準の性質及び機能

2—1

評価項目及び評価基準は、学校教育法第１１０条第２項に規定する大学評価基準として策定されたものである。

2—2

評価項目及び評価基準は、専門職大学院設置基準（平成１５年文部科学省令第１６号）に規定される設置基準等を踏まえて、協会が、評価対象の専門職大学院（以下、「評価対象大学院」という）の教育活動等に関し、評価基準に適合している旨の認定（以下、「適格認定」という）をする際に、専門職大学院として満たすことが必要と考える要件及び評価対象大学院の目的に照らして、教育活動等の状況を多面的に分析するための内容を定めたものである。

2—3

各評価項目の評価基準はその内容により、次の２つに分類される。

（1）各専門職大学院において、定められた内容が満たされていることが求められるもの（レベル１）。

例「・・・であること。」「・・・されていること。」等

（2）各専門職大学院において、少なくとも、定められた内容に関わる措置を講じていることが求められるもの（レベル２）。

例「・・・に努めていること。」等

2—4

解釈指針は、各評価項目の評価基準に関する細則、並びに各基準に係る説明及び例示を規定したものである。

2—5

2—4における「評価項目の評価基準に関する細則」としての解釈指針は、その内容により、次の３つに分類される。

（1）各専門職大学院において、定められた内容が満たされていることが求められるもの。

例「・・・であること。」「・・・されていること。」等

（2）各専門職大学院において、少なくとも、定められた内容に関わる措置を講じていることが求められるもの。

例「・・・に努めていること。」等

（3）各専門職大学院において、定められた内容が実施されていれば、評価において「優れている」と判断されるもの。

例「・・・が望ましい。」等

3 適格認定の要件等

3－1
評価対象大学院は、評価の結果、協会の定める評価基準に適合していると認められた場合に、適格認定が与えられる。協会から適格認定を受けた専門職大学院を協会認定臨床心理分野専門職大学院という。

3－2
評価基準に適合していると認められるためには、評価項目のレベル1の評価基準はすべて満たされていなければならない。かつ、レベル2の評価基準の7割以上が満たされていなければならない。

3－3
評価項目のレベル1の評価基準を満たすためには、2－5－（1）に分類される解釈指針がすべて満たされていなければならない。

3－4
協会認定臨床心理分野専門職大学院は、認証評価のための評価項目で定められた評価基準を継続して充足するだけでなく、臨床心理士養成の基本理念や当該専門職大学院の目的に照らして、教育活動等の水準を高めることに努めなければならない。

II 評価項目及び評価基準

第1章 教育目的

項目1－1 教育目的

基準1－1－1
教育の理念、目的が明確に定められており、その内容が専門職大学院設置基準、学校教育法に適合するものであること（レベル1）。

解釈指針1－1－1－1
目的が、専門職大学院設置基準第2条で定める目的（高度の専門性が求められる職業を担うための深い学識及び卓越した能力を培う）に沿っていること。

解釈指針1－1－1－2
目的が、学校教育法第83条（学術の中心として、広く知識を授けるとともに、深く専門の学芸を教授研究し、知的、道徳的及び応用的能力を展開させる）に沿っていること。

基準1－1－2
教育の理念、目的が周知、公表されていること（レベル1）。

解釈指針1－1－2－1
目的が、大学院の構成員（教職員及び学生）に周知されていること。

解釈指針1－1－2－2
目的が、社会に広く公表されていること。

基準1－1－3
目的において意図している、学生が身に付ける学力、資質・能力や養成しようとする人材像等に照らして、教育の成果や効果が上がっていること（レベル1）。

解釈指針1－1－3－1
学生の学業成績、修了の状況、修了者の臨床心理士資格試験の合格者数（合格率80％以下が2年間連続しないこと）等から判断して、教育の成果や効果が上がっていること。

解釈指針1－1－3－2
修了後の進路の状況等の実績や成果から判断して、教育の成果や効果が上がっていること。

解釈指針1－1－3－3
授業評価、学生からの意見聴取等の結果から判断して、教育の成果や効果が上がっていること。

解釈指針1－1－3－4
学外実習先の関係者、修了生、就職先等の関係者からの意見聴取の結果から判断して、教育の成果や効果が上がっていること。

第2章 教育課程

項目2－1 教育内容

基準2－1－1
教育課程が、理論的教育と実務的教育の架橋に留意しつつ、臨床心理士としての実務に必要な専門的な臨床心理学の知識、感受性、分析力、表現力、対人関係スキル等を修得させるとともに、豊かな人間性並びに臨床心理士としての責任感及び倫理観を涵養するよう適切に編成されていること（レベル1）。

解釈指針2―1―1―1

教育課程は、臨床心理士養成のための教育機関としての専門職大学院にふさわしい内容・方法で理論的教育と実務的教育の架橋が体系的に行われるよう編成されていること。

基準2―1―2

次の各号に掲げる授業科目が開設されていること（レベル1）。

（1）臨床心理学基本科目
（臨床心理学の基本についての科目、学内実習を含む臨床心理査定の科目、学内実習を含む臨床心理面接の科目をいう。）

（2）臨床心理展開科目
（学外実習を含む臨床心理の諸実践領域についての科目、臨床心理事例研究に関する科目をいう。）

（3）臨床心理応用・隣接科目
（臨床心理学の応用領域・技法に関する科目、臨床心理の応用技法に関する科目、臨床心理と隣接する領域・分野に関する科目をいう。）

解釈指針2―1―2―1

臨床心理学基本科目は、臨床心理査定、臨床心理面接、臨床心理地域援助、臨床心理研究、臨床心理倫理について、将来の臨床心理士としての実務に必要とされる基本を学ぶ内容であること。

解釈指針2―1―2―2

臨床心理展開科目は、実務の経験を有する教員による基本的な臨床心理領域（医療・保健、福祉、教育の領域など）での実務的なことを学ぶ内容であること。また、事例研究論文を作成するための論文構成、論文執筆について学ぶ内容であること。

解釈指針2―1―2―3

臨床心理応用・隣接科目は、種々の臨床心理の領域について広く深く学ぶ内容であること。また、多様な臨床心理の応用技法について広く深く学ぶ内容であること。さらに臨床心理と隣接する領域・分野について広く深く学ぶ内容であること。

基準2―1―3

基準2―1―2の各号のすべてにわたって教育上の目的に応じて適当と認められる単位数以上の授業科目が開設されているとともに、学生の授業科目の履修が同基準各号のいずれかに過度に偏ることがないように配慮されていること。また、評価対象大学院の目的に照らして、必修科目、選択必修科目、選択科目等の分類が適切に行われ、学生による段階的履修に資するよう各年次にわたって適切に配当されていること（レベル1）。

解釈指針2―1―3―1

基準2―1―2（1）に定める臨床心理学基本科目については、次に掲げる単位数の授業科目を必修科目として開設することを標準とする。

（1）臨床心理学原論（臨床心理査定、臨床心理面接、臨床心理地域援助、臨床心理研究、臨床心理倫理の概要等を含むこと。）　4単位

（2）臨床心理査定（臨床心理査定の基本を学ぶ科目をいう。なお、技能の学習のために実習を含むこと。）　6単位

（3）臨床心理面接（臨床心理面接の基本を学ぶ科目をいう。なお、技能の学習のために実習を含むこと。）　6単位

解釈指針2―1―3―2

基準2―1―2（2）に定める臨床心理展開科目については、次に掲げる単位数の授業科目を必修科目として開設することを標準とする。

（1）臨床心理地域援助（基本的な臨床心理領域での実務的なこと学ぶ科目をいう。なお、実習を含むこと。）　10単位

（2）臨床心理事例研究（事例研究論文の作成について学ぶ科目をいう。）　8単位

解釈指針2―1―3―3

基準2―1―2（3）に定める臨床心理応用・隣接科目については、学生がそれぞれの関心に応じて効果的な履修を行うために十分な数の授業科目が開設され、そのうち10単位以上が選択必修又は選択とされていること。

項目2―2　授業を行う学生数

基準2―2―1

専門職大学院においては、少人数による双方向又は多方向的な密度の高い教育を行うことが基本であることにかんがみ、ひとつの授業科目について同時に授業を行う学生数が、適切な規模に維持されていること（レベル1）。

解釈指針2―2―1―1
すべての授業科目について、当該授業科目の性質及び教育課程上の位置付けにかんがみて、原則として30名を上限とし、学生に対して授業が行われていること（なお、適切な授業方法については解釈指針3―2―1―3を参照）。

解釈指針2―2―1―2
基準2―2―1にいう「学生数」とは、実際に当該授業科目を履修する者全員の数を指し、次に掲げる者を含む。
（1）当該授業科目を再履修している者。
（2）当該授業科目の履修を認められている他専攻の学生、他研究科の学生（以下、合わせて「他専攻等の学生」という）及び科目等履修生。

解釈指針2―2―1―3
他専攻等の学生又は科目等履修生による授業科目（必修科目を除く）の履修は、当該授業科目の性質等に照らして適切な場合に限られていること。

項目2―3　授業の方法

基準2―3―1
授業は、次に掲げるすべての水準を満たしていること（レベル1）。
（1）専門的な臨床心理学の知識を確実に修得させるとともに、具体的な問題解決に必要な臨床心理的分析能力その他の臨床心理士として必要な能力を育成するため、授業科目の性質に応じた適切な方法がとられていること。
（2）1年間の授業の計画、各授業科目における授業の内容及び方法、成績評価の基準と方法があらかじめ学生に周知されていること。
（3）授業の効果を十分に上げられるよう、授業時間外における学習を充実させるための措置が講じられていること。

解釈指針2―3―1―1
「専門的な臨床心理学の知識」とは、当該授業科目において特定の分野に偏ることなく臨床心理士として必要と考えられる水準及び範囲の臨床心理学の知識をいう。

解釈指針2―3―1―2
「具体的な問題解決に必要な臨床心理的分析能力その他の臨床心理士として必要な能力」とは、具体的事例に的確に対応することのできる能力をいう。

解釈指針2―3―1―3
「授業科目の性質に応じた適切な方法」とは、各授業科目の目的を効果的に達成するため、少人数による双方向的又は多方向的な討論（教員と学生の間、又は学生相互の間において、質疑応答や討論が行われていることをいう。）、ロールプレイ、現場体験、事例研究その他の方法をいう。

解釈指針2―3―1―4
臨床心理展開科目については、次に掲げる事項が確保されていること。
（1）学外実習においては、オリエンテーションを徹底的に行い、参加学生による実習先での関連法令の遵守の確保のほか、守秘義務遵守等に関する適切な指導監督が行われていること。
（2）学外実習においては、教員が、実習先の実務指導者と連絡・連携して実習学生を適切に指導監督し、かつ、単位認定等の成績評価に責任をもつ体制がとられていること。
（3）学外実習においては、実習先への移動時間や移動にともなう負担等について、学生の学習支援及び学生間の公平性の観点から適切な配慮がなされていること。

解釈指針2―3―1―5
学生が事前事後の学習を効果的に行うための適切な具体的措置としては、例えば次に掲げるものが考えられる。
（1）授業時間割が学生の自習時間を十分に考慮したものであること。
（2）関係資料が配布され、予習事項等が事前に周知されていること。
（3）予習又は復習に関して、教員による適切な指示がなされていること。
（4）授業時間外の自習が可能となるよう、第10章の各基準に適合する自習室スペースや教材、データベース等の施設、設備及び図書が備えられていること。

解釈指針2―3―1―6
集中講義を実施する場合には、その授業の履修に際して授業時間外の事前事後の学習に必要な時間が確保されるように配慮されていること。

項目2—4　履修科目登録単位数の上限

基準2—4—1
　各年次において、学生が履修科目として登録することのできる単位数は、履修科目の学習を着実なものとするために、原則として38単位が上限とされていること（レベル1）。

第3章　臨床心理実習

項目3—1　学内実習施設

基準3—1—1
　学内実習施設（臨床心理センター等）には、その規模に応じ、臨床心理実習を行うに必要十分な面接室、遊戯療法室、事務室その他の施設（相談員室、待合室等）が整備されていること（レベル1）。

解釈指針3—1—1—1
　面接室は、個別面接室、集団面接室などを設け、適度な広さで、落ち着いた雰囲気があり、話し声が外に漏れない部屋であること。

解釈指針3—1—1—2
　遊戯療法室は、適度な広さがあり、いろいろな遊具が揃えられていて、怪我をしないように安全面の配慮がなされている部屋であること。

解釈指針3—1—1—3
　事務室は、実習の遂行がスムーズに行われるのをサポートするような設備、備品、書類などを整え、事務員が常駐している独立した部屋であること。

解釈指針3—1—1—4
　その他の施設として、受付、相談員室、待合室、面接記録を安全に保存するための面接記録保管室などが設けられていること。

解釈指針3—1—1—5
　学内実習施設は、関係者以外は立ち入りを制限しており、バリアフリーであること。

解釈指針3—1—1—6
　面接室、遊戯療法室、事務室等の各施設には、非常ベルや非常口、防犯用具など、不測の事態において安全を確保するための適切な設備が備えられ、非常時の対応について関係者に周知がなされていること。

項目3—2　学内臨床心理実習

基準3—2—1
　学内実習施設（臨床心理センター等）における臨床心理実習の内容、時間、倫理遵守、学生のケース担当、ケースカンファレンス、スーパーヴィジョン体制等について適切な配慮がなされていること（レベル1）。

解釈指針3—2—1—1
　「臨床心理実習の内容、時間」については、臨床心理実習で修得すべき技能とそのための時間が明確に示され、実習の成果が適切にチェックされていること。そのために、評価基準と評価方法が定められ、それに基づく評価が行われていること。

解釈指針3—2—1—2
　「倫理遵守」については、心理臨床において遵守すべき倫理（クライエントの権利擁護、インフォームド・コンセント、守秘義務遵守及び守秘義務解除、個人情報・面接記録の取り扱い、ハラスメントの予防等）について、実践的な指導が適切に行われていること。

解釈指針3—2—1—3
　「学生のケース担当」については、クライエントの発達段階や問題が偏らず多様になるようにして、十分なケース数及び時間数を確保すること。また、教員が陪席するなど、責任をもって指導すること。

解釈指針3—2—1—4
　「ケースカンファレンス」については、その学習効果をあげるために、学生数は概ね20名以内で行われていること。

解釈指針3—2—1—5
　「スーパーヴィジョン体制」については、学生がケースを担当する場合、適切なスーパーヴィジョンが行われていること。

解釈指針3—2—1—6
　学内実習施設がその機能を十分に果たすために、在籍学生が3ケース以上持つことができるように努めること。

項目3—3　学外実習施設

基準3—3—1
学外実習施設には、心理臨床の三大領域（医療・保健、教育、福祉）すべてが含まれていること（レベル1）。

解釈指針3—3—1—1
医療・保健領域の学外実習施設とは、病院（総合、精神科、心療内科、小児科等）、精神保健福祉センター等である。

解釈指針3—3—1—2
教育領域の学外実習施設とは、教育センター、小学校、中学校、高等学校等である。

解釈指針3—3—1—3
福祉領域の学外実習施設とは、児童相談所、児童養護施設、情緒障害児短期治療施設、知的障害者援護施設、精神障害者社会復帰施設等である。

解釈指針3—3—1—4
学外実習施設としては、臨床心理士が勤務している施設を確保すること。

項目3—4　学外臨床心理実習

基準3—4—1
学外実習施設における臨床心理実習の内容、時間、倫理遵守、指導体制等について適切な配慮がなされていること（レベル1）。

解釈指針3—4—1—1
「臨床心理実習の内容、時間」については、臨床心理実習で修得すべき技能とそのための時間が明確に示され、実習の成果が適切にチェックされていること。そのために、評価基準と評価方法が定められ、それに基づく評価が行われていること。

解釈指針3—4—1—2
「倫理遵守」については、心理臨床において遵守すべき倫理（クライエントの権利擁護、インフォームド・コンセント、守秘義務遵守及び守秘義務解除、個人情報・面接記録の取り扱い、ハラスメントの予防等）について、実践的な指導が適切に行われていること。

解釈指針3—4—1—3
「指導体制」については、大学教員による事前指導、実習中の指導、事後指導等、及び学外実習先の実習指導者による指導が適切に行われていること。

第4章　学生の支援体制

項目4—1　学習支援

基準4—1—1
学生が在学期間中に教育課程の履修に専念できるよう、また、教育課程上の成果を上げるために、評価対象大学院の目的に照らして、履修指導の体制が十分にとられていること（レベル1）。

解釈指針4—1—1—1
入学者に対して、教育のガイダンスが適切に行われていること。

解釈指針4—1—1—2
履修指導においては、評価対象大学院が掲げる教育の理念及び目的に照らして、適切なガイダンスが実施されていること。

解釈指針4—1—1—3
臨床心理実習などにおいて、学生が体験するさまざまなストレスや倫理上の諸問題について、教員がそれを聴取し指導・助言できる体制がとられていること。

基準4—1—2
目的及び教育課程上の成果を実現する上で、教員と学生とのコミュニケーションを十分に図ることができるよう、学習相談、指導・助言体制の整備がなされていること（レベル1）。

解釈指針4—1—2—1
オフィスアワー等を設定している場合は、それを有効に活用できるよう、学生に対して各教員のオフィスアワーの日時又は面談の予約の方法等が周知されていること。

解釈指針4—1—2—2
学習相談、指導・助言体制を有効に機能させるための施設や環境の整備に努めていること。

基準4—1—3
各種の教育補助者による学習支援体制の整備に努めていること（レベル2）。

5
評価基準等

解釈指針4―1―3―1
「教育補助者」にはティーチング・アシスタント（TA）等が含まれる。

基準4―1―4
多様な経験を有する社会人等を受入れた場合、その基礎学力を補うための対策が講じられていること（レベル1）。

解釈指針4―1―4―1
多様な経験を有する社会人等を受入れた場合、その基礎学力を補うため、個別履修指導、オフィスアワーでの指導、学部の心理学関連の授業の履修、ティーチング・アシスタントの配置等の特別な配慮が行われていること。

項目4―2　生活支援等

基準4―2―1
学生が在学期間中に教育課程の履修に専念できるよう、学生の経済的支援及び修学や学生生活に関する相談・助言・支援体制の整備に努めていること（レベル2）。

解釈指針4―2―1―1
評価対象大学院は、多様な措置（奨学基金の設定、卒業生等の募金による基金の設定、他の団体等が給付又は貸与する奨学金への応募の紹介等）によって学生が奨学金制度等を利用できるように努めていること。

解釈指針4―2―1―2
学生の健康相談、生活相談、各種ハラスメントの相談等のために、保健管理センター、学生相談室等を設置するなど必要な相談助言体制の整備に努めていること。

項目4―3　障害のある学生に対する支援

基準4―3―1
身体に障害のある者に対して、受験の機会を確保するとともに、施設及び設備の充実を含めて、学習や生活上の支援体制の整備に努めること（レベル2）。

解釈指針4―3―1―1
身体に障害のある者に対して、等しく受験の機会を確保し、障害の種類や程度に応じた特別措置や組織的対応に努めていること。

解釈指針4―3―1―2
身体に障害のある学生の修学のために必要な基本的な施設及び設備の整備充足に努めていること。

解釈指針4―3―1―3
身体に障害のある学生に対しては、修学上の支援、実習・実技上の特別措置を認めるなど、相当な配慮に努めていること。

項目4―4　職業支援（キャリア支援）

基準4―4―1
学生支援の一環として、学生がその能力及び適性、志望に応じて、主体的に進路を選択できるように、必要な情報の収集・管理・提供、ガイダンス、指導、助言に努めていること（レベル2）。

解釈指針4―4―1―1
学生がそれぞれの目指す進路の選択ができるように、その規模及び教育目的に照らして、適切な相談窓口を設置するなど、支援に努めていること。

解釈指針4―4―1―2
学生の就職状況や就職先について、修了後も継続して情報収集にあたり、必要に応じて卒業生を支援するための仕組みを整えるように努めていること。

解釈指針4―4―1―3
教員やキャリア支援担当事務員が学生の就職先や修了生と連絡・連携を密にするように努めていること。

第5章　成績評価及び修了認定

項目5―1　成績評価

基準5―1―1
学修の成果に係る評価（以下、「成績評価」という）が学生の能力及び資質を正確に反映する客観的かつ厳正なものとして行われており、次に掲げるすべての基準を満たしていること（レベル1）。

（1）成績評価の基準が設定され、かつ、学生に周知されていること。

(2) 当該成績評価の基準にしたがって成績評価が行われていることを確保するための措置がとられていること。
(3) 成績評価の結果が、必要な関連情報とともに学生に告知されていること。
(4) 期末試験を実施する場合には、実施方法についても適切な配慮がなされていること。

解釈指針5―1―1―1
基準5―1―1(1)における成績評価の基準として、授業科目の性質上差し支えがある場合を除き、成績のランク分け、各ランクの分布の在り方についての方針の設定、成績評価における考慮要件(出席状況、授業態度、レポート等)があらかじめ明確に示されていること。

解釈指針5―1―1―2
基準5―1―1(2)における措置としては、例えば次に掲げるものが考えられる。
(1) 成績評価について説明を希望する学生に対して説明する機会が設けられていること。
(2) 筆記試験採点の際の匿名性が適切に確保されていること。
(3) 科目間や担当者間の採点分布に関するデータが関係教員の間で共有されていること。

解釈指針5―1―1―3
基準5―1―1(3)にいう「必要な関連情報」とは、筆記試験を行った場合については、当該試験における成績評価の基準及び成績分布に関するデータを指す。

解釈指針5―1―1―4
基準5―1―1(4)にいう「適切な配慮」とは、筆記試験において合格点に達しなかった者に対して行われる試験(いわゆる再試験)についても厳正な成績評価が行われていること、及び当該学期の授業につき、一定のやむを得ない事情により筆記試験を受験することができなかった者に対して行われる試験(いわゆる追試験)について受験者が不当に利益又は不利益を受けることのないよう配慮されていることなどを指す。

基準5―1―2
学生が在籍する評価対象大学院以外の機関における履修結果をもとに、評価対象大学院における単位を認定する場合には、教育課程の一体性が損なわれていないこと、かつ、厳正で客観的な成績評価が確保されていること(レベル1)。

項目5―2 修了認定

基準5―2―1
専門職大学院の修了要件が、次に掲げるすべての基準を満たしていること(レベル1)。
(1) 2年(2年を超える標準修業年限を定める研究科、専攻又は学生の履修上の区分にあっては、当該標準修業年限)以上在籍し、44単位以上を修得していること。
この場合、次に掲げる取扱いをすることができる。
ア 教育上有益であるとの観点から、他の大学院(他専攻等を含む。)において履修した授業科目について修得した単位を、20単位を超えない範囲で、評価対象大学院における授業科目の履修により修得したものとみなすこと。
イ 教育上有益であるとの観点から、評価対象大学院に入学する前に大学院において履修した授業科目について修得した単位を、アによる単位と合わせて14単位を超えない範囲で、評価対象大学院における授業科目の履修により修得したものとみなすこと。なお、当該単位数、その修得に要した期間その他を勘案し、1年を超えない範囲で評価対象大学院が定める期間在学したものとみなすことができる。
(2) 次のアからウまでに定める授業科目につき、それぞれアからウまでに定める単位数以上を修得していること。
ア 臨床心理学基本科目 16単位
イ 臨床心理展開科目 18単位
ウ 臨床心理応用・隣接科目 10単位
(3) (1)及び(2)を踏まえて、総合的に判定が行われること。

第6章 教育内容及び方法の改善措置

項目6―1 教育内容及び方法の改善措置

基準6―1―1
教育の内容及び方法の改善を図るための研修及び研究が、組織的かつ継続的に行われていること(レベル1)。

5 評価基準等

解釈指針6―1―1―1
「教育の内容及び方法の改善」とは、いかなるトピックがどのような観点からどの程度の質と量において教育課程の中でとりあげられるべきか等（教育内容）、及び学生に対する発問や応答、資料配布、板書、発声の仕方等（教育方法）についての改善をいう。

解釈指針6―1―1―2
「組織的かつ継続的に行われていること」とは、改善すべき項目及びその方法に関する方針を決定し、改善に関する情報を管理し、改善のための諸措置の実施を担当する組織が設置されていることをいう。

解釈指針6―1―1―3
「研修及び研究」の内容としては、例えば次に掲げるものが考えられる。
（1）授業及び教材等に対する学生、教員相互、又は外部者による評価を行い、その結果を検討する実証的方法。
（2）教育方法や職業倫理等に関する専門家、又は教育経験豊かな同僚教員による講演会や研修会の開催等の啓発的方法。
（3）外国の大学や研究所等における情報・成果の蓄積・利用等の調査的方法。
（4）臨床心理士としての臨床的力量の評価方法に関する研究。

基準6―1―2
実務家教員における教育上の経験の確保、及び研究者教員における実務上の知見の確保に努めていること（レベル2）。

解釈指針6―1―2―1
実務家として十分な経験を有する教員であって、教育上の経験に不足すると認められる者については、これを補うための教育研修の機会を得ること、また、大学の学部や大学院において十分な教育経験を有する教員であって、実務上の知見に不足すると認められる者については、担当する授業科目に関連する実務上の知見を補完する機会を得ることが、それぞれに確保されているよう、評価対象大学院において適切な措置をとるよう努めていること。

基準6―1―3
教育の内容及び方法の改善を図るために学生による授業評価を行い、それを有効に活用すること（レベル1）。

解釈指針6―1―3―1
毎学期、学生による授業評価を実施し、その結果を公開するとともに、その結果について教員間で共有・協議し、ファカルティ・ディベロップメント（ＦＤ）に生かすこと。

第7章　入学者選抜等

項目7―1　入学者受入

基準7―1―1
公平性、開放性、多様性の確保を前提としつつ、教育の理念及び目的に照らして、アドミッション・ポリシー（入学者受入方針）を設定し、公表していること（レベル1）。

解釈指針7―1―1―1
入学者の適性及び能力等の評価、その他の入学者受入に係る業務を行うための責任ある体制がとられていること。

解釈指針7―1―1―2
入学志願者に対して、理念及び教育目的、設置の趣旨、アドミッション・ポリシー、入学者選抜の方法、並びに基準9―3―2に定める事項について、事前に周知するよう努めていること。

基準7―1―2
入学者選抜がアドミッション・ポリシーに基づいて行われていること（レベル1）。

基準7―1―3
入学資格を有するすべての志願者に対して、アドミッション・ポリシーに照らして、入学者選抜を受ける公正な機会が等しく確保されていること（レベル1）。

解釈指針7―1―3―1
入学者選抜において、評価対象大学院を設置している大学の主として臨床心理を履修する学科又は課程等に在学、又は卒業した者（以下、「自校出身者」という）について優先枠を設けるなどの優遇措置を講じていないこと、入学者に占める自校出身者の割合が著しく多い場合には、それが不当な措置によるものでないことが説明されていること。

基準7―1―4
入学者選抜に当たっては、評価対象大学院において教育を受けるために必要な入学者の適性及び能力等が適確かつ客観的に評価されていること（レベル1）。

解釈指針7―1―4―1

入学者選抜に当たっては、履修の前提として要求される判断力、思考力、分析力、表現力等が、適確かつ客観的に評価されていること。

解釈指針7―1―4―2
入学者選抜に当たっては、学生の質を確保するために、厳正な筆記試験、面接試験等を実施し、総合的に判断を行うこと。

基準7―1―5
入学者選抜に当たって、多様な経験を有する者を入学させるように努めていること（レベル2）。

解釈指針7―1―5―1
社会人等については、入学者選抜において、多様な実務経験及び社会経験等を適切に評価できるよう努めていること。

項目7―2　収容定員と在籍者数

基準7―2―1
在籍者数については、収容定員を上回る状態が恒常的なものとならないようにすること（レベル1）。

解釈指針7―2―1―1
基準7―2―1に規定する「収容定員」とは、入学定員の2倍の数をいう。また、同基準に規定する在籍者には、留年者及び休学者を含む。

解釈指針7―2―1―2
在籍者数が収容定員を上回った場合は、この状態が恒常的なものとならないための措置が講じられていること。3年間連続して収容定員が110%をオーバーする状態がないようにすること。

基準7―2―2
入学者受入において、所定の入学定員と乖離しないように努めていること（レベル2）。

解釈指針7―2―2―1
在籍者数等を考慮しつつ、入学定員の見直しが適宜行われていること。3年間連続して入学定員の90%を下回る状態がないようにすること。

第8章　教員組織

項目8―1　教員の資格と評価

基準8―1―1
研究科及び専攻の種類及び規模に応じ、教育上必要な教員が置かれていること（レベル1）。

解釈指針8―1―1―1
教育上必要な教員を置くにあたっては、年齢構成、専門分野のバランスが取れるようにするとともに、教育の質を保つために教授の数を1／2以上とすること。

解釈指針8―1―1―2
臨床心理分野の科目（隣接科目を除く）を担当する教員は、臨床心理士であること。

基準8―1―2
基準8―1―1に規定する教員のうち、次の各号のいずれかに該当し、かつ、その担当する専門分野に関し高度の教育上の指導能力及び社会的・職業的倫理意識があると認められる者が、専任教員として置かれていること（レベル1）。
（1）専攻分野について、教育上又は研究上の業績を有する者
（2）専攻分野について、高度の技術・技能を有する者
（3）専攻分野について、特に優れた知識及び経験を有する者

解釈指針8―1―2―1
教員の最近5年間における教育上又は研究上の業績等、各教員が、その担当する専門分野について、教育上の経歴や経験、理論と実務を架橋する臨床心理学専門教育を行うために必要な高度の教育上の指導能力を有することを示す資料が、自己点検及び評価の結果の公表その他の方法で開示されていること。

解釈指針8―1―2―2
基準8―1―2に規定する専任教員については、その専門の知識経験を生かした学外での公的活動や社会貢献活動についても自己点検及び評価の結果の公表その他の方法で開示されていることが望ましい。

解釈指針8―1―2―3
基準8―1―2に規定する専任教員は、大学設置基準（昭和31年文部省令第28号）第13条に規定する専任教員の数及び大学院設置基準（昭和49年文部省令第28号）第9条に規定する教員の数に算入することができない。

解釈指針8—1—2—4
基準8—1—2に規定する専任教員は、平成25年度までの間、解釈指針8—1—2—3の規定にかかわらず、同基準に規定する教員の数の3分の1を超えない範囲で、大学設置基準第13条に規定する専任教員の数及び大学院設置基準第9条に規定する教員の数に算入することができるものとする。但し、大学院設置基準第9条に規定する教員のうち博士課程の後期の課程を担当する教員の数には、基準8—1—2に規定する専任教員の数のすべてを算入することができる。

解釈指針8—1—2—5
実務家教員の採用にあたっては、実務領域の多様性の確保に配慮し、臨床心理実務の経験を重視すること。

項目8—2　専任教員の担当授業科目の比率

基準8—2—1
教育上主要と認められる授業科目（必修科目、選択必修科目）については、原則として、専任教授又は准教授が配置されていること（レベル1）。

解釈指針8—2—1—1
基準8—2—1に掲げる授業科目の概ね9割以上が、専任教員によって担当されていること。

項目8—3　教員の教育研究環境

基準8—3—1
教員の授業負担は、年度ごとに、適正な範囲内にとどめられるように努めていること（レベル2）。

解釈指針8—3—1—1
各専任教員の授業負担は、高い教育の質を保つために、研究科及び学部等を通じて、多くとも年間26単位以下とし、20単位以下にとどめられていることが望ましい。

基準8—3—2
専任教員には、教育上及び研究上の職務を遂行するのに欠かせない心理臨床活動の時間が確保され、それが業績として評価されていること（レベル1）。

基準8—3—3
専任教員には、その教育上、研究上及び管理上の業績に応じて、数年ごとに相当の研究専念期間が与えられるように努めていること（レベル2）。

基準8—3—4
専任教員の教育上及び研究上の職務を補助するため、必要な資質及び能力を有する職員が適切に置かれていること（レベル1）。

解釈指針8—3—4—1
職員とは、助手、専門職員等のことである。

第9章　管理運営等

項目9—1　管理運営の独自性

基準9—1—1
教育活動等を適切に実施するためにふさわしい独自の運営体制を有していること（レベル1）。

解釈指針9—1—1—1
評価対象大学院の運営に関する重要事項を審議する会議（以下、「大学院の運営に関する会議」という）が置かれていること。

解釈指針9—1—1—2
教育課程、教育方法、成績評価、修了認定、入学者選抜及び教員の人事その他運営に関する重要事項については、大学院の運営に関する会議における審議が尊重されていること。

基準9—1—2
管理運営を行うために適切な事務体制が整備され、職員が配置されていること（レベル1）。

解釈指針9—1—2—1
管理運営のための事務体制及び職員の配置は、評価対象大学院の設置形態及び規模等に応じて、適切なものであること。

基準9—1—3
教育活動等を適切に実施するためにふさわしい十分な財政的基礎を有していること（レベル1）。

解釈指針9―1―3―1
評価対象大学院の設置者が、評価対象大学院における教育活動等を適切に実施するために十分な経費を負担していること。

解釈指針9―1―3―2
評価対象大学院の設置者が、評価対象大学院において生じる収入又は評価対象大学院の運営のために提供された資金等について、評価対象大学院の教育活動等の維持及び向上を図るために使用することができるよう配慮していること。

項目9―2　自己点検評価

基準9―2―1
教育水準の維持向上を図り、専門職大学院の目的及び社会的使命を達成するため、教育活動等の状況について、自ら自己点検評価を行い、その結果を公表していること（レベル1）。

基準9―2―2
自己点検評価を行うに当たっては、その趣旨に即し適切な項目を設定するとともに、責任ある実施体制が整えられていること（レベル1）。

解釈指針9―2―2―1
教育活動等に関する自己点検及び評価を行う独自の組織を設置するよう努めていること。

基準9―2―3
自己点検評価の結果を教育活動等の改善に活用するために、適切な体制が整えられていること（レベル1）。

解釈指針9―2―3―1
自己点検評価においては、評価対象大学院における教育活動等を改善するための目標を設定し、この目標を実現するための方法及び取組みの状況等について示されていることが望ましい。

基準9―2―4
自己点検評価の結果について、第三者による検証を行うよう努めていること（レベル2）。

解釈指針9―2―4―1
自己点検評価に対する検証を行う者については、臨床心理実務に従事し、専門職大学院の教育に関し広くかつ高い識見を有する者を中心とすること。

項目9―3　情報の公示

基準9―3―1
教育活動等の状況について、印刷物の刊行及びウェブサイトへの掲載等、広く社会に周知を図ることができる方法によって、積極的に情報が提供されていること（レベル1）。

基準9―3―2
教育活動等に関する重要事項を記載した文書を、毎年度、公表していること（レベル1）。

解釈指針9―3―2―1
教育活動等に関する重要事項を記載した文書には、次に掲げる事項が記載されていること。

（1）教育目的
（2）教育上の基本組織及び教員組織
（3）入学者選抜、収容定員及び在籍者数
（4）教育内容及び教育方法
（5）学内及び学外実習施設における実習
（6）学生の支援体制
（7）成績評価及び修了認定
（8）教育内容及び教育方法の改善措置
（9）修了者の臨床心理士資格試験の合格状況
（10）修了者の進路及び活動状況

項目9―4　情報の保管

基準9―4―1
認証評価の基礎となる情報について、適宜、調査及び収集を行い、適切な方法で保管されていること（レベル1）。

解釈指針9―4―1―1
「認証評価の基礎となる情報」には、基準9―2―1に規定する自己点検評価に関する文書並びに基準9―3―2に規定する公表に係る文書を含む。

解釈指針9―4―1―2
　自己点検評価及び認証評価に用いた情報並びにその原資料については、評価を受けた年から5年間を保管期間として、適切に保管されていること。
解釈指針9―4―1―3
　「適切な方法での保管」とは、評価機関の求めに応じて、該当する情報及び原資料を、現状のまま何ら改変を加えず、すみやかに提出できる状態で保管することをいう。

第10章　施設、設備及び図書館等

項目10―1　施設の整備

基準10―1―1
　評価対象大学院には、その規模に応じ、教員による教育及び研究並びに学生の学習その他専門職大学院の運営に必要十分な種類、規模、質及び数の教室、演習室、実習室、自習室、図書館、教員室、事務室その他の施設が備えられていること。これらの施設は、当面の教育計画に対応するとともに、その後の発展の可能性にも配慮されていること（レベル1）。
解釈指針10―1―1―1
　教室、演習室及び実習室は、評価対象大学院において提供されるすべての授業を支障なく、効果的に実施することができるだけの規模、質及び数が備えられていること。
解釈指針10―1―1―2
　教員室は、少なくとも各常勤専任教員につき1室が備えられていること。非常勤職員については、勤務時間に応じて、授業等の準備を十分かつ適切に行うことができるだけのスペースを確保すること。
解釈指針10―1―1―3
　教員が学生と十分に面談できるスペースが確保されていること。
解釈指針10―1―1―4
　すべての事務職員が十分かつ適切に職務と行うことができるだけのスペースを確保するよう努めていること。
解釈指針10―1―1―5
　学生の自習室については、学生が基準10―3―1で規定する図書館に備えられた図書資料を有効に活用して学習することを可能とするよう、その配置及び使用方法等において、図書館との有機的連携が確保されていることが望ましい。
　自習室は、学生総数に対して、十分なスペースと利用時間が確保されるよう努めていること。
解釈指針10―1―1―6
　図書館等を含む各施設は、評価対象大学院の専用であるか、又は、評価対象大学院が管理に参画し、その教育及び研究その他の業務に支障なく使用することができる状況にあること。

項目10―2　設備及び機器の整備

基準10―2―1
　各施設には、教員による教育及び研究並びに学生の学習その他の業務を効果的に実施するために必要で、かつ、技術の発展に対応した設備及び機器が整備されていること（レベル1）。
解釈指針10―2―1―1
　基準10―2―1でいう「設備および機器」とは以下のようなものである。
（1）設備：情報機器室、自習室、資料室等
（2）情報機器：文書作成用PC、統計処理用PC及び統計ソフトウエア、ネットワーク接続用PC、プリンタ、デジタルカメラ、複写機、印刷機、プロジェクタ、スクリーン、録音・録画機器等
（3）情報管理用設備・機器：書類保管庫、シュレッダー等
（4）心理検査・用具：知能検査、発達検査、深層心理検査（ロールシャッハ・テスト、TAT等）、質問紙検査（MMPI等）、箱庭療法用具等

項目10―3　図書館の整備

基準10―3―1
　専門職大学院には、その規模に応じ、教員による教育及び研究並びに学生の学習を支援し、かつ促進するために必要な規模及び内容の図書館が整備されていること（レベル1）。
解釈指針10―3―1―1
　図書館は、評価対象大学院の専用（分室等）であるか、又は、評価対象大学院が管理に参画し、その教育及び研究その他の業務に支障なく使用することができる状況にあること。
解釈指針10―3―1―2

図書館には、その規模に応じ、専門的能力を備えた職員が適切に配置されていること。

解釈指針10―3―1―3
図書館の職員は、司書の資格あるいは臨床心理情報調査に関する基本的素養を備えていることが望ましい。

解釈指針10―3―1―4
図書館には、その専門職大学院の規模に応じ、教員による教育及び研究並びに学生の学習のために必要な図書及び資料が適切に備えられていること。

解釈指針10―3―1―5
図書館の所蔵する図書及び資料については、その適切な管理及び維持に努めていること。

解釈指針10―3―1―6
図書館には、図書及び資料を活用して、教員による教育及び研究並びに学生の学習を支援するために必要な体制が整えられていること。

解釈指針10―3―1―7
図書館には、その専門職大学院の規模に応じ、教員による教育及び研究並びに学生の学習が十分な効果を上げるために必要で、かつ、技術の発展に対応した設備及び機器が整備されていること。

解釈指針10―3―1―8
図書館には、臨床事例研究が掲載された専門家向けの学術雑誌など、関係者のプライバシー保護の観点からみて一般利用者に無条件に公開することになじまない図書や資料を適切に管理するために必要な設備と体制が整えられていること。

Ⅲ　認証評価の組織と方法等

1　認証評価の組織

1―1
協会は、次の評価組織により専門職大学院の評価を実施する。

（1）認証評価委員会
専門職大学院に関し高く広い知見を有する大学関係者及び臨床心理分野関係者並びに社会、経済、文化その他の分野に関する学識経験を有する者により構成される認証評価委員会は、協会が実施する専門職大学院の評価に関し、次の事項を審議し、決定する。

ア　評価項目及び基準その他評価に必要な事項の制定、改訂及び変更
イ　認証評価報告書の作成

（2）判定委員会及び判定評価チーム
認証評価委員会の下に判定委員会を置き、判定委員会の下に、認証評価を申請する専門職大学院ごとに、判定評価チームを設置する。
判定評価チームは、評価対象大学院の書類審査及び訪問調査を実施し、認証評価報告書（一次案）を作成する。この認証評価報告書（一次案）を評価対象大学院に送付し、評価対象大学院の意見を踏まえた字句修正等を行った上で認証評価報告書（判定評価チーム案）を作成する。これと関連資料をもとにして、判定委員会は認証評価報告書(案)を作成し、判定委員会及び認証評価委員会の議を経て、協会理事会が認証評価報告書を決定する。

1―2
認証評価委員会、判定委員会の委員は、自己の関係する大学に関する事業については、その議事の議決に加わることはできないこととする。
評価対象大学院に所属もしくは利害関係を有する者は、判定評価チームの構成員に選任しないこととする。

1―3
協会は、協会が実施する評価を、客観的な立場からの専門的な判断に基づく信頼性の高いものとするため、評価担当者が共通理解の下で公正、適切かつ円滑にその職務が遂行できるよう、評価担当者に対して、評価の目的、内容及び方法について十分な研修を実施する。

2　認証評価の方法等

2―1
認証評価の手順は次のとおりとする。

（1）評価対象大学院の自己点検評価報告書等を踏まえ、協会の評価項目・評価基準に基づいて、教育活動等の状況を分析し、その結果を踏まえて各基準を満たしているかどうかの判断等を行う。

（2）（1）の結果に基づき、認証評価基準に適合しているか否かの認定をする。
（3）認証評価基準に基づいて、臨床心理士養成の基本理念及び評価対象大学院の目的等に照らし、教育活動等の優れた点や改善を要する点等について明らかにする。

2－2
認証評価は、書類審査及び訪問調査により実施する。
書類審査は、評価対象大学院が作成する自己点検評価報告書、関連資料、事前確認事項回答書の分析等により実施される。
訪問調査は、判定評価チーム構成員が評価対象大学院を訪問し、現地での視察、関係者からの聴取等により確認が必要な内容等を中心に調査を実施する。

2－3
判定評価チームによる認証評価報告書（一次案）は評価対象大学院に送付し、その内容等に対する意見を申し立てる機会を設ける。
認証評価報告書の確定及び公表後、その内容について評価対象大学院が異議を申し立てる機会を設ける。
異議の申し立てがあった場合は、申し立て審査委員会が審査を行い、その報告を受けて認証評価委員会が異議申し立ての当否を判断する。

2－4
協会は、認証評価結果を認証評価報告書としてまとめ、評価対象大学院を置く大学へ通知し、文部科学大臣に報告するとともに、刊行物及び協会のウェブサイトへの掲載等により、広く社会に公表する。
認証評価結果公表の際には、評価の透明性を確保するため、評価対象大学院から提出された自己点検評価報告書（別添で提出された資料・データ等を除く。）を協会のウェブサイトに掲載する。

3 認証評価の保留

3－1
認証評価委員会は、少数の評価項目において評価基準に達していないものの、評価対象大学院が当該項目に関して短期間で改善することを確約し、その実現の可能性が高いと判断される場合に限り、認証評価を保留とする。

3－2
評価が保留された場合、評価対象大学院は最長2年間の保留期間満了までに、すみやかに当該項目の改善努力と成果に関する改善報告書を提出しなくてはならない。
保留期間満了までに改善報告書が提出された場合、判定委員会は改善報告書の審査および認証評価手続の再開を判定評価チームに指示する。

4 認証評価の時期

4－1
協会は、毎年度1回、別に定める様式に従い提出された認証評価申請の受付を行い、当該評価申請に基づいて認証評価を実施する。
なお、協会は、認証評価申請があった場合には、正当な理由がある場合を除き、遅滞なく、当該専門職大学院の評価を実施する。

4－2
専門職大学院は、開設後5年以内に初回の評価を受け、以降は5年以内ごとに次の評価を受けるものとする。

4－3
認証評価保留期間後に認証評価を受けた評価対象大学院に関する次回の評価時期は、保留期間終了時ではなく、当初の認証評価申請時に予定されていた正規の認証評価時期から起算するものとする。

5 教育課程又は教員組織の変更への対応

5－1
協会認定臨床心理分野専門職大学院を置く大学は、基準9－3－2に規定する教育活動等に関する重要事項を記載した文書を、別に定めるところにより、年次報告書として、次回の評価までの間、毎年度、協会へ提出するものとする。
なお、協会は、年次報告書の提出がない場合には、その旨を公表するものとする。

5－2
協会認定臨床心理分野専門職大学院を置く大学は、教育課程又は教員組織に変更を行った場合には、別に定めるところにより、当該変更についてすみやかに協会に届け出るものとする。

5－3
協会は、協会認定臨床心理分野専門職大学院の教育課程又は教員組織の変更の届け出があった場合は、その内容について審議する。
審議の結果、次の評価を待たずに評価項目の全部もしくは一部について再評価を実施する必要があると判断した場合には、その旨を当該大学院を置く大学に通知し、再評価を実施する。

また、再評価の実施にかかわらず、協会は当該大学の意見を聴いた上で、必要に応じ、変更前に評価し公表した評価の結果に当該事項を付記する等の措置を講じることとする。

6　情報公開

6—1
協会は、認証評価の評価項目及び評価基準、評価方法、認証評価の実施体制等の学校教育法施行規則第71条の第5項に規定する事項を公表するとともに、その他、認証評価に関して保有する情報についても、可能な限り、ウェブサイトへの掲載等適切な方法により情報公開に努めるものとする。

7　評価項目・評価基準の改訂等

7—1
協会は、専門職大学院関係者、臨床心理分野関係者及び評価担当者等の意見を踏まえ、適宜、認証評価の評価項目・評価基準等の改善を図り、開放的で進化する評価システムの構築に努める。
評価項目・評価基準の改訂及び評価方法その他評価に必要な事項の変更は、事前に専門職大学院関係者及び臨床心理分野関係者へ意見照会を行うなど、その過程の公正性及び透明性を確保しつつ、認証評価委員会で審議し決定する。
なお、認証評価の評価項目・評価基準等が改訂される場合には、相当の周知期間を置き、専門職大学院の理解や自己点検評価の便宜等に配慮するものとする。

8　認証評価手数料

8—1
認証評価を申請した大学院は、別に定める認証評価手数料を納付しなければならない。

8—2
認証評価報告書確定後の再審査・部分審査等の場合の手数料は、別に定めるところによる。

公共政策系専門職大学院基準

平成二二年二月

財団法人 大学基準協会

凡　例

本基準において、関連法令等を以下のように略した。
「学 教 法」：学校教育法
「大 学 院」：大学院設置基準（昭和49年文部省令第28号）
「専 門 職」：専門職大学院設置基準（平成15年文部科学省令第16号）
「告示第53号」：専門職大学院に関し必要な事項について定める件（平成15年文部科学省告示第53号）

公共政策系専門職大学院基準について

(1)　公共政策系専門職大学院基準は、大学基準協会が公共政策系専門職大学院の認証評価機関として公共政策系専門職大学院の認証評価を行うために設定されたものである。
本基準が対象とする公共政策系専門職大学院とは、以下の要件を備えた大学院をいう。
①　授与する学位名称が、公共政策（学）修士（専門職）、公共法政策修士（専門職）、公共経済修士（専門職）、国際行政修士（専門職）、公共経営修士（専門職）又はこれらに相当する名称のものであること。

(2)　大学基準協会は、大学が適切な水準の維持・向上を図るための指針として、同時に大学基準協会が行う大学評価の基準として「大学基準」をはじめ諸基準の設定・改定を行ってきた。
公共政策系専門職大学院基準は、大学基準を頂点とする大学基準協会諸基準の中に位置づけられるものである。

(3)　公共政策系専門職大学院基準は、専門職大学院設置基準等が求めている専門職大学院としての必須条件にとどまらず、公共政策系専門職大学院の多様性、独自性を尊重し、公共政策系専門職大学院のより一層の充実・発展に資するための基準として策定したものである。
大学基準協会は、本基準によって公共政策系専門職大学院の認証評価を行う。また、認証評価にあたっては、本基準に適合しているか否かの認定を行う。

(4) 公共政策系専門職大学院基準は、以下の7つの大項目で構成されている。

1 目的
2 教育の内容・方法・成果
3 教員組織
4 入学者選抜
5 教育研究環境及び学生生活
6 管理運営
7 説明責任

(5) 基準の各大項目は、「**本文**」と「**評価の視点**」で構成されている。

「**本文**」は、専門職学位課程制度の趣旨を考慮した上で、それぞれの公共政策系専門職大学院が自ら掲げる目的を達成するために各大項目において最も基本的な事項について大綱的に定めたものである。

「**評価の視点**」は、2つの機能を有する。第1に、評価を受ける公共政策系専門職大学院にとっては、自己点検・評価の円滑な実施と公共政策系専門職大学院における教育研究活動の改善に資するためのものとして、第2に、評価者である大学基準協会にとっては、文字通り評価を行う際の視点としての役割を果たすものである。

「**評価の視点**」は、以下の2段階に分かれている。

【レベルI】
公共政策系専門職大学院に必要とされる最も基本的な事項

ここでは、それぞれの公共政策系専門職大学院が各公共政策系専門職大学院固有の目的の実現のために、カリキュラム編成及び授業科目の開設状況、入学定員に対する入学者数、専任教員数、施設・設備の充実度など、学生の学習環境や教員の教育研究条件等について、どのように整備し、どのような教育を提供しているかについて評価が行われる。

【レベルI】にかかわる事項のうち、

・◎は法令等の遵守に関する事項である。「**評価の視点**」の後に（　）で根拠となる関連法令等と該当条文を示した。

・○は大学基準協会が法令に準じて公共政策系専門職大学院に求める基本的事項である。

【レベルII】
公共政策系専門職大学院が行う教育研究の質を今後も継続的に維持・向上させていくために点検・評価することが高度に望まれる事項

公共政策系専門職大学院は、その目的の実現のために払っている努力とその効果について、点検・評価の結果を明らかにすることが必要である。加えて、目的の実現のために、公共政策系専門職大学院が行っている固有の特色ある取組みについても積極的な点検・評価を行うことが求められる。

ここでは、レベルIの視点に加えて、公共政策系専門職大学院の目的の実現に向けた努力とその成果を検証する視点からの評価が行われる。すなわち、目的の実現に向けてどれだけ有効な活動を行っているかに焦点をあてた評価（関係組織等との連携など）や、教育上の成果から公共政策系専門職大学院の目的の実現に向けた努力とその成果を検証する視点からの評価（大学院修了後の進路状況の把握、教育効果の測定など）がこれにあたる。

◆レベルIとIIの評価の違いを簡単に表にまとめると以下のようになる。

評価の視点のレベル	評価の視点にかかわる事項	評価
レベルI◎	法令等の遵守に関する事項	認定の可否、勧告、問題点（ただし、重大な問題がある場合は勧告）
レベルI○	大学基準協会が法令に準じて公共政策系専門職大学院に求める基本的事項	
レベルII○	公共政策系専門職大学院が行う教育研究の質を今後も継続的に維持・向上させていくために点検・評価することが高度に望まれる事項	問題点、長所

（※）公共政策系専門職大学院の認証評価の結果は、①認定の可否、②長所、③問題点、④勧告等で構成される。

このうち、「勧告」は、公共政策系専門職大学院に対して、改善計画を立て、速やかにその具体的な措置を講じることを求める事項について付されるものであり、2年後に提出を求める改善報告書では改善状況を必ず報告することが義務づけられる。

これに対して、「問題点」は、公共政策系専門職大学院の改善を一層促進させることを目的に付されるものであり、必ずしも改善義務を課すものではないが、2年後に提出を求める改善報告書ではその対応状況について必ず言及されなければならない。

なお、レベルⅠ◎に相当する評価の視点において、基準を大きく下回る問題が見られ、教育の質に重大な欠陥が認められた場合、あるいは「勧告」に相当する問題が相当数見られ、教育の質に重大な欠陥が認められた場合には、認定を否とする。

公共政策系専門職大学院基準

平成二一年九月一五日決定
平成二二年二月二五日改定

1 目的

公共政策系専門職学位課程は、公共政策系の分野において、公共政策のプロフェッショナルとして、国内外において活躍できる高度専門職業人の養成に特化した大学院における教育課程であり、高度の専門性が求められる職業を担うための深い学識及び卓越した能力を培うことを設置目的としている。

各大学は、公共政策系専門職大学院としての目的を明確に定め、それを学内外に広く明らかにするとともに、目的の実現や社会的要請の変化等を視野に入れながら、絶えず教育内容・方法等の適切性についての検証を行い、目的の実現に向けて改善・改革に努めることが必要である。

目的とは、公共政策系専門職大学院が掲げる基本となる教育方針や養成すべき人材像など当該公共政策系専門職大学院の構成員が一丸となって実現を目指すべき方向である。

項目	評価の視点	レベル Ⅰ	レベル Ⅱ
目的の適切性	1—1 公共政策系専門職大学院の目的が明文化されているか。(「大学院」第1条の2)	◎	
	1—2 目的が、専門職学位制度の目的と整合したものであるか。(「専門職」第2条)	◎	
目的の周知	1—3 目的が、ホームページや大学案内等を通じ、社会一般に公表されているか。(「大学院」第1条の2)	◎	
特色ある取組み	1—4 目的に関して、特色として強調すべき点はあるか。		○

2 教育の内容・方法・成果

(1) 教育課程等

課程の修了認定や在学期間の短縮にあたっては、公共政策にかかる職業分野のニーズを踏まえて、その基準及び方法を適切に設定しなければならない。また、その認定にあたっては、公正性及び厳格性を確保するため、学生に対してあらかじめ明示した基準及び方法に基づきこれを行う必要がある。

公共政策系専門職学位課程にあっては、その教育課程は、「高度の専門性が求められる職業を担うための深い学識及び卓越した能力を培う」という専門職学位課程制度の目的及び当該公共政策系専門職大学院固有の目的に即して、適切に編成されなければならない。

教育課程の編成にあたっては、関連法令等を遵守するとともに、公共政策分野に関する社会の期待に応えるのにふさわしい内容の授業科目を体系的に配置する必要がある。また、高度専門職業人としての職業倫理並びに基礎的技能等の涵養を図り、理論と実務を架橋する実践的な授業科目を配置することが不可欠である。さらに、専門職学位の水準を維持するとともに学生の履修に応じ、教育課程が適切に管理されていなければならない。

項目	評価の視点	レベル Ⅰ	レベル Ⅱ
課程の修了等	2—1 課程の修了認定に必要な在学期間及び修得単位数が、法令上の規定や当該公共政策系専門職大学院の目的に則して適切に設定されているか。また、それらが、学生の履修負担を過重とさせないように配慮して設定されているか。(「専門職」第2条、第3条、第15条)	◎	
	2—2 課程の修了認定の基準及び方法が当該公共政策系専門職大学院の目的に応じて策定され、学生に周知・共有されているか。(「専門職」第10条)	◎	
	2—3 在学期間の短縮を行っている場合、法令上の規定に沿ってなされているか。また、その場合、公共政策系専門職大学院の目的に照らして十分な成果が得られるよう配慮がなされているか。(「専門職」第16条)	◎	
教育課程の編成	2—4 専門職学位課程制度の目的並びに当該公共政策系専門職大学院固有の目的を達成するためにふさわしい授業科目が開設されているか。(「専門職」第6条)	◎	
	2—5 公共政策系専門職に必要な能力を養成する教育内容が、開設科目等の中で適切に計画され、適切に実施されているか。	○	
	2—6 公共政策系専門職大学院の目的に応じて、それぞれの分野の教育課程が次に掲げるような事項を踏まえ		

項目		評価の視点	I	II
		た内容になっているか。 (1) 教育課程が政策過程全般に係る高い専門能力、高い倫理観及び国際的視野を持つ政策プロフェッショナルの人材を養成する観点から適切に編成されているか。 (2) 法学、政治学、経済学の3つの分野を基本に、幅広い科目を適切に学べる教育課程の編成に配慮しているか。 (3) 基本的な内容、展開的な内容、実践的な内容、事例研究等を取扱う科目がそれぞれ開設され、かつ、段階的な教育を行うことができるよう教育課程が編成されているか。	○	
系統的・段階的履修	2―7	学生が各年次にわたって適切に授業科目を履修するため、学生が1年間又は1学期間に履修登録できる単位数の上限が設定されているか。(「専門職」第12条)	◎	
特色ある取組み	2―8	教育課程の編成等に関して、特色として強調すべき点、ないし検討課題はあるか。		○

⑵教育方法等

公共政策系専門職学位課程が十分な教育効果を上げるための適切な教育方法を導入すること、とりわけ、当該職業分野の期待に応えるため理論と実務の架橋を図る教育方法を導入し、これを効果的に実施する体制を整備することが肝要である。

公共政策系専門職学位課程は、事例研究、現地調査又は質疑応答や討論による双方向・多方向の授業等、個々の授業の履修形態に応じて最も効果的な授業方法を採用しなければならない。

学生に対しては、授業の内容・方法、履修要件等を、シラバス等を通じてあらかじめ明示しなければならない。

成績評価並びに単位認定にあたっては、公共政策系専門職学位課程の目的を踏まえ、評価の公正性及び厳格性を担保できる適切な仕組みを導入しなければならない。また、それらの基準及び方法を適切に設定するとともに、シラバス等を通じてあらかじめ明示し、明示した基準及び方法に基づいて行う必要がある。

公共政策系専門職大学院の目的を実現するためには、入学前における学生の経験や修得知識の多様性を踏まえた履修指導体制を整備する必要がある。

公共政策系専門職大学院は、その授業内容及び方法を自ら不断に検証するとともに、それらの結果を有効に活用し当該公共政策系専門職大学院の教育の改善を図ることが重要である。

項目		評価の視点	レベル I	レベル II
授業の方法等	2―9	実践教育を充実させるため、事例研究、現地調査又は双方向、多方向に行われる討論若しくは質疑応答、その他の適切な方法により授業を行うなど、適切な配慮がなされているか。(「専門職」第8条第1項)	◎	
	2―10	多様なメディアを利用して遠隔授業を行っている場合は、これによって十分な教育効果が得られる専攻分野であって、当該効果が認められる授業を対象として実施しているものであるか。(「専門職」第8条第2項)	◎	
	2―11	通信教育によって授業を行っている場合は、これによって十分な教育効果が得られる専攻分野であって、当該効果が認められる授業を対象として実施しているものであるか。(「専門職」第9条)	◎	
	2―12	授業の内容、授業の方法及び施設・設備その他の教育上の諸条件を考慮して、授業のクラスサイズが、教育効果を十分に上げるために支障のないものとなっているか。(「専門職」第7条)	◎	
授業計画、シラバス	2―13	教育課程の編成の趣旨に沿って、毎回の授業の具体的な内容・方法、使用教材、履修要件及び一年間の授業日程等が明示されたシラバスが作成されているか。(「専門職」第10条第1項)	◎	
単位認定・成績評価	2―14	目的に応じた成績評価、修了認定の基準及び方法が策定され、それらが学生に対して、シラバス等を通じてあらかじめ明示されているか。(「専門職」第10条第2項)	◎	
	2―15	明示された基準及び方法に基づき、成績評価、単位認定が、公正・厳格に行われているか。(「専門職」第10条第2項)	◎	
他の大学院における授業科目の履修等	2―16	学生が他の大学院において履修した授業科目について、修得した単位や当該公共政策系専門職大学院に入学前に修得した単位を、当該公共政策系専門職大学院で修得した単位として認定している場合、教育上有益と認められ、かつ、その認定が法令上の基準の下に、当該公共政策系専門職大学院の教育水準及び教育課程としての一体性を損なわないよう十分に留意した方法で行われているか。(「専門職」第13条、第14条)	◎	
履修指導等	2―17	入学前における学生の多様なバックグラウンドや職業観に配慮するなど、個々の学生のキャリアに応じ	○	

項目	評価の視点	レベルI	レベルII
	た履修指導が行われているか。		
改善のための組織的な研修等	2―18 授業の内容及び方法の改善を図るための組織的な研修及び研究を実施しているか。（「専門職」第11条）	◎	
特色ある取組み	2―19 教育方法に関して、特色として強調すべき点、ないし検討課題はあるか。		○

⑶ 成果等

公共政策系専門職学位課程は、専門職学位課程制度の目的及び当該公共政策系専門職大学院固有の目的に沿って教育研究活動を展開し、着実に教育成果を上げることが期待されている。

学位授与は、専門職学位課程の重要な責務の一つである。学位授与にあたっては、教育内容に合致する適切な公共政策系分野の名称を付記するとともに、社会の期待に応える水準の維持に努めなければならない。また、学位の授与状況、修了者の進路状況を把握する体制を整備し、当該公共政策系専門職大学院の目的に即した教育効果について評価することが必要である。

その他、教育の内容・方法・成果等に関して不断に検証することが望まれる。

項目	評価の視点	レベルI	レベルII
学位の名称	2―20 授与する学位は、公共政策の実務分野の要請に応えうるような適切な水準のものであるとともに、教育内容に合致する適切な名称を有するものであるか。（「学位規則」第5条の2、第10条）	◎	
学位授与基準	2―21 学位授与に関わる基準及び審査手続等が明文化され、それに基づいて学位授与が適切に行われているか。（「専門職」第10条第2項）	◎	
修了生の進路の把握	2―22 修了者の進路が把握され、また、公表されているか。	○	
教育効果の測定	2―23 学生からの意見聴取など教育効果の測定の仕組みを整え、それらを適切に運用しているか。	○	
特色ある取組み	2―24 教育成果、又は、教育成果を踏まえた教育の内容・方法等に関して、特色として強調すべき点、ないし検討課題はあるか。		○

3 教員組織

公共政策系専門職大学院は、専門職学位課程制度の目的に即し、かつ、当該公共政策系専門職大学院の目的を実現することができるよう、適切な教員組織を設けるとともに、これにふさわしい教員を配置することが必要である。また、公共政策系専門職大学院は、将来にわたり教育研究活動を維持するに十分な教育研究能力や専門的知識・経験を備えた教員を任用するために、透明性のある手続を定め、その公正な運用に努めることが必要である。

項目	評価の視点	レベルI	レベルII
専任教員数	3―1 専任教員数に関して、法令上の基準を遵守しているか。（「告示第53号」第1条第1項）	◎	
	3―2 専任教員が、1専攻に限り「専任教員」として取り扱われているか。（「告示第53号」第1条第5項。なお、平成25年度まで、「専門職」附則2が適用される。）	◎	
	3―3 法令上必要とされる専任教員数の半数以上が、原則として「教授」で構成されているか。（「告示第53号」第1条第6項）	◎	
専任教員としての能力	3―4 教員は、以下のいずれかに該当し、かつ、その担当する専門分野に関し高度の指導能力を備えている者であるか。 1．専攻分野について、教育上又は研究上の業績を有する者 2．専攻分野について、高度の技術・技能を有する者 3．専攻分野について、特に優れた知識及び経験を有する者（「専門職」第5条）	◎	
実務家教員	3―5 専任教員のうち「実務家教員」の数について、当該分野で必要とされる一定の割合が確保されているか。（「告示第53号」第2条）	◎	
	3―6 「実務家教員」が、5年以上の実務経験を有し、かつ高度の実務能力を有する教員で構成されているか。（「告示第53号」第2条）	◎	
専任教員の分野構成、科目配置	3―7 公共政策分野に関する基本的な科目、実務の基礎・技能を学ぶ科目、広い視野や周辺領域の知識を涵養する科目、基礎知識を展開・発展させる科目及び先端知識を学ぶ科目について、専任教員が適切に配置されているか。	○	
教員の構成	3―8 教員の構成が、特定の範囲の年齢に著しく偏ることのないように配慮されたものとなっているか。（「大学院」第8条第5項）	◎	
教員の募集・任用	3―9 教員の募集・任用の手続について、規程が定められ、適切に運用されているか。	○	
特色ある取組み	3―10 教員組織に関して、特色として強調すべき点、ないし検討課題はあるか。		○

4　入学者選抜

公共政策系専門職学位課程は、当該課程において将来専門職として活躍できる職能を育むに足る資質を有し、当該公共政策系専門職大学院が提供する様々な教育諸活動を享受しうる基礎的能力を持った学生を入学させることが必要である。そのためには、学生の十全な学習を可能にする適切な学生募集、受け入れ方針及び選抜手続を整備するとともに、これに基づき適切かつ公正に学生を受け入れなければならない。

項目	評価の視点	レベル Ⅰ	レベル Ⅱ
定員管理	4—1　入学定員に対する入学者数及び学生収容定員に対する在籍学生数が、適正に管理されているか。（「大学院」第10条）	◎	
学生の受け入れ方針等	4—2　専門職学位課程制度の目的に合致し、かつ、当該公共政策系専門職大学院の目的に即した学生の受け入れ方針、選抜方法及び選抜手続が設定され、それが事前に入学志願者をはじめ広く社会に公表されているか。	○	
実施体制	4—3　入学者選抜を実施する、責任ある体制が確立されているか。	○	
特色ある取組み	4—4　入学者選抜に関して、特色として強調すべき点、ないし検討課題はあるか。		○

5　教育研究環境及び学生生活

公共政策系専門職大学院は、専門職学位課程制度の目的に即し、かつ、当該公共政策系専門職大学院の目的を実現することができるよう、適切に教育研究環境の整備を図らねばならない。

そのために公共政策系専門職大学院は、教員が十全な教育研究活動をなし得るよう、その環境を整えることが必要である。

また、公共政策系専門職大学院は、それぞれの目的を実現することができるよう、学生数・教員数等の組織規模に応じて、適切に施設・設備を整備するとともに、公共政策系専門職学位課程における教育研究活動に必要かつ十分な図書等の資料を整備し、その有効な活用を図らねばならない。

加えて当該公共政策系専門職大学院は、コンピュータ、ネットワークその他の情報関連設備を含めて、教育形態に対応する施設・設備を整える必要がある。

学生生活への支援として、公共政策系専門職学位課程を設置する大学は、在学中の学生生活への支援・指導を行う仕組み、学生の課程修了後を見越したキャリア支援、進路選択のための助言・指導の体制を整備することが望ましい。

項目	評価の視点	レベル Ⅰ	レベル Ⅱ
教育形態に即した施設・設備	5—1　講義室、演習室その他の施設・設備が、公共政策系専門職大学院の規模及び教育形態に応じ、適切に整備されているか。（「専門職」第17条）	◎	
情報関連設備及び図書設備	5—2　教員の教育研究活動及び学生の学習のために必要な図書施設、及び情報インフラストラクチャーが適切に整備されているか。	○	
特色ある取組み	5—3　教育研究環境の整備に関して、特色として強調すべき点、ないし検討課題はあるか。		○
	5—4　学生生活への支援・指導に関して、特色として強調すべき点、ないし検討課題はあるか。		○
	5—5　学生の課程修了後を見越したキャリア支援、進路選択のための助言・指導の体制に関して、特色として強調すべき点、ないし検討課題はあるか。		○

6　管理運営

公共政策系専門職学位課程を設置している大学は、教員組織の他、専門職学位課程制度の目的に即し、かつ、当該公共政策系専門職大学院の目的を実現することができるよう、適切な事務組織を当該公共政策系専門職大学院に設けるとともに、これを適切に運営し、また、その質を維持し、改善するよう努めなければならない。

公共政策系専門職学位課程を設置している大学は、当該公共政策系専門職大学院を管理運営する固有の組織体制を整備するとともに、専門職学位課程制度の目的に即し、かつ、当該公共政策系専門職大学院の目的を実現することができるよう、関連法令等に基づき学内規程を定めるとともに、これらを遵守するよう努める必要がある。

管理運営に関する体制・学内規程等の整備とその運用にあたっては、管理運営組織の自律性・自主性、意思決定の適切性・効率性、学問研究の自律性等に十分に配慮することが必要である。

項目	評価の視点	レベル Ⅰ	レベル Ⅱ
事務組織の設置	6—1　公共政策系専門職大学院を管理運営し、その目的の達成を支援するため、適切な規模と機能を備えた事務組織を設置しているか。（「大学院」第35条）	◎	
学内体制・規程の整備	6—2　公共政策系専門職大学院の教学事項に関する固有の意思決定及び管理運営を行うための組織体制が整備されるとともに、その活動を支える規程が設けられ、運用が適切に行われているか。	○	
関係組織等との連携	6—3　地方自治体、公共的な非営利組織、企業、その他外部機関との連携・協働が適切に実施されているか。	○	

	また、公共政策系専門職大学院の運営のために、学外から意見を聴取する仕組みが設けられているか。		
特色ある取組み	6—4 管理運営に関して、特色として強調すべき点、ないし検討課題はあるか。		○

7 説明責任

公共政策系専門職大学院の目的の実現に向けて、Plan-Do-Check-Action（ＰＤＣＡ）等の仕組みを整備し、その活動を不断に点検・評価し、改善・改革に結びつける必要がある。

また、公共政策系専門職大学院の自己点検・評価の結果は広く社会に公表しなければならない。

加えて、公共政策系専門職大学院は、透明性の高い運営を行うとともに、自らの諸活動の状況を社会に対して積極的に情報公開し、その説明責任を果たすことが必要である。

項目	評価の視点	レベル Ⅰ	レベル Ⅱ
自己点検・評価	7—1 自己点検・評価のための仕組み及び組織体制を整備し、適切な評価項目及び方法に基づいた自己点検・評価を、組織的、継続的な取組みとして実施しているか。（「学教法」第１０９条）	◎	
	7—2 自己点検・評価の結果を、学内外に広く公表しているか。（「学教法」第１０９条）	◎	
情報公開	7—3 公共政策系専門職大学院の教育活動及び組織運営その他の活動の状況について、学生、志願者及び一般社会が正しく理解できるよう、ホームページや大学案内等を利用して適切かつ真摯・誠実に情報公開を行っているか。	○	
特色ある取組み	7—4 点検・評価及びそれに基づく改善・向上の取組み、情報公開・説明責任に関して、特色として強調すべき点、ないし検討課題はあるか。		○

ファッション・ビジネス系専門職大学院評価基準

財団法人 日本高等教育評価機構

平成二一年六月一二日

基準1 使命・目的、教育目標

本基準の趣旨

ファッション・ビジネス系専門職大学院として社会の要請に応え、どのような使命・目的を果たそうとしているのか、更にその使命・目的を達成するために、研究科または専攻ごとに、どのような教育の方針と達成目標を持つかを明確にし、学内とともに、社会に示す必要があります。

また、その使命・目的、教育目標が適切に実現されるためには、それらが教職員に十分理解され、支持されていなくてはなりません。

領域：使命・目的、教育目標

基準項目

1—1 使命・目的、教育目標の明確性と適切性及び学内外へ周知されていること。

1—2 使命・目的、教育目標が教職員に理解され支持されていること。

評価の視点

《1—1の視点》

1—1—① 使命・目的が明確に定められているとともに、それが専門職大学院制度の目的に沿ったものであるか。

1—1—② 研究科または専攻等の別に定められた教育目標が、大学院の使命・目的に沿った適切なものであるか。

1—1—③ 使命・目的、教育目標が学内外に示され周知されているか。

《1—2の視点》

1—2 使命・目的、教育目標が教職員に十分理解され支持されているか。

基準2 教育課程

本基準の趣旨

教育課程は、研究科または専攻等ごとに定められた教育目標に沿い、かつ、学生のニーズや関係業界の人材養成への期待を踏まえつつ、教育課程編成方針の下に体系的に編成される必要があります。また、その内容、水準は、授与される学位との関連で適切であることが求められます。

領域　教育内容・方法、学習指導、学習評価

基準項目

2―1　教育目標の達成に向けて教育課程編成方針が明確にされていること。

2―2　教育課程編成方針に沿って、理論的教育と実務的教育の架橋に留意しつつ、体系的に教育課程が編成されていること。

2―3　教育目標に相応しい授業形態、学習指導等が工夫され、整備されていること。

2―4　単位認定、修了認定等の要件が適切に定められ、厳正に運用されていること。また、教育目標の達成状況を点検・評価するための努力が行われていること。

評価の視点

《2―1の視点》

2―1―①　専門職大学院の使命・目的及び教育目標を踏まえ、教育課程編成方針が明確に定められているか。

2―1―②　教育課程編成方針は、授与される学位の名称及び学位授与方針と整合しているか。

《2―2の視点》

2―2―①　教育課程編成方針に沿って、必要な授業科目が適切に配置され、理論的教育と実務的教育の架橋に配慮しつつ、教育課程が体系的に編成されているか。

2―2―②　教育課程の内容、水準は、ファッション・ビジネス系の職業分野における人材養成の期待に応えられ、かつ、与えられる学位の名称に照らして適切であるか。

2―2―③　教育課程が次の各事項を踏まえた内容になっているか。

1．教育課程が、クリエイションとマネジメントを総合的に扱うファッション・ビジネスの実務に必要な専門的な知識、思考力、分析力、創造力、企画力等を修得させるとともに、高い倫理観及び国際的視野を持つプロフェッショナルの人材を養成する観点から適切に編成されていること。

2．以下の科目が養成目的に応じて重点的に、かつ、バランス良く履修できるよう、教育課程が編成されていること。

・ファッション・クリエイションに関する科目

ファッションデザインに関する科目、テキスタイルデザインに関する科目、デザイン理論に関する科目など

・ファッション・テクノロジーに関する科目

素材技術（マテリアル）に関する科目、生産技術（プロダクト）に関する科目、人間工学（エンジニアリング）に関する科目など

・ファッション・マネジメントに関する科目

経営管理（マネジメント）に関する科目、商品企画（マーチャンダイジング）に関する科目、販売及び流通管理（マーケティング・ディストリビューション）に関する科目など

・総合的な専門性に関する科目

修了研究・制作、国際的視野の形成や文化的認識に関する科目、ファッション・ビジネスの実践に関する科目など

3．基本的な内容、発展的な内容、実践的な内容、事例研究等を取り扱う科目がそれぞれ開設されるなど、段階的な教育を行うことができるよう教育課程が編成されていること。

《2―3の視点》

2―3―①　履修登録単位数の上限の適切な設定など、単位制度の実質を保つための工夫が行われているか。

2―3―②　教育目標を踏まえ実践的な教育を行うよう、インターンシップ、ケース・スタディ、フィールド・スタディ、双方向または多方向に行われる討論など授業内容・方法に特色ある工夫がなされているか。

2―3―③　1年間の授業計画、授業の内容・方法等が明記されたシラバスが作成され、活用されているか。

2―3―④　通信教育を行っている場合には、添削等による指導を含む印刷教材等による授業、放送授業、面接授業もしくはメディアを利用して行う授業の実施方法が適切に整備されているか。

《2―4の視点》

2―4―①　単位認定の基準、課程修了の要件が明確に定められ、学生に明示されており、かつ厳正に運用されているか。

2―4―②　学生の学習状況・資格取得・就職状況の調査、学生の意識調査、就職先の企業アンケート等より、教育目標の達成状況を点検・評価するための努力が行われているか。

基準3　学生

本基準の趣旨

教育の成果を高めるためには、受験生が、大学の教育方針や人材養成の目的等を良く理解したうえで受験校を選択するようにすることが大切です。このため大学は、どのような個性や志望を持った学生が本学に相応しいかを明記した学生受入方針を示すとともに、この方針が具体的な入学者選抜方法に生かされていることが求められます。また、学生の自主的かつ効果的な学習を支援するための助言・指導や安定した学生生

活を支えるための学生サービスに対する大学としての組織的対応が必要です。

領域　学生の受入れ、学習支援、学生サービス

基準項目

3－1　学生受入れ方針が明確にされ、具体的な入学者選抜等に生かされていること。

3－2　学習支援の体制が整備され、適切に運営されていること。

3－3　学生サービスの体制が整備され、適切に運営されていること。

評価の視点

《3－1の視点》

3－1－①　教育の目的に即した学生受入れ方針（アドミッション・ポリシー）が明確に定められ、公表・周知されているか。

3－1－②　学生受入れ方針に即して入学者選抜が適切に行われているか。

3－1－③　教育に相応しい環境の確保のため、収容定員と入学定員、在籍学生数が適切に管理されているか。また、教育方法や施設設備等の条件を考慮し、教育効果が十分に挙げられるよう、同時に授業を行う学生数が適切な数となっているか。

《3－2の視点》

3－2－①　履修指導や学習相談などの学習支援体制が整備され、学生の意見を汲み上げて適切に運営されているか。

3－2－②　通信教育を実施している場合には、多様なメディアを利用する教育を効果的に行えるよう、学習支援のための適切な組織を設けているか。

《3－3の視点》

3－3－①　学生サービスのための組織が設けられ、学生の意見を汲み上げて適切に運営されているか。

3－3－②　学生に対する経済的な支援が適切に行われているか。

3－3－③　学生に対する健康相談、生活相談等が適切に行われているか。

3－3－④　就職・進学に関する相談・支援の体制が整備され、適切に運営されているか。

基準4　教員

本基準の趣旨

大学は、その使命・目的を達成するよう教員の組織編制に関する基本方針を明確にした上で、この方針に沿うとともに専門職大学院基準等の法令上の基準を充足するよう、必要な教員を確保し適切に配置することが求められます。また、教員の教育研究活動を支援する体制を整えるとともに、教育研究活動の向上のための教員による組織的な取り組みが行なわれるようにする必要があります。

領域　教員組織、人事の方針、FD等

基準項目

4－1　教育課程を遂行するために必要な教員が適切に配置されていること。

4－2　教員の採用・昇任の方針が明確にされ、かつ適切に運用されていること。

4－3　教員の教育担当時間が適切であること。また、教員の教育研究活動を支援する体制が整備されていること。

4－4　教員の教育研究活動を活性化するための取り組みがなされていること。

評価の視点

《4－1の視点》

4－1－①　教員の組織編成に関する基本方針が明確にされており、この方針に基づいて、教育課程を運営するために必要な教員が確保され、かつ適切に配置されているか。

4－1－②　教員の組織編成に関する基本方針には、専任教員（実務家教員を含む）の数及び資格に関する専門職大学院設置基準の関係規定の遵守を明確にしているか。

4－1－③　教員構成（年令、専門分野等）のバランスがとれているか。

《4－2の視点》

4－2　教員の採用・昇任の方針が明確にされているか。また、採用・昇任の方針に基づく規程が定められ、かつ適切に運用されているか。

《4－3の視点》

4－3－①　専任教員の授業担当時間は、教育研究目的を達成するよう配慮して配分されているか。

4－3－②　教員の教育研究活動を支援するために、TA　等が適切に活用されているか。また、研究費等の資源が適切に配分されているか。

《4－4の視点》

4－4－①　授業の内容・方法の改善・向上のための組織的な活動（FD　等）が行われ、成果を挙げているか。

4－4－②　教員の教育研究活動を活性化するための評価体制が整備され、適切に運用されているか。

基準5　教育研究環境

本基準の趣旨

教育研究上の目的を達成するために必要な施設設備等の教育研究環境が整備され、有効に活用されていることが必要です。

5 評価基準等

領域　施設・設備、図書、IT環境等
基準項目
5―1　教育研究目的を達成するために必要な施設・設備が整備され、有効に活用されていること。
5―2　施設・設備の安全が確保され、適切に維持、管理されていること。

評価の視点
《5―1の視点》
5―1―①　校地、校舎、図書・資料、情報関連設備、附属施設等、教育研究目的を達成するために必要な施設・設備が適切に整備され、かつ有効に活用されているか。
5―1―②　教育研究環境について、学生・教職員の意向も把握しつつ必要な改善を行うよう努力されているか。
《5―2の視点》
5―2　施設・設備の安全が確保され、適切に維持・管理されているか。

基準6　教育の質の保証

本基準の趣旨
教育の自主性が大学の本質である以上、教育の質の保証も大学自身の責任であることは当然です。このためには、教育の実施状況に関する継続的な調査・分析に基づいて、定期的に自己点検・評価を実施し、第三者評価を併せて、その結果を教育の改善・向上に繋げる仕組みがなければなりません。また、この質保証の状況は広く社会に公表することによって、社会への説明責任を果たす必要があります。

領域　自己点検・評価の実施体制、資料・データの整備、評価結果の活用
基準項目
6―1　自己点検・評価の恒常的な実施体制が構築されていること。
6―2　教育の実施状況を調査、分析する体制が整備されていること。
6―3　評価結果を教育の改善・向上につなげるシステムが構築されていること。

評価の視点
《6―1の視点》
6―1―①　定期的に自己点検・評価を行う全学的な体制が構築され、実施の責任体制が確立されているか。
6―1―②　使命・目的及び教育目標に即し、また学生や社会のニーズを踏まえて、適切に評価項目や評価プロセスが設定されているか。
《6―2の視点》
6―2　教育の実施状況、学生の学習状況及びその成果、学生の生活実態等についての調査、分析を継続的に実施するとともに、関係の資料・データを作成し提供できる体制が整備されているか。
《6―3の視点》
6―3―①　自己点検・評価及び第三者評価の結果を着実に教育の改善・向上に着実につなげる仕組みが恒常的なシステムとして構築されているか。
6―3―②　自己点検・評価及び第三者評価の結果並びにその活用等による教育改善の状況が広く社会に公表されているか。

産業技術系専門職大学院基準

一般社団法人 日本技術者教育認定機構

平成二一年一〇月制定

基準1　使命・目的および学習・教育目標の設定と公開

（1）専攻の使命・目的は、学術理論及びその応用を教授研究し、高度の専門性が求められる職業を担うための深い学識及び卓越した能力を培う専門職大学院として、社会の要請を踏まえて明確に学則等に定められ、学生・教員だけでなく社会にも公開されていること。

（2）専攻の使命・目的に沿って高度な専門職業人を育成するために、学生が課程修了時に保有しているべき知識・能力を、社会の要請を反映させつつ、学習・教育目標として明確に設定しており、学生および教員に周知していること。その知識・能力には、下記の（i）～（vi）が含まれていること。

（i）当該専攻が対象とする技術分野に関する高度の専門的知識及びこれを実務に応用できる能力

（ii）当該専攻が対象とする技術分野において、複合的な問題を分析し、課題を設定・解決できる卓越した能力

（iii）当該専攻が対象とする技術分野に関する基礎的素養

（iv）継続的に学習できる能力

（v）当該専攻が対象とする技術分野に関する実務を行うために必要なコミュニケーション能力、協働力、マネージメント力などの社会・人間関係スキル

（vi）職業倫理を理解し、倫理規範を守りつつ職務を果たす能力と態度

また、当該専攻がその特色として、（i）～（vi）以外の知識、能力を修得・涵養させているときには、これを明示していること。

（3）研究科及び専攻（以下「研究科等」という）の名称は、研究科等として適当であるとともに、当該研究科等の教育研究上の目的にふさわしいものであること。

基準2　学生受け入れ方法

（1）学習・教育目標を達成するために必要な能力を持った学生を入学（編入学・転入学を含む）させるため、アドミッションポリシーを明確に設定しており、学内外に公開していること。それを選抜の方法等に反映させて、公正、適切に実施していること。

基準3　教育方法

（1）学生に学習・教育目標を達成させるために、カリキュラムを体系的に設計しており、当該専攻に関わる学生および教員に開示していること。

（2）カリキュラムでは、実践教育を充実させるために、講義、討論、演習、PBL、インターンシップ等、適切な教育手法や授業形態を採用し、各科目と学習・教育目標との対応関係を明確に示していること。

（3）カリキュラムの設計に基づいて授業に関する授業計画書（シラバス）を作成し、当該専攻に関わる学生および教員に開示していること。

また、シラバスでは、科目ごとに、カリキュラム中での位置づけを明らかにしており、その教育の内容・方法、履修要件、この科目の履修により達成できる学習・教育目標、および成績の評価方法・評価基準を明示し、それに従って教育および成績評価を実施していること。

なお、成績評価にあたっては、各学生のその科目の最終的な合否・水準判定だけではなく、シラバスに記述された達成が期待される各学習・教育目標に関し、それらの個別の達成度評価にも努めていること。

（4）学習・教育目標に対する学生自身による達成度の継続的な点検や、授業等での学生の理解を助け、勉学意欲を増進し、学生の要望にも対応できる仕組みの構築、学生および教員への仕組みの開示、およびその仕組みに従った活動の実施に努めていること。

（5）授業を行なう学生数は、授業の内容、授業の方法および施設、設備その他の教育上の諸条件を考慮して、教育効果を十分にあげられる適切な人数となっていること。

（6）各年次にわたって授業科目をバランスよく履修させるため、学生が1年間または1学期間に履修登録できる単位数の上限を設定していること。

（7）一年間の授業を行う期間は、定期試験等の期間を含め、35週にわたることを原則とするとともに、各授業科目の授業は、原則として10週または15週にわたる期間を単位としたものとなっていること。

（8）夜間授業および集中授業については、教育上特別の必要があると認められる場合に行っていること。

（9）多様なメディアを利用して遠隔授業を行う場合は、その教育効果が十分期待できる専攻分野および授業科目をその対象としており、法令の要件に適合していること。

（10）通信教育によって授業を行う場合は、その教育効果が十分に期待できる専攻分野および授業科目をその対象としており、法令の要件に適合していること。

国内外の機関や企業等への派遣によって実習等を行う場合、実習先が十分確保されていること。

また、実習等の計画・指導・成績評価等に関し、実習先との連携体制が適切な

ものとなっていること。

基準4　教育組織

(1) 教育研究に係わる責任の所在が明確になり、組織的な教育が行われるように、教員組織編制のための基本的方針を有しており、それに基づいた教員組織編制がなされ、教員の適切な役割分担および連携体制が確保されていること。

(2) カリキュラムを適切な教育方法によって展開し、教育成果をあげる能力をもった十分な数の教員と、事務職員等からなる教育支援体制が存在していること。

(3) 専任教員数に関して、法令上の基準を遵守していること。

(4) 専任教員は、一専攻に限り専任教員として取り扱っていること。

(5) 法令上必要とされる専任教員数の半数以上の教員は、原則として教授であること。

(6) 専任教員は、以下のいずれかに該当し、かつ、その担当する専門分野に関し高度の教育上の指導能力を備えていること。

(i) 当該専攻が対象とする分野について、教育上または研究上の業績を有する者

(ii) 当該専攻が対象とする分野について、高度の技術・技能を有する者

(iii) 当該専攻が対象とする分野について、特に優れた知識および経験を有する者

(7) 専任教員のうちおおむね3　割以上は、専攻分野におけるおおむね5年以上の実務経験を有し、かつ、高度の実務能力を有する者であること。実務家教員は、カリキュラムや担当科目の特質を踏まえ、それぞれの実務経験との関連が認められる授業科目を担当していること。

(8) 主要な授業科目は、原則として専任教員（教授または准教授）が担当していること。

(9) 専攻の教育研究水準の維持向上および教育研究の活性化を図るため、教員の構成が特定の範囲の年齢に著しく偏ることのないよう配慮していること。

(10) 専任教員が当該大学における教育研究以外の業務に従事する場合は、教育研究上特に必要があり、当該大学における教育研究の遂行に支障がないものとなっていること。

(11) 科目等履修生やその他の学生以外の者を相当数受け入れる場合は、教育に支障のないよう相当数の専任教員を増加していること。
また、専任教員全体のうち当該大学における教育研究以外の業務に従事する専任教員の占める割合が適切であること。

(12) 2以上の隣接しない校地において教育研究を行なう場合、それぞれの校地ごとに必要な教員を備えていること。また、それぞれの校地には、当該校地における教育に支障のないよう原則として専任の教授または准教授を少なくとも1名以上置いていること。

(13) 教員の採用基準や昇格基準、教員の教育に関する貢献の評価方法を定め、当該専攻に関わる教員に開示していること。また、それに従って採用・昇格および評価を実施していること。また、評価の結果把握された事項に対して適切な取り組みがなされていること。

(14) カリキュラムに設定された科目間の連携を密にし、教育効果を上げ、改善するための教員間連絡ネットワーク組織があり、それに従って活動を実施し、有効に機能していること。

(15) 教員の質的向上を図る仕組み（ファカルティ・ディベロップメント）があり、当該専攻に関わる教員に開示していること。また、それに従って活動を実施し、有効に機能していること。

基準5　教育環境

(1) 学習・教育目標を達成するために必要な講義室、研究室、実験・実習室、演習室、図書（学術雑誌、視聴覚資料その他の教育研究上必要な資料を含む）、情報関連設備等の環境を整備していること。

(2) 夜間大学院または昼夜開講制を実施する場合は、研究室、教室、図書館等の施設の利用について、教育研究に支障のないものとなっていること。また、学生に対する教育上の配慮（教育課程、履修指導等）および事務処理体制が適切であること。

(3) 専任教員に対して研究室を備えていること。

(4) 科目等履修生やその他の学生以外の者を相当数受け入れる場合は、教育に支障のないよう相当の校地および校舎の面積を増加していること。

(5) 2以上の隣接しない校地において教育研究を行なう場合は、それぞれの校地ごとに教育研究に支障のないよう必要な施設および設備を設けていること。

(6) 大学院大学（独立大学院）の場合は、当該大学院大学の教育研究上の必要に応じた十分な規模の校舎等の施設を有していること。

(7) 学習・教育目標を達成するために必要な環境を整備し、それらを維持・運用するために必要な財源確保への取り組みを行なっていること。

(8) 学生の勉学意欲を増進、支援し、履修に専念できるための教育環境面での支援、助言や、学生の要望にも配慮するシステムがあり、その仕組みを当該専攻に関わる学生および教員に開示していること。また、それに従って活動を実施し、有効に機能していること。
また、通信教育を行う場合には、そのための学習支援、教育相談が適切に行われていること。

基準6　学習・教育目標の達成

(1) 学生に学習・教育目標を達成させるために、修了認定の基準と方法が適切に定められ、当該専攻にかかわる学生および教員に開示していること。またそれに

従って修了認定を実施していること。

（2）修了認定に必要な在学期間および修得単位数を、法令上の規定や当該専攻の目的に対して適切に設定していること。

（3）在学期間の短縮を行なっている場合、法令上の規定に従って実施していること。また、その場合、専攻の目的に照らして十分な成果が得られるよう配慮していること。

（4）当該専攻外で修得した単位を修了条件として認定する場合は、教育上有益と認められ、かつ、その認定が当該専攻の教育水準および教育課程としての一体性を損なわないものであること。

（5）授与する学位の名称は、分野の特性や教育内容に合致する適切なものであること。

基準7　教育改善

（1）当該専攻は教育システムが基準1～6を満たしているかを点検・評価する仕組みを有すること。

（2）点検・評価システムは、社会の要求や学生の要望に配慮する仕組みを含み、また、点検・評価システム自体の機能も点検できるものであること。

（3）定期的な点検・評価の結果は刊行物等によって、積極的に学内外に公表していること。

（4）定期的な点検・評価の結果に基づき、教育システムを継続的に改善する仕組みがあり、有効な活動の実施に努めていること。

基準8　特色ある教育研究活動

（1）特色ある教育研究の進展に努めていること。

教職大学院評価基準

教員養成評価機構

平成二一年一〇月二〇日決定

Ⅰ　総則

1　評価の目的

教員養成評価機構（以下「機構」という。）が、教職大学院を置く大学からの求めに応じて、教職大学院に対して実施する評価（以下「認証評価」という。）においては、我が国の教職大学院の教育活動等の水準の維持及び向上を図るとともに、その個性的で多様な発展に資することを目的とする。

機構は、教職大学院評価基準（以下「評価基準」という。）に基づき、次のことを実施する。

（1）教職大学院の教育活動等の質を保証するため、教職大学院を定期的に評価し、教育活動等の状況が評価基準に適合しているか否かを認定すること。

（2）教職大学院の教育活動等の改善に役立てるため、教職大学院の教育活動等について多面的な評価を実施し、評価結果を当該教職大学院にフィードバックすること。

（3）教職大学院の活動について、広く国民の理解と支持が得られるよう支援及び促進していくため、教職大学院の教育活動等の状況を多面的に明らかにし、「長所として特記すべき事項」については、積極的に具体的内容を記述することによって、それらを社会に示すこと。

2　評価基準の性質及び機能

評価基準は、学校教育法第百九条第四項に規定する大学評価基準として定めるものである。

評価基準は、「専門職大学院設置基準」（平成十五年文部科学省令第十六号）及び「専門職大学院に関し必要な事項について定める件」（平成十五年文部科学省令第五十三号）を踏まえて、機構が教職大学院の教育活動等に関し、評価基準に適合している旨の認定（以下「適格認定」という。）をする際に、教職大学院として満たすことが必要と考えられる要件及び当該教職大学院の目的に照らして教育活動等の状況を多面的に分析するための内容を定めるものである。

評価基準は、10の「基準領域」から成り、その下に「基準」が設定されている。「基準」は、各基準の細則である「基本的な観点」のいくつかを含み、その内容により次の2つのレベルに分類される。

(A) 各教職大学院において、定められた内容が満たされていることが求められるもの。
(B) 各教職大学院において、定められた内容に関する措置を講じていることが期待されるもの。

ただし、レベル(A)において、基準が「満たされている」と判断するに当たって、必ずしも関係する「基本的な観点」項目をすべて満たしていることを条件とはしていない。

3　「適格認定」の要件等

評価結果については、次の2通りで判断する。
1) (A)の「基準」をすべて満たす場合は、「教職大学院評価基準に適合している。」と評価する。
2) (A)の「基準」を1つでも満たしていない場合は、「教職大学院評価基準に適合していない。」と評価する。

各教職大学院は、評価の結果、評価基準に適合していると認められた場合に「適格認定」が与えられる。評価基準に適合していると認められるためには、前述の(A)に分類される「基準」をすべて満たさなければならない。

一方、(B)に分類される「基準」は、評価結果（適格認定の有無）には、直接かかわらないが、当該教職大学院の充実度を示している。

適格認定を得た教職大学院は、評価基準で定める要件を継続的に充足するのみならず、当該教職大学院の目的に照らして教育活動等の水準を高めることに努めなければならない。

4　評価基準の基本的な考え方

(1) 評価基準は、学校教育法、大学院設置基準、専門職大学院設置基準等に、それぞれ合致していること。
(2) 専門職大学院設置基準は、「専門職大学院を設置するのに必要な最低の基準である」（第一条第二項）とともに、「その水準の向上を図ることに努めなければならない。」（第一条第三項）と規定されていることに鑑み、評価基準は、専門職大学院設置基準等より基本的に充実したものとして設定していること。
(3) 評価の対象となる教職大学院における特色ある教育等の進展に資する観点から評価項目を定めていること。
(4) 一元的画一的な評価基準ではなく、教職大学院の目的に適合しているかに基軸をおいていること。
(5) 各基準領域における「基準」は、その内容により、右記2のとおり2つのレベルに分類され、このことを踏まえた評価結果が、適格認定の適否にとどまらない質の高さを示すものともなりうるものであること。
(6) 各基準領域に、「長所として特記すべき事項」を加え、その具体的内容を記述し、広く紹介することにより、各教職大学院の特色づくりを支え、促す働きかけの機能を持たせていること。

II　教職大学院評価基準

基準領域1：設立の理念と目的

（基準）

1－1：A
○ 当該教職大学院の理念・目的が法令に基づいて明確に定められていること。（1－1－1）

《必要な資料・データ等》
□教職大学院の教育上の理念・目的等の明文化された冊子等の該当箇所（学則、研究科及び専攻等の概要、入学者選抜要項、ウェブサイト等の抜粋）

1－2：A
○ 人材養成の目的及び修得すべき知識・能力が明確になっていること。（1－2－1）

《必要な資料・データ等》
□教職大学院の養成しようとする教員像等の明文化された冊子等の該当箇所（研究科及び専攻等の概要、入学者選抜要項、ウェブサイト等の抜粋）
□開設授業科目一覧
□既設修士課程の概要、入学者選抜要項、ウェブサイト等の抜粋
□既設修士課程の開設授業科目一覧

1－3：A
○ 当該教職大学院の理念・目的を公表し、周知に努めていること。（1－3－1）

《必要な資料・データ等》
□教育活動等の状況を掲載した刊行物、パンフレット、ウェブサイト
□説明会、ガイダンス等で配布された資料及び参加状況が把握できる資料
□学生募集要項など

（基本的な観点）

1－1－1：理念・目的が、学校教育法第九十九条第二項、専門職大学院設置基準第二十六条第一項等に基づいて明確に定められているか。
1－2－1：人材養成の目的及び修得すべき知識・能力が、教員養成を主たる目的とする既設の大学院修士課程のものと、適切に区別されており、それぞれの性格が明確になっているか。
1－3－1：理念・目的が、学内の構成員に周知され、ウェブサイトや大学案内等をつうじて、社会一般に公表されているか。

（特記事項）
「長所として特記すべき事項」はあるか。
□右記の事項を示す関連資料

基準領域２：入学者選抜等

（基準）
２－１：Ａ
○　人材養成の目的に応じた入学者受入方針（アドミッション・ポリシー）が明確に定められ、公表されていること。（２－１－１）
《必要な資料・データ等》
□アドミッション・ポリシー本文（入学者選抜要項等の刊行物やウェブサイトなど、公表されている資料の抜粋）
□公表・周知の状況が把握できる資料（刊行物の配布先・配布数・ウェブサイトの利用状況等）

２－２：Ａ
○　教育理念及び目的に照らして、公平性、平等性、開放性が確保され、適切な学生の受け入れが実施されていること。（２－２－１、２－２－２）
《必要な資料・データ等》
□入学者選抜要項
□入学試験問題及び面接試験の方法と形態
□入学者選抜の審査基準に関して定めた規則（面接の評価の観点等）
□入学者選抜に関する組織体制及びそれが適切に運用されていることが分かる資料

２－３：Ａ
○　実入学者数が、入学定員と比較して適正であること。（２－３－１）
《必要な資料・データ等》
□学生数の状況（志願者数、合格者数、入学者数の推移を指定の様式に記載）

（基本的な観点）
２－１－１：入学者受入方針（アドミッション・ポリシー）が公表、周知されているか。
２－２－１：入学者受入方針（アドミッション・ポリシー）に基づき、学習履歴や実務経験等を的確に判断できる入学者選抜方法及び審査基準が定められ、機能しているか。
２－２－２：入学者選抜が、適切な組織体制により公正に実施されているか。
２－３－１：実入学者数が入学定員を大幅に下回る又は超える状況になっている場合、これを改善する十分な手立てがとられているか。

（特記事項）
「長所として特記すべき事項」はあるか。
□右記の事項を示す関連資料

基準領域３：教育の課程と方法

（基準）
３－１：Ａ
○　教職大学院の制度ならびに各教職大学院の目的に照らして、理論的教育と実践的教育の融合に留意した体系的な教育課程が編成されていること。（３－１－１）
《必要な資料・データ等》
□開講授業科目一覧
□シラバスの授業計画・授業科目概要など授業内容を示した箇所
□教育課程の構造が把握できる資料
□時間割表

３－２：Ａ
○　教育課程を展開するにふさわしい教員の配置、授業内容、授業方法・形態が整備されていること。（３－２－１）
《必要な資料・データ等》
□教員一覧、教員分類別内訳
□科目別専任教員数一覧
□開講授業科目一覧
□シラバスの授業計画・授業科目概要など授業内容を示した箇所
□履修科目登録の状況の把握できる資料
□事例研究等で取り上げた内容事例

３－３：Ａ
○　教職大学院にふさわしい実習が設定され、適切な指導がなされていること。（３－３－１）
《必要な資料・データ等》
□学校における実習の内容を示す資料
□学校における実習の実習記録（個人・学校の情報を除いた複写物。各コース２～３名分）
□連携協力校についての状況を把握できる資料

□現職教員学生の現任校での勤務状況
□現職教員学生の実習の状況を把握できる資料
□実習の免除を行う場合、根拠・考え方を示す資料
□実習の免除を行う場合、免除の要件と手続きとその資料
□実習の免除を行う場合、免除の要件と手続きを定める規程等
□学校以外での実習を行う場合、実習の内容を示す実施概要等資料
□学校以外での実習を行う場合、実習の実習記録（個人及び学校の情報を除いた複写物等）

3—4：A

○　学習を進める上で適切な指導が行われていること。（3—4—1）

《必要な資料・データ等》
□履修科目登録に関する規則等
□おもな履修例が把握できる資料
□シラバスの授業計画・授業科目概要など授業内容を示した箇所
□オフィスアワー等の実施状況を把握できる資料
□指導体制と指導方法の実施計画書
□計画された指導体制と指導方法によって遂行されている状況を示す資料等（ポートフォーリオ等の記録資料）

3—5：A

○　成績評価や単位認定、修了認定が大学院の水準として適切であり、有効なものとなっていること。（3—5—1）

《必要な資料・データ等》
□評価の観点、基準を明示できる規則等
□シラバスの成績評価を示した箇所
□各種試験の実施状況が把握できる資料
□学期末の試験・レポート課題および評価の観点
□評価、認定を実施する仕組みに関する規程等
□修了認定のための基準と方法を示す規定等書類
□修了認定作業の実施状況報告書

（基本的な観点）

3—1—1：教育課程

教育課程が、次に掲げるような事項を踏まえ、体系的に編成されているか。

（1）教職大学院の2つの目的・機能（新しい学校づくりの有力な一員となりうる新人教員の養成並びにスクールリーダーの養成）を果たすのにふさわしい教育課程編成となっているか。

（2）共通に開設すべき授業科目の領域の5領域（※）について、それぞれ適切な科目が開設され、履修することが可能なようになっているか。

※①教育課程の編成・実施に関する領域、②教科等の実践的な指導方法に関する領域、③生徒指導、教育相談に関する領域、④学級経営・学校経営に関する領域、⑤学校教育と教員の在り方に関する領域

（3）各教職大学院で独自に開設するコース（分野）別選択科目が、共通科目の土台の上に、専門職としての高度の実践的な問題解決能力・開発能力を有する人材養成にふさわしい科目編成がなされているか。

3—2—1：教員の配置、授業内容、授業方法・形態

（1）各教員が、それぞれの教育・研究上の業績又は実務経験との関連が認められる授業科目を担当しているか。

（2）教員組織は、研究者教員と実務家教員との協働が図られ、理論と実践との融合という視点から、全体として実践的な力量形成を意識した教育が行われるように組織されているか。

（3）授業内容は、教育現場における課題を積極的に取り上げ、その課題について検討を行うようなものとなっているか。

（4）授業方法・形態は、教育課題の解決を図る条件・方法を探る事例研究やワークショップ、実地に調査・試行を行いその成果を発表・討議するフィールドワーク等の、適切な教育方法によって行われているか。また、専攻分野に応じて、双方向 、多方向に行われる討論もしくは質疑応答、その他の適切な方法により授業を行うなど、適切な配慮がなされているか。

（5）ひとつの授業科目について同時に授業を受ける学生数が、教育効果を十分にあげられるような適当な人数となっているか。

（6）学習履歴、実務経験等に配慮した授業内容、授業方法・形態になっているか。

（7）教育課程の編成の趣旨に沿って1年間の授業計画 、授業の内容・方法、単位認定の仕方等が明記された適切なシラバスが作成され、活用されているか。

3—3—1：学校等における実習

教職大学院にふさわしい実習が設定されているか。

（1）例えば教育課程、教科指導、学級経営、学校経営、生徒指導、進路指導などをはじめ、学校の教育活動全体について総合的に体験し、省察する機会が設けられているか。

（2）長期間にわたり、教科指導や生徒指導、学級経営等の課題や問題に関し、自ら企画・立案した解決策を体験・経験することにより、自ら学校における課題に主体的に取り組むことのできる資質を養うようなものになっているか（実習の時期、系統性、内容など）。

（3）実習を行うための連携協力校について、適切な学校種等（例えば実習内容に合

致した規模や性格、指導者の存在など）及び数が確保され、実習のテーマ、計画、体制、評価等の連携が整えられているか。

（4）連携協力校及び附属校等の実習校に対し、実習の目的及び実施方法等、学部実習との差異、教職大学院で学ぶことの意義やそこで得られる知識・能力が適切に周知・説明されていて、大学との共通理解が得られているか。

（5）連携協力校及び附属校等の実習校に対する配慮（例えば教育研究上の支援の措置等）を適切に行っているか。

（6）現職教員学生が現任校で実習を行う場合、日常業務に埋没しないための配慮がなされているか。

（7）実習の免除（全部ないし一部）措置を行う場合、例えば教職経験の内容と履修コースの実習内容とを照らし合わせること等、適切な判断方法および基準を設けて措置決定が行われているか。また、その措置決定について合理的な根拠・資料にもとづいた説明がなされているか。

（8）免許未取得学生、学部新卒学生、社会人経験学生、現職教員学生など、多様な背景を持つ学生に対する区別と配慮が講じられているか。

（9）学校以外（教育行政機関、教育センターなど）で実習を行う場合、実習設計（内容・方法・評価）や大学側の指導体制が整っているか。

3—4—1：履修指導等

（1）履修科目の登録の上限設定等の取組を含め、単位の実質化への配慮がなされているか。学生の履修に配慮した適切な時間割の設定等がなされているか。

（2）夜間その他特定の時間・時期に授業を行う方法を採る場合、そのための履修や授業の実施方法、学生の負担程度について、適切な措置がとられているか。

（3）遠隔教育を行う場合には、面接授業（スクーリング）もしくはメディアを利用して行う授業の実施方法が整備され、適切な指導が行われているか。また、そのための学習支援、教育相談が適切に行われているか。

（4）オフィスアワー等個別の学生指導のための時間が確保されているか。

（5）履修モデルに対応し、組織的な教育（履修指導）のプロセスが明確になっているか。また一人一人の学生の学修プロセスを把握し、支援する仕組みが適切であるか。

3—5—1：成績評価

（1）各教職大学院の目的に応じた成績評価基準や修了認定基準が組織として策定され、学生に周知されているか。

（2）成績評価基準や修了認定基準に従って、成績評価、単位認定、修了認定が適切に実施されているか。また、成績評価等の妥当性を担保するための措置が講じられているか。

（特記事項）

「長所として特記すべき事項」はあるか。

□右記の事項を示す関連資料

基準領域4：教育の成果・効果

（基準）

4—1：A

○ 各教職大学院の人材養成の目的及び修得すべき知識・能力に照らして、教育の成果や効果が上がっていること。（4—1—1、4—1—2、4—1—3、4—1—4、4—2—1）

《必要な資料・データ等》

（4—1—1）

□単位修得率、学位修得率、修了率、各種資格取得の状況を示すデータ

□留年・休学・退学の状況を示すデータ

（4—1—2）

□学生や修了生の教育成果・効果の全般を示すデータ

（4—1—3）

□修了生の修了後の進路状況等の実績や成果を示すデータ

□修了生の各種教育賞等の受賞状況

（4—1—4）

□課題研究等の成果を示すもの

4—2：B

○ 教職大学院における学生個人の成長および人材の育成を通じて、その成果が学校・地域に還元できていること。（4—2—1、4—2—2、4—2—3）

《必要な資料・データ等》

（4—2—1）

□修了生の赴任先等の学校関係者・教育委員会等からの意見聴取の機会（懇談会、アンケート調査、インタビュー調査等）の概要、その結果が把握できる資料

（4—2—2）

□修了生の赴任先での教育研究活動や教育実践課題解決等に関わる取組の報告書等

（4—2—3）

□修了生追跡調査等（修了生の自己評価や校長等の評価、修了生の学校内外でのリーダー的役割等の活躍状況）

（基本的な観点）

4—1—1：単位修得、修了の状況、資格取得の状況等から判断して、各教職大学院

の目的に照らした教育の成果や効果が上がっているか。

4―1―2：学生や修了生の教育成果・効果の全般についての概要が把握できているか。

4―1―3：修了生の修了後の進路状況等の実績や成果から判断して、各教職大学院の目的に照らした教育の成果や効果が上がっているか。

4―1―4：教職大学院における学修の成果を示す課題研究等の内容が、教職大学院の目的に照らした内容になっているか。

4―2―1：修了生の赴任先の学校関係者・教育委員会等からの意見聴取等の結果から判断して、各教職大学院の目的に照らした教育の成果や効果が上がっているか。

4―2―2：修了生が、赴任先等での教育研究活動や教育実践課題解決等に貢献できているか。

4―2―3：修了生が、短期的な観点及び数年を経た長期的な観点から見て、成果があったと振り返ることができているか。

（特記事項）

「長所として特記すべき事項」はあるか。

□右記の事項を示す関連資料

基準領域5：学生への支援体制

（基準）

5―1：A

○　学生相談・助言体制、キャリア支援等が適切に行われていること。（5―1―1、5―1―2、5―1―3、5―1―4、5―1―5、5―1―6）

《必要な資料・データ等》

□学生生活導入教育ガイダンス資料

□進路指導・就職相談・キャリア支援等に関する組織体制および利用状況・相談実施状況が分かる資料

□進路・就職に関するガイダンスや情報提供システム等に関する資料

□現職教員学生と学部卒学生の特性や差異に配慮した指導状況が把握できる資料

□障害のある学生・その他支援が必要な学生に対する特別な指導体制・指導実績や具体的な指導マニュアル等が把握できる資料

□ハラスメント・人権侵害に関する相談体制・委員会規則や啓発防止活動が把握できる資料

□学修相談・学修個別指導体制及びその利用・実施状況が把握できる資料

□学生のメンタルヘルス支援システムおよび稼働状況やメンタルヘルス支援のマニュアル等が把握できる資料

5―2：A

○　学生への経済支援等が適切に行われていること。（5―2―1）

《必要な資料・データ等》

□授業料免除や奨学金・教育ローン等の募集要項・採用基準・貸与実績に関する資料

（基本的な観点）

5―1―1：学生が在学期間中に教職大学院の課程の履修に専念できるよう、学習環境や学生生活に関する相談、キャリア支援の体制が整備されているか。

5―1―2：学生支援の一環として、学生がその能力及び適性、志望に応じて、主体的に進路を選択できるように、必要な情報の収集・管理・提供、ガイダンス、指導、助言が適切に行われているか。その際、現職教員学生と学部卒学生の特性や差異が配慮されているか。

5―1―3：特別な支援を行うことが必要と考えられる者（例えば、障害のある学生等が考えられる）への学習支援、生活支援等が適切に行われているか。

5―1―4：学生へ適切な学修支援が行われているか。その際、現職教員学生と学部卒学生の特性や差異が配慮されているか。

5―1―5：学生に関するハラスメント防止対策等が行われているか。

5―1―6：学生に対するメンタルヘルス支援システムが構築されており、適切に機能しているか。

5―2―1：学生が在学期間中に教職大学院の課程の履修に専念できるよう、経済的支援体制が整備されているか。

（特記事項）

「長所として特記すべき事項」はあるか。

□右記の事項を示す関連資料

基準領域6：教員組織等

（基準）

6―1：A

○　教職大学院の運営に必要な教員が適切に配置されていること。（6―1―1、6―1―2、6―1―3、6―1―4、6―1―5、6―1―6）

《必要な資料・データ等》

□教員配置表（専攻・コース別、研究者教員と実務家教員の別を明記すること。）

□教員の業績一覧（専攻・コース別）

□実務家教員の教職経験等を確認できる資料

□教員の情報開示に関する資料（自己点検・評価結果が掲載された刊行物、ウェブサイト等）

□授業科目担当一覧（専攻・コース別）
□多様な教員の雇用形態にかかわる規則（例えば、みなし教員、任期付教員等に係る規則等）

6―2：A
○ 教員の採用及び昇格等の基準が、適切に定められ、運用されていること。（6―2―1、6―2―2）
《必要な資料・データ等》
□教員の年齢構成、性別構成を示す資料
□教員組織の活動をより活性化するための措置にかかる規則
□教員選考基準に関する規則
□教員選考手続に関する規則

6―3：A
○ 教育の目的を遂行するための基礎となる教員の研究活動等が行われていること。（6―3―1、6―3―2）
《必要な資料・データ等》
□教員の業績評価に関する規則
□大学の自己評価に関する規則
□教員の情報開示に関する資料（自己点検・評価結果が掲載された刊行物、ウェブサイト等）

6―4：B
○ 教育課程を遂行するために必要な教育支援者（例えば事務職員、技術職員等）が適切に配置されていること。（6―4―1）
《必要な資料・データ等》
□教育支援者の配置表（各大学で、上記の意味づけをして配置していると判断した者の配置表）

6―5：A
○授業負担に対して適切に配慮されていること。（6―5―1、6―5―2）
《必要な資料・データ等》
□授業科目及び総担当時間数一覧（専攻・コース別）

（基本的な観点）
6―1―1：教員組織編制のための基本的方針を有しており、それに基づいた教員組織編制がなされているか。
6―1―2：教職大学院の運営に必要な教員が確保されているか。
また、それらの教員のうちには、次の各号のいずれかに該当し、かつ、その担当する専門分野に関して高度の教育上の指導能力があると認められる専任教員が、専攻ごとに平成十五年文部科学省告示第五十三号（専門職大学院に関し必要な事項について定める件）第一条第一項に定める専攻ごとに置くものとする専任教員の数（以下「必要専任教員数」という。）以上置かれているか。
（1）専攻分野について、教育上又は研究上の業績を有する者
（2）専攻分野について、高度の技術・技能を有する者
（3）専攻分野について、特に優れた知識及び経験を有する者
6―1―3：教員の過去5年間程度における教育上又は研究上の業績等（教育上の業績とは、例えば教育活動歴、教育上の方法・内容・評価・教材に関する開発・工夫など）、各教員がその担当する専門分野について、教育上の経歴・経験及び指導能力を有することを示す資料が、自己点検及び評価の結果の公表その他の方法で開示されているか。
6―1―4：専任教員のうちには、専攻分野における実務経験を有し、かつ、高度の実務能力を有する者（以下「実務家教員」という。）を含むものとし、おおむね20年以上の実務経験を有する実務家教員が、必要専任教員数のおおむね4割以上に相当する人数置かれているか。
6―1―5：多様な教員の雇用形態（例えば、みなし教員、任期付教員等）を活用して、実践現場の動きを恒常的に導入するような配慮を行っているか。
6―1―6：各教職大学院において教育上のコアとして設定されている授業科目については、原則として、専任の教授又は准教授が配置されているか。
6―2―1：各教職大学院の目的に応じて教員組織の活動をより活性化するための適切な措置（例えば、年齢及び性別構成バランスへの配慮等が考えられる。）が講じられているか。
6―2―2：教員の採用基準や昇格基準等が明確かつ適切に定められ、運用されているか。特に、教育上の経歴・経験及び指導能力の評価が行われているか。
6―2―3：実務家教員のリクルートの仕組みが明確化・透明化されていて、適切に運用されているか。
6―3―1：教員の教育活動に関する定期的な評価が行われているか。また、その結果把握された事項に対して適切な取組がなされているか。
6―3―2：教育の目的を達成するための基礎として、教育内容等と関連する研究活動が行われているか。
6―4―1：教職大学院の教育課程を実施するために必要な事務職員、技術職員等の教育支援者が適切に配置されているか。
6―5―1：専任教員の授業負担、学生指導負担に偏りがなく、適切に担当が割り振られているか。
6―5―2：専任教員の授業負担、学生指導負担に対して、適切な配慮（例えば、既設大学院・学部の授業や学生指導などの負担軽減等）がなされているか。

（特記事項）
「長所として特記すべき事項」はあるか。
□右記の事項を示す関連資料

基準領域7：施設・設備等の教育環境

（基準）
7—1：A
○ 教職大学院の教育研究組織及び教育課程に対応した施設・設備並びに図書、学術雑誌等の教育研究上必要な資料が整備され、有効に活用されていること。
（7—1—1、7—1—2、7—1—3、7—1—4、7—1—5）
《必要な資料・データ等》
□教職大学院の専用施設・設備の概要・見取図・施設整備計画・利用状況が分かる資料
□自主的学習環境の施設・設備の概要・見取図・施設整備計画・利用状況が分かる資料
□図書館案内や図書資料の利用方法等に関する資料
□実践的な研究を行う上での図書・学術雑誌・教育実践資料等の配備状況や教職大学院向け図書予算が分かる資料
□複数キャンパスがある場合、連携協力するための基本運営システム・双方向システムや複数キャンパス間の教員の連携協力体制が把握できる資料
□複数キャンパスがある場合、講義・学生指導に関する連携協力体制や複数キャンパス間の学生相互の連携協力活動や情報交換の状況が把握できる資料
□複数キャンパス間がある場合、各キャンパスに配備された施設・設備および配置された教職員体制や予算措置に関する資料

（基本的な観点）
7—1—1：教職大学院の教育研究組織及び教育課程に対応した施設・設備（例えば、講義室、演習室、実習室、教員室等が考えられる。）が整備され、有効に活用されているか。
7—1—2：自主的学習環境（例えば、自習室、グループ討論室、情報機器室等が考えられる。）が十分に整備され、効果的に利用されているか。
7—1—3：教育現場に即した実践的な研究を行う上で、図書館等において、図書、学術雑誌、視聴覚資料その他必要な資料が系統的恒常的に整備され、有効に活用されているか。
7—1—4：複数のキャンパスおよびサテライトキャンパスがある場合、教職大学院が運営される大学においては、キャンパス間の連携協力体制が確立され、運営が効率的になされているか。
7—1—5：教職大学院が複数のキャンパスで運営される場合には、それぞれのキャンパスごとに、教育研究に支障のないよう必要な施設・設備が設けられているか。

（特記事項）
「長所として特記すべき事項」はあるか。
□右記の事項を示す関連資料

基準領域8：管理運営等

（基準）
8—1：A
○ 各教職大学院の目的を達成するために必要な管理運営のための組織及びそれを支える事務組織が整備され、機能していること。
（8—1—1、8—1—2、8—1—3、8—1—4）
《必要な資料・データ等》
□教職大学院の運営組織図
□教職大学院の運営に関する規則
□会議の資料
□会議の議事録
□教職大学院の事務組織及び職員の配置一覧

8—2：B
○ 教職大学院における教育活動等を適切に遂行できる財政的基礎を有し、配慮がなされているか。（8—2—1）
《必要な資料・データ等》
□大学の予算実施計画書、教育研究基盤経費の配分基準と配分表

8—3：A
○ 教職大学院における教育活動等の状況について、広く社会に周知を図ることができる方法によって、積極的に情報が提供されていること。（8—3—1）
《必要な資料・データ等》
□大学の広報誌
□パンフレット、リーフレット

8—4：B
○ 各教職大学院における教育活動及び管理運営業務等に関する自己点検・評価及び外部評価等の基礎となる情報について、適宜、調査及び収集を行い、適切な方法で保管されていること。（8—4—1、8—4—2）

《必要な資料・データ等》
□自己点検・評価、外部評価に関する規則
□自己点検・評価、外部評価の実施体制が把握できる資料
□自己点検・評価書
□保管されている情報の種類及び保管方法が把握できる資料

（基本的な観点）
8―1―1：教職大学院の管理運営に関する重要事項を審議する会議（以下「教職大学院の管理運営に関する会議」と呼称する）が置かれているか。
8―1―2：教職大学院の管理運営に関する会議の諸規定が整備されているか。また、諸規定に従って適切に運営され、機能しているか。
8―1―3：教職大学院の管理運営に関する事項を取り扱う事務体制及び職員配置は、教職大学院の設置形態及び規模等に応じて、適切なものであるか。
8―1―4：管理運営のための組織及び事務体制が、各教職大学院の目的を達成するために、効果的な意思決定を行える組織形態となっているか。
8―2―1：教職大学院における教育活動等を適切に遂行できる財政的配慮（例えば実習巡回経費等の独自の予算措置）が行われているか。
8―3―1：教育・研究、組織・運営、施設・設備等の状況について公表する方策（例えば、印刷物の刊行及びウェブサイトへの掲載等）が行われているか。
8―4―1：自己点検・評価や外部評価等の基礎となる情報には、各教職大学院の目的及び社会的使命を達成するために必要な教育活動及び管理運営業務等に関する内容が、含まれているか。
8―4―2：自己点検・評価や外部評価等の際に用いた情報、得られた結果については、それを実施した年から最低5年間、適切な方法で保管されているか。また、その場合、評価機関の求めに応じて、すみやかに提出できる状態で保管されているか。

（特記事項）
「長所として特記すべき事項」はあるか。
□右記の事項を示す関連資料

基準領域9：教育の質の向上と改善

（基準）
9―1：A
○　教育の状況等について点検・評価し、その結果に基づいて改善・向上を図るための体制が整備され、取り組みが行われており、機能していること。（9―1―1、9―1―2、9―1―3、9―1―4）

《必要な資料・データ等》
□自己点検・評価の組織的な取り組みの計画と実施状況報告書
□実施されている学生の授業評価等の概要とその結果報告書
□学生の授業評価等の結果を教育活動改善へと結び付けていくための取り組み報告と具体的な改善例の説明
□学外関係者等の意見を把握する取り組みの計画と実施報告書
□学外関係者等の意見を把握する取り組み結果を教育活動改善へと結び付けていくための取り組み報告と具体的な改善例の説明
□教育活動改善のための取り組みの実施報告（自己点検・評価の結果をフィードバックする方法、見直しのための方法や組織的取り組み等の実態）
□教育活動改善のための評価活動が機能していることが把握できる資料
□自己点検・評価の結果をフィードバックすることによって改善が図られた具体的な事例

9―2：B
○　教職大学院の担当教員等に対する研修等、その資質の向上を図るための組織的な取り組みが適切に行われていること。（9―2―1、9―2―2）

《必要な資料・データ等》
□自己点検・評価の結果を教員一人一人にフィードバックするための取り組み報告
□個々の教員レベルにおいて改善のための評価活動が機能していることを把握できる資料
□個々の教員の教育活動改善事例
□学生や教職員のニーズをくみ上げる制度の存在とそれが機能していることが把握できる資料
□FD活動の企画・実施・改善の状況報告書（教職員の参加状況を含む）
□実務家教員の理論的な知見の充実、研究者教員の実践的な知見の充実を図ることを意図した取り組み例

（基本的な観点）
9―1―1：各教職大学院における学生受入の状況、教育の状況及び成果や効果について、根拠となる資料やデータ等に基づいて、自己点検・評価が組織的に行われているか。
9―1―2：学生からの意見聴取（例えば、授業評価、満足度評価、学習環境評価等）が行われており、教育の状況に関する自己点検・評価に適切な形で反映されているか。
9―1―3：学外関係者（当該教職大学院の教職員以外の者。例えば、修了生、就職先等の関係者等）の意見や専門職域に係わる社会のニーズが教育の状況に関する自己点検・評価に適切な形で反映されているか。
9―1―4：自己点検・評価の結果がフィードバックされ、教育の質の向上、改善の

ための取組が組織的に行われ、教育課程の見直し等の具体的かつ継続的な方策が講じられているか。

9—2—1：個々の教員は、自己点検・評価の結果に基づいて、それぞれの質の向上を図るとともに、教職大学院にふさわしい教育内容・教育方法等の継続的改善を行っているか。

9—2—2：ファカルティ・ディベロップメントについて、学生や教職員のニーズが反映されており、教職大学院として適切な方法で実施されているか。特に、実務家教員と研究者教員の相互の連携・意思疎通を図るとともに、実務家教員の理論的な知見の充実、研究者教員の実践的な知見の充実に、それぞれ努めているか。また、その取り組みが教育の質の向上や授業の改善に結び付いているか。

（特記事項）

「長所として特記すべき事項」はあるか。

□右記の事項を示す関連資料

基準領域10：教育委員会及び学校等との連携

（基準）

10—1：A

○ 教職大学院の目的に照らし、教育委員会及び学校等と連携する体制が整備されていること。（10—1—1、10—1—2、10—1—3）

《必要な資料・データ等》

□教職大学院の運営組織図
□教職大学院の運営に関する規則
□大学との連携の状況を把握できる資料
□教育委員会及び学校等との連携に関する会議の資料
□右記会議の議事録

（基本的な観点）

10—1—1：教育委員会及び学校等との連携を図る上で教職大学院について独自に協議する組織が、管理運営組織体制の中に明確に位置づけられ、整備されているか。

10—1—2：上記組織が、恒常的に機能し、適切に運営されており、同組織で議論されたことが、実際に教育活動等の整備・充実・改善にいかされているか。

10—1—3：入学者の確保を図るため、教職大学院への現職教員学生の派遣、及び修了者の処遇等について教育委員会と協議しているか。

（特記事項）

「長所として特記すべき事項」はあるか。

□右記の事項を示す関連資料

学校教育系専門職大学院評価基準

教員養成評価機構

平成二一年一〇月二〇日決定

Ⅰ 総則

1 評価の目的

教員養成評価機構（以下「機構」という。）が、学校教育系専門職大学院を置く大学からの求めに応じて、学校教育系専門職大学院に対して実施する評価（以下「認証評価」という。）においては、我が国の学校教育系専門職大学院の教育活動等の水準の維持及び向上を図るとともに、その個性的で多様な発展に資することを目的とする。

機構は、学校教育系専門職大学院評価基準（以下「評価基準」という。）に基づき、次のことを実施する。

（1）学校教育系専門職大学院の教育活動等の質を保証するため、学校教育系専門職大学院を定期的に評価し、教育活動等の状況が評価基準に適合しているか否かを認定すること。

（2）学校教育系専門職大学院の教育活動等の改善に役立てるため、学校教育系専門職大学院の教育活動等について多面的な評価を実施し、評価結果を当該学校教育系専門職大学院にフィードバックすること。

（3）学校教育系専門職大学院の活動について、広く国民の理解と支持が得られるよう支援及び促進していくため、学校教育系専門職大学院の教育活動等の状況を多面的に明らかにし、「長所として特記すべき事項」については、積極的に具体的内容を記述することによって、それらを社会に示すこと。

2 評価基準の性質及び機能

評価基準は、学校教育法第百九条第四項に規定する大学評価基準として定めるものである。

本評価基準が対象とする学校教育系専門職大学院とは、以下の要件を備えたものをいう。

① 教職大学院以外の専ら幼稚園、小学校、中学校、高等学校、中等教育学校及び特別支援学校の高度の専門的な能力及び優れた資質を有する教員の養成を目的とする課程を置く専門職大学院であること。

② 授与する学位名称が、学校教育修士（専門職）またはこれに相当する名称のものであること。

評価基準は、「専門職大学院設置基準」（平成十五年文部科学省令第十六号）及び「専門職大学院に関し必要な事項について定める件」（平成十五年文部科学省令第五十三号）を踏まえて、機構が学校教育系専門職大学院の教育活動等に関し、評価基準に適合している旨の認定（以下「適格認定」という。）をする際に、学校教育系専門職大学院として満たすことが必要と考えられる要件及び当該学校教育系専門職大学院の目的に照らして教育活動等の状況を多面的に分析するための内容を定めるものである。

評価基準は、9の「基準領域」から成り、その下に「基準」が設定されている。「基準」は、各基準の細則である「基本的な観点」のいくつかを含み、その内容により次の2つのレベルに分類される。

（A）各学校教育系専門職大学院において、定められた内容が満たされていることが求められるもの。

（B）各学校教育系専門職大学院において、定められた内容に関する措置を講じていることが期待されるもの。

ただし、（A）において、基準が「満たされている」と判断するに当たって、必ずしも関係する「基本的な観点」項目をすべて満たしていることを条件とはしていない。

3 「適格認定」の要件等

評価結果については、次の2通りで判断する。

（1）（A）の「基準」をすべて満たす場合は、「学校教育系専門職大学院評価基準に適合している。」と評価する。

（2）（A）の「基準」を1つでも満たしていない場合は、「学校教育系専門職大学院評価基準に適合していない。」と評価する。

各学校教育系専門職大学院は、評価の結果、評価基準に適合していると認められた場合に「適格認定」が与えられる。評価基準に適合していると認められるためには、前述の（A）に分類される「基準」をすべて満たさなければならない。

一方、（B）に分類される「基準」は、評価結果の適合・不適合には、直接かかわらないが、当該学校教育系専門職大学院の充実度を示している。

適格認定を得た学校教育系専門職大学院は、評価基準で定める要件を継続的に充足するのみならず、当該学校教育系専門職大学院の目的に照らして教育活動等の水準を高めることに努めなければならない。

4 評価基準の基本的な考え方

（1）評価基準は、学校教育法、大学院設置基準、専門職大学院設置基準等に、それぞれ合致していること。

（2）専門職大学院設置基準は、「専門職大学院を設置するのに必要な最低の基準である」（第一条第二項）とともに、「その水準の向上を図ることに努めなければならない。」（第一条第三項）と規定されていることに鑑み、評価基準は、専門職大学院設置基準等より基本的に充実したものとして設定していること。

（3）評価の対象となる学校教育系専門職大学院における特色ある教育等の進展に資する観点から評価項目を定めていること。

（4）一元的画一的な評価基準ではなく、学校教育系専門職大学院の目的に適合しているかに基軸をおいていること。

（5）各基準領域における「基準」は、その内容により、右記2のとおり2つのレベルに分類され、このことを踏まえた評価結果が、適格認定の適否にとどまらない質の高さを示すものともなりうるものであること。

（6）各基準領域に、「長所として特記すべき事項」を加え、その具体的内容を記述し、広く紹介することにより、各学校教育系専門職大学院の特色づくりを支え、促す働きかけの機能を持たせていること。

II　学校教育系専門職大学院評価基準

基準領域1：設立の理念と目的

（基準）

1―1：A

○ 当該学校教育系専門職大学院の理念・目的が法令に基づいて明確に定められていること。（1―1―1）

《必要な資料・データ等》

□学校教育系専門職大学院の教育上の理念・目的等の明文化された冊子等の該当箇所（学則、研究科及び専攻等の概要、入学者選抜要項、ウェブサイト等の抜粋）

1―2：A

○ 人材養成の目的及び修得すべき知識・能力が明確になっていること。（1―2―1）

《必要な資料・データ等》

□学校教育系専門職大学院の養成しようとする教員像等の明文化された冊子等の該当箇所（研究科及び専攻等の概要、入学者選抜要項、ウェブサイト等の抜粋）

□開設授業科目一覧

□既設修士課程の概要、入学者選抜要項、ウェブサイト等の抜粋

□既設修士課程の開設授業科目一覧

1―3：A

○ 当該学校教育系専門職大学院の理念・目的を公表し、周知に努めていること。（1―3―1）

《必要な資料・データ等》

□教育活動等の状況を掲載した刊行物、パンフレット、ウェブサイト

□説明会、ガイダンス等で配布された資料及び参加状況が把握できる資料

□学生募集要項など

（基本的な観点）

1―1―1：理念・目的が、学校教育法第九十九条第二項、専門職大学院設置基準第二条第一項等に基づいて明確に定められているか。

1―2―1：人材養成の目的及び修得すべき知識・能力が、教員養成を主たる目的とする既設の大学院修士課程のものと、適切に区別されており、それぞれの性格が明確になっているか。

1―3―1：理念・目的が、学内の構成員に周知され、ウェブサイトや大学案内等をつうじて、社会一般に公表されているか。

（特記事項）

「長所として特記すべき事項」はあるか。

□右記の事項を示す関連資料

基準領域2：入学者選抜等

（基準）

2―1：A

○ 人材養成の目的に応じた入学者受入方針（アドミッション・ポリシー）が明確に定められ、公表されていること。（2―1―1）

《必要な資料・データ等》

□アドミッション・ポリシー本文（入学者選抜要項等の刊行物やウェブサイトなど、公表されている資料の抜粋）

□公表・周知の状況が把握できる資料（刊行物の配布先・配布数・ウェブサイトの利用状況等）

2―2：A

○ 教育理念及び目的に照らして、公平性、平等性、開放性が確保され、適切な学生の受け入れが実施されていること。（2―2―1、2―2―2）

《必要な資料・データ等》

□入学者選抜要項

□入学試験問題及び面接試験の方法と形態

□入学者選抜の審査基準に関して定めた規則（面接の評価の観点等）

□入学者選抜に関する組織体制及びそれが適切に運用されていることが分かる資料

2―3：A
○ 実入学者数が、入学定員と比較して適正であること。（2―3―1）
《必要な資料・データ等》
□学生数の状況（志願者数、合格者数、入学者数の推移を指定の様式に記載）

（基本的な観点）
2―1―1：入学者受入方針（アドミッション・ポリシー）が公表、周知されているか。
2―2―1：入学者受入方針（アドミッション・ポリシー）に基づき、学習履歴や実務経験等を的確に判断できる入学者選抜方法及び審査基準が定められ、機能しているか。
2―2―2：入学者選抜が、適切な組織体制により公正に実施されているか。
2―3―1：実入学者数が入学定員を大幅に下回る又は超える状況になっている場合、これを改善する十分な手立てがとられているか。

（特記事項）
「長所として特記すべき事項」はあるか。
□右記の事項を示す関連資料

基準領域3：教育の課程と方法

（基準）
3―1：A
○ 専門職大学院の制度ならびに各学校教育系専門職大学院の目的に照らして、理論的教育と実践的教育の融合に留意した体系的な教育課程が編成されていること。（3―1―1）
《必要な資料・データ等》
□開講授業科目一覧
□シラバスの授業計画・授業科目概要など授業内容を示した箇所
□教育課程の構造が把握できる資料
□時間割表

3―2：A
○ 教育課程を展開するにふさわしい教員の配置、授業内容、授業方法・形態が整備されていること。（3―2―1）
《必要な資料・データ等》
□教員一覧、教員分類別内訳
□科目別専任教員数一覧
□開講授業科目一覧
□シラバスの授業計画・授業科目概要など授業内容を示した箇所
□履修科目登録の状況の把握できる資料
□事例研究等で取り上げた内容事例

3―3：B
○ 学校教育系専門職大学院にふさわしい実習あるいはこれに類する科目（以下「実習等」という。）が設定されている場合、適切な指導がなされていること。（3―3―1）
《必要な資料・データ等》
□学校における実習等の内容を示す資料
□学校における実習等の実習記録（個人・学校の情報を除いた複写物。各コース2～3名分）
□実習校についての状況を把握できる資料
□現職教員学生の現任校での勤務状況
□現職教員学生の実習等の状況を把握できる資料
□実習等の免除を行う場合、根拠・考え方を示す資料
□実習等の免除を行う場合、免除の要件と手続きとその資料
□実習等の免除を行う場合、免除の要件と手続きを定める規程等
□学校以外での実習等を行う場合、実習等の内容を示す実施概要等資料
□学校以外での実習等を行う場合、実習等の記録（個人及び学校の情報を除いた複写物等）

3―4：A
○ 学習を進める上で適切な指導が行われていること。（3―4―1）
《必要な資料・データ等》
□履修科目登録に関する規則等
□おもな履修例が把握できる資料
□シラバスの授業計画・授業科目概要など授業内容を示した箇所
□オフィスアワー等の実施状況を把握できる資料
□指導体制と指導方法の実施計画書
□計画された指導体制と指導方法によって遂行されている状況を示す資料等（ポートフォリオ等の記録資料）

3―5：A
○ 成績評価や単位認定、修了認定が大学院の水準として適切であり、有効なものとなっていること。（3―5―1）
《必要な資料・データ等》
□評価の観点、基準を明示できる規則等

□シラバスの成績評価を示した箇所
□各種試験の実施状況が把握できる資料
□学期末の試験・レポート課題および評価の観点
□評価、認定を実施する仕組みに関する規程等
□修了認定のための基準と方法を示す規定等書類
□修了認定作業の実施状況報告書

(基本的な観点)

3−1−1：教育課程

教育課程が、次に掲げるような事項を踏まえ、体系的に編成されているか。

（1）各学校教育系専門職大学院が掲げる人材養成上の目的を果たすのにふさわしい教育課程編成となっているか。
（2）必修科目や選択必修科目（以下、「必修科目等」という。）として適切な科目が開設されているか。
（3）各学校教育系専門職大学院で独自に開設する選択科目が、必修科目等の土台の上に、専門職としての高度の実践的な問題解決能力・開発能力を有する人材養成にふさわしい科目編成がなされているか。

3−2−1：教員の配置、授業内容、授業方法・形態

（1）各教員が、それぞれの教育・研究上の業績又は実務経験との関連が認められる授業科目を担当しているか。
（2）教員組織は、研究者教員と実務家教員との協働が図られ、理論と実践との融合という視点から、全体として実践的な力量形成を意識した教育が行われるように組織されているか。
（3）授業内容は、教育現場における課題を積極的に取り上げ、その課題について検討を行うようなものとなっているか。
（4）授業方法・形態は、教育課題の解決を図る条件・方法を探る事例研究やワークショップ、実地に調査・試行を行いその成果を発表・討議するフィールドワーク等の、適切な教育方法によって行われているか。また、専攻分野に応じて、双方向、多方向に行われる討論もしくは質疑応答、その他の適切な方法により授業を行うなど、適切な配慮がなされているか。
（5）ひとつの授業科目について同時に授業を受ける学生数が、教育効果を十分にあげられるような適当な人数となっているか。
（6）学習履歴、実務経験等に配慮した授業内容、授業方法・形態になっているか。
（7）教育課程の編成の趣旨に沿って1年間の授業計画、授業の内容・方法、単位認定の仕方等が明記された適切なシラバスが作成され、活用されているか。

3−3−1：学校等における実習等

学校教育系専門職大学院に実習等が設定されている場合、適切に実施されているか。

（1）例えば教育課程、教科指導、学級経営、学校経営、生徒指導、進路指導などをはじめ、学校の教育活動について体験し、省察する機会が設けられているか。
（2）教科指導や生徒指導、学級経営等の課題に主体的に取り組むことのできる資質を養うようなものになっているか（実習等の時期、系統性、内容など）。
（3）実習校について、適切な学校種等（例えば実習等の内容に合致した規模や性格、指導者の存在など）及び数が確保され、実習等のテーマ、計画、体制、評価等の連携が整えられているか。
（4）実習校に対し、実習等の目的及び実施方法等について、十分な説明がなされ大学との共通理解が得られているか。
（5）実習校に対する配慮（例えば教育研究上の支援の措置等）を適切に行っているか。
（6）現職教員学生が現任校で実習等を行う場合、日常業務に埋没しないための配慮がなされているか。
（7）実習等の免除（全部ないし一部）措置を行う場合、例えば教職経験の内容と履修コースの実習等の内容とを照らし合わせること等、適切な判断方法および基準を設けて措置決定が行われているか。また、その措置決定について合理的な根拠・資料にもとづいた説明がなされているか。
（8）免許未取得学生、学部新卒学生、社会人経験学生、現職教員学生など、多様な背景を持つ学生に対する区別と配慮が講じられているか。
（9）学校以外（教育行政機関、教育センターなど）で実習等を行う場合、実習等の設計（内容・方法・評価）や大学側の指導体制が整っているか。

3−4−1：履修指導等

（1）履修科目の登録の上限設定等の取組を含め、単位の実質化への配慮がなされているか。学生の履修に配慮した適切な時間割の設定等がなされているか。
（2）夜間その他特定の時間・時期に授業を行う方法を採る場合、そのための履修や授業の実施方法、学生の負担程度について、適切な措置がとられているか。
（3）遠隔教育を行う場合には、面接授業（スクーリング）もしくはメディアを利用して行う授業の実施方法が整備され、適切な指導が行われているか。また、そのための学習支援、教育相談が適切に行われているか。
（4）オフィスアワー等個別の学生指導のための時間が確保されているか。
（5）履修モデルに対応し、組織的な教育（履修指導）のプロセスが明確になっているか。また一人一人の学生の学修プロセスを把握し、支援する仕組みが適切であるか。

3−5−1：成績評価

（1）各学校教育系専門職大学院の目的に応じた成績評価基準や修了認定基準が組織として策定され、学生に周知されているか。
（2）成績評価基準や修了認定基準に従って、成績評価、単位認定、修了認定が適切

に実施されているか。また、成績評価等の妥当性を担保するための措置が講じられているか。

（特記事項）
「長所として特記すべき事項」はあるか。
□右記の事項を示す関連資料

基準領域4：教育の成果・効果

（基準）
4—1：A
○　各学校教育系専門職大学院の人材養成の目的及び修得すべき知識・能力に照らして、教育の成果や効果が上がっていること。（4—1—1、4—1—2、4—1—3、4—2—1）

《必要な資料・データ等》
（4—1—1）
□単位修得率、学位修得率、修了率、各種資格取得の状況を示すデータ
□留年・休学・退学の状況を示すデータ
（4—1—2）
□学生や修了生の教育成果・効果の全般を示すデータ
（4—1—3）
□修了生の修了後の進路状況等の実績や成果を示すデータ
□修了生の各種教育賞等の受賞状況

4—2：B
○　学校教育系専門職大学院における学生個人の成長および人材の育成を通じて、その成果が学校・地域に還元できていること。（4—2—1、4—2—2、4—2—3）
《必要な資料・データ等》
（4—2—1）
□修了生の赴任先等の学校関係者・教育委員会等からの意見聴取の機会（懇談会、アンケート調査、インタビュー調査等）の概要、その結果が把握できる資料
（4—2—2）
□修了生の赴任先での教育研究活動等に関わる取組の報告書等
（4—2—3）
□修了生追跡調査等（修了生の自己評価や校長等の評価、修了生の学校内外でのリーダー的役割等の活躍状況）

（基本的な観点）
4—1—1：単位修得、修了の状況、資格取得の状況等から判断して、各学校教育系専門職大学院の目的に照らした教育の成果や効果が上がっているか。
4—1—2：学生や修了生の教育成果・効果の全般についての概要が把握できているか。
4—1—3：修了生の修了後の進路状況等の実績や成果から判断して、各学校教育系専門職大学院の目的に照らした教育の成果や効果が上がっているか。
4—2—1：修了生の赴任先の学校関係者・教育委員会等からの意見聴取等の結果から判断して、各学校教育系専門職大学院の目的に照らした教育の成果や効果が上がっているか。
4—2—2：修了生が、赴任先等での教育研究活動等に貢献できているか。
4—2—3：修了生が、短期的な観点及び数年を経た長期的な観点から見て、成果があったと振り返ることができているか。

（特記事項）
「長所として特記すべき事項」はあるか。
□右記の事項を示す関連資料

基準領域5：学生への支援体制

（基準）
5—1：A
○　学生相談・助言体制、キャリア支援等が適切に行われていること。（5—1—1、5—1—2、5—1—3、5—1—4、5—1—5、5—1—6）
《必要な資料・データ等》
□学生生活導入教育ガイダンス資料
□進路指導・就職相談・キャリア支援等に関する組織体制および利用状況・相談実施状況が分かる資料
□進路・就職に関するガイダンスや情報提供システム等に関する資料
□現職教員学生と学部卒学生の特性や差異に配慮した指導状況が把握できる資料
□障害のある学生・その他支援が必要な学生に対する特別な指導体制・指導実績や具体的な指導マニュアル等が把握できる資料
□ハラスメント・人権侵害に関する相談体制・委員会規則や啓発防止活動が把握できる資料
□学修相談・学修個別指導体制及びその利用・実施状況が把握できる資料
□学生のメンタルヘルス支援システムおよび稼働状況やメンタルヘルス支援のマニュアル等が把握できる資料

5—2：A

○　学生への経済支援等が適切に行われていること。（5―2―1）

《必要な資料・データ等》

□授業料免除や奨学金・教育ローン等の募集要項・採用基準・貸与実績に関する資料

（基本的な観点）

5―1―1：学生が在学期間中に学校教育系専門職大学院の課程の履修に専念できるよう、学習環境や学生生活に関する相談、キャリア支援の体制が整備されているか。

5―1―2：学生支援の一環として、学生がその能力及び適性、志望に応じて、主体的に進路を選択できるように、必要な情報の収集・管理・提供、ガイダンス、指導、助言が適切に行われているか。その際、現職教員学生と学部卒学生の特性や差異が配慮されているか。

5―1―3：特別な支援を行うことが必要と考えられる者（例えば、障害のある学生等が考えられる）への学習支援、生活支援等が適切に行われているか。

5―1―4：学生へ適切な学修支援が行われているか。その際、現職教員学生と学部卒学生の特性や差異が配慮されているか。

5―1―5：学生に関するハラスメント防止対策等が行われているか。

5―1―6：学生に対するメンタルヘルス支援システムが構築されており、適切に機能しているか。

5―2―1：学生が在学期間中に学校教育系専門職大学院の課程の履修に専念できるよう、経済的支援体制が整備されているか。

（特記事項）

「長所として特記すべき事項」はあるか。

□右記の事項を示す関連資料

基準領域6：教員組織等

（基準）

6―1：A

○　学校教育系専門職大学院の運営に必要な教員が適切に配置されていること。（6―1―1、6―1―2、6―1―3、6―1―4、6―1―5、6―1―6）

《必要な資料・データ等》

□教員配置表（専攻・コース別、研究者教員と実務家教員の別を明記すること。）
□教員の業績一覧（専攻・コース別）
□実務家教員の教職経験等を確認できる資料
□教員の情報開示に関する資料（自己点検・評価結果が掲載された刊行物、ウェブサイト等）
□授業科目担当一覧（専攻・コース別）
□多様な教員の雇用形態にかかわる規則（例えば、みなし教員、任期付教員等に係る規則等）

6―2：A

○　教員の採用及び昇格等の基準が、適切に定められ、運用されていること。（6―2―1、6―2―2）

《必要な資料・データ等》

□教員の年齢構成、性別構成を示す資料
□教員組織の活動をより活性化するための措置にかかる規則
□教員選考基準に関する規則
□教員選考手続に関する規則

6―3：A

○　教育の目的を遂行するための基礎となる教員の研究活動等が行われていること。（6―3―1、6―3―2）

《必要な資料・データ等》

□教員の業績評価に関する規則
□大学の自己評価に関する規則
□教員の情報開示に関する資料（自己点検・評価結果が掲載された刊行物、ウェブサイト等）

6―4：B

○　教育課程を遂行するために必要な教育支援者（例えば事務職員、技術職員等）が適切に配置されていること。（6―4―1）

《必要な資料・データ等》

□事務職員、技術職員等教育支援者の配置表（各大学で、上記の意味づけをして配置していると判断した者の配置表）

6―5：A

○　授業負担に対して適切に配慮されていること。（6―5―1、6―5―2）

《必要な資料・データ等》

□授業科目及び総担当時間数一覧（専攻・コース別）

（基本的な観点）

6―1―1：教員組織編制のための基本的方針を有しており、それに基づいた教員組織編制がなされているか。

6―1―2：学校教育系専門職大学院の運営に必要な教員が確保されているか。

また、それらの教員のうちには、次の各号のいずれかに該当し、かつ、その担当する専門分野に関して高度の教育上の指導能力があると認められる専任教員が、専攻ごとに平成十五年文部科学省告示第五十三号（専門職大学院に関し必要な事項について定める件）第一条第一項に定める専攻ごとに置くものとする専任教員の数（以下「必要専任教員数」という。）以上置かれているか。

（1）専攻分野について、教育上又は研究上の業績を有する者
（2）専攻分野について、高度の技術・技能を有する者
（3）専攻分野について、特に優れた知識及び経験を有する者

6—1—3：教員の過去5年間程度における教育上又は研究上の業績等（教育上の業績とは、例えば教育活動歴、教育上の方法・内容・評価・教材に関する開発・工夫など）、各教員がその担当する専門分野について、教育上の経歴・経験及び指導能力を有することを示す資料が、自己点検及び評価の結果の公表その他の方法で開示されているか。

6—1—4：専任教員のうちには、専攻分野における実務経験を有し、かつ、高度の実務能力を有する者（以下「実務家教員」という。）を含むものとし、おおむね20年以上の実務経験を有する実務家教員が、必要専任教員数のおおむね3割以上に相当する人数置かれているか。

6—1—5：多様な教員の雇用形態（例えば、みなし教員、任期付教員等）を活用して、実践現場の動きを恒常的に導入するような配慮を行っているか。

6—1—6：各学校教育系専門職大学院において教育上のコアとして設定されている授業科目については、原則として、専任の教授又は准教授が配置されているか。

6—2—1：各学校教育系専門職大学院の目的に応じて教員組織の活動をより活性化するための適切な措置（例えば、年齢及び性別構成バランスへの配慮等が考えられる。）が講じられているか。

6—2—2：教員の採用基準や昇格基準等が明確かつ適切に定められ、運用されているか。特に、教育上の経歴・経験及び指導能力の評価が行われているか。

6—2—3：実務家教員のリクルートの仕組みが明確化・透明化されていて、適切に運用されているか。

6—3—1：教員の教育活動に関する定期的な評価が行われているか。また、その結果把握された事項に対して適切な取組がなされているか。

6—3—2：教育の目的を達成するための基礎として、教育内容等と関連する研究活動が行われているか。

6—4—1：学校教育系専門職大学院の教育課程を実施するために必要な事務職員、技術職員等の教育支援者が適切に配置されているか。

6—5—1：専任教員の授業負担、学生指導負担に偏りがなく、適切に担当が割り振られているか。

6—5—2：専任教員の授業負担、学生指導負担に対して、適切な配慮（例えば、既設大学院・学部の授業や学生指導などの負担軽減等）がなされているか。

（特記事項）
「長所として特記すべき事項」はあるか。
□右記の事項を示す関連資料

基準領域7：施設・設備等の教育環境

（基準）
7—1：A
○ 学校教育系専門職大学院の教育研究組織及び教育課程に対応した施設・設備並びに図書、学術雑誌等の教育研究上必要な資料が整備され、有効に活用されていること。
（7—1—1、7—1—2、7—1—3、7—1—4、7—1—5）

《必要な資料・データ等》
□学校教育系専門職大学院の専用施設・設備の概要・見取図・施設整備計画・利用状況が分かる資料
□自主的学習環境の施設・設備の概要・見取図・施設整備計画・利用状況が分かる資料
□図書館案内や図書資料の利用方法等に関する資料
□実践的な研究を行う上での図書・学術雑誌・教育実践資料等の配備状況や学校教育系専門職大学院向け図書予算が分かる資料
□複数キャンパスがある場合、連携協力するための基本運営システム・双方向システムや複数キャンパス間の教員の連携協力体制が把握できる資料
□複数キャンパスがある場合、講義・学生指導に関する連携協力体制や複数キャンパス間の学生相互の連携協力活動や情報交換の状況が把握できる資料
□複数キャンパス間がある場合、各キャンパスに配備された施設・設備および配置された教職員体制や予算措置に関する資料

（基本的な観点）
7—1—1：学校教育系専門職大学院の教育研究組織及び教育課程に対応した施設・設備（例えば、講義室、演習室、実習室、教員室等が考えられる。）が整備され、有効に活用されているか。

7—1—2：自主的学習環境（例えば、自習室、グループ討論室、情報機器室等が考えられる。）が十分に整備され、効果的に利用されているか。

7—1—3：教育現場に即した実践的な研究を行う上で、図書館等において、図書、学術雑誌、視聴覚資料その他必要な資料が系統的恒常的に整備され、有効に活用されているか。

7—1—4：複数のキャンパスおよびサテライトキャンパスがある場合、学校教育系専門職大学院が運営される大学においては、キャンパス間の連携協力体制が確立さ

れ、運営が効率的になされているか。

7—1—5：学校教育系専門職大学院が複数のキャンパスで運営される場合には、それぞれのキャンパスごとに、教育研究に支障のないよう必要な施設・設備が設けられているか。

（特記事項）

「長所として特記すべき事項」はあるか。

□右記の事項を示す関連資料

基準領域8：管理運営等

（基準）

8—1：A

○ 各学校教育系専門職大学院の目的を達成するために必要な管理運営のための組織及びそれを支える事務組織が整備され、機能していること。

（8—1—1、8—1—2、8—1—3、8—1—4）

《必要な資料・データ等》

□学校教育系専門職大学院の運営組織図
□学校教育系専門職大学院の運営に関する規則
□会議の資料
□会議の議事録
□学校教育系専門職大学院の事務組織及び職員の配置一覧

8—2：B

○ 学校教育系専門職大学院における教育活動等を適切に遂行できる財政的基礎を有し、配慮がなされているか。（8—2—1）

《必要な資料・データ等》

□大学の予算実施計画書、教育研究基盤経費の配分基準と配分表

8—3：A

○ 各学校教育系専門職大学院における教育活動等の状況について、広く社会に周知を図ることができる方法によって、積極的に情報が提供されていること。（8—3—1）

《必要な資料・データ等》

□大学の広報誌
□パンフレット、リーフレット

8—4：B

○ 各学校教育系専門職大学院における教育活動及び管理運営業務等に関する自己点検・評価及び外部評価等の基礎となる情報について、適宜、調査及び収集を行い、適切な方法で保管されていること。（8—4—1、8—4—2）

《必要な資料・データ等》

□自己点検・評価、外部評価に関する規則
□自己点検・評価、外部評価の実施体制が把握できる資料
□自己点検・評価書
□保管されている情報の種類及び保管方法が把握できる資料

（基本的な観点）

8—1—1：学校教育系専門職大学院の管理運営に関する重要事項を審議する会議（以下「学校教育系専門職大学院の管理運営に関する会議」と呼称する）が置かれているか。

8—1—2：学校教育系専門職大学院の管理運営に関する会議の諸規定が整備されているか。また、諸規定に従って適切に運営され、機能しているか。

8—1—3：学校教育系専門職大学院の管理運営に関する事項を取り扱う事務体制及び職員配置は、学校教育系専門職大学院の設置形態及び規模等に応じて、適切なものであるか。

8—1—4：管理運営のための組織及び事務体制が、各学校教育系専門職大学院の目的を達成するために、効果的な意思決定を行える組織形態となっているか。

8—2—1：学校教育系専門職大学院における教育活動等を適切に遂行できる財政的配慮（例えば実習巡回経費等の独自の予算措置）が行われているか。

8—3—1：教育・研究、組織・運営、施設・設備等の状況について公表する方策（例えば、印刷物の刊行及びウェブサイトへの掲載等）が行われているか。

8—4—1：自己点検・評価や外部評価等の基礎となる情報には、各学校教育系専門職大学院の目的及び社会的使命を達成するために必要な教育活動及び管理運営業務等に関する内容が、含まれているか。

8—4—2：自己点検・評価や外部評価等の際に用いた情報、得られた結果については、それを実施した年から最低5年間、適切な方法で保管されているか。また、その場合、評価機関の求めに応じて、すみやかに提出できる状態で保管されているか。

（特記事項）

「長所として特記すべき事項」はあるか。

□右記の事項を示す関連資料

基準領域9：教育の質の向上と改善

（基準）

9―1：A

○ 教育の状況等について点検・評価し、その結果に基づいて改善・向上を図るための体制が整備され、取り組みが行われており、機能していること。（9―1―1、9―1―2、9―1―3、9―1―4）

《必要な資料・データ等》

□自己点検・評価の組織的な取り組みの計画と実施状況報告書
□実施されている学生の授業評価等の概要とその結果報告書
□学生の授業評価等の結果を教育活動改善へと結び付けていくための取り組み報告と具体的な改善例の説明
□学外関係者等の意見を把握する取り組みの計画と実施報告書
□学外関係者等の意見を把握する取り組み結果を教育活動改善へと結び付けていくための取り組み報告と具体的な改善例の説明
□教育活動改善のための取り組みの実施報告（自己点検・評価の結果をフィードバックする方法、見直しのための方法や組織的取り組み等の実態）
□教育活動改善のための評価活動が機能していることが把握できる資料
□自己点検・評価の結果をフィードバックすることによって改善が図られた具体的な事例

9―2：B

○ 学校教育系専門職大学院の担当教員等に対する研修等、その資質の向上を図るための組織的な取り組みが適切に行われていること。（9―2―1、9―2―2）

《必要な資料・データ等》

□自己点検・評価の結果を教員一人一人にフィードバックするための取り組み報告
□個々の教員レベルにおいて改善のための評価活動が機能していることを把握できる資料
□個々の教員の教育活動改善事例
□学生や教職員のニーズをくみ上げる制度の存在とそれが機能していることが把握できる資料
□FD活動の企画・実施・改善の状況報告書（教職員の参加状況を含む）
□実務家教員の理論的な知見の充実、研究者教員の実践的な知見の充実を図ることを意図した取り組み例

（基本的な観点）

9―1―1：各学校教育系専門職大学院における学生受入の状況、教育の状況及び成果や効果について、根拠となる資料やデータ等に基づいて、自己点検・評価が組織的に行われているか。

9―1―2：学生からの意見聴取（例えば、授業評価、満足度評価、学習環境評価等）が行われており、教育の状況に関する自己点検・評価に適切な形で反映されているか。

9―1―3：学外関係者（当該学校教育系専門職大学院の教職員以外の者。例えば、修了生、就職先等の関係者等）の意見や専門職域に係わる社会のニーズが教育の状況に関する自己点検・評価に適切な形で反映されているか。

9―1―4：自己点検・評価の結果がフィードバックされ、教育の質の向上、改善のための取組が組織的に行われ、教育課程の見直し等の具体的かつ継続的な方策が講じられているか。

9―2―1：個々の教員は、自己点検・評価の結果に基づいて、それぞれの質の向上を図るとともに、学校教育系専門職大学院にふさわしい教育内容・教育方法等の継続的改善を行っているか。

9―2―2：ファカルティ・ディベロップメントについて、学生や教職員のニーズが反映されており、学校教育系専門職大学院として適切な方法で実施されているか。特に、実務家教員と研究者教員の相互の連携・意思疎通を図るとともに、実務家教員の理論的な知見の充実、研究者教員の実践的な知見の充実に、それぞれ努めているか。また、その取り組みが教育の質の向上や授業の改善に結び付いているか。

（特記事項）

「長所として特記すべき事項」はあるか。

□右記の事項を示す関連資料

以上

（二）技術者教育プログラム認定基準

二〇一〇年度～

日本技術者教育認定基準

一般社団法人 日本技術者教育認定機構

二〇〇八年一一月一〇日理事会承認

この認定基準は、高等教育機関において技術者の基礎教育を行っているプログラムを認定するために定めるものである。認定を希望するプログラムは、以下に示す基準1―6および補則をすべて満たしていることを根拠となる資料等で説明しなければならない。なお、ここでいう技術者とは、研究開発を含む広い意味での技術の専門職に携わる者である。

基準1 学習・教育目標の設定と公開

（1）自立した技術者の育成を目的として、下記の（a）―（h）の各内容を具体化したプログラム独自の学習・教育目標が設定され、広く学内外に公開されていること。また、それが当該プログラムに関わる教員および学生に周知されていること。

（a）地球的視点から多面的に物事を考える能力とその素養

（b）技術が社会や自然に及ぼす影響や効果、および技術者が社会に対して負っている責任に関する理解（技術者倫理）

（c）数学、自然科学および情報技術に関する知識とそれらを応用できる能力

（d）該当する分野の専門技術に関する知識とそれらを問題解決に応用できる能力

（e）種々の科学、技術および情報を利用して社会の要求を解決するためのデザイン能力

（f）日本語による論理的な記述力、口頭発表力、討議等のコミュニケーション能力および国際的に通用するコミュニケーション基礎能力

（g）自主的、継続的に学習できる能力

（h）与えられた制約の下で計画的に仕事を進め、まとめる能力

（2）学習・教育目標は、プログラムの伝統、資源および卒業生の活躍分野等を考慮し、また、社会の要求や学生の要望にも配慮したものであること。

基準2 学習・教育の量

（1）プログラムは4年間に相当する学習・教育で構成され、124単位以上を取得し、学士の学位を得た者を修了生としていること。

（2）プログラムは修了に必要な授業時間（授業科目に割り当てられている時間）として、総計1600時間以上を有していること。その中には、人文科学、社会科学等（語学教育を含む）の授業250時間以上、および専門分野の授業900時間以上を含んでいること。
数学、自然科学、情報技術の授業250時間以上、および専門分野の授業900時間以上を含んでいること。

（3）プログラムは学生の主体的な学習を促し、十分な自己学習時間を確保するための取り組みを行っていること。

基準3 教育手段

3．1 教育方法

（1）学生がプログラムの学習・教育目標を達成できるように、教育課程（カリキュラム）が設計され、当該プログラムに関わる教員および学生に開示されていること。カリキュラムでは、各科目とプログラムの学習・教育目標との対応関係が明確に示されていること。

（2）カリキュラムの設計に基づいて、科目の授業計画書（シラバス）が作成され、当該プログラムに関わる教員および学生に開示されていること。また、それに従って教育が行われていること。シラバスでは、それぞれの科目ごとに、カリキュラム中での位置付けが明らかにされ、その教育の内容・方法、達成目標、成績の評価方法・評価基準が示されていること。また、シラバスあるいはその関連文書によって、授業時間が示されていること。

（3）学生自身にもプログラムの学習・教育目標に対する自分自身の達成状況を継続的に点検させ、その学習に反映させていること。

3．2 教育組織

（1）カリキュラムを適切な教育方法によって展開し、教育成果をあげる能力をもった十分な数の教員と教育支援体制が存在していること。

（2）カリキュラムに設定された科目間の連携を密にし、教育効果を上げ、改善するための教員間連絡ネットワーク組織があり、それに基づく活動が行われていること。

（3）教員の質的向上を図る仕組み（ファカルティ・ディベロップメント）があり、当該プログラムに関わる教員に開示されていること。また、それに従った活動が行われていること。

（4）教員の教育活動を評価する方法が定められ、当該プログラムに関わる教員に開示されていること。また、その方法に従って評価が行われていること。

3．3 入学、学生受け入れおよび移籍の方法

（1）プログラムの学習・教育目標を達成できるように設計されたカリキュラムの履修に必要な資質を持った学生を入学させるための具体的な方法が定められ、学内

外に開示されていること。また、それに従って選抜が行われていること。

（2）プログラム履修生を共通教育等の後に決める場合には、その具体的方法が定められ、当該プログラムに関わる教員および学生に開示されていること。また、それに従って履修生の決定が行われていること。

（3）学生をプログラム履修生として編入させる場合には、その具体的な方法が定められ、学内外に開示されていること。また、それに従って履修生の編入が行われていること。

（4）プログラム履修生の移籍を認める場合には、その具体的方法が定められ、当該プログラムに関わる教員および学生に開示されていること。また、それに従って履修生の移籍が行われていること。

基準4 教育環境・学生支援

4.1 施設、設備

プログラムの学習・教育目標を達成するために必要な教室、実験室、演習室、図書室、情報関連設備、自習・休憩施設および食堂等が整備されていること。

4.2 財源

プログラムの学習・教育目標を達成するために必要な施設、設備を整備し、維持・運用するために必要な財源確保への取り組みが行われていること。

4.3 学生への支援体制

教育環境および学習支援に関して、授業等での学生の理解を助け、学生の勉学意欲を増進し、学生の要望にも配慮する仕組みがあり、それが当該プログラムに関わる教員、職員および学生に開示されていること。また、それに従った活動が行われていること。

基準5 学習・教育目標の達成

（1）シラバスに定められた評価方法と評価基準に従って、科目ごとの目標に対する達成度が評価されていること。

（2）学生が他の高等教育機関等で取得した単位に関して、その評価方法が定められ、それに従って単位認定が行われていること。編入生等が編入前に取得した単位に関しても、その評価方法が定められ、それに従って単位認定が行われていること。

（3）プログラムの各学習・教育目標に対する達成度を総合的に評価する方法と評価基準が定められ、それに従って評価が行われていること。

（4）修了生全員がプログラムのすべての学習・教育目標を達成していること。

基準6 教育改善

6.1 教育点検

（1）学習・教育目標の達成状況に関する評価結果等に基づき、基準1—5に則してプログラムの教育活動を点検する仕組みがあり、それが当該プログラムに関わる教員に開示されていること。また、それに関する活動が行われていること。

（2）その仕組みは、社会の要求や学生の要望にも配慮する仕組みを含み、また、仕組み自体の機能も点検できるように構成されていること。

（3）その仕組みを構成する会議や委員会等の記録を当該プログラムに関わる教員が閲覧できること。

6.2 継続的改善

教育点検の結果に基づき、基準1—6に則してプログラムの教育活動を継続的に改善する仕組みがあり、それに関する活動が行われていること。

補則 分野別要件

分野別要件は、当該分野のプログラムに認定基準を適用する際の補足事項を定めたものである。ただし、分野別要件が補足するのは、主として、学習・教育目標に関するもの（基準1（1）（d）等）と教員（団）に関するもの（基準3.3（1）等）である。

分野別要件

—化学および化学関連分野—

この要件は、化学および化学に関連する分野の技術者教育プログラムに適用される。

1. 修得すべき知識・能力

本プログラムの修了生は、以下の知識・能力を身につけている必要がある。

（1）工業（応用）数学、情報処理技術を含む工学基礎に関する知識、およびそれらを問題解決に利用できる能力

（2）物質・エネルギー収支を含む化学工学量論、物理・化学平衡を含む熱力学、熱・物質・運動量の移動現象論などに関する専門基礎知識、およびそれらを問題解決に利用できる能力

（3）有機化学、無機化学、物理化学、分析化学、高分子化学、材料化学、電気化学、光化学、界面化学、薬化学、生化学、環境化学、エネルギー化学、分離工学、反応工学、プロセスシステム工学など化学に関連する分野の内の4分野以上に関する専門基礎知識、実験技術、およびそれらを問題解決に利用できる能力

（4）上記（3）の分野の内の1分野以上に関する専門知識、およびそれらを経済性・安全性・信頼性・社会および環境への影響を考慮しながら問題解決に利用できる応用能力、デザイン能力、マネージメント能力

2. 教員

(1) 教員団には、技術士等の資格を有するか、または教育内容に関わる実務について教える能力を有する教員を含むこと。

補足説明

1.「化学および化学関連分野」には、化学工学コースおよび応用化学コースの2つのコースを置き、別表の量的ガイドラインを設ける。

2.「化学および化学関連分野」としての審査を希望するときには、それぞれのコースの量的ガイドラインを参照して、希望するコースを申請する。

3. 教育内容（1）－（4）の意味するところは、各プログラムが、基準にある数学、自然科学および技術に関する基礎知識を基盤として、（1）工学基礎、（2）化学工学基礎、（3）専門基礎、（4）専門の4つの階層構造に整理されている必要があることを示している。例示されている教育内容は、正に内容を意味しており、科目名を規定するものではない。従って、各プログラムは、独自性に従って科目名を決めることができるのは当然である。また、1つの科目を教育内容（1）－（4）に割り振ることも許される。

4. 教育内容（1）の「工学基礎」には、工業（応用）数学、情報処理技術の他に物質計測、電気工学、材料科学・材料力学、流体力学、環境工学、安全工学、感性工学、知的財産権、工業経済学などが考えられる。しかし、ここでの科目名は、あくまでも例示であり、各プログラムの科目名を規定するものではない。

5. 教育内容（4）の「専門知識」には、講義の他に、卒業研究、セミナーなどによって修得できる専門知識を含むと考えることができる。

6. 教育内容（4）の「専門知識を経済性・安全性・信頼性・社会および環境への影響を考慮しながら問題解決に利用できる応用能力、デザイン能力、マネージメント能力」は、卒業研究、セミナーなどによって修得できる能力も含むと考えることができる。

7. 教育内容（4）の「デザイン能力」は、装置等の設計ばかりでなく、問題解決のための方策を総合的にデザインする能力等も含むと考えることができる。

別表 量的ガイドライン

教育内容	化学工学コース	応用化学コース
(1)	120時間	80時間
(2)	60時間	60時間
(3)	120時間 但し、分離工学、反応工学、プロセスシステム工学などの化学工学の内容を60時間以上含むこと	160時間
(4)	80時間	80時間
合計単位数	380時間	380時間

参照 化学分野JABEE 委員会 http://www.chemistry.or.jp/gaku/jabee/

分野別要件 ―機械および機械関連分野―

この要件は、機械および機械に関連する分野の技術者教育プログラムに適用される。

1. 修得すべき知識・能力

本プログラムの修了生は、以下の知識・能力を身につけている必要がある。

(1) 数学については線形代数、微積分学などの応用能力と確率・統計の基礎、および自然科学については物理学の基礎に関する知識。

(2) 機械工学の基盤分野（材料と構造、運動と振動、エネルギーと流れ、情報と計測・制御、設計と生産・管理）のうち各プログラムが重要と考える分野に関する知識と、それらを問題解決に応用できる能力。

(3) 実験・プロジェクト等を計画・遂行し、結果を解析し、それを工学的に考察する能力。

2. 教員

(1) 教員団（非常勤講師を含む）には、技術士等の資格を有しているか、または教育内容に関わる実務について教える能力を有する教員を含むこと。

補足説明

(A) 上記の1の（2）における各基盤分野に関する内容要件を表すキーワードと量的なガイドラインについては、以下の通りとする。なお、ここで提示するキーワードは当該分野の内容等を理解しやすくするための例示であり、ここに提示されていない内容を当該分野から排除するものではない。

基盤分野	内容を表すキーワードの例	量的ガイドライン
材料と構造	引張・圧縮・せん断応力とひずみ 弾性と塑性 材料の強度と許容応力 材料の構造と組織	左記基盤分野から、プログラムが重要と考える3分野以上について、総計210時間以上の授業時間 注1
運動と振動	静力学 運動の法則 自由振動	

	強制振動
エネルギーと流れ	状態量と状態変化 質量と運動量の保存 エネルギー保存則（熱力学の第一法則とベルヌーイの式） 熱力学の第二法則 熱移動と温度
情報と計測・制御	計算機利用の基礎 計測基礎論と基本的な量の計測法 伝達関数とフィードバック制御 状態方程式と状態フィードバック
設計と生産・管理	設計法 製図法と規則 加工法 生産・管理システム

注1：これらの要件を満たすために、必修指定などによりすべての学生が同じ授業科目を履修することとなっている必要はなく、プログラム修了生全員が要件を満足する授業科目を履修したことが確認できればよい。

（B）上記の1の（3）の要件は、主として、実験方法や機器操作法などを系統的に習得させる実験および未解決あるいは創造的な課題に取り組ませるプロジェクト科目（卒業研究等）を指し、正味300時間以上を要する。

参照　日本機械学会　http://www.jsme.or.jp/jabee/

分野別要件

―材料および材料関連分野―

この要件は、材料および材料に関連する分野の技術者教育プログラムに適用される。

なお、材料および材料関連分野とは、金属材料、無機材料（含セラミックス、ガラス等）、有機材料（含ポリマー、プラスチックス等）、複合材料、半導体材料等を含み、かつそれぞれの材料の製造、加工、応用を含む広範囲な材料に関係する分野を指す。

1. 修得すべき知識・能力

本プログラムの修了生は、以下に示す知識・能力を身につけていることが必要である。

（1）材料の構造・性質に関する基本の理解
（2）材料のプロセスに関する基本の理解
（3）材料の機能および設計・利用に関する基本の理解
（4）実験の計画・実行およびデータ解析の能力

なお、上記教育内容（1）、（2）、（3）について各々100時間以上、（1）、（2）、（3）の合計400時間以上、（4）について200時間以上の学習・教育時間を含むこと。

2. 教員

（1）教員団は、プログラムの設定目標実現に要求される本分野の関係する教育内容に関して教える能力を有する教員で組織されていること。

参照　日本鉄鋼協会　http://www.isij.or.jp/Ikusei/jabee.htm

分野別要件

―地球・資源およびその関連分野―

この要件は、地球・資源およびその関連分野の技術者教育プログラムに適用される。

1. 修得すべき知識・能力

本プログラムの修了生は以下の能力・技術を身につけている必要がある。

（1）本分野の主要領域（地圏の開発と防災、資源の開発と生産、資源循環と環境）のうち1領域、またはこれらを統合したものに関する下記の知識・能力

a）専門知識・技術
b）実験・調査を計画・遂行し、得られたデータを解析し、その結果を説明する能力
c）a）およびb）を統合して課題を探求し、解決する能力
d）本分野に携わる技術者が経験する実務上の課題を理解し、適切に対応する基礎能力

2. 教員

（1）教員団は、技術士等の資格を有しているか、または教育内容に関わる実務について教える能力を有する教員を含むこと。

参照　資源・素材学会　http://www.mmij.or.jp/jabee/

分野別要件

―情報および情報関連分野―

この要件は、情報および情報関連分野の一般または特化された領域（CS：computer science, CE：computer engineering, SE：software engineering, IS：information systems, またはその他類似の領域）の技術者教育プログラムに適用する。

1．修得すべき知識・能力

教育プログラムの修了生は、つぎに示す知識・能力を身に付けている必要がある。

（1）つぎの学習域すべてにわたる、理論から問題分析・設計までの基礎的な知識および応用能力

－アルゴリズムとデータ構造

－コンピュータシステムの構成とアーキテクチャ

－情報ネットワーク

－ソフトウェアの設計

－プログラミング言語の諸概念

（2）プログラミング能力

（3）離散数学および確率・統計を含めた数学の知識およびその応用能力

（4）教育プログラムが対象とする領域に固有の知識およびその応用能力

2．教員

教員団には、第三者が使用することを前提とする情報処理システムの制作経験をもち、システム開発プロジェクトを指導し学生を教育できる能力をもつ十分な数の専任教員が含まれていなければならない。

補足説明

（1）情報および情報関連分野に属する申請プログラムの審査は、情報処理学会、電子情報通信学会および電気学会が協力して担当する。

（2）情報および情報関連分野の一般または特化された領域（CS，CE，SE，IS，またはその他類似の領域）の具体的設定および教育プログラムの内容・目標の設定は、プログラム提供側が自ら行うものである。

参照　電子情報通信学会　http://www.ieice.org/jpn/jabee/sinsakijun.html
　　　情報処理学会　http://jabee.ipsj.or.jp
　　　電気学会　http://www.iee.or.jp/eng_edu/

分野別要件

—電気・電子・情報通信およびその関連分野—

この要件は、電気・電子・情報通信工学の一般または特化された領域（電気電子工学、情報通信工学、エレクトロニクス、計測制御システム工学、またはその他類似の領域）の技術者教育プログラムに適用される。

1．修得すべき知識・能力

（1）プログラムによって与えられる教育内容はその名称によって意味される工学領域における広さと深さを与えるものでなければならない。

（2）プログラムはその修了者が次のものを身に付けていることを示さなければならない。

（a）プログラムの目標実現に必要な基礎となる数理法則と物理原理に関する理論的知識（専門に関する基礎学力）

（b）プログラムの目標に適合する実験を計画・遂行し、データを正確に解析し、工学的に考察し、かつ説明する能力（実験の計画遂行能力）

（c）プログラムの目標に適合する課題を専門的知識、技術を駆使して探求し、組み立て、解決する能力（与えられた専門的課題を解決する能力）

（d）プログラムの示す領域において、技術者が経験する実際上の問題点と課題を理解する能力（専門的課題の設定能力）

2．教員

（1）教員団には、プログラムの示す領域に関連した事業に関わる実務について教える能力を有する教員を含むこと。

補足説明

1）この分野に属する申請プログラムの審査は電子情報通信学会または電気学会で担当する。

2）電気・電子・情報通信工学の一般または特化された領域（情報通信工学、電気電子工学、エレクトロニクス、計測制御システム工学、またはその他類似の領域の一つ）の具体的設定ならびにその領域に属するプログラムの内容明示については、プログラム提供側でなされるものである。

参照　電気学会　http://www.iee.or.jp/eng_edu/
　　　電子情報通信学会　http://www.ieice.org/jpn/jabee/sinsakijun.html

分野別要件

—土木および土木関連分野—

この要件は、土木および土木に関連する分野の技術者教育プログラムに適用される。

1. 修得すべき知識・能力

本プログラムの修了生は、以下の知識・能力を身に付けている必要がある。

(1) 応用数学

(2) 自然科学（物理、化学、生物、地学のうち少なくとも1つ）の基礎

(3) 土木工学の主要分野（土木材料・施工・建設マネジメント／構造工学・地震工学・維持管理工学／地盤工学／水工学／土木計画学・交通工学／土木環境システム）のうち、最低3分野

(4) 土木工学の主要分野のうちの1分野以上において、実験を計画・遂行し、結果を正確に解析し、工学的に考察し、かつ説明する能力

(5) 土木工学の主要分野のうちの1分野以上の演習を通して、自己学習の習慣、創造する能力、および問題を解決する能力

(6) 土木工学の専門分野を総合する科目の履修により、土木工学の専門的な知識、技術を総動員して課題を探求し、組み立て、解決する能力

(7) 土木に関連する専門的職業における実務上の問題点と課題を理解し、適切に対応する基礎的能力

2. 教員

(1) 教員団には、技術士等の資格を有しているか、または教育内容に関わる実務経験によって、科目を教える資格のある教員を含むこと。

補足説明

(1) 分野別要件 土木および土木関連分野 についての解説

本分野別要件はほとんどの土木系学科に適用可能な内容であることを目指している。すなわち、ABET 2008―09 基準でいうところのCIVIL とCONSTRUCTION を含んでいる。

1) 1. 修得すべき知識・能力の（1）応用数学とは、JABEE 基準1（c）の数学を基礎として、土木および土木関連分野で必要となるより応用的な内容を指す。ただし、その内容は教育機関が当該教育プログラムの学習・教育目標に沿って定めることとする。

2) 同（2）については、物理、化学、生物、地学のいずれを必須にするかは、教育機関が当該教育プログラムの学習・教育目標に沿って定めることとする。

3) 同（3）の「土木工学の主要分野」に含まれる内容などを理解しやすくするために、「キーワード一覧」を以下の表に掲げる。これは主要分野の区分を理解しやすくするために例示として付したものであり、キーワードに掲げていない内容を当該分科・細目から排除するものではない。教育機関は、当該教育プログラムの学習・教育目標に応じて、キーワードに掲げる内容につけ加えて、あるいは内容を取捨選択して教授できることとする。なお、本内容は必要に応じて見直すものとする。

4) 同（4）については、例えば実験、実習などが該当する。

5) 同（5）については、例えば演習などが該当する。

6) 同（6）については、例えば卒業研究などが該当する。

7) 同（7）については、例えばインターンシップ、技術者による特別講義、現場見学会、および通常の講義などを通じて教授できる。

8) 教員には非常勤や客員の教員を含むことができる。

9) 特に若手教官にあっては、教育経験に大学院学生時の学部学生の指導経験を含む。

主要分野	キーワード
土木材料・施工・建設マネジメント	コンクリート、鋼材、瀝青材料、複合材料・新材料、木材、施工、維持・管理、建設事業計画・設計、建設マネジメントなど
構造工学・地震工学・維持管理工学	応用力学、構造工学、鋼構造、コンクリート構造、複合構造、風工学、地震工学、耐震構造、地震防災、維持管理工学など
地盤工学	土質力学、基礎工学、岩盤工学、土木地質、地盤の挙動、地盤と構造物、地盤防災、地盤環境工学など
水工学	水理学、環境水理学、水文学、河川工学、水資源工学、海岸工学、港湾工学、海洋工学など
土木計画学・交通工学	土木計画、地域都市計画、国土計画、防災計画・環境計画、交通計画、交通工学、鉄道工学、測量・リモートセンシング、景観・デザイン、土木史など
土木環境システム	環境計画・管理、環境システム、環境保全、用排水システム、廃棄物、土壌・水環境、大気循環・騒音振動、環境生態など

参照 土木学会 http://www.jsce.or.jp/opcet/jabee/

分野別要件

―農業工学関連分野―

この要件は、農業工学関連分野の技術者教育プログラムに適用される。

1. 修得すべき知識・能力

本プログラムの修了生は以下の知識・能力を身につけている必要がある。

(1) 応用数学、物理学、化学または生物学および農業・環境関連科目を共通分野とし、これらの共通分野を修得させる。

(2) 農業工学関連分野教育プログラムの次の各系プログラムにおける主要分野の修得

(2―1) 農業土木プログラム

土、水、基盤、環境の各々に関する分野を農業土木学の主要分野とし、土、水、基盤の3分野、あるいは土、水、環境の3分野のいずれかについての知識・能力を

修得させる。

（2―2）農業環境工学プログラム

農業気象・生物環境、生物生産システム・食料システム、農業情報・生物環境情報、農業機械・農作業システムを農業環境工学の主要分野とし、上記4分野の中からいずれか2分野について知識・能力を修得させる。

（3）農業工学関連分野教育プログラムの各系プログラムにおける主要分野のうちの1分野以上において、実験または調査を計画・遂行し、データを正確に解析・考察し、かつ説明する能力

（4）農業工学関連分野教育プログラムの共通分野と各系プログラムにおける主要分野科目の履修により、農業工学関連分野の専門的な知識、技術を駆使して、課題を探求し、組み立て、解決する能力

（5）実務上の問題点と課題を理解し、適切に対応する基礎的能力

2．教員

教員団には、技術士等の資格を有するか、または教育内容に関わる実務について教える能力を有する教員を含むこと。

参照　農業農村工学会　http://www.jsidre.or.jp/jabee/

分野別要件
―工学（融合複合・新領域）関連分野―

この要件は、工学（融合複合・新領域）関連分野の技術者教育プログラムに適用される。

1．修得すべき知識・能力

本プログラムの修了生は以下の知識・能力を身に付けている必要がある。

（1）基礎工学の知識・能力

基礎工学の内容は・設計・システム系科目群、・情報・論理系科目群、・材料・バイオ系科目群、・力学系科目群、・社会技術系科目群の5群からなり、各群から少なくとも1科目、合計最低6科目についての知識と能力

（2）専門工学の知識・能力

a）専門工学（工学（融合複合・新領域）における専門工学の内容は申請高等教育機関が規定するものとする）の知識と能力

b）いくつかの工学の基礎的な知識・技術を駆使して実験を計画・遂行し、データを正確に解析し、工学的に考察し、かつ説明・説得する能力

c）工学の基礎的な知識・技術を統合し、創造性を発揮して課題を探求し、組み立て、解決する能力

d）（工学）技術者が経験する実務上の問題点と課題を理解し、適切に対応する基礎的な能力

2．教員

（1）教員団には技術士等の資格を有している者、または実務について教える能力を有する教員を含むこと。

分野別要件
―建築学および建築学関連分野―

この要件は、建築学および建築学関連分野の技術者教育プログラムに適用される。

1．修得すべき知識・能力

建築学分野のプログラムは、以下の（1）に示す建築学の専門的知識・能力を担保する具体的な学習・教育目標が設定され、公開されていること。また以下の（2）に示す特定領域の少なくとも一つに関する知識・能力を付加した学習・教育目標をもつプログラムが設定され、公開されていること。

建築学関連分野のプログラムにおいては、建築学分野と共通する領域に関しては上記要件を準用し、独自の学習・教育目標を別に設定することができる。

（1）建築学分野の包括的な専門的知識・能力

建築を芸術、技術、文化、社会、法律、経済などの多様な文脈と歴史やライフサイクルなどの時間的展開のなかで理解し、建築学に関する幅広い専門的知識と総合的かつ体系的な識見をもち、建築と生活環境に関する企画・設計・生産・維持管理などができる基礎的能力

（2）建築にかかわる特定領域の高度な専門的知識・能力

建築企画、建築設計・計画、都市設計・計画、住居、建築環境、建築設備、建築構造、建築防災、建築材料、建築生産、建築運用・保全、建築保存・再生などの建築の特定領域に関するより専門的な知識、もしくは（1）の包括的知識をより発展させた知識をもち、それを実務に適用しうる能力

2．教員

建築学および建築学関連分野の教員団は、プログラムの学習・教育目標を達成するために必要な理念、知識、技術および実務について、全体として十分な教育成果をあげ得る能力を有するように構成すること。

参照　日本建築学会　http://www.aij.or.jp/jpn/aijedu/aijedu.htm

分野別要件

―物理・応用物理学関連分野―

この要件は、物理・応用物理学関連分野の技術者教育プログラムに適用される。

1. 修得すべき知識・能力

本プログラムの修了生は以下の知識・能力を身につけている必要がある。

（1）基礎能力

a）数学（微積分学、線形代数学、ベクトル解析、物理数学）、物理学（力学、電磁気学、熱物理学、量子物理学）、基礎実験、情報科学に関する基礎基礎知識および基礎技術

b）a）を駆使して課題を理解し、的確に解決して、それらを適切に表現し、その内容を正しく伝達できる基礎能力

（2）専門能力

本分野の主要領域（物理・応用物理一般、物性・材料、物理情報計測、エレクトロニクス・素子）のうち少なくとも1領域に関する下記の能力

a）各領域に対するプログラムの設定目標実現に必要な専門科目を系統的に修得した専門知識及び専門技術

b）a）の知識・技術を駆使して課題を探求し、的確に解決する能力

c）本分野に携わる専門技術者が経験する実務上の課題を理解し、的確に解決して、それらを適切に表現し、その内容を正しく伝達できる能力

2. 教員

（1）教員団は、プログラムの設定目標実現に要求される本分野の関係する教育内容に関して教える能力を有する教員で組織されていること。

参照　応用物理学会　http://www.jsap.or.jp/activities/education/jabee/index.html

分野別要件

―経営工学関連分野―

この要件は、経営工学関連分野の技術者教育プログラムに適用される。

1. 修得すべき知識・能力

本プログラムの修了生は以下の能力・技術を身につけている必要がある。

（1）経営管理に関する原則・手法に関する知識およびその活用能力

（2）数理的な解析能力

（3）情報技術を活用、応用する能力

（4）工学、経済学、経営学などの関連分野に関する基礎知識

2. 教員

（1）教員団は、経営工学および関連分野の実務について教える能力を有する教員を含むこと。

補足説明

以下は、分野別要件（1）―（4）を理解するための補足的な説明である。

（1）経営管理の対象は、広い意味での組織体ならびに人間と情報を含めた総合システムである。従って、対象に相応しいマネジメントの概念が明確に示され、その方法、知識、活用能力の習得を目指すプログラムであればよい。対象固有の技術科目と共に、方法論による横断的な視点があわせて修得できるようなプログラムであることが望ましい。

（2）これには、計画的にデータを収集するとともに、確率的変動を考慮し、データを解析する能力や、現実の問題を数式を用いてモデル化し、最適解を求める能力が含まれる。

（3）計算機などの情報技術を活用・応用する能力である。プログラミング、システム設計、ネットワーク技術など様々なレベルのものが考えられる。

（4）工学の専門技術、学際的な専門技術および社会科学などの経営工学に関連する分野の基礎知識がこの項目にあたる。

分野別要件

―農学一般関連分野―

この要件は、農学一般または特化された領域（森林機能系、植物生産系、動物生産系、生物化学系、生物経済系、水産系）の技術者教育プログラムに適用される。但し、獣医学は除く。

1. 修得すべき知識・能力

本プログラムの修了者は本プログラムの示す領域において学習・教育目標達成に必要な以下の知識・能力を身につけている必要がある。

（1）基礎能力

生命科学、生物環境科学、生物生産科学、生物資源科学の各関連科目の修得によって得られる理論的知識。

(2) 実験または調査を計画・遂行し、データを正確に解析・考察し、かつ説明する能力。

(3) 専門的な知識および技術を駆使して、課題を探究し、組み立て、解決する能力。

(4) 技術者が経験する実務上の問題点と課題を理解し、適切に対応する能力と判断力。

2. 教員

(1) 教員団には、技術士等の資格を有しているか、または教育内容に関わる実務について教える能力を有する教員を含むこと。

補足説明：

1) 農学一般または特化された領域（森林機能系、植物生産系、動物生産系、生物化学系、生物経済系、水産系）の具体的設定およびそのプログラムの内容は関連学協会から提供される。

分野別要件

―森林および森林関連分野―

この要件は、森林および森林に関連する分野の技術者教育プログラムに適用される。

1. 修得すべき知識・能力

本プログラムの修了者は、以下の知識・能力を身につけている必要がある。

(1) 森林および自然環境に関わる一般的基礎および専門領域（森林学、森林工学、自然環境、林産）のうちの一つ、あるいはそれらの複合した領域を修得することによって得られる知識、およびそれらを問題解決に利用できる能力。なお、一般的基礎および専門領域の内容例は下記の補足説明に示す。

(2) 実験または調査を計画・遂行し、データを正確に解析・考察し、かつ説明する能力。

(3) 専門的な知識および技術を駆使して、課題を探求し、組み立て、解決する能力を修得させる。

(4) 技術者が経験する実務上の問題点と課題を理解し、適切に対応できる能力。

2. 教員

(1) 教員団には、技術士等の資格を有しているか、または本分野に関連する実務経験によって科目を教える資格のある教員を含むこと。

補足説明

1. 森林および森林関連分野における一般的基礎は、森林生態、森林環境、自然環境の保全、森林資源の持続的な生産・利用等の分野に共通して習得すべき知識・能力である。

2. 各プログラムは、90時間以上の一般的基礎に関わる学習・教育時間を含むこと。

3. 各プログラムは、専門領域をそれぞれの教育目標に応じて特色のある内容とすることができる。専門領域の内容例は、下記の通りである。

(1) 森林学領域：

森林生態系の理解を基礎とした、森林資源の計測、森林の成長予測、森林計画および管理、造林、森林の保育・保護、遺伝子操作を含む育種技術に関する知識・能力。

(2) 森林工学領域：

森林の管理や木材生産を行うための伐採・輸送に関わる工学的知識・能力、林道やそれに付随する施設の設計のための知識・能力、国土保全（砂防・治山）、水資源管理に必要な工学的知識・能力。

(3) 自然環境領域：

森林生態系および森林生態系に生息する野生生物の保全に関わる知識・能力、自然公園や都市公園、都市の緑地、緑化などの計画および管理に関わる知識・能力。

(4) 林産学領域：

木材および木質材料の機能、物性、構成成分に関わる知識・能力、それらの特性を生かした生活および住空間への利用、木材利用のための物理的・化学的な処理・加工、特用林産物の機能・利用、木材利用が地球環境に与えるプラス効果に関わる知識・能力。

4. ここで示した教育内容は、あくまでも内容であり、科目名を規定するものではない。従って各プログラムは、それぞれの独自性に従って科目名を決めることができる。

分野別要件

―環境工学およびその関連分野―

この要件は環境工学およびその関連分野の技術者教育プログラムに適用される。

1. 修得すべき知識・能力

本プログラムの修了生は以下の知識・能力・技術を身に付けている必要がある。

(1) 環境管理、環境保全、環境改善・修復、環境負荷低減の基本理念などについて理解し、適切に対応する基礎的な能力。

(2) 環境に関わる現象を観察・把握し、解析する能力。

(3) 応用（工業）数学および自然科学（物理、化学、生物、地学を主たる内容とする科目を最低2科目）の知識、能力。

（4）次に挙げる環境に関する領域の一つ、またはこれらを統合した領域の基礎。

1）都市環境および環境システムに関わる領域（注1）

2）社会基盤およびその環境に関わる領域（注1）

3）居住および生活環境に関わる領域（注1）

4）物質およびエネルギーの環境に関わる領域（注2）

5）その他の環境に関わる領域（注3）

（5）（4）に記した環境工学に関する領域のうち、1領域以上において、調査や実験を計画・遂行し、結果を正確に解析・考察し、かつ説明する能力。

（6）プログラムの示す領域における専門的な知識・技術を総合して、環境問題を認識するとともに、その課題を設定し、適切なプロセスに基づき解決する能力。

2．教員

（1）教員団には、技術士などの資格を有しているか、または教育内容に関わる実務経験によって、科目を教える資格のある教員を含むこと。

注1：領域1―3）の補足説明については、土木学会〈http://www.jsce.or.jp/opcet/jabee/〉を参照。

注2：領域4）の補足説明については、化学分野ＪＡＢＥＥ委員会〈http://www.csj.jp/gaku/jabee/index.html〉を参照。

注3：現在未決定

分野別要件

―生物工学および生物工学関連分野―

この要件は、生物工学および生物工学に関連する分野の技術者教育プログラムに適用される。

1．修得すべき知識・能力

本プログラムの修了生は、以下の知識・能力を身につけている必要がある。

（1）応用数学に関する基礎知識、もしくは生物工学に係わる情報処理技術の応用に関する能力

（2）本分野の主要領域（生物学、生物情報、生物化学、細胞工学、生体工学、生物化学工学、環境生物工学）のうちの二つ以上、あるいはそれらの複合した領域を修得することによって得られる知識、およびそれらを工学的視点に立って問題解決に応用できる能力、すなわち

a）専門知識・技術

b）実験を計画・遂行し、得られたデータを正確に解析・考察し、かつ説明する能力

c）専門的な知識および技術を駆使して、課題を探求し、組み立て、解決する能力

d）本分野に携わる技術者が経験する実務上の課題を理解し、適切に対応する能力

2．教員

（1）教員団には、技術士等の資格を有するか、または教育内容に関わる実務について教える能力を有する教員を含むこと。

二〇一〇年度〜

日本技術者教育認定基準

（ソウル協定対応プログラム用）

一般社団法人 日本技術者教育認定機構

二〇〇九年九月一〇日理事会承認

この認定基準は、高等教育機関において情報専門教育を中心として技術者の基礎教育を行っているプログラムを認定するためのものである。認定を希望するプログラムは、以下に示す基準１－６および補則をすべて満たしていることを根拠となる資料等で説明しなければならない。なお、ここでいう技術者とは、研究開発を含む広い意味での技術の専門職に携わる者である。

基準１　学習・教育目標の設定と公開

（１）自立した技術者の育成を目的として、下記の（ａ）－（ｈ）の各内容を具体化したプログラム独自の学習・教育目標が設定され、広く学内外に公開されていること。また、それが当該プログラムに関わる教員および学生に周知されていること。

（ａ）地球的視点から多面的に物事を考える能力とその素養

（ｂ）技術が個人・組織・社会に及ぼす局所的・全体的な影響を分析する能力、技術者に要求される職業倫理、法的・社会的な責任、および情報セキュリティに対する責任に関する理解

（ｃ）数学（離散数学および確率・統計を含む）および自然科学に関する知識とそれらを応用できる能力

（ｄ）該当する分野の専門技術に関する知識とそれらを問題解決に応用できる能力

（ｅ）問題を分析し、モデル化を行い、その解決に必要な情報処理上の要件を抽出し定義する能力、および、与えられた要求に対して、各種制約の下でコンピュータを用いたシステム、プロセス、コンポーネントまたはプログラムをデザインし、実装し、評価できる能力

（ｆ）論理的な記述力、口頭発表力、討議等のコミュニケーション能力および国際的なコミュニケーション基礎能力

（ｇ）自主的、継続的に学習できる能力

（ｈ）チームとして計画的に目標を達成していく能力

（２）学習・教育目標は、プログラムの伝統、資源および卒業生の活躍分野等を考慮し、また、社会の要求や学生の要望にも配慮したものであること。

基準２　学習・教育の量

（１）プログラムは4年間に相当する学習・教育で構成され、１２４単位以上を取得し、学士の学位を得た者を修了生としていること。

（２）プログラムは修了に必要な授業時間（授業科目に割り当てられている時間）として総計１６００時間以上を有していること。その中には、人文科学・社会科学・語学および数学・自然科学の授業４５０時間以上、ならびに情報技術および情報専門の授業９００時間以上を含んでいること。

（３）プログラムは学生の主体的学習を促し、十分な自己学習時間を確保するための取り組みを行っていること。

基準３　教育手段

３．１教育方法

（１）学生がプログラムの学習・教育目標を達成できるように、教育課程（カリキュラム）が設計され、当該プログラムに関わる教員および学生に開示されていること。カリキュラムでは、各科目とプログラムの学習・教育目標との対応関係が明確に示されていること。

（２）カリキュラムの設計に基づいて科目の授業計画書（シラバス）が作成され、当該プログラムに関わる教員および学生に開示されていること。また、それに従って教育が行われていること。シラバスでは、それぞれの科目ごとに、カリキュラム中での位置付けが明らかにされ、その教育の内容・方法、達成目標および成績の評価方法・評価基準が示されていること。また、シラバスあるいはその関連文書によって、授業時間が示されていること。

（３）学生自身にも、プログラムの学習・教育目標に対する自分自身の達成状況を継続的に点検させ、その学習に反映させていること。

３．２教育組織

（１）カリキュラムを、適切な教育方法によって展開し、教育成果をあげる能力をもった十分な数の教員と教育支援体制が存在していること。

（２）カリキュラムに設定された科目間の連携を密にし、教育効果を上げ、改善するための教員間連絡ネットワーク組織があり、それに基づく活動が行われていること。

（３）教員の質的向上を図る仕組み（ファカルティ・ディベロップメント）があり、当該プログラムに関わる教員に開示されていること。また、それに従った活動が行われていること。

（４）教員の教育活動を評価する方法が定められ、当該プログラムに関わる教員に開示されていること。また、その方法に従って評価が行われていること。

3．3入学、学生受け入れおよび移籍の方法

（1）プログラムの学習・教育目標を達成できるように設計されたカリキュラムの履修に必要な資質を持った学生を入学させるための具体的な方法が定められ、学内外に開示されていること。また、それに従って選抜が行われていること。

（2）プログラム履修生を共通教育等の後に決める場合には、その具体的方法が定められ、当該プログラムに関わる教員および学生に開示されていること。また、それに従って履修生の決定が行われていること。

（3）学生をプログラム履修生として編入させる場合には、その具体的な方法が定められ、学内外に開示されていること。また、それに従って履修生の編入が行われていること。

（4）プログラム履修生の移籍を認める場合には、その具体的方法が定められ、当該プログラムに関わる教員および学生に開示されていること。また、それに従って履修生の移籍が行われていること。

基準4　教育環境・学生支援

4．1施設、設備

プログラムの学習・教育目標を達成するに必要な教室、実験室、演習室、図書室、情報関連設備、自習・休憩施設および食堂等が整備されていること。

4．2財源

プログラムの学習・教育目標を達成するに必要な施設、設備を整備し、維持・運用するために必要な財源確保への取り組みが行われていること。

4．3学生への支援体制

教育環境および学習支援に関して、授業等での学生の理解を助け、学生の勉学意欲を増進し、学生の要望にも配慮する仕組みがあり、それが当該プログラムに関わる教員、職員および学生に開示されていること。また、それに従った活動が行われていること。

基準5　学習・教育目標の達成

（1）シラバスに定められた評価方法と評価基準に従って、科目ごとの目標に対する達成度が評価されていること。

（2）学生が他の高等教育機関等で取得した単位に関して、その評価方法が定められ、それに従って単位認定が行われていること。編入生等が編入前に取得した単位に関しても、その評価方法が定められ、それに従って単位認定が行われていること。

（3）プログラムの各学習・教育目標に対する達成度を総合的に評価する方法と評価基準が定められ、それに従って評価が行われていること。

（4）修了生全員がプログラムのすべての学習・教育目標を達成していること。

基準6　教育改善

6．1教育点検

（1）学習・教育目標の達成度の評価結果等に基づき、基準1．5に則してプログラムの教育活動を点検する仕組みがあり、それが当該プログラムに関わる教員に開示されていること。また、それに関する活動が行われていること。

（2）その仕組みは、社会の要求や学生の要望にも配慮する仕組みを含み、また、仕組み自体の機能も点検できるように構成されていること。

（3）その仕組みを構成する会議や委員会等の記録を当該プログラムに関わる教員が閲覧できること。

6．2継続的改善

教育点検の結果に基づき、基準1．6に則してプログラムの教育活動を継続的に改善する仕組みがあり、それに関する活動が行われていること。

補則　分野別要件

分野別要件は、当該分野のプログラムに認定基準を適用する際の補足事項を定めたものである。ただし、分野別要件が補足するものは、主として、学習・教育目標に関するもの（基準1（1）（d）等）と教員（団）に関するもの（基準3．2（1）等）である。

分野別要件

―CS―

この要件は、情報専門教育プログラムの分野名をCS（Computer Science、コンピュータ科学）と特定する認定に適用する。

1．修得すべき知識・能力

プログラムの学習・教育目標には、つぎの（1）―（2）を具体化したものが含まれていなければならない。

（1）コンピュータを用いたシステムのモデル化および設計に、数学的な基礎、アルゴリズムの諸原理および情報科学の諸理論を応用する能力。

（2）様々な複雑性を有するソフトウェアシステムの構築に、設計や開発の諸原理を応用する能力。

2．教員

（1）教員団には、CSまたはこれに近い学問分野の博士号を保有する複数の専任教員が含まれていなければならない。

（2）教員団には、第三者の用に供する情報システムの開発経験を有する十分な数の

5
評価基準等

専任教員が含まれていなければならない。

分野別要件

―IS―

この要件は、情報専門教育プログラムの分野名をIS（Information Systems、情報システム）と特定する認定に適用する。

1．修得すべき知識・能力

プログラムの学習・教育目標には、つぎの（1）を具体化したものが含まれていなければならない。

（1）組織と社会の活動に関わる情報システムの企画・計画・構築・運用・評価のプロセスを理解し、与えられた環境下で費用対便益を考慮して問題解決を実施する能力。

2．教員

（1）教員団には、情報システムに関連した学位（修士号以上）を保有する複数の専任教員が含まれていなければならない。

（2）教員団には、自身が勤務経験のある機関（官公庁・企業など）の情報システムの開発、あるいは顧客の情報システムの開発において、プロジェクト管理を含めた中核的な役割を務めた経験をもつ複数の専任教員が含まれていなければならない。

分野別要件

―IT―

この要件は、情報専門教育プログラムの分野名をIT（Information Technology、インフォメーションテクノロジ）と特定する認定に適用する。

1．修得すべき知識・能力

プログラムの学習・教育目標には、つぎの（1）を具体化したものが含まれていなければならない。

（1）ユーザーニーズを正確に確認し、出来上がった情報システムを、ユーザ環境との適合性を認識し、管理して行く能力。

2．教員

（1）教員団には、自身が勤務経験のある機関（官公庁・企業など）の情報システムの開発、あるいは顧客の情報システムの開発において、プロジェクト管理を含めた中核的な役割を務めた経験をもつ複数の専任教員が含まれていなければならない。

分野別要件

―情報一般―

この要件は、情報科学技術の全般またはその融合複合分野・新領域分野などを対象領域とした教育プログラムに対する、分野名を特定しない認定に適用する。

1．修得すべき知識・能力

プログラムの学習・教育目標には、つぎの（1）を具体化したものが含まれていなければならない。

（1）教育プログラムが対象とする情報科学技術領域に固有の知識およびその応用能力

2．教員

（1）教員団には、第三者の用に供する情報システムの開発経験を有する十分な数の専任教員が含まれていなければならない。

二〇〇七年度〜

修士課程 日本技術者教育認定基準

一般社団法人 日本技術者教育認定機構

二〇〇六年一〇月一三日理事会承認

この認定基準は，わが国の高等教育機関において高度な技術者教育を行っている大学院博士課程前期課程またはそれに相当する課程（以下修士課程という）で，その学習・教育内容が62単位以上に相当するプログラムを認定するために定めるものである。認定を希望するプログラムは，下記の基準1〜5（補則を含む）をすべて満たしていることを根拠となる資料等で説明しなければならない。なお，ここでいう技術者とは，研究開発を含む広い意味での技術にかかわる専門職業に携わる者である。

基準1　学習・教育目標の設定と公開

(1)　社会的責任を自覚し，国内外で人々の福利に貢献できる高度な技術者の育成を目的として，下記の(i)〜(v)の観点からプログラム独自の具体的かつ学士課程教育より高度な学習・教育目標が設定され，広く学内外に公開されていること。また，それが当該プログラムに関わる教員および学生に周知されていること。

(i)　プログラム当該技術分野の原理・原則に関する深い知識と応用力

(ii)　関連分野あるいは異分野に関する幅広い知識と認識

(iii)　技術的問題を分析し，課題を設定・解決できる能力

(iv)　文献・実地調査，仮説の設定と検証などを行う能力

(v)　コミュニケーション能力，リーダーシップ能力などの社会・人間関係スキル

(2)　学習・教育目標は，プログラムの伝統，資源および卒業生の活躍分野等を考慮し，また，社会の要求や学生の要望にも配慮したものであること。

基準2　教育手段

2.1　入学および学生受け入れ方法

(1)　プログラムの学習・教育目標を達成するために必要な資質を持った学生（原則として学士の学位を持つもの）を入学させるための具体的な方法が定められ，学内外に開示されていること。また，それに従って入学選抜が行われていること。

(2)　プログラムの学習・教育目標を達成するために必要な資質を持った，当該大学院の他の専攻に在籍していた学生を，プログラム履修生として転入させる場合には，その具体的な方法が定められ，学内外に開示されていること。また，それに従って転入選抜が行われていること。

(3)　プログラムの学習・教育目標を達成するために必要な資質を持った，他大学院に在籍していた学生を，プログラム履修生として編入させる場合には，その具体的な方法が定められ，学内外に開示されていること。また，それに従って編入選抜が行われていること。

2.2　教育方法

(1)　学生にプログラムの学習・教育目標を達成させるようにカリキュラムが設計され，当該プログラムに関わる教員および学生に開示されていること。カリキュラムでは，各科目とプログラムの学習・教育目標との対応関係が明確に示されていること。

(2)　カリキュラムの設計に基づいて科目の授業計画書（シラバス）が作成され，当該プログラムに関わる教員および学生に開示されていること。また，それに従って教育が実施されていること。シラバスでは，それぞれの科目ごとに，カリキュラム中での位置づけが明らかにされ，その教育の内容・方法，学習負荷時間，達成目標および成績の評価方法・評価基準が示されていること。

(3)　授業等での学生の理解を助け，勉学意欲を増進し，学生の要望にも対応できるシステムがあり，その仕組みが当該プログラムに関わる教員および学生に開示されていること。また，それに関する活動が実施されていること。

(4)　学生自身にも，プログラムの学習・教育目標に対する自分自身の達成度を継続的に点検させ，その学習に反映させていること。

2.3　教育組織

(1)　プログラムの学習・教育目標を達成するために設計されたカリキュラムを，適切な教育方法によって展開し，教育成果をあげる能力をもった十分な数の教員と教育支援体制が存在していること。

(2)　教員の質的向上を図る仕組み（ファカルティ・ディベロップメント）があり，当該プログラムに関わる教員に開示されていること。また，それに関する活動が実施されていること。

(3)　教員の教育に関する貢献の評価方法が定められ，当該プログラムに関わる教員に開示されていること。また，それに従って評価が実施されていること。

(4)　カリキュラムに設定された科目間の連携を密にし，教育効果を上げ，改善するための教員間連絡ネットワーク組織があり，それに関する活動が実施されていること。

基準3　教育環境

3.1　施設，設備

(1)　プログラムの学習・教育目標を達成するに必要な教室，実験室，演習室，図書室，情報関連設備，自習・休憩設備および食堂等が整備されていること。

3．2　財源

（1）プログラムの学習・教育目標を達成するに必要な施設，設備を整備し，維持・運用するのに必要な財源確保への取り組みが行われていること。

3．3　学生への支援体制

（1）教育環境に関して，学生の勉学意欲を増進し，学生の要望にも配慮するシステムがあり，その仕組みが当該プログラムに関わる教員，職員および学生に開示されていること。また，それに関する活動が実施されていること。

基準4　学習・教育目標の達成

（1）シラバスに定められた評価方法と評価基準に従って，科目ごとの目標に対する達成度が評価されていること。

（2）学生が当該修士課程に在学中に，他の大学院等の修士課程における授業科目の履修で修得した単位を，当該修士課程における授業科目の履修により修得したものとみなすときには，その基準と方法が定められ，それに従って実施されていること。学生が当該修士課程に入学する前に当該修士課程または他の大学院等の修士課程において履修した授業科目について修得した単位を，当該修士課程入学後の当該修士課程における授業科目の履修により修得したものとみなすときには，その基準と方法が定められ，それに従って実施されていること。

（3）プログラムの各学習・教育目標に対する達成度を総合的に評価する方法と評価基準が定められ，それに従って評価が行われていること。

（4）修了生全員がプログラムのすべての学習・教育目標を達成していること。

基準5　教育改善

5．1　教育点検

（1）学習・教育目標の達成度の評価結果等に基づき，基準1～4に則してプログラムを点検する教育点検システムがあり，その仕組みが当該プログラムに関わる教員に開示されていること。また，それに関する活動が実施されていること。

（2）教育点検システムは，社会の要求や学生の要望にも配慮する仕組みを含み，また，システム自体の機能も点検できるように構成されていること。

（3）教育点検システムを構成する会議や委員会等の記録を当該プログラムに関わる教員が閲覧できること。

5．2　継続的改善

（4）教育点検の結果に基づき，基準に則してプログラムを継続的に改善するシステムがあり，それに関する活動が実施されていること。

補則　分野別要件

分野別要件は，当該分野のプログラムに認定基準を適用する際の補足事項を定めるものである。ただし，分野別要件が補足するのは，主として，学習・教育目標に関するもの（基準1（1））と教員（団）に関するもの（基準2．3（1）等）である。

分野別要件

建築学および建築学関連分野（修士課程）特定領域「建築設計・計画」プログラム

この要件は，建築学および建築学関連分野における，特定領域「建築設計・計画」プログラムに適用される。

1　学習・教育目標で取り上げるべき知識・能力

建築設計・計画領域の技術者／設計者は，建築物の機能性・安全性・快適性・芸術性・社会性に貢献するとともに，建築が学術・芸術・技術の上に成り立ち，多岐にわたる建築関連諸領域と有機的に連携しているので，建築物の設計・計画・生産・維持保全等に総合的に寄与できる能力を必要とし，2に示す実践能力・理解力・知識，および実務経験などを含むプログラムが設定され，公開されていること。

2　建築設計・計画に関する実践能力

（1）美観上，および技術上の諸要求に応える建築の設計・計画の能力

（2）建築の歴史・理論，および関連する芸術，工学および人文科学に関する十分な知識

（3）都市の設計・計画およびそのプロセスに関する十分な知識

（4）人間と建物，建物相互，および周辺環境の空間を理解し，適切な質と尺度を与える能力

（5）建築設計・計画の職能とその社会的使命の理解

（6）プロジェクトの基本的な調査方法，構造計画，施工技術，その他関連する技術の理解

（7）快適で安全な室内環境を得るための建物性能，技術に関する十分な知識

（8）関連する産業，予算，法的制約を調整し，統合的な設計および工事費管理をする能力

（9）環境保全，修復，および生態学的持続可能性の重要性に関する十分な知識

（10）建築施工原理の包括的理解に基づく建築構法に関する能力の研鑽

（11）学生・教員双方のための学習・教育・研究方法の研鑽

3　教員（団）

建築設計・計画領域の教員団は，これを実務として実践する専門家を含む，専門的

かつ実践的なプログラムの学習・教育目標を達成する為に必要な理念、知識、技術および実務について、十分な教育効果を上げる能力を有すること。

以上に記載した三つの認定基準は、前項に列挙されている認証評価基準と異なるカテゴリーである。

分野別評価の必要性

我が国で大学等の機関別認証評価が始まって六年が経過したが、分野別（学部・学科別）評価が必要との議論も平行して始まり、とくに理、工、農系では学科まで細分化する必要性の議論も根強い。一般社団法人日本技術者教育認定機構（以下、ＪＡＢＥＥという）は我が国唯一の理、工、農系分野の教育プログラム認定機関として、技術者教育プログラム認定を行っている。基準自体は全分野で統一したものを適用するが、審査作業は各分野ごとの関係学協会と連携して審査を行っている。分野別の審査結果は、全分野間で審議・調整を行い、認定されたプログラムにはＪＡＢＥＥの認定証が発行されている。

認定審査と認証評価

「認証評価」は国が定める法律に従って行われるが、ＪＡＢＥＥの「認定」は非政府機関、独立、第三者機関として「任意」に行うものである。大学等の高等教育機関が技術者教育プログラムの継続的改善を目的に、ＪＡＢＥＥに審査を申請するものである。

教育認定機関の国際協定

欧米諸国では、非政府機関、独立、第三者機関の技術者教育認定機関が教育認定を行うことが歴史的に行われてきている。それらの教育認定機関は国際協定を結び、認定基準の基本的な考え方、思想を定め、各機関が認定した教育プログラムの国際的同等性を認め合っている。ＪＡＢＥＥは技術者教育プログラム認定のワシントン協定と情報系教育プログラム認定のソウル協定に加盟している。

技術士一次試験免除

毎年、文部科学大臣は、ＪＡＢＥＥの認定プログラム公表リストを踏まえ、技術士第一次試験合格と同等である課程（高等教育機関と課程の名称）を官報に告示する。すなわち、ＪＡＢＥＥ認定プログラム修了生には、国家試験である技術士資格取得のための第一次試験が免除される特典が与えられている。

文責　青島　泰之
（一般社団法人日本技術者教育認定機構（ＪＡＢＥＥ）専務理事・事務局長）

六　審議会

中央教育審議会令

平成十二年六月七日政令第二百八十号
最終改正　平成一九年一二月一二日政令第三六三号

内閣は、国家行政組織法（昭和二十三年法律第百二十号）第八条の規定に基づき、この政令を制定する。

（組織）

第一条　中央教育審議会（以下「審議会」という。）は、委員三十人以内で組織する。

2　審議会に、特別の事項を調査審議させるため必要があるときは、臨時委員を置くことができる。

3　審議会に、専門の事項を調査させるため必要があるときは、専門委員を置くことができる。

（委員等の任命）

第二条　委員は、学識経験のある者のうちから、文部科学大臣が任命する。

2　臨時委員は、当該特別の事項に関し学識経験のある者のうちから、文部科学大臣が任命する。

3　専門委員は、当該専門の事項に関し学識経験のある者のうちから、文部科学大臣が任命する。

（委員の任期等）

第三条　委員の任期は、二年とする。ただし、補欠の委員の任期は、前任者の残任期間とする。

2　委員は、再任されることができる。

3　臨時委員は、その者の任命に係る当該特別の事項に関する調査審議が終了したときは、解任されるものとする。

4　専門委員は、その者の任命に係る当該専門の事項に関する調査が終了したときは、解任されるものとする。

5　委員、臨時委員及び専門委員は、非常勤とする。

（会長）

第四条　審議会に、会長を置き、委員の互選により選任する。

2　会長は、会務を総理し、審議会を代表する。

3　会長に事故があるときは、あらかじめその指名する委員が、その職務を代理する。

（分科会）

第五条　審議会に、次の表の上欄に掲げる分科会を置き、これらの分科会の所掌事務は、審議会の所掌事務のうち、それぞれ同表の下欄に掲げるとおりとする。

名称	所掌事務
教育制度分科会	一　豊かな人間性を備えた創造的な人材の育成のための教育改革に関する重要事項を調査審議すること。 二　地方教育行政に関する制度に関する重要事項を調査審議すること。
生涯学習分科会	一　生涯学習に係る機会の整備に関する重要事項を調査審議すること。 二　社会教育の振興に関する重要事項を調査審議すること（スポーツ・青少年分科会の所掌に属するものを除く。）。 三　視聴覚教育に関する重要事項を調査審議すること。 四　生涯学習の振興のための施策の推進体制等の整備に関する法律（平成二年法律第七十一号）の規定に基づき審議会の権限に属させられた事項及び社会教育法（昭和二十四年法律第二百七号）の規定に基づき審議会の権限に属させられた事項（スポーツ・青少年分科会の所掌に属するものを除く。）を処理すること。
初等中等教育分科会	一　初等中等教育（幼稚園、小学校、中学校、高等学校、中等教育学校及び特別支援学校における教育をいう。次号において同じ。）の振興に関する重要事項を調査審議すること（生涯学習分科会及びスポーツ・青少年分科会の所掌に属するものを除く。）。 二　初等中等教育の基準に関する重要事項を調査審議すること。 三　教育職員の養成並びに資質の保持及び向上に関する重要事項を調査審議すること。 四　理科教育振興法（昭和二十八年法律第百八十六号）第九条第一項、産業教育振興法（昭和二十六年法律第二百二十八号）及び教育職員免許法（昭和二十四年法律第百四十七号）の規定に基づき審議会の権限に属させられた事項を処理すること。 五　理科教育振興法施行令（昭和二十九年政令第三百十一号）第二条第二項及び産業教育振興法施行令（昭和二十七年政令第四百五号）第二条第三項の規定により審議会の権限に属させられた事項を処理すること。
大学分科会	一　大学及び高等専門学校における教育の振興に関する重要事項を調査審議すること（スポーツ・青少年分科会の所掌に属するものを除く。）。 二　学校教育法（昭和二十二年法律第二十六号）の規定に基づき審議会の権限に属させられた事項を処理すること。 三　学校教育法施行令（昭和二十八年政令第三百四十号）第二十三条の二第三項の規定により審議会の権限に属させられた事項を処理すること。
スポーツ・青少年分科会	一　学校保健（学校における保健教育及び保健管理をいう。）、学校安全（学校における安全教育及び安全管理をいう。）及び学校給食に関する重要事項を調査審議すること。 二　青少年教育の振興に関する重要事項を調査審議すること。 三　青少年の健全な育成に関する重要事項を調査審議すること。 四　体力の保持及び増進に関する重要事項を調査審議すること。

	五　スポーツの振興に関する重要事項を調査審議すること。 六　スポーツ振興法（昭和三十六年法律第百四十一号）、スポーツ振興投票の実施等に関する法律（平成十年法律第六十三号）第三十一条第三項及び独立行政法人日本スポーツ振興センター法（平成十四年法律第百六十二号）第二十一条第二項の規定に基づき審議会の権限に属させられた事項並びに社会教育法第十三条の規定に基づき審議会の権限に属させられた事項（青少年教育に係るものに限る。）を処理すること。

2　前項の表の上欄に掲げる分科会に属すべき委員、臨時委員及び専門委員は、文部科学大臣が指名する。

3　分科会に、分科会長を置き、当該分科会に属する委員の互選により選任する。

4　分科会長は、当該分科会の事務を掌理する。

5　分科会長に事故があるときは、当該分科会に属する委員のうちから分科会長があらかじめ指名する者が、その職務を代理する。

6　審議会は、その定めるところにより、分科会の議決をもって審議会の議決とすることができる。

（部会）

第六条　審議会及び分科会は、その定めるところにより、部会を置くことができる。

2　部会に属すべき委員、臨時委員及び専門委員は、会長（分科会に置かれる部会にあっては、分科会長）が指名する。

3　部会に、部会長を置き、当該部会に属する委員の互選により選任する。

4　部会長は、当該部会の事務を掌理する。

5　部会長に事故があるときは、当該部会に属する委員のうちから部会長があらかじめ指名する者が、その職務を代理する。

6　審議会（分科会に置かれる部会にあっては、分科会。以下この項において同じ。）は、その定めるところにより、部会の議決をもって審議会の議決とすることができる。

（幹事）

第七条　審議会に、幹事を置く。

2　幹事は、関係行政機関の職員のうちから、文部科学大臣が任命する。

3　幹事は、審議会の所掌事務のうち、第五条第一項の表生涯学習分科会の項下欄の第一号に掲げる重要事項及び第四号に掲げる事項（生涯学習の振興のための施策の推進体制等の整備に関する法律の規定に基づき審議会の権限に属させられた事項に限る。）について、委員を補佐する。

4　幹事は、非常勤とする。

（議事）

第八条　審議会は、委員及び議事に関係のある臨時委員の過半数が出席しなければ、会議を開き、議決することができない。

2　審議会の議事は、委員及び議事に関係のある臨時委員で会議に出席したものの過半数で決し、可否同数のときは、会長の決するところによる。

3　前二項の規定は、分科会及び部会の議事について準用する。

（資料の提出等の要求）

第九条　審議会は、その所掌事務を遂行するため必要があると認めるときは、関係行政機関の長に対し、資料の提出、意見の開陳、説明その他必要な協力を求めることができる。

（庶務）

第十条　審議会の庶務は、文部科学省生涯学習政策局政策課において総括し、及び処理する。ただし、初等中等教育分科会に係るものについては文部科学省初等中等教育局初等中等教育企画課において、大学分科会に係るものについては文部科学省高等教育局高等教育企画課において、スポーツ・青少年分科会に係るものについては文部科学省スポーツ・青少年局企画・体育課において処理する。

（雑則）

第十一条　この政令に定めるもののほか、議事の手続その他審議会の運営に関し必要な事項は、会長が審議会に諮って定める。

附　則

この政令は、平成十三年一月六日から施行する。

附　則（平成一九年一二月一二日政令第三六三号）　抄

この政令は、学校教育法等の一部を改正する法律の施行の日（平成十九年十二月二十六日）から施行する。

科学技術・学術審議会令

平成十二年六月七日政令第二百七十九号
最終改正　平成一五年三月二八日政令第九八号

内閣は、文部科学省設置法（平成十一年法律第九十六号）第七条第二項の規定に基づき、この政令を制定する。

（組織）
第一条　科学技術・学術審議会（以下「審議会」という。）は、委員三十人以内で組織する。
2　審議会に、特別の事項を調査審議させるため必要があるときは、臨時委員を置くことができる。
3　審議会に、専門の事項を調査させるため必要があるときは、専門委員を置くことができる。

（委員等の任命）
第二条　委員は、学識経験のある者のうちから、文部科学大臣が任命する。
2　臨時委員は、当該特別の事項に関し学識経験のある者のうちから、文部科学大臣が任命する。
3　専門委員は、当該専門の事項に関し学識経験のある者のうちから、文部科学大臣が任命する。

（委員の任期等）
第三条　委員の任期は、二年とする。ただし、補欠の委員の任期は、前任者の残任期間とする。
2　委員は、再任されることができる。
3　臨時委員は、その者の任命に係る当該特別の事項に関する調査審議が終了したときは、解任されるものとする。
4　専門委員は、その者の任命に係る当該専門の事項に関する調査が終了したときは、解任されるものとする。
5　委員、臨時委員及び専門委員は、非常勤とする。

（会長）
第四条　審議会に、会長を置き、委員の互選により選任する。
2　会長は、会務を総理し、審議会を代表する。
3　会長に事故があるときは、あらかじめその指名する委員が、その職務を代理する。

（分科会）
第五条　審議会に、次の表の上欄に掲げる分科会を置き、これらの分科会の所掌事務は、審議会の所掌事務のうち、それぞれ同表の下欄に掲げるとおりとする。

名称	所掌事務
研究計画・評価分科会	一　科学技術に関する研究及び開発に関する計画の作成及び推進に関する重要事項を調査審議すること。 二　科学技術に関する研究及び開発の評価に係る基本的な政策の企画及び立案並びに推進に関する重要事項を調査審議すること。 三　科学技術に関する関係行政機関の事務の調整の方針に関する重要事項（前二号に掲げる事務に係るものに限る。）を調査審議すること。
資源調査分科会	資源の総合的利用に関する重要事項（他の府省の所掌に属するものを除く。）を調査審議すること。
学術分科会	学術の振興に関する重要事項を調査審議すること。
海洋開発分科会	海洋の開発に関する総合的かつ基本的な事項を調査審議すること。
測地学分科会	測地学及び政府機関における測地事業計画に関する事項を調査審議すること。
技術士分科会	一　技術士制度に関する重要事項を調査審議すること。 二　技術士法（昭和五十八年法律第二十五号）の規定により審議会の権限に属させられた事項を処理すること。

2　前項の表の上欄に掲げる分科会に属すべき委員、臨時委員及び専門委員は、文部科学大臣が指名する。
3　分科会に、分科会長を置き、当該分科会に属する委員の互選により選任する。
4　分科会長は、当該分科会の事務を掌理する。
5　分科会長に事故があるときは、当該分科会に属する委員のうちから分科会長があらかじめ指名する者が、その職務を代理する。
6　審議会は、その定めるところにより、分科会の議決をもって審議会の議決とすることができる。

（部会）
第六条　審議会及び分科会は、その定めるところにより、部会を置くことができる。
2　部会に属すべき委員、臨時委員及び専門委員は、会長（分科会に置かれる部会にあっては、分科会長）が指名する。
3　部会に、部会長を置き、当該部会に属する委員の互選により選任する。
4　部会長は、当該部会の事務を掌理する。
5　部会長に事故があるときは、当該部会に属する委員のうちから部会長があらかじめ指名する者が、その職務を代理する。
6　審議会（分科会に置かれる部会にあっては、分科会。以下この項において同じ。）は、その定めるところにより、部会の議決をもって審議会の議決とすることができる。

（幹事）
第七条　審議会に、幹事を置く。
2　幹事は、関係行政機関の職員のうちから、文部科学大臣が任命する。
3　幹事は、審議会の所掌事務（学術分科会に係るものを除く。）について、委員、臨時委員及び専門委員を補佐する。
4　幹事は、非常勤とする。

（議事）
第八条　審議会は、委員及び議事に関係のある臨時委員の過半数が出席しなければ、会議を開き、議決することができない。
2　審議会の議事は、委員及び議事に関係のある臨時委員で会議に出席したものの過半数で決し、可否同数のときは、会長の決するところによる。
3　前二項の規定は、分科会及び部会の議事について準用する。

（資料の提出等の要求）

第九条　審議会は、その所掌事務を遂行するため必要があると認めるときは、関係行政機関の長に対し、資料の提出、意見の開陳、説明その他必要な協力を求めることができる。

（庶務）

第十条　審議会の庶務は、文部科学省科学技術・学術政策局政策課において総括し、及び処理する。ただし、研究計画・評価分科会に係るものについては文部科学省科学技術・学術政策局計画官において、学術分科会に係るものについては文部科学省科学技術・学術政策局政策課において文部科学省研究振興局振興企画課の協力を得て、海洋開発分科会に係るものについては文部科学省研究開発局海洋地球課において、測地学分科会に係るものについては文部科学省研究開発局地震・防災研究課において、技術士分科会に係るものについては文部科学省科学技術・学術政策局基盤政策課において処理する。

（雑則）

第十一条　この政令に定めるもののほか、議事の手続その他審議会の運営に関し必要な事項は、会長が審議会に諮って定める。

附　則

この政令は、平成十三年一月六日から施行する。

附　則（平成一五年三月二八日政令第九八号）　抄

（施行期日）

第一条　この政令は、平成十五年四月一日から施行する。

大学設置・学校法人審議会令

昭和六十二年九月十日政令第三百二号
最終改正　平成一五年三月二六日政令第七四号

内閣は、学校教育法（昭和二十二年法律第二十六号）第六十九条の四第七項並びに私立学校法（昭和二十四年法律第二百七十号）第十八条及び第十九条の規定に基づき、この政令を制定する。

（組織）

第一条　大学設置・学校法人審議会（以下「審議会」という。）は、委員二十九人以内で組織する。

2　審議会に、特別の事項を調査審議させるため必要があるときは、特別委員を置くことができる。

3　審議会に、専門の事項を調査させるため必要があるときは、専門委員を置くことができる。

（委員等の任命）

第二条　委員は、次に掲げる者のうちから、文部科学大臣が任命する。

一　大学又は高等専門学校の職員（次号に掲げる者を除く。）

二　私立大学若しくは私立高等専門学校の職員又はこれらを設置する学校法人の理事

三　学識経験のある者

2　特別委員は、当該特別の事項に関し学識経験のある者のうちから、文部科学大臣が任命する。

3　専門委員は、当該専門の事項に関し学識経験のある者のうちから、文部科学大臣が任命する。

（委員の任期等）

第三条　委員の任期は、二年とする。ただし、補欠の委員の任期は、前任者の残任期間とする。

2　委員は、再任されることができる。

3　特別委員は、その者の任命に係る当該特別の事項に関する調査審議が終了したときは、解任されるものとする。

4　専門委員は、その者の任命に係る当該専門の事項に関する調査が終了したときは、解任されるものとする。

5　委員、特別委員及び専門委員は、非常勤とする。

（会長）

第四条　審議会に、会長を置き、委員の互選により選任する。

2　会長は、会務を総理し、審議会を代表する。

3　会長に事故があるときは、あらかじめその指名する委員が、その職務を代理する。

（分科会）

第五条　審議会に、次に掲げる分科会を置く。

大学設置分科会
学校法人分科会

2　大学設置分科会は、審議会の所掌事務のうち、学校教育法（昭和二十二年法律第二十六号）の規定に基づき審議会の権限に属させられた事項（学校法人分科会の所掌に属するものを除く。）を処理することをつかさどる。

3　学校法人分科会は、審議会の所掌事務のうち、私立学校法（昭和二十四年法律第二百七十号）及び私立学校振興助成法（昭和五十年法律第六十一号）の規定に基づき審議会の権限に属させられた事項並びに学校教育法の規定に基づき審議会の権限に属させられた事項（私立の大学及び高等専門学校に係るもののうち、審議会の定めるものに限る。）を処理することをつかさどる。

4　第一項に掲げる分科会に属すべき委員、特別委員及び専門委員は、文部科学大臣が指名する。

第六条　文部科学大臣は、前条第四項の規定により学校法人分科会に属すべき委員を指名するに当たつては、私立大学等関係委員（第二条第一項第二号に掲げる者のうちから任命された委員であつて、同分科会に属するものをいう。以下この条において同じ。）に関し次に掲げる要件を満たすように行わなければならない。

一　私立大学等関係委員の数が学校法人分科会に属する委員の総数の四分の三以上であること。

二　私立大学等関係委員のうち、私立大学の学長、私立高等専門学校の校長又はこれらの学校の教員である理事以外の理事である委員の数が、私立大学等関係委員の数の二分の一以下であること。

2　私立大学等関係委員は、次の各号のいずれにも該当する団体があるときは、当該団体から推薦された者でなければならない。

一　私立大学及び私立高等専門学校の教育一般の改善振興を図ることを目的としていること。

二　私立大学及び私立高等専門学校の総数の三分の二以上をもつて組織されていること。

三　在籍する学生の数が私立大学又は私立高等専門学校に在籍する学生の総数の三分の二を超える私立大学又は私立高等専門学校で組織されていること。

3　前項の推薦に関し必要な事項は、文部科学省令で定める。

第七条　分科会に、分科会長を置き、当該分科会に属する委員の互選により選任する。

2　分科会長は、当該分科会の事務を掌理する。

3　分科会長に事故があるときは、当該分科会に属する委員のうちから分科会長のあらかじめ指名する者が、その職務を代理する。

第八条　審議会は、その定めるところにより、分科会の議決をもつて審議会の議決とすることができる。

（議事）

第九条　審議会は、委員の過半数が出席しなければ、会議を開き、議決することができない。

2　審議会の議事は、会議に出席した委員の過半数で決し、可否同数のときは、会長の決するところによる。

3　前二項の規定は、分科会の議事について準用する。

第十条　審議会の委員は、自己、配偶者若しくは三親等以内の親族の一身上に関する事件又は自己の関係する学校若しくは学校法人に関する事件については、その議事の議決に加わることができない。ただし、会議に出席し、発言することを妨げない。

（庶務）

第十一条　審議会の庶務は、文部科学省高等教育局高等教育企画課において総括し、及び処理する。ただし、学校法人分科会に係るものについては、文部科学省高等教育局私学部私学行政課において処理する。

（雑則）

第十二条　この政令に定めるもののほか、議事の手続その他審議会の運営に関し必要な事項は、会長が審議会に諮つて定める。

附　則

（施行期日）

1　この政令は、公布の日から施行する。

（経過措置）

2　この政令の施行後最初に任命される委員の任期は、第一条第一項の規定にかかわらず、昭和六十四年四月三十日までとする。

（大学設置審議会令の廃止）

3　大学設置審議会令（昭和四十年政令第百三十三号）は、廃止する。

（学校教育法施行令の一部改正）

4　学校教育法施行令（昭和二十八年政令第三百四十号）の一部を次のように改正する。

目次中「・第四十条」を削る。

第四十条を削る。

（文部省組織令の一部改正）

5　文部省組織令（昭和五十九年政令第二百二十七号）の一部を次のように改正する。

第四十一条第七号を次のように改める。

七　大学設置・学校法人審議会に関すること（学校法人分科会に関することを除く。）。

第四十二条第十号及び第四十三条第十一号を削る。

第四十六条第七号を次のように改める。

七　学校法人分科会に関すること。

第七十条第一項の表大学設置審議会の項を削り、同条第三項中「私立大学審議会」を「大学設置・学校法人審議会」に改める。

附　則（平成一五年三月二六日政令第七四号）　抄

（施行期日）

第一条　この政令は、平成十五年四月一日から施行する。

大学設置・学校法人審議会の私立大学等関係委員の推薦に関する省令

平成十三年一月六日文部科学省令第二号

大学設置・学校法人審議会令（昭和六十二年政令第三百二号）第六条第三項の規定に基づき、大学設置・学校法人審議会の私立大学等関係委員の推薦に関する省令を次のように定める。

（推薦団体の届出）

第一条　私立学校の団体は、大学設置・学校法人審議会令（以下「令」という。）第六条第二項に規定する団体（以下「推薦団体」という。）に該当するに至つたときは、次の各号に掲げる事項を文部科学大臣に届け出ることを要する。

一　名称

二　目的

三　当該団体を組織する私立学校の名称及び在学者数並びに校数及び在学者総数

四　事務所

五　代表者の氏名及び住所

六　規約、規則の類

2　前項の規定により届出を行つた団体は、届け出た事項に変更があつたときはその変更に係る事項を、解散し、又は推薦団体に該当しなくなつたときはその旨を、遅滞なく（届け出た事項の変更が同項第三号に係るものであるときは、毎年五月一日現在により、二月以内に）、文部科学大臣に届け出ることを要する。

（推薦団体による推薦の手続）

第二条　文部科学大臣は、推薦団体があるときは、一月を下らない期間を定めて、当該推薦団体に対してその期間内に令第六条第二項に規定する推薦をすることを求めるものとする。
2　推薦団体が推薦する者の総数は、令第六条第一項に規定する私立大学等関係委員の数の一倍半以上とする。
3　前二項の規定は、令第六条第一項に規定する私立大学等関係委員に欠員を生じた場合における補欠委員に係る推薦について準用する。この場合において、前項中「私立大学等関係委員の数」とあるのは、「私立大学等関係委員の補欠委員の数」と読み替えるものとする。

附　則

（施行期日）
1　この中央省庁等改革推進本部令（次項において「本部令」という。）は、内閣法の一部を改正する法律（平成十一年法律第八十八号）の施行の日（平成十三年一月六日）から施行する。

（この本部令の効力）
2　この本部令は、その施行の日に、大学設置・学校法人審議会の私立大学等関係委員の推薦に関する省令（平成十三年文部科学省令第二号）となるものとする。

大学設置・学校法人審議会運営規則

平成十三年二月二十日大学設置・学校法人審議会長決定

第一章　総則

第一条　大学設置・学校法人審議会（以下「審議会」という。）の議事手続その他その運営に関し必要な事項は、大学設置・学校法人審議会令に定めるもののほか、この規則の定めるところによる。

第二章　審議の手続

第二条　文部科学大臣の諮問があったときは、会長は、その調査審議を分科会に付託するものとする。
2　前項の諮問が両分科会の分担事項に関するものであるときは、会長は、その調査審議を両分科会に付託するものとする。

第三条　分科会に付託された事項及び分科会の分担事項に係る建議については、分科会の議決をもって審議会の議決とする。
2　前項の規定にかかわらず、前条第二項の規定により両分科会に付託された事項について、両分科会の議決の内容が相反する場合における審議会の議決の取り扱いについては、審議会が別に定めるところによる。

第三章　議事

第四条　審議会は、会長が召集し、議長となる。
第五条　分科会の会議は、分科会長が召集し、議長となる。
第六条　分科会の会議は、分科会に属する委員をもって構成する。
2　分科会長は、必要があると認めたときは、特別委員及び専門委員を分科会の会議に出席させ、意見を述べさせることができる。

第七条　審議会の議事は、高等教育局高等教育企画課が記録する。

第四章　雑則

第八条　この規則に定めるもののほか、審議会及び分科会の議事の手続その他その運営に関し必要な事項は、会長が審議会又は分科会に諮って定める。

6　審議会

大学設置・学校法人審議会の議決の取扱いについて

平成十三年二月二十日大学設置・学校法人審議会長決定

標記の件について、大学設置・学校法人審議会運営規則第三条第二項の規定により、左記のとおり定める。

両分科会に付託された事項についていずれかの分科会の議決が「否」であるときは、審議会は「否」の議決をしたこととする。

大学設置分科会運営規則

平成十八年四月二十五日大学設置・学校法人審議会大学設置分科会決定

（総則）

第一条　大学設置・学校法人審議会（以下「分科会」という。）の議事の手続その他分科会の運営に関し必要な事項は、大学設置・学校法人審議会令（昭和六十二年政令第三百二号）及び大学設置・学校法人審議会運営規則（平成十三年二月二十日大学設置・学校法人審議会長決定）に定めるもののほか、この規則の定めるところによる。

（審査会及び特別審査会）

第二条　分科会に、分科会長の定めるところにより、数個の審査会を置く。

2　審査会は、分科会の所掌事務のうち、学校教育法（昭和二十二年法律第二十六号）第四条第一項の認可（設置者の変更及び廃止に係るものを除く。）の申請の審査に関する事項を処理する。

3　審査会に属すべき委員、特別委員及び専門委員は、分科会長が指名する。

4　審査会に、主査を置き、当該審査会に属する委員及び特別委員のうちから分科会長が指名する。

5　主査は、当該審査会の事務を掌理する。

6　主査に事故があるときは、当該審査会に属する委員及び特別委員のうちから主査のあらかじめ指名する者が、その職務を代理する。

7　審査会の会議は、分科会長が招集し、主査が議長となる。

8　主査は、当該審査会における審議の経過及び結果を分科会及び運営委員会に報告するものとする。

9　審査会の審議事項のうち特別の事項を審査する必要があるときは、分科会に、分科会長の定めるところにより、特別審査会を置くことができる。

10　第三項から第八項までの規定は、特別審査会について準用する。

（専門委員会）

第三条　分科会に、専門の事項を審査させるため、分科会長の定めるところにより、専攻分野に従い数個の専門委員会を置く。

2　専門委員会に属すべき委員、特別委員及び専門委員は、分科会長が指名する。

3　専門委員会に、主査を置き、当該専門委員会に属する委員、特別委員及び専門委員のうちから分科会長が指名する。

4　主査は、当該専門委員会の事務を掌理する。

5　主査に事故があるときは、当該専門委員会に属する委員、特別委員及び専門委員のうちから主査のあらかじめ指名する者が、その職務を代理する。

6　専門委員会の会議は、分科会長が招集し、主査が議長となる。

7　主査は、当該専門委員会における審査の結果を審査会又は特別審査会に報告するものとする。

（運営委員会）

第四条　分科会に、分科会の議案を整理し、審査会相互間の調整を図り、及び分科会から特に付託された事項を審議するため、運営委員会を置く。

2　分科会長及び分科会長の職務を代理する者のほか、運営委員会に属すべき委員及び特別委員は、分科会長が指名する。

3　分科会長は、運営委員会の事務を掌理する。

4　運営委員会の会議は、分科会長が招集し、分科会長が議長となる。

第五条　運営委員会に、特定の事項を審議するため、小委員会を置くことができる。

2　小委員会に属すべき委員、特別委員及び専門委員は、分科会長が指名する。

3　小委員会に、主査を置き、当該小委員会に属する委員及び特別委員のうちから分科会長が指名する。

4　主査は、当該小委員会の事務を掌理する。

5　主査に事故があるときは、当該小委員会に属する委員及び特別委員のうちから主査のあらかじめ指名する者が、その職務を代理する。

6　小委員会の会議は、分科会長が招集し、主査が議長となる。

7　主査は、当該小委員会における審議の経過及び結果を運営委員会に報告するものとする。

（議事）

第六条　分科会の会議の議事の採決は、挙手又は投票によって行う。

2　第二条から前条までに規定する組織は、当該組織に属する構成員の過半数が出席しなければ、会議を開き、議決することができない。

3　第二条から前条までに規定する組織の議事は、当該組織に属する構成員で会議に出席したものの過半数で決し、可否同数のときは、議長の決するところによる。

（その他）

第七条　この規定に定めるもののほか、分科会、審査会及び特別審査会並びに運営委員会の議事の手続その他その運営に関し必要な事項は、分科会長が分科会に諮って定める。

2　専門委員会の運営に関し必要な事項は、当該専門委員会の主査が定める。

附　則

1　この規則は、平成十八年四月二十五日から施行する。

2　大学設置分科会運営規則（平成十三年二月二十日大学設置・学校法人審議会大学設置分科会長決定）は、廃止する。

大学設置分科会審査運営内規

平成十八年四月二十五日大学設置・学校法人審議会大学設置分科会決定

最終改正　平成二一年二月一八日

第一章　総則

（目的）

第一条　この規定は、大学の設置等の認可に係る審査の運営に関し必要な事項を定めることにより、適切かつ円滑な審査の実施を図ることを目的とする。

（用語の定義）

第二条　この規定において、次の各号に掲げる用語の定義は、当該各号に定めるところによる。

(1) 手続規則　大学の設置等の認可の申請及び届出に係る手続等に関する規則（平成十八年文部科学省令第十二号）。

(2) 留意事項　手続規則第十三条に基づく、認可を受けた者が設置計画を履行するに当たって留意すべき事項。

(3) 最終判定　審査案件に関し文部科学大臣が認可することについて、「可」又は「不可」の判定を行うこと。

(4) 是正意見　審査の結果、大学設置基準（昭和三十一年文部省令第二十八号）等の法令に抵触する、又は書類の内容が不明確である事項があり、申請者に対して申請内容の修正を求める意見。対応が不十分な場合には、最終判定を「不可」とする、又は最終判定を保留して審査を継続するものとする。

(5) 改善意見　審査の結果、大学設置基準等の法令に抵触する疑いがある、又は改善を強く求める事項があり、申請者に対して申請内容の修正を求める意見。

(6) 要望意見　審査の結果、改善を求める事項があり、申請者に対して回答を求める意見。

(7) その他意見　審査の結果、改善が望まれる事項があり、申請者に対してこれを通知する意見。

(8) 警　告　審査の結果、設置計画全般あるいは設置申請の根幹に係る是正意見が付されるなど、申請内容を抜本的に見直す必要があるが、補正申請の提出期限までに補正される見込みがなく審査を継続すれば「不可」となるおそれがあると認められる場合に、申請者に対しその旨を伝達すること。

（通則）

第三条　審査は、大学設置基準、高等専門学校設置基準（昭和三十六年文部省令第二十三号）、大学院設置基準（昭和四十九年文部省令第二十八号）、短期大学設置基準（昭和五十年文部省令第二十一号）、大学通信教育設置基準（昭和五十六年文部省令第三十三号）、短期大学通信教育設置基準（昭和五十七年文部省令第三号）及び専門職大学院設置基準（平成十五年文部科学省令第十六号）その他の法令に基づいて行う。

2　審査に当たっては、中央教育審議会の答申等を十分尊重するものとする。

3　審査の過程においては、原則として、新たな意見を付し、又はより強い意見に変更することを行わない。

4　審査は、書面、面接又は実地により行う。

5　分科会長が分科会に諮って適当と認める案件については、審査過程の一部を省略又は変更して審査を行うことができる。

6　分科会長は、審査案件により審議事項を各審査会（特別審査会を含む。以下同じ。）に付託する。

7　分科会長は、審査案件に係る教員組織、教育課程等の審査を各専門委員会に付託する。

（組織）

第四条 審査は、審査案件ごとに以下の組織において行うこととする。

1 分科会

(1) 分科会は、次の各号に掲げる審査案件の最終判定を行う。

① 大学又は高等専門学校の設置

② 大学の学部、短期大学の学科又は私立の大学の学部の学科の設置

③ 大学の大学院の設置、大学院の研究科若しくは研究科の専攻の設置又は大学の大学院の研究科の専攻に係る課程の変更

④ 高等専門学校の学科の設置

⑤ 大学における通信教育の開設

(2) 分科会は、私立の大学又は高等専門学校の収容定員に係る学則の変更についての審査案件の審査及び判定を行う。

2 審査会

(1) 各審査会は、1(1)①から⑤までに掲げる審査案件の審査を行う。また、必要に応じ、1(2)に掲げる審査案件の審査を行う。

(2) 通信教育の開設の審査については、通信教育に関し優れた識見を有する専門委員を配置して審査を実施する。

3 専門委員会

(1) 各専門委員会は、1(1)①から⑤までに掲げる審査案件について、申請書に基づいて、教員組織、教育課程及び履修方法その他専門の事項について書面による審査を行い、その結果を関係の審査会に報告する。また、必要に応じ、1(2)に掲げる審査案件の書面による審査を行い、その結果を関係の審査会に報告する。

(2) 各専門委員会は、専任教員に関して、次の各号に掲げる資格審査を行う。

① 職位（教授、准教授、講師又は助教）及び授業科目の担当の適格性

② 大学院における「研究指導教員」又は「研究指導補助教員」の適格性

③ 大学設置基準別表第一イ備考第十号の規定に基づく実務の経験を有する者又は専門職大学院設置基準第五条の規定により専攻ごとに置くものとされる教員の要件及び専任教員全体に占める割合

4 運営委員会

運営委員会は、審査会が作成した判定案の調整等を行う。

第五条 （守秘義務及び利益相反）前条に規定する組織の構成員は、審査が終了するまでの間は、審査の過程において取得した一切の情報を、口頭及びその他の手段を用いて漏らさないものとする。

2 前条に規定する組織の構成員は、自己、配偶者若しくは三親等以内の親族の一身上に関する案件又は自己の関係する学校若しくは学校法人等に関する案件については、当該組織における審査（書面、面接、実地の別を問わない。）に参画することができない。

第二章 審査

第六条 大学及び高等専門学校の設置に係る審査

1 審査期間

審査期間は、開設年度の前年度の四月から十月までとする。ただし、必要があると認める場合には、当該年度の末日まで審査を行うことができる。

2 審査方針の決定

(1) 分科会又は運営委員会において、審査案件ごとに担当する審査会及び専門委員会を決定する。

(2) 分科会又は運営委員会において、大学、大学院の課程及び高等専門学校の目的に応じた審査の観点を定める。

(3) 分科会長が必要と認める場合に、参考人の委嘱を決定する。

3 全体計画審査・教員審査

(1) 専門委員会

① 認可申請書に基づき書面による審査を実施し、その結果を踏まえ、是正意見、改善意見、要望意見又はその他意見を付し、審査意見案としてまとめる。

② 教員個人調書に基づき書面による審査を行い、教員の資格を判定する。

(2) 審査会

① 認可申請書及び専門委員会の審査意見案に基づき書面による審査を実施し、その結果を踏まえ、是正意見、改善意見、要望意見又はその他意見を付し、審査意見としてまとめる。

② 申請者に対して審査意見及び教員の資格審査の判定結果を伝達し、審査意見を踏まえた認可申請書の補充又は訂正（以下「補正」という。）がある場合は、4の審査までに補正申請書の提出を求める。その際、審査意見を勘案し必要があると認める場合には、申請者に対し警告を行うことができる。

4 第一次専門審査・教員審査

(1) 専門委員会

① 補正申請書に基づき書面による審査を実施し、その結果を踏まえ、是正意見、改善意見、要望意見又はその他意見を付し、審査意見案としてまとめる。

② 教員個人調書に基づき書面による審査を行い、教員の資格を判定する。

(2) 審査会

① 審査意見案に基づき書面による審査を実施し、その結果を踏まえ、是正意見、改善意見、要望意見又はその他意見を付し、審査意見としてまとめる。

② 申請者に対して審査意見及び教員の資格審査の判定結果を伝達し、審査意見を踏まえた認可申請書の補正がある場合は、5の審査までに補正申請書の提出を求める。その際、審査意見を勘案し必要があると認める場合には、申請者に対し警告を行うことができる。

5 第二次専門審査・教員審査

(1) 専門委員会

① 補正申請書に基づき書面による審査を実施し、その結果を踏まえ、是正意見、改善意見又はその

他意見を付し、審査意見案としてまとめる。
② 教員個人調書に基づき書面による審査を行い、教員の資格を判定する。
(2) 審査会
① 是正意見が付されない場合、判定案を「可」とし、改善意見を基に留意事項案を作成する。
② 是正意見が付される場合（8(1)の場合を除く。）、判定案を「不可」とし、不可理由案を作成する。
③ ①及び②の場合、申請者に対して教員の資格審査の判定結果を伝達する。

6 総合調整
運営委員会において、各審査会における審査結果の全体調整を行う。

7 判定
(1) 分科会において、全体調整を経た判定案に基づき、最終判定及び留意事項を決定する。
(2) 最終判定を保留して審査を継続する対象とする審査案件を確認する。

8 審査継続（保留）
(1) 5(2)において是正意見が付され、かつ、当該是正意見が次の各号のいずれかに該当する場合は、判定案の作成を保留し、分科会において、審査意見案を基に、是正意見、改善意見又はその他意見を付し、審査意見としてまとめる。
① 校地又は校舎の整備が遅延しており、他の要件が全て具備されている場合
② 教員組織に一名のみの欠陥がある場合で、他の要件が全て具備されている場合
③ 特定の是正意見（①及び②に係るものを除く。）への対応が必ずしも十分ではないが、再補正の上最終判定を行うことが適当であると認める場合
④ 形式要件の不備があり、若干の猶予によって確実に補正がなされると期待される場合
(2) 是正意見が付され審査継続となった場合であって、申請者に対して審査意見及び教員の資格審査の判定結果を伝達し、当該審査意見を踏まえた補正申請書の補正があるときは、(3)において準用する5の審査までに補正申請書の提出を求める。
(3) (1)及び(2)の場合の審査手続は、5から7まで及び10を準用する。この場合、5の「第二次専門審査・教員審査」を「第三次専門審査・教員審査」と読み替えるものとする。

9 早期判定
(1) 各審査会は、3又は4の結果、是正意見、改善意見及び要望意見が付されず、かつ、教員個人調書に係る認可申請書の補正の必要がない場合、審査会における審査を終了し、分科会に判定案を「可」とする旨の報告を行い、分科会において、当該判定案に基づき、最終判定及び留意事項を決定する。
(2) 各審査会は、3又は4の結果、設置申請の根幹に係る是正意見が付され、若しくは設置計画全般に多数の是正意見が付され、審査を継続しても「不可」となる蓋然性が高いと認められる場合又は3及び4の結果、いずれにおいても警告が付された場合には、審査会における審査を終了し、分科会に判定案を「不可」とする旨の報告を行い、分科会において、当該判定案に基づき、最終判定を決定する。

10 面接又は実地による審査
各審査会は、3から5の過程において、書面による審査に加え、詳細な審査又は視認による確認が必要であると認める場合には、以下の観点に従って面接又は実地による審査を行うことができる。
i) 施設・設備の整備計画の進捗状況の確認
ii) 審査意見への対応に関する説明の聴取

第七条 大学の学部等の設置等に係る審査

1 審査対象
(1) 大学の学部、短期大学の学科又は私立の大学の学部の学科の設置
(2) 大学の大学院の設置、大学院の研究科若しくは研究科の専攻の設置又は大学の大学院の研究科の専攻に係る課程の変更
(3) 高等専門学校の学科の設置
(4) 大学における通信教育の開設

2 審査期間
審査期間は、開設年度の前年度の六月から十月までとする。ただし、必要があると認める場合には、当該年度の末日まで審査を行うことができる。

3 審査方針の決定
審査方針の決定については、第六条2の規定を準用する。

4 審査手続
審査手続については、第六条4から10までの規定を準用する。

第八条 私立の大学又は高等専門学校の収容定員に係る学則の変更に係る審査

1 審査期間
審査期間は、次のとおりとする。ただし、必要があると認める場合には、当該年度の末日まで審査を行うことができる。
(1) 学則変更年度の前々年度の三月三十一日までに申請のあったものについては、学則変更年度の前年度の四月から六月までとする。
(2) 学則変更年度の前年度の六月三十日までに申請のあったものについては、学則変更年度の前年度の七月から八月までとする。

2 審査手続
分科会において、認可申請書に基づき書面による審査を実施する。ただし、必要に応じ、大学等の設置等に係る審査に準じた審査を行うことができる。また、特に必要があると認める場合には、面接又は実地による審査を行うことができる。

3 判定
分科会において、審査の結果に基づき、最終判定及び留意事項を決定する。

附　則

この内規は、平成二十年三月一日から施行する。

附　則

この内規は、平成二十一年三月一日から施行する。

学校法人分科会運営規則

平成十三年二月二十日大学設置・学校法人審議会学校法人分科会長決定
最終校正　平成一五年三月二四日

（総則）

第一条　学校法人分科会（以下「分科会」という。）の議事の手続きその他の運営に関し必要な事項は、大学設置・学校法人審議会令及び大学設置・学校法人審議会運営規則に定めるもののほか、この規則に定めるところによる。

（議事）

第二条　発言しようとする者は、議長の許可を受けなければならない。

第三条　建議案を提出しようとする者は、案を作り、三人以上の賛成者と連署して分科会長に差し出さなければならない。

第四条　修正の動議を提出しようとする者は、文書又は口頭で、議長に申し出なければならない。

第五条　委員が大学設置・学校法人審議会令第十条に掲げる事件について会議に出席し発言しようとするときは、あらかじめその旨を分科会長に申し出て、その承認を得なければならない。

第六条　採決は、起立又は挙手によって決める。ただし、議決により記名投票又は無記名投票を用いることができる。

（審査会）

第七条　この分科会に、分科会長の定めるところにより、審査会を置く。

2　審査委員は委員のうちから、審査事項ごとに分科会長が指名する。

3　審査会は、互選により、主査を定める。

4　主査は、会議の議長となり、議事を整理する。

5　審査会は、分科会長が召集する。

6　主査に事故があるときは、あらかじめ分科会長の指名する委員が主査の職務を代理する。

7　審査会は、委員の過半数が出席しなければ開くことができない。

8　議事は、出席委員の過半数で決し、可否同数のときは、議長の決するところによる。

9　第二条、第五条及び第六条の規定は、審査会について準用する。

第八条　学校法人の寄附行為又は寄附行為変更の認可に関し、文部科学大臣の諮問又は文部科学省高等教育局長の意見伺いがあったときは、分科会長は、原則として、当該諮問又は意見伺いに係る事項を適宜分割して、審査会に付託するものとする。

2　審査会の主査は、審査会の経過及び結果を会議に報告しなければならない。

（特別審査会）

第九条　この分科会に分科会長が必要と認めたときは、特別の事項を審査するため、特別審査会を置く。

2　特別審査会は、分科会長の推薦に基づき分科会で承認した委員及び分科会長の指名する特別委員で構成する。

3　特別審査会に会議を整理するため、その構成員の互選によって主査を置く。

4　主査に事故があるときは、あらかじめ分科会長の指名する構成員が主査の職務を代理する。

5　特別審査会は、構成員の過半数が出席しなければ開くことができない。

第十条　特別審査会の主査は、審査の経過及び結果を会議に報告しなければならない。

2　第二条、第五条、第六条及び第七条第四項から第八項までの規定は、特別審査会について準用する。

（雑則）

第十一条　この規則に規定していない事項については、必要に応じ、分科会長が定めることができる。

七　職員

教育公務員特例法

昭和二十四年一月十二日法律第一号
最終改正　平成一九年六月二七日法律第九八号

第一章　総則

（この法律の趣旨）

第一条　この法律は、教育を通じて国民全体に奉仕する教育公務員の職務とその責任の特殊性に基づき、教育公務員の任免、給与、分限、懲戒、服務及び研修等について規定する。

（定義）

第二条　この法律で「教育公務員」とは、地方公務員のうち、学校教育法（昭和二十二年法律第二十六号）第一条に定める学校であつて同法第二条に定める公立学校（地方独立行政法人法（平成十五年法律第百十八号）第六十八条第一項に規定する公立大学法人が設置する大学及び高等専門学校を除く。以下同じ。）の学長、校長（園長を含む。以下同じ。）、教員及び部局長並びに教育委員会の教育長及び専門的教育職員をいう。

2　この法律で「教員」とは、前項の学校の教授、准教授、助教、副校長（副園長を含む。以下同じ。）、教頭、主幹教諭、指導教諭、教諭、助教諭、養護教諭、養護助教諭、栄養教諭及び講師（常時勤務の者及び地方公務員法（昭和二十五年法律第二百六十一号）第二十八条の五第一項に規定する短時間勤務の職を占める者に限る。第二十三条第二項を除き、以下同じ。）をいう。

3　この法律で「部局長」とは、大学（公立学校であるものに限る。第二十六条第一項を除き、以下同じ。）の副学長、学部長その他政令で指定する部局の長をいう。

4　この法律で「評議会」とは、大学に置かれる会議であつて当該大学を設置する地方公共団体の定めるところにより学長、学部長その他の者で構成するものをいう。

5　この法律で「専門的教育職員」とは、指導主事及び社会教育主事をいう。

第二章　任免、給与、分限及び懲戒

第一節　大学の学長、教員及び部局長

（採用及び昇任の方法）

第三条　学長及び部局長の採用並びに教員の採用及び昇任は、選考によるものとする。

2　学長の採用のための選考は、人格が高潔で、学識が優れ、かつ、教育行政に関し識見を有する者について、評議会（評議会を置かない大学にあつては、教授会。以下同じ。）の議に基づき学長の定める基準により、評議会が行う。

3　学部長の採用のための選考は、当該学部の教授会の議に基づき、学長が行う。

4　学部長以外の部局長の採用のための選考は、評議会の議に基づき学長の定める基準により、学長が行う。

5　教員の採用及び昇任のための選考は、評議会の議に基づき学長の定める基準により、教授会の議に基づき学長が行う。

6　前項の選考について教授会が審議する場合において、その教授会が置かれる組織の長は、当該大学の教員人事の方針を踏まえ、その選考に関し、教授会に対して意見を述べることができる。

（転任）

第四条　学長、教員及び部局長は、学長及び教員にあつては評議会、部局長にあつては学長の審査の結果によるのでなければ、その意に反して転任されることはない。

2　評議会及び学長は、前項の審査を行うに当たつては、その者に対し、審査の事由を記載した説明書を交付しなければならない。

3　評議会及び学長は、審査を受ける者が前項の説明書を受領した後十四日以内に請求した場合には、その者に対し、口頭又は書面で陳述する機会を与えなければならない。

4　評議会及び学長は、第一項の審査を行う場合において必要があると認めるときは、参考人の出頭を求め、又はその意見を徴することができる。

5　前三項に規定するもののほか、第一項の審査に関し必要な事項は、学長及び教員にあつては評議会、部局長にあつては学長が定める。

（降任及び免職）

第五条　学長、教員及び部局長は、学長及び教員にあつては評議会、部局長にあつては学長の審査の結果によるのでなければ、その意に反して免職されることはない。教員の降任についても、また同様とする。

2　前条第二項から第五項までの規定は、前項の審査の場合に準用する。

（休職の期間）

第六条　学長、教員及び部局長の休職の期間は、心身の故障のため長期の休養を要する場合の休職においては、個々の場合について、評議会の議に基づき学長が定める。

（任期）

第七条　学長及び部局長の任期については、評議会の議に基づき学長が定める。

（定年）

第八条　大学の教員に対する地方公務員法第二十八条の二第一項、第二項及び第四項の規定の適用については、同条第一項中「定年に達した日以後における最初の三月三十一日までの間において、条例で定める日」とあるのは「定年に達した日から起算して一年を超えない範囲内で評議会の議に基づき学長があらかじめ指定する日」と、同条第二項中「国の職員につき定められている定年を基準として条例で」とあるのは「評議会の議に基づき学長が」と、同条第四項中「臨時的に任用される職員その他の法律により任期を定めて任用される職員」とあるのは「臨時的に任用される職員」とする。

7
職員

2　大学の教員については、地方公務員法第二十八条の二第三項及び第二十八条の三の規定は、適用しない。

3　大学の教員への採用についての地方公務員法第二十八条の四から第二十八条の六までの規定の適用については、同法第二十八条の四第一項、第二十八条の五第一項並びに第二十八条の六第一項及び第二項中「任期を定め」とあるのは「教授会の議に基づき学長が定める任期をもつて」と、同法第二十八条の四第二項（同法第二十八条の五第二項及び第二十八条の六第三項において準用する場合を含む。）中「範囲内で」とあるのは「範囲内で教授会の議に基づき学長が定める期間をもつて」とする。

（懲戒）

第九条　学長、教員及び部局長は、学長及び教員にあつては評議会、部局長にあつては学長の審査の結果によるのでなければ、懲戒処分を受けることはない。

2　第四条第二項から第五項までの規定は、前項の審査の場合に準用する。

（任命権者）

第十条　大学の学長、教員及び部局長の任用、免職、休職、復職、退職及び懲戒処分は、学長の申出に基づいて、任命権者が行う。

第二節　大学以外の公立学校の校長及び教員

（採用及び昇任の方法）

第十一条　公立学校の校長の採用並びに教員の採用及び昇任は、選考によるものとし、その選考は、大学附置の学校にあつては当該大学の学長、大学附置の学校以外の公立学校にあつてはその校長及び教員の任命権者である教育委員会の教育長が行う。

（条件附任用）

第十二条　公立の小学校、中学校、高等学校、中等教育学校、特別支援学校及び幼稚園（以下「小学校等」という。）の教諭、助教諭及び講師（以下「教諭等」という。）に係る地方公務員法第二十二条第一項に規定する採用については、同項中「六月」とあるのは「一年」として同項の規定を適用する。

2　地方教育行政の組織及び運営に関する法律（昭和三十一年法律第百六十二号）第四十条に定める場合のほか、公立の小学校等の校長又は教員で地方公務員法第二十二条第一項（前項の規定において読み替えて適用する場合を含む。）の規定により正式任用になつている者が、引き続き同一都道府県内の公立の小学校等の校長又は教員に任用された場合には、その任用については、同条同項の規定は適用しない。

（校長及び教員の給与）

第十三条　公立の小学校等の校長及び教員の給与は、これらの者の職務と責任の特殊性に基づき条例で定めるものとする。

2　前項に規定する給与のうち地方自治法（昭和二十二年法律第六十七号）第二百四条第二項の規定により支給することができる義務教育等教員特別手当は、これらの者のうち次に掲げるものを対象とするものとし、その内容は、条例で定める。

一　公立の小学校、中学校、中等教育学校の前期課程又は特別支援学校の小学部若しくは中学部に勤務する校長及び教員

二　前号に規定する校長及び教員との権衡上必要があると認められる公立の高等学校、中等教育学校の後期課程、特別支援学校の高等部若しくは幼稚部又は幼稚園に勤務する校長及び教員

（休職の期間及び効果）

第十四条　公立学校の校長及び教員の休職の期間は、結核性疾患のため長期の休養を要する場合の休職においては、満二年とする。ただし、任命権者は、特に必要があると認めるときは、予算の範囲内において、その休職の期間を満三年まで延長することができる。

2　前項の規定による休職者には、その休職の期間中、給与の全額を支給する。

第三節　教育長及び専門的教育職員

（採用及び昇任の方法）

第十五条　専門的教育職員の採用及び昇任は、選考によるものとし、その選考は、当該教育委員会の教育長が行う。

（教育長の給与等）

第十六条　教育長については、地方公務員法第二十二条から第二十五条まで（条件附任用及び臨時的任用並びに職階制及び給与、勤務時間その他の勤務条件）の規定は、適用しない。

2　教育長の給与、勤務時間その他の勤務条件については、他の一般職に属する地方公務員とは別個に、当該地方公共団体の条例で定める。

第三章　服務

（兼職及び他の事業等の従事）

第十七条　教育公務員は、教育に関する他の職を兼ね、又は教育に関する他の事業若しくは事務に従事することが本務の遂行に支障がないと任命権者（地方教育行政の組織及び運営に関する法律第三十七条第一項に規定する県費負担教職員については、市町村（特別区を含む。以下同じ。）の教育委員会。第二十三条第二項及び第二十四条第二項において同じ。）において認める場合には、給与を受け、又は受けないで、その職を兼ね、又はその事業若しくは事務に従事することができる。

2　前項の場合においては、地方公務員法第三十八条第二項の規定により人事委員会が定める許可の基準によることを要しない。

（公立学校の教育公務員の政治的行為の制限）

第十八条　公立学校の教育公務員の政治的行為の制限については、当分の間、地方公務員法第三十六条の規定にかかわらず、国家公務員の例による。

2　前項の規定は、政治的行為の制限に違反した者の処罰につき国家公務員法（昭和二十二年法律第百二十号）第百十条第一項の例による趣旨を含むものと解してはならない。

（大学の学長、教員及び部局長の服務）

第十九条　大学の学長、教員及び部局長の服務について、地方公務員法第三十条の根本基準の実施に関し必要な事項は、前条第一項並びに同法第三十一条から第

三十五条まで、第三十七条及び第三十八条に定めるものを除いては、評議会の議に基づき学長が定める。

(勤務成績の評定)

第二十条　大学の学長、教員及び部局長の勤務成績の評定及び評定の結果に応じた措置は、学長にあつては評議会、教員及び学部長にあつては教授会の議に基づき学長、学部長以外の部局長にあつては学長が行う。

2　前項の勤務成績の評定は、評議会の議に基づき学長が定める基準により、行わなければならない。

第四章　研修

(研修)

第二十一条　教育公務員は、その職責を遂行するために、絶えず研究と修養に努めなければならない。

2　教育公務員の任命権者は、教育公務員の研修について、それに要する施設、研修を奨励するための方途その他研修に関する計画を樹立し、その実施に努めなければならない。

(研修の機会)

第二十二条　教育公務員には、研修を受ける機会が与えられなければならない。

2　教員は、授業に支障のない限り、本属長の承認を受けて、勤務場所を離れて研修を行うことができる。

3　教育公務員は、任命権者の定めるところにより、現職のままで、長期にわたる研修を受けることができる。

(初任者研修)

第二十三条　公立の小学校等の教諭等の任命権者は、当該教諭等（政令で指定する者を除く。）に対して、その採用の日から一年間の教諭の職務の遂行に必要な事項に関する実践的な研修（以下「初任者研修」という。）を実施しなければならない。

2　任命権者は、初任者研修を受ける者（次項において「初任者」という。）の所属する学校の副校長、教頭、主幹教諭（養護又は栄養の指導及び管理をつかさどる主幹教諭を除く。）、指導教諭、教諭又は講師のうちから、指導教員を命じるものとする。

3　指導教員は、初任者に対して教諭の職務の遂行に必要な事項について指導及び助言を行うものとする。

(十年経験者研修)

第二十四条　公立の小学校等の教諭等の任命権者は、当該教諭等に対して、その在職期間（公立学校以外の小学校等の教諭等としての在職期間を含む。）が十年（特別の事情がある場合には、十年を標準として任命権者が定める年数）に達した後相当の期間内に、個々の能力、適性等に応じて、教諭等としての資質の向上を図るために必要な事項に関する研修（以下「十年経験者研修」という。）を実施しなければならない。

2　任命権者は、十年経験者研修を実施するに当たり、十年経験者研修を受ける者の能力、適性等について評価を行い、その結果に基づき、当該者ごとに十年経験者研修に関する計画書を作成しなければならない。

3　第一項に規定する在職期間の計算方法、十年経験者研修を実施する期間その他十年経験者研修の実施に関し必要な事項は、政令で定める。

(研修計画の体系的な樹立)

第二十五条　任命権者が定める初任者研修及び十年経験者研修に関する計画は、教員の経験に応じて実施する体系的な研修の一環をなすものとして樹立されなければならない。

(指導改善研修)

第二十五条の二　公立の小学校等の教諭等の任命権者は、児童、生徒又は幼児（以下「児童等」という。）に対する指導が不適切であると認定した教諭等に対して、その能力、適性等に応じて、当該指導の改善を図るために必要な事項に関する研修（以下「指導改善研修」という。）を実施しなければならない。

2　指導改善研修の期間は、一年を超えてはならない。ただし、特に必要があると認めるときは、任命権者は、指導改善研修を開始した日から引き続き二年を超えない範囲内で、これを延長することができる。

3　任命権者は、指導改善研修を実施するに当たり、指導改善研修を受ける者の能力、適性等に応じて、その者ごとに指導改善研修に関する計画書を作成しなければならない。

4　任命権者は、指導改善研修の終了時において、指導改善研修を受けた者の児童等に対する指導の改善の程度に関する認定を行わなければならない。

5　任命権者は、第一項及び前項の認定に当たつては、教育委員会規則で定めるところにより、教育学、医学、心理学その他の児童等に対する指導に関する専門的知識を有する者及び当該任命権者の属する都道府県又は市町村の区域内に居住する保護者（親権を行う者及び未成年後見人をいう。）である者の意見を聴かなければならない。

6　前項に定めるもののほか、事実の確認の方法その他第一項及び第四項の認定の手続に関し必要な事項は、教育委員会規則で定めるものとする。

7　前各項に規定するもののほか、指導改善研修の実施に関し必要な事項は、政令で定める。

(指導改善研修後の措置)

第二十五条の三　任命権者は、前条第四項の認定において指導の改善が不十分でなお児童等に対する指導を適切に行うことができないと認める教諭等に対して、免職その他の必要な措置を講ずるものとする。

第五章　大学院修学休業

(大学院修学休業の許可及びその要件等)

第二十六条　公立の小学校等の主幹教諭、指導教諭、教諭、養護教諭、栄養教諭又は講師（以下「主幹教諭等」という。）で次の各号のいずれにも該当するものは、任命権者の許可を受けて、三年を超えない範囲内で年を単位として定める期間、大学（短期大学を除く。）の大学院の課程若しくは専攻科の課程又はこれらの課程に相当する外国の大学の課程（次項及び第二十八条第二項において「大学院の課程等」という。）に在学してその課程を履修するための休業（以下「大学院修学休業」という。）をすることができる。

一　主幹教諭（養護又は栄養の指導及び管理をつかさどる主幹教諭を除く。）、指導教諭、教諭又は講師にあつては教育職員免許法（昭和二十四年法律第百四十七号）に規定する教諭の専修免許状、養護をつかさどる主幹教諭又は養護教諭にあつては同法に規定する養護教諭の専修免許状、栄養の指導及び管理をつかさどる主幹教諭又は栄養教諭にあつては同法に規定する栄養教諭の専修免許状の取得を目的としていること。

二　取得しようとする専修免許状に係る基礎となる免許状（教育職員免許法に規定する教諭の一種免許状若しくは特別免許状、養護教諭の一種免許状又は栄養教諭の一種免許状であつて、同法別表第三、別表第五、別表第六、別表第六の二又は別表第七の規定により専修免許状の授与を受けようとする場合には有することを必要とされるものをいう。次号において同じ。）を有していること。

三　取得しようとする専修免許状に係る基礎となる免許状について、教育職員免許法別表第三、別表第五、別表第六、別表第六の二又は別表第七に定める最低在職年数を満たしていること。

四　条件付採用期間中の者、臨時的に任用された者、初任者研修を受けている者その他政令で定める者でないこと。

2　大学院修学休業の許可を受けようとする主幹教諭等は、取得しようとする専修免許状の種類、在学しようとする大学院の課程等及び大学院修学休業をしようとする期間を明らかにして、任命権者に対し、その許可を申請するものとする。

（大学院修学休業の効果）

第二十七条　大学院修学休業をしている主幹教諭等は、地方公務員としての身分を保有するが、職務に従事しない。

2　大学院修学休業をしている期間については、給与を支給しない。

（大学院修学休業の許可の失効等）

第二十八条　大学院修学休業の許可は、当該大学院修学休業をしている主幹教諭等が休職又は停職の処分を受けた場合には、その効力を失う。

2　任命権者は、大学院修学休業をしている主幹教諭等が当該大学院修学休業の許可に係る大学院の課程等を退学したことその他政令で定める事由に該当すると認めるときは、当該大学院修学休業の許可を取り消すものとする。

第六章　職員団体

（公立学校の職員の職員団体）

第二十九条　地方公務員法第五十三条及び第五十四条並びに地方公務員法の一部を改正する法律（昭和四十年法律第七十一号）附則第二条の規定の適用については、一の都道府県内の公立学校の職員のみをもつて組織する地方公務員法第五十二条第一項に規定する職員団体（当該都道府県内の一の地方公共団体の公立学校の職員のみをもつて組織するものを除く。）は、当該都道府県の職員をもつて組織する同項に規定する職員団体とみなす。

2　前項の場合において、同項の職員団体は、当該都道府県内の公立学校の職員であつた者でその意に反して免職され、若しくは懲戒処分としての免職の処分を受け、当該処分を受けた日の翌日から起算して一年以内のもの又はその期間内に当該処分について法律の定めるところにより審査請求をし、若しくは訴えを提起し、これに対する裁決又は裁判が確定するに至らないものを構成員にとどめていること、及び当該職員団体の役員である者を構成員としていることを妨げない。

第七章　教育公務員に準ずる者に関する特例

（教員の職務に準ずる職務を行う者等に対するこの法律の準用）

第三十条　公立の学校において教員の職務に準ずる職務を行う者並びに国立又は公立の専修学校又は各種学校の校長及び教員については、政令の定めるところにより、この法律の規定を準用する。

（研究施設研究教育職員等に関する特例）

第三十一条　文部科学省に置かれる研究施設で政令で定めるもの（以下この章において「研究施設」という。）の職員のうち専ら研究又は教育に従事する者（以下この章において「研究施設研究教育職員」という。）に対する国家公務員法第八十一条の二の規定の適用については、同条第一項中「定年に達した日以後における最初の三月三十一日又は第五十五条第一項に規定する任命権者若しくは法律で別に定められた任命権者があらかじめ指定する日のいずれか早い日」とあるのは「定年に達した日から起算して一年を超えない範囲内で文部科学省令で定めるところにより任命権者があらかじめ指定する日」と、同条第二項中「年齢六十年とする。ただし、次の各号に掲げる職員の定年は、当該各号に定める年齢とする。」とあるのは「文部科学省令で定めるところにより任命権者が定める。」と、同条第三項中「臨時的職員その他の法律により任期を定めて任用される職員」とあるのは「臨時的職員」とする。

2　研究施設研究教育職員については、国家公務員法第八十一条の三の規定は、適用しない。

3　研究施設研究教育職員への採用についての国家公務員法第八十一条の四及び第八十一条の五の規定の適用については、同法第八十一条の四第一項及び第八十一条の五第一項中「任期を定め」とあるのは「文部科学省令で定めるところにより任命権者が定める任期をもつて」と、同法第八十一条の四第二項（同法第八十一条の五第二項において準用する場合を含む。）中「範囲内で」とあるのは「範囲内で文部科学省令で定めるところにより任命権者が定める期間をもつて」とする。

第三十二条　研究施設の長及び研究施設研究教育職員の服務について、国家公務員法第九十六条第一項の根本基準の実施に関し必要な事項は、同法第九十七条から第百五条まで又は国家公務員倫理法（平成十一年法律第百二十九号）に定めるものを除いては、任命権者が定める。

第三十三条　前条に定める者は、教育に関する他の職を兼ね、又は教育に関する他の事業若しくは事務に従事することが本務の遂行に支障がないと任命権者において認める場合には、給与を受け、又は受けないで、その職を兼ね、又はその事業若しくは事務に従事することができる。

2　前項の場合においては、国家公務員法第百一条第一項の規定に基づく命令又は同法第百四条の規定による承認又は許可を要しない。

第三十四条　研究施設研究教育職員（政令で定める者に限る。以下この条において同じ。）が、国及び特定独立行政法人（独立行政法人通則法（平成十一年法律第百三号）第二条第二項に規定する特定独立行政法人をいう。以下同じ。）以外の者が国若しくは指定特定独立行政法人（特定独立行政法人のうち、その業務の内容その他の事情を勘案して国の行う研究と同等の公益性を有する研究を行うものとして文部科学大臣が指定するものをいう。以下この項において同じ。）と共同して行う研究又は国若しくは指定特定独立行政法人の委託を受けて行う研究（以下この項において「共同研究等」という。）に従事するため国家公務員法第七十九条の規定により休職にされた場合において、当該共同研究等への従事が当該共同研究等の効率的実施に特に資するものとして政令で定める要件に該当するときは、研究施設研究教育職員に関する国家公務員退職手当法（昭和二十八年法律第百八十二号）第六条の四第一項及び第七条第四項の規定の適用については、当該休職に係る期間は、同法第六条の四第一項に規定する現実に職務をとることを要しない期間には該当しないものとみなす。

2　前項の規定は、研究施設研究教育職員が国及び特定独立行政法人以外の者から国家公務員退職手当法の規定による退職手当に相当する給付として政令で定めるものの支払を受けた場合には、適用しない。

3　前項に定めるもののほか、第一項の規定の適用に関し必要な事項は、政令で定める。

第三十五条　研究施設の長及び研究施設研究教育職員については、第三条第一項、第二項及び第五項、第六条、第七条、第二十条、第二十一条並びに第二十二条の規定を準用する。この場合において、第三条第二項中「評議会（評議会を置かない大学にあつては、教授会。以下同じ。）の議に基づき学長」とあり、同条第五項、第六条及び第二十条第二項中「評議会の議に基づき学長」とあり、並びに同条第一項中「評議会」とあり、及び「教授会の議に基づき学長」とあるのは「任命権者」と、第三条第二項中「評議会が」とあり、同条第五項中「教授会の議に基づき学長が」とあり、及び第七条中「評議会の議に基づき学長が」とあるのは「文部科学省令で定めるところにより任命権者が」と読み替えるものとする。

附　則　抄

（施行期日）

第一条　この法律は、公布の日から施行する。

2　この法律中の規定が、国家公務員法又は地方公務員法の規定に矛盾し、又は抵触すると認められるに至つた場合は、国家公務員法又は地方公務員法の規定が優先する。

（恩給法の準用）

第二条　この法律施行の際、現に恩給法（大正十二年法律第四十八号）第十九条に規定する公務員又は準公務員たる者が引き続き公立の学校の職員となつた場合（その公務員又は準公務員が引き続き同法第十九条に規定する公務員若しくは準公務員又はこれらの者とみなされる者として在職し、更に引き続き公立の学校の職員となつた場合を含む。）には、同法第二十二条に規定する教育職員又は準教育職員として勤続するものとみなし、当分の間、これに同法の規定を準用する。

2　前項の公立の学校の職員とは、次に掲げる者をいう。

一　公立の大学の学長、教授、助教授、常時勤務に服することを要する講師若しくは助手又は公立の高等専門学校の校長、教授、助教授、常時勤務に服することを要する講師若しくは助手

二　公立の高等学校の校長、教諭、養護教諭、助教諭又は養護助教諭

三　公立の中学校、小学校若しくは特別支援学校の校長、教諭若しくは養護教諭又は公立の幼稚園の園長、教諭若しくは養護教諭

四　第二号に掲げる学校の常時勤務に服することを要する講師

五　第三号に掲げる学校の助教諭、養護助教諭又は常時勤務に服することを要する講師

3　第一項の規定を適用する場合においては、前項第一号から第三号までに掲げる職員は、恩給法第二十二条第一項に規定する教育職員とみなし、前項第四号及び第五号に掲げる職員は、同法第二十二条第二項に規定する準教育職員とみなす。

（旧恩給法における養護助教諭の取扱）

第三条　恩給法の一部を改正する法律（昭和二十六年法律第八十七号）による改正前の恩給法第二十二条第二項の助教諭には、養護助教諭が含まれていたものとする。

（幼稚園等の教諭等に対する初任者研修等の特例）

第四条　幼稚園及び特別支援学校の幼稚部（以下この条において「幼稚園等」という。）の教諭等の任命権者については、当分の間、第二十三条第一項の規定は、適用しない。この場合において、幼稚園等の教諭等の任命権者（地方自治法第二百五十二条の十九第一項の指定都市（以下「指定都市」という。）以外の市町村の設置する幼稚園等の教諭等については、当該市町村を包括する都道府県の教育委員会）は、採用した日から起算して一年に満たない幼稚園等の教諭等（政令で指定する者を除く。）に対して、幼稚園等の教諭の職務の遂行に必要な事項に関する研修を実施しなければならない。

2　市（指定都市を除く。）町村の教育委員会は、その所管に属する幼稚園等の教諭等に対して都道府県の教育委員会が行う前項後段の研修に協力しなければならない。

3　第十二条第一項の規定は、当分の間、幼稚園等の教諭等については、適用しない。

（幼稚園の教諭等に対する十年経験者研修の特例）

第五条　指定都市以外の市町村の設置する幼稚園の教諭等に対する十年経験者研修は、当分の間、第二十四条第一項の規定にかかわらず、当該市町村を包括する都道府県の教育委員会が実施しなければならない。

2　指定都市以外の市町村の教育委員会は、その所管に属する幼稚園の教諭等に対して都道府県の教育委員会が行う十年経験者研修に協力しなければならない。

7 職員

（指定都市以外の市町村の教育委員会に係る指導改善研修の特例）

第六条　指定都市以外の市町村の教育委員会については、当分の間、第二十五条の二及び第二十五条の三の規定は、適用しない。この場合において、当該教育委員会は、その所管に属する小学校等の教諭等（その任命権が当該教育委員会に属する者に限る。）のうち、児童等に対する指導が不適切であると認める教諭等（政令で定める者を除く。）に対して、指導改善研修に準ずる研修その他必要な措置を講じなければならない。

附　則（平成一九年六月二七日法律第九八号）　抄

（施行期日）

第一条　この法律は、平成二十年四月一日から施行する。

教育公務員特例法施行令

昭和二十四年一月十二日政令第六号
最終改正　平成二〇年二月二〇日政令第二九号

内閣は、教育公務員特例法（昭和二十四年法律第一号）の規定に基き、及びこれを実施するため、この政令を制定する。

（部局の長）

第一条　教育公務員特例法（法という。以下同じ。）第二条第三項の部局の長とは、次に掲げる者をいう。

一　大学の教養部の長

二　大学に附置される研究所の長

三　大学又は大学の医学部若しくは歯学部に附属する病院の長

四　大学に附属する図書館の長

五　大学院に置かれる研究科（学校教育法（昭和二十二年法律第二十六号）第百条ただし書に規定する組織を含む。）の長

（初任者研修の対象から除く者）

第二条　法第二十三条第一項の政令で指定する者は、次に掲げる者とする。

一　臨時的に任用された者

二　教諭、助教諭又は講師（常時勤務の者及び地方公務員法（昭和二十五年法律第二百六十一号）第二十八条の五第一項に規定する短時間勤務の職を占める者に限る。第八条各号及び附則第三項において同じ。）（次条及び附則第二項第二号において「教諭等」という。）として国立学校（学校教育法第二条第二項に規定する国立学校をいう。以下同じ。）、公立の学校又は私立の学校である小学校等（法第十二条第一項に規定する小学校等をいう。次条及び附則第二項第二号において同じ。）において引き続き一年を超える期間を勤務したことがある者で、任命権者（地方自治法（昭和二十二年法律第六十七号）第二百五十二条の十九第一項の指定都市（以下「指定都市」という。）の地方教育行政の組織及び運営に関する法律（昭和三十一年法律第百六十二号）第三十七条第一項に規定する県費負担教職員（以下「県費負担教職員」という。）については当該指定都市の教育委員会、地方自治法第二百五十二条の二十二第一項の中核市（以下「中核市」という。）の県費負担教職員については当該中核市の教育委員会、市（指定都市及び中核市を除く。以下この号において同じ。）町村が設置する中等教育学校（後期課程に学校教育法第四条第一項に規定する定時制の課程のみを置くものを除く。）の県費負担教職員については当該市町村の教育委員会。次条第三項第四号並びに第五条第二号及び第四号において同じ。）が教諭の職務の遂行に必要な事項についての知識又は経験の程度を勘案し、法第二十三条第一項の初任者研修を実施する必要がないと認めるもの

三　教育職員免許法（昭和二十四年法律第百四十七号）第四条第三項に規定する特別免許状を有する者

四　地方公務員の育児休業等に関する法律（平成三年法律第百十号）第六条第一項若しくは第十八条第一項又は地方公共団体の一般職の任期付職員の採用に関する法律（平成十四年法律第四十八号）第三条第一項若しくは第二項、第四条若しくは第五条の規定により任期を定めて採用された者

（十年経験者研修に係る在職期間の計算方法）

第三条　法第二十四条第一項の在職期間（以下この条において「在職期間」という。）は、国立学校、公立の学校又は私立の学校である小学校等の教諭等として在職した期間（臨時的に任用された期間を除く。）を通算した期間とする。

2　前項の規定により在職期間を計算する場合において、指導主事、社会教育主事その他教育委員会において学校教育又は社会教育に関する事務に従事した期間があるときは、その期間は、当該在職期間に通算するものとする。

3　前二項の規定による在職期間のうちに次に掲げる期間が引き続き一年以上あるときは、その期間の年数（一

年未満の端数があるときは、これを切り捨てた年数）を当該在職期間から除算する。

一　国家公務員法（昭和二十二年法律第百二十号）第七十九条若しくは地方公務員法第二十八条の規定による休職又は国家公務員法第八十二条若しくは地方公務員法第二十九条の規定による停職により現実に職務を執ることを要しない期間

二　国家公務員法第百八条の六第一項ただし書又は地方公務員法第五十五条の二第一項ただし書の規定により職員団体の役員として専ら従事した期間

三　国家公務員の育児休業等に関する法律（平成三年法律第百九号）第三条第一項又は地方公務員の育児休業等に関する法律第二条第一項の規定により育児休業をした期間

四　国立大学法人法（平成十五年法律第百十二号）第二条第一項に規定する国立大学法人の設置する小学校等又は私立の学校である小学校等の教諭等として在職した期間について、第一号又は前号に規定する期間に準ずるものとして任命権者が認める期間

五　その他在職期間から除算すべき期間として文部科学大臣が定める期間

（十年経験者研修を実施する期間）

第四条　法第二十四条第一項の十年経験者研修（次条において「十年経験者研修」という。）を実施する期間は、その開始の日から一年以内とする。

（十年経験者研修の対象から除く者）

第五条　次に掲げる者は、十年経験者研修の対象から除くものとする。

一　臨時的に任用された者

二　他の任命権者が実施する十年経験者研修を受けた者

三　地方公務員の育児休業等に関する法律第六条第一項若しくは第十八条第一項又は地方公共団体の一般職の任期付職員の採用に関する法律第三条第一項若しくは第二項、第四条若しくは第五条の規定により任期を定めて採用された者

四　指導主事、社会教育主事その他教育委員会において学校教育又は社会教育に関する事務に従事した経験を有する者で、任命権者が当該者の経験の程度を勘案して十年経験者研修を実施する必要がないと認めるもの

（指導改善研修の対象から除く者）

第六条　次に掲げる者は、法第二十五条の二第一項の指導改善研修（次条第一号において「指導改善研修」という。）の対象から除くものとする。

一　条件付採用期間中の者

二　臨時的に任用された者

（大学院修学休業をすることができない者）

第七条　法第二十六条第一項第四号の政令で定める者は、次に掲げる者とする。

一　指導改善研修を命ぜられている者

二　許可を受けようとする大学院修学休業の期間の満了の日（以下この条において「休業期間満了日」という。）の前日までの間又は休業期間満了日から起算して一年以内に定年退職日（地方公務員法第二十八条の二第一項に規定する定年退職日をいう。次号において同じ。）が到来する者

三　地方公務員法第二十八条の三の規定により定年退職日の翌日以降引き続き勤務している者

四　地方公務員法第二十八条の四第一項若しくは第二十八条の五第一項（地方教育行政の組織及び運営に関する法律第四十七条第一項の規定により読み替えて適用する場合を含む。）又は第二十八条の六第一項若しくは第二項の規定により採用された者

（大学院修学休業の許可の取消事由）

第八条　法第二十八条第二項の政令で定める事由は、次の各号のいずれにも該当することとする。

一　大学院修学休業をしている主幹教諭、指導教諭、教諭、養護教諭、栄養教諭又は講師が、正当な理由なく、当該大学院修学休業の許可に係る大学（短期大学を除く。）の大学院の課程若しくは専攻科の課程又はこれらに相当する外国の大学の課程を休学し、又はその授業を頻繁に欠席していること。

二　大学院修学休業をしている主幹教諭、指導教諭、教諭、養護教諭、栄養教諭又は講師が教育職員免許法第四条第二項に規定する専修免許状を取得するのに必要とする単位を当該大学院修学休業の期間内に修得することが困難となつたこと。

（教育公務員に準ずる者）

第九条　大学（公立学校（法第二条第一項に規定する公立学校をいう。次条第一項において同じ。）であるものに限る。）の助手については、法第三条第一項、第五項及び第六項、第四条（法第五条第二項及び第九条第二項において準用する場合を含む。）、第五条第一項、第六条、第八条、第九条第一項、第十条、第十七条から第二十二条まで並びに第二十九条の規定中教員に関する部分の規定を準用する。

2　前項の場合において、任命権者は、法第十条に規定する権限を学部長その他の大学の機関に委任することができる。

3　第一項の場合において、次の表の上欄に掲げる者は、同表の中欄に掲げる法の規定に規定する権限（法第八条第一項及び第三項の規定にあつては、これらの規定により読み替えられた地方公務員法の各規定に規定する権限）の全部又は一部を、それぞれ同表の下欄に掲げる者に委任することができる。

学長	第三条第五項、第六条、第八条第一項及び第三項、第九条並びに第二十条	学部長その他の大学内の他の機関
評議会（評議会を置かない大学にあつては、教授会）	第三条第五項、第四条（第五条第二項及び第九条第二項において準用する場合を含む。）、第五条第一項、第六条、第八条第一項、第九条第一項、第十九条及び第二十条第二項	教授会その他の大学内の他の機関
教授会	第三条第五項、第八条第三項及び第二十条第一項	当該教授会に属する教員のうちの一部の者で構成する会議その他の大学内の他の機関

7 職員

第十条　高等専門学校（公立学校であるものに限る。）の助手については、法第十一条、第十四条、第十七条、第十八条、第二十一条、第二十二条、第二十五条及び第二十九条の規定中教員に関する部分の規定を準用する。

2　公立の高等学校、中等教育学校及び特別支援学校の実習助手並びに公立の特別支援学校の寄宿舎指導員については、法第十一条、第十二条第二項、第十三条、第十四条、第十七条、第十八条、第二十一条、第二十二条、第二十五条及び第二十九条の規定中教員に関する部分の規定を準用する。

第十一条　専修学校及び各種学校の校長及び教員については、法第十一条、第十四条、第十七条、第十八条、第二十一条、第二十二条、第二十五条及び第二十九条の規定中それぞれ校長及び教員に関する部分の規定を準用する。

第十二条　法第三十一条の政令で定める研究施設は、国立教育政策研究所とする。

第十三条　法第三十四条第一項の政令で定める者は、一般職の職員の給与に関する法律（昭和二十五年法律第九十五号）第六条第一項の規定に基づき同法別表第七研究職俸給表の適用を受ける者でその属する職務の級が一級であるもの以外の者とする。

2　法第三十四条第一項の政令で定める要件は、次に掲げる要件のすべてに該当することとする。

一　当該研究施設研究教育職員（法第三十一条第一項に規定する研究施設研究教育職員のうち、前項に規定する者に限る。以下この条において同じ。）の共同研究等（法第三十四条第一項に規定する共同研究等をいう。以下この条において同じ。）への従事が、当該共同研究等の規模、内容等に照らして、当該共同研究等の効率的実施に特に資するものであること。

二　当該研究施設研究教育職員が共同研究等において従事する業務が、その職務に密接な関連があり、かつ、当該共同研究等において重要なものであること。

三　当該研究施設研究教育職員を共同研究等に従事させることについて当該共同研究等を行う国及び特定独立行政法人以外の者からの要請があること。

3　各省各庁の長等（財政法（昭和二十二年法律第三十四号）第二十条第二項に規定する各省各庁の長及び特定独立行政法人の長をいう。）は、職員の退職に際し、その者の在職期間のうちに研究施設研究教育職員として共同研究等に従事するため国家公務員法第七十九条の規定により休職にされた期間があつた場合において、当該休職に係る期間（その期間が更新された場合にあつては、当該更新に係る期間。以下この項において同じ。）における当該研究施設研究教育職員としての当該共同研究等への従事が前項各号に掲げる要件のすべてに該当することにつき、文部科学大臣において当該休職前（更新に係る場合には、当該更新前）に総務大臣の承認を受けているときに限り、当該休職に係る期間について法第三十四条第一項の規定を適用するものとする。

4　法第三十四条第二項の政令で定める給付は、所得税法（昭和四十年法律第三十三号）第三十条第一項に規定する退職手当等（同法第三十一条の規定により退職手当等とみなされるものを含む。）とする。

5　第三項の承認に係る共同研究等に従事した研究施設研究教育職員は、当該共同研究等を行う国及び特定独立行政法人以外の者から前項に規定する退職手当等の支払を受けたときは、所得税法第二百二十六条第二項の規定により交付された源泉徴収票（源泉徴収票の交付のない場合には、これに準ずるもの）を文部科学大臣に提出し、文部科学大臣はその写しを総務大臣に送付しなければならない。

附　則　抄

（施行期日）

1　この政令は、公布の日から施行する。

（法附則第四条第一項の政令で指定する者）

2　法附則第四条第一項の政令で指定する者は、次に掲げる者とする。

一　臨時的に任用された者

二　教諭等として国立学校、公立の学校又は私立の学校である小学校等において引き続き一年を超える期間を勤務したことがある者で、法附則第四条第一項後段の研修を実施すべき任命権者又は都道府県の教育委員会が教諭の職務の遂行に必要な事項についての知識又は経験の程度を勘案し、当該研修を実施する必要がないと認めるもの

三　地方公務員の育児休業等に関する法律第六条第一項若しくは第十八条第一項又は地方公共団体の一般職の任期付職員の採用に関する法律第三条第一項若しくは第二項、第四条若しくは第五条の規定により任期を定めて採用された者

（幼稚園等の教諭等に対する十年経験者研修の特例）

3　第三条第三項第四号並びに第五条第二号及び第四号の規定の適用については、当分の間、指定都市以外の市町村の設置する幼稚園の教諭、助教諭及び講師（以下この項において「教諭等」という。）の任命権者は、当該市町村を包括する都道府県の教育委員会とし、中核市の設置する特別支援学校の幼稚部の教諭等の任命権者は、当該中核市を包括する都道府県の教育委員会とする。

（法附則第六条の政令で定める者）

4　法附則第六条の政令で定める者は、次に掲げる者とする。

一　条件付採用期間中の者

二　臨時的に任用された者

附　則（平成二〇年二月二〇日政令第二九号）　抄

この政令は、平成二十年四月一日から施行する。

地方公務員法

昭和二十五年十二月十三日法律第二百六十一号
最終改正　平成二一年一一月三〇日法律第八六号

第一章　総則

（この法律の目的）

第一条　この法律は、地方公共団体の人事機関並びに地方公務員の任用、職階制、給与、勤務時間その他の勤務条件、分限及び懲戒、服務、研修及び勤務成績の評定、福祉及び利益の保護並びに団体等人事行政に関する根本基準を確立することにより、地方公共団体の行政の民主的かつ能率的な運営並びに特定地方独立行政法人の事務及び事業の確実な実施を保障し、もつて地方自治の本旨の実現に資することを目的とする。

（この法律の効力）

第二条　地方公務員（地方公共団体のすべての公務員をいう。）に関する従前の法令又は条例、地方公共団体の規則若しくは地方公共団体の機関の定める規程の規定がこの法律の規定に抵触する場合には、この法律の規定が、優先する。

（一般職に属する地方公務員及び特別職に属する地方公務員）

第三条　地方公務員（地方公共団体及び特定地方独立行政法人（地方独立行政法人法（平成十五年法律第百十八号）第二条第二項に規定する特定地方独立行政法人をいう。以下同じ。）のすべての公務員をいう。以下同じ。）の職は、一般職と特別職とに分ける。
2　一般職は、特別職に属する職以外の一切の職とする。
3　特別職は、次に掲げる職とする。
一　就任について公選又は地方公共団体の議会の選挙、議決若しくは同意によることを必要とする職
一の二　地方開発事業団の理事長、理事及び監事の職
一の三　地方公営企業の管理者及び企業団の企業長の職
二　法令又は条例、地方公共団体の規則若しくは地方公共団体の機関の定める規程により設けられた委員及び委員会（審議会その他これに準ずるものを含む。）の構成員の職で臨時又は非常勤のもの
二の二　都道府県労働委員会の委員の職で常勤のもの
三　臨時又は非常勤の顧問、参与、調査員、嘱託員及びこれらの者に準ずる者の職
四　地方公共団体の長、議会の議長その他地方公共団体の機関の長の秘書の職で条例で指定するもの
五　非常勤の消防団員及び水防団員の職
六　特定地方独立行政法人の役員

（この法律の適用を受ける地方公務員）

第四条　この法律の規定は、一般職に属するすべての地方公務員（以下「職員」という。）に適用する。
2　この法律の規定は、法律に特別の定がある場合を除く外、特別職に属する地方公務員には適用しない。

（人事委員会及び公平委員会並びに職員に関する条例の制定）

第五条　地方公共団体は、法律に特別の定がある場合を除く外、この法律に定める根本基準に従い、条例で、人事委員会又は公平委員会の設置、職員に適用される基準の実施その他職員に関する事項について必要な規定を定めるものとする。但し、その条例は、この法律の精神に反するものであつてはならない。
2　第七条第一項又は第二項の規定により人事委員会を置く地方公共団体においては、前項の条例を制定し、又は改廃しようとするときは、当該地方公共団体の議会において、人事委員会の意見を聞かなければならない。

第二章　人事機関

（任命権者）

第六条　地方公共団体の長、議会の議長、選挙管理委員会、代表監査委員、教育委員会、人事委員会及び公平委員会並びに警視総監、道府県警察本部長、市町村の消防長（特別区が連合して維持する消防の消防長を含む。）その他法令又は条例に基づく任命権者は、法律に特別の定めがある場合を除くほか、この法律並びにこれに基づく条例、地方公共団体の規則及び地方公共団体の機関の定める規程に従い、それぞれ職員の任命、休職、免職及び懲戒等を行う権限を有するものとする。
2　前項の任命権者は、同項に規定する権限の一部をその補助機関たる上級の地方公務員に委任することができる。

（人事委員会又は公平委員会の設置）

第七条　都道府県及び地方自治法（昭和二十二年法律第六十七号）第二百五十二条の十九第一項の指定都市は、条例で人事委員会を置くものとする。
2　前項の指定都市以外の市で人口（官報で公示された最近の国勢調査又はこれに準ずる人口調査の結果による人口をいう。以下同じ。）十五万以上のもの及び特別区は、条例で人事委員会又は公平委員会を置くものとする。
3　人口十五万未満の市、町、村及び地方公共団体の組合は、条例で公平委員会を置くものとする。
4　公平委員会を置く地方公共団体は、議会の議決を経て定める規約により、公平委員会を置く他の地方公共団体と共同して公平委員会を置き、又は他の地方公共団体の人事委員会に委託して第八条第二項に規定する公平委員会の事務を処理させることができる。

（人事委員会又は公平委員会の権限）

第八条　人事委員会は、次に掲げる事務を処理する。
一　人事行政に関する事項について調査し、人事記録に関することを管理し、及びその他人事に関する統計報告を作成すること。
二　給与、勤務時間その他の勤務条件、研修及び勤務成績の評定、厚生福利制度その他職員に関する制度について絶えず研究を行い、その成果を地方公共団体の議会若しくは長又は任命権者に提出すること。
三　人事機関及び職員に関する条例の制定又は改廃に関し、地方公共団体の議会及び長に意見を申し出ること。
四　人事行政の運営に関し、任命権者に勧告すること。
五　給与、勤務時間その他の勤務条件に関し講ずべき措置について地方公共団体の議会及び長に勧告する

こと。

六　職員の競争試験及び選考並びにこれらに関する事務を行うこと。

七　職階制に関する計画を立案し、及び実施すること。

八　職員の給与がこの法律及びこれに基く条例に適合して行われることを確保するため必要な範囲において、職員に対する給与の支払を監理すること。

九　職員の給与、勤務時間その他の勤務条件に関する措置の要求を審査し、判定し、及び必要な措置を執ること。

十　職員に対する不利益な処分についての不服申立てに対する裁決又は決定をすること。

十一　前二号に掲げるものを除くほか、職員の苦情を処理すること。

十二　前各号に掲げるものを除く外、法律又は条例に基きその権限に属せしめられた事務

2　公平委員会は、次に掲げる事務を処理する。

一　職員の給与、勤務時間その他の勤務条件に関する措置の要求を審査し、判定し、及び必要な措置を執ること。

二　職員に対する不利益な処分についての不服申立てに対する裁決又は決定をすること。

三　前二号に掲げるものを除くほか、職員の苦情を処理すること。

四　前三号に掲げるものを除くほか、法律に基づきその権限に属せしめられた事務

3　人事委員会は、第一項第一号、第二号、第六号、第八号及び第十二号に掲げる事務で人事委員会規則で定めるものを当該地方公共団体の他の機関又は人事委員会の事務局長に委任することができる。

4　人事委員会又は公平委員会は、第一項第十一号又は第二項第三号に掲げる事務を委員又は事務局長に委任することができる。

5　人事委員会又は公平委員会は、法律又は条例に基づきその権限に属せしめられた事務に関し、人事委員会規則又は公平委員会規則を制定することができる。

6　人事委員会又は公平委員会は、法律又は条例に基くその権限の行使に関し必要があるときは、証人を喚問し、又は書類若しくはその写の提出を求めることができる。

7　人事委員会又は公平委員会は、人事行政に関する技術的及び専門的な知識、資料その他の便宜の授受のため、国若しくは他の地方公共団体の機関又は特定地方独立行政法人との間に協定を結ぶことができる。

8　第一項第九号及び第十号又は第二項第一号及び第二号の規定により人事委員会又は公平委員会に属せしめられた権限に基く人事委員会又は公平委員会の決定（判定を含む。）及び処分は、人事委員会規則又は公平委員会規則で定める手続により、人事委員会又は公平委員会によつてのみ審査される。

9　前項の規定は、法律問題につき裁判所に出訴する権利に影響を及ぼすものではない。

（抗告訴訟の取扱い）

第八条の二　人事委員会又は公平委員会は、人事委員会又は公平委員会の行政事件訴訟法（昭和三十七年法律第百三十九号）第三条第二項に規定する処分又は同条第三項に規定する裁決に係る同法第十一条第一項（同法第三十八条第一項において準用する場合を含む。）の規定による地方公共団体を被告とする訴訟について、当該地方公共団体を代表する。

（公平委員会の権限の特例等）

第九条　公平委員会を置く地方公共団体は、条例で定めるところにより、公平委員会が、第八条第二項各号に掲げる事務のほか、職員の競争試験及び選考並びにこれらに関する事務を行うこととすることができる。

2　前項の規定により同項に規定する事務を行うこととされた公平委員会（以下「競争試験等を行う公平委員会」という。）を置く地方公共団体に対する第七条第四項の規定の適用については、同項中「公平委員会を置く地方公共団体」とあるのは「競争試験等を行う公平委員会（第九条第二項に規定する競争試験等を行う公平委員会をいう。以下この項において同じ。）を置く地方公共団体」と、「、公平委員会」とあるのは「、競争試験等を行う公平委員会」と、「公平委員会を置き、又は他の地方公共団体の人事委員会に委託して第八条第二項に規定する公平委員会の事務を処理させる」とあるのは「競争試験等を行う公平委員会を置く」とする。

3　競争試験等を行う公平委員会は、第一項に規定する事務で公平委員会規則で定めるものを当該地方公共団体の他の機関又は競争試験等を行う公平委員会の事務局長に委任することができる。

（人事委員会又は公平委員会の委員）

第九条の二　人事委員会又は公平委員会は、三人の委員をもつて組織する。

2　委員は、人格が高潔で、地方自治の本旨及び民主的で能率的な事務の処理に理解があり、且つ、人事行政に関し識見を有する者のうちから、議会の同意を得て、地方公共団体の長が選任する。

3　第十六条第二号、第三号若しくは第五号の一に該当する者又は第五章に規定する罪を犯し刑に処せられた者は、委員となることができない。

4　委員の選任については、そのうちの二人が、同一の政党に属する者となることとなつてはならない。

5　委員のうち二人以上が同一の政党に属することとなつた場合においては、これらの者のうち一人を除く他の者は、地方公共団体の長が議会の同意を得て罷免するものとする。但し、政党所属関係について異動のなかつた者を罷免することはできない。

6　地方公共団体の長は、委員が心身の故障のため職務の遂行に堪えないと認めるとき、又は委員に職務上の義務違反その他委員たるに適しない非行があると認めるときは、議会の同意を得て、これを罷免することができる。この場合においては、議会の常任委員会又は特別委員会において公聴会を開かなければならない。

7　委員は、前二項の規定による場合を除く外、その意に反して罷免されることがない。

8　委員は、第十六条第二号、第四号又は第五号の一に該当するに至つたときは、その職を失う。

9　委員は、地方公共団体の議会の議員及び当該地方公共団体の地方公務員（第七条第四項の規定により公平委員会の事務の処理の委託を受けた地方公共団体の人事委員会の委員については、他の地方公共団体に公平委員会の事務の処理を委託した地方公共団体の地方公

務員を含む。）の職（執行機関の附属機関の委員その他の構成員の職を除く。）を兼ねることができない。

10 委員の任期は、四年とする。但し、補欠委員の任期は、前任者の残任期間とする。

11 人事委員会の委員は、常勤又は非常勤とし、公平委員会の委員は、非常勤とする。

12 第三十条から第三十八条までの規定は、常勤の人事委員会の委員の服務に、第三十条から第三十四条まで、第三十六条及び第三十七条の規定は、非常勤の人事委員会の委員及び公平委員会の委員の服務に準用する。

（人事委員会又は公平委員会の委員長）

第十条 人事委員会又は公平委員会は、委員のうちから委員長を選挙しなければならない。

2 委員長は、委員会に関する事務を処理し、委員会を代表する。

3 委員長に事故があるとき、又は委員長が欠けたときは、委員長の指定する委員が、その職務を代理する。

（人事委員会又は公平委員会の議事）

第十一条 人事委員会又は公平委員会は、三人の委員が出席しなければ会議を開くことができない。

2 人事委員会又は公平委員会は、会議を開かなければ公務の運営又は職員の福祉若しくは利益の保護に著しい支障が生ずると認められる十分な理由があるときは、前項の規定にかかわらず、二人の委員が出席すれば会議を開くことができる。

3 人事委員会又は公平委員会の議事は、出席委員の過半数で決する。

4 人事委員会又は公平委員会の議事は、議事録として記録して置かなければならない。

5 前各項に定めるものを除くほか、人事委員会又は公平委員会の議事に関し必要な事項は、人事委員会又は公平委員会が定める。

（人事委員会及び公平委員会の事務局又は事務職員）

第十二条 人事委員会に事務局を置き、事務局に事務局長その他の事務職員を置く。

2 人事委員会は、第九条の二第九項の規定にかかわらず、委員に事務局長の職を兼ねさせることができる。

3 事務局長は、人事委員会の指揮監督を受け、事務局の局務を掌理する。

4 第七条第二項の規定により人事委員会を置く地方公共団体は、第一項の規定にかかわらず、事務局を置かないで事務職員を置くことができる。

5 公平委員会に、事務職員を置く。

6 競争試験等を行う公平委員会を置く地方公共団体は、前項の規定にかかわらず、事務局を置き、事務局に事務局長その他の事務職員を置くことができる。

7 第一項及び第四項又は前二項の事務職員は、人事委員会又は公平委員会がそれぞれ任免する。

8 第一項の事務局の組織は、人事委員会が定める。

9 第一項及び第四項から第六項までの事務職員の定数は、条例で定める。

10 第二項及び第三項の規定は第六項の事務局長について、第八項の規定は第六項の事務局について準用する。この場合において、第二項及び第三項中「人事委員会」とあるのは「競争試験等を行う公平委員会」と、第八項中「第一項の事務局」とあるのは「第六項の事務局」と、「人事委員会」とあるのは「競争試験等を行う公平委員会」と読み替えるものとする。

第三章 職員に適用される基準

第一節 通則

（平等取扱の原則）

第十三条 すべて国民は、この法律の適用について、平等に取り扱われなければならず、人種、信条、性別、社会的身分若しくは門地によつて、又は第十六条第五号に規定する場合を除く外、政治的意見若しくは政治的所属関係によつて差別されてはならない。

（情勢適応の原則）

第十四条 地方公共団体は、この法律に基いて定められた給与、勤務時間その他の勤務条件が社会一般の情勢に適応するように、随時、適当な措置を講じなければならない。

2 人事委員会は、随時、前項の規定により講ずべき措置について地方公共団体の議会及び長に勧告することができる。

第二節 任用

（任用の根本基準）

第十五条 職員の任用は、この法律の定めるところにより、受験成績、勤務成績その他の能力の実証に基いて行わなければならない。

（欠格条項）

第十六条 次の各号の一に該当する者は、条例で定める場合を除くほか、職員となり、又は競争試験若しくは選考を受けることができない。

一 成年被後見人又は被保佐人

二 禁錮以上の刑に処せられ、その執行を終わるまで又はその執行を受けることがなくなるまでの者

三 当該地方公共団体において懲戒免職の処分を受け、当該処分の日から二年を経過しない者

四 人事委員会又は公平委員会の委員の職にあつて、第五章に規定する罪を犯し刑に処せられた者

五 日本国憲法施行の日以後において、日本国憲法又はその下に成立した政府を暴力で破壊することを主張する政党その他の団体を結成し、又はこれに加入した者

（任命の方法）

第十七条 職員の職に欠員を生じた場合においては、任命権者は、採用、昇任、降任又は転任のいずれか一の方法により、職員を任命することができる。

2 人事委員会（競争試験等を行う公平委員会を含む。以下この条から第十九条まで、第二十一条及び第二十二条において同じ。）を置く地方公共団体においては、人事委員会は、前項の任命の方法のうちのいずれによるべきかについての一般的基準を定めることができる。

3 人事委員会を置く地方公共団体においては、職員の採用及び昇任は、競争試験によるものとする。但し、人事委員会の定める職について人事委員会の承認があつた場合は、選考によることを妨げない。

4 人事委員会を置かない地方公共団体においては、職

員の採用及び昇任は、競争試験又は選考によるものとする。

5　人事委員会（人事委員会を置かない地方公共団体においては、任命権者とする。以下第十八条、第十九条及び第二十二条第一項において同じ。）は、正式任用になつてある職についていた職員が、職制若しくは定数の改廃又は予算の減少に基く廃職又は過員によりその職を離れた後において、再びその職に復する場合における資格要件、任用手続及び任用の際における身分に関し必要な事項を定めることができる。

（競争試験及び選考）

第十八条　競争試験又は選考は、人事委員会が行うものとする。但し、人事委員会は、他の地方公共団体の機関との協定によりこれと共同して、又は国若しくは他の地方公共団体の機関との協定によりこれらの機関に委託して、競争試験又は選考を行うことができる。

2　人事委員会は、その定める職員の職について第二十一条第一項に規定する任用候補者名簿がなく、且つ、人事行政の運営上必要であると認める場合においては、その職の競争試験又は選考に相当する国又は他の地方公共団体の競争試験又は選考に合格した者を、その職の選考に合格した者とみなすことができる。

（受験資格）

第十九条　競争試験は、人事委員会の定める受験の資格を有するすべての国民に対して平等の条件で公開されなければならない。試験機関に属する者その他職員は、受験を阻害し、又は受験に不当な影響を与える目的をもつて特別若しくは秘密の情報を提供してはならない。

2　人事委員会は、受験者に必要な資格として職務の遂行上必要な最少且つ適当の限度の客観的且つ画一的要件を定めるものとする。

3　昇任試験を受けることができる者の範囲は、人事委員会の指定する職に正式に任用された職員に制限されるものとする。

（競争試験の目的及び方法）

第二十条　競争試験は、職務遂行の能力を有するかどうかを正確に判定することをもつてその目的とする。競争試験は、筆記試験により、若しくは口頭試問及び身体検査並びに人物性行、教育程度、経歴、適性、知能、技能、一般的知識、専門的知識及び適応性の判定の方法により、又はこれらの方法をあわせ用いることにより行うものとする。

（任用候補者名簿の作成及びこれによる任用の方法）

第二十一条　人事委員会を置く地方公共団体における競争試験による職員の任用については、人事委員会は、試験ごとに任用候補者名簿（採用候補者名簿又は昇任候補者名簿）を作成するものとする。

2　採用候補者名簿又は昇任候補者名簿には、採用試験又は昇任試験において合格点以上を得た者の氏名及び得点をその得点順に記載するものとする。

3　採用候補者名簿又は昇任候補者名簿による職員の採用又は昇任は、当該名簿に記載された者について、採用し、又は昇任すべき者一人につき人事委員会の提示する採用試験又は昇任試験における高点順の志望者五人のうちから行うものとする。

4　採用候補者名簿又は昇任候補者名簿に記載された者の数が人事委員会の提示すべき志望者の数よりも少いときは、人事委員会は、他の最も適当な採用候補者名簿又は昇任候補者名簿に記載された者を加えて提示することを妨げない。

5　前各項に定めるものを除くほか、任用候補者名簿の作成及びこれによる任用の方法に関し必要な事項は、人事委員会規則（競争試験等を行う公平委員会においては、公平委員会規則。次条第二項において同じ。）で定めなければならない。

（条件附採用及び臨時的任用）

第二十二条　臨時的任用又は非常勤職員の任用の場合を除き、職員の採用は、すべて条件附のものとし、その職員がその職において六月を勤務し、その間その職務を良好な成績で遂行したときに正式採用になるものとする。この場合において、人事委員会は、条件附採用の期間を一年に至るまで延長することができる。

2　人事委員会を置く地方公共団体においては、任命権者は、人事委員会規則で定めるところにより、緊急の場合、臨時の職に関する場合又は任用候補者名簿がない場合においては、人事委員会の承認を得て、六月をこえない期間で臨時的任用を行うことができる。この場合において、その任用は、人事委員会の承認を得て、六月をこえない期間で更新することができるが、再度更新することはできない。

3　前項の場合において、人事委員会は、臨時的任用につき、任用される者の資格要件を定めることができる。

4　人事委員会は、前二項の規定に違反する臨時的任用を取り消すことができる。

5　人事委員会を置かない地方公共団体においては、任命権者は、緊急の場合又は臨時の職に関する場合においては、六月をこえない期間で臨時的任用を行うことができる。この場合において、任命権者は、その任用を六月をこえない期間で更新することができるが、再度更新することはできない。

6　臨時的任用は、正式任用に際して、いかなる優先権をも与えるものではない。

7　前五項に定めるものの外、臨時的に任用された者に対しては、この法律を適用する。

第三節　職階制

（職階制の根本基準）

第二十三条　人事委員会を置く地方公共団体は、職階制を採用するものとする。

2　職階制に関する計画は、条例で定める。

3　職階制に関する計画の実施に関し必要な事項は、前項の条例に基き人事委員会規則で定める。

4　人事委員会は、職員の職を職務の種類及び複雑と責任の度に応じて分類整理しなければならない。

5　職階制においては、同一の内容の雇用条件を有する同一の職級に属する職については、同一の資格要件を必要とするとともに、当該職についている者に対しては、同一の幅の給料が支給されるように、職員の職の分類整理がなされなければならない。

6　職階制に関する計画を実施するに当つては、人事委員会は、職員のすべての職をいずれかの職級に格付しなければならない。

7
職員

7　人事委員会は、随時、職員の職の格付を審査し、必要と認めるときは、これを改訂しなければならない。

8　職階制を採用する地方公共団体においては、職員の職について、職階制によらない分類をすることができない。但し、この分類は、行政組織の運営その他公の便宜のために、組織上の名称又はその他公の名称を用いることを妨げるものではない。

9　職階制に関する計画を定め、及び実施するに当つては、国及び他の地方公共団体の職階制に照応するように適当な考慮が払われなければならない。

第四節　給与、勤務時間その他の勤務条件

（給与、勤務時間その他の勤務条件の根本基準）

第二十四条　職員の給与は、その職務と責任に応ずるものでなければならない。

2　前項の規定の趣旨は、できるだけすみやかに達成されなければならない。

3　職員の給与は、生計費並びに国及び他の地方公共団体の職員並びに民間事業の従事者の給与その他の事情を考慮して定められなければならない。

4　職員は、他の職員の職を兼ねる場合においても、これに対して給与を受けてはならない。

5　職員の勤務時間その他職員の給与以外の勤務条件を定めるに当つては、国及び他の地方公共団体の職員との間に権衡を失しないように適当な考慮が払われなければならない。

6　職員の給与、勤務時間その他の勤務条件は、条例で定める。

（給与に関する条例及び給料額の決定）

第二十五条　職員の給与は、前条第六項の規定による給与に関する条例に基いて支給されなければならず、又、これに基かずには、いかなる金銭又は有価物も職員に支給してはならない。

2　職員の給与は、法律又は条例により特に認められた場合を除き、通貨で、直接職員に、その全額を支払わなければならない。

3　給与に関する条例には、左の事項を規定するものとする。

一　給料表

二　昇給の基準に関する事項

三　時間外勤務、夜間勤務及び休日勤務に対する給与に関する事項

四　特別地域勤務、危険作業その他特殊な勤務に対する手当及び扶養親族を有する職員に対する手当を支給する場合においては、これらに関する事項

五　非常勤職員の職及び生活に必要な施設の全部又は一部を公給する職員の職その他勤務条件の特別な職があるときは、これらについて行う給与の調整に関する事項

六　職階制を採用する地方公共団体においては、その職に職階制が始めて適用される場合の給与に関する事項

七　前各号に規定するものを除く外、給与の支給方法及び支給条件に関する事項

4　人事委員会は、必要な調査研究を行い、職階制に適合する給料表に関する計画を立案し、これを地方公共団体の議会及び長に同時に提出しなければならない。

5　職階制を採用する地方公共団体においては、給料表には、職階制において定められた職級ごとに明確な給料額の幅を定めていなければならない。

6　職階制を採用する地方公共団体においては、職員には、その職につき職階制において定められた職級について給料表に定める給料額が支給されなければならない。

（給料表に関する報告及び勧告）

第二十六条　人事委員会は、毎年少くとも一回、給料表が適当であるかどうかについて、地方公共団体の議会及び長に同時に報告するものとする。給与を決定する諸条件の変化により、給料表に定める給料額を増減することが適当であると認めるときは、あわせて適当な勧告をすることができる。

（修学部分休業）

第二十六条の二　任命権者は、職員（臨時的に任用される職員その他の法律により任期を定めて任用される職員及び非常勤職員を除く。以下この条及び次条において同じ。）が申請した場合において、公務の運営に支障がなく、かつ、当該職員の公務に関する能力の向上に資すると認めるときは、条例で定めるところにより、当該職員が、大学その他の条例で定める教育施設における修学のため、二年を超えない範囲内において条例で定める期間中、一週間の勤務時間の一部について勤務しないこと（以下この条において「修学部分休業」という。）を承認することができる。

2　前項の規定による承認は、修学部分休業をしている職員が休職又は停職の処分を受けた場合には、その効力を失う。

3　職員が第一項の規定による承認を受けて勤務しない場合には、条例で定めるところにより、減額して給与を支給するものとする。

4　前三項に定めるもののほか、修学部分休業に関し必要な事項は、条例で定める。

（高齢者部分休業）

第二十六条の三　任命権者は、職員が申請した場合において、公務の運営に支障がないと認めるときは、条例で定めるところにより、当該職員が、当該職員に係る定年退職日（第二十八条の二第一項に規定する定年退職日をいう。以下この項において同じ。）から五年を超えない範囲内において条例で定める期間さかのぼつた日後の日で、当該申請において示した日からその定年退職日までの期間中、一週間の勤務時間の一部について勤務しないこと（次項において「高齢者部分休業」という。）を承認することができる。

2　前条第二項から第四項までの規定は、高齢者部分休業について準用する。

第四節の二　休業

（休業の種類）

第二十六条の四　職員の休業は、自己啓発等休業、育児休業及び大学院修学休業とする。

2　育児休業及び大学院修学休業については、別に法律で定めるところによる。

（服務の宣誓）
第三十一条　職員は、条例の定めるところにより、服務の宣誓をしなければならない。
（法令等及び上司の職務上の命令に従う義務）
第三十二条　職員は、その職務を遂行するに当つて、法令、条例、地方公共団体の規則及び地方公共団体の機関の定める規程に従い、且つ、上司の職務上の命令に忠実に従わなければならない。
（信用失墜行為の禁止）
第三十三条　職員は、その職の信用を傷つけ、又は職員の職全体の不名誉となるような行為をしてはならない。
（秘密を守る義務）
第三十四条　職員は、職務上知り得た秘密を漏らしてはならない。その職を退いた後も、また、同様とする。
2　法令による証人、鑑定人等となり、職務上の秘密に属する事項を発表する場合においては、任命権者（退職者については、その退職した職又はこれに相当する職に係る任命権者）の許可を受けなければならない。
3　前項の許可は、法律に特別の定がある場合を除く外、拒むことができない。
（職務に専念する義務）
第三十五条　職員は、法律又は条例に特別の定がある場合を除く外、その勤務時間及び職務上の注意力のすべてをその職責遂行のために用い、当該地方公共団体がなすべき責を有する職務にのみ従事しなければならない。
（政治的行為の制限）
第三十六条　職員は、政党その他の政治的団体の結成に関与し、若しくはこれらの団体の役員となつてはならず、又はこれらの団体の構成員となるように、若しくはならないように勧誘運動をしてはならない。
2　職員は、特定の政党その他の政治的団体又は特定の内閣若しくは地方公共団体の執行機関を支持し、又はこれに反対する目的をもつて、あるいは公の選挙又は投票において特定の人又は事件を支持し、又はこれに反対する目的をもつて、次に掲げる政治的行為をしてはならない。ただし、当該職員の属する地方公共団体の区域（当該職員が都道府県の支庁若しくは地方事務所又は地方自治法第二百五十二条の十九第一項の指定都市の区に勤務する者であるときは、当該支庁若しくは地方事務所又は区の所管区域）外において、第一号から第三号まで及び第五号に掲げる政治的行為をすることができる。
一　公の選挙又は投票において投票をするように、又はしないように勧誘運動をすること。
二　署名運動を企画し、又は主宰する等これに積極的に関与すること。
三　寄附金その他の金品の募集に関与すること。
四　文書又は図画を地方公共団体又は特定地方独立行政法人の庁舎（特定地方独立行政法人にあつては、事務所。以下この号において同じ。）、施設等に掲示し、又は掲示させ、その他地方公共団体又は特定地方独立行政法人の庁舎、施設、資材又は資金を利用し、又は利用させること。
五　前各号に定めるものを除く外、条例で定める政治的行為
3　何人も前二項に規定する政治的行為を行うよう職員に求め、職員をそそのかし、若しくはあおつてはならず、又は職員が前二項に規定する政治的行為をなし、若しくはなさないことに対する代償若しくは報復として、任用、職務、給与その他職員の地位に関してなんらかの利益若しくは不利益を与え、与えようと企て、若しくは約束してはならない。
4　職員は、前項に規定する違法な行為に応じなかつたことの故をもつて不利益な取扱を受けることはない。
5　本条の規定は、職員の政治的中立性を保障することにより、地方公共団体の行政及び特定地方独立行政法人の業務の公正な運営を確保するとともに職員の利益を保護することを目的とするものであるという趣旨において解釈され、及び運用されなければならない。
（争議行為等の禁止）
第三十七条　職員は、地方公共団体の機関が代表する使用者としての住民に対して同盟罷業、怠業その他の争議行為をし、又は地方公共団体の機関の活動能率を低下させる怠業的行為をしてはならない。又、何人も、このような違法な行為を企て、又はその遂行を共謀し、そそのかし、若しくはあおつてはならない。
2　職員で前項の規定に違反する行為をしたものは、その行為の開始とともに、地方公共団体に対し、法令又は条例、地方公共団体の規則若しくは地方公共団体の機関の定める規程に基いて保有する任命上又は雇用上の権利をもつて対抗することができなくなるものとする。
（営利企業等の従事制限）
第三十八条　職員は、任命権者の許可を受けなければ、営利を目的とする私企業を営むことを目的とする会社その他の団体の役員その他人事委員会規則（人事委員会を置かない地方公共団体においては、地方公共団体の規則）で定める地位を兼ね、若しくは自ら営利を目的とする私企業を営み、又は報酬を得ていかなる事業若しくは事務にも従事してはならない。
2　人事委員会は、人事委員会規則により前項の場合における任命権者の許可の基準を定めることができる。

第七節　研修及び勤務成績の評定

（研修）
第三十九条　職員には、その勤務能率の発揮及び増進のために、研修を受ける機会が与えられなければならない。
2　前項の研修は、任命権者が行うものとする。
3　地方公共団体は、研修の目標、研修に関する計画の指針となるべき事項その他研修に関する基本的な方針を定めるものとする。
4　人事委員会は、研修に関する計画の立案その他研修の方法について任命権者に勧告することができる。
（勤務成績の評定）
第四十条　任命権者は、職員の執務について定期的に勤務成績の評定を行い、その評定の結果に応じた措置を講じなければならない。
2　人事委員会は、勤務成績の評定に関する計画の立案その他勤務成績の評定に関し必要な事項について任命権者に勧告することができる。

第八節　福祉及び利益の保護

（福祉及び利益の保護の根本基準）
第四十一条　職員の福祉及び利益の保護は、適切であり、且つ、公正でなければならない。

第一款　厚生福利制度

（厚生制度）
第四十二条　地方公共団体は、職員の保健、元気回復その他厚生に関する事項について計画を樹立し、これを実施しなければならない。

（共済制度）
第四十三条　職員の病気、負傷、出産、休業、災害、退職、障害若しくは死亡又はその被扶養者の病気、負傷、出産、死亡若しくは災害に関して適切な給付を行なうための相互救済を目的とする共済制度が、実施されなければならない。

2　前項の共済制度には、職員が相当年限忠実に勤務して退職した場合又は公務に基づく病気若しくは負傷により退職し、若しくは死亡した場合におけるその者又はその遺族に対する退職年金に関する制度が含まれていなければならない。

3　前項の退職年金に関する制度は、退職又は死亡の時の条件を考慮して、本人及びその退職又は死亡の当時その者が直接扶養する者のその後における適当な生活の維持を図ることを目的とするものでなければならない。

4　第一項の共済制度については、国の制度との間に権衡を失しないように適当な考慮が払われなければならない。

5　第一項の共済制度は、健全な保険数理を基礎として定めなければならない。

6　第一項の共済制度は、法律によつてこれを定める。

第四十四条　削除

第二款　公務災害補償

（公務災害補償）
第四十五条　職員が公務に因り死亡し、負傷し、若しくは疾病にかかり、若しくは公務に因る負傷若しくは疾病により死亡し、若しくは障害の状態となり、又は船員である職員が公務に因り行方不明となつた場合においてその者又はその者の遺族若しくは被扶養者がこれらの原因によつて受ける損害は、補償されなければならない。

2　前項の規定による補償の迅速かつ公正な実施を確保するため必要な補償に関する制度が実施されなければならない。

3　前項の補償に関する制度には、次に掲げる事項が定められなければならない。

一　職員の公務上の負傷又は疾病に対する必要な療養又は療養の費用の負担に関する事項

二　職員の公務上の負傷又は疾病に起因する療養の期間又は船員である職員の公務による行方不明の期間におけるその職員の所得の喪失に対する補償に関する事項

三　職員の公務上の負傷又は疾病に起因して、永久に、又は長期に所得能力を害された場合におけるその職員の受ける損害に対する補償に関する事項

四　職員の公務上の負傷又は疾病に起因する死亡の場合におけるその遺族又は職員の死亡の当時その収入によつて生計を維持した者の受ける損害に対する補償に関する事項

4　第二項の補償に関する制度は、法律によつて定めるものとし、当該制度については、国の制度との間に権衡を失しないように適当な考慮が払われなければならない。

第三款　勤務条件に関する措置の要求

（勤務条件に関する措置の要求）
第四十六条　職員は、給与、勤務時間その他の勤務条件に関し、人事委員会又は公平委員会に対して、地方公共団体の当局により適当な措置が執られるべきことを要求することができる。

（審査及び審査の結果執るべき措置）
第四十七条　前条に規定する要求があつたときは、人事委員会又は公平委員会は、事案について口頭審理その他の方法による審査を行い、事案を判定し、その結果に基いて、その権限に属する事項については、自らこれを実行し、その他の事項については、当該事項に関し権限を有する地方公共団体の機関に対し、必要な勧告をしなければならない。

（要求及び審査、判定の手続等）
第四十八条　前二条の規定による要求及び審査、判定の手続並びに審査、判定の結果執るべき措置に関し必要な事項は、人事委員会規則又は公平委員会規則で定めなければならない。

第四款　不利益処分に関する不服申立て

（不利益処分に関する説明書の交付）
第四十九条　任命権者は、職員に対し、懲戒その他その意に反すると認める不利益な処分を行う場合においては、その際、その職員に対し処分の事由を記載した説明書を交付しなければならない。

2　職員は、その意に反して不利益な処分を受けたと思うときは、任命権者に対し処分の事由を記載した説明書の交付を請求することができる。

3　前項の規定による請求を受けた任命権者は、その日から十五日以内に、同項の説明書を交付しなければならない。

4　第一項又は第二項の説明書には、当該処分につき、人事委員会又は公平委員会に対して不服申立てをすることができる旨及び不服申立期間を記載しなければならない。

（不服申立て）
第四十九条の二　前条第一項に規定する処分を受けた職員は、人事委員会又は公平委員会に対してのみ行政不服審査法による不服申立て（審査請求又は異議申立て）をすることができる。

7

職員

2　前条第一項に規定する処分を除くほか、職員に対する処分については、行政不服審査法による不服申立てをすることができない。職員がした申請に対する不作為についても、同様とする。

3　第一項に規定する不服申立てについては、行政不服審査法第二章第一節から第三節までの規定を適用しない。

（不服申立期間）

第四十九条の三　前条第一項に規定する不服申立ては、処分があつたことを知つた日の翌日から起算して六十日以内にしなければならず、処分があつた日の翌日から起算して一年を経過したときは、することができない。

（審査及び審査の結果執るべき措置）

第五十条　第四十九条の二第一項に規定する不服申立てを受理したときは、人事委員会又は公平委員会は、直ちにその事案を審査しなければならない。この場合において、処分を受けた職員から請求があつたときは、口頭審理を行わなければならない。口頭審理は、その職員から請求があつたときは、公開して行わなければならない。

2　人事委員会又は公平委員会は、必要があると認めるときは、当該不服申立てに対する裁決又は決定を除き、審査に関する事務の一部を委員又は事務局長に委任することができる。

3　人事委員会又は公平委員会は、第一項に規定する審査の結果に基いて、その処分を承認し、修正し、又は取り消し、及び必要がある場合においては、任命権者にその職員の受けるべきであつた給与その他の給付を回復するため必要で且つ適切な措置をさせる等その職員がその処分によつて受けた不当な取扱を是正するための指示をしなければならない。

（不服申立ての手続等）

第五十一条　不服申立ての手続及び審査の結果執るべき措置に関し必要な事項は、人事委員会規則又は公平委員会規則で定めなければならない。

（不服申立てと訴訟との関係）

第五十一条の二　第四十九条第一項に規定する処分であつて人事委員会又は公平委員会に対して審査請求又は異議申立てをすることができるものの取消しの訴えは、審査請求又は異議申立てに対する人事委員会又は公平委員会の裁決又は決定を経た後でなければ、提起することができない。

第九節　職員団体

（職員団体）

第五十二条　この法律において「職員団体」とは、職員がその勤務条件の維持改善を図ることを目的として組織する団体又はその連合体をいう。

2　前項の「職員」とは、第五項に規定する職員以外の職員をいう。

3　職員は、職員団体を結成し、若しくは結成せず、又はこれに加入し、若しくは加入しないことができる。ただし、重要な行政上の決定を行う職員、重要な行政上の決定に参画する管理的地位にある職員、職員の任免に関して直接の権限を持つ監督的地位にある職員、職員の任免、分限、懲戒若しくは服務、職員の給与その他の勤務条件又は職員団体との関係についての当局の計画及び方針に関する機密の事項に接し、そのためにその職務上の義務と責任とが職員団体の構成員としての誠意と責任とに直接に抵触すると認められる監督的地位にある職員その他職員団体との関係において当局の立場に立つて遂行すべき職務を担当する職員（以下「管理職員等」という。）と管理職員等以外の職員とは、同一の職員団体を組織することができず、管理職員等と管理職員等以外の職員とが組織する団体は、この法律にいう「職員団体」ではない。

4　前項ただし書に規定する管理職員等の範囲は、人事委員会規則又は公平委員会規則で定める。

5　警察職員及び消防職員は、職員の勤務条件の維持改善を図ることを目的とし、かつ、地方公共団体の当局と交渉する団体を結成し、又はこれに加入してはならない。

（職員団体の登録）

第五十三条　職員団体は、条例で定めるところにより、理事その他の役員の氏名及び条例で定める事項を記載した申請書に規約を添えて人事委員会又は公平委員会に登録を申請することができる。

2　前項に規定する職員団体の規約には、少くとも左に掲げる事項を記載するものとする。

一　名称
二　目的及び業務
三　主たる事務所の所在地
四　構成員の範囲及びその資格の得喪に関する規定
五　理事その他の役員に関する規定
六　第三項に規定する事項を含む業務執行、会議及び投票に関する規定
七　経費及び会計に関する規定
八　他の職員団体との連合に関する規定
九　規約の変更に関する規定
十　解散に関する規定

3　職員団体が登録される資格を有し、及び引き続き登録されているためには、規約の作成又は変更、役員の選挙その他これらに準ずる重要な行為が、すべての構成員が平等に参加する機会を有する直接且つ秘密の投票による全員の過半数（役員の選挙については、投票者の過半数）によつて決定される旨の手続を定め、且つ、現実に、その手続によりこれらの重要な行為が決定されることを必要とする。但し、連合体である職員団体にあつては、すべての構成員が平等に参加する機会を有する構成団体ごとの直接且つ秘密の投票による投票者の過半数で代議員を選挙し、すべての代議員が平等に参加する機会を有する直接且つ秘密の投票によるその全員の過半数（役員の選挙については、投票者の過半数）によつて決定される旨の手続を定め、且つ、現実に、その手続により決定されることをもつて足りるものとする。

4　前項に定めるもののほか、職員団体が登録される資格を有し、及び引き続き登録されているためには、当該職員団体が同一の地方公共団体に属する前条第五項に規定する職員以外の職員のみをもつて組織されてい

ることを必要とする。ただし、同項に規定する職員以外の職員であつた者でその意に反して免職され、若しくは懲戒処分としての免職の処分を受け、当該処分を受けた日の翌日から起算して一年以内のもの又はその期間内に当該処分について法律の定めるところにより不服申立てをし、若しくは訴えを提起し、これに対する裁決若しくは決定又は裁判が確定するに至らないものを構成員にとどめていること、及び当該職員団体の役員である者を構成員としていることを妨げない。

5　人事委員会又は公平委員会は、登録を申請した職員団体が前三項の規定に適合するものであるときは、条例で定めるところにより、規約及び第一項に規定する申請書の記載事項を登録し、当該職員団体にその旨を通知しなければならない。この場合において、職員でない者の役員就任を認めている職員団体を、そのゆえをもつて登録の要件に適合しないものと解してはならない。

6　登録を受けた職員団体が職員団体でなくなつたとき、登録を受けた職員団体について第二項から第四項までの規定に適合しない事実があつたとき、又は登録を受けた職員団体が第九項の規定による届出をしなかつたときは、人事委員会又は公平委員会は、条例で定めるところにより、六十日を超えない範囲内で当該職員団体の登録の効力を停止し、又は当該職員団体の登録を取り消すことができる。

7　前項の規定による登録の取消しに係る聴聞の期日における審理は、当該職員団体から請求があつたときは、公開により行わなければならない。

8　第六項の規定による登録の取消しは、当該処分の取消しの訴えを提起することができる期間内及び当該処分の取消しの訴えの提起があつたときは当該訴訟が裁判所に係属する間は、その効力を生じない。

9　登録を受けた職員団体は、その規約又は第一項に規定する申請書の記載事項に変更があつたときは、条例で定めるところにより、人事委員会又は公平委員会にその旨を届け出なければならない。この場合においては、第五項の規定を準用する。

10　登録を受けた職員団体は、解散したときは、条例で定めるところにより、人事委員会又は公平委員会にその旨を届け出なければならない。

第五十四条　削除

（交渉）

第五十五条　地方公共団体の当局は、登録を受けた職員団体から、職員の給与、勤務時間その他の勤務条件に関し、及びこれに附帯して、社交的又は厚生的活動を含む適法な活動に係る事項に関し、適法な交渉の申入れがあつた場合においては、その申入れに応ずべき地位に立つものとする。

2　職員団体と地方公共団体の当局との交渉は、団体協約を締結する権利を含まないものとする。

3　地方公共団体の事務の管理及び運営に関する事項は、交渉の対象とすることができない。

4　職員団体が交渉することのできる地方公共団体の当局は、交渉事項について適法に管理し、又は決定することのできる地方公共団体の当局とする。

5　交渉は、職員団体と地方公共団体の当局があらかじめ取り決めた員数の範囲内で、職員団体がその役員の中から指名する者と地方公共団体の当局の指名する者との間において行なわなければならない。交渉に当たつては、職員団体と地方公共団体の当局との間において、議題、時間、場所その他必要な事項をあらかじめ取り決めて行なうものとする。

6　前項の場合において、特別の事情があるときは、職員団体は、役員以外の者を指名することができるものとする。ただし、その指名する者は、当該交渉の対象である特定の事項について交渉する適法な委任を当該職員団体の執行機関から受けたことを文書によつて証明できる者でなければならない。

7　交渉は、前二項の規定に適合しないこととなつたとき、又は他の職員の職務の遂行を妨げ、若しくは地方公共団体の事務の正常な運営を阻害することとなつたときは、これを打ち切ることができる。

8　本条に規定する適法な交渉は、勤務時間中においても行なうことができる。

9　職員団体は、法令、条例、地方公共団体の規則及び地方公共団体の機関の定める規程にてい触しない限りにおいて、当該地方公共団体の当局と書面による協定を結ぶことができる。

10　前項の協定は、当該地方公共団体の当局及び職員団体の双方において、誠意と責任をもつて履行しなければならない。

11　職員は、職員団体に属していないという理由で、第一項に規定する事項に関し、不満を表明し、又は意見を申し出る自由を否定されてはならない。

（職員団体のための職員の行為の制限）

第五十五条の二　職員は、職員団体の業務にもつぱら従事することができない。ただし、任命権者の許可を受けて、登録を受けた職員団体の役員としてもつぱら従事する場合は、この限りでない。

2　前項ただし書の許可は、任命権者が相当と認める場合に与えることができるものとし、これを与える場合においては、任命権者は、その許可の有効期間を定めるものとする。

3　第一項ただし書の規定により登録を受けた職員団体の役員として専ら従事する期間は、職員としての在職期間を通じて五年（地方公営企業等の労働関係に関する法律（昭和二十七年法律第二百八十九号）第六条第一項ただし書（同法附則第五項において準用する場合を含む。）の規定により労働組合の業務に専ら従事したことがある職員については、五年からその専ら従事した期間を控除した期間）を超えることができない。

4　第一項ただし書の許可は、当該許可を受けた職員が登録を受けた職員団体の役員として当該職員団体の業務にもつぱら従事する者でなくなつたときは、取り消されるものとする。

5　第一項ただし書の許可を受けた職員は、その許可が効力を有する間は、休職者とし、いかなる給与も支給されず、また、その期間は、退職手当の算定の基礎となる勤続期間に算入されないものとする。

6　職員は、条例で定める場合を除き、給与を受けながら、職員団体のためその業務を行ない、又は活動してはならない。

（不利益取扱の禁止）

第五十六条　職員は、職員団体の構成員であること、職員団体を結成しようとしたこと、若しくはこれに加入しようとしたこと又は職員団体のために正当な行為をしたことの故をもつて不利益な取扱を受けることはない。

第四章　補則

（特例）

第五十七条　職員のうち、公立学校（学校教育法（昭和二十二年法律第二十六号）に規定する公立学校をいう。）の教職員（同法に規定する校長、教員及び事務職員をいう。）、単純な労務に雇用される者その他その職務と責任の特殊性に基いてこの法律に対する特例を必要とするものについては、別に法律で定める。但し、その特例は、第一条の精神に反するものであつてはならない。

（他の法律の適用除外等）

第五十八条　労働組合法（昭和二十四年法律第百七十四号）、労働関係調整法（昭和二十一年法律第二十五号）及び最低賃金法（昭和三十四年法律第百三十七号）並びにこれらに基く命令の規定は、職員に関して適用しない。

2　労働安全衛生法（昭和四十七年法律第五十七号）第二章の規定並びに船員災害防止活動の促進に関する法律（昭和四十二年法律第六十一号）第二章及び第五章の規定並びに同章に基づく命令の規定は、地方公共団体の行う労働基準法（昭和二十二年法律第四十九号）別表第一第一号から第十号まで及び第十三号から第十五号までに掲げる事業に従事する職員以外の職員に関して適用しない。

3　労働基準法第二条、第十四条第二項及び第三項、第二十四条第一項、第三十二条の三から第三十二条の五まで、第三十八条の二第二項及び第三項、第三十八条の三、第三十八条の四、第三十九条第六項、第七十五条から第九十三条まで並びに第百二条の規定、労働安全衛生法第九十二条の規定、船員法（昭和二十二年法律第百号）第六条中労働基準法第二条に関する部分、第三十条、第三十七条中勤務条件に関する部分、第五十三条第一項、第八十九条から第百条まで、第百二条及び第百八条中勤務条件に関する部分の規定並びに船員災害防止活動の促進に関する法律第六十二条の規定並びにこれらの規定に基づく命令の規定は、職員に関して適用しない。ただし、労働基準法第百二条の規定、労働安全衛生法第九十二条の規定、船員法第三十七条及び第百八条中勤務条件に関する部分の規定並びに船員災害防止活動の促進に関する法律第六十二条の規定並びにこれらの規定に基づく命令の規定は、地方公共団体の行う労働基準法別表第一第一号から第十号まで及び第十三号から第十五号までに掲げる事業に従事する職員に、同法第七十五条から第八十八条まで及び船員法第八十九条から第九十六条までの規定は、地方公務員災害補償法（昭和四十二年法律第百二十一号）第二条第一項に規定する者以外の職員に関しては適用する。

4　職員に関しては、労働基準法第三十二条の二第一項中「使用者は、当該事業場に、労働者の過半数で組織する労働組合がある場合においてはその労働組合、労働者の過半数で組織する労働組合がない場合においては労働者の過半数を代表する者との書面による協定により、又は」とあるのは「使用者は、」と、同法第三十四条第二項ただし書中「当該事業場に、労働者の過半数で組織する労働組合がある場合においてはその労働組合、労働者の過半数で組織する労働組合がない場合においては労働者の過半数を代表する者との書面による協定があるときは」とあるのは「条例に特別の定めがある場合は」と、同法第三十七条第三項中「使用者が、当該事業場に、労働者の過半数で組織する労働組合があるときはその労働組合、労働者の過半数で組織する労働組合がないときは労働者の過半数を代表する者との書面による協定により」とあるのは「使用者が」と、同法第三十九条第四項中「当該事業場に、労働者の過半数で組織する労働組合があるときはその労働組合、労働者の過半数で組織する労働組合がないときは労働者の過半数を代表する者との書面による協定により、次に掲げる事項を定めた場合において、第一号に掲げる労働者の範囲に属する労働者が有給休暇を時間を単位として請求したときは、前三項の規定による有給休暇の日数のうち第二号に掲げる日数については、これらの規定にかかわらず、当該協定で定めるところにより」とあるのは「前三項の規定にかかわらず、特に必要があると認められるときは、」とする。

5　労働基準法、労働安全衛生法、船員法及び船員災害防止活動の促進に関する法律の規定並びにこれらの規定に基づく命令の規定中第三項の規定により職員に関して適用されるものを適用する場合における職員の勤務条件に関する労働基準監督機関の職権は、地方公共団体の行う労働基準法別表第一第一号から第十号まで及び第十三号から第十五号までに掲げる事業に従事する職員の場合を除き、人事委員会又はその委任を受けた人事委員会の委員（人事委員会を置かない地方公共団体においては、地方公共団体の長）が行うものとする。

（人事行政の運営等の状況の公表）

第五十八条の二　任命権者は、条例で定めるところにより、毎年、地方公共団体の長に対し、職員（臨時的に任用された職員及び非常勤職員（第二十八条の五第一項に規定する短時間勤務の職を占める職員を除く。）の任用、給与、勤務時間その他の勤務条件、分限及び懲戒、服務、研修及び勤務成績の評定並びに福祉及び利益の保護等人事行政の運営の状況を報告しなければならない。

2　人事委員会又は公平委員会は、条例で定めるところにより、毎年、地方公共団体の長に対し、業務の状況を報告しなければならない。

3　地方公共団体の長は、前二項の規定による報告を受けたときは、条例で定めるところにより、毎年、第一項の規定による報告を取りまとめ、その概要及び前項の規定による報告を公表しなければならない。

（総務省の協力及び技術的助言）

第五十九条　総務省は、地方公共団体の人事行政がこの法律によつて確立される地方公務員制度の原則に沿つて運営されるように協力し、及び技術的助言をすることができる。

第五章　罰則

（罰則）

第六十条　左の各号の一に該当する者は、一年以下の懲役又は三万円以下の罰金に処する。

一　第十三条の規定に違反して差別をした者

二　第三十四条第一項又は第二項の規定（第九条の二第十二項において準用する場合を含む。）に違反して秘密を漏らした者

三　第五十条第三項の規定による人事委員会又は公平委員会の指示に故意に従わなかつた者

第六十一条　左の各号の一に該当する者は、三年以下の懲役又は十万円以下の罰金に処する。

一　第五十条第一項に規定する権限の行使に関し、第八条第六項の規定により人事委員会若しくは公平委員会から証人として喚問を受け、正当な理由がなくてこれに応ぜず、若しくは虚偽の陳述をした者又は同項の規定により人事委員会若しくは公平委員会から書類若しくはその写の提出を求められ、正当な理由がなくてこれに応ぜず、若しくは虚偽の事項を記載した書類若しくはその写を提出した者

二　第十五条の規定に違反して任用した者

三　第十九条第一項後段の規定に違反して受験を阻害し、又は情報を提供した者

四　何人たるを問わず、第三十七条第一項前段に規定する違法な行為の遂行を共謀し、そそのかし、若しくはあおり、又はこれらの行為を企てた者

五　第四十六条の規定による勤務条件に関する措置の要求の申出を故意に妨げた者

第六十二条　第六十条第二号又は前条第一号から第三号まで若しくは第五号に掲げる行為を企て、命じ、故意にこれを容認し、そそのかし、又はそのほう助をした者は、それぞれ各本条の刑に処する。

附　則　抄

（施行期日）

1　この法律の規定中、第十五条及び第十七条から第二十三条までの規定並びに第六十一条第二号及び第三号の罰則並びに第六十二条中第六十一条第二号及び第三号に関する部分は、都道府県及び地方自治法第百五十五条第二項の市にあつてはこの法律公布の日から起算して二年を経過した日から、その他の地方公共団体にあつてはこの法律公布の日から起算して二年六月を経過した日からそれぞれ施行し、第二十七条から第二十九条まで及び第四十六条から第五十一条までの規定並びに第六十条第三号、第六十一条第一号及び同条第五号の罰則並びに第六十二条中第六十一条第一号及び第五号に関する部分は、この法律公布の日から起算して八月を経過した日から施行し、その他の規定は、この法律公布の日から起算して二月を経過した日から施行する。

（経過規定）

5　最初に選任される人事委員会又は公平委員会の委員の任期は、第九条の二第十項本文の規定にかかわらず、一人は四年、一人は三年、一人は二年とする。この場合において、各委員の任期は、地方公共団体の長がくじで定める。

6　職員の任免、給与、分限、懲戒、服務その他身分取扱に関する事項については、この法律中の各相当規定がそれぞれの地方公共団体に適用されるまでの間は、当該地方公共団体については、なお、従前の例による。

7　昭和二十三年七月二十二日附内閣総理大臣宛連合国最高司令官書簡に基く臨時措置に関する政令（昭和二十三年政令第二百一号）は、職員に関してはその効力を失う。

8　前項の政令がその効力を失う前にした同令第二条第一項の規定に違反する行為に対する罰則の適用については、なお、従前の例による。

9　第十六条第三号の懲戒免職の処分には、当該地方公共団体において、地方公務員に関する従前の規定によりなされた懲戒免職の処分を含むものとする。

10　地方公務員に関する従前の規定により休職を命ぜられた者又は懲戒手続中の者若しくは懲戒処分を受けた者の休職又は懲戒に関しては、なお、従前の例による。

15　第五十八条第一項の規定施行の際現に存する法人である労働組合でその主たる構成員が職員であるものが第五十三条第一項の規定により登録されたときは、第五十四条第一項の法人である職員団体として設立されたものとみなす。

17　前二項の場合において必要な事項は、政令で定める。

18　第五十八条第一項及び第二項の規定施行前にしたこれらの規定に規定する法令の規定に違反する行為に対する罰則の適用については、これらの規定にかかわらず、なお、従前の例による。

（職員が職員団体の役員として専ら従事することができる期間の特例）

20　第五十五条の二の規定の適用については、職員の労働関係の実態にかんがみ、労働関係の適正化を促進し、もつて公務の能率的な運営に資するため、当分の間、同条第三項中「五年」とあるのは、「七年以下の範囲内で人事委員会規則又は公平委員会規則で定める期間」とする。

（特別職に属する地方公務員に関する特例）

21　第三条第三項各号に掲げる職のほか、地方公共団体が、緊急失業対策法を廃止する法律（平成七年法律第五十四号）の施行の際現に失業者であつて同法の施行の日前二月間に十日以上同法による廃止前の緊急失業対策法（昭和二十四年法律第八十九号）第二条第一項の失業対策事業に使用されたもの及び総務省令で定めるこれに準ずる失業者（以下「旧失業対策事業従事者」という。）に就業の機会を与えることを主たる目的として平成十三年三月三十一日までの間に実施する事業のため、旧失業対策事業従事者のうち、公共職業安定所から失業者として紹介を受けて雇用した者で技術者、技能者、監督者及び行政事務を担当する者以外のものの職は、特別職とする。

附　則（平成二一年一一月三〇日法律第八六号）抄

（施行期日）

第一条　この法律は、公布の日の属する月の翌月の初日（公布の日が月の初日であるときは、その日）から施行する。ただし、第二条、第三条、第五条、第七条及び第九条並びに附則第五条及び第六条の規定は、平成二十二年四月一日から施行する。

大学の教員等の任期に関する法律

平成九年六月十三日法律第八十二号
最終改正　平成二一年三月三一日法律第一八号

（目的）

第一条　この法律は、大学等において多様な知識又は経験を有する教員等相互の学問的交流が不断に行われる状況を創出することが大学等における教育研究の活性化にとって重要であることにかんがみ、任期を定めることができる場合その他教員等の任期について必要な事項を定めることにより、大学等への多様な人材の受入れを図り、もって大学等における教育研究の進展に寄与することを目的とする。

（定義）

第二条　この法律において、次の各号に掲げる用語の意義は、当該各号に定めるところによる。

一　大学　学校教育法（昭和二十二年法律第二十六号）第一条に規定する大学をいう。

二　教員　大学の教授、准教授、助教、講師及び助手をいう。

三　教員等　教員並びに国立大学法人法（平成十五年法律第百十二号）第二条第三項に規定する大学共同利用機関法人、独立行政法人大学評価・学位授与機構、独立行政法人国立大学財務・経営センター及び独立行政法人大学入試センター（次号及び第六条において「大学共同利用機関法人等」という。）の職員のうち専ら研究又は教育に従事する者をいう。

四　任期　地方公務員としての教員の任用に際して、又は国立大学法人（国立大学法人法第二条第一項に規定する国立大学法人をいう。以下同じ。）、大学共同利用機関法人等、公立大学法人（地方独立行政法人法（平成十五年法律第百十八号）第六十八条第一項に規定する公立大学法人をいう。以下同じ。）若しくは学校法人（私立学校法（昭和二十四年法律第二百七十号）第三条に規定する学校法人をいう。以下同じ。）と教員等との労働契約において定められた期間であって、地方公務員である教員が就いていた職若しくは同一の地方公共団体の他の職（特別職に属する職及び非常勤の職を除く。）に引き続き任用される場合又は同一の国立大学法人、大学共同利用機関法人等、公立大学法人若しくは学校法人との間で引き続き労働契約が締結される場合を除き、当該期間の満了により退職することとなるものをいう。

（公立の大学の教員の任期）

第三条　公立の大学の学長は、教育公務員特例法（昭和二十四年法律第一号）第二条第四項に規定する評議会（評議会を置かない大学にあつては、教授会）の議に基づき、当該大学の教員（常時勤務の者に限る。以下この条及び次条において同じ。）について、次条の規定による任期を定めた任用を行う必要があると認めるときは、教員の任期に関する規則を定めなければならない。

2　公立の大学は、前項の規定により学長が教員の任期に関する規則を定め、又はこれを変更したときは、遅滞なく、これを公表しなければならない。

3　第一項の教員の任期に関する規則に記載すべき事項及び前項の公表の方法については、文部科学省令で定める。

第四条　任命権者は、前条第一項の教員の任期に関する規則が定められている大学について、教育公務員特例法第十条の規定に基づきその教員を任用する場合において、次の各号のいずれかに該当するときは、任期を定めることができる。

一　先端的、学際的又は総合的な教育研究であることその他の当該教育研究組織で行われる教育研究の分野又は方法の特性にかんがみ、多様な人材の確保が特に求められる教育研究組織の職に就けるとき。

二　助教の職に就けるとき。

三　大学が定め又は参画する特定の計画に基づき期間を定めて教育研究を行う職に就けるとき。

2　任命権者は、前項の規定により任期を定めて教員を任用する場合には、当該任用される者の同意を得なければならない。

（国立大学、公立大学法人の設置する大学又は私立大学の教員の任期）

第五条　国立大学法人、公立大学法人又は学校法人は、当該国立大学法人、公立大学法人又は学校法人の設置する大学の教員について、前条第一項各号のいずれかに該当するときは、労働契約において任期を定めることができる。

2　国立大学法人、公立大学法人又は学校法人は、前項の規定により教員との労働契約において任期を定めようとするときは、あらかじめ、当該大学に係る教員の任期に関する規則を定めておかなければならない。

3　公立大学法人（地方独立行政法人法第七十一条第一項ただし書の規定の適用を受けるものに限る。）又は学校法人は、前項の教員の任期に関する規則を定め、又はこれを変更しようとするときは、当該大学の学長の意見を聴くものとする。

4　国立大学法人、公立大学法人又は学校法人は、第二項の教員の任期に関する規則を定め、又はこれを変更したときは、これを公表するものとする。

5　第一項の規定により定められた任期は、教員が当該任期中（当該任期が始まる日から一年以内の期間を除く。）にその意思により退職することを妨げるものであってはならない。

（大学共同利用機関法人等の職員への準用）

第六条　前条（第三項を除く。）の規定は、大学共同利用機関法人等の職員のうち専ら研究又は教育に従事する者について準用する。

（他の法律の適用除外）

第七条　地方公共団体の一般職の任期付職員の採用に関する法律（平成十四年法律第四十八号）の規定は、地方公務員である教員には適用しない。

附　則

この法律は、公布の日から起算して三月を超えない範囲内において政令で定める日から施行する。

附　則（平成二一年三月三一日法律第一八号）　抄

（施行期日）

第一条　この法律は、平成二十一年四月一日から施行する。

7　職員

公立の大学における外国人教員の任用等に関する特別措置法

昭和五十七年九月一日法律第八十九号
最終改正　平成一八年三月三一日法律第二四号

（目的）

第一条　この法律は、公立の大学において外国人を教授等に任用することができることとすることにより、大学における教育及び研究の進展を図るとともに、学術の国際交流の推進に資することを目的とする。

（外国人の公立の大学の教授等への任用等）

第二条　公立の大学においては、外国人（日本の国籍を有しない者をいう。以下同じ。）を教授、准教授、助教又は講師（以下「教員」という。）に任用することができる。

2　前項の規定により任用された教員は、外国人であることを理由として、教授会その他大学の運営に関与する合議制の機関の構成員となり、その議決に加わることを妨げられるものではない。

3　第一項の規定により任用される教員の任期については、教育公務員特例法（昭和二十四年法律第一号）第二条第四項に規定する評議会（評議会を置かない大学にあつては、教授会）の議に基づき学長の定めるところによる。

附　則

この法律は、公布の日から施行する。

附　則（平成一八年三月三一日法律第二四号）抄

（施行期日）

第一条　この法律は、平成十八年四月一日から施行する。

法科大学院への裁判官及び検察官その他の一般職の国家公務員の派遣に関する法律

平成十五年五月九日法律第四十号
最終改正　平成二二年三月三一日法律第一九号

（目的）

第一条　この法律は、法科大学院における教育が、司法修習生の修習との有機的連携の下に法曹としての実務に関する教育の一部を担うものであり、かつ、法曹の養成に関係する機関の密接な連携及び相互の協力の下に将来の法曹としての実務に必要な法律に関する理論的かつ実践的な能力（各種の専門的な法分野における高度の能力を含む。）を備えた多数の法曹の養成を実現すべきものであることにかんがみ、法科大学院の教育と司法試験等との連携等に関する法律（平成十四年法律第百三十九号）第三条の規定の趣旨にのっとり、国の責務として、裁判官及び検察官その他の一般職の国家公務員が法科大学院において教授、准教授その他の教員としての業務を行うための派遣に関し必要な事項について定めることにより、法科大学院における法曹としての実務に関する教育の実効性の確保を図り、もって同条第一項に規定する法曹養成の基本理念に則した法科大学院における教育の充実に資することを目的とする。

（定義）

第二条　この法律において「法科大学院」とは、学校教育法（昭和二十二年法律第二十六号）第九十九条第二項に規定する専門職大学院であって、法曹に必要な学識及び能力を培うことを目的とするものをいう。

2　この法律において「検察官等」とは、検察官その他の国家公務員法（昭和二十二年法律第百二十号）第二条に規定する一般職に属する職員（法律により任期を定めて任用される職員、常時勤務を要しない官職を占める職員、特定独立行政法人等の労働関係に関する法律（昭和二十三年法律第二百五十七号）第二条第三号に規定する特定独立行政法人等の職員その他人事院規則で定める職員を除く。）をいう。

3　この法律において「任命権者」とは、国家公務員法第五十五条第一項に規定する任命権者及び法律で別に定められた任命権者並びにその委任を受けた者をいう。

（法科大学院設置者による派遣の要請）

第三条　法科大学院設置者（法科大学院を置き若しくは置こうとする大学の設置者又は法科大学院を置く大学を設置しようとする者をいう。以下同じ。）は、当該法科大学院において将来の法曹としての実務に必要な法律に関する理論的かつ実践的な能力（各種の専門的な法分野における高度の能力を含む。）を涵養するための教育を実効的に行うため、裁判官又は検察官等を教授、准教授その他の教員（以下「教授等」という。）として必要とするときは、その必要とする事由を明らかにして、裁判官については最高裁判所に対し、検察官等については任命権者に対し、その派遣を要請することができる。

2　前項の要請の手続は、最高裁判所に対するものについては最高裁判所規則で、任命権者に対するものについては人事院規則で定める。

（職務とともに教授等の業務を行うための派遣）

第四条　最高裁判所は、前条第一項の要請があった場合において、その要請に係る派遣の必要性、派遣に伴う事務の支障その他の事情を勘案して、相当と認めるときは、これに応じ、裁判官の同意を得て、期間を定めて、当該法科大学院設置者との間の取決めに基づき、当該裁判官が職務とともに当該法科大学院において教授等の業務を行うものとすることができる。

2　最高裁判所は、前項の同意を得るに当たっては、あらかじめ、当該裁判官に同項の取決めの内容を明示しなければならない。

3　任命権者は、前条第一項の要請があった場合において、その要請に係る派遣の必要性、派遣に伴う事務の支障その他の事情を勘案して、相当と認めるときは、これに応じ、検察官等の同意（検察官については、検察庁法（昭和二十二年法律第六十一号）第二十五条の俸給の減額に係る同意を含む。以下同じ。）を得て、当該法科大学院設置者との間の取決めに基づき、期間を定めて、職務とともに当該法科大学院における教授等の業務を行うものとして当該検察官等を当該法科大学院を置く大学に派遣することができる。

4　任命権者は、前項の同意を得るに当たっては、あらかじめ、当該検察官等に同項の取決めの内容及び当該派遣の期間中における給与の支給に関する事項を明示しなければならない。

5　第一項又は第三項の取決めにおいては、当該法科大学院における勤務時間その他の勤務条件（検察官等については、教授等の業務に係る報酬等（報酬、賃金、給料、俸給、手当、賞与その他いかなる名称であるかを問わず、教授等の業務の対償として受けるすべてのものをいう。以下同じ。）を含む。）及び教授等の業務の内容、派遣の期間、派遣の終了に関する事項その他第一項又は第三項の規定による派遣の実施に当たって合意しておくべきものとして裁判官については最高裁判所規則で、検察官等については人事院規則で定める事項を定めるものとする。

6　最高裁判所又は任命権者は、第一項又は第三項の取決めの内容を変更しようとするときは、当該裁判官又は検察官等の同意を得なければならない。この場合においては、第二項又は第四項の規定を準用する。

7　第一項又は第三項の規定による派遣の期間は、三年を超えることができない。ただし、当該法科大学院設置者からその期間の延長を希望する旨の申出があり、かつ、特に必要があると認めるときは、最高裁判所又は任命権者は、当該裁判官又は検察官等の同意を得て、当該派遣の日から引き続き五年を超えない範囲内で、これを延長することができる。

8　第一項又は第三項の規定により法科大学院において教授等の業務を行う裁判官又は検察官等は、その派遣の期間中、その同意に係る第一項又は第三項の取決めに定められた内容に従って、当該法科大学院において教授等の業務を行うものとする。

9　第三項の規定により派遣された検察官等は、その正規の勤務時間（一般職の職員の勤務時間、休暇等に関する法律（平成六年法律第三十三号）第十三条第一項に規定する正規の勤務時間をいう。第七条第二項において同じ。）のうち当該法科大学院において教授等の業務を行うため必要であると任命権者が認める時間においては、勤務しない。

10　第三項の規定による検察官等の教授等の業務への従事については、国家公務員法第百四条の規定は、適用しない。

（派遣の終了）

第五条　前条第一項又は第三項の規定による派遣の期間が満了したときは、当該教授等の業務は終了するものとする。

2　最高裁判所は、前条第一項の規定により法科大学院において教授等の業務を行う裁判官が当該法科大学院における教授等の地位を失った場合その他の最高裁判所規則で定める場合であって、その教授等の業務を継続することができないか又は適当でないと認めるときは、速やかに、当該裁判官が当該教授等の業務を行うことを終了するものとしなければならない。

3　任命権者は、前条第三項の規定により派遣された検察官等が当該法科大学院における教授等の地位を失った場合その他の人事院規則で定める場合であって、その教授等の業務を継続することができないか又は適当でないと認めるときは、速やかに、当該検察官等の派遣を終了させなければならない。

（派遣期間中の裁判官の報酬及び国庫納付金の納付）

第六条　第四条第一項の規定により法科大学院において教授等の業務を行う裁判官は、その教授等の業務に係る報酬等の支払を受けないものとし、教授等の業務を行ったことを理由として、裁判官として受ける報酬その他の給与について減額をされないものとする。

2　第四条第一項の規定により裁判官が法科大学院において教授等の業務を行った場合においては、当該法科大学院設置者は、その教授等の業務の対償に相当するものとして政令で定める金額を、国庫に納付しなければならない。

3　前項の規定による納付金の納付の手続については、政令で定める。

（派遣期間中の検察官等の給与等）

第七条　任命権者は、法科大学院設置者との間で第四条第三項の取決めをするに当たっては、同項の規定により派遣される検察官等が当該法科大学院設置者から受ける教授等の業務に係る報酬等について、当該検察官等が従事している職務及び当該法科大学院において行う教授等の業務の内容に応じた相当の額が確保されるよう努めなければならない。

2　第四条第三項の規定により派遣された検察官等がその正規の勤務時間において当該法科大学院において教授等の業務を行うため勤務しない場合には、一般職の職員の給与に関する法律（昭和二十五年法律第九十五号）第十五条の規定にかかわらず、その勤務しない一時間につき、同法第十九条に規定する勤務一時間当たりの給与額を減額して支給する。ただし、当該法科大学院において第三条第一項に規定する教育が実効的に行われることを確保するため特に必要があると認められるときは、当該検察官等には、その派遣の期間中、当該法科大学院設置者から受ける教授等の業務に係る報酬等の額に照らして必要と認められる範囲内で、その給与の減額分の百分の五十以内を支給することができる。

3　前項ただし書の規定による給与の支給に関し必要な事項は、人事院規則（第四条第三項の規定により派遣された検察官等が検察官の俸給等に関する法律（昭和二十三年法律第七十六号）の適用を受ける者である場合にあっては、同法第三条第一項に規定する準則）で定める。

（国家公務員共済組合法の特例）

第八条　第四条第一項又は第三項の規定により法科大学院において教授等の業務を行う裁判官又は検察官等に関する国家公務員共済組合法（昭和三十三年法律第百二十八号。以下この条及び第十四条において「国共済法」という。）の規定の適用については、当該法科大学院における教授等の業務を公務とみなす。

2　第四条第三項の規定により派遣された検察官等に関する国共済法の規定の適用については、国共済法第二条第一項第五号及び第六号中「とし、その他の職員」とあるのは「並びにこれらに相当するものとして次条第一項に規定する組合の運営規則で定めるものとし、その他の職員」と、国共済法第九十九条第二項中「及び国の負担金」とあるのは「、法科大学院への裁判官及び検察官その他の一般職の国家公務員の派遣に関する法律第三条第一項に規定する法科大学院設置者（以下「法科大学院設置者」という。）の負担金及び国の負担金」と、同項各号中「国の負担金」とあるのは「法科大学院設置者の負担金及び国の負担金」と、国共済法第百二条第一項中「各省各庁の長（環境大臣を含む。）、特定独立行政法人又は職員団体」とあるのは「法科大学院設置者及び国」と、「第九十九条第二項（同条第五項から第七項までの規定により読み替えて適用する場合を含む。）及び第四項（同条第六項及び第七項の規定により読み替えて適用する場合を含む。）」とあるのは「第九十九条第二項及び第四項」と、同条第四項中「同条第四項（同条第六項及び第七項の規定により読み替えて適用する場合を含む。以下この項において同じ。）」とあるのは「同条第四項」と、「（同条第四項）」とあるのは「（同項）」と、「国、特定独立行政法人又は職員団体」とあるのは「法科大学院設置者及び国」とする。

3　前項の場合において法科大学院設置者及び国が同項の規定により読み替えられた国共済法第九十九条第二項の規定により負担すべき金額その他必要な事項は、政令で定める。

（一般職の職員の給与に関する法律の特例）

第九条　第四条第三項の規定による派遣の期間中又はその期間の満了後における当該検察官等に関する一般職の職員の給与に関する法律第二十三条第一項及び附則第六項の規定の適用については、当該法科大学院における教授等の業務（当該教授等の業務に係る労働者災害補償保険法（昭和二十二年法律第五十号）第七条第二項に規定する通勤（当該教授等の業務に係る就業の場所を国家公務員災害補償法（昭和二十六年法律第百九十一号）第一条の二第一項第一号及び第二号に規定する勤務場所とみなした場合に同条に規定する通勤に該当するものに限る。次条において同じ。）を含む。）を公務とみなす。

（国家公務員退職手当法の特例）

第十条　第四条第三項の規定による派遣の期間中又はその期間の満了後に当該検察官等が退職した場合における国家公務員退職手当法（昭和二十八年法律第百八十二号）の規定の適用については、当該法科大学院における教授等の業務に係る業務上の傷病又は死亡は同法第四条第二項、第五条第一項及び第六条の四第一項に規定する公務上の傷病又は死亡と、当該教授等の業務に係る労働者災害補償保険法第七条第二項に規定する通勤による傷病は国家公務員退職手当法第四条第二項、第五条第二項及び第六条の四第一項に規定する通勤による傷病とみなす。

（専ら教授等の業務を行うための派遣）

第十一条　任命権者は、第三条第一項の要請があった場合において、その要請に係る派遣の必要性、派遣に伴う事務の支障その他の事情を勘案して、相当と認めるときは、これに応じ、検察官等の同意を得て、当該法科大学院設置者との間の取決めに基づき、期間を定めて、専ら当該法科大学院における教授等の業務を行うものとして当該検察官等を当該法科大学院を置く大学に派遣することができる。

2　任命権者は、前項の同意を得るに当たっては、あらかじめ、当該検察官等に同項の取決めの内容及び当該派遣の期間中における給与の支給に関する事項を明示しなければならない。

3　第一項の取決めにおいては、当該法科大学院における勤務時間、教授等の業務に係る報酬等その他の勤務条件及び教授等の業務の内容、派遣の期間、職務への復帰に関する事項その他同項の規定による派遣の実施に当たって合意しておくべきものとして人事院規則で定める事項を定めるものとする。

4　第四条第六項から第八項まで及び第十項の規定は、第一項の規定による派遣について準用する。

5　第一項の規定により派遣された検察官等は、その派遣の期間中、検察官等としての身分を保有するが、職務に従事しない。

（職務への復帰）

第十二条　前条第一項の規定により派遣された検察官等は、その派遣の期間が満了したときは、職務に復帰するものとする。

2　任命権者は、前条第一項の規定により派遣された検察官等が当該法科大学院における教授等の地位を失った場合その他の人事院規則で定める場合であって、その派遣を継続することができないか又は適当でないと認めるときは、速やかに、当該検察官等を職務に復帰させなければならない。

（派遣期間中の給与等）

第十三条　任命権者は、法科大学院設置者との間で第十一条第一項の取決めをするに当たっては、同項の規定により派遣される検察官等が当該法科大学院設置者から受ける教授等の業務に係る報酬等について、当該検察官等がその派遣前に従事していた職務及び当該法科大学院において行う教授等の業務の内容に応じた相当の額が確保されるよう努めなければならない。

2　第十一条第一項の規定により派遣された検察官等には、その派遣の期間中、給与を支給しない。ただし、当該法科大学院において第三条第一項に規定する教育が実効的に行われることを確保するため特に必要があると認められるときは、当該検察官等には、その派遣の期間中、当該法科大学院設置者から受ける教授等の業務に係る報酬等の額に照らして必要と認められる範囲内で、俸給、扶養手当、地域手当、広域異動手当、研究員調整手当、住居手当及び期末手当のそれぞれ百分の五十以内を支給することができる。

3　前項ただし書の規定による給与の支給に関し必要な事項は、人事院規則（第十一条第一項の規定により派遣された検察官等が検察官の俸給等に関する法律の適用を受ける者である場合にあっては、同法第三条第一項に規定する準則）で定める。

（国家公務員共済組合法の特例）

第十三条の二　第八条の規定は、第十一条第一項の規定により法科大学院を置く国立大学（国立大学法人法（平成十五年法律第百十二号）第二条第二項に規定する国立大学をいう。）に派遣された検察官等について準用する。

第十四条　国共済法第四十一条第二項の規定及び国共済法の短期給付に関する規定（国共済法第六十八条の三の規定を除く。以下この項において同じ。）は、第十一条第一項の規定により法科大学院を置く私立大学（学校教育法第二条第二項に規定する私立学校である大学をいう。）に派遣された検察官等（以下「私立大学派遣検察官等」という。）には、適用しない。この場合において、国共済法の短期給付に関する規定の適用を受ける職員（国共済法第二条第一項第一号に規定する職員をいう。以下この項において同じ。）が私立大学派遣検察官等となったときは、国共済法の短期給付に関する規定の適用については、そのなった日の前日に退職（国共済法第二条第一項第四号に規定する退職をいう。）をしたものとみなし、私立大学派遣検察官等が国共済法の短期給付に関する規定の適用を受ける職員となったときは、国共済法の短期給付に関する規定の適用については、そのなった日に職員となったものとみなす。

2　私立大学派遣検察官等に関する国共済法の長期給付に関する規定の適用については、当該法科大学院における教授等の業務を公務とみなす。

3　私立大学派遣検察官等は、国共済法第九十八条第一項各号に掲げる福祉事業を利用することができない。

4　私立大学派遣検察官等に関する国共済法の規定の適用については、国共済法第二条第一項第五号及び第六号中「とし、その他の職員」とあるのは「並びにこれらに相当するものとして次条第一項に規定する組合の運営規則で定めるものとし、その他の職員」と、国共済法第九十九条第二項中「次の各号」とあるのは「次の各号（第一号、第一号の二及び第四号を除く。）」と、「及び国の負担金」とあるのは「、法科大学院への裁判官及び検察官その他の一般職の国家公務員の派遣に関する法律第三条第一項に規定する法科大学院設置者（以下「法科大学院設置者」という。）の負担金及び国の負担金」と、同項第二号及び第三号中「国の負担金」とあるのは「法科大学院設置者の負担金及び国の負担金」と、国共済法第百二条第一項中「各省各庁の長（環境大臣を含む。）、特定独立行政法人又は職員団体」とあり、及び「国、特定独立行政法人又は職員団体」とあるのは「法科大学院設置者及び国」と、「第九十九条第二項（同条第五項から第七項までの規定により読み替えて適用する場合を含む。）及び第四項（同条第六項及び第七項の規定により読み替えて適用する場合を含む。）」とあるのは「第九十九条第二項及び第四項」と、同条第四項中「から第四号まで」とあるのは「及び第三号」と、「及び同条第四項（同条第六項及び第七項の規定により読み替えて適用する場合を含む。以下この項において同じ。）」とあるのは「並びに同条第四項」と、「（同条第四項」とあるのは「（同項」と、「国、特定独立行政法人又は職員団体」とあるのは「法科大学院設置者及び国」とする。

5　前項の場合において法科大学院設置者及び国が同項の規定により読み替えられた国共済法第九十九条第二項の規定により負担すべき金額その他必要な事項は、政令で定める。

（地方公務員等共済組合法の特例）

第十五条　第十一条第一項の規定により法科大学院を置く公立大学（学校教育法第二条第二項に規定する公立学校である大学をいう。第十八条及び第十九条第一項において同じ。）に派遣された検察官等のうち第十三条第二項ただし書の規定による給与の支給を受ける者に関する地方公務員等共済組合法（昭和三十七年法律第百五十二号）の規定の適用については、同法第四章及び第六章中「給料」とあるのは「組合の運営規則で定める仮定給料」と、「期末手当等」とあるのは「組合の運営規則で定める仮定期末手当等」と、同法第百十三条第二項各号列記以外の部分中「及び地方公共団体」とあるのは「、地方公共団体」と、「の負担金」とあるのは「の負担金及び国の負担金」と、同項各号中「の負担金」とあるのは「及び国の負担金」と、同法第百十五条第二項中「相当する手当」とあるのは「相当する手当及び国家公務員退職手当法（昭和二十八年法律第百八十二号）に基づく退職手当又はこれに相当する手当」と、同法第百十六条第一項中「の機関、特定地方独立行政法人又は職員団体」とあるのは「及び国の機関」と、「第百十三条第二項（同条第五項から第七項までの規定により読み替えて適用する場合を含む。）」とあるのは「第百十三条第二項」と、「地方公共団体、特定地方独立行政法人又は職員団体」とあるのは「地方公共団体及び国」と、同法第百四十四条の三十一（見出しを含む。）中「地方公共団体又は特定地方独立行政法人」とあるのは「地方公共団体及び国」とする。

2　前項の場合において地方公共団体及び国が同項の規定により読み替えられた地方公務員等共済組合法第百十三条第二項の規定により負担すべき金額その他必要な事項は、政令で定める。

（私立学校教職員共済法の特例）

第十六条　私立学校教職員共済法（昭和二十八年法律第二百四十五号）の長期給付に関する規定は、私立大学派遣検察官等には、適用しない。

2　私立大学派遣検察官等のうち第十三条第二項ただし書の規定による給与の支給を受ける者に関する私立学校教職員共済法の規定の適用については、同法第二十一条第一項中「準ずるもの」とあるのは「準ずるもの（法科大学院への裁判官及び検察官その他の一般職の国家公務員の派遣に関する法律第十三条第二項ただし書の規定により国から支給される給与であつて共済規程で定めるもの（次条において「私立大学派遣検察官等に対する国の給与」という。）を含む。）」と、同法第二十二条第二項及び第七項中「給与の総額」とあるのは「給与（当該期間における私立大学派遣検察官等に対する国の給与を含む。）の総額」と、同法第二十八条第一項中「及び」とあるのは「並びに」と、「学校法人等」とあるのは「学校法人等及び国」と、同条第三項中「当該学校法人等」とあるのは「当該学校法人等及び国」と、同法第二十九条第一項から第三項までの規定中「学校法人等」とあるのは「学校法人等及び国」とする。

3　前項の場合において学校法人等及び国が同項の規定により読み替えられた私立学校教職員共済法第二十八条第一項の規定により負担すべき掛金の額その他必要な事項は、政令で定める。

（児童手当法の特例）

第十七条　私立大学派遣検察官等に関する児童手当法（昭和四十六年法律第七十三号）の規定の適用については、当該法科大学院設置者を同法第二十条第一項第四号に規定する団体とみなす。

（一般職の職員の給与に関する法律の特例）

第十八条　第九条の規定は、第十一条第一項の規定により派遣された検察官等について準用する。この場合において、当該検察官等が法科大学院を置く公立大学に派遣されたものであるときは、第九条中「労働者災害補償保険法（昭和二十二年法律第五十号）第七条第二項」とあるのは、「地方公務員災害補償法（昭和四十二年法律第百二十一号）第二条第二項」とする。

（国家公務員退職手当法の特例）

第十九条　第十条の規定は、第十一条第一項の規定により派遣された検察官等について準用する。この場合において、当該検察官等が法科大学院を置く公立大学に派遣されたものであるときは、第十条中「労働者災害補償保険法第七条第二項」とあるのは、「地方公務員災害補償法第二条第二項」とする。

2　第十一条第一項の規定により派遣された検察官等に関する国家公務員退職手当法第六条の四第一項及び第七条第四項の規定の適用については、第十一条第一項の規定による派遣の期間は、同法第六条の四第一項に規定する現実に職務をとることを要しない期間には該当しないものとみなす。

3　前項の規定は、第十一条第一項の規定により派遣された検察官等が当該法科大学院設置者から所得税法（昭和四十年法律第三十三号）第三十条第一項に規定する退職手当等（同法第三十一条の規定により退職手当等とみなされるものを含む。）の支払を受けた場合には、適用しない。

4　第十一条第一項の規定により派遣された検察官等がその派遣の期間中に退職した場合に支給する国家公務員退職手当法の規定による退職手当の算定の基礎となる俸給月額については、部内の他の職員との権衡上必要があると認められるときは、次条第一項の規定の例により、その額を調整することができる。

（派遣後の職務への復帰に伴う措置）

第二十条　第十一条第一項の規定により派遣された検察官等が職務に復帰した場合におけるその者の職務の級及び号俸については、部内の他の職員との権衡上必要と認められる範囲内において、人事院規則の定めるところにより、必要な調整を行うことができる。

2　前項に定めるもののほか、第十一条第一項の規定により派遣された検察官等が職務に復帰した場合における任用、給与等に関する処遇については、部内の他の職員との均衡を失することのないよう適切な配慮が加えられなければならない。

（社会保険関係法の適用関係等についての政令への委任）

第二十一条　この法律に定めるもののほか、検察官等が二以上の法科大学院において教授等の業務を行うものとして派遣された場合その他第四条第三項又は第十一条第一項の規定により派遣された検察官等に関する社会保険関係法（国家公務員共済組合法、地方公務員等共済組合法、私立学校教職員共済法及び健康保険法（大正十一年法律第七十号）をいう。）の適用関係の調整を要する場合におけるその適用関係その他必要な事項は、政令で定める。

（最高裁判所規則及び人事院規則への委任）

第二十二条　この法律に定めるもののほか、法科大学院において裁判官が教授等の業務を行うための派遣に関し必要な事項は、最高裁判所規則で定める。

2　この法律に定めるもののほか、法科大学院において検察官等が教授等の業務を行うための派遣に関し必要な事項は、人事院規則で定める。

附　則　抄

（施行期日）

1　この法律は、平成十六年四月一日から施行する。ただし、第三条、次項及び附則第三項の規定は、平成十五年十月一日から施行する。

（準備行為）

2　最高裁判所又は任命権者は、この法律の施行の日前に第三条第一項の要請があった場合においては、この法律の施行の日前においても、当該法科大学院設置者との間で第四条第一項若しくは第三項又は第十一条第一項の取決めをし、裁判官又は検察官等からこれらの規定の同意を得、その他当該法科大学院において裁判官又は検察官等が教授等の業務を行うための派遣に必要な準備行為をすることができる。

3　この法律の施行の日前においては、国立大学法人法第二条第二項に規定する国立大学に置かれる法科大学院に係る第三条第一項の要請は、同法附則第二条第一項の規定により指名された当該国立大学を設置する国立大学法人の学長となるべき者がするものとする。この場合において、前項の規定の適用については、同項中「当該法科大学院設置者」とあるのは、「当該国立大学法人の学長となるべき者」とする。

4　前項後段の規定により読み替えて適用される附則第二項の規定により最高裁判所又は任命権者と当該国立大学法人の学長となるべき者との間でされた取決めは、この法律の施行の日以後は、最高裁判所又は任命権者と当該国立大学法人との間でされた第四条第一項若しくは第三項又は第十一条第一項の取決めとしての効力を有するものとする。

（健康増進法による国家公務員共済組合法の一部改正に伴う経過措置）

5　この法律の施行の日が健康増進法（平成十四年法律第百三号）附則第十条の規定の施行の日前である場合には、同条の規定の施行の日の前日までの間における第十四条第三項の規定の適用については、同項中「第九十八条第一項各号」とあるのは、「第九十八条各号」とする。

附　則（平成二二年三月三一日法律第一九号）抄

（施行期日）

第一条　この法律は、平成二十二年四月一日から施行する。

法科大学院への裁判官及び検察官その他の一般職の国家公務員の派遣に関する法律施行令

平成十五年十二月二十五日政令第五百四十六号
最終改正　平成二二年三月三一日政令第七五号

内閣は、法科大学院への裁判官及び検察官その他の一般職の国家公務員の派遣に関する法律（平成十五年法律第四十号）第六条第二項及び第三項、第八条第三項、第十四条第五項、第十五条第二項、第十六条第三項並びに第二十一条の規定に基づき、この政令を制定する。

（定義）

第一条　この政令において「法科大学院」、「検察官等」、「法科大学院設置者」、「教授等」、「私立大学」、「私立大学派遣検察官等」又は「公立大学」とは、それぞれ法科大学院への裁判官及び検察官その他の一般職の国家公務員の派遣に関する法律（以下「法」という。）第二条第一項若しくは第二項、第三条第一項、第十四条第一項又は第十五条第一項に規定する法科大学院、検察官等、法科大学院設置者、教授等、私立大学、私立大学派遣検察官等又は公立大学をいう。

（法科大学院において裁判官が行う教授等の業務に係る国庫納付金の金額及び納付の手続）

第二条　法第六条第二項に規定する政令で定める金額は、各年度（毎年四月一日から翌年三月三十一日までをいう。以下この条において同じ。）ごとに、五万円（当該裁判官が判事補である場合にあっては、三万円。以下この項において「基準額」という。）に、法第四条第一項の規定により当該裁判官が当該法科大学院において教授等の業務を行った日数を乗じて得た金額とする。ただし、同項の取決めにおいて当該法科大学院における教授等の業務が一日未満の単位で定められている場合にあっては、基準額に、当該年度において当該裁判官が当該法科大学院において教授等の業務を行った時間数を八時間を一日として日に換算して得た日数（一日未満の端数があるときは、これを四捨五入して得た日数）を乗じて得た金額とする。

2　法第六条第二項の規定による納付金は、会計法（昭和二十二年法律第三十五号）第四条の二に規定する歳入徴収官の発する納入告知書によって、当該裁判官が当該法科大学院において教授等の業務を行った年度の翌年度の六月十五日までに国庫に納付しなければならない。

（法科大学院に派遣された検察官等に関する国家公務員共済組合法の特例に係る負担金の金額）

第三条　法第八条第二項の規定により読み替えられた国家公務員共済組合法（昭和三十三年法律第百二十八号。以下この項において「読替え後の国共済法」という。）第九十九条第二項の規定により法科大学院設置者及び国が負担すべき金額は、各月ごとに、次の各号に掲げる者の区分に応じ、それぞれ当該各号に定める金額とする。

一　法科大学院設置者　当該検察官等に係る読替え後の国共済法第九十九条第二項の規定によりその月にすべての法科大学院設置者及び国が負担すべき金額の合計額に、法科大学院設置者が当該検察官等に支給した報酬（読替え後の国共済法第二条第一項第五号に規定する報酬をいう。）の額を基礎として報酬月額の算定に係る国家公務員共済組合法（以下「国共済法」という。）第四十二条第二項、第五項、第七項若しくは第九項又は同条第十一項の規定の例により算定した額とその月に当該法科大学院設置者が当該検察官等に支給した期末手当等（読替え後の国共済法第二条第一項第六号に規定する期末手当等をいう。以下この号において同じ。）の額との合計額を当該検察官等の標準報酬の月額（国共済法第四十二条第一項に規定する標準報酬の月額をいう。）の基礎となった報酬月額とその月に当該検察官等が

受けた期末手当等の額との合計額で除して得た数を乗じて得た金額

二　国　当該検察官等に係るすべての法科大学院設置者及び国が負担すべき金額の合計額からすべての法科大学院設置者に係る前号に定める金額を控除した金額

2　前項の規定は、法第十四条第四項の規定により読み替えられた国共済法第九十九条第二項の規定により法科大学院設置者及び国が負担すべき金額について準用する。この場合において、前項第一号中「第九十九条第二項」とあるのは、「第九十九条第二項（第一号、第一号の二及び第四号を除く。）」と読み替えるものとする。

（法科大学院に派遣された検察官等に関する地方公務員等共済組合法の特例に係る負担金の金額）

第四条　法第十五条第一項の規定により読み替えられた地方公務員等共済組合法（昭和三十七年法律第百五十二号。以下この項において「読替え後の地共済法」という。）第百十三条第二項の規定により地方公共団体及び国が負担すべき金額は、各月ごとに、次の各号に掲げる者の区分に応じ、それぞれ当該各号に定める金額とする。

一　地方公共団体　当該検察官等に係る読替え後の地共済法第百十三条第二項の規定によりその月に地方公共団体及び国が負担すべき金額の合計額に、地方公共団体支給給与月額（その月に当該地方公共団体が当該検察官等に支給した給料（地方公務員等共済組合法（以下「地共済法」という。）第二条第一項第五号に規定する給料をいう。）の額に地方公務員等共済組合法施行令（昭和三十七年政令第三百五十二号。以下「地共済令」という。）第二十三条第一項に規定する総務省令で定める数値を乗じて得た額とその月に当該地方公共団体が当該検察官等に支給した期末手当等（地共済法第二条第一項第六号に規定する期末手当等をいう。）の額との合計額をいう。以下この号において同じ。）を合計給与月額（地方公共団体支給給与月額と国支給給与月額との合計額をいう。）で除して得た数を乗じて得た金額

二　国　当該検察官等に係る当該地方公共団体及び国が負担すべき金額の合計額から前号に定める金額を控除した金額

2　前項第一号において「国支給給与月額」とは、その月に国が当該検察官等に支給した俸給（法第十三条第二項ただし書の規定により支給される給与であって、一般職の職員の給与に関する法律（昭和二十五年法律第九十五号）第五条第一項に規定する俸給又は検察官の俸給等に関する法律（昭和二十三年法律第七十六号）の規定による俸給に相当するものをいう。）の額に地共済令第二十三条第一項に規定する総務省令で定める数値を乗じて得た額とその月に国が当該検察官等に支給した期末手当（法第十三条第二項ただし書の規定により支給される給与であって、一般職の職員の給与に関する法律第十九条の四第一項に規定する期末手当又は検察官の俸給等に関する法律の規定による期末手当に相当するものをいう。）の額との合計額をいう。

（法科大学院に派遣された検察官等に関する私立学校教職員共済法等の特例に係る掛金の額等）

第五条　法第十六条第二項の規定により読み替えられた私立学校教職員共済法（昭和二十八年法律第二百四十五号。以下この条において「読替え後の私学共済法」という。）第二十八条第一項の規定により学校法人等（私立学校教職員共済法（以下「私学共済法」という。）第十四条第一項に規定する学校法人等をいう。以下この条及び第九条第三項において同じ。）及び国が負担すべき私立大学派遣検察官等の標準給与の月額（私学共済法第二十二条第一項に規定する標準給与の月額をいう。以下この条において同じ。）に係る掛金の額は、次の各号に掲げる者の区分に応じ、それぞれ当該各号に定める額とする。

一　学校法人等　当該私立大学派遣検察官等の標準給与の月額に係る掛金の半額に、当該学校法人等が当該私立大学派遣検察官等に支給した給与（読替え後の私学共済法第二十一条第一項に規定する給与をいう。）の額を基礎として給与月額の算定に係る私学共済法第二十二条第二項、第五項若しくは第七項又は同条第十一項の規定の例により算定した額を当該私立大学派遣検察官等の標準給与の月額の基礎となった給与月額で除して得た数を乗じて得た額

二　国　当該私立大学派遣検察官等の標準給与の月額に係る掛金の半額から前号に定める額を控除した額

2　読替え後の私学共済法第二十八条第一項の規定により学校法人等及び国が負担すべき私立大学派遣検察官等の標準賞与の額（私学共済法第二十三条第一項に規定する標準賞与の額をいう。以下この条において同じ。）に係る掛金の額は、次の各号に掲げる者の区分に応じ、それぞれ当該各号に定める額とする。

一　学校法人等　当該私立大学派遣検察官等の標準賞与の額に係る掛金の半額に、その月に当該学校法人等が当該私立大学派遣検察官等に支給した賞与（私学共済法第二十一条第二項に規定する賞与をいう。以下この号において同じ。）の額をその月に当該私立大学派遣検察官等が受けた賞与の額で除して得た数を乗じて得た額

二　国　当該私立大学派遣検察官等の標準賞与の額に係る掛金の半額から前号に定める額を控除した額

3　読替え後の私学共済法第二十九条第一項の規定により学校法人等及び国がそれぞれ納付すべき掛金は、前二項の規定により学校法人等及び国がそれぞれ負担すべき掛金並びにこれに応ずる当該私立大学派遣検察官等が負担すべき掛金とする。

4　私立大学派遣検察官等に係る掛金の標準給与の月額及び標準賞与の額に対する割合に関する私立学校教職員共済法施行令（昭和二十八年政令第四百二十五号）第二十九条の規定の適用については、同条中「千分の百十から千分の二百三十」とあるのは、「千分の五十から千分の九十」とする。

（職員引継一般地方独立行政法人である公立大学法人が設置する公立大学の法科大学院に派遣された検察官等に関する地方公務員等共済組合法の特例）

第六条　法第十一条第一項の規定により法科大学院を置く公立大学（職員引継一般地方独立行政法人（地共済法第百四十一条の二に規定する職員引継一般地方独立行政法人をいう。次項及び次条第一項において同じ。）

である公立大学法人（地方独立行政法人法（平成十五年法律第百十八号）第六十八条第一項に規定する公立大学法人をいう。次条第一項、第十一条第六項及び第十二条第三項において同じ。）が設置するものに限る。）に派遣された検察官等のうち法第十三条第二項ただし書の規定による給与の支給を受ける者に関する地共済法の規定の適用については、法第十五条第一項の規定にかかわらず、地共済法第百四十一条の二中「第六章」とあるのは「第六章（第百十六条を除く。）」と、「第九章及び第百四十四条の三十一（見出しを含む。）中「特定地方独立行政法人」とあるのは「職員引継一般地方独立行政法人」」とあるのは「第百十三条第六項中「の負担金及び」とあるのは「の負担金、国の負担金及び」と、「の負担金」として」とあるのは「及び国の負担金」として」と、第百十五条第二項中「相当する手当」とあるのは「相当する手当及び国家公務員退職手当法（昭和二十八年法律第百八十二号）に基づく退職手当又はこれに相当する手当」と、第百十六条第一項中「地方公共団体の機関、特定地方独立行政法人又は職員団体」とあるのは「職員引継一般地方独立行政法人及び国の機関」と、「地方公共団体、特定地方独立行政法人又は職員団体」とあるのは「職員引継一般地方独立行政法人及び国」と、第九章中「特定地方独立行政法人」とあるのは「職員引継一般地方独立行政法人」と、第百四十四条の三十一（見出しを含む。）中「地方公共団体又は特定地方独立行政法人」とあるのは「職員引継一般地方独立行政法人及び国」」とする。

2　前項の規定により読み替えられた地共済法第百四十一条の二の規定により読み替えられた地共済法（以下この項において「読替え後の地共済法」という。）第百十三条第六項の規定により読み替えられた同条第二項の規定により職員引継一般地方独立行政法人及び国が負担すべき金額は、各月ごとに、次の各号に掲げる者の区分に応じ、それぞれ当該各号に定める金額とする。

一　職員引継一般地方独立行政法人　当該検察官等に係る読替え後の地共済法第百十三条第六項の規定により読み替えられた同条第二項の規定によりその月に職員引継一般地方独立行政法人及び国が負担すべき金額の合計額に、職員引継一般地方独立行政法人支給給与月額（その月に当該職員引継一般地方独立行政法人が当該検察官等に支給した給与のうち給料（地共済法第二条第一項第五号に規定する給料をいう。）に相当するものの額に地共済令第二十三条第一項に規定する総務省令で定める数値を乗じて得た額とその月に当該職員引継一般地方独立行政法人が当該検察官等に支給した給与のうち期末手当等（地共済法第二条第一項第六号に規定する期末手当等をいう。）に相当するものの額との合計額をいう。以下この号において同じ。）を合計給与月額（職員引継一般地方独立行政法人支給給与月額と国支給給与月額（第四条第二項に規定する国支給給与月額をいう。次条第二項第一号及び第十条第三項第一号において同じ。）との合計額をいう。）で除して得た数を乗じて得た金額

二　国　当該検察官等に係る当該職員引継一般地方独立行政法人及び国が負担すべき金額の合計額から前号に定める金額を控除した金額

（職員引継一般地方独立行政法人以外の公立大学法人が設置する公立大学の法科大学院に派遣された検察官等に関する地方公務員等共済組合法の特例）

第七条　法第十一条第一項の規定により法科大学院を置く公立大学（職員引継一般地方独立行政法人以外の公立大学法人が設置するものに限る。）に派遣された検察官等のうち法第十三条第二項ただし書の規定による給与の支給を受ける者に関する地共済法の規定の適用については、法第十五条第一項の規定にかかわらず、地共済法第百四十四条の三第二項の表第二条第一項第五号の項中「相当するもの」とあるのは「相当するもの及び法科大学院への裁判官及び検察官その他の一般職の国家公務員の派遣に関する法律（平成十五年法律第四十号）第十三条第二項ただし書の規定により支給される給与であつて、一般職の職員の給与に関する法律（昭和二十五年法律第九十五号）第五条第一項に規定する俸給又は検察官の俸給等に関する法律（昭和二十三年法律第七十六号）の規定による俸給に相当するもの」と、同表第二条第一項第六号の項中「相当するもの」とあるのは「相当するもの及び法科大学院への裁判官及び検察官その他の一般職の国家公務員の派遣に関する法律第十三条第二項ただし書の規定により支給される給与であつて、一般職の職員の給与に関する法律第十九条の四第一項に規定する期末手当又は検察官の俸給等に関する法律の規定による期末手当に相当するもの」と、同表第百十三条第二項各号列記以外の部分の項の中欄中「の負担金」とあるのは「及び地方公共団体（市町村立学校職員給与負担法第一条又は第二条の規定により都道府県がその給与を負担する者にあつては、都道府県。以下この条において同じ。）の負担金」と、同項の下欄中「及び団体（第百四十四条の三第一項に規定する団体をいう。以下この条において同じ。）の負担金」とあるのは「、団体（第百四十四条の三第一項に規定する団体をいう。以下この条において同じ。）の負担金、国の負担金及び地方公共団体の負担金」と、同表第百十三条第二項第二号の項の下欄中「団体」とあるのは「団体及び国」と、同表第百十三条第三項第三号の項の下欄中「団体」とあるのは「団体及び国」と、同表第百十三条第二項第四号の項の下欄中「団体」とあるのは「団体及び国」と、同表中「

第百十四条第三項	主務省令	総務省令

」とあるのは「

第百十四条第三項	主務省令	総務省令
第百十五条第二項	相当する手当	相当する手当及び国家公務員退職手当法（昭和二十八年法律第百八十二号）に基づく退職手当又はこれに相当する手当

」と地共済法第百四十四条の十二第一項中「団体は、その使用する団体組合員」とあるのは「団体及び国は、団体組合員」と、同条第二項から第五項までの規定中「団体は」とあるのは「団体及び国は」と、地共済法第百四十四条の三十一の見出し中「地方公共団体又は特定地方独立行政法人」とあるのは「国」と、同条中「地方公共団体又は特定地方独立行政法人」とあるの

は「国」と、「組合員」とあるのは「団体組合員」と、「組合に」とあるのは「地方職員共済組合に」と、「組合の」とあるのは「地方職員共済組合の」とする。

2　前項の規定により読み替えられた地共済法第百四十四条の三第二項の規定により読み替えられた地共済法（以下この項において「読替え後の地共済法」という。）第百十三条第二項の規定により団体（地共済法第百四十四条の三第一項に規定する団体をいう。以下この項において同じ。）及び国が負担すべき金額は、各月ごとに、次の各号に掲げる者の区分に応じ、それぞれ当該各号に定める金額とする。

一　団体　当該検察官等に係る読替え後の地共済法第百十三条第二項（第一号及び第一号の二を除く。）の規定によりその月に団体及び国が負担すべき金額の合計額に、団体支給給与月額（その月に当該団体が当該検察官等に支給した給料（読替え後の地共済法第二条第一項第五号に規定する給料をいう。）の額に地共済令第二十三条第一項に規定する総務省令で定める数値を乗じて得た額とその月に当該団体が当該検察官等に支給した期末手当等（読替え後の地共済法第二条第一項第六号に規定する期末手当等をいう。）の額との合計額をいう。以下この号において同じ。）を合計給与月額（団体支給給与月額と国支給給与月額との合計額をいう。）で除して得た数を乗じて得た金額

二　国　当該検察官等に係る当該団体及び国が負担すべき金額の合計額から前号に定める金額を控除した金額

（二以上の法科大学院において教授等の業務を行うものとして派遣された検察官等に関する国家公務員共済組合法等の特例）

第八条　国共済法第四十一条第二項の規定及び国共済法の短期給付に関する規定（国共済法第六十八条の三の規定を除く。以下この項において同じ。）は、法第十一条第一項の規定により二以上の法科大学院において教授等の業務を行うものとして派遣された検察官等（以下この条及び次条において「複数校派遣検察官等」という。）のうち当該派遣に係る法科大学院のいずれかが私立大学等（私立大学又は公立大学をいう。以下この項及び第十一条第一項において同じ。）に置かれたものである者（当該派遣に係る法科大学院の置かれた私立大学に係る私学共済法の規定による私立学校教職員共済制度の加入者（次条第二項及び第三項並びに第十一条第一項において「私学共済制度の加入者」という。）となった者又は当該派遣に係る法科大学院の置かれた私立大学等に係る健康保険組合の組合員である被保険者となった者に限る。以下この条において「私立大学等複数校派遣検察官等」という。）には、適用しない。この場合において、国共済法の短期給付に関する規定の適用を受ける職員（国共済法第二条第一項第一号に規定する職員をいう。以下この項において同じ。）が私立大学等複数校派遣検察官等となったときは、国共済法の短期給付に関する規定の適用については、そのなった日の前日に退職（国共済法第二条第一項第四号に規定する退職をいう。）をしたものとみなし、私立大学等複数校派遣検察官等が国共済法の短期給付に関する規定の適用を受ける職員となったときは、国共済法の短期給付に関する規定の適用については、そのなった日に職員となったものとみなす。

2　複数校派遣検察官等に関する国共済法の規定（私立大学等複数校派遣検察官等に関しては、国共済法の長期給付に関する規定に限る。）の適用については、当該派遣に係る法科大学院における教授等の業務を公務とみなす。

3　私立大学等複数校派遣検察官等は、国共済法第九十八条第一項各号に掲げる福祉事業を利用することができない。

4　法第八条第二項の規定及び第三条第一項の規定は、複数校派遣検察官等（私立大学等複数校派遣検察官等を除く。）について準用する。

5　法第十四条第四項の規定及び第三条第二項において準用する同条第一項の規定は、私立大学等複数校派遣検察官等について準用する。

6　複数校派遣検察官等に関する児童手当法（昭和四十六年法律第七十三号）の規定の適用については、当該派遣に係る法科大学院設置者（地方公共団体及び国立大学法人（国立大学法人法（平成十五年法律第百十二号）第二条第一項に規定する国立大学法人をいう。）を除く。）を児童手当法第二十条第一項第四号に規定する団体とみなす。

（二以上の法科大学院において教授等の業務を行うものとして派遣された検察官等に関する私立学校教職員共済法等の特例）

第九条　私学共済法の長期給付に関する規定は、複数校派遣検察官等には、適用しない。

2　法第十六条第二項の規定は、複数校派遣検察官等のうち当該派遣に係る法科大学院のいずれかが私立大学に置かれたものである者（私学共済制度の加入者となった者に限る。）について準用する。

3　第五条第一項及び第二項の規定は前項において読み替えて準用する法第十六条第二項の規定により読み替えられた私学共済法（以下この項において「読替え後の私学共済法」という。）第二十八条第一項の規定により学校法人等及び国が負担すべき掛金の額について、第五条第三項の規定は読替え後の私学共済法第二十九条第一項の規定により学校法人等及び国が納付すべき掛金について、第五条第四項の規定は複数校派遣検察官等のうち当該派遣に係る法科大学院のいずれかが私立大学に置かれたものである者（私学共済制度の加入者となった者に限る。）に係る私立学校教職員共済法施行令第二十九条の規定による掛金の割合について、それぞれ準用する。

（職務とともに教授等の業務を行う警察庁所属職員等に関する地方公務員等共済組合法の特例）

第十条　法第四条第三項の規定により派遣された警察庁の所属職員及び警察法（昭和二十九年法律第百六十二号）第五十六条第一項に規定する地方警務官である者（以下「警察庁所属職員等」という。）に関する地共済法の規定の適用については、当該法科大学院における教授等の業務を公務とみなす。

2　法第四条第三項の規定により派遣された警察庁所属職員等に関する地共済法の規定の適用については、地共済法第百四十二条第二項の表第二条第一項第五号の項中「とし、その他の職員」とあるのは「及びこれ

に相当するものとして警察共済組合の運営規則で定めるものとし、その他の職員」と、同表第二条第一項第六号の項中「」とし、その他の職員」とあるのは「」並びにこれらに相当するものとして警察共済組合の運営規則で定めるものとし、その他の職員」と、同表第百十三条第二項各号列記以外の部分の項中「及び国の負担金」とあるのは「、法科大学院への裁判官及び検察官その他の一般職の国家公務員の派遣に関する法律（平成十五年法律第四十号）第三条第一項に規定する法科大学院設置者（以下「法科大学院設置者」という。）の負担金及び国の負担金」と、同表中「

第百十三条第二項各号、第三項及び第四項	地方公共団体	国

」とあるのは「

第百十三条第二項第一号から第四号まで	地方公共団体	法科大学院設置者及び国
第百十三条第三項及び第四項	地方公共団体	国

」と、「

第百十六条第一項	地方公共団体	国

」とあるのは「

第百十六条第一項	地方公共団体の機関、特定地方独立行政法人又は職員団体	法科大学院設置者及び国の機関
	地方公共団体、特定地方独立行政法人又は職員団体	法科大学院設置者及び国

」と、同表第百四十四条の二第二項及び第百四十四条の三十一（見出しを含む。）の項中「第百四十四条の二第二項及び第百四十四条の三十一」とあるのは「第百四十四条の三十一」と、「地方公共団体」とあるのは「地方公共団体又は特定地方独立行政法人」と、「国」とあるのは「法科大学院設置者及び国」とする。

3　前項の規定により読み替えられた地共済法第百四十二条第二項の規定により読み替えられた地共済法（以下この項において「読替え後の地共済法」という。）第百十三条第二項の規定により法科大学院設置者及び国が負担すべき金額は、各月ごとに、次の各号に掲げる者の区分に応じ、それぞれ当該各号に定める金額とする。

一　法科大学院設置者　当該国の職員（地共済法第百四十二条第一項に規定する国の職員をいう。以下この項及び次条第一項において同じ。）に係る読替え後の地共済法第百十三条第二項の規定によりその月にすべての法科大学院設置者及び国が負担すべき金額の合計額に、法科大学院設置者支給給与月額（その月に当該法科大学院設置者が当該国の職員に支給した給料（読替え後の地共済法第二条第一項第五号に規定する給料をいう。）の額に地共済令第二十三条第一項に規定する総務省令で定める数値を乗じて得た額とその月に当該法科大学院設置者が当該国の職員に支給した期末手当等（読替え後の地共済法第二条第一項第六号に規定する期末手当等をいう。）の額との合計額をいう。以下この号において同じ。）を合計給与月額（当該国の職員に係るすべての法科大学院設置者支給給与月額の合算額と国支給給与月額との合計額をいう。）で除して得た数を乗じて得た金額

二　国　当該国の職員に係るすべての法科大学院設置者及び国が負担すべき金額の合計額からすべての法科大学院設置者に係る前号に定める金額を控除した金額

（専ら教授等の業務を行う警察庁所属職員等に関する地方公務員等共済組合法等の特例）

第十一条　地共済法第四十三条第二項の規定及び地共済法の短期給付に関する規定（地共済法第七十条の三の規定を除く。以下この項において同じ。）は、法第十一条第一項の規定により法科大学院を置く私立大学等に派遣された警察庁所属職員等（当該派遣に係る法科大学院の置かれた私立大学に係る私学共済制度の加入者又は当該派遣に係る法科大学院の置かれた私立大学等に係る健康保険組合の組合員である被保険者となった者（地共済法第百四十四条の三第一項に規定する団体職員となった者を除く。）に限る。以下この条及び次条第一項において「私立大学等派遣警察庁所属職員等」という。）には、適用しない。この場合において、地共済法の短期給付に関する規定の適用を受ける国の職員が私立大学等派遣警察庁所属職員等となったときは、地共済法の短期給付に関する規定の適用については、そのなった日の前日に退職（地共済法第二条第一項第四号に規定する退職をいう。）をしたものとみなし、私立大学等派遣警察庁所属職員等が地共済法の短期給付に関する規定の適用を受ける国の職員となったときは、地共済法の短期給付に関する規定の適用については、そのなった日に地共済法第二条第一項第一号に規定する職員となったものとみなす。

2　私立大学等派遣警察庁所属職員等に関する地共済法の長期給付に関する規定の適用については、当該派遣に係る法科大学院における教授等の業務を公務とみなす。

3　私立大学等派遣警察庁所属職員等は、地共済法第百十二条第一項各号に掲げる福祉事業を利用することができない。

4　私立大学等派遣警察庁所属職員等に関する地共済法の規定の適用については、地共済法第百四十二条第二項の表第二条第一項第五号の項中「とし、その他の職員」とあるのは「及びこれに相当するものとして警察共済組合の運営規則で定めるものとし、その他の職員」と、同表第二条第一項第六号の項中「」とし、その他の職員」とあるのは「」並びにこれらに相当するものとして警察共済組合の運営規則で定めるものとし、その他の職員」と、同表第百十三条第二項各号列記以外の部分の項中「組合員の掛金及び地方公共団体」とあるのは「次の各号に掲げるものは、当該各号に掲げる割合により、組合員の掛金及び国の負担金」と、「組合員の掛金及び地方公共団体」とあるのは「次の各号（第一号、第一号の二及び第四号を除く。）に掲げるものは、当該各号に掲げる割合により、組合員の掛金、法科大学院への裁判官及び検察官その他の一般職の国家公務員の派遣に関する法律（平成十五年法律第四十号）第三条第一項に規定する法科大学院設置者（以下「法科大学院設置者」という。）の負担金及び国の負担金」と、同表中「

第百十三条第二項各号、第三項及び第四項	地方公共団体	国

」とあるのは「

第百十三条第二項第二号及び第三号	地方公共団体	法科大学院設置者及び国
第百十三条第三項及び第四項	地方公共団体	国

」と、「

第百十六条第一項	地方公共団体	国

」とあるのは「

第百十六条第一項	地方公共団体の機関、特定地方独立行政法人又は職員団体	法科大学院設置者及び国の機関
	地方公共団体、特定地方独立行政法人又は職員団体	法科大学院設置者及び国

」と、同表第百四十四条の二第二項及び第百四十四条の三十一（見出しを含む。）の項中「第百四十四条の二第二項及び第百四十四条の三十一」とあるのは「第百四十四条の三十一」と、「地方公共団体」とあるのは「地方公共団体又は特定地方独立行政法人」と、「国」とあるのは「法科大学院設置者及び国」とする。

5 前条第三項の規定は、前項の規定により読み替えられた地共済法第百四十二条第二項の規定により読み替えられた地共済法第百十三条第二項の規定により法科大学院設置者及び国が負担すべき金額について準用する。この場合において、前条第三項第一号中「第百十三条第二項」とあるのは、「第百十三条第二項（第一号、第一号の二及び第四号を除く。）」と読み替えるものとする。

6 私立大学等派遣警察庁所属職員等に関する児童手当法の規定の適用については、当該派遣に係る法科大学院設置者（地方公共団体及び公立大学法人を除く。）を同法第二十条第一項第三号に規定する団体とみなす。

（二以上の法科大学院において教授等の業務を行うものとして派遣された警察庁所属職員等に関する地方公務員等共済組合法等の特例）

第十二条　法第十一条第一項の規定により二以上の法科大学院において教授等の業務を行うものとして派遣された警察庁所属職員等（私立大学等派遣警察庁所属職員等である者を除く。以下この条において「複数校派遣警察庁所属職員等」という。）に関する地共済法の規定の適用については、当該派遣に係る法科大学院における教授等の業務を公務とみなす。

2 第十条第二項及び第三項の規定は、複数校派遣警察庁所属職員等について準用する。

3 複数校派遣警察庁所属職員等に関する児童手当法の規定の適用については、当該派遣に係る法科大学院設置者（地方公共団体及び公立大学法人を除く。）を同法第二十条第一項第三号に規定する団体とみなす。

附　則　抄

（施行期日）

1 この政令は、法の施行の日（平成十六年四月一日）から施行する。

（国庫納付金の金額の算定の基準額に関する検討）

4 第二条第一項に規定する基準額については、法科大学院における教授等の業務に係る報酬等（報酬、賃金、給料、俸給、手当、賞与その他いかなる名称であるかを問わず、教授等の業務の対償として受けるすべてのものをいう。）の実情等を勘案し、適宜、当該額の見直しその他の措置について検討を加え、必要があると認めるときは、その結果に基づいて所要の措置を講ずるものとする。

附　則（平成二二年三月三一日政令第七五号）　抄

（施行期日）

第一条　この政令は、平成二十二年四月一日から施行する。

労働基準法

昭和二十二年四月七日法律第四十九号
最終改正　平成二〇年一二月一二日法律第八九号

第一章　総則

（労働条件の原則）

第一条　労働条件は、労働者が人たるに値する生活を営むための必要を充たすべきものでなければならない。

② この法律で定める労働条件の基準は最低のものであるから、労働関係の当事者は、この基準を理由として労働条件を低下させてはならないことはもとより、その向上を図るように努めなければならない。

（労働条件の決定）

第二条　労働条件は、労働者と使用者が、対等の立場において決定すべきものである。

② 労働者及び使用者は、労働協約、就業規則及び労働契約を遵守し、誠実に各々その義務を履行しなければならない。

（均等待遇）

第三条　使用者は、労働者の国籍、信条又は社会的身分を理由として、賃金、労働時間その他の労働条件について、差別的取扱をしてはならない。

（男女同一賃金の原則）

第四条　使用者は、労働者が女性であることを理由として、賃金について、男性と差別的取扱いをしてはならない。

（強制労働の禁止）

第五条　使用者は、暴行、脅迫、監禁その他精神又は身体の自由を不当に拘束する手段によつて、労働者の意思に反して労働を強制してはならない。

（中間搾取の排除）

第六条　何人も、法律に基いて許される場合の外、業として他人の就業に介入して利益を得てはならない。

（公民権行使の保障）

第七条　使用者は、労働者が労働時間中に、選挙権その他公民としての権利を行使し、又は公の職務を執行するために必要な時間を請求した場合においては、拒んではならない。但し、権利の行使又は公の職務の執行に妨げがない限り、請求された時刻を変更することができる。

第八条　削除

（定義）

第九条　この法律で「労働者」とは、職業の種類を問わず、事業又は事務所（以下「事業」という。）に使用される者で、賃金を支払われる者をいう。

第十条　この法律で使用者とは、事業主又は事業の経営担当者その他その事業の労働者に関する事項について、事業主のために行為をするすべての者をいう。

第十一条　この法律で賃金とは、賃金、給料、手当、賞与その他名称の如何を問わず、労働の対償として使用者が労働者に支払うすべてのものをいう。

第十二条　この法律で平均賃金とは、これを算定すべき事由の発生した日以前三箇月間にその労働者に対し支払われた賃金の総額を、その期間の総日数で除した金額をいう。ただし、その金額は、次の各号の一によつて計算した金額を下つてはならない。

一　賃金が、労働した日若しくは時間によつて算定され、又は出来高払制その他の請負制によつて定められた場合においては、賃金の総額をその期間中に労働した日数で除した金額の百分の六十

二　賃金の一部が、月、週その他一定の期間によつて定められた場合においては、その部分の総額をその期間の総日数で除した金額と前号の金額の合算額

②　前項の期間は、賃金締切日がある場合においては、直前の賃金締切日から起算する。

③　前二項に規定する期間中に、次の各号の一に該当する期間がある場合においては、その日数及びその期間中の賃金は、前二項の期間及び賃金の総額から控除する。

一　業務上負傷し、又は疾病にかかり療養のために休業した期間

二　産前産後の女性が第六十五条の規定によつて休業した期間

三　使用者の責めに帰すべき事由によつて休業した期間

四　育児休業、介護休業等育児又は家族介護を行う労働者の福祉に関する法律（平成三年法律第七十六号）第二条第一号に規定する育児休業又は同条第二号に規定する介護休業（同法第六十一条第三項（同条第六項及び第七項において準用する場合を含む。）に規定する介護をするための休業を含む。第三十九条第八項において同じ。）をした期間

五　試みの使用期間

④　第一項の賃金の総額には、臨時に支払われた賃金及び三箇月を超える期間ごとに支払われる賃金並びに通貨以外のもので支払われた賃金で一定の範囲に属しないものは算入しない。

⑤　賃金が通貨以外のもので支払われる場合、第一項の賃金の総額に算入すべきものの範囲及び評価に関し必要な事項は、厚生労働省令で定める。

⑥　雇入後三箇月に満たない者については、第一項の期間は、雇入後の期間とする。

⑦　日日雇い入れられる者については、その従事する事業又は職業について、厚生労働大臣の定める金額を平均賃金とする。

⑧　第一項乃至第六項によつて算定し得ない場合の平均賃金は、厚生労働大臣の定めるところによる。

第二章　労働契約

（この法律違反の契約）

第十三条　この法律で定める基準に達しない労働条件を定める労働契約は、その部分については無効とする。この場合において、無効となつた部分は、この法律で定める基準による。

（契約期間等）

第十四条　労働契約は、期間の定めのないものを除き、一定の事業の完了に必要な期間を定めるもののほかは、三年（次の各号のいずれかに該当する労働契約にあつては、五年）を超える期間について締結してはならない。

一　専門的な知識、技術又は経験（以下この号において「専門的知識等」という。）であつて高度のものとして厚生労働大臣が定める基準に該当する専門的知識等を有する労働者（当該高度の専門的知識等を必要とする業務に就く者に限る。）との間に締結される労働契約

二　満六十歳以上の労働者との間に締結される労働契約（前号に掲げる労働契約を除く。）

②　厚生労働大臣は、期間の定めのある労働契約の締結時及び当該労働契約の期間の満了時において労働者と使用者との間に紛争が生ずることを未然に防止するため、使用者が講ずべき労働契約の期間の満了に係る通知に関する事項その他必要な事項についての基準を定めることができる。

③　行政官庁は、前項の基準に関し、期間の定めのある労働契約を締結する使用者に対し、必要な助言及び指導を行うことができる。

（労働条件の明示）

第十五条　使用者は、労働契約の締結に際し、労働者に対して賃金、労働時間その他の労働条件を明示しなければならない。この場合において、賃金及び労働時間に関する事項その他の厚生労働省令で定める事項については、厚生労働省令で定める方法により明示しなければならない。

②　前項の規定によつて明示された労働条件が事実と相違する場合においては、労働者は、即時に労働契約を解除することができる。

③　前項の場合、就業のために住居を変更した労働者が、契約解除の日から十四日以内に帰郷する場合においては、使用者は、必要な旅費を負担しなければならない。

（賠償予定の禁止）

第十六条　使用者は、労働契約の不履行について違約金を定め、又は損害賠償額を予定する契約をしてはならない。

（前借金相殺の禁止）
第十七条　使用者は、前借金その他労働することを条件とする前貸の債権と賃金を相殺してはならない。

（強制貯金）
第十八条　使用者は、労働契約に附随して貯蓄の契約をさせ、又は貯蓄金を管理する契約をしてはならない。

②　使用者は、労働者の貯蓄金をその委託を受けて管理しようとする場合においては、当該事業場に、労働者の過半数で組織する労働組合があるときはその労働組合、労働者の過半数で組織する労働組合がないときは労働者の過半数を代表する者との書面による協定をし、これを行政官庁に届け出なければならない。

③　使用者は、労働者の貯蓄金をその委託を受けて管理する場合においては、貯蓄金の管理に関する規程を定め、これを労働者に周知させるため作業場に備え付ける等の措置をとらなければならない。

④　使用者は、労働者の貯蓄金をその委託を受けて管理する場合において、貯蓄金の管理が労働者の預金の受入であるときは、利子をつけなければならない。この場合において、その利子が、金融機関の受け入れる預金の利率を考慮して厚生労働省令で定める利率による利子を下るときは、その厚生労働省令で定める利率による利子をつけたものとみなす。

⑤　使用者は、労働者の貯蓄金をその委託を受けて管理する場合において、労働者がその返還を請求したときは、遅滞なく、これを返還しなければならない。

⑥　使用者が前項の規定に違反した場合において、当該貯蓄金の管理を継続することが労働者の利益を著しく害すると認められるときは、行政官庁は、使用者に対して、その必要な限度の範囲内で、当該貯蓄金の管理を中止すべきことを命ずることができる。

⑦　前項の規定により貯蓄金の管理を中止すべきことを命ぜられた使用者は、遅滞なく、その管理に係る貯蓄金を労働者に返還しなければならない。

（解雇制限）
第十九条　使用者は、労働者が業務上負傷し、又は疾病にかかり療養のために休業する期間及びその後三十日間並びに産前産後の女性が第六十五条の規定によつて休業する期間及びその後三十日間は、解雇してはならない。ただし、使用者が、第八十一条の規定によつて打切補償を支払う場合又は天災事変その他やむを得ない事由のために事業の継続が不可能となつた場合においては、この限りでない。

②　前項但書後段の場合においては、その事由について行政官庁の認定を受けなければならない。

（解雇の予告）
第二十条　使用者は、労働者を解雇しようとする場合においては、少くとも三十日前にその予告をしなければならない。三十日前に予告をしない使用者は、三十日分以上の平均賃金を支払わなければならない。但し、天災事変その他やむを得ない事由のために事業の継続が不可能となつた場合又は労働者の責に帰すべき事由に基いて解雇する場合においては、この限りでない。

②　前項の予告の日数は、一日について平均賃金を支払つた場合においては、その日数を短縮することができる。

③　前条第二項の規定は、第一項但書の場合にこれを準用する。

第二十一条　前条の規定は、左の各号の一に該当する労働者については適用しない。但し、第一号に該当する者が一箇月を超えて引き続き使用されるに至つた場合、第二号若しくは第三号に該当する者が所定の期間を超えて引き続き使用されるに至つた場合又は第四号に該当する者が十四日を超えて引き続き使用されるに至つた場合においては、この限りでない。

一　日日雇い入れられる者
二　二箇月以内の期間を定めて使用される者
三　季節的業務に四箇月以内の期間を定めて使用される者
四　試の使用期間中の者

（退職時等の証明）
第二十二条　労働者が、退職の場合において、使用期間、業務の種類、その事業における地位、賃金又は退職の事由（退職の事由が解雇の場合にあつては、その理由を含む。）について証明書を請求した場合においては、使用者は、遅滞なくこれを交付しなければならない。

②　労働者が、第二十条第一項の解雇の予告がされた日から退職の日までの間において、当該解雇の理由について証明書を請求した場合においては、使用者は、遅滞なくこれを交付しなければならない。ただし、解雇の予告がされた日以後に労働者が当該解雇以外の事由により退職した場合においては、使用者は、当該退職の日以後、これを交付することを要しない。

③　前二項の証明書には、労働者の請求しない事項を記入してはならない。

④　使用者は、あらかじめ第三者と謀り、労働者の就業を妨げることを目的として、労働者の国籍、信条、社会的身分若しくは労働組合運動に関する通信をし、又は第一項及び第二項の証明書に秘密の記号を記入してはならない。

（金品の返還）
第二十三条　使用者は、労働者の死亡又は退職の場合において、権利者の請求があつた場合においては、七日以内に賃金を支払い、積立金、保証金、貯蓄金その他名称の如何を問わず、労働者の権利に属する金品を返還しなければならない。

②　前項の賃金又は金品に関して争がある場合においては、使用者は、異議のない部分を、同項の期間中に支払い、又は返還しなければならない。

第三章　賃金

（賃金の支払）
第二十四条　賃金は、通貨で、直接労働者に、その全額を支払わなければならない。ただし、法令若しくは労働協約に別段の定めがある場合又は厚生労働省令で定める賃金について確実な支払の方法で厚生労働省令で定めるものによる場合においては、通貨以外のもので支払い、また、法令に別段の定めがある場合又は当該事業場の労働者の過半数で組織する労働組合があるときはその労働組合、労働者の過半数で組織する労働組合がないときは労働者の過半数を代表する者との書面による協定がある場合においては、賃金の一部を控除して支払うことができる。

7
職員

②賃金は、毎月一回以上、一定の期日を定めて支払わなければならない。ただし、臨時に支払われる賃金、賞与その他これに準ずるもので厚生労働省令で定める賃金（第八十九条において「臨時の賃金等」という。）については、この限りでない。

（非常時払）

第二十五条 使用者は、労働者が出産、疾病、災害その他厚生労働省令で定める非常の場合の費用に充てるために請求する場合においては、支払期日前であつても、既往の労働に対する賃金を支払わなければならない。

（休業手当）

第二十六条 使用者の責に帰すべき事由による休業の場合においては、使用者は、休業期間中当該労働者に、その平均賃金の百分の六十以上の手当を支払わなければならない。

（出来高払制の保障給）

第二十七条 出来高払制その他の請負制で使用する労働者については、使用者は、労働時間に応じ一定額の賃金の保障をしなければならない。

（最低賃金）

第二十八条 賃金の最低基準に関しては、最低賃金法（昭和三十四年法律第百三十七号）の定めるところによる。

第二十九条 削除

第三十条 削除

第三十一条 削除

第四章 労働時間、休憩、休日及び年次有給休暇

（労働時間）

第三十二条 使用者は、労働者に、休憩時間を除き一週間について四十時間を超えて、労働させてはならない。

② 使用者は、一週間の各日については、労働者に、休憩時間を除き一日について八時間を超えて、労働させてはならない。

第三十二条の二 使用者は、当該事業場に、労働者の過半数で組織する労働組合がある場合においてはその労働組合、労働者の過半数で組織する労働組合がない場合においては労働者の過半数を代表する者との書面による協定により、又は就業規則その他これに準ずるものにより、一箇月以内の一定の期間を平均し一週間当たりの労働時間が前条第一項の労働時間を超えない定めをしたときは、同条の規定にかかわらず、その定めにより、特定された週において同項の労働時間又は特定された日において同条第二項の労働時間を超えて、労働させることができる。

② 使用者は、厚生労働省令で定めるところにより、前項の協定を行政官庁に届け出なければならない。

第三十二条の三 使用者は、就業規則その他これに準ずるものにより、その労働者に係る始業及び終業の時刻をその労働者の決定にゆだねることとした労働者については、当該事業場の労働者の過半数で組織する労働組合がある場合においてはその労働組合、労働者の過半数で組織する労働組合がない場合においては労働者の過半数を代表する者との書面による協定により、次に掲げる事項を定めたときは、その協定で第二号の清算期間として定められた期間を平均し一週間当たりの労働時間が第三十二条第一項の労働時間を超えない範囲内において、同条の規定にかかわらず、一週間において同項の労働時間又は一日において同条第二項の労働時間を超えて、労働させることができる。

一 この条の規定による労働時間により労働させることとされる労働者の範囲

二 清算期間（その期間を平均し一週間当たりの労働時間が第三十二条第一項の労働時間を超えない範囲内において労働させる期間をいい、一箇月以内の期間に限るものとする。次号において同じ。）

三 清算期間における総労働時間

四 その他厚生労働省令で定める事項

第三十二条の四 使用者は、当該事業場に、労働者の過半数で組織する労働組合がある場合においてはその労働組合、労働者の過半数で組織する労働組合がない場合においては労働者の過半数を代表する者との書面による協定により、次に掲げる事項を定めたときは、第三十二条の規定にかかわらず、その協定で第二号の対象期間として定められた期間を平均し一週間当たりの労働時間が四十時間を超えない範囲内において、当該協定（次項の規定による定めをした場合においては、その定めを含む。）で定めるところにより、特定された週において同条第一項の労働時間又は特定された日において同条第二項の労働時間を超えて、労働させることができる。

一 この条の規定による労働時間により労働させることとされる労働者の範囲

二 対象期間（その期間を平均し一週間当たりの労働時間が四十時間を超えない範囲内において労働させる期間をいい、一箇月を超え一年以内の期間に限るものとする。以下この条及び次条において同じ。）

三 特定期間（対象期間中の特に業務が繁忙な期間をいう。第三項において同じ。）

四 対象期間における労働日及び当該労働日ごとの労働時間（対象期間を一箇月以上の期間ごとに区分することとした場合においては、当該区分による各期間のうち当該対象期間の初日の属する期間（以下この条において「最初の期間」という。）における労働日及び当該労働日ごとの労働時間並びに当該最初の期間を除く各期間における労働日数及び総労働時間）

五 その他厚生労働省令で定める事項

② 使用者は、前項の協定で同項第四号の区分をし当該区分による各期間のうち最初の期間を除く各期間における労働日数及び総労働時間を定めたときは、当該各期間の初日の少なくとも三十日前に、当該事業場に、労働者の過半数で組織する労働組合がある場合においてはその労働組合、労働者の過半数で組織する労働組合がない場合においては労働者の過半数を代表する者の同意を得て、厚生労働省令で定めるところにより、当該労働日数を超えない範囲内において当該各期間における労働日及び当該総労働時間を超えない範囲内において当該各期間における労働日ごとの労働時間を定めなければならない。

③ 厚生労働大臣は、労働政策審議会の意見を聴いて、厚生労働省令で、対象期間における労働日数の限度並びに一日及び一週間の労働時間の限度並びに対象期間

書の規定により割増賃金を支払うべき労働者に対して、当該割増賃金の支払に代えて、通常の労働時間の賃金が支払われる休暇（第三十九条の規定による有給休暇を除く。）を厚生労働省令で定めるところにより与えることを定めた場合において、当該労働者が当該休暇を取得したときは、当該労働者の同項ただし書に規定する時間を超えた時間の労働のうち当該取得した休暇に対応するものとして厚生労働省令で定める時間の労働については、同項ただし書の規定による割増賃金を支払うことを要しない。

④　使用者が、午後十時から午前五時まで（厚生労働大臣が必要であると認める場合においては、その定める地域又は期間については午後十一時から午前六時まで）の間において労働させた場合においては、その時間の労働については、通常の労働時間の賃金の計算額の二割五分以上の率で計算した割増賃金を支払わなければならない。

⑤　第一項及び前項の割増賃金の基礎となる賃金には、家族手当、通勤手当その他厚生労働省令で定める賃金は算入しない。

（時間計算）

第三十八条　労働時間は、事業場を異にする場合においても、労働時間に関する規定の適用については通算する。

②　坑内労働については、労働者が坑口に入つた時刻から坑口を出た時刻までの時間を、休憩時間を含め労働時間とみなす。但し、この場合においては、第三十四条第二項及び第三項の休憩に関する規定は適用しない。

第三十八条の二　労働者が労働時間の全部又は一部について事業場外で業務に従事した場合において、労働時間を算定し難いときは、所定労働時間労働したものとみなす。ただし、当該業務を遂行するためには通常所定労働時間を超えて労働することが必要となる場合においては、当該業務に関しては、厚生労働省令で定めるところにより、当該業務の遂行に通常必要とされる時間労働したものとみなす。

②　前項ただし書の場合において、当該業務に関し、当該事業場に、労働者の過半数で組織する労働組合があるときはその労働組合、労働者の過半数で組織する労働組合がないときは労働者の過半数を代表する者との書面による協定があるときは、その協定で定める時間を同項ただし書の当該業務の遂行に通常必要とされる時間とする。

③　使用者は、厚生労働省令で定めるところにより、前項の協定を行政官庁に届け出なければならない。

第三十八条の三　使用者が、当該事業場に、労働者の過半数で組織する労働組合があるときはその労働組合、労働者の過半数で組織する労働組合がないときは労働者の過半数を代表する者との書面による協定により、次に掲げる事項を定めた場合において、労働者を第一号に掲げる業務に就かせたときは、当該労働者は、厚生労働省令で定めるところにより、第二号に掲げる時間労働したものとみなす。

一　業務の性質上その遂行の方法を大幅に当該業務に従事する労働者の裁量にゆだねる必要があるため、当該業務の遂行の手段及び時間配分の決定等に関し使用者が具体的な指示をすることが困難なものとして厚生労働省令で定める業務のうち、労働者に就かせることとする業務（以下この条において「対象業務」という。）

二　対象業務に従事する労働者の労働時間として算定される時間

三　対象業務の遂行の手段及び時間配分の決定等に関し、当該対象業務に従事する労働者に対し使用者が具体的な指示をしないこと。

四　対象業務に従事する労働者の労働時間の状況に応じた当該労働者の健康及び福祉を確保するための措置を当該協定で定めるところにより使用者が講ずること。

五　対象業務に従事する労働者からの苦情の処理に関する措置を当該協定で定めるところにより使用者が講ずること。

六　前各号に掲げるもののほか、厚生労働省令で定める事項

②　前条第三項の規定は、前項の協定について準用する。

第三十八条の四　賃金、労働時間その他の当該事業場における労働条件に関する事項を調査審議し、事業主に対し当該事項について意見を述べることを目的とする委員会（使用者及び当該事業場の労働者を代表する者を構成員とするものに限る。）が設置された事業場において、当該委員会がその委員の五分の四以上の多数による議決により次に掲げる事項に関する決議をし、かつ、使用者が、厚生労働省令で定めるところにより当該決議を行政官庁に届け出た場合において、第二号に掲げる労働者の範囲に属する労働者を当該事業場における第一号に掲げる業務に就かせたときは、当該労働者は、厚生労働省令で定めるところにより、第三号に掲げる時間労働したものとみなす。

一　事業の運営に関する事項についての企画、立案、調査及び分析の業務であつて、当該業務の性質上これを適切に遂行するにはその遂行の方法を大幅に労働者の裁量にゆだねる必要があるため、当該業務の遂行の手段及び時間配分の決定等に関し使用者が具体的な指示をしないこととする業務（以下この条において「対象業務」という。）

二　対象業務を適切に遂行するための知識、経験等を有する労働者であつて、当該対象業務に就かせたときは当該決議で定める時間労働したものとみなされることとなるものの範囲

三　対象業務に従事する前号に掲げる労働者の範囲に属する労働者の労働時間として算定される時間

四　対象業務に従事する第二号に掲げる労働者の範囲に属する労働者の労働時間の状況に応じた当該労働者の健康及び福祉を確保するための措置を当該決議で定めるところにより使用者が講ずること。

五　対象業務に従事する第二号に掲げる労働者の範囲に属する労働者からの苦情の処理に関する措置を当該決議で定めるところにより使用者が講ずること。

六　使用者は、この項の規定により第二号に掲げる労働者の範囲に属する労働者を対象業務に就かせたときは第三号に掲げる時間労働したものとみなすことについて当該労働者の同意を得なければならないこと及び当該同意をしなかつた当該労働者に対して解

雇その他不利益な取扱いをしてはならないこと。

七　前各号に掲げるもののほか、厚生労働省令で定める事項

②　前項の委員会は、次の各号に適合するものでなければならない。

一　当該委員会の委員の半数については、当該事業場に、労働者の過半数で組織する労働組合がある場合においてはその労働組合、労働者の過半数で組織する労働組合がない場合においては労働者の過半数を代表する者に厚生労働省令で定めるところにより任期を定めて指名されていること。

二　当該委員会の議事について、厚生労働省令で定めるところにより、議事録が作成され、かつ、保存されるとともに、当該事業場の労働者に対する周知が図られていること。

三　前二号に掲げるもののほか、厚生労働省令で定める要件

③　厚生労働大臣は、対象業務に従事する労働者の適正な労働条件の確保を図るために、労働政策審議会の意見を聴いて、第一項各号に掲げる事項その他同項の委員会が決議する事項について指針を定め、これを公表するものとする。

④　第一項の規定による届出をした使用者は、厚生労働省令で定めるところにより、定期的に、同項第四号に規定する措置の実施状況を行政官庁に報告しなければならない。

⑤　第一項の委員会においてその委員の五分の四以上の多数による議決により第三十二条の二第一項、第三十二条の三、第三十二条の四第一項及び第二項、第三十二条の五第一項、第三十四条第二項ただし書、第三十六条第一項、第三十七条第三項、第三十八条の二第二項、前条第一項並びに次条第四項、第六項及び第七項ただし書に規定する事項について決議が行われた場合における第三十二条の二第一項、第三十二条の三、第三十二条の四第一項から第三項まで、第三十二条の五第一項、第三十四条第二項ただし書、第三十六条、第三十七条第三項、第三十八条の二第二項、前条第一項並びに次条第五項及び第六項ただし書の規定の適用については、第三十二条の二第一項中「協定」とあるのは「協定若しくは第三十八条の四第一項に規定する委員会の決議（第百六条第一項を除き、以下「決議」という。）」と、第三十二条の三、第三十二条の四第一項から第三項まで、第三十二条の五第一項、第三十四条第二項ただし書、第三十六条第二項、第三十七条第三項、第三十八条の二第二項、前条第一項並びに次条第五項及び第六項ただし書中「協定」とあるのは「協定又は決議」と、第三十二条の四第二項中「同意を得て」とあるのは「同意を得て、又は決議に基づき」と、第三十六条第一項中「届け出た場合」とあるのは「届け出た場合又は決議を行政官庁に届け出た場合」と、「その協定」とあるのは「その協定又は決議」と、同条第三項中「又は労働者の過半数を代表する者」とあるのは「若しくは労働者の過半数を代表する者又は同項の決議をする委員」と、「当該協定」とあるのは「当該協定又は当該決議」と、同条第四項中「又は労働者の過半数を代表する者」とあるのは「若しくは労働者の過半数を代表する者又は同項の決議をする委員」とする。

（年次有給休暇）

第三十九条　使用者は、その雇入れの日から起算して六箇月間継続勤務し全労働日の八割以上出勤した労働者に対して、継続し、又は分割した十労働日の有給休暇を与えなければならない。

②　使用者は、一年六箇月以上継続勤務した労働者に対しては、雇入れの日から起算して六箇月を超えて継続勤務する日（以下「六箇月経過日」という。）から起算した継続勤務年数一年ごとに、前項の日数に、次の表の上欄に掲げる六箇月経過日から起算した継続勤務年数の区分に応じ同表の下欄に掲げる労働日を加算した有給休暇を与えなければならない。ただし、継続勤務した期間を六箇月経過日から一年ごとに区分した各期間（最後に一年未満の期間を生じたときは、当該期間）の初日の前日の属する期間において出勤した日数が全労働日の八割未満である者に対しては、当該初日以後の一年間においては有給休暇を与えることを要しない。

六箇月経過日から起算した継続勤務年数	労働日
一年	一労働日
二年	二労働日
三年	四労働日
四年	六労働日
五年	八労働日
六年以上	十労働日

③　次に掲げる労働者（一週間の所定労働時間が厚生労働省令で定める時間以上の者を除く。）の有給休暇の日数については、前二項の規定にかかわらず、これらの規定による有給休暇の日数を基準とし、通常の労働者の一週間の所定労働日数として厚生労働省令で定める日数（第一号において「通常の労働者の週所定労働日数」という。）と当該労働者の一週間の所定労働日数又は一週間当たりの平均所定労働日数との比率を考慮して厚生労働省令で定める日数とする。

一　一週間の所定労働日数が通常の労働者の週所定労働日数に比し相当程度少ないものとして厚生労働省令で定める日数以下の労働者

二　週以外の期間によつて所定労働日数が定められている労働者については、一年間の所定労働日数が、前号の厚生労働省令で定める日数に一日を加えた日数を一週間の所定労働日数とする労働者の一年間の所定労働日数その他の事情を考慮して厚生労働省令で定める日数以下の労働者

④　使用者は、当該事業場に、労働者の過半数で組織する労働組合があるときはその労働組合、労働者の過半数で組織する労働組合がないときは労働者の過半数を代表する者との書面による協定により、次に掲げる事項を定めた場合において、第一号に掲げる労働者の範囲に属する労働者が有給休暇を時間を単位として請求したときは、前三項の規定による有給休暇の日数のうち第二号に掲げる日数については、これらの規定にかかわらず、当該協定で定めるところにより時間を単位として有給休暇を与えることができる。

一　時間を単位として有給休暇を与えることができることとされる労働者の範囲

二　時間を単位として与えることができることとされる有給休暇の日数（五日以内に限る。）

⑤　使用者は、前各項の規定による有給休暇を労働者の請求する時季に与えなければならない。ただし、請求された時季に有給休暇を与えることが事業の正常な運営を妨げる場合においては、他の時季にこれを与えることができる。

⑥　使用者は、当該事業場に、労働者の過半数で組織する労働組合がある場合においてはその労働組合、労働者の過半数で組織する労働組合がない場合においては労働者の過半数を代表する者との書面による協定により、第一項から第三項までの規定による有給休暇を与える時季に関する定めをしたときは、これらの規定による有給休暇の日数のうち五日を超える部分については、前項の規定にかかわらず、その定めにより有給休暇を与えることができる。

⑦　使用者は、第一項から第三項までの規定による有給休暇の期間又は第四項の規定による有給休暇の時間については、就業規則その他これに準ずるもので定めるところにより、それぞれ、平均賃金若しくは所定労働時間労働した場合に支払われる通常の賃金又はこれらの額を基準として厚生労働省令で定めるところにより算定した額の賃金を支払わなければならない。ただし、当該事業場に、労働者の過半数で組織する労働組合がある場合においてはその労働組合、労働者の過半数で組織する労働組合がない場合においては労働者の過半数を代表する者との書面による協定により、その期間又はその時間について、それぞれ、健康保険法（大正十一年法律第七十号）第九十九条第一項に定める標準報酬日額に相当する金額又は当該金額を基準として厚生労働省令で定めるところにより算定した金額を支払う旨を定めたときは、これによらなければならない。

⑧　労働者が業務上負傷し、又は疾病にかかり療養のために休業した期間及び育児休業、介護休業等育児又は家族介護を行う労働者の福祉に関する法律第二条第一号に規定する育児休業又は同条第二号に規定する介護休業をした期間並びに産前産後の女性が第六十五条の規定によつて休業した期間は、第一項及び第二項の規定の適用については、これを出勤したものとみなす。

（労働時間及び休憩の特例）

第四十条　別表第一第一号から第三号まで、第六号及び第七号に掲げる事業以外の事業で、公衆の不便を避けるために必要なものその他特殊の必要あるものについては、その必要避くべからざる限度で、第三十二条から第三十二条の五までの労働時間及び第三十四条の休憩に関する規定について、厚生労働省令で別段の定めをすることができる。

②　前項の規定による別段の定めは、この法律で定める基準に近いものであつて、労働者の健康及び福祉を害しないものでなければならない。

（労働時間等に関する規定の適用除外）

第四十一条　この章、第六章及び第六章の二で定める労働時間、休憩及び休日に関する規定は、次の各号の一に該当する労働者については適用しない。

一　別表第一第六号（林業を除く。）又は第七号に掲げる事業に従事する者

二　事業の種類にかかわらず監督若しくは管理の地位にある者又は機密の事務を取り扱う者

三　監視又は断続的労働に従事する者で、使用者が行政官庁の許可を受けたもの

第五章　安全及び衛生

第四十二条　労働者の安全及び衛生に関しては、労働安全衛生法（昭和四十七年法律第五十七号）の定めるところによる。

第四十三条　削除

第四十四条　削除

第四十五条　削除

第四十六条　削除

第四十七条　削除

第四十八条　削除

第四十九条　削除

第五十条　削除

第五十一条　削除

第五十二条　削除

第五十三条　削除

第五十四条　削除

第五十五条　削除

第六章　年少者

（最低年齢）

第五十六条　使用者は、児童が満十五歳に達した日以後の最初の三月三十一日が終了するまで、これを使用してはならない。

②　前項の規定にかかわらず、別表第一第一号から第五号までに掲げる事業以外の事業に係る職業で、児童の健康及び福祉に有害でなく、かつ、その労働が軽易なものについては、行政官庁の許可を受けて、満十三歳以上の児童をその者の修学時間外に使用することができる。映画の製作又は演劇の事業については、満十三歳に満たない児童についても、同様とする。

（年少者の証明書）

第五十七条　使用者は、満十八才に満たない者について、その年齢を証明する戸籍証明書を事業場に備え付けなければならない。

②　使用者は、前条第二項の規定によつて使用する児童については、修学に差し支えないことを証明する学校長の証明書及び親権者又は後見人の同意書を事業場に備え付けなければならない。

（未成年者の労働契約）

第五十八条　親権者又は後見人は、未成年者に代つて労働契約を締結してはならない。

②　親権者若しくは後見人又は行政官庁は、労働契約が未成年者に不利であると認める場合においては、将来に向つてこれを解除することができる。

第五十九条　未成年者は、独立して賃金を請求することができる。親権者又は後見人は、未成年者の賃金を代つて受け取つてはならない。

（労働時間及び休日）

第六十条　第三十二条の二から第三十二条の五まで、第三十六条及び第四十条の規定は、満十八才に満たない者については、これを適用しない。

② 第五十六条第二項の規定によつて使用する児童についての第三十二条の規定の適用については、同条第一項中「一週間について四十時間」とあるのは「、修学時間を通算して一週間について四十時間」と、同条第二項中「一日について八時間」とあるのは「、修学時間を通算して一日について七時間」とする。

③ 使用者は、第三十二条の規定にかかわらず、満十五歳以上で満十八歳に満たない者については、満十八歳に達するまでの間（満十五歳に達した日以後の最初の三月三十一日までの間を除く。）、次に定めるところにより、労働させることができる。

一　一週間の労働時間が第三十二条第一項の労働時間を超えない範囲内において、一週間のうち一日の労働時間を四時間以内に短縮する場合において、他の日の労働時間を十時間まで延長すること。

二　一週間について四十八時間以下の範囲内で厚生労働省令で定める時間、一日について八時間を超えない範囲内において、第三十二条の二又は第三十二条の四及び第三十二条の四の二の規定の例により労働させること。

（深夜業）

第六十一条　使用者は、満十八才に満たない者を午後十時から午前五時までの間において使用してはならない。ただし、交替制によつて使用する満十六才以上の男性については、この限りでない。

② 厚生労働大臣は、必要であると認める場合においては、前項の時刻を、地域又は期間を限つて、午後十一時及び午前六時とすることができる。

③ 交替制によつて労働させる事業については、行政官庁の許可を受けて、第一項の規定にかかわらず午後十時三十分まで労働させ、又は前項の規定にかかわらず午前五時三十分から労働させることができる。

④ 前三項の規定は、第三十三条第一項の規定によつて労働時間を延長し、若しくは休日に労働させる場合又は別表第一第六号、第七号若しくは第十三号に掲げる事業若しくは電話交換の業務については、適用しない。

⑤ 第一項及び第二項の時刻は、第五十六条第二項の規定によつて使用する児童については、第一項の時刻は、午後八時及び午前五時とし、第二項の時刻は、午後九時及び午前六時とする。

（危険有害業務の就業制限）

第六十二条　使用者は、満十八才に満たない者に、運転中の機械若しくは動力伝導装置の危険な部分の掃除、注油、検査若しくは修繕をさせ、運転中の機械若しくは動力伝導装置にベルト若しくはロープの取付け若しくは取りはずしをさせ、動力によるクレーンの運転をさせ、その他厚生労働省令で定める危険な業務に就かせ、又は厚生労働省令で定める重量物を取り扱う業務に就かせてはならない。

② 使用者は、満十八才に満たない者を、毒劇薬、毒劇物その他有害な原料若しくは材料又は爆発性、発火性若しくは引火性の原料若しくは材料を取り扱う業務、著しくじんあい若しくは粉末を飛散し、若しくは有害ガス若しくは有害放射線を発散する場所又は高温若しくは高圧の場所における業務その他安全、衛生又は福祉に有害な場所における業務に就かせてはならない。

③ 前項に規定する業務の範囲は、厚生労働省令で定める。

（坑内労働の禁止）

第六十三条　使用者は、満十八才に満たない者を坑内で労働させてはならない。

（帰郷旅費）

第六十四条　満十八才に満たない者が解雇の日から十四日以内に帰郷する場合においては、使用者は、必要な旅費を負担しなければならない。ただし、満十八才に満たない者がその責めに帰すべき事由に基づいて解雇され、使用者がその事由について行政官庁の認定を受けたときは、この限りでない。

第六章の二　妊産婦等

（坑内業務の就業制限）

第六十四条の二　使用者は、次の各号に掲げる女性を当該各号に定める業務に就かせてはならない。

一　妊娠中の女性及び坑内で行われる業務に従事しない旨を使用者に申し出た産後一年を経過しない女性　坑内で行われるすべての業務

二　前号に掲げる女性以外の満十八歳以上の女性　坑内で行われる業務のうち人力により行われる掘削の業務その他の女性に有害な業務として厚生労働省令で定めるもの

（危険有害業務の就業制限）

第六十四条の三　使用者は、妊娠中の女性及び産後一年を経過しない女性（以下「妊産婦」という。）を、重量物を取り扱う業務、有害ガスを発散する場所における業務その他妊産婦の妊娠、出産、哺育等に有害な業務に就かせてはならない。

② 前項の規定は、同項に規定する業務のうち女性の妊娠又は出産に係る機能に有害である業務につき、厚生労働省令で、妊産婦以外の女性に関して、準用することができる。

③ 前二項に規定する業務の範囲及びこれらの規定によりこれらの業務に就かせてはならない者の範囲は、厚生労働省令で定める。

（産前産後）

第六十五条　使用者は、六週間（多胎妊娠の場合にあつては、十四週間）以内に出産する予定の女性が休業を請求した場合においては、その者を就業させてはならない。

② 使用者は、産後八週間を経過しない女性を就業させてはならない。ただし、産後六週間を経過した女性が請求した場合において、その者について医師が支障がないと認めた業務に就かせることは、差し支えない。

③ 使用者は、妊娠中の女性が請求した場合においては、他の軽易な業務に転換させなければならない。

第六十六条　使用者は、妊産婦が請求した場合においては、第三十二条の二第一項、第三十二条の四第一項及び第三十二条の五第一項の規定にかかわらず、一週間について第三十二条第一項の労働時間、一日について同条第二項の労働時間を超えて労働させてはならない。

② 使用者は、妊産婦が請求した場合においては、第三十三条第一項及び第三項並びに第三十六条第一項の規定にかかわらず、時間外労働をさせてはならず、又

は休日に労働させてはならない。

③　使用者は、妊産婦が請求した場合においては、深夜業をさせてはならない。

（育児時間）

第六十七条　生後満一年に達しない生児を育てる女性は、第三十四条の休憩時間のほか、一日二回各々少なくとも三十分、その生児を育てるための時間を請求することができる。

②　使用者は、前項の育児時間中は、その女性を使用してはならない。

（生理日の就業が著しく困難な女性に対する措置）

第六十八条　使用者は、生理日の就業が著しく困難な女性が休暇を請求したときは、その者を生理日に就業させてはならない。

第七章　技能者の養成

（徒弟の弊害排除）

第六十九条　使用者は、徒弟、見習、養成工その他名称の如何を問わず、技能の習得を目的とする者であることを理由として、労働者を酷使してはならない。

②　使用者は、技能の習得を目的とする労働者を家事その他技能の習得に関係のない作業に従事させてはならない。

（職業訓練に関する特例）

第七十条　職業能力開発促進法（昭和四十四年法律第六十四号）第二十四条第一項（同法第二十七条の二第二項において準用する場合を含む。）の認定を受けて行う職業訓練を受ける労働者について必要がある場合においては、その必要の限度で、第十四条第一項の契約期間、第六十二条及び第六十四条の三の年少者及び妊産婦等の危険有害業務の就業制限、第六十三条の年少者の坑内労働の禁止並びに第六十四条の二の妊産婦等の坑内業務の就業制限に関する規定について、厚生労働省令で別段の定めをすることができる。ただし、第六十三条の年少者の坑内労働の禁止に関する規定については、満十六歳に満たない者に関しては、この限りでない。

第七十一条　前条の規定に基いて発する厚生労働省令は、当該厚生労働省令によつて労働者を使用することについて行政官庁の許可を受けた使用者に使用される労働者以外の労働者については、適用しない。

第七十二条　第七十条の規定に基づく厚生労働省令の適用を受ける未成年者についての第三十九条の規定の適用については、同条第一項中「十労働日」とあるのは「十二労働日」と、同条第二項の表六年以上の項中「十労働日」とあるのは「八労働日」とする。

第七十三条　第七十一条の規定による許可を受けた使用者が第七十条の規定に基いて発する厚生労働省令に違反した場合においては、行政官庁は、その許可を取り消すことができる。

第七十四条　削除

第八章　災害補償

（療養補償）

第七十五条　労働者が業務上負傷し、又は疾病にかかつた場合においては、使用者は、その費用で必要な療養を行い、又は必要な療養の費用を負担しなければならない。

②　前項に規定する業務上の疾病及び療養の範囲は、厚生労働省令で定める。

（休業補償）

第七十六条　労働者が前条の規定による療養のため、労働することができないために賃金を受けない場合においては、使用者は、労働者の療養中平均賃金の百分の六十の休業補償を行わなければならない。

②　使用者は、前項の規定により休業補償を行つている労働者と同一の事業場における同種の労働者に対して所定労働時間労働した場合に支払われる通常の賃金の、一月から三月まで、四月から六月まで、七月から九月まで及び十月から十二月までの各区分による期間（以下四半期という。）ごとの一箇月一人当り平均額（常時百人未満の労働者を使用する事業場については、厚生労働省において作成する毎月勤労統計における当該事業場の属する産業に係る毎月きまつて支給する給与の四半期の労働者一人当りの一箇月平均額。以下平均給与額という。）が、当該労働者が業務上負傷し、又は疾病にかかつた日の属する四半期における平均給与額の百分の百二十をこえ、又は百分の八十を下るに至つた場合においては、使用者は、その上昇し又は低下した比率に応じて、その上昇し又は低下するに至つた四半期の次の次の四半期において、前項の規定により当該労働者に対して行つている休業補償の額を改訂し、その改訂をした四半期に属する最初の月から改訂された額により休業補償を行わなければならない。改訂後の休業補償の額の改訂についてもこれに準ずる。

③　前項の規定により難い場合における改訂の方法その他同項の規定による改訂について必要な事項は、厚生労働省令で定める。

（障害補償）

第七十七条　労働者が業務上負傷し、又は疾病にかかり、治つた場合において、その身体に障害が存するときは、使用者は、その障害の程度に応じて、平均賃金に別表第二に定める日数を乗じて得た金額の障害補償を行わなければならない。

（休業補償及び障害補償の例外）

第七十八条　労働者が重大な過失によつて業務上負傷し、又は疾病にかかり、且つ使用者がその過失について行政官庁の認定を受けた場合においては、休業補償又は障害補償を行わなくてもよい。

（遺族補償）

第七十九条　労働者が業務上死亡した場合においては、使用者は、遺族に対して、平均賃金の千日分の遺族補償を行わなければならない。

（葬祭料）

第八十条　労働者が業務上死亡した場合においては、使用者は、葬祭を行う者に対して、平均賃金の六十日分の葬祭料を支払わなければならない。

（打切補償）

第八十一条　第七十五条の規定によつて補償を受ける労働者が、療養開始後三年を経過しても負傷又は疾病がなおらない場合においては、使用者は、平均賃金の千二百日分の打切補償を行い、その後はこの法律の規定による補償を行わなくてもよい。

（分割補償）

第八十二条　使用者は、支払能力のあることを証明し、補償を受けるべき者の同意を得た場合においては、第七十七条又は第七十九条の規定による補償に替え、平均賃金に別表第三に定める日数を乗じて得た金額を、六年にわたり毎年補償することができる。

（補償を受ける権利）

第八十三条　補償を受ける権利は、労働者の退職によつて変更されることはない。

②　補償を受ける権利は、これを譲渡し、又は差し押えてはならない。

（他の法律との関係）

第八十四条　この法律に規定する災害補償の事由について、労働者災害補償保険法（昭和二十二年法律第五十号）又は厚生労働省令で指定する法令に基づいてこの法律の災害補償に相当する給付が行なわれるべきものである場合においては、使用者は、補償の責を免れる。

②　使用者は、この法律による補償を行つた場合においては、同一の事由については、その価額の限度において民法による損害賠償の責を免れる。

（審査及び仲裁）

第八十五条　業務上の負傷、疾病又は死亡の認定、療養の方法、補償金額の決定その他補償の実施に関して異議のある者は、行政官庁に対して、審査又は事件の仲裁を申し立てることができる。

②　行政官庁は、必要があると認める場合においては、職権で審査又は事件の仲裁をすることができる。

③　第一項の規定により審査若しくは仲裁の申立てがあつた事件又は前項の規定により行政官庁が審査若しくは仲裁を開始した事件について民事訴訟が提起されたときは、行政官庁は、当該事件については、審査又は仲裁をしない。

④　行政官庁は、審査又は仲裁のために必要であると認める場合においては、医師に診断又は検案をさせることができる。

⑤　第一項の規定による審査又は仲裁の申立て及び第二項の規定による審査又は仲裁の開始は、時効の中断に関しては、これを裁判上の請求とみなす。

第八十六条　前条の規定による審査及び仲裁の結果に不服のある者は、労働者災害補償保険審査官の審査又は仲裁を申し立てることができる。

②　前条第三項の規定は、前項の規定により審査又は仲裁の申立てがあつた場合に、これを準用する。

（請負事業に関する例外）

第八十七条　厚生労働省令で定める事業が数次の請負によつて行われる場合においては、災害補償については、その元請負人を使用者とみなす。

②　前項の場合、元請負人が書面による契約で下請負人に補償を引き受けさせた場合においては、その下請負人もまた使用者とする。但し、二以上の下請負人に、同一の事業について重複して補償を引き受けさせてはならない。

③　前項の場合、元請負人が補償の請求を受けた場合においては、補償を引き受けた下請負人に対して、まづ催告すべきことを請求することができる。ただし、その下請負人が破産手続開始の決定を受け、又は行方が知れない場合においては、この限りでない。

（補償に関する細目）

第八十八条　この章に定めるものの外、補償に関する細目は、厚生労働省令で定める。

第九章　就業規則

（作成及び届出の義務）

第八十九条　常時十人以上の労働者を使用する使用者は、次に掲げる事項について就業規則を作成し、行政官庁に届け出なければならない。次に掲げる事項を変更した場合においても、同様とする。

一　始業及び終業の時刻、休憩時間、休日、休暇並びに労働者を二組以上に分けて交替に就業させる場合においては就業時転換に関する事項

二　賃金（臨時の賃金等を除く。以下この号において同じ。）の決定、計算及び支払の方法、賃金の締切り及び支払の時期並びに昇給に関する事項

三　退職に関する事項（解雇の事由を含む。）

三の二　退職手当の定めをする場合においては、適用される労働者の範囲、退職手当の決定、計算及び支払の方法並びに退職手当の支払の時期に関する事項

四　臨時の賃金等（退職手当を除く。）及び最低賃金額の定めをする場合においては、これに関する事項

五　労働者に食費、作業用品その他の負担をさせる定めをする場合においては、これに関する事項

六　安全及び衛生に関する定めをする場合においては、これに関する事項

七　職業訓練に関する定めをする場合においては、これに関する事項

八　災害補償及び業務外の傷病扶助に関する定めをする場合においては、これに関する事項

九　表彰及び制裁の定めをする場合においては、その種類及び程度に関する事項

十　前各号に掲げるもののほか、当該事業場の労働者のすべてに適用される定めをする場合においては、これに関する事項

（作成の手続）

第九十条　使用者は、就業規則の作成又は変更について、当該事業場に、労働者の過半数で組織する労働組合がある場合においてはその労働組合、労働者の過半数で組織する労働組合がない場合においては労働者の過半数を代表する者の意見を聴かなければならない。

②　使用者は、前条の規定により届出をなすについて、前項の意見を記した書面を添付しなければならない。

（制裁規定の制限）

第九十一条　就業規則で、労働者に対して減給の制裁を定める場合においては、その減給は、一回の額が平均賃金の一日分の半額を超え、総額が一賃金支払期における賃金の総額の十分の一を超えてはならない。

（法令及び労働協約との関係）

第九十二条　就業規則は、法令又は当該事業場について適用される労働協約に反してはならない。

②　行政官庁は、法令又は労働協約に牴触する就業規則の変更を命ずることができる。

（労働契約との関係）
第九十三条　労働契約と就業規則との関係については、労働契約法（平成十九年法律第百二十八号）第十二条の定めるところによる。

第十章　寄宿舎

（寄宿舎生活の自治）
第九十四条　使用者は、事業の附属寄宿舎に寄宿する労働者の私生活の自由を侵してはならない。
②　使用者は、寮長、室長その他寄宿舎生活の自治に必要な役員の選任に干渉してはならない。

（寄宿舎生活の秩序）
第九十五条　事業の附属寄宿舎に労働者を寄宿させる使用者は、左の事項について寄宿舎規則を作成し、行政官庁に届け出なければならない。これを変更した場合においても同様である。
一　起床、就寝、外出及び外泊に関する事項
二　行事に関する事項
三　食事に関する事項
四　安全及び衛生に関する事項
五　建設物及び設備の管理に関する事項
②　使用者は、前項第一号乃至第四号の事項に関する規定の作成又は変更については、寄宿舎に寄宿する労働者の過半数を代表する者の同意を得なければならない。
③　使用者は、第一項の規定により届出をなすについて、前項の同意を証明する書面を添附しなければならない。
④　使用者及び寄宿舎に寄宿する労働者は、寄宿舎規則を遵守しなければならない。

（寄宿舎の設備及び安全衛生）
第九十六条　使用者は、事業の附属寄宿舎について、換気、採光、照明、保温、防湿、清潔、避難、定員の収容、就寝に必要な措置その他労働者の健康、風紀及び生命の保持に必要な措置を講じなければならない。
②　使用者が前項の規定によつて講ずべき措置の基準は、厚生労働省令で定める。

（監督上の行政措置）
第九十六条の二　使用者は、常時十人以上の労働者を就業させる事業、厚生労働省令で定める危険な事業又は衛生上有害な事業の附属寄宿舎を設置し、移転し、又は変更しようとする場合においては、前条の規定に基づいて発する厚生労働省令で定める危害防止等に関する基準に従い定めた計画を、工事着手十四日前までに、行政官庁に届け出なければならない。
②　行政官庁は、労働者の安全及び衛生に必要であると認める場合においては、工事の着手を差し止め、又は計画の変更を命ずることができる。

第九十六条の三　労働者を就業させる事業の附属寄宿舎が、安全及び衛生に関し定められた基準に反する場合においては、行政官庁は、使用者に対して、その全部又は一部の使用の停止、変更その他必要な事項を命ずることができる。
②　前項の場合において行政官庁は、使用者に命じた事項について必要な事項を労働者に命ずることができる。

第十一章　監督機関

（監督機関の職員等）
第九十七条　労働基準主管局（厚生労働省の内部部局として置かれる局で労働条件及び労働者の保護に関する事務を所掌するものをいう。以下同じ。）、都道府県労働局及び労働基準監督署に労働基準監督官を置くほか、厚生労働省令で定める必要な職員を置くことができる。
②　労働基準主管局の局長（以下「労働基準主管局長」という。）、都道府県労働局長及び労働基準監督署長は、労働基準監督官をもつてこれに充てる。
③　労働基準監督官の資格及び任免に関する事項は、政令で定める。
④　厚生労働省に、政令で定めるところにより、労働基準監督官分限審議会を置くことができる。
⑤　労働基準監督官を罷免するには、労働基準監督官分限審議会の同意を必要とする。
⑥　前二項に定めるもののほか、労働基準監督官分限審議会の組織及び運営に関し必要な事項は、政令で定める。

第九十八条　削除

（労働基準主管局長等の権限）
第九十九条　労働基準主管局長は、厚生労働大臣の指揮監督を受けて、都道府県労働局長を指揮監督し、労働基準に関する法令の制定改廃、労働基準監督官の任免教養、監督方法についての規程の制定及び調整、監督年報の作成並びに労働政策審議会及び労働基準監督官分限審議会に関する事項（労働政策審議会に関する事項については、労働条件及び労働者の保護に関するものに限る。）その他この法律の施行に関する事項をつかさどり、所属の職員を指揮監督する。
②　都道府県労働局長は、労働基準主管局長の指揮監督を受けて、管内の労働基準監督署長を指揮監督し、監督方法の調整に関する事項その他この法律の施行に関する事項をつかさどり、所属の職員を指揮監督する。
③　労働基準監督署長は、都道府県労働局長の指揮監督を受けて、この法律に基く臨検、尋問、許可、認定、審査、仲裁その他この法律の実施に関する事項をつかさどり、所属の職員を指揮監督する。
④　労働基準主管局長及び都道府県労働局長は、下級官庁の権限を自ら行い、又は所属の労働基準監督官をして行わせることができる。

（女性主管局長の権限）
第百条　厚生労働省の女性主管局長（厚生労働省の内部部局として置かれる局で女性労働者の特性に係る労働問題に関する事務を所掌するものの局長をいう。以下同じ。）は、厚生労働大臣の指揮監督を受けて、この法律中女性に特殊の規定の制定、改廃及び解釈に関する事項をつかさどり、その施行に関する事項については、労働基準主管局長及びその下級の官庁の長に勧告を行うとともに、労働基準主管局長が、その下級の官庁に対して行う指揮監督について援助を与える。
②　女性主管局長は、自ら又はその指定する所属官吏をして、女性に関し労働基準主管局若しくはその下級の官庁又はその所属官吏の行つた監督その他に関する文

書を閲覧し、又は閲覧せしめることができる。

③　第百一条及び第百五条の規定は、女性主管局長又はその指定する所属官吏が、この法律中女性に特殊の規定の施行に関して行う調査の場合に、これを準用する。

（労働基準監督官の権限）

第百一条　労働基準監督官は、事業場、寄宿舎その他の附属建設物に臨検し、帳簿及び書類の提出を求め、又は使用者若しくは労働者に対して尋問を行うことができる。

②　前項の場合において、労働基準監督官は、その身分を証明する証票を携帯しなければならない。

第百二条　労働基準監督官は、この法律違反の罪について、刑事訴訟法に規定する司法警察官の職務を行う。

第百三条　労働者を就業させる事業の附属寄宿舎が、安全及び衛生に関して定められた基準に反し、且つ労働者に急迫した危険がある場合においては、労働基準監督官は、第九十六条の三の規定による行政官庁の権限を即時に行うことができる。

（監督機関に対する申告）

第百四条　事業場に、この法律又はこの法律に基いて発する命令に違反する事実がある場合においては、労働者は、その事実を行政官庁又は労働基準監督官に申告することができる。

②　使用者は、前項の申告をしたことを理由として、労働者に対して解雇その他不利益な取扱をしてはならない。

（報告等）

第百四条の二　行政官庁は、この法律を施行するため必要があると認めるときは、厚生労働省令で定めるところにより、使用者又は労働者に対し、必要な事項を報告させ、又は出頭を命ずることができる。

②　労働基準監督官は、この法律を施行するため必要があると認めるときは、使用者又は労働者に対し、必要な事項を報告させ、又は出頭を命ずることができる。

（労働基準監督官の義務）

第百五条　労働基準監督官は、職務上知り得た秘密を漏してはならない。労働基準監督官を退官した後においても同様である。

第十二章　雑則

（国の援助義務）

第百五条の二　厚生労働大臣又は都道府県労働局長は、この法律の目的を達成するために、労働者及び使用者に対して資料の提供その他必要な援助をしなければならない。

（法令等の周知義務）

第百六条　使用者は、この法律及びこれに基づく命令の要旨、就業規則、第十八条第二項、第二十四条第一項ただし書、第三十二条の二第一項、第三十二条の三、第三十二条の四第一項、第三十二条の五第一項、第三十四条第二項ただし書、第三十六条第一項、第三十七条第三項、第三十八条の二第二項、第三十八条の三第一項並びに第三十九条第四項、第六項及び第七項ただし書に規定する協定並びに第三十八条の四第一項及び第五項に規定する決議を、常時各作業場の見やすい場所へ掲示し、又は備え付けること、書面を交付することその他の厚生労働省令で定める方法によつて、労働者に周知させなければならない。

②　使用者は、この法律及びこの法律に基いて発する命令のうち、寄宿舎に関する規定及び寄宿舎規則を、寄宿舎の見易い場所に掲示し、又は備え付ける等の方法によつて、寄宿舎に寄宿する労働者に周知させなければならない。

（労働者名簿）

第百七条　使用者は、各事業場ごとに労働者名簿を、各労働者（日日雇い入れられる者を除く。）について調製し、労働者の氏名、生年月日、履歴その他厚生労働省令で定める事項を記入しなければならない。

②　前項の規定により記入すべき事項に変更があつた場合においては、遅滞なく訂正しなければならない。

（賃金台帳）

第百八条　使用者は、各事業場ごとに賃金台帳を調製し、賃金計算の基礎となる事項及び賃金の額その他厚生労働省令で定める事項を賃金支払の都度遅滞なく記入しなければならない。

（記録の保存）

第百九条　使用者は、労働者名簿、賃金台帳及び雇入、解雇、災害補償、賃金その他労働関係に関する重要な書類を三年間保存しなければならない。

（無料証明）

第百十条　削除

第百十一条　労働者及び労働者になろうとする者は、その戸籍に関して戸籍事務を掌る者又はその代理者に対して、無料で証明を請求することができる。使用者が、労働者及び労働者になろうとする者の戸籍に関して証明を請求する場合においても同様である。

（国及び公共団体についての適用）

第百十二条　この法律及びこの法律に基いて発する命令は、国、都道府県、市町村その他これに準ずべきものについても適用あるものとする。

（命令の制定）

第百十三条　この法律に基いて発する命令は、その草案について、公聴会で労働者を代表する者、使用者を代表する者及び公益を代表する者の意見を聴いて、これを制定する。

（付加金の支払）

第百十四条　裁判所は、第二十条、第二十六条若しくは第三十七条の規定に違反した使用者又は第三十九条第七項の規定による賃金を支払わなかつた使用者に対して、労働者の請求により、これらの規定により使用者が支払わなければならない金額についての未払金のほか、これと同一額の付加金の支払を命ずることができる。ただし、この請求は、違反のあつた時から二年以内にしなければならない。

（時効）

第百十五条　この法律の規定による賃金（退職手当を除く。）、災害補償その他の請求権は二年間、この法律の規定による退職手当の請求権は五年間行わない場合においては、時効によつて消滅する。

（経過措置）

第百十五条の二　この法律の規定に基づき命令を制定し、又は改廃するときは、その命令で、その制定又は改廃に伴い合理的に必要と判断される範囲内において、所要の経過措置（罰則に関する経過措置を含む。）を定めることができる。

（適用除外）

第百十六条　第一条から第十一条まで、次項、第百十七条から第百十九条まで及び第百二十一条の規定を除き、この法律は、船員法（昭和二十二年法律第百号）第一条第一項に規定する船員については、適用しない。

②　この法律は、同居の親族のみを使用する事業及び家事使用人については、適用しない。

第十三章　罰則

第百十七条　第五条の規定に違反した者は、これを一年以上十年以下の懲役又は二十万円以上三百万円以下の罰金に処する。

第百十八条　第六条、第五十六条、第六十三条又は第六十四条の二の規定に違反した者は、これを一年以下の懲役又は五十万円以下の罰金に処する。

②　第七十条の規定に基づいて発する厚生労働省令（第六十三条又は第六十四条の二の規定に係る部分に限る。）に違反した者についても前項の例による。

第百十九条　次の各号の一に該当する者は、これを六箇月以下の懲役又は三十万円以下の罰金に処する。

一　第三条、第四条、第七条、第十六条、第十七条、第十八条第一項、第十九条、第二十条、第二十二条第四項、第三十二条、第三十四条、第三十五条、第三十六条第一項ただし書、第三十七条、第三十九条、第六十一条、第六十二条、第六十四条の三から第六十七条まで、第七十二条、第七十五条から第七十七条まで、第七十九条、第八十条、第九十四条第二項、第九十六条又は第百四条第二項の規定に違反した者

二　第三十三条第二項、第九十六条の二第二項又は第九十六条の三第一項の規定による命令に違反した者

三　第四十条の規定に基づいて発する厚生労働省令に違反した者

四　第七十条の規定に基づいて発する厚生労働省令（第六十二条又は第六十四条の三の規定に係る部分に限る。）に違反した者

第百二十条　次の各号の一に該当する者は、三十万円以下の罰金に処する。

一　第十四条、第十五条第一項若しくは第三項、第十八条第七項、第二十二条第一項から第三項まで、第二十三条から第二十七条まで、第三十二条の二第二項（第三十二条の四第四項及び第三十二条の五第三項において準用する場合を含む。）、第三十二条の五第二項、第三十三条第一項ただし書、第三十八条の二第三項（第三十八条の三第二項において準用する場合を含む。）、第五十七条から第五十九条まで、第六十四条、第六十八条、第八十九条、第九十条第一項、第九十一条、第九十五条第一項若しくは第二項、第九十六条の二第一項、第百五条（第百条第三項において準用する場合を含む。）又は第百六条から第百九条までの規定に違反した者

二　第七十条の規定に基づいて発する厚生労働省令（第十四条の規定に係る部分に限る。）に違反した者

三　第九十二条第二項又は第九十六条の三第二項の規定による命令に違反した者

四　第百一条（第百条第三項において準用する場合を含む。）の規定による労働基準監督官又は女性主管局長若しくはその指定する所属官吏の臨検を拒み、妨げ、若しくは忌避し、その尋問に対して陳述をせず、若しくは虚偽の陳述をし、帳簿書類の提出をせず、又は虚偽の記載をした帳簿書類の提出をした者

五　第百四条の二の規定による報告をせず、若しくは虚偽の報告をし、又は出頭しなかつた者

第百二十一条　この法律の違反行為をした者が、当該事業の労働者に関する事項について、事業主のために行為した代理人、使用人その他の従業者である場合においては、事業主に対しても各本条の罰金刑を科する。ただし、事業主（事業主が法人である場合においてはその代表者、事業主が営業に関し成年者と同一の行為能力を有しない未成年者又は成年被後見人である場合においてはその法定代理人（法定代理人が法人であるときは、その代表者）を事業主とする。次項において同じ。）が違反の防止に必要な措置をした場合においては、この限りでない。

②　事業主が違反の計画を知りその防止に必要な措置を講じなかつた場合、違反行為を知り、その是正に必要な措置を講じなかつた場合又は違反を教唆した場合においては、事業主も行為者として罰する。

附　則　抄

第百二十二条　この法律施行の期日は、勅令で、これを定める。

第百二十三条　工場法、工業労働者最低年齢法、労働者災害扶助法、商店法、黄燐燐寸製造禁止法及び昭和十四年法律第八十七号は、これを廃止する。

第百二十九条　この法律施行前、労働者が業務上負傷し、疾病にかかり、又は死亡した場合における災害補償については、なお旧法の扶助に関する規定による。

第百三十一条　命令で定める規模以下の事業又は命令で定める業種の事業に係る第三十二条第一項（第六十条第二項の規定により読み替えて適用する場合を除く。）の規定の適用については、平成九年三月三十一日までの間は、第三十二条第一項中「四十時間」とあるのは、「四十時間を超え四十四時間以下の範囲内において命令で定める時間」とする。

②　前項の規定により読み替えて適用する第三十二条第一項の命令は、労働者の福祉、労働時間の動向その他の事情を考慮して定めるものとする。

③　第一項の規定により読み替えて適用する第三十二条第一項の命令を制定し、又は改正する場合においては、当該命令で、一定の規模以下の事業又は一定の業種の事業については、一定の期間に限り、当該命令の制定前又は改正前の例による旨の経過措置（罰則に関する経過措置を含む。）を定めることができる。

④　労働大臣は、第一項の規定により読み替えて適用する第三十二条第一項の命令の制定又は改正の立案をしようとするときは、あらかじめ、中央労働基準審議会の意見を聴かなければならない。

第百三十二条　前条第一項の規定が適用される間における同項に規定する事業に係る第三十二条の四第一項の

規定の適用については、同項各号列記以外の部分中「次に掲げる事項を定めたときは、第三十二条の規定にかかわらず、その協定で」とあるのは「次に掲げる事項及び」と、「労働時間が四十時間」とあるのは「労働時間を四十時間（命令で定める規模以下の事業にあつては、四十時間を超え四十二時間以下の範囲内において命令で定める時間）以内とし、当該時間を超えて労働させたときはその超えた時間（第三十七条第一項の規定の適用を受ける時間を除く。）の労働について同条の規定の例により割増賃金を支払う定めをしたときは、第三十二条の規定にかかわらず、当該期間を平均し一週間当たりの労働時間が同条第一項の労働時間」と、「労働させることができる」とあるのは「労働させることができる。この場合において、使用者は、当該期間を平均し一週間当たり四十時間（前段の命令で定める規模以下の事業にあつては、前段の命令で定める時間）を超えて労働させたときは、その超えた時間（第三十七条第一項の規定の適用を受ける時間を除く。）の労働について、第三十七条の規定の例により割増賃金を支払わなければならない」と、同項第二号中「四十時間」とあるのは「第三十二条第一項の労働時間」とする。

② 前条第一項の規定が適用される間における同項に規定する事業に係る第三十二条の五第一項の規定の適用については、同項中「協定がある」とあるのは「協定により、一週間の労働時間を四十時間（命令で定める規模以下の事業にあつては、四十時間を超え四十二時間以下の範囲内において命令で定める時間）以内とし、当該時間を超えて労働させたときはその超えた時間（第三十七条第一項の規定の適用を受ける時間を除く。）の労働について同条の規定の例により割増賃金を支払う定めをした」と、「一日について」とあるのは「一週間について同条第一項の労働時間を超えない範囲内において、一日について」と、「労働させることができる」とあるのは「労働させることができる。この場合において、使用者は、一週間について四十時間（前段の命令で定める規模以下の事業にあつては、前段の命令で定める時間）を超えて労働させたときは、その超えた時間（第三十七条第一項の規定の適用を受ける時間を除く。）の労働について、第三十七条の規定の例により割増賃金を支払わなければならない」とする。

③ 前条第四項の規定は、前二項の規定により読み替えて適用する第三十二条の四第一項及び第三十二条の五第一項（第二項の規定により読み替えた部分に限る。）の命令について準用する。

第百三十三条　厚生労働大臣は、第三十六条第二項の基準を定めるに当たつては、満十八歳以上の女性のうち雇用の分野における男女の均等な機会及び待遇の確保等のための労働省関係法律の整備に関する法律（平成九年法律第九十二号）第四条の規定による改正前の第六十四条の二第四項に規定する命令で定める者に該当しない者について平成十一年四月一日以後同条第一項及び第二項の規定が適用されなくなつたことにかんがみ、当該者のうち子の養育又は家族の介護を行う労働者（厚生労働省令で定める者に限る。以下この条において「特定労働者」という。）の職業生活の著しい変化がその家庭生活に及ぼす影響を考慮して、厚生労働省令で定める期間、特定労働者（その者に係る時間外労働を短いものとすることを使用者に申し出た者に限る。）に係る第三十六条第一項の協定で定める労働時間の延長の限度についての基準は、当該特定労働者以外の者に係る同項の協定で定める労働時間の延長の限度についての基準とは別に、これより短いものとして定めるものとする。この場合において、一年についての労働時間の延長の限度についての基準は、百五十時間を超えないものとしなければならない。

第百三十四条　常時三百人以下の労働者を使用する事業に係る第三十九条の規定の適用については、昭和六十六年三月三十一日までの間は同条第一項中「十労働日」とあるのは「六労働日」と、同年四月一日から昭和六十九年三月三十一日までの間は同項中「十労働日」とあるのは「八労働日」とする。

第百三十五条　六箇月経過日から起算した継続勤務年数が四年から八年までのいずれかの年数に達する日の翌日が平成十一年四月一日から平成十二年三月三十一日までの間にある労働者に関する第三十九条の規定の適用については、同日までの間は、次の表の上欄に掲げる当該六箇月経過日から起算した継続勤務年数の区分に応じ、同条第二項の表中次の表の中欄に掲げる字句は、同表の下欄に掲げる字句とする。

四年	六労働日	五労働日
五年	八労働日	六労働日
六年	十労働日	七労働日
七年	十労働日	八労働日
八年	十労働日	九労働日

② 六箇月経過日から起算した継続勤務年数が五年から七年までのいずれかの年数に達する日の翌日が平成十二年四月一日から平成十三年三月三十一日までの間にある労働者に関する第三十九条の規定の適用については、平成十二年四月一日から平成十三年三月三十一日までの間は、次の表の上欄に掲げる当該六箇月経過日から起算した継続勤務年数の区分に応じ、同条第二項の表中次の表の中欄に掲げる字句は、同表の下欄に掲げる字句とする。

五年	八労働日	七労働日
六年	十労働日	八労働日
七年	十労働日	九労働日

③ 前二項の規定は、第七十二条に規定する未成年者については、適用しない。

第百三十六条　使用者は、第三十九条第一項から第四項までの規定による有給休暇を取得した労働者に対して、賃金の減額その他不利益な取扱いをしないようにしなければならない。

第百三十七条　期間の定めのある労働契約（一定の事業の完了に必要な期間を定めるものを除き、その期間が一年を超えるものに限る。）を締結した労働者（第十四条第一項各号に規定する労働者を除く。）は、労働基準法の一部を改正する法律（平成十五年法律第百四号）附則第三条に規定する措置が講じられるまでの間、民法第六百二十八条の規定にかかわらず、当該労働契約の期間の初日から一年を経過した日以後においては、その使用者に申し出ることにより、いつでも退職することができる。

第百三十八条　中小事業主（その資本金の額又は出資の総額が三億円（小売業又はサービス業を主たる事業とする事業主については五千万円、卸売業を主たる事業とする事業主については一億円）以下である事業主及びその常時使用する労働者の数が三百人（小売業を主たる事業とする事業主については五十人、卸売業又はサービス業を主たる事業とする事業主については百人）以下である事業主をいう。）の事業については、当分の間、第三十七条第一項ただし書の規定は、適用しない。

附　則（平成二〇年一二月一二日法律第八九号）抄

（施行期日）

第一条　この法律は、平成二十二年四月一日から施行する。

（罰則に関する経過措置）

第二条　この法律の施行前にした行為に対する罰則の適用については、なお従前の例による。

（検討）

第三条　政府は、この法律の施行後三年を経過した場合において、この法律による改正後の労働基準法（以下この条において「新法」という。）第三十七条第一項ただし書及び第百三十八条の規定の施行の状況、時間外労働の動向等を勘案し、これらの規定について検討を加え、その結果に基づいて必要な措置を講ずるものとする。

2　政府は、前項に定めるものを除くほか、この法律の施行後五年を経過した場合において、新法の施行の状況を勘案し、必要があると認めるときは、新法の規定について検討を加え、その結果に基づいて必要な措置を講ずるものとする。

別表第一（第三十三条、第四十条、第四十一条、第五十六条、第六十一条関係）

一　物の製造、改造、加工、修理、洗浄、選別、包装、装飾、仕上げ、販売のためにする仕立て、破壊若しくは解体又は材料の変造の事業（電気、ガス又は各種動力の発生、変更若しくは伝導の事業及び水道の事業を含む。）

二　鉱業、石切り業その他土石又は鉱物採取の事業

三　土木、建築その他工作物の建設、改造、保存、修理、変更、破壊、解体又はその準備の事業

四　道路、鉄道、軌道、索道、船舶又は航空機による旅客又は貨物の運送の事業

五　ドック、船舶、岸壁、波止場、停車場又は倉庫における貨物の取扱いの事業

六　土地の耕作若しくは開墾又は植物の栽植、栽培、採取若しくは伐採の事業その他農林の事業

七　動物の飼育又は水産動植物の採捕若しくは養殖の事業その他の畜産、養蚕又は水産の事業

八　物品の販売、配給、保管若しくは賃貸又は理容の事業

九　金融、保険、媒介、周旋、集金、案内又は広告の事業

十　映画の製作又は映写、演劇その他興行の事業

十一　郵便、信書便又は電気通信の事業

十二　教育、研究又は調査の事業

十三　病者又は虚弱者の治療、看護その他保健衛生の事業

十四　旅館、料理店、飲食店、接客業又は娯楽場の事業

十五　焼却、清掃又はと畜場の事業

別表第二　身体障害等級及び災害補償表（第七十七条関係）

等級	災害補償
第一級	一三四〇日分
第二級	一一九〇日分
第三級	一〇五〇日分
第四級	九二〇日分
第五級	七九〇日分
第六級	六七〇日分
第七級	五六〇日分
第八級	四五〇日分
第九級	三五〇日分
第一〇級	二七〇日分
第一一級	二〇〇日分
第一二級	一四〇日分
第一三級	九〇日分
第一四級	五〇日分

別表第三　分割補償表（第八十二条関係）

種別	等級	災害補償
障害補償	第一級	二四〇日分
	第二級	二一三日分
	第三級	一八八日分
	第四級	一六四日分
	第五級	一四二日分
	第六級	一二〇日分
	第七級	一〇〇日分
	第八級	八〇日分
	第九級	六三日分
	第一〇級	四八日分
	第一一級	三六日分
	第一二級	二五日分
	第一三級	一六日分
	第一四級	九日分
遺族補償		一八〇日分

昭和六十年六月一日法律第四十五号の未施行内容

雇用の分野における男女の均等な機会及び待遇の確保を促進するための労働省関係法律の整備等に関する法律

第二条　労働基準法（昭和二十二年法律第四十九号）の一部を次のように改正する。

第九十八条の次に次の一条を加える。

第九十八条の二　この法律の施行及び改正に関する事項については、前条に定めるところによるほか、都道府県労働局に係る事項に関しては、当該都道府県労働局に置かれる地方労働審議会が審議するものとする。

②　前項に定めるもののほか、地方労働審議会は、労働者（家内労働者を含む。）に係る労働条件の基準に関しては、賃金の支払の確保等に関する法律、労働安全衛生法、作業環境測定法及び労働者派遣事業の適正な運営の確保及び派遣労働者の就業条件の整備等に関する法律の施行及び改正に関する事項並びに家内労働法（昭和四十五年法律第六十号）に基づきその権限に属する事項を審議する。

③　地方労働審議会は、都道府県労働局長の諮問に応じて前二項に規定する事項を審議するほか、労働条件の基準及び家内労働法に基づきその権限に属する事項に関して関係行政官庁に建議することができる。

第百条第三項中「及び地方労働基準審議会」を削る。

附　則（昭和六〇年六月一日法律第四五号）　抄

（施行期日）

第一条　この法律は、昭和六十一年四月一日から施行する。ただし、次の各号に掲げる規定は、当該各号に定める日から施行する。

二　第二条中労働基準法第九十八条の改正規定、同法第九十八条の次に一条を加える改正規定、同法第百条第三項の改正規定並びに附則第六条及び第十五条の規定　職業安定法等の一部を改正する法律（昭和五十九年法律第　号）の施行の日

労働組合法

昭和二十四年六月一日法律第百七十四号
最終改正　平成二〇年五月二日法律第二六号

労働組合法（昭和二十年法律第五十一号）の全部を改正する。

第一章　総則

（目的）

第一条　この法律は、労働者が使用者との交渉において対等の立場に立つことを促進することにより労働者の地位を向上させること、労働者がその労働条件について交渉するために自ら代表者を選出することその他の団体行動を行うために自主的に労働組合を組織し、団結することを擁護すること並びに使用者と労働者との関係を規制する労働協約を締結するための団体交渉をすること及びその手続を助成することを目的とする。

2　刑法（明治四十年法律第四十五号）第三十五条の規定は、労働組合の団体交渉その他の行為であつて前項に掲げる目的を達成するためにした正当なものについて適用があるものとする。但し、いかなる場合においても、暴力の行使は、労働組合の正当な行為と解釈されてはならない。

（労働組合）

第二条　この法律で「労働組合」とは、労働者が主体となつて自主的に労働条件の維持改善その他経済的地位の向上を図ることを主たる目的として組織する団体又はその連合団体をいう。但し、左の各号の一に該当するものは、この限りでない。

一　役員、雇入解雇昇進又は異動に関して直接の権限を持つ監督的地位にある労働者、使用者の労働関係についての計画と方針とに関する機密の事項に接し、そのためにその職務上の義務と責任とが当該労働組合の組合員としての誠意と責任とに直接にてい

触する監督的地位にある労働者その他使用者の利益を代表する者の参加を許すもの

二　団体の運営のための経費の支出につき使用者の経理上の援助を受けるもの。但し、労働者が労働時間中に時間又は賃金を失うことなく使用者と協議し、又は交渉することを使用者が許すことを妨げるものではなく、且つ、厚生資金又は経済上の不幸若しくは災厄を防止し、若しくは救済するための支出に実際に用いられる福利その他の基金に対する使用者の寄附及び最小限の広さの事務所の供与を除くものとする。

三　共済事業その他福利事業のみを目的とするもの

四　主として政治運動又は社会運動を目的とするもの

（労働者）

第三条　この法律で「労働者」とは、職業の種類を問わず、賃金、給料その他これに準ずる収入によつて生活する者をいう。

第四条　削除

第二章　労働組合

（労働組合として設立されたものの取扱）

第五条　労働組合は、労働委員会に証拠を提出して第二条及び第二項の規定に適合することを立証しなければ、この法律に規定する手続に参与する資格を有せず、且つ、この法律に規定する救済を与えられない。但し、第七条第一号の規定に基く個々の労働者に対する保護を否定する趣旨に解釈されるべきではない。

2　労働組合の規約には、左の各号に掲げる規定を含まなければならない。

一　名称

二　主たる事務所の所在地

三　連合団体である労働組合以外の労働組合（以下「単位労働組合」という。）の組合員は、その労働組合のすべての問題に参与する権利及び均等の取扱を受ける権利を有すること。

四　何人も、いかなる場合においても、人種、宗教、性別、門地又は身分によつて組合員たる資格を奪われないこと。

五　単位労働組合にあつては、その役員は、組合員の直接無記名投票により選挙されること、及び連合団体である労働組合又は全国的規模をもつ労働組合にあつては、その役員は、単位労働組合の組合員又はその組合員の直接無記名投票により選挙された代議員の直接無記名投票により選挙されること。

六　総会は、少くとも毎年一回開催すること。

七　すべての財源及び使途、主要な寄附者の氏名並びに現在の経理状況を示す会計報告は、組合員によつて委嘱された職業的に資格がある会計監査人による正確であることの証明書とともに、少くとも毎年一回組合員に公表されること。

八　同盟罷業は、組合員又は組合員の直接無記名投票により選挙された代議員の直接無記名投票の過半数による決定を経なければ開始しないこと。

九　単位労働組合にあつては、その規約は、組合員の直接無記名投票による過半数の支持を得なければ改正しないこと、及び連合団体である労働組合又は全国的規模をもつ労働組合にあつては、その規約は、単位労働組合の組合員又はその組合員の直接無記名投票により選挙された代議員の直接無記名投票による過半数の支持を得なければ改正しないこと。

（交渉権限）

第六条　労働組合の代表者又は労働組合の委任を受けた者は、労働組合又は組合員のために使用者又はその団体と労働協約の締結その他の事項に関して交渉する権限を有する。

（不当労働行為）

第七条　使用者は、次の各号に掲げる行為をしてはならない。

一　労働者が労働組合の組合員であること、労働組合に加入し、若しくはこれを結成しようとしたこと若しくは労働組合の正当な行為をしたことの故をもつて、その労働者を解雇し、その他これに対して不利益な取扱いをすること又は労働者が労働組合に加入せず、若しくは労働組合から脱退することを雇用条件とすること。ただし、労働組合が特定の工場事業場に雇用される労働者の過半数を代表する場合において、その労働者がその労働組合の組合員であることを雇用条件とする労働協約を締結することを妨げるものではない。

二　使用者が雇用する労働者の代表者と団体交渉をすることを正当な理由がなくて拒むこと。

三　労働者が労働組合を結成し、若しくは運営することを支配し、若しくはこれに介入すること、又は労働組合の運営のための経費の支払につき経理上の援助を与えること。ただし、労働者が労働時間中に時間又は賃金を失うことなく使用者と協議し、又は交渉することを使用者が許すことを妨げるものではなく、かつ、厚生資金又は経済上の不幸若しくは災厄を防止し、若しくは救済するための支出に実際に用いられる福利その他の基金に対する使用者の寄附及び最小限の広さの事務所の供与を除くものとする。

四　労働者が労働委員会に対し使用者がこの条の規定に違反した旨の申立てをしたこと若しくは中央労働委員会に対し第二十七条の十二第一項の規定による命令に対する再審査の申立てをしたこと又は労働委員会がこれらの申立てに係る調査若しくは審問をし、若しくは当事者に和解を勧め、若しくは労働関係調整法（昭和二十一年法律第二十五号）による労働争議の調整をする場合に労働者が証拠を提示し、若しくは発言をしたことを理由として、その労働者を解雇し、その他これに対して不利益な取扱いをすること。

（損害賠償）

第八条　使用者は、同盟罷業その他の争議行為であつて正当なものによつて損害を受けたことの故をもつて、労働組合又はその組合員に対し賠償を請求することができない。

（基金の流用）

第九条　労働組合は、共済事業その他福利事業のために特設した基金を他の目的のために流用しようとするときは、総会の決議を経なければならない。

（解散）

第十条　労働組合は、左の事由によつて解散する。

一　規約で定めた解散事由の発生
二　組合員又は構成団体の四分の三以上の多数による総会の決議

（法人である労働組合）
第十一条　この法律の規定に適合する旨の労働委員会の証明を受けた労働組合は、その主たる事務所の所在地において登記することによつて法人となる。
2　この法律に規定するものの外、労働組合の登記に関して必要な事項は、政令で定める。
3　労働組合に関して登記すべき事項は、登記した後でなければ第三者に対抗することができない。

（代表者）
第十二条　法人である労働組合には、一人又は数人の代表者を置かなければならない。
2　代表者が数人ある場合において、規約に別段の定めがないときは、法人である労働組合の事務は、代表者の過半数で決する。

（法人である労働組合の代表）
第十二条の二　代表者は、法人である労働組合のすべての事務について、法人である労働組合を代表する。ただし、規約の規定に反することはできず、また、総会の決議に従わなければならない。

（代表者の代表権の制限）
第十二条の三　法人である労働組合の管理については、代表者の代表権に加えた制限は、善意の第三者に対抗することができない。

（代表者の代理行為の委任）
第十二条の四　法人である労働組合の管理については、代表者は、規約又は総会の決議によつて禁止されていないときに限り、特定の行為の代理を他人に委任することができる。

（利益相反行為）
第十二条の五　法人である労働組合が代表者の債務を保証することその他代表者以外の者との間において法人である労働組合と代表者との利益が相反する事項については、代表者は、代表権を有しない。この場合においては、裁判所は、利害関係人の請求により、特別代理人を選任しなければならない。

（一般社団法人及び一般財団法人に関する法律の準用）
第十二条の六　一般社団法人及び一般財団法人に関する法律（平成十八年法律第四十八号）第四条及び第七十八条（第八条に規定する場合を除く。）の規定は、法人である労働組合について準用する。

（清算中の法人である労働組合の能力）
第十三条　解散した法人である労働組合は、清算の目的の範囲内において、その清算の結了に至るまではなお存続するものとみなす。

（清算人）
第十三条の二　法人である労働組合が解散したときは、代表者がその清算人となる。ただし、規約に別段の定めがあるとき、又は総会において代表者以外の者を選任したときは、この限りでない。

（裁判所による清算人の選任）
第十三条の三　前条の規定により清算人となる者がないとき、又は清算人が欠けたため損害を生ずるおそれがあるときは、裁判所は、利害関係人の請求により、清算人を選任することができる。

（清算人の解任）
第十三条の四　重要な事由があるときは、裁判所は、利害関係人の請求により、清算人を解任することができる。

（清算人及び解散の登記）
第十三条の五　清算人は、解散後二週間以内に、主たる事務所の所在地において、その氏名及び住所並びに解散の原因及び年月日の登記をしなければならない。
2　清算中に就職した清算人は、就職後二週間以内に、主たる事務所の所在地において、その氏名及び住所の登記をしなければならない。

（清算人の職務及び権限）
第十三条の六　清算人の職務は、次のとおりとする。
一　現務の結了
二　債権の取立て及び債務の弁済
三　残余財産の引渡し
2　清算人は、前項各号に掲げる職務を行うために必要な一切の行為をすることができる。

（債権の申出の催告等）
第十三条の七　清算人は、その就職の日から二月以内に、少なくとも三回の公告をもつて、債権者に対し、一定の期間内にその債権の申出をすべき旨の催告をしなければならない。この場合において、その期間は、二月を下ることができない。
2　前項の公告には、債権者がその期間内に申出をしないときは清算から除斥されるべき旨を付記しなければならない。ただし、清算人は、知れている債権者を除斥することができない。
3　清算人は、知れている債権者には、各別にその申出の催告をしなければならない。
4　第一項の公告は、官報に掲載してする。

（期間経過後の債権の申出）
第十三条の八　前条第一項の期間の経過後に申出をした債権者は、法人である労働組合の債務が完済された後まだ権利の帰属すべき者に引き渡されていない財産に対してのみ、請求をすることができる。

（清算中の法人である労働組合についての破産手続の開始）
第十三条の九　清算中に法人である労働組合の財産がその債務を完済するのに足りないことが明らかになつたときは、清算人は、直ちに破産手続開始の申立てをし、その旨を公告しなければならない。
2　清算人は、清算中の法人である労働組合が破産手続開始の決定を受けた場合において、破産管財人にその事務を引き継いだときは、その任務を終了したものとする。
3　前項に規定する場合において、清算中の法人である労働組合が既に債権者に支払い、又は権利の帰属すべき者に引き渡したものがあるときは、破産管財人は、これを取り戻すことができる。
4　第一項の規定による公告は、官報に掲載してする。

（残余財産の帰属）
第十三条の十　解散した法人である労働組合の財産は、規約で指定した者に帰属する。
2　規約で権利の帰属すべき者を指定せず、又はその者を指定する方法を定めなかつたときは、代表者は、総会の決議を経て、当該法人である労働組合の目的に類似する目的のために、その財産を処分することができる。

3　前二項の規定により処分されない財産は、国庫に帰属する。

（特別代理人の選任等に関する事件の管轄）

第十三条の十一　次に掲げる事件は、法人である労働組合の主たる事務所の所在地を管轄する地方裁判所の管轄に属する。

一　特別代理人の選任に関する事件

二　法人である労働組合の清算人に関する事件

（不服申立ての制限）

第十三条の十二　法人である労働組合の清算人の選任の裁判に対しては、不服を申し立てることができない。

（裁判所の選任する清算人の報酬）

第十三条の十三　裁判所は、第十三条の三の規定により法人である労働組合の清算人を選任した場合には、法人である労働組合が当該清算人に対して支払う報酬の額を定めることができる。この場合においては、裁判所は、当該清算人の陳述を聴かなければならない。

（即時抗告）

第十三条の十四　法人である労働組合の清算人の解任についての裁判及び前条の規定による裁判に対しては、即時抗告をすることができる。

第三章　労働協約

（労働協約の効力の発生）

第十四条　労働組合と使用者又はその団体との間の労働条件その他に関する労働協約は、書面に作成し、両当事者が署名し、又は記名押印することによつてその効力を生ずる。

（労働協約の期間）

第十五条　労働協約には、三年をこえる有効期間の定をすることができない。

2　三年をこえる有効期間の定をした労働協約は、三年の有効期間の定をした労働協約とみなす。

3　有効期間の定がない労働協約は、当事者の一方が、署名し、又は記名押印した文書によつて相手方に予告して、解約することができる。一定の期間を定める労働協約であつて、その期間の経過後も期限を定めず効力を存続する旨の定があるものについて、その期間の経過後も、同様とする。

4　前項の予告は、解約しようとする日の少くとも九十日前にしなければならない。

（基準の効力）

第十六条　労働協約に定める労働条件その他の労働者の待遇に関する基準に違反する労働契約の部分は、無効とする。この場合において無効となつた部分は、基準の定めるところによる。労働契約に定がない部分についても、同様とする。

（一般的拘束力）

第十七条　一の工場事業場に常時使用される同種の労働者の四分の三以上の数の労働者が一の労働協約の適用を受けるに至つたときは、当該工場事業場に使用される他の同種の労働者に関しても、当該労働協約が適用されるものとする。

（地域的の一般的拘束力）

第十八条　一の地域において従業する同種の労働者の大部分が一の労働協約の適用を受けるに至つたときは、当該労働協約の当事者の双方又は一方の申立てに基づき、労働委員会の決議により、厚生労働大臣又は都道府県知事は、当該地域において従業する他の同種の労働者及びその使用者も当該労働協約（第二項の規定により修正があつたものを含む。）の適用を受けるべきことの決定をすることができる。

2　労働委員会は、前項の決議をする場合において、当該労働協約に不適当な部分があると認めたときは、これを修正することができる。

3　第一項の決定は、公告によつてする。

第四章　労働委員会

第一節　設置、任務及び所掌事務並びに組織等

（労働委員会）

第十九条　労働委員会は、使用者を代表する者（以下「使用者委員」という。）、労働者を代表する者（以下「労働者委員」という。）及び公益を代表する者（以下「公益委員」という。）各同数をもつて組織する。

2　労働委員会は、中央労働委員会及び都道府県労働委員会とする。

3　労働委員会に関する事項は、この法律に定めるもののほか、政令で定める。

（中央労働委員会）

第十九条の二　国家行政組織法（昭和二十三年法律第百二十号）第三条第二項の規定に基づいて、厚生労働大臣の所轄の下に、中央労働委員会を置く。

2　中央労働委員会は、労働者が団結することを擁護し、及び労働関係の公正な調整を図ることを任務とする。

3　中央労働委員会は、前項の任務を達成するため、第五条、第十一条、第十八条及び第二十六条の規定による事務、不当労働行為事件の審査等（第七条、次節及び第三節の規定による事件の処理をいう。以下同じ。）に関する事務、労働争議のあつせん、調停及び仲裁に関する事務並びに労働関係調整法第三十五条の二及び第三十五条の三の規定による事務その他法律（法律に基づく命令を含む。）に基づき中央労働委員会に属させられた事務をつかさどる。

（中央労働委員会の委員の任命等）

第十九条の三　中央労働委員会は、使用者委員、労働者委員及び公益委員各十五人をもつて組織する。

2　使用者委員は使用者団体の推薦（使用者委員のうち四人については、特定独立行政法人（独立行政法人通則法（平成十一年法律第百三号）第二条第二項に規定する特定独立行政法人をいう。以下この項、第十九条の四第二項第二号及び第十九条の十第一項において同じ。）又は国有林野事業（特定独立行政法人等の労働

7
職員

関係に関する法律（昭和二十三年法律第二百五十七号）第二条第二号に規定する国有林野事業をいう。以下この項及び第十九条の十第一項において同じ。）を行う国の経営する企業の推薦（労働者委員の推薦）に基づいて、労働者委員は労働組合の推薦（労働者委員のうち四人については、特定独立行政法人の特定独立行政法人等の労働関係に関する法律第二条第四号に規定する職員（以下この章において「特定独立行政法人職員」という。）又は国有林野事業を行う国の経営する企業の同号に規定する職員（以下この章において「国有林野事業職員」という。）が結成し、又は加入する労働組合の推薦）に基づいて、公益委員は厚生労働大臣が使用者委員及び労働者委員の同意を得て作成した委員候補者名簿に記載されている者のうちから両議院の同意を得て、内閣総理大臣が任命する。

3　公益委員の任期が満了し、又は欠員を生じた場合において、国会の閉会又は衆議院の解散のために両議院の同意を得ることができないときは、内閣総理大臣は、前項の規定にかかわらず、厚生労働大臣が使用者委員及び労働者委員の同意を得て作成した委員候補者名簿に記載されている者のうちから、公益委員を任命することができる。

4　前項の場合においては、任命後最初の国会で両議院の事後の承認を求めなければならない。この場合において、両議院の事後の承認が得られないときは、内閣総理大臣は、直ちにその公益委員を罷免しなければならない。

5　公益委員の任命については、そのうち七人以上が同一の政党に属することとなつてはならない。

6　中央労働委員会の委員（次条から第十九条の九までにおいて単に「委員」という。）は、非常勤とする。ただし、公益委員のうち二人以内は、常勤とすることができる。

（委員の欠格条項）

第十九条の四　禁錮以上の刑に処せられ、その執行を終わるまで、又は執行を受けることがなくなるまでの者は、委員となることができない。

2　次の各号のいずれかに該当する者は、公益委員となることができない。

一　国会又は地方公共団体の議会の議員

二　特定独立行政法人の役員、特定独立行政法人職員又は特定独立行政法人職員が結成し、若しくは加入する労働組合の組合員若しくは役員

三　国有林野事業職員又は国有林野事業職員が結成し、若しくは加入する労働組合の組合員若しくは役員

（委員の任期等）

第十九条の五　委員の任期は、二年とする。ただし、補欠の委員の任期は、前任者の残任期間とする。

2　委員は、再任されることができる。

3　委員の任期が満了したときは、当該委員は、後任者が任命されるまで引き続き在任するものとする。

（公益委員の服務）

第十九条の六　常勤の公益委員は、在任中、次の各号のいずれかに該当する行為をしてはならない。

一　政党その他の政治的団体の役員となり、又は積極的に政治運動をすること。

二　内閣総理大臣の許可のある場合を除くほか、報酬を得て他の職務に従事し、又は営利事業を営み、その他金銭上の利益を目的とする業務を行うこと。

2　非常勤の公益委員は、在任中、前項第一号に該当する行為をしてはならない。

（委員の失職及び罷免）

第十九条の七　委員は、第十九条の四第一項に規定する者に該当するに至つた場合には、その職を失う。公益委員が同条第二項各号のいずれかに該当するに至つた場合も、同様とする。

2　内閣総理大臣は、委員が心身の故障のために職務の執行ができないと認める場合又は委員に職務上の義務違反その他委員たるに適しない非行があると認める場合には、使用者委員及び労働者委員にあつては中央労働委員会の同意を得て、公益委員にあつては両議院の同意を得て、その委員を罷免することができる。

3　前項の規定により、内閣総理大臣が中央労働委員会に対して、使用者委員又は労働者委員の罷免の同意を求めた場合には、当該委員は、その議事に参与することができない。

4　内閣総理大臣は、公益委員のうち六人が既に属している政党に新たに属するに至つた公益委員を直ちに罷免するものとする。

5　内閣総理大臣は、公益委員のうち七人以上が同一の政党に属することとなつた場合（前項の規定に該当する場合を除く。）には、同一の政党に属する者が六人になるように、両議院の同意を得て、公益委員を罷免するものとする。ただし、政党所属関係に異動のなかつた委員を罷免することはできないものとする。

（委員の給与等）

第十九条の八　委員は、別に法律の定めるところにより俸給、手当その他の給与を受け、及び政令の定めるところによりその職務を行うために要する費用の弁償を受けるものとする。

（中央労働委員会の会長）

第十九条の九　中央労働委員会に会長を置く。

2　会長は、委員が公益委員のうちから選挙する。

3　会長は、中央労働委員会の会務を総理し、中央労働委員会を代表する。

4　中央労働委員会は、あらかじめ公益委員のうちから委員の選挙により、会長に故障がある場合において会長を代理する委員を定めておかなければならない。

（地方調整委員）

第十九条の十　中央労働委員会に、特定独立行政法人とその特定独立行政法人職員との間に発生した紛争、国有林野事業を行う国の経営する企業と国有林野事業職員との間に発生した紛争その他の事件で地方において中央労働委員会が処理すべきものとして政令で定めるものに係るあつせん若しくは調停又は第二十四条の二第五項の規定による手続に参与させるため、使用者、労働者及び公益をそれぞれ代表する地方調整委員を置く。

2　地方調整委員は、中央労働委員会の同意を得て、政令で定める区域ごとに厚生労働大臣が任命する。

3　第十九条の五第一項本文及び第二項、第十九条の七第二項並びに第十九条の八の規定は、地方調整委員について準用する。この場合において、第十九条の七第

二項中「内閣総理大臣」とあるのは「厚生労働大臣」と、「使用者委員及び労働者委員にあつては中央労働委員会の同意を得て、公益委員にあつては両議院」とあるのは「中央労働委員会」と読み替えるものとする。

（中央労働委員会の事務局）

第十九条の十一 中央労働委員会にその事務を整理させるために事務局を置き、事務局に会長の同意を得て厚生労働大臣が任命する事務局長及び必要な職員を置く。

2 事務局に、地方における事務を分掌させるため、地方事務所を置く。

3 地方事務所の位置、名称及び管轄区域は、政令で定める。

（都道府県労働委員会）

第十九条の十二 都道府県知事の所轄の下に、都道府県労働委員会を置く。

2 都道府県労働委員会は、使用者委員、労働者委員及び公益委員各十三人、各十一人、各九人、各七人又は各五人のうち政令で定める数のものをもつて組織する。ただし、条例で定めるところにより、当該政令で定める数に使用者委員、労働者委員及び公益委員各二人を加えた数のものをもつて組織することができる。

3 使用者委員は使用者団体の推薦に基づいて、労働者委員は労働組合の推薦に基づいて、公益委員は使用者委員及び労働者委員の同意を得て、都道府県知事が任命する。

4 公益委員の任命については、都道府県労働委員会における別表の上欄に掲げる公益委員の数（第二項ただし書の規定により公益委員の数を同項の政令で定める数に二人を加えた数とする都道府県労働委員会にあつては当該二人を加えた数）に応じ、それぞれ同表の下欄に定める数以上の公益委員が同一の政党に属することとなつてはならない。

5 公益委員は、自己の行為によつて前項の規定に抵触するに至つたときは、当然退職するものとする。

6 第十九条の三第六項、第十九条の四第一項、第十九条の五、第十九条の七第一項前段、第二項及び第三項、第十九条の八、第十九条の九並びに前条第一項の規定は、都道府県労働委員会について準用する。この場合において、第十九条の三第六項ただし書中「、常勤」とあるのは「、条例で定めるところにより、常勤」と、第十九条の七第二項中「内閣総理大臣」とあるのは「都道府県知事」と、「使用者委員及び労働者委員にあつては中央労働委員会の同意を得て、公益委員にあつては両議院」とあるのは「都道府県労働委員会」と、同条第三項中「内閣総理大臣」とあるのは「都道府県知事」と、「使用者委員又は労働者委員」とあるのは「都道府県労働委員会の委員」と、前条第一項中「厚生労働大臣」とあるのは「都道府県知事」と読み替えるものとする。

（労働委員会の権限）

第二十条 労働委員会は、第五条、第十一条及び第十八条の規定によるもののほか、不当労働行為事件の審査等並びに労働争議のあつせん、調停及び仲裁をする権限を有する。

（会議）

第二十一条 労働委員会は、公益上必要があると認めたときは、その会議を公開することができる。

2 労働委員会の会議は、会長が招集する。

3 労働委員会は、使用者委員、労働者委員及び公益委員各一人以上が出席しなければ、会議を開き、議決することができない。

4 議事は、出席委員の過半数で決し、可否同数のときは、会長の決するところによる。

（強制権限）

第二十二条 労働委員会は、その事務を行うために必要があると認めたときは、使用者又はその団体、労働組合その他の関係者に対して、出頭、報告の提出若しくは必要な帳簿書類の提出を求め、又は委員若しくは労働委員会の職員（以下単に「職員」という。）に関係工場事業場に臨検し、業務の状況若しくは帳簿書類その他の物件を検査させることができる。

2 労働委員会は、前項の臨検又は検査をさせる場合においては、委員又は職員にその身分を証明する証票を携帯させ、関係人にこれを呈示させなければならない。

（秘密を守る義務）

第二十三条 労働委員会の委員若しくは委員であつた者又は職員若しくは職員であつた者は、その職務に関して知得した秘密を漏らしてはならない。中央労働委員会の地方調整委員又は地方調整委員であつた者も、同様とする。

（公益委員のみで行う権限）

第二十四条 第五条及び第十一条の規定による事件の処理並びに不当労働行為事件の審査等（次条において「審査等」という。）並びに労働関係調整法第四十二条の規定による事件の処理には、労働委員会の公益委員のみが参与する。ただし、使用者委員及び労働者委員は、第二十七条第一項（第二十七条の十七の規定により準用する場合を含む。）の規定により調査（公益委員の求めがあつた場合に限る。）及び審問を行う手続並びに第二十七条の十四第一項（第二十七条の十七の規定により準用する場合を含む。）の規定により和解を勧める手続に参与し、又は第二十七条の七第四項及び第二十七条の十二第二項（第二十七条の十七の規定により準用する場合を含む。）の規定による行為をすることができる。

2 中央労働委員会は、常勤の公益委員に、中央労働委員会に係属している事件に関するもののほか、特定独立行政法人職員及び国有林野事業職員の労働関係の状況その他中央労働委員会の事務を処理するために必要と認める事項の調査を行わせることができる。

（合議体等）

第二十四条の二 中央労働委員会は、会長が指名する公益委員五人をもつて構成する合議体で、審査等を行う。

2 前項の規定にかかわらず、次の各号のいずれかに該当する場合においては、公益委員の全員をもつて構成する合議体で、審査等を行う。

一 前項の合議体が、法令の解釈適用について、その意見が前に中央労働委員会のした第五条第一項若しくは第十一条第一項又は第二十七条の十二第一項（第二十七条の十七の規定により準用する場合を含む。）の規定による処分に反すると認めた場合

二 前項の合議体を構成する者の意見が分かれたた

め、その合議体としての意見が定まらない場合
三　前項の合議体が、公益委員の全員をもつて構成する合議体で審査等を行うことを相当と認めた場合
四　第二十七条の十第三項（第二十七条の十七の規定により準用する場合を含む。）の規定による異議の申立てを審理する場合

3　都道府県労働委員会は、公益委員の全員をもつて構成する合議体で、審査等を行う。ただし、条例で定めるところにより、会長が指名する公益委員五人又は七人をもつて構成する合議体で、審査等を行うことができる。この場合において、前項（第一号及び第四号を除く。）の規定は、都道府県労働委員会について準用する。

4　労働委員会は、前三項の規定により審査等を行うときは、一人又は数人の公益委員に審査等の手続（第五条第一項、第十一条第一項、第二十七条の四第一項（第二十七条の十七の規定により準用する場合を含む。）、第二十七条の七第一項（当事者若しくは証人に陳述させ、又は提出された物件を留め置く部分を除き、第二十七条の十七の規定により準用する場合を含む。）、第二十七条の十第二項並びに同条第四項及び第二十七条の十二第一項（第二十七条の十七の規定により準用する場合を含む。）の規定による処分並びに第二十七条の二十の申立てを除く。次項において同じ。）の全部又は一部を行わせることができる。

5　中央労働委員会は、公益を代表する地方調整委員に、中央労働委員会が行う審査等の手続のうち、第二十七条第一項（第二十七条の十七の規定により準用する場合を含む。）の規定により調査及び審問を行う手続並びに第二十七条の十四第一項（第二十七条の十七の規定により準用する場合を含む。）の規定により和解を勧める手続の全部又は一部を行わせることができる。この場合において、使用者を代表する地方調整委員及び労働者を代表する地方調整委員は、これらの手続（調査を行う手続にあつては公益を代表する地方調整委員の求めがあつた場合に限る。）に参与することができる。

（中央労働委員会の管轄等）
第二十五条　中央労働委員会は、特定独立行政法人職員及び国有林野事業職員の労働関係に係る事件のあつせん、調停、仲裁及び処分（特定独立行政法人職員又は国有林野事業職員が結成し、又は加入する労働組合に関する第五条第一項及び第十一条第一項の規定による処分については、政令で定めるものに限る。）について、専属的に管轄するほか、二以上の都道府県にわたり、又は全国的に重要な問題に係る事件のあつせん、調停、仲裁及び処分について、優先して管轄する。

2　中央労働委員会は、第五条第一項、第十一条第一項及び第二十七条の十二第一項の規定による都道府県労働委員会の処分を取り消し、承認し、若しくは変更する完全な権限をもつて再審査し、又はその処分に対する再審査の申立てを却下することができる。この再審査は、都道府県労働委員会の処分の当事者のいずれか一方の申立てに基づいて、又は職権で、行うものとする。

（規則制定権）
第二十六条　中央労働委員会は、その行う手続及び都道府県労働委員会が行う手続に関する規則を定めることができる。

2　都道府県労働委員会は、前項の規則に違反しない限りにおいて、その会議の招集に関する事項その他の政令で定める事項に関する規則を定めることができる。

第二節　不当労働行為事件の審査の手続

（不当労働行為事件の審査の開始）
第二十七条　労働委員会は、使用者が第七条の規定に違反した旨の申立てを受けたときは、遅滞なく調査を行い、必要があると認めたときは、当該申立てが理由があるかどうかについて審問を行わなければならない。この場合において、審問の手続においては、当該使用者及び申立人に対し、証拠を提出し、証人に反対尋問をする充分な機会が与えられなければならない。

2　労働委員会は、前項の申立てが、行為の日（継続する行為にあつてはその終了した日）から一年を経過した事件に係るものであるときは、これを受けることができない。

（公益委員の除斥）
第二十七条の二　公益委員は、次の各号のいずれかに該当するときは、審査に係る職務の執行から除斥される。
一　公益委員又はその配偶者若しくは配偶者であつた者が事件の当事者又は法人である当事者の代表者であり、又はあつたとき。
二　公益委員が事件の当事者の四親等以内の血族、三親等以内の姻族又は同居の親族であり、又はあつたとき。
三　公益委員が事件の当事者の後見人、後見監督人、保佐人、保佐監督人、補助人又は補助監督人であるとき。
四　公益委員が事件について証人となつたとき。
五　公益委員が事件について当事者の代理人であり、又はあつたとき。

2　前項に規定する除斥の原因があるときは、当事者は、除斥の申立てをすることができる。

（公益委員の忌避）
第二十七条の三　公益委員について審査の公正を妨げるべき事情があるときは、当事者は、これを忌避することができる。

2　当事者は、事件について労働委員会に対し書面又は口頭をもつて陳述した後は、公益委員を忌避することができない。ただし、忌避の原因があることを知らなかつたとき、又は忌避の原因がその後に生じたときは、この限りでない。

（除斥又は忌避の申立てについての決定）
第二十七条の四　除斥又は忌避の申立てについては、労働委員会が決定する。

2　除斥又は忌避の申立てに係る公益委員は、前項の規定による決定に関与することができない。ただし、意見を述べることができる。

3　第一項の規定による決定は、書面によるものとし、かつ、理由を付さなければならない。

7
職員

（審査の手続の中止）

第二十七条の五　労働委員会は、除斥又は忌避の申立てがあつたときは、その申立てについての決定があるまで審査の手続を中止しなければならない。ただし、急速を要する行為についてはこの限りでない。

（審査の計画）

第二十七条の六　労働委員会は、審問開始前に、当事者双方の意見を聴いて、審査の計画を定めなければならない。

2　前項の審査の計画においては、次に掲げる事項を定めなければならない。

一　調査を行う手続において整理された争点及び証拠（その後の審査の手続における取調べが必要な証拠として整理されたものを含む。）

二　審問を行う期間及び回数並びに尋問する証人の数

三　第二十七条の十二第一項の命令の交付の予定時期

3　労働委員会は、審査の現状その他の事情を考慮して必要があると認めるときは、当事者双方の意見を聴いて、審査の計画を変更することができる。

4　労働委員会及び当事者は、適正かつ迅速な審査の実現のため、審査の計画に基づいて審査が行われるよう努めなければならない。

（証拠調べ）

第二十七条の七　労働委員会は、当事者の申立てにより又は職権で、調査を行う手続においては第二号に掲げる方法により、審問を行う手続においては次の各号に掲げる方法により証拠調べをすることができる。

一　事実の認定に必要な限度において、当事者又は証人に出頭を命じて陳述させること。

二　事件に関係のある帳簿書類その他の物件であつて、当該物件によらなければ当該物件により認定すべき事実を認定することが困難となるおそれがあると認めるもの（以下「物件」という。）の所持者に対し、当該物件の提出を命じ、又は提出された物件を留め置くこと。

2　労働委員会は、前項第二号の規定により物件の提出を命ずる処分（以下「物件提出命令」という。）をするかどうかを決定するに当たつては、個人の秘密及び事業者の事業上の秘密の保護に配慮しなければならない。

3　労働委員会は、物件提出命令をする場合において、物件に提出を命ずる必要がないと認める部分又は前項の規定により配慮した結果提出を命ずることが適当でないと認める部分があるときは、その部分を除いて、提出を命ずることができる。

4　調査又は審問を行う手続に参与する使用者委員及び労働者委員は、労働委員会が第一項第一号の規定により当事者若しくは証人に出頭を命ずる処分（以下「証人等出頭命令」という。）又は物件提出命令をしようとする場合には、意見を述べることができる。

5　労働委員会は、職権で証拠調べをしたときは、その結果について、当事者の意見を聴かなければならない。

6　物件提出命令の申立ては、次に掲げる事項を明らかにしてしなければならない。

一　物件の表示

二　物件の趣旨

三　物件の所持者

四　証明すべき事実

7　労働委員会は、物件提出命令をしようとする場合には、物件の所持者を審尋しなければならない。

8　労働委員会は、物件提出命令をする場合には、第六項各号（第三号を除く。）に掲げる事項を明らかにしなければならない。

第二十七条の八　労働委員会が証人に陳述させるときは、その証人に宣誓をさせなければならない。

2　労働委員会が当事者に陳述させるときは、その当事者に宣誓をさせることができる。

第二十七条の九　民事訴訟法（平成八年法律第百九号）第百九十六条、第百九十七条及び第二百一条第二項から第四項までの規定は、労働委員会が証人に陳述させる手続に、同法第二百十条の規定において準用する同法第二百一条第二項の規定は、労働委員会が当事者に陳述させる手続について準用する。

（不服の申立て）

第二十七条の十　都道府県労働委員会の証人等出頭命令又は物件提出命令（以下この条において「証人等出頭命令等」という。）を受けた者は、証人等出頭命令等について不服があるときは、証人等出頭命令等を受けた日から一週間以内（天災その他この期間内に審査の申立てをしなかつたことについてやむを得ない理由があるときは、その理由がやんだ日の翌日から起算して一週間以内）に、その理由を記載した書面により、中央労働委員会に審査を申し立てることができる。

2　中央労働委員会は、前項の規定による審査の申立てを理由があると認めるときは、証人等出頭命令等の全部又は一部を取り消す。

3　中央労働委員会の証人等出頭命令等を受けた者は、証人等出頭命令等について不服があるときは、証人等出頭命令等を受けた日から一週間以内（天災その他この期間内に異議の申立てをしなかつたことについてやむを得ない理由があるときは、その理由がやんだ日の翌日から起算して一週間以内）に、その理由を記載した書面により、中央労働委員会に異議を申し立てることができる。

4　中央労働委員会は、前項の規定による異議の申立てを理由があると認めるときは、証人等出頭命令等の全部若しくは一部を取り消し、又はこれを変更する。

5　審査の申立て又は異議の申立ての審理は、書面による。

6　中央労働委員会は、職権で審査申立人又は異議申立人を審尋することができる。

（審問廷の秩序維持）

第二十七条の十一　労働委員会は、審問を妨げる者に対し退廷を命じ、その他審問廷の秩序を維持するために必要な措置を執ることができる。

（救済命令等）

第二十七条の十二　労働委員会は、事件が命令を発するのに熟したときは、事実の認定をし、この認定に基づいて、申立人の請求に係る救済の全部若しくは一部を認容し、又は申立てを棄却する命令（以下「救済命令等」という。）を発しなければならない。

2　調査又は審問を行う手続に参与する使用者委員及び労働者委員は、労働委員会が救済命令等を発しようとする場合は、意見を述べることができる。

3　第一項の事実の認定及び救済命令等は、書面によるものとし、その写しを使用者及び申立人に交付しなければならない。

4　救済命令等は、交付の日から効力を生ずる。

（救済命令等の確定）

第二十七条の十三　使用者が救済命令等について第二十七条の十九第一項の期間内に同項の取消しの訴えを提起しないときは、救済命令等は、確定する。

2　使用者が確定した救済命令等に従わないときは、労働委員会は、使用者の住所地の地方裁判所にその旨を通知しなければならない。この通知は、労働組合及び労働者もすることができる。

（和解）

第二十七条の十四　労働委員会は、審査の途中において、いつでも、当事者に和解を勧めることができる。

2　救済命令等が確定するまでの間に当事者間で和解が成立し、当事者双方の申立てがあつた場合において、労働委員会が当該和解の内容が当事者間の労働関係の正常な秩序を維持させ、又は確立させるため適当と認めるときは、審査の手続は終了する。

3　前項に規定する場合において、和解（前項の規定により労働委員会が適当と認めたものに限る。次項において同じ。）に係る事件について既に発せられている救済命令等は、その効力を失う。

4　労働委員会は、和解に金銭の一定額の支払又はその他の代替物若しくは有価証券の一定の数量の給付を内容とする合意が含まれる場合は、当事者双方の申立てにより、当該合意について和解調書を作成することができる。

5　前項の和解調書は、強制執行に関しては、民事執行法（昭和五十四年法律第四号）第二十二条第五号に掲げる債務名義とみなす。

6　前項の規定による債務名義についての執行文の付与は、労働委員会の会長が行う。民事執行法第二十九条後段の執行文及び文書の謄本の送達も、同様とする。

7　前項の規定による執行文付与に関する異議についての裁判は、労働委員会の所在地を管轄する地方裁判所においてする。

8　第四項の和解調書並びに第六項後段の執行文及び文書の謄本の送達に関して必要な事項は、政令で定める。

（再審査の申立て）

第二十七条の十五　使用者は、都道府県労働委員会の救済命令等の交付を受けたときは、十五日以内（天災その他この期間内に再審査の申立てをしなかつたことについてやむを得ない理由があるときは、その理由がやんだ日の翌日から起算して一週間以内）に中央労働委員会に再審査の申立てをすることができる。ただし、この申立ては、救済命令等の効力を停止せず、救済命令等は、中央労働委員会が第二十五条第二項の規定による再審査の結果、これを取り消し、又は変更したときは、その効力を失う。

2　前項の規定は、労働組合又は労働者が中央労働委員会に対して行う再審査の申立てについて準用する。

（再審査と訴訟との関係）

第二十七条の十六　中央労働委員会は、第二十七条の十九第一項の訴えに基づく確定判決によつて都道府県労働委員会の救済命令等の全部又は一部が支持されたときは、当該救済命令等について、再審査することができない。

（再審査の手続への準用）

第二十七条の十七　第二十七条第一項、第二十七条の二から第二十七条の九まで、第二十七条の十第三項から第六項まで及び第二十七条の十一から第二十七条の十四までの規定は、中央労働委員会の再審査の手続について準用する。この場合において、第二十七条の二第一項第四号中「とき」とあるのは「とき又は事件について既に発せられている都道府県労働委員会の救済命令等に関与したとき」と読み替えるものとする。

（審査の期間）

第二十七条の十八　労働委員会は、迅速な審査を行うため、審査の期間の目標を定めるとともに、目標の達成状況その他の審査の実施状況を公表するものとする。

第三節　訴訟

（取消しの訴え）

第二十七条の十九　使用者が都道府県労働委員会の救済命令等について中央労働委員会に再審査の申立てをしないとき、又は中央労働委員会が救済命令等を発したときは、使用者は、救済命令等の交付の日から三十日以内に、救済命令等の取消しの訴えを提起することができる。この期間は、不変期間とする。

2　使用者は、第二十七条の十五第一項の規定により中央労働委員会に再審査の申立てをしたときは、その申立てに対する中央労働委員会の救済命令等に対してのみ、取消しの訴えを提起することができる。この訴えについては、行政事件訴訟法（昭和三十七年法律第百三十九号）第十二条第三項から第五項までの規定は、適用しない。

3　前項の規定は、労働組合又は労働者が行政事件訴訟法の定めるところにより提起する取消しの訴えについて準用する。

（緊急命令）

第二十七条の二十　前条第一項の規定により使用者が裁判所に訴えを提起した場合において、受訴裁判所は、救済命令等を発した労働委員会の申立てにより、決定をもつて、使用者に対し判決の確定に至るまで救済命令等の全部又は一部に従うべき旨を命じ、又は当事者の申立てにより、若しくは職権でこの決定を取り消し、若しくは変更することができる。

（証拠の申出の制限）

第二十七条の二十一　労働委員会が物件提出命令をしたにもかかわらず物件を提出しなかつた者（審査の手続において当事者でなかつた者を除く。）は、裁判所に対し、当該物件提出命令に係る物件により認定すべき事実を証明するためには、当該物件に係る証拠の申出をすることができない。ただし、物件を提出しなかつたことについて正当な理由があると認められる場合は、この限りでない。

第四節　雑則

（中央労働委員会の勧告等）

第二十七条の二十二　中央労働委員会は、都道府県労働委員会に対し、この法律の規定により都道府県労働委員会が処理する事務について、報告を求め、又は法令の適用その他当該事務の処理に関して必要な勧告、助言若しくはその委員若しくは事務局職員の研修その他の援助を行うことができる。

（抗告訴訟の取扱い等）

第二十七条の二十三　都道府県労働委員会は、その処分（行政事件訴訟法第三条第二項に規定する処分をいい、第二十四条の二第四項の規定により公益を代表する地方調整委員がした処分を含む。次項において同じ。）に係る行政事件訴訟法第十一条第一項（同法第三十八条第一項において準用する場合を含む。次項において同じ。）の規定による都道府県を被告とする訴訟について、当該都道府県を代表する。

2　都道府県労働委員会は、公益委員、事務局長又は事務局の職員でその指定するものに都道府県労働委員会の処分に係る行政事件訴訟法第十一条第一項の規定による都道府県を被告とする訴訟又は都道府県労働委員会を当事者とする訴訟を行わせることができる。

（費用弁償）

第二十七条の二十四　第二十二条第一項の規定により出頭を求められた者又は第二十七条の七第一項第一号（第二十七条の十七の規定により準用する場合を含む。）の証人は、政令の定めるところにより、費用の弁償を受けることができる。

（行政手続法の適用除外）

第二十七条の二十五　労働委員会がする処分（第二十四条の二第四項の規定により公益委員がする処分及び同条第五項の規定により公益を代表する地方調整委員がする処分を含む。）については、行政手続法（平成五年法律第八十八号）第二章及び第三章の規定は、適用しない。

（不服申立ての制限）

第二十七条の二十六　労働委員会がした処分（第二十四条の二第四項の規定により公益委員がした処分及び同条第五項の規定により公益を代表する地方調整委員がした処分を含む。）については、行政不服審査法（昭和三十七年法律第百六十号）による不服申立てをすることができない。

第五章　罰則

第二十八条　救済命令等の全部又は一部が確定判決によつて支持された場合において、その違反があつたときは、その行為をした者は、一年以下の禁錮若しくは百万円以下の罰金に処し、又はこれを併科する。

第二十八条の二　第二十七条の八第一項（第二十七条の十七の規定により準用する場合を含む。）の規定により宣誓した証人が虚偽の陳述をしたときは、三月以上十年以下の懲役に処する。

第二十九条　第二十三条の規定に違反した者は、一年以下の懲役又は三十万円以下の罰金に処する。

第三十条　第二十二条の規定に違反して報告をせず、若しくは虚偽の報告をし、若しくは帳簿書類の提出をせず、又は同条の規定に違反して出頭をせず、若しくは同条の規定による検査を拒み、妨げ、若しくは忌避した者は、三十万円以下の罰金に処する。

第三十一条　法人の代表者又は法人若しくは人の代理人、使用人その他の従業者が、その法人又は人の業務に関して前条の違反行為をしたときは、行為者を罰するほか、その法人又は人に対しても同条の刑を科する。

第三十二条　使用者が第二十七条の二十の規定による裁判所の命令に違反したときは、五十万円（当該命令が作為を命ずるものであるときは、その命令の日の翌日から起算して不履行の日数が五日を超える場合にはその超える日数一日につき十万円の割合で算定した金額を加えた金額）以下の過料に処する。第二十七条の十三第一項（第二十七条の十七の規定により準用する場合を含む。）の規定により確定した救済命令等に違反した場合も、同様とする。

第三十二条の二　次の各号のいずれかに該当する者は、三十万円以下の過料に処する。

一　正当な理由がないのに、第二十七条の七第一項第一号（第二十七条の十七の規定により準用する場合を含む。）の規定による処分に違反して出頭せず、又は陳述をしない者

二　正当な理由がないのに、第二十七条の七第一項第二号（第二十七条の十七の規定により準用する場合を含む。）の規定による処分に違反して物件を提出しない者

三　正当な理由がないのに、第二十七条の八（第二十七条の十七の規定により準用する場合を含む。）の規定による処分に違反して宣誓をしない者

第三十二条の三　第二十七条の八第二項（第二十七条の十七の規定により準用する場合を含む。）の規定により宣誓した当事者が虚偽の陳述をしたときは、三十万円以下の過料に処する。

第三十二条の四　第二十七条の十一（第二十七条の十七の規定により準用する場合を含む。）の規定による処分に違反して審問を妨げた者は、十万円以下の過料に処する。

第三十三条　法人である労働組合の清算人は、次の各号のいずれかに該当する場合には、五十万円以下の過料に処する。

一　第十三条の五に規定する登記を怠つたとき。

二　第十三条の七第一項又は第十三条の九第一項の公告を怠り、又は不正の公告をしたとき。

三　第十三条の九第一項の規定による破産手続開始の申立てを怠つたとき。

四　官庁又は総会に対し、不実の申立てをし、又は事実を隠ぺいしたとき。

2　前項の規定は、法人である労働組合の代表者が第十一条第二項の規定に基いて発する政令で定められた登記事項の変更の登記をすることを怠つた場合において、その代表者につき準用する。

附　則　抄

1　この法律施行の期日は、公布の日から起算して三十日を越えない期間内において、政令で定める。

2　この法律施行の際現に法人である労働組合は、この法律の規定による法人である労働組合とみなす。但し、この法律施行の日から六十日以内にこの法律の規定に適合する旨の労働委員会の証明を受けなければならない。

3　この法律施行の際現に労働委員会の委員である者は、この法律の規定によつて罷免される場合を除く外、その任期満了の日まで在任するものとし、労働委員会の事務局長及びその他の職員は、法令に従つて別に辞令を発せられないときは、この法律の規定によつて任命されたものとみなされ、同級に止まり、同俸給を受けるものとする。

4　この法律施行の際現に労働委員会に係属中の事件の処理については、なお改正前の労働組合法（昭和二十年法律第五十一号）の規定による。

5　この法律の施行前にした行為に対する罰則の適用については、なお従前の例による。

9　他の法律中「労働組合法（昭和二十年法律第五十一号）」を「労働組合法（昭和二十四年法律第百七十四号）」に改める。

附　則（平成二〇年五月二日法律第二六号）　抄

（施行期日）

第一条　この法律は、平成二十年十月一日から施行する。ただし、附則第三条第二項並びに第五条第一項及び第二項の規定は、公布の日から施行する。

（船員労働委員会の廃止に伴う経過措置）

第五条　第七条の規定による改正後の労働組合法（第三項において「新労働組合法」という。）第十九条の三第二項に規定する中央労働委員会の委員の任命のために必要な行為は、この法律の施行前においても行うことができる。

2　第十一条の規定による改正後の個別労働関係紛争の解決の促進に関する法律第二十一条第三項に規定するあっせん員候補者の委嘱及びあっせん員候補者名簿の作成のために必要な行為は、この法律の施行前においても行うことができる。

3　新労働組合法第十九条の三第二項、第四条の規定による改正後の労働関係調整法第八条の三並びに附則第十二条の規定による改正後の特定独立行政法人等の労働関係に関する法律（昭和二十三年法律第二百五十七号）第三条第二項、第二十五条及び第三十四条第二項の規定の適用については、この法律の施行後初めて中央労働委員会の委員の任期の満了による新たな委員の任命が行われる日の前日までの間は、なお従前の例による

4　船員労働委員会の委員又は職員であった者に係るその職務に関して知り得た秘密を漏らしてはならない義務については、第七条の規定の施行後も、なお従前の例による。

（罰則に関する経過措置）

第六条　この法律の施行前にした行為及び前条第四項の規定によりなお従前の例によることとされる場合におけるこの法律の施行後にした行為に対する罰則の適用については、なお従前の例による。

（政令への委任）

第七条　附則第二条から前条までに定めるもののほか、この法律の施行に関し必要な経過措置は、政令で定める。

（検討）

第九条　政府は、この法律の施行後五年を経過した場合において、この法律による改正後の規定の実施状況を勘案し、必要があると認めるときは、運輸の安全の一層の確保を図る等の観点から運輸安全委員会の機能の拡充等について検討を加え、その結果に基づいて必要な措置を講ずるものとする。

別表（第十九条の十二関係）

十五人	七人
十三人	六人
十一人	五人
九人	四人
七人	三人
五人	二人

労働契約法

平成十九年十二月五日法律第百二十八号

第一章　総則

（目的）

第一条　この法律は、労働者及び使用者の自主的な交渉の下で、労働契約が合意により成立し、又は変更されるという合意の原則その他労働契約に関する基本的事項を定めることにより、合理的な労働条件の決定又は変更が円滑に行われるようにすることを通じて、労働者の保護を図りつつ、個別の労働関係の安定に資することを目的とする。

（定義）

第二条　この法律において「労働者」とは、使用者に使用されて労働し、賃金を支払われる者をいう。

2　この法律において「使用者」とは、その使用する労働者に対して賃金を支払う者をいう。

（労働契約の原則）

第三条　労働契約は、労働者及び使用者が対等の立場における合意に基づいて締結し、又は変更すべきものとする。

2　労働契約は、労働者及び使用者が、就業の実態に応じて、均衡を考慮しつつ締結し、又は変更すべきものとする。

3　労働契約は、労働者及び使用者が仕事と生活の調和にも配慮しつつ締結し、又は変更すべきものとする。

4　労働者及び使用者は、労働契約を遵守するとともに、信義に従い誠実に、権利を行使し、及び義務を履行しなければならない。

5　労働者及び使用者は、労働契約に基づく権利の行使に当たっては、それを濫用することがあってはならない。

（労働契約の内容の理解の促進）

第四条　使用者は、労働者に提示する労働条件及び労働契約の内容について、労働者の理解を深めるようにするものとする。

2　労働者及び使用者は、労働契約の内容（期間の定めのある労働契約に関する事項を含む。）について、できる限り書面により確認するものとする。

（労働者の安全への配慮）

第五条　使用者は、労働契約に伴い、労働者がその生命、身体等の安全を確保しつつ労働することができるよう、必要な配慮をするものとする。

第二章　労働契約の成立及び変更

（労働契約の成立）

第六条　労働契約は、労働者が使用者に使用されて労働し、使用者がこれに対して賃金を支払うことについて、労働者及び使用者が合意することによって成立する。

第七条　労働者及び使用者が労働契約を締結する場合において、使用者が合理的な労働条件が定められている就業規則を労働者に周知させていた場合には、労働契約の内容は、その就業規則で定める労働条件によるものとする。ただし、労働契約において、労働者及び使用者が就業規則の内容と異なる労働条件を合意していた部分については、第十二条に該当する場合を除き、この限りでない。

（労働契約の内容の変更）

第八条　労働者及び使用者は、その合意により、労働契約の内容である労働条件を変更することができる。

（就業規則による労働契約の内容の変更）

第九条　使用者は、労働者と合意することなく、就業規則を変更することにより、労働者の不利益に労働契約の内容である労働条件を変更することはできない。ただし、次条の場合は、この限りでない。

第十条　使用者が就業規則の変更により労働条件を変更する場合において、変更後の就業規則を労働者に周知させ、かつ、就業規則の変更が、労働者の受ける不利益の程度、労働条件の変更の必要性、変更後の就業規則の内容の相当性、労働組合等との交渉の状況その他の就業規則の変更に係る事情に照らして合理的なものであるときは、労働契約の内容である労働条件は、当該変更後の就業規則に定めるところによるものとする。ただし、労働契約において、労働者及び使用者が就業規則の変更によっては変更されない労働条件として合意していた部分については、第十二条に該当する場合を除き、この限りでない。

（就業規則の変更に係る手続）

第十一条　就業規則の変更の手続に関しては、労働基準法（昭和二十二年法律第四十九号）第八十九条及び第九十条の定めるところによる。

（就業規則違反の労働契約）

第十二条　就業規則で定める基準に達しない労働条件を定める労働契約は、その部分については、無効とする。この場合において、無効となった部分は、就業規則で定める基準による。

（法令及び労働協約と就業規則との関係）

第十三条　就業規則が法令又は労働協約に反する場合には、当該反する部分については、第七条、第十条及び前条の規定は、当該法令又は労働協約の適用を受ける労働者との間の労働契約については、適用しない。

第三章　労働契約の継続及び終了

（出向）

第十四条　使用者が労働者に出向を命ずることができる場合において、当該出向の命令が、その必要性、対象労働者の選定に係る事情その他の事情に照らして、その権利を濫用したものと認められる場合には、当該命令は、無効とする。

（懲戒）

第十五条　使用者が労働者を懲戒することができる場合において、当該懲戒が、当該懲戒に係る労働者の行為の性質及び態様その他の事情に照らして、客観的に合理的な理由を欠き、社会通念上相当であると認められない場合は、その権利を濫用したものとして、当該懲戒は、無効とする。

7　職員

（解雇）
第十六条　解雇は、客観的に合理的な理由を欠き、社会通念上相当であると認められない場合は、その権利を濫用したものとして、無効とする。

第四章　期間の定めのある労働契約

第十七条　使用者は、期間の定めのある労働契約について、やむを得ない事由がある場合でなければ、その契約期間が満了するまでの間において、労働者を解雇することができない。
２　使用者は、期間の定めのある労働契約について、その労働契約により労働者を使用する目的に照らして、必要以上に短い期間を定めることにより、その労働契約を反復して更新することのないよう配慮しなければならない。

第五章　雑則

（船員に関する特例）
第十八条　第十二条及び前条の規定は、船員法（昭和二十二年法律第百号）の適用を受ける船員（次項において「船員」という。）に関しては、適用しない。
２　船員に関しては、第七条中「第十二条」とあるのは「船員法（昭和二十二年法律第百号）第百条」と、第十条中「第十二条」とあるのは「船員法第百条」と、第十一条中「労働基準法（昭和二十二年法律第四十九号）第八十九条及び第九十条」とあるのは「船員法第九十七条及び第九十八条」と、第十三条中「前条」とあるのは「船員法第百条」とする。
（適用除外）
第十九条　この法律は、国家公務員及び地方公務員については、適用しない。
２　この法律は、使用者が同居の親族のみを使用する場合の労働契約については、適用しない。

附　則　抄

（施行期日）
第一条　この法律は、公布の日から起算して三月を超えない範囲内において政令で定める日から施行する。

育児休業、介護休業等育児又は家族介護を行う労働者の福祉に関する法律

平成三年五月十五日法律第七十六号
最終改正　平成二一年七月一日法律第六五号

第一章　総則

（目的）
第一条　この法律は、育児休業及び介護休業に関する制度並びに子の看護休暇及び介護休暇に関する制度を設けるとともに、子の養育及び家族の介護を容易にするため所定労働時間等に関し事業主が講ずべき措置を定めるほか、子の養育又は家族の介護を行う労働者等に対する支援措置を講ずること等により、子の養育又は家族の介護を行う労働者等の雇用の継続及び再就職の促進を図り、もってこれらの者の職業生活と家庭生活との両立に寄与することを通じて、これらの者の福祉の増進を図り、あわせて経済及び社会の発展に資することを目的とする。
（定義）
第二条　この法律（第一号に掲げる用語にあっては、第九条の三を除く。）において、次の各号に掲げる用語の意義は、当該各号に定めるところによる。
一　育児休業　労働者（日々雇用される者を除く。以下この条、次章から第八章まで、第二十一条から第二十六条まで、第二十八条、第二十九条及び第十一章において同じ。）が、次章に定めるところにより、その子を養育するためにする休業をいう。
二　介護休業　労働者が、第三章に定めるところにより、その要介護状態にある対象家族を介護するためにする休業をいう。
三　要介護状態　負傷、疾病又は身体上若しくは精神

7
職員

上の障害により、厚生労働省令で定める期間にわたり常時介護を必要とする状態をいう。

四　対象家族　配偶者（婚姻の届出をしていないが、事実上婚姻関係と同様の事情にある者を含む。以下同じ。）、父母及び子（これらの者に準ずる者として厚生労働省令で定めるものを含む。）並びに配偶者の父母をいう。

五　家族　対象家族その他厚生労働省令で定める親族をいう。

（基本的理念）

第三条　この法律の規定による子の養育又は家族の介護を行う労働者等の福祉の増進は、これらの者がそれぞれ職業生活の全期間を通じてその能力を有効に発揮して充実した職業生活を営むとともに、育児又は介護について家族の一員としての役割を円滑に果たすことができるようにすることをその本旨とする。

2　子の養育又は家族の介護を行うための休業をする労働者は、その休業後における就業を円滑に行うことができるよう必要な努力をするようにしなければならない。

（関係者の責務）

第四条　事業主並びに国及び地方公共団体は、前条に規定する基本的理念に従って、子の養育又は家族の介護を行う労働者等の福祉を増進するように努めなければならない。

第二章　育児休業

（育児休業の申出）

第五条　労働者は、その養育する一歳に満たない子について、その事業主に申し出ることにより、育児休業をすることができる。ただし、期間を定めて雇用される者にあっては、次の各号のいずれにも該当するものに限り、当該申出をすることができる。

一　当該事業主に引き続き雇用された期間が一年以上である者

二　その養育する子が一歳に達する日（以下「一歳到達日」という。）を超えて引き続き雇用されることが見込まれる者（当該子の一歳到達日から一年を経過する日までの間に、その労働契約の期間が満了し、かつ、当該労働契約の更新がないことが明らかである者を除く。）

2　前項の規定にかかわらず、育児休業（当該育児休業に係る子の出生の日から起算して八週間を経過する日の翌日まで（出産予定日前に当該子が出生した場合にあっては当該出生の日から当該出産予定日から起算して八週間を経過する日の翌日までとし、出産予定日後に当該子が出生した場合にあっては当該出産予定日から当該出生の日から起算して八週間を経過する日の翌日までとする。）の期間内に、労働者（当該期間内に労働基準法（昭和二十二年法律第四十九号）第六十五条第二項の規定により休業した者を除く。）が当該子を養育するためにした前項の規定による最初の申出によりする育児休業を除く。）をしたことがある労働者は、当該育児休業を開始した日に養育していた子については、厚生労働省令で定める特別の事情がある場合を除き、同項の申出をすることができない。

3　労働者は、その養育する一歳から一歳六か月に達するまでの子について、次の各号のいずれにも該当する場合に限り、その事業主に申し出ることにより、育児休業をすることができる。ただし、期間を定めて雇用される者であってその配偶者が当該子の一歳到達日において育児休業をしているものにあっては、第一項各号のいずれにも該当するものに限り、当該申出をすることができる。

一　当該申出に係る子について、当該労働者又はその配偶者が、当該子の一歳到達日において育児休業をしている場合

二　当該子の一歳到達日後の期間について休業することが雇用の継続のために特に必要と認められる場合として厚生労働省令で定める場合に該当する場合

4　第一項及び前項の規定による申出（以下「育児休業申出」という。）は、厚生労働省令で定めるところにより、その期間中は育児休業をすることとする一の期間について、その初日（以下「育児休業開始予定日」という。）及び末日（以下「育児休業終了予定日」という。）とする日を明らかにして、しなければならない。この場合において、同項の規定による申出にあっては、当該申出に係る子の一歳到達日の翌日を育児休業開始予定日としなければならない。

5　第一項ただし書、第二項、第三項ただし書及び前項後段の規定は、期間を定めて雇用される者であって、その締結する労働契約の期間の末日を育児休業終了予定日（第七条第三項の規定により当該育児休業終了予定日が変更された場合にあっては、その変更後の育児休業終了予定日とされた日）とする育児休業をしているものが、当該育児休業に係る子について、当該労働契約の更新に伴い、当該更新後の労働契約の期間の初日を育児休業開始予定日とする育児休業申出をする場合には、これを適用しない。

（育児休業申出があった場合における事業主の義務等）

第六条　事業主は、労働者からの育児休業申出があったときは、当該育児休業申出を拒むことができない。ただし、当該事業主と当該労働者が雇用される事業所の労働者の過半数で組織する労働組合があるときはその労働組合、その事業所の労働者の過半数で組織する労働組合がないときはその労働者の過半数を代表する者との書面による協定で、次に掲げる労働者のうち育児休業をすることができないものとして定められた労働者に該当する労働者からの育児休業申出があった場合は、この限りでない。

一　当該事業主に引き続き雇用された期間が一年に満たない労働者

二　前号に掲げるもののほか、育児休業をすることができないこととすることについて合理的な理由があると認められる労働者として厚生労働省令で定めるもの

2　前項ただし書の場合において、事業主にその育児休業申出を拒まれた労働者は、前条第一項及び第三項の規定にかかわらず、育児休業をすることができない。

3　事業主は、労働者からの育児休業申出があった場合において、当該育児休業申出に係る育児休業開始予定日とされた日が当該育児休業申出があった日の翌日から起算して一月（前条第三項の規定による申出にあっ

ては二週間）を経過する日（以下この項において「一月等経過日」という。）前の日であるときは、厚生労働省令で定めるところにより、当該育児休業開始予定日とされた日から当該一月等経過日（当該育児休業申出があった日までに、出産予定日前に子が出生したことその他の厚生労働省令で定める事由が生じた場合にあっては、当該一月等経過日前の日で厚生労働省令で定める日）までの間のいずれかの日を当該育児休業開始予定日として指定することができる。

4　第一項ただし書及び前項の規定は、労働者が前条第五項に規定する育児休業申出をする場合には、これを適用しない。

（育児休業開始予定日の変更の申出等）

第七条　第五条第一項の規定による申出をした労働者は、その後当該申出に係る育児休業開始予定日とされた日（前条第三項の規定による事業主の指定があった場合にあっては、当該事業主の指定した日。以下この項において同じ。）の前日までに、前条第三項の厚生労働省令で定める事由が生じた場合には、その事業主に申し出ることにより、当該申出に係る育児休業開始予定日を一回に限り当該育児休業開始予定日とされた日前の日に変更することができる。

2　事業主は、前項の規定による労働者からの申出があった場合において、当該申出に係る変更後の育児休業開始予定日とされた日が当該申出があった日の翌日から起算して一月を超えない範囲内で厚生労働省令で定める期間を経過する日（以下この項において「期間経過日」という。）前の日であるときは、厚生労働省令で定めるところにより、当該申出に係る変更後の育児休業開始予定日とされた日から当該期間経過日（その日が当該申出に係る変更前の育児休業開始予定日とされていた日（前条第三項の規定による事業主の指定があった場合にあっては、当該事業主の指定した日。以下この項において同じ。）以後の日である場合にあっては、当該申出に係る変更前の育児休業開始予定日とされていた日）までの間のいずれかの日を当該労働者に係る育児休業開始予定日として指定することができる。

3　育児休業申出をした労働者は、厚生労働省令で定める日までにその事業主に申し出ることにより、当該育児休業申出に係る育児休業終了予定日を一回に限り当該育児休業終了予定日とされた日後の日に変更することができる。

（育児休業申出の撤回等）

第八条　育児休業申出をした労働者は、当該育児休業申出に係る育児休業開始予定日とされた日（第六条第三項又は前条第二項の規定による事業主の指定があった場合にあっては当該事業主の指定した日、同条第一項の規定により育児休業開始予定日が変更された場合にあってはその変更後の育児休業開始予定日とされた日。以下同じ。）の前日までは、当該育児休業申出を撤回することができる。

2　前項の規定により育児休業申出を撤回した労働者は、当該育児休業申出に係る子については、厚生労働省令で定める特別の事情がある場合を除き、第五条第一項及び第三項の規定にかかわらず、育児休業申出をすることができない。

3　育児休業申出がされた後育児休業開始予定日とされた日の前日までに、子の死亡その他の労働者が当該育児休業申出に係る子を養育しないこととなった事由として厚生労働省令で定める事由が生じたときは、当該育児休業申出は、されなかったものとみなす。この場合において、労働者は、その事業主に対して、当該事由が生じた旨を遅滞なく通知しなければならない。

（育児休業期間）

第九条　育児休業申出をした労働者がその期間中は育児休業をすることができる期間（以下「育児休業期間」という。）は、育児休業開始予定日とされた日から育児休業終了予定日とされた日（第七条第三項の規定により当該育児休業終了予定日が変更された場合にあっては、その変更後の育児休業終了予定日とされた日。次項において同じ。）までの間とする。

2　次の各号に掲げるいずれかの事情が生じた場合には、育児休業期間は、前項の規定にかかわらず、当該事情が生じた日（第三号に掲げる事情が生じた場合にあっては、その前日）に終了する。

一　育児休業終了予定日とされた日の前日までに、子の死亡その他の労働者が育児休業申出に係る子を養育しないこととなった事由として厚生労働省令で定める事由が生じたこと。

二　育児休業終了予定日とされた日の前日までに、育児休業申出に係る子が一歳（第五条第三項の規定による申出により育児休業をしている場合にあっては、一歳六か月）に達したこと。

三　育児休業終了予定日とされた日までに、育児休業申出をした労働者について、労働基準法第六十五条第一項若しくは第二項の規定により休業する期間、第十五条第一項に規定する介護休業期間又は新たな育児休業期間が始まったこと。

3　前条第三項後段の規定は、前項第一号の厚生労働省令で定める事由が生じた場合について準用する。

（同一の子について配偶者が育児休業をする場合の特例）

第九条の二　労働者の養育する子について、当該労働者の配偶者が当該子の一歳到達日以前のいずれかの日において当該子を養育するために育児休業をしている場合における第二章から第五章まで、第二十四条第一項及び第十二章の規定の適用については、第五条第一項中「一歳に満たない子」とあるのは「一歳に満たない子（第九条の二第一項の規定により読み替えて適用するこの項の規定により育児休業をする場合にあっては、一歳二か月に満たない子）」と、同条第三項各号列記以外の部分中「一歳到達日」とあるのは「一歳到達日（当該配偶者が第九条の二第一項の規定により読み替えて適用する第一項の規定によりした申出に係る第九条第一項（第九条の二第一項の規定により読み替えて適用する場合を含む。）に規定する育児休業終了予定日とされた日が当該子の一歳到達日後である場合にあっては、当該育児休業終了予定日とされた日）」と、同項第一号中「又はその配偶者が、当該子の一歳到達日」とあるのは「が当該子の一歳到達日（当該労働者が第九条の二第一項の規定により読み替えて適用する第一項の規定によりした申出に係る第九条第一項（第九条の二第一項の規定により読み替えて適用する場合を含む。）に規定する育児休業終了予定日とされた日が当該子の一歳到達日後である場合にあっては、当該育児休業終了予定日とされた日）において育児休業をしている場合又は当該労働者の配偶者が当該子の一歳到達日（当該配偶者が第九条の二第一項の規定により読み替えて適用する第一項の規定によりした申出に係る第九条第一項（第九条の二第一項の規定により読み替えて適用する場合を含む。）に規定する育児休業終了予定日とされた日が当該子の一歳到達日後である場合にあっては、当該育児休業終了予定日とされた日）と、同条第四項中「一歳到達日」とあるのは「一歳到達日（当該子を養育する労働者又はその配偶者が第九条の二第一項の規定により読み替えて適用する第一項の規定によりした申出に係る第九条第一項（第九条の二第一項の規定により読み替えて適用する場合を含む。）に規定する育児休業終了予定日とされた日が当該子の一歳到達日後である場合にあっては、当該育児休業終了予定日とされた日（当該労働者に係る育児休業終了予定日とされた日と当該配偶者に係る育児休業終了予定日とされた日が異なるときは、そのいずれかの日））」と、前条第一項中「変更後の育児休業終了予定日とされた日。次項」とあるのは「変更後の育児休業終了予定日とされた日。次項（次条第一項の規定により読み替えて適用する場合を含む。）において同じ。」（当該育児休業終了予定日とされた日が当該育児休業開始予定日とされた日から起算して育児休業等可能日数（当該育児休業に係る子の出生した日から当該子の一歳到達日までの日数をいう。）から育児休業等取得日数（当該子の出生した日以後当該労働者が労働基準法第六十五条第一項又は第二項の規定により休業した日数と当該子について育児休業をした日数を合算した日数をいう。）を差し引いた日数を経過する日より後の日であるときは、当該経過する日。次項（次条第一項の規定により読み替えて適用する場合を含む。）」と、同条第二項第二号中「第五条第三項」とあるのは「次条第一項の規定により読み替えて適用する第五条第一項の規定による申出により育児休業をしている場合にあっては一歳二か月、同条第三項（次条第一項の規定により読み替えて適用する場合を含む。）」と、「一歳六か月」とあるのは「一歳六か月」と、第二十四条第一項第一号中「一歳（」とあるのは「一歳（当該労働者が第九条の二第一項の規定により読み替えて適用する第五条第一項の規定による申出をすることができる場合にあっては一歳二か月、」と、「一歳六か月」とあるのは「一歳六か月」とするほか、必要な技術的読替えは、厚生労働省令で定める。

2　前項の規定は、同項の規定を適用した場合の第五条第一項の規定による申出に係る育児休業開始予定日とされた日が、当該育児休業に係る子の一歳到達日の翌日後である場合又は前項の場合における当該労働者の配偶者がしている育児休業に係る育児休業期間の初日前である場合には、これを適用しない。

（公務員である配偶者がする育児休業に関する規定の適用）

第九条の三　第五条第三項及び前条の規定の適用については、労働者の配偶者が国会職員の育児休業等に関する法律（平成三年法律第百八号）第三条第二項、国家公務員の育児休業等に関する法律（平成三年法律第百九号）第三条第二項（同法第二十七条第一項及び裁判所職員臨時措置法（昭和二十六年法律第二百九十九号）（第七号に係る部分に限る。）において準用する場合を含む。）、地方公務員の育児休業等に関する法律（平成三年法律第百十号）第二条第二項又は裁判官の育児休業に関する法律（平成三年法律第百十一号）第二条第二項の規定によりする請求及び当該請求に係る育児休業は、それぞれ第五条第一項の規定によりする申出及び当該申出によりする育児休業とみなす。

（不利益取扱いの禁止）

第十条　事業主は、労働者が育児休業申出をし、又は育児休業をしたことを理由として、当該労働者に対して解雇その他不利益な取扱いをしてはならない。

第三章　介護休業

（介護休業の申出）

第十一条　労働者は、その事業主に申し出ることにより、介護休業をすることができる。ただし、期間を定めて雇用される者にあっては、次の各号のいずれにも該当するものに限り、当該申出をすることができる。

一　当該事業主に引き続き雇用された期間が一年以上である者

二　第三項に規定する介護休業開始予定日から起算して九十三日を経過する日（以下この号において「九十三日経過日」という。）を超えて引き続き雇用されることが見込まれる者（九十三日経過日から一年を経過する日までの間に、その労働契約の期間が満了し、かつ、当該労働契約の更新がないことが明らかである者を除く。）

2　前項の規定にかかわらず、介護休業をしたことがある労働者は、当該介護休業に係る対象家族が次の各号のいずれかに該当する場合には、当該対象家族については、同項の規定による申出をすることができない。

一　当該対象家族が、当該介護休業を開始した日から引き続き要介護状態にある場合（厚生労働省令で定める特別の事情がある場合を除く。）

二　当該対象家族について次に掲げる日数を合算した日数（第十五条第一項及び第二十三条第三項において「介護休業等日数」という。）が九十三日に達している場合

イ　介護休業をした日数（介護休業を開始した日から介護休業を終了した日までの日数とし、二以上の介護休業をした場合にあっては、介護休業ごとに、介護休業を開始した日から介護休業を終了した日までの日数を合算して得た日数とする。）

ロ　第二十三条第三項の措置のうち所定労働時間の短縮その他の措置であって厚生労働省令で定めるものが講じられた日数（当該措置のうち最初に講じられた措置が開始された日から最後に講じられた措置が終了した日までの日数（その間に介護休業をした期間があるときは、当該介護休業を開始

した日から当該介護休業を終了した日までの日数を差し引いた日数）とし、二以上の要介護状態について当該措置が講じられた場合にあっては、要介護状態ごとに、当該措置のうち最初に講じられた措置が開始された日から最後に講じられた措置が終了した日までの日数（その間に介護休業をした期間があるときは、当該介護休業を開始した日から当該介護休業を終了した日までの日数を差し引いた日数）を合算して得た日数とする。）

3　第一項の規定による申出（以下「介護休業申出」という。）は、厚生労働省令で定めるところにより、介護休業申出に係る対象家族が要介護状態にあることを明らかにし、かつ、その期間中は当該対象家族に係る介護休業をすることとする一の期間について、その初日（以下「介護休業開始予定日」という。）及び末日（以下「介護休業終了予定日」という。）とする日を明らかにして、しなければならない。

4　第一項ただし書及び第二項（第二号を除く。）の規定は、期間を定めて雇用される者であって、その締結する労働契約の期間の末日を介護休業終了予定日（第十三条において準用する第七条第三項の規定により当該介護休業終了予定日が変更された場合にあっては、その変更後の介護休業終了予定日とされた日）とする介護休業をしているものが、当該介護休業に係る対象家族について、当該労働契約の更新に伴い、当該更新後の労働契約の期間の初日を介護休業開始予定日とする介護休業申出をする場合には、これを適用しない。

（介護休業申出があった場合における事業主の義務等）

第十二条　事業主は、労働者からの介護休業申出があったときは、当該介護休業申出を拒むことができない。

2　第六条第一項ただし書及び第二項の規定は、労働者からの介護休業申出があった場合について準用する。この場合において、同項中「前項ただし書」とあるのは「第十二条第二項において準用する前項ただし書」と、「前条第一項及び第三項」とあるのは「第十一条第一項」と読み替えるものとする。

3　事業主は、労働者からの介護休業申出があった場合において、当該介護休業申出に係る介護休業開始予定日とされた日が当該介護休業申出があった日の翌日から起算して二週間を経過する日（以下この項において「二週間経過日」という。）前の日であるときは、厚生労働省令で定めるところにより、当該介護休業開始予定日とされた日から当該二週間経過日までの間のいずれかの日を当該介護休業開始予定日として指定することができる。

4　前二項の規定は、労働者が前条第四項に規定する介護休業申出をする場合には、これを適用しない。

（介護休業終了予定日の変更の申出）

第十三条　第七条第三項の規定は、介護休業終了予定日の変更の申出について準用する。

（介護休業申出の撤回等）

第十四条　介護休業申出をした労働者は、当該介護休業申出に係る介護休業開始予定日とされた日（第十二条第三項の規定による事業主の指定があった場合にあっては、当該事業主の指定した日。第三項において準用する第八条第三項、次条第一項及び第二十三条第三項において同じ。）の前日までは、当該介護休業申出を撤回することができる。

2　前項の規定による介護休業申出の撤回がなされた場合において、当該撤回に係る対象家族についての介護休業申出については、当該撤回後になされる最初の介護休業申出を除き、事業主は、第十二条第一項の規定にかかわらず、これを拒むことができる。

3　第八条第三項の規定は、介護休業申出について準用する。この場合において、同項中「子」とあるのは「対象家族」と、「養育」とあるのは「介護」と読み替えるものとする。

（介護休業期間）

第十五条　介護休業申出をした労働者がその期間中は介護休業をすることができる期間（以下「介護休業期間」という。）は、当該介護休業申出に係る介護休業開始予定日とされた日から介護休業終了予定日とされた日（その日が当該介護休業開始予定日とされた日から起算して九十三日から当該労働者の当該介護休業申出に係る対象家族についての介護休業等日数を差し引いた日数を経過する日より後の日であるときは、当該経過する日。第三項において同じ。）までの間とする。

2　この条において、介護休業終了予定日とされた日とは、第十三条において準用する第七条第三項の規定により当該介護休業終了予定日が変更された場合にあっては、その変更後の介護休業終了予定日とされた日をいう。

3　次の各号に掲げるいずれかの事情が生じた場合には、介護休業期間は、第一項の規定にかかわらず、当該事情が生じた日（第二号に掲げる事情が生じた場合にあっては、その前日）に終了する。

一　介護休業終了予定日とされた日の前日までに、対象家族の死亡その他の労働者が介護休業申出に係る対象家族を介護しないこととなった事由として厚生労働省令で定める事由が生じたこと。

二　介護休業終了予定日とされた日までに、介護休業申出をした労働者について、労働基準法第六十五条第一項若しくは第二項の規定により休業する期間、育児休業期間又は新たな介護休業期間が始まったこと。

4　第八条第三項後段の規定は、前項第一号の厚生労働省令で定める事由が生じた場合について準用する。

（準用）

第十六条　第十条の規定は、介護休業申出及び介護休業について準用する。

第四章　子の看護休暇

（子の看護休暇の申出）

第十六条の二　小学校就学の始期に達するまでの子を養育する労働者は、その事業主に申し出ることにより、一の年度において五労働日（その養育する小学校就学の始期に達するまでの子が二人以上の場合にあっては、十労働日）を限度として、負傷し、若しくは疾病にかかった当該子の世話又は疾病の予防を図るために必要なものとして厚生労働省令で定める当該子の世話を行うための休暇（以下この章において「子の看護休暇」という。）を取得することができる。

2　前項の規定による申出は、厚生労働省令で定めるところにより、子の看護休暇を取得する日を明らかにして、しなければならない。

3　第一項の年度は、事業主が別段の定めをする場合を除き、四月一日に始まり、翌年三月三十一日に終わるものとする。

（子の看護休暇の申出があった場合における事業主の義務等）

第十六条の三　事業主は、労働者からの前条第一項の規定による申出があったときは、当該申出を拒むことができない。

2　第六条第一項ただし書及び第二項の規定は、労働者からの前条第一項の規定による申出があった場合について準用する。この場合において、第六条第一項第一号中「一年」とあるのは「六月」と、同条第二項中「前項ただし書」とあるのは「第十六条の三第二項において準用する前項ただし書」と、「前条第一項及び第三項」とあるのは「第十六条の二第一項」と読み替えるものとする。

（準用）

第十六条の四　第十条の規定は、第十六条の二第一項の規定による申出及び子の看護休暇について準用する。

第五章　介護休暇

（介護休暇の申出）

第十六条の五　要介護状態にある対象家族の介護その他の厚生労働省令で定める世話を行う労働者は、その事業主に申し出ることにより、一の年度において五労働日（要介護状態にある対象家族が二人以上の場合にあっては、十労働日）を限度として、当該世話を行うための休暇（以下「介護休暇」という。）を取得することができる。

2　前項の規定による申出は、厚生労働省令で定めるところにより、当該申出に係る対象家族が要介護状態にあること及び介護休暇を取得する日を明らかにして、しなければならない。

3　第一項の年度は、事業主が別段の定めをする場合を除き、四月一日に始まり、翌年三月三十一日に終わるものとする。

（介護休暇の申出があった場合における事業主の義務等）

第十六条の六　事業主は、労働者からの前条第一項の規定による申出があったときは、当該申出を拒むことができない。

2　第六条第一項ただし書及び第二項の規定は、労働者からの前条第一項の規定による申出があった場合について準用する。この場合において、第六条第一項第一号中「一年」とあるのは「六月」と、同条第二項中「前項ただし書」とあるのは「第十六条の六第二項において準用する前項ただし書」と、「前条第一項及び第三項」とあるのは「第十六条の五第一項」と読み替えるものとする。

（準用）

第十六条の七　第十条の規定は、第十六条の五第一項の規定による申出及び介護休暇について準用する。

第六章　所定外労働の制限

第十六条の八　事業主は、三歳に満たない子を養育する労働者であって、当該事業主と当該労働者が雇用される事業所の労働者の過半数で組織する労働組合があるときはその労働組合、その事業所の労働者の過半数で組織する労働組合がないときはその労働者の過半数を代表する者との書面による協定で、次に掲げる労働者のうちこの項本文の規定による請求をできないものとして定められた労働者に該当しない労働者が当該子を養育するために請求した場合においては、所定労働時間を超えて労働させてはならない。ただし、事業の正常な運営を妨げる場合は、この限りでない。

一　当該事業主に引き続き雇用された期間が一年に満たない労働者

二　前号に掲げるもののほか、当該請求をできないこととすることについて合理的な理由があると認められる労働者として厚生労働省令で定めるもの

2　前項の規定による請求は、厚生労働省令で定めるところにより、その期間中は所定労働時間を超えて労働させてはならないこととなる一の期間（一月以上一年以内の期間に限る。第四項において「制限期間」という。）について、その初日（以下この条において「制限開始予定日」という。）及び末日（第四項において「制限終了予定日」という。）とする日を明らかにして、制限開始予定日の一月前までにしなければならない。この場合において、この項前段に規定する制限期間については、第十七条第二項前段に規定する制限期間と重複しないようにしなければならない。

3　第一項の規定による請求がされた後制限開始予定日とされた日の前日までに、子の死亡その他の労働者が当該請求に係る子の養育をしないこととなった事由として厚生労働省令で定める事由が生じたときは、当該請求は、されなかったものとみなす。この場合において、労働者は、その事業主に対して、当該事由が生じた旨を遅滞なく通知しなければならない。

4　次の各号に掲げるいずれかの事情が生じた場合には、制限期間は、当該事情が生じた日（第三号に掲げる事情が生じた場合にあっては、その前日）に終了する。

一　制限終了予定日とされた日の前日までに、子の死亡その他の労働者が第一項の規定による請求に係る子を養育しないこととなった事由として厚生労働省令で定める事由が生じたこと。

二　制限終了予定日とされた日の前日までに、第一項の規定による請求に係る子が三歳に達したこと。

三　制限終了予定日とされた日までに、第一項の規定による請求をした労働者について、労働基準法第六十五条第一項若しくは第二項の規定により休業する期間、育児休業期間又は介護休業期間が始まったこと。

5　第三項後段の規定は、前項第一号の厚生労働省令で定める事由が生じた場合について準用する。

第十六条の九　事業主は、労働者が前条第一項の規定による請求をし、又は同項の規定により当該事業主が当該請求をした労働者について所定労働時間を超えて労働させてはならない場合に当該労働者が所定労働時間を超えて労働しなかったことを理由として、当該労働

者に対して解雇その他不利益な取扱いをしてはならない。

第七章　時間外労働の制限

第十七条　事業主は、労働基準法第三十六条第一項本文の規定により同項に規定する労働時間（以下この条において単に「労働時間」という。）を延長することができる場合において、小学校就学の始期に達するまでの子を養育する労働者であって次の各号のいずれにも該当しないものが当該子を養育するために請求したときは、制限時間（一月について二十四時間、一年について百五十時間をいう。次項及び第十八条の二において同じ。）を超えて労働時間を延長してはならない。ただし、事業の正常な運営を妨げる場合は、この限りでない。

一　当該事業主に引き続き雇用された期間が一年に満たない労働者

二　前号に掲げるもののほか、当該請求をできないこととすることについて合理的な理由があると認められる労働者として厚生労働省令で定めるもの

2　前項の規定による請求は、厚生労働省令で定めるところにより、その期間中は制限時間を超えて労働時間を延長してはならないこととなる一の期間（一月以上一年以内の期間に限る。第四項において「制限期間」という。）について、その初日（以下この条において「制限開始予定日」という。）及び末日（第四項において「制限終了予定日」という。）とする日を明らかにして、制限開始予定日の一月前までにしなければならない。この場合において、この項前段に規定する制限期間については、第十六条の八第二項前段に規定する制限期間と重複しないようにしなければならない。

3　第一項の規定による請求がされた後制限開始予定日とされた日の前日までに、子の死亡その他の労働者が当該請求に係る子の養育をしないこととなった事由として厚生労働省令で定める事由が生じたときは、当該請求は、されなかったものとみなす。この場合において、労働者は、その事業主に対して、当該事由が生じた旨を遅滞なく通知しなければならない。

4　次の各号に掲げるいずれかの事情が生じた場合には、制限期間は、当該事情が生じた日（第三号に掲げる事情が生じた場合にあっては、その前日）に終了する。

一　制限終了予定日とされた日の前日までに、子の死亡その他の労働者が第一項の規定による請求に係る子を養育しないこととなった事由として厚生労働省令で定める事由が生じたこと。

二　制限終了予定日とされた日の前日までに、第一項の規定による請求に係る子が小学校就学の始期に達したこと。

三　制限終了予定日とされた日までに、第一項の規定による請求をした労働者について、労働基準法第六十五条第一項若しくは第二項の規定により休業する期間、育児休業期間又は介護休業期間が始まったこと。

5　第三項後段の規定は、前項第一号の厚生労働省令で定める事由が生じた場合について準用する。

第十八条　前条第一項、第二項、第三項及び第四項（第二号を除く。）の規定は、要介護状態にある対象家族を介護する労働者について準用する。この場合において、同条第一項中「当該子を養育する」とあるのは「当該対象家族を介護する」と、同条第三項及び第四項第一号中「子」とあるのは「対象家族」と、「養育」とあるのは「介護」と読み替えるものとする。

2　前条第三項後段の規定は、前項において準用する同条第四項第一号の厚生労働省令で定める事由が生じた場合について準用する。

第十八条の二　事業主は、労働者が第十七条第一項（前条第一項において準用する場合を含む。以下この条において同じ。）の規定による請求をし、又は第十七条第一項の規定により当該事業主が当該請求をした労働者について制限時間を超えて労働時間を延長してはならない場合に当該労働者が制限時間を超えて労働しなかったことを理由として、当該労働者に対して解雇その他不利益な取扱いをしてはならない。

第八章　深夜業の制限

第十九条　事業主は、小学校就学の始期に達するまでの子を養育する労働者であって次の各号のいずれにも該当しないものが当該子を養育するために請求した場合においては、午後十時から午前五時までの間（以下この条及び第二十条の二において「深夜」という。）において労働させてはならない。ただし、事業の正常な運営を妨げる場合は、この限りでない。

一　当該事業主に引き続き雇用された期間が一年に満たない労働者

二　当該請求に係る深夜において、常態として当該子を保育することができる当該子の同居の家族その他の厚生労働省令で定める者がいる場合における当該労働者

三　前二号に掲げるもののほか、当該請求をできないこととすることについて合理的な理由があると認められる労働者として厚生労働省令で定めるもの

2　前項の規定による請求は、厚生労働省令で定めるところにより、その期間中は深夜において労働させてはならないこととなる一の期間（一月以上六月以内の期間に限る。第四項において「制限期間」という。）について、その初日（以下この条において「制限開始予定日」という。）及び末日（同項において「制限終了予定日」という。）とする日を明らかにして、制限開始予定日の一月前までにしなければならない。

3　第一項の規定による請求がされた後制限開始予定日とされた日の前日までに、子の死亡その他の労働者が当該請求に係る子の養育をしないこととなった事由として厚生労働省令で定める事由が生じたときは、当該請求は、されなかったものとみなす。この場合において、労働者は、その事業主に対して、当該事由が生じた旨を遅滞なく通知しなければならない。

4　次の各号に掲げるいずれかの事情が生じた場合には、制限期間は、当該事情が生じた日（第三号に掲げる事情が生じた場合にあっては、その前日）に終了する。

一　制限終了予定日とされた日の前日までに、子の死

亡その他の労働者が第一項の規定による請求に係る子を養育しないこととなった事由として厚生労働省令で定める事由が生じたこと。

二 制限終了予定日とされた日の前日までに、第一項の規定による請求に係る子が小学校就学の始期に達したこと。

三 制限終了予定日とされた日までに、第一項の規定による請求をした労働者について、労働基準法第六十五条第一項若しくは第二項の規定により休業する期間、育児休業期間又は介護休業期間が始まったこと。

5 第三項後段の規定は、前項第一号の厚生労働省令で定める事由が生じた場合について準用する。

第二十条 前条第一項から第三項まで及び第四項（第二号を除く。）の規定は、要介護状態にある対象家族を介護する労働者について準用する。この場合において、同条第一項中「当該子を養育する」とあるのは「当該対象家族を介護する」と、同項第二号中「子」とあるのは「対象家族」と、「保育」とあるのは「介護」と、同条第三項及び第四項第一号中「子」とあるのは「対象家族」と、「養育」とあるのは「介護」と読み替えるものとする。

2 前条第三項後段の規定は、前項において準用する同条第四項第一号の厚生労働省令で定める事由が生じた場合について準用する。

第二十条の二 事業主は、労働者が第十九条第一項（前条第一項において準用する場合を含む。以下この条において同じ。）の規定による請求をし、又は第十九条第一項の規定により当該事業主が当該請求をした労働者について深夜において労働させてはならない場合に当該労働者が深夜において労働しなかったことを理由として、当該労働者に対して解雇その他不利益な取扱いをしてはならない。

第九章 事業主が講ずべき措置

（育児休業等に関する定めの周知等の措置）

第二十一条 事業主は、育児休業及び介護休業に関して、あらかじめ、次に掲げる事項を定めるとともに、これを労働者に周知させるための措置を講ずるよう努めなければならない。

一 労働者の育児休業及び介護休業中における待遇に関する事項

二 育児休業及び介護休業後における賃金、配置その他の労働条件に関する事項

三 前二号に掲げるもののほか、厚生労働省令で定める事項

2 事業主は、労働者が育児休業申出又は介護休業申出をしたときは、厚生労働省令で定めるところにより、当該労働者に対し、前項各号に掲げる事項に関する当該労働者に係る取扱いを明示するよう努めなければならない。

（雇用管理等に関する措置）

第二十二条 事業主は、育児休業申出及び介護休業申出並びに育児休業及び介護休業後における就業が円滑に行われるようにするため、育児休業又は介護休業をする労働者が雇用される事業所における労働者の配置その他の雇用管理、育児休業又は介護休業をしている労働者の職業能力の開発及び向上等に関して、必要な措置を講ずるよう努めなければならない。

（所定労働時間の短縮措置等）

第二十三条 事業主は、その雇用する労働者のうち、その三歳に満たない子を養育する労働者であって育児休業をしていないもの（一日の所定労働時間が短い労働者として厚生労働省令で定めるものを除く。）に関して、厚生労働省令で定めるところにより、労働者の申出に基づき所定労働時間を短縮することにより当該労働者が就業しつつ当該子を養育することを容易にするための措置（以下「所定労働時間の短縮措置」という。）を講じなければならない。ただし、当該事業主と当該労働者が雇用される事業所の労働者の過半数で組織する労働組合があるときはその労働組合、その事業所の労働者の過半数で組織する労働組合がないときはその労働者の過半数を代表する者との書面による協定で、次に掲げる労働者のうち所定労働時間の短縮措置を講じないものとして定められた労働者に該当する労働者については、この限りでない。

一 当該事業主に引き続き雇用された期間が一年に満たない労働者

二 前号に掲げるもののほか、所定労働時間の短縮措置を講じないこととすることについて合理的な理由があると認められる労働者として厚生労働省令で定めるもの

三 前二号に掲げるもののほか、業務の性質又は業務の実施体制に照らして、所定労働時間の短縮措置を講ずることが困難と認められる業務に従事する労働者

2 事業主は、その雇用する労働者のうち、前項ただし書の規定により同項第三号に掲げる労働者であってその三歳に満たない子を養育するものについて所定労働時間の短縮措置を講じないこととするときは、当該労働者に関して、厚生労働省令で定めるところにより、労働者の申出に基づく育児休業に関する制度に準ずる措置又は労働基準法第三十二条の三の規定により労働させることその他の当該労働者が就業しつつ当該子を養育することを容易にするための措置（第二十四条第一項において「始業時刻変更等の措置」という。）を講じなければならない。

3 事業主は、その雇用する労働者のうち、その要介護状態にある対象家族を介護する労働者に関して、厚生労働省令で定めるところにより、労働者の申出に基づく連続する九十三日の期間（当該労働者の雇入れの日から当該連続する期間の初日の前日までの期間における介護休業等日数が一以上である場合にあっては、九十三日から当該介護休業等日数を差し引いた日数の期間とし、当該労働者が当該対象家族の当該要介護状態について介護休業をしたことがある場合にあっては、当該連続する期間は、当該対象家族の当該要介護状態について開始された最初の介護休業に係る介護休業開始予定日とされた日から起算した連続する期間の

うち当該労働者が介護休業をしない期間とする。）以上の期間における所定労働時間の短縮その他の当該労働者が就業しつつその要介護状態にある対象家族を介護することを容易にするための措置を講じなければならない。

第二十三条の二　事業主は、労働者が前条の規定による申出をし、又は同条の規定により当該労働者に措置が講じられたことを理由として、当該労働者に対して解雇その他不利益な取扱いをしてはならない。

（小学校就学の始期に達するまでの子を養育する労働者等に関する措置）

第二十四条　事業主は、その雇用する労働者のうち、その小学校就学の始期に達するまでの子を養育する労働者に関して、次の各号に掲げる当該労働者の区分に応じ当該各号に定める制度又は措置に準じて、それぞれ必要な措置を講ずるよう努めなければならない。

一　その一歳（当該労働者が第五条第三項の規定による申出をすることができる場合にあっては、一歳六か月。次号において同じ。）に満たない子を養育する労働者（第二十三条第二項に規定する労働者を除く。同号において同じ。）で育児休業をしていないもの　始業時刻変更等の措置

二　その一歳から三歳に達するまでの子を養育する労働者　育児休業に関する制度又は始業時刻変更等の措置

三　その三歳から小学校就学の始期に達するまでの子を養育する労働者　育児休業に関する制度、第六章の規定による所定外労働の制限に関する制度、所定労働時間の短縮措置又は始業時刻変更等の措置

2　事業主は、その雇用する労働者のうち、その家族を介護する労働者に関して、介護休業若しくは介護休暇に関する制度又は第二十三条第三項に定める措置に準じて、その介護を必要とする期間、回数等に配慮した必要な措置を講ずるように努めなければならない。

第二十五条　削除

（労働者の配置に関する配慮）

第二十六条　事業主は、その雇用する労働者の配置の変更で就業の場所の変更を伴うものをしようとする場合において、その就業の場所の変更により就業しつつその子の養育又は家族の介護を行うことが困難となることとなる労働者がいるときは、当該労働者の子の養育又は家族の介護の状況に配慮しなければならない。

（再雇用特別措置等）

第二十七条　事業主は、妊娠、出産若しくは育児又は介護を理由として退職した者（以下「育児等退職者」という。）について、必要に応じ、再雇用特別措置（育児等退職者であって、その退職の際に、その就業が可能となったときに当該退職に係る事業の事業主に再び雇用されることの希望を有する旨の申出をしていたものについて、当該事業主が、労働者の募集又は採用に当たって特別の配慮をする措置をいう。第三十条及び第三十九条第一項第一号において同じ。）その他これに準ずる措置を実施するよう努めなければならない。

（指針）

第二十八条　厚生労働大臣は、第二十一条から前条までの規定に基づき事業主が講ずべき措置及び子の養育又は家族の介護を行い、又は行うこととなる労働者の職業生活と家庭生活との両立が図られるようにするために事業主が講ずべきその他の措置に関して、その適切かつ有効な実施を図るための指針となるべき事項を定め、これを公表するものとする。

（職業家庭両立推進者）

第二十九条　事業主は、厚生労働省令で定めるところにより、第二十一条から第二十七条までに定める措置及び子の養育又は家族の介護を行い、又は行うこととなる労働者の職業生活と家庭生活との両立が図られるようにするために講ずべきその他の措置の適切かつ有効な実施を図るための業務を担当する者を選任するように努めなければならない。

第十章　対象労働者等に対する支援措置

第一節　国等による援助

（事業主等に対する援助）

第三十条　国は、子の養育又は家族の介護を行い、又は行うこととなる労働者（以下「対象労働者」という。）及び育児等退職者（以下「対象労働者等」と総称する。）の雇用の継続、再就職の促進その他これらの者の福祉の増進を図るため、事業主、事業主の団体その他の関係者に対して、対象労働者の雇用される事業所における雇用管理、再雇用特別措置その他の措置についての相談及び助言、給付金の支給その他の必要な援助を行うことができる。

（相談、講習等）

第三十一条　国は、対象労働者に対して、その職業生活と家庭生活との両立の促進等に資するため、必要な指導、相談、講習その他の措置を講ずるものとする。

2　地方公共団体は、国が講ずる前項の措置に準じた措置を講ずるように努めなければならない。

（再就職の援助）

第三十二条　国は、育児等退職者に対して、その希望するときに再び雇用の機会が与えられるようにするため、職業指導、職業紹介、職業能力の再開発の措置その他の措置が効果的に関連して実施されるように配慮するとともに、育児等退職者の円滑な再就職を図るため必要な援助を行うものとする。

（職業生活と家庭生活との両立に関する理解を深めるための措置）

第三十三条　国は、対象労働者等の職業生活と家庭生活との両立を妨げている職場における慣行その他の諸要因の解消を図るため、事業主、労働者その他国民一般の理解を深めるために必要な広報活動その他の措置を講ずるものとする。

（勤労者家庭支援施設）
第三十四条　地方公共団体は、必要に応じ、勤労者家庭支援施設を設置するように努めなければならない。
2　勤労者家庭支援施設は、対象労働者等に対して、職業生活と家庭生活との両立に関し、各種の相談に応じ、及び必要な指導、講習、実習等を行い、並びに休養及びレクリエーションのための便宜を供与する等対象労働者等の福祉の増進を図るための事業を総合的に行うことを目的とする施設とする。
3　厚生労働大臣は、勤労者家庭支援施設の設置及び運営についての望ましい基準を定めるものとする。
4　国は、地方公共団体に対して、勤労者家庭支援施設の設置及び運営に関し必要な助言、指導その他の援助を行うことができる。

（勤労者家庭支援施設指導員）
第三十五条　勤労者家庭支援施設には、対象労働者等に対する相談及び指導の業務を担当する職員（次項において「勤労者家庭支援施設指導員」という。）を置くように努めなければならない。
2　勤労者家庭支援施設指導員は、その業務について熱意と識見を有し、かつ、厚生労働大臣が定める資格を有する者のうちから選任するものとする。

第二節　指定法人

（指定等）
第三十六条　厚生労働大臣は、対象労働者等の福祉の増進を図ることを目的とする一般社団法人又は一般財団法人であって、第三十八条に規定する業務に関し次に掲げる基準に適合すると認められるものを、その申請により、全国に一を限って、同条に規定する業務を行う者として指定することができる。
一　職員、業務の方法その他の事項についての業務の実施に関する計画が適正なものであり、かつ、その計画を確実に遂行するに足りる経理的及び技術的な基礎を有すると認められること。
二　前号に定めるもののほか、業務の運営が適正かつ確実に行われ、対象労働者等の福祉の増進に資すると認められること。
2　厚生労働大臣は、前項の規定による指定をしたときは、同項の規定による指定を受けた者（以下「指定法人」という。）の名称及び住所並びに事務所の所在地を公示しなければならない。
3　指定法人は、その名称及び住所並びに事務所の所在地を変更しようとするときは、あらかじめ、その旨を厚生労働大臣に届け出なければならない。
4　厚生労働大臣は、前項の規定による届出があったときは、当該届出に係る事項を公示しなければならない。

（指定の条件）
第三十七条　前条第一項の規定による指定には、条件を付け、及びこれを変更することができる。
2　前項の条件は、当該指定に係る事項の確実な実施を図るために必要な最小限度のものに限り、かつ、当該指定を受ける者に不当な義務を課することとなるものであってはならない。

（業務）
第三十八条　指定法人は、次に掲げる業務を行うものとする。
一　対象労働者等の職業生活及び家庭生活に関する情報及び資料を総合的に収集し、並びに対象労働者等、事業主その他の関係者に対して提供すること。
二　次条第一項に規定する業務を行うこと。
三　前二号に掲げるもののほか、対象労働者等の福祉の増進を図るために必要な業務を行うこと。

（指定法人による福祉関係業務の実施）
第三十九条　厚生労働大臣は、指定法人を指定したときは、指定法人に第三十条から第三十四条までに規定する国の行う業務のうち次に掲げる業務（以下「福祉関係業務」という。）の全部又は一部を行わせるものとする。
一　対象労働者の雇用管理及び再雇用特別措置に関する技術的事項について、事業主その他の関係者に対し、相談その他の援助を行うこと。
二　第三十条の給付金であって厚生労働省令で定めるものを支給すること。
三　対象労働者に対し、その職業生活と家庭生活との両立に関して必要な相談、講習その他の援助を行うこと。
四　前三号に掲げるもののほか、対象労働者等の雇用の継続、再就職の促進その他これらの者の福祉の増進を図るために必要な業務を行うこと。
2　前項第二号の給付金の支給要件及び支給額は、厚生労働省令で定めなければならない。
3　指定法人は、福祉関係業務の全部又は一部を開始する際、当該業務の種類ごとに、当該業務を開始する日及び当該業務を行う事務所の所在地を厚生労働大臣に届け出なければならない。指定法人が当該業務を行う事務所の所在地を変更しようとするときも、同様とする。
4　厚生労働大臣は、第一項の規定により指定法人に行わせる福祉関係業務の種類及び前項の規定による届出に係る事項を公示しなければならない。

（業務規程の認可）
第四十条　指定法人は、福祉関係業務を行うときは、当該業務の開始前に、当該業務の実施に関する規程（以下「業務規程」という。）を作成し、厚生労働大臣の認可を受けなければならない。これを変更しようとするときも、同様とする。
2　厚生労働大臣は、前項の認可をした業務規程が福祉関係業務の適正かつ確実な実施上不適当となったと認めるときは、その業務規程を変更すべきことを命ずることができる。
3　業務規程に記載すべき事項は、厚生労働省令で定める。

（福祉関係給付金の支給に係る厚生労働大臣の認可）
第四十一条　指定法人は、福祉関係業務のうち第三十九条第一項第二号に係る業務（次条及び第四十八条において「給付金業務」という。）を行う場合において、自ら同号の給付金の支給を受けようとするときは、厚生労働省令で定めるところにより、厚生労働大臣の認可を受けなければならない。

（報告）
第四十二条　指定法人は、給付金業務を行う場合において当該業務に関し必要があると認めるときは、事業主に対し、必要な事項について報告を求めることができる。

（事業計画等）

第四十三条　指定法人は、毎事業年度、厚生労働省令で定めるところにより、事業計画書及び収支予算書を作成し、厚生労働大臣の認可を受けなければならない。これを変更しようとするときも、同様とする。

2　指定法人は、厚生労働省令で定めるところにより、毎事業年度終了後、事業報告書、貸借対照表、収支決算書及び財産目録を作成し、厚生労働大臣に提出し、その承認を受けなければならない。

（区分経理）

第四十四条　指定法人は、福祉関係業務を行う場合には、福祉関係業務に係る経理とその他の業務に係る経理とを区分して整理しなければならない。

（交付金）

第四十五条　国は、予算の範囲内において、指定法人に対し、福祉関係業務に要する費用の全部又は一部に相当する金額を交付することができる。

（厚生労働省令への委任）

第四十六条　この節に定めるもののほか、指定法人が福祉関係業務を行う場合における指定法人の財務及び会計に関し必要な事項は、厚生労働省令で定める。

（役員の選任及び解任）

第四十七条　指定法人の役員の選任及び解任は、厚生労働大臣の認可を受けなければ、その効力を生じない。

2　指定法人の役員が、この節の規定（当該規定に基づく命令及び処分を含む。）若しくは第四十条第一項の規定により認可を受けた業務規程に違反する行為をしたとき、又は第三十八条に規定する業務に関し著しく不適当な行為をしたときは、厚生労働大臣は、指定法人に対し、その役員を解任すべきことを命ずることができる。

（役員及び職員の公務員たる性質）

第四十八条　給付金業務に従事する指定法人の役員及び職員は、刑法（明治四十年法律第四十五号）その他の罰則の適用については、法令により公務に従事する職員とみなす。

（報告及び検査）

第四十九条　厚生労働大臣は、第三十八条に規定する業務の適正な運営を確保するために必要な限度において、指定法人に対し、同条に規定する業務若しくは資産の状況に関し必要な報告をさせ、又は所属の職員に、指定法人の事務所に立ち入り、業務の状況若しくは帳簿、書類その他の物件を検査させることができる。

2　前項の規定により立入検査をする職員は、その身分を示す証明書を携帯し、関係者に提示しなければならない。

3　第一項の規定による立入検査の権限は、犯罪捜査のために認められたものと解釈してはならない。

（監督命令）

第五十条　厚生労働大臣は、この節の規定を施行するために必要な限度において、指定法人に対し、第三十八条に規定する業務に関し監督上必要な命令をすることができる。

（指定の取消し等）

第五十一条　厚生労働大臣は、指定法人が次の各号のいずれかに該当するときは、第三十六条第一項の規定による指定（以下「指定」という。）を取り消し、又は期間を定めて第三十八条に規定する業務の全部若しくは一部の停止を命ずることができる。

一　第三十八条に規定する業務を適正かつ確実に実施することができないと認められるとき。

二　指定に関し不正の行為があったとき。

三　この節の規定又は当該規定に基づく命令若しくは処分に違反したとき。

四　第三十七条第一項の条件に違反したとき。

五　第四十条第一項の規定により認可を受けた業務規程によらないで福祉関係業務を行ったとき。

2　厚生労働大臣は、前項の規定により、指定を取り消し、又は第三十八条に規定する業務の全部若しくは一部の停止を命じたときは、その旨を公示しなければならない。

（厚生労働大臣による福祉関係業務の実施）

第五十二条　厚生労働大臣は、前条第一項の規定により、指定を取り消し、若しくは福祉関係業務の全部若しくは一部の停止を命じたとき、又は指定法人が福祉関係業務を行うことが困難となった場合において必要があると認めるときは、当該福祉関係業務を自ら行うものとする。

2　厚生労働大臣は、前項の規定により福祉関係業務を行うものとし、又は同項の規定により行っている福祉関係業務を行わないものとするときは、あらかじめ、その旨を公示しなければならない。

3　厚生労働大臣が、第一項の規定により福祉関係業務を行うものとし、又は同項の規定により行っている福祉関係業務を行わないものとする場合における当該福祉関係業務の引継ぎその他の必要な事項は、厚生労働省令で定める。

第十一章　紛争の解決

第一節　紛争の解決の援助

（苦情の自主的解決）

第五十二条の二　事業主は、第二章から第八章まで、第二十三条、第二十三条の二及び第二十六条に定める事項に関し、労働者から苦情の申出を受けたときは、苦情処理機関（事業主を代表する者及び当該事業所の労働者を代表する者を構成員とする当該事業所の労働者の苦情を処理するための機関をいう。）に対し当該苦情の処理をゆだねる等その自主的な解決を図るように努めなければならない。

（紛争の解決の促進に関する特例）

第五十二条の三　前条の事項についての労働者と事業主との間の紛争については、個別労働関係紛争の解決の促進に関する法律（平成十三年法律第百十二号）第四条、第五条及び第十二条から第十九条までの規定は適用せず、次条から第五十二条の六までに定めるところによる。

（紛争の解決の援助）

第五十二条の四　都道府県労働局長は、前条に規定する紛争に関し、当該紛争の当事者の双方又は一方からその解決につき援助を求められた場合には、当該紛争の当事者に対し、必要な助言、指導又は勧告をすることができる。

2 事業主は、労働者が前項の援助を求めたことを理由として、当該労働者に対して解雇その他不利益な取扱いをしてはならない。

第二節 調停

（調停の委任）

第五十二条の五 都道府県労働局長は、第五十二条の三に規定する紛争について、当該紛争の当事者の双方又は一方から調停の申請があった場合において当該紛争の解決のために必要があると認めるときは、個別労働関係紛争の解決の促進に関する法律第六条第一項の紛争調整委員会に調停を行わせるものとする。

2 前条第二項の規定は、労働者が前項の申請をした場合について準用する。

（調停）

第五十二条の六 雇用の分野における男女の均等な機会及び待遇の確保等に関する法律（昭和四十七年法律第百十三号）第十九条、第二十条第一項及び第二十一条から第二十六条までの規定は、前条第一項の調停の手続について準用する。この場合において、同法第十九条第一項中「前条第一項」とあるのは「育児休業、介護休業等育児又は家族介護を行う労働者の福祉に関する法律第五十二条の五第一項」と、同法第二十条第一項中「関係当事者」とあるのは「関係当事者又は関係当事者と同一の事業所に雇用される労働者その他の参考人」と、同法第二十五条第一項中「第十八条第一項」とあるのは「育児休業、介護休業等育児又は家族介護を行う労働者の福祉に関する法律第五十二条の五第一項」と読み替えるものとする。

第十二章 雑則

（育児休業等取得者の業務を処理するために必要な労働者の募集の特例）

第五十三条 認定中小企業団体の構成員たる中小企業者が、当該認定中小企業団体をして育児休業又は介護休業（これらに準ずる休業を含む。以下この項において同じ。）をする労働者の当該育児休業又は介護休業をする期間について当該労働者の業務を処理するために必要な労働者の募集を行わせようとする場合において、当該認定中小企業団体が当該募集に従事しようとするときは、職業安定法（昭和二十二年法律第百四十一号）第三十六条第一項及び第三項の規定は、当該構成員たる中小企業者については、適用しない。

2 この条及び次条において、次の各号に掲げる用語の意義は、当該各号に定めるところによる。

一 中小企業者 中小企業における労働力の確保及び良好な雇用の機会の創出のための雇用管理の改善の促進に関する法律（平成三年法律第五十七号）第二条第一項に規定する中小企業者をいう。

二 認定中小企業団体 中小企業における労働力の確保及び良好な雇用の機会の創出のための雇用管理の改善の促進に関する法律第二条第二項に規定する事業協同組合等であって、その構成員たる中小企業者に対し、第二十二条の事業主が講ずべき措置その他に関する相談及び援助を行うものとして、当該事業協同組合等の申請に基づき厚生労働大臣がその定める基準により適当であると認定したものをいう。

3 厚生労働大臣は、認定中小企業団体が前項第二号の相談及び援助を行うものとして適当でなくなったと認めるときは、同号の認定を取り消すことができる。

4 第一項の認定中小企業団体は、当該募集に従事しようとするときは、厚生労働省令で定めるところにより、募集時期、募集人員、募集地域その他の労働者の募集に関する事項で厚生労働省令で定めるものを厚生労働大臣に届け出なければならない。

5 職業安定法第三十七条第二項の規定は前項の規定による届出があった場合について、同法第五条の三第一項及び第三項、第五条の四、第三十九条、第四十一条第二項、第四十八条の三、第四十八条の四、第五十条第一項及び第二項並びに第五十一条の二の規定は前項の規定による届出をして労働者の募集に従事する者について、同法第四十条の規定は同項の規定による届出をして労働者の募集に従事する者に対する報酬の供与について、同法第五十条第三項及び第四項の規定はこの項において準用する同条第二項に規定する職権を行う場合について準用する。この場合において、同法第三十七条第二項中「労働者の募集を行おうとする者」とあるのは「育児休業、介護休業等育児又は家族介護を行う労働者の福祉に関する法律第五十三条第四項の規定による届出をして労働者の募集に従事しようとする者」と、同法第四十一条第二項中「当該労働者の募集の業務の廃止を命じ、又は期間」とあるのは「期間」と読み替えるものとする。

6 職業安定法第三十六条第二項及び第四十二条の二の規定の適用については、同法第三十六条第二項中「前項の」とあるのは「被用者以外の者をして労働者の募集に従事させようとする者がその被用者以外の者に与えようとする」と、同法第四十二条の二中「第三十九条に規定する募集受託者」とあるのは「育児休業、介護休業等育児又は家族介護を行う労働者の福祉に関する法律第五十三条第四項の規定による届出をして労働者の募集に従事する者」とする。

7 厚生労働大臣は、認定中小企業団体に対し、第二項第二号の相談及び援助の実施状況について報告を求めることができる。

第五十四条 公共職業安定所は、前条第四項の規定により労働者の募集に従事する認定中小企業団体に対して、雇用情報、職業に関する調査研究の成果等を提供し、かつ、これに基づき当該募集の内容又は方法について指導することにより、当該募集の効果的かつ適切な実施の促進に努めなければならない。

（調査等）

第五十五条 厚生労働大臣は、対象労働者等の職業生活と家庭生活との両立の促進等に資するため、これらの者の雇用管理、職業能力の開発及び向上その他の事項に関し必要な調査研究を実施するものとする。

2　厚生労働大臣は、この法律の施行に関し、関係行政機関の長に対して、資料の提供その他必要な協力を求めることができる。

3　厚生労働大臣は、この法律の施行に関し、都道府県知事から必要な調査報告を求めることができる。

（報告の徴収並びに助言、指導及び勧告）

第五十六条　厚生労働大臣は、この法律の施行に関し必要があると認めるときは、事業主に対して、報告を求め、又は助言、指導若しくは勧告をすることができる。

（公表）

第五十六条の二　厚生労働大臣は、第六条第一項（第十二条第二項、第十六条の三第二項及び第十六条の六第二項において準用する場合を含む。）、第十条（第十六条、第十六条の四及び第十六条の七において準用する場合を含む。）、第十二条第一項、第十六条の三第一項、第十六条の六第一項、第十六条の八第一項、第十六条の九、第十七条第一項（第十八条第一項において準用する場合を含む。）、第十八条の二、第十九条第一項（第二十条第一項において準用する場合を含む。）、第二十条の二、第二十三条、第二十三条の二、第二十六条又は第五十二条の四第二項（第五十二条の五第二項において準用する場合を含む。）の規定に違反している事業主に対し、前条の規定による勧告をした場合において、その勧告を受けた者がこれに従わなかったときは、その旨を公表することができる。

（労働政策審議会への諮問）

第五十七条　厚生労働大臣は、第二条第三号から第五号まで、第五条第二項及び第三項第二号、第六条第一項第二号（第十二条第二項、第十六条の三第二項及び第十六条の六第二項において準用する場合を含む。）及び第三項、第七条第二項及び第三項（第十三条において準用する場合を含む。）、第八条第二項及び第三項（第十四条第三項において準用する場合を含む。）、第九条第二項第一号、第十一条第二項第一号及び第二号ロ、第十二条第三項、第十五条第三項第一号、第十六条の二第一項、第十六条の五第一項、第十六条の八第一項第二号、第三項及び第四項第一号、第十七条第一項第二号、第三項及び第四項第一号（これらの規定を第十八条第一項において準用する場合を含む。）、第十九条第一項第二号及び第三号、第三項並びに第四項第一号（これらの規定を第二十条第一項において準用する場合を含む。）、第二十三条並びに第三十九条第一項第二号及び第二項の厚生労働省令の制定又は改正の立案をしようとするとき、第二十八条の指針を策定しようとするとき、その他この法律の施行に関する重要事項について決定しようとするときは、あらかじめ、労働政策審議会の意見を聴かなければならない。

（権限の委任）

第五十八条　この法律に定める厚生労働大臣の権限は、厚生労働省令で定めるところにより、その一部を都道府県労働局長に委任することができる。

（厚生労働省令への委任）

第五十九条　この法律に定めるもののほか、この法律の実施のために必要な手続その他の事項は、厚生労働省令で定める。

（船員に関する特例）

第六十条　第六章、第七章、第十章第二節、第五十二条の六から第五十四条まで及び第六十二条から第六十七条までの規定は、船員職業安定法（昭和二十三年法律第百三十号）第六条第一項に規定する船員になろうとする者及び船員法（昭和二十二年法律第百号）の適用を受ける船員（次項において「船員等」という。）に関しては、適用しない。

2　船員等に関しては、第二条第三号から第五号まで、第五条第二項、第三項第二号及び第四項、第六条第一項第二号（第十二条第二項、第十六条の三第二項及び第十六条の六第二項において準用する場合を含む。）及び第三項、第七条（第十三条において準用する場合を含む。）、第八条第二項及び第三項（第十四条第三項において準用する場合を含む。）、第九条第二項第一号及び第三項、第九条の二第一項、第十一条第二項第一号及び第二号ロ並びに第三項、第十二条第三項、第十五条第三項第一号及び第四項、第十六条の二第一項及び第二項、第十六条の五第一項及び第二項、第十九条第一項第二号及び第三号、第二項、第三項並びに第四項第一号（これらの規定を第二十条第一項において準用する場合を含む。）並びに第十九条第五項、第二十条第二項、第二十一条第一項第三号及び第二項、第二十三条、第二十九条、第五十七条、第五十八条並びに前条中「厚生労働省令」とあるのは「国土交通省令」と、第五条第二項中「労働基準法（昭和二十二年法律第四十九号）第六十五条第二項の規定により休業した」とあるのは「船員法（昭和二十二年法律第百号）第八十七条第二項の規定により作業に従事しなかった」と、第九条第二項第三号、第十五条第三項第二号及び第十九条第四項第三号中「労働基準法第六十五条第一項若しくは第二項の規定により休業する」とあるのは「船員法第八十七条第一項若しくは第二項の規定により作業に従事しない」と、第九条の二第一項中「労働基準法第六十五条第一項又は第二項の規定により休業した」とあるのは「船員法第八十七条第一項又は第二項の規定により作業に従事しなかった」と、第二十三条第二項中「労働基準法第三十二条の三の規定により労働させること」とあるのは「短期間の航海を行う船舶に乗り組ませること」と、同項及び第二十四条第一項中「始業時刻変更等の措置」とあるのは「短期間航海船舶に乗り組ませること等の措置」と、同項第三号中「制度、第六章の規定による所定外労働の制限に関する制度」とあるのは「制度」と、第二十八条及び第五十五条から第五十八条までの規定中「厚生労働大臣」とあるのは「国土交通大臣」と、第五十二条の二中「第二章から第八章まで」とあるのは「第二章から第五章まで、第八章」と、第五十二条の三中「から第五十二条の六まで」とあるのは「、第五十二条の四第一項、第五十二条の五第一項及び第六十条第三項」と、第五十二条の五第一項及び第五十八条中「都道府県労働局長」とあるのは「地方運輸局長（運輸監理部長を含む。）」と、同項中「第六条第一項の紛争調整委員会」とあるのは「第二十一条第三項のあっせん員候補者名簿に記載されている者のうちから指名する調停員」と、第五十六条の二中「第十六条の六第一項、第十六条の八第一項、第十六条の九、第十七条第一項（第十八条第一項において準用する場合を含む。）、第十八条の二とあるのは「第十六条の六第一項」と、第五十七条中「第十六条の五第一項、第十六条の八第一項第二号、第三項及び第四項第一号、第十七条第一項第二号、第三項及び第四項第一号（これらの規定を第十八条第一項において準用する場合を含む。）」とあるのは「第十六条の五第一項」と、「、第二十三条並びに第三十九条第一項第二号及び第二項」とあるのは「並びに第二十三条」と、「労働政策審議会」とあるのは「交通政策審議会」と、第五十八条中「都道府県労働局長」とあるのは「地方運輸局長（運輸監理部長を含む。）」とする。

3　雇用の分野における男女の均等な機会及び待遇の確保等に関する法律第二十条第一項、第二十一条から第二十六条まで並びに第三十一条第三項及び第四項の規定は、前項の規定により読み替えられた第五十二条の五第一項の規定により指名を受けて調停員が行う調停について準用する。この場合において、同法第二十条第一項、第二十一条から第二十三条まで及び第二十六条中「委員会は」とあるのは「調停員は」と、同項中「関係当事者」とあるのは「関係当事者又は関係当事者と同一の事業所に雇用される労働者その他の参考人」と、同法第二十一条中「当該委員会が置かれる都道府県労働局」とあるのは「当該調停員を指名した地方運輸局長（運輸監理部長を含む。）が置かれる地方運輸局（運輸監理部を含む。）」と、同法第二十五条第一項中「第十八条第一項」とあるのは「育児休業、介護休業等育児又は家族介護を行う労働者の福祉に関する法律第五十二条の五第一項」と、同法第二十六条中「当該委員会に係属している」とあるのは「当該調停員が取り扱っている」と、同法第三十一条第三項中「前項」とあるのは「育児休業、介護休業等育児又は家族介護を行う労働者の福祉に関する法律第五十二条の五第一項」と読み替えるものとする。

（公務員に関する特例）

第六十一条　第二章から第九章まで、第三十条、前章、第五十三条、第五十四条、第五十六条、第五十六条の二、前条、次条、第六十三条、第六十五条及び第六十八条の規定は、国家公務員及び地方公務員に関しては、適用しない。

2　国家公務員及び地方公務員に関しては、第三十二条中「育児等退職者」とあるのは「育児等退職者（第二十七条に規定する育児等退職者をいう。以下同じ。）」と、第三十四条第二項中「対象労働者等」とあるのは「対象労働者等（第三十条に規定する対象労働者等をいう。以下同じ。）」とする。

3　国有林野事業を行う国の経営する企業に勤務する職員の給与等に関する特例法（昭和二十九年法律第百四十一号。以下この条において「給特法」という。）の適用を受ける国家公務員（国家公務員法（昭和二十二年法律第百二十号）第八十一条の五第一項に規定する短時間勤務の官職を占める者以外の常時勤務することを要しない国家公務員を除く。）は、給特法第四条に規定する農林水産大臣又は政令の定めるところによりその委任を受けた者（以下「農林水産大臣等」という。）の承認を受けて、当該国家公務員の配偶者、父母、子又は配偶者の父母であって負傷、疾病又は身体上若しくは精神上の障害により第二条第三号の厚生労働省令で定める期間にわたり日常生活を営むのに支障があるもの（以下この条において「要介護家族」という。）の介護をするため、休業をすることができる。

4　前項の規定により休業をすることができる期間は、要介護家族の各々が同項に規定する介護を必要とする一の継続する状態ごとに、連続する三月の期間内において必要と認められる期間とする。

5　農林水産大臣等は、第三項の規定による休業の承認を受けようとする国家公務員からその承認の請求があったときは、当該請求に係る期間のうち公務の運営に支障があると認められる日又は時間を除き、これを承認しなければならない。

6　前三項の規定は、独立行政法人通則法（平成十一年法律第百三号）第二条第二項に規定する特定独立行政法人（以下この条において「特定独立行政法人」という。）の職員（国家公務員法第八十一条の五第一項に規定する短時間勤務の官職を占める者以外の常時勤務することを要しない職員を除く。）について準用する。この場合において、第三項中「国有林野事業を行う国の経営する企業に勤務する職員の給与等に関する特例法（昭和二十九年法律第百四十一号。以下この条において「給特法」という。）の適用を受ける国家公務員」とあるのは「独立行政法人通則法（平成十一年法律第百三号）第二条第二項に規定する特定独立行政法人（以下この条において「特定独立行政法人」という。）の職員」と、「要しない国家公務員」とあるのは「要しない職員」と、「給特法第四条に規定する農林水産大臣又は政令の定めるところによりその委任を受けた者（以下「農林水産大臣等」という。）」とあるのは「当該特定独立行政法人の長」と、「当該国家公務員」とあるのは「当該職員」と、前項中「農林水産大臣等」とあるのは「特定独立行政法人の長」と、「国家公務員」とあるのは「職員」と、「公務」とあるのは「業務」と読み替えるものとする。

7　第三項から第五項までの規定は、地方公務員法（昭和二十五年法律第二百六十一号）第四条第一項に規定する職員（同法第二十八条の五第一項に規定する短時間勤務の職を占める職員以外の非常勤職員を除く。）について準用する。この場合において、第三項中「給特法第四条に規定する農林水産大臣又は政令の定めるところによりその委任を受けた者（以下「農林水産大臣等」という。）」とあるのは「地方公務員法（昭和二十五年法律第二百六十一号）第六条第一項に規定する任命権者又はその委任を受けた者（地方教育行政の組織及び運営に関する法律（昭和三十一年法律第百六十二号）第三十七条第一項に規定する県費負担教職員については、市町村の教育委員会。以下同じ。）」と、第五項中「農林水産大臣等」とあるのは「地方公務員法第六条第一項に規定する任命権者又はその委任を受けた者」と読み替えるものとする。

8　給特法の適用を受ける国家公務員（国家公務員法第八十一条の五第一項に規定する短時間勤務の官職を占める者以外の常時勤務することを要しない国家公務員にあっては、第十六条の三第二項において準用する第六条第一項ただし書の規定を適用するとしたならば第十六条の三第二項において読み替えて準用する第六条第一項ただし書各号のいずれにも該当しないものに限る。）であって小学校就学の始期に達するまでの子を養育するものは、農林水産大臣等の承認を受けて、負傷し、若しくは疾病にかかった当該子の世話又は疾病の予防を図るために必要なものとして第十六条の二第一項の厚生労働省令で定める当該子の世話を行うため、休暇を取得することができる。

9　前項の規定により休暇を取得することができる日数は、一の年において五日（同項に規定する国家公務員が養育する小学校就学の始期に達するまでの子が二人以上の場合にあっては、十日）とする。

10　農林水産大臣等は、第八項の規定による休暇の承認を受けようとする国家公務員からその承認の請求があったときは、公務の運営に支障があると認められる場合を除き、これを承認しなければならない。

11　前三項の規定は、特定独立行政法人の職員（国家公務員法第八十一条の五第一項に規定する短時間勤務の官職を占める者以外の常時勤務することを要しない職員にあっては、第十六条の三第二項において準用する第六条第一項ただし書の規定を適用するとしたならば第十六条の三第二項において読み替えて準用する第六条第一項ただし書各号のいずれにも該当しないものに限る。）について準用する。この場合において、第八項中「給特法の適用を受ける国家公務員」とあるのは「特定独立行政法人の職員」と、「要しない国家公務員」とあるのは「要しない職員」と、「農林水産大臣等」とあるのは「当該職員の勤務する特定独立行政法人の長」と、第九項中「国家公務員」とあるのは「職員」と、前項中「農林水産大臣等」とあるのは「特定独立行政法人の長」と、「国家公務員」とあるのは「職員」と、「公務」とあるのは「業務」と読み替えるものとする。

12　第八項から第十項までの規定は、地方公務員法第四条第一項に規定する職員（同法第二十八条の五第一項に規定する短時間勤務の職を占める職員以外の非常勤職員にあっては、第十六条の三第二項において準用する第六条第一項ただし書の規定を適用するとしたならば第十六条の三第二項において読み替えて準用する第六条第一項ただし書各号のいずれにも該当しないものに限る。）について準用する。この場合において、第八項中「給特法の適用を受ける国家公務員（国家公務員法第八十一条の五第一項に規定する短時間勤務の官職を占める者以外の常時勤務することを要しない国家公務員」とあるのは「地方公務員法第四条第一項に規定する職員（同法第二十八条の五第一項に規定する短時間勤務の職を占める職員以外の非常勤職員」と、「農林水産大臣等」とあるのは「同法第六条第一項に規定する任命権者又はその委任を受けた者（地方教育行政の組織及び運営に関する法律（昭和三十一年法律第百六十二号）第三十七条第一項に規定する県費負担教職員については、市町村の教育委員会。以下同じ。）」と、第十項中「農林水産大臣等」とあるのは「地方公務員法第六条第一項に規定する任命権者又はその委任を受けた者」と、「国家公務員」とあるのは「同法第四条第一項に規定する職員」と読み替えるものとする。

13　給特法の適用を受ける国家公務員（国家公務員法第八十一条の五第一項に規定する短時間勤務の官職を占める者以外の常時勤務することを要しない国家公務員にあっては、第十六条の六第二項において準用する第六条第一項ただし書の規定を適用するとしたならば第十六条の六第二項において読み替えて準用する第六条第一項ただし書各号のいずれにも該当しないものに限る。）は、農林水産大臣等の承認を受けて、当該国家公務員の要介護家族の介護その他の第十六条の五第一項の厚生労働省令で定める世話を行うため、休暇を取得することができる。

14　前項の規定により休暇を取得することができる日数は、一の年において五日（要介護家族が二人以上の場合にあっては、十日）とする。

15　農林水産大臣等は、第十三項の規定による休暇の承認を受けようとする国家公務員からその承認の請求があったときは、公務の運営に支障があると認められる場合を除き、これを承認しなければならない。

16　前三項の規定は、特定独立行政法人の職員（国家公務員法第八十一条の五第一項に規定する短時間勤務の官職を占める者以外の常時勤務することを要しない職員にあっては、第十六条の六第二項において準用する第六条第一項ただし書の規定を適用するとしたならば第十六条の六第二項において読み替えて準用する第六条第一項ただし書各号のいずれにも該当しないものに限る。）について準用する。この場合において、第十三項中「給特法の適用を受ける国家公務員」とあるのは「特定独立行政法人の職員」と、「要しない国家公務員」とあるのは「要しない職員」と、「農林水産大臣等」とあるのは「当該職員の勤務する特定独立行政法人の長」と、「当該国家公務員」とあるのは「当該職員」と、前項中「農林水産大臣等」とあるのは「特定独立行政法人の長」と、「国家公務員」とあるのは「職員」と、「公務」とあるのは「業務」と読み替えるものとする。

17　第十三項から第十五項までの規定は、地方公務員法第四条第一項に規定する職員（同法第二十八条の五第一項に規定する短時間勤務の職を占める職員以外の非常勤職員にあっては、第十六条の六第二項において準用する第六条第一項ただし書の規定を適用するとしたならば第十六条の六第二項において読み替えて準用する第六条第一項ただし書各号のいずれにも該当しないものに限る。）について準用する。この場合において、第十三項中「給特法の適用を受ける国家公務員（国家公務員法第八十一条の五第一項に規定する短時間勤務の官職を占める者以外の常時勤務することを要しない国家公務員」とあるのは「地方公務員法第四条第一項に規定する職員（同法第二十八条の五第一項に規定する短時間勤務の職を占める職員以外の非常勤職員」と、「農林水産大臣等」とあるのは「同法第六条第一項に規定する任命権者又はその委任を受けた者（地方教育行政の組織及び運営に関する法律（昭和三十一年法律第百六十二号）第三十七条第一項に規定する県費負担教職員については、市町村の教育委員会。以下同じ。）」と、第十五項中「農林水産大臣等」とあるのは「地方公務員法第六条第一項に規定する任命権者又はその委任を受けた者」と、「国家公務員」とあるのは「同法第四条第一項に規定する職員」と読み替えるものとする。

18　農林水産大臣等は、三歳に満たない子を養育する給特法の適用を受ける国家公務員（国家公務員法第八十一条の五第一項に規定する短時間勤務の官職を占める者以外の常時勤務することを要しない国家公務員にあっては、第十六条の八第一項の規定を適用するとしたならば同項各号のいずれにも該当しないものに限る。）が当該子を養育するために請求した場合において、公務の運営に支障がないと認めるときは、その者について、所定労働時間を超えて勤務しないことを承認しなければならない。

19　特定独立行政法人の長は、三歳に満たない子を養育する当該特定独立行政法人の職員（国家公務員法第八十一条の五第一項に規定する短時間勤務の官職を占める者以外の常時勤務することを要しない職員にあっては、第十六条の八第一項の規定を適用するとしたならば同項各号のいずれにも該当しないものに限る。）が当該子を養育するために請求した場合において、業務の運営に支障がないと認めるときは、その者について、所定労働時間を超えて勤務しないことを承認しなければならない。

20　地方公務員法第六条第一項に規定する任命権者又はその委任を受けた者（地方教育行政の組織及び運営に関する法律（昭和三十一年法律第百六十二号）第三十七条第一項に規定する県費負担教職員については、市町村の教育委員会。以下この条において同じ。）は、三歳に満たない子を養育する地方公務員法第四条第一項に規定する職員（同法第二十八条の五第一項に規定する短時間勤務の職を占める職員以外の非常勤職員にあっては、第十六条の八第一項の規定を適用するとしたならば同項各号のいずれにも該当しないものに限る。）が当該子を養育するために請求した場合において、公務の運営に支障がないと認めるときは、その者について、所定労働時間を超えて勤務しないことを承認しなければならない。

21　農林水産大臣等は、給特法の適用を受ける国家公務員について労働基準法第三十六条第一項本文の規定により同項に規定する労働時間を延長することができる場合において、当該給特法の適用を受ける国家公務員であって小学校就学の始期に達するまでの子を養育するもの（第十七条第一項の規定を適用するとしたならば同項各号のいずれにも該当しないものに限る。）が当該子を養育するために請求した場合で公務の運営に支障がないと認めるときは、その者について、制限時間（同項に規定する制限時間をいう。以下この条において同じ。）を超えて当該労働時間を延長して勤務しないことを承認しなければならない。

22　前項の規定は、給特法の適用を受ける国家公務員であって要介護家族を介護するものについて準用する。この場合において、同項中「第十七条第一項」とあるのは「第十八条第一項において準用する第十七条第一項」と、「同項各号」とあるのは「第十八条第一項において準用する第十七条第一項各号」と、「当該子を養育する」とあるのは「当該要介護家族を介護する」と読み替えるものとする。

23　特定独立行政法人の長は、当該特定独立行政法人の職員について労働基準法第三十六条第一項本文の規定により同項に規定する労働時間を延長することができる場合において、当該職員であって小学校就学の始期に達するまでの子を養育するもの（第十七条第一項の規定を適用するとしたならば同項各号のいずれにも該当しないものに限る。）が当該子を養育するために請求した場合で業務の運営に支障がないと認めるときは、その者について、制限時間を超えて当該労働時間を延長して勤務しないことを承認しなければならない。

24　前項の規定は、特定独立行政法人の職員であって要介護家族を介護するものについて準用する。この場合において、同項中「第十七条第一項」とあるのは「第十八条第一項において準用する第十七条第一項」と、「同項各号」とあるのは「第十八条第一項において準用する第十七条第一項各号」と、「当該子を養育する」とあるのは「当該要介護家族を介護する」と読み替えるものとする。

25　地方公務員法第六条第一項に規定する任命権者又はその委任を受けた者は、同法第四条第一項に規定する職員について労働基準法第三十六条第一項本文の規定により同項に規定する労働時間を延長することができる場合において、当該地方公務員法第四条第一項に規定する職員であって小学校就学の始期に達するまでの子を養育するもの（第十七条第一項の規定を適用するとしたならば同項各号のいずれにも該当しないものに限る。）が当該子を養育するために請求した場合で公務の運営に支障がないと認めるときは、その者について、制限時間を超えて当該労働時間を延長して勤務しないことを承認しなければならない。

26　前項の規定は、地方公務員法第四条第一項に規定する職員であって要介護家族を介護するものについて準用する。この場合において、前項中「第十七条第一項」とあるのは「第十八条第一項において準用する第十七条第一項」と、「同項各号」とあるのは「第十八条第一項において準用する第十七条第一項各号」と、「当該子を養育する」とあるのは「当該要介護家族を介護する」と読み替えるものとする。

27　農林水産大臣等は、小学校就学の始期に達するまでの子を養育する給特法の適用を受ける国家公務員であって第十九条第一項の規定を適用するとしたならば同項各号のいずれにも該当しないものが当該子を養育するために請求した場合において、公務の運営に支障がないと認めるときは、深夜（同項に規定する深夜をいう。以下この条において同じ。）において勤務しないことを承認しなければならない。

28　前項の規定は、要介護家族を介護する給特法の適用を受ける国家公務員について準用する。この場合において、同項中「第十九条第一項」とあるのは「第二十条第一項において準用する第十九条第一項」と、「同項各号」とあるのは「第二十条第一項において準用する第十九条第一項各号」と、「当該子を養育する」とあるのは「当該要介護家族を介護する」と読み替えるものとする。

29　特定独立行政法人の長は、小学校就学の始期に達するまでの子を養育する当該特定独立行政法人の職員であって第十九条第一項の規定を適用するとしたならば同項各号のいずれにも該当しないものが当該子を養育するために請求した場合において、業務の運営に支障がないと認めるときは、深夜において勤務しないことを承認しなければならない。

30　前項の規定は、要介護家族を介護する特定独立行政法人の職員について準用する。この場合において、同項中「第十九条第一項」とあるのは「第二十条第一項」と、「同項各号」とあるのは「第二十条第一項において準用する第十九条第一項各号」と、「当該子を養育する」とあるのは「当該要介護家族を介護する」と読み替えるものとする。

31　地方公務員法第六条第一項に規定する任命権者又はその委任を受けた者は、小学校就学の始期に達するまでの子を養育する同法第四条第一項に規定する職員であって第十九条第一項の規定を適用するとしたならば同項各号のいずれにも該当しないものが当該子を養育するために請求した場合において、公務の運営に支障がないと認めるときは、深夜において勤務しないことを承認しなければならない。

32　前項の規定は、要介護家族を介護する地方公務員法第四条第一項に規定する職員について準用する。この場合において、前項中「第十九条第一項」とあるのは「第二十条第一項において準用する第十九条第一項」と、「同項各号」とあるのは「第二十条第一項において準用する第十九条第一項各号」と、「当該子を養育する」とあるのは「当該要介護家族を介護する」と読み替えるものとする。

第十三章　罰則

第六十二条　第五十三条第五項において準用する職業安定法第四十一条第二項の規定による業務の停止の命令に違反して、労働者の募集に従事した者は、一年以下の懲役又は百万円以下の罰金に処する。

第六十三条　次の各号のいずれかに該当する者は、六月以下の懲役又は三十万円以下の罰金に処する。

一　第五十三条第四項の規定による届出をしないで、労働者の募集に従事した者

二　第五十三条第五項において準用する職業安定法第三十七条第二項の規定による指示に従わなかった者

三　第五十三条第五項において準用する職業安定法第三十九条又は第四十条の規定に違反した者

第六十四条　次の各号のいずれかに該当する者は、五十万円以下の罰金に処する。

一　第四十二条の規定による報告をせず、又は虚偽の報告をした者

二　第四十九条第一項の規定による報告をせず、若しくは虚偽の報告をし、又は同項の規定による立入り若しくは検査を拒み、妨げ、若しくは忌避した者

第六十五条　第五十三条第五項において準用する職業安定法第五十条第一項の規定による報告をせず、若しくは虚偽の報告をし、又は第五十三条第五項において準用する同法第五十条第二項の規定による立入り若しくは検査を拒み、妨げ、若しくは忌避し、若しくは質問に対して答弁をせず、若しくは虚偽の陳述をした者は、三十万円以下の罰金に処する。

第六十六条　法人の代表者又は法人若しくは人の代理人、使用人その他の従業者が、その法人又は人の業務に関し、第六十二条から前条までの違反行為をしたときは、行為者を罰するほか、その法人又は人に対して各本条の罰金刑を科する。

第六十七条　第四十一条の規定により厚生労働大臣の認可を受けなければならない場合において、その認可を受けなかったときは、その違反行為をした指定法人の役員は、二十万円以下の過料に処する。

第六十八条　第五十六条の規定による報告をせず、又は虚偽の報告をした者は、二十万円以下の過料に処する。

附　則　抄

（施行期日）

第一条　この法律は、平成四年四月一日から施行する。

附　則（平成二一年七月一日法律第六五号）　抄

（施行期日）

第一条　この法律は、公布の日から起算して一年を超えない範囲内において政令で定める日から施行する。ただし、次の各号に掲げる規定は、当該各号に定める日から施行する。

（平成二二年政令第一八六号で平成二二年六月三〇日から施行）

一　附則第三条及び第六条の規定　公布の日から施行

二　第一条及び附則第五条の規定　公布の日から起算して三月を超えない範囲内において政令で定める日

（平成二一年政令第二二九号で平成二一年九月三〇日から施行）

育児休業、介護休業等育児又は家族介護を行う労働者の福祉に関する法律施行規則

平成三年十月十五日労働省令第二十五号
最終改正　平成二二年四月一日厚生労働省令第五三号

第一章　総則

（法第二条第三号の厚生労働省令で定める期間）
第一条　育児休業、介護休業等育児又は家族介護を行う労働者の福祉に関する法律（以下「法」という。）第二条第三号の厚生労働省令で定める期間は、二週間以上の期間とする。

（法第二条第四号の厚生労働省令で定めるもの）
第二条　法第二条第四号の厚生労働省令で定めるものは、労働者が同居し、かつ、扶養している祖父母、兄弟姉妹及び孫とする。

（法第二条第五号の厚生労働省令で定める親族）
第三条　法第二条第五号の厚生労働省令で定める親族は、同居の親族（同条第四号の対象家族（以下「対象家族」という。）を除く。）とする。

第二章　育児休業

（法第五条第二項の厚生労働省令で定める特別の事情）
第四条　法第五条第二項の厚生労働省令で定める特別の事情がある場合は、次のとおりとする。
一　法第五条第一項の申出をした労働者について労働基準法（昭和二十二年法律第四十九号）第六十五条第一項又は第二項の規定により休業する期間（以下「産前産後休業期間」という。）が始まったことにより法第九条第一項の育児休業期間（以下「育児休業期間」という。）が終了した場合であって、当該産前産後休業期間又は当該産前産後休業期間中に出産した子に係る育児休業期間が終了する日までに、当該子のすべてが、次のいずれかに該当するに至ったとき。
イ　死亡したとき。
ロ　養子となったことその他の事情により当該労働者と同居しないこととなったとき。
二　法第五条第一項の申出をした労働者について新たな育児休業期間（以下この号において「新期間」という。）が始まったことにより育児休業期間が終了した場合であって、当該新期間が終了する日までに、当該新期間の育児休業に係る子のすべてが、前号イ又はロのいずれかに該当するに至ったとき。
三　法第五条第一項の申出をした労働者について法第十五条第一項の介護休業期間（以下「介護休業期間」という。）が始まったことにより育児休業期間が終了した場合であって、当該介護休業期間が終了する日までに、当該介護休業期間の介護休業に係る対象家族が死亡するに至ったとき又は離婚、婚姻の取消、離縁等により当該介護休業期間の介護休業に係る対象家族と介護休業申出（法第十一条第三項の介護休業申出をいう。以下同じ。）をした労働者との親族関係が消滅するに至ったとき。
四　法第五条第一項の申出に係る子の親である配偶者（婚姻の届出をしていないが、事実上婚姻関係と同様の事情にある者を含む。以下同じ。）が死亡したとき。
五　前号に規定する配偶者が負傷、疾病又は身体上若しくは精神上の障害により法第五条第一項の申出に係る子を養育することが困難な状態になったとき。
六　婚姻の解消その他の事情により第四号に規定する配偶者が法第五条第一項の申出に係る子と同居しないこととなったとき。
七　法第五条第一項の申出に係る子が負傷、疾病又は身体上若しくは精神上の障害により、二週間以上の期間にわたり世話を必要とする状態になったとき。
八　法第五条第一項の申出に係る子について、保育所における保育の実施を希望し、申込みを行っているが、当面その実施が行われないとき。

（法第五条第三項第二号の厚生労働省令で定める場合）
第四条の二　法第五条第三項第二号の厚生労働省令で定める場合は、次のとおりとする。
一　法第五条第三項の申出に係る子について、保育所における保育の実施を希望し、申込みを行っているが、当該子が一歳に達する日後の期間について、当面その実施が行われない場合
二　常態として法第五条第三項の申出に係る子の養育を行っている当該子の親である配偶者であって当該子が一歳に達する日後の期間について常態として当該子の養育を行う予定であったものが次のいずれかに該当した場合
イ　死亡したとき。
ロ　負傷、疾病又は身体上若しくは精神上の障害により法第五条第三項の申出に係る子を養育することが困難な状態になったとき。
ハ　婚姻の解消その他の事情により常態として法第五条第三項の申出に係る子の養育を行っている当該子の親である配偶者が法第五条第三項の申出に係る子と同居しないこととなったとき。
ニ　六週間（多胎妊娠の場合にあっては、十四週間）以内に出産する予定であるか又は産後八週間を経過しないとき。

（育児休業申出の方法等）
第五条　法第五条第四項の育児休業申出（以下「育児休業申出」という。）は、次に掲げる事項（法第五条第五項に規定する場合にあっては、第一号、第二号及び第四号に掲げる事項に限る。）を事業主に申し出ることによって行わなければならない。
一　育児休業申出の年月日
二　育児休業申出をする労働者の氏名
三　育児休業申出に係る子の氏名、生年月日及び前号の労働者との続柄（育児休業申出に係る子が当該育児休業申出の際に出生していない場合にあっては、当該育児休業申出に係る子を出産する予定である者

の氏名、出産予定日及び前号の労働者との続柄）

四　育児休業申出に係る期間の初日（以下「育児休業開始予定日」という。）及び末日（以下「育児休業終了予定日」という。）とする日

五　育児休業申出をする労働者が当該育児休業申出に係る子でない子であって一歳に満たないものを有する場合にあっては、当該子の氏名、生年月日及び当該労働者との続柄

六　育児休業申出に係る子が養子である場合にあっては、当該養子縁組の効力が生じた日

七　第四条各号に掲げる事情がある場合にあっては、当該事情に係る事実

八　法第五条第三項の申出をする場合にあっては、前条各号に掲げる場合に該当する事実

九　配偶者が育児休業申出に係る子の一歳到達日（法第五条第一項第二号に規定する一歳到達日をいう。以下同じ。）において育児休業をしている労働者が法第五条第三項の申出をする場合にあっては、その事実

十　第九条各号に掲げる事由が生じた場合にあっては、当該事由に係る事実

十一　第十八条各号に掲げる事情がある場合にあっては、当該事情に係る事実

十二　法第九条の二第一項の規定により読み替えて適用する法第五条第一項の申出により子の一歳到達日の翌日以後の日に育児休業をする場合にあっては、当該申出に係る育児休業開始予定日とされた日が当該労働者の配偶者がしている育児休業に係る育児休業期間の初日以後である事実

2　前項の申出及び第八項の通知は、次のいずれかの方法（第二号及び第三号に掲げる場合にあっては、事業主が適当と認める場合に限る。）によって行わなければならない。

一　書面を提出する方法

二　ファクシミリを利用して送信する方法

三　電気通信回線を通じて事業主の使用に係る通信端末機器に送信する方法（労働者及び事業主が当該送信する情報を出力することにより書面を作成することができるものに限る。）

3　前項第二号の方法により行われた申出及び通知は、事業主の使用に係るファクシミリ装置により受信した時に、同項第三号の方法により行われた申出及び通知は、事業主の使用に係る通信端末機器により受信した時に、それぞれ当該事業主に到達したものとみなす。

4　事業主は、育児休業申出がされたときは、次に掲げる事項を労働者に速やかに通知しなければならない。

一　育児休業申出を受けた旨

二　育児休業開始予定日（法第六条第三項の規定により指定をする場合にあっては、当該事業主の指定する日）及び育児休業終了予定日

三　育児休業申出を拒む場合には、その旨及びその理由

5　前項の通知は、次のいずれかの方法（第二号及び第三号に掲げる場合にあっては、労働者が希望する場合に限る。）により行わなければならない。

一　書面を交付する方法

二　ファクシミリを利用して送信する方法

三　電子メールの送信の方法（当該労働者が当該電子メールの記録を出力することにより書面を作成することができるものに限る。）

6　前項第二号の方法により行われた通知は、労働者の使用に係るファクシミリ装置により受信した時に、同項第三号の方法により行われた通知は、労働者の使用に係る通信端末機器により受信した時に、それぞれ当該労働者に到達したものとみなす。

7　事業主は、第一項の育児休業申出があったときは、当該育児休業申出をした労働者に対して、当該育児休業申出に係る子の妊娠、出生（育児休業申出に係る子が当該育児休業申出の際に出生していない場合にあっては、出産予定日）若しくは養子縁組の事実又は同項第七号から第十二号までに掲げる事実を証明することができる書類の提出を求めることができる。ただし、法第五条第五項に規定する場合は、この限りでない。

8　育児休業申出に係る子が当該育児休業申出がされた後に出生したときは、当該育児休業申出をした労働者は、速やかに、当該子の氏名、生年月日及び当該労働者との続柄を事業主に通知しなければならない。この場合において、事業主は、当該労働者に対して、当該子の出生の事実を証明することができる書類の提出を求めることができる。

第六条　削除

（法第六条第一項第二号の厚生労働省令で定めるもの）

第七条　法第六条第一項第二号の厚生労働省令で定めるものは、次のとおりとする。

一　育児休業申出があった日から起算して一年（法第五条第三項の申出にあっては六月）以内に雇用関係が終了することが明らかな労働者

二　一週間の所定労働日数が著しく少ないものとして厚生労働大臣が定める日数以下の労働者

（法第六条第一項ただし書の場合の手続等）

第八条　法第六条第一項ただし書の規定により、事業主が労働者からの育児休業申出を拒む場合及び育児休業をしている労働者が同項ただし書の育児休業をすることができないものとして定められた労働者に該当することとなったことにより育児休業を終了させる場合における必要な手続その他の事項は、同項ただし書の協定の定めるところによる。

（法第六条第三項の厚生労働省令で定める事由）

第九条　法第六条第三項の厚生労働省令で定める事由は、次のとおりとする。

一　出産予定日前に子が出生したこと。

二　育児休業申出に係る子の親である配偶者の死亡

三　前号に規定する配偶者が負傷又は疾病により育児休業申出に係る子を養育することが困難になったこと。

四　第二号に規定する配偶者が育児休業申出に係る子と同居しなくなったこと。

五　法第五条第一項の申出に係る子が負傷、疾病又は身体上若しくは精神上の障害により、二週間以上の期間にわたり世話を必要とする状態になったとき。

六　法第五条第一項の申出に係る子について、保育所における保育の実施を希望し、申込みを行っているが、当面その実施が行われないとき。

（法第六条第三項の厚生労働省令で定める日）

第十条　法第六条第三項の厚生労働省令で定める日は、育児休業申出があった日の翌日から起算して一週間を経過する日とする。

（法第六条第三項の指定）

第十一条　法第六条第三項の指定は、育児休業開始予定日とされた日（その日が育児休業申出があった日の翌日から起算して三日を経過する日後の日である場合にあっては、当該三日を経過する日）までに、育児休業開始予定日として指定する日を育児休業申出をした労働者に通知することによって行わなければならない。

2　第五条第五項及び第六項の規定は、前項の通知について準用する。

（育児休業開始予定日の変更の申出）

第十二条　法第七条第一項の育児休業開始予定日の変更の申出（以下この条及び第十四条において「変更申出」という。）は、次に掲げる事項を事業主に申し出ることによって行わなければならない。

一　変更申出の年月日
二　変更申出をする労働者の氏名
三　変更後の育児休業開始予定日
四　変更申出をすることとなった事由に係る事実

2　第五条第二項から第六項（第四項第三号を除く。）までの規定は、変更申出について準用する。この場合において、同条第四項第二号中「法第六条第三項」とあるのは「法第七条第二項」と読み替えるものとする。

3　事業主は、第一項の変更申出があったときは、当該変更申出をした労働者に対して、同項第四号に掲げる事実を証明することができる書類の提出を求めることができる。

（法第七条第二項の厚生労働省令で定める期間）

第十三条　法第七条第二項の厚生労働省令で定める期間は、一週間とする。

（法第七条第二項の指定）

第十四条　法第七条第二項の指定は、変更後の育児休業開始予定日とされた日（その日が変更申出があった日の翌日から起算して三日を経過する日後の日である場合にあっては、当該三日を経過する日）までに、育児休業開始予定日として指定する日を記載した書面を変更申出をした労働者に交付することによって行わなければならない。

（法第七条第三項の厚生労働省令で定める日）

第十五条　法第七条第三項の厚生労働省令で定める日は、育児休業申出において育児休業終了予定日とされた日の一月前（法第五条第三項の申出にあっては二週間前）の日とする。

（育児休業終了予定日の変更の申出）

第十六条　法第七条第三項の育児休業終了予定日の変更の申出（以下この条において「変更申出」という。）は、次に掲げる事項を事業主に申し出ることによって行わなければならない。

一　変更申出の年月日
二　変更申出をする労働者の氏名
三　変更後の育児休業終了予定日

2　第五条第二項から第六項（第四項第三号を除く。）までの規定は、変更申出について準用する。この場合において、同条第四項第二号中「育児休業開始予定日（法第六条第三項の規定により指定をする場合にあっては、当該事業主の指定する日）」とあるのは「育児休業開始予定日」と読み替えるものとする。

（育児休業申出の撤回）

第十七条　法第八条第一項の育児休業申出の撤回は、その旨及びその年月日を事業主に申し出ることによって行わなければならない。

2　第五条第二項から第六項（第四項第二号及び第三号を除く。）までの規定は、前項の撤回について準用する。

（法第八条第二項の厚生労働省令で定める特別の事情）

第十八条　法第八条第二項の厚生労働省令で定める特別の事情がある場合は、次のとおりとする。

一　育児休業申出に係る子の親である配偶者の死亡
二　前号に規定する配偶者が負傷、疾病又は身体上若しくは精神上の障害により育児休業申出に係る子を養育することが困難な状態になったこと。
三　婚姻の解消その他の事情により第一号に規定する配偶者が育児休業申出に係る子と同居しないこととなったこと。
四　法第五条第一項の申出に係る子が負傷、疾病又は身体上若しくは精神上の障害により、二週間以上の期間にわたり世話を必要とする状態になったとき。
五　法第五条第一項の申出に係る子について、保育所における保育の実施を希望し、申込みを行っているが、当面その実施が行われないとき。

（法第八条第三項の厚生労働省令で定める事由）

第十九条　法第八条第三項の厚生労働省令で定める事由は、次のとおりとする。

一　育児休業申出に係る子の死亡
二　育児休業申出に係る子が養子である場合における離縁又は養子縁組の取消
三　育児休業申出に係る子が養子となったことその他の事情により当該育児休業申出をした労働者と当該子とが同居しないこととなったこと。
四　育児休業申出をした労働者が、負傷、疾病又は身体上若しくは精神上の障害により、当該育児休業申出に係る子が一歳（法第五条第三項の申出に係る子にあっては、一歳六か月）に達するまでの間、当該子を養育することができない状態になったこと。
五　法第九条の二第一項の規定により読み替えて適用する法第五条第一項の申出により子の一歳到達日の翌日以後の日に育児休業をする場合において労働者の配偶者が育児休業をしていないこと（当該申出に係る育児休業開始予定日とされた日が当該配偶者のしている育児休業に係る育児休業期間の初日と同じ日である場合を除く。）。

（法第九条第二項第一号の厚生労働省令で定める事由）

第二十条　前条の規定（第五号を除く。）は、法第九条第二項第一号の厚生労働省令で定める事由について準用する。

（同一の子について配偶者が育児休業をする場合の特例の読替え）

第二十条の二　法第九条の二第一項の規定による技術的読替えは、次の表のとおりとする。

法の規定中読み替える規定	読み替えられる字句	読み替える字句
第五条第二項	前項	前項（第九条の二第一項の規定により読み替えて適用する場合を含む。）
第五条第四項	第一項	第一項（第九条の二第一項の規定により読み替えて適用する場合を含む。）
	前項	前項（第九条の二第一項の規定により読み替えて適用する場合を含む。）
第五条第五項	第二項、第三項ただし書及び前項後段	第二項（第九条の二第一項の規定により読み替えて適用する場合を含む。）、第三項ただし書（第九条の二第一項の規定により読み替えて適用する場合を含む。）及び前項後段（第九条の二第一項の規定により読み替えて適用する場合を含む。）
第六条第二項	前条第一項及び第三項	前条第一項（第九条の二第一項の規定により読み替えて適用する場合を含む。）及び第三項（第九条の二第一項の規定により読み替えて適用する場合を含む。）
第六条第三項	前条第三項	前条第三項（第九条の二第一項の規定により読み替えて適用する場合を含む。）
第六条第四項	前項	前項（第九条の二第一項の規定により読み替えて適用する場合を含む。）
	前条第五項	前条第五項（第九条の二第一項の規定により読み替えて適用する場合を含む。）
第七条第一項	第五条第一項	第五条第一項（第九条の二第一項の規定により読み替えて適用する場合を含む。）
	前条第三項	前条第三項（第九条の二第一項の規定により読み替えて適用する場合を含む。）
第七条第二項	前項	前項（第九条の二第一項の規定により読み替えて適用する場合を含む。）
	前条第三項	前条第三項（第九条の二第一項の規定により読み替えて適用する場合を含む。）
第八条第一項	第六条第三項	第六条第三項（第九条の二第一項の規定により読み替えて適用する場合を含む。）
	前条第二項	前条第二項（第九条の二第一項の規定により読み替えて適用する場合を含む。）
	同条第一項	同条第一項（第九条の二第一項の規定により読み替えて適用する場合を含む。）
第八条第二項	前項	前項（第九条の二第一項の規定により読み替えて適用する場合を含む。）
	第五条第一項及び第三項	第五条第一項（第九条の二第一項の規定により読み替えて適用する場合を含む。）及び第三項（第九条の二第一項の規定により読み替えて適用する場合を含む。）
第九条第二項	前項	前項（次条第一項の規定により読み替えて適用する場合を含む。）
第九条の三	第五条第三項	第五条第三項（前条第一項の規定により読み替えて適用する場合を含む。）
	第五条第一項	第五条第一項（前条第一項の規定により読み替えて適用する場合を含む。）
第十二条第二項	第六条第一項ただし書及び第二項	第六条第一項ただし書及び第二項（第九条の二第一項の規定により読み替えて適用する場合を含む。）
	前条第一項及び第三項	前条第一項（第九条の二第一項の規定により読み替えて適用する場合を含む。）及び第三項（第九条の二第一項の規定により読み替えて適用する場合を含む。）
第十二条第四項	前二項	前二項（第九条の二第一項の規定により読み替えて適用する場合を含む。）
第十六条の三第二項及び第十六条の六第二項	第六条第一項ただし書及び第二項	第六条第一項ただし書及び第二項（第九条の二第一項の規定により読み替えて適用する場合を含む。）
	前条第一項及び第三項	前条第一項（第九条の二第一項の規定により読み替えて適用

		する場合を含む。）及び第三項（第九条の二第一項の規定により読み替えて適用する場合を含む。）
第二十四条	第五条第三項	第五条第三項（第九条の二第一項の規定により読み替えて適用する場合を含む。）
第二十九条	第二十七条まで	第二十三条まで、第二十四条（第九条の二第一項の規定により読み替えて適用する場合を含む。）及び第二十五条から第二十七条まで
第五十六条の二	第十二条第二項、第十六条の三第二項及び第十六条の六第二項	第十二条第二項（第九条の二第一項の規定により読み替えて適用する場合を含む。）、第十六条の三第二項（第九条の二第一項の規定により読み替えて適用する場合を含む。）及び第十六条の六第二項（第九条の二第一項の規定により読み替えて適用する場合を含む。）
第五十七条	第五条第二項	第五条第二項（第九条の二第一項の規定により読み替えて適用する場合を含む。）
	第十二条第二項、第十六条の三第二項及び第十六条の六第二項	第十二条第二項（第九条の二第一項の規定により読み替えて適用する場合を含む。）、第十六条の三第二項（第九条の二第一項の規定により読み替えて適用する場合を含む。）及び第十六条の六第二項（第九条の二第一項の規定により読み替えて適用する場合を含む。）
	第三項、第七条第二項	第三項（第九条の二第一項の規定により読み替えて適用する場合を含む。）、第七条第二項（第九条の二第一項の規定により読み替えて適用する場合を含む。）
	第八条第二項	第八条第二項（第九条の二第一項の規定により読み替えて適用する場合を含む。）

2　法第九条の二の規定に基づき労働者の養育する子について、当該労働者の配偶者が当該子の一歳到達日以前のいずれかの日において当該子を養育するために育児休業をしている場合における次の表の上欄に掲げる規定の適用については、これらの規定中同表の中欄に掲げる字句は、それぞれ同表の下欄に掲げる字句とする。

第四条（見出しを含む。）	第五条第二項	第五条第二項（法第九条の二第一項の規定により読み替えて適用する場合を含む。）
	第五条第一項	第五条第一項（法第九条の二第一項の規定により読み替えて適用する場合を含む。）
	第九条第一項	第九条第一項（法第九条の二第一項の規定により読み替えて適用する場合を含む。）
	前号に規定する	前号（第二十条の二第二項の規定により読み替えて適用する場合を含む。）に規定する
	第四号	第四号（第二十条の二第二項の規定により読み替えて適用する場合を含む。）
第四条の二	第五条第三項	第五条第三項（法第九条の二第一項の規定により読み替えて適用する場合を含む。）
第五条第一項	第五条第四項	第五条第四項（法第九条の二第一項の規定により読み替えて適用する場合を含む。）
	第五条第五項	第五条第五項（法第九条の二第一項の規定により読み替えて適用する場合を含む。）
	一歳	一歳（法第九条の二第一項の規定により読み替えて適用する法第五条第一項の規定による申出により育児休業をしている場合にあっては、一歳二か月）
	第四条各号	第四条各号（これらの規定を第二十条の

		二第二項の規定により読み替えて適用する場合を含む。）
	第五条第三項	第五条第三項（法第九条の二第一項の規定により読み替えて適用する場合を含む。）
	前条各号	前条各号（これらの規定を第二十条の二第二項の規定により読み替えて適用する場合を含む。）
	（法第五条第一項第二号に規定する一歳到達日をいう。）	（法第九条の二第一項の規定により読み替えて適用する第一項の申出に係る第九条第一項（法第九条の二第一項の規定により読み替えて適用する場合を含む。）に規定する育児休業終了予定日とされた日が当該子の一歳に達する日後である場合にあっては、当該育児休業終了予定日とされた日。）
	第九条各号	第九条第一号から第四号まで、第五号（第二十条の二第二項の規定により読み替えて適用する場合を含む。）及び第六号（第二十条の二第二項の規定により読み替えて適用する場合を含む。）
	第十八条各号	第十八条第一号から第三号まで、第四号（第二十条の二
		第二項の規定により読み替えて適用する場合を含む。）及び第五号（第二十条の二第二項の規定により読み替えて適用する場合を含む。）
第五条第二項	前項	前項（第二十条の二第二項の規定により読み替えて適用する場合を含む。）
第五条第四項	第六条第三項	第六条第三項（法第九条の二第一項の規定により読み替えて適用する場合を含む。）
第五条第五項	前項	前項（第二十条の二第二項の規定により読み替えて適用する場合を含む。）
第五条第七項	第一項	第一項（第二十条の二第二項の規定により読み替えて適用する場合を含む。）
	同項第七号から第十二号まで	同項第七号から第十一号まで（これらの規定を第二十条の二第二項の規定により読み替えて適用する場合を含む。）及び第十二号
第七条	第五条第五項	第五条第五項（法第九条の二第一項の規定により読み替えて適用する場合を含む。）
	第五条第三項	第五条第三項（法第九条の二第一項の規定により読み替えて適用する場合を含む。）
第九条（見出しを含む。）	第六条第三項	第六条第三項（法第九条の二第一項の規定により読み替えて適用する場合を含む。）
	第五条第一項	第五条第一項（法第九条の二第一項の規定により読み替えて適用する場合を含む。）
第十条（見出しを含む。）	第六条第三項	第六条第三項（法第九条の二第一項の規定により読み替えて適用する場合を含む。）
第十一条（見出しを含む。）	第六条第三項	第六条第三項（法第九条の二第一項の規定により読み替えて適用する場合を含む。）
	第五条第五項	第五条第五項（第二十条の二第二項の規定により読み替えて適用する場合を含む。）
第十二条第一項	第七条第一項	第七条第一項（法第九条の二第一項の規定により読み替えて適用する場合を含む。）
	この条及び第十四条	この条（法第九条の二第一項の規定により読み替えて適用する場合を含む。）及び第十四条（法第九条の二第一項の規定により読み替えて適用する場合を含む。）
第十二条第二項	第五条第二項から第四項（第三号を除く。）ま	第五条第二項（第二十条の二第二項の規定により読み替えて

	で、第五項	適用する場合を含む。）、第三項、第四項（第三号を除き、第二十条の二第二項の規定により読み替えて適用する場合を含む。）、第五条（第二十条の二第二項の規定により読み替えて適用する場合を含む。）
	同条第四項第二号	同条第四項第二号（第二十条の二第二項の規定により読み替えて適用する場合を含む。）
	第六条第三項	第六条第三項（法第九条の二第一項の規定により読み替えて適用する場合を含む。）
第十二条第三項	第一項	第一項（第二十条の二第二項の規定により読み替えて適用する場合を含む。）
第十三条（見出しを含む。）	第七条第二項	第七条第二項（法第九条の二第一項の規定により読み替えて適用する場合を含む。）
第十四条（見出しを含む。）	第七条第二項	第七条第二項（法第九条の二第一項の規定により読み替えて適用する場合を含む。）
第十五条	第五条第三項	第五条第三項（法第九条の二第一項の規定により読み替えて適用する場合を含む。）
第十六条第二項	第五条第二項から第四項（第三号を除く。）まで、第五項	第五条第二項（第二十条の二第二項の規定により読み替えて適用する場合を含む。）、第三項、第四項（第三号を除き、第二十条の二第二項の規定により読み替えて適用する場合を含む。）、第五項（第二十条の二第二項の規定により読み替えて適用する場合を含む。）
	同条第四項第二号	同条第四項第二号（第二十条の二第二項の規定により読み替えて適用する場合を含む。）
	第六条第三項	第六条第三項（法第九条の二第一項の規定により読み替えて適用する場合を含む。）
第十七条第一項	第八条第一項	第八条第一項（法第九条の二第一項の規定により読み替えて適用する場合を含む。）
第十七条第二項	第五条第二項から第四項（第二号及び第三号を除く。）まで、第五項	第五条第二項（第二十条の二第二項の規定により読み替えて適用する場合を含む。）、第三項、第四項（第二号及び第三号を除く。）、第五項（第二十条の二第二項の規定により読み替えて適用する場合を含む。）
	前項	前項（第二十条の二第二項の規定による場合を含む。）
第十八条（見出しを含む。）	第八条第二項	第八条第二項（法第九条の二第一項の規定により読み替えて適用する場合を含む。）
	第五条第一項	第五条第一項（法第九条の二第一項の規定により読み替えて適用する場合を含む。）
第十九条	一歳（法第五条第三項の申出に係る子にあっては、一歳六か月）	一歳（法第九条の二第一項の規定により読み替えて適用する法第五条第一項の規定による申出により育児休業をしている場合にあっては一歳二か月、同条第三項（法第九条の二第一項の規定により読み替えて適用する場合を含む。）の規定による申出により育児休業をしている場合にあっては一歳六か月）
第二十条	前条	前条（第二十条の二第二項の規定により読み替えて適用する場合を含む。）
第二十二条第二項	第五条第二項から第六項まで	第五条第二項（第二十条の二第二項の規定により読み替えて適用する場合を含む。）、第三項、第四項（第二十条の二第二項の規定により読み替えて適用する場合を含む。）及び第六条

	同条第四項第二号	同条第四項第二号（第二十条の二第二項の規定により読み替えて適用する場合を含む。）
	第六条第三項	第六条第三項（法第九条の二第一項の規定により読み替えて適用する場合を含む。）
第二十三条（見出しを含む。）	第十二条第二項	第十二条第二項（法第九条の二第一項の規定により読み替えて適用する場合を含む。）
第二十四条（見出しを含む。）	第十二条第二項	第十二条第二項（法第九条の二第一項の規定により読み替えて適用する場合を含む。）
第二十五条第二項	第十一条第二項	第十一条第二項（第二十条の二第二項の規定により読み替えて適用する場合を含む。）
第二十七条	第十六条	第十六条（第二十条の二第二項の規定により読み替えて適用する場合を含む。）
第二十八条	第十七条	第十七条（第二十条の二第二項の規定により読み替えて適用する場合を含む。）
第三十条の二（見出しを含む。）	第十六条の三第二項	第十六条の三第二項（法第九条の二第一項の規定により読み替えて適用する場合を含む。）
第三十条の三（見出しを含む。）	第十六条の三第二項	第十六条の三第二項（法第九条の二第一項の規定により読み替えて適用する場合を含む。）
第三十条の六（見出しを含む。）	第十六条の六第二項	第十六条の六第二項（法第九条の二第一項の規定により読み替えて適用する場合を含む。）
第三十条の七（見出しを含む。）	第十六条の六第二項	第十六条の六第二項（法第九条の二第一項の規定により読み替えて適用する場合を含む。）

第三章　介護休業

（法第十一条第二項第一号の厚生労働省令で定める特別の事情）

第二十一条　法第十一条第二項第一号の厚生労働省令で定める特別の事情がある場合は、次のとおりとする。

一　介護休業申出をした労働者について新たな介護休業期間が始まったことにより介護休業期間が終了した場合であって、当該新たな介護休業期間が終了する日までに、当該新たな介護休業期間の介護休業に係る対象家族が死亡するに至ったとき又は離婚、婚姻の取消、離縁等により当該新たな介護休業期間の介護休業に係る対象家族と介護休業申出をした労働者との親族関係が消滅するに至ったとき。

二　介護休業申出をした労働者について産前産後休業期間又は育児休業期間が始まったことにより介護休業期間が終了した場合であって、当該産前産後休業期間（当該産前産後休業期間中に出産した子に係る育児休業期間を含む。以下この号において同じ。）又は育児休業期間が終了する日までに、当該産前産後休業期間又は育児休業期間の休業に係る子のすべてが、第四条第一号イ又はロのいずれかに該当するに至ったとき。

（法第十一条第二項第二号ロの厚生労働省令で定めるもの）

第二十一条の二　法第十一条第二項第二号ロの厚生労働省令で定めるものは、第三十四条第三項各号に掲げる措置であって事業主が法第十一条第二項第二号ロの厚生労働省令で定めるものとして措置を講ずる旨及び当該措置の初日を当該措置の対象となる労働者に明示したものとする。

（介護休業申出の方法等）

第二十二条　介護休業申出は、次に掲げる事項（法第十一条第四項に規定する場合にあっては、第一号、第二号及び第六号に掲げる事項に限る。）を事業主に申し出ることによって行わなければならない。

一　介護休業申出の年月日

二　介護休業申出をする労働者の氏名

三　介護休業申出に係る対象家族の氏名及び前号の労働者との続柄
四　介護休業申出に係る対象家族が祖父母、兄弟姉妹又は孫である場合にあっては、第二号の労働者が当該対象家族と同居し、かつ、当該対象家族を扶養している事実
五　介護休業申出に係る対象家族が要介護状態（法第二条第三号の要介護状態をいう。以下同じ。）にある事実
六　介護休業申出に係る期間の初日（以下「介護休業開始予定日」という。）及び末日（以下「介護休業終了予定日」という。）とする日
七　介護休業申出に係る対象家族についての法第十一条第二項第二号の介護休業等日数
八　第二十一条各号に掲げる事情がある場合にあっては、当該事情に係る事実

2　第五条第二項から第六項までの規定は、介護休業申出について準用する。この場合において、同条第四項第二号中「第六条第三項」とあるのは「第十二条第三項」と読み替えるものとする。

3　事業主は、第一項の介護休業申出があったときは、当該介護休業申出をした労働者に対して、同項第三号から第五号まで及び第八号に掲げる事実を証明することができる書類の提出を求めることができる。ただし、法第十一条第四項に規定する場合は、この限りでない。

（法第十二条第二項において準用する法第六条第一項第二号の厚生労働省令で定めるもの）

第二十三条　法第十二条第二項において準用する法第六条第一項第二号の厚生労働省令で定めるものは、次のとおりとする。
一　介護休業申出があった日から起算して九十三日以内に雇用関係が終了することが明らかな労働者
二　第七条第二号の労働者

（法第十二条第二項において準用する法第六条第一項ただし書の場合の手続等）

第二十四条　第八条の規定は、法第十二条第二項において準用する法第六条第一項ただし書の場合の手続等について準用する。

（法第十二条第三項の指定）

第二十五条　法第十二条第三項の指定は、介護休業開始予定日とされた日（その日が介護休業申出があった日の翌日から起算して三日を経過する日後の日である場合にあっては、当該三日を経過する日）までに、介護休業開始予定日として指定する日を介護休業申出をした労働者に通知することによって行わなければならない。

2　第十一条第二項の規定は、前項の指定について準用する。

（法第十三条において準用する法第七条第三項の厚生労働省令で定める日）

第二十六条　法第十三条において準用する法第七条第三項の厚生労働省令で定める日は、介護休業申出において介護休業終了予定日とされた日の二週間前の日とする。

（介護休業終了予定日の変更の申出）

第二十七条　第十六条の規定は、法第十三条において準用する法第七条第三項の介護休業終了予定日の変更の申出について準用する。

（介護休業申出の撤回）

第二十八条　第十七条の規定は、法第十四条第一項の介護休業申出の撤回について準用する。

（法第十四条第三項において準用する法第八条第三項の厚生労働省令で定める事由）

第二十九条　法第十四条第三項において準用する法第八条第三項の厚生労働省令で定める事由は、次のとおりとする。
一　介護休業申出に係る対象家族の死亡
二　離婚、婚姻の取消、離縁等による介護休業申出に係る対象家族と当該介護休業申出をした労働者との親族関係の消滅
三　介護休業申出をした労働者が、負傷、疾病又は身体上若しくは精神上の障害により、当該介護休業申出に係る対象家族についての法第十一条第二項第二号の介護休業等日数が九十三日に達する日までの間、当該介護休業申出に係る対象家族を介護することができない状態になったこと。

（法第十五条第三項第一号の厚生労働省令で定める事由）

第二十九条の二　前条の規定は、法第十五条第三項第一号の厚生労働省令で定める事由について準用する。

第四章　子の看護休暇

（法第十六条の二第一項の厚生労働省令で定める当該子の世話）

第二十九条の三　法第十六条の二第一項の厚生労働省令で定める当該子の世話は、当該子に予防接種又は健康診断を受けさせることとする。

（子の看護休暇の申出の方法等）

第三十条　法第十六条の二第一項の規定による申出（以下この条及び第三十条の三において「看護休暇申出」という。）は、次に掲げる事項を、事業主に対して明らかにすることによって、行わなければならない。
一　看護休暇申出をする労働者の氏名
二　看護休暇申出に係る子の氏名及び生年月日
三　子の看護休暇を取得する年月日
四　看護休暇申出に係る子が負傷し、若しくは疾病にかかっている事実又は前条に定める世話を行う旨

2　事業主は、看護休暇申出があったときは、当該看護休暇申出をした労働者に対して、前項第四号に掲げる事実を証明することができる書類の提出を求めることができる。

（法第十六条の三第二項において準用する法第六条第一項第二号の厚生労働省令で定めるもの）

第三十条の二　法第十六条の三第二項において準用する法第六条第一項第二号の厚生労働省令で定めるものは、第七条第二号の労働者とする。

（法第十六条の三第二項において準用する法第六条第一項ただし書の場合の手続等）

第三十条の三　法第十六条の三第二項において準用する法第六条第一項ただし書の規定により、事業主が労働者からの看護休暇申出を拒む場合における必要な手続その他の事項は、同項ただし書の協定の定めるところによる。

第五章　介護休暇

（法第十六条の五第一項の厚生労働省令で定める世話）

第三十条の四　法第十六条の五第一項の厚生労働省令で定める世話は、次に掲げるものとする。

一　対象家族の介護

二　対象家族の通院等の付添い、対象家族が介護サービスの提供を受けるために必要な手続きの代行その他の対象家族の必要な世話

（介護休暇の申出の方法等）

第三十条の五　法第十六条の五第一項の規定による申出（以下この条及び第三十条の七において「介護休暇申出」という。）は、次に掲げる事項を、事業主に対して明らかにすることによって、行わなければならない。

一　介護休暇申出をする労働者の氏名

二　介護休暇申出に係る対象家族の氏名及び前号の労働者との続柄

三　介護休暇申出に係る対象家族が祖父母、兄弟姉妹又は孫である場合にあっては、第一号の労働者が当該対象家族と同居し、かつ、当該対象家族を扶養している事実

四　介護休暇を取得する年月日

五　介護休暇申出に係る対象家族が要介護状態にある事実

2　事業主は、介護休暇申出があったときは、当該介護休暇申出をした労働者に対して、前項第二号、第三号及び第五号に掲げる事実を証明することができる書類の提出を求めることができる。

（法第十六条の六第二項において準用する法第六条第一項第二号の厚生労働省令で定めるもの）

第三十条の六　法第十六条の六第二項において準用する法第六条第一項第二号の厚生労働省令で定めるものは、第七条第二号の労働者とする。

（法第十六条の六第二項において準用する法第六条第一項ただし書の場合の手続等）

第三十条の七　法第十六条の六第二項において準用する法第六条第一項ただし書の規定により、事業主が労働者からの介護休暇申出を拒む場合における必要な手続その他の事項は、同項ただし書の協定の定めるところによる。

第六章　所定外労働の制限

（法第十六条の八第一項第二号の厚生労働省令で定めるもの）

第三十条の八　法第十六条の八第一項第二号の厚生労働省令で定めるものは、一週間の所定労働日数が二日以下の労働者とする。

（法第十六条の八第一項の規定による請求の方法等）

第三十条の九　請求は、次に掲げる事項を事業主に通知することによって行わなければならない。

一　請求の年月日

二　請求をする労働者の氏名

三　請求に係る子の氏名、生年月日及び前号の労働者との続柄（請求に係る子が当該請求の際に出生していない場合にあっては、当該請求に係る子を出産する予定である者の氏名、出産予定日及び前号の労働者との続柄）

四　請求に係る制限期間（法第十六条の八第二項の制限期間をいう。以下この章において同じ。）の初日及び末日とする日

五　請求に係る子が養子である場合にあっては、当該養子縁組の効力が生じた日

2　前項の請求及び第五項の通知は、次のいずれかの方法（第二号及び第三号に掲げる場合にあっては、事業主が適当と認める場合に限る。）によって行わなければならない。

一　書面を提出する方法

二　ファクシミリを利用して送信する方法

三　電気通信回線を通じて事業主の使用に係る通信端末機器に送信する方法（労働者及び事業主が当該送信する情報を出力することにより書面を作成することができるものに限る。）

3　前項第二号の方法により行われた請求及び通知は、事業主の使用に係るファクシミリ装置により受信した時に、同項第三号の方法により行われた請求及び通知は、事業主の使用に係る通信端末機器により受信した時に、それぞれ当該事業主に到達したものとみなす。

4　事業主は、第一項の請求があったときは、当該請求をした労働者に対して、当該請求に係る子の妊娠、出生又は養子縁組の事実を証明することができる書類の提出を求めることができる。

5　請求に係る子が当該請求がされた後に出生したときは、当該請求をした労働者は、速やかに、当該子の氏名、生年月日及び当該労働者との続柄を事業主に通知しなければならない。この場合において、事業主は、当該労働者に対して、当該子の出生の事実を証明することができる書類の提出を求めることができる。

（法第十六条の八第三項の厚生労働省令で定める事由）

第三十一条　法第十六条の八第三項の厚生労働省令で定める事由は、次のとおりとする。

一　請求に係る子の死亡

二　請求に係る子が養子である場合における離縁又は養子縁組の取消し

三　請求に係る子が養子となったことその他の事情により当該請求をした労働者と当該子とが同居しないこととなったこと。

四　請求をした労働者が、負傷、疾病又は身体上若しくは精神上の障害により、当該請求に係る制限期間の末日までの間、当該請求に係る子を養育することができない状態になったこと。

（法第十六条の八第四項第一号の厚生労働省令で定める事由）

第三十一条の二　前条の規定は、法第十六条の八第四項第一号の厚生労働省令で定める事由について準用する。

第七章　時間外労働の制限

（法第十七条第一項第二号の厚生労働省令で定めるもの）

第三十一条の三　法第十七条第一項第二号の厚生労働省令で定めるものは、一週間の所定労働日数が二日以下の労働者とする。

（法第十七条第一項の規定による請求の方法等）
第三十一条の四　請求は、次に掲げる事項を事業主に通知することによって行わなければならない。
一　請求の年月日
二　請求をする労働者の氏名
三　請求に係る子の氏名、生年月日及び前号の労働者との続柄（請求に係る子が当該請求の際に出生していない場合にあっては、当該請求に係る子を出産する予定である者の氏名、出産予定日及び前号の労働者との続柄）
四　請求に係る制限期間（法第十七条第二項の制限期間をいう。以下この章において同じ。）の初日及び末日とする日
五　請求に係る子が養子である場合にあっては、当該養子縁組の効力が生じた日
2　前項の請求及び第五項の通知は、次のいずれかの方法（第二号及び第三号に掲げる場合にあっては、事業主が適当と認める場合に限る。）によって行わなければならない。
一　書面を提出する方法
二　ファクシミリを利用して送信する方法
三　電気通信回線を通じて事業主の使用に係る通信端末機器に送信する方法（労働者及び事業主が当該送信する情報を出力することにより書面を作成することができるものに限る。）
3　前項第二号の方法により行われた請求及び通知は、事業主の使用に係るファクシミリ装置により受信した時に、同項第三号の方法により行われた請求及び通知は、事業主の使用に係る通信端末機器により受信した時に、それぞれ当該事業主に到達したものとみなす。
4　事業主は、第一項の請求があったときは、当該請求をした労働者に対して、当該請求に係る子の妊娠、出生又は養子縁組の事実を証明することができる書類の提出を求めることができる。
5　請求に係る子が当該請求がされた後に出生したときは、当該請求をした労働者は、速やかに、当該子の氏名、生年月日及び当該労働者との続柄を事業主に通知しなければならない。この場合において、事業主は、当該労働者に対して、当該子の出生の事実を証明することができる書類の提出を求めることができる。

（法第十七条第三項の厚生労働省令で定める事由）
第三十一条の五　法第十七条第三項の厚生労働省令で定める事由は、次のとおりとする。
一　請求に係る子の死亡
二　請求に係る子が養子である場合における離縁又は養子縁組の取消し
三　請求に係る子が養子となったことその他の事情により当該請求をした労働者と当該子とが同居しないこととなったこと。
四　請求をした労働者が、負傷、疾病又は身体上若しくは精神上の障害により、当該請求に係る制限期間の末日までの間、当該請求に係る子を養育することができない状態になったこと。

（法第十七条第四項第一号の厚生労働省令で定める事由）
第三十一条の六　前条の規定は、法第十七条第四項第一号の厚生労働省令で定める事由について準用する。

（法第十八条第一項において準用する法第十七条第一項第二号の厚生労働省令で定めるもの）
第三十一条の七　第三十一条の三第一号の規定は、法第十八条第一項において準用する法第十七条第一項第二号の厚生労働省令で定めるものについて準用する。

（法第十八条第一項において準用する法第十七条第一項の規定による請求の方法等）
第三十一条の八　法第十八条第一項において準用する法第十七条第一項の規定による請求は、次に掲げる事項を事業主に通知することによって行わなければならない。
一　請求の年月日
二　請求をする労働者の氏名
三　請求に係る対象家族の氏名及び前号の労働者との続柄
四　請求に係る対象家族が祖父母、兄弟姉妹又は孫である場合にあっては、第二号の労働者が当該対象家族と同居し、かつ、当該対象家族を扶養している事実
五　請求に係る対象家族が要介護状態にある事実
六　請求に係る制限期間の初日及び末日とする日
2　前項の通知は、次のいずれかの方法（第二号及び第三号に掲げる場合にあっては、事業主が適当と認める場合に限る。）によって行わなければならない。
一　書面を提出する方法
二　ファクシミリを利用して送信する方法
三　電気通信回線を通じて事業主の使用に係る通信端末機器に送信する方法（労働者及び事業主が当該送信する情報を出力することにより書面を作成することができるものに限る。）
3　前項第二号の方法により行われた通知は、事業主の使用に係るファクシミリ装置により受信した時に、同項第三号の方法により行われた通知は、事業主の使用に係る通信端末機器により受信した時に、それぞれ当該事業主に到達したものとみなす。
4　事業主は、第一項の請求があったときは、当該請求をした労働者に対して、同項第三号から第五号までに掲げる事実を証明することができる書類の提出を求めることができる。

（法第十八条第一項において準用する法第十七条第三項の厚生労働省令で定める事由）
第三十一条の九　法第十八条第一項において準用する法第十七条第三項の厚生労働省令で定める事由は、次のとおりとする。
一　請求に係る対象家族の死亡
二　離婚、婚姻の取消し、離縁等による請求に係る対象家族と当該請求をした労働者との親族関係の消滅
三　請求をした労働者が、負傷、疾病又は身体上若しくは精神上の障害により、当該請求に係る制限期間の末日までの間、当該請求に係る対象家族を介護することができない状態になったこと。

（法第十八条第一項において準用する法第十七条第四項第一号の厚生労働省令で定める事由）
第三十一条の十　前条の規定は、法第十八条第一項において準用する法第十七条第四項第一号の厚生労働省令で定める事由について準用する。

第八章　深夜業の制限

（法第十九条第一項第二号の厚生労働省令で定める者）

第三十一条の十一　法第十九条第一項第二号の厚生労働省令で定める者は、同項の規定による請求に係る子の十六歳以上の同居の家族（法第二条第五号の家族をいう。）であって、次の各号のいずれにも該当する者とする。

一　法第十九条第一項の深夜（以下「深夜」という。）において就業していない者（深夜における就業日数が一月について三日以下の者を含む。）であること。

二　負傷、疾病又は身体上若しくは精神上の障害により請求に係る子を保育することが困難な状態にある者でないこと。

三　六週間（多胎妊娠の場合にあっては、十四週間）以内に出産する予定であるか又は産後八週間を経過しない者でないこと。

（法第十九条第一項第三号の厚生労働省令で定めるもの）

第三十一条の十二　法第十九条第一項第三号の厚生労働省令で定めるものは、次のとおりとする。

一　一週間の所定労働日数が二日以下の労働者

二　所定労働時間の全部が深夜にある労働者

（法第十九条第一項の規定による請求の方法等）

第三十一条の十三　法第十九条第一項の規定による請求は、次に掲げる事項を事業主に通知することによって行わなければならない。

一　請求の年月日

二　請求をする労働者の氏名

三　請求に係る子の氏名、生年月日及び前号の労働者との続柄（請求に係る子が当該請求の際に出生していない場合にあっては、当該請求に係る子を出産する予定である者の氏名、出産予定日及び前号の労働者との続柄）

四　請求に係る制限期間（法第十九条第二項の制限期間をいう。以下この章において同じ。）の初日及び末日とする日

五　請求に係る子が養子である場合にあっては、当該養子縁組の効力が生じた日

六　第三十一条の十一の者がいない事実

2　前項の請求及び第五項の通知は、次のいずれかの方法（第二号及び第三号に掲げる場合にあっては、事業主が適当と認める場合に限る。）によって行わなければならない。

一　書面を提出する方法

二　ファクシミリを利用して送信する方法

三　電気通信回線を通じて事業主の使用に係る通信端末機器に送信する方法（労働者及び事業主が当該送信する情報を出力することにより書面を作成することができるものに限る。）

3　前項第二号の方法により行われた請求及び通知は、事業主の使用に係るファクシミリ装置により受信した時に、同項第三号の方法により行われた請求及び通知は、事業主の使用に係る通信端末機器により受信した時に、それぞれ当該事業主に到達したものとみなす。

4　事業主は、第一項の請求があったときは、当該請求をした労働者に対して、当該請求に係る子の妊娠、出生若しくは養子縁組の事実又は同項第六号に掲げる事実を証明することができる書類の提出を求めることができる。

5　請求に係る子が当該請求がされた後に出生したときは、当該請求をした労働者は、速やかに、当該子の氏名、生年月日及び当該労働者との続柄を事業主に通知しなければならない。この場合において、事業主は、当該労働者に対して、当該子の出生の事実を証明することができる書類の提出を求めることができる。

（法第十九条第三項の厚生労働省令で定める事由）

第三十一条の十四　法第十九条第三項の厚生労働省令で定める事由は、次のとおりとする。

一　請求に係る子の死亡

二　請求に係る子が養子である場合における離縁又は養子縁組の取消

三　請求に係る子が養子となったことその他の事情により当該請求をした労働者と当該子とが同居しないこととなったこと。

四　請求をした労働者が、負傷、疾病又は身体上若しくは精神上の障害により、当該請求に係る制限期間の末日までの間、当該請求に係る子を養育することができない状態になったこと。

（法第十九条第四項第一号の厚生労働省令で定める事由）

第三十一条の十五　前条の規定は、法第十九条第四項第一号の厚生労働省令で定める事由について準用する。

（法第二十条第一項において準用する法第十九条第一項第二号の厚生労働省令で定める者）

第三十一条の十六　第三十一条の十一の規定は、法第二十条第一項において準用する法第十九条第一項第二号の厚生労働省令で定める者について準用する。この場合において、第三十一条の十一中「子」とあるのは「対象家族」と、同条第二号中「子」とあるのは「対象家族」と、「保育」とあるのは「介護」と読み替えるものとする。

（法第二十条第一項において準用する法第十九条第一項第三号の厚生労働省令で定めるもの）

第三十一条の十七　第三十一条の十二の規定は、法第二十条第一項において準用する法第十九条第一項第三号の厚生労働省令で定めるものについて準用する。

（法第二十条第一項において準用する法第十九条第一項の規定による請求の方法等）

第三十一条の十八　法第二十条第一項において準用する法第十九条第一項の規定による請求は、次に掲げる事項を事業主に通知することによって行わなければならない。

一　請求の年月日

二　請求をする労働者の氏名

三　請求に係る対象家族の氏名及び前号の労働者との続柄

四　請求に係る対象家族が祖父母、兄弟姉妹又は孫である場合にあっては、第二号の労働者が当該対象家族と同居し、かつ、当該対象家族を扶養している事実

五　請求に係る対象家族が要介護状態にある事実

六　請求に係る制限期間の初日及び末日とする日

七　第三十一条の十六において準用する第三十一条の十一の者がいない事実

2　前項の通知は、次のいずれかの方法（第二号及び第三号に掲げる場合にあっては、事業主が適当と認める場合に限る。）によって行わなければならない。
一　書面を提出する方法
二　ファクシミリを利用して送信する方法
三　電気通信回線を通じて事業主の使用に係る通信端末機器に送信する方法（労働者及び事業主が当該送信する情報を出力することにより書面を作成することができるものに限る。）
3　前項第二号の方法により行われた通知は、事業主の使用に係るファクシミリ装置により受信した時に、同項第三号の方法により行われた通知は、事業主の使用に係る通信端末機器により受信した時に、それぞれ当該事業主に到達したものとみなす。
4　事業主は、第一項の請求があったときは、当該請求をした労働者に対して、同項第三号から第五号まで及び第七号に掲げる事実を証明することができる書類の提出を求めることができる。

（法第二十条第一項において準用する法第十九条第三項の厚生労働省令で定める事由）

第三十一条の十九　法第二十条第一項において準用する法第十九条第三項の厚生労働省令で定める事由は、次のとおりとする。
一　請求に係る対象家族の死亡
二　離婚、婚姻の取消、離縁等による請求に係る対象家族と当該請求をした労働者との親族関係の消滅
三　請求をした労働者が、負傷、疾病又は身体上若しくは精神上の障害により、当該請求に係る制限期間の末日までの間、当該請求に係る対象家族を介護することができない状態になったこと。

（法第二十条第一項において準用する法第十九条第四項第一号の厚生労働省令で定める事由）

第三十一条の二十　前条の規定は、法第二十条第一項において準用する法第十九条第四項第一号の厚生労働省令で定める事由について準用する。

第九章　事業主が講ずべき措置

（法第二十一条第一項第三号の厚生労働省令で定める事項）

第三十二条　法第二十一条第一項第三号の厚生労働省令で定める事項は、次のとおりとする。
一　法第九条第二項第一号に掲げる事情が生じたことにより育児休業期間が終了した労働者及び法第十五条第三項第一号に掲げる事情が生じたことにより介護休業期間が終了した労働者の労務の提供の開始時期に関すること。
二　労働者が介護休業期間について負担すべき社会保険料を事業主に支払う方法に関すること。

（法第二十一条第二項の取扱いの明示）

第三十三条　法第二十一条第二項の取扱いの明示は、育児休業申出又は介護休業申出があった後速やかに、当該育児休業申出又は介護休業申出をした労働者に係る取扱いを明らかにした書面を交付することによって行うものとする。

（法第二十三条第一項本文の所定労働時間が短い労働者として厚生労働省令で定めるもの）

第三十三条の二　法第二十三条第一項本文の所定労働時間が短い労働者として厚生労働省令で定めるものは、一日の所定労働時間が六時間以下の労働者とする。

（法第二十三条第一項第二号の厚生労働省令で定めるもの）

第三十三条の三　法第二十三条第一項第二号の厚生労働省令で定めるものは、一週間の所定労働日数が二日以下の労働者とする。

（法第二十三条の措置）

第三十四条　法第二十三条第一項に規定する所定労働時間の短縮措置は、一日の所定労働時間を原則として六時間とする措置を含むものとしなければならない。
2　法第二十三条第二項に規定する始業時刻変更等の措置は、当該制度の適用を受けることを希望する労働者に適用される次の各号に掲げるいずれかの方法により講じなければならない。
一　労働基準法第三十二条の三の規定による労働時間の制度を設けること。
二　一日の所定労働時間を変更することなく始業又は終業の時刻を繰り上げ又は繰り下げる制度を設けること。
三　労働者の三歳に満たない子に係る保育施設の設置運営その他これに準ずる便宜の供与を行うこと。
3　法第二十三条第三項の措置は、次の各号に掲げるいずれかの方法により講じなければならない。
一　法第二十三条第三項の労働者（以下この項において「労働者」という。）であって当該勤務に就くことを希望するものに適用される短時間勤務の制度を設けること。
二　当該制度の適用を受けることを希望する労働者に適用される前項第一号又は第二号に掲げるいずれかの制度を設けること。
三　要介護状態にある対象家族を介護する労働者がその就業中に、当該労働者に代わって当該対象家族を介護するサービスを利用する場合、当該労働者が負担すべき費用を助成する制度その他これに準ずる制度を設けること。

（職業家庭両立推進者の選任）

第三十四条の二　事業主は、法第二十九条の業務を遂行するために必要な知識及び経験を有していると認められる者のうちから当該業務を担当する者を職業家庭両立推進者として選任するものとする。

第十章　指定法人

（指定の申請）

第三十五条　法第三十六条第一項の規定による指定を受けようとする者は、次の事項を記載した申請書を厚生労働大臣に提出しなければならない。
一　名称及び住所
二　代表者の氏名
三　事務所の所在地
2　前項の申請書には、次に掲げる書面を添付しなければならない。
一　定款及び登記事項証明書

二　最近の事業年度における事業報告書、貸借対照表、収支決算書、財産目録その他の経理的及び技術的基礎を有することを明らかにする書類

三　申請の日を含む事業年度及び翌事業年度における法第三十八条に規定する業務に関する基本的な計画及びこれに伴う予算

四　役員の氏名及び略歴を記載した書面

（名称等の変更の届出）

第三十六条　法第三十六条第二項に規定する指定法人（以下「指定法人」という。）は、同条第三項の規定による届出をしようとするときは、次の事項を記載した届出書を厚生労働大臣に提出しなければならない。

一　変更後の名称若しくは住所又は事務所の所在地

二　変更しようとする日

三　変更しようとする理由

（指定法人の支給する給付金）

第三十七条　法第三十九条第一項第二号の厚生労働省令で定める給付金は、雇用保険法施行規則（昭和五十年労働省令第三号。以下「雇保則」という。）第百十五条第一号（雇保則第百十七条に規定する育児休業取得促進等助成金及び事業所内保育施設設置・運営等助成金並びに雇保則附則第十七条の三に規定する中小企業子育て支援助成金を除く。）及び第百三十八条第三号の育児・介護雇用安定等助成金とする。

（育児・介護雇用安定等助成金）

第三十八条　育児・介護雇用安定等助成金は、次の表の上欄に掲げる事業主又は事業主団体に対して同表の下欄に定める額を支給するものとする。

支給対象	支給額
雇保則第百十六条第一号に規定する事業所の事業主であって、同号に規定する措置の実施に要する費用の負担の状況を明らかにする書類を整備しているもの	雇保則第百十六条第一号に規定する措置の実施に要した費用（当該措置の実施を開始した日から起算して五年を経過する日までに係るものに限る。）の三分の一（中小企業事業主（その資本金の額又は出資の総額が三億円（小売業又はサービス業を主たる事業とする事業主については五千万円、卸売業を主たる事業とする事業主については一億円）を超えない事業主及びその常時雇用する労働者の数が三百人（小売業を主たる事業とする事業主については五十人、卸売業又はサービス業を主たる事業とする事業主については百人）を超えない事業主をいう。以下同じ。）にあっては、二分の一）に相当する額（その額が厚生労働大臣が定める額を超えるときは、当該定める額）（労働協約又は就業規則により当該措置に関し最初に制度を設け、当該措置を最初に実施した場合には、その額に三十万円（中小企業事業主であって厚生労働大臣に一般事業主行動計画（次世代育成支援対策推進法（平成十五年法律第百二十号）第十二条第一項に規定する一般事業主行動計画をいう。以下同じ。）を策定した旨を届け出ている事業主（以下この条において「届出事業主」という。）にあっては四十万円とし、同条第四項に規定する中小事業主（中小企業事業主を除く。）であって厚生労働大臣に一般事業主行動計画を策定した旨を届け出ていない事業主（以下この条において「未届事業主」という。）にあっては二十万円とする。）を加算した額とする。）
雇保則第百十六条第二号に規定する事業所の事業主であって、同号に規定する措置の実施に要する費用の負担の状況を明らかにする書類を整備しているもの（同号に規定する原職等復帰措置に基づき最初に原職等に復帰する者が生じた日から起算して五年の期間を経過していない者に限る。）	次の各号に掲げる雇保則第百十六条第二号に規定する原職等復帰措置の実施の区分に応じて、それぞれ当該各号に定める額（ただし、一の事業所において、支給対象の労働者ごとに算定された額の合計が厚生労働大臣が定める額を超えるときは、当該定める額） 一　労働協約又は就業規則により、雇保則第百十六条第二号に規定する育児休業後に同号に規定する原職等に復帰させる制度を設け、かつ、原職等復帰措置により原職等に復帰した労働者が最初に生じた場合　四十万円（届出事業主にあっては五十万円とし、未届事業主にあっては三十万円とする。） 二　原職等復帰措置により原職等に復帰した労働者が生じた場合（前号に該当する場合を除く。）　十万円（中小企業事業主にあっては、十五万円）
雇保則第百十六条第三号に規定する事業主（当該制度を最初に利用した労働者が生じた日から起算して五年の期間を経過していないものに限る。）	次の各号に掲げる雇保則第百十六条第三号に規定する事業主の区分に応じて、それぞれ当該各号に定める額 一　雇保則第百十六条第三号ハ(1)に規定する事業主　次のイ及びロに定める額 イ　同号ハ(1)の被保険者が最初に生じた場合　百万円 ロ　同号ハ(1)の被保険者が二番目から五番目に生じた場合　八十万円 二　雇保則第百十六条第三号ハ(2)に規定する事業主　次のイ及びロに定める額 イ　同号ハ(2)の被保険者が最初に生じた場合　五十万円 ロ　同号ハ(2)の被保険者が二番目から十番目に生じた場合　四十万円 三　雇保則第百十六条第三号ハ(3)に規定する事業主　次のイ及びロに定める額 イ　同号ハ(3)の被保険者が最初に生じた場合　四十万円 ロ　同号ハ(3)の被保険者が二番目から十番目に生じた場合

	十万円
雇保則第百十六条第四号に規定する事業主であって、同号ロ(1)(i)から(iv)まで及び(2)(i)から(vi)までに掲げる措置の実施の状況を明らかにする書類を整備しているもの（当該措置を効果的に実施したと認められる者に限る。）	一年につき五十万円（二年を限度とし、二年目において雇保則第百十六条第四号ロ(1)(i)から(iv)まで及び(2)(i)から(vi)までに掲げる措置をより効果的に実施したと認められる場合は、五十万円を加算した額とする。）
雇保則第百三十九条第一項第一号に規定する事業主又は事業主団体であって、育児休業者職場復帰プログラム（同条第二項に規定する措置をいう。以下同じ。）の実施の状況を明らかにする書類を整備しているもの（この事業主又は事業主団体における育児・介護雇用安定等助成金（育児休業者職場復帰プログラムに係るものに限る。）の支給の対象となる労働者の数が百人を超えないものに限る。）	事業主又は事業主団体が実施する育児休業者職場復帰プログラムに係る労働者ごとに、次の各号に掲げる措置の区分に応じて、それぞれ当該各号に定める額の合計額（ただし、当該合計額が十六万円（中小企業事業主にあっては、二十一万円）を超えるときは、十六万円（中小企業事業主にあっては、二十一万円）） 一　育児休業に係る労働者ごとの育児休業者職場復帰プログラムの実施に関する計画の作成　一万円（中小企業事業主にあっては、一万三千円）（ただし、育児休業者職場復帰プログラムと併せて当該労働者の復帰に資する情報の提供を行う場合においては、一万五千円（中小企業事業主にあっては、二万円）） 二　雇保則第百三十九条第二項第一号に規定する措置　七千円（中小企業事業主にあっては、九千円）に措置を実施した期間の月数（当該月数が十二を超えるときは、十二）を乗じた金額 三　雇保則第百三十九条第二項第二号に規定する措置　三千円（中小企業事業主にあっては、四千円）に措置を実施した期間の日数（当該日数が十二を超えるときは、十二）を乗じた金額 四　雇保則第百三十九条第二項第三号及び第四号に規定する措置　四千円（中小企業事業主にあっては、五千円）に措置を実施した期間の日数（当該日数が十二を超えるときは、十二）を乗じた金額
雇保則第百三十九条第一項第二号に規定する事業主又は事業主団体であって、介護休業者職場復帰プログラム（同条第三項に規定する措置をいう。以下同じ。）の実施の状況を明らかにする書類を整備しているもの（この事業主又は事業主団体における育児・介護雇用安定等助成金（介護休業者職場復帰プログラムに係るものに限る。）の支給の対象となる労働者の数が百人を超えないものに限る。）	事業主又は事業主団体が実施する介護休業者職場復帰プログラムに係る労働者ごとに、次の各号に掲げる措置の区分に応じて、それぞれ当該各号に定める額の合計額とする。ただし、当該合計額が十六万円（中小企業事業主にあっては、二十一万円）を超えるときは、十六万円（中小企業事業主にあっては、二十一万円） 一　介護休業に係る労働者ごとの介護休業者職場復帰プログラムの実施に関する計画の作成　一万円（中小企業事業主にあっては、一万三千円）（ただし、介護休業者職場復帰プログラムと併せて当該労働者の復帰に資する情報の提供を行う場合においては、一万五千円（中小企業事業主にあっては、二万円）） 二　雇保則第百三十九条第三項第一号に規定する措置　七千円（中小企業事業主にあっては、九千円）に措置を実施した期間の月数（当該月数が十二を超えるときは、十二）を乗じた金額 三　雇保則第百三十九条第三項第二号に規定する措置　三千円（中小企業事業主にあっては、四千円）に措置を実施した期間の日数（当該日数が十二を超えるときは、十二）を乗じた金額 四　雇保則第百三十九条第三項第三号及び第四号に規定する措置　四千円（中小企業事業主にあっては、五千円）に措置を実施した期間の日数（当該日数が十二を超えるときは、十二）を乗じた金額

第三十九条及び第四十条　削除

（福祉関係業務を行う事務所の変更の届出）

第四十一条　指定法人は、法第三十九条第三項後段の規定による届出をしようとするときは、次の事項を記載した届出書を厚生労働大臣に提出しなければならない。

一　変更後の法第三十九条第一項に規定する福祉関係業務（以下「福祉関係業務」という。）を行う事務所の所在地

二　変更しようとする日

三　変更しようとする理由

（業務規程の記載事項）

第四十二条　法第四十条第三項の業務規程に記載すべき事項は次のとおりとする。

一　法第三十九条第一項第一号の相談その他の援助に関する事項

二　法第三十九条第一項第二号の給付金の支給に関する事項

三　法第三十九条第一項第三号の相談、講習その他の援助に関する事項

四　法第三十九条第一項第四号の対象労働者等の雇用の継続、再就職の促進その他これらの者の福祉の増進を図るために必要な事業に関する事項

（業務規程の変更の認可の申請）

第四十三条　指定法人は、法第四十条第一項後段の規定による認可を受けようとするときは、次の事項を記載した申請書を厚生労働大臣に提出しなければならない。

一　変更しようとする事項

二　変更しようとする日

三　変更しようとする理由

（福祉関係給付金の支給に係る厚生労働大臣の認可）

第四十四条　指定法人は、法第四十一条の規定による認可を受けようとするときは、次の事項を記載した申請書を提出しなければならない。

一　支給を受けようとする給付金の名称

二　支給を受けようとする給付金の額及び算出の基礎

三　その他厚生労働大臣が必要と認める事項

（経理原則）

第四十五条　指定法人は、その業務の財政状態を明らかにするため、財産の増減及び異動をその発生の事実に基づいて経理しなければならない。

（区分経理の方法）

第四十六条　指定法人は、福祉関係業務に係る経理について特別の勘定（第五十二条第二項及び第五十四条第三項において「福祉関係業務特別勘定」という。）を設け、福祉関係業務以外の業務に係る経理と区分して整理しなければならない。

（事業計画書等の認可の申請）

第四十七条　指定法人は、法第四十三条第一項前段の規定による認可を受けようとするときは、毎事業年度開始前に（指定を受けた日の属する事業年度にあっては、その指定を受けた後遅滞なく）、事業計画書及び収支予算書を厚生労働大臣に提出して申請しなければならない。

（事業計画書の記載事項）

第四十八条　法第四十三条第一項の事業計画書には、次に掲げる事項に関する計画を記載しなければならない。

一　法第三十九条第一項第一号の相談その他の援助に関する事項

二　法第三十九条第一項第二号の給付金の支給に関する事項

三　法第三十九条第一項第三号の相談、講習その他の援助に関する事項

四　法第三十九条第一項第四号の対象労働者等の雇用の継続、再就職の促進その他これらの者の福祉の増進を図るために必要な事業に関する事項

五　前各号に掲げるもののほか、法第三十八条各号に掲げる業務に関する事項

（収支予算書）

第四十九条　収支予算書は、収入にあってはその性質、支出にあってはその目的に従って区分するものとする。

（収支予算書の添付書類）

第五十条　指定法人は、収支予算書について法第四十三条第一項前段の規定による認可を受けようとするときは、次に掲げる書類を添付して厚生労働大臣に提出しなければならない。

一　前事業年度の予定貸借対照表

二　当該事業年度の予定貸借対照表

三　前二号に掲げるもののほか、当該収支予算書の参考となる書類

（事業計画書等の変更の認可の申請）

第五十一条　指定法人は、事業計画書又は収支予算書について法第四十三条第一項後段の規定による変更の認可を受けようとするときは、変更しようとする事項及びその理由を記載した申請書を厚生労働大臣に提出しなければならない。この場合において、収支予算書の変更が前条第二号又は第三号に掲げる書類の変更を伴うときは、当該変更後の書類を添付しなければならない。

（予備費）

第五十二条　指定法人は、予見することができない理由による支出予算の不足を補うため、収入支出予算に予備費を設けることができる。

2　指定法人は、福祉関係業務特別勘定の予備費を使用したときは、速やかに、その旨を厚生労働大臣に通知しなければならない。

3　前項の規定による通知は、使用の理由、金額及び積算の基礎を明らかにした書類をもってするものとする。

（予算の流用等）

第五十三条　指定法人は、支出予算については、収支予算書に定める目的の外に使用してはならない。ただし、予算の実施上適当かつ必要であるときは、第四十九条の規定による区分にかかわらず、相互流用することができる。

2　指定法人は、厚生労働大臣が指定する経費の金額については、厚生労働大臣の承認を受けなければ、それらの経費の間又は他の経費との間に相互流用し、又はこれに予備費を使用することができない。

3　指定法人は、前項の規定による予算の流用又は予備費の使用について厚生労働大臣の承認を受けようとするときは、流用又は使用の理由、金額及び積算の基礎を明らかにした書類を厚生労働大臣に提出しなければならない。

（予算の繰越し）

第五十四条　指定法人は、支出予算の経費の金額のうち当該事業年度内に支出決定を終わらないものについて、予算の実施上必要があるときは、これを翌事業年度に繰り越して使用することができる。ただし、厚生労働大臣が指定する経費の金額については、あらかじめ、厚生労働大臣の承認を受けなければならない。

2　指定法人は、前項ただし書の規定による承認を受けようとするときは、当該事業年度末までに、事項ごとに繰越しを必要とする理由及び金額を明らかにした書類を厚生労働大臣に提出しなければならない。

3　指定法人は、福祉関係業務特別勘定について第一項の規定による繰越しをしたときは、当該事業年度終了後二月以内に、繰越計算書を厚生労働大臣に提出しなければならない。

4　前項の繰越計算書は、支出予算と同一の区分により作成し、かつ、当該繰越計算書に繰越しに係る経費の予算現額並びに当該経費の予算現額のうち支出決定済額、翌事業年度への繰越額及び不用額を記載しなければならない。

（事業報告書等の承認の申請）
第五十五条 指定法人は、法第四十三条第二項の規定による承認を受けようとするときは、毎事業年度終了後三月以内に申請しなければならない。

（収支決算書）
第五十六条 収支決算書は、収入支出予算と同一の区分により作成し、かつ、当該収支決算書に次に掲げる事項を示さなければならない。

一 収入
イ 収入予算額
ロ 収入決定済額
ハ 収入予算額と収入決定済額との差額

二 支出
イ 支出予算額
ロ 前事業年度からの繰越額
ハ 予備費の使用の金額及びその理由
ニ 流用の金額及びその理由
ホ 支出予算の現額
ヘ 支出決定済額
ト 翌事業年度への繰越額
チ 不用額

（会計規程）
第五十七条 指定法人は、その財務及び会計に関し、法及びこの省令で定めるもののほか、会計規程を定めなければならない。

2 指定法人は、前項の会計規程を定めようとするときは、その基本的事項について厚生労働大臣の承認を受けなければならない。これを変更しようとするときも同様とする。

3 指定法人は、第一項の会計規程を制定し、又は変更したときは、その理由及び内容を明らかにして、遅滞なく厚生労働大臣に提出しなければならない。

（役員の選任及び解任の認可の申請）
第五十八条 指定法人は、法第四十七条第一項の規定による認可を受けようとするときは、次の事項を記載した申請書を厚生労働大臣に提出しなければならない。

一 選任又は解任に係る役員の氏名及び略歴
二 選任又は解任の理由

（立入検査のための証明書）
第五十九条 法第四十九条第二項の証明書は、厚生労働大臣の定める様式によるものとする。

（福祉関係業務の引継ぎ等）
第六十条 法第五十二条第一項の規定により厚生労働大臣が福祉関係業務を行うものとするときは、指定法人は次の事項を行わなければならない。

一 福祉関係業務を厚生労働大臣に引き継ぐこと。
二 福祉関係業務に関する帳簿及び書類を厚生労働大臣に引き継ぐこと。
三 その他厚生労働大臣が必要と認める事項

2 法第五十二条第一項の規定により厚生労働大臣が行っている福祉関係業務を行わないものとするときは、厚生労働大臣は次の事項を行わなければならない。

一 福祉関係業務を指定法人に引き継ぐこと。
二 福祉関係業務に関する帳簿及び書類を指定法人に引き継ぐこと。
三 その他厚生労働大臣が必要と認める事項

第十一章 紛争の解決

（準用）
第六十条の二 雇用の分野における男女の均等な機会及び待遇の確保等に関する法律施行規則（昭和六十一年労働省令第二号）第三条から第十二条までの規定は、法第五十二条の五第一項の調停の手続について準用する。この場合において、同令第三条第一項中「法第十八条第一項」とあるのは「育児休業、介護休業等育児又は家族介護を行う労働者の福祉に関する法律（平成三年法律第七十六号。以下「育児・介護休業法」という。）第五十二条の五第一項」と、同項並びに同令第四条（見出しを含む。）及び第五条（見出しを含む。）中「機会均等調停会議」とあるのは「両立支援調停会議」と、同令第六条中「法第十八条第一項」とあるのは「育児・介護休業法第五十二条の五第一項」と、「事業場」とあるのは「事業所」と、同令第八条第一項中「法第二十条第一項又は第二項」とあるのは「育児・介護休業法第五十二条の六において準用する法第二十条第一項」と、「求められた者は、機会均等調停会議に出頭しなければならない。この場合において、当該出頭を求められた者は」とあるのは「求められた者は」と、同条第三項中「法第二十条第一項又は第二項」とあるのは「育児・介護休業法第五十二条の六において準用する法第二十条第一項」と、「法第二十条第一項の」とあるのは「育児・介護休業法第五十二条の六において準用する法第二十条第一項の」と、同令第九条中「関係当事者」とあるのは「関係当事者又は関係当事者と同一の事業所に雇用される労働者その他の参考人」と、同令第十条第一項中「第四条第一項及び第二項」とあるのは「育児休業、介護休業等育児又は家族介護を行う労働者の福祉に関する法律施行規則（平成三年労働省令第二十五号）第六十条の二において準用する第四条第一項及び第二項」と、「第八条」とあるのは「同令第六十条の二において準用する第八条」と、同令第十一条第一項中「法第二十一条」とあるのは「育児・介護休業法第五十二条の六において準用する法第二十一条」と読み替えるものとする。

第十二章 雑則

（認定の申請）
第六十一条 法第五十三条第二項第二号の規定により認定を受けようとする同号の事業協同組合等は、その旨及び同号の基準に係る事項を記載した申請書をその主たる事務所の所在地を管轄する都道府県労働局長を経て、厚生労働大臣に提出しなければならない。

（権限の委任）
第六十二条 法第五十三条第四項並びに同条第五項において準用する職業安定法（昭和二十二年法律第百四十一号）第三十七条第二項及び第四十一条第二項に定める厚生労働大臣の権限のうち、次に掲げる募集に係るものは、認定中小企業団体（法第五十三条第二項第二号に規定する認定中小企業団体をいう。以下同じ。）の主たる事務所の所在地を管轄する都道府県労働局長に委任する。

一 認定中小企業団体の主たる事務所の所在する都道

7 職員

府県の区域を募集地域とする募集

二　認定中小企業団体の主たる事務所の所在する都道府県の区域以外の地域（当該地域における労働力の需給の状況等を勘案して厚生労働大臣が指定する地域を除く。）を募集地域とする募集（当該業種における労働力の需給の状況等を勘案して厚生労働大臣の指定する業種に属する事業に係るものを除く。）であつて、その地域において募集しようとする労働者の数が百人（一の都道府県の区域内において募集しようとする労働者の数が三十人以上であるときは、三十人）未満のもの

（届出事項）

第六十三条　法第五十三条第四項の厚生労働省令で定める労働者の募集に関する事項は、次のとおりとする。

一　募集に係る事業所の名称及び所在地

二　募集時期

三　募集地域

四　法第五十三条第一項の育児休業又は同項の介護休業をする労働者であつてその業務を募集に係る労働者が処理するものの職種及び休業期間並びに総数

五　募集職種及び人員

六　賃金、労働時間、雇用期間その他の募集に係る労働条件

（届出の手続）

第六十四条　法第五十三条第四項の規定による届出は、同項の認定中小企業団体の主たる事務所の所在する都道府県の区域を募集地域とする募集、当該区域以外の地域を募集地域とする募集（以下この項において「自県外募集」という。）であつて第六十二条第二号に該当するもの及び自県外募集であつて同号に該当しないものの別に行わなければならない。

2　法第五十三条第四項の規定による届出をしようとする認定中小企業団体は、その主たる事務所の所在地を管轄する公共職業安定所（その公共職業安定所が二以上ある場合には、厚生労働省組織規則（平成十三年厚生労働省令第一号）第七百九十二条の規定により当該事務を取り扱う公共職業安定所）の長を経て、第六十二条の募集にあつては同条の都道府県労働局長に、その他の募集にあつては厚生労働大臣に届け出なければならない。

3　前二項に定めるもののほか、届出の様式その他の手続は、厚生労働省職業安定局長（以下「職業安定局長」という。）の定めるところによる。

（労働者募集報告）

第六十五条　法第五十三条第四項の募集に従事する認定中小企業団体は、職業安定局長の定める様式に従い、毎年度、労働者募集報告を作成し、これを当該年度の翌年度の四月末日まで（当該年度の終了前に労働者の募集を終了する場合にあつては、当該終了の日の属する月の翌月末日まで）に前条第二項の届出に係る公共職業安定所の長に提出しなければならない。

（準用）

第六十六条　職業安定法施行規則（昭和二十二年労働省令第十二号）第三十一条の規定は、法第五十三条第四項の規定により認定中小企業団体に委託して労働者の募集を行う中小企業者について準用する。

（権限の委任）

第六十七条　法第五十六条に規定する厚生労働大臣の権限は、厚生労働大臣が全国的に重要であると認めた事案に係るものを除き、事業主の事業所の所在地を管轄する都道府県労働局の長が行うものとする。

附　則

（施行期日）

第一条　この省令は、平成四年四月一日から施行する。

（育児・介護雇用安定等助成金に関する暫定措置）

第二条　第三十八条の表雇保則第百十六条第一号に規定する事業所の事業主であつて、同号に規定する措置の実施に要する費用の負担の状況を明らかにする書類を整備しているものの項の規定の適用については、平成二十一年二月一日から平成二十四年三月三十一日までの間は、同項支給額の欄中「二分の一」とあるのは、「同号に規定する子の養育に係るサービスを利用する際の費用の負担を軽減する措置の実施に要した費用については四分の三、介護に係るサービスを利用する際の費用の負担を軽減する措置の実施に要した費用については二分の一」とする。

附　則（平成二一年一二月二八日厚生労働省令第一六二号）抄

（施行期日）

第一条　この省令は、育児休業、介護休業等育児又は家族介護を行う労働者の福祉に関する法律及び雇用保険法の一部を改正する法律（平成二十一年法律第六十五号。以下「改正法」という。）の施行の日（平成二十二年六月三十日）から施行する。ただし、第一条及び第二条の規定は、平成二十二年四月一日から施行する。

（常時百人以下の労働者を雇用する事業主等に関する暫定措置）

第二条　この省令の施行の際常時百人以下の労働者を雇用する事業主及び当該事業主に雇用される労働者については、改正法附則第二条に規定する政令で定める日までの間、第三条の規定による改正後の育児休業、介護休業等育児又は家族介護を行う労働者の福祉に関する法律施行規則第五章、第六章、第二十条の二第一項の表第二十四条の項、第二十条の二第二項の表第三十条の六（見出しを含む。）の項、同表第三十条の七（見出しを含む。）の項及び第三十三条の二から第三十四条までの規定は、適用しない。この場合において、第三条の規定による改正前の育児休業、介護休業等育児又は家族介護を行う労働者の福祉に関する法律施行規則第三十四条、第五条の規定による改正前の健康保険法施行規則第二十六条の二、第六条の規定による改正前の船員保険法施行規則第十条第五号、第七条の規定による改正前の厚生年金保険法施行規則第十条、第八条の規定による改正前の厚生年金基金規則第十六条の二の規定は、なおその効力を有する。

附　則（平成二二年四月一日厚生労働省令第五三号）　抄

（施行期日）
第一条　この省令は、平成二十二年四月一日から施行する。

地方公務員の育児休業等に関する法律

平成三年十二月二十四日法律第百十号
最終改正　平成二一年一一月三〇日法律第九三号

（目的）
第一条　この法律は、育児休業等に関する制度を設けて子を養育する職員（地方公務員法（昭和二十五年法律第二百六十一号）第四条第一項に規定する職員をいう。以下同じ。）の継続的な勤務を促進し、もって職員の福祉を増進するとともに、地方公共団体の行政の円滑な運営に資することを目的とする。

（育児休業の承認）
第二条　職員（非常勤職員、臨時的に任用される職員その他これらに類する職員として条例で定める職員を除く。）は、任命権者（地方公務員法第六条第一項に規定する任命権者及びその委任を受けた者をいう。以下同じ。）の承認を受けて、当該職員の三歳に満たない子を養育するため、当該子が三歳に達する日まで、育児休業（当該子の出生の日から国家公務員の育児休業等に関する法律（平成三年法律第百九号。以下「国家公務員育児休業法」という。）第三条第一項ただし書の規定により人事院規則で定める期間を基準として条例で定める期間内に、職員（当該期間内に労働基準法（昭和二十二年法律第四十九号）第六十五条第二項の規定により勤務しなかった職員を除く。）が当該子についてした最初の育児休業を除く。）をすることができる。ただし、当該子について、既に育児休業をしたことがあるときは、条例で定める特別の事情がある場合を除き、この限りでない。

2　育児休業の承認を受けようとする職員は、育児休業をしようとする期間の初日及び末日を明らかにして、任命権者に対し、その承認を請求するものとする。

3　任命権者は、前項の規定による請求があったときは、当該請求に係る期間について当該請求をした職員の業務を処理するための措置を講ずることが著しく困難である場合を除き、これを承認しなければならない。

（育児休業の期間の延長）
第三条　育児休業をしている職員は、任命権者に対し、当該育児休業の期間の延長を請求することができる。

2　育児休業の期間の延長は、条例で定める特別の事情がある場合を除き、一回に限るものとする。

3　前条第二項及び第三項の規定は、育児休業の期間の延長について準用する。

（育児休業の効果）
第四条　育児休業をしている職員は、育児休業を開始した時就いていた職又は育児休業の期間中に異動した職を保有するが、職務に従事しない。

2　育児休業をしている期間については、給与を支給しない。

（育児休業の承認の失効等）
第五条　育児休業の承認は、当該育児休業をしている職員が産前の休業を始め、若しくは出産した場合、当該職員が休職若しくは停職の処分を受けた場合又は当該育児休業に係る子が死亡し、若しくは当該職員の子でなくなった場合には、その効力を失う。

2　任命権者は、育児休業をしている職員が当該育児休業に係る子を養育しなくなったことその他条例で定める事由に該当すると認めるときは、当該育児休業の承認を取り消すものとする。

（育児休業に伴う任期付採用及び臨時的任用）
第六条　任命権者は、第二条第二項又は第三条第一項の規定による請求があった場合において、当該請求に係る期間について職員の配置換えその他の方法によって当該請求をした職員の業務を処理することが困難であると認めるときは、当該業務を処理するため、次の各号に掲げる任用のいずれかを行うものとする。この場合において、第二号に掲げる任用は、当該請求に係る期間について一年を超えて行うことができない。

一　当該請求に係る期間を任用の期間（以下この条及び第十八条において「任期」という。）の限度として行う任期を定めた採用

二　当該請求に係る期間を任期の限度として行う臨時的任用

2　任命権者は、前項の規定により任期を定めて職員を採用する場合には、当該職員にその任期を明示しなければならない。

3　任命権者は、第一項の規定により任期を定めて採用された職員の任期が第二条第二項又は第三条第一項の規定による請求に係る期間に満たない場合にあっては、当該期間の範囲内において、その任期を更新することができる。

4　第二項の規定は、前項の規定により任期を更新する場合について準用する。

5　任命権者は、第一項の規定により任期を定めて採用された職員を、任期を定めて採用した趣旨に反しない場合に限り、その任期中、他の職に任用することができる。

6　第一項の規定に基づき臨時的任用を行う場合には、地方公務員法第二十二条第二項から第五項までの規定は、適用しない。

（育児休業をしている職員の期末手当等の支給）

第七条　育児休業をしている職員については、第四条第二項の規定にかかわらず、国家公務員育児休業法第八条に規定する育児休業をしている国家公務員の期末手当又は勤勉手当の支給に関する事項を基準として定める条例の定めるところにより、期末手当又は勤勉手当を支給することができる。

（育児休業をした職員の職務復帰後における給与等の取扱い）

第八条　育児休業をした職員については、国家公務員育児休業法第三条第一項の規定により育児休業をした国家公務員の給与及び退職手当の取扱いに関する事項を基準として、職務に復帰した場合の給与及び退職した場合の退職手当の取扱いに関する措置を講じなければならない。

（育児休業を理由とする不利益取扱いの禁止）

第九条　職員は、育児休業を理由として、不利益な取扱いを受けることはない。

（育児短時間勤務の承認）

第十条　職員（非常勤職員、臨時的に任用される職員その他これらに類する職員として条例で定める職員を除く。）は、任命権者の承認を受けて、当該職員の小学校就学の始期に達するまでの子を養育するため、当該子がその始期に達するまで、常時勤務を要する職を占めたまま、次の各号に掲げるいずれかの勤務の形態（一般職の職員の勤務時間、休暇等に関する法律（平成六年法律第三十三号）第六条の規定の適用を受ける国家公務員と同様の勤務の形態によって勤務する職員以外の職員にあっては、第五号に掲げる勤務の形態）により、当該職員が希望する日及び時間帯において勤務すること（以下「育児短時間勤務」という。）ができる。ただし、当該子について、既に育児短時間勤務をしたことがある場合において、当該子に係る育児短時間勤務の終了の日の翌日から起算して一年を経過しないときは、条例で定める特別の事情がある場合を除き、この限りでない。

一　日曜日及び土曜日を週休日（勤務時間を割り振らない日をいう。以下この項において同じ。）とし、週休日以外の日において一日につき十分の一勤務時間（当該職員の一週間当たりの通常の勤務時間（以下この項において「週間勤務時間」という。）に十分の一を乗じて得た時間に端数処理（五分を最小の単位とし、これに満たない端数を切り上げることをいう。以下この項において同じ。）を行って得た時間をいう。以下この項及び第十三条において同じ。）勤務すること。

二　日曜日及び土曜日を週休日とし、週休日以外の日において一日につき八分の一勤務時間（週間勤務時間に八分の一を乗じて得た時間に端数処理を行って得た時間をいう。以下この項において同じ。）勤務すること。

三　日曜日及び土曜日並びに月曜日から金曜日までの五日間のうちの二日を週休日とし、週休日以外の日において一日につき五分の一勤務時間（週間勤務時間に五分の一を乗じて得た時間に端数処理を行って得た時間をいう。以下この項及び第十三条において同じ。）勤務すること。

四　日曜日及び土曜日並びに月曜日から金曜日までの五日間のうち、二日を週休日とし、週休日以外の日のうち、二日については一日につき五分の一勤務時間、一日については一日につき十分の一勤務時間勤務すること。

五　前各号に掲げるもののほか、一週間当たりの勤務時間が五分の一勤務時間に二を乗じて得た時間に十分の一勤務時間を加えた時間から八分の一勤務時間に五を乗じて得た時間までの範囲内の時間となるように条例で定める勤務の形態

2　育児短時間勤務の承認を受けようとする職員は、条例で定めるところにより、育児短時間勤務をしようとする期間（一月以上一年以下の期間に限る。）の初日及び末日並びにその勤務の形態における勤務の日及び時間帯を明らかにして、任命権者に対し、その承認を請求するものとする。

3　任命権者は、前項の規定による請求があったときは、当該請求に係る期間について当該請求をした職員の業務を処理するための措置を講ずることが困難である場合を除き、これを承認しなければならない。

（育児短時間勤務の期間の延長）

第十一条　育児短時間勤務をしている職員（第十三条、第十四条及び第十八条第三項において「育児短時間勤務職員」という。）は、任命権者に対し、当該育児短時間勤務の期間の延長を請求することができる。

2　前条第二項及び第三項の規定は、育児短時間勤務の期間の延長について準用する。

（育児短時間勤務の承認の失効等）

第十二条　第五条の規定は、育児短時間勤務の承認の失効及び取消しについて準用する。

（育児短時間勤務職員の並立任用）

第十三条　一人の育児短時間勤務職員（一週間当たりの勤務時間が五分の一勤務時間に二を乗じて得た時間に十分の一勤務時間を加えた時間から十分の一勤務時間に五を乗じて得た時間までの範囲内の時間である者に限る。以下この条において同じ。）が占める職には、他の一人の育児短時間勤務職員を任用することを妨げ

ない。

（育児短時間勤務職員の給与等の取扱い）

第十四条　育児短時間勤務職員については、国家公務員育児休業法第十二条第一項に規定する育児短時間勤務をしている国家公務員の給与、勤務時間及び休暇の取扱いに関する事項を基準として、給与、勤務時間及び休暇の取扱いに関する措置を講じなければならない。

（育児短時間勤務をした職員の退職手当の取扱い）

第十五条　育児短時間勤務をした職員については、国家公務員育児休業法第十二条第一項に規定する育児短時間勤務をした国家公務員の退職手当の取扱いに関する事項を基準として、退職した場合の退職手当の取扱いに関する措置を講じなければならない。

（育児短時間勤務を理由とする不利益取扱いの禁止）

第十六条　職員は、育児短時間勤務を理由として、不利益な取扱いを受けることはない。

（育児短時間勤務の承認が失効した場合等における育児短時間勤務の例による短時間勤務）

第十七条　任命権者は、第十二条において準用する第五条の規定により育児短時間勤務の承認が失効し、又は取り消された場合において、過員を生ずることその他の条例で定めるやむを得ない事情があると認めるときは、その事情が継続している期間、条例で定めるところにより、当該育児短時間勤務をしていた職員に、引き続き当該育児短時間勤務と同一の勤務の日及び時間帯において常時勤務を要する職を占めたまま勤務をさせることができる。この場合において、第十三条から前条までの規定を準用する。

（育児短時間勤務に伴う短時間勤務職員の任用）

第十八条　任命権者は、第十条第二項又は第十一条第一項の規定による請求があった場合において、当該請求に係る期間について当該請求をした職員の業務を処理するため必要があると認めるときは、当該請求に係る期間を任期の限度として、短時間勤務職員（地方公務員法第二十八条の五第一項に規定する短時間勤務の職を占める職員をいう。以下この条において同じ。）を採用することができる。

2　任命権者は、前項の規定により任期を定めて短時間勤務職員を採用する場合には、当該短時間勤務職員にその任期を明示しなければならない。

3　任命権者は、第一項の規定により任期を定めて採用された短時間勤務職員について、条例で定めるところにより、当該育児短時間勤務職員の第十条第二項の規定による請求に係る期間又は当該期間の初日から第十一条第一項の規定による請求に係る期間の末日までの期間の範囲内において、その任期を更新することができる。

4　第二項の規定は、前項の規定により任期を更新する場合について準用する。

5　任命権者は、第一項の規定により任期を定めて採用された短時間勤務職員を、任期を定めて採用した趣旨に反しない場合に限り、その任期中、他の職に任用することができる。

6　任命権者が第一項の規定により任期を定めて短時間勤務職員を採用する場合における地方公務員法第二十二条第一項の規定の適用については、同項中「非常勤職員」とあるのは、「非常勤職員（地方公務員の育児休業等に関する法律（平成三年法律第百十号）第十八条第一項の規定により採用された短時間勤務職員を除く。）」とする。

7　任命権者が第一項又は第五項の規定により短時間勤務職員を任用する場合には、地方公務員法第二十八条の五第三項の規定は、適用しない。

（部分休業）

第十九条　任命権者（地方教育行政の組織及び運営に関する法律（昭和三十一年法律第百六十二号）第三十七条第一項に規定する県費負担教職員については、市町村の教育委員会）は、職員（非常勤職員（地方公務員法第二十八条の五第一項に規定する短時間勤務の職を占める職員を除く。）その他これに類する職員として条例で定める職員を除く。）が請求した場合において、公務の運営に支障がないと認めるときは、条例の定めるところにより、当該職員がその小学校就学の始期に達するまでの子を養育するため一日の勤務時間の一部（二時間を超えない範囲内の時間に限る。）について勤務しないこと（以下この条において「部分休業」という。）を承認することができる。

2　職員が部分休業の承認を受けて勤務しない場合には、国家公務員育児休業法第二十六条第二項に規定する育児時間の承認を受けて勤務しない場合の国家公務員の給与の支給に関する事項を基準として定める条例の定めるところにより、減額して給与を支給するものとする。

3　第五条及び第十六条の規定は、部分休業について準用する。

（職員に関する労働基準法等の適用）

第二十条　職員に関する労働基準法第十二条第三項第四号及び第三十九条第八項の規定の適用については、同法第十二条第三項第四号中「育児休業、介護休業等育児又は家族介護を行う労働者の福祉に関する法律（平成三年法律第七十六号）第二条第一号」とあるのは「地方公務員の育児休業等に関する法律第二条第一項」と、同法第三十九条第七項中「育児休業、介護休業等育児又は家族介護を行う労働者の福祉に関する法律第二条第一号」とあるのは「地方公務員の育児休業等に関する法律第二条第一項」とする。

2　職員に関する船員法（昭和二十二年法律第百号）第七十四条第四項の規定の適用については、同項中「育児休業、介護休業等育児又は家族介護を行う労働者の福祉に関する法律（平成三年法律第七十六号）第二条第一号」とあるのは、「地方公務員の育児休業等に関する法律（平成三年法律第百十号）第二条第一項」とする。

附　則

（施行期日）

第一条　この法律は、平成四年四月一日から施行する。

（経過措置）

第二条　この法律の施行の際現に義務教育諸学校等の女子教育職員及び医療施設、社会福祉施設等の看護婦、保母等の育児休業に関する法律（昭和五十年法律第六十二号。次条において「女子教育職員等育児休業法」という。）第三条の規定による育児休業の許可を受けて育児休業をしている職員については、当該許可は第二条の規定による育児休業の承認とみなす。

第三条　この法律の施行の際現に女子教育職員等育児休業法第十五条第一項の規定により臨時的に任用されている職員は、第六条第一項の規定により臨時的に任用されている職員とみなす。

第四条　前二条に定めるもののほか、この法律の施行に関し必要な経過措置は、政令で定める。

（削除）

第五条　削除

附　則（平成二一年一一月三〇日法律第九三号）　抄

（施行期日）

第一条　この法律は、平成二十二年六月三十日までの間において政令で定める日から施行する。

雇用の分野における男女の均等な機会及び待遇の確保等に関する法律

昭和四十七年七月一日法律第百十三号
最終改正　平成二〇年五月二日法律第二六号

第一章　総則

（目的）

第一条　この法律は、法の下の平等を保障する日本国憲法の理念にのつとり雇用の分野における男女の均等な機会及び待遇の確保を図るとともに、女性労働者の就業に関して妊娠中及び出産後の健康の確保を図る等の措置を推進することを目的とする。

（基本的理念）

第二条　この法律においては、労働者が性別により差別されることなく、また、女性労働者にあつては母性を尊重されつつ、充実した職業生活を営むことができるようにすることをその基本的理念とする。

2　事業主並びに国及び地方公共団体は、前項に規定する基本的理念に従つて、労働者の職業生活の充実が図られるように努めなければならない。

（啓発活動）

第三条　国及び地方公共団体は、雇用の分野における男女の均等な機会及び待遇の確保等について国民の関心と理解を深めるとともに、特に、雇用の分野における男女の均等な機会及び待遇の確保を妨げている諸要因の解消を図るため、必要な啓発活動を行うものとする。

（男女雇用機会均等対策基本方針）

第四条　厚生労働大臣は、雇用の分野における男女の均等な機会及び待遇の確保等に関する施策の基本となるべき方針（以下「男女雇用機会均等対策基本方針」という。）を定めるものとする。

2　男女雇用機会均等対策基本方針に定める事項は、次のとおりとする。

一　男性労働者及び女性労働者のそれぞれの職業生活の動向に関する事項

二　雇用の分野における男女の均等な機会及び待遇の確保等について講じようとする施策の基本となるべき事項

3　男女雇用機会均等対策基本方針は、男性労働者及び女性労働者のそれぞれの労働条件、意識及び就業の実態等を考慮して定められなければならない。

4　厚生労働大臣は、男女雇用機会均等対策基本方針を定めるに当たつては、あらかじめ、労働政策審議会の意見を聴くほか、都道府県知事の意見を求めるものとする。

5　厚生労働大臣は、男女雇用機会均等対策基本方針を定めたときは、遅滞なく、その概要を公表するものとする。

6　前二項の規定は、男女雇用機会均等対策基本方針の変更について準用する。

第二章　雇用の分野における男女の均等な機会及び待遇の確保等

第一節　性別を理由とする差別の禁止等

（性別を理由とする差別の禁止）

第五条　事業主は、労働者の募集及び採用について、その性別にかかわりなく均等な機会を与えなければならない。

第六条　事業主は、次に掲げる事項について、労働者の性別を理由として、差別的取扱いをしてはならない。

一　労働者の配置（業務の配分及び権限の付与を含む。）、昇進、降格及び教育訓練

二　住宅資金の貸付けその他これに準ずる福利厚生の措置であつて厚生労働省令で定めるもの

三　労働者の職種及び雇用形態の変更

四　退職の勧奨、定年及び解雇並びに労働契約の更新

（性別以外の事由を要件とする措置）

第七条　事業主は、募集及び採用並びに前条各号に掲げる事項に関する措置であつて労働者の性別以外の事由を要件とするもののうち、措置の要件を満たす男性及び女性の比率その他の事情を勘案して実質的に性別を理由とする差別となるおそれがある措置として厚生労働省令で定めるものについては、当該措置の対象となる業務の性質に照らして当該措置の実施が当該業務の遂行上特に必要である場合、事業の運営の状況に照らして当該措置の実施が雇用管理上特に必要である場合その他の合理的な理由がある場合でなければ、これを講じてはならない。

（女性労働者に係る措置に関する特例）

第八条　前三条の規定は、事業主が、雇用の分野における男女の均等な機会及び待遇の確保の支障となつている事情を改善することを目的として女性労働者に関して行う措置を講ずることを妨げるものではない。

（婚姻、妊娠、出産等を理由とする不利益取扱いの禁止等）

第九条　事業主は、女性労働者が婚姻し、妊娠し、又は出産したことを退職理由として予定する定めをしてはならない。

2　事業主は、女性労働者が婚姻したことを理由として、解雇してはならない。

3　事業主は、その雇用する女性労働者が妊娠したこと、出産したこと、労働基準法（昭和二十二年法律第四十九号）第六十五条第一項の規定による休業を請求し、又は同項若しくは同条第二項の規定による休業をしたことその他の妊娠又は出産に関する事由であつて厚生労働省令で定めるものを理由として、当該女性労働者に対して解雇その他不利益な取扱いをしてはならない。

4　妊娠中の女性労働者及び出産後一年を経過しない女性労働者に対してなされた解雇は、無効とする。ただし、事業主が当該解雇が前項に規定する事由を理由とする解雇でないことを証明したときは、この限りでない。

（指針）

第十条　厚生労働大臣は、第五条から第七条まで及び前条第一項から第三項までの規定に定める事項に関し、事業主が適切に対処するために必要な指針（次項において「指針」という。）を定めるものとする。

2　第四条第四項及び第五項の規定は指針の策定及び変更について準用する。この場合において、同条第四項中「聴くほか、都道府県知事の意見を求める」とあるのは、「聴く」と読み替えるものとする。

第二節　事業主の講ずべき措置

（職場における性的な言動に起因する問題に関する雇用管理上の措置）

第十一条　事業主は、職場において行われる性的な言動に対するその雇用する労働者の対応により当該労働者がその労働条件につき不利益を受け、又は当該性的な言動により当該労働者の就業環境が害されることのないよう、当該労働者からの相談に応じ、適切に対応するために必要な体制の整備その他の雇用管理上必要な措置を講じなければならない。

2　厚生労働大臣は、前項の規定に基づき事業主が講ずべき措置に関して、その適切かつ有効な実施を図るために必要な指針（次項において「指針」という。）を定めるものとする。

3　第四条第四項及び第五項の規定は、指針の策定及び変更について準用する。この場合において、同条第四項中「聴くほか、都道府県知事の意見を求める」とあるのは、「聴く」と読み替えるものとする。

（妊娠中及び出産後の健康管理に関する措置）

第十二条　事業主は、厚生労働省令で定めるところにより、その雇用する女性労働者が母子保健法（昭和四十年法律第百四十一号）の規定による保健指導又は健康診査を受けるために必要な時間を確保することができるようにしなければならない。

第十三条　事業主は、その雇用する女性労働者が前条の保健指導又は健康診査に基づく指導事項を守ることができるようにするため、勤務時間の変更、勤務の軽減等必要な措置を講じなければならない。

2　厚生労働大臣は、前項の規定に基づき事業主が講ずべき措置に関して、その適切かつ有効な実施を図るために必要な指針（次項において「指針」という。）を定めるものとする。

3　第四条第四項及び第五項の規定は、指針の策定及び変更について準用する。この場合において、同条第四項中「聴くほか、都道府県知事の意見を求める」とあるのは、「聴く」と読み替えるものとする。

第三節　事業主に対する国の援助

第十四条　国は、雇用の分野における男女の均等な機会及び待遇が確保されることを促進するため、事業主が雇用の分野における男女の均等な機会及び待遇の確保の支障となつている事情を改善することを目的とする次に掲げる措置を講じ、又は講じようとする場合には、当該事業主に対し、相談その他の援助を行うことができる。

一　その雇用する労働者の配置その他雇用に関する状況の分析

二　前号の分析に基づき雇用の分野における男女の均等な機会及び待遇の確保の支障となつている事情を改善するに当たつて必要となる措置に関する計画の作成

三　前号の計画で定める措置の実施

四　前三号の措置を実施するために必要な体制の整備

五　前各号の措置の実施状況の開示

第三章　紛争の解決

第一節　紛争の解決の援助

（苦情の自主的解決）

第十五条　事業主は、第六条、第七条、第九条、第十二条及び第十三条第一項に定める事項（労働者の募集及び採用に係るものを除く。）に関し、労働者から苦情の申出を受けたときは、苦情処理機関（事業主を代表する者及び当該事業場の労働者を代表する者を構成員とする当該事業場の労働者の苦情を処理するための機関をいう。）に対し当該苦情の処理をゆだねる等その自主的な解決を図るように努めなければならない。

（紛争の解決の促進に関する特例）

第十六条　第五条から第七条まで、第九条、第十一条第一項、第十二条及び第十三条第一項に定める事項についての労働者と事業主との間の紛争については、個別労働関係紛争の解決の促進に関する法律（平成十三年法律第百十二号）第四条、第五条及び第十二条から第十九条までの規定は適用せず、次条から第二十七条までに定めるところによる。

（紛争の解決の援助）

第十七条　都道府県労働局長は、前条に規定する紛争に関し、当該紛争の当事者の双方又は一方からその解決につき援助を求められた場合には、当該紛争の当事者に対し、必要な助言、指導又は勧告をすることができる。

2　事業主は、労働者が前項の援助を求めたことを理由として、当該労働者に対して解雇その他不利益な取扱いをしてはならない。

第二節　調停

（調停の委任）

第十八条　都道府県労働局長は、第十六条に規定する紛争（労働者の募集及び採用についての紛争を除く。）について、当該紛争の当事者（以下「関係当事者」という。）の双方又は一方から調停の申請があつた場合において当該紛争の解決のために必要があると認めるときは、個別労働関係紛争の解決の促進に関する法律第六条第一項の紛争調整委員会（以下「委員会」という。）に調停を行わせるものとする。

2　前条第二項の規定は、労働者が前項の申請をした場合について準用する。

（調停）

第十九条　前条第一項の規定に基づく調停（以下この節において「調停」という。）は、三人の調停委員が行う。

2　調停委員は、委員会の委員のうちから、会長があらかじめ指名する。

第二十条　委員会は、調停のため必要があると認めるときは、関係当事者の出頭を求め、その意見を聴くことができる。

2　委員会は、第十一条第一項に定める事項についての労働者と事業主との間の紛争に係る調停のために必要があると認め、かつ、関係当事者の双方の同意があるときは、関係当事者のほか、当該事件に係る職場において性的な言動を行つたとされる者の出頭を求め、その意見を聴くことができる。

第二十一条　委員会は、関係当事者からの申立てに基づき必要があると認めるときは、当該委員会が置かれる都道府県労働局の管轄区域内の主要な労働者団体又は事業主団体が指名する関係労働者を代表する者又は関係事業主を代表する者から当該事件につき意見を聴くものとする。

第二十二条　委員会は、調停案を作成し、関係当事者に対しその受諾を勧告することができる。

第二十三条　委員会は、調停に係る紛争について調停による解決の見込みがないと認めるときは、調停を打ち切ることができる。

2　委員会は、前項の規定により調停を打ち切つたときは、その旨を関係当事者に通知しなければならない。

（時効の中断）

第二十四条　前条第一項の規定により調停が打ち切られた場合において、当該調停の申請をした者が同条第二項の通知を受けた日から三十日以内に調停の目的となつた請求について訴えを提起したときは、時効の中断に関しては、調停の申請の時に、訴えの提起があつたものとみなす。

（訴訟手続の中止）

第二十五条　第十八条第一項に規定する紛争のうち民事上の紛争であるものについて関係当事者間に訴訟が係属する場合において、次の各号のいずれかに掲げる事由があり、かつ、関係当事者の共同の申立てがあるときは、受訴裁判所は、四月以内の期間を定めて訴訟手続を中止する旨の決定をすることができる。

一　当該紛争について、関係当事者間において調停が実施されていること。

二　前号に規定する場合のほか、関係当事者間に調停によつて当該紛争の解決を図る旨の合意があること。

2　受訴裁判所は、いつでも前項の決定を取り消すことができる。

3　第一項の申立てを却下する決定及び前項の規定により第一項の決定を取り消す決定に対しては、不服を申し立てることができない。

（資料提供の要求等）

第二十六条　委員会は、当該委員会に係属している事件の解決のために必要があると認めるときは、関係行政庁に対し、資料の提供その他必要な協力を求めることができる。

（厚生労働省令への委任）

第二十七条　この節に定めるもののほか、調停の手続に関し必要な事項は、厚生労働省令で定める。

第四章　雑則

（調査等）

第二十八条　厚生労働大臣は、男性労働者及び女性労働者のそれぞれの職業生活に関し必要な調査研究を実施するものとする。

2　厚生労働大臣は、この法律の施行に関し、関係行政機関の長に対し、資料の提供その他必要な協力を求めることができる。

3　厚生労働大臣は、この法律の施行に関し、都道府県知事から必要な調査報告を求めることができる。

（報告の徴収並びに助言、指導及び勧告）

第二十九条　厚生労働大臣は、この法律の施行に関し必要があると認めるときは、事業主に対して、報告を求め、又は助言、指導若しくは勧告をすることができる。

2　前項に定める厚生労働大臣の権限は、厚生労働省令で定めるところにより、その一部を都道府県労働局長に委任することができる。

（公表）

第三十条 厚生労働大臣は、第五条から第七条まで、第九条第一項から第三項まで、第十一条第一項、第十二条及び第十三条第一項の規定に違反している事業主に対し、前条第一項の規定による勧告をした場合において、その勧告を受けた者がこれに従わなかつたときは、その旨を公表することができる。

（船員に関する特例）

第三十一条 船員職業安定法（昭和二十三年法律第百三十号）第六条第一項に規定する船員及び同項に規定する船員になろうとする者に関しては、第四条第一項並びに同条第四項及び第五項（同条第六項、第十条第二項、第十一条第三項及び第十三条第三項において準用する場合を含む。）、第十条第一項、第十一条第二項、第十三条第二項並びに前三条中「厚生労働大臣」とあるのは「国土交通大臣」と、第四条第四項（同条第六項、第十条第二項、第十一条第三項及び第十三条第三項において準用する場合を含む。）中「労働政策審議会」とあるのは「交通政策審議会」と、第六条第二号、第七条、第九条第三項、第十二条及び第二十九条第二項中「厚生労働省令」とあるのは「国土交通省令」と、第九条第三項中「労働基準法（昭和二十二年法律第四十九号）第六十五条第一項の規定による休業を請求し、又は同項若しくは同条第二項の規定による休業をしたこと」とあるのは「船員法（昭和二十二年法律第百号）第八十七条第一項又は第二項の規定によつて作業に従事しなかつたこと」と、第十七条第一項、第十八条第一項及び第二十九条第二項中「都道府県労働局長」とあるのは「地方運輸局長（運輸監理部長を含む。）」と、第十八条第一項中「第六条第一項の紛争調整委員会（以下「委員会」という。）」とあるのは「第二十一条第三項のあつせん員候補者名簿に記載されている者のうちから指名する調停員」とする。

2 前項の規定により読み替えられた第十八条第一項の規定により指名を受けて調停員が行う調停については、第十九条から第二十七条までの規定は、適用しない。

3 前項の調停の事務は、三人の調停員で構成する合議体で取り扱う。

4 調停員は、破産手続開始の決定を受け、又は禁錮以上の刑に処せられたときは、その地位を失う。

5 第二十条から第二十七条までの規定は、第二項の調停について準用する。この場合において、第二十条から第二十三条まで及び第二十六条中「委員会は」とあるのは「調停員は」と、第二十一条中「当該委員会が置かれる都道府県労働局」とあるのは「当該調停員を指名した地方運輸局長（運輸監理部長を含む。）が置かれる地方運輸局（運輸監理部を含む。）」と、第二十六条中「当該委員会に係属している」とあるのは「当該調停員が取り扱つている」と、第二十七条中「この節」とあるのは「第三十一条第三項から第五項まで」と、「調停」とあるのは「合議体及び調停」と、「厚生労働省令」とあるのは「国土交通省令」と読み替えるものとする。

（適用除外）

第三十二条 第二章第一節及び第三節、前章、第二十九条並びに第三十条の規定は、国家公務員及び地方公務員に、第二章第二節の規定は、一般職の国家公務員（特定独立行政法人等の労働関係に関する法律（昭和二十三年法律第二百五十七号）第二条第四号の職員を除く。）、裁判所職員臨時措置法（昭和二十六年法律第二百九十九号）の適用を受ける裁判所職員、国会職員法（昭和二十二年法律第八十五号）の適用を受ける国会職員及び自衛隊法（昭和二十九年法律第百六十五号）第二条第五項に規定する隊員に関しては適用しない。

第五章　罰則

第三十三条 第二十九条第一項の規定による報告をせず、又は虚偽の報告をした者は、二十万円以下の過料に処する。

附　則　抄

（施行期日）

1 この法律は、公布の日から施行する。

附　則（平成二〇年五月二日法律第二六号）　抄

（施行期日）

第一条 この法律は、平成二十年十月一日から施行する。

（罰則に関する経過措置）

第六条 この法律の施行前にした行為及び前条第四項の規定によりなお従前の例によることとされる場合におけるこの法律の施行後にした行為に対する罰則の適用については、なお従前の例による。

（政令への委任）

第七条 附則第二条から前条までに定めるもののほか、この法律の施行に関し必要な経過措置は、政令で定める。

（検討）

第九条 政府は、この法律の施行後五年を経過した場合において、この法律による改正後の規定の実施状況を勘案し、必要があると認めるときは、運輸の安全の一層の確保を図る等の観点から運輸安全委員会の機能の拡充等について検討を加え、その結果に基づいて必要な措置を講ずるものとする。

7 職員

文部科学省におけるセクシュアル・ハラスメントの防止等に関する規程

平成十三年一月六日文部科学省訓令第十三号
最終改正　平成一九年三月三〇日文部科学省訓令第五号

（目的）

第一条　この規程は、セクシュアル・ハラスメントの防止及び排除のための措置並びにセクシュアル・ハラスメントに起因する問題が生じた場合に適切に対応するための措置（以下「セクシュアル・ハラスメントの防止等」という。）に関し、必要な事項を定めることにより、文部科学省における人事行政の公正の確保、職員の利益の保護及び職員の職務能率の発揮を図ることを目的とする。

（定義）

第二条　この規程において、次の各号に掲げる用語の意義は、当該各号に定めるところによる。

一　セクシュアル・ハラスメント　職員が他の職員、及び関係者を不快にさせる性的な言動並びに及び関係者が職員を不快にさせる性的な言動。

二　セクシュアル・ハラスメントに起因する問題　セクシュアル・ハラスメントのため職員の就労上の環境が害されること及びセクシュアル・ハラスメントへの対応に起因して職員が就労上の不利益を受けること

三　施設等機関等　国立教育政策研究所、科学技術政策研究所及び日本学士院

（職員の責務）

第三条　職員は、この規程及び文部科学省大臣官房人事課長が定める指針に従い、セクシュアル・ハラスメントをしないように注意しなければならない。

（監督者の責務）

第四条　職員を監督する地位にある者（以下「監督者」という。）は、次の各号に掲げる事項に注意してセクシュアル・ハラスメントの防止及び排除に努めるとともに、セクシュアル・ハラスメントに起因する問題が生じた場合には迅速かつ適切に対処しなければならない。

一　日常の執務を通じた指導等により、セクシュアル・ハラスメントに関し、職員の注意を喚起し、セクシュアル・ハラスメントに関する認識を深めさせること。

二　職員の言動に十分な注意を払うことにより、セクシュアル・ハラスメント又はセクシュアル・ハラスメントに起因する問題が職場に生じることがないよう配慮すること。

（施設等機関等の長の責務）

第五条　施設等機関等の長は、当該施設等機関等の職員に対し、この規程の周知徹底を図らなければならない。

2　施設等機関等の長は、セクシュアル・ハラスメントの防止等のため、当該施設等機関等の職員に対し、パンフレットの配布、ポスターの掲示、意識調査等により啓発活動を行わなければならない。

3　施設等機関等の長は、セクシュアル・ハラスメントの防止等を図るため、当該施設等機関等に所属する職員に対し、必要な研修を実施しなければならない。

4　施設等機関等の長は、新たに職員となった者に対してセクシュアル・ハラスメントに関する基本的な事項について理解させるため、及び新たに監督者となった職員に対してセクシュアル・ハラスメントの防止等に関しその求められる役割について理解させるため、研修を実施しなければならない。

5　施設等機関等の長は、セクシュアル・ハラスメントに起因する問題が生じた場合には、再発防止に向けて、職員の意識啓発、研修その他の必要な措置を講じなければならない。

（苦情相談への対応）

第六条　セクシュアル・ハラスメントに関する苦情の申出及び相談（以下「苦情相談」という。）が職員からなされた場合に対応するため、文部科学本省内部部局及び各施設等機関等に苦情相談を受ける職員又は苦情相談に対応する委員会等（以下「相談員等」という。）を設ける等必要な措置を講じるものとする。

2　文部科学本省内部部局に総括相談員及び相談員を置く。

一　総括相談員は、文部科学省大臣官房人事課長をもって充てる。

二　相談員は、文部科学省大臣官房人事課長の指名する者をもって充てる。

三　相談員は、文部科学本省内部部局職員からの苦情相談に対応するとともに、各施設等機関等における相談員等と密接な連携を図り、必要に応じて助言等を行う。

四　前三号の他、文部科学本省内部部局における苦情相談に関して必要な事項は、文部科学省大臣官房人事課長が別に定める。

3　各施設等機関等においては、それぞれの長の定めるところにより相談員等を置き、相談を受ける日時及び場所を職員に対して明示しなければならない。

（相談員等の責務）

第七条　相談員等は、苦情相談に係る問題の事実関係の確認及び当該苦情相談に係る当事者に対する指導・助言等により、当該問題を適切かつ迅速に解決するよう努めなければならない。この場合において、相談員等は、文部科学省大臣官房人事課長が苦情相談への対応について定める指針に十分留意しなければならない。

2　相談員等は、苦情相談への対応に当たっては、関係者のプライバシーや名誉その他の人権を尊重するとともに、知り得た秘密を他に漏らしてはならない。

（人事院への苦情相談）

第八条　職員は、相談員等に対して苦情相談を行うほか、人事院に対して苦情相談を行うことができる。

（不利益取扱いの禁止）

第九条　施設等機関等の長、監督者その他の職員は、セクシュアル・ハラスメントに対する苦情の申出、当該苦情に係る調査への協力その他セクシュアル・ハラスメントに関して正当な対応をした職員等に対し、その

ことをもって不利益な取扱いをしてはならない。

附　則

1　この訓令は、平成十三年一月六日から実施する。

2　文部省におけるセクシュアル・ハラスメントの防止等に関する規程（平成十一年文部省訓令第四号）及び科学技術庁におけるセクシュアル・ハラスメントの防止等に関する措置を定める規程（平成十一年科学技術庁訓令第三百十八号）は、廃止する。

附　則（平成一九年三月三〇日文部科学省訓令第五号）

この訓令は、平成十九年四月一日から実施する。

人事院規則一〇—一〇（セクシュアル・ハラスメントの防止等）

平成十年十一月十三日人事院規則一〇—一〇

最終改正　平成一九年二月九日人事院規則一〇—一〇—一

人事院は、国家公務員法（昭和二十二年法律第百二十号）に基づき、セクシュアル・ハラスメントの防止等に関し次の人事院規則を制定する。

（趣旨）

第一条　この規則は、人事行政の公正の確保、職員の利益の保護及び職員の能率の発揮を目的として、セクシュアル・ハラスメントの防止及び排除のための措置並びにセクシュアル・ハラスメントに起因する問題が生じた場合に適切に対応するための措置に関し、必要な事項を定めるものとする。

（定義）

第二条　この規則において、次の各号に掲げる用語の意義は、当該各号に定めるところによる。

一　セクシュアル・ハラスメント　他の者を不快にさせる職場における性的な言動及び職員が他の職員を不快にさせる職場外における性的な言動

二　セクシュアル・ハラスメントに起因する問題　セクシュアル・ハラスメントのため職員の勤務環境が害されること及びセクシュアル・ハラスメントへの対応に起因して職員がその勤務条件につき不利益を受けること

（人事院の責務）

第三条　人事院は、セクシュアル・ハラスメントの防止等に関する施策についての企画立案を行うとともに、各省各庁の長がセクシュアル・ハラスメントの防止等のために実施する措置に関する調整、指導及び助言に当たらなければならない。

（各省各庁の長の責務）

第四条　各省各庁の長は、職員がその能率を充分に発揮できるような勤務環境を確保するため、セクシュアル・ハラスメントの防止及び排除に関し、必要な措置を講ずるとともに、セクシュアル・ハラスメントに起因する問題が生じた場合においては、必要な措置を迅速かつ適切に講じなければならない。この場合において、セクシュアル・ハラスメントに対する苦情の申出、当該苦情等に係る調査への協力その他セクシュアル・ハラスメントに対する職員の対応に起因して当該職員が職場において不利益を受けることがないようにしなければならない。

（職員の責務）

第五条　職員は、次条第一項の指針の定めるところに従い、セクシュアル・ハラスメントをしないように注意しなければならない。

2　職員を監督する地位にある者（以下「監督者」という。）は、良好な勤務環境を確保するため、日常の執務を通じた指導等によりセクシュアル・ハラスメントの防止及び排除に努めるとともに、セクシュアル・ハラスメントに起因する問題が生じた場合には、迅速かつ適切に対処しなければならない。

（職員に対する指針）

第六条　人事院は、セクシュアル・ハラスメントをしないようにするために職員が認識すべき事項及びセクシュアル・ハラスメントに起因する問題が生じた場合において職員に望まれる対応等について、指針を定めるものとする。

2　各省各庁の長は、職員に対し、前項の指針の周知徹底を図らなければならない。

（研修等）

第七条　各省各庁の長は、セクシュアル・ハラスメントの防止等を図るため、職員に対し、必要な研修等を実施しなければならない。

2　各省各庁の長は、新たに職員となった者に対し、セクシュアル・ハラスメントに関する基本的な事項について理解させるため、及び新たに監督者となった職員に対し、セクシュアル・ハラスメントの防止等に関しその求められる役割について理解させるために、研修を実施するものとする。

3　人事院は、各省各庁の長が前二項の規定により実施する研修等の調整及び指導に当たるとともに、自ら実施することが適当と認められるセクシュアル・ハラスメントの防止等のための研修について計画を立て、その実施に努めるものとする。

（苦情相談への対応）

第八条　各省各庁の長は、人事院の定めるところにより、セクシュアル・ハラスメントに関する苦情の申出及び相談（以下「苦情相談」という。）が職員からなされた場合に対応するため、苦情相談を受ける職員（以下「相談員」という。）を配置し、相談員が苦情相談を受ける日時及び場所を指定する等必要な体制を整備しなければならない。この場合において、各省各庁の長は、苦情相談を受ける体制を職員に対して明示するものとする。

2　相談員は、苦情相談に係る問題の事実関係の確認及び当該苦情相談に係る当事者に対する助言等により、当該問題を迅速かつ適切に解決するよう努めるものとする。この場合において、相談員は、人事院が苦情相談への対応について定める指針に十分留意しなければならない。

3　職員は、相談員に対して苦情相談を行うほか、人事院に対しても苦情相談を行うことができる。この場合において、人事院は、苦情相談を行った職員等から事情の聴取を行う等の必要な調査を行い、当該職員等に対して指導、助言及び必要なあっせん等を行うものとする。

附　則

この規則は、平成十一年四月一日から施行する。

附　則（平成一九年二月九日人事院規則一〇―一〇―一）

この規則は、平成十九年四月一日から施行する。

八 高等教育行財政

補助金等に係る予算の執行の適正化に関する法律

昭和三十年八月二十七日法律第百七十九号
最終改正 平成一四年一二月一三日法律第一五二号

第一章 総則

（この法律の目的）
第一条 この法律は、補助金等の交付の申請、決定等に関する事項その他補助金等に係る予算の執行に関する基本的事項を規定することにより、補助金等の交付の不正な申請及び補助金等の不正な使用の防止その他補助金等に係る予算の執行並びに補助金等の交付の決定の適正化を図ることを目的とする。

（定義）
第二条 この法律において「補助金等」とは、国が国以外の者に対して交付する次に掲げるものをいう。
一 補助金
二 負担金（国際条約に基く分担金を除く。）
三 利子補給金
四 その他相当の反対給付を受けない給付金であつて政令で定めるもの
2 この法律において「補助事業等」とは、補助金等の交付の対象となる事務又は事業をいう。
3 この法律において「補助事業者等」とは、補助事業等を行う者をいう。
4 この法律において「間接補助金等」とは、次に掲げるものをいう。
一 国以外の者が相当の反対給付を受けないで交付する給付金で、補助金等を直接又は間接にその財源の全部又は一部とし、かつ、当該補助金等の交付の目的に従つて交付するもの
二 利子補給金又は利子の軽減を目的とする前号の給付金の交付を受ける者が、その交付の目的に従い、利子を軽減して融通する資金
5 この法律において「間接補助事業等」とは、前項第一号の給付金の交付又は同項第二号の資金の融通の対象となる事務又は事業をいう。
6 この法律において「間接補助事業者等」とは、間接補助事業等を行う者をいう。
7 この法律において「各省各庁」とは、財政法（昭和二十二年法律第三十四号）第二十一条に規定する各省各庁をいい、「各省各庁の長」とは、同法第二十条第二項に規定する各省各庁の長をいう。

（関係者の責務）
第三条 各省各庁の長は、その所掌の補助金等に係る予算の執行に当つては、補助金等が国民から徴収された税金その他の貴重な財源でまかなわれるものであることに特に留意し、補助金等が法令及び予算で定めるところに従つて公正かつ効率的に使用されるように努めなければならない。
2 補助事業者等及び間接補助事業者等は、補助金等が国民から徴収された税金その他の貴重な財源でまかなわれるものであることに留意し、法令の定及び補助金等の交付の目的又は間接補助金等の交付若しくは融通の目的に従つて誠実に補助事業等又は間接補助事業等を行うように努めなければならない。

（他の法令との関係）
第四条 補助金等に関しては、他の法律又はこれに基く命令若しくはこれを実施するための命令に特別の定のあるものを除くほか、この法律の定めるところによる。

第二章 補助金等の交付の申請及び決定

（補助金等の交付の申請）
第五条 補助金等の交付の申請（契約の申込を含む。以下同じ。）をしようとする者は、政令で定めるところにより、補助事業等の目的及び内容、補助事業等に要する経費その他必要な事項を記載した申請書に各省各庁の長が定める書類を添え、各省各庁の長に対しその定める時期までに提出しなければならない。

（補助金等の交付の決定）
第六条 各省各庁の長は、補助金等の交付の申請があつたときは、当該申請に係る書類等の審査及び必要に応じて行う現地調査等により、当該申請に係る補助金等の交付が法令及び予算で定めるところに違反しないかどうか、補助事業等の目的及び内容が適正であるかどうか、金額の算定に誤がないかどうか等を調査し、補助金等を交付すべきものと認めたときは、すみやかに補助金等の交付の決定（契約の承諾の決定を含む。以下同じ。）をしなければならない。
2 各省各庁の長は、補助金等の交付の申請が到達してから当該申請に係る補助金等の交付の決定をするまでに通常要すべき標準的な期間（法令により当該各省各庁の長と異なる機関が当該申請の提出先とされている場合は、併せて、当該申請が当該提出先とされている機関の事務所に到達してから当該各省各庁の長に到達するまでに通常要すべき標準的な期間）を定め、かつ、これを公表するよう努めなければならない。
3 各省各庁の長は、第一項の場合において、適正な交付を行うため必要があるときは、補助金等の交付の申請に係る事項につき修正を加えて補助金等の交付の決定をすることができる。
4 前項の規定により補助金等の交付の申請に係る事項につき修正を加えてその交付の決定をするに当つては、その申請に係る当該補助事業等の遂行を不当に困難とさせないようにしなければならない。

（補助金等の交付の条件）

第七条　各省各庁の長は、補助金等の交付の決定をする場合において、法令及び予算で定める補助金等の交付の目的を達成するため必要があるときは、次に掲げる事項につき条件を附するものとする。

一　補助事業等に要する経費の配分の変更（各省各庁の長の定める軽微な変更を除く。）をする場合においては、各省各庁の長の承認を受けるべきこと。

二　補助事業等を行うため締結する契約に関する事項その他補助事業等に要する経費の使用方法に関する事項

三　補助事業等の内容の変更（各省各庁の長の定める軽微な変更を除く。）をする場合においては、各省各庁の長の承認を受けるべきこと。

四　補助事業等を中止し、又は廃止する場合においては、各省各庁の長の承認を受けるべきこと。

五　補助事業等が予定の期間内に完了しない場合又は補助事業等の遂行が困難となつた場合においては、すみやかに各省各庁の長に報告してその指示を受けるべきこと。

2　各省各庁の長は、補助事業等の完了により当該補助事業者等に相当の収益が生ずると認められる場合においては、当該補助金等の交付の目的に反しない場合に限り、その交付した補助金等の全部又は一部に相当する金額を国に納付すべき旨の条件を附することができる。

3　前二項の規定は、これらの規定に定める条件のほか、各省各庁の長が法令及び予算で定める補助金等の交付の目的を達成するため必要な条件を附することを妨げるものではない。

4　補助金等の交付の決定に附する条件は、公正なものでなければならず、いやしくも補助金等の交付の目的を達成するため必要な限度をこえて不当に補助事業者等に対し干渉をするようなものであつてはならない。

（決定の通知）

第八条　各省各庁の長は、補助金等の交付の決定をしたときは、すみやかにその決定の内容及びこれに条件を附した場合にはその条件を補助金等の交付の申請をした者に通知しなければならない。

（申請の取下げ）

第九条　補助金等の交付の申請をした者は、前条の規定による通知を受領した場合において、当該通知に係る補助金等の交付の決定の内容又はこれに附された条件に不服があるときは、各省各庁の長の定める期日までに、申請の取下げをすることができる。

2　前項の規定による申請の取下げがあつたときは、当該申請に係る補助金等の交付の決定は、なかつたものとみなす。

（事情変更による決定の取消等）

第十条　各省各庁の長は、補助金等の交付の決定をした場合において、その後の事情の変更により特別の必要が生じたときは、補助金等の交付の決定の全部若しくは一部を取り消し、又はその決定の内容若しくはこれに附した条件を変更することができる。ただし、補助事業等のうちすでに経過した期間に係る部分については、この限りでない。

2　各省各庁の長が前項の規定により補助金等の交付の決定を取り消すことができる場合は、天災地変その他補助金等の交付の決定後生じた事情の変更により補助事業等の全部又は一部を継続する必要がなくなつた場合その他政令で定める特に必要な場合に限る。

3　各省各庁の長は、第一項の規定による補助金等の交付の決定の取消により特別に必要となつた事務又は事業に対しては、政令で定めるところにより、補助金等を交付するものとする。

4　第八条の規定は、第一項の処分をした場合について準用する。

第三章　補助事業等の遂行等

（補助事業等及び間接補助事業等の遂行）

第十一条　補助事業者等は、法令の定並びに補助金等の交付の決定の内容及びこれに附した条件その他法令に基く各省各庁の長の処分に従い、善良な管理者の注意をもつて補助事業等を行わなければならず、いやしくも補助金等の他の用途への使用（利子補給金にあつては、その交付の目的となつている融資又は利子の軽減をしないことにより、補助金等の交付の目的に反してその交付を受けたことになることをいう。以下同じ。）をしてはならない。

2　間接補助事業者等は、法令の定及び間接補助金等の交付又は融通の目的に従い、善良な管理者の注意をもつて間接補助事業等を行わなければならず、いやしくも間接補助金等の他の用途への使用（利子の軽減を目的とする第二条第四項第一号の給付金にあつては、その交付の目的となつている融資又は利子の軽減をしないことにより間接補助金等の交付の目的に反してその交付を受けたことになることをいい、同項第二号の資金にあつては、その融通の目的に従つて使用しないことにより不当に利子の軽減を受けたことになることをいう。以下同じ。）をしてはならない。

（状況報告）

第十二条　補助事業者等は、各省各庁の長の定めるところにより、補助事業等の遂行の状況に関し、各省各庁の長に報告しなければならない。

（補助事業等の遂行等の命令）

第十三条　各省各庁の長は、補助事業者等が提出する報告等により、その者の補助事業等が補助金等の交付の決定の内容又はこれに附した条件に従つて遂行されていないと認めるときは、その者に対し、これらに従つて当該補助事業等を遂行すべきことを命ずることができる。

2　各省各庁の長は、補助事業者等が前項の命令に違反したときは、その者に対し、当該補助事業等の遂行の一時停止を命ずることができる。

（実績報告）

第十四条　補助事業者等は、各省各庁の長の定めるところにより、補助事業等が完了したとき（補助事業等の廃止の承認を受けたときを含む。）は、補助事業等の成果を記載した補助事業等実績報告書に各省各庁の長の定める書類を添えて各省各庁の長に報告しなければならない。補助金等の交付の決定に係る国の会計年度が終了した場合も、また同様とする。

（補助金等の額の確定等）

第十五条　各省各庁の長は、補助事業等の完了又は廃止に係る補助事業等の成果の報告を受けた場合においては、報告書等の書類の審査及び必要に応じて行う現地調査等により、その報告に係る補助事業等の成果が補助金等の交付の決定の内容及びこれに附した条件に適合するものであるかどうかを調査し、適合すると認めたときは、交付すべき補助金等の額を確定し、当該補助事業者等に通知しなければならない。

（是正のための措置）

第十六条　各省各庁の長は、補助事業等の完了又は廃止に係る補助事業等の成果の報告を受けた場合において、その報告に係る補助事業等の成果が補助金等の交付の決定の内容及びこれに附した条件に適合しないと認めるときは、当該補助事業等につき、これに適合させるための措置をとるべきことを当該補助事業者等に対して命ずることができる。

2　第十四条の規定は、前項の規定による命令に従つて行う補助事業等について準用する。

第四章　補助金等の返還等

（決定の取消）

第十七条　各省各庁の長は、補助事業者等が、補助金等の他の用途への使用をし、その他補助事業等に関して補助金等の交付の決定の内容又はこれに附した条件その他法令又はこれに基く各省各庁の長の処分に違反したときは、補助金等の交付の決定の全部又は一部を取り消すことができる。

2　各省各庁の長は、間接補助事業者等が、間接補助金等の他の用途への使用をし、その他間接補助事業等に関して法令に違反したときは、補助事業者等に対し、当該間接補助金等に係る補助金等の交付の決定の全部又は一部を取り消すことができる。

3　前二項の規定は、補助事業等について交付すべき補助金等の額の確定があつた後においても適用があるものとする。

4　第八条の規定は、第一項又は第二項の規定による取消をした場合について準用する。

（補助金等の返還）

第十八条　各省各庁の長は、補助金等の交付の決定を取り消した場合において、補助事業等の当該取消に係る部分に関し、すでに補助金等が交付されているときは、期限を定めて、その返還を命じなければならない。

2　各省各庁の長は、補助事業者等に交付すべき補助金等の額を確定した場合において、すでにその額をこえる補助金等が交付されているときは、期限を定めて、その返還を命じなければならない。

3　各省各庁の長は、第一項の返還の命令に係る補助金等の交付の決定の取消が前条第二項の規定によるものである場合において、やむを得ない事情があると認めるときは、政令で定めるところにより、返還の期限を延長し、又は返還の命令の全部若しくは一部を取り消すことができる。

（加算金及び延滞金）

第十九条　補助事業者等は、第十七条第一項の規定又はこれに準ずる他の法律の規定による処分に関し、補助金等の返還を命ぜられたときは、政令で定めるところにより、その命令に係る補助金等の受領の日から納付の日までの日数に応じ、当該補助金等の額（その一部を納付した場合におけるその後の期間については、既納額を控除した額）につき年十・九五パーセントの割合で計算した加算金を国に納付しなければならない。

2　補助事業者等は、補助金等の返還を命ぜられ、これを納期日までに納付しなかつたときは、政令で定めるところにより、納期日の翌日から納付の日までの日数に応じ、その未納付額につき年十・九五パーセントの割合で計算した延滞金を国に納付しなければならない。

3　各省各庁の長は、前二項の場合において、やむを得ない事情があると認めるときは、政令で定めるところにより、加算金又は延滞金の全部又は一部を免除することができる。

（他の補助金等の一時停止等）

第二十条　各省各庁の長は、補助事業者等が補助金等の返還を命ぜられ、当該補助金等、加算金又は延滞金の全部又は一部を納付しない場合において、その者に対して、同種の事務又は事業について交付すべき補助金等があるときは、相当の限度においてその交付を一時停止し、又は当該補助金等と未納付額とを相殺することができる。

（徴収）

第二十一条　各省各庁の長が返還を命じた補助金等又はこれに係る加算金若しくは延滞金は、国税滞納処分の例により、徴収することができる。

2　前項の補助金等又は加算金若しくは延滞金の先取特権の順位は、国税及び地方税に次ぐものとする。

第五章　雑則

（理由の提示）

第二十一条の二　各省各庁の長は、補助金等の交付の決定の取消し、補助事業等の遂行若しくは一時停止の命令又は補助事業等の是正のための措置の命令をするときは、当該補助事業者等に対してその理由を示さなければならない。

（財産の処分の制限）

第二十二条　補助事業者等は、補助事業等により取得し、又は効用の増加した政令で定める財産を、各省各庁の長の承認を受けないで、補助金等の交付の目的に反して使用し、譲渡し、交換し、貸し付け、又は担保に供してはならない。ただし、政令で定める場合は、この限りでない。

（立入検査等）

第二十三条　各省各庁の長は、補助金等に係る予算の執行の適正を期するため必要があるときは、補助事業者等若しくは間接補助事業者等に対して報告をさせ、又は当該職員にその事務所、事業場等に立ち入り、帳簿書類その他の物件を検査させ、若しくは関係者に質問させることができる。

2　前項の職員は、その身分を示す証票を携帯し、関係者の要求があるときは、これを提示しなければならない。

3　第一項の規定による権限は、犯罪捜査のために認められたものと解してはならない。

（不当干渉等の防止）

第二十四条　補助金等の交付に関する事務その他補助金等に係る予算の執行に関する事務に従事する国又は都道府県の職員は、当該事務を不当に遅延させ、又は補助金等の交付の目的を達成するため必要な限度をこえて不当に補助事業者等若しくは間接補助事業者等に対して干渉してはならない。

（行政手続法の適用除外）

第二十四条の二　補助金等の交付に関する各省各庁の長の処分については、行政手続法（平成五年法律第八十八号）第二章及び第三章の規定は、適用しない。

（不服の申出）

第二十五条　補助金等の交付の決定、補助金等の交付の決定の取消、補助金等の返還の命令その他補助金等の交付に関する各省各庁の長の処分に対して不服のある地方公共団体（港湾法（昭和二十五年法律第二百十八号）に基く港務局を含む。以下同じ。）は、政令で定めるところにより、各省各庁の長に対して不服を申し出ることができる。

2　各省各庁の長は、前項の規定による不服の申出があつたときは、不服を申し出た者に意見を述べる機会を与えた上、必要な措置をとり、その旨を不服を申し出た者に対して通知しなければならない。

3　前項の措置に不服のある者は、内閣に対して意見を申し出ることができる。

（事務の実施）

第二十六条　各省各庁の長は、政令で定めるところにより、補助金等の交付に関する事務の一部を各省各庁の機関に委任することができる。

2　国は、政令で定めるところにより、補助金等の交付に関する事務の一部を都道府県が行うこととすることができる。

3　前項の規定により都道府県が行うこととされる事務は、地方自治法（昭和二十二年法律第六十七号）第二条第九項第一号に規定する第一号法定受託事務とする。

（行政手続等における情報通信の技術の利用に関する法律の適用除外）

第二十六条の二　この法律又はこの法律に基づく命令の規定による手続については、行政手続等における情報通信の技術の利用に関する法律（平成十四年法律第百五十一号）第三条及び第四条の規定は、適用しない。

（電磁的記録による作成）

第二十六条の三　この法律又はこの法律に基づく命令の規定により作成することとされている申請書等（申請書、書類その他文字、図形等人の知覚によつて認識することができる情報が記載された紙その他の有体物をいう。次条において同じ。）については、当該申請書等に記載すべき事項を記録した電磁的記録（電子的方式、磁気的方式その他人の知覚によつては認識することができない方式で作られる記録であつて、電子計算機による情報処理の用に供されるものとして各省各庁の長が定めるものをいう。次条第一項において同じ。）の作成をもつて、当該申請書等の作成に代えることができる。この場合において、当該電磁的記録は、当該申請書等とみなす。

（電磁的方法による提出）

第二十六条の四　この法律又はこの法律に基づく命令の規定による申請書等の提出については、当該申請書等が電磁的記録で作成されている場合には、電磁的方法（電子情報処理組織を使用する方法その他の情報通信の技術を利用する方法であつて各省各庁の長が定めるものをいう。次項において同じ。）をもつて行うことができる。

2　前項の規定により申請書等の提出が電磁的方法によつて行われたときは、当該申請書等の提出を受けるべき者の使用に係る電子計算機に備えられたファイルへの記録がされた時に当該提出を受けるべき者に到達したものとみなす。

（適用除外）

第二十七条　他の法律又はこれに基く命令若しくはこれを実施するための命令に基き交付する補助金等に関しては、政令で定めるところにより、この法律の一部を適用しないことができる。

（政令への委任）

第二十八条　この法律に定めるもののほか、この法律の施行に関し必要な事項は、政令で定める。

第六章　罰則

第二十九条　偽りその他不正の手段により補助金等の交付を受け、又は間接補助金等の交付若しくは融通を受けた者は、五年以下の懲役若しくは百万円以下の罰金に処し、又はこれを併科する。

2　前項の場合において、情を知つて交付又は融通をした者も、また同項と同様とする。

第三十条　第十一条の規定に違反して補助金等の他の用途への使用又は間接補助金等の他の用途への使用をした者は、三年以下の懲役若しくは五十万円以下の罰金に処し、又はこれを併科する。

第三十一条　次の各号の一に該当する者は、三万円以下の罰金に処する。

一　第十三条第二項の規定による命令に違反した者

二　法令に違反して補助事業等の成果の報告をしなかつた者

三　第二十三条の規定による報告をせず、若しくは虚偽の報告をし、検査を拒み、妨げ、若しくは忌避し、又は質問に対して答弁せず、若しくは虚偽の答弁をした者

第三十二条　法人（法人でない団体で代表者又は管理人の定のあるものを含む。以下この項において同じ。）の代表者又は法人若しくは人の代理人、使用人その他の従業者が、その法人又は人の業務に関し、前三条の違反行為をしたときは、その行為者を罰するほか、当該法人又は人に対し各本条の罰金刑を科する。

2　前項の規定により法人でない団体を処罰する場合においては、その代表者又は管理人がその訴訟行為につきその団体を代表するほか、法人を被告人とする場合の刑事訴訟に関する法律の規定を準用する。

第三十三条　前条の規定は、国又は地方公共団体には、適用しない。

2　国又は地方公共団体において第二十九条から第

三十一条までの違反行為があつたときは、その行為をした各省各庁の長その他の職員又は地方公共団体の長その他の職員に対し、各本条の刑を科する。

附　則　抄

1　この法律は、公布の日から起算して三十日を経過した日から施行する。ただし、昭和二十九年度分以前の予算により支出された補助金等及びこれに係る間接補助金等に関しては、適用しない。

2　この法律の施行前に補助金等が交付され、又は補助金等の交付の意思が表示されている事務又は事業に関しては、政令でこの法律の特例を設けることができる。

附　則（平成一四年一二月一三日法律第一五二号）　抄

（施行期日）

第一条　この法律は、行政手続等における情報通信の技術の利用に関する法律（平成十四年法律第百五十一号）の施行の日から施行する。

（罰則に関する経過措置）

第四条　この法律の施行前にした行為に対する罰則の適用については、なお従前の例による。

（その他の経過措置の政令への委任）

第五条　前三条に定めるもののほか、この法律の施行に関し必要な経過措置は、政令で定める。

補助金等に係る予算の執行の適正化に関する法律施行令

昭和三十年九月二十六日政令第二百五十五号

最終改正　平成二二年四月一日政令第一一二号

内閣は、補助金等に係る予算の執行の適正化に関する法律（昭和三十年法律第百七十九号）の規定（日本専売公社法（昭和二十三年法律第二百五十五号）第四十三条の二十四、日本国有鉄道法（昭和二十三年法律第二百五十六号）第五十条の二及び日本電信電話公社法（昭和二十七年法律第二百五十号）第七十三条の二において準用する場合を含む。）に基き、この政令を制定する。

（定義）

第一条　この政令において「補助金等」、「補助事業等」、「補助事業者等」、「間接補助金等」、「間接補助事業等」、「間接補助事業者等」、「各省各庁」又は「各省各庁の長」とは、補助金等に係る予算の執行の適正化に関する法律（日本中央競馬会法（昭和二十九年法律第二百五号）第二十条の二、独立行政法人平和祈念事業特別基金等に関する法律（昭和六十三年法律第六十六号）第十四条、独立行政法人情報通信研究機構法（平成十一年法律第百六十二号）第十九条（同法附則第十六条の規定により読み替えられる場合を含む。）、独立行政法人農畜産業振興機構法（平成十四年法律第百二十六号）第十七条（加工原料乳生産者補給金等暫定措置法（昭和四十年法律第百十二号）第二十条の二第二項及び肉用子牛生産安定等特別措置法（昭和六十三年法律第九十八号）第十五条の二の規定により読み替えられる場合を含む。）、独立行政法人国際協力機構法（平成十四年法律第百三十六号）第三十七条、独立行政法人国際交流基金法（平成十四年法律第百三十七号）第十三条、独立行政法人新エネルギー・産業技術総合開発機構法（平成十四年法律第百四十五号）第十八条（同法附則第十二条第三項の規定により読み替えられる場合を含む。）、独立行政法人中小企業基盤整備機構法（平成十四年法律第百四十七号）第十六条（同法附則第十四条の規定により読み替えられる場合を含む。）、独立行政法人日本学術振興会法（平成十四年法律第百五十九号）附則第二条の六、独立行政法人日本スポーツ振興センター法（平成十四年法律第百六十二号）第二十八条、独立行政法人日本芸術文化振興会法（平成十四年法律第百六十三号）第十七条、独立行政法人福祉医療機構法（平成十四年法律第百六十六号）第十三条、独立行政法人鉄道建設・運輸施設整備支援機構法（平成十四年法律第百八十号）第二十四条、独立行政法人環境再生保全機構法（平成十五年法律第四十三号）第十一条、独立行政法人日本学生支援機構法（平成十五年法律第九十四号）第二十四条、独立行政法人国立大学財務・経営センター法（平成十五年法律第百十五号）第十九条及び独立行政法人医薬基盤研究所法（平成十六年法律第百三十五号）第十六条において準用する場合を含む。以下「法」という。）第二条に規定する補助金等、補助事業等、補助事業者等、間接補助金等、間接補助事業等、間接補助事業者等、各省各庁又は各省各庁の長をいう。

（補助金等とする給付金の指定）

第二条　法第二条第一項第四号に規定する給付金で政令で定めるものは、次に掲げるもの（第四十一号から第百四十二号までにあつては、当該各号に掲げる予算の目又はこれに準ずるものの経費の支出によるもの）とする。

一　農業災害補償法（昭和二十二年法律第百八十五号）第百五十条の三第一項に規定する交付金

二　農業改良助長法（昭和二十三年法律第百六十五号）第六条第一項に規定する協同農業普及事業交付金

三　漁業法（昭和二十四年法律第二百六十七号）第百十八条第一項（同法第百三十二条において準用する場合を含む。）に規定する交付金

四　電波法（昭和二十五年法律第百三十一号）第

七十一条の三第九項（同法第七十一条の三の二第十一項において準用する場合を含む。）の規定による交付金

五　植物防疫法（昭和二十五年法律第百五十一号）第三十五条第一項に規定する交付金

六　旧令による共済組合等からの年金受給者のための特別措置法（昭和二十五年法律第二百五十六号）第七条又は第十一条の規定による交付金

七　農業委員会等に関する法律（昭和二十六年法律第八十八号）第二条第一項に規定する交付金

八　公共土木施設災害復旧事業費国庫負担法（昭和二十六年法律第九十七号）第十三条第二項の規定による交付金

九　森林法（昭和二十六年法律第二百四十九号）第百九十五条第一項に規定する交付金

十　特別支援学校への就学奨励に関する法律（昭和二十九年法律第百四十四号）第二条第四項の規定による給付金

十一　義務教育諸学校等の施設費の国庫負担等に関する法律（昭和三十三年法律第八十一号）第十二条第一項に規定する交付金

十二　国民健康保険法（昭和三十三年法律第百九十二号）第七十二条に規定する調整交付金

十三　激甚災害に対処するための特別の財政援助等に関する法律（昭和三十七年法律第百五十号）第三条第一項及び第四条第五項の規定による交付金

十四　漁船損害補償法の一部を改正する法律（昭和四十一年法律第四十六号）附則第五項、漁船損害補償法の一部を改正する法律（昭和四十八年法律第五十五号）附則第三項及び漁船損害等補償法の一部を改正する法律（平成十一年法律第四十六号）附則第五条に規定する交付金

十五　石炭鉱業の構造調整の推進等の石炭対策の総合的な実施のための関係法律の整備等に関する法律（平成四年法律第二十三号）附則第五条第一項の規定によりなおその効力を有するものとされる同法第八条の規定による廃止前の石炭鉱業再建整備臨時措置法（昭和四十二年法律第四十九号）第十条第一項の規定による損失補償金

十六　職業能力開発促進法（昭和四十四年法律第六十四号）第九十五条第一項に規定する交付金

十七　公害健康被害の補償等に関する法律（昭和四十八年法律第百十一号）第五十条の規定による交付金

十八　発電用施設周辺地域整備法（昭和四十九年法律第七十八号）第七条（同法第十条第四項において準用する場合を含む。）に規定する交付金

十九　防衛施設周辺の生活環境の整備等に関する法律（昭和四十九年法律第百一号）第九条第二項に規定する特定防衛施設周辺整備調整交付金

二十　高齢者の医療の確保に関する法律（昭和五十七年法律第八十号）第九十五条第一項及び附則第五条の規定による交付金

二十一　港湾労働法（昭和六十三年法律第四十号）第三十五条の規定による交付金

二十二　地域における公的介護施設等の計画的な整備等の促進に関する法律（平成元年法律第六十四号）第五条第二項に規定する交付金

二十三　育児休業、介護休業等育児又は家族介護を行う労働者の福祉に関する法律（平成三年法律第七十六号）第四十五条の規定による交付金

二十四　介護労働者の雇用管理の改善等に関する法律（平成四年法律第六十三号）第二十三条の規定による交付金

二十五　短時間労働者の雇用管理の改善等に関する法律（平成五年法律第七十六号）第三十四条の規定による交付金

二十六　特定先端大型研究施設の共用の促進に関する法律（平成六年法律第七十八号）第二十一条の規定による交付金

二十七　介護保険法（平成九年法律第百二十三号）第百二十二条第一項及び第百二十二条の二の規定による交付金

二十八　沖縄振興特別措置法（平成十四年法律第十四号）第百五条の三第二項に規定する交付金

二十九　都市再生特別措置法（平成十四年法律第二十二号）第四十七条第二項に規定する交付金

三十　独立行政法人水資源機構法（平成十四年法律第百八十二号）第二十一条第一項及び第二十二条第一項の規定による交付金

三十一　次世代育成支援対策推進法（平成十五年法律第百二十号）第十一条第一項に規定する交付金

三十二　地域再生法（平成十七年法律第二十四号）第十三条第一項に規定する交付金

三十三　地域における多様な需要に応じた公的賃貸住宅等の整備等に関する特別措置法（平成十七年法律第七十九号）第七条第二項に規定する交付金

三十四　石綿による健康被害の救済に関する法律（平成十八年法律第四号）第三十二条第一項の規定による交付金のうち同法の規定により独立行政法人環境再生保全機構が行う業務の事務の執行に要する費用に係るもの

三十五　道州制特別区域における広域行政の推進に関する法律（平成十八年法律第百十六号）第十九条第一項に規定する交付金

三十六　農山漁村の活性化のための定住等及び地域間交流の促進に関する法律（平成十九年法律第四十八号）第六条第二項に規定する交付金

三十七　広域的地域活性化のための基盤整備に関する法律（平成十九年法律第五十二号）第十九条第二項に規定する交付金

三十八　駐留軍等の再編の円滑な実施に関する特別措置法（平成十九年法律第六十七号）第六条に規定する再編交付金

三十九　森林の間伐等の実施の促進に関する特別措置法（平成二十年法律第三十二号）第五条第二項に規定する交付金

四十　公立高等学校に係る授業料の不徴収及び高等学校等就学支援金の支給に関する法律（平成二十二年法律第十八号）第三条第二項及び第十五条の規定による交付金

四十一　不発弾等処理交付金

四十二　交通事故相談所交付金

四十三　啓発宣伝事業等委託費

四十四　特別支援教育就学奨励費交付金（第十号に掲げる給付金に該当するものを除く。）
四十五　社会事業学校等経営委託費
四十六　生活保護指導監査委託費
四十七　身体障害者福祉促進事業委託費
四十八　衛生関係指導者養成等委託費（医務衛生関係指導者養成等委託のうち救急医療施設医師研修会の委託に係るものを除く。）
四十九　遺族及留守家族等援護事務委託費のうち戦傷病者福祉事業助成委託及び昭和館運営委託に係るもの
五十　がん研究助成金
五十一　中山間地域等直接支払交付金
五十二　試験研究調査委託費のうち指定試験事業委託に係るもの
五十三　水産業改良普及事業交付金
五十四　農業共済団体職員等講習委託費
五十五　後進地域特例法適用団体等補助率差額及び後進地域特例法適用団体補助率差額
五十六　流通円滑化対策助成金
五十七　石油貯蔵施設立地対策等交付金
五十八　首都圏近郊整備地帯等事業補助率差額
五十九　住宅地区改良指導監督交付金
六十　地方道路公社都市高速道路整備補給金
六十一　国連・障害者の十年記念施設運営委託費
六十二　電源立地等推進対策交付金
六十三　原子力施設等防災対策等交付金
六十四　森林整備地域活動支援交付金
六十五　電源立地地域対策交付金（第十八号に掲げる給付金に該当するものを除く。）
六十六　まちづくり交付金（第二十九号に掲げる給付金に該当するものを除く。）
六十七　二酸化炭素排出抑制対策事業費交付金
六十八　循環型社会形成推進交付金
六十九　農業・食品産業強化対策整備交付金
七十　農業・食品産業強化対策推進交付金
七十一　水田農業構造改革交付金
七十二　離島漁業再生支援交付金
七十三　自然環境整備交付金
七十四　担い手経営安定対策交付金
七十五　地域情報通信基盤整備推進交付金
七十六　医療提供体制施設整備交付金
七十七　地域住宅交付金（第三十三号に掲げる給付金に該当するものを除く。）
七十八　労働時間等設定改善推進助成金
七十九　障害者自立支援対策臨時特例交付金
八十　農山漁村活性化対策整備交付金（第三十六号に掲げる給付金に該当するものを除く。）
八十一　農山漁村活性化対策推進交付金（第三十六号に掲げる給付金に該当するものを除く。）
八十二　担い手経営革新促進交付金
八十三　農地・水・環境保全向上対策交付金
八十四　みなと振興交付金
八十五　高齢者医療制度円滑導入臨時特例交付金
八十六　食の安全・消費者の信頼確保対策推進交付金
八十七　食の安全・消費者の信頼確保対策整備交付金
八十八　国産農畜産物競争力強化対策整備交付金
八十九　牛肉等関税財源国産畜産物競争力強化対策費交付金
九十　都市農村交流等推進交付金
九十一　都市農村交流等施設整備交付金
九十二　バイオマス利用対策推進交付金
九十三　バイオマス利用対策整備交付金
九十四　牛肉等関税財源畜産振興バイオマス利用対策整備交付金
九十五　森林整備・林業等振興施設整備交付金
九十六　森林整備・林業等振興推進交付金
九十七　水産業強化対策施設整備交付金
九十八　水産業強化対策推進交付金
九十九　生物多様性保全推進交付金
百　地域活性化・緊急安心実現総合対策交付金
百一　高齢者医療制度円滑運営臨時特例交付金
百二　地域活性化・生活対策臨時交付金
百三　地方消費者行政活性化交付金
百四　子育て支援対策臨時特例交付金
百五　緊急雇用創出事業臨時特例交付金
百六　子育て応援特別手当交付金
百七　子育て応援特別手当事務取扱交付金
百八　妊婦健康診査臨時特例交付金
百九　介護従事者処遇改善臨時特例交付金
百十　ふるさと雇用再生特別交付金
百十一　耕作放棄地再生利用緊急対策交付金
百十二　環境・生態系保全活動支援交付金
百十三　地域活力基盤創造交付金
百十四　地域活性化・公共投資臨時交付金
百十五　地域活性化・経済危機対策臨時交付金
百十六　地域自殺対策緊急強化交付金
百十七　定住自立圏等民間投資促進交付金
百十八　地域情報通信技術利活用推進交付金
百十九　防災情報通信設備整備事業交付金
百二十　高等学校授業料減免事業等支援臨時特例交付金
百二十一　医療施設耐震化臨時特例交付金
百二十二　未承認薬等審査迅速化臨時特例交付金
百二十三　新型インフルエンザワクチン開発・生産体制整備臨時特例交付金
百二十四　未承認薬等開発支援臨時特例交付金
百二十五　地域医療再生臨時特例交付金
百二十六　緊急人材育成・就職支援事業臨時特例交付金
百二十七　介護職員処遇改善等臨時特例交付金
百二十八　介護基盤緊急整備等臨時特例交付金
百二十九　社会福祉施設等耐震化等臨時特例交付金
百三十　地域社会雇用創造事業交付金
百三十一　地域活性化・きめ細かな臨時交付金
百三十二　情報通信技術地域人材育成・活用事業交付金
百三十三　過疎地域等自立活性化推進交付金
百三十四　担い手育成・確保対策推進交付金
百三十五　担い手育成・確保対策整備交付金
百三十六　農山漁村地域整備交付金
百三十七　明日香村事業補助率差額
百三十八　過疎地域事業補助率差額
百三十九　市街地整備総合交付金

百四十　水の安全・安心基盤整備総合交付金
百四十一　活力創出基盤整備総合交付金
百四十二　地域住宅支援総合交付金

（補助金等の交付の申請の手続）

第三条　法第五条の申請書には、次に掲げる事項を記載しなければならない。

一　申請者の氏名又は名称及び住所
二　補助事業等の目的及び内容
三　補助事業等の経費の配分、経費の使用方法、補助事業等の完了の予定期日その他補助事業等の遂行に関する計画
四　交付を受けようとする補助金等の額及びその算出の基礎
五　その他各省各庁の長（日本中央競馬会、独立行政法人平和祈念事業特別基金、独立行政法人情報通信研究機構、独立行政法人農畜産業振興機構、独立行政法人国際協力機構、独立行政法人国際交流基金、独立行政法人新エネルギー・産業技術総合開発機構、独立行政法人中小企業基盤整備機構、独立行政法人日本学術振興会、独立行政法人日本スポーツ振興センター、独立行政法人日本芸術文化振興会、独立行政法人福祉医療機構、独立行政法人環境再生保全機構、独立行政法人日本学生支援機構、独立行政法人国立大学財務・経営センター又は独立行政法人医薬基盤研究所の補助金等に関しては、これらの理事長とする。第九条第二項及び第三項（第十四条第二項において準用する場合を含む。）、第十三条第四号及び第五号並びに第十四条第一項第二号を除き、以下同じ。）が定める事項

2　前項の申請書には、次に掲げる事項を記載した書類を添附しなければならない。

一　申請者の営む主な事業
二　申請者の資産及び負債に関する事項
三　補助事業等の経費のうち補助金等によつてまかなわれる部分以外の部分の負担者、負担額及び負担方法
四　補助事業等の効果
五　補助事業等に関して生ずる収入金に関する事項
六　その他各省各庁の長が定める事項

3　第一項の申請書若しくは前項の書類に記載すべき事項の一部又は同項の規定による添附書類は、各省各庁の長の定めるところにより、省略することができる。

（事業完了後においても従うべき条件）

第四条　各省各庁の長は、補助金等の交付の目的を達成するため必要がある場合には、その交付の条件として、補助事業等の完了後においても従うべき事項を定めるものとする。

（事情変更による決定の取消ができる場合）

第五条　法第十条第二項に規定する政令で定める特に必要な場合は、補助事業者等又は間接補助事業者等が補助事業等又は間接補助事業等を遂行するため必要な土地その他の手段を使用することができないこと、補助事業等又は間接補助事業等に要する経費のうち補助金等又は間接補助金等によつてまかなわれる部分以外の部分を負担することができないことその他の理由により補助事業等又は間接補助事業等を遂行することができない場合（補助事業者等又は間接補助事業者等の責に帰すべき事情による場合を除く。）とする。

（決定の取消に伴う補助金等の交付）

第六条　法第十条第三項の規定による補助金等は、次に掲げる経費について交付するものとする。

一　補助事業等に係る機械、器具及び仮設物の撤去その他の残務処理に要する経費
二　補助事業等を行うため締結した契約の解除により必要となつた賠償金の支払に要する経費

2　前項の補助金等の額の同項各号に掲げる経費の額に対する割合その他その交付については、法第十条第一項の規定による取消に係る補助事業等についての補助金等に準ずるものとする。

（補助事業等の遂行の一時停止）

第七条　各省各庁の長は、法第十三条第二項の規定により補助事業等の遂行の一時停止を命ずる場合においては、補助事業者等が当該補助金等の交付の決定の内容及びこれに附した条件に適合させるための措置を各省各庁の長の指定する期日までにとらないときは、法第十七条第一項の規定により当該補助金等の交付の決定の全部又は一部を取り消す旨を、明らかにしなければならない。

（国の会計年度終了の場合における実績報告）

第八条　法第十四条後段の規定による補助事業等実績報告書には、翌年度以降の補助事業等の遂行に関する計画を附記しなければならない。ただし、その計画が当該補助金等の交付の決定の内容となつた計画に比して変更がないときは、この限りでない。

（補助金等の返還の期限の延長等）

第九条　法第十八条第三項の規定による補助金等の返還の期限の延長又は返還の命令の全部若しくは一部の取消は、補助事業者等の申請により行うものとする。

2　補助事業者等は、前項の申請をしようとする場合には、申請の内容を記載した書面に、当該補助事業等に係る間接補助金等の交付又は融通の目的を達成するためとつた措置及び当該補助金等の返還を困難とする理由その他参考となるべき事項を記載した書類を添えて、これを各省各庁の長（日本中央競馬会、独立行政法人平和祈念事業特別基金、独立行政法人情報通信研究機構、独立行政法人農畜産業振興機構、独立行政法人国際協力機構、独立行政法人国際交流基金、独立行政法人新エネルギー・産業技術総合開発機構、独立行政法人中小企業基盤整備機構、独立行政法人日本学術振興会、独立行政法人日本スポーツ振興センター、独立行政法人日本芸術文化振興会、独立行政法人福祉医療機構、独立行政法人鉄道建設・運輸施設整備支援機構、独立行政法人環境再生保全機構、独立行政法人日本学生支援機構、独立行政法人国立大学財務・経営センター又は独立行政法人医薬基盤研究所の補助金等に関しては、これらの理事長とする。次項（第十四条第二項において準用する場合を含む。）、第十三条第四号及び第五号並びに第十四条第一項第二号において同じ。）に提出しなければならない。

3　各省各庁の長は、法第十八条第三項の規定により補助金等の返還の期限の延長又は返還の命令の全部若しくは一部の取消をしようとする場合には、財務大臣に協議しなければならない。

4　日本中央競馬会、独立行政法人平和祈念事業特別基

金、独立行政法人情報通信研究機構、独立行政法人農畜産業振興機構、独立行政法人国際協力機構、独立行政法人国際交流基金、独立行政法人新エネルギー・産業技術総合開発機構、独立行政法人中小企業基盤整備機構、独立行政法人日本学術振興会、独立行政法人日本スポーツ振興センター、独立行政法人日本芸術文化振興会、独立行政法人福祉医療機構、独立行政法人鉄道建設・運輸施設整備支援機構、独立行政法人環境再生保全機構、独立行政法人日本学生支援機構、独立行政法人国立大学財務・経営センター又は独立行政法人医薬基盤研究所の理事長は、法第十八条第三項の規定により補助金等の返還の期限の延長又は返還の命令の全部若しくは一部の取消しをしようとする場合には、前項の規定にかかわらず、日本中央競馬会又は独立行政法人農畜産業振興機構にあつては農林水産大臣、独立行政法人平和祈念事業特別基金又は独立行政法人情報通信研究機構にあつては総務大臣、独立行政法人国際協力機構又は独立行政法人国際交流基金にあつては外務大臣、独立行政法人日本学術振興会、独立行政法人日本スポーツ振興センター、独立行政法人日本芸術文化振興会、独立行政法人日本学生支援機構又は独立行政法人国立大学財務・経営センターにあつては文部科学大臣、独立行政法人福祉医療機構又は独立行政法人医薬基盤研究所にあつては厚生労働大臣、独立行政法人新エネルギー・産業技術総合開発機構又は独立行政法人中小企業基盤整備機構にあつては経済産業大臣、独立行政法人鉄道建設・運輸施設整備支援機構にあつては国土交通大臣、独立行政法人環境再生保全機構にあつては環境大臣の承認を受けなければならない。

5　農林水産大臣、総務大臣、外務大臣、文部科学大臣、厚生労働大臣、経済産業大臣、国土交通大臣又は環境大臣は、前項の承認をしようとする場合には、財務大臣に協議しなければならない。

（加算金の計算）

第十条　補助金等が二回以上に分けて交付されている場合における法第十九条第一項の規定の適用については、返還を命ぜられた額に相当する補助金等は、最後の受領の日に受領したものとし、当該返還を命ぜられた額がその日に受領した額をこえるときは、当該返還を命ぜられた額に達するまで順次さかのぼりそれぞれの受領の日において受領したものとする。

2　法第十九条第一項の規定により加算金を納付しなければならない場合において、補助事業者等の納付した金額が返還を命ぜられた補助金等の額に達するまでは、その納付金額は、まず当該返還を命ぜられた補助金等の額に充てられたものとする。

（延滞金の計算）

第十一条　法第十九条第二項の規定により延滞金を納付しなければならない場合において、返還を命ぜられた補助金等の未納付額の一部が納付されたときは、当該納付の日の翌日以後の期間に係る延滞金の計算の基礎となるべき未納付額は、その納付金額を控除した額によるものとする。

（加算金又は延滞金の免除）

第十二条　第九条の規定は、法第十九条第三項の規定による加算金又は延滞金の全部又は一部の免除について準用する。この場合において、第九条第二項中「当該補助事業等に係る間接補助金等の交付又は融通の目的を達成するため」とあるのは、「当該補助金等の返還を遅延させないため」と読み替えるものとする。

（処分を制限する財産）

第十三条　法第二十二条に規定する政令で定める財産は、次に掲げるものとする。

一　不動産

二　船舶、航空機、浮標、浮さん橋及び浮ドック

三　前二号に掲げるものの従物

四　機械及び重要な器具で、各省各庁の長が定めるもの

五　その他各省各庁の長が補助金等の交付の目的を達成するため特に必要があると認めて定めるもの

（財産の処分の制限を適用しない場合）

第十四条　法第二十二条ただし書に規定する政令で定める場合は、次に掲げる場合とする。

一　補助事業者等が法第七条第二項の規定による条件に基き補助金等の全部に相当する金額を国に納付した場合

二　補助金等の交付の目的及び当該財産の耐用年数を勘案して各省各庁の長が定める期間を経過した場合

2　第九条第三項から第五項までの規定は、前項第二号の期間を定める場合について準用する。

（不服の申出の手続）

第十五条　法第二十五条第一項の規定により不服を申し出ようとする者は、当該不服の申出に係る処分の通知を受けた日（処分について通知がない場合においては、処分があつたことを知つた日）から三十日以内に、当該処分の内容、処分を受けた年月日及び不服の理由を記載した不服申出書に参考となるべき書類を添えて、これを当該処分をした各省各庁の長（法第二十六条第一項の規定により当該処分を委任された機関があるときは当該機関とし、同条第二項の規定により当該処分を行うこととなつた都道府県の知事又は教育委員会があるときは当該知事又は教育委員会とする。以下この条において同じ。）に提出しなければならない。

2　各省各庁の長は、通信、交通その他の状況により前項の期間内に不服を申し出なかつたことについてやむを得ない理由があると認める者については、当該期間を延長することができる。

3　各省各庁の長は、第一項の不服の申出があつた場合において、その申出の方式又は手続に不備があるときは、相当と認められる期間を指定して、その補正をさせることができる。

（事務の委任の範囲及び手続）

第十六条　各省各庁の長は、法第二十六条第一項の規定により、補助金等の交付の申請の受理、交付の決定及びその取消し、補助事業等の実績報告の受理、補助金等の額の確定、補助金等の返還に関する処分その他補助事業等の監督に関する事務の一部を当該各省各庁の機関（日本中央競馬会、独立行政法人平和祈念事業特別基金、独立行政法人情報通信研究機構、独立行政法人農畜産業振興機構、独立行政法人国際協力機構、独立行政法人国際交流基金、独立行政法人新エネルギー・産業技術総合開発機構、独立行政法人中小企業基盤整備機構、独立行政法人日本学術振興会、独立行政法人

日本スポーツ振興センター、独立行政法人日本芸術文化振興会、独立行政法人福祉医療機構、独立行政法人環境再生保全機構、独立行政法人日本学生支援機構、独立行政法人国立大学財務・経営センター又は独立行政法人医薬基盤研究所の理事長の事務については、日本中央競馬会、独立行政法人平和祈念事業特別基金、独立行政法人情報通信研究機構、独立行政法人農畜産業振興機構、独立行政法人国際協力機構、独立行政法人国際交流基金、独立行政法人新エネルギー・産業技術総合開発機構、独立行政法人中小企業基盤整備機構、独立行政法人日本学術振興会、独立行政法人日本スポーツ振興センター、独立行政法人日本芸術文化振興会、独立行政法人福祉医療機構、独立行政法人環境再生保全機構、独立行政法人日本学生支援機構、独立行政法人国立大学財務・経営センター又は独立行政法人医薬基盤研究所の機関）に委任することができる。ただし、各省各庁の地方支分部局に委任しようとする場合においては、当該補助金等の名称を明らかにして、委任しようとする事務の内容及び機関について、財務大臣に協議しなければならない。

２　日本中央競馬会、独立行政法人平和祈念事業特別基金、独立行政法人情報通信研究機構、独立行政法人農畜産業振興機構、独立行政法人国際協力機構、独立行政法人国際交流基金、独立行政法人新エネルギー・産業技術総合開発機構、独立行政法人中小企業基盤整備機構、独立行政法人日本学術振興会、独立行政法人日本スポーツ振興センター、独立行政法人日本芸術文化振興会、独立行政法人福祉医療機構、独立行政法人環境再生保全機構、独立行政法人日本学生支援機構、独立行政法人国立大学財務・経営センター又は独立行政法人医薬基盤研究所の理事長は、法第二十六条第一項の規定により事務の一部を従たる事務所の職員に委任しようとする場合には、当該補助金等の名称を明らかにして、委任しようとする事務の内容及び職員について、日本中央競馬会又は独立行政法人農畜産業振興機構にあつては農林水産大臣、独立行政法人平和祈念事業特別基金又は独立行政法人情報通信研究機構にあつては総務大臣、独立行政法人国際協力機構又は独立行政法人国際交流基金にあつては外務大臣、独立行政法人日本学術振興会、独立行政法人日本スポーツ振興センター、独立行政法人日本芸術文化振興会、独立行政法人日本学生支援機構又は独立行政法人国立大学財務・経営センターにあつては文部科学大臣、独立行政法人福祉医療機構又は独立行政法人医薬基盤研究所にあつては厚生労働大臣、独立行政法人新エネルギー・産業技術総合開発機構又は独立行政法人中小企業基盤整備機構にあつては経済産業大臣、独立行政法人環境再生保全機構にあつては環境大臣の承認を受けなければならない。

３　第九条第五項の規定は、前項の承認について準用する。

４　各省各庁の長は、法第二十六条第一項の規定により事務の一部を委任したときは、直ちに、その内容を公示しなければならない。

（都道府県が行う事務の範囲及び手続）

第十七条　各省各庁の長は、法第二十六条第二項の規定により、補助金等の交付の申請の受理、交付の決定及びその取消し、補助事業等の実績報告の受理、補助金等の額の確定、補助金等の返還に関する処分その他補助事業等の監督に関する事務の一部を都道府県の知事又は教育委員会（以下「知事等」という。）が行うこととすることができる。この場合においては、当該補助金等の名称を明らかにして、知事等が行うこととなる事務の内容について、財務大臣に協議しなければならない。

２　前項の場合においては、各省各庁の長は、当該補助金等の名称及び知事等が行うこととなる事務の内容を明らかにして、知事等が当該事務を行うこととなることについて、都道府県の知事の同意を求めなければならない。

３　都道府県の知事は、前項の規定により各省各庁の長から同意を求められた場合には、その内容について同意をするかどうかを決定し、同意をする決定をしたときは同意をする旨を、同意をしない決定をしたときは同意をしない旨を各省各庁の長に通知するものとする。

４　各省各庁の長は、法第二十六条第二項の規定により事務の一部を知事等が行うこととなつたときは、直ちに、その内容を公示しなければならない。

５　法第二十六条第二項の規定により事務の一部を知事等が行つた場合は、知事等は、各省各庁の長に対し、その旨及びその内容を報告するものとする。

６　法第二十六条第二項の規定により事務の一部を知事等が行うこととなつた場合においては、法中当該事務に係る各省各庁の長に関する規定は、知事等に関する規定として知事等に適用があるものとする。

（都道府県が行うこととなつた場合の事務の実施）

第十八条　各省各庁の長は、法第二十六条第二項の規定により法第二十三条の規定による職権に属する事務を知事等が行うこととなつた場合においても、自ら当該事務を行うことができるものとする。

附　則

１　この政令は、公布の日から施行する。

２　法の施行前に交付された補助金等について法の施行後に返還を命じた場合における法第十九条第一項の加算金の計算については、同項中「受領の日」とあるのは、「この法律の施行の日」と読み替えるものとする。

３　法第十九条から第二十一条までの規定は、法の施行前に補助金等の返還を命じた場合については、適用しない。

附　則（平成二二年二月三日政令第七号）

この政令は、公布の日から施行する。

8 高等教育財政

私立学校振興助成法

昭和五十年七月十一日法律第六十一号
最終改正　平成一九年六月二七日法律第九六号

（目的）
第一条　この法律は、学校教育における私立学校の果たす重要な役割にかんがみ、国及び地方公共団体が行う私立学校に対する助成の措置について規定することにより、私立学校の教育条件の維持及び向上並びに私立学校に在学する幼児、児童、生徒又は学生に係る修学上の経済的負担の軽減を図るとともに私立学校の経営の健全性を高め、もつて私立学校の健全な発達に資することを目的とする。

（定義）
第二条　この法律において「学校」とは、学校教育法（昭和二十二年法律第二十六号）第一条に規定する学校をいう。
2　この法律において「学校法人」とは、私立学校法（昭和二十四年法律第二百七十号）第三条に規定する学校法人をいう。
3　この法律において「私立学校」とは、私立学校法第二条第三項に規定する学校をいう。
4　この法律において「所轄庁」とは、私立学校法第四条に規定する所轄庁をいう。

（学校法人の責務）
第三条　学校法人は、この法律の目的にかんがみ、自主的にその財政基盤の強化を図り、その設置する学校に在学する幼児、児童、生徒又は学生に係る修学上の経済的負担の適正化を図るとともに、当該学校の教育水準の向上に努めなければならない。

（私立大学及び私立高等専門学校の経常的経費についての補助）
第四条　国は、大学又は高等専門学校を設置する学校法人に対し、当該学校における教育又は研究に係る経常的経費について、その二分の一以内を補助することができる。
2　前項の規定により補助することができる経常的経費の範囲、算定方法その他必要な事項は、政令で定める。

（補助金の減額等）
第五条　国は、学校法人又は学校法人の設置する大学若しくは高等専門学校が次の各号の一に該当する場合には、その状況に応じ、前条第一項の規定により当該学校法人に交付する補助金を減額して交付することができる。
一　法令の規定、法令の規定に基づく所轄庁の処分又は寄附行為に違反している場合
二　学則に定めた収容定員を超える数の学生を在学させている場合
三　在学している学生の数が学則に定めた収容定員に満たない場合
四　借入金の償還が適正に行われていない等財政状況が健全でない場合
五　その他教育条件又は管理運営が適正を欠く場合

第六条　国は、学校法人又は学校法人の設置する大学若しくは高等専門学校が前条各号の一に該当する場合において、その状況が著しく、補助の目的を有効に達成することができないと認めるときは、第四条第一項の規定による補助金を交付しないことができる。学校法人の設置する大学又は高等専門学校に、設置後学校教育法に定める修業年限に相当する年数を経過していない学部又は学科（短期大学及び高等専門学校の学科に限る。）がある場合においては、当該学部又は学科に係る当該補助金についても、同様とする。

（補助金の増額）
第七条　国は、私立大学における学術の振興及び私立大学又は私立高等専門学校における特定の分野、課程等に係る教育の振興のため特に必要があると認めるときは、学校法人に対し、第四条第一項の規定により当該学校法人に交付する補助金を増額して交付することができる。

（学校法人が行う学資の貸与の事業についての助成）
第八条　国又は地方公共団体は、学校法人に対し、当該学校法人がその設置する学校の学生又は生徒を対象として行う学資の貸与の事業について、資金の貸付けその他必要な援助をすることができる。

（学校法人に対する都道府県の補助に対する国の補助）
第九条　都道府県が、その区域内にある幼稚園、小学校、中学校、高等学校、中等教育学校又は特別支援学校を設置する学校法人に対し、当該学校における教育に係る経常的経費について補助する場合には、国は、都道府県に対し、政令で定めるところにより、その一部を補助することができる。

（その他の助成）
第十条　国又は地方公共団体は、学校法人に対し、第四条、第八条及び前条に規定するもののほか、補助金を支出し、又は通常の条件よりも有利な条件で、貸付金をし、その他の財産を譲渡し、若しくは貸し付けることができる。ただし、国有財産法（昭和二十三年法律第七十三号）並びに地方自治法（昭和二十二年法律第六十七号）第九十六条及び第二百三十七条から第二百三十八条の五までの規定の適用を妨げない。

（間接補助）
第十一条　国は、日本私立学校振興・共済事業団法（平成九年法律第四十八号）の定めるところにより、この法律の規定による助成で補助金の支出又は貸付金に係るものを日本私立学校振興・共済事業団を通じて行うことができる。

（所轄庁の権限）
第十二条　所轄庁は、この法律の規定により助成を受ける学校法人に対して、次の各号に掲げる権限を有する。
一　助成に関し必要があると認める場合において、当該学校法人からその業務若しくは会計の状況に関し報告を徴し、又は当該職員に当該学校法人の関係者に対し質問させ、若しくはその帳簿、書類その他の物件を検査させること。
二　当該学校法人が、学則に定めた収容定員を著しく超えて入学又は入園させた場合において、その是正を命ずること。
三　当該学校法人の予算が助成の目的に照らして不適当であると認める場合において、その予算について必要な変更をすべき旨を勧告すること。

四　当該学校法人の役員が法令の規定、法令の規定に基づく所轄庁の処分又は寄附行為に違反した場合において、当該役員の解職をすべき旨を勧告すること。

（意見の聴取等）

第十二条の二　所轄庁は、前条第二号の規定による是正命令をしようとする場合には、あらかじめ、私立学校審議会又は学校教育法第九十五条に規定する審議会等（以下「私立学校審議会等」という。）の意見を聴かなければならない。

2　所轄庁は、前条第二号の規定による是正命令をしようとする場合には、行政手続法（平成五年法律第八十八号）第三十条の規定による通知において、所轄庁による弁明の機会の付与に代えて私立学校審議会等による弁明の機会の付与を求めることができる旨並びに当該弁明のために出席すべき私立学校審議会等の日時及び場所並びに第四項の規定による弁明書を提出する場合における当該弁明書の提出先及び提出期限を通知しなければならない。

3　私立学校審議会等は、当該学校法人が私立学校審議会等による弁明の機会の付与を求めたときは、所轄庁に代わつて弁明の機会を付与しなければならない。

4　前項の規定による弁明は、当該学校法人が弁明書を提出してすることを求めたときを除き、私立学校審議会等に出席してするものとする。

5　行政手続法第二十九条第二項及び第三十一条（同法第十六条の準用に係る部分に限る。）の規定は、第三項の規定により私立学校審議会等が行う弁明の機会の付与について準用する。この場合において、同法第三十一条において準用する同法第十六条第四項中「行政庁」とあるのは、「私立学校振興助成法第十二条の二第一項の私立学校審議会等」と読み替えるものとする。

6　第三項の規定により私立学校審議会等が弁明の機会を付与する場合には、行政手続法第三章（第十二条及び第十四条を除く。）の規定は、適用しない。

7　前条第二号の規定による是正命令については、行政不服審査法（昭和三十七年法律第百六十号）による不服申立てをすることができない。

第十三条　所轄庁は、第十二条第三号又は第四号の規定による措置をしようとする場合においては、あらかじめ、当該学校法人の理事又は解職しようとする役員に対して弁明の機会を付与するとともに、私立学校審議会等の意見を聴かなければならない。

2　行政手続法第三章第三節の規定及び前条第二項から第五項までの規定は、前項の規定による弁明について準用する。

（書類の作成等）

第十四条　第四条第一項又は第九条に規定する補助金の交付を受ける学校法人は、文部科学大臣の定める基準に従い、会計処理を行い、貸借対照表、収支計算書その他の財務計算に関する書類を作成しなければならない。

2　前項に規定する学校法人は、同項の書類のほか、収支予算書を所轄庁に届け出なければならない。

3　前項の場合においては、第一項の書類については、所轄庁の指定する事項に関する公認会計士又は監査法人の監査報告書を添付しなければならない。ただし、補助金の額が寡少であつて、所轄庁の許可を受けたときは、この限りでない。

（税制上の優遇措置）

第十五条　国又は地方公共団体は、私立学校教育の振興に資するため、学校法人が一般からの寄附金を募集することを容易にするための措置等必要な税制上の措置を講ずるよう努めるものとする。

（準学校法人への準用）

第十六条　第三条、第十条及び第十二条から第十三条までの規定は、私立学校法第六十四条第四項の法人に準用する。

（事務の区分）

第十七条　第十二条（第十六条において準用する場合を含む。）、第十二条の二第一項（第十六条において準用する場合を含む。）及び第二項（第十三条第二項及び第十六条において準用する場合を含む。）、第十三条第一項（第十六条において準用する場合を含む。）並びに第十四条第二項及び第三項の規定により都道府県が処理することとされている事務は、地方自治法第二条第九項第一号に規定する第一号法定受託事務とする。

附　則　抄

（施行期日）

第一条　この法律は、昭和五十一年四月一日から施行する。

（学校法人以外の私立の幼稚園の設置者に対する措置）

第二条　第三条、第九条、第十条及び第十二条から第十五条までの規定中学校法人には、当分の間、学校教育法附則第六条の規定により私立の幼稚園を設置する者（以下「学校法人以外の私立の幼稚園の設置者」という。）を含むものとする。

2　学校法人以外の私立の幼稚園の設置者に係る第十二条から第十四条までの規定の適用については、これらの規定のうち次の表の上欄に掲げる規定中同表の中欄に掲げる字句は、それぞれ同表の下欄に掲げる字句に読み替えるものとする。

㊟次の表⇨次頁の表

3　学校法人以外の私立の幼稚園の設置者で第一項の規定に基づき第九条又は第十条の規定により助成を受けるものは、当該助成に係る幼稚園の経営に関する会計を他の会計から区分し、特別の会計として経理しなければならない。この場合において、その会計年度については、私立学校法第四十八条の規定を準用する。

4　前項の規定による特別の会計の経理に当たつては、当該会計に係る収入を他の会計に係る支出に充ててはならない。

5　学校法人以外の私立の幼稚園の設置者で第一項の規定に基づき第九条又は第十条の規定により補助金の交付を受けるものは、当該交付を受けることとなつた年度の翌年度の四月一日から起算して五年以内に、当該補助金に係る幼稚園が学校法人によつて設置されるように措置しなければならない。

6　第二項において読み替えて適用される第十二条、第十二条の二第一項及び第二項、第十三条第一項並びに第十四条第二項及び第三項の規定により都道府県が処理することとされている事務は、地方自治法第二条第

第十二条各号列記以外の部分	所轄庁	都道府県知事
第十二条第一号	その業務	当該学校の経営に関する業務
	学校法人の関係者	幼稚園の経営に関係のある者
	質問させ	当該幼稚園の経営に関し質問させ
	その帳簿	当該幼稚園の経営に関する帳簿
第十二条第三号	予算が	当該幼稚園の経営に関する予算が
第十二条第四号	当該学校法人の役員	当該幼稚園の経営を担当する者（当該幼稚園を設置する者が法人である場合にあつては当該幼稚園の経営を担当する当該法人の役員をいい、当該幼稚園を設置する者が法人以外の者である場合にあつては当該幼稚園を設置する者をいう。）
	、法令	又は法令
	所轄庁	都道府県知事
	処分又は寄附行為	当該幼稚園についての処分
	当該役員の解職をすべき旨	当該幼稚園の経営を担当する者の担当を解くべき旨（当該幼稚園を設置する者が法人以外の者である場合にあつては、当該幼稚園の経営に関する人事の是正のために必要な措置をとるべき旨）
第十二条の二第一項から第三項まで（第十三条第二項において準用する場合を含む。）	所轄庁	都道府県知事
第十三条第一項	所轄庁	都道府県知事
	当該学校法人の理事	当該幼稚園を設置する者（当該幼稚園を設置する者が法人である場合にあつては、当該法人の代表者）
	解職しようとする役員	担当を解こうとする者
第十四条第一項	文部科学大臣	附則第二条第三項の規定による特別の会計について、文部科学大臣
第十四条第二項及び第三項	所轄庁	都道府県知事

九項第一号に規定する第一号法定受託事務とする。

（国の無利子貸付け等）

第三条　国は、当分の間、学校法人に対し、その設置する学校の施設の整備で日本電信電話株式会社の株式の売払収入の活用による社会資本の整備の促進に関する特別措置法（昭和六十二年法律第八十六号）第二条第一項第二号に該当するものに要する費用に充てる資金の一部を、予算の範囲内において、無利子で貸し付けることができる。

2　前項の国の貸付金の償還期間は、五年（二年以内の据置期間を含む。）以内で政令で定める期間とする。

3　前項に定めるもののほか、第一項の規定による貸付金の償還方法、償還期限の繰上げその他償還に関し必要な事項は、政令で定める。

4　国は、第一項の規定により学校法人に対し貸付けを行つた場合には、当該貸付けの対象である学校の施設の整備について、当該貸付金に相当する金額の補助を行うものとし、当該補助については、当該貸付金の償還時において、当該貸付金の償還金に相当する金額を交付することにより行うものとする。

5　学校法人が、第一項の規定による貸付けを受けた無利子貸付金について、第二項及び第三項の規定に基づき定められる償還期限を繰り上げて償還を行つた場合（政令で定める場合を除く。）における前項の規定の適用については、当該償還は、当該償還期限の到来時に行われたものとみなす。

附　則（平成一九年六月二七日法律第九六号）　抄

（施行期日）

第一条　この法律は、公布の日から起算して六月を超えない範囲内において政令で定める日から施行する。

私立学校振興助成法施行令

昭和五十一年十一月九日政令第二百八十九号
最終改正　平成一九年一二月一二日政令第三六三号

内閣は、私立学校振興助成法（昭和五十年法律第六十一号）第四条第二項及び第九条の規定に基づき、並びに同法を実施するため、この政令を制定する。

（法第四条第二項の経常的経費の範囲）

第一条　私立学校振興助成法（以下「法」という。）第四条第二項の政令で定める経常的経費の範囲は、次に掲げる経費とする。

一　専任教員等（私立大学又は私立高等専門学校（以下「私立大学等」という。）の専任の学長、校長、副学長、学部長、教授、准教授、助教、講師及び助手として文部科学大臣が定める者をいう。以下同じ。）の給与に要する経費

二　専任職員（専任教員等以外の私立大学等の職員のうち、専任の職員として文部科学大臣が定める者をいう。以下同じ。）の給与に要する経費

三　非常勤教員（私立大学等の専任でない教授、准教授及び講師として文部科学大臣が定める者をいう。以下同じ。）の給与に要する経費

四　専任教員等、専任職員及び非常勤教員についての労働者災害補償保険の保険給付に係る保険料として負担する経費

五　専任教員等、専任職員及び非常勤教員についての雇用保険法（昭和四十九年法律第百十六号）第三条に規定する雇用保険事業に係る保険料として負担する経費

六　専任教員等及び専任職員についての私立学校教職員共済法（昭和二十八年法律第二百四十五号）による長期給付に係る掛金（厚生年金保険の保険給付に係る保険料を含む。）として負担する経費

七　学生の教育又は専任教員等が行う研究に直接必要な機械器具若しくは備品、図書又は消耗品の購入費、光熱水料その他の経費で文部科学大臣が定めるもの

八　学生の厚生補導に直接必要な備品、図書又は消耗品の購入費、光熱水料、謝金、旅費その他の経費で文部科学大臣が定めるもの

九　専任教員等の研究のための内国旅行に要する旅費

十　専任教員等、専任職員及び私立大学等を設置する学校法人の専任の役員として文部科学大臣が定める者の研究のための外国旅行（文部科学大臣が指定したものに限る。）に要する旅費

十一　前各号に掲げるもののほか、文部科学大臣が指定する教育又は研究に直接必要な謝金その他の文部科学大臣が定める経費

2　前項第一号から第三号までの給与の範囲並びに同項第九号及び第十号の旅費の種類は、文部科学大臣が定める。

（法第四条第二項の経常的経費の算定方法）

第二条　法第四条第一項の経常的経費は、各私立大学等について、前条第一項各号に掲げる経費ごとに、当該私立大学等を設置する学校法人が支出した金額を限度とし、次に定めるところにより算定するものとする。

一　前条第一項第一号に掲げる経費については、専任教員等一人当たりの年間標準給与費の額（給与に要する経費に係る補助金の額の算定の基礎となる額として文部科学大臣が定める額をいう。次号において同じ。）を文部科学大臣の定めるところにより当該私立大学等の専任教員等一人当たりの年間平均給与費の額に応じて補正して得た金額に、当該専任教員等の数を乗じて算定する。

二　前条第一項第二号に掲げる経費については、専任職員一人当たりの年間標準給与費の額を文部科学大臣の定めるところにより当該私立大学等の専任職員一人当たりの年間平均給与費の額に応じて補正して得た金額に、当該専任職員の数を乗じて算定する。

三　前条第一項第七号に掲げる経費については、当該経費に係る補助金の額の算定の基礎となる額として文部科学大臣が定める専任教員等一人当たりの金額及び学生一人当たりの金額に、それぞれ当該私立大学等の専任教員等の数及び学則で定めた収容定員（在学している学生の数が当該収容定員に満たない場合には、在学している学生の数とする。）を乗じて得た金額を合計して算定する。

四　前条第一項第三号から第六号まで及び第八号から第十一号までに掲げる経費については、当該各号に掲げる経費ごとにそれぞれ文部科学大臣の定めるところにより算定する。

2　前項第一号及び第三号の専任教員等の数、同項第二号の専任職員の数並びに同項第三号の学生の数の算定については、文部科学大臣の定めるところによるものとする。

（法第四条第一項の補助金の額）

第三条　法第四条第一項の規定により行う補助の金額は、次に掲げる金額を合計した金額とする。

一　前条第一項第一号の規定により算定した金額に十分の五を乗じて得た金額

二　前条第一項第二号の規定により算定した金額に十分の五を乗じて得た金額

三　前条第一項第三号の規定により算定した金額に十分の五を乗じて得た金額

四　前条第一項第四号の規定により算定した金額の範囲内でそれぞれ文部科学大臣の定めるところにより算定した金額

2　法第五条又は第七条の規定による補助金の額の減額又は増額については、文部科学大臣の定めるところによるものとする。

（法第九条の国の補助）

第四条　法第九条の規定により行う補助の金額は、次に掲げる金額を合計した金額とする。

一　文部科学大臣が定める私立の幼稚園、小学校、中学校、高等学校、中等教育学校若しくは特別支援学校（以下この項において「小学校等」という。）又は課程（学校教育法施行令（昭和二十八年政令第三百四十号）第二十三条第十号に規定する広域の通信制の課程を除く。）の区分ごとに、都道府県が行う私立の小学校等の経常的経費に対する補助（次号に定める事由に基づくものを除く。）の金額を当該

都道府県の区域内にある私立の小学校等（文部科学大臣が定めるものを除く。）の幼児、児童又は生徒（以下この条において「児童等」という。）の数で除して得た金額に応じ文部科学大臣が定める児童等一人当たりの金額（特別の事情がある都道府県に係る場合にあつては、当該金額を文部科学大臣の定めるところにより補正して得た金額）に当該小学校等の学則で定めた収容定員（在学している児童等の数が当該収容定員に満たない場合には、在学している児童等の数とする。）の合計数を乗じ、その乗じて得た金額を合計した金額

二　都道府県が次の事由に基づいて行う私立の小学校等の経常的経費に対する補助で文部科学大臣が定めるものについて、文部科学大臣の定めるところにより算定した金額

イ　教育指導の改善、海外から帰国した児童又は生徒を入学させることその他の措置であつて社会の変化に対応した教育の改革に資するものとして文部科学大臣が定めるものを講じている私立の小学校等であること。

ロ　障害のある幼児が在学している私立の幼稚園又は特別支援学級を置く私立の小学校若しくは中学校（中等教育学校の前期課程を含む。）であること。

ハ　中学校を卒業する者の減少が見込まれる地域として文部科学大臣が定める地域内の私立の高等学校であること。

2　前項の児童等の数の算定については、文部科学大臣の定めるところによるものとする。

（財務大臣との協議）

第五条　文部科学大臣は、第一条から前条までの規定による定めをしようとするときは、あらかじめ財務大臣と協議するものとする。

附　則

（施行期日）

1　この政令は、公布の日から施行し、昭和五十一年度の国庫補助金から適用する。

（国の貸付金の償還期間等）

2　法附則第三条第二項の政令で定める期間は、五年（二年の据置期間を含む。）とする。

3　前項の期間は、日本電信電話株式会社の株式の売払収入の活用による社会資本の整備の促進に関する特別措置法（昭和六十二年法律第八十六号）第五条第一項の規定により読み替えて準用される補助金等に係る予算の執行の適正化に関する法律（昭和三十年法律第百七十九号）第六条第一項の規定による貸付けの決定（以下「貸付決定」という。）ごとに、当該貸付決定に係る法附則第三条第一項の規定による国の貸付金（以下「国の貸付金」という。）の交付を完了した日（その日が当該貸付決定があつた日の属する年度の末日の前日以後の日である場合には、当該年度の末日の前々日）の翌日から起算する。

4　国の貸付金の償還は、均等年賦償還の方法によるものとする。

5　国は、国の財政状況を勘案し、相当と認めるときは、国の貸付金の全部又は一部について、前三項の規定により定められた償還期限を繰り上げて償還させることができる。

6　法附則第三条第五項の政令で定める場合は、前項の規定により償還期限を繰り上げて償還を行つた場合とする。

附　則（平成一九年一二月一二日政令第三六三号）抄

この政令は、学校教育法等の一部を改正する法律の施行の日（平成十九年十二月二十六日）から施行する。

日本私立学校振興・共済事業団法

平成九年五月九日法律第四十八号
最終改正　平成二二年五月二八日法律第三七号

第一章　総則

（設立の目的）

第一条　日本私立学校振興・共済事業団は、私立学校の教育の充実及び向上並びにその経営の安定並びに私立学校教職員の福利厚生を図るため、補助金の交付、資金の貸付けその他私立学校教育に対する援助に必要な業務を総合的かつ効率的に行うとともに、私立学校教職員共済法（昭和二十八年法律第二百四十五号。以下「共済法」という。）の規定による共済制度を運営し、もつて私立学校教育の振興に資することを目的とする。

（定義）

第二条　この法律において、次の各号に掲げる用語の意義は、当該各号に定めるところによる。

一　私立学校　学校教育法（昭和二十二年法律第二十六号）第二条第二項に規定する私立学校をいう。

二　学校法人　私立学校法（昭和二十四年法律第二百七十号）第三条に規定する学校法人をいう。

三　準学校法人　私立学校法第六十四条第四項の法人をいう。

四　専修学校　学校教育法第百二十四条に規定する専修学校をいう。

五　各種学校　学校教育法第百三十四条第一項に規定する各種学校をいう。

（法人格）

第三条　日本私立学校振興・共済事業団（以下「事業団」という。）は、法人とする。

（事務所）

第四条　事業団は、主たる事務所を東京都に置く。

2　事業団は、文部科学大臣の認可を受けて、必要な地に従たる事務所を置くことができる。

（資本金）
第五条　事業団の資本金は、附則第六条第四項の規定により政府から出資があったものとされた金額とする。

2　政府は、必要があると認めるときは、予算で定める金額の範囲内において、事業団に追加して出資することができる。

3　事業団は、前項の規定による政府の出資があったときは、その出資額により資本金を増加するものとする。

（登記）
第六条　事業団は、政令で定めるところにより、登記しなければならない。

2　前項の規定により登記しなければならない事項は、登記の後でなければ、これをもって第三者に対抗することができない。

（名称の使用制限）
第七条　事業団でない者は、日本私立学校振興・共済事業団という名称を用いてはならない。

（一般社団法人及び一般財団法人に関する法律の準用）
第八条　一般社団法人及び一般財団法人に関する法律（平成十八年法律第四十八号）第四条及び第七十八条の規定は、事業団について準用する。

（評価委員会）
第九条　文部科学省の独立行政法人評価委員会は、独立行政法人通則法（平成十一年法律第百三号）第十二条第二項に掲げるもののほか、この法律の規定によりその権限に属させられた事項を処理する。

第二章　役員等

（役員）
第十条　事業団に、役員として、理事長一人、理事九人以内及び監事二人以内を置く。

（役員の職務及び権限）
第十一条　理事長は、事業団を代表し、その業務を総理する。

2　理事は、理事長の定めるところにより、事業団を代表し、理事長を補佐して事業団の業務を掌理し、理事長に事故があるときはその職務を代理し、理事長が欠員のときはその職務を行う。

3　監事は、事業団の業務を監査する。

4　監事は、監査の結果に基づき、必要があると認めるときは、理事長又は文部科学大臣に意見を提出することができる。

（役員の任命）
第十二条　理事長は、次に掲げる者のうちから、文部科学大臣が任命する。

一　事業団が行う業務に関して高度な知識及び経験を有する者

二　前号に掲げる者のほか、事業団が行う業務を適正かつ効率的に運営することができる者

2　監事は、文部科学大臣が任命する。

3　理事は、第一項各号に掲げる者のうちから、理事長が任命する。

4　理事長は、前項の規定により理事を任命したときは、遅滞なく、文部科学大臣に届け出るとともに、これを公表しなければならない。

（役員の任期）
第十三条　役員の任期は、二年とする。ただし、補欠の役員の任期は、前任者の残任期間とする。

2　役員は、再任されることができる。

（役員の欠格条項）
第十四条　政府又は地方公共団体の職員（非常勤の者を除く。）は、役員となることができない。

（役員の解任）
第十五条　文部科学大臣又は理事長は、それぞれその任命に係る役員が前条の規定により役員となることができない者に該当するに至ったときは、その役員を解任しなければならない。

2　文部科学大臣又は理事長は、それぞれその任命に係る役員が次の各号のいずれかに該当するとき、その他役員たるに適しないと認めるときは、その役員を解任することができる。

一　心身の故障のため職務の執行に堪えないと認められるとき。

二　職務上の義務違反があるとき。

3　前項に規定するもののほか、文部科学大臣又は理事長は、それぞれその任命に係る役員（監事を除く。）の職務の執行が適当でないため事業団の業務の実績が悪化した場合であって、その役員に引き続き当該職務を行わせることが適切でないと認めるときは、その役員を解任することができる。

4　理事長は、前二項の規定により理事を解任したときは、遅滞なく、文部科学大臣に届け出るとともに、これを公表しなければならない。

（役員の兼職禁止）
第十六条　役員（非常勤の者を除く。）は、営利を目的とする団体の役員となり、又は自ら営利事業に従事してはならない。ただし、文部科学大臣の承認を受けたときは、この限りでない。

（代表権の制限）
第十七条　事業団と理事長又は理事との利益が相反する事項については、これらの者は、代表権を有しない。この場合には、監事が事業団を代表する。

（運営審議会）
第十八条　事業団に、運営審議会（以下「審議会」という。）を置く。

2　審議会は、理事長の諮問に応じ、事業団の業務の運営に関する基本的事項（共済業務（第二十三条第一項第六号から第八号まで、同条第二項並びに同条第三項第一号及び第二号の業務をいう。以下同じ。）のみに係るものを除く。）について審議する。

3　審議会は、前項の事項に関し、理事長に対して意見を述べることができる。

4　審議会は、十人以内の委員で組織する。

5　委員は、事業団の業務の適正な運営に必要な学識経験を有する者のうちから、文部科学大臣の承認を受けて、理事長が任命する。

6　第十三条の規定は、委員について準用する。

7　委員の互選により会長として定められた者は、審議会の会務を総理する。

8　前各項に定めるもののほか、審議会の運営に関し必要な事項は、審議会が定める。

（共済運営委員会）

第十九条　共済業務の適正な運営を図るため、共済法の定めるところにより、事業団に共済運営委員会を置く。

（共済審査会）

第二十条　共済法第十四条第一項に規定する加入者の資格に関する決定等に対する不服を審査するため、共済法の定めるところにより、事業団に共済審査会を置く。

（職員の任命）

第二十一条　事業団の職員は、理事長が任命する。

（役員及び職員の公務員たる性質）

第二十二条　事業団の役員及び職員は、刑法（明治四十年法律第四十五号）その他の罰則の適用については、法令により公務に従事する職員とみなす。

第三章　業務

（業務）

第二十三条　事業団は、第一条の目的を達成するため、次の業務を行う。

一　私立学校の教育に必要な経費に対する国の補助金で政令で定めるものの交付を受け、これを財源として、学校法人に対し、補助金を交付すること。

二　学校法人又は準学校法人に対し、その設置する私立学校又は職業に必要な技術の教授を目的とする私立の専修学校若しくは各種学校で政令で定めるものの施設の整備その他経営のため必要な資金を貸し付け、及び私立学校教育（私立の専修学校及び各種学校の教育を含む。以下この項において同じ。）に関連してその振興上必要と認められる事業を行う者に対し、その事業について必要な資金を貸し付けること。

三　私立学校教育の振興上必要と認められる事業を行う学校法人、準学校法人その他の者に対し、その事業について助成金を交付すること。

四　私立学校教育の振興のための寄付金を募集し、管理し、及び学校法人、準学校法人その他私立学校教育の振興上必要と認められる事業を行う者に対し、その配付を行うこと。

五　私立学校の教育条件及び経営に関し、情報の収集、調査及び研究を行い、並びに関係者の依頼に応じてその成果の提供その他の指導を行うこと。

六　共済法第二十条第一項に規定する短期給付を行うこと。

七　共済法第二十条第二項に規定する長期給付を行うこと。

八　共済法第二十六条第一項に規定する福祉事業を行うこと。

九　第一号から第五号までの業務に附帯する業務を行うこと。

2　事業団は、前項の規定により行う業務のほか、高齢者の医療の確保に関する法律（昭和五十七年法律第八十号）の規定による前期高齢者納付金等及び後期高齢者支援金等、介護保険法（平成九年法律第百二十三号）の規定による納付金並びに国民年金法（昭和三十四年法律第百四十一号）の規定による基礎年金拠出金の納付に関する業務を行う。

3　事業団は、前二項の規定により行う業務のほか、次の業務を行うことができる。

一　共済法第二十条第三項に規定する短期給付を行うこと。

二　共済法第二十六条第二項に規定する福祉事業を行うこと。

三　政令で定める災害により被害を受けた私立の専修学校又は各種学校（第一項第二号の業務の対象となるものを除く。）で政令で定めるものを設置する学校法人又は準学校法人に対し、同号に規定する資金を貸し付けること。

4　第一項第三号の規定による助成金の交付は、前事業年度における損益計算上の利益金に係る第三十五条第一項に規定する残余の額の範囲内において行うものとする。

（共済規程）

第二十四条　事業団は、共済法の定めるところにより、共済業務に関する重要事項について、共済規程を定めなければならない。

（助成業務方法書及び共済運営規則）

第二十五条　事業団は、助成業務（第二十三条第一項第一号から第五号まで及び第九号並びに同条第三項第三号の業務をいう。以下同じ。）の執行に関して必要な事項を助成業務方法書で定めなければならない。

2　事業団は、共済業務の執行に関して必要な事項を共済運営規則で定めなければならない。

3　事業団は、助成業務方法書又は共済運営規則を変更しようとするときは、文部科学大臣の認可を受けなければならない。

4　助成業務方法書及び共済運営規則に記載すべき事項は、文部科学省令で定める。

5　文部科学大臣は、第三項の認可（助成業務方法書に係るものに限る。）をしようとするときは、あらかじめ、文部科学省の独立行政法人評価委員会の意見を聴かなければならない。

6　事業団は、第三項の認可を受けたときは、遅滞なく、その助成業務方法書を公表しなければならない。

（中期目標、中期計画、年度計画及び評価等）

第二十六条　事業団の助成業務については、独立行政法人通則法第二十九条、第三十条（第二項第六号を除く。）、第三十一条第一項及び第三十二条から第三十五条までの規定を準用する。この場合において、同法第二十九条、第三十条第一項、第三項及び第四項、第三十一条第一項、第三十三条並びに第三十五条中「主務大臣」とあるのは「文部科学大臣」と、同法第二十九条第一項、第三十条第一項及び第五項、第三十一条第一項、第三十二条第一項、第三十三条、第三十四条第一項並びに第三十五条第一項及び第三項中「独立行政法人」とあり、並びに同法第二十九条第一項、第三十二条第三項並びに第三十五条第一項及び第三項中「当該独立行政法人」とあるのは「日本私立学校振興・共済事業団」と、同法第二十九条第三項、第三十条第三項、第三十二条第一項、第三項及び第四項、第三十四条第一項並びに同法第三十五条第二項中「評価委員会」とあり、並びに同法第三十二条第五項中「当該評価委員会」とあるのは「文部科学省の独立行政法人評価委員会」と、同法第三十条第一項及び第二項第七号、びに第三十一条第一項、第三十三条第一項、第三十三条並びに第三十四条第一項中「主務省令」とあるのは「文部科学省令」と読み替えるものとする。

（補助金の交付の決定の取消し及び返還等）

第二十七条　補助金等に係る予算の執行の適正化に関する法律（昭和三十年法律第百七十九号）第十条第一項及び第二項、第十七条第一項、第十八条第一項及び第二項、第十九条から第二十一条の二まで並びに第二十四条の二の規定は、第二十三条第一項第一号の規定により事業団が交付する補助金について準用する。この場合において、同法第十条第一項及び第二項、第十八条第一項、第十九条第三項、第二十条、第二十一条第一項、第二十一条の二並びに第二十四条の二中「各省各庁の長」とあるのは「日本私立学校振興・共済事業団の理事長」と、同法第十七条第一項中「各省各庁の長は」とあるのは「日本私立学校振興・共済事業団の理事長は」と、「各省各庁の長の処分」とあるのは「私立学校法第四条に規定する所轄庁の処分」と、同法第十九条第一項及び第二項中「国」とあるのは「日本私立学校振興・共済事業団」と読み替えるものとする。

（貸付業務の委託）

第二十八条　事業団は、文部科学大臣の認可を受けて、銀行その他の金融機関に第二十三条第一項第二号の業務の一部を委託することができる。

2　事業団は、前項の規定により銀行その他の金融機関に業務の一部を委託しようとするときは、その金融機関に対し、当該委託業務に関する準則を示さなければならない。

第四章　財務及び会計

（事業年度）

第二十九条　事業団の事業年度は、毎年四月一日に始まり、翌年三月三十一日に終わる。

（事業計画等の認可）

第三十条　事業団は、毎事業年度、共済業務に係る事業計画、予算及び資金計画を作成し、当該事業年度の開始前に、文部科学大臣の認可を受けなければならない。これを変更しようとするときも、同様とする。

（決算）

第三十一条　事業団は、毎事業年度の決算を翌年度の五月三十一日までに完結しなければならない。

（財務諸表等）

第三十二条　事業団は、毎事業年度、貸借対照表、損益計算書、利益の処分又は損失の処理に関する書類その他文部科学省令で定める書類及びこれらの附属明細書（以下「財務諸表」という。）を作成し、これに当該事業年度の業務報告書及び予算の区分に従い作成した決算報告書（以下「業務報告書等」という。）を添え、監事の意見を付けて、決算完結後二月以内（次条第一項第一号の経理に係るものにあっては、一月以内）に文部科学大臣に提出し、その承認を受けなければならない。

2　理事長は、財務諸表及び業務報告書等に監事の意見を付けて、決算完結後遅滞なく、これを審議会及び共済運営委員会に提出しなければならない。

3　文部科学大臣は、第一項の規定による承認（次条第一項第一号の経理に係るものに限る。）をしようとするときは、あらかじめ、文部科学省の独立行政法人評価委員会の意見を聴かなければならない。

4　事業団は、第一項の規定による文部科学大臣の承認を受けたときは、遅滞なく、財務諸表を官報に公告し、かつ、財務諸表及び業務報告書等並びに同項の監事の意見を記載した書面を、各事務所に備えて置き、文部科学省令で定める期間、一般の閲覧に供しなければならない。

（区分経理）

第三十三条　事業団の経理については、次の各号ごとに区分し、それぞれ勘定を設けて整理しなければならない。

一　助成業務に係る経理

二　第二十三条第一項第六号の業務、同条第二項に規定する高齢者の医療の確保に関する法律の規定による前期高齢者納付金等及び後期高齢者支援金等並びに介護保険法の規定による納付金の納付に関する業務並びに同条第三項第一号の業務に係る経理（第五号に掲げるものを除く。）

三　第二十三条第一項第七号の業務及び同条第二項に規定する国民年金法の規定による基礎年金拠出金の納付に関する業務に係る経理（第五号に掲げるものを除く。）

四　第二十三条第一項第八号及び同条第三項第二号の業務に係る経理

五　第二号及び第三号に掲げる業務に係る事務に係る経理

2　附則第六条第四項の規定により政府から出資があったものとされた金額及び第五条第二項の規定により政府が出資する金額に係る経理は、前項第一号の経理に係る勘定において行うものとする。

（企業会計原則）

第三十四条　事業団の会計は、文部科学省令で定めるところにより、原則として企業会計原則によるものとする。

（利益及び損失の処理）

第三十五条　事業団は、第三十三条第一項第一号の経理に係る勘定において、毎事業年度、損益計算において利益を生じたときは、前事業年度から繰り越した損失をうめ、なお残余があるときは、その残余の額のうち、翌事業年度において第二十三条第一項第三号の助成金の財源に充てられる額を控除した額は、積立金として整理しなければならない。

2　事業団は、第三十三条第一項第一号の経理に係る勘定において、毎事業年度、損益計算において損失を生じたときは、前項の規定による積立金を減額して整理し、なお不足があるときは、その不足額は、繰越欠損金として整理しなければならない。

3　前二項の規定は、第三十三条第一項第二号から第五号までの経理に係る勘定について準用する。この場合において、第一項中「その残余の額のうち、翌事業年度において第二十三条第一項第三号の助成金の財源に充てられる額を控除した額」とあるのは、「その残余の額」と読み替えるものとする。

4　第三十三条第一項第一号の経理に係る勘定における利益金の計算の方法に関し必要な事項は、文部科学省令で定める。

（積立金の処分）

第三十六条 事業団は、第二十六条において準用する独立行政法人通則法第二十九条第二項第一号に規定する中期目標の期間の最後の事業年度に係る前条第一項又は第二項の規定による整理を行った後、助成業務の運営の健全性を勘案して文部科学省令で定める額を超える額の積立金がある場合には、その超える部分の額に相当する金額を国庫に納付しなければならない。

2 前項に定めるもののほか、納付金の納付の手続その他積立金の処分に関し必要な事項は、政令で定める。

（借入金及び私学振興債券）

第三十七条 事業団は、助成業務に必要な費用に充てるため、第二十六条において準用する独立行政法人通則法第三十条に規定する中期計画で定める同条第二項第四号の短期借入金の限度額の範囲内で、短期借入金をすることができる。ただし、やむを得ない事由があるものとして文部科学大臣の認可を受けた場合は、当該限度額を超えて短期借入金をすることができる。

2 前項の規定による短期借入金は、当該事業年度内に償還しなければならない。ただし、資金の不足のため償還することができないときは、その償還することができない金額に限り、文部科学大臣の認可を受けて、これを借り換えることができる。

3 前項ただし書の規定により借り換えた短期借入金は、一年以内に償還しなければならない。

4 事業団は、助成業務に必要な費用に充てるため、文部科学大臣の認可を受けて、長期借入金をし、又は私学振興債券（以下この条及び次条において「債券」という。）を発行することができる。

5 事業団は、共済業務に必要な費用に充てるため、短期借入金及び長期借入金をしてはならない。ただし、私立学校教職員の福利厚生を図るため必要な場合において、文部科学大臣の認可を受けたときは、この限りでない。

6 第二項及び第三項の規定は、前項ただし書の規定による短期借入金について準用する。

7 文部科学大臣は、第一項ただし書、第二項ただし書又は第四項の規定による認可をしようとするときは、あらかじめ、文部科学省の独立行政法人評価委員会の意見を聴かなければならない。

8 第四項の規定による債券の債権者は、事業団の財産について他の債権者に先立って自己の債権の弁済を受ける権利を有する。

9 前項の先取特権の順位は、民法（明治二十九年法律第八十九号）の規定による一般の先取特権に次ぐものとする。

10 事業団は、文部科学大臣の認可を受けて、債券の発行に関する事務の全部又は一部を銀行又は信託会社に委託することができる。

11 会社法（平成十七年法律第八十六号）第七百五条第一項及び第二項並びに第七百九条の規定は、前項の規定により委託を受けた銀行又は信託会社について準用する。

12 第四項及び第七項から前項までに定めるもののほか、債券に関し必要な事項は、政令で定める。

（償還計画）

第三十八条 事業団は、毎事業年度、長期借入金及び債券の償還計画を立てて、文部科学大臣の認可を受けなければならない。

2 文部科学大臣は、前項の規定による認可をしようとするときは、あらかじめ、文部科学省の独立行政法人評価委員会の意見を聴かなければならない。

（余裕金の運用）

第三十九条 事業団は、次の方法による場合を除くほか、業務上の余裕金を運用してはならない。

一 国債、地方債その他文部科学大臣の指定する有価証券の取得

二 銀行その他文部科学大臣の指定する金融機関への預金

三 信託業務を営む金融機関（金融機関の信託業務の兼営等に関する法律（昭和十八年法律第四十三号）第一条第一項の認可を受けた金融機関をいう。）への金銭信託

2 事業団は、前項の規定にかかわらず、政令で定める方法により、第三十三条第一項第二号から第四号までの経理に係る勘定に属する業務上の余裕金を運用することができる。

（役員の報酬及び職員の給与等）

第四十条 独立行政法人通則法第五十二条及び第五十三条の規定は、事業団の役員の報酬及び退職手当について準用する。この場合において、同法第五十二条第一項及び第二項中「当該特定独立行政法人」とあり、並びに同条第三項中「当該特定独立行政法人」とあるのは「日本私立学校振興・共済事業団」と、同条第二項及び同法第五十三条中「主務大臣」とあるのは「文部科学大臣」と、同法第五十二条第三項中「実績及び中期計画の第三十条第二項第三号の人件費の見積り」とあるのは「実績」と、同法第五十三条中「評価委員会」とあるのは「文部科学省の独立行政法人評価委員会」と読み替えるものとする。

2 独立行政法人通則法第六十三条の規定は、事業団の職員の給与及び退職手当について準用する。この場合において、同条第一項及び第二項中「特定独立行政法人以外の独立行政法人」とあり、並びに同条第三項中「当該独立行政法人」とあるのは「日本私立学校振興・共済事業団」と、同条第二項中「主務大臣」とあるのは「文部科学大臣」と読み替えるものとする。

（文部科学省令への委任）

第四十一条 この法律及びこの法律に基づく政令に規定するもののほか、事業団の財務及び会計に関し必要な事項は、文部科学省令で定める。

第五章 監督

（監督）

第四十二条 事業団が行う業務のうち共済業務に関しては、文部科学大臣が事業団を監督する。

2 文部科学大臣は、この法律又は共済法を施行するため必要があると認めるときは、事業団に対して、その業務（共済業務に限る。）に関し監督上必要な命令をすることができる。

（報告及び検査）

第四十三条 文部科学大臣は、この法律又は共済法を施行するため必要があると認めるときは、事業団に対し

てその業務及び資産の状況に関し報告をさせ、又はその職員に、事業団の事務所その他の施設に立ち入り、業務の状況若しくは帳簿、書類その他必要な物件を検査させることができる。

2　前項の規定により職員が立入検査をする場合には、その身分を示す証明書を携帯し、関係人にこれを提示しなければならない。

3　第一項の規定による立入検査の権限は、犯罪捜査のために認められたものと解してはならない。

4　厚生労働大臣は、事業団に対し、随時、共済業務及びこれに係る資産の状況について報告をさせることができる。

（違法行為等の是正）

第四十四条　独立行政法人通則法第六十五条の規定は、事業団又はその役員若しくは職員の助成業務に係る行為について準用する。この場合において、同条中「主務大臣」とあるのは「文部科学大臣」と、「独立行政法人」とあり、及び同条第一項中「当該独立行政法人」とあるのは「日本私立学校振興・共済事業団」と、同項中「この法律、個別法」とあるのは「日本私立学校振興・共済事業団法」と読み替えるものとする。

第六章　雑則

（解散）

第四十五条　事業団の解散については、別に法律で定める。

（財務大臣との協議）

第四十六条　文部科学大臣は、次の場合には、あらかじめ、財務大臣に協議しなければならない。

一　第二十六条において準用する独立行政法人通則法第三十条第一項、第二十八条第一項、第三十条、第三十七条第一項ただし書、第二項ただし書、第四項若しくは第十項又は第三十八条第一項の規定による認可（第三十条の規定による認可にあっては第三十三条第一項第三号又は第五号の経理に係るものに限り、第三十八条第一項の規定による認可にあっては第三十三条第一項第一号の経理に係るものに限る。）をしようとするとき。

二　第三十五条第四項、第三十六条第一項又は第四十一条の規定により文部科学省令を定めようとするとき。

三　第二十六条において準用する独立行政法人通則法第二十九条第一項の規定により中期目標を定め、又は変更しようとするとき。

四　第三十二条第一項の規定による承認（第三十三条第一項第三号又は第五号の経理に係るものに限る。）をしようとするとき。

五　第三十九条第一項第一号又は第二号の規定による指定をしようとするとき。

第七章　罰則

第四十七条　第四十三条第一項の規定による報告をせず、若しくは虚偽の報告をし、又は同項の規定による検査を拒み、妨げ、若しくは忌避した場合には、その違反行為をした事業団の役員又は職員は、三十万円以下の罰金に処する。

第四十八条　次の各号のいずれかに該当する場合には、その違反行為をした事業団の役員は、二十万円以下の過料に処する。

一　この法律により文部科学大臣の認可又は承認を受けなければならない場合において、その認可又は承認を受けなかったとき。

二　この法律により文部科学大臣に届出をしなければならない場合において、その届出をせず、又は虚偽の届出をしたとき。

三　この法律により公表をしなければならない場合において、その公表をせず、又は虚偽の公表をしたとき。

四　第六条第一項の政令の規定に違反して登記することを怠ったとき。

五　第二十三条第一項から第三項までに規定する業務以外の業務を行ったとき。

六　第二十六条において準用する独立行政法人通則法第三十条第四項の規定による文部科学大臣の命令に違反したとき。

七　第二十六条において準用する独立行政法人通則法第三十三条の規定による事業報告書の提出をせず、又は事業報告書に記載すべき事項を記載せず、若しくは虚偽の記載をして事業報告書を提出したとき。

八　第三十二条第四項の規定に違反して、第三十三条第一項第一号の経理に係る財務諸表、業務報告書等若しくは監事の意見を記載した書面を備え置かず、又は閲覧に供しなかったとき。

九　第三十九条の規定に違反して業務上の余裕金を運用したとき。

十　第四十二条第二項の規定による文部科学大臣の命令に違反したとき。

十一　第四十四条において準用する独立行政法人通則法第六十五条第二項の規定による報告をせず、又は虚偽の報告をしたとき。

第四十九条　第七条の規定に違反した者は、十万円以下の過料に処する。

附　則　抄

（施行期日）

第一条　この法律は、平成十年一月一日から施行する。ただし、次条及び附則第三条の規定は、公布の日から施行する。

（事業団の設立）

第二条　文部大臣は、事業団の理事長となるべき者及び監事となるべき者を指名する。

2　前項の規定により指名された理事長となるべき者及び監事となるべき者は、事業団の成立の時において、この法律の規定により、それぞれ理事長又は監事に任命されたものとする。

第三条　文部大臣は、設立委員を命じて、次項及び第四項に規定する事務その他の事業団の設立に関する事務を処理させる。

2　設立委員は、あらかじめ附則第六条第一項の規定による解散前の日本私学振興財団の運営審議会の意見を聴いて、助成業務方法書を作成し、文部大臣の認可を受けなければならない。

3　文部大臣は、前項の規定による認可をしようとするときは、あらかじめ、大蔵大臣に協議しなければならない。

4 設立委員は、あらかじめ附則第五条第一項の規定による解散前の私立学校教職員共済組合の運営審議会の意見を聴いて、共済規程及び共済運営規則を作成し、文部大臣の認可を受けなければならない。

5 第二項の規定により作成された助成業務方法書並びに前項の規定により作成された共済規程及び共済運営規則は、事業団の成立の時において、それぞれ、事業団の助成業務方法書並びに共済規程及び共済運営規則となるものとする。

6 設立委員は、事業団の設立の準備を完了したときは、遅滞なく、その旨を文部大臣に届け出るとともに、その事務を前条第一項の規定により指名された理事長となるべき者に引き継がなければならない。

第四条 事業団は、前条第六項の規定による届出があったときは、平成十年一月一日に成立する。

（私立学校教職員共済組合の解散等）

第五条 私立学校教職員共済組合は、事業団の成立の時において解散するものとし、その一切の権利及び義務は、その時において事業団が承継する。

2 私立学校教職員共済組合の平成九年四月一日に始まる事業年度は、私立学校教職員共済組合の解散の日の前日に終わるものとする。

3 私立学校教職員共済組合の平成九年四月一日に始まる事業年度に係る決算及び財務諸表については、なお従前の例による。この場合において、当該決算の完結の期限は、解散の日から起算して二月を経過する日とする。

4 第一項の規定により私立学校教職員共済組合が解散した場合における解散の登記については、政令で定める。

（日本私学振興財団の解散等）

第六条 日本私学振興財団は、事業団の成立の時において解散するものとし、その一切の権利及び義務は、その時において事業団が承継する。

2 日本私学振興財団の平成九年四月一日に始まる事業年度は、日本私学振興財団の解散の日の前日に終わるものとする。

3 日本私学振興財団の平成九年四月一日に始まる事業年度に係る決算及び財務諸表については、なお従前の例による。この場合において、当該決算の完結の期限は、解散の日から起算して二月を経過する日とする。

4 第一項の規定により事業団が日本私学振興財団の権利及び義務を承継したときは、その承継の際における日本私学振興財団に対する政府の出資金に相当する金額は、事業団の設立に際し政府から事業団に出資されたものとする。

5 第一項の規定により日本私学振興財団が解散した場合における解散の登記については、政令で定める。

（非課税）

第七条 附則第五条第一項及び前条第一項の規定により事業団が権利を承継する場合における当該承継に伴う不動産の登記については、登録免許税を課さない。

2 附則第五条第一項及び前条第一項の規定により事業団が権利を承継する場合における当該承継に係る不動産又は自動車の取得に対しては、不動産取得税若しくは土地の取得に対して課する特別土地保有税又は自動車取得税を課することができない。

3 附則第五条第一項の規定により事業団が権利を承継し、かつ、引き続き保有する土地のうち、地方税法（昭和二十五年法律第二百二十六号）第五百九十九条第一項の規定により申告納付すべき日の属する年の一月一日において私立学校教職員共済組合が当該土地を取得した日以後十年を経過したものに対しては、土地に対して課する特別土地保有税を課することができない。

（職員の身分の取扱い）

第八条 事業団は、附則第五条第一項の規定により解散する私立学校教職員共済組合及び附則第六条第一項の規定により解散する日本私学振興財団の職員が引き続き事業団の職員としての身分を取得するように措置しなければならない。

（名称の使用制限等に関する経過措置）

第九条 この法律の施行の際現に日本私立学校振興・共済事業団という名称を使用している者については、第七条の規定は、この法律の施行後六月間は、適用しない。

第十条 事業団の最初の事業年度は、第二十七条の規定にかかわらず、その成立の日に始まり、平成十年三月三十一日に終わるものとする。

第十一条 事業団の最初の事業年度の事業計画、予算及び資金計画については、第二十八条中「当該事業年度の開始前に」とあるのは、「事業団の成立後遅滞なく」とする。

（区分経理の特例）

第十二条 事業団は、第三十三条第一項第一号の経理に係る勘定において第三十五条第一項に規定する残余を生じたときは、第三十三条第一項の規定にかかわらず、私立学校教職員共済組合法等の一部を改正する法律（昭和三十六年法律第百四十号）附則第七項に規定する費用等で政令で定めるものに充てるため、その残余の額の一部を第三十三条第一項第三号の経理に係る勘定に繰り入れることができる。この場合において、第三十五条第一項中「第二十三条第一項第三号の助成金の財源に充てられる額」とあるのは、「第二十三条第一項第三号の助成金の財源に充てられる額及び第三十三条第一項第三号の経理に係る勘定に繰り入れられる額」とする。

（私立学校等の特例）

第十三条 この法律（第二十三条第一項第一号を除く。）において、私立学校には、当分の間、学校教育法附則第六条の規定により学校法人以外の者によって設置された私立の幼稚園を含み、学校法人には、当分の間、同条の規定により幼稚園を設置する学校法人以外の者を含むものとする。

（国民健康保険法の規定による拠出金等の納付が行われる場合における事業団の業務の特例）

第十三条の二 当分の間、国民健康保険法（昭和三十三年法律第百九十二号）附則第十条第一項に規定する拠出金の納付が同条第二項の規定により行われる場合における第二十三条第二項及び第三十三条第一項第二号の規定の適用については、第二十三条第二項中「介護保険法」とあるのは「国民健康保険法（昭和三十三年法律第百九十二号）附則第十条第一項に規定する拠出金、介護保険法」と、第三十三条第一項第二号中「並びに介護保険法」とあるのは「、国民健康保険法附則第十条第一項に規定する拠出金並びに介護保険法」とする。

2　高齢者の医療の確保に関する法律附則第二条に規定する政令で定める日までの間、同法附則第七条第一項に規定する病床転換支援金等の納付が同条第二項の規定により行われる場合における第二十三条第二項及び第三十三条第一項第三号の規定の適用については、これらの規定中「及び後期高齢者支援金等」とあるのは、「、後期高齢者支援金等及び病床転換支援金等」とする。

（年金保険者たる共済組合等に係る拠出金の納付が行われる場合における事業団の業務の特例）

第十四条　厚生年金保険法（昭和二十九年法律第百十五号）附則第十八条第一項に規定する拠出金の納付が同項の規定により行われる場合における第二十三条第二項及び第三十三条第一項第三号の規定の適用については、第二十三条第二項中「並びに国民年金法（昭和三十四年法律第百四十一号）の規定による基礎年金拠出金」とあるのは「、国民年金法（昭和三十四年法律第百四十一号）の規定による基礎年金拠出金並びに厚生年金保険法（昭和二十九年法律第百十五号）の規定による拠出金」と、第三十三条第一項第三号中「及び同条第二項に規定する国民年金法の規定による基礎年金拠出金」とあるのは「並びに同条第二項に規定する国民年金法の規定による基礎年金拠出金及び厚生年金保険法の規定による拠出金」とする。

（日本私学振興財団法の廃止）

第十五条　日本私学振興財団法（昭和四十五年法律第六十九号）は、廃止する。

（日本私学振興財団法の廃止に伴う経過措置）

第十六条　前条の規定の施行前に同条の規定による廃止前の日本私学振興財団法（第十一条、第十二条、第十七条及び第十八条を除く。）の規定によりした処分、手続その他の行為は、この法律中の相当する規定によりした処分、手続その他の行為とみなす。

（罰則に関する経過措置）

第七十四条　この法律の施行前にした行為に対する罰則の適用については、なお従前の例による。

（その他の経過措置の政令への委任）

第七十五条　この附則に規定するもののほか、この法律の施行に伴い必要な経過措置は、政令で定める。

附　則（平成二二年五月二八日法律第三七号）　抄

（施行期日）

第一条　この法律は、公布の日から起算して六月を超えない範囲内において政令で定める日（以下「施行日」という。）から施行する。

（日本私立学校振興・共済事業団法の一部改正に伴う経過措置）

第九条　この法律の施行の際現に前条の規定による改正前の日本私立学校振興・共済事業団法第二十六条において準用するこの法律による改正前の独立行政法人通則法第三十条第一項の規定による認可を受けている中期計画については、前条の規定による改正後の日本私立学校振興・共済事業団法第二十六条において準用する新法第三十条第二項の規定にかかわらず、なお従前の例による。

2　施行日前に日本私立学校振興・共済事業団が行った財産の譲渡であって、施行日において前条の規定による改正後の日本私立学校振興・共済事業団法第三十八条の二において準用する新法第四十六条の二第一項に規定する政府出資等に係る不要財産（金銭を除く。）の譲渡に相当するものとして文部科学大臣が定めるものは、施行日においてされた同条第二項の規定による政府出資等に係る不要財産の譲渡とみなして、同項から同条第六項までの規定を適用する。この場合において、同条第二項中「納付することができる」とあるのは、「納付するものとする」とする。

（罰則の適用に関する経過措置）

第三十四条　この法律の施行前にした行為に対する罰則の適用については、なお従前の例による。

（その他の経過措置の政令への委任）

第三十五条　この附則に規定するもののほか、この法律の施行に関し必要な経過措置は、政令で定める。

平成二十二年五月二十八日法律第三十七号の未施行内容

独立行政法人通則法の一部を改正する法律

第八条　日本私立学校振興・共済事業団法（平成九年法律第四十八号）の一部を次のように改正する。

第二十六条第一項中「文部科学省令」と」の下に「、同法第三十条第二項第四号の二中「不要財産又は」とあるのは「不要財産（日本私立学校振興・共済事業団法第三十八条の二において準用する第八条第三項に規定する不要財産をいう。以下この号において同じ。）又は」と」を加える。

第三十八条の次に次の一条を加える。

（不要財産に係る国庫納付等）

第三十八条の二　独立行政法人通則法第八条第三項及び第四十六条の二の規定は、事業団について準用する。この場合において、同項中「重要な財産」とあるのは「重要な財産（日本私立学校振興・共済事業団法第三十三条第一項第一号の経理に係る勘定に属するものに限る。）」と、「主務省令（当該独立行政法人を所管する内閣府又は各省の内閣府令又は省令をいう。以下同じ。）」とあるのは「文部科学省令」と、「業務を」とあるのは「同法第二十五条第一項に規定する助成業務を」と、「第四十六条の二又は第四十六条の三」とあるのは「第四十六条の二」と、同条第一項から第五項までの規定中「主務大臣」とあるのは「文部科学大臣」と、同条第一項ただし書及び第二項ただし書中「中期計画」とあるのは「日本私立学校振興・共済事業団法第二十六条において準用する第三十条第一項に規定する中期計画」と、「第三十条第二項第四号の二」とあるのは「同条第二項第四号の二」と、同条第五項中「評価委員会」とあるのは「文部科学省の独立行政法人評価委員会」と読み替えるものとする。

第四十六条第一項第一号中「又は第三十八条第一項」を「、

第三十八条第一項又は第三十八条の二において準用する同法第四十六条の二第一項、第二項若しくは第三項ただし書」に改める。

附　則（平成二二年五月二八日法律第三七号）　抄

（施行期日）

第一条　この法律は、公布の日から起算して六月を超えない範囲内において政令で定める日（以下「施行日」という。）から施行する。

（日本私立学校振興・共済事業団法の一部改正に伴う経過措置）

第九条　この法律の施行の際現に前条の規定による改正前の日本私立学校振興・共済事業団法第二十六条において準用するこの法律による改正前の独立行政法人通則法第三十条第一項の規定による認可を受けている中期計画については、前条の規定による改正後の日本私立学校振興・共済事業団法第二十六条において準用する新法第三十条第二項の規定にかかわらず、なお従前の例による。

2　施行日前に日本私立学校振興・共済事業団が行った財産の譲渡であって、施行日において前条の規定による改正後の日本私立学校振興・共済事業団法第三十八条の二において準用する新法第四十六条の二第一項に規定する政府出資等に係る不要財産（金銭を除く。）の譲渡に相当するものとして文部科学大臣が定めるものは、施行日においてされた同条第二項の規定による政府出資等に係る不要財産の譲渡とみなして、同項から同条第六項までの規定を適用する。この場合において、同条第二項中「納付することができる」とあるのは、「納付するものとする」とする。

（罰則の適用に関する経過措置）

第三十四条　この法律の施行前にした行為に対する罰則の適用については、なお従前の例による。

（その他の経過措置の政令への委任）

第三十五条　この附則に規定するもののほか、この法律の施行に関し必要な経過措置は、政令で定める。

日本私立学校振興・共済事業団法施行令

平成九年十二月十日政令第三百五十四号
最終改正　平成二〇年七月四日政令第二二九号

内閣は、日本私立学校振興・共済事業団法（平成九年法律第四十八号）第二十二条第一項第一号及び第二号、第三十五条第二項並びに附則第五条第四項、第六条第五項、第十二条及び第七十五条の規定に基づき、この政令を制定する。

（国から交付を受ける補助金）

第一条　日本私立学校振興・共済事業団法（以下「法」という。）第二十三条第一項第一号の政令で定める国の補助金は、私立大学及び私立高等専門学校の経常的経費に対する補助金で文部科学省令で定めるものとする。

（日本私立学校振興・共済事業団の資金貸付けの対象となる専修学校又は各種学校の範囲）

第二条　法第二十三条第一項第二号の政令で定める私立の専修学校又は各種学校は、機械又は装置の修理、保守又は操作、製造、加工、建設、医療、栄養の指導、保育、経理その他これらに類する職業に必要な技術の教授を目的とするものであって、文部科学省令で定める課程を有するものとする。ただし、医学又は歯学の学部を置く大学を設置する学校法人が開設する病院又は診療所の運営に関し必要な附属施設である専修学校又は各種学校を除く。

（国庫納付金の納付の手続）

第三条　日本私立学校振興・共済事業団（以下「事業団」という。）は、法第三十六条第一項の規定による納付金（以下「国庫納付金」という。）を納付しようとするときは、国庫納付金の計算書に、法第二十六条において準用する独立行政法人通則法（平成十一年法律第百三号）第二十九条第二項第一号に規定する中期目標の期間の最後の事業年度（以下この項及び次条において「期間最後の事業年度」という。）の事業年度末の貸借対照表、当該期間最後の事業年度の損益計算書その他の当該国庫納付金の計算の基礎を明らかにした書類を添付して、当該期間最後の事業年度の次の事業年度の六月三十日までに、これを文部科学大臣に提出しなければならない。

2　文部科学大臣は、前項の国庫納付金の計算書及び添付書類の提出があったときは、遅滞なく、当該国庫納付金の計算書及び添付書類の写しを財務大臣に送付するものとする。

（国庫納付金の納付期限）

第四条　国庫納付金は、期間最後の事業年度の次の事業年度の七月十日までに納付しなければならない。

（国庫納付金の帰属する会計）

第五条　国庫納付金は、一般会計に帰属する。

（私学振興債券の形式）

第六条　私学振興債券は、無記名利札付きとする。

（私学振興債券の発行の方法）

第七条　私学振興債券の発行は、募集の方法による。

（私学振興債券申込証）

第八条　私学振興債券の募集に応じようとする者は、私学振興債券申込証にその引き受けようとする私学振興債券の数及び住所を記載し、これに署名し、又は記名押印しなければならない。

2　社債、株式等の振替に関する法律（平成十三年法律第七十五号。以下「社債等振替法」という。）の規定の適用がある私学振興債券（次条第二項において「振替私学振興債券」という。）の募集に応じようとする者は、前項の記載事項のほか、自己のために開設された当該私学振興債券の振替を行うための口座（同条第二項において「振替口座」という。）を私学振興債券申込証に記載しなければならない。

3　私学振興債券申込証は、事業団が作成し、これに次に掲げる事項を記載しなければならない。

一　私学振興債券の名称
二　私学振興債券の総額

三　各私学振興債券の金額
四　私学振興債券の利率
五　私学振興債券の償還の方法及び期限
六　利息の支払の方法及び期限
七　私学振興債券の発行の価額
八　社債等振替法の規定の適用があるときは、その旨
九　社債等振替法の規定の適用がないときは、無記名式である旨
十　応募額が私学振興債券の総額を超える場合の措置
十一　募集又は管理の委託を受けた会社があるときは、その商号

（私学振興債券の引受け）
第九条　前条の規定は、政府若しくは地方公共団体が私学振興債券を引き受ける場合又は私学振興債券の募集の委託を受けた会社が自ら私学振興債券を引き受ける場合においては、その引き受ける部分については、適用しない。
2　前項の場合において、振替私学振興債券を引き受ける政府若しくは地方公共団体又は振替私学振興債券の募集の委託を受けた会社は、その引受けの際に、振替口座を事業団に示さなければならない。

（私学振興債券の成立の特則）
第十条　私学振興債券の応募総額が私学振興債券の総額に達しないときでも応募総額をもって私学振興債券を成立させる旨を私学振興債券申込証に記載したときは、私学振興債券は、その応募総額をもって成立するものとする。

（私学振興債券の払込み）
第十一条　私学振興債券の募集が完了したときは、事業団は、遅滞なく、各私学振興債券についてその全額の払込みをさせなければならない。

（債券の発行）
第十二条　事業団は、前条の払込みがあったときは、遅滞なく、債券を発行しなければならない。ただし、私学振興債券につき社債等振替法の規定の適用があるときは、この限りでない。
2　各債券には、第八条第三項第一号から第六号まで、第九号及び第十一号に掲げる事項並びに番号を記載し、事業団の理事長がこれに記名押印しなければならない。

（私学振興債券原簿）
第十三条　事業団は、主たる事務所に私学振興債券原簿を備えて置かなければならない。
2　私学振興債券原簿には、次に掲げる事項を記載しなければならない。
一　私学振興債券の発行の年月日
二　私学振興債券の数（社債等振替法の規定の適用がないときは、私学振興債券の数及び番号）
三　第八条第三項第一号から第六号まで、第八号及び第十一号に掲げる事項
四　元利金の支払に関する事項

（利札が欠けている場合）
第十四条　私学振興債券を償還する場合において、欠けている利札があるときは、これに相当する金額を償還額から控除する。ただし、既に支払期が到来した利札については、この限りでない。
2　前項の利札の所持人がこれと引換えに控除金額の支払を請求したときは、事業団は、これに応じなければならない。

（私学振興債券の発行の認可）
第十五条　事業団は、法第三十七条第四項の規定により私学振興債券の発行の認可を受けようとするときは、私学振興債券の募集の日の二十日前までに次に掲げる事項を記載した申請書を文部科学大臣に提出しなければならない。
一　私学振興債券の発行を必要とする理由
二　第八条第三項第一号から第八号までに掲げる事項
三　私学振興債券の募集の方法
四　私学振興債券の発行に要する費用の概算額
五　第二号に掲げるもののほか、債券に記載しようとする事項
2　前項の申請書には、次に掲げる書類を添付しなければならない。
一　作成しようとする私学振興債券申込証
二　私学振興債券の発行により調達する資金の使途を記載した書面
三　私学振興債券の引受けの見込みを記載した書面

（余裕金の運用）
第十六条　法第三十九条第二項の政令で定める方法は、次に掲げる方法とする。
一　信託業務を営む金融機関又は信託会社への信託（法第三十九条第一項第三号に掲げるものを除く。）
二　不動産の取得
三　加入者（私立学校教職員共済法（昭和二十八年法律第二百四十五号。次条において「共済法」という。）第十四条第一項に規定する加入者をいう。）を被保険者とする生命保険（被保険者の所定の時期における生存を保険金の支払事由とするものに限る。）の保険料の払込み

（法附則第十二条の政令で定める費用）
第十七条　法附則第十二条の政令で定める費用は、次に掲げる費用とする。
一　昭和二十七年九月三十日以前に給与事由の生じた旧財団法人私学恩給財団の年金の特別措置に関する法律（昭和三十年法律第六十八号）第一条及び第一条の二の規定、昭和四十四年度以後における私立学校教職員共済組合からの年金の額の改定に関する法律（昭和四十四年法律第九十四号。以下この条において「年金額改定法」という。）第三条から第三条の十六までの規定並びに私立学校教職員共済組合法等の一部を改正する法律（昭和三十六年法律第百四十号。次号において「昭和三十六年改正法」という。）附則第六項の規定に基づく政令の規定による同項に規定する恩給財団の年金及び恩給財団における従前の例によることとされた年金の額の改定により増加する費用
二　年金額改定法第一条から第一条の十六まで及び第五条の規定並びに昭和三十六年改正法附則第六項の規定に基づく政令の規定による昭和三十六年改正法附則第五項に規定する給付のうち年金である給付の額の改定により増加する費用のうち、昭和二十九年一月一日前の加入者期間（共済法第十七条第一項に規定する加入者期間をいう。次号において同じ。）に係るもの

三　年金額改定法第二条から第二条の十六までの規定、共済法第四十八条の二の規定によりその例によることとされる国家公務員等共済組合法等の一部を改正する法律（昭和六十年法律第百五号）附則第十六条第一項及び第四項、第十七条第二項、第三十五条、第三十七条、第四十条第一項及び第二項、第四十二条、第四十六条、第四十七条、第五十二条、第五十四条、第五十五条並びに第五十七条の規定並びに共済法第二十五条において準用する国家公務員共済組合法（昭和三十三年法律第百二十八号）第七十八条第二項、第八十二条第三項、第八十三条第三項、第八十九条第四項及び第五項並びに附則第十二条の四の二第二項の規定並びに同法第七十二条の三第五項、第七十二条の四第四項、第七十二条の五第五項及び第七十二条の六第五項の規定に基づく政令の規定による年金である給付の額の改定により増加する費用のうち、昭和二十九年一月一日前の加入者期間に係るもの

附　則

（施行期日）

第一条　この政令は、平成十年一月一日から施行する。

（私立学校教職員共済組合等の解散の登記の嘱託等）

第二条　法附則第五条第一項の規定により私立学校教職員共済組合が解散したとき、及び法附則第六条第一項の規定により日本私学振興財団が解散したときは、文部大臣は、遅滞なく、これらの法人の解散の登記を登記所に嘱託しなければならない。

2　登記官は、前項の規定による嘱託に係る解散の登記をしたときは、これらの法人の登記用紙を閉鎖しなければならない。

（事業団に係る老人保健法の規定による拠出金等の額の算定の特例）

第三条　平成九年度において日本私立学校振興・共済事業団（以下「事業団」という。）が老人保健法（昭和五十七年法律第八十号）第五十三条第二項の規定により納付すべき拠出金の額は、事業団が法附則第五条第一項の規定により私立学校教職員共済組合から承継した同年度の拠出金に係る債務の額とする。

2　平成十年度において事業団が老人保健法第五十三条第二項の規定により納付すべき同条第一項に規定する医療費拠出金の額の算定については、同法第五十四条第一項ただし書中「ただし、前々年度の概算医療費拠出金の額」とあるのは「ただし、日本私立学校振興・共済事業団が日本私立学校振興・共済事業団法（平成九年法律第四十八号）附則第五条第一項の規定により権利及び義務を承継した私立学校教職員共済組合に係る前々年度の概算医療費拠出金の額」と、「前々年度の確定医療費拠出金の額」とあるのは「私立学校教職員共済組合に係る前々年度の確定医療費拠出金の額」と、「するものとし、前々年度の概算医療費拠出金の額」とあるのは「するものとし、私立学校教職員共済組合に係る前々年度の概算医療費拠出金の額」とする。

3　平成十一年度において事業団が老人保健法第五十三条第二項の規定により納付すべき同条第一項に規定する医療費拠出金の額の算定については、同法第五十四条第一項ただし書中「ただし、前々年度の概算医療費拠出金の額」とあるのは「ただし、日本私立学校振興・共済事業団が日本私立学校振興・共済事業団法（平成九年法律第四十八号）附則第五条第一項の規定により権利及び義務を承継した私立学校教職員共済組合に係る前々年度の概算医療費拠出金として同項の規定による解散前に算定された額（以下この項において「解散前算定額」という。）」と、「前々年度の確定医療費拠出金の額」とあるのは「日本私立学校振興・共済事業団に係る前々年度の確定医療費拠出金の額に私立学校教職員共済組合に係る前々年度の確定医療費拠出金の額を加えて得た額」と、「するものとし、前々年度の概算医療費拠出金の額」とあるのは「するものとし、解散前算定額」とする。

第四条　平成九年度において事業団が国民健康保険法（昭和三十三年法律第百九十二号）第八十一条の二第二項の規定により納付すべき拠出金の額は、事業団が法附則第五条第一項の規定により私立学校教職員共済組合から承継した同年度の拠出金に係る債務の額とする。

2　平成十年度において事業団が国民健康保険法第八十一条の二第二項の規定により納付すべき同条第一項に規定する療養給付費拠出金の額の算定については、同法第八十一条の三第一項ただし書中「ただし、前々年度の概算療養給付費拠出金の額」とあるのは「ただし、日本私立学校振興・共済事業団が日本私立学校振興・共済事業団法（平成九年法律第四十八号）附則第五条第一項の規定により権利及び義務を承継した私立学校教職員共済組合に係る前々年度の概算療養給付費拠出金の額」と、「前々年度の確定療養給付費拠出金の額」とあるのは「私立学校教職員共済組合に係る前々年度の確定療養給付費拠出金の額」と、「するものとし、前々年度の概算療養給付費拠出金の額」とあるのは「するものとし、私立学校教職員共済組合に係る前々年度の概算療養給付費拠出金の額」とする。

3　平成十一年度において事業団が国民健康保険法第八十一条の二第二項の規定により納付すべき同条第一項に規定する療養給付費拠出金の額の算定については、同法第八十一条の三第一項ただし書中「ただし、前々年度の概算療養給付費拠出金の額」とあるのは「ただし、日本私立学校振興・共済事業団が日本私立学校振興・共済事業団法（平成九年法律第四十八号）附則第五条第一項の規定により権利及び義務を承継した私立学校教職員共済組合に係る前々年度の概算療養給付費拠出金として同項の規定による解散前に算定された額（以下この項において「解散前算定額」という。）」と、「前々年度の確定療養給付費拠出金の額」とあるのは「日本私立学校振興・共済事業団に係る前々年度の確定療養給付費拠出金の額に私立学校教職員共済組合に係る前々年度の確定療養給付費拠出金の額を加えて得た額」と、「するものとし、前々年度の概算療養給付費拠出金の額」とあるのは「するものとし、解散前算定額」とする。

第五条　平成九年度において事業団が国民年金法施行令（昭和三十四年政令第百八十四号）第十一条の四第一項の規定により納付すべき概算基礎年金拠出金の額は、事業団が法附則第五条第一項の規定により私立学

校教職員共済組合から承継した同年度の概算基礎年金拠出金に係る債務の額とする。

第六条　平成九年度において国民年金法等の一部を改正する法律の施行に伴う経過措置に関する政令（昭和六十一年政令第五十四号）第五十九条第一項の規定により国民年金の管掌者たる政府が事業団に対し交付すべき額は、同年度において私立学校教職員共済組合に対し交付すべきものとして同項の規定により定められた額のうち、法附則第五条第一項の規定により事業団に交付すべきこととなる額とする。

第七条　平成九年度において事業団が厚生年金保険法施行令（昭和二十九年政令第百十号）第八条の十二第一項の規定により納付すべき概算拠出金の額は、事業団が法附則第五条第一項の規定により私立学校教職員共済組合から承継した同年度の概算拠出金に係る債務の額とする。

附　則（平成二〇年七月四日政令第二一九号）　抄

（施行期日）

第一条　この政令は、株式等の取引に係る決済の合理化を図るための社債等の振替に関する法律等の一部を改正する法律（以下「改正法」という。）の施行の日から施行する。

日本私立学校振興・共済事業団法施行規則

平成九年十二月十八日文部省令第四十一号
最終改正　平成一九年一二月二五日文部科学省令第四〇号

日本私立学校振興・共済事業団法（平成九年法律第四十八号）第二十四条第四項並びに日本私立学校振興・共済事業団法施行令（平成九年政令第三百五十四号）第一条及び第二条の規定に基づき、並びに同法を実施するため、日本私立学校振興・共済事業団法施行規則を次のように定める。

（国から交付を受ける補助金）

第一条　日本私立学校振興・共済事業団法施行令（以下「令」という。）第一条の文部科学省令で定める国の補助金は、私立大学等経常費補助金及び政府開発援助私立大学等経常費補助金とする。

（資金貸付けの対象となる専修学校又は各種学校の課程）

第二条　令第二条の文部科学省令で定める専修学校の課程は、工業関係、農業関係、医療関係、衛生関係、教育・社会福祉関係又は商業実務関係の分野に属する専修学校の学科及び服飾、デザイン、写真、外国語、音楽又は美術に関する専修学校の学科であって、その授業が年二回を超えない一定の時期に開始され、かつ、その終期が明確に定められているものとする。

第三条　令第二条の文部科学省令で定める各種学校の課程は、機械、自動車整備、電気、電子、ラジオ、テレビジョン、放送装置、無線装置、造船、応用化学、金属加工、工業化学、写真、服飾、建築、土木、機械設計、建築設計、機械製図、建築製図、測量又は経理に関する各種学校の課程及び診療エックス線技師、衛生検査技師、歯科技工士、歯科衛生士、看護師、准看護師、あん摩マッサージ指圧師、はり師、きゅう師、柔道整復士、栄養士、調理師、幼稚園教諭、小学校教諭、中学校教諭、養護教諭又は保育士の養成を行う各種学校の課程であって、次の各号に掲げる要件を備えたものとする。

一　その修業期間（普通科、専攻科その他これらに類する名称を付して修業期間、入学資格等により区分された課程があり、その修業期間がそれぞれ一年以上であって、一の課程に他の課程が継続する場合においては、これらの課程の修業期間を通算した期間を含む。）が二年以上であること。

二　その一年間の授業時間数（普通科・専攻科その他これらに類する名称を付して修業期間、入学資格等により区分された課程がある場合には、それぞれの授業時間数）が七百五十時間以上であること。

三　その教員数が同時に授業を受ける生徒数に比し十分であり、教育上著しい支障がないと認められること。

四　その授業が年二回を超えない一定の時期に開始され、かつ、その終期が明確に定められていること。

五　その生徒について学年又は学期ごとに成績の評価が行われ、その結果が表簿に記録されていること。

六　その生徒に対し、所定の技術の修得についての評価を行ったうえで卒業証明書又は修了証書が授与されていること。

（助成業務方法書に記載すべき事項）

第四条　日本私立学校振興・共済事業団法（以下「法」という。）第二十五条第四項の文部科学省令で定める助成業務方法書に記載すべき事項は、次の各号に掲げるとおりとする。

一　日本私立学校振興・共済事業団（以下「事業団」という。）の助成業務運営の基本方針

二　法第二十三条第一項第一号に規定する補助金の交付の対象、手続その他補助金の交付に関する事項

三　法第二十三条第一項第二号に規定する資金の貸付けの対象、条件その他資金の貸付けに関する事項

四　法第二十三条第一項第三号に規定する助成金の交付の対象、手続その他助成金の交付に関する事項

五　法第二十三条第一項第四号に規定する寄付金の募集、管理及び配付に関する事項

六　法第二十三条第一項第五号に規定する情報の収集、調査及び研究並びにその成果の提供その他の指導に関する事項

七　業務委託の基準

八　競争入札その他契約に関する基本的事項

九　その他事業団の業務の執行に関して必要な事項

（共済運営規則に記載すべき事項）

第五条　法第二十五条第四項の文部科学省令で定める共済運営規則に記載すべき事項は、次に掲げる事項とする。

一　医療機関又は薬局との契約に関する事項

二　福祉事業に関する事項

三　その他共済業務の執行に関して必要な事項

（中期計画の作成・変更に係る事項）

第六条　事業団は、法第二十六条において準用する独立行政法人通則法（平成十一年法律第百三号。以下「通則法」という。）第三十条第一項の規定により中期計画の認可を受けようとするときは、中期計画を記載した申請書を、当該中期計画の最初の事業年度開始三十日前までに（事業団が作成する最初の中期計画については、平成十五年十月一日以後最初の法第二十六条において準用する通則法第二十九条第一項の指示を受けた後遅滞なく）、文部科学大臣に提出しなければならない。

2　事業団は、法第二十六条において準用する通則法第三十条第一項後段の規定により中期計画の変更の認可を受けようとするときは、変更しようとする事項及びその理由を記載した申請書を文部科学大臣に提出しなければならない。

（中期計画記載事項）

第七条　事業団に係る法第二十六条において準用する通則法第三十条第二項第七号に規定する主務省令で定める業務運営に関する事項は、次に掲げる事項とする。

一　施設及び設備に関する計画

二　人事に関する計画

三　中期目標の期間を超える債務負担

（年度計画の作成・変更に係る事項）

第八条　事業団に係る法第二十六条において準用する通則法第三十一条第一項の年度計画には、中期計画に定めた事項に関し、当該事業年度において実施すべき事項を記載しなければならない。

2　事業団は、法第二十六条において準用する通則法第三十一条第一項後段の規定により年度計画の変更をしたときは、変更した事項及びその理由を記載した届出書を文部科学大臣に提出しなければならない。

（各事業年度の業務実績の評価に係る事項）

第九条　事業団は、法第二十六条において準用する通則法第三十二条第一項の規定により各事業年度における業務の実績について独立行政法人評価委員会の評価を受けようとするときは、年度計画に定めた項目ごとにその実績を明らかにした報告書を当該事業年度の終了後三月以内に文部科学省の独立行政法人評価委員会に提出しなければならない。

（中期目標期間終了後の事業報告書の文部科学大臣への提出に係る事項）

第十条　事業団に係る法第二十六条において準用する通則法第三十三条の事業報告書には、当該中期目標に定めた項目ごとにその実績を明らかにしなければならない。

（中期目標期間の業務の実績の評価に係る事項）

第十一条　事業団は、法第二十六条において準用する通則法第三十四条第一項の規定により各中期目標の期間における業務の実績について独立行政法人評価委員会の評価を受けようとするときは、当該中期目標に定めた項目ごとにその実績を明らかにした報告書を当該中期目標の期間の終了後三月以内に文部科学省の独立行政法人評価委員会に提出しなければならない。

（積立金に係る基準額）

第十二条　法第三十六条第一項の文部科学省令で定める額は、二十億円とする。

（管理に関する規則の届出）

第十三条　事業団は、職制、定員その他事業団の組織に関する規程、職員の任免その他の身分取扱いに関する規程、旅費に関する規程その他事業団の管理に関する規程を制定し、又は改廃しようとするときは、その理由及び内容を明らかにして、あらかじめ、文部科学大臣に届け出なければならない。

附　則　抄

（施行期日）

第一条　この省令は、法の施行の日（平成十年一月一日）から施行する。

附　則（平成一九年一二月二五日文部科学省令第四〇号）抄

この省令は、学校教育法等の一部を改正する法律の施行の日（平成十九年十二月二十六日）から施行する。

日本私立学校振興・共済事業団の財務及び会計に関する省令

平成九年十二月十八日文部省令第四十二号
最終改正　平成一九年一〇月一日文部科学省令第三〇号

日本私立学校振興・共済事業団法（平成九年法律第四十八号）第三十条第三項、第三十二条第四項及び第三十七条の規定に基づき、日本私立学校振興・共済事業団の財務及び会計に関する省令を次のように定める。

（会計の原則）

第一条　日本私立学校振興・共済事業団（以下「事業団」という。）の会計については、この省令の定めるところにより、この省令に定めのないものについては、一般に公正妥当と認められる企業会計の基準に従うものとする。

2　金融庁組織令（平成十年政令第三百九十二号）第二十四条第一項に規定する企業会計審議会により公表された企業会計の基準は、前項に規定する一般に公正妥当と認められる企業会計の基準に該当するものとする。

3　平成十一年四月二十七日の中央省庁等改革推進本部決定に基づき行われた独立行政法人の会計に関する研究の成果として公表された基準は、この省令に準ずるものとして、第一項に規定する一般に公正妥当と認められる企業会計の基準に優先して適用されるものとする。

（区分経理）

第二条　事業団は、日本私立学校振興・共済事業団法（以下「法」という。）第三十三条第一項に規定する勘定として、同項第一号の経理については助成勘定を、同項第二号の経理については短期勘定を、同項第三号の経理については長期勘定を、同項第四号の経理については共済業務勘定を、同項第五号の経理については福祉勘定を設け、それぞれについて貸借対照表の勘定及び損益計算書の勘定を設けて経理するものとする。

2　助成勘定は、その内訳として、一般経理、補助金経理、寄付金経理及び学術研究振興基金経理の各経理単位を設け、当該勘定に係る貸借対照表及び損益計算書に各経理単位の内訳を記載した書類を添付するものとする。

3　前項の各経理における事業団の運営に必要な経費は、一般経理において一括して経理するものとする。ただし、学術研究振興基金経理における事業団の運営に必要な経費（人件費を除く。）については、この限りでない。

4　福祉勘定は、その内訳として、保健経理、医療経理、宿泊経理、貯金経理及び貸付経理の各経理単位を設け、当該勘定に係る貸借対照表及び損益計算書に各経理単位の内訳を記載した書類を添付するものとする。

5　事業団は、第一項の規定により区分して経理する場合において、経理すべき事項が当該経理に係る勘定以外の勘定において経理すべき事項と共通の事項であるため、当該勘定に係る部分を区分して経理することが困難なときは、当該事項については、文部科学大臣の承認を受けて定める基準に従って、各勘定に配分することにより経理することができる。

（勘定間の資金の繰入れ制限等）

第三条　事業団は、法附則第十二条の規定により助成勘定から長期勘定へ資金を繰り入れる場合を除き、助成勘定、短期勘定、長期勘定、福祉勘定及び共済業務勘定の各勘定間における資金の繰入れをしてはならない。

2　日本私立学校振興・共済事業団法施行令（平成九年政令第三百五十四号。以下「施行令」という。）第十七条に掲げる費用について、法附則第十二条の規定による繰入れを行う場合の当該繰入れの額の算定方法その他必要な事項は、文部科学大臣の定めるところによる。

（勘定の余裕金）

第四条　各勘定（助成勘定を除き、第二条第三項に規定する福祉勘定の内訳としての各経理単位を含む。以下この項において同じ。）の余裕金は、予算の定めるところにより他の勘定に貸し付けることができる。この場合において、当該余裕金が長期勘定に属するものであるときは、当該貸付金に係る利率は、年四パーセントを下回ることができない。

2　前項の規定にかかわらず、長期勘定の余裕金は、文部科学大臣が財務大臣と協議して定めるところにより助成勘定に貸し付けることができる。この場合において、当該貸付金に係る利率は、財政融資資金法（昭和二十六年法律第百号）第十条の規定による貸付けの利率に準じて文部科学大臣が別に定める利率を下回ることができない。

（共済業務に係る予算の内容）

第五条　法第三十条の予算は、共済業務に係る予算総則及び収入支出予算とする。

（共済業務に係る予算総則）

第六条　共済業務に係る予算総則には、共済業務に係る収入支出予算に関する総括的規定を設けるほか、次に掲げる事項に関する規定を設けるものとする。

一　第九条の規定による債務を負担する行為について、事項ごとに、その負担する債務の限度額、その行為に基づいて支出すべき年限及びその必要な理由
二　第十一条第一項の規定による経費の指定
三　第十二条第一項ただし書の規定による経費の指定
四　法第三十七条第五項ただし書の規定による借入金の最高限度額及び借入れの条件
五　勘定間及び福祉勘定の内訳としての各経理単位間における資金の繰入れ（第三条の規定により制限される当該繰入れを除く。）の最高限度額
六　不動産の取得に要する費用の最高限度額及び不動産を譲渡する場合における最低限度額
七　勘定間及び福祉勘定の内訳としての各経理単位間における資金の融通の条件及び最高限度額
八　短期勘定から福祉勘定に診療費の支払いをする場合における診療単価

九　長期勘定における資産及び福祉勘定における資産（私立学校教職員共済法（昭和二十八年法律第二百四十五号。以下「共済法」という。）第二十六条第一項第四号に規定する事業（以下「貯金事業」という。）に係るものに限る。）の構成割合

十　福祉勘定における加入者の貯金の受入れの条件並びに加入者に対する貸付金の最高限度額及び貸付けの条件

十一　その他予算の実施に関し必要な事項

（共済業務に係る収入支出予算）

第七条　共済業務に係る収入支出予算は、収入にあってはその性質、支出にあってはその目的に従って区分する。

2　事業団は、共済業務に係る第二条第一項に規定する勘定（当該勘定に内訳としての経理単位が設けられている場合は当該経理単位）ごとに、前項の規定による区分を行うものとする。

（共済業務に係る予備費）

第八条　事業団は、予見することができない理由による共済業務に係る支出予算の不足を補うため、共済業務に係る収入支出予算に予備費を設けることができる。

2　事業団は、第十一条第一項に規定する経費以外の経費に予備費を使用したときは、直ちに、その旨を文部科学大臣に届け出なければならない。

3　前項の規定による届出は、使用の理由、金額及び積算の基礎を明らかにした書類により行うものとする。

（共済業務に係る債務を負担する行為）

第九条　事業団は、共済業務に係る支出予算の金額の範囲内におけるもののほか、その業務を行うため必要があるときは、毎事業年度、共済業務に係る予算をもって文部科学大臣の認可を受けた金額の範囲内において、債務を負担する行為をすることができる。

（共済業務に係る支出予算の流用）

第十条　事業団は、共済業務に係る支出予算については、当該予算に定める目的のほかに使用してはならない。ただし、共済業務に係る支出予算の実施上必要があるときは、第七条第二項の規定による区分にかかわらず、同一勘定内（福祉勘定にあっては同一経理単位内）において相互流用することができる。

（共済業務に係る指定経費の流用等）

第十一条　事業団は、共済業務に係る予算総則で指定する経費の金額について流用し、又はこれに予備費を使用する場合には、文部科学大臣の承認を受けなければならない。

2　事業団は、前項の承認を受けようとするときは、流用又は使用を必要とする理由並びに金額及びその積算の基礎を明らかにした書類を文部科学大臣に提出しなければならない。

（共済業務に係る支出予算の繰越し）

第十二条　事業団は、共済業務に係る、予算の実施上必要があるときは、共済業務に係る支出予算の経費の金額のうち、当該事業年度内に支出の決定を終わらなかったものを翌事業年度に繰り越して使用することができる。ただし、共済業務に係る予算総則で指定する経費については、あらかじめ文部科学大臣の承認を受けなければ繰り越して使用することができない。

2　事業団は、前項ただし書の規定により承認を受けようとするときは、繰越しを必要とする理由及び金額を明らかにした書類を文部科学大臣に提出しなければならない。

3　事業団は、第一項の規定により繰越しをしたときは、共済業務に係る支出予算の区分ごとに次に掲げる事項を記載した繰越計算書により、翌事業年度の五月三十一日までに、その旨を文部科学大臣に届け出なければならない。

一　繰越しに係る経費の支出予算現額

二　前号の経費の支出予算現額のうち支出の決定をした額

三　第一号の経費の支出予算現額のうち翌事業年度に繰越しをした額

四　第一号の経費の支出予算現額のうち不用となった額

（共済業務に係る事業計画及び資金計画）

第十三条　法第三十条前段の事業計画には、次に掲げる事項を明らかにしなければならない。

一　加入者の数、その標準給与の月額並びに被扶養者及び国民年金法（昭和三十四年法律第百四十一号）第七条第一項第三号に規定する被扶養配偶者の数の前事業年度及び当該事業年度の推計

二　短期勘定及び長期勘定における給付及び標準給与の月額と掛金との割合の前事業年度及び当該事業年度の推計

三　長期勘定における資産及び福祉勘定における資産（貯金事業に係るものに限る。）の前事業年度の運用状況及び当該事業年度の運用計画

四　福祉勘定における共済法第二十六条に規定する事業の現況

五　福祉勘定における福祉施設の現況並びに当該事業年度の福祉施設の設置及び廃止の計画

六　前各号に掲げるもののほか、当該事業年度に行う事業の計画

2　法第三十条前段の資金計画には、次に掲げる事項について明らかにしなければならない。

一　資金の調達方法

二　資金の使途

三　その他必要な事項

（共済業務に係る予算の認可申請）

第十四条　事業団は、法第三十条前段の規定により共済業務に係る予算について認可を受けようとするときは、次に掲げる書類を添付した申請書を文部科学大臣に提出しなければならない。

一　認可を受けようとする予算の積算の基礎を明らかにした書類

二　当該事業年度の予定損益計算書及び当該事業年度末における予定貸借対照表

三　前事業年度の予定損益計算書及び前事業年度末における予定貸借対照表

四　その他当該予算の参考となる書類

2　事業団は、法第三十条後段の規定により共済業務に係る予算の変更について認可を受けようとするときは、変更しようとする理由及び事項を記載した申請書に、前項第一号、第二号及び第四号に掲げる書類を添付して、文部科学大臣に提出しなければならない。

（共済業務に係る事業計画及び資金計画の認可申請）

第十五条　事業団は、法第三十条前段の規定により共済業務に係る事業計画及び資金計画について認可を受けようとするときは、共済業務に係る事業計画及び資金計画を記載した申請書に、必要に応じ参考となる書類を添付して、文部科学大臣に提出しなければならない。

2　事業団は、法第三十条後段の規定により共済業務に係る事業計画又は資金計画の変更について認可を受けようとするときは、変更しようとする理由及び事項を記載した申請書に、必要に応じ参考となる書類を添付して、文部科学大臣に提出しなければならない。

（財務諸表）

第十六条　法第三十二条第一項に規定する文部科学省令で定める書類は、キャッシュ・フロー計算書及び行政サービス実施コスト計算書とする。

（閲覧期間）

第十七条　法第三十二条第四項の文部科学省令で定める期間は、五年とする。

（利益金の計算の方法）

第十八条　法第三十五条第四項に規定する利益金の計算は、毎事業年度の第一号に掲げる収益の合計額から当該事業年度の第二号に掲げる費用の合計額を差し引くことにより行う。

一　収益
イ　国庫補助金収入
ロ　貸付金利息
ハ　寄附金収益
ニ　財務収益
ホ　雑益
ヘ　貸倒引当金戻入
ト　前期損益修正益
チ　固定資産売却益

二　費用
イ　交付補助金
ロ　借入金利息
ハ　債券利息
ニ　債券発行諸費
ホ　債券発行差金償却
ヘ　配付寄附金
ト　学術研究振興費
チ　貸倒引当金繰入
リ　貸倒損失
ヌ　有価証券売却損
ル　業務経費
ヲ　一般管理費
ワ　雑損
カ　固定資産除却損
ヨ　前期損益修正損
タ　固定資産売却損

（長期給付積立金）

第十九条　事業団は、毎事業年度、長期勘定において損益計算上利益を生じたときは、その額を長期給付積立金として積み立てなければならない。

（借入金の認可）

第二十条　事業団は、法第三十七条第一項ただし書の規定により短期借入金の借入れの認可を受けようとするとき又は同条第五項ただし書の規定により短期借入金若しくは長期借入金の借入れの認可を受けようとするときは、次に掲げる事項を記載した申請書を文部科学大臣に提出しなければならない。

一　借入れを必要とする理由
二　借入金の額
三　借入金の借入先
四　借入金の利率
五　借入金の償還の方法及び期限
六　利息の支払の方法
七　その他必要な事項

2　前項の規定は、事業団が法第三十七条第二項ただし書の規定（同条第六項において準用する場合を含む。）により短期借入金の借換えの認可を受けようとする場合について、準用する。

（償還計画の認可）

第二十一条　事業団は、法第三十八条第一項の規定により償還計画の認可を受けようとするときは、助成業務に係るものにあっては独立行政法人通則法（平成十一年法律第百三号）第三十一条第一項前段の規定により年度計画を届け出た後遅滞なく、共済業務に係るものにあっては法第三十条前段の規定による認可を受けた後一月以内に、次に掲げる事項を記載した申請書を文部科学大臣に提出しなければならない。ただし、償還計画を変更する場合には、その都度提出しなければならない。

一　長期借入金の総額及び当該事業年度における借入見込額並びにその借入先
二　私学振興債券の総額及び当該事業年度における発行見込額並びに発行の方法
三　長期借入金及び私学振興債券の償還の方法及び期限
四　その他必要な事項

（資産の運用）

第二十二条　事業団は、法第三十九条第一項第三号に掲げるもののうち運用方法を特定する金銭信託に運用しようとする場合、施行令第十六条第一号に掲げる信託（法第三十九条第一項第一号の規定により取得した有価証券のみを信託するものを除く。）に運用しようとする場合又は施行令第十六条第三号に掲げる保険料の払込みに運用しようとする場合には、あらかじめ、文部科学大臣の承認を受けなければならない。

（文部科学大臣の指定する有価証券）

第二十三条　法第三十九条第一項第一号の文部科学大臣の指定する有価証券は、長期勘定以外の勘定の余裕金を運用する場合にあっては、次に掲げる有価証券とする。

一　特別の法律により法人の発行する債券
二　貸付信託の受益証券
三　その他確実と認められる有価証券で、あらかじめ文部科学大臣の承認を受けたもの

2　法第三十九条第一項第一号の文部科学大臣の指定する有価証券は、長期勘定の余裕金を運用する場合にあっては、次に掲げる有価証券（元本が本邦通貨で支払われるものに限る。）とする。

一　特別の法律により法人の発行する債券（次号に掲げるものを除く。）
二　資産の流動化に関する法律（平成十年法律第百五

号）に規定する特定社債券
三 社債券
四 公社債投資信託の受益証券
五 貸付信託の受益証券
六 外国又は外国法人の発行する証券で国債、地方債又は第一号から第四号までに掲げるものに相当するもの

（文部科学大臣の指定する金融機関）
第二十四条 法第三十九条第一項第二号の文部科学大臣の指定する金融機関は、臨時金利調整法（昭和二十二年法律第百八十一号）第一条第一項に規定する金融機関（銀行を除く。）とする。

（長期勘定の資産の構成割合及びその運用）
第二十五条 事業団が保有する長期勘定の次の各号に掲げる資産の価額は、常時、第一号にあっては当該勘定の資産の総額に対し同号に定める割合を乗じて得た額以上、第二号及び第三号にあっては当該勘定の資産の総額に対し当該各号に定める割合を乗じて得た額以下でなければならない。
一 現金、預金、金銭信託、有価証券、生命保険又は第四条第二項に規定する貸付金 百分の五十五
二 不動産又は事業団の行う共済法第二十六条第一項に規定する事業のうち不動産の取得に対する貸付金 百分の二十
三 事業団の行う共済法第二十六条第一項に規定する事業のうち不動産の取得以外の事業に対する貸付金 百分の二十五
2 前項第一号の規定の適用については、株式及び証券投資信託の受益証券の価額は、長期勘定の資産の総額に百分の十を乗じて得た額以下でなければならない。
3 第一項の資産は、長期勘定の総資産に対する利率が年四パーセントを下回らない範囲内において運用するよう努めなければならない。

第二十六条 事業団は、毎事業年度その前事業年度における長期勘定の資産の増加額に三分の一を乗じて得た金額に相当する金額を、第二十三条第二項第一号の債券で政府が保証するものに運用しなければならない。
2 第四条第二項の規定による貸付けを行う場合には、前項の規定にかかわらず、同項中「第二十三条第二項第二号の債券で政府が保証するもの」とあるのは「第二十三条第二項第二号の債券で政府が保証するもの又は第四条第二項に規定する貸付金」とする。

（貯金事業に係る資産の構成）
第二十七条 事業団が保有する福祉勘定の資産のうち、貯金事業に係る次の各号に掲げる資産の価額は、常時、当該各号に定める額以下でなければならない。
一 公社債投資信託の受益証券 前月末日において事業団が寄託を受けている貯金の残高に百分の五を乗じて得た額
二 固定資産（有形固定資産及び無形固定資産に限る。） 前月末日において事業団が寄託を受けている貯金の残高に百分の二を乗じて得た額

（共済業務に係る債権の放棄等）
第二十八条 事業団は、共済業務に係る債権について、その全部若しくは一部を放棄し、又はその効力を変更することができない。ただし、当該債権を行使するため必要とする費用がその債権の額を超えるとき、当該債権の効力の変更が明らかに事業団に有利であるとき及びやむを得ない事由がある場合において文部科学大臣の承認を受けたときは、この限りでない。

（資産の交換等の制限）
第二十九条 事業団の資産は、これを交換し、適正な対価なくして譲渡し若しくは貸し付け、担保に供し、又は支払手段として用いてはならない。ただし、事業団の目的を達成するため必要な場合において、文部科学大臣の承認を受けたときは、この限りでない。

（繰延資産）
第三十条 事業団は、第三十五条第一項の会計規程の定めるところにより、福祉事業に必要な施設の取得に当たり、当該施設の事業の開始までに要した費用のうち資産としての価値がなく事業の開始に係る年度において計上することが困難な費用について繰延資産に計上することができる。この場合には、当該事業の開始に係る年度の決算期から五年以内に、毎決算期に均等額以上の償却をしなければならない。

（有価証券の評価に関する基準額の特例）
第三十一条 共済業務において取得した有価証券の価額は、取得原価によるものとする。ただし、当座資産として取得した有価証券について、時価と帳簿価額とに著しい差異がある場合には、当該事業年度末日において再評価し、帳簿価額を適正に修正しなければならない。

（貸倒引当金に関する特例）
第三十二条 事業団は、福祉勘定においては、毎事業年度末日において、貸付金、売掛金その他事業に係る未収金の総額の百分の二以内で文部科学大臣が定める金額に達するまでの金額を貸倒引当金として計上することができる。

（特別修繕引当金及び支払準備金）
第三十三条 事業団は、福祉勘定又は共済業務勘定においては、事業に使用されている施設について翌事業年度以降に大規模の修繕をすることが予定されている場合には、毎事業年度末日において、所要の金額を特別修繕引当金として計上することができる。
2 事業団は、短期勘定においては、毎事業年度末日において、当該事業年度における短期給付の請求額の総額の十二分の一に相当する金額を支払準備金として積み立て、翌事業年度末日まで据え置かなければならない。

（寄付金の運用利益金に関する会計処理）
第三十四条 法第二十三条第一項第四号に規定する寄付金の運用により生ずる利子その他の運用利益金（以下この条において「運用利益金」という。）は、これが発生した時点においては負債に計上するものとし、当該運用利益金の使途に充てるための費用が発生した時点において当該費用に相当する額を収益に振り替えるものとする。

（会計規程の作成）
第三十五条 事業団は、その財務及び会計に関し、法及びこれに基づく命令に定めるもののほか、会計規程を定めなければならない。
2 事業団は、前項の会計規程を定めたときは、文部科学大臣に届け出なければならない。これを変更したと

きも、同様とする。

附　則

1　この省令は、平成十年一月一日から施行する。
2　日本私学振興財団の財務及び会計に関する省令（昭和四十五年文部省令第二十号）及び私立学校教職員共済組合の財務及び会計に関する省令（平成四年文部省令第一号）は、廃止する。
3　財政融資資金法第七条第三項の規定により財務大臣が定める利率（預託期間が十年の預託金に係るものに限る。）が第四条第一項後段に規定する利率を下回っている間においては、同項の規定により長期勘定に属する余裕金を他の勘定に貸し付ける場合の貸付金に係る利率については、同項の規定にかかわらず、長期給付の事業に係る財政の安定に配慮して文部科学大臣が別に定める利率によることができる。

附　則（平成一九年一〇月一日文部科学省令第三〇号）

この省令は、公布の日から施行する。

私立大学の研究設備に対する国の補助に関する法律

昭和三十二年三月三十日法律第十八号
最終改正　平成五年一一月一二日法律第八九号

（目的）
第一条　この法律は、私立大学における学術の研究を促進するため、私立大学の研究設備の購入に要する経費について、国が補助を行うこととし、もつてわが国の学術の振興に寄与することを目的とする。

（国の補助）
第二条　国は、学校法人に対し、予算の範囲内において、政令で定めるところにより、その学校法人の設置する大学（短期大学を除く。）が行う学術の基礎的研究に必要な機械、器具、標本、図書その他の設備の購入に要する経費の三分の二以内を補助することができる。

第三条　削除

（私立学校振興助成法の適用）
第四条　第二条の規定により国が学校法人に対し補助をする場合においては、私立学校振興助成法（昭和五十年法律第六十一号）第十二条から第十三条までの規定の適用があるものとする。

附　則　抄

（施行期日）
1　この法律は、昭和三十二年四月一日から施行する。

附　則（平成五年一一月一二日法律第八九号）　抄

（施行期日）
第一条　この法律は、行政手続法（平成五年法律第八十八号）の施行の日から施行する。

私立大学の研究設備に対する国の補助に関する法律施行令

昭和三十二年十二月十九日政令第三百四十一号
最終改正　平成一九年三月二八日政令第六九号

内閣は、私立大学の研究設備に対する国の補助に関する法律（昭和三十二年法律第十八号）第二条の規定に基き、この政令を制定する。

国が私立大学の研究設備に対する国の補助に関する法律第二条の規定により行う補助は、当該大学の教授、准教授その他研究に従事する職員が職務として行う学術の基礎的研究活動の基盤を培うに必要な機械、器具、標本、図書その他の設備であつて、一個又は一組の価額五百万円（図書にあつては、百万円）以上のものについてするものとする。

附　則

この政令は、公布の日から施行する。

附　則（平成一九年三月二八日政令第六九号）　抄

（施行期日）
1　この政令は、平成十九年四月一日から施行する。

独立行政法人国立大学財務・経営センター法

平成十五年七月十六日法律第百十五号
最終改正　平成一七年七月二六日法律第八七号

第一章　総則

（目的）
第一条　この法律は、独立行政法人国立大学財務・経営センターの名称、目的、業務の範囲等に関する事項を定めることを目的とする。

（名称）
第二条　この法律及び独立行政法人通則法（平成十一年法律第百三号。以下「通則法」という。）の定めるところにより設立される通則法第二条第一項に規定する独立行政法人の名称は、独立行政法人国立大学財務・経営センターとする。

（センターの目的）
第三条　独立行政法人国立大学財務・経営センター（以下「センター」という。）は、国立大学法人（国立大学法人法（平成十五年法律第百十二号）第二条第一項に規定する国立大学法人をいう。以下同じ。）、大学共同利用機関法人（同条第三項に規定する大学共同利用機関法人をいう。以下同じ。）及び独立行政法人国立高等専門学校機構（以下「国立大学法人等」という。）の施設の整備等に必要な資金の貸付け及び交付並びに国立大学法人等の財務及び経営に関する調査及び研究、その職員の研修その他の業務を行うことにより、国立大学法人等の教育研究環境の整備充実並びに財務及び経営の改善を図り、もって国立大学、大学共同利用機関及び国立高等専門学校（以下「国立大学等」という。）における教育研究の振興に資することを目的とする。

（事務所）
第四条　センターは、主たる事務所を千葉県に置く。

（資本金）
第五条　センターの資本金は、附則第八条第二項の規定により政府から出資があったものとされた金額とする。
2　政府は、必要があると認めるときは、予算で定める金額の範囲内において、センターに追加して出資することができる。
3　センターは、前項の規定による政府の出資があったときは、その出資額により資本金を増加するものとする。

第二章　役員及び職員

（役員）
第六条　センターに、役員として、その長である理事長及び監事二人を置く。
2　センターに、役員として、理事一人を置くことができる。

（理事の職務及び権限等）
第七条　理事は、理事長の定めるところにより、理事長を補佐してセンターの業務を掌理する。
2　通則法第十九条第二項の個別法で定める役員は、理事とする。ただし、理事が置かれていないときは、監事とする。
3　前項ただし書の場合において、通則法第十九条第二項の規定により理事長の職務を代理し又はその職務を行う監事は、その間、監事の職務を行ってはならない。

（役員の任期）
第八条　役員の任期は、三年とする。

（理事長の任命）
第九条　文部科学大臣は、通則法第二十条第一項の規定により理事長を任命しようとするときは、文部科学省令で定めるところにより、国立大学等に関し広くかつ高い識見を有する者その他の文部科学省令で定める者の意見を聴くものとする。

（役員の欠格条項の特例）
第十条　通則法第二十二条の規定にかかわらず、教育公務員で政令で定めるものは、非常勤の理事又は監事となることができる。
2　センターの非常勤の理事及び監事の解任に関する通則法第二十三条第一項の規定の適用については、同項中「前条」とあるのは、「前条及び独立行政法人国立大学財務・経営センター法第十条第一項」とする。

（役員及び職員の秘密保持義務）
第十一条　センターの役員及び職員は、職務上知ることのできた秘密を漏らしてはならない。その職を退いた後も、同様とする。

（役員及び職員の地位）
第十二条　センターの役員及び職員は、刑法（明治四十年法律第四十五号）その他の罰則の適用については、法令により公務に従事する職員とみなす。

第三章　業務等

（業務の範囲）
第十三条　センターは、第三条の目的を達成するため、次の業務を行う。
一　国立大学法人等の財産の適切かつ有効な活用について国立大学法人等に対する協力及び専門的、技術的助言を行うこと。
二　国立大学法人及び大学共同利用機関法人に対し、文部科学大臣の定めるところにより、土地の取得、施設の設置若しくは整備又は設備の設置に必要な資金の貸付け（以下「施設費貸付事業」という。）を行うこと。
三　国立大学法人等に対し、文部科学大臣の定めるところにより、土地の取得、施設の設置若しくは整備又は設備の設置に必要な資金の交付（以下「施設費交付事業」という。）を行うこと。
四　国立大学法人等における奨学を目的とする寄附金で特定の国立大学法人等に係るもの以外のものの受入れ及び当該寄附金に相当する金額の配分に関する業務を行うこと。
五　高等教育に係る財政並びに国立大学法人等の財務及び経営に関する調査及び研究を行うこと。
六　国立大学法人等における財務及び経営の改善に関し、その職員の研修、情報提供その他の業務を行うこと。

七　前各号の業務に附帯する業務を行うこと。

（区分経理）

第十四条　センターは、施設費貸付事業及び施設費交付事業に係る経理については、その他の経理と区分し、特別の勘定（以下「施設整備勘定」という。）を設けて整理しなければならない。

（利益及び損失の処理の特例等）

第十五条　施設整備勘定以外の一般の勘定において、通則法第二十九条第二項第一号に規定する中期目標の期間（以下この項において「中期目標の期間」という。）の最後の事業年度に係る通則法第四十四条第一項又は第二項の規定による整理を行った後、同条第一項の規定による積立金があるときは、その額に相当する金額のうち文部科学大臣の承認を受けた金額を、当該中期目標の期間の次の中期目標の期間に係る通則法第三十条第一項の認可を受けた中期計画（同項後段の規定による変更の認可を受けたときは、その変更後のもの）の定めるところにより、当該次の中期目標の期間における第十三条第一号及び第四号から第六号までに掲げる業務並びにこれらに附帯する業務の財源に充てることができる。

2　文部科学大臣は、前項の規定による承認をしようとするときは、あらかじめ、文部科学省の独立行政法人評価委員会の意見を聴かなければならない。

3　センターは、第一項に規定する積立金の額に相当する金額から同項の規定による承認を受けた金額を控除してなお残余があるときは、その残余の額を国庫に納付しなければならない。

4　施設整備勘定については、通則法第四十四条第一項ただし書、第三項及び第四項の規定は、適用しない。

5　センターは、施設整備勘定において、通則法第四十四条第一項本文又は第二項の規定による整理を行った後、同条第一項本文の規定による積立金があるときは、その額に相当する金額を、翌事業年度以降の施設費交付事業の財源に充てなければならない。

6　前各項に定めるもののほか、納付金の納付の手続その他積立金の処分に関し必要な事項は、政令で定める。

（長期借入金及び独立行政法人国立大学財務・経営センター債券）

第十六条　センターは、施設費貸付事業に必要な費用に充てるため、文部科学大臣の認可を受けて、長期借入金をし、又は独立行政法人国立大学財務・経営センター債券（以下「債券」という。）を発行することができる。

2　前項に規定するもののほか、センターは、長期借入金又は債券で政令で定めるものの償還に充てるため、文部科学大臣の認可を受けて、長期借入金をし、又は債券を発行することができる。ただし、その償還期間が政令で定める期間のものに限る。

3　文部科学大臣は、前二項の規定による認可をしようとするときは、あらかじめ、文部科学省の独立行政法人評価委員会の意見を聴かなければならない。

4　第一項又は第二項の規定による債券の債権者は、センターの財産について他の債権者に先立って自己の債権の弁済を受ける権利を有する。

5　前項の先取特権の順位は、民法（明治二十九年法律第八十九号）の規定による一般の先取特権に次ぐものとする。

6　センターは、文部科学大臣の認可を受けて、債券の発行に関する事務の全部又は一部を銀行又は信託会社に委託することができる。

7　会社法（平成十七年法律第八十六号）第七百五条第一項及び第二項並びに第七百九条の規定は、前項の規定により委託を受けた銀行又は信託会社について準用する。

8　前各項に定めるもののほか、第一項又は第二項の規定による長期借入金又は債券に関し必要な事項は、政令で定める。

（債務保証）

第十七条　政府は、法人に対する政府の財政援助の制限に関する法律（昭和二十一年法律第二十四号）第三条の規定にかかわらず、国会の議決を経た金額の範囲内において、前条第一項又は第二項の規定によるセンターの長期借入金又は債券に係る債務（国際復興開発銀行等からの外資の受入に関する特別措置に関する法律（昭和二十八年法律第五十一号）第二条の規定に基づき政府が保証契約をすることができる債務を除く。）について保証することができる。

（償還計画）

第十八条　センターは、毎事業年度、長期借入金及び債券の償還計画を立てて、文部科学大臣の認可を受けなければならない。

2　文部科学大臣は、前項の規定による認可をしようとするときは、あらかじめ、文部科学省の独立行政法人評価委員会の意見を聴かなければならない。

（補助金等に係る予算の執行の適正化に関する法律の準用）

第十九条　補助金等に係る予算の執行の適正化に関する法律（昭和三十年法律第百七十九号）の規定（罰則を含む。）は、第十三条第三号の規定によりセンターが交付する資金について準用する。この場合において、同法（第二条第七項を除く。）中「各省各庁」とあるのは「独立行政法人国立大学財務・経営センター」と、「各省各庁の長」とあるのは「独立行政法人国立大学財務・経営センターの理事長」と、同法第二条第一項（第二号を除く。）及び第四項、第七条第二項、第十九条第一項及び第二項、第二十四条並びに第三十三条中「国」とあるのは「独立行政法人国立大学財務・経営センター」と、同法第十四条中「国の会計年度」とあるのは「独立行政法人国立大学財務・経営センターの事業年度」と読み替えるものとする。

第四章　雑則

（財務大臣との協議）

第二十条　文部科学大臣は、次の場合には、財務大臣に協議しなければならない。

一　第十五条第一項の承認をしようとするとき。

二　第十六条第一項、第二項若しくは第六項又は第十八条第一項の認可をしようとするとき。

（主務大臣等）

第二十一条　センターに係る通則法における主務大臣、主務省及び主務省令は、それぞれ文部科学大臣、文部科学省及び文部科学省令とする。

（国家公務員宿舎法の適用除外）
第二十二条　国家公務員宿舎法（昭和二十四年法律第百十七号）の規定は、センターの役員及び職員には適用しない。

第五章　罰則

第二十三条　第十一条の規定に違反して秘密を漏らした者は、一年以下の懲役又は五十万円以下の罰金に処する。

第二十四条　次の各号のいずれかに該当する場合には、その違反行為をしたセンターの役員は、二十万円以下の過料に処する。
一　第十三条に規定する業務以外の業務を行ったとき。
二　第十五条第一項の規定により文部科学大臣の承認を受けなければならない場合において、その承認を受けなかったとき。
三　第十六条第一項、第二項若しくは第六項又は第十八条第一項の規定により文部科学大臣の認可を受けなければならない場合において、その認可を受けなかったとき。

附　則

（施行期日）
第一条　この法律は、平成十五年十月一日から施行する。

（センターの成立）
第二条　センターは、通則法第十七条の規定にかかわらず、国立大学法人法等の施行に伴う関係法律の整備等に関する法律（平成十五年法律第百十七号。以下「整備法」という。）第二条の規定の施行の時に成立する。
2　センターは、通則法第十六条の規定にかかわらず、センターの成立後遅滞なく、政令で定めるところにより、その設立の登記をしなければならない。

（職員の引継ぎ等）
第三条　センターの成立の際現に整備法第二条の規定による廃止前の国立学校設置法（昭和二十四年法律第百五十号。附則第八条第一項第一号において「旧設置法」という。）第九条の五に規定する国立学校財務センター（以下「旧センター」という。）の職員である者は、別に辞令を発せられない限り、センターの成立の日において、センターの職員となるものとする。

第四条　前条の規定によりセンターの職員となった者に対する国家公務員法（昭和二十二年法律第百二十号）第八十二条第二項の規定の適用については、センターの職員を同項に規定する特別職国家公務員等と、前条の規定により国家公務員としての身分を失ったことを任命権者の要請に応じ同項に規定する特別職国家公務員等となるため退職したこととみなす。

第五条　附則第三条の規定により旧センターの職員がセンターの職員となる場合には、その者に対しては、国家公務員退職手当法（昭和二十八年法律第百八十二号）に基づく退職手当は、支給しない。
2　センターは、前項の規定の適用を受けたセンターの職員の退職に際し、退職手当を支給しようとするときは、その者の国家公務員退職手当法第二条第一項に規定する職員（同条第二項の規定により職員とみなされる者を含む。）としての引き続いた在職期間をセンターの職員としての在職期間とみなして取り扱うべきものとする。
3　センターの成立の日の前日に旧センターの職員として在職する者が、附則第三条の規定により引き続いてセンターの職員となり、かつ、引き続きセンターの職員として在職した後引き続いて国家公務員退職手当法第二条第一項に規定する職員となった場合におけるその者の同法に基づいて支給する退職手当の算定の基礎となる勤続期間の計算については、その者のセンターの職員としての在職期間を同項に規定する職員としての引き続いた在職期間とみなす。ただし、その者がセンターを退職したことにより退職手当（これに相当する給付を含む。）の支給を受けているときは、この限りでない。
4　センターは、センターの成立の日の前日に旧センターの職員として在職し、附則第三条の規定により引き続いてセンターの職員となった者のうちセンターの成立の日から雇用保険法（昭和四十九年法律第百十六号）による失業等給付の受給資格を取得するまでの間にセンターを退職したものであって、その退職した日まで旧センターの職員として在職したものとしたならば国家公務員退職手当法第十条の規定による退職手当の支給を受けることができるものに対しては、同条の規定の例により算定した退職手当の額に相当する額を退職手当として支給するものとする。

第六条　附則第三条の規定によりセンターの職員となった者であって、センターの成立の日の前日において文部科学大臣又はその委任を受けた者から児童手当法（昭和四十六年法律第七十三号）第七条第一項（同法附則第六条第二項、第七条第四項又は第八条第四項において準用する場合を含む。以下この条において同じ。）の規定による認定を受けているものが、センターの成立の日において児童手当又は同法附則第六条第一項、第七条第一項若しくは第八条第一項の給付（以下この条において「特例給付等」という。）の支給要件に該当するときは、その者に対する児童手当又は特例給付等の支給に関しては、センターの成立の日において同法第七条第一項の規定による市町村長（特別区の区長を含む。）の認定があったものとみなす。この場合において、その認定があったものとみなされた児童手当又は特例給付等の支給は、同法第八条第二項（同法附則第六条第二項、第七条第四項又は第八条第四項において準用する場合を含む。）の規定にかかわらず、センターの成立の日の前日の属する月の翌月から始める。

（センターの職員となる者の職員団体についての経過措置）
第七条　センターの成立の際現に存する国家公務員法第百八条の二第一項に規定する職員団体であって、その構成員の過半数が附則第三条の規定によりセンターに引き継がれる者であるものは、センターの成立の際労働組合法（昭和二十四年法律第百七十四号）の適用を受ける労働組合となるものとする。この場合において、当該職員団体が法人であるときは、法人である労働組合となるものとする。
2　前項の規定により法人である労働組合となったものは、センターの成立の日から起算して六十日を経過する日までに、労働組合法第二条及び第五条第二項の規定に適合する旨の労働委員会の証明を受け、かつ、その主たる事務所の所在地において登記しなければ、その日の経過により解散するものとする。

3　第一項の規定により労働組合となったものについては、センターの成立の日から起算して六十日を経過する日までは、労働組合法第二条ただし書（第一号に係る部分に限る。）の規定は、適用しない。

（権利義務の承継等）

第八条　センターの成立の際、第十三条及び附則第十一条第一項に規定する業務に関し、現に国が有する権利及び義務のうち、次に掲げるものその他政令で定めるものは、政令で定めるところにより、センターが承継する。

一　旧設置法第九条の五第一号に規定する特定学校財産に係るもの

二　整備法第二条の規定による廃止前の国立学校特別会計法（昭和三十九年法律第五十五号。次条において「旧特別会計法」という。）に基づく国立学校特別会計の財政融資資金からの負債に係るもの

2　前項の規定によりセンターが国の有する権利及び義務を承継したときは、承継される権利に係る土地、建物その他の財産で政令で定めるものの価額の合計額に相当する金額は、政令で定めるところにより、政府からセンターに対し出資されたものとする。

3　前項の規定により政府から出資があったものとされる同項の財産の価額は、センターの成立の日現在における時価を基準として評価委員が評価した価額とする。

4　前項の評価委員その他評価に関し必要な事項は、政令で定める。

第九条　センターの成立の際、旧特別会計法第十七条の規定に基づき文部科学大臣から旧センターの長に交付され、その経理を委任された金額に残余があるときは、その残余に相当する額は、センターの成立の日においてセンターに奨学を目的として寄附されたものとする。この場合において、当該寄附金の経理に関し必要な事項は、文部科学省令で定める。

（国有財産の無償使用）

第十条　国は、センターの成立の際現に旧センターの職員の住居の用に供されている国有財産であって政令で定めるものを、政令で定めるところにより、センターの用に供するため、センターに無償で使用させることができる。

（センターの業務に関する特例等）

第十一条　センターは、当分の間、第十三条に規定する業務のほか、次の業務を行うものとする。

一　国立大学法人法附則第十二条第一項の規定により国立大学法人から納付される金銭を徴収し、附則第八条第一項第二号の規定により承継される債務の償還及び当該債務に係る利子の支払（以下この条において「承継債務償還」という。）を行うこと。

二　承継債務償還及び施設費交付事業に充てるために附則第八条第一項第一号の規定により承継される財産の管理及び処分を行うこと。

2　センターは、当分の間、第十五条第五項に規定する積立金に相当する金額を、同項の規定にかかわらず、承継債務償還に充てることができる。

3　承継債務償還については、第十六条第二項に規定する長期借入金又は債券の発行による収入をもって充ててはならない。

4　センターが第一項に規定する業務を行う場合には、第十四条中「施設費貸付事業及び施設費交付事業」とあるのは「施設費貸付事業並びに附則第十一条第一項に掲げる業務」と、第二十四条第一号中「第十三条」とあるのは「第十三条及び附則第十一条第一項」とする。

（不動産に関する登記）

第十二条　センターが附則第八条第一項の規定により不動産に関する権利を承継した場合において、その権利につきなすべき登記の手続については、政令で特例を設けることができる。

（政令への委任）

第十三条　附則第三条から前条までに定めるもののほか、センターの設立に伴い必要な経過措置その他この法律の施行に関し必要な経過措置は、政令で定める。

附　則（平成一七年七月二六日法律第八七号）　抄

この法律は、会社法の施行の日から施行する。

独立行政法人国立大学財務・経営センター法施行令

平成十五年十二月三日政令第四百八十一号
最終改正　平成二〇年七月四日政令第二一九号

内閣は、独立行政法人国立大学財務・経営センター法（平成十五年法律第百十五号）第十六条第二項及び第八項並びに附則第八条第一項、第二項及び第四項、第十条、第十二条並びに第十三条の規定に基づき、この政令を制定する。

（借換えの対象となる長期借入金又は債券等）

第一条　独立行政法人国立大学財務・経営センター法（以下「法」という。）第十六条第二項本文の政令で定める長期借入金又は債券は、同条第一項の規定により施設費貸付事業に必要な費用に充てるためにした長期借入金又は発行した債券（同条第二項の規定によりした長期借入金又は発行した債券を含む。以下この条において「既往の長期借入金等」という。）とし、同条第二項ただし書の政令で定める期間は、次条の文部科学省令で定める期間から当該既往の長期借入金等の償還期間を控除した期間を超えない範囲内の期間とする。

（長期借入金又は債券の償還期間）

第二条　法第十六条第一項の規定による長期借入金又は債券の償還期間は、当該長期借入金の借入れ又は当該債券の発行により調達する資金の使途に応じて文部科学省令で定める期間を超えてはならない。

（長期借入金の借入れの認可）

第三条　独立行政法人国立大学財務・経営センター（以下「センター」という。）は、法第十六条第一項又は第二項の規定により長期借入金の借入れの認可を受けようとするときは、次に掲げる事項を記載した申請書を文部科学大臣に提出しなければならない。

一　借入れを必要とする理由

二　長期借入金の額
三　借入先
四　長期借入金の利率
五　長期借入金の償還の方法及び期限
六　利息の支払の方法及び期限
七　その他文部科学大臣が必要と認める事項

2　前項の申請書には、長期借入金の借入れにより調達する資金の使途を記載した書面を添付しなければならない。

（センター債券の形式）

第四条　法第十六条第一項又は第二項の規定により発行する債券（以下「センター債券」という。）は、無記名利札付きとする。

（センター債券の発行の方法）

第五条　センター債券の発行は、募集の方法による。

（センター債券申込証）

第六条　センター債券の募集に応じようとする者は、独立行政法人国立大学財務・経営センター債券申込証（以下「センター債券申込証」という。）にその引き受けようとするセンター債券の数及び住所を記載し、これに署名し、又は記名押印しなければならない。

2　社債、株式等の振替に関する法律（平成十三年法律第七十五号。以下「社債等振替法」という。）の規定の適用があるセンター債券（次条第二項において「振替センター債券」という。）の募集に応じようとする者は、前項の記載事項のほか、自己のために開設された当該センター債券の振替を行うための口座（同条第二項において「振替口座」という。）をセンター債券申込証に記載しなければならない。

3　センター債券申込証は、センターが作成し、これに次に掲げる事項を記載しなければならない。

一　センター債券の名称
二　センター債券の総額
三　各センター債券の金額
四　センター債券の利率
五　センター債券の償還の方法及び期限
六　利息の支払の方法及び期限
七　センター債券の発行の価額
八　社債等振替法の規定の適用があるときは、その旨
九　社債等振替法の規定の適用がないときは、無記名式である旨
十　応募額がセンター債券の総額を超える場合の措置
十一　募集又は管理の委託を受けた会社があるときは、その商号

（センター債券の引受け）

第七条　前条の規定は、政府若しくは地方公共団体がセンター債券を引き受ける場合又はセンター債券の募集の委託を受けた会社が自らセンター債券を引き受ける場合においては、その引き受ける部分については、適用しない。

2　前項の場合において、振替センター債券を引き受ける政府若しくは地方公共団体又は振替センター債券の募集の委託を受けた会社は、その引受けの際に、振替口座をセンターに示さなければならない。

（センター債券の成立の特則）

第八条　センター債券の応募総額がセンター債券の総額に達しないときでも、センター債券を成立させる旨をセンター債券申込証に記載したときは、その応募総額をもってセンター債券の総額とする。

（センター債券の払込み）

第九条　センター債券の募集が完了したときは、センターは、遅滞なく、各センター債券についてその全額の払込みをさせなければならない。

（債券の発行）

第十条　センターは、前条の払込みがあったときは、遅滞なく、債券を発行しなければならない。ただし、センター債券につき社債等振替法の規定の適用があるときは、この限りでない。

2　各債券には、第六条第三項第一号から第六号まで、第九号及び第十一号に掲げる事項並びに番号を記載し、センターの理事長がこれに記名押印しなければならない。

（センター債券原簿）

第十一条　センターは、主たる事務所に独立行政法人国立大学財務・経営センター債券原簿（次項において「センター債券原簿」という。）を備えて置かなければならない。

2　センター債券原簿には、次に掲げる事項を記載しなければならない。

一　債券の発行の年月日
二　債券の数（社債等振替法の規定の適用がないときは、債券の数及び番号）
三　第六条第三項第一号から第六号まで、第八号及び第十一号に掲げる事項
四　元利金の支払に関する事項

（利札が欠けている場合）

第十二条　センター債券を償還する場合において、欠けている利札があるときは、これに相当する金額を償還額から控除する。ただし、既に支払期が到来した利札については、この限りでない。

2　前項の利札の所持人がこれと引換えに控除金額の支払を請求したときは、センターは、これに応じなければならない。

（センター債券の発行の認可）

第十三条　センターは、法第十六条第一項又は第二項の規定によりセンター債券の発行の認可を受けようとするときは、センター債券の募集の日の二十日前までに次に掲げる事項を記載した申請書を文部科学大臣に提出しなければならない。

一　発行を必要とする理由
二　第六条第三項第一号から第八号までに掲げる事項
三　センター債券の募集の方法
四　発行に要する費用の概算額
五　第二号に掲げるもののほか、センター債券に記載しようとする事項

2　前項の申請書には、次に掲げる書類を添付しなければならない。

一　作成しようとするセンター債券申込証
二　センター債券の発行により調達する資金の使途を記載した書面
三　センター債券の引受けの見込みを記載した書面

附　則

（施行期日）

第一条　この政令は、公布の日から施行する。

（センターが承継する権利及び義務）

第二条　法附則第八条第一項の政令で定める権利及び義務は、次に掲げる権利及び義務とする。

一　国立大学法人法等の施行に伴う関係法律の整備等に関する法律（平成十五年法律第百十七号。第三号及び次条において「整備法」という。）第二条の規定による廃止前の国立学校設置法（昭和二十四年法律第百五十号）第九条の五に規定する国立学校財務センター（次号及び附則第九条において「旧センター」という。）に所属する土地、建物及び工作物（その土地に定着する物及びその建物に附属する工作物を含む。附則第四条第一号において「土地等」という。）のうち、文部科学大臣が財務大臣に協議して指定するものに関する権利及び義務

二　センターの成立の際現に旧センターに使用されている物品に関する権利及び義務

三　整備法第二条の規定による廃止前の国立学校特別会計法（昭和三十九年法律第五十五号。次号及び第五号において「旧特別会計法」という。）第十二条第一項に規定する積立金に係る権利

四　旧特別会計法附則第九項に規定する特別施設整備資金に係る権利

五　旧特別会計法に基づく国立学校特別会計において、平成十五年度の歳入歳出の決算上の剰余金を生じたときは、当該剰余金のうち、文部科学大臣が指定する金額に相当するものに係る権利

六　センターの業務に関し国が有する権利及び義務のうち前各号に掲げるもの以外のものであって、文部科学大臣が指定するもの

（権利及び義務の承継の時期）

第三条　法附則第八条第一項各号及び前条各号に規定する権利及び義務は、センターの成立の時においてセンターが承継する。ただし、整備法附則第二条第一項の規定によりなお従前の例によることとされた国立学校特別会計における平成十五年度の収入及び支出に関する事務に係るものにあっては、同年度の決算が完結した時においてセンターが承継する。

（権利及び義務の承継の際出資があったものとされる財産）

第四条　法附則第八条第二項の政令で定める財産は、次に掲げるものとする。

一　附則第二条第一号の規定により指定された土地等

二　附則第二条第六号の規定により指定された権利に係る財産のうち文部科学大臣が指定するもの

（出資の時期）

第五条　法附則第八条第一項の規定によりセンターが国の有する権利及び義務を承継したときは、その承継の際、同条第二項に規定する金額は、政府からセンターに対し出資されたものとする。

（出資があったものとされる財産に係る評価委員の任命等）

第六条　法附則第八条第三項の評価委員は、次に掲げる者につき文部科学大臣が任命する。

一　財務省の職員　一人

二　文部科学省の職員　一人

三　センターの役員（センターが成立するまでの間は、センターに係る独立行政法人通則法（平成十一年法律第百三号）第十五条第一項の設立委員）　一人

四　学識経験のある者　二人

2　法附則第八条第三項の規定による評価は、同項の評価委員の過半数の一致によるものとする。

3　法附則第八条第三項の規定による評価に関する庶務は、文部科学省高等教育局国立大学法人支援課において処理する。

（国有財産の無償使用）

第七条　法附則第十条の規定により国がセンターに無償で使用させることができる国有財産及び当該国有財産の使用に関し必要な手続は、文部科学大臣が財務大臣に協議して定める。

（不動産に関する登記の特例）

第八条　センターが法附則第八条第一項の規定により不動産に関する権利を承継した場合において、その権利についてすべき登記については、センターを国とみなして、司法書士法（昭和二十五年法律第百九十七号）第六十八条第一項、土地家屋調査士法（昭和二十五年法律第二百二十八号）第六十三条第一項、不動産登記法（平成十六年法律第百二十三号）第十六条、第百十六条及び第百十七条並びに不動産登記令（平成十六年政令第三百七十九号）第七条第一項第六号（同令別表の七十三の項（添付情報欄ロを除く。）に係る部分に限る。）及び第二項並びに第十七条第二項の規定を準用する。この場合において、同法第百十六条第一項中「遅滞なく、登記義務者の承諾を得て」とあるのは「遅滞なく」と、同令第七条第二項中「命令又は規則により指定された官庁又は公署の職員」とあるのは「独立行政法人国立大学財務・経営センターの理事長が指定し、その旨を官報により公告した独立行政法人国立大学財務・経営センターの役員又は職員」と読み替えるものとする。

（独立行政法人等の保有する情報の公開に関する法律の適用に関する経過措置）

第九条　センターの成立前に行政機関の保有する情報の公開に関する法律（平成十一年法律第四十二号。同法第二条第二項に規定する行政文書の開示に係る部分に限る。）の規定に基づき旧センターの長がした行為及び旧センターの長に対してされた行為は、センターの成立後は、独立行政法人等の保有する情報の公開に関する法律（平成十三年法律第百四十号。同法第二条第二項に規定する法人文書の開示に係る部分に限る。）の規定に基づきセンターがした行為及びセンターに対してされた行為とみなす。

附　則（平成二〇年七月四日政令第二一九号）　抄

（施行期日）

第一条　この政令は、株式等の取引に係る決済の合理化を図るための社債等の振替に関する法律等の一部を改正する法律（以下「改正法」という。）の施行の日から施行する。

独立行政法人国立大学財務・経営センターに関する省令

平成十五年十二月十九日文部科学省令第六十号
最終改正 平成一六年三月三一日文部科学省令第一五号

独立行政法人通則法（平成十一年法律第百三号）第二十八条第二項、第三十条第一項及び第二項第七号、第三十一条第一項、第三十二条第一項、第三十三条、第三十四条第一項、第三十七条、第三十八条第一項及び第四項、第四十八条第一項並びに第五十条、独立行政法人国立大学財務・経営センター法（平成十五年法律第百十五号）第九条、第十六条第二項並びに附則第九条、独立行政法人の組織、運営及び管理に係る共通的な事項に関する政令（平成十二年政令第三百十六号）第五条第二項並びに独立行政法人国立大学財務・経営センター法施行令（平成十五年政令第四百八十一号）第二条の規定に基づき、独立行政法人国立大学財務・経営センターに関する省令を次のように定める。

（業務方法書に記載すべき事項）
第一条 独立行政法人国立大学財務・経営センター（以下「センター」という。）に係る独立行政法人通則法（以下「通則法」という。）第二十八条第二項の主務省令で定める業務方法書に記載すべき事項は、次のとおりとする。
一 独立行政法人国立大学財務・経営センター法（以下「センター法」という。）第十三条第一号に規定する協力及び専門的、技術的助言に関する事項
二 センター法第十三条第二号に規定する施設費貸付事業に関する事項
三 センター法第十三条第三号に規定する施設費交付事業に関する事項
四 センター法第十三条第四号に規定する国立大学法人等における奨学を目的とする寄附金で特定の国立大学法人等に係るもの以外のものの受入れ及び当該寄附金に相当する金額の配分に関する事項
五 センター法第十三条第五号に規定する調査及び研究に関する事項
六 センター法第十三条第六号に規定する財務及び経営の改善に関する業務に関する事項
七 業務委託の基準
八 競争入札その他契約に関する基本的事項
九 その他センターの業務の執行に関して必要な事項

（中期計画の作成・変更に係る事項）
第二条 センターは、通則法第三十条第一項の規定により中期計画の認可を受けようとするときは、中期計画を記載した申請書を、当該中期計画の最初の事業年度開始三十日前までに（センターの最初の事業年度の属する中期計画については、センターの成立後遅滞なく）、文部科学大臣に提出しなければならない。
2 センターは、通則法第三十条第一項後段の規定により中期計画の変更の認可を受けようとするときは、変更しようとする事項及びその理由を記載した申請書を文部科学大臣に提出しなければならない。

（中期計画記載事項）
第三条 センターに係る通則法第三十条第二項第七号に規定する主務省令で定める業務運営に関する事項は、次のとおりとする。
一 施設及び設備に関する計画
二 人事に関する計画
三 中期目標の期間を超える債務負担
四 積立金の使途

（年度計画の作成・変更に係る事項）
第四条 センターに係る通則法第三十一条第一項の年度計画には、中期計画に定めた事項に関し、当該事業年度において実施すべき事項を記載しなければならない。
2 センターは、通則法第三十一条第一項後段の規定により年度計画の変更をしたときは、変更した事項及びその理由を記載した届出書を文部科学大臣に提出しなければならない。

（各事業年度の業務の実績の評価に係る事項）
第五条 センターは、通則法第三十二条第一項の規定により各事業年度における業務の実績について独立行政法人評価委員会の評価を受けようとするときは、年度計画に定めた項目ごとにその実績を明らかにした報告書を当該事業年度の終了後三月以内に文部科学省の独立行政法人評価委員会に提出しなければならない。

（中期目標期間終了後の事業報告書の文部科学大臣への提出に係る事項）
第六条 センターに係る通則法第三十三条の中期目標に係る事業報告書には、当該中期目標に定めた項目ごとにその実績を明らかにしなければならない。

（中期目標期間の業務の実績の評価に係る事項）
第七条 センターは、通則法第三十四条第一項の規定により各中期目標の期間における業務の実績について独立行政法人評価委員会の評価を受けようとするときは、当該中期目標に定めた項目ごとにその実績を明らかにした報告書を当該中期目標の期間の終了後三月以内に文部科学省の独立行政法人評価委員会に提出しなければならない。

（会計の原則）
第八条 センターの会計については、この省令の定めるところにより、この省令に定めのないものについては、一般に公正妥当と認められる企業会計の基準に従うものとする。
2 金融庁組織令（平成十年政令第三百九十二号）第二十四条第一項に規定する企業会計審議会により公表された企業会計の基準は、前項に規定する一般に公正妥当と認められる企業会計の基準に該当するものとする。
3 平成十一年四月二十七日の中央省庁等改革推進本部決定に基づき行われた独立行政法人の会計に関する研究の成果として公表された基準（第十条において「独立行政法人会計基準」という。）は、この省令に準ずるものとして、第一項に規定する一般に公正妥当と認められる企業会計の基準に優先して適用されるものとする。

（会計処理）

第九条　文部科学大臣は、センターが業務のため取得しようとしている償却資産についてその減価に対応すべき収益の獲得が予定されないと認められる場合には、その取得までの間に限り、当該償却資産を指定することができる。

2　前項の指定を受けた資産の減価償却については、減価償却費は計上せず、資産の減価額と同額を資本剰余金に対する控除として計上するものとする。

（財務諸表）

第十条　センターに係る通則法第三十八条第一項に規定する主務省令で定める書類は、独立行政法人会計基準に定めるキャッシュ・フロー計算書及び行政サービス実施コスト計算書とする。

（財務諸表等の閲覧期間）

第十一条　センターに係る通則法第三十八条第四項に規定する主務省令で定める期間は、五年とする。

（重要な財産の範囲）

第十二条　センターに係る通則法第四十八条第一項に規定する主務省令で定める重要な財産は、土地（センター法附則第八条第一項第一号の規定により承継したものを除く。）及び建物並びに文部科学大臣が指定するその他の財産とする。

（重要な財産の処分等の認可の申請）

第十三条　センターは、通則法第四十八条第一項の規定により重要な財産を譲渡し、又は担保に供すること（以下この条において「処分等」という。）について認可を受けようとするときは、次に掲げる事項を記載した申請書を文部科学大臣に提出しなければならない。

一　処分等に係る財産の内容及び評価額
二　処分等の条件
三　処分等の方法
四　センターの業務運営上支障がない旨及びその理由

（勘定区分）

第十四条　センターは、センター法第十四条の規定により区分して経理する場合において、センターの運営に必要な経費は、施設整備勘定以外の一般の勘定において一括して経理するものとする。

（独立行政法人国立大学財務・経営センター法施行令第二条に規定する文部科学省令で定める期間）

第十五条　独立行政法人国立大学財務・経営センター法施行令第二条に規定する文部科学省令で定める期間は、センター法第十三条第二号の規定により貸し付ける資金の使途により、次の各号に掲げる区分に応じ、それぞれ当該各号に定める期間とする。

一　土地（次号括弧書に規定する土地を除く。）　十年間
二　施設（その用に供する土地を含む。）　二十五年間
三　設備　十年間

（償還計画の認可の申請）

第十六条　センターは、センター法第十八条第一項の規定により償還計画の認可を受けようとするときは、通則法第三十一条第一項前段の規定により年度計画を届け出た後遅滞なく、次に掲げる事項を記載した申請書を文部科学大臣に提出しなければならない。ただし、償還計画の変更の認可を受けようとするときは、その都度提出しなければならない。

一　長期借入金の総額及び当該事業年度における借入見込額並びにその借入先
二　センター債券の総額及び当該事業年度における発行見込額並びに発行の方法
三　長期借入金及びセンター債券の償還の方法及び期限
四　その他必要な事項

（短期借入金の認可の申請）

第十七条　センターは、通則法第四十五条第一項ただし書の規定により短期借入金の借入れの認可を受けようとするとき、又は同条第二項ただし書の規定により短期借入金の借換えの認可を受けようとするときは、次に掲げる事項を記載した申請書を文部科学大臣に提出しなければならない。

一　借入れを必要とする理由
二　借入金の額
三　借入先
四　借入金の利率
五　借入金の償還の方法及び期限
六　利息の支払の方法及び期限
七　その他必要な事項

（理事長の任命）

第十八条　センター法第九条に規定する文部科学大臣が定める意見を聴取する者は、次に掲げる者のうちから、文部科学大臣が任命するものとする。

一　国立大学の学長
二　前号に掲げる者のほか、国立大学、大学共同利用機関及び国立高等専門学校に関し広くかつ高い見識を有する者

2　前項に規定する意見を聴取する者は、二十名以内とする。

3　センター法第九条の規定による意見の聴取は、第一項の規定により任命された者で構成する会議の意見を記載した書面により行うものとする。

4　前三項に定めるもののほか、意見の聴取に関し必要な事項は、別に文部科学大臣が定める。

（積立金の処分に係る申請書の添付書類）

第十九条　センターに係る独立行政法人の組織、運営及び管理に係る共通的な事項に関する政令第五条第二項に規定する文部科学省令で定める書類は、同条第一項に規定する中期目標の期間の最後の事業年度の事業年度末の貸借対照表及び当該事業年度の損益計算書とする。

附　則

（施行期日）

第一条　この省令は、公布の日から施行する。

（業務の特例に係る業務方法書の記載事項に関する経過措置）

第二条　センター法附則第十一条に規定する業務が行われる場合には、センターに係る通則法第二十八条第二項の主務省令で定める業務方法書に記載すべき事項は、第一条各号に掲げるもののほか、センター法附則第十一条第一項に規定する業務に関する事項とする。

（成立の際の会計処理の特例）

第三条　センターの成立の際センター法附則第八条第二項の規定によりセンターに出資されたものとされる財産のうち償却資産については、第九条第一項の指定があったものとみなす。

（寄附金の経理）

第四条　センター法附則第九条の規定によりセンターに寄附されたものとされた委任経理金（国立大学法人法等の施行に伴う関係法律の整備等に関する法律（平成十五年法律第百十七号。以下「整備法」という。）第二条の規定による廃止前の国立学校特別会計法（昭和三十九年法律第五十五号）第十七条の規定に基づき文部科学大臣から整備法第二条の規定による廃止前の国立学校設置法（昭和二十四年法律第百五十号）第九条の五に規定する国立学校財務センターの長に交付され、その経理を委任された金額をいう。以下この条において同じ。）の残余に相当する額は、国立大学法人法等の施行に伴う文部科学省関係省令の整備等に関する省令（平成十六年文部科学省令第十五号）第一条の規定による廃止前の奨学寄附金委任経理事務取扱規則（昭和三十九年文部省令第十四号）第二条第一項の規定により文部科学大臣が当該委任経理金の交付をするときに同条第三項の規定により示した使途に使用するものとして経理するものとする。

（勘定区分）

第五条　独立行政法人国立大学財務・経営センター法施行令附則第二条第三号から第五号までに掲げる権利に係る財産は、センター法第十四条に規定する施設整備勘定に属する財産として整理するものとする。

附　則（平成一六年三月三一日文部科学省令第一五号）抄

（施行期日）

第一条　この省令は、平成十六年四月一日から施行する。

公立学校施設災害復旧費国庫負担法

昭和二十八年八月二十七日法律第二百四十七号
最終改正　平成一一年七月一六日法律第八七号

（目的）

第一条　この法律は、公立学校の施設の災害復旧に要する経費について、国の負担する割合等を定め、もつて学校教育の円滑な実施を確保することを目的とする。

（用語の意義）

第二条　この法律において「公立学校」とは、公立の学校で、学校教育法（昭和二十二年法律第二十六号）第一条に規定するものをいう。

2　この法律において「施設」とは、建物、建物以外の工作物、土地及び設備をいう。

3　この法律において「災害」とは、暴風、こう水、高潮、地震、大火その他の異常な現象により生ずる災害をいう。

（国の負担）

第三条　国は、公立学校の施設の災害復旧に要する経費について、その三分の二を負担する。

（経費の種目）

第四条　前条に規定する経費の種目は、本工事費、附帯工事費（買収その他これに準ずる方法により建物を取得する場合にあつては、買収費）及び設備費（以下「工事費」と総称する。）並びに事務費とする。

（経費の算定基準）

第五条　前条に規定する工事費は、政令で定める基準により、当該公立学校の施設を原形に復旧する（原形に復旧することが不可能な場合において当該施設の従前の効用を復旧するための施設をすること及び原形に復旧することが著しく困難であるか又は不適当である場合において当該施設に代わるべき必要な施設をすることを含む。）ものとして算定するものとする。

2　前項に規定するもののほか、災害によつて必要を生じた復旧であつて、公立学校の建物で鉄筋コンクリート造又は鉄骨造でなかつたものを鉄筋コンクリート造又は鉄骨造のものに、鉄骨造のものを鉄筋コンクリート造のものに改良して当該建物の従前の効用を復旧することを目的とするものは、同項の規定の適用については、公立学校の施設を原形に復旧するものとみなす。

3　前条に規定する事務費は、第一項の規定により算定した工事費に政令で定める割合を乗じて算定するものとする。

（適用除外）

第六条　この法律の規定は、左に掲げる公立学校の施設の災害復旧については適用しない。

一　建物、建物以外の工作物、土地又は設備の災害による被害の額が一学校ごとにそれぞれ政令で定める額に達しないもの

二　明らかに設計の不備又は工事施行の粗漏に基因して生じたものと認められる災害に係るもの

三　著しく維持管理の義務を怠つたことに基因して生じたものと認められる災害に係るもの

（都道府県への事務費の交付）

第七条　国は、政令で定めるところにより、都道府県の教育委員会が第三条の負担の実施に関する事務を行うために必要な経費を都道府県に交付するものとする。

附　則　抄

1　この法律は、公布の日から施行し、昭和二十八年四月一日から適用する。

附　則（平成一一年七月一六日法律第八七号）抄

（施行期日）

第一条　この法律は、平成十二年四月一日から施行する。ただし、次の各号に掲げる規定は、当該各号に定める日から施行する。

一　第一条中地方自治法第二百五十条の次に五条、節名並びに二款及び款名を加える改正規定（同法第

二百五十条の九第一項に係る部分（両議院の同意を得ることに係る部分に限る。）に限る。）、第四十条中自然公園法附則第九項及び第十項の改正規定（同法附則第十項に係る部分に限る。）、第二百四十四条の規定（農業改良助長法第十四条の三の改正規定に係る部分を除く。）並びに第四百七十二条の規定（市町村の合併の特例に関する法律第六条、第八条及び第十七条の改正規定に係る部分を除く。）並びに附則第七条、第十条、第十二条、第五十九条ただし書、第六十条第四項及び第五項、第七十三条、第七十七条、第百五十七条第四項から第六項まで、第百六十条、第百六十三条、第百六十四条並びに第二百二条の規定　公布の日

（国等の事務）

第百五十九条　この法律による改正前のそれぞれの法律に規定するもののほか、この法律の施行前において、地方公共団体の機関が法律又はこれに基づく政令により管理し又は執行する国、他の地方公共団体その他公共団体の事務（附則第百六十一条において「国等の事務」という。）は、この法律の施行後は、地方公共団体が法律又はこれに基づく政令により当該地方公共団体の事務として処理するものとする。

（処分、申請等に関する経過措置）

第百六十条　この法律（附則第一条各号に掲げる規定については、当該各規定。以下この条及び附則第百六十三条において同じ。）の施行前に改正前のそれぞれの法律の規定によりされた許可等の処分その他の行為（以下この条において「処分等の行為」という。）又はこの法律の施行の際現に改正前のそれぞれの法律の規定によりされている許可等の申請その他の行為（以下この条において「申請等の行為」という。）で、この法律の施行の日においてこれらの行為に係る行政事務を行うべき者が異なることとなるものは、附則第二条から前条までの規定又は改正後のそれぞれの法律（これに基づく命令を含む。）の経過措置に関する規定に定めるものを除き、この法律の施行の日以後における改正後のそれぞれの法律の適用については、改正後のそれぞれの法律の相当規定によりされた処分等の行為又は申請等の行為とみなす。

2　この法律の施行前に改正前のそれぞれの法律の規定により国又は地方公共団体の機関に対し報告、届出、提出その他の手続をしなければならない事項で、この法律の施行の日前にその手続がされていないものについては、この法律及びこれに基づく政令に別段の定めがあるもののほか、これを、改正後のそれぞれの法律の相当規定により国又は地方公共団体の相当の機関に対して報告、届出、提出その他の手続をしなければならない事項についてその手続がされていないものとみなして、この法律による改正後のそれぞれの法律の規定を適用する。

（不服申立てに関する経過措置）

第百六十一条　施行日前にされた国等の事務に係る処分であって、当該処分をした行政庁（以下この条において「処分庁」という。）に施行日前に行政不服審査法に規定する上級行政庁（以下この条において「上級行政庁」という。）があったものについての同法による不服申立てについては、施行日以後においても、当該処分庁に引き続き上級行政庁があるものとみなして、行政不服審査法の規定を適用する。この場合において、当該処分庁の上級行政庁とみなされる行政庁は、施行日前に当該処分庁の上級行政庁であった行政庁とする。

2　前項の場合において、上級行政庁とみなされる行政庁が地方公共団体の機関であるときは、当該機関が行政不服審査法の規定により処理することとされる事務は、新地方自治法第二条第九項第一号に規定する第一号法定受託事務とする。

（手数料に関する経過措置）

第百六十二条　施行日前においてこの法律による改正前のそれぞれの法律（これに基づく命令を含む。）の規定により納付すべきであった手数料については、この法律及びこれに基づく政令に別段の定めがあるもののほか、なお従前の例による。

（罰則に関する経過措置）

第百六十三条　この法律の施行前にした行為に対する罰則の適用については、なお従前の例による。

（その他の経過措置の政令への委任）

第百六十四条　この附則に規定するもののほか、この法律の施行に伴い必要な経過措置（罰則に関する経過措置を含む。）は、政令で定める。

2　附則第十八条、第五十一条及び第百八十四条の規定の適用に関して必要な事項は、政令で定める。

（検討）

第二百五十条　新地方自治法第二条第九項第一号に規定する第一号法定受託事務については、できる限り新たに設けることのないようにするとともに、新地方自治法別表第一に掲げるもの及び新地方自治法に基づく政令に示すものについては、地方分権を推進する観点から検討を加え、適宜、適切な見直しを行うものとする。

第二百五十一条　政府は、地方公共団体が事務及び事業を自主的かつ自立的に執行できるよう、国と地方公共団体との役割分担に応じた地方税財源の充実確保の方途について、経済情勢の推移等を勘案しつつ検討し、その結果に基づいて必要な措置を講ずるものとする。

第二百五十二条　政府は、医療保険制度、年金制度等の改革に伴い、社会保険の事務処理の体制、これに従事する職員の在り方等について、被保険者等の利便性の確保、事務処理の効率化等の視点に立って、検討し、必要があると認めるときは、その結果に基づいて所要の措置を講ずるものとする。

科学研究費補助金取扱規程

昭和四十年三月三十日文部省告示第一一〇号
最終改正　平成二〇年五月一九日文部科学省告示第六四号

（趣旨）
第一条　科学研究費補助金の取扱については、補助金等に係る予算の執行の適正化に関する法律（昭和三十年法律第百七十九号。以下「法」という。）及び補助金等に係る予算の執行の適正化に関する法律施行令（昭和三十年政令第二五五号）に定めるもののほか、この規程の定めるところによる。

（定義）
第二条　この規程において「研究機関」とは、学術研究を行う機関であつて、次に掲げるものをいう。
一　大学及び大学共同利用機関（別に定めるところにより文部科学大臣が指定する大学共同利用機関法人が設置する大学共同利用機関にあつては、当該大学共同利用機関法人とする。）
二　文部科学省の施設等機関のうち学術研究を行うもの
三　高等専門学校
四　国若しくは地方公共団体の設置する研究所その他の機関、特別の法律により設立された法人若しくは当該法人の設置する研究所その他の機関又は一般社団法人若しくは一般財団法人のうち学術研究を行うものとして別に定めるところにより文部科学大臣が指定するもの
2　この規程において「研究代表者」とは、科学研究費補助金の交付の対象となる事業において、法第二条第三項に規定する補助事業者等（以下「補助事業者」という。）として当該事業の遂行に責任を負う研究者をいう。
3　この規程において「研究分担者」とは、科学研究費補助金の交付の対象となる事業のうち二人以上の研究者が同一の研究課題について共同して行うものにおいて、補助事業者として研究代表者と共同して当該事業を行う研究者をいう。
4　この規程において「連携研究者」とは、科学研究費補助金の交付の対象となる事業において、研究代表者又は研究分担者の監督の下に当該研究代表者又は研究分担者と連携して研究に参画する研究者をいう。
5　この規程において「研究協力者」とは、研究代表者及び研究分担者並びに連携研究者以外の者で、科学研究費補助金の交付の対象となる事業において研究への協力を行う者をいう。
6　この規程において「不正使用」とは、故意若しくは重大な過失による科学研究費補助金の他の用途への使用又は科学研究費補助金の交付の決定の内容若しくはこれに附した条件に違反した使用をいう。
7　この規程において「不正行為」とは、科学研究費補助金の交付の対象となつた事業において発表された研究成果において示されたデータ、情報、調査結果等のねつ造、改ざん又は盗用をいう。
8　本邦の法令に基づいて設立された会社その他の法人（以下この項において「会社等」という。）が設置する研究所その他の機関又は研究を主たる事業としている会社等であつて、学術の振興に寄与する研究を行う者が所属するもの（第一項第一号、第三号及び第四号に掲げるものを除く。）のうち、別に定めるところにより文部科学大臣が指定するものは、同項の研究機関とみなす。

（科学研究費補助金の交付の対象）
第三条　科学研究費補助金は、次の各号に掲げる事業に交付するものとする。
一　学術上重要な基礎的研究（応用的研究のうち基礎的段階にある研究を含む。）であつて、研究機関に、当該研究機関の研究活動を行うことを職務に含む者として所属し、かつ、当該研究機関の研究活動に実際に従事している研究者（日本学術振興会特別研究員を含む。）が一人で行う事業若しくは二人以上の研究者が同一の研究課題について共同して行う事業（研究者の所属する研究機関の活動として行うものであり、かつ、研究機関において科学研究費補助金の管理を行うものに限る。）又は教育的若しくは社会的意義を有する研究であつて、研究者が一人で行う事業（以下「科学研究」という。）
二　学術研究の成果の公開で、個人又は学術団体が行う事業（以下「研究成果の公開」という。）
三　その他文部科学大臣が別に定める学術研究に係る事業
2　独立行政法人日本学術振興会法（平成十四年法律第百五十九号）第十五条第一号の規定に基づき独立行政法人日本学術振興会（以下「振興会」という。）が行う業務に対し、文部科学大臣が別に定めるところにより科学研究費補助金を交付する。

（科学研究費補助金を交付しない事業）
第四条　前条の規定にかかわらず、次の各号に掲げる者（学術団体を含む。以下この条において同じ。）が行う事業については、それぞれ当該各号に定める期間、科学研究費補助金を交付しない。ただし、第四号に掲げる者が、法第十七条第一項の規定により科学研究費補助金の交付の決定が取消された事業（以下「交付決定取消事業」という。）以外にその交付を受けている事業と第六条第一項及び第三項の計画調書上同一の計画に基づいて行う事業については、この限りでない。
一　交付決定取消事業において科学研究費補助金の不正使用を行つた者法第十八条第一項の規定により当該交付決定取消事業に係る科学研究費補助金の返還の命令があつた年度の翌年度以降二年以上五年以内の間で当該不正使用の内容等を勘案して相当と認められる期間
二　前号に掲げる者と科学研究費補助金の不正使用を共謀した者同号の規定により同号掲げる者が行う事業について科学研究費補助金を交付しないこととされる期間と同一の期間
三　交付決定取消事業において法第十一条第一項の規定に違反して科学研究費補助金の使用を行つた補助事業者（前二号に該当する者を除く。）法第十八条第一項の規定により当該交付決定取消事業に係る科学研究費補助金の返還の命令があつた年度の翌年度

以降二年間

四　第一号若しくは第三号に該当する研究代表者若しくは研究分担者と共同して交付決定取消事業を行つた研究代表者若しくは研究分担者（前各号に該当する者を除く。以下この号において同じ。）又は第一号に該当する連携研究者が参画した交付決定取消事業若しくは同号に該当する研究協力者が協力した交付決定取消事業の研究代表者若しくは研究分担者法第十八条第一項の規定により当該交付決定取消事業に係る科学研究費補助金の返還の命令があつた年度の翌一年間

五　偽りその他不正の手段により科学研究費補助金の交付を受けた者又は当該偽りその他不正の手段の使用を共謀した者当該科学研究費補助金の返還の命令があつた年度の翌年度以降五年間

六　不正行為があつたと認定された者（当該不正行為があつたと認定された研究成果に係る研究論文等の内容について責任を負う者として認定された場合を含む。以下この条において同じ。）当該不正行為があつたと認定された年度の翌年度以降一年以上十年以内の間で当該不正行為の内容等を勘案して科学技術・学術審議会において相当と認められる期間

2　前条の規定にかかわらず、国又は独立行政法人が交付する給付金であつて、文部科学大臣が別に定めるもの（以下この条において「特定給付金」という。）を一定期間交付しないこととされた次の各号に掲げる者が行う事業については、文部科学大臣が別に定める期間、科学研究費補助金を交付しない。

一　特定給付金の他の用途への使用をした者又は当該他の用途への使用を共謀した者

二　特定給付金の交付の対象となる事業に関して、特定給付金の交付の決定の内容又はこれに附した条件その他法令又はこれに基づく国の機関若しくは独立行政法人の長の処分に違反した者

三　偽りその他不正の手段により特定給付金の交付を受けた者又は当該偽りその他不正の手段の使用を共謀した者

四　特定給付金による事業において不正行為があつたと認定された者

（補助金の交付申請者）

第五条　第三条第一項第一号及び第二号に係る科学研究費補助金（同条第二項に係るものを除く。以下「補助金」という。）の交付の申請をすることができる者は、次のとおりとする。

一　科学研究に係る補助金にあつては、科学研究を行う研究者の代表者

二　研究成果の公開に係る補助金にあつては、研究成果の公開を行う個人又は学術団体の代表者

（計画調書）

第六条　補助金（振興会において審査・評価を行うものを除く。）の交付の申請をしようとする者は、あらかじめ科学研究又は研究成果の公開（以下「科学研究等」という。）に関する計画調書を別に定める様式により文部科学大臣に提出するものとする。

2　前項の計画調書の提出期間については、毎年文部科学大臣が公表する。

3　補助金のうち振興会において審査・評価を行うものの交付を申請しようとする者は、別に定めるところにより科学研究等に関する計画調書を振興会に提出するものとする。

4　前項の計画調書の提出期間については、毎年振興会が公表する。

（交付の決定）

第七条　文部科学大臣は、前条第一項及び第三項の計画調書に基づいて、補助金を交付しようとする者及び交付しようとする予定額（以下「交付予定額」という。）を定め、その者に対し、あらかじめ交付予定額を通知するものとする。

2　文部科学大臣は、補助金を交付しようとする者及び交付予定額を定めるに当たつては、文部科学大臣に提出された計画調書について、科学技術・学術審議会の意見を聴くものとする。ただし、前条第三項の規定により振興会に提出された計画調書については、振興会から報告を受けることをもつて足り、科学技術・学術審議会の意見を聴くことを要しない。

第八条　前条第一項の通知を受けた者が補助金の交付の申請をしようとするときは、文部科学大臣の指示する時期までに、別に定める様式による交付申請書を文部科学大臣に提出しなければならない。

2　文部科学大臣は、前項の交付申請書に基づいて、交付の決定を行い、その決定の内容及びこれに条件を附した場合にはその条件を補助金の交付の申請をした者に通知するものとする。

（科学研究等の変更）

第九条　補助金の交付を受けた者が、科学研究等の内容及び経費の配分の変更（文部科学大臣が別に定める軽微な変更を除く。）をしようとするときは、あらかじめ文部科学大臣の承認を得なければならない。

（補助金の使用制限）

第十条　補助金の交付を受けた者は、補助金を科学研究等に必要な経費にのみ使用しなければならない。

（実績報告書）

第十一条　補助金の交付を受けた者は、科学研究等を完了したときは、すみやかに別に定める様式による実績報告書を文部科学大臣に提出しなければならない。補助金の交付の決定に係る国の会計年度が終了した場合も、また同様とする。

2　前項の実績報告書には、補助金により購入した設備、備品又は図書（以下「設備等」という。）がある場合にあつては、別に定める様式による購入設備等明細書を添付しなければならない。

3　第一項後段の規定による実績報告書には、翌年度に行う科学研究等に関する計画を記載した書面を添付しなければならない。

（補助金の額の確定）

第十二条　文部科学大臣は、前条第一項前段の規定による実績報告書の提出を受けた場合においては、その実績報告書の審査及び必要に応じて行う調査により、科学研究等の成果が補助金の交付の決定の内容及びこれに附した条件に適合すると認めたときは、交付すべき補助金の額を確定し、補助金の交付を受けた者に通知するものとする。

（帳簿等の整理保管）

第十三条　補助金の交付を受けた者は、補助金の収支に関する帳簿を備え、領収証書等関係書類を整理し、並びにこれらの帳簿及び書類を補助金の交付を受けた年度終了後五年間保管しておかなければならない。

（経理の調査）

第十四条　文部科学大臣は、必要があると認めるときは、補助金の交付を受けた者に対し、その補助金の経理について調査し、若しくは指導し、又は報告を求めることができる。

（科学研究等の状況の調査）

第十五条　文部科学大臣は、必要があると認めるときは、補助金の交付を受けた者に対し、科学研究等の状況に関する報告書の提出を求め、又は科学研究等の状況を調査することができる。

（研究経過の公表）

第十六条　文部科学大臣は、科学研究に係る実績報告書及び前条の報告書のうち、研究経過に関する部分の全部又は一部を印刷その他の方法により公表することができる。

（設備等の寄付）

第十七条　第五条第一号に係る補助金の交付を受けた者が、補助金により設備等を購入したときは、直ちに、当該設備等を当該補助金の交付を受けた者が所属する研究機関のうちから適当な研究機関を一以上選定して、寄付しなければならない。

2　第五条第一号に係る補助金の交付を受けた者は、設備等を直ちに寄付することにより研究上の支障が生じる場合において、文部科学大臣の承認を得たときは、前項の規定にかかわらず、当該研究上の支障がなくなるまでの間、当該設備等を寄付しないことができる。

第十八条　第三条第一項第三号に係る科学研究費補助金に関し必要な事項は、別に文部科学大臣が定める。

（その他）

第十九条　この規定に定めるもののほか、補助金の取扱に関し必要な事項は、そのつど文部科学大臣が定めるものとする。

附　則

この規程は、昭和四十年四月一日から実施する。

附　則（平成二〇年五月一九日文部科学省告示第六四号）

1　この告示は、公布の日から実施し、平成二十年度以降の補助金について適用する。ただし、第二条第一項第四号の改正規定は、一般社団法人及び一般財団法人に関する法律及び公益社団法人及び公益財団法人の認定等に関する法律の施行に伴う関係法律の整備等に関する法律（平成十八年法律第五十号）の施行の日から実施する。

2　この告示による改正後の科学研究費補助金取扱規程（以下「新規程」という。）第四条第一項第一号及び第三号の規定は、補助金等に係る予算の執行の適正化に関する法律（昭和三十年法律第百七十九号。以下「法」という。）第十八条第一項の規定により科学研究費補助金の返還が命じられた日が平成十五年九月十二日よりも前である法第十七条第一項の規定により科学研究費補助金の交付の決定が取消された事業において不正使用を行った者又は法第十一条第一項の規定に違反して科学研究費補助金の使用を行った補助事業者（法第二条第三項に規定する補助事業者等をいい、新規程第四条第一項第一号又は第二号に該当する者を除く。）については、適用しない。

3　新規程第四条第一項第四号の規定は、平成十六年四月一日よりも前に交付の決定が行われた事業の研究代表者又は研究分担者については、適用しない。

4　新規程第四条第一項第二号及び第五号の規定は、科学研究費補助金の返還が命じられた日が平成十七年一月二十四日よりも前である事業において科学研究費補助金の不正使用を共謀した者又は偽りその他不正の手段により科学研究費補助金の交付を受けた者若しくは当該偽りその他不正の手段の使用を共謀した者については、適用しない。

科学研究費補助金取扱規程第四条第一項第一号に定める科学研究費補助金を交付しない期間の扱いについて

文部科学省が交付する科学研究費補助金において、補助金等に係る予算の執行の適正化に関する法律（昭和三十年法律第百七十九号）第十七条第一項の規定により交付決定を取り消した補助事業を行った研究者に対し適用する科学研究費補助金取扱規程（昭和四十年三月三十日文部省告示第百十号）第四条第一項第一号に定める科学研究費補助金を交付しない他の用途への使用の内容等を勘案して相当と認められる期間については、下表のとおり取り扱う。

科学研究費補助金の他の用途への使用の内容等	交付しない期間
一　補助事業に関連する科学研究の遂行に使用した場合	二年
二　一を除く、科学研究に関連する用途に使用した場合	三年
三　科学研究に関連しない用途に使用した場合	四年
四　虚偽の請求に基づく行為により現金を支出した場合	四年
五　一から四にかかわらず、個人の経済的利益を得るために使用した場合	五年

なお、偽りその他不正の手段により科学研究費補助金の交付を受けた者に対しては、補助金の返還が命じられた年度の翌年度以降五年間、補助金を交付しないこととする。

研究活動の不正行為への対応に関する科学研究費補助金における運用方針

平成十九年四月一日科学技術・学術審議会学術分科会科学研究費補助金審査部会決定
最終改正　平成二一年三月二三日

（趣旨）

第1　科学研究費補助金（以下「科研費」という。）により得られた研究成果に関し、「競争的資金に係る研究活動における不正行為対応ガイドライン」（以下「ガイドライン」という。）（平成18年8月科学技術・学術審議会報告）及び「科学研究費補助金取扱規程」（以下「取扱規程」という。）第4条第1項第6号に基づき、不正行為の疑義のある者の所属する研究機関等（以下「調査機関」という。）において不正行為があったと認定された者に対する措置の検討については、科学研究費補助金審査部会（以下「本部会」という。）において行うこととし、本運用方針に則って行うものとする。

（留意事項）

第2　学術研究における不正行為は、真実の探求を積み重ね、新たな知を創造していく営みである学術の本質に反するものであり、国民の期待や信頼を揺るがし、学術研究の発展を妨げ冒涜するものであって、研究費の多寡を問わず絶対に許されないものであるとの考えに基づき、調査機関に対して厳格な調査を求め、この調査結果に基づいて本部会において措置を判断する。

　ただし、不正行為に対する措置が、研究者の研究活動を不当に萎縮させることがないよう留意する。

（不正行為の定義）

第3　対象とする不正行為は、科研費を活用した研究活動において発表された、論文、著書及び研究発表等の研究成果（以下「論文等」という）の中に示されたデータや研究結果等に関する次のからに掲げる行為とする。

　なお、科学的に適切な方法により正当に得られた研究成果が結果的に誤りであったとしても、それは不正行為ではない。また、故意によるものでないことが根拠をもって明らかにされた場合も不正行為にはあたらない。

①　捏造
　存在しないデータ、研究結果等を作成する行為。

②　改ざん
　データ、研究結果を真正でないものに加工する行為。

③　盗用
　他の研究者のアイデア、分析・解析方法、データ、研究結果、論文又は用語を、当該研究者の了解若しくは適切な表示なく流用する行為。

（措置の対象者）

第4　本部会で措置を検討する対象者は、調査機関において、ガイドラインを踏まえた適切な手続に則り、科研費を活用した研究活動において発表された論文等について、次のからに掲げる者として認定された者（以下「不正行為認定者」という。）とする。

①　不正行為があったと認定された研究にかかる論文等の、不正行為に関与したと認定された著者。（共著者を含む。以下同じ）

②　不正行為があったと認定された研究にかかる論文等の著者ではないが、当該不正行為に関与したと認定された者。

③　不正行為に関与したとまでは認定されないものの、不正行為があったと認定された研究にかかる論文等の内容について責任を負う者として認定された著者。

（交付決定の取消）

第5　調査機関において、不正行為があったと認定された研究課題（以下「認定研究課題」という。）の交付決定の取消は、次に掲げるからにより取り扱うことを原則として、本部会において事案ごとに判断し、これに基づいて行うものとする。

①　認定研究課題の研究代表者が不正行為認定者であった場合は、認定された時点で未使用の補助金について交付決定を取り消すものとする。この場合、次年度以降継続して補助金が交付される予定となっているものについては、継続を認めない。

②　認定研究課題の研究分担者又は研究協力者が不正行為認定者であった場合は、交付決定を取り消すか否かは、事案ごとに判断するものとする。ただし、交付決定が取り消されない場合であっても、不正行為認定者への分担金の配分若しくは補助金の使用を認めない。

③　当初から不正行為を行うことを意図していた場合など、不正行為が極めて悪質であると判断される場合は、交付決定の全部を取り消すものとする。

④　認定研究課題以外に交付決定されている他の研究課題がある場合は、次のとおりとする。

ア）　不正行為認定者が研究代表者となっている研究課題については、認定研究課題が認定された時点で未使用の補助金について交付決定を取り消すものとする。この場合、次年度以降継続して補助金が交付される予定となっているものについては、継続を認めない。

イ）　不正行為認定者が、研究分担者又は研究協力者となっている研究課題については、不正行為認定者への分担金の配分若しくは補助金の使用を認めない。

⑤　他者の強要があった場合、論文等の責任を負う者について、その責任を問うことが適切でない場合（監修責任者等を貶めるための意図的な不正行為等）など、個別に考慮すべき事情がある場合には、交付決定の取消を免除することができるものとする。

（応募研究課題の不採択）

第6　研究計画調書の応募から交付決定までの間（以下「応募段階」という。）にある、不正行為認定者からの研究課題については、次に掲げる又はにより取り扱うことを原則として、本部会において事案ごとに判断し、これに基づいて行うものとする。

①　研究代表者として応募段階にある研究課題は、不

採択とし交付決定しない。

② 研究分担者として応募段階にある研究課題は、不正行為認定者を研究組織から除外してもなお研究遂行が可能であると判断するときは、交付決定することができる。また、交付内定後に、不正行為認定者の除外がないまま交付申請されたことが判明した場合は、交付決定しないことができる。

（調査中における一時的措置）

第7 不正行為の疑義があった場合において、調査機関の予備調査の結果、本調査を行うことが決定された場合には、調査機関に対して中間報告を求めることとし、中間報告の内容を踏まえ必要がある場合には、採択の決定又は補助金の交付を留保し、又は調査機関に対し補助金使用の一時停止を求めることができるものとする。

（交付対象からの除外期間）

第8 取扱規程第4条第1項第6号に基づき、不正行為認定者を科研費の交付対象から除外する期間については、次に掲げる又はにより取り扱うことを原則として、本部会において事案ごとに判断し、これに基づいて行うものとする。

① 調査機関からの調査報告書等を精査のうえ、不正行為への関与の度合い、不正論文等の学術的・社会的影響度及び行為の悪質度に応じて、別表に基づき、判断するものとする。

② 論文の取り下げがあった場合など、個別に考慮すべき事情がある場合には、事情に応じて適宜期間を軽減することができるものとする。

（科研費以外の研究における不正行為の取扱）

第9 研究代表者及び研究分担者として科研費の交付を受けている者に、科研費を活用した研究活動以外の研究活動における不正行為があった場合において、科研費の交付が、当該研究活動に係る論文等の成果に基づいてなされたものと本部会において判断した場合は、科研費の「不正受給」にあたるものとして、取扱規程第4条第1項第5号の規定を適用する。

（その他）

第10 不正行為に関する措置に関し、本運用方針に定めのないものは、ガイドラインに基づき、本部会において定める。

不正行為への関与に係る分類		学術的・社会的影響度行為の悪質度	除外期間
不正行為に関与した者	ア）研究の当初から不正行為を行うことを意図していた場合など、特に悪質な者		10年
	イ）不正行為のあった研究に係る論文等の責任を負う著者（監修責任者、代表執筆者またはこれらの者と同等の責任を負うと認定された者）	当該分野の学術の進展への影響や社会的影響が大きい、若しくは行為の悪質度が高いと判断されるもの	5～7年
		当該分野の学術の進展への影響や社会的影響、若しくは行為の悪質度が小さいと判断されるもの	3～5年
	ウ）その他、ア）及びイ）を除く不正行為に関与した者		2～3年

不正行為への関与に係る分類	学術的・社会的影響度行為の悪質度	除外期間
不正行為に関与していないものの、不正行為のあった研究に係る論文等の責任を負う著者（監修責任者、代表執筆者またはこれらの者と同等の責任を負うと認定された者）	当該分野の学術の進展への影響や社会的影響が大きい、若しくは行為の悪質度が高いと判断されるもの	2～3年
	当該分野の学術の進展への影響や社会的影響、若しくは不正行為の悪質度が小さいと判断されるもの	1～2年

科学研究費補助金（基盤研究等）交付要綱

平成十一年四月十二日文部大臣裁定
最終改正　平成二二年三月三〇日

（通則）

第1条　科学研究費補助金（基盤研究等）（以下「補助金」という。）の交付については、補助金等に係る予算の執行の適正化に関する法律（昭和30年法律第179号。以下「法」という。）、補助金等に係る予算の執行の適正化に関する法律施行令（昭和30年政令第255号。以下「施行令」という。）及び科学研究費補助金取扱規程（昭和40年文部省告示第110号）に定めるもののほか、この要綱の定めるところによる。

（交付の目的）

第2条　この補助金は、独立行政法人日本学術振興会（以下「振興会」という。）に対し、独立行政法人日本学術振興会法（平成14年法律第159号）第15条第1号に基づき振興会が行う事業に要する経費として補助し、振興会が行う業務の円滑な推進を図り、もって我が国の学術研究の進展に寄与することを目的とする。

（定義）

第3条　この要綱において「補助金」とは、次に掲げるものをいう。

（1）科学研究費のうち基盤研究、挑戦的萌芽研究、若手研究（S）、研究活動スタート支援及び奨励研究に係るもの
（2）特別研究員奨励費
（3）学術創成研究費
（4）研究成果公開促進費（研究成果公開発表に係るものを除く。）
（5）審査・評価・分析経費

2　この要綱において「研究代表者」とは、科学研究費補助金の交付の対象となる事業において、法第2条第3項に規定する補助事業者等（以下「補助事業者」という。）として当該事業の遂行に責任を負う研究者をいう。

3　この要綱において「研究分担者」とは、科学研究費補助金の交付の対象となる事業のうち二人以上の研究者が同一の研究課題について共同して行うものにおいて、補助事業者として研究代表者と共同して当該事業を行う研究者をいう。

4　この要綱において「連携研究者」とは、科学研究費補助金の交付の対象となる事業において、研究代表者又は研究分担者の監督の下に当該研究代表者又は研究分担者と連携して研究に参画する研究者をいう。

5　この要綱において「研究協力者」とは、研究代表者及び研究分担者並びに連携研究者以外の者で、科学研究費補助金の交付の対象となる事業において研究への協力を行う者をいう。

6　この要綱において「不正使用」とは、故意若しくは重大な過失による科学研究費補助金の他の用途への使用又は科学研究費補助金の交付の決定の内容若しくはこれに付した条件に違反した使用をいう。

7　この要綱において「不正行為」とは、科学研究費補助金の交付の対象となった事業において発表された研究成果において示されたデータ、情報、調査結果等のねつ造、改ざん又は盗用をいう。

（交付の対象及び補助金の額）

第4条　文部科学大臣は、次の各号に掲げる事業（以下「補助事業」という。）を対象に、補助金を交付するものとする。

（1）振興会がこの補助金を財源として行う前条第1項第1号から第4号までに規定する基盤研究等に係る事業で、次に掲げるもの
（イ）学術上重要な基礎的研究（応用的研究のうち基礎的段階にある研究を含む。）であって、研究機関に、当該研究機関の研究活動を行うことを職務に含む者として所属し、かつ、当該研究機関の研究活動に実際に従事している研究者（振興会特別研究員を含む。）が一人で行う事業若しくは二人以上の研究者が同一の研究課題について共同して行う事業（研究者の所属する研究機関の活動として行うものであり、かつ、研究機関において科学研究費補助金の管理を行うものに限る。）又は教育的若しくは社会的意義を有する研究であって、研究者が一人で行う事業
（ロ）学術研究の成果の公開で、個人又は学術団体が行う事業
（2）振興会がこの補助金を財源として行う前条第1項第5号に規定する審査・評価・分析経費に係る事業で次に掲げるもの（以下「審査・評価・分析事業」という。）
（イ）補助金（審査・評価・分析経費を除く。）の交付に関する事業
（ロ）特別推進研究、若手研究（A）及び若手研究（B）の審査・評価等に関する事業
（ハ）科学研究費補助金に係る申請、採択、成果の動向等の分析に関する事業

2　補助対象となる経費は、補助事業に要する経費のうち補助金交付の対象として文部科学大臣が認める経費とし、補助金の額は予算の範囲内で定額とする。

（補助金を交付しない事業）

第5条　前条第1項の規定にかかわらず、同項第1号に規定する補助事業が、次の各号に掲げる者（学術団体を含む。以下この条において同じ。）が行う事業を対象とするものである場合には、文部科学大臣は、それぞれ当該各号に定める期間、補助金を交付しないものとする。ただし、第4号に掲げる者が、法第17条第1項の規定により科学研究費補助金の交付の決定が取消された事業（以下「交付決定取消事業」という。）以外にその交付を受けている事業と計画調書上同一の計画に基づいて行う事業については、この限りでない。

（1）交付決定取消事業において科学研究費補助金の不正使用を行った者法第18条第1項の規定により当該交付決定取消事業に係る科学研究費補助金の返還の命令があった年度の翌年度以降2年以上5年以内の間で当該不正使用の内容等を勘案して相当と認められる期間
（2）前号に掲げる者と科学研究費補助金の不正使用

を共謀した者同号の規定により同号に掲げる者が行う事業について科学研究費補助金を交付しないこととされる期間と同一の期間

（3）交付決定取消事業において法第11条第1項の規定に違反して科学研究費補助金の使用を行った補助事業者（前2号に該当する者を除く。）法第18条第1項の規定により当該交付決定取消事業に係る科学研究費補助金の返還の命令があった年度の翌年度以降2年間

（4）第1号若しくは第3号に該当する研究代表者若しくは研究分担者と共同して交付決定取消事業を行った研究代表者若しくは研究分担者（前各号に該当する者を除く。以下この号において同じ。）又は第1号に該当する連携研究者が参画した交付決定取消事業若しくは同号に該当する研究協力者が協力した交付決定取消事業の研究代表者若しくは研究分担者法第18条第1項の規定により当該交付決定取消事業に係る科学研究費補助金の返還の命令があった年度の翌1年間

（5）偽りその他不正の手段により科学研究費補助金の交付を受けた者又は当該偽りその他不正の手段の使用を共謀した者当該科学研究費補助金の返還の命令があった年度の翌年度以降5年間

（6）不正行為があったと認定された者（当該不正行為があったと認定された研究成果に係る研究論文等の内容について責任を負う者として認定された場合を含む。以下この条において同じ。）当該不正行為があったと認定された年度の翌年度以降1年以上10年以内の間で当該不正行為の内容等を勘案して科学技術・学術審議会において相当と認められる期間

2　前条第1項の規定にかかわらず、同項第1号に規定する補助事業が、科学研究費補助金取扱規程第4条第2項の特定給付金等を定める件（平成16年8月24日文部科学大臣決定。以下「大臣決定」という。）第1条に定める特定給付金を一定期間交付しないこととされた次の各号に掲げる者が行う事業を対象とするものである場合には、文部科学大臣は、大臣決定第2条に定める期間、補助金を交付しないものとする。

（1）特定給付金の他の用途への使用をした者又は当該他の用途への使用を共謀した者

（2）特定給付金の交付の対象となる事業に関して、特定給付金の交付の決定の内容又はこれに付した条件その他法令又はこれに基づく国の機関若しくは独立行政法人の長の処分に違反した者

（3）偽りその他不正の手段により特定給付金の交付を受けた者又は当該偽りその他不正の手段の使用を共謀した者

（4）特定給付金による事業において不正行為があったと認定された者

（申請手続等）

第6条　振興会は、補助金の交付を受けようとするときは、別紙様式（1）による交付申請書を文部科学大臣に提出しなければならない。

2　振興会は、第4条第1項第1号に規定する事業について、前項の交付申請書を提出するに当たっては、あらかじめ、別紙様式（2）の科学研究費補助事業計画書を文部科学大臣に提出し、承認を得なければならない。

3　振興会は、第4条第1項第2号ロに規定する事業について、その結果を文部科学大臣に報告しなければならない。

4　文部科学大臣は、第2項の承認をしたとき又は前項の報告を受けたときは、当該承認の結果又は報告を科学技術・学術審議会に報告するものとする。

5　文部科学大臣は、第4条第1項第2号ハに規定する科学研究費補助金に係る申請、採択、成果の動向等の分析に関する経費による事業の成果について印刷その他の方法により公表することができる。

（交付の決定等）

第7条　文部科学大臣は、交付申請書に基づき交付決定を行い、交付決定通知書を振興会に送付するものとする。

2　振興会は、補助金の交付を受けたときは、交付された補助金（審査・評価・分析経費を除く。）の額に相当する金額を速やかに研究者に交付しなければならない。

（補助事業の変更）

第8条　振興会は、第6条第1項に規定する交付申請書に記載する内容を変更するときは、次に掲げるものを除き、あらかじめ文部科学大臣の承認を得なければならない。

（1）研究者の所属及び職の変更

（2）研究代表者の変更のうち、振興会の理事長が認めるもの

（3）前号に掲げるもののほか、文部科学大臣が別に定める軽微な変更

2　前項各号に掲げるものについては、その変更内容について文部科学大臣に報告しなければならない。

（実績報告）

第9条　振興会は、補助事業が完了した日の属する年度の翌年度の7月31日（廃止の承認を受けたときは、そのときから1ヶ月以内）までに、別紙様式（3）による事業実績報告書を文部科学大臣に提出しなければならない。

2　振興会は、補助金の交付の決定に係る国の会計年度が終了した場合は、当該終了年度の翌年度の4月30日までに別紙様式（4）による事業実績報告書を文部科学大臣に提出しなければならない。

（補助金の額の確定等）

第10条　文部科学大臣は、前条第1項の報告を受けた場合に、事業実績報告書の審査及び必要に応じて調査を行い、その報告に係る補助事業の実施結果が補助金の交付決定の内容及びこれに付した条件に適合すると認めたときは、交付すべき補助金の額を確定し、振興会に通知するものとする。

（交付決定の取消等）

第11条　文部科学大臣は、補助事業の中止又は廃止の申請があった場合及び次に掲げる場合には、第7条の交付の決定の全部若しくは一部を取消又はその内容若しくはこれに付した条件を変更することができる。

（1）振興会が補助金を補助事業以外の用途に使用した場合

（2）振興会が補助事業に関し不正、その他不適当な行為をした場合

（3）交付の決定後生じた事情により、補助事業の全部又は一部を継続する必要が無くなった場合

（補助金の返還）

第12条　文部科学大臣は、補助金の交付決定を取り消した場合、当該補助事業の当該取消に係る部分に関し、既に補助金が交付されているときは、期限を定めてその返還を命ずるものとする。

（帳簿関係書類等の整備）

第13条　振興会は、この補助金の収支に関する帳簿及び関係書類並びに補助金の配分及び交付等に関する資料を整備し、交付を受けた年度の終了後5年間保存しておかなければならない。

（調査及び報告等）

第14条　振興会は、補助事業（審査・評価・分析経費に係るものを除く。）の適正な執行を図るため必要があると認めるときは、研究者から報告を受け又は実地に調査し、若しくは指導するものとし、その結果を文部科学大臣に報告するものとする。

2　振興会は、補助金の不正な使用が明らかになった場合（不正な使用が行われた疑いのある場合を含む）には、速やかに調査を実施し、その結果を文部科学大臣に報告するものとする。

（事業遅延等の届出）

第15条　振興会は、補助事業が予定の期間内に完了することができないと見込まれる場合又は補助事業の遂行が困難となった場合においては、速やかに文部科学大臣に報告し、その指示を受けなければならない。

（状況報告）

第16条　振興会は、補助事業の遂行及び収支状況について、各四半期（ただし第4四半期を除く。）終了後10日以内に、別紙様式（5）により状況報告書を作成し、文部科学大臣に提出しなければならない。

（取扱要領）

第17条　研究者からの振興会への申請その他この補助金の取扱に関する細目は、振興会において定める日本学術振興会科学研究費補助金（基盤研究等）取扱要領（以下「取扱要領」という。）によるものとする。

2　振興会は、前項の取扱要領を定めるに当たっては、文部科学大臣に協議するものとする。

（契約）

第18条　振興会は、審査・評価・分析事業を遂行するため契約を締結し、支払いを行う場合は、国の契約及び支払いに関する規定の趣旨に従い、公正かつ最小の費用で最大の効果をあげるよう経費の効率的な使用に努めなければならない。

（財産の管理等）

第19条　振興会は、審査・評価・分析経費により取得し、又は効用の増加した財産（以下「取得財産等」という。）については、審査・評価・分析事業の完了後においても、善良な管理者の注意をもって管理し、審査・評価・分析経費の交付の目的に従って使用し、その効率的な運用を図らなければならない。

2　取得財産等を処分することにより、相当の利益があった場合には、文部科学大臣は振興会に対し、交付した審査・評価・分析経費の全部又は一部に相当する金額を国に納付させることができる。

（財産の処分の制限）

第20条　取得財産等のうち、施行令第13条第4号の規定により、文部科学大臣が定める機械及び重要な器具は、取得価格又は効用の増加価格が1個又は1組50万円以上の機械及び重要な器具とする。

2　施行令第14条第1項第2号の規定により文部科学大臣が定める期間は、審査・評価・分析経費の交付の目的及び減価償却資産の耐用年数等に関する省令（昭和40年大蔵省令第15号）を勘案して、文部科学大臣が別に定める期間とする。

（成果の取扱い）

第21条　文部科学大臣は、振興会が、審査・評価・分析事業の成果により相当の利益を得た場合には、その利益の範囲内において審査・評価・分析経費の返還を命ずることができる。

（その他）

第22条　この要綱に定めるもののほか、この補助金の取扱に関し必要な事項は、その都度文部科学大臣が定めるものとする。

附　則

この交付要綱は、平成14年4月1日から施行し、平成14年度予算から適用する。

附　則

この交付要綱は、平成22年4月1日から施行する。

九 情報公開・個人情報保護等

個人情報の保護に関する法律

平成十五年五月三十日法律第五十七号
最終改正 平成二一年六月五日法律第四九号

第一章 総則

（目的）
第一条 この法律は、高度情報通信社会の進展に伴い個人情報の利用が著しく拡大していることにかんがみ、個人情報の適正な取扱いに関し、基本理念及び政府による基本方針の作成その他の個人情報の保護に関する施策の基本となる事項を定め、国及び地方公共団体の責務等を明らかにするとともに、個人情報を取り扱う事業者の遵守すべき義務等を定めることにより、個人情報の有用性に配慮しつつ、個人の権利利益を保護することを目的とする。

（定義）
第二条 この法律において「個人情報」とは、生存する個人に関する情報であって、当該情報に含まれる氏名、生年月日その他の記述等により特定の個人を識別することができるもの（他の情報と容易に照合することができ、それにより特定の個人を識別することができることとなるものを含む。）をいう。

2 この法律において「個人情報データベース等」とは、個人情報を含む情報の集合物であって、次に掲げるものをいう。
一 特定の個人情報を電子計算機を用いて検索することができるように体系的に構成したもの
二 前号に掲げるもののほか、特定の個人情報を容易に検索することができるように体系的に構成したものとして政令で定めるもの

3 この法律において「個人情報取扱事業者」とは、個人情報データベース等を事業の用に供している者をいう。ただし、次に掲げる者を除く。
一 国の機関
二 地方公共団体
三 独立行政法人等（独立行政法人等の保有する個人情報の保護に関する法律（平成十五年法律第五十九号）第二条第一項に規定する独立行政法人等をいう。以下同じ。）
四 地方独立行政法人（地方独立行政法人法（平成十五年法律第百十八号）第二条第一項に規定する地方独立行政法人をいう。以下同じ。）
五 その取り扱う個人情報の量及び利用方法からみて個人の権利利益を害するおそれが少ないものとして政令で定める者

4 この法律において「個人データ」とは、個人情報データベース等を構成する個人情報をいう。

5 この法律において「保有個人データ」とは、個人情報取扱事業者が、開示、内容の訂正、追加又は削除、利用の停止、消去及び第三者への提供の停止を行うことのできる権限を有する個人データであって、その存否が明らかになることにより公益その他の利益が害されるものとして政令で定めるもの又は一年以内の政令で定める期間以内に消去することとなるもの以外のものをいう。

6 この法律において個人情報について「本人」とは、個人情報によって識別される特定の個人をいう。

（基本理念）
第三条 個人情報は、個人の人格尊重の理念の下に慎重に取り扱われるべきものであることにかんがみ、その適正な取扱いが図られなければならない。

第二章 国及び地方公共団体の責務等

（国の責務）
第四条 国は、この法律の趣旨にのっとり、個人情報の適正な取扱いを確保するために必要な施策を総合的に策定し、及びこれを実施する責務を有する。

（地方公共団体の責務）
第五条 地方公共団体は、この法律の趣旨にのっとり、その地方公共団体の区域の特性に応じて、個人情報の適正な取扱いを確保するために必要な施策を策定し、及びこれを実施する責務を有する。

（法制上の措置等）
第六条 政府は、個人情報の性質及び利用方法にかんがみ、個人の権利利益の一層の保護を図るため特にその適正な取扱いの厳格な実施を確保する必要がある個人情報について、保護のための格別の措置が講じられるよう必要な法制上の措置その他の措置を講ずるものとする。

第三章 個人情報の保護に関する施策等

第一節 個人情報の保護に関する基本方針

第七条 政府は、個人情報の保護に関する施策の総合的かつ一体的な推進を図るため、個人情報の保護に関する基本方針（以下「基本方針」という。）を定めなければならない。

2 基本方針は、次に掲げる事項について定めるものとする。
一 個人情報の保護に関する施策の推進に関する基本的な方向
二 国が講ずべき個人情報の保護のための措置に関する事項
三 地方公共団体が講ずべき個人情報の保護のための措置に関する基本的な事項
四 独立行政法人等が講ずべき個人情報の保護のための措置に関する基本的な事項

五　地方独立行政法人が講ずべき個人情報の保護のための措置に関する基本的な事項
六　個人情報取扱事業者及び第四十条第一項に規定する認定個人情報保護団体が講ずべき個人情報の保護のための措置に関する基本的な事項
七　個人情報の取扱いに関する苦情の円滑な処理に関する事項
八　その他個人情報の保護に関する施策の推進に関する重要事項
3　内閣総理大臣は、消費者委員会の意見を聴いて、基本方針の案を作成し、閣議の決定を求めなければならない。
4　内閣総理大臣は、前項の規定による閣議の決定があったときは、遅滞なく、基本方針を公表しなければならない。
5　前二項の規定は、基本方針の変更について準用する。

第二節　国の施策

（地方公共団体等への支援）
第八条　国は、地方公共団体が策定し、又は実施する個人情報の保護に関する施策及び国民又は事業者等が個人情報の適正な取扱いの確保に関して行う活動を支援するため、情報の提供、事業者等が講ずべき措置の適切かつ有効な実施を図るための指針の策定その他の必要な措置を講ずるものとする。

（苦情処理のための措置）
第九条　国は、個人情報の取扱いに関し事業者と本人との間に生じた苦情の適切かつ迅速な処理を図るために必要な措置を講ずるものとする。

（個人情報の適正な取扱いを確保するための措置）
第十条　国は、地方公共団体との適切な役割分担を通じ、次章に規定する個人情報取扱事業者による個人情報の適正な取扱いを確保するために必要な措置を講ずるものとする。

第三節　地方公共団体の施策

（地方公共団体等が保有する個人情報の保護）
第十一条　地方公共団体は、その保有する個人情報の性質、当該個人情報を保有する目的等を勘案し、その保有する個人情報の適正な取扱いが確保されるよう必要な措置を講ずることに努めなければならない。
2　地方公共団体は、その設立に係る地方独立行政法人について、その性格及び業務内容に応じ、その保有する個人情報の適正な取扱いが確保されるよう必要な措置を講ずることに努めなければならない。

（区域内の事業者等への支援）
第十二条　地方公共団体は、個人情報の適正な取扱いを確保するため、その区域内の事業者及び住民に対する支援に必要な措置を講ずるよう努めなければならない。

（苦情の処理のあっせん等）
第十三条　地方公共団体は、個人情報の取扱いに関し事業者と本人との間に生じた苦情が適切かつ迅速に処理されるようにするため、苦情の処理のあっせんその他必要な措置を講ずるよう努めなければならない。

第四節　国及び地方公共団体の協力

第十四条　国及び地方公共団体は、個人情報の保護に関する施策を講ずるにつき、相協力するものとする。

第四章　個人情報取扱事業者の義務等

第一節　個人情報取扱事業者の義務

（利用目的の特定）
第十五条　個人情報取扱事業者は、個人情報を取り扱うに当たっては、その利用の目的（以下「利用目的」という。）をできる限り特定しなければならない。
2　個人情報取扱事業者は、利用目的を変更する場合には、変更前の利用目的と相当の関連性を有すると合理的に認められる範囲を超えて行ってはならない。

（利用目的による制限）
第十六条　個人情報取扱事業者は、あらかじめ本人の同意を得ないで、前条の規定により特定された利用目的の達成に必要な範囲を超えて、個人情報を取り扱ってはならない。
2　個人情報取扱事業者は、合併その他の事由により他の個人情報取扱事業者から事業を承継することに伴って個人情報を取得した場合は、あらかじめ本人の同意を得ないで、承継前における当該個人情報の利用目的の達成に必要な範囲を超えて、当該個人情報を取り扱ってはならない。
3　前二項の規定は、次に掲げる場合については、適用しない。
一　法令に基づく場合
二　人の生命、身体又は財産の保護のために必要がある場合であって、本人の同意を得ることが困難であるとき。
三　公衆衛生の向上又は児童の健全な育成の推進のために特に必要がある場合であって、本人の同意を得ることが困難であるとき。
四　国の機関若しくは地方公共団体又はその委託を受けた者が法令の定める事務を遂行することに対して協力する必要がある場合であって、本人の同意を得ることにより当該事務の遂行に支障を及ぼすおそれがあるとき。

（適正な取得）
第十七条　個人情報取扱事業者は、偽りその他不正の手段により個人情報を取得してはならない。

（取得に際しての利用目的の通知等）
第十八条　個人情報取扱事業者は、個人情報を取得した場合は、あらかじめその利用目的を公表している場合を除き、速やかに、その利用目的を、本人に通知し、又は公表しなければならない。
2　個人情報取扱事業者は、前項の規定にかかわらず、本人との間で契約を締結することに伴って契約書その他の書面（電子的方式、磁気的方式その他人の知覚によっては認識することができない方式で作られる記録を含む。以下この項において同じ。）に記載された当該本人の個人情報を取得する場合その他本人から直接書面に記載された当該本人の個人情報を取得する場合は、あらかじめ、本人に対し、その利用目的を明示しなければならない。ただし、人の生命、身体又は財産の保護のために緊急に必要がある場合は、この限りでない。

3 個人情報取扱事業者は、利用目的を変更した場合は、変更された利用目的について、本人に通知し、又は公表しなければならない。

4 前三項の規定は、次に掲げる場合については、適用しない。

一 利用目的を本人に通知し、又は公表することにより本人又は第三者の生命、身体、財産その他の権利利益を害するおそれがある場合

二 利用目的を本人に通知し、又は公表することにより当該個人情報取扱事業者の権利又は正当な利益を害するおそれがある場合

三 国の機関又は地方公共団体が法令の定める事務を遂行することに対して協力する必要がある場合であって、利用目的を本人に通知し、又は公表することにより当該事務の遂行に支障を及ぼすおそれがあるとき。

四 取得の状況からみて利用目的が明らかであると認められる場合

（データ内容の正確性の確保）

第十九条 個人情報取扱事業者は、利用目的の達成に必要な範囲内において、個人データを正確かつ最新の内容に保つよう努めなければならない。

（安全管理措置）

第二十条 個人情報取扱事業者は、その取り扱う個人データの漏えい、滅失又はき損の防止その他の個人データの安全管理のために必要かつ適切な措置を講じなければならない。

（従業者の監督）

第二十一条 個人情報取扱事業者は、その従業者に個人データを取り扱わせるに当たっては、当該個人データの安全管理が図られるよう、当該従業者に対する必要かつ適切な監督を行わなければならない。

（委託先の監督）

第二十二条 個人情報取扱事業者は、個人データの取扱いの全部又は一部を委託する場合は、その取扱いを委託された個人データの安全管理が図られるよう、委託を受けた者に対する必要かつ適切な監督を行わなければならない。

（第三者提供の制限）

第二十三条 個人情報取扱事業者は、次に掲げる場合を除くほか、あらかじめ本人の同意を得ないで、個人データを第三者に提供してはならない。

一 法令に基づく場合

二 人の生命、身体又は財産の保護のために必要がある場合であって、本人の同意を得ることが困難であるとき。

三 公衆衛生の向上又は児童の健全な育成の推進のために特に必要がある場合であって、本人の同意を得ることが困難であるとき。

四 国の機関若しくは地方公共団体又はその委託を受けた者が法令の定める事務を遂行することに対して協力する必要がある場合であって、本人の同意を得ることにより当該事務の遂行に支障を及ぼすおそれがあるとき。

2 個人情報取扱事業者は、第三者に提供される個人データについて、本人の求めに応じて当該本人が識別される個人データの第三者への提供を停止することとしている場合であって、次に掲げる事項について、あらかじめ、本人に通知し、又は本人が容易に知り得る状態に置いているときは、前項の規定にかかわらず、当該個人データを第三者に提供することができる。

一 第三者への提供を利用目的とすること。

二 第三者に提供される個人データの項目

三 第三者への提供の手段又は方法

四 本人の求めに応じて当該本人が識別される個人データの第三者への提供を停止すること。

3 個人情報取扱事業者は、前項第二号又は第三号に掲げる事項を変更する場合は、変更する内容について、あらかじめ、本人に通知し、又は本人が容易に知り得る状態に置かなければならない。

4 次に掲げる場合において、当該個人データの提供を受ける者は、前三項の規定の適用については、第三者に該当しないものとする。

一 個人情報取扱事業者が利用目的の達成に必要な範囲内において個人データの取扱いの全部又は一部を委託する場合

二 合併その他の事由による事業の承継に伴って個人データが提供される場合

三 個人データを特定の者との間で共同して利用する場合であって、その旨並びに共同して利用される個人データの項目、共同して利用する者の範囲、利用する者の利用目的及び当該個人データの管理について責任を有する者の氏名又は名称について、あらかじめ、本人に通知し、又は本人が容易に知り得る状態に置いているとき。

5 個人情報取扱事業者は、前項第三号に規定する利用する者の利用目的又は個人データの管理について責任を有する者の氏名若しくは名称を変更する場合は、変更する内容について、あらかじめ、本人に通知し、又は本人が容易に知り得る状態に置かなければならない。

（保有個人データに関する事項の公表等）

第二十四条 個人情報取扱事業者は、保有個人データに関し、次に掲げる事項について、本人の知り得る状態（本人の求めに応じて遅滞なく回答する場合を含む。）に置かなければならない。

一 当該個人情報取扱事業者の氏名又は名称

二 すべての保有個人データの利用目的（第十八条第四項第一号から第三号までに該当する場合を除く。）

三 次項、次条第一項、第二十六条第一項又は第二十七条第一項若しくは第二項の規定による求めに応じる手続（第三十条第二項の規定により手数料の額を定めたときは、その手数料の額を含む。）

四 前三号に掲げるもののほか、保有個人データの適正な取扱いの確保に関し必要な事項として政令で定めるもの

2 個人情報取扱事業者は、本人から、当該本人が識別

される保有個人データの利用目的の通知を求められたときは、本人に対し、遅滞なく、これを通知しなければならない。ただし、次の各号のいずれかに該当する場合は、この限りでない。

一　前項の規定により当該本人が識別される保有個人データの利用目的が明らかな場合

二　第十八条第四項第一号から第三号までに該当する場合

3　個人情報取扱事業者は、前項の規定に基づき求められた保有個人データの利用目的を通知しない旨の決定をしたときは、本人に対し、遅滞なく、その旨を通知しなければならない。

（開示）

第二十五条　個人情報取扱事業者は、本人から、当該本人が識別される保有個人データの開示（当該本人が識別される保有個人データが存在しないときにその旨を知らせることを含む。以下同じ。）を求められたときは、本人に対し、政令で定める方法により、遅滞なく、当該保有個人データを開示しなければならない。ただし、開示することにより次の各号のいずれかに該当する場合は、その全部又は一部を開示しないことができる。

一　本人又は第三者の生命、身体、財産その他の権利利益を害するおそれがある場合

二　当該個人情報取扱事業者の業務の適正な実施に著しい支障を及ぼすおそれがある場合

三　他の法令に違反することとなる場合

2　個人情報取扱事業者は、前項の規定に基づき求められた保有個人データの全部又は一部について開示しない旨の決定をしたときは、本人に対し、遅滞なく、その旨を通知しなければならない。

3　他の法令の規定により、本人に対し第一項本文に規定する方法に相当する方法により当該本人が識別される保有個人データの全部又は一部を開示することとされている場合には、当該全部又は一部の保有個人データについては、同項の規定は、適用しない。

（訂正等）

第二十六条　個人情報取扱事業者は、本人から、当該本人が識別される保有個人データの内容が事実でないという理由によって当該保有個人データの内容の訂正、追加又は削除（以下この条において「訂正等」という。）を求められた場合には、その内容の訂正等に関して他の法令の規定により特別の手続が定められている場合を除き、利用目的の達成に必要な範囲内において、遅滞なく必要な調査を行い、その結果に基づき、当該保有個人データの内容の訂正等を行わなければならない。

2　個人情報取扱事業者は、前項の規定に基づき求められた保有個人データの内容の全部若しくは一部について訂正等を行ったとき、又は訂正等を行わない旨の決定をしたときは、本人に対し、遅滞なく、その旨（訂正等を行ったときは、その内容を含む。）を通知しなければならない。

（利用停止等）

第二十七条　個人情報取扱事業者は、本人から、当該本人が識別される保有個人データが第十六条の規定に違反して取り扱われているという理由又は第十七条の規定に違反して取得されたものであるという理由によって、当該保有個人データの利用の停止又は消去（以下この条において「利用停止等」という。）を求められた場合であって、その求めに理由があることが判明したときは、違反を是正するために必要な限度で、遅滞なく、当該保有個人データの利用停止等を行わなければならない。ただし、当該保有個人データの利用停止等に多額の費用を要する場合その他の利用停止等を行うことが困難な場合であって、本人の権利利益を保護するため必要なこれに代わるべき措置をとるときは、この限りでない。

2　個人情報取扱事業者は、本人から、当該本人が識別される保有個人データが第二十三条第一項の規定に違反して第三者に提供されているという理由によって、当該保有個人データの第三者への提供の停止を求められた場合であって、その求めに理由があることが判明したときは、遅滞なく、当該保有個人データの第三者への提供を停止しなければならない。ただし、当該保有個人データの第三者への提供の停止に多額の費用を要する場合その他の第三者への提供を停止することが困難な場合であって、本人の権利利益を保護するため必要なこれに代わるべき措置をとるときは、この限りでない。

3　個人情報取扱事業者は、第一項の規定に基づき求められた保有個人データの全部若しくは一部について利用停止等を行ったとき若しくは利用停止等を行わない旨の決定をしたとき、又は前項の規定に基づき求められた保有個人データの全部若しくは一部について第三者への提供を停止したとき若しくは第三者への提供を停止しない旨の決定をしたときは、本人に対し、遅滞なく、その旨を通知しなければならない。

（理由の説明）

第二十八条　個人情報取扱事業者は、第二十四条第三項、第二十五条第二項、第二十六条第二項又は前条第三項の規定により、本人から求められた措置の全部又は一部について、その措置をとらない旨を通知する場合又はその措置と異なる措置をとる旨を通知する場合は、本人に対し、その理由を説明するよう努めなければならない。

（開示等の求めに応じる手続）

第二十九条　個人情報取扱事業者は、第二十四条第二項、第二十五条第一項、第二十六条第一項又は第二十七条第一項若しくは第二項の規定による求め（以下この条において「開示等の求め」という。）に関し、政令で定めるところにより、その求めを受け付ける方法を定めることができる。この場合において、本人は、当該方法に従って、開示等の求めを行わなければならない。

2　個人情報取扱事業者は、本人に対し、開示等の求めに関し、その対象となる保有個人データを特定するに足りる事項の提示を求めることができる。この場合において、個人情報取扱事業者は、本人が容易かつ的確に開示等の求めをすることができるよう、当該保有個人データの特定に資する情報の提供その他本人の利便を考慮した適切な措置をとらなければならない。

3　開示等の求めは、政令で定めるところにより、代理人によってすることができる。

4　個人情報取扱事業者は、前三項の規定に基づき開示等の求めに応じる手続を定めるに当たっては、本人に

過重な負担を課するものとならないよう配慮しなければならない。

（手数料）

第三十条　個人情報取扱事業者は、第二十四条第二項の規定による利用目的の通知又は第二十五条第一項の規定による開示を求められたときは、当該措置の実施に関し、手数料を徴収することができる。

2　個人情報取扱事業者は、前項の規定により手数料を徴収する場合は、実費を勘案して合理的であると認められる範囲内において、その手数料の額を定めなければならない。

（個人情報取扱事業者による苦情の処理）

第三十一条　個人情報取扱事業者は、個人情報の取扱いに関する苦情の適切かつ迅速な処理に努めなければならない。

2　個人情報取扱事業者は、前項の目的を達成するために必要な体制の整備に努めなければならない。

（報告の徴収）

第三十二条　主務大臣は、この節の規定の施行に必要な限度において、個人情報取扱事業者に対し、個人情報の取扱いに関し報告をさせることができる。

（助言）

第三十三条　主務大臣は、この節の規定の施行に必要な限度において、個人情報取扱事業者に対し、個人情報の取扱いに関し必要な助言をすることができる。

（勧告及び命令）

第三十四条　主務大臣は、個人情報取扱事業者が第十六条から第十八条まで、第二十条から第二十七条まで又は第三十条第二項の規定に違反した場合において個人の権利利益を保護するため必要があると認めるときは、当該個人情報取扱事業者に対し、当該違反行為の中止その他違反を是正するために必要な措置をとるべき旨を勧告することができる。

2　主務大臣は、前項の規定による勧告を受けた個人情報取扱事業者が正当な理由がなくてその勧告に係る措置をとらなかった場合において個人の重大な権利利益の侵害が切迫していると認めるときは、当該個人情報取扱事業者に対し、その勧告に係る措置をとるべきことを命ずることができる。

3　主務大臣は、前二項の規定にかかわらず、個人情報取扱事業者が第十六条、第十七条、第二十条から第二十二条まで又は第二十三条第一項の規定に違反した場合において個人の重大な権利利益を害する事実があるため緊急に措置をとる必要があると認めるときは、当該個人情報取扱事業者に対し、当該違反行為の中止その他違反を是正するために必要な措置をとるべきことを命ずることができる。

（主務大臣の権限の行使の制限）

第三十五条　主務大臣は、前三条の規定により個人情報取扱事業者に対し報告の徴収、助言、勧告又は命令を行うに当たっては、表現の自由、学問の自由、信教の自由及び政治活動の自由を妨げてはならない。

2　前項の規定の趣旨に照らし、主務大臣は、個人情報取扱事業者が第五十条第一項各号に掲げる者（それぞれ当該各号に定める目的で個人情報を取り扱う場合に限る。）に対して個人情報を提供する行為については、その権限を行使しないものとする。

（主務大臣）

第三十六条　この節の規定における主務大臣は、次のとおりとする。ただし、内閣総理大臣は、この節の規定の円滑な実施のため必要があると認める場合は、個人情報取扱事業者が行う個人情報の取扱いのうち特定のものについて、特定の大臣又は国家公安委員会（以下「大臣等」という。）を主務大臣に指定することができる。

一　個人情報取扱事業者が行う個人情報の取扱いのうち雇用管理に関するものについては、厚生労働大臣（船員の雇用管理に関するものについては、国土交通大臣）及び当該個人情報取扱事業者が行う事業を所管する大臣等

二　個人情報取扱事業者が行う個人情報の取扱いのうち前号に掲げるもの以外のものについては、当該個人情報取扱事業者が行う事業を所管する大臣等

2　内閣総理大臣は、前項ただし書の規定により主務大臣を指定したときは、その旨を公示しなければならない。

3　各主務大臣は、この節の規定の施行に当たっては、相互に緊密に連絡し、及び協力しなければならない。

第二節　民間団体による個人情報の保護の推進

（認定）

第三十七条　個人情報取扱事業者の個人情報の適正な取扱いの確保を目的として次に掲げる業務を行おうとする法人（法人でない団体で代表者又は管理人の定めのあるものを含む。次条第三号ロにおいて同じ。）は、主務大臣の認定を受けることができる。

一　業務の対象となる個人情報取扱事業者（以下「対象事業者」という。）の個人情報の取扱いに関する第四十二条の規定による苦情の処理

二　個人情報の適正な取扱いの確保に寄与する事項についての対象事業者に対する情報の提供

三　前二号に掲げるもののほか、対象事業者の個人情報の適正な取扱いの確保に関し必要な業務

2　前項の認定を受けようとする者は、政令で定めるところにより、主務大臣に申請しなければならない。

3　主務大臣は、第一項の認定をしたときは、その旨を公示しなければならない。

（欠格条項）

第三十八条　次の各号のいずれかに該当する者は、前条第一項の認定を受けることができない。

一　この法律の規定により刑に処せられ、その執行を終わり、又は執行を受けることがなくなった日から二年を経過しない者

二　第四十八条第一項の規定により認定を取り消され、その取消しの日から二年を経過しない者

三　その業務を行う役員（法人でない団体で代表者又は管理人の定めのあるものの代表者又は管理人を含む。以下この条において同じ。）のうちに、次のいずれかに該当する者があるもの

イ　禁錮以上の刑に処せられ、又はこの法律の規定により刑に処せられ、その執行を終わり、又は執行を受けることがなくなった日から二年を経過し

ない者

ロ　第四十八条第一項の規定により認定を取り消された法人において、その取消しの日前三十日以内にその役員であった者でその取消しの日から二年を経過しない者

（認定の基準）

第三十九条　主務大臣は、第三十七条第一項の認定の申請が次の各号のいずれにも適合していると認めるときでなければ、その認定をしてはならない。

一　第三十七条第一項各号に掲げる業務を適正かつ確実に行うに必要な業務の実施の方法が定められているものであること。

二　第三十七条第一項各号に掲げる業務を適正かつ確実に行うに足りる知識及び能力並びに経理的基礎を有するものであること。

三　第三十七条第一項各号に掲げる業務以外の業務を行っている場合には、その業務を行うことによって同項各号に掲げる業務が不公正になるおそれがないものであること。

（廃止の届出）

第四十条　第三十七条第一項の認定を受けた者（以下「認定個人情報保護団体」という。）は、その認定に係る業務（以下「認定業務」という。）を廃止しようとするときは、政令で定めるところにより、あらかじめ、その旨を主務大臣に届け出なければならない。

2　主務大臣は、前項の規定による届出があったときは、その旨を公示しなければならない。

（対象事業者）

第四十一条　認定個人情報保護団体は、当該認定個人情報保護団体の構成員である個人情報取扱事業者又は認定業務の対象となることについて同意を得た個人情報取扱事業者を対象事業者としなければならない。

2　認定個人情報保護団体は、対象事業者の氏名又は名称を公表しなければならない。

（苦情の処理）

第四十二条　認定個人情報保護団体は、本人等から対象事業者の個人情報の取扱いに関する苦情について解決の申出があったときは、その相談に応じ、申出人に必要な助言をし、その苦情に係る事情を調査するとともに、当該対象事業者に対し、その苦情の内容を通知してその迅速な解決を求めなければならない。

2　認定個人情報保護団体は、前項の申出に係る苦情の解決について必要があると認めるときは、当該対象事業者に対し、文書若しくは口頭による説明を求め、又は資料の提出を求めることができる。

3　対象事業者は、認定個人情報保護団体から前項の規定による求めがあったときは、正当な理由がないのに、これを拒んではならない。

（個人情報保護指針）

第四十三条　認定個人情報保護団体は、対象事業者の個人情報の適正な取扱いの確保のために、利用目的の特定、安全管理のための措置、本人の求めに応じる手続その他の事項に関し、この法律の規定の趣旨に沿った指針（以下「個人情報保護指針」という。）を作成し、公表するよう努めなければならない。

2　認定個人情報保護団体は、前項の規定により個人情報保護指針を公表したときは、対象事業者に対し、当該個人情報保護指針を遵守させるため必要な指導、勧告その他の措置をとるよう努めなければならない。

（目的外利用の禁止）

第四十四条　認定個人情報保護団体は、認定業務の実施に際して知り得た情報を認定業務の用に供する目的以外に利用してはならない。

（名称の使用制限）

第四十五条　認定個人情報保護団体でない者は、認定個人情報保護団体という名称又はこれに紛らわしい名称を用いてはならない。

（報告の徴収）

第四十六条　主務大臣は、この節の規定の施行に必要な限度において、認定個人情報保護団体に対し、認定業務に関し報告をさせることができる。

（命令）

第四十七条　主務大臣は、この節の規定の施行に必要な限度において、認定個人情報保護団体に対し、認定業務の実施の方法の改善、個人情報保護指針の変更その他の必要な措置をとるべき旨を命ずることができる。

（認定の取消し）

第四十八条　主務大臣は、認定個人情報保護団体が次の各号のいずれかに該当するときは、その認定を取り消すことができる。

一　第三十八条第一号又は第三号に該当するに至ったとき。

二　第三十九条各号のいずれかに適合しなくなったとき。

三　第四十四条の規定に違反したとき。

四　前条の命令に従わないとき。

五　不正の手段により第三十七条第一項の認定を受けたとき。

2　主務大臣は、前項の規定により認定を取り消したときは、その旨を公示しなければならない。

（主務大臣）

第四十九条　この節の規定における主務大臣は、次のとおりとする。ただし、内閣総理大臣は、この節の規定の円滑な実施のため必要があると認める場合は、第三十七条第一項の認定を受けようとする者のうち特定のものについて、特定の大臣等を主務大臣に指定することができる。

一　設立について許可又は認可を受けている認定個人情報保護団体（第三十七条第一項の認定を受けようとする者を含む。次号において同じ。）については、その設立の許可又は認可をした大臣等

二　前号に掲げるもの以外の認定個人情報保護団体については、当該認定個人情報保護団体の対象事業者が行う事業を所管する大臣等

2　内閣総理大臣は、前項ただし書の規定により主務大臣を指定したときは、その旨を公示しなければならない。

第五章　雑則

（適用除外）

第五十条　個人情報取扱事業者のうち次の各号に掲げる者については、その個人情報を取り扱う目的の全部又は一部がそれぞれ当該各号に規定する目的であるとき

は、前章の規定は、適用しない。

一　放送機関、新聞社、通信社その他の報道機関（報道を業として行う個人を含む。）　報道の用に供する目的

二　著述を業として行う者　著述の用に供する目的

三　大学その他の学術研究を目的とする機関若しくは団体又はそれらに属する者　学術研究の用に供する目的

四　宗教団体　宗教活動（これに付随する活動を含む。）の用に供する目的

五　政治団体　政治活動（これに付随する活動を含む。）の用に供する目的

2　前項第一号に規定する「報道」とは、不特定かつ多数の者に対して客観的事実を事実として知らせること（これに基づいて意見又は見解を述べることを含む。）をいう。

3　第一項各号に掲げる個人情報取扱事業者は、個人データの安全管理のために必要かつ適切な措置、個人情報の取扱いに関する苦情の処理その他の個人情報の適正な取扱いを確保するために必要な措置を自ら講じ、かつ、当該措置の内容を公表するよう努めなければならない。

（地方公共団体が処理する事務）

第五十一条　この法律に規定する主務大臣の権限に属する事務は、政令で定めるところにより、地方公共団体の長その他の執行機関が行うこととすることができる。

（権限又は事務の委任）

第五十二条　この法律により主務大臣の権限又は事務に属する事項は、政令で定めるところにより、その所属の職員に委任することができる。

（施行の状況の公表）

第五十三条　内閣総理大臣は、関係する行政機関（法律の規定に基づき内閣に置かれる機関（内閣府を除く。）及び内閣の所轄の下に置かれる機関、内閣府、宮内庁、内閣府設置法（平成十一年法律第八十九号）第四十九条第一項及び第二項に規定する機関並びに国家行政組織法（昭和二十三年法律第百二十号）第三条第二項に規定する機関をいう。次条において同じ。）の長に対し、この法律の施行の状況について報告を求めることができる。

2　内閣総理大臣は、毎年度、前項の報告を取りまとめ、その概要を公表するものとする。

（連絡及び協力）

第五十四条　内閣総理大臣及びこの法律の施行に関係する行政機関の長は、相互に緊密に連絡し、及び協力しなければならない。

（政令への委任）

第五十五条　この法律に定めるもののほか、この法律の実施のため必要な事項は、政令で定める。

第六章　罰則

第五十六条　第三十四条第二項又は第三項の規定による命令に違反した者は、六月以下の懲役又は三十万円以下の罰金に処する。

第五十七条　第三十二条又は第四十六条の規定による報告をせず、又は虚偽の報告をした者は、三十万円以下の罰金に処する。

第五十八条　法人（法人でない団体で代表者又は管理人の定めのあるものを含む。以下この項において同じ。）の代表者又は法人若しくは人の代理人、使用人その他の従業者が、その法人又は人の業務に関して、前二条の違反行為をしたときは、行為者を罰するほか、その法人又は人に対しても、各本条の罰金刑を科する。

2　法人でない団体について前項の規定の適用がある場合には、その代表者又は管理人が、その訴訟行為につき法人でない団体を代表するほか、法人を被告人又は被疑者とする場合の刑事訴訟に関する法律の規定を準用する。

第五十九条　次の各号のいずれかに該当する者は、十万円以下の過料に処する。

一　第四十条第一項の規定による届出をせず、又は虚偽の届出をした者

二　第四十五条の規定に違反した者

附　則　抄

（施行期日）

第一条　この法律は、公布の日から施行する。ただし、第四章から第六章まで及び附則第二条から第六条までの規定は、公布の日から起算して二年を超えない範囲内において政令で定める日から施行する。

（本人の同意に関する経過措置）

第二条　この法律の施行前になされた本人の個人情報の取扱いに関する同意がある場合において、その同意が第十五条第一項の規定により特定される利用目的以外の目的で個人情報を取り扱うことを認める旨の同意に相当するものであるときは、第十六条第一項又は第二項の同意があったものとみなす。

第三条　この法律の施行前になされた本人の個人情報の取扱いに関する同意がある場合において、その同意が第二十三条第一項の規定による個人データの第三者への提供を認める旨の同意に相当するものであるときは、同項の同意があったものとみなす。

（通知に関する経過措置）

第四条　第二十三条第二項の規定により本人に通知し、又は本人が容易に知り得る状態に置かなければならない事項に相当する事項について、この法律の施行前に、本人に通知されているときは、当該通知は、同項の規定により行われたものとみなす。

第五条　第二十三条第四項第三号の規定により本人に通知し、又は本人が容易に知り得る状態に置かなければならない事項に相当する事項について、この法律の施行前に、本人に通知されているときは、当該通知は、同号の規定により行われたものとみなす。

（名称の使用制限に関する経過措置）

第六条　この法律の施行の際現に認定個人情報保護団体という名称又はこれに紛らわしい名称を用いている者については、第四十五条の規定は、同条の規定の施行後六月間は、適用しない。

附　則（平成二一年六月五日法律第四九号）抄

（施行期日）

第一条　この法律は、消費者庁及び消費者委員会設置法（平成二十一年法律第四十八号）の施行の日から施行する。ただし、次の各号に掲げる規定は、当該各号に定める日から施行する。

一　附則第九条の規定　この法律の公布の日

（罰則の適用に関する経過措置）

第八条　この法律の施行前にした行為及びこの法律の附則においてなお従前の例によることとされる場合におけるこの法律の施行後にした行為に対する罰則の適用については、なお従前の例による。

（政令への委任）

第九条　附則第二条から前条までに定めるもののほか、この法律の施行に関し必要な経過措置（罰則に関する経過措置を含む。）は、政令で定める。

個人情報の保護に関する法律施行令

平成十五年十二月十日政令第五百七号
最終改正　平成二〇年五月一日政令第一六六号

内閣は、個人情報の保護に関する法律（平成十五年法律第五十七号）第二条第二項第二号、第三項第四号及び第五項、第二十四条第一項第四号、第二十五条第一項、第二十九条第一項及び第三項、第三十七条第二項、第四十条第一項、第五十一条、第五十二条並びに第五十五条の規定に基づき、この政令を制定する。

（個人情報データベース等）

第一条　個人情報の保護に関する法律（以下「法」という。）第二条第二項第二号の政令で定めるものは、これに含まれる個人情報を一定の規則に従って整理することにより特定の個人情報を容易に検索することができるように体系的に構成した情報の集合物であって、目次、索引その他検索を容易にするためのものを有するものをいう。

（個人情報取扱事業者から除外される者）

第二条　法第二条第三項第五号の政令で定める者は、その事業の用に供する個人情報データベース等を構成する個人情報によって識別される特定の個人の数（当該個人情報データベース等の全部又は一部が他人の作成に係る個人情報データベース等であって、次の各号のいずれかに該当するものを編集し、又は加工することなくその事業の用に供するときは、当該個人情報データベース等の全部又は一部を構成する個人情報によって識別される特定の個人の数を除く。）の合計が過去六月以内のいずれの日においても五千を超えない者とする。

一　個人情報として次に掲げるもののみが含まれるもの

イ　氏名

ロ　住所又は居所（地図上又は電子計算機の映像面上において住所又は居所の所在の場所を示す表示を含む。）

ハ　電話番号

二　不特定かつ多数の者に販売することを目的として発行され、かつ、不特定かつ多数の者により随時に購入することができるもの又はできたもの

（保有個人データから除外されるもの）

第三条　法第二条第五項の政令で定めるものは、次に掲げるものとする。

一　当該個人データの存否が明らかになることにより、本人又は第三者の生命、身体又は財産に危害が及ぶおそれがあるもの

二　当該個人データの存否が明らかになることにより、違法又は不当な行為を助長し、又は誘発するおそれがあるもの

三　当該個人データの存否が明らかになることにより、国の安全が害されるおそれ、他国若しくは国際機関との信頼関係が損なわれるおそれ又は他国若しくは国際機関との交渉上不利益を被るおそれがあるもの

四　当該個人データの存否が明らかになることにより、犯罪の予防、鎮圧又は捜査その他の公共の安全と秩序の維持に支障が及ぶおそれがあるもの

（保有個人データから除外されるものの消去までの期間）

第四条　法第二条第五項の政令で定める期間は、六月とする。

（保有個人データの適正な取扱いの確保に関し必要な事項）

第五条　法第二十四条第一項第四号の政令で定めるものは、次に掲げるものとする。

一　当該個人情報取扱事業者が行う保有個人データの取扱いに関する苦情の申出先

二　当該個人情報取扱事業者が認定個人情報保護団体の対象事業者である場合にあっては、当該認定個人情報保護団体の名称及び苦情の解決の申出先

（個人情報取扱事業者が保有個人データを開示する方法）

第六条　法第二十五条第一項の政令で定める方法は、書面の交付による方法（開示の求めを行った者が同意した方法があるときは、当該方法）とする。

（開示等の求めを受け付ける方法）

第七条　法第二十九条第一項の規定により個人情報取扱事業者が開示等の求めを受け付ける方法として定めることができる事項は、次に掲げるとおりとする。

一　開示等の求めの申出先

二　開示等の求めに際して提出すべき書面（電子的方式、磁気的方式その他人の知覚によっては認識することができない方式で作られる記録を含む。）の様式その他の開示等の求めの方式

三　開示等の求めをする者が本人又は次条に規定する代理人であることの確認の方法

四　法第三十条第一項の手数料の徴収方法

（開示等の求めをすることができる代理人）

第八条　法第二十九条第三項の規定により開示等の求めをすることができる代理人は、次に掲げる代理人とする。

一　未成年者又は成年被後見人の法定代理人

二　開示等の求めをすることにつき本人が委任した代理人

（認定個人情報保護団体の認定の申請）

第九条　法第三十七条第二項の規定による申請は、次に掲げる事項を記載した申請書を主務大臣に提出してしなければならない。

一　名称及び住所並びに代表者又は管理人の氏名

二　認定の申請に係る業務を行おうとする事務所の所在地

三　認定の申請に係る業務の概要

2　前項の申請書には、次に掲げる書類を添付しなければならない。

一　定款、寄附行為その他の基本約款

二　認定を受けようとする者が法第三十八条各号の規定に該当しないことを誓約する書面

三　認定の申請に係る業務の実施の方法を記載した書類

四　認定の申請に係る業務を適正かつ確実に行うに足りる知識及び能力を有することを明らかにする書類

五　最近の事業年度における事業報告書、貸借対照表、収支決算書、財産目録その他の経理的基礎を有することを明らかにする書類（申請の日の属する事業年度に設立された法人にあっては、その設立時における財産目録）

六　役員の氏名、住所及び略歴を記載した書類

七　対象事業者の氏名又は名称を記載した書類及び当該対象事業者が認定を受けようとする者の構成員であること又は認定の申請に係る業務の対象となることについて同意した者であることを証する書類

八　認定の申請に係る業務以外の業務を行っている場合は、その業務の種類及び概要を記載した書類

九　その他参考となる事項を記載した書類

3　認定個人情報保護団体は、第一項第一号若しくは第二号に掲げる事項又は前項第二号から第四号まで、第六号若しくは第八号に掲げる書類に記載した事項に変更があったときは、遅滞なく、その旨（同項第三号に掲げる書類に記載した事項に変更があったときは、その理由を含む。）を記載した届出書を主務大臣に提出しなければならない。

（認定業務の廃止の届出）

第十条　認定個人情報保護団体は、認定業務を廃止しようとするときは、廃止しようとする日の三月前までに、次に掲げる事項を記載した届出書を主務大臣に提出しなければならない。

一　名称及び住所並びに代表者又は管理人の氏名

二　法第四十二条第一項の申出の受付を終了しようとする日

三　認定業務を廃止しようとする日

四　認定業務を廃止する理由

（地方公共団体の長等が処理する事務）

第十一条　法第三十二条から第三十四条までに規定する主務大臣の権限に属する事務は、個人情報取扱事業者が行う事業であって当該主務大臣が所管するものについての報告の徴収、検査、勧告その他の監督に係る権限に属する事務の全部又は一部が他の法令の規定により地方公共団体の長その他の執行機関（以下この条において「地方公共団体の長等」という。）が行うこととされているときは、当該地方公共団体の長等が行う。この場合において、当該事務を行うこととなる地方公共団体の長等が二以上あるときは、法第三十二条及び第三十三条に規定する主務大臣の権限に属する事務は、各地方公共団体の長等がそれぞれ単独に行うことを妨げない。

2　法第三十七条、第四十条及び第四十六条から第四十八条までに規定する主務大臣の権限に属する事務は、認定個人情報保護団体（法第三十七条第一項の認定を受けようとする者を含む。）であってその設立の許可又は認可に係る主務大臣の権限に属する事務が他の法令の規定により地方公共団体の長等が行うこととされているときは、当該地方公共団体の長等が行う。

3　第一項の規定は、主務大臣が自ら同項に規定する事務を行うことを妨げない。

4　第一項の規定により同項に規定する主務大臣の権限に属する事務を行った地方公共団体の長等は、速やかに、その結果を主務大臣に報告しなければならない。

5　第一項及び第二項に規定する場合においては、法及びこの政令中これらの規定に規定する事務に係る主務大臣に関する規定は、地方公共団体の長等に関する規定として地方公共団体の長等に適用があるものとする。

（権限又は事務の委任）

第十二条　主務大臣は、法第五十二条の規定により、内閣府設置法（平成十一年法律第八十九号）第四十九条第一項の庁の長、国家行政組織法（昭和二十三年法律第百二十号）第三条第二項の庁の長又は警察庁長官に法第三十二条から第三十四条まで、第三十七条、第三十九条、第四十条及び第四十六条から第四十八条までに規定する権限又は事務のうちその所掌に係るものを委任することができる。

2　主務大臣（前項の規定によりその権限又は事務が内閣府設置法第四十九条第一項の庁の長又は国家行政組織法第三条第二項の庁の長に委任された場合にあって

は、その庁の長）は、法第五十二条の規定により、内閣府設置法第十七条若しくは第五十三条の官房、局若しくは部の長、同法第十七条第一項若しくは第六十二条第一項若しくは第二項の職、同法第四十三条若しくは第五十七条の地方支分部局の長又は国家行政組織法第七条の官房、局若しくは部の長、同法第九条の地方支分部局の長若しくは同法第二十条第一項若しくは第二項の職に法第三十二条から第三十四条まで、第三十七条、第三十九条、第四十条及び第四十六条から第四十八条までに規定する権限又は事務のうちその所掌に係るものを委任することができる。

3　警察庁長官は、法第五十二条の規定により、警察法（昭和二十九年法律第百六十二号）第十九条第一項の長官官房若しくは局、同条第二項の部又は同法第三十条第一項の地方機関の長に第一項の規定により委任された権限又は事務を委任することができる。

4　主務大臣、内閣府設置法第四十九条第一項の庁の長、国家行政組織法第三条第二項の庁の長又は警察庁長官は、前三項の規定により権限又は事務を委任しようとするときは、委任を受ける職員の官職、委任する権限又は事務及び委任の効力の発生する日を公示しなければならない。

（主務大臣による権限の行使）

第十三条　個人情報取扱事業者が行う個人情報の取扱いについて、法第三十六条第一項の規定による主務大臣が二以上あるときは、法第三十二条及び第三十三条に規定する主務大臣の権限は、各主務大臣がそれぞれ単独に行使することを妨げない。

2　前項の規定によりその権限を単独に行使した主務大臣は、速やかに、その結果を他の主務大臣に通知するものとする。

附　則

この政令は、公布の日から施行する。ただし、第五条から第十三条までの規定は、平成十七年四月一日から施行する。

附　則（平成二〇年五月一日政令第一六六号）

（施行期日）

1　この政令は、公布の日から施行する。

（経過措置）

2　この政令の施行前に個人情報の保護に関する法律第三十二条の規定により報告を求められ、又は同法第三十四条第二項若しくは第三項の規定による命令を受けた個人情報取扱事業者で、この政令による改正後の第二条第二号の規定の適用により個人情報取扱事業者に該当しなくなったものに係る当該報告の求め又は命令及びこれらに係る同法第五十七条又は第五十六条の違反行為に対する罰則の適用については、その個人情報取扱事業者に該当しなくなった後も、なお従前の例による。

行政機関の保有する個人情報の保護に関する法律

平成十五年五月三十日法律第五十八号
最終改正　平成一七年一〇月二一日法律第一〇二号

行政機関の保有する電子計算機処理に係る個人情報の保護に関する法律（昭和六十三年法律第九十五号）の全部を改正する。

第一章　総則

（目的）

第一条　この法律は、行政機関において個人情報の利用が拡大していることにかんがみ、行政機関における個人情報の取扱いに関する基本的事項を定めることにより、行政の適正かつ円滑な運営を図りつつ、個人の権利利益を保護することを目的とする。

（定義）

第二条　この法律において「行政機関」とは、次に掲げる機関をいう。

一　法律の規定に基づき内閣に置かれる機関（内閣府を除く。）及び内閣の所轄の下に置かれる機関

二　内閣府、宮内庁並びに内閣府設置法（平成十一年法律第八十九号）第四十九条第一項及び第二項に規定する機関（これらの機関のうち第四号の政令で定める機関が置かれる機関にあっては、当該政令で定める機関を除く。）

三　国家行政組織法（昭和二十三年法律第百二十号）第三条第二項に規定する機関（第五号の政令で定める機関が置かれる機関にあっては、当該政令で定める機関を除く。）

四　内閣府設置法第三十九条及び第五十五条並びに宮内庁法（昭和二十二年法律第七十号）第十六条第二項の機関並びに内閣府設置法第四十条及び第五十六

条（宮内庁法第十八条第一項において準用する場合を含む。）の特別の機関で、政令で定めるもの

五　国家行政組織法第八条の二の施設等機関及び同法第八条の三の特別の機関で、政令で定めるもの

六　会計検査院

2　この法律において「個人情報」とは、生存する個人に関する情報であって、当該情報に含まれる氏名、生年月日その他の記述等により特定の個人を識別することができるもの（他の情報と照合することができ、それにより特定の個人を識別することができることとなるものを含む。）をいう。

3　この法律において「保有個人情報」とは、行政機関の職員が職務上作成し、又は取得した個人情報であって、当該行政機関の職員が組織的に利用するものとして、当該行政機関が保有しているものをいう。ただし、行政文書（行政機関の保有する情報の公開に関する法律（平成十一年法律第四十二号）第二条第二項に規定する行政文書をいう。以下同じ。）に記録されているものに限る。

4　この法律において「個人情報ファイル」とは、保有個人情報を含む情報の集合物であって、次に掲げるものをいう。

一　一定の事務の目的を達成するために特定の保有個人情報を電子計算機を用いて検索することができるように体系的に構成したもの

二　前号に掲げるもののほか、一定の事務の目的を達成するために氏名、生年月日、その他の記述等により特定の保有個人情報を容易に検索することができるように体系的に構成したもの

5　この法律において個人情報について「本人」とは、個人情報によって識別される特定の個人をいう。

第二章　行政機関における個人情報の取扱い

（個人情報の保有の制限等）

第三条　行政機関は、個人情報を保有するに当たっては、法令の定める所掌事務を遂行するため必要な場合に限り、かつ、その利用の目的をできる限り特定しなければならない。

2　行政機関は、前項の規定により特定された利用の目的（以下「利用目的」という。）の達成に必要な範囲を超えて、個人情報を保有してはならない。

3　行政機関は、利用目的を変更する場合には、変更前の利用目的と相当の関連性を有すると合理的に認められる範囲を超えて行ってはならない。

（利用目的の明示）

第四条　行政機関は、本人から直接書面（電子的方式、磁気的方式その他人の知覚によっては認識することができない方式で作られる記録（第二十四条及び第五十五条において「電磁的記録」という。）を含む。）に記録された当該本人の個人情報を取得するときは、次に掲げる場合を除き、あらかじめ、本人に対し、その利用目的を明示しなければならない。

一　人の生命、身体又は財産の保護のために緊急に必要があるとき。

二　利用目的を本人に明示することにより、本人又は第三者の生命、身体、財産その他の権利利益を害するおそれがあるとき。

三　利用目的を本人に明示することにより、国の機関、独立行政法人等（独立行政法人等の保有する個人情報の保護に関する法律（平成十五年法律第五十九号。以下「独立行政法人等個人情報保護法」という。）第二条第一項に規定する独立行政法人等をいう。以下同じ。）、地方公共団体又は地方独立行政法人（地方独立行政法人法（平成十五年法律第百十八号）第二条第一項に規定する地方独立行政法人をいう。以下同じ。）が行う事務又は事業の適正な遂行に支障を及ぼすおそれがあるとき。

四　取得の状況からみて利用目的が明らかであると認められるとき。

（正確性の確保）

第五条　行政機関の長（第二条第一項第四号及び第五号の政令で定める機関にあっては、その機関ごとに政令で定める者をいう。以下同じ。）は、利用目的の達成に必要な範囲内で、保有個人情報が過去又は現在の事実と合致するよう努めなければならない。

（安全確保の措置）

第六条　行政機関の長は、保有個人情報の漏えい、滅失又はき損の防止その他の保有個人情報の適切な管理のために必要な措置を講じなければならない。

2　前項の規定は、行政機関から個人情報の取扱いの委託を受けた者が受託した業務を行う場合について準用する。

（従事者の義務）

第七条　個人情報の取扱いに従事する行政機関の職員若しくは職員であった者又は前条第二項の受託業務に従事している者若しくは従事していた者は、その業務に関して知り得た個人情報の内容をみだりに他人に知らせ、又は不当な目的に利用してはならない。

（利用及び提供の制限）

第八条　行政機関の長は、法令に基づく場合を除き、利用目的以外の目的のために保有個人情報を自ら利用し、又は提供してはならない。

2　前項の規定にかかわらず、行政機関の長は、次の各号のいずれかに該当すると認めるときは、利用目的以外の目的のために保有個人情報を自ら利用し、又は提供することができる。ただし、保有個人情報を利用目的以外の目的のために自ら利用し、又は提供することによって、本人又は第三者の権利利益を不当に侵害するおそれがあると認められるときは、この限りでない。

一　本人の同意があるとき、又は本人に提供するとき。

二　行政機関が法令の定める所掌事務の遂行に必要な限度で保有個人情報を内部で利用する場合であって、当該保有個人情報を利用することについて相当な理由のあるとき。

三　他の行政機関、独立行政法人等、地方公共団体又は地方独立行政法人に保有個人情報を提供する場合において、保有個人情報の提供を受ける者が、法令の定める事務又は業務の遂行に必要な限度で提供に係る個人情報を利用し、かつ、当該個人情報を利用することについて相当な理由のあるとき。

四　前三号に掲げる場合のほか、専ら統計の作成又は学術研究の目的のために保有個人情報を提供すると

き　本人以外の者に提供することが明らかに本人の利益になるとき、その他保有個人情報を提供することについて特別の理由のあるとき。

3　前項の規定は、保有個人情報の利用又は提供を制限する他の法令の規定の適用を妨げるものではない。

4　行政機関の長は、個人の権利利益を保護するため特に必要があると認めるときは、保有個人情報の利用目的以外の目的のための行政機関の内部における利用を特定の部局又は機関に限るものとする。

（保有個人情報の提供を受ける者に対する措置要求）

第九条　行政機関の長は、前条第二項第三号又は第四号の規定に基づき、保有個人情報を提供する場合において、必要があると認めるときは、保有個人情報の提供を受ける者に対し、提供に係る個人情報について、その利用の目的若しくは方法の制限その他必要な制限を付し、又はその漏えいの防止その他の個人情報の適切な管理のために必要な措置を講ずることを求めるものとする。

第三章　個人情報ファイル

（個人情報ファイルの保有等に関する事前通知）

第十条　行政機関（会計検査院を除く。以下この条、第五十条及び第五十一条において同じ。）が個人情報ファイルを保有しようとするときは、当該行政機関の長は、あらかじめ、総務大臣に対し、次に掲げる事項を通知しなければならない。通知した事項を変更しようとするときも、同様とする。

一　個人情報ファイルの名称

二　当該行政機関の名称及び個人情報ファイルが利用に供される事務をつかさどる組織の名称

三　個人情報ファイルの利用目的

四　個人情報ファイルに記録される項目（以下この章において「記録項目」という。）及び本人（他の個人の氏名、生年月日その他の記述等によらないで検索し得る者に限る。次項第九号において同じ。）として個人情報ファイルに記録される個人の範囲（以下この章において「記録範囲」という。）

五　個人情報ファイルに記録される個人情報（以下この章において「記録情報」という。）の収集方法

六　記録情報を当該行政機関以外の者に経常的に提供する場合には、その提供先

七　次条第三項の規定に基づき、記録項目の一部若しくは第五号若しくは前号に掲げる事項を個人情報ファイル簿に記載しないこととするとき、又は個人情報ファイルを個人情報ファイル簿に掲載しないこととするときは、その旨

八　第十二条第一項、第二十七条第一項又は第三十六条第一項の規定による請求を受理する組織の名称及び所在地

九　第二十七条第一項ただし書又は第三十六条第一項ただし書に該当するときは、その旨

十　その他政令で定める事項

2　前項の規定は、次に掲げる個人情報ファイルについては、適用しない。

一　国の安全、外交上の秘密その他の国の重大な利益に関する事項を記録する個人情報ファイル

二　犯罪の捜査、租税に関する法律の規定に基づく犯則事件の調査又は公訴の提起若しくは維持のために作成し、又は取得する個人情報ファイル

三　行政機関の職員又は職員であった者に係る個人情報ファイルであって、専らその人事、給与若しくは福利厚生に関する事項又はこれらに準ずる事項を記録するもの（行政機関が行う職員の採用試験に関する個人情報ファイルを含む。）

四　専ら試験的な電子計算機処理の用に供するための個人情報ファイル

五　前項の規定による通知に係る個人情報ファイルに記録されている記録情報の全部又は一部を記録した個人情報ファイルであって、その利用目的、記録項目及び記録範囲が当該通知に係るこれらの事項の範囲内のもの

六　一年以内に消去することとなる記録情報のみを記録する個人情報ファイル

七　資料その他の物品若しくは金銭の送付又は業務上必要な連絡のために利用する記録情報を記録した個人情報ファイルであって、送付又は連絡の相手方の氏名、住所その他の送付又は連絡に必要な事項のみを記録するもの

八　職員が学術研究の用に供するためその発意に基づき作成し、又は取得する個人情報ファイルであって、記録情報を専ら当該学術研究の目的のために利用するもの

九　本人の数が政令で定める数に満たない個人情報ファイル

十　第三号から前号までに掲げる個人情報ファイルに準ずるものとして政令で定める個人情報ファイル

十一　第二条第四項第二号に係る個人情報ファイル

3　行政機関の長は、第一項に規定する事項を通知した個人情報ファイルについて、当該行政機関がその保有をやめたとき、又はその個人情報ファイルが前項第九号に該当するに至ったときは、遅滞なく、総務大臣に対しその旨を通知しなければならない。

（個人情報ファイル簿の作成及び公表）

第十一条　行政機関の長は、政令で定めるところにより、当該行政機関が保有している個人情報ファイルについて、それぞれ前条第一項第一号から第六号まで、第八号及び第九号に掲げる事項その他政令で定める事項を記載した帳簿（第三項において「個人情報ファイル簿」という。）を作成し、公表しなければならない。

2　前項の規定は、次に掲げる個人情報ファイルについては、適用しない。

一　前条第二項第一号から第十号までに掲げる個人情報ファイル

二　前項の規定による公表に係る個人情報ファイルに記録されている記録情報の全部又は一部を記録した個人情報ファイルであって、その利用目的、記録項目及び記録範囲が当該公表に係るこれらの事項の範囲内のもの

三　前号に掲げる個人情報ファイルに準ずるものとして政令で定める個人情報ファイル

3　第一項の規定にかかわらず、行政機関の長は、記録項目の一部若しくは前条第一項第五号若しくは第六号に掲げる事項を個人情報ファイル簿に記載し、又は個

人情報ファイルを個人情報ファイル簿に掲載することにより、利用目的に係る事務の性質上、当該事務の適正な遂行に著しい支障を及ぼすおそれがあると認めるときは、その記録項目の一部若しくは事項を記載せず、又はその個人情報ファイルを個人情報ファイル簿に掲載しないことができる。

第四章 開示、訂正及び利用停止

第一節 開示

（開示請求権）

第十二条 何人も、この法律の定めるところにより、行政機関の長に対し、当該行政機関の保有する自己を本人とする保有個人情報の開示を請求することができる。

2 未成年者又は成年被後見人の法定代理人は、本人に代わって前項の規定による開示の請求（以下「開示請求」という。）をすることができる。

（開示請求の手続）

第十三条 開示請求は、次に掲げる事項を記載した書面（以下「開示請求書」という。）を行政機関の長に提出してしなければならない。

一 開示請求をする者の氏名及び住所又は居所

二 開示請求に係る保有個人情報が記録されている行政文書の名称その他の開示請求に係る保有個人情報を特定するに足りる事項

2 前項の場合において、開示請求をする者は、政令で定めるところにより、開示請求に係る保有個人情報の本人であること（前条第二項の規定による開示請求にあっては、開示請求に係る保有個人情報の本人の法定代理人であること）を示す書類を提示し、又は提出しなければならない。

3 行政機関の長は、開示請求書に形式上の不備があると認めるときは、開示請求をした者（以下「開示請求者」という。）に対し、相当の期間を定めて、その補正を求めることができる。この場合において、行政機関の長は、開示請求者に対し、補正の参考となる情報を提供するよう努めなければならない。

（保有個人情報の開示義務）

第十四条 行政機関の長は、開示請求があったときは、開示請求に係る保有個人情報に次の各号に掲げる情報（以下「不開示情報」という。）のいずれかが含まれている場合を除き、開示請求者に対し、当該保有個人情報を開示しなければならない。

一 開示請求者（第十二条第二項の規定により未成年者又は成年被後見人の法定代理人が本人に代わって開示請求をする場合にあっては、当該本人をいう。次号及び第三号、次条第二項並びに第二十三条第一項において同じ。）の生命、健康、生活又は財産を害するおそれがある情報

二 開示請求者以外の個人に関する情報（事業を営む個人の当該事業に関する情報を除く。）であって、当該情報に含まれる氏名、生年月日その他の記述等により開示請求者以外の特定の個人を識別することができるもの（他の情報と照合することにより、開示請求者以外の特定の個人を識別することができることとなるものを含む。）又は開示請求者以外の特定の個人を識別することはできないが、開示することにより、なお開示請求者以外の個人の権利利益を害するおそれがあるもの。ただし、次に掲げる情報を除く。

イ 法令の規定により又は慣行として開示請求者が知ることができ、又は知ることが予定されている情報

ロ 人の生命、健康、生活又は財産を保護するため、開示することが必要であると認められる情報

ハ 当該個人が公務員等（国家公務員法（昭和二十二年法律第百二十号）第二条第一項に規定する国家公務員（独立行政法人通則法（平成十一年法律第百三号）第二条第二項に規定する特定独立行政法人の役員及び職員を除く。）、独立行政法人等の役員及び職員、地方公務員法（昭和二十五年法律第二百六十一号）第二条に規定する地方公務員並びに地方独立行政法人の役員及び職員をいう。）である場合において、当該情報がその職務の遂行に係る情報であるときは、当該情報のうち、当該公務員等の職及び当該職務遂行の内容に係る部分

三 法人その他の団体（国、独立行政法人等、地方公共団体及び地方独立行政法人を除く。以下この号において「法人等」という。）に関する情報又は開示請求者以外の事業を営む個人の当該事業に関する情報であって、次に掲げるもの。ただし、人の生命、健康、生活又は財産を保護するため、開示することが必要であると認められる情報を除く。

イ 開示することにより、当該法人等又は当該個人の権利、競争上の地位その他正当な利益を害するおそれがあるもの

ロ 行政機関の要請を受けて、開示しないとの条件で任意に提供されたものであって、法人等又は個人における通例として開示しないこととされているものその他の当該条件を付することが当該情報の性質、当時の状況等に照らして合理的であると認められるもの

四 開示することにより、国の安全が害されるおそれ、他国若しくは国際機関との信頼関係が損なわれるおそれ又は他国若しくは国際機関との交渉上不利益を被るおそれがあると行政機関の長が認めることにつき相当の理由がある情報

五 開示することにより、犯罪の予防、鎮圧又は捜査、公訴の維持、刑の執行その他の公共の安全と秩序の維持に支障を及ぼすおそれがあると行政機関の長が認めることにつき相当の理由がある情報

六 国の機関、独立行政法人等、地方公共団体及び地方独立行政法人の内部又は相互間における審議、検討又は協議に関する情報であって、開示することにより、率直な意見の交換若しくは意思決定の中立性が不当に損なわれるおそれ、不当に国民の間に混乱を生じさせるおそれ又は特定の者に不当に利益を与え若しくは不利益を及ぼすおそれがあるもの

七 国の機関、独立行政法人等、地方公共団体又は地方独立行政法人が行う事務又は事業に関する情報であって、開示することにより、次に掲げるおそれそ

の他当該事務又は事業の性質上、当該事務又は事業の適正な遂行に支障を及ぼすおそれがあるもの

イ　監査、検査、取締り、試験又は租税の賦課若しくは徴収に係る事務に関し、正確な事実の把握を困難にするおそれ又は違法若しくは不当な行為を容易にし、若しくはその発見を困難にするおそれ

ロ　契約、交渉又は争訟に係る事務に関し、国、独立行政法人等、地方公共団体又は地方独立行政法人の財産上の利益又は当事者としての地位を不当に害するおそれ

ハ　調査研究に係る事務に関し、その公正かつ能率的な遂行を不当に阻害するおそれ

ニ　人事管理に係る事務に関し、公正かつ円滑な人事の確保に支障を及ぼすおそれ

ホ　国若しくは地方公共団体が経営する企業、独立行政法人等又は地方独立行政法人に係る事業に関し、その企業経営上の正当な利益を害するおそれ

（部分開示）

第十五条　行政機関の長は、開示請求に係る保有個人情報に不開示情報が含まれている場合において、不開示情報に該当する部分を容易に区分して除くことができるときは、開示請求者に対し、当該部分を除いた部分につき開示しなければならない。

2　開示請求に係る保有個人情報に前条第二号の情報（開示請求者以外の特定の個人を識別することができるものに限る。）が含まれている場合において、当該情報のうち、氏名、生年月日その他の開示請求者以外の特定の個人を識別することができることとなる記述等の部分を除くことにより、開示しても、開示請求者以外の個人の権利利益が害されるおそれがないと認められるときは、当該部分を除いた部分は、同号の情報に含まれないものとみなして、前項の規定を適用する。

（裁量的開示）

第十六条　行政機関の長は、開示請求に係る保有個人情報に不開示情報が含まれている場合であっても、個人の権利利益を保護するため特に必要があると認めるときは、開示請求者に対し、当該保有個人情報を開示することができる。

（保有個人情報の存否に関する情報）

第十七条　開示請求に対し、当該開示請求に係る保有個人情報が存在しているか否かを答えるだけで、不開示情報を開示することとなるときは、行政機関の長は、当該保有個人情報の存否を明らかにしないで、当該開示請求を拒否することができる。

（開示請求に対する措置）

第十八条　行政機関の長は、開示請求に係る保有個人情報の全部又は一部を開示するときは、その旨の決定をし、開示請求者に対し、その旨、開示する保有個人情報の利用目的及び開示の実施に関し政令で定める事項を書面により通知しなければならない。ただし、第四条第二号又は第三号に該当する場合における当該利用目的については、この限りでない。

2　行政機関の長は、開示請求に係る保有個人情報の全部を開示しないとき（前条の規定により開示請求を拒否するとき、及び開示請求に係る保有個人情報を保有していないときを含む。）は、開示をしない旨の決定をし、開示請求者に対し、その旨を書面により通知しなければならない。

（開示決定等の期限）

第十九条　前条各項の決定（以下「開示決定等」という。）は、開示請求があった日から三十日以内にしなければならない。ただし、第十三条第三項の規定により補正を求めた場合にあっては、当該補正に要した日数は、当該期間に算入しない。

2　前項の規定にかかわらず、行政機関の長は、事務処理上の困難その他正当な理由があるときは、同項に規定する期間を三十日以内に限り延長することができる。この場合において、行政機関の長は、開示請求者に対し、遅滞なく、延長後の期間及び延長の理由を書面により通知しなければならない。

（開示決定等の期限の特例）

第二十条　開示請求に係る保有個人情報が著しく大量であるため、開示請求があった日から六十日以内にそのすべてについて開示決定等をすることにより事務の遂行に著しい支障が生ずるおそれがある場合には、前条の規定にかかわらず、行政機関の長は、開示請求に係る保有個人情報のうちの相当の部分につき当該期間内に開示決定等をし、残りの保有個人情報については相当の期間内に開示決定等をすれば足りる。この場合において、行政機関の長は、同条第一項に規定する期間内に、開示請求者に対し、次に掲げる事項を書面により通知しなければならない。

一　この条の規定を適用する旨及びその理由

二　残りの保有個人情報について開示決定等をする期限

（事案の移送）

第二十一条　行政機関の長は、開示請求に係る保有個人情報が他の行政機関から提供されたものであるとき、その他他の行政機関の長において開示決定等をすることにつき正当な理由があるときは、当該他の行政機関の長と協議の上、当該他の行政機関の長に対し、事案を移送することができる。この場合においては、移送をした行政機関の長は、開示請求者に対し、事案を移送した旨を書面により通知しなければならない。

2　前項の規定により事案が移送されたときは、移送を受けた行政機関の長において、当該開示請求についての開示決定等をしなければならない。この場合において、移送をした行政機関の長が移送前にした行為は、移送を受けた行政機関の長がしたものとみなす。

3　前項の場合において、移送を受けた行政機関の長が第十八条第一項の決定（以下「開示決定」という。）をしたときは、当該行政機関の長は、開示の実施をしなければならない。この場合において、移送をした行政機関の長は、当該開示の実施に必要な協力をしなければならない。

（独立行政法人等への事案の移送）

第二十二条　行政機関の長は、開示請求に係る保有個人情報が独立行政法人等から提供されたものであるとき、その他独立行政法人等において独立行政法人等個人情報保護法第十九条第一項に規定する開示決定等をすることにつき正当な理由があるときは、当該独立行政法人等と協議の上、当該独立行政法人等に対し、事案を移送することができる。この場合においては、移送をした行政機関の長は、開示請求者に対し、事案を

移送した旨を書面により通知しなければならない。

2　前項の規定により事案が移送されたときは、当該事案については、保有個人情報を移送を受けた独立行政法人等が保有する独立行政法人等個人情報保護法第二条第三項に規定する保有個人情報と、開示請求を移送を受けた独立行政法人等に対する独立行政法人等個人情報保護法第十二条第二項に規定する開示請求とみなして、独立行政法人等個人情報保護法の規定を適用する。この場合において、独立行政法人等個人情報保護法第十九条第一項中「第十三条第三項」とあるのは、「行政機関個人情報保護法第十三条第三項」とする。

3　第一項の規定により事案が移送された場合において、移送を受けた独立行政法人等が開示の実施をするときは、移送をした行政機関の長は、当該開示の実施に必要な協力をしなければならない。

（第三者に対する意見書提出の機会の付与等）

第二十三条　開示請求に係る保有個人情報に国、独立行政法人等、地方公共団体、地方独立行政法人及び開示請求者以外の者（以下この条、第四十三条及び第四十四条において「第三者」という。）に関する情報が含まれているときは、行政機関の長は、開示決定等をするに当たって、当該情報に係る第三者に対し、政令で定めるところにより、当該第三者に関する情報の内容その他政令で定める事項を通知して、意見書を提出する機会を与えることができる。

2　行政機関の長は、次の各号のいずれかに該当するときは、開示決定に先立ち、当該第三者に対し、政令で定めるところにより、開示請求に係る当該第三者に関する情報の内容その他政令で定める事項を書面により通知して、意見書を提出する機会を与えなければならない。ただし、当該第三者の所在が判明しない場合は、この限りでない。

一　第三者に関する情報が含まれている保有個人情報を開示しようとする場合であって、当該第三者に関する情報が第十四条第二号ロ又は同条第三号ただし書に規定する情報に該当すると認められるとき。

二　第三者に関する情報が含まれている保有個人情報を第十六条の規定により開示しようとするとき。

3　行政機関の長は、前二項の規定により意見書の提出の機会を与えられた第三者が当該第三者に関する情報の開示に反対の意思を表示した意見書を提出した場合において、開示決定をするときは、開示決定の日と開示を実施する日との間に少なくとも二週間を置かなければならない。この場合において、行政機関の長は、開示決定後直ちに、当該意見書（第四十二条及び第四十三条において「反対意見書」という。）を提出した第三者に対し、開示決定をした旨及びその理由並びに開示を実施する日を書面により通知しなければならない。

（開示の実施）

第二十四条　保有個人情報の開示は、当該保有個人情報が、文書又は図画に記録されているときは閲覧又は写しの交付により、電磁的記録に記録されているときはその種別、情報化の進展状況等を勘案して行政機関が定める方法により行う。ただし、閲覧の方法による保有個人情報の開示にあっては、行政機関の長は、当該保有個人情報が記録されている文書又は図画の保存に支障を生ずるおそれがあると認めるとき、その他正当な理由があるときは、その写しにより、これを行うことができる。

2　行政機関は、前項の規定に基づく電磁的記録についての開示の方法に関する定めを一般の閲覧に供しなければならない。

3　開示決定に基づき保有個人情報の開示を受ける者は、政令で定めるところにより、当該開示決定をした行政機関の長に対し、その求める開示の実施の方法その他の政令で定める事項を申し出なければならない。

4　前項の規定による申出は、第十八条第一項に規定する通知があった日から三十日以内にしなければならない。ただし、当該期間内に当該申出をすることができないことにつき正当な理由があるときは、この限りでない。

（他の法令による開示の実施との調整）

第二十五条　行政機関の長は、他の法令の規定により、開示請求者に対し開示請求に係る保有個人情報が前条第一項本文に規定する方法と同一の方法で開示することとされている場合（開示の期間が定められている場合にあっては、当該期間内に限る。）には、同項本文の規定にかかわらず、当該保有個人情報については、当該同一の方法による開示を行わない。ただし、当該他の法令の規定に一定の場合には開示をしない旨の定めがあるときは、この限りでない。

2　他の法令の規定に定める開示の方法が縦覧であるときは、当該縦覧を前条第一項本文の閲覧とみなして、前項の規定を適用する。

（手数料）

第二十六条　開示請求をする者は、政令で定めるところにより、実費の範囲内において政令で定める額の手数料を納めなければならない。

2　前項の手数料の額を定めるに当たっては、できる限り利用しやすい額とするよう配慮しなければならない。

第二節　訂正

（訂正請求権）

第二十七条　何人も、自己を本人とする保有個人情報（次に掲げるものに限る。第三十六条第一項において同じ。）の内容が事実でないと思料するときは、この法律の定めるところにより、当該保有個人情報を保有する行政機関の長に対し、当該保有個人情報の訂正（追加又は削除を含む。以下同じ。）を請求することができる。ただし、当該保有個人情報の訂正に関して他の法律又はこれに基づく命令の規定により特別の手続が定められているときは、この限りでない。

一　開示決定に基づき開示を受けた保有個人情報

二　第二十二条第一項の規定により事案が移送された場合において、独立行政法人等個人情報保護法第二十一条第三項に規定する開示決定に基づき開示を受けた保有個人情報

三　開示決定に係る保有個人情報であって、第二十五条第一項の他の法令の規定により開示を受けたもの

2　未成年者又は成年被後見人の法定代理人は、本人に代わって前項の規定による訂正の請求（以下「訂正請

求」という。）をすることができる。

3　訂正請求は、保有個人情報の開示を受けた日から九十日以内にしなければならない。

（訂正請求の手続）

第二十八条　訂正請求は、次に掲げる事項を記載した書面（以下「訂正請求書」という。）を行政機関の長に提出してしなければならない。

一　訂正請求をする者の氏名及び住所又は居所

二　訂正請求に係る保有個人情報の開示を受けた日その他当該保有個人情報を特定するに足りる事項

三　訂正請求の趣旨及び理由

2　前項の場合において、訂正請求をする者は、政令で定めるところにより、訂正請求に係る保有個人情報の本人であること（前条第二項の規定による訂正請求にあっては、訂正請求に係る保有個人情報の本人の法定代理人であること）を示す書類を提示し、又は提出しなければならない。

3　行政機関の長は、訂正請求書に形式上の不備があると認めるときは、訂正請求をした者（以下「訂正請求者」という。）に対し、相当の期間を定めて、その補正を求めることができる。

（保有個人情報の訂正義務）

第二十九条　行政機関の長は、訂正請求があった場合において、当該訂正請求に理由があると認めるときは、当該訂正請求に係る保有個人情報の利用目的の達成に必要な範囲内で、当該保有個人情報の訂正をしなければならない。

（訂正請求に対する措置）

第三十条　行政機関の長は、訂正請求に係る保有個人情報の訂正をするときは、その旨の決定をし、訂正請求者に対し、その旨を書面により通知しなければならない。

2　行政機関の長は、訂正請求に係る保有個人情報の訂正をしないときは、その旨の決定をし、訂正請求者に対し、その旨を書面により通知しなければならない。

（訂正決定等の期限）

第三十一条　前条各項の決定（以下「訂正決定等」という。）は、訂正請求があった日から三十日以内にしなければならない。ただし、第二十八条第三項の規定により補正を求めた場合にあっては、当該補正に要した日数は、当該期間に算入しない。

2　前項の規定にかかわらず、行政機関の長は、事務処理上の困難その他正当な理由があるときは、同項に規定する期間を三十日以内に限り延長することができる。この場合において、行政機関の長は、訂正請求者に対し、遅滞なく、延長後の期間及び延長の理由を書面により通知しなければならない。

（訂正決定等の期限の特例）

第三十二条　行政機関の長は、訂正決定等に特に長期間を要すると認めるときは、前条の規定にかかわらず、相当の期間内に訂正決定等をすれば足りる。この場合において、行政機関の長は、同条第一項に規定する期間内に、訂正請求者に対し、次に掲げる事項を書面により通知しなければならない。

一　この条の規定を適用する旨及びその理由

二　訂正決定等をする期限

（事案の移送）

第三十三条　行政機関の長は、訂正請求に係る保有個人情報が第二十一条第三項の規定に基づく開示に係るものであるとき、その他他の行政機関の長において訂正決定等をすることにつき正当な理由があるときは、当該他の行政機関の長と協議の上、当該他の行政機関の長に対し、事案を移送することができる。この場合においては、移送をした行政機関の長は、訂正請求者に対し、事案を移送した旨を書面により通知しなければならない。

2　前項の規定により事案が移送されたときは、移送を受けた行政機関の長において、当該訂正請求についての訂正決定等をしなければならない。この場合において、移送をした行政機関の長が移送前にした行為は、移送を受けた行政機関の長がしたものとみなす。

3　前項の場合において、移送を受けた行政機関の長が第三十条第一項の決定（以下「訂正決定」という。）をしたときは、移送をした行政機関の長は、当該訂正決定に基づき訂正の実施をしなければならない。

（独立行政法人等への事案の移送）

第三十四条　行政機関の長は、訂正請求に係る保有個人情報が第二十七条第一項第二号に掲げるものであるとき、その他独立行政法人等において独立行政法人等個人情報保護法第三十一条第一項に規定する訂正決定等をすることにつき正当な理由があるときは、当該独立行政法人等と協議の上、当該独立行政法人等に対し、事案を移送することができる。この場合においては、移送をした行政機関の長は、訂正請求者に対し、事案を移送した旨を書面により通知しなければならない。

2　前項の規定により事案が移送されたときは、当該事案については、保有個人情報を移送を受けた独立行政法人等が保有する独立行政法人等個人情報保護法第二条第三項に規定する保有個人情報と、訂正請求を移送を受けた独立行政法人等に対する独立行政法人等個人情報保護法第二十七条第二項に規定する訂正請求とみなして、独立行政法人等個人情報保護法の規定を適用する。この場合において、独立行政法人等個人情報保護法第三十一条第一項中「第二十八条第三項」とあるのは、「行政機関個人情報保護法第二十八条第三項」とする。

3　第一項の規定により事案が移送された場合において、移送を受けた独立行政法人等が独立行政法人等個人情報保護法第三十三条第三項に規定する訂正決定をしたときは、移送をした行政機関の長は、当該訂正決定に基づき訂正の実施をしなければならない。

（保有個人情報の提供先への通知）

第三十五条　行政機関の長は、訂正決定（前条第三項の訂正決定を含む。）に基づく保有個人情報の訂正の実施をした場合において、必要があると認めるときは、当該保有個人情報の提供先に対し、遅滞なく、その旨を書面により通知するものとする。

第三節　利用停止

（利用停止請求権）

第三十六条　何人も、自己を本人とする保有個人情報が次の各号のいずれかに該当すると思料するときは、この法律の定めるところにより、当該保有個人情報を保有する行政機関の長に対し、当該各号に定める措置を請求することができる。ただし、当該保有個人情報の利用の停止、消去又は提供の停止（以下「利用停止」という。）に関して他の法律又はこれに基づく命令の規定により特別の手続が定められているときは、この限りでない。

一 当該保有個人情報を保有する行政機関により適法に取得されたものでないとき、第三条第二項の規定に違反して保有されているとき、又は第八条第一項及び第二項の規定に違反して利用されているとき　当該保有個人情報の利用の停止又は消去

二 第八条第一項及び第二項の規定に違反して提供されているとき　当該保有個人情報の提供の停止

2 未成年者又は成年被後見人の法定代理人は、本人に代わって前項の規定による利用停止の請求（以下「利用停止請求」という。）をすることができる。

3 利用停止請求は、保有個人情報の開示を受けた日から九十日以内にしなければならない。

（利用停止請求の手続）

第三十七条 利用停止請求は、次に掲げる事項を記載した書面（以下「利用停止請求書」という。）を行政機関の長に提出してしなければならない。

一 利用停止請求をする者の氏名及び住所又は居所

二 利用停止請求に係る保有個人情報の開示を受けた日その他当該保有個人情報を特定するに足りる事項

三 利用停止請求の趣旨及び理由

2 前項の場合において、利用停止請求をする者は、政令で定めるところにより、利用停止請求に係る保有個人情報の本人であること（前条第二項の規定による利用停止請求にあっては、利用停止請求に係る保有個人情報の本人の法定代理人であること）を示す書類を提示し、又は提出しなければならない。

3 行政機関の長は、利用停止請求書に形式上の不備があると認めるときは、利用停止請求をした者（以下「利用停止請求者」という。）に対し、相当の期間を定めて、その補正を求めることができる。

（保有個人情報の利用停止義務）

第三十八条 行政機関の長は、利用停止請求があった場合において、当該利用停止請求に理由があると認めるときは、当該行政機関における個人情報の適正な取扱いを確保するために必要な限度で、当該利用停止請求に係る保有個人情報の利用停止をしなければならない。ただし、当該保有個人情報の利用停止をすることにより、当該保有個人情報の利用目的に係る事務の性質上、当該事務の適正な遂行に著しい支障を及ぼすおそれがあると認められるときは、この限りでない。

（利用停止請求に対する措置）

第三十九条 行政機関の長は、利用停止請求に係る保有個人情報の利用停止をするときは、その旨の決定をし、利用停止請求者に対し、その旨を書面により通知しなければならない。

2 行政機関の長は、利用停止請求に係る保有個人情報の利用停止をしないときは、その旨の決定をし、利用停止請求者に対し、その旨を書面により通知しなければならない。

（利用停止決定等の期限）

第四十条 前条各項の決定（以下「利用停止決定等」という。）は、利用停止請求があった日から三十日以内にしなければならない。ただし、第三十七条第三項の規定により補正を求めた場合にあっては、当該補正に要した日数は、当該期間に算入しない。

2 前項の規定にかかわらず、行政機関の長は、事務処理上の困難その他正当な理由があるときは、同項に規定する期間を三十日以内に限り延長することができる。この場合において、行政機関の長は、利用停止請求者に対し、遅滞なく、延長後の期間及び延長の理由を書面により通知しなければならない。

（利用停止決定等の期限の特例）

第四十一条 行政機関の長は、利用停止決定等に特に長期間を要すると認めるときは、前条の規定にかかわらず、相当の期間内に利用停止決定等をすれば足りる。この場合において、行政機関の長は、同条第一項に規定する期間内に、利用停止請求者に対し、次に掲げる事項を書面により通知しなければならない。

一 この条の規定を適用する旨及びその理由

二 利用停止決定等をする期限

第四節 不服申立て

（審査会への諮問）

第四十二条 開示決定等、訂正決定等又は利用停止決定等について行政不服審査法（昭和三十七年法律第百六十号）による不服申立てがあったときは、当該不服申立てに対する裁決又は決定をすべき行政機関の長は、次の各号のいずれかに該当する場合を除き、情報公開・個人情報保護審査会（不服申立てに対する裁決又は決定をすべき行政機関の長が会計検査院長である場合にあっては、別に法律で定める審査会）に諮問しなければならない。

一 不服申立てが不適法であり、却下するとき。

二 裁決又は決定で、不服申立てに係る開示決定等（開示請求に係る保有個人情報の全部を開示する旨の決定を除く。以下この号及び第四十四条第一項において同じ。）を取り消し、又は変更し、当該不服申立てに係る保有個人情報の全部を開示することとするとき。ただし、当該開示決定等について反対意見書が提出されているときを除く。

三 裁決又は決定で、不服申立てに係る訂正決定等（訂正請求の全部を容認して訂正をする旨の決定を除く。）を取り消し、又は変更し、当該不服申立てに係る訂正請求の全部を容認して訂正をすることとするとき。

四 裁決又は決定で、不服申立てに係る利用停止決定等（利用停止請求の全部を容認して利用停止をする旨の決定を除く。）を取り消し、又は変更し、当該不服申立てに係る利用停止請求の全部を容認して利用停止をすることとするとき。

（諮問をした旨の通知）

第四十三条 前条の規定により諮問をした行政機関の長は、次に掲げる者に対し、諮問をした旨を通知しなければならない。

一 不服申立人及び参加人

二　開示請求者、訂正請求者又は利用停止請求者（これらの者が不服申立人又は参加人である場合を除く。）

三　当該不服申立てに係る開示決定等について反対意見書を提出した第三者（当該第三者が不服申立人又は参加人である場合を除く。）

（第三者からの不服申立てを棄却する場合等における手続等）

第四十四条　第二十三条第三項の規定は、次の各号のいずれかに該当する裁決又は決定をする場合について準用する。

一　開示決定に対する第三者からの不服申立てを却下し、又は棄却する裁決又は決定

二　不服申立てに係る開示決定等を変更し、当該開示決定等に係る保有個人情報を開示する旨の裁決又は決定（第三者である参加人が当該第三者に関する情報の開示に反対の意思を表示している場合に限る。）

2　開示決定等、訂正決定等又は利用停止決定等についての審査請求については、政令で定めるところにより、行政不服審査法第五条第二項の規定の特例を設けることができる。

第五章　雑則

（適用除外等）

第四十五条　前章の規定は、刑事事件若しくは少年の保護事件に係る裁判、検察官、検察事務官若しくは司法警察職員が行う処分、刑若しくは保護処分の執行、更生緊急保護又は恩赦に係る保有個人情報（当該裁判、処分若しくは執行を受けた者、更生緊急保護の申出をした者又は恩赦の上申があった者に係るものに限る。）については、適用しない。

2　保有個人情報（行政機関の保有する情報の公開に関する法律第五条に規定する不開示情報を専ら記録する行政文書に記録されているものに限る。）のうち、まだ分類その他の整理が行われていないもので、同一の利用目的に係るものが著しく大量にあるためその中から特定の保有個人情報を検索することが著しく困難であるものは、前章（第四節を除く。）の規定の適用については、行政機関に保有されていないものとみなす。

（権限又は事務の委任）

第四十六条　行政機関の長は、政令（内閣の所轄の下に置かれる機関及び会計検査院にあっては、当該機関の命令）で定めるところにより、前三章（第十条及び前章第四節を除く。）に定める権限又は事務を当該行政機関の職員に委任することができる。

（開示請求等をしようとする者に対する情報の提供等）

第四十七条　行政機関の長は、開示請求、訂正請求又は利用停止請求（以下この項において「開示請求等」という。）をしようとする者がそれぞれ容易かつ的確に開示請求等をすることができるよう、当該行政機関が保有する保有個人情報の特定に資する情報の提供その他開示請求等をしようとする者の利便を考慮した適切な措置を講ずるものとする。

2　総務大臣は、この法律の円滑な運用を確保するため、総合的な案内所を整備するものとする。

（苦情処理）

第四十八条　行政機関の長は、行政機関における個人情報の取扱いに関する苦情の適切かつ迅速な処理に努めなければならない。

（施行の状況の公表）

第四十九条　総務大臣は、行政機関の長に対し、この法律の施行の状況について報告を求めることができる。

2　総務大臣は、毎年度、前項の報告を取りまとめ、その概要を公表するものとする。

（資料の提出及び説明の要求）

第五十条　総務大臣は、前条第一項に定めるもののほか、この法律の目的を達成するため必要があると認めるときは、行政機関の長に対し、行政機関における個人情報の取扱いに関する事務の実施状況について、資料の提出及び説明を求めることができる。

（意見の陳述）

第五十一条　総務大臣は、この法律の目的を達成するため必要があると認めるときは、行政機関の長に対し、行政機関における個人情報の取扱いに関し意見を述べることができる。

（政令への委任）

第五十二条　この法律に定めるもののほか、この法律の実施のため必要な事項は、政令で定める。

第六章　罰則

第五十三条　行政機関の職員若しくは職員であった者又は第六条第二項の受託業務に従事している者若しくは従事していた者が、正当な理由がないのに、個人の秘密に属する事項が記録された第二条第四項第一号に係る個人情報ファイル（その全部又は一部を複製し、又は加工したものを含む。）を提供したときは、二年以下の懲役又は百万円以下の罰金に処する。

第五十四条　前条に規定する者が、その業務に関して知り得た保有個人情報を自己若しくは第三者の不正な利益を図る目的で提供し、又は盗用したときは、一年以下の懲役又は五十万円以下の罰金に処する。

第五十五条　行政機関の職員がその職権を濫用して、専らその職務の用以外の用に供する目的で個人の秘密に属する事項が記録された文書、図画又は電磁的記録を収集したときは、一年以下の懲役又は五十万円以下の罰金に処する。

第五十六条　前三条の規定は、日本国外においてこれらの条の罪を犯した者にも適用する。

第五十七条　偽りその他不正の手段により、開示決定に基づく保有個人情報の開示を受けた者は、十万円以下の過料に処する。

附　則

（施行期日）

第一条　この法律は、公布の日から起算して二年を超えない範囲内において政令で定める日から施行する。

（経過措置）

第二条　この法律の施行の際現に行政機関が保有している個人情報ファイルについての改正後の行政機関の保有する個人情報の保護に関する法律第十条第一項の規定の適用については、同項中「保有しようとする」と

あるのは「保有している」と、「あらかじめ」とあるのは「この法律の施行後遅滞なく」とする。

2 この法律の施行前に改正前の行政機関の保有する電子計算機処理に係る個人情報の保護に関する法律第十三条第一項又は第二項の規定によりされた請求については、なお従前の例による。

3 この法律の施行前にした行為及び前項の規定によりなお従前の例によることとされる場合におけるこの法律の施行後にした行為に対する罰則の適用については、なお従前の例による。

4 前三項に定めるもののほか、この法律の施行に関し必要な経過措置は、政令で定める。

附 則（平成一七年一〇月二一日法律第一〇二号） 抄

（施行期日）

第一条 この法律は、郵政民営化法の施行の日から施行する。

行政機関の保有する個人情報の保護に関する法律施行令

平成十五年十二月二十五日政令第五百四十八号
最終校正 平成二一年一二月二八日政令第三一〇号

内閣は、行政機関の保有する個人情報の保護に関する法律（平成十五年法律第五十八号）第二条第一項第四号及び第五号、第五条、第十条第一項第十号並びに第二項第九号及び第十号、第十一条第一項及び第二項第三号、第十三条第二項、第十八条第一項、第二十三条第一項及び第二項、第二十四条第三項、第二十六条第一項、第二十八条第二項、第三十七条第二項、第四十四条第二項、第四十六条並びに第五十二条の規定に基づき、行政機関の保有する電子計算機処理に係る個人情報の保護に関する法律施行令（平成元年政令第二百六十号）の全部を改正するこの政令を制定する。

（法第二条第一項第四号の政令で定める特別の機関）

第一条 行政機関の保有する個人情報の保護に関する法律（以下「法」という。）第二条第一項第四号の政令で定める特別の機関は、警察庁とする。

（法第二条第一項第五号の政令で定める特別の機関）

第二条 法第二条第一項第五号の政令で定める特別の機関は、検察庁とする。

（法第五条の政令で定める者）

第三条 法第五条の政令で定める者は、次に掲げる者とする。

一 警察庁にあっては、警察庁長官
二 最高検察庁にあっては、検事総長
三 高等検察庁にあっては、その庁の検事長
四 地方検察庁にあっては、その庁の検事正
五 区検察庁にあっては、その庁の対応する簡易裁判所の所在地を管轄する地方裁判所に対応する地方検察庁の検事正

（個人情報ファイルの保有等に関する事前通知）

第四条 法第十条第一項第十号の政令で定める事項は、次に掲げる事項とする。

一 個人情報ファイルの保有開始の予定年月日
二 その他総務大臣の定める事項

（法第十条第二項第九号の政令で定める数）

第五条 法第十条第二項第九号の政令で定める数は、千人とする。

（法第十条第二項第十号の政令で定める個人情報ファイル）

第六条 法第十条第二項第十号の政令で定める個人情報ファイルは、次に掲げる個人情報ファイルとする。

一 次のいずれかに該当する者に係る個人情報ファイルであって、専らその人事、給与若しくは福利厚生に関する事項又はこれらに準ずる事項を記録するもの（イに掲げる者の採用又は選定のための試験に関する個人情報ファイルを含む。）
イ 行政機関の職員以外の国家公務員であって行政機関若しくは行政機関の長の任命に係る者、行政機関が雇い入れる者であって国以外のもののために労務に服するもの若しくは行政機関若しくは行政機関の長から委託された事務に従事する者であって当該事務に一年以上にわたり専ら従事すべきもの又はこれらの者であった者
ロ 法第十条第二項第三号に規定する者又はイに掲げる者の被扶養者又は遺族
二 法第十条第二項第三号に規定する者及び前号イ又はロに掲げる者を併せて記録する個人情報ファイルであって、専らその人事、給与若しくは福利厚生に関する事項又はこれらに準ずる事項を記録するもの

（個人情報ファイル簿の作成及び公表）

第七条 行政機関の長は、個人情報ファイル（法第十一条第二項各号に掲げるもの及び同条第三項の規定により個人情報ファイル簿に掲載しないものを除く。以下この条において同じ。）を保有するに至ったときは、直ちに、個人情報ファイル簿を作成しなければならな

い。

2　個人情報ファイル簿は、行政機関が保有している個人情報ファイルを通じて一の帳簿とする。

3　行政機関の長は、個人情報ファイル簿に記載すべき事項に変更があったときは、直ちに、当該個人情報ファイル簿を修正しなければならない。

4　行政機関の長は、個人情報ファイル簿に掲載した個人情報ファイルの保有をやめたとき、又はその個人情報ファイルが法第十条第二項第九号に該当するに至ったときは、遅滞なく、当該個人情報ファイルについての記載を消除しなければならない。

5　行政機関の長は、個人情報ファイル簿を作成したときは、遅滞なく、これを当該行政機関の事務所に備えて置き一般の閲覧に供するとともに、インターネットの利用その他の情報通信の技術を利用する方法により公表しなければならない。

（法第十一条第一項の政令で定める事項）

第八条　法第十一条第一項の政令で定める事項は、次に掲げる事項とする。

一　法第二条第四項第一号に係る個人情報ファイル又は同項第二号に係る個人情報ファイルの別

二　法第二条第四項第一号に係る個人情報ファイルについて、次条に規定する個人情報ファイルがあるときは、その旨

（法第十一条第二項第三号の政令で定める個人情報ファイル）

第九条　法第十一条第二項第三号の政令で定める個人情報ファイルは、法第二条第四項第二号に係る個人情報ファイルで、その利用目的及び記録範囲が法第十一条第一項の規定による公表に係る法第二条第四項第一号に係る個人情報ファイルの利用目的及び記録範囲の範囲内であるものとする。

（開示請求書の記載事項）

第十条　開示請求書には、開示請求に係る保有個人情報について次に掲げる事項を記載することができる。

一　求める開示の実施の方法

二　事務所における開示（次号に規定する方法及び電子情報処理組織を使用して開示を実施する方法以外の方法による保有個人情報の開示をいう。以下同じ。）の実施を求める場合にあっては、事務所における開示の実施を希望する日

三　保有個人情報が記録されている行政文書の写しの送付の方法（以下単に「写しの送付の方法」という。）による保有個人情報の開示の実施を求める場合にあっては、その旨

2　前項第一号、第十二条第一項第一号及び第二項第一号並びに第十七条第一号において「開示の実施の方法」とは、文書又は図画に記録されている保有個人情報については閲覧又は写しの交付の方法として行政機関が定める方法をいい、電磁的記録に記録されている保有個人情報については法第二十四条第一項の規定により行政機関が定める方法をいう。

3　第一項第二号及び第十二条第一項第四号において「電子情報処理組織」とは、行政機関の使用に係る電子計算機（入出力装置を含む。以下この項において同じ。）と開示を受ける者の使用に係る電子計算機とを電気通信回線で接続した電子情報処理組織をいう。

（開示請求における本人確認手続等）

第十一条　開示請求をする者は、行政機関の長（法第四十六条の規定により委任を受けた職員があるときは、当該職員。第二十二条を除き、以下同じ。）に対し、次に掲げる書類のいずれかを提示し、又は提出しなければならない。

一　開示請求書に記載されている開示請求をする者の氏名及び住所又は居所と同一の氏名及び住所又は居所が記載されている運転免許証、健康保険の被保険者証、外国人登録証明書、住民基本台帳法（昭和四十二年法律第八十一号）第三十条の四十四第一項に規定する住民基本台帳カードその他法律又はこれに基づく命令の規定により交付された書類であって、当該開示請求をする者が本人であることを確認するに足りるもの

二　前号に掲げる書類をやむを得ない理由により提示し、又は提出することができない場合にあっては、当該開示請求をする者が本人であることを確認するため行政機関の長が適当と認める書類

2　開示請求書を行政機関の長に送付して開示請求をする場合には、開示請求をする者は、前項の規定にかかわらず、同項各号に掲げる書類のいずれかを複写機により複写したもの及びその者の住民票の写し又は外国人登録原票の写し（開示請求をする日前三十日以内に作成されたものに限る。）を行政機関の長に提出すれば足りる。

3　法第十二条第二項の規定により法定代理人が開示請求をする場合には、当該法定代理人は、戸籍謄本その他その資格を証明する書類（開示請求をする日前三十日以内に作成されたものに限る。）を行政機関の長に提示し、又は提出しなければならない。

4　開示請求をした法定代理人は、当該開示請求に係る保有個人情報の開示を受ける前にその資格を喪失したときは、直ちに、書面でその旨を当該開示請求をした行政機関の長（法第二十一条第一項の規定による通知があった場合にあっては移送を受けた行政機関の長、法第二十二条第一項の規定による通知があった場合にあっては移送を受けた独立行政法人等）に届け出なければならない。

5　前項の規定による届出があったときは、当該開示請求は、取り下げられたものとみなす。

（法第十八条第一項の政令で定める事項）

第十二条　法第十八条第一項の政令で定める事項は、次に掲げる事項とする。

一　開示決定に係る保有個人情報について求めることができる開示の実施の方法

二　事務所における開示を実施することができる日、時間及び場所並びに事務所における開示の実施を求める場合にあっては、法第二十四条第三項の規定による申出をする際に当該事務所における開示を実施することができる日のうちから事務所における開示の実施を希望する日を選択すべき旨

三　写しの送付の方法による保有個人情報の開示を実施する場合における準備に要する日数及び送付に要する費用

四　電子情報処理組織を使用して保有個人情報の開示を実施する場合における準備に要する日数その他当

該開示の実施に必要な事項（行政機関が電子情報処理組織を使用して保有個人情報の開示を実施することができる旨を定めている場合に限る。）

2　開示請求書に第十条第一項各号に掲げる事項が記載されている場合における法第十八条第一項の政令で定める事項は、前項の規定にかかわらず、次の各号に掲げる場合の区分に応じ、当該各号に定める事項とする。

一　開示請求書に記載された開示の実施の方法による保有個人情報の開示を実施することができる場合（事務所における開示については、開示請求書に記載された事務所における開示の実施を希望する日に保有個人情報の開示を実施することができる場合に限る。）　その旨及び前項各号に掲げる事項

二　前号に掲げる場合以外の場合　その旨及び前項各号に掲げる事項

（第三者に対する通知に当たっての注意）

第十三条　行政機関の長は、法第二十三条第一項又は第二項の規定により、第三者に対し、当該第三者に関する情報の内容を通知するに当たっては、開示請求に係る保有個人情報の本人の権利利益を不当に侵害しないように留意しなければならない。

（法第二十三条第一項の政令で定める事項）

第十四条　法第二十三条第一項の政令で定める事項は、次に掲げる事項とする。

一　開示請求の年月日

二　意見書を提出する場合の提出先及び提出期限

（法第二十三条第二項の政令で定める事項）

第十五条　法第二十三条第二項の政令で定める事項は、次に掲げる事項とする。

一　開示請求の年月日

二　法第二十三条第二項各号のいずれに該当するかの別及びその理由

三　意見書を提出する場合の提出先及び提出期限

（開示の実施の方法等の申出）

第十六条　法第二十四条第三項の規定による申出は、書面により行わなければならない。

2　第十二条第二項第一号に掲げる場合に該当する旨の法第十八条第一項の規定による通知があった場合において、第十条第一項各号に掲げる事項を変更しないときは、法第二十四条第三項の規定による申出は、することを要しない。

（法第二十四条第三項の政令で定める事項）

第十七条　法第二十四条第三項の政令で定める事項は、次に掲げる事項とする。

一　求める開示の実施の方法（開示決定に係る保有個人情報の部分ごとに異なる方法による開示の実施を求める場合にあっては、その旨及び当該部分ごとの開示の実施の方法）

二　開示決定に係る保有個人情報の一部について開示の実施を求める場合にあっては、その旨及び当該部分

三　事務所における開示の実施を求める場合にあっては、事務所における開示の実施を希望する日

四　写しの送付の方法による保有個人情報の開示の実施を求める場合にあっては、その旨

（手数料）

第十八条　法第二十六条第一項の規定により納付しなければならない手数料（以下この条において単に「手数料」という。）の額は、開示請求に係る保有個人情報が記録されている行政文書一件につき、次の各号に掲げる場合の区分に応じ、当該各号に定める額とする。

一　次号に掲げる場合以外の場合　三百円

二　行政手続等における情報通信の技術の利用に関する法律（平成十四年法律第百五十一号）第三条第一項の規定により同項に規定する電子情報処理組織を使用して開示請求をする場合　二百円

2　開示請求をする者が次の各号のいずれかに該当する複数の行政文書に記録されている保有個人情報の開示請求を一の開示請求書によって行うときは、前項の規定の適用については、当該複数の行政文書を一件の行政文書とみなす。

一　一の行政文書ファイル（行政機関の保有する情報の公開に関する法律施行令（平成十二年政令第四十一号）第十三条第二項第一号に規定する行政文書ファイルをいう。）にまとめられた複数の行政文書

二　前号に掲げるもののほか、相互に密接な関連を有する複数の行政文書

3　手数料は、次に掲げる場合を除き、開示請求書に収入印紙をはって納付しなければならない。

一　次に掲げる行政機関又は部局若しくは機関において手数料を納付する場合（第三号に掲げる場合に該当する場合を除く。）

イ　特許庁

ロ　その長が法第四十六条の規定による委任を受けた職員である部局又は機関であって、手数料の納付について収入印紙によることが適当でないものとして行政機関の長が官報により公示したもの

二　行政機関又はその部局若しくは機関（前号イ及びロに掲げるものを除く。）の事務所において手数料の納付を現金ですることが可能である旨及び当該事務所の所在地を当該行政機関の長が官報により公示した場合において、手数料を当該事務所において現金で納付する場合（次号に掲げる場合に該当する場合を除く。）

三　第一項第二号に掲げる場合において、総務省令で定める方法により手数料を納付する場合

（写しの送付の求め）

第十九条　開示決定に基づき保有個人情報の開示を受ける者は、送付に要する費用を納付して、保有個人情報が記録されている行政文書の写しの送付を求めることができる。この場合において、当該送付に要する費用は、総務省令で定める方法により納付しなければならない。

（訂正請求等に関する開示請求における本人確認手続等に係る規定の準用）

第二十条　第十一条（第四項及び第五項を除く。）の規定は、訂正請求及び利用停止請求について準用する。この場合において、同条第三項中「第十二条第二項」とあるのは、訂正請求については「第二十七条第二項」と、利用停止請求については「第三十六条第二項」と読み替えるものとする。

（法第四十四条第二項の政令で定める行政不服審査法の特例）

第二十一条　第三条第四号又は第五号に掲げる者が行った開示決定等、訂正決定等又は利用停止決定等についての審査請求は、検事総長に対してするものとする。

（権限又は事務の委任）

第二十二条　行政機関の長（第三条に規定する者を除く。）は、法第二章から第四章まで（法第十条及び法第四章第四節を除く。）に定める権限又は事務のうちその所掌に係るものを、内閣総務官、内閣官房副長官補、内閣広報官若しくは内閣情報官、内閣府設置法（平成十一年法律第八十九号）第十七条若しくは第五十三条の官房、局若しくは部の長、同法第十七条第一項若しくは第六十二条第一項若しくは第二項の職、同法第三十七条若しくは第五十四条の審議会等若しくはその事務局の長、同法第三十九条若しくは第五十五条の施設等機関の長、同法第四十条若しくは第五十六条（宮内庁法（昭和二十二年法律第七十号）第十八条第一項において準用する場合を含む。）の特別の機関若しくはその事務局の長、内閣府設置法第四十三条若しくは第五十七条（宮内庁法第十八条第一項において準用する場合を含む。）の地方支分部局の長、内閣府設置法第五十二条の委員会の事務局若しくはその官房若しくは部の長、同条の委員会の事務総局若しくはその官房、局、部若しくは地方事務所若しくはその支所の長、宮内庁法第三条の長官官房、侍従職等若しくは部の長、同法第十四条第一項の職、同法第十六条第一項の機関若しくはその事務局の長、同条第二項の機関の長若しくは同法第十七条の地方支分部局の長又は国家行政組織法（昭和二十三年法律第百二十号）第七条の官房、局若しくは部の長、同条の委員会の事務局若しくはその官房若しくは部の長、同条の委員会の事務総局の長、同法第八条の審議会等若しくはその事務局の長、同法第八条の二の施設等機関の長、同法第八条の三の特別の機関若しくはその事務局の長、同法第九条の地方支分部局の長若しくは同法第二十条第一項若しくは第二項の職に委任することができる。

2　警察庁長官は、法第二章から第四章まで（法第十条及び法第四章第四節を除く。）に定める権限又は事務のうちその所掌に係るものを、警察法（昭和二十九年法律第百六十二号）第十九条第一項の長官官房若しくは局、同条第二項の部、同法第二十七条第一項、第二十八条第一項若しくは第二十九条第一項の附属機関又は同法第三十条第一項若しくは第三十三条第一項の地方機関の長に委任することができる。

3　行政機関の長は、前二項の規定により権限又は事務を委任しようとするときは、委任を受ける職員の官職、委任する権限又は事務及び委任の効力の発生する日を官報で公示しなければならない。

附　則

（施行期日）

第一条　この政令は、法の施行の日（平成十七年四月一日）から施行する。

（経過措置）

第二条　この政令の施行の際現に行政機関が保有している個人情報ファイルについての改正後の行政機関の保有する個人情報の保護に関する法律施行令（次項において「新令」という。）第四条第一号の規定の適用については、同号中「予定年月日」とあるのは、「年月日」とする。

2　この政令の施行の際現に行政機関が保有している個人情報ファイルについての新令第七条第一項の規定の適用については、同項中「直ちに」とあるのは、「この政令の施行後遅滞なく」とする。

附　則（平成二一年一二月二八日政令第三一〇号）　抄

（施行期日）

第一条　この政令は、法の施行の日（平成二十二年一月一日）から施行する。

（罰則に関する経過措置）

第六条　第五十二条の規定の施行前にした行為に対する罰則の適用については、なお従前の例による。

独立行政法人等の保有する個人情報の保護に関する法律

平成十五年五月三十日法律第五十九号
最終改正　平成二一年七月一〇日法律第七六号

第一章　総則

（目的）
第一条　この法律は、独立行政法人等において個人情報の利用が拡大していることにかんがみ、独立行政法人等における個人情報の取扱いに関する基本的事項を定めることにより、独立行政法人等の事務及び事業の適正かつ円滑な運営を図りつつ、個人の権利利益を保護することを目的とする。

（定義）
第二条　この法律において「独立行政法人等」とは、独立行政法人通則法（平成十一年法律第百三号）第二条第一項に規定する独立行政法人及び別表に掲げる法人をいう。

2　この法律において「個人情報」とは、生存する個人に関する情報であって、当該情報に含まれる氏名、生年月日その他の記述等により特定の個人を識別することができるもの（他の情報と照合することができ、それにより特定の個人を識別することができることとなるものを含む。）をいう。

3　この法律において「保有個人情報」とは、独立行政法人等の役員又は職員が職務上作成し、又は取得した個人情報であって、当該独立行政法人等の役員又は職員が組織的に利用するものとして、当該独立行政法人等が保有しているものをいう。ただし、独立行政法人等の保有する情報の公開に関する法律（平成十三年法律第百四十号）第二条第二項に規定する法人文書（同項第三号に掲げるものを含む。以下単に「法人文書」という。）に記録されているものに限る。

4　この法律において「個人情報ファイル」とは、保有個人情報を含む情報の集合物であって、次に掲げるものをいう。

一　一定の事務の目的を達成するために特定の保有個人情報を電子計算機を用いて検索することができるように体系的に構成したもの

二　前号に掲げるもののほか、一定の事務の目的を達成するために氏名、生年月日、その他の記述等により特定の保有個人情報を容易に検索することができるように体系的に構成したもの

5　この法律において個人情報について「本人」とは、個人情報によって識別される特定の個人をいう。

第二章　独立行政法人等における個人情報の取扱い

（個人情報の保有の制限等）
第三条　独立行政法人等は、個人情報を保有するに当たっては、法令の定める業務を遂行するため必要な場合に限り、かつ、その利用の目的をできる限り特定しなければならない。

2　独立行政法人等は、前項の規定により特定された利用の目的（以下「利用目的」という。）の達成に必要な範囲を超えて、個人情報を保有してはならない。

3　独立行政法人等は、利用目的を変更する場合には、変更前の利用目的と相当の関連性を有すると合理的に認められる範囲を超えて行ってはならない。

（利用目的の明示）
第四条　独立行政法人等は、本人から直接書面（電子的方式、磁気的方式その他人の知覚によっては認識することができない方式で作られる記録（第二十四条及び第五十二条において「電磁的記録」という。）を含む。）に記録された当該本人の個人情報を取得するときは、次に掲げる場合を除き、あらかじめ、本人に対し、その利用目的を明示しなければならない。

一　人の生命、身体又は財産の保護のために緊急に必要があるとき。

二　利用目的を本人に明示することにより、本人又は第三者の生命、身体、財産その他の権利利益を害するおそれがあるとき。

三　利用目的を本人に明示することにより、国の機関、独立行政法人等、地方公共団体又は地方独立行政法人（地方独立行政法人法（平成十五年法律第百十八号）第二条第一項に規定する地方独立行政法人をいう。以下同じ。）が行う事務又は事業の適正な遂行に支障を及ぼすおそれがあるとき。

四　取得の状況からみて利用目的が明らかであると認められるとき。

（適正な取得）
第五条　独立行政法人等は、偽りその他不正の手段により個人情報を取得してはならない。

（正確性の確保）
第六条　独立行政法人等は、利用目的の達成に必要な範囲内で、保有個人情報が過去又は現在の事実と合致するよう努めなければならない。

（安全確保の措置）
第七条　独立行政法人等は、保有個人情報の漏えい、滅失又はき損の防止その他の保有個人情報の適切な管理のために必要な措置を講じなければならない。

2　前項の規定は、独立行政法人等から個人情報の取扱いの委託を受けた者が受託した業務を行う場合について準用する。

（従事者の義務）
第八条　次に掲げる者は、その業務に関して知り得た個人情報の内容をみだりに他人に知らせ、又は不当な目的に利用してはならない。

一　個人情報の取扱いに従事する独立行政法人等の役員若しくは職員又はこれらの職にあった者

二　前条第二項の受託業務に従事している者又は従事していた者

（利用及び提供の制限）
第九条　独立行政法人等は、法令に基づく場合を除き、利用目的以外の目的のために保有個人情報を自ら利用し、又は提供してはならない。

2　前項の規定にかかわらず、独立行政法人等は、次の各号のいずれかに該当すると認めるときは、利用目的以外の目的のために保有個人情報を自ら利用し、又は提供することができる。ただし、保有個人情報を利用目的以外の目的のために自ら利用し、又は提供することによって、本人又は第三者の権利利益を不当に侵害するおそれがあると認められるときは、この限りでない。

一　本人の同意があるとき、又は本人に提供するとき。

二　独立行政法人等が法令の定める業務の遂行に必要な限度で保有個人情報を内部で利用する場合であって、当該保有個人情報を利用することについて相当な理由のあるとき。

三　行政機関（行政機関の保有する個人情報の保護に関する法律（平成十五年法律第五十八号。以下「行政機関個人情報保護法」という。）第二条第一項に規定する行政機関をいう。以下同じ。）、他の独立行政法人等、地方公共団体又は地方独立行政法人に保有個人情報を提供する場合において、保有個人情報の提供を受ける者が、法令の定める事務又は業務の遂行に必要な限度で提供に係る個人情報を利用し、かつ、当該個人情報を利用することについて相当な理由のあるとき。

四　前三号に掲げる場合のほか、専ら統計の作成又は学術研究の目的のために保有個人情報を提供するとき、本人以外の者に提供することが明らかに本人の利益になるとき、その他保有個人情報を提供することについて特別の理由のあるとき。

3　前項の規定は、保有個人情報の利用又は提供を制限する他の法令の規定の適用を妨げるものではない。

4　独立行政法人等は、個人の権利利益を保護するため特に必要があると認めるときは、保有個人情報の利用目的以外の目的のための独立行政法人等の内部における利用を特定の役員又は職員に限るものとする。

（保有個人情報の提供を受ける者に対する措置要求）

第十条　独立行政法人等は、前条第二項第三号又は第四号の規定に基づき、保有個人情報を提供する場合において、必要があると認めるときは、保有個人情報の提供を受ける者に対し、提供に係る個人情報について、その利用の目的若しくは方法の制限その他必要な制限を付し、又はその漏えいの防止その他の個人情報の適切な管理のために必要な措置を講ずることを求めるものとする。

第三章　個人情報ファイル

（個人情報ファイル簿の作成及び公表）

第十一条　独立行政法人等は、政令で定めるところにより、当該独立行政法人等が保有している個人情報ファイルについて、それぞれ次に掲げる事項を記載した帳簿（第三項において「個人情報ファイル簿」という。）を作成し、公表しなければならない。

一　個人情報ファイルの名称

二　当該独立行政法人等の名称及び個人情報ファイルが利用に供される事務をつかさどる組織の名称

三　個人情報ファイルの利用目的

四　個人情報ファイルに記録される項目（以下この条において「記録項目」という。）及び本人（他の個人の氏名、生年月日その他の記述等によらないで検索し得る者に限る。次項第七号において同じ。）として個人情報ファイルに記録される個人の範囲（以下この条において「記録範囲」という。）

五　個人情報ファイルに記録される個人情報（以下この条において「記録情報」という。）の収集方法

六　記録情報を当該独立行政法人等以外の者に経常的に提供する場合には、その提供先

七　次条第一項、第二十七条第一項又は第三十六条第一項の規定による請求を受理する組織の名称及び所在地

八　第二十七条第一項ただし書又は第三十六条第一項ただし書に該当するときは、その旨

九　その他政令で定める事項

2　前項の規定は、次に掲げる個人情報ファイルについては、適用しない。

一　独立行政法人等の役員若しくは職員又はこれらの職にあった者に係る個人情報ファイルであって、専らその人事、給与若しくは福利厚生に関する事項又はこれらに準ずる事項を記録するもの（独立行政法人等が行う職員の採用試験に関する個人情報ファイルを含む。）

二　専ら試験的な電子計算機処理の用に供するための個人情報ファイル

三　前項の規定による公表に係る個人情報ファイルに記録されている記録情報の全部又は一部を記録した個人情報ファイルであって、その利用目的、記録項目及び記録範囲が当該公表に係るこれらの事項の範囲内のもの

四　一年以内に消去することとなる記録情報のみを記録する個人情報ファイル

五　資料その他の物品若しくは金銭の送付又は業務上必要な連絡のために利用する記録情報を記録した個人情報ファイルであって、送付又は連絡の相手方の氏名、住所その他の送付又は連絡に必要な事項のみを記録するもの

六　役員又は職員が学術研究の用に供するためその発意に基づき作成し、又は取得する個人情報ファイルであって、記録情報を専ら当該学術研究の目的のために利用するもの

七　本人の数が政令で定める数に満たない個人情報ファイル

八　前各号に掲げる個人情報ファイルに準ずるものとして政令で定める個人情報ファイル

3　第一項の規定にかかわらず、独立行政法人等は、記録項目の一部若しくは同項第五号若しくは第六号に掲げる事項を個人情報ファイル簿に記載し、又は個人情報ファイルを個人情報ファイル簿に掲載することにより、利用目的に係る事務又は事業の性質上、当該事務又は事業の適正な遂行に著しい支障を及ぼすおそれがあると認めるときは、その記録項目の一部若しくは事項を記載せず、又はその個人情報ファイルを個人情報ファイル簿に掲載しないことができる。

第四章　開示、訂正及び利用停止

第一節　開示

（開示請求権）

第十二条　何人も、この法律の定めるところにより、独立行政法人等に対し、当該独立行政法人等の保有する自己を本人とする保有個人情報の開示を請求することができる。

2　未成年者又は成年被後見人の法定代理人は、本人に代わって前項の規定による開示の請求（以下「開示請求」という。）をすることができる。

（開示請求の手続）

第十三条　開示請求は、次に掲げる事項を記載した書面（以下「開示請求書」という。）を独立行政法人等に提出してしなければならない。

一　開示請求をする者の氏名及び住所又は居所

二　開示請求に係る保有個人情報が記録されている法人文書の名称その他の開示請求に係る保有個人情報を特定するに足りる事項

2　前項の場合において、開示請求をする者は、政令で定めるところにより、開示請求に係る保有個人情報の本人であること（前条第二項の規定による開示請求にあっては、開示請求に係る保有個人情報の本人の法定代理人であること）を示す書類を提示し、又は提出しなければならない。

3　独立行政法人等は、開示請求書に形式上の不備があると認めるときは、開示請求をした者（以下「開示請求者」という。）に対し、相当の期間を定めて、その補正を求めることができる。この場合において、独立行政法人等は、開示請求者に対し、補正の参考となる情報を提供するよう努めなければならない。

（保有個人情報の開示義務）

第十四条　独立行政法人等は、開示請求があったときは、開示請求に係る保有個人情報に次の各号に掲げる情報（以下「不開示情報」という。）のいずれかが含まれている場合を除き、開示請求者に対し、当該保有個人情報を開示しなければならない。

一　開示請求者（第十二条第二項の規定により未成年者又は成年被後見人の法定代理人が本人に代わって開示請求をする場合にあっては、当該本人をいう。次号及び第三号、次条第二項並びに第二十三条第一項において同じ。）の生命、健康、生活又は財産を害するおそれがある情報

二　開示請求者以外の個人に関する情報（事業を営む個人の当該事業に関する情報を除く。）であって、当該情報に含まれる氏名、生年月日その他の記述等により開示請求者以外の特定の個人を識別することができるもの（他の情報と照合することにより、開示請求者以外の特定の個人を識別することができることとなるものを含む。）又は開示請求者以外の特定の個人を識別することはできないが、開示することにより、なお開示請求者以外の個人の権利利益を害するおそれがあるもの。ただし、次に掲げる情報を除く。

イ　法令の規定により又は慣行として開示請求者が知ることができ、又は知ることが予定されている情報

ロ　人の生命、健康、生活又は財産を保護するため、開示することが必要であると認められる情報

ハ　当該個人が公務員等（国家公務員法（昭和二十二年法律第百二十号）第二条第一項に規定する国家公務員（独立行政法人通則法第二条第二項に規定する特定独立行政法人の役員及び職員を除く。）、独立行政法人等の役員及び職員、地方公務員法（昭和二十五年法律第二百六十一号）第二条に規定する地方公務員並びに地方独立行政法人の役員及び職員をいう。）である場合において、当該情報がその職務の遂行に係る情報であるときは、当該情報のうち、当該公務員等の職及び当該職務遂行の内容に係る部分

三　法人その他の団体（国、独立行政法人等、地方公共団体及び地方独立行政法人を除く。以下この号において「法人等」という。）に関する情報又は開示請求者以外の事業を営む個人の当該事業に関する情報であって、次に掲げるもの。ただし、人の生命、健康、生活又は財産を保護するため、開示することが必要であると認められる情報を除く。

イ　開示することにより、当該法人等又は当該個人の権利、競争上の地位その他正当な利益を害するおそれがあるもの

ロ　独立行政法人等の要請を受けて、開示しないとの条件で任意に提供されたものであって、法人等又は個人における通例として開示しないこととされているものその他の当該条件を付することが当該情報の性質、当時の状況等に照らして合理的であると認められるもの

四　国の機関、独立行政法人等、地方公共団体及び地方独立行政法人の内部又は相互間における審議、検討又は協議に関する情報であって、開示することにより、率直な意見の交換若しくは意思決定の中立性が不当に損なわれるおそれ、不当に国民の間に混乱を生じさせるおそれ又は特定の者に不当に利益を与え若しくは不利益を及ぼすおそれがあるもの

五　国の機関、独立行政法人等、地方公共団体又は地方独立行政法人が行う事務又は事業に関する情報であって、開示することにより、次に掲げるおそれその他当該事務又は事業の性質上、当該事務又は事業の適正な遂行に支障を及ぼすおそれがあるもの

イ　国の安全が害されるおそれ、他国若しくは国際機関との信頼関係が損なわれるおそれ又は他国若しくは国際機関との交渉上不利益を被るおそれ

ロ　犯罪の予防、鎮圧又は捜査その他の公共の安全と秩序の維持に支障を及ぼすおそれ

ハ　監査、検査、取締り、試験又は租税の賦課若しくは徴収に係る事務に関し、正確な事実の把握を困難にするおそれ又は違法若しくは不当な行為を容易にし、若しくはその発見を困難にするおそれ

ニ　契約、交渉又は争訟に係る事務に関し、国、独立行政法人等、地方公共団体又は地方独立行政法人の財産上の利益又は当事者としての地位を不当に害するおそれ

ホ　調査研究に係る事務に関し、その公正かつ能率的な遂行を不当に阻害するおそれ

へ　人事管理に係る事務に関し、公正かつ円滑な人事の確保に支障を及ぼすおそれ

ト　国若しくは地方公共団体が経営する企業、独立行政法人等又は地方独立行政法人に係る事業に関し、その企業経営上の正当な利益を害するおそれ

（部分開示）

第十五条　独立行政法人等は、開示請求に係る保有個人情報に不開示情報が含まれている場合において、不開示情報に該当する部分を容易に区分して除くことができるときは、開示請求者に対し、当該部分を除いた部分につき開示しなければならない。

2　開示請求に係る保有個人情報に前条第二号の情報（開示請求者以外の特定の個人を識別することができるものに限る。）が含まれている場合において、当該情報のうち、氏名、生年月日その他の開示請求者以外の特定の個人を識別することができることとなる記述等の部分を除くことにより、開示しても、開示請求者以外の個人の権利利益が害されるおそれがないと認められるときは、当該部分を除いた部分は、同号の情報に含まれないものとみなして、前項の規定を適用する。

（裁量的開示）

第十六条　独立行政法人等は、開示請求に係る保有個人情報に不開示情報が含まれている場合であっても、個人の権利利益を保護するため特に必要があると認めるときは、開示請求者に対し、当該保有個人情報を開示することができる。

（保有個人情報の存否に関する情報）

第十七条　開示請求に対し、当該開示請求に係る保有個人情報が存在しているか否かを答えるだけで、不開示情報を開示することとなるときは、独立行政法人等は、当該保有個人情報の存否を明らかにしないで、当該開示請求を拒否することができる。

（開示請求に対する措置）

第十八条　独立行政法人等は、開示請求に係る保有個人情報の全部又は一部を開示するときは、その旨の決定をし、開示請求者に対し、その旨、開示する保有個人情報の利用目的及び開示の実施に関し政令で定める事項を書面により通知しなければならない。ただし、第四条第二号又は第三号に該当する場合における当該利用目的については、この限りでない。

2　独立行政法人等は、開示請求に係る保有個人情報の全部を開示しないとき（前条の規定により開示請求を拒否するとき、及び開示請求に係る保有個人情報を保有していないときを含む。）は、開示をしない旨の決定をし、開示請求者に対し、その旨を書面により通知しなければならない。

（開示決定等の期限）

第十九条　前条各項の決定（以下「開示決定等」という。）は、開示請求があった日から三十日以内にしなければならない。ただし、第十三条第三項の規定により補正を求めた場合にあっては、当該補正に要した日数は、当該期間に算入しない。

2　前項の規定にかかわらず、独立行政法人等は、事務処理上の困難その他正当な理由があるときは、同項に規定する期間を三十日以内に限り延長することができる。この場合において、独立行政法人等は、開示請求者に対し、遅滞なく、延長後の期間及び延長の理由を書面により通知しなければならない。

（開示決定等の期限の特例）

第二十条　開示請求に係る保有個人情報が著しく大量であるため、開示請求があった日から六十日以内にそのすべてについて開示決定等をすることにより事務の遂行に著しい支障が生ずるおそれがある場合には、前条の規定にかかわらず、独立行政法人等は、開示請求に係る保有個人情報のうちの相当の部分につき当該期間内に開示決定等をし、残りの保有個人情報については相当の期間内に開示決定等をすれば足りる。この場合において、独立行政法人等は、同条第一項に規定する期間内に、開示請求者に対し、次に掲げる事項を書面により通知しなければならない。

一　この条の規定を適用する旨及びその理由

二　残りの保有個人情報について開示決定等をする期限

（事案の移送）

第二十一条　独立行政法人等は、開示請求に係る保有個人情報が他の独立行政法人等から提供されたものであるとき、その他他の独立行政法人等において開示決定等をすることにつき正当な理由があるときは、当該他の独立行政法人等と協議の上、当該他の独立行政法人等に対し、事案を移送することができる。この場合においては、移送をした独立行政法人等は、開示請求者に対し、事案を移送した旨を書面により通知しなければならない。

2　前項の規定により事案が移送されたときは、移送を受けた独立行政法人等において、当該開示請求についての開示決定等をしなければならない。この場合において、移送をした独立行政法人等が移送前にした行為は、移送を受けた独立行政法人等がしたものとみなす。

3　前項の場合において、移送を受けた独立行政法人等が第十八条第一項の決定（以下「開示決定」という。）をしたときは、当該独立行政法人等は、開示の実施をしなければならない。この場合において、移送をした独立行政法人等は、当該開示の実施に必要な協力をしなければならない。

（行政機関の長への事案の移送）

第二十二条　独立行政法人等は、次に掲げる場合には、行政機関の長（行政機関個人情報保護法第五条に規定する行政機関の長をいう。以下この条及び第三十四条において同じ。）と協議の上、当該行政機関の長に対し、事案を移送することができる。この場合においては、移送をした独立行政法人等は、開示請求者に対し、事案を移送した旨を書面により通知しなければならない。

一　開示請求に係る保有個人情報を開示することにより、国の安全が害されるおそれ、他国若しくは国際機関との信頼関係が損なわれるおそれ又は他国若しくは国際機関との交渉上不利益を被るおそれがあると認めるとき。

二　開示請求に係る保有個人情報を開示することにより、犯罪の予防、鎮圧又は捜査その他の公共の安全と秩序の維持に支障を及ぼすおそれがあると認めるとき。

三　開示請求に係る保有個人情報が行政機関から提供されたものであるとき。

四　その他行政機関の長において行政機関個人情報保護法第十九条第一項に規定する開示決定等をすることにつき正当な理由があるとき。

2　前項の規定により事案が移送されたときは、当該事案については、保有個人情報を移送を受けた行政機関が保有する行政機関個人情報保護法第二条第三項に規定する保有個人情報と、開示請求を移送を受けた行政機関の長に対する行政機関個人情報保護法第十二条第二項に規定する開示請求とみなして、行政機関個人情報保護法の規定を適用する。この場合において、行政機関個人情報保護法第十九条第一項中「第十三条第三項」とあるのは、「独立行政法人等個人情報保護法第十三条第三項」とする。

3　第一項の規定により事案が移送された場合において、移送を受けた行政機関の長が開示の実施をするときは、移送をした独立行政法人等は、当該開示の実施に必要な協力をしなければならない。

（第三者に対する意見書提出の機会の付与等）

第二十三条　開示請求に係る保有個人情報に国、独立行政法人等、地方公共団体、地方独立行政法人及び開示請求者以外の者（以下この条、第四十三条及び第四十四条において「第三者」という。）に関する情報が含まれているときは、独立行政法人等は、開示決定等をするに当たって、当該情報に係る第三者に対し、政令で定めるところにより、当該第三者に関する情報の内容その他政令で定める事項を通知して、意見書を提出する機会を与えることができる。

2　独立行政法人等は、次の各号のいずれかに該当するときは、開示決定に先立ち、当該第三者に対し、政令で定めるところにより、開示請求に係る当該第三者に関する情報の内容その他政令で定める事項を書面により通知して、意見書を提出する機会を与えなければならない。ただし、当該第三者の所在が判明しない場合は、この限りでない。

一　第三者に関する情報が含まれている保有個人情報を開示しようとする場合であって、当該第三者に関する情報が第十四条第二号ロ又は同条第三号ただし書に規定する情報に該当すると認められるとき。

二　第三者に関する情報が含まれている保有個人情報を第十六条の規定により開示しようとするとき。

3　独立行政法人等は、前二項の規定により意見書の提出の機会を与えられた第三者が当該第三者に関する情報の開示に反対の意思を表示した意見書を提出した場合において、開示決定をするときは、開示決定の日と開示を実施する日との間に少なくとも二週間を置かなければならない。この場合において、独立行政法人等は、開示決定後直ちに、当該意見書（第四十二条及び第四十三条において「反対意見書」という。）を提出した第三者に対し、開示決定をした旨及びその理由並びに開示を実施する日を書面により通知しなければならない。

（開示の実施）

第二十四条　保有個人情報の開示は、当該保有個人情報が、文書又は図画に記録されているときは閲覧又は写しの交付により、電磁的記録に記録されているときはその種別、情報化の進展状況等を勘案して独立行政法人等が定める方法により行う。ただし、閲覧の方法による保有個人情報の開示にあっては、独立行政法人等は、当該保有個人情報が記録されている文書又は図画の保存に支障を生ずるおそれがあると認めるとき、その他正当な理由があるときは、その写しにより、これを行うことができる。

2　独立行政法人等は、前項の規定に基づく電磁的記録についての開示の方法に関する定めを一般の閲覧に供しなければならない。

3　開示決定に基づき保有個人情報の開示を受ける者は、政令で定めるところにより、当該開示決定をした独立行政法人等に対し、その求める開示の実施の方法その他の政令で定める事項を申し出なければならない。

4　前項の規定による申出は、第十八条第一項に規定する通知があった日から三十日以内にしなければならない。ただし、当該期間内に当該申出をすることができないことにつき正当な理由があるときは、この限りでない。

（他の法令による開示の実施との調整）

第二十五条　独立行政法人等は、他の法令の規定により、開示請求者に対し開示請求に係る保有個人情報が前条第一項本文に規定する方法と同一の方法で開示することとされている場合（開示の期間が定められている場合にあっては、当該期間内に限る。）には、同項本文の規定にかかわらず、当該保有個人情報については、当該同一の方法による開示を行わない。ただし、当該他の法令の規定に一定の場合には開示をしない旨の定めがあるときは、この限りでない。

2　他の法令の規定に定める開示の方法が縦覧であるときは、当該縦覧を前条第一項本文の閲覧とみなして、前項の規定を適用する。

（手数料）

第二十六条　開示請求をする者は、独立行政法人等の定めるところにより、手数料を納めなければならない。

2　前項の手数料の額は、実費の範囲内において、かつ、行政機関個人情報保護法第二十六条第一項の手数料の額を参酌して、独立行政法人等が定める。

3　独立行政法人等は、前二項の規定による定めを一般の閲覧に供しなければならない。

第二節　訂正

（訂正請求権）

第二十七条　何人も、自己を本人とする保有個人情報（次に掲げるものに限る。第三十六条第一項において同じ。）の内容が事実でないと思料するときは、この法律の定めるところにより、当該保有個人情報を保有する独立行政法人等に対し、当該保有個人情報の訂正（追加又は削除を含む。以下同じ。）を請求することができる。ただし、当該保有個人情報の訂正に関して他の法律又はこれに基づく命令の規定により特別の手続が定められているときは、この限りでない。

一　開示決定に基づき開示を受けた保有個人情報

二　第二十二条第一項の規定により事案が移送された場合において、行政機関個人情報保護法第二十一条第三項に規定する開示決定に基づき開示を受けた保

有個人情報

三　開示決定に係る保有個人情報であって、第二十五条第一項の他の法令の規定により開示を受けたもの

2　未成年者又は成年被後見人の法定代理人は、本人に代わって前項の規定による訂正の請求（以下「訂正請求」という。）をすることができる。

3　訂正請求は、保有個人情報の開示を受けた日から九十日以内にしなければならない。

（訂正請求の手続）

第二十八条　訂正請求は、次に掲げる事項を記載した書面（以下「訂正請求書」という。）を独立行政法人等に提出してしなければならない。

一　訂正請求をする者の氏名及び住所又は居所

二　訂正請求に係る保有個人情報の開示を受けた日その他当該保有個人情報を特定するに足りる事項

三　訂正請求の趣旨及び理由

2　前項の場合において、訂正請求をする者は、政令で定めるところにより、訂正請求に係る保有個人情報の本人であること（前条第二項の規定による訂正請求にあっては、訂正請求に係る保有個人情報の本人の法定代理人であること）を示す書類を提示し、又は提出しなければならない。

3　独立行政法人等は、訂正請求書に形式上の不備があると認めるときは、訂正請求をした者（以下「訂正請求者」という。）に対し、相当の期間を定めて、その補正を求めることができる。

（保有個人情報の訂正義務）

第二十九条　独立行政法人等は、訂正請求があった場合において、当該訂正請求に理由があると認めるときは、当該訂正請求に係る保有個人情報の利用目的の達成に必要な範囲内で、当該保有個人情報の訂正をしなければならない。

（訂正請求に対する措置）

第三十条　独立行政法人等は、訂正請求に係る保有個人情報の訂正をするときは、その旨の決定をし、訂正請求者に対し、その旨を書面により通知しなければならない。

2　独立行政法人等は、訂正請求に係る保有個人情報の訂正をしないときは、その旨の決定をし、訂正請求者に対し、その旨を書面により通知しなければならない。

（訂正決定等の期限）

第三十一条　前条各項の決定（以下「訂正決定等」という。）は、訂正請求があった日から三十日以内にしなければならない。ただし、第二十八条第三項の規定により補正を求めた場合にあっては、当該補正に要した日数は、当該期間に算入しない。

2　前項の規定にかかわらず、独立行政法人等は、事務処理上の困難その他正当な理由があるときは、同項に規定する期間を三十日以内に限り延長することができる。この場合において、独立行政法人等は、訂正請求者に対し、遅滞なく、延長後の期間及び延長の理由を書面により通知しなければならない。

（訂正決定等の期限の特例）

第三十二条　独立行政法人等は、訂正決定等に特に長期間を要すると認めるときは、前条の規定にかかわらず、相当の期間内に訂正決定等をすれば足りる。この場合において、独立行政法人等は、同条第一項に規定する期間内に、訂正請求者に対し、次に掲げる事項を書面により通知しなければならない。

一　この条の規定を適用する旨及びその理由

二　訂正決定等をする期限

（事案の移送）

第三十三条　独立行政法人等は、訂正請求に係る保有個人情報が第二十一条第三項の規定に基づく開示に係るものであるとき、その他他の独立行政法人等において訂正決定等をすることにつき正当な理由があるときは、当該他の独立行政法人等と協議の上、当該他の独立行政法人等に対し、事案を移送することができる。この場合においては、移送をした独立行政法人等は、訂正請求者に対し、事案を移送した旨を書面により通知しなければならない。

2　前項の規定により事案が移送されたときは、移送を受けた独立行政法人等において、当該訂正請求についての訂正決定等をしなければならない。この場合において、移送をした独立行政法人等が移送前にした行為は、移送を受けた独立行政法人等がしたものとみなす。

3　前項の場合において、移送を受けた独立行政法人等が第三十条第一項の決定（以下「訂正決定」という。）をしたときは、移送をした独立行政法人等は、当該訂正決定に基づき訂正の実施をしなければならない。

（行政機関の長への事案の移送）

第三十四条　独立行政法人等は、訂正請求に係る保有個人情報が第二十七条第一項第二号に掲げるものであるとき、その他行政機関の長において行政機関個人情報保護法第三十一条第一項に規定する訂正決定等をすることにつき正当な理由があるときは、当該行政機関の長と協議の上、当該行政機関の長に対し、事案を移送することができる。この場合においては、移送をした独立行政法人等は、訂正請求者に対し、事案を移送した旨を書面により通知しなければならない。

2　前項の規定により事案が移送されたときは、当該事案については、保有個人情報を移送を受けた行政機関が保有する行政機関個人情報と、訂正請求を移送を受けた行政機関の長に対する行政機関個人情報保護法第二十七条第二項に規定する訂正請求とみなして、行政機関個人情報保護法の規定を適用する。この場合において、行政機関個人情報保護法第三十一条第一項中「第二十八条第三項」とあるのは、「独立行政法人等個人情報保護法第二十八条第三項」とする。

3　第一項の規定により事案が移送された場合において、移送を受けた行政機関の長が行政機関個人情報保護法第三十三条第三項に規定する訂正決定をしたときは、移送をした独立行政法人等は、当該訂正決定に基づき訂正の実施をしなければならない。

（保有個人情報の提供先への通知）

第三十五条　独立行政法人等は、訂正決定（前条第三項の訂正決定を含む。）に基づく保有個人情報の訂正の実施をした場合において、必要があると認めるときは、当該保有個人情報の提供先に対し、遅滞なく、その旨を書面により通知するものとする。

第三節　利用停止

（利用停止請求権）

第三十六条　何人も、自己を本人とする保有個人情報が次の各号のいずれかに該当すると思料するときは、この法律の定めるところにより、当該保有個人情報を保有する独立行政法人等に対し、当該各号に定める措置を請求することができる。ただし、当該保有個人情報の利用の停止、消去又は提供の停止（以下「利用停止」という。）に関して他の法律又はこれに基づく命令の規定により特別の手続が定められているときは、この限りでない。

一　第三条第二項の規定に違反して保有されているとき、第五条の規定に違反して取得されたものであるとき、又は第九条第一項及び第二項の規定に違反して利用されているとき　当該保有個人情報の利用の停止又は消去

二　第九条第一項及び第二項の規定に違反して提供されているとき　当該保有個人情報の提供の停止

2　未成年者又は成年被後見人の法定代理人は、本人に代わって前項の規定による利用停止の請求（以下「利用停止請求」という。）をすることができる。

3　利用停止請求は、保有個人情報の開示を受けた日から九十日以内にしなければならない。

（利用停止請求の手続）

第三十七条　利用停止請求は、次に掲げる事項を記載した書面（以下「利用停止請求書」という。）を独立行政法人等に提出してしなければならない。

一　利用停止請求をする者の氏名及び住所又は居所

二　利用停止請求に係る保有個人情報の開示を受けた日その他当該保有個人情報を特定するに足りる事項

三　利用停止請求の趣旨及び理由

2　前項の場合において、利用停止請求をする者は、政令で定めるところにより、利用停止請求に係る保有個人情報の本人であること（前条第二項の規定による利用停止請求にあっては、利用停止請求に係る保有個人情報の本人の法定代理人であること）を示す書類を提示し、又は提出しなければならない。

3　独立行政法人等は、利用停止請求書に形式上の不備があると認めるときは、利用停止請求をした者（以下「利用停止請求者」という。）に対し、相当の期間を定めて、その補正を求めることができる。

（保有個人情報の利用停止義務）

第三十八条　独立行政法人等は、利用停止請求があった場合において、当該利用停止請求に理由があると認めるときは、当該独立行政法人等における個人情報の適正な取扱いを確保するために必要な限度で、当該利用停止請求に係る保有個人情報の利用停止をしなければならない。ただし、当該保有個人情報の利用停止をすることにより、当該保有個人情報の利用目的に係る事務又は事業の性質上、当該事務又は事業の適正な遂行に著しい支障を及ぼすおそれがあると認められるときは、この限りでない。

（利用停止請求に対する措置）

第三十九条　独立行政法人等は、利用停止請求に係る保有個人情報の利用停止をするときは、その旨の決定をし、利用停止請求者に対し、その旨を書面により通知しなければならない。

2　独立行政法人等は、利用停止請求に係る保有個人情報の利用停止をしないときは、その旨の決定をし、利用停止請求者に対し、その旨を書面により通知しなければならない。

（利用停止決定等の期限）

第四十条　前条各項の決定（以下「利用停止決定等」という。）は、利用停止請求があった日から三十日以内にしなければならない。ただし、第三十七条第三項の規定により補正を求めた場合にあっては、当該補正に要した日数は、当該期間に算入しない。

2　前項の規定にかかわらず、独立行政法人等は、事務処理上の困難その他正当な理由があるときは、同項に規定する期間を三十日以内に限り延長することができる。この場合において、独立行政法人等は、利用停止請求者に対し、遅滞なく、延長後の期間及び延長の理由を書面により通知しなければならない。

（利用停止決定等の期限の特例）

第四十一条　独立行政法人等は、利用停止決定等に特に長期間を要すると認めるときは、前条の規定にかかわらず、相当の期間内に利用停止決定等をすれば足りる。この場合において、独立行政法人等は、同条第一項に規定する期間内に、利用停止請求者に対し、次に掲げる事項を書面により通知しなければならない。

一　この条の規定を適用する旨及びその理由

二　利用停止決定等をする期限

第四節　異議申立て

（異議申立て及び情報公開・個人情報保護審査会への諮問）

第四十二条　開示決定等、訂正決定等、利用停止決定等又は開示請求、訂正請求若しくは利用停止請求に係る不作為について不服がある者は、独立行政法人等に対し、行政不服審査法（昭和三十七年法律第百六十号）による異議申立てをすることができる。

2　開示決定等、訂正決定等又は利用停止決定等について異議申立てがあったときは、独立行政法人等は、次の各号のいずれかに該当する場合を除き、情報公開・個人情報保護審査会に諮問しなければならない。

一　異議申立てが不適法であり、却下するとき。

二　決定で、異議申立てに係る開示決定等（開示請求に係る保有個人情報の全部を開示する旨の決定を除く。以下この号及び第四十四条において同じ。）を取り消し、又は変更し、当該異議申立てに係る保有個人情報の全部を開示することとするとき。ただし、当該開示決定等について反対意見書が提出されているときを除く。

三　決定で、異議申立てに係る訂正決定等（訂正請求の全部を容認して訂正をする旨の決定を除く。）を取り消し、又は変更し、当該異議申立てに係る訂正請求の全部を容認して訂正をすることとするとき。

四　決定で、異議申立てに係る利用停止決定等（利用停止請求の全部を容認して利用停止をする旨の決定を除く。）を取り消し、又は変更し、当該異議申立て

てに係る利用停止請求の全部を容認して利用停止をすることとするとき。

（諮問をした旨の通知）

第四十三条　前条第二項の規定により諮問をした独立行政法人等は、次に掲げる者に対し、諮問をした旨を通知しなければならない。

一　異議申立人及び参加人

二　開示請求者、訂正請求者又は利用停止請求者（これらの者が異議申立人又は参加人である場合を除く。）

三　当該異議申立てに係る開示決定等について反対意見書を提出した第三者（当該第三者が異議申立人又は参加人である場合を除く。）

（第三者からの異議申立てを棄却する場合等における手続）

第四十四条　第二十三条第三項の規定は、次の各号のいずれかに該当する決定をする場合について準用する。

一　開示決定に対する第三者からの異議申立てを却下し、又は棄却する決定

二　異議申立てに係る開示決定等を変更し、当該開示決定等に係る保有個人情報を開示する旨の決定（第三者である参加人が当該第三者に関する情報の開示に反対の意思を表示している場合に限る。）

第五章　雑則

（保有個人情報の保有に関する特例）

第四十五条　保有個人情報（独立行政法人等の保有する情報の公開に関する法律第五条に規定する不開示情報を専ら記録する法人文書に記録されているものに限る。）のうち、まだ分類その他の整理が行われていないもので、同一の利用目的に係るものが著しく大量にあるためその中から特定の保有個人情報を検索することが著しく困難であるものは、前章（第四節を除く。）の規定の適用については、独立行政法人等に保有されていないものとみなす。

（開示請求等をしようとする者に対する情報の提供等）

第四十六条　独立行政法人等は、開示請求、訂正請求又は利用停止請求（以下この項において「開示請求等」という。）をしようとする者がそれぞれ容易かつ的確に開示請求等をすることができるよう、当該独立行政法人等が保有する保有個人情報の特定に資する情報の提供その他開示請求等をしようとする者の利便を考慮した適切な措置を講ずるものとする。

2　総務大臣は、この法律の円滑な運用を確保するため、総合的な案内所を整備するものとする。

（苦情処理）

第四十七条　独立行政法人等は、独立行政法人等における個人情報の取扱いに関する苦情の適切かつ迅速な処理に努めなければならない。

（施行の状況の公表）

第四十八条　総務大臣は、独立行政法人等に対し、この法律の施行の状況について報告を求めることができる。

2　総務大臣は、毎年度、前項の報告を取りまとめ、その概要を公表するものとする。

（政令への委任）

第四十九条　この法律に定めるもののほか、この法律の実施のため必要な事項は、政令で定める。

第六章　罰則

第五十条　次に掲げる者が、正当な理由がないのに、個人の秘密に属する事項が記録された第二条第四項第一号に係る個人情報ファイル（その全部又は一部を複製し、又は加工したものを含む。）を提供したときは、二年以下の懲役又は百万円以下の罰金に処する。

一　独立行政法人等の役員若しくは職員又はこれらの職にあった者

二　第七条第二項の受託業務に従事している者又は従事していた者

第五十一条　前条各号に掲げる者が、その業務に関して知り得た保有個人情報を自己若しくは第三者の不正な利益を図る目的で提供し、又は盗用したときは、一年以下の懲役又は五十万円以下の罰金に処する。

第五十二条　独立行政法人等の役員又は職員がその職権を濫用して、専らその職務の用以外の用に供する目的で個人の秘密に属する事項が記録された文書、図画又は電磁的記録を収集したときは、一年以下の懲役又は五十万円以下の罰金に処する。

第五十三条　前三条の規定は、日本国外においてこれらの条の罪を犯した者にも適用する。

第五十四条　偽りその他不正の手段により、開示決定に基づく保有個人情報の開示を受けた者は、十万円以下の過料に処する。

附　則

この法律は、行政機関個人情報保護法の施行の日から施行する。

附　則（平成二一年七月一〇日法律第七六号）　抄

（施行期日）

第一条　この法律は、公布の日から起算して三年を超えない範囲内において政令で定める日から施行する。ただし、次の各号に掲げる規定は、当該各号に定める日から施行する。

一　次項、次条、附則第四条第二項及び第三項、第十三条並びに第二十二条の規定　公布の日

（調整規定）

第二十二条　この法律の公布の日が、雇用保険法等の一部を改正する法律（平成二十一年法律第五号）の公布の日前である場合には、附則第十九条の規定の適用については同条中「第百五十五条」とあるのは「第百五十四条」と、「第百五十六条」とあるのは「第百五十五条」と、「第百五十四条」とあるのは「第百五十三条」とし、同法附則第十八条の規定の適用については同条中「第百五十四条」とあるのは「第百五十五条」と、「第百五十五条」とあるのは「第百五十六条」とする。

別表　略

平成二十一年七月一日法律第六十六号の未施行内容

公文書等の管理に関する法律

第八条　独立行政法人等の保有する個人情報の保護に関する法律（平成十五年法律第五十九号）の一部を次のように改正する。

第二条第三項中「同項第三号」を「同項第四号」に改める。

附　則（平成二一年七月一日法律第六六号）　抄

（施行期日）

第一条　この法律は、公布の日から起算して二年を超えない範囲内において政令で定める日から施行する。

（検討）

第十三条　政府は、この法律の施行後五年を目途として、この法律の施行の状況を勘案しつつ、行政文書及び法人文書の範囲その他の事項について検討を加え、必要があると認めるときは、その結果に基づいて必要な措置を講ずるものとする。

2　国会及び裁判所の文書の管理の在り方については、この法律の趣旨、国会及び裁判所の地位及び権能等を踏まえ、検討が行われるものとする。

平成二十一年七月十日法律第七十六号の未施行内容

沖縄科学技術大学院大学学園法

第十七条　独立行政法人等の保有する個人情報の保護に関する法律（平成十五年法律第五十九号）の一部を次のように改正する。

別表沖縄振興開発金融公庫の項の前に次のように加える。

沖縄科学技術大学院大学学園　沖縄科学技術大学院大学学園法（平成二十一年法律第七十六号）

附　則（平成二一年七月一〇日法律第七六号）　抄

（施行期日）

第一条　この法律は、公布の日から起算して三年を超えない範囲内において政令で定める日から施行する。ただし、次の各号に掲げる規定は、当該各号に定める日から施行する。

一　次項、次条、附則第四条第二項及び第三項、第十三条並びに第二十二条の規定　公布の日

（調整規定）

第二十二条　この法律の公布の日が、雇用保険法等の一部を改正する法律（平成二十一年法律第五号）の公布の日前である場合には、附則第十九条の規定の適用については同条中「第百五十五条」とあるのは「第百五十六条」と、「第百五十四条」とあるのは「第百五十五条」と、「第百五十三条」とあるのは「第百五十四条」とし、同法附則第十八条の規定の適用については同条中「第百五十四条」とあるのは「第百五十五条」と、「第百五十五条」とあるのは「第百五十六条」とする。

独立行政法人等の保有する個人情報の保護に関する法律施行令

平成十五年十二月二十五日政令第五百四十九号
最終改正　平成一七年一二月二一日政令第三七一号

内閣は、独立行政法人等の保有する個人情報の保護に関する法律（平成十五年法律第五十九号）第十一条第一項並びに第二項第七号及び第八号、第十三条第二項、第十八条第一項、第二十三条第一項及び第二項、第二十四条第三項、第二十八条第二項、第三十七条第二項並びに第四十九条の規定に基づき、この政令を制定する。

（個人情報ファイル簿の作成及び公表）

第一条　独立行政法人等は、個人情報ファイル（独立行政法人等の保有する個人情報の保護に関する法律（以下「法」という。）第十一条第二項各号に掲げるもの及び同条第三項の規定により個人情報ファイル簿に掲載しないものを除く。以下この条において同じ。）を保有するに至ったときは、直ちに、個人情報ファイル簿を作成しなければならない。

2　個人情報ファイル簿は、独立行政法人等が保有している個人情報ファイルを通じて一の帳簿とする。

3　独立行政法人等は、個人情報ファイル簿に記載すべき事項に変更があったときは、直ちに、当該個人情報ファイル簿を修正しなければならない。

4　独立行政法人等は、個人情報ファイル簿に掲載した個人情報ファイルの保有をやめたとき、又はその個人情報ファイルが法第十一条第二項第七号に該当するに至ったときは、遅滞なく、当該個人情報ファイルについての記載を消除しなければならない。

5　独立行政法人等は、個人情報ファイル簿を作成したときは、遅滞なく、これを当該独立行政法人等の事務所に備えて置き一般の閲覧に供するとともに、インターネットの利用その他の情報通信の技術を利用する方法により公表しなければならない。

（法第十一条第一項第九号の政令で定める事項）

第二条　法第十一条第一項第九号の政令で定める事項は、次に掲げる事項とする。

一　法第二条第四項第一号に係る個人情報ファイル又は同項第二号に係る個人情報ファイルの別

二　法第二条第四項第一号に係る個人情報ファイルについて、第四条第三号に規定する個人情報ファイルがあるときは、その旨

（法第十一条第二項第七号の政令で定める数）

第三条　法第十一条第二項第七号の政令で定める数は、千人とする。

（法第十一条第二項第八号の政令で定める個人情報ファイル）

第四条　法第十一条第二項第八号の政令で定める個人情報ファイルは、次に掲げる個人情報ファイルとする。

一　次のいずれかに該当する者に係る個人情報ファイルであって、専らその人事、給与若しくは福利厚生に関する事項又はこれらに準ずる事項を記録するもの（イに掲げる者の採用のための試験に関する個人情報ファイルを含む。）

イ　行政機関が雇い入れる者であって国以外のもののために労務に服するもの

ロ　イに掲げる者であった者

ハ　法第十一条第二項第一号に規定する者又はイ若しくはロに掲げる者の被扶養者又は遺族

二　法第十一条第二項第一号に規定する者及び前号イからハまでに掲げる者を併せて記録する個人情報ファイルであって、専らその人事、給与若しくは福利厚生に関する事項又はこれらに準ずる事項を記録するもの

三　法第二条第四項第二号に係る個人情報ファイルで、その利用目的及び記録範囲が法第十一条第一項の規定による公表に係る法第二条第四項第一号に係る個人情報ファイルの利用目的及び記録範囲の範囲内であるもの

（開示請求書の記載事項）

第五条　開示請求書には、開示請求に係る保有個人情報について次に掲げる事項を記載することができる。

一　求める開示の実施の方法

二　事務所における開示（次号に規定する方法及び電子情報処理組織を使用して開示を実施する方法以外の方法による保有個人情報の開示をいう。以下同じ。）の実施を求める場合にあっては、事務所における開示の実施を希望する日

三　保有個人情報が記録されている法人文書の写しの送付の方法（以下単に「写しの送付の方法」という。）による保有個人情報の開示の実施を求める場合にあっては、その旨

2　前項第一号、第七条第一項第一号及び第二項第一号並びに第十二条第一号において「開示の実施の方法」とは、文書又は図画に記録されている保有個人情報については閲覧又は写しの交付の方法として独立行政法人等が定める方法をいい、電磁的記録に記録されている保有個人情報については法第二十四条第一項の規定により独立行政法人等が定める方法をいう。

3　第一項第二号及び第七条第一項第四号において「電子情報処理組織」とは、独立行政法人等の使用に係る電子計算機（入出力装置を含む。以下この項において同じ。）と開示を受ける者の使用に係る電子計算機とを電気通信回線で接続した電子情報処理組織をいう。

（開示請求における本人確認手続等）

第六条　開示請求をする者は、独立行政法人等に対し、次に掲げる書類のいずれかを提示し、又は提出しなければならない。

一　開示請求書に記載されている開示請求をする者の氏名及び住所又は居所と同一の氏名及び住所又は居所が記載されている運転免許証、健康保険の被保険者証、外国人登録証明書、住民基本台帳法（昭和四十二年法律第八十一号）第三十条の四十四第一項に規定する住民基本台帳カードその他法律又はこれに基づく命令の規定により交付された書類であって、当該開示請求をする者が本人であることを確認するに足りるもの

二　前号に掲げる書類をやむを得ない理由により提示し、又は提出することができない場合にあっては、当該開示請求をする者が本人であることを確認するため独立行政法人等が適当と認める書類

2　開示請求書を独立行政法人等に送付して開示請求をする場合には、開示請求をする者は、前項の規定にかかわらず、同項各号に掲げる書類のいずれかを複写機により複写したもの及びその者の住民票の写し又は外国人登録原票の写し（開示請求をする日前三十日以内に作成されたものに限る。）を独立行政法人等に提出すれば足りる。

3　法第十二条第二項の規定により法定代理人が開示請求をする場合には、当該法定代理人は、戸籍謄本その他その資格を証明する書類（開示請求をする日前三十日以内に作成されたものに限る。）を独立行政法人等に提示し、又は提出しなければならない。

4　開示請求をした法定代理人は、当該開示請求に係る保有個人情報の開示を受ける前にその資格を喪失したときは、直ちに、書面でその旨を当該開示請求をした独立行政法人等（法第二十一条第一項の規定による通知があった場合にあっては移送を受けた独立行政法人等、法第二十二条第一項の規定による通知があった場合にあっては移送を受けた行政機関の長）に届け出なければならない。

5　前項の規定による届出があったときは、当該開示請求は、取り下げられたものとみなす。

（法第十八条第一項の政令で定める事項）

第七条　法第十八条第一項の政令で定める事項は、次に掲げる事項とする。

一　開示決定に係る保有個人情報について求めることができる開示の実施の方法

二　事務所における開示を実施することができる日、時間及び場所並びに事務所における開示の実施を求める場合にあっては、法第二十四条第三項の規定による申出をする際に当該事務所における開示を実施することができる日のうちから事務所における開示の実施を希望する日を選択すべき旨

三　写しの送付の方法による保有個人情報の開示を実施する場合における準備に要する日数及び送付に要する費用

四　電子情報処理組織を使用して保有個人情報の開示を実施する場合における準備に要する日数その他当該開示の実施に必要な事項（独立行政法人等が電子情報処理組織を使用して保有個人情報の開示を実施することができる旨を定めている場合に限る。）

2　開示請求書に第五条第一項各号に掲げる事項が記載されている場合における法第十八条第一項の政令で定める事項は、前項の規定にかかわらず、次の各号に掲げる場合の区分に応じ、当該各号に定める事項とする。

一　開示請求書に記載された開示の実施の方法による保有個人情報の開示を実施することができる場合（事務所における開示については、開示請求書に記載された事務所における開示の実施を希望する日に保有個人情報の開示を実施することができる場合に限る。）　その旨及び前項各号に掲げる事項

二　前号に掲げる場合以外の場合　その旨及び前項各号に掲げる事項

（第三者に対する通知に当たっての注意）

第八条　独立行政法人等は、法第二十三条第一項又は第二項の規定により、第三者に対し、当該第三者に関する情報の内容を通知するに当たっては、開示請求に係る保有個人情報の本人の権利利益を不当に侵害しないように留意しなければならない。

（法第二十三条第一項の政令で定める事項）

第九条　法第二十三条第一項の政令で定める事項は、次に掲げる事項とする。

一　開示請求の年月日

二　意見書を提出する場合の提出先及び提出期限

（法第二十三条第二項の政令で定める事項）

第十条　法第二十三条第二項の政令で定める事項は、次に掲げる事項とする。

一　開示請求の年月日

二　法第二十三条第二項各号のいずれに該当するかの別及びその理由

三　意見書を提出する場合の提出先及び提出期限

（開示の実施の方法等の申出）

第十一条　法第二十四条第三項の規定による申出は、書面により行わなければならない。

2　第七条第二項第一号に掲げる場合に該当する旨の法第十八条第一項の規定による通知があった場合において、第五条第一項各号に掲げる事項を変更しないときは、法第二十四条第三項の規定による申出は、することを要しない。

（法第二十四条第三項の政令で定める事項）

第十二条　法第二十四条第三項の政令で定める事項は、次に掲げる事項とする。

一　求める開示の実施の方法（開示決定に係る保有個人情報の部分ごとに異なる方法による開示の実施を求める場合にあっては、その旨及び当該部分ごとの開示の実施の方法）

二　開示決定に係る保有個人情報の一部について開示の実施を求める場合にあっては、その旨及び当該部分

三　事務所における開示の実施を求める場合にあっては、事務所における開示の実施を希望する日

四　写しの送付の方法による保有個人情報の開示の実施を求める場合にあっては、その旨

（写しの送付の求め）

第十三条　開示決定に基づき保有個人情報の開示を受ける者は、独立行政法人等の定めるところにより送付に要する費用を納付して、保有個人情報が記録されている法人文書の写しの送付を求めることができる。

2　独立行政法人等は、前項の規定による定めを一般の閲覧に供しなければならない。

（訂正請求等に関する開示請求における本人確認手続等に係る規定の準用）

第十四条　第六条（第四項及び第五項を除く。）の規定は、訂正請求及び利用停止請求について準用する。この場合において、同条第三項中「第十二条第二項」とあるのは、訂正請求については「第二十七条第二項」と、利用停止請求については「第三十六条第二項」と読み替えるものとする。

附　則

（施行期日）

第一条　この政令は、行政機関の保有する個人情報の保護に関する法律（平成十五年法律第五十八号）の施行の日（平成十七年四月一日）から施行する。

（経過措置）

第二条　この政令の施行の際現に独立行政法人等が保有している個人情報ファイルについての第一条第一項の規定の適用については、同項中「直ちに」とあるのは、「この政令の施行後遅滞なく」とする。

附　則（平成一七年一二月二一日政令第三七一号）　抄

（施行期日）

第一条　この政令は、平成十八年四月一日から施行する。

行政機関の保有する情報の公開に関する法律

平成十一年五月十四日法律第四十二号
最終改正　平成二一年七月一日法律第六六号

第一章　総則

（目的）

第一条　この法律は、国民主権の理念にのっとり、行政文書の開示を請求する権利につき定めること等により、行政機関の保有する情報の一層の公開を図り、もって政府の有するその諸活動を国民に説明する責務が全うされるようにするとともに、国民の的確な理解と批判の下にある公正で民主的な行政の推進に資することを目的とする。

（定義）

第二条　この法律において「行政機関」とは、次に掲げる機関をいう。

一　法律の規定に基づき内閣に置かれる機関（内閣府を除く。）及び内閣の所轄の下に置かれる機関

二　内閣府、宮内庁並びに内閣府設置法（平成十一年法律第八十九号）第四十九条第一項及び第二項に規定する機関（これらの機関のうち第四号の政令で定める機関が置かれる機関にあっては、当該政令で定める機関を除く。）

三　国家行政組織法（昭和二十三年法律第百二十号）第三条第二項に規定する機関（第五号の政令で定める機関が置かれる機関にあっては、当該政令で定める機関を除く。）

四　内閣府設置法第三十九条及び第五十五条並びに宮内庁法（昭和二十二年法律第七十号）第十六条第二項の機関並びに内閣府設置法第四十条及び第五十六条（宮内庁法第十八条第一項において準用する場合を含む。）の特別の機関で、政令で定めるもの

五　国家行政組織法第八条の二の施設等機関及び同法第八条の三の特別の機関で、政令で定めるもの

六　会計検査院

2　この法律において「行政文書」とは、行政機関の職員が職務上作成し、又は取得した文書、図画及び電磁的記録（電子的方式、磁気的方式その他人の知覚によっては認識することができない方式で作られた記録をいう。以下同じ。）であって、当該行政機関の職員が組織的に用いるものとして、当該行政機関が保有しているものをいう。ただし、次に掲げるものを除く。

一　官報、白書、新聞、雑誌、書籍その他不特定多数の者に販売することを目的として発行されるもの

二　政令で定める公文書館その他の機関において、政令で定めるところにより、歴史的若しくは文化的な資料又は学術研究用の資料として特別の管理がされているもの

第二章　行政文書の開示

（開示請求権）

第三条　何人も、この法律の定めるところにより、行政機関の長（前条第一項第四号及び第五号の政令で定める機関にあっては、その機関ごとに政令で定める者をいう。以下同じ。）に対し、当該行政機関の保有する行政文書の開示を請求することができる。

（開示請求の手続）

第四条　前条の規定による開示の請求（以下「開示請求」という。）は、次に掲げる事項を記載した書面（以下「開示請求書」という。）を行政機関の長に提出してしなければならない。

一　開示請求をする者の氏名又は名称及び住所又は居所並びに法人その他の団体にあっては代表者の氏名

二　行政文書の名称その他の開示請求に係る行政文書を特定するに足りる事項

2　行政機関の長は、開示請求書に形式上の不備があると認めるときは、開示請求をした者（以下「開示請求者」という。）に対し、相当の期間を定めて、その補正を求めることができる。この場合において、行政機

関の長は、開示請求者に対し、補正の参考となる情報を提供するよう努めなければならない。

（行政文書の開示義務）

第五条　行政機関の長は、開示請求があったときは、開示請求に係る行政文書に次の各号に掲げる情報（以下「不開示情報」という。）のいずれかが記録されている場合を除き、開示請求者に対し、当該行政文書を開示しなければならない。

一　個人に関する情報（事業を営む個人の当該事業に関する情報を除く。）であって、当該情報に含まれる氏名、生年月日その他の記述等により特定の個人を識別することができるもの（他の情報と照合することにより、特定の個人を識別することができることとなるものを含む。）又は特定の個人を識別することはできないが、公にすることにより、なお個人の権利利益を害するおそれがあるもの。ただし、次に掲げる情報を除く。

イ　法令の規定により又は慣行として公にされ、又は公にすることが予定されている情報

ロ　人の生命、健康、生活又は財産を保護するため、公にすることが必要であると認められる情報

ハ　当該個人が公務員等（国家公務員法（昭和二十二年法律第百二十号）第二条第一項に規定する国家公務員（独立行政法人通則法（平成十一年法律第百三号）第二条第二項に規定する特定独立行政法人の役員及び職員を除く。）、独立行政法人等（独立行政法人等の保有する情報の公開に関する法律（平成十三年法律第百四十号。以下「独立行政法人等情報公開法」という。）第二条第一項に規定する独立行政法人等をいう。以下同じ。）の役員及び職員、地方公務員法（昭和二十五年法律第二百六十一号）第二条に規定する地方公務員並びに地方独立行政法人（地方独立行政法人法（平成十五年法律第百十八号）第二条第一項に規定する地方独立行政法人をいう。以下同じ。）の役員及び職員をいう。）である場合において、当該情報がその職務の遂行に係る情報であるときは、当該情報のうち、当該公務員等の職及び当該職務遂行の内容に係る部分

二　法人その他の団体（国、独立行政法人等、地方公共団体及び地方独立行政法人を除く。以下「法人等」という。）に関する情報又は事業を営む個人の当該事業に関する情報であって、次に掲げるもの。ただし、人の生命、健康、生活又は財産を保護するため、公にすることが必要であると認められる情報を除く。

イ　公にすることにより、当該法人等又は当該個人の権利、競争上の地位その他正当な利益を害するおそれがあるもの

ロ　行政機関の要請を受けて、公にしないとの条件で任意に提供されたものであって、法人等又は個人における通例として公にしないこととされているものその他の当該条件を付することが当該情報の性質、当時の状況等に照らして合理的であると認められるもの

三　公にすることにより、国の安全が害されるおそれ、他国若しくは国際機関との信頼関係が損なわれるおそれ又は他国若しくは国際機関との交渉上不利益を被るおそれがあると行政機関の長が認めることにつき相当の理由がある情報

四　公にすることにより、犯罪の予防、鎮圧又は捜査、公訴の維持、刑の執行その他の公共の安全と秩序の維持に支障を及ぼすおそれがあると行政機関の長が認めることにつき相当の理由がある情報

五　国の機関、独立行政法人等、地方公共団体及び地方独立行政法人の内部又は相互間における審議、検討又は協議に関する情報であって、公にすることにより、率直な意見の交換若しくは意思決定の中立性が不当に損なわれるおそれ、不当に国民の間に混乱を生じさせるおそれ又は特定の者に不当に利益を与え若しくは不利益を及ぼすおそれがあるもの

六　国の機関、独立行政法人等、地方公共団体又は地方独立行政法人が行う事務又は事業に関する情報であって、公にすることにより、次に掲げるおそれその他当該事務又は事業の性質上、当該事務又は事業の適正な遂行に支障を及ぼすおそれがあるもの

イ　監査、検査、取締り、試験又は租税の賦課若しくは徴収に係る事務に関し、正確な事実の把握を困難にするおそれ又は違法若しくは不当な行為を容易にし、若しくはその発見を困難にするおそれ

ロ　契約、交渉又は争訟に係る事務に関し、国、独立行政法人等、地方公共団体又は地方独立行政法人の財産上の利益又は当事者としての地位を不当に害するおそれ

ハ　調査研究に係る事務に関し、その公正かつ能率的な遂行を不当に阻害するおそれ

ニ　人事管理に係る事務に関し、公正かつ円滑な人事の確保に支障を及ぼすおそれ

ホ　国若しくは地方公共団体が経営する企業、独立行政法人等又は地方独立行政法人に係る事業に関し、その企業経営上の正当な利益を害するおそれ

（部分開示）

第六条　行政機関の長は、開示請求に係る行政文書の一部に不開示情報が記録されている場合において、不開示情報が記録されている部分を容易に区分して除くことができるときは、開示請求者に対し、当該部分を除いた部分につき開示しなければならない。ただし、当該部分を除いた部分に有意の情報が記録されていないと認められるときは、この限りでない。

2　開示請求に係る行政文書に前条第一号の情報（特定の個人を識別することができるものに限る。）が記録されている場合において、当該情報のうち、氏名、生年月日その他の特定の個人を識別することができることとなる記述等の部分を除くことにより、公にしても、個人の権利利益が害されるおそれがないと認められるときは、当該部分を除いた部分は、同号の情報に含まれないものとみなして、前項の規定を適用する。

（公益上の理由による裁量的開示）

第七条　行政機関の長は、開示請求に係る行政文書に不開示情報が記録されている場合であっても、公益上特に必要があると認めるときは、開示請求者に対し、当該行政文書を開示することができる。

（行政文書の存否に関する情報）

第八条　開示請求に対し、当該開示請求に係る行政文書が存在しているか否かを答えるだけで、不開示情報を開示することとなるときは、行政機関の長は、当該行政文書の存否を明らかにしないで、当該開示請求を拒否することができる。

（開示請求に対する措置）

第九条　行政機関の長は、開示請求に係る行政文書の全部又は一部を開示するときは、その旨の決定をし、開示請求者に対し、その旨及び開示の実施に関し政令で定める事項を書面により通知しなければならない。

2　行政機関の長は、開示請求に係る行政文書の全部を開示しないとき（前条の規定により開示請求を拒否するとき及び開示請求に係る行政文書を保有していないときを含む。）は、開示をしない旨の決定をし、開示請求者に対し、その旨を書面により通知しなければならない。

（開示決定等の期限）

第十条　前条各項の決定（以下「開示決定等」という。）は、開示請求があった日から三十日以内にしなければならない。ただし、第四条第二項の規定により補正を求めた場合にあっては、当該補正に要した日数は、当該期間に算入しない。

2　前項の規定にかかわらず、行政機関の長は、事務処理上の困難その他正当な理由があるときは、同項に規定する期間を三十日以内に限り延長することができる。この場合において、行政機関の長は、開示請求者に対し、遅滞なく、延長後の期間及び延長の理由を書面により通知しなければならない。

（開示決定等の期限の特例）

第十一条　開示請求に係る行政文書が著しく大量であるため、開示請求があった日から六十日以内にそのすべてについて開示決定等をすることにより事務の遂行に著しい支障が生ずるおそれがある場合には、前条の規定にかかわらず、行政機関の長は、開示請求に係る行政文書のうちの相当の部分につき当該期間内に開示決定等をし、残りの行政文書については相当の期間内に開示決定等をすれば足りる。この場合において、行政機関の長は、同条第一項に規定する期間内に、開示請求者に対し、次に掲げる事項を書面により通知しなければならない。

一　本条を適用する旨及びその理由

二　残りの行政文書について開示決定等をする期限

（事案の移送）

第十二条　行政機関の長は、開示請求に係る行政文書が他の行政機関により作成されたものであるときその他他の行政機関の長において開示決定等をすることにつき正当な理由があるときは、当該他の行政機関の長と協議の上、当該他の行政機関の長に対し、事案を移送することができる。この場合においては、移送をした行政機関の長は、開示請求者に対し、事案を移送した旨を書面により通知しなければならない。

2　前項の規定により事案が移送されたときは、移送を受けた行政機関の長において、当該開示請求についての開示決定等をしなければならない。この場合において、移送をした行政機関の長が移送前にした行為は、移送を受けた行政機関の長がしたものとみなす。

3　前項の場合において、移送を受けた行政機関の長が第九条第一項の決定（以下「開示決定」という。）をしたときは、当該行政機関の長は、開示の実施をしなければならない。この場合において、移送をした行政機関の長は、当該開示の実施に必要な協力をしなければならない。

（独立行政法人等への事案の移送）

第十二条の二　行政機関の長は、開示請求に係る行政文書が独立行政法人等により作成されたものであるときその他独立行政法人等において独立行政法人等情報公開法第十条第一項に規定する開示決定等をすることにつき正当な理由があるときは、当該独立行政法人等と協議の上、当該独立行政法人等に対し、事案を移送することができる。この場合においては、移送をした行政機関の長は、開示請求者に対し、事案を移送した旨を書面により通知しなければならない。

2　前項の規定により事案が移送されたときは、当該事案については、行政文書を移送を受けた独立行政法人等が保有する独立行政法人等情報公開法第二条第二項に規定する法人文書と、開示請求を移送を受けた独立行政法人等に対する独立行政法人等情報公開法第四条第一項に規定する開示請求とみなして、独立行政法人等情報公開法の規定を適用する。この場合において、独立行政法人等情報公開法第十条第一項中「第四条第二項」とあるのは「行政機関の保有する情報の公開に関する法律（平成十一年法律第四十二号）第四条第二項」と、独立行政法人等情報公開法第十七条第一項中「開示請求をする者又は法人文書」とあるのは「法人文書」と、「により、それぞれ」とあるのは「により」と、「開示請求に係る手数料又は開示」とあるのは「開示」とする。

3　第一項の規定により事案が移送された場合において、移送を受けた独立行政法人等が開示の実施をするときは、移送をした行政機関の長は、当該開示の実施に必要な協力をしなければならない。

（第三者に対する意見書提出の機会の付与等）

第十三条　開示請求に係る行政文書に国、独立行政法人等、地方公共団体、地方独立行政法人及び開示請求者以外の者（以下この条、第十九条及び第二十条において「第三者」という。）に関する情報が記録されているときは、行政機関の長は、開示決定等をするに当たって、当該情報に係る第三者に対し、開示請求に係る行政文書の表示その他政令で定める事項を通知して、意見書を提出する機会を与えることができる。

2　行政機関の長は、次の各号のいずれかに該当するときは、開示決定に先立ち、当該第三者に対し、開示請求に係る行政文書の表示その他政令で定める事項を書面により通知して、意見書を提出する機会を与えなければならない。ただし、当該第三者の所在が判明しない場合は、この限りでない。

一　第三者に関する情報が記録されている行政文書を開示しようとする場合であって、当該情報が第五条第一号ロ又は同条第二号ただし書に規定する情報に該当すると認められるとき。

二　第三者に関する情報が記録されている行政文書を第七条の規定により開示しようとするとき。

3　行政機関の長は、前二項の規定により意見書の提出の機会を与えられた第三者が当該行政文書の開示に反対の意思を表示した意見書を提出した場合において、開示決定をするときは、開示決定の日と開示を実施する日との間に少なくとも二週間を置かなければならない。この場合において、行政機関の長は、開示決定後直ちに、当該意見書（第十八条及び第十九条において「反対意見書」という。）を提出した第三者に対し、開示決定をした旨及びその理由並びに開示を実施する日を書面により通知しなければならない。

（開示の実施）

第十四条　行政文書の開示は、文書又は図画については閲覧又は写しの交付により、電磁的記録についてはその種別、情報化の進展状況等を勘案して政令で定める方法により行う。ただし、閲覧の方法による行政文書の開示にあっては、行政機関の長は、当該行政文書の保存に支障を生ずるおそれがあると認めるときその他正当な理由があるときは、その写しにより、これを行うことができる。

2　開示決定に基づき行政文書の開示を受ける者は、政令で定めるところにより、当該開示決定をした行政機関の長に対し、その求める開示の実施の方法その他の政令で定める事項を申し出なければならない。

3　前項の規定による申出は、第九条第一項に規定する通知があった日から三十日以内にしなければならない。ただし、当該期間内に当該申出をすることができないことにつき正当な理由があるときは、この限りでない。

4　開示決定に基づき行政文書の開示を受けた者は、最初に開示を受けた日から三十日以内に限り、行政機関の長に対し、更に開示を受ける旨を申し出ることができる。この場合においては、前項ただし書の規定を準用する。

（他の法令による開示の実施との調整）

第十五条　行政機関の長は、他の法令の規定により、何人にも開示請求に係る行政文書が前条第一項本文に規定する方法と同一の方法で開示することとされている場合（開示の期間が定められている場合にあっては、当該期間内に限る。）には、同項本文の規定にかかわらず、当該行政文書については、当該同一の方法による開示を行わない。ただし、当該他の法令の規定に一定の場合には開示をしない旨の定めがあるときは、この限りでない。

2　他の法令の規定に定める開示の方法が縦覧であるときは、当該縦覧を前条第一項本文の閲覧とみなして、前項の規定を適用する。

（手数料）

第十六条　開示請求をする者又は行政文書の開示を受ける者は、政令で定めるところにより、それぞれ、実費の範囲内において政令で定める額の開示請求に係る手数料又は開示の実施に係る手数料を納めなければならない。

2　前項の手数料の額を定めるに当たっては、できる限り利用しやすい額とするよう配慮しなければならない。

3　行政機関の長は、経済的困難その他特別の理由があると認めるときは、政令で定めるところにより、第一項の手数料を減額し、又は免除することができる。

（権限又は事務の委任）

第十七条　行政機関の長は、政令（内閣の所轄の下に置かれる機関及び会計検査院にあっては、当該機関の命令）で定めるところにより、この章に定める権限又は事務を当該行政機関の職員に委任することができる。

第三章　不服申立て等

（審査会への諮問）

第十八条　開示決定等について行政不服審査法（昭和三十七年法律第百六十号）による不服申立てがあったときは、当該不服申立てに対する裁決又は決定をすべき行政機関の長は、次の各号のいずれかに該当する場合を除き、情報公開・個人情報保護審査会（不服申立てに対する裁決又は決定をすべき行政機関の長が会計検査院の長である場合にあっては、別に法律で定める審査会）に諮問しなければならない。

一　不服申立てが不適法であり、却下するとき。

二　裁決又は決定で、不服申立てに係る開示決定等（開示請求に係る行政文書の全部を開示する旨の決定を除く。以下この号及び第二十条において同じ。）を取り消し又は変更し、当該不服申立てに係る行政文書の全部を開示することとするとき。ただし、当該開示決定等について反対意見書が提出されているときを除く。

（諮問をした旨の通知）

第十九条　前条の規定により諮問をした行政機関の長は、次に掲げる者に対し、諮問をした旨を通知しなければならない。

一　不服申立人及び参加人

二　開示請求者（開示請求者が不服申立人又は参加人である場合を除く。）

三　当該不服申立てに係る開示決定等について反対意見書を提出した第三者（当該第三者が不服申立人又は参加人である場合を除く。）

（第三者からの不服申立てを棄却する場合等における手続）

第二十条　第十三条第三項の規定は、次の各号のいずれかに該当する裁決又は決定をする場合について準用する。

一　開示決定に対する第三者からの不服申立てを却下し、又は棄却する裁決又は決定

二　不服申立てに係る開示決定等を変更し、当該開示決定等に係る行政文書を開示する旨の裁決又は決定（第三者である参加人が当該行政文書の開示に反対の意思を表示している場合に限る。）

（訴訟の移送の特例）

第二十一条　行政事件訴訟法（昭和三十七年法律第百三十九号）第十二条第四項の規定により同項に規定する特定管轄裁判所に開示決定等の取消しを求める訴訟又は開示決定等に係る不服申立てに対する裁決若しくは決定の取消しを求める訴訟（次項及び附則第二項において「情報公開訴訟」という。）が提起された場合においては、同法第十二条第五項の規定にかかわらず、他の裁判所に同一又は同種若しくは類似の行政文書に係る開示決定等又はこれに係る不服申立てに対する裁決若しくは決定に係る抗告訴訟（同法第三条第一

項に規定する抗告訴訟をいう。次項において同じ。）が係属しているときは、当該特定管轄裁判所は、当事者の住所又は所在地、尋問を受けるべき証人の住所、争点又は証拠の共通性その他の事情を考慮して、相当と認めるときは、申立てにより又は職権で、訴訟の全部又は一部について、当該他の裁判所又は同法第十二条第一項から第三項までに定める裁判所に移送することができる。

2　前項の規定は、行政事件訴訟法第十二条第四項の規定により同項に規定する特定管轄裁判所に開示決定等又はこれに係る不服申立てに対する裁決若しくは決定に係る抗告訴訟で情報公開訴訟以外のものが提起された場合について準用する。

第四章　補則

（行政文書の管理）

第二十二条　行政機関の長は、この法律の適正かつ円滑な運用に資するため、行政文書を適正に管理するものとする。

2　行政機関の長は、政令で定めるところにより行政文書の管理に関する定めを設けるとともに、これを一般の閲覧に供しなければならない。

3　前項の政令においては、行政文書の分類、作成、保存及び廃棄に関する基準その他の行政文書の管理に関する必要な事項について定めるものとする。

（開示請求をしようとする者に対する情報の提供等）

第二十三条　行政機関の長は、開示請求をしようとする者が容易かつ的確に開示請求をすることができるよう、当該行政機関が保有する行政文書の特定に資する情報の提供その他開示請求をしようとする者の利便を考慮した適切な措置を講ずるものとする。

2　総務大臣は、この法律の円滑な運用を確保するため、開示請求に関する総合的な案内所を整備するものとする。

（施行の状況の公表）

第二十四条　総務大臣は、行政機関の長に対し、この法律の施行の状況について報告を求めることができる。

2　総務大臣は、毎年度、前項の報告を取りまとめ、その概要を公表するものとする。

（行政機関の保有する情報の提供に関する施策の充実）

第二十五条　政府は、その保有する情報の公開の総合的な推進を図るため、行政機関の保有する情報が適時に、かつ、適切な方法で国民に明らかにされるよう、行政機関の保有する情報の提供に関する施策の充実に努めるものとする。

（地方公共団体の情報公開）

第二十六条　地方公共団体は、この法律の趣旨にのっとり、その保有する情報の公開に関し必要な施策を策定し、及びこれを実施するよう努めなければならない。

（政令への委任）

第二十七条　この法律に定めるもののほか、この法律の実施のため必要な事項は、政令で定める。

附　則

1　この法律は、公布の日から起算して二年を超えない範囲内において政令で定める日から施行する。ただし、第二十三条第一項中両議院の同意を得ることに関する部分、第四十条から第四十二条まで及び次項の規定は、公布の日から施行する。

2　政府は、この法律の施行後四年を目途として、この法律の施行の状況及び情報公開訴訟の管轄の在り方について検討を加え、その結果に基づいて必要な措置を講ずるものとする。

附　則（平成二一年七月一日法律第六六号）　抄

（施行期日）

第一条　この法律は、公布の日から起算して二年を超えない範囲内において政令で定める日から施行する。

（検討）

第十三条　政府は、この法律の施行後五年を目途として、この法律の施行の状況を勘案しつつ、行政文書及び法人文書の範囲その他の事項について検討を加え、必要があると認めるときは、その結果に基づいて必要な措置を講ずるものとする。

2　国会及び裁判所の文書の管理の在り方については、この法律の趣旨、国会及び裁判所の地位及び権能等を踏まえ、検討が行われるものとする。

平成二十一年七月一日法律第六十六号の未施行内容

公文書等の管理に関する法律

第五条　行政機関の保有する情報の公開に関する法律（平成十一年法律第四十二号）の一部を次のように改正する。

目次中「第二十七条」を「第二十六条」に改める。

第二条第二項第二号中「公文書館」を「研究所」に改める。

第二条第二項第三号中「機関」を「施設」に改める。

第二条第二項第二号中「もの」の下に「（前号に掲げるものを除く。）」を加える。

第二条第二項第二号を第二条第二項第三号とする。

第二条第二項第一号の次に次の一号を加える。

二　公文書等の管理に関する法律（平成二十一年法律第六十六号）第二条第七項に規定する特定歴史公文書等

第二十二条を削る。

第二十三条第一項中「できるよう」の下に「、公文書等の管理に関する法律第七条第二項に規定するもののほか」を加える。

第二十三条を第二十二条とする。

第二十四条を第二十三条とする。

第二十五条を第二十四条とする。

第二十六条を第二十五条とする。

第二十七条を第二十六条とする。

附　則（平成二一年七月一日法律第六六号）　抄

（施行期日）

第一条　この法律は、公布の日から起算して二年を超えない範囲内において政令で定める日から施行する。

（検討）

第十三条　政府は、この法律の施行後五年を目途として、この法律の施行の状況を勘案しつつ、行政文書及び法人文書の範囲その他の事項について検討を加え、必要があると認めるときは、その結果に基づいて必要な措置を講ずるものとする。

2　国会及び裁判所の文書の管理の在り方については、この法律の趣旨、国会及び裁判所の地位及び権能等を踏まえ、検討が行われるものとする。

行政機関の保有する情報の公開に関する法律施行令

平成十二年二月十六日政令第四十一号

最終改正　平成二一年一二月二八日政令第三一〇号

内閣は、行政機関の保有する情報の公開に関する法律（平成十一年法律第四十二号）第二条第一項第四号及び第五号並びに第二項第二号、第三条、第九条第一項、第十三条第一項及び第二項、第十四条第一項及び第二項、第十六条第一項及び第三項、第十七条、第三十七条第二項並びに第四十三条の規定に基づき、この政令を制定する。

（法第二条第一項第四号及び第五号の政令で定める機関）

第一条　行政機関の保有する情報の公開に関する法律（以下「法」という。）第二条第一項第四号の政令で定める特別の機関は、警察庁とする。

2　法第二条第一項第五号の政令で定める特別の機関は、検察庁とする。

（法第二条第二項第二号の政令で定める機関）

第二条　法第二条第二項第二号の政令で定める機関は、公文書館、博物館、美術館、図書館その他これらに類する機関であって、保有する歴史的若しくは文化的な資料又は学術研究用の資料について次条の規定による適切な管理を行うものとして総務大臣が指定したものとする。

2　総務大臣は、前項の規定により指定をしたときは、当該指定した機関の名称及び所在地を官報で公示するものとする。公示した事項に変更があったとき又は指定を取り消したときも、同様とする。

（法第二条第二項第二号の歴史的な資料等の範囲）

第三条　法第二条第二項第二号の歴史的若しくは文化的な資料又は学術研究用の資料は、次に掲げる方法により管理されているものとする。
一　当該資料が専用の場所において適切に保存されていること。
二　当該資料の目録が作成され、かつ、当該目録が一般の閲覧に供されていること。
三　次に掲げるものを除き、一般の利用の制限が行われていないこと。
イ　当該資料に法第五条第一号から第三号までに掲げる情報が記録されていると認められる場合において、当該資料（当該情報が記録されている部分に限る。）の一般の利用を制限すること。
ロ　当該資料の全部又は一部を一定の期間公にしないことを条件に個人又は法第五条第二号に規定する法人等から寄贈又は寄託を受けている場合において、当該期間が経過するまでの間、当該資料の全部又は一部の一般の利用を制限すること。
ハ　当該資料の原本を利用させることにより当該原本の破損若しくはその汚損を生じるおそれがある場合又は当該資料を保有する機関において当該原本が現に使用されている場合において、当該原本の一般の利用の方法又は期間を制限すること。
四　当該資料の利用の方法及び期間に関する定めが設けられ、かつ、当該定めが一般の閲覧に供されていること。

2　前項に規定する資料は、他の機関（行政機関であるものに限る。）から移管を受けて管理しようとするものである場合には、当該他の機関において、第十六条第一項第八号に規定する保存期間が満了しているものでなければならない。

（法第三条の政令で定める者等）
第四条　法第三条の政令で定める者は、次に掲げる者とする。
一　警察庁にあっては、警察庁長官
二　最高検察庁にあっては、検事総長
三　高等検察庁にあっては、その庁の検事長
四　地方検察庁にあっては、その庁の検事正
五　区検察庁にあっては、その庁の対応する裁判所の所在地を管轄する地方裁判所に対応する地方検察庁の検事正

2　前項第三号から第五号までに掲げる者が行った開示決定等についての審査請求は、検事総長に対してするものとする。

（開示請求書の記載事項）
第五条　開示請求書には、開示請求に係る行政文書について次に掲げる事項を記載することができる。
一　求める開示の実施の方法
二　事務所における開示（次号に規定する方法並びに第九条第二項第一号ニ及び第三項第三号ヘに掲げる方法以外の方法による行政文書の開示をいう。以下この号、次条第一項第三号及び第二項第一号並びに第十一条第一項第三号において同じ。）の実施を求める場合にあっては、当該事務所における開示の実施を希望する日
三　写しの送付の方法による行政文書の開示の実施を求める場合にあっては、その旨

2　前項第一号、次条第一項第一号及び第二号、第十一条第一項第一号並びに第十四条第四項において「開示の実施の方法」とは、第九条に規定する開示の実施の方法をいう。

（法第九条第一項の政令で定める事項）
第六条　法第九条第一項の政令で定める事項は、次に掲げる事項とする。
一　開示決定に係る行政文書について求めることができる開示の実施の方法
二　前号の開示の実施の方法ごとの開示の実施に係る手数料（以下「開示実施手数料」という。）の額（第十四条第四項の規定により開示実施手数料を減額し、又は免除すべき開示の実施の方法については、その旨を含む。）
三　事務所における開示を実施することができる日、時間及び場所並びに事務所における開示を希望する場合には法第十四条第二項の規定による申出をする際に当該事務所における開示を実施することができる日のうちから事務所における開示の実施を希望する日を選択すべき旨
四　写しの送付の方法による行政文書の開示を実施する場合における準備に要する日数及び送付に要する費用
五　第九条第二項第一号（同号ニに係る部分に限る。）又は第三項第三号（同号ヘに係る部分に限る。）に定める方法による行政文書の開示を実施する場合における準備に要する日数その他当該開示の実施に必要な事項

2　開示請求書に前条第一項各号に掲げる事項が記載されている場合における法第九条第一項の政令で定める事項は、前項の規定にかかわらず、次の各号に掲げる場合の区分に応じ、当該各号に定める事項とする。
一　前条第一項第一号の方法による行政文書の開示を実施することができる場合（事務所における開示については、同項第二号の日に実施することができる場合に限る。）　その旨並びに前項第一号及び第三号から第五号までに掲げる事項（同条第一項第一号の方法に係るものを除く。）並びに前項第二号に掲げる事項
二　前号に掲げる場合以外の場合　その旨及び前項各号に掲げる事項

（法第十三条第一項の政令で定める事項）
第七条　法第十三条第一項の政令で定める事項は、次に掲げる事項とする。
一　開示請求の年月日
二　開示請求に係る行政文書に記録されている当該第三者に関する情報の内容
三　意見書を提出する場合の提出先及び提出期限

（法第十三条第二項の政令で定める事項）
第八条　法第十三条第二項の政令で定める事項は、次に掲げる事項とする。
一　開示請求の年月日
二　法第十三条第二項第一号又は第二号の規定の適用の区分及び当該規定を適用する理由
三　開示請求に係る行政文書に記録されている当該第三者に関する情報の内容
四　意見書を提出する場合の提出先及び提出期限

（行政文書の開示の実施の方法）

第九条　次の各号に掲げる文書又は図画の閲覧の方法は、それぞれ当該各号に定めるものを閲覧することとする。

一　文書又は図画（次号から第四号まで又は第四項に該当するものを除く。）　当該文書又は図画（法第十四条第一項ただし書の規定が適用される場合にあっては、次項第一号イに規定するもの）

二　マイクロフィルム　当該マイクロフィルムを専用機器により映写したもの。ただし、これにより難い場合にあっては、当該マイクロフィルムを日本工業規格A列一番（以下「A一判」という。）以下の大きさの用紙に印刷したもの

三　写真フィルム　当該写真フィルムを印画紙（縦八十九ミリメートル、横百二十七ミリメートルのもの又は縦二百三ミリメートル、横二百五十四ミリメートルのものに限る。以下同じ。）に印画したもの

四　スライド（第五項に規定する場合におけるものを除く。次項第四号において同じ。）　当該スライドを専用機器により映写したもの

2　次の各号に掲げる文書又は図画の法第十四条第一項（第一号ニにあっては、同項及び行政手続等における情報通信の技術の利用に関する法律（平成十四年法律第百五十一号。以下「情報通信技術利用法」という。）第四条第一項）の規定による開示の実施の方法は、それぞれ当該各号に定める方法とする。

一　文書又は図画（次号から第四号まで又は第四項に該当するものを除く。）　次に掲げる方法（ロからニまでに掲げる方法にあっては当該文書又は図画の保存に支障を生ずるおそれがなく、かつ、行政機関がその保有する処理装置及びプログラム（電子計算機に対する指令であって、一の結果を得ることができるように組み合わされたものをいう。以下同じ。）により当該文書又は図画の開示を実施することができる場合に限り、ニに掲げる方法にあっては情報通信技術利用法第三条第一項の規定により同項に規定する電子情報処理組織を使用して開示請求があった場合（以下「電子開示請求の場合」という。）に限る。）

イ　当該文書又は図画を複写機により日本工業規格A列三番（以下「A三判」という。）以下の大きさの用紙に複写したものの交付（ロに掲げる方法に該当するものを除く。）。ただし、これにより難い場合にあっては、当該文書若しくは図画を複写機によりA一判若しくは日本工業規格A列二番（以下「A二判」という。）の用紙に複写したものの交付（ロに掲げる方法に該当するものを除く。）又は当該文書若しくは図画を撮影した写真フィルムを印画紙に印画したものの交付

ロ　当該文書又は図画を複写機により用紙にカラーで複写したものの交付

ハ　当該文書又は図画をスキャナにより読み取ってできた電磁的記録をフレキシブルディスクカートリッジ（日本工業規格X六二二三に適合する幅九十ミリメートルのものに限る。以下同じ。）又は光ディスク（日本工業規格X〇六〇六及びX六二八一又はX六二四一に適合する直径百二十ミリメートルの光ディスクの再生装置で再生することが可能なものに限る。次項第三号ホにおいて同じ。）に複写したものの交付

ニ　当該文書又は図画の開示の実施を情報通信技術利用法第四条第一項の規定により同項に規定する電子情報処理組織を使用して行う方法（別表第一の一の項リにおいて「情報通信技術利用法の適用による方法」という。）

二　マイクロフィルム　当該マイクロフィルムを日本工業規格A列四番（以下「A四判」という。）の用紙に印刷したものの交付。ただし、これにより難い場合にあっては、A一判、A二判又はA三判の用紙に印刷したものの交付

三　写真フィルム　当該写真フィルムを印画紙に印画したものの交付

四　スライド　当該スライドを印画紙に印画したものの交付

3　次の各号に掲げる電磁的記録についての法第十四条第一項の政令で定める方法は、それぞれ当該各号に定める方法とする。

一　録音テープ（第五項に規定する場合におけるものを除く。以下この号において同じ。）又は録音ディスク　次に掲げる方法

イ　当該録音テープ又は録音ディスクを専用機器により再生したものの聴取

ロ　当該録音テープ又は録音ディスクを録音カセットテープ（日本工業規格C五五六八に適合する記録時間百二十分のものに限る。別表第一の五の項ロにおいて同じ。）に複写したものの交付

二　ビデオテープ又はビデオディスク　次に掲げる方法

イ　当該ビデオテープ又はビデオディスクを専用機器により再生したものの視聴

ロ　当該ビデオテープ又はビデオディスクをビデオカセットテープ（日本工業規格C五五八一に適合する記録時間百二十分のものに限る。以下同じ。）に複写したものの交付

三　電磁的記録（前二号、次号又は次項に該当するものを除く。）　次に掲げる方法であって、行政機関がその保有する処理装置及びプログラムにより行うことができるもの（ヘに掲げる方法にあっては、電子開示請求の場合に限る。）

イ　当該電磁的記録をA三判以下の大きさの用紙に出力したものの閲覧

ロ　当該電磁的記録を専用機器（開示を受ける者の閲覧又は視聴の用に供するために備え付けられているものに限る。別表第一の七の項ロにおいて同じ。）により再生したものの閲覧又は視聴

ハ　当該電磁的記録をA三判以下の大きさの用紙に出力したものの交付（ニに掲げる方法に該当するものを除く。）

ニ　当該電磁的記録をA三判以下の大きさの用紙にカラーで出力したものの交付

ホ　当該電磁的記録をフレキシブルディスクカートリッジ又は光ディスクに複写したものの交付

ヘ　当該電磁的記録を電子情報処理組織（行政機関の使用に係る電子計算機（入出力装置を含む。以

下この号において同じ。）と開示を受ける者の使用に係る電子計算機とを電気通信回線で接続した電子情報処理組織をいう。）を使用して開示を受ける者の使用に係る電子計算機に備えられたファイルに複写させる方法（別表第一の七の項チにおいて「電子情報処理組織を使用する方法」という。）

四　電磁的記録（前号ホに掲げる方法による開示の実施をすることができない特性を有するものに限る。）次に掲げる方法であって、行政機関がその保有する処理装置及びプログラムにより行うことができるもの

イ　前号イからハまでに掲げる方法

ロ　当該電磁的記録を幅十二・七ミリメートルのオープンリールテープ（日本工業規格X六一〇三、X六一〇四又はX六一〇五に適合する長さ七百三十一・五二メートルのものに限る。別表第一の七の項リにおいて同じ。）に複写したものの交付

ハ　当該電磁的記録を幅十二・七ミリメートルの磁気テープカートリッジ（日本工業規格X六一二三、X六一三二若しくはX六一三五又は国際標準化機構及び国際電気標準会議の規格（以下「国際規格」という。）一四八三三、一五八九五若しくは一五三〇七に適合するものに限る。別表第一の七の項ヌにおいて同じ。）に複写したものの交付

ニ　当該電磁的記録を幅八ミリメートルの磁気テープカートリッジ（日本工業規格X六一四一若しくはX六一四二又は国際規格一五七五七に適合するものに限る。別表第一の七の項ルにおいて同じ。）に複写したものの交付

ホ　当該電磁的記録を幅三・八一ミリメートルの磁気テープカートリッジ（日本工業規格X六一二七、X六一二九、X六一三〇又はX六一三七に適合するものに限る。別表第一の七の項ヲにおいて同じ。）に複写したものの交付

4　映画フィルムの開示の実施の方法は、次に掲げる方法とする。

一　当該映画フィルムを専用機器により映写したものの視聴

二　当該映画フィルムをビデオカセットテープに複写したものの交付

5　スライド及び当該スライドの内容に関する音声を記録した録音テープを同時に視聴する場合における開示の実施の方法は、次に掲げる方法とする。

一　当該スライド及び当該録音テープを専用機器により再生したものの視聴

二　当該スライド及び当該録音テープをビデオカセットテープに複写したものの交付

（開示の実施の方法等の申出）

第十条　法第十四条第二項の規定による申出は、書面により行わなければならない。

2　第六条第二項第一号の場合に該当する旨の法第九条第一項に規定する通知があった場合（開示実施手数料が無料である場合に限る。）において、第五条第一項各号に掲げる事項を変更しないときは、法第十四条第二項の規定による申出を改めて行うことを要しない。

（法第十四条第二項の政令で定める事項）

第十一条　法第十四条第二項の政令で定める事項は、次に掲げる事項とする。

一　求める開示の実施の方法（開示決定に係る行政文書の部分ごとに異なる開示の実施の方法を求める場合にあっては、その旨及び当該部分ごとの開示の実施の方法）

二　開示決定に係る行政文書の一部について開示の実施を求める場合にあっては、その旨及び当該部分

三　事務所における開示の実施を求める場合にあっては、当該事務所における開示の実施を希望する日

四　写しの送付の方法による行政文書の開示の実施を求める場合にあっては、その旨

2　第六条第二項第一号の場合に該当する旨の法第九条第一項に規定する通知があった場合（開示実施手数料が無料である場合を除く。）における法第十四条第二項の政令で定める事項は、前項の規定にかかわらず、行政文書の開示を受ける旨とする。

（更なる開示の申出）

第十二条　法第十四条第四項の規定による申出は、次に掲げる事項を記載した書面により行わなければならない。

一　法第九条第一項に規定する通知があった日

二　最初に開示を受けた日

三　前条第一項各号に掲げる事項

2　前項の場合において、既に開示を受けた行政文書（その一部につき開示を受けた場合にあっては、当該部分）につきとられた開示の実施の方法と同一の方法を当該行政文書について求めることはできない。ただし、当該同一の方法を求めることにつき正当な理由があるときは、この限りでない。

（手数料の額等）

第十三条　法第十六条第一項の手数料の額は、次の各号に掲げる手数料の区分に応じ、それぞれ当該各号に定める額とする。

一　開示請求に係る手数料（以下「開示請求手数料」という。）　開示請求に係る行政文書一件につき三百円（情報通信技術利用法第三条第一項の規定により同項に規定する電子情報処理組織を使用して開示請求をする場合にあっては、二百円）

二　開示実施手数料　開示を受ける行政文書一件につき、別表第一の上欄に掲げる行政文書の種別（第十六条第一項第五号において単に「種別」という。）ごとに、同表の中欄に掲げる開示の実施の方法に応じ、それぞれ同表の下欄に定める額（複数の実施の方法により開示を受ける場合にあっては、その合算額。以下この号及び次項において「基本額」という。）。ただし、基本額（法第十四条第四項の規定により更に開示を受ける場合にあっては、当該開示を受ける場合の基本額に既に開示の実施を求めた際の基本額を加えた額）が前号に定める額に相当する額（次のイからハまでのいずれかに該当する場合は、それぞれ当該イからハまでに定める額。ハを除き、以下この号において同じ。）に達するまでは無料とし、前号に定める額に相当する額を超えるとき（同項の規定により更に開示を受ける場合であって既に開示の

実施を求めた際の基本額が前号に定める額に相当する額を超えるときを除く。）は当該基本額から前号に定める額に相当する額を減じた額とする。

イ　独立行政法人等の保有する情報の公開に関する法律（平成十三年法律第百四十号。以下「独立行政法人等情報公開法」という。）第十三条第一項の規定に基づき、独立行政法人等から事案が移送された場合（ロに掲げる場合を除く。）　当該独立行政法人等が独立行政法人等情報公開法第十七条第一項の規定に基づき定める開示請求に係る手数料の額に相当する額（以下この号において「開示請求手数料相当額」という。）

ロ　独立行政法人等情報公開法第十三条第一項の規定に基づき独立行政法人等から法人文書の一部について移送された場合　開示請求手数料相当額のうち法第十四条の規定に基づき開示を実施する行政機関の長が分担するものとして、当該独立行政法人等と協議して定める額

ハ　法第十二条の二の規定に基づき独立行政法人等に行政文書の一部について移送した場合　前号に定める額に相当する額のうち法第十四条の規定に基づき開示を実施する行政機関の長が分担するものとして、当該独立行政法人等と協議して定める額

2　開示請求者が次の各号のいずれかに該当する複数の行政文書の開示請求を一の開示請求書によって行うときは、前項第一号の規定の適用については、当該複数の行政文書を一件の行政文書とみなし、かつ、当該複数の行政文書である行政文書の開示を受ける場合における同項第二号ただし書の規定の適用については、当該複数の行政文書である行政文書に係る基本額に先に開示の実施を求めた当該複数の行政文書である他の行政文書に係る基本額を順次加えた額を基本額とみなす。

一　一の行政文書ファイル（能率的な事務又は事業の処理及び行政文書の適切な保存の目的を達成するためにまとめられた、相互に密接な関連を有する行政文書（保存期間が一年以上のものであって、当該保存期間を同じくすることが適当であるものに限る。）の集合物をいう。第十六条第一項第十号において同じ。）にまとめられた複数の行政文書

二　前号に掲げるもののほか、相互に密接な関連を有する複数の行政文書

3　開示請求手数料又は開示実施手数料は、次の各号のいずれかに掲げる場合を除いて、それぞれ開示請求書又は第十条第一項若しくは前条第一項に規定する書面に収入印紙をはって納付しなければならない。

一　次に掲げる行政機関又は部局若しくは機関が保有する行政文書に係る開示請求手数料又は開示実施手数料を納付する場合（第三号に掲げる場合を除く。）

イ　特許庁

ロ　その長が第十五条第一項の規定による委任を受けることができる部局又は機関（開示請求手数料については、当該委任を受けた部局又は機関に限る。）であって、当該部局又は機関が保有する行政文書に係る開示請求手数料又は開示実施手数料の納付について収入印紙によることが適当でないものとして行政機関の長が官報に公示したもの

二　行政機関又はその部局若しくは機関（前号イ及びロに掲げるものを除く。）の事務所において開示請求手数料又は開示実施手数料の納付を現金ですることが可能である旨及び当該事務所の所在地を当該行政機関の長が官報で公示した場合において、当該行政機関が保有する行政文書に係る開示請求手数料又は開示実施手数料を当該事務所において現金で納付する場合（次号に掲げる場合を除く。）

三　情報通信技術利用法第三条第一項の規定により同項に規定する電子情報処理組織を使用して開示請求又は法第十四条第二項若しくは第四項の規定による申出をする場合において、総務省令で定める方法により開示請求手数料又は開示実施手数料を納付する場合

4　行政文書の開示を受ける者は、開示実施手数料のほか送付に要する費用を納付して、行政文書の写しの送付を求めることができる。この場合において、当該費用は、総務省令で定める方法により納付しなければならない。

（手数料の減免）

第十四条　行政機関の長（法第十七条の規定により委任を受けた職員があるときは、当該職員。以下この条において同じ。）は、行政文書の開示を受ける者が経済的困難により開示実施手数料を納付する資力がないと認めるときは、開示請求一件につき二千円を限度として、開示実施手数料を減額し、又は免除することができる。

2　前項の規定による開示実施手数料の減額又は免除を受けようとする者は、法第十四条第二項又は第四項の規定による申出を行う際に、併せて当該減額又は免除を求める額及びその理由を記載した申請書を行政機関の長に提出しなければならない。

3　前項の申請書には、申請人が生活保護法（昭和二十五年法律第百四十四号）第十一条第一項各号に掲げる扶助を受けていることを理由とする場合にあっては当該扶助を受けていることを証明する書面を、その他の事実を理由とする場合にあっては当該事実を証明する書面を添付しなければならない。

4　第一項の規定によるもののほか、行政機関の長は、開示決定に係る行政文書を一定の開示の実施の方法により一般に周知させることが適当であると認めるときは、当該開示の実施の方法に係る開示実施手数料を減額し、又は免除することができる。

（権限又は事務の委任）

第十五条　行政機関の長（第四条第一項に規定する者を除く。）は、法第十七条の規定により、内閣総務官、内閣官房副長官補、内閣広報官若しくは内閣情報官、内閣府設置法（平成十一年法律第八十九号）第十七条若しくは第五十三条の官房、局若しくは部の長、同法第十七条第一項若しくは第六十二条第一項若しくは第二項の職、同法第十八条の重要政策に関する会議の長、同法第三十七条若しくは第五十四条の審議会等若しくはその事務局の長、同法第三十九条若しくは第五十五条の施設等機関の長、同法第四十条若しくは第五十六条（宮内庁法（昭和二十二年法律第七十号）第十八条第一項において準用する場合を含む。）の特別の機関

若しくはその事務局の長、内閣府設置法第四十三条若しくは第五十七条（宮内庁法第十八条第一項において準用する場合を含む。）の地方支分部局の長、内閣府設置法第五十二条の委員会の事務局若しくはその官房若しくは部の長、同条の委員会の事務総局若しくはその官房、局、部若しくは地方事務所若しくはその支所の長、宮内庁法第三条の長官官房、侍従職等若しくは部の長、同法第十四条第一項の職、同法第十六条第一項の機関若しくはその事務局の長、同条第二項の機関の長若しくは同法第十七条の地方支分部局の長又は国家行政組織法（昭和二十三年法律第百二十号）第七条の官房、局若しくは部の長、同条の委員会の事務局若しくはその官房若しくは部の長、同条の委員会の事務総局の長、同法第八条の審議会等若しくはその事務局の長、同法第八条の二の施設等機関の長、同法第八条の三の特別の機関若しくはその事務局の長、同法第九条の地方支分部局の長若しくは同法第二十条第一項若しくは第二項の職に法第二章に定める権限又は事務のうちその所掌に係るものを委任することができる。

2　警察庁長官は、法第十七条の規定により、警察法（昭和二十九年法律第百六十二号）第十九条第一項の長官官房若しくは局、同条第二項の部、同法第二十七条第一項、第二十八条第一項若しくは第二十九条第一項の附属機関又は同法第三十条第一項若しくは第三十三条第一項の地方機関の長に法第二章に定める権限又は事務のうちその所掌に係るものを委任することができる。

3　行政機関の長は、前二項の規定により権限又は事務を委任しようとするときは、委任を受ける職員の官職、委任する権限又は事務及び委任の効力の発生する日を官報で公示しなければならない。

（行政文書の管理に関する定め）

第十六条　法第二十二条第二項の行政文書の管理に関する定めは、次に掲げる要件を満たすものでなければならない。

一　当該行政機関の事務及び事業の性質、内容等に応じた系統的な行政文書の分類の基準を定めるものであること。この場合において、当該行政文書の分類の基準については、毎年一回見直しを行い、必要と認める場合にはその改定を行うこととするものであること。

二　当該行政機関の意思決定に当たっては文書（図画及び電磁的記録を含む。以下この号において同じ。）を作成して行うこと並びに当該行政機関の事務及び事業の実績について文書を作成することを原則とし、次に掲げる場合についてはこの限りでないこととするものであること。ただし、イの場合においては、事後に文書を作成することとするものであること。

イ　当該行政機関の意思決定と同時に文書を作成することが困難である場合

ロ　処理に係る事案が軽微なものである場合

三　行政文書を専用の場所において適切に保存することとするものであること。

四　当該行政機関の事務及び事業の性質、内容等に応じた行政文書の保存期間の基準を定めるものであること。この場合において、当該行政文書の保存期間の基準は、別表第二の上欄に掲げる行政文書の区分に応じ、それぞれその作成又は取得の日（これらの日以後の特定の日を起算日とすることが行政文書の適切な管理に資すると行政機関の長が認める場合にあっては、当該特定の日）から起算して同表の下欄に定める期間以上の期間とすること。

五　行政文書を作成し、又は取得したときは、前号の行政文書の保存期間の基準に従い、当該行政文書について保存期間の満了する日を設定するとともに、当該行政文書を当該保存期間の満了する日までの間保存することとするものであること。この場合において、保存の必要に応じ、当該行政文書に代えて、内容を同じくする同一又は他の種別の行政文書を作成することとするものであること。

六　次に掲げる行政文書については、前号の保存期間の満了する日後においても、その区分に応じてそれぞれ次に定める期間が経過する日までの間保存期間を延長することとするものであること。この場合において、一の区分に該当する行政文書が他の区分にも該当するときは、それぞれの期間が経過する日のいずれか遅い日までの間保存することとするものであること。

イ　現に監査、検査等の対象になっているもの　当該監査、検査等が終了するまでの間

ロ　現に係属している訴訟における手続上の行為をするために必要とされるもの　当該訴訟が終結するまでの間

ハ　現に係属している不服申立てにおける手続上の行為をするために必要とされるもの　当該不服申立てに対する裁決又は決定の日の翌日から起算して一年間

ニ　開示請求があったもの　法第九条各項の決定の日の翌日から起算して一年間

七　保存期間が満了した行政文書について、職務の遂行上必要があると認めるときは、一定の期間を定めて当該保存期間を延長することとするものであること。この場合において、当該延長に係る保存期間が満了した後にこれを更に延長しようとするときも、同様とすることとするものであること。

八　保存期間（延長された場合にあっては、延長後の保存期間。次号において同じ。）が満了した行政文書については、国立公文書館法（平成十一年法律第七十九号）第十五条第二項の規定により内閣総理大臣に移管することとするもの及び第二条第一項に規定する機関に移管することとするものを除き、廃棄することとするものであること。

九　行政文書を保存期間が満了する前に廃棄しなければならない特別の理由があるときに当該行政文書を廃棄することができることとする場合にあっては、廃棄する行政文書の名称、当該特別の理由及び廃棄した年月日を記載した記録を作成することとするものであること。

十　行政文書ファイル及び行政文書（単独で管理することが適当なものであって、保存期間が一年以上のものに限る。）の管理を適切に行うため、これらの名称その他の必要な事項（不開示情報に該当するものを除く。）を記載した帳簿を磁気ディスク（これ

に準ずる方法により一定の事項を確実に記録しておくことができる物を含む。）をもって調製することとするものであること。

十一　職員の中から指名する者に、その保有する行政文書の管理に関する事務の運営につき監督を行わせることとするものであること。

十二　法律及びこれに基づく命令の規定により、行政文書の分類、作成、保存、廃棄その他の行政文書の管理に関する事項について特別の定めが設けられている場合にあっては、当該事項については、当該法律及びこれに基づく命令の定めるところによることとするものであること。

2　行政機関の長は、行政文書の管理に関する定めを記載した書面及び前項第十号の帳簿を一般の閲覧に供するため、当該書面及び帳簿の閲覧所を設けるとともに、当該閲覧所の場所を官報で公示しなければならない。公示した閲覧所の場所を変更したときも、同様とする。

3　行政機関の長は、開示請求の提出先とされている機関の事務所において、第一項第十号の帳簿の全部又は一部の写しを一般の閲覧に供するよう努めるものとする。

附　則

この政令は、法の施行の日（平成十三年四月一日）から施行する。

附　則（平成二一年一二月二八日政令第三一〇号）　抄

（施行期日）

第一条　この政令は、法の施行の日（平成二十二年一月一日）から施行する。

（罰則に関する経過措置）

第六条　第五十二条の規定の施行前にした行為に対する罰則の適用については、なお従前の例による。

別表第一（第十三条関係）　略

別表第二（第十六条関係）　略

独立行政法人等の保有する情報の公開に関する法律

平成十三年十二月五日法律第百四十号
最終改正　平成二一年七月一〇日法律第七六号

第一章　総則

（目的）

第一条　この法律は、国民主権の理念にのっとり、法人文書の開示を請求する権利及び独立行政法人等の諸活動に関する情報の提供につき定めること等により、独立行政法人等の保有する情報の一層の公開を図り、もって独立行政法人等の有するその諸活動を国民に説明する責務が全うされるようにすることを目的とする。

（定義）

第二条　この法律において「独立行政法人等」とは、独立行政法人通則法（平成十一年法律第百三号）第二条第一項に規定する独立行政法人及び別表第一に掲げる法人をいう。

2　この法律において「法人文書」とは、独立行政法人等の役員又は職員が職務上作成し、又は取得した文書、図画及び電磁的記録（電子的方式、磁気的方式その他人の知覚によっては認識することができない方式で作られた記録をいう。以下同じ。）であって、当該独立行政法人等の役員又は職員が組織的に用いるものとして、当該独立行政法人等が保有しているものをいう。ただし、次に掲げるものを除く。

一　官報、白書、新聞、雑誌、書籍その他不特定多数の者に販売することを目的として発行されるもの

二　政令で定める公文書館その他の施設において、政令で定めるところにより、歴史的若しくは文化的な資料又は学術研究用の資料として特別の管理がされているもの

三　別表第二の上欄に掲げる独立行政法人等が保有している文書、図画及び電磁的記録であって、政令で定めるところにより、専ら同表下欄に掲げる業務に係るものとして、同欄に掲げる業務以外の業務に係るものと区分されるもの

第二章　法人文書の開示

（開示請求権）

第三条　何人も、この法律の定めるところにより、独立行政法人等に対し、当該独立行政法人等の保有する法人文書の開示を請求することができる。

（開示請求の手続）

第四条　前条の規定による開示の請求（以下「開示請求」という。）は、次に掲げる事項を記載した書面（以下「開示請求書」という。）を独立行政法人等に提出してしなければならない。

一　開示請求をする者の氏名又は名称及び住所又は居所並びに法人その他の団体にあっては代表者の氏名

二　法人文書の名称その他の開示請求に係る法人文書を特定するに足りる事項

2　独立行政法人等は、開示請求書に形式上の不備があると認めるときは、開示請求をした者（以下「開示請求者」という。）に対し、相当の期間を定めて、その補正を求めることができる。この場合において、独立行政法人等は、開示請求者に対し、補正の参考となる情報を提供するよう努めなければならない。

（法人文書の開示義務）

第五条　独立行政法人等は、開示請求があったときは、開示請求に係る法人文書に次の各号に掲げる情報（以下「不開示情報」という。）のいずれかが記録されている場合を除き、開示請求者に対し、当該法人文書を開示しなければならない。

一　個人に関する情報（事業を営む個人の当該事業に関する情報を除く。）であって、当該情報に含まれる氏名、生年月日その他の記述等により特定の個人を識別することができるもの（他の情報と照合することにより、特定の個人を識別することができることとなるものを含む。）又は特定の個人を識別することはできないが、公にすることにより、なお個人の権利利益を害するおそれがあるもの。ただし、次に掲げる情報を除く。

イ　法令の規定により又は慣行として公にされ、又は公にすることが予定されている情報

ロ　人の生命、健康、生活又は財産を保護するため、公にすることが必要であると認められる情報

ハ　当該個人が公務員等（国家公務員法（昭和二十二年法律第百二十号）第二条第一項に規定する国家公務員（独立行政法人通則法第二条第二項に規定する特定独立行政法人の役員及び職員を除く。）、独立行政法人等の役員及び職員、地方公務員法（昭和二十五年法律第二百六十一号）第二条に規定する地方公務員並びに地方独立行政法人（地方独立行政法人法（平成十五年法律第百十八号）第二条第一項に規定する地方独立行政法人をいう。以下同じ。）の役員及び職員をいう。）である場合において、当該情報がその職務の遂行に係る情報であるときは、当該情報のうち、当該公務員等の職及び当該職務遂行の内容に係る部分

二　法人その他の団体（国、独立行政法人等、地方公共団体及び地方独立行政法人を除く。以下「法人等」という。）に関する情報又は事業を営む個人の当該事業に関する情報であって、次に掲げるもの。ただし、人の生命、健康、生活又は財産を保護するため、公にすることが必要であると認められる情報を除く。

イ　公にすることにより、当該法人等又は当該個人の権利、競争上の地位その他正当な利益を害するおそれがあるもの

ロ　独立行政法人等の要請を受けて、公にしないとの条件で任意に提供されたものであって、法人等又は個人における通例として公にしないこととされているものその他の当該条件を付することが当該情報の性質、当時の状況等に照らして合理的であると認められるもの

三　国の機関、独立行政法人等、地方公共団体及び地方独立行政法人の内部又は相互間における審議、検討又は協議に関する情報であって、公にすることにより、率直な意見の交換若しくは意思決定の中立性が不当に損なわれるおそれ、不当に国民の間に混乱を生じさせるおそれ又は特定の者に不当に利益を与え若しくは不利益を及ぼすおそれがあるもの

四　国の機関、独立行政法人等、地方公共団体又は地方独立行政法人が行う事務又は事業に関する情報であって、公にすることにより、次に掲げるおそれその他当該事務又は事業の性質上、当該事務又は事業の適正な遂行に支障を及ぼすおそれがあるもの

イ　国の安全が害されるおそれ、他国若しくは国際機関との信頼関係が損なわれるおそれ又は他国若しくは国際機関との交渉上不利益を被るおそれ

ロ　犯罪の予防、鎮圧又は捜査その他の公共の安全と秩序の維持に支障を及ぼすおそれ

ハ　監査、検査、取締り、試験又は租税の賦課若しくは徴収に係る事務に関し、正確な事実の把握を困難にするおそれ又は違法若しくは不当な行為を容易にし、若しくはその発見を困難にするおそれ

ニ　契約、交渉又は争訟に係る事務に関し、国、独立行政法人等、地方公共団体又は地方独立行政法人の財産上の利益又は当事者としての地位を不当に害するおそれ

ホ　調査研究に係る事務に関し、その公正かつ能率的な遂行を不当に阻害するおそれ

ヘ　人事管理に係る事務に関し、公正かつ円滑な人事の確保に支障を及ぼすおそれ

ト　国若しくは地方公共団体が経営する企業、独立行政法人等又は地方独立行政法人に係る事業に関し、その企業経営上の正当な利益を害するおそれ

（部分開示）

第六条　独立行政法人等は、開示請求に係る法人文書の一部に不開示情報が記録されている場合において、不開示情報が記録されている部分を容易に区分して除くことができるときは、開示請求者に対し、当該部分を除いた部分につき開示しなければならない。ただし、当該部分を除いた部分に有意の情報が記録されていな

いと認められるときは、この限りでない。

2　開示請求に係る法人文書に前条第一号の情報（特定の個人を識別することができるものに限る。）が記録されている場合において、当該情報のうち、氏名、生年月日その他の特定の個人を識別することができることとなる記述等の部分を除くことにより、公にしても、個人の権利利益が害されるおそれがないと認められるときは、当該部分を除いた部分は、同号の情報に含まれないものとみなして、前項の規定を適用する。

（公益上の理由による裁量的開示）

第七条　独立行政法人等は、開示請求に係る法人文書に不開示情報が記録されている場合であっても、公益上特に必要があると認めるときは、開示請求者に対し、当該法人文書を開示することができる。

（法人文書の存否に関する情報）

第八条　開示請求に対し、当該開示請求に係る法人文書が存在しているか否かを答えるだけで、不開示情報を開示することとなるときは、独立行政法人等は、当該法人文書の存否を明らかにしないで、当該開示請求を拒否することができる。

（開示請求に対する措置）

第九条　独立行政法人等は、開示請求に係る法人文書の全部又は一部を開示するときは、その旨の決定をし、開示請求者に対し、その旨及び開示の実施に関し政令で定める事項を書面により通知しなければならない。

2　独立行政法人等は、開示請求に係る法人文書の全部を開示しないとき（前条の規定により開示請求を拒否するとき及び開示請求に係る法人文書を保有していないときを含む。）は、開示をしない旨の決定をし、開示請求者に対し、その旨を書面により通知しなければならない。

（開示決定等の期限）

第十条　前条各項の決定（以下「開示決定等」という。）は、開示請求があった日から三十日以内にしなければならない。ただし、第四条第二項の規定により補正を求めた場合にあっては、当該補正に要した日数は、当該期間に算入しない。

2　前項の規定にかかわらず、独立行政法人等は、事務処理上の困難その他正当な理由があるときは、同項に規定する期間を三十日以内に限り延長することができる。この場合において、独立行政法人等は、開示請求者に対し、遅滞なく、延長後の期間及び延長の理由を書面により通知しなければならない。

（開示決定等の期限の特例）

第十一条　開示請求に係る法人文書が著しく大量であるため、開示請求があった日から六十日以内にそのすべてについて開示決定等をすることにより事務の遂行に著しい支障が生ずるおそれがある場合には、前条の規定にかかわらず、独立行政法人等は、開示請求に係る法人文書のうちの相当の部分につき当該期間内に開示決定等をし、残りの法人文書については相当の期間内に開示決定等をすれば足りる。この場合において、独立行政法人等は、同条第一項に規定する期間内に、開示請求者に対し、次に掲げる事項を書面により通知しなければならない。

一　本条を適用する旨及びその理由

二　残りの法人文書について開示決定等をする期限

（事案の移送）

第十二条　独立行政法人等は、開示請求に係る法人文書が他の独立行政法人等により作成されたものであるときその他他の独立行政法人等において開示決定等をすることにつき正当な理由があるときは、当該他の独立行政法人等と協議の上、当該他の独立行政法人等に対し、事案を移送することができる。この場合においては、移送をした独立行政法人等は、開示請求者に対し、事案を移送した旨を書面により通知しなければならない。

2　前項の規定により事案が移送されたときは、移送を受けた独立行政法人等において、当該開示請求についての開示決定等をしなければならない。この場合において、移送をした独立行政法人等が移送前にした行為は、移送を受けた独立行政法人等がしたものとみなす。

3　前項の場合において、移送を受けた独立行政法人等が、第九条第一項の決定（以下「開示決定」という。）をしたときは、当該独立行政法人等は、開示の実施をしなければならない。この場合において、移送をした独立行政法人等は、当該開示の実施に必要な協力をしなければならない。

（行政機関の長への事案の移送）

第十三条　独立行政法人等は、次に掲げる場合には、行政機関の長（行政機関の保有する情報の公開に関する法律（平成十一年法律第四十二号。以下「行政機関情報公開法」という。）第三条に規定する行政機関の長をいう。以下この条において同じ。）と協議の上、当該行政機関の長に対し、事案を移送することができる。この場合においては、移送をした独立行政法人等は、開示請求者に対し、事案を移送した旨を書面により通知しなければならない。

一　開示請求に係る法人文書に記録されている情報を公にすることにより、国の安全が害されるおそれ、他国若しくは国際機関との信頼関係が損なわれるおそれ又は他国若しくは国際機関との交渉上不利益を被るおそれがあると認めるとき。

二　開示請求に係る法人文書に記録されている情報を公にすることにより、犯罪の予防、鎮圧又は捜査その他の公共の安全と秩序の維持に支障を及ぼすおそれがあると認めるとき。

三　開示請求に係る法人文書が行政機関（行政機関情報公開法第二条第一項に規定する行政機関をいう。次項において同じ。）により作成されたものであるとき。

四　その他行政機関の長において行政機関情報公開法第十条第一項に規定する開示決定等をすることにつき正当な理由があるとき。

2　前項の規定により事案が移送されたときは、当該事案については、法人文書を移送を受けた行政機関の長が保有する行政文書と、開示請求を移送を受けた行政機関の長に対する行政機関情報公開法第四条第一項に規定する開示請求とみなして、行政機関情報公開法の規定を適用する。この場合において、行政機関情報公開法第十条第一項中「第四条第二項」とあるのは「独立行政法人等情報公開法第四条第二項」と、行政機関情報公開法第十六条第一項中「開示請求をする者又は行政文書」とあるのは「行政文書」と、「により、それぞれ」とあるのは「により」と、「開示請求に係る手数料又は開示」とあるのは「開示」とする。

3　第一項の規定により事案が移送された場合において、移送を受けた行政機関の長が開示の実施をするときは、移送をした独立行政法人等は、当該開示の実施に必要な協力をしなければならない。

（第三者に対する意見書提出の機会の付与等）

第十四条　開示請求に係る法人文書に国、独立行政法人等、地方公共団体、地方独立行政法人及び開示請求者以外の者（以下この条、第十九条及び第二十条において「第三者」という。）に関する情報が記録されているときは、独立行政法人等は、開示決定等をするに当たって、当該情報に係る第三者に対し、開示請求に係る法人文書の表示その他政令で定める事項を通知して、意見書を提出する機会を与えることができる。

2　独立行政法人等は、次の各号のいずれかに該当するときは、開示決定に先立ち、当該第三者に対し、開示請求に係る法人文書の表示その他政令で定める事項を書面により通知して、意見書を提出する機会を与えなければならない。ただし、当該第三者の所在が判明しない場合は、この限りでない。

一　第三者に関する情報が記録されている法人文書を開示しようとする場合であって、当該情報が第五条第一号ロ又は同条第二号ただし書に規定する情報に該当すると認められるとき。

二　第三者に関する情報が記録されている法人文書を第七条の規定により開示しようとするとき。

3　独立行政法人等は、前二項の規定により意見書の提出の機会を与えられた第三者が当該法人文書の開示に反対の意思を表示した意見書を提出した場合において、開示決定をするときは、開示決定の日と開示を実施する日との間に少なくとも二週間を置かなければならない。この場合において、独立行政法人等は、開示決定後直ちに、当該意見書（第十八条及び第十九条において「反対意見書」という。）を提出した第三者に対し、開示決定をした旨及びその理由並びに開示を実施する日を書面により通知しなければならない。

（開示の実施）

第十五条　法人文書の開示は、文書又は図画については閲覧又は写しの交付により、電磁的記録についてはその種別、情報化の進展状況等を勘案して独立行政法人等が定める方法により行う。ただし、閲覧の方法による法人文書の開示にあっては、独立行政法人等は、当該法人文書の保存に支障を生ずるおそれがあると認めるときその他正当な理由があるときは、その写しにより、これを行うことができる。

2　独立行政法人等は、行政機関情報公開法第十四条第一項の規定に基づく政令の規定を参酌して前項の規定に基づく電磁的記録についての開示の方法に関する定めを設けるとともに、これを一般の閲覧に供しなければならない。

3　開示決定に基づき法人文書の開示を受ける者は、政令で定めるところにより、当該開示決定をした独立行政法人等に対し、その求める開示の実施の方法その他の政令で定める事項を申し出なければならない。

4　前項の規定による申出は、第九条第一項に規定する通知があった日から三十日以内にしなければならない。ただし、当該期間内に当該申出をすることができないことにつき正当な理由があるときは、この限りでない。

5　開示決定に基づき法人文書の開示を受けた者は、最初に開示を受けた日から三十日以内に限り、独立行政法人等に対し、更に開示を受ける旨を申し出ることができる。この場合においては、前項ただし書の規定を準用する。

（他の法令による開示の実施との調整）

第十六条　独立行政法人等は、他の法令の規定により、何人にも開示請求に係る法人文書が前条第一項本文に規定する方法と同一の方法で開示することとされている場合（開示の期間が定められている場合にあっては、当該期間内に限る。）には、同項本文の規定にかかわらず、当該法人文書については、当該同一の方法による開示を行わない。ただし、当該他の法令の規定に一定の場合には開示をしない旨の定めがあるときは、この限りでない。

2　他の法令の規定に定める開示の方法が縦覧であるときは、当該縦覧を前条第一項本文の閲覧とみなして、前項の規定を適用する。

（手数料）

第十七条　開示請求をする者又は法人文書の開示を受ける者は、独立行政法人等の定めるところにより、それぞれ、開示請求に係る手数料又は開示の実施に係る手数料を納めなければならない。

2　前項の手数料の額は、実費の範囲内において、行政機関情報公開法第十六条第一項の手数料の額を参酌して、独立行政法人等が定める。

3　独立行政法人等は、経済的困難その他特別の理由があると認めるときは、行政機関情報公開法第十六条第三項の規定に基づく政令の規定を参酌して独立行政法人等の定めるところにより、第一項の手数料を減額し、又は免除することができる。

4　独立行政法人等は、前三項の規定による定めを一般の閲覧に供しなければならない。

第三章　異議申立て等

（異議申立て及び情報公開・個人情報保護審査会への諮問）

第十八条　開示決定等又は開示請求に係る不作為について不服がある者は、独立行政法人等に対し、行政不服審査法（昭和三十七年法律第百六十号）による異議申立てをすることができる。

2　開示決定等について異議申立てがあったときは、独立行政法人等は、次の各号のいずれかに該当する場合を除き、情報公開・個人情報保護審査会に諮問しなければならない。

一　異議申立てが不適法であり、却下するとき。

二　決定で、異議申立てに係る開示決定等（開示請求に係る法人文書の全部を開示する旨の決定を除く。以下この号及び第二十条において同じ。）を取り消し又は変更し、当該異議申立てに係る法人文書の全部を開示することとするとき。ただし、当該開示決定等について反対意見書が提出されているときを除く。

（諮問をした旨の通知）

第十九条 前条第二項の規定により諮問をした独立行政法人等は、次に掲げる者に対し、諮問をした旨を通知しなければならない。

一 異議申立人及び参加人

二 開示請求者（開示請求者が異議申立人又は参加人である場合を除く。）

三 当該異議申立てに係る開示決定等について反対意見書を提出した第三者（当該第三者が異議申立人又は参加人である場合を除く。）

（第三者からの異議申立てを棄却する場合等における手続）

第二十条 第十四条第三項の規定は、次の各号のいずれかに該当する決定をする場合について準用する。

一 開示決定に対する第三者からの異議申立てを却下し、又は棄却する決定

二 異議申立てに係る開示決定等を変更し、当該開示決定等に係る法人文書を開示する旨の決定（第三者である参加人が当該法人文書の開示に反対の意思を表示している場合に限る。）

（訴訟の移送の特例）

第二十一条 行政事件訴訟法（昭和三十七年法律第百三十九号）第十二条第四項の規定により同項に規定する特定管轄裁判所に開示決定等の取消しを求める訴訟又は開示決定等に係る異議申立てに対する決定の取消しを求める訴訟（次項及び附則第二条において「情報公開訴訟」という。）が提起された場合においては、同法第十二条第五項の規定にかかわらず、他の裁判所に同一又は同種若しくは類似の法人文書に係る開示決定等又はこれに係る異議申立てに対する決定に係る抗告訴訟（同法第三条第一項に規定する抗告訴訟をいう。次項において同じ。）が係属しているときは、当該特定管轄裁判所は、当事者の住所又は所在地、尋問を受けるべき証人の住所、争点又は証拠の共通性その他の事情を考慮して、相当と認めるときは、申立てにより又は職権で、訴訟の全部又は一部について、当該他の裁判所又は同法第十二条第一項から第三項までに定める裁判所に移送することができる。

2 前項の規定は、行政事件訴訟法第十二条第四項の規定により同項に規定する特定管轄裁判所に開示決定等又はこれに係る異議申立てに対する決定に係る抗告訴訟で情報公開訴訟以外のものが提起された場合について準用する。

第四章 情報提供

第二十二条 独立行政法人等は、政令で定めるところにより、その保有する次に掲げる情報であって政令で定めるものを記録した文書、図画又は電磁的記録を作成し、適時に、かつ、国民が利用しやすい方法により提供するものとする。

一 当該独立行政法人等の組織、業務及び財務に関する基礎的な情報

二 当該独立行政法人等の組織、業務及び財務についての評価及び監査に関する情報

三 当該独立行政法人等の出資又は拠出に係る法人その他の政令で定める法人に関する基礎的な情報

2 前項の規定によるもののほか、独立行政法人等は、その諸活動についての国民の理解を深めるため、その保有する情報の提供に関する施策の充実に努めるものとする。

第五章 補則

（法人文書の管理）

第二十三条 独立行政法人等は、この法律の適正かつ円滑な運用に資するため、法人文書を適正に管理するものとする。

2 独立行政法人等は、行政機関情報公開法第二十二条第二項の規定に基づく政令の規定を参酌して法人文書の管理に関する定めを設けるとともに、これを一般の閲覧に供しなければならない。

（開示請求をしようとする者に対する情報の提供等）

第二十四条 独立行政法人等は、開示請求をしようとする者が容易かつ的確に開示請求をすることができるよう、当該独立行政法人等が保有する法人文書の特定に資する情報の提供その他開示請求をしようとする者の利便を考慮した適切な措置を講ずるものとする。

2 総務大臣は、この法律の円滑な運用を確保するため、開示請求に関する総合的な案内所を整備するものとする。

（施行の状況の公表）

第二十五条 総務大臣は、独立行政法人等に対し、この法律の施行の状況について報告を求めることができる。

2 総務大臣は、毎年度、前項の報告を取りまとめ、その概要を公表するものとする。

（政令への委任）

第二十六条 この法律に定めるもののほか、この法律の実施のため必要な事項は、政令で定める。

附　則　抄

（施行期日）

第一条 この法律は、公布の日から起算して一年を超えない範囲内において政令で定める日から施行する。ただし、附則第八条の規定は、この法律の公布の日又は基盤技術研究円滑化法の一部を改正する法律（平成十三年法律第六十号）の公布の日のいずれか遅い日から施行する。

（検討）

第二条 政府は、行政機関情報公開法附則第二項の検討の状況を踏まえ、この法律の施行の状況及び情報公開訴訟の管轄の在り方について検討を加え、その結果に基づいて必要な措置を講ずるものとする。

附　則（平成二一年七月一〇日法律第七六号）　抄

（施行期日）

第一条 この法律は、公布の日から起算して三年を超えない範囲内において政令で定める日から施行する。ただし、次の各号に掲げる規定は、当該各号に定める日から施行する。

一　次項、次条、附則第四条第二項及び第三項、第十三条並びに第二十二条の規定　公布の日

（調整規定）

第二十二条　この法律の公布の日が、雇用保険法等の一部を改正する法律（平成二十一年法律第五号）の公布の日前である場合には、附則第十九条の規定の適用については同条中「第百五十五条」とあるのは「第百五十四条」と、「第百五十六条」とあるのは「第百五十五条」と、「第百五十四条」とあるのは「第百五十三条」とし、同法附則第十八条の規定の適用については同条中「第百五十四条」とあるのは「第百五十五条」と、「第百五十五条」とあるのは「第百五十六条」とする。

別表第一（第二条関係）　略

別表第二（第二条関係）　略

平成二十一年七月一日法律第六十六号の未施行内容

公文書等の管理に関する法律

第六条　独立行政法人等の保有する情報の公開に関する法律（平成十三年法律第百四十号）の一部を次のように改正する。

目次中「第二十六条」を「第二十五条」に改める。

第二条第二項第三号を第二条第二項第四号とする。

第二条第二項第二号中「公文書館」を「博物館」に改める。

第二条第二項第二号中「もの」の下に「（前号に掲げるものを除く。）」を加える。

第二条第二項第二号を第二条第二項第三号とする。

第二条第二項第一号の次に次の一号を加える。

二　公文書等の管理に関する法律（平成二十一年法律第六十六号）第二条第七項に規定する特定歴史公文書等

第二十三条を削る。

第二十四条第一項中「できるよう」の下に「、公文書等の管理に関する法律第十一条第三項に規定するもののほか」を加える。

第二十四条を第二十三条とする。

第二十五条を第二十四条とする。

第二十六条を第二十五条とする。

附　則（平成二一年七月一日法律第六六号）　抄

（施行期日）

第一条　この法律は、公布の日から起算して二年を超えない範囲内において政令で定める日から施行する。

（検討）

第十三条　政府は、この法律の施行後五年を目途として、この法律の施行の状況を勘案しつつ、行政文書及び法人文書の範囲その他の事項について検討を加え、必要があると認めるときは、その結果に基づいて必要な措置を講ずるものとする。

2　国会及び裁判所の文書の管理の在り方については、この法律の趣旨、国会及び裁判所の地位及び権能等を踏まえ、検討が行われるものとする。

平成二十一年七月十日法律第七十六号の未施行内容

沖縄科学技術大学院大学学園法

第十六条　独立行政法人等の保有する情報の公開に関する法律（平成十三年法律第百四十号）の一部を次のように改正する。

別表第一沖縄振興開発金融公庫の項の前に次のように加える。

沖縄科学技術大学院大学学園　沖縄科学技術大学院大学学園法（平成二十一年法律第七十六号）

附　則（平成二一年七月一〇日法律第七六号）　抄

（施行期日）

第一条　この法律は、公布の日から起算して三年を超えない範囲内において政令で定める日から施行する。ただし、次の各号に掲げる規定は、当該各号に定める日から施行する。

一　次項、次条、附則第四条第二項及び第三項、第十三条並びに第二十二条の規定　公布の日

（調整規定）

第二十二条　この法律の公布の日が、雇用保険法等の一部を改正する法律（平成二十一年法律第五号）の公布の日前である場合には、附則第十九条の規定の適用については同条中「第百五十五条」とあるのは「第百五十四条」と、「第百五十六条」とあるのは「第百五十五条」と、「第百五十四条」とあるのは「第百五十三条」とし、同法附則第十八条の規定の適用については同条中「第百五十四条」とあるのは「第百五十五条」と、「第百五十五条」とあるのは「第百五十六条」とする。

独立行政法人等の保有する情報の公開に関する法律施行令

平成十四年六月五日政令第百九十九号
最終改正　平成一九年三月三〇日政令第一一〇号

内閣は、独立行政法人等の保有する情報の公開に関する法律（平成十三年法律第百四十号）第二条第二項第二号及び第三号、第九条第一項、第十四条第一項及び第二項、第十五条第三項、第二十二条第一項並びに第二十六条の規定に基づき、この政令を制定する。

（法第二条第二項第二号の政令で定める施設）

第一条　独立行政法人等の保有する情報の公開に関する法律（以下「法」という。）第二条第二項第二号の政令で定める施設は、次に掲げる施設とする。

一　独立行政法人国立公文書館が設置する公文書館
二　独立行政法人国立文化財機構が設置する博物館
三　独立行政法人国立科学博物館が設置する博物館
四　独立行政法人国立美術館が設置する美術館
五　前各号に掲げるもののほか、博物館、美術館、図書館その他これらに類する施設であって、保有する歴史的若しくは文化的な資料又は学術研究用の資料について次条の規定による適切な管理を行うものとして総務大臣が指定したもの

2　総務大臣は、前項第五号の規定により指定をしたときは、当該指定した施設の名称及び所在地を官報で公示するものとする。公示した事項に変更があったとき又は指定を取り消したときも、同様とする。

（法第二条第二項第二号の歴史的な資料等の範囲）

第二条　法第二条第二項第二号の歴史的若しくは文化的な資料又は学術研究用の資料は、次に掲げる方法により管理されているものとする。

一　当該資料が専用の場所において適切に保存されていること。
二　当該資料の目録が作成され、かつ、当該目録が一般の閲覧に供されていること。
三　次に掲げるものを除き、一般の利用の制限が行われていないこと。
イ　当該資料に法第五条第一号、第二号及び第四号イに掲げる情報が記録されていると認められる場合において、当該資料（当該情報が記録されている部分に限る。）の一般の利用を制限すること。
ロ　当該資料の全部又は一部を一定の期間公にしないことを条件に個人又は法第五条第二号に規定する法人等から寄贈又は寄託を受けている場合において、当該期間が経過するまでの間、当該資料の全部又は一部の一般の利用を制限すること。
ハ　当該資料の原本を利用させることにより当該原本の破損若しくはその汚損を生じるおそれがある場合又は当該資料を保有する施設において当該原本が現に使用されている場合において、当該原本の一般の利用の方法又は期間を制限すること。
四　当該資料の利用の方法及び期間に関する定めが設けられ、かつ、当該定めが一般の閲覧に供されていること。

2　前項に規定する資料は、他の独立行政法人等又は前条第一項の施設を設置した独立行政法人等の他の部門から移管を受けて管理しようとするものである場合には、当該独立行政法人等が法第二十三条第二項に基づき設けた法人文書の管理に関する定めに規定する保存期間が満了しているものでなければならない。

（法第二条第二項第三号の区分の方法）

第三条　法第二条第二項第三号の別表第二の下欄に掲げる業務に係る文書、図画及び電磁的記録（以下この条において「文書等」という。）と同欄に掲げる業務以外の業務に係る文書等との区分の方法は、専ら同欄に掲げる業務に係る文書等が、同欄に掲げる業務以外の業務に係る文書等とは別の文書等ファイル（能率的な事務又は事業の処理及び文書等の適切な保存の目的を達成するためにまとめられた、相互に密接な関連を有

する文書等の集合物をいう。）に保存されていることとする。

（開示請求書の記載事項）

第四条　開示請求書には、開示請求に係る法人文書について次に掲げる事項を記載することができる。

一　求める開示の実施の方法

二　事務所における開示（次号に規定する方法及び電子情報処理組織を使用して開示を実施する方法以外の方法による法人文書の開示をいう。以下この号、次条第一項第三号及び第二項第一号並びに第九条第一項第三号において同じ。）の実施を求める場合にあっては、当該事務所における開示の実施を希望する日

三　写しの送付の方法による法人文書の開示の実施を求める場合にあっては、その旨

2　前項第一号、次条第一項第一号及び第二号、第九条第一項第一号並びに第十条第二項において「開示の実施の方法」とは、文書又は図画については閲覧又は写しの交付の方法として独立行政法人等が定める方法をいい、電磁的記録については法第十五条第一項の規定により独立行政法人等が定める方法をいう。

3　第一項第二号及び次条第一項第五号において「電子情報処理組織」とは、独立行政法人等の使用に係る電子計算機（入出力装置を含む。以下この項において同じ。）と開示を受ける者の使用に係る電子計算機とを電気通信回線で接続した電子情報処理組織をいう。

（法第九条第一項の政令で定める事項）

第五条　法第九条第一項の政令で定める事項は、次に掲げる事項とする。

一　開示決定に係る法人文書について求めることができる開示の実施の方法

二　前号の開示の実施の方法ごとの開示の実施に係る手数料（以下「開示実施手数料」という。）の額（法第十七条第三項の規定により開示実施手数料を減額し、又は免除すべき開示の実施の方法については、その旨を含む。）

三　事務所における開示を実施することができる日、時間及び場所並びに事務所における開示を希望する場合には法第十五条第三項の規定による申出をする際に当該事務所における開示を実施することができる日のうちから事務所における開示の実施を希望する日を選択すべき旨

四　写しの送付の方法による法人文書の開示を実施する場合における準備に要する日数及び送付に要する費用

五　電子情報処理組織を使用して法人文書の開示を実施する場合における準備に要する日数その他当該開示の実施に必要な事項（独立行政法人等が電子情報処理組織を使用して法人文書の開示を実施することができる旨を定めている場合に限る。）

2　開示請求書に前条第一項各号に掲げる事項が記載されている場合における法第九条第一項の政令で定める事項は、前項の規定にかかわらず、次の各号に掲げる場合の区分に応じ、当該各号に定める事項とする。

一　前条第一項第一号の方法による法人文書の開示を実施することができる場合（事務所における開示については、同項第二号の日に実施することができる場合に限る。）　その旨並びに前項第一号及び第三号から第五号までに掲げる事項（同条第一項第一号の方法に係るものを除く。）並びに前項第二号に掲げる事項

二　前号に掲げる場合以外の場合　その旨及び前項各号に掲げる事項

（法第十四条第一項の政令で定める事項）

第六条　法第十四条第一項の政令で定める事項は、次に掲げる事項とする。

一　開示請求の年月日

二　開示請求に係る法人文書に記録されている当該第三者に関する情報の内容

三　意見書を提出する場合の提出先及び提出期限

（法第十四条第二項の政令で定める事項）

第七条　法第十四条第二項の政令で定める事項は、次に掲げる事項とする。

一　開示請求の年月日

二　法第十四条第二項第一号又は第二号の規定の適用の区分及び当該規定を適用する理由

三　開示請求に係る法人文書に記録されている当該第三者に関する情報の内容

四　意見書を提出する場合の提出先及び提出期限

（開示の実施の方法等の申出）

第八条　法第十五条第三項の規定による申出は、書面により行わなければならない。

2　第五条第二項第一号の場合に該当する旨の法第九条第一項に規定する通知があった場合（開示実施手数料が無料である場合に限る。）において、第四条第一項各号に掲げる事項を変更しないときは、法第十五条第三項の規定による申出を改めて行うことを要しない。

（法第十五条第三項の政令で定める事項）

第九条　法第十五条第三項の政令で定める事項は、次に掲げる事項とする。

一　求める開示の実施の方法（開示決定に係る法人文書の部分ごとに異なる開示の実施の方法を求める場合にあっては、その旨及び当該部分ごとの開示の実施の方法）

二　開示決定に係る法人文書の一部について開示の実施を求める場合にあっては、その旨及び当該部分

三　事務所における開示の実施を求める場合にあっては、当該事務所における開示の実施を希望する日

四　写しの送付の方法による法人文書の開示の実施を求める場合にあっては、その旨

2　第五条第二項第一号の場合に該当する旨の法第九条第一項に規定する通知があった場合（開示実施手数料が無料である場合を除く。）における法第十五条第三項の政令で定める事項は、前項の規定にかかわらず、法人文書の開示を受ける旨とする。

（更なる開示の申出）

第十条　法第十五条第五項の規定による申出は、次に掲げる事項を記載した書面により行わなければならない。

一　法第九条第一項に規定する通知があった日

二　最初に開示を受けた日

三　前条第一項各号に掲げる事項

2　前項の場合において、既に開示を受けた法人文書（その一部につき開示を受けた場合にあっては、当該部分）

につきとられた開示の実施の方法と同一の方法を当該法人文書について求めることはできない。ただし、当該同一の方法を求めることにつき正当な理由があるときは、この限りでない。

（写しの送付の求め）
第十一条 法人文書の開示を受ける者は、開示実施手数料のほか、独立行政法人等の定めるところにより送付に要する費用を納付して、法人文書の写しの送付を求めることができる。

2 独立行政法人等は、前項の規定による定めを一般の閲覧に供しなければならない。

（情報提供の方法及び範囲）
第十二条 法第二十二条第一項に規定する情報の提供は、事務所に備えて一般の閲覧に供する方法及びインターネットの利用その他の情報通信の技術を利用する方法により行うものとする。

2 法第二十二条第一項の政令で定める情報は、次に掲げるものとする。

一 独立行政法人等の組織に関する次に掲げる情報
イ 当該独立行政法人等の目的、業務の概要及び国の施策との関係
ロ 当該独立行政法人等の組織の概要（当該独立行政法人等の役員の数、氏名、役職、任期及び経歴並びに職員の数を含む。）
ハ 当該独立行政法人等の役員に対する報酬及び退職手当の支給の基準並びに職員に対する給与及び退職手当の支給の基準

二 独立行政法人等の業務に関する次に掲げる情報
イ 当該独立行政法人等の事業報告書、業務報告書その他の業務に関する直近の報告書の内容
ロ 当該独立行政法人等の事業計画、年度計画その他の業務に関する直近の計画
ハ 当該独立行政法人等の契約の方法に関する定め
ニ 当該独立行政法人等が法令の規定により使用料、手数料その他の料金を徴収している場合におけるその額の算出方法

三 独立行政法人等が作成している貸借対照表、損益計算書その他の財務に関する直近の書類の内容

四 独立行政法人等の組織、業務及び財務についての評価及び監査に関する次に掲げる情報
イ 独立行政法人通則法（平成十一年法律第百三号）第三十二条第一項及び第三十四条第一項の規定（これらの規定を国立大学法人法（平成十五年法律第百十二号）第三十五条及び総合法律支援法（平成十六年法律第七十四号）第四十八条において準用する場合を含む。）に基づくそれぞれの直近の評価の結果
ロ 当該独立行政法人等に係る行政機関が行う政策の評価に関する法律（平成十三年法律第八十六号）第三条第一項並びに第十二条第一項及び第二項の規定に基づくそれぞれの直近の政策評価の結果のうち当該独立行政法人等に関する部分
ハ 当該独立行政法人等に係る総務省設置法（平成十一年法律第九十一号）第四条第十八号の規定に基づく直近の評価及び監視の結果のうち当該独立行政法人等に関する部分
ニ 監事又は監査役の直近の意見
ホ 公認会計士又は監査法人の直近の監査の結果
ヘ 当該独立行政法人等に係る会計検査院の直近の検査報告のうち当該独立行政法人等に関する部分

五 法第二十二条第一項第三号に規定する法人の名称、その業務と当該独立行政法人等の業務の関係、当該独立行政法人等との重要な取引の概要並びにその役員であって当該独立行政法人等の役員を兼ねている者の氏名及び役職

（情報提供の対象となる法人の範囲）
第十三条 法第二十二条第一項第三号の政令で定める法人は、独立行政法人等（当該独立行政法人等により財務及び営業又は事業の方針を決定する機関を支配されている法人で総務省令で定めるものを含む。）が他の法人の財務及び営業又は事業の方針の決定に対して重要な影響を与えることができる場合における当該他の法人として総務省令で定めるものをいう。

附　則　抄

（施行期日）
第一条 この政令は、法の施行の日（平成十四年十月一日）から施行する。

附　則（平成一九年三月三〇日政令第一一〇号）　抄

この政令は、平成十九年四月一日から施行する。

一〇　規制改革等

独立行政法人通則法

平成十一年七月十六日法律第百三号
最終改正　平成二二年五月二八日法律第三七号

第一章　総則

第一節　通則

（目的等）

第一条　この法律は、独立行政法人の運営の基本その他の制度の基本となる共通の事項を定め、各独立行政法人の名称、目的、業務の範囲等に関する事項を定める法律（以下「個別法」という。）と相まって、独立行政法人制度の確立並びに独立行政法人が公共上の見地から行う事務及び事業の確実な実施を図り、もって国民生活の安定及び社会経済の健全な発展に資することを目的とする。

2　各独立行政法人の組織、運営及び管理については、個別法に定めるもののほか、この法律の定めるところによる。

（定義）

第二条　この法律において「独立行政法人」とは、国民生活及び社会経済の安定等の公共上の見地から確実に実施されることが必要な事務及び事業であって、国が自ら主体となって直接に実施する必要のないもののうち、民間の主体にゆだねた場合には必ずしも実施されないおそれがあるもの又は一の主体に独占して行わせることが必要であるものを効率的かつ効果的に行わせることを目的として、この法律及び個別法の定めるところにより設立される法人をいう。

2　この法律において「特定独立行政法人」とは、独立行政法人のうち、その業務の停滞が国民生活又は社会経済の安定に直接かつ著しい支障を及ぼすと認められるものその他当該独立行政法人の目的、業務の性質等を総合的に勘案して、その役員及び職員に国家公務員の身分を与えることが必要と認められるものとして個別法で定めるものをいう。

（業務の公共性、透明性及び自主性）

第三条　独立行政法人は、その行う事務及び事業が国民生活及び社会経済の安定等の公共上の見地から確実に実施されることが必要なものであることにかんがみ、適正かつ効率的にその業務を運営するよう努めなければならない。

2　独立行政法人は、この法律の定めるところによりその業務の内容を公表すること等を通じて、その組織及び運営の状況を国民に明らかにするよう努めなければならない。

3　この法律及び個別法の運用に当たっては、独立行政法人の業務運営における自主性は、十分配慮されなければならない。

（名称）

第四条　各独立行政法人の名称は、個別法で定める。

（目的）

第五条　各独立行政法人の目的は、第二条第一項の目的の範囲内で、個別法で定める。

（法人格）

第六条　独立行政法人は、法人とする。

（事務所）

第七条　各独立行政法人は、主たる事務所を個別法で定める地に置く。

2　独立行政法人は、必要な地に従たる事務所を置くことができる。

（財産的基礎）

第八条　独立行政法人は、その業務を確実に実施するために必要な資本金その他の財産的基礎を有しなければならない。

2　政府は、その業務を確実に実施させるために必要があると認めるときは、個別法で定めるところにより、各独立行政法人に出資することができる。

（登記）

第九条　独立行政法人は、政令で定めるところにより、登記しなければならない。

2　前項の規定により登記しなければならない事項は、登記の後でなければ、これをもって第三者に対抗することができない。

（名称の使用制限）

第十条　独立行政法人でない者は、その名称中に、独立行政法人という文字を用いてはならない。

（一般社団法人及び一般財団法人に関する法律の準用）

第十一条　一般社団法人及び一般財団法人に関する法律（平成十八年法律第四十八号）第四条及び第七十八条の規定は、独立行政法人について準用する。

第二節　独立行政法人評価委員会

（独立行政法人評価委員会）

第十二条　独立行政法人の主務省（当該独立行政法人を所管する内閣府又は各省をいう。以下同じ。）に、その所管に係る独立行政法人に関する事務を処理させるため、独立行政法人評価委員会（以下「評価委員会」という。）を置く。

2　評価委員会は、次に掲げる事務をつかさどる。

一　独立行政法人の業務の実績に関する評価に関すること。

二　その他この法律又は個別法によりその権限に属させられた事項を処理すること。

3　前項に定めるもののほか、評価委員会の組織、所掌事務及び委員その他の職員その他評価委員会に関し必要な事項については、政令で定める。

第三節　設立

（設立の手続）

第十三条　各独立行政法人の設立に関する手続については、個別法に特別の定めがある場合を除くほか、この節の定めるところによる。

（法人の長及び監事となるべき者）
第十四条　主務大臣は、独立行政法人の長（以下「法人の長」という。）となるべき者及び監事となるべき者を指名する。
2　前項の規定により指名された法人の長又は監事となるべき者は、独立行政法人の成立の時において、この法律の規定により、それぞれ法人の長又は監事に任命されたものとする。
3　第二十条第一項の規定は、第一項の法人の長となるべき者の指名について準用する。

（設立委員）
第十五条　主務大臣は、設立委員を命じて、独立行政法人の設立に関する事務を処理させる。
2　設立委員は、独立行政法人の設立の準備を完了したときは、遅滞なく、その旨を主務大臣に届け出るとともに、その事務を前条第一項の規定により指名された法人の長となるべき者に引き継がなければならない。

（設立の登記）
第十六条　第十四条第一項の規定により指名された法人の長となるべき者は、前条第二項の規定による事務の引継ぎを受けたときは、遅滞なく、政令で定めるところにより、設立の登記をしなければならない。
第十七条　独立行政法人は、設立の登記をすることによって成立する。

第二章　役員及び職員

（役員）
第十八条　各独立行政法人に、個別法で定めるところにより、役員として、法人の長一人及び監事を置く。
2　各独立行政法人には、前項に規定する役員のほか、個別法で定めるところにより、他の役員を置くことができる。
3　各独立行政法人の法人の長の名称、前項に規定する役員の名称及び定数並びに監事の定数は、個別法で定める。

（役員の職務及び権限）
第十九条　法人の長は、独立行政法人を代表し、その業務を総理する。
2　個別法で定める役員（法人の長を除く。）は、法人の長の定めるところにより、法人の長に事故があるときはその職務を代理し、法人の長が欠員のときはその職務を行う。
3　前条第二項の規定により置かれる役員の職務及び権限は、個別法で定める。
4　監事は、独立行政法人の業務を監査する。
5　監事は、監査の結果に基づき、必要があると認めるときは、法人の長又は主務大臣に意見を提出することができる。

（役員の任命）
第二十条　法人の長は、次に掲げる者のうちから、主務大臣が任命する。
一　当該独立行政法人が行う事務及び事業に関して高度な知識及び経験を有する者
二　前号に掲げる者のほか、当該独立行政法人が行う事務及び事業を適正かつ効率的に運営することができる者
2　監事は、主務大臣が任命する。
3　第十八条第二項の規定により置かれる役員は、第一項各号に掲げる者のうちから、法人の長が任命する。
4　法人の長は、前項の規定により役員を任命したときは、遅滞なく、主務大臣に届け出るとともに、これを公表しなければならない。

（役員の任期）
第二十一条　役員の任期は、個別法で定める。ただし、補欠の役員の任期は、前任者の残任期間とする。
2　役員は、再任されることができる。

（役員の欠格条項）
第二十二条　政府又は地方公共団体の職員（非常勤の者を除く。）は、役員となることができない。

（役員の解任）
第二十三条　主務大臣又は法人の長は、それぞれその任命に係る役員が前条の規定により役員となることができない者に該当するに至ったときは、その役員を解任しなければならない。
2　主務大臣又は法人の長は、それぞれその任命に係る役員が次の各号の一に該当するとき、その他役員たるに適しないと認めるときは、その役員を解任することができる。
一　心身の故障のため職務の遂行に堪えないと認められるとき。
二　職務上の義務違反があるとき。
3　前項に規定するもののほか、主務大臣又は法人の長は、それぞれその任命に係る役員（監事を除く。）の職務の執行が適当でないため当該独立行政法人の業務の実績が悪化した場合であって、その役員に引き続き当該職務を行わせることが適切でないと認めるときは、その役員を解任することができる。
4　法人の長は、前二項の規定によりその任命に係る役員を解任したときは、遅滞なく、主務大臣に届け出るとともに、これを公表しなければならない。

（代表権の制限）
第二十四条　独立行政法人と法人の長その他の代表権を有する役員との利益が相反する事項については、これらの者は、代表権を有しない。この場合には、監事が当該独立行政法人を代表する。

（代理人の選任）
第二十五条　法人の長その他の代表権を有する役員は、当該独立行政法人の代表権を有しない役員又は職員のうちから、当該独立行政法人の業務の一部に関し一切の裁判上又は裁判外の行為をする権限を有する代理人を選任することができる。

（職員の任命）
第二十六条　独立行政法人の職員は、法人の長が任命する。

第三章 業務運営

第一節 業務

（業務の範囲）

第二十七条 各独立行政法人の業務の範囲は、個別法で定める。

（業務方法書）

第二十八条 独立行政法人は、業務開始の際、業務方法書を作成し、主務大臣の認可を受けなければならない。これを変更しようとするときも、同様とする。

2 前項の業務方法書に記載すべき事項は、主務省令（当該独立行政法人を所管する内閣府又は各省の内閣府令又は省令をいう。以下同じ。）で定める。

3 主務大臣は、第一項の認可をしようとするときは、あらかじめ、評価委員会の意見を聴かなければならない。

4 独立行政法人は、第一項の認可を受けたときは、遅滞なく、その業務方法書を公表しなければならない。

第二節 中期目標等

（中期目標）

第二十九条 主務大臣は、三年以上五年以下の期間において独立行政法人が達成すべき業務運営に関する目標（以下「中期目標」という。）を定め、これを当該独立行政法人に指示するとともに、公表しなければならない。これを変更したときも、同様とする。

2 中期目標においては、次に掲げる事項について定めるものとする。

一 中期目標の期間（前項の期間の範囲内で主務大臣が定める期間をいう。以下同じ。）

二 業務運営の効率化に関する事項

三 国民に対して提供するサービスその他の業務の質の向上に関する事項

四 財務内容の改善に関する事項

五 その他業務運営に関する重要事項

3 主務大臣は、中期目標を定め、又はこれを変更しようとするときは、あらかじめ、評価委員会の意見を聴かなければならない。

（中期計画）

第三十条 独立行政法人は、前条第一項の指示を受けたときは、中期目標に基づき、主務省令で定めるところにより、当該中期目標を達成するための計画（以下「中期計画」という。）を作成し、主務大臣の認可を受けなければならない。これを変更しようとするときも、同様とする。

2 中期計画においては、次に掲げる事項を定めるものとする。

一 業務運営の効率化に関する目標を達成するためとるべき措置

二 国民に対して提供するサービスその他の業務の質の向上に関する目標を達成するためとるべき措置

三 予算（人件費の見積りを含む。）、収支計画及び資金計画

四 短期借入金の限度額

五 重要な財産を譲渡し、又は担保に供しようとするときは、その計画

六 剰余金の使途

七 その他主務省令で定める業務運営に関する事項

3 主務大臣は、第一項の認可をしようとするときは、あらかじめ、評価委員会の意見を聴かなければならない。

4 主務大臣は、第一項の認可をした中期計画が前条第二項第二号から第五号までに掲げる事項の適正かつ確実な実施上不適当となったと認めるときは、その中期計画を変更すべきことを命ずることができる。

5 独立行政法人は、第一項の認可を受けたときは、遅滞なく、その中期計画を公表しなければならない。

（年度計画）

第三十一条 独立行政法人は、毎事業年度の開始前に、前条第一項の認可を受けた中期計画に基づき、主務省令で定めるところにより、その事業年度の業務運営に関する計画（次項において「年度計画」という。）を定め、これを主務大臣に届け出るとともに、公表しなければならない。これを変更したときも、同様とする。

2 独立行政法人の最初の事業年度の年度計画については、前項中「毎事業年度の開始前に、前条第一項の認可を受けた」とあるのは、「その成立後最初の中期計画について前条第一項の認可を受けた後遅滞なく、その」とする。

（各事業年度に係る業務の実績に関する評価）

第三十二条 独立行政法人は、主務省令で定めるところにより、各事業年度における業務の実績について、評価委員会の評価を受けなければならない。

2 前項の評価は、当該事業年度における中期計画の実施状況の調査をし、及び分析をし、並びにこれらの調査及び分析の結果を考慮して当該事業年度における業務の実績の全体について総合的な評定をして、行わなければならない。

3 評価委員会は、第一項の評価を行ったときは、遅滞なく、当該独立行政法人及び政令で定める審議会（以下「審議会」という。）に対して、その評価の結果を通知しなければならない。この場合において、評価委員会は、必要があると認めるときは、当該独立行政法人に対し、業務運営の改善その他の勧告をすることができる。

4 評価委員会は、前項の規定による通知を行ったときは、遅滞なく、その通知に係る事項（同項後段の規定による勧告をした場合にあっては、その通知に係る事項及びその勧告の内容）を公表しなければならない。

5 審議会は、第三項の規定により通知された評価の結果について、必要があると認めるときは、当該評価委員会に対し、意見を述べることができる。

（中期目標に係る事業報告書）

第三十三条 独立行政法人は、中期目標の期間の終了後三月以内に、主務省令で定めるところにより、当該中期目標に係る事業報告書を主務大臣に提出するとともに、これを公表しなければならない。

（中期目標に係る業務の実績に関する評価）

第三十四条 独立行政法人は、主務省令で定めるところにより、中期目標の期間における業務の実績について、評価委員会の評価を受けなければならない。

2　前項の評価は、当該中期目標の期間における中期目標の達成状況の調査をし、及び分析をし、並びにこれらの調査及び分析の結果を考慮して当該中期目標の期間における業務の実績の全体について総合的な評定をして、行わなければならない。

3　第三十二条第三項から第五項までの規定は、第一項の評価について準用する。

（中期目標の期間の終了時の検討）

第三十五条　主務大臣は、独立行政法人の中期目標の期間の終了時において、当該独立行政法人の業務を継続させる必要性、組織の在り方その他その組織及び業務の全般にわたる検討を行い、その結果に基づき、所要の措置を講ずるものとする。

2　主務大臣は、前項の規定による検討を行うに当たっては、評価委員会の意見を聴かなければならない。

3　審議会は、独立行政法人の中期目標の期間の終了時において、当該独立行政法人の主要な事務及び事業の改廃に関し、主務大臣に勧告することができる。

第四章　財務及び会計

（事業年度）

第三十六条　独立行政法人の事業年度は、毎年四月一日に始まり、翌年三月三十一日に終わる。

2　独立行政法人の最初の事業年度は、前項の規定にかかわらず、その成立の日に始まり、翌年の三月三十一日（一月一日から三月三十一日までの間に成立した独立行政法人にあっては、その年の三月三十一日）に終わるものとする。

（企業会計原則）

第三十七条　独立行政法人の会計は、主務省令で定めるところにより、原則として企業会計原則によるものとする。

（財務諸表等）

第三十八条　独立行政法人は、毎事業年度、貸借対照表、損益計算書、利益の処分又は損失の処理に関する書類その他主務省令で定める書類及びこれらの附属明細書（以下「財務諸表」という。）を作成し、当該事業年度の終了後三月以内に主務大臣に提出し、その承認を受けなければならない。

2　独立行政法人は、前項の規定により財務諸表を主務大臣に提出するときは、これに当該事業年度の事業報告書及び予算の区分に従い作成した決算報告書を添え、並びに財務諸表及び決算報告書に関する監事の意見（次条の規定により会計監査人の監査を受けなければならない独立行政法人にあっては、監事及び会計監査人の意見。以下同じ。）を付けなければならない。

3　主務大臣は、第一項の規定により財務諸表を承認しようとするときは、あらかじめ、評価委員会の意見を聴かなければならない。

4　独立行政法人は、第一項の規定による主務大臣の承認を受けたときは、遅滞なく、財務諸表を官報に公告し、かつ、財務諸表並びに第二項の事業報告書、決算報告書及び監事の意見を記載した書面を、各事務所に備えて置き、主務省令で定める期間、一般の閲覧に供しなければならない。

（会計監査人の監査）

第三十九条　独立行政法人（その資本の額その他の経営の規模が政令で定める基準に達しない独立行政法人を除く。）は、財務諸表、事業報告書（会計に関する部分に限る。）及び決算報告書について、監事の監査のほか、会計監査人の監査を受けなければならない。

（会計監査人の選任）

第四十条　会計監査人は、主務大臣が選任する。

（会計監査人の資格）

第四十一条　会計監査人は、公認会計士（公認会計士法（昭和二十三年法律第百三号）第十六条の二第五項に規定する外国公認会計士を含む。）又は監査法人でなければならない。

2　公認会計士法の規定により、財務諸表について監査をすることができない者は、会計監査人となることができない。

（会計監査人の任期）

第四十二条　会計監査人の任期は、その選任の日以後最初に終了する事業年度の財務諸表についての主務大臣の第三十八条第一項の承認の時までとする。

（会計監査人の解任）

第四十三条　主務大臣は、会計監査人が次の各号の一に該当するときは、その会計監査人を解任することができる。

一　職務上の義務に違反し、又は職務を怠ったとき。

二　会計監査人たるにふさわしくない非行があったとき。

三　心身の故障のため、職務の遂行に支障があり、又はこれに堪えないとき。

（利益及び損失の処理）

第四十四条　独立行政法人は、毎事業年度、損益計算において利益を生じたときは、前事業年度から繰り越した損失をうめ、なお残余があるときは、その残余の額は、積立金として整理しなければならない。ただし、第三項の規定により同項の使途に充てる場合は、この限りでない。

2　独立行政法人は、毎事業年度、損益計算において損失を生じたときは、前項の規定による積立金を減額して整理し、なお不足があるときは、その不足額は、繰越欠損金として整理しなければならない。

3　独立行政法人は、第一項に規定する残余があるときは、主務大臣の承認を受けて、その残余の額の全部又は一部を第三十条第一項の認可を受けた中期計画（同項後段の規定による変更の認可を受けたときは、その変更後のもの。以下単に「中期計画」という。）の同条第二項第六号の剰余金の使途に充てることができる。

4　主務大臣は、前項の規定による承認をしようとするときは、あらかじめ、評価委員会の意見を聴かなければならない。

5　第一項の規定による積立金の処分については、個別法で定める。

（借入金等）

第四十五条　独立行政法人は、中期計画の第三十条第二項第四号の短期借入金の限度額の範囲内で、短期借入金をすることができる。ただし、やむを得ない事由があるものとして主務大臣の認可を受けた場合は、当該限度額を超えて短期借入金をすることができる。

2　前項の規定による短期借入金は、当該事業年度内に償還しなければならない。ただし、資金の不足のため償還することができないときは、その償還することができない金額に限り、主務大臣の認可を受けて、これを借り換えることができる。

3　前項ただし書の規定により借り換えた短期借入金は、一年以内に償還しなければならない。

4　主務大臣は、第一項ただし書又は第二項ただし書の規定による認可をしようとするときは、あらかじめ、評価委員会の意見を聴かなければならない。

5　独立行政法人は、個別法に別段の定めがある場合を除くほか、長期借入金及び債券発行をすることができない。

（財源措置）

第四十六条　政府は、予算の範囲内において、独立行政法人に対し、その業務の財源に充てるために必要な金額の全部又は一部に相当する金額を交付することができる。

（余裕金の運用）

第四十七条　独立行政法人は、次の方法による場合を除くほか、業務上の余裕金を運用してはならない。

一　国債、地方債、政府保証債（その元本の償還及び利息の支払について政府が保証する債券をいう。）その他主務大臣の指定する有価証券の取得

二　銀行その他主務大臣の指定する金融機関への預金

三　信託業務を営む金融機関（金融機関の信託業務の兼営等に関する法律（昭和十八年法律第四十三号）第一条第一項の認可を受けた金融機関をいう。）への金銭信託

（財産の処分等の制限）

第四十八条　独立行政法人は、主務省令で定める重要な財産を譲渡し、又は担保に供しようとするときは、主務大臣の認可を受けなければならない。ただし、中期計画において第三十条第二項第五号の計画を定めた場合であって、その計画に従って当該重要な財産を譲渡し、又は担保に供するときは、この限りでない。

2　主務大臣は、前項の規定による認可をしようとするときは、あらかじめ、評価委員会の意見を聴かなければならない。

（会計規程）

第四十九条　独立行政法人は、業務開始の際、会計に関する事項について規程を定め、これを主務大臣に届け出なければならない。これを変更したときも、同様とする。

（主務省令への委任）

第五十条　この法律及びこれに基づく政令に規定するもののほか、独立行政法人の財務及び会計に関し必要な事項は、主務省令で定める。

第五章　人事管理

第一節　特定独立行政法人

（役員及び職員の身分）

第五十一条　特定独立行政法人の役員及び職員は、国家公務員とする。

（役員の報酬等）

第五十二条　特定独立行政法人の役員に対する報酬及び退職手当（以下「報酬等」という。）は、その役員の業績が考慮されるものでなければならない。

2　特定独立行政法人は、その役員に対する報酬等の支給の基準を定め、これを主務大臣に届け出るとともに、公表しなければならない。これを変更したときも、同様とする。

3　前項の報酬等の支給の基準は、国家公務員の給与、民間企業の役員の報酬等、当該特定独立行政法人の業務の実績及び中期計画の第三十条第二項第三号の人件費の見積りその他の事情を考慮して定められなければならない。

（評価委員会の意見の申出）

第五十三条　主務大臣は、前条第二項の規定による届出があったときは、その届出に係る報酬等の支給の基準を評価委員会に通知するものとする。

2　評価委員会は、前項の規定による通知を受けたときは、その通知に係る報酬等の支給の基準が社会一般の情勢に適合したものであるかどうかについて、主務大臣に対し、意見を申し出ることができる。

（役員の服務）

第五十四条　特定独立行政法人の役員（以下この条から第五十六条まで及び第六十九条において単に「役員」という。）は、職務上知ることのできた秘密を漏らしてはならない。その職を退いた後も、同様とする。

2　前項の規定は、次条第一項において準用する国家公務員法（昭和二十二年法律第百二十号）第十八条の四及び次条第六項の規定により権限の委任を受けた再就職等監視委員会で扱われる調査の際に求められる情報に関しては、適用しない。

3　役員は、前項の調査に際して再就職等監視委員会から陳述し、又は証言することを求められた場合には、正当な理由がないのにこれを拒んではならない。

4　役員は、在任中、政党その他の政治的団体の役員となり、又は積極的に政治運動をしてはならない。

5　役員（非常勤の者を除く。次条において同じ。）は、在任中、任命権者の承認のある場合を除くほか、報酬を得て他の職務に従事し、又は営利事業を営み、その他金銭上の利益を目的とする業務を行ってはならない。

（役員の退職管理）

第五十四条の二　国家公務員法第十八条の二第一項、第十八条の三第一項、第十八条の四、第十八条の五第一項、第十八条の六、第百六条の二（第二項第三号を除く。）、第百六条の三、第百六条の四及び第百六条の十六から第百六条の二十七までの規定（これらの規定に係る罰則を含む。）、同法第百九条（第十四号から第十八号までに係る部分に限る。）並びに第百十二条の規定は、役員又は役員であった者について準用する。この場合において、同法第十八条の二第一項中「標準職務遂行能力及び採用昇任等基本方針に関する事務並びに職員の人事評価（任用、給与、分限その他の人事管理の基礎とするために、職員がその職務を遂行するに当たり発揮した能力及び挙げた業績を把握した上で行われる勤務成績の評価をいう。以下同じ。）、能率、厚生、服務、退職管理等に関する事務（第三条第二項の規定により人事院の所掌に属するものを除く。）」と

あるのは「役員の退職管理に関する事務」と、同法第十八条の三第一項及び第百六条の十六中「第百六条の二から第百六条の四まで」とあるのは「独立行政法人通則法第五十四条の二第一項において準用する第百六条の二から第百六条の四まで」と、同法第百六条の二第二項及び第四項、第百六条の三第二項並びに第百六条の四第二項中「前項」とあるのは「独立行政法人通則法第五十四条の二第一項において準用する前項」と、同法第百六条の二第二項第二号及び第四項、第百六条の三第二項第一号、第百六条の四第一項並びに第百六条の二十三第一項中「退職手当通算予定職員」とあるのは「退職手当通算予定役員」と、同法第百六条の二第二項第二号中「独立行政法人通則法第五十四条の二第一項において読み替えて準用する第四項に規定する退職手当通算予定役員を同条第一項において準用する次項」とあるのは「第四項に規定する退職手当通算予定職員を次項」と、同条第三項及び同法第百六条の二十四第二項中「前項第二号」とあるのは「独立行政法人通則法第五十四条の二第一項において準用する前項第二号」と、同法第百六条の二第四項中「第二項第二号」とあるのは「独立行政法人通則法第五十四条の二第一項において準用する第二項第二号」と、「選考による採用」とあるのは「任命」と、同法第百六条の三第二項第一号中「前条第四項」とあるのは「独立行政法人通則法第五十四条の二第一項において準用する前条第四項」と、同法第百六条の四第三項中「前二項」とあるのは「独立行政法人通則法第五十四条の二第一項において準用する前二項」と、同条第四項中「前三項」とあるのは「独立行政法人通則法第五十四条の二第一項において準用する前三項」と、同条第五項中「前各項」とあるのは「独立行政法人通則法第五十四条の二第一項において準用する前各項」と、同法第百六条の二十二中「第百六条の五」とあるのは「独立行政法人通則法第五十四条の二第一項において準用する第百六条の十六」と、同法第百六条の二十三第三項中「当該届出を行つた職員が管理又は監督の地位にある職員の官職として政令で定めるものに就いている職員（以下「管理職職員」という。）である場合には、速やかに」とあるのは「速やかに」と、同法第百六条の二十四中「前条第一項」とあるのは「独立行政法人通則法第五十四条の二第一項において準用する前条第一項」と、同法第百九条第十八号中「第十四号から前号までに掲げる再就職者から要求又は依頼（独立行政法人通則法第五十四条の二第一項において準用する第十四号から前号まで」とあるのは「独立行政法人通則法第五十四条の二第一項において準用する第十四号から前号までに掲げる再就職者から要求又は依頼（第十四号から前号まで」と、同法第百十二条第一号中「第百六条の二第一項」とあるのは「独立行政法人通則法第五十四条の二第一項において準用する第百六条の二第一項」と、同法第百十三条第一号中「第百六条の四第一項から第四項まで」とあるのは「独立行政法人通則法第五十四条の二第一項において準用する第百六条の四第一項から第四項まで」と、同条第二号中「第百六条の二十四第一項」とあるのは「独立行政法人通則法第五十四条の二第一項において準用する第百六条の二十四第一項」と読み替えるものとするほか、必要な技術的読替えは、政令で定める。

2　内閣総理大臣は、前項において準用する国家公務員法第十八条の三第一項の調査に関し必要があるときは、証人を喚問し、又は調査すべき事項に関係があると認められる書類若しくはその写しの提出を求めることができる。

3　内閣総理大臣は、第一項において準用する国家公務員法第十八条の三第一項の調査に関し必要があると認めるときは、当該調査の対象である役員若しくは役員であつた者に出頭を求めて質問し、又は当該役員の勤務する場所（役員として勤務していた場所を含む。）に立ち入り、帳簿、書類その他の必要な物件を検査し、若しくは関係人に質問することができる。

4　前項の規定により立入検査をする者は、その身分を示す証明書を携帯し、関係人にこれを提示しなければならない。

5　第三項の規定による立入検査の権限は、犯罪捜査のために認められたものと解してはならない。

6　内閣総理大臣は、第二項及び第三項の規定による権限を再就職等監視委員会に委任する。

（役員の災害補償）

第五十五条　役員の公務上の災害又は通勤による災害に対する補償及び公務上の災害又は通勤による災害を受けた役員に対する福祉事業については、特定独立行政法人の職員の例による。

（役員に係る労働者災害補償保険法の適用除外）

第五十六条　労働者災害補償保険法（昭和二十二年法律第五十号）の規定は、役員には適用しない。

（職員の給与）

第五十七条　特定独立行政法人の職員の給与は、その職務の内容と責任に応ずるものであり、かつ、職員が発揮した能率が考慮されるものでなければならない。

2　特定独立行政法人は、その職員の給与の支給の基準を定め、これを主務大臣に届け出るとともに、公表しなければならない。これを変更したときも、同様とする。

3　前項の給与の支給の基準は、一般職の職員の給与に関する法律（昭和二十五年法律第九十五号）の適用を受ける国家公務員の給与、民間企業の従業員の給与、当該特定独立行政法人の業務の実績及び中期計画の第三十条第二項第三号の人件費の見積りその他の事情を考慮して定められなければならない。

（職員の勤務時間等）

第五十八条　特定独立行政法人は、その職員の勤務時間、休憩、休日及び休暇について規程を定め、これを主務大臣に届け出るとともに、公表しなければならない。これを変更したときも、同様とする。

2　前項の規程は、一般職の職員の勤務時間、休暇等に関する法律（平成六年法律第三十三号）の適用を受ける国家公務員の勤務条件その他の事情を考慮したものでなければならない。

（職員に係る他の法律の適用除外等）

第五十九条　次に掲げる法律の規定は、特定独立行政法人の職員（以下この条において単に「職員」という。）には適用しない。

一　労働者災害補償保険法の規定

二　国家公務員法第十八条、第二十八条（第一項前段

を除く。）、第六十二条から第七十条まで、第七十条の三第二項及び第七十条の四第二項、第七十五条第二項並びに第百六条の規定

三　国家公務員の寒冷地手当に関する法律（昭和二十四年法律第二百号）の規定

四　一般職の職員の給与に関する法律の規定

五　削除

六　国家公務員の育児休業等に関する法律（平成三年法律第百九号）第五条第二項、第八条、第九条、第十六条から第十九条まで及び第二十四条から第二十六条までの規定

七　一般職の職員の勤務時間、休暇等に関する法律の規定

八　一般職の任期付職員の採用及び給与の特例に関する法律（平成十二年法律第百二十五号）第七条から第九条までの規定

九　国家公務員の自己啓発等休業に関する法律（平成十九年法律第四十五号）第五条第二項及び第七条の規定

2　職員に関する国家公務員法の適用については、同法第二条第六項中「政府」とあるのは「独立行政法人通則法第二条第二項に規定する特定独立行政法人（以下「特定独立行政法人」という。）」と、同条第七項中「政府又はその機関」とあるのは「特定独立行政法人」と、同法第三十四条第一項第五号中「内閣総理大臣」とあるのは「特定独立行政法人」と、同条第二項中「政令で定める」とあるのは「特定独立行政法人が定めて公表する」と、同法第六十条第一項中「場合には、人事院の承認を得て」とあるのは「場合には」と、「により人事院の承認を得て」とあるのは「により」と、同法第七十条の三第一項中「その所轄庁の長」とあるのは「当該職員の勤務する特定独立行政法人の長」と、同法第七十条の四第一項中「所轄庁の長」とあるのは「職員の勤務する特定独立行政法人の長」と、同法第七十八条第四号中「官制」とあるのは「組織」と、同法第八十条第四項中「給与に関する法律」とあるのは「独立行政法人通則法第五十七条第二項に規定する給与の支給の基準」と、同法第八十一条の二第二項各号中「人事院規則で」とあるのは「特定独立行政法人の長が」と、同法第八十一条の三第二項中「ときは、人事院の承認を得て」とあるのは「ときは」と、同法第百条第二項中「、所轄庁の長」とあるのは「、当該職員の勤務する特定独立行政法人の長」と、「の所轄庁の長」とあるのは「の属する特定独立行政法人の長」と、同法第百一条第一項中「政府」とあるのは「当該職員の勤務する特定独立行政法人」と、同条第二項中「官庁」とあるのは「特定独立行政法人」と、同法第百三条第二項中「所轄庁の長」とあるのは「当該職員の勤務する特定独立行政法人の長」と、同法第百四条中「内閣総理大臣及びその職員の所轄庁の長」とあるのは「当該職員の勤務する特定独立行政法人の長」とする。

3　職員に関する国際機関等に派遣される一般職の国家公務員の処遇等に関する法律（昭和四十五年法律第百十七号）第五条及び第六条第三項の規定の適用については、同法第五条第一項中「俸給、扶養手当、地域手当、広域異動手当、研究員調整手当、住居手当及び期末手当のそれぞれ百分の百以内」とあるのは「給与」と、同条第二項中「人事院規則（派遣職員が検察官の俸給等に関する法律（昭和二十三年法律第七十六号）の適用を受ける職員である場合にあつては、同法第三条第一項に規定する準則）」とあるのは「独立行政法人通則法第五十七条第二項に規定する給与の支給の基準」と、同法第六条第三項中「国は」とあるのは「独立行政法人通則法第二条第二項に規定する特定独立行政法人は」とする。

4　職員に関する国家公務員の育児休業等に関する法律第三条第一項、第十二条第一項、第十五条及び第二十二条の規定の適用については、同法第三条第一項ただし書中「勤務時間法第十九条に規定する特別休暇のうち出産により職員が勤務しないことが相当である場合として人事院規則で定める場合における休暇」とあるのは「独立行政法人通則法（平成十一年法律第百三号）第五十八条第一項の規定に基づく規程で定める休暇のうち職員が出産した場合における休暇」と、「同条の規定により人事院規則で定める期間」とあるのは「規程で定める期間」と、「人事院規則で定める期間内」とあるのは「規程で定める期間内」と、同法第十二条第一項中「次の各号に掲げるいずれかの勤務の形態（勤務時間法第七条第一項の規定の適用を受ける職員にあつては、第五号に掲げる勤務の形態）」とあるのは「五分の一勤務時間（当該職員の一週間当たりの通常の勤務時間（以下この項において「週間勤務時間」という。）に五分の一を乗じて得た時間に端数処理（五分を最小の単位とし、これに満たない端数を切り上げることをいう。以下この項において同じ。）を行って得た時間をいう。第十五条において同じ。）に二を乗じて得た時間に十分の一勤務時間（週間勤務時間に十分の一を乗じて得た時間に端数処理を行って得た時間をいう。同条において同じ。）を加えた時間から八分の一勤務時間（週間勤務時間に八分の一を乗じて得た時間に端数処理を行って得た時間をいう。）に五を乗じて得た時間までの範囲内の時間となるように独立行政法人通則法第二条第二項に規定する特定独立行政法人の長が定める勤務の形態」と、同法第十五条中「十九時間二十五分から十九時間三十五分」とあるのは「五分の一勤務時間に二を乗じて得た時間に十分の一勤務時間を加えた時間から十分の一勤務時間に五を乗じて得た時間」と、同法第二十二条中「第十五条から前条まで」とあるのは「第十五条及び前二条」とする。

5　職員に関する労働基準法（昭和二十二年法律第四十九号）第十二条第三項第四号及び第三十九条第八項の規定の適用については、同法第十二条第三項第四号中「育児休業、介護休業等育児又は家族介護を行う労働者の福祉に関する法律（平成三年法律第七十六号）第二条第一号」とあるのは「国家公務員の育児休業等に関する法律（平成三年法律第百九号）第三条第一項」と、「同条第二号」とあるのは「育児休業、介護休業等育児又は家族介護を行う労働者の福祉に関する法律（平成三年法律第七十六号）第二条第二号」と、同法第三十九条第八項中「育児休業、介護休業等育児又は家族介護を行う労働者の福祉に関する法律第二条第一号」とあるのは「国家公務員の育児休業等に関する法

律第三条第一項」と、「同条第二号」とあるのは「育児休業、介護休業等育児又は家族介護を行う労働者の福祉に関する法律第二条第二号」とする。

6　職員に関する船員法（昭和二十二年法律第百号）第七十四条第四項の規定の適用については、同項中「育児休業、介護休業等育児又は家族介護を行う労働者の福祉に関する法律（平成三年法律第七十六号）第二条第一号」とあるのは「国家公務員の育児休業等に関する法律（平成三年法律第百九号）第三条第一項」と、「同条第二号」とあるのは「育児休業、介護休業等育児又は家族介護を行う労働者の福祉に関する法律（平成三年法律第七十六号）第二条第二号」とする。

（国会への報告等）

第六十条　特定独立行政法人は、政令で定めるところにより、毎事業年度、常時勤務に服することを要するその職員（国家公務員法第七十九条又は第八十二条の規定による休職又は停職の処分を受けた者、法令の規定により職務に専念する義務を免除された者その他の常時勤務に服することを要しない職員で政令で定めるものを含む。次項において「常勤職員」という。）の数を主務大臣に報告しなければならない。

2　政府は、毎年、国会に対し、特定独立行政法人の常勤職員の数を報告しなければならない。

3　特定独立行政法人は、国家公務員法第三章第八節及び第四章（第五十四条の二第一項において準用する場合を含む。）の規定を施行するために必要な事項として内閣総理大臣が定める事項を、内閣総理大臣が定める日までに、内閣総理大臣に届け出なければならない。

第二節　特定独立行政法人以外の独立行政法人

（役員の兼職禁止）

第六十一条　特定独立行政法人以外の独立行政法人の役員（非常勤の者を除く。）は、在任中、任命権者の承認のある場合を除くほか、営利を目的とする団体の役員となり、又は自ら営利事業に従事してはならない。

（準用）

第六十二条　第五十二条及び第五十三条の規定は、特定独立行政法人以外の独立行政法人の役員の報酬等について準用する。この場合において、第五十二条第三項中「実績及び中期計画の第三十条第二項第三号の人件費の見積り」とあるのは、「実績」と読み替えるものとする。

（職員の給与等）

第六十三条　特定独立行政法人以外の独立行政法人の職員の給与は、その職員の勤務成績が考慮されるものでなければならない。

2　特定独立行政法人以外の独立行政法人は、その職員の給与及び退職手当の支給の基準を定め、これを主務大臣に届け出るとともに、公表しなければならない。これを変更したときも、同様とする。

3　前項の給与及び退職手当の支給の基準は、当該独立行政法人の業務の実績を考慮し、かつ、社会一般の情勢に適合したものとなるように定められなければならない。

第六章　雑則

（報告及び検査）

第六十四条　主務大臣は、この法律を施行するため必要があると認めるときは、独立行政法人に対し、その業務並びに資産及び債務の状況に関し報告をさせ、又はその職員に、独立行政法人の事務所に立ち入り、業務の状況若しくは帳簿、書類その他の必要な物件を検査させることができる。

2　前項の規定により職員が立入検査をする場合には、その身分を示す証明書を携帯し、関係人にこれを提示しなければならない。

3　第一項の規定による立入検査の権限は、犯罪捜査のために認められたものと解してはならない。

（違法行為等の是正）

第六十五条　主務大臣は、独立行政法人又はその役員若しくは職員の行為がこの法律、個別法若しくは他の法令に違反し、又は違反するおそれがあると認めるときは、当該独立行政法人に対し、当該行為の是正のため必要な措置を講ずることを求めることができる。

2　独立行政法人は、前項の規定による主務大臣の求めがあったときは、速やかに当該行為の是正その他の必要と認める措置を講ずるとともに、当該措置の内容を主務大臣に報告しなければならない。

（解散）

第六十六条　独立行政法人の解散については、別に法律で定める。

（財務大臣との協議）

第六十七条　主務大臣は、次の場合には、財務大臣に協議しなければならない。

一　第二十九条第一項の規定により中期目標を定め、又は変更しようとするとき。

二　第三十条第一項、第四十五条第一項ただし書若しくは第二項ただし書又は第四十八条第一項の規定による認可をしようとするとき。

三　第四十四条第三項の規定による承認をしようとするとき。

四　第四十七条第一号又は第二号の規定による指定をしようとするとき。

（主務大臣等）

第六十八条　この法律における主務大臣、主務省及び主務省令は、個別法で定める。

第七章　罰則

第六十九条　次の各号のいずれかに該当する者は、三年以下の懲役又は百万円以下の罰金に処する。次の各号に規定する行為を企て、命じ、故意にこれを容認し、唆し、又はその幇助をした者も、同様とする。

一　正当な理由がないのに第五十四条第三項の規定に違反して陳述し、又は証言することを拒んだ者

二　第五十四条の二第二項の規定により証人として喚問を受け虚偽の陳述をした者

三　第五十四条の二第二項の規定により証人として喚問を受け正当な理由がないのにこれに応じず、又は同項の規定により書類若しくはその写しの提出を求

められ正当な理由がないのにこれに応じなかった者

四　第五十四条の二第二項の規定により書類又はその写しの提出を求められ、虚偽の事項を記載した書類又は写しを提出した者

五　第五十四条の二第三項の規定による検査を拒み、妨げ、若しくは忌避し、又は質問に対して陳述をせず、若しくは虚偽の陳述をした者（同条第一項において準用する国家公務員法第十八条の三第一項の調査の対象である役員又は役員であった者を除く。）

第六十九条の二　第五十四条第一項の規定に違反して秘密を漏らした者は、一年以下の懲役又は五十万円以下の罰金に処する。

第七十条　第六十四条第一項の規定による報告をせず、若しくは虚偽の報告をし、又は同項の規定による検査を拒み、妨げ、若しくは忌避した場合には、その違反行為をした独立行政法人の役員又は職員は、二十万円以下の罰金に処する。

第七十一条　次の各号のいずれかに該当する場合には、その違反行為をした独立行政法人の役員は、二十万円以下の過料に処する。

一　この法律の規定により主務大臣の認可又は承認を受けなければならない場合において、その認可又は承認を受けなかったとき。

二　この法律の規定により主務大臣又は内閣総理大臣に届出をしなければならない場合において、その届出をせず、又は虚偽の届出をしたとき。

三　この法律の規定により公表をしなければならない場合において、その公表をせず、又は虚偽の公表をしたとき。

四　第九条第一項の規定による政令に違反して登記することを怠ったとき。

五　第三十条第四項の規定による主務大臣の命令に違反したとき。

六　第三十三条の規定による事業報告書の提出をせず、又は事業報告書に記載すべき事項を記載せず、若しくは虚偽の記載をして事業報告書を提出したとき。

七　第三十八条第四項の規定に違反して財務諸表、事業報告書、決算報告書若しくは監事の意見を記載した書面を備え置かず、又は閲覧に供しなかったとき。

八　第四十七条の規定に違反して業務上の余裕金を運用したとき。

九　第六十条第一項又は第六十五条第二項の規定による報告をせず、又は虚偽の報告をしたとき。

第七十二条　第十条の規定に違反した者は、十万円以下の過料に処する。

附　則

（施行期日）

第一条　この法律は、内閣法の一部を改正する法律（平成十一年法律第八十八号）の施行の日から施行する。

（名称の使用制限に関する経過措置）

第二条　この法律の施行の際現にその名称中に独立行政法人という文字を用いている者については、第十条の規定は、この法律の施行後六月間は、適用しない。

（政令への委任）

第三条　前条に定めるもののほか、この法律の施行に関し必要な経過措置は、政令で定める。

（国の無利子貸付け等）

第四条　国は、当分の間、独立行政法人に対し、その施設の整備で日本電信電話株式会社の株式の売払収入の活用による社会資本の整備の促進に関する特別措置法（昭和六十二年法律第八十六号）第二条第一項第二号に該当するものに要する費用に充てる資金の全部又は一部を、予算の範囲内において、無利子で貸し付けることができる。この場合において、第四十五条第五項の規定は、適用しない。

2　前項の国の貸付金の償還期間は、五年（二年以内の据置期間を含む。）以内で政令で定める期間とする。

3　前項に定めるもののほか、第一項の規定による貸付金の償還方法、償還期限の繰上げその他償還に関し必要な事項は、政令で定める。

4　国は、第一項の規定により独立行政法人に対し貸付けを行った場合には、当該貸付けの対象である施設の整備について、当該貸付金に相当する金額の補助を行うものとし、当該補助については、当該貸付金の償還時において、当該貸付金の償還金に相当する金額を交付することにより行うものとする。

5　独立行政法人が、第一項の規定による貸付けを受けた無利子貸付金について、第二項及び第三項の規定に基づき定められる償還期限を繰り上げて償還を行った場合（政令で定める場合を除く。）における前項の規定の適用については、当該償還は、当該償還期限の到来時に行われたものとみなす。

附　則（平成二二年五月二八日法律第三七号）　抄

（施行期日）

第一条　この法律は、公布の日から起算して六月を超えない範囲内において政令で定める日（以下「施行日」という。）から施行する。

（経過措置）

第二条　この法律の施行の際現にこの法律による改正前の独立行政法人通則法第三十条第一項の規定による認可を受けている中期計画については、この法律による改正後の独立行政法人通則法（以下「新法」という。）第三十条第二項の規定にかかわらず、なお従前の例による。

第三条　施行日前に独立行政法人が行った財産の譲渡であって、施行日において新法第四十六条の二第一項に規定する政府出資等に係る不要財産（金銭を除く。）の譲渡に相当するものとして主務大臣が定めるものは、施行日においてされた同条第二項の規定による政府出資等に係る不要財産の譲渡とみなして、同項から同条第六項までの規定を適用する。この場合において、同条第二項中「納付することができる」とあるのは、「納付するものとする」とする。

（罰則の適用に関する経過措置）

第三十四条　この法律の施行前にした行為に対する罰則の適用については、なお従前の例による。

（その他の経過措置の政令への委任）

第三十五条　この附則に規定するもののほか、この法律の施行に関し必要な経過措置は、政令で定める。

平成二十二年五月二十八日法律第三十七号の未施行内容

独立行政法人通則法の一部を改正する法律

独立行政法人通則法（平成十一年法律第百三号）の一部を次のように改正する。

第八条の見出しを次のように改める。

（財産的基礎等）

第八条の次に次の一項を加える。

３　独立行政法人は、業務の見直し、社会経済情勢の変化その他の事由により、その保有する重要な財産であって主務省令（当該独立行政法人を所管する内閣府又は各省の内閣府令又は省令をいう。以下同じ。）で定めるものが将来にわたり業務を確実に実施する上で必要がなくなったと認められる場合には、第四十六条の二又は第四十六条の三の規定により、当該財産（以下「不要財産」という。）を処分しなければならない。

第二十八条第二項中「（当該独立行政法人を所管する内閣府又は各省の内閣府令又は省令をいう。以下同じ。）」を削る。

第三十条第二項第四号の次に次の一号を加える。

四の二　不要財産又は不要財産となることが見込まれる財産がある場合には、当該財産の処分に関する計画

第三十条第二項第五号中「重要な財産」を「前号に規定する財産以外の重要な財産」に改める。

第四十六条の次に次の二条を加える。

（不要財産に係る国庫納付等）

第四十六条の二　独立行政法人は、不要財産であって、政府からの出資又は支出（金銭の出資に該当するものを除く。）に係るもの（以下この条において「政府出資等に係る不要財産」という。）については、遅滞なく、主務大臣の認可を受けて、これを国庫に納付するものとする。ただし、中期計画において第三十条第二項第四号の二の計画を定めた場合であって、その計画に従って当該政府出資等に係る不要財産を国庫に納付するときは、主務大臣の認可を受けることを要しない。

２　独立行政法人は、前項の規定による政府出資等に係る不要財産（金銭を除く。以下この項及び次項において同じ。）の国庫への納付に代えて、主務大臣の認可を受けて、政府出資等に係る不要財産を譲渡し、これにより生じた収入の額（当該財産の帳簿価額を超える額（次項において「簿価超過額」という。）がある場合には、その額を除く。）の範囲内で主務大臣が定める基準により算定した金額を国庫に納付することができる。ただし、中期計画において第三十条第二項第四号の二の計画を定めた場合であって、その計画に従って当該金額を国庫に納付するときは、主務大臣の認可を受けることを要しない。

３　独立行政法人は、前項の場合において、政府出資等に係る不要財産の譲渡により生じた簿価超過額があるときは、遅滞なく、これを国庫に納付するものとする。ただし、その全部又は一部の金額について国庫に納付しないことについて主務大臣の認可を受けた場合における当該認可を受けた金額については、この限りでない。

４　独立行政法人が第一項又は第二項の規定による国庫への納付をした場合において、当該納付に係る政府出資等に係る不要財産が政府からの出資に係るものであるときは、当該独立行政法人の資本金のうち当該納付に係る政府出資等に係る不要財産に係る部分として主務大臣が定める金額については、当該独立行政法人に対する政府からの出資はなかったものとし、当該独立行政法人は、その額により資本金を減少するものとする。

５　主務大臣は、第一項、第二項又は第三項ただし書の規定による認可をしようとするときは、あらかじめ、評価委員会の意見を聴かなければならない。

６　前各項に定めるもののほか、政府出資等に係る不要財産の処分に関し必要な事項は、政令で定める。

（不要財産に係る民間等出資の払戻し）

第四十六条の三　独立行政法人は、不要財産であって、政府以外の者からの出資に係るもの（以下この条において「民間等出資に係る不要財産」という。）については、主務大臣の認可を受けて、当該民間等出資に係る不要財産に係る出資者（以下この条において単に「出資者」という。）に対し、主務省令で定めるところにより、当該民間等出資に係る不要財産に係る出資額として主務大臣が定める額の持分の全部又は一部の払戻しの請求をすることができる旨を催告しなければならない。ただし、中期計画において第三十条第二項第四号の二の計画を定めた場合であって、その計画に従って払戻しの請求をすることができる旨を催告するときは、主務大臣の認可を受けることを要しない。

２　出資者は、独立行政法人に対し、前項の規定による催告を受けた日から起算して一月を経過する日までの間に限り、同項の払戻しの請求をすることができる。

３　独立行政法人は、前項の規定による請求があったときは、遅滞なく、当該請求に係る民間等出資に係る不要財産又は当該請求に係る民間等出資に係る不要財産（金銭を除く。）の譲渡により生じた収入の額（当該財産の帳簿価額を超える額がある場合には、その額を除く。）の範囲内で主務大臣が定める基準により算定した金額により、同項の規定により払戻しを請求された持分（当該算定した金額が当該持分の額に満たない場合にあっては、当該持分のうち主務大臣が定める額の持分）を、当該請求をした出資者に払い戻すものとする。

４　独立行政法人が前項の規定による払戻しをしたときは、当該独立行政法人の資本金のうち当該払戻しをした持分の額については、当該独立行政法人に対する出資者からの出資はなかったものとし、当該独立行政法人は、その額により資本金を減少するものとする。

５　出資者が第二項の規定による払戻しの請求をしなかったとき又は同項の規定による民間等出資に係る不要財産に係る持分の一部の払戻しの請求をしたときは、独立行政法人は、払戻しの請求がされなかった持分については、払戻しをしないものとする。

６　主務大臣は、第一項の規定による認可をしようとするときは、あらかじめ、評価委員会の意見を聴かなければならない。

第四十八条第一項中「主務省令で定める重要な財産」を

「不要財産以外の重要な財産であって主務省令で定めるもの」に改める。

第六十七条第一項第三号の次に次の一号を加える。

三の二　第四十六条の二第一項、第二項若しくは第三項ただし書又は第四十六条の三第一項の規定による認可をしようとするとき。

附　則（平成二二年五月二八日法律第三七号）抄

（施行期日）

第一条　この法律は、公布の日から起算して六月を超えない範囲内において政令で定める日（以下「施行日」という。）から施行する。

（経過措置）

第二条　この法律の施行の際現にこの法律による改正前の独立行政法人通則法第三十条第一項の規定による認可を受けている中期計画については、この法律による改正後の独立行政法人通則法（以下「新法」という。）第三十条第二項の規定にかかわらず、なお従前の例による。

第三条　施行日前に独立行政法人が行った財産の譲渡であって、施行日において新法第四十六条の二第一項に規定する政府出資等に係る不要財産（金銭を除く。）の譲渡に相当するものとして主務大臣が定めるものは、施行日においてされた同条第二項の規定による政府出資等に係る不要財産の譲渡とみなして、同項から同条第六項までの規定を適用する。この場合において、同条第二項中「納付することができる」とあるのは、「納付するものとする」とする。

（罰則の適用に関する経過措置）

第三十四条　この法律の施行前にした行為に対する罰則の適用については、なお従前の例による。

（その他の経過措置の政令への委任）

第三十五条　この附則に規定するもののほか、この法律の施行に関し必要な経過措置は、政令で定める。

行政機関が行う政策の評価に関する法律

平成十三年六月二十九日法律第八十六号
最終改正　平成一五年四月九日法律第二三号

第一章　総則

（目的）

第一条　この法律は、行政機関が行う政策の評価に関する基本的事項等を定めることにより、政策の評価の客観的かつ厳格な実施を推進しその結果の政策への適切な反映を図るとともに、政策の評価に関する情報を公表し、もって効果的かつ効率的な行政の推進に資するとともに、政府の有するその諸活動について国民に説明する責務が全うされるようにすることを目的とする。

（定義）

第二条　この法律において「行政機関」とは、次に掲げる機関をいう。

一　内閣府設置法（平成十一年法律第八十九号）第四条第三項に規定する事務をつかさどる機関たる内閣府（次号に掲げる機関を除く。）

二　宮内庁及び内閣府設置法第四十九条第一項に規定する機関（国家公安委員会にあっては、警察庁を除く。）並びに警察庁

三　各省（総務省にあっては、次号に掲げる機関を除く。）

四　公害等調整委員会

2　この法律において「政策」とは、行政機関が、その任務又は所掌事務の範囲内において、一定の行政目的を実現するために企画及び立案をする行政上の一連の行為についての方針、方策その他これらに類するものをいう。

（政策評価の在り方）

第三条　行政機関は、その所掌に係る政策について、適時に、その政策効果（当該政策に基づき実施し、又は実施しようとしている行政上の一連の行為が国民生活及び社会経済に及ぼし、又は及ぼすことが見込まれる影響をいう。以下同じ。）を把握し、これを基礎として、必要性、効率性又は有効性の観点その他当該政策の特性に応じて必要な観点から、自ら評価するとともに、その評価の結果を当該政策に適切に反映させなければならない。

2　前項の規定に基づく評価（以下「政策評価」という。）は、その客観的かつ厳格な実施の確保を図るため、次に掲げるところにより、行われなければならない。

一　政策効果は、政策の特性に応じた合理的な手法を用い、できる限り定量的に把握すること。

二　政策の特性に応じて学識経験を有する者の知見の活用を図ること。

（政策評価の結果の取扱い）

第四条　政府は、政策評価の結果の取扱いについては、前条第一項に定めるところによるほか、予算の作成及び二以上の行政機関の所掌に関係する政策であってその総合的な推進を図ることが必要なものの企画及び立案に当たりその適切な活用を図るように努めなければならない。

第二章　政策評価に関する基本方針

第五条　政府は、政策評価の計画的かつ着実な推進を図るため、政策評価に関する基本方針（以下「基本方針」という。）を定めなければならない。

2　基本方針においては、次に掲げる事項につき、次条第一項の基本計画の指針となるべきものを定めるものとする。

一　政策評価の実施に関する基本的な方針

二　政策評価の観点に関する基本的な事項

三　政策効果の把握に関する基本的な事項

四　事前評価（政策を決定する前に行う政策評価をいう。以下同じ。）の実施に関する基本的な事項

五　事後評価（政策を決定した後に行う政策評価をいう。以下同じ。）の実施に関する基本的な事項
六　学識経験を有する者の知見の活用に関する基本的な事項
七　政策評価の結果の政策への反映に関する基本的な事項
八　インターネットの利用その他の方法による政策評価に関する情報の公表に関する基本的な事項
九　その他政策評価の実施に関する重要事項

3　基本方針においては、前項に掲げる事項のほか、第二十条から第二十二条までの規定に基づき実施し、又は実施しようとしている措置その他政策評価を円滑かつ着実に実施するために必要な措置に関する事項を定めるものとする。

4　総務大臣は、審議会等（国家行政組織法（昭和二十三年法律第百二十号）第八条に規定する機関をいう。）で政令で定めるものの意見を聴いて、基本方針の案を作成し、閣議の決定を求めなければならない。

5　総務大臣は、前項の規定による閣議の決定があったときは、遅滞なく、基本方針を公表しなければならない。

6　前二項の規定は、基本方針の変更について準用する。

第三章　行政機関が行う政策評価

（基本計画）

第六条　行政機関の長（行政機関が、公正取引委員会、国家公安委員会又は公害等調整委員会である場合にあっては、それぞれ公正取引委員会、国家公安委員会又は公害等調整委員会。以下同じ。）は、基本方針に基づき、当該行政機関の所掌に係る政策について、三年以上五年以下の期間ごとに、政策評価に関する基本計画（以下「基本計画」という。）を定めなければならない。

2　基本計画においては、次に掲げる事項を定めるものとする。
一　計画期間
二　政策評価の実施に関する方針
三　政策評価の観点に関する事項
四　政策効果の把握に関する事項
五　事前評価の実施に関する事項
六　計画期間内において事後評価の対象としようとする政策その他事後評価の実施に関する事項
七　学識経験を有する者の知見の活用に関する事項
八　政策評価の結果の政策への反映に関する事項
九　インターネットの利用その他の方法による政策評価に関する情報の公表に関する事項
十　政策評価の実施体制に関する事項
十一　その他政策評価の実施に関し必要な事項

3　行政機関の長は、前項第六号の政策としては、当該行政機関がその任務を達成するために社会経済情勢等に応じて実現すべき主要な行政目的に係る政策を定めるものとする。

4　行政機関の長は、基本計画を定めたときは、遅滞なく、これを総務大臣に通知するとともに、公表しなければならない。

5　前二項の規定は、基本計画の変更について準用する。

（事後評価の実施計画）

第七条　行政機関の長は、一年ごとに、事後評価の実施に関する計画（以下「実施計画」という。）を定めなければならない。

2　実施計画においては、計画期間並びに次に掲げる政策及び当該政策ごとの具体的な事後評価の方法を定めなければならない。
一　前条第二項第六号の政策のうち、計画期間内において事後評価の対象としようとする政策
二　計画期間内において次に掲げる要件のいずれかに該当する政策
イ　当該政策が決定されたときから、当該政策の特性に応じて五年以上十年以内において政令で定める期間を経過するまでの間に、当該政策がその実現を目指した効果の発揮のために不可欠な諸活動が行われていないこと。
ロ　当該政策が決定されたときから、当該政策の特性に応じてイに規定する政令で定める期間に五年以上十年以内において政令で定める期間を加えた期間が経過したときに、当該政策がその実現を目指した効果が発揮されていないこと。
三　前二号に掲げるもののほか、計画期間内において事後評価の対象としようとする政策

3　行政機関の長は、実施計画を定め、又はこれを変更したときは、遅滞なく、これを総務大臣に通知するとともに、公表しなければならない。

（事後評価の実施）

第八条　行政機関は、基本計画及び実施計画に基づき、事後評価を行わなければならない。

（事前評価の実施）

第九条　行政機関は、その所掌に関し、次に掲げる要件に該当する政策として個々の研究開発、公共事業及び政府開発援助を実施することを目的とする政策その他の政策のうち政令で定めるものを決定しようとするときは、事前評価を行わなければならない。
一　当該政策に基づく行政上の一連の行為の実施により国民生活若しくは社会経済に相当程度の影響を及ぼすこと又は当該政策がその実現を目指す効果を発揮することができることとなるまでに多額の費用を要することが見込まれること。
二　事前評価に必要な政策効果の把握の手法その他の事前評価の方法が開発されていること。

（評価書の作成等）

第十条　行政機関の長は、政策評価を行ったときは、次に掲げる事項を記載した評価書を作成しなければならない。
一　政策評価の対象とした政策
二　政策評価を担当した部局又は機関及びこれを実施した時期
三　政策評価の観点
四　政策効果の把握の手法及びその結果
五　学識経験を有する者の知見の活用に関する事項
六　政策評価を行う過程において使用した資料その他の情報に関する事項
七　政策評価の結果

2　行政機関の長は、前項の規定により評価書を作成したときは、速やかに、これを総務大臣に送付するとともに

もに、当該評価書及びその要旨を公表しなければならない。

（政策への反映状況の通知及び公表）

第十一条 行政機関の長は、少なくとも毎年一回、当該行政機関における政策評価の結果の政策への反映状況について、総務大臣に通知するとともに、公表しなければならない。

第四章 総務省が行う政策の評価

（総務省が行う政策の評価）

第十二条 総務省は、二以上の行政機関に共通するそれぞれの政策であってその政府全体としての統一性を確保する見地から評価する必要があると認めるもの、又は二以上の行政機関の所掌に関係する政策であってその総合的な推進を図る見地から評価する必要があると認めるものについて、統一性又は総合性を確保するための評価を行うものとする。

2 総務省は、行政機関の政策評価の実施状況を踏まえ、当該行政機関により改めて政策評価が行われる必要がある場合若しくは社会経済情勢の変化等に的確に対応するために当該行政機関により政策評価が行われる必要がある場合において当該行政機関によりその実施が確保されないと認めるとき、又は行政機関から要請があった場合において当該行政機関と共同して評価を行う必要があると認めるときは、当該行政機関の政策について、政策評価の客観的かつ厳格な実施を担保するための評価を行うものとする。

3 前二項の規定による評価は、その対象とする政策について、その政策効果を把握し、これを基礎として、必要性、効率性又は有効性の観点その他政策の特性に応じて必要な観点から、行うものとする。

（総務省が行う政策の評価に関する計画）

第十三条 総務大臣は、毎年度、当該年度以降の三年間についての前条第一項及び第二項の規定による評価に関する計画を定めなければならない。

2 前項の計画においては、次に掲げる事項を定めなければならない。

一 前条第一項及び第二項の規定による評価の実施に関する基本的な方針

二 計画期間内において前条第一項の規定による評価の対象としようとする政策

三 当該年度において前条第一項の規定による評価の対象としようとする政策

四 その他前条第一項及び第二項の規定による評価の実施に関する重要事項

3 総務大臣は、第一項の計画を定め、又はこれを変更したときは、遅滞なく、これを公表しなければならない。

第十四条 総務省は、前条第一項の計画に基づき、第十二条第一項及び第二項の規定による評価を実施しなければならない。

（資料の提出の要求及び調査等）

第十五条 総務大臣は、第十二条第一項及び第二項の規定による評価を行うため必要な範囲において、行政機関の長に対し資料の提出及び説明を求め、又は行政機関の業務について実地に調査することができる。

2 総務大臣は、第十二条第一項及び第二項の規定による評価に関連して、次に掲げる業務について、書面により又は実地に調査することができる。この場合において、調査を受けるものは、その調査を拒んではならない。

一 独立行政法人（独立行政法人通則法（平成十一年法律第百三号）第二条第一項に規定する独立行政法人をいう。）の業務

二 法律により直接に設立される法人又は特別の法律により特別の設立行為をもって設立すべきものとされる法人（総務省設置法（平成十一年法律第九十一号）第四条第十五号の規定の適用を受けない法人を除く。）の業務

三 特別の法律により設立され、かつ、その設立に関し行政官庁の認可を要する法人（その資本金の二分の一以上が国からの出資による法人であって、国の補助に係る業務を行うものに限る。）の業務

四 国の委任又は補助に係る業務

3 総務大臣は、第十二条第一項及び第二項の規定による評価の目的を達成するために必要な最小限度において、地方自治法（昭和二十二年法律第六十七号）第二条第九項第一号に規定する第一号法定受託事務に該当する地方公共団体の業務（行政機関の業務と一体として把握される必要があるものに限り、前項第四号に掲げる業務に該当するものを除く。）について、書面により又は実地に調査することができる。この場合においては、あらかじめ、関係する地方公共団体の意見を聴くものとする。

4 総務大臣は、第十二条第一項及び第二項の規定による評価の実施上の必要により、公私の団体その他の関係者に対し、必要な資料の提出に関し、協力を求めることができる。

（評価書の作成等）

第十六条 総務大臣は、第十二条第一項又は第二項の規定による評価を行ったときは、第十条第一項各号に掲げる事項を記載した評価書を作成しなければならない。

2 総務大臣は、前項の規定により評価書を作成したときは、速やかに、これに必要な意見を付して関係する行政機関の長に送付するとともに、当該評価書及びその要旨並びに当該意見の内容を公表しなければならない。

（勧告等）

第十七条 総務大臣は、第十二条第一項又は第二項の規定による評価の結果必要があると認めるときは、関係する行政機関の長に対し、当該評価の結果を政策に反映させるために必要な措置をとるべきことを勧告するとともに、当該勧告の内容を公表しなければならない。

2 総務大臣は、前項の規定による勧告をしたときは、当該行政機関の長に対し、その勧告に基づいてとった措置について報告を求めることができる。

3 総務大臣は、第十二条第一項又は第二項の規定による評価の結果を政策に反映させるため特に必要があると認めるときは、内閣総理大臣に対し、当該評価の結果の政策への反映について内閣法（昭和二十二年法律第五号）第六条の規定による措置がとられるよう意見を具申するものとする。

（評価及び監視との連携の確保）

第十八条　総務大臣は、第十二条第一項又は第二項の規定による評価に際し、これと総務省設置法第四条第十八号の規定による評価及び監視との連携を確保するように努めなければならない。

第五章　雑則

（国会への報告）

第十九条　政府は、毎年、政策評価及び第十二条第一項又は第二項の規定による評価（以下「政策評価等」という。）の実施状況並びにこれらの結果の政策への反映状況に関する報告書を作成し、これを国会に提出するとともに、公表しなければならない。

（政策評価等の方法に関する調査研究の推進等）

第二十条　政府は、政策効果の把握の手法その他政策評価等の方法に関する調査、研究及び開発を推進するとともに、政策評価等に従事する職員の人材の確保及び資質の向上のために必要な研修その他の措置を講じなければならない。

（政策評価等に関する情報の活用）

第二十一条　総務大臣は、政策評価等の効率的かつ円滑な実施に資するよう、行政機関相互間における政策評価等の実施に必要な情報の活用の促進に関し必要な措置を講ずるものとする。

（所在に関する情報の提供）

第二十二条　総務大臣は、政策評価の結果その他の政策評価等に関する情報を入手しようとする者の利便を図るため、その所在に関する情報の提供に関し必要な措置を講ずるものとする。

附　則　抄

（施行期日）

第一条　この法律は、平成十四年四月一日から施行する。ただし、第五条の規定は、公布の日から起算して六月を超えない範囲内において政令で定める日から施行する。

（検討）

第二条　政府は、この法律の施行後三年を経過した場合において、この法律の施行の状況について検討を加え、その結果に基づいて必要な措置を講ずるものとする。

（事後評価の実施計画に関する経過措置）

第三条　この法律の施行後第七条第一項の規定により国家公安委員会、金融庁長官又は警察庁長官が最初に定める実施計画についての同項の規定の適用については、同項中「一年ごとに」とあるのは、「一年未満で、国家公安委員会、金融庁長官又は警察庁長官の定める期間を計画期間として」とする。

（事後評価の実施に関する経過措置）

第四条　第七条第二項（第二号に係る部分に限る。）の規定は、この法律の施行前に決定された政策であって、同号イ又はロに規定する期間がこの法律の施行の日以後に経過したものについても、適用する。

附　則（平成一五年四月九日法律第二三号）　抄

（施行期日）

第一条　この法律は、公布の日から施行する。

第三条　前条に定めるもののほか、この法律の施行に関し必要な経過措置は、政令で定める。

行政機関が行う政策の評価に関する法律施行令

平成十三年九月二十七日政令第三百二十三号
最終改正　平成二二年五月二八日政令第一四三号

内閣は、行政機関が行う政策の評価に関する法律（平成十三年法律第八十六号）第五条第四項（同条第六項において準用する場合を含む。）の規定に基づき、この政令を制定する。

（法第五条第四項の審議会等で政令で定めるもの）

第一条　行政機関が行う政策の評価に関する法律（以下「法」という。）第五条第四項（同条第六項において準用する場合を含む。）の審議会等で政令で定めるものは、政策評価・独立行政法人評価委員会とする。

（法第七条第二項第二号の政令で定める期間）

第二条　法第七条第二項第二号イの政令で定める期間は、五年とする。

2　法第七条第二項第二号ロの政令で定める期間は、五年とする。

（法第九条の政令で定める政策）

第三条　法第九条の政令で定める政策は、次に掲げる政策とする。ただし、事前評価の方法が開発されていないものその他の事前評価を行わないことについて相当の理由があるものとして総務大臣並びに当該政策の企画及び立案をする行政機関の長（法第二条第一項第二号に掲げる機関にあっては内閣総理大臣、同項第四号に掲げる機関にあっては総務大臣）が共同で発する命令で定めるものを除く。

一　個々の研究開発（人文科学のみに係るものを除く。次号において同じ。）であって十億円以上の費用を要することが見込まれるものの実施を目的とする政策

二　個々の研究開発であって十億円以上の費用を要す

ることが見込まれるものを実施する者に対し、その実施に要する費用の全部又は一部を補助することを目的とする政策

三　道路、河川その他の公共の用に供する施設を整備する事業その他の個々の公共的な建設の事業（施設の維持又は修繕に係る事業を除く。次号において単に「個々の公共的な建設の事業」という。）であって十億円以上の費用を要することが見込まれるものの実施を目的とする政策

四　個々の公共的な建設の事業であって十億円以上の費用を要することが見込まれるものを実施する者に対し、その実施に要する費用の全部又は一部を補助することを目的とする政策

五　個々の政府開発援助のうち、無償の資金供与による協力（条約その他の国際約束に基づく技術協力又はこれに密接な関連性を有する事業のための施設（船舶を含む。）の整備（当該施設の維持及び運営に必要な設備及び資材の調達を含む。）を目的として行われるものに限る。）であって当該資金供与の額が十億円以上となることが見込まれるもの及び有償の資金供与による協力（資金の供与の条件が開発途上地域にとって重い負担にならないよう金利、償還期間等について緩やかな条件が付されているものであって、独立行政法人国際協力機構法（平成十四年法律第百三十六号）第十三条第一項第二号イの規定に基づき外務大臣が指定する者に対して、その行う開発事業の実施に必要な資金を貸し付けるものに限る。）であって当該資金供与の額が百五十億円以上となることが見込まれるものの実施を目的とする政策

六　法律又は法律の委任に基づく政令の制定又は改廃により、規制（国民の権利を制限し、又はこれに義務を課する作用（租税、裁判手続、補助金の交付の申請手続その他の総務省令で定めるものに係る作用を除く。）をいう。以下この号において同じ。）を新設し、若しくは廃止し、又は規制の内容の変更（提出すべき書類の種類、記載事項又は様式の軽微な変更その他の国民生活又は社会経済に相当程度の影響を及ぼすことが見込まれないものとして総務省令で定める変更を除く。）をすることを目的とする政策

七　次に掲げる措置について、法律又は法律に基づく命令（告示を含む。）の改正によりその内容を拡充する措置又はその期限を変更する措置（期限を繰り上げるものを除く。）が講ぜられることを目的とする政策

イ　租税特別措置の適用状況の透明化等に関する法律（平成二十二年法律第八号）第三条第一項に規定する法人税関係特別措置

ロ　地方税法（昭和二十五年法律第二百二十六号）第七百五十七条第一号に規定する税負担軽減措置等のうち税額又は所得の金額を減少させることを内容とするもの（法人の道府県民税（都民税を含む。）、法人の事業税又は法人の市町村民税に係るものに限る。）

八　前号に掲げるもののほか、国税又は地方税について、租税特別措置法（昭和三十二年法律第二十六号）又は地方税法の改正により税額又は所得の金額を減少させることを内容とする措置（法人税、法人の道府県民税（都民税を含む。）、法人の事業税又は法人の市町村民税に係るものに限る。）が講ぜられることを目的とする政策

附　則　抄

（施行期日）

1　この政令は、行政機関が行う政策の評価に関する法律の一部の施行の日（平成十三年九月二十八日）から施行する。

附　則（平成二二年五月二八日政令第一四三号）

この政令は、公布の日から施行する。

構造改革特別区域法

平成十四年十二月十八日法律第百八十九号
最終改正　平成二一年五月一日法律第三三号

第一章　総則

（目的）

第一条　この法律は、地方公共団体の自発性を最大限に尊重した構造改革特別区域を設定し、当該地域の特性に応じた規制の特例措置の適用を受けて地方公共団体が特定の事業を実施し又はその実施を促進することにより、教育、物流、研究開発、農業、社会福祉その他の分野における経済社会の構造改革を推進するとともに地域の活性化を図り、もって国民生活の向上及び国民経済の発展に寄与することを目的とする。

（定義）

第二条　この法律において「構造改革特別区域」とは、地方公共団体が当該地域の活性化を図るために自発的に設定する区域であって、当該地域の特性に応じた特定事業を実施し又はその実施を促進するものをいう。

2　この法律において「特定事業」とは、地方公共団体が実施し又はその実施を促進する事業のうち、別表に掲げる事業で、規制の特例措置の適用を受けるものをいう。

3　この法律において「規制の特例措置」とは、法律により規定された規制についての第四章で規定する法律の特例に関する措置及び政令又は主務省令により規定された規制についての政令又は主務省令で規定するこれらの規定の特例に関する措置をいい、これらの措置の適用を受ける場合において当該規制の趣旨に照らし地方公共団体がこれらの措置と併せて実施し又はその実施を促進することが必要となる措置を含むものとする。

4　この法律（第四十三条第一項を除く。）において「地方公共団体」とは、都道府県、市町村（特別区を含

む。第四条第三項及び第六項並びに第十九条第一項において同じ。）又は地方自治法（昭和二十二年法律第六十七号）第二百八十四条第一項の一部事務組合若しくは広域連合をいう。

第二章　構造改革特別区域基本方針

第三条　内閣総理大臣は、構造改革特別区域において特定事業を実施し又はその実施を促進することによる経済社会の構造改革の推進及び地域の活性化（以下単に「構造改革の推進等」という。）に関する基本的な方針（以下「構造改革特別区域基本方針」という。）の案を作成し、閣議の決定を求めなければならない。

2　構造改革特別区域基本方針には、次に掲げる事項を定めるものとする。

一　構造改革の推進等の意義及び目標に関する事項

二　構造改革の推進等のために政府が実施すべき施策に関する基本的な方針

三　次条第一項に規定する構造改革特別区域計画の認定に関する基本的な事項

四　構造改革の推進等に関し政府が講ずべき措置についての計画

五　前各号に掲げるもののほか、構造改革の推進等のために必要な事項その他経済社会の構造改革の推進及び地域の活性化に関する事項

3　内閣総理大臣は、政令で定めるところにより、定期的に、新たな規制の特例措置の整備その他の構造改革の推進等に関し政府が講ずべき新たな措置に係る提案を募集するものとする。

4　内閣総理大臣は、前項の提案について検討を加え新たな措置を講ずる必要があると認めるとき、又は情勢の推移により必要が生じたときは、構造改革特別区域基本方針の変更の案を作成し、閣議の決定を求めなければならない。

5　内閣総理大臣は、第一項又は前項の規定による閣議の決定があったときは、遅滞なく、構造改革特別区域基本方針を公表しなければならない。

第三章　構造改革特別区域計画の認定等

（構造改革特別区域計画の認定）

第四条　地方公共団体は、単独で又は共同して、構造改革特別区域基本方針に即して、当該地方公共団体の区域について、内閣府令で定めるところにより、構造改革特別区域として、教育、物流、研究開発、農業、社会福祉その他の分野における当該区域の活性化を図るための計画（以下「構造改革特別区域計画」という。）を作成し、内閣総理大臣の認定を申請することができる。

2　構造改革特別区域計画には、次に掲げる事項を定めるものとする。

一　構造改革特別区域の範囲及び名称並びに特性

二　構造改革特別区域計画の意義及び目標

三　構造改革特別区域計画の実施が構造改革特別区域に及ぼす経済的社会的効果

四　構造改革特別区域において実施し又はその実施を促進しようとする特定事業の内容、実施主体及び開始の日

五　構造改革特別区域において実施し又はその実施を促進しようとする特定事業ごとの規制の特例措置の内容

六　前各号に掲げるもののほか、構造改革特別区域計画の実施に関し当該地方公共団体が必要と認める事項

3　地方公共団体は、構造改革特別区域計画の案を作成しようとするときは、前項第四号に掲げる実施主体（以下「実施主体」という。）の意見を聴くとともに、都道府県にあっては関係市町村の意見を聴かなければならない。

4　特定事業を実施しようとする者は、当該特定事業を実施しようとする地域をその区域に含む地方公共団体に対し、当該特定事業をその内容とする構造改革特別区域計画の案の作成についての提案をすることができる。

5　前項の地方公共団体は、同項の提案を踏まえた構造改革特別区域計画の案を作成する必要がないと判断したときは、その旨及びその理由を、当該提案をした者に通知しなければならない。

6　第一項の規定による認定の申請には、第三項の規定により聴いた実施主体及び関係市町村の意見の概要（第四項の提案を踏まえた構造改革特別区域計画についての認定の申請をする場合にあっては、当該意見及び当該提案の概要）を添付しなければならない。

7　地方公共団体は、第一項の規定による認定の申請に当たっては、構造改革特別区域において実施し又はその実施を促進しようとする特定事業及びこれに関連する事業に関する規制について規定する法律及び法律に基づく命令（告示を含む。）の規定の解釈について、関係行政機関の長（当該行政機関が合議制の機関である場合にあっては、当該行政機関。以下同じ。）に対し、その確認を求めることができる。この場合において、当該確認を求められた関係行政機関の長は、当該地方公共団体に対し、速やかに回答しなければならない。

8　内閣総理大臣は、第一項の規定による認定の申請があった構造改革特別区域計画が次に掲げる基準に適合すると認めるときは、その認定をするものとする。

一　構造改革特別区域基本方針に適合するものであること。

二　当該構造改革特別区域計画の実施が当該構造改革特別区域に対し適切な経済的社会的効果を及ぼすものであること。

三　円滑かつ確実に実施されると見込まれるものであること。

9　内閣総理大臣は、前項の規定による認定（次項、第十一項及び次条において「認定」という。）をしようとするときは、第二項第五号に掲げる事項について関係行政機関の長の同意を得なければならない。この場合において、当該関係行政機関の長は、当該事項が、法律により規定された規制に係るものにあっては第四章で、政令又は主務省令により規定された規制に係るものにあっては構造改革特別区域基本方針に即して政令又は主務省令で、それぞれ定めるところに適合すると認められるときは、同意をするものとする。

10　認定を受けた構造改革特別区域計画（以下「認定構造改革特別区域計画」という。）に基づき実施主体が実施する特定事業については、法律により規定された規制に係るものにあっては第四章で、政令又は主務省令により規定された規制に係るものにあっては政令又は主務省令で、それぞれ定めるところにより、規制の特例措置を適用する。

11　内閣総理大臣は、認定をしたときは、遅滞なく、その旨を公示しなければならない。

（認定に関する処理期間）

第五条　内閣総理大臣は、認定の申請を受理した日から三月以内において速やかに、認定に関する処分を行わなければならない。

2　関係行政機関の長は、内閣総理大臣が前項の処理期間中に認定に関する処分を行うことができるよう、速やかに、同意又は不同意の旨を通知しなければならない。

（認定構造改革特別区域計画の変更）

第六条　地方公共団体は、認定構造改革特別区域計画の変更（内閣府令で定める軽微な変更を除く。）をしようとするときは、内閣総理大臣の認定を受けなければならない。

2　第四条第三項から第十一項まで及び前条の規定は、前項の規定による認定構造改革特別区域計画の変更について準用する。

（報告の徴収）

第七条　内閣総理大臣は、第四条第八項の規定による認定（前条第一項の規定による変更の認定を含む。第三十二条を除き、以下「認定」という。）を受けた地方公共団体に対し、認定構造改革特別区域計画（前条第一項の規定による認定構造改革特別区域計画の変更の認定があったときは、その変更後のもの。以下同じ。）の実施の状況について報告を求めることができる。

2　関係行政機関の長は、認定を受けた地方公共団体に対し、認定構造改革特別区域計画に係る規制の特例措置の適用の状況について報告を求めることができる。

（措置の要求）

第八条　内閣総理大臣は、認定構造改革特別区域計画の適正な実施のため必要があると認めるときは、認定を受けた地方公共団体に対し、当該認定構造改革特別区域計画の実施に関し必要な措置を講ずることを求めることができる。

2　関係行政機関の長は、認定構造改革特別区域計画に係る規制の特例措置の適正な適用のため必要があると認めるときは、認定を受けた地方公共団体に対し、当該規制の特例措置の適用に関し必要な措置を講ずることを求めることができる。

（認定の取消し）

第九条　内閣総理大臣は、認定構造改革特別区域計画が第四条第八項各号のいずれかに適合しなくなったと認めるときは、その認定を取り消すことができる。この場合において、内閣総理大臣は、関係行政機関の長にその旨を通知しなければならない。

2　関係行政機関の長は、内閣総理大臣に対し、前項の規定による認定の取消しに関し必要と認める意見を申し出ることができる。

3　第四条第十一項の規定は、前項の規定による認定の取消しについて準用する。

（国の援助等）

第十条　内閣総理大臣及び関係行政機関の長は、認定を受けた地方公共団体に対し、認定構造改革特別区域計画の円滑かつ確実な実施に関し必要な助言その他の援助を行うように努めなければならない。

2　関係行政機関の長及び関係地方公共団体の長その他の執行機関は、認定構造改革特別区域計画に係る特定事業の実施に関し、法令の規定による許可その他の処分を求められたときは、当該特定事業が円滑かつ迅速に実施されるよう、適切な配慮をするものとする。

3　前二項に定めるもののほか、内閣総理大臣、関係行政機関の長、地方公共団体及び実施主体は、認定構造改革特別区域計画の円滑かつ確実な実施が促進されるよう、相互に連携を図りながら協力しなければならない。

第四章　法律の特例に関する措置

第十一条　削除

（学校教育法の特例）

第十二条　地方公共団体が、その設定する構造改革特別区域において、地域の特性を生かした教育の実施の必要性、地域産業を担う人材の育成の必要性その他の特別の事情に対応するための教育又は研究を株式会社の設置する学校（学校教育法（昭和二十二年法律第二十六号）第一条に規定する学校をいう。以下この条及び別表第二号において同じ。）が行うことが適切かつ効果的であると認めて内閣総理大臣の認定を申請し、その認定を受けたときは、当該認定の日以後は、同法第二条第一項中「及び私立学校法第三条に規定する学校法人（以下学校法人と称する。）」とあるのは「、私立学校法第三条に規定する学校法人（以下学校法人と称する。）及び構造改革特別区域法（平成十四年法律第百八十九号）第十二条第二項に規定する特別の事情に対応するための教育又は研究を行い、かつ、同項各号に掲げる要件のすべてに適合している株式会社（次項、第四条第一項第三号、第九十五条及び附則第六条において学校設置会社という。）」と、同条第二項中「学校法人」とあるのは「学校法人又は学校設置会社」と、同法第四条第一項第三号中「都道府県知事」とあるのは「都道府県知事（学校設置会社の設置するものにあつては、構造改革特別区域法第十二条第一項の認定を受けた地方公共団体の長。第十条、第十四条、第四十四条（第二十八条、第四十九条、第六十二条、第七十条第一項及び第八十二条において準用する場合を含む。）及び第五十四条第三項（第七十条第一項において準用する場合を含む。）において同じ。）」と、同法第九十五条（同法第百二十三条において準用する場合を含む。）中「諮問しなければならない」とあるのは「諮問しなければならない。学校設置会社の設置する大学について第四条第一項の規定による認可を行う場合（設置の認可を行う場合を除く。）及び学校設置会社の設置する大学に対し第十三条の規定による命令を行う場合も、同様とする」と、同法附則第六条中「学校法人」とあるのは「学校法人又は学校設置会社」とする。

2　前項の規定により学校教育法第四条第一項の認可を受けて学校を設置することができる株式会社（以下この条及び第十九条第一項第一号並びに別表第二号において「学校設置会社」という。）は、その構造改革特別区域に設置する学校において、地域の特性を生かした教育の実施の必要性、地域産業を担う人材の育成の必要性その他の特別の事情に対応するための教育又は研究を行うものとし、次に掲げる要件のすべてに適合していなければならない。

一　文部科学省令で定める基準に適合する施設及び設備又はこれらに要する資金並びに当該学校の経営に必要な財産を有すること。

二　当該学校の経営を担当する役員が学校を経営するために必要な知識又は経験を有すること。

三　当該学校設置会社の経営を担当する役員が社会的信望を有すること。

3　学校設置会社は、文部科学省令で定めるところにより、当該学校設置会社の業務及び財産の状況を記載した書類（その作成に代えて電磁的記録（電子的方式、磁気的方式その他の人の知覚によっては認識することができない方式で作られる記録であって、電子計算機による情報処理の用に供されるものをいう。以下この項及び次項において同じ。）の作成がされている場合における当該電磁的記録を含む。次項、第十三項及び次条第五項において「業務状況書類等」という。）を作成し、その設置する学校に備えて置かなければならない。

4　学校設置会社の設置する学校に入学又は入園を希望する者その他の関係人は、学校設置会社の業務時間内は、いつでも、次に掲げる請求をすることができる。

一　業務状況書類等が書面をもって作成されているときは、当該書面の閲覧又は謄写の請求

二　業務状況書類等が電磁的記録をもって作成されているときは、当該電磁的記録に記録された事項を文部科学省令で定める方法により表示したものの閲覧又は謄写の請求

5　第一項の認定を受けた地方公共団体（以下この条において「認定地方公共団体」という。）は、学校設置会社の設置する学校（大学及び高等専門学校を除く。）の教育、組織及び運営並びに施設及び設備の状況について、毎年度、評価を行わなければならない。

6　前項の規定による評価を行った認定地方公共団体は、遅滞なく、その結果を当該学校に通知するとともに、これを公表しなければならない。

7　認定地方公共団体は、学校設置会社の経営の状況の悪化等によりその設置する学校の経営に現に著しい支障が生じ、又は生ずるおそれがあると認められる場合においては、当該学校に在学する者が適切な修学を維持することができるよう、転学のあっせんその他の必要な措置を講じなければならない。

8　認定地方公共団体の長は、第一項の規定により学校教育法第四条第一項の認可又は同法第十三条若しくは第十四条の命令をするときは、あらかじめ、当該認定地方公共団体が設置するこれらの認可又は命令に係る事項を調査審議する審議会その他の合議制の機関の意見を聴かなければならない。

9　認定地方公共団体の長は、第一項の規定により学校教育法第四条第一項の認可をしたときは、遅滞なく、その旨を都道府県知事に通知しなければならない。

10　学校設置会社の設置する学校が大学又は高等専門学校である場合にあっては文部科学大臣、学校設置会社の設置する学校が大学及び高等専門学校以外の学校である場合にあっては認定地方公共団体の長は、当該学校に対して、教育の調査、統計その他に関し必要な報告書の提出を求めることができる。

11　学校設置会社に関する次の表の第一欄に掲げる法律の適用については、同表の第二欄に掲げる規定中同表の第三欄に掲げる字句は、それぞれ同表の第四欄に掲げる字句とする。

㊟次の表⇩次頁からの表

12　第三項又は第四項の規定に基づき文部科学省令を制定し、又は改廃する場合においては、当該文部科学省令で、その制定又は改廃に伴い合理的に必要と判断される範囲内において、所要の経過措置（罰則に関する経過措置を含む。）を定めることができる。

13　第三項の規定に違反して業務状況書類等を備えて置かず、業務状況書類等に記載すべき事項を記載せず、若しくは虚偽の記載をし、又は正当な理由がないのに第四項各号の規定による請求を拒んだ学校設置会社の取締役、執行役又は清算人は、二十万円以下の過料に処する。

第十三条　地方公共団体が、その設定する構造改革特別区域において、学校生活への適応が困難であるため相当の期間学校（学校教育法第一条に規定する学校をいい、大学及び高等専門学校を除く。以下この条及び別表第三号において同じ。）を欠席していると認められる児童、生徒若しくは幼児又は発達の障害により学習上若しくは行動上著しい困難を伴うため教育上特別の指導が必要であると認められる児童、生徒若しくは幼児（次項において「不登校児童等」という。）を対象として、当該構造改革特別区域に所在する学校の設置者による教育によっては満たされない特別の需要に応ずるための教育を特定非営利活動法人（特定非営利活動促進法（平成十年法律第七号）第二条第二項の特定非営利活動法人をいう。次項において同じ。）の設置する学校が行うことにより、当該構造改革特別区域における学校教育の目的の達成に資するものと認めて内閣総理大臣の認定を申請し、その認定を受けたときは、当該認定の日以後は、学校教育法第二条第一項中「設置することができる」とあるのは「設置することができる。ただし、構造改革特別区域法（平成十四年法律第百八十九号）第十三条第二項に規定する特別の需要に応ずるための教育を行い、かつ、同項各号に掲げる要件のすべてに適合している特定非営利活動促進法（平成十年法律第七号）第二条第二項の特定非営利活動法人（次項、第四条第一項第三号及び附則第六条において学校設置非営利法人という。）は、大学及び高等専門学校以外の学校を設置することができる」と、同条第二項中「学校法人」とあるのは「学校法人又は学校設置非営利法人」と、同法第四条第一項第三号中「都道府県知事」とあるのは「都道府県知事（学校設置非営利法人の設置するものにあつては、構造改

革特別区域法第十三条第一項の認定を受けた地方公共団体の長。第十条、第十四条、第四十四条（第二十八条、第四十九条、第六十二条、第七十条第一項及び第八十二条において準用する場合を含む。）及び第五十四条第三項（第七十条第一項において準用する場合を含む。）において同じ。」と、同法附則第六条中「学校法人」とあるのは「学校法人又は学校設置非営利法人」とする。

2　前項の規定により学校教育法第四条第一項の認可を受けて学校を設置することができる特定非営利活動法人（以下この条及び第十九条第一項第二号並びに別表第三号において「学校設置非営利法人」という。）は、その構造改革特別区域に設置する学校において、不登校児童等を対象として、当該構造改革特別区域に所在する学校の設置者による教育によっては満たされない特別の需要に応ずるための教育を行うものとし、次に掲げる要件のすべてに適合していなければならない。

一　文部科学省令で定める基準に適合する施設及び設備又はこれらに要する資金並びに当該学校の経営に必要な財産を有すること。

二　当該学校の経営を担当する役員が学校を経営するために必要な知識又は経験を有すること。

三　当該学校設置非営利法人の経営を担当する役員が社会的信望を有すること。

四　不登校児童等を対象として行う特定非営利活動促進法第二条第一項に規定する特定非営利活動の実績が相当程度あること。

3　前条第三項から第十項まで及び第十二項の規定は、学校設置非営利法人が学校を設置する場合について準用する。この場合において、同項中「第三項又は第四項」とあるのは、「次条第三項において準用する第三項又は第四項」と読み替えるものとする。

4　学校設置非営利法人に関する次の表の第一欄に掲げる法律の適用については、同表の第二欄に掲げる規定中同表の第三欄に掲げる字句は、それぞれ同表の第四欄に掲げる字句とする。

㊟次の表⇩九一六頁からの表

5　第三項において準用する前条第三項の規定に違反し

教育職員免許法（昭和二十四年法律第百四十七号）	第二条第三項	都道府県知事	都道府県知事（学校設置会社（構造改革特別区域法（平成十四年法律第百八十九号）第十二条第二項に規定する学校設置会社をいう。以下同じ。）の設置する私立学校の教員にあつては、同条第一項の規定による認定を受けた地方公共団体の長）
	第七条第二項、附則第五項の表備考第一号及び別表第三備考第二号	理事長	理事長又は学校設置会社の代表取締役若しくは代表執行役
教育職員免許法施行法（昭和二十四年法律第百四十八号）	第十四条の二	学校法人	学校法人又は学校設置会社
	第二条第一項の表備考	理事長	理事長又は学校設置会社（構造改革特別区域法（平成十四年法律第百八十九号）第十二条第二項に規定する学校設置会社をいう。）の代表取締役若しくは代表執行役
地方交付税法（昭和二十五年法律第二百十一号）	第十二条第一項の表	私立の学校	私立の学校（構造改革特別区域法（平成十四年法律第百八十九号）第十二条第二項に規定する学校設置会社の設置するものを除く。以下同じ。）
	第十二条第三項の表	及び特別支援学校	及び特別支援学校（構造改革特別区域法第十二条第二項に規定する学校設置会社の設置するこれらのものを除く。）
旧軍港市転換法（昭和二十五年法律第二百二十号）	第四条第一項第一号	規定する学校	規定する学校（構造改革特別区域法（平成十四年法律第百八十九号）第十二条第二項に規定する学校設置会社の設置するものを除く。）
産業教育振興法（昭和二十六年法律第二百二十八号）	第十九条第一項	私立学校	私立学校（構造改革特別区域法（平成十四年法律第百八十九号）第十二条第二項に規定する学校設置会社の設置するものを除く。次項において同じ。）
理科教育振興法（昭和二十八年法律第百八十六号）	第七条第一項	私立の学校	私立の学校（構造改革特別区域法（平成十四年法律第百八十九号）第十二条第二項に規定する学校設置会社の設置するものを除く。以下この条において同じ。）
私立学校教職員共済法（昭和二十八年法律第二百四十五号）	附則第十項	設置する者	設置する者（構造改革特別区域法（平成十四年法律第百八十九号）第十二条第二項に規定する学校設置会社を除く。）
義務教育諸学校における教育の政治的中立の確保に関する臨時措置法（昭和二十九年法律第百五十七号）	第五条第一項第三号	都道府県知事	都道府県知事（構造改革特別区域法（平成十四年法律第百八十九号）第十二条第二項に規定する学校設置会社の設置するものにあつては、当該学校を所轄する同条第一項の規定による認定を受けた地方公共団体の長）
学校給食法（昭和二十九年法	第十二条第一項	私立の義務教	私立の義務教育諸学校の設置者（構造改革特

て業務状況書類等を備えて置かず、業務状況書類等に記載すべき事項を記載せず、若しくは虚偽の記載をし、又は正当な理由がないのに第三項において準用する同条第四項各号の規定による請求を拒んだ学校設置非営利法人の理事又は清算人は、二十万円以下の過料に処する。

第十四条　削除

（地方自治法の特例）

第十五条　都道府県が、都道府県知事の権限に属する事務を、地方自治法第二百五十二条の十七の二第一項（同法第二百八十三条第一項の規定により適用する場合を含む。）又は第二百九十一条の二第二項の条例の定めるところにより、当該都道府県内の市町村（特別区及び都道府県の加入しない同法第二百八十四条第一項の広域連合を含む。以下この条において同じ。）が処理することとした場合（当該都道府県内において、当該事務のすべてを市町村が処理することとなる場合に限る。）において、当該市町村が処理する事務（以下この項において「特例事務」という。）に係る経由事務（同法第二百五十二条の十七の三第三項の規定により都道府県知事が行うものとされる事務をいう。）を行わないことが、当該都道府県の事務の合理化を図る観点から適切であり、かつ、国、当該都道府県及び当該市町村を通じた事務の適正な遂行に支障を及ぼすおそれがないと認め、当該特例事務を処理するすべての市町村の区域を含む構造改革特別区域を設定して、内閣総理大臣の認定を申請し、その認定を受けたときは、当該認定の日以後は、当該特例事務については、同法第二百五十二条の十七の三第三項（同法第二百八十三条第一項及び第二百九十一条の二第三項の規定により適用し、又は準用する場合を含む。）の規定は、適用しない。

2　都道府県知事は、前項の認定を受けたときは、遅滞なく、その旨を関係市町村の長に通知しなければならない。

第十六条　削除

第十七条　削除

律第百六十号）		育諸学校の設置者	別区域法（平成十四年法律第百八十九号）第十二条第二項に規定する学校設置会社を除く。）
夜間課程を置く高等学校における学校給食に関する法律（昭和三十一年法律第百五十七号）	第六条	私立の高等学校の設置者	私立の高等学校の設置者（構造改革特別区域法（平成十四年法律第百八十九号）第十二条第二項に規定する学校設置会社を除く。）
地方教育行政の組織及び運営に関する法律（昭和三十一年法律第百六十二号）	第二十七条の二	都道府県知事	都道府県知事（学校設置会社（構造改革特別区域法（平成十四年法律第百八十九号）第十二条第二項に規定する学校設置会社をいう。以下この条において同じ。）の設置する私立学校に関する事務にあつては、同法第十二条第一項の規定による認定を受けた地方公共団体の長）
		都道府県委員会	都道府県委員会（学校設置会社の設置する私立学校に関する事務にあつては、同項の規定による認定を受けた地方公共団体の教育委員会）
著作権法（昭和四十五年法律第四十八号）	第三十五条第一項	設置されているものを除く。	設置されているものを除き、学校設置会社（構造改革特別区域法（平成十四年法律第百八十九号）第十二条第二項に規定する学校設置会社をいう。第三十八条第一項において同じ。）の設置する学校を含む。
	第三十八条第一項	又は観衆	若しくは観衆
		受けない場合	受けない場合又は学校設置会社の設置する学校において聴衆若しくは観衆から料金を受けずにその教育若しくは研究を行う活動に利用する場合

（医療法等の特例）

第十八条　地方公共団体が、その設定する構造改革特別区域における医療の需要の動向その他の事情からみて、医療保険各法（健康保険法（大正十一年法律第七十号）、船員保険法（昭和十四年法律第七十三号）、国民健康保険法（昭和三十三年法律第百九十二号）、国家公務員共済組合法（昭和三十三年法律第百二十八号。他の法律において準用し、又は例による場合を含む。）又は地方公務員等共済組合法（昭和三十七年法律第百五十二号）をいう。第八項において同じ。）による療養の給付並びに被保険者、組合員又は加入者及び被扶養者の療養並びに高齢者の医療の確保に関する法律（昭和五十七年法律第八十号）による療養の給付、入院時食事療養費に係る療養、入院時生活療養費に係る療養及び保険外併用療養費に係る療養に該当しないものであって、放射性同位元素を用いて行う陽電子放射断層撮影装置による画像診断その他の厚生労働大臣が定める指針に適合する高度な医療（以下この条において「高度医療」という。）の提供を促進することが特に必要と認めて内閣総理大臣の認定を申請し、その認定を受けたときは、当該認定の日以後は、株式会社から医療法（昭和二十三年法律第二百五号）第七条第一項の規定により当該構造改革特別区域内における当該認定に係る高度医療の提供を目的とする病院又は診療所の開設の許可の申請があった場合において、当該申請が次に掲げる要件のすべてに適合すると認めるときは、都道府県知事（診療所にあっては、その開設地が保健所を設置する市又は特別区の区域にある場合においては、当該保健所を設置する市の市長又は特別区の区長）は、同条第五項の規定にかかわらず、同条第一項の許可を与えるものとする。

一　当該申請に係る高度医療の提供を行う病院又は診療所の構造設備及びその有する人員が、医療法第二十一条及び第二十三条の規定に基づく厚生労働省令で定める要件に適合するものであること。

二　前号に掲げるもののほか、当該申請に係る高度医療の提供を行う病院又は診療所の構造設備、その有する人員その他の事項が、当該申請に係る範囲の高度医療を提供するために必要なものとして厚生労働省令で定める基準に適合するものであること。

三　当該申請に係る高度医療の提供を行う病院又は診療所を営む事業に係る経理が、当該株式会社の営む他の事業に係る経理と区分して整理されるものであること。

2　前項の規定により医療法第七条第一項の許可を受けて株式会社が開設する病院又は診療所に対する同法第七条第二項及び第四項並びに第二十九条第一項の規定の適用については、同法第七条第二項中「病床数」とあるのは「病床数、提供する高度医療（構造改革特別区域法（平成十四年法律第百八十九号）第十八条第一項の認定に係る同項に規定する高度医療をいう。）の範囲」と、同条第四項中「前三項」とあるのは「前二項」と、「要件」とあるのは「要件並びに構造改革特別区域法第十八条第一項第二号に掲げる要件」と、同法第二十九条第一項中「場合においては」とあるのは「場合、構造改革特別区域法第十八条第一項の規定により第七条第一項の許可を受けた株式会社が開設する病院若しくは診療所の提供する医療が同法第十八条第一項に規

教育職員免許法	第二条第三項	都道府県知事	都道府県知事（学校設置非営利法人（構造改革特別区域法（平成十四年法律第百八十九号）第十三条第二項に規定する学校設置非営利法人をいう。以下同じ。）の設置する私立学校の教員にあつては、同条第一項の規定による認定を受けた地方公共団体の長）
	第七条第二項、附則第五項の表備考第一号及び別表第三備考第二号	理事長	理事長又は学校設置非営利法人の代表権を有する理事
	第十四条の二	学校法人	学校法人又は学校設置非営利法人
教育職員免許法施行法	第二条第一項の表備考	理事長	理事長又は学校設置非営利法人（構造改革特別区域法第十三条第二項に規定する学校設置非営利法人をいう。）の代表権を有する理事
地方交付税法	第十二条第一項の表	私立の学校	私立の学校（構造改革特別区域法（平成十四年法律第百八十九号）第十三条第二項に規定する学校設置非営利法人の設置するものを除く。以下同じ。）
	第十二条第三項の表	及び特別支援学校	及び特別支援学校（構造改革特別区域法第十三条第二項に規定する学校設置非営利法人の設置するこれらのものを除く。）
旧軍港市転換法	第四条第一項第一号	規定する学校	規定する学校（構造改革特別区域法（平成十四年法律第百八十九号）第十三条第二項に規定する学校設置非営利法人の設置するものを除く。）
産業教育振興法	第十九条第一項	私立学校	私立学校（構造改革特別区域法（平成十四年法律第百八十九号）第十三条第二項に規定する学校設置非営利法人の設置するものを除く。次項において同じ。）
理科教育振興法	第九条第一項	私立の学校	私立の学校（構造改革特別区域法（平成十四年法律第百八十九号）第十三条第二項に規定する学校設置非営利法人の設置するものを除く。以下この条において同じ。）
私立学校教職員共済法	附則第十項	設置する者	設置する者（構造改革特別区域法（平成十四年法律第百八十九号）第十三条第二項に規定する学校設置非営利法人を除く。）
義務教育諸学校における教育の政治的中立の確保に関する臨時措置法	第五条第一項第三号	都道府県知事	都道府県知事（構造改革特別区域法（平成十四年法律第百八十九号）第十三条第二項に規定する学校設置非営利法人の設置するものにあつては、当該学校を所轄する同条第一項の規定による認定を受けた地方公共団体の長）

定する高度医療に該当しなくなつたと認めて厚生労働大臣が同法第八条第二項の規定により必要な措置を講ずることを求めたにもかかわらずなお適切な措置が講じられなかつた場合において当該病院若しくは診療所の業務を継続することが適当でないと認めるとき、又は同法第十八条第一項第二号に掲げる要件に適合しなくなつたと認める場合は」とする。

3　厚生労働大臣は、第一項の指針を定め、又は変更したときは、遅滞なく、これを公表するものとする。

4　第一項の規定により医療法第七条第一項の許可を受けて病院又は診療所を開設する株式会社（以下この条及び別表第八号において「病院等開設会社」という。）については、同法第五十二条第一項（同項第一号に係る部分に限る。以下この項において同じ。）、第六十三条及び第六十四条（これらの規定を同法第六十八条の二第一項の規定により読み替えて適用する場合を含む。以下この項において同じ。）、第六十六条の二（同法第六十四条第一項及び第二項に係る部分に限る。）、第六十七条（同法第六十八条の二第一項の規定により読み替えて適用する場合を含み、同法第六十四条第二項に係る部分に限る。以下この項において同じ。）並びに第七十六条（同法第五十二条第一項、第六十三条第一項及び第六十四条第二項に係る部分に限る。）の規定を準用する。この場合において、同法第五十二条第一項中「医療法人」とあるのは「構造改革特別区域法第十八条第一項の規定により第七条第一項の許可を受けて病院又は診療所を開設する株式会社（以下「病院等開設会社」という。）」と、「毎会計年度」とあるのは「毎事業年度」と、「事業報告書等」とあるのは「事業報告書、財産目録、貸借対照表及び損益計算書」と、同法第六十三条第一項及び第六十四条第一項中「医療法人の」とあるのは「病院等開設会社が開設する病院若しくは診療所の」と、「、定款若しくは寄附行為」とあるのは「若しくは定款」と、「その運営」とあるのは「その開設する病院若しくは診療所の運営」と、「当該医療法人」とあるのは「当該病院等開設会社」と、同法第六十三条第一項中「その業務」とあり、同法第六十四条第二項中「業務」とあるのは「その開設する病院若しくは診療所の業務」と、同項中「医療法人」とあるのは「病院等開設会社」と、同項及び同条第三項並びに同法第六十七条第一項中「役員」とあるのは「取締役、執行役若しくは監査役」と、同法第七十六条中「医療法人の理事、監事又は清算人」とあるのは「病院等開設会社の取締役、執行役又は監査役」と読み替えるものとする。

5　病院等開設会社が開設する病院又は診療所に関しては、医療法第六条の五第一項の規定にかかわらず、厚生労働省令で定めるところにより、第一項の規定による同法第七条第一項の開設の許可又は第二項の規定により読み替えて適用される同条第二項の変更の許可の範囲に係る高度医療（次項において「許可に係る高度医療」という。）を提供している旨を広告することができる。

6　病院等開設会社が開設する病院又は診療所の管理者は、許可に係る高度医療以外の医療を提供してはならない。ただし、許可に係る高度医療を提供する上で必要があると認められる場合又は診療上やむを得ない事情があると認められる場合は、この限りでない。

7　厚生労働大臣は、病院等開設会社が開設する病院又は診療所については、健康保険法第六十五条第三項の規定にかかわらず、同法第六十三条第三項第一号の指定をしないものとする。

8　医療保険者（医療保険各法（国民健康保険法を除く。）の規定により医療に関する給付を行う全国健康保険協会、健康保険組合、共済組合又は日本私立学校振興・共済事業団をいう。）は、病院等開設会社が開設する病院又は診療所については、健康保険法第六十三条第三項第二号の指定若しくは船員保険法第五十三条第六項第二号の指定をし、又は国家公務員共済組合法第五十五条第一項第二号（私立学校教職員共済法第二十五条において準用する場合を含む。）の契約若しくは地方公務員等共済組合法第五十七条第一項第二号の契約を締結してはならない。

学校給食法	第十二条第一項	私立の義務教育諸学校の設置者	私立の義務教育諸学校の設置者（構造改革特別区域法（平成十四年法律第百八十九号）第十三条第二項に規定する学校設置非営利法人を除く。）
夜間課程を置く高等学校における学校給食に関する法律	第六条	私立の高等学校の設置者	私立の高等学校の設置者（構造改革特別区域法（平成十四年法律第百八十九号）第十三条第二項に規定する学校設置非営利法人を除く。）
地方教育行政の組織及び運営に関する法律	第二十七条の二	都道府県知事	都道府県知事（学校設置非営利法人（構造改革特別区域法（平成十四年法律第百八十九号）第十三条第二項に規定する学校設置非営利法人をいう。以下この条において同じ。）の設置する私立学校に関する事務にあつては、同法第十三条第一項の規定による認定を受けた地方公共団体の長）
		都道府県委員会	都道府県委員会（学校設置非営利法人の設置する私立学校に関する事務にあつては、同項の規定による認定を受けた地方公共団体の教育委員会）

（教育職員免許法の特例）

第十九条　市町村の教育委員会が、第十二条第一項に規定する特別の事情、第十三条第一項に規定する特別の需要その他当該市町村が設定する構造改革特別区域における教育上の特別の事情に対応するため、次に掲げる者に特別免許状（教育職員免許法第四条第一項に規定する特別免許状をいう。以下この条及び別表第九号において同じ。）を授与する必要があると認める場合において、当該市町村が内閣総理大臣の認定を申請し、その認定を受けたときは、当該認定の日以後は、同法第二条第二項中「免許状」とあるのは「免許状（構造改革特別区域法（平成十四年法律第百八十九号）第十九条第一項の規定による認定を受けた市町村の教育委員会が同項各号に掲げる者に授与する特別免許状（以下「特例特別免許状」という。）を除く。）」と、「教育委員会をいう」とあるのは「教育委員会をいい、当該免許状が特例特別免許状である場合にあつてはその免許状を授与した市町村の教育委員会をいう」と、同法第五条第七項中「教育委員会（」とあるのは「教育委員会（特例特別免許状にあつては、構造改革特別区域法第十九条第一項の規定による認定を受けた市町村の教育委員会。」と、同法第九条第二項中「有する」とあるのは「有する。ただし、特例特別免許状は、その免許状を授与した授与権者の置かれる市町村においてのみ効力を有する」と、同条第五項中「特別免許状」とあるのは「特別免許状（特例特別免許状を除く。）」と、「までとする」とあるのは「までとし、特例特別免許状（同一の授与権者により授与されたものに限る。）を二以上有する者の当該二以上の免許状の有効期間は、第二項並びに次条第四項及び第五項の規定にかかわらず、それぞれの免許状に係るこれらの規定による有効期間の満了の日のうち最も遅い日までとする」と、同法第二十条中「教育委員会規則」とあるのは「教育委員会規則（特例特別免許状にあつては、その免許状を授与した市町村の教育委員会規則）」と、同法別表第三中「特別免許状」とあるのは「特別免許状（特例特別免許状を除く。）」とする。

一　第十二条第一項の規定により内閣総理大臣の認定を受けている市町村の長が学校教育法第四条第一項の規定による設置の認可を行った学校を設置する学校設置会社が、当該学校の教育職員（教育職員免許法第二条第一項に規定する教育職員をいう。以下この項において同じ。）に雇用しようとする者

二　第十三条第一項の規定により内閣総理大臣の認定を受けている市町村の長が学校教育法第四条第一項の規定による設置の認可を行った学校を設置する学校設置非営利法人が、当該学校の教育職員に雇用しようとする者

三　その設定する構造改革特別区域における教育上の特別の事情により、市町村がその給料その他の給与（市町村立学校職員給与負担法（昭和二十三年法律第百三十五号）第一条に規定する給料その他の給与等をいう。）又は報酬等（同法第一条に規定する報酬等をいう。）を負担して、当該市町村の教育委員会が教育職員に任命しようとする者

2　前項において読み替えて適用する教育職員免許法第五条第七項の規定により、市町村の教育委員会が特別免許状を授与したときは、当該市町村の教育委員会は、遅滞なく、授与を受けた者の氏名及び職種並びに授与の目的、当該特別免許状に係る学校の種類及び教科その他文部科学省令で定める事項を当該市町村を包括する都道府県の教育委員会に通知しなければならない。

3　第九条第一項の規定により第一項の認定が取り消された場合であっても、同項において読み替えて適用する教育職員免許法第五条第七項の規定により市町村の教育委員会が授与した特別免許状に係る授与権者（同項に規定する授与権者をいう。）及び免許管理者（同法第二条第二項に規定する免許管理者をいう。）は、当該市町村の教育委員会とする。

（私立学校法の特例）

第二十条　地方公共団体が、その設定する構造改革特別区域において、地域の特性に応じた高等学校又は幼稚園における教育の機会を提供するに当たり、その実現を図ろうとする教育の内容、当該教育に必要な教職員の編制並びに施設及び設備、地域における当該教育の需要の状況等に照らし、当該地方公共団体の協力により新たに設立される学校法人（私立学校法（昭和二十四年法律第二百七十号）第三条に規定する学校法人をいう。以下この条において同じ。）が高等学校又は幼稚園を設置して当該地方公共団体との連携及び協力に基づき当該教育を実施することが、他の方法により当該教育の機会を提供するよりも、教育効果、効率性等の観点から適切であると認めて内閣総理大臣の認定を申請し、その認定を受けたときは、当該認定の日以後は、当該教育を実施する高等学校又は幼稚園（以下この条及び別表第十号において「公私協力学校」という。）の設置及び運営を目的とする学校法人（以下この条において「協力学校法人」という。）を設立しようとする者であって第五項の指定を受けたもの（第三項において「指定設立予定者」という。）が、所轄庁（同法第四条に規定する所轄庁をいう。以下この条において同じ。）に対し、同法第三十条第一項の規定による寄附行為の認可を申請した場合においては、所轄庁は、同法第三十一条第一項の規定にかかわらず、当該寄附行為の認可を決定するに当たり、同法第二十五条第一項の要件に該当しているかどうかの審査を行わないものとする。

2　前項の寄附行為には、私立学校法第三十条第一項各号に掲げる事項のほか、当該寄附行為により設立する学校法人が協力学校法人である旨及びその設置する学校が公私協力学校である旨を定めなければならない。

3　第一項の認定を受けた地方公共団体（以下この条において「協力地方公共団体」という。）の長と協力学校法人の所轄庁とが異なる場合において、指定設立予定者又は協力学校法人が、所轄庁に対し、次に掲げる申請又は届出を行おうとするときは、協力地方公共団体の長を経由して行わなければならない。この場合において、協力地方公共団体の長は、当該申請又は届出に係る事項に関し意見を付すことができるものとし、所轄庁は、その意見に配慮しなければならない。

一　私立学校法第三十条第一項の規定による寄附行為の認可の申請

二　私立学校法第四十五条第一項又は第二項の規定による寄附行為の変更の認可の申請又は届出

三　私立学校法第五十条第二項の規定による解散についての認可又は認定の申請
四　学校教育法第四条第一項の規定による学校の設置廃止、設置者の変更及び同項に規定する政令で定める事項の認可の申請

4　協力地方公共団体の長は、公私協力学校の設置及び運営に関し、次に掲げる事項を定めた基本計画（以下この条において「公私協力基本計画」という。）を定め、これを公告しなければならない。
一　教育目標に関する事項
二　収容定員に関する事項
三　授業料等の納付金に関する事項
四　施設又は設備の整備及び運営に要する経費についての助成措置に関する事項
五　協力学校法人の解散に伴う残余財産の帰属に関する事項
六　その他公私協力学校の設置及び運営に関する重要事項として文部科学省令で定めるもの

5　前項の規定により公告された公私協力基本計画に基づき協力学校法人を設立しようとする者は、当該公告を行った協力地方公共団体の長に申し出て、その設立しようとする協力学校法人について、公私協力学校の設置及び運営を行うべき者としての指定を受けなければならない。

6　協力地方公共団体の長は、前項の申出に係る協力学校法人が、公私協力基本計画に基づく公私協力学校の設置を適正に行い、その運営を継続的かつ安定的に行うことができる能力を有するものであると認めるときでなければ、同項の指定をしてはならない。

7　協力地方公共団体の長は、地域における教育の需要の状況の変化その他の事情を考慮して必要があると認めるときは、協力学校法人に協議して、公私協力基本計画を変更することができる。

8　協力地方公共団体は、協力学校法人が公私協力学校の設置について学校教育法第四条第一項の規定による認可を受けた際に、当該協力学校法人が公私協力基本計画に基づき当該公私協力学校における教育を行うために施設又は設備の整備を必要とする場合には、当該公私協力基本計画に定めるところにより、当該協力学校法人に対し、当該施設若しくは設備を無償若しくは時価よりも低い対価で貸し付け、若しくは譲渡し、又は当該施設若しくは設備の整備に要する資金を出えんするものとする。

9　前項の規定は、地方自治法第九十六条及び第二百三十七条から第二百三十八条の五までの規定の適用を妨げない。

10　協力学校法人は、毎会計年度、文部科学省令で定めるところにより、公私協力基本計画に基づき、当該年度における公私協力学校の運営に関する計画（以下この条において「公私協力年度計画」という。）及び収支予算を作成し、協力地方公共団体の長の認可を受けなければならない。これを変更しようとするときも、同様とする。

11　協力地方公共団体は、協力学校法人が公私協力年度計画を実施するに当たり、公私協力基本計画で定める授業料等の納付金による収入の額では、他の得ることが見込まれる収入の額を合算しても、なおその収支の均衡を図ることが困難となると認められる場合には、公私協力基本計画に定めるところにより、当該協力学校法人に対し、当該公私協力年度計画の円滑かつ確実な実施のために必要な額の補助金を交付するものとする。

12　私立学校振興助成法（昭和五十年法律第六十一号）第十二条（第三号に係る部分を除く。）及び第十四条第一項の規定は、第八項又は前項の規定により協力地方公共団体が協力学校法人に対し助成を行う場合について準用する。この場合において、同法第十二条中「所轄庁は、」とあるのは「協力地方公共団体（構造改革特別区域法（平成十四年法律第百八十九号）第二十条第三項に規定する協力地方公共団体をいう。以下同じ。）の長は、同条第八項又は第十一項の規定」と、「学校法人に」とあるのは「協力学校法人（同条第一項に規定する協力学校法人をいう。以下同じ。）に」と、同条第一号及び第二号中「学校法人」とあるのは「協力学校法人」と、同条第四号中「学校法人」とあるのは「協力学校法人」と、「所轄庁」とあるのは「協力地方公共団体の長」と、同法第十四条第一項中「第四条第一項又は第九条に規定する補助金の交付を受ける学校法人」とあるのは「構造改革特別区域法第二十条第八項又は第十一項の規定により助成を受ける協力学校法人」と、「作成しなければならない」とあるのは「作成し、協力地方公共団体の長に届け出なければならない」と読み替えるものとする。

13　協力地方公共団体の長と協力学校法人の所轄庁とが異なる場合において、協力地方公共団体の長及び協力学校法人の所轄庁は、相互に密接な連携を図りながら、協力学校法人に対し、前項において準用する私立学校振興助成法第十二条の規定による権限の行使その他の当該協力学校法人の業務の適切な運営を確保するための措置を講ずるものとする。

14　協力地方公共団体の長は、協力学校法人がその設置する公私協力学校の運営を公私協力基本計画に基づき適正かつ確実に実施することができなくなったと認める場合においては、当該協力学校法人に対し、当該公私協力学校に係る第五項の指定を取り消すことができる。

15　協力学校法人は、前項の規定による指定の取消しの処分を受けたときは、当該処分に係る公私協力学校について、学校教育法第四条第一項の規定による廃止の認可を所轄庁に申請しなければならない。

16　協力地方公共団体の長は、第四項の規定による公私協力基本計画の策定及び第七項の規定による公私協力基本計画の変更並びに第十項の規定による公私協力年度計画及び収支予算の認可を行おうとするときは、あらかじめ、当該協力地方公共団体の教育委員会に協議しなければならない。

17　教育基本法（平成十八年法律第百二十号）第十五条第二項の規定は、公私協力学校について準用する。

第二十一条　削除

第二十二条　削除

（狂犬病予防法の特例）

第二十三条　市町村（地域保健法（昭和二十二年法律第百一号）第五条第一項の規定に基づく政令で定める市を除く。以下この条及び別表第十三号において同じ。）

が、その設定する構造改革特別区域における狂犬病予防法（昭和二十五年法律第二百四十七号）第三条第一項に規定する狂犬病予防員（次項において「都道府県知事任命予防員」という。）の数が当該市町村の区域の範囲に比して少ないことから狂犬病の発生を予防するためには同法第六条第一項から第三項まで、第七項及び第九項並びに第二十一条に規定する事務（以下この条において「犬の抑留に係る事務」という。）を当該市町村が自ら行う必要があると認めて内閣総理大臣の認定を申請し、その認定を受けたときは、当該認定の日以後は、当該市町村の長は、同法第三条第一項、第六条及び第二十一条の規定にかかわらず、当該市町村の職員で獣医師であるもののうちから狂犬病予防員を任命し、犬の抑留に係る事務を行わせることができる。

2　狂犬病予防法第三条第二項、第六条、第二十条及び第二十一条の規定の適用については、前項の規定により市町村の長の任命を受けた狂犬病予防員（次項において「市町村長任命予防員」という。）を都道府県知事任命予防員とみなす。この場合において、同法第六条第二項中「都道府県知事」とあるのは「構造改革特別区域法（平成十四年法律第百八十九号）第二十三条第一項の規定により認定を受けた市町村（第五項及び第十項並びに第二十一条において「認定市町村」という。）の長」と、同条第五項及び第二十一条中「都道府県知事」とあるのは「認定市町村の長」と、第六条第十項中「都道府県」とあるのは「認定市町村」と、第二十一条中「当該都道府県」とあるのは「当該認定市町村」と読み替えるものとする。

3　第一項の場合においては、狂犬病予防法第二十三条の規定にかかわらず、市町村長任命予防員が行う犬の抑留に係る事務に要する費用は、同条に規定する犬の所有者が負担する犬の抑留中の飼養管理費及びその返還に要する費用を除き、市町村の負担とする。

（地方公務員法の特例）

第二十四条　地方公共団体が、その設定する構造改革特別区域において、次の各号に掲げる場合のいずれかに該当し、又は該当すると見込まれるため臨時的任用を行うことが必要であると認めて内閣総理大臣の認定を申請し、その認定を受けたときは、当該認定の日以後は、当該認定に係る職について当該各号に掲げる場合に行う臨時的任用については、地方公務員法（昭和二十五年法律第二百六十一号）第二十二条第二項から第五項までの規定は、適用しない。

一　当該地方公共団体がその職務の遂行について資格要件を必要とする職について地方公務員法第二十二条第二項又は第五項の規定に基づく臨時的任用を行っている場合において、当該構造改革特別区域における人材の需給状況等にかんがみ、同条第二項後段又は第五項後段の規定により更新された任用の期間の満了の際現に任用している職員以外の者をその職に任用することが困難であるとき。

二　当該地方公共団体が特定の分野に関する職務に職員を従事させることにより、当該職員の資質の向上が図られ、ひいては当該構造改革特別区域における当該特定の分野に係る人材の育成が図られると認められる場合において、当該職務に係る職について一年を超えて臨時的任用を行うことが必要であるとき。

三　当該構造改革特別区域における住民の生活の向上、行政の効率化等を図るために行う当該構造改革特別区域における当該地方公共団体の事務及び事業の見直しに応じた業務量の一時的な変化により生ずる職制又は定数の改廃等に効率的かつ機動的に対処する必要がある場合において、その職について一年を超えて臨時的任用を行うことが特に必要であるとき。

2　前項の認定を受けた地方公共団体であって人事委員会を置くものにおいては、任命権者（地方公務員法第六条第一項に規定する任命権者及びその委任を受けた者をいう。以下この条において同じ。）は、人事委員会規則で定めるところにより、当該認定に係る職について、人事委員会の承認を得て、六月を超えない期間で臨時的任用を行うことができる。この場合において、その任用は、人事委員会の承認を得て、採用した日（その職に同法第二十二条第二項の規定に基づき臨時的任用をされている職員をこの項の規定に基づき引き続き任用する場合にあっては、同条第二項の規定に基づき採用した日）から三年を超えない範囲内に限り、六月を超えない期間で更新することができる。ただし、前項各号に掲げる場合に該当しないときは、更新することはできない。

3　前項の場合において、人事委員会は、必要に応じ、臨時的任用につき、任用される者の資格要件を定めるものとする。

4　人事委員会は、前二項の規定に違反する臨時的任用を取り消すことができる。

5　第一項の認定を受けた地方公共団体であって人事委員会を置かないものにおいては、任命権者は、当該認定に係る職について、六月を超えない期間で臨時的任用を行うことができる。この場合において、その任用は、採用した日（その職に地方公務員法第二十二条第五項の規定に基づき臨時的任用をされている職員をこの項の規定に基づき引き続き任用する場合にあっては、同条第五項の規定に基づき採用した日）から三年を超えない範囲内に限り、六月を超えない期間で更新することができる。ただし、第一項各号に掲げる場合に該当しないときは、更新することはできない。

6　第一項の認定を申請する地方公共団体においては、任命権者は、第二項又は前項の規定による臨時的任用の適正な実施を確保するため、当該臨時的任用の状況の公表その他の必要な措置を講ずるものとする。

第二十五条　削除

第二十六条　削除

第二十七条　削除

（酒税法の特例）

第二十八条　地方公共団体が、その設定する構造改革特別区域内において農山漁村滞在型余暇活動のための基盤整備の促進に関する法律（平成六年法律第四十六号）第二条第五項に規定する農林漁業体験民宿業その他酒類を自己の営業場において飲用に供する業を営む農業者（以下この条及び別表第十八号において「特定農業者」という。）が、当該構造改革特別区域内に所在する自己の酒類の製造場において、次の各号に掲げる酒類を製造することにより、当該構造改革特別区域内において生産される農産物を用いた酒類の提供を通じて地域の活性化を図ることが必要であると認めて内閣総理大臣の認定を申請し、その認定を受けたときは、当該認定の日以後は、特定農業者（内閣総理大臣の認定を受けた当該構造改革特別区域計画（第六条第一項の規定による変更の認定があったときは、その変更後のもの）に定められた同表第十八号に掲げる特定事業の実施主体である者に限る。以下この条において「認定計画特定農業者」という。）が、当該構造改革特別区域内に所在する自己の酒類の製造場において次の各号に掲げる酒類（同表第十八号において「特定酒類」という。）を製造するため、当該各号に定める酒類の製造免許（酒税法（昭和二十八年法律第六号）第七条第一項に規定する製造免許をいう。以下この条及び次条において同じ。）を申請した場合には、酒税法第七条第二項及び第十二条第四号の規定は、適用しない。

一　酒税法第三条第十三号（ニを除く。）に規定する果実酒（自ら生産した果実（これに準ずるものとして財務省令で定めるものを含む。）以外の果実を原料としたものを除く。）　同条第十三号に規定する果実酒の製造免許

二　酒税法第三条第十九号に規定するその他の醸造酒（米（自ら生産したもの又はこれに準ずるものとして財務省令で定めるものに限る。以下この号において同じ。）、米こうじ及び水又は米、水及び麦その他の財務省令で定める物品を原料として発酵させたもので、こさないものに限る。）　同条第十九号に規定するその他の醸造酒の製造免許

2　前項の認定計画特定農業者の申請に基づき税務署長が同項各号に定める酒類の製造免許を与える場合においては、酒税法第十一条第一項中「酒税の保全上酒類の需給の均衡を維持するため必要があると認められるときは、製造する酒類の数量若しくは範囲又は販売する酒類の範囲若しくはその販売方法につき」とあるのは、前項第一号に定める酒類の製造免許にあっては「製造する酒類の範囲につき構造改革特別区域法（平成十四年法律第百八十九号）第二十八条第一項第一号に掲げる酒類に限る旨の」と、同項第二号に定める酒類の製造免許にあっては「製造する酒類の範囲につき構造改革特別区域法（平成十四年法律第百八十九号）第二十八条第一項第二号に掲げる酒類に限る旨の」とする。

3　第一項の規定の適用を受けて同項第一号に定める酒類の製造免許を受けた者が製造した同号に掲げる酒類は、当該酒類の製造免許を受けた者が同項の構造改革特別区域内に所在する自己の営業場において飲用に供する場合その他これに準ずる場合として財務省令で定める場合を除き、販売してはならない。

4　第九条第一項の規定により第一項の認定が取り消された場合、同項の規定の適用を受けて同項各号に定める酒類の製造免許を受けた者が認定計画特定農業者でなくなった場合又は同項の規定の適用を受けて同項第一号に定める酒類の製造免許を受けた者が前項の規定に違反した場合には、税務署長は、第一項各号に定める酒類の製造免許を取り消すことができる。

5　酒税法第七条第三項第三号（果実酒の製造免許を受けた者に係る部分に限る。）の規定は、第一項の規定の適用を受けて同項第一号に定める酒類の製造免許を受けた者については、適用しない。

第二十八条の二　地方公共団体が、その設定する構造改革特別区域内において生産される当該地域の特産物である農産物を用いた酒類の製造を通じて地域の活性化を図ることが必要であると認めて内閣総理大臣の認定を申請し、その認定を受けたときは、当該認定の日以後は、当該構造改革特別区域内に所在する自己の酒類の製造場において次の各号に掲げる酒類（別表第十八号の二において「特産酒類」という。）を製造しようとする者（内閣総理大臣の認定を受けた当該構造改革特別区域計画（第六条第一項の規定による変更の認定があったときは、その変更後のもの）に定められた同表第十八号の二に掲げる特定事業の実施主体である者に限る。以下この条において「認定計画特定事業者」という。）が、当該各号に定める酒類の製造免許を申請した場合には、酒税法第七条第二項及び第十二条第四号の規定の適用については、同項第七号中「六キロリットル」とあるのは「二キロリットル」と、同項第十五号中「六キロリットル」とあるのは「一キロリットル」とする。

一　酒税法第三条第十三号（ニを除く。）に規定する果実酒（当該地方公共団体の長が当該地域の特産物として指定した果実（当該構造改革特別区域内において生産されたものに限る。）以外の果実を原料としたものを除く。）　同条第十三号に規定する果実酒の製造免許

二　酒税法第三条第二十一号に規定するリキュール（酒類（他の製造場において製造されたものに限る。）及び農産物（当該地方公共団体の長が当該地域の特産物として指定したもので、当該構造改革特別区域内において生産されたものに限る。）又はこれらと他の物品（酒類及び農産物を除く。）を原料としたものに限る。）　同号に規定するリキュールの製造免許

2　前項の認定計画特定事業者の申請に基づき税務署長が同項各号に定める酒類の製造免許を与える場合においては、酒税法第十一条第一項中「酒税の保全上酒類の需給の均衡を維持するため必要があると認められるときは、製造する酒類の数量若しくは範囲又は販売する酒類の範囲若しくはその販売方法につき」とあるのは、前項第一号に定める酒類の製造免許にあっては「製造する酒類の範囲につき構造改革特別区域法（平成十四年法律第百八十九号）第二十八条の二第一項第一号に掲げる酒類に限る旨の」と、同項第二号に定める酒類の製造免許にあっては「製造する酒類の範囲につき構造改革特別区域法（平成十四年法律第百八十九号）第二十八条の二第一項第二号に掲げる酒類に限る旨の」とする。

3　第九条第一項の規定により第一項の認定が取り消された場合又は同項の規定の適用を受けて同項各号に定める酒類の製造免許を受けた者が認定計画特定事業者でなくなった場合には、税務署長は、同項各号に定める酒類の製造免許を取り消すことができる。

4　酒税法第七条第三項第三号（果実酒の製造免許を受けた者に係る部分に限る。）の規定は、第一項の規定

の適用を受けて同項第一号に定める酒類の製造免許を受けた者については、適用しない。

（地方教育行政の組織及び運営に関する法律の特例）

第二十九条　地方公共団体が、その設定する構造改革特別区域において、当該地方公共団体の教育委員会の所管に属する学校（学校教育法第一条に規定する学校をいい、大学を除く。）及び社会教育機関（地方教育行政の組織及び運営に関する法律第三十条に規定する教育機関のうち社会教育に関するものをいう。）（以下この条において「学校等」という。）の校舎その他の施設（以下この条及び別表第十九号において「学校等施設」という。）並びに当該地方公共団体の長の所管に属する地方自治法第二百四十四条第一項に規定する公の施設（以下この項において単に「公の施設」という。）の利用及び配置の状況その他の地域の事情に照らし、当該地方公共団体の長が学校等施設の管理及び整備に関する事務の全部又は一部を管理し、及び執行することが、学校等施設及び公の施設の一体的な利用（学校等施設を学校教育及び社会教育の目的以外の目的に使用することを含む。）又はこれらの総合的な整備の促進を図るため必要であり、かつ、学校等における教育活動の適切な実施に支障を及ぼすおそれがないと認めて内閣総理大臣の認定を申請し、その認定を受けたときは、当該認定の日以後は、地方教育行政の組織及び運営に関する法律第二十三条及び第二十四条の規定にかかわらず、当該学校等施設の管理及び整備に関する事務の全部又は一部については、当該地方公共団体の長が管理し、及び執行する。この場合において、当該地方公共団体の長が管理する学校等施設については、同法第二十八条の規定は、適用しない。

2　前項の認定を受けた地方公共団体の長は、同項の規定により管理し、及び執行する学校等施設の管理及び整備に関する事務のうち学校等における教育活動と密接な関連を有するものとして当該地方公共団体の規則で定めるものを管理し、及び執行するに当たっては、あらかじめ、当該地方公共団体の教育委員会の意見を聴かなければならない。

3　第一項の認定を受けた地方公共団体の長は、前項の規則を制定し、又は改廃しようとするときは、あらかじめ、当該地方公共団体の教育委員会の意見を聴かなければならない。

4　第一項の規定により地方公共団体の長が学校等施設の管理及び整備に関する事務の全部又は一部を管理し、及び執行する場合における社会教育法（昭和二十四年法律第二百七号）第四十四条第二項及び学校施設の確保に関する政令（昭和二十四年政令第三十四号）第二条第三項の規定の適用については、同法第四十四条第二項中「教育委員会又は」とあるのは「教育委員会（構造改革特別区域法（平成十四年法律第百八十九号）第二十九条第一項の規定により同項の認定を受けた地方公共団体の長がその施設を管理する高等専門学校にあつては、当該地方公共団体の長）又は」と、「教育委員会を」とあるのは「教育委員会（同条第一項の規定により同項の認定を受けた地方公共団体の長がその施設を管理する学校にあつては、当該地方公共団体の長）を」と、同令第二条第三項中「教育委員会」とあるのは「教育委員会（構造改革特別区域法（平成十四年法律第百八十九号）第二十九条第一項の規定により同項の認定を受けた地方公共団体の長がその施設を管理する公立学校にあつては、当該地方公共団体の長）」とする。

（老人福祉法の特例）

第三十条　地方公共団体が、その設定する構造改革特別区域の全部又は一部が属する特別養護老人ホーム不足区域（介護保険法（平成九年法律第百二十三号）第百十八条第二項第一号の規定により都道府県が定める区域であって、当該区域における特別養護老人ホーム（老人福祉法（昭和三十八年法律第百三十三号）第二十条の五に規定する特別養護老人ホームをいう。以下この条及び別表第二十号において同じ。）の入所定員の総数が、同法第二十条の九第一項の規定により都道府県が定める都道府県老人福祉計画において定める当該区域の特別養護老人ホームの必要入所定員総数を下回る区域をいう。以下この条において同じ。）において特別養護老人ホームの設置を促進する必要があると認めて内閣総理大臣の認定を申請し、その認定を受けたときは、当該認定の日以後は、選定事業者（民間資金等の活用による公共施設等の整備等の促進に関する法律（平成十一年法律第百十七号）第二条第五項に規定する選定事業者をいい、社会福祉法人（社会福祉法（昭和二十六年法律第四十五号）第二十二条に規定する社会福祉法人をいう。以下この条において同じ。）を除く。以下この条において同じ。）である法人は、老人福祉法第十五条第一項から第五項までの規定にかかわらず、当該構造改革特別区域内の特別養護老人ホーム不足区域において、厚生労働省令で定めるところにより、都道府県知事（地方自治法第二百五十二条の十九第一項の指定都市（以下この項において「指定都市」という。）及び同法第二百五十二条の二十二第一項の中核市（以下この項において「中核市」という。）においては、当該指定都市又は中核市の長。以下この条において同じ。）の認可を受けて、特別養護老人ホームを設置することができる。

2　都道府県知事は、前項の認可の申請があったときは、老人福祉法第十七条第一項の規定により厚生労働大臣が定める基準に適合するかどうかを審査するほか、次に掲げる基準によって、その申請を審査しなければならない。

一　特別養護老人ホームを経営するために必要な経済的基礎があること。

二　特別養護老人ホームの経営者が社会的信望を有すること。

三　実務を担当する幹部職員が社会福祉事業に関する経験、熱意及び能力を有すること。

四　特別養護老人ホームの経理が他の経理と分離できる等その性格が社会福祉法人に準ずるものであること。

五　脱税その他不正の目的で特別養護老人ホームを経営しようとするものでないこと。

3　都道府県知事は、前項に規定する審査の結果、その申請が、同項に規定する基準に適合していると認めるときは、第一項の認可を与えなければならない。

4　都道府県知事は、前項の認可を与えるに当たって、特別養護老人ホームの適正な運営を確保するために必要と認める条件を付することができる。

5　老人福祉法第十五条第六項、第十五条の二第二項、第十六条第三項及び第四項、第十九条並びに附則第七条の規定の適用については、選定事業者である法人を社会福祉法人とみなす。この場合において、同法第十五条第六項中「第四項の認可の」とあるのは「構造改革特別区域法（平成十四年法律第百八十九号）第三十条第一項の認可の」と、同項及び附則第七条第一項中「養護老人ホーム若しくは特別養護老人ホームの所在地」とあるのは「特別養護老人ホームの所在地」と、「養護老人ホーム若しくは特別養護老人ホームの入所定員」とあるのは「特別養護老人ホームの入所定員」と、同法第十五条第六項中「、第二十条の九第一項の規定により当該都道府県が定める都道府県老人福祉計画において定めるその区域の養護老人ホーム若しくは特別養護老人ホームの必要入所定員総数に既に達しているか、又は当該申請に係る養護老人ホーム若しくは特別養護老人ホームの設置によつてこれを超えることになると認めるとき、」とあるのは「当該申請に係る特別養護老人ホームの設置によつて第二十条の九第一項の規定により当該都道府県が定める都道府県老人福祉計画において定めるその区域の特別養護老人ホームの必要入所定員総数を超えることになると認めるとき」と、「第四項の認可を」とあるのは「構造改革特別区域法第三十条第一項の認可を」と、同法第十五条の二第二項中「前条第三項の規定による届出をし、又は同条第四項」とあるのは「構造改革特別区域法第三十条第一項」と、同法第十六条第四項中「第十五条第六項」とあるのは「構造改革特別区域法第三十条第五項の規定により読み替えて適用する第十五条第六項」と、同項、第十九条及び附則第七条中「養護老人ホーム又は特別養護老人ホーム」とあるのは「特別養護老人ホーム」と、同法第十九条第一項及び附則第七条第一項中「第十五条第四項」とあるのは「構造改革特別区域法第三十条第一項」と、同法第十九条第二項及び附則第七条第二項中「前項」とあるのは「構造改革特別区域法第三十条第五項の規定により読み替えて適用する前項」と、同法附則第七条第一項中「、第二十条の九第一項の規定により当該都道府県が定める都道府県老人福祉計画において定めるその区域の養護老人ホーム若しくは特別養護老人ホームの必要入所定員総数に既に達しているか、又は当該養護老人ホーム若しくは特別養護老人ホームの設置によつてこれを超えることになると認めるとき、」とあるのは「当該特別養護老人ホームの設置によつて第二十条の九第一項の規定により当該都道府県が定める都道府県老人福祉計画において定めるその区域の特別養護老人ホームの必要入所定員総数を超えることになると認めるとき」と読み替えるものとする。

第三十一条　削除

（社会保険労務士法の特例）

第三十二条　地方公共団体が、その設定する構造改革特別区域が次の各号のいずれにも該当するものと認めて第四条第八項の規定による内閣総理大臣の認定（第六条第一項の規定による変更の認定を含む。以下この条において同じ。）を申請し、その認定を受けたときは、当該構造改革特別区域内に事務所を有する社会保険労務士であって厚生労働省令で定める要件に該当することについて当該地方公共団体を管轄する都道府県労働局長の認定を受けたものは、当該認定の日以後は、労働基準法（昭和二十二年法律第四十九号）第六条の規定にかかわらず、社会保険労務士法（昭和四十三年法律第八十九号）第二条第一項各号に掲げる事務のほか、当該構造改革特別区域内に居住する求職者又は労働者の求めに応じて、当該構造改革特別区域内に事業所を有する事業主との間の労働契約の締結、変更及び解除（別表第二十二号において「労働契約の締結等」という。）について当該求職者又は労働者の代理（弁護士法（昭和二十四年法律第二百五号）第七十二条に規定する法律事件に関する代理を除く。）をすることを業とすることができる。

一　当該構造改革特別区域内において求人が相当数あるにもかかわらず、当該構造改革特別区域内の求職者が当該構造改革特別区域内において安定した職業に就くことが困難な状況にあること。

二　前号に該当する状態が相当期間にわたり継続することが見込まれるものとして厚生労働省令で定める状態にあること。

2　前項の規定により都道府県労働局長の認定を受けた場合においては、社会保険労務士法第十八条中「第二条」とあるのは、「第二条及び構造改革特別区域法（平成十四年法律第百八十九号）第三十二条第一項」とする。

3　第一項の規定による認定を行った都道府県労働局長は、当該認定に係る社会保険労務士が同項に規定する厚生労働省令で定める要件に該当しなくなったと認めるときは、その認定を取り消すことができる。

第三十三条　削除

第三十四条　削除

第三十五条　削除

（アルコール事業法の特例）

第三十六条　地方公共団体が設定する構造改革特別区域又はその周辺の地域における地域産業に係る使用済物品等（資源の有効な利用の促進に関する法律（平成三年法律第四十八号）第二条第一項に規定する使用済物品等をいう。）又は副産物（同法第二条第二項に規定する副産物をいう。）であって主としてこれらの地域において回収されるものとして当該地方公共団体の長が指定したものについて、これを再生資源（同法第二条第四項に規定する再生資源をいう。別表第二十六号において同じ。）として利用して、当該構造改革特別区域において製造事業者（アルコール事業法（平成十二年法律第三十六号）第三条第一項の許可を受けた者をいう。）が製造するアルコール（同法第二条第一項に規定するアルコールをいい、酒類の原料として不正に使用されるおそれのないものとして経済産業省令で定める要件に適合すると経済産業大臣が認めるものに限る。別表第二十六号において同じ。）については、当該地方公共団体が内閣総理大臣の認定を申請し、その認定を受けたときは、当該認定の日以後は、同法第九条、第十条、第二章第三節及び第四節並びに第三十五条から第三十七条までの規定は、適用しない。

第五章　構造改革特別区域推進本部

（設置）
第三十七条　構造改革の推進等に必要な施策を集中的かつ一体的に実施するため、内閣に、構造改革特別区域推進本部（以下「本部」という。）を置く。

（所掌事務）
第三十八条　本部は、次に掲げる事務をつかさどる。
一　構造改革特別区域基本方針の案の作成に関すること。
二　構造改革特別区域基本方針の実施を推進すること。
三　前二号に掲げるもののほか、構造改革の推進等に関する施策で重要なものの企画及び立案並びに総合調整に関すること。

（組織）
第三十九条　本部は、構造改革特別区域推進本部長、構造改革特別区域推進副本部長及び構造改革特別区域推進本部員をもって組織する。

（構造改革特別区域推進本部長）
第四十条　本部の長は、構造改革特別区域推進本部長（以下「本部長」という。）とし、内閣総理大臣をもって充てる。
2　本部長は、本部の事務を総括し、所部の職員を指揮監督する。

（構造改革特別区域推進副本部長）
第四十一条　本部に、構造改革特別区域推進副本部長（次項及び次条第二項において「副本部長」という。）を置き、国務大臣をもって充てる。
2　副本部長は、本部長の職務を助ける。

（構造改革特別区域推進本部員）
第四十二条　本部に、構造改革特別区域推進本部員（次項において「本部員」という。）を置く。
2　本部員は、本部長及び副本部長以外のすべての国務大臣をもって充てる。

（資料の提出その他の協力）
第四十三条　本部は、その所掌事務を遂行するため必要があると認めるときは、国の行政機関、地方公共団体、独立行政法人（独立行政法人通則法（平成十一年法律第百三号）第二条第一項に規定する独立行政法人をいう。）及び地方独立行政法人（地方独立行政法人法（平成十五年法律第百十八号）第二条第一項に規定する地方独立行政法人をいう。）の長並びに特殊法人（法律により直接に設立された法人又は特別の法律により特別の設立行為をもって設立された法人であって、総務省設置法（平成十一年法律第九十一号）第四条第十五号の規定の適用を受けるものをいう。）の代表者に対して、資料の提出、意見の表明、説明その他必要な協力を求めることができる。
2　本部は、その所掌事務を遂行するため特に必要があると認めるときは、前項に規定する者以外の者に対しても、必要な協力を依頼することができる。

（事務）
第四十四条　本部に関する事務は、内閣官房において処理し、命を受けて内閣官房副長官補が掌理する。

（主任の大臣）
第四十五条　本部に係る事項については、内閣法（昭和二十二年法律第五号）にいう主任の大臣は、内閣総理大臣とする。

（政令への委任）
第四十六条　この法律に定めるもののほか、本部に関し必要な事項は、政令で定める。

第六章　雑則

（規制の特例措置の見直し）
第四十七条　関係行政機関の長は、規制の特例措置の適用の状況について、定期的に調査を行うとともに、その結果について、本部に報告しなければならない。
2　関係行政機関の長は、前項の調査の結果及び地方公共団体その他の関係者の意見を踏まえ、必要な措置を講ずるものとする。

（主務省令）
第四十八条　この法律における主務省令は、当該規制について規定する法律及び法律に基づく命令（人事院規則、公正取引委員会規則、国家公安委員会規則、公害等調整委員会規則、公安審査委員会規則、中央労働委員会規則及び運輸安全委員会規則を除く。）を所管する内閣府又は各省の内閣府令（告示を含む。）又は省令（告示を含む。）とする。ただし、人事院、公正取引委員会、国家公安委員会、公害等調整委員会、公安審査委員会、中央労働委員会又は運輸安全委員会の所管に係る規制については、それぞれ人事院規則、公正取引委員会規則、国家公安委員会規則、公害等調整委員会規則、公安審査委員会規則、中央労働委員会規則又は運輸安全委員会規則とする。

（命令への委任）
第四十九条　この法律に定めるもののほか、この法律の実施に関し必要な事項は、命令で定める。

附　則　抄

（施行期日）
第一条　この法律は、公布の日から施行する。ただし、次の各号に掲げる規定は、当該各号に定める日から施行する。
一　第三章及び第四章の規定　平成十五年四月一日
二　附則第六条の規定　平成十六年一月一日

（検討）
第二条　政府は、この法律の施行後五年以内に、この法律の施行の状況について検討を加え、その結果に基づいて必要な措置を講ずるものとする。

（提案を募集する期限）
第三条　第三条第三項の募集は、平成二十四年三月三十一日までの間、行うものとする。

（構造改革特別区域計画の認定を申請する期限）
第四条　第四条第一項の申請は、平成二十四年三月三十一日までに限り行うことができる。

（訓令又は通達に関する措置）
第五条　関係行政機関の長が発する訓令又は通達のうち構造改革特別区域に関するものについては、経済社会の構造改革の推進及び地域の活性化の必要性にかんがみ、この法律の規定に準じて、必要な措置を講ずるものとする。

（経過措置）

第六条　この法律の施行に関し必要な経過措置（罰則に関する経過措置を含む。）は、政令で定める。

附　則（平成二二年五月一日法律第三三号）　抄

（施行期日）

第一条　この法律は、公布の日から施行する。

（構造改革特別区域法の一部改正に伴う経過措置）

第二条　この法律の施行の際現に第一条の規定による改正前の構造改革特別区域法（以下「旧特区法」という。）第十一条第一項の規定により行われている同項各号に掲げる事務の委託に関しては、同条の規定は、この法律の施行後も、なおその効力を有する。

2　この法律の施行前に旧特区法第十一条第五項に規定する委託事務従事者であった者に係る同条第八項に規定する秘密を漏らしてはならない義務については、なお従前の例による。

第三条　この法律の施行の際現に旧特区法第十一条の二第一項の規定により行われている同項に規定する病院等の管理の委託及び当該委託に係る同項に規定する特定刑事施設の診療設備等の利用に関しては、同条の規定は、この法律の施行後も、なおその効力を有する。

（罰則に関する経過措置）

第四条　この法律の施行前にした行為並びに附則第二条第二項の規定によりなお従前の例によることとされる場合におけるこの法律の施行後にした行為及び旧特区法第十一条の二第三項に規定する医師その他の従業者であった者がこの法律の施行後にした行為に対する罰則の適用については、なお従前の例による。

（政令への委任）

第七条　この附則に定めるもののほか、この法律の施行に関し必要な経過措置は、政令で定める。

別表（第二条関係）　略

平成十八年六月七日法律第五十三号の未施行内容

地方自治法の一部を改正する法律

第三十二条　構造改革特別区域法（平成十四年法律第百八十九号）の一部を次のように改正する。

第二十一条第三項中「第二百三十八条の五第三項から第五項まで」を「第二百三十八条の五第四項から第六項まで」に改める。

附　則（平成一八年六月七日法律第五三号）

（施行期日）

第一条　この法律は、平成十九年四月一日から施行する。ただし、次の各号に掲げる規定は、当該各号に定める日から施行する。

一　第百九十五条第二項、第百九十六条第一項及び第二項、第百九十九条の三第一項及び第四項、第二百五十二条の十七、第二百五十二条の二十二第一項並びに第二百五十二条の二十三の改正規定並びに附則第四条、第六条、第八条から第十条まで及び第五十条の規定　公布の日

二　第九十六条第一項の改正規定、第百条の次に一条を加える改正規定並びに第百一条、第百二条第四項及び第五項、第百九条、第百九条の二、第百十条、第百二十一条、第百二十三条、第百三十条第三項、第百三十八条、第百七十九条第一項、第二百七条、第二百二十五条、第二百三十一条の二、第二百三十四条第三項及び第五項、第二百三十七条第三項、第二百三十八条第一項、第二百三十八条の二第二項、第二百三十八条の四、第二百三十八条の五、第二百六十三条の三並びに第三百十四条第一項の改正規定並びに附則第二十二条及び第三十二条の規定、附則第三十七条中地方公営企業法（昭和二十七年法律第二百九十二号）第三十三条第三項の改正規定、附則第四十七条中旧市町村の合併の特例に関する法律（昭和四十年法律第六号）附則第二条第六項の規定によりなおその効力を有するものとされる同法第五条の二十九の改正規定並びに附則第五十一条中市町村の合併の特例等に関する法律（平成十六年法律第五十九号）第四十七条の改正規定　公布の日から起算して一年を超えない範囲内において政令で定める日

構造改革特別区域法施行令

平成十五年三月二十六日政令第七十八号
最終改正　平成二一年五月一日政令第一三六号

内閣は、構造改革特別区域法（平成十四年法律第百八十九号）第二条第三項、第四条第九項及び第十項、第十七条、第二十一条第一項、第三十八条並びに別表第十六号の規定に基づき、この政令を制定する。

（提案の募集）

第一条　構造改革特別区域法（以下「法」という。）第三条第三項の規定による提案の募集は、少なくとも毎年度一回、当該提案の募集のための相当な期間を定めて行うものとする。

2　内閣総理大臣は、前項の期間をインターネットの利用その他適切な方法により公表するものとする。

（学校教育法の特例に係る学校教育法施行令等の読替え）

第二条　法第十二条第二項に規定する学校設置会社に関する次の表の第一欄に掲げる政令の適用については、同表の第二欄に掲げる規定中同表の第三欄に掲げる字句は、それぞれ同表の第四欄に掲げる字句とする。

㊟次の表⇩下段の表

第三条　法第十三条第二項に規定する学校設置非営利法人に関する次の表の第一欄に掲げる政令の適用については、同表の第二欄に掲げる規定中同表の第三欄に掲げる字句は、それぞれ同表の第四欄に掲げる字句とする。

㊟次の表⇩次頁の表

（私立学校法の特例に係る公私協力学校に関する学校教育法施行令の読替え）

第四条　法第二十条第一項に規定する公私協力学校に係る同条第三項に規定する協力地方公共団体の長が都道府県知事でない場合における学校教育法施行令第二十七条の二第一項の規定の適用については、同項中「私立の学校」とあるのは「公私協力学校（構造改革特別区域法（平成十四年法律第百八十九号）第二十条第一項に規定する公私協力学校をいう。以下この項において同じ。）」と、「学校（大学及び高等専門学校を除く。）」とあるのは「公私協力学校」と、「都道府県知事に」とあるのは「、協力地方公共団体（同条第三項に規定する協力地方公共団体をいう。以下この項において同じ。）の長を経由して、都道府県知事に」と、「ならない」とあるのは「ならない。この場合において、協力地方公共団体の長は、当該届出に係る事項に関し意見を付すことができるものとし、都道府県知事は、その意見に配慮しなければならない」とする。

（廃棄物の処理及び清掃に関する法律施行令の特例）

第五条　市町村が、その設定する構造改革特別区域内にある地中空間（地中にある空間をいい、当該空間の周辺の土地が、自重、水圧及び土圧並びに地震等による振動及び衝撃に耐えることができるものであることその他環境省令で定める要件に該当するものに限る。別表第一号において同じ。）を利用して溶融一般廃棄物（廃棄物の処理及び清掃に関する法律（昭和四十五年法律第百三十七号。以下この条において「廃棄物処理法」という。）第二条第二項に規定する一般廃棄物のうち、環境大臣が定めるところにより溶融加工したものをいう。別表第一号において同じ。）の埋立処分を行うことについて、生活環境の保全上支障を生ずるおそれのないものと認めて内閣総理大臣の認定を申請し、その認定を受けたときは、当該認定の日以後は、当該市町村又は当該市町村の長から廃棄物処理法第七条第六項の許可を受けた者は廃棄物の処理及び清掃に関する法律施行令（昭和四十六年政令第三百号）第三条第三号イ（1）の規定にかかわらず、当該埋立処分を行うことができる。

学校教育法施行令（昭和二十八年政令第三百四十号）	第二十七条の二第一項	都道府県知事	都道府県知事（学校設置会社（構造改革特別区域法（平成十四年法律第百八十九号）第十二条第二項に規定する学校設置会社をいう。第三十一条において同じ。）の設置するものにあつては、同法第十二条第一項の規定による認定を受けた地方公共団体（第三十一条において「認定地方公共団体」という。）の長。次項において同じ。）
	第三十一条	都道府県の知事	都道府県の知事（学校設置会社の設置しているものについては認定地方公共団体の長）
学校給食法施行令（昭和二十九年政令第二百十二号）	第一条	都道府県知事	都道府県知事（学校設置会社（構造改革特別区域法（平成十四年法律第百八十九号）第十二条第二項に規定する学校設置会社をいう。）の設置するものにあつては、同条第一項の規定による認定を受けた地方公共団体の長）
義務教育諸学校の教科用図書の無償措置に関する法律施行令（昭和三十九年政令第十四号）	第一条第一項	理事長	理事長又は学校設置会社（構造改革特別区域法（平成十四年法律第百八十九号）第十二条第二項に規定する学校設置会社をいう。）の代表取締役若しくは代表執行役
障害のある児童及び生徒のための教科用特定図書等の普及の促進等に関する法律施行令（平成二十年政令第二百八十一号）	第一条第一項	理事長	理事長又は学校設置会社（構造改革特別区域法（平成十四年法律第百八十九号）第十二条第二項に規定する学校設置会社をいう。）の代表取締役若しくは代表執行役

			革特別区域法（平成十四年法律第百八十九号）第十三条第二項に規定する学校設置非営利法人をいう。第三十一条において同じ。）の設置するものにあつては、同法第十三条第一項の規定による認定を受けた地方公共団体（第三十一条において「認定地方公共団体」という。）の長。次項において同じ。）
	第三十一条	都道府県の知事	都道府県の知事（学校設置非営利法人の設置していたものについては認定地方公共団体の長）
学校給食法施行令	第一条	都道府県知事	都道府県知事（学校設置非営利法人（構造改革特別区域法（平成十四年法律第百八十九号）第十三条第二項に規定する学校設置非営利法人をいう。）の設置するものにあつては、同条第一項の規定による認定を受けた地方公共団体の長）
義務教育諸学校の教科用図書の無償措置に関する法律施行令	第一条第一項	理事長	理事長又は学校設置非営利法人（構造改革特別区域法（平成十四年法律第百八十九号）第十三条第二項に規定する学校設置非営利法人をいう。）の代表権を有する理事
障害のある児童及び生徒のための教科用特定図書等の普及の促進等に関する法律施行令	第一条第一項	理事長	理事長又は学校設置非営利法人（構造改革特別区域法（平成十四年法律第百八十九号）第十二条第二項に規定する学校設置非営利法人をいう。）の代表権を有する理事

（事業）

第六条　法別表第二十七号の政令で定める事業は、別表に掲げる事業とする。

附　則

この政令は、平成十五年四月一日から施行する。

附　則（平成二一年五月一日政令第一三六号）

（施行期日）

1　この政令は、公布の日から施行する。

（構造改革特別区域法施行令の一部改正に伴う経過措置）

2　構造改革特別区域法及び競争の導入による公共サービスの改革に関する法律の一部を改正する法律（以下「改正法」という。）附則第二条第一項の規定によりなおその効力を有するものとされる改正法第一条の規定による改正前の構造改革特別区域法（平成十四年法律第百八十九号。次項において「旧特区法」という。）第十一条の規定の適用については、第一条の規定による改正前の構造改革特別区域法施行令（次項において「旧特区法施行令」という。）第二条の規定は、なおその効力を有する。

3　改正法附則第三条の規定によりなおその効力を有するものとされる旧特区法第十一条の二の規定の適用については、旧特区法施行令第三条の規定は、なおその効力を有する。

別表（第六条関係）　略

構造改革特別区域法施行規則

平成十五年三月二十日内閣府令第十一号
最終改正　平成一九年三月三一日内閣府令第三三号

構造改革特別区域法（平成十四年法律第百八十九号）第四条第一項、第六条第一項及び第三十八条の規定に基づき、構造改革特別区域法施行規則を次のように定める。

（構造改革特別区域計画の認定の申請）

第一条　構造改革特別区域法（以下「法」という。）第四条第一項の規定により認定の申請をしようとする地方公共団体は、別記様式第一による申請書に次に掲げる図書を添えて、これらを内閣総理大臣に提出しなければならない。

一　構造改革特別区域に含まれる行政区画を表示した図面又は縮尺、方位、目標となる地物及び構造改革特別区域を表示した付近見取図

二　規制の特例措置の適用を受ける主体の特定の状況を明らかにすることができる書類

三　構造改革特別区域計画の工程表及びその内容を説明した文書

四　法第四条第三項の規定により聴いた意見の概要

五　法第四条第四項の規定による提案を踏まえた認定の申請をする場合にあっては、当該提案の概要

六　前各号に掲げるもののほか、内閣総理大臣が必要と認める事項を記載した書類

（構造改革特別区域計画の変更の認定の申請）

第二条　法第六条第一項の規定により構造改革特別区域計画の変更の認定を受けようとする地方公共団体は、別記様式第二による申請書に前条各号に掲げる図書のうち当該計画の変更に伴いその内容が変更されるものであってその変更後のものを添えて、これらを内閣総理大臣に提出しなければならない。

（法第六条第一項の内閣府令で定める軽微な変更）

第三条　法第六条第一項の内閣府令で定める軽微な変更は、次に掲げるものとする。

一　地域の名称の変更又は地番の変更に伴う範囲の変更

二　規制の特例措置の適用の開始の日の変更であってその変更が六月以内のもの

三　前二号に掲げるもののほか、構造改革特別区域計画の実施に支障がないと内閣総理大臣が認める変更

（訓令又は通達に関する措置）

第四条　法附則第五条に規定する措置に基づき、構造改革特別区域基本方針（法第三条第一項に規定する構造改革特別区域基本方針をいう。）に定める訓令又は通達の特例に関する措置の適用を受けようとする場合に法第四条第一項及び法第六条第一項の規定に準じて行う手続は、前三条の規定に準ずるものとする。

附　則

この府令は、平成十五年四月一日から施行する。

附　則（平成一九年三月三一日内閣府令第三三号）

この府令は、公布の日から施行する。

様式第一（第一条関係）略

様式第二（第二条関係）略

文部科学省関係構造改革特別区域法施行規則

平成十五年三月三十一日文部科学省令第十七号

最終改正　平成一九年一二月二五日文部科学省令第四〇号

構造改革特別区域法（平成十四年法律第百八十九号）第十三条第一項及び第三十八条の規定に基づき、並びに同法及び構造改革特別区域法施行令（平成十五年政令第七十八号）を実施するため、文部科学省関係構造改革特別区域法施行規則を次のように定める。

（学校教育法の特例関係）

第一条　構造改革特別区域法（以下「法」という。）第十二条第三項に規定する業務状況書類等は、貸借対照表、損益計算書及び事業報告書（これらの作成に代えて電磁的記録（電子的方式、磁気的方式その他の人の知覚によっては認識することができない方式で作られる記録であって、電子的計算機による情報処理の用に供されるものをいう。以下この項及び次条において同じ。）の作成がされている場合における当該電磁的記録を含む。次項において同じ。）とする。

2　学校設置会社（法第十二条第二項に規定する学校設置会社をいう。以下同じ。）は、毎事業年度終了後三月以内に、その事業年度の前項の業務状況書類等を作成し、三年間その設置する学校に備えて置かなければならない。

第二条　法第十二条第四項第二号の文部科学省令で定める方法は、電磁的記録に記録された事項を紙面又は出力装置の映像面に表示する方法とする。

第三条　学校設置会社に関する次の表の第一欄に掲げる文部科学省令の適用については、同表の第二欄に掲げる規定中同表の第三欄に掲げる字句は、それぞれ同表の第四欄に掲げる字句とする。

㊟次の表⇩次頁右の表

第四条　学校設置会社が大学及び高等専門学校に係る学校教育法（昭和二十二年法律第二十六号）第四条第一項の認可を受けようとするとき又は同条第二項の届出を行おうとするときに提出すべき書類、書類の様式及び提出部数は、大学の設置等の認可の申請及び届出に係る手続等に関する規則（平成十八年文部科学省令第十二号）に定めるもののほか、文部科学大臣が別に定める。

第五条　第一条及び第二条の規定は、学校設置非営利法人（法第十三条第二項に規定する学校設置非営利法人をいう。次条において同じ。）が学校を設置する場合について準用する。この場合において、第一条第一項中「第十二条第三項」とあるのは「第十三条第三項において準用する第十二条第三項」と、「貸借対照表、損益計算書及び事業報告書」とあるのは「事業報告書、財産目録、貸借対照表及び収支計算書」と、第二条中「第十二条第四項第二号」とあるのは「第十三条第三項において準用する第十二条第四項第二号」と読み替えるものとする。

第六条　学校設置非営利法人に関する次の表の第一欄に掲げる文部科学省令の適用については、同表の第二欄に掲げる規定中同表の第三欄に掲げる字句は、それぞれ同表の第四欄に掲げる字句とする。

㊟次の表⇩次頁左の表

第七条　削除

（教育職員免許法の特例関係）

第八条　法第十九条第二項に規定する文部科学省令で定める事項は、同条第一項の規定による認定を受けた市町村の教育委員会が特別免許状を授与した日及び当該特別免許状の授与を受けた者の勤務する学校の名称とする。

第九条　地方公共団体が、法別表第九号の市町村教育委員会による特別免許状授与事業を実施するときは、当該事業についての教育職員免許法施行規則（昭和二十九年文部省令第二十六号）第七十一条及び第七十二条の規定の適用については、同令第七十一条中「教育委員会規則」とあるのは「教育委員会規則（構

造改革特別区域法（平成十四年法律第百八十九号）第十九条第一項の規定による認定を受けた市町村の教育委員会が同項各号に掲げる者に授与する特別免許状（以下「特例特別免許状」という。）にあつては、その免許状を授与した市町村の教育委員会規則）」と、同令第七十二条第三項中「教育委員会規則」とあるのは「教育委員会規則（特例特別免許状にあつては、その免許状を授与した市町村の教育委員会規則）」とする。

（私立学校法の特例関係）

第十条　法第二十条第四項第六号の文部科学省令で定めるものは、次に掲げる事項（幼稚園については第一号に掲げる事項を除く。）とする。

一　学科、専攻科及び別科並びに課程の組織に関する事項

二　学級の編制に関する事項

三　教職員の編制に関する事項

四　入学に関する事項

五　法第二十条第四項第一号から第五号まで及び前各号に掲げるもののほか、同条第一項に規定する公私協力学校の設置及び運営に関する重要事項として同条第三項に規定する協力地方公共団体（以下単に「協力地方公共団体」という。）の長が認めるもの

第十一条　法第二十条第一項に規定する協力学校法人（以下単に「協力学校法人」という。）は、同条第十項の規定により公私協力年度計画（同項に規定する公私協力年度計画をいう。以下同じ。）の認可を受けようとするときは、協力地方公共団体の長が定める期日までに、次に掲げる事項を記載した公私協力年度計画を作成し、協力地方公共団体の長に提出しなければならない。

一　教育課程及び授業日時数に関する事項

二　授業料等の納付金の額

三　学級の数及び規模

四　教職員の数及び配置

五　入学者の選抜方法

六　前各号に掲げるもののほか、公私協力基本計画（法第二十条第四項に規定する公私協力基本計画をいう。）により公私協力年度計画に記載することとさ

学校教育法施行規則（昭和二十二年文部省令第十一号）	第十四条	又は学校法人（私立の幼稚園を設置する学校法人以外の法人及び私人を含む。）	、学校法人（私立の幼稚園を設置する学校法人又は学校設置会社（構造改革特別区域法（平成十四年法律第百八十九号）第十二条第二項に規定する学校設置会社をいう。本条及び第十八条において同じ。）以外の法人及び私人を含む。）又は学校設置会社
	第十八条	都道府県知事	都道府県知事（学校設置会社にあつては、構造改革特別区域法第十二条第一項の規定による認定を受けた地方公共団体の長。次条及び第二十七条において同じ。）
高等学校設置基準（平成十六年文部科学省令第二十号）	第二条	都道府県知事	都道府県知事（学校設置会社（構造改革特別区域法（平成十四年法律第百八十九号）第十二条第二項に規定する学校設置会社をいう。）の設置するものについては同条第一項の規定による認定を受けた地方公共団体の長。）

学校教育法施行規則（昭和二十二年文部省令第十一号）	第十四条	又は学校法人（私立の幼稚園を設置する学校法人以外の法人及び私人を含む。）	、学校法人（私立の幼稚園を設置する学校法人又は学校設置非営利法人（構造改革特別区域法（平成十四年法律第百八十九号）第十三条第二項に規定する学校設置非営利法人をいう。本条及び第十八条において同じ。）以外の法人及び私人を含む。）又は学校設置非営利法人
	第十八条	都道府県知事	都道府県知事（学校設置非営利法人にあつては、構造改革特別区域法第十三条第一項の規定による認定を受けた地方公共団体の長。次条及び第二十七条において同じ。）
高等学校設置基準（平成十六年文部科学省令第二十号）	第二条	都道府県知事	都道府県知事（学校設置非営利法人（構造改革特別区域法（平成十四年法律第百八十九号）第十三条第二項に規定する学校設置非営利法人をいう。）の設置するものについては同条第一項の規定による認定を受けた地方公共団体の長。）

れた事項

第十二条　協力学校法人は、法第二十条第十項の規定により収支予算の認可を受けようとするときは、協力地方公共団体の長が定める期日までに、資金収支予算書及び消費収支予算書を作成し、協力地方公共団体の長に提出しなければならない。

2　学校法人会計基準（昭和四十六年文部省令第十八号）別表第一及び別表第二の規定は、前項の資金収支予算書及び消費収支予算書に記載する科目について準用する。この場合において、同令別表第一中「地方公共団体補助金収入　その他の地方公共団体補助金収入」とあるのは「協力地方公共団体補助金収入」と、同令別表第二中「地方公共団体補助金　その他の地方公共団体補助金」とあるのは「協力地方公共団体補助金」と読み替えるものとする。

第十三条　学校法人会計基準の規定は、法第二十条第八項又は第十一項の規定により助成を受ける協力学校法人について準用する。この場合において、同令第一条第一項中「私立学校振興助成法（昭和五十年法律第六十一号。以下「法」という。）第十四条第一項に規定する学校法人」とあるのは「構造改革特別区域法（平成十四年法律第百八十九号）第二十条第十二項において読み替えて準用する私立学校振興助成法（昭和五十年法律第六十一号。以下「法」という。）第十四条第一項に規定する協力学校法人」と、同令別表第一中「地方公共団体補助金収入」とあるのは「協力地方公共団体補助金収入　その他の地方公共団体補助金収入」と、同令別表第二中「地方公共団体補助金」とあるのは「協力地方公共団体補助金　その他の地方公共団体補助金」と、同令第一号様式中「地方公共団体補助金収入」とあるのは「協力地方公共団体補助金収入　その他の地方公共団体補助金収入」と、同令第二号様式中「地方公共団体補助金収入」とあるのは「協力地方公共団体補助金収入　その他の地方公共団体補助金収入」と、同令第四号様式中「地方公共団体補助金」とあるのは「協力地方公共団体補助金　その他の地方公共団体補助金」と、同令第五号様式中「地方公共団体補助金」とあるのは「協力地方公共団体補助金　その他の地方公共団体補助金」と読み替えるものとする。

附　則

（施行期日）

第一条　この省令は、平成十五年四月一日から施行する。

（平成十五年度における大学の設置等の認可の申請手続等に関する規則の特例）

第二条　平成十五年度に限り、学校設置会社に関する大学の設置等の認可の申請手続等に関する規則第一条の規定の適用については、同条第一項中「四月三十日」とあるのは「十月三十一日」とし、同条第二項中「七月三十一日」とあるのは「十二月十日」とする。

附　則（平成一九年一二月二五日文部科学省令第四〇号）抄

この省令は、学校教育法等の一部を改正する法律の施行の日（平成十九年十二月二十六日）から施行する。

文部科学省関係構造改革特別区域法第二条第三項に規定する省令の特例に関する措置及びその適用を受ける特定事業を定める省令

平成十五年三月三十一日文部科学省令第十八号
最終改正　平成二二年三月二四日文部科学省令第八号

文部科学省は、構造改革特別区域法（平成十四年法律第百八十九号）第二条第三項、第四条第九項及び第十項並びに別表第十六号の規定に基づき、この省令を制定する。

第一条　削除

第二条　削除

第三条　削除

第四条　削除

第五条　削除

（大学設置基準等の特例）

第六条　地方公共団体が、その設定する構造改革特別区域内の大学において、法令の規定による制限その他のやむを得ない事由により所要の土地の取得を行うことが困難であるため大学設置基準（昭和三十一年文部省令第二十八号）第三十四条又は短期大学設置基準（昭和五十年文部省令第二十一号）第二十七条第一項に規定する空地を校舎の敷地に有することができないと認められる場合において、大学の設置等（大学、大学の学部、短期大学の学科その他の大学の教育研究組織の設置及び大学の収容定員の変更をいう。以下この条、第七条及び第十条において同じ。）を促進する必要があると認めて法第四条第八項の規定による内閣総理大日の認定を申請し、その認定を受けたときは、当該認定の日以後は、学生が休息その他に利用するため、適当な空地を有することにより得られる効用と同等以上の効用が得られる措置を当該大学が講じている場合に限り、大学設置基準第三十四条又は短期大学設置基準第二十七条第一項に規定する空地を校舎の敷地に有することなく、大学の設置等を行うことができるものとする。

第七条　地方公共団体が、その設定する構造改革特別区域内の大学において、法令の規定による制限その他のやむを得ない事由により所要の土地の取得を行うことが困難であるため大学設置基準第三十五条又は短期大学設置基準第二十七条第二項に規定する運動場を設けることができないと認められる場合において、大学の設置等を促進する必要があると認めて法第四条第八項の規定による内閣総理大臣の認定を申請し、その認定を受けたときは、当該認定の日以後は、運動場を設けることにより得られる効用と同等以上の効用が得られる措置を当該大学が講じており、かつ、教育に支障がないと認められる場合に限り、大学設置基準第三十五条又は短期大学設置基準第二十七条の規定にかかわらず、大学の設置等を行うことができるものとする。

第八条　地方公共団体が、その設定する構造改革特別区域において、通信による教育を行う大学（学校教育法（昭和二十二年法律第二十六号）第百三条に規定する大学であって、インターネットその他の高度情報通信ネットワーク（以下「インターネット等」という。）を利用して教室等以外の場所で授業を履修させ、及び研究指導を受けさせるものに限る。以下この条において同じ。）の設置、研究科その他の教育研究組織の設置及び収容定員の変更（以下この条において「大学の設置等」という。）を促進する必要があると認めて法第四条第八項の規定による内閣総理大臣の認定を申請し、その認定を受けたときは、当該認定の日以後は、教育研究に支障がないと認められる場合に限り、大学設置基準第三十六条第一項第二号及び第三号並びに大学院設置基準（昭和四十九年文部省令第二十八号）第十九条、第二十四条第一項及び第二十九条の規定にかかわらず、大学の設置等を行うことができるものとする。

第九条　地方公共団体が、その設定する構造改革特別区域において、通信による教育を行う大学（短期大学を除き、インターネット等を利用して教室等以外の場所で授業を履修させるものに限る。以下この条において同じ。）の設置、学部その他の教育研究組織の設置及び収容定員の変更（以下この条において「大学の設置等」という。）を促進する必要があると認めて法第四条第八項の規定による内閣総理大臣の認定を申請し、その認定を受けたときは、当該認定の日以後は、教育研究に支障がないと認められる場合に限り、大学通信教育設置基準（昭和五十六年文部省令第三十三号）第十条第二項に規定する校舎等の施設の面積にかかわらず、大学の設置等を行うことができるものとする。

第十条　地方公共団体が、その設定する構造改革特別区域内の大学において、法令の規定による制限その他のやむを得ない事由により所要の土地の取得を行うことが困難であるため大学設置基準第三十七条又は短期大学設置基準第三十条に規定する校地の面積の基準を満たすことができないと認められる場合において、大学の設置等を促進する必要があると認めて法第四条第八項の規定による内閣総理大臣の認定を申請し、その認定を受けたときは、当該認定の日以後は、教育研究に支障がないと認められる場合に限り、大学設置基準第三十七条又は短期大学設置基準第三十条に規定する基準を下回る校地の面積でも、大学の設置等を行うことができるものとする。

（事業）

第十一条　法別表第二十七号の主務省令で定める事業のうち、文部科学省令で定める事業は別表に掲げる事業とする。

附　則

この省令は、平成十五年四月一日から施行する。

附　則（平成二二年三月二四日文部科学省令第八号）　抄

（施行期日）

1　この省令は、平成二十二年四月一日から施行する。

別表（第十一条関係）　略

一一 生涯学習

生涯学習の振興のための施策の推進体制等の整備に関する法律

平成二年六月二十九日法律第七十一号
最終改正 平成一四年三月三一日法律第一五号

（目的）
第一条 この法律は、国民が生涯にわたって学習する機会があまねく求められている状況にかんがみ、生涯学習の振興に資するための都道府県の事業に関しその推進体制の整備その他の必要な事項を定め、及び特定の地区において生涯学習に係る機会の総合的な提供を促進するための措置について定めるとともに、都道府県生涯学習審議会の事務について定める等の措置を講ずることにより、生涯学習の振興のための施策の推進体制及び地域における生涯学習に係る機会の整備を図り、もって生涯学習の振興に寄与することを目的とする。

（施策における配慮等）
第二条 国及び地方公共団体は、この法律に規定する生涯学習の振興のための施策を実施するに当たっては、学習に関する国民の自発的意思を尊重するよう配慮するとともに、職業能力の開発及び向上、社会福祉等に関し生涯学習に資するための別に講じられる施策と相まって、効果的にこれを行うよう努めるものとする。

（生涯学習の振興に資するための都道府県の事業）
第三条 都道府県の教育委員会は、生涯学習の振興に資するため、おおむね次の各号に掲げる事業について、これらを相互に連携させつつ推進するために必要な体制の整備を図りつつ、これらを一体的かつ効果的に実施するよう努めるものとする。

一 学校教育及び社会教育に係る学習（体育に係るものを含む。以下この項において「学習」という。）並びに文化活動の機会に関する情報を収集し、整理し、及び提供すること。

二 住民の学習に対する需要及び学習の成果の評価に関し、調査研究を行うこと。

三 地域の実情に即した学習の方法の開発を行うこと。

四 住民の学習に関する指導者及び助言者に対する研修を行うこと。

五 地域における学校教育、社会教育及び文化に関する機関及び団体に対し、これらの機関及び団体相互の連携に関し、照会及び相談に応じ、並びに助言その他の援助を行うこと。

六 前各号に掲げるもののほか、社会教育のための講座の開設その他の住民の学習の機会の提供に関し必要な事業を行うこと。

2 都道府県の教育委員会は、前項に規定する事業を行うに当たっては、社会教育関係団体その他の地域において生涯学習に資する事業を行う機関及び団体との連携に努めるものとする。

（都道府県の事業の推進体制の整備に関する基準）
第四条 文部科学大臣は、生涯学習の振興に資するため、都道府県の教育委員会が行う前条第一項に規定する体制の整備に関し望ましい基準を定めるものとする。

2 文部科学大臣は、前項の基準を定めようとするときは、あらかじめ、審議会等（国家行政組織法（昭和二十三年法律第百二十号）第八条に規定する機関をいう。以下同じ。）で政令で定めるものの意見を聴かなければならない。これを変更しようとするときも、同様とする。

（地域生涯学習振興基本構想）
第五条 都道府県は、当該都道府県内の特定の地区において、当該地区及びその周辺の相当程度広範囲の地域における住民の生涯学習の振興に資するため、社会教育に係る学習（体育に係るものを含む。）及び文化活動その他の生涯学習に資する諸活動の多様な機会の総合的な提供を民間事業者の能力を活用しつつ行うことに関する基本的な構想（以下「基本構想」という。）を作成することができる。

2 基本構想においては、次に掲げる事項について定めるものとする。

一 前項に規定する多様な機会（以下「生涯学習に係る機会」という。）の総合的な提供の方針に関する事項

二 前項に規定する地区の区域に関する事項

三 総合的な提供を行うべき生涯学習に係る機会（民間事業者により提供されるものを含む。）の種類及び内容に関する基本的な事項

四 前号に規定する民間事業者に対する資金の融通の円滑化その他の前項に規定する地区において行われる生涯学習に係る機会の総合的な提供に必要な業務であって政令で定めるものを行う者及び当該業務の運営に関する事項

五 その他生涯学習に係る機会の総合的な提供に関する重要事項

3 都道府県は、基本構想を作成しようとするときは、あらかじめ、関係市町村に協議しなければならない。

4 都道府県は、基本構想を作成しようとするときは、前項の規定による協議を経た後、文部科学大臣及び経済産業大臣に協議することができる。

5 文部科学大臣及び経済産業大臣は、前項の規定による協議を受けたときは、都道府県が作成しようとする基本構想が次の各号に該当するものであるかどうかについて判断するものとする。

一 当該基本構想に係る地区が、生涯学習に係る機会の提供の程度が著しく高い地域であって政令で定めるもの以外の地域のうち、交通条件及び社会的自然的条件からみて生涯学習に係る機会の総合的な提供を行うことが相当と認められる地区であること。

二 当該基本構想に係る生涯学習に係る機会の総合的な提供が当該基本構想に係る地区及びその周辺の相当程度広範囲の地域における住民の生涯学習に係る

機会に対する要請に適切にこたえるものであること。

三　その他文部科学大臣及び経済産業大臣が判断に当たっての基準として次条の規定により定める事項（以下「判断基準」という。）に適合するものであること。

6　文部科学大臣及び経済産業大臣は、基本構想につき前項の判断をするに当たっては、あらかじめ、関係行政機関の長に協議するとともに、文部科学大臣にあっては前条第二項の政令で定める審議会等の意見を、経済産業大臣にあっては産業構造審議会の意見をそれぞれ聴くものとし、前項各号に該当するものであると判断するに至ったときは、速やかにその旨を当該都道府県に通知するものとする。

7　都道府県は、基本構想を作成したときは、遅滞なく、これを公表しなければならない。

8　第三項から前項までの規定は、基本構想の変更（文部科学省令、経済産業省令で定める軽微な変更を除く。）について準用する。

（判断基準）

第六条　判断基準においては、次に掲げる事項を定めるものとする。

一　生涯学習に係る機会の総合的な提供に関する基本的な事項

二　前条第一項に規定する地区の設定に関する基本的な事項

三　総合的な提供を行うべき生涯学習に係る機会（民間事業者により提供されるものを含む。）の種類及び内容に関する基本的な事項

四　生涯学習に係る機会の総合的な提供に必要な事業に関する基本的な事項

五　生涯学習に係る機会の総合的な提供に際し配慮すべき重要事項

2　文部科学大臣及び経済産業大臣は、判断基準を定めるに当たっては、あらかじめ、総務大臣その他関係行政機関の長に協議するとともに、文部科学大臣にあっては第四条第二項の政令で定める審議会等の意見を、経済産業大臣にあっては産業構造審議会の意見をそれぞれ聴かなければならない。

3　文部科学大臣及び経済産業大臣は、判断基準を定めたときは、遅滞なく、これを公表しなければならない。

4　前二項の規定は、判断基準の変更について準用する。

第七条　削除

（基本構想の実施等）

第八条　都道府県は、関係民間事業者の能力を活用しつつ、生涯学習に係る機会の総合的な提供を基本構想に基づいて計画的に行うよう努めなければならない。

2　文部科学大臣は、基本構想の円滑な実施の促進のため必要があると認めるときは、社会教育関係団体及び文化に関する団体に対し必要な協力を求めるものとし、かつ、関係地方公共団体及び関係事業者等の要請に応じ、その所管に属する博物館資料の貸出しを行うよう努めるものとする。

3　経済産業大臣は、基本構想の円滑な実施の促進のため必要があると認めるときは、商工会議所及び商工会に対し、これらの団体及びその会員による生涯学習に係る機会の提供その他の必要な協力を求めるものとする。

4　前二項に定めるもののほか、文部科学大臣及び経済産業大臣は、基本構想の作成及び円滑な実施の促進のため、関係地方公共団体に対し必要な助言、指導その他の援助を行うよう努めなければならない。

5　前三項に定めるもののほか、文部科学大臣、経済産業大臣、関係行政機関の長、関係地方公共団体及び関係事業者は、基本構想の円滑な実施が促進されるよう、相互に連携を図りながら協力しなければならない。

第九条　削除

（都道府県生涯学習審議会）

第十条　都道府県に、都道府県生涯学習審議会（以下「都道府県審議会」という。）を置くことができる。

2　都道府県審議会は、都道府県の教育委員会又は知事の諮問に応じ、当該都道府県の処理する事務に関し、生涯学習に資するための施策の総合的な推進に関する重要事項を調査審議する。

3　都道府県審議会は、前項に規定する事項に関し必要と認める事項を当該都道府県の教育委員会又は知事に建議することができる。

4　前三項に定めるもののほか、都道府県審議会の組織及び運営に関し必要な事項は、条例で定める。

（市町村の連携協力体制）

第十一条　市町村（特別区を含む。）は、生涯学習の振興に資するため、関係機関及び関係団体等との連携協力体制の整備に努めるものとする。

附　則

（施行期日）

1　この法律は、平成二年七月一日から施行する。

附　則（平成一四年三月三一日法律第一五号）　抄

（施行期日）

第一条　この法律は、平成十四年四月一日から施行する。

生涯学習の振興のための施策の推進体制等の整備に関する法律施行令

平成二年六月二十九日政令第百九十四号
最終改正　平成一二年六月七日政令第三〇八号

内閣は、生涯学習の振興のための施策の推進体制等の整備に関する法律（平成二年法律第七十一号）第五条第二項第四号、第四項第一号及び第五項の規定に基づき、この政令を制定する。

（生涯学習に係る機会の総合的な提供に必要な業務）
第一条　生涯学習の振興のための施策の推進体制等の整備に関する法律（以下「法」という。）第五条第二項第四号の政令で定める業務は、次のとおりとする。
一　法第五条第二項第三号に規定する民間事業者に対し、生涯学習に係る機会の提供を行うために必要な資金の借入れに係る債務の保証を行うこと。
二　生涯学習に係る機会の提供に従事する者に対する研修を行うこと。
三　生涯学習に係る機会に関する広報活動を行うこと。
四　生涯学習に係る機会に対する需要に関する調査研究を行うこと。
五　前各号に掲げる業務に附帯する業務を行うこと。

（生涯学習に係る機会の提供の程度が著しく高い地域）
第二条　法第五条第五項第一号の政令で定める地域は、平成二年六月一日における東京都の特別区の存する区域、大阪市の区域及び名古屋市の区域とする。

（審議会等で政令で定めるもの）
第三条　法第四条第二項の審議会等で政令で定めるものは、中央教育審議会とする。

附　則

（施行期日）
1　この政令は、平成二年七月一日から施行する。

附　則（平成一二年六月七日政令第三〇八号）　抄

（施行期日）
第一条　この政令は、内閣法の一部を改正する法律（平成十一年法律第八十八号）の施行の日（平成十三年一月六日）から施行する。

11

生涯学習

一二 科学技術

（一） 科学技術振興

日本学術会議法

昭和二十三年七月十日法律第百二十一号
最終改正 平成一六年四月一四日法律第二九号

日本学術会議は、科学が文化国家の基礎であるという確信に立つて、科学者の総意の下に、わが国の平和的復興、人類社会の福祉に貢献し、世界の学界と提携して学術の進歩に寄与することを使命とし、ここに設立される。

第一章 設立及び目的

第一条 この法律により日本学術会議を設立し、この法律を日本学術会議法と称する。
2 日本学術会議は、内閣総理大臣の所轄とする。
3 日本学術会議に関する経費は、国庫の負担とする。

第二条 日本学術会議は、わが国の科学者の内外に対する代表機関として、科学の向上発達を図り、行政、産業及び国民生活に科学を反映浸透させることを目的とする。

第二章 職務及び権限

第三条 日本学術会議は、独立して左の職務を行う。
一 科学に関する重要事項を審議し、その実現を図ること。
二 科学に関する研究の連絡を図り、その能率を向上させること。

第四条 政府は、左の事項について、日本学術会議に諮問することができる。
一 科学に関する研究、試験等の助成、その他科学の振興を図るために政府の支出する交付金、補助金等の予算及びその配分
二 政府所管の研究所、試験所及び委託研究費等に関する予算編成の方針
三 特に専門科学者の検討を要する重要施策
四 その他日本学術会議に諮問することを適当と認める事項

第五条 日本学術会議は、左の事項について、政府に勧告することができる。
一 科学の振興及び技術の発達に関する方策
二 科学に関する研究成果の活用に関する方策
三 科学研究者の養成に関する方策
四 科学を行政に反映させる方策
五 科学を産業及び国民生活に浸透させる方策
六 その他日本学術会議の目的の遂行に適当な事項

第六条 政府は、日本学術会議の求に応じて、資料の提出、意見の開陳又は説明をすることができる。

第六条の二 日本学術会議は、第三条第二号の職務を達成するため、学術に関する国際団体に加入することができる。
2 前項の規定により学術に関する国際団体に加入する場合において、政府が新たに義務を負担することとなるときは、あらかじめ内閣総理大臣の承認を経るものとする。

第三章 組織

第七条 日本学術会議は、二百十人の日本学術会議会員（以下「会員」という。）をもつて、これを組織する。
2 会員は、第十七条の規定による推薦に基づいて、内閣総理大臣が任命する。
3 会員の任期は、六年とし、三年ごとに、その半数を任命する。
4 補欠の会員の任期は、前任者の残任期間とする。
5 会員は、再任されることができない。ただし、補欠の会員は、一回に限り再任されることができる。
6 会員は、年齢七十年に達した時に退職する。
7 会員には、別に定める手当を支給する。
8 会員は、国会議員を兼ねることを妨げない。

第八条 日本学術会議に、会長一人及び副会長三人を置く。
2 会長は、会員の互選によつて、これを定める。
3 副会長は、会員のうちから、総会の同意を得て、会長が指名する。
4 会長の任期は、三年とする。ただし、再選されることができる。
5 副会長の任期は、三年とする。ただし、再任されることができる。
6 補欠の会長又は副会長の任期は、前任者の残任期間とする。

第九条 会長は、会務を総理し、日本学術会議を代表する。
2 副会長は、会長を補佐し、会長に事故があるときは、会長の指名により、いずれかの一人が、その職務を代理する。

第十条 日本学術会議に、次の三部を置く。
第一部
第二部
第三部

第十一条 第一部は、人文科学を中心とする科学の分野において優れた研究又は業績がある会員をもつて組織し、前章の規定による日本学術会議の職務及び権限のうち当該分野に関する事項をつかさどる。
2 第二部は、生命科学を中心とする科学の分野において優れた研究又は業績がある会員をもつて組織し、前章の規定による日本学術会議の職務及び権限のうち当該分野に関する事項をつかさどる。
3 第三部は、理学及び工学を中心とする科学の分野において優れた研究又は業績がある会員をもつて組織し、前章の規定による日本学術会議の職務及び権限のうち当該分野に関する事項をつかさどる。
4 会員は、前条に掲げる部のいずれかに属するものと

する。

第十二条　各部に、部長一人、副部長一人及び幹事二人を置く。

2　部長は、その部に属する会員の互選によつて定める。

3　副部長及び幹事は、その部に属する会員のうちから、部会の同意を得て、部長が指名する。

4　第八条第四項及び第六項の規定は部長について、同条第五項及び第六項の規定は副部長及び幹事について、それぞれ準用する。

第十三条　部長は、部務を掌理する。

2　副部長は、部長を補佐し、部長に事故があるときは、その職務を代理する。

3　幹事は、部長の命を受け、部務に従事する。

第十四条　日本学術会議に、その運営に関する事項を審議させるため、幹事会を置く。

2　幹事会は、会長、副会長、部長、副部長及び幹事をもつて組織する。

3　日本学術会議は、第二十八条の規定による規則（以下この章及び次章において「規則」という。）で定めるところにより、前章の規定による日本学術会議の職務及び権限の一部を幹事会に委任することができる。

第十五条　日本学術会議に、会員と連携し、規則で定めるところにより第三条に規定する職務の一部を行わせるため、日本学術会議連携会員（以下「連携会員」という。）を置く。

2　連携会員は、優れた研究又は業績がある科学者のうちから会長が任命する。

3　連携会員は、非常勤とする。

4　前三項に定めるもののほか、連携会員に関し必要な事項は、政令で定める。

第十五条の二　日本学術会議に、規則で定めるところにより、会員又は連携会員をもつて組織される常置又は臨時の委員会を置くことができる。

第十六条　日本学術会議に、事務局を置き、日本学術会議に関する事務を処理させる。

2　事務局に、局長その他所要の職員を置く。

3　前項の職員の任免は、会長の申出を考慮して内閣総理大臣が行う。

第四章　会員の推薦

第十七条　日本学術会議は、規則で定めるところにより、優れた研究又は業績がある科学者のうちから会員の候補者を選考し、内閣府令で定めるところにより、内閣総理大臣に推薦するものとする。

第十八条　削除

第十九条　削除

第二十条　削除

第二十一条　削除

第二十二条　削除

第五章　会議

第二十三条　日本学術会議の会議は、総会、部会及び連合部会とする。

2　総会は、日本学術会議の最高議決機関とし、年二回会長がこれを招集する。但し、必要があるときは、臨時にこれを招集することができる。

3　部会は、各部に関する事項を審議し、部長がこれを招集する。

4　連合部会は、二以上の部門に関連する事項を審議し、関係する部の部長が、共同してこれを招集する。

第二十四条　総会は、会員の二分の一以上の出席がなければ、これを開くことができない。

2　総会の議決は、出席会員の多数決による。

3　部会及び連合部会の会議については、前二項の規定を準用する。

第六章　雑則

第二十五条　内閣総理大臣は、会員から病気その他やむを得ない事由による辞職の申出があつたときは、日本学術会議の同意を得て、その辞職を承認することができる。

第二十六条　内閣総理大臣は、会員に会員として不適当な行為があるときは、日本学術会議の申出に基づき、当該会員を退職させることができる。

第二十七条　削除

第二十八条　会長は、総会の議決を経て、この法律に定める事項その他日本学術会議の運営に関する事項につき、規則を定めることができる。

附　則　抄

第二十九条　この法律のうち、第三十四条及び第三十五条の規定は、この法律の公布の日から、これを施行し、その他の規定は、昭和二十四年一月二十日から、これを施行する。

第三十条　日本学士院規程（明治三十九年勅令第百四十九号）、学術研究会議官制（大正九年勅令第二百九十七号）及び日本学士院会員の待遇に関する件（大正三年勅令第二百五十八号）は、これを廃止する。

附　則（平成一六年四月一四日法律第二九号）抄

（施行期日）

第一条　この法律は、平成十七年十月一日から施行する。ただし、次の各号に掲げる規定は、当該各号に定める日から施行する。

一　第十八条から第二十二条までの改正規定、第二十二条の二及び第二十二条の三を削る改正規定並びに附則第二条から第四条まで、第五条第一項（内閣総理大臣に推薦することに係る部分を除く。）及び第二項並びに第八条の規定　公布の日

二　第一条第二項、第六条の二第二項及び第十六条第三項の改正規定並びに附則第五条第一項（内閣総理大臣に推薦することに係る部分に限る。）、第七条及び第九条から第十一条までの規定　平成十七年四月一日

（経過措置）

第二条　前条第一号に掲げる規定の施行の日（以下「一部施行日」という。）からこの法律の施行の日（以下「施行日」という。）までの間における日本学術会議法第七条第二項及び第十五条第二項の規定の適用については、これらの規定中「第二十二条」とあるのは、「日

本学術会議法の一部を改正する法律（平成十六年法律第二十九号）による改正前の第二十二条」とする。

第三条　施行日の前日において日本学術会議会員（以下「会員」という。）又は研究連絡委員会の委員である者の任期は、改正前の日本学術会議法（以下「旧法」という。）第七条第三項（旧法第十五条第三項において準用する場合を含む。）の規定にかかわらず、その日に満了する。

第四条　一部施行日から施行日の前日までの間、日本学術会議に、施行日以後最初に任命される会員（以下「新会員」という。）の候補者の選考及び推薦を行わせるため、日本学術会議会員候補者選考委員会（以下「委員会」という。）を置く。

2　委員会は、政令で定める数を超えない範囲内の数の委員をもって組織する。

3　委員は、学識経験のある者のうちから、次に掲げる者と協議の上、日本学術会議の会長が任命する。

一　内閣府設置法（平成十一年法律第八十九号）第二十九条第一項第六号に掲げる総合科学技術会議の議員のうちから総合科学技術会議の議長が指名するもの

二　日本学士院の院長

4　委員会に、専門の事項を調査させるため、専門委員を置くことができる。

5　専門委員は、学識経験のある者のうちから日本学術会議の会長が任命する。

6　委員及び専門委員は、非常勤とする。

7　前各項に定めるもののほか、委員会に関し必要な事項は、政令で定める。

第五条　委員会は、その定めるところにより、優れた研究又は業績がある科学者のうちから新会員の候補者を選考し、内閣府令で定めるところにより、内閣総理大臣に推薦するものとする。

2　委員会は、前項の規定により新会員の候補者の選考を行う場合には、次条第二項の規定によりその任期が三年である新会員の候補者と改正後の日本学術会議法（以下「新法」という。）第七条第三項の規定によりその任期が六年である新会員の候補者との別ごとに行うものとする。

第六条　新会員は、新法第七条第二項の規定にかかわらず、前条第一項の規定による推薦に基づいて、内閣総理大臣が任命する。

2　新会員の半数の者の任期は、新法第七条第三項の規定にかかわらず、三年とする。

3　新法第七条第五項の規定は、新会員（前項の規定によりその任期が三年であるものを除く。）から適用する。

第七条　附則第一条第二号に掲げる規定の施行の際、総務省本省に国家行政組織法（昭和二十三年法律第百二十号）第八条の三の特別の機関として置かれている日本学術会議及びその会長、会員その他の職員は、内閣府本府に内閣府設置法第四十条の特別の機関として置かれる日本学術会議及びその相当の職員となり、同一性をもって存続するものとする。

第八条　附則第二条から前条までに定めるもののほか、この法律の施行に関し必要な経過措置は、政令で定める。

日本学術会議法施行令

平成十七年九月十六日政令第二百九十九号

内閣は、日本学術会議法（昭和二十三年法律第百二十一号）第十五条第四項の規定に基づき、日本学術会議法施行令（昭和五十九年政令第百六十号）の全部を改正するこの政令を制定する。

（連携会員の任期等）

第一条　日本学術会議連携会員（以下「連携会員」という。）の任期は、六年とする。ただし、一定の期間内に限ってその職務を行わせることが必要である場合には、六年未満の任期を定めて任命することを妨げない。

2　連携会員は、再任されることができる。

（連携会員の辞職）

第二条　会長は、連携会員から病気その他やむを得ない事由による辞職の申出があったときは、その辞職を承認することができる。

（連携会員の退職）

第三条　会長は、連携会員に連携会員として不適当な行為があるときは、日本学術会議法第二十八条の規定による規則（以下単に「規則」という。）で定めるところにより、当該連携会員を退職させることができる。

（雑則）

第四条　この政令に定めるもののほか、連携会員に関し必要な事項は、規則で定める。

附　則　抄

（施行期日）

1　この政令は、平成十七年十月一日から施行する。

日本学士院法

昭和三十一年三月二十四日法律第二十七号
最終改正　平成一一年七月一六日法律第一〇二号

（目的）
第一条　日本学士院は、学術上功績顕著な科学者を優遇するための機関とし、この法律の定めるところにより、学術の発達に寄与するため必要な事業を行うことを目的とする。

（組織）
第二条　日本学士院は、日本学士院会員（以下「会員」という。）で組織する。
2　会員の定員は、百五十人とする。
3　日本学士院に、次の二部を置き、会員は、その専攻する部門により、いずれかの部に分属する。
　第一部　人文科学部門
　第二部　自然科学部門

（会員）
第三条　会員は、学術上功績顕著な科学者のうちから、日本学士院の定めるところにより、日本学士院において選定する。
2　会員は、終身とする。
3　会員は、非常勤とする。
4　会員は、総会において、学術上の論文を提出し、又は紹介することができる。

（役員）
第四条　日本学士院に、院長一人、幹事一人及び部長二人を置く。
2　院長は、会員の互選によつて定め、院務を総理する。
3　幹事は、会員の互選によつて定め、院長を補佐し、院長に事故があるときはその職務を代理し、院長が欠けたときはその職務を行う。
4　部長は、その部に属する会員の互選によつて定め、部務を処理する。

（会議）
第五条　日本学士院の会議は、総会及び部会とする。
2　総会は、日本学士院に関する重要事項を審議し、及び決定する。
3　部会は、その部に関する重要事項を審議する。
4　会議の運営に関する事項は、日本学士院の定めるところによる。

（客員）
第六条　日本学士院は、わが国における学術の発達に関し特別に功労のあつた外国人に、日本学士院客員の称号を与えることができる。

（国際学士院連合への加入）
第七条　日本学士院は、国際学士院連合に加入することができる。

（事業）
第八条　日本学士院は、次の事業を行う。
一　学術上特にすぐれた論文、著書その他の研究業績に対する授賞
二　会員が提出し、又は紹介した学術上の論文を発表するための紀要の編集及び発行
三　その他学術の研究を奨励するため必要な事業で、日本学士院が行うことを適当とするもの

（年金）
第九条　会員には、予算の範囲内で、文部科学大臣の定めるところにより、年金を支給することができる。

（職員）
第十条　日本学士院に、事務長その他所要の職員を置く。
2　事務長は、院長の指揮を受け、日本学士院に関する庶務を整理し、その他の職員は、上司の指揮を受け、庶務に従事する。

（雑則）
第十一条　この法律に定めるもののほか、日本学士院の内部組織その他その運営について必要な事項は、院長が、総会の議を経て、定める。

附　則　抄

（施行期日）
1　この法律は、昭和三十一年四月一日から施行する。

（経過規定）
2　この法律の施行の際次項の規定による改正前の日本学術会議法（昭和二十三年法律第百二十一号）第二十四条の規定により置かれている日本学士院並びにその日本学士院会員及び役員は、それぞれ、この法律による日本学士院並びにその会員及び相当の役員となるものとする。

附　則（平成一一年七月一六日法律第一〇二号）抄

（施行期日）
第一条　この法律は、内閣法の一部を改正する法律（平成十一年法律第八十八号）の施行の日から施行する。ただし、次の各号に掲げる規定は、当該各号に定める日から施行する。
二　附則第十条第一項及び第五項、第十四条第三項、第二十三条、第二十八条並びに第三十条の規定　公布の日

（職員の身分引継ぎ）
第三条　この法律の施行の際現に従前の総理府、法務省、外務省、大蔵省、文部省、厚生省、農林水産省、通商産業省、運輸省、郵政省、労働省、建設省又は自治省（以下この条において「従前の府省」という。）の職員（国家行政組織法（昭和二十三年法律第百二十号）第八条の審議会等の会長又は委員長及び委員、中央防災会議の委員、日本工業標準調査会の会長及び委員並びにこれらに類する者として政令で定めるものを除く。）である者は、別に辞令を発せられない限り、同一の勤務条件をもって、この法律の施行後の内閣府、総務省、法務省、外務省、財務省、文部科学省、厚生労働省、農林水産省、経済産業省、国土交通省若しくは環境省（以下この条において「新府省」という。）又はこれに置かれる部局若しくは機関のうち、この法律の施行の際現に当該職員が属する従前の府省又はこれに置かれ

12
科学技術

る部局若しくは機関の相当の新府省又はこれに置かれる部局若しくは機関として政令で定めるものの相当の職員となるものとする。

（別に定める経過措置）

第三十条 第二条から前条までに規定するもののほか、この法律の施行に伴い必要となる経過措置は、別に法律で定める。

総合科学技術会議令

平成十二年六月七日政令第二百五十八号

内閣は、内閣府設置法（平成十一年法律第八十九号）第三十六条の規定に基づき、この政令を制定する。

（専門委員）

第一条 内閣総理大臣は、専門の事項を調査させるため必要があるときは、総合科学技術会議（以下「会議」という。）の意見を聴いて、会議に専門委員を置くことができる。

2 専門委員は、当該専門の事項に関し学識経験を有する者のうちから、内閣総理大臣が任命する。

3 専門委員は、その者の任命に係る当該専門の事項に関する調査が終了したときは、解任されるものとする。

4 専門委員は、非常勤とする。

（専門調査会）

第二条 会議は、その議決により、専門調査会を置くことができる。

2 専門調査会に属すべき者は、専門委員のうちから、議長が指名する。ただし、議長は、必要があると認める場合は、専門調査会に属すべき者として議員を指名することができる。

3 専門調査会は、その設置に係る調査が終了したときは、廃止されるものとする。

（庶務）

第三条 会議の庶務は、内閣府本府に置かれる政策統括官が処理する。

（雑則）

第四条 この政令に定めるもののほか、議事の手続その他会議の運営に関し必要な事項は、議長が会議に諮って定める。

附　則

この政令は、内閣法の一部を改正する法律（平成十一年法律第八十八号）の施行の日（平成十三年一月六日）から施行する。

科学技術基本法

平成七年十一月十五日法律第百三十号
最終改正　平成一一年一二月二二日法律第一六〇号

第一章　総則

（目的）
第一条　この法律は、科学技術（人文科学のみに係るものを除く。以下同じ。）の振興に関する施策の基本となる事項を定め、科学技術の振興に関する施策を総合的かつ計画的に推進することにより、我が国における科学技術の水準の向上を図り、もって我が国の経済社会の発展と国民の福祉の向上に寄与するとともに世界の科学技術の進歩と人類社会の持続的な発展に貢献することを目的とする。

（科学技術の振興に関する方針）
第二条　科学技術の振興は、科学技術が我が国及び人類社会の将来の発展のための基盤であり、科学技術に係る知識の集積が人類にとっての知的資産であることにかんがみ、研究者及び技術者（以下「研究者等」という。）の創造性が十分に発揮されることを旨として、人間の生活、社会及び自然との調和を図りつつ、積極的に行われなければならない。

2　科学技術の振興に当たっては、広範な分野における均衡のとれた研究開発能力の涵養、基礎研究、応用研究及び開発研究の調和のとれた発展並びに国の試験研究機関、大学（大学院を含む。以下同じ。）、民間等の有機的な連携について配慮されなければならず、また、自然科学と人文科学との相互のかかわり合いが科学技術の進歩にとって重要であることにかんがみ、両者の調和のとれた発展について留意されなければならない。

（国の責務）
第三条　国は、科学技術の振興に関する総合的な施策を策定し、及びこれを実施する責務を有する。

（地方公共団体の責務）
第四条　地方公共団体は、科学技術の振興に関し、国の施策に準じた施策及びその地方公共団体の区域の特性を生かした自主的な施策を策定し、及びこれを実施する責務を有する。

（国及び地方公共団体の施策の策定等に当たっての配慮）
第五条　国及び地方公共団体は、科学技術の振興に関する施策を策定し、及びこれを実施するに当たっては、基礎研究が新しい現象の発見及び解明並びに独創的な新技術の創出等をもたらすものであること、その成果の見通しを当初から立てることが難しく、また、その成果が実用化に必ずしも結び付くものではないこと等の性質を有するものであることにかんがみ、基礎研究の推進において国及び地方公共団体が果たす役割の重要性に配慮しなければならない。

（大学等に係る施策における配慮）
第六条　国及び地方公共団体は、科学技術の振興に関する施策で大学及び大学共同利用機関（以下「大学等」という。）に係るものを策定し、及びこれを実施するに当たっては、大学等における研究活動の活性化を図るよう努めるとともに、研究者等の自主性の尊重その他の大学等における研究の特性に配慮しなければならない。

（法制上の措置等）
第七条　政府は、科学技術の振興に関する施策を実施するため必要な法制上、財政上又は金融上の措置その他の措置を講じなければならない。

（年次報告）
第八条　政府は、毎年、国会に、政府が科学技術の振興に関して講じた施策に関する報告書を提出しなければならない。

第二章　科学技術基本計画

第九条　政府は、科学技術の振興に関する施策の総合的かつ計画的な推進を図るため、科学技術の振興に関する基本的な計画（以下「科学技術基本計画」という。）を策定しなければならない。

2　科学技術基本計画は、次に掲げる事項について定めるものとする。

一　研究開発（基礎研究、応用研究及び開発研究をいい、技術の開発を含む。以下同じ。）の推進に関する総合的な方針

二　研究施設及び研究設備（以下「研究施設等」という。）の整備、研究開発に係る情報化の促進その他の研究開発の推進のための環境の整備に関し、政府が総合的かつ計画的に講ずべき施策

三　その他科学技術の振興に関し必要な事項

3　政府は、科学技術基本計画を策定するに当たっては、あらかじめ、総合科学技術会議の議を経なければならない。

4　政府は、科学技術の進展の状況、政府が科学技術の振興に関して講じた施策の効果等を勘案して、適宜、科学技術基本計画に検討を加え、必要があると認めるときには、これを変更しなければならない。この場合においては、前項の規定を準用する。

5　政府は、第一項の規定により科学技術基本計画を策定し、又は前項の規定によりこれを変更したときは、その要旨を公表しなければならない。

6　政府は、科学技術基本計画について、その実施に要する経費に関し必要な資金の確保を図るため、毎年度、国の財政の許す範囲内で、これを予算に計上する等その円滑な実施に必要な措置を講ずるよう努めなければならない。

第三章　研究開発の推進等

（多様な研究開発の均衡のとれた推進等）
第十条　国は、広範な分野における多様な研究開発の均衡のとれた推進に必要な施策を講ずるとともに、国として特に振興を図るべき重要な科学技術の分野に関する研究開発の一層の推進を図るため、その企画、実施等に必要な施策を講ずるものとする。

12　科学技術

（研究者等の確保等）
第十一条 国は、科学技術の進展等に対応した研究開発を推進するため、大学院における教育研究の充実その他の研究者等の確保、養成及び資質の向上に必要な施策を講ずるものとする。
2 国は、研究者等の職務がその重要性にふさわしい魅力あるものとなるよう、研究者等の適切な処遇の確保に必要な施策を講ずるものとする。
3 国は、研究開発に係る支援のための人材が研究開発の円滑な推進にとって不可欠であることにかんがみ、その確保、養成及び資質の向上並びにその適切な処遇の確保を図るため、前二項に規定する施策に準じて施策を講ずるものとする。

（研究施設等の整備等）
第十二条 国は、科学技術の進展等に対応した研究開発を推進するため、研究開発機関（国の試験研究機関、大学等及び民間等における研究開発に係る機関をいう。以下同じ。）の研究施設等の整備に必要な施策を講ずるものとする。
2 国は、研究開発の効果的な推進を図るため、研究材料の円滑な供給等研究開発に係る支援機能の充実に必要な施策を講ずるものとする。

（研究開発に係る情報化の促進）
第十三条 国は、研究開発の効率的な推進を図るため、科学技術に関する情報処理の高度化、科学技術に関するデータベースの充実、研究開発機関等の間の情報ネットワークの構築等研究開発に係る情報化の促進に必要な施策を講ずるものとする。

（研究開発に係る交流の促進）
第十四条 国は、研究開発機関又は研究者等相互の間の交流により研究者等の多様な知識の融合等を図ることが新たな研究開発の進展をもたらす源泉となるものであり、また、その交流が研究開発の効率的な推進にとって不可欠なものであることにかんがみ、研究者等の交流、研究開発機関による共同研究開発、研究開発機関の研究施設等の共同利用等研究開発に係る交流の促進に必要な施策を講ずるものとする。

（研究開発に係る資金の効果的使用）
第十五条 国は、研究開発の円滑な推進を図るため、研究開発の展開に応じて研究開発に係る資金を効果的に使用できるようにする等その活用に必要な施策を講ずるものとする。

（研究開発の成果の公開等）
第十六条 国は、研究開発の成果の活用を図るため、研究開発の成果の公開、研究開発に関する情報の提供等その普及に必要な施策及びその適切な実用化の促進等に必要な施策を講ずるものとする。

（民間の努力の助長）
第十七条 国は、我が国の科学技術活動において民間が果たす役割の重要性にかんがみ、民間の自主的な努力を助長することによりその研究開発を促進するよう、必要な施策を講ずるものとする。

第四章　国際的な交流等の推進

第十八条 国は、国際的な科学技術活動を強力に展開することにより、我が国の国際社会における役割を積極的に果たすとともに、我が国における科学技術の一層の進展に資するため、研究者等の国際的交流、国際的な共同研究開発、科学技術に関する情報の国際的流通等科学技術に関する国際的な交流等の推進に必要な施策を講ずるものとする。

第五章　科学技術に関する学習の振興等

第十九条 国は、青少年をはじめ広く国民があらゆる機会を通じて科学技術に対する理解と関心を深めることができるよう、学校教育及び社会教育における科学技術に関する学習の振興並びに科学技術に関する啓発及び知識の普及に必要な施策を講ずるものとする。

附　則

この法律は、公布の日から施行する。

附　則（平成一一年一二月二二日法律第一六〇号）　抄

（施行期日）
第一条 この法律（第二条及び第三条を除く。）は、平成十三年一月六日から施行する。

第三期科学技術基本計画

平成十八年三月二十八日閣議決定

はじめに

資源に乏しい日本が人類社会の中で名誉ある地位を占めていくことは決して容易なことではない。日本の未来を切り拓く途は、独自の優れた科学技術を築くことにかかっている。—こうした考えの下、我が国は「科学技術創造立国」を国家戦略として打ち立てた。科学技術基本法を制定し、その下で科学技術基本計画（以下「基本計画」という。）に基づく総合的施策を強力に推進してきた。すなわち、平成8年度から12年度を期間とする第1期基本計画、そして平成13年3月に閣議決定された、第2期基本計画（計画年度：平成13年度から17年度）である。

第1期及び第2期基本計画は、我が国経済がバブル経済崩壊後の長期的停滞に苦しむ中で策定、実施されてきた。厳しさを増す財政状況の中でも政府研究開発投資が拡充されるとともに、基礎研究の推進と国家的・社会的課題に対応した研究開発の重点化等による科学技術の戦略的重点化や、競争的資金の拡充や制度改革による競争的な研究開発環境の整備、さらには国立試験研究機関や国立大学の法人化等の構造改革が実施されてきた。

第3期基本計画策定に臨む今、我が国経済はようやく長期的停滞を脱却し、持続的な成長過程に移行する兆しを見せ始めている。科学技術の分野においても、第1期及び第2期基本計画の下での粘り強い政策的努力により、世界をリードする論文や研究成果の出現に加え、先端的な研究成果が画期的な産業化につながる例も出始めている。民間部門の競争力の根源がその国の科学技術力に依拠している現実に鑑みれば、第3期基本計画の期間（平成18年度から22年度）における効果的な研究開発投資の拡充と抜本的な科学技術システム改革の実行は、我が国経済が長期的な発展を続ける上で不可欠な役割を果たすことは言うまでもない。

もちろん、第3期基本計画の日本の科学技術に求められるのは経済的貢献の強化だけではない。少子高齢化の急速な進展により大きく変化する社会にどのように寄与していくのか。また、大規模自然災害や様々な事故の発生、テロ等の国際安全保障環境の複雑化などによる国民の不安への安全面での対処、人口問題、環境問題等の深刻さを増す地球的課題の克服など、社会が科学技術に求める役割は広がりや深みを大きく増している。しかも、世界は歩みを止めていない。欧米諸国のみならず、中国や韓国などのアジア諸国も国力の源泉としての科学技術力の強化に急速に注力し始めている。

第1期、第2期基本計画期間中を通じた投資の累積を活かし、様々な面で強まる社会的・経済的要請に応えていくためには、第3期基本計画は、社会・国民に支持され、成果を還元する科学技術を目指し、説明責任と戦略性を一層強化していくことが求められる。その戦略の基本は、質の高い研究を層厚く生み出す人材育成と競争的環境の醸成、科学の発展と絶えざるイノベーションの創出に向けた戦略的投資及びそれらの成果還元に向けた制度・運用上の隘路の解消であり、このような多様な政策課題への挑戦が今後5年間の科学技術の使命である。基本計画はこうした基本認識に基づき、総合科学技術会議の主導の下、政府全体で着実に実行すべき主要施策を提示するものである。

第1章　基本理念

1．科学技術をめぐる諸情勢

(1) 科学技術施策の進捗状況

第1期基本計画では、社会的・経済的ニーズに対応した研究開発の強力な推進と知的資産を生み出す基礎研究の積極的な振興を基本的方向として示し、講ずべき施策を取りまとめた。また、政府研究開発投資の総額の規模を約17兆円と掲げ、厳しい財政状況下ではあったものの最終的にその目標を超える額を実現した。

続く第2期基本計画においては、新たに科学技術政策の基本的方向として目指すべき国の姿を「知の創造と活用により世界に貢献できる国」、「国際競争力があり持続的発展ができる国」、「安心・安全で質の高い生活のできる国」の「3つの基本理念」として示した。

その上で、平成13年度から17年度までの5年間の政府研究開発投資の総額の規模を第1期基本計画以上の約24兆円として掲げ、基礎研究の推進と国家的・社会的課題に対応した研究開発の重点化等による科学技術の戦略的重点化と科学技術システム改革を目指してきた。第2期基本計画に基づく施策の実施は、全般に順調に推移してきた。主要な施策の進捗状況は以下のとおりである。

① 政府研究開発投資総額

予想以上に長期にわたる経済の停滞及び深刻な財政状況の下で、政府研究開発投資の総額の規模は第2期基本計画で掲げた24兆円には達しなかったものの、他の政策経費に比較して高い伸びを確保した。

(注) 上記の24兆円は、第2期基本計画期間中に政府研究開発投資の対GDP比率が1%、同期間中のGDPの名目成長率が3．5%を前提としているものである。

② 科学技術の戦略的重点化

研究開発投資の効果的・効率的推進を目指した科学技術の戦略的重点化については、資源配分上は着実に進捗した。すなわち、政府全体の研究開発における基礎研究の比重は着実に増加し、我が国科学技術の基盤強化が進んだ。中でも競争的資金の伸びは大きかった。また、国家的・社会的課題に対応した研究開発については、目指すべき国の姿（3つの理念）への寄与が大きいと判断される4つの分野（ライフサイエンス、情報通信、環境、ナノテクノロジー・材料）に特に重点を置き優先的に資源配分を行うとともに、それ以外の4つの分野（エネルギー、製造技術、社会基盤、フロンティア）については、国の存立にとって基盤的な領域を重視して推進することとした結果、これら8つの分野に係る科学技術関係予算において、重点4分野への予算配分は平成13年度の38%から平成17年度予算で46%となった。

③ 競争的な研究開発環境の整備等研究開発システムの改革

競争的資金（資源配分主体が広く研究開発課題等を募り、提案された課題の中から、専門家を含む複数の者による科学的・技術的な観点を中心とした評価に基づいて実施すべき課題を採択し、研究者等に配分する研究開発資金）については、拡充が進み、倍増するには至らなかったものの、科学技術関係予算に占める同資金の割合は、計画期間中に8％から13％に上昇した。間接経費の拡充や、若手研究者の活性化に向けた制度整備、プログラムオフィサー・プログラムディレクター（PO・PD）による管理・評価体制の充実等の制度改革も一定の進捗をみたが、間接経費の30％措置等制度改革は途上にある。また、重点的な予算拡充を行う過程で政府内の幅広い部局で競争的資金の導入が進み、様々な性格の予算が競争的資金に含まれるようになった。

また、任期制を導入する大学、公的研究機関の数は増加したが、研究者全体に占める任期付き研究者の割合は依然低い。

さらに、平成13年4月の68の国立試験研究機関の独立行政法人化、平成16年4月の国立大学等の法人化等により、研究機関のより柔軟な研究運営が可能となった。また、「国の研究開発評価に関する大綱的指針」（平成13年11月、内閣総理大臣決定。平成17年3月改定）（以下「大綱的指針」という。）の下で、関係府省、研究機関において評価の取組が着実に根付き、意識が向上する等、その他の研究開発システムの改革も進展した。

④ 産学官連携その他の科学技術システムの改革

産学の共同研究の増加や技術移転機関（TLO）による技術移転実績の増加、大学発ベンチャーの設立数の増加（1000社の達成）など、産学官連携は諸般の制度整備によって着実に進展した。地域における科学技術振興（知的クラスター18地域、産業クラスター19プロジェクト）の取組も進んだ。

「国立大学等施設緊急整備5か年計画」により、大学院、研究拠点等の整備が進み、優先的に取り組んだ施設の狭隘解消は計画通り整備されたが、老朽施設の改善は遅れ、一方、その後の経年等により老朽施設が増加した。

（2）科学技術施策の成果

基礎研究の推進とも併せ、また累積的な投資効果も含めてこれまでの投資戦略の成果を検証すれば、研究論文の質・量については世界における我が国の地位は着実に改善し、世界的な成果を創造した事例も生み出している。科学技術の専門家を対象とした広範な技術領域に関するアンケート調査によれば、5年前に比べて米国、欧州連合（EU）の研究開発水準との比較でほとんどの領域で我が国の国際的な地位が改善したという結果となっている。また、我が国研究者の独創的な研究成果が認められ、2000年以降、化学賞で3名、物理学賞で1名がノーベル賞を受賞している。

さらに、大学・公的研究機関からの技術移転の実績は、大学と民間企業との共同研究件数や大学発ベンチャーの件数などで見る限り、第2期基本計画期間中は順調な進展をみた。また、我が国独自の研究成果に基づき、新たに数千億円以上の市場を形成しつつあるものや、難治性の疾患の克服に貢献しているものもある。

他方、前述のアンケート調査による研究開発水準の比較では、アジア諸国と日本との差は縮小している。また、国際的な特許出願件数や米国での特許登録件数などで見ると国際的な競争は激化しており、必ずしも日本がシェアを伸ばす状況にはない。さらに、我が国の技術貿易収支は全体では好転しているものの、情報通信等先端産業分野の多くで技術貿易収支は赤字のままであり楽観を許さない。

総じて、これまでの研究開発投資の成果を概観すれば、研究水準の着実な向上や産学官連携の取組も進展し、これまでの研究成果の経済・社会への還元も進んできている。例えば、新しいがん治療方法（重粒子線がん治療装置）の開発、再生医療用材料（アパタイト人工骨）の実用化などの、国民の健康の増進に貢献する成果が生まれている。世界最高の変換効率とその量産化技術の開発を達成した太陽光発電では我が国が世界生産量の50％を占めるなど、科学技術の成果は環境先進国としての我が国を支える上でも貢献している。また、情報家電や高度部材など今次景気回復を牽引しつつある産業において、これまでの情報通信、ナノテクノロジー・材料、環境を中心とする分野における政府研究開発の成果（最先端の半導体製造技術や世界最高密度の超小型磁気ディスク装置、光触媒を活用した多様な効果を示す材料の開発等）が、我が国産業の強みともあいまって、競争優位の確立に着実に貢献していると考えられる。また、日本海沿岸に大規模な被害を与えたタンカーの油流出事故などの原因究明・安全解析を行い、新たな安全基準を国際条約に的確に反映させるなど、国内のみならず国際的な安全確保にも貢献している。

これらは、いずれも萌芽段階におけるきらりと光る発見・発明から始まり、初期から実用化段階に至る適切な時期に適切な公的な研究開発投資に支えられ、最終段階において先導的な産学による協働が行われたことにより、いわゆる死の谷などの多くの困難を乗り越えて発展したものであり、発展の流れを引き続き加速していかなければならない成果である。

知的資産の増大が価値創造として具体化するまでには多年度を要することから、第1期・第2期基本計画期間の投資により向上した我が国の潜在的な科学技術力を、経済・社会の広範な分野での我が国発のイノベーション（科学的発見や技術的発明を洞察力と融合し発展させ、新たな社会的価値や経済的価値を生み出す革新）の実現を通じて、本格的な産業競争力の優位性や、安全、健康等広範な社会的な課題解決などへの貢献に結びつけ、日本経済と国民生活の持続的な繁栄を確実なものにしていけるか否かはこれからの取組にかかっている。

（3）科学技術をめぐる内外の環境変化と科学技術の役割

第3期基本計画期間中における内外の環境変化は大きく、科学技術の役割への期待は一層強まるものと考えられる。

人口構造の変化の影響が今後ますます顕著となっていくことは確実である。人口減少・少子高齢化の下で安定的な経済成長を実現するために生産性の絶えざる向上が必要となる。また、優れた経済的成果を上げていくためには国際競争力ある企業の存在が欠かせない。とりわけ国際競争力のある我が国製造業の一部は急速に技術力を増したアジア諸国の企業等との間で厳しい競争に直面しており、我が国の強みを活かしてものづくりの高付加価値化を実現することが求められている。科学技術は競争力と生産性向上の源泉であり、科学技術を一層発展させ、その成果を絶えざるイノベーションにつなげていくことによって、経済の回復を確実なものとし、持続的な発展を実現することが必要である。

また、少子高齢化は、経済面のみならず社会保障への国民負担や国民の健康面など、様々な新たな社会的課題をもたらす。他方で、近年の大規模自然災害や重大事故の発生、テロ等の国際安全保障環境の複雑化など社会・国民の安全を脅かす事態の発生に伴い、安全と安心の問題に関する国民の関心が高まっている。科学技術はこうした課題を解決していく上で不可欠であり、今後ますます社会・国民の大きな期待を担い、同時に責任を負うことになる。

こうした期待が高まる一方、科学技術に対する国民意識には依然としてギャップが存在している。すなわち、国民の多くは科学技術が社会に貢献していると感じてはいるが、親しみを感じる人は少なく、若年層を中心として科学技術への関心は低下している。生活面での安全性や安心感、心の豊かさは強く求められているが、他方で科学技術の急速な進歩に対する不安も少なくない。

また、我が国の財政事情は厳しさを増しており、最先端の研究設備の整備なども含め、政府研究開発投資については一層の選択・集中と効率化が求められている。

第1期及び第2期基本計画期間中において生じた注目すべき国際的環境の変化は、世界的な科学技術競争の激化である。中でも、中国、韓国等アジア諸国では著しい経済的躍進がみられ、この躍進の基盤には国策としての科学技術振興の取組が重要な役割を果たしていると言われている。特に、人材については、欧米諸国や中国、韓国等の躍進著しいアジア諸国では、優秀な人材育成が科学技術力の基盤として認識され、国際的な人材争奪競争も現実のものとなっている。我が国は高い教育水準による人材面での有利性を有していたが、近年の学力低下傾向や少子高齢化のもたらす人口構造変化に鑑みると、人材面の課題は深刻化している。また、人口問題、環境問題、食料問題、エネルギー問題、資源問題などの地球規模での課題は、これまで様々な努力により解決が試みられてきたが、いまだ難問が山積しているのも事実である。

人類社会が持続可能な発展を遂げうるかどうか、さらに、次世代へ負の遺産を残さないために現世代の科学技術で何をなしうるかが問われている。日本の有する科学技術をこうした課題解決のために役立て、人類社会に貢献していくことは、高い科学技術を有する日本に今まで以上に求められることになる。また、地震等の災害対策技術分野での我が国への期待も高い。世代を越え、我が国が人類社会の中で価値ある存在としてあり続けるためにも、自然科学から人文・社会科学にわたる広範な科学技術の役割は欠かせない。

2. 第3期基本計画における基本姿勢

世界的な科学技術競争の激化、少子高齢化、安全と安心の問題や地球的課題に対応する上での科学技術の役割への国民の強い期待と他方で見られる科学技術に対する国民意識の乖離を踏まえた場合、第3期基本計画を遂行するに当たっての基本姿勢は、以下の2点である。

(1) 社会・国民に支持され、成果を還元する科学技術

科学技術政策は、国民の理解と支持を得て初めて効果的な実施が可能となる。このため、研究開発投資を戦略的運用の強化により一層効果的に行うこと、絶え間なく科学の発展を図り知的・文化的価値を創出するとともに、研究開発の成果をイノベーションを通じて、社会・国民に還元する努力を強化すること、科学技術政策やその成果を分かりやすく説明するなど説明責任を強化することによって国民の理解と支持を得ることを基本とする。これによって、国民の科学技術に対する関心を高め、国民とともに科学技術を進めていくことが可能となる。

(2) 人材育成と競争的環境の重視～モノから人へ、機関における個人の重視

科学技術力の基盤は人であり、日本における創造的な科学技術の将来は、我が国に育まれ、活躍する「人」の力如何にかかっている。我が国全体の政策の視点として、ハード面でのインフラ整備など「モノ」を優先する考え方から、科学技術や教育など競争力の根源である「人」に着目して投資する考え方に重点を移しつつある（「モノから人へ」）。科学技術政策の観点からも先にインフラ整備ありきの考え方から、優れた人材を育て活躍させることに着目して投資する考え方に重点を移す。潜在的な人材の発掘と育成、人事システムにおける硬直性の打破や人材の多様性の確保、創造性・挑戦意欲の奨励などの政策を進めることにより、創造的な人材の育成を強化するとともに、個々の人材が有する意欲と情熱をかき立て、創造力を最大限に発揮させる科学技術システム改革に取り組む。その際、若手研究者や女性研究者、さらには外国人研究者など、多様な個々人が意欲と能力を発揮できるよう根本的な対応に取り組む。科学技術活動の基盤となる施設・設備の整備・充実に当たっても、国の内外を問わず優秀な人材を惹きつけ、世界一流の人材を育てることを目指す。このような人に着目した取組は、我が国の科学技術力を長期的に向上させていくとともに、我が国に対する国際的な信頼感の醸成にも貢献するものである。

科学技術における競争的環境の醸成については、科学技術に携わる人材の創造的な発想が解き放たれ、競争する機会が保証され、その結果が公平に評価されることが重要である。現代の高度化した科学技術活動を進めていくためには、個々の研究者及び研究者を目指す若手人材は適切な施設・設備を有する研究・教育機関に属することが不可欠と考えられるが、競争的な研究開発環境を整えるためには、縦割りの組織維持管理的な発想で研究・教育機関を運営するのではなく、個々人の発意や切磋琢磨を促すことなどを通じて競争的に研究者を育て、能力を十分に発揮させていくような研究・教育機関となる必要がある。研究・教育機関が個人の科学技術活動の基盤を担う機能を持つことにも留意しつつ、今後は競争的環境の強化という観点から「機関における個人の重視」へと政策の転換を図る。

3．科学技術政策の理念と政策目標

(1) 第3期基本計画の理念と政策目標

第2期基本計画で掲げられた目指すべき国の姿（3つの理念）は、誰もが共有でき、時間を通じて普遍性の高い概念である。またこれら3つの理念は全体として科学技術政策を網羅しており、今後の科学技術政策においても適切である。

他方、こうした一般性の高い理念だけでは、多様な政府の研究開発投資の国民への分かりやすい説明や、具体的・個別的な政策への方向付けとしては十分ではない。社会・国民への説明責任の徹底と科学技術成果の還元という視点からも、理念の実現のために科学技術政策が目指すべき具体的な政策目標を明示し、官民の役割分担を考慮した上でその目標に向けた施策展開を図るとともに、施策効果の評価を行っていくことが望ましい。

したがって、第3期基本計画においては、第2期基本計画の掲げる3つの理念を基本的に継承しながら、科学技術、経済、社会をめぐる国内外の情勢変化と今後の展望等を踏まえて、3つの理念を実現するため、科学技術が何を目指すのかという、より具体化された政策目標を設定する。

すなわち、以下のとおり、6つの大目標と、その各々を構成する12の中目標である。なお、理念、目標を掲げる順序は重要度を示すものではない。これらは我が国が目指すべきものとして等しく価値を持つものである。また、その目標達成のために科学技術政策の役割は重大であるが、科学技術政策以外の政策の成果や、民間企業等政府以外の活動の成果なしには達成しえない部分を含むものである。

理念1　人類の英知を生む
～知の創造と活用により世界に貢献できる国の実現に向けて～

◆目標1　飛躍知の発見・発明
―未来を切り拓く多様な知識の蓄積・創造
(1) 新しい原理・現象の発見・解明
(2) 非連続な技術革新の源泉となる知識の創造

◆目標2　科学技術の限界突破
―人類の夢への挑戦と実現
(3) 世界最高水準のプロジェクトによる科学技術の牽引

人類の英知を創出し世界に貢献できる国の実現のためには、飛躍的な知を生み続ける重厚で多様な知的蓄積を形成することがまず求められる。新しい原理・現象の発見や解明を目指す基礎研究を中心とした知識の蓄積の上に、近年原子・分子レベルで急展開する生命科学や材料科学等において探求されているような非連続な技術革新の源泉となる知識への飛躍が期待されている。このような飛躍への知識の蓄積については、いまだ我が国は、欧米諸国に比肩しうる十分な厚みを有するには至っていない。

また、世界最高水準のプロジェクトにより科学技術の限界へ挑戦し、人類に貢献することも科学技術政策が追求すべき目標である。いまだ人類が見ることや知ることができずにいる領域の情報を得ること、極限的な環境でのみ出現する現象を発見することなど、国際的な知の創造の営みにおいて世界をリードすることが求められる。

これらの実現のためには、知的創造の経験を情熱を持って追い求める意欲的な研究者の育成と活躍の促進が不可欠である。なお、世界的にも認められる優秀な研究者の輩出は、後に続く人材の目標となり、新たな挑戦の意欲をかき立てるものでもあることから、第2期基本計画においては、国際的科学賞の受賞者を欧州主要国並に輩出することを目指して、50年間にノーベル賞受賞者30人程度を輩出することを掲げたが、第3期基本計画の科学技術政策がその実現に貢献するものとなるよう、人に着目した考え方に立って基礎研究等を推進していくことが求められる。

理念2　国力の源泉を創る
～国際競争力があり持続的発展ができる国の実現に向けて～

◆目標3　環境と経済の両立
―環境と経済を両立し持続可能な発展を実現
(4) 地球温暖化・エネルギー問題の克服
(5) 環境と調和する循環型社会の実現

◆目標4　イノベーター日本
―革新を続ける強靱な経済・産業を実現
(6) 世界を魅了するユビキタスネット社会の実現
(7) ものづくりナンバーワン国家の実現
(8) 科学技術により世界を勝ち抜く産業競争力の強化

人口減少・少子高齢化や地球温暖化・エネルギー問題といった制約を克服しつつ、激しい国際競争の下で持続的な発展を可能とする国を実現するためには、国力の源泉としての科学技術に取り組むことが不可欠である。その際、日本経済の繁栄を確保しつつ、国際約束である２０１２年までの我が国の温室効果ガス排出の１９９０年比６％削減をいかに達成するかということが大きな政策課題となる。また、国民の科学技術への期待が大きい環境の分野では、自然と共生し環境と調和する循環型社会の実現も科学技術が取り組むべき大きな政策課題である。

一方、中国、韓国等のアジア諸国の台頭で熾烈な競争に直面している我が国産業が競争力を確保するためには、我が国発の付加価値の高いイノベーションを生み続ける科学技術に取り組むことが重要な政策課題である。そのために、世界を先導・魅了するユビキタスネット社会を築くこと、我が国の強みであるものづくりで世界をリードすること、さらには科学技術により世界で勝ち抜く産業競争力を確立することが政策目標となる。

また、このような国際競争力ある新産業が創造されれば、質の高い雇用が生まれるとともに、所得が増加することが期待される。これと同時に、温室効果ガス等の環境負荷の最小化を実現することは、環境と経済の両立のために科学技術が挑戦すべき重大な課題である。

理念3　健康と安全を守る
～安心・安全で質の高い生活のできる国の実現に向けて～

◆目標5　生涯はつらつ生活
―子どもから高齢者まで健康な日本を実現

(9) 国民を悩ます病の克服
(10) 誰もが元気に暮らせる社会の実現
◆目標6　安全が誇りとなる国
　　―世界一安全な国・日本を実現
(11) 国土と社会の安全確保
(12) 暮らしの安全確保

第2期基本計画期間中において、国民が最も身近に科学技術への不安を感じるとともに期待が強いのは、健康と安全の問題である。この間、SARS（重症急性呼吸器症候群）、BSE（牛海綿状脳症）、鳥インフルエンザ等国境を越えた感染症の発生、これらも契機とした食の安全性に関する不信感の高まり、花粉症等免疫疾患の深刻化、地震・津波・台風等による大規模自然災害や列車事故等の大規模事故の発生、米国同時多発テロ以来複雑化した国際安全保障環境、情報セキュリティに対する脅威の増大、依然として厳しい治安情勢等、国の持続的な発展基盤である安全と安心を脅かす事態が次々と生じた。その一方で、細胞・分子レベルでの進歩が著しい生命科学による画期的な治療法、予防医学や食の機能性を活用した健康な生活の実現、地震等の自然災害、事故・犯罪等に対する先端科学技術の最適な活用など、健康と安全を守る科学技術への期待は高まっている。

このような状況を受け、子どもから高齢者まで国民を悩ます病を克服し、誰もが生涯元気に暮らせる社会を実現すること、さらには国家・社会レベルから生活者の暮らしに至るまで、安全が誇りとなり世界一安全と言える国を実現することを科学技術政策の目標に位置付ける。

こうした3つの理念の下での政策目標を実現していくためには、政府の行う研究開発について、より具体的な個別政策目標を設ける必要がある。総合科学技術会議の主導の下、関係府省はその研究開発について、12の中目標の実現に向けた個別政策目標を定め、総合科学技術会議がこれを取りまとめる。また、個別政策目標については、政策ニーズに対する情勢変化等に適切に対応して必要な見直しを行っていく。

このように政府研究開発投資全体について、理念、政策目標、さらにはそれらの実現につながる研究開発の体系を整理することにより、（イ）何を目指して政府研究開発投資を行っているのか、どこまで政策目標の実現に近づいているかなど、国民に対する説明責任が強化されるとともに、（ロ）個別施策やプロジェクトに対して具体的な指針や評価軸が与えられ、社会・国民への成果還元の効果的な実現に寄与する。

(2) 科学技術による世界・社会・国民への貢献

新たに具体化された政策目標に向けた投資運用や施策展開が行われることを通じ、今後地球規模で深刻化する人口問題、環境問題、食料問題、エネルギー問題、資源問題や我が国で急速に進展する少子高齢化に対しても、科学技術が貢献を強める。すなわち、上記1から6までの政策目標の達成により、

（世界への貢献）・人類共通の課題を解決
　　　　　　　　・国際社会の平和と繁栄を実現
（社会への貢献）・日本経済の発展を牽引
　　　　　　　　・国際的なルール形成を先導
（国民への貢献）・国民生活に安心と活力を提供
　　　　　　　　・質の高い雇用と生活を確保
を図っていくこととする。

日本の研究者コミュニティを代表する日本学術会議は、第3期基本計画の策定に当たって、科学技術政策の要諦についての議論を声明として取りまとめたが、上記のような基本姿勢、理念、政策目標に基づき、以下に述べるような政策を展開することによって、こうした研究者コミュニティの期待にも応えられるものと考えられる。

4. 政府研究開発投資

第1期及び第2期基本計画期間中を通じて政府と民間を合わせた我が国全体の研究開発投資は増加傾向で推移してきており、その総額の対GDP比率は主要先進国を凌いでいる。また、我が国の政府研究開発投資については、近年の厳しい財政事情下にあって他の政策経費が抑制される中でも高い伸びを示してきており、欧米主要国にほぼ遜色のない水準に達しつつある。

一方、主要諸国が、近年研究開発投資を強化しつつあるなかで、知の大競争時代に国際競争に勝ち抜くためには、官民を挙げて引き続きその強化に向けた努力を行っていくことが必要である。

今後、我が国としては、官民の適切な役割分担を踏まえ、研究開発投資を着実に措置していくとともに、官民の連携強化等により、その投資を有効に活かして国際競争力を強化し、またその成果を社会・国民に還元することが一層求められる。

他方、第2期基本計画期間中の我が国の財政事情は、第1期基本計画期間と比べても一層悪化し、主要先進国中で最悪の状況となっており、歳出・歳入一体の財政構造改革を推進することは、活力ある経済社会を実現し、持続的な成長を図る上で不可欠の課題となっている。

こうした状況の下で、第2期基本計画期間までの科学技術振興の努力を継続していくとの観点から、政府研究開発投資について、第3期基本計画期間中も対GDP比率で欧米主要国の水準を確保することが求められている。この場合、平成18年度より22年度までの政府研究開発投資の総額の規模を約25兆円とすることが必要である。

（注）上記は、第3期基本計画期間中に政府研究開発投資の対GDP比率が1%、上記期間中におけるGDPの名目成長率が平均3．1%を前提としているものである。

以上のような観点を踏まえ、毎年度の予算編成に当たっては、政府全体として財政構造改革に取り組んでいかなければならない中で、今後の社会・経済動向、科学技術の振興の必要性等を勘案するとともに、第2期基本計画期間中に比べて更に厳しさを増している財政事情を踏まえ、基本計画における科学技術システム改革の着実な実施により政府研究開発投資の投資効果を最大限発揮させることを前提として、基本計画に掲げる施策の推進に必要な経費の確保を図っていくものとする。

その際、特に国民に対してもたらされる成果に着目した目標設定と評価の仕組みを確立し、投資効果を検証することにより、研究開発の質の向上を図る。また、科学技術システムの抜本的改革を推進する中で、人材の育成、イノベーションの創出のために必要な資金を重点的に拡充するとともに、研究費配分における無駄の徹底排除・審査体制の強化、評価システムの改革、円滑な科学技術活動と成果の還元に向けた制度・運用上の隘路の解消、研究・教育機関の科学技術活動の把握などの取組を一層強化する。さらに、民間資金の導入、資産の売却など、一層の財源確保に努める。

第2章　科学技術の戦略的重点化

これまでの重点化の進捗と成果、今後の我が国の経済社会状況や国際的な情勢を展望すれば、効果的・効率的な科学技術政策の推進という観点から投資の重点化は引き続き重要であり、政府研究開発投資の戦略的重点化を更に強力に進める。その際、第3期基本計画においては、第2期基本計画で進めた研究分野の重点化にとどまらず、分野内の重点化も進め選択と集中による戦略性の強化を図るとともに、基本計画において基本理念の下で新たに設定する6つの政策目標との関係を明確にしていく。

1．基礎研究の推進

多様な知と革新をもたらす基礎研究については、一定の資源を確保して着実に進める。人類の英知を生み知の源泉となる基礎研究は、全ての研究開発活動の中で最も不確実性が高いものである。その多くは、当初のねらいどおりに成果が出るものではなく、地道で真摯な真理探求と試行錯誤の蓄積の上に実現されるものである。また、既存の知の枠組みとは異質な発見・発明こそが飛躍知につながるものであり、革新性を育む姿勢が重要である。

基礎研究には、人文・社会科学を含め、研究者の自由な発想に基づく研究と、政策に基づき将来の応用を目指す基礎研究があり、それぞれ、意義を踏まえて推進する。すなわち、前者については、新しい知を生み続ける重厚な知的蓄積（多様性の苗床）を形成することを目指し、萌芽段階からの多様な研究や時流に流されない普遍的な知の探求を長期的視点の下で推進する。一方、後者については、次項以下に述べる政策課題対応型研究開発の一部と位置付けられるものであり、次項2．に基づく重点化を図りつつ、政策目標の達成に向け、経済・社会の変革につながる非連続的なイノベーションの源泉となる知識の創出を目指して進める。

なお、基礎研究全体が下記2．に基づく重点化の対象となるのではなく、例えば科学研究費補助金で行われるような研究者の自由な発想に基づく研究については、政策課題対応型研究開発とは独立して推進されることを明確化し、理解の徹底を図る。

また、研究者の自由な発想に基づく研究の中でも、特に大きな資源の投入を必要とするプロジェクトについては、研究者の発意を基に厳格な評価を行った上で、国としてもプロジェクト間の優先度を含めた判断を行い取り組む。

2．政策課題対応型研究開発における重点化

（1）「重点推進4分野」及び「推進4分野」

第2期基本計画において、国家的・社会的課題に対応した研究開発の中で特に重点を置き、優先的に資源を配分することとされたライフサイエンス、情報通信、環境、ナノテクノロジー・材料の4分野については、次のような観点から、引き続き基本計画においても、特に重点的に研究開発を推進すべき分野（「重点推進4分野」という。）とし、次項以下の分野内の重点化の考え方に基づきつつ優先的に資源配分を行う。

①　3つの基本理念への寄与度（科学技術面、経済面、社会面）が総合的に見て大きい分野であること。

②　国民の意識調査から見て期待や関心の高い分野であること。

③　各国の科学技術戦略の趨勢を踏まえたものであること。

④　戦略の継続性、研究現場への定着等実際的な観点からも適切であること。

また、上記の重点推進4分野以外のエネルギー、ものづくり技術、社会基盤、フロンティアの4つの分野について、引き続き、国の存立にとって基盤的であり国として取り組むことが不可欠な研究開発課題を重視して研究開発を推進する分野（「推進4分野」という。）と位置付け、次項以下の分野内の重点化の考え方に基づきつつ適切な資源配分を行う。

（2）分野別推進戦略の策定

重点推進4分野に該当する研究開発であっても十分な精査なくして資源の重点配分を行うべきではなく、また、推進4分野での研究開発であっても精査がないままに資源の戦略的配分の対象から除外することは適切ではない。そこで重点推進4分野及び推進4分野について、総合科学技術会議は、政策目標の実現に向けて、8分野それぞれの分野別推進戦略を、以下のような分野内の重点化の考え方に基づいて策定し、各分野において重要な研究開発課題を選定する。その際、網羅的・包括的な研究開発課題の設定とならないよう十分に配慮する。

①　デルファイ調査などにより科学的インパクト、経済的インパクト、社会的インパクトを軸とした将来的な波及効果を客観的に評価すること。

②　我が国の国際的な科学技術の位置・水準を明確に認識（ベンチマーク）した上で投資の必要性を明確化すること。（強みを活かし競争優位を確実にする研究開発課題なのか、強い社会ニーズがあり課題解決すべき研究開発課題なのか、パラダイムシフトを先導する研究開発課題なのか等）

③　知の創造から社会・国民への成果還元に至る研究開発の各段階に応じて、基本計画で設定された政策目標達成への貢献度、達成までの道筋等の観点から、投資の必要性を明確化すること。

④　官民の役割を踏まえ、研究開発リスク、官民の補完性、公共性等の観点から、投資の必要性を明確化すること。

（3）「戦略重点科学技術」の選定

重要な研究開発課題には、過去の蓄積を活用することが主眼となり予算が増加しないもの、一定の予算内で息

長く研究開発を持続させるべきもの等様々な投資のパターンが存在する。したがって、分野別推進戦略の策定に当たっては、基本計画期間中に予算を重点配分する研究開発課題を更に一定の考え方に基づいて絞り込む必要がある。そこで総合科学技術会議は、以下のような視点から、各分野内において基本計画期間中に重点投資する対象を「戦略重点科学技術」として選定し、最終的に分野別推進戦略に位置付ける。

①　近年急速に強まっている社会・国民のニーズ（安全・安心面への不安等）に対し、基本計画期間中において集中投資することにより、科学技術からの解決策を明確に示していく必要があるもの。

②　国際的な競争状態及びイノベーションの発展段階を踏まえると、基本計画期間中の集中投資・成果達成が国際競争に勝ち抜く上で不可欠であり、不作為の場合の5年間のギャップを取り戻すことが極めて困難なもの。

③　国が主導する一貫した推進体制の下で実施され世界をリードする人材育成にも資する長期的かつ大規模なプロジェクトにおいて、国家の総合的な安全保障の観点も含め経済社会上の効果を最大化するために基本計画期間中に集中的な投資が必要なもの。

3．分野別推進戦略の策定及び実施に当たり考慮すべき事項

（1）新興領域・融合領域への対応

20世紀における偉大な発明・発見に際して、異分野の知の出合いによる触発や切磋琢磨する中での知の融合が果たした役割は大きい。21世紀に入り、世界的な知の大競争が激化する中、新たな知の創造のために、既存の分野区分を越え課題解決に必要な研究者の知恵が自在に結集される研究開発を促進するなど、異分野間の知的な触発や融合を促す環境を整える必要がある。8つの分野別推進戦略を策定する際にも、これら新興領域・融合領域へ機動的に対応しイノベーションに適切につなげていくことに十分に配慮して進める。

また、国際的に生産性が劣後しているサービス分野では科学技術によるイノベーションが国際競争力の向上に資する余地が大きいほか、科学技術の活用に関わる人文・社会科学の優れた成果は製造業等の高付加価値化に寄与することが期待されることから、イノベーション促進に必要な人文・社会科学の振興と自然科学との知の統合に配慮する。

（2）政策目標との関係の明確化及び研究開発目標の設定

各分野別推進戦略において選定される重要な研究開発課題については、それぞれが基本計画で示した政策目標及びそれに基づき定められる個別政策目標の達成に向けて、研究開発として目指す科学技術面での成果（研究開発目標）を明確化する必要がある。その設定に当たっては、基本計画期間中に目指す研究開発目標及び最終的に達成を目指す研究開発目標を設定することを基本とする。また、官民の役割分担、各公的研究機関の役割を含め、研究開発目標の達成が政策目標の達成に至る道筋も明らかにすることによって、科学技術成果の社会・国民への還元についての説明責任を強化する。

（3）戦略重点科学技術に係る横断的な配慮事項

①　社会的課題を早急に解決するために選定されるもの

本章2．（3）1に該当する科学技術は、近年世界的に安全と安心を脅かしている国際テロ、大量破壊兵器の拡散、地震・台風等による大規模自然災害・事故、情報セキュリティに対する脅威、SARS・鳥インフルエンザ等の新興・再興感染症などの社会的な重要課題に対して迅速・的確に解決策を提供するものである。その研究開発の実施に当たっては、国が明確な目標の下で、専門化・細分化されてきている知を、人文・社会科学も含めて横断的に統合しつつ進めることが必要であり、総合科学技術会議は、このような社会的な技術について、分野横断的な課題解決のための研究開発への取組に配慮する。

②　国際的な科学技術競争を勝ち抜くために選定されるもの

本章2．（3）2に該当する科学技術については、既存の知の体系の根源的な変革や飛躍的な進化に向けた研究競争が激化しているもの、我が国固有の強みを活かして追随が困難な高付加価値化を一刻も早く確立すべき段階にあるもの、大きな付加価値獲得に波及する限界突破を狙う国際競争をリードする好機に至っているものなど、的確な国際的ベンチマーキングを踏まえた競争戦略に基づき、揺るぎない国際競争力を築くための研究開発へ選択・集中することに配慮する。

③　国家的な基幹技術として選定されるもの

本章2．（3）3に該当する科学技術に対しては、国家的な大規模プロジェクトとして基本計画期間中に集中的に投資すべき基幹技術（「国家基幹技術」という。）として国家的な目標と長期戦略を明確にして取り組むものであり、次世代スーパーコンピューティング技術、宇宙輸送システム技術などが考えられる。これらの技術を含め総合科学技術会議は、国家的な長期戦略の視点に配慮して、戦略重点科学技術を選定していく中で国家基幹技術を精選する。また、国家基幹技術を具現化するための研究開発の実施に当たっては、総合科学技術会議が予め厳正な評価等を実施する。

（4）分野別推進戦略の効果的な実施～「活きた戦略」の実現

8つの分野で策定される分野別推進戦略について、最新の科学技術的な知見、新興領域・融合領域等の動向を踏まえて、基本計画期間中であっても、必要に応じて重要な研究開発課題や戦略重点科学技術等に関しての変更・改訂を柔軟に行う。また、総合科学技術会議による資源配分方針立案に向けた最新知見の吸収、概算要求前の資源配分方針の提示、概算要求に対する優先順位付け等の実施、次年度の資源配分方針立案に向けた準備といった年間の政策サイクルを確立し、関係府省や研究機関のネットワーク・連携を進める基盤となる「活きた戦略」を実現していく。

また、関係府省及び関係機関が、基礎的段階から実用化段階までの広い研究開発段階を概観し、先端的な研究開発動向、技術マップ、政策目標につなげていくロードマップ等について、恒常的に意見交換し情報を共有していくことは、「活きた戦略」を府省横断的に展開する上

で有意義である。総合科学技術会議も円滑な意見交換・情報共有の促進に努める。

第3章　科学技術システム改革

1．人材の育成、確保、活躍の促進

日本の科学技術の将来や国際競争力の維持・強化は、我が国に育まれ、活躍する「人」の力如何にかかっており、新しい時代に的確に対応する機関において若手研究者や女性研究者、さらには外国人研究者、優れた高齢研究者などの多様多才な個々人が意欲と能力を発揮できる環境を形成するとともに、初等中等教育段階から研究者育成まで一貫した総合的な人材育成施策を講じ、少子高齢化が進展する中で、人材の質と量を確保する。

（1）個々の人材が活きる環境の形成

①　公正で透明性の高い人事システムの徹底

自由な創意工夫により新たな価値を生み出すためには、人事における健全な競争の促進と公正さの担保が必要であり、我が国の科学技術活動において人材の競争性・流動性・多様性を高めることを原則とし、能力主義に基づく公正で透明性の高い人事システムを広く徹底させる。

具体的には、研究者の採用において、公募等の開かれた形で幅広く候補者を求め、性別、年齢、国籍等を問わない競争的な選考を行う。また、研究者の処遇において、能力や業績の公正な評価の上で、優れた努力に積極的に報いる。

大学や公的研究機関は、それぞれの特性を踏まえつつ、人事システムを自己点検評価に適切に位置付け、改革・改善を実施することが求められる。また、大学や公的研究機関について実施する第三者評価においても、人事システムの改革・改善が徹底されるよう適切に対応することが望まれる。さらに、国は、組織に対する競争的な支援制度において、制度の趣旨に応じ人事システム改革の状況を審査の一指標とすること等により、大学や公的研究機関の取組を促進する。

②　若手研究者の自立支援

公正で透明な人事評価に基づく競争性の下、若手研究者に自立性と活躍の機会を与えることを通じて、活力ある研究環境の形成を指向することとし、特に、世界的研究教育拠点を目指す大学等においては、人材の流動性向上、分野の事情等に配慮しつつ、テニュア・トラック制（若手研究者が、厳格な審査を経てより安定的な職を得る前に、任期付きの雇用形態で自立した研究者としての経験を積むことができる仕組み）をはじめ、若手研究者に自立性と活躍の機会を与える仕組みを導入することを奨励する。また、大学においては、若手研究者の活躍を一層促進するため、助教の確保と活躍の場の整備がなされることが望まれる。

国は、このための環境整備（スタートアップ資金の提供、研究支援体制の充実、研究スペースの確保等）に組織的に取り組む大学等を支援するとともに、大学等の取組状況を組織に対する競争的な支援制度の審査の一指標とする。また、若手研究者が研究スペースを確保できるような大学の施設マネジメントを促進する。

さらに、競争的資金の拡充を目指す中で、若手研究者を対象とした支援を重点的に拡充するとともに、競争的資金全般における若手研究者の積極的な申請を奨励する。その際、スタートアップ時期に配慮したプログラムの設置や、若手研究者自らが研究組織を率いて研究を遂行できる金額が支給されるプログラムの拡充に配慮する。これらの取組を通じて、若手研究者への研究資金配分を相当程度高めることを目指す。

若手研究者を対象とした競争的資金等の申請資格については、出産・育児や社会人経験等を伴う多様なキャリアに配慮し、一律的な年齢制限ではなく研究経歴によるものを設けるなど、それぞれの制度趣旨に応じ制度改善を進める。

なお、ポストドクター等1万人支援計画が達成され、ポストドクターは今や我が国の研究活動の活発な展開に大きく寄与しているが、ポストドクター後のキャリアパスが不透明であるとの指摘がある。このため、研究者を志すポストドクターは自立して研究が行える若手研究者の前段階と位置付け、若手研究者の採用過程の透明化や自立支援を推進する中でポストドクター支援を行う。また、ポストドクターに対するアカデミックな研究職以外の進路も含めたキャリアサポートを推進するため、大学や公的研究機関の取組を促進するとともに、民間企業等とポストドクターの接する機会の充実を図る。

また、若手研究者やポストドクターの時期から国際経験を積み海外研究者と切磋琢磨できるよう、海外の優れた研究機関での研究機会や海外研究者との交流機会を拡大すべく引き続き施策の充実を図る。

③　人材の流動性の向上

研究者の流動性を向上し活力ある研究環境を形成する観点から、大学及び公的研究機関は任期制の広範な定着に引き続き努める。また、任期付きの職を経てより安定的な職に就いた場合には、落ち着いて研究活動等に専念することが期待されるが、その活動の活性化を維持するため、例えば、再任可能な任期制や、適性や資質・能力の審査を定期的に行う再審制による雇用を行うことを奨励する。任期制の拡大に当たっては、分野により事情は異なるものの、民間も含めた研究者全体として流動性が高まっていくことが必要であるため、例えば、複数の大学が同時に任期制へ移行することや、民間の研究機関における流動性の向上などが望まれる。

また、研究者をより安定的な職に就ける際には、出身大学学部卒業後に、大学等の機関又は専攻を、公正で透明性ある人事システムの下で少なくとも1回変更した者を、選考することが望ましい（「若手一回異動の原則」の奨励）。

④　自校出身者比率の抑制

多様な人材が互いに知的触発を受けながら、創造性を発揮し切磋琢磨する研究環境を形成することは、新しい研究領域の創生や研究組織の活力を保つためには不可欠である。このことに鑑みれば、真に優秀な人材を公正にかつ透明性を持って採用した結果として教員の自校出身者比率（自校学部出身者比率）が高くなることがありうるとしても、それが過度に高いことは、概して言えば望ましいことではない。このため、各大学においては教員の自校出身者比率に十分な注意を払うとともに、その比率が過度に高い大学にあってはその低減が図られることを期待する。国は、各大学の教員の職階別の自校出身者比率を公表する。

⑤ 女性研究者の活躍促進

女性研究者がその能力を最大限に発揮できるようにするため、男女共同参画の観点も踏まえ、競争的資金等の受給において出産・育児等に伴う一定期間の中断や期間延長を認めるなど、研究と出産・育児等の両立に配慮した措置を拡充する。

大学や公的研究機関等においては、次世代育成支援対策推進法に基づき策定・実施する行動計画に、研究と出産・育児等の両立支援を規定し、環境整備のみならず意識改革を含めた取組を着実に実施することが求められる。国は、他のモデルとなるような取組を行う研究機関に対する支援等を行う。

大学や公的研究機関は、多様で優れた研究者の活躍を促進する観点から、女性研究者の候補を広く求めた上で、公正な選考により積極的に採用することが望まれる。また、採用のみならず、昇進・昇格や意思決定機関等への参画においても、女性研究者を積極的に登用することが望ましい。

女性研究者の割合については、各機関や専攻等の組織毎に、目標や理念、女性研究者の実態が異なるが、当該分野の博士課程（後期）における女性の割合等を踏まえつつ、各組織毎に女性の採用の数値目標を設定し、その目標達成に向けて努力するとともに達成状況を公開するなど、女性研究者の積極的採用を進めるための取組がなされることを期待する。現在の博士課程（後期）における女性の割合に鑑みると、期待される女性研究者の採用目標は、自然科学系全体としては25％（理学系20％、工学系15％、農学系30％、保健系30％）である。

国は、各大学や公的研究機関における女性研究者の活躍促進に係る取組状況や女性研究者の職階別の割合等を把握し、公表する。

さらに、理数好きの子どもの裾野を広げる取組の中で、女子の興味・関心の喚起・向上にも資する取組を強化するとともに、女性が科学技術分野に進む上での参考となる身近な事例やロールモデル等の情報提供を推進する。

⑥ 外国人研究者の活躍促進

科学技術活動においては、世界一流の研究者をはじめとする優秀な人材が、国籍を問わず数多く日本の研究社会に集まり、活躍できるようにする必要がある。

大学や公的研究機関において、優れた外国人研究者の招へい・登用を促進するため、国は、研究環境のみならず住宅確保、子弟教育等の生活環境にも配慮した組織的な受入体制の構築を支援する。また、世界的研究教育拠点を目指す大学や公的研究機関は、外国人研究者の活躍促進を図るための行動計画を策定することが期待され、国は、その取組状況を把握し、公表する。

さらに、外国人研究者の受入れの円滑化を図るため、出入国管理制度や査証発給のあり方に係る必要な見直しや運用改善等を一層推進する。外国人研究者の住宅確保等については、大学や公的研究機関と地方公共団体等との連携により外国人研究者の身元保証を行うこと等の充実が期待される。

一方、優れた外国人留学生の我が国への定着に資するため、我が国で博士号を取得した留学生が外国人ポストドクター招へい制度に円滑に応募できるよう運用改善を行う。

なお、大学や公的研究機関は、研究者の採用の際、英語での告知を徹底し英語での応募を認めるなど、外国人研究者が応募しやすい環境を整備することが期待される。

⑦ 優れた高齢研究者の能力の活用

研究活動において年功主義を残し、能力主義を徹底しないまま安易に雇用期間の延長等を行うことは、若手研究者の登用の機会を奪い、研究現場の活力を失わせる恐れがある。

一方、国際的に見て真に優秀と認められる研究者が年齢を問わず活躍し成果をあげていくことは、我が国の科学技術水準の向上にとって重要であり、定年後も競争的資金や外部資金等の活用により何らかの形で研究を継続できるよう、大学に促す。また、定年後の研究者が、研究職以外の立場で広く科学技術振興のため活躍できるよう、その能力や知見を十分活かす取組を促進する。

（2）大学における人材育成機能の強化

① 大学における人材育成

知の創造と活用において、創造性豊かで国際的にリーダーシップを発揮できる広い視野と柔軟な発想を持つ人材を育成するため、その要である大学における人材育成機能の強化を推進する。

各大学の学部段階では、それぞれの個性・特色を明確化し、教養教育の充実とともに教養教育と専門教育の有機的連携を確保した多様で質の高い教育の展開が期待される。その際、課題探求能力の育成を重視し、主専攻・副専攻を組み合わせた特色あるカリキュラムの構築や、実践との関わりから深く学ばせる教育方法の導入など、確実な基礎の上に広い視野と柔軟な思考力を培う教育が望まれる。

また、各大学は、教員の教育・研究指導能力の向上に努めるとともに、研究活動に関する評価のみならず、教育活動に関する評価を積極的に導入することが期待される。

② 大学院教育の抜本的強化

これまでの大学院の整備により10年間で大学院生数は2倍を超える伸びを示すなど量的な整備は順調に行われてきたが、今後は、大学院教育の質の抜本的強化に取り組む。

各大学院において、課題探求能力の育成を重視した教育を基礎として、高い専門性と広い視野を得られる大学院教育を目指し、高度の専門的知識の修得に加え関連する分野の基礎的素養の涵養を図り、学際的な分野への対応能力を含めた専門的知識を活用・応用する能力を培う教育が望まれる。

また、各大学院において、教育の課程を編成する基本となる単位の専攻組織のレベルで、社会ニーズを汲み取りつつ自らの課程の目的を明確化した上で、体系的な教育プログラムを編成して学位授与へと導くプロセス管理を徹底していけるよう、教育の課程の組織的展開の強化を図ることに焦点を当てた改革を進める。国は、魅力ある大学院教育の組織的取組への競争的・重点的な支援制度を本格的に展開するとともに、優れた取組の事例を広く社会に情報提供し大学院教育の改善に供する。

③ 大学院教育の改革に係る取組計画の策定

大学院教育の改革に当たっては、世界的拠点の形成、大学院評価の確立、財政基盤の充実等も含めた総合的な取組が必要であり、国は、中央教育審議会の意見を踏まえ、大学院における今後5か年程度の体系的・集中的な取組計画（大学院教育振興施策要綱）を策定し、これに基づいた施策展開を図る。この計画は、教育の体系的位置付けを踏まえた大学院の構造改革の一環として策定されるべきものであるが、高度な科学技術関係人材育成の中核機関であり研究活動の主要な担い手でもある大学院は科学技術の振興の重要な基盤をなすことから、科学技術基本計画との整合性にも留意して策定する。

④ 博士課程在学者への経済的支援の拡充

優れた資質や能力を有する人材が、博士課程（後期）進学に伴う経済的負担を過度に懸念することなく進学できるようにすることは、優れた研究者を確保する観点から必要であるとともに、博士号取得者の多様なキャリアパスの拡大に資する。

このため、大学院生の約4割が生活費相当分の支援を受けているとされる米国を参考とし、博士課程（後期）在学者を対象とした経済的支援を拡充する。具体的には、優秀な人材を選抜するという競争性を十分確保しつつ、フェローシップの拡充や競争的資金におけるリサーチアシスタント等としての支給の拡大等により、博士課程（後期）在学者の2割程度が生活費相当額程度を受給できることを目指す。また、人材育成の観点からも重要な役割を果たすことが期待される奨学金貸与事業については、事業の健全性を確保しつつ、各大学からの適切な推薦に基づき、特に優れた業績をあげた者に対して返還免除を行う制度の効果的な運用を推進する。

さらに、個々の学生が進路選択に当たり、博士課程（後期）受験前など可能な限り早い時期に、経済的支援が受けられるか否かを判断しうるよう適切な措置を講じる。

（3） 社会のニーズに応える人材の育成

① 産学が協働した人材育成

大学や大学院における教育の質の向上は、産業界にとって直接の恩恵をもたらし、また、大学教育よりも採用後の社内教育を重視する人材育成の自前主義には限界が存在することから、今後はこれまで以上に、産学が協力関係を築いて人材の育成に取り組むことが必要である。

このため、工学系を中心に、産学が協働して新たに大学院段階における単位認定を前提とした質の高い長期のインターンシップ体系を構築することを支援し、その普及を促進する。また、大学を拠点とした産学協働による教育プログラムの開発・実施や、産業界との共同研究等に大学院生やポストドクターが指導教員の適切な指導・監督のもと一定の責任を伴って参画する機会の拡充等を進める。

このような取組や産学の直接の対話を通じて、今後、産業界においては、大学や大学院に対する自らのニーズを具体化することが求められ、大学や大学院においては、そのようなニーズを的確に踏まえた教育プログラム等の不断の改善が求められる。

② 博士号取得者の産業界等での活躍促進

博士号取得者は、社会の多様な場で、高度な知識基盤社会をリードし、支え、活躍すべき存在であるとの観点から、大学院教育の改革や人材育成面での産学連携を推進し、社会の多様な場で活躍しうる博士号取得者の育成を強化する。産業界においては、優れた博士号取得者に対し、弾力的で一律でない処遇を積極的に講じることが求められる。

また、学生はもとより、大学、産業界等が、博士号取得者はアカデミックな研究職のみならず社会の多様な場で活躍することが望ましいとの共通認識を持つことを期待する。

なお、各大学が、博士課程修了者の進路等の情報を把握し自らの教育の質の向上に活かすことが極めて重要であるため、各大学がこれら情報の継続的な把握に努めることが望まれる。

③ 知の活用や社会還元を担う多様な人材の養成

（知的財産・技術経営等に係る人材の養成）

科学技術の成果を知的財産として戦略的に取得・活用できる人材や、技術と経営の双方を理解し研究開発を効果的に市場価値に結実させる人材など、我が国のイノベーション創出を支える人材が質・量ともに求められており、知的財産、技術経営教育等に係る各大学等の自主的な取組を促進する。特に、我が国の経済・社会を牽引する高度で専門的な職業能力を持つ人材を養成する観点から、専門職大学院の教育の質的向上を支援する。

（科学技術コミュニケーターの養成）

科学技術を一般国民に分かりやすく伝え、あるいは社会の問題意識を研究者・技術者の側にフィードバックするなど、研究者・技術者と社会との間のコミュニケーションを促進する役割を担う人材の養成や活躍を、地域レベルを含め推進する。具体的には、科学技術コミュニケーターを養成し、研究者のアウトリーチ活動の推進、科学館における展示企画者や解説者等の活躍の促進、国や公的研究機関の研究費や研究開発プロジェクトにおける科学技術コミュニケーション活動のための支出の確保等により、職業としても活躍できる場を創出・拡大する。

（新たなニーズに対応した人材養成）

ソフトウェア・セキュリティ技術等の情報通信分野、新興・再興感染症・テロリズム対策等の社会の安全に資する科学技術分野、デジタルコンテンツの創造等の自然科学と人文・社会科学との融合分野など社会のニーズが顕在化している分野や、バイオインフォマティクス、ナノテクノロジーなど急速に発展している分野において、機動的な人材の養成・確保を推進する。

（技術者の養成）

我が国の技術基盤を支え高い専門能力を有する技術者は、我が国が高い付加価値を創造するものづくりや技術に立脚した持続的な発展を遂げていく上で、重要な役割を果たしている。しかし、近年、熟練した技術者の高齢化や若年層のものづくり離れといった問題が懸念されるとともに、製造分野においてはアジア諸国の台頭を含めた国際競争が激化しており、特に２００７年以降は団塊世代が順次定年を迎えていくことから、製造現場や建設現場などにおいて、団塊世代が有する知識やノウハウによって培われてきた製造中核技術を維持・確保していくための技術者の養成が喫緊の課題となっている。

このため、民間企業においては、製造現場等で必要とされるものづくり人材や高い付加価値を創造するものづくり人材の確保のために、人材投資促進税制などの制度を活用した積極的な人材養成を進めるとともに、関連する産業群が一体となり、学校における教育とも連携をとりながら、卓越した技能を持ちながら定年を迎える人材の活用等により、円滑な技能の継承・普及を図ることが期待される。国は、設計・製造プロセスに係る要素技術や過去の事例等を、知識あるいはデータとして整理し広く提供することにより、技術者の知的生産活動を支援する。

大学、高等専門学校、専修学校等においては、将来のものづくり人材を含めた技術者養成のための実践的教育を進める。また、技術士等の技術者資格制度の普及拡大と活用促進を図るとともに、社会人の学習意欲の高まりに対応した再教育の機会を一層充実するため、様々な主体による技術者の継続的能力開発システムの構築、インターネット上での学習が可能な教材の開発・提供、社会人の大学院等への進学・再入学等を促進する。

また、小・中・高等学校や社会教育施設等におけるものづくりに関する体験的な学習等の充実など、ものづくり技術に係る学習の振興を図るとともに、工業高校や高等専門学校等において地域の企業等と連携した取組を進める。

（４）次代の科学技術を担う人材の裾野の拡大

① 知的好奇心に溢れた子どもの育成

理科や数学が好きな子どもの裾野を広げ、知的好奇心に溢れた子どもを育成するには、初等中等教育段階から子どもが科学技術に親しみ、学ぶ環境が形成される必要がある。

このため、優れた研究者等が学校に出向いて子どもや親に語るなど、研究者等の顔が子どもに見える機会を拡大するとともに、意欲ある教員・ボランティアの取組や大学・公的研究機関・企業・科学館・博物館等と学校の連携を支援することで、観察・実験等の体験的・問題解決的な学習の機会を充実する。不足や老朽化が著しい小・中・高等学校等の実験器具等の設備の充実を図る。さらに、子どもが分かりやすいデジタル教材・番組の開発・提供を進めるとともに、様々な主体による科学技術コンテスト等の開催を促進する。

また、高度・先端的な内容の理科、数学、技術等の教科を分かりやすく教え、魅力ある授業を行うことができる教員の養成と資質向上のため、教員養成系大学を中心として、大学における教職課程の教育内容・方法の見直しと充実を図る。さらに、教員の専修免許状の取得のための取組を推進するとともに、高い専門性と実践的な指導力を発揮できる教員の養成を行うことができるよう、教員養成における専門職大学院制度の活用やそのあり方を検討する。また、幼稚園から高等学校に至る教員養成系大学附属学校において、教育内容・方法について大学の研究成果を取り入れた理数教育を行うなど、大学と連携した実践的な取組を継続的に実施する。

② 才能ある子どもの個性・能力の伸長

効果的な理数教育を通じて理科や数学に興味・関心の高い子どもの個性・能力を伸ばし、科学技術分野において卓越した人材を育成していく必要があり、理数教育を重視する高等学校等に対する支援制度を拡充するとともに、才能ある子どもの各種の国際科学技術コンテスト等への参加を促進する。

また、大学入学者選抜の影響に関わらず才能ある児童生徒の個性・能力の伸長を図ることができるよう、高等学校と大学の接続、いわゆる高大接続の改善を進める。具体的には、高等学校段階において顕著な実績をあげた生徒がアドミッション・オフィス（ＡＯ）入試等の方式により適切な評価が得られるようにすることや、大学の協力を得ながら科学技術関係人材育成のための特別な教育課程を高等学校が編成すること、さらには、高校生を科目等履修生などとして大学に受け入れたり大学の教員が高等学校に出向いて授業を行うなど高校生が大学レベルの教育研究に触れる機会を提供する取組を行うことなど、工夫・改善を促進する。

２．科学の発展と絶えざるイノベーションの創出

科学技術に関する資源を効果的に機能させ、科学の発展によって知的・文化的価値を創出するとともに、研究開発の成果をイノベーションを通じて社会的・経済的価値として発現させる努力を強化し、社会・国民に成果を還元する科学技術を目指す。その際、研究開発システムの改革のみならず、円滑な科学技術活動と成果還元に向けた制度・運用上の隘路の解消に取り組むことが重要である。

（１）競争的環境の醸成

競争的資金については、第２期基本計画において目指すこととされていた倍増には至らなかったものの、その拡充が相当程度進むとともに、制度改革の進捗ともあいまって、競争的環境の醸成に向けた取組には着実な進展があった。今後、より多様な局面で競争原理を働かせることにより研究活動を活性化させるためには、更なる取組を進める必要がある。

① 競争的資金及び間接経費の拡充

研究者の研究費の選択の幅と自由度を拡大し、競争的な研究開発環境の形成に貢献する科学研究費補助金等の競争的資金は、引き続き拡充を目指す。競争的資金を獲得した研究者の属する機関に対して研究費の一定比率が配分される間接経費については、全ての制度において、30％の措置をできるだけ早期に実現する。

間接経費は、研究の実施に伴う研究機関の管理等に必

要となる経費に充てるものであり、機関の自主的判断のもと活用されることが基本であるが、その中でも、競争的資金を獲得した研究者の属する部局等の研究環境の整備や、当該研究者に対する経済面での処遇、研究者による円滑な申請等を支援する事務体制の強化などに活用することが期待される。

② 組織における競争的環境の醸成

（競争による研究活動の活性化）

競争的資金は、研究者間の競争促進はもちろん、間接経費の措置により、研究者の属する組織間の競争を促す効果を持つ。これにあわせて、人材に係る競争性・流動性を高め、大学等の人材確保に係る競争を促進することも必要であり、これらがあいまって、研究活動の一層の活性化が期待される。

世界一流の研究機関で行われているように我が国においても、大学等は、魅力ある研究環境の構築や研究者の処遇に努めることにより優秀な研究者を確保しつつ、これら優秀な研究者が獲得する競争的資金の間接経費等を研究環境の改善等に充当し、優秀な研究者を惹きつけるという好循環が形成されることが望まれる。

（大学における基盤的資金と競争的資金の有効な組合せ）

我が国の大学においては、基盤的資金（国立大学法人運営費交付金、施設整備費補助金、私学助成）が教育研究の基盤となる組織の存立（人材の確保、教育研究環境の整備等）を支えることに重要な役割を果たすとともに、競争的資金が多様な優れた研究計画を支援するという研究体制が構築されている。このように、基盤的資金と競争的資金にはそれぞれ固有の機能があり、それぞれ重要な役割を果たしている。

このため、政府研究開発投資全体の拡充を図る中で、基盤的資金と競争的資金の有効な組合せを検討する。

なお、国立大学法人運営費交付金は、その全てが各大学の教員数等に比例して配分されるべきものではなく、また配分された経費については各大学の自主的・自律的な学内配分を尊重しつつ、学長裁量配分なども含め、競争的環境の醸成等の観点に立って、競争的資金や外部資金とあいまって最も効果的・効率的に活用されることが重要であり、国はこのような取組を促進する。

③ 競争的資金に係る制度改革の推進

各競争的資金制度の効果を最大限に発揮させるため、それぞれの制度の趣旨や目的を明確化するとともに、研究費の規模、研究期間、研究体制、評価方法、推進方策等が、その制度の趣旨に応じ最適化されるよう、制度改革を進める。

（公正で透明性の高い審査体制の確立）

競争的資金の配分に当たっては、研究者の地位や肩書きによらず、申請内容と実施能力を重視した公正で透明性の高い研究課題の審査が不可欠であり、審査体制の抜本的強化に取り組む。

各制度においては、審査業務の合理化を図りつつ、審査員の増員、研究計画書の充実、審査基準の見直し等の改革を進める。特に審査員の増員については、研究者コミュニティが自らの責務として積極的に協力することを期待する。また、各制度においては、多様な観点からの審査による公正さを担保するため、若手研究者や外国人研究者などを審査員に登用するよう努める。

（審査結果のフィードバック）

審査結果の内容や審査の際の意見等をできる限り詳細に申請者に伝えることは、審査の透明性を確保し研究の質を向上させるとともに、若手研究者をはじめとする研究者の資質向上に寄与すると考えられ、競争的資金に係る各制度において、審査結果が研究者に適切にフィードバックされるよう、その詳細な開示を推進する。

（配分機関の機能強化）

競争的資金の配分機能を独立した配分機関へ移行させることを基本とし、方針が定まっている制度は着実な移行を進めるとともに、方針が定まっていない制度は実態を勘案しつつ早期に結論を得て適切に対応する。

各制度を支えるプログラムオフィサー（ＰＯ）、プログラムディレクター（ＰＤ）について、制度の規模に見合う人数で、これらの職に適切な資質を備えた者を確保できるよう、処遇に配慮する。また、大型の制度を中心として、できるだけ早期にＰＯ・ＰＤを専任へ転換していく。

さらに、ＰＯ・ＰＤが研究者のキャリアパスの一つとして位置付けられるよう、研究者コミュニティ全体が、ＰＯ・ＰＤの職務経験を適切に評価することを期待する。

配分機関においては、ＰＯ・ＰＤのみならず、その活動を支援するための調査分析機能、審査・交付・管理等に係る実務機能の充実・強化が不可欠であり、競争的資金の一定割合を確保すること等により、着実にその体制整備を行う。また、配分機関において、海外研修、国内セミナー等を充実させ、優秀なＰＯ・ＰＤの養成に努める。

なお、競争的資金の配分に当たっては、年度間繰越や年複数回申請など競争的資金の効率的・弾力的運用を可能とするため、競争的資金の趣旨・目的を考慮しつつ適切に予算措置を講じる必要がある。

（２）大学の競争力の強化

新たな知の創造と活用が格段に重要性を増す時代においては、大学の国際競争力の強化が極めて重要であり、世界の科学技術をリードする大学を形成する。また、地域における大学も含め、国公私立を問わず、個々の大学が、その個性・特色を活かして競争力を強化していくことが不可欠な時代になっている。このような認識の下、教育研究の基盤を支える基盤的資金は確実に措置する。

① 世界の科学技術をリードする大学の形成

国際競争力のある大学づくりは、大学間の健全な競争なしには成し遂げられない。このため、国公私立を問わず、大学における競争的環境の醸成や人材の流動性の向上等を一層推進する。

また、世界に伍し、さらには世界の科学技術をリードする大学づくりを積極的に展開するため、世界トップクラスの研究教育拠点を目指す組織に対して、競争原理の下での重点投資を一層強力に推進する。

　現在、国公私立大学の構造改革の一環して、21世紀COEプログラムが展開されているが、この評価・検証を踏まえた上で重点化を図り、より充実・発展した形で更なる展開を図っていくことが適当である。その際、大学の本来的使命としての優れた研究者育成機能の活性化や基礎研究水準の向上等の視点を確保することが重要であり、特定の研究領域等に偏するのではなく、基礎研究の多様性の確保や新興領域の創生等の観点から、幅広い学問分野を範囲とするとの基本的な考え方は維持することが適当である。

　このような基礎研究の多様性の確保等を旨とする施策を展開する一方、イノベーション創出に向けては、世界を先導しうる研究領域を生み出すとの視点から、産業界の協力も得ながら、特定の先端的な研究領域に着目して研究教育拠点の形成のための重点投資を行うことも極めて有効であり、その具体化を図る。

　これらの取組等を通じて、我が国の大学において、研究活動に関する各種評価指標により、世界トップクラスとして位置付けられる研究拠点、例えば、分野別の論文被引用数20位以内の拠点が、結果として30拠点程度形成されることを目指す。

② 個性・特色を活かした大学の活性化

（地域に開かれた大学の育成）

　地域における大学は、国公私立を問わず地域にとって重要な知的・人的資源であり、地域に開かれた存在として地域全体の発展に一層寄与すべきである。また、地方公共団体等は、このような大学をパートナーとして捉え活用していくことが地域再生に不可欠と認識し、積極的に支援していくことが期待される。例えば、地場産業・伝統産業の技術課題や新技術創出に大学が取り組む地域貢献型の産学連携や、それら産業と連携した人材育成の推進など、地域が大学と連携し、国の支援とがあいまって、地域の大学を核とした知識・人材の創出と地域活力の好循環を形成していくことが望ましい。

　地域の大学の活性化・活用による地域再生の一環として、文部科学省、地域再生本部、総合科学技術会議等が連携し、大学と連携した地域の自主的な取組に対する支援措置や環境整備を盛り込んだ「地域の知の拠点再生プログラム」を推進する。

（私立大学の研究教育機能の活用）

　私立大学は、これまでも独自の建学の精神に基づき、多様で特色ある教育研究活動を展開してきたところであり、国としても私立大学の有する人材育成機能、研究機能を一層活かしていくことが、我が国全体の科学技術水準の向上や多様性の確保の観点から不可欠である。一方、世界的研究教育拠点を目指す私立大学であっても、その研究環境が人的にも施設・設備的にも国立大学に比して不十分なところもあり、これを改善していく必要がある。

　このため、このような私立大学については、研究機能を強化する観点から重点的に助成の充実を図るとともに、競争的資金の運用に当たって、まず全ての制度について間接経費30％の措置をできるだけ早期に実現した後、更に私立大学に対する間接経費を優遇するなど私立大学への配慮に努める。また、多様な民間資金の導入を促進するための所要の条件整備を行う。

(3) イノベーションを生み出すシステムの強化

　大学や公的研究機関等で生み出される優れた基礎研究の成果をはじめとする革新的な研究開発の成果をイノベーションに次々と効果的につなげていくため、産学官が一体となって、我が国の潜在力を最大限発揮させるべく、イノベーションを生み出すシステムを強化する。

① 研究開発の発展段階に応じた多様な研究費制度の整備

　研究開発の発展段階や特性に応じて、各研究費制度の趣旨、期待する成果、評価方法、推進方策等を一層明確化し、基礎研究からイノベーション創出に至るまでの多様な制度を適切に整備・運用する。

（基礎研究におけるハイリスク研究への取組）

　これまでの競争的資金制度の改革等により、基礎研究を支える制度は質・量ともに充実しつつあり、研究水準は着実に向上している。基礎研究を支える競争的資金制度においては、いわゆるピアレビュー審査が基本であり、その改善を徹底する。

　一方で、ピアレビュー審査を画一的に運用するのみでは、ハイリスク研究（研究者の斬新なアイディアに基づく革新性の高い成果を生み出しうる研究）は見いだしにくい恐れがある。このため、基礎研究を支える制度の一部において、研究者個人のアイディアの独創性や可能性を見極めて柔軟に課題選定を行う仕組みを設けること等により、ハイリスク研究に配慮する。

（イノベーション創出を狙う競争的研究の強化）

　社会・国民への成果還元を進める観点から、基礎研究で生み出された科学的発見や技術的発明が、単に論文にとどまることなく社会的・経済的価値創造に結びついていくよう、革新的技術を生み出すことに挑戦する研究開発を今後強化する必要がある。これには、研究者の知的好奇心の単なる延長上の研究に陥ることのないよう適切な研究のマネジメントが必要である。

　このため、新たな価値創造に結びつく革新的技術を狙って目的基礎研究や応用研究を推進する競争的資金については、例えば、イノベーション志向の目標設定や研究進捗管理等を行う責任と裁量あるプログラムオフィサー（プログラムマネージャー）を置くなどにより、マネジメント体制を強化する。

（先端的な融合領域研究拠点の形成）

　イノベーションは新たな融合研究領域から創出されることが多いが、そのような領域は経済社会ニーズに基づく課題解決に向けた積極的な取組により効果的に形成される。

　このため、国は、産業界の積極的な参画を得て、我が国が世界を先導しうる先端的な融合研究領域に着目した研究教育拠点を大学等において重点的に形成する。この拠点（先端融合領域イノベーション創出拠点）の形成に当たっては、①真に産学協働による研究拠点、人材育成拠点であること、②実用化を見据えた基礎的段階からの研究を実施すること、③国の内外に開かれた拠点であること、④研究資源の提供など産業界の明確なコミットメントがあること、5これらを円滑にする斬新な組織運営やシステム改革を行うことなどに留意する。

〈府省を越えた研究費制度の改革〉

―多様な制度に応じた適切なマネジメントの強化―

多様な研究費制度に応じて適切なマネジメントを行ってこそ、国民の目に見える成果を生み出していくこととなる。

このため、国は、競争的資金やプロジェクト研究資金など各種の研究費制度について、対象となる研究開発の発展段階や特性に応じて、期待する成果を踏まえた適切な制度設計や運営がなされているかどうかを確認し、成果を創出するためのマネジメント強化を推進する。

―府省を越えて優れた研究成果を実用化につなぐ仕組みの構築―

各府省の研究費制度や産学官の研究機関における研究開発は、基礎的段階から実用化段階まで広範にわたっているが、優れた成果を出しつつあり、かつ、イノベーションの創出へ発展する可能性がある研究について、制度や機関を越えて切れ目なく研究開発を発展させ、実用化につないでいく仕組みの構築に努める。総合科学技術会議は、このような各府省の取組を促進する。

次の段階へ研究をつなぐことが期待される研究費制度においては、研究終了前の適切な時期に評価を実施し、優れた課題は切れ目なく研究が継続できる仕組みを導入する。

さらに、研究費制度や産学官の研究機関間の連携に、府省を越えて取り組む。具体的には、各研究費制度における中間評価・事後評価結果の迅速な情報発信と他制度・機関での活用、配分機関や研究機関の間でのワークショップ等の開催を通じた先端研究動向・成果や研究開発戦略・ロードマップ等についての情報共有、成果の応用可能性の情報を抽出・集約したデータベースの構築、配分機関や公的研究機関において研究開発の立案時に広く他の研究成果を調査する機能の強化などの取組を促進する。

② 産学官の持続的・発展的な連携システムの構築

厳しい国際競争の中、独自の研究成果から絶えざるイノベーションを創出していかねばならない我が国にとって、産学官連携は、その実現のための重要な手段であり、持続的・発展的な産学官連携システムを構築する。

〈本格的な産学官連携への深化〉

今後、より本格的な産学官連携へ深化を図るべきであるとの観点から、大学等の優れたシーズを活かした従来型の共同研究や技術移転に加え、産学官が研究課題の設定段階から対話を行い、長期的な視点に立って基礎段階から応用までを見通した共同研究等に取り組むことで連携の効果を高めていくような戦略的・組織的な連携を促進する。そのような連携の一環として、産学官連携の下で世界的な研究や人材育成を行う研究教育拠点の形成を目指す。

また、地域の競争力向上や大学や公的研究機関の地域貢献の促進の観点から、中小企業を含めた地域産業の技術課題や新技術創出に大学等が取り組む地域貢献型の共同研究を促進する。

これらの取組を通じ、大学等における民間企業からの研究費受入額の大幅な増加を目指す。

〈産学官連携の持続的な発展〉

―産学官の信頼関係の醸成―

持続的な産学官連携のためには、企業及び大学等の相互理解が不可欠であり、例えば、共同研究成果の帰属、企業ニーズへの柔軟かつ迅速な対応、守秘義務に対する認識の徹底、共同発明に係る不実施主体である大学等の特性への配慮などについて、双方が立場の違いを理解した上で十分に話し合い、問題の解決を図り、信頼関係を醸成していく必要がある。国は、双方が対話する場や成功事例情報等を提供するとともに、必要に応じてガイドライン等を示し自主的ルール作りを促す。

なお、大学や公的研究機関において、企業との共同研究や委託研究に関して必要となる間接経費は、双方の十分な話し合いのもとに、当該研究費の中で確保されることが重要であり、国は適切に措置されることを促す。

―大学等の自主的な取組の促進―

大学等は、産学官連携を含めた社会貢献を教育や研究とともに重要な使命として捉え、産学官連携活動をそれぞれの運営方針の中に適切に位置付けるとともに、自ら主体的に連携活動に取り組むことが望まれる。また、大学等は、産学官連携活動に積極的に取り組む研究者の業績を適切に評価することを期待する。なお、連携活動の進展に伴い生じる、いわゆる利益相反状態を適切にマネジメントする仕組みの整備も併せて行うことが必要である。国は、産学官連携活動に積極的に取り組む大学等へのインセンティブ付与に努める。

―大学知的財産本部や技術移転機関（ＴＬＯ）の活性化と連携強化―

産学官連携活動が十分な成果をあげていくためには、大学知的財産本部やＴＬＯの活動を一層活性化し、効果的なものとすることが必要である。

大学における知的財産の戦略的な創出・管理・活用を行う知的財産本部は、研究成果の社会還元という大学の使命を果たす上で極めて重要な存在であり、国は大学の主体性及び経営努力を求めつつ、その取組を支援する。また、民間への技術移転事業を実施するＴＬＯについては、国はその立ち上げ支援を行うとともに、優れた実績をあげているＴＬＯの成功要因の普及を図ること等によって、他のＴＬＯや大学等の技術移転体制の強化を図る。

大学は、自らの知的財産本部とＴＬＯとの関係を明確にし、対外窓口の明確化を進めるとともに、ＴＬＯに蓄積された技術移転に関する知見・ノウハウを最大限活用する観点から、知的財産本部とＴＬＯとの連携を一層強化する。

―知的財産活動の円滑な展開―

大学等において、特許出願経費などの知的財産活動のための費用が、機関内で適切に確保されるよう機関の取組を促す。その際、競争的資金における間接経費の積極的な活用が期待される。また、国は、大学等で生まれる研究成果の社会還元を促進するための競争的な研究開発支援を充実するとともに、我が国の国際競争力強化の観点からも海外特許出願経費を適切に支援する。

③ 公的部門における新技術の活用促進

公的調達を通じた新技術の活用促進は、公的部門の活動の機能の充実や効率性向上等のみならず、研究成果の社会還元の促進の観点からも重要である。

このため、安全に資する科学技術分野や先端的機器開発等の研究開発において、公的部門側のニーズと研究開発側のシーズのマッチングや連携を促進する。安全に資する科学技術については、研究情報等のネットワーク構築に努める。

また、低公害自動車の導入等に見られるように、技術的要求度の高い新技術や市場規模が小さい段階にとどまっている新技術について公的部門が先進的な初期需要を創出することは、各部門の政策目的に資するのみならず、新市場を形成し民間のイノベーションを刺激するなど意義が大きい。公的部門は、透明性及び公正性の確保を前提に総合評価落札方式等の技術力を重視する入札制度を活用すること等により、新技術の現場への導入を積極的に検討することが期待される。

なお、研究開発型ベンチャーにとって、製品等が公的部門によって調達されることは、企業の信用力を高めるとともに創業段階での収入確保のためにも重要であり、公的部門の新技術導入においては研究開発型ベンチャーからの調達に配慮する。

④ 研究開発型ベンチャー等の起業活動の振興

大学発ベンチャーをはじめとする研究開発型ベンチャーは、イノベーションの原動力として、新産業の創出や産業構造の変革、大学等の研究成果の社会還元に重要な役割を担うべき存在である。このため、起業活動に係る環境整備を推進するとともに、技術面、資金面、人材面、需要創出面など包括的な研究開発型ベンチャー支援策の強化を図る。特に、大学発ベンチャーについては、その創出支援を引き続き行うとともに、創出されたベンチャーが成長・発展するよう競争的に支援する。

また、研究開発型ベンチャーは新事業への挑戦意欲が高く発注側の要求にも機動的に対応できるため、イノベーション創出を狙う競争的資金により行う研究開発や、国や公的研究機関が委託等により行う研究開発においては、能力ある研究開発型ベンチャーの活用を積極的に検討する。

さらに、ファンド出資を活用した創業支援型ベンチャーキャピタルの育成、エンジェル税制の活用拡大など個人投資家の投資活動の促進、政府系機関の出資制度の効率化などを通じて、ベンチャーへのリスクマネー供給の円滑化に努めるとともに、ベンチャー支援者間のネットワーク形成を支援する。

なお、我が国の起業家精神が国際的に見ても弱いとの指摘があるが、本質的な起業活動の振興には、挑戦する意欲や事業化への道筋を構想しうる人材（いわば潜在的な起業家）の分厚い層の形成が不可欠である。このため、大学において、学生等の起業活動の支援、人的交流による起業機会の創出、起業関連科目等の質の向上といった起業活動振興の取組を促進する。

⑤ 民間企業による研究開発の促進

研究開発や産学官連携の成果から新しい製品等の形で市場価値を創造し、最終的にイノベーションの実現につなげていくのは民間企業であることから、民間の研究開発を活性化させることが重要である。国としても、民間の自助努力を基本としつつ、その意欲を高めるため、研究開発活動促進に資する税制措置の活用や、事業化に至るまでの研究開発のリスクを軽減する技術開発制度の充実を図る。なお、我が国の産業競争力の基盤を支える中小企業については、財政基盤・経営資源の脆弱性も勘案した上で、ものづくり技術の強化や高度化に向けた取組を支援する。

また、外部の研究開発能力や成果を活用し自社製品等を作り出す傾向が高まる中、国全体としてイノベーション創出を加速するため、民間企業には、長期的視点から大学や公的研究機関をイノベーションのパートナーと位置付け、相互に持続的に発展していく協働関係の構築が求められる。

（4） 地域イノベーション・システムの構築と活力ある地域づくり

地域における科学技術の振興は、地域イノベーション・システムの構築や活力ある地域づくりに貢献するものであり、ひいては、我が国全体の科学技術の高度化・多様化やイノベーション・システムの競争力を強化するものであるので、国として積極的に推進する。また、地域住民の安全・安心で質の高い生活の実現や、創造的で魅力ある地域社会と文化形成などにも寄与するものとして、広がりのある活動を振興する。

① 地域クラスターの形成

地域クラスターの形成には、産学官連携による研究開発だけでなく、金融の円滑化、創業支援、市場環境整備、協調的ネットワーク構築などの様々な活動が必要であり、地域の戦略的なイニシアティブや関係機関の連携の下で長期的な取組を進める。

国は、地域のイニシアティブの下で行われているクラスター形成活動への競争的な支援を引き続き行う。その際、クラスター形成の進捗状況に応じ、各地域の国際優位性を評価し、世界レベルのクラスターとして発展可能な地域に重点的な支援を行うとともに、小規模でも地域の特色を活かした強みを持つクラスターを各地に育成する。

② 地域における科学技術施策の円滑な展開

地域科学技術施策の推進に当たっては、地方公共団体が積極的役割を果たすことを期待するとともに府省間の縦割りを排し府省連携を強化する。

地域における産学官連携の推進には、コーディネーター機能の強化が重要であり、その支援体制の充実やコーディネーター間のネットワーク形成等を支援する。また、インターンシップなど地域の大学と地域産業との連携による人材育成を促進する。

また、地域における国の公的研究機関は、自らシーズを創出・発信するとともに、地域の大学等と連携しつつ、地域産業のニーズにも対応していくことが期待される。

地方公共団体の公設試験研究機関は、地域産業・現場のニーズに即した技術開発・技術指導等を行っているが、これまでの活動成果の検証等を踏まえて、それぞれの特色や強みを活かした業務への選択と集中、さらには地域間の広域的な連携等を図りつつ、地域の産学官連携に効果的な役割を果たすことが期待される。

（5）研究開発の効果的・効率的推進

① 研究費の有効活用

（研究費配分における無駄の徹底排除）

研究費配分の不合理な重複や、研究者個人の適切なエフォート（研究に携わる個人が研究、教育、管理業務等の各業務に従事する時間配分）を超えた研究費の過度の集中は、排除を徹底する必要がある。

このため、電子政府構築計画に基づき、できるだけ早期に、府省横断的に競争的資金制度間で情報を共有し重複等のチェックを実施するため、研究者自らによるデータ入力が可能となる応募受付等の業務も含めた府省共通の研究開発管理システムを、競争的資金制度を核として、研究資金制度全般に適用できることを考慮に入れた上で構築する。

一方、競争的資金以外も含めた研究費全体の配分状況について、全体像を把握し、重複排除等の効果的・効率的な資源配分に資するため、総合科学技術会議は、政府研究開発データベースを構築し、プロジェクト研究資金などの競争的資金以外の研究費についてもデータ整備を進める。府省共通の研究開発管理システムと政府研究開発データベースとは、十分な調整を図った上で、府省横断的な活用を推進する。各府省は、その活用により重複等のチェックを実施し、配分決定に係る説明責任を適切に果たす。

なお、研究費の不正受給や不正使用については、研究者に申請資格の制限を課す等厳格に対処する。

（大学や公的研究機関による研究者のエフォート管理）

大学や公的研究機関は研究者のエフォートを管理し、研究者が外部から獲得した研究費による研究開発の実施に割く時間を確保すべきであり、特に、世界的研究教育拠点を目指す大学等においては、適切なエフォート管理の早期の定着に努める。また、競争的資金やプロジェクト研究資金等の研究費制度の申請において、機関の了解の下で研究者のエフォートを申請書に記載することを徹底する。

② 研究費における人材の育成・活用の重視

研究開発に携わる中で人材が育成されることの重要性や、研究開発の重点化に伴い人材の重点化も進むべきことに鑑みれば、競争的資金等の研究費において、人材の育成や活用を行うことが一層重視されるべきである。

したがって、各研究費制度において、研究費が人材の育成・活用に充てられるよう努めることとし、必要な制度改善を行う。これにより、博士課程在学者への生活費相当額程度の支給により若手を育成することや、ポストドクター・研究支援者・外部研究人材等への人件費の措置によって若手研究者が自立して研究組織を編成すること等を促進する。

同時に、汎用の研究機器の共同利用を前提にした申請を徹底することや、共用スペースの利用を促進することなどにより、全体として施設・設備の有効活用を極力進める。

③ 評価システムの改革

研究開発評価は、国民に対する説明責任を果たし、柔軟かつ競争的で開かれた研究開発環境の創出、研究開発の重点的・効率的な推進及び質の向上、研究者の意欲の向上、より良い政策・施策の形成等を図る上で極めて重要であり、大綱的指針及び大綱的指針に沿って各府省等が評価方法等を定めた具体的な指針等に則って実施する。

なお、更に我が国の評価システムの一層の発展を図る観点から、研究開発評価の実施状況等を踏まえ、必要に応じ大綱的指針の見直しを行う。

（改革の方向）

創造への挑戦を励まし成果を問う評価となるよう、評価の観点として、評価が必要以上に管理的にならないようにすることや、研究者が挑戦した課題の困難性も勘案し意欲喚起を図ること、独創的で優れた研究者・研究開発を見いだし育てることのできる資質を持つ評価人材を養成・確保すること等に努める。

世界水準の信頼できる評価となるよう、評価の実施に当たって、評価対象や評価時期、評価目的等に応じて適切な調査・分析法及び評価法を選択すること、評価手法の開発・改良を進めること、若手を含む評価人材（評価に精通した個別分野の専門家、府省や機関等の職員、評価を専門分野とする研究者等）の養成や評価能力の向上を図ること等に努める。

活用され変革を促す評価となるよう、評価が戦略的な意思決定を助ける重要な手段であることを十分認識し、誰がどのように評価結果を活用するかをあらかじめ明確にした上で、評価目的を明確かつ具体的に設定すること等に努める。

なお、評価対象の観点からは研究開発施策の評価について、実施時期の観点からは追跡評価について、その実施状況に鑑み、一層の定着・充実を図っていく。

（効果的・効率的な評価システムの運営）

評価の不必要な重複を避け、評価の連続性と一貫性を保ち、全体として効果的・効率的に評価システムを運営していく観点から、研究開発を実施する府省や機関等は、評価システムの運営に関する責任者を定め、評価の相互連携・活用や評価のための体制・基盤の整備等を行うことにより、評価システムの改善を図る。その際、評価のための予算の確保、評価人材の養成・確保、データベースの構築・管理等を進める。

（政策目標を踏まえた評価の推進）

評価は、研究開発の特性に応じて、適切な評価項目及び評価基準を設定し実施するが、その際、社会・国民への成果の効果的還元が図られるよう、当該研究開発に係る政策目標を踏まえた評価項目・評価基準の設定に努める。

（6）円滑な科学技術活動と成果還元に向けた制度・運用上の隘路の解消

科学技術の振興に当たっては、人材の活発な交流、研究活動の円滑な実施、産学官連携の促進、さらには研究成果の社会への円滑な還元などを支える制度的な環境を整備することが、科学技術に対する人的・物的投資の効果を高める重要な鍵である。これまでも研究交流制度、研究者の任期制、独立行政法人制度、国立大学法人制度、知的財産制度など各方面において顕著な進展が見られたところであるが、いまだ様々な制度的隘路が存在しているとの指摘は多い。例えば、外国人研究者の出入国管理、出産・育児における女性研究者の勤務環境、異動に伴う年金・退職金の扱い、研究費の繰越明許の活用促進、治験薬の臨床研究環境、研究支援者等の雇用環境、研究機関の資金調達環境などが考えられる。

このため、総合科学技術会議は、今後科学技術政策と他の政策との境界領域への関与を積極的に深めることとし、科学技術の振興上障害となる制度的隘路の解消や研究現場等で顕在化している制度運用上の諸問題の解決のため、関係府省や審議会等と連携してこれに取り組む。また、必要に応じ意見を具申し、その実施状況についてフォローアップを行う。

3．科学技術振興のための基盤の強化

（1）施設・設備の計画的・重点的整備

世界一流の優れた人材の育成や創造的・先端的な研究開発を推進し、科学技術創造立国を実現するためには、大学・公的研究機関等の施設・設備の整備促進が不可欠であり、公共的施設の中でも高い優先順位により実施される必要がある。

その際、特に大学には次世代をリードする研究者など優れた人材の輩出が要請されていることから、創造的な学問、研究の場にふさわしい環境・雰囲気の醸成が求められる。

① 国立大学法人、公的研究機関等の施設の整備

国立大学等施設緊急整備5か年計画により、優先的に取り組んできた施設の狭隘解消は計画通り整備されたものの、老朽施設の改善は遅れ、その後の経年等による老朽改善需要とあいまって、老朽施設は増加した。また、平成13年度以降新たに設置された大学院への対応、若手研究者の教育研究活動スペース確保への対応、新たな診断・診療方法の開発に伴う研修・実習への対応など、新たな教育研究ニーズも発生している。

1960年代から1970年代にかけて大量に整備されてきた国立大学法人等の施設の老朽化が深刻化しており、機能的な観点から新たな教育研究ニーズに対応できないだけでなく、耐震性や基幹設備の老朽化など安全性の観点からも問題があるため、国は、老朽施設の再生を最重要課題として位置付け、長期的な視点に立ち計画的な整備に向けて特段の予算措置を講じる。

国立大学法人等において必要な整備面積は約1000万平方メートルに達している。国は、このうち、卓越した研究拠点、人材育成機能を重視した基盤的施設について、老朽施設の再生を最優先として整備する観点から、第3期基本計画期間中の5年間に緊急に整備すべき施設を盛り込んだ施設整備計画を策定し、計画的な整備を支援する。

また、長期借入金等により整備を進めている大学附属病院や国立高度専門医療センターについては、引き続き、先端医療の先駆的役割などを果たすことができるよう、着実に計画的な整備を進めることを支援する。

国立大学法人等は、全学的視点に立った施設運営・維持管理や弾力的・流動的スペースの確保等の施設マネジメント体制を一層強化するとともに、産業界・地方公共団体との連携強化、寄付・自己収入・長期借入金・PFI（民間資金等活用事業）の活用など、自助努力に基づいた新たな整備手法による施設整備を推進することが求められる。国は、国立大学法人等のこのような改革への取組を促進するために、必要な制度の見直しを行うとともに、国立大学法人等の取組を積極的に評価した上で、優先的な資源配分を行う。

独立行政法人等の公的研究機関においても、優れた人材を育成するとともに卓越した研究開発の成果を生み出すため、時代の要求に対応した施設の整備・充実を図る。特に、昭和中期以前に設立された公的研究機関においては、著しく老朽化した施設が多数存在していることから、優先的かつ計画的に施設の再生・改修等を行う。

また、筑波研究学園都市の公的研究機関のように、今後、同時期に老朽化問題が発生する恐れのある施設を有する公的研究機関は、各機関毎に長期的な整備計画を検討する。

② 国立大学法人、公的研究機関等の設備の整備

基礎研究の進展等により、実験設備や先端研究設備の重要性が著しく増大し、理論研究面でもその利用が大きな要素となってきているため、国は、国立大学法人等において、長期的な視点で大型設備をはじめとする研究設備が計画的に整備されるよう支援する。

国立大学法人や公的研究機関等においては、機関内での設備の共同利用等に積極的に努めるなど既存設備の有効活用を進めるとともに、機関の枠を超えた共同利用、競争的資金等による研究終了後の設備の再利用など、研究設備の効果的かつ効率的な利用を促進する。

③ 公立大学の施設・設備の整備

地域における教育研究の拠点として大きな役割を果たしている公立大学の教育研究施設・設備については、設置者である地方公共団体の判断に基づき、財政措置の充実が図られることが望まれる。

④ 私立大学の施設・設備の整備

我が国の研究能力を高め、教育研究の高度化を進める上で、私立大学の研究施設・設備の重点的な整備が重要であるが、私立大学の施設・設備の整備は必ずしも十分とは言えない状況にあることに鑑み、国は、私立大学において研究施設・設備の整備が積極的に進められるよう私学助成の充実を図る。

⑤ 先端大型共用研究設備の整備・共用の促進

次世代スーパーコンピュータや次世代放射光源のような最先端の大型共用研究設備は、整備・運用に多額の経費を要し、広く共用に供することが世界最高水準の成果の創出につながるものであるため、特定の研究機関の事

業としてではなく国が責任を持って整備・共用を推進すべきであり、産学官の様々な組織から最も適した組織を選択し、公平で効率的に整備・共用を実施する。

このため、共用を促進するための法整備を含めてこれら設備の整備から運用まで一体的に推進するための仕組みを構築する。また、国は、具体的な先端大型共用設備の選定に当たっては、厳格に評価を行った上で、大学共同利用機関等の大型研究施設・設備も含めて優先順位を付け、計画的かつ継続的に整備を行う。

（2）知的基盤の整備

① 知的基盤の戦略的な重点整備

研究開発活動が高度化し、経済社会活動全体の知識への依存度が高まる中、これら活動全般を支える知的基盤（生物遺伝資源等の研究用材料、計量標準、計測・分析・試験・評価方法及びそれらに係る先端的機器、関連するデータベース等）について、量的観点のみならず、利用者ニーズへの対応の度合いや利用頻度といった質的観点を指標とした整備を行うよう知的基盤整備計画を見直し、選択と集中を進めつつ、2010年に世界最高水準を目指して重点整備を進める。

なお、先端的機器については、機器開発そのものが最先端の研究を先導する性格を持つことを踏まえ、重要な分野の研究に不可欠な機器や我が国が比較優位を持ちつつも諸外国に追い上げられている機器について、鍵となる要素技術やシステム統合技術を重点開発する。

② 効率的な整備・利用を促進するための体制構築

利用者の利便性向上や各種知的基盤の統合的運用を目指し、知的基盤の各領域について、公的研究機関等を中核的なセンターに指定し育成することにより拠点化を図る。中核的センターにおいては、利用者ニーズを把握し、知的基盤の整備・運用に反映することが求められ、その共通的な機能としては、関係諸機関との連携、知的基盤の所在や技術情報の集積・発信、知的財産等に関する検討等がある。

公的研究機関や大学は、知的基盤整備の一翼を担う専任人材の確保等により必要な体制を構築するとともに、研究者・技術者の知的基盤整備への貢献の度合いを評価しうるよう、それぞれの運営方針に適切に位置付けることが望まれる。国は、知的基盤整備に貢献した研究者・技術者への表彰等により、この分野の社会的注目度を高めるよう努める。

また、公的研究機関や大学は、研究開発成果を蓄積するためのデジタルアーカイブ化や研究用材料の保存等の重要性をそれぞれの運営方針に明確化するとともに、競争的資金等の研究費の獲得に当たっては、これらに必要な経費を含めて研究計画を立案するなど、その計画的な蓄積に努めることが期待される。

今後、研究用材料等の授受がより頻繁に行われると考えられることから、国は、公的研究機関や大学とともに、知的財産等に関するルール整備に引き続き取り組む。その際、上記の中核的センターは、検討結果を他の機関と共有することを通じて、我が国の知的財産等に関する問題への対応能力の向上に貢献することが期待される。

また、計量標準等の整備に係る国際的取組に引き続き主導的に参画し、特に、アジアにおける計量標準整備や生物遺伝資源整備に積極的に参加していく。

（3）知的財産の創造・保護・活用

独創的かつ革新的な研究開発成果を生み出しそれを社会・国民に還元していくためには、知的創造活動を刺激・活性化し、その成果を知的財産として適切に保護し、それを有効に活用する、知的創造サイクルの活性化が不可欠である。我が国の科学技術の振興、国際競争力の強化に向けて、知的財産の創造、保護、活用に関する施策を推進する。

（大学等における知的財産体制等の整備）

大学等においては、発明等の機関一元管理をはじめ、知的財産に関する体制の整備やルール作りが進められてきた。国は、今後の本格的な知的財産活動の展開に向けて、大学知的財産本部やTLOの体制整備を支援するとともに、知的財産の管理・契約に伴う様々な問題に対応し、迅速かつ柔軟な実務運用を行うための取組を促す。

また、大学等が関係する知的財産に関する紛争が顕在化しつつあり、こうした紛争の解決に適切に対応できるよう大学等における体制整備を支援する。

（知的財産活動の推進）

国際競争力の源泉となる優れた研究開発成果は、特に基本特許として国内外で効果的に権利取得し活用することが重要である。

企業に対しては、質の高い基本特許の取得につながるよう、量から質への特許戦略の転換を促す。大学等は、優れた知的財産について国内外を問わず適切に権利を取得し活用していくことが重要であり、国は大学等の戦略的な取組を支援する。また、質の高い優れた研究成果が得られるよう特許情報等の検索システムの整備を行う。

また、大学等での試験研究における他者の特許の円滑な使用など、ライフサイエンス等の先端技術分野が抱える知的財産の諸問題について、大学等における研究の自由度との適切なバランスにも配慮した検討を行い、必要に応じて知的財産制度やその運用の整備を図る。

（知的財産による地域の振興）

知的財産の創造拠点たる大学等は、地域の核として、地域の振興につながる新たな知的財産を生み出すことが期待される。大学等と地域企業、地方公共団体、地域の研究機関との連携強化や、地域における知的財産に関するアドバイザー等の確保、活用を奨励し、地域のニーズにマッチした知的財産の創造や活用を推進する取組を支援する。

（4）標準化への積極的対応

研究開発成果の普及には標準化への積極的な対応が重要であり、産業界が主体的に標準化活動を担う中で政府をはじめとする関係機関は効果的な支援を行う。

国や公的研究機関は、研究開発プロジェクトを実施するに際し、研究開発計画の中に知的財産戦略のみならず標準化戦略を明確に位置付け、標準化活動に取り組む。

また、日本発の国際標準を戦略的に獲得するため、技術的優位にある分野につき国際標準化案の作成等によって主導性を発揮するとともに、国際標準化機構（ISO）、国際電気標準会議（ＩＥＣ）、国際電気通信連合（ＩＴＵ）等の国際標準化機関の活動に対しては、関係府省間の連携及び産学官の連携を一層強化し、一貫性を持って迅速かつ効果的に参画する。さらに、国際標準化を目指す際、戦略的に国内規格を国際標準へのステップとして活用できるよう、国内規格の審議の迅速化を図る。

　さらに、国際標準化活動で国際幹事等を担うなど、標準化活動に的確に対応できる人材の重要性が増しており、標準化に関する教材の作成を含めた研修・教育プログラムの整備、公的研究機関の専門家の活用、国際標準化活動への参加支援の充実などを通じて、標準化専門家を養成する体制を強化する。

（5）研究情報基盤の整備

　研究情報基盤は、研究活動に不可欠ないわばライフラインとしての性格を有しており、特に、大型コンピュータや高速ネットワークなどは最先端の情報通信技術や国際動向に常に先行して整備していく。また、研究機関において不可欠な論文誌などの研究情報の体系的収集・保存、効果的発信並びに研究者・研究機関間の連携や協力を促進することにより、研究情報基盤の効果的かつ効率的な運用を進める。

　具体的には、最新技術の導入による柔軟かつ効率的な研究情報ネットワークや使いやすい計算機環境を実現するとともに、国際的な連携を強化する。また、ハードウェアやその有機的連携を強化する基盤的ソフトウェアの整備について、それらを包含する制度の構築や人材確保等を含め、総合的かつ戦略的な取組を進める。

　また、研究情報の利用環境の高度化を図るため、最新の情報通信技術の導入を進めつつ、論文等の書誌情報と特許情報の統合検索システムの整備、論文誌等の収集・保存体制の強化、大学図書館・国立国会図書館等の機能強化や連携促進を進める。

　さらに、我が国の研究情報の蓄積を資産として国の内外に発信できるよう、論文誌等の電子アーカイブ化支援を進める。

　なお、研究者が公的な資金助成の下に研究して得た成果を公開する目的で論文誌等で出版した論文については、一定期間を経た後は、インターネット等により無償で閲覧できるようになることが期待される。

（6）学協会の活動の促進

（学協会の役割）

　学協会は、研究成果の発表、知識の交換、研究者相互及び国内外の学協会との連絡提携の場として、大学等の研究機関を越えて我が国の研究活動を支える存在であり、我が国の科学技術の国際的地位を向上するためには、これら学協会の自助努力による改革を促し、機能を強化する必要がある。

　また、学協会には、その社会的役割を意識しつつ、科学技術に関する社会との積極的なコミュニケーション活動、児童生徒の国際科学技術コンテストへの参加支援、技術者の継続的能力開発への貢献など広がりのある活動が期待され、国としても、これらの活動が活発に行われるよう積極的に支援する。

（学協会の国際競争力の強化）

　論文誌による研究情報の発信・流通がインターネットの普及等により急速にグローバル化し、我が国の学協会は、資本力等で勝る欧米学協会に対し情報発信力が相対的に低下しており、研究成果の発表における国内学協会離れ等が懸念される。

　このため、学協会は、情報通信技術等を用いて研究情報の収集・分析・発信・流通の能力を高めるための基盤整備を行うとともに、海外研究者の招へいなど人材の活発な交流や情報通信技術の利用による情報発信の強化等により、研究集会の活性化を図ることが期待される。さらに論文誌の国際競争力強化の観点から、関連分野の論文誌との統合も含め、自立・発展への自助努力の下、論文誌の編集・査読における国際化や情報通信技術の活用を進めることなどが期待される。国は、これら学協会の改革を促し、その機能を強化するため、競争的かつ重点的な支援を行う。

（7）公的研究機関における研究開発の推進

　公的研究機関は、政策目的の達成を使命とし、我が国の科学技術の向上につながる基礎的・先導的研究や、政策的ニーズに沿った具体的な目標を掲げた体系的・総合的研究を中心に、重点的な研究開発を行う。その際、大学や産業界との連携を強化しつつ、イノベーションを生み出す潜在力を最大限発揮させ、創出された研究成果を効果的に普及・実用化し社会に還元するよう、機能を強化することが求められる。

　多くの公的研究機関が独立行政法人に移行しているが、各法人は、その長の裁量の下、自らの経営努力により、研究資金の柔軟かつ弾力的な運用や、公正で透明性の高い競争的な人事・給与システムの導入など、自律的・自発的な運営・改革に取り組むことが期待される。また、機関の機能を高めるという観点から、競争的資金等の獲得により研究開発を行うことも奨励されるが、機関の使命達成のために必要な経費が運営費交付金等により確実に措置されることがまず重要である。

　さらに、競争的資金の拡充及び戦略重点科学技術の推進を図っていくため、競争的資金の配分機関たる法人や戦略重点科学技術を担うに適切な法人については、独立行政法人であるがゆえに、直ちに予算上の制約が課されることのないようにする。

　筑波研究学園都市や関西文化学術研究都市においては、域内に複数の公的研究機関が集積しているという利点を活かした研究開発の連携や融合に取り組む。

4．国際活動の戦略的推進

　今後我が国は、科学技術活動を単に国際化するという視点にとどまることなく、これを戦略的に進めることが必要であり、その際、国際動向の十分な調査分析を踏まえて、相手国や状況に応じて、競争と協調、協力、支援のアプローチを使い分けつつ、以下の目標達成に向け努力する。

- 我が国の科学技術力を活用して、国際共通的課題の解決や他国からの国際的要請・期待に応え、我が国への信頼を高める。
- 我が国のイニシアティブにより、科学技術に関連する国際標準やルール形成に貢献する。
- 我が国の研究者を世界に通用する人材に育むととも

に、優秀な外国人研究者の受入れにより研究の多様性や研究水準の向上を図ることにより、我が国の科学技術力を強化する。

(1) 国際活動の体系的な取組

科学技術の国際協力活動における二国間、多国間の枠組みについて、我が国と相手国との科学技術活動の相互補完性や共通課題の存在などに留意しつつ、科学技術の国際活動に対して体系的な取組を行う。

その取組の中で、①多層的なネットワーク形成（政府研究機関、学協会、研究者）、②我が国を含め共同で取り組むべき共通課題の抽出とその課題解決のための研究開発、技術開発の実施、③新たな国際協力の苗床形成などを推進する。また、これらの国際活動を担う人材の養成にも努める。

(2) アジア諸国との協力

これまでの国際的な枠組みや欧米諸国との協力・連携を引き続き充実させるとともに、地理的・自然環境的な近接性、科学技術水準の急速な向上、経済関係の緊密化等の国際情勢にも鑑み、内外から日本に期待される役割を果たしていくため、アジア諸国との間で科学技術の連携を強化する。このため、既存の政府間対話や研究者による交流を踏まえながら、アジア諸国との科学技術政策に係る閣僚級を含むハイレベルでの政策対話「アジア地域科学技術閣僚会議（仮称）」等を実施する。

これと並行して、アジア諸国との研究者の交流を促進し、ネットワーク形成やアジア地域における共通課題への対応等を通じて、アジア諸国との科学技術コミュニティの強化を図る。

(3) 国際活動強化のための環境整備と優れた外国人研究者受入れの促進

国際活動を強力に推進するため、大学、公的研究機関等において国際活動を担う事務体制の強化、関係機関の海外拠点活動の効果的推進及び連携促進、海外の科学技術動向を体系的に収集・分析する体制の整備など、国際活動を支える基盤の強化を図る。また、我が国の科学技術活動の国際的評価・認知度の向上のため、海外拠点を中心とした、研究成果・研究者・研究機関に関する情報の積極的な海外への発信、日本での研究経験を有する者等の関係者のネットワークの形成を支援する。また、筑波研究学園都市及び関西文化学術研究都市について、内外に開かれた国際研究開発拠点として引き続き育成・整備を図る。

外国人研究者の受入れの促進・活躍の拡大を図るため、出入国管理制度や査証発給のあり方に係る必要な見直しや運用改善等を一層推進する。具体的には、外国人研究者に関する在留期間の伸長や永住許可要件の緩和、数次有効の短期滞在査証の発給要件の緩和、諸手続の簡素化・迅速化等に向けた取組を進めるとともに、アジア太平洋経済協力（APEC）ビジネス・トラベル・カード（ABTC）の研究者への交付についてAPEC関連会合で提案していく。

第4章　社会・国民に支持される科学技術

科学技術活動、科学技術システムは、社会・国民から独立して存在せず、広く社会・国民に支持されて初めて科学技術の発展が可能になるといっても過言ではなく、「社会・国民に支持され、成果を還元する科学技術」は第3期基本計画を貫く姿勢である。そのため、総合科学技術会議、関係府省、地方公共団体、日本学術会議、学協会等の研究者コミュニティ、各研究機関、個々の研究者など様々なレベル・主体がそれぞれの役割を担い、適切に施策の推進を図る。

なお、現代社会の諸問題の克服に当たって、人文・社会科学の役割は重要であり、自然科学と人文・社会科学を合わせた総合的な取組を進めていく必要がある。

1. 科学技術が及ぼす倫理的・法的・社会的課題への責任ある取組

科学技術の急速な発展により、ヒトに関するクローン技術等の生命倫理問題、遺伝子組換え食品に対する不安、個人情報の悪用に対する懸念、実験データの捏造等の研究者の倫理問題など、科学技術は法や倫理を含む社会的な側面に大きな影響を与えるようになってきている。科学技術の社会的信頼を獲得するために、国及び研究者コミュニティ等は、社会に開かれたプロセスにより国際的な動向も踏まえた上でルールを作成し、科学技術を担う者がこうしたルールにのっとって活動するよう促してゆく。特に、社会と深く関わりつつ急速に発展してきた生命倫理に関する諸課題への対応を強化するとともに、ナノテクノロジーの社会的影響に関する検討や研究を総合的・戦略的に推進する。

なお、こうしたルール形成に当たり、総合科学技術会議は関係府省と連携をとりつつ、先見性を持って基本ルール作りに関与していく。さらに、日本学術会議も研究者コミュニティを代表する立場から、これに貢献していく。また、研究者・技術者の倫理観を確立するため、大学等における教育体制の構築、学協会等における研修体制の構築・倫理指針の策定等を促す。

科学技術の成果を社会に還元する際に必要なリスク管理を合理的に行うため、安全性の評価や試験法の考案、データの収集・整理・解析など、リスク評価のための科学技術活動が重要である。また、国民の安心を得るためには、科学的なリスク評価結果に基づいた社会合意形成活動が重要である。国は、このような活動を支援する。

2. 科学技術に関する説明責任と情報発信の強化

科学技術への国民の支持を獲得することの基本は、科学技術の成果を国民へ還元することと、それを分かりやすく説明していくことである。第1章で掲げた具体的な政策目標は科学技術に関する国民への説明責任強化の基本であり、総合科学技術会議は各府省における目標達成状況を継続的にフォローし、社会・国民に発信する。

また、研究機関・研究者等は研究活動を社会・国民に出来る限り開示し、研究内容や成果を社会に対して分かりやすく説明することをその基本的責務と位置付ける。その際、多様な媒体を効果的・効率的に活用する。

研究者等と国民が互いに対話しながら、国民のニーズを研究者等が共有するための双方向コミュニケーション活動であるアウトリーチ活動を推進する。このため、競争的資金制度において、アウトリーチ活動への一定規模での支出を可能にする仕組みの導入を進める。

3. 科学技術に関する国民意識の醸成

科学技術に関する国民の関心を高めるために、初等中等教育段階における理数教育の充実に加え、成人の科学技術に関する知識や能力（科学技術リテラシー）を高めることが重要である。このため、科学技術リテラシー像（科学技術に関する知識・技術・物の見方を分かりやすく文書化したもの）を策定し、広く普及する。さらに、社会・国民の科学技術に対する理解・認識の深化に向けて、科学技術と文化や芸術との融合等の新たな手法についても取り組む必要がある。

また、幼少期から高齢者まで広く国民を対象として、科学技術に触れ、体験・学習できる機会の拡充を図る。具体的には、国立科学博物館・日本科学未来館をはじめとする科学館・博物館等の充実を図るとともに、その活動を支える職員、科学ボランティア・非営利団体（NPO）等の人材の養成と確保を促進する。さらに、大学、公的研究機関等が、施設設備の一般公開、出前講座等の社会に開かれた活動を通じて、科学技術に対する国民意識の向上に貢献することを促進する。また、国は各種コンテストやイベント等を通じて科学技術の持つ夢と感動を国民が実感できる機会を提供する。

4. 国民の科学技術への主体的な参加の促進

科学技術への国民の理解と支持を高めるためには、科学技術から国民への働きかけのみならず、国民の方から科学技術に積極的に参加してもらうことも重要である。このため、国民の科学技術への主体的参加を促す施策を強化する。具体的には、各府省が、社会的な影響や国民の関心の大きな研究開発プロジェクトを実施する際、その基本計画、研究内容及び進捗状況を積極的に公開し、それに対する意見等を研究開発プロジェクトに反映させるための取組を進める。

第5章　総合科学技術会議の役割

1. 運営の基本

総合科学技術会議は、内閣総理大臣のリーダーシップの下、科学技術基本計画に示された重要政策が、我が国全体として的確・着実に具現化されるよう、政策推進の司令塔として府省を超えた国家戦略を示し、先見性と機動性を持って運営を行う。

その際、日本学術会議、経済財政諮問会議、知的財産戦略本部、IT戦略本部、規制改革・民間開放推進会議、男女共同参画会議、地域再生本部等と密接な連携をとる。

また、総合科学技術会議は、21世紀の人間社会のあり方を視野に置き、常に世界に開かれた視点を持ちつつ、人文・社会科学とも融合した「知恵の場」として、積極的に活動する。さらに、社会・国民から顔の見える存在となるべく、科学技術と社会・国民との間の双方向のコミュニケーションや国民意識の醸成に努め、「社会・国民に支持され、成果を還元する科学技術」を目指す。

2. 具体的取組

（1）政府研究開発の効果的・効率的推進

（研究開発の戦略性の強化）

選択と集中による戦略性を強化するため、分野内においても重点化を進め、重要な研究開発課題を示した分野別推進戦略を策定するとともに、戦略重点科学技術を選定し位置付ける。この戦略は、最新の科学技術的知見等を踏まえ、柔軟に変更等を行うとともに、資源配分方針への反映のための政策サイクルを確立し「活きた戦略」を実現する。また、各府省の個別政策目標や達成状況を取りまとめ、説明責任の強化等に資する。

（資源配分方針における優先順位付け等の改善）

科学技術関係の資源の一層効果的な配分及び府省縦割りの弊害排除のため、より厳正な優先順位付け等を実施し、関係大臣に意見を述べる。優先順位付け等を行うにあたり、その実施方法の改善に努めつつ、科学技術の観点に加え政策目標の観点を追加する等の改善を図る。

（科学技術連携施策群の本格的推進）

施策の不必要な重複など府省縦割りの弊害排除、連携の強化を図り、政策目標に向けて相乗効果・融合効果を発揮するため、科学技術連携施策群に係る取組を概算要求前から実施し、これを本格的に推進する。

（独立行政法人、国立大学法人等の科学技術関係活動の把握・所見とりまとめの強化）

我が国の科学技術政策推進に重要な役割を果たす独立行政法人、国立大学法人等の科学技術関係活動に係る資源投入の状況や活動状況を把握し、基本計画との整合性等を分析して所見を述べる。これら法人の特性や研究・教育活動への影響等に十分配慮しつつ、今後はこうした把握を強化するとともに、必要な場合には関係府省に対し改善措置を求める。また、このとりまとめを公表することで法人の科学技術関係活動の透明性を向上させ、法人の改革の加速化を促す。

（調査分析機能や府省間の調整機能の強化）

これらの機能強化に伴う調査分析機能や府省間の調整機能の強化を図る。

（2）科学技術システムの改革の推進

評価システムの改革、大規模な研究開発その他の国家的に重要な研究開発の評価、産学官連携に関連する制度の改善、競争的資金の制度改革等を推進する。また、研究費配分の不合理な重複や個人の適切なエフォートを超えた過度の集中を避けるため、政府研究開発データベースの整備を行う。

（3）社会・国民に支持される科学技術

科学技術に対する社会・国民の関心と理解を得るために、各府省が十分な取組を行うことが重要であるが、総合科学技術会議としてもこうした取組を促進する。特に、政策目標の達成状況の把握及び発信、科学技術に関する情報発信と国民との窓口機能の拡充、国民の科学技術への参加の促進を図る。

（4）国際活動の戦略的推進

国際的取組を戦略的に進める必要性から、「アジア地域科学技術閣僚会議（仮称）」によるハイレベルでのアジア諸国との政策対話等を推進する。

（5）円滑な科学技術活動と成果還元に向けた制度・運用上の隘路の解消

科学技術政策と他の政策との境界領域への関与を積極的に深めることとし、科学技術の振興上障害となる制度的隘路の解消や研究現場等で顕在化している制度運用上の諸問題の解決のために、関係府省や審議会等と連携してこれに取り組む。

（6）科学技術基本計画の適切なフォローアップとその進捗の促進

以上のような取組を推進するとともに、基本計画に掲げた施策の実施状況を関係府省の協力の下、フォローアップを行い、必要に応じ意見を付して内閣総理大臣及び関係大臣に提示する。フォローアップは毎年度末に行い、3年を経過した時に、より詳細なフォローアップを実施し、その進捗を把握するとともに、必要に応じ計画に掲げた施策の変更などに柔軟に対応する。また、科学技術システム改革に関しては、計画に定められた施策の進捗を促進・誘導するために、必要に応じて所要の措置を講じる。

文部科学省における研究及び開発に関する評価指針

平成二十一年二月十七日

はじめに

科学技術と学術は新たな知を生み出し、人類の未来を切り拓く源である。我が国は、人類の知的資産たる優れた研究成果を創出し、これを世界に発信することを通じて人類共通の問題の解決に貢献するとともに、国際的な競争環境の中で持続的に発展し、安全・安心で質の高い生活のできる国の実現を目指す必要がある。そのためには、我が国の最も貴重な資源である「頭脳」によって、世界をリードする「科学技術創造立国」を目指して努力していかなければならない。

文部科学省は、科学技術と学術とを総合的に振興することを任務としており、我が国の未来を担うものとして、その責は重い。我が国の未来を展望しつつ最適な方向を目指して科学技術及び学術を振興していくためには、その所掌に係る研究及び開発（以下「研究開発」という。）について、常に厳しく評価（注1）が行われる必要がある。その際、研究者の自由な発想と研究意欲を源泉とする学術研究から、特定の政策目的を実現する大規模プロジェクトまで広範にわたる研究開発の特徴を踏まえ、各々の性格、内容、規模等を十分考慮するとともに、全体として調和が取れたものとなるよう配慮することが重要である。また、評価結果を積極的に公表し、説明責任を果たしていくことも必要である。

研究開発の評価については、平成13年11月に「国の研究開発評価に関する大綱的指針」（以下「大綱的指針」という。）が内閣総理大臣決定され、各府省が各々評価方法等を定めた具体的な指針を策定し、大綱的指針を踏まえた評価を進めていくこととされた。文部科学省では、これに基づき、評価を行う基本的な考え方をまとめたガイドラインとして「文部科学省における研究及び開発に関する評価指針」を策定し、これに沿って評価を行うとともに、平成17年3月の大綱的指針の改定を受け、その見直しを行い、研究開発評価の取り組みの定着やその改善を進めてきた。

今般、「研究開発システムの改革の推進等による研究開発能力の強化及び研究開発等の効率的推進等に関する法律」（平成20年6月法律第63号）（以下「研究開発力強化法」という。）の制定等による研究開発強化への取り組みに対応し、より実効性の高い研究開発評価の推進を図るため、総合科学技術会議において、大綱的指針の見直しが行われ、平成20年10月31日に新たな大綱的指針が内閣総理大臣決定されたことから、文部科学省においても、これを受け「文部科学省における研究及び開発に関する評価指針」を以下の観点から見直し、本指針を取りまとめた。

1．新たな研究を見出し、発展させるとともに、人材育成面においても成果を生み出す研究開発活動を促すための評価を実施する。

2．創造へ挑戦する研究者を励まし、優れた研究開発を見出し、伸ばし、育てる評価を実施する。

3．優れた研究開発の成果を次の段階の研究開発に切れ目なく連続してつなげ、研究開発成果を国民・社会へ還元する、的確で実効ある評価を実施する。

4．研究者及び研究開発機関の研究開発への積極・果敢な取り組みを促し、また、過重な評価作業負担を回避する、機能的で効率的な評価を実施する。

5．国際競争力の強化や新たな知の創造などに資する成果の創出を促進するよう、世界的な視点から評価を実施する。

6．評価の実効性を上げるため、必要な評価資源を確保し、評価支援体制を強化する。

本指針は、文部科学省の所掌に係る研究開発について評価を行っていく上での基本的な考え方をまとめたガイドラインである。

文部科学省本省内部部局及び文化庁内部部局（以下「文部科学省内部部局」という。）においては、本指針に基づき、実施要領を策定するなど所要の評価の枠組みを整備し、自らの研究開発に関する評価を行うこととする。また、大学及び大学共同利用機関（以下「大学等」という。）並びに文部科学省所管の研究開発法人等（注２）においては、本指針を参考に、自らがその特性や研究開発の性格等に応じて評価システムを構築し、それぞれ適切な方法により進めることが期待される。

また、「行政機関が行う政策の評価に関する法律」（平成13年法律第86号）、「政策評価に関する基本方針」（平成13年12月28日閣議決定、平成17年12月16日改定）、「文部科学省政策評価基本計画」（平成20年3月31日文部科学大臣決定）に基づく評価のうち、研究開発を対象とする政策評価を実施するに当たっては、大綱的指針及び本指針に基づき行うものとする。さらに、研究開発機関等の評価のうち、研究開発法人等については、「独立行政法人通則法」（平成11年法律第103号）に基づく評価、国立大学法人及び大学共同利用機関法人については、その研究活動の特殊性に鑑みて、「国立大学法人法」（平成15年法律第１１２号）に基づく評価が行われるが、それに当たっては、本指針を参考とすることが期待される。

研究開発は、未知を知に転換していく高度な専門性に立脚した知的生産活動であり、その見通しや価値の判断は、専門家の洞察に依存する部分を本来的に避け得ないものであることに留意しなければならない。このため、評価に関して責任を持つ者は、評価は無謬ではないという謙虚な立場に立ち、その完成度を高める努力を怠ってはならず、実施した評価に対する意見に耳を傾けつつ評価方法等を常に見直していく姿勢を保持することが重要である。文部科学省としても、評価手法の改善についての調査研究を行うとともに、評価の実施状況等をフォローアップし、本指針の見直し等適切な措置を講じていくことが必要である。

（注１）ここでいう「評価」とは、限られた資源の中で、公平で競争的な研究環境をつくりあげるとともに、上位の政策・施策、組織の目的を達成するために、独創的で優れた課題等を発掘し、研究資金等を配分する「資源配分の意思決定等のための評価」、また、施策、課題、組織の活動が適切に機能しているかを点検し、改善に結びつける「改善のための評価」、さらに、組織体が、与えられた使命を実現しているかどうかを評価する「説明責任を果たすための評価」等をいう。

（注２）「研究開発法人等」とは、研究開発力強化法第２条第８項に規定する研究開発法人及び同項に規定する独立行政法人以外であって研究開発を実施する独立行政法人をいう。

第1章　基本的考え方

1．1　評価の意義

評価は、貴重な財源をもとに行われる研究開発の質を高め、その成果を国民に還元していく上で重要な役割を担うものである。評価により、新しい学問や研究の領域を拓く研究開発、世界的に高い水準にある研究開発、社会・経済の発展に貢献できる研究開発等の優れた研究開発を効果的・効率的に推進することが期待できる。

評価は主として以下の意義を有し、評価に関係する者は、これらの実現を目指して評価を行うものとする。

1．創造へ挑戦する研究者を励まし、優れた研究開発を積極的に見出し、伸ばし、育てること。

2．研究者の創造性が発揮されるような、柔軟かつ競争的で開かれた研究開発環境を創出すること。

3．研究開発施策等の実施の当否を、社会への影響にも配慮した幅広い視点から適切に判断するとともに、より良い施策の形成に資すること。

4．評価結果を積極的に公表し、研究開発活動の透明性を向上させることにより、研究開発に国費を投入していくことに関し説明する責任を果たし、広く国民の理解と支持を求めること。

5．評価結果を適切に反映することにより、重点的・効率的な予算、人材等の資源配分等を実現し、限られた資源の有効活用を図ること。また、既存活動の見直しにより新たな研究開発への取り組みの拡大を図ること。

1．2　本指針の適用範囲

本指針では、「研究開発施策」、「研究開発課題」、「研究開発機関等（注３）」、「研究者等（注４）の業績」の4つを評価の対象とする。また、研究開発の範囲は、国費を用いて実施される研究開発全般とする。

（注３）「研究開発機関等」とは、大学等及び研究開発法人等（研究開発を実施する機関及び資源配分機関）をいう。

（注４）「研究者等」とは、研究者及び研究支援者をいう。

1．3　評価システムの構築

文部科学省の所掌に係る研究開発は、大学等における学術研究から、研究開発法人等における特定の政策目的を実現する大規模プロジェクトまで多様である。文部科学省内部部局及び研究開発機関等は、評価の意義を深く認識し、各々の研究開発の特性に適した評価システムを構築する。

評価システムの構築に当たっては、評価は、研究開発の企画立案や研究開発を的確に実施するなど戦略的な意思決定を行うための重要な手段であることを十分認識した上で、「研究開発を企画立案し、実施し、点検・評価するとともに、その結果を次の企画立案等に適切に反映させていく」といった循環過程（いわゆる「マネジメント・サイクル」）を確立する。

また、個々の研究開発課題や研究者等の業績の評価から、研究開発機関等や研究開発制度の評価、さらには研究開発戦略等の評価といった評価の階層構造が存在することを考慮し、個別の課題等から上位の機関や施策・政策に至る効率的な評価システムを構築するために、それぞれの評価の目的や位置付けを明確にするとともに、評価相互の有機的な連携・活用を具体的な機関やそこでの研究開発の特性に応じつつ各階層で進めていく。

文部科学省内部部局及び研究開発機関等は、評価システムの適切な運用を確保するとともに、その改善を図る観点から、評価の在り方について評価者や被評価者（注5）等からの意見聴取に努めるなど、評価の検証を適時行い、評価の質の向上や評価システムの改善に努める。その際、各階層における評価が指針等に沿って適切に行われているか、無駄な評価や形式的な評価になっていないか、評価実施主体、評価者及び被評価者の間で十分なコミュニケーションがとれているかなどが必要な視点として考えられる。

また、効果的・効率的な評価を行うため、評価に関する必要な情報・データ等を収集・蓄積し、評価に役立てる。

さらに、評価は研究開発活動の効果的・効率的な推進に不可欠であることから、必要な予算、人材等の資源を確実に拡充し、充実した評価体制を整備する。

（注5）「被評価者」には、研究開発を実施している研究者のみならず、評価対象が研究開発施策の場合は、その施策の実施者、評価対象が研究開発機関の場合は、その機関の長等が該当する。

1.4 関係者の役割

1.4.1 文部科学省内部部局、研究開発機関等

優れた研究開発を伸ばすためには、研究開発に関係する全ての者が、評価活動を成熟させ、研究開発における評価の文化を創り上げることが重要である。

文部科学省内部部局は、自ら研究開発施策等の評価を行うとともに、研究者や研究開発機関等の自律的な取組みを補完するために、評価システムの構築・運営や評価環境の整備を適切に行う。

研究開発機関等は、研究者が創造性を発揮し、優れた研究開発を効果的・効率的に実施できるよう、評価システムの構築や運営を適切に行う。また、評価者としての業務を重要なものとして理解し、研究者が評価者として積極的に参画しやすい環境の整備に努める。

1.4.2 評価者

評価者は、厳正かつ公正な評価を行うことが評価システムの信頼を保つ根幹であることを理解するとともに、自らの評価結果が資源配分や研究開発施策の見直しに反映されるなどの評価の重要性を理解し、評価者としての責任と自覚を持ち評価に取り組む。

評価に当たっては、適切な助言を行うなど、創造へ挑戦する研究者を励まし、優れた研究開発を見出し、育て、さらに伸ばすような視点に配慮する。

また、自らの評価結果が、後の評価者によって評価されることになるとともに、最終的には国民によって評価されるものであることも自覚し、評価に取り組むことが望まれる。

1.4.3 研究者

研究者等は、国費の支出を受けて研究開発を行う責任の自覚と研究活動の改善・活性化にとって評価が重要であるとの認識の下、自らの研究開発に係わる評価について自律的に取り組むとともに、外部評価（注6）・第三者評価（注7）を受ける場合には、自発的かつ積極的に評価に協力する。また、専門的見地からの評価が重要な役割を果たすものであることを認識し、評価者として評価に積極的に参画する意識を持つことが必要である。

研究者コミュニティにおいても、研究者の評価業務への参画が、研究者のキャリアパスにおいて十分意義があるものであるとの認識の醸成を一層図っていくことが必要である。

（注6）「外部評価」とは、評価の対象となる研究開発を行う研究開発実施・推進主体が評価実施主体となり、評価実施主体の外部の者が評価者となる評価をいう。

これらは、専ら評価実施主体の内部の者が評価者となる「内部評価」と区別される。

（注7）「第三者評価」とは、評価の対象となる研究開発を行う研究開発実施・推進主体とは別の独立した機関が評価実施主体となる評価をいう。

1.5 評価における過重な負担の回避

評価に伴う作業負担が過重となり、研究開発活動に支障が生じないよう留意する。

評価実施主体は、評価目的や評価対象に応じ、複数の評価実施主体が同一の評価対象についてそれぞれ異なる目的で評価を行う場合や研究開発課題・施策・機関といった階層構造の中で複数の評価を行うような場合等において、評価の重複を避けるよう、可能な限り既に行われた評価結果を活用する。具体的には、

・制度等の下にある個々の研究開発課題の評価は、制度等によって設定されている目標や運営等の枠組みに照らして評価を行うとともに、制度等を評価する際には、これらの評価結果を活用する。

また、研究開発課題等の特性や規模に応じて、適切な範囲内で可能な限り簡略化した評価を行うなど、評価目的、趣旨を一層明確化した上で、評価の必要性の高いものを峻別し、評価活動を効率的に行う。具体的には、

・萌芽的研究、比較的小規模な研究、大学等における基盤的経費を財源とする基礎研究（注8）等は、特に必要と認められる場合を除き、実施報告書等の提出をもって評価に代える。なお、この際には、次の段階の

研究開発の事前評価等を通じて、優れた研究開発を見落とさないように配慮する。

・外部評価は、評価者、被評価者ともに大きな負担を強いるため、小規模な研究開発等については、外部評価の実施の必要性も含め、評価方法について事前に十分に検討する。

・評価対象となる研究開発課題が比較的少額の場合、メールレビューを実施したり、評価項目を限定する。

等

なお、評価方法の簡略化を行う場合には、公正さと透明性を確保する観点から、評価実施主体はその理由等を示す。

評価実施主体は、評価に当たっては、その目的・役割を明確化することを徹底し、評価システムとしての重複がある場合には、統合化・簡素化等の評価システムの合理化を図る。

また、評価文書を可能な限り統一すること等により評価作業を省力化する。さらに、文部科学省内部部局及び研究開発機関等は、外部評価の効果的・効率的な実施の観点から、あらかじめ自らの研究開発について適切な関係資料の整理に努める。

我が国では、評価に従事する者が質・量ともに不十分なため、過重な負担が一部の者にかかっていることを踏まえ、評価実施主体は、評価者、評価事務局職員等の育成・確保等評価体制の強化を図る。

また、評価が無駄となったり形式化したりすること等により、現場に徒労感を生み出す恐れがあることから、評価に当たっては、評価実施主体は、誰がどのような目的で評価を実施するのか、また、評価結果は誰がどのように活用し、どのような効果をねらっているのか等に関して、それぞれの主体、その役割と責任などをあらかじめ明確にし、それを関係者に周知するとともに、評価結果が適切に活用されるようにする。

（注8）本指針において、「基礎研究」には、研究者の自由な発想に基づく研究と特定の政策目的に基づく基礎研究を含む。以下同じ。

1．6　評価人材の養成・確保等

1．6．1　評価事務局職員、プログラムオフィサー等

文部科学省内部部局及び研究開発機関等は、評価部門を設置し、国の内外から若手を含む研究経験のある人材を適性に応じて配置し、効果的・効率的な評価システムの運営と評価の高度化を推進する体制を整備する。

競争的資金の配分機関は、競争的資金制度の適切な運用、研究開発課題の評価プロセスの適切な管理、研究開発の質の向上の支援等を行うために、研究経験のある人材を専任のプログラムディレクター（注9）（以下ＰＤと記す）、プログラムオフィサー（注10）（以下ＰＯと記す）として充てるマネジメントシステムの構築を図る。この際、各制度の趣旨や目的等に応じて、ＰＯ等を最大限活用した効率的かつ的確な評価を行うための方法や評価に関係する者の役割分担の明確化が必要である。

競争的資金以外の大規模プロジェクト等においては、恒常的に当該プロジェクトに関与し、円滑な推進のために助言等を行う者を必要に応じて配置する。

ＰＯ等は、評価結果の信頼性を確保する上で重要な役割を担っていることに鑑み、資質向上のための研修等を受ける。

また、研究開発機関等において、ＰＯ等の経歴を研究活動の一環として適切に評価し、給与や処遇に反映するなどインセンティブを確保することにより、ＰＯ等への従事を研究者のキャリアパスとして位置付ける。さらに、研究者がＰＯ等へ円滑にキャリアを転換できるような仕組みについて検討する。

文部科学省及び研究開発機関等の事務局における人的拡充を含めた研究開発評価体制の構築や職員等の評価実施能力の向上を図ることは、評価に係る各種作業を円滑に行う上で不可欠である。このため、文部科学省及び研究開発機関等は、職員等を対象とした研修等の開催、職員等の海外研修・海外留学等への派遣、評価に係る相談窓口の設置、評価機関のネットワークの構築、研究開発評価専門研究者等の国際会議等への派遣等の取り組みを進める。

また、研究開発機関等は、評価部門に専門性が蓄積されるように人事運用面で配慮するとともに、評価事務局職員等を持続的に養成・確保していくために有効な対応策の構築やキャリアパスの確立に努める。

（注9）「ＰＤ」とは、競争的資金制度と運用について統括する研究経歴のある高い地位の責任者をいう。

（注10）「ＰＯ」とは、各制度のプログラムや研究課題の選定、評価、フォローアップ等に関わる諸実務を行う研究経歴のある責任者をいう。

1．6．2　評価者

文部科学省内部部局及び研究開発機関等は、研究者の評価に対する認識を深め、評価の質の向上を図るなどの観点から、若手や海外の研究者を含む多様な研究者等を評価者として積極的に参加させることなどにより評価者の層の拡大に努める。

さらに、適切な評価者を選任するため、評価者候補となる人材に関する情報を蓄積・活用する仕組みの構築を図る。

研究開発機関等において教育や研究といった活動を兼任している評価者やＰＯ等について、過重な作業が原因で本務である教育や研究の活動に支障が生じることがないよう、評価実施主体は、当該評価者等の所属機関に対する適切な支援策やその所属機関における評価者等に対する適切な措置を検討する。例えば、競争的資金の配分機関等においては、評価者等の教育負担等を軽減する

ための経費の所属機関への措置等、所属機関においては、評価者等としての経歴の評価や教育負担等を軽減するための措置等を検討する。

また、評価者として優れた人材の参加を確保するためには、評価者の社会的地位の向上と研究者が評価者となるインセンティブについての検討が重要であり、文部科学省内部部局及び研究開発機関等は、有効な取り組みを検討する。例えば、研究開発機関等においては、研究者の任用において、研究開発評価に評価者として参加したことを履歴の一つとして考慮する。

1．6．3　評価システム高度化のための評価支援体制の整備

文部科学省内部部局及び研究開発機関等は、評価の信頼性を高めるために、評価に先立つ調査分析を充実させるとともに、事前評価や追跡評価における研究開発の効果や波及効果等といった社会経済への還元に係る評価手法の開発、基礎研究に関する評価手法の開発など、評価システム高度化のための調査研究を実施する。

1．7　データベースの構築・活用等

文部科学省内部部局及び研究開発機関等は、評価業務の効率化等を図るため、研究開発課題毎にその目的や領域の区分を明確にするとともに、研究者（エフォートを含む）、資金（制度、金額）、研究開発成果（論文、特許等）、評価者、評価結果（評価意見等）を収録したデータベースの構築やその活用、データベースへの情報提供を行う。

1．8　世界的水準による評価の実施

経済社会のグローバル化が進展する中で、国費を用いて実施される研究開発においては、我が国における科学水準の向上、産業等の国際競争力の強化、地球規模の課題解決のための国際協力の推進など、世界的あるいは国際的な視点からの取組が重要となっている。このような研究開発の国際化への対応に伴い、評価者として海外の研究者等や豊富な海外経験を有する研究者等を参加させる、評価項目に世界的なベンチマーク等を積極的に取り入れるなど、研究開発評価に関しても、研究開発の特性や規模に応じて、実施体制や実施方法などの全般にわたって評価が世界的にも高い水準で実施されるよう取り組んでいく必要がある。

第2章　対象別事項

研究開発に関する評価が多様な側面からなされるようになったことから、各評価を個別に行うのではなく、収集した情報や評価結果を相互に活用することにより、作業の重複を避け、効率的に評価を実施することが必要である。例えば、研究開発機関等、研究開発課題の評価結果は、研究開発施策、研究開発機関等、あるいは研究者等の業績の評価の際の情報となり得るものであり、課題の評価実施主体は、評価結果に関する情報の提供を積極的に行う。

2．1　研究開発施策の評価

2．1．1　評価の目的

研究開発施策とは、複数の研究開発課題を運営する施策や競争的資金制度等、研究開発に係る政策上の特定の目的や目標の実現を目指して、推進方針や戦略・計画・実施手段等の体系が整備され、それに応じて推進されるものをいう。

研究開発施策の評価は、文部科学省内部部局及び研究開発法人等が、このような施策や制度等を対象として、目標の設定された施策毎に評価を実施することにより、実施の当否を判断するとともに、研究開発の質の向上や運営改善、計画の見直し等につなげることを目的とする。

文部科学省内部部局は、「行政機関が行う政策の評価に関する法律」や「文部科学省政策評価基本計画」等に基づく政策評価のなかでも、研究開発施策（注11）の評価に当たっては、本指針に基づき行う。

なお、本指針をもって新たな施策評価を行う義務が発生するものではない。

（注11）ここでいう研究開発施策とは、文部科学省政策評価基本計画における施策、事務事業（研究開発課題を除く）のうち研究開発に関するもの等に相当する。

2．1．2　評価とマネジメント

文部科学省内部部局及び研究開発法人等は、評価の実施に当たって、研究開発施策を企画立案し、実施し、点検・評価するとともに、その結果を研究開発の質の向上や運営改善、計画の見直し等に適切に反映するという循環過程を構築する。なお、評価を適切に実施するために、施策を企画立案する際に、達成目標を明確に設定するとともに、評価に活用することが可能な定性的・定量的な指標を設定するように努める。

研究開発施策の評価に当たっては、評価に階層構造が存在することを考慮し、様々な評価を有機的に連携させる。例えば、研究開発課題を運営する制度に関しては、その制度の下で行われる課題の評価結果を総覧しつつ、分野間の配分や制度運営の適切性等の視点も含め、評価を行う。その際、研究開発課題に対する評価者からの意見聴取等に配慮する。

2．1．3　評価者

2．1．3．1　評価者の選任

評価実施主体は、研究開発を取り巻く諸情勢に関する幅広い視野を評価に取り入れるため、原則として外部の専門家等を評価者とする外部評価により実施する。また、必要に応じて第三者評価を活用する。

なお、国の安全保障や国民の安全確保等の観点から機密保持が必要な場合は、上記によらず適切に評価を行う。

評価者の選任に当たっては、独創性、革新性、先導性、発展性等の科学的・技術的意義に係る評価（科学的・技術的観点からの評価）と文化、環境等を含めた国民生活の質の向上への貢献や成果の産業化等の社会・経済への貢献に係る評価（社会的・経済的観点からの評価）では、評価者に求められる能力が異なることから、評価実施主体は、評価対象・目的に照らして、それぞれの観点に応じた適切な評価者を選任する。

科学的・技術的観点からの評価においては、評価対象の研究開発分野及びそれに関連する分野の研究者を評価者とする。社会的・経済的観点からの評価においては、評価対象と異なる研究開発分野の研究者、成果を享受する産業界、人文・社会科学分野を専門とする人材、研究開発成果の産業化・市場化の専門家、一般の立場で意見を述べられる者や波及効果、費用対効果等の分析の専門家等を加えることが適当である。

なお、評価実施主体は、評価の目的や方法等に関して、選任した評価者に対して周知するとともに、相互の検討等を通じて、評価について共通認識が醸成されるよう配慮する。

2．1．3．2　評価者の幅広い選任、利害関係者の取り扱い

評価実施主体は、評価の客観性を十分に保つとともに、様々な角度・視点から評価を行うために、例えば、年齢、所属機関、性別等に配慮するなどして、各研究開発活動の趣旨に応じて、若手や海外の研究者、産業界の専門家等を含め幅広く評価者を選任する。また、国際競争・協調の観点や研究開発水準の国際比較等の観点からの評価を行うため、必要に応じて、メールレビュー等により海外の研究者等に評価への参画を求める。

また、公正で透明な評価を行う観点から、原則として利害関係者が評価に加わらないようにする。その際、各研究開発施策等の趣旨や性格に応じてあらかじめ利害関係となる範囲を明確に定める。やむを得ず利害関係者とみなされる懸念が残る者を排除できない場合には、その理由を明確にするとともに、当該評価者のモラルの維持や評価の透明性の確保等を図らなければならない。

2．1．4　評価の実施時期

評価実施主体は、研究開発施策の開始前に、国の政策や機関等の設置目的に照らした施策の位置付け、実施の必要性、施策が担う範囲、目的や目標、実施手段、見直し方法等の妥当性等を把握し、予算等の資源配分の意思決定等を行うため、事前評価を実施する。

また、研究開発施策の終了時に、目標の達成状況や成果等を把握し、その後の施策展開への活用等を行うため、事後評価を実施する。

事後評価は、当該研究開発施策から得られる成果等を次の施策につなげていくために必要な場合には、施策終了前に実施し、その評価結果を次の施策の企画立案等に活用する。

このほか、研究開発施策に実施期間の定めがない場合には、5年毎を目安に、情勢の変化や目標の達成状況等を把握し、研究開発の質の向上や運営改善、中断や中止を含めた計画変更等の要否の確認等を行うため、中間評価を実施する。

さらに、研究開発施策が終了した後に、一定の時間を経過してから追跡評価を実施する。追跡評価については、学界における評価や実用化の状況、研究開発を契機としたイノベーションの創出や社会における価値の創造、さらに、大型研究施設の開発・建設等の場合は当該施設の稼動・活用状況等の成果の波及効果や副次的効果を把握するとともに、過去に実施した評価の妥当性を検証し、より良い研究開発施策の形成等に適切に反映する。なお、追跡評価については、研究開発施策の特性に応じて、国費投入額が大きい、重点的に推進する分野における施策、さらに、成果が得られるまでに時間がかかる施策等といった主要な施策から対象を選定して実施する。

2．1．5　評価方法

これらの評価の実施に当たっては、透明性や専門性を確保するため、必要に応じて民間等外部機関の活用も考慮する。

2．1．5．1　評価方法の設定・抽出及び見直し

評価実施主体は、評価における公正さと信頼性を確保し、実効性のある評価を実施するために、評価対象や目的に応じて評価方法（評価の観点、評価項目、評価基準、評価手法、評価過程、評価手続等）を明確かつ具体的に設定する。

また、評価実施主体は、科学技術の急速な進展、社会や経済情勢の変化等、研究開発を取り巻く状況に応じて評価方法を見直す。

2．1．5．2　評価の観点

評価は、当該研究開発施策の位置付け、施策設定理由に係る重要性、緊急性等（「必要性」）、当該施策の目的や目標、施策が担う範囲等に係る有効性（「有効性」）、当該施策の実施方法、体制、施策見直し方法等に係る効率性（「効率性」）等の観点から行う。

また、評価は、研究開発の特性や規模に応じて、対象となる研究開発の世界的水準を踏まえて行う。

2．1．5．3　評価項目の抽出

評価実施主体は、研究開発施策の性格、内容、規模等に応じて、「必要性」、「有効性」、「効率性」等の施策評価の観点の下に適切な評価項目を設定する。

なお、評価項目としては以下のものが考えられる。

ア．「必要性」の観点

科学的・技術的意義（独創性、革新性、先導性、発展性等）、社会的・経済的意義（産業・経済活動の活性化・高度化、国際競争力の向上、知的財産権の取得・活用、社会的価値（安全・安心で心豊かな社会等）の創出等）、国費を用いた研究開発としての意義（国や社会のニーズへの適合性、機関の設置目的や研究目的への適合性、国の関与の必要性・緊急性、他国の先進研究開発との比較における妥当性等）、その他国益確保への貢献、政策・施策の企画立案・実施への貢献等

イ．「有効性」の観点

新しい知の創出への貢献、研究開発の質の向上への貢献、実用化・事業化への貢献、行政施策への貢献、人材の養成、知的基盤の整備への貢献、（見込まれる）直接の成果の内容、（見込まれる）効果や波及効果の内容等

ウ．「効率性」の観点

計画・実施体制の妥当性、目標・達成管理の向上方策の妥当性、費用構造や費用対効果向上方策の妥当性、研究開発の手段やアプローチの妥当性、施策見直し方法等の妥当性等

2．1．5．4 評価基準の設定

評価実施主体は、抽出された各評価項目についての判断の根拠があいまいにならないよう、評価基準をあらかじめ明確に設定する。この際、研究開発の質を重視する。特に、科学的・技術的観点からの評価基準の設定に当たっては、研究開発の特性や規模に応じて、世界的水準を評価の基準とし、未知への挑戦に対する取り組みを重視することを基本とする。

2．1．5．5 評価手法の設定

評価手法については、事前評価と中間・事後・追跡評価とでは異なる。

事前評価では、研究開発施策評価の観点を踏まえ、上位政策と関連政策との位置付け、目的・目標・施策が担う範囲、それらを実現するための仕掛けや仕組み、循環的な施策見直し方法とそのための情報収集体制等の妥当性に関し、評価項目・評価基準を具体的に定め、類似の施策や当該施策が実施されなかった場合との比較の視点から評価する。

中間・事後・追跡評価では、施策実施に伴う実績の把握を中心に行う。評価の観点及び評価項目・評価基準は事前評価と同様であるが、期待した成果と実績との比較（達成度評価）、評価基準に照らした実績の多寡（価値評価）、施策の効率を高めるための修正方策（レビュー評価）等の観点から評価を行う。

評価については、評価に先立つ調査分析法から評価法そのものに至るまで様々な手法があり、その対象や時期、評価の目的や入手可能な情報の状況等に応じて適切な調査・分析及び評価の手法を選択する。

その際、評価の客観性を確保する観点から、具体的な指標・数値による評価手法を用いるよう努める。

今後、評価においては、その信頼性を高めるため、従来にも増して評価に先立つ調査分析を充実させ、判断の根拠となる客観的・定量的なデータを組織的に収集・分析するなど、その質の高度化が求められる。また、当面、現在入手可能な手法の中から適切なものを選択して行うが、今後は、評価手法等についても、それらの開発・改良を進め、評価の高度化を図る。

2．1．5．6 評価の実施

評価実施主体は、設定・抽出した評価の観点、評価項目、評価基準、評価手法に従い、評価を実施する。

特に、中間・事後評価等においては、あらかじめ設定した目標に対する達成状況等を評価することを基本とするが、併せて、実施したプロセスの妥当性や副次的成果、理解増進や研究基盤の向上、さらに、当該研究が次代を担う若手研究者の育成にいかに貢献したかなど、次につながる成果を幅広い視野から捉える。また、失敗も含めた研究過程や計画外の事象から得られる知見、研究者の意欲、活力、発展可能性等にも配慮する。

2．1．6 評価に当たり留意すべき事項

2．1．6．1 評価活動の継続性

評価実施主体は、過去に評価を行った者を評価者に含めるなど、評価の考え方の継承に努め、継続性を確保する。

また、一連の評価に係る情報を一括管理し、当該研究開発施策の過程をたどることを可能としたり、事後評価や追跡評価の結果を次の研究開発段階の施策がより良いものとなるようにするために活用されるよう運営する。

2．1．6．2 基礎研究等の評価

基礎研究については、その成果は必ずしも短期間のうちに目に見えるような形で現れてくるとは限らず、長い年月を経て予想外の発展を導くものも少なからずある。このため、評価実施主体は、画一的・短期的な観点から性急に成果を期待するような評価に陥ることのないよう留意する。

また、試験調査等の研究開発の基盤整備的な役割を担うもの（注12）については、個々の性格を踏まえた適切な評価方法を用いる。

（注12）研究開発の基盤整備的な役割を担うものとは、各種観測調査、遺伝子資源の収集・利用、計量標準の維持、安全性等に関する試験調査、技術の普及指導等、相対的に定型的、継続的な業務をいう。

2．1．7 評価結果の取り扱い

研究開発施策を企画立案し、実施し、評価するとともに、評価結果を研究開発の質の向上や運営改善、計画の見直し等に適切に反映するといった循環過程を確立しなければならない。

そのためには、研究開発施策の評価については、あらかじめ評価目的及び活用方法を具体的に明確化し、評価結果を施策の企画立案や資源配分等に適切に反映して、研究開発の質の向上や資源の有効活用を図ることが重要である。評価結果の具体的な活用の例としては、評価時期別に、

●事前評価では、実施の当否、計画変更、優れた研究開発体制の構築、研究者又は研究代表者の責任の明確化等

●中間評価では、進捗度の点検と目標管理、継続、中止、方向転換、研究開発の質の向上、機関運営の改善等

●事後評価では、計画の目的や目標の達成状況の確認、研究者又は研究代表者の責任の明確化、国民への説明、評価結果のデータベース化や以後の評価での活用、次の段階の研究開発の企画・実施、次の政策・施策形成の活用、研究開発マネジメントの高度化、機関運営の改善等

●追跡評価では、効果・効用（アウトカム）や波及効果（インパクト）の確認、国民への説明、次の政策・施策形成への活用、研究開発マネジメントの高度化等

が挙げられる。

また、中間評価においては、研究開発が一層発展するよう必要に応じて助言する。特に、進展の激しい研究開発については、柔軟に研究計画を変更することを提言する。

さらに、評価実施主体は、評価結果に応じて、研究者がさらにその研究開発を発展させ、より一層の成果を上げることができるような事後評価を行うとともに、研究開発実施・推進主体は、必要に応じて事後評価を活用するなどして、ある制度で生み出された研究成果が適切に次の制度等で活用されるような仕組みの構築を図る。

評価実施主体は、評価結果を原則として公表するとともに、研究開発施策の企画立案に責任を有する部門や資源配分等に責任を有する部門に適切に周知する。また、評価結果が他の評価にも有効であることに留意し、必要に応じ関係部門に周知する。これらの関係部門は、評価結果を受け、研究開発施策や機関運営等の改善、資源配分等への適切な反映について検討する。その上で、文部科学省内部部局及び研究開発法人等は、これらの検討結果や反映状況も含めて公表する。

評価実施主体は、個人情報や知的財産の保護等、あらかじめ必要な制限事項について配慮した上で評価結果等を公表する。また、評価結果の公表は、国民に対する説明責任を果たすとともに、評価の公正さと透明性を確保し、社会や産業において広く活用されることに役立つことから、インターネットを利用するなどして、分かりやすく活用されやすい形で公表する。その際、評価の目的や前提条件を明らかにするなど、評価結果が正確に伝わるように配慮する。評価者の評価内容に対する責任を明確にするとともに、評価に対する公正さと透明性を確保する点から、評価者名も公表する。

2.2　研究開発課題の評価

研究開発課題は、政策や研究開発施策の下で個別の具体的な研究開発活動が実施される単位である。研究開発課題は、公募により複数の候補の中から優れたものが競争的に選択されて実施される「競争的資金による研究開発課題」、国が定めた明確な目的や目標に沿って重点的に推進される「重点的資金による研究開発課題」及び研究開発機関等に運営費交付金等として配分された資金により実施される「基盤的資金による研究開発課題」に区分される（注13）。

文部科学省内部部局及び研究開発機関等は、その研究開発課題の特性や分野、その課題が実施される研究開発施策等の目的や政策上の位置付け、課題の規模等に応じて、評価の目的や評価結果の活用の仕方、評価項目・評価基準等を的確に設定し、また、必要となる評価実施体制等を整備して評価を実施する。

（注13）ここでの区分は排他的ではない。したがって、研究開発課題の性質によっては複数の区分に該当することもありえる。

2.2.1　競争的資金による研究開発課題

2.2.1.1　評価の目的

競争的資金による研究開発課題とは、競争的資金制度等の上位の目的を達成するため、公募により複数の候補の中から優れたものが競争的に選択されて実施される個々の課題をいう。

競争的資金による研究開発課題の評価は、文部科学省内部部局及び研究開発機関等が競争的資金制度等の下で評価活動を実施することにより、課題の採否を判断するとともに、実施されている研究開発の質の向上や運営改善、計画の見直し等につなげることを目的とする。

2.2.1.2　評価とマネジメント

文部科学省内部部局及び研究開発機関等は、評価の実施に当たって、競争的資金制度等を企画立案し、公募により提案された複数の候補の中から制度等の目的に適合する研究開発課題を選定し、課題を実施させ、点検・評価するとともに、その結果を研究開発の質の向上や運営改善、計画の見直し等に適切に反映し、さらに、課題に対する評価から得られた情報を集積・分析して制度等の評価に活用するという循環過程を構築する。

2.2.1.3　評価者

2.2.1.3.1　評価者の選任

評価実施主体は、評価の公平さを高めるとともに、研究開発を取り巻く諸情勢に関する幅広い視野を評価に取り入れるため、外部の専門家等を評価者とする外部評価により実施する。

なお、国の安全保障や国民の安全確保等の観点から機密保持が必要な場合は、上記によらず適切に評価を行う。

評価者の選任に当たっては、独創性、革新性、先導性、発展性等の科学的・技術的観点からの評価（科学的・技術的意義に係る評価）と文化、環境等を含めた国民生活の質の向上への貢献や成果の産業化等の社会・経済への貢献に係る評価（社会的・経済的観点からの評価）では、評価者に求められる能力が異なることから、評価実施主体は、評価対象・目的に照らして、それぞれの観点に応じた適切な評価者を選任する。

科学的・技術的観点からの評価においては、評価対象の研究開発分野及びそれに関連する分野の研究者を評価

者とする。社会的・経済的観点からの評価においては、評価対象と異なる研究開発分野の研究者、成果を享受する産業界、人文・社会科学分野を専門とする人材、研究開発成果の産業化・市場化の専門家、一般の立場で意見を述べられる者や波及効果、費用対効果等の分析の専門家等を加えることが適当である。

なお、評価実施主体は、評価の目的や方法等に関して、選任した評価者に対して周知するとともに、相互の検討等を通じて、評価について共通認識が醸成されるよう配慮する。

2.2.1.3.2 評価者の幅広い選任、在任期間、利害関係者の取り扱い、守秘義務

評価実施主体は、評価の客観性を十分に保つとともに、様々な角度・視点から評価を行うために、例えば、年齢、所属機関、性別等に配慮するなどして、各研究開発活動の趣旨に応じて、若手や海外の研究者、産業界の専門家等を含め幅広く評価者を選任する。若手研究者を評価に参画させることは、最先端の知見に基づいた評価が促進されるとともに、研究者の資質の向上にもつながることから、適宜これを考慮する。また、国際競争・協調の観点や研究開発水準の国際比較等の観点からの評価を行うため、必要に応じて、メールレビュー等により海外の研究者等に評価への参画を求める。

評価者の固定化を防ぐため、評価者には一定の明確な在任期間を設ける。

また、公正で透明な評価を行う観点から、原則として利害関係者が評価に加わらないようにする。その際、各研究開発課題等の趣旨や性格に応じてあらかじめ利害関係となる範囲を明確に定める。やむを得ず利害関係者とみなされる懸念が残る者を排除できない場合には、その理由を明確にするとともに、当該評価者のモラルの維持や評価の透明性の確保等を図らなければならない。

さらに、被評価者に不利益が生じることがないよう、評価者には評価内容等の守秘の徹底を図る。

2.2.1.4 評価の実施時期

評価実施主体は、研究開発課題の開始前に、競争的資金制度等の目的に照らした実施の必要性、目標や計画の妥当性等を把握し、予算等の資源配分の意思決定等を行うため、事前評価（審査）を実施する。

また、研究開発課題の終了時に、目標の達成状況や成果等を把握し、その後の課題発展への活用等を行うため、事後評価を実施する。

優れた成果が期待され、かつ研究開発の発展が見込まれる研究開発課題については、次の競争的資金（異なる競争的資金制度によるものを含む）等により、切れ目なく研究開発が継続できることが重要である。そのため、事後評価は、研究開発の特性や発展段階に応じて、研究開発終了前の適切な時期に前倒しで評価を行い、その評価結果を次の申請時の事前評価に活用する。

このほか、研究開発課題の実施期間が長期にわたる場合には、3年毎を目安に、情勢の変化や進捗状況等を把握し、研究開発の質の向上や運営改善、中断・中止を含めた計画変更等の要否の確認等を行うため、中間評価を実施する。ただし、研究開発課題の実施期間が5年程度で終了前に事後評価の実施が予定される課題については、課題の性格、内容、規模等に応じて、研究開発計画等の重要な変更の必要が無い場合には、評価実施主体が毎年度の実績報告等により適切に進行管理を行い、中間評価の実施は必ずしも要しない。

さらに、研究開発課題が終了した後に、一定の時間を経過してから追跡評価を実施する。追跡評価については、学界における評価や実用化の状況、研究開発を契機としたイノベーションの創出や社会における価値の創造等の成果の波及効果や副次的効果を把握するとともに、過去に実施した評価の妥当性を検証し、その結果を次の課題の検討や評価活動の改善等に活用する。なお、追跡評価については、研究開発課題の特性に応じて、国費投入額が大きい課題、重点的に推進する分野における課題、さらに、成果が得られるまでに時間がかかる課題等といった主要な課題から対象を選定して実施する。

これらの時系列的な評価では、研究開発課題の公募を開始する前に、事前評価、中間評価、事後評価の実施時期、これらの評価の目的や方法、以前に実施された評価結果の活用方策等を決定して公表し、それらを有機的に連携して行うことによって評価に連続性と一貫性をもたせる。

また、これらの評価の実施に当たっては、透明性や専門性を確保するため、必要に応じて民間等外部機関の活用も考慮する。

2.2.1.5 評価方法

2.2.1.5.1 評価方法の設定・抽出、周知及び見直し

評価実施主体は、評価における公正さと信頼性を確保し、実効性のある評価を実施するために、評価対象や目的に応じて評価方法（評価手法、評価の観点、評価項目、評価基準、評価過程、評価手続等）を明確かつ具体的に設定・抽出し、被評価者並びに被評価者となり得る者に対してあらかじめ周知する。

また、評価実施主体は、科学技術の急速な進展や社会や経済情勢の変化等、研究開発を取り巻く状況に応じて評価方法を見直す。

2.2.1.5.2 評価手法の設定

評価については、評価に先立つ調査分析法から評価法そのものに至るまで様々な手法がある。代表的な評価手法としては、当該分野の研究者によるピアレビューや産業界や経済・社会的効果の専門家等も含むエキスパートレビューがある。また、ピアレビュー等における評価結果を明確に表現し、複数の事業間における比較を可能にする評点法（注14）等がある。さらに、ピアレビューア等に客観的情報を提供し、レビューの質の向上に寄与する種々の定量的分析がある。評価実施主体は、これら多様な評価手法を検討し、評価対象や目的に応じて柔軟に最適な評価手法を設定する。

また、評価に当たっては、科学的・技術的観点からの評価と社会的・経済的観点からの評価を区別し、研究開発の特性に応じた手法により適切な評価を行う。例えば、科学的・技術的観点からの評価を重視すべき課題がある一方で、それのみならず社会的・経済的な観点からの評価をより重視すべき課題もある。これらを混同して評価を行うことは、当該研究開発課題を提案・実施する被評価者のみならず研究者全体の意気を阻喪させるとともに、国全体として適切な研究開発が実施されないおそれが生じることとなり、この点に十分留意する必要がある。

今後、評価においては、その信頼性を高めるため、従来にも増して評価に先立つ調査分析を充実させ、判断の根拠となる客観的・定量的なデータを組織的に収集・分析するなど、その質の高度化が求められる。また、当面、現在入手可能な手法の中から適切なものを選択して行うが、今後は、評価手法等についてもそれらの開発・改良を進め、評価の高度化を図る。

（注14）「評点法」とは、評価者の判断を定量化して評定する方法を指す。まず、考えられる評価項目についてリストを作成し、評価者がヒアリングや報告書、各種データ等を基にして項目毎に評点をつけ、これらの評点を合計して総合点を算出するなどして評定する方法である。

2.2.1.5.3　評価の観点

評価は、当該研究開発課題の重要性、緊急性等（「必要性」）、当該課題の成果の有効性（「有効性」）、当該課題の実施方法、体制の効率性（「効率性」）等の観点から行う。

また、評価は、研究開発の特性や規模に応じて、対象となる研究開発の世界的水準を踏まえて行う。

さらに、研究者が、社会とのかかわりについて常に高い関心を持ちながら研究開発に取り組むことが重要であることから、研究開発によっては、人文・社会科学の視点も評価に十分に盛り込まれるよう留意すること（社会との接点で生ずる倫理的・法的・社会的課題（ＥＬＳＩ）に対する適切な配慮を含む）。評価を通じて研究開発の前進や質の向上が図られることが重要であることから、評価が必要以上に管理的にならないようにすることや研究者の挑戦意欲を萎縮させないためにも研究者が挑戦した課題の困難性も勘案することが重要である。

2.2.1.5.4　評価項目の抽出

評価実施主体は、研究開発課題の性格、内容、規模等に応じて、「必要性」、「有効性」、「効率性」等の観点の下に適切な評価項目を設定する。

なお、評価項目としては以下のものが考えられる。

ア．「必要性」の観点

科学的・技術的意義（独創性、革新性、先導性、発展性等）、社会的・経済的意義（産業・経済活動の活性化・高度化、国際競争力の向上、知的財産権の取得・活用、社会的価値（安全・安心で心豊かな社会等）の創出等）、国費を用いた研究開発としての意義（国や社会のニーズへの適合性、機関の設置目的や研究目的への適合性、国の関与の必要性・緊急性、他国の先進研究開発との比較における妥当性等）等

イ．「有効性」の観点

新しい知の創出への貢献、研究開発の質の向上への貢献、実用化・事業化への貢献、国際標準化への貢献、行政施策への貢献、人材の養成、知的基盤の整備への貢献、（見込まれる）直接の成果の内容、（見込まれる）効果や波及効果の内容等

ウ．「効率性」の観点

計画・実施体制の妥当性、目標・達成管理の妥当性、費用構造や費用対効果向上方策の妥当性、研究開発の手段やアプローチの妥当性等

2.2.1.5.5　評価基準の設定

評価実施主体は、抽出された各評価項目についての判断の根拠があいまいにならないよう、評価基準をあらかじめ明確に設定する。この際、研究開発の質を重視する。特に、科学的・技術的観点からの評価基準の設定に当たっては、研究開発の特性や規模に応じて、世界的水準を評価の基準とし、未知への挑戦に対する取り組みを重視することを基本とする。

また、当初計画で予期し得なかった成果が生じた場合には、当初の評価基準にとらわれることなく新たな視点で評価基準を設定するなど柔軟に対応する。

2.2.1.5.6　評価の実施

評価実施主体は、設定・抽出した評価手法、評価の観点、評価項目、評価基準に従い、評価を実施する。

事前評価（審査）に当たっては、申請書の様式の充実や審査基準の見直し等により、申請課題の実質的内容と実施能力を重視した審査を行うことが必要である。採択実績の無い者や少ない者（若手、産業界の研究者等）に対しても研究内容や計画に重点をおいて的確に評価し、研究開発の機会が適切に与えられるようにする。さらに、少数意見も尊重し、斬新な発想や創造性等を見過ごさないように十分に配慮する。

基礎研究を支える競争的資金において、研究者の斬新なアイデアに基づく研究であって、失敗の可能性はあるが、革新性の高い成果を生み出しうる研究を推進しようとする場合、研究計画の書類審査のみではなく、研究者個人のアイデアの独創性や可能性を見極める審査が重要である。このため、配分機関は適切な審査基準を設け、制度の趣旨に応じ責任と裁量を持って課題を選定する審査方法の工夫も必要である。

グループ研究開発の場合は、参画研究者の役割分担や活動状況、実施体制、責任体制の明確さ（研究代表者の責任を含む）についても評価する。

また、評価過程や評価結果の適切な開示は、評価システムの透明性の確保に加え、研究者の研究計画の企画立案能力の向上にもつながるため、「研究者を育てる」観点を重視し、今後とも積極的に推進する。特に、評価結果の内容等をできる限り詳細に被評価者に伝えることにより、研究計画の充実や改善が図られるとともに、研究者（特に若手研究者）のプレゼンテーション能力等の向上に寄与することが期待される。

中間・事後評価等においては、あらかじめ設定した目標に対する達成状況等を評価することを基本とするが、併せて、実施したプロセスの妥当性や副次的成果、理解増進や研究基盤の向上、さらに、当該研究が次代を担う若手研究者の育成にいかに貢献したかなど、次につながる成果を幅広い視野から捉える。また、失敗も含めた研究過程や計画外の事象から得られる知見、研究者の意欲、活力、発展可能性等にも配慮する。さらに、被評価者が達成状況を意識するあまり当初の目標を低く設定することにつながらないよう、高い意義を有する課題に挑む姿勢を考慮する。

また、評価実施主体は、評価者の見識に基づく質的判断を基本とする。その際、評価の客観性を確保する観点から、評価対象や目的に応じて、論文被引用度や特許の取得に向けた取り組み等といった数量的な情報・データ等を評価の参考資料として利用することは場合によっては有用であるが、数量的な情報・データ等を評価指標として安易に使用すると、評価を誤り、ひいては被評価者の健全な研究活動を歪めてしまうおそれがあることから、これらの利用は慎重に行う。特に、掲載されている論文の引用数をもとに雑誌の影響度を測る指標として利用されるインパクトファクター等は、掲載論文の質を示す指標ではないことを認識して、その利用については十分な注意を払うことが不可欠である。

2.2.1.5.7 自己点検・評価の活用

評価への被評価者等の積極的な取り組みを促進し、また、評価の効率的な実施を推進するため、研究開発の特性や規模に応じて、被評価者が、自ら研究開発課題の計画段階において明確な目標とその達成状況の判定指標等の明示に努め、課題実施中には、随時、目標の達成状況や問題点、今後の発展見込み等について自己点検・評価を行い、評価者はその内容を評価に活用する。

2.2.1.6 評価に当たり留意すべき事項

2.2.1.6.1 評価活動の継続性

評価実施主体は、過去に評価を行った者を評価者に含めるなどにより評価の考え方の継承に努め、継続性を確保する。

また、一連の評価に係る情報を一括管理し、当該研究開発課題の過程をたどることを可能としたり、事後評価や追跡評価の結果を次の研究開発段階の課題がより良いものとなるようにするために活用されるよう運営する。

2.2.1.6.2 評価の過程における被評価者との意見交換

評価実施主体は、評価内容の充実、研究開発活動の効果的・効率的な推進並びに評価者と被評価者の信頼関係の醸成の観点から、評価の過程において評価者と被評価者による意見交換の機会を可能な限り確保するよう努める。その際、評価の公正さと透明性が損なわれないよう配慮する。

2.2.1.6.3 基礎研究等の評価

基礎研究については、その成果は必ずしも短期間のうちに目に見えるような形で現れてくるとは限らず、長い年月を経て予想外の発展を導くものも少なからずある。このため、評価実施主体は、画一的・短期的な観点から性急に成果を期待するような評価に陥ることのないよう留意する。

また、試験調査等の研究開発の基盤整備的な役割を担うものについては、個々の性格を踏まえた適切な評価方法を用いる。

2.2.1.7 評価結果の取り扱い

競争的資金制度等を企画立案し、公募により提案された複数の候補の中から制度等の目的に適合する研究開発課題を選定し、課題を実施させ、評価するとともに、評価結果を研究開発の質の向上や運営改善、計画の見直し等に適切に反映し、さらに、課題に対する評価から得られた情報を集積・分析して制度等の評価に活用するといった循環過程を確立しなければならない。

そのためには、競争的資金制度等による研究開発課題の評価については、あらかじめ評価目的及び活用方法を具体的に明確化し、評価結果を資源配分等に適切に反映して、研究開発の質の向上や資源の有効活用を図ることが重要である。評価結果の具体的な活用の例としては、評価時期別に、

- ●事前評価（審査）では、課題の採否、計画変更、優れた研究開発体制の構築、研究者又は研究代表者の責任の明確化等
- ●中間評価では、進捗度の点検と目標管理、継続、中止、方向転換、研究開発の質の向上、機関運営の改善、研究者の意欲喚起等
- ●事後評価では、計画の目的や目標の達成状況の確認、研究者又は研究代表者の責任の明確化、国民への説明、評価結果のデータベース化や以後の評価での活用、次の段階の研究開発の企画・実施、次の政策・施策形成の活用、研究開発マネジメントの高度化、機関運営の改善等
- ●追跡評価では、効果・効用（アウトカム）や波及効果（インパクト）の確認、国民への説明、次の政策・施策形成への活用、研究開発マネジメントの高度化等

が挙げられる。

また、中間評価においては、研究開発が一層発展するよう必要に応じて助言する。特に、進展の激しい研究開発については、柔軟に研究計画を変更することを提言する。

さらに、評価実施主体は、評価結果に応じて、研究者がさらにその研究開発を発展させ、より一層の成果を上げることができるような事後評価を行うとともに、研究開発実施・推進主体は、必要に応じて事後評価を活用するなどして、ある制度で生み出された研究成果が適切に次の制度等で活用されるような仕組みの構築を図る。

評価実施主体は、評価結果を原則として公表するとともに、研究開発の企画立案に責任を有する部門や資源配分等に責任を有する部門に適切に周知する。また、評価結果が他の評価にも有効であることに留意し、必要に応じ関係部門に周知する。それらの関係部門は、評価結果を受け、研究開発施策や機関運営等の改善、資源配分等への適切な反映について検討する。その上で、文部科学省内部部局及び研究開発機関等は、これらの検討結果や反映状況も含めて公表する。

評価実施主体は、個人情報や知的財産の保護等、あらかじめ必要な制限事項について配慮した上で評価結果等を公表する。また、評価結果の公表は、国民に対する説明責任を果たすとともに、評価の公正さと透明性を確保し、社会や産業において広く活用されることに役立つことから、インターネットを利用するなどして、分かりやすく活用されやすい形で公表する。その際、評価の目的や前提条件を明らかにするなど、評価結果が正確に伝わるように配慮する。評価者の評価内容に対する責任を明確にするとともに、評価に対する公正さと透明性の確保の点から、適切な時期に評価者名も公表する。ただし、研究開発課題の評価の場合、研究者間に新たな利害関係を生じさせないよう、個々の課題に対する評価者名が特定されないように配慮することも必要である。

評価実施主体は、評価実施後、研究開発の規模等を考慮しつつ、原則として被評価者に対して評価結果（理由を含む）を開示する。さらに、被評価者が説明を受け、意見を述べることができる仕組みの整備を図る。被評価者からの意見を受け、必要に応じ評価方法等を検証する。また、被評価者が評価結果について納得し難い場合に、制度の趣旨等に応じて、評価実施主体に対し十分な根拠をもって異議を申し立てるための体制整備に努める。

2.2.1.8　評価体制の整備

評価実施主体は、研究開発課題の評価プロセスの適切な管理、質の高い評価及び優れた研究開発の支援を行うため、評価部門を設置し、国の内外から若手を含む研究経験のある人材を適性に応じて一定期間配置するとともに、必要に応じて審査員の増員を図るなど評価体制を整備・充実する。

また、研究者の利便性の向上及び業務の効率化等のため、申請書の受付等に関し、電子システムの導入を図る。

2.2.2　重点的資金による研究開発課題

2.2.2.1　評価の目的

重点的資金による研究開発課題とは、大規模プロジェクト及び社会的に関心の高い課題等、国が定めた政策や研究開発施策の目的や目標を達成するために実施される個々の課題をいう。

重点的資金による研究開発課題の評価は、文部科学省内部部局及び研究開発機関等が、このような課題毎に評価を実施することにより、実施の当否を判断するとともに、実施されている研究開発の質の向上や運営改善、計画の見直し等につなげることを目的とする。

2.2.2.2　評価とマネジメント

文部科学省内部部局及び研究開発機関等は、評価の実施に当たって、研究開発課題を企画立案し、実施し、点検・評価するとともに、その結果を研究開発の質の向上や運営改善、計画の見直し等に適切に反映するという循環過程を構築する。なお、評価を適切に実施するため、課題を企画立案する際に、達成目標を明確に設定するとともに、評価に活用することが可能な定性的・定量的な指標を設定するように努める。

2.2.2.3　評価者

評価実施主体は、研究開発を取り巻く諸情勢に関する幅広い視野を評価に取り入れるため、外部の専門家等を評価者とする外部評価により実施する。また、必要に応じて第三者評価を活用する。

評価者の選任に当たっては、独創性、革新性、先導性、発展性等の科学的・技術的意義に係る評価（科学的・技術的観点からの評価）と文化、環境等を含めた国民生活の質の向上への貢献や成果の産業化等の社会・経済への貢献に係る評価（社会的・経済的観点からの評価）では、評価者に求められる能力が異なることから、評価実施主体は、評価対象・目的に照らして、それぞれの観点に応じた適切な評価者を選任する。

科学的・技術的観点からの評価においては、評価対象の研究開発分野及びそれに関連する分野の研究者を評価者とする。社会的・経済的観点からの評価においては、評価対象と異なる研究開発分野の研究者、成果を享受する産業界、人文・社会科学分野を専門とする人材、研究開発成果の産業化・市場化の専門家、一般の立場で意見を述べられる者や波及効果、費用対効果等の分析の専門家等を加えることが適当である。

なお、評価実施主体は、評価の目的や方法等に関して、選任した評価者に対して周知するとともに、相互の検討等を通じて、評価について共通認識が醸成されるよう配慮する。

また、大規模プロジェクトについては、国民の理解を得るため、早い段階から大規模プロジェクト等の内容や計画等についてインターネット等を通じて広く公表し、必要に応じて国民の意見を反映させる。

このほか、評価者の幅広い選任、利害関係者の取り扱いに関しては2．1．3．2と同様に実施する。

2．2．2．4 評価の実施時期

評価実施主体は、研究開発課題の開始前に、実施の必要性、目標や計画の妥当性等を把握し、予算等の資源配分の意思決定等を行うため、事前評価を実施する。

また、研究開発課題の終了時に、目標の達成状況や成果等を把握し、その後の課題展開への活用等を行うため、事後評価を実施する。事後評価は、その成果等を次の研究開発課題につなげていくために必要な場合には、課題の終了前に実施し、その評価結果を次の課題の企画立案等に活用する。

このほか、研究開発課題の実施期間が長期にわたる場合には、3年毎を目安に、情勢の変化や目標の達成状況等を把握し、研究開発の質の向上や運営改善、中断・中止を含めた計画変更等の要否の確認等を行うための中間評価を実施する。ただし、研究開発課題の実施期間が5年程度で終了前に事後評価の実施が予定される課題については、課題の性格、内容、規模等に応じて、研究開発計画等の重要な変更の必要が無い場合には、評価実施主体が、毎年度の実績報告等により適切に進行管理を行い、中間評価の実施は必ずしも要しない。

さらに、研究開発課題が終了した後に、一定の時間を経過してから追跡評価を実施する。追跡評価については、学界における評価や実用化の状況、研究開発を契機としたイノベーションの創出や社会における価値の創造、大型研究施設の開発・建設等の場合は当該施設の稼動・活用状況等の成果の波及効果や副次的効果を把握するとともに、過去に実施した評価の妥当性を検証し、その結果を次の課題の検討等に活用する。なお、追跡評価については、研究開発課題の特性に応じて、国費投入額が大きい課題、重点的に推進する分野における課題、成果が得られるまでに時間がかかる課題等といった主要な課題から対象を選定して実施する。

これらの時系列的な評価では、研究開発課題の開始前に、事前評価・中間評価・事後評価・追跡評価の実施時期、これらの評価の目的や方法、以前に実施された評価結果の活用方策等を決定し、それらを有機的に連携して行うことによって評価に連続性と一貫性をもたせる。

また、これらの評価の実施に当たっては、透明性や専門性を確保するため、必要に応じて民間等外部機関の活用も考慮する。

2．2．2．5 評価方法

2．2．2．5．1 評価の観点

評価は、当該研究開発課題の重要性、緊急性等（「必要性」）、当該課題の成果の有効性（「有効性」）、当該課題の実施方法、体制の効率性（「効率性」）等の観点から行う。

また、評価は、研究開発の特性や規模に応じて、対象となる研究開発の世界的水準を踏まえて行う。

2．2．2．5．2 評価の実施

評価実施主体は、設定・抽出した評価手法、評価の観点、評価項目、評価基準に従い、評価を実施する。

特に、中間・事後評価等においては、あらかじめ設定した目標に対する達成状況等を評価することを基本とするが、併せて、実施したプロセスの妥当性や副次的成果、理解増進や研究基盤の向上、さらに、当該研究が次代を担う若手研究者の育成にいかに貢献したかなど、次につながる成果を幅広い視野から捉える。また、失敗も含めた研究過程や計画外の事象から得られる知見、研究者の意欲、活力、発展可能性等にも配慮する。

大規模プロジェクトは、巨額の国費を投入するため、その内容に関して計画・体制・手法の妥当性、責任体制の明確さ、費用対効果、基盤技術の成熟度や代替案との比較検討等の多様な項目について評価を行うなど特に入念に事前評価を行う。当該プロジェクトが実施されなかった場合の損失も評価項目の一つとなり得る。

また、評価実施主体は、評価者の見識に基づく質的判断を基本とする。その際、評価の客観性を確保する観点から、評価対象や目的に応じて論文被引用度や特許の取得に向けた取組等といった数量的な情報・データ等を評価の参考資料として利用することは場合によっては有用であるが、数量的な情報・データ等を評価指標として安易に使用すると、評価を誤り、ひいては被評価者の健全な研究活動を歪めてしまうおそれがあることから、これらの利用は慎重に行う。特に、掲載されている論文の引用数をもとに雑誌の影響度を測る指標として利用されるインパクトファクター等は、掲載論文の質を示す指標ではないことを認識して、その利用については十分な注意を払うことが不可欠である。

2．2．2．5．3 自己点検・評価の活用

評価への被評価者等の積極的な取り組みを促進し、また、評価の効率的な実施を推進するため、研究開発の特性や規模に応じて、被評価者が自ら研究開発課題の計画段階において明確な目標とその達成状況の判定指標等の明示に努め、課題実施中には、随時、目標の達成状況や問題点、今後の発展見込み等について自己点検・評価を行い、評価者はその内容を評価に活用する。

そのほか、評価方法の設定・抽出、周知及び見直し、評価手法の設定、評価項目の抽出、評価基準の設定に関しては2．2．1．5．1、2．2．1．5．2、2．1．5．4及び2．2．1．5．5と同様に実施する。

2．2．2．6 評価にあたり留意すべき事項

評価活動の継続性、基礎研究等の評価に関しては2．1．6．1及び2．2．1．7．3と同様に実施する。

2．2．2．7 評価結果の取り扱い

研究開発課題を企画立案し、実施し、評価するととも

12

科学技術

に、評価結果を研究開発の質の向上や運営改善、計画の見直し等に適切に反映するといった循環過程を確立しなければならない。

そのためには、研究開発課題の評価については、あらかじめ評価目的及び活用方法を具体的に明確化し、評価結果を資源配分等に適切に反映して、研究開発の質の向上や資源の有効活用を図ることが重要である。評価結果の具体的な活用の例としては、評価時期別に、

●事前評価では、実施の当否、計画変更、優れた研究開発体制の構築、研究者又は研究代表者の責任の明確化等

●中間評価では、進捗度の点検と目標管理、継続、中止、方向転換、研究開発の質の向上、機関運営の改善、研究者の意欲喚起等

●事後評価では、計画の目的や目標の達成状況の確認、研究者又は研究代表者の責任の明確化、国民への説明、評価結果のデータベース化や以後の評価での活用、次の段階の研究開発の企画・実施、次の政策・施策形成の活用、研究開発マネジメントの高度化、機関運営の改善等

●追跡評価では、効果・効用（アウトカム）や波及効果（インパクト）の確認、国民への説明、次の政策・施策形成への活用、研究開発マネジメントの高度化等

が挙げられる。

また、中間評価においては、研究開発が一層発展するよう必要に応じて助言する。特に、進展の激しい研究開発については、柔軟に研究計画を変更することを提言する。

さらに、評価実施主体は、評価結果に応じて、研究者がさらにその研究開発を発展させ、より一層の成果を上げることができるような事後評価を行うとともに、必要に応じて、研究開発実施・推進主体は事後評価を活用するなどして、ある課題で生み出された研究成果が適切に次の課題等で活用されるような仕組みの構築を図る。

評価実施主体は、原則として評価結果を公表するとともに、研究開発の企画立案に責任を有する部門や資源配分等に責任を有する部門に適切に周知する。また、評価結果が他の評価にも有効であることに留意し、必要に応じて関係部門に周知する。それらの関係部門は、評価結果を受けて、研究開発課題や機関運営等の改善、資源配分等への適切な反映について検討する。その上で、文部科学省内部部局及び研究開発機関等はこれらの検討結果や反映状況も含め公表する。

評価実施主体は、個人情報や知的財産の保護等、あらかじめ必要な制限事項について配慮した上で評価結果等を公表する。また、評価結果の公表は、国民に対する説明責任を果たすとともに評価の公正さと透明性を確保し、社会や産業において広く活用されることに役立つことから、インターネットを利用するなどして、分かりやすく活用されやすい形で公表する。その際、評価の目的や前提条件を明らかにするなど、評価結果が正確に伝わるように配慮する。評価者の評価内容に対する責任を明確にするとともに、評価に対する公正さと透明性の確保の点から、評価者名も公表する。

2．2．3　基盤的資金による研究開発課題

基盤的資金は、大学等においては、競争的資金の獲得に至るまでの構想段階の研究を保障し日常的な教育研究活動を支えるとともに、大学附置研究所、研究センターの整備や特殊大型施設・設備を要する大規模研究の推進に大きな役割を果たすものである。前者の評価においては、研究者による日常的な論文発表や学会活動等を通じた評価を活用しつつ、各大学等において機関の長が機関の設置目的等に照らして、評価時期も含め、適切かつ効率的な評価の体制や方法を整備し、責任をもって実施する。一方、後者すなわち特定の大学共同利用機関等が中心となり、巨額の資金と多くの研究者集団により実施される大型研究プロジェクトの評価に当たっては、研究者のアイデアを汲み上げつつ第三者的立場の審議会等で評価を行う体制が有効かつ適切である。

また、研究開発法人等の運営費交付金等によっては、大規模プロジェクト及び社会的に関心が高い研究開発課題等や機関の長の裁量研究費による比較的小規模な研究開発課題等が行われる。中期計画に沿って重点的に推進されるプロジェクトの評価については、本指針における「重点的資金による研究開発課題」の評価を準用する。一方、それ以外の基盤的資金による研究開発課題の評価に当たっては、機関の長が機関の設置目的等に照らして、評価時期も含め、適切かつ効率的な評価の体制や方法を整備し、責任をもって実施する。

このように、評価結果を踏まえ、効果的な資源の配分に努めるとともに、必要に応じて機関評価に活用し、機関における経常的な研究開発活動全体の改善に資する。

2．2．4　その他

民間研究機関や公設試験研究機関等が国費の支出を受けて実施する研究開発課題については、評価実施主体は、国費の負担度合い等、国の関与に対応して適切に評価を行う。

また、効果的・効率的な研究開発の推進を図るためには、研究者の当該研究開発課題への研究者の関与の程度を明らかにすることも重要である。このため、競争的資金制度における新規課題の選定、研究開発課題の企画立案等の際には、研究計画書等に研究代表者及び研究分担者のエフォートを明記させ、当該研究者によるその研究開発課題の遂行可能性に関する判断や特定の研究者への研究費の過度な集中の排除等の観点から、このエフォートに関する情報を適切に活用する。

2．3　研究開発機関等の評価

2．3．1　評価の目的

研究開発機関等の評価は、機関の長が、機関の設置目的や研究開発の目的・目標に即して評価を実施することにより、研究開発及び機関全体の管理運営の改善に資す

るとともに、国民に対する説明責任を果たすことなどを目的とする。

大学については、「学校教育法」に基づく自己点検・評価や認証評価が、国立大学法人及び大学共同利用機関法人については「国立大学法人法」に基づく法人評価（教育研究の状況についての評価を含む）が、研究開発法人等については、「独立行政法人通則法」に基づく法人評価が義務づけられている。

これらの評価の基本となるのは、自らが実施する評価であり、研究開発活動に関する評価に関しては、機関の特性等に応じて、本指針を参考に、評価の目的や評価結果の活用の仕方、評価の項目・基準等を的確に設定し、実施することが期待される。

2.3.2 評価とマネジメント

研究開発機関等は、評価の実施に当たって、機関の目的や研究開発の目的・目標を作成し、これらに対応した研究開発施策や研究開発課題等を実施し、点検・評価するとともに、その結果を研究開発や機関全体の管理運営の改善等に適切に反映するという循環過程を構築する。なお、評価を適切に実施するために、施策や課題等を企画立案する際に、それらの達成目標を明確に設定するとともに、評価に活用することが可能な定性的・定量的な指標を設定するように努める。

研究開発機関等の評価に当たっては、評価に階層構造が存在することを考慮し、様々な評価を有機的に連携させる。

2.3.3 評価者

評価者の選任、評価者の幅広い選任、利害関係者の取り扱いに関しては、2.1.3.1及び2.1.3.2と同様に実施する。

2.3.4 評価の実施時期

評価実施主体は、研究開発をめぐる諸情勢の変化に柔軟に対応しつつ、常に活発な研究開発が実施されるよう、3年から6年程度の期間を一つの目安として、定期的に評価を行う。

2.3.5 評価方法

評価実施主体は、機関の設置目的や研究開発の目的・目標に即して、機関運営面と研究開発の実施・推進面から評価を行う。

機関運営面については、研究開発の目的・目標の達成や研究開発環境の整備等のための運営について、効率性の観点も踏まえ評価を行う。

研究開発の実施・推進面については、機関が実施・推進する研究開発施策及び研究開発課題の評価と所属する研究者等の業績評価の総体で行う。なお、機関評価の実施に当たっては、改めて個別の課題及び研究者等の業績についての評価を行うことは必ずしも必要としないことに留意する。

同一機関内で異なる階層の組織単位における機関評価が行われる場合には、効果的・効率的な評価の実施のため、その評価がより上位階層の組織単位の評価に活用できるよう、評価項目を一致させるなど、各評価実施主体が連携をとって行う。

2.3.6 評価結果の取り扱い

機関の長は、評価結果を機関運営の改善や機関内での資源配分に適切に反映する。

また、評価結果等について、個人情報や知的財産の保護等、あらかじめ必要な制限事項について配慮した上で公表する。また、評価結果の公表は、国民に対する説明責任を果たすとともに、評価の公正さと透明性を確保し、社会や産業において広く活用されることに役立つことから、インターネットを利用するなどして、分かりやすく活用されやすい形で公表する。その際、評価の目的や前提条件を明らかにするなど、評価結果が正確に伝わるように配慮する。評価者の評価内容に対する責任を明確にするとともに、評価に対する公正さと透明性の確保の点から、適切な時期に評価者名を公表する。

2.3.7 留意事項

機関運営は、機関の長の裁量の下で行われるものであり、評価結果を責任者たる機関長の評価につなげる。

なお、資源配分機関の機関評価に当たっては、機関運営面に加えて、配分した資金がどのように活用され、どのような成果が得られているかという面も把握し、資源配分の運用へ適切に反映する。

2.4 研究者等の業績評価

第3期科学技術基本計画においては、科学技術システム改革の一環として、研究者の処遇に関して、能力や業績の公正な評価の上、優れた努力に積極的に報いることなどによる公正で透明性の高い人事システムの徹底が掲げられている。

このため、評価実施主体である研究開発機関等の長は、研究者等の業績評価の実施に当たっては、評価の目的（注15）を明確にするとともに、機関の設置目的等に照らして、評価時期も含め適切かつ効率的な評価の体制や方法を整備し、責任をもって実施する。

研究者の多様な能力や適性に配慮し、研究開発活動に加え、研究開発の企画・管理、評価活動、また、産業界との連携、知的基盤整備への貢献、国際標準化への寄与、アウトリーチ活動（注16）等の関連する活動にも着目するとともに、質を重視した評価を行う。例えば、評価の領域を「研究」「人材育成」「社会貢献」「運営管理」等に切り分け、個人の能力が最大限に発揮されるとともに、組織力の向上も目指した評価となるように評価される領域の比重を適宜変え、一律的な評価を避ける必要がある。この際、評価項目全体を平均的に判断するばかりではなく、場合によっては、優れている点を積極的に取り上げる。このほか、各研究開発機関等においては、公正でかつ透明性の高い採用選考・人事システムが徹底され、女性研究者や海外の研究者の能力や業務が適切に評価されることが期待される。

また、研究者が挑戦する課題の困難性等も考慮に入れるなど、研究者を萎縮させず果敢な挑戦を促すなどの工夫が必要である。

さらに、研究開発を推進するためには、研究支援者の協力が不可欠であることから、研究支援者の専門的な能力、研究開発の推進に対する貢献度等を適切に評価する。

評価結果は、個人情報の保護の点から特に慎重に取り扱うよう留意しつつ、その処遇等に反映するなど、機関の長の定める方法の下で適切に活用する。

（注15）研究者等の業績評価の目的には、自己点検による意識改革、研究の質の向上、教育の質の向上、社会貢献の推進、組織運営の評価・改善のための資料収集、社会に対する説明責任等が挙げられる。

（注16）「アウトリーチ活動」とは、国民の研究活動・科学技術への興味や関心を高め、かつ国民との双方向的な対話を通じて国民のニーズを研究者が共有するため、研究者自身が国民一般に対して行う双方向的なコミュニケーション活動のことをいう。

第3章　機関や研究開発の特性に応じた配慮事項

第1章、第2章では、文部科学省の所掌に係る研究開発全般について、評価を行う上での考え方を示した。

研究開発法人等については、「独立行政法人通則法」（平成11年法律第１０３号）、国立大学法人及び大学共同利用機関法人については、「国立大学法人法」（平成15年法律第１１２号）等において評価の枠組みが明記されているので、これらと本指針との関係を本章において整理することとする。

また、文部科学省の所掌に係る研究開発において極めて重要な位置を占める大学等における学術研究は、他の研究開発と比べて異なる特性を有すること、また、大学等は教育機能を有する機関でもあることから、その評価に当たっては、前章までに示した考え方に基づくほか、これらの特徴を踏まえる必要があるため、特に配慮すべき事項を本章において整理する。

3.1　独立行政法人通則法、国立大学法人法等との関係

研究開発法人等については、「独立行政法人通則法」に基づき、独立行政法人評価委員会が業務の実績に関して第三者評価を行う。独立行政法人評価委員会が評価を進める上で、本指針を参考とすることが期待される。

大学等については、学校教育法等に規定される自己点検・評価を厳正に行う。国立大学法人及び大学共同利用機関法人については、「国立大学法人法」に基づき、国立大学法人評価委員会が業務の実績に関し第三者評価を行うが、教育研究の状況については、大学評価・学位授与機構における評価の結果を尊重することとされている。これらの評価に当たっては、大学等の研究活動の特殊性に留意し、本指針を参考とすることが期待される。

なお、本指針をもって新たな機関評価を行う義務が発生するものではない。

3.2　大学等における学術研究の評価における配慮事項

3.2.1　基本的考え方

3.2.1.1　学術研究の意義

大学等における学術研究は、研究者の自由な発想と研究意欲を源泉として行われる知的創造活動であり、人間の精神生活を構成する要素としてそれ自体優れた文化的価値を有する。その成果は人類共通の知的資産となり、文化の形成に寄与する。また、多様性を持った学術研究が幅広く推進される中から未来社会の在り方を変えるブレークスルーを生み出すなど、国家・社会発展の基盤ともなる。

3.2.1.2　学術研究における評価の基本的理念

学術研究においては、自律的な環境の中で研究活動が行われることが極めて重要である。その評価に当たっては、専門家集団における学問的意義についての評価を基本とする。その際、公正さと透明性の確保に努める。

また、優れた研究を積極的に評価するなど、評価を通じて研究活動を鼓舞・奨励し、その活性化を図るという積極的・発展的な観点を重視する。画一的・形式的な評価や安易な結果責任の追及が研究者を萎縮させ、独創的・萌芽的な研究や達成困難な課題に挑戦しようとする意欲を削ぎ、研究活動が均質化することのないようにする。

3.2.1.3　学術研究の特性

学術研究は、人文・社会科学、自然科学のあらゆる学問分野にわたるものであり、その性格、内容、規模等が極めて多様である。また、学術研究においては独創性が重視されるとともに、萌芽的な研究や長期間を経て波及効果が現れる研究等、評価が容易でないものも多い。さらに、新しい原理や法則の発見に至る過程においては、研究の経過そのものや時には失敗さえもがその後の展開にとって価値を有する場合がある。また、大学等においては、研究成果を踏まえた教育活動によって研究者をはじめ社会の様々な分野で活躍する人材が養成されるなど、研究活動と教育活動が密接な関連をもって推進されている点にも大きな特徴がある。

学術研究における評価に当たっては、これらの特性に配慮する必要がある。

3.2.1.4　評価の際の留意点

3.2.1.4.1　評価の視点

学問的意義についての評価を中心とし、それに加えて研究の分野や目的に応じて、社会・経済への貢献という

観点から新技術の創出や特許等の取得に向けた取り組み等を評価の視点の一つとする。また、成果の波及効果を十分に見極めるなど、長期的・文化的な観点に立った評価が必要である。さらに、最先端の研究のみならず、萌芽的な研究を推進するとともに、若手研究者による柔軟で多様な発想を活かし、育てるという視点が重要である。単に成果を事後的に評価するのみならず、現に研究活動に取り組んでいる研究者の意欲や活力、発展可能性を適切に評価するという視点を持つべきである。

3.2.1.4.2　評価の方法

定量的指標による評価方法には限界があり、ピアレビューによる研究内容の質の面での評価を基本とする。その際、数量的な情報・データ等を評価指標として用いる場合には、前述（2.2.1.5.6及び2.2.2.5.2評価の実施）に述べた観点を踏まえ、慎重な態度が求められる。

人文・社会科学の研究は、人類の精神文化や人類・社会に生起する諸々の現象や問題を対象とし、これを解釈し、意味付けていくという特性を持った学問であり、個人の価値観が評価に反映される部分が大きいという点に配慮する。

3.2.1.4.3　研究と教育の有機的関係

大学等は教育機能を有する機関でもあることから、大学等の機関評価や大学等の研究者の業績評価については、教育、研究、社会貢献といった大学等の諸機能全体の適切な発展を目指すことが必要であり、研究と教育の有機的関係に配慮する。

3.2.2　対象別の評価方法

3.2.2.1　研究開発課題の評価

3.2.2.1.1　基盤的資金による研究

基盤的資金は、萌芽的な研究や継続的な研究を含め、研究者の自由な発想による多様な研究活動を支え、学術研究の発展の基盤を培うものである。

基盤的資金による研究開発課題の評価は、研究者による日常的な論文発表や学会活動等に対する評価を活用しつつ、各大学等において行う。その際、研究者の業績評価の一環として行うことも考慮する。また、自由闊達な雰囲気を損ねたり、将来に向けての研究の発展の芽を摘み取ったりすることのないよう留意する。

3.2.2.1.2　競争的資金による研究

学術振興を目的とする競争的資金による研究の評価については、時代の要請に応じて必要な体制の整備を図りつつ、一層の充実を図る。その際、研究種目の性格や研究費規模に応じて、事前評価（審査）に重点を置くなど、効果的・効率的な評価方法を設定する。評価の質的向上を図る観点から、審査員の構成バランスへの配慮、研究内容を理解できる人材の確保を含めた評価業務実施体制の強化、審査結果の申請者への開示の拡充に努める。

3.2.2.1.3　大型研究プロジェクト

天文学、加速器科学、核融合科学等、特定の大学共同利用機関等が中心となり、巨額の資金と多くの研究者集団により実施される大型研究プロジェクトの評価に当たっては、研究者のアイデアを汲み上げつつ第三者的立場の審議会等で評価を行う体制が有効かつ適切である。このため、科学技術・学術審議会等において、事前・中間・事後の各段階における評価を実施し、それに基づいてプロジェクトの変更・中止等の措置を講ずるとともに、評価結果を積極的に公表し、発信する。その際、評価の適切性を高めるため、学問的意義のみならず社会・経済に与える影響について十分な評価が行われるよう、有識者の参画を得て評価を行う。また、海外の研究者の意見を聴くなど、世界的あるいは国際的な視点に立った評価の実施に努める。

3.2.2.2　研究面における大学等の機関評価

評価に当たっては、まず各大学等が自らの目標に照らして研究活動及び組織運営の状況について自己点検・評価を行い、その結果を組織運営の改善に役立てるとともに、国民に対する説明責任を果たす観点からこれを公表する。

大学共同利用機関については、運営会議において、機関の運営及び研究活動の両面での評価が行われており、これら外部に開かれた運営体制における評価機能を活用する。

3.2.2.3　研究者の業績評価

各大学等においては、例えば、学会等を通じた研究者間の相互評価や競争的資金の獲得実績も活用して個々の研究者の業績を評価し、その結果を大学等の組織運営に活かす。なお、研究者の業績評価については、大学等における自己点検・評価の一環として実施することも考慮する。

研究者の業績評価に当たっては、研究者の創意を尊重し、優れた研究活動を推奨し、支援するという積極的視点が重要である。一方、研究者は、大学等がその使命を全うするために自由な研究環境の保障が必要とされていることを自覚し、自らを厳しく律して研究を推進することが望まれる。

大学等にとっては、教育機能も極めて重要な要素であり、教員の評価に当たって研究面での業績のみが重視されることによって、大学等における教育面での機能の低下をもたらすことのないよう留意する。

第4章　フォローアップ等

文部科学省内部部局は、文部科学省の所掌に係る研究開発評価の実施状況についてフォローアップを行い、その把握に努める。また、フォローアップの結果や国内外の動向を踏まえ、本指針の見直しを行う。

研究開発制度・研究開発を行う機関等の所管部局は、所管する制度・機関の評価に関し、評価方法等を点検し、評価の質を高め、適切な評価が効果的・効率的に行われていくよう、評価の在り方の改善に努める。その際、所管機関に対し必要に応じ適切な助言を行う。また、評価者に関する情報も含めて評価結果を評価推進部局に提出する。

評価推進部局は、制度・機関所管部局から提出された評価結果を取りまとめ、制度・機関所管部局に対して助言等を行うとともに、評価システム全体の見直しを行う。また、データベースの構築等を図るとともに、効果的・効率的な評価システムを構築するため、評価者や評価業務に携わる者の養成・確保に係る方策を講じる。

産業技術力強化法

平成十二年四月十九日法律第四十四号
最終改正　平成二一年四月三〇日法律第二九号

（目的）

第一条　この法律は、我が国の産業技術力の強化に関し、国、地方公共団体、産業技術研究法人、大学及び事業者の責務を明らかにするとともに、産業技術力の強化に関する施策の基本となる事項を定め、併せて産業技術力の強化を支援するための措置を講ずることにより、我が国産業の持続的な発展を図り、もって国民生活の安定向上及び国民経済の健全な発展に資することを目的とする。

（定義）

第二条　この法律において「産業技術力」とは、産業活動において利用される技術に関する研究及び開発を行う能力並びにその成果の企業化を行う能力をいう。

2　この法律において「技術経営力」とは、技術に関する研究及び開発の成果を経営において他の経営資源と組み合わせて有効に活用するとともに、将来の事業内容を展望して研究及び開発を計画的に展開する能力をいう。

3　この法律において「産業技術研究法人」とは、独立行政法人（独立行政法人通則法（平成十一年法律第百三号）第二条第一項に規定する独立行政法人をいう。以下同じ。）及び地方独立行政法人（地方独立行政法人法（平成十五年法律第百十八号）第二条第一項に規定する地方独立行政法人をいう。以下同じ。）であって、産業活動において利用される技術に関する研究及び開発並びにその成果の移転に関する業務を行うものをいう。

（基本理念）

第三条　産業技術力の強化は、産業技術力が産業構造の変化、技術の進歩等の内外の経済的環境の変化に適確に対応して我が国産業の持続的な発展を図るための基盤であることにかんがみ、我が国産業の発展を支えてきた技術の改良に係る産業技術の水準の維持及び向上を図りつつ、国、地方公共団体、産業技術研究法人、大学及び事業者の相互の密接な連携の下に、創造性のある研究及び開発を行うとともに、その成果の企業化を行う能力を強化することを基本として行われるものとする。

2　技術経営力の強化は、それが前項に規定する産業技術力の強化に資するものであることにかんがみ、事業者が研究及び開発を行うに当たり、自らの競争力の現状及び技術革新の動向を適確に把握するとともに、その将来の事業活動の在り方を展望することが重要であること、並びに現在の事業分野にかかわらず広く知見を探究し、これにより得られた知識を融合して活用することが重要であることを踏まえて、行われるものとする。

（国の責務）

第四条　国は、前条の基本理念（以下「基本理念」という。）にのっとり、産業技術力の強化に関する総合的な施策を策定し、及びこれを実施する責務を有する。

2　国の関係行政機関は、産業技術力の強化に関する施策の円滑な実施が促進されるよう、相互に連携を図りながら協力しなければならない。

3　国は、第一項に規定する総合的な施策を策定し、及びこれを実施するに際しては、技術経営力の強化の促進の重要性を踏まえるものとする。

（地方公共団体の責務）

第五条　地方公共団体は、基本理念にのっとり、産業技術力の強化に関し、国の施策に準じた施策及びその地方公共団体の区域の特性を生かした自主的な施策を策定し、及びこれを実施する責務を有する。

（産業技術研究法人の責務）

第五条の二　産業技術研究法人は、基本理念にのっとり、創造性のある研究及び開発の実施並びに研究及び開発における事業者との連携並びに研究及び開発の成果の事業者への移転に自主的かつ積極的に努めるものとする。

2　産業技術研究法人は、前項の研究及び開発の成果の事業者への移転に当たっては、成果の移転を受ける者の産業技術力を強化することの必要性及びその資力、当該成果を企業化する能力その他の事情を考慮しつつ、その成果の移転の対価について額の低廉化、金銭以外の財産での受領その他の柔軟な方法によることの必要性についても勘案し、行うよう努めるものとする。

（大学の責務等）

第六条　大学は、その活動が産業技術力の強化に資するものであることにかんがみ、人材の育成並びに研究及びその成果の普及に自主的かつ積極的に努めるものとする。

2　国及び地方公共団体は、産業技術力の強化に関する施策で大学に係るものを策定し、及びこれを実施するに当たっては、研究者の自主性の尊重その他の大学における研究の特性に配慮しなければならない。

（事業者の責務）

第七条　事業者は、基本理念にのっとり、研究及び開発並びにその成果の企業化並びに技術経営力の強化に積極的に努めるものとする。

（研究者等の確保、養成及び資質の向上）

第八条　国は、研究者及び技術者の創造性が十分に発揮されることにより、産業技術力の強化が図られることにかんがみ、研究者及び技術者の確保、養成及び資質の向上に必要な施策を講ずるものとする。

（研究開発施設の整備等）

第九条　国は、産業技術力の強化の円滑な実施を図るため、研究及び開発を行うための施設及び設備の整備、研究材料の供給並びに技術に関する情報の流通の円滑化に必要な施策を講ずるものとする。

（研究開発に係る資金の重点化等）

第十条　国は、産業技術力の強化の効果的な実施を図るため、国の資金により行われる研究及び開発の適切な評価を行い、その結果を予算の配分へ反映させること等により、産業技術に関する研究及び開発に係る資金の重点化及び効率化の促進に必要な施策を講ずるものとする。

（連携の強化）

第十一条　国は、国及び地方公共団体の試験研究機関、産業技術研究法人、大学並びに事業者が互いに補完することにより産業技術力の強化の効果的な実施が図られることにかんがみ、これらの者の間の連携の強化に必要な施策を講ずるものとする。

（研究成果の移転の促進）

第十二条　国は、国及び地方公共団体の試験研究機関、産業技術研究法人並びに大学における研究及び開発の成果が事業活動において活用されることが産業技術力の強化に重要であることにかんがみ、当該成果の事業者への移転の促進に必要な施策を講ずるものとする。

（技術経営力の強化のための施策）

第十三条　国は、技術経営力の強化が産業技術力の強化に重要であることにかんがみ、事業者が広く技術革新の動向を把握する上で有用な将来の技術に関する見通しの提示、技術経営力の強化に寄与する人材の養成及び資質の向上、事業者が研究及び開発の成果を事業活動において効率的かつ円滑に活用することができる環境の整備その他技術経営力の強化の促進のために必要な施策を講ずるものとする。

（受託研究等に係る資金の受入れ等の円滑化）

第十四条　地方公共団体は、その設置する公立学校（学校教育法（昭和二十二年法律第二十六号）第二条第二項に規定する公立学校をいう。）において当該地方公共団体以外の者から奨学を目的とする寄附金を受けて行う研究若しくは委託を受けて行う研究又は当該地方公共団体以外の者と共同して行う研究の円滑な実施に資するため、地方公共団体以外の者から提供されるこれらの研究に係る資金の受入れ及び使用を円滑に行うための措置を講じなければならない。

（試験研究機関等の研究成果を活用する事業者への支援）

第十五条　国は、産業技術力の強化を図るため、国の試験研究機関の研究者がその研究成果を活用する事業を実施する営利を目的とする私企業を営むことを目的とする会社その他の団体（次項において「研究成果利用会社等」という。）の役員、顧問若しくは評議員の職を兼ねることが当該研究成果の事業者への移転の促進にとって重要な意義を有することに配慮しつつ、当該研究成果を活用する事業を実施する事業者に対する支援に必要な措置を講ずるよう努めなければならない。

2　地方公共団体は、産業技術力の強化を図るため、公立大学等（学校教育法第一条に規定する大学及び高等専門学校であって地方公共団体が設置するものをいう。）及び地方公共団体の試験研究機関の研究者が研究成果利用会社等の役員、顧問若しくは評議員の職を兼ねることが当該研究成果の事業者への移転の促進にとって重要な意義を有することに配慮しつつ、当該研究成果を活用する事業を実施する事業者に対する支援に必要な措置を講ずるよう努めなければならない。

（特定試験研究機関に係る技術移転事業を実施する者の国有施設の無償使用）

第十六条　国は、大学等における技術に関する研究成果の民間事業者への移転の促進に関する法律（平成十年法律第五十二号）第十二条第一項の認定を受けた者が同項の特定試験研究機関の施設を同項に規定する事業の用に供する場合であって、産業技術力の強化を図るため特に必要であると認めるときは、当該認定を受けた者に対し、当該特定試験研究機関の施設を無償で使用させることができる。

（国有の特許権又は実用新案権の取扱い）

第十六条の二　国は、政令で定めるところにより、国有の特許権又は実用新案権のうち、これらに係る特許発明又は登録実用新案が政令で定める期間以上継続して実施されていないものについて、その産業技術力の強化を支援することが特に必要な者として政令で定める者に対し通常実施権の許諾を行うときは、その許諾の対価を時価よりも低く定めることができる。

（特許料等の特例）

第十七条　特許庁長官は、特許法（昭和三十四年法律第百二十一号）第百七条第一項の規定による第一年から第三年までの各年分の特許料を納付すべき者が次に掲げる者であるときは、政令で定めるところにより、特許料を軽減し若しくは免除し、又はその納付を猶予することができる。

一　その特許発明（職務発明（特許法第三十五条第一項に規定するものをいう。以下同じ。）に限る。）の発明者である学校教育法第一条に規定する大学（以下この条において単に「大学」という。）の学長、副学長、学部長、教授、准教授、助教、講師、助手若しくはその他の職員のうち専ら研究に従事する者、同法第一条に規定する高等専門学校（以下この条において単に「高等専門学校」という。）の校長、教授、准教授、助教、講師、助手若しくはその他の職員のうち専ら研究に従事する者又は国立大学法人法（平成十五年法律第百十二号）第二条第三項に規定する大学共同利用機関法人（以下単に「大学共同利用機関法人」という。）の長若しくはその職員のうち専ら研究に従事する者（以下「大学等研究者」と総称する。）

二　その特許発明が大学等研究者がした職務発明である場合において、その大学等研究者から特許を受ける権利を承継した当該大学若しくは高等専門学校を設置する者又は大学共同利用機関法人

三　その特許発明が大学等研究者と大学等研究者以外の者との共同で行われたものである場合（当該特許発明が大学等研究者について職務発明である場合に限る。）において、当該特許発明に係るこれらの者の共有に係る特許を受ける権利をこれらの者から承継した当該大学若しくは高等専門学校を設置する者又は大学共同利用機関法人

四　その特許発明が試験研究独立行政法人（独立行政法人のうち高等専門学校を設置する者であるもの以外のものであって、試験研究に関する業務を行うものとして政令で定めるものをいう。以下この条において同じ。）の役員又はその職員のうち専ら研究に従事する者（以下この条において「試験研究独立行政法人研究者」という。）がした職務発明である場合において、その試験研究独立行政法人研究者から特許を受ける権利を承継した当該試験研究独立行政法人

五　その特許発明が試験研究独立行政法人研究者と試験研究独立行政法人研究者以外の者との共同で行われたものである場合（当該特許発明が試験研究独立行政法人研究者について職務発明である場合に限る。）において、当該特許発明に係るこれらの者の共有に係る特許を受ける権利をこれらの者から承継した当該試験研究独立行政法人

六　その特許発明が公設試験研究機関（地方公共団体に置かれる試験所、研究所その他の機関（学校教育法第二条第二項に規定する公立学校を除く。）であって、試験研究に関する業務を行うものをいう。以下この条において同じ。）の長又はその職員のうち専ら研究に従事する者（以下この条において「公設試験研究機関研究者」という。）がした職務発明である場合において、その公設試験研究機関研究者から特許を受ける権利を承継した当該公設試験研究機関を設置する者

七　その特許発明が公設試験研究機関研究者と公設試験研究機関研究者以外の者との共同で行われたものである場合（当該特許発明が公設試験研究機関研究者について職務発明である場合に限る。）において、当該特許発明に係るこれらの者の共有に係る特許を受ける権利をこれらの者から承継した当該公設試験研究機関を設置する者

八　その特許発明が試験研究地方独立行政法人（地方独立行政法人のうち地方独立行政法人法第六十八条第一項に規定する公立大学法人以外のものであって、試験研究に関する業務を行うものをいう。以下この条において同じ。）の役員又はその職員のうち専ら研究に従事する者（以下この条において「試験研究地方独立行政法人研究者」という。）がした職務発明である場合において、その試験研究地方独立行政法人研究者から特許を受ける権利を承継した当該試験研究地方独立行政法人

九　その特許発明が試験研究地方独立行政法人研究者と試験研究地方独立行政法人研究者以外の者との共同で行われたものである場合（当該特許発明が試験研究地方独立行政法人研究者について職務発明である場合に限る。）において、当該特許発明に係るこれらの者の共有に係る特許を受ける権利をこれらの者から承継した当該試験研究地方独立行政法人

十　その特許発明が大学等研究者がした職務発明である場合であって、当該特許発明に係る特許を受ける権利が大学等における技術に関する研究成果の民間事業者への移転の促進に関する法律第四条第一項の承認を受けた者（同法第五条第一項の変更の承認を受けた者を含む。以下この条及び附則第三条において「承認事業者」という。）に承継されていた場合において、当該承認事業者から当該特許を受ける権利を承継した当該大学若しくは高等専門学校を設置する者又は大学共同利用機関法人

十一　その特許発明が大学等研究者と大学等研究者以外の者との共同で行われたものである場合（当該特許発明が大学等研究者について職務発明である場合に限る。）であって、当該特許発明に係るこれらの者の共有に係る特許を受ける権利が承認事業者に承継されていた場合において、当該承認事業者から当該特許を受ける権利を承継した当該大学若しくは高等専門学校を設置する者又は大学共同利用機関法人

2　特許庁長官は、自己の特許出願について出願審査の請求をする者が次に掲げる者であるときは、政令で定めるところにより、特許法第百九十五条第二項の規定により納付すべき出願審査の請求の手数料を軽減し、又は免除することができる。

一　その発明（職務発明に限る。）の発明者である大学等研究者

二　その発明が大学等研究者がした職務発明である場合において、その大学等研究者から特許を受ける権利を承継した当該大学若しくは高等専門学校を設置する者又は大学共同利用機関法人

三　その発明が大学等研究者と大学等研究者以外の者との共同で行われたものである場合（当該発明が大学等研究者について職務発明である場合に限る。）において、当該発明に係るこれらの者の共有に係る特許を受ける権利をこれらの者から承継した当該大学若しくは高等専門学校を設置する者又は大学共同利用機関法人

四　その発明が試験研究独立行政法人研究者がした職

務発明である場合において、その試験研究独立行政法人研究者から特許を受ける権利を承継した当該試験研究独立行政法人

五　その発明が試験研究独立行政法人研究者と試験研究独立行政法人研究者以外の者との共同で行われたものである場合（当該発明が試験研究独立行政法人研究者について職務発明である場合に限る。）において、当該発明に係るこれらの者の共有に係る特許を受ける権利をこれらの者から承継した当該試験研究独立行政法人

六　その発明が公設試験研究機関研究者がした職務発明である場合において、その公設試験研究機関研究者から特許を受ける権利を承継した当該公設試験研究機関を設置する者

七　その発明が公設試験研究機関研究者と公設試験研究機関研究者以外の者との共同で行われたものである場合（当該発明が公設試験研究機関研究者について職務発明である場合に限る。）において、当該発明に係るこれらの者の共有に係る特許を受ける権利をこれらの者から承継した当該公設試験研究機関を設置する者

八　その発明が試験研究地方独立行政法人研究者がした職務発明である場合において、その試験研究地方独立行政法人研究者から特許を受ける権利を承継した当該試験研究地方独立行政法人

九　その発明が試験研究地方独立行政法人研究者と試験研究地方独立行政法人研究者以外の者との共同で行われたものである場合（当該発明が試験研究地方独立行政法人研究者について職務発明である場合に限る。）において、当該発明に係るこれらの者の共有に係る特許を受ける権利をこれらの者から承継した当該試験研究地方独立行政法人

十　その発明が大学等研究者がした職務発明である場合であって、当該発明に係る特許を受ける権利が承認事業者に承継されていた場合において、当該承認事業者から当該特許を受ける権利を承継した当該大学若しくは高等専門学校を設置する者又は大学共同利用機関法人

十一　その発明が大学等研究者と大学等研究者以外の者との共同で行われたものである場合（当該発明が大学等研究者について職務発明である場合に限る。）であって、当該発明に係るこれらの者の共有に係る特許を受ける権利が承認事業者に承継されていた場合において、当該承認事業者から当該特許を受ける権利を承継した当該大学若しくは高等専門学校を設置する者又は大学共同利用機関法人

第十八条　特許庁長官は、特許法第百七条第一項の規定による第一年から第三年までの各年分の特許料を納付すべき者が次に掲げる者であって産業技術力の強化を図るため特に必要なものとして政令で定める要件に該当する者であるときは、政令で定めるところにより、特許料を軽減し若しくは免除し、又はその納付を猶予することができる。

一　その特許発明の発明者

二　その特許発明が従業者等（特許法第三十五条第一項に規定するものをいう。以下この条において同じ。）がした職務発明であって、契約、勤務規則その他の定めによりあらかじめ使用者等（同項に規定するものをいう。以下この条において同じ。）に特許を受ける権利を承継させることが定められている場合において、その従業者等から特許を受ける権利を承継した使用者等

2　特許庁長官は、自己の特許出願について出願審査の請求をする者が次に掲げる者であって産業技術力の強化を図るため特に必要なものとして政令で定める要件に該当する者であるときは、政令で定めるところにより、特許法第百九十五条第二項の規定により納付すべき出願審査の請求の手数料を軽減し、又は免除することができる。

一　その発明の発明者

二　その発明が従業者等がした職務発明であって、契約、勤務規則その他の定めによりあらかじめ使用者等に特許を受ける権利を承継させることが定められている場合において、その従業者等から特許を受ける権利を承継した使用者等

（国が委託した研究及び開発の成果等に係る特許権等の取扱い）

第十九条　国は、技術に関する研究開発活動を活性化し、及びその成果を事業活動において効率的に活用することを促進するため、国が委託した技術に関する研究及び開発又は国が請け負わせたソフトウェアの開発の成果（以下この条において「特定研究開発等成果」という。）に係る特許権その他の政令で定める権利（以下この条において「特許権等」という。）について、次の各号のいずれにも該当する場合には、その特許権等を受託者又は請負者（以下この条において「受託者等」という。）から譲り受けないことができる。

一　特定研究開発等成果が得られた場合には、遅滞なく、国にその旨を報告することを受託者等が約すること。

二　国が公共の利益のために特に必要があるとしてその理由を明らかにして求める場合には、無償で当該特許権等を利用する権利を国に許諾することを受託者等が約すること。

三　当該特許権等を相当期間活用していないと認められ、かつ、当該特許権等を相当期間活用していないことについて正当な理由が認められない場合において国が当該特許権等の活用を促進するために特に必要があるとしてその理由を明らかにして求めるときは、当該特許権等を利用する権利を第三者に許諾することを受託者等が約すること。

四　当該特許権等の移転又は当該特許権等を利用する権利であって政令で定めるものの設定若しくは移転の承諾をしようとするときは、合併又は分割により移転する場合及び当該特許権等の活用に支障を及ぼすおそれがない場合として政令で定める場合を除き、あらかじめ国の承認を受けることを受託者等が約すること。

2　前項の規定は、国が資金を提供して他の法人に技術に関する研究及び開発を行わせ、かつ、当該法人がその研究及び開発の全部又は一部を委託する場合における当該法人と当該研究及び開発の受託者との関係及び国が資金を提供して他の法人にソフトウェアの開発を

行わせ、かつ、当該法人がその開発の全部又は一部を他の者に請け負わせる場合における当該法人と当該開発の請負者との関係に準用する。

3　前項の法人は、同項において準用する第一項第二号又は第三号の許諾を求めようとするときは、国の要請に応じて行うものとする。

附　則

（施行期日）

第一条　この法律は、公布の日から起算して一月を超えない範囲内において政令で定める日から施行する。

（特許料の特例に係る経過措置）

第二条　第十六条第一項に規定する者に係る特許出願であってこの法律の施行前に特許をすべき旨の査定又は審決の謄本の送達があったものに係る特許料の減免又は猶予については、同項の規定にかかわらず、なお従前の例による。

2　第十七条第一項に規定する者に係る特許出願であってこの法律の施行前に特許をすべき旨の査定又は審決の謄本の送達があったものに係る特許料の減免又は猶予については、同項の規定にかかわらず、なお従前の例による。

（国立大学法人等に係る特許料等に関する経過措置等）

第三条　次に掲げる特許権又は特許を受ける権利について特許法第百七条第一項の規定により納付すべき特許料、同法第百九十五条第一項若しくは第二項の規定により納付すべき手数料又は工業所有権に関する手続等の特例に関する法律（平成二年法律第三十号）第四十条第一項の規定により納付すべき手数料に関する特許法第百七条第二項の規定、同法第百九十五条第四項及び第五項の規定（これらの規定を特許協力条約に基づく国際出願等に関する法律（昭和五十三年法律第三十号）第十八条第四項において準用する場合を含む。）又は工業所有権に関する手続等の特例に関する法律第四十条第三項及び第四項の規定の適用については、国立大学法人（国立大学法人法第二条第一項に規定する国立大学法人をいう。）、大学共同利用機関法人又は独立行政法人国立高等専門学校機構（以下この条において「国立大学法人等」という。）は、国とみなす。

一　国立大学法人法附則第九条第一項又は独立行政法人国立高等専門学校機構法（平成十五年法律第百十三号）附則第八条第一項の規定により国立大学法人等が承継した特許権

二　国立大学法人法附則第九条第一項又は独立行政法人国立高等専門学校機構法附則第八条第一項の規定により国立大学法人等が承継した特許を受ける権利（平成十九年三月三十一日までにされた特許出願（同年四月一日以後にする特許出願であって、特許法第四十四条第二項（同法第四十六条第五項において準用する場合を含む。）の規定により同年三月三十一日までにしたものとみなされるものを除く。以下この項において同じ。）に係るものに限る。）又は当該国立大学法人等が当該特許を受ける権利に基づいて取得した特許権

三　国立大学法人等が平成十九年三月三十一日までに当該国立大学法人等の大学等研究者から承継した特許権若しくは特許を受ける権利（同日までにされた特許出願に係るものに限る。）又は当該国立大学法人等が当該特許を受ける権利に基づいて取得した特許権

四　承認事業者が国立大学法人等から譲渡を受けた特許権若しくは特許を受ける権利（前三号に掲げるものに限る。）又は当該特許を受ける権利に基づいて取得した特許権（平成十九年三月三十一日までにされた特許出願に係るものに限る。）であって、当該国立大学法人等が当該承認事業者から承継したもの

2　前項各号に規定する特許権又は特許を受ける権利について特許法第百七条第一項の規定により納付すべき特許料又は同法第百九十五条第二項の規定により納付すべき出願審査の請求の手数料については、第十七条の規定は、適用しない。

附　則（平成二一年四月三〇日法律第二九号）抄

（施行期日）

第一条　この法律は、公布の日から起算して三月を超えない範囲内において政令で定める日から施行する。ただし、次の各号に掲げる規定は、当該各号に定める日から施行する。

一　第一条中産業活力再生特別措置法第二十四条の次に一条を加える改正規定並びに次条及び附則第十三条の規定　公布の日

（処分、手続等に関する経過措置）

第十一条　この法律の施行前に旧研究組合法の規定によってした処分、手続その他の行為であって、新研究組合法の規定に相当の規定があるものは、この附則に別段の定めがあるものを除き、新研究組合法の相当の規定によってしたものとみなす。

（罰則の適用に関する経過措置）

第十二条　この法律の施行前にした行為並びに附則第三条第二項及び第五項、第七条第一項、第八条並びに第九条の規定によりなお従前の例によることとされる場合におけるこの法律の施行後にした行為に対する罰則の適用については、なお従前の例による。

（その他の経過措置の政令への委任）

第十三条　この附則に規定するもののほか、この法律の施行に伴い必要な経過措置は、政令で定める。

（見直し）

第十四条　政府は、この法律の施行後平成二十八年三月三十一日までの間に、新特別措置法第二章の二及び第五章第二節の規定の施行の状況について検討を加え、その結果に基づいて必要な措置を講ずるものとする。

2　政府は、この法律の施行後平成二十八年三月三十一日までの間に、内外の経済情勢の変化を勘案しつつ、新特別措置法（第二章の二及び第五章第二節の規定を除く。）の施行の状況について検討を加え、その結果に基づいて廃止を含めて見直しを行うものとする。

3　政府は、この法律の施行後五年以内に、新研究組合法及び第三条の規定による改正後の産業技術力強化法の施行の状況について検討を加え、必要があると認め

るときは、その結果に基づいて所要の措置を講ずるものとする。

産業技術力強化法施行令

平成十二年四月十九日政令第二百六号
最終改正 平成二二年三月二五日政令第四一号

内閣は、産業技術力強化法（平成十二年法律第四十四号）第十六条及び第十七条の規定に基づき、この政令を制定する。

（時価よりも低い対価による通常実施権の許諾）

第一条 産業技術力強化法（以下「法」という。）第十六条の二の規定による国有の特許権又は実用新案権の通常実施権の許諾は、時価からその五割以内を減額した価額を対価として行うものとする。

2 法第十六条の二の政令で定める期間は、三年とする。

3 法第十六条の二に規定する政令で定める者は、個人又は次の各号のいずれかに該当する法人であって、同条の特許発明又は登録実用新案の実施による新商品の開発又は生産、新役務の開発又は提供、商品の新たな生産又は販売の方式の導入、役務の新たな提供の方式の導入その他の新たな事業活動を行う具体的な計画を有するものとする。

一 資本金の額又は出資の総額が五億円以下の法人

二 常時使用する従業員の数が千人以下の法人

三 最終の貸借対照表の負債の部に計上した金額の合計額が二百億円以下の法人

四 設立の日以後の期間が十年未満の法人であって、法第十六条の二の許諾を求めた日の属する事業年度の前事業年度（当該許諾を求めた日が前事業年度経過後二月以内である場合には、前々事業年度）において試験研究費等比率（一事業年度における試験研究費及び開発費（法人税法施行令（昭和四十年政令第九十七号）第十四条第一項第三号に規定する開発費及び新たな事業の開始のために特別に支出する費用をいう。）の合計額の収入金額（総収入金額から固定資産又は法人税法（昭和四十年法律第三十四号）第二条第二十一号に規定する有価証券の譲渡による収入金額を控除した金額をいう。第六条第二号ロにおいて同じ。）に対する割合をいう。）が百分の三を超えるもの

（大学等研究者等に係る特許料の軽減の手続）

第一条の二 法第十七条第一項の規定により特許料の軽減を受けようとする者は、次に掲げる事項を記載した申請書を特許庁長官に提出しなければならない。

一 申請人の氏名又は名称及び住所又は居所

二 当該特許出願の番号

三 法第十七条第一項各号に掲げる者のいずれに該当するかの別

四 特許料の軽減を受けようとする旨

2 法第十七条第一項第一号に掲げる者が前項の申請書を提出する場合には、その申請に係る特許発明が職務発明（特許法（昭和三十四年法律第百二十一号）第三十五条第一項に規定する職務発明をいう。以下同じ。）であることを証する書面を添付しなければならない。

3 法第十七条第一項第二号に掲げる者が第一項の申請書を提出する場合には、次に掲げる書面を添付しなければならない。

一 その申請に係る特許発明が当該大学（学校教育法（昭和二十二年法律第二十六号）第一条に規定する大学をいう。以下同じ。）、高等専門学校（同条に規定する高等専門学校をいう。以下同じ。）又は大学共同利用機関法人（国立大学法人法（平成十五年法律第百十二号）第二条第三項に規定する大学共同利用機関法人をいう。以下同じ。）の大学等研究者（法第十七条第一項第一号に規定する大学等研究者をいう。以下同じ。）がした職務発明であることを証する書面

二 その申請に係る特許発明について当該大学若しくは高等専門学校の設置者又は大学共同利用機関法人が前号の大学等研究者から特許を受ける権利を承継したことを証する書面

4 法第十七条第一項第三号に掲げる者が第一項の申請書を提出する場合には、次に掲げる書面を添付しなけ

ればならない。

一　その申請に係る特許発明が当該大学、高等専門学校又は大学共同利用機関法人の大学等研究者と大学等研究者以外の者との共同で行われたものであること及び当該特許発明が大学等研究者について職務発明であることを証する書面

二　その申請に係る特許発明について当該大学若しくは高等専門学校の設置者又は大学共同利用機関法人が前号の大学等研究者及び同号の大学等研究者以外の者から特許を受ける権利を承継したことを証する書面

5　法第十七条第一項第四号に掲げる者が第一項の申請書を提出する場合には、次に掲げる書面を添付しなければならない。

一　その申請に係る特許発明が当該試験研究独立行政法人（法第十七条第一項第四号に規定する試験研究独立行政法人をいう。以下同じ。）の試験研究独立行政法人研究者（同号に規定する試験研究独立行政法人研究者をいう。以下同じ。）がした職務発明であることを証する書面

二　その申請に係る特許発明について当該試験研究独立行政法人が前号の試験研究独立行政法人研究者から特許を受ける権利を承継したことを証する書面

6　法第十七条第一項第五号に掲げる者が第一項の申請書を提出する場合には、次に掲げる書面を添付しなければならない。

一　その申請に係る特許発明が当該試験研究独立行政法人の試験研究独立行政法人研究者と試験研究独立行政法人研究者以外の者との共同で行われたものであること及び当該特許発明が試験研究独立行政法人研究者について職務発明であることを証する書面

二　その申請に係る特許発明について当該試験研究独立行政法人が前号の試験研究独立行政法人研究者及び同号の試験研究独立行政法人研究者以外の者から特許を受ける権利を承継したことを証する書面

7　法第十七条第一項第六号に掲げる者が第一項の申請書を提出する場合には、次に掲げる書面を添付しなければならない。

一　その申請に係る特許発明が当該公設試験研究機関（法第十七条第一項第六号に規定する公設試験研究機関をいう。以下同じ。）の公設試験研究機関研究者（法第十七条第一項第六号に規定する公設試験研究機関研究者をいう。以下同じ。）がした職務発明であることを証する書面

二　その申請に係る特許発明について当該公設試験研究機関の設置者が前号の公設試験研究機関研究者から特許を受ける権利を承継したことを証する書面

8　法第十七条第一項第七号に掲げる者が第一項の申請書を提出する場合には、次に掲げる書面を添付しなければならない。

一　その申請に係る特許発明が当該公設試験研究機関の公設試験研究機関研究者と公設試験研究機関研究者以外の者との共同で行われたものであること及び当該特許発明が公設試験研究機関研究者について職務発明であることを証する書面

二　その申請に係る特許発明について当該公設試験研究機関の設置者が前号の公設試験研究機関研究者及び同号の公設試験研究機関研究者以外の者から特許を受ける権利を承継したことを証する書面

9　法第十七条第一項第八号に掲げる者が第一項の申請書を提出する場合には、次に掲げる書面を添付しなければならない。

一　その申請に係る特許発明が当該試験研究地方独立行政法人（法第十七条第一項第八号に規定する試験研究地方独立行政法人をいう。以下同じ。）の試験研究地方独立行政法人研究者（法第十七条第一項第八号に規定する試験研究地方独立行政法人研究者をいう。以下同じ。）がした職務発明であることを証する書面

二　その申請に係る特許発明について当該試験研究地方独立行政法人が前号の試験研究地方独立行政法人研究者から特許を受ける権利を承継したことを証する書面

10　法第十七条第一項第九号に掲げる者が第一項の申請書を提出する場合には、次に掲げる書面を添付しなければならない。

一　その申請に係る特許発明が当該試験研究地方独立行政法人の試験研究地方独立行政法人研究者と試験研究地方独立行政法人研究者以外の者との共同で行われたものであること及び当該特許発明が試験研究地方独立行政法人研究者について職務発明であることを証する書面

二　その申請に係る特許発明について当該試験研究地方独立行政法人が前号の試験研究地方独立行政法人研究者及び同号の試験研究地方独立行政法人研究者以外の者から特許を受ける権利を承継したことを証する書面

11　法第十七条第一項第十号に掲げる者が第一項の申請書を提出する場合には、次に掲げる書面を添付しなければならない。

一　その申請に係る特許発明が当該大学、高等専門学校又は大学共同利用機関法人の大学等研究者がした職務発明であることを証する書面

二　その申請に係る特許発明に係る特許を受ける権利が大学等における技術に関する研究成果の民間事業者への移転の促進に関する法律（平成十年法律第五十二号）第四条第一項の承認を受けた者（同法第五条第一項の変更の承認を受けた者を含む。以下「承認事業者」という。）に承継されていたことを証する書面

三　その申請に係る特許発明について当該大学若しくは高等専門学校の設置者又は大学共同利用機関法人が前号の承認事業者から同号の特許を受ける権利を承継したことを証する書面

12　法第十七条第一項第十一号に掲げる者が第一項の申請書を提出する場合には、次に掲げる書面を添付しなければならない。

一　その申請に係る特許発明が当該大学、高等専門学校又は大学共同利用機関法人の大学等研究者と大学等研究者以外の者との共同で行われたものであること及び当該特許発明が大学等研究者について職務発明であることを証する書面

二　その申請に係る特許発明に係る前号の大学等研究者及び同号の大学等研究者以外の者の共有に係る特

許を受ける権利が承認事業者に承継されていたことを証する書面

三　その申請に係る特許発明について当該大学若しくは高等専門学校の設置者又は大学共同利用機関法人が前号の承認事業者から同号の特許を受ける権利を承継したことを証する書面

（大学等研究者等に係る特許料の軽減）

第二条　特許庁長官は、前条第一項の申請書の提出があったときは、特許法第百七条第一項の規定による第一年から第三年までの各年分の特許料の金額の二分の一に相当する額を軽減するものとする。

（試験研究独立行政法人）

第三条　法第十七条第一項第四号の政令で定める独立行政法人は、別表に掲げる独立行政法人とする。

（大学等研究者等に係る出願審査の請求の手数料の軽減の手続）

第四条　法第十七条第二項の規定により出願審査の請求の手数料の軽減を受けようとする者は、次に掲げる事項を記載した申請書を特許庁長官に提出しなければならない。

一　申請人の氏名又は名称及び住所又は居所

二　当該特許出願の表示

三　法第十七条第二項各号に掲げる者のいずれに該当するかの別

四　出願審査の請求の手数料の軽減を受けようとする旨

2　法第十七条第二項第一号に掲げる者が前項の申請書を提出する場合には、その申請に係る発明が職務発明であることを証する書面を添付しなければならない。

3　法第十七条第二項第二号に掲げる者が第一項の申請書を提出する場合には、次に掲げる書面を添付しなければならない。

一　その申請に係る発明が当該大学、高等専門学校又は大学共同利用機関法人の大学等研究者がした職務発明であることを証する書面

二　その申請に係る発明について当該大学若しくは高等専門学校の設置者又は大学共同利用機関法人が前号の大学等研究者から特許を受ける権利を承継したことを証する書面

4　法第十七条第二項第三号に掲げる者が第一項の申請書を提出する場合には、次に掲げる書面を添付しなければならない。

一　その申請に係る発明が当該大学、高等専門学校又は大学共同利用機関法人の大学等研究者と大学等研究者以外の者との共同で行われたものであること及び当該発明が大学等研究者について職務発明であることを証する書面

二　その申請に係る発明について当該大学若しくは高等専門学校の設置者又は大学共同利用機関法人が前号の大学等研究者及び同号の大学等研究者以外の者から特許を受ける権利を承継したことを証する書面

5　法第十七条第二項第四号に掲げる者が第一項の申請書を提出する場合には、次に掲げる書面を添付しなければならない。

一　その申請に係る発明が当該試験研究独立行政法人の試験研究独立行政法人研究者がした職務発明であることを証する書面

二　その申請に係る発明について当該試験研究独立行政法人が前号の試験研究独立行政法人研究者から特許を受ける権利を承継したことを証する書面

6　法第十七条第二項第五号に掲げる者が第一項の申請書を提出する場合には、次に掲げる書面を添付しなければならない。

一　その申請に係る発明が当該試験研究独立行政法人の試験研究独立行政法人研究者と試験研究独立行政法人研究者以外の者との共同で行われたものであること及び当該発明が試験研究独立行政法人研究者について職務発明であることを証する書面

二　その申請に係る発明について当該試験研究独立行政法人が前号の試験研究独立行政法人研究者及び同号の試験研究独立行政法人研究者以外の者から特許を受ける権利を承継したことを証する書面

7　法第十七条第二項第六号に掲げる者が第一項の申請書を提出する場合には、次に掲げる書面を添付しなければならない。

一　その申請に係る発明が当該公設試験研究機関の公設試験研究機関研究者がした職務発明であることを証する書面

二　その申請に係る発明について当該公設試験研究機関の設置者が前号の公設試験研究機関研究者から特許を受ける権利を承継したことを証する書面

8　法第十七条第二項第七号に掲げる者が第一項の申請書を提出する場合には、次に掲げる書面を添付しなければならない。

一　その申請に係る発明が当該公設試験研究機関の公設試験研究機関研究者と公設試験研究機関研究者以外の者との共同で行われたものであること及び当該発明が公設試験研究機関研究者について職務発明であることを証する書面

二　その申請に係る発明について当該公設試験研究機関の設置者が前号の公設試験研究機関研究者及び同号の公設試験研究機関研究者以外の者から特許を受ける権利を承継したことを証する書面

9　法第十七条第二項第八号に掲げる者が第一項の申請書を提出する場合には、次に掲げる書面を添付しなければならない。

一　その申請に係る発明が当該試験研究地方独立行政法人の試験研究地方独立行政法人研究者がした職務発明であることを証する書面

二　その申請に係る発明について当該試験研究地方独立行政法人が前号の試験研究地方独立行政法人研究者から特許を受ける権利を承継したことを証する書面

10　法第十七条第二項第九号に掲げる者が第一項の申請書を提出する場合には、次に掲げる書面を添付しなければならない。

一　その申請に係る発明が当該試験研究地方独立行政法人の試験研究地方独立行政法人研究者と試験研究地方独立行政法人研究者以外の者との共同で行われたものであること及び当該発明が試験研究地方独立行政法人研究者について職務発明であることを証する書面

二　その申請に係る発明について当該試験研究地方独立行政法人が前号の試験研究地方独立行政法人研究

者及び同号の試験研究地方独立行政法人研究者以外の者から特許を受ける権利を承継したことを証する書面

11　法第十七条第二項第十号に掲げる者が第一項の申請書を提出する場合には、次に掲げる書面を添付しなければならない。

一　その申請に係る発明が当該大学、高等専門学校又は大学共同利用機関法人の大学等研究者がした職務発明であることを証する書面

二　その申請に係る発明に係る特許を受ける権利が承認事業者に承継されていたことを証する書面

三　その申請に係る発明について当該大学若しくは高等専門学校の設置者又は大学共同利用機関法人が前号の承認事業者から同号の特許を受ける権利を承継したことを証する書面

12　法第十七条第二項第十一号に掲げる者が第一項の申請書を提出する場合には、次に掲げる書面を添付しなければならない。

一　その申請に係る発明が当該大学、高等専門学校又は大学共同利用機関法人の大学等研究者と大学等研究者以外の者との共同で行われたものであること及び当該発明が大学等研究者について職務発明であることを証する書面

二　その申請に係る発明に係る前号の大学等研究者及び同号の大学等研究者以外の者の共有に係る特許を受ける権利が承認事業者に承継されていたことを証する書面

三　その申請に係る発明について当該大学若しくは高等専門学校の設置者又は大学共同利用機関法人が前号の承認事業者から同号の特許を受ける権利を承継したことを証する書面

（大学等研究者等に係る出願審査の請求の手数料の軽減）

第五条　特許庁長官は、前条第一項の申請書の提出があったときは、特許法等関係手数料令（昭和三十五年政令第二十号）第一条第二項の表第六号の規定により計算される出願審査の請求の手数料の金額の二分の一に相当する額を軽減するものとする。

（産業技術力の強化を図るため特に必要な者）

第六条　法第十八条第一項及び第二項に規定する政令で定める要件に該当する者は、次のとおりとする。

一　法第十八条第一項第一号及び第二項第一号に掲げる者にあっては、次のいずれかに該当する者

イ　特定事業主（常時使用する従業員の数が三百人（小売業に属する事業を主たる事業として営む者については五十人、卸売業又はサービス業（ソフトウェア業、情報処理サービス業及び旅館業を除く。）に属する事業を主たる事業として営む者については百人、旅館業に属する事業を主たる事業として営む者については二百人、ゴム製品製造業（自動車又は航空機用タイヤ及びチューブ製造業並びに工業用ベルト製造業を除く。）に属する事業を主たる事業として営む者については九百人）以下の個人（以下この号及び次号において「中小事業主」という。）であって、次条第一項又は第九条第一項の申請書を提出する日（以下この条において「申請書提出日」という。）の属する年の前年（申請書提出日の属する月が一月から三月までである場合には、前々年）において試験研究費等比率（一年間における試験研究費及び開発費（所得税法施行令（昭和四十年政令第九十六号）第七条第一項第二号に規定する開発費及び新たな事業の開始のために特別に支出する費用をいう。）の合計額の事業所得に係る総収入金額に対する割合をいう。以下この号において同じ。）が百分の三を超えるもの（申請書提出日において事業を開始した日以後二十七月を経過していない中小事業主のうち試験研究費等比率を算定することができないものにあっては、常勤の研究者の数が二人以上であり、かつ、当該研究者の数の事業主及び従業員の数の合計に対する割合が十分の一以上であるもの）をいう。次号において同じ。）

ロ　その特許発明が中小企業の新たな事業活動の促進に関する法律（平成十一年法律第十八号）第二条第九項に規定する特定補助金等を交付された新技術に関する研究開発の事業の成果に係るもの（当該事業の終了の日から起算して二年以内に出願されたものに限る。）である場合において、当該特定補助金等を交付された同項に規定する特定中小企業者に該当する個人

ハ　その特許発明が中小企業の新たな事業活動の促進に関する法律第十条第二項に規定する承認経営革新計画に従って行われる経営革新（同法第二条第六項に規定する経営革新をいう。以下同じ。）のための事業（技術に関する研究開発に係るものに限る。）の成果に係るもの（当該承認経営革新計画の終了の日から起算して二年以内に出願されたものに限る。）である場合において、当該経営革新のための事業を行う同法第二条第一項各号に掲げる中小企業者に該当する個人

ニ　その特許発明が中小企業の新たな事業活動の促進に関する法律第十二条第三項に規定する認定異分野連携新事業分野開拓計画に従って行われる異分野連携新事業分野開拓（同法第二条第七項に規定する異分野連携新事業分野開拓をいう。以下同じ。）に係る事業（技術に関する研究開発に係るものに限る。）の成果に係るもの（当該認定異分野連携新事業分野開拓計画の終了の日から起算して二年以内に出願されたものに限る。）である場合において、当該異分野連携新事業分野開拓に係る事業を行う同法第二条第一項各号に掲げる中小企業者に該当する個人

二　法第十八条第一項第二号及び第二項第二号に掲げる者にあっては、次のいずれかに該当する者

イ　特定事業主

ロ　資本金の額若しくは出資の総額が三億円（小売業又はサービス業（ソフトウェア業及び情報処理サービス業を除く。）に属する事業を主たる事業として営む者については五千万円、卸売業に属する事業を主たる事業として営む者については一億円）以下の会社又は常時使用する従業員の数が三百人（小売業に属する事業を主たる事業として営む者については五十人、卸売業又はサービス業（ソフトウェア業、情報処理サービス業及び旅

館業を除く。）に属する事業を主たる事業として営む者については百人、旅館業に属する事業を主たる事業として営む者については二百人、ゴム製品製造業（自動車又は航空機用タイヤ及びチューブ製造業並びに工業用ベルト製造業を除く。）に属する事業を主たる事業として営む者については九百人）以下の会社（以下この号において「特定会社」という。）であって、申請書提出日の属する事業年度の前事業年度（申請書提出日が前事業年度経過後二月以内である場合には、前々事業年度）において試験研究費等比率が百分の三を超えるもの（申請書提出日において設立の日以後二十六月を経過していない特定会社のうち試験研究費等比率を算定することができないものにあっては、常勤の研究者の数が二人以上であり、かつ、当該研究者の数の常勤の役員及び従業員の数の合計に対する割合が十分の一以上であるもの）

ハ　事業協同組合等（事業協同組合、事業協同小組合、協同組合連合会、企業組合、協業組合、商工組合及び商工組合連合会並びに技術研究組合（直接又は間接の構成員の三分の二以上が中小事業主、特定会社、企業組合又は協業組合であるものに限る。）をいう。以下この号において同じ。）であって、申請書提出日の属する事業年度の前事業年度（申請書提出日が前事業年度経過後二月以内である場合には、前々事業年度）において試験研究費等比率が百分の三を超えるもの（申請書提出日において設立の日以後二十六月を経過していない事業協同組合等のうち試験研究費等比率を算定することができないものにあっては、常勤の研究者の数が二人以上であり、かつ、当該研究者の数の常勤の役員及び従業員の数の合計に対する割合が十分の一以上であるもの）

ニ　その特許発明が中小企業の新たな事業活動の促進に関する法律第二条第九項に規定する特定補助金等を交付された新技術に関する研究開発の事業の成果に係るもの（当該事業の終了の日から起算して二年以内に出願されたものに限る。）である場合において、当該特定補助金等を交付された同項に規定する特定中小企業者

ホ　その特許発明が中小企業の新たな事業活動の促進に関する法律第十条第二項に規定する承認経営革新計画に従って行われる経営革新のための事業（技術に関する研究開発に係るものに限る。）の成果に係るもの（当該承認経営革新計画の終了の日から起算して二年以内に出願されたものに限る。）である場合において、当該経営革新のための事業を行う同法第二条第一項各号に掲げる中小企業者

ヘ　その特許発明が中小企業の新たな事業活動の促進に関する法律第十二条第三項に規定する認定異分野連携新事業分野開拓計画に従って行われる異分野連携新事業分野開拓に係る事業（技術に関する研究開発に係るものに限る。）の成果に係るもの（当該認定異分野連携新事業分野開拓計画の終了の日から起算して二年以内に出願されたものに限る。）である場合において、当該異分野連携新事業分野開拓に係る事業を行う同法第二条第一項各号に掲げる中小企業者

（産業技術力の強化を図るため特に必要な者に係る特許料の軽減の手続）

第七条　法第十八条第一項の規定により特許料の軽減を受けようとする者は、次に掲げる事項を記載した申請書を特許庁長官に提出しなければならない。

一　申請人の氏名又は名称及び住所又は居所
二　当該特許出願の番号
三　法第十八条第一項第一号に掲げる者又は同項第二号に掲げる者の別
四　特許料の軽減を受けようとする旨

2　法第十八条第一項第一号に掲げる者が前項の申請書を提出する場合には、前条第一号イからニまでのいずれかに該当することを証する書面を添付しなければならない。

3　法第十八条第一項第二号に掲げる者が第一項の申請書を提出する場合には、次に掲げる書面を添付しなければならない。

一　前条第二号イからヘまでのいずれかに該当することを証する書面
二　その申請に係る特許発明が従業者等（特許法第三十五条第一項に規定する従業者等をいう。第九条第三項において同じ。）がした職務発明であることを証する書面
三　その申請に係る特許発明についてあらかじめ使用者等（特許法第三十五条第一項に規定する使用者等をいう。第九条第三項において同じ。）に特許を受ける権利を承継させることが定められた契約、勤務規則その他の定めの写し

（産業技術力の強化を図るため特に必要な者に係る特許料の軽減）

第八条　特許庁長官は、前条第一項の申請書の提出があったときは、特許法第百七条第一項の規定による第一年から第三年までの各年分の特許料の金額の二分の一に相当する額を軽減するものとする。

（産業技術力の強化を図るため特に必要な者に係る出願審査の請求の手数料の軽減の手続）

第九条　法第十八条第二項の規定により出願審査の請求の手数料の軽減を受けようとする者は、次に掲げる事項を記載した申請書を特許庁長官に提出しなければならない。

一　申請人の氏名又は名称及び住所又は居所
二　当該特許出願の表示
三　法第十八条第二項第一号に掲げる者又は同項第二号に掲げる者の別
四　出願審査の請求の手数料の軽減を受けようとする旨

2　法第十八条第二項第一号に掲げる者が前項の申請書を提出する場合には、第六条第一号イからニまでのいずれかに該当することを証する書面を添付しなければならない。

3　法第十八条第二項第二号に掲げる者が第一項の申請書を提出する場合には、次に掲げる書面を添付しなければならない。

一　第六条第二号イからヘまでのいずれかに該当することを証する書面
二　その申請に係る発明が従業者等がした職務発明で

あることを証する書面

三　その申請に係る発明についてあらかじめ使用者等に特許を受ける権利を承継させることが定められた契約、勤務規則その他の定めの写し

（産業技術力の強化を図るため特に必要な者に係る出願審査の請求の手数料の軽減）

第十条　特許庁長官は、前条第一項の申請書の提出があったときは、特許法等関係手数料令第一条第二項の表第六号の規定により計算される出願審査の請求の手数料の金額の二分の一に相当する額を軽減するものとする。

（国が譲り受けないことができる権利等）

第十一条　法第十九条第一項の政令で定める権利は、特許権、特許を受ける権利、実用新案権、実用新案登録を受ける権利、意匠権、意匠登録を受ける権利、著作権、回路配置利用権、回路配置利用権の設定の登録を受ける権利及び育成者権とする。

2　法第十九条第一項第四号の政令で定める権利は、特許権、実用新案権若しくは意匠権についての専用実施権又は回路配置利用権若しくは育成者権についての専用利用権（次項において「専用実施権等」という。）とする。

3　法第十九条第一項第四号の政令で定める場合は、次に掲げる場合とする。

一　受託者等（法第十九条第一項に規定する受託者等をいう。）であって株式会社であるものが、その子会社（会社法（平成十七年法律第八十六号）第二条第三号に規定する子会社をいう。）又は親会社（同条第四号に規定する親会社をいう。）に特許権等の移転又は専用実施権等の設定若しくは移転の承諾（以下この項において「移転等」という。）をする場合

二　大学等における技術に関する研究成果の民間事業者への移転の促進に関する法律第四条第一項の承認を受けた者（同法第五条第一項の変更の承認を受けた者を含む。）又は同法第十二条第一項若しくは第十三条第一項の認定を受けた者に移転等をする場合

三　技術研究組合が組合員に移転等をする場合

附　則

この政令は、法の施行の日（平成十二年四月二十日）から施行する。

附　則（平成二二年三月二五日政令第四一号）　抄

（施行期日）

第一条　この政令は、平成二十二年四月一日から施行する。

別表（第三条関係）　略

（二）　産業官連携

大学等における技術に関する研究成果の民間事業者への移転の促進に関する法律

平成十年五月六日法律第五十二号
最終改正　平成一七年七月二六日法律第八七号

（目的）
第一条　この法律は、大学、高等専門学校、大学共同利用機関及び国の試験研究機関等における技術に関する研究成果の民間事業者への移転の促進を図るための措置を講ずることにより、新たな事業分野の開拓及び産業の技術の向上並びに大学、高等専門学校、大学共同利用機関及び国の試験研究機関等における研究活動の活性化を図り、もって我が国産業構造の転換の円滑化、国民経済の健全な発展及び学術の進展に寄与することを目的とする。

（定義）
第二条　この法律において「特定大学技術移転事業」とは、大学（学校教育法（昭和二十二年法律第二十六号）第一条に規定する大学及び高等専門学校並びに国立大学法人法（平成十五年法律第百十二号）第二条第四項に規定する大学共同利用機関をいう。以下同じ。）における技術に関する研究成果（以下「特定研究成果」という。）について、特定研究成果に係る特許権その他の政令で定める権利のうち国以外の者に属するものについての譲渡、専用実施権の設定その他の行為により、特定研究成果の活用を行うことが適切かつ確実と認められる民間事業者に対し移転する事業であって、当該大学における研究の進展に資するものをいう。

2　この法律において「中小企業者」とは、次の各号のいずれかに該当する者をいう。
一　資本金の額又は出資の総額が三億円以下の会社並びに常時使用する従業員の数が三百人以下の会社及び個人であって、製造業、建設業、運輸業その他の業種（次号から第二号の三までに掲げる業種及び第三号の政令で定める業種を除く。）に属する事業を主たる事業として営むもの
二　資本金の額又は出資の総額が一億円以下の会社並びに常時使用する従業員の数が百人以下の会社及び個人であって、卸売業（第三号の政令で定める業種を除く。）に属する事業を主たる事業として営むもの
二の二　資本金の額又は出資の総額が五千万円以下の会社並びに常時使用する従業員の数が百人以下の会社及び個人であって、サービス業（第三号の政令で定める業種を除く。）に属する事業を主たる事業として営むもの
二の三　資本金の額又は出資の総額が五千万円以下の会社並びに常時使用する従業員の数が五十人以下の会社及び個人であって、小売業（次号の政令で定める業種を除く。）に属する事業を主たる事業として営むもの
三　資本金の額又は出資の総額がその業種ごとに政令で定める金額以下の会社並びに常時使用する従業員の数がその業種ごとに政令で定める数以下の会社及び個人であって、その政令で定める業種に属する事業を主たる事業として営むもの
四　企業組合
五　協業組合
六　事業協同組合、事業協同小組合、商工組合、協同組合連合会その他の特別の法律により設立された組合及びその連合会であって、政令で定めるもの

（実施指針）
第三条　文部科学大臣及び経済産業大臣は、特定研究成果の民間事業者への効率的な移転を促進するため、特定大学技術移転事業の実施に関する指針（以下「実施指針」という。）を定めなければならない。

2　実施指針においては、次に掲げる事項を定めるものとする。
一　特定大学技術移転事業の推進に関する基本的な方向
二　特定大学技術移転事業を実施する者の要件に関する事項
三　特定大学技術移転事業の内容及び実施方法に関する事項
四　大学における学術研究の特性その他特定大学技術移転事業の実施に際し配慮すべき事項

3　文部科学大臣及び経済産業大臣は、実施指針を定め、又はこれを変更しようとするときは、関係行政機関の長に協議しなければならない。

4　文部科学大臣及び経済産業大臣は、実施指針を定め、又はこれを変更したときは、遅滞なく、これを公表しなければならない。

（実施計画の承認）
第四条　特定大学技術移転事業を実施しようとする者（特定大学技術移転事業を実施する法人を設立しようとする者を含む。）は、当該特定大学技術移転事業の実施に関する計画（以下「実施計画」という。）を作成し、これを文部科学大臣及び経済産業大臣に提出して、その実施計画が適当である旨の承認を受けることができる。

2　実施計画には、次に掲げる事項を記載しなければならない。
一　特定大学技術移転事業を実施する者に関する事項
二　特定大学技術移転事業の内容及び実施方法
三　特定大学技術移転事業の実施時期
四　特定大学技術移転事業の実施に必要な資金の額及びその調達方法

3　文部科学大臣及び経済産業大臣は、第一項の承認の申請があった場合において、その実施計画が実施指針に照らして適切なものであり、かつ、当該実施計画が確実に実施される見込みがあると認めるときは、その承認をするものとする。

4　文部科学大臣及び経済産業大臣は、第一項の承認をしたときは、その旨を公表するものとする。

（実施計画の変更等）

第五条　前条第一項の承認を受けた者（その者の設立に係る同項の法人を含む。）は、当該承認に係る実施計画を変更しようとするときは、文部科学大臣及び経済産業大臣の承認を受けなければならない。

2　文部科学大臣及び経済産業大臣は、前条第一項の承認を受けた実施計画（前項の規定による変更の承認があったときは、その変更後のもの。以下「承認計画」という。）に係る特定大学技術移転事業を実施する者（以下「承認事業者」という。）が当該承認計画に従って特定大学技術移転事業を実施していないと認めるときは、その承認を取り消すことができる。

3　前条第三項の規定は第一項の承認に、同条第四項の規定は前項の規定による承認の取消しに準用する。

（独立行政法人中小企業基盤整備機構の行う技術移転促進業務）

第六条　独立行政法人中小企業基盤整備機構は、特定研究成果の民間事業者への移転を促進するため、承認計画に係る特定大学技術移転事業の実施に必要な資金を調達するために発行する社債（社債、株式等の振替に関する法律（平成十三年法律第七十五号）第六十六条第一号に規定する短期社債を除く。）及び当該資金の借入れに係る債務の保証の業務を行う。

第七条　削除

（中小企業投資育成株式会社法の特例）

第八条　中小企業投資育成株式会社は、中小企業投資育成株式会社法（昭和三十八年法律第百一号）第五条第一項各号に掲げる事業のほか、次に掲げる事業を行うことができる。

一　承認事業者が承認計画に従って行う特定大学技術移転事業により特定研究成果の移転を受けて、中小企業者又は事業を営んでいない個人が当該特定研究成果を活用する事業を実施するために資本金の額が三億円を超える株式会社を設立する際に発行する株式の引受け及び当該引受けに係る株式の保有

二　承認事業者が承認計画に従って行う特定大学技術移転事業により特定研究成果の移転を受けて、中小企業者のうち資本金の額が三億円を超える株式会社が当該特定研究成果を活用する事業を実施するために必要とする資金の調達を図るために発行する株式、新株予約権（新株予約権付社債に付されたものを除く。）又は新株予約権付社債等（中小企業投資育成株式会社法第五条第一項第二号に規定する新株予約権付社債等をいう。以下この条において同じ。）の引受け及び当該引受けに係る株式、新株予約権（その行使により発行され、又は移転された株式を含む。）又は新株予約権付社債等（新株予約権付社債等に付された新株予約権の行使により発行され、又は移転された株式を含む。）の保有

2　前項第一号の規定による株式の引受け及び当該引受けに係る株式の保有並びに同項第二号の規定による株式、新株予約権（新株予約権付社債等に付されたものを除く。）又は新株予約権付社債等の引受け及び当該引受けに係る株式、新株予約権（その行使により発行され、又は移転された株式を含む。）又は新株予約権付社債等（新株予約権付社債等に付された新株予約権の行使により発行され、又は移転された株式を含む。）の保有は、中小企業投資育成株式会社法の適用については、それぞれ同法第五条第一項第一号及び第二号の事業とみなす。

（学術の応用に関する研究についての配慮）

第九条　文部科学大臣は、特定研究成果の民間事業者への移転の促進に資するため、大学における学術の応用に関する研究の進展が図られるよう必要な配慮をするものとする。

（大学と民間事業者との連携協力の円滑化等）

第十条　文部科学大臣及び経済産業大臣は、特定研究成果の民間事業者への移転を促進するため、研究開発に関し、大学と民間事業者との連携及び協力が円滑になされるよう努めるものとする。この場合において、大学における学術研究の特性に常に配慮しなければならない。

2　文部科学大臣及び経済産業大臣は、民間事業者が特定研究成果を活用するために必要な知識及び技術の習得を促進するための施策を効果的に推進するよう努めなければならない。

（関連施策の推進）

第十一条　経済産業大臣は、特定研究成果の活用において中小企業者が果たす重要な役割にかんがみ、研究開発、特定研究成果の活用に関する情報の提供その他の関連施策を効果的に推進するよう努めるものとする。

（特許料の特例等）

第十二条　国の試験研究機関であって政令で定めるもの（以下「特定試験研究機関」という。）における技術に関する研究成果について、当該研究成果に係る国有の特許権若しくは特許を受ける権利又は国有の実用新案権若しくは実用新案登録を受ける権利の譲渡を受け、当該特許権若しくは当該特許を受ける権利に基づいて取得した特許権又は当該実用新案権若しくは当該実用新案登録を受ける権利に基づいて取得した実用新案権についての譲渡、専用実施権の設定その他の行為により、当該研究成果の活用を行おうとする民間事業者に対し移転する事業を行う者は、当該特定試験研究機関を所管する大臣に申請して、その事業が次の各号のいずれにも適合している旨の認定を受けることができる。

一　当該事業を適確かつ円滑に実施することができる技術的能力を有するものであること。

二　当該特許権若しくは当該特許を受ける権利に係る発明又は当該実用新案権若しくは当該実用新案登録を受ける権利に係る考案を自ら実施するものでないこと。

三　当該特許権若しくは当該特許を受ける権利に係る発明又は当該実用新案権若しくは当該実用新案登録を受ける権利に係る考案に関する民間事業者への情報の提供において特定の民間事業者に対して不当な差別的取扱いをするものでないことその他当該事業を適正に行うに必要な業務の実施の方法が定められているものであること。

2　特定試験研究機関を所管する大臣は、前項の認定を受けた者（以下「認定事業者」という。）が同項各号のいずれかに適合しなくなったと認めるときは、その認定を取り消すことができる。

3　特定試験研究機関を所管する大臣は、第一項の規定

による認定をしたとき、及び前項の規定による認定の取消しをしたときは、その旨を特許庁長官に通知しなければならない。

4　特許法（昭和三十四年法律第百二十一号）第百七条第二項の規定は、次に掲げる特許権であって当該認定事業者に属するものに準用する。

一　認定事業者が国から譲渡を受けた特定試験研究機関における技術に関する研究成果に係る特許を受ける権利に基づいて取得した特許権

二　認定事業者が国から譲渡を受けた特定試験研究機関における技術に関する研究成果に係る特許権

5　特許法第百九十五条第四項の規定は、前項に規定する特許権又は認定事業者が国から譲渡を受けた特定試験研究機関における技術に関する研究成果に係る特許を受ける権利であって当該認定事業者に属するものについて同条第一項から第三項までの規定により手数料（政令で定めるものに限る。）を納付すべき者が当該認定事業者である場合に準用する。

6　第四項に規定する特許権又は前項に規定する特許を受ける権利が認定事業者と認定事業者以外の者との共有に係る場合における特許法第百九十五条第一項又は第二項の規定による手数料（出願審査の請求の手数料以外の政令で定める手数料に限る。）の納付については、認定事業者を国とみなして同条第五項の規定を適用する。

7　工業所有権に関する手続等の特例に関する法律（平成二年法律第三十号）第四十条第三項の規定は、第四項に規定する特許権又は第五項に規定する特許を受ける権利について同条第一項の規定により手数料（政令で定めるものに限る。）を納付すべき者が当該認定事業者である場合に準用する。

8　第四項に規定する特許権又は第五項に規定する特許を受ける権利が認定事業者と認定事業者以外の者との共有に係る場合における工業所有権に関する手続等の特例に関する法律第四十条第一項の規定による手数料（前項の政令で定めるものに限る。）の納付については、認定事業者を国とみなして同条第四項の規定を適用する。

9　第四項から前項までの規定は、認定事業者が国から譲渡を受けた特定試験研究機関における技術に関する研究成果に係る実用新案登録を受ける権利、認定事業者が国から譲渡を受けた特定試験研究機関における技術に関する研究成果に係る実用新案登録を受ける権利に基づいて取得した実用新案権及び認定事業者が国から譲渡を受けた特定試験研究機関における技術に関する研究成果に係る実用新案権であって当該認定事業者に属するものに準用する。この場合において、第四項中「特許法（昭和三十四年法律第百二十一号）第百七条第二項」とあるのは「実用新案法（昭和三十四年法律第百二十三号）第三十一条第二項」と、第五項中「特許法第百九十五条第四項」とあるのは「実用新案法第五十四条第三項」と、第六項中「特許法第百九十五条第一項又は第二項」とあるのは「実用新案法第五十四条第一項又は第二項」と、「出願審査の請求の手数料」とあるのは「実用新案技術評価の請求の手数料」と、「同条第五項」とあるのは「同条第四項」と読み替えるものとする。

第十三条　独立行政法人（独立行政法人通則法（平成十一年法律第百三号）第二条第一項に規定する独立行政法人をいう。）であって試験研究に関する業務を行うものとして政令で定めるもの（以下「試験研究独立行政法人」という。）における技術に関する研究成果について、当該研究成果に係る試験研究独立行政法人が保有する特許権又は特許を受ける権利の譲渡を受け、当該特許権又は当該特許を受ける権利に基づいて取得した特許権についての譲渡、専用実施権の設定その他の行為により、当該研究成果の活用を行おうとする民間事業者に対し移転する事業（以下「試験研究独立行政法人技術移転事業」という。）を行う者は、当該試験研究独立行政法人を所管する大臣に申請して、その事業が次の各号のいずれにも適合している旨の認定を受けることができる。

一　当該事業を適確かつ円滑に実施することができる技術的能力を有するものであること。

二　当該特許権又は当該特許を受ける権利に係る発明を自ら実施するものでないこと。

三　当該特許権又は当該特許を受ける権利に係る発明に関する民間事業者への情報の提供において特定の民間事業者に対して不当な差別的取扱いをするものでないことその他当該事業を適正に行うに必要な業務の実施の方法が定められているものであること。

2　前条第二項及び第三項の規定は前項の規定による認定に準用する。

3　特許庁長官は、第一項の認定を受けた者が同項に規定する試験研究独立行政法人技術移転事業を実施するときは、政令で定めるところにより、特許法第百七条第一項の規定による第一年から第三年までの各年分の特許料を軽減し若しくは免除し、又はその納付を猶予することができる。

4　特許庁長官は、第一項の認定を受けた者が同項に規定する試験研究独立行政法人技術移転事業を実施するときは、政令で定めるところにより、自己の特許出願について特許法第百九十五条第二項の規定により納付すべき出願審査の請求の手数料を軽減し、又は免除することができる。

（報告の徴収）

第十四条　文部科学大臣及び経済産業大臣は、承認事業者に対し、承認計画の実施状況について報告を求めることができる。

2　特定試験研究機関又は試験研究独立行政法人を所管する大臣は、この法律の施行に必要な限度において、認定事業者又は前条第一項の認定を受けた者に対し、その業務の状況について報告を求めることができる。

（罰則）

第十五条　前条の規定による報告をせず、又は虚偽の報告をした者は、二十万円以下の罰金に処する。

2　法人の代表者又は法人若しくは人の代理人、使用人その他の従業者が、その法人又は人の業務に関し、前項の違反行為をしたときは、行為者を罰するほか、その法人又は人に対して同項の刑を科する。

附　則　抄

（施行期日）

第一条　この法律は、公布の日から起算して三月を超えない範囲内において政令で定める日から施行する。ただし、第十二条、第十三条並びに第十四条第二項及び第三項の規定は、平成十一年四月一日から施行する。

（基金の持分の払戻しの禁止の特例）

第二条　政府及び日本開発銀行以外の出資者は、基金に対し、この法律の施行の日から起算して一月を経過した日までの間に限り、その持分の払戻しを請求することができる。

2　基金は、前項の規定による請求があったときは、特定施設整備法第十八条第一項の規定にかかわらず、当該持分に係る出資額に相当する金額により払戻しをしなければならない。この場合において、基金は、その払戻しをした金額により資本金を減少するものとする。

（承認事業者に係る特許料等に関する特例措置等）

第三条　承認事業者が国立大学法人（国立大学法人法第二条第一項に規定する国立大学法人をいう。）、大学共同利用機関法人（同条第三項に規定する大学共同利用機関法人をいう。）又は独立行政法人国立高等専門学校機構から譲渡を受けた特許権若しくは特許を受ける権利（産業技術力強化法（平成十二年法律第四十四号）附則第三条第一項各号に掲げるものに限る。）又は当該特許を受ける権利に基づいて取得した特許権（平成十九年三月三十一日までにされた特許出願（同年四月一日以後にする特許出願であって、特許法第四十四条第二項（同法第四十六条第五項において準用する場合を含む。）の規定により同年三月三十一日までにしたものとみなされるものを除く。）に係るものに限る。）であって承認事業者に属するものについて特許法第百七条第一項の規定により納付すべき特許料、同法第百九十五条第一項若しくは第二項の規定により納付すべき手数料又は工業所有権に関する手続等の特例に関する法律第四十条第一項の規定により納付すべき手数料の納付については、承認事業者を国とみなして特許法第百七条第二項、第百九十五条第四項及び第五項並びに工業所有権に関する手続等の特例に関する法律第四十条第三項及び第四項の規定を適用する。

（罰則に関する経過措置）

第四条　この法律の施行前にした行為に対する罰則の適用については、なお従前の例による。

附　則（平成一七年七月二六日法律第八七号）抄

この法律は、会社法の施行の日から施行する。

大学等における技術に関する研究成果の民間事業者への移転の促進に関する法律施行令

平成十年七月二十三日政令第二百六十五号
最終改正　平成二二年三月二五日政令第四一号

内閣は、大学等における技術に関する研究成果の民間事業者への移転の促進に関する法律（平成十年法律第五十二号）第二条第一項並びに第二項第三号及び第六号の規定に基づき、この政令を制定する。

（特定大学技術移転事業の対象となる権利）

第一条　大学等における技術に関する研究成果の民間事業者への移転の促進に関する法律（以下「法」という。）第二条第一項の政令で定める権利は、特許権、特許を受ける権利、実用新案権、実用新案登録を受ける権利、回路配置利用権及び回路配置利用権の設定の登録を受ける権利とする。

（中小企業者の範囲）

第二条　法第二条第二項第三号に規定する政令で定める業種並びにその業種ごとの資本の額又は出資の総額及び従業員の数は、次の表のとおりとする。

㊟次の表⇩次頁の表

2　法第二条第二項第六号の政令で定める組合及び連合会は、次のとおりとする。

一　事業協同組合及び事業協同小組合並びに協同組合連合会

二　商工組合及び商工組合連合会

（特定試験研究機関）

第三条　法第十二条第一項の政令で定める国の試験研究機関は、別表第一に掲げる機関とする。

	業種	資本の額又は出資の総額	従業員の数
一	ゴム製品製造業（自動車又は航空機用タイヤ及びチューブ製造業並びに工業用ベルト製造業を除く。）	三億円	九百人
二	ソフトウェア業又は情報処理サービス業	三億円	三百人
三	旅館業	五千万円	二百人

（手数料の特例）

第四条　法第十二条第五項の政令で定める手数料は、特許法等関係手数料令（昭和三十五年政令第二十号）第一条第二項の表第六号の中欄に掲げる者が納付すべき手数料及び同条第三項に規定する手数料とする。

第五条　法第十二条第六項の政令で定める手数料は、特許法等関係手数料令第一条第三項に規定する手数料とする。

第六条　法第十二条第七項の政令で定める手数料は、特許法等関係手数料令第五条第三項に規定する手数料のうち同令第一条第二項の表第一号、第二号、第六号及び第七号の中欄に掲げる者に係るものとする。

第七条　法第十二条第九項において準用する同条第五項の政令で定める手数料は、特許法等関係手数料令第二条第二項の表第四号の中欄に掲げる者が納付すべき手数料及び同条第三項に規定する手数料とする。

第八条　法第十二条第九項において準用する同条第六項の政令で定める手数料は、特許法等関係手数料令第二条第三項に規定する手数料とする。

第九条　法第十二条第九項において準用する同条第七項の政令で定める手数料は、特許法等関係手数料令第五条第三項に規定する手数料のうち同令第二条第二項の表第一号及び第四号の中欄に掲げる者に係るものとする。

（試験研究独立行政法人）

第十条　法第十三条第一項の政令で定める独立行政法人は、別表第二に掲げる独立行政法人とする。

（特許料の軽減の手続）

第十一条　法第十三条第三項の規定により特許料の軽減を受けようとする同条第一項の認定を受けた者は、次に掲げる事項を記載した申請書を特許庁長官に提出しなければならない。

一　申請人の氏名又は名称及び住所又は居所

二　当該特許出願の番号

三　特許料の軽減を受けようとする旨

2　前項の申請書には、当該特許出願が法第十三条第一項に規定する試験研究独立行政法人技術移転事業の実施に係るものであることを証する書面を添付しなければならない。

（特許料の軽減）

第十二条　特許庁長官は、前条第一項の申請書の提出があったときは、特許法（昭和三十四年法律第百二十一号）第百七条第一項の規定による第一年から第三年までの各年分の特許料の金額の二分の一に相当する額を軽減するものとする。

（出願審査の請求の手数料の軽減の手続）

第十三条　法第十三条第四項の規定により出願審査の請求の手数料の軽減を受けようとする同条第一項の認定を受けた者は、次に掲げる事項を記載した申請書を特許庁長官に提出しなければならない。

一　申請人の氏名又は名称及び住所又は居所

二　当該特許出願の番号

三　出願審査の請求の手数料の軽減を受けようとする旨

2　前項の申請書には、当該特許出願が法第十三条第一項に規定する試験研究独立行政法人技術移転事業の実施に係るものであることを証する書面を添付しなければならない。

（出願審査の請求の手数料の軽減）

第十四条　特許庁長官は、前条第一項の申請書の提出があったときは、特許法等関係手数料令第一条第二項の表第六号の規定により計算される出願審査の請求の手数料の金額の二分の一に相当する額を軽減するものとする。

附　則　抄

（施行期日）

第一条　この政令は、法の施行の日（平成十年八月一日）から施行する。

附　則（平成二二年三月二五日政令第四一号）　抄

（施行期日）

第一条　この政令は、平成二十二年四月一日から施行する。

別表第一（第三条関係）　略

別表第二（第十条関係）　略

特定大学技術移転事業の実施に関する指針

平成十年八月五日　文部省・通商産業省告示第一号
最終改正　平成一四年六月二七日文部科学省・経済産業省告示第一四号

　大学等における技術に関する研究成果の民間事業者への移転の促進に関する法律（平成十年法律第五十二号）第三条第一項の規定に基づき、同法第二条第一項に規定する特定大学技術移転事業の実施に関する指針を次のように定めたので、同法第三条第四項の規定に基づき公表する。

一　特定大学技術移転事業の推進に関する基本的な方向

　大学（高等専門学校及び大学共同利用機関を含む。以下同じ。）には、我が国の研究資源の多くが集中しており、高い研究水準と技術革新を生み出す大きな潜在能力が存在している。このため、大学における技術に関する研究成果（以下「特定研究成果」という。）を、特許制度等を活用することによって効率的に民間事業者へ移転し、産業界において有効に活用を図ることは、新たな事業分野の開拓及び産業の技術の向上にとって極めて重要であり、喫緊の課題である経済構造改革の強力な推進に大きく寄与するものである。

　また、こうした大学から産業界への技術移転の促進は、大学にとっても産業界からの情報や資金の還流等を通じて研究活動の活性化が図られる点で有益である。

　したがって、本事業の健全な発展を図ることにより、特定研究成果の企業化及び社会における有効活用を促進するとともに、その結果得られる資金等を大学における研究活動のために役立てる好循環の仕組みを構築していくことが必要である。

二　特定大学技術移転事業を実施する者　の要件に関する事項

　特定大学技術移転事業を実施する者は、株式会社、有限会社、民法第三十四条の規定により設立された法人、特定非営利活動法人、学校法人その他の法人（日本国内に住所又は居所を有する外国法人を含む。）であって、本事業の趣旨に沿った運営を図ることができるものとする。

三　特定大学技術移転事業の内容及び実　施方法に関する事項

（一）特定大学技術移転事業に必要とされる業務内容

　特定大学技術移転事業は、特定研究成果を発掘し、評価し、及び選別し、当該特定研究成果の活用を行うことが適切かつ確実と認められる民間事業者に対して移転する事業であって、産業界からの情報や資金の還流等を通じて大学における研究の進展に資するものである。

　具体的には、特定大学技術移転事業を実施する者は、次の1から4までに掲げる一連の業務を、自らの組織内においてすべて行うか、又は当該業務の一部を適確かつ円滑に実施することができる委託先に委託すること等により、責任を持って遂行することとする。

　5から8に掲げる業務については、1から4までに掲げる業務に附帯して行う場合に限り、特定大学技術移転事業として行うことができる。

1　企業化し得る特定研究成果の発掘、評価、選別等

イ　大学や研究者との提携関係を築くことにより、特定研究成果の安定的な供給を受けること。

ロ　提携関係を有している研究者等からの情報提供を受け、又は自ら情報の収集・発掘を行い、市場ニーズを踏まえながら、事業の実現可能性、収益性及び特許化可能性の観点から特定研究成果の評価及び選別を行うこと。

ハ　大学や研究者から「特許を受ける権利」等の形態で特定研究成果を譲り受ける場合等においては、事業の実現可能性、収益性及び特許化可能性等を十分検討した上で行うこととし、譲り受けた特定研究成果については可能な限り特許権等の取得を図るよう努めること。

ニ　特許出願等を行わない場合や保有する特許権等について特許料等の納付を停止しようとする場合は、特定研究成果の譲渡を受けた相手に権利を返還するよう努めること。

2　特定研究成果に関する情報の提供等

イ　大学や研究者から譲り受けた特定研究成果のうち企業化の可能性が高いと評価したものについて、当該特定研究成果の活用が期待される民間事業者に対して情報提供を行うこと。

ロ　情報提供に際しては、特定の民間事業者に対して不当な差別的取扱いをすることのないよう努めること。

ハ　会員制を採用し、会員に対して優先的に特定研究成果についての情報提供を行う場合は、会員になるための条件において不当な差別的取扱いをすることなく、広く会員を募集するよう努めること。

ニ　特許出願等の出願公開前における情報提供等については、発明等の新規性の喪失等を回避するため、その内容の秘密保持に十分注意すること。

3　特許権等についての民間事業者への実施許諾等

特許権等についての民間事業者への実施許諾等

　大学や研究者から譲り受けた特許権、実用新案権、回路配置利用権等に係る発明等については、自ら実施することなく、企業化の意思のある民間事業者に対して積極的に譲渡、専用実施権の設定、通常実施権の許諾等を行い、当該発明等の企業化を通じた効率的な収益の実現を図ること。

4　実施料等収入の還流等

イ　特定研究成果の民間事業者への移転を通じ、資金面において研究活動の活性化に寄与するため、その実施料等の収益を研究者のみならず大学に対しても寄附その他の方法により一定割合を還流すること。

ロ　研究者及び大学に対する収益の配分及び還流の方法について広く公表すること。

5　経営面での助言

特定研究成果の移転先の民間事業者に対して税

務、会計、法務その他経営に関する事項について助言を行うこと。

6　技術指導等

イ　特定研究成果の移転先の民間事業者に対して技術指導、特定研究成果の周辺技術に係る技術情報の提供等を行うこと。

ロ　特定研究成果の周辺技術に係る研究開発等を行うこと。

7　金融面での支援

特定研究成果の移転先の民間事業者に対して特定研究成果の企業化に必要な資金調達先の紹介、特定大学技術移転事業の対価として新株、新株予約権又は新株予約権付社債等の引受け及び当該引受けに係る株式、新株予約権（その行使により発行され、又は移転された株式を含む。）又は新株予約権付社債の保有等を通じ、当該民間事業者の資金調達の円滑化を図ること。

8　その他特定研究成果の効率的な移転に必要な業務

5から7までに掲げる業務を効率的に行うための共用施設の運営その他の特定研究成果の効率的な移転に必要となる業務を行うこと。

(二)　経営方針の策定及び中長期的事業計画の作成

特定大学技術移転事業を実施する者は、基本的な経営方針を策定するとともに、将来にわたって当該事業を存続させることを前提として、当該事業の実施に関する中長期的な事業計画を作成することとする。

(三)　適切な人材の確保

特定大学技術移転事業を実施する者は、事業を適切かつ確実に遂行するため、業務全体の内容を責任を持って監督し得る能力を有する常勤の役職員を一名以上確保することとする。また、特許等に関する知識が豊富な者や、技術のマーケティング及びライセンス活動の能力があると考えられる人材を配置するよう努めることとする。

(四)　その他

特定大学技術移転事業以外の事業を同一の主体が併せて営む場合は、特定大学技術移転事業に係る取引とそれ以外の事業に係る取引に関する経理を区分するなど特定大学技術移転事業に係る経理を明確化することとする。

四　大学における学術研究の特性その他特定大学技術移転事業の実施に際し配慮すべき事項

(一)　大学における学術研究の特性等への配慮

大学は次代を担う人材の養成と学術研究の推進を基本的な役割としている。また、学術研究は本来、研究者の自由かったつな発想と研究意欲を源泉として展開されることによって初めて優れた成果を期待できるものである。このため、特定大学技術移転事業を実施する者は、常に、研究者の自主性や大学の主体性を尊重するとともに、これら大学が行う教育や学術研究に支障を来すことのないよう十分に配慮することとする。

(二)　中小企業者への配慮

中小企業者は、機動的な意思決定が可能なため、新技術の企業化に適しており、大企業においては死蔵されてしまうような市場規模が小さい技術を活用することが可能であることから、特定研究成果を活用し新規産業を創出していく主体として重要な役割を有するものである。このため、特定大学技術移転事業を実施する者は、特定研究成果の活用に関する情報の提供及び実施許諾等に際し、中小企業者に対して不当な差別的取扱いをすることのないよう適切に配慮することとする。

特定大学技術移転事業の実施に関する計画承認実施要綱

平成十年九月四日文部省・通商産業省告示第二号
最終改正　平成一四年六月二七日文部科学省・経済産業省告示第一五号

（目的）

第一条　この要綱は、大学等における技術に関する研究成果の民間事業者への移転の促進に関する法律（平成十年法律第五十二号。以下「法」という。）第四条第一項の実施計画の承認及び法第五条第一項の実施計画の変更の承認に関し必要な事項を定めることにより、承認に係る手続の円滑化及び関連する措置の適切な実施を図ることを目的とする。

（実施計画の承認の申請）

第二条　法第四条第一項の規定に基づき実施計画の承認を受けようとする事業者は、様式第一による申請書を文部科学大臣及び経済産業大臣に提出するものとする。

2　前項の申請書には、当該事業者の定款、寄附行為、人登記簿の写しその他の書類であって、特定大学技術移転事業の実施に関する指針（平成十年文部省・通商産業省告示第一号）二に規定する　特定大学技術移転事業を実施する者の要件に該当することを証するものを添付するものとする。

（実施計画の承認）

第三条　文部科学大臣及び経済産業大臣は、前条第一項の規定による申請書等の提出を受けたときは、速やかに法第四条第三項に照らしてその内容を審査し、当該実施計画を承認するときは、様式第二によりその旨を申請者たる事業者に通知するものとする。

2　文部科学大臣及び経済産業大臣は、当該実施計画を不承認とするときは、様式第三によりその旨及び不承認とする理由を申請者たる事業者に通知するものとする。

3　文部科学大臣及び経済産業大臣は、法第四条第一項の実施計画の承認を行った場合は、同条第四項の規定に基づき、当該承認の日付、当該承認事業者（法第五条第二項に規定する「承認事業者」をいう。以下同じ。）の名称その他必要な事項を公表するものとする。

（承認計画の変更に係る承認の申請及び承認）

第四条　承認計画（法第五条第二項に規定する「承認計画」をいう。以下同じ。）の趣旨を変えないような軽微な変更は、法第五条第一項の変更の承認を要しないものとする。

2　法第五条第一項の承認計画の変更に係る承認の申請は、様式第四により行う。

3　文部科学大臣及び経済産業大臣は、前項の規定による申請を受けたときは、速やかに法第四条第三項に照らしてその内容を審査し、当該変更を承認するときは、様式第五によりその旨を申請者たる承認事業者に通知するものとする。

4　文部科学大臣及び経済産業大臣は、当該変更を不承認とするときは、様式第六によりその旨及び不承認とする理由を申請者たる承認事業者に通知するものとする。

5　文部科学大臣及び経済産業大臣は、法第五条第一項の承認計画の変更の承認を行った場合は、当該承認の日付、当該承認事業者の名称その他必要な事項を公表するものとする。

6　第二条の規定は、第二項の申請に準用する。

（承認計画の承認の取消し）

第五条　文部科学大臣及び経済産業大臣は、法第五条第二項に規定する場合のほか、第二条の規定による承認の申請又は第四条の規定による変更の承認の申請に際し虚偽の申請が行われたときは、当該申請に係る承認を取り消すことができる。

2　承認計画の承認を取り消すときは、様式第七によりその旨及び取消しの理由を当該承認事業者に通知するものとする。

3　文部科学大臣及び経済産業大臣は、承認計画の承認の取消しを行った場合は、法第五条第三項の規定に基づき、当該取消しの日付、当該承認を取り消された事業者の名称その他必要な事項を公表するものとする。

（実施状況の報告）

第六条　承認事業者は、当該承認計画の各事業年度における実施状況について、原則として当該事業年度終了後三月以内に、文部科学大臣及び経済産業大臣に様式第八により報告をしなければならない。

2　承認事業者は、文部科学大臣及び経済産業大臣から当該特定大学技術移転事業の実施に関して必要な資料を求められた場合は、当該資料を提出するよう努めなければならない。

様式第一　特定大学技術移転事業の実施に関する計画に係る承認申請書　略

別表1　特定大学技術移転事業を実施する者の要件に関する事項　略

別表2　特定大学技術移転事業の内容及び実施方法　略

別表3　特定大学技術移転事業の実施に必要な資金の額及びその調達方法　略

様式第二　略

様式第三　特定大学技術移転事業の実施に関する計画に係る不承認通知書　略

様式第四　承認計画の変更承認申請書　略

様式第五（PDF：11KB）

様式第六　承認計画の変更不承認通知書　略

様式第七　承認計画の承認取消し通知書　略

様式第八　平成　年度における承認計画の実施状況報告書　略

知的財産基本法

平成十四年十二月四日法律第百二十二号

最終改正　平成一五年七月一六日法律第一一九号

第一章　総則

（目的）

第一条　この法律は、内外の社会経済情勢の変化に伴い、我が国産業の国際競争力の強化を図ることの必要性が増大している状況にかんがみ、新たな知的財産の創造及びその効果的な活用による付加価値の創出を基軸とする活力ある経済社会を実現するため、知的財産の創造、保護及び活用に関し、基本理念及びその実現を図るために基本となる事項を定め、国、地方公共団体、大学等及び事業者の責務を明らかにし、並びに知的財産の創造、保護及び活用に関する推進計画の作成について定めるとともに、知的財産戦略本部を設置することにより、知的財産の創造、保護及び活用に関する施策を集中的かつ計画的に推進することを目的とする。

（定義）

第二条　この法律で「知的財産」とは、発明、考案、植物の新品種、意匠、著作物その他の人間の創造的活動により生み出されるもの（発見又は解明がされた自然の法則又は現象であって、産業上の利用可能性があるものを含む。）、商標、商号その他事業活動に用いられる商品又は役務を表示するもの及び営業秘密その他の事業活動に有用な技術上又は営業上の情報をいう。

2　この法律で「知的財産権」とは、特許権、実用新案権、育成者権、意匠権、著作権、商標権その他の知的財産に関して法令により定められた権利又は法律上保護される利益に係る権利をいう。

3　この法律で「大学等」とは、大学及び高等専門学校（学校教育法（昭和二十二年法律第二十六号）第一条に規定する大学及び高等専門学校をいう。第七条第三項において同じ。）、大学共同利用機関（国立大学法人法（平成十五年法律第百十二号）第二条第四項に規定する大学共同利用機関をいう。第七条第三項において同じ。）、独立行政法人（独立行政法人通則法（平成十一年法律第百三号）第二条第一項に規定する独立行政法人をいう。第三十条第一項において同じ。）及び地方独立行政法人（地方独立行政法人法（平成十五年法律第百十八号）第二条第一項に規定する地方独立行政法人をいう。第三十条第一項において同じ。）であって試験研究に関する業務を行うもの、特殊法人（法律により直接に設立された法人又は特別の法律により特別の設立行為をもって設立された法人であって、総務省設置法（平成十一年法律第九十一号）第四条第十五号の規定の適用を受けるものをいう。第三十条第一項において同じ。）であって研究開発を目的とするもの並びに国及び地方公共団体の試験研究機関をいう。

（国民経済の健全な発展及び豊かな文化の創造）

第三条 知的財産の創造、保護及び活用に関する施策の推進は、創造力の豊かな人材が育成され、その創造力が十分に発揮され、技術革新の進展にも対応した知的財産の国内及び国外における迅速かつ適正な保護が図られ、並びに経済社会において知的財産が積極的に活用されつつ、その価値が最大限に発揮されるために必要な環境の整備を行うことにより、広く国民が知的財産の恵沢を享受できる社会を実現するとともに、将来にわたり新たな知的財産の創造がなされる基盤を確立し、もって国民経済の健全な発展及び豊かな文化の創造に寄与するものとなることを旨として、行われなければならない。

（我が国産業の国際競争力の強化及び持続的な発展）

第四条 知的財産の創造、保護及び活用に関する施策の推進は、創造性のある研究及び開発の成果の円滑な企業化を図り、知的財産を基軸とする新たな事業分野の開拓並びに経営の革新及び創業を促進することにより、我が国産業の技術力の強化及び活力の再生、地域における経済の活性化、並びに就業機会の増大をもたらし、もって我が国産業の国際競争力の強化及び内外の経済的環境の変化に的確に対応した我が国産業の持続的な発展に寄与するものとなることを旨として、行われなければならない。

（国の責務）

第五条 国は、前二条に規定する知的財産の創造、保護及び活用に関する基本理念（以下「基本理念」という。）にのっとり、知的財産の創造、保護及び活用に関する施策を策定し、及び実施する責務を有する。

（地方公共団体の責務）

第六条 地方公共団体は、基本理念にのっとり、知的財産の創造、保護及び活用に関し、国との適切な役割分担を踏まえて、その地方公共団体の区域の特性を生かした自主的な施策を策定し、及び実施する責務を有する。

（大学等の責務等）

第七条 大学等は、その活動が社会全体における知的財産の創造に資するものであることにかんがみ、人材の育成並びに研究及びその成果の普及に自主的かつ積極的に努めるものとする。

2　大学等は、研究者及び技術者の職務及び職場環境がその重要性にふさわしい魅力あるものとなるよう、研究者及び技術者の適切な処遇の確保並びに研究施設の整備及び充実に努めるものとする。

3　国及び地方公共団体は、知的財産の創造、保護及び活用に関する施策であって、大学及び高等専門学校並びに大学共同利用機関に係るものを策定し、並びにこれを実施するに当たっては、研究者の自主性の尊重その他大学及び高等専門学校並びに大学共同利用機関における研究の特性に配慮しなければならない。

（事業者の責務）

第八条 事業者は、我が国産業の発展において知的財産が果たす役割の重要性にかんがみ、基本理念にのっとり、活力ある事業活動を通じた生産性の向上、事業基盤の強化等を図ることができるよう、当該事業者若しくは他の事業者が創造した知的財産又は大学等で創造された知的財産の積極的な活用を図るとともに、当該事業者が有する知的財産の適切な管理に努めるものとする。

2　事業者は、発明者その他の創造的活動を行う者の職務がその重要性にふさわしい魅力あるものとなるよう、発明者その他の創造的活動を行う者の適切な処遇の確保に努めるものとする。

（連携の強化）

第九条 国は、国、地方公共団体、大学等及び事業者が相互に連携を図りながら協力することにより、知的財産の創造、保護及び活用の効果的な実施が図られることにかんがみ、これらの者の間の連携の強化に必要な施策を講ずるものとする。

（競争促進への配慮）

第十条 知的財産の保護及び活用に関する施策を推進するに当たっては、その公正な利用及び公共の利益の確保に留意するとともに、公正かつ自由な競争の促進が図られるよう配慮するものとする。

（法制上の措置等）

第十一条 政府は、知的財産の創造、保護及び活用に関する施策を実施するため必要な法制上又は財政上の措置その他の措置を講じなければならない。

第二章　基本的施策

（研究開発の推進）

第十二条 国は、大学等における付加価値の高い知的財産の創造が我が国の経済社会の持続的な発展の源泉であることにかんがみ、科学技術基本法（平成七年法律第百三十号）第二条に規定する科学技術の振興に関する方針に配慮しつつ、創造力の豊かな研究者の確保及び養成、研究施設等の整備並びに研究開発に係る資金の効果的な使用その他研究開発の推進に必要な施策を講ずるものとする。

（研究成果の移転の促進等）

第十三条 国は、大学等における研究成果が新たな事業分野の開拓及び産業の技術の向上等に有用であることにかんがみ、大学等において当該研究成果の適切な管理及び事業者への円滑な移転が行われるよう、大学等における知的財産に関する専門的知識を有する人材を活用した体制の整備、知的財産権に係る設定の登録その他の手続の改善、市場等に関する調査研究及び情報提供その他必要な施策を講ずるものとする。

（権利の付与の迅速化等）

第十四条　国は、発明、植物の新品種、意匠、商標その他の国の登録により権利が発生する知的財産について、早期に権利を確定することにより事業者が事業活動の円滑な実施を図ることができるよう、所要の手続の迅速かつ的確な実施を可能とする審査体制の整備その他必要な施策を講ずるものとする。

２　前項の施策を講ずるに当たり、その実効的な遂行を確保する観点から、事業者の理解と協力を得るよう努めるものとする。

（訴訟手続の充実及び迅速化等）

第十五条　国は、経済社会における知的財産の活用の進展に伴い、知的財産権の保護に関し司法の果たすべき役割がより重要となることにかんがみ、知的財産権に関する事件について、訴訟手続の一層の充実及び迅速化、裁判所の専門的な処理体制の整備並びに裁判外における紛争処理制度の拡充を図るために必要な施策を講ずるものとする。

（権利侵害への措置等）

第十六条　国は、国内市場における知的財産権の侵害及び知的財産権を侵害する物品の輸入について、事業者又は事業者団体その他関係団体との緊密な連携協力体制の下、知的財産権を侵害する事犯の取締り、権利を侵害する物品の没収その他必要な措置を講ずるものとする。

２　国は、本邦の法令に基づいて設立された法人その他の団体又は日本の国籍を有する者（「本邦法人等」という。次条において同じ。）の有する知的財産が外国において適正に保護されない場合には、当該外国政府、国際機関及び関係団体と状況に応じて連携を図りつつ、知的財産に関する条約に定める権利の的確な行使その他必要な措置を講ずるものとする。

（国際的な制度の構築等）

第十七条　国は、知的財産に関する国際機関その他の国際的な枠組みへの協力を通じて、各国政府と共同して国際的に整合のとれた知的財産に係る制度の構築に努めるとともに、知的財産の保護に関する制度の整備が十分に行われていない国又は地域において、本邦法人等が迅速かつ確実に知的財産権の取得又は行使をすることができる環境が整備されるよう必要な施策を講ずるものとする。

（新分野における知的財産の保護等）

第十八条　国は、生命科学その他技術革新の進展が著しい分野における研究開発の有用な成果を知的財産権として迅速かつ適正に保護することにより、活発な起業化等を通じて新たな事業の創出が期待されることにかんがみ、適正に保護すべき権利の範囲に関する検討の結果を踏まえつつ、法制上の措置その他必要な措置を講ずるものとする。

２　国は、インターネットの普及その他社会経済情勢の変化に伴う知的財産の利用方法の多様化に的確に対応した知的財産権の適正な保護が図られるよう、権利の内容の見直し、事業者の技術的保護手段の開発及び利用に対する支援その他必要な施策を講ずるものとする。

（事業者が知的財産を有効かつ適正に活用することができる環境の整備）

第十九条　国は、事業者が知的財産を活用した新たな事業の創出及び当該事業の円滑な実施を図ることができるよう、知的財産の適正な評価方法の確立、事業者に参考となるべき経営上の指針の策定その他事業者が知的財産を有効かつ適正に活用することができる環境の整備に必要な施策を講ずるものとする。

２　前項の施策を講ずるに当たっては、中小企業が我が国経済の活力の維持及び強化に果たすべき重要な使命を有するものであることにかんがみ、個人による創業及び事業意欲のある中小企業者による新事業の開拓に対する特別の配慮がなされなければならない。

（情報の提供）

第二十条　国は、知的財産に関する内外の動向の調査及び分析を行い、必要な統計その他の資料の作成を行うとともに、知的財産に関するデータベースの整備を図り、事業者、大学等その他の関係者にインターネットその他の高度情報通信ネットワークの利用を通じて迅速に情報を提供できるよう必要な施策を講ずるものとする。

（教育の振興等）

第二十一条　国は、国民が広く知的財産に対する理解と関心を深めることにより、知的財産権が尊重される社会を実現できるよう、知的財産に関する教育及び学習の振興並びに広報活動等を通じた知的財産に関する知識の普及のために必要な施策を講ずるものとする。

（人材の確保等）

第二十二条　国は、知的財産の創造、保護及び活用を促進するため、大学等及び事業者と緊密な連携協力を図りながら、知的財産に関する専門的知識を有する人材の確保、養成及び資質の向上に必要な施策を講ずるものとする。

第三章　知的財産の創造、保護及び活用に関する推進計画

第二十三条　知的財産戦略本部は、この章の定めるところにより、知的財産の創造、保護及び活用に関する推進計画（以下「推進計画」という。）を作成しなければならない。

２　推進計画は、次に掲げる事項について定めるものとする。

一　知的財産の創造、保護及び活用のために政府が集中的かつ計画的に実施すべき施策に関する基本的な方針

二　知的財産の創造、保護及び活用に関し政府が集中的かつ計画的に講ずべき施策

三　知的財産に関する教育の振興及び人材の確保等に関し政府が集中的かつ計画的に講ずべき施策

四　前各号に定めるもののほか、知的財産の創造、保護及び活用に関する施策を政府が集中的かつ計画的に推進するために必要な事項

３　推進計画に定める施策については、原則として、当該施策の具体的な目標及びその達成の時期を定めるものとする。

４　知的財産戦略本部は、第一項の規定により推進計画を作成したときは、遅滞なく、これをインターネットの利用その他適切な方法により公表しなければならな

い。

5　知的財産戦略本部は、適時に、第三項の規定により定める目標の達成状況を調査し、その結果をインターネットの利用その他適切な方法により公表しなければならない。

6　知的財産戦略本部は、知的財産を取り巻く状況の変化を勘案し、並びに知的財産の創造、保護及び活用に関する施策の効果に関する評価を踏まえ、少なくとも毎年度一回、推進計画に検討を加え、必要があると認めるときには、これを変更しなければならない。

7　第四項の規定は、推進計画の変更について準用する。

第四章　知的財産戦略本部

（設置）

第二十四条　知的財産の創造、保護及び活用に関する施策を集中的かつ計画的に推進するため、内閣に、知的財産戦略本部（以下「本部」という。）を置く。

（所掌事務）

第二十五条　本部は、次に掲げる事務をつかさどる。

一　推進計画を作成し、並びにその実施を推進すること。

二　前号に掲げるもののほか、知的財産の創造、保護及び活用に関する施策で重要なものの企画に関する調査審議、その施策の実施の推進並びに総合調整に関すること。

（組織）

第二十六条　本部は、知的財産戦略本部長、知的財産戦略副本部長及び知的財産戦略本部員をもって組織する。

（知的財産戦略本部長）

第二十七条　本部の長は、知的財産戦略本部長（以下「本部長」という。）とし、内閣総理大臣をもって充てる。

2　本部長は、本部の事務を総括し、所部の職員を指揮監督する。

（知的財産戦略副本部長）

第二十八条　本部に、知的財産戦略副本部長（以下「副本部長」という。）を置き、国務大臣をもって充てる。

2　副本部長は、本部長の職務を助ける。

（知的財産戦略本部員）

第二十九条　本部に、知的財産戦略本部員（以下「本部員」という。）を置く。

2　本部員は、次に掲げる者をもって充てる。

一　本部長及び副本部長以外のすべての国務大臣

二　知的財産の創造、保護及び活用に関し優れた識見を有する者のうちから、内閣総理大臣が任命する者

（資料の提出その他の協力）

第三十条　本部は、その所掌事務を遂行するため必要があると認めるときは、関係行政機関、地方公共団体、独立行政法人及び地方独立行政法人の長並びに特殊法人の代表者に対して、資料の提出、意見の表明、説明その他必要な協力を求めることができる。

2　本部は、その所掌事務を遂行するために特に必要があると認めるときは、前項に規定する者以外の者に対しても、必要な協力を依頼することができる。

（事務）

第三十一条　本部に関する事務は、内閣官房において処理し、命を受けて内閣官房副長官補が掌理する。

（主任の大臣）

第三十二条　本部に係る事項については、内閣法（昭和二十二年法律第五号）にいう主任の大臣は、内閣総理大臣とする。

（政令への委任）

第三十三条　この法律に定めるもののほか、本部に関し必要な事項は、政令で定める。

附　則

（施行期日）

第一条　この法律は、公布の日から起算して三月を超えない範囲内において政令で定める日から施行する。

（検討）

第二条　政府は、この法律の施行後三年以内に、この法律の施行の状況について検討を加え、その結果に基づいて必要な措置を講ずるものとする。

附　則（平成一五年七月一六日法律第一一九号）抄

（施行期日）

第一条　この法律は、地方独立行政法人法（平成十五年法律第百十八号）の施行の日から施行する。

（その他の経過措置の政令への委任）

第六条　この附則に規定するもののほか、この法律の施行に伴い必要な経過措置は、政令で定める。

特許法（抄）

昭和三十四年四月十三日法律第百二十一号
最終改正　平成二〇年四月一八日法律第一六号

第一章　総則

（目的）
第一条　この法律は、発明の保護及び利用を図ることにより、発明を奨励し、もつて産業の発達に寄与することを目的とする。

（定義）
第二条　この法律で「発明」とは、自然法則を利用した技術的思想の創作のうち高度のものをいう。
2　この法律で「特許発明」とは、特許を受けている発明をいう。
3　この法律で発明について「実施」とは、次に掲げる行為をいう。
一　物（プログラム等を含む。以下同じ。）の発明にあつては、その物の生産、使用、譲渡等（譲渡及び貸渡しをいい、その物がプログラム等である場合には、電気通信回線を通じた提供を含む。以下同じ。）、輸出若しくは輸入又は譲渡等の申出（譲渡等のための展示を含む。以下同じ。）をする行為
二　方法の発明にあつては、その方法の使用をする行為
三　物を生産する方法の発明にあつては、前号に掲げるもののほか、その方法により生産した物の使用、譲渡等、輸出若しくは輸入又は譲渡等の申出をする行為
4　この法律で「プログラム等」とは、プログラム（電子計算機に対する指令であつて、一の結果を得ることができるように組み合わされたものをいう。以下この項において同じ。）その他電子計算機による処理の用に供する情報であつてプログラムに準ずるものをいう。

（期間の計算）
第三条　この法律又はこの法律に基く命令の規定による期間の計算は、次の規定による。
一　期間の初日は、算入しない。ただし、その期間が午前零時から始まるときは、この限りでない。
二　期間を定めるのに月又は年をもつてしたときは、暦に従う。月又は年の始から期間を起算しないときは、その期間は、最後の月又は年においてその起算日に応当する日の前日に満了する。ただし、最後の月に応当する日がないときは、その月の末日に満了する。
2　特許出願、請求その他特許に関する手続（以下単に「手続」という。）についての期間の末日が行政機関の休日に関する法律（昭和六十三年法律第九十一号）第一条第一項各号に掲げる日に当たるときは、その日の翌日をもつてその期間の末日とする。

（期間の延長等）
第四条　特許庁長官は、遠隔又は交通不便の地にある者のため、請求により又は職権で、第四十六条の二第一項第三号、第百八条第一項、第百二十一条第一項又は第百七十三条第一項に規定する期間を延長することができる。
第五条　特許庁長官、審判長又は審査官は、この法律の規定により手続をすべき期間を指定したときは、請求により又は職権で、その期間を延長することができる。
2　審判長は、この法律の規定により期日を指定したときは、請求により又は職権で、その期日を変更することができる。

（法人でない社団等の手続をする能力）
第六条　法人でない社団又は財団であつて、代表者又は管理人の定めがあるものは、その名において次に掲げる手続をすることができる。
一　出願審査の請求をすること。
二　特許無効審判又は延長登録無効審判を請求すること。
三　第百七十一条第一項の規定により特許無効審判又は延長登録無効審判の確定審決に対する再審を請求すること。
2　法人でない社団又は財団であつて、代表者又は管理人の定めがあるものは、その名において特許無効審判又は延長登録無効審判の確定審決に対する再審を請求されることができる。

（未成年者、成年被後見人等の手続をする能力）
第七条　未成年者及び成年被後見人は、法定代理人によらなければ、手続をすることができない。ただし、未成年者が独立して法律行為をすることができるときは、この限りでない。
2　被保佐人が手続をするには、保佐人の同意を得なければならない。
3　法定代理人が手続をするには、後見監督人があるときは、その同意を得なければならない。
4　被保佐人又は法定代理人が、相手方が請求した審判又は再審について手続をするときは、前二項の規定は、適用しない。

（在外者の特許管理人）
第八条　日本国内に住所又は居所（法人にあつては、営業所）を有しない者（以下「在外者」という。）は、政令で定める場合を除き、その者の特許に関する代理人であつて日本国内に住所又は居所を有するもの（以下「特許管理人」という。）によらなければ、手続をし、又はこの法律若しくはこの法律に基づく命令の規定により行政庁がした処分を不服として訴えを提起することができない。
2　特許管理人は、一切の手続及びこの法律又はこの法律に基づく命令の規定により行政庁がした処分を不服とする訴訟について本人を代理する。ただし、在外者が特許管理人の代理権の範囲を制限したときは、この限りでない。

（代理権の範囲）
第九条　日本国内に住所又は居所（法人にあつては、営業所）を有する者であつて手続をするものの委任による代理人は、特別の授権を得なければ、特許出願の変更、放棄若しくは取下げ、特許権の存続期間の延長登録の出願の取下げ、請求、申請若しくは申立ての取下げ、第四十一条第一項の優先権の主張若しくはその取下げ、第四十六条の二第一項の規定による実用新案登

録に基づく特許出願、出願公開の請求、拒絶査定不服審判の請求、特許権の放棄又は復代理人の選任をすることができない。

第十条　削除

（代理権の不消滅）

第十一条　手続をする者の委任による代理人の代理権は、本人の死亡若しくは本人である法人の合併による消滅、本人である受託者の信託に関する任務の終了又は法定代理人の死亡若しくはその代理権の変更若しくは消滅によつては、消滅しない。

（代理人の個別代理）

第十二条　手続をする者の代理人が二人以上あるときは、特許庁に対しては、各人が本人を代理する。

（代理人の改任等）

第十三条　特許庁長官又は審判長は、手続をする者がその手続をするのに適当でないと認めるときは、代理人により手続をすべきことを命ずることができる。

2　特許庁長官又は審判長は、手続をする者の代理人がその手続をするのに適当でないと認めるときは、その改任を命ずることができる。

3　特許庁長官又は審判長は、前二項の場合において、弁理士を代理人とすべきことを命ずることができる。

4　特許庁長官又は審判長は、第一項又は第二項の規定による命令をした後に第一項の手続をする者又は第二項の代理人が特許庁に対してした手続を却下することができる。

（複数当事者の相互代表）

第十四条　二人以上が共同して手続をしたときは、特許出願の変更、放棄及び取下げ、特許権の存続期間の延長登録の出願の取下げ、請求、申請又は申立ての取下げ、第四十一条第一項の優先権の主張及びその取下げ、出願公開の請求並びに拒絶査定不服審判の請求以外の手続については、各人が全員を代表するものとする。ただし、代表者を定めて特許庁に届け出たときは、この限りでない。

（在外者の裁判籍）

第十五条　在外者の特許権その他特許に関する権利については、特許管理人があるときはその住所又は居所をもつて、特許管理人がないときは特許庁の所在地をもつて民事訴訟法（平成八年法律第百九号）第五条第四号の財産の所在地とみなす。

（手続をする能力がない場合の追認）

第十六条　未成年者（独立して法律行為をすることができる者を除く。）又は成年被後見人がした手続は、法定代理人（本人が手続をする能力を取得したときは、本人）が追認することができる。

2　代理権がない者がした手続は、手続をする能力がある本人又は法定代理人が追認することができる。

3　被保佐人が保佐人の同意を得ないでした手続は、被保佐人が保佐人の同意を得て追認することができる。

4　後見監督人がある場合において法定代理人がその同意を得ないでした手続は、後見監督人の同意を得た法定代理人又は手続をする能力を取得した本人が追認することができる。

（手続の補正）

第十七条　手続をした者は、事件が特許庁に係属している場合に限り、その補正をすることができる。ただし、次条から第十七条の四までの規定により補正をすることができる場合を除き、願書に添付した明細書、特許請求の範囲、図面若しくは要約書又は第百三十四条の二第一項の訂正若しくは訂正審判の請求書に添付した訂正した明細書、特許請求の範囲若しくは図面について補正をすることができない。

2　第三十六条の二第二項の外国語書面出願の出願人は、前項本文の規定にかかわらず、同条第一項の外国語書面及び外国語要約書面について補正をすることができない。

3　特許庁長官は、次に掲げる場合は、相当の期間を指定して、手続の補正をすべきことを命ずることができる。

一　手続が第七条第一項から第三項まで又は第九条の規定に違反しているとき。

二　手続がこの法律又はこの法律に基づく命令で定める方式に違反しているとき。

三　手続について第百九十五条第一項から第三項までの規定により納付すべき手数料を納付しないとき。

4　手続の補正（手数料の納付を除く。）をするには、次条第二項に規定する場合を除き、手続補正書を提出しなければならない。

（願書に添付した明細書、特許請求の範囲又は図面の補正）

第十七条の二　特許出願人は、特許をすべき旨の査定の謄本の送達前においては、願書に添付した明細書、特許請求の範囲又は図面について補正をすることができる。ただし、第五十条の規定による通知を受けた後は、次に掲げる場合に限り、補正をすることができる。

一　第五十条（第百五十九条第二項（第百七十四条第一項において準用する場合を含む。）及び第百六十三条第二項において準用する場合を含む。以下この項において同じ。）の規定による通知（以下この条において「拒絶理由通知」という。）を最初に受けた場合において、第五十条の規定により指定された期間内にするとき。

二　拒絶理由通知を受けた後第四十八条の七の規定による通知を受けた場合において、同条の規定により指定された期間内にするとき。

三　拒絶理由通知を受けた後更に拒絶理由通知を受けた場合において、最後に受けた拒絶理由通知に係る第五十条の規定により指定された期間内にするとき。

四　拒絶査定不服審判を請求する場合において、その審判の請求と同時にするとき。

2　第三十六条の二第二項の外国語書面出願の出願人が、誤訳の訂正を目的として、前項の規定により明細書、特許請求の範囲又は図面について補正をするときは、その理由を記載した誤訳訂正書を提出しなければならない。

3　第一項の規定により明細書、特許請求の範囲又は図面について補正をするときは、誤訳訂正書を提出してする場合を除き、願書に最初に添付した明細書、特許請求の範囲又は図面（第三十六条の二第二項の外国語書面出願にあつては、同条第四項の規定により明細書、特許請求の範囲及び図面とみなされた同条第二項に規定する外国語書面の翻訳文（誤訳訂正書を提出して明細書、特許請求の範囲又は図面について補正をした場合にあつては、翻訳文又は当該補正後の明細書、特許請求の範囲若しくは図面）。第三十四条の二第一項及び第三十四条の三第一項において同じ。）に記載した事項の範囲内においてしなければならない。

4　前項に規定するもののほか、第一項各号に掲げる場合において特許請求の範囲について補正をするときは、その補正前に受けた拒絶理由通知において特許をすることができないものか否かについての判断が示された発明と、その補正後の特許請求の範囲に記載される事項により特定される発明とが、第三十七条の発明の単一性の要件を満たす一群の発明に該当するものとなるようにしなければならない。

5　前二項に規定するもののほか、第一項第一号、第三号及び第四号に掲げる場合（同項第一号に掲げる場合にあつては、拒絶理由通知と併せて第五十条の二の規定による通知を受けた場合に限る。）において特許請求の範囲についてする補正は、次に掲げる事項を目的とするものに限る。

一　第三十六条第五項に規定する請求項の削除

二　特許請求の範囲の減縮（第三十六条第五項の規定により請求項に記載した発明を特定するために必要な事項を限定するものであつて、その補正前の当該請求項に記載された発明とその補正後の当該請求項に記載される発明の産業上の利用分野及び解決しようとする課題が同一であるものに限る。）

三　誤記の訂正

四　明りようでない記載の釈明（拒絶理由通知に係る拒絶の理由に示す事項についてするものに限る。）

6　第百二十六条第五項の規定は、前項第二号の場合に準用する。

（要約書の補正）

第十七条の三　特許出願人は、特許出願の日（第四十一条第一項の規定による優先権の主張を伴う特許出願にあつては、同項に規定する先の出願の日、第四十三条第一項又は第四十三条の二第一項若しくは第二項の規定による優先権の主張を伴う特許出願にあつては、最初の出願若しくはパリ条約（千九百年十二月十四日にブラッセルで、千九百十一年六月二日にワシントンで、千九百二十五年十一月六日にヘーグで、千九百三十四年六月二日にロンドンで、千九百五十八年十月三十一日にリスボンで及び千九百六十七年七月十四日にストックホルムで改正された工業所有権の保護に関する千八百八十三年三月二十日のパリ条約をいう。以下同じ。）第四条C（４）の規定により最初の出願とみなされた出願又は同条A（２）の規定により最初の出願と認められた出願の日、第四十一条第一項、第四十三条第一項又は第四十三条の二第一項若しくは第二項の規定による二以上の優先権の主張を伴う特許出願にあつては、当該優先権の主張の基礎とした出願の日のうち最先の日。第三十六条の二第二項本文及び第六十四条第一項において同じ。）から一年三月以内（出願公開の請求があつた後を除く。）に限り、願書に添付した要約書について補正をすることができる。

（訂正に係る明細書、特許請求の範囲又は図面の補正）

第十七条の四　特許無効審判の被請求人は、第百三十四条第一項若しくは第二項、第百三十四条の二第三項、第百三十四条の三第一項若しくは第二項又は第百五十三条第二項の規定により指定された期間内に限り、第百三十四条の二第一項の訂正の請求書に添付した訂正した明細書、特許請求の範囲又は図面について補正をすることができる。

2　訂正審判の請求人は、第百五十六条第一項の規定による通知がある前（同条第二項の規定による審理の再開がされた場合にあつては、その後更に同条第一項の規定による通知がある前）に限り、訂正審判の請求書に添付した訂正した明細書、特許請求の範囲又は図面について補正をすることができる。

（手続の却下）

第十八条　特許庁長官は、第十七条第三項の規定により手続の補正をすべきことを命じた者が同項の規定により指定した期間内にその補正をしないとき、又は特許権の設定の登録を受ける者が第百八条第一項に規定する期間内に特許料を納付しないときは、その手続を却下することができる。

2　特許庁長官は、第十七条第三項の規定により第百九十五条第三項の規定による手数料の納付をすべきことを命じた特許出願人が第十七条第三項の規定により指定した期間内にその手数料の納付をしないときは、当該特許出願を却下することができる。

（不適法な手続の却下）

第十八条の二　特許庁長官は、不適法な手続であつて、その補正をすることができないものについては、その手続を却下するものとする。

2　前項の規定により却下しようとするときは、手続をした者に対し、その理由を通知し、相当の期間を指定して、弁明を記載した書面（以下「弁明書」という。）を提出する機会を与えなければならない。

（願書等の提出の効力発生時期）

第十九条　願書又はこの法律若しくはこの法律に基づく命令の規定により特許庁に提出する書類その他の物件であつてその提出の期間が定められているものを郵便又は民間事業者による信書の送達に関する法律（平成十四年法律第九十九号。以下この条において「信書便法」という。）第二条第六項に規定する一般信書便事業者若しくは同条第九項に規定する特定信書便事業者の提供する同条第二項に規定する信書便（以下「信書便」という。）の役務であつて経済産業省令で定めるものにより提出した場合において、その願書又は物件を郵便事業株式会社の営業所であつて郵便窓口業務の委託等に関する法律（昭和二十四年法律第二百十三号）第二条に規定する郵便窓口業務を行うもの（同法第三条第一項若しくは第三項の規定による委託又は同法第四条の規定による再委託を受けた者の営業所を含む。）に差し出した日時を郵便物の受領証により証明したときはその日時に、その郵便物又は信書便法第二条第三項に規定する信書便物（以下この条において「信書便物」という。）の通信日付印により表示された日時が明瞭であるときはその日時に、その郵便物又は信書便物の通信日付印により表示された日時のうち日のみが明瞭であつて時刻が明瞭でないときは表示された日の午後十二時に、その願書又は物件は、特許庁に到達したものとみなす。

（手続の効力の承継）

第二十条　特許権その他特許に関する権利についてした手続の効力は、その特許権その他特許に関する権利の承継人にも、及ぶものとする。

（手続の続行）

第二十一条　特許庁長官又は審判長は、特許庁に事件が係属している場合において、特許権その他特許に関する権利の移転があつたときは、特許権その他特許に関する権利の承継人に対し、その事件に関する手続を続行することができる。

（手続の中断又は中止）

第二十二条　特許庁長官又は審判官は、決定、査定又は審決の謄本の送達後に中断した手続の受継の申立てについて、受継を許すかどうかの決定をしなければならない。

2　前項の決定は、文書をもつて行い、かつ、理由を附さなければならない。

第二十三条　特許庁長官又は審判官は、中断した審査、審判又は再審の手続を受け継ぐべき者が受継を怠つたときは、申立てにより又は職権で、相当の期間を指定して、受継を命じなければならない。

2　特許庁長官又は審判官は、前項の規定により指定した期間内に受継がないときは、その期間の経過の日に受継があつたものとみなすことができる。

3　特許庁長官又は審判長は、前項の規定により受継があつたものとみなしたときは、その旨を当事者に通知しなければならない。

第二十四条　民事訴訟法第百二十四条（第一項第六号を除く。）、第百二十六条、第百二十七条、第百二十八条第一項、第百三十条、第百三十一条及び第百三十二条第二項（訴訟手続の中断及び中止）の規定は、審査、審判又は再審の手続に準用する。この場合において、同法第百二十四条第二項中「訴訟代理人」とあるのは「審査、審判又は再審の委任による代理人」と、同法第百二十七条中「裁判所」とあるのは「特許庁長官又は審判長」と、同法第百二十八条第一項及び第百三十一条中「裁判所」とあるのは「特許庁長官又は審判官」と、同法第百三十条中「裁判所」とあるのは「特許庁」と読み替えるものとする。

（外国人の権利の享有）

第二十五条　日本国内に住所又は居所（法人にあつては、営業所）を有しない外国人は、次の各号の一に該当する場合を除き、特許権その他特許に関する権利を享有することができない。

一　その者の属する国において、日本国民に対しその国民と同一の条件により特許権その他特許に関する権利の享有を認めているとき。

二　その者の属する国において、日本国がその国民に対し特許権その他特許に関する権利の享有を認める場合には日本国民に対しその国民と同一の条件により特許権その他特許に関する権利の享有を認めることとしているとき。

三　条約に別段の定があるとき。

（条約の効力）

第二十六条　特許に関し条約に別段の定があるときは、その規定による。

（特許原簿への登録）

第二十七条　次に掲げる事項は、特許庁に備える特許原簿に登録する。

一　特許権の設定、存続期間の延長、移転、信託による変更、消滅、回復又は処分の制限

二　専用実施権又は通常実施権の設定、保存、移転、変更、消滅又は処分の制限

三　特許権、専用実施権又は通常実施権を目的とする質権の設定、移転、変更、消滅又は処分の制限

四　仮専用実施権又は仮通常実施権の設定、保存、移転、変更、消滅又は処分の制限

2　特許原簿は、その全部又は一部を磁気テープ（これに準ずる方法により一定の事項を確実に記録して置くことができる物を含む。以下同じ。）をもつて調製することができる。

3　この法律に規定するもののほか、登録に関して必要な事項は、政令で定める。

（特許証の交付）

第二十八条　特許庁長官は、特許権の設定の登録があつたとき、又は願書に添付した明細書、特許請求の範囲若しくは図面の訂正をすべき旨の審決が確定した場合において、その登録があつたときは、特許権者に対し、特許証を交付する。

2　特許証の再交付については、経済産業省令で定める。

第二章　特許及び特許出願

（特許の要件）

第二十九条　産業上利用することができる発明をした者は、次に掲げる発明を除き、その発明について特許を受けることができる。

一　特許出願前に日本国内又は外国において公然知られた発明

二　特許出願前に日本国内又は外国において公然実施をされた発明

三　特許出願前に日本国内又は外国において、頒布された刊行物に記載された発明又は電気通信回線を通じて公衆に利用可能となつた発明

2　特許出願前にその発明の属する技術の分野における通常の知識を有する者が前項各号に掲げる発明に基いて容易に発明をすることができたときは、その発明については、同項の規定にかかわらず、特許を受けることができない。

第二十九条の二　特許出願に係る発明が当該特許出願の日前の他の特許出願又は実用新案登録出願であつて当該特許出願後に第六十六条第三項の規定により同項各号に掲げる事項を掲載した特許公報（以下「特許掲載公報」という。）の発行若しくは出願公開又は実用新案法（昭和三十四年法律第百二十三号）第十四条第三項の規定により同項各号に掲げる事項を掲載した実用新案公報（以下「実用新案掲載公報」という。）の発行がされたものの願書に最初に添付した明細書、特許請求の範囲若しくは実用新案登録請求の範囲又は図面（第三十六条の二第二項の外国語書面出願にあつては、同条第一項の外国語書面）に記載された発明又は考案（その発明又は考案をした者が当該特許出願に係る発明の発明者と同一の者である場合におけるその発明又は考案を除く。）と同一であるときは、その発明につ

いては、前条第一項の規定にかかわらず、特許を受けることができない。ただし、当該特許出願の時にその出願人と当該他の特許出願又は実用新案登録出願の出願人とが同一の者であるときは、この限りでない。

（発明の新規性の喪失の例外）

第三十条　特許を受ける権利を有する者が試験を行い、刊行物に発表し、電気通信回線を通じて発表し、又は特許庁長官が指定する学術団体が開催する研究集会において文書をもつて発表することにより、第二十九条第一項各号の一に該当するに至つた発明は、その該当するに至つた日から六月以内にその者がした特許出願に係る発明についての同条第一項及び第二項の規定の適用については、同条第一項各号の一に該当するに至らなかつたものとみなす。

2　特許を受ける権利を有する者の意に反して第二十九条第一項各号の一に該当するに至つた発明も、その該当するに至つた日から六月以内にその者がした特許出願に係る発明についての同条第一項及び第二項の規定の適用については、前項と同様とする。

3　特許を受ける権利を有する者が政府若しくは地方公共団体（以下「政府等」という。）が開設する博覧会若しくは政府等以外の者が開設する博覧会であつて特許庁長官が指定するものに、パリ条約の同盟国若しくは世界貿易機関の加盟国の領域内でその政府等若しくはその許可を受けた者が開設する国際的な博覧会に、又はパリ条約の同盟国若しくは世界貿易機関の加盟国のいずれにも該当しない国の領域内でその政府等若しくはその許可を受けた者が開設する国際的な博覧会であつて特許庁長官が指定するものに出品することにより、第二十九条第一項各号の一に該当するに至つた発明も、その該当するに至つた日から六月以内にその者がした特許出願に係る発明についての同条第一項及び第二項の規定の適用については、第一項と同様とする。

4　第一項又は前項の規定の適用を受けようとする者は、その旨を記載した書面を特許出願と同時に特許庁長官に提出し、かつ、第二十九条第一項各号の一に該当するに至つた発明が第一項又は前項の規定の適用を受けることができる発明であることを証明する書面を特許出願の日から三十日以内に特許庁長官に提出しなければならない。

第三十一条　削除

（特許を受けることができない発明）

第三十二条　公の秩序、善良の風俗又は公衆の衛生を害するおそれがある発明については、第二十九条の規定にかかわらず、特許を受けることができない。

（特許を受ける権利）

第三十三条　特許を受ける権利は、移転することができる。

2　特許を受ける権利は、質権の目的とすることができない。

3　特許を受ける権利が共有に係るときは、各共有者は、他の共有者の同意を得なければ、その持分を譲渡することができない。

4　特許を受ける権利が共有に係るときは、各共有者は、他の共有者の同意を得なければ、その特許を受ける権利に基づいて取得すべき特許権について、仮専用実施権を設定し、又は他人に仮通常実施権を許諾することができない。

第三十四条　特許出願前における特許を受ける権利の承継は、その承継人が特許出願をしなければ、第三者に対抗することができない。

2　同一の者から承継した同一の特許を受ける権利について同日に二以上の特許出願があつたときは、特許出願人の協議により定めた者以外の者の承継は、第三者に対抗することができない。

3　同一の者から承継した同一の発明及び考案についての特許を受ける権利及び実用新案登録を受ける権利について同日に特許出願及び実用新案登録出願があつたときも、前項と同様とする。

4　特許出願後における特許を受ける権利の承継は、相続その他の一般承継の場合を除き、特許庁長官に届け出なければ、その効力を生じない。

5　特許を受ける権利の相続その他の一般承継があつたときは、承継人は、遅滞なく、その旨を特許庁長官に届け出なければならない。

6　同一の者から承継した同一の特許を受ける権利の承継について同日に二以上の届出があつたときは、届出をした者の協議により定めた者以外の者の届出は、その効力を生じない。

7　第三十九条第七項及び第八項の規定は、第二項、第三項及び前項の場合に準用する。

（仮専用実施権）

第三十四条の二　特許を受ける権利を有する者は、その特許を受ける権利に基づいて取得すべき特許権について、その特許出願の願書に最初に添付した明細書、特許請求の範囲又は図面に記載した事項の範囲内において、仮専用実施権を設定することができる。

2　仮専用実施権に係る特許出願について特許権の設定の登録があつたときは、その特許権について、当該仮専用実施権の設定行為で定めた範囲内において、専用実施権が設定されたものとみなす。

3　仮専用実施権は、その特許出願に係る発明の実施の事業とともにする場合、特許を受ける権利を有する者の承諾を得た場合及び相続その他の一般承継の場合に限り、移転することができる。

4　仮専用実施権者は、特許を受ける権利を有する者の承諾を得た場合に限り、その仮専用実施権に基づいて取得すべき専用実施権について、他人に仮通常実施権を許諾することができる。

5　仮専用実施権に係る特許出願について、第四十四条第一項の規定による特許出願の分割があつたときは、当該特許出願の分割に係る新たな特許出願に係る特許を受ける権利に基づいて取得すべき特許権について、当該仮専用実施権の設定行為で定めた範囲内において、仮専用実施権が設定されたものとみなす。ただし、当該設定行為に別段の定めがあるときは、この限りでない。

6　仮専用実施権は、その特許出願について特許権の設定の登録があつたとき、その特許出願が放棄され、取り下げられ、若しくは却下されたとき又はその特許出願について拒絶をすべき旨の査定若しくは審決が確定したときは、消滅する。

7　仮専用実施権者は、第四項又は次条第六項本文の規定による仮通常実施権者があるときは、これらの者の承諾を得た場合に限り、その仮専用実施権を放棄することができる。

8　第三十三条第二項から第四項までの規定は、仮専用実施権に準用する。

（仮通常実施権）

第三十四条の三　特許を受ける権利を有する者は、その特許を受ける権利に基づいて取得すべき特許権について、その特許出願の願書に最初に添付した明細書、特許請求の範囲又は図面に記載した事項の範囲内において、他人に仮通常実施権を許諾することができる。

2　前項の規定による仮通常実施権に係る特許出願について特許権の設定の登録があつたときは、当該仮通常実施権を有する者（当該仮通常実施権を許諾した者と当該特許権者とが異なる場合にあつては、登録した仮通常実施権を有する者に限る。）に対し、その特許権について、当該仮通常実施権の設定行為で定めた範囲内において、通常実施権が許諾されたものとみなす。

3　前条第二項の規定により、同条第四項の規定による仮通常実施権に係る仮専用実施権について専用実施権が設定されたものとみなされたときは、当該仮通常実施権を有する者（当該仮通常実施権を許諾した者と当該専用実施権者とが異なる場合にあつては、登録した仮通常実施権を有する者に限る。）に対し、その専用実施権について、当該仮通常実施権の設定行為で定めた範囲内において、通常実施権が許諾されたものとみなす。

4　仮通常実施権は、その特許出願に係る発明の実施の事業とともにする場合、特許を受ける権利を有する者（仮専用実施権に基づいて取得すべき専用実施権についての仮通常実施権にあつては、特許を受ける権利を有する者及び仮専用実施権者）の承諾を得た場合及び相続その他の一般承継の場合に限り、移転することができる。

5　仮通常実施権に係る特許出願について、第四十四条第一項の規定による特許出願の分割があつたときは、当該仮通常実施権を有する者（当該仮通常実施権を許諾した者と当該特許出願に係る特許を受ける権利を有する者とが異なる場合にあつては、登録した仮通常実施権を有する者に限る。）に対し、当該特許出願の分割に係る新たな特許出願に係る特許を受ける権利に基づいて取得すべき特許権について、当該仮通常実施権の設定行為で定めた範囲内において、仮通常実施権が許諾されたものとみなす。ただし、当該設定行為に別段の定めがあるときは、この限りでない。

6　前条第五項本文の規定により、同項に規定する新たな特許出願に係る特許を受ける権利に基づいて取得すべき特許権についての仮専用実施権（以下この項において「新たな特許出願に係る仮専用実施権」という。）が設定されたものとみなされたときは、当該新たな特許出願に係るもとの特許出願に係る特許を受ける権利に基づいて取得すべき特許権についての仮専用実施権（以下この項において「もとの特許出願に係る仮専用実施権」という。）に基づいて取得すべき専用実施権についての仮通常実施権を有する者（当該仮通常実施権を許諾した者と当該もとの特許出願に係る仮専用実施権を有する者とが異なる場合にあつては、登録した仮通常実施権を有する者に限る。）に対し、当該新たな特許出願に係る仮専用実施権に基づいて取得すべき専用実施権について、当該仮通常実施権の設定行為で定めた範囲内において、仮通常実施権が許諾されたものとみなす。ただし、当該設定行為に別段の定めがあるときは、この限りでない。

7　仮通常実施権は、その特許出願について特許権の設定の登録があつたとき、その特許出願が放棄され、取り下げられ、若しくは却下されたとき又はその特許出願について拒絶をすべき旨の査定若しくは審決が確定したときは、消滅する。

8　前項に定める場合のほか、前条第四項の規定又は第六項本文の規定による仮通常実施権は、その仮専用実施権が消滅したときは、消滅する。

9　第三十三条第二項及び第三項の規定は、仮通常実施権に準用する。

（登録の効果）

第三十四条の四　仮専用実施権の設定、移転（相続その他の一般承継によるものを除く。）、変更、消滅（混同又は第三十四条の二第六項の規定によるものを除く。）又は処分の制限は、登録しなければ、その効力を生じない。

2　前項の相続その他の一般承継の場合は、遅滞なく、その旨を特許庁長官に届け出なければならない。

第三十四条の五　仮通常実施権は、その登録をしたときは、当該仮通常実施権に係る特許を受ける権利若しくは仮専用実施権又は当該仮通常実施権に係る特許を受ける権利に関する仮専用実施権をその後に取得した者に対しても、その効力を生ずる。

2　仮通常実施権の移転、変更、消滅又は処分の制限は、登録しなければ、第三者に対抗することができない。

（職務発明）

第三十五条　使用者、法人、国又は地方公共団体（以下「使用者等」という。）は、従業者、法人の役員、国家公務員又は地方公務員（以下「従業者等」という。）がその性質上当該使用者等の業務範囲に属し、かつ、その発明をするに至つた行為がその使用者等における従業者等の現在又は過去の職務に属する発明（以下「職務発明」という。）について特許を受けたとき、又は職務発明について特許を受ける権利を承継した者がその発明について特許を受けたときは、その特許権について通常実施権を有する。

2　従業者等がした発明については、その発明が職務発明である場合を除き、あらかじめ使用者等に特許を受ける権利若しくは特許権を承継させ又は使用者等のため仮専用実施権若しくは専用実施権を設定することを定めた契約、勤務規則その他の定めの条項は、無効とする。

3　従業者等は、契約、勤務規則その他の定めにより職務発明について使用者等に特許を受ける権利若しくは特許権を承継させ、若しくは使用者等のため専用実施権を設定したとき、又は契約、勤務規則その他の定めにより職務発明について使用者等のため仮専用実施権を設定した場合において、第三十四条の二第二項の規定により専用実施権が設定されたものとみなされたときは、相当の対価の支払を受ける権利を有する。

4　契約、勤務規則その他の定めにおいて前項の対価について定める場合には、対価を決定するための基準の策定に際して使用者等と従業者等との間で行われる協議の状況、策定された当該基準の開示の状況、対価の額の算定について行われる従業者等からの意見の聴取の状況等を考慮して、その定めたところにより対価を支払うことが不合理と認められるものであつてはならない。

5　前項の対価についての定めがない場合又はその定めたところにより対価を支払うことが同項の規定により不合理と認められる場合には、第三項の対価の額は、その発明により使用者等が受けるべき利益の額、その発明に関連して使用者等が行う負担、貢献及び従業者等の処遇その他の事情を考慮して定めなければならない。

（特許出願）

第三十六条　特許を受けようとする者は、次に掲げる事項を記載した願書を特許庁長官に提出しなければならない。

一　特許出願人の氏名又は名称及び住所又は居所

二　発明者の氏名及び住所又は居所

2　願書には、明細書、特許請求の範囲、必要な図面及び要約書を添付しなければならない。

3　前項の明細書には、次に掲げる事項を記載しなければならない。

一　発明の名称

二　図面の簡単な説明

三　発明の詳細な説明

4　前項第三号の発明の詳細な説明の記載は、次の各号に適合するものでなければならない。

一　経済産業省令で定めるところにより、その発明の属する技術の分野における通常の知識を有する者がその実施をすることができる程度に明確かつ十分に記載したものであること。

二　その発明に関連する文献公知発明（第二十九条第一項第三号に掲げる発明をいう。以下この号において同じ。）のうち、特許を受けようとする者が特許出願の時に知つているものがあるときは、その文献公知発明が記載された刊行物の名称その他のその文献公知発明に関する情報の所在を記載したものであること。

5　第二項の特許請求の範囲には、請求項に区分して、各請求項ごとに特許出願人が特許を受けようとする発明を特定するために必要と認める事項のすべてを記載しなければならない。この場合において、一の請求項に係る発明と他の請求項に係る発明とが同一である記載となることを妨げない。

6　第二項の特許請求の範囲の記載は、次の各号に適合するものでなければならない。

一　特許を受けようとする発明が発明の詳細な説明に記載したものであること。

二　特許を受けようとする発明が明確であること。

三　請求項ごとの記載が簡潔であること。

四　その他経済産業省令で定めるところにより記載されていること。

7　第二項の要約書には、明細書、特許請求の範囲又は図面に記載した発明の概要その他経済産業省令で定める事項を記載しなければならない。

第三十六条の二　特許を受けようとする者は、前条第二項の明細書、特許請求の範囲、必要な図面及び要約書に代えて、同条第三項から第六項までの規定により明細書又は特許請求の範囲に記載すべきものとされる事項を経済産業省令で定める外国語で記載した書面及び必要な図面でこれに含まれる説明をその外国語で記載したもの（以下「外国語書面」という。）並びに同条第七項の規定により要約書に記載すべきものとされる事項をその外国語で記載した書面（以下「外国語要約書面」という。）を願書に添付することができる。

2　前項の規定により外国語書面及び外国語要約書面を願書に添付した特許出願（以下「外国語書面出願」という。）の出願人は、その特許出願の日から一年二月以内に外国語書面及び外国語要約書面の日本語による翻訳文を、特許庁長官に提出しなければならない。ただし、当該外国語書面出願が第四十四条第一項の規定による特許出願の分割に係る新たな特許出願、第四十六条第一項若しくは第二項の規定による出願の変更に係る特許出願又は第四十六条の二第一項の規定による実用新案登録に基づく特許出願である場合にあつては、本文の期間の経過後であつても、その特許出願の分割、出願の変更又は実用新案登録に基づく特許出願の日から二月以内に限り、外国語書面及び外国語要約書面の日本語による翻訳文を提出することができる。

3　前項に規定する期間内に外国語書面（図面を除く。）の同項に規定する翻訳文の提出がなかつたときは、その特許出願は、取り下げられたものとみなす。

4　第二項に規定する外国語書面の翻訳文は前条第二項の規定により願書に添付して提出した明細書、特許請求の範囲及び図面と、第二項に規定する外国語要約書面の翻訳文は前条第二項の規定により願書に添付して提出した要約書とみなす。

第三十七条　二以上の発明については、経済産業省令で定める技術的関係を有することにより発明の単一性の要件を満たす一群の発明に該当するときは、一の願書で特許出願をすることができる。

（共同出願）

第三十八条　特許を受ける権利が共有に係るときは、各共有者は、他の共有者と共同でなければ、特許出願をすることができない。

（特許出願の放棄又は取下げ）

第三十八条の二　特許出願人は、その特許出願について仮専用実施権又は登録した仮通常実施権を有する者があるときは、これらの者の承諾を得た場合に限り、その特許出願を放棄し、又は取り下げることができる。

（先願）

第三十九条　同一の発明について異なつた日に二以上の特許出願があつたときは、最先の特許出願人のみがその発明について特許を受けることができる。

2　同一の発明について同日に二以上の特許出願があつたときは、特許出願人の協議により定めた一の特許出願人のみがその発明について特許を受けることができる。協議が成立せず、又は協議をすることができないときは、いずれも、その発明について特許を受けることができない。

3　特許出願に係る発明と実用新案登録出願に係る考案とが同一である場合において、その特許出願及び実用新案登録出願が異なつた日にされたものであるときは、特許出願人は、実用新案登録出願人より先に出願をした場合にのみその発明について特許を受けることができる。

4 特許出願に係る発明と実用新案登録出願に係る考案とが同一である場合（第四十六条の二第一項の規定による実用新案登録に基づく特許出願（第四十四条第二項（第四十六条第五項において準用する場合を含む。）の規定により当該特許出願の時にしたものとみなされるものを含む。）に係る発明とその実用新案登録に係る考案とが同一である場合を除く。）において、その特許出願及び実用新案登録出願が同日にされたものであるときは、出願人の協議により定めた一の出願人のみが特許又は実用新案登録を受けることができる。協議が成立せず、又は協議をすることができないときは、特許出願人は、その発明について特許を受けることができない。

5 特許出願若しくは実用新案登録出願が放棄され、取り下げられ、若しくは却下されたとき、又は特許出願について拒絶をすべき旨の査定若しくは審決が確定したときは、その特許出願又は実用新案登録出願は、第一項から前項までの規定の適用については、初めからなかつたものとみなす。ただし、その特許出願について第二項後段又は前項後段の規定に該当することにより拒絶をすべき旨の査定又は審決が確定したときは、この限りでない。

6 発明者又は考案者でない者であつて特許を受ける権利又は実用新案登録を受ける権利を承継しないものがした特許出願又は実用新案登録出願は、第一項から第四項までの規定の適用については、特許出願又は実用新案登録出願でないものとみなす。

7 特許庁長官は、第二項又は第四項の場合は、相当の期間を指定して、第二項又は第四項の協議をしてその結果を届け出るべき旨を出願人に命じなければならない。

8 特許庁長官は、前項の規定により指定した期間内に同項の規定による届出がないときは、第二項又は第四項の協議が成立しなかつたものとみなすことができる。

第四十条 削除

（特許出願等に基づく優先権主張）

第四十一条 特許を受けようとする者は、次に掲げる場合を除き、その特許出願に係る発明について、その者が特許又は実用新案登録を受ける権利を有する特許出願又は実用新案登録出願であつて先にされたもの（以下「先の出願」という。）の願書に最初に添付した明細書、特許請求の範囲若しくは実用新案登録請求の範囲又は図面（先の出願が外国語書面出願である場合にあつては、外国語書面）に記載された発明に基づいて優先権を主張することができる。ただし、先の出願について仮専用実施権又は登録した仮通常実施権を有する者があるときは、その特許出願の際に、これらの者の承諾を得ている場合に限る。

一 その特許出願が先の出願の日から一年以内にされたものでない場合

二 先の出願が第四十四条第一項の規定による特許出願の分割に係る新たな特許出願、第四十六条第一項若しくは第二項の規定による出願の変更に係る特許出願若しくは第四十六条の二第一項の規定による実用新案登録に基づく特許出願又は実用新案法第十一条第一項において準用するこの法律第四十四条第一項の規定による実用新案登録出願の分割に係る新たな実用新案登録出願若しくは実用新案法第十条第一項若しくは第二項の規定による出願の変更に係る実用新案登録出願である場合

三 先の出願が、その特許出願の際に、放棄され、取り下げられ、又は却下されている場合

四 先の出願について、その特許出願の際に、査定又は審決が確定している場合

五 先の出願について、その特許出願の際に、実用新案法第十四条第二項に規定する設定の登録がされている場合

2 前項の規定による優先権の主張を伴う特許出願に係る発明のうち、当該優先権の主張の基礎とされた先の出願の願書に最初に添付した明細書、特許請求の範囲若しくは実用新案登録請求の範囲又は図面（当該先の出願が外国語書面出願である場合にあつては、外国語書面）に記載された発明（当該先の出願が同項若しくは実用新案法第八条第一項の規定による優先権の主張又は第四十三条第一項若しくは第四十三条の二第一項若しくは第二項（同法第十一条第一項において準用する場合を含む。）の規定による優先権の主張を伴う出願である場合には、当該先の出願についての優先権の主張の基礎とされた出願に係る出願の際の書類（明細書、特許請求の範囲若しくは実用新案登録請求の範囲又は図面に相当するものに限る。）に記載された発明を除く。）についての第二十九条、第二十九条の二本文、第三十条第一項から第三項まで、第三十九条第一項から第四項まで、第六十九条第二項第二号、第七十二条、第七十九条、第八十一条、第八十二条第一項、第百四条（第六十五条第六項（第百八十四条の十第二項において準用する場合を含む。）において準用する場合を含む。）及び第百二十六条第五項（第十七条の二第六項及び第百三十四条の二第五項において準用する場合を含む。）、同法第七条第三項及び第十七条、意匠法（昭和三十四年法律第百二十五号）第二十六条、第三十一条第二項及び第三十二条第二項並びに商標法（昭和三十四年法律第百二十七号）第二十九条並びに第三十三条の二第一項及び第三十三条の三第一項（同法第六十八条第三項において準用する場合を含む。）の規定の適用については、当該特許出願は、当該先の出願の時にされたものとみなす。

3 第一項の規定による優先権の主張を伴う特許出願の願書に最初に添付した明細書、特許請求の範囲又は図面（外国語書面出願にあつては、外国語書面）に記載された発明のうち、当該優先権の主張の基礎とされた先の出願の願書に最初に添付した明細書、特許請求の範囲若しくは実用新案登録請求の範囲又は図面（当該先の出願が外国語書面出願である場合にあつては、外国語書面）に記載された発明（当該先の出願が同項若しくは実用新案法第八条第一項の規定による優先権の主張又は第四十三条第一項若しくは第四十三条の二第一項若しくは第二項（同法第十一条第一項において準用する場合を含む。）の規定による優先権の主張を伴

う出願である場合には、当該先の出願についての優先権の主張の基礎とされた出願に係る出願の際の書類（明細書、特許請求の範囲若しくは実用新案登録請求の範囲又は図面に相当するものに限る。）に記載された発明を除く。）については、当該特許出願について特許掲載公報の発行又は出願公開がされた時に当該先の出願について出願公開又は実用新案掲載公報の発行がされたものとみなして、第二十九条の二本文又は同法第三条の二本文の規定を適用する。

4　第一項の規定による優先権を主張しようとする者は、その旨及び先の出願の表示を記載した書面を特許出願と同時に特許庁長官に提出しなければならない。

（先の出願の取下げ等）

第四十二条　前条第一項の規定による優先権の主張の基礎とされた先の出願は、その出願の日から一年三月を経過した時に取り下げたものとみなす。ただし、当該先の出願が放棄され、取り下げられ、若しくは却下されている場合、当該先の出願について査定若しくは審決が確定している場合、当該先の出願について実用新案法第十四条第二項に規定する設定の登録がされている場合又は当該先の出願に基づくすべての優先権の主張が取り下げられている場合には、この限りでない。

2　前条第一項の規定による優先権の主張を伴う特許出願の出願人は、先の出願の日から一年三月を経過した後は、その主張を取り下げることができない。

3　前条第一項の規定による優先権の主張を伴う特許出願が先の出願の日から一年三月以内に取り下げられたときは、同時に当該優先権の主張が取り下げられたものとみなす。

（パリ条約による優先権主張の手続）

第四十三条　パリ条約第四条Ｄ（１）の規定により特許出願について優先権を主張しようとする者は、その旨並びに最初に出願をし若しくは同条Ｃ（４）の規定により最初の出願とみなされた出願をし又は同条Ａ（２）の規定により最初に出願をしたものと認められたパリ条約の同盟国の国名及び出願の年月日を記載した書面を特許出願と同時に特許庁長官に提出しなければならない。

2　前項の規定による優先権の主張をした者は、最初に出願をし、若しくはパリ条約第四条Ｃ（４）の規定により最初の出願とみなされた出願をし、若しくは同条Ａ（２）の規定により最初に出願をしたものと認められたパリ条約の同盟国の認証がある出願の年月日を記載した書面、その出願の際の書類で明細書、特許請求の範囲若しくは実用新案登録請求の範囲及び図面に相当するものの謄本又はこれらと同様な内容を有する公報若しくは証明書であつてその同盟国の政府が発行したものを次の各号に掲げる日のうち最先の日から一年四月以内に特許庁長官に提出しなければならない。

一　当該最初の出願若しくはパリ条約第四条Ｃ（４）の規定により当該最初の出願とみなされた出願又は同条Ａ（２）の規定により当該最初の出願と認められた出願の日

二　その特許出願が第四十一条第一項の規定による優先権の主張を伴う場合における当該優先権の主張の基礎とした出願の日

三　その特許出願が前項又は次条第一項若しくは第二項の規定による他の優先権の主張を伴う場合における当該優先権の主張の基礎とした出願の日

3　第一項の規定による優先権の主張をした者は、最初の出願若しくはパリ条約第四条Ｃ（４）の規定により最初の出願とみなされた出願又は同条Ａ（２）の規定により最初の出願と認められた出願の番号を記載した書面を前項に規定する書類とともに特許庁長官に提出しなければならない。ただし、同項に規定する書類の提出前にその番号を知ることができないときは、当該書面に代えてその理由を記載した書面を提出し、かつ、その番号を知つたときは、遅滞なく、その番号を記載した書面を提出しなければならない。

4　第一項の規定による優先権の主張をした者が第二項に規定する期間内に同項に規定する書類を提出しないときは、当該優先権の主張は、その効力を失う。

5　第二項に規定する書類に記載されている事項を電磁的方法（電子的方法、磁気的方法その他の人の知覚によつて認識することができない方法をいう。）によりパリ条約の同盟国の政府又は工業所有権に関する国際機関との間で交換することができる場合として経済産業省令で定める場合において、第一項の規定による優先権の主張をした者が、第二項に規定する期間内に、出願の番号その他の当該事項を交換するために必要な事項として経済産業省令で定める事項を記載した書面を特許庁長官に提出したときは、前二項の規定の適用については、第二項に規定する書類を提出したものとみなす。

（パリ条約の例による優先権主張）

第四十三条の二　次の表の上欄に掲げる者が同表の下欄に掲げる国においてした出願に基づく優先権は、パリ条約第四条の規定の例により、特許出願について、これを主張することができる。

上欄	下欄
日本国民又はパリ条約の同盟国の国民（パリ条約第三条の規定により同盟国の国民とみなされる者を含む。次項において同じ。）	世界貿易機関の加盟国
世界貿易機関の加盟国の国民（世界貿易機関を設立するマラケシュ協定附属書一Ｃ第一条3に規定する加盟国の国民をいう。次項において同じ。）	パリ条約の同盟国又は世界貿易機関の加盟国

2　パリ条約の同盟国又は世界貿易機関の加盟国のいずれにも該当しない国（日本国民に対し、日本国と同一の条件により優先権の主張を認めることとしているものであつて、特許庁長官が指定するものに限る。以下この項において「特定国」という。）の国民がその特定国においてした出願に基づく優先権及び日本国民又はパリ条約の同盟国の国民若しくは世界貿易機関の加盟国の国民が特定国においてした出願に基づく優先権は、パリ条約第四条の規定の例により、特許出願について、これを主張することができる。

3　前条の規定は、前二項の規定により優先権を主張する場合に準用する。

（特許出願の分割）

第四十四条　特許出願人は、次に掲げる場合に限り、二以上の発明を包含する特許出願の一部を一又は二以上の新たな特許出願とすることができる。
一　願書に添付した明細書、特許請求の範囲又は図面について補正をすることができる時又は期間内にするとき。
二　特許をすべき旨の査定（第百六十三条第三項において準用する第五十一条の規定による特許をすべき旨の査定及び第百六十条第一項に規定する審査に付された特許出願についての特許をすべき旨の査定を除く。）の謄本の送達があつた日から三十日以内にするとき。
三　拒絶をすべき旨の最初の査定の謄本の送達があつた日から三月以内にするとき。

2　前項の場合は、新たな特許出願は、もとの特許出願の時にしたものとみなす。ただし、新たな特許出願が第二十九条の二に規定する他の特許出願又は実用新案法第三条の二に規定する特許出願に該当する場合におけるこれらの規定の適用並びに第三十条第四項、第四十一条第四項及び第四十三条第一項（前条第三項において準用する場合を含む。）の規定の適用については、この限りでない。

3　第一項に規定する新たな特許出願をする場合における第四十三条第二項（前条第三項において準用する場合を含む。）の規定の適用については、第四十三条第二項中「最先の日から一年四月以内」とあるのは、「最先の日から一年四月又は新たな特許出願の日から三月のいずれか遅い日まで」とする。

4　第一項に規定する新たな特許出願をする場合には、もとの特許出願について提出された書面又は書類であつて、新たな特許出願について第三十条第四項、第四十一条第四項又は第四十三条第一項及び第二項（前条第三項において準用する場合を含む。）の規定により提出しなければならないものは、当該新たな特許出願と同時に特許庁長官に提出されたものとみなす。

5　第一項第二号に規定する三十日の期間は、第四条又は第百八条第三項の規定により同条第一項に規定する期間が延長されたときは、その延長された期間を限り、延長されたものとみなす。

6　第一項第三号に規定する三月の期間は、第四条の規定により第百二十一条第一項に規定する期間が延長されたときは、その延長された期間を限り、延長されたものとみなす。

第四十五条　削除

（出願の変更）

第四十六条　実用新案登録出願人は、その実用新案登録出願を特許出願に変更することができる。ただし、その実用新案登録出願の日から三年を経過した後は、この限りでない。

2　意匠登録出願人は、その意匠登録出願を特許出願に変更することができる。ただし、その意匠登録出願について拒絶をすべき旨の最初の査定の謄本の送達があつた日から三月を経過した後又はその意匠登録出願の日から三年を経過した後（その意匠登録出願について拒絶をすべき旨の最初の査定の謄本の送達があつた日から三月以内の期間を除く。）は、この限りでない。

3　前項ただし書に規定する三月の期間は、意匠法第六十八条第一項において準用するこの法律第四条の規定により意匠法第四十六条第一項に規定する期間が延長されたときは、その延長された期間を限り、延長されたものとみなす。

4　第一項又は第二項の規定による出願の変更があつたときは、もとの出願は、取り下げたものとみなす。

5　第四十四条第二項から第四項までの規定は、第一項又は第二項の規定による出願の変更の場合に準用する。

（実用新案登録に基づく特許出願）

第四十六条の二　実用新案権者は、次に掲げる場合を除き、経済産業省令で定めるところにより、自己の実用新案登録に基づいて特許出願をすることができる。この場合においては、その実用新案権を放棄しなければならない。
一　その実用新案登録に係る実用新案登録出願の日から三年を経過したとき。
二　その実用新案登録に係る実用新案登録出願又はその実用新案登録について、実用新案登録出願人又は実用新案権者から実用新案法第十二条第一項に規定する実用新案技術評価（次号において単に「実用新案技術評価」という。）の請求があつたとき。
三　その実用新案登録に係る実用新案登録出願又はその実用新案登録について、実用新案登録出願人又は実用新案権者でない者がした実用新案技術評価の請求に係る実用新案法第十三条第二項の規定による最初の通知を受けた日から三十日を経過したとき。
四　その実用新案登録について請求された実用新案法第三十七条第一項の実用新案登録無効審判について、同法第三十九条第一項の規定により最初に指定された期間を経過したとき。

2　前項の規定による特許出願は、その願書に添付した明細書、特許請求の範囲又は図面に記載した事項が当該特許出願の基礎とされた実用新案登録の願書に添付した明細書、実用新案登録請求の範囲又は図面に記載した事項の範囲内にあるものに限り、その実用新案登録に係る実用新案登録出願の時にしたものとみなす。ただし、その特許出願が第二十九条の二に規定する他の特許出願又は実用新案法第三条の二に規定する特許出願に該当する場合におけるこれらの規定の適用並びに第三十条第四項、第三十六条の二第二項ただし書、第四十一条第四項、第四十三条第一項（第四十三条の二第三項において準用する場合を含む。）及び第四十八条の三第二項の規定の適用については、この限りでない。

3　第一項の規定による特許出願をする者がその責めに帰することができない理由により同項第三号に規定する期間を経過するまでにその特許出願をすることができないときは、同号の規定にかかわらず、その理由がなくなつた日から十四日（在外者にあつては、二月）以内でその期間の経過後六月以内にその特許出願をすることができる。

4　実用新案権者は、専用実施権者、質権者又は実用新案法第十一条第三項において準用するこの法律第三十五条第一項、実用新案法第十八条第三項において準用するこの法律第七十七条第四項若しくは実用新案法第十九条第一項の規定による通常実施権者があるときは、これらの者の承諾を得た場合に限り、第一項の規定による特許出願をすることができる。

5　第四十四条第三項及び第四項の規定は、第一項の規定による特許出願をする場合に準用する。

第三章　審査

（審査官による審査）

第四十七条　特許庁長官は、審査官に特許出願を審査させなければならない。

2　審査官の資格は、政令で定める。

（審査官の除斥）

第四十八条　第百三十九条第一号から第五号まで及び第七号の規定は、審査官に準用する。

（特許出願の審査）

第四十八条の二　特許出願の審査は、その特許出願についての出願審査の請求をまつて行なう。

（出願審査の請求）

第四十八条の三　特許出願があつたときは、何人も、その日から三年以内に、特許庁長官にその特許出願について出願審査の請求をすることができる。

2　第四十四条第一項の規定による特許出願の分割に係る新たな特許出願、第四十六条第一項若しくは第二項の規定による出願の変更に係る特許出願又は第四十六条の二第一項の規定による実用新案登録に基づく特許出願については、前項の期間の経過後であつても、その特許出願の分割、出願の変更又は実用新案登録に基づく特許出願の日から三十日以内に限り、出願審査の請求をすることができる。

3　出願審査の請求は、取り下げることができない。

4　第一項又は第二項の規定により出願審査の請求をすることができる期間内に出願審査の請求がなかつたときは、この特許出願は、取り下げたものとみなす。

第四十八条の四　出願審査の請求をしようとする者は、次に掲げる事項を記載した請求書を特許庁長官に提出しなければならない。

一　請求人の氏名又は名称及び住所又は居所

二　出願審査の請求に係る特許出願の表示

第四十八条の五　特許庁長官は、出願公開前に出願審査の請求があつたときは出願公開の際又はその後遅滞なく、出願公開後に出願審査の請求があつたときはその後遅滞なく、その旨を特許公報に掲載しなければならない。

2　特許庁長官は、特許出願人でない者から出願審査の請求があつたときは、その旨を特許出願人に通知しなければならない。

（優先審査）

第四十八条の六　特許庁長官は、出願公開後に特許出願人でない者が業として特許出願に係る発明を実施していると認める場合において必要があるときは、審査官にその特許出願を他の特許出願に優先して審査させることができる。

（文献公知発明に係る情報の記載についての通知）

第四十八条の七　審査官は、特許出願が第三十六条第四項第二号に規定する要件を満たしていないと認めるときは、特許出願人に対し、その旨を通知し、相当の期間を指定して、意見書を提出する機会を与えることができる。

（拒絶の査定）

第四十九条　審査官は、特許出願が次の各号のいずれかに該当するときは、その特許出願について拒絶をすべき旨の査定をしなければならない。

一　その特許出願の願書に添付した明細書、特許請求の範囲又は図面についてした補正が第十七条の二第三項又は第四項に規定する要件を満たしていないとき。

二　その特許出願に係る発明が第二十五条、第二十九条、第二十九条の二、第三十二条、第三十八条又は第三十九条第一項から第四項までの規定により特許をすることができないものであるとき。

三　その特許出願に係る発明が条約の規定により特許をすることができないものであるとき。

四　その特許出願が第三十六条第四項第一号若しくは第六項又は第三十七条に規定する要件を満たしていないとき。

五　前条の規定による通知をした場合であつて、その特許出願が明細書についての補正又は意見書の提出によつてもなお第三十六条第四項第二号に規定する要件を満たすこととならないとき。

六　その特許出願が外国語書面出願である場合において、当該特許出願の願書に添付した明細書、特許請求の範囲又は図面に記載した事項が外国語書面に記載した事項の範囲内にないとき。

七　その特許出願人が発明者でない場合において、その発明について特許を受ける権利を承継していないとき。

（拒絶理由の通知）

第五十条　審査官は、拒絶をすべき旨の査定をしようとするときは、特許出願人に対し、拒絶の理由を通知し、相当の期間を指定して、意見書を提出する機会を与えなければならない。ただし、第十七条の二第一項第一号又は第三号に掲げる場合（同項第一号に掲げる場合にあつては、拒絶の理由の通知と併せて次条の規定による通知をした場合に限る。）において、第五十三条第一項の規定による却下の決定をするときは、この限りでない。

（既に通知された拒絶理由と同一である旨の通知）

第五十条の二　審査官は、前条の規定により特許出願について拒絶の理由を通知しようとする場合において、当該拒絶の理由が、他の特許出願（当該特許出願と当該他の特許出願の少なくともいずれか一方に第四十四条第二項の規定が適用されたことにより当該特許出願と同時にされたこととなつているものに限る。）についての前条（第百五十九条第二項（第百七十四条第一項において準用する場合を含む。）及び第百六十三条第二項において準用する場合を含む。）の規定による通知（当該特許出願についての出願審査の請求前に当該特許出願の出願人がその内容を知り得る状態になかつたものを除く。）に係る拒絶の理由と同一であるときは、その旨を併せて通知しなければならない。

（特許査定）

第五十一条　審査官は、特許出願について拒絶の理由を発見しないときは、特許をすべき旨の査定をしなければならない。

（査定の方式）

第五十二条 査定は、文書をもつて行い、かつ、理由を付さなければならない。

2 特許庁長官は、査定があつたときは、査定の謄本を特許出願人に送達しなければならない。

（補正の却下）

第五十三条 第十七条の二第一項第一号又は第三号に掲げる場合（同項第一号に掲げる場合にあつては、拒絶の理由の通知と併せて第五十条の二の規定による通知をした場合に限る。）において、願書に添付した明細書、特許請求の範囲又は図面についてした補正が第十七条の二第三項から第六項までの規定に違反しているものと特許をすべき旨の査定の謄本の送達前に認められたときは、審査官は、決定をもつてその補正を却下しなければならない。

2 前項の規定による却下の決定は、文書をもつて行い、かつ、理由を付さなければならない。

3 第一項の規定による却下の決定に対しては、不服を申し立てることができない。ただし、拒絶査定不服審判を請求した場合における審判においては、この限りでない。

（訴訟との関係）

第五十四条 審査において必要があると認めるときは、審決が確定し、又は訴訟手続が完結するまでその手続を中止することができる。

2 訴えの提起又は仮差押命令若しくは仮処分命令の申立てがあつた場合において、必要があると認めるときは、裁判所は、査定が確定するまでその訴訟手続を中止することができる。

第五十五条 削除

第五十六条 削除

第五十七条 削除

第五十八条 削除

第五十九条 削除

第六十条 削除

第六十一条 削除

第六十二条 削除

第六十三条 削除

第三章の二 出願公開

（出願公開）

第六十四条 特許庁長官は、特許出願の日から一年六月を経過したときは、特許掲載公報の発行をしたものを除き、その特許出願について出願公開をしなければならない。次条第一項に規定する出願公開の請求があつたときも、同様とする。

2 出願公開は、次に掲げる事項を特許公報に掲載することにより行う。ただし、第四号から第六号までに掲げる事項については、当該事項を特許公報に掲載することが公の秩序又は善良の風俗を害するおそれがあると特許庁長官が認めるときは、この限りでない。

一 特許出願人の氏名又は名称及び住所又は居所

二 特許出願の番号及び年月日

三 発明者の氏名及び住所又は居所

四 願書に添付した明細書及び特許請求の範囲に記載した事項並びに図面の内容

五 願書に添付した要約書に記載した事項

六 外国語書面出願にあつては、外国語書面及び外国語要約書面に記載した事項

七 出願公開の番号及び年月日

八 前各号に掲げるもののほか、必要な事項

3 特許庁長官は、願書に添付した要約書の記載が第三十六条第七項の規定に適合しないときその他必要があると認めるときは、前項第五号の要約書に記載した事項に代えて、自ら作成した事項を特許公報に掲載することができる。

（出願公開の請求）

第六十四条の二 特許出願人は、次に掲げる場合を除き、特許庁長官に、その特許出願について出願公開の請求をすることができる。

一 その特許出願が出願公開されている場合

二 その特許出願が第四十三条第一項又は第四十三条の二第一項若しくは第二項の規定による優先権の主張を伴う特許出願であつて、第四十三条第二項（第四十三条の二第三項において準用する場合を含む。）に規定する書類及び第四十三条第五項（第四十三条の二第三項において準用する場合を含む。）に規定する書面が特許庁長官に提出されていないものである場合

三 その特許出願が外国語書面出願であつて第三十六条の二第二項に規定する外国語書面の翻訳文が特許庁長官に提出されていないものである場合

2 出願公開の請求は、取り下げることができない。

第六十四条の三 出願公開の請求をしようとする特許出願人は、次に掲げる事項を記載した請求書を特許庁長官に提出しなければならない。

一 請求人の氏名又は名称及び住所又は居所

二 出願公開の請求に係る特許出願の表示

（出願公開の効果等）

第六十五条 特許出願人は、出願公開があつた後に特許出願に係る発明の内容を記載した書面を提示して警告をしたときは、その警告後特許権の設定の登録前に業としてその発明を実施した者に対し、その発明が特許発明である場合にその実施に対し受けるべき金銭の額に相当する額の補償金の支払を請求することができる。当該警告をしない場合においても、出願公開がされた特許出願に係る発明であることを知つて特許権の設定の登録前に業としてその発明を実施した者に対しては、同様とする。

2 前項の規定による請求権は、特許権の設定の登録があつた後でなければ、行使することができない。

3 特許出願人は、その仮専用実施権者又は仮通常実施権者が、その設定行為で定めた範囲内において当該特許出願に係る発明を実施した場合については、第一項に規定する補償金の支払を請求することができない。

4 第一項の規定による請求権の行使は、特許権の行使を妨げない。

5 出願公開後に特許出願が放棄され、取り下げられ、若しくは却下されたとき、特許出願について拒絶をすべき旨の査定若しくは審決が確定したとき、第百十二条第六項の規定により特許権が初めから存在しなかつたものとみなされたとき（更に第百十二条の二第二項の規定により特許権が初めから存在していたものとみなされたときを除く。）、又は第百二十五条ただし書の

場合を除き特許を無効にすべき旨の審決が確定したときは、第一項の請求権は、初めから生じなかつたものとみなす。

6　第百一条、第百四条から第百五条の二まで、第百五条の四から第百五条の七まで及び第百六十八条第三項から第六項まで並びに民法（明治二十九年法律第八十九号）第七百十九条及び第七百二十四条（不法行為）の規定は、第一項の規定による請求権を行使する場合に準用する。この場合において、当該請求権を有する者が特許権の設定の登録前に当該特許出願に係る発明の実施の事実及びその実施をした者を知つたときは、同条中「被害者又はその法定代理人が損害及び加害者を知った時」とあるのは、「特許権の設定の登録の日」と読み替えるものとする。

第四章　特許権

第一節　特許権

（特許権の設定の登録）

第六十六条　特許権は、設定の登録により発生する。

2　第百七条第一項の規定による第一年から第三年までの各年分の特許料の納付又はその納付の免除若しくは猶予があつたときは、特許権の設定の登録をする。

3　前項の登録があつたときは、次に掲げる事項を特許公報に掲載しなければならない。ただし、第五号に掲げる事項については、その特許出願について出願公開がされているときは、この限りでない。

一　特許権者の氏名又は名称及び住所又は居所
二　特許出願の番号及び年月日
三　発明者の氏名及び住所又は居所
四　願書に添付した明細書及び特許請求の範囲に記載した事項並びに図面の内容
五　願書に添付した要約書に記載した事項
六　特許番号及び設定の登録の年月日
七　前各号に掲げるもののほか、必要な事項

4　第六十四条第三項の規定は、前項の規定により同項第五号の要約書に記載した事項を特許公報に掲載する場合に準用する。

（存続期間）

第六十七条　特許権の存続期間は、特許出願の日から二十年をもつて終了する。

2　特許権の存続期間は、その特許発明の実施について安全性の確保等を目的とする法律の規定による許可その他の処分であつて当該処分の目的、手続等からみて当該処分を的確に行うには相当の期間を要するものとして政令で定めるものを受けることが必要であるために、その特許発明の実施をすることができない期間があつたときは、五年を限度として、延長登録の出願により延長することができる。

（存続期間の延長登録）

第六十七条の二　特許権の存続期間の延長登録の出願をしようとする者は、次に掲げる事項を記載した願書を特許庁長官に提出しなければならない。

一　出願人の氏名又は名称及び住所又は居所
二　特許番号
三　延長を求める期間（五年以下の期間に限る。）
四　前条第二項の政令で定める処分の内容

2　前項の願書には、経済産業省令で定めるところにより、延長の理由を記載した資料を添付しなければならない。

3　特許権の存続期間の延長登録の出願は、前条第二項の政令で定める処分を受けた日から政令で定める期間内にしなければならない。ただし、同条第一項に規定する特許権の存続期間の満了後は、することができない。

4　特許権が共有に係るときは、各共有者は、他の共有者と共同でなければ、特許権の存続期間の延長登録の出願をすることができない。

5　特許権の存続期間の延長登録の出願があつたときは、存続期間は、延長されたものとみなす。ただし、その出願について拒絶をすべき旨の査定が確定し、又は特許権の存続期間を延長した旨の登録があつたときは、この限りでない。

6　特許権の存続期間の延長登録の出願があつたときは、第一項各号に掲げる事項並びにその出願の番号及び年月日を特許公報に掲載しなければならない。

第六十七条の二の二　特許権の存続期間の延長登録の出願をしようとする者は、第六十七条第一項に規定する特許権の存続期間の満了前六月の前日までに同条第二項の政令で定める処分を受けることができないと見込まれるときは、次に掲げる事項を記載した書面をその日までに特許庁長官に提出しなければならない。

一　出願をしようとする者の氏名又は名称及び住所又は居所
二　特許番号
三　第六十七条第二項の政令で定める処分

2　前項の規定により提出すべき書面を提出しないときは、第六十七条第一項に規定する特許権の存続期間の満了前六月以後に特許権の存続期間の延長登録の出願をすることができない。

3　第一項に規定する書面が提出されたときは、同項各号に掲げる事項を特許公報に掲載しなければならない。

第六十七条の三　審査官は、特許権の存続期間の延長登録の出願が次の各号の一に該当するときは、その出願について拒絶をすべき旨の査定をしなければならない。

一　その特許発明の実施に第六十七条第二項の政令で定める処分を受けることが必要であつたとは認められないとき。
二　その特許権者又はその特許権についての専用実施権若しくは登録した通常実施権を有する者が第六十七条第二項の政令で定める処分を受けていないとき。
三　その延長を求める期間がその特許発明の実施をすることができなかつた期間を超えているとき。
四　その出願をした者が当該特許権者でないとき。
五　その出願が第六十七条の二第四項に規定する要件を満たしていないとき。

2　審査官は、特許権の存続期間の延長登録の出願について拒絶の理由を発見しないときは、延長登録をすべき旨の査定をしなければならない。

3　特許権の存続期間の延長登録をすべき旨の査定又は

審決があつたときは、特許権の存続期間を延長した旨の登録をする。

4　前項の登録があつたときは、次に掲げる事項を特許公報に掲載しなければならない。

一　特許権者の氏名又は名称及び住所又は居所

二　特許番号

三　特許権の存続期間の延長登録の出願の番号及び年月日

四　延長登録の年月日

五　延長の期間

六　第六十七条第二項の政令で定める処分の内容

第六十七条の四　第四十七条第一項、第四十八条、第五十条及び第五十二条の規定は、特許権の存続期間の延長登録の出願の審査について準用する。

（特許権の効力）

第六十八条　特許権者は、業として特許発明の実施をする権利を専有する。ただし、その特許権について専用実施権を設定したときは、専用実施権者がその特許発明の実施をする権利を専有する範囲については、この限りでない。

（存続期間が延長された場合の特許権の効力）

第六十八条の二　特許権の存続期間が延長された場合（第六十七条の二第五項の規定により延長されたものとみなされた場合を含む。）の当該特許権の効力は、その延長登録の理由となつた第六十七条第二項の政令で定める処分の対象となつた物（その処分においてその物の使用される特定の用途が定められている場合にあつては、当該用途に使用されるその物）についての当該特許発明の実施以外の行為には、及ばない。

（特許権の効力が及ばない範囲）

第六十九条　特許権の効力は、試験又は研究のためにする特許発明の実施には、及ばない。

2　特許権の効力は、次に掲げる物には、及ばない。

一　単に日本国内を通過するに過ぎない船舶若しくは航空機又はこれらに使用する機械、器具、装置その他の物

二　特許出願の時から日本国内にある物

3　二以上の医薬（人の病気の診断、治療、処置又は予防のため使用する物をいう。以下この項において同じ。）を混合することにより製造されるべき医薬の発明又は二以上の医薬を混合して医薬を製造する方法の発明に係る特許権の効力は、医師又は歯科医師の処方せんにより調剤する行為及び医師又は歯科医師の処方せんにより調剤する医薬には、及ばない。

（特許発明の技術的範囲）

第七十条　特許発明の技術的範囲は、願書に添付した特許請求の範囲の記載に基づいて定めなければならない。

2　前項の場合においては、願書に添付した明細書の記載及び図面を考慮して、特許請求の範囲に記載された用語の意義を解釈するものとする。

3　前二項の場合においては、願書に添付した要約書の記載を考慮してはならない。

第七十一条　特許発明の技術的範囲については、特許庁に対し、判定を求めることができる。

2　特許庁長官は、前項の規定による求があつたときは、三名の審判官を指定して、その判定をさせなければならない。

3　第百三十一条第一項、第百三十一条の二第一項本文、第百三十二条第一項及び第二項、第百三十三条、第百三十三条の二、第百三十四条第一項、第三項及び第四項、第百三十五条、第百三十六条第一項及び第二項、第百三十七条第二項、第百三十八条、第百三十九条（第六号を除く。）、第百四十条から第百四十四条まで、第百四十四条の二第一項及び第三項から第五項まで、第百四十五条第二項から第五項まで、第百四十六条、第百四十七条第一項及び第二項、第百五十条第一項から第五項まで、第百五十一条から第百五十四条まで、第百五十五条第一項、第百五十七条並びに第百六十九条第三項、第四項及び第六項の規定は、第一項の判定に準用する。この場合において、第百三十五条中「審決」とあるのは「決定」と、第百四十五条第二項中「前項に規定する審判以外の審判」とあるのは「判定の審理」と、同条第五項ただし書中「公の秩序又は善良の風俗を害するおそれがあるとき」とあるのは「審判長が必要があると認めるとき」と、第百五十一条中「第百四十七条」とあるのは「第百四十七条第一項及び第二項」と、第百五十五条第一項中「審決が確定するまで」とあるのは「判定の謄本が送達されるまで」と読み替えるものとする。

4　前項において読み替えて準用する第百三十五条の規定による決定に対しては、不服を申し立てることができない。

第七十一条の二　特許庁長官は、裁判所から特許発明の技術的範囲について鑑定の嘱託があつたときは、三名の審判官を指定して、その鑑定をさせなければならない。

2　第百三十六条第一項及び第二項、第百三十七条第二項並びに第百三十八条の規定は、前項の鑑定の嘱託に準用する。

（他人の特許発明等との関係）

第七十二条　特許権者、専用実施権者又は通常実施権者は、その特許発明がその特許出願の日前の出願に係る他人の特許発明、登録実用新案若しくは登録意匠若しくはこれに類似する意匠を利用するものであるとき、又はその特許権がその特許出願の日前の出願に係る他人の意匠権若しくは商標権と抵触するときは、業としてその特許発明の実施をすることができない。

（共有に係る特許権）

第七十三条　特許権が共有に係るときは、各共有者は、他の共有者の同意を得なければ、その持分を譲渡し、又はその持分を目的として質権を設定することができない。

2　特許権が共有に係るときは、各共有者は、契約で別段の定をした場合を除き、他の共有者の同意を得ないでその特許発明の実施をすることができる。

3　特許権が共有に係るときは、各共有者は、他の共有者の同意を得なければ、その特許権について専用実施権を設定し、又は他人に通常実施権を許諾することができない。

第七十四条　削除

第七十五条　削除

（**相続人がない場合の特許権の消滅**）

第七十六条　特許権は、民法第九百五十八条の期間内に相続人である権利を主張する者がないときは、消滅する。

（**専用実施権**）

第七十七条　特許権者は、その特許権について専用実施権を設定することができる。

2　専用実施権者は、設定行為で定めた範囲内において、業としてその特許発明の実施をする権利を専有する。

3　専用実施権は、実施の事業とともにする場合、特許権者の承諾を得た場合及び相続その他の一般承継の場合に限り、移転することができる。

4　専用実施権者は、特許権者の承諾を得た場合に限り、その専用実施権について質権を設定し、又は他人に通常実施権を許諾することができる。

5　第七十三条の規定は、専用実施権に準用する。

（**通常実施権**）

第七十八条　特許権者は、その特許権について他人に通常実施権を許諾することができる。

2　通常実施権者は、この法律の規定により又は設定行為で定めた範囲内において、業としてその特許発明の実施をする権利を有する。

（**先使用による通常実施権**）

第七十九条　特許出願に係る発明の内容を知らないで自らその発明をし、又は特許出願に係る発明の内容を知らないでその発明をした者から知得して、特許出願の際現に日本国内においてその発明の実施である事業をしている者又はその事業の準備をしている者は、その実施又は準備をしている発明及び事業の目的の範囲内において、その特許出願に係る特許権について通常実施権を有する。

（**無効審判の請求登録前の実施による通常実施権**）

第八十条　次の各号のいずれかに該当する者であつて、特許無効審判の請求の登録前に、特許が第百二十三条第一項各号のいずれかに規定する要件に該当することを知らないで、日本国内において当該発明の実施である事業をしているもの又はその事業の準備をしているものは、その実施又は準備をしている発明及び事業の目的の範囲内において、その特許を無効にした場合における特許権又はその際現に存する専用実施権について通常実施権を有する。

一　同一の発明についての二以上の特許のうち、その一を無効にした場合における原特許権者

二　特許を無効にして同一の発明について正当権利者に特許をした場合における原特許権者

三　前二号に掲げる場合において、特許無効審判の請求の登録の際現にその無効にした特許に係る特許権についての専用実施権又はその特許権若しくは専用実施権についての第九十九条第一項の効力を有する通常実施権を有する者

2　当該特許権者又は専用実施権者は、前項の規定により通常実施権を有する者から相当の対価を受ける権利を有する。

（**意匠権の存続期間満了後の通常実施権**）

第八十一条　特許出願の日前又はこれと同日の意匠登録出願に係る意匠権がその特許出願に係る特許権と抵触する場合において、その意匠権の存続期間が満了したときは、その原意匠権者は、原意匠権の範囲内において、当該特許権又はその意匠権の存続期間の満了の際現に存する専用実施権について通常実施権を有する。

第八十二条　特許出願の日前又はこれと同日の意匠登録出願に係る意匠権がその特許出願に係る特許権と抵触する場合において、その意匠権の存続期間が満了したときは、その満了の際現にその意匠権についての専用実施権又はその意匠権若しくは専用実施権についての意匠法第二十八条第三項において準用するこの法律第九十九条第一項の効力を有する通常実施権を有する者は、原権利の範囲内において、当該特許権又はその意匠権の存続期間の満了の際現に存する専用実施権について通常実施権を有する。

2　当該特許権者又は専用実施権者は、前項の規定により通常実施権を有する者から相当の対価を受ける権利を有する。

（**不実施の場合の通常実施権の設定の裁定**）

第八十三条　特許発明の実施が継続して三年以上日本国内において適当にされていないときは、その特許発明の実施をしようとする者は、特許権者又は専用実施権者に対し通常実施権の許諾について協議を求めることができる。ただし、その特許発明に係る特許出願の日から四年を経過していないときは、この限りでない。

2　前項の協議が成立せず、又は協議をすることができないときは、その特許発明の実施をしようとする者は、特許庁長官の裁定を請求することができる。

（**答弁書の提出**）

第八十四条　特許庁長官は、前条第二項の裁定の請求があつたときは、請求書の副本をその請求に係る特許権者又は専用実施権者その他その特許に関し登録した権利を有する者に送達し、相当の期間を指定して、答弁書を提出する機会を与えなければならない。

（**審議会の意見の聴取等**）

第八十五条　特許庁長官は、第八十三条第二項の裁定をしようとするときは、審議会等（国家行政組織法（昭和二十三年法律第百二十号）第八条に規定する機関をいう。）で政令で定めるものの意見を聴かなければならない。

2　特許庁長官は、その特許発明の実施が適当にされていないことについて正当な理由があるときは、通常実施権を設定すべき旨の裁定をすることができない。

（**裁定の方式**）

第八十六条　第八十三条第二項の裁定は、文書をもつて行い、かつ、理由を附さなければならない。

2　通常実施権を設定すべき旨の裁定においては、次に掲げる事項を定めなければならない。

一　通常実施権を設定すべき範囲

二　対価の額並びにその支払の方法及び時期

（**裁定の謄本の送達**）

第八十七条　特許庁長官は、第八十三条第二項の裁定をしたときは、裁定の謄本を当事者及び当事者以外の者であつてその特許に関し登録した権利を有するものに送達しなければならない。

2　当事者に対し前項の規定により通常実施権を設定すべき旨の裁定の謄本の送達があつたときは、裁定で定めるところにより、当事者間に協議が成立したものとみなす。

（対価の供託）

第八十八条　第八十六条第二項第二号の対価を支払うべき者は、次に掲げる場合は、その対価を供託しなければならない。

一　その対価を受けるべき者がその受領を拒んだとき、又はこれを受領することができないとき。

二　その対価について第百八十三条第一項の訴の提起があつたとき。

三　当該特許権又は専用実施権を目的とする質権が設定されているとき。ただし、質権者の承諾を得たときは、この限りでない。

（裁定の失効）

第八十九条　通常実施権の設定を受けようとする者が第八十三条第二項の裁定で定める支払の時期までに対価（対価を定期に又は分割して支払うべきときは、その最初に支払うべき分）の支払又は供託をしないときは、通常実施権を設定すべき旨の裁定は、その効力を失う。

（裁定の取消し）

第九十条　特許庁長官は、第八十三条第二項の規定により通常実施権を設定すべき旨の裁定をした後に、裁定の理由の消滅その他の事由により当該裁定を維持することが適当でなくなつたとき、又は通常実施権の設定を受けた者が適当にその特許発明の実施をしないときは、利害関係人の請求により又は職権で、裁定を取り消すことができる。

2　第八十四条、第八十五条第一項、第八十六条第一項及び第八十七条第一項の規定は前項の規定による裁定の取消しに、第八十五条第二項の規定は通常実施権の設定を受けた者が適当にその特許発明の実施をしない場合の前項の規定による裁定の取消しに準用する。

第九十一条　前条第一項の規定による裁定の取消があつたときは、通常実施権は、その後消滅する。

（裁定についての不服の理由の制限）

第九十一条の二　第八十三条第二項の規定による裁定についての行政不服審査法（昭和三十七年法律第百六十号）による異議申立てにおいては、その裁定で定める対価についての不服をその裁定についての不服の理由とすることができない。

（自己の特許発明の実施をするための通常実施権の設定の裁定）

第九十二条　特許権者又は専用実施権者は、その特許発明が第七十二条に規定する場合に該当するときは、同条の他人に対しその特許発明の実施をするための通常実施権又は実用新案権若しくは意匠権についての通常実施権の許諾について協議を求めることができる。

2　前項の協議を求められた第七十二条の他人は、その協議を求めた特許権者又は専用実施権者に対し、これらの者がその協議により通常実施権又は実用新案権若しくは意匠権についての通常実施権の許諾を受けて実施をしようとする特許発明の範囲内において、通常実施権の許諾について協議を求めることができる。

3　第一項の協議が成立せず、又は協議をすることができないときは、特許権者又は専用実施権者は、特許庁長官の裁定を請求することができる。

4　第二項の協議が成立せず、又は協議をすることができない場合において、前項の裁定の請求があつたときは、第七十二条の他人は、第七項において準用する第八十四条の規定によりその者が答弁書を提出すべき期間として特許庁長官が指定した期間内に限り、特許庁長官の裁定を請求することができる。

5　特許庁長官は、第三項又は前項の場合において、当該通常実施権を設定することが第七十二条の他人又は特許権者若しくは専用実施権者の利益を不当に害することとなるときは、当該通常実施権を設定すべき旨の裁定をすることができない。

6　特許庁長官は、前項に規定する場合のほか、第四項の場合において、第三項の裁定の請求について通常実施権を設定すべき旨の裁定をしないときは、当該通常実施権を設定すべき旨の裁定をすることができない。

7　第八十四条、第八十五条第一項及び第八十六条から前条までの規定は、第三項又は第四項の裁定に準用する。

（公共の利益のための通常実施権の設定の裁定）

第九十三条　特許発明の実施が公共の利益のため特に必要であるときは、その特許発明の実施をしようとする者は、特許権者又は専用実施権者に対し通常実施権の許諾について協議を求めることができる。

2　前項の協議が成立せず、又は協議をすることができないときは、その特許発明の実施をしようとする者は、経済産業大臣の裁定を請求することができる。

3　第八十四条、第八十五条第一項及び第八十六条から第九十一条の二までの規定は、前項の裁定に準用する。

（通常実施権の移転等）

第九十四条　通常実施権は、第八十三条第二項、第九十二条第三項若しくは第四項若しくは前条第二項、実用新案法第二十二条第三項又は意匠法第三十三条第三項の裁定による通常実施権を除き、実施の事業とともにする場合、特許権者（専用実施権についての通常実施権にあつては、特許権者及び専用実施権者）の承諾を得た場合及び相続その他の一般承継の場合に限り、移転することができる。

2　通常実施権者は、第八十三条第二項、第九十二条第三項若しくは第四項若しくは前条第二項、実用新案法第二十二条第三項又は意匠法第三十三条第三項の裁定による通常実施権を除き、特許権者（専用実施権についての通常実施権にあつては、特許権者及び専用実施権者）の承諾を得た場合に限り、その通常実施権について質権を設定することができる。

3　第八十三条第二項又は前条第二項の裁定による通常実施権は、実施の事業とともにする場合に限り、移転することができる。

4　第九十二条第三項、実用新案法第二十二条第三項又は意匠法第三十三条第三項の裁定による通常実施権は、その通常実施権者の当該特許権、実用新案権又は意匠権が実施の事業とともに移転したときはこれらに従つて移転し、その特許権、実用新案権又は意匠権が実施の事業と分離して移転したとき、又は消滅したときは消滅する。

5　第九十二条第四項の裁定による通常実施権は、その通常実施権者の当該特許権、実用新案権又は意匠権に従つて移転し、その特許権、実用新案権又は意匠権が消滅したときは消滅する。

6　第七十三条第一項の規定は、通常実施権に準用する。

（質権）

第九十五条　特許権、専用実施権又は通常実施権を目的として質権を設定したときは、質権者は、契約で別段の定をした場合を除き、当該特許発明の実施をすることができない。

第九十六条　特許権、専用実施権又は通常実施権を目的とする質権は、特許権、専用実施権若しくは通常実施権の対価又は特許発明の実施に対しその特許権者若しくは専用実施権者が受けるべき金銭その他の物に対しても、行うことができる。ただし、その払渡又は引渡前に差押をしなければならない。

（特許権等の放棄）

第九十七条　特許権者は、専用実施権者、質権者又は第三十五条第一項、第七十七条第四項若しくは第七十八条第一項の規定による通常実施権者があるときは、これらの者の承諾を得た場合に限り、その特許権を放棄することができる。

2　専用実施権者は、質権者又は第七十七条第四項の規定による通常実施権者があるときは、これらの者の承諾を得た場合に限り、その専用実施権を放棄することができる。

3　通常実施権者は、質権者があるときは、その承諾を得た場合に限り、その通常実施権を放棄することができる。

（登録の効果）

第九十八条　次に掲げる事項は、登録しなければ、その効力を生じない。

一　特許権の移転（相続その他の一般承継によるものを除く。）、信託による変更、放棄による消滅又は処分の制限

二　専用実施権の設定、移転（相続その他の一般承継によるものを除く。）、変更、消滅（混同又は特許権の消滅によるものを除く。）又は処分の制限

三　特許権又は専用実施権を目的とする質権の設定、移転（相続その他の一般承継によるものを除く。）、変更、消滅（混同又は担保する債権の消滅によるものを除く。）又は処分の制限

2　前項各号の相続その他の一般承継の場合は、遅滞なく、その旨を特許庁長官に届け出なければならない。

第九十九条　通常実施権は、その登録をしたときは、その特許権若しくは専用実施権又はその特許権についての専用実施権をその後に取得した者に対しても、その効力を生ずる。

2　第三十五条第一項、第七十九条、第八十条第一項、第八十一条、第八十二条第一項又は第百七十六条の規定による通常実施権は、登録しなくても、前項の効力を有する。

3　通常実施権の移転、変更、消滅若しくは処分の制限又は通常実施権を目的とする質権の設定、移転、変更、消滅若しくは処分の制限は、登録しなければ、第三者に対抗することができない。

第二節　権利侵害

（差止請求権）

第百条　特許権者又は専用実施権者は、自己の特許権又は専用実施権を侵害する者又は侵害するおそれがある者に対し、その侵害の停止又は予防を請求することができる。

2　特許権者又は専用実施権者は、前項の規定による請求をするに際し、侵害の行為を組成した物（物を生産する方法の特許発明にあつては、侵害の行為により生じた物を含む。第百二条第一項において同じ。）の廃棄、侵害の行為に供した設備の除却その他の侵害の予防に必要な行為を請求することができる。

（侵害とみなす行為）

第百一条　次に掲げる行為は、当該特許権又は専用実施権を侵害するものとみなす。

一　特許が物の発明についてされている場合において、業として、その物の生産にのみ用いる物の生産、譲渡等若しくは輸入又は譲渡等の申出をする行為

二　特許が物の発明についてされている場合において、その物の生産に用いる物（日本国内において広く一般に流通しているものを除く。）であつてその発明による課題の解決に不可欠なものにつき、その発明が特許発明であること及びその物がその発明の実施に用いられることを知りながら、業として、その生産、譲渡等若しくは輸入又は譲渡等の申出をする行為

三　特許が物の発明についてされている場合において、その物を業としての譲渡等又は輸出のために所持する行為

四　特許が方法の発明についてされている場合において、業として、その方法の使用にのみ用いる物の生産、譲渡等若しくは輸入又は譲渡等の申出をする行為

五　特許が方法の発明についてされている場合において、その方法の使用に用いる物（日本国内において広く一般に流通しているものを除く。）であつてその発明による課題の解決に不可欠なものにつき、その発明が特許発明であること及びその物がその発明の実施に用いられることを知りながら、業として、その生産、譲渡等若しくは輸入又は譲渡等の申出をする行為

六　特許が物を生産する方法の発明についてされている場合において、その方法により生産した物を業としての譲渡等又は輸出のために所持する行為

（損害の額の推定等）

第百二条　特許権者又は専用実施権者が故意又は過失により自己の特許権又は専用実施権を侵害した者に対しその侵害により自己が受けた損害の賠償を請求する場合において、その者がその侵害の行為を組成した物を譲渡したときは、その譲渡した物の数量（以下この項において「譲渡数量」という。）に、特許権者又は専用実施権者がその侵害の行為がなければ販売することができた物の単位数量当たりの利益の額を乗じて得た額を、特許権者又は専用実施権者の実施の能力に応じた額を超えない限度において、特許権者又は専用実施権者が受けた損害の額とすることができる。ただし、譲渡数量の全部又は一部に相当する数量を特許権者又は専用実施権者が販売することができないとする事情があるときは、当該事情に相当する数量に応じた額を控除するものとする。

2　特許権者又は専用実施権者が故意又は過失により自

己の特許権又は専用実施権を侵害した者に対しその侵害により自己が受けた損害の賠償を請求する場合において、その者がその侵害の行為により利益を受けているときは、その利益の額は、特許権者又は専用実施権者が受けた損害の額と推定する。

3　特許権者又は専用実施権者は、故意又は過失により自己の特許権又は専用実施権を侵害した者に対し、その特許発明の実施に対し受けるべき金銭の額に相当する額の金銭を、自己が受けた損害の額としてその賠償を請求することができる。

4　前項の規定は、同項に規定する金額を超える損害の賠償の請求を妨げない。この場合において、特許権又は専用実施権を侵害した者に故意又は重大な過失がなかつたときは、裁判所は、損害の賠償の額を定めるについて、これを参酌することができる。

（過失の推定）

第百三条　他人の特許権又は専用実施権を侵害した者は、その侵害の行為について過失があつたものと推定する。

（生産方法の推定）

第百四条　物を生産する方法の発明について特許がされている場合において、その物が特許出願前に日本国内において公然知られた物でないときは、その物と同一の物は、その方法により生産したものと推定する。

（具体的態様の明示義務）

第百四条の二　特許権又は専用実施権の侵害に係る訴訟において、特許権者又は専用実施権者が侵害の行為を組成したものとして主張する物又は方法の具体的態様を否認するときは、相手方は、自己の行為の具体的態様を明らかにしなければならない。ただし、相手方において明らかにすることができない相当の理由があるときは、この限りでない。

（特許権者等の権利行使の制限）

第百四条の三　特許権又は専用実施権の侵害に係る訴訟において、当該特許が特許無効審判により無効にされるべきものと認められるときは、特許権者又は専用実施権者は、相手方に対しその権利を行使することができない。

2　前項の規定による攻撃又は防御の方法については、これが審理を不当に遅延させることを目的として提出されたものと認められるときは、裁判所は、申立てにより又は職権で、却下の決定をすることができる。

（書類の提出等）

第百五条　裁判所は、特許権又は専用実施権の侵害に係る訴訟においては、当事者の申立てにより、当事者に対し、当該侵害行為について立証するため、又は当該侵害の行為による損害の計算をするため必要な書類の提出を命ずることができる。ただし、その書類の所持者においてその提出を拒むことについて正当な理由があるときは、この限りでない。

2　裁判所は、前項ただし書に規定する正当な理由があるかどうかの判断をするため必要があると認めるときは、書類の所持者にその提示をさせることができる。この場合においては、何人も、その提示された書類の開示を求めることができない。

3　裁判所は、前項の場合において、第一項ただし書に規定する正当な理由があるかどうかについて前項後段の書類を開示してその意見を聴くことが必要であると認めるときは、当事者等（当事者（法人である場合にあつては、その代表者）又は当事者の代理人（訴訟代理人及び補佐人を除く。）、使用人その他の従業者をいう。以下同じ。）、訴訟代理人又は補佐人に対し、当該書類を開示することができる。

4　前三項の規定は、特許権又は専用実施権の侵害に係る訴訟における当該侵害行為について立証するため必要な検証の目的の提示について準用する。

（損害計算のための鑑定）

第百五条の二　特許権又は専用実施権の侵害に係る訴訟において、当事者の申立てにより、裁判所が当該侵害の行為による損害の計算をするため必要な事項について鑑定を命じたときは、当事者は、鑑定人に対し、当該鑑定をするため必要な事項について説明しなければならない。

（相当な損害額の認定）

第百五条の三　特許権又は専用実施権の侵害に係る訴訟において、損害が生じたことが認められる場合において、損害額を立証するために必要な事実を立証することが当該事実の性質上極めて困難であるときは、裁判所は、口頭弁論の全趣旨及び証拠調べの結果に基づき、相当な損害額を認定することができる。

（秘密保持命令）

第百五条の四　裁判所は、特許権又は専用実施権の侵害に係る訴訟において、その当事者が保有する営業秘密（不正競争防止法（平成五年法律第四十七号）第二条第六項に規定する営業秘密をいう。以下同じ。）について、次に掲げる事由のいずれにも該当することにつき疎明があつた場合には、当事者の申立てにより、決定で、当事者等、訴訟代理人又は補佐人に対し、当該営業秘密を当該訴訟の追行の目的以外の目的で使用し、又は当該営業秘密に係るこの項の規定による命令を受けた者以外の者に開示してはならない旨を命ずることができる。ただし、その申立ての時までに当事者等、訴訟代理人又は補佐人が第一号に規定する準備書面の閲読又は同号に規定する証拠の取調べ若しくは開示以外の方法により当該営業秘密を取得し、又は保有していた場合は、この限りでない。

一　既に提出され若しくは提出されるべき準備書面に当事者の保有する営業秘密が記載され、又は既に取り調べられ若しくは取り調べられるべき証拠（第百五条第三項の規定により開示された書類又は第百五条の七第四項の規定により開示された書面を含む。）の内容に当事者の保有する営業秘密が含まれること。

二　前号の営業秘密が当該訴訟の追行の目的以外の目的で使用され、又は当該営業秘密が開示されることにより、当該営業秘密に基づく当事者の事業活動に支障を生ずるおそれがあり、これを防止するため当該営業秘密の使用又は開示を制限する必要があること。

2　前項の規定による命令（以下「秘密保持命令」という。）の申立ては、次に掲げる事項を記載した書面でしなければならない。

一　秘密保持命令を受けるべき者

二　秘密保持命令の対象となるべき営業秘密を特定す

るに足りる事実

三　前項各号に掲げる事由に該当する事実

3　秘密保持命令が発せられた場合には、その決定書を秘密保持命令を受けた者に送達しなければならない。

4　秘密保持命令は、秘密保持命令を受けた者に対する決定書の送達がされた時から、効力を生ずる。

5　秘密保持命令の申立てを却下した裁判に対しては、即時抗告をすることができる。

（秘密保持命令の取消し）

第百五条の五　秘密保持命令の申立てをした者又は秘密保持命令を受けた者は、訴訟記録の存する裁判所（訴訟記録の存する裁判所がない場合にあつては、秘密保持命令を発した裁判所）に対し、前条第一項に規定する要件を欠くこと又はこれを欠くに至つたことを理由として、秘密保持命令の取消しの申立てをすることができる。

2　秘密保持命令の取消しの申立てについての裁判があつた場合には、その決定書をその申立てをした者及び相手方に送達しなければならない。

3　秘密保持命令の取消しの申立てについての裁判に対しては、即時抗告をすることができる。

4　秘密保持命令を取り消す裁判は、確定しなければその効力を生じない。

5　裁判所は、秘密保持命令を取り消す裁判をした場合において、秘密保持命令の取消しの申立てをした者又は相手方以外に当該秘密保持命令が発せられた訴訟において当該営業秘密に係る秘密保持命令を受けている者があるときは、その者に対し、直ちに、秘密保持命令を取り消す裁判をした旨を通知しなければならない。

（訴訟記録の閲覧等の請求の通知等）

第百五条の六　秘密保持命令が発せられた訴訟（すべての秘密保持命令が取り消された訴訟を除く。）に係る訴訟記録につき、民事訴訟法第九十二条第一項の決定があつた場合において、当事者から同項に規定する秘密記載部分の閲覧等の請求があり、かつ、その請求の手続を行つた者が当該訴訟において秘密保持命令を受けていない者であるときは、裁判所書記官は、同項の申立てをした当事者（その請求をした者を除く。第三項において同じ。）に対し、その請求後直ちに、その請求があつた旨を通知しなければならない。

2　前項の場合において、裁判所書記官は、同項の請求があつた日から二週間を経過する日までの間（その請求の手続を行つた者に対する秘密保持命令の申立てがその日までにされた場合にあつては、その申立てについての裁判が確定するまでの間）、その請求の手続を行つた者に同項の秘密記載部分の閲覧等をさせてはならない。

3　前二項の規定は、第一項の請求をした者に同項の秘密記載部分の閲覧等をさせることについて民事訴訟法第九十二条第一項の申立てをした当事者のすべての同意があるときは、適用しない。

（当事者尋問等の公開停止）

第百五条の七　特許権又は専用実施権の侵害に係る訴訟における当事者等が、その侵害の有無についての判断の基礎となる事項であつて当事者の保有する営業秘密に該当するものについて、当事者本人若しくは法定代理人又は証人として尋問を受ける場合においては、裁判所は、裁判官の全員一致により、その当事者等が公開の法廷で当該事項について陳述をすることにより当該営業秘密に基づく当事者の事業活動に著しい支障を生ずることが明らかであることから当該事項について十分な陳述をすることができず、かつ、当該陳述を欠くことにより他の証拠のみによつては当該事項を判断の基礎とすべき特許権又は専用実施権の侵害の有無についての適正な裁判をすることができないと認めるときは、決定で、当該事項の尋問を公開しないで行うことができる。

2　裁判所は、前項の決定をするに当たつては、あらかじめ、当事者等の意見を聴かなければならない。

3　裁判所は、前項の場合において、必要があると認めるときは、当事者等にその陳述すべき事項の要領を記載した書面の提示をさせることができる。この場合においては、何人も、その提示された書面の開示を求めることができない。

4　裁判所は、前項後段の書面を開示してその意見を聴くことが必要であると認めるときは、当事者等、訴訟代理人又は補佐人に対し、当該書面を開示することができる。

5　裁判所は、第一項の規定により当該事項の尋問を公開しないで行うときは、公衆を退廷させる前に、その旨を理由とともに言い渡さなければならない。当該事項の尋問が終了したときは、再び公衆を入廷させなければならない。

（信用回復の措置）

第百六条　故意又は過失により特許権又は専用実施権を侵害したことにより特許権者又は専用実施権者の業務上の信用を害した者に対しては、裁判所は、特許権者又は専用実施権者の請求により、損害の賠償に代え、又は損害の賠償とともに、特許権者又は専用実施権者の業務上の信用を回復するのに必要な措置を命ずることができる。

第三節　特許料

（特許料）

第百七条　特許権の設定の登録を受ける者又は特許権者は、特許料として、特許権の設定の登録の日から第六十七条第一項に規定する存続期間（同条第二項の規定により延長されたときは、その延長の期間を加えたもの）の満了までの各年について、一件ごとに、次の表の上欄に掲げる区分に従い同表の下欄に掲げる金額を納付しなければならない。

各年の区分	金額
第一年から第三年まで	毎年二千三百円に一請求項につき二百円を加えた額
第四年から第六年まで	毎年七千百円に一請求項につき五百円を加えた額
第七年から第九年まで	毎年二万千四百円に一請求項につき千七百円を加えた額
第十年から第二十五年まで	毎年六万千六百円に一請求項につき四千八百円を加えた額

2　前項の規定は、国に属する特許権には、適用しない。

3　第一項の特許料は、特許権が国又は第百九条の規定若しくは他の法令の規定による特許料の軽減若しくは免除（以下この項において「減免」という。）を受ける者を含む者の共有に係る場合であつて持分の定めがあるときは、第一項の規定にかかわらず、国以外の各共有者ごとに同項に規定する特許料の金額（減免を受ける者にあつては、その減免後の金額）にその持分の割合を乗じて得た額を合算して得た額とし、国以外の者がその額を納付しなければならない。

4　前項の規定により算定した特許料の金額に十円未満の端数があるときは、その端数は、切り捨てる。

5　第一項の特許料の納付は、経済産業省令で定めるところにより、特許印紙をもつてしなければならない。ただし、経済産業省令で定める場合には、経済産業省令で定めるところにより、現金をもつて納めることができる。

（特許料の納付期限）

第百八条　前条第一項の規定による第一年から第三年までの各年分の特許料は、特許をすべき旨の査定又は審決の謄本の送達があつた日から三十日以内に一時に納付しなければならない。

2　前条第一項の規定による第四年以後の各年分の特許料は、前年以前に納付しなければならない。ただし、特許権の存続期間の延長登録をすべき旨の査定又は審決の謄本の送達があつた日（以下この項において「謄本送達日」という。）がその延長登録がないとした場合における特許権の存続期間の満了の日の属する年の末日から起算して前三十日目に当たる日以後であるときは、その年の次の年から謄本送達日の属する年（謄本送達日から謄本送達日の属する年の末日までの日数が三十日に満たないときは、謄本送達日の属する年の次の年）までの各年分の特許料は、謄本送達日から三十日以内に一時に納付しなければならない。

3　特許庁長官は、特許料を納付すべき者の請求により、三十日以内を限り、第一項に規定する期間を延長することができる。

（特許料の減免又は猶予）

第百九条　特許庁長官は、次に掲げる者であつて資力に乏しい者として政令で定める要件に該当する者が、特許料を納付することが困難であると認めるときは、政令で定めるところにより、第百七条第一項の規定による第一年から第三年までの各年分の特許料を軽減し若しくは免除し、又はその納付を猶予することができる。

一　その特許発明の発明者又はその相続人

二　その特許発明が第三十五条第一項の従業者等がした職務発明であつて、契約、勤務規則その他の定めによりあらかじめ使用者等に特許を受ける権利を承継させることが定められている場合において、その従業者等から特許を受ける権利を承継した使用者等

（利害関係人による特許料の納付）

第百十条　利害関係人は、納付すべき者の意に反しても、特許料を納付することができる。

2　前項の規定により特許料を納付した利害関係人は、納付すべき者が現に利益を受ける限度においてその費用の償還を請求することができる。

（既納の特許料の返還）

第百十一条　既納の特許料は、次に掲げるものに限り、納付した者の請求により返還する。

一　過誤納の特許料

二　特許を無効にすべき旨の審決が確定した年の翌年以後の各年分の特許料

三　特許権の存続期間の延長登録を無効にすべき旨の審決が確定した年の翌年以後の各年分の特許料（当該延長登録がないとした場合における存続期間の満了の日の属する年の翌年以後のものに限る。）

2　前項の規定による特許料の返還は、同項第一号の特許料については納付した日から一年、同項第二号及び第三号の特許料については審決が確定した日から六月を経過した後は、請求することができない。

（特許料の追納）

第百十二条　特許権者は、第百八条第二項に規定する期間又は第百九条の規定による納付の猶予後の期間内に特許料を納付することができないときは、その期間が経過した後であつても、その期間の経過後六月以内にその特許料を追納することができる。

2　前項の規定により特許料を追納する特許権者は、第百七条第一項の規定により納付すべき特許料のほか、その特許料と同額の割増特許料を納付しなければならない。

3　前項の割増特許料の納付は、経済産業省令で定めるところにより、特許印紙をもつてしなければならない。ただし、経済産業省令で定める場合には、経済産業省令で定めるところにより、現金をもつて納めることができる。

4　特許権者が第一項の規定により特許料を追納することができる期間内に、第百八条第二項本文に規定する期間内に納付すべきであつた特許料及び第二項の割増特許料を納付しないときは、その特許権は、同条第二項本文に規定する期間の経過の時にさかのぼつて消滅したものとみなす。

5　特許権者が第一項の規定により特許料を追納することができる期間内に第百八条第二項ただし書に規定する特許料及び第二項の割増特許料を納付しないときは、その特許権は、当該延長登録がないとした場合における特許権の存続期間の満了の日の属する年の経過の時にさかのぼつて消滅したものとみなす。

6　特許権者が第一項の規定により特許料を追納することができる期間内に第百九条の規定により納付が猶予された特許料及び第二項の割増特許料を納付しないときは、その特許権は、初めから存在しなかつたものとみなす。

（特許料の追納による特許権の回復）

第百十二条の二　前条第四項若しくは第五項の規定により消滅したものとみなされた特許権又は同条第六項の規定により初めから存在しなかつたものとみなされた特許権の原特許権者は、その責めに帰することができない理由により同条第一項の規定により特許料を追納することができる期間内に同条第四項から第六項までに規定する特許料及び割増特許料を納付することができなかつたときは、その理由がなくなつた日から十四日（在外者にあつては、二月）以内でその期間の経過後六月以内に限り、その特許料及び割増特許料を追納

することができる。

2　前項の規定による特許料及び割増特許料の追納があつたときは、その特許権は、第百八条第二項本文に規定する期間の経過の時若しくは存続期間の満了の日の属する年の経過の時にさかのぼつて存続していたもの又は初めから存在していたものとみなす。

（回復した特許権の効力の制限）

第百十二条の三　前条第二項の規定により特許権が回復した場合において、その特許が物の発明についてされているときは、その特許権の効力は、第百十二条第一項の規定により特許料を追納することができる期間の経過後特許権の回復の登録前に輸入し、又は日本国内において生産し、若しくは取得した当該物には、及ばない。

2　前条第二項の規定により回復した特許権の効力は、第百十二条第一項の規定により特許料を追納することができる期間の経過後特許権の回復の登録前における次に掲げる行為には、及ばない。

一　当該発明の実施

二　特許が物の発明についてされている場合において、その物の生産に用いる物の生産、譲渡等若しくは輸入又は譲渡等の申出をした行為

三　特許が物の発明についてされている場合において、その物を譲渡等又は輸出のために所持した行為

四　特許が方法の発明についてされている場合において、その方法の使用に用いる物の生産、譲渡等若しくは輸入又は譲渡等の申出をした行為

五　特許が物を生産する方法の発明についてされている場合において、その方法により生産した物を譲渡等又は輸出のために所持した行為

附　則

この法律の施行期日は、別に法律で定める。

附　則（平成二〇年四月一八日法律第一六号）抄

（施行期日）

第一条　この法律は、公布の日から起算して一年を超えない範囲内において政令で定める日から施行する。ただし、次の各号に掲げる規定は、当該各号に定める日から施行する。

一　附則第六条の規定　公布の日

二　第一条中特許法第百七条第一項の改正規定、第四条中商標法第四十条第一項及び第二項、第四十一条の二第一項及び第二項、第六十五条の七第一項及び第二項並びに第六十八条の三十第一項各号及び第五項の改正規定並びに次条第五項、附則第五条第二項及び第七条から第十三条までの規定　公布の日から起算して二月を超えない範囲内において政令で定める日

三　第一条中特許法第二十七条第一項第一号及び第九十八条第一項第一号の改正規定、第二条中実用新案法第四十九条第一項第一号の改正規定、第三条中意匠法第六十一条第一項第一号の改正規定並びに第四条中商標法第六十八条の二十七第一項及び第二項の改正規定　平成二十年九月三十日

（特許法の改正に伴う経過措置）

第二条　第一条の規定による改正後の特許法（以下「新特許法」という。）第十七条の二第一項第四号、第百二十一条第一項及び第百六十二条の規定は、この法律の施行の日以後に謄本が送達される拒絶をすべき旨の査定に対する拒絶査定不服審判の請求について適用し、この法律の施行の日前に謄本の送達があった拒絶をすべき旨の査定に対する拒絶査定不服審判の請求については、なお従前の例による。

2　新特許法第四十三条第五項（実用新案法第十一条第一項において準用する場合を含む。）の規定は、この法律の施行の日以後にする特許出願又は実用新案登録出願について適用し、この法律の施行の日前にした特許出願又は実用新案登録出願については、なお従前の例による。

3　新特許法第四十四条第一項第三号及び第六項の規定は、この法律の施行の日以後に拒絶をすべき旨の最初の査定の謄本が送達される特許出願であって、意匠法等の一部を改正する法律（平成十八年法律第五十五号。以下「平成十八年改正法」という。）の施行の日以後にしたものについて適用し、この法律の施行の日前に拒絶をすべき旨の最初の査定の謄本の送達があった特許出願又は平成十八年改正法の施行の日前にした特許出願については、なお従前の例による。

4　新特許法第四十六条第二項及び第三項の規定は、この法律の施行の日以後に拒絶をすべき旨の最初の査定の謄本が送達される意匠登録出願について適用し、この法律の施行の日前に拒絶をすべき旨の最初の査定の謄本の送達があった意匠登録出願については、なお従前の例による。

5　前条第二号に掲げる規定の施行の日前に既に納付した特許料又は同日前に納付すべきであった特許料（同日前に特許法第百九条の規定によりその納付が猶予されたものを含む。）については、新特許法第百七条第一項の規定にかかわらず、なお従前の例による。

6　新特許法第百八十六条第三項（第二条の規定による改正後の実用新案法（以下「新実用新案法」という。）第五十五条第一項において読み替えて準用する場合及び第五条の規定による改正後の工業所有権に関する手続等の特例に関する法律第十二条第三項において準用する場合を含む。）の規定は、この法律の施行の日前に登録された通常実施権については、適用しない。

（政令への委任）

第六条　附則第二条から前条までに定めるもののほか、この法律の施行に関し必要な経過措置は、政令で定める。

（検討）

第七条　政府は、附則第一条第二号に掲げる規定の施行後五年を経過した場合において、新特許法第百七条第一項並びに新商標法第四十条第一項及び第二項、第四十一条の二第一項及び第二項、第六十五条の七第一項及び第二項並びに第六十八条の三十第一項各号及び第五項の規定の施行の状況について検討を加え、その結果に基づいて必要な措置を講ずるものとする。

（昭和六十二年改正法の一部改正に伴う経過措置）
第九条　附則第一条第二号に掲げる規定の施行の日前に前条の規定による改正前の昭和六十二年改正法附則第三条第三項の規定により読み替えて適用される第一条の規定による改正前の特許法第百七条第一項の規定により既に納付した特許料又は同日前に同項の規定により納付すべきであった特許料（同日前に特許法第百九条の規定によりその納付が猶予されたものを含む。）については、前条の規定による改正後の昭和六十二年改正法附則第三条第三項の規定により読み替えて適用される新特許法第百七条第一項の規定にかかわらず、なお従前の例による。

（平成十五年改正法による改正前の昭和六十二年改正法の一部改正に伴う経過措置）
第十一条　附則第一条第二号に掲げる規定の施行の日前に前条の規定による改正前の平成十五年改正法附則第十一条第一項の規定によりなおその効力を有するものとされた平成十五年改正法附則第十条の規定による改正前の昭和六十二年改正法附則第三条第三項の規定により読み替えて適用される次条の規定による改正前の平成十五年改正法附則第二条第二項の規定によりなおその効力を有するものとされた平成十五年改正法第一条の規定による改正前の特許法（以下「平成十五年旧特許法」という。）第百七条第一項の規定により既に納付した特許料又は同日前に同項の規定により納付すべきであった特許料（同日前に特許法第百九条の規定によりその納付が猶予されたものを含む。）については、前条の規定による改正後の平成十五年改正法附則第十一条第一項の規定によりなおその効力を有するものとされた平成十五年改正法附則第十条の規定による改正前の昭和六十二年改正法附則第三条第三項の規定により読み替えて適用される次条の規定による改正後の平成十五年改正法附則第二条第二項の規定によりなおその効力を有するものとされた平成十五年旧特許法第百七条第一項の規定にかかわらず、なお従前の例による。

（平成十五年旧特許法の一部改正に伴う経過措置）
第十三条　附則第一条第二号に掲げる規定の施行の日前に前条の規定による改正前の平成十五年改正法附則第二条第二項の規定によりなおその効力を有するものとされた平成十五年旧特許法第百七条第一項の規定により既に納付した特許料又は同日前に同項の規定により納付すべきであった特許料（同日前に特許法第百九条の規定によりその納付が猶予されたものを含む。）については、前条の規定による改正後の平成十五年改正法附則第二条第二項の規定によりなおその効力を有するものとされた平成十五年旧特許法第百七条第一項の規定にかかわらず、なお従前の例による。

別表（第百九十五条関係）　略

民間資金等の活用による公共施設等の整備等の促進に関する法律

平成十一年七月三十日法律第百十七号
最終改正　平成一九年六月一三日法律第八五号

（目的）
第一条　この法律は、民間の資金、経営能力及び技術的能力を活用した公共施設等の整備等の促進を図るための措置を講ずること等により、効率的かつ効果的に社会資本を整備するとともに、国民に対する低廉かつ良好なサービスの提供を確保し、もって国民経済の健全な発展に寄与することを目的とする。

（定義）
第二条　この法律において「公共施設等」とは、次の各号に掲げる施設（設備を含む。）をいう。
一　道路、鉄道、港湾、空港、河川、公園、水道、下水道、工業用水道等の公共施設
二　庁舎、宿舎等の公用施設
三　公営住宅及び教育文化施設、廃棄物処理施設、医療施設、社会福祉施設、更生保護施設、駐車場、地下街等の公益的施設
四　情報通信施設、熱供給施設、新エネルギー施設、リサイクル施設（廃棄物処理施設を除く。）、観光施設及び研究施設
五　前各号に掲げる施設に準ずる施設として政令で定めるもの
2　この法律において「特定事業」とは、公共施設等の整備等（公共施設等の建設、改修、維持管理若しくは運営又はこれらに関する企画をいい、国民に対するサービスの提供を含む。以下同じ。）に関する事業（市街地再開発事業、土地区画整理事業その他の市街地開発事業を含む。）であって、民間の資金、経営能力及

び技術的能力を活用することにより効率的かつ効果的に実施されるものをいう。

3　この法律において「公共施設等の管理者等」とは、次の各号に掲げる者をいう。

一　公共施設等の管理者である各省各庁の長（衆議院議長、参議院議長、最高裁判所長官、会計検査院長及び大臣をいう。以下同じ。）又は特定事業を所管する大臣

二　公共施設等の管理者である地方公共団体の長又は特定事業を実施しようとする地方公共団体の長

三　公共施設等の整備等を行う独立行政法人、特殊法人その他の公共法人（市街地再開発事業、土地区画整理事業その他の市街地開発事業を施行する組合を含む。以下「公共法人」という。）

4　この法律において「選定事業」とは、第六条の規定により選定された特定事業をいう。

5　この法律において「選定事業者」とは、第七条第一項の規定により選定事業を実施する者として選定された者をいう。

（基本理念）

第三条　公共施設等の整備等に関する事業は、国及び地方公共団体（これらに係る公共法人を含む。以下この条及び第十八条において同じ。）と民間事業者との適切な役割分担並びに財政資金の効率的使用の観点を踏まえつつ、行政の効率化又は国及び地方公共団体の財産の有効利用にも配慮し、当該事業により生ずる収益等をもってこれに要する費用を支弁することが可能である等の理由により民間事業者に行わせることが適切なものについては、できる限りその実施を民間事業者にゆだねるものとする。

2　特定事業は、国及び地方公共団体と民間事業者との責任分担の明確化を図りつつ、収益性を確保するとともに、国及び地方公共団体の民間事業者に対する関与を必要最小限のものとすることにより民間事業者の有する技術及び経営資源、その創意工夫等が十分に発揮され、低廉かつ良好なサービスが国民に対して提供されることを旨として行われなければならない。

（基本方針等）

第四条　内閣総理大臣は、基本理念にのっとり、特定事業の実施に関する基本的な方針（以下「基本方針」という。）を定めなければならない。

2　基本方針は、特定事業の実施について、次に掲げる事項（地方公共団体が実施する特定事業については、特定事業の健全かつ効率的な促進のために必要な事項に係るもの）を定めるものとする。

一　民間事業者の発案による特定事業の選定その他特定事業の選定に関する基本的な事項

二　民間事業者の募集及び選定に関する基本的な事項

三　民間事業者の責任の明確化等事業の適正かつ確実な実施の確保に関する基本的な事項

四　法制上及び税制上の措置並びに財政上及び金融上の支援に関する基本的な事項

五　その他特定事業の実施に関する基本的な事項

3　基本方針は、次に掲げる事項に配慮して定められなければならない。

一　特定事業の選定については、公共施設等の整備等における公共性及び安全性を確保しつつ、事業に要する費用の縮減等資金の効率的使用、国民に対するサービスの提供における行政のかかわり方の改革、民間の事業機会の創出その他の成果がもたらされるようにするとともに、民間事業者の自主性を尊重すること。

二　民間事業者の選定については、公開の競争により選定を行う等その過程の透明化を図るとともに、民間事業者の創意工夫を尊重すること。

三　財政上の支援については、現行の制度に基づく方策を基本とし、又はこれに準ずるものとすること。

4　内閣総理大臣は、基本方針を定めようとするときは、あらかじめ、各省各庁の長に協議するとともに、民間資金等活用事業推進委員会の議を経なければならない。

5　内閣総理大臣は、基本方針を定めたときは、遅滞なく、これを公表するとともに、各省各庁の長に送付しなければならない。

6　前二項の規定は、基本方針の変更について準用する。

7　地方公共団体は、基本理念にのっとり、基本方針を勘案した上で、第三項各号に掲げる事項に配慮して、地域における創意工夫を生かしつつ、特定事業が円滑に実施されるよう必要な措置を講ずるものとする。

（実施方針）

第五条　公共施設等の管理者等は、次条の特定事業の選定及び第七条第一項の民間事業者の選定を行おうとするときは、基本方針にのっとり、特定事業の実施に関する方針（以下「実施方針」という。）を定めるものとする。

2　実施方針は、特定事業について、次に掲げる事項を具体的に定めるものとする。

一　特定事業の選定に関する事項

二　民間事業者の募集及び選定に関する事項

三　民間事業者の責任の明確化等事業の適正かつ確実な実施の確保に関する事項

四　公共施設等の立地並びに規模及び配置に関する事項

五　第十条第一項に規定する事業計画又は協定の解釈について疑義が生じた場合における措置に関する事項

六　事業の継続が困難となった場合における措置に関する事項

七　法制上及び税制上の措置並びに財政上及び金融上の支援に関する事項

八　その他特定事業の実施に関し必要な事項

3　公共施設等の管理者等は、実施方針を定めたときは、遅滞なく、これを公表しなければならない。

4　前項の規定は、実施方針の変更について準用する。

（特定事業の選定）

第六条　公共施設等の管理者等は、基本方針及び実施方針に基づき、実施することが適切であると認める特定事業を選定することができる。

（民間事業者の選定等）

第七条　公共施設等の管理者等は、前条の規定により特定事業を選定したときは、当該特定事業を実施する民間事業者を公募の方法等により選定するものとする。

2　前項の規定により選定された民間事業者は、本来同

項の公共施設等の管理者等が行う事業のうち、第十条第一項に規定する事業計画又は協定において当該民間事業者が行うこととされた公共施設等の整備等を行うことができる。

（客観的な評価）

第八条　公共施設等の管理者等は、第六条の特定事業の選定及び前条第一項の民間事業者の選定を行うに当たっては、客観的な評価（当該特定事業の効果及び効率性に関する評価を含む。）を行い、その結果を公表しなければならない。

2　公共施設等の管理者等は、前条第一項の民間事業者の選定を行うに当たっては、民間事業者の有する技術及び経営資源、その創意工夫等が十分に発揮され、低廉かつ良好なサービスが国民に対して提供されるよう、原則として価格及び国民に提供されるサービスの質その他の条件により評価を行うものとする。

（地方公共団体の議会の議決）

第九条　地方公共団体は、特定事業に係る契約でその種類及び金額について政令で定める基準に該当するものを締結する場合には、あらかじめ、議会の議決を経なければならない。

（指定管理者の指定に当たっての配慮等）

第九条の二　地方公共団体は、この法律に基づき整備される公共施設等の管理について、地方自治法（昭和二十二年法律第六十七号）第二百四十四条の二第三項の規定を適用する場合においては、同条第四項から第六項までに規定する事項について、選定事業の円滑な実施が促進されるよう適切な配慮をするとともに、同条第十一項の規定に該当する場合における選定事業の取扱いについて、あらかじめ明らかにするよう努めるものとする。

（選定事業の実施）

第十条　選定事業は、基本方針及び実施方針に基づき、公共施設等の管理者等及び選定事業者が策定した事業計画若しくは協定又は選定事業者（当該施設の管理者である場合を含む。）が策定した事業計画に従って実施されるものとする。

2　選定事業者が国又は地方公共団体の出資又は拠出に係る法人（当該法人の出資又は拠出に係る法人を含む。）である場合には、当該選定事業者の責任が不明確とならないよう特に留意して、前項の事業計画又は協定において公共施設等の管理者等との責任分担が明記されなければならない。

（国の債務負担）

第十一条　国が選定事業について債務を負担する場合には、当該債務を負担する行為により支出すべき年限は、当該会計年度以降三十箇年度以内とする。

（行政財産の貸付け）

第十一条の二　国は、必要があると認めるときは、国有財産法（昭和二十三年法律第七十三号）第十八条第一項の規定にかかわらず、選定事業の用に供するため、行政財産（同法第三条第二項に規定する行政財産をいう。次項から第五項まで及び次条第一項から第四項までにおいて同じ。）を選定事業者に貸し付けることができる。

2　前項に定めるもののほか、国は、選定事業者が一棟の建物の一部が当該選定事業に係る公共施設等である当該建物（以下この条において「特定建物」という。）の全部又は一部を所有しようとする場合において、必要があると認めるときは、国有財産法第十八条第一項の規定にかかわらず、行政財産である土地を、その用途又は目的を妨げない限度において、当該選定事業者に貸し付けることができる。

3　前二項に定めるもののほか、国は、前項の規定により行政財産である土地の貸付けを受けた者が特定建物のうち選定事業に係る公共施設等の部分以外の部分（以下この条において「特定民間施設」という。）を選定事業の終了（当該選定事業を行うため締結した契約の解除による終了を含む。以下この条及び次条において同じ。）の後においても引き続き所有しようとする場合において、必要があると認めるときは、国有財産法第十八条第一項の規定にかかわらず、当該行政財産である土地を、その用途又は目的を妨げない限度において、その者（当該選定事業を行うため締結した契約の解除による終了の場合にあっては、当該特定民間施設であった施設に係る公共施設等の管理者等が当該公共施設等の管理に関し適当と認める者に限る。第八項において同じ。）に貸し付けることができる。

4　前三項に定めるもののほか、国は、第二項の規定により行政財産である土地の貸付けを受けた選定事業者が特定民間施設を譲渡しようとする場合において、必要があると認めるときは、国有財産法第十八条第一項の規定にかかわらず、当該行政財産である土地を、その用途又は目的を妨げない限度において、当該特定民間施設を譲り受けようとする者（当該公共施設等の管理者等が当該公共施設等の管理に関し適当と認める者に限る。）に貸し付けることができる。

5　前項の規定は、第三項又は前項（この項において準用する場合を含む。）の規定により行政財産である土地の貸付けを受けた者が当該特定民間施設（特定民間施設であった施設を含む。）を譲渡しようとする場合について準用する。この場合において、前項中「当該公共施設等の管理者等」とあるのは、「当該特定民間施設に係る公共施設等の管理者等（特定民間施設であった施設を譲渡しようとする場合にあっては、当該特定民間施設であった施設に係る公共施設等の管理者等）」と読み替えるものとする。

6　地方公共団体は、必要があると認めるときは、地方自治法第二百三十八条の四第一項の規定にかかわらず、選定事業の用に供するため、行政財産（同法第二百三十八条第三項に規定する行政財産をいう。次項から第十項まで及び次条第五項から第八項までにおいて同じ。）を選定事業者に貸し付けることができる。

7　前項に定めるもののほか、地方公共団体は、選定事業者が特定建物の全部又は一部を所有しようとする場合において、必要があると認めるときは、地方自治法第二百三十八条の四第一項の規定にかかわらず、行政財産である土地を、その用途又は目的を妨げない限度において、当該選定事業者に貸し付けることができる。

8　前二項に定めるもののほか、地方公共団体は、前項の規定により行政財産である土地の貸付けを受けた者が特定民間施設を選定事業の終了の後においても引き続き所有しようとする場合において、必要があると認めるときは、地方自治法第二百三十八条の四第一項の規定にかかわらず、当該行政財産である土地を、その用途又は目的を妨げない限度において、その者に貸し付けることができる。

9　前三項に定めるもののほか、地方公共団体は、第七項の規定により行政財産である土地の貸付けを受けた選定事業者が特定民間施設を譲渡しようとする場合において、必要があると認めるときは、地方自治法第二百三十八条の四第一項の規定にかかわらず、当該行政財産である土地を、その用途又は目的を妨げない限度において、当該特定民間施設を譲り受けようとする者（当該公共施設等の管理者等が当該公共施設等の管理に関し適当と認める者に限る。）に貸し付けることができる。

10　前項の規定は、第八項又は前項（この項において準用する場合を含む。）の規定により行政財産である土地の貸付けを受けた者が当該特定民間施設（特定民間施設であった施設を含む。）を譲渡しようとする場合について準用する。この場合において、前項中「当該公共施設等の管理者等」とあるのは、「当該特定民間施設に係る公共施設等の管理者等（特定民間施設であった施設を譲渡しようとする場合にあっては、当該特定民間施設であった施設に係る公共施設等の管理者等）」と読み替えるものとする。

11　前各項の規定による貸付けについては、民法（明治二十九年法律第八十九号）第六百四条並びに借地借家法（平成三年法律第九十号）第三条及び第四条の規定は、適用しない。

12　国有財産法第二十一条及び第二十三条から第二十五条までの規定は第一項から第五項までの規定による貸付けについて、地方自治法第二百三十八条の二第二項及び第二百三十八条の五第四項から第六項までの規定は第六項から第十項までの規定による貸付けについて、それぞれ準用する。

第十一条の三　前条第一項から第五項までに定めるもののほか、国は、必要があると認めるときは、国有財産法第十八条第一項の規定にかかわらず、特定施設（第二条第一項第三号及び第四号に掲げる施設（公営住宅を除く。以下この項において「第三号及び第四号施設」という。）並びに同条第一項第五号の政令で定める施設のうち第三号及び第四号施設に準ずるものとして政令で定めるものをいう。以下この条において同じ。）の設置の事業であって、選定事業の実施に資すると認められるもの（以下この条において「特定民間事業」という。）の用に供するため、行政財産を、その用途又は目的を妨げない限度において、当該特定民間事業を行う選定事業者に貸し付けることができる。

2　前項に定めるもののほか、国は、同項の規定により行政財産の貸付けを受けた者が特定民間事業に係る特定施設を選定事業の終了の後においても引き続き所有し、又は利用しようとする場合において、必要があると認めるときは、国有財産法第十八条第一項の規定にかかわらず、当該行政財産を、その用途又は目的を妨げない限度において、その者（当該選定事業を行うため締結した契約の解除による終了の場合にあっては、当該選定事業に係る公共施設等であった施設に係る公共施設等の管理者等が当該公共施設等の管理に関し適当と認める者に限る。第六項において同じ。）に貸し付けることができる。

3　前二項に定めるもののほか、国は、第一項の規定により行政財産の貸付けを受けた選定事業者が特定民間事業に係る特定施設（特定施設を利用する権利を含む。以下この項において同じ。）を譲渡しようとする場合において、必要があると認めるときは、国有財産法第十八条第一項の規定にかかわらず、当該行政財産を、その用途又は目的を妨げない限度において、当該特定施設を譲り受けようとする者（当該選定事業に係る公共施設等の管理者等が当該公共施設等の管理に関し適当と認める者に限る。）に貸し付けることができる。

4　前項の規定は、第二項又は前項（この項において準用する場合を含む。）の規定により行政財産の貸付けを受けた者が当該特定施設（特定施設を利用する権利を含む。）を譲渡しようとする場合について準用する。この場合において、前項中「当該選定事業に係る公共施設等の管理者等」とあるのは、「当該選定事業に係る公共施設等の管理者等（当該選定事業の終了の後にあっては、当該選定事業に係る公共施設等であった施設に係る公共施設等の管理者等）」と読み替えるものとする。

5　前条第六項から第十項までに定めるもののほか、地方公共団体は、必要があると認めるときは、地方自治法第二百三十八条の四第一項の規定にかかわらず、特定民間事業の用に供するため、行政財産を、その用途又は目的を妨げない限度において、当該特定民間事業を行う選定事業者に貸し付けることができる。

6　前項に定めるもののほか、地方公共団体は、同項の規定により行政財産の貸付けを受けた者が特定民間事業に係る特定施設を選定事業の終了の後においても引き続き所有し、又は利用しようとする場合において、必要があると認めるときは、地方自治法第二百三十八条の四第一項の規定にかかわらず、当該行政財産を、その用途又は目的を妨げない限度において、その者に貸し付けることができる。

7　前二項に定めるもののほか、地方公共団体は、第五項の規定により行政財産の貸付けを受けた選定事業者が特定民間事業に係る特定施設（特定施設を利用する権利を含む。以下この項において同じ。）を譲渡しようとする場合において、必要があると認めるときは、地方自治法第二百三十八条の四第一項の規定にかかわらず、当該行政財産を、その用途又は目的を妨げない限度において、当該特定施設を譲り受けようとする者（当該選定事業に係る公共施設等の管理者等が当該公共施設等の管理に関し適当と認める者に限る。）に貸し付けることができる。

8　前項の規定は、第六項又は前項（この項において準用する場合を含む。）の規定により行政財産の貸付けを受けた者が当該特定施設（特定施設を利用する権利を含む。）を譲渡しようとする場合について準用する。この場合において、前項中「当該選定事業に係る公共施設等の管理者等」とあるのは、「当該選定事業に係る公共施設等の管理者等（当該選定事業の終了の後にあっては、当該選定事業に係る公共施設等であった施設に係る公共施設等の管理者等）」と読み替えるものとする。

9　前条第十一項及び第十二項の規定は、前各項の規定による貸付けについて準用する。この場合において、同条第十二項中「第一項から第五項まで」とあるのは「第十一条の三第一項から第四項まで」と、「第六項から第十項まで」とあるのは「第十一条の三第五項から第八項まで」と読み替えるものとする。

（国有財産の無償使用等）

第十二条　国は、必要があると認めるときは、選定事業の用に供する間、国有財産（国有財産法第二条第一項に規定する国有財産をいう。）を無償又は時価より低い対価で選定事業者に使用させることができる。

２　地方公共団体は、必要があると認めるときは、選定事業の用に供する間、公有財産（地方自治法第二百三十八条第一項に規定する公有財産をいう。）を無償又は時価より低い対価で選定事業者に使用させることができる。

（無利子貸付け）

第十三条　国は、予算の範囲内において、選定事業者に対し、選定事業のうち特に公共性が高いと認めるものに係る資金について無利子で貸付けを行うことができる。

２　国は、前項の規定により無利子で貸付けを行う場合には、株式会社日本政策投資銀行又は沖縄振興開発金融公庫その他の政府系金融機関等の審査機能又は貸付け機能を活用することができる。

（資金の確保等及び地方債についての配慮）

第十四条　国又は地方公共団体は、選定事業の実施のために必要な資金の確保若しくはその融通のあっせん又は法令の範囲内における地方債についての特別の配慮に努めるものとする。

（土地の取得等についての配慮）

第十五条　選定事業の用に供する土地等については、選定事業者が円滑に取得し、又は使用することができるよう、土地収用法（昭和二十六年法律第二百十九号）に基づく収用その他関係法令に基づく許可等の処分について適切な配慮が行われるものとする。

（支援等）

第十六条　第十一条の二から前条までに規定するもののほか、国及び地方公共団体は、特定事業の実施を促進するため、基本方針及び実施方針に照らして、必要な法制上及び税制上の措置を講ずるとともに、選定事業者に対し、必要な財政上及び金融上の支援を行うものとする。

２　前項の措置及び支援は、整備される施設の特性、事業の実施場所等に応じた柔軟かつ弾力的なものであり、かつ、地方公共団体及び公共法人の主体性が十分に発揮されるよう配慮されたものでなければならない。

（規制緩和）

第十七条　国及び地方公共団体は、特定事業の実施を促進するため、民間事業者の技術の活用及び創意工夫の十分な発揮を妨げるような規制の撤廃又は緩和を速やかに推進するものとする。

（協力）

第十八条　国及び地方公共団体並びに民間事業者は、特定事業の円滑な実施が促進されるよう、協力体制を整備すること等により相互に協力しなければならない。

（啓発活動等及び技術的援助等）

第十九条　国及び地方公共団体は、特定事業の実施について、知識の普及、情報の提供等を行うとともに、住民の理解、同意及び協力を得るための啓発活動を推進するものとする。

２　国及び地方公共団体は、特定事業の円滑かつ効率的な遂行を図るため、民間事業者に対する技術的な援助について必要な配慮をするとともに、特許等の技術の利用の調整その他民間事業者の有する技術の活用について特別の配慮をするものとする。

（担保不動産の活用等）

第二十条　選定事業者が選定事業を実施する際に不動産を取得した場合であって当該不動産が担保に供されていた場合において、当該不動産に担保権を有していた会社、当該不動産を担保として供していた会社又は当該不動産に所有権を有していた会社に損失が生じたときは、当該会社は、当該損失に相当する額を、当該事業年度の決算期において、貸借対照表の資産の部に計上し、繰延資産として整理することができる。この場合には、当該決算期から十年以内に、毎決算期に均等額以上の償却をしなければならない。

２　前項の規定の適用がある場合における会社法（平成十七年法律第八十六号）第四百六十一条第二項の規定の適用については、同項中「の合計額を減じて得た」とあるのは、「及び内閣府令で定める場合における民間資金等の活用による公共施設等の整備等の促進に関する法律第二十条第一項の規定により貸借対照表の資産の部に計上した金額中内閣府令で定める金額の合計額を減じて得た」とする。

（民間資金等活用事業推進委員会）

第二十一条　内閣府に、民間資金等活用事業推進委員会（以下「委員会」という。）を置く。

２　委員会は、この法律の規定によりその権限に属させられた事項を調査審議するほか、実施方針の策定状況、特定事業の選定状況、特定事業の客観的な評価状況その他民間資金等の活用による国の公共施設等の整備等の実施状況を調査審議する。

３　民間事業者等は、委員会に対し、民間資金等の活用による国の公共施設等の整備等に関する意見を提出することができる。

４　委員会は、前二項の場合において必要があると認めるときは、民間資金等の活用による国の公共施設等の整備等の促進及び総合調整を図るため、内閣総理大臣又は関係行政機関の長に意見を述べることができる。

５　内閣総理大臣又は関係行政機関の長は、前項の意見を受けてとった措置について、委員会に報告しなければならない。

６　委員会は、その所掌事務を遂行するため必要があると認めるときは、関係行政機関の長、関係地方公共団体の長又は関係団体に対し、資料の提出、意見の開陳、説明その他必要な協力を求めることができる。この場合において、委員会は、提出を受けた資料その他所掌事務を遂行するために収集した資料の公表に関し必要な措置を講ずるものとする。

（委員会の組織）

第二十二条　委員会は、学識経験者のうちから、内閣総理大臣が任命する委員九人で組織する。

２　専門の事項を調査審議させる必要があるときは、委員会に専門委員を置くことができる。

3　委員会に、必要に応じ、部会を置くことができる。

4　前三項に定めるもののほか、委員会の組織及び運営に関し必要な事項は、政令で定める。

（政令への委任）

第二十三条　この法律に定めるもののほか、この法律の実施のため必要な事項は、政令で定める。

附　則　抄

（施行期日）

第一条　この法律は、公布の日から起算して三月を超えない範囲内において政令で定める日から施行する。

（検討）

第二条　政府は、少なくとも三年ごとに、この法律に基づく特定事業の実施状況（民間事業者の技術の活用及び創意工夫の十分な発揮を妨げるような規制の撤廃又は緩和の状況を含む。）について検討を加え、その結果に基づいて必要な措置を講ずるものとする。

第三条　政府は、公共施設等に係る入札制度の改善の検討を踏まえつつ、民間事業者から質問又は提案を受けること等の特定選定（特定事業を実施する民間事業者の選定をいう。以下この条において同じ。）における民間事業者との対話の在り方、段階的な事業者選定の在り方、特定選定の手続における透明性及び公平性の確保その他の特定選定の在り方について検討を加え、その結果に基づいて必要な措置を講ずるものとする。

附　則（平成一九年六月一三日法律第八五号）　抄

（施行期日）

第一条　この法律は、公布の日から施行する。ただし、次の各号に掲げる規定は、当該各号に定める日から施行する。

三　附則第二十六条から第六十条まで及び第六十二条から第六十五条までの規定　平成二十年十月一日

（検討）

第六十六条　政府は、附則第一条第三号に定める日までに、電気事業会社の日本政策投資銀行からの借入金の担保に関する法律、石油の備蓄の確保等に関する法律、石油代替エネルギーの開発及び導入の促進に関する法律、民間都市開発の推進に関する特別措置法、エネルギー等の使用の合理化及び資源の有効な利用に関する事業活動の促進に関する臨時措置法、民間資金等の活用による公共施設等の整備等の促進に関する法律その他の法律（法律に基づく命令を含む。）の規定により政投銀の投融資機能が活用されている制度について、当該制度の利用者の利便にも配慮しつつ、他の事業者との対等な競争条件を確保するための措置を検討し、その検討の結果を踏まえ、所要の措置を講ずるものとする。

（会社の長期の事業資金に係る投融資機能の活用）

第六十七条　政府は、会社の長期の事業資金に係る投融資機能を附則第一条第三号に定める日以後において活用する場合には、他の事業者との間の適正な競争関係に留意しつつ、対等な競争条件を確保するための措置その他当該投融資機能の活用に必要な措置を講ずるものとする。

民間資金等の活用による公共施設等の整備等の促進に関する法律施行令

平成十一年九月二十二日政令第二百七十九号

内閣は、民間資金等の活用による公共施設等の整備等の促進に関する法律（平成十一年法律第百十七号）第九条の規定に基づき、この政令を制定する。

民間資金等の活用による公共施設等の整備等の促進に関する法律（以下「法」という。）第九条に規定する政令で定める基準は、契約の種類については、次の表の上欄に定めるものとし、その金額については、その予定価格の金額（借入れにあっては、予定賃借料の総額）が同表下欄に定める金額を下らないこととする。

㊟次の表⇩左の表

附　則　抄

（施行期日）

第一条　この政令は、法の施行の日（平成十一年九月二十四日）から施行する。

法第二条第五項に規定する選定事業者が建設する同条第一項に規定する公共施設等（地方公共団体の経営する企業で地方公営企業法（昭和二十七年法律第二百九十二号）第四十条第一項の規定の適用があるものの業務に関するものを除く。）の買入れ又は借入れ	都道府県　五〇〇、〇〇〇千円 地方自治法（昭和二十二年法律第六十七号）第二百五十二条の十九第一項に規定する指定都市（以下この表において「指定都市」という。）　三〇〇、〇〇〇 市（指定都市を除く。）　一五〇、〇〇〇 町村　五〇、〇〇〇

12 科学技術

(三) 原子力利用・安全管理

原子力基本法

昭和三十年十二月十九日法律第百八十六号
最終改正 平成一六年一二月三日法律第一五五号

第一章 総則

(目的)
第一条 この法律は、原子力の研究、開発及び利用を推進することによつて、将来におけるエネルギー資源を確保し、学術の進歩と産業の振興とを図り、もつて人類社会の福祉と国民生活の水準向上とに寄与することを目的とする。

(基本方針)
第二条 原子力の研究、開発及び利用は、平和の目的に限り、安全の確保を旨として、民主的な運営の下に、自主的にこれを行うものとし、その成果を公開し、進んで国際協力に資するものとする。

(定義)
第三条 この法律において次に掲げる用語は、次の定義に従うものとする。
一 「原子力」とは、原子核変換の過程において原子核から放出されるすべての種類のエネルギーをいう。
二 「核燃料物質」とは、ウラン、トリウム等原子核分裂の過程において高エネルギーを放出する物質であつて、政令で定めるものをいう。
三 「核原料物質」とは、ウラン鉱、トリウム鉱その他核燃料物質の原料となる物質であつて、政令で定めるものをいう。
四 「原子炉」とは、核燃料物質を燃料として使用する装置をいう。ただし、政令で定めるものを除く。
五 「放射線」とは、電磁波又は粒子線のうち、直接又は間接に空気を電離する能力をもつもので、政令で定めるものをいう。

第二章 原子力委員会及び原子力安全委員会

(設置)
第四条 原子力の研究、開発及び利用に関する国の施策を計画的に遂行し、原子力行政の民主的な運営を図るため、内閣府に原子力委員会及び原子力安全委員会を置く。

(任務)
第五条 原子力委員会は、原子力の研究、開発及び利用に関する事項(安全の確保のための規制の実施に関する事項を除く。)について企画し、審議し、及び決定する。
2 原子力安全委員会は、原子力の研究、開発及び利用に関する事項のうち、安全の確保に関する事項について企画し、審議し、及び決定する。

(組織、運営及び権限)
第六条 原子力委員会及び原子力安全委員会の組織、運営及び権限については、別に法律で定める。

第三章 原子力の開発機関

(独立行政法人日本原子力研究開発機構)
第七条 原子力に関する基礎的研究及び応用の研究並びに核燃料サイクルを確立するための高速増殖炉及びこれに必要な核燃料物質の開発並びに核燃料物質の再処理等に関する技術の開発並びにこれらの成果の普及等は、第二条に規定する基本方針に基づき、独立行政法人日本原子力研究開発機構において行うものとする。

第四章 原子力に関する鉱物の開発取得

(鉱業法の特例)
第八条 核原料物質に関する鉱業権又は租鉱権に関しては、別に法律をもつて、鉱業法(昭和二十五年法律第二百八十九号)の特例を定めるものとする。

(買取命令及び譲渡命令)
第九条 政府は、別に法律で定めるところにより、その指定する者に対し、核原料物質を買い取るべきことを命じ、又は核原料物質の生産者又は所有者若しくは管理者に対し、政府の指定する者に核原料物質を譲渡すべきことを命ずることができる。

(核原料物質の管理)
第十条 核原料物質の輸入、輸出、譲渡、譲受及び精錬は、別に法律で定めるところにより、政府の指定する者に限つてこれを行わしめるものとする。

(奨励金等)
第十一条 政府は、核原料物質の開発に寄与する者に対し、予算の範囲内において奨励金又は賞金を交付することができる。

第五章 核燃料物質の管理

(核燃料物質に関する規制)
第十二条 核燃料物質を生産し、輸入し、輸出し、所有し、所持し、譲渡し、譲り受け、使用し、又は輸送しようとする者は、別に法律で定めるところにより政府の行う規制に従わなければならない。

(核燃料物質の譲渡命令)
第十三条 政府は、前条に規定する規制を行う場合において、別に法律で定めるところにより、核燃料物質を所有し、又は所持する者に対し、譲渡先及び価格を指示してこれを譲渡すべきことを命ずることができる。

第六章　原子炉の管理

（原子炉の建設等の規制）

第十四条　原子炉を建設しようとする者は、別に法律で定めるところにより政府の行う規制に従わなければならない。これを改造し、又は移動しようとする者も、同様とする。

第十五条　原子炉を譲渡し、又は譲り受けようとする者は、別に法律で定めるところにより政府の行う規制に従わなければならない。

第十六条　前二条に規定する規制に従つて原子炉を建設し、改造し、移動し、又は譲り受けた者は、別に法律で定めるところにより、操作開始前に運転計画を定めて、政府の認可を受けなければならない。

第七章　特許発明等に対する措置

（特許法による措置）

第十七条　政府は、原子力に関する特許発明につき、公益上必要があると認めるときは、特許法（昭和三十四年法律第百二十一号）第九十三条の規定により措置するものとする。

（譲渡制限）

第十八条　原子力に関する特許発明、技術等の国外流出に係る契約の締結は、別に法律で定めるところにより政府の行う規制に従わなければならない。

（奨励金等）

第十九条　政府は、原子力に関する特許出願に係る発明又は特許発明に関し、予算の範囲内において奨励金又は賞金を交付することができる。

第八章　放射線による障害の防止

（放射線による障害の防止措置）

第二十条　放射線による障害を防止し、公共の安全を確保するため、放射性物質及び放射線発生装置に係る製造、販売、使用、測定等に対する規制その他保安及び保健上の措置に関しては、別に法律で定める。

第九章　補償

（補償）

第二十一条　政府又は政府の指定する者は、この法律及びこの法律を施行する法律に基き、核原料物質の開発のためその権限を行う場合において、土地に関する権利、鉱業権又は租鉱権その他の権利に関し、権利者及び関係人に損失を与えた場合においては、それぞれ法律で定めるところにより、正当な補償を行わなければならない。

附　則

この法律は、昭和三十一年一月一日から施行する。

附　則（平成一六年一二月三日法律第一五五号）抄

（施行期日）

第一条　この法律は、公布の日から施行する。ただし、附則第十条から第十二条まで、第十四条から第十七条まで、第十八条第一項及び第三項並びに第十九条から第三十二条までの規定は、平成十七年十月一日から施行する。

核原料物質、核燃料物質及び原子炉の規制に関する法律

昭和三十二年六月十日法律第百六十六号
最終改正　平成二一年七月三日法律第六九号

第一章　総則

（目的）

第一条　この法律は、原子力基本法（昭和三十年法律第百八十六号）の精神にのつとり、核原料物質、核燃料物質及び原子炉の利用が平和の目的に限られ、かつ、これらの利用が計画的に行われることを確保するとともに、これらによる災害を防止し、及び核燃料物質を防護して、公共の安全を図るために、製錬、加工、貯蔵、再処理及び廃棄の事業並びに原子炉の設置及び運転等に関する必要な規制を行うほか、原子力の研究、開発及び利用に関する条約その他の国際約束を実施するために、国際規制物資の使用等に関する必要な規制を行うことを目的とする。

（定義）

第二条　この法律において「原子力」とは、原子力基本法第三条第一号に規定する原子力をいう。

2　この法律において「核燃料物質」とは、原子力基本法第三条第二号に規定する核燃料物質をいう。

3　この法律において「核原料物質」とは、原子力基本法第三条第三号に規定する核原料物質をいう。

4　この法律において「原子炉」とは、原子力基本法第三条第四号に規定する原子炉をいう。

5　この法律において「特定核燃料物質」とは、プルトニウム（プルトニウム二三八の同位体濃度が百分の八十を超えるものを除く。）、ウラン二三三、ウラン二三五のウラン二三八に対する比率が天然の混合率を

超えるウランその他の政令で定める核燃料物質をいう。

6　この法律において「製錬」とは、核原料物質又は核燃料物質に含まれるウラン又はトリウムの比率を高めるために、核原料物質又は核燃料物質を化学的方法により処理することをいう。

7　この法律において「加工」とは、核燃料物質を原子炉に燃料として使用できる形状又は組成とするために、これを物理的又は化学的方法により処理することをいう。

8　この法律において「再処理」とは、原子炉に燃料として使用した核燃料物質その他原子核分裂をさせた核燃料物質（以下「使用済燃料」という。）から核燃料物質その他の有用物質を分離するために、使用済燃料を化学的方法により処理することをいう。

9　この法律において「国際規制物資」とは、核兵器の不拡散に関する条約第三条1及び4の規定の実施に関する日本国政府と国際原子力機関との間の協定（以下「保障措置協定」という。）その他日本国政府と一の外国政府（国際機関を含む。）との間の原子力の研究、開発及び利用に関する国際約束（核兵器の不拡散に関する条約第三条1及び4の規定の実施に関する日本国政府と国際原子力機関との間の協定の追加議定書（以下単に「追加議定書」という。）を除く。以下単に「国際約束」という。）に基づく保障措置の適用その他の規制を受ける核原料物質、核燃料物質、原子炉その他の資材又は設備をいう。

10　前項の国際規制物資は、文部科学大臣が告示する。

11　この法律において「国際特定活動」とは、追加議定書附属書Ⅰに掲げる活動をいう。

第二章　製錬の事業に関する規制

（事業の指定）

第三条　製錬の事業を行おうとする者は、政令で定めるところにより、経済産業大臣の指定を受けなければならない。

2　前項の指定を受けようとする者は、次の事項を記載した申請書を経済産業大臣に提出しなければならない。

一　氏名又は名称及び住所並びに法人にあつては、その代表者の氏名

二　製錬設備及びその附属施設（以下「製錬施設」という。）を設置する工場又は事業所の名称及び所在地

三　製錬施設の位置、構造及び設備並びに製錬の方法

四　製錬施設の工事計画

（指定の基準）

第四条　経済産業大臣は、前条第一項の指定の申請があつた場合においては、その申請が次の各号に適合していると認めるときでなければ、同項の指定をしてはならない。

一　その指定をすることによつて原子力の開発及び利用の計画的な遂行に支障を及ぼすおそれがないこと。

二　その事業を適確に遂行するに足りる技術的能力及び経理的基礎があること。

三　製錬施設の位置、構造及び設備が核原料物質又は核燃料物質による災害の防止上支障がないものであること。

2　経済産業大臣は、前条第一項の指定をする場合においては、あらかじめ、前項第一号及び第二号（経理的基礎に係る部分に限る。）に規定する基準の適用については原子力委員会、同項第二号（技術的能力に係る部分に限る。）及び第三号に規定する基準の適用については原子力安全委員会の意見を聴かなければならない。

（指定の欠格条項）

第五条　次の各号のいずれかに該当する者には、第三条第一項の指定を与えない。

一　第十条第二項の規定により第三条第一項の指定を取り消され、取消しの日から二年を経過していない者

二　この法律又はこの法律に基づく命令の規定に違反し、罰金以上の刑に処せられ、その執行を終わり、又は執行を受けることのなくなつた後、二年を経過していない者

三　成年被後見人

四　法人であつて、その業務を行う役員のうちに前三号のいずれかに該当する者のあるもの

（変更の許可及び届出）

第六条　第三条第一項の指定を受けた者（以下「製錬事業者」という。）は、同条第二項第二号又は第三号に掲げる事項を変更しようとするときは、政令で定めるところにより、経済産業大臣の許可を受けなければならない。ただし、同項第二号に掲げる事項のうち工場又は事業所の名称のみを変更しようとするときは、この限りでない。

2　製錬事業者は、第九条第一項に規定する場合を除き、第三条第二項第一号又は第四号に掲げる事項を変更したときは、変更の日から三十日以内に、その旨を経済産業大臣に届け出なければならない。同項第二号に掲げる事項のうち工場又は事業所の名称のみを変更したときも、同様とする。

3　第四条の規定は、第一項の許可に準用する。

（事業開始等の届出）

第七条　製錬事業者は、その事業を開始し、休止し、又は再開したときは、それぞれその日から十五日以内に、その旨を経済産業大臣に届け出なければならない。

（合併）

第八条　製錬事業者である法人の合併の場合（製錬事業者である法人と製錬事業者でない法人が合併する場合において、製錬事業者である法人が存続するときを除く。）において当該合併について経済産業大臣の認可を受けたときは、合併後存続する法人又は合併により設立された法人は、製錬事業者の地位を承継する。

2　第四条第一項第一号及び第二号並びに第二項並びに第五条の規定は、前項の認可に準用する。

（相続）

第九条　製錬事業者について相続があつたときは、相続人は、製錬事業者の地位を承継する。

2　前項の規定により製錬事業者の地位を承継した相続人は、相続の日から三十日以内に、その事実を証する書面を添えて、その旨を経済産業大臣に届け出なけれ

ばならない。

（指定の取消し等）

第十条　経済産業大臣は、製錬事業者が正当な理由がないのに、経済産業省令で定める期間内にその事業を開始せず、又は引き続き一年以上その事業を休止したときは、第三条第一項の指定を取り消すことができる。

2　経済産業大臣は、製錬事業者が次の各号のいずれかに該当するときは、第三条第一項の指定を取り消し、又は一年以内の期間を定めてその事業の停止を命ずることができる。

一　第五条第二号から第四号までのいずれかに該当するに至つたとき。
二　第六条第一項の規定により許可を受けなければならない事項を許可を受けないでしたとき。
三　第十一条の二第二項の規定による命令に違反したとき。
四　第十二条第一項若しくは第四項の規定に違反し、又は同条第三項の規定による命令に違反したとき。
五　第十二条の二第一項若しくは第四項の規定に違反し、又は同条第三項の規定による命令に違反したとき。
六　第十二条の三第一項の規定に違反したとき。
七　第十二条の五の規定による命令に違反したとき。
八　第十二条の六第一項の規定に違反して製錬の事業を廃止したとき。
九　第十二条の六第二項の規定に違反したとき。
十　第五十八条第二項の規定に違反し、又は同条第三項の規定による命令に違反したとき。
十一　第五十九条第二項の規定に違反し、又は同条第四項の規定による命令に違反したとき。
十二　第五十九条の二第二項の規定に違反したとき。
十三　第六十二条の二第一項又は第二項の条件に違反したとき。

（記録）

第十一条　製錬事業者は、経済産業省令で定めるところにより、製錬の事業の実施に関し経済産業省令で定める事項を記録し、これをその工場又は事業所に備えて置かなければならない。

（特定核燃料物質の防護のために講ずべき措置等）

第十一条の二　製錬事業者は、製錬施設を設置した工場又は事業所において特定核燃料物質を取り扱う場合で政令で定める場合には、経済産業省令で定めるところにより、特定核燃料物質の防護のための区域の設定及び管理、施錠等による特定核燃料物質の管理、特定核燃料物質の防護上必要な設備及び装置の整備及び点検その他の特定核燃料物質の防護のために必要な措置（以下「防護措置」という。）を講じなければならない。

2　経済産業大臣は、防護措置が前項の規定に基づく経済産業省令の規定に違反していると認めるときは、製錬事業者に対し、特定核燃料物質の防護のための区域に係る措置の是正、特定核燃料物質の取扱方法の是正その他特定核燃料物質の防護のために必要な措置（以下「是正措置等」という。）を命ずることができる。

（保安規定）

第十二条　製錬事業者は、核燃料物質に係る製錬の事業を行う場合においては、経済産業省令で定めるところにより、保安規定（核燃料物質の取扱いに関する保安教育についての規定を含む。以下この条において同じ。）を定め、事業開始前に、経済産業大臣の認可を受けなければならない。これを変更しようとするときも、同様とする。

2　経済産業大臣は、保安規定が核燃料物質による災害の防止上十分でないと認めるときは、前項の認可をしてはならない。

3　経済産業大臣は、核燃料物質による災害の防止のため必要があると認めるときは、製錬事業者に対し、保安規定の変更を命ずることができる。

4　製錬事業者及びその従業者は、保安規定を守らなければならない。

5　製錬事業者は、経済産業省令で定めるところにより、前項の規定の遵守の状況について、経済産業大臣が定期に行う検査を受けなければならない。

6　前項の検査に当たつては、経済産業大臣の指定するその職員は、次に掲げる事項であつて経済産業省令で定めるものを行うことができる。

一　事務所又は工場若しくは事業所への立入り
二　帳簿、書類その他必要な物件の検査
三　関係者に対する質問
四　核原料物質、核燃料物質その他の必要な試料の提出（試験のため必要な最小限度の量に限る。）をさせること。

7　前項第一号の規定により職員が立ち入るときは、その身分を示す証明書を携帯し、かつ、関係者の請求があるときは、これを提示しなければならない。

8　第六項の規定による権限は、犯罪捜査のために認められたものと解してはならない。

（核物質防護規定）

第十二条の二　製錬事業者は、第十一条の二第一項に規定する場合には、経済産業省令で定めるところにより、核物質防護規定を定め、特定核燃料物質の取扱いを開始する前に、経済産業大臣の認可を受けなければならない。これを変更しようとするときも、同様とする。

2　経済産業大臣は、核物質防護規定が特定核燃料物質の防護上十分でないと認めるときは、前項の認可をしてはならない。

3　経済産業大臣は、特定核燃料物質の防護のため必要があると認めるときは、製錬事業者に対し、核物質防護規定の変更を命ずることができる。

4　製錬事業者及びその従業者は、核物質防護規定を守らなければならない。

5　製錬事業者は、経済産業省令で定めるところにより、前項の規定の遵守の状況について、経済産業大臣が定期に行う検査を受けなければならない。

6　前項の検査に当たつては、経済産業大臣の指定するその職員は、次に掲げる事項であつて経済産業省令で定めるものを行うことができる。

一　事務所又は工場若しくは事業所への立入り
二　帳簿、書類その他必要な物件の検査
三　関係者に対する質問
四　特定核燃料物質その他の必要な試料の提出（試験のため必要な最小限度の量に限る。）をさせること。

7　前項第一号の規定により職員が立ち入るときは、その身分を示す証明書を携帯し、かつ、関係者の請求があるときは、これを提示しなければならない。

8　第六項の規定による権限は、犯罪捜査のために認められたものと解してはならない。

（核物質防護管理者）

第十二条の三　製錬事業者は、第十一条の二第一項に規定する場合には、特定核燃料物質の防護に関する業務を統一的に管理させるため、経済産業省令で定めるところにより、特定核燃料物質の取扱い等の知識等について経済産業省令で定める要件を備える者のうちから、核物質防護管理者を選任しなければならない。

2　製錬事業者は、前項の規定により核物質防護管理者を選任したときは、選任した日から三十日以内に、その旨を経済産業大臣に届け出なければならない。これを解任したときも、同様とする。

（核物質防護管理者の義務等）

第十二条の四　核物質防護管理者は、誠実にその職務を遂行しなければならない。

2　製錬施設に立ち入る者は、核物質防護管理者がこの法律若しくはこの法律に基づく命令又は核物質防護規定の実施を確保するためにする指示に従わなければならない。

（核物質防護管理者の解任命令）

第十二条の五　経済産業大臣は、核物質防護管理者がこの法律又はこの法律に基づく命令の規定に違反したときは、製錬事業者に対し、核物質防護管理者の解任を命ずることができる。

（事業の廃止に伴う措置）

第十二条の六　製錬事業者は、その事業を廃止しようとするときは、製錬施設の解体、その保有する核燃料物質の譲渡し、核燃料物質による汚染の除去、核燃料物質によつて汚染された物の廃棄その他の経済産業省令で定める措置（以下この条及び次条において「廃止措置」という。）を講じなければならない。

2　製錬事業者は、廃止措置を講じようとするときは、あらかじめ、経済産業省令で定めるところにより、当該廃止措置に関する計画（以下この条及び次条において「廃止措置計画」という。）を定め、経済産業大臣の認可を受けなければならない。

3　製錬事業者は、前項の認可を受けた廃止措置計画を変更しようとするときは、経済産業省令で定めるところにより、経済産業大臣の認可を受けなければならない。ただし、経済産業省令で定める軽微な変更をしようとするときは、この限りでない。

4　経済産業大臣は、前二項の認可の申請に係る廃止措置計画が経済産業省令で定める基準に適合していると認めるときは、前二項の認可をしなければならない。

5　製錬事業者は、第二項の認可を受けた廃止措置計画について第三項ただし書の経済産業省令で定める軽微な変更をしたときは、その旨を経済産業大臣に届け出なければならない。

6　製錬事業者は、第二項の認可を受けた廃止措置計画（第三項又は前項の規定による変更の認可又は届出があつたときは、その変更後のもの）に従つて廃止措置を講じなければならない。

7　経済産業大臣は、前項の規定に違反して廃止措置を講じた製錬事業者に対し、核燃料物質又は核燃料物質によつて汚染された物による災害を防止するために必要な措置を命ずることができる。

8　製錬事業者は、廃止措置が終了したときは、その結果が経済産業省令で定める基準に適合していることについて、経済産業大臣の確認を受けなければならない。

9　製錬事業者が前項の規定による確認を受けたときは、第三条第一項の指定は、その効力を失う。

（指定の取消し等に伴う措置）

第十二条の七　製錬事業者が第十条の規定により指定を取り消されたとき、又は製錬事業者が解散し、若しくは死亡した場合において、第八条第一項若しくは第九条第一項の規定による承継がなかつたときは、旧製錬事業者等（第十条の規定により指定を取り消された製錬事業者又は製錬事業者が解散し、若しくは死亡した場合において、第八条第一項若しくは第九条第一項の規定による承継がなかつたときの清算人若しくは破産管財人若しくは相続人に代わつて相続財産を管理する者をいう。以下同じ。）は、第十一条から第十二条の五までの規定（これらの規定に係る罰則を含む。）の適用については、第九項の規定による確認を受けるまでの間は、なお製錬事業者とみなす。

2　旧製錬事業者等は、経済産業省令で定めるところにより、廃止措置計画を定め、第十条の規定により製錬事業者としての指定を取り消された日又は製錬事業者の解散若しくは死亡の日から経済産業省令で定める期間内に経済産業大臣に認可の申請をしなければならない。

3　旧製錬事業者等は、前項の認可を受けるまでの間は、廃止措置を講じてはならない。

4　旧製錬事業者等は、第二項の認可を受けた廃止措置計画を変更しようとするときは、経済産業省令で定めるところにより、経済産業大臣の認可を受けなければならない。ただし、経済産業省令で定める軽微な変更をしようとするときは、この限りでない。

5　経済産業大臣は、第二項及び前項の認可の申請に係る廃止措置計画が前条第四項の経済産業省令で定める基準に適合していると認めるときは、第二項及び前項の認可をしなければならない。

6　旧製錬事業者等は、第二項の認可を受けた廃止措置計画について第四項ただし書の経済産業省令で定める軽微な変更をしたときは、その旨を経済産業大臣に届け出なければならない。

7　旧製錬事業者等は、第二項の認可を受けた廃止措置計画（第四項又は前項の規定による変更の認可又は届出があつたときは、その変更後のもの）に従つて廃止措置を講じなければならない。

8　経済産業大臣は、前項の規定に違反して廃止措置を講じた旧製錬事業者等に対し、核燃料物質又は核燃料物質によつて汚染された物による災害を防止するために必要な措置を命ずることができる。

9　旧製錬事業者等は、廃止措置が終了したときは、その結果が前条第八項の経済産業省令で定める基準に適合していることについて、経済産業大臣の確認を受けなければならない。

第三章　加工の事業に関する規制

（事業の許可）

第十三条　加工の事業を行なおうとする者は、政令で定めるところにより、経済産業大臣の許可を受けなければならない。

2　前項の許可を受けようとする者は、次の事項を記載した申請書を経済産業大臣に提出しなければならない。

一　氏名又は名称及び住所並びに法人にあつては、その代表者の氏名

二　加工設備及びその附属施設（以下「加工施設」という。）を設置する工場又は事業所の名称及び所在地

三　加工施設の位置、構造及び設備並びに加工の方法

四　加工施設の工事計画

（許可の基準）

第十四条　経済産業大臣は、前条第一項の許可の申請があつた場合においては、その申請が次の各号に適合していると認めるときでなければ、同項の許可をしてはならない。

一　その許可をすることによつて加工の能力が著しく過大にならないこと。

二　その事業を適確に遂行するに足りる技術的能力及び経理的基礎があること。

三　加工施設の位置、構造及び設備が核燃料物質による災害の防止上支障がないものであること。

2　経済産業大臣は、前条第一項の許可をする場合においては、あらかじめ、前項第一号及び第二号（経理的基礎に係る部分に限る。）に規定する基準の適用については原子力委員会、同項第二号（技術的能力に係る部分に限る。）及び第三号に規定する基準の適用については原子力安全委員会の意見を聴かなければならない。

（許可の欠格条項）

第十五条　次の各号のいずれかに該当する者には、第十三条第一項の許可を与えない。

一　第二十条第二項の規定により第十三条第一項の許可を取り消され、取消しの日から二年を経過していない者

二　この法律又はこの法律に基づく命令の規定に違反し、罰金以上の刑に処せられ、その執行を終わり、又は執行を受けることのなくなつた後、二年を経過していない者

三　成年被後見人

四　法人であつて、その業務を行う役員のうちに前三号のいずれかに該当する者のあるもの

（変更の許可及び届出）

第十六条　第十三条第一項の許可を受けた者（以下「加工事業者」という。）は、同条第二項第二号又は第三号に掲げる事項を変更しようとするときは、政令で定めるところにより、経済産業大臣の許可を受けなければならない。ただし、同項第二号に掲げる事項のうち工場又は事業所の名称のみを変更しようとするときは、この限りでない。

2　加工事業者は、第十九条第一項に規定する場合を除き、第十三条第二項第一号又は第四号に掲げる事項を変更したときは、変更の日から三十日以内に、その旨を経済産業大臣に届け出なければならない。同項第二号に掲げる事項のうち工場又は事業所の名称のみを変更したときも、同様とする。

3　第十四条の規定は、第一項の許可に準用する。

（設計及び工事の方法の認可）

第十六条の二　加工事業者は、経済産業省令で定めるところにより、加工施設の工事に着手する前に、加工施設に関する設計及び工事の方法（第十六条の四第一項に規定する加工施設であつて溶接をするものに関する溶接の方法を除く。以下この条において同じ。）について経済産業大臣の認可を受けなければならない。加工施設を変更する場合における当該加工施設についても、同様とする。

2　加工事業者は、前項の認可を受けた加工施設に関する設計及び工事の方法を変更しようとするときは、経済産業省令で定めるところにより、経済産業大臣の認可を受けなければならない。ただし、その変更が経済産業省令で定める軽微なものであるときは、この限りでない。

3　経済産業大臣は、前二項の認可の申請に係る設計及び工事の方法が次の各号に適合していると認めるときは、前二項の認可をしなければならない。

一　第十三条第一項の許可を受けたところ又は同条第二項の規定により届け出たところによるものであること。

二　経済産業省令で定める技術上の基準に適合するものであること。

4　加工事業者は、第一項の認可を受けた加工施設に関する設計及び工事の方法について第二項ただし書の経済産業省令で定める軽微な変更をしたときは、その旨を経済産業大臣に届け出なければならない。

（使用前検査）

第十六条の三　加工事業者は、経済産業省令で定めるところにより、加工施設の工事（次条第一項に規定する加工施設であつて溶接をするものの溶接を除く。次項において同じ。）及び性能について経済産業大臣の検査を受け、これに合格した後でなければ、加工施設を使用してはならない。加工施設を変更する場合における当該加工施設についても、同様とする。

2　前項の検査においては、加工施設が次の各号に適合しているときは、合格とする。

一　その工事が前条第一項の認可を受けた設計及び方法（同条第二項又は第四項の規定による変更の認可又は届出があつたときは、その変更後のもの）に従つて行われていること。

二　その性能が経済産業省令で定める技術上の基準に適合するものであること。

3　経済産業大臣は、第一項の検査に関する事務の一部を、経済産業省令で定めるところにより、独立行政法人原子力安全基盤機構（以下「機構」という。）に行わせるものとする。

4　機構は、前項の規定により検査に関する事務の一部を行つたときは、遅滞なく、その結果を経済産業省令で定めるところにより、経済産業大臣に通知しなければならない。

（溶接の方法及び検査）

第十六条の四　六ふつ化ウランの加熱容器その他の経済産業省令で定める加工施設であつて溶接をするものについては、経済産業省令で定めるところにより、その溶接につき経済産業大臣の検査を受け、これに合格した後でなければ、加工事業者は、これを使用してはならない。ただし、第四項に定める場合及び経済産業省令で定める場合は、この限りでない。

2　前項の検査を受けようとする者は、経済産業省令で定めるところにより、その溶接の方法について経済産業大臣の認可を受けなければならない。

3　第一項の検査においては、その溶接が次の各号に適合しているときは、合格とする。

一　前項の認可を受けた方法に従つて行われていること。

二　経済産業省令で定める技術上の基準に適合するものであること。

4　溶接をした第一項に規定する加工施設であつて輸入したものについては、経済産業省令で定めるところにより、その溶接につき経済産業大臣の検査を受け、これに合格した後でなければ、加工事業者は、これを使用してはならない。

5　前項の検査においては、その溶接が第三項第二号の技術上の基準に適合しているときは、合格とする。

（施設定期検査）

第十六条の五　加工事業者は、経済産業省令で定めるところにより、加工施設のうち政令で定めるものの性能について、経済産業大臣が毎年一回定期に行う検査を受けなければならない。ただし、第二十二条の八第二項の認可を受けた場合（経済産業省令で定める場合を除く。）は、この限りでない。

2　前項の検査は、その加工施設の性能が経済産業省令で定める技術上の基準に適合しているかどうかについて行う。

3　経済産業大臣は、第一項の検査に関する事務の一部を、経済産業省令で定めるところにより、機構に行わせるものとする。

4　機構は、前項の規定により検査に関する事務の一部を行つたときは、経済産業省令で定めるところにより、遅滞なく、その結果を経済産業大臣に通知しなければならない。

（事業開始等の届出）

第十七条　加工事業者は、その事業を開始し、休止し、又は再開したときは、それぞれその日から十五日以内に、その旨を経済産業大臣に届け出なければならない。

（合併）

第十八条　加工事業者である法人の合併の場合（加工事業者である法人と加工事業者でない法人が合併する場合において、加工事業者である法人が存続するときを除く。）において当該合併について経済産業大臣の認可を受けたときは、合併後存続する法人又は合併により設立された法人は、加工事業者の地位を承継する。

2　第十四条第一項第二号及び第二項並びに第十五条の規定は、前項の認可に準用する。

（相続）

第十九条　加工事業者について相続があつたときは、相続人は、加工事業者の地位を承継する。

2　前項の規定により加工事業者の地位を承継した相続人は、相続の日から三十日以内に、その事実を証する書面を添えて、その旨を経済産業大臣に届け出なければならない。

（許可の取消し等）

第二十条　経済産業大臣は、加工事業者が正当な理由がないのに、経済産業省令で定める期間内にその事業を開始せず、又は引き続き一年以上その事業を休止したときは、第十三条第一項の許可を取り消すことができる。

2　経済産業大臣は、加工事業者が次の各号のいずれかに該当するときは、第十三条第一項の許可を取り消し、又は一年以内の期間を定めてその事業の停止を命ずることができる。

一　第十五条第二号から第四号までのいずれかに該当するに至つたとき。

二　第十六条第一項の規定により許可を受けなければならない事項を許可を受けないでしたとき。

三　第二十一条の三の規定による命令に違反したとき。

四　第二十二条第一項若しくは第四項の規定に違反し、又は同条第三項の規定による命令に違反したとき。

五　第二十二条の五の規定による命令に違反したとき。

六　第二十二条の六第一項の規定に違反したとき。

七　第二十二条の六第二項において準用する第十二条の二第三項の規定による命令に違反したとき。

八　第二十二条の六第二項において準用する第十二条の二第四項の規定に違反したとき。

九　第二十二条の七第一項の規定に違反したとき。

十　第二十二条の七第二項において準用する第十二条の五の規定による命令に違反したとき。

十一　第二十二条の八第一項の規定に違反して加工の事業を廃止したとき。

十二　第二十二条の八第二項の規定に違反したとき。

十三　第五十八条第二項の規定に違反し、又は同条第三項の規定による命令に違反したとき。

十四　第五十九条第二項の規定に違反し、又は同条第四項の規定による命令に違反したとき。

十五　第五十九条の二第二項の規定に違反したとき。

十六　第六十一条の八第一項若しくは第四項の規定に違反し、又は同条第三項の規定による命令に違反したとき。

十七　第六十二条の二第一項又は第二項の条件に違反したとき。

十八　原子力損害の賠償に関する法律（昭和三十六年法律第百四十七号）第六条の規定に違反したとき。

十九　原子力災害対策特別措置法（平成十一年法律第百五十六号）第七条第四項、第八条第五項、第九条第七項又は第十一条第六項の規定による命令に違反したとき。

（記録）

第二十一条　加工事業者は、経済産業省令で定めるところにより、加工の事業の実施に関し経済産業省令で定める事項を記録し、これをその工場又は事業所に備えて置かなければならない。

（保安及び特定核燃料物質の防護のために講ずべき措置）

第二十一条の二　加工事業者は、次の事項について、経済産業省令で定めるところにより、保安のために必要な措置を講じなければならない。

一　加工施設の保全

二　加工設備の操作

三　核燃料物質又は核燃料物質によつて汚染された物の運搬、貯蔵又は廃棄（運搬及び廃棄にあつては、加工施設を設置した工場又は事業所内の運搬又は廃棄に限る。次条において同じ。）

2　加工事業者は、加工施設を設置した工場又は事業所において特定核燃料物質を取り扱う場合で政令で定める場合には、経済産業省令で定めるところにより、防護措置を講じなければならない。

（施設の使用の停止等）

第二十一条の三　経済産業大臣は、加工施設の性能が第十六条の五第二項の技術上の基準に適合していないと認めるとき、又は加工施設の保全若しくは加工設備の操作若しくは核燃料物質若しくは核燃料物質によつて汚染された物の運搬、貯蔵若しくは廃棄に関する措置が前条第一項の規定に基づく経済産業省令の規定に違反していると認めるときは、加工事業者に対し、加工施設の使用の停止、改造、修理又は移転、加工設備の操作の方法の指定その他保安のために必要な措置を命ずることができる。

2　経済産業大臣は、防護措置が前条第二項の規定に基づく経済産業省令の規定に違反していると認めるときは、加工事業者に対し、是正措置等を命ずることができる。

（保安規定）

第二十二条　加工事業者は、経済産業省令で定めるところにより、保安規定（核燃料物質の取扱いに関する保安教育についての規定を含む。以下この条において同じ。）を定め、事業開始前に、経済産業大臣の認可を受けなければならない。これを変更しようとするときも、同様とする。

2　経済産業大臣は、保安規定が核燃料物質による災害の防止上十分でないと認めるときは、前項の認可をしてはならない。

3　経済産業大臣は、核燃料物質による災害の防止のため必要があると認めるときは、加工事業者に対し、保安規定の変更を命ずることができる。

4　加工事業者及びその従業者は、保安規定を守らなければならない。

5　加工事業者は、経済産業省令で定めるところにより、前項の規定の遵守の状況について、経済産業大臣が定期に行う検査を受けなければならない。

6　第十二条第六項から第八項までの規定は、前項の検査について準用する。この場合において、同条第六項中「前項」とあるのは、「第二十二条第五項」と読み替えるものとする。

（核燃料取扱主任者）

第二十二条の二　加工事業者は、核燃料物質の取扱いに関して保安の監督を行なわせるため、経済産業省令で定めるところにより、次条第一項の核燃料取扱主任者免状を有する者のうちから、核燃料取扱主任者を選任しなければならない。

2　加工事業者は、前項の規定により核燃料取扱主任者を選任したときは、選任した日から三十日以内に、その旨を経済産業大臣に届け出なければならない。これを解任したときも、同様とする。

（核燃料取扱主任者免状）

第二十二条の三　経済産業大臣は、次の各号の一に該当する者に対し、核燃料取扱主任者免状を交付する。

一　経済産業大臣の行なう核燃料取扱主任者試験に合格した者

二　経済産業大臣が、政令で定めるところにより、核燃料物質の取扱いに関し前号に掲げる者と同等以上の学識及び経験を有すると認める者

2　経済産業大臣は、次の各号の一に該当する者に対しては、核燃料取扱主任者免状の交付を行なわないことができる。

一　次項の規定により核燃料取扱主任者免状の返納を命ぜられ、その日から一年を経過していない者

二　この法律又はこの法律に基づく命令の規定に違反し、罰金以上の刑に処せられ、その執行を終わり、又は執行を受けることがなくなつた後、二年を経過していない者

3　経済産業大臣は、核燃料取扱主任者免状の交付を受けた者がこの法律又はこの法律に基づく命令の規定に違反したときは、その核燃料取扱主任者免状の返納を命ずることができる。

4　第一項第一号の核燃料取扱主任者試験の課目、受験手続その他核燃料取扱主任者試験の実施細目並びに核燃料取扱主任者免状の交付及び返納に関する手続は、経済産業省令で定める。

（核燃料取扱主任者の義務等）

第二十二条の四　核燃料取扱主任者は、加工の事業における核燃料物質の取扱いに関し、誠実にその職務を遂行しなければならない。

2　加工の事業において核燃料物質の取扱いに従事する者は、核燃料取扱主任者がその取扱いに関して保安のためにする指示に従わなければならない。

（核燃料取扱主任者の解任命令）

第二十二条の五　経済産業大臣は、核燃料取扱主任者がこの法律又はこの法律に基づく命令の規定に違反したときは、加工事業者に対し、核燃料取扱主任者の解任を命ずることができる。

（核物質防護規定）

第二十二条の六　加工事業者は、第二十一条の二第二項に規定する場合には、経済産業省令で定めるところにより、核物質防護規定を定め、特定核燃料物質の取扱いを開始する前に、経済産業大臣の認可を受けなければならない。これを変更しようとするときも、同様とする。

2　第十二条の二第二項から第五項までの規定は前項の核物質防護規定について、同条第六項から第八項までの規定はこの項において準用する同条第五項の検査について準用する。この場合において、同条第二項中「前項」とあるのは「第二十二条の六第一項」と、同条第三項から第五項までの規定中「製錬事業者」とあるのは「加工事業者」と読み替えるものとする。

（核物質防護管理者）

第二十二条の七　加工事業者は、第二十一条の二第二項に規定する場合には、特定核燃料物質の防護に関する業務を統一的に管理させるため、経済産業省令で定めるところにより、特定核燃料物質の取扱い等の知識等について経済産業省令で定める要件を備える者のうちから、核物質防護管理者を選任しなければならない。

２　第十二条の三第二項、第十二条の四及び第十二条の五の規定は、前項の核物質防護管理者について準用する。この場合において、これらの規定中「製錬事業者」とあるのは「加工事業者」と、「製錬施設」とあるのは「加工施設」と読み替えるものとする。

（事業の廃止に伴う措置）

第二十二条の八　加工事業者は、その事業を廃止しようとするときは、加工施設の解体、その保有する核燃料物質の譲渡し、核燃料物質による汚染の除去、核燃料物質によつて汚染された物の廃棄その他の経済産業省令で定める措置（以下この条及び次条において「廃止措置」という。）を講じなければならない。

２　加工事業者は、廃止措置を講じようとするときは、あらかじめ、経済産業省令で定めるところにより、当該廃止措置に関する計画（次条において「廃止措置計画」という。）を定め、経済産業大臣の認可を受けなければならない。

３　第十二条の六第三項から第九項までの規定は、加工事業者の廃止措置について準用する。この場合において、同条第三項中「前項」とあるのは「第二十二条の八第二項」と、同条第四項中「前二項」とあるのは「第二十二条の八第二項及び前項」と、同条第五項及び第六項中「第二項」とあるのは「第二十二条の八第二項」と、同条第九項中「第三条第一項の指定」とあるのは「第十三条第一項の許可」と読み替えるものとする。

（許可の取消し等に伴う措置）

第二十二条の九　加工事業者が第二十条の規定により許可を取り消されたとき、又は加工事業者が解散し、若しくは死亡した場合において、第十八条第一項若しくは第十九条第一項の規定による承継がなかつたときは、旧加工事業者等（第二十条の規定により許可を取り消された加工事業者又は加工事業者が解散し、若しくは死亡した場合において、第十八条第一項若しくは第十九条第一項の規定による承継がなかつたときの清算人若しくは破産管財人若しくは相続人に代わつて相続財産を管理する者をいう。以下同じ。）は、第十六条の五、第二十一条から第二十二条の二まで及び第二十二条の四から第二十二条の七までの規定（これらの規定に係る罰則を含む。）の適用については、第五項において準用する第十二条の七第九項の規定による確認を受けるまでの間は、なお加工事業者とみなす。

２　旧加工事業者等は、経済産業省令で定めるところにより、廃止措置計画を定め、第二十条の規定により加工事業者としての許可を取り消された日又は加工事業者の解散若しくは死亡の日から経済産業省令で定める期間内に経済産業大臣に認可の申請をしなければならない。

３　旧加工事業者等は、前項の認可を受けるまでの間は、廃止措置を講じてはならない。

４　第一項の規定により加工事業者とみなされた旧加工事業者等が第二項の認可を受けた場合（経済産業省令で定める場合を除く。）には、第十六条の五の規定は、適用しない。

５　第十二条の七第四項から第九項までの規定は、旧加工事業者等の廃止措置について準用する。この場合において、これらの規定中「第二項」とあるのは「第二十二条の九第二項」と読み替えるほか、同条第五項中「前条第四項」とあるのは「第二十二条の八第三項において準用する前条第四項」と、同条第九項中「前条第八項」とあるのは「第二十二条の八第三項において準用する前条第八項」と読み替えるものとする。

第四章　原子炉の設置、運転等に関する規制

（設置の許可）

第二十三条　原子炉を設置しようとする者は、次の各号に掲げる原子炉の区分に応じ、政令で定めるところにより、当該各号に定める大臣の許可を受けなければならない。

一　発電の用に供する原子炉（次号から第四号までのいずれかに該当するものを除く。以下「実用発電用原子炉」という。）　経済産業大臣

二　船舶に設置する原子炉（第四号又は第五号のいずれかに該当するものを除く。以下「実用船用原子炉」という。）　国土交通大臣

三　試験研究の用に供する原子炉（前号、次号又は第五号のいずれかに該当するものを除く。）　文部科学大臣

四　発電の用に供する原子炉であつて研究開発段階にあるものとして政令で定める原子炉　経済産業大臣

五　発電の用に供する原子炉以外の原子炉であつて研究開発段階にあるものとして政令で定める原子炉　文部科学大臣

２　前項の許可を受けようとする者は、次の事項を記載した申請書を主務大臣（前項各号に掲げる原子炉の区分に応じ、当該各号に定める大臣をいう。以下この章において同じ。）に提出しなければならない。

一　氏名又は名称及び住所並びに法人にあつては、その代表者の氏名

二　使用の目的

三　原子炉の型式、熱出力及び基数

四　原子炉を設置する工場又は事業所の名称及び所在地（原子炉を船舶に設置する場合にあつては、その船舶を建造する造船事業者の工場又は事業所の名称及び所在地並びに原子炉の設置の工事を行う際の船舶の所在地）

五　原子炉及びその附属施設（以下「原子炉施設」という。）の位置、構造及び設備

六　原子炉施設の工事計画

七　原子炉に燃料として使用する核燃料物質の種類及びその年間予定使用量

八　使用済燃料の処分の方法

３　文部科学大臣、経済産業大臣及び国土交通大臣は、第一項第四号及び第五号の政令の制定又は改廃の立案をしようとするときは、あらかじめ原子力委員会及び原子力安全委員会の意見を聴かなければならない。

（外国原子力船に設置した原子炉に係る許可）

第二十三条の二　原子炉を設置した船舶（以下「原子力船」という。）で日本の国籍を有する者及び日本の法令により設立された法人その他の団体以外の者（前条第一項の許可を受けた者（以下「原子炉設置者」という。）を除く。）が所有するもの（軍艦を除く。以下「外国原子力船」という。）を本邦の水域に立ち入らせようとする者は、政令で定めるところにより、当該外国原子力船の立入りに伴い原子炉を本邦内において保持することについて、国土交通大臣の許可を受けなければならない。

2　前項の許可を受けようとする者は、次の事項を記載した申請書を国土交通大臣に提出しなければならない。

一　船舶の名称

二　前条第二項第一号から第三号まで、第五号及び第八号に掲げる事項

（許可の基準）

第二十四条　主務大臣は、第二十三条第一項の許可の申請があつた場合においては、その申請が次の各号に適合していると認めるときでなければ、同項の許可をしてはならない。

一　原子炉が平和の目的以外に利用されるおそれがないこと。

二　その許可をすることによつて原子力の開発及び利用の計画的な遂行に支障を及ぼすおそれがないこと。

三　その者（原子炉を船舶に設置する場合にあつては、その船舶を建造する造船事業者を含む。）に原子炉を設置するために必要な技術的能力及び経理的基礎があり、かつ、原子炉の運転を適確に遂行するに足りる技術的能力があること。

四　原子炉施設の位置、構造及び設備が核燃料物質（使用済燃料を含む。以下同じ。）、核燃料物質によつて汚染された物（原子核分裂生成物を含む。以下同じ。）又は原子炉による災害の防止上支障がないものであること。

2　主務大臣は、第二十三条第一項の許可をする場合においては、あらかじめ、前項第一号、第二号及び第三号（経理的基礎に係る部分に限る。）に規定する基準の適用については原子力委員会、同項第三号（技術的能力に係る部分に限る。）及び第四号に規定する基準の適用については原子力安全委員会の意見を聴かなければならない。

第二十四条の二　国土交通大臣は、第二十三条の二第一項の許可の申請があつた場合においては、その申請が前条第一項第一号、第三号（原子炉の運転に係る部分に限る。）及び第四号に掲げる事項に適合していると認めるときでなければ、第二十三条の二第一項の許可をしてはならない。

2　前条第二項の規定は、第二十三条の二第一項の許可に準用する。

（許可の欠格条項）

第二十五条　次の各号のいずれかに該当する者には、第二十三条第一項又は第二十三条の二第一項の許可を与えない。

一　第三十三条第二項又は第三項の規定により第二十三条第一項又は第二十三条の二第一項の許可を取り消され、取消しの日から二年を経過していない者

二　この法律又はこの法律に基づく命令の規定に違反し、罰金以上の刑に処せられ、その執行を終わり、又は執行を受けることのなくなつた後、二年を経過していない者

三　成年被後見人

四　法人であつて、その業務を行う役員のうちに前三号のいずれかに該当する者のあるもの

（変更の許可及び届出等）

第二十六条　原子炉設置者は、第二十三条第二項第二号から第五号まで又は第八号に掲げる事項を変更しようとするときは、政令で定めるところにより、主務大臣の許可を受けなければならない。ただし、同項第四号に掲げる事項のうち工場又は事業所の名称のみを変更しようとするときは、この限りでない。

2　原子炉設置者は、第三十二条第一項に規定する場合を除き、第二十三条第二項第一号、第六号又は第七号に掲げる事項を変更したときは、変更の日から三十日以内に、その旨を主務大臣に届け出なければならない。同項第四号に掲げる事項のうち工場又は事業所の名称のみを変更したときも、同様とする。

3　第二十三条第一項第四号又は第五号に掲げる原子炉を船舶に設置する場合において、その船舶について船舶法（明治三十二年法律第四十六号）第五条第一項の登録がなされたときは、原子炉設置者は、登録の日から三十日以内に、その船舶の名称を、それぞれ経済産業大臣又は文部科学大臣に届け出なければならない。その名称を変更したときも、同様とする。

4　第二十四条の規定は、第一項の許可に準用する。

第二十六条の二　第二十三条の二第一項の許可を受けた者（以下「外国原子力船運航者」という。）は、同条第二項第二号に掲げる事項（次項の規定の適用を受けるものを除く。）を本邦内において変更しようとするとき、又は本邦外においてこれらの事項を変更した後外国原子力船を本邦の水域に立ち入らせようとするときは、その変更又は変更に係る原子炉の本邦内における保持について、政令で定めるところにより、国土交通大臣の許可を受けなければならない。

2　外国原子力船運航者は、本邦内において第二十三条の二第二項第一号に掲げる事項又は同項第二号に掲げる事項のうち第二十三条第二項第一号に係るもののみを変更したときは、遅滞なく、その旨を国土交通大臣に届け出なければならない。本邦外においてこれらの事項のみを変更した後外国原子力船を本邦の水域に立ち入らせたときも、同様とする。

3　第二十四条の二の規定は、第一項の許可に準用する。

（設計及び工事の方法の認可）

第二十七条　原子炉設置者は、主務省令（主務大臣の発する命令をいう。以下この章において同じ。）で定めるところにより、原子炉施設の工事に着手する前に、原子炉施設に関する設計及び工事の方法（第二十八条の二第一項に規定する原子炉施設であつて溶接をするものに関する溶接の方法を除く。以下この条において同じ。）について主務大臣の認可を受けなければならない。原子炉施設を変更する場合における当該原子炉

施設についても、同様とする。

2　原子炉設置者は、前項の認可を受けた原子炉施設に関する設計及び工事の方法を変更しようとするときは、主務省令で定めるところにより、主務大臣の認可を受けなければならない。ただし、その変更が主務省令で定める軽微なものであるときは、この限りでない。

3　主務大臣は、前二項の認可の申請に係る設計及び工事の方法が次の各号に適合していると認めるときは、前二項の認可をしなければならない。

一　第二十三条第一項若しくは第二十六条第一項の許可を受けたところ又は同条第二項の規定により届け出たところによるものであること。

二　主務省令で定める技術上の基準に適合するものであること。

4　原子炉設置者は、第一項の認可を受けた原子炉施設に関する設計及び工事の方法について第二項ただし書の主務省令で定める軽微な変更をしたときは、その旨を主務大臣に届け出なければならない。

（使用前検査）

第二十八条　原子炉設置者は、主務省令で定めるところにより、原子炉施設の工事（次条第一項に規定する原子炉施設であつて溶接をするものの溶接を除く。次項において同じ。）及び性能について主務大臣の検査を受け、これに合格した後でなければ、原子炉施設を使用してはならない。原子炉施設を変更する場合における当該原子炉施設についても、同様とする。

2　前項の検査においては、原子炉施設が次の各号に適合しているときは、合格とする。

一　その工事が前条第一項の認可を受けた設計及び方法（同条第二項又は第四項の規定による変更の認可又は届出があつたときは、その変更後のもの）に従つて行われていること。

二　その性能が主務省令で定める技術上の基準に適合するものであること。

3　第十六条の三第三項及び第四項の規定は、第一項の検査（実用発電用原子炉及び第二十三条第一項第四号に掲げる原子炉に係るものに限る。）について準用する。

（溶接の方法及び検査）

第二十八条の二　原子炉容器その他の主務省令で定める原子炉施設であつて溶接をするものについては、主務省令で定めるところにより、その溶接につき主務大臣の検査を受け、これに合格した後でなければ、原子炉設置者は、これを使用してはならない。ただし、第四項に定める場合及び主務省令で定める場合は、この限りでない。

2　前項の検査を受けようとする者は、主務省令で定めるところにより、その溶接の方法について主務大臣の認可を受けなければならない。

3　第一項の検査においては、その溶接が次の各号に適合しているときは、合格とする。

一　前項の認可を受けた方法に従つて行われていること。

二　主務省令で定める技術上の基準に適合するものであること。

4　溶接をした第一項に規定する原子炉施設であつて輸入したものについては、主務省令で定めるところにより、その溶接につき主務大臣の検査を受け、これに合格した後でなければ、原子炉設置者は、これを使用してはならない。

5　前項の検査においては、その溶接が第三項第二号の技術上の基準に適合しているときは、合格とする。

（施設定期検査）

第二十九条　原子炉設置者は、主務省令で定めるところにより、原子炉施設のうち政令で定めるものの性能について、主務大臣が毎年一回定期に行う検査を受けなければならない。ただし、第四十三条の三の二第二項の認可を受けた原子炉については、主務省令で定める場合を除き、この限りでない。

2　前項の検査は、その原子炉施設の性能が主務省令で定める技術上の基準に適合しているかどうかについて行う。

3　第十六条の五第三項及び第四項の規定は、第一項の検査（実用発電用原子炉及び第二十三条第一項第四号に掲げる原子炉に係るものに限る。）について準用する。

（運転計画）

第三十条　原子炉設置者は、主務省令（第二十三条第一項第三号に掲げる原子炉であつて発電の用に供するものについては文部科学省令・経済産業省令、同項第四号に掲げる原子炉であつて船舶に設置するものについては経済産業省令・国土交通省令、同項第五号に掲げる原子炉であつて船舶に設置するものについては文部科学省令・国土交通省令）で定めるところにより、その設置に係る原子炉（政令で定める原子炉に該当するものを除く。）の運転計画を作成し、主務大臣（同項第三号に掲げる原子炉であつて発電の用に供するものについては文部科学大臣及び経済産業大臣、同項第四号に掲げる原子炉であつて船舶に設置するものについては経済産業大臣及び国土交通大臣、同項第五号に掲げる原子炉であつて船舶に設置するものについては文部科学大臣及び国土交通大臣）に届け出なければならない。これを変更したときも、同様とする。ただし、第四十三条の三の二第二項の認可を受けた原子炉については、この限りでない。

（合併）

第三十一条　原子炉設置者である法人の合併の場合（原子炉設置者である法人と原子炉設置者でない法人が合併する場合において、原子炉設置者である法人が存続するときを除く。）において当該合併について主務大臣の認可を受けたときは、合併後存続する法人又は合併により設立された法人は、原子炉設置者の地位を承継する。

2　第二十四条第一項第一号から第三号まで及び第二項並びに第二十五条の規定は、前項の認可に準用する。

（相続）

第三十二条　原子炉設置者について相続があつたときは、相続人は、原子炉設置者の地位を承継する。

2　前項の規定により原子炉設置者の地位を承継した相続人は、相続の日から三十日以内に、その事実を証する書面を添えて、その旨を主務大臣に届け出なければならない。

（許可の取消し等）

第三十三条　主務大臣は、原子炉設置者が正当な理由がないのに、主務省令で定める期間内に原子炉の運転を開始せず、又は引き続き一年以上その運転を休止したときは、第二十三条第一項の許可を取り消すことができる。

2　主務大臣は、原子炉設置者が次の各号のいずれかに該当するときは、第二十三条第一項の許可を取り消し、又は一年以内の期間を定めて原子炉の運転の停止を命ずることができる。

一　第二十五条第二号から第四号までのいずれかに該当するに至つたとき。

二　第二十六条第一項の規定により許可を受けなければならない事項を許可を受けないでしたとき。

三　第三十六条又は第三十六条の二第四項の規定による命令に違反したとき。

四　第三十七条第一項若しくは第四項の規定に違反し、又は同条第三項の規定による命令に違反したとき。

五　第四十三条の規定による命令に違反したとき。

六　第四十三条の二第一項の規定に違反したとき。

七　第四十三条の二第二項において準用する第十二条の二第三項の規定による命令に違反したとき。

八　第四十三条の二第二項において準用する第十二条の二第四項の規定に違反したとき。

九　第四十三条の三第一項の規定に違反したとき。

十　第四十三条の三第二項において準用する第十二条の五の規定による命令に違反したとき。

十一　第四十三条の三の二第一項の規定に違反して原子炉を廃止したとき。

十二　第四十三条の三の二第二項の規定に違反したとき。

十三　第五十八条第二項の規定に違反し、又は同条第三項の規定による命令に違反したとき。

十四　第五十九条第二項の規定に違反し、又は同条第四項の規定による命令に違反したとき。

十五　第五十九条の二第二項の規定に違反したとき。

十六　第六十一条の八第一項若しくは第四項の規定に違反し、又は同条第三項の規定による命令に違反したとき。

十七　第六十二条の二第一項又は第二項の条件に違反したとき。

十八　原子力損害の賠償に関する法律第六条の規定に違反したとき。

十九　原子力災害対策特別措置法第七条第四項、第八条第五項、第九条第七項又は第十一条第六項の規定による命令に違反したとき。

二十　港則法（昭和二十三年法律第百七十四号）第三十七条の二第一項（同法第三十七条の三において準用する場合を含む。）の規定による処分又は同条第二項（同法第三十七条の三において準用する場合を含む。）において準用する同法第二十一条第一項の規定に対する違反があつたとき。

3　国土交通大臣は、外国原子力船運航者が次の各号のいずれかに該当するときは、第二十三条の二第一項の許可を取り消すことができる。

一　前項第一号、第三号、第十三号、第十四号又は第二十号に掲げるとき。

二　第二十六条の二第一項の許可を受けないで同項の変更又は保持をしたとき。

三　第六十二条の二第一項の条件に違反したとき。

（記録）

第三十四条　原子炉設置者は、主務省令で定めるところにより、原子炉の運転その他原子炉施設の使用に関し主務省令で定める事項を記録し、これをその工場又は事業所（原子炉を船舶に設置する場合にあつては、その船舶又は原子炉設置者の事務所）に備えて置かなければならない。

（保安及び特定核燃料物質の防護のために講ずべき措置）

第三十五条　原子炉設置者及び外国原子力船運航者は、次の事項について、主務省令（外国原子力船運航者にあつては、国土交通省令）で定めるところにより、保安のために必要な措置を講じなければならない。

一　原子炉施設の保全

二　原子炉の運転

三　核燃料物質又は核燃料物質によつて汚染された物の運搬、貯蔵又は廃棄（運搬及び廃棄にあつては、原子炉施設を設置した工場又は事業所（原子力船を含む。次項において同じ。）において行われる運搬又は廃棄に限る。次条第一項において同じ。）

2　原子炉設置者及び外国原子力船運航者は、原子炉施設を設置した工場又は事業所において特定核燃料物質を取り扱う場合で政令で定める場合には、主務省令（外国原子力船運航者にあつては、国土交通省令）で定めるところにより、防護措置を講じなければならない。

（施設の使用の停止等）

第三十六条　主務大臣（外国原子力船運航者については、国土交通大臣）は、原子炉施設の性能が第二十九条第二項の技術上の基準に適合していないと認めるとき、又は原子炉施設の保全、原子炉の運転若しくは核燃料物質若しくは核燃料物質によつて汚染された物の運搬、貯蔵若しくは廃棄に関する措置が前条第一項の規定に基づく主務省令又は国土交通省令の規定に違反していると認めるときは、原子炉設置者又は外国原子力船運航者に対し、原子炉施設の使用の停止、改造、修理又は移転、原子炉の運転の方法の指定その他保安のために必要な措置を命ずることができる。

2　主務大臣（外国原子力船運航者については、国土交通大臣）は、防護措置が前条第二項の規定に基づく主務省令又は国土交通省令の規定に違反していると認めるときは、原子炉設置者又は外国原子力船運航者に対し、是正措置等を命ずることができる。

（原子力船の入港の届出等）

第三十六条の二　原子炉設置者（原子炉を船舶に設置した者に限る。以下この条において同じ。）は、原子力船を本邦の港に立ち入らせようとするときは、国土交通省令（実用船用原子炉以外の原子炉を設置した船舶にあつては、文部科学省令）で定めるところにより、あらかじめ国土交通大臣（実用船用原子炉以外の原子炉を設置した船舶にあつては、文部科学大臣）に届け出なければならない。

2　外国原子力船運航者は、外国原子力船を本邦の港に立ち入らせようとするときは、国土交通省令で定めるところにより、あらかじめ国土交通大臣に届け出なければならない。

3　文部科学大臣は、第一項の規定による届出があつた場合において、必要があると認めるときは、国土交通大臣に対し、文部科学省令で定めるところにより、原子炉設置者が核燃料物質、核燃料物質によつて汚染された物又は原子炉による災害を防止するために講ずべき措置に係る事項を通知するものとする。

4　国土交通大臣は、第一項若しくは第二項の規定による届出があつた場合において必要があると認めるとき、又は前項の通知があつた場合においては、原子炉設置者又は外国原子力船運航者に対し、核燃料物質、核燃料物質によつて汚染された物又は原子炉による災害を防止するために必要な措置を講ずべきことを命ずるとともに、海上保安庁長官を通じ、第一項又は第二項の届出に係る港の港長（港則法第三条第二項に規定する特定港以外の港にあつては、同法第三十七条の三の規定により港長の権限を行う管区海上保安本部の事務所の長）に対し、当該原子力船の航行に関し必要な規制をすべきことを指示するものとする。

（保安規定）

第三十七条　原子炉設置者は、主務省令で定めるところにより、保安規定（原子炉の運転に関する保安教育についての規定を含む。以下この条において同じ。）を定め、原子炉の運転開始前に、主務大臣の認可を受けなければならない。これを変更しようとするときも、同様とする。

2　主務大臣は、保安規定が核燃料物質、核燃料物質によつて汚染された物又は原子炉による災害の防止上十分でないと認めるときは、前項の認可をしてはならない。

3　主務大臣は、核燃料物質、核燃料物質によつて汚染された物又は原子炉による災害の防止のため必要があると認めるときは、原子炉設置者に対し、保安規定の変更を命ずることができる。

4　原子炉設置者及びその従業者は、保安規定を守らなければならない。

5　原子炉設置者は、主務省令で定めるところにより、前項の規定の遵守の状況について、主務大臣が定期に行う検査を受けなければならない。

6　第十二条第六項から第八項までの規定は、前項の検査について準用する。この場合において、同条第六項中「前項」とあるのは「第三十七条第五項」と、「経済産業大臣」とあるのは「第二十三条第二項に規定する主務大臣」と、「経済産業省令」とあるのは「第二十七条第一項に規定する主務省令」と読み替えるものとする。

第三十八条　削除

（原子炉の譲受け等）

第三十九条　原子炉設置者からその設置した原子炉又は原子炉を含む一体としての施設（原子力船を含む。第四項において同じ。）を譲り受けようとする者は、政令で定めるところにより、主務大臣の許可を受けなければならない。

2　日本の国籍を有する者及び日本の法令により設立された法人その他の団体以外の者（原子炉設置者を除く。）からその所有する原子力船を譲り受けようとする者は、政令で定めるところにより、国土交通大臣の許可を受けなければならない。

3　第二十四条及び第二十五条の規定は、前二項の許可に準用する。

4　第一項の許可を受けて原子炉設置者からその設置した原子炉又は原子炉を含む一体としての施設を譲り受けた者は、当該原子炉に係る原子炉設置者の地位を承継する。

5　第二項の許可を受けて原子力船を譲り受けた者は、原子炉設置者とみなす。この場合において、第二十六条第一項中「第二十三条第二項第二号から第五号まで又は第八号に掲げる事項」とあり、及び同条第二項中「第二十三条第二項第一号、第六号又は第七号に掲げる事項」とあるのは「政令で定める事項」と、第三十三条及び第四十三条の三の二第三項中「第二十三条第一項」とあるのは「第三十九条第二項」と読み替えるものとする。

（原子炉主任技術者）

第四十条　原子炉設置者は、原子炉の運転に関して保安の監督を行わせるため、主務省令で定めるところにより、次条第一項の原子炉主任技術者免状を有する者のうちから、原子炉主任技術者を選任しなければならない。

2　原子炉設置者は、前項の規定により原子炉主任技術者を選任したときは、選任した日から三十日以内に、その旨を主務大臣に届け出なければならない。これを解任したときも、同様とする。

（原子炉主任技術者免状）

第四十一条　文部科学大臣及び経済産業大臣は、次の各号の一に該当する者に対し、原子炉主任技術者免状を交付する。

一　文部科学大臣及び経済産業大臣の行う原子炉主任技術者試験に合格した者

二　文部科学大臣及び経済産業大臣が、政令で定めるところにより、原子炉に関し前号に掲げる者と同等以上の学識及び経験を有すると認める者

2　文部科学大臣及び経済産業大臣は、次の各号の一に該当する者に対しては、原子炉主任技術者免状の交付を行わないことができる。

一　次項の規定により原子炉主任技術者免状の返納を命ぜられ、その日から一年を経過していない者

二　この法律又はこの法律に基く命令の規定に違反し、罰金以上の刑に処せられ、その執行を終り、又は執行を受けることのなくなつた後、二年を経過していない者

3　文部科学大臣及び経済産業大臣は、原子炉主任技術者免状の交付を受けた者がこの法律又はこの法律に基く命令の規定に違反したときは、その原子炉主任技術者免状の返納を命ずることができる。

4　第一項第一号の原子炉主任技術者試験の課目、受験手続その他原子炉主任技術者試験の実施細目並びに原子炉主任技術者免状の交付及び返納に関する手続は、文部科学省令・経済産業省令で定める。

（原子炉主任技術者の義務等）

第四十二条　原子炉主任技術者は、誠実にその職務を遂行しなければならない。

2　原子炉の運転に従事する者は、原子炉主任技術者がその保安のためにする指示に従わなければならない。

（原子炉主任技術者の解任命令）

第四十三条　主務大臣は、原子炉主任技術者がこの法律又はこの法律に基づく命令の規定に違反したときは、原子炉設置者に対し、原子炉主任技術者の解任を命ずることができる。

（核物質防護規定）

第四十三条の二　原子炉設置者は、第三十五条第二項に規定する場合には、主務省令で定めるところにより、核物質防護規定を定め、特定核燃料物質の取扱いを開始する前に、主務大臣の認可を受けなければならない。これを変更しようとするときも、同様とする。

2　第十二条の二第二項から第五項までの規定は前項の核物質防護規定について、同条第六項から第八項までの規定はこの項において準用する同条第五項の検査について準用する。この場合において、同条第二項中「経済産業大臣」とあるのは「第二十三条第二項に規定する主務大臣」と、「前項」とあるのは「第四十三条の二第一項」と、同条第三項中「経済産業大臣」とあるのは「第二十三条第二項に規定する主務大臣」と、「製錬事業者」とあるのは「原子炉設置者」と、同条第四項中「製錬事業者」とあるのは「原子炉設置者」と、同条第五項中「製錬事業者」とあるのは「原子炉設置者」と、「経済産業省令」とあるのは「第二十七条第一項に規定する主務省令」と、「経済産業大臣」とあるのは「第二十三条第二項に規定する主務大臣」と、同条第六項中「経済産業大臣」とあるのは「第二十三条第二項に規定する主務大臣」と、「経済産業省令」とあるのは「第二十七条第一項に規定する主務省令」と読み替えるものとする。

（核物質防護管理者）

第四十三条の三　原子炉設置者は、第三十五条第二項に規定する場合には、特定核燃料物質の防護に関する業務を統一的に管理させるため、主務省令で定めるところにより、特定核燃料物質の取扱い等の知識等について主務省令で定める要件を備える者のうちから、核物質防護管理者を選任しなければならない。

2　第十二条の三第二項、第十二条の四及び第十二条の五の規定は、前項の核物質防護管理者について準用する。この場合において、これらの規定中「製錬事業者」とあるのは「原子炉設置者」と、「経済産業大臣」とあるのは「主務大臣」と、「製錬施設」とあるのは「原子炉施設」と読み替えるものとする。

（原子炉の廃止に伴う措置）

第四十三条の三の二　原子炉設置者は、原子炉を廃止しようとするときは、原子炉施設の解体、その保有する核燃料物質の譲渡し、核燃料物質による汚染の除去、核燃料物質によつて汚染された物の廃棄その他の主務省令で定める措置（以下この条及び次条において「廃止措置」という。）を講じなければならない。

2　原子炉設置者は、廃止措置を講じようとするときは、あらかじめ、主務省令で定めるところにより、当該廃止措置に関する計画（次条において「廃止措置計画」という。）を定め、主務大臣の認可を受けなければならない。

3　第十二条の六第三項から第九項までの規定は、原子炉設置者の廃止措置について準用する。この場合において、これらの規定中「経済産業大臣」とあるのは「第二十三条第二項に規定する主務大臣」と読み替えるほか、同条第三項中「前項」とあるのは「第四十三条の三の二第二項」と、「経済産業省令」とあるのは「第二十七条第一項に規定する主務省令」と、同条第四項中「前二項」とあるのは「第四十三条の三の二第二項及び前項」と、「経済産業省令」とあるのは「第二十七条第一項に規定する主務省令」と、同条第五項中「第二項」とあるのは「第四十三条の三の二第二項」と、「経済産業省令」とあるのは「第二十七条第一項に規定する主務省令」と、同条第六項中「第二項」とあるのは「第四十三条の三の二第二項」と、同条第七項中「又は」とあるのは「若しくは」と、「汚染された物」とあるのは「汚染された物又は原子炉」と、同条第八項中「経済産業省令」とあるのは「第二十七条第一項に規定する主務省令」と、同条第九項中「第三条第一項の指定」とあるのは「第二十三条第一項の許可は、第四十三条の三の二第二項の認可に係る原子炉について」と読み替えるものとする。

（許可の取消し等に伴う措置）

第四十三条の三の三　原子炉設置者が第三十三条第一項若しくは第二項の規定により許可を取り消されたとき、又は原子炉設置者が解散し、若しくは死亡した場合において、第三十一条第一項若しくは第三十二条第一項の規定による承継がなかつたときは、旧原子炉設置者等（第三十三条第一項若しくは第二項の規定により許可を取り消された原子炉設置者又は原子炉設置者が解散し、若しくは死亡した場合において、第三十一条第一項若しくは第三十二条第一項の規定による承継がなかつたときの清算人若しくは破産管財人若しくは相続人に代わつて相続財産を管理する者をいう。以下同じ。）は、第二十九条、第三十四条から第三十六条まで、第三十七条、第四十条及び第四十二条から第四十三条の三までの規定（これらの規定に係る罰則を含む。）の適用については、第四項において準用する第十二条の七第九項の規定による確認を受けるまでの間は、なお原子炉設置者とみなす。

2　旧原子炉設置者等は、主務省令で定めるところにより、廃止措置計画を定め、第三十三条第一項若しくは第二項の規定により原子炉設置者としての許可を取り消された日又は原子炉設置者の解散若しくは死亡の日から主務省令で定める期間内に主務大臣に認可の申請をしなければならない。

3　旧原子炉設置者等は、前項の認可を受けるまでの間は、廃止措置を講じてはならない。

4　第十二条の七第四項から第九項までの規定は旧原子炉設置者等の廃止措置について、第二十二条の九第四項の規定は旧原子炉設置者等について準用する。この場合において、これらの規定中「第二項」とあるのは「第四十三条の三の三第二項」と、「経済産業省令」とあるのは「第二十七条第一項に規定する主務省令」と、「経済産業大臣」とあるのは「第二十三条第二項に規定する主務大臣」と読み替えるほか、第十二条の七第五項中「前条第四項」とあるのは「第四十三条の三の二第三項において準用する前条第四項」と、同条第八項中「又は」とあるのは「若しくは」と、「汚染された物」とあるのは「汚染された物又は原子炉」と、同条第九項中「前条第八項」とあるのは「第四十三条の三の二第三項において準用する前条第八項」と、第二十二条の九第四項中「第一項」とあるのは「第四十三条の三の三第一項」と、「加工事業者と」とあるのは「原子炉設置者と」と、「第十六条の五」とあるのは「第二十九条」と読み替えるものとする。

（政令への委任）

第四十三条の三の四　外国原子力船運航者についての原子炉の廃止又は外国原子力船運航者の第三十三条第三項の規定による許可の取消しの場合については、政令で、外国原子力船運航者が講ずべき原子炉の廃止等に伴う核燃料物質若しくは核燃料物質によつて汚染された物又は原子炉による災害の防止のための措置に関し必要な事項を定めることができる。

2　前項の規定による政令には、必要な罰則を設けることができる。

3　前項の罰則に規定することができる罰は、一年以下の懲役若しくは百万円以下の罰金又はこれらの併科とする。

第四章の二　貯蔵の事業に関する規制

（事業の許可）

第四十三条の四　使用済燃料（実用発電用原子炉その他その運転に伴い原子炉施設内の貯蔵設備の貯蔵能力を超える使用済燃料が生ずるおそれがある原子炉として政令で定めるものに係るものに限る。以下この章並びに第六十条第一項、第七十七条第六号の二及び第七十八条第十六号の二において同じ。）の貯蔵（原子炉設置者、外国原子力船運航者、第四十四条第一項の指定を受けた者及び第五十二条第一項の許可を受けた者が原子炉施設、第四十四条第二項第二号に規定する再処理施設又は第五十二条第二項第七号に規定する使用施設に付随する同項第八号に規定する貯蔵施設において行うものを除くものとし、その貯蔵能力が政令で定める貯蔵能力以上である貯蔵設備（以下「使用済燃料貯蔵設備」という。）において行うものに限る。以下単に「使用済燃料の貯蔵」という。）の事業を行おうとする者は、政令で定めるところにより、経済産業大臣の許可を受けなければならない。

2　前項の許可を受けようとする者は、次の事項を記載した申請書を経済産業大臣に提出しなければならない。

一　氏名又は名称及び住所並びに法人にあつては、その代表者の氏名

二　使用済燃料貯蔵設備及びその附属施設（以下「使用済燃料貯蔵施設」という。）を設置する事業所の名称及び所在地

三　貯蔵する使用済燃料の種類及び貯蔵能力

四　使用済燃料貯蔵施設の位置、構造及び設備並びに貯蔵の方法

五　使用済燃料貯蔵施設の工事計画

六　貯蔵の終了後における使用済燃料の搬出の方法

3　経済産業大臣は、第一項の政令のうち原子炉及び貯蔵能力を定めるものの制定又は改廃の立案をしようとするときは、あらかじめ原子力委員会及び原子力安全委員会の意見を聴かなければならない。

（許可の基準）

第四十三条の五　経済産業大臣は、前条第一項の許可の申請があつた場合においては、その申請が次の各号に適合していると認めるときでなければ、同項の許可をしてはならない。

一　使用済燃料貯蔵施設が平和の目的以外に利用されるおそれがないこと。

二　その許可をすることによつて原子力の開発及び利用の計画的な遂行に支障を及ぼすおそれがないこと。

三　その事業を適確に遂行するに足りる技術的能力及び経理的基礎があること。

四　使用済燃料貯蔵施設の位置、構造及び設備が使用済燃料又は使用済燃料によつて汚染された物による災害の防止上支障がないものであること。

2　経済産業大臣は、前条第一項の許可をする場合においては、あらかじめ、前項第一号、第二号及び第三号（経理的基礎に係る部分に限る。）に規定する基準の適用については原子力委員会、同項第三号（技術的能力に係る部分に限る。）及び第四号に規定する基準の適用については原子力安全委員会の意見を聴かなければならない。

（許可の欠格条項）

第四十三条の六　次の各号のいずれかに該当する者には、第四十三条の四第一項の許可を与えない。

一　第四十三条の十六第二項の規定により第四十三条の四第一項の許可を取り消され、取消しの日から二年を経過していない者

二　この法律又はこの法律に基づく命令の規定に違反し、罰金以上の刑に処せられ、その執行を終わり、又は執行を受けることのなくなつた後、二年を経過していない者

三　成年被後見人

四　法人であつて、その業務を行う役員のうちに前三号のいずれかに該当する者のあるもの

（変更の許可及び届出）

第四十三条の七　第四十三条の四第一項の許可を受けた者（以下「使用済燃料貯蔵事業者」という。）は、同条第二項第二号から第四号まで又は第六号に掲げる事項を変更しようとするときは、政令で定めるところにより、経済産業大臣の許可を受けなければならない。ただし、同項第二号に掲げる事項のうち事業所の名称のみを変更しようとするときは、この限りでない。

2　使用済燃料貯蔵事業者は、第四十三条の十五第一項に規定する場合を除き、第四十三条の四第二項第一号又は第五号に掲げる事項を変更したときは、変更の日から三十日以内に、その旨を経済産業大臣に届け出なければならない。同項第二号に掲げる事項のうち事業所の名称のみを変更したときも、同様とする。

3　第四十三条の五の規定は、第一項の許可に準用する。

（設計及び工事の方法の認可）

第四十三条の八　使用済燃料貯蔵事業者は、経済産業省令で定めるところにより、使用済燃料貯蔵施設の工事

に着手する前に、使用済燃料貯蔵施設に関する設計及び工事の方法（第四十三条の十第一項に規定する使用済燃料貯蔵施設であつて溶接をするものに関する溶接の方法を除く。以下この条において同じ。）について経済産業大臣の認可を受けなければならない。使用済燃料貯蔵施設を変更する場合における当該使用済燃料貯蔵施設についても、同様とする。

2　使用済燃料貯蔵事業者は、前項の認可を受けた使用済燃料貯蔵施設に関する設計及び工事の方法を変更しようとするときは、経済産業省令で定めるところにより、経済産業大臣の認可を受けなければならない。ただし、その変更が経済産業省令で定める軽微なものであるときは、この限りでない。

3　経済産業大臣は、前二項の認可の申請に係る設計及び工事の方法が次の各号に適合していると認めるときは、前二項の認可をしなければならない。

一　第四十三条の四第一項若しくは前条第一項の許可を受けたところ又は同条第二項の規定により届け出たところによるものであること。

二　経済産業省令で定める技術上の基準に適合するものであること。

4　使用済燃料貯蔵事業者は、第一項の認可を受けた使用済燃料貯蔵施設に関する設計及び工事の方法について第二項ただし書の経済産業省令で定める軽微な変更をしたときは、その旨を経済産業大臣に届け出なければならない。

（使用前検査）

第四十三条の九　使用済燃料貯蔵事業者は、経済産業省令で定めるところにより、使用済燃料貯蔵施設の工事（次条第一項に規定する使用済燃料貯蔵施設であつて溶接をするものの溶接を除く。次項において同じ。）及び性能について経済産業大臣の検査を受け、これに合格した後でなければ、使用済燃料貯蔵施設を使用してはならない。使用済燃料貯蔵施設を変更する場合における当該使用済燃料貯蔵施設についても、同様とする。

2　前項の検査においては、使用済燃料貯蔵施設が次の各号に適合しているときは、合格とする。

一　その工事が前条第一項の認可を受けた設計及び方法（同条第二項又は第四項の規定による変更の認可又は届出があつたときは、その変更後のもの）に従つて行われていること。

二　その性能が経済産業省令で定める技術上の基準に適合するものであること。

3　第十六条の三第三項及び第四項の規定は、第一項の検査について準用する。

（溶接の方法及び検査）

第四十三条の十　使用済燃料の貯蔵に使用する容器その他の経済産業省令で定める使用済燃料貯蔵施設であつて溶接をするものについては、経済産業省令で定めるところにより、その溶接につき経済産業大臣の検査を受け、これに合格した後でなければ、使用済燃料貯蔵事業者は、これを使用してはならない。ただし、第四項に定める場合及び経済産業省令で定める場合は、この限りでない。

2　前項の検査を受けようとする者は、経済産業省令で定めるところにより、その溶接の方法について経済産業大臣の認可を受けなければならない。

3　第一項の検査においては、その溶接が次の各号に適合しているときは、合格とする。

一　前項の認可を受けた方法に従つて行われていること。

二　経済産業省令で定める技術上の基準に適合するものであること。

4　溶接をした第一項に規定する使用済燃料貯蔵施設であつて輸入したものについては、経済産業省令で定めるところにより、その溶接につき経済産業大臣の検査を受け、これに合格した後でなければ、使用済燃料貯蔵事業者は、これを使用してはならない。

5　前項の検査においては、その溶接が第三項第二号の技術上の基準に適合しているときは、合格とする。

（施設定期検査）

第四十三条の十一　使用済燃料貯蔵事業者は、経済産業省令で定めるところにより、使用済燃料貯蔵施設のうち政令で定めるものの性能について、一年以上であつて経済産業省令で定める期間ごとに経済産業大臣が行う検査を受けなければならない。ただし、第四十三条の二十七第二項の認可を受けた場合（経済産業省令で定める場合を除く。）は、この限りでない。

2　前項の検査は、その使用済燃料貯蔵施設の性能が経済産業省令で定める技術上の基準に適合しているかどうかについて行う。

3　第十六条の五第三項及び第四項の規定は、第一項の検査について準用する。

（事業開始等の届出）

第四十三条の十二　使用済燃料貯蔵事業者は、その事業を開始し、休止し、又は再開したときは、それぞれその日から十五日以内に、その旨を経済産業大臣に届け出なければならない。

（貯蔵計画）

第四十三条の十三　使用済燃料貯蔵事業者は、経済産業省令で定めるところにより、使用済燃料貯蔵施設の貯蔵計画を作成し、経済産業大臣に届け出なければならない。これを変更したときも、同様とする。ただし、第四十三条の二十七第二項の認可を受けた場合は、この限りでない。

（合併）

第四十三条の十四　使用済燃料貯蔵事業者である法人の合併の場合（使用済燃料貯蔵事業者である法人と使用済燃料貯蔵事業者でない法人が合併する場合において、使用済燃料貯蔵事業者である法人が存続するときを除く。）において当該合併について経済産業大臣の認可を受けたときは、合併後存続する法人又は合併により設立された法人は、使用済燃料貯蔵事業者の地位を承継する。

2　第四十三条の五第一項第一号から第三号まで及び第二項並びに第四十三条の六の規定は、前項の認可に準用する。

（相続）

第四十三条の十五　使用済燃料貯蔵事業者について相続があつたときは、相続人は、使用済燃料貯蔵事業者の地位を承継する。

2　前項の規定により使用済燃料貯蔵事業者の地位を承継した相続人は、相続の日から三十日以内に、その事実を証する書面を添えて、その旨を経済産業大臣に届け出なければならない。

（許可の取消し等）

第四十三条の十六　経済産業大臣は、使用済燃料貯蔵事業者が正当な理由がないのに、経済産業省令で定める期間内にその事業を開始せず、又は引き続き一年以上その事業を休止したときは、第四十三条の四第一項の許可を取り消すことができる。

2　経済産業大臣は、使用済燃料貯蔵事業者が次の各号のいずれかに該当するときは、第四十三条の四第一項の許可を取り消し、又は一年以内の期間を定めてその事業の停止を命ずることができる。

一　第四十三条の六第二号から第四号までのいずれかに該当するに至つたとき。

二　第四十三条の七第一項の規定により許可を受けなければならない事項を許可を受けないでしたとき。

三　第四十三条の十九の規定による命令に違反したとき。

四　第四十三条の二十第一項若しくは第四項の規定に違反し、又は同条第三項の規定による命令に違反したとき。

五　第四十三条の二十四の規定による命令に違反したとき。

六　第四十三条の二十五第一項の規定に違反したとき。

七　第四十三条の二十五第二項において準用する第十二条の二第三項の規定による命令に違反したとき。

八　第四十三条の二十五第二項において準用する第十二条の二第四項の規定に違反したとき。

九　第四十三条の二十六第一項の規定に違反したとき。

十　第四十三条の二十六第二項において準用する第十二条の五の規定による命令に違反したとき。

十一　第四十三条の二十七第一項の規定に違反して使用済燃料の貯蔵の事業を廃止したとき。

十二　第四十三条の二十七第二項の規定に違反したとき。

十三　第五十八条第二項の規定に違反し、又は同条第三項の規定による命令に違反したとき。

十四　第五十九条第二項の規定に違反し、又は同条第四項の規定による命令に違反したとき。

十五　第五十九条の二第二項の規定に違反したとき。

十六　第六十一条の八第一項若しくは第四項の規定に違反し、又は同条第三項の規定による命令に違反したとき。

十七　第六十二条の二第一項又は第二項の条件に違反したとき。

十八　原子力損害の賠償に関する法律第六条の規定に違反したとき。

十九　原子力災害対策特別措置法第七条第四項、第八条第五項、第九条第七項又は第十一条第六項の規定による命令に違反したとき。

（記録）

第四十三条の十七　使用済燃料貯蔵事業者は、経済産業省令で定めるところにより、使用済燃料の貯蔵の事業の実施に関し経済産業省令で定める事項を記録し、これをその事業所に備えて置かなければならない。

（保安及び特定核燃料物質の防護のために講ずべき措置）

第四十三条の十八　使用済燃料貯蔵事業者は、次の事項について、経済産業省令で定めるところにより、保安のために必要な措置を講じなければならない。

一　使用済燃料貯蔵施設の保全

二　使用済燃料貯蔵設備の操作

三　使用済燃料の運搬（使用済燃料貯蔵施設を設置した事業所において行われるものに限る。次条第一項において同じ。）又は使用済燃料によつて汚染された物の運搬、貯蔵若しくは廃棄（運搬及び廃棄にあつては、使用済燃料貯蔵施設を設置した事業所において行われる運搬又は廃棄に限る。次条第一項において同じ。）

2　使用済燃料貯蔵事業者は、使用済燃料貯蔵施設を設置した事業所において特定核燃料物質を取り扱う場合で政令で定める場合には、経済産業省令で定めるところにより、防護措置を講じなければならない。

（施設の使用の停止等）

第四十三条の十九　経済産業大臣は、使用済燃料貯蔵施設の性能が第四十三条の十一第二項の技術上の基準に適合していないと認めるとき、又は使用済燃料貯蔵施設の保全、使用済燃料貯蔵設備の操作若しくは使用済燃料の運搬若しくは使用済燃料によつて汚染された物の運搬、貯蔵若しくは廃棄に関する措置が前条第一項の規定に基づく経済産業省令の規定に違反していると認めるときは、使用済燃料貯蔵事業者に対し、使用済燃料貯蔵施設の使用の停止、改造、修理又は移転、使用済燃料貯蔵設備の操作の方法の指定その他保安のために必要な措置を命ずることができる。

2　経済産業大臣は、防護措置が前条第二項の規定に基づく経済産業省令の規定に違反していると認めるときは、使用済燃料貯蔵事業者に対し、是正措置等を命ずることができる。

（保安規定）

第四十三条の二十　使用済燃料貯蔵事業者は、経済産業省令で定めるところにより、保安規定（核燃料物質の取扱いに関する保安教育についての規定を含む。以下この条において同じ。）を定め、事業開始前に、経済産業大臣の認可を受けなければならない。これを変更しようとするときも、同様とする。

2　経済産業大臣は、保安規定が使用済燃料又は使用済燃料によつて汚染された物による災害の防止上十分でないと認めるときは、前項の認可をしてはならない。

3　経済産業大臣は、使用済燃料又は使用済燃料によつて汚染された物による災害の防止のため必要があると認めるときは、使用済燃料貯蔵事業者に対し、保安規定の変更を命ずることができる。

4　使用済燃料貯蔵事業者及びその従業者は、保安規定を守らなければならない。

5　使用済燃料貯蔵事業者は、経済産業省令で定めるところにより、前項の規定の遵守の状況について、経済産業大臣が定期に行う検査を受けなければならない。

6　第十二条第六項から第八項までの規定は、前項の検査について準用する。この場合において、同条第六項中「前項」とあるのは、「第四十三条の二十第五項」

と読み替えるものとする。

第四十三条の二十一　削除

（使用済燃料取扱主任者）

第四十三条の二十二　使用済燃料貯蔵事業者は、使用済燃料の取扱いに関して保安の監督を行わせるため、経済産業省令で定めるところにより、第二十二条の三第一項の核燃料取扱主任者免状を有する者その他の経済産業省令で定める資格を有する者のうちから、使用済燃料取扱主任者を選任しなければならない。

2　使用済燃料貯蔵事業者は、前項の規定により使用済燃料取扱主任者を選任したときは、選任した日から三十日以内に、その旨を経済産業大臣に届け出なければならない。これを解任したときも、同様とする。

（使用済燃料取扱主任者の義務等）

第四十三条の二十三　使用済燃料取扱主任者は、使用済燃料の貯蔵の事業における使用済燃料の取扱いに関し、誠実にその職務を遂行しなければならない。

2　使用済燃料の貯蔵の事業において使用済燃料の取扱いに従事する者は、使用済燃料取扱主任者がその取扱いに関して保安のためにする指示に従わなければならない。

（使用済燃料取扱主任者の解任命令）

第四十三条の二十四　経済産業大臣は、使用済燃料取扱主任者がこの法律又はこの法律に基づく命令の規定に違反したときは、使用済燃料貯蔵事業者に対し、使用済燃料取扱主任者の解任を命ずることができる。

（核物質防護規定）

第四十三条の二十五　使用済燃料貯蔵事業者は、第四十三条の十八第二項に規定する場合には、経済産業省令で定めるところにより、核物質防護規定を定め、特定核燃料物質の取扱いを開始する前に、経済産業大臣の認可を受けなければならない。これを変更しようとするときも、同様とする。

2　第十二条の二第二項から第五項までの規定は前項の核物質防護規定について、同条第六項から第八項までの規定はこの項において準用する同条第五項の検査について準用する。この場合において、同条第二項中「前項」とあるのは「第四十三条の二十五第一項」と、同条第三項から第五項までの規定中「製錬事業者」とあるのは「使用済燃料貯蔵事業者」と読み替えるものとする。

（核物質防護管理者）

第四十三条の二十六　使用済燃料貯蔵事業者は、第四十三条の十八第二項に規定する場合には、特定核燃料物質の防護に関する業務を統一的に管理させるため、経済産業省令で定めるところにより、特定核燃料物質の取扱い等の知識等について経済産業省令で定める要件を備える者のうちから、核物質防護管理者を選任しなければならない。

2　第十二条の三第二項、第十二条の四及び第十二条の五の規定は、前項の核物質防護管理者について準用する。この場合において、これらの規定中「製錬事業者」とあるのは「使用済燃料貯蔵事業者」と、「製錬施設」とあるのは「使用済燃料貯蔵施設」と読み替えるものとする。

（事業の廃止に伴う措置）

第四十三条の二十七　使用済燃料貯蔵事業者は、その事業を廃止しようとするときは、使用済燃料貯蔵施設の解体、使用済燃料による汚染の除去、使用済燃料によつて汚染された物の廃棄その他の経済産業省令で定める措置（以下この条及び次条において「廃止措置」という。）を講じなければならない。

2　使用済燃料貯蔵事業者は、廃止措置を講じようとするときは、あらかじめ、経済産業省令で定めるところにより、当該廃止措置に関する計画（次条において「廃止措置計画」という。）を定め、経済産業大臣の認可を受けなければならない。

3　第十二条の六第三項から第九項までの規定は、使用済燃料貯蔵事業者の廃止措置について準用する。この場合において、同条第三項中「前項」とあるのは「第四十三条の二十七第二項」と、同条第四項中「前二項」とあるのは「第四十三条の二十七第二項及び前項」と、同条第五項及び第六項中「第二項」とあるのは「第四十三条の二十七第二項」と、同条第七項中「核燃料物質」とあるのは「使用済燃料」と、同条第九項中「第三条第一項の指定」とあるのは「第四十三条の四第一項の許可」と読み替えるものとする。

（許可の取消し等に伴う措置）

第四十三条の二十八　使用済燃料貯蔵事業者が第四十三条の十六の規定により許可を取り消されたとき、又は使用済燃料貯蔵事業者が解散し、若しくは死亡した場合において、第四十三条の十四第一項若しくは第四十三条の十五第一項の規定による承継がなかつたときは、旧使用済燃料貯蔵事業者等（第四十三条の十六の規定により許可を取り消された使用済燃料貯蔵事業者又は使用済燃料貯蔵事業者が解散し、若しくは死亡した場合において、第四十三条の十四第一項若しくは第四十三条の十五第一項の規定による承継がなかつたときの清算人若しくは破産管財人若しくは相続人に代わつて相続財産を管理する者をいう。以下同じ。）は、第四十三条の十一、第四十三条の十七から第四十三条の二十まで及び第四十三条の二十二から第四十三条の二十六までの規定（これらの規定に係る罰則を含む。）の適用については、第四項において準用する第十二条の七第九項の規定による確認を受けるまでの間は、なお使用済燃料貯蔵事業者とみなす。

2　旧使用済燃料貯蔵事業者等は、経済産業省令で定めるところにより、廃止措置計画を定め、第四十三条の十六の規定により使用済燃料貯蔵事業者としての許可を取り消された日又は使用済燃料貯蔵事業者の解散若しくは死亡の日から経済産業省令で定める期間内に経済産業大臣に認可の申請をしなければならない。

3　旧使用済燃料貯蔵事業者等は、前項の認可を受けるまでの間は、廃止措置を講じてはならない。

4　第十二条の七第四項から第九項までの規定は旧使用済燃料貯蔵事業者等の廃止措置について、第二十二条の九第四項の規定は旧使用済燃料貯蔵事業者等について準用する。この場合において、これらの規定中「第二項」とあるのは「第四十三条の二十八第二項」と読み替えるほか、第十二条の七第五項中「前条第四項」とあるのは「第四十三条の二十七第三項において準用する前条第四項」と、同条第八項中「核燃料物質」とあるのは「使用済燃料」と、同条第九項中「前条第八項」とあるのは「第四十三条の二十七第三項において準用する前条第八項」と、第二十二条の九第四項中「第一項」とあるのは「第四十三条の二十八第一項」と、「加工事業者と」とあるのは「使用済燃料貯蔵事業者と」と、「第十六条の五」とあるのは「第四十三条の十二」と読み替えるものとする。

第五章　再処理の事業に関する規制

（事業の指定）

第四十四条　再処理の事業を行おうとする者は、政令で定めるところにより、経済産業大臣の指定を受けなければならない。

2　前項の指定を受けようとする者は、次の事項を記載した申請書を経済産業大臣に提出しなければならない。

一　氏名又は名称及び住所並びに法人にあつては、その代表者の氏名

二　再処理設備及びその附属施設（以下「再処理施設」という。）を設置する工場又は事業所の名称及び所在地

三　再処理を行う使用済燃料の種類及び再処理能力

四　再処理施設の位置、構造及び設備並びに再処理の方法

五　再処理施設の工事計画

六　使用済燃料から分離された核燃料物質の処分の方法

（指定の基準）

第四十四条の二　経済産業大臣は、前条第一項の指定の申請があつた場合においては、その申請が次の各号に適合していると認めるときでなければ、同項の指定をしてはならない。

一　再処理施設が平和の目的以外に利用されるおそれがないこと。

二　その指定をすることによつて原子力の開発及び利用の計画的な遂行に支障を及ぼすおそれがないこと。

三　その事業を適確に遂行するに足りる技術的能力及び経理的基礎があること。

四　再処理施設の位置、構造及び設備が使用済燃料、使用済燃料から分離された物又はこれらによつて汚染された物による災害の防止上支障がないものであること。

2　経済産業大臣は、前条第一項の指定をする場合においては、あらかじめ、前項第一号、第二号及び第三号（経理的基礎に係る部分に限る。）に規定する基準の適用については原子力委員会、同項第三号（技術的能力に係る部分に限る。）及び第四号に規定する基準の適用については原子力安全委員会の意見を聴かなければならない。

（指定の欠格条項）

第四十四条の三　次の各号のいずれかに該当する者には、第四十四条第一項の指定を与えない。

一　第四十六条の七第二項の規定により第四十四条第一項の指定を取り消され、取消しの日から二年を経過していない者

二　この法律又はこの法律に基づく命令の規定に違反し、罰金以上の刑に処せられ、その執行を終わり、又は執行を受けることのなくなつた後、二年を経過していない者

三　成年被後見人

四　法人であつて、その業務を行う役員のうちに前三号のいずれかに該当する者のあるもの

（変更の許可及び届出）

第四十四条の四　第四十四条第一項の指定を受けた者（以下「再処理事業者」という。）は、同条第二項第二号から第四号まで又は第六号に掲げる事項を変更しようとするときは、政令で定めるところにより、経済産業大臣の許可を受けなければならない。ただし、同項第二号に掲げる事項のうち工場又は事業所の名称のみを変更しようとするときは、この限りでない。

2　再処理事業者は、第四十六条の六第一項に規定する場合を除き、第四十四条第二項第一号又は第五号に掲げる事項を変更したときは、変更の日から三十日以内に、その旨を経済産業大臣に届け出なければならない。同項第二号に掲げる事項のうち工場又は事業所の名称のみを変更したときも、同様とする。

3　第四十四条の二の規定は、第一項の許可に準用する。

（設計及び工事の方法の認可）

第四十五条　再処理事業者は、経済産業省令で定めるところにより、再処理施設の工事に着手する前に、再処理施設に関する設計及び工事の方法（第四十六条の二第一項に規定する再処理施設であつて溶接をするものに関する溶接の方法を除く。以下この条において同じ。）について経済産業大臣の認可を受けなければならない。再処理施設を変更する場合における当該再処理施設についても、同様とする。

2　再処理事業者は、前項の認可を受けた再処理施設に関する設計及び工事の方法を変更しようとするときは、経済産業省令で定めるところにより、経済産業大臣の認可を受けなければならない。ただし、その変更が経済産業省令で定める軽微なものであるときは、この限りでない。

3　経済産業大臣は、前二項の認可の申請に係る設計及び工事の方法が次の各号に適合していると認めるときは、前二項の認可をしなければならない。

一　第四十四条第一項の指定を受けたところ、前条第一項の許可を受けたところ又は同条第二項の規定により届け出たところによるものであること。

二　経済産業省令で定める技術上の基準に適合するものであること。

4　再処理事業者は、第一項の認可を受けた再処理施設に関する設計及び工事の方法について第二項ただし書の経済産業省令で定める軽微な変更をしたときは、その旨を経済産業大臣に届け出なければならない。

（使用前検査）

第四十六条　再処理事業者は、経済産業省令で定めるところにより、再処理施設の工事（次条第一項に規定する再処理施設であつて溶接をするものの溶接を除く。次項において同じ。）及び性能について経済産業大臣の検査を受け、これに合格した後でなければ、再処理施設を使用してはならない。再処理施設を変更する場合における当該再処理施設についても、同様とする。

2　前項の検査においては、再処理施設が次の各号に適合しているときは、合格とする。

一　その工事が前条第一項の認可を受けた設計及び方法（同条第二項又は第四項の規定による変更の認可又は届出があつたときは、その変更後のもの）に従つて行われていること。

二　その性能が経済産業省令で定める技術上の基準に適合するものであること。

3　第十六条の三第三項及び第四項の規定は、第一項の検査について準用する。

（溶接の方法及び検査）

第四十六条の二　使用済燃料の溶解槽その他の経済産業省令で定める再処理施設であつて溶接をするものについては、経済産業省令で定めるところにより、その溶接につき経済産業大臣の検査を受け、これに合格した後でなければ、これを使用してはならない。ただし、再処理事業者は、第四項に定める場合及び経済産業省令で定める場合は、この限りでない。

2　前項の検査を受けようとする者は、経済産業省令で定めるところにより、その溶接の方法について経済産業大臣の認可を受けなければならない。

3　第一項の検査においては、その溶接が次の各号に適合しているときは、合格とする。

一　前項の認可を受けた方法に従つて行われていること。

二　経済産業省令で定める技術上の基準に適合するものであること。

4　溶接をした第一項に規定する再処理施設であつて輸入したものについては、経済産業省令で定めるところにより、その溶接につき経済産業大臣の検査を受け、これに合格した後でなければ、再処理事業者は、これを使用してはならない。

5　前項の検査においては、その溶接が第三項第二号の技術上の基準に適合しているときは、合格とする。

（施設定期検査）

第四十六条の二の二　再処理事業者は、経済産業省令で定めるところにより、再処理施設のうち政令で定めるものの性能について、経済産業大臣が毎年一回定期に行う検査を受けなければならない。ただし、第五十条の五第二項の認可を受けた場合（経済産業省令で定める場合を除く。）は、この限りでない。

2　前項の検査は、その再処理施設の性能が経済産業省令で定める技術上の基準に適合しているかどうかについて行う。

3　第十六条の五第三項及び第四項の規定は、第一項の検査について準用する。

（事業開始等の届出）

第四十六条の三　再処理事業者は、その事業を開始し、休止し、又は再開したときは、それぞれその日から十五日以内に、その旨を経済産業大臣に届け出なければならない。

（使用計画）

第四十六条の四　再処理事業者は、経済産業省令で定めるところにより、再処理施設の使用計画を作成し、経済産業大臣に届け出なければならない。これを変更したときも、同様とする。ただし、第五十条の五第二項の認可を受けた場合は、この限りでない。

（合併）

第四十六条の五　再処理事業者である法人の合併の場合（再処理事業者である法人と再処理事業者でない法人が合併する場合において、再処理事業者である法人が存続するときを除く。）において当該合併について経済産業大臣の認可を受けたときは、合併後存続する法人又は合併により設立された法人は、再処理事業者の地位を承継する。

2　第四十四条の二第一項第一号から第三号まで及び第二項並びに第四十四条の三の規定は、前項の認可に準用する。

（相続）

第四十六条の六　再処理事業者について相続があつたときは、相続人は、再処理事業者の地位を承継する。

2　前項の規定により再処理事業者の地位を承継した相続人は、相続の日から三十日以内に、その事実を証する書面を添えて、その旨を経済産業大臣に届け出なければならない。

（指定の取消し等）

第四十六条の七　経済産業大臣は、再処理事業者が正当な理由がないのに、経済産業省令で定める期間内にその事業を開始せず、又は引き続き一年以上その事業を休止したときは、第四十四条第一項の指定を取り消すことができる。

2　経済産業大臣は、再処理事業者が次の各号のいずれかに該当するときは、第四十四条第一項の指定を取り消し、又は一年以内の期間を定めてその事業の停止を命ずることができる。

一　第四十四条の三第二号から第四号までのいずれかに該当するに至つたとき。

二　第四十四条の四第一項の規定により許可を受けなければならない事項を許可を受けないでしたとき。

三　第四十九条の規定による命令に違反したとき。

四　第五十条第一項若しくは第四項の規定に違反し、又は同条第三項の規定による命令に違反したとき。

五　第五十条の二第二項において準用する第二十二条の五の規定による命令に違反したとき。

六　第五十条の三第一項の規定に違反したとき。

七　第五十条の三第二項において準用する第十二条の二第三項の規定による命令に違反したとき。

八　第五十条の三第二項において準用する第十二条の二第四項の規定に違反したとき。

九　第五十条の四第一項の規定に違反したとき。

十　第五十条の四第二項において準用する第十二条の五の規定による命令に違反したとき。

十一　第五十条の五第一項の規定に違反して再処理の事業を廃止したとき。

十二　第五十条の五第二項の規定に違反したとき。

十三　第五十八条第二項の規定に違反し、又は同条第三項の規定による命令に違反したとき。

十四　第五十九条第二項の規定に違反し、又は同条第四項の規定による命令に違反したとき。

十五　第五十九条の二第二項の規定に違反したとき。

十六　第六十一条の八第一項若しくは第四項の規定に違反し、又は同条第三項の規定による命令に違反したとき。

十七　第六十二条の二第一項又は第二項の条件に違反したとき。

十八　原子力損害の賠償に関する法律第六条の規定に

違反したとき。

十九　原子力災害対策特別措置法第七条第四項、第八条第五項、第九条第七項又は第十一条第六項の規定による命令に違反したとき。

（記録）

第四十七条　再処理事業者は、経済産業省令で定めるところにより、再処理の事業の実施に関し経済産業省令で定める事項を記録し、これをその工場又は事業所に備えて置かなければならない。

（保安及び特定核燃料物質の防護のために講ずべき措置）

第四十八条　再処理事業者は、次の事項について、経済産業省令で定めるところにより、保安のために必要な措置を講じなければならない。

一　再処理施設の保全

二　再処理設備の操作

三　使用済燃料、使用済燃料から分離された物又はこれらによつて汚染された物の運搬、貯蔵又は廃棄（運搬及び廃棄にあつては、再処理施設を設置した工場又は事業所内の運搬又は廃棄に限る。次条において同じ。）

2　再処理事業者は、再処理施設を設置した工場又は事業所において特定核燃料物質を取り扱う場合で政令で定める場合には、経済産業省令で定めるところにより、防護措置を講じなければならない。

（施設の使用の停止等）

第四十九条　経済産業大臣は、再処理施設の性能が第四十六条の二の二第二項の技術上の基準に適合していないと認めるとき、又は再処理施設の保全、再処理設備の操作若しくは使用済燃料、使用済燃料から分離された物若しくはこれらによつて汚染された物の運搬、貯蔵若しくは廃棄に関する措置が前条第一項の規定に基づく経済産業省令の規定に違反していると認めるときは、再処理事業者に対し、再処理施設の使用の停止、改造、修理又は移転、再処理設備の操作の方法の指定その他保安のために必要な措置を命ずることができる。

2　経済産業大臣は、防護措置が前条第二項の規定に基づく経済産業省令の規定に違反していると認めるときは、再処理事業者に対し、是正措置等を命ずることができる。

（保安規定）

第五十条　再処理事業者は、経済産業省令で定めるところにより、保安規定（核燃料物質の取扱いに関する保安教育についての規定を含む。以下この条において同じ。）を定め、事業開始前に、経済産業大臣の認可を受けなければならない。これを変更しようとするときも、同様とする。

2　経済産業大臣は、保安規定が使用済燃料、使用済燃料から分離された物又はこれらによつて汚染された物による災害の防止上十分でないと認めるときは、前項の認可をしてはならない。

3　経済産業大臣は、使用済燃料、使用済燃料から分離された物又はこれらによつて汚染された物による災害の防止のため必要があると認めるときは、再処理事業者に対し、保安規定の変更を命ずることができる。

4　再処理事業者及びその従業者は、保安規定を守らなければならない。

5　再処理事業者は、経済産業省令で定めるところにより、前項の規定の遵守の状況について、経済産業大臣が定期に行う検査を受けなければならない。

6　第十二条第六項から第八項までの規定は、前項の検査について準用する。この場合において、同条第六項中「前項」とあるのは、「第五十条第五項」と読み替えるものとする。

（核燃料取扱主任者）

第五十条の二　再処理事業者は、核燃料物質の取扱いに関して保安の監督を行わせるため、経済産業省令で定めるところにより、第二十二条の三第一項の核燃料取扱主任者免状を有する者のうちから、核燃料取扱主任者を選任しなければならない。

2　第二十二条の二第二項、第二十二条の四及び第二十二条の五の規定は、前項の核燃料取扱主任者に準用する。

（核物質防護規定）

第五十条の三　再処理事業者は、第四十八条第二項に規定する場合には、経済産業省令で定めるところにより、核物質防護規定を定め、特定核燃料物質の取扱いを開始する前に、経済産業大臣の認可を受けなければならない。これを変更しようとするときも、同様とする。

2　第十二条の二第二項から第五項までの規定は前項の核物質防護規定について、同条第六項から第八項までの規定はこの項において準用する同条第五項の検査について準用する。この場合において、同条第二項中「前項」とあるのは「第五十条の三第一項」と、同条第三項から第五項までの規定中「製錬事業者」とあるのは「再処理事業者」と読み替えるものとする。

（核物質防護管理者）

第五十条の四　再処理事業者は、第四十八条第二項に規定する場合には、特定核燃料物質の防護に関する業務を統一的に管理させるため、経済産業省令で定めるところにより、特定核燃料物質の取扱い等の知識等について経済産業省令で定める要件を備える者のうちから、核物質防護管理者を選任しなければならない。

2　第十二条の三第二項、第十二条の四及び第十二条の五の規定は、前項の核物質防護管理者について準用する。この場合において、これらの規定中「製錬事業者」とあるのは「再処理事業者」と、「製錬施設」とあるのは「再処理施設」と読み替えるものとする。

（事業の廃止に伴う措置）

第五十条の五　再処理事業者は、その事業を廃止しようとするときは、再処理施設の解体、その保有する使用済燃料又は使用済燃料から分離された物の譲渡し、使用済燃料による汚染の除去、使用済燃料又は使用済燃料から分離された物によつて汚染された物の廃棄その他の経済産業省令で定める措置（以下この条及び次条において「廃止措置」という。）を講じなければならない。

2　再処理事業者は、廃止措置を講じようとするときは、あらかじめ、経済産業省令で定めるところにより、当該廃止措置に関する計画（次条において「廃止措置計画」という。）を定め、経済産業大臣の認可を受けなければならない。

3　第十二条の六第三項から第九項までの規定は、再処理事業者の廃止措置について準用する。この場合において、同条第三項中「前項」とあるのは「第五十条の五第二項」と、同条第四項中「前二項」とあるのは「第五十条の五第二項及び前項」と、同条第五項及び第六項中「第二項」とあるのは「第五十条の五第二項」と、同条第七項中「核燃料物質又は核燃料物質」とあるのは「使用済燃料若しくは使用済燃料から分離された物又はこれら」と、同条第九項中「第三条第一項」とあるのは「第四十四条第一項」と読み替えるものとする。

（指定の取消し等に伴う措置）

第五十一条　再処理事業者が第四十六条の七の規定により指定を取り消されたとき、又は再処理事業者が解散し、若しくは死亡した場合において、第四十六条の五第一項若しくは第四十六条の六第一項の規定による承継がなかつたときは、旧再処理事業者等（第四十六条の七の規定により指定を取り消された再処理事業者又は再処理事業者が解散し、若しくは死亡した場合において、第四十六条の五第一項若しくは第四十六条の六第一項の規定による承継がなかつたときの清算人若しくは破産管財人若しくは相続人に代わつて相続財産を管理する者をいう。以下同じ。）は、第四十六条の二の二及び第四十七条から第五十条の四までの規定（これらの規定に係る罰則を含む。）の適用については、第四項において準用する第十二条の七第九項の規定による確認を受けるまでの間は、なお再処理事業者とみなす。

2　旧再処理事業者等は、経済産業省令で定めるところにより、廃止措置計画を定め、第四十六条の七の規定により再処理事業者としての指定を取り消された日又は再処理事業者の解散若しくは死亡の日から経済産業省令で定める期間内に経済産業大臣に認可の申請をしなければならない。

3　旧再処理事業者等は、前項の認可を受けるまでの間は、廃止措置を講じてはならない。

4　第十二条の七第四項から第九項までの規定は旧再処理事業者等の廃止措置について、第二十二条の九第四項の規定は旧再処理事業者等について準用する。この場合において、これらの規定中「第二項」とあるのは「第五十一条第二項」と読み替えるほか、第十二条の七第五項中「前条第四項」とあるのは「第五十条の五第三項において準用する前条第四項」と、同条第八項中「核燃料物質又は核燃料物質」とあるのは「使用済燃料若しくは使用済燃料から分離された物又はこれら」と、同条第九項中「前条第八項」とあるのは「第五十条の五第三項において準用する前条第八項」と、第二十二条の九第四項中「第一項」とあるのは「第五十一条第一項」と、「加工事業者と」とあるのは「再処理事業者と」と、「第十六条の五」とあるのは「第四十六条の二の二」と読み替えるものとする。

第五章の二　廃棄の事業に関する規制

（事業の許可）

第五十一条の二　次の各号に掲げる廃棄（製錬事業者、加工事業者、原子炉設置者、外国原子力船運航者、使用済燃料貯蔵事業者、再処理事業者及び第五十二条第一項の許可を受けた者が製錬施設、加工施設、原子炉施設、使用済燃料貯蔵施設、再処理施設又は同条第二項第七号に規定する使用施設に付随する同項第九号に規定する廃棄施設において行うものを除く。）の事業を行おうとする者は、次の各号に掲げる廃棄の種類ごとに、政令で定めるところにより、経済産業大臣の許可を受けなければならない。

一　核燃料物質又は核燃料物質によつて汚染された物であつて、これらに含まれる政令で定める放射性物質についての放射能濃度が人の健康に重大な影響を及ぼすおそれがあるものとして当該放射性物質の種類ごとに政令で定める基準を超えるものの埋設の方法による最終的な処分（以下「第一種廃棄物埋設」という。）

二　核燃料物質又は核燃料物質によつて汚染された物であつて前号に規定するもの以外のものの埋設の方法による最終的な処分（以下「第二種廃棄物埋設」という。）

三　核燃料物質又は核燃料物質によつて汚染された物について第一種廃棄物埋設及び第二種廃棄物埋設（以下「廃棄物埋設」という。）その他の最終的な処分がされるまでの間において行われる放射線による障害の防止を目的とした管理その他の管理又は処理であつて政令で定めるもの（以下「廃棄物管理」という。）

2　前項の許可を受けようとする者は、次の事項を記載した申請書を経済産業大臣に提出しなければならない。

一　氏名又は名称及び住所並びに法人にあつては、その代表者の氏名

二　廃棄物埋設地及びその附属施設（以下「廃棄物埋設施設」という。）又は廃棄物管理設備及びその附属施設（以下「廃棄物管理施設」という。）を設置する事業所の名称及び所在地

三　廃棄する核燃料物質又は核燃料物質によつて汚染された物の性状及び量

四　廃棄物埋設施設又は廃棄物管理施設の位置、構造及び設備並びに廃棄の方法

五　放射能の減衰に応じた第二種廃棄物埋設についての保安のために講ずべき措置の変更予定時期

六　廃棄物埋設施設又は廃棄物管理施設の工事計画

3　文部科学大臣、経済産業大臣及び国土交通大臣は、第一項第一号の政令の制定又は改廃の立案をしようとするときは、あらかじめ原子力委員会及び原子力安全委員会の意見を聴かなければならない。

（許可の基準）

第五十一条の三　経済産業大臣は、前条第一項の許可の申請があつた場合においては、その申請が次の各号に適合していると認めるときでなければ、同項の許可をしてはならない。

一　その許可をすることによつて原子力の開発及び利用の計画的な遂行に支障を及ぼすおそれがないこと。

二　その事業を適確に遂行するに足りる技術的能力及び経理的基礎があること。

三　廃棄物埋設施設又は廃棄物管理施設の位置、構造

及び設備が核燃料物質又は核燃料物質によつて汚染された物による災害の防止上支障がないものであること。

2　経済産業大臣は、前条第一項の許可をする場合においては、あらかじめ、前項第一号及び第二号（経理的基礎に係る部分に限る。）に規定する基準の適用については原子力委員会、同項第二号（技術的能力に係る部分に限る。）及び第三号に規定する基準の適用については原子力安全委員会の意見を聴かなければならない。

（許可の欠格条項）

第五十一条の四　次の各号のいずれかに該当する者には、第五十一条の二第一項の許可を与えない。

一　第五十一条の十四第二項の規定により第五十一条の二第一項の許可を取り消され、取消しの日から二年を経過していない者

二　この法律又はこの法律に基づく命令の規定に違反し、罰金以上の刑に処せられ、その執行を終わり、又は執行を受けることのなくなつた後、二年を経過していない者

三　成年被後見人

四　法人であつて、その業務を行う役員のうちに前三号のいずれかに該当する者のあるもの

（変更の許可及び届出）

第五十一条の五　第五十一条の二第一項の許可を受けた者（以下「廃棄事業者」という。）は、同条第二項第二号から第五号までに掲げる事項を変更しようとするときは、政令で定めるところにより、経済産業大臣の許可を受けなければならない。ただし、同項第二号に掲げる事項のうち事業所の名称のみを変更しようとするときは、この限りでない。

2　廃棄事業者は、第五十一条の十三第一項に規定する場合を除き、第五十一条の二第二項第一号又は第六号に掲げる事項を変更したときは、変更の日から三十日以内に、その旨を経済産業大臣に届け出なければならない。同項第二号に掲げる事項のうち事業所の名称のみを変更したときも、同様とする。

3　第五十一条の三の規定は、第一項の許可に準用する。

（廃棄物埋設に関する確認）

第五十一条の六　第五十一条の二第一項の規定による廃棄物埋設の事業の許可を受けた者（以下「廃棄物埋設事業者」という。）は、廃棄物埋設を行う場合においては、その廃棄物埋設施設（第一種廃棄物埋設の事業に係る廃棄物埋設施設にあつては、次条第一項に規定する特定廃棄物埋設施設を除く。）及びこれに関する保安のための措置が経済産業省令で定める技術上の基準に適合することについて、経済産業省令で定めるところにより、経済産業大臣の確認を受けなければならない。

2　廃棄物埋設事業者は、廃棄物埋設を行う場合においては、埋設しようとする核燃料物質又は核燃料物質によつて汚染された物及びこれに関する保安のための措置が経済産業省令で定める技術上の基準に適合することについて、経済産業省令で定めるところにより、経済産業大臣の確認を受けなければならない。

3　経済産業大臣は、第一項の確認に関する事務の一部を、経済産業省令で定めるところにより、機構に行わせるものとする。

4　機構は、前項の規定により確認に関する事務の一部を行つたときは、遅滞なく、その結果を経済産業省令で定めるところにより、経済産業大臣に通知しなければならない。

（設計及び工事の方法の認可）

第五十一条の七　第一種廃棄物埋設事業者（第五十一条の二第一項の規定による第一種廃棄物埋設の事業の許可を受けた者をいう。以下同じ。）又は廃棄物管理事業者（同項の規定による廃棄物管理の事業の許可を受けた者をいう。以下同じ。）は、経済産業省令で定めるところにより、政令で定める第一種廃棄物埋設の事業に係る廃棄物埋設施設（以下「特定廃棄物埋設施設」という。）又は政令で定める廃棄物管理施設（以下「特定廃棄物管理施設」という。）の工事に着手する前に、設計及び工事の方法（第五十一条の九第一項に規定する特定廃棄物埋設施設又は特定廃棄物管理施設であつて溶接をするものに関する溶接の方法を除く。以下この条において同じ。）について経済産業大臣の認可を受けなければならない。特定廃棄物埋設施設又は特定廃棄物管理施設を変更する場合における当該特定廃棄物埋設施設又は特定廃棄物管理施設についても、同様とする。

2　第一種廃棄物埋設事業者又は廃棄物管理事業者は、前項の認可を受けた特定廃棄物埋設施設又は特定廃棄物管理施設に関する設計及び工事の方法を変更しようとするときは、経済産業省令で定めるところにより、経済産業大臣の認可を受けなければならない。ただし、その変更が経済産業省令で定める軽微なものであるときは、この限りでない。

3　経済産業大臣は、前二項の認可の申請に係る設計及び工事の方法が次の各号に適合していると認めるときは、前二項の認可をしなければならない。

一　第五十一条の二第一項若しくは第五十一条の五第一項の許可を受けたところ又は同条第二項の規定により届け出たところによるものであること。

二　経済産業省令で定める技術上の基準に適合するものであること。

4　第一種廃棄物埋設事業者又は廃棄物管理事業者は、第一項の認可を受けた特定廃棄物埋設施設又は特定廃棄物管理施設に関する設計及び工事の方法について第二項ただし書の経済産業省令で定める軽微な変更をしたときは、その旨を経済産業大臣に届け出なければならない。

（使用前検査）

第五十一条の八　第一種廃棄物埋設事業者又は廃棄物管理事業者は、経済産業省令で定めるところにより、特定廃棄物埋設施設又は特定廃棄物管理施設の工事（次条第一項に規定する特定廃棄物埋設施設又は特定廃棄物管理施設であつて溶接をするものの溶接を除く。次項において同じ。）及び性能について経済産業大臣の検査を受け、これに合格した後でなければ、特定廃棄物埋設施設又は特定廃棄物管理施設を使用してはならない。特定廃棄物埋設施設又は特定廃棄物管理施設を変更する場合における当該特定廃棄物埋設施設又は特定廃棄物管理施設についても、同様とする。

2　前項の検査においては、特定廃棄物埋設施設又は特定廃棄物管理施設が次の各号に適合しているときは、合格とする。

一　その工事が前条第一項の認可を受けた設計及び方法（同条第二項又は第四項の規定による変更の認可又は届出があつたときは、その変更後のもの）に従つて行われていること。

二　その性能が経済産業省令で定める技術上の基準に適合するものであること。

3　第十六条の三第三項及び第四項の規定は、第一項の検査について準用する。

（溶接の方法及び検査）

第五十一条の九　核燃料物質又は核燃料物質によつて汚染された物の廃液槽その他の経済産業省令で定める特定廃棄物埋設施設又は特定廃棄物管理施設であつて溶接をするものについては、経済産業省令で定めるところにより、その溶接につき経済産業大臣の検査を受け、これに合格した後でなければ、第一種廃棄物埋設事業者又は廃棄物管理事業者は、これを使用してはならない。ただし、第四項に定める場合及び経済産業省令で定める場合は、この限りでない。

2　前項の検査を受けようとする者は、経済産業省令で定めるところにより、その溶接の方法について経済産業大臣の認可を受けなければならない。

3　第一項の検査においては、その溶接が次の各号に適合しているときは、合格とする。

一　前項の認可を受けた方法に従つて行われていること。

二　経済産業省令で定める技術上の基準に適合するものであること。

4　溶接をした第一項に規定する特定廃棄物埋設施設又は特定廃棄物管理施設であつて輸入したものについては、経済産業省令で定めるところにより、その溶接につき経済産業大臣の検査を受け、これに合格した後でなければ、第一種廃棄物埋設事業者又は廃棄物管理事業者は、これを使用してはならない。

5　前項の検査においては、その溶接が第三項第二号の技術上の基準に適合しているときは、合格とする。

（施設定期検査）

第五十一条の十　第一種廃棄物埋設事業者又は廃棄物管理事業者は、経済産業省令で定めるところにより、特定廃棄物埋設施設又は特定廃棄物管理施設のうち政令で定めるものの性能について、一年以上であつて経済産業省令で定める期間ごとに経済産業大臣が行う検査を受けなければならない。ただし、第五十一条の二十四の二第一項又は第五十一条の二十五第二項の認可を受けた場合（経済産業省令で定める場合を除く。）における当該認可を受けた計画に係る施設については、この限りでない。

2　前項の検査は、その特定廃棄物埋設施設又は特定廃棄物管理施設の性能が経済産業省令で定める技術上の基準に適合しているかどうかについて行う。

3　第十六条の五第三項及び第四項の規定は、第一項の検査について準用する。

（事業開始等の届出）

第五十一条の十一　廃棄事業者は、その事業を開始し、休止し、又は再開したときは、それぞれその日から十五日以内に、その旨を経済産業大臣に届け出なければならない。

（合併）

第五十一条の十二　廃棄事業者である法人の合併の場合（廃棄事業者である法人と廃棄事業者でない法人が合併する場合において、廃棄事業者である法人が存続するときを除く。）において当該合併について経済産業大臣の認可を受けたときは、合併後存続する法人又は合併により設立された法人は、廃棄事業者の地位を承継する。

2　第五十一条の三第一項第一号及び第二号並びに第二項並びに第五十一条の四の規定は、前項の認可に準用する。

（相続）

第五十一条の十三　廃棄事業者について相続があつたときは、相続人は、廃棄事業者の地位を承継する。

2　前項の規定により廃棄事業者の地位を承継した相続人は、相続の日から三十日以内に、その事実を証する書面を添えて、その旨を経済産業大臣に届け出なければならない。

（許可の取消し等）

第五十一条の十四　経済産業大臣は、廃棄事業者が正当な理由がないのに、経済産業省令で定める期間内にその事業を開始せず、又は引き続き一年以上その事業を休止したときは、第五十一条の二第一項の許可を取り消すことができる。

2　経済産業大臣は、廃棄事業者が次の各号のいずれかに該当するときは、第五十一条の二第一項の許可を取り消し、又は一年以内の期間を定めてその事業の停止を命ずることができる。

一　第五十一条の四第二号から第四号までのいずれかに該当するに至つたとき。

二　第五十一条の五第一項の規定により許可を受けなければならない事項を許可を受けないでしたとき。

三　第五十一条の六の規定に違反したとき。

四　第五十一条の十七の規定による命令に違反したとき。

五　第五十一条の十八第一項若しくは第四項の規定に違反し、又は同条第三項の規定による命令に違反したとき。

六　第五十一条の二十二の規定による命令に違反したとき。

七　第五十一条の二十三第一項の規定に違反したとき。

八　第五十一条の二十三第二項において準用する第十二条の二第三項の規定による命令に違反したとき。

九　第五十一条の二十三第二項において準用する第十二条の二第四項の規定に違反したとき。

十　第五十一条の二十四第一項の規定に違反したとき。

十一　第五十一条の二十四第二項において準用する第十二条の五の規定による命令に違反したとき。

十二　第五十一条の二十四の二第一項又は第二項の規定に違反したとき。

十三　第五十一条の二十五第一項の規定に違反して廃棄の事業を廃止したとき。

十四　第五十一条の二十五第二項の規定に違反したとき。
十五　第五十八条第二項の規定に違反し、又は同条第三項の規定による命令に違反したとき。
十六　第五十九条第二項の規定に違反し、又は同条第四項の規定による命令に違反したとき。
十七　第五十九条の二第二項の規定に違反したとき。
十八　第六十一条の八第一項若しくは第四項の規定に違反し、又は同条第三項の規定による命令に違反したとき。
十九　第六十二条の二第一項又は第二項の条件に違反したとき。
二十　原子力損害の賠償に関する法律第六条の規定に違反したとき。
二十一　原子力災害対策特別措置法第七条第四項、第八条第五項、第九条第七項又は第十一条第六項の規定による命令に違反したとき。

（記録）

第五十一条の十五　廃棄事業者は、経済産業省令で定めるところにより、廃棄物埋設又は廃棄物管理の事業の実施に関し経済産業省令で定める事項を記録し、これをその事業所に備えて置かなければならない。

（保安及び特定核燃料物質の防護のために講ずべき措置）

第五十一条の十六　第一種廃棄物埋設事業者は、次の事項について、経済産業省令で定めるところにより、保安のために必要な措置を講じなければならない。
一　廃棄物埋設施設の保全
二　廃棄物埋設地の附属施設に係る設備（次条において「附属設備」という。）の操作
三　核燃料物質又は核燃料物質によつて汚染された物の運搬又は廃棄（廃棄物埋設施設を設置した事業所内の運搬又は廃棄に限る。）

2　第五十一条の二第一項の規定による第二種廃棄物埋設の事業の許可を受けた者（以下「第二種廃棄物埋設事業者」という。）は、次の事項について、核燃料物質又は核燃料物質によつて汚染された物の放射能の減衰に応じて経済産業省令で定めるところにより、保安のために必要な措置を講じなければならない。
一　廃棄物埋設施設の保全
二　核燃料物質又は核燃料物質によつて汚染された物の運搬又は廃棄（廃棄物埋設施設を設置した事業所内の運搬又は廃棄に限る。）

3　廃棄物管理事業者は、次の事項について、経済産業省令で定めるところにより、保安のために必要な措置を講じなければならない。
一　廃棄物管理施設の保全
二　廃棄物管理設備の操作
三　核燃料物質又は核燃料物質によつて汚染された物の運搬又は廃棄（廃棄物管理施設を設置した事業所内の運搬又は廃棄に限る。）

4　廃棄事業者は、廃棄物埋設施設又は廃棄物管理施設を設置した事業所において特定核燃料物質を取り扱う場合で政令で定める場合には、経済産業省令で定めるところにより、防護措置を講じなければならない。

（施設の使用の停止等）

第五十一条の十七　経済産業大臣は、特定廃棄物埋設施設若しくは特定廃棄物管理施設の性能が第五十一条の十第二項の技術上の基準に適合していないと認めるとき、又は廃棄物埋設施設若しくは廃棄物管理施設の保全、附属設備若しくは廃棄物管理設備の操作若しくは核燃料物質若しくは核燃料物質によつて汚染された物の運搬若しくは廃棄（廃棄物埋設施設又は廃棄物管理施設を設置した事業所内の運搬又は廃棄に限る。）に関する措置が前条第一項、第二項若しくは第三項の規定に基づく経済産業省令の規定に違反していると認めるときは、廃棄事業者に対し、廃棄物埋設施設又は廃棄物管理施設の使用の停止、改造、修理又は移転、附属設備又は廃棄物管理設備の操作の方法の指定その他保安のために必要な措置を命ずることができる。

2　経済産業大臣は、防護措置が前条第四項の規定に基づく経済産業省令の規定に違反していると認めるときは、廃棄事業者に対し、是正措置等を命ずることができる。

（保安規定）

第五十一条の十八　廃棄事業者は、経済産業省令で定めるところにより、保安規定（核燃料物質の取扱いに関する保安教育についての規定を含む。以下この条において同じ。）を定め、事業開始前に、経済産業大臣の認可を受けなければならない。これを変更しようとするときも、同様とする。

2　経済産業大臣は、保安規定が核燃料物質又は核燃料物質によつて汚染された物による災害の防止上十分でないと認めるときは、前項の認可をしてはならない。

3　経済産業大臣は、核燃料物質又は核燃料物質によつて汚染された物による災害の防止のため必要があると認めるときは、廃棄事業者に対し、保安規定の変更を命ずることができる。

4　廃棄事業者及びその従業者は、保安規定を守らなければならない。

5　廃棄事業者は、経済産業省令で定めるところにより、前項の規定の遵守の状況について、経済産業大臣が定期に行う検査を受けなければならない。

6　第十二条第六項から第八項までの規定は、前項の検査について準用する。この場合において、同条第六項中「前項」とあるのは、「第五十一条の十八第五項」と読み替えるものとする。

（廃棄物埋設地の譲受け等）

第五十一条の十九　廃棄物埋設事業者からその設置した廃棄物埋設地又は廃棄物埋設地を含む一体としての施設を譲り受けようとする者は、政令で定めるところにより、経済産業大臣の許可を受けなければならない。

2　第五十一条の三及び第五十一条の四の規定は、前項の許可に準用する。

3　第一項の許可を受けて廃棄物埋設事業者からその設置した廃棄物埋設地又は廃棄物埋設地を含む一体としての施設を譲り受けた者は、当該廃棄物埋設地に係る廃棄物埋設事業者の地位を承継する。

（廃棄物取扱主任者）

第五十一条の二十　廃棄事業者は、核燃料物質又は核燃料物質によつて汚染された物の取扱いに関して保安の監督を行わせるため、経済産業省令で定めるところに

より、第二十二条の三第一項の核燃料取扱主任者免状を有する者その他の経済産業省令で定める資格を有する者のうちから、廃棄物取扱主任者を選任しなければならない。

2　廃棄事業者は、前項の規定により廃棄物取扱主任者を選任したときは、選任した日から三十日以内に、その旨を経済産業大臣に届け出なければならない。これを解任したときも、同様とする。

（廃棄物取扱主任者の義務等）

第五十一条の二十一　廃棄物取扱主任者は、廃棄物埋設又は廃棄物管理の事業における核燃料物質又は核燃料物質によつて汚染された物の取扱いに関し、誠実にその職務を遂行しなければならない。

2　廃棄物埋設又は廃棄物管理の事業において核燃料物質又は核燃料物質によつて汚染された物の取扱いに従事する者は、廃棄物取扱主任者がその取扱いに関して保安のためにする指示に従わなければならない。

（廃棄物取扱主任者の解任命令）

第五十一条の二十二　経済産業大臣は、廃棄物取扱主任者がこの法律又はこの法律に基づく命令の規定に違反したときは、廃棄事業者に対し、廃棄物取扱主任者の解任を命ずることができる。

（核物質防護規定）

第五十一条の二十三　廃棄事業者は、第五十一条の十六第四項に規定する場合には、経済産業省令で定めるところにより、核物質防護規定を定め、特定核燃料物質の取扱いを開始する前に、経済産業大臣の認可を受けなければならない。これを変更しようとするときも、同様とする。

2　第十二条の二第二項から第五項までの規定は前項の核物質防護規定について、同条第六項から第八項までの規定はこの項において準用する同条第五項の検査について準用する。この場合において、同条第二項中「前項」とあるのは「第五十一条の二十三第一項」と、同条第三項から第五項までの規定中「製錬事業者」とあるのは「廃棄事業者」と読み替えるものとする。

（核物質防護管理者）

第五十一条の二十四　廃棄事業者は、第五十一条の十六第四項に規定する場合には、特定核燃料物質の防護に関する業務を統一的に管理させるため、経済産業省令で定めるところにより、特定核燃料物質の取扱い等の知識等について経済産業省令で定める要件を備える者のうちから、核物質防護管理者を選任しなければならない。

2　第十二条の三第二項、第十二条の四及び第十二条の五の規定は、前項の核物質防護管理者について準用する。この場合において、これらの規定中「製錬事業者」とあるのは「廃棄事業者」と、「製錬施設」とあるのは「廃棄物埋設施設又は廃棄物管理施設」と読み替えるものとする。

（坑道の閉鎖に伴う措置）

第五十一条の二十四の二　第一種廃棄物埋設事業者は、坑道を閉鎖しようとするときは、あらかじめ、経済産業省令で定めるところにより、当該坑道について、坑道の埋戻し及び坑口の閉塞その他の経済産業省令で定める措置（以下「閉鎖措置」という。）に関する計画（以下「閉鎖措置計画」という。）を定め、経済産業大臣の認可を受けなければならない。

2　第一種廃棄物埋設事業者は、経済産業省令で定めるところにより、その講じた閉鎖措置が前項の認可を受けた閉鎖措置計画（次項において準用する第十二条の六第三項又は第五項の規定による変更の認可又は届出があつたときは、その変更後のもの）に従つて行われていることについて、経済産業省令で定める坑道の閉鎖の工程ごとに、経済産業大臣が行う確認を受けなければならない。

3　第十二条の六第三項から第七項までの規定は、第一種廃棄物埋設事業者の閉鎖措置について準用する。この場合において、これらの規定中「廃止措置計画」とあるのは「閉鎖措置計画」と読み替えるほか、同条第三項中「前項」とあるのは「第五十一条の二十四の二第一項」と、同条第四項中「前二項」とあるのは「第五十一条の二十四の二第一項及び前項」と、同条第五項中「第二項」とあるのは「第五十一条の二十四の二第一項」と読み替えるものとする。

（事業の廃止に伴う措置）

第五十一条の二十五　廃棄事業者は、その事業を廃止しようとするときは、廃棄物管理施設の解体、核燃料物質による汚染の除去、核燃料物質によつて汚染された物の廃棄その他の経済産業省令で定める措置（以下この条及び次条において「廃止措置」という。）を講じなければならない。

2　廃棄事業者は、廃止措置を講じようとするときは、あらかじめ、経済産業省令で定めるところにより、当該廃止措置に関する計画（次条において「廃止措置計画」という。）を定め、経済産業大臣の認可を受けなければならない。

3　第十二条の六第三項から第九項までの規定は、廃棄事業者の廃止措置について準用する。この場合において、同条第三項中「前項」とあるのは「第五十一条の二十五第二項」と、同条第四項中「前二項」とあるのは「第五十一条の二十五第二項及び前項」と、同条第五項及び第六項中「第二項」とあるのは「第五十一条の二十五第二項」と、同条第九項中「第三条第一項の指定」とあるのは「第五十一条の二第一項の許可」と読み替えるものとする。

（許可の取消し等に伴う措置）

第五十一条の二十六　廃棄事業者が第五十一条の十四の規定により許可を取り消されたとき、又は廃棄事業者が解散し、若しくは死亡した場合において、第五十一条の十二第一項若しくは第五十一条の十三第一項の規定による承継がなかつたときは、旧廃棄事業者等（第五十一条の十四の規定により許可を取り消された廃棄事業者又は廃棄事業者が解散し、若しくは死亡した場合において、第五十一条の十二第一項若しくは第五十一条の十三第一項の規定による承継がなかつたときの清算人若しくは破産管財人若しくは相続人に代わつて相続財産を管理する者をいう。以下同じ。）は、第五十一条の十、第五十一条の十五から第五十一条の十八まで及び第五十一条の二十から第五十一条の二十四の二までの規定（これらの規定に係る罰則を含む。）の適用については、第四項において準用する第十二条の七第九項の規定による確認を受けるまでの間は、なお廃棄事業者とみなす。

2 旧廃棄事業者等は、経済産業省令で定めるところにより、廃止措置計画を定め、第五十一条の十四の規定により廃棄事業者としての許可を取り消された日又は廃棄事業者の解散若しくは死亡の日から経済産業省令で定める期間内に経済産業大臣に認可の申請をしなければならない。

3 旧廃棄事業者等は、前項の認可を受けるまでの間は、廃止措置を講じてはならない。

4 第十二条の七第四項から第九項までの規定は旧廃棄事業者等の廃止措置について、第二十二条の九第四項の規定は旧廃棄事業者等（第二種廃棄物埋設事業者に係る者を除く。）について準用する。この場合において、これらの規定中「第二項」とあるのは「第五十一条の二十六第二項」と読み替えるほか、第十二条の七第五項中「前条第四項」とあるのは「第五十一条の二十五第三項において準用する前条第四項」と、同条第九項中「前条第八項」とあるのは「第五十一条の二十五第三項において準用する前条第八項」と、第二十二条の九第四項中「第一項」とあるのは「第五十一条の二十六第一項」と、「加工事業者と」とあるのは「廃棄事業者（第二種廃棄物埋設事業者を除く。）と」と、「第十六条の五」とあるのは「第五十一条の十」と読み替えるものとする。

第五章の三　核燃料物質等の使用等に関する規制

（使用の許可）

第五十二条　核燃料物質を使用しようとする者は、政令で定めるところにより、文部科学大臣の許可を受けなければならない。ただし、次の各号の一に該当する場合は、この限りでない。

一　製錬事業者が核燃料物質を製錬の事業の用に供する場合

二　加工事業者が核燃料物質を加工の事業の用に供する場合

三　原子炉設置者及び外国原子力船運航者が核燃料物質を原子炉に燃料として使用する場合

四　再処理事業者が核燃料物質を再処理の事業の用に供する場合

五　政令で定める種類及び数量の核燃料物質を使用する場合

2 前項の許可を受けようとする者は、次の事項を記載した申請書を文部科学大臣に提出しなければならない。

一　氏名又は名称及び住所並びに法人にあつては、その代表者の氏名

二　使用の目的及び方法

三　核燃料物質の種類

四　使用の場所

五　予定使用期間及び年間（予定使用期間が一年に満たない場合にあつては、その予定使用期間）予定使用量

六　使用済燃料の処分の方法

七　核燃料物質の使用施設（以下単に「使用施設」という。）の位置、構造及び設備

八　核燃料物質の貯蔵施設（以下単に「貯蔵施設」という。）の位置、構造及び設備

九　核燃料物質又は核燃料物質によつて汚染された物の廃棄施設（以下単に「廃棄施設」という。）の位置、構造及び設備

（許可の基準）

第五十三条　文部科学大臣は、前条第一項の許可の申請があつた場合においては、その申請が次の各号に適合していると認めるときでなければ、同項の許可をしてはならない。

一　核燃料物質が平和の目的以外に利用されるおそれがないこと。

二　その許可をすることによつて原子力の研究、開発及び利用の計画的な遂行に支障を及ぼすおそれがないこと。

三　使用施設、貯蔵施設又は廃棄施設（以下「使用施設等」という。）の位置、構造及び設備が核燃料物質又は核燃料物質によつて汚染された物による災害の防止上支障がないものであること。

四　核燃料物質の使用を適確に行なうに足りる技術的能力があること。

（許可の欠格条項）

第五十四条　次の各号のいずれかに該当する者には、第五十二条第一項の許可を与えない。

一　第五十六条の規定により第五十二条第一項の許可を取り消され、取消しの日から二年を経過していない者

二　この法律又はこの法律に基づく命令の規定に違反し、罰金以上の刑に処せられ、その執行を終わり、又は執行を受けることのなくなつた後、二年を経過していない者

三　成年被後見人

四　法人であつて、その業務を行う役員のうちに前三号のいずれかに該当する者のあるもの

（変更の許可及び届出）

第五十五条　第五十二条第一項の許可を受けた者（以下「使用者」という。）は、同条第二項第二号から第四号まで又は第六号から第九号までに掲げる事項を変更しようとするときは、政令で定めるところにより、文部科学大臣の許可を受けなければならない。

2 使用者は、第五十二条第二項第一号又は第五号に掲げる事項を変更したときは、変更の日から三十日以内に、その旨を文部科学大臣に届け出なければならない。

3 第五十三条の規定は、第一項の許可に準用する。

（施設検査）

第五十五条の二　使用者は、文部科学省令で定めるところにより、政令で定める核燃料物質の使用施設等の工事（次条第一項に規定する使用施設等であつて溶接をするものの溶接を除く。次項において同じ。）について文部科学大臣の検査を受け、これに合格した後でなければ、当該使用施設等を使用してはならない。その使用施設等を変更する場合における当該使用施設等についても、同様とする。

2 前項の検査においては、その使用施設等の工事が文部科学省令で定める技術上の基準に適合しているときは、合格とする。

（溶接検査）

第五十五条の三　核燃料物質の貯蔵容器その他の文部科学省令で定める使用施設等であつて溶接をするものについては、文部科学省令で定めるところにより、その溶接につき文部科学大臣の検査を受け、これに合格した後でなければ、使用者は、これを使用してはならない。ただし、文部科学省令で定める場合は、この限りでない。

2　前項の検査においては、その溶接が文部科学省令で定める技術上の基準に適合しているときは、合格とする。

（許可の取消し等）

第五十六条　文部科学大臣は、使用者が次の各号のいずれかに該当するときは、第五十二条第一項の許可を取り消し、又は一年以内の期間を定めて核燃料物質の使用の停止を命ずることができる。

一　第五十四条第二号から第四号までのいずれかに該当するに至つたとき。

二　第五十五条第一項の規定により許可を受けなければならない事項を許可を受けないでしたとき。

三　第五十六条の三第一項若しくは第四項の規定に違反し、又は同条第三項の規定による命令に違反したとき。

四　第五十七条第一項、第五十七条の四又は第五十七条の五の技術上の基準に違反したとき。

五　第五十七条第三項の規定による命令に違反したとき。

六　第五十七条の二第一項の規定に違反したとき。

七　第五十七条の二第二項において準用する第十二条の二第三項の規定による命令に違反したとき。

八　第五十七条の二第二項において準用する第十二条の二第四項の規定に違反したとき。

九　第五十七条の三第一項の規定に違反したとき。

十　第五十七条の三第二項において準用する第十二条の五の規定による命令に違反したとき。

十一　第五十七条の六第一項の規定に違反して核燃料物質のすべての使用を廃止したとき。

十二　第五十七条の六第二項の規定に違反したとき。

十三　第五十八条第二項の規定に違反し、又は同条第三項の規定による命令に違反したとき。

十四　第五十九条第二項の規定に違反し、又は同条第四項の規定による命令に違反したとき。

十五　第五十九条の二第二項の規定に違反したとき。

十六　第六十一条の八第一項若しくは第四項の規定に違反し、又は同条第三項の規定による命令に違反したとき。

十七　第六十二条の二第一項又は第二項の条件に違反したとき。

十八　原子力損害の賠償に関する法律第六条の規定に違反したとき。

十九　原子力災害対策特別措置法第七条第四項、第八条第五項、第九条第七項又は第十一条第六項の規定による命令に違反したとき。

（記録）

第五十六条の二　使用者は、文部科学省令で定めるところにより、核燃料物質の使用に関し文部科学省令で定める事項を記録し、これをその工場又は事業所に備えて置かなければならない。

（保安規定）

第五十六条の三　使用者は、政令で定める核燃料物質を使用する場合においては、文部科学省令で定めるところにより、保安規定（核燃料物質の取扱いに関する保安教育についての規定を含む。以下この条において同じ。）を定め、使用開始前に、文部科学大臣の認可を受けなければならない。これを変更しようとするときも、同様とする。

2　文部科学大臣は、保安規定が核燃料物質又は核燃料物質によつて汚染された物による災害の防止上十分でないと認めるときは、前項の認可をしてはならない。

3　文部科学大臣は、核燃料物質又は核燃料物質によつて汚染された物による災害の防止のため必要があると認めるときは、使用者に対し、保安規定の変更を命ずることができる。

4　使用者及びその従業者は、保安規定を守らなければならない。

5　使用者は、文部科学省令で定めるところにより、前項の規定の遵守の状況について、文部科学大臣が定期に行う検査を受けなければならない。

6　第十二条第六項から第八項までの規定は、前項の検査について準用する。この場合において、同条第六項中「前項」とあるのは「第五十六条の三第五項」と、「経済産業大臣」とあるのは「文部科学大臣」と、「経済産業省令」とあるのは「文部科学省令」と読み替えるものとする。

（使用及び貯蔵の基準等）

第五十七条　使用者は、核燃料物質を使用し、又は貯蔵する場合においては、文部科学省令で定める技術上の基準に従つて保安のために必要な措置を講じなければならない。

2　使用者は、使用施設等を設置した工場又は事業所において特定核燃料物質を取り扱う場合で政令で定める場合には、文部科学省令で定めるところにより、防護措置を講じなければならない。

3　文部科学大臣は、防護措置が前項の規定に基づく文部科学省令の規定に違反していると認めるときは、使用者に対し、是正措置等を命ずることができる。

（核物質防護規定）

第五十七条の二　使用者は、前条第二項に規定する場合には、文部科学省令で定めるところにより、核物質防護規定を定め、特定核燃料物質の取扱いを開始する前に、文部科学大臣の認可を受けなければならない。これを変更しようとするときも、同様とする。

2　第十二条の二第二項から第五項までの規定は前項の核物質防護規定について、同条第六項から第八項までの規定はこの項において準用する同条第五項の検査について準用する。この場合において、同条第二項中「経済産業大臣」とあるのは「文部科学大臣」と、「前項」とあるのは「第五十七条の二第一項」と、同条第三項中「経済産業大臣」とあるのは「文部科学大臣」と、「製錬事業者」とあるのは「使用者」と、同条第四項中「製錬事業者」とあるのは「使用者」と、同条第五項中「製錬事業者」とあるのは「使用者」と、「経済産業省令」とあるのは「文部科学省令」と、「経済産業大臣」とあるのは「文部科学大臣」と、同条第六項中「経済産業大臣」とあるのは「文部科学大臣」と、「経済産業省令」とあるのは「文部科学省令」と読み替えるものとする。

（核物質防護管理者）

第五十七条の三　使用者は、第五十七条第二項に規定する場合には、特定核燃料物質の防護に関する業務を統一的に管理させるため、文部科学省令で定めるところにより、特定核燃料物質の取扱い等の知識等について文部科学省令で定める要件を備える者のうちから、核物質防護管理者を選任しなければならない。

２　第十二条の三第二項、第十二条の四及び第十二条の五の規定は、前項の核物質防護管理者について準用する。この場合において、これらの規定中「製錬事業者」とあるのは「使用者」と、「経済産業大臣」とあるのは「文部科学大臣」と、「製錬施設」とあるのは「使用施設等」と読み替えるものとする。

（廃棄の基準）

第五十七条の四　使用者は、核燃料物質又は核燃料物質によつて汚染された物の廃棄（使用施設等を設置した工場又は事業所において行われる廃棄に限る。）について、文部科学省令で定める技術上の基準に従つて保安のために必要な措置を講じなければならない。

（運搬の基準）

第五十七条の五　使用者は、核燃料物質又は核燃料物質によつて汚染された物の運搬（使用施設等を設置した工場又は事業所内の運搬に限る。）について、文部科学省令で定める技術上の基準に従つて保安のために必要な措置を講じなければならない。

（使用の廃止に伴う措置）

第五十七条の六　使用者は、核燃料物質のすべての使用を廃止しようとするときは、使用施設等の解体、その保有する核燃料物質の譲渡し、核燃料物質による汚染の除去、核燃料物質によつて汚染された物の廃棄その他の文部科学省令で定める措置（以下この条及び次条において「廃止措置」という。）を講じなければならない。

２　使用者は、廃止措置を講じようとするときは、あらかじめ、文部科学省令で定めるところにより、当該廃止措置に関する計画（次条において「廃止措置計画」という。）を定め、文部科学大臣の認可を受けなければならない。

３　第十二条の六第三項から第九項までの規定は、使用者の廃止措置について準用する。この場合において、これらの規定中「経済産業大臣」とあるのは「文部科学大臣」と読み替えるほか、同条第三項中「前項」とあるのは「第五十七条の六第二項」と、「経済産業省令」とあるのは「文部科学省令」と、同条第四項中「前二項」とあるのは「第五十七条の六第二項及び前項」と、「経済産業省令」とあるのは「文部科学省令」と、同条第五項中「第二項」とあるのは「第五十七条の六第二項」と、「経済産業省令」とあるのは「文部科学省令」と、同条第六項中「第二項」とあるのは「第五十七条の六第二項」と、同条第八項中「経済産業省令」とあるのは「文部科学省令」と、同条第九項中「第三条第一項の指定」とあるのは「第五十二条第一項の許可」と読み替えるものとする。

（許可の取消し等に伴う措置）

第五十七条の七　使用者が第五十六条の規定により許可を取り消されたとき、又は使用者が解散し、若しくは死亡したときは、旧使用者等（同条の規定により許可を取り消された使用者又は使用者が解散したときの清算人、破産管財人若しくは合併後存続し、若しくは合併により設立された法人の代表者若しくは死亡したときの相続人若しくは相続人に代わつて相続財産を管理する者をいう。以下同じ。）は、第五十六条の二から第五十七条の五までの規定（これらの規定に係る罰則を含む。）の適用については、第四項において準用する第十二条の七第九項の規定による確認を受けるまでの間は、なお使用者とみなす。

２　旧使用者等は、文部科学省令で定めるところにより、廃止措置計画を定め、第五十六条の規定により使用者としての許可を取り消された日又は使用者の解散若しくは死亡の日から文部科学省令で定める期間内に文部科学大臣に認可の申請をしなければならない。

３　旧使用者等は、前項の認可を受けるまでの間は、廃止措置を講じてはならない。

４　第十二条の七第四項から第九項までの規定は、旧使用者等の廃止措置について準用する。この場合において、これらの規定中「第二項」とあるのは「第五十七条の七第二項」と、「経済産業省令」とあるのは「文部科学省令」と、「経済産業大臣」とあるのは「文部科学大臣」と読み替えるほか、同条第五項中「前条第四項」とあるのは「第五十七条の六第三項において準用する前条第四項」と、同条第九項中「前条第八項」とあるのは「第五十七条の六第三項において準用する前条第八項」と読み替えるものとする。

（核原料物質の使用の届出等）

第五十七条の八　核原料物質を使用しようとする者は、政令で定めるところにより、あらかじめ文部科学大臣に届け出なければならない。ただし、次の各号のいずれかに該当する場合は、この限りでない。

一　製錬事業者が核原料物質を製錬の事業の用に供する場合

二　第六十一条の三第一項の許可を受けた者が国際規制物資である核原料物質を当該許可を受けた使用の目的に使用する場合

三　放射能濃度又は含有するウラン若しくはトリウムの数量が政令で定める限度を超えない核原料物質を使用する場合

２　前項の規定により届出をしようとする者は、次に掲げる事項を記載した届出書を文部科学大臣に提出しなければならない。

一　氏名又は名称及び住所並びに法人にあつては、その代表者の氏名

二　使用の目的及び方法

三　核原料物質の種類

四　使用の場所

五　予定使用期間及び年間（予定使用期間が一年に満たない場合にあつては、その予定使用期間）の予定使用量

六　核原料物質の使用に係る施設の位置、構造及び設備の概要

３　第一項の規定による届出をした者（以下「核原料物質使用者」という。）は、前項各号に掲げる事項を変

更したときは、遅滞なく、政令で定めるところにより、文部科学大臣に届け出なければならない。

4　核原料物質を使用する者は、核原料物質の使用（第一項第一号又は第三号に該当する使用を除く。次項において同じ。）については、文部科学省令で定める技術上の基準に従つてしなければならない。

5　文部科学大臣は、核原料物質の使用について前項の基準に適合していないと認めるときは、当該核原料物質を使用する者に対し、その基準に適合するように是正すべきことを命ずることができる。

6　核原料物質使用者は、文部科学省令で定めるところにより、核原料物質の使用に関し文部科学省令で定める事項を記録し、これをその工場又は事業所に備えて置かなければならない。

7　核原料物質使用者は、当該届出に係る核原料物質のすべての使用を廃止したときは、文部科学省令で定めるところにより、その旨を文部科学大臣に届け出なければならない。

8　核原料物質使用者が解散し、又は死亡したときは、その清算人、破産管財人若しくは合併後存続し、若しくは合併により設立された法人の代表者又は相続人若しくは相続人に代わつて相続財産を管理する者は、文部科学省令で定めるところにより、その旨を文部科学大臣に届け出なければならない。

第六章　原子力事業者等に関する規制等

（廃棄に関する確認等）

第五十八条　製錬事業者、加工事業者、原子炉設置者、外国原子力船運航者、使用済燃料貯蔵事業者、再処理事業者、廃棄事業者及び使用者（旧製錬事業者等、旧加工事業者等、旧原子炉設置者等、旧使用済燃料貯蔵事業者等、旧再処理事業者等、旧廃棄事業者等及び旧使用者等を含む。以下「原子力事業者等」という。）が核燃料物質又は核燃料物質によつて汚染された物を製錬施設、加工施設、原子炉施設、使用済燃料貯蔵施設、再処理施設、廃棄物埋設施設若しくは廃棄物管理施設又は使用施設等を設置した工場又は事業所（原子力船を含む。次条第一項、第五十九条の二第一項及び第六十一条の二第一項において「工場等」という。）の外において廃棄する場合においては、主務省令（次の各号に掲げる原子力事業者等の区分に応じ、当該各号に定める大臣の発する命令をいう。以下この条において同じ。）で定めるところにより、保安のために必要な措置を講じなければならない。

一　製錬事業者、加工事業者、使用済燃料貯蔵事業者、再処理事業者及び廃棄事業者（旧製錬事業者等、旧加工事業者等、旧使用済燃料貯蔵事業者等、旧再処理事業者等及び旧廃棄事業者等を含む。）　経済産業大臣

二　使用者（旧使用者等を含む。）　文部科学大臣

三　原子炉設置者（旧原子炉設置者等を含む。）　第二十三条第一項各号に掲げる原子炉の区分に応じ、当該各号に定める大臣

四　外国原子力船運航者　国土交通大臣

2　前項の場合において、核燃料物質又は核燃料物質によつて汚染された物による災害の防止のため特に必要がある場合として政令で定める場合に該当するときは、原子力事業者等は、その廃棄に関する措置が同項の規定に基づく主務省令の規定に適合することについて、主務省令で定めるところにより、主務大臣（同項各号に掲げる原子力事業者等の区分に応じ、当該各号に定める大臣をいう。以下この条において同じ。）の確認を受けなければならない。

3　第一項の場合において、主務大臣は、核燃料物質又は核燃料物質によつて汚染された物の廃棄に関する措置が同項の規定に基づく主務省令の規定に違反していると認めるときは、原子力事業者等に対し、廃棄の停止その他保安のために必要な措置を命ずることができる。

4　主務大臣は、前三項の主務省令を定めようとする場合においては、あらかじめ、他の第一項各号に定める大臣に協議しなければならない。

（運搬に関する確認等）

第五十九条　原子力事業者等（原子力事業者等から運搬を委託された者を含む。以下この条において同じ。）は、核燃料物質又は核燃料物質によつて汚染された物を工場等の外において運搬する場合（船舶又は航空機により運搬する場合を除く。）においては、運搬する物に関しては主務省令（次の各号に掲げる原子力事業者等の区分に応じ、当該各号に定める大臣の発する命令をいう。以下この条において同じ。）、その他の事項に関しては主務省令（鉄道、軌道、索道、無軌条電車、自動車及び軽車両による運搬については、国土交通省令）で定める技術上の基準に従つて保安のために必要な措置（当該核燃料物質に政令で定める特定核燃料物質を含むときは、保安及び特定核燃料物質の防護のために必要な措置）を講じなければならない。

一　製錬事業者、加工事業者、使用済燃料貯蔵事業者、再処理事業者及び廃棄事業者（旧製錬事業者等、旧加工事業者等、旧使用済燃料貯蔵事業者等、旧再処理事業者等及び旧廃棄事業者等を含む。）並びにこれらの者から運搬を委託された者　経済産業大臣

二　使用者（旧使用者等を含む。以下この号において同じ。）及び使用者から運搬を委託された者　文部科学大臣

三　原子炉設置者（旧原子炉設置者等を含む。以下この号において同じ。）及び当該原子炉設置者から運搬を委託された者　第二十三条第一項各号に掲げる原子炉の区分に応じ、当該各号に定める大臣

四　外国原子力船運航者及び外国原子力船運航者から運搬を委託された者　国土交通大臣

2　前項の場合において、核燃料物質又は核燃料物質によつて汚染された物による災害の防止及び特定核燃料物質の防護のため特に必要がある場合として政令で定める場合に該当するときは、原子力事業者等は、その運搬に関する措置が同項の技術上の基準に適合することについて、運搬する物に関しては主務省令で定めるところにより主務大臣（同項各号に掲げる原子力事業者等の区分に応じ、当該各号に定める大臣をいう。以下この条において同じ。）の、その他の事項に関して

は主務省令（鉄道、軌道、索道、無軌条電車、自動車及び軽車両による運搬については、国土交通省令）で定めるところにより主務大臣（鉄道、軌道、索道、無軌条電車、自動車及び軽車両による運搬については、国土交通大臣）の確認を受けなければならない。

3　原子力事業者等は、運搬に使用する容器について、あらかじめ、主務省令で定めるところにより、主務大臣の承認を受けることができる。この場合において、主務大臣の承認を受けた容器（第六十一条の二十六において「承認容器」という。）については、第一項の技術上の基準のうち容器に関する基準は、満たされたものとする。

4　第一項の場合において、主務大臣又は国土交通大臣は、核燃料物質又は核燃料物質によつて汚染された物の運搬に関する措置が同項の技術上の基準に適合していないと認めるときは、原子力事業者等に対し、同項に規定する当該措置の区分に応じ、運搬の停止その他保安及び特定核燃料物質の防護のために必要な措置を命ずることができる。

5　第一項の場合において、核燃料物質又は核燃料物質によつて汚染された物による災害を防止し、及び特定核燃料物質を防護して公共の安全を図るため特に必要がある場合として政令で定める場合に該当するときは、原子力事業者等は、内閣府令で定めるところにより、その旨を都道府県公安委員会に届け出て、届出を証明する文書（以下「運搬証明書」という。）の交付を受けなければならない。

6　都道府県公安委員会は、前項の届出があつた場合において、災害を防止し、及び特定核燃料物質を防護して公共の安全を図るため必要があると認めるときは、運搬の日時、経路その他内閣府令で定める事項について、必要な指示をすることができる。

7　都道府県公安委員会は、前項の指示をしたときは、その指示の内容を運搬証明書に記載しなければならない。

8　第一項に規定する場合において、運搬証明書の交付を受けたときは、原子力事業者等は、当該運搬証明書を携帯し、かつ、当該運搬証明書に記載された内容に従つて運搬しなければならない。

9　運搬証明書の記載事項に変更を生じたときは、原子力事業者等は、内閣府令で定めるところにより、遅滞なく交付を受けた都道府県公安委員会に届け出て、その書換えを受けなければならない。

10　運搬証明書を喪失し、汚損し、又は盗取されたときは、原子力事業者等は、内閣府令で定めるところにより、その事由を付して交付を受けた都道府県公安委員会にその再交付を文書で申請しなければならない。

11　警察官は、自動車又は軽車両により運搬される核燃料物質又は核燃料物質によつて汚染された物による災害を防止し、及び当該核燃料物質に含まれる特定核燃料物質を防護して公共の安全を図るため、特に必要があると認めるときは、当該自動車又は軽車両を停止させ、これらの物を運搬する者に対し、運搬証明書の提示を求め、若しくは、内閣府令で定めるところにより、運搬証明書に記載された内容に従つて運搬しているかどうかについて検査し、又はこれらの物による災害を防止し、及び特定核燃料物質を防護するため、第五項、第六項及び第八項の規定の実施に必要な限度で経路の変更その他の適当な措置を講ずることを命ずることができる。

12　前項に規定する権限は、犯罪捜査のために認められたものと解してはならない。

13　不要となつた運搬証明書の返納並びに運搬が二以上の都道府県にわたることとなる場合における第五項の届出、第六項の指示並びに運搬証明書の交付、書換え、再交付及び返納に関し必要な都道府県公安委員会の間の連絡については、政令で定める。

14　主務大臣は、第一項から第三項までの主務省令を定めようとする場合においては、あらかじめ、他の第一項各号に定める大臣に協議しなければならない。

第五十九条の二　原子力事業者等は、特定核燃料物質が当該原子力事業者等の工場等から運搬され又は外国の工場等から当該原子力事業者等の工場等に運搬される場合で政令で定める場合においては、運搬が開始される前に、当該特定核燃料物質が発送人の工場等から搬出されてから受取人の工場等に搬入されるまでの間における当該特定核燃料物質の運搬について責任を有する者（本邦外において当該特定核燃料物質の運搬について責任を有する者を含む。）を明らかにし、当該特定核燃料物質の運搬に係る責任が移転される時期及び場所その他の文部科学省令で定める事項について発送人、当該特定核燃料物質の運搬について責任を有する者及び受取人の間で取決めが締結されるよう措置しなければならない。

2　前項の場合において、原子力事業者等は、同項の運搬が開始される前に、同項に規定する取決めの締結について、文部科学省令で定めるところにより、文部科学大臣の確認を受けなければならない。

（受託貯蔵者）

第六十条　原子力事業者等（外国原子力船運航者、使用済燃料貯蔵事業者及び廃棄事業者（旧使用済燃料貯蔵事業者等及び旧廃棄事業者等を含む。）を除く。）から核燃料物質の貯蔵（使用済燃料の貯蔵を除く。）を委託された者（以下「受託貯蔵者」という。）は、当該核燃料物質を貯蔵する場合においては、主務省令（次の各号に掲げる受託貯蔵者の区分に応じ、当該各号に定める大臣の発する命令をいう。以下この条において同じ。）で定める技術上の基準に従つて保安のために必要な措置を講じなければならない。

一　製錬事業者、加工事業者又は再処理事業者（旧製錬事業者等、旧加工事業者等又は旧再処理事業者等を含む。）から当該核燃料物質の貯蔵を委託された者　経済産業大臣

二　使用者（旧使用者等を含む。）から当該核燃料物質の貯蔵を委託された者　文部科学大臣

三　原子炉設置者（旧原子炉設置者等を含む。）から当該核燃料物質の貯蔵を委託された者　第二十三条第一項各号に掲げる原子炉の区分に応じ、当該各号に定める大臣

2　受託貯蔵者は、政令で定める特定核燃料物質を貯蔵する場合には、主務省令で定めるところにより、防護措置を講じなければならない。

3　主務大臣（第一項各号に掲げる受託貯蔵者の区分に応じ、当該各号に定める大臣をいう。次項において同

じ。）は、防護措置が前項の規定に基づく主務省令の規定に違反していると認めるときは、受託貯蔵者に対し、特定核燃料物質の防護のための区域に係る措置の是正、特定核燃料物質の貯蔵の方法の是正その他特定核燃料物質の防護のために必要な措置を命ずることができる。

4　主務大臣は、前三項の主務省令を定めようとする場合においては、あらかじめ、他の第一項各号に定める大臣に協議しなければならない。

（譲渡し及び譲受けの制限）

第六十一条　核燃料物質は、次の各号のいずれかに該当する場合のほか、譲り渡し、又は譲り受けてはならない。ただし、国際約束に基づき国が核燃料物質を譲り受け、若しくはその核燃料物質を譲り渡し、又は国からその核燃料物質を譲り受ける場合は、この限りでない。

一　製錬事業者が加工事業者、原子炉設置者、再処理事業者、廃棄事業者、使用者若しくは他の製錬事業者に核燃料物質を譲り渡し、又はこれらの者から核燃料物質を譲り受ける場合

二　加工事業者が製錬事業者、原子炉設置者、再処理事業者、廃棄事業者、使用者若しくは他の加工事業者に核燃料物質を譲り渡し、又はこれらの者から核燃料物質を譲り受ける場合

三　原子炉設置者が製錬事業者、加工事業者、再処理事業者、廃棄事業者、使用者若しくは他の原子炉設置者に核燃料物質を譲り渡し、又はこれらの者から核燃料物質を譲り受ける場合

四　再処理事業者が製錬事業者、加工事業者、原子炉設置者、廃棄事業者、使用者若しくは他の再処理事業者に核燃料物質を譲り渡し、又はこれらの者から核燃料物質を譲り受ける場合

五　廃棄事業者が製錬事業者、加工事業者、原子炉設置者、再処理事業者、使用者若しくは他の廃棄事業者に核燃料物質を譲り渡し、又はこれらの者から核燃料物質を譲り受ける場合

六　使用者が製錬事業者、加工事業者、原子炉設置者、再処理事業者、廃棄事業者若しくは他の使用者に核燃料物質を譲り渡し、又はこれらの者から第五十二条第一項の許可（第五十五条第一項の許可を含む。）を受けた種類の核燃料物質を譲り受ける場合

七　製錬事業者、加工事業者、原子炉設置者、再処理事業者、廃棄事業者若しくは使用者が第五十二条第一項第五号の政令で定める種類及び数量の核燃料物質を譲り渡し、若しくは譲り受ける場合又はこれらの者からこれらの核燃料物質を譲り受け、若しくはこれらの者にその核燃料物質を譲り渡す場合

八　製錬事業者、加工事業者、原子炉設置者、再処理事業者又は使用者が核燃料物質を輸出し、又は輸入する場合

九　旧製錬事業者等、旧加工事業者等、旧原子炉設置者等、旧再処理事業者等、旧廃棄事業者等又は旧使用者等が、第十二条の七第二項、第二十二条の九第二項、第四十三条の三の三第二項、第五十一条第二項、第五十一条の二十六第二項又は第五十七条の七第二項の認可を受けた廃止措置計画（第十二条の七第四項又は第六項（これらの規定を第二十二条の九第五項、第四十三条の三の三第四項、第五十一条第四項、第五十一条の二十六第四項及び第五十七条の七第四項において準用する場合を含む。）の規定による変更の認可又は届出があつたときは、その変更後のもの）に従つて核燃料物質を譲り渡し、又はその核燃料物質を譲り受ける場合

十　第六十一条の九の規定による命令により核燃料物質を譲り渡す場合

（放射能濃度についての確認等）

第六十一条の二　原子力事業者等は、工場等において用いた資材その他の物に含まれる放射性物質についての放射能濃度が放射線による障害の防止のための措置を必要としないものとして主務省令（次の各号に掲げる原子力事業者等の区分に応じ、当該各号に定める大臣（以下この条において「主務大臣」という。）の発する命令をいう。以下この条において同じ。）で定める基準を超えないことについて、主務省令で定めるところにより、主務大臣の確認を受けることができる。

一　製錬事業者、加工事業者、使用済燃料貯蔵事業者、再処理事業者及び廃棄事業者（旧製錬事業者等、旧加工事業者等、旧使用済燃料貯蔵事業者等、旧再処理事業者等及び旧廃棄事業者等を含む。）　経済産業大臣

二　使用者（旧使用者等を含む。）　文部科学大臣

三　原子炉設置者（旧原子炉設置者等を含む。）　第二十三条第一項各号に掲げる原子炉の区分に応じ、当該各号に定める大臣

四　外国原子力船運航者　国土交通大臣

2　前項の確認を受けようとする者は、主務省令で定めるところによりあらかじめ主務大臣の認可を受けた放射能濃度の測定及び評価の方法に基づき、その確認を受けようとする物に含まれる放射性物質の放射能濃度の測定及び評価を行い、その結果を記載した申請書その他主務省令で定める書類を主務大臣に提出しなければならない。

3　第一項の規定により主務大臣の確認を受けた物は、この法律、廃棄物の処理及び清掃に関する法律（昭和四十五年法律第百三十七号）その他の政令で定める法令の適用については、核燃料物質によつて汚染された物でないものとして取り扱うものとする。

4　経済産業大臣は、製錬事業者、加工事業者、特定原子炉設置者（原子炉設置者のうち実用発電用原子炉及び第二十三条第一項第四号に掲げる原子炉に係る者をいう。以下この項において同じ。）、使用済燃料貯蔵事業者、再処理事業者及び廃棄事業者（旧製錬事業者等、旧加工事業者等、旧原子炉設置者等（特定原子炉設置者に係る者に限る。）、旧使用済燃料貯蔵事業者等、旧再処理事業者等及び旧廃棄事業者等を含む。）に係る第一項の確認に関する事務の一部を、経済産業省令で定めるところにより、機構に行わせるものとする。

5　機構は、前項の規定により確認に関する事務の一部を行つたときは、遅滞なく、その結果を経済産業省令で定めるところにより、経済産業大臣に通知しなければならない。

第六章の二　国際規制物資の使用等に関する規制等

第一節　国際規制物資の使用等に関する規制

（使用の許可及び届出等）

第六十一条の三　国際規制物資を使用しようとする者は、政令で定めるところにより、文部科学大臣の許可を受けなければならない。ただし、次の各号のいずれかに該当する場合は、この限りでない。

一　製錬事業者が国際規制物資を製錬の事業の用に供する場合

二　加工事業者が国際規制物資を加工の事業の用に供する場合

三　原子炉設置者が国際規制物資を原子炉の設置又は運転の用に供する場合

四　再処理事業者が国際規制物資を再処理の事業の用に供する場合

五　使用者が国際規制物資を第五十二条第一項の許可を受けた使用の目的に使用する場合

六　旧製錬事業者等、旧加工事業者等、旧原子炉設置者等、旧再処理事業者等又は旧使用者等が第十二条の七第九項（第二十二条の九第五項、第四十三条の三の三第四項、第五十一条第四項及び第五十七条の七第四項において準用する場合を含む。）の規定による確認を受けるまでの間、国際規制物資を使用する場合

2　前項の許可を受けようとする者は、次の事項を記載した申請書を文部科学大臣に提出しなければならない。

一　氏名又は名称及び住所並びに法人にあつては、その代表者の氏名

二　使用の目的及び方法

三　国際規制物資の種類及び数量

四　使用の場所

五　予定使用期間

3　核原料物質について第一項の許可を受けようとする者は、前項の申請書に第五十七条の八第二項第六号の事項を記載した書類を添付しなければならない。ただし、同条第一項第三号に該当する場合は、この限りでない。

4　第一項第一号から第五号までのいずれかに該当する場合には、当該各号に規定する者は、文部科学省令で定めるところにより、あらかじめ、その使用する国際規制物資の種類及び数量並びに予定使用期間を文部科学大臣に届け出なければならない。

5　使用済燃料貯蔵事業者は、国際規制物資を貯蔵しようとする場合には、文部科学省令で定めるところにより、あらかじめ、その貯蔵する国際規制物資の種類及び数量並びに予定される貯蔵の期間を文部科学大臣に届け出なければならない。

6　廃棄事業者は、国際規制物資を廃棄しようとする場合には、文部科学省令で定めるところにより、あらかじめ、その廃棄する国際規制物資の種類及び数量並びに予定される廃棄の期間を文部科学大臣に届け出なければならない。

7　第一項第六号に該当する場合には、旧製錬事業者等、旧加工事業者等、旧原子炉設置者等、旧再処理事業者等又は旧使用者等は、文部科学省令で定めるところにより、第十条若しくは第四十六条の七の規定により製錬事業者若しくは再処理事業者としての指定を取り消された日若しくは第二十条、第三十三条第一項若しくは第二項若しくは第五十六条の規定により加工事業者、原子炉設置者若しくは使用者としての許可を取り消された日又は製錬事業者、加工事業者、原子炉設置者、再処理事業者若しくは使用者の解散若しくは死亡の日から文部科学省令で定める期間内に、その使用する国際規制物資の種類及び数量並びに予定使用期間を文部科学大臣に届け出なければならない。

8　旧使用済燃料貯蔵事業者等は、第四十三条の二十八第四項において準用する第十二条の七第九項の規定による確認を受けるまでの間において国際規制物資を貯蔵する場合には、文部科学省令で定めるところにより、第四十三条の十六の規定により使用済燃料貯蔵事業者としての許可を取り消された日又は使用済燃料貯蔵事業者の解散若しくは死亡の日から文部科学省令で定める期間内に、その貯蔵する国際規制物資の種類及び数量並びに予定される貯蔵の期間を文部科学大臣に届け出なければならない。

9　旧廃棄事業者等は、第五十一条の二十六第四項において準用する第十二条の七第九項の規定による確認を受けるまでの間において国際規制物資を廃棄する場合には、文部科学省令で定めるところにより、第五十一条の十四の規定により廃棄事業者としての許可を取り消された日又は廃棄事業者の解散若しくは死亡の日から文部科学省令で定める期間内に、その廃棄する国際規制物資の種類及び数量並びに予定される廃棄の期間を文部科学大臣に届け出なければならない。

（許可の欠格条項）

第六十一条の四　次の各号のいずれかに該当する者には、前条第一項の許可を与えない。

一　第六十一条の六の規定により前条第一項の許可を取り消され、取消しの日から二年を経過していない者

二　この法律又はこの法律に基づく命令の規定に違反し、罰金以上の刑に処せられ、その執行を終わり、又は執行を受けることのなくなつた後、二年を経過していない者

三　成年被後見人

四　法人であつて、その業務を行なう役員のうちに前三号のいずれかに該当する者のあるもの

（変更の届出）

第六十一条の五　第六十一条の三第一項の許可を受けた者（以下「国際規制物資使用者」という。）は、同条第二項第二号から第四号までに掲げる事項を変更しようとするときは、文部科学省令で定めるところにより、あらかじめその旨を文部科学大臣に届け出なければならない。

2　国際規制物資使用者は、第六十一条の三第二項第一号又は第五号に掲げる事項を変更したときは、変更の日から三十日以内に、その旨を文部科学大臣に届け出なければならない。

（許可の取消し等）

第六十一条の六　文部科学大臣は、国際規制物資使用者が次の各号のいずれかに該当するときは、第六十一条の三第一項の許可を取り消し、又は一年以内の期間を定めて国際規制物資の使用の停止を命ずることができる。

一　第六十一条の四第二号から第四号までのいずれかに該当するに至つたとき。

二　前条第一項の規定により届出をしなければならない事項を届出をしないでしたとき。

三　第六十一条の八第一項若しくは第四項の規定に違反し、又は同条第三項の規定による命令に違反したとき。

四　第六十二条の二第二項の条件に違反したとき。

（記録）

第六十一条の七　国際規制物資を使用している者（国際規制物資を貯蔵している使用済燃料貯蔵事業者（旧使用済燃料貯蔵事業者等を含む。以下この条において同じ。）及び国際規制物資を廃棄している廃棄事業者（旧廃棄事業者等を含む。以下この条において同じ。）を含む。第六十一条の九、第六十七条第一項、第六十八条第十五項から第十八項まで、第七十八条第二十九号及び第八十条第十号において同じ。）は、文部科学省令で定めるところにより、国際規制物資の使用（使用済燃料貯蔵事業者による国際規制物資の貯蔵及び廃棄事業者による国際規制物資の廃棄を含む。次条第一項及び第六十一条の十において同じ。）に関し文部科学省令で定める事項を記録し、これをその工場又は事業所（船舶に設置する原子炉に係る場合にあつては、その船舶。第六十一条の八の二第二項第一号、第六十一条の二十三の七第三項、第六十八条（第二項及び第五項を除く。）、第七十一条第二項及び第七十二条第三項において同じ。）に備えて置かなければならない。

（計量管理規定）

第六十一条の八　国際規制物資使用者、第六十一条の三第一項各号（第一号を除く。）のいずれかに該当する場合における当該各号に規定する者並びに同条第五項、第六項、第八項及び第九項に規定する者（以下「国際規制物資使用者等」という。）は、国際規制物資の適正な計量及び管理を確保するため、文部科学省令で定めるところにより、計量管理規定を定め、国際規制物資の使用開始前に、文部科学大臣の認可を受けなければならない。これを変更しようとするときも、同様とする。

2　文部科学大臣は、計量管理規定が国際規制物資の適正な計量及び管理を確保するために十分でないと認めるときは、前項の認可をしてはならない。

3　文部科学大臣は、国際規制物資の適正な計量及び管理を確保するため必要があると認めるときは、国際規制物資使用者等に対し、計量管理規定の変更を命ずることができる。

4　国際規制物資使用者等及びその従業者は、計量管理規定を守らなければならない。

（保障措置検査）

第六十一条の八の二　国際規制物資使用者等は、保障措置協定に基づく保障措置の実施に必要な範囲内において文部科学省令で定めるところにより、国際規制物資の計量及び管理の状況について、文部科学大臣が定期に行う検査を受けなければならない。

2　前項の検査（以下「保障措置検査」という。）に当たつては、文部科学大臣の指定するその職員は、次に掲げる事項であつて文部科学省令で定めるものを行うことができる。

一　事務所又は工場若しくは事業所への立入り

二　帳簿、書類その他必要な物件の検査

三　核原料物質、核燃料物質その他の必要な試料の提出（試験のため必要な最小限度の量に限る。）をさせること。

四　国際規制物資の移動を監視するために必要な封印又は装置の取付け

3　前項第一号の規定により職員が立ち入るときは、その身分を示す証明書を携帯し、かつ、関係者の請求があるときは、これを提示しなければならない。

4　第二項の規定による権限は、犯罪捜査のために認められたものと解してはならない。

5　何人も、第二項第四号の規定によりされた封印又は取り付けられた装置を、正当な理由がないのに、取り外し、又はき損してはならない。

（返還命令等）

第六十一条の九　文部科学大臣は、次の各号の一に該当するときは、国際規制物資を使用している者に対し、国際規制物資の返還又は譲渡を命ずることができる。

一　国際約束が停止され、若しくは廃棄され、又は国際約束の期間が満了したとき。

二　国際約束に基づき国際規制物資の供給当事国政府（国際機関を含む。以下同じ。）が購入優先権を行使したとき。

（使用の廃止等の届出）

第六十一条の九の二　国際規制物資使用者は、国際規制物資のすべての使用を廃止したときは、文部科学省令で定めるところにより、その旨を文部科学大臣に届け出なければならない。

2　前項の規定による届出をしたときは、第六十一条の三第一項の許可は、その効力を失う。

3　国際規制物資使用者が解散したときの清算人、破産管財人若しくは合併後存続し、若しくは合併により設立された法人の代表者又は死亡したときの相続人若しくは相続人に代わつて相続財産を管理する者は、文部科学省令で定めるところにより、その旨を文部科学大臣に届け出なければならない。

（使用の廃止等に伴う措置）

第六十一条の九の三　旧国際規制物資使用者等（第六十一条の六の規定により許可を取り消された国際規制物資使用者又は前条第一項若しくは第三項の規定により届出をしなければならない者をいう。次項において同じ。）は、文部科学省令で定めるところにより、国際規制物資を譲り渡す等の措置を講じなければならない。

2　旧国際規制物資使用者等は、第六十一条の六の規定により国際規制物資使用者としての許可を取り消された日、国際規制物資のすべての使用を廃止した日又は国際規制物資使用者が解散し、若しくは死亡した日からそれぞれ三十日以内に、前項の規定により講じた措置を文部科学大臣に報告しなければならない。

（国際特定活動の届出）

第六十一条の九の四　国際特定活動を行う者は、政令で定めるところにより、国際特定活動を開始した日から三十日以内に、文部科学大臣に届け出なければならない。ただし、国際規制物資を使用することにより行う場合は、この限りでない。

2　前項の規定により届出をしようとする者は、次の事項を記載した届出書を文部科学大臣に提出しなければならない。

一　氏名又は名称及び住所並びに法人にあつては、その代表者の氏名

二　国際特定活動の種類

三　国際特定活動の規模その他の概要のうち文部科学省令で定めるもの

四　国際特定活動を行う場所

五　予定活動期間

3　第一項の規定による届出をした者（以下「国際特定活動実施者」という。）は、前項各号に掲げる事項を変更したときは、変更の日から三十日以内に、その旨を文部科学大臣に届け出なければならない。

4　国際特定活動実施者は、当該届出に係るすべての国際特定活動を終えたときは、文部科学省令で定めるところにより、その旨を文部科学大臣に届け出なければならない。

5　国際特定活動実施者が解散したときの清算人、破産管財人若しくは合併後存続し、若しくは合併により設立された法人の代表者又は死亡したときの相続人若しくは相続人に代わつて相続財産を管理する者は、文部科学省令で定めるところにより、その旨を文部科学大臣に届け出なければならない。

第二節　指定情報処理機関

（情報処理業務の委託）

第六十一条の十　文部科学大臣は、国際約束に基づく保障措置の適切な実施に資すると認めるときは、政令で定めるところにより、国際規制物資の使用の状況に関する情報の解析その他の処理業務（以下「情報処理業務」という。）をその指定する者（以下「指定情報処理機関」という。）に行わせることができる。

（指定）

第六十一条の十一　前条の指定は、情報処理業務を行おうとする者の申請により行う。

（指定の基準）

第六十一条の十二　文部科学大臣は、第六十一条の十の指定の申請があつた場合においては、その申請が次の各号に適合していると認めるときでなければ、同条の指定をしてはならない。

一　情報処理業務を適確に遂行するに足りる技術的能力及び経理的基礎があること。

二　一般社団法人又は一般財団法人であつて、その役員又は社員の構成が情報処理業務の公正な遂行に支障を及ぼすおそれがないものであること。

三　情報処理業務以外の業務を行つている場合には、その業務を行うことによつて情報処理業務の適確な遂行に支障を及ぼすおそれがないものであること。

四　その指定をすることによつて国際約束に基づく保障措置の適確かつ円滑な実施を阻害することとならないこと。

（指定の欠格条項）

第六十一条の十三　次の各号の一に該当する者には、第六十一条の十の指定を与えない。

一　第六十一条の二十一の規定により第六十一条の十の指定を取り消され、取消しの日から二年を経過していない者

二　この法律又はこの法律に基づく命令の規定に違反し、刑に処せられ、その執行を終わり、又は執行を受けることのなくなつた後、二年を経過していない者

三　その業務を行う役員のうちに前号に該当する者のある者

（名称等の変更）

第六十一条の十四　指定情報処理機関は、その名称、住所又は情報処理業務を行う事業所の所在地を変更しようとするときは、あらかじめ文部科学大臣に届け出なければならない。

（業務の実施義務）

第六十一条の十五　指定情報処理機関は、文部科学大臣から情報処理業務を行うべきことを求められたときは、正当な理由がある場合を除き、遅滞なく、情報処理業務を行わなければならない。

（業務規定）

第六十一条の十六　指定情報処理機関は、情報処理業務に関する規定（以下この節において「業務規定」という。）を定め、文部科学大臣の認可を受けなければならない。これを変更しようとするときも、同様とする。

2　業務規定で定めるべき事項は、文部科学省令で定める。

3　文部科学大臣は、第一項の認可をした業務規定が情報処理業務の適確な遂行上不適当となつたと認めるときは、その変更を命ずることができる。

（事業計画等）

第六十一条の十七　指定情報処理機関は、毎事業年度開始前に（指定を受けた日の属する事業年度にあつては、その指定を受けた後遅滞なく）、その事業年度の事業計画及び収支予算を作成し、文部科学大臣の認可を受けなければならない。これを変更しようとするときも、同様とする。

2　指定情報処理機関は、毎事業年度経過後三月以内に、その事業年度の事業報告書及び収支決算書を作成し、文部科学大臣に提出しなければならない。

（秘密保持義務）

第六十一条の十八　指定情報処理機関の役員若しくは職員又はこれらの職にあつた者は、情報処理業務に関して知ることのできた秘密を漏らしてはならない。

（適合命令）

第六十一条の十九　文部科学大臣は、指定情報処理機関が第六十一条の十二第一号から第三号までに適合しなくなつたと認めるときは、その指定情報処理機関に対し、これらの規定に適合するため必要な措置をとるべきことを命ずることができる。

（業務の休廃止）

第六十一条の二十　指定情報処理機関は、文部科学大臣の許可を受けなければ、情報処理業務の全部又は一部

を休止し、又は廃止してはならない。

（指定の取消し等）

第六十一条の二十一　文部科学大臣は、指定情報処理機関が次の各号の一に該当するときは、その指定を取り消し、又は一年以内の期間を定めて情報処理業務の全部若しくは一部の停止を命ずることができる。

一　第六十一条の十三第二号又は第三号に該当するに至つたとき。

二　第六十一条の十四、第六十一条の十五、第六十一条の十七又は前条の規定に違反したとき。

三　第六十一条の十六第一項の認可を受けた業務規定によらないで情報処理業務を行つたとき。

四　第六十一条の十六第三項又は第六十一条の十九の規定による命令に違反したとき。

（公示）

第六十一条の二十二　文部科学大臣は、次の場合には、その旨を官報で告示するものとする。

一　第六十一条の十の指定をしたとき。

二　第六十一条の二十の許可をしたとき。

三　前条の規定により指定を取り消したとき。

（報告徴収等）

第六十一条の二十三　文部科学大臣は、指定情報処理機関の情報処理業務の適確な遂行の確保に必要な限度において、指定情報処理機関に対し、その業務若しくは経理に関し報告をさせ、又はその職員に、当該機関の事務所若しくは事業所に立ち入り、当該機関の帳簿、書類その他必要な物件を検査させ、若しくは関係者に質問させることができる。

2　前項の規定により職員が立ち入るときは、その身分を示す証明書を携帯し、かつ、関係者の請求があるときは、これを提示しなければならない。

3　第一項の規定による立入検査の権限は、犯罪捜査のために認められたものと解してはならない。

第三節　指定保障措置検査等実施機関

（指定保障措置検査等実施機関）

第六十一条の二十三の二　文部科学大臣は、文部科学省令で定めるところにより、その指定する者（以下「指定保障措置検査等実施機関」という。）に、次に掲げる業務（以下「保障措置検査等実施業務」という。）の全部又は一部を行わせることができる。

一　第六十一条の二十三の七第一項に規定する実施指示書に基づいて行う保障措置検査

二　第六十一条の八の二第二項第三号の規定により提出をさせ、若しくは第六十八条第四項の規定により収去した試料又は同条第一項の規定により収去した試料（保障措置協定又は追加議定書に基づく保障措置の実施のために収去したものに限る。）の試験及び第六十一条の八の二第二項第四号又は第六十八条第十五項若しくは第十六項の規定により取り付けた装置による記録の確認

三　保障措置協定又は追加議定書に基づく保障措置の適切な実施のため必要な技術的検査に関する調査研究その他の業務であつて政令で定めるもの

（指定）

第六十一条の二十三の三　前条の指定は、保障措置検査等実施業務を行おうとする者の申請により行う。

2　前項の申請をしようとする者は、次の事項を記載した申請書に文部科学省令で定める書類を添えて、文部科学大臣に提出しなければならない。

一　名称及び住所並びに代表者の氏名

二　保障措置検査等実施業務を行う事業所の所在地

三　前二号に掲げるもののほか、前条の指定に必要な事項として文部科学省令で定めるもの

3　文部科学大臣は、前条の指定をしたときは、指定保障措置検査等実施機関が行う保障措置検査を行わないものとする。

（指定の基準）

第六十一条の二十三の四　文部科学大臣は、前条第一項の指定の申請があつた場合においては、その申請が次の各号に適合していると認めるときでなければ、第六十一条の二十三の二の指定をしてはならない。

一　文部科学省令で定める条件に適合する知識経験を有する者が保障措置検査を実施し、その数が文部科学省令で定める数以上であること。

二　保障措置検査等実施業務を適確に遂行するに足りる技術的能力及び経理的基礎があること。

三　一般社団法人又は一般財団法人であつて、その役員又は社員の構成が保障措置検査等実施業務の適確な遂行に支障を及ぼすおそれがないものであること。

四　保障措置検査等実施業務以外の業務を行つている場合には、その業務を行うことによつて保障措置検査等実施業務の適確な遂行に支障を及ぼすおそれがないものであること。

五　その指定をすることによつて保障措置協定又は追加議定書に基づく保障措置の適確かつ円滑な実施を阻害することとならないこと。

（指定の欠格条項）

第六十一条の二十三の五　次の各号の一に該当する者には、第六十一条の二十三の二の指定を与えない。

一　第六十一条の二十三の十六の規定により第六十一条の二十三の二の指定を取り消され、取消しの日から二年を経過していない者

二　この法律又はこの法律に基づく命令の規定に違反し、刑に処せられ、その執行を終わり、又は執行を受けることのなくなつた後、二年を経過していない者

三　その業務を行う役員のうちに、次のいずれかに該当する者のある者

イ　前号に該当する者

ロ　第六十一条の二十三の十二の規定による命令により解任され、解任の日から二年を経過していない者

（名称等の変更）

第六十一条の二十三の六　指定保障措置検査等実施機関は、その名称、住所又は保障措置検査等実施業務を行う事業所の所在地を変更しようとするときは、あらかじめ文部科学大臣に届け出なければならない。

（保障措置検査の実施）

第六十一条の二十三の七　文部科学大臣は、指定保障措置検査等実施機関に対し、保障措置検査を行うべきことを求めようとするときは、当該保障措置検査の日時、場所その他文部科学省令で定める事項（第六十一条の八の二第二項第四号の規定によりされるべき封印又は取り付けられるべき装置の対象物及び位置を含む。）を記載した実施指示書を交付するものとする。この場合において、実施指示書に記載される内容は、当該保障措置検査に当たつて行われるべき同項に規定する事項を明確にするものでなければならず、かつ、記載のない事項について対処する必要が生じたときは直ちに文部科学大臣の指定するその職員に通報すべき旨を含むものでなければならない。

2　指定保障措置検査等実施機関は、前項の実施指示書の交付を受けたときは、当該実施指示書に記載された内容に従い、第六十一条の二十三の四第一号に規定する者（以下「保障措置検査員」という。）に当該保障措置検査を実施させなければならない。

3　指定保障措置検査等実施機関の保障措置検査員は、国際規制物資使用者等の事務所又は工場若しくは事業所に立ち入るときは、第一項の実施指示書又はその写しを携帯し、かつ、関係者の請求があるときは、これを提示しなければならない。

4　指定保障措置検査等実施機関は、保障措置検査を行つたときは、遅滞なく、文部科学省令で定めるところにより、当該保障措置検査の結果を文部科学大臣に通知しなければならない。

（業務規定）

第六十一条の二十三の八　指定保障措置検査等実施機関は、保障措置検査等実施業務に関する規定（以下この節において「業務規定」という。）を定め、文部科学大臣の認可を受けなければならない。これを変更しようとするときも、同様とする。

2　業務規定で定めるべき事項は、文部科学省令で定める。

3　文部科学大臣は、第一項の認可をした業務規定が保障措置検査等実施業務の適確な遂行上不適当となつたと認めるときは、その変更を命ずることができる。

（区分経理）

第六十一条の二十三の九　指定保障措置検査等実施機関は、保障措置検査等実施業務に係る経理とその他の経理とを区分して整理しなければならない。

（交付金）

第六十一条の二十三の十　国は、予算の範囲内において、指定保障措置検査等実施機関に対し、保障措置検査等実施業務に要する費用の全部又は一部に相当する金額を交付することができる。

（役員の選任及び解任等）

第六十一条の二十三の十一　指定保障措置検査等実施機関の役員の選任及び解任は、文部科学大臣の認可を受けなければ、その効力を生じない。

2　指定保障措置検査等実施機関の保障措置検査員の選任は、文部科学大臣の認可を受けなければ、その効力を生じない。

（解任命令）

第六十一条の二十三の十二　文部科学大臣は、指定保障措置検査等実施機関の役員又は保障措置検査員がこの法律若しくはこの法律に基づく命令の規定又は業務規定に違反したときその他その職務を行うのに適当でないと認めるときは、その指定保障措置検査等実施機関に対し、その役員又は保障措置検査員を解任すべきことを命ずることができる。

（役員及び職員の地位）

第六十一条の二十三の十三　保障措置検査の業務に従事する指定保障措置検査等実施機関の役員又は職員は、刑法（明治四十年法律第四十五号）その他の罰則の適用については、法令により公務に従事する職員とみなす。

（監督命令）

第六十一条の二十三の十四　文部科学大臣は、この節の規定を施行するために必要な限度において、指定保障措置検査等実施機関に対し、保障措置検査等実施業務に関し監督上必要な命令をすることができる。

（業務の休廃止）

第六十一条の二十三の十五　指定保障措置検査等実施機関は、文部科学大臣の許可を受けなければ、保障措置検査等実施業務の全部又は一部を休止し、又は廃止してはならない。

（指定の取消し等）

第六十一条の二十三の十六　文部科学大臣は、指定保障措置検査等実施機関が次の各号のいずれかに該当するときは、第六十一条の二十三の二の指定を取り消し、又は一年以内の期間を定めて保障措置検査等実施業務の全部若しくは一部の停止を命ずることができる。

一　この節の規定に違反したとき。

二　第六十一条の二十三の五第二号又は第三号に該当するに至つたとき。

三　第六十一条の二十三の八第一項の認可を受けた業務規定によらないで保障措置検査等実施業務を行つたとき。

四　第六十一条の二十三の八第三項、第六十一条の二十三の十二又は第六十一条の二十三の十四の規定による命令に違反したとき。

五　不正の手段により第六十一条の二十三の二の指定を受けたとき。

六　第六十二条の二第一項の条件に違反したとき。

（帳簿の記載）

第六十一条の二十三の十七　指定保障措置検査等実施機関は、帳簿を備え、保障措置検査等実施業務に関し文部科学省令で定める事項を記載しなければならない。

2　前項の帳簿は、文部科学省令で定めるところにより、保存しなければならない。

（文部科学大臣による保障措置検査）

第六十一条の二十三の十八　文部科学大臣は、指定保障措置検査等実施機関が第六十一条の二十三の十五の許可を受けて保障措置検査の業務の全部若しくは一部を休止したとき、第六十一条の二十三の十六の規定により指定保障措置検査等実施機関に対し保障措置検査の業務の全部若しくは一部の停止を命じたとき、又は指定保障措置検査等実施機関が天災その他の事由により保障措置検査の業務の全部若しくは一部を実施することが困難となつた場合において必要があると認めるときは、当該保障措置検査の業務の全部又は一部を自ら行うものとする。

2　文部科学大臣が前項の規定により保障措置検査の業務の全部若しくは一部を自ら行う場合、指定保障措置検査等実施機関が第六十一条の二十三の十五の許可を受けて保障措置検査の業務の全部若しくは一部を廃止する場合又は第六十一条の二十三の十六の規定により文部科学大臣が指定保障措置検査等実施機関の指定を取り消した場合における保障措置検査の業務の引継ぎその他の必要な事項については、文部科学省令で定める。

（公示）

第六十一条の二十三の十九　文部科学大臣は、次の場合には、その旨を官報で告示するものとする。

一　第六十一条の二十三の二の指定をしたとき。

二　第六十一条の二十三の六の規定による届出（名称又は住所に係るものに限る。）があつたとき。

三　第六十一条の二十三の十五の許可（保障措置検査に係るものに限る。）をしたとき。

四　第六十一条の二十三の十六の規定により指定を取り消し、又は保障措置検査の業務の全部若しくは一部の停止を命じたとき。

五　前条第一項の規定により文部科学大臣が保障措置検査の業務の全部若しくは一部を自ら行うものとするとき、又は自ら行つていた保障措置検査の業務の全部若しくは一部を行わないこととするとき。

（準用）

第六十一条の二十三の二十　第六十一条の十七、第六十一条の十八及び第六十一条の二十三の規定は、指定保障措置検査等実施機関について準用する。この場合において、第六十一条の十八中「情報処理業務」とあるのは「保障措置検査の業務」と、第六十一条の二十三第一項中「情報処理業務」とあるのは「保障措置検査等実施業務」と読み替えるものとする。

（文部科学省令への委任）

第六十一条の二十三の二十一　この節に定めるもののほか、指定保障措置検査等実施機関の財務及び会計その他指定保障措置検査等実施機関に関し必要な事項は、文部科学省令で定める。

第六章の三　機構の行う溶接検査等

（機構の行う溶接検査）

第六十一条の二十四　経済産業大臣は、機構に、第十六条の四第一項及び第四項、第二十八条の二第一項及び第四項（実用発電用原子炉及び第二十三条第一項第四号に掲げる原子炉並びにこれらの附属施設に係る部分に限る。）、第四十三条の十第一項及び第四項並びに第五十一条の九第一項及び第四項の検査を行わせるものとする。

2　文部科学大臣は、文部科学省令で定めるところにより、機構に、第二十八条の二第一項若しくは第四項（第二十三条第一項第三号及び第五号に掲げる原子炉並びにこれらの附属施設に係る部分に限る。）又は第五十五条の三第一項の検査を行わせることができる。

（機構の行う廃棄確認）

第六十一条の二十五　経済産業大臣は、機構に、第五十一条の六第二項及び第五十八条第二項の確認（同条第一項第一号及び第三号（実用発電用原子炉及び第二十三条第一項第四号に掲げる原子炉に係る部分に限る。）に掲げる者に係るものに限る。）を行わせるものとする。

2　文部科学大臣は、文部科学省令で定めるところにより、機構に、第五十八条第二項の確認（同条第一項第二号及び第三号（第二十三条第一項第三号及び第五号に掲げる原子炉に係る部分に限る。）に掲げる者に係るものに限る。）を行わせることができる。

（機構の行う運搬物確認）

第六十一条の二十六　経済産業大臣は、機構に、承認容器による運搬物に係る第五十九条第二項の確認（同条第一項第一号及び第三号（実用発電用原子炉及び第二十三条第一項第四号に掲げる原子炉に係る部分に限る。）に掲げる者に係るものに限る。）を行わせるものとする。

2　文部科学大臣は、文部科学省令で定めるところにより、機構に、承認容器による運搬物に係る第五十九条第二項の確認（同条第一項第二号及び第三号（第二十三条第一項第三号及び第五号に掲げる原子炉に係る部分に限る。）に掲げる者に係るものに限る。）を行わせることができる。

3　前二項の規定による機構の確認は、鉄道、軌道、索道、無軌条電車、自動車又は軽車両による運搬に係る確認に限るものとする。

（機構の行う運搬方法確認）

第六十一条の二十七　国土交通大臣は、国土交通省令で定めるところにより、機構に、第五十九条第二項の確認（鉄道、軌道、索道、無軌条電車、自動車及び軽車両による運搬に係る確認（運搬する物に係る確認を除く。）に限る。）であつて国土交通省令で定めるものを行わせることができる。

第七章　雑則

（海洋投棄の制限）

第六十二条　核原料物質若しくは核燃料物質又はこれらによつて汚染された物は、海洋投棄をしてはならない。ただし、人命又は船舶、航空機若しくは人工海洋構築物の安全を確保するためやむを得ない場合は、この限りでない。

2　前項において「海洋投棄」とは、船舶、航空機若しくは人工海洋構築物から海洋に物を廃棄すること又は船舶若しくは人工海洋構築物において廃棄する目的で物を燃焼させることをいう。ただし、船舶、航空機若しくは人工海洋構築物から海洋に当該船舶、航空機若しくは人工海洋構築物及びこれらの設備の運用に伴つて生ずる物を廃棄すること又は船舶若しくは人工海洋構築物において廃棄する目的で当該船舶若しくは人工海洋構築物及びこれらの設備の運用に伴つて生ずる物を燃焼させることを除く。

（指定又は許可の条件）

第六十二条の二　この法律に規定する指定又は許可には、次項に定める場合を除くほか、条件を附することができる。

2　第三条第一項若しくは第四十四条第一項の指定又は第十三条第一項、第二十三条第一項、第四十三条の四第一項、第五十一条の二第一項、第五十二条第一項若しくは第六十一条の三第一項の許可には、国際規制物資の用途又は譲渡の制限その他国際約束を実施するために必要な条件を付することができる。

3　前二項の条件は、指定又は許可に係る事項の確実な実施を図るため必要な最小限度のものに限り、かつ、指定又は許可を受ける者に不当な義務を課することとならないものでなければならない。

（主務大臣等への報告）

第六十二条の三　原子力事業者等（核原料物質使用者を含む。以下この条において同じ。）は、製錬施設、加工施設、原子炉施設、使用済燃料貯蔵施設、再処理施設、廃棄物埋設施設若しくは廃棄物管理施設、使用施設等又は核原料物質の使用に係る施設（以下この条において「製錬施設等」という。）に関し人の障害が発生した事故（人の障害が発生するおそれのある事故を含む。）、製錬施設等の故障その他の主務省令（次の各号に掲げる原子力事業者等の区分に応じ、当該各号に定める大臣（以下この条において「主務大臣」という。）の発する命令（第五十九条第五項の規定による届出をした場合については、内閣府令）をいう。以下この条において同じ。）で定める事象が生じたときは、主務省令で定めるところにより、遅滞なく、事象の状況その他の主務省令で定める事項を主務大臣（同項の規定による届出をした場合については、都道府県公安委員会）に報告しなければならない。

一　製錬事業者、加工事業者、使用済燃料貯蔵事業者、再処理事業者及び廃棄事業者（旧製錬事業者等、旧加工事業者等、旧使用済燃料貯蔵事業者等、旧再処理事業者等及び旧廃棄事業者等を含む。）　経済産業大臣（第五十九条第一項に規定する運搬に係る場合にあつては経済産業大臣及び国土交通大臣、船舶又は航空機による運搬に係る場合にあつては国土交通大臣）

二　使用者（旧使用者等を含む。）　文部科学大臣（第五十九条第一項に規定する運搬に係る場合にあつては文部科学大臣及び国土交通大臣、船舶又は航空機による運搬に係る場合にあつては国土交通大臣）

三　原子炉設置者（旧原子炉設置者等を含む。）　第二十三条第一項各号に掲げる原子炉の区分に応じ、当該各号に定める大臣（第五十九条第一項に規定する運搬に係る場合にあつては第二十三条第一項各号に定める大臣及び国土交通大臣、船舶又は航空機による運搬に係る場合にあつては国土交通大臣）

四　外国原子力船運航者　国土交通大臣

五　核原料物質使用者　文部科学大臣

（警察官等への届出）

第六十三条　原子力事業者等（原子力事業者等から運搬を委託された者及び受託貯蔵者を含む。）は、その所持する核燃料物質について盗取、所在不明その他の事故が生じたときは、遅滞なく、その旨を警察官又は海上保安官に届け出なければならない。

（危険時の措置）

第六十四条　原子力事業者等（原子力事業者等から運搬を委託された者及び受託貯蔵者を含む。以下この条において同じ。）は、その所持する核燃料物質若しくは核燃料物質によつて汚染された物又は原子炉に関し、地震、火災その他の災害が起こつたことにより、核燃料物質若しくは核燃料物質によつて汚染された物又は原子炉による災害が発生するおそれがあり、又は発生した場合においては、直ちに、主務省令（第三項各号に掲げる原子力事業者等の区分に応じ、当該各号に定める大臣の発する命令をいう。）で定めるところにより、応急の措置を講じなければならない。

2　前項の事態を発見した者は、直ちに、その旨を警察官又は海上保安官に通報しなければならない。

3　文部科学大臣、経済産業大臣又は国土交通大臣は、第一項の場合において、核燃料物質若しくは核燃料物質によつて汚染された物又は原子炉による災害を防止するため緊急の必要があると認めるときは、同項に規定する者に対し、次の各号に掲げる原子力事業者等の区分に応じ、製錬施設、加工施設、原子炉施設、使用済燃料貯蔵施設、再処理施設、廃棄物埋設施設若しくは廃棄物管理施設又は使用施設の使用の停止、核燃料物質又は核燃料物質によつて汚染された物の所在場所の変更その他核燃料物質若しくは核燃料物質によつて汚染された物又は原子炉による災害を防止するために必要な措置を講ずることを命ずることができる。

一　製錬事業者、加工事業者、使用済燃料貯蔵事業者、再処理事業者及び廃棄事業者（旧製錬事業者等、旧加工事業者等、旧使用済燃料貯蔵事業者等、旧再処理事業者等及び旧廃棄事業者等を含む。）並びにこれらの者から運搬を委託された者　経済産業大臣（第五十九条第一項に規定する運搬に係る場合にあつては同項に規定する区分に応じ経済産業大臣又は国土交通大臣、船舶又は航空機による運搬に係る場合にあつては国土交通大臣）

二　使用者（旧使用者等を含む。以下この号において同じ。）及び使用者から運搬を委託された者　文部科学大臣（第五十九条第一項に規定する運搬に係る場合にあつては同項に規定する区分に応じ文部科学大臣又は国土交通大臣、船舶又は航空機による運搬に係る場合にあつては国土交通大臣）

三　原子炉設置者（旧原子炉設置者等を含む。以下この号において同じ。）及び当該原子炉設置者から運搬を委託された者　第二十三条第一項各号に掲げる原子炉の区分に応じ、当該各号に定める大臣（第五十九条第一項に規定する運搬に係る場合にあつては同項に規定する区分に応じ第二十三条第一項各号に定める大臣又は国土交通大臣、船舶又は航空機による運搬に係る場合にあつては国土交通大臣）

四　外国原子力船運航者及び外国原子力船運航者から運搬を委託された者　国土交通大臣

五　受託貯蔵者　第六十条第一項各号に掲げる区分に応じ、当該各号に定める大臣

（事務規程）

第六十五条　機構は、検査等事務（次の各号に掲げる検査及び確認に関する事務の一部並びに検査及び確認をいう。以下同じ。）に係る業務の開始前に、検査等事務の実施に関する規程（以下「事務規程」という。）を定め、当該各号に定める大臣（以下この条及び第六十八条の二において「主務大臣」という。）に届け

出なければならない。これを変更しようとするときも、同様とする。

一　第十六条の三第三項（第二十八条第三項、第四十三条の九第三項、第四十六条第三項及び第五十一条の八第三項において準用する場合を含む。）及び第十六条の五第三項（第二十九条第三項、第四十三条の十一第三項、第四十六条の二の二第三項及び第五十一条の十第三項において準用する場合を含む。）に規定する検査に関する事務の一部　経済産業大臣

二　第六十一条の二第四項に規定する確認に関する事務の一部　経済産業大臣

三　第六十一条の二十四第一項に規定する検査　経済産業大臣

四　第六十一条の二十四第二項に規定する検査　文部科学大臣

五　第五十一条の六第三項に規定する確認に関する事務の一部　経済産業大臣

六　第六十一条の二十五第一項に規定する確認　経済産業大臣

七　第六十一条の二十五第二項に規定する確認　文部科学大臣

八　第六十一条の二十六第一項に規定する確認　経済産業大臣

九　第六十一条の二十六第二項に規定する確認　文部科学大臣

十　第六十一条の二十七の確認　国土交通大臣

2　主務大臣は、前項の規定による届出に係る事務規程が検査等事務の適正かつ確実な実施を図るため適当でないと認めるときは、その事務規程を変更すべきことを命ずることができる。

3　事務規程で定めるべき事項は、主務省令（主務大臣の発する命令をいう。次条において同じ。）で定める。

（検査等事務を実施する者）

第六十六条　機構は、検査等事務を行うときは、主務省令で定める資格を有する者に実施させなければならない。

（主務大臣等に対する申告）

第六十六条の二　原子力事業者等（外国原子力船運航者を除く。以下この条において同じ。）がこの法律又はこの法律に基づく命令の規定に違反する事実がある場合においては、原子力事業者等の従業者は、その事実を次の各号に掲げる原子力事業者等の区分に応じ当該各号に定める大臣又は原子力安全委員会に申告することができる。

一　製錬事業者、加工事業者、使用済燃料貯蔵事業者、再処理事業者及び廃棄事業者（旧製錬事業者等、旧加工事業者等、旧使用済燃料貯蔵事業者等、旧再処理事業者等及び旧廃棄事業者等を含む。）　経済産業大臣

二　使用者（旧使用者等を含む。）　文部科学大臣

三　原子炉設置者（旧原子炉設置者等を含む。）　第二十三条第一項各号に掲げる原子炉の区分に応じ、当該各号に定める大臣

2　原子力事業者等は、前項の申告をしたことを理由として、その従業者に対して解雇その他不利益な取扱いをしてはならない。

（報告徴収）

第六十七条　文部科学大臣、経済産業大臣、国土交通大臣又は都道府県公安委員会は、この法律（都道府県公安委員会にあつては、第五十九条第六項の規定）の施行に必要な限度において、原子力事業者等（核原料物質使用者、国際規制物資を使用している者及び国際特定活動実施者を含む。）に対し、第六十四条第三項各号に掲げる原子力事業者等の区分（同項各号の当該区分にかかわらず、核原料物質使用者、国際規制物資を使用している者及び国際特定活動実施者については文部科学大臣とし、第五十九条第五項に規定する届出をした場合については都道府県公安委員会とする。）に応じ、その業務に関し報告をさせることができる。

2　文部科学大臣、経済産業大臣又は国土交通大臣は、前項の規定による報告の徴収のほか、同項の規定により原子力事業者等（外国原子力船運航者を除き、使用者及び旧使用者等にあつては、第五十六条の三第一項の規定により保安規定を定めなければならないこととされているものに限る。以下この項において同じ。）に報告をさせた場合において、核燃料物質若しくは核燃料物質によつて汚染された物又は原子炉による災害を防止するため特に必要があると認めるときは、この法律の施行に必要な限度において、原子力事業者等の設置する製錬施設、加工施設、原子炉施設、使用済燃料貯蔵施設、再処理施設、廃棄物埋設施設、廃棄物管理施設又は使用施設等の保守点検を行つた事業者に対し、必要な報告をさせることができる。

3　文部科学大臣、経済産業大臣及び国土交通大臣は、この法律の施行に必要な限度において、機構に対し、第六十五条第一項各号に掲げる検査等事務の区分に応じ、その業務に関し報告をさせることができる。

4　文部科学大臣、経済産業大臣又は国土交通大臣は、第一項及び前項の規定による報告の徴収のほか、第六十二条第一項の規定の施行に必要な限度において、船舶の船長その他の関係者に対し、必要な報告をさせることができる。

5　文部科学大臣は、第一項の規定による報告の徴収のほか、追加議定書の定めるところにより国際原子力機関に対して報告又は説明を行うために必要な限度において、国際規制物資を使用している者その他の者に対し、国際原子力機関からの要請に係る事項その他の政令で定める事項に関し報告をさせることができる。

（原子力施設検査官、原子力保安検査官及び核物質防護検査官）

第六十七条の二　文部科学省及び経済産業省に、原子力施設検査官、原子力保安検査官及び核物質防護検査官を置く。

2　文部科学省の原子力施設検査官は第二十八条から第二十九条まで、第五十五条の二又は第五十五条の三の検査に関する事務に、経済産業省の原子力施設検査官は第十六条の三から第十六条の五まで、第二十八条から第二十九条まで、第四十三条の九から第四十三条の十一まで、第四十六条から第四十六条の二の二まで又は第五十一条の八から第五十一条の十までの検査に関する事務に、それぞれ従事する。

3　文部科学省の原子力保安検査官は第三十七条第五項

又は第五十六条の三第五項の検査（第三十七条第五項の検査については、第二十三条第一項第三号及び第五号の原子炉に係るものに限る。）に関する事務に、経済産業省の原子力保安検査官は第十二条第五項、第二十二条第五項、第三十七条第五項、第四十三条の二十第五項、第五十条第五項又は第五十一条の十八第五項の検査（第三十七条第五項の検査については、実用発電用原子炉及び第二十三条第一項第四号に掲げる原子炉に係るものに限る。）に関する事務に、それぞれ従事する。

4　文部科学省の核物質防護検査官は第四十三条の二第二項又は第五十七条の二第二項において準用する第十二条の二第五項の検査（第四十三条の二第二項において準用する第十二条の二第五項の検査については、第二十三条第一項第三号及び第五号に掲げる原子炉に係るものに限る。）に関する事務に、経済産業省の核物質防護検査官は第十二条の二第五項（第二十二条の六第二項、第四十三条の二第二項、第四十三条の二十五第二項、第五十条の三第二項及び第五十一条の二十三第二項において準用する場合を含む。）の検査（第四十三条の二第二項において準用する第十二条の二第五項の検査については、実用発電用原子炉及び第二十三条第一項第四号に掲げる原子炉に係るものに限る。）に関する事務に、それぞれ従事する。

5　原子力施設検査官、原子力保安検査官及び核物質防護検査官の定数及び資格に関し必要な事項は、政令で定める。

（立入検査等）

第六十八条　文部科学大臣、経済産業大臣、国土交通大臣又は都道府県公安委員会は、この法律（文部科学大臣、経済産業大臣又は国土交通大臣にあつては第六十四条第三項各号に掲げる原子力事業者等の区分（核原料物質使用者、国際規制物資使用者、第六十一条の三第一項各号のいずれかに該当する場合における当該各号に規定する者、同条第五項、第六項、第八項及び第九項に規定する者並びに国際特定活動実施者については、第六十四条第三項各号の当該区分にかかわらず、文部科学大臣とする。）に応じこの法律の規定、都道府県公安委員会にあつては第五十九条第六項の規定）の施行に必要な限度において、その職員（都道府県公安委員会にあつては、警察職員）に、原子力事業者等（核原料物質使用者、国際規制物資使用者、第六十一条の三第一項各号のいずれかに該当する場合における当該各号に規定する者、同条第五項、第六項、第八項及び第九項に規定する者並びに国際特定活動実施者を含む。）の事務所又は工場若しくは事業所に立ち入り、帳簿、書類その他必要な物件を検査させ、関係者に質問させ、又は試験のため必要な最小限度の量に限り、核原料物質、核燃料物質その他の必要な試料を収去させることができる。

2　文部科学大臣、経済産業大臣又は国土交通大臣は、この法律（文部科学大臣にあつては第二十三条第一項第三号及び第五号に掲げる原子炉並びにその附属施設に係る第二十八条の二第一項の規定並びに第五十五条の三第一項の規定、国土交通大臣にあつては実用舶用原子炉及びその附属施設に係る第二十八条の二第一項の規定）の施行に必要な限度において、その職員に、第十六条の四第一項、第二十八条の二第一項、第四十三条の十第一項、第四十六条の二第一項、第五十一条の九第一項若しくは第五十五条の三第一項に規定する施設の溶接をする者の事務所又は工場若しくは事業所に立ち入り、帳簿、書類その他必要な物件を検査させ、又は関係者に質問させることができる。

3　文部科学大臣、経済産業大臣又は国土交通大臣は、第一項の規定による立入検査のほか、第六十二条第一項の規定の施行に必要な限度において、その職員に、船舶に立ち入り、帳簿、書類その他必要な物件を検査させ、関係者に質問させ、又は試験のため必要な最小限度の量に限り、核原料物質、核燃料物質その他の必要な試料を収去させることができる。

4　文部科学大臣は、第一項の規定による立入検査のほか、追加議定書の定めるところにより国際原子力機関に対して説明を行い、又は第十三項の規定による立入検査の実施を確保するために必要な限度において、その職員に、国際規制物資使用者等の事務所又は工場若しくは事業所その他の場所に立ち入り、帳簿、書類その他必要な物件を検査させ、関係者に質問させ、又は試験のため必要な最小限度の量に限り、核原料物質、核燃料物質その他の必要な試料を収去させることができる。

5　文部科学大臣、経済産業大臣又は国土交通大臣は、第六十五条第一項各号に掲げる検査等事務の区分に応じ、この法律の施行に必要な限度において、その職員に、機構の事務所又は事業所に立ち入り、帳簿、書類その他必要な物件を検査させ、又は関係者に質問させることができる。

6　前各項の規定により職員が立ち入るときは、その身分を示す証明書を携帯し、かつ、関係者の請求があるときは、これを提示しなければならない。

7　文部科学大臣、経済産業大臣又は国土交通大臣は、第六十五条第一項各号に掲げる検査等事務の区分に応じ、必要があると認めるときは、機構に、第一項から第三項までの規定による立入検査、質問又は収去（以下「立入検査等」という。）を行わせることができる。

8　文部科学大臣、経済産業大臣又は国土交通大臣は、前項の規定により機構に立入検査等を行わせる場合には、機構に対し、当該立入検査等の場所その他必要な事項を示してこれを実施すべきことを指示するものとする。

9　機構は、前項の指示に従つて第七項に規定する立入検査等を行つたときは、その結果を文部科学大臣、経済産業大臣又は国土交通大臣に報告しなければならない。

10　第七項の規定により機構の職員が立入検査等を行うときは、その身分を示す証明書を携帯し、かつ、関係者の請求があるときは、これを提示しなければならない。

11　第一項から第五項までの規定による権限は、犯罪捜査のために認められたものと解してはならない。

12　国際原子力機関の指定する者又は国際規制物資の供給当事国政府の指定する者は、文部科学大臣の指定するその職員（第七十四条の二第一項の規定により保障措置検査を行い、又は同条第二項の規定により立入検査を行う経済産業省又は国土交通省の職員を含む。次項、第十七項及び第十八項において同じ。）又は第六十一条の二十三の七第二項の規定により保障措置検査を行う保障措置検査員の立会いの下に、国際規制物資使用者、第六十一条の三第一項各号のいずれかに該当する場合における当該各号に規定する者又は同条第五項、第六項、第八項若しくは第九項に規定する者の事務所又は工場若しくは事業所に立ち入り、帳簿、書類その他必要な物件を検査し、関係者に質問し、又は試験のため必要な最小限度の量に限り、核原料物質、核燃料物質その他の必要な試料を収去することができる。

13　国際原子力機関の指定する者は、前項の規定による立入検査のほか、文部科学大臣の指定するその職員（政令で定める場合にあつては、文部科学大臣の指定するその職員及び外務大臣の指定するその職員。第十八項において同じ。）の立会いの下に、追加議定書で定める範囲内において、国際規制物資使用者等の事務所又は工場若しくは事業所その他の場所であつて国際原子力機関が指定するものに立ち入り、帳簿、書類その他必要な物件を検査し、又は試験のため必要な最小限度の量に限り、核原料物質、核燃料物質その他の必要な試料を収去することができる。

14　第六項の規定は、前項の規定により外務大臣の指定するその職員が立ち会う場合について準用する。

15　文部科学大臣は、保障措置協定に基づく保障措置の実施に必要な限度において、文部科学省令で定めるところにより、その職員に、国際規制物資を使用している者の工場又は事業所内において、国際規制物資の移動を監視するために必要な封印をさせ、又は装置を取り付けさせることができる。

16　文部科学大臣は、前項の規定による封印又は装置の取付けのほか、追加議定書に基づく保障措置の実施に必要な限度において、その職員に、国際規制物資を使用している者の工場又は事業所その他の場所内において、国際規制物資その他の物の移動を監視するために必要な封印をさせ、又は装置を取り付けさせることができる。

17　国際原子力機関の指定する者は、文部科学大臣の指定するその職員又は第六十一条の二十三の七第二項の規定により保障措置検査を行う保障措置検査員の立会いの下に、保障措置協定で定める範囲内で、国際規制物資を使用している者の工場又は事業所内において、国際規制物資の移動を監視するために必要な封印をし、又は装置を取り付けることができる。

18　国際原子力機関の指定する者は、前項の規定による封印又は装置の取付けのほか、文部科学大臣の指定するその職員の立会いの下に、追加議定書で定める範囲内で、国際規制物資を使用している者の工場又は事業所その他の場所内において、国際規制物資その他の物の移動を監視するために必要な封印をし、又は装置を取り付けることができる。

19　何人も、第十五項から前項までの規定によりされた封印又は取り付けられた装置を、正当な理由がないのに、取り外し、又はき損してはならない。

（機構に対する命令）

第六十八条の二　主務大臣は、検査等事務に係る業務及び前条第七項に規定する立入検査等の業務の適正な実施を確保するため必要があると認めるときは、機構に対し、これらの業務に関し必要な命令をすることができる。

（秘密保持義務）

第六十八条の三　原子力事業者等（原子力事業者等から運搬を委託された者及び受託貯蔵者を含む。次項において同じ。）及びその従業者並びにこれらの者であつた者は、正当な理由がなく、業務上知ることのできた特定核燃料物質の防護に関する秘密を漏らしてはならない。

2　国又は原子力事業者等から特定核燃料物質の防護に関する業務を委託された者及びその従業者並びにこれらの者であつた者は、正当な理由がなく、その委託された業務に関して知ることのできた特定核燃料物質の防護に関する秘密を漏らしてはならない。

3　職務上特定核燃料物質の防護に関する秘密を知ることのできた国の行政機関又は地方公共団体の職員及びこれらの職員であつた者は、正当な理由がなく、その秘密を漏らしてはならない。

（聴聞の特例）

第六十九条　文部科学大臣、経済産業大臣又は国土交通大臣は、第十条第二項、第二十条第二項、第三十三条第二項、第四十三条の十六第二項、第四十六条の七第二項、第五十一条の十四第二項、第五十六条、第六十一条の六又は第六十一条の二十一の規定による事業の停止、原子炉の運転の停止、核燃料物質若しくは国際規制物資の使用の停止又は情報処理業務の全部若しくは一部の停止の命令をしようとするときは、行政手続法（平成五年法律第八十八号）第十三条第一項の規定による意見陳述のための手続の区分にかかわらず、聴聞を行わなければならない。

2　第十条、第十二条の五（第二十二条の七第二項、第四十三条の三第二項、第四十三条の二十六第二項、第五十条の四第二項、第五十一条の二十四第二項及び第五十七条の三第二項において準用する場合を含む。）、第二十条、第二十二条の三第三項、第三十三条、第四十一条第三項、第四十三条の十六、第四十六条の七、第五十一条の十四、第五十六条、第六十一条の六、第六十一条の二十一又は第六十一条の二十三の十六の規定による処分に係る聴聞の期日における審理は、公開により行わなければならない。

3　前項の聴聞の主宰者は、行政手続法第十七条第一項の規定により当該処分に係る利害関係人が当該聴聞に関する手続に参加することを求めたときは、これを許可しなければならない。

（不服申立て等）

第七十条　この法律の規定により指定保障措置検査等実施機関が行う保障措置検査の業務に係る処分又は機構が行う検査若しくは確認の業務に係る処分若しくはその不作為について不服がある者は、指定保障措置検査等実施機関が行う処分又はその不作為については文部科学大臣に、機構が行う処分又はその不作為については次の各号に掲げる検査又は確認の区分に応じ当該各号に定める大臣に対し、行政不服審査法（昭和三十七年法律第百六十号）による審査請求をすることができる。

一　第六十一条の二十四第一項に規定する検査　経済産業大臣

二　第六十一条の二十四第二項に規定する検査　文部科学大臣

三　第六十一条の二十五第一項に規定する確認　経済産業大臣

四　第六十一条の二十五第二項に規定する確認　文部科学大臣

五　第六十一条の二十六第一項に規定する確認　経済産業大臣

六　第六十一条の二十六第二項に規定する確認　文部科学大臣

七　第六十一条の二十七の確認　国土交通大臣

2　この法律（第二十二条の三第一項及び第二項並びに第四十一条第一項及び第二項を除く。）の規定による処分の取消しの訴えは、当該処分についての異議申立てに対する決定（前項の規定により審査請求をすることができる処分にあつては、審査請求に対する裁決）を経た後でなければ、提起することができない。

3　この法律の規定による処分については、行政手続法第二十七条第二項の規定は、適用しない。

（処分等についての同意等）

第七十一条　文部科学大臣、経済産業大臣又は国土交通大臣は、第二十三条第一項、第二十三条の二第一項、第二十六条第一項、第二十六条の二第一項、第三十一条第一項、第三十三条若しくは第三十九条第一項若しくは第二項の規定による処分をし、又は第六十二条の二第二項の規定により条件を付する場合（以下この項において「処分等をする場合」という。）においては、次の各号に掲げる場合の区分に応じ、あらかじめ、当該各号に定める大臣の同意を得なければならない。

一　文部科学大臣が第二十三条第一項第三号に掲げる原子炉であつて発電の用に供するものに係る処分等をする場合　経済産業大臣

二　経済産業大臣又は文部科学大臣が第二十三条第一項第四号又は第五号に掲げる原子炉であつて船舶に設置するもの（当該原子炉を設置した船舶を含む。）に係る処分等をする場合　国土交通大臣

三　経済産業大臣又は国土交通大臣が実用発電用原子炉若しくは第二十三条第一項第四号に掲げる原子炉又は実用船用原子炉（当該原子炉を設置した船舶を含む。）、第三十九条第二項に規定する原子力船若しくは外国原子力船に係る処分等をする場合　文部科学大臣

2　文部科学大臣、経済産業大臣又は国土交通大臣は、前項の同意を求められた事項に関し特に調査する必要があると認める場合においては、当該原子炉設置者若しくは外国原子力船運航者（第二十三条第一項、第二十三条の二第一項又は第三十九条第一項若しくは第二項の許可の申請者を含む。）から必要な報告を徴し、又はその職員に、当該原子炉設置者若しくは外国原子力船運航者の事務所若しくは工場若しくは事業所に立ち入り、帳簿、書類その他必要な物件を検査させ、関係者に質問させることができる。

3　第六十八条第六項及び第十一項の規定は、前項の規定による立入検査に準用する。

4　経済産業大臣は、第三条第一項、第六条第一項、第八条第一項、第十条、第十三条第一項、第十六条第一項、第十八条第一項、第二十条、第四十三条の四第一項、第四十三条の七第一項、第四十三条の十四第一項、第四十三条の十六、第四十四条第一項、第四十四条の四第一項、第四十六条の五第一項、第四十六条の七、第五十一条の二第一項、第五十一条の五第一項、第五十一条の十二第一項、第五十一条の十四若しくは第五十一条の十九第一項の規定による処分をし、又は第三条第一項若しくは第四十四条第一項の指定若しくは第十三条第一項、第四十三条の四第一項若しくは第五十一条の二第一項の許可について第六十二条の二第二項の規定により条件を付する場合においては、あらかじめ文部科学大臣に協議しなければならない。

5　文部科学大臣は、前項の協議を求められた事項に関し特に調査する必要があると認める場合においては、当該製錬事業者（第三条第一項の指定の申請者を含む。）、当該加工事業者（第十三条第一項の許可の申請者を含む。）、当該使用済燃料貯蔵事業者（第四十三条の四第一項の許可の申請者を含む。）、当該再処理事業者（第四十四条第一項の指定の申請者を含む。）又は当該廃棄事業者（第五十一条の二第一項の許可の申請者を含む。）から必要な報告を徴することができる。

6　この法律に定めるもののほか、この法律の規定により文部科学大臣、経済産業大臣若しくは国土交通大臣又は機構が処分、届出の受理その他の行為（政令で定めるものに限る。）をした場合における文部科学大臣、経済産業大臣又は国土交通大臣への通報その他の手続については、政令で定める。

（国家公安委員会等との関係）

第七十二条　文部科学大臣、経済産業大臣又は国土交通大臣は、第十二条の二第一項、第二十二条の六第一項、第四十三条の二第一項、第四十三条の二十五第一項、第五十条の三第一項、第五十一条の二十三第一項又は第五十七条の二第一項の認可をする場合においては、政令で定めるところにより、あらかじめ国家公安委員会又は海上保安庁長官の意見を聴かなければならない。

2　国家公安委員会又は海上保安庁長官は、公共の安全の維持又は海上の安全の維持のため特に必要があると認めるときは、政令で定めるところにより、第十一条の二第一項、第十二条の二第三項若しくは第五項（これらの規定を第二十二条の六第二項、第四十三条の二十五第二項、第五十条の三第二項及び第五十一条の二十三第二項において準用する場合を含む。）、第十二条の三第一項、第二十一条の二第二項、第二十二条の七第一項、第四十三条の十八第二項、第四十三条の二十六第一項、第四十八条第二項、第五十条の四第一項、第五十一条の十六第四項若しくは第五十一条の二十四第一項の規定の運用に関し経済産業大臣に、第五十七条第二項、第五十七条の二第二項において準用する第十二条の二第三項若しくは第五項若しくは第五十七条の三第一項の規定の運用に関し文部科学大臣に、第三十五条第二項、第四十三条の二第二項において準用する第十二条の二第三項若しくは第五項若しくは第四十三条の三第一項の規定の運用に関し原子炉設置者に係るものにあつては第二十三条第一項各号に掲げる原子炉の区分に応じ当該各号に定める大臣に、外国原子力船運航者に係るものにあつては国土交通大臣に、又は第六十条第二項の規定の運用に関し同条第一

項に規定する主務大臣に、それぞれ意見を述べることができる。

3　国家公安委員会又は海上保安庁長官は、前二項の規定の施行に必要な限度において、その職員（国家公安委員会にあつては、警察庁の職員）に、原子力事業者等の事務所又は工場若しくは事業所に立ち入り、帳簿、書類その他必要な物件を検査させ、又は関係者に質問させることができる。

4　第六十八条第六項及び第十一項の規定は、前項の規定による立入検査に準用する。

5　文部科学大臣、経済産業大臣又は国土交通大臣は、第三条第一項若しくは第四十四条第一項の指定をし、第六条第一項、第十三条第一項、第十六条第一項、第二十三条第一項、第二十三条の二第一項、第二十六条第一項、第二十六条の二第一項、第三十九条第一項若しくは第二項、第四十三条の四第一項、第四十三条の七第一項、第四十四条の四第一項、第五十一条の二第一項、第五十一条の五第一項、第五十一条の十九第一項、第五十二条第一項若しくは第五十五条第一項の許可をし、第十条若しくは第四十六条の七の規定により指定を取り消し、第二十条、第三十三条、第四十三条の十六、第五十一条の十四若しくは第五十六条の規定により許可を取り消し、第十二条の二第一項、第二十二条の六第一項、第四十三条の二第一項、第四十三条の二十五第一項、第五十条の三第一項、第五十一条の二十三第一項若しくは第五十七条の二第一項の認可をし、第十二条の六第八項（第二十二条の八第三項、第四十三条の三の二第三項、第四十三条の二十七第三項、第五十条の五第三項、第五十一条の二十五第三項及び第五十七条の六第三項において準用する場合を含む。）若しくは第十二条の七第九項（第二十二条の九第五項、第四十三条の三の三第四項、第四十三条の二十八第四項、第五十一条第四項、第五十一条の二十六第四項及び第五十七条の七第四項において準用する場合を含む。）の確認をし、第十二条の二第五項（第二十二条の六第二項、第四十三条の二第二項、第四十三条の二十五第二項、第五十条の三第二項、第五十一条の二十三第二項及び第五十七条の二第二項において準用する場合を含む。）の検査をし、又は第十二条の三第二項（第二十二条の七第二項、第四十三条の二第二項、第四十三条の二十六第二項、第五十条の四第二項、第五十一条の二十四第二項及び第五十七条の三第二項において準用する場合を含む。）若しくは第五十七条の八第一項若しくは第三項の規定による届出を受理したときは、政令で定めるところにより、遅滞なく、その旨を国家公安委員会又は海上保安庁長官に連絡しなければならない。

第七十二条の二　国家公安委員会、文部科学大臣、経済産業大臣及び国土交通大臣は、この法律に基づく特定核燃料物質の防護のための規制に関し相互に協力するものとする。

（環境大臣との関係）

第七十二条の二の二　環境大臣は、廃棄物（廃棄物の処理及び清掃に関する法律第二条第一項に規定する廃棄物をいう。第三項において同じ。）の適正な処理を確保するため特に必要があると認めるときは、第六十一条の二第一項又は第二項の規定の運用に関し文部科学大臣、経済産業大臣又は国土交通大臣に意見を述べることができる。

2　文部科学大臣、経済産業大臣又は国土交通大臣は、第六十一条の二第一項の確認をし、又は同条第二項の認可をしたときは、遅滞なく、その旨を環境大臣に連絡しなければならない。

3　文部科学大臣、経済産業大臣又は国土交通大臣は、環境大臣に対し、第六十一条の二第一項の確認を受けた物が廃棄物となつた場合におけるその処理に関し、必要な協力を求めることができる。

（原子力安全委員会への報告等）

第七十二条の三　文部科学大臣、経済産業大臣又は国土交通大臣は、四半期ごとに、次に掲げる認可及び検査の当該四半期の前四半期の実施状況について原子力安全委員会に報告し、必要があると認めるときは、その意見を聴いて、核燃料物質若しくは核燃料物質によつて汚染された物又は原子炉による災害の防止のために必要な措置を講ずるものとする。

一　第十二条第一項、第二十二条第一項、第三十七条第一項、第四十三条の二十第一項、第五十条第一項、第五十一条の十八第一項及び第五十六条の三第一項の規定による保安規定及びその変更の認可

二　第十二条の六第二項及び第三項（第二十二条の八第三項、第四十三条の三の二第三項、第四十三条の二十七第三項、第五十条の五第三項、第五十一条の二十五第三項及び第五十七条の六第三項において準用する場合を含む。）、第十二条の七第二項及び第四項（第二十二条の九第五項、第四十三条の三の三第四項、第四十三条の二十八第四項、第五十一条第四項、第五十一条の二十六第四項及び第五十七条の七第四項において準用する場合を含む。）、第二十二条の八第二項、第二十二条の九第二項、第四十三条の三の二第二項、第四十三条の三の三第二項、第四十三条の二十七第二項、第四十三条の二十八第二項、第五十条の五第二項、第五十一条第二項、第五十一条の二十五第二項、第五十一条の二十六第二項、第五十七条の六第二項並びに第五十七条の七第二項の規定による廃止措置計画及びその変更の認可

三　第十六条の二第一項及び第二項、第二十七条第一項及び第二項、第四十三条の八第一項及び第二項、第四十五条第一項及び第二項並びに第五十一条の七第一項及び第二項の規定による設計及び工事の方法並びにその変更の認可

四　第十六条の三第一項、第二十八条第一項、第四十三条の九第一項、第四十六条第一項及び第五十一条の八第一項の規定による使用前検査並びに第五十五条の二第一項の規定による施設検査

五　第十六条の四第一項、第二十八条の二第一項、第四十三条の十第一項、第四十六条の二第一項、第五十一条の九第一項及び第五十五条の三第一項の規定による溶接検査

六　第十六条の五第一項、第二十九条第一項、第四十三条の十一第一項、第四十六条の二の二第一項及び第五十一条の十第一項の規定による施設定期検査

七　第五十一条の二十四の二第一項及び同条第三項において準用する第十二条の六第三項の規定による閉

鎖措置計画及びその変更の認可

八　第六十一条の二第二項の規定による認可

2　文部科学大臣、経済産業大臣又は国土交通大臣は、前項の規定による報告のほか、この法律の施行の状況であつて核燃料物質若しくは核燃料物質によつて汚染された物又は原子炉による災害の防止に関するものについて、文部科学省令・経済産業省令・国土交通省令で定めるところにより、原子力安全委員会に報告するものとする。

（原子力安全委員会による調査への協力）

第七十二条の四　原子力事業者等（外国原子力船運航者を除く。）又は製錬施設、加工施設、原子炉施設、使用済燃料貯蔵施設、再処理施設、廃棄物埋設施設、廃棄物管理施設若しくは使用施設等の保守点検を行う事業者は、原子力安全委員会が前条第一項又は第二項の規定に基づく報告に係る事項について調査を行う場合においては、当該調査に協力しなければならない。

（適用除外）

第七十三条　第二十七条から第二十九条までの規定は、電気事業法（昭和三十九年法律第百七十号）及び同法に基づく命令の規定による検査又は船舶安全法（昭和八年法律第十一号）及び同法に基づく命令の規定による検査を受けるべき原子炉施設であつて実用発電用原子炉又は実用船用原子炉に係るものについては、適用しない。

（経過措置）

第七十四条　この法律の規定に基づき命令を制定し、又は改廃する場合においては、その命令で、その制定又は改廃に伴い合理的に必要と判断される範囲内において、所要の経過措置（罰則に関する経過措置を含む。次項において同じ。）を定めることができる。

2　前項に規定するもののほか、国際規制物資の範囲が国際約束の定める手続により変更された場合又は追加議定書附属書Ⅰに掲げる活動が追加議定書の定める手続により変更された場合においては、政令で、その変更に伴い合理的に必要と判断される範囲内において、所要の経過措置を定めることができる。

（事務の特例）

第七十四条の二　保障措置検査は、政令で定めるところにより、経済産業省又は国土交通省の職員に行わせることができる。

2　第六十八条第一項、第四項、第十五項及び第十六項の規定により文部科学大臣がその職員に行わせることができる事務は、政令で定めるところにより、経済産業省又は国土交通省の職員に行わせることができる。

3　第六十八条第六項及び第十一項の規定は、前項の規定により経済産業省又は国土交通省の職員に行わせる立入検査に準用する。

（手数料の納付）

第七十五条　次の各号のいずれかに掲げる者は、実費を勘案して政令で定める額の手数料を納めなければならない。

一　第三条第一項又は第四十四条第一項の指定を受けようとする者

二　第六条第一項、第十三条第一項、第十六条第一項、第二十三条第一項、第二十三条の二第一項、第二十六条第一項、第二十六条の二第一項、第三十九条第一項若しくは第二項、第四十三条の四第一項、第四十三条の七第一項、第四十四条の四第一項、第五十一条の二第一項、第五十一条の五第一項、第五十一条の十九第一項、第五十二条第一項、第五十五条第一項又は第六十一条の三第一項の許可を受けようとする者

三　第十二条の六第二項若しくは第三項（第二十二条の八第三項、第四十三条の三の二第三項、第四十三条の二十七第三項、第五十条の五第三項、第五十一条の二十四の二第三項、第五十一条の二十五第三項及び第五十七条の六第三項において準用する場合を含む。）、第十二条の七第二項若しくは第四項（第二十二条の九第五項、第四十三条の三の三第四項、第四十三条の二十八第四項、第五十一条第四項、第五十一条の二十六第四項及び第五十七条の七第四項において準用する場合を含む。）、第十六条の二第一項若しくは第二項、第二十二条の八第二項、第二十二条の九第二項、第二十七条第一項若しくは第二項、第四十三条の三の二第二項、第四十三条の三の三第二項、第四十三条の八第一項若しくは第二項、第四十三条の二十七第二項、第四十三条の二十八第二項、第四十五条第一項若しくは第二項、第五十条の五第二項、第五十一条第二項、第五十一条の七第一項若しくは第二項、第五十一条の二十四の二第一項、第五十一条の二十五第二項、第五十一条の二十六第二項、第五十七条の六第二項、第五十七条の七第二項又は第六十一条の二第二項の認可を受けようとする者

四　第十六条の三第一項、第十六条の四第一項若しくは第四項、第十六条の五第一項、第二十八条第一項、第二十八条の二第一項若しくは第四項、第二十九条第一項、第四十三条の九第一項、第四十三条の十第一項若しくは第四項、第四十三条の十一第一項、第四十六条第一項、第四十六条の二第一項若しくは第四項、第四十六条の二の二第一項、第五十一条の八第一項、第五十一条の九第一項若しくは第四項、第五十一条の十第一項、第五十五条の二第一項又は第五十五条の三第一項の検査を受けようとする者

五　第十二条の六第八項（第二十二条の八第三項、第四十三条の三の二第三項、第四十三条の二十七第三項、第五十条の五第三項、第五十一条の二十五第三項及び第五十七条の六第三項において準用する場合を含む。）、第十二条の七第九項（第二十二条の九第五項、第四十三条の三の三第四項、第四十三条の二十八第四項、第五十一条第四項、第五十一条の二十六第四項及び第五十七条の七第四項において準用する場合を含む。）、第五十一条の六第一項若しくは第二項、第五十一条の二十四の二第二項、第五十八条第二項、第五十九条第二項若しくは第六十一条の二第一項の確認又は第五十九条第三項の承認を受けようとする者

六　第二十二条の三第一項第一号の核燃料取扱主任者試験又は第四十一条第一項第一号の原子炉主任技術者試験を受けようとする者

七　核燃料取扱主任者免状又は原子炉主任技術者免状の再交付を受けようとする者

2　前項の手数料は、機構の行う検査又は確認を受けようとする者の納めるものについては機構の、その他のものについては国庫の収入とする。

3　第一項の規定（機構が行う検査又は確認に係るものを除く。）は、独立行政法人通則法（平成十一年法律第百三号）第二条第一項に規定する独立行政法人であつて、その業務の内容その他の事情を勘案して政令で定めるものについては、適用しない。

（国に対する適用）

第七十六条　この法律の規定は、前条の規定（機構が行う検査又は確認に係るものを除く。）及び次章の規定を除き、国に適用があるものとする。この場合において、「指定」、「許可」又は「認可」とあるのは、「承認」とする。

第八章　罰則

第七十七条　次の各号のいずれかに該当する者は、三年以下の懲役若しくは三百万円以下の罰金に処し、又はこれを併科する。

一　第三条第一項の指定を受けないで製錬の事業を行つた者

二　第十条第二項、第二十条第二項、第四十三条の十六第二項、第四十六条の七第二項又は第五十一条の十四第二項の規定による事業の停止の命令に違反した者

三　第十三条第一項の許可を受けないで加工の事業を行つた者

四　第二十三条第一項の許可を受けないで原子炉を設置した者

四の二　第二十三条の二第一項の許可を受けないで同項の保持をした者

五　第三十三条第二項の規定による原子炉の運転の停止の命令に違反した者

六　第三十九条第一項の許可を受けないで原子炉若しくは原子炉を含む一体としての施設（原子力船を含む。）を譲り受け、又は同条第二項の許可を受けないで原子力船を譲り受けた者

六の二　第四十三条の四第一項の許可を受けないで使用済燃料の貯蔵の事業を行つた者

七　第四十四条第一項の指定を受けないで再処理の事業を行つた者

七の二　第五十一条の二第一項の許可を受けないで廃棄物埋設又は廃棄物管理の事業を行つた者

七の三　第五十一条の十九第一項の許可を受けないで廃棄物埋設地又は廃棄物埋設地を含む一体としての施設を譲り受けた者

八　第五十二条第一項の許可を受けないで核燃料物質を使用した者

九　第五十六条の規定による核燃料物質の使用の停止の命令に違反した者

第七十八条　次の各号のいずれかに該当する者は、一年以下の懲役若しくは百万円以下の罰金に処し、又はこれを併科する。

一　第六条第一項の規定により許可を受けなければならない事項について、同項の許可を受けないで第三条第二項第二号又は第三号に掲げる事項を変更した者

一の二　第十一条の二第二項、第二十一条の三第二項、第三十六条第二項、第四十三条の十九第二項、第四十九条第二項、第五十一条の十七第二項、第五十七条第二項、第五十九条第四項（特定核燃料物質の防護のために必要な措置に係る部分に限る。）又は第六十条第三項の規定による命令に違反した者

二　第十二条第一項、第二十二条第一項、第三十七条第一項、第四十三条の二十第一項、第五十条第一項、第五十一条の十八第一項又は第五十六条の三第一項の規定に違反した者

三　第十二条第三項、第二十二条第三項、第三十七条第三項、第四十三条の二十第三項、第五十条第三項、第五十一条の十八第三項又は第五十六条の三第三項の規定による命令に違反した者

四　第十二条第六項（第二十二条第六項、第三十七条第六項、第四十三条の二十第六項、第五十条第六項、第五十一条の十八第六項又は第五十六条の三第六項において準用する場合を含む。）の規定による立入り、検査若しくは試料の提出を拒み、妨げ、若しくは忌避し、又は質問に対して陳述をせず、若しくは虚偽の陳述をした者

四の二　第十二条の二第一項、第二十二条の六第一項、第四十三条の二十五第一項、第五十条の三第一項、第五十一条の二十三第一項又は第五十七条の二第一項の規定に違反した者

四の三　第十二条の二第三項（第二十二条の六第二項、第四十三条の二十五第二項、第五十条の三第二項、第五十一条の二十三第二項及び第五十七条の二第二項において準用する場合を含む。）の規定による命令に違反した者

四の四　第十二条の二第六項（第二十二条の六第二項、第四十三条の二十五第二項、第五十条の三第二項、第五十一条の二十三第二項及び第五十七条の二第二項において準用する場合を含む。）の規定による立入り、検査若しくは試料の提出を拒み、妨げ、若しくは忌避し、又は質問に対して陳述をせず、若しくは虚偽の陳述をした者

五　第十二条の三第一項、第二十二条の七第一項、第四十三条の三第一項、第四十三条の二十六第一項、第五十条の四第一項、第五十一条の二十四第一項又は第五十七条の三第一項の規定に違反した者

五の二　第十二条の六第一項の規定に違反して製錬の事業を廃止した者

五の三　第十二条の六第二項、第二十二条の八第二項、第四十三条の三の二第二項、第四十三条の二十七第二項、第五十条の五第二項、第五十一条の二十五第二項又は第五十七条の六第二項の規定に違反して廃止措置を講じた者

五の四　第十二条の六第七項（第二十二条の八第三項、第四十三条の三の二第三項、第四十三条の二十七第三項、第五十条の五第三項、第五十一条の二十五第三項及び第五十七条の六第三項において準用する場合を含む。）の規定による命令に違反した者

五の五　第十二条の七第二項、第二十二条の九第二項、第四十三条の三の三第二項、第四十三条の二十八第

二項、第五十一条第二項、第五十一条の二十六第二項又は第五十七条の七第二項の規定に違反した者

五の六　第十二条の七第三項、第二十二条の九第三項、第四十三条の三の三第三項、第四十三条の二十八第三項、第五十一条第三項、第五十一条の二十六第三項又は第五十七条の七第三項の規定に違反した者

五の七　第十二条の七第八項（第二十二条の九第五項、第四十三条の三の三第四項、第四十三条の二十八第四項、第五十一条第四項、第五十一条の二十六第四項及び第五十七条の七第四項において準用する場合を含む。）の規定による命令に違反した者

六　第十六条第一項の規定により許可を受けなければならない事項について、同項の許可を受けないで第十三条第二項第二号又は第三号に掲げる事項を変更した者

七　第十六条の三第一項又は第十六条の四第一項若しくは第四項の規定に違反して加工施設を使用した者

八　第十六条の五第一項、第二十九条第一項、第四十三条の十一第一項、第四十六条の二の二第一項又は第五十一条の十第一項の規定による検査を拒み、妨げ、又は忌避した者

八の二　第二十一条の三第一項、第三十六条第一項、第四十三条の十九第一項、第四十九条第一項、第五十一条の十七第一項、第五十八条第三項又は第五十九条第四項（特定核燃料物質の防護のために必要な措置に係る部分を除く。）の規定による命令に違反した者

九　第二十二条の二第一項の規定に違反した者

九の二　第二十二条の八第一項の規定に違反して加工の事業を廃止した者

十　第二十六条第一項の規定により許可を受けなければならない事項について、同項の許可を受けないで第二十三条第二項第二号から第五号まで又は第八号に掲げる事項を変更した者

十一　第二十六条の二第一項の許可を受けないで同項の変更又は保持をした者

十二　第二十八条第一項又は第二十八条の二第一項若しくは第四項の規定に違反して原子炉施設を使用した者

十三　第四十条第一項の規定に違反した者

十三の二　第四十三条の三の二第一項の規定に違反して原子炉を廃止した者

十四　第四十三条の七第一項の規定による許可を受けなければならない事項について、同項の許可を受けないで第四十三条の四第二項第二号から第四号まで又は第六号に掲げる事項を変更した者

十五　第四十三条の九第一項又は第四十三条の十第一項若しくは第四項の規定に違反して使用済燃料貯蔵施設を使用した者

十六　第四十三条の二十二第一項の規定に違反した者

十六の二　第四十三条の二十七第一項の規定に違反して使用済燃料の貯蔵の事業を廃止した者

十七　第四十四条の四第一項の規定により許可を受けなければならない事項について、同項の許可を受けないで第四十四条第二項第二号から第四号まで又は第六号に掲げる事項を変更した者

十八　第四十六条第一項又は第四十六条の二第一項若しくは第四項の規定に違反して再処理施設を使用した者

十九　第五十条の二第一項の規定に違反した者

十九の二　第五十条の五第一項の規定に違反して再処理の事業を廃止した者

二十　第五十一条の五第一項の規定により許可を受けなければならない事項について、同項の許可を受けないで第五十一条の二第二項第二号から第五号までに掲げる事項を変更した者

二十一　第五十一条の八第一項又は第五十一条の九第一項若しくは第四項の規定に違反して特定廃棄物埋設施設又は特定廃棄物管理施設を使用した者

二十二　第五十一条の二十第一項の規定に違反した者

二十二の二　第五十一条の二十四の二第一項の規定に違反して閉鎖措置を講じた者

二十二の三　第五十一条の二十五第一項の規定に違反して廃棄の事業を廃止した者

二十三　第五十五条第一項の許可を受けないで第五十二条第二項第二号から第四号まで又は第六号から第九号までに掲げる事項を変更した者

二十四　第五十五条の二第一項又は第五十五条の三第一項の規定に違反して使用施設等を使用した者

二十四の二　第五十七条の六第一項の規定に違反して核燃料物質のすべての使用を廃止した者

二十五　第六十一条の規定に違反した者

二十六　第六十二条第一項の規定に違反した者（第七十八条の四に規定する者を除く。）

二十六の二　第六十二条の三（核原料物質使用者に係る部分を除く。）の報告をせず、又は虚偽の報告をした者

二十七　第六十四条第一項の規定に違反し、又は同条第三項の規定による命令に違反した者

二十八　第六十六条の二第二項の規定に違反した者

二十九　第六十七条第一項（核原料物質使用者、国際規制物資を使用している者及び国際特定活動実施者に係る部分を除く。）の報告をせず、又は虚偽の報告をした者

三十　第六十八条第一項（核原料物質使用者、国際規制物資使用者、第六十一条の三第一項各号のいずれかに該当する場合における当該各号に規定する者、同条第五項、第六項、第八項及び第九項に規定する者並びに国際特定活動実施者に係る部分を除く。）の規定による立入り、検査若しくは収去を拒み、妨げ、若しくは忌避し、又は質問に対して陳述をせず、若しくは虚偽の陳述をした者

三十一　第六十八条の三の規定に違反した者

三十二　第七十二条第三項の規定による立入り若しくは検査を拒み、妨げ、若しくは忌避し、又は質問に対して陳述をせず、若しくは虚偽の陳述をした者

第七十八条の二　第六十一条の十八（第六十一条の二十三の二十において準用する場合を含む。）の規定に違反した者は、一年以下の懲役又は五十万円以下の罰金に処する。

第七十八条の三　第六十一条の二十一の規定による情報処理業務又は第六十一条の二十三の十六の規定による保障措置検査等実施業務の停止の命令に違反した場合には、その違反行為をした指定情報処理機関又は指定

保障措置検査等実施機関の役員又は職員は、一年以下の懲役又は五十万円以下の罰金に処する。

第七十八条の四　我が国の領海の外側の海域にある外国船舶（船舶法第一条に規定する日本船舶以外の船舶をいう。以下同じ。）において第六十二条第一項の規定に違反した者は、千万円以下の罰金に処する。

第七十九条　次の各号のいずれかに該当する者は、三百万円以下の罰金に処する。

一　第十一条、第二十一条、第三十四条、第四十三条の十七、第四十七条、第五十一条の十五又は第五十六条の二の規定に違反して、記録せず、若しくは虚偽の記録をし、又は記録を備えて置かなかつた者

二　第三十六条の二第一項若しくは第二項の規定による届出をしないで原子力船を港に立ち入らせ、又は同条第四項の規定による命令に違反した者

三　第五十一条の六の規定による確認を受けないで廃棄物埋設を行つた者

三の二　第五十一条の二十四の二第二項の規定による確認を受けないで閉鎖措置を講じた者

四　第五十七条第一項、第五十七条の四、第五十七条の五又は第六十条第一項の規定に違反した者

五　第五十七条の八第一項の規定による届出をしないで核原料物質を使用し、又は同条第五項の規定による命令に違反した者

六　第五十八条第二項の規定による確認を受けないで核燃料物質又は核燃料物質によつて汚染された物を廃棄した者

七　第五十九条第二項の規定による確認を受けず、又は同条第五項の規定による届出をせず、若しくは虚偽の届出をして核燃料物質又は核燃料物質によつて汚染された物を運搬した者

八　第五十九条第八項の規定に違反した者

九　第六十一条の三第一項の許可を受けないで国際規制物資を使用した者

十　第六十一条の六の規定による国際規制物資の使用の停止の命令に違反した者

十一　第六十一条の八第一項の規定に違反し、又は同条第三項の規定による命令に違反した者

十二　第六十一条の九の規定による命令に違反した者

十三　第六十一条の九の三第一項の規定に違反した者

十四　第六十二条の二第一項又は第二項の条件に違反した者

第八十条　次の各号のいずれかに該当する者は、百万円以下の罰金に処する。

一　第五十七条の八第二項第二号から第四号まで又は第六号に掲げる事項の変更について同条第三項の規定による届出をせず、又は虚偽の届出をした者

二　第五十七条の八第七項若しくは第八項、第六十一条の九の二第一項若しくは第三項、第六十一条の九の四第一項若しくは第三項から第五項まで若しくは第六十三条の規定による届出をせず、又は虚偽の届出をした者

三　第五十九条第十一項の規定による警察官の停止命令に従わず、提示の要求を拒み、検査を拒み、若しくは妨げ、又は同項の規定による命令に従わなかつた者

四　第六十一条の三第四項若しくは第七項の規定による届出をしないで国際規制物資を使用し、同条第五項若しくは第八項の規定による届出をしないで国際規制物資を貯蔵し、又は同条第六項若しくは第九項の規定による届出をしないで国際規制物資を廃棄した者

五　第六十一条の五第一項の規定による届出をしないで第六十一条の三第二項第二号から第四号までに掲げる事項を変更した者

六　第六十一条の七の規定に違反して、記録せず、若しくは虚偽の記録をし、又は記録を備えて置かなかつた者

七　第六十一条の八の二第二項の規定による立入り、検査又は試料の提出を拒み、妨げ、又は忌避した者

八　第六十一条の八の二第五項又は第六十八条第十九項の規定に違反した者

九　第六十二条の三（核原料物質使用者に係る部分に限る。）の報告をせず、又は虚偽の報告をした者

十　第六十七条第一項（核原料物質使用者、国際規制物資を使用している者及び国際特定活動実施者に係る部分に限る。）、第二項、第四項又は第五項の報告をせず、又は虚偽の報告をした者

十一　第六十八条第一項（核原料物質使用者、国際規制物資使用者、第六十一条の三第一項各号のいずれかに該当する場合における当該各号に規定する者、同条第五項、第六項、第八項及び第九項に規定する者並びに国際特定活動実施者に係る部分に限る。）、第二項から第四項まで又は第十二項の規定による立入り、検査若しくは収去を拒み、妨げ、若しくは忌避し、又は質問に対して陳述をせず、若しくは虚偽の陳述をした者

十二　第六十八条第十三項の規定による立入り、検査又は収去を拒み、妨げ、又は忌避した者

第八十条の二　次の各号のいずれかに掲げる違反があつた場合には、その違反行為をした指定情報処理機関の役員又は職員は、五十万円以下の罰金に処する。

一　第六十一条の二十の許可を受けないで情報処理業務の全部を廃止したとき。

二　第六十一条の二十三第一項の報告をせず、又は虚偽の報告をしたとき。

三　第六十一条の二十三第一項の規定による立入り若しくは検査を拒み、妨げ、若しくは忌避し、又は質問に対して陳述をせず、若しくは虚偽の陳述をしたとき。

第八十条の三　次の各号のいずれかに掲げる違反があつた場合には、その違反行為をした指定保障措置検査等実施機関の役員又は職員は、五十万円以下の罰金に処する。

一　第六十一条の二十三の十五の許可を受けないで保障措置検査等実施業務の全部を廃止したとき。

二　第六十一条の二十三の十七第一項の規定に違反して帳簿を備えず、帳簿に記載せず、又は虚偽の記載をしたとき。

三　第六十一条の二十三の十七第二項の規定に違反して帳簿を保存しなかつたとき。

四　第六十一条の二十三の二十において準用する第六十一条の二十三第一項の報告をせず、又は虚偽の

報告をしたとき。

五　第六十一条の二十三の二十において準用する第六十一条の二十三第一項の規定による立入り若しくは検査を拒み、妨げ、若しくは忌避し、又は質問に対して陳述をせず、若しくは虚偽の陳述をしたとき。

第八十条の四　次の各号のいずれかに掲げる違反があつた場合には、その違反行為をした機構の役員又は職員は、五十万円以下の罰金に処する。

一　第六十七条第三項の規定による報告をせず、又は虚偽の報告をしたとき。

二　第六十八条第五項の規定による立入り若しくは検査を拒み、妨げ、若しくは忌避し、又は質問に対して陳述をせず、若しくは虚偽の陳述をしたとき。

第八十条の五　第七十八条第三十一号の規定は、日本国外において同号の罪を犯した者にも適用する。

第八十一条　法人の代表者又は法人若しくは人の代理人その他の従業者が、その法人又は人の業務に関して次の各号に掲げる規定の違反行為をしたときは、行為者を罰するほか、その法人に対して当該各号に定める罰金刑を、その人に対して各本条の罰金刑を科する。

一　第七十七条第一号から第三号まで、第四号（第二十三条第一項第三号又は第五号に掲げる原子炉を設置した者（以下この条において「試験研究炉等設置者」という。）に係る部分を除く。）、第四号の二、第五号（試験研究炉等設置者に係る部分を除く。）又は第六号から第七号の三まで　三億円以下の罰金刑

二　第七十八条第一号、第二号（試験研究炉等設置者及び使用者に係る部分を除く。）、第三号（試験研究炉等設置者及び使用者に係る部分を除く。）、第四号（試験研究炉等設置者及び使用者に係る部分を除く。）、第六号、第七号、第八号（試験研究炉等設置者に係る部分を除く。）、第八号の二（試験研究炉等設置者及び使用者に係る部分を除く。）、第十号（試験研究炉等設置者に係る部分を除く。）、第十一号、第十二号（試験研究炉等設置者に係る部分を除く。）、第十四号、第十五号、第十七号、第十八号、第二十号、第二十一号、第二十六号の二（試験研究炉等設置者及び使用者に係る部分を除く。）、第二十八号（試験研究炉等設置者及び使用者に係る部分を除く。）、第二十九号（試験研究炉等設置者及び使用者に係る部分を除く。）又は第三十号（試験研究炉等設置者及び使用者に係る部分を除く。）　一億円以下の罰金刑

三　第七十七条（第一号に掲げる規定に係る部分を除く。）、第七十八条（前号に掲げる規定に係る部分を除く。）、第七十九条又は第八十条　各本条の罰金刑

第八十一条の二　次の各号のいずれかに掲げる違反があつた場合には、その違反行為をした機構の役員は、二十万円以下の過料に処する。

一　第六十五条第一項の規定による届出をせず、又は虚偽の届出をしたとき。

二　第六十五条第二項又は第六十八条の二の規定による命令に違反したとき。

第八十二条　次の各号のいずれかに該当する者は、十万円以下の過料に処する。

一　第七条、第十七条、第四十三条の十二、第四十六条の三若しくは第五十一条の十一の規定による届出をせず、又は虚偽の届出をした者

二　第十二条の三第二項（第二十二条の七第二項、第四十三条の三第二項、第四十三条の二十六第二項、第五十条の四第二項、第五十一条の二十四第二項及び第五十七条の三第二項において準用する場合を含む。）の規定による届出を怠つた者

三　第二十二条の二第二項（第五十条の二第二項において準用する場合を含む。）の規定による届出を怠つた者

四　正当な理由なく、第二十二条の三第三項の規定による命令に違反して核燃料取扱主任者免状を返納しなかつた者

五　第三十条、第四十三条の十三若しくは第四十六条の四の規定による届出をせず、又は虚偽の届出をした者

六　第四十条第二項の規定による届出を怠つた者

七　正当な理由なく、第四十一条第三項の規定による命令に違反して原子炉主任技術者免状を返納しなかつた者

七の二　第四十三条の二十二第二項の規定による届出を怠つた者

八　第五十一条の二十第二項の規定による届出を怠つた者

九　第五十九条の二第二項の規定に違反した者

十　第六十一条の九の三第二項の報告をせず、又は虚偽の報告をした者

第八十三条　第六条第二項、第九条第二項、第十六条第二項、第十九条第二項、第二十六条第二項若しくは第三項、第二十六条の二第二項、第三十二条第二項、第四十三条の七第二項、第四十三条の十五第二項、第四十四条の四第二項、第四十六条の六第二項、第五十一条の五第二項、第五十一条の十三第二項、第五十五条第二項、第五十七条の八第三項（同条第二項第一号又は第五号に掲げる事項の変更に係る部分に限る。）又は第六十一条の五第二項の規定による届出を怠つた者は、五万円以下の過料に処する。

（第一審の裁判権の特例）

第八十四条　第七十八条の四の罪に係る訴訟の第一審の裁判権は、地方裁判所にも属する。

第九章　外国船舶に係る担保金等の提供による釈放等

（外国船舶に係る担保金等の提供による釈放等）

第八十五条　司法警察員である者であつて政令で定めるもの（以下「取締官」という。）は、次に掲げる場合には、当該船舶の船長（船長に代わつてその職務を行う者を含む。）及び違反者（当該船舶の乗組員に限る。以下同じ。）に対し、遅滞なく、次項に掲げる事項を告知しなければならない。

一　第七十八条（第六十二条第一項に係る部分に限る。）、第七十八条の四、第八十条（第六十七条第一項及び第四項並びに第六十八条第一項及び第三項に係る部分に限る。）又は第八十一条（第六十二条第一項、第六十七条第一項及び第四項並びに第六十八条第一項及び第三項に係る部分に限る。）の罪に当たる事件であつて外国船舶に係るもの（以下「事件」

という。）に関して船長その他の乗組員の逮捕が行われた場合

二　前号に掲げる場合のほか、事件に関して船舶又は船舶の国籍を証する文書その他の船舶の航行のために必要な文書（以下「船舶国籍証書等」という。）の押収が行われた場合であつて船長その他の乗組員が同号に規定する罪を犯したことを疑うに足りる相当な理由があると認められるとき。

2　前項の規定により告知しなければならない事項は、次に掲げるものとする。

一　担保金又はその提供を保証する書面が次条第一項の政令で定めるところにより主務大臣に対して提供されたときは、遅滞なく、違反者は釈放され、及び船舶、船舶国籍証書等その他の押収物（以下「押収物」という。）は返還されること。

二　提供すべき担保金の額

3　前項第二号の担保金の額は、事件の種別及び態様その他の情状に応じ、政令で定めるところにより、主務大臣の定める基準に従つて、取締官が決定するものとする。

第八十六条　前条第一項の規定により告知した額の担保金又はその提供を保証する書面が政令で定めるところにより主務大臣に対して提供されたときは、主務大臣は、遅滞なく、その旨を取締官又は検察官に通知するものとする。

2　取締官は、前項の規定による通知を受けたときは、遅滞なく、違反者を釈放し、及び押収物を返還しなければならない。

3　検察官は、第一項の規定による通知を受けたときは、遅滞なく、違反者の釈放及び押収物の返還に関し、必要な措置を講じなければならない。

第八十七条　担保金は、主務大臣が保管する。

2　担保金は、事件に関する手続において、違反者がその求められた期日及び場所に出頭せず、又は返還された押収物で提出を求められたものがその求められた期日及び場所に提出されなかつたときは、当該期日の翌日から起算して一月を経過した日に、国庫に帰属する。ただし、当該期日の翌日から起算して一月を経過する日までに、当該期日の翌日から起算して三月を経過する日以前の特定の日に出頭し又は当該押収物を提出する旨の申出があつたときは、この限りでない。

3　前項ただし書の場合において、当該申出に係る特定の日に違反者が出頭せず、又は当該押収物が提出されなかつたときは、担保金は、その日の翌日に、国庫に帰属する。

4　担保金は、事件に関する手続が終結した場合等その保管を必要としない事由が生じた場合には、返還する。

（主務省令への委任）

第八十八条　前三条の規定の実施のため必要な手続その他の事項は、主務省令で定める。

（主務大臣等）

第八十九条　第八十五条から第八十七条までにおける主務大臣及び前条における主務省令は、政令で定める。

附　則　抄

（施行期日）

第一条　この法律は、公布の日から起算して六月をこえない範囲内において政令で定める日から施行する。ただし、第四十一条第一項及び第四項並びに第七十五条第五号及び第六号の規定は、公布の日から施行する。

（経過措置）

第三条　この法律の施行の際現に日本原子力研究所が設置している原子炉施設については、第二十七条から第二十九条までの規定は、適用しない。

2　この法律の施行の際現に日本原子力研究所が設置している原子炉施設について、日本原子力研究所に第三十七条第一項の規定を適用する場合には、同項中「原子炉の運転開始前に」とあるのは、「この法律の施行の日から三十日以内に」とする。

第六条　この法律の施行の際現に核燃料物質を所有している者（日本原子力研究所並びに附則第二条第一項の規定により引き続き製錬の事業を行うことができる者で第三条第一項の指定を受けたもの及び附則第四条第一項の規定により引き続き核燃料物質を使用することができる者で第五十二条第一項の許可を受けたものを除く。）が、総理府令で定めるところにより、その際所有する核燃料物質を原子燃料公社、日本原子力研究所、製錬事業者、加工事業者、原子炉設置者若しくは使用者に譲り渡し、又はこれらの者がその核燃料物質を譲り受ける場合には、第六十一条の規定は、適用しない。

第七条　前五条に定めるもののほか、この法律の施行に関し必要な経過措置は、政令で定める。

附　則（平成二一年七月三日法律第六九号）抄

（施行期日）

第一条　この法律は、公布の日から起算して一年を超えない範囲内において政令で定める日から施行する。

12 科学技術

平成九年六月十三日法律第八十号の未施行内容

核原料物質、核燃料物質及び原子炉の規制に関する法律の一部を改正する法律

核原料物質、核燃料物質及び原子炉の規制に関する法律（昭和三十二年法律第百六十六号）の一部を次のように改正する。

第一条第一項中「研究、開発及び利用」を「利用等」に改める。

第六十七条の二を第六十七条の三とする。

第六十七条の次に次の一条を加える。

第六十七条の二　文部科学大臣は、包括的核実験禁止条約（以下「条約」という。）により設立される包括的核実験禁止条約機関（以下単に「包括的核実験禁止条約機関」という。）又は条約の締約国たる外国の政府（以下「締約国政府」という。）から条約の定めるところにより要請があつた場合にあつては、包括的核実験禁止条約機関又は当該締約国政府に対して説明を行うために必要な限度において、核燃料物質を取り扱う者その他の者に対し、その要請に係る事項に関し報告をさせることができる。

2　文部科学大臣は、第六十八条の三第一項の規定による撮影、測定、観測、調査又は収去が行われた場合にあつては、包括的核実験禁止条約機関に対して説明を行うために必要な限度において、関係者に対し、当該撮影、測定、観測、調査又は収去の対象となつた土地等に関し報告をさせることができる。

第六十八条の三を第六十八条の四とする。

第六十八条の二の次に次の一条を加える。

（包括的核実験禁止条約機関の指定する者等の立入検査等）

第六十八条の三　包括的核実験禁止条約機関の指定する者は、文部科学大臣の指定するその職員及び外務大臣の指定するその職員の立会いの下に、条約で定める範囲内において、包括的核実験禁止条約機関が指定する区域内の土地又は工作物に立ち入り、土地、工作物その他必要な物件を撮影し、放射能水準を測定し、地震を観測し、土地の状況を調査し、又は試験のため必要な最小限度の量に限り、必要な試料の収去（土地の掘削を伴う場合を含む。）をすることができる。

2　締約国政府の指定する者は、条約で定める範囲内において、前項の規定による撮影、測定、観測、調査又は収去に立ち会うことができる。

3　第一項の規定により撮影、測定、観測、調査又は収去に立ち会う職員は、その身分を示す証明書を携帯し、かつ、関係者の請求があるときは、これを提示しなければならない。

第七十六条の三を第七十六条の四とする。

第七十六条の二の次に次の一条を加える。

第七十六条の三　核爆発を生じさせた者は、七年以下の懲役に処する。

2　前項の未遂罪は、罰する。

第七十八条第一項第三十一号中「第六十八条の三」の下に「」を加える。

第八十条第一項第十二号を第八十条第一項第十三号とする。

第八十条第一項第十一号を第八十条第一項第十二号とする。

第八十条第一項第十号の次に次の一号を加える。

十一　第六十七条の二第一項又は第二項の報告をせず、又は虚偽の報告をした者

第八十条第一項の次に次の二号を加える。

十四　第六十八条の三第一項の規定による立入り、撮影、測定、観測、調査又は収去を拒み、妨げ、又は忌避した者

十五　第六十八条の三第二項の規定による立会いを拒み、妨げ、又は忌避した者

第八十条の五第一項中「第七十六条の三」を「第七十六条の四」に改める。

第八十条の五第一項中「、刑法第四条の二」を「刑法第四条の二の例に、第七十六条の三の罪は同法第三条」に改める。

附　則（平成九年六月一三日法律第八〇号）

（施行期日）

1　この法律は、包括的核実験禁止条約が日本国について効力を生ずる日から施行する。

（経過措置）

2　この法律の施行の日が中央省庁等改革関係法施行法（平成十一年法律第百六十号）の施行の日前である場合には、同法第九百四条（核原料物質、核燃料物質及び原子炉の規制に関する法律第六十七条の二の改正規定に係る部分に限る。）中「第六十七条の二第二項」とあるのは、「第六十七条の三第二項」とする。

3　この法律の施行の日がテロリストによる爆弾使用の防止に関する国際条約の締結に伴う関係法律の整備に関する法律（平成十三年法律第百二十一号）の施行の日前である場合には、同法附則第二条第二項中「第七十六条の四」とあるのは、「第七十六条の五」とする。

平成二十一年七月三日法律第六十九号の未施行内容

港則法及び海上交通安全法の一部を改正する法律

第四条　核原料物質、核燃料物質及び原子炉の規制に関する法律（昭和三十二年法律第百六十六号）の一部を次のように改正する。

第三十三条第二項第二十号中「第三十七条の三」を「第三十七条の五」に改める。

第三十三条第二項第二十号中「同条第二項」を「同法第三十七条の二第二項」に改める。

第三十六条の二第四項中「第三十七条の三」を「第三十七条の五」に改める。

附　則（平成二一年七月三日法律第六九号）　抄

（施行期日）

第一条　この法律は、公布の日から起算して一年を超えない範囲内において政令で定める日から施行する。

放射性同位元素等による放射線障害の防止に関する法律

昭和三十二年六月十日法律第百六十七号
最終改正　平成一九年五月一一日法律第三八号

第一章　総則

（目的）

第一条　この法律は、原子力基本法（昭和三十年法律第百八十六号）の精神にのつとり、放射性同位元素の使用、販売、賃貸、廃棄その他の取扱い、放射線発生装置の使用及び放射性同位元素によつて汚染された物の廃棄その他の取扱いを規制することにより、これらによる放射線障害を防止し、公共の安全を確保することを目的とする。

（定義）

第二条　この法律において「放射線」とは、原子力基本法第三条第五号に規定する放射線をいう。

2　この法律において「放射性同位元素」とは、りん三十二、コバルト六十等放射線を放出する同位元素及びその化合物並びにこれらの含有物（機器に装備されているこれらのものを含む。）で政令で定めるものをいう。

3　この法律において「放射性同位元素装備機器」とは、硫黄計その他の放射性同位元素を装備している機器をいう。

4　この法律において「放射線発生装置」とは、サイクロトロン、シンクロトロン等荷電粒子を加速することにより放射線を発生させる装置で政令で定めるものをいう。

第二章　使用の許可及び届出、販売及び賃貸の業の届出並びに廃棄の業の許可

（使用の許可）

第三条　放射性同位元素であつてその種類若しくは密封の有無に応じて政令で定める数量を超えるもの又は放射線発生装置の使用（製造（放射性同位元素を製造する場合に限る。）、詰替え（放射性同位元素の詰替えをする場合に限り、廃棄のための詰替えを除く。）及び装備（放射性同位元素装備機器に放射性同位元素を装備する場合に限る。）を含む。以下同じ。）をしようとする者は、政令で定めるところにより、文部科学大臣の許可を受けなければならない。ただし、第十二条の五第二項に規定する表示付認証機器（以下この項、次条及び第三条の三において「表示付認証機器」という。）の使用をする者（当該表示付認証機器に係る第十二条の六に規定する認証条件（次条において「認証条件」という。）に従つた使用、保管及び運搬をするものに限る。）及び第十二条の五第三項に規定する表示付特定認証機器（次条及び第四条において「表示付特定認証機器」という。）の使用をする者については、この限りでない。

2　前項本文の許可を受けようとする者は、次の事項を記載した申請書を文部科学大臣に提出しなければならない。

一　氏名又は名称及び住所並びに法人にあつては、その代表者の氏名
二　放射性同位元素の種類、密封の有無及び数量又は放射線発生装置の種類、台数及び性能
三　使用の目的及び方法
四　使用の場所
五　放射性同位元素又は放射線発生装置の使用をする施設（以下単に「使用施設」という。）の位置、構造及び設備
六　放射性同位元素を貯蔵する施設（以下単に「貯蔵施設」という。）の位置、構造、設備及び貯蔵能力
七　放射性同位元素及び放射性同位元素によつて汚染

された物を廃棄する施設（以下単に「廃棄施設」という。）の位置、構造及び設備

（使用の届出）

第三条の二　前条第一項の放射性同位元素以外の放射性同位元素の使用をしようとする者は、政令で定めるところにより、あらかじめ、次の事項を文部科学大臣に届け出なければならない。ただし、表示付認証機器の使用をする者（当該表示付認証機器に係る認証条件に従つた使用、保管及び運搬をするものに限る。）及び表示付特定認証機器の使用をする者については、この限りでない。

一　氏名又は名称及び住所並びに法人にあつては、その代表者の氏名

二　放射性同位元素の種類、密封の有無及び数量

三　使用の目的及び方法

四　使用の場所

五　貯蔵施設の位置、構造、設備及び貯蔵能力

2　前項本文の届出をした者（以下「届出使用者」という。）は、同項第二号から第五号までに掲げる事項を変更しようとするときは、文部科学省令で定めるところにより、あらかじめ、その旨を文部科学大臣に届け出なければならない。

3　届出使用者は、第一項第一号に掲げる事項を変更したときは、文部科学省令で定めるところにより、変更の日から三十日以内に、その旨を文部科学大臣に届け出なければならない。

（表示付認証機器の使用をする者の届出）

第三条の三　第三条第一項ただし書及び前条第一項ただし書に規定する表示付認証機器の使用をする者（第二十四条及び第三十二条において「表示付認証機器使用者」という。）は、政令で定めるところにより、当該表示付認証機器の使用の開始の日から三十日以内に、次の事項を文部科学大臣に届け出なければならない。

一　氏名又は名称及び住所並びに法人にあつては、その代表者の氏名

二　表示付認証機器の第十二条の六に規定する認証番号及び台数

三　使用の目的及び方法

2　前項の届出をした者（以下「表示付認証機器届出使用者」という。）は、同項各号に掲げる事項を変更したときは、文部科学省令で定めるところにより、変更の日から三十日以内に、その旨を文部科学大臣に届け出なければならない。

（販売及び賃貸の業の届出）

第四条　放射性同位元素を業として販売し、又は賃貸しようとする者は、政令で定めるところにより、あらかじめ、次の事項を文部科学大臣に届け出なければならない。ただし、表示付特定認証機器を業として販売し、又は賃貸する者については、この限りでない。

一　氏名又は名称及び住所並びに法人にあつては、その代表者の氏名

二　放射性同位元素の種類

三　販売所又は賃貸事業所の所在地

2　前項本文の規定により販売の業の届出をした者（以下「届出販売業者」という。）又は同項本文の規定により賃貸の業の届出をした者（以下「届出賃貸業者」という。）は、同項第二号又は第三号に掲げる事項を変更しようとするときは、文部科学省令で定めるところにより、あらかじめ、その旨を文部科学大臣に届け出なければならない。

3　届出販売業者又は届出賃貸業者は、第一項第一号に掲げる事項を変更したときは、文部科学省令で定めるところにより、変更の日から三十日以内に、その旨を文部科学大臣に届け出なければならない。

（廃棄の業の許可）

第四条の二　放射性同位元素又は放射性同位元素によつて汚染された物を業として廃棄しようとする者は、政令で定めるところにより、文部科学大臣の許可を受けなければならない。

2　前項の許可を受けようとする者は、次の事項を記載した申請書を文部科学大臣に提出しなければならない。

一　氏名又は名称及び住所並びに法人にあつては、その代表者の氏名

二　廃棄事業所の所在地

三　廃棄の方法

四　放射性同位元素及び放射性同位元素によつて汚染された物の詰替えをする施設（以下「廃棄物詰替施設」という。）の位置、構造及び設備

五　放射性同位元素及び放射性同位元素によつて汚染された物を貯蔵する施設（以下「廃棄物貯蔵施設」という。）の位置、構造、設備及び貯蔵能力

六　廃棄施設の位置、構造及び設備

七　放射性同位元素又は放射性同位元素によつて汚染された物の埋設の方法による最終的な処分（以下「廃棄物埋設」という。）を行う場合にあつては、次に掲げる事項

イ　埋設を行う放射性同位元素又は放射性同位元素によつて汚染された物の性状及び量

ロ　放射能の減衰に応じて放射線障害の防止のために講ずる措置

（欠格条項）

第五条　次の各号のいずれかに該当する者には、第三条第一項本文又は前条第一項の許可を与えない。

一　第二十六条第一項の規定により許可を取り消され、取消しの日から二年を経過していない者

二　この法律又はこの法律に基づく命令の規定に違反し、罰金以上の刑に処せられ、その執行を終わり、又は執行を受けることのなくなつた後、二年を経過していない者

三　成年被後見人

四　法人であつて、その業務を行う役員のうちに前三号のいずれかに該当する者のあるもの

2　次の各号のいずれかに該当する者には、第三条第一項本文又は前条第一項の許可を与えないことができる。

一　心身の障害により放射線障害の防止のために必要な措置を適切に講ずることができない者として文部科学省令で定めるもの

二　法人であつて、その業務を行う役員のうちに前号に該当する者のあるもの

（使用の許可の基準）

第六条　文部科学大臣は、第三条第一項本文の許可の申請があつた場合においては、その申請が次の各号に適合していると認めるときでなければ、許可をしてはならない。

一　使用施設の位置、構造及び設備が文部科学省令で定める技術上の基準に適合するものであること。

二　貯蔵施設の位置、構造及び設備が文部科学省令で定める技術上の基準に適合するものであること。

三　廃棄施設の位置、構造及び設備が文部科学省令で定める技術上の基準に適合するものであること。

四　その他放射性同位元素若しくは放射性同位元素によつて汚染された物又は放射線発生装置による放射線障害のおそれがないこと。

（廃棄の業の許可の基準）

第七条　文部科学大臣は、第四条の二第一項の許可の申請があつた場合においては、その申請が次の各号に適合していると認めるときでなければ、許可をしてはならない。

一　廃棄物詰替施設の位置、構造及び設備が文部科学省令で定める技術上の基準に適合するものであること。

二　廃棄物貯蔵施設の位置、構造及び設備が文部科学省令で定める技術上の基準に適合するものであること。

三　廃棄施設の位置、構造及び設備が文部科学省令で定める技術上の基準に適合するものであること。

四　その他放射性同位元素又は放射性同位元素によつて汚染された物による放射線障害のおそれがないこと。

（許可の条件）

第八条　第三条第一項本文又は第四条の二第一項の許可には、条件を付することができる。

2　前項の条件は、放射線障害を防止するため必要な最小限度のものに限り、かつ、許可を受ける者に不当な義務を課することとならないものでなければならない。

（許可証）

第九条　文部科学大臣は、第三条第一項本文又は第四条の二第一項の許可をしたときは、許可証を交付する。

2　第三条第一項本文の許可をした場合において交付する許可証には、次の事項を記載しなければならない。

一　許可の年月日及び許可の番号

二　氏名又は名称及び住所

三　使用の目的

四　放射性同位元素の種類、密封の有無及び数量又は放射線発生装置の種類、台数及び性能

五　使用の場所

六　貯蔵施設の貯蔵能力

七　許可の条件

3　第四条の二第一項の許可をした場合において交付する許可証には、次の事項を記載しなければならない。

一　許可の年月日及び許可の番号

二　氏名又は名称及び住所

三　廃棄事業所の所在地

四　廃棄の方法

五　廃棄物貯蔵施設の貯蔵能力

六　廃棄物埋設に係る許可証にあつては、埋設を行う放射性同位元素又は放射性同位元素によつて汚染された物の量

七　許可の条件

4　許可証は、他人に譲り渡し、又は貸与してはならない。

（使用施設等の変更）

第十条　第三条第一項本文の許可を受けた者（以下「許可使用者」という。）は、同条第二項第一号に掲げる事項を変更したときは、文部科学省令で定めるところにより、変更の日から三十日以内に、文部科学大臣に届け出なければならない。この場合において、氏名若しくは名称又は住所の変更をしたときは、その届出の際に、許可証を文部科学大臣に提出し、訂正を受けなければならない。

2　許可使用者は、第三条第二項第二号から第七号までに掲げる事項の変更（第六項の規定に該当するものを除く。）をしようとするときは、政令で定めるところにより、文部科学大臣の許可を受けなければならない。ただし、その変更が文部科学省令で定める軽微なものであるときは、この限りでない。

3　第六条及び第八条の規定は、前項の許可に準用する。

4　第二項の規定により変更の許可を受けようとする許可使用者は、その変更の許可の申請の際に、許可証を文部科学大臣に提出しなければならない。

5　許可使用者は、第二項ただし書に規定する軽微な変更をしようとするときは、文部科学省令で定めるところにより、あらかじめ、許可証を添えてその旨を文部科学大臣に届け出なければならない。

6　許可使用者は、使用の目的、密封の有無等に応じて政令で定める数量以下の放射性同位元素又は政令で定める放射線発生装置を、非破壊検査その他政令で定める目的のため一時的に使用をする場合において、第三条第二項第四号に掲げる事項を変更しようとするときには、文部科学省令で定めるところにより、あらかじめ、その旨を文部科学大臣に届け出なければならない。

（廃棄施設等の変更）

第十一条　第四条の二第一項の許可を受けた者（以下「許可廃棄業者」という。）は、同条第二項第一号に掲げる事項を変更したときは、文部科学省令で定めるところにより、変更の日から三十日以内に、文部科学大臣に届け出なければならない。この場合において、氏名若しくは名称又は住所の変更をしたときは、その届出の際に、許可証を文部科学大臣に提出し、訂正を受けなければならない。

2　許可廃棄業者は、第四条の二第二項第二号から第七号までに掲げる事項を変更しようとするときは、政令で定めるところにより、文部科学大臣の許可を受けなければならない。

3　第七条及び第八条の規定は、前項の許可に準用する。

4　第二項の規定により変更の許可を受けようとする許可廃棄業者は、その変更の許可の申請の際に、許可証を文部科学大臣に提出しなければならない。

（許可証の再交付）

第十二条　許可使用者及び許可廃棄業者は、許可証を汚し、損じ、又は失つたときは、文部科学省令で定める

ところにより、文部科学大臣に申請し、その再交付を受けることができる。

第二章の二　表示付認証機器等

（放射性同位元素装備機器の設計認証等）

第十二条の二　放射性同位元素装備機器（次項に規定するものを除く。以下この項において同じ。）を製造し、又は輸入しようとする者は、政令で定めるところにより、当該放射性同位元素装備機器の放射線障害防止のための機能を有する部分の設計（当該設計に合致することの確認の方法を含む。以下この条及び次条第一項において同じ。）並びに当該放射性同位元素装備機器の年間使用時間その他の使用、保管及び運搬に関する条件（運搬に関する条件にあつては、船舶又は航空機による運搬以外の運搬について定める運搬する物についての措置に係るものに限る。以下この章において同じ。）について、文部科学大臣（その種類に応じ政令で定める数量以下の放射性同位元素を装備する放射性同位元素装備機器その他政令で定める放射性同位元素装備機器にあつては、文部科学大臣の登録を受けた者（以下「登録認証機関」という。）又は文部科学大臣）の認証（以下「設計認証」という。）を受けることができる。

2　その構造、装備される放射性同位元素の数量等からみて放射線障害のおそれが極めて少ないものとして政令で定める放射性同位元素装備機器を製造し、又は輸入しようとする者は、政令で定めるところにより、当該放射性同位元素装備機器の放射線障害防止のための機能を有する部分の設計並びに当該放射性同位元素装備機器の使用、保管及び運搬に関する条件（年間使用時間に係るものを除く。）について、文部科学大臣又は登録認証機関の認証（以下「特定設計認証」という。）を受けることができる。

3　設計認証又は特定設計認証を受けようとする者は、次の事項を記載した申請書を文部科学大臣又は登録認証機関に提出しなければならない。

一　氏名又は名称及び住所並びに法人にあつては、その代表者の氏名

二　放射性同位元素装備機器の名称及び用途

三　放射性同位元素装備機器に装備する放射性同位元素の種類及び数量

4　前項の申請書には、放射線障害防止のための機能を有する部分の設計並びに使用、保管及び運搬に関する条件（特定設計認証の申請にあつては、年間使用時間に係るものを除く。次条第一項及び第十二条の六において同じ。）を記載した書面、放射性同位元素装備機器の構造図その他文部科学省令で定める書類を添付しなければならない。

（認証の基準）

第十二条の三　文部科学大臣又は登録認証機関は、設計認証又は特定設計認証の申請があつた場合において、当該申請に係る設計並びに使用、保管及び運搬に関する条件が、それぞれ文部科学省令で定める放射線に係る安全性の確保のための技術上の基準に適合していると認めるときは、設計認証又は特定設計認証をしなければならない。

2　文部科学大臣又は登録認証機関は、設計認証又は特定設計認証のための審査に当たり、必要があると認めるときは、文部科学省令で定めるところにより、次条第二項の規定による検査の実施に係る体制について実地の調査を行うものとする。

（設計合致義務等）

第十二条の四　設計認証又は特定設計認証を受けた者（以下「認証機器製造者等」という。）は、当該設計認証又は特定設計認証に係る放射性同位元素装備機器を製造し、又は輸入する場合においては、設計認証又は特定設計認証に係る設計に合致するようにしなければならない。

2　認証機器製造者等は、当該設計認証又は特定設計認証に係る確認の方法に従い、その製造又は輸入に係る前項の放射性同位元素装備機器について検査を行い、文部科学省令で定めるところにより、その検査記録を作成し、これを保存しなければならない。

（認証機器の表示等）

第十二条の五　認証機器製造者等は、前条第二項の規定による検査により設計認証に係る設計に合致していることが確認された放射性同位元素装備機器（以下この条において「認証機器」という。）又は同項の規定による検査により特定設計認証に係る設計に合致していることが確認された放射性同位元素装備機器（以下この条において「特定認証機器」という。）に、文部科学省令で定めるところにより、それぞれ認証機器又は特定認証機器である旨の表示を付することができる。

2　前項の規定による表示が付された認証機器（以下「表示付認証機器」という。）以外の放射性同位元素装備機器には、同項の認証機器である旨の表示を付し、又はこれと紛らわしい表示を付してはならない。

3　第一項の規定による表示が付された特定認証機器（以下「表示付特定認証機器」という。）以外の放射性同位元素装備機器には、同項の特定認証機器である旨の表示を付し、又はこれと紛らわしい表示を付してはならない。

第十二条の六　表示付認証機器又は表示付特定認証機器を販売し、又は賃貸しようとする者は、文部科学省令で定めるところにより、当該表示付認証機器又は表示付特定認証機器に、認証番号（当該設計認証又は特定設計認証の番号をいう。）、当該設計認証又は特定設計認証に係る使用、保管及び運搬に関する条件（以下「認証条件」という。）、これを廃棄しようとする場合にあつては第十九条第五項に規定する者にその廃棄を委託しなければならない旨その他文部科学省令で定める事項を記載した文書を添付しなければならない。

（認証の取消し等）

第十二条の七　文部科学大臣は、認証機器製造者等が次の各号のいずれかに該当するときは、当該設計認証又は特定設計認証（以下「設計認証等」という。）を取り消すことができる。

一　不正の手段により設計認証等を受けたとき。

二　第十二条の四、第十二条の五第二項若しくは第三項又は前条の規定に違反したとき。

2　文部科学大臣は、前項各号のいずれかに該当する認

証機器製造者等及びその他の第十二条の五第二項若しくは第三項又は前条の規定に違反した者に対し、放射線障害を防止するため必要な限度において、当該不正又は違反に係る放射性同位元素装備機器の回収その他の措置をとるべきことを命ずることができる。

第三章　許可届出使用者、届出販売業者、届出賃貸業者、許可廃棄業者等の義務

（施設検査）

第十二条の八　特定許可使用者（放射性同位元素（密封された放射性同位元素であつて、その構造、使用状況等からみて放射線障害のおそれが少ないものとして政令で定めるものを除く。以下この項において同じ。）の使用をする許可使用者（貯蔵する放射性同位元素の密封の有無に応じて政令で定める貯蔵能力以上である貯蔵施設を設置するものに限る。）又は放射線発生装置の使用をする許可使用者をいう。以下同じ。）は、使用施設、貯蔵施設若しくは廃棄施設（以下「使用施設等」という。）を設置したとき、又は第十条第二項の許可を受けて使用施設等の位置、構造若しくは設備若しくは貯蔵施設の貯蔵能力の変更（文部科学省令で定める軽微な変更を除く。）をしたときは、文部科学省令で定めるところにより、当該使用施設等について文部科学大臣又は文部科学大臣の登録を受けた者（以下「登録検査機関」という。）の検査を受け、これに合格した後でなければ、当該使用施設等の使用をしてはならない。

2　許可廃棄業者は、廃棄物詰替施設、廃棄物貯蔵施設若しくは廃棄施設（以下「廃棄物詰替施設等」という。）を設置したとき、又は第十一条第二項の許可を受けて廃棄物詰替施設等の位置、構造若しくは設備の変更（文部科学省令で定める軽微な変更を除く。）をしたときは、文部科学省令で定めるところにより、当該廃棄物詰替施設等について文部科学大臣又は登録検査機関の検査を受け、これに合格した後でなければ、当該廃棄物詰替施設等の使用をしてはならない。

3　前二項の規定による検査（以下「施設検査」という。）においては、使用施設等又は廃棄物詰替施設等の設置又は変更が第三条第一項本文若しくは第四条の二第一項の許可又は第十条第二項若しくは第十一条第二項の変更の許可の内容（第八条第一項（第十条第三項及び第十一条第三項において準用する場合を含む。）の規定により付された条件を含む。）に適合しているときは、合格とする。

（定期検査）

第十二条の九　特定許可使用者は、使用施設等について、文部科学省令で定めるところにより、政令で定める期間ごとに、文部科学大臣又は登録検査機関の検査を受けなければならない。

2　許可廃棄業者は、廃棄物詰替施設等（廃棄物埋設地（その附属設備を含む。以下同じ。）である廃棄施設を除く。）について、文部科学省令で定めるところにより、政令で定める期間ごとに、文部科学大臣又は登録検査機関の検査を受けなければならない。

3　前二項の規定による検査（以下「定期検査」という。）は、当該使用施設等又は廃棄物詰替施設等がそれぞれ第六条第一号から第三号まで又は第七条第一号から第三号までの技術上の基準に適合しているかどうかについて行う。

（定期確認）

第十二条の十　特定許可使用者又は許可廃棄業者は、次に掲げる事項について、文部科学省令で定めるところにより、政令で定める期間ごとに、文部科学大臣又は文部科学大臣の登録を受けた者（以下「登録定期確認機関」という。）の確認（以下「定期確認」という。）を受けなければならない。

一　第二十条第一項及び第二項の文部科学省令で定めるところにより放射線の量及び放射性同位元素による汚染の状況が測定され、その結果について同条第三項の記録が作成され、保存されていること。

二　第二十五条第一項又は第三項の帳簿が、それぞれ同条第一項又は第三項の文部科学省令で定めるところにより記載され、同条第四項の文部科学省令で定めるところにより保存されていること。

（使用施設等の基準適合義務）

第十三条　許可使用者は、その使用施設、貯蔵施設及び廃棄施設の位置、構造及び設備を第六条第一号から第三号までの技術上の基準に適合するように維持しなければならない。

2　届出使用者は、その貯蔵施設の位置、構造及び設備を文部科学省令で定める技術上の基準に適合するように維持しなければならない。

3　許可廃棄業者は、その廃棄物詰替施設、廃棄物貯蔵施設及び廃棄施設の位置、構造及び設備を第七条第一号から第三号までの技術上の基準に適合するように維持しなければならない。

（使用施設等の基準適合命令）

第十四条　文部科学大臣は、使用施設、貯蔵施設又は廃棄施設の位置、構造又は設備が第六条第一号から第三号までの技術上の基準に適合していないと認めるときは、その技術上の基準に適合させるため、許可使用者に対し、使用施設、貯蔵施設又は廃棄施設の移転、修理又は改造を命ずることができる。

2　文部科学大臣は、貯蔵施設の位置、構造又は設備が前条第二項の技術上の基準に適合していないと認めるときは、その技術上の基準に適合させるため、届出使用者に対し、貯蔵施設の移転、修理又は改造を命ずることができる。

3　文部科学大臣は、廃棄物詰替施設、廃棄物貯蔵施設又は廃棄施設の位置、構造又は設備が第七条第一号から第三号までの技術上の基準に適合していないと認めるときは、その技術上の基準に適合させるため、許可廃棄業者に対し、廃棄物詰替施設、廃棄物貯蔵施設又は廃棄施設の移転、修理又は改造を命ずることができる。

（使用の基準）

第十五条　許可使用者及び届出使用者（以下「許可届出使用者」という。）は、放射性同位元素又は放射線発生装置の使用をする場合においては、文部科学省令で定める技術上の基準に従つて放射線障害の防止のために必要な措置を講じなければならない。

2　文部科学大臣は、放射性同位元素又は放射線発生装

置の使用に関する措置が前項の技術上の基準に適合していないと認めるときは、許可届出使用者に対し、使用の方法の変更その他放射線障害の防止のために必要な措置を命ずることができる。

（保管の基準等）

第十六条 許可届出使用者（第三十条第六号から第八号までのいずれかに該当する者（以下「許可取消等使用者」という。）を含む。次項、次条から第十九条の二まで及び第三十条の二において同じ。）及び許可廃棄業者（第三十条第六号から第八号までのいずれかに該当する者（以下「許可取消等廃棄業者」という。）を含む。同項、次条から第十九条の二まで及び第三十条の二において同じ。）は、放射性同位元素又は放射性同位元素によつて汚染された物を保管する場合においては、文部科学省令で定める技術上の基準に従つて放射線障害の防止のために必要な措置を講じなければならない。

2 文部科学大臣は、放射性同位元素又は放射性同位元素によつて汚染された物の保管に関する措置が前項の技術上の基準に適合していないと認めるときは、許可届出使用者又は許可廃棄業者に対し、保管の方法の変更その他放射線障害の防止のために必要な措置を命ずることができる。

3 届出販売業者又は届出賃貸業者は、放射性同位元素又は放射性同位元素によつて汚染された物の保管については、許可届出使用者に委託しなければならない。

（運搬の基準）

第十七条 許可届出使用者及び許可廃棄業者は、放射性同位元素又は放射性同位元素によつて汚染された物を工場又は事業所（許可届出使用者にあつては使用施設、貯蔵施設又は廃棄施設を設置した工場又は事業所、許可廃棄業者にあつては廃棄物詰替施設、廃棄物貯蔵施設又は廃棄施設を設置した廃棄事業所をいう。以下同じ。）において運搬する場合においては、文部科学省令で定める技術上の基準に従つて放射線障害の防止のために必要な措置を講じなければならない。

2 前項の場合において、文部科学大臣は、放射性同位元素又は放射性同位元素によつて汚染された物の運搬に関する措置が同項の技術上の基準に適合していないと認めるときは、許可届出使用者又は許可廃棄業者に対し、運搬の停止その他放射線障害の防止のために必要な措置を命ずることができる。

（運搬に関する確認等）

第十八条 許可届出使用者、届出販売業者、届出賃貸業者及び許可廃棄業者並びにこれらの者から運搬を委託された者（以下「許可届出使用者等」という。）は、放射性同位元素又は放射性同位元素によつて汚染された物を工場又は事業所の外において運搬する場合（船舶又は航空機により運搬する場合を除く。）においては、文部科学省令（鉄道、軌道、索道、無軌条電車、自動車及び軽車両による運搬については、運搬する物についての措置を除き、国土交通省令）で定める技術上の基準に従つて放射線障害の防止のために必要な措置を講じなければならない。

2 前項の場合において、放射性同位元素又は放射性同位元素によつて汚染された物による放射線障害の防止のため特に必要がある場合として政令で定める場合に該当するときは、許可届出使用者等は、その運搬に関する措置が同項の技術上の基準に適合することについて、鉄道、軌道、索道、無軌条電車、自動車及び軽車両による運搬に関する措置（運搬する物についての措置を除く。）にあつては国土交通大臣（当該措置のうち国土交通省令で定めるものにあつては、国土交通大臣の登録を受けた者（以下「登録運搬方法確認機関」という。）又は国土交通大臣）の確認（以下「運搬方法確認」という。）を、その他の運搬に関する措置にあつては文部科学大臣（次項の承認を受けた容器を用いて運搬する物についての措置にあつては、文部科学大臣の登録を受けた者（以下「登録運搬物確認機関」という。）又は文部科学大臣）の確認（以下「運搬物確認」という。）を受けなければならない。

3 許可届出使用者等は、運搬に使う容器について、あらかじめ、文部科学省令で定めるところにより、文部科学大臣の承認を受けることができる。この場合において、文部科学大臣の承認を受けた容器については、第一項の技術上の基準のうち容器に関する基準は、満たされたものとする。

4 第一項の場合において、文部科学大臣又は国土交通大臣は、放射性同位元素又は放射性同位元素によつて汚染された物の運搬に関する措置が同項の技術上の基準に適合していないと認めるときは、許可届出使用者等に対し、運搬の停止その他放射線障害の防止のために必要な措置を命ずることができる。

5 第一項に規定する場合において、放射性同位元素又は放射性同位元素によつて汚染された物による放射線障害を防止して公共の安全を確保するため特に必要がある場合として政令で定める場合に該当するときは、許可届出使用者等は、内閣府令で定めるところにより、放射性同位元素又は放射性同位元素によつて汚染された物を運搬する旨を都道府県公安委員会に届け出なければならない。

6 都道府県公安委員会は、前項の規定による届出があつた場合において、放射線障害を防止して公共の安全を確保するため必要があると認めるときは、内閣府令で定めるところにより、運搬の日時、経路その他内閣府令で定める事項について、必要な指示をすることができる。

7 放射性同位元素又は放射性同位元素によつて汚染された物を運搬する場合には、第五項の規定により届け出たところに従つて（前項の指示があつたときは、その内容に従つて）運搬しなければならない。

8 警察官は、自動車又は軽車両により運搬される放射性同位元素又は放射性同位元素によつて汚染された物による放射線障害を防止して公共の安全を図るため、特に必要があると認めるときは、当該自動車又は軽車両を停止させ、これらを運搬する者に対し、内閣府令で定めるところにより、第五項の規定により届け出たところに従つて（第六項の指示があつたときは、その内容に従つて）運搬しているかどうかについて検査し、又は放射線障害を防止するため、前三項の規定の実施に必要な限度で経路の変更その他の適当な措置を講ずることを命ずることができる。

9 前項に規定する権限は、犯罪捜査のために認められたものと解してはならない。

10　運搬が二以上の都道府県にわたることとなる場合における第五項の届出及び第六項の指示に関し必要な都道府県公安委員会の間の連絡については、政令で定める。

（廃棄の基準等）

第十九条　許可届出使用者及び許可廃棄業者は、放射性同位元素又は放射性同位元素によつて汚染された物を工場又は事業所において廃棄する場合においては、文部科学省令で定める技術上の基準に従つて放射線障害の防止のために必要な措置を講じなければならない。

2　許可届出使用者及び許可廃棄業者は、放射性同位元素又は放射性同位元素によつて汚染された物を工場又は事業所の外において廃棄する場合においては、文部科学省令で定める技術上の基準に従つて放射線障害の防止のために必要な措置を講じなければならない。

3　文部科学大臣は、放射性同位元素又は放射性同位元素によつて汚染された物の廃棄に関する措置が前二項の技術上の基準に適合していないと認めるときは、許可届出使用者又は許可廃棄業者に対し、廃棄の停止その他放射線障害の防止のために必要な措置を命ずることができる。

4　届出販売業者又は届出賃貸業者は、放射性同位元素又は放射性同位元素によつて汚染された物の廃棄については、許可届出使用者（許可取消等使用者を除く。）又は許可廃棄業者（許可取消等廃棄業者を除く。）に委託しなければならない。

5　前項に定めるもののほか、表示付認証機器又は表示付特定認証機器（以下「表示付認証機器等」という。）を廃棄しようとする者（許可届出使用者又は許可廃棄業者であるものを除く。）は、許可届出使用者（許可取消等使用者を除く。）又は許可廃棄業者（許可取消等廃棄業者を除く。）に委託しなければならない。

（廃棄に関する確認）

第十九条の二　許可届出使用者及び許可廃棄業者は、放射性同位元素又は放射性同位元素によつて汚染された物を工場又は事業所の外において廃棄する場合において、放射性同位元素又は放射性同位元素によつて汚染された物による放射線障害の防止のため特に必要がある場合として政令で定める場合に該当するときは、その廃棄に関する措置が前条第二項の技術上の基準に適合することについて、文部科学省令で定めるところにより、文部科学大臣の確認を受けなければならない。

2　廃棄物埋設をしようとする許可廃棄業者は、その都度、当該廃棄物埋設において講ずる措置が前条第一項の技術上の基準に適合することについて、文部科学省令で定めるところにより、文部科学大臣又は文部科学大臣の登録を受けた者（以下「登録埋設確認機関」という。）の確認（以下「埋設確認」という。）を受けなければならない。

（測定）

第二十条　許可届出使用者及び許可廃棄業者は、文部科学省令で定めるところにより、放射線障害のおそれのある場所について、放射線の量及び放射性同位元素による汚染の状況を測定しなければならない。

2　許可届出使用者及び許可廃棄業者は、文部科学省令で定めるところにより、使用施設、廃棄物詰替施設、貯蔵施設、廃棄物貯蔵施設又は廃棄施設に立ち入つた者について、その者の受けた放射線の量及び放射性同位元素による汚染の状況を測定しなければならない。

3　許可届出使用者及び許可廃棄業者は、前二項の測定の結果について記録の作成、保存その他の文部科学省令で定める措置を講じなければならない。

（放射線障害予防規程）

第二十一条　許可届出使用者、届出販売業者（表示付認証機器等のみを販売する者を除く。以下この条において同じ。）、届出賃貸業者（表示付認証機器等のみを賃貸する者を除く。以下この条において同じ。）及び許可廃棄業者は、放射線障害を防止するため、文部科学省令で定めるところにより、放射性同位元素若しくは放射線発生装置の使用、放射性同位元素の販売若しくは賃貸の業又は放射性同位元素若しくは放射性同位元素によつて汚染された物の廃棄の業を開始する前に、放射線障害予防規程を作成し、文部科学大臣に届け出なければならない。

2　文部科学大臣は、放射線障害を防止するために必要があると認めるときは、許可届出使用者、届出販売業者、届出賃貸業者又は許可廃棄業者に対し、放射線障害予防規程の変更を命ずることができる。

3　許可届出使用者、届出販売業者、届出賃貸業者及び許可廃棄業者は、放射線障害予防規程を変更したときは、変更の日から三十日以内に、文部科学大臣に届け出なければならない。

（教育訓練）

第二十二条　許可届出使用者及び許可廃棄業者は、使用施設、廃棄物詰替施設、貯蔵施設、廃棄物貯蔵施設又は廃棄施設に立ち入る者に対し、文部科学省令で定めるところにより、放射線障害予防規程の周知その他を図るほか、放射線障害を防止するために必要な教育及び訓練を施さなければならない。

（健康診断）

第二十三条　許可届出使用者及び許可廃棄業者は、文部科学省令で定めるところにより、使用施設、廃棄物詰替施設、貯蔵施設、廃棄物貯蔵施設又は廃棄施設に立ち入る者に対し、健康診断を行わなければならない。

2　許可届出使用者及び許可廃棄業者は、前項の健康診断の結果について記録の作成、保存その他の文部科学省令で定める措置を講じなければならない。

（放射線障害を受けた者又は受けたおそれのある者に対する措置）

第二十四条　許可届出使用者（表示付認証機器使用者を含む。）、届出販売業者、届出賃貸業者及び許可廃棄業者は、文部科学省令で定めるところにより、放射線障害を受けた者又は受けたおそれのある者に対し、使用施設、廃棄物詰替施設、貯蔵施設、廃棄物貯蔵施設又は廃棄施設への立入りの制限その他保健上必要な措置を講じなければならない。

（記帳義務）

第二十五条　許可届出使用者は、文部科学省令で定めるところにより、帳簿を備え、次の事項を記載しなければならない。

一　放射性同位元素の使用、保管又は廃棄に関する事項

二　放射線発生装置の使用に関する事項

三　放射性同位元素によつて汚染された物の廃棄に関

する事項

四　その他放射線障害の防止に関し必要な事項

2　届出販売業者及び届出賃貸業者は、文部科学省令で定めるところにより、帳簿を備え、放射性同位元素の販売、賃貸、保管又は廃棄に関する事項並びに前項第三号及び第四号に掲げる事項を記載しなければならない。

3　許可廃棄業者は、文部科学省令で定めるところにより、帳簿を備え、放射性同位元素又は放射性同位元素によつて汚染された物の保管又は廃棄に関する事項及び第一項第四号に掲げる事項を記載しなければならない。

4　前三項の帳簿は、文部科学省令で定めるところにより、保存しなければならない。

（表示付認証機器等の使用等に係る特例）

第二十五条の二　第十五条から第十七条まで及び第二十条から第二十三条までの規定は、表示付認証機器等の認証条件に従つた使用、保管及び運搬については、適用しない。

2　許可届出使用者等が表示付認証機器等の認証条件に従つた運搬を行う場合における第十八条の規定の適用については、同条第一項中「（船舶又は航空機により運搬する場合を除く。）」とあるのは「（鉄道、軌道、索道、無軌条電車、自動車及び軽車両により運搬する場合に限る。）」と、「文部科学省令（鉄道、軌道、索道、無軌条電車、自動車及び軽車両による運搬については、運搬する物についての措置を除き、国土交通省令）で定める技術上の基準」とあるのは「国土交通省令で定める技術上の基準」と、「必要な措置」とあるのは「必要な措置（運搬する物についての措置を除く。）」と、同条第二項中「その運搬に関する措置」とあるのは「その運搬に関する措置（運搬する物についての措置を除く。）」と、「鉄道、軌道、索道、無軌条電車、自動車及び軽車両による運搬に関する措置（運搬する物についての措置を除く。）にあつては国土交通大臣（当該措置のうち国土交通省令で定めるものにあつては、国土交通大臣の登録を受けた者（以下「登録運搬方法確認機関」という。）又は国土交通大臣）の確認（以下「運搬方法確認」という。）を、その他の運搬に関する措置にあつては文部科学大臣（次項の承認を受けた容器を用いて運搬する物についての措置にあつては、文部科学大臣の登録を受けた者（以下「登録運搬物確認機関」という。）又は文部科学大臣）の確認（以下「運搬物確認」という。）」とあるのは「国土交通大臣（国土交通省令で定めるものにあつては、国土交通大臣の登録を受けた者（以下「登録運搬方法確認機関」という。）又は国土交通大臣）の確認（以下「運搬方法確認」という。）」と、同条第四項中「文部科学大臣又は国土交通大臣」とあるのは「国土交通大臣」とする。この場合において、同条第三項の規定は、適用しない。

3　前項の規定により読み替えて適用する第十八条第一項、第二項及び第四項の規定は、許可届出使用者等以外の者が表示付認証機器等の認証条件に従つた運搬を行う場合について準用する。

4　許可届出使用者が行う表示付認証機器等の認証条件に従つた使用及び保管についての前条第一項の規定の適用については、同項中「次の事項」とあるのは「第一号及び第三号の事項」と、同項第一号中「使用、保管又は廃棄」とあるのは「廃棄」とする。

5　前条第二項及び第四項の規定は、表示付特定認証機器については、適用しない。

（許可の取消し等）

第二十六条　文部科学大臣は、許可使用者又は許可廃棄業者が次の各号のいずれかに該当する場合は、第三条第一項本文又は第四条の二第一項の許可を取り消し、又は一年以内の期間を定めて放射性同位元素若しくは放射線発生装置の使用若しくは放射性同位元素若しくは放射性同位元素によつて汚染された物の廃棄の停止を命ずることができる。

一　第五条第一項第二号から第四号まで又は同条第二項各号のいずれかに該当するに至つた場合

二　第八条第一項（第十条第三項及び第十一条第三項において準用する場合を含む。）の条件に違反した場合

三　第十条第二項又は第十一条第二項の規定により許可を受けなければならない事項を許可を受けないで変更した場合

四　第十条第五項又は第六項の規定により届け出なければならない事項を届け出ないで変更した場合

五　第十二条の八第一項若しくは第二項又は第十二条の九第一項若しくは第二項の規定に違反した場合

六　第十三条第一項又は第三項の規定に違反した場合

七　第十四条第一項又は第三項の規定による命令に違反した場合

八　第十五条第一項、第十六条第一項、第十七条第一項、第十八条第一項又は第十九条第一項若しくは第二項の技術上の基準に違反した場合

九　第十五条第二項、第十六条第二項、第十七条第二項、第十八条第四項又は第十九条第三項の規定による命令に違反した場合

十　第十八条第二項又は第十九条の二第一項の規定に違反した場合

十一　第二十条、第二十三条、第二十四条又は第二十五条第一項、第三項若しくは第四項の規定に違反した場合

十二　第二十九条第一号若しくは第五号又は第三十条第一号若しくは第四号の規定に違反した場合

十三　第三十四条第一項又は第三十七条第一項及び第二項の規定に違反した場合

十四　第三十八条の規定による命令に違反した場合

2　文部科学大臣は、届出使用者、届出販売業者又は届出賃貸業者が次の各号のいずれかに該当する場合は、一年以内の期間を定めて放射性同位元素の使用、販売又は賃貸の停止を命ずることができる。

一　第三条の二第二項又は第四条第二項の規定により届け出なければならない事項を届け出ないで変更した場合

二　第十三条第二項の規定に違反した場合

三　第十四条第二項の規定による命令に違反した場合

四　第十五条第一項、第十六条第一項、第十七条第一項、第十八条第一項又は第十九条第一項若しくは第二項の技術上の基準に違反した場合

五　第十五条第二項、第十六条第二項、第十七条第二項、第十八条第四項又は第十九条第三項の規定によ

る命令に違反した場合

六　第十六条第三項、第十八条第二項、第十九条第四項又は第十九条の二第一項の規定に違反した場合

七　第二十条、第二十三条、第二十四条又は第二十五条第一項、第二項若しくは第四項の規定に違反した場合

八　第二十九条第二号から第四号まで又は第三十条第二号若しくは第三号の規定に違反した場合

九　第三十四条第一項又は第三十七条第一項及び第二項の規定に違反した場合

十　第三十八条の規定による命令に違反した場合

（合併等）

第二十六条の二　許可使用者である法人の合併の場合（許可使用者である法人と許可使用者でない法人とが合併する場合において、許可使用者である法人が存続するときを除く。）又は分割の場合（当該許可に係るすべての放射性同位元素及び放射性同位元素によつて汚染された物又は当該許可に係る放射線発生装置並びに使用施設等を一体として承継させる場合に限る。）において、当該合併又は分割について文部科学大臣の認可を受けたときは、合併後存続する法人若しくは合併により設立された法人又は分割により当該放射性同位元素及び放射性同位元素によつて汚染された物若しくは放射線発生装置並びに使用施設等を一体として承継した法人は、許可使用者の地位を承継する。

2　許可廃棄業者である法人の合併の場合（許可廃棄業者である法人と許可廃棄業者でない法人とが合併する場合において、許可廃棄業者である法人が存続するときを除く。）又は分割の場合（当該許可に係るすべての放射性同位元素及び放射性同位元素によつて汚染された物並びに廃棄物詰替施設等を一体として承継させる場合に限る。）において、当該合併又は分割について文部科学大臣の認可を受けたときは、合併後存続する法人若しくは合併により設立された法人又は分割により当該放射性同位元素及び放射性同位元素によつて汚染された物並びに廃棄物詰替施設等を一体として承継した法人は、許可廃棄業者の地位を承継する。

3　第五条、第六条及び第八条の規定は第一項の認可に、第五条、第七条及び第八条の規定は前項の認可について準用する。この場合において、第五条中「次の各号のいずれかに該当する者」とあるのは、第一項の認可にあつては「合併後存続する法人若しくは合併により設立された法人又は分割により当該放射性同位元素及び放射性同位元素によつて汚染された物若しくは放射線発生装置並びに使用施設等を一体として承継した法人が次の各号のいずれかに該当する場合」と、前項の認可にあつては「合併後存続する法人若しくは合併により設立された法人又は分割により当該放射性同位元素及び放射性同位元素によつて汚染された物並びに廃棄物詰替施設等を一体として承継した法人が次の各号のいずれかに該当する場合」と読み替えるものとする。

4　届出使用者である法人の合併の場合（届出使用者である法人と届出使用者でない法人とが合併する場合において、届出使用者である法人が存続するときを除く。）又は分割の場合（当該届出に係るすべての放射性同位元素及び放射性同位元素によつて汚染された物並びに貯蔵施設を一体として承継させる場合に限る。）において、合併後存続する法人若しくは合併により設立された法人又は分割により当該放射性同位元素及び放射性同位元素によつて汚染された物並びに貯蔵施設を一体として承継した法人は、届出使用者の地位を承継することができる。

5　表示付認証機器届出使用者である法人の合併の場合（表示付認証機器届出使用者である法人と表示付認証機器届出使用者でない法人とが合併する場合において、表示付認証機器届出使用者である法人が存続するときを除く。）又は分割の場合（当該届出に係るすべての表示付認証機器を承継させる場合に限る。）において、合併後存続する法人若しくは合併により設立された法人又は分割により当該表示付認証機器を承継した法人は、表示付認証機器届出使用者の地位を承継することができる。

6　届出販売業者である法人の合併の場合（届出販売業者である法人と届出販売業者でない法人とが合併する場合において、届出販売業者である法人が存続するときを除く。）又は分割の場合（当該届出に係るすべての放射性同位元素を承継させる場合に限る。）において、合併後存続する法人若しくは合併により設立された法人又は分割により当該放射性同位元素を承継した法人は、届出販売業者の地位を承継することができる。

7　届出賃貸業者である法人の合併の場合（届出賃貸業者である法人と届出賃貸業者でない法人とが合併する場合において、届出賃貸業者である法人が存続するときを除く。）又は分割の場合（当該届出に係るすべての放射性同位元素を承継させる場合に限る。）において、合併後存続する法人若しくは合併により設立された法人又は分割により当該放射性同位元素を承継した法人は、届出賃貸業者の地位を承継することができる。

8　第四項から前項までの規定により届出使用者、表示付認証機器届出使用者、届出販売業者又は届出賃貸業者の地位を承継した法人は、承継の日から三十日以内に、文部科学省令で定めるところにより、その旨を文部科学大臣に届け出なければならない。

（許可廃棄業者の相続）

第二十六条の三　許可廃棄業者（廃棄物埋設のみを行う者に限る。以下この条において同じ。）について相続があつたときは、相続人は、許可廃棄業者の地位を承継する。

2　前項の規定により許可廃棄業者の地位を承継した相続人は、相続の日から三十日以内に、文部科学省令で定めるところにより、その旨を文部科学大臣に届け出なければならない。

（廃棄物埋設地の譲受け等）

第二十六条の四　許可廃棄業者（廃棄物埋設を行う者に限る。）からその設置した廃棄物埋設地又は廃棄物埋設地を含む一体としての廃棄物詰替施設等を譲り受けようとする者は、政令で定めるところにより、文部科学大臣の許可を受けなければならない。

2　第五条、第七条及び第八条の規定は、前項の許可について準用する。

3　第一項の許可を受けて許可廃棄業者からその設置した廃棄物埋設地又は廃棄物埋設地を含む一体としての廃棄物詰替施設等を譲り受けた者は、当該廃棄物埋設地に係る許可廃棄業者の地位を承継する。

（使用の廃止等の届出）

第二十七条　第二十六条第一項に規定する場合を除き、許可届出使用者（表示付認証機器届出使用者を含む。以下この条において同じ。）がその許可又は届出に係る放射性同位元素若しくは放射線発生装置のすべての使用を廃止したとき、又は届出販売業者、届出賃貸業者若しくは許可廃棄業者がその業を廃止したときは、その許可届出使用者、届出販売業者、届出賃貸業者又は許可廃棄業者は、文部科学省令で定めるところにより、その旨を文部科学大臣に届け出なければならない。

2　前項の規定による届出をしたときは、第三条第一項本文又は第四条の二第一項の許可は、その効力を失う。

3　許可届出使用者、届出販売業者、届出賃貸業者若しくは許可廃棄業者が死亡し、又は法人である許可届出使用者、届出販売業者、届出賃貸業者若しくは許可廃棄業者が解散した場合において、第二十六条の二第一項、第二項若しくは第四項から第七項まで又は第二十六条の三第一項の規定による承継がなかつたときは、その相続人若しくは相続人に代わつて相続財産を管理する者又は清算人、破算管財人若しくは合併後存続し、若しくは合併により設立された法人は、文部科学省令で定めるところにより、その旨を文部科学大臣に届け出なければならない。

（許可の取消し、使用の廃止等に伴う措置）

第二十八条　第二十六条第一項の規定により許可を取り消された許可使用者若しくは許可廃棄業者又は前条第一項若しくは第三項の規定により届出をしなければならない者は、文部科学省令で定めるところにより、その所有する放射性同位元素を許可届出使用者、届出販売業者、届出賃貸業者若しくは許可廃棄業者に譲り渡し、放射性同位元素による汚染を除去し、又は放射性同位元素若しくは放射性同位元素によつて汚染された物を廃棄する等の措置を講じなければならない。

2　前項に規定する者は、文部科学省令で定めるところにより、許可を取り消された日若しくは放射性同位元素の使用を廃止し、若しくは販売、賃貸若しくは廃棄の業を廃止した日又は許可届出使用者、届出販売業者、届出賃貸業者若しくは許可廃棄業者が死亡し、若しくは法人である許可届出使用者、届出販売業者、届出賃貸業者若しくは許可廃棄業者が解散した日からそれぞれ三十日以内に、同項の規定により講じた措置を文部科学大臣に報告しなければならない。

3　文部科学大臣は、第一項に規定する者の講じた措置が適切でないと認めるときは、同項に規定する者に対し、放射線障害を防止するために必要な措置を講ずることを命ずることができる。

（譲渡し、譲受け等の制限）

第二十九条　放射性同位元素（表示付認証機器等に装備されているものを除く。以下この条において同じ。）は、次の各号のいずれかに該当する場合のほか、譲り渡し、譲り受け、貸し付け、又は借り受けてはならない。

一　許可使用者がその許可証に記載された種類の放射性同位元素を、他の許可届出使用者、届出販売業者、届出賃貸業者若しくは許可廃棄業者に譲り渡し、若しくは貸し付け、又はその許可証に記載された貯蔵施設の貯蔵能力の範囲内で譲り受け、若しくは借り受ける場合

二　届出使用者がその届け出た種類の放射性同位元素を、他の許可届出使用者、届出販売業者、届出賃貸業者若しくは許可廃棄業者に譲り渡し、若しくは貸し付け、又はその届け出た貯蔵施設の貯蔵能力の範囲内で譲り受け、若しくは借り受ける場合

三　届出販売業者がその届け出た種類の放射性同位元素を、輸出し、許可届出使用者、他の届出販売業者、届出賃貸業者若しくは許可廃棄業者に譲り渡し、若しくは貸し付け、又は譲り受け、若しくは借り受ける場合

四　届出賃貸業者がその届け出た種類の放射性同位元素を、輸出し、許可届出使用者、届出販売業者、他の届出賃貸業者若しくは許可廃棄業者に譲り渡し、若しくは貸し付け、又は譲り受け、若しくは借り受ける場合

五　許可廃棄業者が許可届出使用者、届出販売業者、届出賃貸業者若しくは他の許可廃棄業者に譲り渡し、若しくは貸し付け、又はその許可証に記載された廃棄物貯蔵施設の貯蔵能力の範囲内で譲り受け、若しくは借り受ける場合

六　第二十六条第一項の規定により許可を取り消された許可使用者又は許可廃棄業者がその許可を取り消された日に所有していた放射性同位元素を、文部科学省令で定めるところにより、許可届出使用者、届出販売業者、届出賃貸業者又は許可廃棄業者に譲り渡す場合

七　第二十七条第一項の規定により届出をしなければならない者が放射性同位元素の使用又は販売、賃貸若しくは廃棄の業を廃止した日に所有していた放射性同位元素を、文部科学省令で定めるところにより、許可届出使用者、届出販売業者、届出賃貸業者又は許可廃棄業者に譲り渡す場合

八　第二十七条第三項の規定により届出をしなければならない者が、許可届出使用者、届出販売業者、届出賃貸業者若しくは許可廃棄業者が死亡し、又は法人である許可届出使用者、届出販売業者、届出賃貸業者若しくは許可廃棄業者が解散した日にその許可届出使用者、届出販売業者、届出賃貸業者又は許可廃棄業者が所有していた放射性同位元素を、文部科学省令で定めるところにより、許可届出使用者、届出販売業者、届出賃貸業者又は許可廃棄業者に譲り渡す場合

（所持の制限）

第三十条　放射性同位元素は、法令に基づく場合又は次の各号のいずれかに該当する場合のほか、所持してはならない。

一　許可使用者がその許可証に記載された種類の放射性同位元素をその許可証に記載された貯蔵施設の貯蔵能力の範囲内で所持する場合

二　届出使用者がその届け出た種類の放射性同位元素をその届け出た貯蔵施設の貯蔵能力の範囲内で所持する場合

三　届出販売業者又は届出賃貸業者がその届け出た種類の放射性同位元素を運搬のために所持する場合及び第二十四条又は第三十三条第一項若しくは第四項の措置を講ずるために所持する場合

四　許可廃棄業者がその許可証に記載された廃棄物貯

蔵施設の貯蔵能力の範囲内で所持する場合

五　表示付認証機器等について認証条件に従つた使用、保管又は運搬をする場合

六　第二十六条第一項の規定により許可を取り消された許可使用者又は許可廃棄業者がその許可を取り消された日に所持していた放射性同位元素を、文部科学省令で定めるところにより、所持する場合

七　第二十七条第一項の規定により届出をしなければならない者が放射性同位元素の使用又は廃棄の業を廃止した日に所持していた放射性同位元素を、文部科学省令で定めるところにより、所持する場合

八　第二十七条第三項の規定により届出をしなければならない者が、許可届出使用者若しくは許可廃棄業者が死亡し、又は法人である許可届出使用者若しくは許可廃棄業者が解散した日に許可届出使用者又は許可廃棄業者が所持していた放射性同位元素を、文部科学省令で定めるところにより、所持する場合

九　前各号に掲げる者から放射性同位元素の運搬を委託された者がその委託を受けた放射性同位元素を所持する場合

十　前各号に掲げる者の従業者がその職務上放射性同位元素を所持する場合

（海洋投棄の制限）

第三十条の二　放射性同位元素又は放射性同位元素によつて汚染された物は、次の各号のいずれかに該当する場合のほか、海洋投棄をしてはならない。

一　許可届出使用者又は許可廃棄業者が第十九条の二第一項の規定による確認を受けた場合

二　人命又は船舶、航空機若しくは人工海洋構築物の安全を確保するためやむを得ない場合

2　前項の「海洋投棄」とは、船舶、航空機若しくは人工海洋構築物から海洋に物を廃棄すること又は船舶若しくは人工海洋構築物において廃棄する目的で物を燃焼させることをいう。ただし、船舶、航空機若しくは人工海洋構築物から海洋に当該船舶、航空機若しくは人工海洋構築物及びこれらの設備の運用に伴つて生ずる物を廃棄すること又は船舶若しくは人工海洋構築物において廃棄する目的で当該船舶若しくは人工海洋構築物及びこれらの設備の運用に伴つて生ずる物を燃焼させることを除く。

（取扱いの制限）

第三十一条　何人も、次の各号のいずれかに該当する者に放射性同位元素又は放射性同位元素によつて汚染された物の取扱いをさせてはならない。

一　十八歳未満の者

二　心身の障害により放射線障害の防止のために必要な措置を適切に講ずることができない者として文部科学省令で定めるもの

2　何人も、前項各号のいずれかに該当する者に放射線発生装置を使用させてはならない。

3　前二項の規定は、保健師助産師看護師法（昭和二十三年法律第二百三号）により免許を受けた准看護師その他の文部科学省令で定める者については、適用しない。

（事故届）

第三十二条　許可届出使用者等（表示付認証機器使用者及び表示付認証機器使用者から運搬を委託された者を含む。次条において同じ。）は、その所持する放射性同位元素について盗取、所在不明その他の事故が生じたときは、遅滞なく、その旨を警察官又は海上保安官に届け出なければならない。

（危険時の措置）

第三十三条　許可届出使用者等は、その所持する放射性同位元素若しくは放射性同位元素によつて汚染された物又は放射線発生装置に関し、地震、火災その他の災害が起こつたことにより、放射線障害のおそれがある場合又は放射線障害が発生した場合においては、直ちに、文部科学省令（放射性同位元素又は放射性同位元素によつて汚染された物の工場又は事業所の外における運搬（船舶又は航空機による運搬を含む。）に係る場合にあつては、文部科学省令又は国土交通省令。第三項において同じ。）で定めるところにより、応急の措置を講じなければならない。

2　前項の事態を発見した者は、直ちに、その旨を警察官又は海上保安官に通報しなければならない。

3　許可届出使用者等は、第一項の事態が生じた場合においては、文部科学省令で定めるところにより、遅滞なく、その旨を文部科学大臣（放射性同位元素又は放射性同位元素によつて汚染された物の工場又は事業所の外における運搬（船舶又は航空機による運搬を含む。）に係る場合にあつては、文部科学大臣又は国土交通大臣。次項において同じ。）に届け出なければならない。

4　文部科学大臣は、第一項の場合において、放射線障害を防止するため緊急の必要があると認めるときは、同項に規定する者に対し、放射性同位元素又は放射性同位元素によつて汚染された物の所在場所の変更、放射性同位元素による汚染の除去その他放射線障害を防止するために必要な措置を講ずることを命ずることができる。

第四章　放射線取扱主任者

（放射線取扱主任者）

第三十四条　許可届出使用者、届出販売業者、届出賃貸業者及び許可廃棄業者は、放射線障害の防止について監督を行わせるため、次の各号に掲げる区分に従い、当該各号に定める者のうちから、放射線取扱主任者を選任しなければならない。この場合において、放射性同位元素又は放射線発生装置を診療のために用いるときは医師又は歯科医師を、放射性同位元素又は放射線発生装置を薬事法（昭和三十五年法律第百四十五号）第二条に規定する医薬品、医薬部外品、化粧品又は医療機器の製造所において使用をするときは薬剤師を、それぞれ放射線取扱主任者として選任することができる。

一　特定許可使用者、密封されていない放射性同位元素の使用をする許可使用者又は許可廃棄業者　次条第一項の第一種放射線取扱主任者免状（次号及び第三号において「第一種放射線取扱主任者免状」という。）を有する者

二　前号に規定する許可使用者以外の許可使用者　第一種放射線取扱主任者免状又は次条第一項の第二種放射線取扱主任者免状（次号において「第二種放射

線取扱主任者免状」という。）を有する者

三　届出使用者、届出販売業者又は届出賃貸業者　第一種放射線取扱主任者免状、第二種放射線取扱主任者免状又は次条第一項の第三種放射線取扱主任者免状を有する者

2　許可届出使用者、届出販売業者、届出賃貸業者及び許可廃棄業者は、放射線取扱主任者を選任したときは、文部科学省令で定めるところにより、選任した日から三十日以内に、その旨を文部科学大臣に届け出なければならない。これを解任したときも、同様とする。

（放射線取扱主任者免状）

第三十五条　放射線取扱主任者免状は、第一種放射線取扱主任者免状、第二種放射線取扱主任者免状及び第三種放射線取扱主任者免状とする。

2　第一種放射線取扱主任者免状は、文部科学大臣又は文部科学大臣の登録を受けた者（以下「登録試験機関」という。）の行う第一種放射線取扱主任者試験に合格し、かつ、文部科学大臣又は文部科学大臣の登録を受けた者（以下「登録資格講習機関」という。）の行う第一種放射線取扱主任者講習を修了した者に対し、文部科学大臣が交付する。

3　第二種放射線取扱主任者免状は、文部科学大臣又は登録試験機関の行う第二種放射線取扱主任者試験に合格し、かつ、文部科学大臣又は登録資格講習機関の行う第二種放射線取扱主任者講習を修了した者に対し、文部科学大臣が交付する。

4　第三種放射線取扱主任者免状は、文部科学大臣又は登録資格講習機関の行う第三種放射線取扱主任者講習を修了した者に対し、文部科学大臣が交付する。

5　文部科学大臣は、次の各号のいずれかに該当する者に対しては、放射線取扱主任者免状の交付を行わないことができる。

一　次項の規定により放射線取扱主任者免状の返納を命ぜられ、その命ぜられた日から起算して一年を経過しない者

二　この法律又はこの法律に基づく命令の規定に違反して、罰金以上の刑に処せられ、その執行を終わり、又は執行を受けることがなくなつた日から起算して二年を経過しない者

6　文部科学大臣は、放射線取扱主任者免状の交付を受けた者がこの法律又はこの法律に基づく命令の規定に違反したときは、その放射線取扱主任者免状の返納を命ずることができる。

7　第一種放射線取扱主任者試験及び第二種放射線取扱主任者試験（以下「試験」と総称する。）は、放射性同位元素又は放射線発生装置の取扱いに必要な専門的知識及び能力を有するかどうかを判定することを目的とし、別表第一の上欄に掲げる試験の種類に応じ同表の下欄に掲げる課目について行う。

8　第一種放射線取扱主任者講習、第二種放射線取扱主任者講習及び第三種放射線取扱主任者講習（以下「資格講習」と総称する。）は、別表第二の上欄に掲げる資格講習の種類に応じ同表の下欄に掲げる課目について行う。

9　前二項に定めるもののほか、試験の受験手続その他の実施細目、資格講習の受講手続その他の実施細目、放射線取扱主任者免状の交付、再交付及び返納に関する手続その他放射線取扱主任者免状に関し必要な事項は、文部科学省令で定める。

（放射線取扱主任者の義務等）

第三十六条　放射線取扱主任者は、誠実にその職務を遂行しなければならない。

2　使用施設、廃棄物詰替施設、貯蔵施設、廃棄物貯蔵施設又は廃棄施設に立ち入る者は、放射線取扱主任者がこの法律若しくはこの法律に基づく命令又は放射線障害予防規程の実施を確保するためにする指示に従わなければならない。

3　前項に定めるもののほか、許可届出使用者、届出販売業者、届出賃貸業者及び許可廃棄業者は、放射線障害の防止に関し、放射線取扱主任者の意見を尊重しなければならない。

（定期講習）

第三十六条の二　許可届出使用者、届出販売業者、届出賃貸業者及び許可廃棄業者のうち文部科学省令で定めるものは、放射線取扱主任者に、文部科学大臣の登録を受けた者（以下「登録定期講習機関」という。）が行う放射線取扱主任者の資質の向上を図るための講習（以下「定期講習」という。）を受けさせなければならない。

2　定期講習は、別表第三の上欄に掲げる定期講習の種類に応じ同表の下欄に掲げる課目について行う。

3　前項に定めるもののほか、定期講習の受講手続その他の実施細目は、文部科学省令で定める。

（研修の指示）

第三十六条の三　文部科学大臣は、放射線障害の防止のために必要があると認めるときは、許可届出使用者、届出販売業者、届出賃貸業者又は許可廃棄業者に対し、期間を定めて、放射線取扱主任者に文部科学大臣の行う研修を受けさせるよう指示することができる。

2　前項の指示を受けた許可届出使用者、届出販売業者、届出賃貸業者又は許可廃棄業者は、当該指示に係る期間内に、その選任した放射線取扱主任者に研修を受けさせなければならない。

3　前二項に定めるもののほか、研修の課目その他研修について必要な事項は、文部科学省令で定める。

（放射線取扱主任者の代理者）

第三十七条　許可届出使用者、届出販売業者、届出賃貸業者及び許可廃棄業者は、放射線取扱主任者が旅行、疾病その他の事故によりその職務を行うことができない場合において、その職務を行うことができない期間中放射性同位元素若しくは放射線発生装置を使用し、又は放射性同位元素若しくは放射性同位元素によつて汚染された物を廃棄しようとするときは、その職務を代行させるため、文部科学省令で定めるところにより、放射線取扱主任者の代理者を選任しなければならない。

2　第三十四条第一項の規定は、放射線取扱主任者の代理者の資格に準用する。

3　許可届出使用者、届出販売業者、届出賃貸業者及び許可廃棄業者は、放射線取扱主任者の代理者を選任したときは、文部科学省令で定める場合を除き、選任した日から三十日以内に、その旨を文部科学大臣に届け出なければならない。これを解任したときも、同様とする。

4　放射線取扱主任者の代理者は、放射線取扱主任者の職務を代行する場合は、この法律及びこの法律に基づく命令の規定の適用については、これを放射線取扱主任者とみなす。

（解任命令）

第三十八条　文部科学大臣は、放射線取扱主任者又はその代理者が、この法律又はこの法律に基づく命令の規定に違反したときは、許可届出使用者、届出販売業者、届出賃貸業者又は許可廃棄業者に対し、放射線取扱主任者又はその代理者の解任を命ずることができる。

第五章　登録認証機関等

（登録認証機関の登録）

第三十九条　第十二条の二第一項の登録は、設計認証等に関する業務（以下「設計認証業務」という。）を行おうとする者の申請により行う。

（欠格条項）

第四十条　文部科学大臣は、前条の規定により登録の申請をした者（次条において「登録申請者」という。）が、次の各号のいずれかに該当するときは、登録をしてはならない。

一　この法律又はこの法律に基づく命令に違反し、罰金以上の刑に処せられ、その執行を終わり、又は執行を受けることがなくなつた日から二年を経過しない者

二　第四十一条の十二の規定により登録を取り消され、その取消しの日から二年を経過しない者

三　法人であつて、その業務を行う役員のうちに前二号のいずれかに該当する者があるもの

（登録の要件等）

第四十一条　文部科学大臣は、登録申請者が次に掲げる要件のすべてに適合しているときは、その登録をしなければならない。この場合において、登録に関して必要な手続は、文部科学省令で定める。

一　次に掲げる条件のいずれかに適合する知識経験を有する設計認証員が設計認証等のための審査を行い、その人数が三名以上であること。

イ　第一種放射線取扱主任者免状を有する者

ロ　学校教育法（昭和二十二年法律第二十六号）による大学又は高等専門学校において理科系統の正規の課程を修めて卒業した者で、その後二年以上放射性同位元素若しくは放射性同位元素によつて汚染された物又は放射線発生装置の取扱いの実務に従事した経験を有するもの

ハ　学校教育法による高等学校又は中等教育学校において理科系統の正規の課程を修めて卒業した者で、その後五年以上放射性同位元素若しくは放射性同位元素によつて汚染された物又は放射線発生装置の取扱いの実務に従事した経験を有するもの

ニ　イからハまでに掲げる者と同等以上の知識及び経験を有する者

二　次に掲げる条件のいずれかに適合する知識経験を有する専任の主任設計認証員（登録申請者（その者が法人である場合にあつては、その役員）又はその職員であるものに限る。）が設計認証等のための審査の管理を行うものであること。

イ　設計認証員の業務に五年以上従事した経験を有する者

ロ　第一種放射線取扱主任者免状を取得した者で、その後五年以上放射性同位元素若しくは放射性同位元素によつて汚染された物又は放射線発生装置の取扱いの実務に従事した経験を有するもの

ハ　イ又はロに掲げる者と同等以上の知識及び経験を有する者

三　登録申請者が、別表第四に掲げる者（以下「利害関係者」という。）に支配されているものとして次のいずれかに該当するものでないこと。

イ　登録申請者が株式会社である場合にあつては、利害関係者がその親法人（会社法（平成十七年法律第八十六号）第八百七十九条第一項に規定する親法人をいう。）であること。

ロ　登録申請者の役員（持分会社（会社法第五百七十五条第一項に規定する持分会社をいう。）にあつては、業務を執行する社員）に占める利害関係者の役員又は職員（過去二年間に当該利害関係者の役員又は職員であつた者を含む。）の割合が二分の一を超えていること。

ハ　登録申請者（法人にあつては、その代表権を有する役員）が、利害関係者の役員又は職員（過去二年間に当該利害関係者等の役員又は職員であつた者を含む。）であること。

四　債務超過の状態にないこと。

2　第十二条の二第一項の登録は、登録認証機関登録簿に次に掲げる事項を記載してするものとする。

一　登録年月日及び登録番号

二　登録を受けた者の氏名又は名称及び住所並びに法人にあつては、その代表者の氏名

三　登録を受けた者が行う設計認証業務の内容

四　登録を受けた者が設計認証業務を行う事業所の所在地

五　前各号に掲げるもののほか、文部科学省令で定める事項

（登録の更新）

第四十一条の二　第十二条の二第一項の登録は、五年以上十年以内において政令で定める期間ごとにその更新を受けなければ、その期間の経過によつて、その効力を失う。

2　前二条の規定は、前項の登録の更新について準用する。

（設計認証等のための審査の義務等）

第四十一条の三　登録認証機関は、設計認証等のための審査を行うことを求められたときは、正当な理由がある場合を除き、遅滞なく、設計認証等のための審査を行わなければならない。

2　登録認証機関は、公正に、かつ、第十二条の三第一項の技術上の基準に適合する方法その他文部科学省令で定める方法により設計認証等のための審査を行わなければならない。

（登録事項の変更の届出）

第四十一条の四　登録認証機関は、第四十一条第二項第二号から第五号までに掲げる事項を変更しようとするときは、変更しようとする日の二週間前までに、文部科学大臣に届け出なければならない。

（設計認証業務規程）
第四十一条の五　登録認証機関は、設計認証業務に関する規程（以下「設計認証業務規程」という。）を定め、設計認証業務の開始前に、文部科学大臣の認可を受けなければならない。これを変更しようとするときも、同様とする。

2　設計認証業務規程には、設計認証業務の実施方法、設計認証等のための審査の信頼性を確保するための措置、設計認証等のための審査に関する料金その他の文部科学省令で定める事項を定めておかなければならない。

3　文部科学大臣は、第一項の認可をした設計認証業務規程が設計認証等のための審査の公正な実施上不適当となつたと認めるときは、登録認証機関に対し、その設計認証業務規程を変更すべきことを命ずることができる。

（業務の休廃止）
第四十一条の六　登録認証機関は、文部科学大臣の許可を受けなければ、設計認証業務の全部又は一部を休止し、又は廃止してはならない。

（財務諸表等の備付け及び閲覧等）
第四十一条の七　登録認証機関は、毎事業年度経過後三月以内に、その事業年度の財産目録、貸借対照表及び損益計算書又は収支計算書並びに事業報告書（その作成に代えて電磁的記録（電子的方式、磁気的方式その他の人の知覚によつては認識することができない方式で作られる記録であつて、電子計算機による情報処理の用に供されるものをいう。以下この条において同じ。）の作成がされている場合における当該電磁的記録を含む。次項及び第五十八条において「財務諸表等」という。）を作成し、文部科学大臣に提出するとともに、五年間事務所に備えて置かなければならない。

2　利害関係人は、登録認証機関の業務時間内は、いつでも、次に掲げる請求をすることができる。ただし、第二号又は第四号の請求をするには、登録認証機関の定めた費用を支払わなければならない。

一　財務諸表等が書面をもつて作成されているときは、当該書面の閲覧又は謄写の請求

二　前号の書面の謄本又は抄本の請求

三　財務諸表等が電磁的記録をもつて作成されているときは、当該電磁的記録に記録された事項を文部科学省令で定める方法により表示したものの閲覧又は謄写の請求

四　前号の電磁的記録に記録された事項を電磁的方法であつて文部科学省令で定めるものにより提供することの請求又は当該事項を記載した書面の交付の請求

（設計認証員等）
第四十一条の八　登録認証機関は、設計認証員又は主任設計認証員（以下「設計認証員等」という。）を選任したときは、その日から十五日以内に、文部科学大臣にその旨を届け出なければならない。これを変更したときも、同様とする。

2　文部科学大臣は、設計認証員等が、この法律、この法律に基づく命令若しくは処分若しくは設計認証業務規程に違反する行為をしたとき、又は設計認証業務の実施に関し著しく不適当な行為をしたときは、登録認証機関に対し、当該設計認証員等の解任を命ずることができる。

3　前項の規定による命令により設計認証員等の職を解任され、解任の日から二年を経過しない者は、設計認証員等となることができない。

（秘密保持義務等）
第四十一条の九　登録認証機関（その者が法人である場合にあつては、その役員。次項において同じ。）若しくはその職員（設計認証員を含む。同項において同じ。）又はこれらの者であつた者は、設計認証業務に関して知り得た秘密を漏らしてはならない。

2　設計認証業務に従事する登録認証機関又はその職員は、刑法（明治四十年法律第四十五号）その他の罰則の適用については、法令により公務に従事する職員とみなす。

（適合命令）
第四十一条の十　文部科学大臣は、登録認証機関が第四十一条第一項各号のいずれかに適合しなくなつたと認めるときは、その登録認証機関に対し、これらの規定に適合するため必要な措置をとるべきことを命ずることができる。

（改善命令）
第四十一条の十一　文部科学大臣は、登録認証機関が第四十一条の三の規定に違反していると認めるときは、その登録認証機関に対し、同条の規定に従つて設計認証業務を行うべきこと又は設計認証等のための審査の方法その他の業務の方法の改善に関し必要な措置をとるべきことを命ずることができる。

（登録の取消し等）
第四十一条の十二　文部科学大臣は、登録認証機関が次の各号のいずれかに該当するときは、その登録を取り消し、又は期間を定めて設計認証業務の全部若しくは一部の停止を命ずることができる。

一　第四十条第一号又は第三号に該当するに至つたとき。

二　第四十一条の四、第四十一条の六、第四十一条の七第一項又は次条の規定に違反したとき。

三　第四十一条の五第一項の規定により認可を受けた設計認証業務規程によらないで設計認証等のための審査を行つたとき。

四　第四十一条の五第三項、第四十一条の八第二項、第四十一条の十又は前条の規定による命令に違反したとき。

五　正当な理由がないのに第四十一条の七第二項各号の規定による請求を拒んだとき。

六　不正の手段により登録を受けたとき。

（帳簿の記載）
第四十一条の十三　登録認証機関は、文部科学省令で定めるところにより、帳簿を備え、設計認証業務に関し文部科学省令で定める事項を記載し、これを保存しなければならない。

（文部科学大臣による設計認証業務の実施）
第四十一条の十四　文部科学大臣は、第十二条の二第一項の登録をしたときは、当該登録認証機関が行う設計認証等のための審査を行わないものとする。

2　文部科学大臣は、第十二条の二第一項の登録を受けた者がいないとき、第四十一条の六の規定による設計

認証業務の全部又は一部の休止又は廃止の許可をしたとき、第四十一条の十二の規定により第十二条の二第一項の登録を取り消し、又は登録認証機関に対し設計認証業務の全部若しくは一部の停止を命じたとき、登録認証機関が天災その他の事由により設計認証業務の全部又は一部を実施することが困難となつたとき、その他必要があると認めるときは、設計認証業務の全部又は一部を自ら行うことができる。

3　文部科学大臣が前項の規定により設計認証業務の全部又は一部を自ら行う場合における設計認証業務の引継ぎその他の必要な事項については、文部科学省令で定める。

（登録検査機関の登録）

第四十一条の十五　第十二条の八第一項の登録は、施設検査及び定期検査（以下「施設検査等」という。）に関する業務（以下「検査業務」という。）を行おうとする者の申請により行う。

（準用）

第四十一条の十六　第四十条から第四十一条の十四までの規定は、第十二条の八第一項の登録について準用する。この場合において、これらの規定中「設計認証員」とあるのは「検査員」と、「設計認証等のための審査」とあるのは「施設検査等」と、「主任設計認証員」とあるのは「主任検査員」と、「設計認証業務」とあるのは「検査業務」と、「登録認証機関」とあるのは「登録検査機関」と、「設計認証業務規程」とあるのは「検査業務規程」と、「設計認証員等」とあるのは「検査員等」と、第四十一条第一項第三号中「別表第四」とあるのは「別表第五」と、同条第二項中「登録認証機関登録簿」とあるのは「登録検査機関登録簿」と、第四十一条の三第二項中「第十二条の三第一項の技術上の基準に適合する方法その他文部科学省令で定める方法」とあるのは「文部科学省令で定める方法」と読み替えるほか、これらの規定に関し必要な技術的読替えは、政令で定める。

（登録定期確認機関の登録）

第四十一条の十七　第十二条の十の登録は、定期確認に関する業務（以下「定期確認業務」という。）を行おうとする者の申請により行う。

（準用）

第四十一条の十八　第四十条から第四十一条の十四までの規定は、第十二条の十の登録について準用する。この場合において、これらの規定中「設計認証員」とあるのは「定期確認員」と、「設計認証等のための審査」とあるのは「定期確認」と、「主任設計認証員」とあるのは「主任定期確認員」と、「設計認証業務」とあるのは「定期確認業務」と、「登録認証機関」とあるのは「登録定期確認機関」と、「設計認証業務規程」とあるのは「定期確認業務規程」と、「設計認証員等」とあるのは「定期確認員等」と、第四十一条第一項第三号中「別表第四」とあるのは「別表第五」と、同条第二項中「登録認証機関登録簿」とあるのは「登録定期確認機関登録簿」と、第四十一条の三第二項中「第十二条の三第一項の技術上の基準に適合する方法その他文部科学省令で定める方法」とあるのは「文部科学省令で定める方法」と読み替えるほか、これらの規定に関し必要な技術的読替えは、政令で定める。

（登録運搬方法確認機関の登録）

第四十一条の十九　第十八条第二項の登録運搬方法確認機関に係る登録は、運搬方法確認に関する業務（以下「運搬方法確認業務」という。）を行おうとする者の申請により行う。

（準用）

第四十一条の二十　第四十条から第四十一条の十四までの規定は、第十八条第二項の登録運搬方法確認機関に係る登録について準用する。この場合において、これらの規定中「文部科学大臣」とあるのは「国土交通大臣」と、「文部科学省令」とあるのは「国土交通省令」と、「設計認証員」とあるのは「運搬方法確認員」と、「設計認証等のための審査」とあるのは「運搬方法確認」と、「主任設計認証員」とあるのは「主任運搬方法確認員」と、「設計認証業務」とあるのは「運搬方法確認業務」と、「登録認証機関」とあるのは「登録運搬方法確認機関」と、「設計認証業務規程」とあるのは「運搬方法確認業務規程」と、「設計認証員等」とあるのは「運搬方法確認員等」と、第四十一条第一項第三号中「別表第四」とあるのは「別表第六」と、同条第二項中「登録認証機関登録簿」とあるのは「登録運搬方法確認機関登録簿」と、第四十一条の三第二項中「第十二条の三第一項の技術上の基準に適合する方法その他文部科学省令で定める方法」とあるのは「国土交通省令で定める方法」と読み替えるほか、これらの規定に関し必要な技術的読替えは、政令で定める。

（登録運搬物確認機関の登録）

第四十一条の二十一　第十八条第二項の登録運搬物確認機関に係る登録は、運搬物確認に関する業務（以下「運搬物確認業務」という。）を行おうとする者の申請により行う。

（準用）

第四十一条の二十二　第四十条から第四十一条の十四までの規定は、第十八条第二項の登録運搬物確認機関に係る登録について準用する。この場合において、これらの規定中「設計認証員」とあるのは「運搬物確認員」と、「設計認証等のための審査」とあるのは「運搬物確認」と、「主任設計認証員」とあるのは「主任運搬物確認員」と、「設計認証業務」とあるのは「運搬物確認業務」と、「登録認証機関」とあるのは「登録運搬物確認機関」と、「設計認証業務規程」とあるのは「運搬物確認業務規程」と、「設計認証員等」とあるのは「運搬物確認員等」と、第四十一条第一項第三号中「別表第四」とあるのは「別表第六」と、同条第二項中「登録認証機関登録簿」とあるのは「登録運搬物確認機関登録簿」と、第四十一条の三第二項中「第十二条の三第一項の技術上の基準に適合する方法その他文部科学省令で定める方法」とあるのは「文部科学省令で定める方法」と読み替えるほか、これらの規定に関し必要な技術的読替えは、政令で定める。

（登録埋設確認機関の登録）

第四十一条の二十三　第十九条の二第二項の登録は、埋設確認に関する業務（以下「埋設確認業務」という。）を行おうとする者の申請により行う。

（準用）

第四十一条の二十四　第四十条から第四十一条の十四までの規定は、第十九条の二第二項の登録について準用する。この場合において、これらの規定中「設計認証員」とあるのは「埋設確認員」と、「設計認証等のための審査」とあるのは「埋設確認」と、「主任設計認証員」とあるのは「主任埋設確認員」と、「設計認証業務」とあるのは「埋設確認業務」と、「登録認証機関」とあるのは「登録埋設確認機関」と、「設計認証業務規程」とあるのは「埋設確認業務規程」と、「設計認証員等」とあるのは「埋設確認員等」と、第四十一条第一項第三号中「別表第四」とあるのは「別表第七」と、同条第二項中「登録認証機関登録簿」とあるのは「登録埋設確認機関登録簿」と、第四十一条の三第二項中「第十二条の三第一項の技術上の基準に適合する方法その他文部科学省令で定める方法」とあるのは「文部科学省令で定める方法」と読み替えるほか、これらの規定に関し必要な技術的読替えは、政令で定める。

（登録試験機関の登録）

第四十一条の二十五　第三十五条第二項の登録試験機関に係る登録は、試験の実施に関する業務（以下「試験業務」という。）を行おうとする者（次条において「登録申請者」という。）の申請により行う。

（登録の要件等）

第四十一条の二十六　文部科学大臣は、登録申請者が次に掲げる要件のすべてに適合しているときは、その登録をしなければならない。この場合において、登録に関して必要な手続は、文部科学省令で定める。

一　別表第一の上欄に掲げる試験の種類ごとにそれぞれ同表の下欄に掲げる課目について、試験を行うこと。

二　次に掲げる条件のいずれかに適合する知識経験を有する試験委員が問題の作成及び受験者が放射線取扱主任者として必要な知識及び能力を有するかどうかの判定を行い、その人数が二十名以上であること。

イ　学校教育法による大学において放射線に関する学科目を担当する教授若しくは准教授の職にあり、又はこれらの職にあつた者

ロ　学校教育法による大学又は高等専門学校において理科系統の正規の課程を修めて卒業した者で、その後十年以上国、地方公共団体又は特別の法律によつて設立された法人の研究機関において放射線に関する研究に従事したもの

ハ　イ又はロに掲げる者と同等以上の知識及び経験を有する者

三　試験の信頼性の確保のための専任の管理者及び試験業務の管理を行う専任の部門が置かれていること。

四　債務超過の状態にないこと。

（信頼性の確保）

第四十一条の二十七　登録試験機関は、試験業務の管理（試験に関する秘密の保持及び試験の合格の基準に関することを含む。）に関する文書の作成その他の文部科学省令で定める試験業務の信頼性の確保のための措置を講じなければならない。

２　登録試験機関は、第三十五条第九項の試験の実施細目に従い、公正に試験を実施しなければならない。

（準用）

第四十一条の二十八　第四十条、第四十一条第二項、第四十一条の二及び第四十一条の四から第四十一条の十四までの規定は、第三十五条第二項の登録試験機関に係る登録について準用する。この場合において、これらの規定中「設計認証業務」とあるのは「試験業務」と、「登録認証機関」とあるのは「登録試験機関」と、「設計認証業務規程」とあるのは「試験業務規程」と、「設計認証等のための審査」とあるのは「試験」と、第四十一条第二項中「登録認証機関登録簿」とあるのは「登録試験機関登録簿」と、第四十一条の八の見出し並びに同条第二項及び第三項中「設計認証員等」とあり、同条第一項中「設計認証員又は主任設計認証員（以下「設計認証員等」という。）」とあり、並びに第四十一条の九第一項中「設計認証員」とあるのは「試験委員」と、第四十一条の十中「第四十一条第一項各号のいずれか」とあるのは「第四十一条の二十六各号のいずれか」と、第四十一条の十一中「第四十一条の三」とあるのは「第四十一条の二十七」と読み替えるほか、これらの規定に関し必要な技術的読替えは、政令で定める。

（登録資格講習機関の登録）

第四十一条の二十九　第三十五条第二項の登録資格講習機関に係る登録は、資格講習の実施に関する業務（以下「資格講習業務」という。）を行おうとする者（次条において「登録申請者」という。）の申請により行う。

（登録の要件等）

第四十一条の三十　文部科学大臣は、登録申請者が次に掲げる要件のすべてに適合しているときは、その登録をしなければならない。この場合において、登録に関して必要な手続は、文部科学省令で定める。

一　別表第二の上欄に掲げる資格講習の種類のいずれかについて、同欄に掲げる区分に応じて同表の下欄に掲げる課目について、資格講習を行うこと。

二　次に掲げる条件のいずれかに適合する知識経験を有する講師が資格講習を行うこと。

イ　第一種放射線取扱主任者免状を取得した者で、その後二年以上放射性同位元素若しくは放射性同位元素によつて汚染された物又は放射線発生装置の取扱いの実務に従事した経験を有するもの

ロ　イに掲げる者と同等以上の知識及び経験を有する者

三　債務超過の状態にないこと。

（資格講習の実施に係る義務）

第四十一条の三十一　登録資格講習機関は、第三十五条第九項の資格講習の実施細目に従い、公正に資格講習を実施しなければならない。

（準用）

第四十一条の三十二　第四十条、第四十一条第二項、第四十一条の二及び第四十一条の四から第四十一条の十四までの規定は、第三十五条第二項の登録資格講習機関に係る登録について準用する。この場合において、これらの規定中「設計認証業務」とあるのは「資格講習業務」と、「登録認証機関」とあるのは「登録資格講習機関」と、「設計認証業務規程」とあるのは「資格講習業務規程」と、「設計認証等のための審査」とあるのは「資格講習」と、第四十一条第二項中「登録認証機関登録簿」とあるのは「登録資格講習機関登録簿」と、第四十一条の八の見出し並びに同条第二項

及び第三項中「設計認証員等」とあり、同条第一項中「設計認証員又は主任設計認証員（以下「設計認証員等」という。）」とあり、並びに第四十一条の九第一項中「設計認証員」とあるのは「講師」と、第四十一条の十中「第四十一条第一項各号のいずれか」とあるのは「第四十一条の三十各号のいずれか」と、第四十一条の十一中「第四十一条の三」とあるのは「第四十一条の三十一」と読み替えるほか、これらの規定に関し必要な技術的読替えは、政令で定める。

（登録定期講習機関の登録）

第四十一条の三十三　第三十六条の二第一項の登録は、定期講習の実施に関する業務（以下「定期講習業務」という。）を行おうとする者（次条において「登録申請者」という。）の申請により行う。

（登録の要件等）

第四十一条の三十四　文部科学大臣は、登録申請者が次に掲げる要件のすべてに適合しているときは、その登録をしなければならない。この場合において、登録に関して必要な手続は、文部科学省令で定める。

一　別表第三の上欄に掲げる定期講習の種類のいずれかについて、同欄に掲げる区分に応じて同表の下欄に掲げる課目について、定期講習を行うこと。

二　次に掲げる条件のいずれかに適合する知識経験を有する講師が定期講習を行うこと。

イ　第一種放射線取扱主任者免状を取得した者で、その後二年以上放射性同位元素若しくは放射性同位元素によつて汚染された物又は放射線発生装置の取扱いの実務に従事した経験を有するもの

ロ　前号に掲げる者と同等以上の知識及び経験を有する者

三　債務超過の状態にないこと。

（定期講習の実施に係る義務）

第四十一条の三十五　登録定期講習機関は、第三十六条の二第三項の実施細目に従い、公正に定期講習を実施しなければならない。

（定期講習業務規程）

第四十一条の三十六　登録定期講習機関は、定期講習業務に関する規程（次項において「定期講習業務規程」という。）を定め、定期講習業務の開始前に、文部科学大臣に届け出なければならない。これを変更しようとするときも、同様とする。

2　定期講習業務規程には、定期講習業務の実施方法、定期講習に関する料金その他文部科学省令で定める事項を定めておかなければならない。

（業務の休廃止）

第四十一条の三十七　登録定期講習機関は、定期講習業務の全部又は一部を休止し、又は廃止しようとするときは、文部科学省令で定めるところにより、あらかじめ、その旨を文部科学大臣に届け出なければならない。

（準用）

第四十一条の三十八　第四十条、第四十一条第二項、第四十一条の二、第四十一条の四、第四十一条の七、第四十一条の十から第四十一条の十三まで並びに第四十一条の十四第二項及び第三項の規定は、第三十六条の二第一項の登録について準用する。この場合において、これらの規定中「設計認証業務」とあるのは「定期講習業務」と、「登録認証機関」とあるのは「登録定期講習機関」と、第四十一条第二項中「登録認証機関登録簿」とあるのは「登録定期講習機関登録簿」と、第四十一条の十中「第四十一条第一項各号のいずれか」とあるのは「第四十一条の三十四各号のいずれか」と、第四十一条の十一中「第四十一条の三」とあるのは「第四十一条の三十五」と、第四十一条の十四第二項中「第四十一条の六」とあるのは「第四十一条の三十七」と、「許可をしたとき」とあるのは「届出があつたとき」と読み替えるほか、これらの規定に関し必要な技術的読替えは、政令で定める。

第六章　雑則

（報告徴収）

第四十二条　文部科学大臣、国土交通大臣又は都道府県公安委員会は、この法律（国土交通大臣にあつては第十八条第一項、第二項及び第四項並びに第三十三条第一項及び第四項の規定、都道府県公安委員会にあつては第十八条第六項の規定）の施行に必要な限度で、文部科学省令、国土交通省令又は内閣府令で定めるところにより、許可届出使用者（表示付認証機器届出使用者を含む。）、届出販売業者、届出賃貸業者若しくは許可廃棄業者又はこれらの者から運搬を委託された者に対し、報告をさせることができる。

2　文部科学大臣又は国土交通大臣は、この法律の施行に必要な限度で、文部科学省令又は国土交通省令で定めるところにより、文部科学大臣にあつては登録認証機関、登録検査機関、登録定期確認機関、登録運搬物確認機関、登録埋設確認機関、登録試験機関、登録資格講習機関又は登録定期講習機関に対し、国土交通大臣にあつては登録運搬方法確認機関に対し、報告をさせることができる。

3　文部科学大臣は、前二項の規定による報告の徴収のほか、第三十条の二第一項の規定の施行に必要な限度で、船舶の船長その他の関係者に対し、必要な報告をさせることができる。

（放射線検査官）

第四十三条　文部科学省に、放射線検査官を置く。

2　放射線検査官の定数及び資格に関し必要な事項は、政令で定める。

（立入検査）

第四十三条の二　文部科学大臣、国土交通大臣又は都道府県公安委員会は、この法律（国土交通大臣にあつては第十八条第一項、第二項及び第四項並びに第三十三条第一項及び第四項の規定、都道府県公安委員会にあつては第十八条第六項の規定）の施行に必要な限度で、その職員（文部科学大臣にあつては放射線検査官、都道府県公安委員会にあつては警察職員）に、許可届出使用者（表示付認証機器届出使用者を含む。）、届出販売業者、届出賃貸業者若しくは許可廃棄業者又はこれらの者から運搬を委託された者の事務所又は工場若しくは事業所に立ち入り、その者の帳簿、書類その他必要な物件を検査させ、関係者に質問させ、又は検査のため必要な最小限度において、放射性同位元素若しくは放射性同位元素によつて汚染された物を収去させることができる。

2　文部科学大臣は、前項の規定による立入検査、質問

及び収去のほか、第三十条の二第一項の規定の施行に必要な限度で、その職員に、船舶に立ち入り、帳簿、書類その他必要な物件を検査させ、関係者に質問させ、又は検査のため必要な最小限度において、放射性同位元素その他の必要な試料を収去させることができる。

3　前二項の規定により立入検査を行う職員は、その身分を示す証明書を携帯し、かつ、関係者の請求があるときは、これを提示しなければならない。

4　第一項及び第二項に規定する権限は、犯罪捜査のために認められたものと解してはならない。

第四十三条の三　文部科学大臣又は国土交通大臣は、この法律の施行に必要な限度で、その職員に、文部科学大臣にあつては登録認証機関、登録検査機関、登録定期確認機関、登録運搬物確認機関、登録埋設確認機関、登録試験機関、登録資格講習機関又は登録定期講習機関の、国土交通大臣にあつては登録運搬方法確認機関の事務所に立ち入り、これらの機関の帳簿、書類その他必要な物件を検査させ、又は関係者に質問させることができる。

2　前条第三項及び第四項の規定は、前項の規定による立入検査について準用する。

（聴聞の特例）

第四十四条　文部科学大臣は、第二十六条の規定による使用、販売、賃貸又は廃棄の停止の命令をしようとするときは、行政手続法（平成五年法律第八十八号）第十三条第一項の規定による意見陳述のための手続の区分にかかわらず、聴聞を行わなければならない。

2　第十二条の七第一項、第二十六条、第三十五条第六項又は第四十一条の十二（第四十一条の十六、第四十一条の十八、第四十一条の二十、第四十一条の二十二、第四十一条の二十四、第四十一条の二十八、第四十一条の三十二及び第四十一条の三十八において準用する場合を含む。）の規定による処分に係る聴聞の期日における審理は、公開により行わなければならない。

3　前項の聴聞の主宰者は、行政手続法第十七条第一項の規定により当該処分に係る利害関係人が当該聴聞に関する手続に参加することを求めたときは、これを許可しなければならない。

（不服申立て等）

第四十五条　この法律（第三十五条第二項から第五項までを除く。以下この項及び次項において同じ。）の規定による登録認証機関、登録検査機関、登録定期確認機関、登録運搬物確認機関、登録埋設確認機関、登録試験機関、登録資格講習機関又は登録定期講習機関の処分に不服がある者は文部科学大臣に対し、この法律の規定による登録運搬方法確認機関の処分に不服がある者は国土交通大臣に対し、行政不服審査法（昭和三十七年法律第百六十号）による審査請求をすることができる。

2　この法律の規定による処分の取消しの訴えは、当該処分についての異議申立てに対する決定（前項の規定により審査請求をすることができる処分にあつては、審査請求に対する裁決）を経た後でなければ、提起することができない。

3　この法律の規定による処分については、行政手続法第二十七条第二項の規定は、適用しない。

（公示）

第四十五条の二　文部科学大臣又は国土交通大臣は、次の場合には、その旨を官報に公示しなければならない。

一　第十二条の二第一項の設計認証又は同条第二項の特定設計認証をしたとき。

二　第十二条の二第一項、第十二条の八第一項、第十二条の十、第十八条第二項、第十九条の二第二項、第三十五条第二項又は第三十六条の二第一項の規定による登録をしたとき。

三　第十二条の七第一項の規定による設計認証等の取消しをしたとき。

四　第四十一条の四（第四十一条の十六、第四十一条の十八、第四十一条の二十、第四十一条の二十二、第四十一条の二十四、第四十一条の二十八、第四十一条の三十二及び第四十一条の三十八において準用する場合を含む。）の規定による届出があつたとき。

五　第四十一条の六（第四十一条の十六、第四十一条の十八、第四十一条の二十、第四十一条の二十二、第四十一条の二十四、第四十一条の二十八及び第四十一条の三十二において準用する場合を含む。）の規定による許可をしたとき。

六　第四十一条の十二（第四十一条の十六、第四十一条の十八、第四十一条の二十、第四十一条の二十二、第四十一条の二十四、第四十一条の二十八、第四十一条の三十二及び第四十一条の三十八において準用する場合を含む。）の規定により登録を取り消し、又は業務の全部若しくは一部の停止を命じたとき。

七　第四十一条の十四第二項（第四十一条の十六、第四十一条の十八、第四十一条の二十、第四十一条の二十二、第四十一条の二十四、第四十一条の二十八、第四十一条の三十二及び第四十一条の三十八において準用する場合を含む。）の規定により文部科学大臣が設計認証業務、検査業務、定期確認業務、運搬物確認業務、埋設確認業務、試験業務、資格講習業務若しくは定期講習業務の、国土交通大臣が運搬方法確認業務の全部若しくは一部を自ら行うものとするとき、又は文部科学大臣若しくは国土交通大臣が自ら行つていたこれらの業務を行わないこととしたとき。

八　第四十一条の三十七の規定による届出があつたとき。

（経過措置）

第四十五条の三　この法律の規定に基づき命令を制定し、又は改廃する場合においては、その命令で、その制定又は改廃に伴い合理的に必要と判断される範囲内において、所要の経過措置（罰則に関する経過措置を含む。）を定めることができる。

（協議）

第四十六条　文部科学大臣は、第六条第一号から第三号まで、第七条第一号から第三号まで、第十三条第二項、第二十条、第二十一条第一項、第二十三条及び第二十四条の文部科学省令を制定する場合においては、あらかじめ、関係行政機関の長に協議しなければならない。

（連絡）

第四十七条　文部科学大臣は、第三条第一項本文、第四条の二第一項、第十条第二項若しくは第十一条第二項の許可をし、第十二条の二第一項の設計認証若しくは同条第二項の特定設計認証をし、第十二条の七第一項の規定により設計認証等を取り消し、第十四条の規定により命令を発し、第二十六条の規定により処分をし、又は第三条の二第一項本文若しくは第二項若しくは第四条第一項本文若しくは第二項の規定により届出を受理したときは、その旨を関係行政機関の長に連絡しなければならない。

2　文部科学大臣は、第三条第一項本文、第四条の二第一項、第十条第二項若しくは第十一条第二項の許可をし、第二十六条の規定により処分をし、又は第三条の二第一項本文、第二項若しくは第三項、第三条の三第一項本文、第二項若しくは第三項、第十条第一項、第十一条第一項若しくは第二十七条第一項若しくは第三項の規定により届出を受理したときは、遅滞なく、その旨を国家公安委員会、海上保安庁長官又は消防庁長官に連絡しなければならない。ただし、第三条の三の届出又は第二十七条第一項若しくは第三項の届出であつて文部科学省令で定めるものを受理したときは、この限りでない。

（労働安全衛生法との関係等）

第四十八条　この法律の規定は、労働安全衛生法（昭和四十七年法律第五十七号）及びこれに基く命令によつて、労働基準監督官が労働者に対する放射線障害の防止についてその権限を行使することを妨げるものと解してはならない。

2　厚生労働大臣は、労働者に対する放射線障害を防止するために特に必要があると認める場合においては、文部科学大臣に勧告することができる。

（手数料の納付）

第四十九条　第三条第一項本文、第四条の二第一項、第十条第二項若しくは第十一条第二項の許可、設計認証等（登録認証機関の行うものを除く。）、施設検査等（登録検査機関の行うものを除く。）、定期確認（登録定期確認機関の行うものを除く。）、運搬方法確認（登録運搬方法確認機関の行うものを除く。）、運搬物確認（登録運搬物確認機関の行うものを除く。）、第十八条第三項の承認、埋設確認（登録埋設確認機関の行うものを除く。）、試験（登録試験機関の行うものを除く。）、資格講習（登録資格講習機関の行うものを除く。）、放射線取扱主任者免状の交付若しくは再交付、定期講習（登録定期講習機関の行うものを除く。）又は研修を受けようとする者は、政令で定めるところにより、手数料を国に納付しなければならない。

2　前項の規定は、独立行政法人通則法（平成十一年法律第百三号）第二条第一項に規定する独立行政法人であつて、その業務の内容その他の事情を勘案して政令で定めるものについては、適用しない。

（国に対する適用）

第五十条　この法律の規定は、前条及び次章の規定を除き、国に適用があるものとする。この場合において、「許可」とあるのは、「承認」とする。

第七章　罰則

第五十一条　次の各号のいずれかに該当する者は、三年以下の懲役若しくは百万円以下の罰金に処し、又はこれを併科する。

一　第三条第一項本文の許可を受けないで同項本文に規定する放射性同位元素又は放射線発生装置の使用をした者

二　第四条の二第一項の許可を受けないで放射性同位元素又は放射性同位元素によつて汚染された物を業として廃棄した者

三　第二十六条第一項の規定による使用又は廃棄の停止の命令に違反した者

四　第二十六条の四第一項の許可を受けないで廃棄物埋設地又は廃棄物埋設地を含む一体としての廃棄物詰替施設等を譲り受けた者

第五十二条　次の各号のいずれかに該当する者は、一年以下の懲役若しくは五十万円以下の罰金に処し、又はこれを併科する。

一　第九条第四項の規定に違反した者

二　第十条第二項の規定による許可を受けないで第三条第二項第二号から第七号までに掲げる事項を変更した者

三　第十一条第二項の規定による許可を受けないで第四条の二第二項第二号から第七号までに掲げる事項を変更した者

四　第十二条の七第二項の規定による命令に違反した者

五　第十二条の八第一項若しくは第二項、第二十九条、第三十条、第三十一条、第三十四条第一項又は第三十七条第一項及び第二項の規定に違反した者

六　第三十条の二第一項の規定に違反した者（第五十三条の二に規定する者を除く。）

七　第三十三条第一項の規定に違反し、又は同条第四項の規定による命令に違反した者

第五十三条　次の各号のいずれかに該当する者は、一年以下の懲役又は五十万円以下の罰金に処する。

一　第四十一条の九第一項（第四十一条の十六、第四十一条の十八、第四十一条の二十、第四十一条の二十二、第四十一条の二十四、第四十一条の二十六及び第四十一条の三十二において準用する場合を含む。）の規定に違反した者

二　第四十一条の十二（第四十一条の十六、第四十一条の十八、第四十一条の二十、第四十一条の二十二、第四十一条の二十四、第四十一条の二十六、第四十一条の二十八、第四十一条の三十二及び第四十一条の三十八において準用する場合を含む。）の規定による業務の停止の命令に違反した者

第五十三条の二　我が国の領海の外側の海域にある外国船舶（船舶法（明治三十二年法律第四十六号）第一条に規定する日本船舶以外の船舶をいう。以下同じ。）において第三十条の二第一項の規定に違反した者は、千万円以下の罰金に処する。

第五十四条　次の各号のいずれかに該当する者は、五十万円以下の罰金に処する。

一　第三条の二第一項本文の規定による届出をせず、又は虚偽の届出をして同項本文に規定する放射性同位元素の使用をした者

二　第三条の三第一項の規定による届出をせず、又は虚偽の届出をして表示付認証機器の使用をした者
三　第四条第一項本文の規定による届出をせず、又は虚偽の届出をして放射性同位元素を業として販売し、又は賃貸した者
四　第八条第一項（第十条第三項及び第十一条第三項において準用する場合を含む。）の条件に違反した者
五　第十二条の五第二項若しくは第三項、第十三条、第十五条第一項、第十六条第一項若しくは第三項、第十七条第一項、第十八条第二項（第二十五条の二第二項の規定により読み替えて適用する場合を含む。）若しくは第七項、第十九条第一項、第二項、第四項若しくは第五項又は第二十五条の二第三項において準用する同条第二項の規定により読み替えて適用する第十八条第一項の規定に違反した者
六　第十四条、第十五条第二項、第十六条第二項、第十七条第二項、第十八条第四項（第二十五条の二第二項の規定により読み替えて適用する場合を含む。）、第十九条第三項又は第二十五条の二第三項において準用する同条第二項の規定により読み替えて適用する第十八条第四項の規定による命令に違反した者
七　第十八条第二項（第二十五条の二第二項の規定により読み替えて適用する場合を含む。）又は第二十五条の二第三項において準用する同条第二項の規定により読み替えて適用する第十八条第二項の規定による確認を受けず、又は同条第五項の規定による届出をせず、若しくは虚偽の届出をして放射性同位元素又は放射性同位元素によつて汚染された物を運搬した者
八　第十九条の二第一項の規定による確認を受けないで放射性同位元素又は放射性同位元素によつて汚染された物を廃棄した者
九　第十九条の二第二項の規定による埋設確認を受けないで廃棄物埋設をした者
十　第二十六条第二項の規定による使用又は販売若しくは賃貸の停止の命令に違反した者
十一　第二十八条第一項の規定に違反し、又は同条第三項の規定による命令に違反した者

第五十五条　次の各号のいずれかに該当する者は、三十万円以下の罰金に処する。
一　第三条の二第二項の規定による届出をしないで同項に規定する事項を変更した者
二　第四条第二項の規定による届出をしないで同項に規定する事項を変更した者
三　第十条第五項の規定による届出をせず、又は虚偽の届出をして同条第二項ただし書に規定する変更をした者
四　第十条第六項の規定による届出をしないで第三条第二項第四号に掲げる事項を変更した者
五　第十二条の四第二項の規定に違反して検査記録を作成せず、若しくは虚偽の記録をし、又は検査記録を保存しなかつた者
六　第十二条の九第一項又は第二項の規定による定期検査を拒み、妨げ、又は忌避した者
七　第十二条の十の規定による定期確認を拒み、妨げ、又は忌避した者
八　第十八条第八項の規定による警察官の停止命令に従わず、検査を拒み、若しくは妨げ、又は同項の規定による命令に従わなかつた者
九　第二十条、第二十二条、第二十三条、第二十四条又は第三十六条の三第二項の規定に違反した者
十　第二十五条第一項（第二十五条の二第四項の規定により読み替えて適用する場合を含む。）、第二項若しくは第三項の規定に違反して帳簿を備えず、帳簿に記載せず、若しくは虚偽の記載をし、又は同条第四項の規定に違反して帳簿を保存しなかつた者
十一　第二十七条第一項若しくは第三項、第三十二条若しくは第三十三条第三項の規定による届出をせず、又は虚偽の届出をした者
十二　第四十二条第一項若しくは第三項の報告をせず、又は虚偽の報告をした者
十三　第四十三条の二第一項又は第二項の規定による立入り、検査若しくは収去を拒み、妨げ、若しくは忌避し、又は質問に対して陳述をせず、若しくは虚偽の陳述をした者

第五十六条　次の各号のいずれかに該当する者は、三十万円以下の罰金に処する。
一　第四十一条の六（第四十一条の十六、第四十一条の十八、第四十一条の二十、第四十一条の二十二、第四十一条の二十四、第四十一条の二十八及び第四十一条の三十二において準用する場合を含む。）の許可を受けないで設計認証業務、検査業務、定期確認業務、運搬方法確認業務、運搬物確認業務、埋設確認業務、試験業務又は資格講習業務の全部を廃止した者
二　第四十一条の十三（第四十一条の十六、第四十一条の十八、第四十一条の二十、第四十一条の二十二、第四十一条の二十四、第四十一条の二十八、第四十一条の三十二及び第四十一条の三十八において準用する場合を含む。）の規定に違反して帳簿を備えず、帳簿に記載せず、若しくは帳簿に虚偽の記載をし、又は帳簿を保存しなかつた者
三　第四十一条の三十七の規定による届出をしないで定期講習業務の全部を廃止した者
四　第四十二条第二項の報告をせず、又は虚偽の報告をした者
五　第四十三条の三第一項の規定による立入り若しくは検査を拒み、妨げ、若しくは忌避し、又は質問に対して陳述をせず、若しくは虚偽の陳述をした者

第五十七条　法人の代表者又は法人若しくは人の代理人その他の従業者が、その法人又は人の業務に関して第五十一条、第五十二条、第五十三条第二号又は第五十三条の二から前条までの違反行為をしたときは、行為者を罰するほか、その法人又は人に対しても、各本条の罰金刑を科する。

第五十八条　第四十一条の七第一項（第四十一条の十六、第四十一条の十八、第四十一条の二十、第四十一条の二十二、第四十一条の二十四、第四十一条の二十八、第四十一条の三十二及び第四十一条の三十八において準用する場合を含む。）の規定に違反して財務諸表等を備えて置かず、財務諸表等に記載すべき事項を記載せず、若しくは虚偽の記載をし、又は

正当な理由がないのに第四十一条の七第二項各号（第四十一条の十六、第四十一条の十八、第四十一条の二十、第四十一条の二十二、第四十一条の二十四、第四十一条の二十八、第四十一条の三十二及び第四十一条の三十八において準用する場合を含む。）の規定による請求を拒んだ者は、二十万円以下の過料に処する。

第五十九条　次の各号のいずれかに該当する者は、十万円以下の過料に処する。

一　第二十一条第一項の規定に違反し、又は同条第二項の規定による命令に違反した者

二　第二十六条の二第八項の規定による届出をしなかつた者

三　第三十四条第二項又は第三十七条第三項の規定による届出をしなかつた者

四　正当な理由なく、第三十五条第六項の規定による命令に違反して放射線取扱主任者免状を返納しなかつた者

第六十条　次の各号のいずれかに該当する者は、五万円以下の過料に処する。

一　第三条の二第三項、第三条の三第二項、第四条第三項、第十条第一項又は第十一条第一項の規定による届出をしなかつた者

二　第十条第四項又は第十一条第四項の規定に違反して許可証を提出しなかつた者

三　第二十一条第三項の規定による届出をしなかつた者

四　第二十六条の三第二項の規定による届出をしなかつた者

（第一審の裁判権の特例）

第六十一条　第五十三条の二の罪に係る訴訟の第一審の裁判権は、地方裁判所にも属する。

第八章　外国船舶に係る担保金等の提供による釈放等

（外国船舶に係る担保金等の提供による釈放等）

第六十二条　司法警察員である者であつて政令で定めるもの（以下「取締官」という。）は、次に掲げる場合には、当該船舶の船長（船長に代わつてその職務を行う者を含む。）及び違反者（当該船舶の乗組員に限る。以下同じ。）に対し、遅滞なく、次項に掲げる事項を告知しなければならない。

一　第五十二条（第三十条の二第一項に係る部分に限る。）、第五十三条の二、第五十五条（第四十二条第一項及び第三項並びに第四十三条の二第一項及び第二項に係る部分に限る。）又は第五十七条（第三十条の二第一項、第四十二条第一項及び第三項並びに第四十三条の二第一項及び第二項に係る部分に限る。）の罪に当たる事件であつて外国船舶に係るもの（以下「事件」という。）に関して船長その他の乗組員の逮捕が行われた場合

二　前号に掲げる場合のほか、事件に関して船舶又は船舶の国籍を証する文書その他の船舶の航行のために必要な文書（以下「船舶国籍証書等」という。）の押収が行われた場合であつて船長その他の乗組員が同号に規定する罪を犯したことを疑うに足りる相当な理由があると認められるとき。

2　前項の規定により告知しなければならない事項は、次に掲げるものとする。

一　担保金又はその提供を保証する書面が次条第一項の政令で定めるところにより主務大臣に対して提供されたときは、遅滞なく、違反者は釈放され、及び船舶、船舶国籍証書等その他の押収物（以下「押収物」という。）は返還されること。

二　提供すべき担保金の額

3　前項第二号の担保金の額は、事件の種別及び態様その他の情状に応じ、政令で定めるところにより、主務大臣の定める基準に従つて、取締官が決定するものとする。

第六十三条　前条第一項の規定により告知した額の担保金又はその提供を保証する書面が政令で定めるところにより主務大臣に対して提供されたときは、主務大臣は、遅滞なく、その旨を取締官又は検察官に通知するものとする。

2　取締官は、前項の規定による通知を受けたときは、遅滞なく、違反者を釈放し、及び押収物を返還しなければならない。

3　検察官は、第一項の規定による通知を受けたときは、遅滞なく、違反者の釈放及び押収物の返還に関し、必要な措置を講じなければならない。

第六十四条　担保金は、主務大臣が保管する。

2　担保金は、事件に関する手続において、違反者がその求められた期日及び場所に出頭せず、又は返還された押収物で提出を求められたものがその求められた期日及び場所に提出されなかつたときは、当該期日の翌日から起算して一月を経過した日に、国庫に帰属する。ただし、当該期日の翌日から起算して三月を経過する日までに、当該期日の翌日から起算して一月を経過する日以前の特定の日に出頭し又は当該押収物を提出する旨の申出があつたときは、この限りでない。

3　前項ただし書の場合において、当該申出に係る特定の日に違反者が出頭せず、又は当該押収物が提出されなかつたときは、担保金は、その日の翌日に、国庫に帰属する。

4　担保金は、事件に関する手続が終結した場合等その保管を必要としない事由が生じた場合には、返還する。

（主務省令への委任）

第六十五条　前三条の規定の実施のため必要な手続その他の事項は、主務省令で定める。

（主務大臣等）

第六十六条　第六十二条から第六十四条までにおける主務大臣及び前条における主務省令は、政令で定める。

附　則　抄

（施行期日）

1　この法律は、昭和三十三年四月一日から施行する。ただし、第三十五条第一項及び第四項並びに第五章の規定並びに第四十九条中放射線取扱主任者に係る部分及び附則第七項中放射線審議会に係る部分は、公布の日から施行する。

附　則（平成一九年五月一一日法律第三八号）抄

（施行期日）

第一条　この法律は、核によるテロリズムの行為の防止に関する国際条約が日本国について効力を生ずる日から施行する。

別表第一（第三十五条、第四十一条の二十六関係）　略

別表第二（第三十五条、第四十一条の三十関係）　略

別表第三（第三十六条の二、第四十一条の三十四関係）　略

別表第四（第四十一条関係）　略

別表第五（第四十一条の十六、第四十一条の十八関係）　略

別表第六（第四十一条の二十、第四十一条の二十二関係）　略

別表第七（第四十一条の二十四関係）　略

放射線を発散させて人の生命等に危険を生じさせる行為等の処罰に関する法律

平成十九年五月十一日法律第三十八号

（目的）

第一条　この法律は、核燃料物質の原子核分裂の連鎖反応を引き起こし、又は放射線を発散させて、人の生命、身体又は財産に危険を生じさせる行為等を処罰することにより、核によるテロリズムの行為の防止に関する国際条約その他これらの行為の処罰に関する国際約束の適確な実施を確保するとともに、核原料物質、核燃料物質及び原子炉の規制に関する法律（昭和三十二年法律第百六十六号）及び放射性同位元素等による放射線障害の防止に関する法律（昭和三十二年法律第百六十七号）と相まって、放射性物質等による人の生命、身体及び財産の被害の防止並びに公共の安全の確保を図ることを目的とする。

（定義）

第二条　この法律において「核燃料物質」とは、原子力基本法（昭和三十年法律第百八十六号）第三条第二号に規定する核燃料物質をいう。

2　この法律において「放射線」とは、原子力基本法第三条第五号に規定する放射線をいう。

3　この法律において「放射性物質」とは、次に掲げるものをいう。

一　核燃料物質その他の放射線を放出する同位元素及びその化合物並びにこれらの含有物（原子力基本法第三条第三号に規定する核原料物質を除く。）

二　前号に掲げるものによって汚染された物

4　この法律において「原子核分裂等装置」とは、次に掲げるものをいう。

一　放射性物質を装備している装置であって、次に掲げるもの

イ　核燃料物質の原子核分裂の連鎖反応を起こさせる装置

ロ　放射性物質の放射線を発散させる装置

二　荷電粒子を加速することにより放射線を発生させる装置

（罰則）

第三条　放射性物質をみだりに取り扱うこと若しくは原子核分裂等装置をみだりに操作することにより、又はその他不当な方法で、核燃料物質の原子核分裂の連鎖反応を引き起こし、又は放射線を発散させて、人の生命、身体又は財産に危険を生じさせた者は、無期又は二年以上の懲役に処する。

2　前項の罪の未遂は、罰する。

3　第一項の罪を犯す目的で、その予備をした者は、五年以下の懲役に処する。ただし、同項の罪の実行の着手前に自首した者は、その刑を減軽し、又は免除する。

第四条　前条第一項の犯罪の用に供する目的で、原子核分裂等装置を製造した者は、一年以上の有期懲役に処する。

2　前項の罪の未遂は、罰する。

第五条　第三条第一項の犯罪の用に供する目的で、原子核分裂等装置を所持した者は、十年以下の懲役に処する。

2　第三条第一項の犯罪の用に供する目的で、放射性物質を所持した者は、七年以下の懲役に処する。

3　前二項の罪の未遂は、罰する。

第六条　放射性物質又は原子核分裂等装置を用いて人の生命、身体又は財産に害を加えることを告知して、脅迫した者は、五年以下の懲役に処する。

第七条　特定核燃料物質（核原料物質、核燃料物質及び原子炉の規制に関する法律第二条第五項に規定する特定核燃料物質をいう。）を窃取し、又は強取することを告知して脅迫し、義務のない行為をすること又は権利を行わないことを要求した者は、五年以下の懲役に処する。

第八条　第三条から前条までの罪は、刑法（明治四十年法律第四十五号）第四条の二の例に従う。

附　則　抄

（施行期日）

第一条　この法律は、核によるテロリズムの行為の防止に関する国際条約が日本国について効力を生ずる日から施行する。ただし、附則第七条の規定は、公布の日から施行する。

（組織的な犯罪の処罰及び犯罪収益の規制等に関する法律の適用に関する経過措置）

第二条　この法律の施行の日が犯罪の国際化及び組織化並びに情報処理の高度化に対処するための刑法等の一部を改正する法律（平成十九年法律第　　号）の施行の日前である場合には、同法の施行の日の前日までの間における組織的な犯罪の処罰及び犯罪収益の規制等に関する法律（平成十一年法律第百三十六号）の規定の適用については、第三条から第七条までの罪は、同法別表に掲げる罪とみなす。

（条約による国外犯の適用に関する経過措置）

第三条　第八条の規定は、この法律の施行の日以後に日本国について効力を生ずる条約並びに核物質の防護に関する条約及びテロリストによる爆弾使用の防止に関する国際条約により日本国外において犯したときであっても罰すべきものとされる罪に限り適用する。

（罰則の適用に関する経過措置）

第四条　この法律の施行前にした行為に対する罰則の適用については、なお従前の例による。

大学等における放射性同位元素等に関する安全管理の徹底について

平成二年二月二十七日２学情第四号

関係各国立大学長・関係各国立高等専門学校長・関係各大学共同利用機関長・関係文化庁各施設等機関長あて文部省学術国際局学術情報課長通知

放射性同位元素等の安全管理については、先に通知した「大学等における放射性同位元素等の安全管理について」（昭和五六年一〇月一六日付け、文学情第二五二号）により各大学等において特段のご努力を願ってきたところであります。

しかしながら、最近、一部の大学において、左記の諸点を中心に放射性同位元素等の取扱い及び放射線障害防止の措置が不十分であり、その見直しを求められる事例が発生しております。（別添指摘事項参照。）

このような安全管理の不備は、重大な事故につながる可能性をもつものであるとともに、社会一般にも不安を与える事態ともなり、まことに遺憾であります。

貴機関におかれては、左記事項を含め前期通知に十分ご留意の上、放射性同位元素等の安全管理のあり方について再検討を加えるとともに、関係教職員等に対し関係法令の遵守等をなお一層徹底されるなど安全確保のため万全の措置を早急に講ぜられるようお願いいたします。

一　施設・設備については、老朽化等により、安全管理上必要な基準を下回ることのないよう適切な措置を講ずること。

二　放射性同位元素等の使用、保管及び廃棄を適正に行うこと。

三　放射性同位元素等の使用、保管及び廃棄に関する記帳及び各々の帳簿の保存を適正に行うこと。

四　放射線障害のおそれのある場所について、放射線の量及び放射性同位元素による汚染の状況を適正に測定すること。

五　放射線業務従事者に対する健康診断を適正に行うこと。

六　放射線業務従事者の教育訓練については、大学の放射線安全管理組織やアイソトープ総合センター等との協力のもと、その充実に努めること。

七　各放射性同位元素等使用施設においては、部局長及び放射線取扱主任者を中心として、適正な安全管理体制の整備に努めること。

八　大学の放射線安全管理組織において、研究所、病院等を含め、学内の放射性同位元素等使用施設に定期的に立入り、管理状況についての調査を適切に行うこと。

別添

放射性同位元素等による放射線障害の防止に関する法律第43条の2第1項に基づく立入検査結果の指摘事項について

項目	指摘事項
施設（使用）	実験室が耐火構造になっていない
	汚染検査室に除染に必要な設備、器材が備えられていない
	汚染検査室が工事中で使用できない状態であるのに研究室を使用
	研究室の出入口に管理区域及び使用室の標識が付されていない
施設（貯蔵）	貯蔵室の明り取りの開口部が、甲種防火戸になっていない
	貯蔵している容器に標識が付してない
施設（廃棄）	開放された場所で汚染された物を保管している
	排水浄化槽の表面又はその付近に標識が付されていない
	廃液を保管している容器に標識がない
	排気管、排水管の露出部分に標識がない
	排気口標識が付されてない
	排気設備について能力が不足しているおそれがある。研究室の排気設備が作動されていない
	排気フィルターの交換が適切におこなわれ

	ていない
取扱（使用）	年間最大使用量を超えて使用している
	一日最大使用量を超えて使用している
取扱（保管）	非密封RIを使用室で貯蔵
	貯蔵室に保管上の注意事項の掲示がない
取扱（廃棄）	廃棄施設以外の、しかも開放された場所で汚染された物を取り扱っている
記帳（使用）	非密封RIの使用に関する記帳がされていない
	非密封RIの生成された量及びその使用に関する記帳がなされていない
	密封RIの核種数量、使用目的、方法及び場所が記載されていない
	90Srの数量及び目的の記載がされていない
	直線加速装置の使用方法及び場所の記載がない
記帳（保管）	非密封RIの保管の記帳がされていない
	密封RIの保管の帳簿がない
記帳（廃棄）	非密封RIの廃棄の帳簿整理が不完全である
	密封RIの廃棄・譲渡の帳簿がない
測定（場所等）	管理区域境界の放射線の量及び汚染の状況が測定されてない
	法令で定める期間毎に、事業所の境界の放射線量が測定されていない
	排気に関する記録がない
測定（被ばく）	外部被ばくに係る線量当量の測定がされてない
	内部被ばくの測定を実施してない
健康診断	初めて管理区域に立ち入る前の健康診断を実施してない
教育訓練	教育訓練の記録がない
	教育訓練の項目が不足している
承認手続	変更の承認を取っていない

廃棄物の処理及び清掃に関する法律

昭和四十五年十二月二十五日法律第百三十七号
最終改正　平成二〇年五月二日法律第二八号

清掃法（昭和二十九年法律第七十二号）の全部を改正する。

第一章　総則

（目的）

第一条　この法律は、廃棄物の排出を抑制し、及び廃棄物の適正な分別、保管、収集、運搬、再生、処分等の処理をし、並びに生活環境を清潔にすることにより、生活環境の保全及び公衆衛生の向上を図ることを目的とする。

（定義）

第二条　この法律において「廃棄物」とは、ごみ、粗大ごみ、燃え殻、汚泥、ふん尿、廃油、廃酸、廃アルカリ、動物の死体その他の汚物又は不要物であつて、固形状又は液状のもの（放射性物質及びこれによつて汚染された物を除く。）をいう。

2　この法律において「一般廃棄物」とは、産業廃棄物以外の廃棄物をいう。

3　この法律において「特別管理一般廃棄物」とは、一般廃棄物のうち、爆発性、毒性、感染性その他の人の健康又は生活環境に係る被害を生ずるおそれがある性状を有するものとして政令で定めるものをいう。

4　この法律において「産業廃棄物」とは、次に掲げる廃棄物をいう。

一　事業活動に伴つて生じた廃棄物のうち、燃え殻、汚泥、廃油、廃酸、廃アルカリ、廃プラスチック類その他政令で定める廃棄物

二　輸入された廃棄物（前号に掲げる廃棄物、船舶及び航空機の航行に伴い生ずる廃棄物（政令で定めるものに限る。第十五条の四の五第一項において「航行廃棄物」という。）並びに本邦に入国する者が携帯する廃棄物（政令で定めるものに限る。同項において「携帯廃棄物」という。）を除く。）

5　この法律において「特別管理産業廃棄物」とは、産業廃棄物のうち、爆発性、毒性、感染性その他の人の健康又は生活環境に係る被害を生ずるおそれがある性状を有するものとして政令で定めるものをいう。

6　この法律において「電子情報処理組織」とは、第十三条の二第一項に規定する情報処理センターの使用に係る電子計算機（入出力装置を含む。以下同じ。）と、第十二条の三第一項に規定する事業者、同条第二項に規定する運搬受託者及び同条第三項に規定する処分受託者の使用に係る入出力装置とを電気通信回線で接続した電子情報処理組織をいう。

（国内の処理等の原則）

第二条の二　国内において生じた廃棄物は、なるべく国内において適正に処理されなければならない。

2　国外において生じた廃棄物は、その輸入により国内における廃棄物の適正な処理に支障が生じないよう、その輸入が抑制されなければならない。

（国民の責務）

第二条の三　国民は、廃棄物の排出を抑制し、再生品の使用等により廃棄物の再生利用を図り、廃棄物を分別して排出し、その生じた廃棄物をなるべく自ら処分すること等により、廃棄物の減量その他その適正な処理に関し国及び地方公共団体の施策に協力しなければならない。

（事業者の責務）

第三条　事業者は、その事業活動に伴つて生じた廃棄物を自らの責任において適正に処理しなければならない。

2　事業者は、その事業活動に伴つて生じた廃棄物の再生利用等を行うことによりその減量に努めるとともに、物の製造、加工、販売等に際して、その製品、容器等が廃棄物となつた場合における処理の困難性についてあらかじめ自ら評価し、適正な処理が困難になら

ないような製品、容器等の開発を行うこと、その製品、容器等に係る廃棄物の適正な処理の方法についての情報を提供すること等により、その製品、容器等が廃棄物となつた場合においてその適正な処理が困難になることのないようにしなければならない。

3　事業者は、前二項に定めるもののほか、廃棄物の減量その他その適正な処理の確保等に関し国及び地方公共団体の施策に協力しなければならない。

（国及び地方公共団体の責務）

第四条　市町村は、その区域内における一般廃棄物の減量に関し住民の自主的な活動の促進を図り、及び一般廃棄物の適正な処理に必要な措置を講ずるよう努めるとともに、一般廃棄物の処理に関する事業の実施に当たつては、職員の資質の向上、施設の整備及び作業方法の改善を図る等その能率的な運営に努めなければならない。

2　都道府県は、市町村に対し、前項の責務が十分に果たされるように必要な技術的援助を与えることに努めるとともに、当該都道府県の区域内における産業廃棄物の状況をはあくし、産業廃棄物の適正な処理が行なわれるように必要な措置を講ずることに努めなければならない。

3　国は、廃棄物に関する情報の収集、整理及び活用並びに廃棄物の処理に関する技術開発の推進を図り、並びに国内における廃棄物の適正な処理に支障が生じないよう適切な措置を講ずるとともに、市町村及び都道府県に対し、前二項の責務が十分に果たされるように必要な技術的及び財政的援助を与えること並びに広域的な見地からの調整を行うことに努めなければならない。

4　国、都道府県及び市町村は、廃棄物の排出を抑制し、及びその適正な処理を確保するため、これらに関する国民及び事業者の意識の啓発を図るよう努めなければならない。

（清潔の保持）

第五条　土地又は建物の占有者（占有者がない場合には、管理者とする。以下同じ。）は、その占有し、又は管理する土地又は建物の清潔を保つように努めなければならない。

2　建物の占有者は、建物内を全般にわたつて清潔にするため、市町村長が定める計画に従い、大掃除を実施しなければならない。

3　何人も、公園、広場、キャンプ場、スキー場、海水浴場、道路、河川、港湾その他の公共の場所を汚さないようにしなければならない。

4　前項に規定する場所の管理者は、当該管理する場所の清潔を保つように努めなければならない。

5　市町村は、必要と認める場所に、公衆便所及び公衆用ごみ容器を設け、これを衛生的に維持管理しなければならない。

6　便所が設けられている車両、船舶又は航空機を運行する者は、当該便所に係るし尿を生活環境の保全上支障が生じないように処理することに努めなければならない。

（基本方針）

第五条の二　環境大臣は、廃棄物の排出の抑制、再生利用等による廃棄物の減量その他その適正な処理に関する施策の総合的かつ計画的な推進を図るための基本的な方針（以下「基本方針」という。）を定めなければならない。

2　基本方針には、次に掲げる事項を定めるものとする。

一　廃棄物の減量その他その適正な処理の基本的な方向

二　廃棄物の減量その他その適正な処理に関する目標の設定に関する事項

三　廃棄物の減量その他その適正な処理に関する施策を推進するための基本的事項

四　廃棄物の処理施設の整備に関する基本的事項

五　前各号に掲げるもののほか、廃棄物の減量その他その適正な処理に関し必要な事項

3　環境大臣は、基本方針を定め、又はこれを変更しようとするときは、あらかじめ、関係行政機関の長に協議するとともに、都道府県知事の意見を聴かなければならない。

4　環境大臣は、基本方針を定め、又はこれを変更したときは、遅滞なく、これを公表しなければならない。

（廃棄物処理施設整備計画）

第五条の三　環境大臣は、廃棄物処理施設整備事業（廃棄物の処理施設の整備に関する事業で政令で定めるものをいう。以下この条において同じ。）の計画的な実施に資するため、基本方針に即して、五年ごとに、廃棄物処理施設整備事業に関する計画（以下「廃棄物処理施設整備計画」という。）の案を作成し、閣議の決定を求めなければならない。

2　廃棄物処理施設整備計画においては、計画期間に係る廃棄物処理施設整備事業の実施の目標及び概要を定めるものとする。

3　前項の実施の目標及び概要を定めるに当たつては、廃棄物の処理施設の整備における課題に的確に対応するため、廃棄物処理施設整備事業における投資の重点化及び効率化を図ることができるように留意しなければならない。

4　環境大臣は、廃棄物処理施設整備計画の案を作成しようとするときは、あらかじめ、関係行政機関の長に協議しなければならない。

5　環境大臣は、第一項の閣議の決定があつたときは、遅滞なく、廃棄物処理施設整備計画を公表しなければならない。

6　第三項から前項までの規定は、廃棄物処理施設整備計画を変更しようとする場合について準用する。

第五条の四　国は、廃棄物処理施設整備計画の達成を図るため、その実施につき必要な措置を講ずるものとする。

（都道府県廃棄物処理計画）

第五条の五　都道府県は、基本方針に即して、当該都道府県の区域内における廃棄物の減量その他その適正な処理に関する計画（以下「廃棄物処理計画」という。）を定めなければならない。

2　廃棄物処理計画には、環境省令で定める基準に従い、当該都道府県の区域内における廃棄物の減量その他その適正な処理に関し、次に掲げる事項を定めるものとする。

一　廃棄物の発生量及び処理量の見込み

二　廃棄物の減量その他その適正な処理に関する基本

的事項

三　一般廃棄物の適正な処理を確保するために必要な体制に関する事項

四　産業廃棄物の処理施設の整備に関する事項

五　前各号に掲げるもののほか、廃棄物の減量その他その適正な処理に関し必要な事項

3　都道府県は、廃棄物処理計画を定め、又はこれを変更しようとするときは、あらかじめ、環境基本法（平成五年法律第九十一号）第四十三条の規定により置かれる審議会その他の合議制の機関及び関係市町村の意見を聴かなければならない。

4　都道府県は、廃棄物処理計画を定め、又はこれを変更したときは、遅滞なく、これを公表しなければならない。

（都道府県廃棄物処理計画の達成の推進）

第五条の六　国及び都道府県は、廃棄物処理計画の達成に必要な措置を講ずるように努めるものとする。

（廃棄物減量等推進審議会）

第五条の七　市町村は、その区域内における一般廃棄物の減量等に関する事項を審議させるため、廃棄物減量等推進審議会を置くことができる。

2　廃棄物減量等推進審議会の組織及び運営に関して必要な事項は、条例で定める。

（廃棄物減量等推進員）

第五条の八　市町村は、社会的信望があり、かつ、一般廃棄物の適正な処理に熱意と識見を有する者のうちから、廃棄物減量等推進員を委嘱することができる。

2　廃棄物減量等推進員は、一般廃棄物の減量のための市町村の施策への協力その他の活動を行う。

第二章　一般廃棄物

第一節　一般廃棄物の処理

（一般廃棄物処理計画）

第六条　市町村は、当該市町村の区域内の一般廃棄物の処理に関する計画（以下「一般廃棄物処理計画」という。）を定めなければならない。

2　一般廃棄物処理計画には、環境省令で定めるところにより、当該市町村の区域内の一般廃棄物の処理に関し、次に掲げる事項を定めるものとする。

一　一般廃棄物の発生量及び処理量の見込み

二　一般廃棄物の排出の抑制のための方策に関する事項

三　分別して収集するものとした一般廃棄物の種類及び分別の区分

四　一般廃棄物の適正な処理及びこれを実施する者に関する基本的事項

五　一般廃棄物の処理施設の整備に関する事項

六　その他一般廃棄物の処理に関し必要な事項

3　市町村は、地方自治法（昭和二十二年法律第六十七号）第二条第四項の基本構想に即して、一般廃棄物処理計画を定めるものとする。

4　市町村は、その一般廃棄物処理計画を定めるに当たつては、当該市町村の区域内の一般廃棄物の処理に関し関係を有する他の市町村の一般廃棄物処理計画と調和を保つよう努めなければならない。

5　市町村は、一般廃棄物処理計画を定め、又はこれを変更したときは、遅滞なく、これを公表しなければならない。

（市町村の処理等）

第六条の二　市町村は、一般廃棄物処理計画に従つて、その区域内における一般廃棄物を生活環境の保全上支障が生じないうちに収集し、これを運搬し、及び処分（再生することを含む。第七条第三項、第五項第四号ハからホまで及び第八項、第七条の三第一号、第七条の四第一項第二号、第八条の二第六項、第九条第二項、第九条の二の二第一項第二号及び第三項、第九条の三第十一項、第十三条の十一第一項第三号、第十四条第三項及び第八項、第十四条の三の二第一項第二号、第十四条の四第三項及び第八項、第十五条の三第一項第二号、第十五条の十二、第十五条の十五第一項第三号、第十六条の二第二号、第十六条の三第二号、第二十三条の三第二項、第二十四条の二第二項並びに附則第二条第二項を除き、以下同じ。）しなければならない。

2　市町村が行うべき一般廃棄物（特別管理一般廃棄物を除く。以下この項において同じ。）の収集、運搬及び処分に関する基準（当該基準において海洋を投入処分の場所とすることができる一般廃棄物を定めた場合における当該一般廃棄物にあつては、その投入の場所及び方法が海洋汚染等及び海上災害の防止に関する法律（昭和四十五年法律第百三十六号）に基づき定められた場合におけるその投入の場所及び方法に関する基準を除く。以下「一般廃棄物処理基準」という。）並びに市町村が一般廃棄物の収集、運搬又は処分を市町村以外の者に委託する場合の基準は、政令で定める。

3　市町村が行うべき特別管理一般廃棄物の収集、運搬及び処分に関する基準（当該基準において海洋を投入処分の場所とすることができる特別管理一般廃棄物を定めた場合における当該特別管理一般廃棄物にあつては、その投入の場所及び方法が海洋汚染等及び海上災害の防止に関する法律に基づき定められた場合におけるその投入の場所及び方法に関する基準を除く。以下「特別管理一般廃棄物処理基準」という。）並びに市町村が特別管理一般廃棄物の収集、運搬又は処分を市町村以外の者に委託する場合の基準は、政令で定める。

4　土地又は建物の占有者は、その土地又は建物内の一般廃棄物のうち、生活環境の保全上支障のない方法で容易に処分することができる一般廃棄物については、なるべく自ら処分するように努めるとともに、自ら処分しない一般廃棄物については、その一般廃棄物処理計画に従い当該一般廃棄物を適正に分別し、保管する等市町村が行う一般廃棄物の収集、運搬及び処分に協力しなければならない。

5　市町村長は、その区域内において事業活動に伴い多量の一般廃棄物を生ずる土地又は建物の占有者に対し、当該一般廃棄物の減量に関する計画の作成、当該一般廃棄物を運搬すべき場所及びその運搬の方法その他必要な事項を指示することができる。

6　事業者は、一般廃棄物処理計画に従つてその一般廃棄物の運搬又は処分を他人に委託する場合その他その一般廃棄物の運搬又は処分を他人に委託する場合には、その運搬については第七条第十二項に規定する一

般廃棄物収集運搬業者その他環境省令で定める者に、その処分については同項に規定する一般廃棄物処分業者その他環境省令で定める者にそれぞれ委託しなければならない。

7　事業者は、前項の規定によりその一般廃棄物の運搬又は処分を委託する場合には、政令で定める基準に従わなければならない。

（事業者の協力）

第六条の三　環境大臣は、市町村における一般廃棄物の処理の状況を調査し、一般廃棄物のうちから、現に市町村がその処理を行つているものであつて、市町村の一般廃棄物の処理に関する設備及び技術に照らしその適正な処理が全国各地で困難となつていると認められるものを指定することができる。

2　市町村長は、前項の規定による指定に係る一般廃棄物になる前の製品、容器等の製造、加工、販売等を行う事業者に対し、環境省令で定めるところにより、当該市町村において当該一般廃棄物の処理が適正に行われることを補完するために必要な協力を求めることができる。

3　環境大臣は、第一項の規定による指定に係る一般廃棄物になる前の製品、容器等の製造、加工、販売等の事業を所管する大臣に対し、当該一般廃棄物の処理について市町村が当該製品、容器等の製造、加工、販売等を行う事業者の協力を得ることができるよう、必要な措置を講ずることを要請することができる。

4　環境大臣は、第一項の規定による指定を行うに当たつては、当該指定に係る一般廃棄物になる前の製品、容器等の製造、加工、販売等の事業を所管する大臣の意見を聴かなければならない。

第二節　一般廃棄物処理業

（一般廃棄物処理業）

第七条　一般廃棄物の収集又は運搬を業として行おうとする者は、当該業を行おうとする区域（運搬のみを業として行う場合にあつては、一般廃棄物の積卸しを行う区域に限る。）を管轄する市町村長の許可を受けなければならない。ただし、事業者（自らその一般廃棄物を運搬する場合に限る。）、専ら再生利用の目的となる一般廃棄物のみの収集又は運搬を業として行う者その他環境省令で定める者については、この限りでない。

2　前項の許可は、一年を下らない政令で定める期間ごとにその更新を受けなければ、その期間の経過によつて、その効力を失う。

3　前項の更新の申請があつた場合において、同項の期間（以下この項及び次項において「許可の有効期間」という。）の満了の日までにその申請に対する処分がされないときは、従前の許可は、許可の有効期間の満了後もその処分がされるまでの間は、なおその効力を有する。

4　前項の場合において、許可の更新がされたときは、その許可の有効期間は、従前の許可の有効期間の満了の日の翌日から起算するものとする。

5　市町村長は、第一項の許可の申請が次の各号に適合していると認めるときでなければ、同項の許可をしてはならない。

一　当該市町村による一般廃棄物の収集又は運搬が困難であること。

二　その申請の内容が一般廃棄物処理計画に適合するものであること。

三　その事業の用に供する施設及び申請者の能力がその事業を的確に、かつ、継続して行うに足りるものとして環境省令で定める基準に適合するものであること。

四　申請者が次のいずれにも該当しないこと。

イ　成年被後見人若しくは被保佐人又は破産者で復権を得ないもの

ロ　禁錮以上の刑に処せられ、その執行を終わり、又は執行を受けることがなくなつた日から五年を経過しない者

ハ　この法律、浄化槽法（昭和五十八年法律第四十三号）その他生活環境の保全を目的とする法令で政令で定めるもの若しくはこれらの法令に基づく処分若しくは暴力団員による不当な行為の防止等に関する法律（平成三年法律第七十七号。第三十二条の二第七項を除く。）の規定に違反し、又は刑法（明治四十年法律第四十五号）第二百四条、第二百六条、第二百八条、第二百八条の三、第二百二十二条若しくは第二百四十七条の罪若しくは暴力行為等処罰ニ関スル法律（大正十五年法律第六十号）の罪を犯し、罰金の刑に処せられ、その執行を終わり、又は執行を受けることがなくなつた日から五年を経過しない者

ニ　第七条の四若しくは第十四条の三の二（第十四条の六において読み替えて準用する場合を含む。以下この号において同じ。）又は浄化槽法第四十一条第二項の規定により許可を取り消され、その取消しの日から五年を経過しない者（当該許可を取り消された者が法人である場合においては、当該取消しの処分に係る行政手続法（平成五年法律第八十八号）第十五条の規定による通知があつた日前六十日以内に当該法人の役員（業務を執行する社員、取締役、執行役又はこれらに準ずる者をいい、相談役、顧問その他いかなる名称を有する者であるかを問わず、法人に対し業務を執行する社員、取締役、執行役又はこれらに準ずる者と同等以上の支配力を有するものと認められる者を含む。以下この号及び第十四条第五項第二号ニにおいて同じ。）であつた者で当該取消しの日から五年を経過しないものを含む。）

ホ　第七条の四若しくは第十四条の三の二又は浄化槽法第四十一条第二項の規定による許可の取消しの処分に係る行政手続法第十五条の規定による通知があつた日から当該処分をする日又は処分をしないことを決定する日までの間に第七条の二第三項（第十四条の二第三項及び第十四条の五第三項において読み替えて準用する場合を含む。以下この号において同じ。）の規定による一般廃棄物若しくは産業廃棄物の収集若しくは運搬若しくは処分（再生することを含む。）の事業のいずれかの事業の全部の廃止の届出又は浄化槽法第三十八条第五号に該当する旨の同条の規定による届出をした者（当該事業の廃止について相当の理由がある

者を除く。）で、当該届出の日から五年を経過しないもの

ヘ　ホに規定する期間内に第七条の二第三項の規定による一般廃棄物若しくは産業廃棄物の収集若しくは運搬若しくは処分の事業のいずれかの事業の全部の廃止の届出又は浄化槽法第三十八条第五号に該当する旨の同条の規定による届出があつた場合において、ホの通知の日前六十日以内に当該届出に係る法人（当該事業の廃止について相当の理由がある法人を除く。）の役員若しくは政令で定める使用人であつた者又は当該届出に係る個人（当該事業の廃止について相当の理由がある者を除く。）の政令で定める使用人であつた者で、当該届出の日から五年を経過しないもの

ト　その業務に関し不正又は不誠実な行為をするおそれがあると認めるに足りる相当の理由がある者

チ　営業に関し成年者と同一の行為能力を有しない未成年者でその法定代理人がイからトまでのいずれかに該当するもの

リ　法人でその役員又は政令で定める使用人のうちにイからトまでのいずれかに該当する者のあるもの

ヌ　個人で政令で定める使用人のうちにイからトまでのいずれかに該当する者のあるもの

6　一般廃棄物の処分を業として行おうとする者は、当該業を行おうとする区域を管轄する市町村長の許可を受けなければならない。ただし、事業者（自らその一般廃棄物を処分する場合に限る。）、専ら再生利用の目的となる一般廃棄物のみの処分を業として行う者その他環境省令で定める者については、この限りでない。

7　前項の許可は、一年を下らない政令で定める期間ごとにその更新を受けなければ、その期間の経過によつて、その効力を失う。

8　前項の更新の申請があつた場合において、同項の期間（以下この項及び次項において「許可の有効期間」という。）の満了の日までにその申請に対する処分がされないときは、従前の許可は、許可の有効期間の満了後もその処分がされるまでの間は、なおその効力を有する。

9　前項の場合において、許可の更新がされたときは、その許可の有効期間は、従前の許可の有効期間の満了の日の翌日から起算するものとする。

10　市町村長は、第六項の許可の申請が次の各号に適合していると認めるときでなければ、同項の許可をしてはならない。

一　当該市町村による一般廃棄物の処分が困難であること。

二　その申請の内容が一般廃棄物処理計画に適合するものであること。

三　その事業の用に供する施設及び申請者の能力がその事業を的確に、かつ、継続して行うに足りるものとして環境省令で定める基準に適合するものであること。

四　申請者が第五項第四号イからヌまでのいずれにも該当しないこと。

11　第一項又は第六項の許可には、一般廃棄物の収集を行うことができる区域を定め、又は生活環境の保全上必要な条件を付することができる。

12　第一項の許可を受けた者（以下「一般廃棄物収集運搬業者」という。）及び第六項の許可を受けた者（以下「一般廃棄物処分業者」という。）は、一般廃棄物の収集及び運搬並びに処分につき、当該市町村が地方自治法第二百二十八条第一項の規定により条例で定める収集及び運搬並びに処分に関する手数料の額に相当する額を超える料金を受けてはならない。

13　一般廃棄物収集運搬業者又は一般廃棄物処分業者は、一般廃棄物処理基準（特別管理一般廃棄物にあつては、特別管理一般廃棄物処理基準）に従い、一般廃棄物の収集若しくは運搬又は処分を行わなければならない。

14　一般廃棄物収集運搬業者は、一般廃棄物の収集若しくは運搬又は処分を、一般廃棄物処分業者は、一般廃棄物の処分を、それぞれ他人に委託してはならない。

15　一般廃棄物収集運搬業者及び一般廃棄物処分業者は、帳簿を備え、一般廃棄物の処理について環境省令で定める事項を記載しなければならない。

16　前項の帳簿は、環境省令で定めるところにより、保存しなければならない。

（変更の許可等）

第七条の二　一般廃棄物収集運搬業者又は一般廃棄物処分業者は、その一般廃棄物の収集若しくは運搬又は処分の事業の範囲を変更しようとするときは、市町村長の許可を受けなければならない。ただし、その変更が事業の一部の廃止であるときは、この限りでない。

2　前条第五項及び第十一項の規定は、収集又は運搬の事業の範囲の変更に係る前項の許可について、同条第十項及び第十一項の規定は、処分の事業の範囲の変更に係る前項の許可について準用する。

3　一般廃棄物収集運搬業者又は一般廃棄物処分業者は、その一般廃棄物の収集若しくは運搬若しくは処分の事業の全部若しくは一部を廃止したとき、又は住所その他環境省令で定める事項を変更したときは、環境省令で定めるところにより、その旨を市町村長に届け出なければならない。

4　一般廃棄物収集運搬業者又は一般廃棄物処分業者は、前条第五項第四号イからヘまで又はチからヌまで（同号チからヌまでに掲げる者にあつては、同号トに係るものを除く。）のいずれかに該当するに至つたときは、環境省令で定めるところにより、その旨を市町村長に届け出なければならない。

（事業の停止）

第七条の三　市町村長は、一般廃棄物収集運搬業者又は一般廃棄物処分業者が次の各号のいずれかに該当するときは、期間を定めてその事業の全部又は一部の停止を命ずることができる。

一　この法律若しくはこの法律に基づく処分に違反する行為（以下「違反行為」という。）をしたとき、又は他人に対して違反行為をすることを要求し、依頼し、若しくは唆し、若しくは他人が違反行為をすることを助けたとき。

二　その者の事業の用に供する施設又はその者の能力が第七条第五項第三号又は第十項第三号に規定する基準に適合しなくなつたとき。

三　第七条第十一項の規定により当該許可に付した条

件に違反したとき。

（許可の取消し）

第七条の四　市町村長は、一般廃棄物収集運搬業者又は一般廃棄物処分業者が次の各号のいずれかに該当するときは、その許可を取り消さなければならない。

一　第七条第五項第四号イからヌまでのいずれかに該当するに至つたとき。

二　前条第一号に該当し情状が特に重いとき、又は同条の規定による処分に違反したとき。

三　不正の手段により第七条第一項若しくは第六項の許可（同条第二項又は第七項の許可の更新を含む。）又は第七条の二第一項の変更の許可を受けたとき。

2　市町村長は、一般廃棄物収集運搬業者又は一般廃棄物処分業者が前条第二号又は第三号のいずれかに該当するときは、その許可を取り消すことができる。

（名義貸しの禁止）

第七条の五　一般廃棄物収集運搬業者及び一般廃棄物処分業者は、自己の名義をもつて、他人に一般廃棄物の収集若しくは運搬又は処分を業として行わせてはならない。

第三節　一般廃棄物処理施設

（一般廃棄物処理施設の許可）

第八条　一般廃棄物処理施設（ごみ処理施設で政令で定めるもの（以下単に「ごみ処理施設」という。）、し尿処理施設（浄化槽法第二条第一号に規定する浄化槽を除く。以下同じ。）及び一般廃棄物の最終処分場で政令で定めるものをいう。以下同じ。）を設置しようとする者（第六条の二第一項の規定により一般廃棄物を処分するために一般廃棄物処理施設を設置しようとする市町村を除く。）は、当該一般廃棄物処理施設を設置しようとする地を管轄する都道府県知事の許可を受けなければならない。

2　前項の許可を受けようとする者は、環境省令で定めるところにより、次に掲げる事項を記載した申請書を提出しなければならない。

一　氏名又は名称及び住所並びに法人にあつては、その代表者の氏名

二　一般廃棄物処理施設の設置の場所

三　一般廃棄物処理施設の種類

四　一般廃棄物処理施設において処理する一般廃棄物の種類

五　一般廃棄物処理施設の処理能力（一般廃棄物の最終処分場である場合にあつては、一般廃棄物の埋立処分の用に供される場所の面積及び埋立容量）

六　一般廃棄物処理施設の位置、構造等の設置に関する計画

七　一般廃棄物処理施設の維持管理に関する計画

八　一般廃棄物の最終処分場である場合にあつては、災害防止のための計画

九　その他環境省令で定める事項

3　前項の申請書には、環境省令で定めるところにより、当該一般廃棄物処理施設を設置することが周辺地域の生活環境に及ぼす影響についての調査の結果を記載した書類を添付しなければならない。ただし、当該申請書に記載した同項第二号から第七号までに掲げる事項が、過去になされた第一項の許可に係る当該事項と同一である場合その他の環境省令で定める場合は、この限りでない。

4　都道府県知事は、一般廃棄物処理施設（政令で定めるものに限る。）について第一項の許可の申請があつた場合には、遅滞なく、第二項第一号から第四号までに掲げる事項、申請年月日及び縦覧場所を告示するとともに、同項の申請書及び前項の書類（同項ただし書に規定する場合にあつては、第二項の申請書）を当該告示の日から一月間公衆の縦覧に供しなければならない。

5　都道府県知事は、前項の規定による告示をしたときは、遅滞なく、その旨を当該一般廃棄物処理施設の設置に関し生活環境の保全上関係がある市町村の長に通知し、期間を指定して当該市町村長の生活環境の保全上の見地からの意見を聴かなければならない。

6　第四項の規定による告示があつたときは、当該一般廃棄物処理施設の設置に関し利害関係を有する者は、同項の縦覧期間満了の日の翌日から起算して二週間を経過する日までに、当該都道府県知事に生活環境の保全上の見地からの意見書を提出することができる。

（許可の基準等）

第八条の二　都道府県知事は、前条第一項の許可の申請が次の各号のいずれにも適合していると認めるときでなければ、同項の許可をしてはならない。

一　その一般廃棄物処理施設の設置に関する計画が環境省令で定める技術上の基準に適合していること。

二　その一般廃棄物処理施設の設置に関する計画及び維持管理に関する計画が当該一般廃棄物処理施設に係る周辺地域の生活環境の保全及び環境省令で定める周辺の施設について適正な配慮がなされたものであること。

三　申請者の能力がその一般廃棄物処理施設の設置に関する計画及び維持管理に関する計画に従つて当該一般廃棄物処理施設の設置及び維持管理を的確に、かつ、継続して行うに足りるものとして環境省令で定める基準に適合するものであること。

四　申請者が第七条第五項第四号イからヌまでのいずれにも該当しないこと。

2　都道府県知事は、前条第一項の許可の申請に係るごみ処理施設（政令で定めるものに限る。以下この項及び第十五条の二第二項において同じ。）の設置によつて、ごみ処理施設又は産業廃棄物処理施設（政令で定めるものに限る。以下この項及び第十五条の二第二項において同じ。）の過度の集中により大気環境基準（ごみ処理施設又は産業廃棄物処理施設において発生する政令で定める物質による大気の汚染に係る環境上の条件についての基準であつて、政令で定めるものをいう。第十五条の二第二項において同じ。）の確保が困難となると認めるときは、前条第一項の許可をしないことができる。

3　都道府県知事は、前条第一項の許可（同条第四項に規定する一般廃棄物処理施設に係るものに限る。）をする場合においては、あらかじめ、第一項第二号に掲げる事項について、生活環境の保全に関し環境省令で定める事項について専門的知識を有する者の意見を聴かなければならない。

4　前条第一項の許可には、生活環境の保全上必要な条件を付することができる。

5　前条第一項の許可を受けた者は、当該許可に係る一般廃棄物処理施設について、都道府県知事の検査を受け、当該一般廃棄物処理施設が当該許可に係る同条第二項の申請書に記載した設置に関する計画に適合していると認められた後でなければ、これを使用してはならない。

6　環境大臣は、生活環境の保全上緊急の必要がある場合にあつては、前条第一項の許可の申請に対し都道府県知事が行う処分に関し必要な指示をすることができる。

7　環境大臣は、生活環境の保全上緊急の必要がある場合にあつては、都道府県知事が行う第五項の検査に関し必要な指示をすることができる。

（一般廃棄物処理施設の維持管理）

第八条の三　第八条第一項の許可を受けた者は、環境省令で定める技術上の基準及び当該許可に係る同条第二項の申請書に記載した維持管理に関する計画（当該計画について第九条第一項の許可を受けたときは、変更後のもの）に従い、当該許可に係る一般廃棄物処理施設の維持管理をしなければならない。

（記録及び閲覧）

第八条の四　第八条第一項の許可（同条第四項に規定する一般廃棄物処理施設に係るものに限る。）を受けた者は、環境省令で定めるところにより、当該許可に係る一般廃棄物処理施設の維持管理に関し環境省令で定める事項を記録し、これを当該一般廃棄物処理施設（当該一般廃棄物処理施設に備え置くことが困難である場合にあつては、当該一般廃棄物処理施設の設置者の最寄りの事務所）に備え置き、当該維持管理に関し生活環境の保全上利害関係を有する者の求めに応じ、閲覧させなければならない。

（維持管理積立金）

第八条の五　特定一般廃棄物最終処分場（一般廃棄物処理施設である一般廃棄物の最終処分場であつて、環境省令で定めるものをいう。以下同じ。）について第八条第一項の許可を受けた者（以下「特定一般廃棄物最終処分場の設置者」という。）は、当該特定一般廃棄物最終処分場に係る埋立処分の終了後における維持管理を適正に行うため、埋立処分の終了までの間、毎年度、特定一般廃棄物最終処分場ごとに、都道府県知事が第四項の規定により通知する額の金銭を維持管理積立金として積み立てなければならない。

2　維持管理積立金の積立ては、環境省令で定めるところにより、独立行政法人環境再生保全機構（以下「機構」という。）にしなければならない。

3　維持管理積立金は、機構が管理する。

4　維持管理積立金の額は、当該特定一般廃棄物最終処分場の維持管理に必要な費用の額及び当該特定一般廃棄物最終処分場の埋立期間を基礎とし、環境省令で定める算定基準に従い、都道府県知事が算定して通知する額とする。

5　機構は、環境省令で定めるところにより、維持管理積立金に利息を付さなければならない。

6　特定一般廃棄物最終処分場の設置者は、維持管理積立金の積立てをしている特定一般廃棄物最終処分場について埋立処分の終了後に維持管理を行う場合その他環境省令で定める場合には、環境省令で定めるところにより、当該特定一般廃棄物最終処分場に係る維持管理積立金を取り戻すことができる。

7　第九条の五第三項、第九条の六第一項又は第九条の七第一項の規定により第八条第一項の許可を受けた者について地位の承継があつたときは、当該許可を受けた者が積み立てた維持管理積立金は、当該許可を受けた者の地位を承継した者が積み立てたものとみなす。

8　前各項に定めるもののほか、維持管理積立金の積立て及び取戻しに関し必要な事項は、環境省令で定める。

（変更の許可等）

第九条　第八条第一項の許可を受けた者は、当該許可に係る同条第二項第四号から第七号までに掲げる事項の変更をしようとするときは、環境省令で定めるところにより、都道府県知事の許可を受けなければならない。ただし、その変更が環境省令で定める軽微な変更であるときは、この限りでない。

2　第八条第三項から第六項まで及び第八条の二第一項から第四項までの規定は、前項の許可について、同条第五項の規定は、前項の許可を受けた者について、同条第六項の規定は、前項の許可の申請に対し当該都道府県知事が行う処分について、同条第七項の規定は、この項の規定により準用する同条第五項の規定に基づき都道府県知事が行う検査について準用する。

3　第八条第一項の許可を受けた者は、第一項ただし書の環境省令で定める軽微な変更をしたとき、又は当該許可に係る同条第二項第一号に掲げる事項その他環境省令で定める事項に変更があつたとき、若しくは当該許可に係る一般廃棄物処理施設（一般廃棄物の最終処分場であるものを除く。）を廃止したとき、若しくは休止した当該一般廃棄物処理施設を再開したときは、遅滞なく、その旨を都道府県知事に届け出なければならない。

4　第八条第一項の許可を受けた者は、当該許可に係る一般廃棄物処理施設が一般廃棄物の最終処分場である場合において、当該最終処分場に係る埋立処分（地中にある空間を利用する処分の方法を含む。以下同じ。）が終了したときは、その終了した日から三十日以内に、環境省令で定めるところにより、その旨及びその他環境省令で定める事項を都道府県知事に届け出なければならない。

5　第八条第一項の許可を受けた者は、当該許可に係る一般廃棄物処理施設が一般廃棄物の最終処分場である場合においては、環境省令で定めるところにより、あらかじめ当該最終処分場の状況が環境省令で定める技術上の基準に適合していることについて都道府県知事の確認を受けたときに限り、当該最終処分場を廃止することができる。

6　第八条第一項の許可を受けた者は、第七条第五項第四号イからヘまで又はチからヌまで（同号チからヌまでに掲げる者にあつては、同号トに係るものを除く。）のいずれかに該当するに至つたときは、環境省令で定めるところにより、その旨を都道府県知事に届け出なければならない。

（改善命令等）

第九条の二　都道府県知事は、次の各号のいずれかに該当するときは、第八条第一項の許可を受けた者に対し、期限を定めて当該一般廃棄物処理施設につき必要な改善を命じ、又は期間を定めて当該一般廃棄物処理施設の使用の停止を命ずることができる。

一　第八条第一項の許可に係る一般廃棄物処理施設の構造又はその維持管理が第八条の二第一項第一号若しくは第八条の三に規定する技術上の基準又は当該許可に係る第八条第二項の申請書に記載した設置に関する計画若しくは維持管理に関する計画（これらの計画について前条第一項の許可を受けたときは、変更後のもの）に適合していないと認めるとき。

二　第八条第一項の許可を受けた者の能力が第八条の二第一項第三号に規定する環境省令で定める基準に適合していないと認めるとき。

三　第八条第一項の許可を受けた者が違反行為をしたとき、又は他人に対して違反行為をすることを要求し、依頼し、若しくは唆し、若しくは他人が違反行為をすることを助けたとき。

四　第八条第一項の許可を受けた者が第八条の二第四項の規定により当該許可に付した条件に違反したとき。

2　第八条の二第六項の規定は、前項の規定に基づき都道府県知事が行う処分について準用する。

（許可の取消し）

第九条の二の二　都道府県知事は、次の各号のいずれかに該当するときは、当該一般廃棄物処理施設に係る第八条第一項の許可を取り消さなければならない。

一　第八条第一項の許可を受けた者が第七条第五項第四号イからヌまでのいずれかに該当するに至つたとき。

二　前条第一項第三号に該当し情状が特に重いとき、又は同項の規定による処分に違反したとき。

三　不正の手段により第八条第一項の許可又は第九条第一項の変更の許可を受けたとき。

2　都道府県知事は、前条第一項第一号、第二号又は第四号のいずれかに該当するときは、当該一般廃棄物処理施設に係る第八条第一項の許可を取り消すことができる。

3　第八条の二第六項の規定は、前二項の規定に基づき都道府県知事が行う処分について準用する。

（市町村の設置に係る一般廃棄物処理施設の届出）

第九条の三　市町村は、第六条の二第一項の規定により一般廃棄物の処分を行うために一般廃棄物処理施設を設置しようとするときは、環境省令で定めるところにより、第八条第二項各号に掲げる事項を記載した書類及び当該一般廃棄物処理施設を設置することが周辺地域の生活環境に及ぼす影響についての調査の結果を記載した書類を添えて、その旨を都道府県知事に届け出なければならない。

2　前項の規定による届出をしようとする市町村の長は、同項に規定する第八条第二項各号に掲げる事項を記載した書類を作成するに当たつては、政令で定める事項について条例で定めるところにより、前項に規定する調査の結果を記載した書類を公衆の縦覧に供し、当該届出に係る一般廃棄物処理施設の設置に関し利害関係を有する者に生活環境の保全上の見地からの意見書を提出する機会を付与するものとする。

3　都道府県知事は、第一項の規定による届出があつた場合において、当該届出に係る一般廃棄物処理施設が第八条の二第一項第一号に規定する技術上の基準に適合していないと認めるときは、当該届出を受理した日から三十日（一般廃棄物の最終処分場については、六十日）以内に限り、当該届出をした市町村に対し、当該届出に係る計画の変更又は廃止を命ずることができる。

4　第一項の規定による届出をした市町村は、前項の期間を経過した後でなければ、当該届出に係る一般廃棄物処理施設を設置してはならない。ただし、当該届出の内容が相当であると認める旨の都道府県知事の通知を受けた後においては、この限りでない。

5　第一項の規定による届出に係る一般廃棄物処理施設の管理者は、第八条の三に規定する技術上の基準及び当該届出に係る同項に規定する第八条第二項各号に掲げる事項を記載した書類に記載した維持管理に関する計画（当該計画について第七項の規定による届出をしたときは、変更後のもの）に従い、当該一般廃棄物処理施設の維持管理をしなければならない。

6　第一項の規定による届出に係る一般廃棄物処理施設（第八条第四項に規定する一般廃棄物処理施設であるものに限る。）の管理者は、環境省令で定めるところにより、当該一般廃棄物処理施設の維持管理に関し環境省令で定める事項を記録し、これを当該一般廃棄物処理施設（当該一般廃棄物処理施設に備え置くことが困難である場合にあつては、当該一般廃棄物処理施設の設置者の最寄りの事務所）に備え置き、当該維持管理に関し生活環境の保全上利害関係を有する者の求めに応じ、閲覧させなければならない。

7　第一項の規定による届出をした市町村は、当該届出に係る第八条第二項第四号から第七号までに掲げる事項の変更（環境省令で定める軽微な変更を除く。）をしようとするときは、環境省令で定めるところにより、環境省令で定める事項を記載した書類を添えて、その旨を都道府県知事に届け出なければならない。

8　第二項及び第三項の規定は前項の規定による届出について、第四項の規定は前項の規定による届出をした市町村について準用する。この場合において、第二項中「前項の」とあるのは「第七項の」と、「同項」とあるのは「前項」と、第三項中「第一項の」とあるのは「第七項の」と、第四項中「第一項」とあるのは「第七項」と、「一般廃棄物処理施設を設置してはならない」とあるのは「第八条第二項第四号から第七号までに掲げる事項の変更をしてはならない」と読み替えるものとする。

9　都道府県知事は、第一項の規定による届出に係る一般廃棄物処理施設の構造又は維持管理が第八条の二第一項第一号若しくは第八条の三に規定する技術上の基準又は当該届出に係る第一項に規定する第八条第二項各号に掲げる事項を記載した書類に記載した設置に関する計画若しくは維持管理に関する計画（これらの計画について第七項の規定による届出をしたときは、その変更後のもの）に適合しないと認めるときは、その設置者又は管理者に対し、当該一般廃棄物処理施設につき必要な改善を命じ、又は期間を定めて当該一般廃棄物処理施設の使用の停止を命ずることができる。

10　第九条第三項から第五項までの規定は、第一項の規定による一般廃棄物処理施設の設置の届出をした市町村について準用する。この場合において、同条第三項中「第一項ただし書」とあるのは「第九条の三第七項」と、「当該許可」とあるのは「当該届出」と、同条第四項及び第五項中「当該許可」とあるのは「当該届出」と読み替えるものとする。

11　第八条の二第六項の規定は、第三項又は第九項の規定に基づき都道府県知事が行う処分について準用する。

（周辺地域への配慮）

第九条の四　第八条第一項の許可を受けた者及び前条第一項の規定による一般廃棄物処理施設の設置の届出をした市町村（以下「一般廃棄物処理施設の設置者」という。）は、当該一般廃棄物処理施設に係る周辺地域の生活環境の保全及び増進に配慮するものとする。

（一般廃棄物処理施設の譲受け等）

第九条の五　第八条第一項の許可を受けた者（第三項、次条第一項及び第九条の七において「許可施設設置者」という。）から当該許可に係る一般廃棄物処理施設を譲り受け、又は借り受けようとする者は、環境省令で定めるところにより、都道府県知事の許可を受けなければならない。

2　第八条の二第一項（第三号及び第四号に係る部分に限る。）の規定は、前項の許可について準用する。

3　第一項の許可を受けて一般廃棄物処理施設を譲り受け、又は借り受けた者は、当該一般廃棄物処理施設に係る許可施設設置者の地位を承継する。

（合併及び分割）

第九条の六　許可施設設置者である法人の合併の場合（許可施設設置者である法人と許可施設設置者でない法人が合併する場合において、許可施設設置者である法人が存続するときを除く。）又は分割の場合（当該許可に係る一般廃棄物処理施設を承継させる場合に限る。）において当該合併又は分割について都道府県知事の認可を受けたときは、合併後存続する法人若しくは合併により設立された法人又は分割により当該一般廃棄物処理施設を承継した法人は、許可施設設置者の地位を承継する。

2　第八条の二第一項（第三号及び第四号に係る部分に限る。）の規定は、前項の認可について準用する。

（相続）

第九条の七　許可施設設置者について相続があつたときは、相続人は、許可施設設置者の地位を承継する。

2　前項の規定により許可施設設置者の地位を承継した相続人は、相続の日から三十日以内に、環境省令で定めるところにより、その旨を都道府県知事に届け出なければならない。

第四節　一般廃棄物の処理に係る特例

（一般廃棄物の再生利用に係る特例）

第九条の八　環境省令で定める一般廃棄物の再生利用を行い、又は行おうとする者は、環境省令で定めるところにより、次の各号のいずれにも適合していることについて、環境大臣の認定を受けることができる。

一　当該再生利用の内容が、生活環境の保全上支障がないものとして環境省令で定める基準に適合すること。

二　当該再生利用を行い、又は行おうとする者が環境省令で定める基準に適合すること。

三　前号に規定する者が設置し、又は設置しようとする当該再生利用の用に供する施設が環境省令で定める基準に適合すること。

2　環境大臣は、前項の認定の申請に係る再生利用が同項各号のいずれにも適合していると認めるときは、同項の認定をするものとする。

3　第一項の認定を受けた者は、第七条第一項若しくは第六項又は第八条第一項の規定にかかわらず、これらの規定による許可を受けないで、当該認定に係る一般廃棄物の当該認定に係る収集若しくは運搬若しくは処分を業として行い、又は当該認定に係る一般廃棄物処理施設を設置することができる。

4　第一項の認定を受けた者は、第七条第十三項、第十五項及び第十六項並びに第十九条の三の規定の適用については一般廃棄物収集運搬業者又は一般廃棄物処分業者と、第十八条第一項の規定の適用については一般廃棄物処理施設の設置者とみなす。

5　環境大臣は、第一項の認定に係る再生利用が同項各号のいずれかに適合しなくなつたと認めるときは、当該認定を取り消すことができる。

6　前各項に規定するもののほか、第一項の認定に関し必要な事項は、政令で定める。

（一般廃棄物の広域的処理に係る特例）

第九条の九　環境省令で定める一般廃棄物の広域的な処理を行い、又は行おうとする者（当該処理を他人に委託して行い、又は行おうとする者を含む。）は、環境省令で定めるところにより、次の各号のいずれにも適合していることについて、環境大臣の認定を受けることができる。

一　当該処理の内容が、一般廃棄物の減量その他その適正な処理の確保に資するものとして環境省令で定める基準に適合すること。

二　当該処理を行い、又は行おうとする者（その委託を受けて当該処理を行い、又は行おうとする者を含む。次項第二号において同じ。）が環境省令で定める基準に適合すること。

三　前号に規定する者が環境省令で定める基準に適合する施設を有すること。

2　前項の認定を受けようとする者は、環境省令で定めるところにより、次に掲げる事項を記載した申請書その他環境省令で定める書類を環境大臣に提出しなければならない。

一　氏名又は名称及び住所並びに法人にあつては、その代表者の氏名

二　当該認定に係る処理を行い、又は行おうとする者及び当該処理の用に供する施設

3　環境大臣は、第一項の認定の申請に係る処理が同項各号のいずれにも適合していると認めるときは、同項の認定をするものとする。

4　第一項の認定を受けた者（その委託を受けて当該認定に係る処理を業として行う者（第二項第二号に規定

する者である者に限る。）は、第七条第一項又は第六項の規定にかかわらず、これらの規定による許可を受けないで、当該認定に係る一般廃棄物の当該認定に係る収集若しくは運搬又は処分を業として行うことができる。

5　前項に規定する者は、第七条第十三項、第十五項及び第十六項、第七条の五並びに第十九条の三の規定の適用については、一般廃棄物収集運搬業者又は一般廃棄物処分業者とみなす。

6　第一項の認定を受けた者は、当該認定に係る処理を他人に委託する場合には、当該認定に係る処理が適正に行われるために必要な措置を講ずるように努めなければならない。

7　環境大臣は、第一項の認定に係る処理が同項各号のいずれかに適合しなくなつたと認めるときは、当該認定を取り消すことができる。

8　前各項に規定するもののほか、第一項の認定に関し必要な事項は、政令で定める。

（一般廃棄物の無害化処理に係る特例）

第九条の十　石綿が含まれている一般廃棄物その他の人の健康又は生活環境に係る被害を生ずるおそれがある性状を有する一般廃棄物として環境省令で定めるものの高度な技術を用いた無害化処理（廃棄物を人の健康又は生活環境に係る被害が生ずるおそれがない性状にする処理をいう。以下同じ。）を行い、又は行おうとする者は、環境省令で定めるところにより、次の各号のいずれにも適合していることについて、環境大臣の認定を受けることができる。

一　当該無害化処理の内容が、当該一般廃棄物の迅速かつ安全な処理の確保に資するものとして環境省令で定める基準に適合すること。

二　当該無害化処理を行い、又は行おうとする者が環境省令で定める基準に適合すること。

三　前号に規定する者が設置し、又は設置しようとする当該無害化処理の用に供する施設が環境省令で定める基準に適合すること。

2　前項の認定を受けようとする者は、環境省令で定めるところにより、次に掲げる事項を記載した申請書を環境大臣に提出しなければならない。

一　氏名又は名称及び住所並びに法人にあつては、その代表者の氏名

二　無害化処理の用に供する施設の設置の場所

三　無害化処理の用に供する施設の種類

四　無害化処理の用に供する施設において処理する一般廃棄物の種類

五　無害化処理の用に供する施設の処理能力

六　無害化処理の用に供する施設の位置、構造等の設置に関する計画

七　無害化処理の用に供する施設の維持管理に関する計画

八　その他環境省令で定める事項

3　環境大臣は、第一項の認定の申請に係る無害化処理が同項各号のいずれにも適合していると認めるときは、同項の認定をするものとする。

4　第一項の認定を受けた者は、第七条第一項若しくは第六項又は第八条第一項の規定にかかわらず、これらの規定による許可を受けないで、当該認定に係る一般廃棄物の当該認定に係る収集若しくは運搬若しくは処分を業として行い、又は当該認定に係る一般廃棄物処理施設を設置することができる。

5　第一項の認定を受けた者は、第七条第十三項、第十五項及び第十六項の規定の適用については、一般廃棄物収集運搬業者又は一般廃棄物処分業者とみなす。

6　環境大臣は、第一項の認定に係る無害化処理が同項各号のいずれかに適合しなくなつたと認めるときは、当該認定を取り消すことができる。

7　第八条第三項本文及び第四項から第六項までの規定は第一項の認定について、第八条の四の規定は同項の認定を受けた者について準用する。この場合において、第八条第三項本文中「前項」とあるのは「第九条の十第二項」と、同条第四項中「都道府県知事は、一般廃棄物処理施設（政令で定めるものに限る。）について」とあるのは「環境大臣は、」と、「第二項第一号」とあるのは「第九条の十第二項第一号」と、「書類（同項ただし書に規定する場合にあつては、第二項の申請書）」とあるのは「書類」と、同条第五項中「都道府県知事」とあるのは「環境大臣」と、「市町村の長」とあり、及び「市町村長」とあるのは「都道府県及び市町村の長」と、同条第六項中「当該都道府県知事」とあるのは「環境大臣」と読み替えるものとする。

8　前各項に規定するもののほか、第一項の認定に関し必要な事項は、政令で定める。

第五節　一般廃棄物の輸出

第十条　一般廃棄物を輸出しようとする者は、その一般廃棄物の輸出が次の各号に該当するものであることについて、環境大臣の確認を受けなければならない。

一　国内におけるその一般廃棄物の処理に関する設備及び技術に照らし、国内においては適正に処理されることが困難であると認められる一般廃棄物の輸出であること。

二　前号に規定する一般廃棄物以外の一般廃棄物にあつては、国内における一般廃棄物の適正な処理に支障を及ぼさないものとして環境省令で定める基準に適合する一般廃棄物の輸出であること。

三　その輸出に係る一般廃棄物が一般廃棄物処理基準（特別管理一般廃棄物にあつては、特別管理一般廃棄物処理基準）を下回らない方法により処理されることが確実であると認められること。

四　申請者が次のいずれかに該当する者であること。

イ　市町村

ロ　その他環境省令で定める者

2　前項の規定は、次に掲げる者には、適用しない。

一　本邦から出国する者のうち、一般廃棄物を携帯して輸出する者であつて環境省令で定めるもの

二　国その他の環境省令で定める者

第三章　産業廃棄物

第一節　産業廃棄物の処理

（事業者及び地方公共団体の処理）

第十一条　事業者は、その産業廃棄物を自ら処理しなければならない。

2　市町村は、単独に又は共同して、一般廃棄物とあわせて処理することができる産業廃棄物その他市町村が処理することが必要であると認める産業廃棄物の処理をその事務として行なうことができる。

3　都道府県は、産業廃棄物の適正な処理を確保するために都道府県が処理することが必要であると認める産業廃棄物の処理をその事務として行うことができる。

（事業者の処理）

第十二条　事業者は、自らその産業廃棄物（特別管理産業廃棄物を除く。第三項から第五項までを除き、以下この条において同じ。）の運搬又は処分を行う場合には、政令で定める産業廃棄物の収集、運搬及び処分に関する基準（当該基準において海洋を投入処分の場所とすることができる産業廃棄物を定めた場合における当該産業廃棄物にあつては、その投入の場所及び方法が海洋汚染等及び海上災害の防止に関する法律に基づき定められた場合におけるその投入の場所及び方法に関する基準を除く。以下「産業廃棄物処理基準」という。）に従わなければならない。

2　事業者は、その産業廃棄物が運搬されるまでの間、環境省令で定める技術上の基準（以下「産業廃棄物保管基準」という。）に従い、生活環境の保全上支障のないようにこれを保管しなければならない。

3　事業者（中間処理業者（発生から最終処分（埋立処分、海洋投入処分（海洋汚染等及び海上災害の防止に関する法律に基づき定められた海洋への投入の場所及び方法に関する基準に従つて行う処分をいう。）又は再生をいう。以下同じ。）が終了するまでの一連の処理の行程の中途において産業廃棄物を処分する者をいう。以下同じ。）を含む。次項及び第五項並びに次条第三項から第五項までにおいて同じ。）は、その産業廃棄物（特別管理産業廃棄物を除くものとし、中間処理産業廃棄物（発生から最終処分が終了するまでの一連の処理の行程の中途において産業廃棄物を処分した後の産業廃棄物をいう。以下同じ。）を含む。次項及び第五項において同じ。）の運搬又は処分を他人に委託する場合には、その運搬については第十四条第十二項に規定する産業廃棄物収集運搬業者その他環境省令で定める者に、その処分については同項に規定する産業廃棄物処分業者その他環境省令で定める者にそれぞれ委託しなければならない。

4　事業者は、前項の規定によりその産業廃棄物の運搬又は処分を委託する場合には、政令で定める基準に従わなければならない。

5　事業者は、前二項の規定によりその産業廃棄物の運搬又は処分を委託する場合には、当該産業廃棄物について発生から最終処分が終了するまでの一連の処理の行程における処理が適正に行われるために必要な措置を講ずるように努めなければならない。

6　その事業活動に伴つて生ずる産業廃棄物を処理するために第十五条第一項に規定する産業廃棄物処理施設が設置されている事業場を設置している事業者は、当該事業場ごとに、当該事業場に係る産業廃棄物の処理に関する業務を適切に行わせるため、産業廃棄物処理責任者を置かなければならない。ただし、自ら産業廃棄物処理責任者となる事業場については、この限りでない。

7　その事業活動に伴い多量の産業廃棄物を生ずる事業場を設置している事業者として政令で定めるもの（次項において「多量排出事業者」という。）は、環境省令で定める基準に従い、当該事業場に係る産業廃棄物の減量その他その処理に関する計画を作成し、都道府県知事に提出しなければならない。

8　多量排出事業者は、前項の計画の実施の状況について、環境省令で定めるところにより、都道府県知事に報告しなければならない。

9　都道府県知事は、第七項の計画及び前項の実施の状況について、環境省令で定めるところにより、公表するものとする。

10　環境大臣は、第七項の環境省令を定め、又はこれを変更しようとするときは、あらかじめ、関係行政機関の長に協議しなければならない。

11　第七条第十五項及び第十六項の規定は、その事業活動に伴い産業廃棄物を生ずる事業者で政令で定めるものについて準用する。この場合において、同条第十五項中「一般廃棄物の」とあるのは、「その産業廃棄物の」と読み替えるものとする。

（事業者の特別管理産業廃棄物に係る処理）

第十二条の二　事業者は、自らその特別管理産業廃棄物の運搬又は処分を行う場合には、政令で定める特別管理産業廃棄物の収集、運搬及び処分に関する基準（当該基準において海洋を投入処分の場所とすることができる特別管理産業廃棄物を定めた場合における当該特別管理産業廃棄物にあつては、その投入の場所及び方法が海洋汚染等及び海上災害の防止に関する法律に基づき定められた場合におけるその投入の場所及び方法に関する基準を除く。以下「特別管理産業廃棄物処理基準」という。）に従わなければならない。

2　事業者は、その特別管理産業廃棄物が運搬されるまでの間、環境省令で定める技術上の基準（以下「特別管理産業廃棄物保管基準」という。）に従い、生活環境の保全上支障のないようにこれを保管しなければならない。

3　事業者は、その特別管理産業廃棄物（中間処理産業廃棄物を含む。次項及び第五項において同じ。）の運搬又は処分を他人に委託する場合には、その運搬については第十四条の四第十二項に規定する特別管理産業廃棄物収集運搬業者その他環境省令で定める者に、その処分については同項に規定する特別管理産業廃棄物処分業者その他環境省令で定める者にそれぞれ委託しなければならない。

4　事業者は、前項の規定によりその特別管理産業廃棄物の運搬又は処分を委託する場合には、政令で定める基準に従わなければならない。

5　事業者は、前二項の規定によりその特別管理産業廃棄物の運搬又は処分を委託する場合には、当該特別管理産業廃棄物について発生から最終処分が終了するまでの一連の処理の行程における処理が適正に行われるために必要な措置を講ずるように努めなければならない。

6　その事業活動に伴い特別管理産業廃棄物を生ずる事業場を設置している事業者は、当該事業場ごとに、当該事業場に係る当該特別管理産業廃棄物の処理に関する業務を適切に行わせるため、特別管理産業廃棄物管理責任者を置かなければならない。ただし、自ら特別管理産業廃棄物管理責任者となる事業場については、この限りでない。

7　前項の特別管理産業廃棄物管理責任者は、環境省令で定める資格を有する者でなければならない。

8　その事業活動に伴い多量の特別管理産業廃棄物を生ずる事業場を設置している事業者として政令で定めるもの（次項において「多量排出事業者」という。）は、環境省令で定める基準に従い、当該事業場に係る特別管理産業廃棄物の減量その他その処理に関する計画を作成し、都道府県知事に提出しなければならない。

9　多量排出事業者は、前項の計画の実施の状況について、環境省令で定めるところにより、都道府県知事に報告しなければならない。

10　都道府県知事は、第八項の計画及び前項の実施の状況について、環境省令で定めるところにより、公表するものとする。

11　環境大臣は、第八項の環境省令を定め、又はこれを変更しようとするときは、あらかじめ、関係行政機関の長に協議しなければならない。

12　第七条第十五項及び第十六項の規定は、その事業活動に伴い特別管理産業廃棄物を生ずる事業者について準用する。この場合において、同条第十五項中「一般廃棄物の」とあるのは、「その特別管理産業廃棄物の」と読み替えるものとする。

（産業廃棄物管理票）

第十二条の三　その事業活動に伴い産業廃棄物を生ずる事業者（中間処理業者を含む。）は、その産業廃棄物（中間処理産業廃棄物を含む。第十二条の五第一項において同じ。）の運搬又は処分を他人に委託する場合（環境省令で定める場合を除く。）には、環境省令で定めるところにより、当該委託に係る産業廃棄物の引渡しと同時に当該産業廃棄物の運搬を受託した者（当該委託が産業廃棄物の処分のみに係るものである場合にあつては、その処分を受託した者）に対し、当該委託に係る産業廃棄物の種類及び数量、運搬又は処分を受託した者の氏名又は名称その他環境省令で定める事項を記載した産業廃棄物管理票（以下単に「管理票」という。）を交付しなければならない。

2　産業廃棄物の運搬を受託した者（以下「運搬受託者」という。）は、当該運搬を終了したときは、前項の規定により交付された管理票に環境省令で定める事項を記載し、環境省令で定める期間内に、同項の規定により管理票を交付した者（以下「管理票交付者」という。）に当該管理票の写しを送付しなければならない。この場合において、当該産業廃棄物について処分を委託された者があるときは、当該処分を委託された者に管理票を回付しなければならない。

3　産業廃棄物の処分を受託した者（以下「処分受託者」という。）は、当該処分を終了したときは、第一項の規定により交付された管理票又は前項後段の規定により回付された管理票に環境省令で定める事項（当該処分が最終処分である場合にあつては、当該環境省令で定める事項及び最終処分が終了した旨）を記載し、環境省令で定める期間内に、当該処分を委託した管理票交付者に当該管理票の写しを送付しなければならない。この場合において、当該管理票が同項後段の規定により回付されたものであるときは、当該回付をした者にも当該管理票の写しを送付しなければならない。

4　処分受託者は、前項前段、この項又は第十二条の五第五項の規定により当該処分に係る中間処理産業廃棄物について最終処分が終了した旨が記載された管理票の写しの送付を受けたときは、環境省令で定めるところにより、第一項の規定により交付された管理票又は第二項後段の規定により回付された管理票に最終処分が終了した旨を記載し、環境省令で定める期間内に、当該処分を委託した管理票交付者に当該管理票の写しを送付しなければならない。

5　管理票交付者は、前三項又は第十二条の五第五項の規定による管理票の写しの送付を受けたときは、当該運搬又は処分が終了したことを当該管理票の写しにより確認し、かつ、当該管理票の写しを当該送付を受けた日から環境省令で定める期間保存しなければならない。

6　管理票交付者は、環境省令で定めるところにより、当該管理票に関する報告書を作成し、これを都道府県知事に提出しなければならない。

7　管理票交付者は、環境省令で定める期間内に、第二項から第四項まで又は第十二条の五第五項の規定による管理票の写しの送付を受けないとき、又はこれらの規定に規定する事項が記載されていない管理票の写し若しくは虚偽の記載のある管理票の写しの送付を受けたときは、速やかに当該委託に係る産業廃棄物の運搬又は処分の状況を把握するとともに、環境省令で定めるところにより、適切な措置を講じなければならない。

8　運搬受託者は、第二項前段の規定により管理票の写しを送付したとき（同項後段の規定により管理票を回付したときを除く。）は当該管理票を当該送付の日から、第三項後段の規定による管理票の写しの送付を受けたときは当該管理票の写しを当該送付を受けた日から、それぞれ環境省令で定める期間保存しなければならない。

9　処分受託者は、第三項前段、第四項又は第十二条の五第五項の規定により管理票の写しを送付したときは、当該管理票を当該送付の日から環境省令で定める期間保存しなければならない。

10　前各項に定めるもののほか、管理票に関し必要な事項は、環境省令で定める。

（虚偽の管理票の交付等の禁止）

第十二条の四　第十四条第十二項に規定する産業廃棄物収集運搬業者若しくは第十四条の四第十二項に規定する特別管理産業廃棄物収集運搬業者又は第十四条第十二項に規定する産業廃棄物処分業者若しくは第十四条の四第十二項に規定する特別管理産業廃棄物処分業者は、産業廃棄物の運搬又は処分を受託していないにもかかわらず、前条第二項に規定する事項又は同条第三項若しくは第四項に規定する事項について虚偽の記載をして管理票を交付してはならない。

2　運搬受託者又は処分受託者は、受託した産業廃棄物の運搬又は処分を終了していないにもかかわらず、前条第二項若しくは第三項の送付又は次条第二項の報告をしてはならない。

3　処分受託者は、前条第三項前段若しくは第四項若しくは次条第五項の規定による当該処分に係る中間処理産業廃棄物について最終処分が終了した旨が記載された管理票の写しの送付又は同条第四項の規定による当該処分に係る中間処理産業廃棄物について最終処分が終了した旨の通知を受けていないにもかかわらず、前条第四項の送付若しくは次条第三項の報告又は同条第五項の送付をしてはならない。

（電子情報処理組織の使用）

第十二条の五　第十二条の三第一項に規定する事業者（その使用に係る入出力装置が第十三条の二第一項に規定する情報処理センター（以下この条において単に「情報処理センター」という。）の使用に係る電子計算機と電気通信回線で接続されている者に限る。以下この条において「電子情報処理組織使用事業者」という。）は、その産業廃棄物の運搬又は処分を他人に委託する場合（第十二条の三第一項に規定する環境省令で定める場合を除く。）において、運搬受託者及び処分受託者（その使用に係る入出力装置が情報処理センターの使用に係る電子計算機と電気通信回線で接続されている者に限る。以下この条において同じ。）から電子情報処理組織を使用し、情報処理センターを経由して当該産業廃棄物の運搬又は処分が終了した旨を報告することを求め、かつ、環境省令で定めるところにより、当該委託に係る産業廃棄物を引き渡した後環境省令で定める期間内に、電子情報処理組織を使用して、当該委託に係る産業廃棄物の種類及び数量、運搬又は処分を受託した者の氏名又は名称その他環境省令で定める事項を情報処理センターに登録したときは、第十二条の三第一項の規定にかかわらず、管理票を交付することを要しない。

2　運搬受託者又は処分受託者は、前項の規定により電子情報処理組織使用事業者から報告することを求められた場合において、当該報告に係る産業廃棄物の運搬又は処分を終了したときは、第十二条の三第二項及び第三項の規定にかかわらず、環境省令で定めるところにより、電子情報処理組織を使用して、環境省令で定める期間内に、情報処理センターにその旨（当該報告に係る産業廃棄物の処分が最終処分である場合にあつては、最終処分が終了した旨）を報告しなければならない。

3　処分受託者は、第五項又は第十二条の三第三項若しくは第四項の規定により当該処分に係る中間処理産業廃棄物について最終処分が終了した旨が記載された管理票の写しの送付を受けたときは、同項の規定にかかわらず、環境省令で定めるところにより、電子情報処理組織を使用して、環境省令で定める期間内に、情報処理センターに当該最終処分が終了した旨を報告しなければならない。

4　情報処理センターは、前二項の規定による報告を受けたときは、電子情報処理組織を使用して、遅滞なく、当該報告に係る産業廃棄物の運搬又は処分を委託した電子情報処理組織使用事業者に、運搬受託者又は処分受託者が当該運搬又は処分を終了した旨（当該報告に係る産業廃棄物の処分が最終処分である場合にあつては、最終処分が終了した旨）を通知するものとする。

5　処分受託者は、前項の規定により当該処分に係る中間処理産業廃棄物について最終処分が終了した旨の通知を受けた場合において、当該処分を委託した者が電子情報処理組織使用事業者でないときは、第十二条の三第一項の規定により交付された管理票又は同条第二項後段の規定により回付された管理票に当該最終処分が終了した旨を記載し、環境省令で定める期間内に、当該処分を委託した管理票交付者に当該管理票の写しを送付しなければならない。

6　電子情報処理組織使用事業者は、第四項の規定による通知を受けたときは、当該運搬又は処分が終了したことを当該通知により確認しなければならない。

7　情報処理センターは、第一項の規定による登録及び第二項又は第三項の規定による報告に係る情報をその使用に係る電子計算機に備えられたファイルに記録し、これを当該報告を受けた日から環境省令で定める期間保存しなければならない。

8　情報処理センターは、環境省令で定めるところにより、第一項の規定による登録及び第二項又は第三項の規定による報告に関する事項を都道府県知事に報告しなければならない。

9　情報処理センターは、第一項の規定による登録について環境省令で定める期間内に第二項又は第三項の規定による報告を受けないときは、遅滞なく、その旨を当該登録をした電子情報処理組織使用事業者に通知しなければならない。

10　電子情報処理組織使用事業者は、前項の規定による通知を受けたとき、又は第四項の規定により通知を受けた第二項若しくは第三項の規定による報告が虚偽の内容を含むときは、速やかに当該通知に係る産業廃棄物の運搬又は処分の状況を把握するとともに、環境省令で定めるところにより、適切な措置を講じなければならない。

11　前各項に定めるもののほか、電子情報処理組織に関し必要な事項は、環境省令で定める。

（勧告及び命令）

第十二条の六　都道府県知事は、第十二条の三第一項に規定する事業者、運搬受託者又は処分受託者（以下この条において「事業者等」という。）が第十二条の三第一項から第九項まで、第十二条の四第二項及び第三項又は前条第一項から第三項まで、第五項、第六項及び第十項の規定を遵守していないと認めるときは、これらの者に対し、産業廃棄物の適正な処理に関し必要な措置を講ずべき旨の勧告をすることができる。

2　都道府県知事は、前項に規定する勧告を受けた事業者等がその勧告に従わなかつたときは、その旨を公表することができる。

3　都道府県知事は、第一項に規定する勧告を受けた事業者等が、前項の規定によりその勧告に従わなかつた旨を公表された後において、なお、正当な理由がなくてその勧告に係る措置をとらなかつたときは、当該事業者等に対し、その勧告に係る措置をとるべきことを命ずることができる。

（地方公共団体の処理）

第十三条　第十一条第二項又は第三項の規定により市町村又は都道府県がその事務として行う産業廃棄物の収集、運搬及び処分に関する基準は、産業廃棄物処理基準（特別管理産業廃棄物にあつては、特別管理産業廃棄物処理基準）とする。

2　都道府県又は市町村は、産業廃棄物の処理施設の設置その他当該都道府県又は市町村が行なう産業廃棄物の収集、運搬及び処分に要する費用を、条例で定めるところにより、徴収するものとする。

第二節　情報処理センター及び産業廃棄物適正処理推進センター

第一款　情報処理センター

（指定）

第十三条の二　環境大臣は、一般社団法人又は一般財団法人であつて、次条に規定する業務を適正かつ確実に行うことができると認められるものを、その申請により、全国を通じて一個に限り、情報処理センターとして指定することができる。

2　環境大臣は、前項の規定による指定をしたときは、当該情報処理センターの名称、住所及び事務所の所在地を公示しなければならない。

3　情報処理センターは、その名称、住所又は事務所の所在地を変更しようとするときは、あらかじめ、その旨を環境大臣に届け出なければならない。

4　環境大臣は、前項の規定による届出があつたときは、当該届出に係る事項を公示しなければならない。

（業務）

第十三条の三　情報処理センターは、次に掲げる業務を行うものとする。

一　第十二条の五第一項の規定による登録、同条第二項及び第三項の規定による報告並びに同条第四項及び第九項の規定による通知に係る事務（次号において「登録報告事務」という。）を電子情報処理組織により処理するために必要な電子計算機その他の機器を使用し、及び管理すること。

二　登録報告事務を電子情報処理組織により処理するために必要なプログラム、データ、ファイル等を作成し、及び保管すること。

三　第十二条の五第七項の規定による記録及び保存並びに同条第八項の規定による報告を行うこと。

四　前三号に掲げる業務に附帯する業務を行うこと。

（業務規程）

第十三条の四　情報処理センターは、前条各号に掲げる業務（以下「情報処理業務」という。）を行うときは、その開始前に、情報処理業務の実施方法、利用料金に関する事項その他の環境省令で定める事項について情報処理業務に関する規程（以下「業務規程」という。）を定め、環境大臣の認可を受けなければならない。これを変更しようとするときも、同様とする。

2　環境大臣は、前項の認可をした業務規程が情報処理業務の適正かつ確実な実施上不適当となつたと認めるときは、その業務規程を変更すべきことを命ずることができる。

（事業計画等）

第十三条の五　情報処理センターは、毎事業年度、環境省令で定めるところにより、情報処理業務に関し事業計画書及び収支予算書を作成し、環境大臣の認可を受けなければならない。これを変更しようとするときも、同様とする。

2　情報処理センターは、環境省令で定めるところにより、毎事業年度終了後、情報処理業務に関し事業報告書及び収支決算書を作成し、環境大臣に提出しなければならない。

（業務の休廃止）

第十三条の六　情報処理センターは、環境大臣の許可を受けなければ、情報処理業務の全部又は一部を休止し、又は廃止してはならない。

（秘密保持義務）

第十三条の七　情報処理センターの役員若しくは職員又はこれらの職にあつた者は、情報処理業務に関して知り得た秘密を漏らしてはならない。

（帳簿）

第十三条の八　情報処理センターは、環境省令で定めるところにより、帳簿を備え、情報処理業務に関し環境省令で定める事項を記載し、これを保存しなければならない。

（報告及び立入検査）

第十三条の九　環境大臣は、情報処理業務の適正な運営を確保するために必要な限度において、情報処理センターに対し、情報処理業務若しくは資産の状況に関し必要な報告をさせ、又はその職員に、情報処理センターの事務所に立ち入り、情報処理業務の状況若しくは帳簿、書類その他の物件を検査させることができる。

2　前項の規定により立入検査をする職員は、その身分を示す証明書を携帯し、関係者に提示しなければならない。

3　第一項の規定による立入検査の権限は、犯罪捜査のために認められたものと解釈してはならない。

（監督命令）

第十三条の十　環境大臣は、この款の規定を施行するために必要な限度において、情報処理センターに対し、情報処理業務に関し監督上必要な命令をすることができる。

（指定の取消し等）

第十三条の十一　環境大臣は、情報処理センターが次の各号のいずれかに該当するときは、第十三条の二第一項の規定による指定（以下この条において単に「指定」という。）を取り消すことができる。

一　情報処理業務を適正かつ確実に実施することができないと認められるとき。

二　指定に関し不正の行為があつたとき。

三　この款の規定若しくは当該規定に基づく命令若しくは処分に違反したとき、又は第十三条の四第一項の認可を受けた業務規程によらないで情報処理業務を行つたとき。

2　環境大臣は、前項の規定により指定を取り消したときは、その旨を公示しなければならない。

第二款　産業廃棄物適正処理推進センター

（指定）

第十三条の十二　環境大臣は、事業者による産業廃棄物の適正な処理の確保を図るための自主的な活動を推進することを目的とする一般社団法人又は一般財団法人であつて、次条に規定する業務を適正かつ確実に行うことができると認められるものを、その申請により、全国を通じて一個に限り、産業廃棄物適正処理推進センター（以下「適正処理推進センター」という。）として指定することができる。

（業務）

第十三条の十三　適正処理推進センターは、次に掲げる業務を行うものとする。

一　事業者に対し、産業廃棄物の処理の方法及び体制の点検又は改善のために必要な助言又は指導を行うこと。

二　産業廃棄物収集運搬業者、産業廃棄物処分業者等に関する情報を収集し、事業者に対し提供すること。

三　産業廃棄物の適正な処理に関し、事業者及びその従業員に対して研修を行うこと。

四　産業廃棄物の適正な処理の確保に資する啓発活動及び広報活動を行うこと。

五　産業廃棄物が不適正に処分された場合において、第十九条の八第一項の規定による支障の除去等の措置を行う都道府県等に対し、当該産業廃棄物の撤去等の実施、資金の出えんその他の協力を行うこと。

六　前各号に掲げる業務に附帯する業務を行うこと。

（産業廃棄物処理業の許可等の特例）

第十三条の十四　適正処理推進センター又はその委託を受けた者は、第十九条の九の規定による協力の求めに応じ、産業廃棄物の撤去等を行うときは、第十四条第一項若しくは第六項又は第十四条の四第一項若しくは第六項の規定にかかわらず、これらの規定による許可を受けないで、当該撤去等に必要な行為を業として実施することができる。

2　適正処理推進センターは、前項に規定する行為を他人に委託する場合には、政令で定める基準に従わなければならない。

（基金）

第十三条の十五　適正処理推進センターは、第十三条の十三各号に掲げる業務に関する基金を設け、これらの業務に要する費用に充てることを条件として事業者等から出えんされた金額の合計額をもつてこれに充てるものとする。

2　環境大臣は、前項に規定する基金への出えんについて、事業者等に対し、必要な協力を求めるよう努めるものとする。

（準用）

第十三条の十六　第十三条の二第二項から第四項まで、第十三条の五、第十三条の十及び第十三条の十一の規定は、適正処理推進センターについて準用する。この場合において、第十三条の五、第十三条の十及び第十三条の十一第一項第一号中「情報処理業務」とあるのは「第十三条の十三各号に掲げる業務」と、同項第三号中「若しくは当該」とあるのは「又は当該」と、「違反したとき、又は第十三条の四第一項の認可を受けた業務規程によらないで情報処理業務を行つたとき」とあるのは「違反したとき」と読み替えるものとする。

第三節　産業廃棄物処理業

（産業廃棄物処理業）

第十四条　産業廃棄物（特別管理産業廃棄物を除く。以下この条から第十四条の三の三まで、第十五条の四の二、第十五条の四の三第三項及び第十五条の四の四第三項において同じ。）の収集又は運搬を業として行おうとする者は、当該業を行おうとする区域（運搬のみを業として行う場合にあつては、産業廃棄物の積卸しを行う区域に限る。）を管轄する都道府県知事の許可を受けなければならない。ただし、事業者（自らその産業廃棄物を運搬する場合に限る。）、専ら再生利用の目的となる産業廃棄物のみの収集又は運搬を業として行う者その他環境省令で定める者については、この限りでない。

2　前項の許可は、五年を下らない政令で定める期間ごとにその更新を受けなければ、その期間の経過によつて、その効力を失う。

3　前項の更新の申請があつた場合において、同項の期間（以下この項及び次項において「許可の有効期間」という。）の満了の日までにその申請に対する処分がされないときは、従前の許可は、許可の有効期間の満了後もその処分がされるまでの間は、なおその効力を有する。

4　前項の場合において、許可の更新がされたときは、その許可の有効期間は、従前の許可の有効期間の満了の日の翌日から起算するものとする。

5　都道府県知事は、第一項の許可の申請が次の各号に適合していると認めるときでなければ、同項の許可をしてはならない。

一　その事業の用に供する施設及び申請者の能力がその事業を的確に、かつ、継続して行うに足りるものとして環境省令で定める基準に適合するものであること。

二　申請者が次のいずれにも該当しないこと。

イ　第七条第五項第四号イからトまでのいずれかに該当する者

ロ　暴力団員による不当な行為の防止等に関する法律第二条第六号に規定する暴力団員（以下この号において「暴力団員」という。）又は暴力団員でなくなつた日から五年を経過しない者（以下この号において「暴力団員等」という。）

ハ　営業に関し成年者と同一の行為能力を有しない未成年者でその法定代理人がイ又はロのいずれかに該当するもの

ニ　法人でその役員又は政令で定める使用人のうちにイ又はロのいずれかに該当する者のあるもの

ホ　個人で政令で定める使用人のうちにイ又はロのいずれかに該当する者のあるもの

ヘ　暴力団員等がその事業活動を支配する者

6　産業廃棄物の処分を業として行おうとする者は、当該業を行おうとする区域を管轄する都道府県知事の許可を受けなければならない。ただし、事業者（自らその産業廃棄物を処分する場合に限る。）、専ら再生利用の目的となる産業廃棄物のみの処分を業として行う者その他環境省令で定める者については、この限りでない。

7　前項の許可は、五年を下らない政令で定める期間ごとにその更新を受けなければ、その期間の経過によつて、その効力を失う。

8　前項の更新の申請があつた場合において、同項の期間（以下この項及び次項において「許可の有効期間」という。）の満了の日までにその申請に対する処分がされないときは、従前の許可は、許可の有効期間の満了後もその処分がされるまでの間は、なおその効力を有する。

9　前項の場合において、許可の更新がされたときは、その許可の有効期間は、従前の許可の有効期間の満了の日の翌日から起算するものとする。

10　都道府県知事は、第六項の許可の申請が次の各号に適合していると認めるときでなければ、同項の許可をしてはならない。

一　その事業の用に供する施設及び申請者の能力がその事業を的確に、かつ、継続して行うに足りるものとして環境省令で定める基準に適合するものであること。

二　申請者が第五項第二号イからへまでのいずれにも該当しないこと。

11　第一項又は第六項の許可には、生活環境の保全上必要な条件を付することができる。

12　第一項の許可を受けた者（以下「産業廃棄物収集運搬業者」という。）又は第六項の許可を受けた者（以下「産業廃棄物処分業者」という。）は、産業廃棄物処理基準に従い、産業廃棄物の収集若しくは運搬又は処分を行わなければならない。

13　産業廃棄物収集運搬業者その他環境省令で定める者以外の者は、産業廃棄物の収集又は運搬を、産業廃棄物処分業者その他環境省令で定める者以外の者は、産業廃棄物の処分を、それぞれ受託してはならない。

14　産業廃棄物収集運搬業者は、産業廃棄物の収集若しくは運搬又は処分を、産業廃棄物処分業者は、産業廃棄物の処分を、それぞれ他人に委託してはならない。ただし、事業者から委託を受けた産業廃棄物の収集若しくは運搬又は処分を政令で定める基準に従つて委託する場合その他環境省令で定める場合は、この限りでない。

15　第七条第十五項及び第十六項の規定は、産業廃棄物収集運搬業者及び産業廃棄物処分業者について準用する。この場合において、同条第十五項中「一般廃棄物の」とあるのは、「産業廃棄物の」と読み替えるものとする。

（変更の許可等）

第十四条の二　産業廃棄物収集運搬業者又は産業廃棄物処分業者は、その産業廃棄物の収集若しくは運搬又は処分の事業の範囲を変更しようとするときは、都道府県知事の許可を受けなければならない。ただし、その変更が事業の一部の廃止であるときは、この限りでない。

2　前条第五項及び第十一項の規定は、収集又は運搬の事業の範囲の変更に係る前項の許可について、同条第十項及び第十一項の規定は、処分の事業の範囲の変更に係る前項の許可について準用する。

3　第七条の二第三項及び第四項の規定は、産業廃棄物収集運搬業者及び産業廃棄物処分業者について準用する。この場合において、同条第三項中「一般廃棄物の」とあるのは「産業廃棄物の」と、「市町村長」とあるのは「都道府県知事」と、同条第四項中「前条第五項第四号イからへまで又はチからヌまで（同号チからヌまでに掲げる者にあつては、同号ト」とあるのは「第十四条第五項第二号イ（前条第五項第四号トに係るものを除く。）又は第十四条第五項第二号ハからホまで（前条第五項第四号ト又は第十四条第五項第二号ロ」と、「市町村長」とあるのは「都道府県知事」と読み替えるものとする。

（事業の停止）

第十四条の三　都道府県知事は、産業廃棄物収集運搬業者又は産業廃棄物処分業者が次の各号のいずれかに該当するときは、期間を定めてその事業の全部又は一部の停止を命ずることができる。

一　違反行為をしたとき、又は他人に対して違反行為をすることを要求し、依頼し、若しくは唆し、若しくは他人が違反行為をすることを助けたとき。

二　その者の事業の用に供する施設又はその者の能力が第十四条第五項第一号又は第十項第一号に規定する基準に適合しなくなつたとき。

三　第十四条第十一項の規定により当該許可に付した条件に違反したとき。

（許可の取消し）

第十四条の三の二　都道府県知事は、産業廃棄物収集運搬業者又は産業廃棄物処分業者が次の各号のいずれかに該当するときは、その許可を取り消さなければならない。

一　第十四条第五項第二号イからへまでのいずれかに該当するに至つたとき。

二　前条第一号に該当し情状が特に重いとき、又は同条の規定による処分に違反したとき。

三　不正の手段により第十四条第一項若しくは第六項の許可（同条第二項又は第七項の許可の更新を含む。）又は第十四条の二第一項の変更の許可を受けたとき。

2　都道府県知事は、産業廃棄物収集運搬業者又は産業廃棄物処分業者が前条第二号又は第三号のいずれかに該当するときは、その許可を取り消すことができる。

（名義貸しの禁止）

第十四条の三の三　産業廃棄物収集運搬業者及び産業廃棄物処分業者は、自己の名義をもつて、他人に産業廃棄物の収集若しくは運搬又は処分を業として行わせてはならない。

第四節　特別管理産業廃棄物処理業

（特別管理産業廃棄物処理業）

第十四条の四　特別管理産業廃棄物の収集又は運搬を業として行おうとする者は、当該業を行おうとする区域（運搬のみを業として行う場合にあつては、特別管理産業廃棄物の積卸しを行う区域に限る。）を管轄する都道府県知事の許可を受けなければならない。ただし、事業者（自らその特別管理産業廃棄物を運搬する場合に限る。）その他環境省令で定める者については、この限りでない。

2　前項の許可は、五年を下らない政令で定める期間ごとにその更新を受けなければ、その期間の経過によつて、その効力を失う。

3　前項の更新の申請があつた場合において、同項の期間（以下この項及び次項において「許可の有効期間」という。）の満了の日までにその申請に対する処分がされないときは、従前の許可は、許可の有効期間の満了後もその処分がされるまでの間は、なおその効力を有する。

4　前項の場合において、許可の更新がされたときは、その許可の有効期間は、従前の許可の有効期間の満了の日の翌日から起算するものとする。

5　都道府県知事は、第一項の許可の申請が次の各号に適合していると認めるときでなければ、同項の許可をしてはならない。

一　その事業の用に供する施設及び申請者の能力がその事業を的確に、かつ、継続して行うに足りるものとして環境省令で定める基準に適合するものであること。

二　申請者が第十四条第五項第二号イからへまでのいずれにも該当しないこと。

6　特別管理産業廃棄物の処分を業として行おうとする者は、当該業を行おうとする区域を管轄する都道府県知事の許可を受けなければならない。ただし、事業者（自らその特別管理産業廃棄物を処分する場合に限る。）その他環境省令で定める者については、この限りでない。

7　前項の許可は、五年を下らない政令で定める期間ごとにその更新を受けなければ、その期間の経過によつて、その効力を失う。

8　前項の更新の申請があつた場合において、同項の期間（以下この項及び次項において「許可の有効期間」という。）の満了の日までにその申請に対する処分がされないときは、従前の許可は、許可の有効期間の満了後もその処分がされるまでの間は、なおその効力を有する。

9　前項の場合において、許可の更新がされたときは、その許可の有効期間は、従前の許可の有効期間の満了の日の翌日から起算するものとする。

10　都道府県知事は、第六項の許可の申請が次の各号に適合していると認めるときでなければ、同項の許可をしてはならない。

一　その事業の用に供する施設及び申請者の能力がその事業を的確に、かつ、継続して行うに足りるものとして環境省令で定める基準に適合するものであること。

二　申請者が第十四条第五項第二号イからへまでのいずれにも該当しないこと。

11　第一項又は第六項の許可には、生活環境の保全上必要な条件を付することができる。

12　第一項の許可を受けた者（以下「特別管理産業廃棄物収集運搬業者」という。）又は第六項の許可を受けた者（以下「特別管理産業廃棄物処分業者」という。）は、特別管理産業廃棄物処理基準に従い、特別管理産業廃棄物の収集若しくは運搬又は処分を行わなければならない。

13　特別管理産業廃棄物収集運搬業者その他環境省令で定める者以外の者は、特別管理産業廃棄物の収集又は運搬を、特別管理産業廃棄物処分業者その他環境省令で定める者以外の者は、特別管理産業廃棄物の処分を、それぞれ受託してはならない。

14　特別管理産業廃棄物収集運搬業者は、特別管理産業廃棄物の収集若しくは運搬又は処分を、特別管理産業廃棄物処分業者は、特別管理産業廃棄物の処分を、それぞれ他人に委託してはならない。ただし、事業者から委託を受けた特別管理産業廃棄物の収集若しくは運搬又は処分を政令で定める基準に従つて委託する場合その他環境省令で定める場合は、この限りでない。

15　特別管理産業廃棄物収集運搬業者、特別管理産業廃棄物処分業者その他環境省令で定める者は、第七条第一項又は第六項の規定にかかわらず、環境省令で定めるところにより、特別管理一般廃棄物の収集若しくは運搬又は処分の業を行うことができる。この場合において、これらの者は、特別管理一般廃棄物処理基準に従い、特別管理一般廃棄物の収集若しくは運搬又は処分を行わなければならない。

16　第七条第十五項及び第十六項の規定は、特別管理産業廃棄物収集運搬業者及び特別管理産業廃棄物処分業者について準用する。この場合において、同条第十五項中「一般廃棄物の」とあるのは、「特別管理産業廃棄物（第十四条の四第十五項の規定により特別管理一般廃棄物の収集若しくは運搬又は処分の業を行う場合にあつては、特別管理一般廃棄物を含む。）の」と読み替えるものとする。

（変更の許可等）

第十四条の五　特別管理産業廃棄物収集運搬業者又は特別管理産業廃棄物処分業者は、その特別管理産業廃棄物の収集若しくは運搬又は処分の事業の範囲を変更しようとするときは、都道府県知事の許可を受けなければならない。ただし、その変更が事業の一部の廃止であるときは、この限りでない。

2　前条第五項及び第十一項の規定は、収集又は運搬の事業の範囲の変更に係る前項の許可について、同条第十項及び第十一項の規定は、処分の事業の範囲の変更に係る前項の許可について準用する。

3　第七条の二第三項及び第四項の規定は、特別管理産業廃棄物収集運搬業者及び特別管理産業廃棄物処分業者について準用する。この場合において、同条第三項中「一般廃棄物の」とあるのは「特別管理産業廃棄物の」と、「市町村長」とあるのは「都道府県知事」と、同条第四項中「前条第五項第四号イからへまで又はチからヌまで（同号チからヌまでに掲げる者にあつては、同号ト」とあるのは「第十四条第五項第二号イ（前条第五項第四号トに係るものを除く。）又は第十四条第五項第二号ハからホまで（前条第五項第四号ト又は第十四条第五項第二号ロ」と、「市町村長」とあるのは「都道府県知事」と読み替えるものとする。

（準用）

第十四条の六　第十四条の三及び第十四条の三の二の規定は、特別管理産業廃棄物収集運搬業者及び特別管理産業廃棄物処分業者について準用する。この場合において、第十四条の三第二号中「第十四条第五項第一号又は第十項第一号」とあるのは「第十四条の四第五項第一号又は第十項第一号」と、同条第三号中「第十四条第十一項」とあるのは「第十四条の四第十一項」と、第十四条の三の二第一項第二号中「前条第一号」とあるのは「第十四条の六において準用する前条第一号」と、同項第三号中「第十四条第一項若しくは第六項」とあるのは「第十四条の四第一項若しくは第六項」と、「第十四条の二第一項」とあるのは「第十四条の五第一項」と、同条第二項中「前条第二号又は第三号」とあるのは「第十四条の六において読み替えて準用する前条第二号又は第三号」と読み替えるものとする。

（名義貸しの禁止）

第十四条の七　特別管理産業廃棄物収集運搬業者及び特別管理産業廃棄物処分業者は、自己の名義をもつて、他人に特別管理産業廃棄物の収集若しくは運搬又は処分を業として行わせてはならない。

第五節　産業廃棄物処理施設

（産業廃棄物処理施設）

第十五条　産業廃棄物処理施設（廃プラスチック類処理施設、産業廃棄物の最終処分場その他の産業廃棄物の処理施設で政令で定めるものをいう。以下同じ。）を設置しようとする者は、当該産業廃棄物処理施設を設置しようとする地を管轄する都道府県知事の許可を受けなければならない。

2　前項の許可を受けようとする者は、環境省令で定めるところにより、次に掲げる事項を記載した申請書を提出しなければならない。

一　氏名又は名称及び住所並びに法人にあつては、その代表者の氏名

二　産業廃棄物処理施設の設置の場所

三　産業廃棄物処理施設の種類

四　産業廃棄物処理施設において処理する産業廃棄物の種類

五　産業廃棄物処理施設の処理能力（産業廃棄物の最終処分場である場合にあつては、産業廃棄物の埋立処分の用に供される場所の面積及び埋立容量）

六　産業廃棄物処理施設の位置、構造等の設置に関する計画

七　産業廃棄物処理施設の維持管理に関する計画

八　産業廃棄物の最終処分場である場合にあつては、災害防止のための計画

九　その他環境省令で定める事項

3　前項の申請書には、環境省令で定めるところにより、当該産業廃棄物処理施設を設置することが周辺地域の生活環境に及ぼす影響についての調査の結果を記載した書類を添付しなければならない。ただし、当該申請書に記載した同項第二号から第七号までに掲げる事項が、過去になされた第一項の許可に係る当該事項と同一である場合その他の環境省令で定める場合は、この限りでない。

4　都道府県知事は、産業廃棄物処理施設（政令で定めるものに限る。）について第一項の許可の申請があつた場合には、遅滞なく、第二項第一号から第四号までに掲げる事項、申請年月日及び縦覧場所を告示するとともに、同項の申請書及び前項の書類（同項ただし書に規定する場合にあつては、第二項の申請書）を当該告示の日から一月間公衆の縦覧に供しなければならない。

5　都道府県知事は、前項の規定による告示をしたときは、遅滞なく、その旨を当該産業廃棄物処理施設の設置に関し生活環境の保全上関係がある市町村の長に通知し、期間を指定して当該市町村長の生活環境の保全上の見地からの意見を聴かなければならない。

6　第四項の規定による告示があつたときは、当該産業廃棄物処理施設の設置に関し利害関係を有する者は、同項の縦覧期間満了の日の翌日から起算して二週間を経過する日までに、当該都道府県知事に生活環境の保全上の見地からの意見書を提出することができる。

（許可の基準等）

第十五条の二　都道府県知事は、前条第一項の許可の申請が次の各号のいずれにも適合していると認めるときでなければ、同項の許可をしてはならない。

一　その産業廃棄物処理施設の設置に関する計画が環境省令で定める技術上の基準に適合していること。

二　その産業廃棄物処理施設の設置に関する計画及び維持管理に関する計画が当該産業廃棄物処理施設に係る周辺地域の生活環境の保全及び環境省令で定める周辺の施設について適正な配慮がなされたものであること。

三　申請者の能力がその産業廃棄物処理施設の設置に関する計画及び維持管理に関する計画に従つて当該産業廃棄物処理施設の設置及び維持管理を的確に、かつ、継続して行うに足りるものとして環境省令で定める基準に適合するものであること。

四　申請者が第十四条第五項第二号イからへまでのいずれにも該当しないこと。

2　都道府県知事は、前条第一項の許可の申請に係る産業廃棄物処理施設の設置によつて、ごみ処理施設又は産業廃棄物処理施設の過度の集中により大気環境基準の確保が困難となると認めるときは、同項の許可をしないことができる。

3　都道府県知事は、前条第一項の許可（同条第四項に規定する産業廃棄物処理施設に係るものに限る。）をする場合においては、あらかじめ、第一項第二号に掲げる事項について、生活環境の保全に関し環境省令で定める事項について専門的知識を有する者の意見を聴かなければならない。

4　前条第一項の許可には、生活環境の保全上必要な条件を付することができる。

5　前条第一項の許可を受けた者（以下「産業廃棄物処理施設の設置者」という。）は、当該許可に係る産業廃棄物処理施設について、都道府県知事の検査を受け、当該産業廃棄物処理施設が当該許可に係る前条第二項の申請書に記載した設置に関する計画に適合していると認められた後でなければ、これを使用してはならない。

（産業廃棄物処理施設の維持管理）

第十五条の二の二　産業廃棄物処理施設の設置者は、環境省令で定める技術上の基準及び当該産業廃棄物処理施設の許可に係る第十五条第二項の申請書に記載した維持管理に関する計画（当該計画について第十五条の二の五第一項の許可を受けたときは、変更後のもの）に従い、当該産業廃棄物処理施設の維持管理をしなけ

ればならない。

（準用）

第十五条の二の三　第八条の四の規定は産業廃棄物処理施設の設置者（第十五条第四項に規定する産業廃棄物処理施設について同条第一項の許可を受けたものに限る。）について、第八条の五の規定は産業廃棄物処理施設である産業廃棄物の最終処分場であつて環境省令で定めるものについて同項の許可を受けた者について準用する。この場合において、第八条の四中「当該許可に係る一般廃棄物処理施設」とあるのは「当該産業廃棄物処理施設」と、第八条の五第一項中「特定一般廃棄物最終処分場」とあるのは「特定産業廃棄物最終処分場」と、「一般廃棄物処理施設である一般廃棄物の最終処分場」とあるのは「産業廃棄物処理施設である産業廃棄物の最終処分場」と、「第八条第一項」とあるのは「第十五条第一項」と、同条第四項及び第六項中「特定一般廃棄物最終処分場」とあるのは「特定産業廃棄物最終処分場」と、同条第七項中「第九条の五第三項、第九条の六第一項又は第九条の七第一項」とあるのは「第十五条の四において準用する第九条の五第三項、第九条の六第一項又は第九条の七第一項」と、「第八条第一項」とあるのは「第十五条第一項」と読み替えるものとする。

（産業廃棄物処理施設の設置者に係る一般廃棄物処理施設の設置についての特例）

第十五条の二の四　産業廃棄物処理施設の設置者は、当該産業廃棄物処理施設において処理する産業廃棄物と同様の性状を有する一般廃棄物として環境省令で定めるものをその処理施設において処理する場合において、あらかじめ、環境省令で定めるところにより、その処理施設において処理する一般廃棄物の種類その他環境省令で定める事項を都道府県知事に届け出たときは、第八条第一項の規定にかかわらず、同項の許可を受けないで、その処理施設を当該一般廃棄物を処理する一般廃棄物処理施設として設置することができる。

（変更の許可等）

第十五条の二の五　産業廃棄物処理施設の設置者は、当該許可に係る第十五条第二項第四号から第七号までに掲げる事項の変更をしようとするときは、環境省令で定めるところにより、都道府県知事の許可を受けなければならない。ただし、その変更が環境省令で定める軽微な変更であるときは、この限りでない。

2　第十五条第三項から第六項まで及び第十五条の二第一項から第四項までの規定は、前項の許可について、同条第五項の規定は、前項の許可を受けた者について準用する。

3　第九条第三項から第六項までの規定は、産業廃棄物処理施設の設置者について準用する。この場合において、同条第三項中「第一項ただし書」とあるのは「第十五条の二の五第一項ただし書」と、「同条第二項第一号」とあるのは「第十五条第二項第一号」と、「当該許可に係る一般廃棄物処理施設」とあるのは「当該産業廃棄物処理施設」と、「一般廃棄物の」とあるのは「産業廃棄物の」と、「一般廃棄物処理施設を」とあるのは「産業廃棄物処理施設を」と、同条第四項及び第五項中「当該許可に係る一般廃棄物処理施設」とあるのは「当該産業廃棄物処理施設」と、「一般廃棄物の」とあるのは「産業廃棄物の」と、同条第六項中「第七条第五項第四号イからへまで又はチからヌまで（同号チからヌまでに掲げる者にあつては、同号ト）」とあるのは「第十四条第五項第二号イ（第七条第五項第四号トに係るものを除く。）又は第十四条第五項第二号ハからホまで（第七条第五項第四号ト又は第十四条第五項第二号ロ」と読み替えるものとする。

（改善命令等）

第十五条の二の六　都道府県知事は、次の各号のいずれかに該当するときは、産業廃棄物処理施設の設置者に対し、期限を定めて当該産業廃棄物処理施設につき必要な改善を命じ、又は期間を定めて当該産業廃棄物処理施設の使用の停止を命ずることができる。

一　第十五条第一項の許可に係る産業廃棄物処理施設の構造又はその維持管理が第十五条の二第一項第一号若しくは第十五条の二の二に規定する技術上の基準又は当該産業廃棄物処理施設の許可に係る第十五条第二項の申請書に記載した設置に関する計画若しくは維持管理に関する計画（これらの計画について前条第一項の許可を受けたときは、変更後のもの）に適合していないと認めるとき。

二　産業廃棄物処理施設の設置者の能力が第十五条の二第一項第三号に規定する環境省令で定める基準に適合していないと認めるとき。

三　産業廃棄物処理施設の設置者が違反行為をしたとき、又は他人に対して違反行為をすることを要求し、依頼し、若しくは唆し、若しくは他人が違反行為をすることを助けたとき。

四　産業廃棄物処理施設の設置者が第十五条の二第四項の規定により当該許可に付した条件に違反したとき。

（許可の取消し）

第十五条の三　都道府県知事は、次の各号のいずれかに該当するときは、当該産業廃棄物処理施設に係る第十五条第一項の許可を取り消さなければならない。

一　産業廃棄物処理施設の設置者が第十四条第五項第二号イからへまでのいずれかに該当するに至つたとき。

二　前条第三号に該当し情状が特に重いとき、又は同条の規定による処分に違反したとき。

三　不正の手段により第十五条第一項の許可又は第十五条の二の五第一項の変更の許可を受けたとき。

2　都道府県知事は、前条第一号、第二号又は第四号のいずれかに該当するときは、当該産業廃棄物処理施設に係る第十五条第一項の許可を取り消すことができる。

（準用）

第十五条の四　第九条の四の規定は産業廃棄物処理施設の設置者について、第九条の五から第九条の七までの規定は産業廃棄物処理施設について準用する。この場合において、第九条の四中「一般廃棄物処理施設」とあるのは「産業廃棄物処理施設」と、第九条の五第一項中「第八条第一項」とあるのは「第十五条第一項」と、同条第二項及び第九条の六第二項中「第八条の二第一項」とあるのは「第十五条の二第一項」と読み替えるものとする。

第六節　産業廃棄物の処理に係る特例

（産業廃棄物の再生利用に係る特例）

第十五条の四の二　環境省令で定める産業廃棄物の再生利用を行い、又は行おうとする者は、環境省令で定めるところにより、次の各号のいずれにも適合していることについて、環境大臣の認定を受けることができる。

一　当該再生利用の内容が、生活環境の保全上支障のないものとして環境省令で定める基準に適合すること。

二　当該再生利用を行い、又は行おうとする者が環境省令で定める基準に適合すること。

三　前号に規定する者が設置し、又は設置しようとする当該再生利用の用に供する施設が環境省令で定める基準に適合すること。

2　第九条の八第二項の規定は前項の認定について、同条第三項及び第四項の規定は前項の認定を受けた者について、同条第五項及び第六項の規定は前項の認定について準用する。この場合において、同条第三項中「第七条第一項若しくは第六項又は第八条第一項」とあるのは「第十四条第一項若しくは第六項又は第十五条第一項」と、「一般廃棄物の」とあるのは「産業廃棄物の」と、「一般廃棄物処理施設」とあるのは「産業廃棄物処理施設」と、同条第四項中「第七条第十三項、第十五項及び第十六項」とあるのは「第十四条第十二項、第十三項及び第十五項」と、「一般廃棄物収集運搬業者」とあるのは「産業廃棄物収集運搬業者」と、「一般廃棄物処分業者」とあるのは「産業廃棄物処分業者」と、「一般廃棄物処理施設」とあるのは「産業廃棄物処理施設」と、同条第五項及び第六項中「第一項」とあるのは「第十五条の四の二第一項」と読み替えるものとする。

（産業廃棄物の広域的処理に係る特例）

第十五条の四の三　環境省令で定める産業廃棄物の広域的な処理を行い、又は行おうとする者（当該処理を他人に委託して行い、又は行おうとする者を含む。）は、環境省令で定めるところにより、次の各号のいずれにも適合していることについて、環境大臣の認定を受けることができる。

一　当該処理の内容が、産業廃棄物の減量その他その適正な処理の確保に資するものとして環境省令で定める基準に適合すること。

二　当該処理を行い、又は行おうとする者（その委託を受けて当該処理を行い、又は行おうとする者を含む。次項第二号において同じ。）が環境省令で定める基準に適合すること。

三　前号に規定する者が環境省令で定める基準に適合する施設を有すること。

2　前項の認定を受けようとする者は、環境省令で定めるところにより、次に掲げる事項を記載した申請書その他環境省令で定める書類を環境大臣に提出しなければならない。

一　氏名又は名称及び住所並びに法人にあつては、その代表者の氏名

二　当該認定に係る処理を行い、又は行おうとする者及び当該処理の用に供する施設

3　第九条の九第三項の規定は第一項の認定について、同条第四項及び第五項の規定は第一項の認定を受けた者（その委託を受けて当該認定に係る処理を業として行う者（前項第二号に規定する者である者に限る。）を含む。）について、同条第六項の規定は第一項の認定を受けた者について、同条第七項及び第八項の規定は第一項の認定について準用する。この場合において、同条第四項中「第七条第一項又は第六項」とあるのは「第十四条第一項若しくは第六項又は第十四条の四第一項若しくは第六項」と、「一般廃棄物」とあるのは「産業廃棄物又は特別管理産業廃棄物」と、同条第五項中「第七条第十三項、第十五項及び第十六項、第七条の五」とあるのは「第十四条第十二項、第十三項及び第十五項並びに第十四条の三の三又は第十四条の四第十二項、第十三項、第十五項及び第十六項並びに第十四条の七」と、「一般廃棄物収集運搬業者又は一般廃棄物処分業者」とあるのは「産業廃棄物収集運搬業者若しくは産業廃棄物処分業者又は特別管理産業廃棄物収集運搬業者若しくは特別管理産業廃棄物処分業者」と読み替えるほか、これらの規定に関し必要な技術的読替えは、政令で定める。

（産業廃棄物の無害化処理に係る特例）

第十五条の四の四　石綿が含まれている産業廃棄物その他の人の健康又は生活環境に係る被害を生ずるおそれがある性状を有する産業廃棄物として環境省令で定めるものの高度な技術を用いた無害化処理を行い、又は行おうとする者は、環境省令で定めるところにより、次の各号のいずれにも適合していることについて、環境大臣の認定を受けることができる。

一　当該無害化処理の内容が、当該産業廃棄物の迅速かつ安全な処理の確保に資するものとして環境省令で定める基準に適合すること。

二　当該無害化処理を行い、又は行おうとする者が環境省令で定める基準に適合すること。

三　前号に規定する者が設置し、又は設置しようとする当該無害化処理の用に供する施設が環境省令で定める基準に適合すること。

2　前項の認定を受けようとする者は、環境省令で定めるところにより、次に掲げる事項を記載した申請書を環境大臣に提出しなければならない。

一　氏名又は名称及び住所並びに法人にあつては、その代表者の氏名

二　無害化処理の用に供する施設の設置の場所

三　無害化処理の用に供する施設の種類

四　無害化処理の用に供する施設において処理する産業廃棄物の種類

五　無害化処理の用に供する施設の処理能力

六　無害化処理の用に供する施設の位置、構造等の設置に関する計画

七　無害化処理の用に供する施設の維持管理に関する計画

八　その他環境省令で定める事項

3　第八条の四の規定は第一項の認定を受けた者について、第九条の十第三項の規定は第一項の認定について、同条第四項及び第五項の規定は第一項の認定を受けた

者について、同条第六項及び第八項並びに第十五条第三項本文及び第四項から第六項までの規定は第一項の認定について準用する。この場合において、第八条の四中「当該許可に係る一般廃棄物処理施設」とあるのは「当該認定に係る施設」と、「当該一般廃棄物処理施設」とあるのは「当該施設」と、第九条の十第四項中「第七条第一項若しくは第六項又は第八条第一項」とあるのは「第十四条第一項若しくは第六項若しくは第十四条の四第一項若しくは第六項又は第十五条第一項」と、「一般廃棄物の」とあるのは「産業廃棄物若しくは特別管理産業廃棄物の」と、「一般廃棄物処理施設」とあるのは「産業廃棄物処理施設」と、同条第五項中「第七条第十三項、第十五項及び第十六項」とあるのは「第十四条第十二項、第十三項及び第十五項又は第十四条の四第十二項、第十三項及び第十六項」と、「一般廃棄物収集運搬業者又は一般廃棄物処分業者」とあるのは「産業廃棄物収集運搬業者若しくは産業廃棄物処分業者又は特別管理産業廃棄物収集運搬業者若しくは特別管理産業廃棄物処分業者」と、第十五条第三項本文中「前項」とあるのは「第十五条の四の四第二項」と、同条第四項中「都道府県知事は、産業廃棄物処理施設（政令で定めるものに限る。）について」とあるのは「環境大臣は、」と、「第二項第一号」とあるのは「第十五条の四の四第二項第一号」と、「書類（同項ただし書に規定する場合にあつては、第二項の申請書）」とあるのは「書類」と、同条第五項中「都道府県知事」とあるのは「環境大臣」と、「市町村の長」とあり、及び「市町村長」とあるのは「都道府県及び市町村の長」と、同条第六項中「当該都道府県知事」とあるのは「環境大臣」と読み替えるほか、これらの規定に関し必要な技術的読替えは、政令で定める。

第七節　産業廃棄物の輸入及び輸出

（輸入の許可）

第十五条の四の五　廃棄物（航行廃棄物及び携帯廃棄物を除く。第三項において同じ。）を輸入しようとする者は、環境大臣の許可を受けなければならない。

2　前項の規定は、国その他の環境省令で定める者には、適用しない。

3　環境大臣は、第一項の許可の申請が次の各号に適合していると認めるときでなければ、同項の許可をしてはならない。

一　その輸入に係る廃棄物（以下「国外廃棄物」という。）が国内におけるその国外廃棄物の処理に関する設備及び技術に照らし、国内において適正に処理されると認められるものであること。

二　申請者が次のいずれかに該当する者であること。

イ　産業廃棄物処分業者又は特別管理産業廃棄物処分業者であつて、その国外廃棄物の処分をその事業の範囲に含むもの

ロ　産業廃棄物処理施設であつて、その国外廃棄物を処分することができるものを有する者（イに掲げるものを除く。）

ハ　その他環境省令で定める者

4　第一項の許可には、生活環境の保全上必要な条件を付することができる。

（国外廃棄物を輸入した者の特例）

第十五条の四の六　国外廃棄物を輸入した者（事業者であるものを除く。）は、第十一条第一項、第十二条第一項から第五項まで及び第十二条の二第一項から第五項までの規定の適用については、事業者とみなす。

（準用）

第十五条の四の七　第十条の規定は、産業廃棄物を輸出しようとする者について準用する。この場合において、同条第一項第四号中「市町村」とあるのは、「事業者（自らその産業廃棄物を輸出するものに限る。）」と読み替えるほか、同条の規定に関し必要な技術的読替えは、政令で定める。

2　第十二条の三第一項及び第十二条の五第一項の規定は、国外廃棄物を輸入した者（その事業活動に伴い産業廃棄物を生ずる事業者であるものを除く。）について準用する。

第三章の二　廃棄物処理センター

（指定）

第十五条の五　環境大臣は、廃棄物の適正かつ広域的な処理の確保に資することを目的として設立された国若しくは地方公共団体の出資若しくは拠出に係る法人（政令で定めるものに限る。）その他これらに準ずるものとして政令で定める法人又は民間資金等の活用による公共施設等の整備等の促進に関する法律（平成十一年法律第百十七号）第二条第五項に規定する選定事業者であつて、次条に規定する業務を適正かつ確実に行うことができると認められるものを、その申請により、廃棄物処理センター（以下「センター」という。）として指定することができる。

2　環境大臣は、前項の規定による指定をしたときは、当該センターの名称、住所及び事務所の所在地を公示しなければならない。

3　センターは、その名称、住所又は事務所の所在地を変更しようとするときは、あらかじめ、その旨を環境大臣に届け出なければならない。

4　環境大臣は、前項の規定による届出があつたときは、当該届出に係る事項を公示しなければならない。

（業務）

第十五条の六　センターは、環境省令で定めるところにより、次に掲げる業務の全部又は一部を行うものとする。

一　市町村の委託を受けて、特別管理一般廃棄物の処理並びに当該処理を行うための施設の建設及び改良、維持その他の管理を行うこと。

二　市町村の委託を受けて、第六条の三第一項の規定による指定に係る一般廃棄物の処理並びに当該処理を行うための施設の建設及び改良、維持その他の管理を行うこと。

三　市町村の委託を受けて、一般廃棄物の処理並びに当該処理を行うための施設の建設及び改良、維持その他の管理を行うこと（前二号に掲げる業務を除く。）。

四　特別管理産業廃棄物の処理並びに当該処理を行う

ための施設の建設及び改良、維持その他の管理を行うこと。

五　産業廃棄物の処理並びに当該処理を行うための施設の建設及び改良、維持その他の管理を行うこと（前号に掲げる業務を除く。）。

六　前各号に掲げる業務に附帯する業務を行うこと。

（基金）

第十五条の七　センターは、前条第二号、第四号及び第五号に掲げる業務に関する基金を設け、これらの業務の全部又は一部に要する費用に充てることを条件として事業者等から出えんされた金額の合計額をもつてこれに充てるものとする。

2　環境大臣は、前項に規定する基金への出えんについて、同項に規定する事業者等に対し、当該事業者等を所管する大臣を通じて必要な協力を求めるよう努めるものとする。

（事業計画等）

第十五条の八　センターは、毎事業年度、環境省令で定めるところにより、事業計画書及び収支予算書を作成し、環境大臣に提出しなければならない。これを変更しようとするときも、同様とする。

2　センターは、環境省令で定めるところにより、毎事業年度終了後、事業報告書及び収支決算書を作成し、環境大臣に提出しなければならない。

（区分経理）

第十五条の九　センターは、次に掲げる業務については、当該業務ごとに経理を区分し、それぞれ勘定を設けて整理しなければならない。

一　第十五条の六第一号及び第三号に掲げる業務並びにこれらに附帯する業務

二　第十五条の六第二号に掲げる業務及びこれに附帯する業務

三　第十五条の六第四号及び第五号に掲げる業務並びにこれらに附帯する業務

（料金）

第十五条の十　センターは、センターが行う産業廃棄物の処理施設の設置及び産業廃棄物の処理に関し、能率的な経営の下における適正な原価を下らない料金を徴収するものとする。

第十五条の十一　削除

（財産の処分等）

第十五条の十二　センターが第十五条の六の規定により市町村の委託を受けて建設する一般廃棄物の最終処分場（一般廃棄物による水面埋立てを行うためのものに限る。）に係る財産の管理及び処分の方法その他その財産の管理及び処分に関し必要な事項は、政令で定める。

2　前項の財産について政令で定める期間内に処分が行われた場合において、その処分価額から政令で定める費用の額を控除してなお残余があるときは、その残余の額は、政令で定めるところにより、その最終処分場の建設又は改良の工事に要した費用を自ら負担した者及び補助した者に分配する。その財産についてその期間を超えて管理が行われることとなる場合においてその財産に係るその期間満了の時における評価額から政令で定める費用の額を控除してなお残余があるときも、同様とする。

（報告及び検査）

第十五条の十三　環境大臣は、第十五条の六各号に掲げる業務の適正な運営を確保するために必要な限度において、センターに対し、当該業務若しくは資産の状況に関し必要な報告をさせ、又はその職員に、センターの事務所に立ち入り、業務の状況若しくは帳簿書類その他の物件を検査させることができる。

2　前項の規定により立入検査をする職員は、その身分を示す証明書を携帯し、関係者に提示しなければならない。

3　第一項の規定による立入検査の権限は、犯罪捜査のために認められたものと解釈してはならない。

（監督命令）

第十五条の十四　環境大臣は、この章の規定を施行するために必要な限度において、センターに対し、第十五条の六各号に掲げる業務に関し監督上必要な命令をすることができる。

（指定の取消し等）

第十五条の十五　環境大臣は、センターが次の各号のいずれかに該当するときは、第十五条の五第一項の規定による指定（以下この条において「指定」という。）を取り消すことができる。

一　第十五条の六各号に掲げる業務を適正かつ確実に実施することができないと認められるとき。

二　指定に関し不正の行為があつたとき。

三　この章の規定又は当該規定に基づく命令若しくは処分に違反したとき。

2　環境大臣は、前項の規定により指定を取り消したときは、その旨を公示しなければならない。

（都道府県知事が行う事務）

第十五条の十六　この章に定める環境大臣の権限に属する事務の一部は、政令で定めるところにより、都道府県知事が行うこととすることができる。

第三章の三　廃棄物が地下にある土地の形質の変更

（指定区域の指定等）

第十五条の十七　都道府県知事は、廃棄物が地下にある土地であつて土地の掘削その他の土地の形質の変更が行われることにより当該廃棄物に起因する生活環境の保全上の支障が生ずるおそれがあるものとして政令で定めるものの区域を指定区域として指定するものとする。

2　都道府県知事は、前項の指定をするときは、環境省令で定めるところにより、その旨を公示しなければならない。

3　第一項の指定は、前項の公示によつてその効力を生ずる。

4　都道府県知事は、地下にある廃棄物の除去等により、指定区域の全部又は一部について第一項の指定の事由がなくなつたと認めるときは、当該指定区域の全部又は一部について同項の指定を解除するものとする。

5　第二項及び第三項の規定は、前項の解除について準用する。

（指定区域台帳）

第十五条の十八　都道府県知事は、指定区域の台帳（以下この条において「指定区域台帳」という。）を調製し、これを保管しなければならない。

2　指定区域台帳の記載事項その他その調製及び保管に関し必要な事項は、環境省令で定める。

3　都道府県知事は、指定区域台帳の閲覧を求められたときは、正当な理由がなければ、これを拒むことができない。

（土地の形質の変更の届出及び計画変更命令）

第十五条の十九　指定区域内において土地の形質の変更をしようとする者は、当該土地の形質の変更に着手する日の三十日前までに、環境省令で定めるところにより、当該土地の形質の変更の種類、場所、施行方法及び着手予定日その他環境省令で定める事項を都道府県知事に届け出なければならない。ただし、次の各号に掲げる行為については、この限りでない。

一　第十九条の十第一項の規定による命令に基づく第十九条の四第一項に規定する支障の除去等の措置として行う行為

二　通常の管理行為、軽易な行為その他の行為であつて、環境省令で定めるもの

三　指定区域が指定された際既に着手していた行為

四　非常災害のために必要な応急措置として行う行為

2　指定区域が指定された際当該指定区域内において既に土地の形質の変更に着手している者は、その指定の日から起算して十四日以内に、環境省令で定めるところにより、都道府県知事にその旨を届け出なければならない。

3　指定区域内において非常災害のために必要な応急措置として土地の形質の変更をした者は、当該土地の形質の変更をした日から起算して十四日以内に、環境省令で定めるところにより、都道府県知事にその旨を届け出なければならない。

4　都道府県知事は、第一項の届出があつた場合において、その届出に係る土地の形質の変更の施行方法が環境省令で定める基準に適合しないと認めるときは、その届出を受理した日から三十日以内に限り、その届出をした者に対し、その届出に係る土地の形質の変更の施行方法に関する計画の変更を命ずることができる。

第四章　雑則

（投棄禁止）

第十六条　何人も、みだりに廃棄物を捨ててはならない。

（焼却禁止）

第十六条の二　何人も、次に掲げる方法による場合を除き、廃棄物を焼却してはならない。

一　一般廃棄物処理基準、特別管理一般廃棄物処理基準、産業廃棄物処理基準又は特別管理産業廃棄物処理基準に従つて行う廃棄物の焼却

二　他の法令又はこれに基づく処分により行う廃棄物の焼却

三　公益上若しくは社会の慣習上やむを得ない廃棄物の焼却又は周辺地域の生活環境に与える影響が軽微である廃棄物の焼却として政令で定めるもの

（指定有害廃棄物の処理の禁止）

第十六条の三　何人も、次に掲げる方法による場合を除き、人の健康又は生活環境に係る重大な被害を生ずるおそれがある性状を有する廃棄物として政令で定めるもの（以下「指定有害廃棄物」という。）の保管、収集、運搬又は処分をしてはならない。

一　政令で定める指定有害廃棄物の保管、収集、運搬及び処分に関する基準に従つて行う指定有害廃棄物の保管、収集、運搬又は処分

二　他の法令又はこれに基づく処分により行う指定有害廃棄物の保管、収集、運搬又は処分（再生することを含む。）

（ふん尿の使用方法の制限）

第十七条　ふん尿は、環境省令で定める基準に適合した方法によるのでなければ、肥料として使用してはならない。

（報告の徴収）

第十八条　都道府県知事又は市町村長は、この法律の施行に必要な限度において、事業者、一般廃棄物若しくは産業廃棄物若しくはこれらであることの疑いのある物の収集、運搬若しくは処分を業とする者、一般廃棄物処理施設の設置者（市町村が第六条の二第一項の規定により一般廃棄物を処分するために設置した一般廃棄物処理施設にあつては、管理者を含む。）若しくは産業廃棄物処理施設の設置者、情報処理センター又は第十五条の十七第一項の政令で定める土地の所有者若しくは占有者若しくは指定区域内において土地の形質の変更を行い、若しくは行つた者に対し、廃棄物若しくは廃棄物であることの疑いのある物の保管、収集、運搬若しくは処分、一般廃棄物処理施設若しくは産業廃棄物処理施設の構造若しくは維持管理又は同項の政令で定める土地の状況若しくは指定区域内における土地の形質の変更に関し、必要な報告を求めることができる。

2　環境大臣は、この法律の施行に必要な限度において、第九条の十第一項若しくは第十五条の四の四第一項の認定を受けた者（次条第二項及び第十九条の三において「無害化処理認定業者」という。）又は国外廃棄物若しくは国外廃棄物であることの疑いのある物を輸入しようとする者若しくは輸入した者若しくは廃棄物若しくは廃棄物であることの疑いのある物を輸出しようとする者若しくは輸出した者に対し、当該認定に係る収集、運搬若しくは処分若しくは当該認定に係る施設の構造若しくは維持管理又は国外廃棄物若しくは国外廃棄物であることの疑いのある物の輸入若しくは廃棄物若しくは廃棄物であることの疑いのある物の輸出に関し、必要な報告を求めることができる。

（立入検査）

第十九条　都道府県知事又は市町村長は、この法律の施行に必要な限度において、その職員に、事業者若しくは一般廃棄物若しくは産業廃棄物若しくはこれらであることの疑いのある物の収集、運搬若しくは処分を業とする者の事務所若しくは事業場、一般廃棄物処理施設若しくは産業廃棄物処理施設のある土地若しくは建物若しくは第十五条の十七第一項の政令で定める土地に立ち入り、廃棄物若しくは廃棄物であることの疑いのある物の保管、収集、運搬若しくは処分、一般廃棄物処理施設若しくは産業廃棄物処理施設の構造若しくは

は維持管理若しくは同項の政令で定める土地の状況若しくは指定区域内における土地の形質の変更に関し、帳簿書類その他の物件を検査させ、又は試験の用に供するのに必要な限度において廃棄物若しくは廃棄物であることの疑いのある物を無償で収去させることができる。

2　環境大臣は、この法律の施行に必要な限度において、その職員に、無害化処理認定業者の事務所若しくは事業場若しくは第九条の十第一項若しくは第十五条の四の四第一項の認定に係る施設のある土地若しくは建物若しくは国外廃棄物若しくは国外廃棄物であることの疑いのある物を輸入しようとする者若しくは輸入した者若しくは廃棄物若しくは廃棄物であることの疑いのある物を輸出しようとする者若しくは輸出した者の事務所、事業場その他の場所に立ち入り、当該認定に係る収集、運搬若しくは処分若しくは当該認定に係る施設の構造若しくは維持管理若しくは国外廃棄物若しくは国外廃棄物であることの疑いのある物の輸入若しくは廃棄物若しくは廃棄物であることの疑いのある物の輸出に関し、帳簿書類その他の物件を検査させ、又は試験の用に供するのに必要な限度において廃棄物若しくは廃棄物であることの疑いのある物を無償で収去させることができる。

3　前二項の規定により立入検査をする職員は、その身分を示す証明書を携帯し、関係人に提示しなければならない。

4　第一項及び第二項の規定による立入検査の権限は、犯罪捜査のために認められたものと解釈してはならない。

（製品等に係る措置）

第十九条の二　環境大臣は、廃棄物の適正な処理を確保するため、物の製造、加工、販売等を行う事業を所管する大臣に対し、その所管に係る事業を行う者にその製造、加工、販売等に係る製品、容器等の材質又はその処理方法を表示させることその他必要な措置を講ずるよう求めることができる。

（改善命令）

第十九条の三　次の各号に掲げる場合において、当該各号に定める者は、当該一般廃棄物又は産業廃棄物の適正な処理の実施を確保するため、当該保管、収集、運搬又は処分を行つた者（事業者、一般廃棄物収集運搬業者、一般廃棄物処分業者、産業廃棄物収集運搬業者、産業廃棄物処分業者、特別管理産業廃棄物収集運搬業者、特別管理産業廃棄物処分業者及び無害化処理認定業者（以下この条において「事業者等」という。）並びに国外廃棄物を輸入した者（事業者等を除く。）に限る。）に対し、期限を定めて、当該廃棄物の保管、収集、運搬又は処分の方法の変更その他必要な措置を講ずべきことを命ずることができる。

一　一般廃棄物処理基準（特別管理一般廃棄物にあつては、特別管理一般廃棄物処理基準）が適用される者により、当該基準に適合しない一般廃棄物の収集、運搬又は処分が行われた場合（第三号に掲げる場合を除く。）　市町村長

二　産業廃棄物処理基準又は産業廃棄物保管基準（特別管理産業廃棄物にあつては、特別管理産業廃棄物処理基準又は特別管理産業廃棄物保管基準）が適用される者により、当該基準に適合しない産業廃棄物の保管、収集、運搬又は処分が行われた場合（次号に掲げる場合を除く。）　都道府県知事

三　無害化処理認定業者により、一般廃棄物処理基準（特別管理一般廃棄物にあつては、特別管理一般廃棄物処理基準）又は産業廃棄物処理基準（特別管理産業廃棄物にあつては、特別管理産業廃棄物処理基準）に適合しない一般廃棄物又は産業廃棄物の当該認定に係る収集、運搬又は処分が行われた場合　環境大臣

（措置命令）

第十九条の四　一般廃棄物処理基準（特別管理一般廃棄物にあつては、特別管理一般廃棄物処理基準）に適合しない一般廃棄物の処分が行われた場合において、生活環境の保全上支障が生じ、又は生ずるおそれがあると認められるときは、市町村長（前条第三号に掲げる場合にあつては、環境大臣。第十九条の七において同じ。）は、必要な限度において、当該処分を行つた者（第六条の二第一項の規定により当該処分を行つた市町村を除くものとし、同条第六項若しくは第七項又は第七条第十四項の規定に違反する委託により当該処分が行われたときは、当該委託をした者を含む。次条第一項及び第十九条の七において「処分者等」という。）に対し、期限を定めて、その支障の除去又は発生の防止のために必要な措置（以下「支障の除去等の措置」という。）を講ずべきことを命ずることができる。

2　前項の規定による命令をするときは、環境省令で定める事項を記載した命令書を交付しなければならない。

第十九条の四の二　前条第一項に規定する場合（第九条の九第一項の認定に係る一般廃棄物の当該認定に係る処分が行われた場合に限る。）において、生活環境の保全上支障が生じ、又は生ずるおそれがあり、かつ、次の各号のいずれにも該当すると認められるときは、市町村長は、当該認定を受けた者（処分者等を除く。以下「認定業者」という。）に対し、期限を定めて、支障の除去等の措置を講ずべきことを命ずることができる。この場合において、当該支障の除去等の措置は、当該一般廃棄物の性状、数量、処分の方法その他の事情からみて相当な範囲内のものでなければならない。

一　処分者等の資力その他の事情からみて、処分者等のみによつては、支障の除去等の措置を講ずることが困難であり、又は講じても十分でないとき。

二　認定業者が当該認定に係る一般廃棄物の処理に関し適正な対価を負担していないとき、当該処分が行われることを知り、又は知ることができたときその他第九条の九第六項の規定の趣旨に照らし認定業者に支障の除去等の措置を採らせることが適当であるとき。

2　前条第二項の規定は、前項の規定による命令について準用する。

第十九条の五　産業廃棄物処理基準（特別管理産業廃棄物にあつては、特別管理産業廃棄物処理基準）に適合しない産業廃棄物の処分が行われた場合において、生活環境の保全上支障が生じ、又は生ずるおそれがある

と認められるときは、都道府県知事（第十九条の三第三号に掲げる場合及び当該処分を行つた者が当該産業廃棄物を輸入した者である場合にあつては、環境大臣又は都道府県知事。次条及び第十九条の八において同じ。）は、必要な限度において、次に掲げる者（次条及び第十九条の八において「処分者等」という。）に対し、期限を定めて、その支障の除去等の措置を講ずべきことを命ずることができる。

一　当該処分を行つた者（第十一条第二項又は第三項の規定によりその事務として当該処分を行つた市町村又は都道府県を除く。）

二　第十二条第三項若しくは第四項、第十二条の二第三項若しくは第四項、第十四条第十四項又は第十四条の四第十四項の規定に違反する委託により当該処分が行われたときは、当該委託をした者

三　当該産業廃棄物に係る産業廃棄物の発生から当該処分に至るまでの一連の処理の行程における管理票に係る義務（電子情報処理組織を使用する場合にあつては、その使用に係る義務を含む。）について、次のいずれかに該当する者があるときは、その者

イ　第十二条の三第一項（第十五条の四の七第二項において準用する場合を含む。以下このイにおいて同じ。）の規定に違反して、管理票を交付せず、又は第十二条の三第一項に規定する事項を記載せず、若しくは虚偽の記載をして管理票を交付した者

ロ　第十二条の三第二項前段の規定に違反して、管理票の写しを送付せず、又は同項前段に規定する事項を記載せず、若しくは虚偽の記載をして管理票の写しを送付した者

ハ　第十二条の三第二項後段の規定に違反して、管理票を回付しなかつた者

ニ　第十二条の三第三項若しくは第四項又は第十二条の五第五項の規定に違反して、管理票の写しを送付せず、又はこれらの規定に規定する事項を記載せず、若しくは虚偽の記載をして管理票の写しを送付した者

ホ　第十二条の三第五項、第八項又は第九項の規定に違反して、管理票又はその写しを保存しなかつた者

ヘ　第十二条の三第七項の規定に違反して、適切な措置を講じなかつた者

ト　第十二条の四第二項又は第三項の規定に違反して、送付又は報告をした者

チ　第十二条の五第一項（第十五条の四の七第二項において準用する場合を含む。）の規定による登録をする場合において虚偽の登録をした者

リ　第十二条の五第二項又は第三項の規定に違反して、報告せず、又は虚偽の報告をした者

ヌ　第十二条の五第十項の規定に違反して、適切な措置を講じなかつた者

四　当該処分を行つた者若しくは前二号に掲げる者に対して当該処分若しくは前二号に規定する規定に違反する行為（以下「当該処分等」という。）をすることを要求し、依頼し、若しくは唆し、又はこれらの者が当該処分等をすることを助けた者があるときは、その者

2　第十九条の四第二項の規定は、前項の規定による命令について準用する。

第十九条の六　前条第一項に規定する場合において、生活環境の保全上支障が生じ、又は生ずるおそれがあり、かつ、次の各号のいずれにも該当すると認められるときは、都道府県知事は、その事業活動に伴い当該産業廃棄物を生じた事業者（当該産業廃棄物が中間処理産業廃棄物である場合にあつては当該産業廃棄物に係る産業廃棄物の発生から当該処分に至るまでの一連の処理の行程における事業者及び中間処理業者とし、当該処分が第十五条の四の三第一項の認定を受けた者の委託に係る処分である場合にあつては当該産業廃棄物に係る事業者及び当該認定を受けた者とし、処分者等を除く。以下「排出事業者等」という。）に対し、期限を定めて、支障の除去等の措置を講ずべきことを命ずることができる。この場合において、当該支障の除去等の措置は、当該産業廃棄物の性状、数量、処分の方法その他の事情からみて相当な範囲内のものでなければならない。

一　処分者等の資力その他の事情からみて、処分者等のみによつては、支障の除去等の措置を講ずることが困難であり、又は講じても十分でないとき。

二　排出事業者等が当該産業廃棄物の処理に関し適正な対価を負担していないとき、当該処分が行われることを知り、又は知ることができたときその他第十二条第五項、第十二条の二第五項及び第十五条の四の三第三項において準用する第九条の九第六項の規定の趣旨に照らし排出事業者等に支障の除去等の措置を採らせることが適当であるとき。

2　第十九条の四第二項の規定は、前項の規定による命令について準用する。

（生活環境の保全上の支障の除去等の措置）

第十九条の七　第十九条の四第一項に規定する場合において、生活環境の保全上の支障が生じ、又は生ずるおそれがあり、かつ、次の各号のいずれかに該当すると認められるときは、市町村長は、自らその支障の除去等の措置の全部又は一部を講ずることができる。この場合において、第二号に該当すると認められるときは、相当の期限を定めて、当該支障の除去等の措置を講ずべき旨及びその期限までに当該支障の除去等の措置を講じないときは、自ら当該支障の除去等の措置を講じ、当該措置に要した費用を徴収する旨を、あらかじめ、公告しなければならない。

一　第十九条の四第一項の規定により支障の除去等の措置を講ずべきことを命ぜられた処分者等が、当該命令に係る期限までにその命令に係る措置を講じないとき、講じても十分でないとき、又は講ずる見込みがないとき。

二　第十九条の四第一項の規定により支障の除去等の措置を講ずべきことを命じようとする場合において、過失がなくて当該支障の除去等の措置を命ずべき処分者等を確知することができないとき。

三　第十九条の四の二第一項の規定により支障の除去等の措置を講ずべきことを命ぜられた認定業者が、当該命令に係る期限までにその命令に係る措置を講じないとき、講じても十分でないとき、又は講ずる見込みがないとき。

四　緊急に支障の除去等の措置を講ずる必要がある場合において、第十九条の四第一項又は第十九条の四の二第一項の規定により支障の除去等の措置を講ずべきことを命ずるいとまがないとき。

2　市町村長は、前項（第三号に係る部分を除く。）の規定により同項の支障の除去等の措置の全部又は一部を講じたときは、当該支障の除去等の措置に要した費用について、環境省令で定めるところにより、当該処分者等に負担させることができる。

3　市町村長は、第一項（第三号に係る部分に限る。）の規定により同項の支障の除去等の措置の全部又は一部を講じたときは、当該支障の除去等の措置に要した費用について、環境省令で定めるところにより、当該認定業者に負担させることができる。

4　市町村長は、第一項（第四号に係る部分に限る。）の規定により同項の支障の除去等の措置の全部又は一部を講じた場合において、第十九条の四の二第一項各号のいずれにも該当すると認められるときは、当該支障の除去等の措置に要した費用の全部又は一部について、環境省令で定めるところにより、当該認定業者に負担させることができる。この場合において、当該認定業者に負担させる費用の額は、当該一般廃棄物の性状、数量、処分の方法その他の事情からみて相当な範囲内のものでなければならない。

5　前三項の規定により負担させる費用の徴収については、行政代執行法（昭和二十三年法律第四十三号）第五条及び第六条の規定を準用する。

第十九条の八　第十九条の五第一項に規定する場合において、生活環境の保全上の支障が生じ、又は生ずるおそれがあり、かつ、次の各号のいずれかに該当すると認められるときは、都道府県知事は、自らその支障の除去等の措置の全部又は一部を講ずることができる。この場合において、第二号に該当すると認められるときは、相当の期限を定めて、当該支障の除去等の措置を講ずべき旨及びその期限までに当該支障の除去等の措置を講じないときは、自ら当該支障の除去等の措置を講じ、当該措置に要した費用を徴収する旨を、あらかじめ、公告しなければならない。

一　第十九条の五第一項の規定により支障の除去等の措置を講ずべきことを命ぜられた処分者等が、当該命令に係る期限までにその命令に係る措置を講じないとき、講じても十分でないとき、又は講ずる見込みがないとき。

二　第十九条の五第一項の規定により支障の除去等の措置を講ずべきことを命じようとする場合において、過失がなくて当該支障の除去等の措置を命ずべき処分者等を確知することができないとき。

三　第十九条の六第一項の規定により支障の除去等の措置を講ずべきことを命ぜられた排出事業者等が、当該命令に係る期限までにその命令に係る措置を講じないとき、講じても十分でないとき、又は講ずる見込みがないとき。

四　緊急に支障の除去等の措置を講ずる必要がある場合において、第十九条の五第一項又は第十九条の六第一項の規定により支障の除去等の措置を講ずべきことを命ずるいとまがないとき。

2　都道府県知事は、前項（第三号に係る部分を除く。）の規定により同項の支障の除去等の措置の全部又は一部を講じたときは、当該支障の除去等の措置に要した費用について、環境省令で定めるところにより、当該処分者等に負担させることができる。

3　都道府県知事は、第一項（第三号に係る部分に限る。）の規定により同項の支障の除去等の措置の全部又は一部を講じたときは、当該支障の除去等の措置に要した費用について、環境省令で定めるところにより、当該排出事業者等に負担させることができる。

4　都道府県知事は、第一項（第四号に係る部分に限る。）の規定により同項の支障の除去等の措置の全部又は一部を講じた場合において、第十九条の六第一項各号のいずれにも該当すると認められるときは、当該支障の除去等の措置に要した費用の全部又は一部について、環境省令で定めるところにより、当該排出事業者等に負担させることができる。この場合において、当該排出事業者等に負担させる費用の額は、当該産業廃棄物の性状、数量、処分の方法その他の事情からみて相当な範囲内のものでなければならない。

5　前三項の規定により負担させる費用の徴収については、行政代執行法第五条及び第六条の規定を準用する。

（適正処理推進センターの協力）

第十九条の九　都道府県知事は、前条第一項の規定により生活環境の保全上の支障の除去等の措置を講じようとするときは、適正処理推進センターに対し、環境省令で定めるところにより、当該支障の除去等の措置の実施に協力することを求めることができる。

（土地の形質の変更に関する措置命令）

第十九条の十　指定区域内において第十五条の十九第四項に規定する環境省令で定める基準に適合しない土地の形質の変更が行われた場合において、生活環境の保全上の支障が生じ、又は生ずるおそれがあると認められるときは、都道府県知事は、必要な限度において、当該土地の形質の変更をした者に対し、期限を定めて、その支障の除去等の措置を講ずべきことを命ずることができる。

2　第十九条の四第二項の規定は、前項の規定による命令について準用する。

（届出台帳の調製等）

第十九条の十一　第九条第四項（第九条の三第十項及び第十五条の二の五第三項において準用する場合を含む。）の規定による届出を受けた都道府県知事は、当該届出に係る最終処分場の台帳を調製し、これを保管しなければならない。

2　前項の台帳の記載事項その他その調製及び保管に関し必要な事項は、環境省令で定める。

3　都道府県知事は、関係人から請求があつたときは、第一項の台帳又はその写しを閲覧させなければならない。

（環境衛生指導員）

第二十条　第十九条第一項及び浄化槽法第五十三条第二項の規定による立入検査並びに廃棄物の処理に関する指導の職務を行わせるため、都道府県知事は、環境省令で定める資格を有する職員のうちから、環境衛生指導員を命ずるものとする。

（廃棄物再生事業者）

第二十条の二　廃棄物の再生を業として営んでいる者は、その事業の用に供する施設及び申請者の能力がその事業を的確に、かつ、継続して行うに足りるものとして環境省令で定める基準に適合するときは、環境省令で定めるところにより、その事業場について、当該事業場の所在地を管轄する都道府県知事の登録を受けることができる。

2　前項の登録に関して必要な事項は、政令で定める。

3　第一項の登録を受けた者でなければ、登録廃棄物再生事業者という名称を用いてはならない。

4　市町村は、第一項の登録を受けた者に対し、当該市町村における一般廃棄物の再生に関して必要な協力を求めることができる。

（技術管理者）

第二十一条　一般廃棄物処理施設（政令で定めるし尿処理施設及び一般廃棄物の最終処分場を除く。）の設置者（市町村が第六条の二第一項の規定により一般廃棄物を処分するために設置する一般廃棄物処理施設にあつては、管理者）又は産業廃棄物処理施設（政令で定める産業廃棄物の最終処分場を除く。）の設置者は、当該一般廃棄物処理施設又は産業廃棄物処理施設の維持管理に関する技術上の業務を担当させるため、技術管理者を置かなければならない。ただし、自ら技術管理者として管理する一般廃棄物処理施設又は産業廃棄物処理施設については、この限りでない。

2　技術管理者は、その管理に係る一般廃棄物処理施設又は産業廃棄物処理施設に関して第八条の三又は第十五条の二の二に規定する技術上の基準に係る違反が行われないように、当該一般廃棄物処理施設又は産業廃棄物処理施設を維持管理する事務に従事する他の職員を監督しなければならない。

3　第一項の技術管理者は、環境省令で定める資格を有する者でなければならない。

（事故時の措置）

第二十一条の二　一般廃棄物の処理施設又は産業廃棄物の処理施設で政令で定めるもの（以下この項において「特定処理施設」という。）の設置者は、当該特定処理施設において破損その他の事故が発生し、当該特定処理施設においてこれらの処理に伴つて生じた汚水若しくは気体が飛散し、流出し、地下に浸透し、又は発散したことにより生活環境の保全上の支障が生じ、又は生ずるおそれがあるときは、直ちに、引き続くその支障の除去又は発生の防止のための応急の措置を講ずるとともに、速やかにその事故の状況及び講じた措置の概要を都道府県知事に届け出なければならない。

2　都道府県知事は、前項に規定する者が同項に規定する応急の措置を講じていないと認めるときは、その者に対し、当該応急の措置を講ずべきことを命ずることができる。

（環境大臣の指示）

第二十一条の三　環境大臣は、産業廃棄物の不適正な処理により生活環境の保全上の支障が生ずることを防止するため緊急の必要があると認めるときは、都道府県知事に対し、次に掲げる事務に関し必要な指示をすることができる。

一　第十九条の五第一項及び第十九条の六第一項の規定による命令に関する事務

二　第十九条の八第一項の規定による支障の除去等の措置に関する事務

（国庫補助）

第二十二条　国は、政令で定めるところにより、市町村に対し、災害その他の事由により特に必要となつた廃棄物の処理を行うために要する費用の一部を補助することができる。

（特別な助成）

第二十三条　国は、生活環境の保全及び公衆衛生の向上を図るため、一般廃棄物処理施設、産業廃棄物処理施設その他の廃棄物の処理施設の設置に必要な資金の融通又はそのあつせんに努めるものとする。

（情報交換の促進等）

第二十三条の二　国は、この法律の規定により都道府県知事が行う産業廃棄物に係る事務が円滑に実施されるように、国と都道府県及び都道府県相互間の情報交換を促進するとともに、当該事務の実施の状況に応じて職員の派遣その他の必要な措置を講ずることに努めるものとする。

（許可等に関する意見聴取）

第二十三条の三　都道府県知事は、第十四条第一項若しくは第六項、第十四条の四第一項若しくは第六項、第十五条第一項若しくは第十五条の四において読み替えて準用する第九条の五第一項の許可又は第十五条の四において読み替えて準用する第九条の六第一項の認可をしようとするときは、第十四条第五項第二号ロからへまでに該当する事由（同号ハからホまでに該当する事由にあつては、同号ロに係るものに限る。次項及び次条において同じ。）の有無について、警視総監又は道府県警察本部長の意見を聴くものとする。

2　都道府県知事は、第十四条の三の二第一項（第十四条の六において読み替えて準用する場合を含む。）又は第十五条の三第一項の規定による処分をしようとするときは、第十四条第五項第二号ロからへまでに該当する事由の有無について、警視総監又は道府県警察本部長の意見を聴くことができる。

（都道府県知事への意見）

第二十三条の四　警視総監又は道府県警察本部長は、産業廃棄物収集運搬業者、産業廃棄物処分業者、特別管理産業廃棄物収集運搬業者、特別管理産業廃棄物処分業者又は産業廃棄物処理施設の設置者（以下この条において「産業廃棄物収集運搬業者等」という。）について、第十四条第五項第二号ロからへまでに該当する事由があると疑うに足りる相当な理由があるため、都道府県知事が当該産業廃棄物収集運搬業者等に対して適当な措置を採ることが必要であると認める場合には、都道府県知事に対し、その旨の意見を述べることができる。

（関係行政機関への照会等）

第二十三条の五　都道府県知事は、第二十三条の三に規定するもののほか、この法律の規定に基づく事務に関し、関係行政機関又は関係地方公共団体に対し、照会し、又は協力を求めることができる。

（手数料）

第二十四条　第十条第一項（第十五条の四の七第一項において準用する場合を含む。）の確認又は第十五条の四の五第一項の許可を受けようとする者は、実費を勘案して政令で定める額の手数料を納付しなければならない。

（政令で定める市の長による事務の処理）

第二十四条の二　この法律の規定により都道府県知事の権限に属する事務の一部は、政令で定めるところにより、政令で定める市の長が行うこととすることができる。

2　前項の規定により政令で定める市の長がした処分（第二十四条の四に規定する第一号法定受託事務に係るものに限る。）についての審査請求の裁決に不服のある者は、環境大臣に対して再審査請求をすることができる。

（緊急時における環境大臣の事務執行）

第二十四条の三　第十八条第一項又は第十九条第一項の規定により都道府県知事の権限に属する事務は、生活環境の保全上特に必要があると環境大臣が認める場合にあつては、環境大臣又は都道府県知事が行うものとする。この場合においては、この法律の規定中都道府県知事に関する規定（当該事務に係る部分に限る。）は、環境大臣に関する規定として環境大臣に適用があるものとする。

2　前項の場合において、環境大臣又は都道府県知事が当該事務を行うときは、相互に密接な連携の下に行うものとする。

（事務の区分）

第二十四条の四　第十二条の三第六項、第十二条の五第八項、第十二条の六、第十四条第一項、第五項（第十四条の二第二項において準用する場合を含む。）、第六項及び第十項（第十四条の二第二項において準用する場合を含む。）、第十四条の二第一項、同条第三項において読み替えて準用する第七条の二第三項及び第四項、第十四条の三（第十四条の六において読み替えて準用する場合を含む。）、第十四条の三の二（第十四条の六において読み替えて準用する場合を含む。）、第十四条の四第一項、第五項（第十四条の五第二項において準用する場合を含む。）、第六項及び第十項（第十四条の五第二項において準用する場合を含む。）、第十四条の五第一項、同条第三項において読み替えて準用する第七条の二第三項及び第四項、同条第四項から第六項まで（第十五条の二の五第二項においてこれらの規定を準用する場合を含む。）、第十五条の二第一項から第三項まで（第十五条の二の五第二項においてこれらの規定を準用する場合を含む。）及び第五項、第十五条の二の三において読み替えて準用する第八条の五第四項、第十五条の二の五第一項、同条第三項において読み替えて準用する第九条第三項から第六項まで、第十五条の二の六、第十五条の三、第十五条の四において読み替えて準用する第九条の五第一項及び第二項、第九条の六並びに第九条の七第二項、第十八条第一項（産業廃棄物又は産業廃棄物処理施設に係る部分に限る。）、第十九条第一項（産業廃棄物又は産業廃棄物処理施設に係る部分に限る。）、第十九条の三（第二号に係る部分に限る。）、第十九条の五第一項、同条第二項において準用する第十九条の四第二項、第十九条の六第一項、同条第二項において準用する第十九条の四の二第二項、第二十一条の二（産業廃棄物の処理施設に係る部分に限る。）、第二十三条の三並びに第二十三条の四の規定により都道府県が行うこととされている事務は、地方自治法第二条第九項第一号に規定する第一号法定受託事務とする。

（権限の委任）

第二十四条の五　この法律に規定する環境大臣の権限は、環境省令で定めるところにより、地方環境事務所長に委任することができる。

（経過措置）

第二十四条の六　この法律の規定に基づき、命令を制定し、又は改廃する場合においては、その命令で、その制定又は改廃に伴い合理的に必要と判断される範囲内において、所要の経過措置（罰則に関する経過措置を含む。）を定めることができる。

第五章　罰則

第二十五条　次の各号のいずれかに該当する者は、五年以下の懲役若しくは千万円以下の罰金に処し、又はこれを併科する。

一　第七条第一項若しくは第六項、第十四条第一項若しくは第六項又は第十四条の四第一項若しくは第六項の規定に違反して、一般廃棄物又は産業廃棄物の収集若しくは運搬又は処分を業として行つた者

二　不正の手段により第七条第一項若しくは第六項、第十四条第一項若しくは第六項又は第十四条の四第一項若しくは第六項の許可（第七条第二項若しくは第七項、第十四条第二項若しくは第七項又は第十四条の四第二項若しくは第七項の許可の更新を含む。）を受けた者

三　第七条の二第一項、第十四条の二第一項又は第十四条の五第一項の規定に違反して、一般廃棄物又は産業廃棄物の収集若しくは運搬又は処分の事業を行つた者

四　不正の手段により第七条の二第一項、第十四条の二第一項又は第十四条の五第一項の変更の許可を受けた者

五　第七条の三、第十四条の三（第十四条の六において準用する場合を含む。）、第十九条の四第一項、第十九条の四の二第一項、第十九条の五第一項又は第十九条の六第一項の規定による命令に違反した者

六　第六条の二第六項、第十二条第三項又は第十二条の二第三項の規定に違反して、一般廃棄物又は産業廃棄物の処理を他人に委託した者

七　第七条の五、第十四条の三の三又は第十四条の七の規定に違反して、他人に一般廃棄物又は産業廃棄物の収集若しくは運搬又は処分を業として行わせた者

八　第八条第一項又は第十五条第一項の規定に違反して、一般廃棄物処理施設又は産業廃棄物処理施設を設置した者

九　不正の手段により第八条第一項又は第十五条第一項の許可を受けた者

十　第九条第一項又は第十五条の二の五第一項の規定に違反して、第八条第二項第四号から第七号までに掲げる事項又は第十五条第二項第四号から第七号までに掲げる事項を変更した者
十一　不正の手段により第九条第一項又は第十五条の二の五第一項の変更の許可を受けた者
十二　第十条第一項（第十五条の四の七第一項において読み替えて準用する場合を含む。）の規定に違反して、一般廃棄物又は産業廃棄物を輸出した者
十三　第十四条第十三項又は第十四条の四第十三項の規定に違反して、産業廃棄物の処理を受託した者
十四　第十六条の規定に違反して、廃棄物を捨てた者
十五　第十六条の二の規定に違反して、廃棄物を焼却した者
十六　第十六条の三の規定に違反して、指定有害廃棄物の保管、収集、運搬又は処分をした者
2　前項第十二号、第十四号及び第十五号の罪の未遂は、罰する。

第二十六条　次の各号のいずれかに該当する者は、三年以下の懲役若しくは三百万円以下の罰金に処し、又はこれを併科する。
一　第六条の二第七項、第七条第十四項、第十二条第四項、第十二条の二第四項、第十四条第十四項又は第十四条の四第十四項の規定に違反して、一般廃棄物又は産業廃棄物の処理を他人に委託した者
二　第九条の二、第十五条の二の六又は第十九条の三の規定による命令に違反した者
三　第九条の五第一項（第十五条の四において準用する場合を含む。）の規定に違反して、一般廃棄物処理施設又は産業廃棄物処理施設を譲り受け、又は借り受けた者
四　第十五条の四の五第一項の規定に違反して、国外廃棄物を輸入した者
五　第十五条の四の五第四項の規定により許可に付せられた条件に違反した者
六　前条第一項第十四号又は第十五号の罪を犯す目的で廃棄物の収集又は運搬をした者

第二十七条　第二十五条第一項第十二号の罪を犯す目的でその予備をした者は、二年以下の懲役若しくは二百万円以下の罰金に処し、又はこれを併科する。

第二十八条　次の各号のいずれかに該当する者は、一年以下の懲役又は五十万円以下の罰金に処する。
一　第十三条の七の規定に違反した者
二　第十五条の十九第四項又は第十九条の十第一項の規定による命令に違反した者

第二十九条　次の各号のいずれかに該当する者は、六月以下の懲役又は五十万円以下の罰金に処する。
一　第七条の二第四項（第十四条の二第三項及び第十四条の五第三項において読み替えて準用する場合を含む。）又は第九条第六項（第十五条の二の五第三項において読み替えて準用する場合を含む。）の規定による届出をせず、又は虚偽の届出をした者
二　第八条の二第五項（第九条第二項において準用する場合を含む。）又は第十五条の二第五項（第十五条の二の五第二項において準用する場合を含む。）の規定に違反して、一般廃棄物処理施設又は産業廃棄物処理施設を使用した者
三　第十二条の三第一項（第十五条の四の七第二項において準用する場合を含む。以下この号において同じ。）の規定に違反して、管理票を交付せず、又は第十二条の三第一項に規定する事項を記載せず、若しくは虚偽の記載をして管理票を交付した者
四　第十二条の三第二項前段の規定に違反して、管理票の写しを送付せず、又は同項前段に規定する事項を記載せず、若しくは虚偽の記載をして管理票の写しを送付した者
五　第十二条の三第二項後段の規定に違反して、管理票を回付しなかつた者
六　第十二条の三第三項若しくは第四項又は第十二条の五第五項の規定に違反して、管理票の写しを送付せず、又はこれらの規定に規定する事項を記載せず、若しくは虚偽の記載をして管理票の写しを送付した者
七　第十二条の三第五項、第八項又は第九項の規定に違反して、管理票又はその写しを保存しなかつた者
八　第十二条の四第一項の規定に違反して、虚偽の記載をして管理票を交付した者
九　第十二条の四第二項又は第三項の規定に違反して、送付又は報告をした者
十　第十二条の五第一項（第十五条の四の七第二項において準用する場合を含む。）の規定による登録をする場合において虚偽の登録をした者
十一　第十二条の五第二項又は第三項の規定に違反して、報告せず、又は虚偽の報告をした者
十二　第十二条の六第三項の規定による命令に違反した者
十三　第十五条の十九第一項の規定による届出をせず、又は虚偽の届出をした者
十四　第二十一条の二第二項の規定による命令に違反した者

第三十条　次の各号のいずれかに該当する者は、三十万円以下の罰金に処する。
一　第七条第十五項（第十二条第十一項、第十二条の二第十二項、第十四条第十五項及び第十四条の四第十六項において準用する場合を含む。）の規定に違反して帳簿を備えず、帳簿に記載せず、若しくは虚偽の記載をし、又は第七条第十六項（第十二条第十一項、第十二条の二第十二項、第十四条第十五項及び第十四条の四第十六項において準用する場合を含む。）の規定に違反して帳簿を保存しなかつた者
二　第七条の二第三項（第十四条の二第三項及び第十四条の五第三項において準用する場合を含む。）、第九条第三項（第十五条の二の五第三項において準用する場合を含む。）若しくは第四項（第十五条の二の五第三項において準用する場合を含む。）又は第九条の七第二項（第十五条の四において準用する場合を含む。）の規定による届出をせず、又は虚偽の届出をした者
三　第八条の四（第九条の十第七項、第十五条の二の三及び第十五条の四の四第三項において準用する場合を含む。）の規定に違反して、記録せず、若しくは虚偽の記録をし、又は記録を備え置かなかつた者
四　第十二条第六項又は第十二条の二第六項の規定に違反して、産業廃棄物処理責任者又は特別管理産業

廃棄物管理責任者を置かなかつた者

五　第十八条の規定による報告（情報処理センターに係るものを除く。以下この号において同じ。）をせず、又は虚偽の報告をした者

六　第十九条第一項又は第二項の規定による検査若しくは収去を拒み、妨げ、又は忌避した者

七　第二十一条第一項の規定に違反して、技術管理者を置かなかつた者

第三十一条　次の各号のいずれかに該当するときは、その違反行為をした情報処理センター又は廃棄物処理センターの役員又は職員は、三十万円以下の罰金に処する。

一　第十三条の六の許可を受けないで、情報処理業務の全部を廃止したとき。

二　第十三条の八の規定に違反して帳簿を備えず、帳簿に記載せず、若しくは虚偽の記載をし、又は第十三条の八の規定に違反して帳簿を保存しなかつたとき。

三　第十三条の九第一項、第十五条の十三第一項又は第十八条の規定による報告をせず、又は虚偽の報告をしたとき。

四　第十三条の九第一項又は第十五条の十三第一項の規定による検査を拒み、妨げ、又は忌避したとき。

第三十二条　法人の代表者又は法人若しくは人の代理人、使用人その他の従業者が、その法人又は人の業務に関し、次の各号に掲げる規定の違反行為をしたときは、行為者を罰するほか、その法人に対して当該各号に定める罰金刑を、その人に対して各本条の罰金刑を科する。

一　第二十五条第一項第一号から第四号まで、第十二号、第十四号若しくは第十五号又は第二項　一億円以下の罰金刑

二　第二十五条第一項（前号の場合を除く。）、第二十六条、第二十七条、第二十八条第二号、第二十九条又は第三十条　各本条の罰金刑

第三十三条　第十五条の十九第二項又は第三項の規定による届出をせず、又は虚偽の届出をした者は、二十万円以下の過料に処する。

第三十四条　第二十条の二第三項の規定に違反して、その名称中に登録廃棄物再生事業者という文字を用いた者は、十万円以下の過料に処する。

附　則　抄

（施行期日）

第一条　この法律は、公布の日から起算して九月をこえない範囲内において政令で定める日から施行する。

（経過措置）

第二条　この法律の施行前に改正前の清掃法第十五条第一項の規定によつてなされた汚物取扱業の許可または許可の申請は、改正後の廃棄物の処理及び清掃に関する法律第七条第一項の規定によつてなされた一般廃棄物処理業の許可又は許可の申請とみなす。

2　前項に規定する場合のほか、この法律の施行前に改正前の清掃法の規定によつてした処分、手続その他の行為は、改正後の廃棄物の処理及び清掃に関する法律中にこれに相当する規定があるときは、改正後の同法によつてしたものとみなす。

第三条　この法律の施行前にした行為に対する罰則の適用については、なお従前の例による。

（国の無利子貸付け等）

第四条　国は、当分の間、市町村に対し、廃棄物を処理するための施設（公共下水道及び流域下水道を除く。）の設置で日本電信電話株式会社の株式の売払収入の活用による社会資本の整備の促進に関する特別措置法（昭和六十二年法律第八十六号。次項において「社会資本整備特別措置法」という。）第二条第一項第二号に該当するものにつき、市町村が自ら行う場合にあつてはその要する費用に充てる資金の一部を、市町村以外の者が行う場合にあつてはその者に対し市町村が補助する費用に充てる資金の全部又は一部を、予算の範囲内において、無利子で貸し付けることができる。

2　国は、当分の間、センターに対し、廃棄物を処理するための施設（公共下水道及び流域下水道を除く。）の建設又は改良の工事で社会資本整備特別措置法第二条第一項第二号に該当するものに要する費用に充てる資金の一部を、予算の範囲内において、無利子で貸し付けることができる。

3　前二項の国の貸付金の償還期間は、五年（二年以内の据置期間を含む。）以内で政令で定める期間とする。

4　前項に定めるもののほか、第一項又は第二項の規定による貸付金の償還方法、償還期限の繰上げその他償還に関し必要な事項は、政令で定める。

5　国は、第一項又は第二項の規定により、市町村又はセンターに対し貸付けを行つた場合には、当該貸付けの対象である事業について、当該貸付金に相当する金額の補助を行うものとし、当該補助については、当該貸付金の償還時において、当該貸付金の償還金に相当する金額を交付することにより行うものとする。

6　市町村又はセンターが、第一項又は第二項の規定による貸付けを受けた無利子貸付金について、第三項及び第四項の規定に基づき定められる償還期限を繰り上げて償還を行つた場合（政令で定める場合を除く。）における前項の規定の適用については、当該償還は、当該償還期限の到来時に行われたものとみなす。

附　則（平成二〇年五月二日法律第二八号）抄

（施行期日）

第一条　この法律は、公布の日から施行する。

大学等における毒物及び劇物の適正な保管管理の徹底について

平成二十年十月二十一日20文科高第五三七号
各国公私立大学長／各国公私立高等専門学校長／大学を設置する各地方公共団体の長／各公立大学法人の理事長／独立行政法人国立高等専門学校機構理事長／大学又は高等専門学校を設置する各学校法人の理事長あて文部科学省高等教育局長通知

毒物及び劇物（以下「毒物劇物」という。）の取扱いについては、従来、「毒物及び劇物の保管管理について」（昭和五十二年三月二十六日付け薬発第三百十三号厚生省薬務局長通知（別紙１））、「毒物及び劇物の適正な保管管理等の徹底について」（平成十年七月二十八日付け医薬発第六百九十三号厚生省医薬安全局長通知（別紙２））、「毒劇物及び向精神薬等の医薬品の適正な保管管理及び販売等の徹底について」（平成十一年一月十三日付け医薬発第三十四号厚生省医薬安全局長通知（別紙３））等により、厚生労働省から都道府県知事等を通じて関係者に対して指導が行われてきたところです。

また、文部科学省でも、「毒物及び劇物の適正な管理について」（平成十年七月三十一日付け文会用第百三十五号文部省高等教育局長・学術国際局長・会計課長通知（別紙４））、「毒物及び劇物等の化学物質の管理徹底について」（平成十五年三月二十日付け14文科高第八百七十八号文部科学省高等教育局長・研究振興局長・研究開発局長通知（別紙５））等により、各大学長等に対し毒物劇物の保管管理の徹底等をお願いしてきたところです。

しかしながら、今般、大学の附属農場において、毒物劇物の保管管理が適切になされていなかったこと、特定毒物であるパラチオンを都道府県知事の許可を得ずに所持していたこと及び毒物たる農薬の残液が不適切に廃棄されていたこと等の事実が明らかとなりました。

毒物劇物に関し十分な知見を有すべき大学において、こうした事実が確認されたことは極めて遺憾であり、大学等において保管管理される毒物劇物について、より一層厳重な取扱いを行うことが必要です。

このことについては、別添のとおり、厚生労働省医薬食品局長より通知がありました。

ついては、各機関におかれては、別添及び別紙１～５の通知記載事項について、関係教職員、学生等に周知徹底し、対応に遺漏のないよう、よろしくお願いいたします。

別添３

大学等における毒物及び劇物の適正な保管管理の徹底について

平成二十年十月十七日薬食発第一〇一七〇〇三号
文部科学省高等教育局長あて厚生労働省医薬食品局長通知

毒物及び劇物（以下「毒物劇物」という。）の取扱いについては、従来、昭和五十二年三月二十六日付薬発第三百十三号「毒物及び劇物の保管管理について」、平成十年七月二十八日付医薬発第六百九十三号「毒物及び劇物の適正な保管管理等の徹底について」、平成十一年一月十三日付医薬発第三十四号「毒劇物及び向精神薬等の医薬品の適正な保管管理及び販売等の徹底について」等により、都道府県知事等を通じて関係者に対して指導してきたところである。

しかしながら、今般、大学の附属農場において、毒物劇物の保管管理が適切になされていなかったこと、特定毒物であるパラチオンを都道府県知事の許可を得ずに所持していたこと及び毒物たる農薬の残液が不適切に廃棄されていたこと等の事実が明らかとなった。

毒物劇物に関し十分な知見を有すべき大学において、こうした事実が確認されたことは極めて遺憾であり、大学等において保管管理される毒物劇物について、より一層厳重な取扱いを行うことが必要である。ついては、当該通知の記載について留意するとともに、下記の事項につき、遺漏のなきよう所管又は所轄の毒物劇物を取り扱う大学等の関係機関に対し周知徹底するようお願いする。

一　毒物又は劇物を貯蔵し、又は陳列する場所は、その他の物を貯蔵し、又は陳列する場所と明確に区別された毒物劇物専用のものとし、鍵をかける設備等のある堅固な施設とするとともに、敷地境界線から十分離すか又は一般の人が容易に近づけない措置を講じていること。さらに、毒物又は劇物を貯蔵し、陳列する場所に、「医薬用外」の文字及び毒物については「毒物」、劇物については「劇物」の文字を表示すること。

二　貯蔵、陳列されている毒物劇物の在庫量の定期点検及び毒物劇物の種類等に応じて使用量の把握を行うこと。

三　学術研究を目的として特定毒物を所持し、使用する場合には、都道府県知事から特定毒物研究者の許可を得る必要があることを関係者に周知徹底するとともに、上記１及び２に記載されている内容について特に万全を期すこと。

四　毒物若しくは劇物又は毒物若しくは劇物を含有する廃液等の廃棄については、毒物及び劇物取締法施行令第四十条に規定する技術上の基準に基づき、適切な方法で行われる必要があること。また、毒物及び劇物の廃棄の方法に関する基準については、昭和五十年十一月二十六日付薬発第千九十号、昭和五十二年十二月八日付薬発第千四百十六号、昭和五十六年三月三十一日付薬発第三百三十号、昭和六十年四月五日付薬発第三百七十三号、昭和六十二年九月十二日付薬発第七百八十二号、平成三年三月六日付薬発第二百五十九号、平成四年十二月七日付薬発第千百九十二号、平成六年三月十四日付薬発第二百三十二号、平成七年三月十六日付薬発第二百四十六号及び平成八年三月十五日付薬発第二百五十二号をもって定められているので、これに従うこと。

病原性微生物等の管理の徹底について

平成十四年十月二十四日14文科振第五一八号

各国公私立大学長・各国公私立高等専門学校長・各大学共同利用機関長・各関係研究機関の長・各関係公益法人の長あて文部科学省高等教育局長・文部科学省研究振興局長通知

昨年九月の米国同時多発テロを踏まえ、平成一三年一〇月一五日付13文科振第七九五号「病原性微生物等の管理の徹底について」において、病原性微生物等の保有状況について調査するとともに、厳重な保管・管理について関係者への注意喚起をお願いしてきたところです。

昨今、イエメン沖やインドネシア・バリ島における爆発事件が発生するなど、テロリストが関与した疑いの強い事件が多発しており、現在のテロ情勢は極めて厳しくなっております。

このような情勢を背景に、一〇月一六日にテロ対策関係省庁会議が開催され、各種テロ対策について改めて再点検するとともに、今後ともテロ情勢に的確に対応して、引き続き強化推進することが確認されました。各機関におかれましては、別添の諸事項について再確認していただくなど、病原性微生物等の厳重な保管・管理について関係者に改めて注意喚起いただくようお願いします。万一、病原性微生物等の盗難等が発生した場合には、警察等へ迅速に通報するとともに、文部科学省に連絡して下さい。

なお、別添二のリストに掲げる病原性微生物等の保有状況について、前回調査時（昨年一〇月）から変更がありました場合には、別添三の調査様式に従い、一一月七日（木）までに原則として郵送にて報告願います。

〈照会先〉

〒一〇〇―八九六六　東京都千代田区霞が関一―三―二

文部科学省研究振興局ライフサイエンス課

生命倫理・安全対策室

TEL：〇三―五二五三―四一一一（内線四一一三）

FAX：〇三―五二五三―四一一四

E-mail：ethics@mext.go.jp

（参考）

別添三の記入要領について

一　記入及び提出の単位について

（一）記入

以下の単位で別添三の調査様式に必要事項を記入して下さい。ただし、同じ機関、学部等であっても所在地が違う場合は、別々に提出願います。

①　独立行政法人、特殊法人・特認法人、公益法人、大学共同利用機関、高等専門学校→機関ごと

②　大学→学部、研究所、附属病院等ごと

【記入単位の例】

・独立行政法人〇〇研究所で提出（事業所が一つの場合）

・独立行政法人〇〇研究所〇〇事業所で提出（事業所が複数ある場合）

・〇〇大学〇〇研究所で提出（所在地が一カ所の場合）

・〇〇大学〇〇学部〇〇キャンパス（所在地が分かれる場合）

（二）提出

本文書が送付された機関単位でとりまとめの上、担当まで提出下さい。

二　保有する病原性微生物等の種類についての回答方法について

本調査は、特定の日における数量等を正確に把握することが目的ではありませんので、偶然の事情による増減にとらわれず、平成一四年一〇月の平均的な状況について回答して下さい。

別添一

病原性微生物等の適切な管理のための確認すべき事項

一　病原性微生物等の管理責任者の設置

二　病原性微生物等の適切な保管方法の確保

例：施錠された冷蔵庫又は冷凍庫への保管

保管場所へのアクセスの管理

管理責任者による定期的確認　等

三　病原性微生物等の台帳等による記録の保存

四　病原性微生物等の適切な廃棄方法の確保

例：オートクレーブ処理

薬剤による消毒

化学薬品による分解　等

別添二

一　ウイルス（全長ゲノムDNAを含む）

ウエストナイル熱ウイルス

エボラウイルス

黄熱ウイルス

狂犬病ウイルス

クリミア－コンゴ出血熱ウイルス

サル痘ウイルス

シンノムブルウイルス

西部ウマ脳炎ウイルス

ダニ媒介性脳炎ウイルス

チクングニアウイルス

デング熱ウイルス

痘瘡ウイルス

東部ウマ脳炎ウイルス

日本脳炎ウイルス

ハンターンウイルス

Bウイルス

フニン（アルゼンチン出血熱）ウイルス

ベネズエラウマ脳炎ウイルス

マチュポ（ボリビア出血熱）ウイルス

マールブルグウイルス

ラッサ熱ウイルス

リフトバレー熱ウイルス

二　細菌

ウシ流産菌

Q熱リケッチア

結核菌（＊多剤耐性株に限る）

＊少なくともイソニアジド、リファンピシンの両剤に耐性を持つものをいう。

炭疽菌

チフス菌

発疹チフスリケッチア

パラチフス菌

鼻疽菌

ブタ流産菌

ペスト菌

ボツリヌス菌

マルタ熱菌

野兎病菌

類鼻疽菌

ロッキー山紅斑熱リケッチア

三　真菌

コクシジオイデス

ヒストプラズマ

ブラストミセス

四　原生動物

ナエグレア　オーストラリエンシス

ナエグレア　フォレリ

五　毒素（単離・精製されているものに限る）

①　細菌毒素

ウェルシュ菌イプシロン毒素

黄色ブドウ球菌腸管毒素B

志賀（赤痢菌）毒素

ベロ毒素

ボツリヌス毒素

②　藻類毒素

アナトキシン

サキシトキシン

シガトキシン（Ciguatoxin）

③　真菌毒素

アフラトキシン

トリコテセン系カビ毒

④　植物性毒素

アブリン

リシン

⑤　動物性毒素

テトロドトキシン

ブンガロトキシン

大学等における実験動物の取扱いに関する安全管理の徹底について

平成九年五月二十三日9学情第一八号
各国公私立大学長・各大学共同利用機関長あて文部省学術国際局学術情報課長通知

大学等における動物実験の実施に関しては、「大学等における動物実験について」（昭和六二年五月二五日付け、文学情第一四一号）によって特段の御努力をいただくとともに、特に人獣共通感染症については、「動物実験における人獣共通感染事故の防止について」（昭和五四年四月二五日付け、文学情第一六一号）及び「流行性出血熱（韓国型出血熱）予防指針等について」（昭和五六年七月一〇日付け、文学情第二一五号）で、関係職員等の健康安全管理等に十分留意するようお願いしてきたところです。

今般、「国立大学動物実験施設協議会バイオハザード対策小委員会」が別紙一のとおり実験用サルについて人獣共通の感染症であるBウイルスの抗体検査結果を取りまとめました。それによれば、実験動物の適正な飼育管理の確保について改めて徹底を図る必要があると考えられます。

ついては、貴学（機関）において、とりわけ実験用サルに関する飼育及び実験が行われている各施設、部局等の関係職員等に対して、別紙二の「国立大学動物実験施設協議会バイオハザード対策小委員会」が取りまとめた留意事項の周知徹底を図られ、関係者の健康安全管理に遺漏のないよう、特段の御配慮をお願いします。

別紙1

Bウイルス抗体調査結果について

国立大学動物実験施設協議会
バイオハザード対策小委員会

今回文部省科学研究費補助金により我が国の動物実験施設協議会傘下（31施設）について、平成8年8月から同年12月までの期間にマカカ属及び非マカカ属の計962検体を収集し、社団法人「予防衛生協会」でBウイルス抗体検査を行った。

その結果下記のようなデータが得られた。

1　上記期間中に総数962検体（31機関）のサルの血清が収集された。

2　Bウイルス抗体調査結果

・総合結果：384／962（40％抗体陽性）

・サル種別結果

マカカ属：380／947（40％抗体陽性）

		（抗体陽性率）
カニクイザル	：57／96	（59％）
アカゲザル	：102／191	（53％）
タイワンザル	：5／14	（36％）
ニホンザル	：211／629	（34％）
その他のマカカ属	5／17	（29％）

非マカカ属：4／15（27％抗体陽性）

別紙2

サルを使用した動物実験における人獣共通感染症（特にBウイルス）の防止に関する留意事項

国立大学動物実験施設協議会
バイオハザード対策小委員会

サルを使用した動物実験における人獣共通感染症感染事故、例えばBウイルスなどの感染事故を防止するためサルの取扱いについて基本的事項を徹底し、少なくとも次の諸点を遵守するよう、関係者に周知願いたい。

1　サルの入手に当たっては次の事項に留意すること。
（1）新たに入手したサルの一般的健康状態の把握
（2）Bウイルス抗体の有無

2　サルの検疫、飼育、実験に携わる者は次の事項を励行すること。
（1）サルは個別ケージ、可能であれば狭体装置付きケージに収容
（2）専用のマスク・実験衣・手袋・履物の使用
（3）飼育器材の定期的消毒及び洗浄
（4）咬傷、ひっかき事故の防止
（5）実験使用後の機器、資材の消毒、滅菌
（6）サル由来の組織、血液等の慎重な取扱い
（7）救急箱の常備
（注）免疫抑制、レトロウイルス感染実験、あるいはストレス付与実験等によりBウイルスの活性化を招く恐れのある実験を行う時は、特に上記に留意すること。

3　動物飼育管理及び動物実験を行う施設等においては特に次の事項に留意すること。
（1）サルの逃亡防止
（2）確実な麻酔
（3）飼育・実験関係者以外の立入制限

4　動物実験に従事する者が咬傷、ひっかき等サル由来の怪我をした場合は、速やかに医師の診断を受けるとともに、施設に報告すること。

5　実験動物飼育管理者及び実験従事者に対して、予防に関する安全教育を徹底するとともに、定期的に健康診断を実施し、関係者の健康安全管理に遺漏のないよう留意すること。

6　その他CDCガイドライン（Guidelines for the Prevention and Treatment of B-Virus infections in Exposed Persons:Clin. Inf.Dis.20:421-439,1995）をはじめ、Bウイルスの詳細については、以下のウエブサイトを参照すること。
〈http://www.med.nagasaki-u.ac.jp/lac/〉

〈http：//hayato.med.osaka-u.ac.jp/index/guide/
inform/regulation/primate2-j.html〉
〈http：//www.anex.med.tokushima-u.ac.jp/topics/
zoonoses/zoonoses95-2.html〉
〈http：//www.nih.go.jp/yoken/tpc/main-j.html〉

（四）生命倫理

ヒトＥＳ細胞の樹立及び分配に関する指針

平成二十一年八月二十一日文部科学省告示第百五十六号
最終改正　平成二二年五月二〇日文部科学省告示第八六号

ヒトＥＳ細胞の樹立及び使用は、医学及び生物学の発展に大きく貢献する可能性がある一方で、人の生命の萌芽であるヒト胚を使用すること、ヒトＥＳ細胞がヒト胚を滅失させて樹立されたものであること、また、すべての細胞に分化する可能性があること等の生命倫理上の問題を有することにかんがみ、慎重な配慮が必要とされる。

文部科学大臣は、「ヒト胚性幹細胞を中心としたヒト胚研究に関する基本的考え方」（平成十二年三月六日科学技術会議生命倫理委員会ヒト胚研究小委員会）、「ヒト胚の取扱いに関する基本的考え方」（平成十六年七月二十三日総合科学技術会議）及び「人クローン胚の研究目的の作成・利用のあり方について（第一次報告）」（平成二十年二月一日科学技術・学術審議会生命倫理・安全部会）の考え方を踏まえ、ヒトＥＳ細胞の樹立及び分配において、人の尊厳を侵すことのないよう、生命倫理上の観点から遵守すべき基本的な事項を定め、もってその適正な実施の確保を図るため、ここにこの指針を定める。

第一章　総則

（定義）

第一条　この指針において、次の各号に掲げる用語の意義は、それぞれ当該各号に定めるところによる。

一　胚　ヒトに関するクローン技術等の規制に関する法律（平成十二年法律第百四十六号。以下「法」という。）第二条第一項第一号に規定する胚をいう。

二　ヒト胚　ヒトの胚（ヒトとしての遺伝情報を有する胚を含む。）をいう。

三　ヒト受精胚　法第二条第一項第六号に規定するヒト受精胚をいう。

四　人クローン胚　法第二条第一項第十号に規定する人クローン胚をいう。

五　ヒトＥＳ細胞　ヒト胚から採取された細胞又は当該細胞の分裂により生ずる細胞であって、胚でないもののうち、多能性（内胚葉、中胚葉及び外胚葉の細胞に分化する性質をいう。）を有し、かつ、自己複製能力を維持しているもの又はそれに類する能力を有することが推定されるものをいう。

六　分化細胞　ヒトＥＳ細胞が分化することにより、その性質を有しなくなった細胞をいう。

七　樹立　特定の性質を有する細胞を作成することをいう。

八　第一種樹立　ヒト受精胚を用いてヒトＥＳ細胞を樹立すること（次号に掲げるものを除く。）をいう。

九　第二種樹立　人クローン胚を作成し、作成した人クローン胚を用いてヒトＥＳ細胞を樹立することをいう。

十　樹立機関　ヒトＥＳ細胞を樹立する機関をいう。

十一　第一種樹立機関　第一種樹立を行う機関をいう。

十二　第二種樹立機関　第二種樹立を行う機関をいう。

十三　第一種提供医療機関　第一種樹立の用に供されるヒト受精胚の提供を受け、これを第一種樹立機関に移送する医療機関をいう。

十四　第二種提供医療機関　第二種樹立の用に供される人クローン胚を作成するために必要なヒトの未受精卵又はヒト受精胚（以下「未受精卵等」という。）の提供を受け、これを第二種樹立機関に移送する医療機関をいう。

十五　体細胞提供機関　第二種樹立の用に供される人クローン胚を作成するために必要なヒトの体細胞（以下単に「体細胞」という。）の提供を受け、これを第二種樹立機関に移送する機関をいう。

十六　分配機関　第三者に分配することを目的として樹立機関から寄託されたヒトＥＳ細胞の分配をし、及び維持管理をする機関をいう。

十七　使用機関　ヒトＥＳ細胞を使用する機関（日本国外にある事業所においてヒトＥＳ細胞を使用する機関（以下「海外使用機関」という。）を除く。）をいう。

十八　樹立計画　樹立機関が行うヒトＥＳ細胞の樹立及び分配（海外使用機関に対する分配を除く。）に関する計画をいう。

十九　海外分配計画　樹立機関又は分配機関が行うヒトＥＳ細胞の海外使用機関に対する分配に関する計画をいう。

二十　使用計画　使用機関が行うヒトＥＳ細胞の使用に関する計画をいう。

二十一　樹立責任者　樹立機関において、ヒトＥＳ細胞の樹立及び分配を総括する立場にある者をいう。

二十二　分配責任者　分配機関において、ヒトＥＳ細胞の分配を総括する立場にある者をいう。

二十三　インフォームド・コンセント　十分な説明に基づく自由な意思による同意をいう。

（適用の範囲）

第二条　ヒトＥＳ細胞の樹立及び分配（基礎的研究に係るものに限る。）は、この指針に定めるところにより適切に実施されるものとする。

（ヒト胚及びヒトＥＳ細胞に対する配慮）

第三条　ヒト胚及びヒトＥＳ細胞を取り扱う者は、ヒト胚が人の生命の萌芽であること並びにヒトＥＳ細胞がヒト胚を滅失させて樹立されたものであること及びすべての細胞に分化する可能性があることに配慮し、人の尊厳を侵すことのないよう、誠実かつ慎重にヒト胚及びヒトＥＳ細胞の取扱いを行うものとする。

（ヒト胚の無償提供）

第四条　ヒトＥＳ細胞の樹立の用に供されるヒト胚は、必要な経費を除き、無償で提供されるものとする。

第二章　ヒトES細胞の樹立等

第一節　樹立の要件等

（ヒトES細胞の樹立の要件）

第五条　ヒトES細胞の樹立は、次に掲げる要件を満たす場合に限り、行うことができるものとする。

一　ヒトES細胞の使用に関する指針（平成二十一年文部科学省告示第百五十七号）に規定する使用の要件を満たしたヒトES細胞の使用の方針が示されていること。

二　新たにヒトES細胞を樹立することが、前号に定める使用の方針に照らして科学的合理性及び必要性を有すること。

（樹立の用に供されるヒト胚に関する要件）

第六条　第一種樹立の用に供されるヒト受精胚は、次に掲げる要件を満たすものとする。

一　生殖補助医療に用いる目的で作成されたヒト受精胚であって、当該目的に用いる予定がないもののうち、提供する者による当該ヒト受精胚を滅失させることについての意思が確認されているものであること。

二　ヒトES細胞の樹立の用に供されることについて、適切なインフォームド・コンセントを受けたものであること。

三　凍結保存されているものであること。

四　受精後十四日以内（凍結保存されている期間を除く。）のものであること。

2　第一種提供医療機関によるヒト受精胚の第一種樹立機関への提供は、ヒトES細胞の樹立に必要不可欠な数に限るものとする。

3　第一種樹立機関は、提供されたヒト受精胚を遅滞なくヒトES細胞の樹立の用に供するものとする。

4　第二種樹立の用に供される人クローン胚は、特定胚の取扱いに関する指針（平成二十一年文部科学省告示第八十三号。以下「特定胚指針」という。）に基づいて作成されたものに限るものとする。

（樹立機関内のヒト胚等の取扱い）

第七条　樹立機関におけるヒト胚及び未受精卵の取扱いは、医師又は医師の指導により適切に行われるものとする。

第二節　樹立等の体制

（樹立機関の基準）

第八条　樹立機関は、次に掲げる要件を満たすものとする。

一　ヒトES細胞の樹立及び分配をするに足りる十分な施設、人員、財政的基礎及び技術的能力を有すること。

二　ヒトES細胞の樹立及び分配について遵守すべき技術的及び倫理的な事項に関する規則が定められていること。

三　倫理審査委員会が設置されていること。

四　ヒトES細胞の樹立及び分配に関する技術的能力及び倫理的な認識を向上させるために必要な教育及び研修（以下「教育研修」という。）を実施するための計画（以下「教育研修計画」という。）が定められていること。

（樹立機関の業務等）

第九条　樹立機関は、ヒトES細胞を樹立することのほか、次に掲げる業務を行うものとする。

一　当該樹立機関で樹立したヒトES細胞の分配をし、及び維持管理をすること（分配機関に寄託をして分配をさせ、及び維持管理をさせる場合を含む。）。

二　一度分配をしたヒトES細胞のうち使用機関において加工されたものを譲り受け、その分配をし、及び維持管理をすること（ヒトES細胞を使用する研究の進展のために合理的である場合に限る。）。

三　使用計画（当該樹立機関が樹立したヒトES細胞を、当該樹立機関から分配を受けて用いるものに限る。）を実施する研究者にヒトES細胞の取扱いに関する技術的研修を行うこと。

2　樹立機関は、ヒトES細胞の樹立、維持管理、分配、返還及び寄託に関する記録を作成し、これを保存するものとする。

3　樹立機関は、ヒトES細胞の樹立、維持管理、分配、返還及び寄託に関する資料の提出、調査の受入れその他文部科学大臣が必要と認める措置に協力するものとする。

（樹立機関の長）

第十条　樹立機関の長は、次に掲げる業務を行うものとする。

一　樹立計画及びその変更の妥当性を確認し、第十三条から第十六条までの規定に基づき、その実施を了承すること。

二　海外分配計画の妥当性を確認し、第五十三条の規定に基づき、その実施を了承すること。

三　ヒトES細胞の樹立の進行状況及び結果並びにヒトES細胞の分配、返還及び寄託の状況を把握し、必要に応じ樹立責任者に対しその留意事項、改善事項等に関して指示を与えること。

四　ヒトES細胞の樹立、分配及び寄託を監督すること。

五　樹立機関においてこの指針を周知徹底し、これを遵守させること。

六　ヒトES細胞の樹立及び分配に関する教育研修計画を策定し、これに基づく教育研修を実施すること。

七　前条第一項第三号に規定する技術的研修について、その実施体制を整備すること。

2　樹立機関の長は、樹立責任者を兼ねることができない。ただし、第八条第二号に規定する規則により前項の業務を代行する者が選任されている場合は、この限りでない。

3　前項ただし書の場合においては、この指針の規定（前項を除く。）中「樹立機関の長」とあるのは「樹立機関の長の業務を代行する者」と、第五十三条第一項中「当該機関の長」とあるのは「当該機関の長（樹立機関の長の業務を代行する者を含む。）」と、それぞれ読み替えるものとする。

（樹立責任者）

第十一条　樹立責任者は、次に掲げる業務を行うものとする。

一　ヒトＥＳ細胞の樹立に関して、内外の入手し得る資料及び情報に基づき、樹立計画又はその変更の科学的妥当性及び倫理的妥当性について検討すること。
二　前号の検討の結果に基づき、樹立計画を記載した書類（以下「樹立計画書」という。）又は樹立計画の変更の内容及び理由を記載した書類（第十六条第一項、第三項及び第六項において「樹立変更計画書」という。）を作成すること。
三　海外分配計画を記載した書類（第四十五条第一項第六号並びに第五十三条第一項から第三項まで及び第八項第一号において「海外分配計画書」という。）を作成すること。
四　ヒトＥＳ細胞の樹立、分配及び寄託を総括し、並びに研究者に対し必要な指示をすること。
五　ヒトＥＳ細胞の樹立が樹立計画書に従い適切に実施されていることを随時確認すること。
六　ヒトＥＳ細胞の分配及び寄託が適切に実施されていることを随時確認すること。
七　第十七条第一項及び第二項並びに第十八条第一項に規定する手続を行うこと。
八　当該樹立計画又は海外分配計画を実施する研究者に対し、ヒトＥＳ細胞の樹立及び分配に関する教育研修計画に基づく教育研修に参加するよう命ずるとともに、必要に応じ、その他のヒトＥＳ細胞の樹立及び分配に関する教育研修を実施すること。
九　第九条第一項第三号に規定する技術的研修を実施すること。
十　前各号に定めるもののほか、樹立、分配及び寄託を総括するに当たって必要となる措置を講ずること。

2　樹立責任者は、一の樹立計画ごとに一名とし、ヒトＥＳ細胞に関する倫理的な認識並びに動物胚を用いたＥＳ細胞の樹立の経験その他のヒトＥＳ細胞の樹立に関する十分な専門的知識及び技術的能力を有するとともに、前項各号に掲げる業務を的確に実施できる者とする。

（樹立機関の倫理審査委員会）
第十二条　樹立機関の倫理審査委員会は、次に掲げる業務を行うものとする。
一　この指針に即して、樹立計画又はその変更の科学的妥当性及び倫理的妥当性について総合的に審査を行い、その適否、留意事項、改善事項等に関して樹立機関の長に対し意見を提出すること。
二　この指針に即して、海外分配計画の妥当性について総合的に審査を行い、その適否、留意事項、改善事項等に関して樹立機関の長に対し意見を提出すること。
三　樹立の進行状況及び結果並びに分配、返還及び寄託の状況について報告を受け、必要に応じて調査を行い、その留意事項、改善事項等に関して樹立機関の長に対し意見を提出すること。

2　樹立機関の倫理審査委員会は、前項第一号及び第二号の審査の過程の記録を作成し、これを保管するものとする。

3　樹立機関の倫理審査委員会は、次に掲げる要件を満たすものとする。
一　樹立計画の科学的妥当性及び倫理的妥当性並びに海外分配計画の妥当性を総合的に審査できるよう、生物学、医学及び法律に関する専門家、生命倫理に関する意見を述べるにふさわしい識見を有する者並びに一般の立場に立って意見を述べられる者から構成されていること。
二　当該樹立機関が属する法人に所属する者以外の者が二名以上含まれていること。
三　男性及び女性がそれぞれ二名以上含まれていること。
四　当該樹立計画又は海外分配計画を実施する研究者、樹立責任者との間に利害関係を有する者及び樹立責任者の三親等以内の親族が審査に参画しないこと。
五　倫理審査委員会の活動の自由及び独立が保障されるよう適切な運営手続が定められていること。
六　倫理審査委員会の構成、組織及び運営並びにその議事の内容の公開その他樹立計画及び海外分配計画の審査に必要な手続に関する規則が定められ、かつ、当該規則が公開されていること。

4　前項に掲げるもののほか、第二種樹立機関の倫理審査委員会は、次に掲げる要件を満たすものとする。
一　前項第一号の医学に関する専門家に、再生医療に関して識見を有する者及び未受精卵等の提供者の受ける医療に関して優れた識見を有する医師が含まれていること。
二　委員の過半数が第二種樹立機関に所属していない者であること。

5　倫理審査委員会の運営に当たっては、第三項第六号に規定する規則により非公開とすることが定められている事項を除き、議事の内容について公開するものとする。

第三節　樹立の手続

（樹立機関の長の了承）
第十三条　樹立責任者は、ヒトＥＳ細胞の樹立に当たっては、あらかじめ、樹立計画書を作成し、樹立計画の実施について樹立機関の長の了承を求めるものとする。

2　前項の樹立計画書には、次に掲げる事項を記載するものとする。
一　樹立計画の名称
二　樹立機関の名称及びその所在地並びに樹立機関の長の氏名
三　樹立責任者及び研究者の氏名、略歴、研究業績、教育研修の受講歴及び樹立計画において果たす役割
四　樹立の用に供されるヒト胚に関する説明
五　樹立後のヒトＥＳ細胞の使用の方針
六　樹立の目的及び必要性
七　樹立の方法及び期間
八　分配に関する説明
九　樹立機関の基準に関する説明
十　インフォームド・コンセントに関する説明
十一　細胞提供機関（第一種樹立を行う場合には、第一種提供医療機関をいい、第二種樹立を行う場合に

は、第二種提供医療機関及び体細胞提供機関をいう。以下同じ。）に関する説明

十二　細胞提供機関の倫理審査委員会に関する説明

十三　その他必要な事項

3　第一項の樹立計画書には、第一種樹立を行う場合には第二十四条第三項の説明書を、第二種樹立を行う場合には第三十条第三項及び第三十六条第三項の説明書を、それぞれ添付するものとする。

（樹立機関の倫理審査委員会の意見聴取）

第十四条　樹立機関の長は、前条第一項の規定に基づき、樹立責任者から樹立計画の実施の了承を求められたときは、その妥当性について樹立機関の倫理審査委員会の意見を求めるとともに、当該意見に基づき樹立計画のこの指針に対する適合性を確認するものとする。

2　樹立機関の長は、前項の規定によりこの指針に対する適合性を確認した樹立計画について、当該樹立計画に係るすべての細胞提供機関の長の了解を得るものとする。

3　細胞提供機関の長は、樹立計画を了解するに当たっては、当該機関の倫理審査委員会の意見を聴くものとする。

4　細胞提供機関の長は、樹立計画を了解する場合には、当該機関の倫理審査委員会における審査の過程及び結果を示す書類を添付して、樹立機関の長に通知するものとする。

（文部科学大臣の確認）

第十五条　樹立機関の長は、樹立計画の実施を了承するに当たっては、前条の手続の終了後、当該樹立計画のこの指針に対する適合性について、文部科学大臣の確認を受けるものとする。

2　前項の場合には、樹立機関の長は、次に掲げる書類を文部科学大臣に提出するものとする。

一　第十三条第三項の説明書を添付した樹立計画書

二　樹立機関及び当該樹立計画に係るすべての細胞提供機関の倫理審査委員会における審査の過程及び結果を示す書類、これらの機関の倫理審査委員会に関する事項を記載した書類並びにこれらの機関の倫理審査委員会の構成、組織及び運営並びにその議事の内容の公開その他樹立計画の審査に必要な手続に関する規則の写し

三　ヒトＥＳ細胞の樹立及び分配について遵守すべき技術的及び倫理的な事項に関する規則の写し

3　文部科学大臣は、第一項の確認を求められたときは、樹立計画のこの指針に対する適合性について、科学技術・学術審議会生命倫理・安全部会の意見を求めるとともに、当該意見に基づき確認を行うものとする。

（樹立計画の変更）

第十六条　樹立責任者は、第十三条第二項第一号及び第三号から第十二号までに掲げる事項を変更しようとするときは、あらかじめ、樹立計画変更書を作成して、樹立機関の長の了承を求めるものとする。この場合において、了承を求められた樹立機関の長は、当該変更の妥当性について樹立機関の倫理審査委員会の意見を求めるとともに、当該意見に基づき当該変更のこの指針に対する適合性を確認するものとする。

2　樹立機関の長は、前項の確認をした樹立計画の変更に関し、その内容が細胞提供機関に関係する場合には、当該変更について当該細胞提供機関の長の了解を得るものとする。この場合において、了解を求められた細胞提供機関の長は、当該細胞提供機関の倫理審査委員会の意見を聴くものとする。

3　樹立機関の長は、第一項の了承をするに当たっては、当該変更のこの指針に対する適合性について文部科学大臣の確認を受けるものとする。この場合において、樹立機関の長は、樹立計画変更書のほか、次に掲げる書類を文部科学大臣に提出するものとする。

一　当該変更に係る樹立機関の倫理審査委員会における審査の過程及び結果を示す書類

二　前項に規定する場合には、当該変更に係る細胞提供機関の倫理審査委員会における審査の過程及び結果を示す書類

4　文部科学大臣は、前項の確認を求められたときは、当該変更のこの指針に対する適合性について、科学技術・学術審議会生命倫理・安全部会の意見を求めるとともに、当該意見に基づき確認を行うものとする。

5　樹立機関の長は、第十三条第二項第二号に掲げる事項を変更したときは、速やかに、その旨を文部科学大臣に届け出るものとする。

6　樹立責任者は、第十三条第二項第十三号に掲げる事項を変更しようとするときは、あらかじめ、樹立計画変更書を作成して、樹立機関の長の了承を求めるものとする。

7　樹立機関の長は、前項の了承をしたときは、速やかに、その旨を樹立機関の倫理審査委員会に報告するとともに、文部科学大臣に届け出るものとする。

8　文部科学大臣は、前項の届出があったときは、当該届出に係る事項を科学技術・学術審議会生命倫理・安全部会に報告するものとする。

（樹立の進行状況等の報告）

第十七条　樹立責任者は、ヒトＥＳ細胞の樹立の進行状況、ヒトＥＳ細胞の分配、返還及び寄託の状況並びに提供された未受精卵等及び体細胞の取扱いの状況を樹立機関の長及び樹立機関の倫理審査委員会に随時報告するものとする。

2　樹立責任者は、ヒトＥＳ細胞を樹立したときは、速やかに、その旨及び樹立したヒトＥＳ細胞株の名称を記載した書類（次項において「樹立報告書」という。）を作成し、樹立機関の長に提出するものとする。

3　樹立機関の長は、樹立報告書の提出を受けたときは、速やかに、その写しを樹立機関の倫理審査委員会及び文部科学大臣に提出するものとする。

4　樹立機関の長は樹立したヒトＥＳ細胞を維持管理している間は、少なくとも毎年一回、文部科学大臣に当該ヒトＥＳ細胞の分配、返還及び寄託の状況を報告するものとする。

（樹立計画の終了）

第十八条　樹立責任者は、樹立計画を終了したときは、速やかに、その旨及び樹立の結果を記載した書類（次項において「樹立計画完了報告書」という。）を作成し、樹立機関の長に提出するものとする。

2　樹立機関の長は、樹立計画完了報告書の提出を受けたときは、速やかに、その写しを樹立機関の倫理審査委員会及び文部科学大臣に提出するものとする。

3　樹立機関は、樹立計画が終了した場合には、その保

有するヒトＥＳ細胞を分配機関に譲渡する等により、ヒトＥＳ細胞の適切な取扱いを図るものとする。

（研究成果の公開）

第十九条　ヒトＥＳ細胞の樹立により得られた研究成果は、原則として公開するものとする。

2　樹立機関は、ヒトＥＳ細胞の樹立により得られた研究成果を公開する場合には、当該ヒトＥＳ細胞の樹立がこの指針に適合して行われたことを明示するものとする。

（樹立機関に関する業務の連携）

第二十条　複数の機関が連携して樹立機関の業務を行うことができるものとする。

2　前項の場合において、各機関は、各機関ごとの役割分担及び責任体制に関する説明を樹立計画書に記載するとともに、各機関ごとに、樹立計画又はその変更（第十三条第二項第二号及び第十三号に掲げる事項に係る変更を除く。）について、当該機関に設置された倫理審査委員会の意見を聴くものとする。

第三章　ヒトＥＳ細胞の樹立に必要なヒト受精胚等の提供

第一節　第一種樹立に必要なヒト受精胚の提供

（第一種提供医療機関の基準）

第二十一条　第一種提供医療機関は、次に掲げる要件を満たすものとする。

一　ヒト受精胚の取扱いに関して十分な実績及び能力を有すること。

二　倫理審査委員会が設置されていること。

三　ヒト受精胚を提供する者の個人情報の保護のための十分な措置が講じられていること。

四　ヒト受精胚を滅失させることについての意思の確認の方法その他ヒト受精胚の取扱いに関する手続が明確に定められていること。

（第一種提供医療機関の倫理審査委員会）

第二十二条　第一種提供医療機関の倫理審査委員会は、この指針に即して、樹立計画又はその変更の科学的妥当性及び倫理的妥当性について総合的に審査を行い、その適否、留意事項、改善事項等に関して第一種提供医療機関の長に対し意見を提出する業務を行うものとする。

2　第一種提供医療機関の倫理審査委員会は、前項の審査の過程の記録を作成し、これを保管するものとする。

3　第一種提供医療機関の倫理審査委員会は、次に掲げる要件を満たすものとする。

一　樹立計画の科学的妥当性及び倫理的妥当性を総合的に審査できるよう、生物学、医学及び法律に関する専門家、生命倫理に関する意見を述べるにふさわしい識見を有する者並びに一般の立場に立って意見を述べられる者から構成されていること。

二　当該第一種提供医療機関が属する法人に所属する者以外の者が二名以上含まれていること。

三　男性及び女性がそれぞれ二名以上含まれていること。

四　当該樹立計画を実施する研究者、樹立責任者との間に利害関係を有する者及び樹立責任者の三親等以内の親族が審査に参画しないこと。

五　倫理審査委員会の活動の自由及び独立が保障されるよう適切な運営手続が定められていること。

六　倫理審査委員会の構成、組織及び運営並びにその議事の内容の公開その他樹立計画の審査に必要な手続に関する規則が定められ、かつ、当該規則が公開されていること。

4　倫理審査委員会の運営に当たっては、前項第六号に規定する規則により非公開とすることが定められている事項を除き、議事の内容について公開するものとする。

（インフォームド・コンセントの手続）

第二十三条　第一種提供医療機関は、ヒト受精胚を第一種樹立に用いることについて、当該第一種樹立に必要なヒト受精胚の提供者（当該ヒト受精胚の作成に必要な生殖細胞を供した夫婦（婚姻の届出をしていないが事実上夫婦と同様の関係にある者を含む。）をいう。以下この節において同じ。）のインフォームド・コンセントを受けるものとする。

2　前項のインフォームド・コンセントは、書面により表示されるものとする。

3　第一種提供医療機関は、第一項のインフォームド・コンセントを受けるに当たり、ヒト受精胚の提供者の心情に十分配慮するとともに、次に掲げる要件を満たすものとする。

一　ヒト受精胚の提供者が置かれている立場を不当に利用しないこと。

二　同意の能力を欠く者にヒト受精胚の提供を依頼しないこと。

三　ヒト受精胚の提供者によるヒト受精胚を滅失させることについての意思が事前に確認されていること。

四　ヒト受精胚の提供者が提供するかどうか判断するために必要な時間的余裕を有すること。

五　インフォームド・コンセントの受取後少なくとも三十日間は、当該ヒト受精胚を保存すること。

4　ヒト受精胚の提供者は、当該ヒト受精胚が保存されている間は、インフォームド・コンセントを撤回することができるものとする。

（インフォームド・コンセントの説明）

第二十四条　前条第一項に規定するインフォームド・コンセントに係る説明は、第一種樹立機関が行うものとする。

2　第一種樹立機関は、当該第一種樹立機関に所属する者（樹立責任者を除く。）のうちから、当該第一種樹立機関の長が指名する者に前項の説明を実施させるものとする。

3　前項の規定により第一種樹立機関の長の指名を受けた者は、第一項の説明を実施するに当たり、ヒト受精胚の提供者に対し、次に掲げる事項を記載した説明書を提示し、分かりやすく、これを行うものとする。

一　ヒトＥＳ細胞の樹立の目的及び方法

二　ヒト受精胚が樹立過程で滅失することその他提供されるヒト受精胚の取扱い

三　予想されるヒトＥＳ細胞の使用方法及び成果
四　樹立計画のこの指針に対する適合性が第一種樹立機関、第一種提供医療機関及び国により確認されていること。
五　ヒト受精胚の提供者の個人情報が第一種樹立機関に移送されないことその他個人情報の保護の具体的な方法
六　ヒト受精胚の提供が無償で行われるため、提供者が将来にわたり報酬を受けることのないこと。
七　ヒトＥＳ細胞について遺伝子の解析が行われる可能性がある場合には、その旨及びその遺伝子の解析が特定の個人を識別するものではないこと。
八　ヒトＥＳ細胞から生殖細胞を作成する可能性がある場合には、その旨及び当該生殖細胞を用いてヒト胚を作成しないこと。
九　ヒトＥＳ細胞からヒト受精胚の提供者が特定されないため、研究成果その他の当該ヒトＥＳ細胞に関する情報がヒト受精胚の提供者に開示できないこと。
十　ヒトＥＳ細胞の樹立の過程及びヒトＥＳ細胞を使用する研究から得られた研究成果が学会等で公開される可能性のあること。
十一　ヒトＥＳ細胞が第一種樹立機関において長期間維持管理されるとともに、使用機関に無償で分配をされること。
十二　ヒトＥＳ細胞（分化細胞を含む。）から有用な成果が得られた場合には、その成果から特許権、著作権その他の無体財産権又は経済的利益が生ずる可能性があること及びこれらがヒト受精胚の提供者に帰属しないこと。
十三　提供又は不提供の意思表示がヒト受精胚の提供者に対して何らの利益又は不利益をもたらすものではないこと。
十四　同意を得た後少なくとも三十日間はヒト受精胚が第一種提供医療機関において保存されること及びその方法、並びに当該ヒト受精胚が保存されている間は、同意の撤回が可能であること及びその方法
十五　その他必要な事項

４　第一種樹立機関は、第一項の説明を実施するときは、ヒト受精胚の提供者の個人情報を保護するため適切な措置を講ずるとともに、前項の説明書及び当該説明を実施したことを示す文書（次条第一項において「説明実施書」という。）をヒト受精胚の提供者に、その写しを第一種提供医療機関にそれぞれ交付するものとする。
５　第一種樹立機関は、最新の科学的知見を踏まえ、正確に第一項の説明を行うものとする。

（インフォームド・コンセントの確認）

第二十五条　第一種提供医療機関の長は、樹立計画に基づくインフォームド・コンセントの受取の適切な実施に関して、第二十三条第二項の書面、前条第三項の説明書及び説明実施書を確認するとともに、当該第一種提供医療機関の倫理審査委員会の意見を聴くものとする。
２　第一種提供医療機関の長は、ヒト受精胚を第一種樹立機関に移送するときには、前項の確認を行ったことを文書で第一種樹立機関に通知するものとする。
３　前項の通知を受けた場合には、第一種樹立機関の長は、当該通知の写しを文部科学大臣に提出するものとする。

（ヒト受精胚の提供者の個人情報の保護）

第二十六条　第一種樹立に携わる者は、ヒト受精胚の提供者の個人情報の保護に最大限努めるものとする。
２　前項の趣旨にかんがみ、第一種提供医療機関は、ヒト受精胚を第一種樹立機関に移送するときには、当該ヒト受精胚とその提供者に関する個人情報が照合できないよう必要な措置を講ずるものとする。

第二節　第二種樹立に必要な未受精卵等の提供

（第二種提供医療機関の基準）

第二十七条　第二種提供医療機関は、次に掲げる要件を満たすものとする。
一　未受精卵等の取扱いに関して十分な実績及び能力を有すること。
二　倫理審査委員会が設置されていること。
三　未受精卵等を提供する者の個人情報の保護のための十分な措置が講じられていること。
四　未受精卵等を提供することについての意思の確認の方法その他ヒト受精胚の取扱いに関する手続が明確に定められていること。
２　未受精卵等の提供者が第二種提供医療機関において医療を受けている場合には、第二種提供医療機関は、説明担当医師（未受精卵等の提供者に対し、当該提供の方法及び提供後の取扱いに関する説明を行う医師であって、産科及び婦人科の診療に優れた識見を有する医師をいう。）及びコーディネータ（未受精卵等の提供者に対し、当該提供に関する情報提供、相談及び関係者間の調整を行う者であって、提供者と利害関係がなく、第二種樹立並びに産科及び婦人科の診療に優れた識見を有する者をいう。）を配置するものとする。

（第二種提供医療機関の倫理審査委員会）

第二十八条　第二種提供医療機関の倫理審査委員会は、この指針に即して、樹立計画又はその変更の科学的妥当性及び倫理的妥当性について総合的に審査を行い、その適否、留意事項、改善事項等に関して第二種提供医療機関の長に対し意見を提出する業務を行うものとする。
２　第二種提供医療機関の倫理審査委員会は、前項の審査の過程の記録を作成し、これを保管するものとする。
３　第二種提供医療機関の倫理審査委員会は、次に掲げる要件を満たすものとする。
一　樹立計画の科学的妥当性及び倫理的妥当性を総合的に審査できるよう、生物学、医学及び法律に関する専門家、生命倫理に関する意見を述べるにふさわしい識見を有する者並びに一般の立場に立って意見を述べられる者から構成されていること。
二　当該第二種提供医療機関が属する法人に所属する者以外の者が二名以上含まれていること。
三　男性及び女性がそれぞれ二名以上含まれていること。
四　当該樹立計画を実施する研究者、樹立責任者との間に利害関係を有する者及び樹立責任者の三親等以

内の親族が審査に参画しないこと。

五　倫理審査委員会の活動の自由及び独立が保障されるよう適切な運営手続が定められていること。

六　倫理審査委員会の構成、組織及び運営並びにその議事の内容の公開その他樹立計画の審査に必要な手続に関する規則が定められ、かつ、当該規則が公開されていること。

七　第一号の医学に関する専門家に、再生医療に関して識見を有する者及び未受精卵等の提供者の受ける医療に関して優れた識見を有する医師が含まれていること。

八　委員の過半数が第二種樹立機関に所属していない者であること。

4　倫理審査委員会の運営に当たっては、前項第六号に規定する規則により非公開とすることが定められている事項を除き、議事の内容について公開するものとする。

（インフォームド・コンセントの手続）

第二十九条　第二種提供医療機関は、未受精卵等を第二種樹立に用いることについて、当該第二種樹立に必要な未受精卵等の提供者その他提供の意思を確認すべき者（以下この節において「提供者等」という。）のインフォームド・コンセントを受けるものとする。

2　前項のインフォームド・コンセントは書面により表示されるものとする。

3　第二種提供医療機関は、第一項のインフォームド・コンセントを受けるに当たり、提供者等の心情に十分配慮するとともに、次に掲げる要件を満たすものとする。

一　提供者等が置かれている立場を不当に利用しないこと。

二　同意の能力を欠く者及び第二種樹立を実施する者その他の関係者に未受精卵等の提供を依頼しないこと。

三　提供者等による未受精卵等を廃棄することについての意思が事前に確認されていること。

四　提供者等が提供するかどうか判断するために必要な時間的余裕を有すること。

五　インフォームド・コンセントの受取後少なくとも三十日間は、当該未受精卵等を第二種樹立機関に移送しないこと。

六　特定胚指針第九条第五項第二号又は第三号に掲げる未受精卵等（凍結されたものを除く。）の提供を受ける場合には、未受精卵等の提供者が過去に生殖補助医療を受けた経験のある者であること及び未受精卵等の提供者から事前に提供の申し出があったことを確認すること。

七　倫理審査委員会の委員又は倫理審査委員会が指定する者（当該第二種樹立に関与する者でなく、かつ、未受精卵等の提供者と利害関係を有しない者に限る。）が、未受精卵等の提供者に面接してその提供の同意に係る手続の適切性を確認していること（凍結された未受精卵の提供を受ける場合及び未受精卵等の提供者の生殖補助医療が終了した後にヒト受精胚の提供を受ける場合を除く。）。

（インフォームド・コンセントの説明）

第三十条　前条第一項のインフォームド・コンセントに係る説明は、特定胚指針第十条第二項の規定に基づき行うものとする。

2　第二種樹立機関は、当該第二種樹立機関に所属する者（樹立責任者を除く。）のうちから、当該第二種樹立機関の長が指名する者に前項の説明を実施させるものとする。

3　前項の規定により第二種樹立機関の長の指名を受けた者は、第一項の説明を実施するに当たり、提供者等に対し、特定胚指針第十条第二項各号に掲げる事項を記載した説明書を提示し、分かりやすく、これを行うものとする。

4　第二種樹立機関は、第一項の説明を実施するときは、未受精卵等の提供者の個人情報を保護するため適切な措置を講ずるとともに、前項の説明書及び当該説明を実施したことを示す文書（次条第一項において「説明実施書」という。）を提供者等に、その写しを第二種提供医療機関にそれぞれ交付するものとする。

5　第二種樹立機関は、最新の科学的知見を踏まえ、正確に第一項の説明を行うものとする。

（インフォームド・コンセントの確認）

第三十一条　第二種提供医療機関の長は、樹立計画に基づくインフォームド・コンセントの受取の適切な実施に関して、第二十九条第二項の書面、前条第三項の説明書及び説明実施書を確認するとともに、当該第二種提供医療機関の倫理審査委員会の意見を聴くものとする。

2　第二種提供医療機関の長は、未受精卵等を第二種樹立機関に移送するときには、前項の確認を行ったことを文書で第二種樹立機関に通知するものとする。

3　前項の通知を受けた場合には、第二種樹立機関の長は、当該通知の写しを文部科学大臣に提出するものとする。

（未受精卵等の提供者の個人情報の保護）

第三十二条　第二種樹立に携わる者は、未受精卵等の提供者の個人情報の保護に最大限努めるものとする。

2　前項の趣旨にかんがみ、第二種提供医療機関は、未受精卵等を第二種樹立機関に移送するときには、当該未受精卵等とその提供者に関する個人情報が照合できないよう必要な措置を講ずるものとする。

第三節　第二種樹立に必要なヒトの体細胞の提供

（体細胞提供機関の基準）

第三十三条　体細胞提供機関は、次に掲げる要件を満たすものとする。

一　倫理審査委員会が設置されていること。

二　体細胞を提供する者の個人情報の保護のための十分な措置が講じられていること。

三　特定胚指針第九条第六項第一号又は第三号に掲げる体細胞の提供を受ける場合には、医療機関であること。

四　特定胚指針第九条第六項第三号に掲げる体細胞の提供を受ける場合には、体細胞の採取に相当の経験を有し、かつ、提供者と利害関係を有しない医師を有すること。

（体細胞提供機関の倫理審査委員会）

第三十四条　体細胞提供機関の倫理審査委員会は、この指針に即して、樹立計画又はその変更の科学的妥当性及び倫理的妥当性について総合的に審査を行い、その適否、留意事項、改善事項等に関して体細胞提供機関の長に対し意見を提出する業務を行うものとする。

2　体細胞提供機関の倫理審査委員会は、前項の審査の過程の記録を作成し、これを保管するものとする。

3　体細胞提供機関の倫理審査委員会は、次に掲げる要件を満たすものとする。

一　樹立計画の科学的妥当性及び倫理的妥当性を総合的に審査できるよう、医学及び法律に関する専門家、生命倫理に関する意見を述べるにふさわしい識見を有する者並びに一般の立場に立って意見を述べられる者から構成されていること。

二　男性及び女性がそれぞれ一名以上含まれていること。

三　当該樹立計画を実施する研究者が審査に参画しないこと。

四　倫理審査委員会の活動の自由及び独立が保障されるよう適切な運営手続が定められていること。

五　倫理審査委員会の構成、組織及び運営並びにその議事の内容の公開その他樹立計画の審査に必要な手続に関する規則が定められ、かつ、当該規則が公開されていること。

4　倫理審査委員会の運営に当たっては、前項第五号に規定する規則により非公開とすることが定められている事項を除き、議事の内容について公開するものとする。

（インフォームド・コンセントの手続）

第三十五条　体細胞提供機関は、体細胞を第二種樹立に用いることについて、当該第二種樹立に必要な体細胞の提供者その他当該体細胞の提供の意思を確認すべき者（以下この節において「提供者等」という。）のインフォームド・コンセントを受けるものとする。ただし、特定胚指針第九条第六項第二号に掲げる体細胞であって、当該体細胞の提供者に係る情報がないものの提供を受ける場合には、この限りでない。

2　前項のインフォームド・コンセントは、書面により表示されるものとする。

3　体細胞提供機関は、第一項のインフォームド・コンセントを受けるに当たり、提供者等の心情に十分配慮するとともに、次に掲げる要件を満たすものとする。

一　同意の能力を欠く者及び第二種樹立を実施する者その他の関係者に提供を依頼しないこと。

二　提供者等が提供するかどうか判断するために必要な時間的余裕を有すること。

三　インフォームド・コンセントの受取後少なくとも三十日間は、当該体細胞を第二種樹立機関に移送しないこと。

四　特定胚指針第九条第六項第三号に掲げる体細胞の提供を受ける場合には、次に掲げる要件のすべてを満たしていることを確認すること。

イ　体細胞の提供者から事前に提供の申し出があること。

ロ　体細胞提供機関の倫理審査委員会の委員又は当該倫理審査委員会が指定する者（当該第二種樹立に関与する者でなく、かつ、体細胞の提供者と利害関係を有しない者に限る。）が、体細胞の提供者に面接してその提供の同意に係る手続の適切性を確認していること。

（インフォームド・コンセントの説明）

第三十六条　前条第一項のインフォームド・コンセントに係る説明は、特定胚指針第十一条第一項の規定により読み替えて準用する特定胚指針第十条第二項並びに特定胚指針第十一条第二項及び第三項の規定に基づき行うものとする。

2　第二種樹立機関が前項の説明を行う場合には、当該第二種樹立機関に所属する者（樹立責任者を除く。）のうちから、当該第二種樹立機関の長が指名する者に前項の説明を実施させるものとする。

3　体細胞提供機関の説明者及び前項の規定により第二種樹立機関の長の指名を受けた者は、第一項の説明を実施するに当たり、提供者等に対し、特定胚指針第十一条第一項の規定により読み替えて準用する特定胚指針第十条第二項各号及び第十一条第二項各号に掲げる事項を記載した説明書を提示し、分かりやすく、これを行うものとする。

4　第二種樹立機関は、第一項の説明を実施するときは、体細胞の提供者の個人情報を保護するため適切な措置を講ずるとともに、前項の説明書及び当該説明を実施したことを示す文書（次条第一項において「説明実施書」という。）を提供者等に、その写しを体細胞提供機関にそれぞれ交付するものとする。

5　体細胞提供機関及び第二種樹立機関は、最新の科学的知見を踏まえ、正確に第一項の説明を行うものとする。

（インフォームド・コンセントの確認）

第三十七条　体細胞提供機関の長は、樹立計画に基づくインフォームド・コンセントの受取の適切な実施に関して、第三十五条第二項の書面、前条第三項の説明書及び説明実施書を確認するとともに、当該体細胞提供機関の倫理審査委員会の意見を聴くものとする。

2　体細胞提供機関の長は、体細胞を第二種樹立機関に移送するときには、前項の確認を行ったことを文書で第二種樹立機関に通知するものとする。

3　前項の通知を受けた場合には、第二種樹立機関の長は、当該通知の写しを文部科学大臣に提出するものとする。

（体細胞の提供者の個人情報の保護）

第三十八条　第二種樹立に携わる者は、体細胞の提供者の個人情報の保護に最大限努めるものとする。

2　前項の趣旨にかんがみ、体細胞提供機関は、体細胞を第二種樹立機関に移送するときには、当該体細胞とその提供者に関する個人情報が照合できないよう必要な措置を講ずるものとする。ただし、第二種樹立機関が体細胞の提供者の疾患に係る情報を必要とする場合であって、体細胞提供機関が、提供者等の同意及び体細胞提供機関の倫理審査委員会の承認を受けたときは、この限りでない。

第四章　ヒトＥＳ細胞の分配

第一節　分配の要件

（分配に供されるヒトＥＳ細胞の要件）

第三十九条　分配に供されるヒトＥＳ細胞は、次に掲げる要件を満たすものに限るものとする。

一　この指針に基づき樹立されたヒトＥＳ細胞又はヒトＥＳ細胞の使用に関する指針に基づき海外から分配を受けたヒトＥＳ細胞であること。

二　必要な経費を除き、無償で寄託又は譲渡されたものであること。

（使用機関に対する分配の要件）

第四十条　使用機関に対するヒトＥＳ細胞の分配は、次に掲げる要件を満たす場合に限り、行うことができるものとする。

一　ヒトＥＳ細胞の使用に関する指針に基づき使用計画を実施する使用機関に対してのみ分配をすること。

二　必要な経費を除き、無償で分配をすること。

2　樹立機関又は分配機関は、ヒトＥＳ細胞の使用に関する指針に基づく使用計画を実施する使用機関がヒトＥＳ細胞の分配を要求した場合には、やむを得ない場合を除き、分配をするものとする。

（海外使用機関に対する分配の要件）

第四十一条　海外使用機関に対するヒトＥＳ細胞の分配は、次に掲げる要件を満たす場合に限り、行うことができるものとする。

一　第五十三条第七項に規定する文部科学大臣の確認を受けた海外分配計画に基づき契約を締結した海外使用機関に対してのみ分配をすること。

二　必要な経費を除き、無償で分配をすること。

第二節　分配機関

（分配機関の基準）

第四十二条　分配機関は、次に掲げる要件を満たすものとする。

一　ヒトＥＳ細胞の分配等（分配をすること、寄託を受けること及び維持管理をすることをいう。以下同じ。）をするに足りる十分な施設、人員、技術的及び管理的能力並びに財政的基礎を有すること。

二　ヒトＥＳ細胞の分配等について遵守すべき技術的及び倫理的な事項並びにヒトＥＳ細胞の管理に関する事項に関する規則が定められていること。

三　倫理審査委員会が設置されていること。

四　動物又はヒトの細胞の分配の実績を有すること。

五　ヒトＥＳ細胞の分配等に関する教育研修計画が定められていること。

（分配機関の業務等）

第四十三条　分配機関は、ヒトＥＳ細胞の分配等をすることのほか、次に掲げる業務を行うものとする。

一　一度分配をされたヒトＥＳ細胞のうち使用機関において加工されたものを譲り受け、その分配をし、及び維持管理をすること（ヒトＥＳ細胞を使用する研究の進展のために合理的である場合に限る。）。

二　ヒトＥＳ細胞の使用に関する指針に基づき使用計画（当該分配機関が分配したヒトＥＳ細胞を用いるものに限る。）を実施する者にヒトＥＳ細胞の取扱いに関する技術的研修を行うこと。

2　分配機関は、ヒトＥＳ細胞の分配等及び返還に関する記録を作成し、これを保存するものとする。

3　分配機関は、ヒトＥＳ細胞の分配等及び返還に関する資料の提出、調査の受入れその他文部科学大臣が必要と認める措置に協力するものとする。

（分配機関の長）

第四十四条　分配機関の長は、次に掲げる業務を行うものとする。

一　海外分配計画の妥当性を確認し、第五十三条の規定に基づき、その実施を了承すること。

二　ヒトＥＳ細胞の分配等及び返還の状況を把握し、必要に応じ分配責任者に対しその留意事項、改善事項等に関して指示を与えること。

三　ヒトＥＳ細胞の分配等を監督すること。

四　分配機関においてこの指針を周知徹底し、これを遵守させること。

五　分配等及び返還の状況を把握すること。

六　樹立機関から寄託を受けたヒトＥＳ細胞の分配の実績について、当該樹立機関の長に定期的に報告を行うこと。

七　ヒトＥＳ細胞の分配等に関する教育研修計画を策定し、これに基づく教育研修を実施すること。

八　前条第一項第二号に規定する技術的研修について、その実施体制を整備すること。

2　分配機関の長は、分配責任者を兼ねることができない。

（分配責任者）

第四十五条　分配責任者は、次に掲げる業務を行うものとする。

一　ヒトＥＳ細胞の分配等を総括し、及び研究者に対し必要な指示をすること。

二　ヒトＥＳ細胞の分配等が適切に実施されていることを随時確認すること。

三　ヒトＥＳ細胞の分配等及び返還の状況に関し、分配機関の長及び分配機関の倫理審査委員会に対し必要な報告をすること。

四　当該分配機関の設置に関する計画（以下「設置計画」という。）又は海外分配計画を実施する研究者に対し、ヒトＥＳ細胞の分配等に関する教育研修計画に基づく教育研修に参加するよう命ずるとともに、必要に応じ、ヒトＥＳ細胞の分配等に関する技術的能力及び倫理的な認識を向上させるためのその他の教育研修を実施すること。

五　第四十三条第一項第二号に規定する技術的研修を実施すること。

六　海外分配計画書を作成すること。

七　前各号に定めるもののほか、ヒトＥＳ細胞の分配等を総括するに当たって必要となる措置を講ずること。

2　分配責任者は、分配機関ごとに一名とし、ヒトＥＳ細胞に関する倫理的な認識並びに十分な専門的知識及び技術的能力を有するとともに前項各号に掲げる業務を的確に実施できる者とする。

（設置審査委員会）

第四十六条　分配機関の設置に関する倫理審査委員会（以下「設置審査委員会」という。）は、この指針に即して、設置計画の妥当性について総合的に審査を行い、その適否、留意事項、改善事項等に関して分配機関を設置しようとする機関の長に対し意見を提出する業務を行うものとする。

2　設置審査委員会は、前項の審査の過程の記録を作成し、これを保管するものとする。

3　設置審査委員会は、次に掲げる要件を満たすものとする。

一　設置計画の妥当性を総合的に審査できるよう、生物学、医学及び法律に関する専門家、生命倫理に関する意見を述べるにふさわしい識見を有する者並びに一般の立場に立って意見を述べられる者から構成されていること。

二　分配機関になろうとする機関が属する法人に所属する者以外の者が二名以上含まれていること。

三　男性及び女性がそれぞれ二名以上含まれていること。

四　当該設置計画を実施する研究者、分配責任者との間に利害関係を有する者及び分配責任者の三親等以内の親族が審査に参画しないこと。

五　設置審査委員会の活動の自由及び独立が保障されるよう適切な運営手続が定められていること。

六　設置審査委員会の構成、組織及び運営並びにその議事の内容の公開その他設置計画の審査に必要な手続に関する規則が定められ、かつ、当該規則が公開されていること。

4　設置審査委員会の運営に当たっては、前項第六号に規定する規則により非公開とすることが定められている事項を除き、議事の内容について公開するものとする。

（分配機関の設置に関する手続）

第四十七条　分配機関になろうとする機関の長は、設置計画を記載した書類（第三項及び第四項第一号において「設置計画書」という。）を作成し、設置計画のこの指針に対する適合性について、文部科学大臣の確認を受けるものとする。

2　前項の確認を受けようとする機関の長は、あらかじめ、設置審査委員会を設け、設置計画の妥当性について意見を求めるものとする。

3　設置計画書には、次に掲げる事項を記載するものとする。

一　機関の名称及び所在地並びに機関の長の氏名

二　ヒトＥＳ細胞の分配等を行う組織及び人員の体制

三　分配責任者の氏名、略歴、ヒトＥＳ細胞に関する取扱い実績又は研究業績、教育研修の受講歴及び分配機関において果たす役割

四　研究者の氏名、略歴、ヒトＥＳ細胞に関する取扱い実績又は研究業績、教育研修の受講歴及び分配機関において果たす役割

五　ヒトＥＳ細胞の分配等を取り扱う施設及び設備並びに管理体制（ヒトＥＳ細胞の分配等を取り扱う施設の平面図及び設備の配置図並びに管理システムの配置図を含む。）

六　寄託又は譲渡を受けるヒトＥＳ細胞に関する説明

七　ヒトＥＳ細胞の分配等について遵守すべき技術的及び倫理的な事項並びにヒトＥＳ細胞の管理に関する事項を定めた規則に関する説明

八　倫理審査委員会の体制

九　ヒトＥＳ細胞の分配等に関する教育研修計画の内容

十　その他必要な事項

4　第一項の確認を受けようとする機関の長は、次に掲げる書類を文部科学大臣に提出するものとする。

一　設置計画書

二　設置審査委員会における審査の過程及び結果を示す書類

三　設置審査委員会に関する事項を記載した書類及び前条第三項第六号に規定する規則の写し

四　分配機関の倫理審査委員会に関する事項を記載した書類及び第四十九条第二項の規定により読み替えて準用する前条第三項第六号に規定する規則の写し

五　ヒトＥＳ細胞の分配等について遵守すべき技術的及び倫理的な事項並びにヒトＥＳ細胞の管理に関する事項を定めた規則の写し

六　ヒトＥＳ細胞の分配等を継続的に行い得る財政的基礎を示す書類

七　動物又はヒトの細胞の分配の実績を示す書類

5　文部科学大臣は、第一項の確認を求められたときは、設置計画のこの指針に対する適合性について、科学技術・学術審議会生命倫理・安全部会の意見を求めるとともに、当該意見に基づき確認を行うものとする。

6　文部科学大臣は、前項の確認を行ったときは、その旨を公表するものとする。

（設置計画の変更）

第四十八条　分配機関の長は、前条第三項第二号、第三号、第五号又は第六号に掲げる事項を変更しようとするときは、あらかじめ、当該変更の妥当性について分配機関の倫理審査委員会の意見を聴いた上で、当該変更のこの指針に対する適合性について、文部科学大臣の確認を受けるものとする。この場合において、分配機関の長は、当該変更の内容及び理由について記載した書類並びに当該変更に係る倫理審査委員会における審査の過程及び結果を示す書類を文部科学大臣に提出するものとする。

2　文部科学大臣は、前項の確認を求められたときは、当該変更のこの指針に対する適合性について科学技術・学術審議会生命倫理・安全部会の意見を求めるとともに、当該意見に基づき確認を行うものとする。

3　分配機関の長は、前条第三項第一号、第四号又は第七号から第十号までに掲げる事項を変更したときは、その旨を文部科学大臣に届け出るものとする。この場合において、当該変更が同項第四号又は第七号から第九号までに掲げる事項の変更に係るものであるときは、分配機関の長は、あらかじめ、当該変更の妥当性について分配機関の倫理審査委員会の意見を聴くものとする。

4　文部科学大臣は、前項の届出（前条第三項第一号に掲げる事項の変更に係るものを除く。）があったときは、当該届出に係る事項を科学技術・学術審議会生命倫理・安全部会に報告するものとする。

（分配機関の倫理審査委員会）

第四十九条　分配機関の倫理審査委員会は、次に掲げる業務を行うものとする。

一　この指針に即して、設置計画の変更の妥当性について総合的に審査を行い、その適否、留意事項、改善事項等に関して分配機関の長に対し意見を提出すること。

二　この指針に即して、海外分配計画の妥当性について総合的に審査を行い、その適否、留意事項、改善事項等に関して分配機関の長に対し意見を提出すること。

三　ヒトＥＳ細胞の分配等及び返還の状況について報告を受け、必要に応じて調査を行い、その留意事項、改善事項等に関して分配機関の長に対し意見を提出すること。

2　第四十六条第二項から第四項までの規定は、分配機関の倫理審査委員会の要件及び運営について準用する。この場合において、これらの規定中「設置審査委員会」とあるのは「分配機関の倫理審査委員会」と、「設置計画の妥当性」とあるのは「設置計画の変更及び海外分配計画の妥当性」と、「分配機関になろうとする機関」とあるのは「分配機関」と、「当該設置計画を実施する研究者」とあるのは「当該設置計画及び海外分配計画を実施する研究者」と、「設置計画の審査」とあるのは「設置計画及び海外分配計画の審査」と、それぞれ読み替えるものとする。

（分配の進行状況等の報告）

第五十条　分配責任者は、ヒトＥＳ細胞の分配等及び返還の状況を分配機関の長及び分配機関の倫理審査委員会に随時報告するものとする。

2　分配機関の長は、少なくとも毎年一回、文部科学大臣にヒトＥＳ細胞の分配等及び返還の状況を報告するものとする。

（分配機関の業務の終了等）

第五十一条　分配機関の長は、分配機関の業務を終了し、又は中止しようとするときは、終了後又は中止後のヒトＥＳ細胞の取扱いについて、分配機関の倫理審査委員会の意見を求めるとともに、文部科学大臣の確認を受けるものとする。

2　文部科学大臣は、前項の確認を求められたときは、分配機関の業務の終了後又は中止後のヒトＥＳ細胞の取扱いの妥当性について、科学技術・学術審議会生命倫理・安全部会の意見を求めるとともに、当該意見に基づき確認を行うものとする。

3　文部科学大臣は、第一項の確認を行ったときは、当該業務が終了し、又は中止された旨を公表するものとする。

第三節　海外使用機関に対する分配

（海外使用機関の基準）

第五十二条　海外分配計画については、当分の間、次に掲げる要件を満たす海外使用機関に対する分配について策定するものとする。

一　ヒトＥＳ細胞及び分化細胞の取扱いについて、当該国の法令又はこれに類するガイドラインを遵守すること。

二　分配を受けたヒトＥＳ細胞を、他の機関に対して分配又は譲渡をしないこと。

三　ヒトＥＳ細胞の使用を終了したときは、残余のヒトＥＳ細胞を、当該ヒトＥＳ細胞の分配をした樹立機関若しくは分配機関との合意に基づき廃棄し、又は当該ヒトＥＳ細胞の分配をした樹立機関若しくは分配機関に返還若しくは譲渡すること。

四　ヒトＥＳ細胞を使用して作成した胚の人又は動物の胎内への移植その他の方法による個体の生成、ヒト胚及びヒトの胎児へのヒトＥＳ細胞の導入並びにヒトＥＳ細胞から作成した生殖細胞を用いたヒト胚の作成を行わないこと。

五　商業目的の利用を行わないこと。

六　人体に適用する臨床研究その他医療及びその関連分野における使用を行わないこと。

七　個人情報の保護のための十分な措置が講じられていること。

八　その他ヒトＥＳ細胞の適切な取扱いに必要な措置を講ずること。

九　この条に定める海外分配計画の基準に反することとなった場合においては、ヒトＥＳ細胞の分配をした樹立機関又は分配機関にヒトＥＳ細胞を返還すること。

（海外使用機関に対する分配の手続）

第五十三条　樹立責任者又は分配責任者は、海外使用機関にヒトＥＳ細胞の分配をするに当たっては、あらかじめ、海外分配計画書を作成し、海外分配計画の実施について当該機関の長の了承を求めるものとする。

2　前項の海外分配計画書には、次に掲げる事項を記載するものとする。

一　海外分配計画の名称

二　樹立機関又は分配機関の名称及び所在地並びに樹立機関の長又は分配機関の長の氏名

三　樹立責任者又は分配責任者の氏名

四　分配をする海外使用機関の名称及びその所在地並びに国名

五　分配の方法

六　分配をする海外使用機関の使用の期間

七　分配に供されるヒトＥＳ細胞の入手先及びヒトＥＳ細胞株の名称

八　海外使用機関の基準に関する説明

九　その他必要な事項

3　樹立責任者又は分配責任者は、分配をする海外使用機関のヒトＥＳ細胞の使用が当該国の法令又はこれに類するガイドラインに基づき承認されたものであることを示す書類の写し及びその日本語による翻訳文を、海外分配計画書に添付するものとする。

4　樹立機関の長又は分配機関の長は、第一項の了承を求められたときは、その妥当性について当該機関の倫理審査委員会の意見を求めるとともに、当該意見に基づき海外分配計画のこの指針に対する適合性を確認するものとする。

5　分配機関の長は、海外分配計画の実施を了承するに当たっては、当該海外分配計画による分配について、当該ヒトＥＳ細胞の樹立をした樹立機関の長の同意を求めるものとする。

6　樹立機関の長は、やむを得ない場合を除き、前項の同意をするものとする。

7　樹立機関の長又は分配機関の長は、海外分配計画の実施を了承するに当たっては、第四項及び第五項の手続の終了後、当該海外分配計画のこの指針に対する適合性について、文部科学大臣の確認を受けるものとする。

8　前項の場合には、樹立機関の長又は分配機関の長は、次に掲げる書類を文部科学大臣に提出するものとする。

一　海外分配計画書

二　樹立機関又は分配機関の倫理審査委員会における審査の過程及び結果を示す書類

9　文部科学大臣は、海外分配計画のこの指針に対する適合性について、科学技術・学術審議会生命倫理・安全部会の意見を求めるとともに、当該意見に基づき確認を行うものとする。

第五章　雑則

（関係行政機関との連携）

第五十四条　文部科学大臣は、ヒトＥＳ細胞の樹立及び分配が、医療及びその関連分野と密接な関係を持つことにかんがみ、情報の提供を行う等厚生労働大臣及び経済産業大臣と密接な連携を図るものとする。

（指針不適合の公表）

第五十五条　文部科学大臣は、ヒトＥＳ細胞の樹立及び分配がこの指針に定める基準に適合していないと認める者があったときは、その旨を公表するものとする。

附　則

（施行期日）

第一条　この指針は、公布の日から実施する。

（ヒトＥＳ細胞の樹立及び使用に関する指針の廃止）

第二条　ヒトＥＳ細胞の樹立及び使用に関する指針（平成二十一年文部科学省告示第八十四号。次条において「旧指針」という。）は廃止する。

（経過措置）

第三条　この指針の実施の際現に旧指針の規定により文部科学大臣の確認を受けた樹立計画、設置計画又は海外分配計画については、それぞれ第十五条第一項、第四十七条第一項又は第五十三条第七項の確認を受けたものとみなす。

（指針の見直し）

第四条　文部科学大臣は、ライフサイエンスにおける研究の進展、社会の動向等を勘案し、必要に応じてこの指針の規定について見直しを行うものとする。

2　前項の見直しは、総合科学技術会議の意見に基づき行うものとする。

附　則（平成二二年五月二〇日文部科学省告示第八六号）

この告示は、公布の日から実施する。

ヒトＥＳ細胞の使用に関する指針

平成二十二年五月二十日文部科学省告示第八十七号
最終改正　平成二二年五月二〇日文部科学省告示第八六号

ヒトＥＳ細胞の使用に関する指針（平成二十一年文部科学省告示第百五十七号）の全部を次のように改正する。

第一章　総則

（目的）

第一条　この指針は、ヒトＥＳ細胞の樹立及び使用が、医学及び生物学の発展に大きく貢献する可能性がある一方で、人の生命の萌芽であるヒト胚を使用すること、ヒトＥＳ細胞が、ヒト胚を滅失して樹立されたものであり、また、すべての細胞に分化する可能性があること等の生命倫理上の問題を有することにかんがみ、ヒトＥＳ細胞の使用に当たり生命倫理上の観点から遵守すべき基本的な事項を定め、もってその適正な実施の確保に資することを目的とする。

（定義）

第二条　この指針において、次の各号に掲げる用語の意義は、それぞれ当該各号に定めるところによる。

一　胚　ヒトに関するクローン技術等の規制に関する法律（平成十二年法律第百四十六号。以下「法」という。）第二条第一項第一号に規定する胚をいう。

二　ヒト胚　ヒトの胚（ヒトとしての遺伝情報を有する胚を含む。）をいう。

三　ヒトＥＳ細胞　ヒト胚から採取された細胞又は当該細胞の分裂により生ずる細胞であって、胚でないもののうち、多能性（内胚葉、中胚葉及び外胚葉の細胞に分化する性質をいう。）を有し、かつ、自己複製能力を維持しているもの又はそれに類する能力を有することが推定されるものをいう。
四　分化細胞　ヒトＥＳ細胞が分化することにより、その性質を有しなくなった細胞をいう。
五　生殖細胞　始原生殖細胞から精子又は卵子に至るまでの細胞をいう。
六　樹立　特定の性質を有する細胞を作成することをいう。
七　第一種樹立　法第二条第一項第六号に規定するヒト受精胚を用いてヒトＥＳ細胞を樹立すること（次号に掲げるものを除く。）をいう。
八　第二種樹立　法第二条第一項第十号に規定する人クローン胚を作成し、当該人クローン胚を用いてヒトＥＳ細胞を樹立することをいう。
九　樹立機関　ヒトＥＳ細胞を樹立する機関をいう。
十　分配機関　第三者に分配することを目的として分配をし、及び維持管理をする機関をいう。
十一　使用機関　ヒトＥＳ細胞を使用する機関をいう。
十二　使用計画　使用機関が行うヒトＥＳ細胞の使用に関する計画をいう。
十三　使用責任者　使用機関において、ヒトＥＳ細胞の使用を総括する立場にある者をいう。

（適用の範囲）

第三条　ヒトＥＳ細胞の使用（基礎的研究に係るものに限る。）は、この指針に定めるところにより適切に実施されるものとする。

（ヒトＥＳ細胞に対する配慮）

第四条　ヒトＥＳ細胞を取り扱う者は、ヒトＥＳ細胞が、人の生命の萌芽であるヒト胚を滅失させて樹立されたものであること及びすべての細胞に分化する可能性があることに配慮し、誠実かつ慎重にヒトＥＳ細胞の取扱いを行うものとする。

第二章　使用の要件等

（使用の要件）

第五条　第一種樹立により得られたヒトＥＳ細胞の使用は、次に掲げる要件を満たす場合に限り、行うことができるものとする。
一　次のいずれかに資する基礎的研究を目的としていること。
イ　ヒトの発生、分化及び再生機能の解明
ロ　新しい診断法、予防法若しくは治療法の開発又は医薬品等の開発
二　ヒトＥＳ細胞を使用することが前号に定める研究において科学的合理性及び必要性を有すること。
2　第二種樹立により得られたヒトＥＳ細胞の使用は、次に掲げる要件を満たす場合に限り、行うことができるものとする。
一　特定胚の取扱いに関する指針（平成二十一年文部科学省告示第八十三号）第九条第二項に規定する基礎的研究を目的としていること。
二　ヒトＥＳ細胞を使用することが前号に定める研究において科学的合理性及び必要性を有すること。
3　使用に供されるヒトＥＳ細胞は、次に掲げるものに限るものとする。
一　ヒトＥＳ細胞の樹立及び分配に関する指針（平成二十一年文部科学省告示第百五十六号）で定める要件を満たして樹立されたヒトＥＳ細胞（生殖細胞の作成の用に供される場合には、生殖細胞の作成を行うことについてのインフォームド・コンセントを受けていることその他の同指針で定める要件を満たして樹立されたヒトＥＳ細胞）
二　外国で樹立されたヒトＥＳ細胞で、ヒトＥＳ細胞の樹立及び分配に関する指針と同等の基準に基づき樹立されたものと認められるもの（生殖細胞の作成の用に供される場合には、同指針と同等の基準に基づき樹立されたものと認められ、かつ、当該外国における法令又はこれに類するガイドライン及びヒトＥＳ細胞の提供に関する条件においてヒトＥＳ細胞から生殖細胞の作成を行わないこととされていないもの）

（行ってはならない行為）

第六条　ヒトＥＳ細胞を取り扱う者は、次に掲げる行為を行ってはならない。
一　ヒトＥＳ細胞を使用して作成した胚の人又は動物の胎内への移植その他の方法によりヒトＥＳ細胞から個体を生成すること。
二　ヒト胚へヒトＥＳ細胞を導入すること。
三　ヒトの胎児へヒトＥＳ細胞を導入すること。
四　ヒトＥＳ細胞から生殖細胞の作成を行う場合には、当該生殖細胞を用いてヒト胚を作成すること。

（ヒトＥＳ細胞の分配等）

第七条　使用機関は、ヒトＥＳ細胞の分配又は譲渡をしてはならない。ただし、使用機関において遺伝子の導入その他の方法により加工されたヒトＥＳ細胞を当該使用機関が分配又は譲渡する場合については、この限りでない。

第三章　使用の体制

（使用機関の基準等）

第八条　使用機関は、次に掲げる要件を満たすものとする。
一　ヒトＥＳ細胞を使用するに足りる十分な施設、人員及び技術的能力を有すること。
二　ヒトＥＳ細胞の使用について遵守すべき技術的及び倫理的な事項に関する規則が定められていること。
三　ヒトＥＳ細胞の使用に関する技術的能力及び倫理的な認識を向上させるための教育及び研修（以下「教育研修」という。）を実施するための計画（以下「教育研修計画」という。）が定められていること。
2　使用機関は、ヒトＥＳ細胞の使用に関する記録を作成し、これを保存するものとする。
3　使用機関は、ヒトＥＳ細胞の使用に関する資料の提出、調査の受入れその他文部科学大臣が必要と認める措置に協力するものとする。

（使用機関の長）

第九条　使用機関の長は、次に掲げる業務を行うものとする。
一　使用計画及びその変更の妥当性を確認し、第十二条から第十五条までの規定に基づき、その実施を了承すること。

二　ヒトＥＳ細胞の使用の進行状況及び結果を把握し、必要に応じ、使用責任者に対しその留意事項、改善事項等に関して指示を与えること。
三　ヒトＥＳ細胞の使用を監督すること。
四　使用機関においてこの指針を周知徹底し、これを遵守させること。
五　ヒトＥＳ細胞の使用に関する教育研修計画を策定し、これに基づく教育研修を実施すること。

2　使用機関の長は、使用責任者を兼ねることができない。ただし、前条第一項第二号に規定する規則により前項の業務を代行する者が選任されている場合は、この限りでない。

3　前項ただし書の場合において、この指針の規定（前項を除く。）中「使用機関の長」とあるのは「使用機関の長の業務を代行する者」と読み替えるものとする。

（使用責任者）

第十条　使用責任者は、次に掲げる業務を行うものとする。
一　ヒトＥＳ細胞の使用に関して、内外の入手し得る資料及び情報に基づき、使用計画又はその変更の科学的妥当性及び倫理的妥当性について検討すること。
二　前号の検討の結果に基づき、使用計画を記載した書類（以下「使用計画書」という。）又は使用計画の変更の内容及び理由を記載した書類（第十五条第一項、第二項及び第四項において「使用計画変更書」という。）を作成すること。
三　ヒトＥＳ細胞の使用を総括し、及び使用計画を実施する研究者に対し必要な指示をすること。
四　ヒトＥＳ細胞の使用が使用計画書に従い適切に実施されていることを随時確認すること。
五　使用計画を実施する研究者に対し、ヒトＥＳ細胞の使用に関する教育研修計画に基づく教育研修に参加するよう命ずるとともに、必要に応じ、その他のヒトＥＳ細胞の使用に関する教育研修を実施すること。
六　前各号に定めるもののほか、使用計画を総括するに当たって必要となる措置を講ずること。

2　使用責任者は、一の使用計画ごとに一名とし、ヒトＥＳ細胞に関する倫理的な認識並びに十分な専門的知識及び技術的能力を有するとともに前項各号に掲げる業務を的確に実施できる者とする。

（倫理審査委員会）

第十一条　使用機関に、次に掲げる業務を行うため、倫理審査委員会を設置するものとする。
一　この指針に即して、使用計画又はその変更の科学的妥当性及び倫理的妥当性について総合的に審査を行い、その適否、留意事項、改善事項等に関して使用機関の長に対し意見を提出すること。
二　使用の進行状況及び結果について報告を受け、必要に応じて調査を行い、その留意事項、改善事項等に関して使用機関の長に対し意見を提出すること。

2　前項の規定にかかわらず、使用機関の長は、他の使用機関によって設置された倫理審査委員会をもって、前項の倫理審査委員会に代えることができる。

3　倫理審査委員会（前項に規定する他の使用機関によって設置された倫理審査委員会を含む。以下同じ。）は、第一項第一号の審査の記録を作成し、これを保管するものとする。

4　倫理審査委員会は、次に掲げる要件を満たすものとする。
一　使用計画の科学的妥当性及び倫理的妥当性を総合的に審査できるよう、生物学、医学及び法律に関する専門家、生命倫理に関する意見を述べるにふさわしい識見を有する者並びに一般の立場に立って意見を述べられる者から構成されていること。
二　当該使用機関が属する法人に所属する者以外の者が二名以上含まれていること。
三　男性及び女性がそれぞれ二名以上含まれていること。
四　当該使用計画を実施する研究者、使用責任者との間に利害関係を有する者及び使用責任者の三親等以内の親族が審査に参画しないこと。
五　倫理審査委員会の活動の自由及び独立が保障されるよう適切な運営手続が定められていること。
六　倫理審査委員会の構成、組織及び運営並びにその議事の内容の公開その他使用計画の審査に必要な手続に関する規則が定められ、かつ、当該規則が公開されていること。

5　倫理審査委員会の運営に当たっては、前項第六号に規定する規則により非公開とすることが定められている事項を除き、議事の内容について公開するものとする。

第四章　使用の手続

（使用機関の長の了承）

第十二条　使用責任者は、ヒトＥＳ細胞の使用に当たっては、あらかじめ、使用計画書を作成し、使用計画の実施について使用機関の長の了承を求めるものとする。

2　使用計画書には、次に掲げる事項を記載するものとする。
一　使用計画の名称
二　使用機関の名称及びその所在地並びに使用機関の長の氏名
三　使用責任者の氏名、略歴、研究業績、教育研修の受講歴及び使用計画において果たす役割
四　研究者（使用責任者を除く。）の氏名、略歴、研究業績、教育研修の受講歴及び使用計画において果たす役割
五　使用の目的及びその必要性
六　使用の方法及び期間
七　使用に供されるヒトＥＳ細胞の入手先及びヒトＥＳ細胞株の名称
八　ヒトＥＳ細胞の使用の終了後におけるヒトＥＳ細胞（生殖細胞の作成を行う場合には、作成した生殖細胞の取扱いを含む。）の取扱い
九　使用機関の基準に関する説明
十　使用に供されるヒトＥＳ細胞が外国から提供される場合における当該ヒトＥＳ細胞の樹立及び譲受けの条件に関する説明
十一　その他必要な事項

（倫理審査委員会の意見聴取）

第十三条　使用機関の長は、前条第一項の規定に基づき、使用責任者から使用計画の実施の了承を求められたときは、その妥当性について倫理審査委員会の意見を求めるとともに、当該意見に基づき使用計画のこの指針に対する適合性を確認するものとする。

（文部科学大臣への届出）

第十四条　使用機関の長は、使用計画の実施を了承するに当たっては、前条の手続の終了後、あらかじめ、当該使用計画の実施について文部科学大臣に届け出るものとする。

2　前項の場合には、使用機関の長は、次に掲げる書類を文部科学大臣に提出するものとする。

一　使用計画書

二　倫理審査委員会における審査の過程及び結果を示す書類

三　倫理審査委員会に関する事項を記載した書類及び第十一条第四項第六号に規定する規則の写し

四　ヒトＥＳ細胞の使用について遵守すべき技術的及び倫理的な事項に関する規則の写し

3　文部科学大臣は、第一項の規定による届出があったときは、当該届出に係る事項を科学技術・学術審議会生命倫理・安全部会に報告するものとする。

（使用計画の変更）

第十五条　使用責任者は、第十二条第二項第一号、第三号及び第五号から第十号までに掲げる事項を変更しようとするときは、あらかじめ、使用計画変更書を作成して、使用機関の長の了承を求めるものとする。この場合において、了承を求められた使用機関の長は、当該変更の妥当性について倫理審査委員会の意見を求めるとともに、当該意見に基づき当該変更のこの指針に対する適合性を確認するものとする。

2　使用機関の長は、前項の了承をしたときは、速やかに、使用計画変更書並びに当該変更に係る倫理審査委員会における審査の過程及び結果を示す書類を添付して、その旨を文部科学大臣に届け出るものとする。

3　使用機関の長は、第十二条第二項第二号に掲げる事項を変更したときは、速やかに、その旨を文部科学大臣に届け出るものとする。

4　使用責任者は、第十二条第二項第四号又は第十一号に掲げる事項を変更しようとするときは、あらかじめ、使用計画変更書を作成して、使用機関の長の了承を求めるものとする。

5　使用機関の長は、前項の了承をしたときは、速やかに、使用計画変更書を添付して、その旨を倫理審査委員会に報告するとともに、文部科学大臣に届け出るものとする。

（進行状況の報告）

第十六条　使用責任者は、ヒトＥＳ細胞の使用の進行状況を使用機関の長及び倫理審査委員会に随時報告するものとする。

2　生殖細胞の作成を行う使用機関の使用責任者は、前項の報告に加え、少なくとも毎年一回、生殖細胞の作成状況を記載した生殖細胞作成状況報告書を作成し、使用機関の長に提出するものとする。

3　使用機関の長は、前項の生殖細胞作成状況報告書の提出を受けたときは、速やかに、その写しを倫理審査委員会及び文部科学大臣に提出するものとする。

（ヒトＥＳ細胞の使用の終了）

第十七条　使用責任者は、ヒトＥＳ細胞の使用を終了したときは、速やかに、残余のヒトＥＳ細胞を、当該ヒトＥＳ細胞の分配をした樹立機関若しくは分配機関との合意に基づき廃棄し、又はこれらの機関に返還し若しくは譲り渡すとともに、使用の結果を記載したヒトＥＳ細胞使用終了報告書を作成し、使用機関の長に提出するものとする。

2　使用機関の長は、前項のヒトＥＳ細胞使用終了報告書の提出を受けたときは、速やかに、その写しを当該ヒトＥＳ細胞の分配をした樹立機関又は分配機関、倫理審査委員会及び文部科学大臣に提出するものとする。

第五章　分化細胞の取扱い等

（分化細胞の取扱い）

第十八条　使用機関は、作成した分化細胞を譲渡する場合には、当該分化細胞がヒトＥＳ細胞に由来するものであることを譲渡先に通知するものとする。

2　生殖細胞の作成を行う使用機関は、作成した生殖細胞を譲渡する場合には、前項の通知を行うほか、当該生殖細胞の取扱いについて、譲渡先との契約その他の方法において次に掲げる事項が確保されることを確認しなければならない。

一　生殖細胞は、次のいずれかに資する基礎的研究に用いられること。

イ　ヒトの発生、分化及び再生機能の解明

ロ　新しい診断法、予防法若しくは治療法の開発又は医薬品等の開発

二　生殖細胞を用いてヒト胚を作成しないこと。

三　生殖細胞を他の機関に譲渡しないこと。

四　生殖細胞を譲渡した機関が、前各号に掲げる生殖細胞の取扱いの状況について、必要に応じ、譲渡先から報告を求めることができること。

3　前項の規定に基づき使用機関が生殖細胞を譲渡しようとするときは、当該使用機関の使用責任者は、あらかじめ、当該使用機関の長の了承を求めるものとする。

4　使用機関の長は、前項の了承をするに当たっては、作成した生殖細胞の譲渡が第二項の規定に適合していることを確認するものとする。

5　使用機関の長は、第三項の了承をしたときは、速やかに、その旨を倫理審査委員会及び文部科学大臣に報告するものとする。

（ヒトＥＳ細胞の使用の終了後における生殖細胞の取扱い）

第十九条　作成した生殖細胞をヒトＥＳ細胞の使用の終了後に引き続き使用する機関は、使用機関とみなしてこの指針を適用する。この場合において、第五条第二項及び第三項、第六条第一項第一号及び第二項、第八条第一項第一号から第三号まで、第七条、第十二条第一項、第十三条、第十四条、第十六条第一項並びに第十七条の

規定は適用せず、第五条第一項、第八条（第一項第一号及び第二項を除く。以下同じ。）、第九条第一項及び第十条の規定は、第五条第一項中「第一種樹立により得られたヒトES細胞」とあるのは「ヒトES細胞から作成した生殖細胞」と、同項第二号、第八条、第九条第一項及び第十条中「ヒトES細胞」とあるのは「ヒトES細胞から作成した生殖細胞」と、第八条第一項第二号中「技術的及び倫理的な」とあるのは「倫理的な」と、同項第三号中「技術的能力及び倫理的な」とあるのは「倫理的な」と、第十条第二項中「並びに十分な専門的知識及び技術的能力」とあるのは「及び十分な専門的知識」とする。

2　前項の規定により使用機関とみなされる機関の使用責任者は、作成した生殖細胞の使用を終了したときは、速やかに、当該生殖細胞を廃棄するとともに、当該生殖細胞の使用の結果を記載した生殖細胞使用終了報告書を作成し、当該機関の長に提出するものとする。

3　前項の生殖細胞使用終了報告書の提出を受けた機関の長は、速やかに、その写しを倫理審査委員会及び文部科学大臣に提出するものとする。

第六章　雑則

（研究成果の公開）

第二十条　ヒトES細胞の使用により得られた研究成果は、原則として公開するものとする。

2　使用機関は、ヒトES細胞の使用により得られた研究成果を公開する場合には、当該ヒトES細胞の使用がこの指針に適合して行われたことを明示するものとする。

（関係行政機関との連携）

第二十一条　文部科学大臣は、ヒトES細胞の使用が、医療及びその関連分野と密接な関係を持つことにかんがみ、情報の提供を行う等厚生労働大臣及び経済産業大臣と密接な連携を図るものとする。

（指針不適合の公表）

第二十二条　文部科学大臣は、ヒトES細胞及びヒトES細胞から作成した生殖細胞の使用がこの指針に定める基準に適合していないと認める者があったときは、その旨を公表するものとする。

附　則

（施行期日）

第一条　この指針は、公布の日から実施する。

（指針の見直し）

第二条　文部科学大臣は、ライフサイエンスにおける研究の進展、社会の動向等を勘案し、必要に応じてこの指針の規定について見直しを行うものとする。

2　前項の見直しは、総合科学技術会議の意見に基づき行うものとする。

ヒトに関するクローン技術等の規制に関する法律

平成十二年十二月六日法律第百四十六号

（目的）

第一条　この法律は、ヒト又は動物の胚又は生殖細胞を操作する技術のうちクローン技術ほか一定の技術（以下「クローン技術等」という。）が、その用いられ方のいかんによっては特定の人と同一の遺伝子構造を有する人（以下「人クローン個体」という。）若しくは人と動物のいずれであるかが明らかでない個体（以下「交雑個体」という。）を作り出し、又はこれらに類する個体の人為による生成をもたらすおそれがあり、これにより人の尊厳の保持、人の生命及び身体の安全の確保並びに社会秩序の維持（以下「人の尊厳の保持等」という。）に重大な影響を与える可能性があることにかんがみ、クローン技術等のうちクローン技術又は特定融合・集合技術により作成される胚を人又は動物の胎内に移植することを禁止するとともに、クローン技術等による胚の作成、譲受及び輸入を規制し、その他当該胚の適正な取扱いを確保するための措置を講ずることにより、人クローン個体及び交雑個体の生成の防止並びにこれらに類する個体の人為による生成の規制を図り、もって社会及び国民生活と調和のとれた科学技術の発展を期することを目的とする。

（定義）

第二条　この法律において、次の各号に掲げる用語の意義は、それぞれ当該各号に定めるところによる。

一　胚　一の細胞（生殖細胞を除く。）又は細胞群であって、そのまま人又は動物の胎内において発生の過程を経ることにより一の個体に成長する可能性のあるもののうち、胎盤の形成を開始する前のものをいう。

二　生殖細胞　精子（精細胞及びその染色体の数が精

子の染色体の数に等しい精母細胞を含む。以下同じ。）及び未受精卵をいう。

三　未受精卵　未受精の卵細胞及び卵母細胞（その染色体の数が卵細胞の染色体の数に等しいものに限る。）をいう。

四　体細胞　哺乳綱に属する種の個体（死体を含む。）若しくは胎児（死胎を含む。）から採取された細胞（生殖細胞を除く。）又は当該細胞の分裂により生ずる細胞であって、胚又は胚を構成する細胞でないものをいう。

五　胚性細胞　胚から採取された細胞又は当該細胞の分裂により生ずる細胞であって、胚でないものをいう。

六　ヒト受精胚　ヒトの精子とヒトの未受精卵との受精により生ずる胚（当該胚が一回以上分割されることにより順次生ずるそれぞれの胚であって、ヒト胚分割胚でないものを含む。）をいう。

七　胎児　人又は動物の胎内にある細胞群であって、そのまま胎内において発生の過程を経ることにより一の個体に成長する可能性のあるもののうち、胎盤の形成の開始以後のものをいい、胎盤その他のその附属物を含むものとする。

八　ヒト胚分割胚　ヒト受精胚又はヒト胚核移植胚が人の胎外において分割されることにより生ずる胚をいう。

九　ヒト胚核移植胚　一の細胞であるヒト受精胚若しくはヒト胚分割胚又はヒト受精胚、ヒト胚分割胚若しくはヒト集合胚の胚性細胞であって核を有するものがヒト除核卵と融合することにより生ずる胚をいう。

十　人クローン胚　ヒトの体細胞であって核を有するものがヒト除核卵と融合することにより生ずる胚（当該胚が一回以上分割されることにより順次生ずるそれぞれの胚を含む。）をいう。

十一　クローン技術　人クローン胚を作成する技術をいう。

十二　ヒト集合胚　次のいずれかに掲げる胚（当該胚が一回以上分割されることにより順次生ずるそれぞれの胚を含む。）をいう。

イ　二以上のヒト受精胚、ヒト胚分割胚、ヒト胚核移植胚又は人クローン胚が集合して一体となった胚（当該胚とヒトの体細胞又はヒト受精胚、ヒト胚分割胚、ヒト胚核移植胚若しくは人クローン胚の胚性細胞とが集合して一体となった胚を含む。）

ロ　一のヒト受精胚、ヒト胚分割胚、ヒト胚核移植胚又は人クローン胚とヒトの体細胞又はヒト受精胚、ヒト胚分割胚、ヒト胚核移植胚若しくは人クローン胚の胚性細胞とが集合して一体となった胚

十三　ヒト動物交雑胚　次のいずれかに掲げる胚（当該胚が一回以上分割されることにより順次生ずるそれぞれの胚を含む。）をいう。

イ　ヒトの生殖細胞と動物の生殖細胞とを受精させることにより生ずる胚

ロ　一の細胞であるイに掲げる胚又はイに掲げる胚の胚性細胞であって核を有するものがヒト除核卵又は動物除核卵と融合することにより生ずる胚

十四　ヒト性融合胚　次のいずれかに掲げる胚（当該胚が一回以上分割されることにより順次生ずるそれぞれの胚を含む。）をいう。

イ　ヒトの体細胞、一の細胞であるヒト受精胚、ヒト胚分割胚、ヒト胚核移植胚若しくは人クローン胚又はヒト受精胚、ヒト胚分割胚、ヒト胚核移植胚、人クローン胚若しくはヒト集合胚の胚性細胞であって核を有するものが動物除核卵と融合することにより生ずる胚

ロ　一の細胞であるイに掲げる胚又はイに掲げる胚の胚性細胞であって核を有するものがヒト除核卵と融合することにより生ずる胚

十五　ヒト性集合胚　次のいずれかに掲げる胚であって、ヒト集合胚、動物胚又は動物性集合胚に該当しないもの（当該胚が一回以上分割されることにより順次生ずるそれぞれの胚を含む。）をいう。

イ　二以上の胚が集合して一体となった胚（当該胚と体細胞又は胚性細胞とが集合して一体となった胚を含む。）

ロ　一の胚と体細胞又は胚性細胞とが集合して一体となった胚

ハ　イ又はロに掲げる胚の胚性細胞であって核を有するものがヒト除核卵又は動物除核卵と融合することにより生ずる胚

十六　特定融合・集合技術　ヒト動物交雑胚、ヒト性融合胚及びヒト性集合胚を作成する技術をいう。

十七　動物　哺乳綱に属する種の個体（ヒトを除く。）をいう。

十八　動物胚　次のいずれかに掲げる胚（当該胚が一回以上分割されることにより順次生ずるそれぞれの胚を含む。）をいう。

イ　動物の精子と動物の未受精卵との受精により生ずる胚

ロ　動物の体細胞、一の細胞であるイに掲げる胚又はイに掲げる胚の胚性細胞であって核を有するものが動物除核卵と融合することにより生ずる胚

ハ　二以上のイ又はロに掲げる胚が集合して一体となった胚（当該胚と動物の体細胞又はイ若しくはロに掲げる胚の胚性細胞とが集合して一体となった胚を含む。）

ニ　一のイ又はロに掲げる胚と動物の体細胞又はイ若しくはロに掲げる胚の胚性細胞とが集合して一体となった胚

十九　動物性融合胚　次のいずれかに掲げる胚（当該胚が一回以上分割されることにより順次生ずるそれぞれの胚を含む。）をいう。

イ　動物の体細胞、一の細胞である動物胚又は動物胚の胚性細胞であって核を有するものがヒト除核卵と融合することにより生ずる胚

ロ　一の細胞であるイに掲げる胚又はイに掲げる胚の胚性細胞であって核を有するものが動物除核卵と融合することにより生ずる胚

二十　動物性集合胚　次のいずれかに掲げる胚（当該胚が一回以上分割されることにより順次生ずるそれぞれの胚を含む。）をいう。

イ　二以上の動物性融合胚が集合して一体となった胚（当該胚と体細胞又は胚性細胞とが集合して一体となった胚を含む。）

ロ　一以上の動物性融合胚と一以上の動物胚又は体細胞若しくは胚性細胞とが集合して一体となった胚

ハ　一以上の動物胚とヒトの体細胞又はヒト受精胚、ヒト胚分割胚、ヒト胚核移植胚、人クローン胚、ヒト集合胚、ヒト動物交雑胚、ヒト性融合胚、ヒト性集合胚若しくは動物性融合胚の胚性細胞とが集合して一体となった胚（当該胚と動物の体細胞又は動物胚の胚性細胞とが集合して一体となった胚を含む。）

ニ　イからハまでに掲げる胚の胚性細胞であって核を有するものがヒト除核卵又は動物除核卵と融合することにより生ずる胚

二十一　融合　受精以外の方法により複数の細胞が合体して一の細胞を生ずることをいい、一の細胞の核が他の除核された細胞に移植されることを含む。

二十二　除核　細胞から核を取り除き、又は細胞の核を破壊することをいう。

二十三　ヒト除核卵　ヒトの未受精卵又は一の細胞であるヒト受精胚若しくはヒト胚分割胚であって、除核されたものをいう。

二十四　動物除核卵　動物の未受精卵又は一の細胞である動物胚であって、除核されたものをいう。

2　次の表の上欄に掲げる規定の適用については、同表の中欄に掲げる胚又は細胞は、当該規定中の同表の下欄に掲げる胚又は細胞に含まれるものとする。

	上欄	中欄	下欄
一	前項第八号	ヒト胚分割胚	ヒト受精胚
二	前項第九号	ヒト胚核移植胚	ヒト受精胚
三	前項第十号	一の細胞である人クローン胚又は人クローン胚の胚性細胞	ヒトの体細胞
四	前項第十二号イ及びロ	ヒト集合胚の胚性細胞	人クローン胚の胚性細胞
五	前項第十三号ロ	ヒト動物交雑胚	イに掲げる胚
六	前項第十四号イ	ヒト性融合胚	人クローン胚
七	前項第十四号ロ	ヒト性融合胚	イに掲げる胚
八	前項第十八号ロ	動物胚	イに掲げる胚
九	前項第十八号ハ及びニ	動物胚の胚性細胞	イに掲げる胚の胚性細胞
十	前項第十九号イ	動物性融合胚	動物胚
十一	前項第十九号ロ	動物性融合胚	イに掲げる胚
十二	前項第二十号ハ	動物性集合胚の胚性細胞	動物胚の胚性細胞
十三	前項第二十三号	ヒト胚核移植胚又は人クローン胚	ヒト受精胚
十四	前項第二十四号	ヒト動物交雑胚、ヒト性融合胚又は動物性融合胚	動物胚

（禁止行為）

第三条　何人も、人クローン胚、ヒト動物交雑胚、ヒト性融合胚又はヒト性集合胚を人又は動物の胎内に移植してはならない。

（指針）

第四条　文部科学大臣は、ヒト胚分割胚、ヒト胚核移植胚、人クローン胚、ヒト集合胚、ヒト動物交雑胚、ヒト性融合胚、ヒト性集合胚、動物性融合胚又は動物性集合胚（以下「特定胚」という。）が、人又は動物の胎内に移植された場合に人クローン個体若しくは交雑個体又は人の尊厳の保持等に与える影響がこれらに準ずる個体となるおそれがあることにかんがみ、特定胚の作成、譲受又は輸入及びこれらの行為後の取扱い（以下「特定胚の取扱い」という。）の適正を確保するため、生命現象の解明に関する科学的知見を勘案し、特定胚の取扱いに関する指針（以下「指針」という。）を定めなければならない。

2　指針においては、次に掲げる事項について定めるものとする。

一　特定胚の作成に必要な胚又は細胞の提供者の同意が得られていることその他の許容される特定胚の作成の要件に関する事項

二　前号に掲げるもののほか、許容される特定胚の取扱いの要件に関する事項

三　前二号に掲げるもののほか、特定胚の取扱いに関して配慮すべき手続その他の事項

3　文部科学大臣は、指針を定め、又はこれを変更しようとするときは、あらかじめ、関係行政機関の長に協議するとともに、総合科学技術会議の意見を聴かなければならない。

4　文部科学大臣は、指針を定め、又はこれを変更したときは、遅滞なく、これを公表しなければならない。

（遵守義務）

第五条　特定胚の取扱いは、指針に従って行わなければならない。

（特定胚の作成、譲受又は輸入の届出）

第六条　特定胚を作成し、譲り受け、又は輸入しようとする者は、文部科学省令で定めるところにより、次に掲げる事項を文部科学大臣に届け出なければならない。

一　氏名又は名称及び住所並びに法人にあっては、その代表者の氏名

二　作成し、譲り受け、又は輸入しようとする胚の種類

三　作成、譲受又は輸入の目的及び作成の場合にあっては、その方法

四　作成、譲受又は輸入の予定日

五　作成、譲受又は輸入後の取扱いの方法

六　前各号に掲げるもののほか、文部科学省令で定める事項

2　前項の規定による届出をした者は、その届出に係る事項を変更しようとするときは、文部科学省令で定めるところにより、文部科学大臣に届け出なければならない。

（計画変更命令等）

第七条　文部科学大臣は、前条第一項又は第二項の規定による届出があった場合において、その届出に係る特定胚の取扱いが指針に適合しないと認めるときは、その届出を受理した日から六十日以内に限り、その届出をした者に対し、当該特定胚の取扱いの方法に関する計画の変更又は廃止その他必要な措置をとるべきことを命ずることができる。

2　文部科学大臣は、前条第一項又は第二項の規定による届出に係る事項の内容が相当であると認めるときは、前項に規定する期間を短縮することができる。この場合において、文部科学大臣は、その届出をした者に対し、遅滞なく、当該短縮後の期間を通知しなければならない。

（実施の制限）
第八条　第六条第一項又は第二項の規定による届出をした者は、その届出が受理された日から六十日（前条第二項後段の規定による通知があったときは、その通知に係る期間）を経過した後でなければ、それぞれ、その届出に係る特定胚を作成し、譲り受け、若しくは輸入し、又はその届出に係る事項を変更してはならない。

（偶然の事由による特定胚の生成の届出）
第九条　第六条第一項の規定による届出をした者は、偶然の事由によりその届出に係る特定胚から別の特定胚が生じたときは、文部科学省令で定めるところにより、速やかに、次に掲げる事項を文部科学大臣に届け出なければならない。ただし、当該生じた特定胚を直ちに廃棄する場合は、この限りでない。
一　氏名又は名称及び住所並びに法人にあっては、その代表者の氏名
二　生じた胚の種類
三　生成の期日
四　前三号に掲げるもののほか、文部科学省令で定める事項

（記録）
第十条　第六条第一項又は前条の規定による届出をした者は、文部科学省令で定めるところにより、その届出に係る特定胚について、次に掲げる事項に関する記録を作成しなければならない。
一　作成し、譲り受け、又は輸入した胚の種類
二　作成、譲受又は輸入の期日
三　作成、譲受又は輸入後の取扱いの経過
四　前三号に掲げるもののほか、文部科学省令で定める事項
2　前項の記録は、文部科学省令で定めるところにより、保存しなければならない。

（特定胚の譲渡等の届出）
第十一条　第六条第一項又は第九条の規定による届出をした者は、その届出に係る特定胚を譲り渡し、輸出し、滅失し、又は廃棄したときは、文部科学省令で定めるところにより、遅滞なく、次に掲げる事項を文部科学大臣に届け出なければならない。
一　氏名又は名称及び住所並びに法人にあっては、その代表者の氏名
二　譲り渡し、輸出し、滅失し、又は廃棄した胚の種類
三　譲渡、輸出、滅失又は廃棄の期日及び滅失又は廃棄の場合にあっては、その態様
四　前三号に掲げるもののほか、文部科学省令で定める事項

（特定胚の取扱いに対する措置命令）
第十二条　文部科学大臣は、第六条第一項又は第九条の規定による届出をした者の特定胚の取扱いが指針に適合しないものであると認めるときは、その届出をした者に対し、特定胚の取扱いの中止又はその方法の改善その他必要な措置をとるべきことを命ずることができる。

（個人情報の保護）
第十三条　第六条第一項又は第九条の規定による届出をした者は、その届出に係る特定胚の作成に用いられた胚又は細胞の提供者の個人情報（個人に関する情報であって、当該情報に含まれる氏名、生年月日その他の記述等により特定の個人を識別することができるもの（他の情報と照合することにより、特定の個人を識別することができることとなるものを含む。）をいう。以下この条において同じ。）の漏えいの防止その他の個人情報の適切な管理のために必要な措置を講ずるよう努めなければならない。

（報告徴収）
第十四条　文部科学大臣は、この法律の施行に必要な限度において、第六条第一項又は第九条の規定による届出をした者に対し、その届出に係る特定胚の取扱いの状況その他必要な事項について報告を求めることができる。

（立入検査）
第十五条　文部科学大臣は、この法律の施行に必要な限度において、その職員に、第六条第一項若しくは第九条の規定による届出をした者の事務所若しくは研究施設に立ち入り、その者の書類その他必要な物件を検査させ、又は関係者に質問させることができる。
2　前項の規定により職員が事務所又は研究施設に立ち入るときは、その身分を示す証明書を携帯し、かつ、関係者の請求があるときは、これを提示しなければならない。
3　第一項の規定による権限は、犯罪捜査のために認められたものと解してはならない。

（罰則）
第十六条　第三条の規定に違反した者は、十年以下の懲役若しくは千万円以下の罰金に処し、又はこれを併科する。
第十七条　次の各号のいずれかに該当する者は、一年以下の懲役又は百万円以下の罰金に処する。
一　第六条第一項の規定による届出をせず、又は虚偽の届出をして特定胚を作成し、譲り受け、又は輸入した者
二　第六条第二項の規定による届出をせず、又は虚偽の届出をして同項に規定する事項を変更した者
三　第七条第一項の規定による命令に違反した者
四　第十二条の規定による命令に違反した者
第十八条　第八条の規定に違反した者は、六月以下の懲役又は五十万円以下の罰金に処する。
第十九条　次の各号のいずれかに該当する者は、五十万円以下の罰金に処する。
一　第九条の規定による届出をせず、又は虚偽の届出をした者
二　第十条第一項の規定による記録を作成せず、又は虚偽の記録を作成した者
三　第十条第二項の規定に違反した者
四　第十一条の規定による届出をせず、又は虚偽の届出をした者
五　第十四条の規定による報告をせず、又は虚偽の報告をした者

六　第十五条第一項の規定による立入り若しくは検査を拒み、妨げ、若しくは忌避し、又は質問に対して陳述せず、若しくは虚偽の陳述をした者

第二十条　法人の代表者又は法人若しくは人の代理人、使用人その他の従業者が、その法人又は人の業務に関し、第十六条から前条までの違反行為をしたときは、行為者を罰するほか、その法人又は人に対しても、各本条の罰金刑を科する。

附　則

（施行期日）

第一条　この法律は、公布の日から起算して六月を経過した日から施行する。ただし、次の各号に掲げる規定は、当該各号に定める日から施行する。

一　第四条第三項及び附則第三条の規定　公布の日

二　第四条第一項、第二項及び第四項、第五条から第十五条まで、第十七条から第十九条まで並びに第二十条（第十七条から第十九条までに係る部分に限る。）の規定　公布の日から起算して一年を超えない範囲内において政令で定める日

（検討）

第二条　政府は、この法律の施行後三年以内に、ヒト受精胚の人の生命の萌芽としての取扱いの在り方に関する総合科学技術会議等における検討の結果を踏まえ、この法律の施行の状況、クローン技術等を取り巻く状況の変化等を勘案し、この法律の規定に検討を加え、その結果に基づいて必要な措置を講ずるものとする。

（経過措置）

第三条　第四条第三項の規定の適用については、公布の日から内閣法の一部を改正する法律（平成十一年法律第八十八号）の施行の日（平成十三年一月六日）の前日までの間は、同項中「文部科学大臣」とあるのは「内閣総理大臣」と、「総合科学技術会議」とあるのは「科学技術会議」とする。

ヒトに関するクローン技術等の規制に関する法律施行規則

平成二十一年五月二十日文部科学省令第二十五号

ヒトに関するクローン技術等の規制に関する法律（平成十二年法律第百四十六号）第六条、第九条、第十条及び第十一条の規定に基づき、並びに同法を実施するため、ヒトに関するクローン技術等の規制に関する法律施行規則（平成十三年文部科学省令第八十二号）の全部を次のように改正する。

（特定胚の作成の届出）

第一条　ヒトに関するクローン技術等の規制に関する法律（以下「法」という。）第六条第一項の規定による特定胚の作成の届出は、人クローン胚を作成する場合には、別記様式第一の一の届出書によって、動物性集合胚を作成する場合には、別記様式第一の二の届出書によって、それぞれしなければならない。

2　法第六条第一項第六号の文部科学省令で定める事項のうち特定胚の作成に関するものは、次に掲げる事項とする。

一　特定胚を研究に用いる必要性に関する事項

二　特定胚を作成しようとする者（以下この号及び次号において「作成者」という。）の技術的能力及び人クローン胚を作成しようとする場合には、作成者の管理的能力に関する事項

三　特定胚の作成場所

四　特定胚の作成後の取扱場所

五　特定胚の作成に用いる細胞の種類、入手先、輸送方法及び細胞の取得に要する経費の見積額並びに人クローン胚を作成しようとする場合には、入手方法

六　人クローン胚の作成に用いるために新たに採取した体細胞（提供者の身体への影響を最小限にとどめて採取したものに限る。）の提供を受ける場合には、体細胞の採取の方法、並びに採取に伴い提供者が受ける可能性がある身体的影響及び当該身体的影響が生じた場合の補償

七　特定胚の作成に用いる細胞の提供者の同意の取得に関する事項であって次に掲げるもの

イ　同意の取得に係る説明を行う担当者の氏名及び職名並びに人クローン胚を作成しようとする場合には、所属機関名

ロ　人クローン胚を作成しようとする場合には、同意を取得する機関名

ハ　動物性集合胚を作成しようとする場合には、提供者が同意について回答するまでの期間

ニ　提供者が同意を撤回することができる期間及び人クローン胚を作成しようとする場合には、その方法

ホ　提供者の個人情報の保護に関する事項

八　機関内倫理審査委員会又は意見を聴いた倫理審査委員会（以下単に「倫理審査委員会」という。）の名称、構成員及び構成員の専門とする分野

九　倫理審査委員会から提出された意見

3　第一項に規定する届出書には、細胞の提供者の同意を得るに当たり作成者又は体細胞提供機関（特定胚の作成に用いるヒトの体細胞の提供を受け、作成者に当該体細胞を移送する機関をいう。）に所属する者が行う説明において、当該提供者に対して交付することが予定されている当該説明に関する事項を記載した書面並びに人クローン胚を作成しようとする場合には、特定胚の作成場所及び作成後の取扱場所を示す図面を添付しなければならない。

（特定胚の譲受の届出）

第二条　法第六条第一項の規定による特定胚の譲受の届出は、人クローン胚を譲り受けようとする場合には、別記様式第一の三の届出書によって、動物性集合胚を譲り受けようとする場合には、別記様式第一の四の届出書によって、それぞれしなければならない。

2　法第六条第一項第六号の文部科学省令で定める事項

のうち特定胚の譲受に関するものは、次に掲げる事項とする。

一　特定胚を研究に用いる必要性に関する事項

二　特定胚を譲り受けようとする者（以下この号において「譲受者」という。）の技術的能力及び人クローン胚を譲り受けようとする場合には、譲受者の管理的能力に関する事項

三　人クローン胚を譲り受けようとする場合には、当該人クローン胚を譲り受ける場所

四　特定胚の譲受後の取扱場所

五　動物性集合胚を譲り受けようとする場合には、当該動物性集合胚の輸送方法及び譲受に要する経費の見積額

六　特定胚を作成した者の氏名又は名称及び住所並びに法人にあっては、その代表者の氏名

七　特定胚の作成の届出を行った日付

八　倫理審査委員会の名称、構成員及び構成員の専門とする分野

九　倫理審査委員会から提出された意見

3　人クローン胚を譲り受けようとする場合には、第一項に規定する届出書に、当該人クローン胚を譲り受ける場所及び当該人クローン胚の譲受後の取扱場所を示す図面並びにこれらの場所と当該人クローン胚の作成場所との位置関係を示す図面を添付しなければならない。

（特定胚の作成又は譲受の届出に係る内容変更の届出）

第三条　法第六条第二項の規定による変更の届出は、別記様式第二による届出書によってしなければならない。

（偶然の事由による特定胚の生成の届出）

第四条　法第九条の規定による届出は、別記様式第三の届出書によってしなければならない。

2　法第九条第四号の文部科学省令で定める事項は、次に掲げる事項とする。

一　特定胚の生じた場所

二　特定胚の生じた状況

三　生じた特定胚の取扱方法

四　生じた特定胚の取扱場所

（記録の作成等）

第五条　法第十条第一項の規定による記録は、文書、磁気テープその他の記録媒体により作成し、保存するものとする。

2　前項の記録が電磁的方法（電子的方法、磁気的方法その他の人の知覚によって認識することができない方法をいう。）により作成され、保存される場合には、その記録が必要に応じ電子計算機その他の機器を用いて直ちに表示されることができるようにしておかなければならない。

3　法第十条第一項第四号の文部科学省令で定める事項は、次に掲げる事項とする。

一　特定胚の作成場所

二　作成し、又は譲り受けた特定胚の取扱場所

三　作成に用いられた細胞の入手先

四　作成に用いられた細胞の提供者の同意に関する事項

五　特定胚を凍結させた場合にあっては、その目的、方法、凍結期間、管理場所及び管理方法並びに管理に従事する者の氏名

4　法第十条第二項の規定により保存することとされている記録の保存期間は、特定胚の作成又は譲受後五年間とする。

（特定胚の譲渡の届出）

第六条　法第十一条の規定による特定胚の譲渡の届出は、人クローン胚を譲り渡した場合には、別記様式第四の一の届出書によって、動物性集合胚を譲り渡した場合には、別記様式第四の二の届出書によって、それぞれしなければならない。

2　法第十一条第四号の文部科学省令で定める事項のうち特定胚の譲渡に関するものは、次に掲げる事項とする。

一　譲り渡した特定胚の作成又は譲受の届出を行った日付

二　特定胚の譲渡先の氏名又は名称及び住所並びに法人にあっては、その代表者の氏名

三　譲渡の理由

四　人クローン胚を譲り渡した場合には、譲渡の場所

五　動物性集合胚を譲り渡した場合には、譲り渡した動物性集合胚の輸送方法及び輸送に要した経費

（特定胚の滅失の届出）

第七条　法第十一条の規定による特定胚の滅失の届出は、別記様式第四の三の届出書によってしなければならない。

2　法第十一条第四号の文部科学省令で定める事項のうち特定胚の滅失に関するものは、次に掲げる事項とする。

一　特定胚を滅失させた場所

二　滅失させた特定胚の作成又は譲受の届出を行った日付

三　滅失の理由及びその方法

四　滅失後の取扱いに関する事項

（特定胚の廃棄の届出）

第八条　法第十一条の規定による特定胚の廃棄の届出は、別記様式第四の四の届出書によってしなければならない。

2　法第十一条第四号の文部科学省令で定める事項のうち特定胚の廃棄に関するものは、次に掲げる事項とする。

一　特定胚を廃棄した場所

二　廃棄した特定胚の作成又は譲受の届出を行った日付

三　廃棄の理由及びその方法

（届出書の提出部数）

第九条　第一条第一項、第二条第一項、第三条、第四条第一項、第六条第一項、第七条第一項及び前条第一項の届出書の提出部数は、それぞれ正本一通及び副本三通とする。ただし、第一条第一項及び第二条第一項の届出書については、副本三通のうち二通についてそれぞれ第一条第三項に規定する書面及び図面並びに第二条第三項に規定する図面を添付することを要しない。

（フレキシブルディスクによる手続）

第十条　次の各号に掲げる書類の提出については、当該書類に記載すべきこととされている事項を記録したフレキシブルディスク及び別記様式第五によるフレキシブルディスク提出票（次項において「フレキシブルディ

スク等」という。）を提出することにより行うことができる。

一　第一条第一項
二　第二条第一項
三　第三条
四　第四条第一項
五　第六条第一項
六　第七条第一項
七　第八条第一項

2　前項の規定により同項各号に掲げる書類の提出に代えてフレキシブルディスク等を提出する場合においては、前条中「正本一通及び副本三通」とあるのは、「フレキシブルディスク一枚及びフレキシブルディスク提出票四通」とする。

（フレキシブルディスクの構造）

第十一条　前条第一項のフレキシブルディスクは、次の各号のいずれかに該当するものでなければならない。

一　工業標準化法（昭和二十四年法律第百八十五号）に基づく日本工業規格（以下単に「日本工業規格」という。）X六二二一に適合する九十ミリメートルフレキシブルディスクカートリッジ
二　日本工業規格X六二二三に適合する九十ミリメートルフレキシブルディスクカートリッジ

（フレキシブルディスクの記録方式）

第十二条　第十条第一項の規定によるフレキシブルディスクへの記録は、次に掲げる方式に従ってしなければならない。

一　トラックフォーマットについては、前条第一号のフレキシブルディスクに記録する場合にあっては日本工業規格X六二二一に、同条第二号のフレキシブルディスクに記録する場合にあっては日本工業規格X六二二五に規定する方式
二　ボリューム及びファイル構成については、日本工業規格X〇六〇五に規定する方式
三　文字の符号化表現については、日本工業規格X〇二〇八附属書一に規定する方式

2　第十条第一項の規定によるフレキシブルディスクへの記録は、日本工業規格X〇二〇一及びX〇二〇八に規定する図形文字並びに日本工業規格X〇二一一に規定する制御文字のうち「復帰」及び「改行」を用いてしなければならない。

（フレキシブルディスクにはり付ける書面）

第十三条　第十条第一項のフレキシブルディスクには、日本工業規格X六二二一又はX六二二三に規定するラベル領域に、次に掲げる事項を記載した書面をはり付けなければならない。

一　提出する届出書の名称
二　提出者の氏名又は名称及び法人にあっては、その代表者の氏名
三　提出年月日

附　則

この省令は、公布の日から施行する。

様式第一の一（第一条第一項関係）略
様式第一の二（第一条第一項関係）略
様式第一の三（第二条第一項関係）略
様式第一の四（第二条第一項関係）略
様式第二（第三条関係）略
様式第三（第四条第一項関係）略
様式第四の一（第六条第一項関係）略
様式第四の二（第六条第一項関係）略
様式第四の三（第七条第一項関係）略
様式第四の四（第八条第一項関係）略
様式第五（第十条第一項関係）略

特定胚の取扱いに関する指針

平成十三年文部科学省告示第百七十三号
最終改正　平成二一年五月二〇日文部科学省告示第八三号

第一章　総則

第一条　ヒトに関するクローン技術等の規制に関する法律（以下「法」という。）に定めるもののほか、この指針において、次の各号に掲げる用語の意義は、それぞれ当該各号に定めるところによる。

一　ES細胞　胚から採取された細胞又は当該細胞の分裂により生ずる細胞であって、胚でないもののうち、多能性（内胚葉、中胚葉及び外胚葉の細胞に分化する性質をいう。）を有し、かつ、自己複製能力を維持しているもの又はそれに類する能力を有することが推定されるものをいう。
二　動物クローン胚　動物の体細胞であって核を有するものが動物除核卵と融合することにより生ずる胚（当該胚が一回以上分割されることにより順次生ずるそれぞれの胚を含む。）をいう。
三　提供者　特定胚の作成に必要な細胞の提供者をいう。
四　提供医療機関　特定胚の作成に用いるヒトの未受精卵又はヒト受精胚（以下「未受精卵等」という。）の提供を受け、特定胚を作成しようとする者に当該未受精卵等を移送する医療機関をいう。
五　体細胞提供機関　特定胚の作成に用いるヒトの体細胞（以下単に「体細胞」という。）の提供を受け、特定胚を作成しようとする者に当該体細胞を移送する機関をいう。

（作成できる胚の種類の限定）

第二条　特定胚のうち作成することができる胚の種類は、当分の間、人クローン胚及び動物性集合胚に限るものとする。

（ヒトの細胞の無償提供）

第三条　特定胚の作成に用いられるヒトの細胞の提供は、輸送費その他必要な経費を除き、無償で行われるものとする。

（特定胚の輸入）

第四条　特定胚の輸入は、当分の間、行わないものとする。

（特定胚の取扱期間）

第五条　特定胚の作成又は譲受後の取扱いは、当該特定胚の作成から原始線条（胚の発生の過程で胚の中央部に現れる線状のくぼみであって、内胚葉及び中胚葉が発生する部分となるものをいう。以下この項において同じ。）が現れるまでの期間に限り、行うことができるものとする。ただし、特定胚を作成した日から起算して十四日を経過する日（以下この項において「経過日」という。）までの期間（次項において「経過期間」という。）内に原始線条が現れない特定胚については、経過日以後は、その取扱いを行ってはならないものとする。

2　前項ただし書に規定する特定胚に凍結保存されている期間がある場合には、その凍結保存期間は、経過期間に算入しない。

（特定胚の輸出）

第六条　特定胚の輸出は、当分の間、行わないものとする。

（特定胚の胎内移植の禁止）

第七条　法第三条に規定する胚以外の特定胚は、当分の間、人又は動物の胎内に移植してはならないものとする。

（情報の公開）

第八条　特定胚を作成し、又は譲り受け、及びこれらの行為後に特定胚を取り扱おうとする者は、その特定胚の取扱いの内容及び成果の公開に努めるものとする。

第二章　人クローン胚の取扱い

第一節　人クローン胚の作成の要件に関する事項

（人クローン胚の作成に関する要件）

第九条　人クローン胚の作成は、動物の胚又は細胞のみを用いた研究その他の人クローン胚を用いない研究によっては得ることができない科学的知見が得られる場合に限り、行うことができるものとする。

2　人クローン胚の作成の目的は、次の各号のいずれかに該当する疾患（第六項第三号に掲げる体細胞を用いる場合には、遺伝性疾患（遺伝によって発現し、又はその可能性がある疾患をいう。）に限る。）の患者に対する再生医療に関する基礎的研究のうち、ヒトのES細胞を作成して行う研究であって、新たに人クローン胚を作成することの科学的合理性及び必要性を有するものに限るものとする。

一　人の生命に危険を及ぼすおそれのある疾患であって、その治療方法が確立しておらず、又は治療の実施が困難な疾患

二　不可逆的かつ著しい身体機能の障害をもたらす疾患であって、その治療方法が確立しておらず、又は治療の実施が困難な慢性の疾患

3　人クローン胚を作成しようとする者（以下「人クローン胚作成者」という。）は、次に掲げる要件のすべてを満たすものとする。

一　霊長目に属する動物の動物クローン胚を作成した
実績を有するとともに、当該動物ク二　動物クロー
ン胚を作成し、当該動物クローン胚を用いてES
細胞を作成した実績を有すること。
三　人クローン胚を取り扱う研究を行うに足りる管理
的能力を有すること。
ローン胚を用いたES細胞の作成に係る研究に関与
した経験を有する者が参画すること。

四　人クローン胚を遅滞なくヒトのES細胞の作成に用いる体制が整備されていること。

五　第六項第三号に掲げる体細胞を用いて人クローン胚を作成しようとする場合には、同項第一号又は第二号に掲げる体細胞を用いて人クローン胚を作成し、当該人クローン胚からヒトのES細胞を作成した実績を有すること。

4　人クローン胚は、人又は動物の胎内に移植することのできる設備を有する建物内において作成してはならないものとする。

5　人クローン胚の作成に用いることのできる未受精卵等は、当分の間、次の各号のいずれかに掲げるものであって、提供する者による当該未受精卵等を廃棄することについての意思が確認されているものに限るものとする。

一　疾患の治療のため摘出された卵巣（その切片を含む。）から採取された未受精卵（提供者の生殖補助医療（生殖を補助することを目的とした医療をいう。以下この項において同じ。）に用いる予定がないものに限る。）

二　生殖補助医療に用いる目的で採取された未受精卵であって、生殖補助医療に用いる予定がないもの又は生殖補助医療に用いたもののうち受精しなかったもの

三　生殖補助医療に用いる目的で作成された一の細胞であるヒト受精胚であって、生殖補助医療に用いる予定がないもののうち、前核（受精の直後のヒト受精胚に存在する精子又は未受精卵に由来する核であって、これらが融合する前のものをいう。）を三個以上有する、又は有していたもの

6　人クローン胚の作成に用いることのできる体細胞は、当分の間、次の各号のいずれかに掲げるものに限るものとする。

一　手術又は生検（生体から組織を採取し、疾患の診断を行うことをいう。）により摘出又は採取されたもの

二　研究に利用することを目的として採取され、保存されているもの（次号に掲げるものを除く。）

三　人クローン胚の作成に用いるために新たに採取したもの（提供者の身体への影響を最小限にとどめて採取したものに限る。）

第十条（未受精卵等の提供者等の同意） 人クローン胚作成者は、人クローン胚の作成に未受精卵等を用いることについて、提供者その他提供の意思を確認すべき者（以下「提供者等」という。）から提供医療機関が書面により同意を得ることを確認するものとする。

2 人クローン胚作成者は、提供医療機関が前項の同意を得る場合には、あらかじめ、提供者等に対し、次に掲げる事項を記載した書面を交付し、説明を行うものとする。

一 人クローン胚の作成の目的及び方法

二 提供を受ける未受精卵等の取扱い

三 予想される研究の成果

四 人クローン胚の作成の届出をし、当該届出の内容がこの指針に適合していることが文部科学大臣に認められていること。

五 提供者の個人情報が人クローン胚作成者に移送されないことその他個人情報の保護の方法

六 提供者等が将来にわたり報酬を受けることのないこと。

七 未受精卵等、当該未受精卵等から作成される人クローン胚及び当該人クローン胚から作成されるES細胞について遺伝子の解析が行われる可能性があること並びにその遺伝子の解析が特定の個人を識別するものではないこと。

八 研究成果その他の人クローン胚及びES細胞に関する情報が提供者に示されないこと。

九 研究の成果を公開する可能性があること。

十 ES細胞が長期間維持管理されるとともに、当該ES細胞を使用する機関に無償で交付されること。

十一 研究の成果から特許権、著作権その他の無体財産権又は経済的利益が生ずる可能性があること及びこれらが提供者に帰属しないこと。

十二 未受精卵等の提供又は不提供の意思表示が、提供者に対して、何らの利益又は不利益をもたらすものではないこと。

十三 同意を得た後少なくとも三十日間は未受精卵等を人クローン胚作成者に移送しないこと並びに同意の撤回が可能であること及びその方法

3 提供者等は、未受精卵等が保存されている間は、第一項の同意を撤回することができるものとする。

第十一条（体細胞の提供者等の同意） 前条の規定は、体細胞の提供者等の同意について準用する。この場合において、前条中「未受精卵等」とあるのは「体細胞」と、「提供医療機関」とあるのは「体細胞提供機関」と、「確認するものとする。」とあるのは「確認するものとする。ただし、第九条第六項第二号に掲げる体細胞であって、当該体細胞の提供者に係る情報がないものの提供を受ける場合には、この限りでない。」と、「提供者等に対し」とあるのは「当該体細胞提供機関が提供者等に対し」と、「説明を行うものとする」とあるのは「説明を行うことを確認するものとする」と読み替えるものとする。

2 前項の規定により読み替えて準用する前条第二項各号に掲げるもののほか、人クローン胚作成者は、体細胞提供機関が体細胞の提供者等の同意を得る場合には、あらかじめ、当該体細胞提供機関が提供者等に対し、次に掲げる事項について書面を交付し、説明を行うことを確認するものとする。

一 ES細胞が提供者と同一の遺伝情報を有するとともに、内胚葉、中胚葉及び外胚葉の細胞に分化する性質並びに当該細胞を複製する能力を有すること。

二 第九条第六項第三号に掲げる体細胞の提供を受ける場合には、体細胞の採取の方法、並びに採取に伴い提供者が受ける可能性がある身体的影響及び当該身体的影響が生じた場合の補償

3 体細胞の提供者等が、当該体細胞を用いた研究の内容について詳細な説明を求める場合には、人クローン胚作成者が、その説明を行うものとする。

第二節 人クローン胚の譲受その他の取扱いの要件に関する事項

第十二条（人クローン胚の譲受の要件） 人クローン胚の譲受は、次に掲げる要件のすべてを満たす場合に限り、行うことができるものとする。

一 譲り受けようとする人クローン胚がこの指針の規定に適合して作成されたものであること。

二 人クローン胚の譲受後の取扱いが第九条第一項に規定する要件を満たし、かつ、同条第二項に規定する研究を目的とすること。

三 霊長目に属する動物の動物クローン胚を用いたES細胞の作成に係る研究に関与した経験を有する者が参画すること。

四 人クローン胚を譲り受けようとする者（以下「人クローン胚譲受者」という。）が、動物クローン胚を用いてES細胞を作成した実績を有すること。

五 人クローン胚譲受者が、人クローン胚を取り扱う研究を行うに足りる管理的能力を有すること。

六 人クローン胚を遅滞なくヒトのES細胞の作成に用いる体制が整備されていること。

七 第九条第六項第三号に掲げる体細胞を用いて作成した人クローン胚を譲り受けようとする場合には、同条同項第一号又は第二号に掲げる体細胞を用いて作成した人クローン胚からヒトのES細胞を作成した実績を有すること。

八 人クローン胚の譲受が無償で行われること。

九 人クローン胚の譲受が当該人クローン胚を作成した建物内で行われること。

第十三条（人クローン胚の作成後又は譲受後の取扱いに関する要件） 人クローン胚は、当該胚を作成し、又は譲り受けた建物内において取り扱うものとする。

2 作成し、又は譲り受けた人クローン胚は、遅滞なくヒトES細胞の作成に用いるものとする。

3 人クローン胚は貸与してはならないものとする。

第三節　人クローン胚の取扱いに関して配慮すべき手続に関する事項

（倫理審査委員会への意見の聴取）

第十四条　人クローン胚を作成し、又は譲り受け、及びこれらの行為後に人クローン胚を取り扱おうとする者（以下「人クローン胚取扱者」という。）は、当該人クローン胚の取扱いについて、法第六条に規定する文部科学大臣への届出を行う前に、機関内倫理審査委員会（倫理審査委員会（特定胚の取扱いが、この指針の規定に適合しているかどうかについて、倫理的観点及び科学的観点から調査審議を行うとともに、当該特定胚の取扱いの進捗状況及び結果について、当該特定胚の取扱いを行う者から報告を受け、当該特定胚の取扱いを行う者に意見を述べる組織をいう。第十八条において同じ。）であって、人クローン胚取扱者の所属する機関（人クローン胚取扱者が法人である場合には、当該法人）によって設置されるものをいう。）の意見を聴くものとする。

第三章　動物性集合胚の取扱い

第一節　動物性集合胚の作成の要件に関する事項

（動物性集合胚の作成の要件）

第十五条　動物性集合胚の作成は、次に掲げる要件を満たす場合に限り、行うことができるものとする。

一　動物の胚又は細胞のみを用いた研究その他の動物性集合胚を用いない研究によっては得ることができない科学的知見が得られること。

二　動物性集合胚を作成しようとする者（以下この条及び次条において「動物性集合胚作成者」という。）が動物性集合胚を取り扱う研究を行うに足りる技術的能力を有すること。

2　動物性集合胚の作成の目的は、ヒトに移植することが可能なヒトの細胞からなる臓器の作成に関する基礎的研究に限るものとする。

3　動物性集合胚作成者は、動物性集合胚の作成に未受精卵等を用いてはならないものとする。

（動物性集合胚の作成に必要な細胞の提供者の同意）

第十六条　動物性集合胚作成者は、動物性集合胚の作成にヒトの細胞を用いることについて、その提供者から書面により同意を得るものとする。

2　動物性集合胚作成者は、第一項の同意を得るに当たり、次に掲げる事項に配慮するものとする。

一　提供者が同意をしないことを理由として、不利益な取扱いをしないこと。

二　提供者の意向を尊重するとともに、提供者の立場に立って公正かつ適切に次項の説明を行うこと。

三　提供者が同意をするかどうかを判断するために必要な時間的余裕を有すること。

3　動物性集合胚作成者は、第一項の同意を得ようとするときは、あらかじめ、提供者に対し、次に掲げる事項を記載した書面を交付し、その内容について説明を行うものとする。

一　動物性集合胚の作成の目的及び方法

二　提供を受ける細胞の取扱い

三　動物性集合胚の作成後の取扱い

四　提供者の個人情報の保護の方法

五　提供者が将来にわたり報酬を受けることのないこと。

六　提供者が同意をしないことによって不利益な取扱いを受けないこと。

七　提供者が同意を撤回することができること。

4　提供者は、第一項の同意を撤回することができるものとする。

第二節　動物性集合胚の譲受の要件に関する事項

（動物性集合胚の譲受の要件）

第十七条　動物性集合胚の譲受は、次に掲げる要件のすべてを満たす場合に限り、行うことができるものとする。

一　譲り受けようとする動物性集合胚がこの指針の規定に適合して作成されたものであること。

二　動物性集合胚の譲受後の取扱いが第十五条第一項第一号に規定する要件を満たし、かつ、同条第二項に規定する研究を目的とすること。

三　動物性集合胚を譲り受けようとする者が動物性集合胚を取り扱う研究を行うに足りる技術的能力を有すること。

四　動物性集合胚の譲受が輸送費その他必要な経費を除き、無償で行われること。

第三節　動物性集合胚の取扱いに関して配慮すべき手続に関する事項

（倫理審査委員会への意見の聴取）

第十八条　動物性集合胚を作成し、又は譲り受け、及びこれらの行為後に特定胚を取り扱おうとする者（以下この条において「動物性集合胚取扱者」という。）は、当該動物性集合胚の取扱いについて、法第六条に規定する文部科学大臣への届出を行う前に、機関内倫理審査委員会（倫理審査委員会であって、動物性集合胚取扱者の所属する機関（動物性集合胚取扱者が法人である場合には、当該法人。以下この条において同じ。）によって設置されるものをいう。以下この条において同じ。）の意見を聴くものとする。

2　前項の場合において、動物性集合胚取扱者が機関に所属しないとき又はその所属する機関に機関内倫理審査委員会が設置されていないときは、当該動物性集合胚取扱者は、次のいずれかの機関によって設置された倫理審査委員会の意見を聴くことをもって、同項の規定による意見の聴取に代えることができるものとする。

一　国又は地方公共団体の試験研究機関

二　大学（学校教育法（昭和二十二年法律第二十六号）第一条に規定する大学をいう。）又は大学共同利用機関（国立大学法人法（平成十五年法律第百十二号）第二条第四号に規定する大学共同利用機関をいう。）

三　独立行政法人（独立行政法人通則法（平成十一年法律第百三号）第二条第一項に規定する独立行政法

人をいう。）

四　特殊法人（法律により直接に設立された法人又は特別の法律により特別の設立行為をもって設立された法人であって、総務省設置法（平成十一年法律第九十一号）第四条第十五号の規定の適用を受けるものをいう。）

五　認可法人（特別の法律により設立され、かつ、その設立に関し行政官庁の認可を要する法人をいう。）

六　一般社団法人又は一般財団法人

附　則

この指針は、公布の日から実施する。

ヒトゲノム・遺伝子解析研究に関する倫理指針

平成十三年三月二十九日文部科学省・厚生労働省・経済産業省

最終改正　平成二〇年一二月一日

前文

科学研究の推進は、人々が健やかで心豊かに生活できる社会を実現するための重要な課題である。その中で、20世紀後半に開始されたヒトゲノム・遺伝子解析研究は、生命科学及び保健医療科学の進歩に大きく貢献し、人類の健康や福祉の発展、新しい産業の育成等に重要な役割を果たそうとしている。

一方、ヒトゲノム・遺伝子解析研究は、個人を対象とした研究に大きく依存し、また、研究の過程で得られた遺伝情報は、提供者（ヒトゲノム・遺伝子解析研究のための試料等を提供する人）及びその血縁者の遺伝的素因を明らかにし、その取扱いによっては、様々な倫理的、法的又は社会的問題を招く可能性があるという側面がある。そこで、人間の尊厳及び人権を尊重し、社会の理解と協力を得て、適正に研究を実施することが不可欠である。そのため、世界医師会によるヘルシンキ宣言等に示された倫理規範を踏まえ、提供者個人の人権の保障が、科学的又は社会的な利益に優先されなければならないことに加えて、この側面について、社会に十分な説明を行い、その理解に基づいて研究を実施することが求められている。

本指針は、国際連合教育科学文化機関（ユネスコ）の「ヒトゲノムと人権に関する世界宣言」等を踏まえて策定された「ヒトゲノム研究に関する基本原則」（平成12年6月14日科学技術会議生命倫理委員会取りまとめ）に示された原則に基づき、また、「遺伝子解析研究に付随する倫理問題等に対応するための指針」（平成12年4月28日厚生科学審議会先端医療技術評価部会取りまとめ）、ユネスコの「ヒト遺伝情報に関する国際宣言」、個人情報の保護に関する法律（平成15年法律第57号）等を踏まえ、ヒトゲノム・遺伝子解析研究一般に適用されるべき倫理指針として、文部科学省、厚生労働省及び経済産業省において共同で作成し、社会に提示するものである。ヒトゲノム・遺伝子解析研究に関わるすべての関係者においてこの指針を遵守することが求められる。

なお、個人情報保護に関し、ヒトゲノム・遺伝子解析研究を行う機関においては、民間企業、行政機関、独立行政法人等の区分に応じて適用される個人情報の保護に関する法律、行政機関の保有する個人情報の保護に関する法律（平成15年法律第58号）、独立行政法人等の保有する個人情報の保護に関する法律（平成15年法律第59号）及び個人情報の保護に関する法律第11条第1項の趣旨を踏まえて地方公共団体において制定される条例を遵守する必要があることに留意しなければならない。

第1　基本的考え方

1　基本方針

本指針は、遺伝情報が得られる等のヒトゲノム・遺伝子解析の特色を踏まえ、すべてのヒトゲノム・遺伝子解析研究に適用され、研究現場で遵守されるべき倫理指針として策定されたものである。本指針は、人間の尊厳及び人権が尊重され、社会の理解と協力を得て、研究の適正な推進が図られることを目的とし、次に掲げる事項を基本方針としている。

（1）人間の尊厳の尊重

（2）事前の十分な説明と自由意思による同意（インフォームド・コンセント）

（3）個人情報の保護の徹底

（4）人類の知的基盤、健康及び福祉に貢献する社会的に有益な研究の実施

（5）個人の人権の保障の科学的又は社会的利益に対する優先

（6）本指針に基づく研究計画の作成及び遵守並びに独

立の立場に立った倫理審査委員会による事前の審査及び承認による研究の適正の確保

（7）研究の実施状況の第三者による実地調査及び研究結果の公表を通じた研究の透明性の確保

（8）ヒトゲノム・遺伝子解析研究に関する啓発活動等による国民及び社会の理解の増進並びに研究内容を踏まえて行う国民との対話

〈注〉

本指針において、研究の過程で得られる遺伝情報が提供者及び血縁者の遺伝的素因を明らかにするおそれがあること、さらに研究内容によっては提供者個人の問題にとどまらず提供者が属する集団の性質等を特徴づける可能性があること等により、様々な問題を提起する可能性があるというヒトゲノム・遺伝子解析研究の特色を踏まえ、第6の16（3）において、本指針の対象とすべき研究の定義及び範囲を定めている。

2　本指針の適用範囲

（1）本指針は、ヒトゲノム・遺伝子解析研究を対象とし、その研究に携わる研究者等に遵守を求めるものである。適正な研究の実施のためには、研究者等一人ひとりの努力が重要であるほか、研究を行う機関においても個人情報の保護や倫理面での対応を適切に行うために必要な組織体制や環境の整備を図ることが重要である。

なお、診療において実施され、解析結果が提供者及びその血縁者の診療に直接生かされることが医学的に確立されている臨床検査及びそれに準ずるヒトゲノム・遺伝子解析は、医療に関する事項として、今後、慎重に検討されるべき課題であり、本指針の対象としない。ただし、これらのヒトゲノム・遺伝子解析についても、診療を行う医師の責任において、個人情報の保護に関する法律に基づく医療・介護関係事業者における個人情報の適切な取扱いのための指針に従うとともに、関係学会等において作成される指針等を参考に、本指針の趣旨を踏まえた適切な対応が望まれる。

（2）ヒトゲノム・遺伝子解析研究に関する倫理指針（平成13年文部科学省・厚生労働省・経済産業省告示第1号。以下「旧指針」という。）の施行前に既に着手され、現在実施中のヒトゲノム・遺伝子解析研究に対しては、本指針は適用しない。

〈旧指針施行前の研究に関する細則〉

旧指針施行前に既に着手され、現在実施中のヒトゲノム・遺伝子解析研究に対して本指針は適用しないが、個人情報保護に関する法律の施行日以降は、同法に基づき、当該研究を実施することが必要となる。

〈注〉

旧指針の施行日は平成13年4月1日である。

3　保護すべき個人情報

（1）「個人情報」とは、生存する個人に関する情報であって、当該情報に含まれる氏名、生年月日その他の記述等により特定の個人を識別することができるもの（他の情報と照合することができ、それにより特定の個人を識別することができることとなるものを含む。）をいう。

（2）個人情報を連結不可能匿名化した情報は、個人情報に該当しない。個人情報を連結可能匿名化した情報は、研究を行う機関において、当該個人情報に係る個人と当該情報とを連結し得るよう新たに付された符号又は番号等の対応表を保有していない場合は、個人情報に該当しない。

〈連結可能匿名化された情報の取扱いに関する細則〉

連結可能匿名化された情報を同一法人又は行政機関内の研究部門において取り扱う場合には、当該研究部門について、研究部門以外で匿名化が行われ、かつ、その匿名化情報の対応表が厳密に管理されていること等の事情を勘案して適切な措置を定めるなど、当該機関全体として十分な安全管理が確保されるよう、安全管理措置を定めることができる。

（3）ヒトゲノム・遺伝子解析研究において扱う情報が、個人情報に該当しない場合であっても、遺伝情報、診療情報等個人の特徴や体質を示す情報は、本指針に基づき適切に取り扱われなければならない。

4　海外との共同研究

（1）我が国の研究を行う機関が海外の研究機関と共同研究を実施する際は、共同研究を行う相手国においても試料等の提供及びヒトゲノム・遺伝子解析研究に際して人間の尊厳及び人権が尊重されていることに十分留意しつつ、共同研究を行わなければならない。

（2）我が国の研究を行う機関が海外の研究機関と共同研究を実施する際は、共同研究を行う相手国で定める法令及び指針等を遵守しつつ、原則として本指針に従って研究を行うものとする。

ただし、次に掲げる場合には、相手国における試料等の提供及び試料等取扱いについて、相手国の定める法令、指針等の基準に従って行うことができる。

ア　本指針が相手国における基準より厳格な場合であって、かつ、次に掲げる要件のすべてを満たす場合

（ア）相手国において本指針の適用が困難であること。

（イ）細則に定める事項が適切に措置されることについて、我が国の研究を行う機関の倫理審査委員会の承認を受け、当該機関の長が適当と判断していること。

イ　相手国における基準が本指針よりも厳格な場合

〈海外研究機関との共同研究を実施する際の細則〉

1．第1の4（2）ア（イ）に規定する事項は次に

掲げるものとする。

(1) インフォームド・コンセントを得られること

(2) 提供者の個人情報の保護について適切な措置が講じられること

(3) 研究計画の科学的・倫理的妥当性について、相手国により承認されること、又は相手国が定める法令、指針等に基づいて相手国の機関内の倫理審査委員会若しくはこれに準ずる組織により承認され、相手国の研究を行う機関の長により許可されること

2．第1の4の(2)イの場合は、相手国における基準に合わせて研究を実施しなければならない。

第2 研究者等の責務

5 すべての研究者等の基本的な責務

(1) すべての研究者等は、生命現象の解明、疾病の予防、診断及び治療の方法の改善、健康の増進等を目的として、ヒトゲノム・遺伝子解析研究を実施しなければならない。

(2) すべての研究者等は、ヒトゲノム・遺伝子解析研究の社会的有益性を確認するとともに、個人の人権の保障を科学的又は社会的な利益に優先して配慮しなければならない。

(3) すべての研究者等は、提供者又は代諾者等のインフォームド・コンセントを受けて、ヒトゲノム・遺伝子解析研究を実施することを基本としなければならない。

(4) すべての研究者等は、職務上知り得た個人情報を正当な理由なく漏らしてはならない。その職を辞した後も、同様とする。

(5) すべての研究者等は、個人情報の保護を図るとともに、個人情報の取扱いに関する苦情等に誠実に対応しなければならない。

(6) すべての研究者等は、個人情報の予期せぬ漏えい等、提供者等の人権の保障の観点から重大な懸念が生じた場合には、速やかに研究を行う機関の長及び研究責任者に報告しなければならない。

(7) すべての研究者等は、倫理審査委員会の承認を得て、研究を行う機関の長により許可された研究計画書に従って研究を実施する等、本指針を遵守し、人間の尊厳及び人権を尊重して、適正にヒトゲノム・遺伝子解析研究を実施しなければならない。

(8) すべての研究者等は、研究実施に当たっての適正な手続の確保、外部の有識者による実地調査、提供者等からの研究の進捗状況の問い合わせへの的確な対応、研究結果の公表等、研究の透明性の確保を図らなければならない。

(9) すべての研究者等は、試料等の提供が善意に基づくものであることに留意し、既に提供されている試料等を適切に保存し、及び活用すること等により、人からの試料等の提供を必要最低限とするよう努めなければならない。

(10) すべての研究者等は、ヒトゲノム・遺伝子解析研究の実施に当たっては、偽りその他不正の手段により個人情報及び試料等を取得してはならない。

6 研究を行う機関の長の責務

(1) 研究を行う機関の長は、その機関におけるヒトゲノム・遺伝子解析研究の実施に関する最終的な責任を有し、研究責任者及び研究担当者が研究計画に従って適正に研究を実施するよう監督しなければならない。その際、研究を行う機関の長は、提供者等の人権を最大限保障すべきこと及び本指針、研究計画等に反した場合に懲戒処分等の不利益処分がなされ得ることについて、その機関の研究者等に対する周知徹底を図らなければならない。

(2) 研究を行う機関の長は、当該機関の定める規程により、本指針に定める権限又は事務を当該機関内の適当な者に委任することができる。

〈本指針に定める権限又は事務の委任に関する細則〉

1．研究を行う機関の長は、ヒトゲノム・遺伝子解析研究の円滑かつ機動的な実施のために、本指針に定める権限又は事務の全部又は一部を統括的な責任を有する者を定めて委任することができる。

2．統括的な責任を有する者とは、研究責任者等に対し監督上必要な命令を行い、当該機関の研究全般について統括するものであり、例えば以下のとおりである。

・大学等に附属する病院の場合は、病院長
・保健所の場合は、保健所長
・大学医学部の場合は、医学部長
・企業等に附属する研究所の場合は、研究所長

3．同一法人及び行政機関内で、研究及び試料等の提供が行われる場合には、それぞれの業務毎に統括的な責任を有する者を定めて委任することができる。

(3) 研究を行う機関の長は、その取り扱う個人情報の漏えい、滅失又はき損の防止その他個人情報の安全管理のため、組織的、人的、物理的及び技術的安全管理措置を講じなければならない。また、研究者等に個人情報を取り扱わせるに当たっては、当該個人情報の安全管理が図られるよう、当該研究者等に対する必要かつ適切な監督を行わなければならない。

〈安全管理措置に関する細則〉

組織的、人的、物理的及び技術的安全管理措置は、取り扱う情報の性質に応じて、必要かつ適切な措置

を求めるものである。

1．組織的安全管理措置

組織的安全管理措置とは、安全管理について研究者等の責任と権限を明確に定め、安全管理に対する規程や手順書（以下「規程等」という。）を整備運用し、その実施状況を確認することをいう。組織的安全管理措置には以下の事項が含まれる。

①　個人情報の安全管理措置を講じるための組織体制の整備

②　個人情報の安全管理措置を定める規程等の整備と規程等に従った運用

③　個人情報の取扱い状況を一覧できる手段の整備

④　個人情報の安全管理措置の評価、見直し及び改善

⑤　事故又は違反への対処

2．人的安全管理措置

人的安全管理措置とは、研究者等に対する、業務上秘密と指定された個人情報の非開示契約の締結や教育・訓練等を行うことをいう。人的安全管理措置には以下の事項が含まれる。

①　雇用契約時及び委託契約時における非開示契約の締結

②　研究者等に対する教育・訓練の実施

3．物理的安全管理措置

物理的安全管理措置とは、入退館（室）の管理、個人情報の盗難の防止等の措置をいう。物理的安全管理措置には以下の事項が含まれる。

①　入退館（室）管理の実施

②　盗難等の防止

③　機器・装置等の物理的保護

4．技術的安全管理措置

技術的安全管理措置とは、個人情報及びそれを取り扱う情報システムのアクセス制御、不正ソフトウェア対策、情報システムの監視等、個人情報に対する技術的な安全管理措置をいう。技術的安全管理措置には、以下の事項が含まれる。

①　個人情報のアクセスにおける識別と認証

②　個人情報のアクセス制御

③　個人情報へのアクセス権限の管理

④　個人情報のアクセス記録

⑤　個人情報を取り扱う情報システムについての不正ソフトウェア対策

⑥　個人情報の移送・通信時の対策

⑦　個人情報を取り扱う情報システムの動作確認時の対策

⑧　個人情報を取り扱う情報システムの監視

(4)　研究を行う機関の長は、死者に関する個人情報が死者の人としての尊厳や遺族の感情及び遺伝情報が血縁者と共通していることに鑑み、生存する個人に関する情報と同様に、死者に関する個人情報についても安全管理のため、組織的、人的、物理的及び技術的安全管理措置を講じなければならない。

(5)　研究を行う機関の長は、個人情報に該当しない匿名化された情報を取り扱う場合は、当該情報を適切に管理することの重要性の研究者等への周知徹底、当該情報の管理（事故等の対応を含む。）、責任の明確化、研究者等以外の者による当該情報の取扱いの防止等、適切な措置を講じなければならない。

〈匿名化した情報の取扱いに関する細則〉

個人情報に該当しない匿名化された情報を取り扱う場合には、連結可能と連結不可能の区別に留意し、適切な措置を講じることとする。

(6)　研究を行う機関の長は、ヒトゲノム・遺伝子解析研究の業務に係る情報の取扱いの全部又は一部を委託する場合は、その取扱いを委託された個人情報の安全管理及び個人情報に該当しない匿名化された情報の適切な取扱いが図られるよう、委託を受けた者に対する必要かつ適切な監督を行わなければならない。

〈委託を受けた者に対する監督に関する細則〉

委託を受けた者に対する必要かつ適切な監督とは、例えば委託契約書において、委託者が定める安全管理措置の内容を明示的に規定するとともに、当該内容が遵守されていることを確認することである。

(7)　研究を行う機関の長は、ヒトゲノム・遺伝子解析研究において個人情報を取り扱う場合、個人情報の保護を図るため、個人情報管理者を置かなければならない。また、必要に応じ、責任、権限及び指揮命令系統を明確にした上で、個人情報管理者の業務を分担して行う者（以下「分担管理者」という。）又は個人情報管理者若しくは分担管理者の監督の下に実際の業務を行う補助者を置くことができる。

〈個人情報管理者の要件に関する細則〉

個人情報管理者及び分担管理者は、刑法（明治40年法律第45号）第134条、国家公務員法（昭和22年法律第120号）第100条その他の法律により業務上知り得た秘密の漏えいを禁じられている者（医師、薬剤師等）とする。

なお、個人情報管理者及び分担管理者は、その提供する試料等を用いてヒトゲノム・遺伝子解析研究（試料等の提供を除く。）を実施する研究責任者又は研究担当者を兼ねることはできない。

(8)　研究を行う機関の長は、ヒトゲノム・遺伝子解析研究実施の可否等を審査するため、その諮問機関として、倫理審査委員会を設置しなければならない。

ただし、試料等の提供が行われる機関が小規模であること等により、倫理審査委員会の設置が困難である場合には、共同研究機関、一般社団法人、一般財団法人又は学会によって設置された倫理審査委員会をもってこれに代えることができる。

〈倫理審査委員会の設置に関する細則〉

12　科学技術

研究を行う機関に既に設置されている類似の委員会を本指針に適合する倫理審査委員会に再編成すれば、名称の如何を問わない。

（9）研究を行う機関の長は、すべての研究計画又はその変更について、倫理審査委員会の意見を尊重し、許可するか否かを決定しなければならない。この場合において、倫理審査委員会が不承認の意見を提出した研究については、その実施を許可してはならない。

（10）研究を行う機関の長は、国内において共同研究を実施する場合は、それぞれの研究を行う機関に設置された倫理審査委員会において、他の共同研究機関における研究計画の承認の状況、インフォームド・コンセントの状況、匿名化の状況等を示した上で研究計画の承認を得なければならない。ただし、複数の機関が参画する共同研究において、主たる研究を行う機関が研究全体の推進及び管理を担う場合は、当該主たる研究を行う機関においては、当該機関に設置された倫理審査委員会が研究計画全体について審査を行い、他の共同研究機関においては、第2の9（5）に従い、研究計画の実施について迅速審査を行うことができる。

（11）研究を行う機関の長は、研究責任者から研究の実施状況について1年に1回以上定期的な報告を受けるほか、外部の有識者による定期的な実地調査を1年に1回以上実施する等、ヒトゲノム・遺伝子解析研究の実施状況を把握し、必要に応じ、又は倫理審査委員会が研究の変更若しくは中止の意見を述べた場合にはその意見を踏まえ、その変更又は中止を命じなければならない。

〈外部の有識者による実地調査に関する細則〉

1．研究を行う機関の長は、インフォームド・コンセントの手続の実施状況及び個人情報の保護の状況等について、研究計画書に従って適正に実施されているか実地調査させるものとする。

2．研究を行う機関の長は、研究責任者及び研究担当者を、実地調査へ協力させることとする。

3．外部の調査担当者は、実地調査の中で知り得た情報を正当な理由なく漏らしてはならない。その職を辞した後も、同様である。

（12）研究を行う機関の長は、許可した研究計画書の写し、研究の実施状況に関する定期的な報告書の写し及び外部の有識者による実地調査結果の写しを個人情報管理者に送付しなければならない。

（13）研究を行う機関の長は、倫理審査委員会に、研究の実施状況に関する定期的な報告書の写し及び外部の有識者による実地調査結果の写しを送付しなければならない。

（14）研究を行う機関の長は、個人情報を取り扱うに当たっては、その利用の目的（以下「利用目的」という。）をできる限り特定しなければならない。また、研究を行う機関の長は、利用目的を変更する場合には、変更前の利用目的と相当の関連性を有すると合理的に認められる範囲を超えて行ってはならない。

（15）研究を行う機関の長は、あらかじめ提供者の同意を得ないで、第2の6（14）により特定された利用目的の達成に必要な範囲を超えて、個人情報を取り扱ってはならない。

（16）研究を行う機関の長は、合併その他の事由により他の研究を行う機関から研究を承継することに伴って個人情報を取得した場合は、あらかじめ提供者の同意を得ないで、承継前における当該個人情報の利用目的の達成に必要な範囲を超えて、当該個人情報を取り扱ってはならない。

（17）研究を行う機関の長は、個人情報を取得した場合は、あらかじめその利用目的を公表している場合を除き、速やかに、その利用目的を、提供者に通知し、又は公表しなければならない。

（18）研究を行う機関の長は、利用目的を変更した場合は、変更された利用目的について、提供者に通知し、又は公表しなければならない。

（19）研究を行う機関の長は、利用目的の達成に必要な範囲内において、個人情報を正確かつ最新の内容に保つよう努めなければならない。

（20）研究を行う機関の長は、次に掲げる場合を除くほか、あらかじめ提供者の同意を得ないで、個人情報を第三者に提供してはならない。

ア 法令に基づく場合

イ 公衆衛生の向上のために特に必要がある場合であって、提供者の同意を得ることが困難である場合

ウ 国の機関若しくは地方公共団体又はその委託を受けた者が法令の定める事務を遂行することに対して協力する必要がある場合であって、提供者の同意を得ることにより当該事務の遂行に支障を及ぼすおそれがある場合

また、次に掲げる場合において、当該個人情報の提供を受ける者は第三者に該当しないものとする。

ア 利用目的の達成に必要な範囲内において個人情報の取扱いの全部又は一部を委託する場合

イ 合併その他の事由による研究の承継に伴って個人情報が提供される場合

ウ 個人情報を特定の者との間で共同して利用する場合であって、その旨並びに共同して利用される個人情報の項目、共同して利用する者の範囲、利用する者の利用目的及び当該個人情報の管理について責任を有する者の氏名又は名称について、あらかじめ、提供者に通知し、又は提供者が容易に知り得る状態に置いている場合

なお、ウに規定する利用する者の利用目的又は個人情報の管理について責任を有する者の氏名若しくは名称を変更する場合は、変更する内容について、あらかじめ提供者に通知し、又は提供者が容易に知り得る状

態に置かなければならない。

(21) 研究を行う機関の長は、保有する個人情報に関し、次に掲げる事項について、提供者の知り得る状態（提供者の求めに応じて遅滞なく回答する場合を含む。）に置かなければならない。

ア 当該研究を行う機関の名称

イ すべての保有する個人情報の利用目的（第2の6(22)アからウまでに該当する場合を除く。）

ウ 第2の6(22)、(23)、(24)、(25)又は(26)の求めに応じる手続（手数料の額を定めたときは、その手数料の額を含む。）

エ 保有する個人情報の取扱いに関する苦情の申出先

(22) 研究を行う機関の長は、提供者又は代諾者等から、当該提供者が識別される保有する個人情報の利用目的の通知を求められたときは、提供者又は代諾者等に対し、遅滞なく、これを通知しなければならない。ただし、次のいずれかに該当する場合は、この限りでない。

ア 利用目的を提供者若しくは代諾者等に通知し、又は公表することにより提供者又は第三者の生命、身体、財産その他の権利利益を害するおそれがある場合

イ 利用目的を提供者若しくは代諾者等に通知し、又は公表することにより研究を行う機関の権利又は正当な利益を害するおそれがある場合

ウ 国の機関又は地方公共団体が法令の定める事務を遂行することに対して協力する必要がある場合であって、利用目的を提供者若しくは代諾者等に通知し、又は公表することにより当該事務の遂行に支障を及ぼすおそれがあるとき

なお、利用目的を通知しない旨の決定をしたときは、提供者又は代諾者等に対し、遅滞なく、その旨を通知しなければならない。

(23) 研究を行う機関の長は、提供者又は代諾者等から、当該提供者が識別される保有する個人情報の開示（当該提供者が識別される保有する個人情報が存在しないときにその旨を知らせることを含む。以下同じ。）を求められたときは、提供者又は代諾者等に対し、文書により、遅滞なく、当該保有する個人情報を開示しなければならない。

ただし、開示することにより次のいずれかに該当する場合は、その全部又は一部を開示しないことができる。

ア 提供者又は第三者の生命、身体、財産その他の権利利益を害するおそれがある場合

イ 法令に違反することとなる場合

なお、保有する個人情報の全部又は一部について開示しない旨の決定をしたときは、提供者又は代諾者等に対し、遅滞なく、その旨を通知しなければならない。

〈注〉

遺伝情報の開示については、第3の11において研究責任者の責務において行わせることとする。

(24) 研究を行う機関の長は、提供者又は代諾者等から、当該提供者が識別される保有する個人情報の内容が事実でないという理由によって当該保有する個人情報の内容の訂正、追加又は削除（以下「訂正等」という。）を求められた場合には、その内容の訂正等に関して他の法令の規定により特別の手続が定められている場合を除き、利用目的の達成に必要な範囲内において、遅滞なく必要な調査を行い、その結果に基づき、当該保有する個人情報の内容の訂正等を行わなければならない。

また、保有する個人情報の内容の全部若しくは一部について訂正等を行ったとき、又は訂正等を行わない旨の決定をしたときは、提供者又は代諾者等に対し、遅滞なく、その旨（訂正等を行ったときは、その内容を含む。）を通知しなければならない。

(25) 研究を行う機関の長は、提供者又は代諾者等から、当該提供者が識別される保有する個人情報が第2の6(15)若しくは(16)に違反して取り扱われているという理由又は第2の5(10)に違反して取得されたものであるという理由によって、当該保有する個人情報の利用の停止又は消去（以下この項及び第2の6(27)において「利用停止等」という。）を求められた場合であって、その求めに理由があることが判明したときは、違反を是正するために必要な限度で、遅滞なく、当該保有する個人情報の利用停止等を行わなければならない。

ただし、当該保有する個人情報の利用停止等に多額の費用を要する場合その他の利用停止等を行うことが困難な場合であって、提供者の権利利益を保護するために必要なこれに代わるべき措置をとるときは、この限りでない。

〈利用停止等に関する細則〉

本指針において、利用停止等とはインフォームド・コンセントの撤回を受けて、廃棄等を行うこと等である。

(26) 研究を行う機関の長は、提供者又は代諾者等から、当該提供者が識別される保有する個人情報が第2の6(20)に違反して第三者に提供されているという理由によって、当該保有する個人情報の第三者への提供の停止を求められた場合であって、その求めに理由があることが判明したときは、遅滞なく、当該保有する個人情報の第三者への提供を停止しなければならない。ただし、当該保有する個人情報の第三者への提供の停止に多額の費用を要する場合その他の第三者への提供を停止することが困難な場合であって、提供者の権利利益を保護するため必要なこれに代わるべき措置をとるときは、この限りでない。

(27) 研究を行う機関の長は、第2の6(25)に基づき求められた保有する個人情報の全部若しくは一部について利用停止等を行ったとき若しくは利用停止等を行わない旨の決定をしたとき、又は第2の6(26)に基づき求められた保有する個人情報の全部若しくは一部について第三者への提供を停止したとき若しくは第三者への提供を停止しない旨の決定をしたときは、提供

者又は代諾者等に対し、遅滞なく、その旨を通知しなければならない。

(28) 研究を行う機関の長は、第2の6 (22)、(23)、(24) 又は (27) により、提供者又は代諾者等から求められた措置の全部又は一部について、その措置をとらない旨を通知する場合又はその措置と異なる措置をとる旨を通知する場合は、提供者又は代諾者等に対し、その理由を説明するよう努めなければならない。

(29) 研究を行う機関の長は、第2の6 (22)、(23)、(24)、(25) 又は (26) による求め (以下「開示等の求め」という。) を受け付ける方法として、次に掲げる事項を定めることができる。この場合において、提供者又は代諾者等は、当該方法に従って、開示等の求めを行わなければならない。

ア 開示等の求めの申出先

イ 開示等の求めに際して提出すべき書面 (電子的方式、磁気的方式その他人の知覚によっては認識することができない方式で作られる記録を含む。) の様式その他の開示等の求めの方式

ウ 開示等の求めをする者が提供者又は代諾者等であることの確認の方法

エ 手数料の徴収方法

(30) 研究を行う機関の長は、提供者又は代諾者等に対し、開示等の求めに関し、その対象となる保有する個人情報を特定するに足りる事項の提示を求めることができる。この場合において、研究を行う機関の長は、提供者又は代諾者等が容易かつ的確に開示等の求めをすることができるよう、当該保有する個人情報の特定に資する情報の提供その他提供者又は代諾者等の利便を考慮した適切な措置をとらなければならない。

(31) 研究を行う機関の長は、第2の6 (29) 及び (30) に基づき開示等の求めに応じる手続を定めるに当たっては、提供者又は代諾者等に過重な負担を課するものとならないよう配慮しなければならない。

(32) 研究を行う機関の長は、第2の6 (22) による利用目的の通知又は第2の6 (23) による開示を求められたときは、当該措置の実施に関し、手数料を徴収することができる。

その場合は、実費を勘案して合理的であると認められる範囲内において、その手数料の額を定めなければならない。

(33) 研究を行う機関の長は、苦情等の窓口を設置する等、提供者等からの苦情や問い合わせ等に適切かつ迅速に対応しなければならない。

なお、研究を行う機関の長は、苦情等の窓口が、提供者等にとって利用しやすいものとなるよう、担当者の配置、利用手続等について配慮しなければならない。

(34) 試料等の提供が行われる機関の長は、試料等を外部の機関に提供する際には、原則として試料等を匿名化しなければならない。

また、試料等の提供が行われる機関内のヒトゲノム・遺伝子解析研究を行う研究部門 (以下「試料等の提供が行われる機関における研究部門」という。) に試料等を提供する際にも、原則として匿名化しなければならない。

ただし、次に掲げる要件のすべてを満たしている場合には匿名化せずに試料等を提供することができる。

ア 提供者又は代諾者等が、匿名化を行わずに外部の機関又は試料等の提供が行われる機関における研究部門に提供することに同意していること。

イ 倫理審査委員会の承認を受け、研究を行う機関の長が許可した研究計画書において、匿名化を行わずに、外部の機関又は試料等の提供が行われる機関における研究部門に提供することが認められていること。

(35) 試料等の提供が行われる機関の長は、必要に応じ、適切な遺伝カウンセリング体制の整備又は遺伝カウンセリングについての説明及びその適切な施設の紹介等により、提供者及びその家族又は血縁者が遺伝カウンセリングを受けられるよう配慮しなければならない。

〈遺伝カウンセリング実施施設の紹介に関する細則〉

試料等の提供が行われる機関において、遺伝カウンセリング体制が整備されていない場合に、提供者及びその家族又は血縁者から遺伝カウンセリングの求めがあったときには、そのための適切な施設を紹介することとする。

(36) 試料等の提供が行われる機関の長は、提供者又は代諾者等から得たインフォームド・コンセントの同意書について、試料等の提供が行われる機関の研究責任者や個人情報管理者等、厳格な管理が可能な者に管理を行わせなければならない。

7 研究責任者の責務

(1) 研究責任者は、ヒトゲノム・遺伝子解析研究の実施に当たって、あらかじめ研究計画書を作成し、研究を行う機関の長に許可を求めなければならない。研究計画書を変更しようとする場合も同様とする。

〈研究計画書を変更する場合に関する細則〉

インフォームド・コンセント取得後に、研究目的を含めて研究計画書を変更した場合、変更前に当該研究に利用するために提供を受けた試料等については、第4の13 (研究実施前提供試料等の利用) を適用する。

(2) 研究責任者は、研究計画書の作成に当たり、実施しようとしているヒトゲノム・遺伝子解析研究に伴い提供者等に予想される様々な影響等を踏まえ、研究の必要性、提供者等の不利益を防止するための研究方法等を十分考慮しなければならない。

〈提供者が精神障害、知的障害等を伴う疾患等を有する場合に関する細則〉

提供者が、治療又は予防方法が確立していない単一遺伝子疾患等であって、精神障害、知的障害又は重篤な身体障害を伴うものを有する場合には、研究の必要性、当該提供者に対する医学的・精神的影響及びそれらに配慮した研究方法の是非等について、研究責任者は特に慎重に検討し、また、倫理審査委員会は、特に慎重に審査することとする。

(3) 研究責任者は、ヒトゲノム・遺伝子解析研究の特色に十分配慮して研究計画書を作成しなければならない。特に、インフォームド・コンセントの手続及び方法、個人情報の保護の方法、研究により予測される結果及びその開示の考え方、試料等の保存及び使用の方法並びに遺伝カウンセリングの考え方については、明確に記載しなければならない。

〈研究計画書に記載すべき事項に関する細則〉

研究計画書に記載すべき事項は、一般的に以下のとおりとするが、研究内容に応じて変更できる。

・提供者を選ぶ方針（合理的に選択していることがわかる具体的な方法。提供者が疾病や薬剤反応性異常を有する場合等にあっては、病名又はそれに相当する状態像の告知方法等。）
・研究の意義、目的、方法（対象とする疾患、分析方法等。将来の追加、変更が予想される場合はその旨。単一遺伝子疾患等の場合には研究の必要性、不利益を防止するための措置等の特記事項等。）、期間、予測される結果及び危険、個人情報の保護の方法（匿名化しない場合の取扱いを含む。）
・試料等の種類、量
・共同研究機関の名称
・研究責任者等の氏名
・インフォームド・コンセントのための手続及び方法
・インフォームド・コンセントを受けるための説明文書及び同意文書
・提供者からインフォームド・コンセントを受けることが困難な場合、その研究の重要性及び提供者から試料等の提供を受けなければ研究が成り立たない理由並びに代諾者等を選定する考え方
・遺伝情報の開示に関する考え方（必要に応じ開示の求めを受け付ける方法を含む）
・研究実施前提供試料等を使用する場合の同意の有無、内容、提供時期、本指針への適合性
・他の研究機関から試料等又は遺伝情報の提供を受ける場合のインフォームド・コンセントの内容
・試料等又は遺伝情報を外部の機関に提供する場合や研究の一部を委託する場合の匿名化の方法等の事項（契約の内容を含む。）
・試料等の保存方法及びその必要性（他の研究への利用の可能性と予測される研究内容を含む。）
・ヒト細胞・遺伝子・組織バンクに試料等を提供する場合には、バンク名、匿名化の方法等
・試料等の廃棄方法及びその際の匿名化の方法
・遺伝カウンセリングの必要性及びその体制
・研究資金の調達方法

(4) 研究責任者は、許可された研究計画書に盛りこまれた事項を、すべての研究担当者に遵守させる等、研究担当者が適正にヒトゲノム・遺伝子解析研究を実施するよう監督しなければならない。

(5) 研究責任者は、ヒトゲノム・遺伝子解析研究の実施状況について、研究を行う機関の長に1年に1回以上、定期的に文書で報告しなければならない。

〈報告事項に関する細則〉

研究責任者が研究を行う機関の長に対して行う研究の実施状況の定期報告事項は、一般的に以下のとおりとするが、研究内容に応じて変更できる。

・提供された試料等の数、試料等の保管の方法
・外部の機関への試料等又は遺伝情報の提供数、提供理由
・ヒトゲノム・遺伝子解析研究が実施された試料等の数
・研究結果、研究の進捗状況
・問題の発生の有無
・試料等の提供が行われる機関にあっては、上記のほか、匿名化を行った試料等の数

(6) 研究責任者は、地域住民等一定の特徴を有する集団を対象に、地域住民等の遺伝的特質を明らかにする可能性がある研究を実施する場合には、研究実施前に地域住民等を対象とする説明会を行うこと等により、研究の内容及び意義について説明し、研究に対する理解を得るよう努めるとともに、研究実施中においても、研究に関する情報提供を行うこと等により地域住民等との継続的な対話に努めなければならない。

(7) 研究責任者は、原則として、匿名化された試料等又は遺伝情報を用いて、ヒトゲノム・遺伝子解析研究を実施しなければならない。ただし、提供者又は代諾者等が同意し、かつ、倫理審査委員会の承認を受け、研究を行う機関の長が許可した研究計画書において認められている場合には、試料等又は遺伝情報の匿名化を行わないことができる。

(8) 研究責任者は、匿名化されていない試料等又は遺伝情報を原則として外部の機関に提供してはならない。ただし、提供者又は代諾者等が匿名化を行わずに外部の機関へ提供することに同意し、かつ、倫理審査委員会の承認を受け、研究を行う機関の長が許可した研究計画書において認められている場合には、匿名化されていない試料等又は遺伝情報を外部の機関へ提供することができる。

(9) 研究責任者は、ヒトゲノム・遺伝子解析研究の業務の一部を委託する場合は、倫理審査委員会の承認を受け、研究を行う機関の長の許可を受けた上で行うものとし、その旨を文書により、受託者に示すものとする。

(10) 研究責任者は、ヒトゲノム・遺伝子解析研究の業務の一部を委託する場合において、試料等又は遺伝情報を受託者に提供する際は、原則として試料等又は遺

伝情報を匿名化しなければならない。ただし、提供者又は代諾者等が同意し、かつ、倫理審査委員会の承認を受け、研究を行う機関の長が許可した研究計画書において認められている場合には、匿名化せずに試料等又は遺伝情報を提供することができる。

(11) 研究責任者は、ヒトゲノム・遺伝子解析研究の進捗状況及びその結果を、定期的に及び提供者等の求めに応じて説明し、又は公表しなければならない。ただし、提供者等の人権の保障や知的財産権の保護に必要な部分については、この限りでない。

8 個人情報管理者の責務

(1) 個人情報管理者（分担管理者を含む。以下第2の8において同じ。）は、原則として、研究計画書に基づき、研究責任者からの依頼により、ヒトゲノム・遺伝子解析研究の実施前に試料等又は遺伝情報を匿名化しなければならない。

ただし、提供者又は代諾者等が同意し、かつ、倫理審査委員会の承認を受け、研究を行う機関の長が許可した研究計画書において認められている場合には、試料等又は遺伝情報の匿名化を行わないことができる。

(2) 個人情報管理者は、匿名化の際に取り除かれた個人情報を、原則として外部の機関及び試料等の提供が行われる機関における研究部門に提供してはならない。

ただし、提供者又は代諾者等が同意し、かつ、倫理審査委員会の承認を受け、研究を行う機関の長が許可した研究計画書において認められている場合には、個人情報を外部の機関及び試料等の提供が行われる機関における研究部門に提供することができる。

(3) 個人情報管理者は、匿名化作業の実施のほか、匿名化作業に当たって作成した対応表等の管理、廃棄を適切に行い、個人情報が含まれている情報が漏えいしないよう厳重に管理しなければならない。

9 倫理審査委員会の責務及び構成

(1) 倫理審査委員会は、本指針に基づき、研究計画の実施の適否等について、倫理的観点とともに科学的観点も含めて審査し、研究を行う機関の長に対して文書により意見を述べなければならない。

(2) 倫理審査委員会は、研究を行う機関の長に対して、実施中の研究に関して、その研究計画の変更、中止その他必要と認める意見を述べることができる。

(3) 倫理審査委員会の委員は、職務上知り得た情報を正当な理由なく漏らしてはならない。その職を辞した後も、同様とする。

(4) 倫理審査委員会は、独立の立場に立って、学際的かつ多元的な視点から、様々な立場からの委員によって、公正かつ中立的な審査を行えるよう、適切に構成し運営されなければならない。

〈細則1（倫理審査委員会の構成に関する細則）〉

・倫理・法律を含む人文・社会科学面の有識者、自然科学面の有識者、一般の立場の者から構成される必要がある。

・外部委員を半数以上置くことが望ましいが、その確保が困難な場合には、少なくとも複数名置かれる必要がある。

・外部委員の半数以上は、人文・社会科学面の有識者又は一般の立場の者である必要がある。

・男女両性で構成される必要がある。

〈細則2（倫理審査委員会の運営に関する細則）〉

・審議又は採決の際には、人文・社会科学面又は一般の立場の委員が1名以上出席する必要がある。

・研究を行う機関の長、審査対象となる研究の研究責任者及び研究担当者は、その審議又は採決に参加してはならない。ただし、倫理審査委員会の求めに応じて、会議に出席し、説明することができる。

〈細則3（運営規則に関する細則）〉

以下の事項に関する運営規則が定められなければならない。

・委員長の選任方法

・会議の成立要件

・議決方法

・審査記録の保存期間

・公開に関する事項

(5) 倫理審査委員会は、その決定により、委員長があらかじめ指名した委員又はその下部組織による迅速審査手続を設けることができる。迅速審査の結果については、その審査を行った委員以外のすべての委員又は上部組織である倫理審査委員会に報告されなければならない。

〈迅速審査手続に関する細則〉

1. 迅速審査手続による審査に委ねることができる事項は、一般的に以下のとおりとする。

・研究計画の軽微な変更の審査

・既に倫理審査委員会において承認されている研究計画に準じて類型化されている研究計画の審査

・共同研究であって、既に主たる研究を行う機関において倫理審査委員会の承認を受けた研究計画を、機関特有の問題がなく、他の共同研究機関が実施しようとする場合の研究計画の審査

2. 迅速審査の結果の報告を受けた委員は、委員長に対し、理由を付した上で、当該事項について、改めて倫理審査委員会における審査を求めることができる。この場合において、委員長は、相当の理由があると認めるときは、倫理審査委員会を速やかに開催し、当該事項について審査することとしなければならない。

(6) 倫理審査委員会は、その組織に関する事項や運営に関する規則を公開するとともに、議事の内容につい

ても原則として公開しなければならない。

〈細則1（組織に関する事項の公開に関する細則）〉

組織に関する公開すべき事項は、以下のとおりとする。

・倫理審査委員会（下部組織を含む。）の構成
・委員の氏名、所属及びその立場

〈細則2（議事内容の公開に関する細則）〉

1．議事の内容は、それが具体的に明らかとなるよう公開する必要がある。

2．提供者等の人権、研究の独創性、知的財産権の保護、競争上の地位の保全に支障が生じるおそれのある部分は、倫理審査委員会の決定により非公開とすることができる。この場合、倫理審査委員会は、非公開とする理由を公開する必要がある。

第3　提供者に対する基本姿勢

10　インフォームド・コンセント

(1) 研究責任者（外部の機関又は研究を行う機関内の他部門から試料等の提供を受けて研究を実施する者を除く。以下、第3の10（(9)及び(12)を除く。）において同じ。）は、試料等の提供の依頼を受ける人を、不合理、不当又は不公平な方法で選んではならない。

(2) 試料等の提供の依頼を受ける人が、疾病や薬剤反応性異常を有する場合及びそれらの可能性のある場合には、その者が病名又はそれに相当する状態像等の告知を受けていなければならない。

(3) 研究責任者は、提供者に対して、事前に、その研究の意義、目的、方法、予測される結果、提供者が被るおそれのある不利益、試料等の保存及び使用方法等について十分な説明を行った上で、自由意思に基づく文書による同意（インフォームド・コンセント）を受けて、試料等の提供を受けなければならない。

ただし、人の生命又は身体の保護のために、緊急に個人情報又は試料等の提供を受ける必要がある場合は、インフォームド・コンセントを受けることを要しない。

(4) 研究責任者は、インフォームド・コンセントを受ける際には、偽りその他不正な手段を用いてはならない。

また、試料等の提供を受ける際には、提供者に不安を覚えさせることがないよう配慮しなければならない。

〈インフォームド・コンセントを受ける際の配慮事項に関する細則〉

インフォームド・コンセントを受ける際に配慮すべき事項は、提供者の情報に必要以上に接することの防止等である。

(5) 研究責任者は、インフォームド・コンセントを受けるに当たっては、試料等の利用目的を提供者若しくは代諾者等に通知し、又は公表することにより提供者又は第三者の生命、身体、財産その他の権利利益を害してはならない。

(6) 研究責任者は、インフォームド・コンセントを受けるのに必要な業務を自ら実施することができない場合、試料等の提供が行われる機関の研究者等のうち、研究の内容及び意義等について十分に理解している者に、研究責任者の指導・監督の下、当該業務の全部又は一部を行わせることができる。

(7) 研究責任者は、当該機関に属する研究者等以外の者（以下「履行補助者」という。）との間で、業務の範囲と責任を明らかにする契約を締結することにより、当該履行補助者にインフォームド・コンセントを受けるのに必要な説明を行わせ、その他インフォームド・コンセントを受けるのに必要な業務の一部を行わせることができる。

この場合、研究責任者は、研究計画書にその旨を記載するとともに、必要に応じ当該履行補助者の研修の機会を確保しなければならない。

〈インフォームド・コンセントの履行補助者に関する細則〉

1．試料等の提供が行われる機関の研究責任者は、試料等の提供が行われる機関に属する者以外の者にインフォームド・コンセントを受けることを行わせる際には、履行補助者を置くこと及び必要に応じて研修方法等について研究計画書に記載し、当該研究計画書は試料等の提供が行われる機関の倫理審査委員会により承認され、試料等の提供が行われる機関の長の許可を受けるものとする。

2．試料等の提供者又は代諾者等から同意を受けることを含めて行わせる場合は、履行補助者は、原則として、医師、薬剤師等、刑法第134条、国家公務員法第100条及びその他の法律により業務上知り得た秘密の漏えいを禁じられている者が行う場合に限る。

(8) 研究責任者は、提供者からインフォームド・コンセントを受けることが困難な場合には、その実施しようとしている研究の重要性が高く、かつ、その人からの試料等の提供を受けなければ研究が成り立たないと倫理審査委員会が承認し、研究を行う機関の長が許可した場合に限り、提供者の代諾者等からインフォームド・コンセントを受けることができる。

〈細則1（代諾者等からインフォームド・コンセントを受ける場合の取扱いに関する細則）〉

提供者からインフォームド・コンセントを受けることが困難であり、代諾者等からのインフォームド・コンセントによることができる場合及びその取扱いは、以下のとおりとし、いずれの場合も、研究責任者は、研究の重要性、提供者から試料等の提供を受けなければ研究が成り立たない理由及び代諾者等を選定する考え方を研究計画書に記載し、当該研究計

画書は倫理審査委員会により承認され、研究を行う機関の長の許可を受けるものとする。

・提供者が認知症等により有効なインフォームド・コンセントを与えることができないと客観的に判断される場合

・未成年者の場合。ただし、この場合においても、研究責任者は、提供者にわかりやすい言葉で十分な説明を行い、理解が得られるよう努めることとする。また、提供者が16歳以上の場合には、代諾者とともに、提供者からのインフォームド・コンセントも受けることとする。

・提供者が死者であって、その生前における明示的な意思に反していない場合

〈細則2（代諾者の選定の基本的考え方に関する細則）〉

研究責任者は、代諾者について、一般的には、以下に定める人の中から、提供者の家族構成や置かれている状況等を勘案し、提供者の推測される意思や利益を代弁できると考えられる人が選定されることを基本として、研究計画書に代諾者を選定する考え方を記載する必要がある。

1．任意後見人、親権者、後見人や保佐人が定まっているときはその人

2．提供者の配偶者、成人の子、父母、成人の兄弟姉妹若しくは孫、祖父母、同居の親族又はそれらの近親者に準ずると考えられる人

〈細則3（遺族の選定の基本的な考え方に関する細則）〉

研究責任者は、遺族について、一般的には、以下に定める人の中から、死亡した提供者の家族構成や置かれていた状況、慣習等を勘案し、提供者の生前の推測される意思を代弁できると考えられる人が選定されることを基本として、研究計画書に遺族を選定する考え方を記載する必要がある。

・死亡した提供者の配偶者、成人の子、父母、成人の兄弟姉妹若しくは孫、祖父母、同居の親族又はそれらの近親者に準ずると考えられる人

(9) 提供者又は代諾者等は、インフォームド・コンセントを、いつでも不利益を受けることなく文書により撤回することができる。

(10) 研究責任者は、提供者又は代諾者等からインフォームド・コンセントの撤回があった場合には、原則として、当該提供者に係る試料等及び研究結果を匿名化して廃棄し、その旨を提供者又は代諾者等に文書により通知しなければならない。また、提供者又は代諾者等が廃棄以外の処置を希望する場合には、特段の理由がない限り、これに応じなければならない。

ただし、次に掲げる要件のいずれかを満たす場合は、試料等及び研究結果を廃棄しないことができる。

ア 当該試料等が連結不可能匿名化されている場合

イ 廃棄しないことにより個人情報が明らかになるおそれが極めて小さく、かつ廃棄作業が極めて過大である等の事情により廃棄しないことが倫理審査委員会において承認され、研究を行う機関の長に許可された場合

ウ 研究結果が既に公表されている場合

〈研究結果が公表されている場合に関する細則〉

第3の10（10）のウに関しては、試料等の廃棄を前提とする場合に限る。

(11) 試料等の提供が行われる機関の研究責任者は、提供者又は代諾者等からのインフォームド・コンセントを受ける手続においては、提供者又は代諾者等に対し、十分な理解が得られるよう、必要な事項を記載した文書を交付して説明を行わなければならない。提供者が単一遺伝子疾患等（関連遺伝子が明確な多因子疾患を含む。）である場合には、遺伝カウンセリングの利用に関する情報を含めて説明を行うとともに、必要に応じて遺伝カウンセリングの機会を提供しなければならない。

〈説明文書の記載に関する細則〉

提供者又は代諾者等に対する説明文書に記載すべき事項は、一般的に以下のとおりとするが、研究内容に応じて変更できる。

・試料等の提供は任意であること

・試料等の提供の依頼を受けた人は、提供に同意しないことにより不利益な対応を受けないこと

・提供者又は代諾者等は、自らが与えたインフォームド・コンセントについて、いつでも不利益を受けることなく文書により撤回することができること（必要に応じて撤回の求めを受け付ける方法を含む。）

・提供者又は代諾者等により同意が撤回された場合には、当該撤回に係る試料等及び研究結果が連結不可能匿名化されている場合等を除き、廃棄されること

・提供者として選ばれた理由

・研究の意義、目的及び方法（対象とする疾患、分析方法等。将来の追加、変更が予想される場合はその旨。単一遺伝子疾患等の場合には研究の必要性、不利益を防止するための措置等の特記事項等。）、期間

・共同研究において個人情報を他機関と共同して用いる場合は、①共同であること、②共同して利用される個人情報の項目、③共同して利用する者の範囲、④利用する者の利用目的及び⑤当該個人情報の管理について責任を有する者の氏名又は名称

・長期間継続する研究の場合、研究を継続して実施するために必要な組織、体制等に対する研究機関としての考え方

・提供者からインフォームド・コンセントを受けることが困難な場合、その研究の重要性及び提供者から試料等の提供を受けなければ研究が成り立たない理由

・研究責任者の氏名及び職名

・予測される研究結果及び提供者等に対して予測される危険や不利益（社会的な差別等社会生活上の不利益も含む。）

・提供者及び代諾者等の希望により、他の提供者等の個人情報の保護や研究の独創性の確保に支障が生じない範囲内で研究計画及び研究方法についての資料を入手又は閲覧することができること

・提供を受けた試料等又はそれから得られた遺伝情報

についての連結可能匿名化又は連結不可能匿名化の別及び匿名化の具体的方法。匿名化できない場合にあっては、その旨及び理由

・試料等又はそれから得られた遺伝情報を他の機関へ提供する可能性及びその場合は、倫理審査委員会により、個人情報の取扱い、提供先の機関名、提供先における利用目的が妥当であることについて、審査されていること

・研究の一部を委託する場合の匿名化の方法等

・遺伝情報の開示に関する事項（非開示にする場合はその理由）

・個人情報の開示に関する事項（受付先、受け付ける方法、提供者又は代諾者等であることの確認の方法、開示に当たって手数料が発生する場合はその旨を含む。）

・将来、研究の成果が特許権等の知的財産権を生み出す可能性があること。特許権等の知的財産権を生み出した場合の想定される帰属先

・試料等から得られた遺伝情報は、匿名化された上、学会等に公表され得ること

・試料等の保存及び使用方法

・研究終了後の試料等の保存、使用又は廃棄の方法（他の研究への利用の可能性と予測される研究内容を含む。）

・試料等をヒト細胞・遺伝子・組織バンクに提供し、一般的に研究用資源として分譲することがあり得る場合には、バンクの学術的意義、当該バンクが運営されている機関の名称、提供される試料等の匿名化の方法及びバンクの責任者の氏名

・遺伝カウンセリングの利用に係る情報（単一遺伝子疾患等の場合には、遺伝カウンセリングが利用可能であること等）

・研究資金の調達方法

・試料等の提供は無償であること

・問い合わせ（個人情報の訂正、同意の撤回等）、苦情等の窓口の連絡先等に関する情報

（12）他の研究を行う機関から試料等又は遺伝情報の提供を受ける研究責任者は、当該試料等又は遺伝情報に関するインフォームド・コンセントの内容を当該他の研究を行う機関からの文書等によって確認しなければならない。

（13）研究責任者は、ヒトゲノム・遺伝子解析研究の実施前に、ヒトゲノム・遺伝子解析研究又は関連する医学研究に使用することを想定して、提供者又は代諾者等からインフォームド・コンセントを受ける場合には、その時点において予想される具体的研究目的を明らかにするとともに、個人情報が、匿名化の可能性を含めて、どのように管理され、かつ、保護されるかを説明し、理解を得なければならない。

11　遺伝情報の開示

（1）研究責任者は、個々の提供者の遺伝情報が明らかとなるヒトゲノム・遺伝子解析研究に関して、提供者が自らの遺伝情報の開示を希望している場合には、原則として開示しなければならない。

ただし、遺伝情報を提供することにより、提供者又は第三者の生命、身体、財産その他の権利利益を害するおそれがあり、開示しないことについて提供者のインフォームド・コンセントを受けている場合には、その全部又は一部を開示しないことができる。

なお、開示しない場合には、当該提供者に遺伝情報を開示しない理由を説明しなければならない。

〈遺伝情報の開示に関する細則〉

1．研究責任者は、開示しない理由を知らせることにより、提供者の精神的負担になり得る場合等、説明を行うことが必ずしも適当でないことがあり得ることから、事由に応じて慎重に検討の上、対応することとする。

2．研究責任者は、提供者からインフォームド・コンセントを受ける際に、遺伝情報の開示をしないことにつき同意が得られているにもかかわらず、当該提供者が事後に開示を希望した場合は、以下の場合を除き、当該提供者の遺伝情報を開示することとする。

・多数の人又は遺伝子の遺伝情報を相互に比較することにより、ある疾患と遺伝子の関連やある遺伝子の機能を明らかにしようとするヒトゲノム・遺伝子解析研究等であって、当該情報がその人の健康状態等を評価するための情報としての精度や確実性に欠けており、開示することにより提供者又は第三者の生命、身体、財産その他権利利益を害するおそれがあることを理由に開示しないことについて、研究計画書に記載され、当該研究計画書が倫理審査委員会の承認を受け、研究を行う機関の長により許可された場合

3．研究責任者は、未成年者の提供者が、自らの遺伝情報の開示を希望している場合には、開示した場合の精神的な影響等を十分考慮した上で当該未成年者に開示することができる。

ただし、未成年者が16歳未満の場合には、その代諾者の意向を確認し、これを尊重しなければならない。

また、研究責任者は、未成年者の遺伝情報を開示することによって、提供者が自らを傷つけたり、提供者に対する差別、養育拒否、治療への悪影響が心配される場合には、研究を行う機関の長に報告しなければならない。研究を行う機関の長は、開示の前に、必要に応じ倫理審査委員会の意見や未成年者とその代諾者との話し合いを求めた上、開示の可否並びにその内容及び方法についての決定をすることとする。

4．遺伝情報を開示しない旨の決定をした場合には、その旨を、開示を求めた提供者に書面にて通知することとする。

（2）研究責任者は、個々の提供者の遺伝情報が明らかとなるヒトゲノム・遺伝子解析研究に関して、提供者が自らの遺伝情報の開示を希望していない場合には、開示してはならない。

〈遺伝情報の非開示に関する細則〉

研究責任者は、提供者が自らの遺伝情報の開示を希望していない場合であっても、その遺伝情報が提供者及び血縁者の生命に重大な影響を与えることが判明し、かつ、有効な対処方法があるときは、研究を行う機関の長に報告することとする。

研究を行う機関の長は、特に下記の事項についての考慮を含む開示の可否並びにその内容及び方法についての倫理審査委員会の意見を求め、それに基づき、研究責任者、提供者の診療を担当する医師及びその医師が所属する医療機関の長と協議することとする。その結果を踏まえ、研究責任者は提供者に対し、十分な説明を行った上で、当該提供者の意向を確認し、なお開示を希望しない場合には、開示してはならないこととする。

・提供者及び血縁者の生命に及ぼす影響
・有効な治療法の有無と提供者の健康状態
・血縁者が同一の疾患等に罹患している可能性
・インフォームド・コンセントに際しての研究結果の開示に関する説明内容

（3）研究責任者は、提供者の同意がない場合には、提供者の遺伝情報を、提供者以外の人に対し、原則として開示してはならない。

〈提供者以外の人に対する開示に関する細則〉

1．代諾者（2．及び3．の者を除く。）が提供者の遺伝情報の開示を希望する場合には、その代諾者が開示を求める理由又は必要性を倫理審査委員会に示した上、当該委員会の意見に基づき研究を行う機関の長が対応を決定しなければならない。この決定に当たっては、次に掲げる要件のいずれかを満たしていることを確認することとする。

1）人の生命、身体又は財産保護のために必要である場合であって、提供者の同意を得ることが困難であること。

2）公衆衛生の向上に特に必要である場合であって、提供者の同意を得ることが困難であること

2．遺族（血縁者）が提供者の遺伝情報の開示を希望する場合には、その遺族（血縁者）が開示を求める理由又は必要性を倫理審査委員会に示した上、当該委員会の意見に基づき研究を行う機関の長が対応を決定することとする。

3．研究責任者は、提供者が未成年者の場合に、その未成年者の代諾者から当該未成年者の遺伝情報の開示の求めがあった場合には、当該代諾者にこれを開示することができる。ただし、未成年者が16歳以上の場合には、その意向を確認し、これを尊重しなければならない。また、研究責任者は、未成年者の遺伝情報を開示することによって、提供者に対する差別、養育拒否、治療への悪影響が心配される場合には、研究を行う機関の長に報告しなければならない。

研究を行う機関の長は、開示の前に、必要に応じ、開示の可否並びにその内容及び方法についての倫理審査委員会の意見や未成年者とその代諾者との話し合いを求めることとする。

4．研究責任者は、提供者が自らの遺伝情報の血縁者への開示を希望していない場合であっても、次に掲げる要件のすべてを満たす場合には、提供者の血縁者に、提供者の遺伝情報から導かれる遺伝的素因を持つ疾患や薬剤応答性に関する情報を伝えることができる。

1）提供者の遺伝情報が、提供者の血縁者の生命に重大な影響を与える可能性が高いことが判明し、かつ、有効な対処方法があること

2）研究責任者から1）の報告を受けた研究を行う機関の長が、特に下記の事項についての考慮を含む開示の可否並びにその内容及び方法についての倫理審査委員会の意見を求め、それに基づき、研究責任者と協議し、必要な情報を血縁者に提供すべきとの結論となること

a　血縁者が同一の疾患等に罹患している可能性
b　血縁者の生命に及ぼす影響
c　有効な治療法の有無と血縁者の健康状態
d　インフォームド・コンセントに際しての研究結果の開示に関する説明内容

3）2）の結論を踏まえ、研究責任者は改めて提供者の理解を求め、血縁者に対する必要な情報の提供につき承諾を得られるよう努めること

4）提供者の血縁者に対し、十分な説明を行った上で、情報提供を希望する意向を確認すること

（4）研究責任者は、単一遺伝子疾患等に関する遺伝情報を開示しようとする場合には、医学的又は精神的な影響等を十分考慮し、診療を担当する医師との緊密な連携の下に開示するほか、必要に応じ、遺伝カウンセリングの機会を提供しなければならない。

〈注〉開示する遺伝情報がいかなる意味を持つかは、診療に属する部分が大きく、診療を担当する医師、特に遺伝医学を専門とする医師との緊密な連携が求められる。従って、診療を担当する医師が診療の一環として、研究責任者の依頼を受けて開示すること又はその医師の指示の下に研究責任者が開示すること等が考えられる。

12　遺伝カウンセリング

（1）目的

ヒトゲノム・遺伝子解析研究における遺伝カウンセリングは、対話を通じて、提供者及びその家族又は血縁者に正確な情報を提供し、疑問に適切に答え、その者の遺伝性疾患等に関する理解を深め、ヒトゲノム・遺伝子解析研究や遺伝性疾患等をめぐる不安又は悩みにこたえることによって、今後の生活に向けて自らの意思で選択し、行動できるよう支援し、又は援助することを目的とする。

（2）実施方法

遺伝カウンセリングは、遺伝医学に関する十分な知識を有し、遺伝カウンセリングに習熟した医師、医療従事者等が協力して実施しなければならない。

〈注〉試料等の提供が行われる機関の長に対する遺伝カ

ウンセリング体制の整備等に関する事項は第2の6（35）に、研究計画書における遺伝カウンセリングの考え方の記載に関する事項は第2の7（3）に、インフォームド・コンセントを受ける際の説明事項及び遺伝カウンセリングの機会提供に関する事項は第3の10（11）に、遺伝情報の開示の際の遺伝カウンセリングの機会提供に関する事項は第3の11（4）に、それぞれ規定されている。

第4　試料等の取扱い

13　研究実施前提供試料等の利用

（1）研究を行う機関において、ヒトゲノム・遺伝子解析研究の実施前に提供され、かつ、保存されている試料等の利用の可否は、提供者又は代諾者等の同意の有無又はその内容及び試料等が提供された時期を踏まえ、以下、（2）から（5）までに定めるところにより、倫理審査委員会の承認を得た上で、研究を行う機関の長が決定する。

（2）旧指針の施行後に提供された研究実施前提供試料等については、本指針の理念を踏まえて、研究を行う機関の長及び研究責任者は、その利用について慎重に判断し、また、倫理審査委員会は、研究における利用の可否を慎重に審査しなければならない。

〈注〉

旧指針の施行日は平成13年4月1日である。

（3）A群試料等（試料等の提供時に、ヒトゲノム・遺伝子解析研究における利用を含む同意が与えられている試料等）については、その同意の範囲内でヒトゲノム・遺伝子解析研究に利用することができる。

〈A群試料等の利用に関する細則〉

研究を行う機関の長及び研究責任者は、A群試料等が提供された時点における同意が、当該試料を利用して新たに行おうとするヒトゲノム・遺伝子解析研究の研究目的と同じ研究目的に対して与えられたものであることを確認することとする。

また、他のヒトゲノム・遺伝子解析研究への利用に関し、そのヒトゲノム・遺伝子解析研究の意義、研究目的又は匿名化等の方法等に、どの程度言及された同意であったか、また、同意が得られた時期等にも配慮して判断しなければならない。

さらに、倫理審査委員会も、同様の事項に配慮して、その利用の取扱いを審査しなければならない。

（4）B群試料等（試料等の提供時に、ヒトゲノム・遺伝子解析研究における利用が明示されていない研究についての同意のみが与えられている試料等）は、提供者又は代諾者等からヒトゲノム・遺伝子解析研究への利用についての同意を受けない限り、原則として、ヒトゲノム・遺伝子解析研究に利用してはならない。

ただし、次に掲げる要件のいずれかを満たすとともに、倫理審査委員会の承認を受け、かつ、研究を行う機関の長により許可された場合についてはこの限りでない。

ア　連結不可能匿名化されていることにより、提供者等に危険や不利益が及ぶおそれがない場合

イ　連結可能匿名化されており、かつ、B群試料等が提供された時点における同意が、ヒトゲノム・遺伝子解析研究の目的と相当の関連性を有すると合理的に認められる場合であって、ヒトゲノム・遺伝子解析研究の目的を提供者に通知し、又は公表した場合

〈B群試料等の利用に関する細則〉

第4の13（4）のイに関して、ヒトゲノム・遺伝子解析研究の研究目的を提供者に通知し、又は公表することにより、提供者又は第三者の生命、身体、財産その他の権利利益を害するおそれがある場合、ヒトゲノム・遺伝子解析研究の研究目的を提供者に通知し、又は公表することを要しない。

（5）C群試料等（試料等の提供時に、研究に利用することの同意が与えられていない試料等）は、提供者又は代諾者等からヒトゲノム・遺伝子解析研究への利用についての同意を受けない限り、原則として、ヒトゲノム・遺伝子解析研究に利用してはならない。

ただし、次に掲げる要件のいずれかを満たすとともに、倫理審査委員会の承認を受け、かつ、研究を行う機関の長により許可された場合についてはこの限りでない。

なお、B群試料等であって、提供された時点における同意がヒトゲノム・遺伝子解析研究の目的と相当の関連性を有すると合理的に認められないものはC群試料等とみなす。

ア　連結不可能匿名化されていることにより、提供者等に危険や不利益が及ぶおそれがない場合

イ　連結可能匿名化されており、かつ、次に掲げる要件のすべてを満たしている場合

（ア）ヒトゲノム・遺伝子解析研究により提供者等に危険や不利益が及ぶおそれが極めて少ないこと。

（イ）その試料等を用いたヒトゲノム・遺伝子解析研究が公衆衛生の向上のために必要がある場合であること。

（ウ）他の方法では事実上、ヒトゲノム・遺伝子解析研究の実施が不可能であること。

（エ）ヒトゲノム・遺伝子解析研究の実施状況について情報の公開を図り、併せて提供者又は代諾者等に問い合わせ及び試料等の研究への利用を拒否する機会を保障するための措置が講じられていること。

（オ）提供者又は代諾者等の同意を得ることが困難であること。

ウ　法令に基づく場合

14　試料等の保存及び廃棄の方法

（1）保存の一般原則

研究責任者は、研究を行う機関内で試料等を保存す

る場合には、提供者又は代諾者等の同意事項を遵守し、研究計画書に定められた方法に従わなければならない。

(2) ヒト細胞・遺伝子・組織バンクへの提供

研究責任者は、試料等をヒト細胞・遺伝子・組織バンクに提供する場合には、当該バンクが試料等を一般的な研究用試料等として分譲するに当たり、連結不可能匿名化がなされることを確認するとともに、バンクに提供することの同意を含む提供者又は代諾者等の同意事項を遵守しなければならない。

(3) 試料等の廃棄

研究責任者は、研究計画書に従い自ら保存する場合及びヒト細胞・遺伝子・組織バンクに提供する場合を除き、試料等の保存期間が研究計画書に定めた期間を過ぎた場合には、提供者又は代諾者等の同意事項を遵守し、匿名化して廃棄しなければならない。

第5 見直し

15 見直し

この指針は、必要に応じ、又は施行後5年を目途としてその全般に関して検討を加えた上で、見直しを行うものとする。

第6 用語の定義

16 用語の定義

(1) 試料等

ヒトゲノム・遺伝子解析研究に用いようとする血液、組織、細胞、体液、排泄物及びこれらから抽出した人のDNA等の人の体の一部並びに提供者の診療情報、その他の研究に用いられる情報（死者に係るものを含む。）をいう。

ただし、学術的な価値が定まり、研究実績として十分に認められ、研究用に広く一般に利用され、かつ、一般に入手可能な組織、細胞、体液及び排泄物並びにこれらから抽出した人のDNA等は、含まれない。

〈注1〉

臓器の移植に関する法律（平成9年法律第104号）に基づいて脳死と判定された人からの試料等の提供については、臓器の摘出により心臓の拍動停止、呼吸停止及び瞳孔散大という「死の三徴候」の状態を迎えた後に試料等の提供を受けることで足りることを前提としている。

〈注2〉

受精卵、胚、胎児、ES細胞等の提供を受けて研究を実施することについては、本指針の趣旨を踏まえることは必要であるが、別途、倫理上の観点等からの慎重な検討が必要であり、本指針を充足しているのみでそれらの研究を実施することを適当とする趣旨ではない。

(2) 診療情報

診断及び治療を通じて得られた疾病名、投薬名、検査結果等の情報をいう。

(3) ヒトゲノム・遺伝子解析研究

提供者の個体を形成する細胞に共通して存在し、その子孫に受け継がれ得るヒトゲノム及び遺伝子の構造又は機能を、試料等を用いて明らかにしようとする研究をいう。本研究に用いる試料等の提供のみが行われる場合も含まれる。

薬事法（昭和35年法律第145号）に基づき実施される医薬品の臨床試験及び市販後調査、又は医療機器の製造、輸入承認申請のために実施される臨床試験及び市販後調査については、同法に基づき、既に医薬品の臨床試験の実施の基準に関する省令（平成9年厚生省令第28号）及び医薬品の市販後調査の基準に関する省令（平成9年厚生省令第10号）により規制されており、本指針の対象としない。

〈本指針の対象とするヒトゲノム・遺伝子解析研究の範囲に関する細則〉

1．本指針の対象とするヒトゲノム・遺伝子解析研究は、提供者の白血球等の組織を用いて、DNA又はmRNAから作られた相補DNAの塩基配列等の構造又は機能を解析するものであり、その主たるものとして、いわゆる生殖細胞系列変異又は多型(germline nutationor polymorphism)を解析する研究がある。一方、がん等の疾病において、病変部位にのみ後天的に出現し、次世代には受け継がれないゲノム又は遺伝子の変異を対象とする研究（いわゆる体細胞変異(somatic mutation)を解析する研究をいい、変異の確認のために正常組織を解析する場合を含む。）、遺伝子発現に関する研究及びたんぱく質の構造又は機能に関する研究については、原則として本指針の対象としない。ただし、このような研究であっても、子孫に受け継がれ得るゲノム又は遺伝子に関する情報を明らかにする目的で研究が実施される場合には、本指針の対象とする。なお、本指針の対象としないこれらの体細胞変異、遺伝子発現及びたんぱく質の構造又は機能に関する研究においても、本指針の趣旨を踏まえた適切な対応が望まれる。

2．1．で示した本指針の対象としない研究を行う過程で、偶然の理由により遺伝情報（遺伝情報を得るに当たって使用された試料等を含む。）が得られた場合には、ヒトゲノム・遺伝子解析研究目的での使用、適切な管理（個人情報に該当する場合は安全管理措置、個人情報に該当しない匿名化情報の場合には適切な取扱い）、保存、匿名化して廃棄する等、その試料等の取扱いは、研究を行う機関の長が倫理審査委員会に諮った上で決定することとする。

3．主たる内容がヒトゲノム・遺伝子解析研究ではないが、一部においてヒトゲノム・遺伝子解析研究が実施される研究、診療において得られた試料等又は遺伝情報を二次的に利用する研究を含む。

4．教育目的で実施される生物実習等、構造や機能が既知の遺伝子領域について実施される遺伝子構造解析実習で、実習目的以外には試料等や解析結果の利用が行われないものについては、本指針の対象としない。ただし、これらの目的で遺伝子解析を行う場合においても、本指針の趣旨を踏まえた適切な対応が望まれる。

(4) 遺伝情報

試料等を用いて実施されるヒトゲノム・遺伝子解析研究の過程を通じて得られ、又は既に試料等に付随している子孫に受け継がれ得る情報で、個人の遺伝的特徴及び体質を示すものをいう。

(5) 匿名化

提供者の個人情報が法令、本指針又は研究計画に反して外部に漏えいしないよう、その個人情報から個人を識別する情報の全部又は一部を取り除き、代わりに当該提供者とかかわりのない符号又は番号を付すことをいう。試料等に付随する情報のうち、ある情報だけでは特定の人を識別できない情報であっても、各種の名簿等の他で入手できる情報と組み合わせることにより、当該提供者を識別できる場合には、組合せに必要な情報の全部又は一部を取り除いて、当該提供者が識別できないようにすることをいう。匿名化には、次に掲げるものがある。

ア　連結可能匿名化

必要な場合に提供者を識別できるよう、当該提供者と新たに付された符号又は番号の対応表を残す方法による匿名化

イ　連結不可能匿名化

提供者を識別できないよう、上記アのような対応表を残さない方法による匿名化

(6) 個人情報管理者

試料等の提供が行われる機関を含め、個人情報を取り扱う研究を行う機関において、当該機関の長の指示を受け、提供者等の個人情報がその機関の外部に漏えいしないよう個人情報を管理し、かつ、匿名化する責任者をいう。

(7) インフォームド・コンセント

試料等の提供を求められた人が、研究責任者から事前にヒトゲノム・遺伝子解析研究に関する十分な説明を受け、その研究の意義、目的、方法、予測される結果や不利益等を理解し、自由意思に基づいて与える試料等の提供及び試料等の取扱いに関する同意をいう。本指針においては、文書によることが求められる。

(8) 代諾者等

提供者にインフォームド・コンセントを与える能力がない場合に、当該提供者の代わりにインフォームド・コンセントを与える人をいう。提供者が死者である場合にあっては、遺族をいう。

なお、遺族を含めずに使用する場合は、「代諾者」という。

〈注〉

代諾者等は、あくまでも提供者の人権を守る観点から、その人の代わりに試料等の提供等に同意するかどうかを決める人であり、代諾者等自身の遺伝的問題については、別途の対応の考慮が必要である。

(9) 研究を行う機関

ヒトゲノム・遺伝子解析研究を実施する機関及び個人事業者(試料等の提供が行われる機関を含む。)をいう。

〈研究を行う機関に関する細則〉

ヒトゲノム・遺伝子解析研究を実施する機関は、法人及び行政機関(行政機関の保有する個人情報の保護に関する法律第2条に規定する行政機関)である。

(10) 試料等の提供が行われる機関

研究を行う機関のうち、医療機関や保健所のように、人々から試料等の提供が行われる機関をいう。

〈試料等の提供が行われる機関に関する細則〉

大学等のように同一法人内に研究を行う部門と試料等の提供が行われる部門がある場合には、当該法人は試料等の提供が行われる機関である。

(11) 共同研究機関

研究計画書に記載されたヒトゲノム・遺伝子解析研究を共同して行う研究を行う機関をいう。ある研究を行う機関がその機関以外の試料等の提供が行われる機関から試料等の提供を受ける場合には、その試料等の提供が行われる機関を含む。

〈共同研究機関間の個人情報の取扱いに関する細則〉

個人情報を研究計画書に記載された共同研究機関間において共同で利用する場合には、その旨並びに共同で利用される個人情報の項目、利用する者の利用目的及び当該個人情報の管理について、あらかじめ、提供者に通知し、又は提供者が容易に知り得る状態に置かなければならない。

(12) 外部の機関

ヒトゲノム・遺伝子解析研究を行う研究者等が所属する研究を行う機関以外の研究を行う機関等をいう。

(13) 倫理審査委員会

ヒトゲノム・遺伝子解析研究の実施の適否その他の事項について、提供者等の人権の保障等の倫理的観点とともに科学的観点を含めて調査審議するため、研究を行う機関の長の諮問機関として置かれた合議制の機関をいう。

(14) 研究者等

研究を行う機関において、研究責任者、研究担当者(試料等の提供を受ける業務を行う者を含む。)、遺伝カウンセリングを実施する者、個人情報保護の業務を行う者、研究を行う機関の長その他のヒトゲノム・遺伝子解析研究に携わる関係者をいう。

（15） 研究責任者

個々の研究を行う機関において、ヒトゲノム・遺伝子解析研究を遂行するとともに、その研究計画に係る業務を統括する者であって、ヒトゲノム・遺伝子解析研究の有用性及び限界並びに生命倫理について十分な知識を有する研究者をいう。

（16） 研究担当者

研究責任者の指示や委託に従ってヒトゲノム・遺伝子解析研究を実施する者であって、業務の内容に応じて必要な知識と技能を持つ研究者、医師、薬剤師、看護師及び臨床検査技師等をいう。

（17） 提供者

ヒトゲノム・遺伝子解析研究のための試料等を提供する人をいう。なお、提供者の家族、血縁者、代諾者等のように、提供者の遺伝情報にかかわりがあると考えられる人を含める場合には、「提供者等」という。

（18） 遺伝カウンセリング

遺伝医学に関する知識及びカウンセリングの技法を用いて、対話と情報提供を繰り返しながら、遺伝性疾患をめぐり生じ得る医学的又は心理的諸問題の解消又は緩和を目指し、支援し、又は援助することをいう。

（19） 研究実施前提供試料等

研究を行う機関において、ヒトゲノム・遺伝子解析研究の実施前に提供され、かつ、保存されている試料等をいう。試料等の提供時における利用目的の特定と同意の状況に応じて、次に掲げるものに分かれる。

ア A群試料等

試料等の提供時に、ヒトゲノム・遺伝子解析研究における利用が利用目的として提供者に明示され、当該目的に利用することに対して同意が与えられている試料等をいう。

イ B群試料等

試料等の提供時に、「医学的研究に用いることに同意する」等のように、ヒトゲノム・遺伝子解析研究における利用が利用目的として提供者に明示されておらず、当該目的への利用が明示されていない研究に対する同意のみが与えられている試料等をいう。

ウ C群試料等

試料等の提供時に、研究に利用することが利用目的として提供者に明示されているか否かにかかわらず、研究に利用することの同意が与えられていない試料等をいう。

（20） ヒト細胞・遺伝子・組織バンク

提供されたヒトの細胞、遺伝子、組織等について、研究用資源として品質管理を実施して、不特定多数の研究者に分譲する非営利的事業をいう。

第7 細則

17 細則

本指針に定めるもののほか、本指針の施行に関し必要な事項は、別に定める。

第8 施行期日

18 施行期日

本指針は、平成17年4月1日から施行する。

疫学研究に関する倫理指針

平成十四年六月十七日文部科学省・厚生労働省

最終改正 平成二〇年一二月一日

前文

疫学研究は、疾病のり患を始め健康に関する事象の頻度や分布を調査し、その要因を明らかにする科学研究である。疾病の成因を探り、疾病の予防法や治療法の有効性を検証し、又は環境や生活習慣と健康とのかかわりを明らかにするために、疫学研究は欠くことができず、医学の発展や国民の健康の保持増進に多大な役割を果たしている。

疫学研究では、多数の研究対象者の心身の状態や周囲の環境、生活習慣等について具体的な情報を取り扱う。また、疫学研究は医師以外にも多くの関係者が研究に携わるという特色を有する。

そこで、研究対象者の個人の尊厳と人権を守るとともに、研究者等がより円滑に研究を行うことができるよう、ここに倫理指針を定める。

この指針は、世界医師会によるヘルシンキ宣言や、我が国の個人情報の保護に関する法律等を踏まえ、疫学研究の実施に当たり、研究対象者に対して説明し、同意を得るなど個人情報の保護を原則とする。また、疫学研究に極めて多様な形態があることに配慮して、この指針においては基本的な原則を示すにとどめており、研究者等が研究計画を立案し、その適否について倫理審査委員会が判断するに当たっては、この原則を踏まえつつ、個々の研究計画の内容等に応じて適切に判断することが求められる。

また、個人情報の保護に関しては、研究を行う機関においては、民間企業、行政機関、独立行政法人等の区分に応じて適用される個人情報の保護に関する法律（平成15年法律第57号）、行政機関の保有する個人情報の保護に関する法律（平成15年法律第58号）、独立行政法人等の保有する個人情報の保護に関する法律（平成15年法律第59号）及び地方公共団体において個人情報の保護に関する法律第11条第1項の趣旨を踏まえて制定される条例を遵守する必要があることに留意しなければならない。

疫学研究が、社会の理解と信頼を得て、一層社会に貢献するために、すべての疫学研究の関係者が、この指針に従って研究に携わることが求められている。同時に、健康の保持増進のために必要な疫学研究の実施について、広く一般社会の理解が得られることを期待する。

第1　基本的考え方

1　目的

この指針は、国民の健康の保持増進を図る上での疫学研究の重要性と学問の自由を踏まえつつ、個人の尊厳及び人権の尊重、個人情報の保護その他の倫理的観点並びに科学的観点から、疫学研究に携わるすべての関係者が遵守すべき事項を定めることにより、社会の理解と協力を得て、疫学研究の適正な推進が図られることを目的とする。

2　適用範囲

この指針は、人の疾病の成因及び病態の解明並びに予防及び治療の方法の確立を目的とする疫学研究を対象とし、これに携わるすべての関係者に遵守を求めるものである。

ただし、次のいずれかに該当する疫学研究は、この指針の対象としない。

① 法律の規定に基づき実施される調査

② ヒトゲノム・遺伝子解析研究に関する倫理指針（平成16年文部科学省・厚生労働省・経済産業省告示第1号）に基づき実施される研究

③ 資料として既に連結不可能匿名化されている情報のみを用いる研究

④ 手術、投薬等の医療行為を伴う介入研究

〈適用範囲に関する細則〉

1　本則ただし書①には、「感染症の予防及び感染症の患者に対する医療に関する法律」の規定に基づく感染症発生動向調査など、法律により具体的に調査権限が付与された調査が該当する。

2　指針の適用範囲内と範囲外の事例について整理すると、次表のとおりである。

研究事例 指針の対象	指針の対象外
（診療と研究） ・ある疾病の患者数等を検討するため、複数の医療機関に依頼し、当該疾病の患者の診療情報を収集・集計し、解析して新たな知見を得たり、治療法等を調べる行為。 ※なお、既存資料等や既存資料等から抽出加工した資料の提供のみについては、第4の3の規定が適用される。	（診療と研究） ・特定の患者の疾病について治療方法を検討するため、当該疾病を有する患者の診療録等診療情報を調べる行為。これを踏まえ、当該患者の治療が行われる。
（医薬品と食品） ・被験者（患者又は健常者）を2群に分け、一方の群は特定の食品（健康食品、特定保健用食品等を含む）を摂取し、他方の群は通常の食事をすることにより、当該食品の健康に与える影響を調べる行為。	（医薬品と食品） ・被験者（患者又は健常者）を2群に分け、一方の群は、特定の医薬品を投与し、他方の群には、偽薬（プラセボ）を投与することにより、当該医薬品の健康に与える影響を調べる行為。
	（連結不可能匿名化されている情報） ・患者調査と国民栄養調査を組み合わせて、地域別の生活習慣病の受療率とエネルギー摂取量から、両者の関係を調べる行為。
（保健事業との関係） ・保健事業（脳卒中情報システム事業やいわゆるがん登録事業を含む。以下本表において同じ。）により得られた検診データ又は生体試料などを用いて、特定の疾病の予防方法、疾病の地域特性等を調査する研究。（保健事業として行われるものを除く。）	（保健事業との関係） ・市町村、都道府県、保健所等が地域において行う保健事業（精度管理を含む。）や、産業保健又は学校保健の分野において産業医又は学校医が法令に基づくその業務の範囲内で行う調査、脳卒中情報システム事業やいわゆるがん登録事業等。
（臨床の場における疫学研究） ・診断・治療等の医療行為について、当該方法の有効性・安全性を評価するため、診療録等診療情報を収集・集計して行う観察研究。	（臨床の場における疫学研究） ・新たな治療方法の有効性・安全性を調べる目的で、被験者に対して行う介入研究。
	（実習） ・一定のカリキュラムの下で行われ、結果に至るまでの過程を習得することを目的とした実習。

3　海外の研究機関との共同研究については、原則としてこの指針を遵守するものとする。ただし、当該海外の研究機関の存する国における社会的な実情等にかんがみ、本指針の適用が困難であることについて、我が国の研究機関の長の許可を受けたときは、相手国の定める法令、指針等の基準に従って行うことができる。当該海外の研究機関の存する国における基準がこの指針よりも厳格な場合には、その厳格な基準を遵守しなければならない。

3　研究者等が遵守すべき基本原則

（1）疫学研究の科学的合理性及び倫理的妥当性の確保

①　研究者等は、研究対象者の個人の尊厳及び人権を尊重して疫学研究を実施しなければならない。

②　研究者等は、科学的合理性及び倫理的妥当性が認められない疫学研究を実施してはならず、疫学研究の実施に当たっては、この点を踏まえた明確かつ具体的な研究計画書を作成しなければならない。

③　研究者等は、疫学研究を実施しようとするときは、研究計画について、研究機関の長の許可を受けなければならない。これを変更しようとするときも同様とする。

〈研究機関の長に関する細則〉

研究機関の長とは、例えば、以下のとおりである。

・病院の場合は、病院長。
・保健所の場合は、保健所長。
・大学医学部の場合は、医学部長。
・企業等の研究所の場合は、研究所長。

〈研究計画書に記載すべき事項に関する細則〉

研究計画書に記載すべき事項は、一般的に以下のとおりとするが、研究内容に応じて変更できる。ただし、指針において記載することとされている事項及び倫理審査委員会の審査を受けることとされている事項については必ず記載しなければならない。

・研究対象者の選定方針
・研究の意義、目的、方法、期間、個人情報保護の方法
・研究機関の名称（共同研究機関を含む。）
・研究者等の氏名
・インフォームド・コンセントのための手続（インフォームド・コンセントを受けない場合はその理由及び当該研究の実施について公開すべき事項の通知又は公表の方法）
・インフォームド・コンセントを受けるための説明事項及び同意文書
・研究に参加することにより期待される利益及び起こりうる危険並びに必然的に伴う不快な状態
・危険又は必然的に伴う不快な状態が起こりうる場合の、当該研究に伴う補償等の対応
・当該研究に係る資金源、起こりうる利害の衝突及び研究者等の関連組織との関わり
・研究対象者からインフォームド・コンセントを受けないで試料等を利用する場合、研究が公衆衛生の向上のために特に必要がある場合であって、本人の同意を得ることが困難である理由。代諾者を選定する場合にはその考え方
・資料の保存及び使用方法並びに保存期間
・研究終了後の資料の保存、利用又は廃棄の方法（他の研究への利用の可能性と予測される研究内容を含む。）

④　研究者等は、法令、この指針及び研究計画に従って適切に疫学研究を実施しなければならない。

⑤　研究者等は、研究対象者を不合理又は不当な方法で選んではならない。

（2）個人情報の保護

①　研究者等は、研究対象者に係る情報を適切に取り扱い、その個人情報を保護しなければならない。

②　研究者等は、職務上知り得た個人情報を正当な理由なく漏らしてはならない。その職を退いた後も同様とする。

（3）インフォームド・コンセントの受領

①　研究者等は、疫学研究を実施する場合には、事前に、研究対象者からインフォームド・コンセントを受けることを原則とする。

②　研究者等は、研究対象者に対する説明の内容、同意の確認方法その他のインフォームド・コンセントの手続に関する事項を研究計画書に記載しなければならない。

〈インフォームド・コンセントの受領に関する細則〉

研究対象者に対する説明の内容は、一般的に以下の事項を含むものとする。

・研究機関名、研究者等の氏名
・研究対象者として選定された理由
・当該研究の目的、意義及び方法、期間
・研究への参加が任意であること
・当該研究の実施に同意しない場合であっても何ら不利益を受けることはないこと。
・研究対象者が当該研究の実施に同意した場合であっても随時これを撤回できること。
・当該研究に参加することにより期待される利益及び起こりうる危険並びに必然的に伴う不快な状態
・危険又は必然的に伴う不快な状態が起こりうる場合の、当該研究に伴う補償等の対応
・当該研究に係る資金源、起こりうる利害の衝突及び研究者等の関連組織との関わり
・個人情報の取扱い
・研究対象者等からの開示の求めに対し開示ができないことがあらかじめ想定される事項がある場合は、当該事項及び理由
・研究対象者を特定できないようにした上で、研究の成果が公表される可能性があること。
・代諾者から同意を受ける場合は、研究の重要性、必要不可欠性
・個人情報を第三者（代諾者を除く。）へ提供する可能性があり、第4の1（9）①のアからエに掲げる事項以外当該内容（第三者へ提供される個人情報の項目など）
・共同研究を行う場合は、①共同研究であること、②共同して利用される個人情報の項目、③共同して利用する者の範囲、④利用する者の利用目的及び⑤当該個人情報の管理について責任を有する者の氏名又は名称
・第4の1（10）②、（11）①、（12）①又は（13）の①若しくは②規定による求めに応じる手続（16）の規定により手数料の額を定めたときはその手数料の額を含む。）
・個人情報等の取扱に関する苦情の申出先

・資料の保存及び使用方法並びに保存期間
・研究終了後の資料の保存、利用又は廃棄の方法（他の研究への利用の可能性と予測される研究内容を含む。）

(4) 研究成果の公表

研究責任者は、研究対象者の個人情報の保護のために必要な措置を講じた上で、疫学研究の成果を公表しなければならない。

(5) 指導者の責務

大学その他の教育機関において、学生等に対し疫学研究の指導を行う者は、(1)から(4)までに掲げる事項その他必要な事項を遵守の上、疫学研究を実施するよう、学生等に対し指導及び監督しなければならない。

4　研究機関の長の責務

(1) 倫理的配慮の周知

研究機関の長は、当該研究機関における疫学研究が、倫理的、法的又は社会的問題を引き起こすことがないよう、研究者等に対し、疫学研究の実施に当たり、研究対象者の個人の尊厳及び人権を尊重し、個人情報の保護のために必要な措置を講じなければならないことを周知徹底しなければならない。

(2) 倫理審査委員会の設置

研究機関の長は、研究計画がこの指針に適合しているか否かその他疫学研究に関し必要な事項の審査を行わせるため、倫理審査委員会を設置しなければならない。ただし、研究機関が小規模であること等により当該研究機関内に倫理審査委員会を設置できない場合その他の必要がある場合には、共同研究機関、一般社団法人、一般財団法人又は学会等に設置された倫理審査委員会に審査を依頼することをもってこれに代えることができる。

〈倫理審査委員会の設置に関する細則〉

1　本則ただし書に規定する倫理審査委員会には、複数の共同研究機関の長が共同して設置する倫理審査委員会が含まれる。

2　共同研究機関等に設置された倫理審査委員会に審査を依頼することができる場合は、次のとおりとする。

① 研究機関が小規模であること等により当該研究機関内に倫理審査委員会を設置できない場合
② 共同研究であって、専らデータの集積に従事する等の従たる研究機関である場合
③ 共同研究であって、第2の1(1)に掲げる倫理審査委員会の責務及び構成の観点にかんがみ、共同研究機関等に設置された倫理審査委員会に審査を依頼することが、疫学研究の円滑な推進に特に必要であると認められる場合

(3) 倫理審査委員会への付議

研究機関の長は、研究者等から3(1)③の許可を求められたときは、倫理審査委員会の意見を聴かなければならない。ただし、次のいずれかに該当する研究計画については、この限りでない。

① 倫理審査委員会に属する者その他の者のうちから倫理審査委員会があらかじめ指名する者（②において「あらかじめ指名する者」という。）が、当該研究計画が次に掲げるすべての要件を満たしており、倫理審査委員会への付議を必要としないと判断した場合

ア　他の機関において既に連結可能匿名化された情報を収集するもの、無記名調査を行うものその他の個人情報を取り扱わないものであること。
イ　人体から採取された試料を用いないものであること。
ウ　観察研究であって、人体への負荷又は介入を伴わないものであること。
エ　研究対象者の意思に回答が委ねられている調査であって、その質問内容により研究対象者の心理的苦痛をもたらすことが想定されないものであること。

② あらかじめ指名する者が、研究者等が所属する医療機関内の患者の診療録等の診療情報を用いて、専ら集計、単純な統計処理等を行う研究であり、倫理審査委員会への付議を必要としないと判断した場合
③ 次に掲げる事項についての規定を含む契約に基づき、データの集積又は統計処理のみを受託する場合

ア　データの安全管理措置
イ　守秘義務

〈研究機関に所属しない研究者に関する細則〉

1　研究機関に所属しない研究者については、第1の3(1)③並びに第3の1並びに2並びに第4の2(2)並びに第4の3(1)並びに(2)②及び③の規定による研究機関の長の許可は不要である。

2　研究機関に所属しない研究者については、研究分野に応じ、共同して疫学研究を行う研究者が所属する機関、大学、一般社団法人、一般財団法人又は学会等に設置された倫理審査委員会の意見を自ら聴くことが求められる。

(4) 研究機関の長による許可

研究機関の長は、倫理審査委員会の意見を尊重し、研究計画の許可又は不許可その他疫学研究に関し必要な事項を決定しなければならない。この場合において、研究機関の長は、倫理審査委員会が不承認の意見を述べた疫学研究については、その実施を許可してはならない。

〈研究機関の長による許可に関する細則〉

研究機関の長は、公衆衛生上の危害の発生又は拡大を防止するため緊急に研究を実施する必要があると判断する場合には、倫理審査委員会の意見を聴く前に許可を決定することができる。この場合において、研究機関の長は、許可後遅滞なく倫理審査委員会の意見を聴くものとし、倫理審査委員会が研究の変更又は中止の意見を述べた場合には、これを踏まえ、研究責任者に対し研究の変更又は中止を指示しなければならない。

(5) 有害事象発生時の対応手順の作成

研究機関の長は、当該研究機関において実施される疫学研究の内容を踏まえ、必要に応じ、あらかじめ、有害事象が発生した場合の対応手順に関する規程を定めなければならない。

第2 倫理審査委員会等

1 倫理審査委員会

(1) 倫理審査委員会の責務及び構成

① 倫理審査委員会は、研究機関の長から研究計画がこの指針に適合しているか否かその他疫学研究に関し必要な事項について意見を求められた場合には、倫理的観点及び科学的観点から審査し、文書により意見を述べなければならない。

② 倫理審査委員会は、学際的かつ多元的な視点から、様々な立場からの委員によって、公正かつ中立的な審査を行えるよう、適切に構成されなければならない。

〈倫理審査委員会の構成に関する細則〉

倫理審査委員会は、医学・医療の専門家、法律学の専門家等人文・社会科学の有識者及び一般の立場を代表する者から構成され、外部委員を含まなければならない。

また、男女両性で構成されなければならない。

③ 倫理審査委員会の委員は、職務上知り得た情報を正当な理由なく漏らしてはならない。その職を退いた後も同様とする。

(2) 倫理審査委員会の運営

① 審査対象となる研究計画に関係する委員は、当該研究計画の審査に関与してはならない。ただし、倫理審査委員会の求めに応じて、その会議に出席し、説明することを妨げない。

② 倫理審査委員会の運営に関する規則、委員の氏名、委員の構成及び議事要旨は公開されなければならない。ただし、議事要旨のうち研究対象者の人権、研究の独創性、知的財産権の保護又は競争上の地位の保全のため非公開とすることが必要な部分については、この限りでない。

③ 倫理審査委員会は、研究機関の長が学会等に設置された他の倫理審査委員会に対し、研究計画がこの指針に適合しているか否かその他疫学研究に関し必要な事項について付議することができる旨を定めることができる。

〈学会等に設置された他の倫理審査委員会に関する細則〉

「学会等に設置された他の倫理審査委員会」には、複数の共同研究機関の長が共同して設置する倫理審査委員会が含まれる。

④ 倫理審査委員会は、軽微な事項の審査について、委員長が指名する委員による迅速審査に付すことその他必要な事項を定めることができる。迅速審査の結果については、その審査を行った委員以外のすべての委員に報告されなければならない。

〈迅速審査手続に関する細則〉

迅速審査手続による審査に委ねることができる事項は、一般的に以下のとおりである。

① 研究計画の軽微な変更の審査

② 共同研究であって、既に主たる研究機関において倫理審査委員会の承認を受けた研究計画を他の分担研究機関が実施しようとする場合の研究計画の審査

③ 研究対象者に対して最小限の危険（日常生活や日常的な医学的検査で被る身体的、心理的、社会的危害の可能性の限度を超えない危険であって、社会的に許容される種類のものをいう。以下同じ。）を超える危険を含まない研究計画の審査

2 疫学研究に係る報告等

① 研究責任者は、研究期間が数年にわたる場合には、研究計画書の定めるところにより、研究機関の長を通じて研究実施状況報告書を倫理審査委員会に提出しなければならない。

〈研究実施状況報告書の提出時期に関する細則〉

研究実施状況報告書の提出時期については、研究計画書に記載して倫理審査委員会が承認する。この時期については、例えば3年ごとを一つの目安とすべきである。

② 研究責任者は、研究対象者に危険又は不利益が生じたときは、直ちに研究機関の長を通じ倫理審査委員会に報告しなければならない。

③ 倫理審査委員会は、研究責任者から①又は②の規定により研究実施状況報告書の提出又は報告を受けたときは、研究機関の長に対し、当該研究計画の変更、中止その他疫学研究に関し必要な意見を述べることができる。

④ 研究機関の長は、必要に応じ、当該研究機関における研究のこの指針への適合性について、自ら点検及び評価を実施するものとする。

〈研究機関の長が自ら行う点検及び評価の実施手法及び時期に関する細則〉

研究機関の長が自ら行う点検及び評価の実施手法及び時期については、研究の内容等に応じて、研究機関の長が定めるものとする。

⑤ 研究機関の長は、③の倫理審査委員会の意見を尊重し、かつ、④の点検及び評価の結果に基づき、必要に応じて、当該研究計画の変更、中止その他疫学研究に関し必要な事項を決定しなければならない。

⑥ 研究責任者は、研究機関の長が⑤の規定により当該研究計画の変更、中止その他疫学研究に関し必要な事項を決定したときは、これに従わなければなら

ない。

⑦　研究責任者は、疫学研究の終了後遅滞なく、研究機関の長を通じ倫理審査委員会に研究結果の概要を報告しなければならない。

〈研究機関に所属しない研究者の報告に関する細則〉

研究機関に所属しない研究者は、研究計画に対する意見を求めた倫理審査委員会に第2の2①、②及び⑦の報告を自ら行うことが求められる。

第3　インフォームド・コンセント等

1　研究対象者からインフォームド・コンセントを受ける手続等

研究対象者からインフォームド・コンセントを受ける手続等は、原則として次に定めるところによる。ただし、疫学研究の方法及び内容、研究対象者の事情その他の理由により、これによることができない場合には、倫理審査委員会の承認を得て、研究機関の長の許可を受けたときに限り、必要な範囲で、研究対象者からインフォームド・コンセントを受ける手続を簡略化すること若しくは免除すること又は他の適切なインフォームド・コンセント等の方法を選択することができる。

〈インフォームド・コンセントの簡略化等に関する細則〉

倫理審査委員会は、インフォームド・コンセント等の方法について、簡略化若しくは免除を行い、又は原則と異なる方法によることを認めるときは、当該疫学研究が次のすべての要件を満たすよう留意すること。

①　当該疫学研究が、研究対象者に対して最小限の危険を超える危険を含まないこと。

②　当該方法によることが、研究対象者の不利益とならないこと。

③　当該方法によらなければ、実際上、当該疫学研究を実施できず、又は当該疫学研究の価値を著しく損ねること。

④　適切な場合には、常に、次のいずれかの措置が講じられること。

ア　研究対象者が含まれる集団に対し、資料の収集・利用の目的及び内容を、その方法も含めて広報すること。

イ　できるだけ早い時期に、研究対象者に事後的説明（集団に対するものも可）を与えること。

ウ　長期間にわたって継続的に資料が収集又は利用される場合には、社会に、その実情を、資料の収集又は利用の目的及び方法も含めて広報し、社会へ周知される努力を払うこと。

⑤　当該疫学研究が社会的に重要性が高いと認められるものであること。

(1)　介入研究を行う場合

①　人体から採取された試料を用いる場合

ア　試料の採取が侵襲性を有する場合（採血の場合等をいう。以下同じ。）

文書により説明し文書により同意を受ける方法により、研究対象者からインフォームド・コンセントを受けることを原則とする。

イ　試料の採取が侵襲性を有しない場合

研究対象者からインフォームド・コンセントを受けることを原則とする。この場合において、文書により説明し文書により同意を受ける必要はないが、研究者等は、説明の内容及び受けた同意に関する記録を作成しなければならない。

②　人体から採取された試料を用いない場合

ア　個人単位で行う介入研究の場合

研究対象者からインフォームド・コンセントを受けることを原則とする。この場合において、文書により説明し文書により同意を受ける必要はないが、研究者等は、説明の内容及び受けた同意に関する記録を作成しなければならない。

イ　集団単位で行う介入研究の場合

研究対象者からインフォームド・コンセントを受けることを必ずしも要しない。この場合において、研究者等は、当該研究の目的を含む研究の実施についての情報を公開し、及び研究対象者となる者が研究対象者となることを拒否できるようにしなければならない。

〈研究対象者となることを拒否した者に関する細則〉

1　研究対象者となることを拒否した者については、個人情報は収集しないが、集計に当たっての母集団に加えることができるものである。

2　この場合の情報公開は、特に研究対象者が情報を得やすい形で行われることが必要である。

(2)　観察研究を行う場合

①　人体から採取された試料を用いる場合

ア　試料の採取が侵襲性を有する場合

文書により説明し文書により同意を受ける方法により、研究対象者からインフォームド・コンセントを受けることを原則とする。

イ　試料の採取が侵襲性を有しない場合

研究対象者からインフォームド・コンセントを受けることを原則とする。この場合において、文書により説明し文書により同意を受ける必要はないが、研究者等は、説明の内容及び受けた同意に関する記録を作成しなければならない。

②　人体から採取された試料を用いない場合

ア　既存資料等以外の情報に係る資料を用いる観察研究の場合

研究対象者からインフォームド・コンセントを受けることを必ずしも要しない。この場合において、研究者等は、当該研究の目的を含む研究の実施についての情報を公開し、及び研究対象者となる者が研究対象者となることを拒否できるようにしなければならない。

イ　既存資料等のみを用いる観察研究の場合

研究対象者からインフォームド・コンセントを受けることを必ずしも要しない。この場合において、研究者等は、当該研究の目的を含む研究の実施についての情報を公開しなければならない。

〈インフォームド・コンセントを受けない場合において、当該研究の実施について公開すべき事項に関する細則〉

インフォームド・コンセントを受けない場合に、研究の実施について情報公開する場合は、以下の事項が含まれていること。なお、これらの事項については、研究計画書に記載すること。

・当該研究の意義、目的、方法
・研究機関名
・保有する個人情報に関して、第4の1（10）②、（11）①、（12）①又は（13）の①若しくは②の規定による求めに応じる手続（（16）の規定により手数料の額を定めたときは、その手数料の額を含む）
・保有する個人情報に関して、第4の1（17）の規定による、問い合わせ、苦情等の窓口の連絡先に関する情報
・第4の1（10）②の規定による利用目的の通知、（11）の規定による開示又は（14）の規定による理由の説明を行うことができない場合は当該事項及びその理由

2 代諾者等からインフォームド・コンセントを受ける手続

研究対象者からインフォームド・コンセントを受けることが困難な場合には、公衆衛生の向上のために特に必要がある場合であって、当該研究対象者について疫学研究を実施することが必要不可欠であることについて、倫理審査委員会の承認を得て、研究機関の長の許可を受けたときに限り、代諾者等（当該研究対象者の法定代理人等研究対象者の意思及び利益を代弁できると考えられる者をいう。）からインフォームド・コンセントを受けることができる。

〈代諾者等からのインフォームド・コンセントに関する細則〉

研究対象者本人からインフォームド・コンセントを受けることが困難であり、代諾者等からのインフォームド・コンセントによることができる場合及びその取扱いは、次のとおりとする。

① 研究対象者が認知症等により有効なインフォームド・コンセントを与えることができないと客観的に判断される場合

② 研究対象者が未成年者の場合（研究対象者が16歳以上の場合であって、有効なインフォームド・コンセントを与えることができることについて、倫理審査委員会の承認を得て、研究を行う機関の長の許可を受けた場合を除く。）。ただし、この場合においても、研究責任者は、研究対象者本人に分かりやすい言葉で十分な説明を行い、理解が得られるよう努めなければならない。

また、研究対象者が16歳未満であって、代諾者からのインフォームド・コンセントにより研究を開始した場合において、研究対象者が16歳に達した以降も研究を継続する場合には、研究対象者が16歳に達し有効なインフォームド・コンセントを与えることができると客観的に判断された時点において、原則として当該研究対象者から改めてインフォームド・コンセントを受けなければならない。

③ 研究対象者が死者であって、その生前における明示的な意思に反していない場合

第4 個人情報の保護等

1 個人情報の保護に関する措置

（1） 研究を行う機関の長の責務

① 研究を行う機関の長は、疫学研究の実施に当たり個人情報の保護に必要な体制を整備しなければならない。また、研究従事者に個人情報を取り扱わせるに当たっては、個人情報の安全管理が図られるよう、当該研究従事者に対する必要かつ適切な監督を行わなければならない。

② 研究を行う機関の長は、当該機関により定められる規程により、この章に定める権限又は事務を当該機関内の適当な者に委任することができる。

（2） 利用目的の特定

① 研究を行う機関の長は、個人情報を取り扱うに当たっては、その利用の目的（以下「利用目的」という。）をできる限り特定しなければならない。

② 研究を行う機関の長は、個人情報の利用目的を変更する場合には、変更前の利用目的と相当の関連性を有すると合理的に認められる範囲を超えて行ってはならない。

（3） 利用目的による制限

① 研究を行う機関の長は、あらかじめ研究対象者又は代諾者等（以下「研究対象者等」という。）の同意を得ないで、（2）の規定により特定された利用目的の達成に必要な範囲を超えて個人情報を取り扱ってはならない。

② 研究を行う機関の長は、合併その他の事由により他の研究を行う機関から研究を承継することに伴って個人情報を取得した場合に、あらかじめ研究対象者等の同意を得ないで、承継前における当該個人情報の利用目的の達成に必要な範囲を超えて、当該個人情報を取り扱ってはならない。

③ ①及び②の規定は、次に掲げる場合については、適用しない。

ア 法令に基づく場合

イ 人の生命、身体又は財産の保護のために必要がある場合であって、研究対象者等の同意を得ることが困難であるとき。

ウ 公衆衛生の向上のために特に必要がある場合であって、研究対象者等の同意を得ることが困難であるとき。

エ 国の機関若しくは地方公共団体又はその委託を受けた者が法令の定める事務を遂行することに対して協力する必要がある場合であって、研究対象

者等の同意を得ることにより当該事務の遂行に支障を及ぼすおそれがあるとき。

(4) 適正な取得

研究を行う機関の長は、偽りその他不正の手段により個人情報を取得してはならない。

(5) 取得に際しての利用目的の通知等

① 研究を行う機関の長は、個人情報を取得した場合は、②から④までに掲げる事項を遵守しなければならない。ただし、次に掲げる場合において、倫理審査委員会が承認した場合は、この限りでない。

ア 利用目的を研究対象者等に通知し、又は公表することにより、研究対象者又は第三者の生命、身体、財産その他の権利利益を害するおそれがある場合

イ 利用目的を研究対象者等に通知し、又は公表することにより、当該研究を行う機関の権利又は正当な利益を害するおそれがある場合

ウ 国の機関又は地方公共団体が法令の定める事務を遂行することに対して協力する必要がある場合であって、利用目的を研究対象者等に通知し、又は公表することにより当該事務の遂行に支障を及ぼすおそれがある場合

エ 取得の状況からみて利用目的が明らかであると認められる場合

② あらかじめその利用目的を公表している場合を除き、速やかに、その利用目的を、研究対象者等に通知し、又は公表すること。

③ ②の規定にかかわらず、研究対象者等との間で契約を締結することに伴って契約書その他の書面（電子的方式、磁気的方式その他人の知覚によっては認識することができない方式で作られる記録を含む。以下この項において同じ。）に記載された当該研究対象者の個人情報を取得する場合その他研究対象者等から直接書面に記載された当該研究対象者の個人情報を取得する場合において、あらかじめ、研究対象者等に対し、その利用目的を明示すること。ただし、人の生命、身体又は財産の保護のために緊急に必要がある場合は、この限りでない。

④ ②の利用目的と相当の関連性を有すると合理的に認められる範囲において、利用目的を変更した場合は、変更された利用目的について、研究対象者等に通知し、又は公表すること。

(6) 内容の正確性の確保

研究を行う機関の長は、利用目的の達成に必要な範囲内において、個人情報を正確かつ最新の内容に保つよう努めなければならない。

(7) 安全管理措置

① 研究を行う機関の長は、その取り扱う個人情報の漏えい、滅失又はき損の防止その他個人情報の安全管理のため、組織的、人的、物理的及び技術的安全管理措置を講じなければならない。

② 研究を行う機関の長は、死者に関する情報（第5の(5)の個人情報と同様の内容を含むものをいう。以下同じ。）が死者の人としての尊厳や遺族の感情及び遺伝情報が血縁者と共通していることにかんがみ、生存する個人に関する情報と同様に死者に関する情報についても安全管理のため、組織的、人的、物理的及び技術的安全管理措置を講じなければならない。

〈安全管理措置に関する細則〉

組織的、人的、物理的及び技術的安全管理措置とは、取り扱う情報の性質に応じて、必要かつ適切な措置を求めるものである。

1. 組織的安全管理措置

組織的安全管理措置とは、安全管理について研究者等の責任と権限を明確に定め、安全管理に対する規程や手順書（以下「規程等」という）を整備運用し、その実施状況を確認することをいう。組織的安全管理措置には以下の事項が含まれる。

① 個人情報の安全管理措置を講じるための組織体制の整備

② 個人情報の安全管理措置を定める規程等の整備と規程等に従った運用

③ 個人情報の取扱い状況を一覧できる手段の整備

④ 個人情報の安全管理措置の評価、見直し及び改善

⑤ 事故又は違反への対処

2. 人的安全管理措置

人的安全管理措置とは、研究者等に対する、業務上秘密と指定された個人情報の非開示契約の締結や教育・訓練等を行うことをいう。人的安全管理措置には以下の事項が含まれる。

① 雇用契約時及び委託契約時における非開示契約の締結

② 研究者等に対する教育・訓練の実施

3. 物理的安全管理措置

物理的安全管理措置とは、入退館（室）の管理、個人情報の盗難の防止等の措置をいう。物理的安全管理措置には以下の事項が含まれる。

① 入退館（室）管理の実施

② 盗難等の防止

③ 機器・装置等の物理的保護

4. 技術的安全管理措置

技術的安全管理措置とは、個人情報及びそれを取り扱う情報システムのアクセス制御、不正ソフトウェア対策、情報システムの監視等、個人情報に対する技術的な安全管理措置をいう。技術的安全管理措置には、以下の事項が含まれる。

① 個人情報へのアクセスにおける識別と認証

② 個人情報へのアクセス制御

③ 個人情報へのアクセス権限の管理

④ 個人情報のアクセス記録

⑤ 個人情報を取り扱う情報システムについての不正ソフトウェア対策

⑥ 個人情報の移送・通信時の対策

⑦ 個人情報を取り扱う情報システムの動作確認時の対策

⑧ 個人情報を取り扱う情報システムの監視

(8) 委託者の監督

研究を行う機関の長は、疫学研究の実施に関し、委託を行う場合は、委託された業務に関して取り扱われる個人情報の安全管理及び個人情報の適切な取扱いが図られるよう、委託を受けた者に対する必要かつ適切な監督を行わなくてはならない。

〈委託を受けた者に対する監督に関する細則〉

委託を受けた者に対する必要かつ適切な監督とは、例えば委託契約書において、委託者が定める安全管理措置の内容を明示的に規定するとともに、当該内容が遵守されていることを確認することである。

(9) 第三者提供の制限

① 研究を行う機関の長は、次に掲げる場合を除くほか、あらかじめ研究対象者等の同意を得ないで、個人情報を第三者に提供してはならない。

ア 法令に基づく場合

イ 人の生命、身体又は財産の保護のために必要がある場合であって、研究対象者等の同意を得ることが困難であるとき。

ウ 公衆衛生の向上又は児童の健全な育成の推進のために特に必要がある場合であって、研究対象者等の同意を得ることが困難であるとき。

エ 国の機関若しくは地方公共団体又はその委託を受けた者が法令の定める事務を遂行することに対して協力する必要がある場合であって、研究対象者等の同意を得ることにより当該事務の遂行に支障を及ぼすおそれがあるとき。

② 研究を行う機関の長は、第三者に提供される個人情報について、研究対象者等の求めに応じて当該研究対象者が識別される個人情報の第三者への提供を停止することとしている場合であって、次に掲げる事項について、あらかじめ、研究対象者等に通知し、又は研究対象者等が容易に知り得る状態に置いているときは、①の規定にかかわらず、当該個人情報を第三者に提供することができる。

ア 第三者への提供を利用目的とすること。

イ 第三者に提供される個人情報の項目

ウ 第三者への提供の手段又は方法

エ 研究対象者等の求めに応じて当該研究対象者が識別される個人情報の第三者への提供を停止すること。

③ ②のイ又はウに掲げる事項を変更する場合は、変更する内容について、あらかじめ、研究対象者等に通知し、又は研究対象者等が容易に知り得る状態に置かなければならない。

④ 次に掲げる場合において、当該個人情報の提供を受ける者は、①から③までの規定の適用については、第三者に該当しないため、あらかじめ研究対象者等の同意を得ずに個人情報を提供することができる。

ア 研究機関が利用目的の達成に必要な範囲内において個人情報の取扱いの全部又は一部を委託する場合

イ 合併その他の事由による事業の承継に伴って個人情報が提供される場合

ウ 個人情報を特定の者との間で共同して利用する場合であって、その旨並びに共同して利用される個人情報の項目、共同して利用する者の範囲、利用する者の利用目的及び当該個人情報の管理について責任を有する者の氏名又は名称について、あらかじめ、研究対象者等に通知し、又は研究対象者等が容易に知り得る状態に置いているとき。

⑤ 研究を行う機関の長は、④のウに規定する利用する者の利用目的又は個人情報の管理について責任を有する者の氏名若しくは名称を変更する場合は、変更する内容について、あらかじめ、研究対象者等に通知し、又は研究対象者等が容易に知り得る状態に置かなければならない。

(10) 保有する個人情報に関する事項の公表等

① 研究を行う機関の長は、保有する個人情報に関し、次に掲げる事項について、研究対象者等の知り得る状態（研究対象者等の求めに応じて遅滞なく回答する場合を含む。）に置かなければならない。

ア 当該研究を行う機関の名称

イ すべての保有する個人情報の利用目的（(5)①アからエまでに該当する場合を除く。）

ウ ②、(11)①、(12)①又は(13)①若しくは②の規定による求めに応じる手続（(16)の規定により手数料の額を定めたときは、その手数料の額を含む。）

エ 保有する個人情報の取扱いに関する苦情の申出先

② 研究を行う機関の長は、研究対象者等から、当該研究対象者が識別される保有する個人情報の利用目的の通知を求められたときは、研究対象者等に対し、遅滞なく、これを通知しなければならない。ただし、次の各号のいずれかに該当する場合は、この限りでない。

ア ①の規定により当該研究対象者が識別される保有する個人情報の利用目的が明らかな場合

イ (5)①アからエまでに該当する場合

③ 研究を行う機関の長は、②の規定に基づき求められた保有する個人情報の利用目的を通知しない旨の決定をしたときは、研究対象者等に対し、遅16滞なく、その旨を通知しなければならない。

(11) 個人情報の開示

① 研究を行う機関の長は、研究対象者等から、当該研究対象者が識別される保有する個人情報の開示（当該研究対象者が識別される保有する個人情報が存在しないときにその旨を知らせることを含む。以下同じ。）を求められたときは、研究対象者等に対し書面の交付による方法（研究対象者等が同意した方法があるときには、当該方法）で開示しなければならない。

ただし、開示することにより次のいずれかに該当する場合は、その全部又は一部を開示しないことができる。

ア　研究対象者又は第三者の生命、身体、財産その他の権利利益を害するおそれがある場合

イ　研究を行う機関の業務の適正な実施に著しい支障を及ぼすおそれがある場合

ウ　他の法令に違反することとなる場合

② 研究を行う機関の長は、①の規定に基づき求められた情報の全部又は一部を開示しない旨の決定をしたときは、研究対象者等に対し、遅滞なく、その旨を通知しなければならない。

③ 他の法令の規定により、研究対象者等に対し①の本文に規定する方法に相当する方法により当該研究対象者が識別される保有する個人情報の全部又は一部を開示することとされている場合には、当該全部又は一部の保有する個人情報については、①の規定は、適用しない。

(12) 訂正等

① 研究を行う機関の長は、研究対象者等から、研究対象者が識別される保有する個人情報の内容が事実でないという理由によって、当該保有する個人情報に対して訂正、追加又は削除（以下「訂正等」という。）を求められた場合は、その内容の訂正等に関して法令の規定により特別の手続が定められている場合を除き、利用目的の達成に必要な範囲において、遅滞なく必要な調査を行い、その結果に基づき、当該保有する個人情報の内容の訂正等を行わなければならない。

② 研究を行う機関の長は、①の規定に基づき訂正等を求められた保有する個人情報の内容の全部若しくは一部について訂正等を行ったとき、又は訂正等を行わない旨の決定をしたときは、研究対象者等に対し、遅滞なく、その旨（訂正等を行ったときは、その内容を含む。）を通知しなければならない。

(13) 利用停止等

① 研究を行う機関の長は、研究対象者等から、当該研究対象者が識別される保有する個人情報が（3）の規定に違反して取り扱われているという理由又は（4）の規定に違反して取得されたものであるという理由によって、当該保有する個人情報の利用の停止又は消去（以下「利用停止等」という。）を求められた場合であって、その求めに理由があることが判明したときは、違反を是正するために必要な限度で、遅滞なく、当該保有する個人情報の利用停止等を行わなければならない。ただし、当該保有する個人情報の利用停止等に多額の費用を要する場合その他の利用停止等を行うことが困難な場合であって、研究対象者の権利利益を保護するため必要なこれに代わるべき措置をとるときは、この限りでない。

② 研究を行う機関の長は、研究対象者等から、当該研究対象者が識別される保有される個人情報が（9）の規定に違反して第三者に提供されているという理由によって、当該保有する個人情報の第三者への提供の停止を求められた場合であって、その求めに理由があることが判明したときは、遅滞なく、当該保有する個人情報の第三者への提供を停止しなければならない。ただし、当該保有する個人情報の第三者への提供の停止に多額の費用を要する場合その他の第三者への提供を停止することが困難な場合であって、研究対象者の権利利益を保護するため必要なこれに代わるべき措置をとるときは、この限りでない。

③ ①の規定に基づき求められた保有する個人情報の全部若しくは一部について利用停止等を行ったとき若しくは利用停止等を行わない旨の決定をしたとき、又は②の規定に基づき求められた保有する個人情報の全部若しくは一部について第三者への提供を停止したとき若しくは第三者への提供を停止しない旨の決定をしたときは、研究対象者等に対し、遅滞なく、その旨を通知しなければならない。

〈利用停止等に関する細則〉

以下の場合については、利用停止等の措置を行う必要はない。

・訂正等の求めがあった場合であっても、①利用目的から見て訂正等が必要でない場合、②誤りである指摘が正しくない場合又は③訂正等の対象が事実でなく評価に関する情報である場合

・利用停止等、第三者への提供の停止の求めがあった場合であっても、手続違反等の指摘が正しくない場合

(14) 理由の説明

研究を行う機関の長は、（10）③、（11）②、（12）②又は（13）③の場合において、研究対象者等から求められた措置の全部又は一部について、その措置をとらない旨を通知する場合又はその措置と異なる措置をとる旨を通知する場合は、研究対象者等に対し、その理由を説明するよう努めなければならない。なお、この場合、研究対象者等の要求内容が事実でないこと等を知らせることにより、研究対象者等の精神的負担になり得る場合等、説明を行うことが必ずしも適当でないことがあり得ることから、事由に応じて慎重に検討のうえ、対応しなくてはならない。

(15) 開示等の求めに応じる手続

① 研究を行う機関の長は、（10）②、（11）①、（12）①又は（13）①若しくは②の規定による求め（以下「開示等の求め」という。）に関し、次に掲げる事項につき、その求めを受け付ける方法を定めることができる。この場合において、研究対象者等は、当該方法に従って、開示等の求めを行わなければならない。

ア　開示等の求めの申し出先

イ　開示等の求めに際して提出すべき書面（電子的方式、磁気的方式その他人の知覚によっては認識することができない方式で作られる記録を含む。）の様式その他の開示等の求めの方式

ウ　開示等の求めをする者が研究対象者等であることの確認の方法

エ　手数料の徴収方法

② 研究を行う機関の長は、研究対象者等に対し、開示等の求めに関し、その対象となる保有する個人情

報を特定するに足りる事項の提示を求めることができる。この場合において、研究を行う機関の長は、研究対象者等が容易かつ的確に開示等の求めをすることができるよう、当該保有する個人情報の特定に資する情報の提供その他研究対象者等の利便性を考慮した適切な措置をとらなければならない。

③ 研究を行う機関の長は、①及び②の規定に基づき開示等の求めに応じる手続きを定めるに当たっては、研究対象者等に過重な負担を課するものとならないよう配慮しなければならない。

(16) 手数料

研究を行う機関の長は、(10)②の規定による利用目的の通知又は(11)①の規定による開示を求められたときは、当該措置の実施に関し、手数料を徴収することができる。また、その場合には実費を勘案して合理的であると認められる範囲内において、その手数料の額を定めなければならない。

(17) 苦情の対応

研究を行う機関の長は、研究対象者等からの苦情等の窓口を設置する等、研究対象者等からの苦情や問い合わせ等に適切かつ迅速に対応しなければならない。なお、苦情等の窓口は、研究対象者等にとって利用しやすいように、担当者の配置、利用手続等に配慮しなくてはならない。

2 資料の保存等

(1) 資料の保存等

① 研究責任者は、疫学研究に関する資料を保存する場合には、研究計画書にその方法等を記載するとともに、個人情報の漏えい、混交、盗難、紛失等が起こらないよう適切に、かつ、研究結果の確認に資するよう整然と管理しなければならない。

② 研究責任者は、研究計画書に定めた資料の保存期間を過ぎた場合には、研究対象者等の同意事項を遵守し、匿名化して廃棄しなければならない。

③ 研究責任者は、保存期間が定められていない資料を保存する場合には、疫学研究の終了後遅滞なく、研究機関の長に対して、次に掲げる事項について報告しなければならない。これらの内容に変更が生じた場合も同様とする。

ア 資料の名称
イ 資料の保管場所
ウ 資料の管理責任者
エ 研究対象者等から得た同意の内容

(2) 人体から採取された試料の利用

研究者等は、研究開始前に人体から採取された試料を利用する場合には、研究開始時までに研究対象者等から試料の利用に係る同意を受け、及び当該同意に関する記録を作成することを原則とする。ただし、当該同意を受けることができない場合には、次のいずれかに該当することについて、倫理審査委員会の承認を得て、研究を行う機関の長の許可を受けたときに限り、当該試料を利用することができる。

① 当該試料が匿名化(連結不可能匿名化又は連結可能匿名化であって対応表を有していない場合をいう。)されていること。

② 当該試料が①に該当しない場合において、試料の提供時に当該疫学研究における利用が明示されていない研究についての同意のみが与えられている場合は、次に掲げる要件を満たしていること。

ア 当該疫学研究の実施について試料の利用目的を含む情報を公開していること。
イ その同意が当該疫学研究の目的と相当の関連性があると合理的に認められること。

③ 当該試料が①及び②に該当しない場合において、次に掲げる要件を満たしていること。

ア 当該疫学研究の実施について資料の利用目的を含む情報を公開していること。
イ 研究対象者となる者が研究対象者となることを拒否できるようにすること。
ウ 公衆衛生の向上のために特に必要がある場合であって、研究対象者等の同意を得ることが困難であること。

3 他の機関等の資料の利用

(1) 研究実施に当たっての措置

研究責任者は、所属機関外の者から既存資料等の提供を受けて研究を実施しようとするときは、提供を受ける資料の内容及び提供を受ける必要性を研究計画書に記載して倫理審査委員会の承認を得て、研究を行う機関の長の許可を受けなければならない。

(2) 既存資料等の提供に当たっての措置

既存資料等の提供を行う者は、所属機関外の者に研究に用いるための資料を提供する場合には、資料提供時までに研究対象者等から資料の提供及び当該研究における利用に係る同意を受け、並びに当該同意に関する記録を作成することを原則とする。ただし、当該同意を受けることができない場合には、次のいずれかに該当するときに限り、資料を所属機関外の者に提供することができる。

① 当該資料が匿名化されていること(連結不可能匿名化又は連結可能匿名化であって対応表を提供しない場合。ただし、当該資料の全部又は一部が人体から採取された試料である場合には、所属機関の長に対し、その旨を報告しなければならない。

② 当該資料が①に該当しない場合において、次に掲げる要件を満たしていることについて倫理審査委員会の承認を得て、所属機関の長の許可を受けていること。

ア 当該研究の実施及び資料の提供について以下の情報をあらかじめ研究対象者等に通知し、又は公開していること。
・所属機関外の者への提供を利用目的とすること
・所属機関外の者に提供される個人情報の項目
・所属機関外の者への提供の手段又は方法
・研究対象者等の求めに応じて当該研究対象者が識別される個人情報の研究機関外の者への提供を停止すること

イ 研究対象者となる者が研究対象者となることを

拒否できるようにすること。

③　社会的に重要性の高い疫学研究に用いるために人の健康に関わる情報が提供される場合において、当該疫学研究の方法及び内容、当該情報の内容その他の理由により①及び②によることができないときには、必要な範囲で他の適切な措置を講じることについて、倫理審査委員会の承認を得て、所属機関の長の許可を受けていること。

〈既存資料等の提供に当たっての措置に関する細則〉

1　既存資料等の提供を行う者の所属する機関に倫理審査委員会が設置されていない場合において、②又は③の倫理審査委員会の承認を得ようとするときは、他の機関、一般社団法人、一般財団法人又は学会等に設置された倫理審査委員会に審査を依頼することができる。

2　倫理審査委員会は、③により、他の適切な措置を講じて資料を提供することを認めるときは、当該疫学研究及び資料の提供が、インフォームド・コンセントの簡略化等に関する細則の①から⑤までのすべての要件を満たすよう留意すること。

4　研究結果を公表するときの措置

研究者等は、研究の結果を公表するときは、個々の研究対象者を特定できないようにしなければならない。

第5　用語の定義

この指針における用語の定義は次のとおりとする。

(1)　疫学研究

明確に特定された人間集団の中で出現する健康に関する様々な事象の頻度及び分布並びにそれらに影響を与える要因を明らかにする科学研究をいう。

〈疫学研究の定義に関する細則〉

疫学研究指針の対象となる研究の最低限の要件を、以下のとおりとする。

・有効性や予後等の知見が未知であるか、又は既知の知見の検証

・対象者本人のみが受益を受けるよりも、広く社会に貢献することに比重を置く

(2)　介入研究

疫学研究のうち、研究者等が研究対象者の集団を原則として2群以上のグループに分け、それぞれに異なる治療方法、予防方法その他の健康に影響を与えると考えられる要因に関する作為又は無作為の割付けを行って、結果を比較する手法によるものをいう。

(3)　観察研究

疫学研究のうち、介入研究以外のものをいう。

(4)　資料

疫学研究に用いようとする血液、組織、細胞、体液、排泄物及びこれらから抽出したDNA等の人体から採取された試料並びに診断及び治療を通じて得られた疾病名、投薬名、検査結果等の人の健康に関する情報その他の研究に用いられる情報（死者に係るものを含む。）をいう。

(5)　個人情報

生存する個人に関する情報であって、当該情報に含まれる氏名、生年月日その他の記述等により特定の個人を識別することができるもの（他の情報と容易に照合することができ、それにより特定の個人を識別することができることとなるものを含む。）をいう。

(6)　保有する個人情報

研究を行う機関の長が、開示、内容の訂正、追加又は削除、利用の停止、消去及び第三者への提供の停止を行うことの出来る権限を有する個人情報であって、その存否が明らかになることにより公益その他の利益が害されるものとして次に掲げるもの又は6月以内に消去することとなるもの以外をいう。

①　当該保有する個人情報の存否が明らかになることにより、研究対象者又は第三者の生命、身体又は財産に危害が及ぶおそれがあるもの

②　当該保有する個人情報の存否が明らかになることにより、違法又は不当な行為を助長し、又は誘発するおそれがあるもの

③　当該保有する個人情報の存否が明らかになることにより、国の安全が害されるおそれ、他国若しくは国際機関との信頼関係が損なわれるおそれ又は他国若しくは国際機関との交渉上不利益を被るおそれがあるもの

④　当該保有する個人情報が明らかになることにより、犯罪の予防、鎮圧又は捜査その他の公共の安全と秩序の維持に支障が及ぶおそれがあるもの

(7)　匿名化

個人情報から個人を識別することができる情報の全部又は一部を取り除き、代わりにその人と関わりのない符号又は番号を付すことをいう。資料に付随する情報のうち、ある情報だけでは特定の人を識別できない情報であっても、各種の名簿等の他で入手できる情報と組み合わせることにより、その人を識別できる場合には、組合せに必要な情報の全部又は一部を取り除いて、その人が識別できないようにすることをいう。

(8)　連結可能匿名化

必要な場合に個人を識別できるように、その人と新たに付された符号又は番号の対応表を残す方法による匿名化をいう。

(9)　連結不可能匿名化

個人を識別できないように、その人と新たに付された符号又は番号の対応表を残さない方法による匿名化をいう。

(10)　研究者等

研究責任者、研究機関の長その他の疫学研究に携わる関係者（研究者等に対し既存資料等の提供を行う者

であって、当該提供以外に疫学研究に関与しないものを除く。）をいう。

(11) 研究責任者

個々の研究機関において、疫学研究を遂行するとともに、その疫学研究に係る業務を統括する者をいう。

(12) 研究機関

疫学研究を実施する機関（研究者等に対し既存資料等の提供を行う者であって、当該提供以外に疫学研究に関与しないものの所属する機関を除く。）をいう。

(13) 研究を行う機関

研究機関を有する法人及び行政機関（行政機関の保有する個人情報の保護に関する法律第2条に規定する行政機関をいう。）等の事業者及び組織をいう。

(14) 研究を行う機関の長

研究を行う機関に該当する法人の代表者及び行政機関の長などの事業者及び組織の代表者をいう。

(15) 共同研究機関

研究計画書に記載された疫学研究を共同して行う研究機関をいう。

(16) 倫理審査委員会

疫学研究の実施の適否その他疫学研究に関し必要な事項について、研究対象者の個人の尊厳及び人権の尊重その他の倫理的観点及び科学的観点から調査審議するため、研究機関の長の諮問機関として置かれた合議制の機関をいう。

(17) インフォームド・コンセント

研究対象者となることを求められた者が、研究者等から事前に疫学研究に関する十分な説明を受け、その疫学研究の意義、目的、方法、予測される結果や不利益等を理解し、自由意思に基づいて与える、研究対象者となること及び資料の取扱いに関する同意をいう。

(18) 既存資料等

次のいずれかに該当する資料をいう。

① 疫学研究の研究計画書の作成時までに既に存在する資料

② 疫学研究の研究計画書の作成時以降に収集した資料であって収集の時点においては当該疫学研究に用いることを目的としていなかったもの

第6 細則

この指針に定めるもののほか、この指針の施行に関し必要な事項は、別に定める。

第7 見直し

この指針は、必要に応じ、又は施行後5年を目途としてその全般に関して検討を加えた上で、見直しを行うものとする。

第8 施行期日

この指針は、平成19年11月1日から施行する。

生殖補助医療研究目的でのヒト受精胚の作成・利用の在り方について

平成二十一年四月十五日文部科学省 科学技術・学術審議会 生命倫理・安全部会／厚生労働省 厚生科学審議会科学技術部会

第1章 総論

第1節 検討経緯

平成16年7月、総合科学技術会議は、その意見「ヒト胚の取扱いに関する基本的考え方」（以下「総合科学技術会議意見」という。）において、「研究材料として使用するために新たに受精によりヒト胚を作成しないこと」などを原則（「ヒト受精胚尊重の原則」）としつつ、その例外として、生殖補助医療研究のためのヒト受精胚の作成・利用については、十分科学的に合理性があるとともに、社会的にも妥当性があるため、容認し得るとした。

その上で、総合科学技術会議意見は、例外的に作成・利用が認められるヒト受精胚の取扱いについて、ヒト受精胚尊重の原則を踏まえた取扱い手続を定めるとともに、未受精卵の入手制限や自由意思によるインフォームド・コンセントの徹底、不必要な侵襲の防止など、未受精卵の提供者である女性の保護を図るための制度的枠組みを整備する必要があるとしている。

さらに、生殖補助医療研究目的でヒト受精胚の作成・利用を行う研究を実施するための枠組みとして、文部科学省及び厚生労働省において、ガイドラインの具体的な内容を検討し、策定する必要があるとしている。

これを受けて、本検討のため、平成17年7月に厚生労働省では厚生科学審議会科学技術部会の下に「ヒト胚研究に関する専門委員会」を、同年10月に文部科学省では科学技術・学術審議会生命倫理・安全部会の下に「生殖補助医療研究専門委員会」をそれぞれ設置し、「ヒト胚研究に関する専門委員会」においては25回、「生殖補助医療研究専門委員会」においては24回にわたり審議を行った（これらのうち23回は、両専門委員会による合同開催）。

第2節　総論的事項

1．検討の対象

本報告書では、生殖補助医療の向上に資する研究でヒト受精胚の作成を伴うものを検討の対象とした。具体的には、

・正常な受精又は受精率の向上を目的とする受精メカニズムに関する研究
・正常な胚の発生及び発育の補助を目的とする胚発生・発育に関する研究
・正常な胚の着床又は着床率の向上を目的とする着床メカニズムに関する研究
・配偶子及び胚の保存効率の向上に関する研究（当該配偶子を用いて新たに胚を作成することまでを一連のプロセスとする研究に限る。）

等が考えられる。

2．作成されるヒト受精胚の取扱い等

（ヒト受精胚の作成の制限）

生殖補助医療研究目的でのヒト受精胚の作成は、ヒト受精胚尊重の原則の例外として認められるものであることを踏まえ、当該研究に必要とされる最小限のものに限ることとする。

（ヒト受精胚の取扱期間）

総合科学技術会議意見は、ヒト受精胚は、原始線条を形成して臓器の分化を開始する前までは、ヒト受精胚の細胞（胚性細胞）が多分化性を有していることから、ヒト個体としての発育を開始する段階に至っていないと考えることができるが、原始線条を形成して臓器分化を開始してからは、ヒト個体としての発育を開始したものと考えることができる。これを踏まえ、研究目的でのヒト受精胚の作成・利用においては、その取扱期間を原始線条の形成前までに限定すべきであるとしている。

このため、作成されるヒト受精胚の取扱期間は、原始線条の形成前までに限定することとする。具体的には、受精後14日以内とし、14日以内であっても原始線条が形成された場合には取り扱わないこととする。

なお、ヒト受精胚を凍結する場合には、当該凍結期間は取扱期間に算入しないこととする。

（ヒト受精胚の胎内への移植の禁止）

総合科学技術会議意見は、ヒト受精胚の取扱いのための具体的な遵守事項の一つとして、研究に用いたヒト受精胚を臨床に用いないこととしている。

このため、作成されるヒト受精胚を人又は動物の胎内に移植することを禁止することとする。

（研究終了後の取扱い）

作成されるヒト受精胚は、研究終了後に、速やかに廃棄することとする。

第2章　配偶子の入手の在り方

> 総合科学技術会議意見は、ヒト受精胚を作成し、これを利用する研究では、必ず未受精卵を使用するものであるが、その入手については、採取に当たっての提供女性の肉体的侵襲や精神的負担、更には採取が拡大し広範に行われるようになった場合の人間の道具化・手段化といった懸念も考慮し、個々の研究において必要最小限の範囲に限定し、みだりに未受精卵を採取することを防止しなければならないとしている。

第1節　共通的事項

（無償提供）

配偶子の提供は無償とする。ただし、提供に伴って発生する新たな費用（提供者の交通費等）に限り、実費相当分を必要な経費として認めることとする。

（未成年者等からの配偶子の入手の禁止）

ヒト受精胚の作成を伴う生殖補助医療研究に利用するための配偶子（卵子・精子）の提供者については、十分な同意能力が必要であることから、未成年者等同意能力を欠く者からの入手は認めないこととする。

第2節　卵子の入手

1．基本的考え方

卵子（未受精卵）の採取は、精子の採取より肉体的侵襲や精神的負担が大きく、また、一度に採取できる数等に違いがあることから、卵子の提供を受ける際には慎重な配慮が必要である。

このため、卵子の提供を受ける際には、

・自由意思によるインフォームド・コンセントの徹底
・肉体的侵襲や精神的負担の最小化
・個人情報の保護

を確保することを条件とする。

2．提供が認められる卵子

（1）入手し得る卵子の分類

総合科学技術会議意見では、卵子の入手について、

①生殖補助医療目的で採取された未受精卵の一部利用
②手術等により摘出された卵巣や卵巣切片からの採取
③媒精したものの受精に至らなかった非受精卵の利用
④卵子保存の目的で作成された凍結未受精卵の不要化に伴う利用

等の可能性が示されている。

さらに、このうち①「生殖補助医療目的で採取され

た未受精卵の一部利用」については、具体的に次のとおり分類できる。

①—1：形態学的な異常により生殖補助医療に用いられない卵子の利用

①—2：形態学的な異常はないが、精子等の理由で結果的に生殖補助医療に用いられない卵子の利用

①—3：生殖補助医療目的で採取する卵子の一部の利用

（2）提供が認められる卵子及びその条件

（1）に掲げる卵子の入手については、いずれも1.に掲げる条件を満たす場合に限り、認めることとする。

また、このうち①—3「生殖補助医療目的で採取する卵子の一部の利用」については、以下の懸念等が考えられるため、一層の配慮が必要である。

・排卵誘発剤による過剰排卵や卵子の選別方法に対する疑念が生じる可能性があること。

・本来の治療に用いることができる卵子の数が減るという意味で、結果として治療成績の低下につながる場合があり得ること。

・採取する卵子の一部を研究のために提供する機会があることについての情報提供が主治医等から行われる場合、患者との関係によっては、卵子の提供に関する同意に際して、自由意思が必ずしも確保されない可能性があること。

一方、当該卵子の提供については、生殖補助医療技術の発展や向上に貢献できるという意味で、提供者である患者自身に、研究のため提供を行うインセンティブが働く可能性がある。さらに、採取は生殖補助医療の目的で行われたものであり、その一部を研究利用することで、提供者に本来の治療以上の新たな（不必要な）侵襲が加えられることはない。

以上を踏まえ、①—3「生殖補助医療目的で採取する卵子の一部を研究に利用する場合」については、提供者保護等の観点から、更に次の事項が満たされることを機関内倫理審査委員会が事前及び事後に確認する場合に限り、提供を認めることとする。

・生殖補助医療目的での採取が行われる際に、提供者に本来の治療目的以上の新たな侵襲を加えないこと。

・排卵誘発剤の過剰な使用等の疑念が持たれないよう、使用量など治療の詳細な記録が保存されること。

・卵子を研究に提供することにより、本来の治療に用いることができる卵子の数が減るという意味で、結果として治療成績の低下につながる場合があり得ることをインフォームド・コンセントの際に説明すること。

・治療に必要な卵子まで研究に用いられることのないよう、採取した卵子及び研究に提供される卵子の数や形状等につき、写真等を用いて記録に残すこと。

また、当該卵子の提供者は、生殖補助医療に伴う肉体的侵襲や精神的負担、提供が結果として治療成績の低下につながる場合があり得ること等について十分に理解している必要があるため、少なくとも過去に1度は体外受精又は顕微授精を受けた経験のある者が望ましいこととする。

なお、以上を確保するためのインフォームド・コンセントの際の手続等については、第3章第2節2.（2）に示す。

3. いわゆる無償ボランティアからの卵子の採取

（1）総合科学技術会議の考え方

総合科学技術会議意見は、いわゆる無償ボランティアからの未受精卵の採取については、自発的な提供を望む気持ちは尊いものとして尊重するとしても、一方で、関係者である女性に未受精卵の提供が過大に期待される環境が形成され、本当の意味での自由意思からの提供とならない場合も考えられるため、原則、認めるべきではないとしている。

（2）今回の検討における議論

いわゆる無償ボランティアからの卵子の採取（専ら研究目的のために卵子を採取する場合）について、総合科学技術会議意見の考え方を踏まえつつ検討した結果、次のとおり「認めるべきでない」（慎重に対応すべき）とする意見と「認めるべきである」とする意見の両論が存在した。

①「認めるべきでない」とする意見

・本人が肉体的侵襲や精神的負担について十分に理解した上で、自発的に申し出を行う純然たる無償ボランティアの自由意思は尊重されるべきである。しかし、韓国ソウル大学の人クローン胚研究に見られたように、卵子を提供するよう心理的圧力を受けやすい立場にある女性が存在する可能性があること、純然たる無償ボランティアの自由意思であるか否かを確認することが困難であること等の問題があることから、現時点において、無償ボランティアからの卵子の採取は認めるべきでないのではないか。

・卵子を採取するための穿刺、排卵誘発剤の投与等による副作用として、個人差はあるものの、かなり大きな肉体的侵襲や精神的負担が生じる可能性があることにかんがみれば、治療の一環ではない、専ら研究目的での卵子の採取には慎重であるべきではないか。

②「認めるべきである」とする意見

・肉体的侵襲や精神的負担について十分に理解した上で、自発的に申し出を行う純然たる無償ボランティアであれば、研究目的での卵子の採取は認めるべきではないか。

・関係者等である女性に卵子の提供が過大に期待される環境が形成され、本当の意味での自由意思からの提供とならない場合も考えられることをもって、それが直ちに無償ボランティアからの採取を一律に認めないということにはならないのではないか。

・ヒト受精胚の作成を伴う研究を進める上では、比較的状態の良い卵子を一定数確保することが望まれるが、通常、卵子の入手は非常に困難であり、

入手できたとしても卵子の状態が良いとは限らないため、無償ボランティアからの採取を認めた方が、研究によって得られる社会的利益は大きくなるのではないか。

③　その他の意見

以上のほか、卵子の採取には大きな肉体的・精神的・経済的負担が伴うことから、ボランティアを募るのであれば、無償ではなく、有償でなければ現実的ではないとする意見もあった。

（3）当面の取扱い

いわゆる無償ボランティアからの卵子の採取については、「認めるべきでない」とする意見と「認めるべきである」とする意見の両論が存在する状況にあるが、

・提供者の保護等に関する様々な問題が指摘されていること。特に、治療における必要性から行うものではない新たな肉体的侵襲や精神的負担を与えることになること
・生殖補助医療目的で採取される卵子の一部利用等が可能であれば、研究の実施に必要な卵子の確保も可能と考えられることにかんがみ、当面は、無償ボランティアからの採取を認めないこととする。

第3節　精子の入手

（提供を受ける際の条件）

精子の提供を受ける際には、

・自由意思によるインフォームド・コンセントの徹底
・個人情報の保護

を確保することを条件とする。

なお、精子の採取は、卵子の採取と比べ肉体的侵襲や精神的負担が小さいと考えられることから、原則として自発的な申し出があった場合に限り、研究目的での精子の採取を認めることとする。ただし、研究の実施において特定の者からの採取が必要不可欠である場合には、その科学的合理性及び社会的妥当性について十分検討を行い、適切なインフォームド・コンセントを受けた上で、当該特定の者に提供を依頼できることとする。

（提供が認められる精子）

提供が認められる精子の具体例としては、以下のとおり。

①生殖補助医療目的で採取されたが、結果的に用いられない精子
②泌尿器疾患等の手術により摘出された精巣又は精巣切片から採取される精子
③外来検査受診の後に不要となる精子
④生殖補助医療研究目的で採取される精子

第3章　インフォームド・コンセント

> 総合科学技術会議意見は、特に未受精卵の入手について、提供への同意に心理的圧力がかかることがないよう、女性の保護を図る必要があるため、自由意思によるインフォームド・コンセントの徹底等を義務づける必要があるとしている。

第1節　総論的事項

1．説明の方法及び内容等

（文書によるインフォームド・コンセント）

提供者からのインフォームド・コンセントは、文書により受けることとする。

（説明内容）

インフォームド・コンセントの説明は、次の内容を記載した説明書を用いて行うこととする。

［研究の内容、研究体制等］

・研究の概要（研究課題名、目的、方法、期間、資金源等）
・予想される研究の成果
・研究組織（研究実施機関名、研究責任者の氏名及び職名、その他必要な情報）
・問合せの連絡先等

［提供される配偶子等の取扱い］

・提供される配偶子並びに研究終了後のヒト受精胚及び試料の取扱い
　— 滅失・廃棄、保存（保存場所、保存方法、保存期間、最終的な処分方法）、管理及び将来の利用について
　— 提供者の有する権利（将来の利用に関する決定、保存の拒否等）について
　— インフォームド・コンセントの撤回を申し出た場合でも、研究を中止できない場合があることについて

［提供に関する利益／不利益］

・提供の有無が提供者に対して何らかの利益又は不利益をもたらすものではないこと。
・原則としていつでも不利益を受けることなくインフォームド・コンセントの撤回が可能であること及び撤回が不可能となる場合の具体的条件
・提供者に対して予測される危険性や不利益（危険性や不利益について過小評価しないことに留意する。）
・提供が無償であること及び提供者が将来にわたり報酬を受けることのないこと。
・研究の成果から特許権、著作権その他知的財産権又は経済的利益が生ずる可能性があること及びこれらが提供者に帰属しないこと。
・提供者の希望により、他の提供者の個人情報保護に支障がない範囲内で、当該研究の計画書等の資料を入手又は閲覧できること。

［個人情報の保護等］

・個人情報の保護の具体的な方法
・提供者を特定できないようにした上で、研究の成果が公開される可能性があること。

［その他必要な事項］

（インフォームド・コンセントを受ける者）

インフォームド・コンセントを受ける者（提供者が同意の署名を行う際の同意書上の名宛人）は、提供機

関の長とする。

（機関内倫理審査委員会による確認）

機関内倫理審査委員会は、実際にインフォームド・コンセントが適切に行われたことについて、説明書や署名を受けた同意文書等により、事後に確認することとする。

2. 将来の研究利用のための配偶子の提供及び保存

将来の研究利用のための配偶子の提供については、具体的な研究計画が確定していない段階でインフォームド・コンセントを受けることを認めないこととする。

将来の研究利用のための配偶子の保存については、具体的な研究計画が確定していない段階でも、次の条件の下でインフォームド・コンセントを受けることを認めることとする。

・当該配偶子が治療に用いられず廃棄されることについて、提供者により確認されていること。

・具体的な研究計画が確定した後に、改めて当該配偶子の提供についてインフォームド・コンセントを受けること。

3. インフォームド・コンセントの撤回

（インフォームド・コンセントの撤回）

インフォームド・コンセントの撤回は、既に終了している研究内容に対するものを除き、いつでも行うことができることとする。

提供者から撤回の申し出があった場合、提供者が自らの生殖補助医療に用いることを希望する場合を除き、原則として提供された配偶子等を廃棄し、その旨を文書により提供者に報告しなければならない。

（撤回後も研究の継続が認められる場合）

インフォームド・コンセントの撤回の申し出があった場合でも、次のいずれかの場合には、当該研究の継続を認めることとする。

・既に連結不可能匿名化されている場合

・研究を継続することが適当であると倫理審査委員会が判断し、かつ、研究実施機関の長が了承した場合

（熟考する機会の確保への配慮）

インフォームド・コンセントは原則としていつでも撤回できるが、例外として上記のように撤回後も研究の継続が認められる場合がある。提供者保護の観点から、提供者が熟考する機会を持てるよう、インフォームド・コンセントを受けてから研究を開始するまで可能な限り一定の期間を確保することが望ましい。

4. 医療の過程でインフォームド・コンセントを受ける場合の説明

医療（生殖補助医療の過程と、生殖補助医療以外の疾患の治療過程の両方を含む。以下同じ。）の過程で卵子提供についてのインフォームド・コンセントを受ける場合、提供者に対し、心理的圧力等がかかることなく十分な理解の下で自由な意思決定を行うことができるような環境が確保されなければならない。

このため、提供機関は、このような環境を確保するよう努めるとともに、主治医とは別に、インフォームド・コンセントの説明を行う説明者を置くこととする。

説明者は、心理的圧力により提供者の意思に反してインフォームド・コンセントの手続が行われることのないよう、提供者保護を最優先に説明を行うこととする。

また、説明者は提供機関に所属する者でも構わないが、提供者に対する医療に直接関与しない者でなければならない。さらに、必要な教育・訓練を受ける等により、生殖補助医療及び生殖補助医療研究に深い知識を有する者でなければならない。

第2節 卵子の提供におけるインフォームド・コンセント

卵子の提供におけるインフォームド・コンセントの手続については、凍結保存期間の有無、提供者が受けている医療の種類等に応じて定める必要がある。

第2章第2節2.の提供が認められる卵子については、次の場合が考えられる。

1. 凍結保存された卵子の提供を受ける場合
2. 非凍結の卵子の提供を受ける場合

（1）卵子の不要化に伴い提供を受ける場合

① 生殖補助医療の過程で生じた卵子の不要化に伴い提供を受ける場合

② 生殖補助医療以外の医療の過程で生じた卵子の不要化に伴い提供を受ける場合

（2）生殖補助医療目的で採取する卵子の一部を研究に利用する場合

① 卵子の提供について、一般的な広報手段により情報を入手した後に、本人から自発的な申し出がある場合

② 採取する卵子の一部を研究に提供する機会があることについて、主治医等から患者に対して情報提供を行う場合

1. 凍結保存された卵子の提供を受ける場合

具体的には、次の場合が考えられる。

・将来の生殖補助医療のために凍結保存された卵子の不要化に伴う利用

（第2章第2節2.（1）④参照）

― 形態学的な異常はないが、精子等の理由で生殖補助医療に用いられず凍結保存された卵子

― 疾患の治療等のため将来の妊娠に備えて凍結保存された卵子

・将来の研究利用のために凍結保存された卵子の利用

（第3章第1節2.参照）

（ⅰ）インフォームド・コンセント

（時期）

　将来の生殖補助医療のために凍結保存された卵子の不要化に伴う利用の場合、当該生殖補助医療に利用しないことが決定された後、インフォームド・コンセントを受けることとする。

　将来の研究利用のために凍結保存された卵子の場合、治療に用いられず廃棄されることが提供者本人によって確認されており、かつ、具体的な研究計画が確定した後、インフォームド・コンセントを受けることとする。

（同意権者）

　夫婦と医療機関との契約に基づく生殖補助医療の目的で採取された卵子の場合、インフォームド・コンセントは夫婦双方から受けることとする（ただし、インフォームド・コンセントの時点で夫婦でない場合は、提供者本人から受けることで構わない）。

　その他の場合（生殖補助医療以外の医療の目的で採取された卵子の場合）には、提供者本人から受けることとする。

（説明者）

　医療の過程でインフォームド・コンセントを受ける場合、主治医とは別に説明者を置くこととする。

　一方、医療の過程が終了した後にインフォームド・コンセントを受ける場合には、主治医とは別に説明者を置く必要はないこととする。

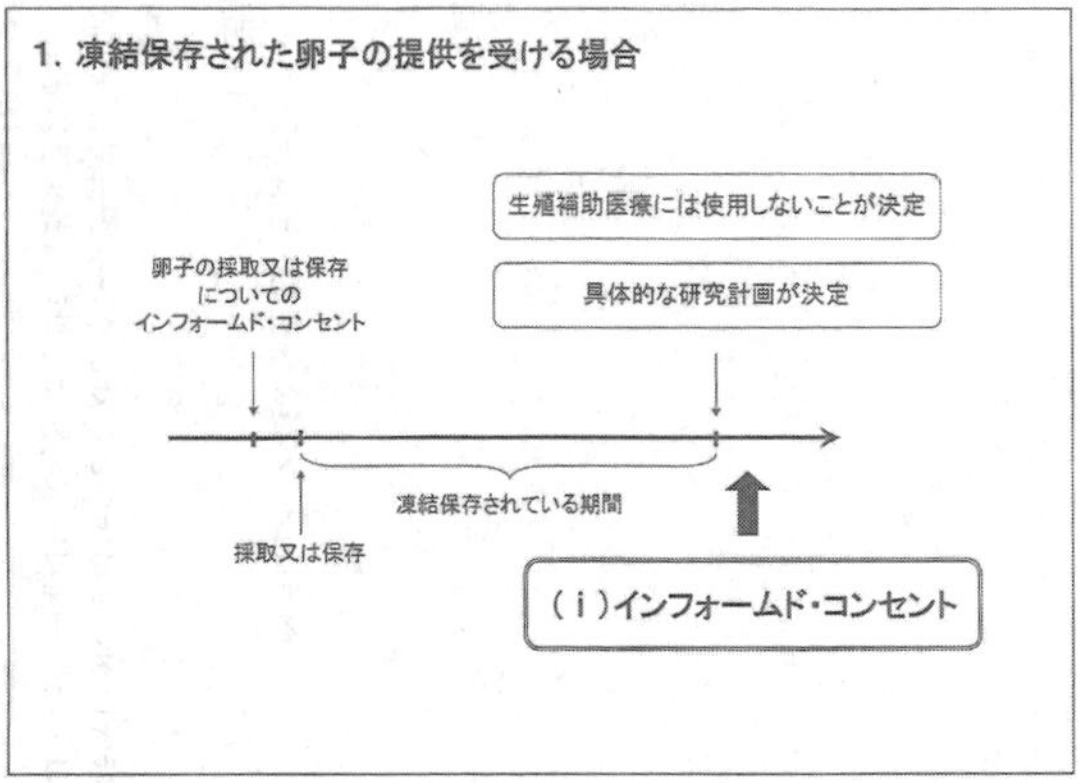

1．凍結保存された卵子の提供を受ける場合

生殖補助医療には使用しないことが決定

具体的な研究計画が決定

卵子の採取又は保存についてのインフォームド・コンセント

凍結保存されている期間

採取又は保存

（ⅰ）インフォームド・コンセント

2．非凍結の卵子の提供を受ける場合

（1）卵子の不要化に伴い提供を受ける場合

　①　生殖補助医療の過程で生じた卵子の不要化に伴い提供を受ける場合

　具体的には、次の場合が考えられる。

・媒精したものの受精に至らなかった卵子（第2章第2節2．（1）③参照）
・形態学的な異常により生殖補助医療に用いられない卵子（第2章第2節2．（1）①—1参照）
・形態学的な異常はないが、精子等の理由で結果的に生殖補助医療に用いられない卵子（第2章第2節2．（1）①—2参照）

（ⅰ）事前説明

　非凍結の卵子を用いてヒト受精胚を作成する研究を行う場合、技術上、採卵後数時間以内にヒト受精胚を作成する必要がある。このため、採取された卵子について、生殖補助医療に用いず、凍結保存もしないことが決定された場合、研究利用についてのインフォームド・コンセントを受けるまでの時間及びその撤回可能期間を十分確保することは実質的に困難である。このような場合は、インフォームド・コンセントとは別に、あらかじめ研究利用についての事前説明を行うこととするのが適当である。

（時期）

　研究利用についての事前説明は、生殖補助医療に関するインフォームド・コンセントの後に、事前説明を、文書を用いて夫婦双方に行うこととする。

　事前説明は、主治医が行っても構わないこととする。

　事前説明の内容は、次の事項を含むこととする。

・生殖補助医療に用いられない卵子を研究に利用すること。
・研究の目的及び方法
・予想される研究の成果
・生殖補助医療に用いられない卵子が生じた際に、改めてインフォームド・コンセントを提供者本人から受けること。

　事前説明を受けたことについて、夫婦双方から署名を受けることとする。

（ⅱ）インフォームド・コンセント

（時期）

　当該卵子を生殖補助医療に利用しないことが決定された後、インフォームド・コンセントを受けることとする。

（同意権者）

夫婦双方に事前説明を行っているため、インフォームド・コンセントは提供者本人から受けることで足りることとする。


（説明者）

主治医とは別に説明者を置くこととする。


（留意事項）

インフォームド・コンセントの撤回可能期間が実質的に数時間しかないことについても説明することとする。

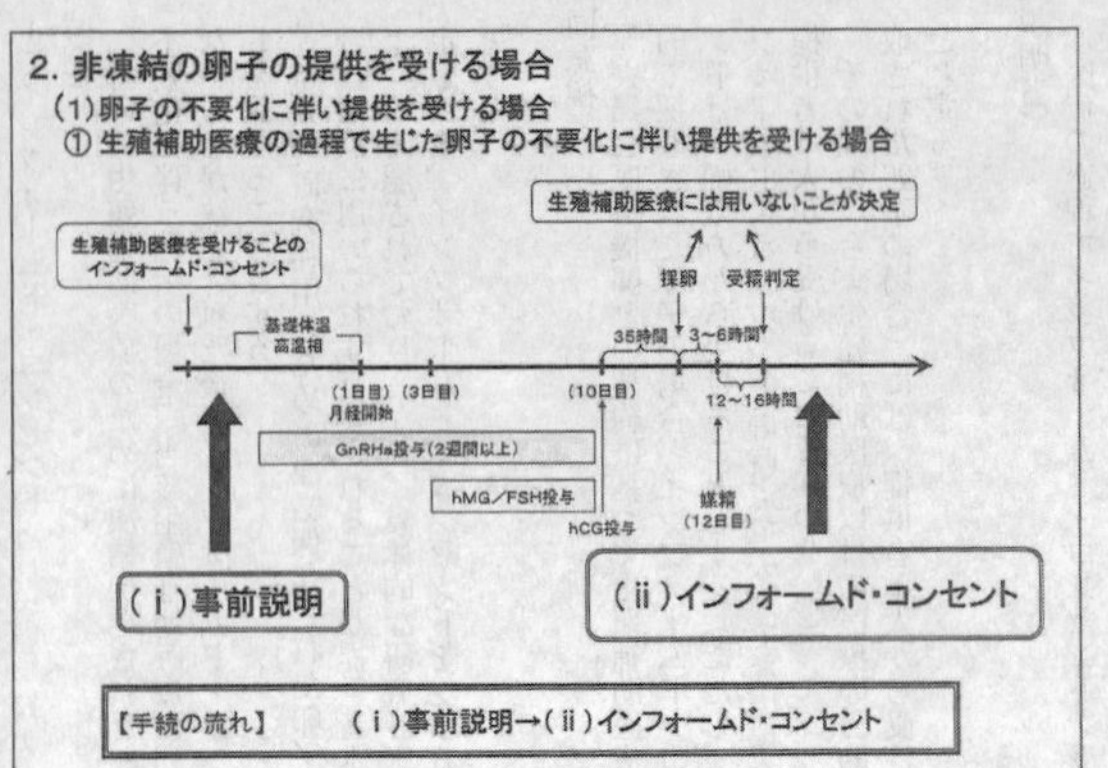

② 生殖補助医療以外の医療の過程で生じた卵子の不要化に伴い提供を受ける場合

具体的には、手術等により摘出された卵巣や卵巣切片から採取される卵子の場合（第２章第２節２．（１）②参照）が考えられる。

（ⅰ）インフォームド・コンセント

（時期）

手術のためのインフォームド・コンセントにおいて摘出される卵巣又は卵巣切片の廃棄の意思が確認された後、これらの研究への提供についてインフォームド・コンセントを受けることとする。


（同意権者）

生殖補助医療ではないため、インフォームド・コンセントは提供者本人から受けることで足りることとする。


（説明者）

主治医とは別に説明者を置くこととする。

2. 非凍結の卵子の提供を受ける場合
(1)卵子の不要化に伴い提供を受ける場合
② 生殖補助医療以外の医療の過程で生じた卵子の不要化に伴い提供を受ける場合

卵子（摘出する卵巣又は卵巣切片）の廃棄の意思を確認
||
婦人科疾患等の手術についてのインフォームド・コンセント
手術（卵巣又は卵巣切片の摘出）
（ⅰ）インフォームド・コンセント

（２）生殖補助医療目的で採取する卵子の一部を研究に利用する場合（第２章第２節２．（１）①―３参照）

①　卵子の提供について、一般的な広報手段により情報を入手した後に、本人から自発的な申し出がある場合

（ⅰ）自発的な申し出
生殖補助医療を受けている患者が、生殖補助医療目的で採取される卵子の一部を研究に提供する機会があることについて、ポスターの掲示やパンフレットの配布等の一般的な広報手段によって情報を入手した後に、自発的に当該卵子の提供を申し出る場合がある。

(ⅱ) インフォームド・コンセント

(時期)

以上の申し出を受けた後、インフォームド・コンセントを受けることとする。

(同意権者)

当該卵子は、夫婦と医療機関との契約に基づく生殖補助医療の目的で採取されるものであり、また、本来の治療に用いることができる卵子の数が減るという意味で結果として治療成績の低下につながる場合もあり得ることから、夫婦双方からインフォームド・コンセントを受けることとする。

(説明者)

主治医とは別に説明者を置くこととする。

(留意事項)

本来の治療に用いることができる卵子の数が減るという意味で、結果として治療成績の低下につながる場合があり得ることについても、説明することとする。

(ⅲ) 最終確認

採卵後、研究に利用する前に、改めて提供者本人から提供の意思確認を行うこととする。

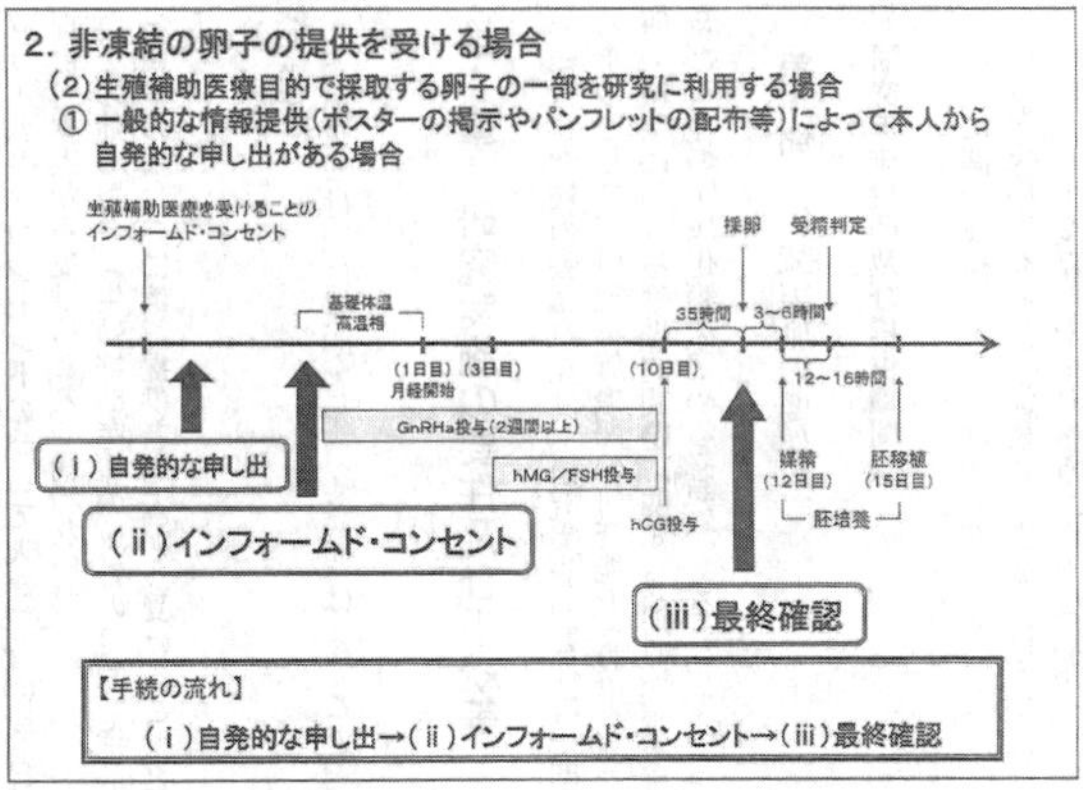

2. 非凍結の卵子の提供を受ける場合

(2) 生殖補助医療目的で採取する卵子の一部を研究に利用する場合

① 一般的な情報提供（ポスターの掲示やパンフレットの配布等）によって本人から自発的な申し出がある場合

生殖補助医療を受けることのインフォームド・コンセント
基礎体温 高温相
(1日目) 月経開始　(3日目)　(10日目)
35時間　3～6時間　採卵　受精判定　12～16時間
GnRHa投与（2週間以上）
hMG／FSH投与
hCG投与
媒精 (12日目)　胚移植 (15日目)　胚培養
(ⅰ) 自発的な申し出
(ⅱ) インフォームド・コンセント
(ⅲ) 最終確認

【手続の流れ】
(ⅰ) 自発的な申し出→(ⅱ) インフォームド・コンセント→(ⅲ) 最終確認

② 採取する卵子の一部を研究に提供する機会があることについて、主治医等から患者に対して情報提供を行う場合

(ⅰ) 情報提供

主治医等から情報提供を行う場合には、次を条件とする。

・あらかじめ一般的な広報手段（ポスター掲示やパンフレット配布等）によって卵子提供についての情報が入手されていること。
・強制的・圧力的にならないよう配慮すること。
・文書を用いて行うこと。
・情報提供の内容は、次のとおりとする。
・生殖補助医療目的で採取する卵子の一部を生殖補助医療の向上のため研究に提供する機会があること。
・本来の治療に用いることができる卵子の数が減るという意味で、結果として治療成績の低下につながる場合があり得ること。
・提供する旨の申し出があれば、詳細について改めて説明し、インフォームド・コンセントの手続を行うこと。
・提供しないことによる不利益はないこと。

情報提供の際には、必ず主治医以外の者（説明者と同一の者でも構わない。）が同席することとする。

(ⅱ) 自発的な申し出

(ⅰ) に掲げる条件等をすべて満たした上で、患者が卵子の提供を申し出る場合がある。

(ⅲ) インフォームド・コンセント

(時期)

以上の申し出を受けた後、インフォームド・コンセントを受けることとする。

この場合、申し出の後に引き続いてインフォームド・コンセントの説明を行っても構わないこととする。ただし、本来の治療に用いることができる卵子の数が減るという意味で結果として治療成績の低下につながる場合もあり得ることから、インフォームド・コンセントを受けるまでの間に夫と相談する機会を確保するなど熟考する時間を持つことができるよう配慮することとする。

(同意権者)

当該卵子は、夫婦と医療機関との契約に基づく生殖補助医療の目的で採取されるものであり、また、本来の治療に用いることができる卵子の数が減るという意味で結果として治療成績の低下につながる場合もあり得ることから、インフォームド・コンセントは夫婦双方から受けることとする。

（説明者）

主治医とは別に説明者を置くこととする。

（留意事項）

本来の治療に用いることができる卵子の数が減るという意味で、結果として治療成績の低下につながる場合があり得ることについても、説明することとする。

（ⅳ）最終確認

採卵後、研究に利用する前に、改めて提供者本人から提供の意思確認を行うこととする。

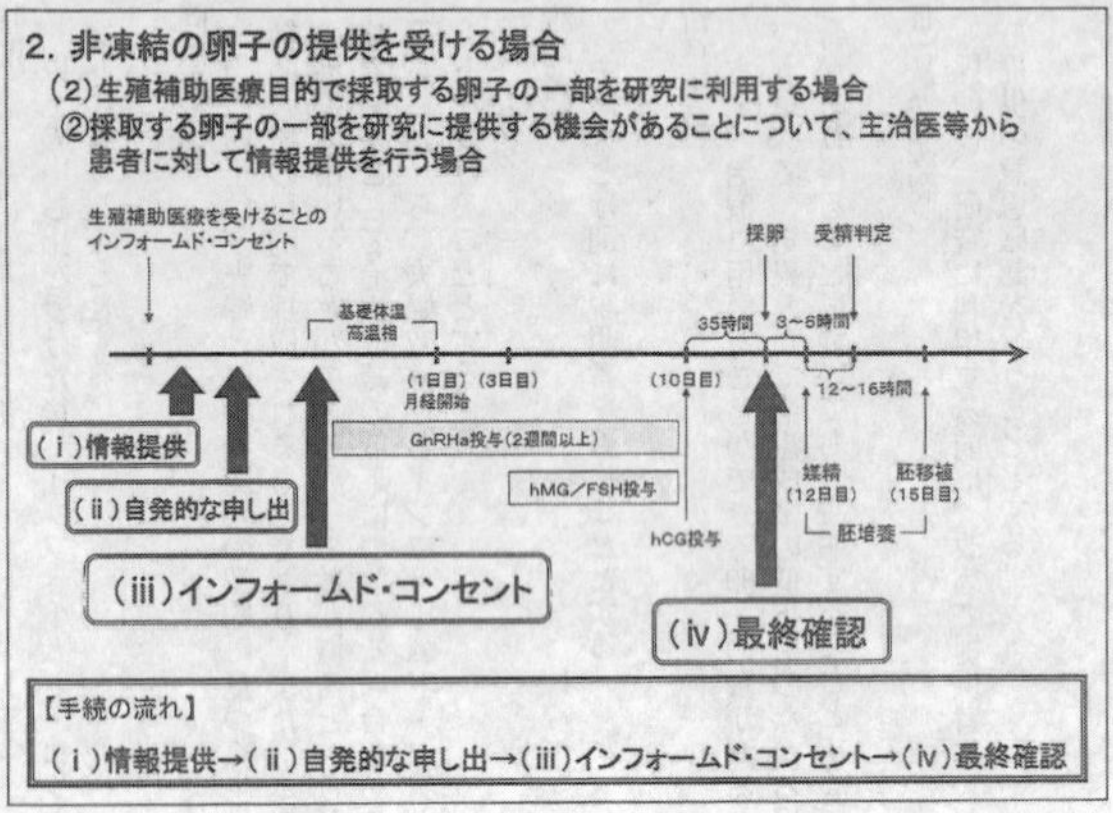

2. 非凍結の卵子の提供を受ける場合

（2）生殖補助医療目的で採取する卵子の一部を研究に利用する場合

②採取する卵子の一部を研究に提供する機会があることについて、主治医等から患者に対して情報提供を行う場合

生殖補助医療を受けることのインフォームド・コンセント
基礎体温 高温相
採卵　受精判定
35時間　3～6時間　12～16時間
（1日目）月経開始　（3日目）　（10日目）
GnRHa投与（2週間以上）
hMG／FSH投与
hCG投与
媒精（12日目）　胚移植（15日目）
胚培養
（ⅰ）情報提供
（ⅱ）自発的な申し出
（ⅲ）インフォームド・コンセント
（ⅳ）最終確認

【手続の流れ】
（ⅰ）情報提供→（ⅱ）自発的な申し出→（ⅲ）インフォームド・コンセント→（ⅳ）最終確認

12 科学技術

第3節　精子の提供におけるインフォームド・コンセント

（時期）

提供者の医療に利用しないことが決定された後、インフォームド・コンセントを受けることとする。

ただし、生殖補助医療研究目的で採取する場合には、本人の自発的申し出があった後に、インフォームド・コンセントを受けることとする。

（同意権者）

夫婦と医療機関との契約に基づく生殖補助医療の目的で採取された精子の場合、インフォームド・コンセントは夫婦双方から受けることとする（ただし、インフォームド・コンセントの時点で夫婦でない場合は、提供者本人から受けることで構わない。）。

その他の場合（生殖補助医療の以外の目的で採取する精子の場合）には、提供者本人から受けることとする。

（説明者）

主治医とは別に説明者を置く必要はないこととする。

第4章　研究実施の要件及び手続等

総合科学技術会議意見は、研究実施の要件等に関する事項として、研究実施機関の研究能力・設備の要件、研究機関における倫理的問題に関する検討体制の整備及び責任の明確化等を定める必要があるとしている。

第1節　研究実施の要件

1. 研究実施機関及び提供機関

研究に関わる機関としては、

・研究を実施する（ヒト受精胚を取り扱う）機関（以下「研究実施機関」という。）

・研究に用いられるヒトの配偶子を研究実施機関に提供する機関（以下「提供機関」という。）

がある。

なお、作成されるヒト受精胚を直接取り扱わず、当該ヒト受精胚から抽出されたDNA、RNA及びタンパク質等の分析等を行う機関は、研究実施機関には該当しない。

2. 機関、機関の長及び研究者等の要件

（1）研究実施機関と提供機関が異なる場合

①　研究実施機関

（ⅰ）研究実施機関

ヒト受精胚を作成し、培養するために十分な施設・設備が整備されていることとする。

作成されるヒト受精胚の取扱いを適切に行うための管理体制（管理者の設置、記録の保存、施錠管理等）及び規則等が整備されていることとする。

実験室は、臨床（生殖補助医療）を行う場と分けることとする。

また、実験室は、原則として他の動物細胞を用いる実験室と分けることとする。ただし、研究において必要不可欠な場合には、当該実験室内で他の動物細胞を取り扱うことを認める。

第三者的な立場から研究の科学的妥当性及び倫理的妥当性について意見を述べる倫理審査委員会が、機関内に設置されていることとする。

研究実施機関は、ヒトの配偶子及びヒト受精胚を取り扱った十分な実績とともに、動物の受精胚又はヒト受精胚の作成に関する十分な実績がなければならない。

研究実施機関ごとに、少なくとも1名の医師が研究に参画することとする。

(ii) 研究実施機関の長

研究実施機関の長は、研究責任者から提出される研究計画の妥当性を確認し、その実施を了承するとともに、研究の進捗状況を把握し、研究責任者に対し必要に応じて指示を与える等の監督等を行うこととする。また、機関内倫理審査委員会を設置して、研究責任者から提出された研究計画の妥当性について意見を求めることについてもその役割を果たす必要がある。

研究実施機関の長は、教育研修計画（技術的能力及び倫理的認識を維持・向上させるために必要な教育及び研修を実施するための計画）を策定し、これに基づき教育研修を実施することとする（なお、具体的な教育研修例としては、指針を策定するに至った背景や指針の内容の理解、生命倫理に関する一般的な知識の向上等を目指すための勉強会・講習会等が想定）。

研究実施機関の長は、以上の役割を果たす上で、中立性、透明性を確保する観点から、原則として研究責任者や研究実施者を兼ねてはならないこととする。ただし、技術的な観点から研究責任者や研究実施者として適当な者が研究機関の長以外に存在しない場合もあり得ることから、その場合には、研究実施機関の長以外の者であって、当該研究に係る研究実施機関の長としての業務を適切に果たすことができる者に、当該業務を代行させることができることとする。

研究実施機関の長の代行を置く場合に限り、研究実施機関の長は、研究責任者や研究実施者を兼ねることができる。

(iii) 研究責任者

研究責任者は、研究に係る業務を総括する責任を負う者として、動物の受精胚又はヒト受精胚の作成に関する十分な専門的知識及び実績がなければならない。研究責任者が動物に関する実績しか有していない場合は、研究実施者のうち少なくとも1名はヒトに関する実績を有していなければならない。

研究責任者は、必ずしも医師であることを要件とはしない。

研究責任者は、研究実施者を指導・監督する立場にあることから、生殖補助医療研究に関し十分な倫理的認識を持つ者でなければならない。

研究責任者は、研究実施者を教育研修に参加させることとする。

(iv) 研究実施者

研究実施者には、直接ヒトの配偶子又はヒト受精胚を取り扱わない者は含めない。

研究実施者は、研究責任者の指導・監督の下で、直接ヒトの配偶子又はヒト受精胚を取り扱う者であることから、動物又はヒトの配偶子又は受精胚の操作等の技術に習熟した者でなければならない。

研究実施者は、教育研修を受講することとする。

(v) 機関内倫理審査委員会

委員の構成について、研究計画の科学的妥当性及び倫理的妥当性を総合的に審査できるように、生物学、医学（生殖補助医療）及び法律に関する専門家、生命倫理に関する意見を述べるにふさわしい識見を有する者並びに一般の立場に立って意見を述べられる者を含むこととする。

中立的な審査を確保するために、研究実施機関に属する者以外の者を2名以上含むこととする。

また、男性及び女性をそれぞれ2名以上含むこととする。

機関内倫理審査委員会は、研究関係者との間で常に中立性を保ち、第三者的立場から意見を述べる必要があることから、研究実施機関の長、研究に関係する者（研究責任者、研究実施者、研究責任者との間に利害関係を有する者及び研究責任者の三親等以内の親族）は、当該研究計画の審査に加わってはならない。

審査の透明性を確保するため、機関内倫理審査委員会の議事の内容は、知的財産権に関する情報、個人情報の保護に支障を生じる事項など公開が不適切であるものを除き、原則として公開することとする。

② 提供機関

(i) 卵子の提供機関

卵子の提供機関は、医療機関でなければならない。

提供者から直接卵子の提供を受けることから、採卵室及び卵子の保存設備など十分な施設・設備とともに、管理体制（管理者の設置、管理記録の保存、施錠管理等）及び遵守すべき規則等が整備されていることとする。なお、手術等で摘出された卵巣又は卵巣切片から採取される卵子については、採卵室のような施設・設備は必要ない。ただし、その場合でも、管理体制（管理者の設置、管理記録の保存、施錠管理等）及び遵守すべき規則等が整備されていることとする。

第三者的な立場から研究の科学的妥当性及び倫理的妥当性について意見を述べる倫理審査委員会が、機関内に設置されていることとする。十分な臨床経験のある産科婦人科の医師が所属していることとする。

(ii) 精子の提供機関

精子の提供機関は、原則として医療機関でなければならない。

提供者から直接精子の提供を受けることから、精子の保存設備など十分な施設・設備とともに、管理体制（管理者の設置、管理記録の保存、施錠管理等）及び遵守すべき規則等が整備されていることとする。また、採精室が設置されていることが望ましいこととする。

第三者的な立場から研究の科学的妥当性及び倫理的妥当性について意見を述べる倫理審査委員会が、機関内に設置されていることとする。

十分な臨床経験のある産科婦人科又は泌尿器科の医師が所属していることとする。

(iii) 提供機関の長

提供機関の長は、研究実施機関の長より了解を求められた研究計画について、インフォームド・コンセントの内容を含めてその実施を了解するとともに、提供の進捗状況を把握し、主治医に対し必要に応じて指示を与える等の監督等を行うこととする。

研究の実施には直接関わらないことから、提供機関の長が主治医を兼ねても構わないこととする。

(iv) 機関内倫理審査委員会

提供機関の機関内倫理審査委員会は、提供機関におけるインフォームド・コンセントの手続等について審査を行うとともに、研究実施機関が行う研究計画の科学的妥当性及び倫理的妥当性についても、ヒトの配偶子を提供する提供機関としての立場で審査を行うこととする。

機関内倫理審査委員会は、提供に関係する者（主治医等）との間で常に中立性を保ち、第三者的立場から意見を述べる必要があることから、これらの提供に関係する者は、当該案件に関して機関内倫理審査委員会の検討に加わってはならない。

その他の要件については、研究実施機関の機関内倫理審査委員会と同じものとする。

(2) 研究実施機関と提供機関が同一の場合

(i) 機関

機関の要件については、(1) の研究実施機関及び提供機関の要件をともに満たすこととする。

研究実施機関と提供機関が同一である場合、当該機関は配偶子の提供者の個人情報を保護するため、「個人情報管理者」を置くこととする（その他個人情報の保護に関する具体的な要件については、第5章1．に示すとおり。）

(ii) 機関の長（※研究実施機関と提供機関が同一の場合、機関の長も同一の者となる。）

機関の長の要件については、(1) の研究実施機関の長及び提供機関の長の要件をともに満たすこととする。

ただし、配偶子の提供者に対する心理的圧力等を防止する観点から、機関の長は、提供者の主治医を兼ねてはならないこととする。

(iii) 研究責任者及び研究実施者

研究責任者及び研究実施者の要件については、それぞれ (1) の研究責任者及び研究実施者の要件を満たすこととする。

配偶子の提供者に対する心理的圧力等を防止する観点から、研究責任者及び研究実施者は、提供者の主治医を兼ねてはならないこととする。

(iv) 機関内倫理審査委員会

研究実施機関と提供機関が同一である場合、機関内倫理審査委員会は一つで構わないこととする。

機関内倫理審査委員会の要件については、(1) の研究実施機関の機関内倫理審査委員会及び提供機関の機関内倫理審査委員会の要件をともに満たすこととする。

3. ヒト受精胚の他の機関への移送の禁止

作成されるヒト受精胚からの個体産生を事前に防止する観点から、研究実施機関は、原則として、当該ヒト受精胚を他の機関に移送してはならない。

ただし、複数の研究実施機関が共同でヒト受精胚を作成・利用する場合、例外として、これらの研究実施機関間でのみ、当該ヒト受精胚の移送を認めることとする。

第2節 研究実施の手続等

1. 国の関与の在り方

研究計画の指針適合性について、国が確認を行うこととする。

国は、作成されるヒト受精胚の管理状況について、定期的に研究実施機関の長から報告を受けることとする。

なお、国は、研究の進展等を勘案し、必要に応じ指針の見直しを行うこととする。

2. 審査に係る手続

(1) 研究実施機関と提供機関が異なる場合

研究実施の手続は、次のとおりとする。

①研究責任者が、研究計画書を作成する。
②研究責任者は、研究実施機関の長に研究計画の了承を申請する。
③研究実施機関の長は、機関内倫理審査委員会の意見を求める。
④機関内倫理審査委員会は、研究計画について審査し、研究実施機関の長に対して意見を提出する。
⑤研究実施機関の長は、提供機関の長に対して、研究計画について了解することを求める。
⑥提供機関の長は、機関内倫理審査委員会の意見を求める。
⑦機関内倫理審査委員会は、研究計画について審査し、提供機関の長に対して意見を提出する。
⑧提供機関の長は、研究実施機関の長に対して、研

究計画を了解した旨を伝える。

⑨ 研究実施機関の長は、国に、研究計画の確認を申請する。

⑩ 国は、研究計画の指針適合性について確認を行う。

⑪ 研究実施機関の長は、研究責任者に対して、研究計画を了承する。

なお、複数の研究実施機関が共同でヒト受精胚を作成・利用する場合、研究計画全体について、提供機関の倫理審査委員会において審査を行い、提供機関の長から了承を得ることとする。

（2）研究実施機関と提供機関が同一の場合

研究実施の手続は、次のとおりとする。

① 研究責任者が、研究計画書を作成する。

② 研究責任者は、機関の長に研究計画の了承を申請する。

③ 機関の長は、機関内倫理審査委員会の意見を求める。

④ 機関内倫理審査委員会は、研究計画について審査し、機関の長に対して意見を提出する。

（⑤～⑧：不要）

⑨ 機関の長は、国に、研究計画の確認を申請する。

⑩ 国は、研究計画の指針適合性について確認を行う。

⑪ 機関の長は、研究責任者に対して、研究計画の了承を行う。

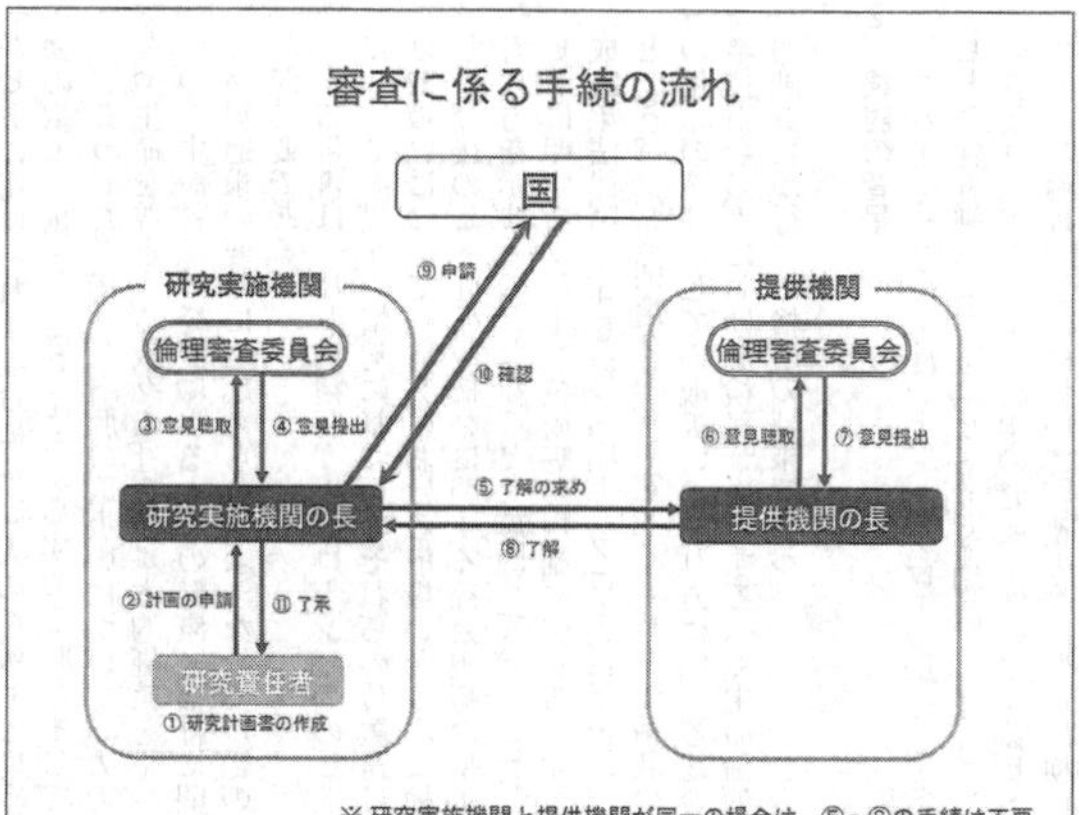

審査に係る手続の流れ

※ 研究実施機関と提供機関が同一の場合は、⑤～⑧の手続は不要。

（3）研究計画書の記載事項

研究計画書には、次の事項を記載することとする。

［研究に関する事項］
・研究計画の名称
・研究の目的
・研究計画の概要
・予想される研究の成果

［提供される配偶子及び胚の作成・利用に関する事項］
・胚の作成に用いられる配偶子に関する説明（入手方法等）
・胚を作成・利用する必要性
・胚の作成・利用の方法及び研究計画の期間
・インフォームド・コンセントに関する説明

［研究実施機関及び提供機関に関する事項］
・研究の体制（複数の研究実施機関が共同で胚を作成・利用する場合はその役割分担も含む。）
・研究実施機関の名称及びその所在地並びに研究実施機関の長の氏名
・研究責任者及び研究実施者の氏名、略歴、研究業績及び研究計画において果たす役割
・研究実施機関の基準に関する説明（施設、設備、実績、教育研修計画）
・研究実施機関の倫理審査委員会に関する説明
・提供機関の基準に関する説明（施設、設備）
・提供機関の倫理審査委員会に関する説明

第5章　個人情報の保護等

総合科学技術会議意見は、ヒト受精胚の取扱いのための具体的な遵守事項として、未受精卵等の提供者の個人情報の保護や研究に関する適切な情報公開等を定める必要があるとしている。

また、個人情報の保護については、医学研究に関連する倫理指針である「臨床研究に関する倫理指針」、「疫学研究に関する倫理指針」及び「ヒトゲノム・遺伝子解析研究に関する倫理指針」等において、個人情報保護法の趣旨を踏まえ、個人情報を取り扱う機関が講ずべき措置等の遵守事項が定められており、ヒト受精胚の作成を伴う生殖補助医療研究においても、個人情報を取り扱う研究実施機関は所要の措置を講ずる必要がある。

1．個人情報の保護

提供機関の長は、提供者の個人情報を保護するため、機関内において匿名化の措置を講ずることとする。

個人情報を保有する研究実施機関の長は、当該機関の長の指示を受けて提供者の個人情報の管理を行う責任者として「個人情報管理者」を置くこととする。

その他個人情報保護のための措置については、医学研究に関連する倫理指針と基本的に同様の措置を講ずることとする。

2. **研究成果の公開**

研究実施機関の長は、個人情報の保護に反する場合等を除き、原則として研究成果を公開することとする。

ヒト胚の取扱いに関する基本的考え方

平成十六年七月二十三日総合科学技術会議

第1. はじめに

1. **報告書の目的**

近年の急速な生命科学の発展から我々は様々な恩恵を享受しているが、新たな技術によって、生命に関してかつては考えられなかった操作が可能になり、それがヒトに用いられた場合には、「人の尊厳」という社会の基本的価値に混乱をもたらすおそれが生じている。こうした中で、ヒト胚の取扱いについて、人の存在や生命を尊重する我々の社会の基本的価値を堅持しつつ、生命科学の発展による人々の健康と福祉に関する幸福追求の要請にも応えられるような社会規範の検討が必要である。

本報告書は、ヒト受精胚、人クローン胚等のヒト胚について、最新の情勢に基づいてそれらの位置付け及び取扱いについて、研究における取扱いを中心に検討し、今後のヒト胚の取扱いに関する社会規範の基本的考え方を示すものとなることを意図している。これは、ヒトに関するクローン技術等の規制に関する法律（平成12年法律第１４６号）（以下「クローン技術規制法」という。）の附則第2条が規定する「ヒト受精胚の人の生命の萌芽としての取扱いの在り方に関する総合科学技術会議等における検討」に資するべく生命倫理専門調査会が行った検討の結果である。

2. **検討の背景**

これまで我が国では、人へのクローン技術の応用、ヒト胚性幹細胞（以下「ヒトES細胞」という。）の樹立及び使用等、生命科学の発展に伴い生ずるヒト胚に関する倫理的課題について、その都度個別に検討してきた。しかし、こうした対応に対しては、ヒト胚の取扱いに関してより一般的・包括的に議論するべきとの指摘がなされており、クローン技術規制法の附則第2条は、こうした指摘を踏まえた規定であると考えられる。

旧科学技術会議の生命倫理委員会の「ヒト胚性幹細胞を中心としたヒト胚研究について」（平成12年3月）では、ヒト胚を「人の生命の萌芽」として位置付け、倫理的に尊重されるべきとしており、また、ヒト胚研究小委員会における「研究材料として使用するために新たに受精によりヒト胚を作成しないこと」とした原則を了承した上で、同委員会として、ヒト胚の研究利用の基本的な考え方を明らかにすることが必要であるとした。これは、「ヒトES細胞の樹立及び使用に関する指針」（平成13年9月。以下「ES指針」という。）に反映される等、我が国において、これまでのヒト胚に関わる社会規範の検討において、基本原則とされてきた。

また、総合科学技術会議としては、クローン技術規制法に基づく「特定胚の取扱いに関する指針」（平成13年12月。以下「特定胚指針」という。）について検討し、「諮問第4号「特定胚の取扱いに関する指針について」に対する答申」（平成13年11月。以下「4号答申」という。）を取りまとめ、その研究上の有用性等に言及しているが、人クローン胚等の一部特定胚の取扱いについては、「ヒト受精胚の取扱いに関する議論を待って判断」することとし、判断を留保していた。これらは本検討の出発点となった。

3. **報告書の取扱う範囲**

本報告書は、これらの検討背景等を踏まえ、クローン技術規制法に規定されているヒト受精胚のみならず、人クローン胚等を含めたヒト胚全体について、胎外での研究における取扱いを中心に検討した。

4. **検討の方法**

総合科学技術会議生命倫理専門調査会は、生命倫理、宗教、生物学、法律学、医学、哲学等、幅広い分野の

有識者により構成されているが、本検討のために、平成13年8月より、32回の審議にわたって、様々な専門的見地からの意見交換を行った。また、最新の情勢を把握すべく、生命倫理専門調査会のメンバーの識見や行政部局を通じた事実関係の把握に加えて、生命倫理専門調査会として、特に19人の有識者及び1団体からヒアリングを行うとともに、事務局が行った47人の有識者及び3団体からのヒアリングの結果についても審議における資料とした。

さらに、本検討が社会の基本的価値の認識と合意を基礎とした社会規範の検討であることを踏まえ、最終的な結論を出す前に、両論併記の中間報告書を取りまとめ、パブリックコメントにより国民の意見を求めるとともに、東京及び神戸において合計2回のシンポジウムを開催して国民との直接対話も実施した。

第2．ヒト受精胚

1．ヒト受精胚の研究等の現状

(1) 定義

生物学的には、「胚」とは、多細胞生物の個体発生初期にある細胞群を言うものとされる。他方、クローン技術規制法は、「胚」を、「1つの細胞（生殖細胞を除く。）又は細胞群であって、そのまま人又は動物の胎内において発生の過程を経ることにより1つの個体に成長する可能性のあるもののうち、胎盤の形成を開始する前のもの」（同法第2条第1項第1号）と定義している。本報告書は、同法の規定に基づく検討結果であるため、ヒト受精胚の定義について同法に従う。

したがって、体外で培養される場合には、子宮内にあるなら胎盤形成が開始されて胎児（胎芽）となるはずの時期（受精後7日目頃）を過ぎても胎盤が形成されないため、「胚」として扱うことになる。

(2) 科学的性質

ヒト受精胚は、ヒトの精子とヒトの未受精卵の受精から、着床して胎盤の形成が開始されるまでのごく初期の発生段階のものであり、引き続き発生が続くとヒト個体となる。

(3) 科学研究と医学応用

ア　生殖補助医療

体外受精により作成されたヒト受精胚を、必要に応じて体外で培養した上で、母胎内に移植する。また、受精胚の一部は、凍結保存された上で、後日母胎内に移植される場合もある。

我が国においては、昭和58年に初めて体外受精児が誕生したが、この後、体外受精を用いた生殖補助医療は徐々に普及してきており、現在、体外受精によって年間1万人以上の新生児が生まれている。

イ　生殖補助医療研究

生殖補助医療における現在の体外受精技術を確立するまでに、生殖補助医療研究の中でヒト受精胚の作成を伴う研究やヒト受精胚の研究利用が行われてきたものと考えられる。

現在まで、国は特段の規制を設けてこなかったが、日本産科婦人科学会が、会告（昭和60年）を定めて自主規制を行っており、この会告は、ヒト受精胚の作成を伴う研究やヒト受精胚の研究利用を容認し、研究の許容範囲の制限、研究の学会への登録報告、精子・卵子・受精卵の提供者の承諾等の遵守事項を定めている。この会告に基づいて、生殖医学発展のための基礎的研究及び不妊症の診断治療の進歩に貢献することを目的とした研究のうち、受精効率を上げるための研究、受精過程の研究、胚の成熟過程に関する研究、胚の培養条件に関する研究等が登録されている。

ウ　ヒトES細胞研究

ヒトES細胞は、ヒト受精胚の内部細胞塊から樹立される細胞であるが、組織細胞に分化していない状態のまま培養・増殖が可能であり、その後の操作で人体を構成するほとんど全ての種類の組織細胞へと分化する可能性がある。現在、これを再生医療のための移植用組織細胞作成に利用することを目指した研究が進められている。

エ　着床前診断

体外受精によって作成したヒト受精胚について、母胎内への移植の前に検査し、遺伝病等を発症させる疾患遺伝子の有無等を診断する技術のことである。依頼者は、この診断の結果に基づいて、その受精胚を胎内移植するかどうかを判断し得ることになる。具体的には、4細胞期又は8細胞期のヒト受精胚から、1又は2個の胚性細胞を取り出し、遺伝子検査を行う。

我が国では国の規制は無いが、日本産科婦人科学会が、治療法のない重篤な遺伝性疾患を診断する目的に限り、着床前診断を行うことを認める会告（平成10年）を定めて自主規制を行っている。

オ　その他

生殖補助医療研究以外にも、ヒトの初期発生時の仕組みを解明し、病気の予防・治療に結びつける研究のためにヒト受精胚を作成・利用することも考えられる。しかし、国は規制していないものの、日本産科婦人科学会はこうした研究を認めておらず、その実施も確認されていない。

2．ヒト受精胚の位置付け

(1) 現在のヒト受精胚の法的・制度的位置付け

現行法上、ヒト受精胚の法的位置付けを明文上定め、その尊重を規定する法規範は存在せず、これに「人」としての地位を与える規定もないが、民法、刑法等の解釈上、人に由来する細胞として、通常の「物」とは異なった扱いがなされていると考えられている。他方、本報告書における直接の検討対象ではないが、出生前の胎児については、堕胎罪の規定によって、出生後の人と同程度ではないが、刑法上の保護の対象となっている。その上で、母体保護法（第2条第2項及び第14条第1項）では、妊娠の継続又は分娩が身体的又は経済的理由により母体の健康を著しく害するおそれのある者等に対してのみ、母体保護法指定医が、本人及び配偶者の同意を得て、人工妊娠中絶を行うことができるとしており、これが許される期間は通達上、妊娠22週未満とされている。また、民法では、胎児は、生きて生まれたときには、その不法行為の損害賠償請求権（民法第721条）、相続権（同886条）等について胎児であった段階に遡及して取得することとされている。

（2）ヒト受精胚の位置付けに関する生命倫理専門調査会としての考え方

これまでの社会実態を踏まえて定められた我々の社会規範の中核である現行法体系は、ヒト受精胚を「人」として扱っていない。ヒト受精胚を「人」として扱う考え方を採用することは、この現行法体系を大幅に変更し、受精胚を損なうことを殺人と同義に位置付けることを意味するが、人工妊娠中絶手術が行なわれ、また生殖補助医療において余剰胚等の一部の受精胚を廃棄せざるを得ない現在の社会実態を踏まえれば、そのような制度変更は現実的とは考えられない。また、そのような制度変更について社会的合意を得る見通しもないと考えられる。

他方、ヒト受精胚は、母胎にあれば胎児となり、「人」として誕生し得る存在であるため、「人の尊厳」という社会の基本的価値を維持していくためには、ヒト受精胚を特に尊重して取扱うことが不可欠となる。

このため、ヒト受精胚を「人」と同等に扱うべきではないとしても、「人」へと成長し得る「人の生命の萌芽」として位置付け、通常のヒトの組織、細胞とは異なり、特に尊重されるべき存在として位置付けざるを得ないのである。

すなわち、ヒト受精胚は、「人」そのものではないとしても、「人の尊厳」という社会の基本的価値の維持のために特に尊重されるべき存在であり、かかる意味で「人の生命の萌芽」として位置付けられるべきものと考えられる。

（3）ヒト受精胚の取扱いの基本原則

ア「人の尊厳」を踏まえたヒト受精胚尊重の原則

既に述べたとおり、「人」へと成長し得る「人の生命の萌芽」であるヒト受精胚は、「人の尊厳」という社会の基本的価値を維持するために、特に尊重しなければならない。

したがって、ヒト胚研究小委員会の報告に示されたとおり、「研究材料として使用するために新たに受精によりヒト胚を作成しないこと」を原則とするとともに、その目的如何にかかわらず、ヒト受精胚を損なう取扱いが認められないことを原則とする。

イ ヒト受精胚尊重の原則の例外

しかし、人の健康と福祉に関する幸福追求の要請も、基本的人権に基づくものである。このため、人の健康と福祉に関する幸福追求の要請に応えるためのヒト受精胚の取扱いについては、一定の条件を満たす場合には、たとえ、ヒト受精胚を損なう取扱いであるとしても、例外的に認めざるを得ないと考えられる。

ウ ヒト受精胚尊重の原則の例外が許容される条件

イに述べた例外が認められるには、そのようなヒト受精胚の取扱いによらなければ得られない生命科学や医学の恩恵及びこれへの期待が十分な科学的合理性に基づいたものであること、人に直接関わる場合には、人への安全性に十分な配慮がなされること、及びそのような恩恵及びこれへの期待が社会的に妥当なものであること、という3つの条件を全て満たす必要があると考えられる。

また、これらの条件を満たすヒト受精胚の取扱いであっても、人間の道具化・手段化の懸念をもたらさないよう、適切な歯止めを設けることが必要である。

3．ヒト受精胚の取扱いの検討

前述の基本原則をもとにヒト受精胚の取扱いについて、目的別の考察を行った。

（1）研究目的のヒト受精胚の作成・利用

ヒト受精胚の研究目的での作成・利用は、ヒト受精胚を損なう取扱いを前提としており、認められないが、基本原則における例外の条件を満たす場合も考えられ、この場合には容認し得る。

その場合においても、ヒト受精胚は、体外にあって胎盤を形成しない限り、発生の過程が進んでも「胚」として扱われるため、研究目的での作成・利用については、その取扱いの期間を限定する必要がある。ヒト受精胚は、原始線条を形成して臓器分化を開始する前までは、ヒト受精胚の細胞（胚性細胞）が多分化性を有していることから、ヒト個体としての発育を開始する段階に至っていないと考えることができるが、原始線条を形成して臓器分化を開始してからは、ヒト個体としての発育を開始したものと考えることができる。

これを踏まえ、研究目的でのヒト受精胚の作成・利用においては、その取扱い期間を原始線条の形成前までに限定すべきである。

個々の事例の容認の可否については個別に検討する必要があるが、研究の主な目的に対しての一般的な考察結果は次のとおりである。

ア 生殖補助医療研究目的での作成・利用

生殖補助医療研究は、これまで体外受精の成功率の向上等、生殖補助医療技術の向上に貢献しており、今後とも、生殖補助医療技術の維持や生殖補助医療の安全性確保に必要と考えられる。こうした研究成果に今後も期待することには、十分科学的に合理性があるとともに、社会的にも妥当性がある。このため、生殖補助医療研究のためのヒト受精胚の作成・利用は容認し得る。

イ 先天性の難病に関する研究目的での作成・利用

現時点では、この分野の研究においてヒト受精胚の作成・利用を伴う研究を行う具体的必要性が確認できなかったが、容認する余地はあり、先天性の難病に関する研究が今後進展することを期待し、将来、必要性が生じた時点で改めて検討することとする。

ウ ヒトES細胞の樹立のための作成・利用

ヒト受精胚からのヒトES細胞の樹立については、ヒトES細胞を用いた研究の成果として期待される再生医療等の実現等の恩恵への期待に、十分科学的に合理性があるとともに、社会的妥当性もあるため、容認し得る。ただし、ヒト受精胚を新たに作成してヒトES細胞を樹立する必要性は、現時点では確認されなかった。

このため、ヒトES細胞の樹立に用いるためのヒト受精胚の作成を認めず、生殖補助医療の際に生じる余剰胚と呼ばれる移植予定のないヒト受精胚を利用する場合に限ってヒトES細胞の樹立を認める。また、必要な枠組みを定める現行のES指針は、技術の進展を踏まえた見直しを随時行うべきものとしても、本検討の結果に合致するものとして、今後も引き続き維持すべき枠組みと考えられる。

エ　その他の研究

その他の研究について、ヒト受精胚の作成・利用を認めざるを得ない事例は現時点では確認できなかったが、将来的に新たな研究目的が生じた際には、基本原則にのっとり、その容認の可否を検討すべきである。

(2)　医療目的でのヒト受精胚の取扱い

本報告書は、医療そのものを直接の検討対象としていないが、ヒト受精胚の取扱いを伴うものについては、その限りで検討対象としたものである。

ア　生殖補助医療

現在、体外受精については、これにより年間1万人以上の子供が生まれ、広く国民の間に定着した一般的な医療技術となっていると考えられるが、ヒト受精胚の「人の生命の萌芽」としての位置付けを踏まえれば、体外受精によって作成されるヒト受精胚のうち、移植予定が無く、最終的に廃棄されることになる余剰胚が生じることが問題となる。

生殖補助医療においては、母体の負担の低減の観点から、未受精卵を一度に複数個採取し、受精させた上で、これらのうち妊娠の可能性の高いものを選択して順次、利用していくのが通常である。このため、妊娠に成功した場合等において、移植されず、かつ移植予定のない余剰胚が生じる。余剰胚の発生を伴う点で、生殖補助医療のための体外受精はヒト受精胚を損なう取扱いであるものの、母体の負担に配慮してこのような方法で生殖補助医療を行うことには、十分な科学的合理性と社会的妥当性も認められるため、余剰胚の発生は容認し得ると考えられる。

イ　着床前診断

ヒト受精胚の着床前診断については、診断の結果としてのヒト受精胚の廃棄を伴うということが、ヒト受精胚を損なう取扱いとして問題となる。

母親の負担の軽減、遺伝病の子を持つ可能性がある両親が実子を断念しなくてすむ、着床後の出生前診断の結果行われる人工妊娠中絶手術の回避といった、着床前診断の利点を踏まえて、これを容認すべきかどうかが問題となるが、着床前診断そのものの是非を判断するには、医療としての検討や、優生的措置の当否に関する検討といった別途の観点からも検討する必要があるため、本報告書においてその是非に関する結論を示さないこととした。

ウ　遺伝子治療

ヒト受精胚に対する遺伝子治療は、確実性・安全性が確認されていないことから、ヒト受精胚を損なう取扱いである上に、生殖細胞系列の遺伝的改変を通じて後の世代にまで悪影響を残すおそれもあることから、現時点においては容認できない。これを認めないとする文部科学省及び厚生労働省の「遺伝子治療臨床研究に関する指針」（平成14年3月）の取扱いは、現時点においては適切と考えられる。

(3)　未受精卵等の入手の制限及び提供女性の保護

ヒト受精胚を作成し、これを利用する生殖補助医療研究では、必ず未受精卵を使用するが、未受精卵の女性からの採取には提供する女性の肉体的侵襲や精神的負担が伴うとともに、未受精卵の採取が拡大し、広範に行なわれるようになれば、人間の道具化・手段化といった懸念も強まる。このため、未受精卵の入手については個々の研究において必要最小限の範囲に制限し、みだりに未受精卵を採取することを防止しなければならない。また、いわゆる無償ボランティアからの未受精卵の採取については、自発的な提供を望む気持ちは尊いものとして尊重するとしても、一方で、関係者等である女性に未受精卵の提供が過大に期待される環境が形成され、本当の意味での自由意思からの提供とならない場合も考えられるため、原則、認めるべきではない。

未受精卵の入手には、生殖補助医療目的で採取された未受精卵の一部利用、手術等により摘出された卵巣や卵巣切片からの採取、媒精したものの受精に至らなかった非受精卵の利用とともに、技術の進捗状況にもよるが卵子保存の目的で作成された凍結未受精卵の不要化に伴う利用等も可能な場合があり得ると考えられる。しかし、こうした未受精卵の入手には、提供する女性に精神的・肉体的負担が生ずることも考えられるため、その利用は個々の研究において必要最小限の範囲に制限されるべきであり、そのための枠組みの整備が必要である。

さらに、通常、未受精卵を提供する女性は、患者という自分の権利を主張しにくい弱い立場にあることから、自由意志によるインフォームドコンセントの徹底、不必要な侵襲の防止等、その女性の保護を図る枠組みの整備が必要である。

(4)　ヒト受精胚の取扱いに必要な枠組みの考え方

上記に述べたように、例外的に研究目的でヒト受精胚を作成・利用することが認められる場合があり、その場合には、限定的な範囲で未受精卵の入手・使用も認められるが、ヒト受精胚の取扱いについて、本報告書で述べるヒト受精胚の尊重の原則を踏まえた取扱い手続きを定める制度的枠組みや未受精卵の提供者である女性を保護するための枠組みを予め整備する必要がある。

現在、研究目的のヒト受精胚の作成・利用のうち、ヒトES細胞の樹立の際の利用については、国はES指針を整備しているが、これ以外については、日本産科婦人科学会が会告により自主規制を行なっているだけである。このため、研究目的のためにヒト受精胚を作成しないという原則を徹底するためには、制度的枠組みとして、国内全ての者に対して適応し、かつ国としての規制が必要である。

第3．人クローン胚等の特定胚

1．人クローン胚の位置付け

我が国においては、クローン技術規制法により、人クローン胚の胎内への移植が罰則をもって禁止されており、また、現在の技術では、受精という自然の発生過程で作成される受精胚と、核移植及び核の初期化という人為的操作によって作成されるクローン胚とでは生物学的性質の相違があることが報告されている。このように、人クローン胚には、法律上の取扱いや科学的性質において、ヒト受精胚との間で明確な差異があるものと考えられる。

しかし、ヒト受精胚について、母胎内に移植すれば人になる可能性があることを理由に、「人の尊厳」との関係でその尊重が必要であるとした以上、母胎内に移植すれば人になり得る可能性を有する人クローン胚についても、「人の生命の萌芽」としてヒト受精胚と倫理的に同様に位置付けられるべきであり、これを基本方針とする。

2. 人クローン胚の研究の背景と現状

(1) 人クローン胚の研究の背景

再生医療技術の実現は、現在治療方法が無い疾患や障害に悩む患者の希望に応えるものであり、なかでもヒトES細胞を用いた再生医療技術は、その適応範囲の広さなどの可能性から研究が盛んである。しかし、今後、ヒトES細胞に関する研究をこのまま進めたとしても、拒絶反応の問題が解決されない限り、人の臨床に応用することは難しく、多くの研究者が、実際の治療においては拒絶反応を回避するために、人クローン胚から樹立したES細胞（体細胞核移植ヒトES細胞。以下「SCNT—ヒトES細胞」という。）を利用することが現実的と考えている。

(2) 人クローン胚の研究の現状

ア　我が国における現状

我が国では、クローン技術規制法は人クローン胚の作成・利用を禁止していないものの、同法に基づいて制定され、同法に基づく法的拘束力を有する特定胚指針が人クローン胚の作成を認めていないことから、人クローン胚の研究は行われていない。

イ　諸外国における現状

本年2月、韓国においてボランティアから提供された未受精卵を利用して、人クローン胚の作成に成功し、さらにそれを用いてSCNT—ヒトES細胞の樹立にも成功したことが報告された。このSCNT—ヒトES細胞は、平滑筋・骨・軟骨・結合組織・腺上皮等への分化が確認された。

これに対し、英国、ベルギー等の人クローン胚の作成を容認する法制度を有する他の国においては、現在、英国において人クローン胚作成の研究申請について審査中であるだけで、まだ人クローン胚作成の報告はされていない。

(3) 関連する研究の現状

ア　動物ES細胞を用いた再生医療の治療効果に関する研究

既に多くの動物において、ES細胞から分化させた細胞を利用した再生医療研究が報告され、神経、骨、膵臓などの疾患について、症状改善の効果を認めた研究成果も多数報告されている。

イ　ヒトES細胞の分化及び再生医療の治療効果に関する研究

現在、心筋、神経細胞、骨細胞、肝細胞等多種の細胞への分化に成功したとの報告があり、他種組織への分化や目的の細胞への効率の良い分化技術、分化した細胞の安定性等の研究が進められている。

我が国では、文部科学省によって、平成14年4月から、輸入したヒトES細胞を使用した研究計画10件がES指針に適合していることが確認されている。うち、8件は、血管内皮細胞、神経系細胞、造血幹細胞、心筋細胞等への分化について検討するもの、他の2件が、本年3月に確認されたもので、ヒトES細胞から神経細胞を分化誘導し、パーキンソン病モデルサルにおける移植効果及び安全性を評価する前臨床試験の計画（自治医科大学と田辺製薬の共同実施）である。

また、平成15年5月には、京都大学再生医科学研究所が国内ではじめてES細胞の樹立に成功し、樹立したヒトES細胞の使用計画も本年3月に4件が確認されている。

ウ　動物クローン胚作成に関する研究

現在、クローン胚作成には多数の卵子が必要ではあるが、既に多くの動物においてクローン胚が作成されており、様々な研究が進められている。こうした中、クローン胚の作成技術にも相当の進歩があり、これらの技術が人クローン胚作成にも適応できるかどうかの検証が次の課題となっている。

エ　動物クローン個体の研究

既に10種類程度の動物において動物クローン個体の作成が報告されている。

ただし、クローン個体作成の成功率が低かったり、クローン個体に多くの異常発生が認められることについての報告があり、その背景にある遺伝情報の初期化の仕組み等の解明が今後必要となっている。

オ　動物クローン胚からのES細胞の樹立と分化に関する研究

マウスにおいて、クローン胚由来の35種類のES細胞の樹立が報告されている。

カ　動物クローン胚から樹立したES細胞を用いた再生医療の治療効果に関する研究

マウスにおいて、クローン胚から樹立したES細胞を利用してパーキンソン病モデル動物での治療を行う実験の結果、治療効果が認められるとの報告があるほか、クローン胚由来のES細胞から分化させた造血幹細胞を移植したところ、免疫不全改善の効果があったとの報告がある。

キ　体性幹細胞の研究の現状

拒絶反応を避けるための手段として、体性幹細胞を利用する再生医療研究も進められており、皮膚幹細胞からの培養皮膚移植や骨髄細胞移植による血管新生療法等、臨床応用段階のものも報告されており、今後、応用範囲の拡大や、採取・培養方法の検討が進むと思われる。

一方、これまで、マウスについて、多能性の体性幹細胞の存在の報告があるが、未知の要素が多く、現時点では更なる研究が必要である。

3. 人クローン胚の取扱いの検討

(1) 基本的な考え方

人クローン胚がヒト受精胚と倫理的に同様に位置付けられることから、その取扱いについては、ヒト受精胚における基本原則が適用されるべきである。したがって、人クローン胚の研究目的での作成・利用については原則認められないが、人々の健康と福祉に関する幸福追求という基本的人権に基づく要請に応えるための研究における作成・利用は、そのような期待が十分な科学的合理性に基づくものであり、かつ社会的に妥当であること等を条件に、例外的に認められ得る。また、この場合、人クローン胚の取扱い期間は、ヒト受精胚と同様に原始線条形成前までに限定されるべきである。

医療目的での人クローン胚の作成・利用は、その安全性が十分に確認されておらず、現時点では認めることはできないと考えられる。

(2) 例外的に人クローン胚の作成・利用が認められる研究の検討

現在、他に治療法が存在しない難病等に対するヒトES細胞を用いた再生医療技術の研究において、多くの研究者から、拒絶反応の問題の解決策としてSCNT―ヒトES細胞の利用の可能性に期待する声がある。このような難病等に対する再生医療の研究のための人クローン胚の作成・利用は人としての「尊厳ある生存」へのぎりぎりの願いに応えるためのものであり、健康と福祉に関する幸福追求という基本的人権に基づく要請によるものであると認められる。個々の事例についてはそれぞれ十分に検討する必要があるが、こうした要請が科学的合理性に基づくものであるか、また、こうした期待が社会的に妥当であるかどうか等、ヒト受精胚の取扱いの基本原則における例外的容認の条件等を満たすかどうかについての一般的考察結果は以下のとおりである。

ア　科学的合理性等

ヒトES細胞を用いた再生医療が、現在治療法がないあらゆる難病等に対して有効な手段になるとの確証はないにしても、いくつかの疾患に対して動物モデルでの有効性が示唆されており、有力な候補であることは否定できない。また、体性幹細胞の利用などの他の手法についても確実な方法とは認められない現状である。

しかし、ヒトES細胞研究の成果を再生医療技術として実現するためには、拒絶反応の問題を避けて通れないことから、当面の将来においては、SCNT―ヒトES細胞の利用がこうした再生医療技術の実現を左右することとなる。この問題に関し、動物における生物学的知見が必ずしも人においてそのまま適用できるとは限らず、現在の医療研究の実情を踏まえれば、少なくとも動物モデルで得た知見の適応検証等のために、人もしくは人の組織等を使用しなければならないことから、人クローン胚を用いた研究が必要となると考えられる。このため、再生医療技術の研究に関して、臨床応用を含まない、難病等に関する治療のための基礎的な研究に限定して、人クローン胚の作成方法、培養法、SCNT―ヒトES細胞の分化等に関する研究を行なうことについては、科学的合理性が認められると考えられる。

他方、比較対照となる動物での研究、ES細胞の研究が臨床応用まで十分検証されているとはいえないことから、臨床応用については更なる知見の集積を待ち、安全性の十分な確認の後に開始する必要があると考える。

イ　社会的妥当性

パーキンソン病、I型糖尿病や脊髄損傷等、現在は根治療法が無い様々な疾患や障害を抱え苦しむ多くの人々に治療法を提供することには、十分な社会的妥当性が認められると考える。

問題は、体性幹細胞の利用等、人クローン胚を用いない方法にも可能性がある段階で、あえて人クローン胚の作成・利用を行なうことに社会的妥当性が有るかという点である。この点に関し、人クローン胚の作成を可能な限り回避し、人クローン胚を用いない方法の可能性を追及した上で人クローン胚の研究に着手しなければならないこととすることも考えられるが、治療法を提供できる時期がその分遅くなることも考えられ、患者のより早期の救済という社会理念に照らせば、望ましい選択とは考え難い。これに対し、人クローン胚の研究について、臨床応用を含まない、難病等に関する医療のための基礎的な研究に限って扉を開き、必要な規制を整備するとともに、その時代の生命倫理観等への社会的影響を慎重に検討しつつ、段階的に研究を進めることとすれば、患者のより早期の救済への期待に応えつつ、人クローン胚の作成・利用に対する社会の懸念にも応え得る。中間報告書に対するパブリックコメントの結果等をも踏まえれば、このような社会選択には、十分な社会的妥当性が認められると考える。

(3) 特に考慮すべき事項

ア　未受精卵等の入手の制限及び提供女性の保護

人クローン胚の作成・利用では、必ず未受精卵を使用するが、現在の核移植技術では、ヒト受精胚の場合に比べてより多くの未受精卵が必要である。このため、人クローン胚の作成・利用のための未受精卵の採取や入手は、その影響がヒト受精胚の場合より大きいものと考えられ、人間の道具化・手段化の懸念をもたらさないよう特に留意する必要があり、より厳しく制限されるべきである。

いわゆる無償ボランティアからの未受精卵の採取については、これを認めた場合、提供する女性の肉体的侵襲や精神的負担が伴うだけでなく、人間の道具化・手段化といった懸念も強まることから、原則、認めるべきではない。

未受精卵の入手は、手術等により摘出された卵巣や卵巣切片からの採取が考えられる。また、生殖補助医療目的で採取された未受精卵で同目的には利用されなかったものや非受精卵の利用とともに、技術の進捗状況にもよるが、卵子保存の目的で作成された凍結未受精卵の不要化に伴う利用等も可能な場合がある。しかし、受精胚の場合と同様に提供する女性には肉体的・精神的負担が生ずることが考えられるため、個々の研究において必要最小限に制限されるべきであり、その点を十分に考慮した枠組みの整備が必要である。さらに、自由意志によるインフォームドコンセントの徹底、不必要な侵襲の防止等、その女性の保護を図る枠組みについても、これらを踏まえてヒト受精胚の場合よりも厳格な枠組みを整備する必要がある。

イ　人クローン個体作成の事前防止

人クローン胚は、ヒトクローン個体を産み出すために用いられるおそれがあるため、クローン技術規制法により、胎内への移植が厳しい罰則をもって禁止されているとしても、その事前防止を徹底するための枠組みが必要であり、その整備もまた研究を認めるための要件とすべきである。

(4) 人クローン胚取扱いに必要な枠組みの考え方

以上を踏まえ、社会選択として、人クローン胚の作成・利用については、再生医療の実現に向けた研究における利用を念頭に、扉を開くことは認めるが、臨床応用の段階に至らない基礎的な研究に限り、慎重かつ段階的に研究を進めることとする。このため、人クローン胚のヒト胚としての尊重を確保し、人クローン胚の胎内への移植の事前防止のため等の枠組みや未受精卵の提供者である女性を保護するための枠組みを予め整備する必要がある。

また、現在の科学的知見は、人クローン胚を用いて基礎的な研究を進めることは支持するものの、今後の研究の進展や新たな科学的知見により、さらに研究を進めることに科学的合理性が認められなくなる場合もあり得る。例えば、将来的に、人クローン胚由来でないヒトES細胞を利用した際の拒絶反応の完全抑止や、体性幹細胞の多様性の確保と採取法や培養法の確立等により、SCNT―ヒトES細胞を利用することなく治療することが可能になれば、その時点で人クローン胚の作成・利用を中止すべきこともあり得ると考える。このため、この研究の意義について、動物を用いた研究や体性幹細胞の研究の成果も含めた広範な知見により、継続的に科学的検証を行い、その結果に基づいて必要な措置を講ずる枠組みを予め整備する必要がある。また当分の間、人クローン胚の作成・利用に関し、SCNT―ヒトES細胞の樹立及び配布を国が適切に管理する必要性から、研究能力や設備、研究の管理や倫理的な検討を行う体制等が十分整った限定的な研究機関において実施されるべきである。

4. その他の特定胚について

(1) ヒト胚核移植胚、ヒト胚分割胚及びヒト性融合胚

総合科学技術会議の4号答申においては、これらの胚のうち、ヒト胚核移植胚及びヒト性融合胚についてはミトコンドリア病等に対する医学的な有用性等が指摘されたが、これらの胚の作成の是非に関する判断は留保された。他方、ヒト胚分割胚については不妊治療研究等の可能性が指摘されたものの、当面は作成及び使用を認めるべきではないとされた。今回の検討においては、これらの胚についてかかる分野の研究において有意に利用し得るとの指摘もあったが、これらの胚の十分な検討を行い得なかったため、その取扱いの在り方については、今後検討すべき課題とすべきである。

(2) ヒト集合胚、ヒト動物交雑胚、ヒト性集合胚及び動物性融合胚

総合科学技術会議の4号答申においては、これらの胚について研究上の有用性は特段に言及がなく、当面は作成及び使用を認めるべきではないとされた。今回の検討においてもそのようなこれらの胚を研究において有意に扱いうる旨の指摘はなかったが、これらの胚の十分な検討を行い得なかったため、その取扱いの在り方については、今後検討すべき課題とするべきである。

(3) 動物性集合胚

現在、作成が認められているが、実際に作成されたことはないため、研究状況を引き続きフォローすべきである。

第4. 制度的枠組み

1. 基本的考え方

本報告書においては、ヒト受精胚の取扱いの基本原則をヒト胚の取扱いについて共通の基本原則とし、これに基づいた考察の結果、ヒト胚を損なうことになる研究目的の作成・利用は原則認められないが、例外的に容認される場合もあるとした。また、ヒト胚は胎内に戻さず、取扱いは原始線条形成前に限ることとしている。

ヒト胚の取扱いの基本原則は、「人の尊厳」という社会の基本的価値を堅持しつつ、人々の健康と福祉に関する幸福追求の要請に応えるために、研究目的でヒト胚を作成・利用することが可能な範囲を定めるものである。「人の尊厳」という社会の基本的価値に混乱をもたらすことなく、ヒト胚の研究目的での作成・利用が行われるためには、この基本原則を社会規範として具体化する必要がある。

人クローン胚については、人クローン個体が生み出されることを防止する必要がある。また、人クローン胚を用いた再生医療の研究は、社会的影響の懸念や臨床応用を想定した場合の安全性の問題を認識しつつ、社会選択として、慎重かつ段階的に進めることとしたものであるため、これを担保する枠組みも必要である。ヒト受精胚及び人クローン胚は、ヒト胚として同等に尊重を受けるべき存在であるが、このように、それぞれ考慮すべき事情が異なるため、これらの取扱いに関する社会規範は、実態を踏まえて適切な規範形式により整備すべきである。

2. 制度の内容

(1) ヒト受精胚の研究目的での作成・利用

ヒト受精胚の尊重を求める社会規範は、「人の尊厳」という社会の基本的価値を維持していくための枠組みとして重要である。したがって、具体的に受精胚の尊重の原則を踏まえた取扱い手続き等を定めたルールづくりが必要であるが、ヒト胚をどのように取扱うかは、個々人の倫理観や生命観を反映して、国民の意識も多様であり、今すぐ強制力を有する法制度として整備するのは容易ではないと考えられる。他方、ヒト受精胚尊重の趣旨から強制力を伴わない国のガイドラインとして整備されたES指針について、これまでの運用上、実効性の点で特に問題を生じていない。したがって、かかる社会規範は、当面は国のガイドラインとして整備すべきであるが、当ガイドラインの遵守状況等を見守りつつ、国は新たな法整備に向けて、今後とも引き続き検討していくものとする。なお、ヒト受精胚の研究目的での作成・利用は、前述した未受精卵の使用・採取という極めて重い問題を伴っている。

今回の検討において、ヒト受精胚の研究目的での作成・利用は、生殖補助医療研究での作成・利用及び生殖補助医療の際に生じる余剰胚からのヒトES細胞の樹立の際の利用に限定して認め得ることとした。後

者については、既にＥＳ指針の枠組みが整備されているが、ヒト受精胚の生殖補助医療研究における作成・利用については、新たにガイドラインを整備する必要がある。具体的なガイドラインの内容としては、本報告書の基本的考え方に基づいて基準を設け、これに基づいて、個別の研究について審査した上で実施を認める枠組みが必要である。

本報告書の基本的考え方に基づいたヒト受精胚の取扱いのための具体的な遵守事項として、研究に用いたヒト受精胚を臨床に用いないこと、未受精卵の入手制限及び無償提供、ヒト受精胚や未受精卵の提供の際の適切なインフォームドコンセントの実施、胚の取扱い期間の制限、ヒト受精胚を取扱う研究についての記録の整備、研究実施機関の研究能力・設備の要件、研究機関における倫理的問題に関する検討体制の整備及び責任の明確化、ヒト受精胚や未受精卵等の提供者の個人情報の保護、研究に関する適切な情報の公開等を定める必要がある。

このうち特に、未受精卵の入手については、提供する女性への不必要な侵襲を防止するとともに、提供への同意に心理的圧力がかかることがないよう、女性の保護を図る必要があるため、既に述べたとおり、個々の研究において必要最小限の範囲に入手を制限するとともに、自由意志によるインフォームドコンセントの徹底等を義務付ける必要がある。

この際、国は、生殖補助医療研究のためにヒト受精胚の作成・利用を計画している研究がガイドラインの定める基準に適合するかを審査するための適切な枠組みを整備する。

文部科学省及び厚生労働省は、これらを踏まえてガイドラインの具体的な内容を検討し、策定する必要がある。

(2) 人クローン胚の研究目的での作成・利用

クローン技術規制法は、人クローン個体が産み出されることのないよう、人クローン胚の胎内への移植を、罰則をもって禁止している。同法はさらに、人クローン個体が生み出されることの事前防止の枠組みとして、人クローン胚の作成について届出義務を規定した上で、人クローン胚が人クローン個体を産み出すために用いられることのないよう、人クローン胚の作成及び取扱いの要件等の遵守事項を特定胚指針として定めることを規定し、間接的ながらもこの特定胚指針に法的拘束力を与えている。

今回、人クローン胚の研究目的の作成・利用を限定的に容認するに当たっては、このクローン技術規制法に基づく特定胚指針を改正するとともに、必要に応じて国のガイドラインで補完することにより、本報告書の基本的考え方を踏まえて必要な枠組みを整備すべきである。基本的枠組みとしては、本報告書の基本的考え方に基づいて人クローン胚の作成・利用が認められる基準を設け、これに基づいて個別の研究について、審査した上でその実施が認められる枠組みが必要である。本報告書の基本的考え方に基づいた人クローン胚の取扱いのための具体的な遵守事項としては、ヒト受精胚を取扱う際と同様の内容の遵守事項とともに、人クローン胚の特性を踏まえ、人クローン胚の譲渡・貸与の制限といった厳格な管理、ＳＣＮＴ－ヒトＥＳ細胞の樹立・配布の条件、研究実施機関の研究能力・設備の要件、研究管理を検討する体制や研究機関倫理審査会（ＩＲＢ）等の倫理を検討する体制、ヒト受精胚の場合よりも厳格な未受精卵の入手制限等を定める必要がある。

このうち特に、未受精卵の入手制限については、生殖医療の現場における知見も踏まえ、文部科学省及び厚生労働省において、具体的な手続きの検討に当たるべきである。

また、ＳＣＮＴ－ヒトＥＳ細胞の使用については、基本的には余剰胚由来のＥＳ細胞に対する規制の考え方や手続きの適用が適当であるため、現行のＥＳ指針を改正することにより、対応すべきであるが、ＳＣＮＴ－ヒトＥＳ細胞及びそれ由来の細胞等については、限定的に人クローン胚の作成・利用を認める本報告書の基本的考え方を踏まえ、当分の間、その輸出及び輸入を行なわせないことを規定すべきである。

また、特に人クローン胚については、社会選択として、慎重かつ段階的に進めることとしたものであるため、人クローン胚を用いた再生医療の実現に向けた研究を進める科学的合理性について、動物を用いた研究や体性幹細胞研究の成果等も含めた広範な知見に基づいて、科学的検証を継続的に行う必要がある。このため、上記の制度的枠組みの整備を踏まえつつ、総合科学技術会議を中心として、科学的検証を行うための体制を整備する必要がある。この科学的検証についての検討の結果、人クローン胚を用いた研究を進める必要がなくなったと判断された場合や、特に研究を中止すべき事情があると判断された場合等には、研究の中止の勧告も含めた措置を講ずるものとする。また、人クローン胚を作成し、または利用すること及びＳＣＮＴ－ヒトＥＳ細胞を用いて再生医療を行うことについて、社会的妥当性が失われたと判断された場合にも同様である。

第５．むすび

本報告書は、ヒト胚の取扱いについて、人の存在や生命を尊重する我々の社会の基本的価値を堅持しつつ、生命科学の発展による人々の健康と福祉に関する幸福追及の要請にも応えられるような社会規範の整備という観点から検討を行ない、まずは、ヒト受精胚について、「人」そのものではないとしても「人の生命の萌芽」であり、「人の尊厳」という社会の基本的価値の維持のために特に尊重されるべき存在として位置付け、かかる位置付けに基づいて、その取扱いの基本原則を提示した。その上で、人クローン胚についても、ヒト受精胚と同じ位置付けが与えられるべきとし、その取扱いについて、同じ基本原則を用いることとし、この基本原則に基づく社会選択として、人クローン胚の作成・利用への扉を開くこととする判断を行なったのである。

ヒト胚の取扱いについては、個々人の倫理観や生命観の相違が影響する問題であり、生命倫理専門調査会の３年近い審議を経てなお、議論の一致点を見出せなかった部分もあった。また、今回、必ずしもヒト胚に関わる倫理的な問題の全てについて、整理をし得たものとは言い難い。しかし、生命倫理専門調査会における本検討の目的は、ヒト胚の取扱いに関わる倫理問題そのものについての答えを出すことではなく、あくまで、ヒト胚の取扱いという倫理的懸念が指摘される問題について、生命科学の急速な発展の中においても、社会の基本的価値を堅持し、かつ人々の幸福追及の要請にも応え得るような社会規範を整備することにあるものと理解し、取りまとめたものが、本報告書である。今後、我々は、「人の尊厳」という社会の基本的価値を堅持し、人間の道具化・手段化といった倫理的な懸念が具体化することのないよう、本報告書に示された方針に基づいて具体的な対応を進める必要がある。ただし、本報告書は、あくまで現在及び想定し得る限りでの将来の状況を踏まえてヒト胚に関する社会規範の在り方を示すものであり、将来にわたって永続的に維持されるものではない。今後、ヒト胚に関する生命科学の発展や社会の変化の中で、最新の科学的知見や社会的妥当性の評価に基づいた見直しを行なうことも必要である。

また、そうした見直しの基盤としても、研究者の側は、ヒト胚に関する最新の科学的知見を積極的に国民に示し、研究の必要性等について社会の一層の理解を求める努力を継続する必要がある。

12

科学技術

遺伝子組換え生物等の使用等の規制による生物の多様性の確保に関する法律

平成十五年六月十八日法律第九十七号
最終改正　平成一九年三月三〇日法律第八号

第一章　総則

（目的）

第一条　この法律は、国際的に協力して生物の多様性の確保を図るため、遺伝子組換え生物等の使用等の規制に関する措置を講ずることにより生物の多様性に関する条約のバイオセーフティに関するカルタヘナ議定書（以下「議定書」という。）の的確かつ円滑な実施を確保し、もって人類の福祉に貢献するとともに現在及び将来の国民の健康で文化的な生活の確保に寄与することを目的とする。

（定義）

第二条　この法律において「生物」とは、一の細胞（細胞群を構成しているものを除く。）又は細胞群であって核酸を移転し又は複製する能力を有するものとして主務省令で定めるもの、ウイルス及びウイロイドをいう。

2　この法律において「遺伝子組換え生物等」とは、次に掲げる技術の利用により得られた核酸又はその複製物を有する生物をいう。

一　細胞外において核酸を加工する技術であって主務省令で定めるもの

二　異なる分類学上の科に属する生物の細胞を融合する技術であって主務省令で定めるもの

3　この法律において「使用等」とは、食用、飼料用その他の用に供するための使用、栽培その他の育成、加工、保管、運搬及び廃棄並びにこれらに付随する行為をいう。

4　この法律において「生物の多様性」とは、生物の多様性に関する条約第二条に規定する生物の多様性をいう。

5　この法律において「第一種使用等」とは、次項に規定する措置を執らないで行う使用等をいう。

6　この法律において「第二種使用等」とは、施設、設備その他の構造物（以下「施設等」という。）の外の大気、水又は土壌中への遺伝子組換え生物等の拡散を防止する意図をもって行う使用等であって、そのことを明示する措置その他の主務省令で定める措置を執って行うものをいう。

7　この法律において「拡散防止措置」とは、遺伝子組換え生物等の使用等に当たって、施設等を用いることその他必要な方法により施設等の外の大気、水又は土壌中に当該遺伝子組換え生物等が拡散することを防止するために執る措置をいう。

（基本的事項の公表）

第三条　主務大臣は、議定書の的確かつ円滑な実施を図るため、次に掲げる事項（以下「基本的事項」という。）を定めて公表するものとする。これを変更したときも、同様とする。

一　遺伝子組換え生物等の使用等により生ずる影響であって、生物の多様性を損なうおそれのあるもの（以下「生物多様性影響」という。）を防止するための施策の実施に関する基本的な事項

二　遺伝子組換え生物等の使用等をする者がその行為を適正に行うために配慮しなければならない基本的な事項

三　前二号に掲げるもののほか、遺伝子組換え生物等の使用等が適正に行われることを確保するための重要な事項

第二章　国内における遺伝子組換え生物等の使用等により生ずる生物多様性影響の防止に関する措置

第一節　遺伝子組換え生物等の第一種使用等

（遺伝子組換え生物等の第一種使用等に係る第一種使用規程の承認）

第四条　遺伝子組換え生物等を作成し又は輸入して第一種使用等をしようとする者その他の遺伝子組換え生物等の第一種使用等をしようとする者は、遺伝子組換え生物等の種類ごとにその第一種使用等に関する規程（以下「第一種使用規程」という。）を定め、これにつき主務大臣の承認を受けなければならない。ただし、その性状等からみて第一種使用等による生物多様性影響が生じないことが明らかな生物として主務大臣が指定する遺伝子組換え生物等（以下「特定遺伝子組換え生物等」という。）の第一種使用等をしようとする場合、この項又は第九条第一項の規定に基づき主務大臣の承認を受けた第一種使用規程（第七条第一項（第九条第四項において準用する場合を含む。）の規定に基づき主務大臣により変更された第一種使用規程については、その変更後のもの）に定める第一種使用等をしようとする場合その他主務省令で定める場合は、この限りでない。

2　前項の承認を受けようとする者は、遺伝子組換え生物等の種類ごとにその第一種使用等による生物多様性影響について主務大臣が定めるところにより評価を行い、その結果を記載した図書（以下「生物多様性影響評価書」という。）その他主務省令で定める書類とともに、次の事項を記載した申請書を主務大臣に提出しなければならない。

一　氏名及び住所（法人にあっては、その名称、代表者の氏名及び主たる事務所の所在地。第十三条第二項第一号及び第十八条第四項第二号において同じ。）

二　第一種使用規程

3　第一種使用規程は、主務省令で定めるところにより、次の事項について定めるものとする。

一　遺伝子組換え生物等の種類の名称

二　遺伝子組換え生物等の第一種使用等の内容及び方法

4　主務大臣は、第一項の承認の申請があった場合には、主務省令で定めるところにより、当該申請に係る第一種使用規程について、生物多様性影響に関し専門の学識経験を有する者（以下「学識経験者」という。）の意見を聴かなければならない。

5　主務大臣は、前項の規定により学識経験者から聴取した意見の内容及び基本的事項に照らし、第一項の承認の申請に係る第一種使用規程に従って第一種使用等をする場合に野生動植物の種又は個体群の維持に支障を及ぼすおそれがある影響その他の生物多様性影響が生ずるおそれがないと認めるときは、当該第一種使用規程の承認をしなければならない。

6　第四項の規定により意見を求められた学識経験者は、第一項の承認の申請に係る第一種使用規程及びその生物多様性影響評価書に関して知り得た秘密を漏らし、又は盗用してはならない。

7　前各項に規定するもののほか、第一項の承認に関して必要な事項は、主務省令で定める。

（第一種使用規程の修正等）

第五条　前条第一項の承認の申請に係る第一種使用規程に従って第一種使用等をする場合に生物多様性影響が生ずるおそれがあると認める場合には、主務大臣は、申請者に対し、主務省令で定めるところにより、当該第一種使用規程を修正すべきことを指示しなければならない。ただし、当該第一種使用規程に係る遺伝子組換え生物等の第一種使用等をすることが適当でないと認めるときは、この限りでない。

2　前項の規定による指示を受けた者が、主務大臣が定める期間内にその指示に基づき第一種使用規程の修正をしないときは、主務大臣は、その者の承認の申請を却下する。

3　第一項ただし書に規定する場合においては、主務大臣は、その承認を拒否しなければならない。

（承認取得者の義務等）

第六条　第四条第一項の承認を受けた者（次項において「承認取得者」という。）は、同条第二項第一号に掲げる事項中に変更を生じたときは、主務省令で定めるところにより、その理由を付してその旨を主務大臣に届け出なければならない。

2　主務大臣は、次条第一項の規定に基づく第一種使用規程の変更又は廃止を検討しようとするときその他当該第一種使用規程に関し情報を収集する必要があるときは、当該第一種使用規程に係る承認取得者に対し、必要な情報の提供を求めることができる。

（承認した第一種使用規程の変更等）

第七条　主務大臣は、第四条第一項の承認の時には予想することができなかった環境の変化又は同項の承認の日以降における科学的知見の充実により同項の承認を受けた第一種使用規程に従って遺伝子組換え生物等の第一種使用等がなされるとした場合においてもなお生物多様性影響が生ずるおそれがあると認められるに至った場合は、生物多様性影響を防止するため必要な限度において、当該第一種使用規程を変更し、又は廃止しなければならない。

2　主務大臣は、前項の規定による変更又は廃止については、主務省令で定めるところにより、あらかじめ、学識経験者の意見を聴くものとする。

3　前項の規定により意見を求められた学識経験者は、第一項の規定による変更又は廃止に係る第一種使用規程及びその生物多様性影響評価書に関して知り得た秘密を漏らし、又は盗用してはならない。

4　前三項に規定するもののほか、第一項の規定による変更又は廃止に関して必要な事項は、主務省令で定める。

（承認した第一種使用規程等の公表）

第八条　主務大臣は、次の各号に掲げる場合の区分に応じ、主務省令で定めるところにより、遅滞なく、当該各号に定める事項を公表しなければならない。

一　第四条第一項の承認をしたとき　その旨及び承認された第一種使用規程

二　前条第一項の規定により第一種使用規程を変更し

たとき　その旨及び変更後の第一種使用規程

三　前条第一項の規定により第一種使用規程を廃止したとき　その旨

2　前項の規定による公表は、告示により行うものとする。

（本邦への輸出者等に係る第一種使用規程についての承認）

第九条　遺伝子組換え生物等を本邦に輸出して他の者に第一種使用等をさせようとする者その他の遺伝子組換え生物等の第一種使用等を他の者にさせようとする者は、主務省令で定めるところにより、遺伝子組換え生物等の種類ごとに第一種使用規程を定め、これにつき主務大臣の承認を受けることができる。

2　前項の承認を受けようとする者が本邦内に住所（法人にあっては、その主たる事務所。以下この項及び第四項において同じ。）を有する者以外の者である場合には、その者は、本邦内において遺伝子組換え生物等の適正な使用等のために必要な措置を執らせるための者を、本邦内に住所を有する者その他主務省令で定める者のうちから、当該承認の申請の際選任しなければならない。

3　前項の規定により選任を行った者は、同項の規定により選任した者（以下「国内管理人」という。）を変更したときは、その理由を付してその旨を主務大臣に届け出なければならない。

4　第四条第二項から第七項まで、第五条及び前条の規定は第一項の承認について、第六条の規定は第一項の承認を受けた者（その者が本邦内に住所を有する者以外の者である場合にあっては、その者に係る国内管理人）について、第七条の規定は第一項の規定により承認を受けた第一種使用規程について準用する。この場合において、第四条第二項第一号中「氏名及び住所」とあるのは「第九条第一項の承認を受けようとする者及びその者が本邦内に住所（法人にあっては、その主たる事務所）を有する者以外の者である場合にあっては同条第二項の規定により選任した者の氏名及び住所」と、第七条第一項中「第四条第一項」とあるのは「第九条第一項」と読み替えるものとする。

（第一種使用等に関する措置命令）

第十条　主務大臣は、第四条第一項の規定に違反して遺伝子組換え生物等の第一種使用等をした者、又はしている者に対し、生物多様性影響を防止するため必要な限度において、遺伝子組換え生物等の回収を図ることその他の必要な措置を執るべきことを命ずることができる。

2　主務大臣は、第七条第一項（前条第四項において準用する場合を含む。）に規定する場合その他特別の事情が生じた場合において、生物多様性影響を防止するため緊急の必要があると認めるとき（次条第一項に規定する場合を除く。）は、生物多様性影響を防止するため必要な限度において、遺伝子組換え生物等の第一種使用等をしている者、若しくはした者又はさせた者（特に緊急の必要があると認める場合においては、国内管理人を含む。）に対し、当該第一種使用等を中止することその他の必要な措置を執るべきことを命ずることができる。

（第一種使用等に関する事故時の措置）

第十一条　遺伝子組換え生物等の第一種使用等をしている者は、事故の発生により当該遺伝子組換え生物等について承認された第一種使用規程に従うことができない場合において、生物多様性影響が生ずるおそれのあるときは、直ちに、生物多様性影響を防止するための応急の措置を執るとともに、速やかにその事故の状況及び執った措置の概要を主務大臣に届け出なければならない。

2　主務大臣は、前項に規定する者が同項の応急の措置を執っていないと認めるときは、その者に対し、同項に規定する応急の措置を執るべきことを命ずることができる。

第二節　遺伝子組換え生物等の第二種使用等

（主務省令で定める拡散防止措置の実施）

第十二条　遺伝子組換え生物等の第二種使用等をする者は、当該第二種使用等に当たって執るべき拡散防止措置が主務省令により定められている場合には、その使用等をする間、当該拡散防止措置を執らなければならない。

（確認を受けた拡散防止措置の実施）

第十三条　遺伝子組換え生物等の第二種使用等をする者は、前条の主務省令により当該第二種使用等に当たって執るべき拡散防止措置が定められていない場合（特定遺伝子組換え生物等の第二種使用等をする場合その他主務省令で定める場合を除く。）には、その使用等をする間、あらかじめ主務大臣の確認を受けた拡散防止措置を執らなければならない。

2　前項の確認の申請は、次の事項を記載した申請書を提出して、これをしなければならない。

一　氏名及び住所

二　第二種使用等の対象となる遺伝子組換え生物等の特性

三　第二種使用等において執る拡散防止措置

四　前三号に掲げるもののほか、主務省令で定める事項

3　前二項に規定するもののほか、第一項の確認に関して必要な事項は、主務省令で定める。

（第二種使用等に関する措置命令）

第十四条　主務大臣は、第十二条又は前条第一項の規定に違反して第二種使用等をしている者、又はした者に対し、第十二条の主務省令で定める拡散防止措置を執ることその他の必要な措置を執るべきことを命ずることができる。

2　主務大臣は、第十二条の主務省令の制定又は前条第一項の確認の日以降における遺伝子組換え生物等に関する科学的知見の充実により施設等の外への遺伝子組換え生物等の拡散を防止するため緊急の必要があると認めるに至ったときは、第十二条の主務省令により定められている拡散防止措置を執って第二種使用等をしている者、若しくはした者又は前条第一項の確認を受けた者に対し、当該拡散防止措置を改善するための措置を執ることその他の必要な措置を執るべきことを命ずることができる。

（第二種使用等に関する事故時の措置）

第十五条　遺伝子組換え生物等の第二種使用等をしている者は、拡散防止措置に係る施設等において破損その他の事故が発生し、当該遺伝子組換え生物等について第十二条の主務省令で定める拡散防止措置又は第十三条第一項の確認を受けた拡散防止措置を執ることができないときは、直ちに、その事故について応急の措置を執るとともに、速やかにその事故の状況及び執った措置の概要を主務大臣に届け出なければならない。

2　主務大臣は、前項に規定する者が同項の応急の措置を執っていないと認めるときは、その者に対し、同項に規定する応急の措置を執るべきことを命ずることができる。

第三節　生物検査

（輸入の届出）

第十六条　生産地の事情その他の事情からみて、その使用等により生物多様性影響が生ずるおそれがないとはいえない遺伝子組換え生物等をこれに該当すると知らないで輸入するおそれが高い場合その他これに類する場合であって主務大臣が指定する場合に該当するときは、その指定に係る輸入をしようとする者は、主務省令で定めるところにより、その都度その旨を主務大臣に届け出なければならない。

（生物検査命令）

第十七条　主務大臣は、主務省令で定めるところにより、前条の規定による届出をした者に対し、その者が行う輸入に係る生物（第三項及び第五項において「検査対象生物」という。）につき、主務大臣又は主務大臣の登録を受けた者（以下「登録検査機関」という。）から、同条の指定の理由となった遺伝子組換え生物等であるかどうかについての検査（以下「生物検査」という。）を受けるべきことを命ずることができる。

2　主務大臣は、前項の規定による命令は、前条の規定による届出を受けた後直ちにしなければならない。

3　第一項の規定による命令を受けた者は、生物検査を受け、その結果についての通知を受けるまでの間は、施設等を用いることその他の主務大臣の指定する条件に基づいて検査対象生物の使用等をしなければならず、また、検査対象生物を譲渡し、又は提供してはならない。

4　前項の通知であって登録検査機関がするものは、主務大臣を経由してするものとする。

5　主務大臣は、第三項に規定する者が同項の規定に違反していると認めるときは、その者に対し、同項の条件に基づいて検査対象生物の使用等をすることその他の必要な措置を執るべきことを命ずることができる。

（登録検査機関）

第十八条　前条第一項の登録（以下この節において「登録」という。）は、生物検査を行おうとする者の申請により行う。

2　次の各号のいずれかに該当する者は、登録を受けることができない。

一　この法律に規定する罪を犯して刑に処せられ、その執行を終わり、又はその執行を受けることがなくなった日から起算して二年を経過しない者であること。

二　第二十一条第四項又は第五項の規定により登録を取り消され、その取消しの日から起算して二年を経過しない者であること。

三　法人であって、その業務を行う役員のうちに前二号のいずれかに該当する者があること。

3　主務大臣は、登録の申請をした者（以下この項において「登録申請者」という。）が次の各号のいずれにも適合しているときは、その登録をしなければならない。この場合において、登録に関して必要な手続は、主務省令で定める。

一　凍結乾燥器、粉砕機、天びん、遠心分離機、分光光度計、核酸増幅器及び電気泳動装置を有すること。

二　次のいずれかに該当する者が生物検査を実施し、その人数が生物検査を行う事業所ごとに二名以上であること。

イ　学校教育法（昭和二十二年法律第二十六号）に基づく大学（短期大学を除く。）、旧大学令（大正七年勅令第三百八十八号）に基づく大学又は旧専門学校令（明治三十六年勅令第六十一号）に基づく専門学校において医学、歯学、薬学、獣医学、畜産学、水産学、農芸化学、応用化学若しくは生物学の課程又はこれらに相当する課程を修めて卒業した後、一年以上分子生物学的検査の業務に従事した経験を有する者であること。

ロ　学校教育法に基づく短期大学又は高等専門学校において工業化学若しくは生物学の課程又はこれらに相当する課程を修めて卒業した後、三年以上分子生物学的検査の業務に従事した経験を有する者であること。

ハ　イ及びロに掲げる者と同等以上の知識経験を有する者であること。

三　登録申請者が、業として遺伝子組換え生物等の使用等をし、又は遺伝子組換え生物等を譲渡し、若しくは提供している者（以下この号において「遺伝子組換え生物使用業者等」という。）に支配されているものとして次のいずれかに該当するものでないこと。

イ　登録申請者が株式会社である場合にあっては、遺伝子組換え生物使用業者等がその親法人（会社法（平成十七年法律第八十六号）第八百七十九条第一項に規定する親法人をいう。）であること。

ロ　登録申請者の役員（持分会社（会社法第五百七十五条第一項に規定する持分会社をいう。）にあっては、業務を執行する社員）に占める遺伝子組換え生物使用業者等の役員又は職員（過去二年間にその遺伝子組換え生物使用業者等の役員又は職員であった者を含む。）の割合が二分の一を超えていること。

ハ　登録申請者（法人にあっては、その代表権を有する役員）が、遺伝子組換え生物使用業者等の役員又は職員（過去二年間にその遺伝子組換え生物使用業者等の役員又は職員であった者を含む。）であること。

4　登録は、登録検査機関登録簿に次に掲げる事項を記載してするものとする。

一　登録の年月日及び番号

二　登録を受けた者の氏名及び住所
三　前二号に掲げるもののほか、主務省令で定める事項

（遵守事項等）
第十九条　登録検査機関は、生物検査を実施することを求められたときは、正当な理由がある場合を除き、遅滞なく、生物検査を実施しなければならない。
2　登録検査機関は、公正に、かつ、主務省令で定める方法により生物検査を実施しなければならない。
3　登録検査機関は、生物検査を実施する事業所の所在地を変更しようとするときは、変更しようとする日の二週間前までに、主務大臣に届け出なければならない。
4　登録検査機関は、その生物検査の業務の開始前に、主務省令で定めるところにより、その生物検査の業務の実施に関する規程を定め、主務大臣の認可を受けなければならない。これを変更しようとするときも、同様とする。
5　登録検査機関は、毎事業年度経過後三月以内に、その事業年度の財産目録、貸借対照表及び損益計算書又は収支計算書並びに事業報告書（その作成に代えて電磁的記録（電子的方式、磁気的方式その他の人の知覚によっては認識することができない方式で作られる記録であって、電子計算機による情報処理の用に供されるものをいう。以下この項及び次項において同じ。）の作成がされている場合における当該電磁的記録を含む。以下「財務諸表等」という。）を作成し、五年間事業所に備えて置かなければならない。
6　生物検査を受けようとする者その他の利害関係人は、登録検査機関の業務時間内は、いつでも、次に掲げる請求をすることができる。ただし、第二号又は第四号の請求をするには、登録検査機関の定めた費用を支払わなければならない。
一　財務諸表等が書面をもって作成されているときは、当該書面の閲覧又は謄写の請求
二　前号の書面の謄本又は抄本の請求
三　財務諸表等が電磁的記録をもって作成されているときは、当該電磁的記録に記録された事項を主務省令で定める方法により表示したものの閲覧又は謄写の請求
四　前号の電磁的記録に記録された事項を電磁的方法であって主務省令で定めるものにより提供することの請求又は当該事項を記載した書面の交付の請求
7　登録検査機関は、主務省令で定めるところにより、帳簿を備え、生物検査に関し主務省令で定める事項を記載し、これを保存しなければならない。
8　登録検査機関は、主務大臣の許可を受けなければ、その生物検査の業務の全部又は一部を休止し、又は廃止してはならない。

（秘密保持義務等）
第二十条　登録検査機関の役員若しくは職員又はこれらの職にあった者は、その生物検査に関し知り得た秘密を漏らしてはならない。
2　生物検査に従事する登録検査機関の役員又は職員は、刑法（明治四十年法律第四十五号）その他の罰則の適用については、法令により公務に従事する職員とみなす。

（適合命令等）
第二十一条　主務大臣は、登録検査機関が第十八条第三項各号のいずれかに適合しなくなったと認めるときは、その登録検査機関に対し、これらの規定に適合するため必要な措置を執るべきことを命ずることができる。
2　主務大臣は、登録検査機関が第十九条第一項若しくは第二項の規定に違反していると認めるとき、又は登録検査機関が行う第十七条第三項の通知の記載が適当でないと認めるときは、その登録検査機関に対し、生物検査を実施すべきこと又は生物検査の方法その他の業務の方法の改善に関し必要な措置を執るべきことを命ずることができる。
3　主務大臣は、第十九条第四項の規程が生物検査の公正な実施上不適当となったと認めるときは、その規程を変更すべきことを命ずることができる。
4　主務大臣は、登録検査機関が第十八条第二項第一号又は第三号に該当するに至ったときは、登録を取り消さなければならない。
5　主務大臣は、登録検査機関が次の各号のいずれかに該当するときは、その登録を取り消し、又は期間を定めて生物検査の業務の全部若しくは一部の停止を命ずることができる。
一　第十九条第三項から第五項まで、第七項又は第八項の規定に違反したとき。
二　第十九条第四項の規程によらないで生物検査を実施したとき。
三　正当な理由がないのに第十九条第六項各号の規定による請求を拒んだとき。
四　第一項から第三項までの規定による命令に違反したとき。
五　不正の手段により登録を受けたとき。

（報告徴収及び立入検査）
第二十二条　主務大臣は、この節の規定の施行に必要な限度において、登録検査機関に対し、その生物検査の業務に関し報告を求め、又はその職員に、登録検査機関の事務所に立ち入り、登録検査機関の帳簿、書類その他必要な物件を検査させ、若しくは関係者に質問させることができる。
2　前項の規定による立入検査をする職員は、その身分を示す証明書を携帯し、関係者に提示しなければならない。
3　第一項の規定による立入検査の権限は、犯罪捜査のために認められたものと解釈してはならない。

（公示）
第二十三条　主務大臣は、次に掲げる場合には、その旨を官報に公示しなければならない。
一　登録をしたとき。
二　第十九条第三項の規定による届出があったとき。
三　第十九条第八項の許可をしたとき。
四　第二十一条第四項若しくは第五項の規定により登録を取り消し、又は同項の規定により生物検査の業務の全部若しくは一部の停止を命じたとき。

（手数料）
第二十四条　生物検査を受けようとする者は、実費を勘案して政令で定める額の手数料を国（登録検査機関が生物検査を行う場合にあっては、登録検査機関）に納めなければならない。

2　前項の規定により登録検査機関に納められた手数料は、登録検査機関の収入とする。

第四節　情報の提供

（適正使用情報）

第二十五条　主務大臣は、第四条第一項又は第九条第一項の承認を受けた第一種使用規程に係る遺伝子組換え生物等について、その第一種使用等がこの法律に従って適正に行われるようにするため、必要に応じ、当該遺伝子組換え生物等を譲渡し、若しくは提供し、若しくは委託してその第一種使用等をさせようとする者がその譲渡若しくは提供を受ける者若しくは委託を受けてその第一種使用等をする者に提供すべき情報（以下「適正使用情報」という。）を定め、又はこれを変更するものとする。

2　主務大臣は、前項の規定により適正使用情報を定め、又はこれを変更したときは、主務省令で定めるところにより、遅滞なく、その内容を公表しなければならない。

3　前項の規定による公表は、告示により行うものとする。

（情報の提供）

第二十六条　遺伝子組換え生物等を譲渡し、若しくは提供し、又は委託して使用等をさせようとする者は、主務省令で定めるところにより、その譲渡若しくは提供を受ける者又は委託を受けてその使用等をする者に対し、適正使用情報その他の主務省令で定める事項に関する情報を文書の交付その他の主務省令で定める方法により提供しなければならない。

2　主務大臣は、前項の規定に違反して遺伝子組換え生物等の譲渡若しくは提供又は委託による使用等がなされた場合において、生物多様性影響が生ずるおそれがあると認めるときは、生物多様性影響を防止するため必要な限度において、当該遺伝子組換え生物等を譲渡し、若しくは提供し、又は委託して使用等をさせた者に対し、遺伝子組換え生物等の回収を図ることその他の必要な措置を執るべきことを命ずることができる。

第三章　輸出に関する措置

（輸出の通告）

第二十七条　遺伝子組換え生物等を輸出しようとする者は、主務省令で定めるところにより、輸入国に対し、輸出しようとする遺伝子組換え生物等の種類の名称その他主務省令で定める事項を通告しなければならない。ただし、専ら動物のために使用されることが目的とされている医薬品（薬事法（昭和三十五年法律第百四十五号）第二条第一項の医薬品をいう。以下この条において同じ。）以外の医薬品を輸出する場合その他主務省令で定める場合は、この限りでない。

（輸出の際の表示）

第二十八条　遺伝子組換え生物等は、主務省令で定めるところにより、当該遺伝子組換え生物等又はその包装、容器若しくは送り状に当該遺伝子組換え生物等の使用等の態様その他主務省令で定める事項を表示したものでなければ、輸出してはならない。この場合において、前条ただし書の規定は、本条の規定による輸出について準用する。

（輸出に関する命令）

第二十九条　主務大臣は、前二条の規定に違反して遺伝子組換え生物等の輸出が行われた場合において、生物多様性影響が生ずるおそれがあると認めるときは、生物多様性影響を防止するため必要な限度において、当該遺伝子組換え生物等を輸出した者に対し、当該遺伝子組換え生物等の回収を図ることその他の必要な措置を執るべきことを命ずることができる。

第四章　雑則

（報告徴収）

第三十条　主務大臣は、この法律の施行に必要な限度において、遺伝子組換え生物等（遺伝子組換え生物等であることの疑いのある生物を含む。以下この条、次条第一項及び第三十二条第一項において同じ。）の使用等をしている者、又はした者、遺伝子組換え生物等を譲渡し、又は提供した者、国内管理人、遺伝子組換え生物等を輸出した者その他の関係者からその行為の実施状況その他必要な事項の報告を求めることができる。

（立入検査等）

第三十一条　主務大臣は、この法律の施行に必要な限度において、その職員に、遺伝子組換え生物等の使用等をしている者、又はした者、遺伝子組換え生物等を譲渡し、又は提供した者、国内管理人、遺伝子組換え生物等を輸出した者その他の関係者がその行為を行う場所その他の場所に立ち入らせ、関係者に質問させ、遺伝子組換え生物等、施設等その他の物件を検査させ、又は検査に必要な最少限度の分量に限り遺伝子組換え生物等を無償で収去させることができる。

2　当該職員は、前項の規定による立入り、質問、検査又は収去（以下「立入検査等」という。）をする場合には、その身分を示す証明書を携帯し、関係者に提示しなければならない。

3　第一項の規定による立入検査等の権限は、犯罪捜査のため認められたものと解釈してはならない。

（センター等による立入検査等）

第三十二条　農林水産大臣、経済産業大臣又は厚生労働大臣は、前条第一項の場合において必要があると認めるときは、独立行政法人農林水産消費安全技術センター、独立行政法人種苗管理センター、独立行政法人家畜改良センター、独立行政法人水産総合研究センター、独立行政法人製品評価技術基盤機構又は独立行政法人医薬品医療機器総合機構（以下「センター等」という。）に対し、次に掲げるセンター等の区分に応じ、遺伝子組換え生物等の使用等をしている者、又はした者、遺伝子組換え生物等を譲渡し、又は提供した者、国内管理人、遺伝子組換え生物等を輸出した者その他の関係者がその行為を行う場所その他の場所に立ち入らせ、関係者に質問させ、遺伝子組換え生物等、施設等その他の物件を検査させ、又は検査に必要な最少限度の分量に限り遺伝子組換え生物等を無償で収去させることができる。

一　独立行政法人農林水産消費技術センター、独立行政法人種苗管理センター、独立行政法人家畜改良セ

ンター及び独立行政法人水産総合研究センター　農林水産大臣

二　独立行政法人製品評価技術基盤機構　経済産業大臣

三　独立行政法人医薬品医療機器総合機構　厚生労働大臣

2　農林水産大臣、経済産業大臣又は厚生労働大臣は、前項の規定によりセンター等に立入検査等を行わせる場合には、同項各号に掲げるセンター等の区分に応じ、センター等に対し、立入検査等を行う期日、場所その他必要な事項を示してこれを実施すべきことを指示するものとする。

3　センター等は、前項の規定による指示に従って第一項の規定による立入検査等をする場合には、遺伝子組換え生物等に関し知識経験を有する職員であって、同項各号に掲げるセンター等の区分に応じ当該各号に定める大臣が発する命令で定める条件に適合するものに行わせなければならない。

4　センター等は、第二項の規定による指示に従って第一項の規定による立入検査等を行ったときは、農林水産省令、経済産業省令又は厚生労働省令で定めるところにより、同項の規定により得た検査の結果を同項各号に掲げるセンター等の区分に応じ、農林水産大臣、経済産業大臣又は厚生労働大臣に報告しなければならない。

5　第一項の規定による立入検査等については、前条第二項及び第三項の規定を準用する。

（センター等に対する命令）

第三十三条　農林水産大臣、経済産業大臣又は厚生労働大臣は、前条第一項の規定による立入検査等の業務の適正な実施を確保するため必要があると認めるときは、同項各号に掲げるセンター等の区分に応じ、センター等に対し、当該業務に関し必要な命令をすることができる。

（科学的知見の充実のための措置）

第三十四条　国は、遺伝子組換え生物等及びその使用等により生ずる生物多様性影響に関する科学的知見の充実を図るため、これらに関する情報の収集、整理及び分析並びに研究の推進その他必要な措置を講ずるよう努めなければならない。

（国民の意見の聴取）

第三十五条　国は、この法律に基づく施策に国民の意見を反映し、関係者相互間の情報及び意見の交換の促進を図るため、生物多様性影響の評価に係る情報、前条の規定により収集し、整理し及び分析した情報その他の情報を公表し、広く国民の意見を求めるものとする。

（主務大臣等）

第三十六条　この法律における主務大臣は、政令で定めるところにより、財務大臣、文部科学大臣、厚生労働大臣、農林水産大臣、経済産業大臣又は環境大臣とする。

2　この法律における主務省令は、主務大臣の発する命令とする。

（権限の委任）

第三十六条の二　この法律に規定する主務大臣の権限は、主務省令で定めるところにより、地方支分部局の長に委任することができる。

（経過措置）

第三十七条　この法律の規定に基づき命令を制定し、又は改廃する場合においては、その命令で、その制定又は改廃に伴い合理的に必要と判断される範囲内において、所要の経過措置（罰則に関する経過措置を含む。）を定めることができる。

第五章　罰則

第三十八条　第十条第一項若しくは第二項、第十一条第二項、第十四条第一項若しくは第二項、第十五条第二項、第十七条第五項、第二十六条第二項又は第二十九条の規定による命令に違反した者は、一年以下の懲役若しくは百万円以下の罰金に処し、又はこれを併科する。

第三十九条　次の各号のいずれかに該当する者は、六月以下の懲役若しくは五十万円以下の罰金に処し、又はこれを併科する。

一　第四条第一項の規定に違反して第一種使用等をした者

二　偽りその他不正の手段により第四条第一項又は第九条第一項の承認を受けた者

第四十条　次の各号のいずれかに該当する者は、六月以下の懲役又は五十万円以下の罰金に処する。

一　第四条第六項又は第七条第三項（これらの規定を第九条第四項において準用する場合を含む。）の規定に違反した者

二　第二十条第一項の規定に違反した者

第四十一条　第二十一条第五項の規定による生物検査の業務の停止の命令に違反したときは、その違反行為をした登録検査機関の役員又は職員は、六月以下の懲役又は五十万円以下の罰金に処する。

第四十二条　次の各号のいずれかに該当する者は、五十万円以下の罰金に処する。

一　第十三条第一項の規定に違反して確認を受けないで第二種使用等をした者

二　偽りその他不正の手段により第十三条第一項の確認を受けた者

三　第十六条の規定による届出をせず、又は虚偽の届出をして輸入した者

四　第二十六条第一項の規定による情報の提供をせず、又は虚偽の情報を提供して遺伝子組換え生物等を譲渡し、若しくは提供し、又は委託して使用等をさせた者

五　第二十七条の規定による通告をせず、又は虚偽の通告をして輸出した者

六　第二十八条の規定による表示をせず、又は虚偽の表示をして輸出した者

第四十三条　次の各号のいずれかに該当する者は、三十万円以下の罰金に処する。

一　第三十条に規定する報告をせず、又は虚偽の報告をした者

二　第三十一条第一項又は第三十二条第一項の規定による立入り、検査若しくは収去を拒み、妨げ、若しくは忌避し、又は質問に対して陳述をせず、若しくは虚偽の陳述をした者

第四十四条　次の各号のいずれかに該当するときは、その

の違反行為をした登録検査機関の役員又は職員は、三十万円以下の罰金に処する。

一　第十九条第七項の規定に違反して、同項に規定する事項の記載をせず、若しくは虚偽の記載をし、又は帳簿を保存しなかったとき。

二　第十九条第八項の許可を受けないで生物検査の業務の全部を廃止したとき。

三　第二十二条第一項に規定する報告をせず、若しくは虚偽の報告をし、又は同項の規定による立入り若しくは検査を拒み、妨げ、若しくは忌避し、若しくは質問に対して陳述をせず、若しくは虚偽の陳述をしたとき。

第四十五条　法人の代表者又は法人若しくは人の代理人、使用人その他の従業者が、その法人又は人の業務に関し、第三十八条、第三十九条、第四十二条又は第四十三条の違反行為をしたときは、行為者を罰するほか、その法人又は人に対しても、各本条の罰金刑を科する。

第四十六条　第六条第一項（第九条第四項において準用する場合を含む。）の規定による届出をせず、又は虚偽の届出をした者は、二十万円以下の過料に処する。

第四十七条　次の各号のいずれかに該当するときは、その違反行為をした登録検査機関の役員又は職員は、二十万円以下の過料に処する。

一　第十九条第五項の規定に違反して財務諸表等を備えて置かず、財務諸表等に記載すべき事項を記載せず、又は虚偽の記載をしたとき。

二　正当な理由がないのに第十九条第六項各号の規定による請求を拒んだとき。

第四十八条　第三十三条の規定による命令に違反した場合には、その違反行為をしたセンター等の役員は、二十万円以下の過料に処する。

附　則　抄

（施行期日）

第一条　この法律は、議定書が日本国について効力を生ずる日から施行する。ただし、次の各号に掲げる規定は、当該各号に定める日から施行する。

一　次条から附則第六条まで及び附則第十五条の規定（次号に掲げる改正規定を除く。）　公布の日

二　附則第十五条の規定（独立行政法人医薬品医療機器総合機構法（平成十四年法律第百九十二号）第十五条第二項の改正規定に係る部分に限る。）　この法律の施行の日（以下「施行日」という。）又は独立行政法人医薬品医療機器総合機構法の施行の日のいずれか遅い日

（経過措置）

第二条　第四条第一項又は第九条第一項の承認を受けようとする者は、施行日前においても、第四条又は第九条の規定の例により、その承認の申請をすることができる。

2　主務大臣は、前項の規定により承認の申請があった場合には、施行日前においても、第四条又は第九条の規定の例により、その承認をすることができる。この場合において、これらの規定の例により承認を受けたときは、施行日において第四条第一項又は第九条第一項の規定により承認を受けたものとみなす。

3　この法律の施行の際現に遺伝子組換え生物等の第一種使用等をしている者であって、当該第一種使用等について第四条第一項又は第九条第一項の承認がなされていないものは、施行日から六月間は、当該第一種使用等に係る承認がなされたものとみなす。その期間が満了するまでに当該第一種使用等に係る第一種使用規程の承認の申請がなされた場合において、その期間を経過したときは、その申請に係る承認又は承認の申請の却下若しくは承認の拒否の処分がある日まで、同様とする。

第三条　第十三条第一項の確認を受けようとする者は、施行日前においても、同条の規定の例により、その確認の申請をすることができる。

2　主務大臣は、前項の規定により確認の申請があった場合には、施行日前においても、第十三条の規定の例により、その確認をすることができる。この場合において、同条の規定の例により確認を受けたときは、施行日において同条第一項の規定により確認を受けたものとみなす。

3　この法律の施行の際現に第十三条第一項に規定する第二種使用等をしている者であって、同項の確認を受けた拡散防止措置を執っていないものは、施行日から六月間は、当該確認を受けた拡散防止措置を執っているものとみなす。その者がその期間が満了するまでに当該確認の申請をした場合において、その期間を経過したときは、その申請に基づく確認又は確認の拒否の処分がある日まで、同様とする。

第四条　第十八条第一項の登録を受けようとする者は、施行日前においても、その申請を行うことができる。

2　主務大臣は、前項の規定により申請があった場合には、施行日前においても、第十八条の規定の例により、登録をすることができる。この場合において、同条の規定の例により登録を受けたときは、施行日において同条第一項の規定によりその登録を受けたものとみなす。

第五条　第十九条第四項の規程の認可を受けようとする者は、施行日前においても、その申請を行うことができる。

2　主務大臣は、前項の規定により申請があった場合には、施行日前においても、第十九条第四項の規定の例により、認可をすることができる。この場合において、同項の規定の例により認可を受けたときは、施行日において同項の規定によりその認可を受けたものとみなす。

（政令への委任）

第六条　第二条から前条に定めるもののほか、この法律の施行に関して必要な経過措置は、政令で定める。

（検討）

第七条　政府は、この法律の施行後五年を経過した場合において、この法律の施行の状況について検討を加え、必要があると認めるときは、その結果に基づいて所要の措置を講ずるものとする。

附　則（平成一九年三月三〇日法律第八号）抄

（施行期日）

第一条　この法律は、平成十九年四月一日から施行する。ただし、附則第四条第二項及び第三項、第五条、第七条第二項並びに第二十二条の規定は、公布の日から施行する。

（罰則に関する経過措置）

第二十一条　施行日前にした行為及び附則第十条の規定によりなお従前の例によることとされる場合における施行日以後にした行為に対する罰則の適用については、なお従前の例による。

（政令への委任）

第二十二条　この附則に規定するもののほか、この法律の施行に関し必要な経過措置は、政令で定める。

遺伝子組換え生物等の使用等の規制による生物の多様性の確保に関する法律における主務大臣を定める政令

平成十五年六月十八日政令第二百六十三号

内閣は、遺伝子組換え生物等の使用等の規制による生物の多様性の確保に関する法律（平成十五年法律第九十七号）第三十六条第一項の規定に基づき、この政令を制定する。

1　遺伝子組換え生物等の使用等の規制による生物の多様性の確保に関する法律（以下「法」という。）第一章における主務大臣は、財務大臣、文部科学大臣、厚生労働大臣、農林水産大臣、経済産業大臣及び環境大臣とする。

2　法第二章から第四章（第三十六条を除く。）までにおける主務大臣は、当該遺伝子組換え生物等の性状、その使用等の内容等を勘案して財務省令・文部科学省令・厚生労働省令・農林水産省令・経済産業省令・環境省令で定める区分に応じ、財務大臣、文部科学大臣、厚生労働大臣、農林水産大臣、経済産業大臣又は環境大臣とする。

附　則

この政令は、法の施行の日から施行する。

遺伝子組換え生物等の使用等の規制による生物の多様性の確保に関する法律施行規則

平成十五年十一月二十一日財務省・文部科学省・厚生労働省・農林水産省・経済産業省・環境省令第一号
最終改正　平成一九年四月二〇日財務省・文部科学省・厚生労働省・農林水産省・経済産業省・環境省令第一号

遺伝子組換え生物等の使用等の規制による生物の多様性の確保に関する法律（平成十五年法律第九十七号）及び遺伝子組換え生物等の使用等の規制による生物の多様性の確保に関する法律における主務大臣を定める政令（平成十五年政令第二百六十三号）の規定に基づき、並びに同法を実施するため、遺伝子組換え生物等の使用等の規制による生物の多様性の確保に関する法律施行規則を次のように定める。

（生物の定義）

第一条　遺伝子組換え生物等の使用等の規制による生物の多様性の確保に関する法律（以下「法」という。）第二条第一項の主務省令で定める一の細胞（細胞群を構成しているものを除く。）又は細胞群（以下「細胞等」という。）は、次に掲げるもの以外のものとする。

一　ヒトの細胞等

二　分化する能力を有する、又は分化した細胞等（個体及び配偶子を除く。）であって、自然条件において個体に成育しないもの

（遺伝子組換え生物等を得るために利用される技術）

第二条　法第二条第二項第一号の主務省令で定める技術は、細胞、ウイルス又はウイロイドに核酸を移入して当該核酸を移転させ、又は複製させることを目的とし

て細胞外において核酸を加工する技術であって、次に掲げるもの以外のものとする。

一　細胞に移入する核酸として、次に掲げるもののみを用いて加工する技術

イ　当該細胞が由来する生物と同一の分類学上の種に属する生物の核酸

ロ　自然条件において当該細胞が由来する生物の属する分類学上の種との間で核酸を交換する種に属する生物の核酸

二　ウイルス又はウイロイドに移入する核酸として、自然条件において当該ウイルス又はウイロイドとの間で核酸を交換するウイルス又はウイロイドの核酸のみを用いて加工する技術

第三条　法第二条第二項第二号の主務省令で定める技術は、異なる分類学上の科に属する生物の細胞を融合する技術であって、交配等従来から用いられているもの以外のものとする。

（第二種使用等であることを明示する等の措置）

第四条　法第二条第六項の主務省令で定める措置は、次の各号に掲げる場合の区分に応じ、当該各号に定めるとおりとする。

一　遺伝子組換え生物等の使用等（運搬を除く。）の場合　次のいずれかに該当する施設等を用いること。

イ　施設等の外の大気、水又は土壌中への遺伝子組換え生物等の拡散を防止する機能（以下この項において「拡散防止機能」という。）を有する実験室（研究開発に係る動物の飼育室及び植物の栽培室を含む。）

ロ　拡散防止機能を有する培養又は発酵の用に供する設備及びこれらに付随して用いられる拡散防止機能を有する設備

ハ　イ及びロに掲げるもののほか、拡散防止機能を有する施設等であってその外の大気、水又は土壌中への遺伝子組換え生物等の拡散を防止する意図をもって行う使用等である旨を記載した標識が見やすい箇所に掲げられている施設等

二　遺伝子組換え生物等の運搬の場合　前号に掲げる施設等を用いた遺伝子組換え生物等の使用等のための運搬の用に供されるふたをし、又は封を施した試験管その他の施設等であって拡散防止機能を有するものを用いること。

2　前項各号に規定する措置を執る場合であっても、法第四条第一項ただし書の規定に該当するときは、当該措置は、前項の規定にかかわらず、法第二条第六項に規定する措置としない。

（主務大臣の承認の適用除外）

第五条　法第四条第一項ただし書の主務省令で定める場合は、次に掲げる場合とする。

一　人の生命若しくは身体の保護のための措置又は非常災害に対する応急の措置として、緊急に遺伝子組換え生物等の第一種使用等をする必要がある場合として主務大臣が別に定める場合

二　法第十七条、第三十一条又は第三十二条に基づく検査を実施するため、又はその準備を行うため、必要最小限の第一種使用等をする場合

三　輸入された生物に遺伝子組換え生物等が混入していた場合（輸入された生物の使用等に際し法第四条第一項若しくは第九条第一項の規定に基づき主務大臣の承認を受けた第一種使用規程（法第七条第一項（法第九条第四項において準用する場合を含む。）の規定に基づき主務大臣により変更された第一種使用規程については、その変更後のもの。以下「承認を受けた第一種使用規程」という。）に従わないで、又は第一種使用規程の承認を受けないで当該遺伝子組換え生物等の第一種使用等をすることを避けることができない場合のうち、主務大臣が別に定める場合に限る。）

四　人が体内に遺伝子組換え生物等を有することにより日常生活において当該遺伝子組換え生物等の第一種使用等をする場合

五　承認を受けた第一種使用規程に従っていないこと又は第一種使用規程の承認を受けていないことを知らないで、譲渡若しくは提供を受けた遺伝子組換え生物等の第一種使用等をする場合又は委託を受けて遺伝子組換え生物等の第一種使用等をする場合

六　承認を受けた第一種使用規程に従わないで又は第一種使用規程の承認を受けないで第一種使用等がなされた遺伝子組換え生物等に係る生物多様性影響を防止するため、必要最小限の第一種使用等をする場合

（申請書の添付書類）

第六条　法第四条第二項（法第九条第四項において準用する場合を含む。次条及び第四十一条において同じ。）の主務省令で定める書類は、法第四条第一項又は第九条第一項の承認を受けようとする者による生物多様性影響の効果的な防止に資する措置の内容を記載した書類とする（主務大臣が必要と認める場合に限る。）。

（申請書の様式）

第七条　法第四条第二項に規定する申請書の様式は、様式第一のとおりとする。

（第一種使用規程の記載事項）

第八条　第一種使用規程に定める法第四条第三項各号（法第九条第四項において準用する場合を含む。）に掲げる事項については、次の各号に掲げる区分に応じ、当該各号に定めるところによるものとする。

一　遺伝子組換え生物等の種類の名称　当該遺伝子組換え生物等の宿主（法第二条第二項第一号に掲げる技術の利用により得られた核酸又はその複製物が移入される生物をいう。以下同じ。）又は親生物（法第二条第二項第二号に掲げる技術の利用により得られた核酸又はその複製物が由来する生物をいう。以下同じ。）の属する分類学上の種の名称及び当該遺伝子組換え生物等の特性等の情報を含めることにより、他の遺伝子組換え生物等と明確に区別できる名称とすること。

二　遺伝子組換え生物等の第一種使用等の内容　当該遺伝子組換え生物等について行う一連の使用等について定めること。

三　遺伝子組換え生物等の第一種使用等の方法　当該第一種使用等を行うに当たって執るべき生物多様性影響を防止するための措置について定めること（生物多様性影響を防止するため必要な場合に限る。）。

（学識経験者からの意見聴取）

第九条　主務大臣は、法第四条第四項（法第九条第四項において準用する場合を含む。）の規定により学識経験者の意見を聴くときは、次条の学識経験者の名簿に記載されている者の意見を聴くものとする。

（学識経験者の名簿）

第十条　主務大臣は、生物多様性影響に関し専門の学識経験を有する者を選定して、学識経験者の名簿を作成し、これを公表するものとする。

（第一種使用規程の修正に関する指示）

第十一条　法第五条第一項（法第九条第四項において準用する場合を含む。）の規定による指示は、文書によりその理由及び法第五条第二項（法第九条第四項において準用する場合を含む。）に規定する期間を付して行うものとする。

（変更の届出）

第十二条　法第六条第一項（法第九条第四項において準用する場合を含む。）の規定による届出は、法第四条第二項第一号（法第九条第四項において準用する場合を含む。）に掲げる事項中に変更を生じた日から二週間以内に、様式第二による届出書を提出して行うものとする。

（第一種使用規程の変更等に係る学識経験者からの意見聴取）

第十三条　第九条の規定は、法第七条第二項（法第九条第四項において準用する場合を含む。）の規定により学識経験者の意見を聴く場合について準用する。この場合において、「次条」とあるのは「第十条」と読み替えるものとする。

（第一種使用規程の公表の方法）

第十四条　法第八条第一項（法第九条第四項において準用する場合を含む。）の規定による公表は、官報に掲載して行うものとする。

（適正な使用等のために必要な措置を執らせるための者）

第十五条　法第九条第二項の主務省令で定める者は、外国法人で本邦内に事務所を有するものの当該事務所の代表者とする。

（主務大臣の確認の適用除外）

第十六条　法第十三条第一項の主務省令で定める場合は、次に掲げる場合とする。

一　人の生命若しくは身体の保護のための措置又は非常災害に対する応急の措置として、緊急に遺伝子組換え生物等の第二種使用等をする必要がある場合として主務大臣が別に定める場合

二　法第十七条、第三十一条又は第三十二条に基づく検査を実施するため、又はその準備を行うため、必要最小限の第二種使用等をする場合

三　虚偽の情報の提供を受けていたために、拡散防止措置の確認を受けなければならないことを知らないで、第二種使用等をする場合

四　法の規定に違反して使用等がなされた遺伝子組換え生物等の拡散を防止するため、必要最小限の第二種使用等をする場合

五　植物防疫官が植物防疫法（昭和二十五年法律第百五十一号）第八条又は第十条に基づく植物防疫所の業務に伴って植物防疫所の施設内において必要最小限の第二種使用等をする場合

六　家畜防疫官が狂犬病予防法（昭和二十五年法律第二百四十七号）第七条、家畜伝染病予防法（昭和二十六年法律第百六十六号）第四十条若しくは第四十五条又は感染症の予防及び感染症の患者に対する医療に関する法律（平成十年法律第百十四号）第五十五条に基づく動物検疫所の業務に伴って動物検疫所の施設内において必要最小限の第二種使用等をする場合

（輸入の届出）

第十七条　法第十六条の規定による届出は、主務大臣が別に定める期日までに、様式第三による届出書を提出して行うものとする。

（生物検査命令）

第十八条　法第十七条第一項の規定による命令は、文書により同条第三項に規定する条件を付して行うものとする。

（生物検査命令を受けた者の検査の求め）

第十九条　生物検査の求めは、様式第四による依頼書を提出して行うものとする。

2　前項に規定する依頼書には、前条に規定する文書の写しを添えなければならない。

（登録検査機関の登録の申請等）

第二十条　法第十八条第一項の規定による登録の申請は、様式第五による申請書を提出して行うものとする。

2　前項に規定する申請書には、次に掲げる書類を添えなければならない。

一　定款若しくは寄附行為及び登記事項証明書又はこれらに準ずるもの

二　申請の日の属する事業年度の直前の事業年度の貸借対照表及び当該事業年度末の財産目録又はこれらに準ずるもの（申請の日の属する事業年度に設立された法人にあっては、その設立時における財産目録）

三　申請者が法第十八条第三項第一号から第三号までの規定に適合することを説明した書類

四　申請者が現に行っている業務の概要を記載した書類

五　前各号に掲げるもののほか、その他参考となる事項を記載した書類

（登録検査機関登録簿に記載する事項）

第二十一条　法第十八条第四項第三号の主務省令で定める事項は、検査対象生物の種類の名称とする。

（生物検査の実施の方法）

第二十二条　法第十九条第二項の主務省令で定める方法は、検査対象生物の種類等を勘案して主務大臣が別に定める方法とする。

（変更の届出）

第二十三条　法第十九条第三項の規定による届出は、様式第六による届出書を提出して行うものとする。

（生物検査の業務の実施に関する規程の記載事項）

第二十四条　法第十九条第四項の生物検査の業務の実施に関する規程は、次に掲げる事項について定めるものとする。

一　生物検査を行う時間及び休日に関する事項

二　生物検査を行う事務所に関する事項

三　生物検査の実施体制に関する事項
四　手数料の収納に関する事項
五　生物検査に関する秘密の保持に関する事項
六　生物検査に関する帳簿、書類等の管理に関する事項
七　前各号に掲げるもののほか、その他生物検査の実施に関し必要な事項

（生物検査の業務の実施に関する規程の認可の申請等）

第二十五条　登録検査機関は、法第十九条第四項前段の規定による認可を受けようとするときは、様式第七による申請書に生物検査の業務の実施に関する規程を添えて、これを主務大臣に提出しなければならない。

2　登録検査機関は、法第十九条第四項後段の規定による認可を受けようとするときは、様式第八による申請書を主務大臣に提出しなければならない。

（電磁的方法）

第二十六条　法第十九条第六項第三号の主務省令で定める方法は、当該電磁的記録に記録された事項を紙面又は出力装置の映像面に表示する方法とする。

2　法第十九条第六項第四号の主務省令で定める電磁的方法は、次に掲げるものとする。

一　送信者の使用に係る電子計算機と受信者の使用に係る電子計算機とを電気通信回線で接続した電子情報処理組織を使用する方法であって、当該電気通信回線を通じて情報が送信され、受信者の使用に係る電子計算機に備えられたファイルに当該情報が記録されるもの
二　磁気ディスクその他これに準ずる方法により一定の情報を確実に記録しておくことができる物をもって調製するファイルに情報を記録したものを交付する方法

3　前項各号に掲げる方法は、受信者がファイルへの記録を出力することによる書面を作成することができるものでなければならない。

（帳簿）

第二十七条　法第十九条第七項の主務省令で定める事項は、次に掲げるものとする。

一　生物検査の求めをした者の氏名及び住所（法人にあっては、その名称、代表者の氏名及び主たる事務所の所在地）
二　生物検査の求めを受けた年月日
三　検査対象生物の種類の名称
四　生物検査の結果
五　生物検査の結果を通知した年月日

（生物検査の業務の休廃止の許可の申請）

第二十八条　登録検査機関は、法第十九条第八項の規定による許可を受けようとするときは、様式第九による申請書を主務大臣に提出しなければならない。

（法第二十二条第二項の証明書の様式）

第二十九条　法第二十二条第二項の証明書の様式は、様式第十のとおりとする。

（生物検査に関する手数料の納付）

第三十条　法第二十四条に規定する手数料については、国に納付する場合にあっては第十九条第一項に規定する依頼書に当該手数料の額に相当する額の収入印紙をはることにより、登録検査機関に納付する場合にあっては法第十九条第四項に規定する生物検査の業務の実施に関する規程で定めるところにより納付しなければならない。

2　前項の規定により納付された手数料は、これを返還しない。

（適正使用情報の公表の方法）

第三十一条　法第二十五条第二項の規定による公表は、遺伝子組換え生物等の種類の名称を明示して、官報に掲載して行うものとする。

（情報の提供）

第三十二条　法第二十六条第一項の規定による情報の提供は、次に掲げる場合以外の場合において、遺伝子組換え生物等の譲渡若しくは提供又は委託（以下「譲渡等」という。）の都度行うものとする。

一　第一種使用規程が定められている遺伝子組換え生物等を譲渡し、若しくは提供し、又は委託して使用等をさせようとする場合であって、適正使用情報が定められていないとき
二　遺伝子組換え生物等を委託して運搬をさせようとする場合
三　遺伝子組換え生物等を譲渡し、若しくは提供し、又は委託して使用等をさせようとする者（以下「譲渡者等」という。）の当該遺伝子組換え生物等の使用等が第五条第三号から第五号まで又は第十六条第三号に掲げる場合に該当する場合
四　譲渡者等の遺伝子組換え生物等の第二種使用等が、虚偽の情報の提供を受けていたために、第二種使用等に当たって執るべき拡散防止措置を執らずにされている場合
五　特定遺伝子組換え生物等の譲渡等をする場合

2　前項の規定にかかわらず、同一の情報を提供すべき遺伝子組換え生物等の譲渡若しくは提供を受ける者又は委託を受けて当該遺伝子組換え生物等の使用等をする者（以下「譲受者等」という。）に対し、二回以上にわたって当該遺伝子組換え生物等の譲渡等をする場合において、当該遺伝子組換え生物等の譲受者等が承知しているときは、その最初の譲渡等に際してのみ情報の提供を行うものとする。

（情報の内容）

第三十三条　法第二十六条第一項の主務省令で定める事項は、次の各号に掲げる場合の区分に応じ、当該各号に定める事項とする。

一　第一種使用等をしている遺伝子組換え生物等を譲渡し、若しくは提供し、又は委託して使用等をさせようとする場合　次のイからニまでに掲げる事項
イ　遺伝子組換え生物等の種類の名称（名称がないとき又は不明であるときは、その旨）
ロ　当該遺伝子組換え生物等の第一種使用等に係る第一種使用規程が主務大臣の承認を受けている旨又は第五条第一号、第二号若しくは第六号に基づく使用等をしている旨
ハ　適正使用情報（適正使用情報が定められている場合に限る。）
ニ　譲渡者等の氏名及び住所（法人にあっては、その名称並びに担当責任者の氏名及び連絡先）
二　第二種使用等をしている遺伝子組換え生物等を譲渡し、若しくは提供し、又は委託して使用等をさせようとする場合　次のイからニまでに掲げる事項

イ　遺伝子組換え生物等の第二種使用等をしている旨
ロ　遺伝子組換え生物等の宿主又は親生物の名称及び法第二条第二項第一号に規定する技術の利用により得られた核酸又はその複製物の名称（名称がないとき又は不明であるときは、その旨）
ハ　譲渡者が第十六条第一号、第二号又は第四号に基づく使用等をしている場合にはその旨
ニ　譲渡者等の氏名及び住所（法人にあっては、その名称並びに担当責任者の氏名及び連絡先）

（情報の提供の方法）

第三十四条　法第二十六条第一項の主務省令で定める方法は、次の各号のいずれかとする。
一　文書の交付
二　遺伝子組換え生物等又はその包装若しくは容器への表示
三　ファクシミリ装置を利用する送信
四　譲渡者等の使用に係る電子計算機と譲受者等の使用に係る電子計算機とを電気通信回線で接続した電子情報処理組織を利用する送信であって、当該電気通信回線を通じて前条各号に定める事項が送信され、譲受者等の使用に係る電子計算機に備えられたファイルに当該事項が記録されるもの

（輸出の通告の方法）

第三十五条　法第二十七条の規定による輸出の通告は、生物の多様性に関する条約のバイオセーフティに関するカルタヘナ議定書（次条において「議定書」という。）第八条1の輸入締約国の権限のある当局に対し、様式第十一により行うものとする。

（輸出の通告の適用除外）

第三十六条　法第二十七条ただし書の主務省令で定める場合は、次のとおりとする。
一　議定書の締約国以外の国に遺伝子組換え生物等を輸出する場合
二　輸入国において当該輸入国が定める基準に従い拡散防止措置を執って使用等が行われるものとして遺伝子組換え生物等を輸出する場合
三　輸入国において食用、飼料用又は加工用に供されるものとして遺伝子組換え生物等を輸出する場合
四　輸入国が議定書第十三条1（b）に掲げる事項に該当するものとして議定書第二十条に規定するバイオセーフティに関する情報交換センターに通報している輸入に該当する遺伝子組換え生物等を輸出する場合
五　輸入国にとって最初の遺伝子組換え生物等の輸入に該当しない遺伝子組換え生物等を輸出する場合

（輸出の際の表示の内容及び方法）

第三十七条　法第二十八条に規定する輸出の際の表示は、次の各号に掲げる区分に応じ、当該各号に定める様式により行うものとする。
一　輸入国において当該輸入国が定める基準に従い拡散防止措置を執って使用等が行われる遺伝子組換え生物等として輸出されるもの　様式第十二
二　輸入国において食用、飼料用又は加工用に供される遺伝子組換え生物等として輸出されるもの（前号に掲げるものを除く。）　様式第十三
三　前二号のいずれにも該当しない遺伝子組換え生物等として輸出されるもの　様式第十四

（輸出の際の表示の適用除外）

第三十八条　法第二十八条において準用する法第二十七条ただし書の主務省令で定める場合は、第三十六条第一号に掲げる場合とする。

（法第三十一条第二項の証明書の様式）

第三十九条　法第三十一条第二項に規定する証明書の様式は、様式第十五のとおりとする。

（主務大臣）

第四十条　法第二章第一節（第十条及び第十一条を除く。）、第二十五条及び第三章（第二十九条を除く。）における主務大臣は、次の各号に掲げる区分に応じ、当該各号に定める大臣とする。
一　研究開発段階（千九百八十六年七月十六日の工業、農業及び環境で組換え体を利用する際の安全性の考察に関する経済協力開発機構理事会勧告（第三項において「理事会勧告」という。）に準拠して審査がなされることが望ましい遺伝子組換え生物等である物の商業化又は実用化に向けた使用等及び遺伝子治療臨床研究その他の臨床研究として行われる使用等をする段階を除く。以下この条及び次条において同じ。）の遺伝子組換え生物等である物に関する事項　文部科学大臣及び環境大臣
二　前号に掲げる事項以外の事項　財務大臣、厚生労働大臣、農林水産大臣又は経済産業大臣であって当該遺伝子組換え生物等である物の生産又は流通を所管する大臣及び環境大臣
2　法第十条、第十一条及び第二十九条における主務大臣は、次の各号に掲げる区分に応じ、当該各号に定める大臣とする。
一　研究開発段階の遺伝子組換え生物等である物に関する事項　財務大臣、厚生労働大臣、農林水産大臣若しくは経済産業大臣であって法第十条第一項若しくは第二項、第十一条第二項若しくは第二十九条の規定による命令の対象となる者若しくは第十一条第一項の規定による届出をする者の行う事業を所管する大臣、文部科学大臣又は環境大臣
二　前号に掲げる事項以外の事項　財務大臣、文部科学大臣、厚生労働大臣、農林水産大臣若しくは経済産業大臣であって法第十条第一項若しくは第二項、第十一条第二項若しくは第二十九条の規定による命令の対象となる者若しくは第十一条第一項の規定による届出をする者の行う事業を所管する大臣若しくは財務大臣、厚生労働大臣、農林水産大臣若しくは経済産業大臣であって当該遺伝子組換え生物等である物の生産若しくは流通を所管する大臣又は環境大臣
3　法第二章第二節（第十三条第一項、第十四条及び第十五条を除く。）における主務大臣は、次の各号に掲げる区分に応じ、当該各号に定める大臣とする。
一　研究開発に係る遺伝子組換え生物等の第二種使用等（理事会勧告に準拠して審査がなされることが望ましい遺伝子組換え生物等である物の商業化又は実用化に向けた使用等を除く。以下この条において同じ。）に関する事項　文部科学大臣及び環境大臣
二　前号に掲げる事項以外の事項　財務大臣、文部科学大臣、厚生労働大臣、農林水産大臣又は経済産業

大臣であって当該遺伝子組換え生物等の第二種使用等をする者の行う事業を所管する大臣及び環境大臣

4　法第十三条第一項における主務大臣は、次の各号に掲げる区分に応じ、当該各号に定める大臣とする。

一　研究開発に係る遺伝子組換え生物等の第二種使用等に関する事項　文部科学大臣

二　前号に掲げる事項以外の事項　財務大臣、文部科学大臣、厚生労働大臣、農林水産大臣、経済産業大臣又は環境大臣であって、当該遺伝子組換え生物等の第二種使用等をする者の行う事業を所管する大臣（当該遺伝子組換え生物等の第二種使用等が事業に係るものとして行われない場合にあっては環境大臣）

5　法第十四条及び第十五条における主務大臣は、次の各号に掲げる区分に応じ、当該各号に定める大臣とする。

一　研究開発に係る遺伝子組換え生物等の第二種使用等に関する事項　財務大臣、厚生労働大臣、農林水産大臣若しくは経済産業大臣であって法第十四条第一項若しくは第二項若しくは第十五条第二項の規定による命令の対象となる者若しくは同条第一項の規定による届出をする者の行う事業を所管する大臣、文部科学大臣又は環境大臣

二　前号に掲げる事項以外の事項　財務大臣、文部科学大臣、厚生労働大臣、農林水産大臣若しくは経済産業大臣であって法第十四条第一項若しくは第二項若しくは第十五条第二項の規定による命令の対象となる者若しくは同条第一項の規定による届出をする者の行う事業を所管する大臣又は環境大臣

6　法第二章第三節における主務大臣は、財務大臣、厚生労働大臣、農林水産大臣、経済産業大臣又は環境大臣であって、検査対象生物である物の生産又は流通を所管する大臣とする。

7　法第二十六条第一項における主務大臣は、次の各号に掲げる区分に応じ、当該各号に定める大臣とする。

一　遺伝子組換え生物等の第一種使用等に係る事項　次に掲げる区分に応じ、それぞれ次に定める大臣

イ　研究開発段階の遺伝子組換え生物等である物に関する事項　文部科学大臣及び環境大臣

ロ　イに掲げる事項以外の事項　財務大臣、厚生労働大臣、農林水産大臣又は経済産業大臣であって当該遺伝子組換え生物等である物の生産又は流通を所管する大臣及び環境大臣

二　遺伝子組換え生物等の第二種使用等に係る事項　次に掲げる区分に応じ、それぞれ次に定める大臣

イ　研究開発に係る遺伝子組換え生物等の第二種使用等に関する事項　文部科学大臣及び環境大臣

ロ　イに掲げる事項以外の事項　財務大臣、文部科学大臣、厚生労働大臣、農林水産大臣又は経済産業大臣であって当該遺伝子組換え生物等の第二種使用等をする者の行う事業を所管する大臣及び環境大臣

8　法第二十六条第二項、第三十条及び第三十一条における主務大臣は、次の各号に掲げる区分に応じ、当該各号に定める大臣とする。

一　遺伝子組換え生物等の第一種使用等に係る事項　次に掲げる区分に応じ、それぞれ次に定める大臣

イ　研究開発段階の遺伝子組換え生物等である物に関する事項　財務大臣、厚生労働大臣、農林水産大臣若しくは経済産業大臣であって法第二十六条第二項の規定による命令、法第三十条の規定による報告徴収若しくは法第三十一条第一項の規定による立入検査等の対象となる者の行う事業を所管する大臣、文部科学大臣又は環境大臣

ロ　イに掲げる事項以外の事項　財務大臣、文部科学大臣、厚生労働大臣、農林水産大臣若しくは経済産業大臣であって法第二十六条第二項の規定による命令、法第三十条の規定による報告徴収若しくは法第三十一条第一項の規定による立入検査等の対象となる者の行う事業を所管する大臣若しくは財務大臣、厚生労働大臣、農林水産大臣若しくは経済産業大臣であって遺伝子組換え生物等である物の生産若しくは流通を所管する大臣又は環境大臣

二　遺伝子組換え生物等の第二種使用等に係る事項　次に掲げる区分に応じ、それぞれ次に定める大臣

イ　研究開発に係る遺伝子組換え生物等の第二種使用等に関する事項　財務大臣、厚生労働大臣、農林水産大臣若しくは経済産業大臣であって法第二十六条第二項の規定による命令、法第三十条の規定による報告徴収若しくは法第三十一条第一項の規定による立入検査等の対象となる者の行う事業を所管する大臣、文部科学大臣又は環境大臣

ロ　イに掲げる事項以外の事項　財務大臣、文部科学大臣、厚生労働大臣、農林水産大臣若しくは経済産業大臣であって法第二十六条第二項の規定による命令、法第三十条の規定による報告徴収若しくは法第三十一条第一項の規定による立入検査等の対象となる者の行う事業を所管する大臣又は環境大臣

（申請書等の提出）

第四十一条　法第四条第二項の規定に基づき申請書その他の書類（以下この条において「申請書等」という。）を主務大臣に提出する場合においては、次の各号に掲げる区分に応じ、当該各号に定める大臣に提出するものとする。

一　研究開発段階の遺伝子組換え生物等である物に関する事項　文部科学大臣

二　前号に掲げる事項以外の事項　財務大臣、厚生労働大臣、農林水産大臣、経済産業大臣又は環境大臣であって当該遺伝子組換え生物等である物の生産又は流通を所管する大臣

2　前項の規定により同項各号に定める大臣（環境大臣を除く。以下この条において同じ。）に申請書等を提出する場合は、その写し一通を添付しなければならない。

3　第一項各号に定める大臣は、申請書等及びその写しを受理したときは、遅滞なく、当該写しを環境大臣に送付するものとする。この場合において、当該申請書等は、同項各号に定める大臣が受理した日において環境大臣に提出されたものとみなす。

（その他の事項）

第四十二条　法第十二条並びに第十三条第二項及び第三項の主務省令は、別に定めるところによる。

（連絡等）

第四十三条　主務大臣は、前条の省令の制定又は改廃、法第四条第一項又は法第九条第一項の規定に基づく承認及び法第十三条第一項の規定に基づく確認について、関係する他の主務大臣が必要な情報を得られるようにするものとする。

2　主務大臣は、法の規定による命令をしようとするときは、他の主務大臣に連絡するものとし、必要な場合は、共同して、当該命令をするものとする。

（権限の委任）

第四十四条　法第三十条及び第三十一条第一項に規定する環境大臣の権限は、地方環境事務所長に委任する。ただし、環境大臣が自らその権限を行うことを妨げない。

附　則

この省令は、法の施行の日から施行する。

附　則（平成一九年四月二〇日財務省・文部科学省・厚生労働省・農林水産省・経済産業省・環境省令第一号）

（施行期日）

第一条　この省令は、公布の日から施行する。

（経過措置）

第二条　この省令の施行の際現にあるこの省令による改正前の遺伝子組換え生物等の使用等の規制による生物の多様性の確保に関する法律施行規則の様式（次項において「旧様式」という。）により使用されている書類は、この省令による改正後の遺伝子組換え生物等の使用等の規制による生物の多様性の確保に関する法律施行規則の様式によるものとみなす。

2　この省令の施行の際現にある旧様式により調製した用紙は、この省令の施行後においても当分の間、これを取り繕って使用することができる。

様式第一（第七条関係）略

様式第二（第十二条関係）略

様式第三（第十七条関係）略

様式第四（第十九条関係）略

様式第五（第二十条関係）略

様式第六（第二十三条関係）略

様式第七（第二十五条第一項関係）略

様式第八（第二十五条第二項関係）略

様式第九（第二十八条関係）略

様式第十（第二十九条関係）略

様式第十一（第三十五条関係）略

様式第十二（第三十七条第一号関係）略

様式第十三（第三十七条第二号関係）略

様式第十四（第三十七条第三号関係）略

様式第十五（第三十九条関係）略

研究開発等に係る遺伝子組換え生物等の第二種使用等に当たって執るべき拡散防止措置等を定める省令

平成十六年一月二十九日文部科学省・環境省令第一号

遺伝子組換え生物等の使用等の規制による生物の多様性の確保に関する法律（平成十五年法律第九十七号）第十二条並びに第十三条第二項第四号及び第三項の規定に基づき、研究開発等に係る遺伝子組換え生物等の第二種使用等に当たって執るべき拡散防止措置等を定める省令を次のように定める。

（目的）

第一条　この省令は、研究開発等に係る遺伝子組換え生物等の第二種使用等（千九百八十六年七月十六日の工業、農業及び環境で組換え体を利用する際の安全性の考察に関する経済協力開発機構理事会勧告に準拠して審査がなされることが望ましい遺伝子組換え生物等である物の商業化又は実用化に向けた使用等を除く。以下同じ。）に当たって執るべき拡散防止措置及び執るべき拡散防止措置が定められていない場合の拡散防止措置の確認に関し必要な事項を定め、もって研究開発等に係る遺伝子組換え生物等の第二種使用等の適正な実施を確保することを目的とする。

（定義）

第二条　この省令において、次の各号に掲げる用語の意義は、それぞれ当該各号に定めるところによる。

一　遺伝子組換え実験　研究開発等に係る遺伝子組換え生物等の第二種使用等のうち、遺伝子組換え生物等の使用等の規制による生物の多様性の確保に関する法律（以下「法」という。）第二条第二項第一号に掲げる技術の利用により得られた核酸又はその複製物（以下「組換え核酸」という。）を有する遺伝子組換え生物等に係るもの（実験の過程において行われる保管及び運搬以外の保管及び運搬を除く。）をいう。

二　微生物使用実験　遺伝子組換え実験のうち、微生物（菌界に属する生物（きのこ類を除く。）、原生生物界に属する生物、原核生物界に属する生物、ウイルス及びウイロイドをいう。以下同じ。）である遺伝子組換え生物等に係るもの（次号から第五号までに掲げるものを除く。）をいう。

三　大量培養実験　遺伝子組換え実験のうち、微生物である遺伝子組換え生物等の使用等であって、培養又は発酵の用に供する設備（設備の総容量が二十リットルを超えるものに限る。以下「培養設備等」という。）を用いるものをいう。

四　動物使用実験　遺伝子組換え実験のうち、動物（動物界に属する生物をいう。以下同じ。）である遺伝子組換え生物等（遺伝子組換え生物等を保有しているものを除く。）に係るもの（以下「動物作成実験」という。）及び動物により保有されている遺伝子組換え生物等に係るもの（以下「動物接種実験」という。）をいう。

五　植物等使用実験　遺伝子組換え実験のうち、植物（植物界に属する生物をいう。以下同じ。）である遺伝子組換え生物等（遺伝子組換え生物等を保有しているものを除く。）に係るもの（以下「植物作成実験」という。）、きのこ類である遺伝子組換え生物等に係るもの（以下「きのこ作成実験」という。）及び植物により保有されている遺伝子組換え生物等に係るもの（以下「植物接種実験」という。）をいう。

六　細胞融合実験　研究開発等に係る遺伝子組換え生物等の第二種使用等のうち、法第二条第二項第二号に掲げる技術の利用により得られた核酸又はその複製物を有する遺伝子組換え生物等に係るもの（実験の過程において行われる保管及び運搬以外の保管及び運搬を除く。）をいう。

七　宿主　組換え核酸が移入される生物をいう。

八　ベクター　組換え核酸のうち、移入された宿主内で当該組換え核酸の全部又は一部を複製させるものをいう。

九　供与核酸　組換え核酸のうち、ベクター以外のものをいう。

十　核酸供与体　供与核酸が由来する生物（ヒトを含む。）をいう。

十一　実験分類　宿主又は核酸供与体について定められる分類であって、遺伝子組換え実験に当たって執るべき拡散防止措置を生物多様性影響が生ずる可能性のある拡散の程度に応じて定める際に用いられるものをいう。

十二　同定済核酸　供与核酸であって、次のイからハまでのいずれかに掲げるものをいう。

イ　遺伝子の塩基配列に基づき、当該供与核酸又は蛋白質その他の当該供与核酸からの生成物の機能が科学的知見に照らし推定されるもの

ロ　当該供与核酸が移入される宿主と同一の分類学上の種に属する生物の核酸又は自然条件において当該宿主の属する分類学上の種との間で核酸を交換する種に属する生物の核酸（当該宿主がウイルス又はウイロイドである場合を除く。）

ハ　自然条件において当該供与核酸が移入される宿主との間で核酸を交換するウイルス又はウイロイドの核酸（当該宿主がウイルス又はウイロイドである場合に限る。）

十三　認定宿主ベクター系　特殊な培養条件下以外での生存率が低い宿主と当該宿主以外の生物への伝達性が低いベクターとの組合せであって、文部科学大臣が定めるものをいう。

（実験分類）

第三条　実験分類の名称は次の表の上欄に、各実験分類に属する宿主又は核酸供与体は同表の下欄に、それぞれ定めるとおりとする。

一　クラス1	微生物、きのこ類及び寄生虫のうち、哺乳綱及び鳥綱に属する動物（ヒトを含む。以下「哺乳動物等」という。）に対する病原性がないものであって、文部科学大臣が定めるもの並びに動物（ヒトを含み、寄生虫を除く。）及び植物
二　クラス2	微生物、きのこ類及び寄生虫のうち、哺乳動物等に対する病原性が低いものであって、文部科学大臣が定めるもの
三　クラス3	微生物及びきのこ類のうち、哺乳動物等に対する病原性が高く、かつ、伝播性が低いものであって、文部科学大臣が定めるもの
四　クラス4	微生物のうち、哺乳動物等に対する病原性が高く、かつ、伝播性が高いものであって、文部科学大臣が定めるもの

（遺伝子組換え実験に係る拡散防止措置の区分及び内容）

第四条　遺伝子組換え実験（別表第一に掲げるものを除く。次条において同じ。）に係る拡散防止措置の区分及び内容は、次の各号に掲げる遺伝子組換え実験の種類に応じ、それぞれ当該各号に定めるとおりとする。

一　微生物使用実験　別表第二の上欄に掲げる拡散防止措置の区分について、それぞれ同表の下欄に掲げる拡散防止措置の内容

二　大量培養実験　別表第三の上欄に掲げる拡散防止措置の区分について、それぞれ同表の下欄に掲げる拡散防止措置の内容

三　動物使用実験　別表第四の上欄に掲げる拡散防止措置の区分について、それぞれ同表の下欄に掲げる拡散防止措置の内容

四　植物等使用実験　別表第五の上欄に掲げる拡散防止措置の区分について、それぞれ同表の下欄に掲げる拡散防止措置の内容

（遺伝子組換え実験に当たって執るべき拡散防止措置）

第五条　遺伝子組換え実験に当たって執るべき拡散防止措置は、次の各号に掲げる遺伝子組換え実験の種類に

応じ、それぞれ当該各号に定めるとおりとする（遺伝子組換え生物等の使用等の規制による生物の多様性の確保に関する法律施行規則（平成十五年財務省、文部科学省、厚生労働省、農林水産省、経済産業省、環境省令第一号。以下「施行規則」という。）第十六条第一号、第二号及び第四号に掲げる場合並びに虚偽の情報の提供を受けていたために、第二種使用等に当たって執るべき拡散防止措置を執らないで第二種使用等をする場合を除く。）。

一　微生物使用実験　次に掲げる遺伝子組換え生物等の区分に応じ、それぞれ次に定めるところによる。

イ　次のロから二までに掲げる遺伝子組換え生物等以外の遺伝子組換え生物等　宿主の実験分類又は核酸供与体の実験分類のうち、実験分類の名称中の数のいずれか小さくない方がクラス１、クラス２又はクラス３である場合に、それぞれ別表第二に掲げるＰ１レベル、Ｐ２レベル又はＰ３レベルの拡散防止措置とすること。

ロ　特定認定宿主ベクター系（認定宿主ベクター系のうち、特殊な培養条件下以外での生存率が極めて低い宿主と当該宿主以外の生物への伝達性が極めて低いベクターとの組合せであって、文部科学大臣が定めるものをいう。以下同じ。）を用いた遺伝子組換え生物等（ハに掲げる遺伝子組換え生物等を除く。）核酸供与体の実験分類がクラス１及びクラス２である場合にあっては別表第二に掲げるＰ１レベルの拡散防止措置とし、核酸供与体の実験分類がクラス３である場合にあっては別表第二に掲げるＰ２レベルの拡散防止措置とすること。

ハ　供与核酸が同定済核酸であり、かつ、哺乳動物等に対する病原性及び伝達性に関係しないことが科学的知見に照らし推定される遺伝子組換え生物等　宿主の実験分類がクラス１又はクラス２である場合に、それぞれ別表第二に掲げるＰ１レベル又はＰ２レベルの拡散防止措置とすること。

ニ　認定宿主ベクター系を用いていない遺伝子組換え生物等であって、供与核酸が哺乳動物等に対する病原性又は伝達性に関係し、かつ、その特性により宿主の哺乳動物等に対する病原性を著しく高めることが科学的知見に照らし推定されるもの　宿主の実験分類又は核酸供与体の実験分類のうち、実験分類の名称中の数のいずれか小さくない方がクラス１又はクラス２である場合に、それぞれ別表第二に掲げるＰ２レベル又はＰ３レベルの拡散防止措置とすること。

二　大量培養実験　次に掲げる遺伝子組換え生物等の区分に応じ、それぞれ次に定めるところによる。

イ　次のロからホまでに掲げる遺伝子組換え生物等以外の遺伝子組換え生物等　宿主の実験分類又は核酸供与体の実験分類のうち、実験分類の名称中の数のいずれか小さくない方がクラス１又はクラス２である場合に、それぞれ別表第三に掲げるＬＳ１レベル又はＬＳ２レベルの拡散防止措置とすること。

ロ　第一号ロに掲げる遺伝子組換え生物等（ホに掲げる遺伝子組換え生物等を除く。）核酸供与体の実験分類がクラス１及びクラス２である場合にあっては別表第三に掲げるＬＳ１レベルの拡散防止措置とし、核酸供与体の実験分類がクラス３である場合にあっては別表第三に掲げるＬＳ２レベルの拡散防止措置とすること。

ハ　第一号ハに掲げる遺伝子組換え生物等（ホに掲げる遺伝子組換え生物等を除く。）宿主の実験分類がクラス１又はクラス２である場合に、それぞれ別表第三に掲げるＬＳ１レベル又はＬＳ２レベルの拡散防止措置とすること。

ニ　第一号ニに掲げる遺伝子組換え生物等　宿主の実験分類及び核酸供与体の実験分類がクラス１である場合に、別表第三に掲げるＬＳ２レベルの拡散防止措置とすること。

ホ　次の（１）又は（２）に掲げる遺伝子組換え生物等　別表第三に掲げるＬＳＣレベルの拡散防止措置とすること。

（１）認定宿主ベクター系を用いた遺伝子組換え生物等であって、核酸供与体の実験分類がクラス１であるもののうち、供与核酸が同定済核酸であり、かつ、哺乳動物等に対する病原性及び伝達性に関係しないことが科学的知見に照らし推定されるもの

（２）別表第三に掲げるＬＳＣレベルの拡散防止措置を執ることが適当である遺伝子組換え生物等として文部科学大臣が定めるもの

三　動物使用実験　次に掲げる遺伝子組換え生物等の区分に応じ、それぞれ次に定めるところによる。

イ　次のロからホまでに掲げる遺伝子組換え生物等以外の遺伝子組換え生物等　動物作成実験に係る遺伝子組換え生物等にあっては宿主の実験分類が、動物接種実験に係る遺伝子組換え生物等（動物により保有されているものに限る。）にあっては宿主の実験分類又は核酸供与体の実験分類のうち実験分類の名称中の数のいずれか小さくない方が、クラス１、クラス２又はクラス３である場合に、それぞれ別表第四に掲げるＰ１Ａレベル、Ｐ２Ａレベル又はＰ３Ａレベルの拡散防止措置とすること。

ロ　第一号ロに掲げる遺伝子組換え生物等（ホに掲げる遺伝子組換え生物等を除く。）核酸供与体の実験分類がクラス１及びクラス２である場合にあっては別表第四に掲げるＰ１Ａレベルの拡散防止措置とし、核酸供与体の実験分類がクラス３である場合にあっては別表第四に掲げるＰ２Ａレベルの拡散防止措置とすること。

ハ　第一号ハに掲げる遺伝子組換え生物等（ホに掲げる遺伝子組換え生物等を除く。）宿主の実験分類がクラス１又はクラス２である場合に、それぞれ別表第四に掲げるＰ１Ａレベル又はＰ２Ａレベルの拡散防止措置とすること。

ニ　第一号ニに掲げる遺伝子組換え生物等　動物作成実験に係る遺伝子組換え生物等にあっては宿主の実験分類が、動物接種実験に係る遺伝子組換え生物等（動物に保有されているものに限る。）にあっては宿主の実験分類又は核酸供与体の実験分類のうち実験分類の名称中の数のいずれか小さく

ない方が、クラス1又はクラス2である場合に、それぞれ別表第四に掲げるP2Aレベル又はP3Aレベルの拡散防止措置とすること。

ホ　次の（1）から（4）までに掲げる要件のいずれにも該当する遺伝子組換え生物等　別表第四に掲げる特定飼育区画の拡散防止措置とすること。

（1）供与核酸が同定済核酸であり、かつ、哺乳動物等に対する病原性及び伝達性に関係しないことが科学的知見に照らし推定されること。

（2）供与核酸が宿主の染色体の核酸に組み込まれており、かつ、転移因子を含まないこと。

（3）逃亡に関係する運動能力が宿主と比較して増大しないことが科学的知見に照らし推定されること。

（4）微生物である遺伝子組換え生物等を保有していない動物であること。

四　植物等使用実験　次に掲げる遺伝子組換え生物等の区分に応じ、それぞれ次に定めるところによる。

イ　次のロからホまでに掲げる遺伝子組換え生物等以外の遺伝子組換え生物等　植物作成実験に係る遺伝子組換え生物等にあっては宿主の実験分類が、植物接種実験に係る遺伝子組換え生物等（植物により保有されているものに限る。）及びきのこ作成実験に係る遺伝子組換え生物等にあっては宿主の実験分類又は核酸供与体の実験分類のうち実験分類の名称中の数のいずれか小さくない方が、クラス1、クラス2又はクラス3である場合に、それぞれ別表第五に掲げるP1Pレベル、P2Pレベル又はP3Pレベルの拡散防止措置とすること。

ロ　第一号ロに掲げる遺伝子組換え生物等（ホに掲げる遺伝子組換え生物等を除く。）　核酸供与体の実験分類がクラス1及びクラス2である場合にあっては別表第五に掲げるP1Pレベルの拡散防止措置とし、核酸供与体の実験分類がクラス3である場合にあっては別表第五に掲げるP2Pレベルの拡散防止措置とすること。

ハ　第一号ハに掲げる遺伝子組換え生物等（ホに掲げる遺伝子組換え生物等を除く。）　宿主の実験分類がクラス1又はクラス2である場合に、それぞれ別表第五に掲げるP1Pレベル又はP2Pレベルの拡散防止措置とすること。

ニ　第一号ニに掲げる遺伝子組換え生物等　植物作成実験に係る遺伝子組換え生物等にあっては宿主の実験分類が、植物接種実験に係る遺伝子組換え生物等（植物により保有されているものに限る。）及びきのこ作成実験に係る遺伝子組換え生物等にあっては宿主の実験分類又は核酸供与体の実験分類のうち実験分類の名称中の数のいずれか小さくない方が、クラス1又はクラス2である場合に、それぞれ別表第五に掲げるP2Pレベル又はP3Pレベルの拡散防止措置とすること。

ホ　次の（1）から（4）までに掲げる要件のいずれにも該当する遺伝子組換え生物等　別表第五に掲げる特定網室の拡散防止措置とすること。

（1）供与核酸が同定済核酸であり、かつ、哺乳動物等に対する病原性及び伝達性に関係しないことが科学的知見に照らし推定されること。

（2）供与核酸が宿主の染色体の核酸に組み込まれており、かつ、転移因子を含まないこと。

（3）花粉、胞子及び種子（以下「花粉等」という。）の飛散性並びに交雑性が宿主と比較して増大しないことが科学的知見に照らし推定されること。

（4）微生物である遺伝子組換え生物等を保有していない植物であること。

（保管に当たって執るべき拡散防止措置）

第六条　研究開発等に係る遺伝子組換え生物等の第二種使用等のうち、保管（遺伝子組換え実験又は細胞融合実験の過程において行われる保管を除く。）に当たって執るべき拡散防止措置は、次に定めるとおりとする（施行規則第十六条第一号、第二号及び第四号に掲げる場合並びに虚偽の情報の提供を受けていたために、第二種使用等に当たって執るべき拡散防止措置を執らないで第二種使用等をする場合を除く。）。

一　遺伝子組換え生物等が漏出、逃亡その他拡散しない構造の容器に入れ、かつ、当該容器の見やすい箇所に、遺伝子組換え生物等である旨を表示すること。

二　前号の遺伝子組換え生物等を入れた容器は、所定の場所に保管するものとし、保管場所が冷蔵庫その他の保管のための設備である場合には、当該設備の見やすい箇所に、遺伝子組換え生物等を保管している旨を表示すること。

（運搬に当たって執るべき拡散防止措置）

第七条　研究開発等に係る遺伝子組換え生物等の第二種使用等のうち、運搬（遺伝子組換え実験又は細胞融合実験の過程において行われる運搬を除く。）に当たって執るべき拡散防止措置は、次に定めるとおりとする（施行規則第十六条第一号、第二号及び第四号に掲げる場合並びに虚偽の情報の提供を受けていたために、第二種使用等に当たって執るべき拡散防止措置を執らないで第二種使用等をする場合を除く。）。

一　遺伝子組換え生物等が漏出、逃亡その他拡散しない構造の容器に入れること。

二　当該遺伝子組換え生物等の遺伝子組換え実験又は細胞融合実験に当たって執るべき拡散防止措置が、P1レベル、P2レベル、LSCレベル、LS1レベル、P1Aレベル、P2Aレベル、特定飼育区画、P1Pレベル、P2Pレベル及び特定網室以外のものである場合にあっては、前号に規定する措置に加え、前号に規定する容器を、通常の運搬において事故等により当該容器が破損したとしても当該容器内の遺伝子組換え生物等が漏出、逃亡その他拡散しない構造の容器に入れること。

三　最も外側の容器（容器を包装する場合にあっては、当該包装）の見やすい箇所に、取扱いに注意を要する旨を表示すること。

（申請書の記載事項）

第八条　法第十三条第二項第四号の主務省令で定める事項は、次に掲げる事項とする。

一　第二種使用等の名称

二　第二種使用等をする場所の名称及び所在地

三　第二種使用等の目的及び概要

四　遺伝子組換え生物等を保有している動物又は植物

の特性（動物接種実験又は植物接種実験の場合に限る。）

五　微生物である遺伝子組換え生物等を保有している細胞等（動物及び植物以外のものに限る。以下この号において同じ。）の特性（微生物である遺伝子組換え生物等を保有している細胞等を用いる場合に限る。）

（申請書の様式）

第九条　法第十三条第二項に規定する申請書の様式は、別記様式のとおりとする。

附　則

この省令は、法の施行の日（平成十六年二月十九日）から施行する。

別表第一（第四条関係）　略

別表第二（第四条第一号関係）　略

別表第三（第四条第二号関係）　略

別表第四（第四条第三号関係）　略

別表第五（第四条第四号関係）　略

別記様式（第九条関係）　略

遺伝子組換え生物等の使用等の規制による生物の多様性の確保に関する法律第三条の規定に基づく基本的事項

平成十五年財務・文部科学・厚生労働・農林水産・経済産業・環境省告示第一号

遺伝子組換え生物等の使用等の規制による生物の多様性の確保に関する法律第三条の規定に基づく基本的事項（平成15年財務・文部科学・厚生労働・農林水産・経済産業・環境省告示第1号）　現代のバイオテクノロジーが急速に拡大するとともに、現代のバイオテクノロジーが生物の多様性に及ぼす可能性のある悪影響についての懸念が増大しており、安全上の措置が十分に執られた上で開発され及び利用されるならば現代のバイオテクノロジーは人類の福祉にとって多大な可能性を有するとの認識の下、遺伝子組換え生物等に関し、特に国境を越える移動に着目した国際的な枠組みが必要とされ、平成十二年一月に生物の多様性に関する条約のバイオセーフティに関するカルタヘナ議定書（以下「議定書」という。）が採択された。

我が国では、遺伝子組換え生物等の使用等について、文部科学省、厚生労働省、農林水産省及び経済産業省がそれぞれ策定したガイドラインに基づき運用がなされてきたところであるが、遺伝子組換え生物等による生物多様性影響の防止に向けた国際的な取組の重要性にかんがみ、議定書の的確かつ円滑な実施を確保することを目的とした遺伝子組換え生物等の使用等の規制による生物の多様性の確保に関する法律（以下「法」という。）を制定した。

本事項は、法第三条の規定に基づき、議定書の的確かつ円滑な実施を図るため、必要な事項を定めるものである。

第一　遺伝子組換え生物等の使用等により生ずる影響であって、生物の多様性を損なうおそれのあるものを防止するための施策の実施に関する基本的な事項

1　遺伝子組換え生物等の第一種使用等に係る基本的な事項

遺伝子組換え生物等を作成し又は輸入して第一種使用等をしようとする者その他の遺伝子組換え生物等の第一種使用等をしようとする者が、既に公表された第一種使用規程に従った第一種使用等をする場合等を除き、受けなければならない第一種使用規程の承認に係る手続については、次によること。

（1）第一種使用規程の承認の申請

イ　第一種使用規程の承認の申請に当たり提出すべき生物多様性影響評価書は、次に掲げる事項に留意して主務大臣が定める評価の方法に従って作成すること。

①　生物多様性影響の評価に際して着目すべき点は、遺伝子組換え生物等の特性によって様々であることから、植物（植物界に属する生物及び菌界に属する生物のうちきのこ類をいう。）、動物（動物界に属する生物をいう。）及び微生物（菌界に属する生物（きのこ類を除く。）、原生生物界に属する生物、原核生物界に属する生物、ウイルス及びウイロイドをいう。）ごとに評価の項目を定めること。

②　生物多様性影響の評価に必要とされる情報は、最新の科学的知見によることとし、遺伝子組換え生物等の第一種使用等の目的、内容及び方法に応じ、当該遺伝子組換え生物等の宿主（法第二条第二項第一号に掲げる技術の利用により得られた核酸又はその複製物が移入される生物をいう。以下同じ。）又は当該宿主の属する分類学上の種に関する情報、遺伝子組換え生物等の調製等に関する情報及び遺伝子組換え生物等の使用等に関する情報とすること。

③　生物多様性影響の評価は、議定書附属書Ⅲに規定された方法に沿って、影響を受ける可能性のある野生動植物等の特定、影響の生じやすさの評価、影響の具体的内容の評価、影響の生じるおそれの有無等の判断の手順によること。

④　②の遺伝子組換え生物等の使用等に関する情報には、必要に応じ、承認を受けようとする者による第一種使用等の開始後における情報収集、生物多様性影響が生ずるおそれのある場合における生物多様性影響を防止するための措置、実験室等での使用等又は第一種使用等が予定されている環境と類似の環境での使用等（原則として遺伝子組換え生物等の生活環又は世代時間に相応する適当な期間行われるものをいう。（2）ロ②において同じ。）の結果等を含むこと。

ロ　第一種使用規程の承認の申請に当たり申請書とともに提出する書類は、生物多様性影響評価書のほか、承認を受けようとする者による生物多様性影響の効果的な防止に資する措置（当該承認を受けようとする者による第一種使用等の開始後における情報収集及び生物多様性影響が生ずるおそれのある場合における生物多様性影響を防止するための措置を含む。（2）ロ③において同じ。）の内容を記載した書類とすること（主務大臣が必要と認める場合に限る。）。

(2)　第一種使用規程の承認の審査

イ　学識経験者からの意見聴取

学識経験者については、第一種使用等をする遺伝子組換え生物等の特性に関し知見を有する専門家及び遺伝子組換え生物等の第一種使用等によって影響を受ける可能性のある生物、生態系等に関し知見を有する専門家から選定すること。

ロ　第一種使用規程の承認の基準

第一種使用規程の承認の申請が次の①から③までのいずれにも適合しているとき、生物多様性影響が生ずるおそれがないものとして、第一種使用規程の承認をするものとする。

①　当該第一種使用規程が、次のいずれかに該当するものであること。

(イ)　生物多様性影響評価書及び学識経験者から聴取した意見の内容に照らし、当該第一種使用規程に従って第一種使用等をした場合に影響を受ける可能性があると特定された野生動植物の種又は個体群の維持に支障を及ぼすおそれがないと認められる遺伝子組換え生物等に係る第一種使用規程であること。

(ロ)　その宿主又は宿主の属する分類学上の種について我が国での長期間の使用等の経験のある遺伝子組換え生物等であって、生物多様性影響評価書及び学識経験者から聴取した意見の内容に照らし、当該宿主又は宿主の属する分類学上の種と比較して、生物多様性に及ぼす影響の程度が高まっていないと認められるものに係る第一種使用規程であること。

②　当該遺伝子組換え生物等の特性又はその第一種使用等の内容及び方法に応じ、実験室等での使用等又は第一種使用等が予定されている環境と類似の環境での使用等をすることにより、生物多様性影響を評価するための情報が得られていること。

③　当該遺伝子組換え生物等の特性又はその第一種使用等の内容及び方法に応じ、生物多様性影響の評価に際し勘案した生物多様性影響の効果的な防止に資する措置が確実に講じられるものであること。

ハ　国民の意見の聴取

遺伝子組換え生物等の使用等により生ずる生物多様性影響について国民各層の関心が高いことから、主務大臣は、第一種使用規程の承認に当たって、第一種使用等の内容及び方法に応じ、国民に対し当該承認の申請に係る第一種使用規程等を公表し、それに対して提出された意見及び情報を考慮すること。

ニ　第一種使用規程の承認に当たって考慮すべき事項

主務大臣は第一種使用規程の承認に当たって、遺伝子組換え生物等の第一種使用等による人の健康に対する影響を考慮するとともに、食品として国内で第一種使用等をすることが第一種使用規程の承認申請書で示されているものにあっては、食品、添加物等の規格基準（昭和三十四年十二月厚生省告示第三百七十号）の規定による安全性審査との整合性、飼料として国内で第一種使用等をすることが第一種使用規程の承認申請書で示されているものにあっては、飼料及び飼料添加物の成分規格等に関する省令（昭和五十一年農林省令第三十五号）の規定による安全性についての確認との整合性を考慮すること。

(3)　承認取得者等による情報の収集等

イ　承認取得者は、生物多様性影響の評価に際し勘案した第一種使用等の開始後における情報収集及び生物多様性影響が生ずるおそれのある場合における生物多様性影響を防止するための措置を執る必要があること。

ロ　承認取得者は、主務大臣が法第六条第二項の規定に基づき必要な情報の提供を求めた場合に対応できるよう、第一種使用規程の承認を受けた遺伝子組換え生物等について、当該遺伝子組換え生物等の第一種使用等をする者に対し、その第一種使用等の状況、第一種使用等により生ずる影響に関する情報の収集を求めることも含め、第一種使用等の状況、第一種使用等により生ずる影響に関する情報の収集に努めること。

ハ　遺伝子組換え生物等の第一種使用等（環境への意図的な導入を目的とするものに限る。）をする者は、当該第一種使用等の状況を把握し、第一種使用等により生ずる影響に関する情報の収集に努めるとともに、必要に応じて関係する行政機関に連絡するよう努めること。

2　遺伝子組換え生物等の第二種使用等に係る基本的な事項

遺伝子組換え生物等の第二種使用等に関し、執るべき拡散防止措置を主務省令により定める場合の考え方及び拡散防止措置の確認の手続については、次によること。

(1) 執るべき拡散防止措置を主務省令により定める場合の考え方

主務大臣は、遺伝子組換え生物等の使用等の実績及び科学的知見を踏まえ、執るべき拡散防止措置をあらかじめ定めることができると判断される第二種使用等について定め、必要に応じ見直しを行うこと。

その際、遺伝子組換え生物等の特性により生物多様性影響を生ずる可能性のある拡散の程度が異なることから、事業等の従事者への影響も考慮しつつ、執るべき拡散防止措置を拡散の程度に応じ段階に分けて定めること。

(2) 主務大臣による拡散防止措置の確認に係る手続

主務大臣は、第二種使用等をしようとする遺伝子組換え生物等について、その特性及び使用等の態様に応じ、用いようとする施設等及び管理方法がその拡散を効果的に防止するものであることを確認すること。

3 遺伝子組換え生物等の輸出入に係る基本的な事項

(1) 遺伝子組換え生物等の輸入に係る手続等

環境への意図的な導入を目的とした遺伝子組換え生物等の輸入に係る手続等については、次によること。

イ 権限のある当局

我が国の議定書における権限のある当局は、環境省であること。

ロ 輸入に係る通告の受領及び連絡

環境大臣は、環境への意図的な導入を目的とした遺伝子組換え生物等の輸出について書面による通告を受領したときは、当該書面の写しを遺伝子組換え生物等の使用等の規制による生物の多様性の確保に関する法律施行規則(平成十五年財務省、文部科学省、厚生労働省、農林水産省、経済産業省、環境省令第一号)第四十条第一項各号に定める大臣(環境大臣を除く。)に送付するとともに、当該書面に記載された輸入予定者に対し、通告があった旨及び法に基づく第一種使用規程の承認の必要の有無について連絡を行うこと。

ハ 輸入に係る通告者に対する通報

環境大臣は、通告を受領した日から九十日以内に、議定書第九条2に掲げられた事項及び議定書第十条2に規定された情報を、当該通告をした者に対して書面により通報すること。その際、必要に応じ、予定される使用等に関連する他法令についての情報を提供すること。

ニ 輸入に係る通告に関する決定

環境大臣は、通告を受領した日から二百七十日以内に、我が国における使用等に係る決定を、当該通告をした者及び議定書第二十条に規定するバイオセーフティに関する情報交換センター(以下「情報交換センター」という。)に対して書面により通報すること。なお、当該通告をした者に対する通報に際し、必要に応じ、予定される使用等に関連する他法令についての情報を提供すること。

(2) 遺伝子組換え生物等の輸出に係る手続

遺伝子組換え生物等の輸出に係る手続については、次によること。

イ 輸入締約国の環境への意図的な導入を目的とする遺伝子組換え生物等の輸出について

① 輸出に係る通告

遺伝子組換え生物等を議定書の締約国(以下「締約国」という。)に対し輸出しようとする者は、当該締約国の権限のある当局に対して、法第二十七条の規定に基づき書面により通告を行うこと。

なお、当該締約国がいかなる遺伝子組換え生物等について通告を必要とするか、当該締約国の権限のある当局がどこであるか等については、情報交換センターの情報により判断すること。

② 追加的な関連情報の提供

締約国に通告を行った場合、当該締約国から追加的な関連情報を求められたときは、輸出しようとする者は、議定書の趣旨を踏まえ、必要な情報を提供すること。

③ 危険性の評価

締約国に通告を行った場合、当該締約国から議定書第十五条2の規定に基づき危険性の評価の実施及びその費用の負担を求められたときは、輸出しようとする者は、議定書の趣旨を踏まえ、必要な対応を行うこと。

④ 輸入に係る締約国の意思の尊重

締約国に通告を行った場合、輸出しようとする者は、当該締約国における輸入についての決定に従うこと。

⑤ 表示

輸出しようとする者は、法第二十八条の規定に基づき必要な表示をした上で、輸出を行うこと。

⑥ 違法な輸出に対する措置

主務大臣は、遺伝子組換え生物等の輸出が違法に行われた場合には、措置命令の適切な発動等を通じ、生物の多様性の確保を図ること。

⑦ 秘密情報の取扱い

輸出しようとする者は、①に基づき通告した情報(議定書第二十一条6に掲げる情報を除く。)又は②に基づき提供した追加的な関連情報であって、秘密のものとして取り扱われるべきものを特定することができること。この場合において、輸入に係る締約国が要請するときは、当該締約国に対し、理由を示す必要があること。また、特定した情報であっても、議定書第二十一条2の規定に基づき、当該締約国が、そのような取扱いの対象としないと決定する場合もあることに留意すること。

ロ 食料若しくは飼料として直接利用し又は加工することを目的とする遺伝子組換え生物等の輸出について

① 輸入に係る締約国の意思の尊重

輸出しようとする者は、輸入に係る締約国が議定書第十一条4の規定に基づき、当該締約国の国内規制の枠組みに従い、輸入に関する決定を行っている場合又は同条6の規定に基づき、情報交換センターを通じて危険性の評価等に従って輸入について決定することを宣言している場合については、これらの決定に従うこと。

② 表示

輸出しようとする者は、法第二十八条の規定に基づき必要な表示をした上で、輸出を行うこと。

③ 違法な輸出に対する措置

主務大臣は、遺伝子組換え生物等の輸出が違法に行われた場合には、措置命令の適切な発動等を通じ、生物の多様性の確保を図ること。

ハ 拡散防止措置の下での利用を目的とする遺伝子組換え生物等の輸出について

① 表示

輸出しようとする者は、法第二十八条の規定に基づき必要な表示をした上で、輸出を行うこと。

② 違法な輸出に対する措置

主務大臣は、遺伝子組換え生物等の輸出が違法に行われた場合には、措置命令の適切な発動等を通じ、生物の多様性の確保を図ること。

第二 遺伝子組換え生物等の使用等をする者がその行為を適正に行うために配慮しなければならない基本的な事項

1 他法令の遵守に関する事項

遺伝子組換え生物等の使用等を行う者は、法の規定によるほか、人の健康の保護を図ることを目的とした法令等予定される使用等に関連する他法令を遵守すること。

2 遺伝子組換え生物等の取扱いに係る体制の整備に関する事項

第一種使用規程（第一種使用等の場所を限定する等生物多様性影響を防止するために第一種使用等の方法を限定する場合に限る。4において同じ。）の承認を受けようとする者又は第二種使用等をしようとする者は、遺伝子組換え生物等の使用等をする事業所等において生物多様性への影響を防止するための措置を適切に行うことができるよう、遺伝子組換え生物等の特性及び使用等の態様に応じ、遺伝子組換え生物等の安全な取扱いについて検討する委員会等を設置し、第一種使用規程の承認若しくは拡散防止措置の確認を受けるに当たり又は第二種使用等を行うに当たり、あらかじめ遺伝子組換え生物等の安全な取扱いについての検討を行うとともに、遺伝子組換え生物等の取扱いについて経験を有する者の配置、遺伝子組換え生物等の取扱いに関する教育訓練、事故時における連絡体制の整備を行うよう努めること。

3 情報の提供に関する事項

譲渡者等は、譲受者等に対し、主務省令で定められる情報を提供する際、遺伝子組換え生物等の性状等に応じて、譲受者等が当該遺伝子組換え生物等を適切に取り扱うために提供することが望ましいと判断される情報を有する場合には、当該情報についても提供するよう努めること。

4 記録の保管に関する事項

第一種使用規程の承認取得者及び第二種使用等をする者は、使用等の態様、2の委員会等における検討結果、譲渡等に際して提供した又は提供を受けた情報等を記録し、保管するよう努めること。

第三 その他遺伝子組換え生物等の使用等が適正に行われることを確保するための重要事項

1 科学的知見の充実のための措置に関する事項

国は、遺伝子組換え生物等及びその使用等により生ずる生物多様性影響に関する科学的知見の充実を図るため、遺伝子組換え生物等の使用等による影響の監視を実施する等、これらに関する情報の収集、整理及び分析並びに研究の推進その他必要な措置を講ずるよう努めること。

2 情報の提供及び国民の意見の聴取に関する事項

国は、法を的確に運用するため、承認を受けた第一種使用規程に関する情報、国外で使用等が認められている遺伝子組換え生物等に関する情報、生物多様性影響についての新しい知見に関する情報等、遺伝子組換え生物等の使用等をする者にとって必要とされる情報を幅広く提供するよう努めること。

また、国は、法に基づく施策に国民の意見を反映し、関係者相互間の情報及び意見の交換の促進を図るため、関係各省それぞれに蓄積される情報を集積し、提供するバイオセーフティに関する共通の情報基盤を整備し、情報提供を幅広く行い、広く国民の意見を求めること。

3 秘密情報等に関する事項

国は、情報の提供及び国民の意見の聴取に当たっては、行政機関の保有する情報の公開に関する法律（平成十一年法律第四十二号）の規定に基づき、第一種使用規程の承認の申請をした者、使用等をする者等の秘密情報（秘密として管理されている事業活動又は研究活動に有用な技術上の情報であって公然と知られていないものをいう。）等の提供は行わないこと。

4 関係者相互間の連携に関する事項

主務大臣は、法を的確に運用するため、2のバイオセーフティに関する共通の情報基盤を活用して、第一種使用規程の承認、拡散防止措置の確認等に関する情報の共有化を図るとともに、相互の連絡をとることにより、遺伝子組換え生物等の使用等をする者等に対する指導等を円滑に行うこと。

5 国際協力に関する事項

国は、開発途上締約国及び移行経済締約国における議定書の効果的な実施のため、議定書事務局の管理する専門家の名簿に専門家を登録すること等により、開発途上国及び移行経済締約国における遺伝子組換え生物等の安全な使用等に関して知見を有する者の養成及び遺伝子組換え生物等の安全な使用等のための国内制度の充実に協力すること。

遺伝子組換え生物等の第一種使用等による生物多様性影響評価実施要領

平成十五年財務・文部科学・厚生労働・農林水産・経済産業・環境省告示第二号

第一　趣旨

本要領は、遺伝子組換え生物等の使用等の規制による生物の多様性の確保に関する法律（以下「法」という。）第四条第二項の規定に基づき同条第一項の承認を受けようとする者が行う生物多様性影響の評価が、科学的かつ適正に行われ、またその結果を記載した生物多様性影響評価書が適正に作成されるよう、必要な事項を定めるものである。

本要領は、遺伝子組換え生物等の使用等により生ずる生物多様性影響に関する今後の科学的知見の充実又は当該生物多様性影響の評価に関する国際的動向等を踏まえ、必要に応じて見直しを行う。

第二　生物多様性影響の評価に必要とされる情報

生物多様性影響の評価は、別表第一に掲げられた情報を収集した上で、これらの情報を用いて行う。ただし、同表に掲げられた情報の一部を用いる必要がないと考える合理的な理由がある場合には、それらの情報を収集しなくてもよい。

また、別表第三に定める生物多様性影響の評価の手順に沿って評価を行う際、別表第一に掲げる情報以外の情報を収集する必要が生じた場合には、当該情報を追加して収集した上で、評価を行う。

第三　生物多様性影響の評価の項目及び手順

生物多様性影響の評価は、別表第二の上欄に掲げる遺伝子組換え生物等の区分に応じ、それぞれ同表の下欄に掲げる評価の項目ごとに、別表第三に定める生物多様性影響の評価の手順に沿って行い、その評価の結果を踏まえ、生物多様性影響が生ずるおそれがあるか否かを総合的に判断する。

第四　生物多様性影響評価書の記載

生物多様性影響評価書は、別表第四に定める項目に沿って記載する。

別表第一（第二関係）　略

別表第二（第三関係）　略

別表第三（第三関係）　略

別表第四（第四関係）　略

研究開発等に係る遺伝子組換え生物等の第二種使用等に当たって執るべき拡散防止措置等を定める省令の規定に基づき認定宿主ベクター系等を定める件

平成十六年一月二十九日文部科学省告示第七号
最終改正　平成二二年一月一五日文部科学省告示第六号

（認定宿主ベクター系）

第一条　研究開発等に係る遺伝子組換え生物等の第二種使用等に当たって執るべき拡散防止措置等を定める省令（以下「省令」という。）第二条第十三号の文部科学大臣が定める認定宿主ベクター系は、別表第一に掲げるとおりとする。

（実験分類の区分ごとの微生物等）

第二条　省令第三条の表第一号から第四号までの文部科学大臣が定める微生物等は、別表第二の左欄に掲げる区分について、それぞれ同表の右欄に掲げるとおりとする。

（特定認定宿主ベクター系）

第三条　省令第五条第一号ロの文部科学大臣が定める特定認定宿主ベクター系は、別表第一の2の項に掲げる認定宿主ベクター系とする。

（自立的な増殖力及び感染力を保持したウイルス及びウイロイド）

第四条　省令別表第一第一号への文部科学大臣が定めるウイルス及びウイロイドは、別表第三に掲げるとおりとする。

別表第一（第一条関係） 略
別表第二（第二条関係） 略
別表第三（第四条関係） 略

附 則

この告示は、平成二十二年三月一日から実施する。

遺伝子治療臨床研究に関する指針

平成十四年三月二十七日文部科学省・厚生労働省
最終改正 平成二〇年一二月一日

第一章 総則

第一 目的

この指針は、遺伝子治療の臨床研究（以下「遺伝子治療臨床研究」という。）に関し遵守すべき事項を定め、もって遺伝子治療臨床研究の医療上の有用性及び倫理性を確保し、社会に開かれた形での適正な実施を図ることを目的とする。

第二 定義

一 この指針において「遺伝子治療」とは、疾病の治療を目的として遺伝子又は遺伝子を導入した細胞を人の体内に投与すること及び二に定める遺伝子標識をいう。

二 この指針において「遺伝子標識」とは、疾病の治療法の開発を目的として標識となる遺伝子又は標識となる遺伝子を導入した細胞を人の体内に投与することをいう。

三 この指針において「研究者」とは、遺伝子治療臨床研究を実施する者をいう。

四 この指針において「総括責任者」とは、遺伝子治療臨床研究を実施する研究者に必要な指示を行うほか、遺伝子治療臨床研究を総括する立場にある研究者をいう。

五 この指針において「実施施設」とは、遺伝子治療臨床研究が実施される施設をいう。

六 この指針において「研究を行う機関」とは、実施施設を有する法人及び行政機関（行政機関の保有する個人情報の保護に関する法律（平成15年法律第58号）第2条に規定する行政機関をいう。）などの事業者及び組織をいう。

七 この指針において「研究を行う機関の長」とは、研究を行う機関に該当する法人の代表者及び行政機関の長などの事業者及び組織の代表者をいう。

八 この指針において「個人情報」とは、生存する個人に関する情報であって、当該情報に含まれる氏名、生年月日その他の記述等により特定の個人を識別することができるもの（他の情報と容易に照合することができ、それにより特定の個人を識別することができることとなるものを含む。）をいう。

九 この指針において「保有する個人情報」とは、研究を行う機関の長、総括責任者又は研究者が、開示、内容の訂正、追加又は削除、利用の停止、消去及び第三者への提供の停止を行うことのできる権限を有する個人情報であって、その存否が明らかになることにより公益その他の利益が害されるものとして次に掲げるもの又は6月以内に消去することとなるもの以外をいう。

1 当該保有する個人情報の存否が明らかになることにより、被験者又は第三者の生命、身体又は財産に危害が及ぶおそれがあるもの

2 当該保有する個人情報の存否が明らかになることにより、違法又は不当な行為を助長し、又は誘発するおそれがあるもの

3 当該保有する個人情報の存否が明らかになることにより、国の安全が害されるおそれ、他国若しくは国際機関との信頼関係が損なわれるおそれ又は他国若しくは国際機関との交渉上不利益を被るおそれがあるもの

4 当該保有する個人情報が明らかになることにより、犯罪の予防、鎮圧又は捜査その他の公共の安全と秩序の維持に支障が及ぶおそれがあるもの

第三 対象疾患等

一 遺伝子治療臨床研究（遺伝子標識の臨床研究（以下

「遺伝子標識臨床研究」という。）を除く。以下この第三で同じ。）の対象は、次のすべての要件に適合するものに限る。

1　重篤な遺伝性疾患、がん、後天性免疫不全症候群その他の生命を脅かす疾患又は身体の機能を著しく損なう疾患であること。

2　遺伝子治療臨床研究による治療効果が、現在可能な他の方法と比較して優れていることが十分に予測されるものであること。

3　被験者にとって遺伝子治療臨床研究により得られる利益が、不利益を上回ることが十分予測されるものであること。

二　遺伝子標識臨床研究の対象は、次のすべての要件に適合するものに限る。

1　重篤な遺伝性疾患、がん、後天性免疫不全症候群その他の生命を脅かす疾患又は身体の機能を著しく損なう疾患であること。

2　遺伝子標識臨床研究により得られる医学的知見が、他の方法により得られるものと比較して優れていることが十分に予測されるものであること。

3　遺伝子標識臨床研究が、被験者に対し実施される治療に組み入れて実施できるものであること。

第四　有効性及び安全性

遺伝子治療臨床研究は、有効かつ安全なものであることが十分な科学的知見に基づき予測されるものに限る。

第五　品質等の確認

遺伝子治療臨床研究に使用される遺伝子その他の人に投与される物質については、医薬品の臨床試験の実施の基準に関する省令（平成9年厚生省令第28号）第17条第1項において求められる水準に達している施設において製造され、その品質、有効性及び安全性が確認されているものに限る。

第六　生殖細胞等の遺伝的改変の禁止

人の生殖細胞又は胚（一の細胞又は細胞群であって、そのまま人又は動物の胎内において発生の過程を経ることにより一の個体に成長する可能性のあるもののうち、胎盤の形成を開始する前のものをいう。以下同じ。）の遺伝的改変を目的とした遺伝子治療臨床研究及び人の生殖細胞又は胚の遺伝的改変をもたらすおそれのある遺伝子治療臨床研究は、行ってはならない。

第七　適切な説明に基づく被験者の同意の確保

遺伝子治療臨床研究は、適切な説明に基づく被験者の同意（インフォームド・コンセント）が確実に確保されて実施されなければならない。

第八　公衆衛生上の安全の確保

遺伝子治療臨床研究は、公衆衛生上の安全が十分確保されて実施されなければならない。

第二章　被験者の人権保護

第一　被験者の選定

被験者の選定に当たっては、人権保護の観点から、病状、年齢、同意能力等を考慮し、慎重に検討しなければならない。

第二　被験者の同意

一　総括責任者又は総括責任者の指示を受けた医師である研究者（以下「総括責任者等」という。）は、遺伝子治療臨床研究の実施に際し、第三に掲げる説明事項を被験者に説明し、文書により自由意思による同意を得なければならない。

二　同意能力を欠く等被験者本人の同意を得ることが困難であるが、遺伝子治療臨床研究を実施することが被験者にとって有用であることが十分に予測される場合には、審査委員会の審査を受けた上で、当該被験者の法定代理人等被験者の意思及び利益を代弁できると考えられる者（以下「代諾者」という。）の文書による同意を得るものとする。この場合においては、当該同意に関する記録及び同意者と当該被験者の関係を示す記録を残さなければならない。

第三　被験者に対する説明事項

総括責任者等は、第二の同意を得るに当たり次のすべての事項を被験者（第二の二に該当する場合にあっては、代諾者）に対し十分な理解が得られるよう可能な限り平易な用語を用いて説明しなければならない。

一　遺伝子治療臨床研究の目的、意義及び方法

二　遺伝子治療臨床研究を実施する機関名

三　遺伝子治療臨床研究により予期される効果及び危険

四　他の治療法の有無、内容並びに当該治療法により予期される効果及び危険

五　被験者が遺伝子治療臨床研究の実施に同意しない場合であっても何ら不利益を受けることはないこと。

六　被験者が遺伝子治療臨床研究の実施に同意した場合であっても随時これを撤回できること。

七　個人情報保護に関し必要な事項

八　その他被験者の人権の保護に関し必要な事項

〈個人情報保護に関し必要な事項に関する細則〉

個人情報保護に関し必要な事項には、次に掲げる事項が含まれる。

一　共同研究を行う場合は、①共同研究であること、②共同して利用される個人情報の項目、③共同して利用する者の範囲、④利用する者の利用目的及び⑤当該個人情報の管理について責任を有する者の氏名又は名称

二　個人情報を第三者（代諾者を除く。）へ提供する可能性があり、第六章第九の一の1から4に掲げる事項に該当しない場合には、当該内容（第三者へ提供される個人情報の項目など）

三　第六章第十の三、第十一の一、第十二の一又は第十三の一若しくは二の規定による求めに応じる手続（第十六の規定により手数料の額を定めたと

きはその手数料の額を含む）

四　個人情報等の取扱に関する苦情の申出先

第三章　研究及び審査の体制

第一　研究者

一　研究者（総括責任者を除く。）は、総括責任者を補助し遺伝子治療臨床研究の実施計画に関する資料を作成するとともに、当該計画を実施し、総括責任者に対し必要な報告を行わなければならない。

二　研究者は、遺伝子治療臨床研究を適正に実施するために必要な専門的知識又は臨床経験を有する者とする。

第二　総括責任者

一　総括責任者は、次の業務を行わなければならない。

1　遺伝子治療臨床研究の実施に関して内外の入手し得る資料及び情報に基づき、遺伝子治療臨床研究の医療上の有用性及び倫理性について検討すること。

2　1の検討の結果に基づき、遺伝子治療臨床研究の実施計画を記載した書類（以下「実施計画書」という。）を作成し、実施施設の長の了承を求めること。

3　遺伝子治療臨床研究を総括し、研究者に必要な指示を行うこと。

4　遺伝子治療臨床研究が実施計画書に従い適切に実施されていることを随時確認すること。

5　遺伝子治療臨床研究の進行状況及び結果に関し、実施施設の長及び審査委員会に対し必要な報告を行うこと。

6　1から5までに定めるもののほか、遺伝子治療臨床研究を総括するに当たって必要となる措置を講ずること。

二　総括責任者は、一の遺伝子治療臨床研究について一名とし、一に掲げる業務を適確に実施できる者とする。

第三　実施施設

実施施設は、次のすべての要件を満たさなければならない。

一　十分な臨床観察及び検査並びにこれらの結果の分析及び評価を行うことができる人的能力及び施設機能を備えたものであること。

二　被験者の病状に応じた必要な措置を採ることができる人的能力及び施設機能を備えたものであること。

三　審査委員会が置かれているものであること。

第四　実施施設の長

実施施設の長は、次の業務を行わなければならない。

一　総括責任者から遺伝子治療臨床研究の実施（当該遺伝子治療臨床研究の重大な変更を含む。第四章第三を除き、以下同じ。）の了承を求められた際に、遺伝子治療臨床研究の実施について審査委員会及び厚生労働大臣に意見を求めるとともに、当該意見に基づき必要な指示を与え、実施を了承すること。

二　遺伝子治療臨床研究の進行状況及び結果について、総括責任者又は審査委員会から報告又は意見を受け、必要に応じ、総括責任者に対しその留意事項、改善事項等に関して指示を与えるとともに厚生労働大臣に対し報告を行うこと。

三　総括責任者から受理した総括報告書の写しを速やかに厚生労働大臣に提出すること。

四　被験者の死亡その他遺伝子治療臨床研究の実施に際して生じた重大な事態及び遺伝子治療臨床研究の実施に影響を及ぼすおそれがある情報について、速やかに厚生労働大臣に報告すること。

五　実施施設が大学、大学共同利用機関又は文部科学大臣が所管する法人であって、法律により直接に設立された法人若しくは一般社団法人及び一般財団法人に関する法律及び公益社団法人及び公益財団法人の認定等に関する法律の施行に伴う関係法律の整備等に関する法律（平成18年法律第50号）第42条第2項に規定する特例民法法人（以下「大学等」という。）である場合においては、一から四までに掲げるもののほか、一の規定による意見の求めの写しを文部科学大臣に提出するとともに、二及び四の規定による報告並びに三の規定による提出を文部科学大臣に対しても行うこと。

第五　審査委員会

一　審査委員会は、次の業務を行わなければならない。

1　実施計画書等に基づき、当該遺伝子治療臨床研究の実施についてこの指針に即し審査を行い、その適否及び留意事項、改善事項等について、実施施設の長に対し意見を提出するとともに、当該審査の過程の記録を作成し、これを保管すること。

2　遺伝子治療臨床研究の進行状況及び結果について報告を受け、必要に応じて調査を行い、その留意事項、改善事項等について実施施設の長に対し、意見を提出すること。

二　審査委員会は、次のすべての要件を満たさなければならない。

1　審査委員会は、遺伝子治療臨床研究の実施に関する医療上の有用性及び倫理性を総合的に審査できるよう分子生物学、細胞生物学、遺伝学、臨床薬理学、病理学等の専門家、遺伝子治療臨床研究の対象となる疾患に係る臨床医、法律に関する専門家及び生命倫理に関する意見を述べるにふさわしい識見を有する者を含めて構成されるものであること。

2　審査委員会は、男性委員及び女性委員双方から構成され、複数の外部委員を含むものとすること。

3　審査委員会における審査が公正に行われるよう審査委員会の活動の自由及び独立が保障されていること。なお、実施計画書を提出している研究者は、審査委員会の求めに応じてその会議に出席し、説明する場合を除き、当該遺伝子治療臨床研究に関する審査に参加できないものであること。

4　審査委員会の構成、組織及び運営並びに公開その他遺伝子治療臨床研究の審査に必要な手続に関する規則が定められ、公開されているものであること。

5　審査委員会による審査の過程は、記録を作成してこれを保管し、個人の情報、研究の独創性及び知的財産権の保護に支障を生じるおそれのある事項を除き公開すること。

第四章　研究実施の手続

第一　研究の開始の手続

一　総括責任者は、遺伝子治療臨床研究を実施するに当たっては、あらかじめ実施計画書を作成し、実施施設の長の了承を得なければならない。

二　一の実施計画書には、次の事項を記載しなければならない。

1　遺伝子治療臨床研究の名称

2　総括責任者及びその他の研究者の氏名並びに当該遺伝子治療臨床研究において果たす役割

3　実施施設の名称及びその所在地

4　遺伝子治療臨床研究の目的

5　対象疾患及びその選定理由

6　遺伝子の種類及びその導入方法

7　安全性についての評価

8　遺伝子治療臨床研究の実施が可能であると判断した理由

9　遺伝子治療臨床研究の実施計画

10　その他必要な事項

三　一の実施計画書には、次の資料を添付しなければならない。

1　研究者の略歴及び研究業績

2　実施施設の施設設備の状況

3　実施施設における当該遺伝子治療臨床研究に関する培養細胞、実験動物を用いた研究成果

4　遺伝子治療臨床研究に関連する実施施設以外の内外の研究状況

5　その他必要な資料

四　実施計画書には、その概要を可能な限り平易な用語を用いて記載した要旨を添付しなければならない。

第二　研究中の手続

総括責任者は、遺伝子治療臨床研究の進行状況を審査委員会及び実施施設の長に随時報告しなければならない。

第三　研究の終了の手続

総括責任者は、遺伝子治療臨床研究の終了後直ちに次の事項を記載した総括報告書を作成し、実施施設の長に対し提出しなければならない。

一　遺伝子治療臨床研究の目的及びその実施期間

二　総括責任者及びその他の研究者の氏名

三　実施施設の名称及び所在地

四　遺伝子治療臨床研究の実施方法

五　遺伝子治療臨床研究の結果及び考察

六　その他必要な事項

第五章　厚生労働大臣の意見等

第一　厚生労働大臣の意見

一　厚生労働大臣は、実施施設の長の求めに応じ、あらかじめ当該実施施設における遺伝子治療臨床研究の実施に関し意見を述べるものとする。

二　実施施設の長は、第三章第四の一に基づき厚生労働大臣に対し意見を求めるに当たって、次の書類を提出しなければならない。

1　実施計画書及び当該実施計画書に添付する資料

2　審査委員会における審査の過程及び結果を示す書類

3　第三章第五の二の4に定める規則

三　厚生労働大臣は、二に基づき意見を求められた場合において、複数の有識者の意見を踏まえ、当該遺伝子治療臨床研究が次に掲げる事項のいずれかに該当すると判断するときは、当該遺伝子治療臨床研究の医療上の有用性及び倫理性について厚生科学審議会の意見を聴くものとする。

1　疾病の治療のための遺伝子が組み込まれたDNA又はこれを含むウイルスその他の粒子であって、当該遺伝子を細胞内に導入する際に用いられる新規のもの又は新規の遺伝子投与方法を用いていること。

2　新規の疾病を対象としていること。

3　新規の遺伝子治療方法を用いていること（一又は二に該当するものを除く。）。

4　その他個別の審査を必要とするような事項を含んでいること。

四　厚生労働大臣は、三の規定による厚生科学審議会からの意見の聴取が必要ないと判断する場合には、意見を求められた日から三十日以内に、当該遺伝子治療臨床研究の実施に関し意見を述べるものとする。

第二　重大な事態等に係る厚生労働大臣の意見

厚生労働大臣は、第三章第四の四に基づき実施施設の長から報告を受けた場合には、必要に応じ、遺伝子治療臨床研究に関して意見を述べるものとする。

第三　厚生労働大臣の調査等

厚生労働大臣は、第一の一又は第二の意見を述べるときその他必要があると認めるときは、実施施設の長に対し第一の二に定める書類以外の資料の提出を求めるとともに、当該実施施設の長の承諾を得て当該実施施設の調査その他必要な調査を行うものとする。

第四　文部科学大臣への連絡

厚生労働大臣は、実施施設が大学等である場合においては、第一の一又は第二の規定による意見を記載した書面の写しを文部科学大臣に送付するものとする。

第六章　個人情報の保護に関する措置

第一　研究を行う機関の長の最終的な責務

一　研究を行う機関の長は、当該研究機関における遺伝子治療臨床研究の実施に際し、個人情報保護が図られ

るようにしなければならない。

二　研究を行う機関の長は、個人情報保護に関する措置に関し、適正な実施を確保するため必要があると認めるときは、総括責任者に対して、監督上必要な命令をすることができる。

三　研究を行う機関の長は、当該機関により定められる規程により、この章に定める権限又は事務を当該機関内の適当な者に委任することができる。

第二　利用目的の特定

一　総括責任者は、個人情報を取り扱うに当たっては、その利用の目的（以下「利用目的」という。）をできる限り特定しなければならない。

二　総括責任者は、個人情報の利用の目的を変更する場合には、変更前の利用目的と相当の関連性を有すると合理的に認められる範囲を超えて行ってはならない。

第三　利用目的による制限

一　総括責任者は、あらかじめ被験者又は代諾者（以下「被験者等」という。）の同意を得ないで、第二の規定により特定された利用目的の達成に必要な範囲を超えて個人情報を取り扱ってはならない。

二　総括責任者は、他の総括責任者から研究を承継することに伴って個人情報を取得した場合に、あらかじめ被験者等の同意を得ないで、承継前における当該個人情報の利用目的の達成に必要な範囲を超えて、当該個人情報を取り扱ってはならない。

三　一及び二の規定は、次に掲げる場合であって、審査委員会が承認した場合については、適用しない。

1　法令に基づく場合

2　人の生命、身体又は財産の保護のために必要がある場合であって、被験者等の同意を得ることが困難であるとき。

3　公衆衛生の向上のために特に必要がある場合であって、被験者等の同意を得ることが困難であるとき。

4　国の機関若しくは地方公共団体又はその委託を受けた者が法令の定める事務を遂行することに対して協力する必要がある場合であって、被験者等の同意を得ることにより当該事務の遂行に支障を及ぼすおそれがあるとき。

第四　適正な取得

総括責任者は、偽りその他不正の手段により個人情報を取得してはならない。

第五　取得に際しての利用目的の通知等

一　総括責任者は、個人情報を取得した場合は、あらかじめその利用目的を公表している場合を除き、速やかに、その利用目的を、被験者等に通知し、又は公表しなければならない。

二　総括責任者は、一の規定にかかわらず、被験者等との間で契約を締結することに伴って契約書その他の書面（電子的方式、磁気的方式その他人の知覚によっては認識することができない方式で作られる記録を含む。以下この項において同じ。）に記載された当該被験者の個人情報を取得する場合その他被験者等から直接書面に記載された当該被験者の個人情報を取得する場合は、あらかじめ、被験者等に対し、その利用目的を明示しなければならない。ただし、人の生命、身体又は財産の保護のために緊急に必要がある場合は、この限りでない。

三　総括責任者は、利用目的を変更した場合は、変更された利用目的について、被験者等に通知し、又は公表しなければならない。

四　一から三までの規定は、次に掲げる場合であって、審査委員会が承認した場合については、適用しない。

1　利用目的を被験者等に通知し、又は公表することにより被験者又は第三者の生命、身体、財産その他の権利利益を害するおそれがある場合

2　利用目的を被験者等に通知し、又は公表することにより当該研究を行う機関の権利又は正当な利益を害するおそれがある場合

3　国の機関又は地方公共団体が法令の定める事務を遂行することに対して協力する必要がある場合であって、利用目的を被験者等に通知し、又は公表することにより当該事務の遂行に支障を及ぼすおそれがあるとき。

4　取得の状況からみて利用目的が明らかであると認められる場合

第六　内容の正確性確保

総括責任者は、利用目的の達成に必要な範囲内において、個人情報を正確かつ最新の内容に保つよう努めなければならない。

第七　安全管理措置

一　研究を行う機関の長は、その取り扱う個人情報の漏えい、滅失又はき損の防止その他個人情報の安全管理のため、組織的、人的、物理的及び技術的安全管理措置を講じなければならない。

二　研究を行う機関の長は、死者に関する個人情報が死者の人としての尊厳や遺族の感情及び遺伝情報が血縁者と共通していることに鑑み、生存する個人に関する情報と同様に死者に関する個人情報についても安全管理のため、組織的、人的、物理的及び技術的安全管理措置を講じなければならない。

〈安全管理措置に関する細則〉

組織的、人的、物理的及び技術的安全管理措置とは、取り扱う情報の性質に応じて、必要かつ適切な措置を求めるものである。

1．組織的安全管理措置

組織的安全管理措置とは、安全管理について研究者等の責任と権限を明確に定め、安全管理に対する規程や手順書（以下「規程等」という）を整備運用し、その実施状況を確認することをいう。組織的安

全管理措置には以下の事項が含まれる。

① 個人情報の安全管理措置を講じるための組織体制の整備
② 個人情報の安全管理措置を定める規程等の整備と規程等に従った運用
③ 個人情報の取扱い状況を一覧できる手段の整備
④ 個人情報の安全管理措置の評価、見直し及び改善
⑤ 事故又は違反への対処

2. 人的安全管理措置

人的安全管理措置とは、研究者等に対する、業務上秘密と指定された個人情報の非開示契約の締結や教育・訓練等を行うことをいう。人的安全管理措置には以下の事項が含まれる。

① 雇用契約時及び委託契約時における非開示契約の締結
② 研究者等に対する教育・訓練の実施

3. 物理的安全管理措置

物理的安全管理措置とは、入退館（室）の管理、個人情報の盗難の防止等の措置をいう。物理的安全管理措置には以下の事項が含まれる。

① 入退館（室）管理の実施
② 盗難等の防止
③ 機器・装置等の物理的保護

4. 技術的安全管理措置

技術的安全管理措置とは、個人情報及びそれを取り扱う情報システムのアクセス制御、不正ソフトウェア対策、情報システムの監視等、個人情報に対する技術的な安全管理措置をいう。技術的安全管理措置には、以下の事項が含まれる。

① 個人情報へのアクセスにおける識別と認証
② 個人情報へのアクセス制御
③ 個人情報へのアクセス権限の管理
④ 個人情報のアクセス記録
⑤ 個人情報を取り扱う情報システムについての不正ソフトウェア対策
⑥ 個人情報の移送・通信時の対策
⑦ 個人情報を取り扱う情報システムの動作確認時の対策
⑧ 個人情報を取り扱う情報システムの監視

第八 委託者等の監督

一 総括責任者は、遺伝子治療臨床研究の実施に関し、委託を行う場合は、委託された業務に関して取り扱われる個人情報の安全管理及び個人情報の適切な取扱いが図られるよう、委託を受けた者に対する必要かつ適切な監督を行わなくてはならない。

〈委託を受けた者に対する監督に関する細則〉

委託を受けた者に対する必要かつ適切な監督とは、例えば委託契約書において、委託者が定める安全管理措置の内容を明示的に規定するとともに、当該内容が遵守されていること確認することである。

二 総括責任者は、研究者に個人情報を取り扱わせるに当たっては、当該個人情報の安全管理が図られるよう、研究者に対し必要かつ適切な監督を行わなければならない。

第九 第三者提供の制限

一 総括責任者は、次に掲げる場合を除くほか、あらかじめ被験者等の同意を得ないで、個人情報を第三者に提供してはならない。

1 法令に基づく場合
2 人の生命、身体又は財産の保護のために必要がある場合であって、被験者等の同意を得ることが困難であるとき。
3 公衆衛生の向上又は児童の健全な育成の推進のために特に必要がある場合であって、被験者等の同意を得ることが困難であるとき。
4 国の機関若しくは地方公共団体又はその委託を受けた者が法令の定める事務を遂行することに対して協力する必要がある場合であって、被験者等の同意を得ることにより当該事務の遂行に支障を及ぼすおそれがあるとき。

二 総括責任者は、第三者に提供される個人情報について、被験者等の求めに応じて当該被験者が識別される個人情報の第三者への提供を停止することとしている場合であって、次に掲げる事項について、あらかじめ、被験者等に通知し、又は被験者等が容易に知り得る状態に置いているときは、一の規定にかかわらず、当該個人情報を第三者に提供することができる。

1 第三者への提供を利用目的とすること。
2 第三者に提供される個人情報の項目
3 第三者への提供の手段又は方法
4 被験者等の求めに応じて当該被験者が識別される個人情報の第三者への提供を停止すること。

三 二の2又は3に掲げる事項を変更する場合は、変更する内容について、あらかじめ、被験者等に通知し、又は被験者等が容易に知り得る状態に置かなければならない。

四 次に掲げる場合において、当該個人情報の提供を受ける者は、一から三までの規定の適用については、第三者に該当しないため、あらかじめ被験者等の同意を得ずに個人情報を提供することができる。

1 総括責任者が利用目的の達成に必要な範囲内において個人情報の取扱いの全部又は一部を委託する場合
2 研究の承継に伴って個人情報が提供される場合
3 個人情報を特定の者との間で共同して利用する場合であって、その旨並びに共同して利用される個人情報の項目、共同して利用する者の範囲、利用する者の利用目的及び当該個人情報の管理について責任を有する者の氏名又は名称について、あらかじめ、被験者等に通知し、又は被験者等が容易に知り得る状態に置いているとき。

五 総括責任者は、四の3に規定する利用する者の利用目的又は個人情報の管理について責任を有する者の氏名若しくは名称を変更する場合は、変更する内容につ

いて、あらかじめ、被験者等に通知し、又は被験者等が容易に知り得る状態に置かなければならない。

第十　保有する個人情報に関する事項の公表等

一　総括責任者は、保有する個人情報に関し、次に掲げる事項について、被験者等の知り得る状態（被験者等の求めに応じて遅滞なく回答する場合を含む。）に置かなければならない。

1　当該研究を行う機関の名称

2　すべての保有する個人情報の利用目的（第五の四の1から3までに該当する場合を除く。）

3　二、第十一の一、第十二の一又は第十三の一若しくは二の規定による求めに応じる手続（第十六の規定により手数料の額を定めたときは、その手数料の額を含む）

4　保有する個人情報の取扱いに関する苦情の申出先

二　総括責任者は、被験者等から、当該被験者が識別される保有する個人情報の利用目的の通知を求められたときは、被験者等に対し、遅滞なく、これを通知しなければならない。ただし、次の各号のいずれかに該当する場合は、この限りでない。

1　一の規定により当該被験者が識別される保有する個人情報の利用目的が明らかな場合

2　第五の四の1から3までに該当する場合

三　総括責任者は、二の規定に基づき求められた保有する個人情報の利用目的を通知しない旨の決定をしたときは、被験者等に対し、遅滞なく、その旨を通知しなければならない。

第十一　個人情報の開示

一　総括責任者は、被験者等から、当該被験者が識別される保有する個人情報の開示（当該被験者が識別される保有する個人情報が存在しないときにその旨を知らせることを含む。以下同じ。）を求められたときは、被験者等に対し書面の交付による方法（被験者等が同意した方法があるときには、当該方法）で開示しなければならない。ただし、開示することにより次のいずれかに該当する場合は、その全部又は一部を開示しないことができる。

1　被験者又は第三者の生命、身体、財産その他の権利利益を害するおそれがある場合

2　研究を行う機関の業務の適正な実施に著しい支障を及ぼすおそれがある場合

3　他の法令に違反することとなる場合

二　総括責任者は、一の規定に基づき求められた情報の全部又は一部を開示しない旨の決定をしたときは、被験者等に対し、遅滞なく、その旨を通知しなければならない。

三　他の法令の規定により、被験者等に対し一の本文に規定する方法に相当する方法により当該被験者が識別される保有する個人情報の全部又は一部の保有する個人情報については、一の規定は、適用しない。

第十二　訂正等

一　総括責任者は、被験者等から、当該被験者が識別される保有する個人情報の内容が事実でないという理由によって、当該保有する個人情報に対して訂正、追加又は削除（以下「訂正等」という。）を求められた場合は、その内容の訂正等に関して法令の規定により特別の手続が定められている場合を除き、利用目的の達成に必要な範囲において、遅滞なく必要な調査を行い、その結果に基づき、当該保有する個人情報の内容の訂正等を行わなければならない。

二　総括責任者は、一の規定に基づき求められた個人情報の内容の全部若しくは一部について訂正等を行ったとき、又は訂正等を行わない旨の決定をしたときは、被験者等に対し、遅滞なく、その旨（訂正等を行ったときは、その内容を含む。）を通知しなければならない。

第十三　利用停止等

一　総括責任者は、被験者等から、当該被験者が識別される保有する個人情報が第三の規定に違反して取り扱われているという理由又は第四の規定に違反して取得されたものであるという理由によって、当該保有する個人情報の利用の停止又は消去（以下「利用停止等」という。）を求められた場合であって、その求めに理由があることが判明したときは、違反を是正するために必要な限度で、遅滞なく、当該保有する個人情報の利用停止等を行わなければならない。ただし、当該保有する個人情報の利用停止等に多額の費用を要する場合その他の利用停止等を行うことが困難な場合であって、被験者の権利利益を保護するため必要なこれに代わるべき措置をとるときは、この限りでない。

二　総括責任者は、被験者等から、当該被験者が識別される保有する個人情報が第九の一の規定に違反して第三者に提供されているという理由によって、当該保有する個人情報の第三者への提供の停止を求められた場合であって、その求めに理由があることが判明したときは、遅滞なく、当該保有する個人情報の第三者への提供を停止しなければならない。ただし、当該保有する個人情報の第三者への提供の停止に多額の費用を要する場合その他の第三者への提供を停止することが困難な場合であって、被験者の権利利益を保護するため必要なこれに代わるべき措置をとるときは、この限りでない。

三　総括責任者は、一の規定に基づき求められた保有する個人情報の全部若しくは一部について利用停止等を行ったとき若しくは利用停止等を行わない旨の決定をしたとき、又は二の規定に基づき求められた保有する個人情報の全部若しくは一部について第三者への提供を停止したとき若しくは第三者への提供を停止しない旨の決定をしたときは、被験者等に対し、遅滞なく、その旨を通知しなければならない。

〈利用停止等に関する細則〉

以下の場合については、利用停止等の措置を行う必要はない。

・訂正等の求めがあった場合であっても、①利用目的から見て訂正等が必要でない場合、②誤りで

ある指摘が正しくない場合又は③訂正等の対象が事実でなく評価に関する情報である場合

・利用停止等、第三者への提供の停止の求めがあった場合であっても、手続違反等の指摘が正しくない場合

第十四　理由の説明

総括責任者は、第十の三、第十一の二又は第十二の二又は第十三の三の場合は、被験者等から求められた措置の全部又は一部について、その措置をとらない旨を通知する場合またはその措置と異なる措置をとる旨を通知する場合は、被験者等に対し、その理由を説明するよう努めなければならない。なお、この場合、被験者等の要求内容が事実でないこと等を知らせることにより、被験者等の精神的負担になり得る場合等、説明を行うことが必ずしも適当でないことがあり得ることから、事由に応じて慎重に検討のうえ、対応しなくてはならない。

第十五　開示等の求めに応じる手続

一　総括責任者は、第十の二、第十一の一、第十二の一又は第十三の一若しくは二の規定による求め（以下「開示等の求め」という。）に関し、以下の事項につき、その求めを受け付ける方法を定めることができる。この場合において、被験者等は、当該方法に従って、開示等の求めを行わなければならない。

1　開示等の求めの申し出先

2　開示等の求めに際して提出すべき書面（電子的方式、磁気的方式その他人の知覚によっては認識することができない方式で作られる記録を含む。）の様式その他の開示等の求めの方式

3　開示等の求めをする者が被験者等であることの確認の方法

4　手数料の徴収方法

二　総括責任者は、被験者等に対し、開示等の求めに関し、その対象となる保有する個人情報を特定するに足りる事項の提示を求めることができる。この場合において、総括責任者は、被験者等が容易かつ的確に開示等の求めをすることができるよう、当該保有する個人情報の特定に資する情報の提供その他被験者等の利便性を考慮した適切な措置をとらなければならない。

三　総括責任者は、一及び二の規定に基づき開示等の求めに応じる手続きを定めるに当たっては、被験者等に過重な負担を課するものとならないよう配慮しなければならない。

第十六　手数料

研究を行う機関の長は、第十の二の規定による利用目的の通知又は第十一の一の規定による開示を求められたときは、当該措置の実施に関し、手数料を徴収することができる。また、その場合には実費を勘案して合理的であると認められる範囲内において、その手数料の額を定めなければならない。

第十七　苦情の対応

研究を行う機関の長は、被験者等からの苦情等の窓口を設置する等、被験者等からの苦情や問い合わせ等に適切かつ迅速に対応しなければならない。なお、苦情等の窓口は、被験者等にとって利用しやすいように、担当者の配置、利用手続等に配慮しなくてはならない。

第七章　雑則

第一　記録の保存

実施施設の長は、遺伝子治療臨床研究に関する記録に関し、保管責任者を定め、適切な状態の下で、研究終了後少なくとも五年間保存しなければならないものとする。

第二　秘密の保護

研究者、審査委員会の委員、実施施設の長その他研究に携わる関係者は、遺伝子治療臨床研究を行う上で知り得た個人に関する秘密を正当な理由なく漏らしてはならないものとする。その職を辞した後も同様とする。

第三　情報の公開

実施施設の長は、計画又は実施している遺伝子治療臨床研究に関する情報の適切かつ正確な公開に努めるものとする。

第四　啓発普及

研究者は、あらゆる機会を利用して遺伝子治療臨床研究に関し、情報の提供等啓発普及に努めるものとする。

第五　適用除外

第二章から第六章まで及び本章第二及び第四の規定は、薬事法（昭和３５年法律第１４５号）に定める治験に該当する遺伝子治療臨床研究については、適用しない。

第六　細則

この指針に定めるもののほか、この指針の施行に関し必要な事項は、別に定める。

第七　施行期日等

一　この指針は、平成17年4月1日から施行する。

二　この指針の施行前に旧指針等の規定によってした手続その他の行為であって、この指針に相当の規定があるものは、この指針の相当の規定によってしたものとみなす。

遺伝子治療臨床研究に関する指針の改正等について

平成十六年十二月二十八日16文科振第九三一号・科発第一二二八〇〇三号

関係試験研究機関の長、関係大学等の長、都道府県知事、特別区の長、保健所設置市の長、関係団体の長、日本医学会会長宛て文部科学省研究振興局長・厚生労働省大臣官房厚生科学課長通知

遺伝子治療臨床研究については、「遺伝子治療臨床研究に関する指針（平成14年文部科学省・厚生労働省告示第1号）」（以下「旧指針」という。）により、その適正な実施を図ってきたところであるが、今般、旧指針の見直しを行い平成16年12月28日に告示したところである。旧指針の改正の趣旨及び変更点等は下記のとおりである。

また、改正後の指針（以下「改正指針」という。）の運用に資するため、改正指針の「第七章　雑則」の「第六　細則」に基づき、別添のとおり、細則を定めたので通知する。

（注）別添については、わかりやすくするため、改正指針の該当部分に細則を挿入する形式としている（以下、改正指針並びに細則を合わせて「本指針」という。）

本指針については、特に文部科学省及び厚生労働省（以下「二省」という。）の補助金等の交付を受けて遺伝子治療臨床研究を行う場合に、当該補助金等の交付に当たって遵守を前提とするなど厳格な運用を引き続き行う方針である。ついては、貴機関又は貴団体管下のすべての遺伝子治療臨床研究に携わる者に本指針の周知徹底をお願いする。また、研究を行う意機関においても、本指針の内容につき十分ご了知の上、指針が遵守され、研究が適切に行われるよう、必要な組織体制や内規の整備等の措置を図られるよう特段のご配慮をお願いする。

また、本指針の施行に当たって運用上の疑義が生じた場合の問い合わせ窓口、指針運用上必要な倫理審査委員会の設置及び運営の状況の把握のための報告について、引き続き下記のとおりとするので、本指針の円滑な運用に向け、あわせて関係者に対して周知徹底をお願いする。

1　改正の趣旨について

近年の個人情報等を取り扱う研究等を巡る情勢の変化を踏まえ、また、平成15年5月に個人情報の保護に関する法律（以下「個人情報保護法」という。）が成立し、平成17年4月に同法が全面施行されることを考慮し、個人情報の取扱いをはじめ、倫理面で必要な手続きを明らかにすること等により遺伝子治療臨床研究の適正な実施を確保する必要がある。

このため、文部科学省及び厚生労働省は、各々、科学技術・学術審議会生命倫理・安全部会の「ライフサイエンス研究におけるヒト遺伝情報の取扱い等に関する小委員会」（文部科学省）及び厚生科学審議会科学技術部会の「医学研究における個人情報の取扱いの在り方に関する専門委員会」（厚生労働省）における検討を踏まえ、今般、旧指針を改正し、平成17年4月1日から施行することとした。

2　指針の改正点について

（1）遺伝子治療臨床研究の実施に関する責任

個人情報保護法において個人情報保護を図る責任主体との整合性を考慮し、法人または行政機関である研究を行う機関のが組織として適切な対応を図るとの観点から、研究を行う機関の長を適正に研修が実施されるよう監督しなければならない者とした。

（2）個人情報の保護に関する措置

個人情報の保護に関する措置として、個人情報保護のための安全管理措置、委託者に対する必要かつ適切な監督、個人情報のデータ内容の正確性の確保、苦情相談に対する配慮、提供者等からの求めに応じた情報の訂正・追加・削除等の規定を追加した。

3　指針運用窓口について

指針運用上の疑義照会等がある場合には、次に示す二省のいずれにおいても受け付け、適宜二省で協議を行った上で回答することとする。特に医学的又は技術的に専門的な事項にわたる内容については、厚生労働省において受理し、専門家の意見も踏まえて対応する。また、疑義照会に対する主な回答については、関係二省のホームページに掲載することにより情報提供する。

（1）文部科学省研究振興局ライフサイエンス課生命倫理・安全対策室
住所：〒100－8959
東京都千代田区丸の内2－5－1
電話：03-5253-4111（代表）内線4113
03-6734-4108（直通）
FAX：03-6734-4114
ホームページ：http://www.mext.go.jp/a_menu/shinkou/seimei/index.htm.

（2）厚生労働省大臣官房厚生科学課
住所：〒100－8916
東京都千代田区霞が関1－2－2
電話：03-5253-1111（代表）内線3815
03-3595-2171（直通）
FAX：03-3503-0183
ホームページ：http://www.mhlw.go.jp/general/seido/kousei/i-kenkyu/index.html

4　指針の実施状況の調査等について

今後、二省において、指針の実施状況について把握するための調査等を施行から一定期間経過後に実施することを予定している。

このため、調査等を実施する際には御協力願うこととなるので、御了知いただきたい。

12 科学技術

医学及び歯学の教育のための献体に関する法律

昭和五十八年五月二十五日法律第五十六号
最終改正　平成一一年一二月二二日法律第一六〇号

（目的）
第一条　この法律は、献体に関して必要な事項を定めることにより、医学及び歯学の教育の向上に資することを目的とする。

（定義）
第二条　この法律において「献体の意思」とは、自己の身体を死後医学又は歯学の教育として行われる身体の正常な構造を明らかにするための解剖（以下「正常解剖」という。）の解剖体として提供することを希望することをいう。

（献体の意思の尊重）
第三条　献体の意思は、尊重されなければならない。

（献体に係る死体の解剖）
第四条　死亡した者が献体の意思を書面により表示しており、かつ、次の各号のいずれかに該当する場合においては、その死体の正常解剖を行おうとする者は、死体解剖保存法（昭和二十四年法律第二百四号）第七条本文の規定にかかわらず、遺族の承諾を受けることを要しない。
一　当該正常解剖を行おうとする者の属する医学又は歯学に関する大学（大学の学部を含む。）の長（以下「学校長」という。）が、死亡した者が献体の意思を書面により表示している旨を遺族に告知し、遺族がその解剖を拒まない場合
二　死亡した者に遺族がない場合

（引取者による死体の引渡し）
第五条　死亡した者が献体の意思を書面により表示しており、かつ、当該死亡した者に遺族がない場合においては、その死体の引取者は、学校長から医学又は歯学の教育のため引渡しの要求があつたときは、当該死体を引き渡すことができる。

（記録の作成及び保存等）
第六条　学校長は、正常解剖の解剖体として死体を受領したときは、文部科学省令で定めるところにより、当該死体に関する記録を作成し、これを保存しなければならない。
2　文部科学大臣は、学校長に対し、前項の死体に関し必要な報告を求めることができる。

（指導及び助言）
第七条　文部科学大臣は、献体の意思を有する者が組織する団体に対し、その求めに応じ、その活動に関し指導又は助言をすることができる。

（国民の理解を深めるための措置）
第八条　国は、献体の意義について国民の理解を深めるため必要な措置を講ずるよう努めるものとする。

附　則

この法律は、公布の日から起算して六月を経過した日から施行する。

附　則（平成一一年一二月二二日法律第一六〇号）　抄

（施行期日）
第一条　この法律（第二条及び第三条を除く。）は、平成十三年一月六日から施行する。

医学及び歯学の教育のための献体に関する法律に基づく正常解剖の解剖体の記録に関する省令

昭和五十八年十一月十七日文部省令第二十七号

医学及び歯学の教育のための献体に関する法律（昭和五十八年五月二十五日法律第五十六号）第六条第一項の規定に基づき、医学及び歯学の教育のための献体に関する法律に基づく正常解剖の解剖体の記録に関する省令を次のように定める。

（解剖体の記録の記載事項）
第一条　医学及び歯学の教育のための献体に関する法律（昭和五十八年法律第五十六号。以下「法」という。）第六条第一項に規定する正常解剖の解剖体として受領した死体に関する記録（以下「解剖体の記録」という。）として記載すべき事項は、次に掲げる事項とする。
一　死亡した者の氏名、生年月日、年齢及び性別
二　死亡の年月日、場所及び原因
三　死体の受領の年月日及び場所並びに死体の受領に至るまでの経緯
四　遺族その他の死体に関する連絡先となる者の氏名及び住所並びに当該連絡先となる者と死亡した者との関係
五　死亡した者が献体の意思を書面により表示していたときは、その旨及び年月日
六　正常解剖の開始及び終了の年月日
七　火葬の年月日及び場所
八　遺骨の返還の年月日及び場所並びに遺骨引取者の氏名及び住所並びに遺骨引取者と死亡した者との関係

九　学校長において遺骨を収蔵し、又は埋蔵したときは、その年月日及び場所並びにその理由

（解剖体の記録の保存期間）

第二条　解剖体の記録の保存の期間は、遺骨の返還又は収蔵若しくは埋蔵の日から五年間とする。

附　則

この省令は、昭和五十八年十一月二十五日から施行する。

一三 その他関係法令等

国家行政組織法

昭和二十三年七月十日法律第百二十号
最終改正 平成二一年六月五日法律第四九号

（目的）

第一条 この法律は、内閣の統轄の下における行政機関で内閣府以外のもの（以下「国の行政機関」という。）の組織の基準を定め、もつて国の行政事務の能率的な遂行のために必要な国家行政組織を整えることを目的とする。

（組織の構成）

第二条 国家行政組織は、内閣の統轄の下に、内閣府の組織とともに、任務及びこれを達成するため必要となる明確な範囲の所掌事務を有する行政機関の全体によつて、系統的に構成されなければならない。

2 国の行政機関は、内閣の統轄の下に、その政策について、自ら評価し、企画及び立案を行い、並びに国の行政機関相互の調整を図るとともに、その相互の連絡を図り、すべて、一体として、行政機能を発揮するようにしなければならない。内閣府との政策についての調整及び連絡についても、同様とする。

（行政機関の設置、廃止、任務及び所掌事務）

第三条 国の行政機関の組織は、この法律でこれを定めるものとする。

2 行政組織のため置かれる国の行政機関は、省、委員会及び庁とし、その設置及び廃止は、別に法律の定めるところによる。

3 省は、内閣の統轄の下に行政事務をつかさどる機関として置かれるものとし、委員会及び庁は、省に、その外局として置かれるものとする。

4 第二項の国の行政機関として置かれるものは、別表第一にこれを掲げる。

第四条 前条の国の行政機関の任務及びこれを達成するため必要となる所掌事務の範囲は、別に法律でこれを定める。

（行政機関の長）

第五条 各省の長は、それぞれ各省大臣とし、内閣法（昭和二十二年法律第五号）にいう主任の大臣として、それぞれ行政事務を分担管理する。

2 各省大臣は、国務大臣の中から、内閣総理大臣がこれを命ずる。但し、内閣総理大臣が、自らこれに当ることを妨げない。

第六条 委員会の長は、委員長とし、庁の長は、長官とする。

（内部部局）

第七条 省には、その所掌事務を遂行するため、官房及び局を置く。

2 前項の官房又は局には、特に必要がある場合においては、部を置くことができる。

3 庁には、その所掌事務を遂行するため、官房及び部を置くことができる。

4 官房、局及び部の設置及び所掌事務の範囲は、政令でこれを定める。

5 庁、官房、局及び部（その所掌事務が主として政策の実施に係るものである庁として別表第二に掲げるもの（以下「実施庁」という。）並びにこれに置かれる官房及び部を除く。）には、課及びこれに準ずる室を置くことができるものとし、これらの設置及び所掌事務の範囲は、政令でこれを定める。

6 実施庁並びにこれに置かれる官房及び部には、政令の定める数の範囲内において、課及びこれに準ずる室を置くことができるものとし、これらの設置及び所掌事務の範囲は、省令でこれを定める。

7 委員会には、法律の定めるところにより、事務局を置くことができる。第三項から第五項までの規定は、事務局の内部組織について、これを準用する。

8 委員会には、特に必要がある場合においては、法律の定めるところにより、事務総局を置くことができる。

（審議会等）

第八条 第三条の国の行政機関には、法律の定める所掌事務の範囲内で、法律又は政令の定めるところにより、重要事項に関する調査審議、不服審査その他学識経験を有する者等の合議により処理することが適当な事務をつかさどらせるための合議制の機関を置くことができる。

（施設等機関）

第八条の二 第三条の国の行政機関には、法律の定める所掌事務の範囲内で、法律又は政令の定めるところにより、試験研究機関、検査検定機関、文教研修施設（これらに類する機関及び施設を含む。）、医療更生施設、矯正収容施設及び作業施設を置くことができる。

（特別の機関）

第八条の三 第三条の国の行政機関には、特に必要がある場合においては、前二条に規定するもののほか、法律の定める所掌事務の範囲内で、法律の定めるところにより、特別の機関を置くことができる。

（地方支分部局）

第九条 第三条の国の行政機関には、その所掌事務を分掌させる必要がある場合においては、法律の定めるところにより、地方支分部局を置くことができる。

（行政機関の長の権限）

第十条 各省大臣、各委員会の委員長及び各庁の長官は、その機関の事務を統括し、職員の服務について、これを統督する。

第十一条 各省大臣は、主任の行政事務について、法律若しくは政令の制定、改正又は廃止を必要と認めるときは、案をそなえて、内閣総理大臣に提出して、閣議を求めなければならない。

第十二条 各省大臣は、主任の行政事務について、法律若しくは政令を施行するため、又は法律若しくは政令の特別の委任に基づいて、それぞれその機関の命令として省令を発することができる。

2 各外局の長は、その機関の所掌事務について、それぞれ主任の各省大臣に対し、案をそなえて、省令を発することを求めることができる。

3 省令には、法律の委任がなければ、罰則を設け、又は義務を課し、若しくは国民の権利を制限する規定を設けることができない。

第十三条　各委員会及び各庁の長官は、別に法律の定めるところにより、政令及び省令以外の規則その他の特別の命令を自ら発することができる。

2　前条第三項の規定は、前項の命令に、これを準用する。

第十四条　各省大臣、各委員会及び各庁の長官は、その機関の所掌事務について、公示を必要とする場合においては、告示を発することができる。

2　各省大臣、各委員会及び各庁の長官は、その機関の所掌事務について、命令又は示達するため、所管の諸機関及び職員に対し、訓令又は通達を発することができる。

第十五条　各省大臣、各委員会及び各庁の長官は、その機関の任務を遂行するため政策について行政機関相互の調整を図る必要があると認めるときは、その必要性を明らかにした上で、関係行政機関の長に対し、必要な資料の提出及び説明を求め、並びに当該関係行政機関の政策に関し意見を述べることができる。

（副大臣）

第十六条　各省に副大臣を置く。

2　副大臣の定数は、それぞれ別表第三の副大臣の定数の欄に定めるところによる。

3　副大臣は、その省の長である大臣の命を受け、政策及び企画をつかさどり、政務を処理し、並びにあらかじめその省の長である大臣の命を受けて大臣不在の場合その職務を代行する。

4　副大臣が二人置かれた省においては、各副大臣の行う前項の職務の範囲及び職務代行の順序については、その省の長である大臣の定めるところによる。

5　副大臣の任免は、その省の長である大臣の申出により内閣が行い、天皇がこれを認証する。

6　副大臣は、内閣総辞職の場合においては、内閣総理大臣その他の国務大臣がすべてその地位を失つたときに、これと同時にその地位を失う。

（大臣政務官）

第十七条　各省に大臣政務官を置く。

2　大臣政務官の定数は、それぞれ別表第三の大臣政務官の定数の欄に定めるところによる。

3　大臣政務官は、その省の長である大臣を助け、特定の政策及び企画に参画し、政務を処理する。

4　各大臣政務官の行う前項の職務の範囲については、その省の長である大臣の定めるところによる。

5　大臣政務官の任免は、その省の長である大臣の申出により、内閣がこれを行う。

6　前条第六項の規定は、大臣政務官について、これを準用する。

（事務次官及び庁の次長等）

第十八条　各省には、事務次官一人を置く。

2　事務次官は、その省の長である大臣を助け、省務を整理し、各部局及び機関の事務を監督する。

3　各庁には、特に必要がある場合においては、長官を助け、庁務を整理する職として次長を置くことができるものとし、その設置及び定数は、政令でこれを定める。

4　各省及び各庁には、特に必要がある場合においては、その所掌事務の一部を総括整理する職を置くことができるものとし、その設置、職務及び定数は、法律（庁にあつては、政令）でこれを定める。

（秘書官）

第十九条　各省に秘書官を置く。

2　秘書官の定数は、政令でこれを定める。

3　秘書官は、それぞれ各省大臣の命を受け、機密に関する事務を掌り、又は臨時命を受け各部局の事務を助ける。

（官房及び局の所掌に属しない事務をつかさどる職等）

第二十条　各省には、特に必要がある場合においては、官房及び局の所掌に属しない事務の能率的な遂行のためこれを所掌する職で局長に準ずるものを置くことができるものとし、その設置、職務及び定数は、政令でこれを定める。

2　各庁には、特に必要がある場合においては、官房及び部の所掌に属しない事務の能率的な遂行のためこれを所掌する職で部長に準ずるものを置くことができるものとし、その設置、職務及び定数は、政令でこれを定める。

3　各省及び各庁（実施庁を除く。）には、特に必要がある場合においては、前二項の職のつかさどる職務の全部又は一部を助ける職で課長に準ずるものを置くことができるものとし、その設置、職務及び定数は、政令でこれを定める。

4　実施庁には、特に必要がある場合においては、政令の定める数の範囲内において、第二項の職のつかさどる職務の全部又は一部を助ける職で課長に準ずるものを置くことができるものとし、その設置、職務及び定数は、省令でこれを定める。

（内部部局の職）

第二十一条　委員会の事務局並びに局、部、課及び課に準ずる室に、それぞれ事務局長並びに局長、部長、課長及び室長を置く。

2　官房には、長を置くことができるものとし、その設置及び職務は、政令でこれを定める。

3　局、部又は委員会の事務局には、次長を置くことができるものとし、その設置、職務及び定数は、政令でこれを定める。

4　官房、局若しくは部（実施庁に置かれる官房及び部を除く。）又は委員会の事務局には、その所掌事務の一部を総括整理する職又は課（課に準ずる室を含む。）の所掌に属しない事務の能率的な遂行のためこれを所掌する職で課長に準ずるものを置くことができるものとし、これらの設置、職務及び定数は、政令でこれを定める。官房又は部を置かない庁（実施庁を除く。）にこれらの職に相当する職を置くときも、同様とする。

5　実施庁に置かれる官房又は部には、政令の定める数の範囲内において、その所掌事務の一部を総括整理する職又は課（課に準ずる室を含む。）の所掌に属しない事務の能率的な遂行のためこれを所掌する職で課長に準ずるものを置くことができるものとし、これらの設置、職務及び定数は、省令でこれを定める。官房又は部を置かない実施庁にこれらの職に相当する職を置くときも、同様とする。

（現業の行政機関に関する特例）

第二十二条　現業の行政機関については、特に法律の定めるところにより、第七条及び前条の規定にかかわらず、別段の定めをすることができる。

（官房及び局の数）

第二十三条　第七条第一項の規定に基づき置かれる官房及び局の数は、内閣府設置法（平成十一年法律第八十九号）第十七条第一項の規定に基づき置かれる官房及び局の数と合わせて、九十七以内とする。

第二十四条　削除

（国会への報告等）

第二十五条　政府は、第七条第四項（同条第七項において準用する場合を含む。）、第八条、第八条の二、第十八条第三項若しくは第四項、第二十条第一項若しくは第二項又は第二十一条第二項若しくは第三項の規定により政令で設置される組織その他これらに準ずる主要な組織につき、その新設、改正及び廃止をしたときは、その状況を次の国会に報告しなければならない。

2　政府は、少なくとも毎年一回国の行政機関の組織の一覧表を官報で公示するものとする。

附　則

第二十六条　この法律は、昭和二十四年六月一日から、これを施行する。但し、第二十七条の規定は、公布の日から、これを施行する。

第二十七条　この法律の施行に関し必要な細目は、他に別段の定のある場合を除く外、政令でこれを定める。

附　則（平成二一年六月五日法律第四九号）抄

（施行期日）

第一条　この法律は、消費者庁及び消費者委員会設置法（平成二十一年法律第四十八号）の施行の日から施行する。ただし、次の各号に掲げる規定は、当該各号に定める日から施行する。

一　附則第九条の規定　この法律の公布の日

（罰則の適用に関する経過措置）

第八条　この法律の施行前にした行為及びこの法律の附則においてなお従前の例によることとされる場合におけるこの法律の施行後にした行為に対する罰則の適用については、なお従前の例による。

（政令への委任）

第九条　附則第二条から前条までに定めるもののほか、この法律の施行に関し必要な経過措置（罰則に関する経過措置を含む。）は、政令で定める。

別表第一（第三条関係）略

別表第二（第七条関係）略

文部科学省設置法

平成十一年七月十六日法律第九十六号

最終改正　平成二二年三月三一日法律第一八号

第一章　総則

（目的）

第一条　この法律は、文部科学省の設置並びに任務及びこれを達成するため必要となる明確な範囲の所掌事務を定めるとともに、その所掌する行政事務を能率的に遂行するため必要な組織を定めることを目的とする。

第二章　文部科学省の設置並びに任務及び所掌事務

第一節　文部科学省の設置

（設置）

第二条　国家行政組織法（昭和二十三年法律第百二十号）第三条第二項の規定に基づいて、文部科学省を設置する。

2　文部科学省の長は、文部科学大臣とする。

第二節　文部科学省の任務及び所掌事務

（任務）

第三条　文部科学省は、教育の振興及び生涯学習の推進を中核とした豊かな人間性を備えた創造的な人材の育成、学術、スポーツ及び文化の振興並びに科学技術の総合的な振興を図るとともに、宗教に関する行政事務を適切に行うことを任務とする。

（所掌事務）

第四条　文部科学省は、前条の任務を達成するため、次に掲げる事務をつかさどる。

一　豊かな人間性を備えた創造的な人材の育成のため

の教育改革に関すること。
二　生涯学習に係る機会の整備の推進に関すること。
三　地方教育行政に関する制度の企画及び立案並びに地方教育行政の組織及び一般的運営に関する指導、助言及び勧告に関すること。
四　地方教育費に関する企画に関すること。
五　地方公務員である教育関係職員の任免、給与その他の身分取扱いに関する制度の企画及び立案並びにこれらの制度の運営に関する指導、助言及び勧告に関すること。
六　地方公務員である教育関係職員の福利厚生に関すること。
七　初等中等教育（幼稚園、小学校、中学校、高等学校、中等教育学校及び特別支援学校における教育をいう。以下同じ。）の振興に関する企画及び立案並びに援助及び助言に関すること。
八　初等中等教育のための補助に関すること。
九　初等中等教育の基準の設定に関すること。
十　教科用図書の検定に関すること。
十一　教科用図書その他の教授上用いられる図書の発行及び義務教育諸学校（小学校、中学校、中等教育学校の前期課程並びに特別支援学校の小学部及び中学部をいう。）において使用する教科用図書の無償措置に関すること。
十二　学校保健（学校における保健教育及び保健管理をいう。）、学校安全（学校における安全教育及び安全管理をいう。）、学校給食及び災害共済給付（学校の管理下における幼児、児童、生徒及び学生の負傷その他の災害に関する共済給付をいう。）に関すること。
十三　教育職員の養成並びに資質の保持及び向上に関すること。
十四　海外に在留する邦人の子女のための在外教育施設及び関係団体が行う教育、海外から帰国した児童及び生徒の教育並びに本邦に在留する外国人の児童及び生徒の学校生活への適応のための指導に関すること。
十五　大学及び高等専門学校における教育の振興に関する企画及び立案並びに援助及び助言に関すること。
十六　大学及び高等専門学校における教育のための補助に関すること。
十七　大学及び高等専門学校における教育の基準の設定に関すること。
十八　大学及び高等専門学校の設置、廃止、設置者の変更その他の事項の認可に関すること。
十九　大学の入学者の選抜及び学位の授与に関すること。
二十　学生及び生徒の奨学、厚生及び補導に関すること。
二十一　外国人留学生の受入れの連絡及び教育並びに海外への留学生の派遣に関すること。
二十二　政府開発援助のうち外国人留学生に係る技術協力に関すること（外交政策に係るものを除く。）。
二十三　専修学校及び各種学校における教育の振興に関する企画及び立案並びに援助及び助言に関すること。
二十四　専修学校及び各種学校における教育の基準の設定に関すること。
二十五　国立大学（国立大学法人法（平成十五年法律第百十二号）第二条第二項に規定する国立大学をいう。）及び大学共同利用機関（同条第四項に規定する大学共同利用機関をいう。）における教育及び研究に関すること。
二十六　国立高等専門学校（独立行政法人国立高等専門学校機構法（平成十五年法律第百十三号）第三条に規定する国立高等専門学校をいう。）における教育に関すること。
二十七　独立行政法人宇宙航空研究開発機構における学術研究及び教育に関すること。
二十八　私立学校に関する行政の制度の企画及び立案並びにこれらの行政の組織及び一般的運営に関する指導、助言及び勧告に関すること。
二十九　文部科学大臣が所轄庁である学校法人についての認可及び認定並びにその経営に関する指導及び助言に関すること。
三十　私立学校教育の振興のための学校法人その他の私立学校の設置者、地方公共団体及び関係団体に対する助成に関すること。
三十一　私立学校教職員の共済制度に関すること。
三十二　社会教育の振興に関する企画及び立案並びに援助及び助言に関すること。
三十三　社会教育のための補助に関すること。
三十四　青少年教育に関する施設において行う青少年の団体宿泊訓練に関すること。
三十五　通信教育及び視聴覚教育に関すること。
三十六　外国人に対する日本語教育に関すること（外交政策に係るものを除く。）。
三十七　家庭教育の支援に関すること。
三十八　公立及び私立の文教施設並びに地方独立行政法人が設置する文教施設の整備に関する指導及び助言に関すること。
三十九　公立の文教施設の整備のための補助に関すること。
四十　学校施設及び教育用品の基準の設定に関すること。
四十一　学校環境の整備に関する指導及び助言に関すること。
四十二　青少年の健全な育成の推進に関すること（内閣府の所掌に属するものを除く。）。
四十三　体力の保持及び増進の推進に関すること。
四十四　科学技術に関する基本的な政策の企画及び立案並びに推進に関すること。
四十五　科学技術に関する研究及び開発（以下「研究開発」という。）に関する計画の作成及び推進に関すること。
四十六　科学技術に関する関係行政機関の事務の調整に関すること。
四十七　科学技術に関する関係行政機関の経費の見積りの方針の調整に関すること。
四十八　学術の振興に関すること。
四十九　研究者の養成及び資質の向上に関すること。
五十　技術者の養成及び資質の向上に関すること（文部科学省に置かれる試験研究機関及び文部科学大臣

13

その他関係法令等

が所管する法人において行うものに限る。）。
五十一　技術士に関すること。
五十二　研究開発に必要な施設及び設備（関係行政機関に重複して設置することが多額の経費を要するため適当でないと認められるものに限る。）の整備（共用に供することを含む。）、研究開発に関する情報処理の高度化及び情報の流通の促進その他の科学技術に関する研究開発の基盤の整備に関すること。
五十三　科学技術に関する研究開発に係る交流の助成に関すること。
五十四　前二号に掲げるもののほか、科学技術に関する研究開発の推進のための環境の整備に関すること。
五十五　科学技術に関する研究開発の成果の普及及び成果の活用の促進に関すること。
五十六　発明及び実用新案の奨励並びにこれらの実施化の推進に関すること。
五十七　科学技術に関する知識の普及並びに国民の関心及び理解の増進に関すること。
五十八　科学技術に関する研究開発が経済社会及び国民生活に及ぼす影響に関し、評価を行うことその他の措置に関すること。
五十九　科学技術に関する基礎研究及び科学技術に関する共通的な研究開発（二以上の府省のそれぞれの所掌に係る研究開発に共通する研究開発をいう。）に関すること。
六十　科学技術に関する研究開発で、関係行政機関に重複して設置することが多額の経費を要するため適当でないと認められる施設及び設備を必要とするものに関すること。
六十一　科学技術に関する研究開発で多数部門の協力を要する総合的なものに関すること（他の府省の所掌に属するものを除く。）。
六十二　独立行政法人理化学研究所の行う科学技術に関する試験及び研究に関すること。
六十三　放射線の利用に関する研究開発に関すること。
六十四　宇宙の開発及び原子力に関する技術開発で科学技術の水準の向上を図るためのものに関すること。
六十五　宇宙の利用の推進に関すること。
六十六　放射性同位元素の利用の推進に関すること。
六十七　資源の総合的利用に関すること（他の府省の所掌に属するものを除く。）。
六十八　原子力政策のうち科学技術に関するものに関すること。
六十九　原子力に関する関係行政機関の試験及び研究に係る経費その他これに類する経費の配分計画に関すること。
七十　原子力損害の賠償に関すること。
七十一　国際約束に基づく保障措置の実施のための規制その他の原子力の平和的利用の確保のための規制に関すること。
七十二　試験研究の用に供する原子炉及び研究開発段階にある原子炉（発電の用に供するものを除く。）並びに核原料物質及び核燃料物質の使用に関する規制その他これらに関する安全の確保に関すること。
七十三　原子力の安全の確保のうち科学技術に関するものに関すること。
七十四　放射線による障害の防止に関すること。
七十五　放射能水準の把握のための監視及び測定に関すること。
七十六　スポーツの振興に関する企画及び立案並びに援助及び助言に関すること。
七十七　スポーツのための助成に関すること。
七十八　国際的又は全国的な規模において行われるスポーツ事業に関すること。
七十九　スポーツに関する競技水準の向上に関すること。
八十　スポーツ振興投票に関すること。
八十一　文化（文化財（文化財保護法（昭和二十五年法律第二百十四号）第二条第一項に規定する文化財をいう。第八十七号において同じ。）に係る事項を除く。次号及び第八十四号において同じ。）の振興に関する企画及び立案並びに援助及び助言に関すること。
八十二　文化の振興のための助成に関すること。
八十三　劇場、音楽堂、美術館その他の文化施設に関すること。
八十四　文化に関する展示会、講習会その他の催しを主催すること。
八十五　国語の改善及びその普及に関すること。
八十六　著作者の権利、出版権及び著作隣接権の保護及び利用に関すること。
八十七　文化財の保存及び活用に関すること。
八十八　アイヌ文化の振興に関すること。
八十九　宗教法人の規則、規則の変更、合併及び任意解散の認証並びに宗教に関する情報資料の収集及び宗教団体との連絡に関すること。
九十　国際文化交流の振興に関すること（外交政策に係るものを除く。）。
九十一　ユネスコ活動（ユネスコ活動に関する法律（昭和二十七年法律第二百七号）第二条に規定するユネスコ活動をいう。）の振興に関すること（外交政策に係るものを除く。）。
九十二　文化功労者に関すること。
九十三　地方公共団体の機関、大学、高等専門学校、研究機関その他の関係機関に対し、教育、学術、スポーツ、文化及び宗教に係る専門的、技術的な指導及び助言を行うこと。
九十四　教育関係職員、研究者、社会教育に関する団体、社会教育指導者、スポーツの指導者その他の関係者に対し、教育、学術、スポーツ及び文化に係る専門的、技術的な指導及び助言を行うこと。
九十五　所掌事務に係る国際協力に関すること。
九十六　政令で定める文教研修施設において所掌事務に関する研修を行うこと。
九十七　前各号に掲げるもののほか、法律（法律に基づく命令を含む。）に基づき文部科学省に属させられた事務

第三章　本省に置かれる職及び機関

第一節　特別な職

（文部科学審議官）

第五条　文部科学省に、文部科学審議官二人を置く。

2　文部科学審議官は、命を受けて、文部科学省の所掌事務に係る重要な政策に関する事務を総括整理する。

第二節　審議会等

第一款　設置

第六条　本省に、次の審議会等を置く。

科学技術・学術審議会

宇宙開発委員会

2　前項に定めるもののほか、別に法律で定めるところにより文部科学省に置かれる審議会等で本省に置かれるものは、次のとおりとする。

国立大学法人評価委員会

放射線審議会

独立行政法人評価委員会

第二款　科学技術・学術審議会

第七条　科学技術・学術審議会は、次に掲げる事務をつかさどる。

一　文部科学大臣の諮問に応じて次に掲げる重要事項を調査審議すること。

イ　科学技術の総合的な振興に関する重要事項

ロ　学術の振興に関する重要事項

二　前号イ及びロに掲げる重要事項に関し、文部科学大臣に意見を述べること。

三　文部科学大臣又は関係各大臣の諮問に応じて海洋の開発に関する総合的かつ基本的な事項を調査審議すること。

四　測地学及び政府機関における測地事業計画に関する事項を調査審議すること。

五　前二号に規定する事項に関し、文部科学大臣又は関係各大臣に意見を述べること。

六　技術士法（昭和五十八年法律第二十五号）の規定によりその権限に属させられた事項を処理すること。

2　前項に定めるもののほか、科学技術・学術審議会の組織及び委員その他の職員その他科学技術・学術審議会に関し必要な事項については、政令で定める。

第三款　宇宙開発委員会

（所掌事務）

第八条　宇宙開発委員会（以下この款において「委員会」という。）は、次に掲げる事務をつかさどる。

一　独立行政法人宇宙航空研究開発機構法（平成十四年法律第百六十一号）第十一条の規定による独立行政法人宇宙航空研究開発機構の役員の任命に対する同意及び意見の申出を行うこと。

二　独立行政法人宇宙航空研究開発機構法第十九条に規定する宇宙開発に関する長期的な計画の議決を行うこと。

（組織）

第九条　委員会は、委員長及び委員四人をもって組織する。

2　委員のうち二人は、非常勤とする。

（委員長）

第十条　委員長は、会務を総理し、委員会を代表する。

2　委員長に事故があるときは、あらかじめその指名する常勤の委員が、その職務を代理する。

（委員長及び委員の任命）

第十一条　委員長及び委員は、宇宙の開発に関し優れた識見を有する者のうちから、両議院の同意を得て、文部科学大臣が任命する。

2　委員長又は委員の任期が満了し、又は欠員が生じた場合において、国会の閉会又は衆議院の解散のために両議院の同意を得ることができないときは、文部科学大臣は、前項の規定にかかわらず、委員長又は委員を任命することができる。

3　前項の場合においては、任命後最初の国会で両議院の事後の承認を得なければならない。この場合において、両議院の事後の承認を得られないときは、文部科学大臣は、直ちにその委員長又は委員を罷免しなければならない。

（委員長及び委員の任期）

第十二条　委員長及び委員の任期は、三年とする。ただし、補欠の委員長又は委員の任期は、前任者の残任期間とする。

2　委員長及び委員は、再任されることができる。

（委員長及び委員の罷免）

第十三条　文部科学大臣は、委員長若しくは委員が心身の故障のため職務の遂行ができないと認める場合又は委員長若しくは委員に職務上の義務違反その他委員長若しくは委員たるに適しない非行があると認める場合においては、両議院の同意を得て、これを罷免することができる。

（委員長及び委員の服務）

第十四条　委員長及び委員は、職務上知ることのできた秘密を漏らしてはならない。その職を退いた後も同様とする。

2　委員長及び委員は、在任中、政党その他の政治的団体の役員となり、又は積極的に政治運動をしてはならない。

3　委員長及び常勤の委員は、在任中、文部科学大臣の許可のある場合を除くほか、報酬を得て他の職務に従事し、又は営利事業を営み、その他金銭上の利益を目的とする業務を行ってはならない。

（委員長及び委員の給与）

第十五条　委員長及び委員の給与は、別に法律で定める。

（資料提出の要求等）

第十六条　委員会は、その所掌事務を行うため必要があると認めるときは、関係行政機関の長に対し、資料の提出、意見の開陳、説明その他必要な協力を求めることができる。

（政令への委任）

第十七条　第八条から前条までに規定するもののほか、委員会の組織及び委員その他の職員その他委員会に関し必要な事項については、政令で定める。

第四款　国立大学法人評価委員会

第十八条　国立大学法人評価委員会については、国立大学法人法（これに基づく命令を含む。）の定めるところによる。

第五款　放射線審議会

第十九条　放射線審議会については、放射線障害防止の技術的基準に関する法律（昭和三十三年法律第百六十二号。これに基づく命令を含む。）の定めるところによる。

第六款　独立行政法人評価委員会

第二十条　独立行政法人評価委員会については、独立行政法人通則法（平成十一年法律第百三号。これに基づく命令を含む。）の定めるところによる。

第三節　特別の機関

（設置）

第二十一条　本省に、日本学士院を置く。

2　前項に定めるもののほか、別に法律で定めるところにより文部科学省に置かれる特別の機関で本省に置かれるものは、次のとおりとする。

地震調査研究推進本部

日本ユネスコ国内委員会

（日本学士院）

第二十二条　日本学士院については、日本学士院法（昭和三十一年法律第二十七号）の定めるところによる。

（地震調査研究推進本部）

第二十三条　地震調査研究推進本部については、地震防災対策特別措置法（平成七年法律第百十一号。これに基づく命令を含む。）の定めるところによる。

（日本ユネスコ国内委員会）

第二十四条　日本ユネスコ国内委員会については、ユネスコ活動に関する法律（これに基づく命令を含む。）の定めるところによる。

第四節　地方支分部局

（原子力事務所）

第二十五条　文部科学省に、地方支分部局として、原子力事務所を置く。

2　原子力事務所は、文部科学省の所掌事務のうち、第四条第六十八号、第七十一号から第七十五号まで及び第九十七号に掲げる事務を分掌する。

3　原子力事務所の名称、位置及び管轄区域は、政令で定める。

4　原子力事務所の内部組織は、文部科学省令で定める。

第四章　文化庁

第一節　設置並びに任務及び所掌事務

第一款　設置

第二十六条　国家行政組織法第三条第二項の規定に基づいて、文部科学省に、文化庁を置く。

2　文化庁の長は、文化庁長官とする。

第二款　任務及び所掌事務

（任務）

第二十七条　文化庁は、文化の振興及び国際文化交流の振興を図るとともに、宗教に関する行政事務を適切に行うことを任務とする。

（所掌事務）

第二十八条　文化庁は、前条の任務を達成するため、第四条第三号、第五号、第三十六号、第三十八号、第三十九号、第八十一号から第八十九号まで、第九十号（学術及びスポーツの振興に係るものを除く。）、第九十一号及び第九十三号から第九十七号までに掲げる事務をつかさどる。

第二節　審議会等

（設置）

第二十九条　文化庁に、文化審議会を置く。

2　前項に定めるもののほか、別に法律で定めるところにより文部科学省に置かれる審議会等で文化庁に置かれるものは、宗教法人審議会とする。

（文化審議会）

第三十条　文化審議会は、次に掲げる事務をつかさどる。

一　文部科学大臣又は文化庁長官の諮問に応じて文化の振興及び国際文化交流の振興（学術及びスポーツの振興に係るものを除く。）に関する重要事項（第三号に規定するものを除く。）を調査審議すること。

二　前号に規定する重要事項に関し、文部科学大臣又は文化庁長官に意見を述べること。

三　文部科学大臣又は文化庁長官の諮問に応じて国語の改善及びその普及に関する事項を調査審議すること。

四　前号に規定する事項に関し、文部科学大臣、関係各大臣又は文化庁長官に意見を述べること。

五　文化芸術振興基本法（平成十三年法律第百四十八号）第七条第三項、著作権法（昭和四十五年法律第四十八号）、万国著作権条約の実施に伴う著作権法の特例に関する法律（昭和三十一年法律第八十六号）第五条第四項、著作権等管理事業法（平成十二年法律第百三十一号）第二十四条第四項、文化財保護法第百五十三条及び文化功労者年金法（昭和二十六年法律第百二十五号）第二条第二項の規定によりその権限に属させられた事項を処理すること。

2　文化審議会の委員その他の職員で政令で定めるものは、文部科学大臣が任命する。

3　前二項に定めるもののほか、文化審議会の組織及び委員その他の職員その他文化審議会に関し必要な事項については、政令で定める。

（宗教法人審議会）

第三十一条 宗教法人審議会については、宗教法人法（昭和二十六年法律第百二十六号）の定めるところによる。

第三節　特別の機関

（日本芸術院）

第三十二条 文化庁に、日本芸術院を置く。

2　日本芸術院は、次に掲げる事務をつかさどる。

一　芸術上の功績顕著な芸術家の優遇に関すること。

二　芸術の発達に寄与する活動を行い、並びに芸術に関する重要事項を審議し、及びこれに関し、文部科学大臣又は文化庁長官に意見を述べること。

3　日本芸術院の長及び会員は、政令で定めるところにより、文部科学大臣が任命する。

4　日本芸術院の会員には、予算の範囲内で、文部科学大臣の定めるところにより、年金を支給することができる。

5　日本芸術院の組織、会員その他の職員及び運営については、政令で定める。

第五章　雑則

（職員）

第三十三条 文化庁に政令の規定により置かれる施設等機関で政令で定めるものの長は、文部科学大臣が任命する。

附　則

（施行期日）

1　この法律は、内閣法の一部を改正する法律（平成十一年法律第八十八号）の施行の日から施行する。ただし、附則第四項の規定は、公布の日から施行する。

（所掌事務の特例）

2　文部科学省は、第三条の任務を達成するため、第四条各号に掲げる事務のほか、当分の間、高等学校（中等教育学校の後期課程を含む。）の職業に関する教科の教科用図書及び特別支援学校の教科用図書の編修及び改訂に関する事務をつかさどる。

（文化審議会の所掌事務の特例）

3　文化審議会は、第三十条に定める事務をつかさどるほか、当分の間、文化財保護法附則第四条第二項の規定によりその権限に属させられた事項を処理する。

（経過措置）

4　第十一条第一項の規定による宇宙開発委員会の委員長及び委員の任命のために必要な行為は、この法律の施行前においても行うことができる。この場合において、当該必要な行為は、内閣総理大臣が行うものとする。

5　文部科学大臣は、第十一条第一項の規定にかかわらず、この法律の施行の日に、この法律の施行の日の前日において現に従前の総理府の宇宙開発委員会の委員である者のうちから、両議院の同意を得ることなく、文部科学省の宇宙開発委員会の委員を任命することができる。この場合において、その委員の任期は、第十二条第一項の規定にかかわらず、この法律の施行の日において引き続き従前の総理府の宇宙開発委員会の委員であるとした場合の任期の残任期間と同一の期間とする。

附　則（平成二一年三月三一日法律第一八号）　抄

（施行期日）

第一条 この法律は、平成二十一年四月一日から施行する。

文部科学省組織令

平成十二年六月七日政令第二百五十一号
最終改正　平成二二年四月一日政令第一一二号

内閣は、国家行政組織法（昭和二十三年法律第百二十号）及び文部科学省設置法（平成十一年法律第九十六号）の規定に基づき、この政令を制定する。

第一章　本省

第一節　秘書官

（秘書官の定数）

第一条 秘書官の定数は、一人とする。

第二節　内部部局等

第一款　大臣官房及び局並びに国際統括官の設置等

（大臣官房及び局並びに国際統括官の設置等）

第二条 本省に、大臣官房及び次の七局並びに国際統括官一人を置く。

生涯学習政策局
初等中等教育局
高等教育局
科学技術・学術政策局
研究振興局
研究開発局
スポーツ・青少年局

2　大臣官房に文教施設企画部を、高等教育局に私学部を置く。

（大臣官房の所掌事務）

第三条 大臣官房は、次に掲げる事務をつかさどる。

一　文部科学省の職員の任免、給与、懲戒、服務その他の人事並びに教養及び訓練に関すること。
二　文部科学省の職員の衛生、医療その他の福利厚生に関すること。
三　文部科学省共済組合に関すること。
四　機密に関すること。
五　大臣の官印及び省印の保管に関すること。
六　公文書類の接受、発送、編集及び保存に関すること。
七　法令案その他の公文書類の審査に関すること。
八　文部科学省の保有する情報の公開に関すること。
九　文部科学省の保有する個人情報の保護に関すること。
十　文部科学省の所掌事務に関する総合調整に関すること。
十一　国会との連絡に関すること。
十二　広報に関すること。
十三　文部科学省の機構及び定員に関すること。
十四　文部科学省の所掌に係る経費及び収入の予算、決算及び会計並びに会計の監査に関すること。
十五　文部科学省所管の国有財産の管理及び処分並びに物品の管理に関すること。
十六　文部科学省の行政の考査に関すること。
十七　文化功労者に関すること。
十八　文部科学省の所掌事務に係る法人（学校法人及び宗教法人を除く。）の監督に関する基本方針の企画及び立案並びに調整に関すること。
十九　文部科学省の所掌事務に係る基本的かつ総合的な政策の企画及び立案に関すること。
二十　文部科学省の所掌事務に関する政策の評価に関すること。
二十一　文部科学省の情報システムの整備及び管理に関すること。
二十二　独立行政法人評価委員会の庶務（初等中等教育分科会、高等教育分科会、社会教育分科会、スポーツ・青少年分科会、科学技術・学術分科会及び文化分科会に係るものを除く。）に関すること。
二十三　国立国会図書館支部文部科学省図書館に関すること。
二十四　文部科学省の所掌事務に係る国際交流に関する基本的な政策の企画及び立案並びに推進に関すること。
二十五　文部科学省の所掌事務に係る国際協力に関すること（文化庁並びに科学技術・学術政策局及び研究開発局の所掌に属するものを除く。）。
二十六　文部科学省の所掌事務に係る国際的諸活動（国際交流及び国際協力を除く。）に関する連絡調整に関すること。
二十七　文教施設並びに科学技術に関する研究及び開発（以下「研究開発」という。）に必要な施設の整備に関する基本的な施策の企画及び立案並びに調整に関すること。
二十八　公立及び私立の文教施設並びに地方独立行政法人が設置する文教施設の整備に関する指導及び助言に関すること（文化庁及び他局の所掌に属するものを除く。）。
二十九　公立の学校施設の整備のための援助及び補助に関すること（スポーツ・青少年局の所掌に属するものを除く。）。
三十　学校施設及び学校用家具の基準の設定に関すること。
三十一　学校環境の整備に関する指導及び助言に関すること。
三十二　文教施設の防災に関する施策の基本方針の企画及び立案並びに調整に関すること。
三十三　教育、学術、スポーツ及び文化の直接の用に供する物資（学校給食用物資を除く。）並びに教育、学術、スポーツ及び文化の用に供する物資のうち国際的に供給の不足するもの（学校給食用物資を除く。）の入手又は利用に関する便宜の供与に関すること。
三十四　学校施設の学校教育の目的以外の目的への使用の防止に係る返還命令及び移転命令に関すること。
三十五　国立の文教施設の整備に関すること（官公庁施設の建設等に関する法律（昭和二十六年法律第百八十一号）第十条第一項の規定に基づき国土交通大臣の行う営繕及び建設並びに土地又は借地権の取得を除く。）。
三十六　独立行政法人、国立大学法人（国立大学法人法（平成十五年法律第百十二号）第二条第一項に規定する国立大学法人をいう。以下同じ。）及び大学共同利用機関法人（同条第三項に規定する大学共同利用機関法人をいう。以下同じ。）が設置する文教施設の整備に関する長期計画の企画及び立案並びに連絡調整並びに予算案の準備に関すること。
三十七　国立大学法人、大学共同利用機関法人、独立行政法人大学評価・学位授与機構、独立行政法人国立大学財務・経営センター及び独立行政法人国立高等専門学校機構が設置する文教施設の整備のための補助金の交付に関すること。
三十八　独立行政法人国立大学財務・経営センターの行う国立大学法人及び大学共同利用機関法人に対する土地の取得、施設の設置若しくは整備又は設備の設置に必要な資金の貸付けに関すること。
三十九　独立行政法人国立大学財務・経営センターの行う国立大学法人、大学共同利用機関法人及び独立行政法人国立高等専門学校機構に対する土地の取得、施設の設置若しくは整備又は設備の設置に必要な資金の交付に関すること。
四十　独立行政法人、国立大学法人及び大学共同利用機関法人が設置する文教施設の整備に関する基準に関すること。
四十一　独立行政法人、国立大学法人及び大学共同利用機関法人が設置する文教施設の立地計画（独立行政法人、国立大学法人及び大学共同利用機関法人において土地又は借地権の取得を必要とすることとなるものに限る。）に関すること。
四十二　前各号に掲げるもののほか、文部科学省の所掌事務で他の所掌に属しないものに関すること。
2　文教施設企画部は、前項第二十七号から第四十一号までに掲げる事務をつかさどる。

（生涯学習政策局の所掌事務）
第四条　生涯学習政策局は、次に掲げる事務をつかさどる。

一　豊かな人間性を備えた創造的な人材の育成のための教育改革に関する基本的な政策の企画及び立案並びに推進に関すること。
二　生涯学習に係る機会の整備の推進に関すること。
三　文部科学省の所掌事務に関する生涯学習に係る機会の整備に関する基本的な政策の企画及び立案に関すること。
四　地域の振興に資する見地からの基本的な文教施策の企画及び立案並びに調整に関すること。
五　教育、スポーツ及び文化に係る情報通信の技術の活用に関する基本的な政策の企画及び立案並びに推進に関すること。
六　情報教育（特別支援学校及び特別支援学級における教育その他の教育上特別の支援を必要とする児童及び生徒に対する教育に係るものを除く。以下この条及び第三十二条において同じ。）の振興に関する企画及び立案並びに援助及び助言に関すること（高等教育局の所掌に属するものを除く。）。
七　情報教育のための補助に関すること（高等教育局の所掌に属するものを除く。）。
八　情報教育の基準の設定に関すること（高等教育局の所掌に属するものを除く。）。
九　視聴覚教育に関する連絡調整に関すること。
十　社会教育及び学校教育における視聴覚教育メディアの利用に関すること（高等教育局の所掌に属するものを除く。）。
十一　教育、スポーツ、文化及び宗教に係る調査及び研究に関する基本的な施策の企画及び立案並びに調整に関すること。
十二　教育、スポーツ、文化及び宗教に係る統計に関すること（他の所掌に属するものを除く。）。
十三　外国の教育事情に関する調査及び研究に関すること。
十四　中学校卒業程度認定及び高等学校卒業程度認定に関すること。
十五　専修学校及び各種学校における教育の振興に関する企画及び立案並びに援助及び助言に関すること（他局の所掌に属するものを除く。）。
十六　専修学校及び各種学校における教育の基準の設定に関すること（高等教育局及びスポーツ・青少年局の所掌に属するものを除く。）。
十七　私立の専修学校及び各種学校における教育の振興のための学校法人その他の私立の専修学校及び各種学校の設置者、地方公共団体並びに関係団体に対する助成に関すること（スポーツ・青少年局の所掌に属するものを除く。）。
十八　社会教育の振興に関する企画及び立案並びに援助及び助言に関すること（スポーツ・青少年局の所掌に属するものを除く。）。
十九　社会教育主事並びに司書及び司書補の講習並びに学芸員となる資格の認定に関すること。
二十　公立及び私立の図書館（学校図書館を除く。）、博物館、公民館その他の社会教育施設の整備に関する指導及び助言に関すること（スポーツ・青少年局の所掌に属するものを除く。）。
二十一　公立の図書館（学校図書館を除く。）、博物館、公民館その他の社会教育施設の整備のための補助に関すること（スポーツ・青少年局の所掌に属するものを除く。）。
二十二　社会教育のための補助に関すること（スポーツ・青少年局の所掌に属するものを除く。）。
二十三　社会教育としての通信教育に関すること。
二十四　家庭教育の支援に関すること。
二十五　地方公共団体の機関その他の関係機関に対し、情報教育、専修学校及び各種学校における教育並びに社会教育に係る専門的、技術的な指導及び助言を行うこと（高等教育局及びスポーツ・青少年局の所掌に属するものを除く。）。
二十六　教育関係職員、社会教育に関する団体、社会教育指導者その他の関係者に対し、情報教育、専修学校及び各種学校における教育並びに社会教育に係る専門的、技術的な指導及び助言を行うこと（高等教育局及びスポーツ・青少年局の所掌に属するものを除く。）。
二十七　中央教育審議会の庶務（初等中等教育分科会、大学分科会及びスポーツ・青少年分科会に係るものを除く。）に関すること。
二十八　独立行政法人評価委員会社会教育分科会の庶務に関すること。
二十九　国立教育政策研究所の組織及び運営一般に関すること。
三十　独立行政法人国立科学博物館の組織及び運営一般に関すること。
三十一　放送大学学園法（平成十四年法律第百五十六号）第三条に規定する放送大学学園（以下単に「放送大学学園」という。）の組織及び運営一般に関すること。

（初等中等教育局の所掌事務）
第五条　初等中等教育局は、次に掲げる事務をつかさどる。
一　地方教育行政に関する制度の企画及び立案に関すること。
二　地方教育行政の組織及び一般的運営に関する指導、助言及び勧告に関すること（文化庁の所掌に属するものを除く。）。
三　地方教育費に関する企画に関すること。
四　地方公務員である教育関係職員の任免、給与その他の身分取扱いに関する制度の企画及び立案並びにこれらの制度の運営に関する指導、助言及び勧告に関すること（文化庁及びスポーツ・青少年局の所掌に属するものを除く。）。
五　地方公務員である教育関係職員の福利厚生に関すること。
六　初等中等教育（幼稚園、小学校、中学校、高等学校、中等教育学校及び特別支援学校における教育をいう。以下同じ。）の振興に関する企画及び立案並びに援助及び助言に関すること（生涯学習政策局及びスポーツ・青少年局の所掌に属するものを除く。）。
七　初等中等教育のための補助に関すること（生涯学習政策局及びスポーツ・青少年局の所掌に属するものを除く。）。
八　公立高等学校に係る授業料の不徴収及び高等学校等就学支援金の支給に関する法律（平成二十二年法律第十八号）の施行に関すること。

九　初等中等教育の基準の設定に関すること（生涯学習政策局及びスポーツ・青少年局の所掌に属するものを除く。）。

十　幼児に対する教育の振興に関する基本的な施策の企画及び立案並びに調整に関すること。

十一　教科用図書の検定に関すること。

十二　教科用図書その他の教授上用いられる図書の発行及び義務教育諸学校（小学校、中学校、中等教育学校の前期課程並びに特別支援学校の小学部及び中学部をいう。第四十一条第二号において同じ。）において使用する教科用図書の無償措置に関すること。

十三　文部科学省が著作の名義を有する出版物の著作権の管理に関すること。

十四　教育職員の養成並びに資質の保持及び向上に関すること（高等教育局の所掌に属するものを除く。）。

十五　海外に在留する邦人の子女のための在外教育施設及び関係団体が行う教育、海外から帰国した児童及び生徒の教育並びに本邦に在留する外国人の児童及び生徒の学校生活への適応のための指導に関すること。

十六　私立学校教育の振興のための学校法人その他の私立学校の設置者、地方公共団体及び関係団体に対する助成（幼稚園の施設及び産業教育のための施設の整備に係るものに限る。）に関すること（スポーツ・青少年局の所掌に属するものを除く。）。

十七　高等学校、中等教育学校の後期課程及び特別支援学校の高等部における通信教育に関すること（生涯学習政策局及びスポーツ・青少年局の所掌に属するものを除く。）。

十八　教育用品（学校用家具を除く。）の基準の設定に関すること。

十九　初等中等教育の振興に係る国際文化交流の振興に関すること（外交政策に係るもの及び国際統括官の所掌に属するものを除く。）。

二十　中学校卒業程度を入学資格とする専修学校及び各種学校における教育の振興（教育内容に係るものに限る。）に関する援助及び助言に関すること（情報教育に係るもの及びスポーツ・青少年局の所掌に属するものを除く。）。

二十一　地方公共団体の機関その他の関係機関に対し、初等中等教育に係る専門的、技術的な指導及び助言を行うこと（生涯学習政策局及びスポーツ・青少年局の所掌に属するものを除く。）。

二十二　教育関係職員その他の関係者に対し、初等中等教育に係る専門的、技術的な指導及び助言を行うこと（生涯学習政策局及びスポーツ・青少年局の所掌に属するものを除く。）。

二十三　少年院の教科に関する事項の勧告に関すること。

二十四　特別支援学校の理療に関する学科、理学療法に関する学科及び歯科技工に関する学科の認定に関すること。

二十五　看護師、准看護師又は介護福祉士の養成のための高等学校及び中等教育学校の指定に関すること。

二十六　中央教育審議会初等中等教育分科会の庶務に関すること。

二十七　独立行政法人教員研修センターの組織及び運営一般に関すること。

（高等教育局の所掌事務）

第六条　高等教育局は、次に掲げる事務をつかさどる。

一　大学及び高等専門学校における教育の振興に関する企画及び立案並びに援助及び助言に関すること（スポーツ・青少年局の所掌に属するものを除く。）。

二　大学における教育及び研究についての評価に関する企画及び立案並びに援助及び助言に関すること。

三　大学及び高等専門学校における教育のための補助に関すること（スポーツ・青少年局の所掌に属するものを除く。）。

四　大学及び高等専門学校における教育の基準の設定に関すること（スポーツ・青少年局の所掌に属するものを除く。）。

五　大学及び高等専門学校の設置、廃止、設置者の変更その他の事項の認可に関すること。

六　大学の入学者の選抜及び学位の授与に関すること。

七　学生及び生徒の奨学、厚生及び補導に関すること。

八　外国人留学生の受入れの連絡及び教育並びに海外への留学生の派遣に関すること。

九　政府開発援助のうち外国人留学生に係る技術協力に関すること（外交政策に係るものを除く。）。

十　高等学校卒業程度を入学資格とする専修学校及び各種学校における教育の振興（教育内容に係るものに限る。）に関する援助及び助言に関すること（スポーツ・青少年局の所掌に属するものを除く。）。

十一　医療技術者又は社会福祉に関する専門的知識及び技術を有する者の養成のための大学に附属する専修学校及び各種学校における教育（第四十八条において「附属専修学校等における医療技術者等養成教育」という。）の基準の設定に関すること。

十二　医療技術者又は社会福祉に関する専門的知識及び技術を有する者の養成のための大学並びにこれに附属する専修学校及び各種学校の指定に関すること。

十三　看護師等の人材確保の促進に関する法律（平成四年法律第八十六号）第三条の基本指針のうち同条第二項第二号に掲げる事項に関すること。

十四　国立大学（国立大学法人法第二条第二項に規定する国立大学をいう。以下同じ。）における教育及び研究（国立大学附置の研究所及び国立大学の附属図書館におけるものを除く。）に関すること（スポーツ・青少年局の所掌に属するものを除く。）。

十五　国立高等専門学校（独立行政法人国立高等専門学校機構法（平成十五年法律第百十三号）第三条に規定する国立高等専門学校をいう。第四十七条第六号において同じ。）における教育に関すること（スポーツ・青少年局の所掌に属するものを除く。）。

十六　大学及び高等専門学校における通信教育及び視聴覚教育に関すること。

十七　大学及び高等専門学校における教育の振興に係る国際文化交流の振興に関すること（外交政策に係るもの及び国際統括官の所掌に属するものを除く。）。

十八　地方公共団体の機関、大学、高等専門学校その他の関係機関に対し、大学及び高等専門学校並びに高等学校卒業程度を入学資格とする専修学校及び各種学校における教育に係る専門的、技術的な指導及び助言を行うこと（スポーツ・青少年局の所掌に属するものを除く。）。

十九　教育関係職員その他の関係者に対し、大学及び高等専門学校並びに高等学校卒業程度を入学資格とする専修学校及び各種学校における教育に係る専門的、技術的な指導及び助言を行うこと（スポーツ・青少年局の所掌に属するものを除く。）。

二十　公立大学法人（地方独立行政法人法（平成十五年法律第百十八号）第六十八条第一項に規定する公立大学法人をいう。第四十六条第八号において同じ。）に関すること。

二十一　私立学校に関する行政の制度の企画及び立案並びにこれらの行政の組織及び一般的運営に関する指導、助言及び勧告に関すること。

二十二　文部科学大臣が所轄庁である学校法人についての認可及び認定並びにその経営（放送大学学園に係るものを除く。）に関する指導及び助言に関すること。

二十三　私立学校教育の振興のための学校法人その他の私立学校の設置者、地方公共団体及び関係団体に対する助成に関すること（他局の所掌に属するものを除く。）。

二十四　私立学校教職員の共済制度に関すること。

二十五　大学設置・学校法人審議会の庶務に関すること。

二十六　国立大学法人評価委員会の庶務（大学共同利用機関法人分科会に係るものを除く。）に関すること。

二十七　国立大学法人の組織及び運営一般に関すること。

二十八　独立行政法人大学評価・学位授与機構、独立行政法人国立大学財務・経営センター及び独立行政法人国立高等専門学校機構の組織及び運営一般に関すること。

二十九　日本私立学校振興・共済事業団の組織及び運営一般に関すること。

2　私学部は、前項第二十一号から第二十四号まで、第二十五号（学校法人分科会の庶務に関することに限る。）及び第二十九号に掲げる事務をつかさどる。

（科学技術・学術政策局の所掌事務）

第七条　科学技術・学術政策局は、次に掲げる事務をつかさどる。

一　科学技術に関する基本的な政策の企画及び立案並びに推進に関すること（研究振興局及び研究開発局の所掌に属するものを除く。）。

二　科学技術に関する研究開発に関する計画の作成及び推進に関すること（研究振興局及び研究開発局の所掌に属するものを除く。）。

三　科学技術に関する関係行政機関の事務の調整に関すること（研究振興局及び研究開発局の所掌に属するものを除く。）。

四　科学技術に関する関係行政機関の経費の見積りの方針の調整に関すること（研究振興局及び研究開発局の所掌に属するものを除く。）。

五　学術の振興に関する基本的な政策の企画及び立案並びに推進に関すること。

六　科学技術及び学術に関する内外の動向の調査及び分析に関すること。

七　科学技術及び学術に関する統計の作成に関すること。

八　科学技術の振興に関する年次報告に関すること。

九　研究者の養成及び資質の向上に関すること（研究開発局の所掌に属するものを除く。）。

十　技術者の養成及び資質の向上に関すること（文部科学省に置かれる試験研究機関及び文部科学大臣が所管する法人において行うものに限るものとし、研究開発局の所掌に属するものを除く。）。

十一　技術士に関すること。

十二　地域の振興に資する見地からする科学技術の振興であって文部科学省の所掌事務に係るものに関すること。

十三　科学技術に関する研究開発に係る国際交流の助成に関すること。

十四　文部科学省の所掌事務に係る国際交流に関する事務のうち科学技術に係るものの総括に関すること（国際統括官の所掌に属するものを除く。）。

十五　科学技術に関する知識の普及並びに国民の関心及び理解の増進に関すること。

十六　科学技術に関する研究開発が経済社会及び国民生活に及ぼす影響に関し、評価を行うことその他の措置に関すること（研究振興局及び研究開発局の所掌に属するものを除く。）。

十七　文部科学省の所掌事務に係る科学技術に関する研究開発であって公募によるものの実施の調整に関すること。

十八　資源の総合的利用に関すること（他の府省の所掌に属するものを除く。）。

十九　試験研究の用に供する原子炉及び研究開発段階にある原子炉（発電の用に供するものを除く。）並びに核原料物質及び核燃料物質の使用に関する規制その他これらに関する安全の確保に関すること。

二十　原子力の安全の確保のうち科学技術に関するものに関すること。

二十一　放射線による障害の防止に関すること（研究振興局の所掌に属するものを除く。）。

二十二　放射能水準の把握のための監視及び測定に関すること。

二十三　学術の振興に係る国際文化交流の振興に関すること（外交政策に係るもの及び国際統括官の所掌に属するものを除く。）。

二十四　文部科学省の所掌事務に係る国際協力に関する事務のうち科学技術及び学術に係るものに関すること（研究開発局の所掌に属するものを除く。）。

二十五　科学技術・学術審議会の庶務（海洋開発分科会及び測地学分科会に係るものを除く。）及び放射線審議会の庶務に関すること。

二十六　独立行政法人評価委員会科学技術・学術分科会の庶務に関すること。

二十七　科学技術政策研究所の組織及び運営一般に関すること。

二十八　独立行政法人科学技術振興機構の組織及び運営一般に関すること。

（研究振興局の所掌事務）

第八条　研究振興局は、次に掲げる事務をつかさどる。

一　科学技術に関する研究開発に関する基本的な政策（研究開発の評価一般に関するものを除く。）の企画及び立案並びに推進に関すること（研究開発局の所掌に属するものを除く。）。

二　科学技術に関する各分野の研究開発に関する計画の作成及び推進に関すること（研究開発局の所掌に属するものを除く。）。

三　科学技術に関する研究開発に関する関係行政機関の事務の調整に関すること（研究開発局の所掌に属するものを除く。）。

四　科学技術に関する関係行政機関の事務の調整に関する事務のうち筑波研究学園都市に係るものに関すること。

五　科学技術に関する研究開発に関する関係行政機関の経費の見積りの方針の調整に関すること（研究開発局の所掌に属するものを除く。）。

六　学術の振興に関すること（高等教育局及び科学技術・学術政策局の所掌に属するものを除く。）。

七　大学、高等専門学校、研究機関その他の関係機関に対し、学術に係る専門的、技術的な指導及び助言を行うこと。

八　研究者その他の関係者に対し、学術に係る専門的、技術的な指導及び助言を行うこと。

九　研究開発に必要な施設及び設備（関係行政機関に重複して設置することが多額の経費を要するため適当でないと認められるものに限る。）の整備（共用に供することを含む。）、研究開発に関する情報処理の高度化及び情報の流通の促進その他の科学技術に関する研究開発の基盤の整備に関すること（科学技術・学術政策局の所掌に属するものを除く。）。

十　科学技術に関する研究開発に係る交流の助成に関すること（科学技術・学術政策局の所掌に属するものを除く。）。

十一　前二号に掲げるもののほか、科学技術に関する研究開発の推進のための環境の整備に関すること（科学技術・学術政策局の所掌に属するものを除く。）。

十二　文部科学省の所掌事務に係る科学技術に関する研究開発に係る交流（国際交流を除く。）に関する事務の総括に関すること。

十三　科学技術に関する研究開発の成果の普及及び成果の活用の促進に関すること（科学技術・学術政策局の所掌に属するものを除く。）。

十四　大学等における技術に関する研究成果の民間事業者への移転の促進に関する法律（平成十年法律第五十二号）の施行に関すること。

十五　発明及び実用新案の奨励並びにこれらの実施化の推進に関すること。

十六　科学技術に関する研究開発が経済社会及び国民生活に及ぼす影響に関し、評価を行うことその他の措置に関する事務のうち、ライフサイエンス（生命現象の解明及びその成果の応用に関する総合的科学技術をいう。以下同じ。）に関する研究開発に関する安全の確保及び生命倫理に係るものに関すること。

十七　科学技術に関する基礎研究に関すること。

十八　基盤的研究開発（科学技術に関する共通的な研究開発（二以上の府省のそれぞれの所掌に係る研究開発に共通する研究開発をいう。）、科学技術に関する研究開発で関係行政機関に重複して設置することが多額の経費を要するため適当でないと認められる施設及び設備を必要とするもの並びに科学技術に関する研究開発で多数部門の協力を要する総合的なもの（他の府省の所掌に係るものを除く。）をいう。以下同じ。）に関すること（研究開発局の所掌に属するものを除く。）。

十九　文部科学省の所掌事務に係る科学技術に関する研究開発を効果的かつ効率的に行うために必要な人的及び技術的援助一般に関すること。

二十　独立行政法人理化学研究所の行う科学技術に関する試験及び研究（基盤的研究開発を除く。）に関すること。

二十一　放射線の利用に関する研究開発に関すること。

二十二　放射性同位元素の利用の推進に関すること。

二十三　放射線による障害の防止に関する研究開発に関すること。

二十四　国立大学附置の研究所、国立大学の附属図書館及び大学共同利用機関（国立大学法人法第二条第四項に規定する大学共同利用機関をいう。以下同じ。）における教育及び研究に関すること（研究開発局の所掌に属するものを除く。）。

二十五　国立大学法人評価委員会大学共同利用機関法人分科会の庶務に関すること。

二十六　日本学士院の組織及び運営一般に関すること。

二十七　大学共同利用機関法人の組織及び運営一般に関すること。

二十八　独立行政法人物質・材料研究機構、独立行政法人放射線医学総合研究所、独立行政法人日本学術振興会及び独立行政法人理化学研究所の組織及び運営一般に関すること。

（研究開発局の所掌事務）

第九条　研究開発局は、次に掲げる事務をつかさどる。

一　防災科学技術（天災地変その他自然現象により生ずる災害を未然に防止し、これらの災害が発生した場合における被害の拡大を防ぎ、及びこれらの災害を復旧することに関する科学技術をいう。以下同じ。）、海洋科学技術、地球科学技術、環境科学技術、エネルギー科学技術（原子力に係るものを除く。以下同じ。）及び航空科学技術に関する研究開発並びに地震及び火山に関する調査研究（以下この条において「防災科学技術等に関する研究開発」という。）並びに宇宙の開発に係る科学技術及び原子力に関する科学技術に関する基本的な政策の企画及び立案並びに推進に関すること。

二　防災科学技術等に関する研究開発並びに宇宙の開発に係る科学技術及び原子力に関する科学技術に関する研究開発に関する計画の作成及び推進に関すること。

三　防災科学技術等に関する研究開発並びに宇宙の開発に係る科学技術及び原子力に関する科学技術に関する関係行政機関の事務の調整に関すること。
四　南極地域観測に関する関係行政機関の事務の調整に関すること。
五　防災科学技術等に関する研究開発並びに宇宙の開発に係る科学技術及び原子力に関する科学技術に関する関係行政機関の経費の見積りの方針の調整に関すること。
六　基盤的研究開発に関する事務のうち防災科学技術、海洋科学技術、地球科学技術、環境科学技術、エネルギー科学技術、航空科学技術、地震及び火山に関する調査研究、宇宙の開発に係る科学技術並びに原子力に関する科学技術（量子の研究に係るものを除く。）に係るものに関すること。
七　文部科学省の所掌事務に係る研究開発施設の設置及び運転の円滑化に関すること。
八　文部科学省の所掌事務に係る大規模な技術開発に共通する事項に関する企画及び立案に関すること。
九　宇宙の開発及び原子力に関する技術開発で科学技術の水準の向上を図るためのものに関すること。
十　宇宙の利用の推進に関すること。
十一　原子力政策のうち科学技術に関するものに関すること。
十二　原子力に関する関係行政機関の試験及び研究に係る経費その他これに類する経費の配分計画に関すること。
十三　原子力損害の賠償に関すること。
十四　国際約束に基づく保障措置の実施のための規制その他の原子力の平和的利用の確保のための規制に関すること。
十五　原子力に関する研究者の養成及び資質の向上に関すること。
十六　原子力に関する技術者の養成及び資質の向上に関すること（文部科学省に置かれる試験研究機関及び文部科学大臣が所管する法人において行うものに限る。）。
十七　文部科学省の所掌事務に係る国際協力に関する事務のうち宇宙の利用の推進及び原子力に係るものに関すること。
十八　大学共同利用機関法人自然科学研究機構が設置する天文学に係る大学共同利用機関及び核融合に関する科学に係る大学共同利用機関並びに大学共同利用機関法人情報・システム研究機構が設置する極地に関する科学に係る大学共同利用機関における教育及び研究に関すること。
十九　独立行政法人宇宙航空研究開発機構における学術研究及び教育に関すること。
二十　科学技術・学術審議会測地学分科会の庶務に関すること。
二十一　水戸原子力事務所の組織及び運営一般に関すること。
二十二　独立行政法人防災科学技術研究所、独立行政法人宇宙航空研究開発機構及び独立行政法人海洋研究開発機構の組織及び運営一般に関すること。
二十三　独立行政法人日本原子力研究開発機構の組織及び運営一般に関すること。
二十四　エネルギー対策特別会計の電源開発促進勘定（以下単に「電源開発促進勘定」という。）の経理に関すること。
二十五　電源開発促進勘定に属する国有財産の管理及び処分並びに物品の管理に関すること。

（スポーツ・青少年局の所掌事務）

第十条　スポーツ・青少年局は、次に掲げる事務をつかさどる。
一　スポーツの振興に関する企画及び立案並びに援助及び助言に関すること。
二　スポーツのための助成に関すること。
三　学校における体育の基準（初等中等教育の教材に係るものを除く。）の設定に関すること。
四　公立及び私立のスポーツ施設及び青少年教育施設の整備（公立の学校の体育施設の災害復旧に係るものを除く。）に関する指導及び助言に関すること。
五　公立のスポーツ施設の整備（学校の体育施設の災害復旧に係るものを除く。）のための補助に関すること。
六　私立学校教育の振興のための学校法人（放送大学学園を除く。）その他の私立学校の設置者、地方公共団体及び関係団体に対する助成（体育施設の整備に係るものに限る。）に関すること。
七　国際的又は全国的な規模において行われるスポーツ事業に関すること。
八　スポーツに関する競技水準の向上に関すること。
九　スポーツ振興投票に関すること。
十　スポーツの振興に係る国際文化交流の振興に関すること（外交政策に係るもの及び国際統括官の所掌に属するものを除く。）。
十一　文部科学省の所掌事務に係る健康教育の振興に関する基本的な施策の企画及び立案並びに調整に関すること。
十二　学校保健（学校における保健教育及び保健管理をいう。以下同じ。）、学校安全（学校における安全教育及び安全管理をいう。以下同じ。）、学校給食及び災害共済給付（学校の管理下における幼児、児童、生徒及び学生の負傷その他の災害に関する共済給付をいう。以下同じ。）に関すること（初等中等教育の基準（教材並びに学級編制及び教職員定数に係るものに限る。）の設定に関すること及び公立の学校の給食施設の災害復旧に関することを除く。第八十二条第二号において同じ。）。
十三　公立学校の学校医、学校歯科医及び学校薬剤師の公務災害補償に関すること。
十四　青少年教育の振興に関する企画及び立案並びに援助及び助言に関すること。
十五　青少年教育のための補助に関すること。
十六　青少年教育に関する施設において行う青少年の団体宿泊訓練に関すること。
十七　青少年の健全な育成の推進に関すること（内閣府の所掌に属するものを除く。）。
十八　文部科学省の所掌事務に係る青少年の健全な育成に関する基本的な政策の企画及び立案に関すること。
十九　体力の保持及び増進の推進に関すること。
二十　地方公共団体の機関その他の関係機関に対し、

スポーツ及び青少年教育に係る専門的、技術的な指導及び助言を行うこと。

二十一　教育関係職員、社会教育に関する団体、社会教育指導者、スポーツの指導者その他の関係者に対し、スポーツ及び青少年教育に係る専門的、技術的な指導及び助言を行うこと。

（国際統括官の職務）

第十一条　国際統括官は、次に掲げる事務をつかさどる。

一　ユネスコ活動（ユネスコ活動に関する法律（昭和二十七年法律第二百七号）第二条に規定するユネスコ活動をいう。）の振興に関する基本的な政策の企画及び立案並びに推進に関すること。

二　日本ユネスコ国内委員会の事務の処理に関すること。

三　国際交流に関する条約その他の国際約束の実施に関する事務のうち文部科学省の所掌事務に係るものの総括に関すること。

四　国際文化交流に関する諸外国との人物交流に関し、条約その他の国際約束に従い、国際的取決めを交渉し、及び締結すること（文化庁の所掌に属するものを除く。）。

第二款　特別な職の設置等

（官房長）

第十二条　大臣官房に、官房長を置く。

2　官房長は、命を受けて、大臣官房の事務を掌理する。

（次長）

第十三条　科学技術・学術政策局に、次長一人を置く。

2　次長は、局長を助け、局の事務を整理する。

（総括審議官、政策評価審議官及び審議官）

第十四条　大臣官房に、総括審議官一人、政策評価審議官一人及び審議官九人を置く。

2　総括審議官は、命を受けて、文部科学省の所掌事務に関する重要事項についての企画及び立案並びに調整に関する事務を総括整理する。

3　政策評価審議官は、命を受けて、文部科学省の所掌事務に関する政策の評価に関する重要事項についての企画及び立案に関する事務並びに関係事務を総括整理する。

4　審議官は、命を受けて、文部科学省の所掌事務に関する重要事項についての企画及び立案に参画し、関係事務を総括整理する。

（参事官及び技術参事官）

第十五条　大臣官房に参事官一人を、大臣官房文教施設企画部に技術参事官一人を置く。

2　参事官は、命を受けて、大臣官房の所掌事務（文教施設部の所掌に属するものを除く。）のうち重要事項の企画及び立案に参画する。

3　技術参事官は、命を受けて、文教施設企画部の所掌事務のうち技術に関する重要事項の企画及び立案に参画する。

第三款　課の設置等

第一目　大臣官房

（大臣官房に置く課等）

第十六条　大臣官房に、文教施設企画部に置くもののほか、次の五課を置く。

人事課
総務課
会計課
政策課
国際課

2　文教施設企画部に、次の三課及び参事官一人を置く。

施設企画課
施設助成課
計画課

（人事課の所掌事務）

第十七条　人事課は、次に掲げる事務をつかさどる。

一　文部科学省の職員の任免、給与、懲戒、服務その他の人事並びに教養及び訓練に関すること。

二　文部科学省の職員の衛生、医療その他の福利厚生に関すること。

三　文部科学省共済組合に関すること。

四　文化功労者に関すること。

五　栄典の推薦及び伝達の実施並びに表彰及び儀式に関すること。

六　恩給に関する連絡事務に関すること。

（総務課の所掌事務）

第十八条　総務課は、次に掲げる事務をつかさどる。

一　機密に関すること。

二　大臣、副大臣、大臣政務官及び事務次官の官印並びに省印の保管に関すること。

三　公文書類の接受、発送、編集及び保存に関すること。

四　法令案その他の公文書類の審査及び進達に関すること。

五　文部科学省の保有する情報の公開に関すること。

六　文部科学省の保有する個人情報の保護に関すること。

七　文部科学省の所掌事務に関する総合調整（政策の企画及び立案に関するものを除く。）に関すること。

八　国会との連絡に関すること。

九　広報に関すること。

十　文部科学省の機構及び定員に関すること。

十一　文部科学省の所掌事務に係る法人（学校法人及び宗教法人を除く。）の監督に関する基本方針の企画及び立案並びに調整に関すること。

十二　文部科学省の事務能率の増進に関すること。

十三　文部科学省の所掌事務に関する官報掲載に関すること。

十四　前各号に掲げるもののほか、文部科学省の所掌事務で他の所掌に属しないものに関すること。

（会計課の所掌事務）

第十九条　会計課は、次に掲げる事務をつかさどる。

一　文部科学省の所掌に係る経費及び収入の予算、決算及び会計並びに会計の監査に関すること。

二　文部科学省所管の国有財産の管理及び処分並びに物品の管理に関すること。

三　文部科学省の職員（文部科学省の所管する独立行政法人の職員を含む。）に貸与する宿舎に関すること。

四　文部科学省所管の建築物（本省の庁舎に限る。）

の営繕に関すること。

五　庁内の管理に関すること。

（政策課の所掌事務）

第二十条　政策課は、次に掲げる事務をつかさどる。

一　文部科学省の所掌事務に係る基本的かつ総合的な政策の企画及び立案に関すること。

二　文部科学省の所掌事務に関する総合調整（政策の企画及び立案に関するものに限る。）に関すること。

三　文部科学省の行政の考査に関すること。

四　文部科学省の所掌事務に関する政策の評価に関すること。

五　文部科学省の情報システムの整備及び管理に関すること。

六　独立行政法人評価委員会の庶務（初等中等教育分科会、高等教育分科会、社会教育分科会、スポーツ・青少年分科会、科学技術・学術分科会及び文化分科会に係るものを除く。）に関すること。

七　国立国会図書館支部文部科学省図書館に関すること。

（国際課の所掌事務）

第二十一条　国際課は、次に掲げる事務をつかさどる。

一　文部科学省の所掌事務に係る国際交流に関する基本的な政策の企画及び立案並びに推進に関すること。

二　文部科学省の所掌事務に係る国際協力に関すること（文化庁並びに科学技術・学術政策局及び研究開発局の所掌に属するものを除く。）。

三　文部科学省の所掌事務に係る国際的諸活動（国際交流及び国際協力を除く。）に関する連絡調整に関すること。

（施設企画課の所掌事務）

第二十二条　施設企画課は、次に掲げる事務をつかさどる。

一　文教施設企画部の所掌事務に関する総合調整に関すること。

二　文教施設及び科学技術に関する研究開発に必要な施設の整備に関する基本的な施策の企画及び立案並びに調整に関すること。

三　公立及び私立の文教施設並びに地方独立行政法人が設置する文教施設の整備に関する指導及び助言に関すること（文化庁並びに他局及び施設助成課の所掌に属するものを除く。）。

四　公立の学校施設の災害復旧に係る援助及び補助に関すること。

五　国立大学法人、大学共同利用機関法人、独立行政法人大学評価・学位授与機構、独立行政法人国立大学財務・経営センター及び独立行政法人国立高等専門学校機構が設置する文教施設の災害復旧に係る補助金の交付に関すること。

六　学校施設及び学校用家具の基準の設定に関すること。

七　学校環境の整備に関する指導及び助言に関すること。

八　文教施設の防災に関する施策の基本方針の企画及び立案並びに調整に関すること。

九　文教施設の防災その他保全に関する指導及び助言に関すること（文化庁及び他局の所掌に属するものを除く。）。

十　教育、学術、スポーツ及び文化の直接の用に供する物資（学校給食用物資を除く。）並びに教育、学術、スポーツ及び文化の用に供する物資のうち国際的に供給の不足するもの（学校給食用物資を除く。）の入手又は利用に関する便宜の供与に関すること。

十一　学校施設の学校教育の目的以外の目的への使用の防止に係る返還命令及び移転命令に関すること。

十二　国立の文教施設の整備に関する設計書類の照査、請負契約、施工管理の基準及び技術的監査に関すること。

十三　独立行政法人、国立大学法人及び大学共同利用機関法人が設置する文教施設の整備に関する請負契約及び施工管理の基準に関すること。

十四　前各号に掲げるもののほか、文教施設企画部の所掌事務で他の所掌に属しないものに関すること。

（施設助成課の所掌事務）

第二十三条　施設助成課は、次に掲げる事務（スポーツ・青少年局の所掌に属するものを除く。）をつかさどる。

一　公立の学校施設の整備（災害復旧に係るものを除く。次号において同じ。）に関する指導及び助言に関すること。

二　公立の学校施設の整備のための援助及び補助に関すること。

（計画課の所掌事務）

第二十四条　計画課は、次に掲げる事務をつかさどる。

一　国立の文教施設並びに独立行政法人、国立大学法人及び大学共同利用機関法人が設置する文教施設の整備に関する長期計画の企画及び立案並びに予算案の準備に関すること。

二　国立の文教施設並びに独立行政法人、国立大学法人及び大学共同利用機関法人が設置する文教施設の整備に関する長期計画の実施に係る連絡調整に関すること。

三　国立大学法人、大学共同利用機関法人、独立行政法人大学評価・学位授与機構、独立行政法人国立大学財務・経営センター及び独立行政法人国立高等専門学校機構が設置する文教施設の整備のための補助金の交付に関すること（災害復旧に係るものを除く。）。

四　独立行政法人国立大学財務・経営センターの行う国立大学法人及び大学共同利用機関法人に対する土地の取得、施設の設置若しくは整備又は設備の設置に必要な資金の貸付けに関すること。

五　独立行政法人国立大学財務・経営センターの行う国立大学法人、大学共同利用機関法人及び独立行政法人国立高等専門学校機構に対する土地の取得、施設の設置若しくは整備又は設備の設置に必要な資金の交付に関すること。

六　国立の文教施設の立地計画及び環境整備に関すること。

七　独立行政法人、国立大学法人及び大学共同利用機関法人が設置する文教施設の立地計画（独立行政法人、国立大学法人及び大学共同利用機関法人において土地又は借地権の取得を必要とすることとなるものに限る。）に関すること。

（参事官の職務）
第二十五条　参事官は、次に掲げる事務をつかさどる。
一　国立の文教施設並びに独立行政法人、国立大学法人及び大学共同利用機関法人が設置する文教施設の整備に関する設計、積算、施工及び維持保全に係る技術的基準に関すること。
二　国立の文教施設の整備に関する建設計画、設計、積算及び施工管理の実施に関すること。

第二目　生涯学習政策局

（生涯学習政策局に置く課等）
第二十六条　生涯学習政策局に、次の五課及び参事官一人を置く。
政策課
調査企画課
生涯学習推進課
社会教育課
男女共同参画学習課

（政策課の所掌事務）
第二十七条　政策課は、次に掲げる事務をつかさどる。
一　生涯学習政策局の所掌事務に関する総合調整に関すること。
二　豊かな人間性を備えた創造的な人材の育成のための教育改革に関する基本的な政策の企画及び立案並びに推進に関すること。
三　文部科学省の所掌事務に関する生涯学習に係る機会の整備に関する基本的な政策の企画及び立案並びに調整に関すること。
四　地域の振興に資する見地からの基本的な文教施策の企画及び立案並びに調整に関すること。
五　中央教育審議会の庶務（初等中等教育分科会、大学分科会及びスポーツ・青少年分科会に係るものを除く。）に関すること。
六　国立教育政策研究所の組織及び運営一般に関すること。
七　前各号に掲げるもののほか、生涯学習政策局の所掌事務で他の所掌に属しないものに関すること。

（調査企画課の所掌事務）
第二十八条　調査企画課は、次に掲げる事務をつかさどる。
一　教育、スポーツ、文化及び宗教に係る調査及び研究に関する基本的な施策の企画及び立案並びに調整に関すること。
二　教育、スポーツ、文化及び宗教に係る統計に関すること（他の所掌に属するものを除く。）。
三　外国の教育事情に関する調査及び研究に関すること。

（生涯学習推進課の所掌事務）
第二十九条　生涯学習推進課は、次に掲げる事務をつかさどる。
一　生涯学習に係る機会の整備の推進に関すること（他課の所掌に属するものを除く。）。
二　中学校卒業程度認定及び高等学校卒業程度認定に関すること。
三　専修学校及び各種学校における教育の振興に関する企画及び立案並びに援助及び助言に関すること（他局及び参事官の所掌に属するものを除く。）。
四　専修学校及び各種学校における教育の基準の設定に関すること（高等教育局及びスポーツ・青少年局並びに参事官の所掌に属するものを除く。）。
五　私立の専修学校及び各種学校における教育の振興のための学校法人その他の私立の専修学校及び各種学校の設置者、地方公共団体並びに関係団体に対する助成に関すること（スポーツ・青少年局の所掌に属するものを除く。）。
六　学校開放に関する企画及び立案並びに援助及び助言に関すること（スポーツ・青少年局の所掌に属するものを除く。）。
七　学校開放のための補助に関すること（スポーツ・青少年局の所掌に属するものを除く。）。
八　社会教育としての通信教育に関すること（参事官の所掌に属するものを除く。）。
九　地方公共団体の機関その他の関係機関に対し、専修学校及び各種学校における教育並びに学校開放に係る専門的、技術的な指導及び助言を行うこと（高等教育局及びスポーツ・青少年局並びに参事官の所掌に属するものを除く。）。
十　教育関係職員、社会教育に関する団体、社会教育指導者その他の関係者に対し、専修学校及び各種学校における教育並びに学校開放に係る専門的、技術的な指導及び助言を行うこと（高等教育局及びスポーツ・青少年局並びに参事官の所掌に属するものを除く。）。
十一　放送大学学園の組織及び運営一般に関すること。

（社会教育課の所掌事務）
第三十条　社会教育課は、次に掲げる事務をつかさどる。
一　社会教育の振興に関する企画及び立案並びに援助及び助言に関すること（スポーツ・青少年局並びに生涯学習推進課、男女共同参画学習課及び参事官の所掌に属するものを除く。）。
二　社会教育主事並びに司書及び司書補の講習並びに学芸員となる資格の認定に関すること。
三　社会教育のための補助に関すること（スポーツ・青少年局並びに生涯学習推進課、男女共同参画学習課及び参事官の所掌に属するものを除く。）。
四　公立及び私立の図書館（学校図書館を除く。）、博物館、公民館その他の社会教育施設の整備に関する指導及び助言に関すること（スポーツ・青少年局及び男女共同参画学習課の所掌に属するものを除く。）。
五　公立の図書館（学校図書館を除く。）、博物館、公民館その他の社会教育施設の整備のための補助に関すること（スポーツ・青少年局及び男女共同参画学習課の所掌に属するものを除く。）。
六　生涯学習に係る機会の整備の推進に関すること（ボランティア活動の振興に係るものに限る。）。
七　地方公共団体の機関その他の関係機関に対し、社会教育に係る専門的、技術的な指導及び助言を行うこと（スポーツ・青少年局並びに生涯学習推進課、男女共同参画学習課及び参事官の所掌に属するものを除く。）。
八　教育関係職員、社会教育に関する団体、社会教育指導者その他の関係者に対し、社会教育に係る専門的、技術的な指導及び助言を行うこと（スポーツ・青少年局並びに生涯学習推進課、男女共同参画学習課及び参事官の所掌に属するものを除く。）。
九　独立行政法人評価委員会社会教育分科会の庶務に関すること。
十　独立行政法人国立科学博物館の組織及び運営一般に関すること。

（男女共同参画学習課の所掌事務）
第三十一条　男女共同参画学習課は、次に掲げる事務をつかさどる。
一　男女共同参画社会の形成の促進のための生涯学習に係る機会の整備の推進に関すること。
二　女性教育の振興に関する企画及び立案並びに援助及び助言に関すること。
三　女性教育のための補助に関すること。
四　公立及び私立の女性教育施設の整備に関する指導及び助言に関すること。
五　公立の女性教育施設の整備のための補助に関すること。
六　家庭教育の支援に関すること。
七　地方公共団体の機関その他の関係機関に対し、女性教育に係る専門的、技術的な指導及び助言を行うこと。
八　教育関係職員、社会教育に関する団体、社会教育指導者その他の関係者に対し、女性教育に係る専門的、技術的な指導及び助言を行うこと。

（参事官の職務）
第三十二条　参事官は、次に掲げる事務（第三号から第五号まで及び第七号から第九号までに掲げる事務にあっては、高等教育局の所掌に属するものを除く。）をつかさどる。
一　教育、スポーツ及び文化に係る情報通信の技術の活用に関する基本的な政策の企画及び立案並びに推進に関すること。
二　生涯学習に係る機会の整備（学習情報の提供に係るものに限る。）の推進に関すること。
三　情報教育の振興に関する企画及び立案並びに援助及び助言に関すること。
四　情報教育のための補助に関すること。
五　情報教育の基準の設定に関すること。
六　視聴覚教育に関する連絡調整に関すること。
七　社会教育及び学校教育における視聴覚教育メディアの利用に関すること。
八　地方公共団体の機関その他の関係機関に対し、情報教育に係る専門的、技術的な指導及び助言を行うこと。
九　教育関係職員、社会教育に関する団体、社会教育指導者その他の関係者に対し、情報教育に係る専門的、技術的な指導及び助言を行うこと。

第三目　初等中等教育局

（初等中等教育局に置く課等）
第三十三条　初等中等教育局に、次の九課及び参事官一人を置く。
初等中等教育企画課
財務課
教育課程課
児童生徒課
幼児教育課
特別支援教育課
国際教育課
教科書課
教職員課

（初等中等教育企画課の所掌事務）
第三十四条　初等中等教育企画課は、次に掲げる事務をつかさどる。
一　初等中等教育局の所掌事務に関する総合調整に関すること。
二　初等中等教育の振興に関する基本的な政策の企画及び立案に関すること。
三　地方教育行政に関する制度の企画及び立案に関すること。
四　地方教育行政の組織及び一般的運営に関する指導、助言及び勧告に関すること（文化庁の所掌に属するものを除く。）。
五　地方公務員である教育関係職員の任免その他の身分取扱い（給与を除く。）に関する制度の企画及び立案並びにこれらの制度の運営に関する指導、助言及び勧告に関すること（文化庁並びにスポーツ・青少年局及び教職員課の所掌に属するものを除く。）。
六　初等中等教育の基準の設定に関すること（生涯学習政策局及びスポーツ・青少年局並びに他課の所掌に属するものを除く。）。
七　中等教育学校における教育並びに中学校及び高等学校における教育で学校教育法（昭和二十二年法律第二十六号）第七十一条の規定によるものの振興に関する企画及び立案並びに援助及び助言に関すること（生涯学習政策局及びスポーツ・青少年局並びに他課及び参事官の所掌に属するものを除く。）。
八　高等学校（中等教育学校の後期課程を含む。以下この条において同じ。）における定時制教育の振興に関する企画及び立案並びに援助及び助言に関すること（生涯学習政策局及びスポーツ・青少年局並びに他課及び参事官の所掌に属するものを除く。）。
九　高等学校における通信教育に関すること（生涯学習政策局及びスポーツ・青少年局並びに他課及び参事官の所掌に属するものを除く。）。
十　私立学校教育の振興のための学校法人その他の私立学校の設置者、地方公共団体及び関係団体に対する助成（産業教育のための施設の整備に係るものに限る。）に関すること。
十一　中央教育審議会初等中等教育分科会の庶務に関すること。
十二　独立行政法人評価委員会初等中等教育分科会の庶務に関すること。
十三　前各号に掲げるもののほか、初等中等教育局の所掌事務で他の所掌に属しないものに関すること。

（財務課の所掌事務）
第三十五条　財務課は、次に掲げる事務をつかさどる。
一　地方教育費に関する企画に関すること。
二　地方公務員である教育関係職員の給与に関する制度の企画及び立案並びにその運営に関する指導、助言及び勧告に関すること。
三　初等中等教育の教材の基準の設定に関すること（生涯学習政策局の所掌に属するものを除く。）。
四　教育用品（学校用家具を除く。）の基準の設定に関すること。
五　公立の小学校、中学校、高等学校、中等教育学校並びに特別支援学校の小学部、中学部及び高等部（学校給食法（昭和二十九年法律第百六十号）第六条に規定する共同調理場を含む。）の学級編制及び教職員定数の基準の設定に関すること。
六　義務教育費国庫負担法（昭和二十七年法律第三百三号）による補助に関すること。
七　公立高等学校に係る授業料の不徴収及び高等学校等就学支援金の支給に関する法律の施行に関すること。
八　へき地における教育の振興に関する施策の基本方針の企画及び立案並びに調整に関すること。
九　地方公務員である教育関係職員の福利厚生に関すること。
十　公立の幼稚園、小学校、中学校、高等学校、中等教育学校及び特別支援学校に係る予算案（学校施設、学校における体育並びに学校保健、学校安全、学校給食及び災害共済給付に係るものを除く。）の準備に関する連絡調整に関すること。

（教育課程課の所掌事務）

第三十六条　教育課程課は、次に掲げる事務をつかさどる。
一　初等中等教育の教育課程に関する企画及び立案並びに援助及び助言に関すること（生涯学習政策局及びスポーツ・青少年局並びに他課及び参事官の所掌に属するものを除く。）。
二　初等中等教育の教育課程の基準の設定に関すること（生涯学習政策局及びスポーツ・青少年局並びに児童生徒課、幼児教育課、特別支援教育課及び国際教育課の所掌に属するものを除く。）。
三　地方公共団体の機関その他の関係機関に対し、初等中等教育の教育課程に係る専門的、技術的な指導及び助言を行うこと（生涯学習政策局及びスポーツ・青少年局並びに他課の所掌に属するものを除く。）。
四　教育関係職員その他の関係者に対し、初等中等教育の教育課程に係る専門的、技術的な指導及び助言を行うこと（生涯学習政策局及びスポーツ・青少年局並びに他課の所掌に属するものを除く。）。
五　小学校、中学校、高等学校、中等教育学校並びに特別支援学校の小学部、中学部及び高等部における理科教育のための補助に関すること。
六　少年院の教科に関する事項の勧告に関すること。

（児童生徒課の所掌事務）

第三十七条　児童生徒課は、次に掲げる事務をつかさどる。
一　小学校、中学校、高等学校及び中等教育学校における生徒指導（以下この条において単に「生徒指導」という。）、小学校、中学校、高等学校及び中等教育学校における進路指導（以下この条において単に「進路指導」という。）並びに中学校、高等学校及び中等教育学校における産業教育（以下この条において単に「産業教育」という。）の振興に関する企画及び立案並びに援助及び助言に関すること（特別支援教育課及び国際教育課の所掌に属するものを除く。）。
二　高等学校の入学者の選抜（以下この条において「入学者選抜」という。）に関する援助及び助言に関すること。
三　学校図書館の整備に関すること。
四　経済的理由によって就学困難な児童及び生徒に係る就学奨励のための補助に関すること。
五　産業教育のための補助に関すること（特別支援教育課の所掌に属するものを除く。）。
六　産業教育の基準（教材に係るものを除く。）の設定に関すること（特別支援教育課の所掌に属するものを除く。）。
七　中学校卒業程度を入学資格とする専修学校及び各種学校における教育の振興（教育内容に係るものに限る。）に関する援助及び助言に関すること（情報教育に係るもの及びスポーツ・青少年局の所掌に属するものを除く。）。
八　地方公共団体の機関その他の関係機関に対し、生徒指導、進路指導、産業教育及び入学者選抜に係る専門的、技術的な指導及び助言を行うこと（特別支援教育課及び国際教育課の所掌に属するものを除く。）。
九　教育関係職員その他の関係者に対し、生徒指導、進路指導、産業教育及び入学者選抜に係る専門的、技術的な指導及び助言を行うこと（特別支援教育課及び国際教育課の所掌に属するものを除く。）。
十　看護師、准看護師又は介護福祉士の養成のための高等学校及び中等教育学校の指定に関すること。

（幼児教育課の所掌事務）

第三十八条　幼児教育課は、次に掲げる事務をつかさどる。
一　幼児に対する教育の振興に関する基本的な施策の企画及び立案並びに調整に関すること。
二　幼稚園における教育の振興に関する企画及び立案並びに援助及び助言に関すること（スポーツ・青少年局並びに特別支援教育課及び参事官の所掌に属するものを除く。）。
三　幼稚園における教育のための補助に関すること（スポーツ・青少年局及び特別支援教育課の所掌に属するものを除く。）。
四　幼稚園における教育の基準の設定に関すること（スポーツ・青少年局の所掌に属するものを除く。）。
五　私立学校教育の振興のための学校法人その他の私立学校の設置者、地方公共団体及び関係団体に対する助成（幼稚園の施設の整備に係るものに限る。）に関すること（スポーツ・青少年局の所掌に属するものを除く。）。
六　地方公共団体の機関その他の関係機関に対し、幼稚園における教育に係る専門的、技術的な指導及び助言を行うこと（スポーツ・青少年局及び特別支援教育課の所掌に属するものを除く。）。
七　教育関係職員その他の関係者に対し、幼稚園における教育に係る専門的、技術的な指導及び助言を行うこと（スポーツ・青少年局及び特別支援教育課の所掌に属するものを除く。）。

（特別支援教育課の所掌事務）
第三十九条　特別支援教育課は、次に掲げる事務（第一号及び第三号から第六号までに掲げる事務にあっては、スポーツ・青少年局の所掌に属するものを除く。）をつかさどる。
一　特別支援学校及び特別支援学級における教育その他の教育上特別の支援を必要とする幼児、児童及び生徒に対する教育（以下この条において「特別支援教育」という。）の振興に関する企画及び立案並びに援助及び助言に関すること（特別支援学校の運営の状況についての評価及びその結果に基づく運営の改善に係るものを除く。）。
二　前号に掲げる幼児、児童及び生徒に係る就学奨励並びに特別支援教育の用に供する設備の整備のための補助に関すること。
三　特別支援教育の基準（学級編制及び教職員定数に係るものを除く。）の設定に関すること。
四　特別支援学校の高等部における通信教育に関すること。
五　地方公共団体の機関その他の関係機関に対し、特別支援教育に係る専門的、技術的な指導及び助言を行うこと。
六　教育関係職員その他の関係者に対し、特別支援教育に係る専門的、技術的な指導及び助言を行うこと。
七　特別支援学校の理療に関する学科、理学療法に関する学科及び歯科技工に関する学科の認定に関すること。
八　独立行政法人国立特別支援教育総合研究所の組織及び運営一般に関すること。

（国際教育課の所掌事務）
第四十条　国際教育課は、次に掲げる事務をつかさどる。
一　幼稚園、小学校、中学校、高等学校、中等教育学校及び特別支援学校における国際理解教育（以下この条において単に「国際理解教育」という。）の振興に関する企画及び立案並びに援助及び助言に関すること。
二　小学校、中学校、高等学校及び中等教育学校における外国語教育（以下この条において単に「外国語教育」という。）の振興に関する企画及び立案並びに援助及び助言に関すること（特別支援教育課の所掌に属するものを除く。）。
三　外国語教育の基準（教材に係るものを除く。）の設定に関すること（特別支援教育課の所掌に属するものを除く。）。
四　地方公共団体の機関その他の関係機関に対し、国際理解教育及び外国語教育に係る専門的、技術的な指導及び助言を行うこと（外国語教育に係るものにあっては、特別支援教育課の所掌に属するものを除く。）。
五　教育関係職員その他の関係者に対し、国際理解教育及び外国語教育に係る専門的、技術的な指導及び助言を行うこと（外国語教育に係るものにあっては、特別支援教育課の所掌に属するものを除く。）。
六　海外に在留する邦人の子女のための在外教育施設及び関係団体が行う教育、海外から帰国した児童及び生徒の教育並びに本邦に在留する外国人の児童及び生徒の学校生活への適応のための指導に関すること。
七　初等中等教育の振興に係る国際文化交流の振興に関すること（外交政策に係るもの及び国際統括官の所掌に属するものを除く。）。

（教科書課の所掌事務）
第四十一条　教科書課は、次に掲げる事務をつかさどる。
一　教科用図書の検定に関すること。
二　教科用図書その他の教授上用いられる図書の発行及び義務教育諸学校において使用する教科用図書の無償措置に関すること。
三　文部科学省が著作の名義を有する出版物の著作権の管理に関すること。

（教職員課の所掌事務）
第四十二条　教職員課は、次に掲げる事務をつかさどる。
一　教育職員の養成並びに資質の保持及び向上に関すること（高等教育局の所掌に属するものを除く。）。
二　地方公務員である教育職員の採用のための選考に関する指導、助言及び勧告に関すること。
三　独立行政法人教員研修センターの組織及び運営一般に関すること。

（参事官の職務）
第四十三条　参事官は、次に掲げる事務をつかさどる。
一　幼稚園、小学校、中学校、高等学校、中等教育学校及び特別支援学校の運営の状況についての評価及びその結果に基づく運営の改善に関する企画及び立案並びに援助及び助言に関すること。
二　児童及び生徒の学力の状況に関する全国的な調査及び分析に関すること（生涯学習政策局及びスポーツ・青少年局並びに児童生徒課、特別支援教育課及び国際教育課の所掌に属するものを除く。）。

第四目　高等教育局

（高等教育局に置く課等）
第四十四条　高等教育局に、私学部に置くもののほか、次の六課を置く。
高等教育企画課
大学振興課
専門教育課
医学教育課
学生・留学生課
国立大学法人支援課
2　私学部に、次の二課及び参事官一人を置く。
私学行政課
私学助成課

（高等教育企画課の所掌事務）
第四十五条　高等教育企画課は、次に掲げる事務をつかさどる。
一　高等教育局の所掌事務に関する総合調整に関すること。
二　大学及び高等専門学校における教育の振興に関する基本的な政策の企画及び立案に関すること。
三　大学における教育及び研究についての評価に関する企画及び立案並びに援助及び助言に関すること。
四　大学の設置、廃止、設置者の変更その他の事項の認可に関すること。
五　放送大学学園が設置する放送大学（第四十七条第

七号において単に「放送大学」という。）における教育に関すること。

六　大学及び高等専門学校における教育の振興に係る国際文化交流の振興に関すること（外交政策に係るもの及び国際統括官の所掌に属するものを除く。）。

七　中央教育審議会大学分科会の庶務に関すること。

八　大学設置・学校法人審議会の庶務（学校法人分科会に係るものを除く。）に関すること。

九　独立行政法人評価委員会高等教育分科会の庶務に関すること。

十　独立行政法人大学評価・学位授与機構の組織及び運営一般に関すること。

十一　前各号に掲げるもののほか、高等教育局の所掌事務で他の所掌に属しないものに関すること。

（大学振興課の所掌事務）

第四十六条　大学振興課は、次に掲げる事務（第二号から第四号まで、第六号及び第七号に掲げる事務にあっては、スポーツ・青少年局並びに専門教育課及び医学教育課の所掌に属するものを除く。）をつかさどる。

一　大学の組織及び運営に関する企画及び立案並びに援助及び助言に関すること（医学教育課及び国立大学法人支援課の所掌に属するものを除く。）。

二　前号に掲げるもののほか、大学における教育の振興に関する企画及び立案並びに援助及び助言に関すること。

三　大学における教育のための補助に関すること。

四　大学における教育の基準の設定に関すること。

五　大学の入学者の選抜及び学位の授与に関すること。

六　地方公共団体の機関、大学その他の関係機関に対し、大学における教育に係る専門的、技術的な指導及び助言を行うこと。

七　教育関係職員その他の関係者に対し、大学における教育に係る専門的、技術的な指導及び助言を行うこと。

八　公立大学法人に関すること。

（専門教育課の所掌事務）

第四十七条　専門教育課は、次に掲げる事務（第一号から第三号まで、第五号、第六号、第八号及び第九号に掲げる事務にあっては、スポーツ・青少年局の所掌に属するものを除く。）をつかさどる。

一　大学における学術の各分野における専門的な学識又は実践的な能力を培うことを目的とする教育（医学、歯学及び薬学に関する教育、医療技術者の養成のための教育並びに社会福祉に関する専門的知識及び技術を有する者の養成のための教育（次条において「医学等に関する教育」という。）並びに教育職員の養成のための教育を除く。）及び情報教育（以下この条において「専門教育等」と総称する。）の振興（組織及び運営に係るものを除く。）並びに高等専門学校における教育の振興に関する企画及び立案並びに援助及び助言に関すること。

二　大学における専門教育等及び高等専門学校における教育のための補助に関すること。

三　大学における専門教育等及び高等専門学校における教育の基準の設定に関すること。

四　高等専門学校の設置、廃止、設置者の変更その他の事項の認可に関すること。

五　高等学校卒業程度を入学資格とする専修学校及び各種学校（次条第五号に規定するものを除く。第九号及び第十号において同じ。）における教育の振興（教育内容に係るものに限る。）に関する援助及び助言に関すること。

六　国立高等専門学校における教育に関すること。

七　大学（放送大学を除く。）及び高等専門学校における通信教育及び視聴覚教育に関すること。

八　地方公共団体の機関、大学、高等専門学校その他の関係機関に対し、大学における専門教育等及び高等専門学校における教育並びに高等学校卒業程度を入学資格とする専修学校及び各種学校における教育に係る専門的、技術的な指導及び助言を行うこと。

九　教育関係職員その他の関係者に対し、大学における専門教育等及び高等専門学校における教育並びに高等学校卒業程度を入学資格とする専修学校及び各種学校における教育に係る専門的、技術的な指導及び助言を行うこと。

十　独立行政法人国立高等専門学校機構の組織及び運営一般に関すること。

（医学教育課の所掌事務）

第四十八条　医学教育課は、次に掲げる事務をつかさどる。

一　大学における医学等に関する教育の振興（組織及び運営に係るものを除く。）に関する企画及び立案並びに援助及び助言に関すること。

二　大学の附属病院の組織及び運営に関する企画及び立案並びに援助及び助言に関すること。

三　大学における医学等に関する教育のための補助に関すること。

四　大学における医学等に関する教育の基準の設定に関すること。

五　附属専修学校等における医療技術者等養成教育の振興（教育内容に係るものに限る。）に関する援助及び助言に関すること。

六　附属専修学校等における医療技術者等養成教育の基準の設定に関すること。

七　医療技術者又は社会福祉に関する専門的知識及び技術を有する者の養成のための大学並びにこれに附属する専修学校及び各種学校の指定に関すること。

八　看護師等の人材確保の促進に関する法律第三条の基本指針のうち同条第二項第二号に掲げる事項に関すること。

九　地方公共団体の機関、大学その他の関係機関に対し、大学における医学等に関する教育及び附属専修学校等における医療技術者等養成教育に係る専門的、技術的な指導及び助言を行うこと。

十　教育関係職員その他の関係者に対し、大学における医学等に関する教育及び附属専修学校等における医療技術者等養成教育に係る専門的、技術的な指導及び助言を行うこと。

（学生・留学生課の所掌事務）

第四十九条　学生・留学生課は、次に掲げる事務をつかさどる。

一　学生及び生徒の奨学に関すること。
二　学生の厚生及び補導に関すること。
三　外国人留学生の受入れの連絡及び教育並びに海外への留学生の派遣に関すること。
四　政府開発援助のうち外国人留学生に係る技術協力に関すること（外交政策に係るものを除く。）。

（国立大学法人支援課の所掌事務）
第五十条　国立大学法人支援課は、次に掲げる事務をつかさどる。
一　国立大学における教育及び研究（国立大学附置の研究所及び国立大学の附属図書館におけるものを除く。）に関すること（スポーツ・青少年局及び他課の所掌に属するものを除く。）。
二　国立大学法人評価委員会の庶務（大学共同利用機関法人分科会に係るものを除く。）に関すること。
三　国立大学法人の組織及び運営一般に関すること。
四　独立行政法人国立大学財務・経営センターの組織及び運営一般に関すること。

（私学行政課の所掌事務）
第五十一条　私学行政課は、次に掲げる事務をつかさどる。
一　私学部の所掌事務に関する総合調整に関すること。
二　私立学校に関する行政の制度の企画及び立案並びにこれらの行政の組織及び一般的運営に関する指導、助言及び勧告に関すること（参事官の所掌に属するものを除く。）。
三　文部科学大臣が所轄庁である学校法人についての認可及び認定に関すること。
四　私立学校教職員の共済制度に関すること。
五　大学設置・学校法人審議会学校法人分科会の庶務に関すること。
六　前各号に掲げるもののほか、私学部の所掌事務で他の所掌に属しないものに関すること。

（私学助成課の所掌事務）
第五十二条　私学助成課は、次に掲げる事務をつかさどる。
一　私立学校教育の振興のための学校法人その他の私立学校の設置者、地方公共団体及び関係団体に対する助成に関すること（他局及び参事官の所掌に属するものを除く。）。
二　日本私立学校振興・共済事業団の組織及び運営一般に関すること。

（参事官の職務）
第五十三条　参事官は、次に掲げる事務をつかさどる。
一　文部科学大臣が所轄庁である学校法人の経営（放送大学学園に係るものを除く。）に関する指導及び助言に関すること。
二　私立学校振興助成法（昭和五十年法律第六十一号）第十二条第四号の勧告及び第十四条第一項の基準に関すること。

第五目　科学技術・学術政策局

（科学技術・学術政策局に置く課等）
第五十四条　科学技術・学術政策局に、次の四課並びに計画官一人及び国際交流官一人を置く。
政策課
調査調整課
基盤政策課
原子力安全課

（政策課の所掌事務）
第五十五条　政策課は、次に掲げる事務をつかさどる。
一　科学技術・学術政策局の所掌事務に関する総合調整に関すること。
二　科学技術に関する基本的な政策の企画及び立案並びに推進に関すること（研究振興局及び研究開発局並びに調査調整課、基盤政策課、計画官及び国際交流官の所掌に属するものを除く。）。
三　学術の振興に関する基本的な政策の企画及び立案並びに推進に関すること。
四　科学技術に関する研究開発が経済社会及び国民生活に及ぼす影響に関し、評価を行うことその他の措置に関すること（研究振興局及び研究開発局並びに計画官の所掌に属するものを除く。）。
五　資源の総合的利用に関すること（他の府省の所掌に属するものを除く。）。
六　科学技術・学術審議会の庶務（研究計画・評価分科会、海洋開発分科会、測地学分科会及び技術士分科会に係るものを除く。）に関すること。
七　科学技術政策研究所の組織及び運営一般に関すること。
八　前各号に掲げるもののほか、科学技術・学術政策局の所掌事務で他の所掌に属しないものに関すること。

（調査調整課の所掌事務）
第五十六条　調査調整課は、次に掲げる事務をつかさどる。
一　科学技術及び学術に関する内外の動向の調査及び分析に関すること。
二　科学技術及び学術に関する統計の作成に関すること。
三　科学技術の振興に関する年次報告に関すること。
四　科学技術に関する関係行政機関の事務の調整に関すること（研究振興局及び研究開発局並びに基盤政策課及び国際交流官の所掌に属するものを除く。）。
五　科学技術に関する関係行政機関の経費の見積りの方針の調整に関すること（研究振興局及び研究開発局並びに基盤政策課及び国際交流官の所掌に属するものを除く。）。
六　文部科学省の所掌事務に係る科学技術に関する研究開発であって公募によるものの実施の調整に関すること。

（基盤政策課の所掌事務）
第五十七条　基盤政策課は、次に掲げる事務をつかさどる。
一　科学技術に関する制度一般に関する基本的な政策の企画及び立案並びに推進に関すること。
二　科学技術に関する研究者及び技術者に関する基本的な政策の企画及び立案並びに推進に関すること。
三　科学技術に関する研究者及び技術者に関する関係行政機関の事務の調整に関すること。
四　科学技術に関する研究者及び技術者に関する関係行政機関の経費の見積りの方針の調整に関するこ

と。

五　研究者の養成及び資質の向上に関すること（研究開発局の所掌に属するものを除く。）。

六　技術者の養成及び資質の向上に関すること（文部科学省に置かれる試験研究機関及び文部科学大臣が所管する法人において行うものに限るものとし、研究開発局の所掌に属するものを除く。）。

七　技術士に関すること。

八　地域の振興に資する見地からする科学技術の振興であって文部科学省の所掌事務に係るものに関すること。

九　科学技術に関する知識の普及並びに国民の関心及び理解の増進に関すること。

十　独立行政法人科学技術振興機構の組織及び運営一般に関すること。

（原子力安全課の所掌事務）

第五十八条　原子力安全課は、次に掲げる事務をつかさどる。

一　試験研究の用に供する原子炉及び研究開発段階にある原子炉（発電の用に供するものを除く。）並びに核原料物質及び核燃料物質の使用に関する規制その他これらに関する安全の確保に関すること。

二　原子力の安全の確保のうち科学技術に関するものに関すること。

三　放射線による障害の防止に関すること（研究振興局の所掌に属するものを除く。）。

四　放射能水準の把握のための監視及び測定に関すること。

五　放射線審議会の庶務に関すること。

（計画官の職務）

第五十九条　計画官は、次に掲げる事務をつかさどる。

一　科学技術に関する研究開発に関する計画の作成及び推進に関すること（研究振興局及び研究開発局の所掌に属するものを除く。）。

二　科学技術に関する研究開発の評価一般に関する基本的な政策の企画及び立案並びに推進に関すること。

三　科学技術に関する研究開発が経済社会及び国民生活に及ぼす影響の評価に関すること（研究振興局及び研究開発局の所掌に属するものを除く。）。

四　独立行政法人評価委員会科学技術・学術分科会の庶務に関すること。

（国際交流官の職務）

第六十条　国際交流官は、次に掲げる事務をつかさどる。

一　科学技術に関する国際交流に関する基本的な政策の企画及び立案並びに推進に関すること（研究振興局及び研究開発局の所掌に属するものを除く。）。

二　科学技術に関する国際交流に関する関係行政機関の事務の調整に関すること（研究振興局及び研究開発局の所掌に属するものを除く。）。

三　科学技術に関する国際交流に関する関係行政機関の経費の見積りの方針の調整に関すること（研究振興局及び研究開発局の所掌に属するものを除く。）。

四　科学技術に関する研究開発に係る国際交流の助成に関すること。

五　文部科学省の所掌事務に係る国際交流に関する事務のうち科学技術に係るものの総括に関すること（国際統括官の所掌に属するものを除く。）。

六　学術の振興に係る国際文化交流の振興に関すること（外交政策に係るもの及び国際統括官の所掌に属するものを除く。）。

七　文部科学省の所掌事務に係る国際協力に関する事務のうち科学技術及び学術に係るものに関すること（研究開発局の所掌に属するものを除く。）。

第六目　研究振興局

（研究振興局に置く課）

第六十一条　研究振興局に、次の七課を置く。

振興企画課
研究環境・産業連携課
情報課
学術機関課
学術研究助成課基礎基盤研究課
ライフサイエンス課

（振興企画課の所掌事務）

第六十二条　振興企画課は、次に掲げる事務をつかさどる。

一　研究振興局の所掌事務に関する総合調整に関すること。

二　科学技術に関する研究開発に関する基本的な政策（研究開発の評価一般に関するものを除く。）の企画及び立案並びに推進に関すること（研究開発局及び他課の所掌に属するものを除く。）。

三　科学技術に関する研究開発に関する関係行政機関の事務の調整に関すること（研究開発局及び他課の所掌に属するものを除く。）。

四　科学技術に関する研究開発に関する関係行政機関の経費の見積りの方針の調整に関すること（研究開発局及び他課の所掌に属するものを除く。）。

五　学術の振興に関すること（高等教育局及び科学技術・学術政策局並びに他課の所掌に属するものを除く。）。

六　大学、高等専門学校、研究機関その他の関係機関に対し、学術に係る専門的、技術的な指導及び助言を行うこと。

七　研究者その他の関係者に対し、学術に係る専門的、技術的な指導及び助言を行うこと。

八　発明及び実用新案の奨励に関すること。

九　日本学士院の組織及び運営一般に関すること。

十　独立行政法人日本学術振興会の組織及び運営一般に関すること。

十一　前各号に掲げるもののほか、研究振興局の所掌事務で他の所掌に属しないものに関すること。

（研究環境・産業連携課の所掌事務）

第六十三条　研究環境・産業連携課は、次に掲げる事務をつかさどる。

一　研究開発に必要な施設及び設備（関係行政機関に重複して設置することが多額の経費を要するため適当でないと認められるものに限る。）の整備（共用に供することを含む。）その他の科学技術に関する研究開発の基盤の整備に関すること（科学技術・学術政策局並びに情報課及び基礎基盤研究課の所掌に属するものを除く。）。
二　科学技術に関する研究開発に係る交流の助成に関すること（科学技術・学術政策局の所掌に属するものを除く。）。
三　前二号に掲げるもののほか、科学技術に関する研究開発の推進のための環境の整備に関すること（科学技術・学術政策局の所掌に属するものを除く。）。
四　文部科学省の所掌事務に係る科学技術に関する研究開発に係る交流（国際交流を除く。）に関する事務の総括に関すること。
五　科学技術に関する研究開発の成果の普及及び成果の活用の促進に関すること（科学技術・学術政策局の所掌に属するものを除く。）。
六　大学等における技術に関する研究成果の民間事業者への移転の促進に関する法律の施行に関すること。
七　発明及び実用新案の実施化の推進に関すること。
八　文部科学省の所掌事務に係る科学技術に関する研究開発を効果的かつ効率的に行うために必要な人的及び技術的援助一般に関すること。
九　科学技術に関する関係行政機関の事務の調整に関する事務のうち筑波研究学園都市に係るものに関すること。

（情報課の所掌事務）

第六十四条　情報課は、次に掲げる事務をつかさどる。
一　情報科学技術に関する研究開発に関する基本的な政策の企画及び立案並びに推進に関すること。
二　情報科学技術に関する研究開発に関する計画の作成及び推進に関すること。
三　情報科学技術に関する研究開発に関する関係行政機関の事務の調整に関すること。
四　情報科学技術に関する研究開発に関する関係行政機関の経費の見積りの方針の調整に関すること。
五　研究開発に必要な施設及び設備（関係行政機関に重複して設置することが多額の経費を要するため適当でないと認められるものに限る。）の整備（共用に供することを含む。）に関する事務のうち情報システムに係るものに関すること。
六　科学技術に関する研究開発及び学術に関する情報処理の高度化及び情報の流通の促進に関すること。
七　大学の附属図書館その他の学術に関する図書施設に関すること。
八　基盤的研究開発に関する事務のうち情報科学技術に係るものに関すること。
九　国立大学の附属図書館並びに大学共同利用機関法人情報・システム研究機構が設置する統計学及び数理科学に係る大学共同利用機関並びに情報学に係る大学共同利用機関における教育及び研究に関すること。

（学術機関課の所掌事務）

第六十五条　学術機関課は、次に掲げる事務をつかさどる。
一　学術に関する研究機関の研究体制の整備に関する企画及び立案並びに援助及び助言に関すること。
二　学術に関する研究機関の活動に関する情報資料の収集、保存及び活用に関すること。
三　学術に関する研究設備に関すること。
四　国立大学附置の研究所及び大学共同利用機関における教育及び研究に関すること（研究開発局及び他課の所掌に属するものを除く。）。
五　国立大学法人評価委員会大学共同利用機関法人分科会の庶務に関すること。
六　大学共同利用機関法人の組織及び運営一般に関すること。

（学術研究助成課の所掌事務）

第六十六条　学術研究助成課は、次に掲げる事務をつかさどる。
一　学術の振興のための助成に関すること。
二　学術用語の制定及び普及に関すること。
三　学会に対する援助及び助言に関すること。

（基礎基盤研究課の所掌事務）

第六十七条　基礎基盤研究課は、次に掲げる事務をつかさどる。
一　科学技術に関する各分野の研究開発に関する基本的な政策の企画及び立案並びに推進に関すること（研究開発局並びに情報課及びライフサイエンス課の所掌に属するものを除く。）。
二　科学技術に関する各分野の研究開発に関する計画の作成及び推進に関すること（研究開発局並びに情報課及びライフサイエンス課の所掌に属するものを除く。）。
三　科学技術に関する各分野の研究開発に関する関係行政機関の事務の調整に関すること（研究開発局並びに情報課及びライフサイエンス課の所掌に属するものを除く。）。
四　科学技術に関する各分野の研究開発に関する関係行政機関の経費の見積りの方針の調整に関すること（研究開発局並びに情報課及びライフサイエンス課の所掌に属するものを除く。）。
五　研究開発に必要な施設及び設備（関係行政機関に重複して設置することが多額の経費を要するため適当でないと認められるものに限る。）の整備（共用に供することを含む。）に関する事務のうち、放射光施設（加速された電子又は陽電子から放射される強い指向性と高い輝度を有する電磁波を使用して科学技術に関する試験、研究及び開発を行うための施設をいう。）及び中性子線施設（加速された陽子を原子核に衝突させることにより発生する中性子線を使用して科学技術に関する試験、研究及び開発を行うための施設をいう。）の共用の促進に係るものに関すること。
六　科学技術に関する基礎研究に関すること。
七　基盤的研究開発に関すること（原子力に関する科学技術に係るものにあっては量子の研究に関するものに限り、研究開発局並びに情報課及びライフサイエンス課の所掌に属するものを除く。）。
八　独立行政法人理化学研究所の行う科学技術に関する試験及び研究（基盤的研究開発を除く。）に関すること。
九　放射線の利用に関する研究開発に関すること。
十　放射性同位元素の利用の推進に関すること。
十一　放射線による障害の防止に関する研究開発に関すること。
十二　大学共同利用機関法人自然科学研究機構が設置

する分子科学に係る大学共同利用機関及び大学共同利用機関法人高エネルギー加速器研究機構が設置する大学共同利用機関における教育及び研究に関すること。

十三　独立行政法人物質・材料研究機構、独立行政法人放射線医学総合研究所及び独立行政法人理化学研究所の組織及び運営一般に関すること。

（ライフサイエンス課の所掌事務）

第六十八条　ライフサイエンス課は、次に掲げる事務をつかさどる。

一　ライフサイエンス並びに健康の増進、日常生活の向上及び人命の安全の確保に関する科学技術（以下この条において「ライフサイエンス等」という。）に関する研究開発に関する基本的な政策の企画及び立案並びに推進に関すること。

二　ライフサイエンス等に関する研究開発に関する計画の作成及び推進に関すること。

三　ライフサイエンス等に関する研究開発に関する関係行政機関の事務の調整に関すること。

四　ライフサイエンス等に関する研究開発に関する関係行政機関の経費の見積りの方針の調整に関すること。

五　科学技術に関する研究開発が経済社会及び国民生活に及ぼす影響に関し、評価を行うことその他の措置に関する事務のうち、ライフサイエンスに関する研究開発に関する安全の確保及び生命倫理に係るものに関すること。

六　基盤的研究開発に関する事務のうちライフサイエンス等に係るものに関すること。

七　大学共同利用機関法人自然科学研究機構が設置する基礎生物学に係る大学共同利用機関及び生理学に係る大学共同利用機関並びに大学共同利用機関法人情報・システム研究機構が設置する遺伝学に係る大学共同利用機関における教育及び研究に関すること。

第六十九条　削除

第七目　研究開発局

（研究開発局に置く課等）

第七十条　研究開発局に、次の六課及び参事官一人を置く。

開発企画課
地震・防災研究課
海洋地球課
環境エネルギー課
宇宙開発利用課
原子力課

（開発企画課の所掌事務）

第七十一条　開発企画課は、次に掲げる事務をつかさどる。

一　研究開発局の所掌事務に関する総合調整に関すること。

二　文部科学省の所掌事務に係る研究開発施設の設置及び運転の円滑化に関すること（原子力課の所掌に属するものを除く。）。

三　文部科学省の所掌事務に係る大規模な技術開発に共通する事項に関する企画及び立案に関すること。

四　国際約束に基づく保障措置の実施のための規制その他の原子力の平和的利用の確保のための規制に関すること。

五　前号に掲げるもののほか、文部科学省の所掌事務に係る原子力の平和的利用の確保に関すること。

六　電源開発促進勘定の経理に関すること。

七　電源開発促進勘定に属する国有財産の管理及び処分並びに物品の管理に関すること。

八　前各号に掲げるもののほか、研究開発局の所掌事務で他の所掌に属しないものに関すること。

（地震・防災研究課の所掌事務）

第七十二条　地震・防災研究課は、次に掲げる事務をつかさどる。

一　地震及び火山に関する調査研究並びに防災科学技術に関する研究開発に関する基本的な政策の企画及び立案並びに推進に関すること。

二　地震及び火山に関する調査研究並びに防災科学技術に関する研究開発に関する計画の作成及び推進に関すること。

三　地震及び火山に関する調査研究並びに防災科学技術に関する研究開発に関する関係行政機関の事務の調整に関すること。

四　地震及び火山に関する調査研究並びに防災科学技術に関する研究開発に関する関係行政機関の経費の見積りの方針の調整に関すること。

五　基盤的研究開発に関する事務のうち地震及び火山に関する調査研究並びに防災科学技術に係るものに関すること。

六　科学技術・学術審議会測地学分科会の庶務に関すること。

七　独立行政法人防災科学技術研究所の組織及び運営一般に関すること。

（海洋地球課の所掌事務）

第七十三条　海洋地球課は、次に掲げる事務をつかさどる。

一　海洋科学技術及び地球科学技術（以下この条において「海洋科学技術等」という。）に関する研究開発に関する基本的な政策の企画及び立案並びに推進に関すること。

二　海洋科学技術等に関する研究開発に関する計画の作成及び推進に関すること。

三　海洋科学技術等に関する研究開発に関する関係行政機関の事務の調整に関すること。

四　南極地域観測に関する関係行政機関の事務の調整に関すること。

五　海洋科学技術等に関する研究開発に関する関係行政機関の経費の見積りの方針の調整に関すること。

六　基盤的研究開発に関する事務のうち海洋科学技術等に係るものに関すること。

七　大学共同利用機関法人情報・システム研究機構が設置する極地に関する科学に係る大学共同利用機関における教育及び研究に関すること。

八　独立行政法人海洋研究開発機構の組織及び運営一般に関すること。

（環境エネルギー課の所掌事務）
第七十四条　環境エネルギー課は、次に掲げる事務をつかさどる。
一　環境科学技術及びエネルギー科学技術（以下この条において「環境科学技術等」という。）に関する研究開発並びに核融合に関する基本的な政策の企画及び立案並びに推進に関すること。
二　環境科学技術等及び核融合に関する研究開発に関する計画の作成及び推進に関すること。
三　環境科学技術等に関する研究開発及び核融合に関する関係行政機関の事務の調整に関すること。
四　環境科学技術等に関する研究開発及び核融合に関する関係行政機関の経費の見積りの方針の調整に関すること。
五　基盤的研究開発に関する事務のうち環境科学技術等及び核融合に係るものに関すること。
六　原子力に関する技術開発で科学技術の水準の向上を図るためのもののうち核融合に係るものに関すること。
七　原子力政策のうち科学技術に関するもののうち、核融合に係るものに関すること。
八　文部科学省の所掌事務に係る国際協力に関する事務のうち核融合に係るものに関すること。
九　大学共同利用機関法人自然科学研究機構が設置する核融合に関する科学に係る大学共同利用機関における教育及び研究に関すること。

（宇宙開発利用課の所掌事務）
第七十五条　宇宙開発利用課は、次に掲げる事務をつかさどる。
一　基盤的研究開発に関する事務のうち航空科学技術及び宇宙の開発に係る科学技術に係るものに関すること。
二　宇宙の開発に関する技術開発で科学技術の水準の向上を図るためのものに関すること。
三　宇宙の利用の推進に関すること（参事官の所掌に属するものを除く。）。
四　独立行政法人宇宙航空研究開発機構の組織及び運営一般に関すること。

（原子力計画課の所掌事務）
第七十六条　原子力計画課は、次に掲げる事務をつかさどる。
一　原子力に関する科学技術に関する基本的な政策の企画及び立案並びに推進に関すること。
二　原子力に関する科学技術に関する研究開発に関する計画の作成及び推進に関すること。
三　原子力に関する科学技術に関する関係行政機関の事務の調整に関すること。
四　原子力に関する科学技術に関する関係行政機関の経費の見積りの方針の調整に関すること。
五　基盤的研究開発に関する事務のうち核融合に係るものに関すること。
六　原子力に関する技術開発で科学技術の水準の向上を図るためのもののうち核融合に係るものに関すること。
七　原子力政策のうち科学技術に関するものに関すること（原子力研究開発課の所掌に属するものを除く。）。
八　原子力に関する関係行政機関の試験及び研究に係る経費その他これに類する経費の配分計画に関すること。
九　原子力損害の賠償に関すること。
十　原子力に関する研究者の養成及び資質の向上に関すること。
十一　原子力に関する技術者の養成及び資質の向上に関すること（文部科学省に置かれる試験研究機関及び文部科学大臣が所管する法人において行うものに限る。）。
十二　文部科学省の所掌事務に係る原子力の平和的利用の確保に関する事務の総括に関すること。
十三　文部科学省の所掌事務に係る国際協力に関する事務のうち原子力に係るものに関すること。
十四　大学共同利用機関法人自然科学研究機構が設置する核融合に関する科学に係る大学共同利用機関における教育及び研究に関すること。
十五　独立行政法人日本原子力研究開発機構の業務の検査に関すること。

（参事官の職務）
第七十七条　参事官は、次に掲げる事務をつかさどる。
一　航空科学技術に関する研究開発及び宇宙の開発に係る科学技術に関する基本的な政策の企画及び立案並びに推進に関すること。
二　航空科学技術に関する研究開発及び宇宙の開発に係る科学技術に関する研究開発に関する計画の作成及び推進に関すること。
三　航空科学技術に関する研究開発及び宇宙の開発に係る科学技術に関する関係行政機関の事務の調整に関すること。
四　航空科学技術に関する研究開発及び宇宙の開発に係る科学技術に関する関係行政機関の経費の見積りの方針の調整に関すること。
五　宇宙の利用の推進に関する国際交流及び基礎的な調査に関すること。
六　文部科学省の所掌事務に係る国際協力に関する事務のうち宇宙の利用の推進に係るものに関すること。
七　宇宙開発委員会の庶務に関すること。
八　大学共同利用機関法人自然科学研究機構が設置する天文学に係る大学共同利用機関における教育及び研究に関すること。
九　独立行政法人宇宙航空研究開発機構における学術研究及び教育に関すること。

第八目　スポーツ・青少年局

（スポーツ・青少年局に置く課等）
第七十八条　スポーツ・青少年局に、次の五課及び参事官二人（うち一人は、関係のある他の職を占める者をもって充てられるものとする。）を置く。
企画・体育課
生涯スポーツ課
競技スポーツ課
学校健康教育課
青少年課

（企画・体育課の所掌事務）
第七十九条 企画・体育課は、次に掲げる事務をつかさどる。
一 スポーツ・青少年局の所掌事務に関する総合調整に関すること。
二 スポーツの振興に関する基本的な政策の企画及び立案に関すること。
三 学校における体育の振興に関する企画及び立案並びに援助及び助言に関すること。
四 スポーツのための助成に関すること（生涯スポーツ課の所掌に属するものを除く。）。
五 学校における体育の基準（初等中等教育の教材に係るものを除く。）の設定に関すること。
六 公立及び私立のスポーツ施設の整備（公立の学校の体育施設の災害復旧に係るものを除く。）に関する指導及び助言に関すること。
七 公立のスポーツ施設の整備（学校の体育施設の災害復旧に係るものを除く。）のための補助に関すること。
八 私立学校教育の振興のための学校法人（放送大学学園を除く。）その他の私立学校の設置者、地方公共団体及び関係団体に対する助成（体育施設の整備に係るものに限る。）に関すること。
九 国際的又は全国的な規模において行われるスポーツ事業（学校における体育に係るものに限る。）に関すること。
十 スポーツ振興投票に関すること。
十一 地方公共団体の機関その他の関係機関に対し、学校における体育に係る専門的、技術的な指導及び助言を行うこと。
十二 教育関係職員その他の関係者に対し、学校における体育に係る専門的、技術的な指導及び助言を行うこと。
十三 中央教育審議会スポーツ・青少年分科会の庶務に関すること。
十四 独立行政法人評価委員会スポーツ・青少年分科会の庶務に関すること。
十五 独立行政法人日本スポーツ振興センターの組織及び運営一般に関すること。
十六 前各号に掲げるもののほか、スポーツ・青少年局の所掌事務で他の所掌に属しないものに関すること。

（生涯スポーツ課の所掌事務）
第八十条 生涯スポーツ課は、次に掲げる事務（競技スポーツ課の所掌に属するものを除く。）をつかさどる。
一 スポーツ（学校における体育を除く。次号、第五号及び第六号において同じ。）の振興に関する企画及び立案並びに援助及び助言に関すること。
二 スポーツのための補助に関すること。
三 国際的又は全国的な規模において行われるスポーツ事業（学校における体育に係るものを除く。）に関すること。
四 スポーツの振興に係る国際文化交流の振興に関すること（外交政策に係るもの及び国際統括官の所掌に属するものを除く。）。
五 地方公共団体の機関その他の関係機関に対し、スポーツに係る専門的、技術的な指導及び助言を行うこと。
六 スポーツの指導者その他の関係者に対し、スポーツに係る専門的、技術的な指導及び助言を行うこと。

（競技スポーツ課の所掌事務）
第八十一条 競技スポーツ課は、次に掲げる事務をつかさどる。
一 スポーツに関する競技水準の向上に関すること（国際統括官の所掌に属するものを除く。）。
二 国際的又は全国的な規模において行われるスポーツ事業のうち、オリンピック競技大会、国民体育大会その他の国際的又は全国的な競技水準において行われるものに関すること。

（学校健康教育課の所掌事務）
第八十二条 学校健康教育課は、次に掲げる事務をつかさどる。
一 文部科学省の所掌事務に係る健康教育の振興に関する基本的な施策の企画及び立案並びに調整に関すること。
二 学校保健、学校安全、学校給食及び災害共済給付に関すること。
三 公立学校の学校医、学校歯科医及び学校薬剤師の公務災害補償に関すること。

（青少年課の所掌事務）
第八十三条 青少年課は、次に掲げる事務をつかさどる。
一 青少年教育の振興に関する企画及び立案並びに援助及び助言に関すること。
二 青少年教育のための補助に関すること。
三 青少年教育に関する施設において行う青少年の団体宿泊訓練に関すること。
四 公立及び私立の青少年教育施設の整備に関する指導及び助言に関すること。
五 公立の青少年教育施設の整備のための補助に関すること。
六 文部科学省の所掌事務に係る青少年の健全な育成に関する基本的な政策の企画及び立案並びに調整に関すること。
七 青少年の健全な育成の推進（内閣府の所掌に属するものを除く。）のために必要な調査及び研究並びに情報及び資料の収集及び提供に関すること。
八 地方公共団体の機関その他の関係機関に対し、青少年教育に係る専門的、技術的な指導及び助言を行うこと。
九 教育関係職員、社会教育に関する団体、社会教育指導者その他の関係者に対し、青少年教育に係る専門的、技術的な指導及び助言を行うこと。

（参事官の職務）
第八十四条 参事官は、命を受けて、次に掲げる事務を分掌する。
一 青少年の健全な育成の推進に関すること（内閣府及び青少年課の所掌に属するものを除く。）。
二 体力の保持及び増進の推進に関すること。

第三節 審議会等

（設置）
第八十五条 法律の規定により置かれる審議会等のほか、本省に、次の審議会等を置く。

中央教育審議会
教科用図書検定調査審議会
大学設置・学校法人審議会
さどる。

（中央教育審議会）

第八十六条　中央教育審議会は、次に掲げる事務をつかさどる。

一　文部科学大臣の諮問に応じて次に掲げる重要事項を調査審議すること。

イ　教育の振興及び生涯学習の推進を中核とした豊かな人間性を備えた創造的な人材の育成に関する重要事項（第三号に規定するものを除く。）

ロ　スポーツの振興に関する重要事項

二　前号イ及びロに掲げる重要事項に関し、文部科学大臣に意見を述べること。

三　文部科学大臣の諮問に応じて生涯学習に係る機会の整備に関する重要事項を調査審議すること。

四　前号に規定する重要事項に関し、文部科学大臣又は関係行政機関の長に意見を述べること。

五　生涯学習の振興のための施策の推進体制等の整備に関する法律（平成二年法律第七十一号）、理科教育振興法（昭和二十八年法律第百八十六号）第九条第一項、産業教育振興法（昭和二十六年法律第二百二十八号）、教育職員免許法（昭和二十四年法律第百四十七号）、学校教育法、社会教育法（昭和二十四年法律第二百七号）、スポーツ振興法（昭和三十六年法律第百四十一号）、スポーツ振興投票の実施等に関する法律（平成十年法律第六十三号）第三十一条第三項及び独立行政法人日本スポーツ振興センター法（平成十四年法律第百六十二号）第二十一条第二項の規定に基づきその権限に属させられた事項を処理すること。

六　理科教育振興法施行令（昭和二十九年政令第三百十一号）第二条第二項、産業教育振興法施行令（昭和二十七年政令第四百五号）第二条第三項及び学校教育法施行令（昭和二十八年政令第三百四十号）第二十三条の二第三項の規定によりその権限に属させられた事項を処理すること。

2　前項に定めるもののほか、中央教育審議会に関し必要な事項については、中央教育審議会令（平成十二年政令第二百八十号）の定めるところによる。

（教科用図書検定調査審議会）

第八十七条　教科用図書検定調査審議会は、学校教育法の規定に基づきその権限に属させられた事項を処理する。

2　前項に定めるもののほか、教科用図書検定調査審議会に関し必要な事項については、教科用図書検定調査審議会令（昭和二十五年政令第百四十号）の定めるところによる。

（大学設置・学校法人審議会）

第八十八条　大学設置・学校法人審議会は、学校教育法、私立学校法（昭和二十四年法律第二百七十号）及び私立学校振興助成法の規定に基づきその権限に属させられた事項を処理する。

2　前項に定めるもののほか、大学設置・学校法人審議会に関し必要な事項については、大学設置・学校法人審議会令（昭和六十二年政令第三百二号）の定めるところによる。

第四節　施設等機関

（設置）

第八十九条　法律の規定により置かれる施設等機関のほか、文部科学大臣の所轄の下に、本省に、国立教育政策研究所を置く。

2　前項に定めるもののほか、本省に、科学技術政策研究所を置く。

（国立教育政策研究所）

第九十条　国立教育政策研究所は、教育に関する政策に係る基礎的な事項の調査及び研究に関する事務をつかさどる。

2　国立教育政策研究所に、評議員会を置く。

3　評議員会は、国立教育政策研究所の事業計画、経費の見積り、人事その他の運営及び管理に関する重要事項について、国立教育政策研究所の長に助言する。

4　評議員会の組織及び運営については、国立教育政策研究所評議員会令（昭和四十年政令第二百十六号）の定めるところによる。

5　国立教育政策研究所の位置及び内部組織は、文部科学省令で定める。

（科学技術政策研究所）

第九十一条　科学技術政策研究所は、次に掲げる事務をつかさどる。

一　科学技術に関する基本的な政策に関する基礎的な事項を調査し、及び研究すること。

二　資源の総合的利用に関する基礎的な事項を調査し、及び研究すること。

三　文部科学省の所掌事務に係る科学技術に関し必要な図書の保存及び利用に関すること。

2　科学技術政策研究所の位置及び内部組織は、文部科学省令で定める。

第五節　地方支分部局

（原子力事務所の名称、位置及び管轄区域）

第九十二条　原子力事務所の名称は、水戸原子力事務所とする。

2　水戸原子力事務所は、水戸市に置き、その管轄区域は、茨城県とする。

第二章　文化庁

第一節　特別な職

（次長）

第九十三条　文化庁に、次長一人を置く。

第二節　内部部局

第一款　長官官房及び部の設置等

（長官官房及び部の設置）

第九十四条　文化庁に、長官官房及び次の二部を置く。

文化部
文化財部

（長官官房の所掌事務）

第九十五条　長官官房は、次に掲げる事務をつかさどる。

一　文化庁の職員の任免、給与、懲戒、服務その他の人事並びに教養及び訓練に関すること。

二　文化庁の職員の衛生、医療その他の福利厚生に関すること。

三　機密に関すること。

四　長官の官印及び庁印の保管に関すること。

五　公文書類の接受、発送、編集及び保存に関すること。

六　法令案その他の公文書類の審査に関すること。

七　文化庁の保有する情報の公開に関すること。

八　文化庁の保有する個人情報の保護に関すること。

九　文化庁の所掌事務に関する総合調整に関すること。

十　広報に関すること。

十一　文化庁の機構及び定員に関すること。

十二　文化庁の所掌に係る経費及び収入の予算、決算及び会計並びに会計の監査に関すること。

十三　文化庁所属の行政財産及び物品の管理に関すること。

十四　文化庁の行政の考査に関すること。

十五　文化の振興に関する基本的な政策の企画及び立案に関すること。

十六　地域における文化の振興に関する企画及び立案並びに援助及び助言に関すること（文化部及び文化財部の所掌に属するものを除く。）。

十七　文化庁の所掌に係る国際文化交流の振興に関すること（文化部及び文化財部の所掌に属するものを除く。）。

十八　文化庁の所掌事務に係る国際協力に関すること（文化部及び文化財部の所掌に属するものを除く。）。

十九　著作者の権利、出版権及び著作隣接権（以下「著作権等」という。）の保護及び利用に関すること。

二十　文化庁の情報システムの整備及び管理に関すること。

二十一　文化審議会の庶務（国語分科会、文化財分科会及び文化功労者選考分科会に係るものを除く。）に関すること。

二十二　独立行政法人評価委員会文化分科会の庶務に関すること。

二十三　前各号に掲げるもののほか、文化庁の所掌事務で他の所掌に属しないものに関すること。

（文化部の所掌事務）

第九十六条　文化部は、次に掲げる事務をつかさどる。

一　文化（文化財（文化財保護法（昭和二十五年法律第二百十四号）第二条第一項に規定する文化財をいう。以下同じ。）に係る事項及び著作権等に係る事項を除く。以下この条及び第百四条において同じ。）の振興に関する企画及び立案並びに援助及び助言に関すること。

二　文化の振興のための助成に関すること。

三　劇場、音楽堂その他の文化施設に関すること（文化財部の所掌に属するものを除く。）。

四　文化に関する展示会、講習会その他の催しを主催すること。

五　文化の振興に係る国際文化交流の振興に関すること（外交政策に係るものを除く。）。

六　地方公共団体の機関その他の関係機関に対し、文化及び宗教に係る専門的、技術的な指導及び助言を行うこと。

七　教育関係職員その他の関係者に対し、文化に係る専門的、技術的な指導及び助言を行うこと。

八　国語の改善及びその普及に関すること。

九　外国人に対する日本語教育に関すること（外交政策に係るもの並びに初等中等教育局及び高等教育局の所掌に属するものを除く。）。

十　アイヌ文化の振興に関すること（アイヌ語の継承並びにアイヌ語に関する知識の普及及び啓発に関することに限る。）。

十一　宗教法人の規則、規則の変更、合併及び任意解散の認証並びに宗教に関する情報資料の収集及び宗教団体との連絡に関すること。

十二　独立行政法人日本芸術文化振興会の組織及び運営一般に関すること。

（文化財部の所掌事務）

第九十七条　文化財部は、次に掲げる事務をつかさどる。

一　文化財の保存及び活用に関すること。

二　アイヌ文化の振興に関すること（文化部の所掌に属するものを除く。）。

三　文化施設のうち美術館（独立行政法人国立美術館が設置するものを除く。）及び歴史に関する博物館に関すること。

（審議官及び文化財鑑査官）

第九十八条　長官官房に審議官一人を、文化財部に文化財鑑査官一人を置く。

2　審議官は、命を受けて、著作権等に関する重要事項その他の文化庁の所掌事務に関する重要事項についての企画及び立案に参画し、関係事務を総括整理する。

3　文化財鑑査官は、命を受けて、文化財部の所掌事務のうち文化財に関する専門的、技術的な重要事項に係るものを総括整理する。

第二款　課の設置等

第一目　長官官房

（長官官房に置く課）

第九十九条　長官官房に、次の三課を置く。

政策課

著作権課

国際課

（政策課の所掌事務）

第百条　政策課は、次に掲げる事務をつかさどる。

一　文化庁の職員の任免、給与、懲戒、服務その他の人事並びに教養及び訓練に関すること。

二　文化庁の職員の衛生、医療その他の福利厚生に関すること。

三　表彰及び儀式に関すること。

四　恩給に関する連絡事務に関すること。

五　機密に関すること。

六　長官の官印及び庁印の保管に関すること。

七　公文書類の接受、発送、編集及び保存に関すること。
八　法令案その他の公文書類の審査及び進達に関すること。
九　文化庁の保有する情報の公開に関すること。
十　文化庁の保有する個人情報の保護に関すること。
十一　文化庁の所掌事務に関する総合調整に関すること。
十二　広報に関すること。
十三　文化庁の機構及び定員に関すること。
十四　文化庁の事務能率の増進に関すること。
十五　文化庁の所掌事務に関する官報掲載に関すること。
十六　文化庁の所掌に係る経費及び収入の予算、決算及び会計並びに会計の監査に関すること。
十七　文化庁所属の行政財産及び物品の管理に関すること。
十八　文化庁の職員に貸与する宿舎に関すること。
十九　庁内の管理に関すること。
二十　文化庁の行政の考査に関すること。
二十一　文化の振興に関する基本的な政策の企画及び立案に関すること。
二十二　地域における文化の振興に関する企画及び立案並びに援助及び助言に関すること（文化部及び文化財部の所掌に属するものを除く。）。
二十三　文化庁の情報システムの整備及び管理に関すること。
二十四　文化審議会の庶務（国語分科会、著作権分科会、文化財分科会及び文化功労者選考分科会に係るものを除く。）に関すること。
二十五　独立行政法人評価委員会文化分科会の庶務に関すること。
二十六　前各号に掲げるもののほか、文化庁の所掌事務で他の所掌に属しないものに関すること。

（著作権課の所掌事務）

第百一条　著作権課は、次に掲げる事務をつかさどる。
一　著作権等の保護及び利用に関すること（国際課の所掌に属するものを除く。）。
二　文化審議会著作権分科会の庶務に関すること。

（国際課の所掌事務）

第百二条　国際課は、次に掲げる事務をつかさどる。
一　文化庁の所掌に係る国際文化交流の振興に関すること（文化部及び文化財部の所掌に属するものを除く。）。
二　文化庁の所掌事務に係る国際協力に関すること（文化部及び文化財部の所掌に属するものを除く。）。
三　著作権等に関する条約に関する事務を処理すること。

第二目　文化部

（文化部に置く課）

第百三条　文化部に、次の三課を置く。
芸術文化課
国語課
宗務課

（芸術文化課の所掌事務）

第百四条　芸術文化課は、次に掲げる事務をつかさどる。
一　文化部の所掌事務に関する総合調整に関すること。
二　文化の振興に関する企画及び立案並びに援助及び助言に関すること。
三　文化の振興のための助成に関すること。
四　劇場、音楽堂その他の文化施設に関すること（文化財部の所掌に属するものを除く。）。
五　文化に関する展示会、講習会その他の催しを主催すること。
六　文化の振興に係る国際文化交流の振興に関すること（外交政策に係るものを除く。）。
七　地方公共団体の機関その他の関係機関に対し、文化に係る専門的、技術的な指導及び助言を行うこと。
八　教育関係職員その他の関係者に対し、文化に係る専門的、技術的な指導及び助言を行うこと。
九　独立行政法人日本芸術文化振興会の組織及び運営一般に関すること。
十　前各号に掲げるもののほか、文化部の所掌事務で他の所掌に属しないものに関すること。

（国語課の所掌事務）

第百五条　国語課は、次に掲げる事務をつかさどる。
一　国語の改善及びその普及に関すること。
二　外国人に対する日本語教育に関すること（外交政策に係るもの並びに初等中等教育局及び高等教育局の所掌に属するものを除く。）。
三　アイヌ文化の振興に関すること（アイヌ語の継承並びにアイヌ語に関する知識の普及及び啓発に関することに限る。）。

（宗務課の所掌事務）

第百六条　宗務課は、次に掲げる事務をつかさどる。
一　宗教法人の規則、規則の変更、合併及び任意解散の認証並びに宗教に関する情報資料の収集及び宗教団体との連絡に関すること。
二　都道府県知事に対し、宗教に係る専門的、技術的な指導及び助言を行うこと。

第三目　文化財部

（文化財部に置く課等）

第百七条　文化財部に、次の三課及び参事官一人を置く。
伝統文化課
美術学芸課
記念物課

（伝統文化課の所掌事務）

第百八条　伝統文化課は、次に掲げる事務をつかさどる。
一　文化財部の所掌事務に関する総合調整に関すること。
二　文化財の保存及び活用に関する総合的な政策の企画及び立案に関すること。
三　文化財についての補助及び損失補償に関すること。
四　無形文化財、民俗文化財及び文化財の保存技術の保存及び活用に関すること。
五　アイヌ文化の振興に関すること（文化部の所掌に属するものを除く。）。
六　文化審議会文化財分科会の庶務に関すること。
七　前各号に掲げるもののほか、文化財部の所掌事務で他の所掌に属しないものに関すること。

（美術学芸課の所掌事務）

第百九条　美術学芸課は、次に掲げる事務をつかさどる。

一　建造物以外の有形文化財の保存及び活用に関すること（伝統文化課の所掌に属するものを除く。）。

二　文化施設のうち美術館（独立行政法人国立美術館が設置するものを除く。）及び歴史に関する博物館に関すること。

三　独立行政法人国立文化財機構の組織及び運営一般に関すること。

（記念物課の所掌事務）

第百十条　記念物課は、次に掲げる事務（伝統文化課の所掌に属するものを除く。）をつかさどる。

一　記念物及び文化的景観の保存及び活用に関すること。

二　埋蔵文化財の保護に関すること。

（参事官の職務）

第百十一条　参事官は、次に掲げる事務（伝統文化課の所掌に属するものを除く。）をつかさどる。

一　建造物である有形文化財の保存及び活用に関すること。

二　伝統的建造物群保存地区の保存及び活用に関すること。

附　則

（施行期日）

1　この政令は、内閣法の一部を改正する法律（平成十一年法律第八十八号）の施行の日（平成十三年一月六日）から施行する。

（初等中等教育局の所掌事務の特例）

2　初等中等教育局は、第五条各号に掲げる事務のほか、当分の間、次に掲げる事務をつかさどる。

一　高等学校（中等教育学校の後期課程を含む。）の職業に関する教科の教科用図書の編修及び改訂に関すること。

二　特別支援学校の教科用図書の編修及び改訂に関すること。

三　中学校における通信教育に関すること。

四　児童自立支援施設の教科に関する事項の勧告に関すること。

（初等中等教育局初等中等教育企画課の所掌事務の特例）

3　初等中等教育局初等中等教育企画課は、第三十四条各号に掲げる事務のほか、当分の間、前項第三号に掲げる事務をつかさどる。

（初等中等教育局教育課程課の所掌事務の特例）

4　初等中等教育局教育課程課は、第三十六条各号に掲げる事務のほか、当分の間、附則第二項第四号に掲げる事務をつかさどる。

（初等中等教育局児童生徒課の所掌事務の特例）

5　初等中等教育局児童生徒課は、第三十七条各号に掲げる事務のほか、当分の間、附則第二項第一号に掲げる事務をつかさどる。

（初等中等教育局特別支援教育課の所掌事務の特例）

6　初等中等教育局特別支援教育課は、第三十九条各号に掲げる事務のほか、当分の間、附則第二項第二号に掲げる事務をつかさどる。

附　則（平成二二年四月一日政令第一一二号）抄

（施行期日）

1　この政令は、公布の日から施行する。

国家賠償法

昭和二十二年十月二十七日法律第百二十五号

第一条　国又は公共団体の公権力の行使に当る公務員が、その職務を行うについて、故意又は過失によつて違法に他人に損害を加えたときは、国又は公共団体が、これを賠償する責に任ずる。

②　前項の場合において、公務員に故意又は重大な過失があつたときは、国又は公共団体は、その公務員に対して求償権を有する。

第二条　道路、河川その他の公の営造物の設置又は管理に瑕疵があつたために他人に損害を生じたときは、国又は公共団体は、これを賠償する責に任ずる。

②　前項の場合において、他に損害の原因について責に任ずべき者があるときは、国又は公共団体は、これに対して求償権を有する。

第三条　前二条の規定によつて国又は公共団体が損害を賠償する責に任ずる場合において、公務員の選任若しくは監督又は公の営造物の設置若しくは管理に当る者と公務員の俸給、給与その他の費用又は公の営造物の設置若しくは管理の費用を負担する者とが異なるときは、費用を負担する者もまた、その損害を賠償する責に任ずる。

②　前項の場合において、損害を賠償した者は、内部関係でその損害を賠償する責任ある者に対して求償権を有する。

第四条　国又は公共団体の損害賠償の責任については、前三条の規定によるの外、民法の規定による。

第五条　国又は公共団体の損害賠償の責任について民法以外の他の法律に別段の定があるときは、その定めるところによる。

第六条　この法律は、外国人が被害者である場合には、相互の保証があるときに限り、これを適用する。

附　則　抄

① この法律は、公布の日から、これを施行する。
⑥ この法律施行前の行為に基づく損害については、なお従前の例による。

人権教育及び人権啓発の推進に関する法律

平成十二年十二月六日法律第百四十七号

（目的）
第一条　この法律は、人権の尊重の緊要性に関する認識の高まり、社会的身分、門地、人種、信条又は性別による不当な差別の発生等の人権侵害の現状その他人権の擁護に関する内外の情勢にかんがみ、人権教育及び人権啓発に関する施策の推進について、国、地方公共団体及び国民の責務を明らかにするとともに、必要な措置を定め、もって人権の擁護に資することを目的とする。

（定義）
第二条　この法律において、人権教育とは、人権尊重の精神の涵養を目的とする教育活動をいい、人権啓発とは、国民の間に人権尊重の理念を普及させ、及びそれに対する国民の理解を深めることを目的とする広報その他の啓発活動（人権教育を除く。）をいう。

（基本理念）
第三条　国及び地方公共団体が行う人権教育及び人権啓発は、学校、地域、家庭、職域その他の様々な場を通じて、国民が、その発達段階に応じ、人権尊重の理念に対する理解を深め、これを体得することができるよう、多様な機会の提供、効果的な手法の採用、国民の自主性の尊重及び実施機関の中立性の確保を旨として行われなければならない。

（国の責務）
第四条　国は、前条に定める人権教育及び人権啓発の基本理念（以下「基本理念」という。）にのっとり、人権教育及び人権啓発に関する施策を策定し、及び実施する責務を有する。

（地方公共団体の責務）
第五条　地方公共団体は、基本理念にのっとり、国との連携を図りつつ、その地域の実情を踏まえ、人権教育及び人権啓発に関する施策を策定し、及び実施する責務を有する。

（国民の責務）
第六条　国民は、人権尊重の精神の涵養に努めるとともに、人権が尊重される社会の実現に寄与するよう努めなければならない。

（基本計画の策定）
第七条　国は、人権教育及び人権啓発に関する施策の総合的かつ計画的な推進を図るため、人権教育及び人権啓発に関する基本的な計画を策定しなければならない。

（年次報告）
第八条　政府は、毎年、国会に、政府が講じた人権教育及び人権啓発に関する施策についての報告を提出しなければならない。

（財政上の措置）
第九条　国は、人権教育及び人権啓発に関する施策を実施する地方公共団体に対し、当該施策に係る事業の委託その他の方法により、財政上の措置を講ずることができる。

附　則

（施行期日）
第一条　この法律は、公布の日から施行する。ただし、第八条の規定は、この法律の施行の日の属する年度の翌年度以後に講じる人権教育及び人権啓発に関する施策について適用する。

（見直し）
第二条　この法律は、この法律の施行の日から三年以内に、人権擁護施策推進法（平成八年法律第百二十号）第三条第二項に基づく人権が侵害された場合における被害者の救済に関する施策の充実に関する基本的事項についての人権擁護推進審議会の調査審議の結果をも踏まえ、見直しを行うものとする。

13　その他関係法令等

男女共同参画社会基本法

平成十一年六月二十三日法律第七十八号
最終改正　平成一一年一二月二二日法律第一六〇号

我が国においては、日本国憲法に個人の尊重と法の下の平等がうたわれ、男女平等の実現に向けた様々な取組が、国際社会における取組とも連動しつつ、着実に進められてきたが、なお一層の努力が必要とされている。

一方、少子高齢化の進展、国内経済活動の成熟化等我が国の社会経済情勢の急速な変化に対応していく上で、男女が、互いにその人権を尊重しつつ責任も分かち合い、性別にかかわりなく、その個性と能力を十分に発揮することができる男女共同参画社会の実現は、緊要な課題となっている。

このような状況にかんがみ、男女共同参画社会の実現を二十一世紀の我が国社会を決定する最重要課題と位置付け、社会のあらゆる分野において、男女共同参画社会の形成の促進に関する施策の推進を図っていくことが重要である。

ここに、男女共同参画社会の形成についての基本理念を明らかにしてその方向を示し、将来に向かって国、地方公共団体及び国民の男女共同参画社会の形成に関する取組を総合的かつ計画的に推進するため、この法律を制定する。

第一章　総則

（目的）

第一条　この法律は、男女の人権が尊重され、かつ、社会経済情勢の変化に対応できる豊かで活力ある社会を実現することの緊要性にかんがみ、男女共同参画社会の形成に関し、基本理念を定め、並びに国、地方公共団体及び国民の責務を明らかにするとともに、男女共同参画社会の形成の促進に関する施策の基本となる事項を定めることにより、男女共同参画社会の形成を総合的かつ計画的に推進することを目的とする。

（定義）

第二条　この法律において、次の各号に掲げる用語の意義は、当該各号に定めるところによる。

一　男女共同参画社会の形成　男女が、社会の対等な構成員として、自らの意思によって社会のあらゆる分野における活動に参画する機会が確保され、もって男女が均等に政治的、経済的、社会的及び文化的利益を享受することができ、かつ、共に責任を担うべき社会を形成することをいう。

二　積極的改善措置　前号に規定する機会に係る男女間の格差を改善するため必要な範囲内において、男女のいずれか一方に対し、当該機会を積極的に提供することをいう。

（男女の人権の尊重）

第三条　男女共同参画社会の形成は、男女の個人としての尊厳が重んぜられること、男女が性別による差別的取扱いを受けないこと、男女が個人として能力を発揮する機会が確保されることその他の男女の人権が尊重されることを旨として、行われなければならない。

（社会における制度又は慣行についての配慮）

第四条　男女共同参画社会の形成に当たっては、社会における制度又は慣行が、性別による固定的な役割分担等を反映して、男女の社会における活動の選択に対して中立でない影響を及ぼすことにより、男女共同参画社会の形成を阻害する要因となるおそれがあることにかんがみ、社会における制度又は慣行が男女の社会における活動の選択に対して及ぼす影響をできる限り中立なものとするように配慮されなければならない。

（政策等の立案及び決定への共同参画）

第五条　男女共同参画社会の形成は、男女が、社会の対等な構成員として、国若しくは地方公共団体における政策又は民間の団体における方針の立案及び決定に共同して参画する機会が確保されることを旨として、行われなければならない。

（家庭生活における活動と他の活動の両立）

第六条　男女共同参画社会の形成は、家族を構成する男女が、相互の協力と社会の支援の下に、子の養育、家族の介護その他の家庭生活における活動について家族の一員としての役割を円滑に果たし、かつ、当該活動以外の活動を行うことができるようにすることを旨として、行われなければならない。

（国際的協調）

第七条　男女共同参画社会の形成の促進が国際社会における取組と密接な関係を有していることにかんがみ、男女共同参画社会の形成は、国際的協調の下に行われなければならない。

（国の責務）

第八条　国は、第三条から前条までに定める男女共同参画社会の形成についての基本理念（以下「基本理念」という。）にのっとり、男女共同参画社会の形成の促進に関する施策（積極的改善措置を含む。以下同じ。）を総合的に策定し、及び実施する責務を有する。

（地方公共団体の責務）

第九条　地方公共団体は、基本理念にのっとり、男女共同参画社会の形成の促進に関し、国の施策に準じた施策及びその他のその地方公共団体の区域の特性に応じた施策を策定し、及び実施する責務を有する。

（国民の責務）

第十条　国民は、職域、学校、地域、家庭その他の社会のあらゆる分野において、基本理念にのっとり、男女共同参画社会の形成に寄与するように努めなければならない。

（法制上の措置等）

第十一条　政府は、男女共同参画社会の形成の促進に関する施策を実施するため必要な法制上又は財政上の措置その他の措置を講じなければならない。

（年次報告等）

第十二条　政府は、毎年、国会に、男女共同参画社会の形成の状況及び政府が講じた男女共同参画社会の形成の促進に関する施策についての報告を提出しなければならない。

2　政府は、毎年、前項の報告に係る男女共同参画社会の形成の状況を考慮して講じようとする男女共同参画社会の形成の促進に関する施策を明らかにした文書を作成し、これを国会に提出しなければならない。

第二章　男女共同参画社会の形成の促進に関する基本的施策

（男女共同参画基本計画）

第十三条　政府は、男女共同参画社会の形成の促進に関する施策の総合的かつ計画的な推進を図るため、男女共同参画社会の形成の促進に関する基本的な計画（以下「男女共同参画基本計画」という。）を定めなければならない。

2　男女共同参画基本計画は、次に掲げる事項について定めるものとする。

一　総合的かつ長期的に講ずべき男女共同参画社会の形成の促進に関する施策の大綱

二　前号に掲げるもののほか、男女共同参画社会の形成の促進に関する施策を総合的かつ計画的に推進するために必要な事項

3　内閣総理大臣は、男女共同参画会議の意見を聴いて、男女共同参画基本計画の案を作成し、閣議の決定を求めなければならない。

4　内閣総理大臣は、前項の規定による閣議の決定があったときは、遅滞なく、男女共同参画基本計画を公表しなければならない。

5　前二項の規定は、男女共同参画基本計画の変更について準用する。

（都道府県男女共同参画計画等）

第十四条　都道府県は、男女共同参画基本計画を勘案して、当該都道府県の区域における男女共同参画社会の形成の促進に関する施策についての基本的な計画（以下「都道府県男女共同参画計画」という。）を定めなければならない。

2　都道府県男女共同参画計画は、次に掲げる事項について定めるものとする。

一　都道府県の区域において総合的かつ長期的に講ずべき男女共同参画社会の形成の促進に関する施策の大綱

二　前号に掲げるもののほか、都道府県の区域における男女共同参画社会の形成の促進に関する施策を総合的かつ計画的に推進するために必要な事項

3　市町村は、男女共同参画基本計画及び都道府県男女共同参画計画を勘案して、当該市町村の区域における男女共同参画社会の形成の促進に関する施策についての基本的な計画（以下「市町村男女共同参画計画」という。）を定めるように努めなければならない。

4　都道府県又は市町村は、都道府県男女共同参画計画又は市町村男女共同参画計画を定め、又は変更したときは、遅滞なく、これを公表しなければならない。

（施策の策定等に当たっての配慮）

第十五条　国及び地方公共団体は、男女共同参画社会の形成に影響を及ぼすと認められる施策を策定し、及び実施するに当たっては、男女共同参画社会の形成に配慮しなければならない。

（国民の理解を深めるための措置）

第十六条　国及び地方公共団体は、広報活動等を通じて、基本理念に関する国民の理解を深めるよう適切な措置を講じなければならない。

（苦情の処理等）

第十七条　国は、政府が実施する男女共同参画社会の形成の促進に関する施策又は男女共同参画社会の形成に影響を及ぼすと認められる施策についての苦情の処理のために必要な措置及び性別による差別的取扱いその他の男女共同参画社会の形成を阻害する要因によって人権が侵害された場合における被害者の救済を図るために必要な措置を講じなければならない。

（調査研究）

第十八条　国は、社会における制度又は慣行が男女共同参画社会の形成に及ぼす影響に関する調査研究その他の男女共同参画社会の形成の促進に関する施策の策定に必要な調査研究を推進するように努めるものとする。

（国際的協調のための措置）

第十九条　国は、男女共同参画社会の形成を国際的協調の下に促進するため、外国政府又は国際機関との情報の交換その他男女共同参画社会の形成に関する国際的な相互協力の円滑な推進を図るために必要な措置を講ずるように努めるものとする。

（地方公共団体及び民間の団体に対する支援）

第二十条　国は、地方公共団体が実施する男女共同参画社会の形成の促進に関する施策及び民間の団体が男女共同参画社会の形成の促進に関して行う活動を支援するため、情報の提供その他の必要な措置を講ずるように努めるものとする。

第三章　男女共同参画会議

（設置）

第二十一条　内閣府に、男女共同参画会議（以下「会議」という。）を置く。

（所掌事務）

第二十二条　会議は、次に掲げる事務をつかさどる。

一　男女共同参画基本計画に関し、第十三条第三項に規定する事項を処理すること。

二　前号に掲げるもののほか、内閣総理大臣又は関係各大臣の諮問に応じ、男女共同参画社会の形成の促進に関する基本的な方針、基本的な政策及び重要事項を調査審議すること。

三　前二号に規定する事項に関し、調査審議し、必要があると認めるときは、内閣総理大臣及び関係各大臣に対し、意見を述べること。

四　政府が実施する男女共同参画社会の形成の促進に関する施策の実施状況を監視し、及び政府の施策が男女共同参画社会の形成に及ぼす影響を調査し、必要があると認めるときは、内閣総理大臣及び関係各大臣に対し、意見を述べること。

（組織）

第二十三条　会議は、議長及び議員二十四人以内をもって組織する。

（議長）

第二十四条　議長は、内閣官房長官をもって充てる。

2　議長は、会務を総理する。

（議員）

第二十五条　議員は、次に掲げる者をもって充てる。

一　内閣官房長官以外の国務大臣のうちから、内閣総理大臣が指定する者

13　その他関係法令等

二　男女共同参画社会の形成に関し優れた識見を有する者のうちから、内閣総理大臣が任命する者

2　前項第二号の議員の数は、同項に規定する議員の総数の十分の五未満であってはならない。

3　第一項第二号の議員のうち、男女のいずれか一方の議員の数は、同号に規定する議員の総数の十分の四未満であってはならない。

4　第一項第二号の議員は、非常勤とする。

（議員の任期）

第二十六条　前条第一項第二号の議員の任期は、二年とする。ただし、補欠の議員の任期は、前任者の残任期間とする。

2　前条第一項第二号の議員は、再任されることができる。

（資料提出の要求等）

第二十七条　会議は、その所掌事務を遂行するために必要があると認めるときは、関係行政機関の長に対し、監視又は調査に必要な資料その他の資料の提出、意見の開陳、説明その他必要な協力を求めることができる。

2　会議は、その所掌事務を遂行するために特に必要があると認めるときは、前項に規定する者以外の者に対しても、必要な協力を依頼することができる。

（政令への委任）

第二十八条　この章に定めるもののほか、会議の組織及び議員その他の職員その他会議に関し必要な事項は、政令で定める。

附　則　抄

（施行期日）

第一条　この法律は、公布の日から施行する。

（男女共同参画審議会設置法の廃止）

第二条　男女共同参画審議会設置法（平成九年法律第七号）は、廃止する。

（経過措置）

第三条　前条の規定による廃止前の男女共同参画審議会設置法（以下「旧審議会設置法」という。）第一条の規定により置かれた男女共同参画審議会は、第二十一条第一項の規定により置かれた審議会となり、同一性をもって存続するものとする。

2　この法律の施行の際現に旧審議会設置法第四条第一項の規定により任命された男女共同参画審議会の委員である者は、この法律の施行の日に、第二十三条第一項の規定により、審議会の委員として任命されたものとみなす。この場合において、その任命されたものとみなされる者の任期は、同条第二項の規定にかかわらず、同日における旧審議会設置法第四条第二項の規定により任命された男女共同参画審議会の委員としての任期の残任期間と同一の期間とする。

3　この法律の施行の際現に旧審議会設置法第五条第一項の規定により定められた男女共同参画審議会の会長である者又は同条第三項の規定により指名された委員である者は、それぞれ、この法律の施行の日に、第二十四条第一項の規定により審議会の会長として定められ、又は同条第三項の規定により審議会の会長の職務を代理する委員として指名されたものとみなす。

附　則（平成一一年一二月二二日法律第一六〇号）抄

（施行期日）

第一条　この法律（第二条及び第三条を除く。）は、平成十三年一月六日から施行する。

著作権法

昭和四十五年五月六日法律第四十八号
最終改正　平成二一年七月一〇日法律第七三号

第一章　総則

第一節　通則

（目的）

第一条　この法律は、著作物並びに実演、レコード、放送及び有線放送に関し著作者の権利及びこれに隣接する権利を定め、これらの文化的所産の公正な利用に留意しつつ、著作者等の権利の保護を図り、もつて文化の発展に寄与することを目的とする。

（定義）

第二条　この法律において、次の各号に掲げる用語の意義は、当該各号に定めるところによる。

一　著作物　思想又は感情を創作的に表現したものであつて、文芸、学術、美術又は音楽の範囲に属するものをいう。

二　著作者　著作物を創作する者をいう。

三　実演　著作物を、演劇的に演じ、舞い、演奏し、歌い、口演し、朗詠し、又はその他の方法により演ずること（これらに類する行為で、著作物を演じないが芸能的な性質を有するものを含む。）をいう。

四　実演家　俳優、舞踊家、演奏家、歌手その他実演を行なう者及び実演を指揮し、又は演出する者をいう。

五　レコード　蓄音機用音盤、録音テープその他の物に音を固定したもの（音をもつぱら影像とともに再生することを目的とするものを除く。）をいう。

六　レコード製作者　レコードに固定されている音を最初に固定した者をいう。

七　商業用レコード　市販の目的をもつて製作されるレコードの複製物をいう。

七の二　公衆送信　公衆によつて直接受信されることを目的として無線通信又は有線電気通信の送信（電気通信設備で、その一の部分の設置の場所が他の部分の設置の場所と同一の構内（その構内が二以上の者の占有に属している場合には、同一の者の占有に属する区域内）にあるものによる送信（プログラムの著作物の送信を除く。）を除く。）を行うことをいう。

八　放送　公衆送信のうち、公衆によつて同一の内容の送信が同時に受信されることを目的として行う無線通信の送信をいう。

九　放送事業者　放送を業として行なう者をいう。

九の二　有線放送　公衆送信のうち、公衆によつて同一の内容の送信が同時に受信されることを目的として行う有線電気通信の送信をいう。

九の三　有線放送事業者　有線放送を業として行う者をいう。

九の四　自動公衆送信　公衆送信のうち、公衆からの求めに応じ自動的に行うもの（放送又は有線放送に該当するものを除く。）をいう。

九の五　送信可能化　次のいずれかに掲げる行為により自動公衆送信し得るようにすることをいう。

イ　公衆の用に供されている電気通信回線に接続している自動公衆送信装置（公衆の用に供する電気通信回線に接続することにより、その記録媒体のうち自動公衆送信の用に供する部分（以下この号及び第四十七条の五第一項第一号において「公衆送信用記録媒体」という。）に記録され、又は当該装置に入力される情報を自動公衆送信する機能を有する装置をいう。以下同じ。）の公衆送信用記録媒体に情報を記録し、情報が記録された記録媒体を当該自動公衆送信装置の公衆送信用記録媒体として加え、若しくは情報が記録された記録媒体を当該自動公衆送信装置の公衆送信用記録媒体に変換し、又は当該自動公衆送信装置に情報を入力すること。

ロ　その公衆送信用記録媒体に情報が記録され、又は当該自動公衆送信装置に情報が入力されている自動公衆送信装置について、公衆の用に供されている電気通信回線への接続（配線、自動公衆送信装置の始動、送受信用プログラムの起動その他の一連の行為により行われる場合には、当該一連の行為のうち最後のものをいう。）を行うこと。

十　映画製作者　映画の著作物の製作に発意と責任を有する者をいう。

十の二　プログラム　電子計算機を機能させて一の結果を得ることができるようにこれに対する指令を組み合わせたものとして表現したものをいう。

十の三　データベース　論文、数値、図形その他の情報の集合物であつて、それらの情報を電子計算機を用いて検索することができるように体系的に構成したものをいう。

十一　二次的著作物　著作物を翻訳し、編曲し、若しくは変形し、又は脚色し、映画化し、その他翻案することにより創作した著作物をいう。

十二　共同著作物　二人以上の者が共同して創作した著作物であつて、その各人の寄与を分離して個別的に利用することができないものをいう。

十三　録音　音を物に固定し、又はその固定物を増製することをいう。

十四　録画　影像を連続して物に固定し、又はその固定物を増製することをいう。

十五　複製　印刷、写真、複写、録音、録画その他の方法により有形的に再製することをいい、次に掲げるものについては、それぞれ次に掲げる行為を含むものとする。

イ　脚本その他これに類する演劇用の著作物　当該著作物の上演、放送又は有線放送を録音し、又は録画すること。

ロ　建築の著作物　建築に関する図面に従つて建築物を完成すること。

十六　上演　演奏（歌唱を含む。以下同じ。）以外の方法により著作物を演ずることをいう。

十七　上映　著作物（公衆送信されるものを除く。）を映写幕その他の物に映写することをいい、これに伴つて映画の著作物において固定されている音を再生することを含むものとする。

十八　口述　朗読その他の方法により著作物を口頭で伝達すること（実演に該当するものを除く。）をいう。

十九　頒布　有償であるか又は無償であるかを問わず、複製物を公衆に譲渡し、又は貸与することをいい、映画の著作物又は映画の著作物において複製されている著作物にあつては、これらの著作物を公衆に提示することを目的として当該映画の著作物の複製物を譲渡し、又は貸与することを含むものとする。

二十　技術的保護手段　電子的方法、磁気的方法その他の人の知覚によつて認識することができない方法（次号において「電磁的方法」という。）により、第十七条第一項に規定する著作者人格権若しくは著作権又は第八十九条第一項に規定する実演家人格権若しくは同条第六項に規定する著作隣接権（以下この号において「著作権等」という。）を侵害する行為の防止又は抑止（著作権等を侵害する行為の結果に著しい障害を生じさせることによる当該行為の抑止をいう。第三十条第一項第二号において同じ。）をする手段（著作権等を有する者の意思に基づくことなく用いられているものを除く。）であつて、著作物、実演、レコード、放送又は有線放送（次号において「著作物等」という。）の利用（著作者又は実演家の同意を得ないで行つたとしたならば著作者人格権又は実演家人格権の侵害となるべき行為を含む。）に際しこれに用いられる機器が特定の反応をする信号を著作物、実演、レコード又は放送若しくは有線放送に係る音若しくは影像とともに記録媒体に記録し、又は送信する方式によるものをいう。

二十一　権利管理情報　第十七条第一項に規定する著作者人格権若しくは著作権又は第八十九条第一項から第四項までの権利（以下この号において「著作権等」という。）に関する情報であつて、イからハまでのいずれかに該当するもののうち、電磁的方法により著作物、実演、レコード又は放送若しくは有線放送に係る音若しくは影像とともに記録媒体に記録され、又は送信されるもの（著作物等の利用状況の把握、著作物等の利用の許諾に係る事務処理その他の著作権等の管理（電子計算機によるものに限る。）に用いられていないものを除く。）をいう。

イ　著作物等、著作権等を有する者その他政令で定める事項を特定する情報

ロ　著作物等の利用を許諾する場合の利用方法及び条件に関する情報

ハ　他の情報と照合することによりイ又はロに掲げる事項を特定することができることとなる情報

二十二　国内　この法律の施行地をいう。

二十三　国外　この法律の施行地外の地域をいう。

2　この法律にいう「美術の著作物」には、美術工芸品を含むものとする。

3　この法律にいう「映画の著作物」には、映画の効果に類似する視覚的又は視聴覚的効果を生じさせる方法で表現され、かつ、物に固定されている著作物を含むものとする。

4　この法律にいう「写真の著作物」には、写真の製作方法に類似する方法を用いて表現される著作物を含むものとする。

5　この法律にいう「公衆」には、特定かつ多数の者を含むものとする。

6　この法律にいう「法人」には、法人格を有しない社団又は財団で代表者又は管理人の定めがあるものを含むものとする。

7　この法律において、「上演」、「演奏」又は「口述」には、著作物の上演、演奏又は口述で録音され、又は録画されたものを再生すること（公衆送信又は上映に該当するものを除く。）及び著作物の上演、演奏又は口述を電気通信設備を用いて伝達すること（公衆送信に該当するものを除く。）を含むものとする。

8　この法律にいう「貸与」には、いずれの名義又は方法をもつてするかを問わず、これと同様の使用の権原を取得させる行為を含むものとする。

9　この法律において、第一項第七号の二、第八号、第九号の二、第九号の四、第九号の五若しくは第十三号から第十九号まで又は前二項に掲げる用語については、それぞれこれらを動詞の語幹として用いる場合を含むものとする。

（著作物の発行）

第三条　著作物は、その性質に応じ公衆の要求を満たすことができる相当程度の部数の複製物が、第二十一条に規定する権利を有する者又はその許諾（第六十三条第一項の規定による利用の許諾をいう。第四条の二及び第六十三条を除き、以下この章及び次章において同じ。）を得た者若しくは第七十九条の出版権の設定を受けた者によつて作成され、頒布された場合（第二十六条、第二十六条の二第一項又は第二十六条の三に規定する権利を有する者の権利を害しない場合に限る。）において、発行されたものとする。

2　二次的著作物である翻訳物の前項に規定する部数の複製物が第二十八条の規定により第二十一条に規定する権利と同一の権利を有する者又はその許諾を得た者によつて作成され、頒布された場合（第二十八条の規定により第二十六条、第二十六条の二第一項又は第二十六条の三に規定する権利と同一の権利を有する者の権利を害しない場合に限る。）には、その原著作物は、発行されたものとみなす。

3　著作物がこの法律による保護を受けるとしたならば前二項の権利を有すべき者又はその者からその著作物の利用の承諾を得た者は、それぞれ前二項の権利を有する者又はその許諾を得た者とみなして、前二項の規定を適用する。

（著作物の公表）

第四条　著作物は、発行され、又は第二十二条から第二十五条までに規定する権利を有する者若しくはその許諾を得た者によつて上演、演奏、上映、公衆送信、口述若しくは展示の方法で公衆に提示された場合（建築の著作物にあつては、第二十一条に規定する権利を有する者又はその許諾を得た者によつて建設された場合を含む。）において、公表されたものとする。

2　著作物は、第二十三条第一項に規定する権利を有する者又はその許諾を得た者によつて送信可能化された場合には、公表されたものとみなす。

3　二次的著作物である翻訳物が、第二十八条の規定により第二十二条から第二十四条までに規定する権利と同一の権利を有する者若しくはその許諾を得た者によつて上演、演奏、上映、公衆送信若しくは口述の方法で公衆に提示され、又は第二十八条の規定により第二十三条第一項に規定する権利と同一の権利を有する者若しくはその許諾を得た者によつて送信可能化された場合には、その原著作物は、公表されたものとみなす。

4　美術の著作物又は写真の著作物は、第四十五条第一項に規定する者によつて同項の展示が行われた場合には、公表されたものとみなす。

5　著作物がこの法律による保護を受けるとしたならば第一項から第三項までの権利を有すべき者又はその者からその著作物の利用の承諾を得た者は、それぞれ第一項から第三項までの権利を有する者又はその許諾を得た者とみなして、これらの規定を適用する。

（レコードの発行）

第四条の二　レコードは、その性質に応じ公衆の要求を満たすことができる相当程度の部数の複製物が、第九十六条に規定する権利を有する者又はその許諾（第百三条において準用する第六十三条第一項の規定による利用の許諾をいう。第四章第二節及び第三節において同じ。）を得た者によつて作成され、頒布された場合（第九十七条の二第一項又は第九十七条の三第一項に規定する権利を有する者の権利を害しない場合に限る。）において、発行されたものとする。

（条約の効力）

第五条　著作者の権利及びこれに隣接する権利に関し条約に別段の定めがあるときは、その規定による。

第二節　適用範囲

（保護を受ける著作物）

第六条　著作物は、次の各号のいずれかに該当するものに限り、この法律による保護を受ける。

一　日本国民（わが国の法令に基づいて設立された法人及び国内に主たる事務所を有する法人を含む。以下同じ。）の著作物

二　最初に国内において発行された著作物（最初に国外において発行されたが、その発行の日から三十日

以内に国内において発行されたものを含む。）
三　前二号に掲げるもののほか、条約によりわが国が保護の義務を負う著作物

（保護を受ける実演）

第七条　実演は、次の各号のいずれかに該当するものに限り、この法律による保護を受ける。
一　国内において行なわれる実演
二　次条第一号又は第二号に掲げるレコードに固定された実演
三　第九条第一号又は第二号に掲げる放送において送信される実演（実演家の承諾を得て送信前に録音され、又は録画されているものを除く。）
四　第九条の二各号に掲げる有線放送において送信される実演（実演家の承諾を得て送信前に録音され、又は録画されているものを除く。）
五　前各号に掲げるもののほか、次のいずれかに掲げる実演
イ　実演家、レコード製作者及び放送機関の保護に関する国際条約（以下「実演家等保護条約」という。）の締約国において行われる実演
ロ　次条第三号に掲げるレコードに固定された実演
ハ　第九条第三号に掲げる放送において送信される実演（実演家の承諾を得て送信前に録音され、又は録画されているものを除く。）
六　前各号に掲げるもののほか、次のいずれかに掲げる実演
イ　実演及びレコードに関する世界知的所有権機関条約（以下「実演・レコード条約」という。）の締約国において行われる実演
ロ　次条第四号に掲げるレコードに固定された実演
七　前各号に掲げるもののほか、次のいずれかに掲げる実演
イ　世界貿易機関の加盟国において行われる実演
ロ　次条第五号に掲げるレコードに固定された実演
ハ　第九条第四号に掲げる放送において送信される実演（実演家の承諾を得て送信前に録音され、又は録画されているものを除く。）

（保護を受けるレコード）

第八条　レコードは、次の各号のいずれかに該当するものに限り、この法律による保護を受ける。
一　日本国民をレコード製作者とするレコード
二　レコードでこれに固定されている音が最初に国内において固定されたもの
三　前二号に掲げるもののほか、次のいずれかに掲げるレコード
イ　実演家等保護条約の締約国の国民（当該締約国の法令に基づいて設立された法人及び当該締約国に主たる事務所を有する法人を含む。以下同じ。）をレコード製作者とするレコード
ロ　レコードでこれに固定されている音が最初に実演家等保護条約の締約国において固定されたもの
四　前三号に掲げるもののほか、次のいずれかに掲げるレコード
イ　実演・レコード条約の締約国の国民（当該締約国の法令に基づいて設立された法人及び当該締約国に主たる事務所を有する法人を含む。以下同じ。）をレコード製作者とするレコード
ロ　レコードでこれに固定されている音が最初に実演・レコード条約の締約国において固定されたもの
五　前各号に掲げるもののほか、次のいずれかに掲げるレコード
イ　世界貿易機関の加盟国の国民（当該加盟国の法令に基づいて設立された法人及び当該加盟国に主たる事務所を有する法人を含む。以下同じ。）をレコード製作者とするレコード
ロ　レコードでこれに固定されている音が最初に世界貿易機関の加盟国において固定されたもの
六　前各号に掲げるもののほか、許諾を得ないレコードの複製からのレコード製作者の保護に関する条約（第百二十一条の二第二号において「レコード保護条約」という。）により我が国が保護の義務を負うレコード

（保護を受ける放送）

第九条　放送は、次の各号のいずれかに該当するものに限り、この法律による保護を受ける。
一　日本国民である放送事業者の放送
二　国内にある放送設備から行なわれる放送
三　前二号に掲げるもののほか、次のいずれかに掲げる放送
イ　実演家等保護条約の締約国の国民である放送事業者の放送
ロ　実演家等保護条約の締約国にある放送設備から行われる放送
四　前三号に掲げるもののほか、次のいずれかに掲げる放送
イ　世界貿易機関の加盟国の国民である放送事業者の放送
ロ　世界貿易機関の加盟国にある放送設備から行われる放送

（保護を受ける有線放送）

第九条の二　有線放送は、次の各号のいずれかに該当するものに限り、この法律による保護を受ける。
一　日本国民である有線放送事業者の有線放送（放送を受信して行うものを除く。次号において同じ。）
二　国内にある有線放送設備から行われる有線放送

第二章　著作者の権利

第一節　著作物

（著作物の例示）

第十条　この法律にいう著作物を例示すると、おおむね次のとおりである。
一　小説、脚本、論文、講演その他の言語の著作物
二　音楽の著作物
三　舞踊又は無言劇の著作物
四　絵画、版画、彫刻その他の美術の著作物
五　建築の著作物
六　地図又は学術的な性質を有する図面、図表、模型その他の図形の著作物

七　映画の著作物
八　写真の著作物
九　プログラムの著作物

2　事実の伝達にすぎない雑報及び時事の報道は、前項第一号に掲げる著作物に該当しない。

3　第一項第九号に掲げる著作物に対するこの法律による保護は、その著作物を作成するために用いるプログラム言語、規約及び解法に及ばない。この場合において、これらの用語の意義は、次の各号に定めるところによる。

一　プログラム言語　プログラムを表現する手段としての文字その他の記号及びその体系をいう。
二　規約　特定のプログラムにおける前号のプログラム言語の用法についての特別の約束をいう。
三　解法　プログラムにおける電子計算機に対する指令の組合せの方法をいう。

（二次的著作物）

第十一条　二次的著作物に対するこの法律による保護は、その原著作物の著作者の権利に影響を及ぼさない。

（編集著作物）

第十二条　編集物（データベースに該当するものを除く。以下同じ。）でその素材の選択又は配列によつて創作性を有するものは、著作物として保護する。

2　前項の規定は、同項の編集物の部分を構成する著作物の著作者の権利に影響を及ぼさない。

（データベースの著作物）

第十二条の二　データベースでその情報の選択又は体系的な構成によつて創作性を有するものは、著作物として保護する。

2　前項の規定は、同項のデータベースの部分を構成する著作物の著作者の権利に影響を及ぼさない。

（権利の目的とならない著作物）

第十三条　次の各号のいずれかに該当する著作物は、この章の規定による権利の目的となることができない。

一　憲法その他の法令
二　国若しくは地方公共団体の機関、独立行政法人（独立行政法人通則法（平成十一年法律第百三号）第二条第一項に規定する独立行政法人をいう。以下同じ。）又は地方独立行政法人（地方独立行政法人法（平成十五年法律第百十八号）第二条第一項に規定する地方独立行政法人をいう。以下同じ。）が発する告示、訓令、通達その他これらに類するもの
三　裁判所の判決、決定、命令及び審判並びに行政庁の裁決及び決定で裁判に準ずる手続により行われるもの
四　前三号に掲げるものの翻訳物及び編集物で、国若しくは地方公共団体の機関、独立行政法人又は地方独立行政法人が作成するもの

第二節　著作者

（著作者の推定）

第十四条　著作物の原作品に、又は著作物の公衆への提供若しくは提示の際に、その氏名若しくは名称（以下「実名」という。）又はその雅号、筆名、略称その他実名に代えて用いられるもの（以下「変名」という。）として周知のものが著作者名として通常の方法により表示されている者は、その著作物の著作者と推定する。

（職務上作成する著作物の著作者）

第十五条　法人その他使用者（以下この条において「法人等」という。）の発意に基づきその法人等の業務に従事する者が職務上作成する著作物（プログラムの著作物を除く。）で、その法人等が自己の著作の名義の下に公表するものの著作者は、その作成の時における契約、勤務規則その他に別段の定めがない限り、その法人等とする。

2　法人等の発意に基づきその法人等の業務に従事する者が職務上作成するプログラムの著作物の著作者は、その作成の時における契約、勤務規則その他に別段の定めがない限り、その法人等とする。

（映画の著作物の著作者）

第十六条　映画の著作物の著作者は、その映画の著作物において翻案され、又は複製された小説、脚本、音楽その他の著作物の著作者を除き、制作、監督、演出、撮影、美術等を担当してその映画の著作物の全体的形成に創作的に寄与した者とする。ただし、前条の規定の適用がある場合は、この限りでない。

第三節　権利の内容

第一款　総則

（著作者の権利）

第十七条　著作者は、次条第一項、第十九条第一項及び第二十条第一項に規定する権利（以下「著作者人格権」という。）並びに第二十一条から第二十八条までに規定する権利（以下「著作権」という。）を享有する。

2　著作者人格権及び著作権の享有には、いかなる方式の履行をも要しない。

第二款　著作者人格権

（公表権）

第十八条　著作者は、その著作物でまだ公表されていないもの（その同意を得ないで公表された著作物を含む。以下この条において同じ。）を公衆に提供し、又は提示する権利を有する。当該著作物を原著作物とする二次的著作物についても、同様とする。

2　著作者は、次の各号に掲げる場合には、当該各号に掲げる行為について同意したものと推定する。

一　その著作物でまだ公表されていないものの著作権を譲渡した場合　当該著作物をその著作権の行使により公衆に提供し、又は提示すること。
二　その美術の著作物又は写真の著作物でまだ公表されていないものの原作品を譲渡した場合　これらの著作物をその原作品による展示の方法で公衆に提示すること。
三　第二十九条の規定によりその映画の著作物の著作権が映画製作者に帰属した場合　当該著作物をその著作権の行使により公衆に提供し、又は提示すること。

3　著作者は、次の各号に掲げる場合には、当該各号に掲げる行為について同意したものとみなす。

一　その著作物でまだ公表されていないものを行政機

関（行政機関の保有する情報の公開に関する法律（平成十一年法律第四十二号。以下「行政機関情報公開法」という。）第二条第一項に規定する行政機関をいう。以下同じ。）に提供した場合（行政機関情報公開法第九条第一項の規定による開示する旨の決定の時までに別段の意思表示をした場合を除く。）行政機関情報公開法の規定により行政機関の長が当該著作物を公衆に提供し、又は提示すること。

二　その著作物でまだ公表されていないものを独立行政法人等（独立行政法人等の保有する情報の公開に関する法律（平成十三年法律第百四十号。以下「独立行政法人等情報公開法」という。）第二条第一項に規定する独立行政法人等をいう。以下同じ。）に提供した場合（独立行政法人等情報公開法第九条第一項の規定による開示する旨の決定の時までに別段の意思表示をした場合を除く。）独立行政法人等情報公開法の規定により当該独立行政法人等が当該著作物を公衆に提供し、又は提示すること。

三　その著作物でまだ公表されていないものを地方公共団体又は地方独立行政法人に提供した場合（開示する旨の決定の時までに別段の意思表示をした場合を除く。）情報公開条例（地方公共団体又は地方独立行政法人の保有する情報の公開を請求する住民等の権利について定める当該地方公共団体の条例をいう。以下同じ。）の規定により当該地方公共団体の機関又は地方独立行政法人が当該著作物を公衆に提供し、又は提示すること。

4　第一項の規定は、次の各号のいずれかに該当するときは、適用しない。

一　行政機関情報公開法第五条の規定により行政機関の長が同条第一号ロ若しくはハ若しくは同条第二号ただし書に規定する情報が記録されている著作物でまだ公表されていないものを公衆に提供し、若しくは提示するとき、又は行政機関情報公開法第七条の規定により行政機関の長が著作物でまだ公表されていないものを公衆に提供し、若しくは提示するとき。

二　独立行政法人等情報公開法第五条の規定により独立行政法人等が同条第一号ロ若しくはハ若しくは同条第二号ただし書に規定する情報が記録されている著作物でまだ公表されていないものを公衆に提供し、若しくは提示するとき、又は独立行政法人等情報公開法第七条の規定により独立行政法人等が著作物でまだ公表されていないものを公衆に提供し、若しくは提示するとき。

三　情報公開条例（行政機関情報公開法第十三条第二項及び第三項に相当する規定を設けているものに限る。第五号において同じ。）の規定により地方公共団体の機関又は地方独立行政法人が著作物でまだ公表されていないもの（行政機関情報公開法第五条第一号ロ又は同条第二号ただし書に規定する情報に相当する情報が記録されているものに限る。）を公衆に提供し、又は提示するとき。

四　情報公開条例の規定により地方公共団体の機関又は地方独立行政法人が著作物でまだ公表されていないもの（行政機関情報公開法第五条第一号ハに規定する情報に相当する情報が記録されているものに限る。）を公衆に提供し、又は提示するとき。

五　情報公開条例の規定で行政機関情報公開法第七条の規定に相当するものにより地方公共団体の機関又は地方独立行政法人が著作物でまだ公表されていないものを公衆に提供し、又は提示するとき。

（氏名表示権）

第十九条　著作者は、その著作物の原作品に、又はその著作物の公衆への提供若しくは提示に際し、その実名若しくは変名を著作者名として表示し、又は著作者名を表示しないこととする権利を有する。その著作物を原著作物とする二次的著作物の公衆への提供又は提示に際しての原著作物の著作者名の表示についても、同様とする。

2　著作物を利用する者は、その著作者の別段の意思表示がない限り、その著作物につきすでに著作者が表示しているところに従つて著作者名を表示することができる。

3　著作者名の表示は、著作物の利用の目的及び態様に照らし著作者が創作者であることを主張する利益を害するおそれがないと認められるときは、公正な慣行に反しない限り、省略することができる。

4　第一項の規定は、次の各号のいずれかに該当するときは、適用しない。

一　行政機関情報公開法、独立行政法人等情報公開法又は情報公開条例の規定により行政機関の長、独立行政法人等又は地方公共団体の機関若しくは地方独立行政法人が著作物を公衆に提供し、又は提示する場合において、当該著作物につき既にその著作者が表示しているところに従つて著作者名を表示するとき。

二　行政機関情報公開法第六条第二項の規定、独立行政法人等情報公開法第六条第二項の規定又は情報公開条例の規定で行政機関情報公開法第六条第二項の規定に相当するものにより行政機関の長、独立行政法人等又は地方公共団体の機関若しくは地方独立行政法人が著作物を公衆に提供し、又は提示する場合において、当該著作物の著作者名の表示を省略することとなるとき。

（同一性保持権）

第二十条　著作者は、その著作物及びその題号の同一性を保持する権利を有し、その意に反してこれらの変更、切除その他の改変を受けないものとする。

2　前項の規定は、次の各号のいずれかに該当する改変については、適用しない。

一　第三十三条第一項（同条第四項において準用する場合を含む。）、第三十三条の二第一項又は第三十四条第一項の規定により著作物を利用する場合における用字又は用語の変更その他の改変で、学校教育の目的上やむを得ないと認められるもの

二　建築物の増築、改築、修繕又は模様替えによる改変

三　特定の電子計算機においては利用し得ないプログラムの著作物を当該電子計算機において利用し得るようにするため、又はプログラムの著作物を電子計算機においてより効果的に利用し得るようにするために必要な改変

四　前三号に掲げるもののほか、著作物の性質並びにその利用の目的及び態様に照らしやむを得ないと認

められる改変

第三款　著作権に含まれる権利の種類

（複製権）

第二十一条　著作者は、その著作物を複製する権利を専有する。

（上演権及び演奏権）

第二十二条　著作者は、その著作物を、公衆に直接見せ又は聞かせることを目的として（以下「公に」という。）上演し、又は演奏する権利を専有する。

（上映権）

第二十二条の二　著作者は、その著作物を公に上映する権利を専有する。

（公衆送信権等）

第二十三条　著作者は、その著作物について、公衆送信（自動公衆送信の場合にあつては、送信可能化を含む。）を行う権利を専有する。

2　著作者は、公衆送信されるその著作物を受信装置を用いて公に伝達する権利を専有する。

（口述権）

第二十四条　著作者は、その言語の著作物を公に口述する権利を専有する。

（展示権）

第二十五条　著作者は、その美術の著作物又はまだ発行されていない写真の著作物をこれらの原作品により公に展示する権利を専有する。

（頒布権）

第二十六条　著作者は、その映画の著作物をその複製物により頒布する権利を専有する。

2　著作者は、映画の著作物において複製されているその著作物を当該映画の著作物の複製物により頒布する権利を専有する。

（譲渡権）

第二十六条の二　著作者は、その著作物（映画の著作物を除く。以下この条において同じ。）をその原作品又は複製物（映画の著作物において複製されている著作物にあつては、当該映画の著作物の複製物を除く。以下この条において同じ。）の譲渡により公衆に提供する権利を専有する。

2　前項の規定は、著作物の原作品又は複製物で次の各号のいずれかに該当するものの譲渡による場合には、適用しない。

一　前項に規定する権利を有する者又はその許諾を得た者により公衆に譲渡された著作物の原作品又は複製物

二　第六十七条第一項若しくは第六十九条の規定による裁定又は万国著作権条約の実施に伴う著作権法の特例に関する法律（昭和三十一年法律第八十六号）第五条第一項の規定による許可を受けて公衆に譲渡された著作物の複製物

三　第六十七条の二第一項の規定の適用を受けて公衆に譲渡された著作物の複製物

四　前項に規定する権利を有する者又はその承諾を得た者により特定かつ少数の者に譲渡された著作物の原作品又は複製物

五　国外において、前項に規定する権利に相当する権利を害することなく、又は同項に規定する権利に相当する権利を有する者若しくはその承諾を得た者により譲渡された著作物の原作品又は複製物

（貸与権）

第二十六条の三　著作者は、その著作物（映画の著作物を除く。）をその複製物（映画の著作物において複製されている著作物にあつては、当該映画の著作物の複製物を除く。）の貸与により公衆に提供する権利を専有する。

（翻訳権、翻案権等）

第二十七条　著作者は、その著作物を翻訳し、編曲し、若しくは変形し、又は脚色し、映画化し、その他翻案する権利を専有する。

（二次的著作物の利用に関する原著作者の権利）

第二十八条　二次的著作物の原著作物の著作者は、当該二次的著作物の利用に関し、この款に規定する権利で当該二次的著作物の著作者が有するものと同一の種類の権利を専有する。

第四款　映画の著作物の著作権の帰属

第二十九条　映画の著作物（第十五条第一項、次項又は第三項の規定の適用を受けるものを除く。）の著作権は、その著作者が映画製作者に対し当該映画の著作物の製作に参加することを約束しているときは、当該映画製作者に帰属する。

2　専ら放送事業者が放送のための技術的手段として製作する映画の著作物（第十五条第一項の規定の適用を受けるものを除く。）の著作権のうち次に掲げる権利は、映画製作者としての当該放送事業者に帰属する。

一　その著作物を放送する権利及び放送されるその著作物について、有線放送し、自動公衆送信（送信可能化のうち、公衆の用に供されている電気通信回線に接続している自動公衆送信装置に情報を入力することによるものを含む。）を行い、又は受信装置を用いて公に伝達する権利

二　その著作物を複製し、又はその複製物により放送事業者に頒布する権利

3　専ら有線放送事業者が有線放送のための技術的手段として製作する映画の著作物（第十五条第一項の規定の適用を受けるものを除く。）の著作権のうち次に掲げる権利は、映画製作者としての当該有線放送事業者に帰属する。

一　その著作物を有線放送する権利及び有線放送されるその著作物を受信装置を用いて公に伝達する権利

二　その著作物を複製し、又はその複製物により有線放送事業者に頒布する権利

第五款　著作権の制限

（私的使用のための複製）

第三十条　著作権の目的となつている著作物（以下この款において単に「著作物」という。）は、個人的に又は家庭内その他これに準ずる限られた範囲内において使用すること（以下「私的使用」という。）を目的とするときは、次に掲げる場合を除き、その使用する者が複製することができる。

一　公衆の使用に供することを目的として設置されている自動複製機器（複製の機能を有し、これに関する装置の全部又は主要な部分が自動化されている機器をいう。）を用いて複製する場合

二　技術的保護手段の回避（技術的保護手段に用いられている信号の除去又は改変（記録又は送信の方式の変換に伴う技術的な制約による除去又は改変を除く。）を行うことにより、当該技術的保護手段によつて防止される行為を可能とし、又は当該技術的保護手段によつて抑止される行為の結果に障害を生じないようにすることをいう。第百二十条の二第一号及び第二号において同じ。）により可能となり、又はその結果に障害が生じないようになつた複製を、その事実を知りながら行う場合

三　著作権を侵害する自動公衆送信（国外で行われる自動公衆送信であつて、国内で行われたとしたならば著作権の侵害となるべきものを含む。）を受信して行うデジタル方式の録音又は録画を、その事実を知りながら行う場合

2　私的使用を目的として、デジタル方式の録音又は録画の機能を有する機器（放送の業務のための特別の性能その他の私的使用に通常供されない特別の性能を有するもの及び録音機能付きの電話機その他の本来の機能に附属する機能として録音又は録画の機能を有するものを除く。）であつて政令で定めるものにより、当該機器によるデジタル方式の録音又は録画の用に供される記録媒体であつて政令で定めるものに録音又は録画を行う者は、相当な額の補償金を著作権者に支払わなければならない。

（図書館等における複製）

第三十一条　国立国会図書館及び図書、記録その他の資料を公衆の利用に供することを目的とする図書館その他の施設で政令で定めるもの（以下この項において「図書館等」という。）においては、次に掲げる場合には、その営利を目的としない事業として、図書館等の図書、記録その他の資料（以下この条において「図書館資料」という。）を用いて著作物を複製することができる。

一　図書館等の利用者の求めに応じ、その調査研究の用に供するために、公表された著作物の一部分（発行後相当期間を経過した定期刊行物に掲載された個々の著作物にあつては、その全部）の複製物を一人につき一部提供する場合

二　図書館資料の保存のため必要がある場合

三　他の図書館等の求めに応じ、絶版その他これに準ずる理由により一般に入手することが困難な図書館資料の複製物を提供する場合

2　前項各号に掲げる場合のほか、国立国会図書館においては、図書館資料の原本を公衆の利用に供することによるその滅失、損傷又は汚損を避けるため、当該原本に代えて公衆の利用に供するための電磁的記録（電子的方式、磁気的方式その他人の知覚によつては認識することができない方式で作られる記録であつて、電子計算機による情報処理の用に供されるものをいう。第三十三条の二第四項において同じ。）を作成する場合には、必要と認められる限度において、当該図書館資料に係る著作物を記録媒体に記録することができる。

（引用）

第三十二条　公表された著作物は、引用して利用することができる。この場合において、その引用は、公正な慣行に合致するものであり、かつ、報道、批評、研究その他の引用の目的上正当な範囲内で行なわれるものでなければならない。

2　国若しくは地方公共団体の機関、独立行政法人又は地方独立行政法人が一般に周知させることを目的として作成し、その著作の名義の下に公表する広報資料、調査統計資料、報告書その他これらに類する著作物は、説明の材料として新聞紙、雑誌その他の刊行物に転載することができる。ただし、これを禁止する旨の表示がある場合は、この限りでない。

（教科用図書等への掲載）

第三十三条　公表された著作物は、学校教育の目的上必要と認められる限度において、教科用図書（小学校、中学校、高等学校又は中等教育学校その他これらに準ずる学校における教育の用に供される児童用又は生徒用の図書であつて、文部科学大臣の検定を経たもの又は文部科学省が著作の名義を有するものをいう。以下同じ。）に掲載することができる。

2　前項の規定により著作物を教科用図書に掲載する者は、その旨を著作者に通知するとともに、同項の規定の趣旨、著作物の種類及び用途、通常の使用料の額その他の事情を考慮して文化庁長官が毎年定める額の補償金を著作権者に支払わなければならない。

3　文化庁長官は、前項の定めをしたときは、これを官報で告示する。

4　前三項の規定は、高等学校（中等教育学校の後期課程を含む。）の通信教育用学習図書及び教科用図書に係る教師用指導書（当該教科用図書を発行する者の発行に係るものに限る。）への著作物の掲載について準用する。

（教科用拡大図書等の作成のための複製等）

第三十三条の二　教科用図書に掲載された著作物は、視覚障害、発達障害その他の障害により教科用図書に掲載された著作物を使用することが困難な児童又は生徒の学習の用に供するため、当該教科用図書に用いられている文字、図形等の拡大その他の当該児童又は生徒が当該著作物を使用するために必要な方式により複製することができる。

2　前項の規定により複製する教科用の図書その他の複製物（点字により複製するものを除き、当該教科用図書に掲載された著作物の全部又は相当部分を複製するものに限る。以下この項において「教科用拡大図書等」という。）を作成しようとする者は、あらかじめ当該教科用図書を発行する者にその旨を通知するとともに、営利を目的として当該教科用拡大図書等を頒布する場合にあつては、前条第二項に規定する補償金の額に準じて文化庁長官が毎年定める額の補償金を当該著作物の著作権者に支払わなければならない。

3　文化庁長官は、前項の定めをしたときは、これを官報で告示する。

4　障害のある児童及び生徒のための教科用特定図書等の普及の促進等に関する法律（平成二十年法律第八十一号）第五条第一項又は第二項の規定により教科用図書に掲載された著作物に係る電磁的記録の提供を

行う者は、その提供のために必要と認められる限度において、当該著作物を利用することができる。

（学校教育番組の放送等）

第三十四条　公表された著作物は、学校教育の目的上必要と認められる限度において、学校教育に関する法令の定める教育課程の基準に準拠した学校向けの放送番組又は有線放送番組において放送し、若しくは有線放送し、又は当該放送を受信して同時に専ら当該放送に係る放送対象地域（放送法（昭和二十五年法律第百三十二号）第二条の二第二項第二号に規定する放送対象地域をいい、これが定められていない放送にあつては、電波法（昭和二十五年法律第百三十一号）第十四条第三項第三号に規定する放送区域をいう。以下同じ。）において受信されることを目的として自動公衆送信（送信可能化のうち、公衆の用に供されている電気通信回線に接続している自動公衆送信装置に情報を入力することによるものを含む。）を行い、及び当該放送番組用又は有線放送番組用の教材に掲載することができる。

2　前項の規定により著作物を利用する者は、その旨を著作者に通知するとともに、相当な額の補償金を著作権者に支払わなければならない。

（学校その他の教育機関における複製等）

第三十五条　学校その他の教育機関（営利を目的として設置されているものを除く。）において教育を担任する者及び授業を受ける者は、その授業の過程における使用に供することを目的とする場合には、必要と認められる限度において、公表された著作物を複製することができる。ただし、当該著作物の種類及び用途並びにその複製の部数及び態様に照らし著作権者の利益を不当に害することとなる場合は、この限りでない。

2　公表された著作物については、前項の教育機関における授業の過程において、当該授業を直接受ける者に対して当該著作物をその原作品若しくは複製物を提供し、若しくは提示して利用する場合又は当該著作物を第三十八条第一項の規定により上演し、演奏し、上映し、若しくは口述して利用する場合には、当該授業が行われる場所以外の場所において当該授業を同時に受ける者に対して公衆送信（自動公衆送信の場合にあつては、送信可能化を含む。）を行うことができる。ただし、当該著作物の種類及び用途並びに当該公衆送信の態様に照らし著作権者の利益を不当に害することとなる場合は、この限りでない。

（試験問題としての複製等）

第三十六条　公表された著作物については、入学試験その他人の学識技能に関する試験又は検定の目的上必要と認められる限度において、当該試験又は検定の問題として複製し、又は公衆送信（放送又は有線放送を除き、自動公衆送信の場合にあつては送信可能化を含む。次項において同じ。）を行うことができる。ただし、当該著作物の種類及び用途並びに当該公衆送信の態様に照らし著作権者の利益を不当に害することとなる場合は、この限りでない。

2　営利を目的として前項の複製又は公衆送信を行う者は、通常の使用料の額に相当する額の補償金を著作権者に支払わなければならない。

（視覚障害者等のための複製等）

第三十七条　公表された著作物は、点字により複製することができる。

2　公表された著作物については、電子計算機を用いて点字を処理する方式により、記録媒体に記録し、又は公衆送信（放送又は有線放送を除き、自動公衆送信の場合にあつては送信可能化を含む。）を行うことができる。

3　視覚障害者その他視覚による表現の認識に障害のある者（以下この項及び第百二条第四項において「視覚障害者等」という。）の福祉に関する事業を行う者で政令で定めるものは、公表された著作物であつて、視覚によりその表現が認識される方式（視覚及び他の知覚により認識される方式を含む。）により公衆に提供され、又は提示されているもの（当該著作物以外の著作物で、当該著作物において複製されているものその他当該著作物と一体として公衆に提供され、又は提示されているものを含む。以下この項及び同条第四項において「視覚著作物」という。）について、専ら視覚障害者等で当該方式によつては当該視覚著作物を利用することが困難な者の用に供するために必要と認められる限度において、当該視覚著作物に係る文字を音声にすることその他当該視覚障害者等が利用するために必要な方式により、複製し、又は自動公衆送信（送信可能化を含む。）を行うことができる。ただし、当該視覚著作物について、著作権者又はその許諾を得た者若しくは第七十九条の出版権の設定を受けた者により、当該方式による公衆への提供又は提示が行われている場合は、この限りでない。

（聴覚障害者等のための複製等）

第三十七条の二　聴覚障害者その他聴覚による表現の認識に障害のある者（以下この条及び次条第五項において「聴覚障害者等」という。）の福祉に関する事業を行う者で次の各号に掲げる利用の区分に応じて政令で定めるものは、公表された著作物であつて、聴覚によりその表現が認識される方式（聴覚及び他の知覚により認識される方式を含む。）により公衆に提供され、又は提示されているもの（当該著作物以外の著作物で、当該著作物において複製されているものその他当該著作物と一体として公衆に提供され、又は提示されているものを含む。以下この条において「聴覚著作物」という。）について、専ら聴覚障害者等で当該方式によつては当該聴覚著作物を利用することが困難な者の用に供するために必要と認められる限度において、それぞれ当該各号に掲げる利用を行うことができる。ただし、当該聴覚著作物について、著作権者又はその許諾を得た者若しくは第七十九条の出版権の設定を受けた者により、当該聴覚障害者等が利用するために必要な方式による公衆への提供又は提示が行われている場合は、この限りでない。

一　当該聴覚著作物に係る音声について、これを文字にすることその他当該聴覚障害者等が利用するために必要な方式により、複製し、又は自動公衆送信（送信可能化を含む。）を行うこと。

二　専ら当該聴覚障害者等向けの貸出しの用に供するため、複製すること（当該聴覚著作物に係る音声を文字にすることその他当該聴覚障害者等が利用するために必要な方式による当該音声の複製と併せて行うものに限る。）。

（営利を目的としない上演等）

第三十八条　公表された著作物は、営利を目的とせず、かつ、聴衆又は観衆から料金（いずれの名義をもつてするかを問わず、著作物の提供又は提示につき受ける対価をいう。以下この条において同じ。）を受けない場合には、公に上演し、演奏し、上映し、又は口述することができる。ただし、当該上演、演奏、上映又は口述について実演家又は口述を行う者に対し報酬が支払われる場合は、この限りでない。

2　放送される著作物は、営利を目的とせず、かつ、聴衆又は観衆から料金を受けない場合には、有線放送し、又は専ら当該放送に係る放送対象地域において受信されることを目的として自動公衆送信（送信可能化のうち、公衆の用に供されている電気通信回線に接続している自動公衆送信装置に情報を入力することによるものを含む。）を行うことができる。

3　放送され、又は有線放送される著作物（放送される著作物が自動公衆送信される場合の当該著作物を含む。）は、営利を目的とせず、かつ、聴衆又は観衆から料金を受けない場合には、受信装置を用いて公に伝達することができる。通常の家庭用受信装置を用いてする場合も、同様とする。

4　公表された著作物（映画の著作物を除く。）は、営利を目的とせず、かつ、その複製物の貸与を受ける者から料金を受けない場合には、その複製物（映画の著作物において複製されている著作物にあつては、当該映画の著作物の複製物を除く。）の貸与により公衆に提供することができる。

5　映画フィルムその他の視聴覚資料を公衆の利用に供することを目的とする視聴覚教育施設その他の施設（営利を目的として設置されているものを除く。）で政令で定めるもの及び聴覚障害者等の福祉に関する事業を行う者で前条の政令で定めるもの（同条第二号に係るものに限り、営利を目的として当該事業を行うものを除く。）は、公表された映画の著作物を、その複製物の貸与を受ける者から料金を受けない場合には、その複製物の貸与により頒布することができる。この場合において、当該頒布を行う者は、当該映画の著作物又は当該映画の著作物において複製されている著作物につき第二十六条に規定する権利を有する者（第二十八条の規定により第二十六条に規定する権利と同一の権利を有する者を含む。）に相当な額の補償金を支払わなければならない。

（時事問題に関する論説の転載等）

第三十九条　新聞紙又は雑誌に掲載して発行された政治上、経済上又は社会上の時事問題に関する論説（学術的な性質を有するものを除く。）は、他の新聞紙若しくは雑誌に転載し、又は放送し、若しくは有線放送し、若しくは当該放送を受信して同時に専ら当該放送に係る放送対象地域において受信されることを目的として自動公衆送信（送信可能化のうち、公衆の用に供されている電気通信回線に接続している自動公衆送信装置に情報を入力することによるものを含む。）を行うことができる。ただし、これらの利用を禁止する旨の表示がある場合は、この限りでない。

2　前項の規定により放送され、若しくは有線放送され、又は自動公衆送信される論説は、受信装置を用いて公に伝達することができる。

（政治上の演説等の利用）

第四十条　公開して行われた政治上の演説又は陳述及び裁判手続（行政庁の行う審判その他裁判に準ずる手続を含む。第四十二条第一項において同じ。）における公開の陳述は、同一の著作者のものを編集して利用する場合を除き、いずれの方法によるかを問わず、利用することができる。

2　国若しくは地方公共団体の機関、独立行政法人又は地方独立行政法人において行われた公開の演説又は陳述は、前項の規定によるものを除き、報道の目的上正当と認められる場合には、新聞紙若しくは雑誌に掲載し、又は放送し、若しくは有線放送し、若しくは当該放送を受信して同時に専ら当該放送に係る放送対象地域において受信されることを目的として自動公衆送信（送信可能化のうち、公衆の用に供されている電気通信回線に接続している自動公衆送信装置に情報を入力することによるものを含む。）を行うことができる。

3　前項の規定により放送され、若しくは有線放送され、又は自動公衆送信される演説又は陳述は、受信装置を用いて公に伝達することができる。

（時事の事件の報道のための利用）

第四十一条　写真、映画、放送その他の方法によつて時事の事件を報道する場合には、当該事件を構成し、又は当該事件の過程において見られ、若しくは聞かれる著作物は、報道の目的上正当な範囲内において、複製し、及び当該事件の報道に伴つて利用することができる。

（裁判手続等における複製）

第四十二条　著作物は、裁判手続のために必要と認められる場合及び立法又は行政の目的のために内部資料として必要と認められる場合には、その必要と認められる限度において、複製することができる。ただし、当該著作物の種類及び用途並びにその複製の部数及び態様に照らし著作権者の利益を不当に害することとなる場合は、この限りでない。

2　次に掲げる手続のために必要と認められる場合についても、前項と同様とする。

一　行政庁の行う特許、意匠若しくは商標に関する審査、実用新案に関する技術的な評価又は国際出願（特許協力条約に基づく国際出願等に関する法律（昭和五十三年法律第三十号）第二条に規定する国際出願をいう。）に関する国際調査若しくは国際予備審査に関する手続

二　行政庁若しくは独立行政法人の行う薬事（医療機器（薬事法（昭和三十五年法律第百四十五号）第二条第四項に規定する医療機器をいう。）に関する事項を含む。以下この号において同じ。）に関する審査若しくは調査又は行政庁若しくは独立行政法人に対する薬事に関する報告に関する手続

（行政機関情報公開法等による開示のための利用）

第四十二条の二　行政機関の長、独立行政法人等又は地方公共団体の機関若しくは地方独立行政法人は、行政機関情報公開法、独立行政法人等情報公開法又は情報公開条例の規定により著作物を公衆に提供し、又は提示することを目的とする場合には、それぞれ行政機関

情報公開法第十四条第一項（同項の規定に基づく政令の規定を含む。）に規定する方法、独立行政法人等情報公開法第十五条第一項に規定する方法（同項の規定に基づき当該独立行政法人等が定める方法（行政機関情報公開法第十四条第一項の規定に基づく政令で定める方法以外のものを除く。）を含む。）又は情報公開条例で定める方法（行政機関情報公開法第十四条第一項（同項の規定に基づく政令の規定を含む。）に規定する方法以外のものを除く。）により開示するために必要と認められる限度において、当該著作物を利用することができる。

（国立国会図書館法によるインターネット資料の収集のための複製）

第四十二条の三　国立国会図書館の館長は、国立国会図書館法（昭和二十三年法律第五号）第二十五条の三第一項の規定により同項に規定するインターネット資料（以下この条において「インターネット資料」という。）を収集するために必要と認められる限度において、当該インターネット資料に係る著作物を国立国会図書館の使用に係る記録媒体に記録することができる。

2　国立国会図書館法第二十四条及び第二十四条の二に規定する者は、同法第二十五条の三第三項の求めに応じインターネット資料を提供するために必要と認められる限度において、当該インターネット資料に係る著作物を複製することができる。

（翻訳、翻案等による利用）

第四十三条　次の各号に掲げる規定により著作物を利用することができる場合には、当該各号に掲げる方法により、当該著作物を当該各号に掲げる規定に従つて利用することができる。

一　第三十条第一項、第三十三条第一項（同条第四項において準用する場合を含む。）、第三十四条第一項又は第三十五条　翻訳、編曲、変形又は翻案

二　第三十一条第一項第一号、第三十二条、第三十六条、第三十七条第一項若しくは第二項、第三十九条第一項、第四十条第二項、第四十一条又は第四十二条　翻訳

三　第三十三条の二第一項　変形又は翻案

四　第三十七条第三項　翻訳、変形又は翻案

五　第三十七条の二　翻訳又は翻案

（放送事業者等による一時的固定）

第四十四条　放送事業者は、第二十三条第一項に規定する権利を害することなく放送することができる著作物を、自己の放送のために、自己の手段又は当該著作物を同じく放送することができる他の放送事業者の手段により、一時的に録音し、又は録画することができる。

2　有線放送事業者は、第二十三条第一項に規定する権利を害することなく有線放送することができる著作物を、自己の有線放送（放送を受信して行うものを除く。）のために、自己の手段により、一時的に録音し、又は録画することができる。

3　前二項の規定により作成された録音物又は録画物は、録音又は録画の後六月（その期間内に当該録音物又は録画物を用いてする放送又は有線放送があつたときは、その放送又は有線放送の後六月）を超えて保存することができない。ただし、政令で定めるところにより公的な記録保存所において保存する場合は、この限りでない。

（美術の著作物等の原作品の所有者による展示）

第四十五条　美術の著作物若しくは写真の著作物の原作品の所有者又はその同意を得た者は、これらの著作物をその原作品により公に展示することができる。

2　前項の規定は、美術の著作物の原作品を街路、公園その他一般公衆に開放されている屋外の場所又は建造物の外壁その他一般公衆の見やすい屋外の場所に恒常的に設置する場合には、適用しない。

（公開の美術の著作物等の利用）

第四十六条　美術の著作物でその原作品が前条第二項に規定する屋外の場所に恒常的に設置されているもの又は建築の著作物は、次に掲げる場合を除き、いずれの方法によるかを問わず、利用することができる。

一　彫刻を増製し、又はその増製物の譲渡により公衆に提供する場合

二　建築の著作物を建築により複製し、又はその複製物の譲渡により公衆に提供する場合

三　前条第二項に規定する屋外の場所に恒常的に設置するために複製する場合

四　専ら美術の著作物の複製物の販売を目的として複製し、又はその複製物を販売する場合

（美術の著作物等の展示に伴う複製）

第四十七条　美術の著作物又は写真の著作物の原作品により、第二十五条に規定する権利を害することなく、これらの著作物を公に展示する者は、観覧者のためにこれらの著作物の解説又は紹介をすることを目的とする小冊子にこれらの著作物を掲載することができる。

（美術の著作物等の譲渡等の申出に伴う複製等）

第四十七条の二　美術の著作物又は写真の著作物の原作品又は複製物の所有者その他のこれらの譲渡又は貸与の権原を有する者が、第二十六条の二第一項又は第二十六条の三に規定する権利を害することなく、その原作品又は複製物を譲渡し、又は貸与しようとする場合には、当該権原を有する者又はその委託を受けた者は、その申出の用に供するため、これらの著作物について、複製又は公衆送信（自動公衆送信の場合にあつては、送信可能化を含む。）（当該複製により作成される複製物を用いて行うこれらの著作物の複製又は当該公衆送信を受信して行うこれらの著作物の複製を防止し、又は抑止するための措置その他の著作権者の利益を不当に害しないための措置として政令で定める措置を講じて行うものに限る。）を行うことができる。

（プログラムの著作物の複製物の所有者による複製等）

第四十七条の三　プログラムの著作物の複製物の所有者は、自ら当該著作物を電子計算機において利用するために必要と認められる限度において、当該著作物の複製又は翻案（これにより創作した二次的著作物の複製を含む。）をすることができる。ただし、当該利用に係る複製物の使用につき、第百十三条第二項の規定が適用される場合は、この限りでない。

2　前項の複製物の所有者が当該複製物（同項の規定により作成された複製物を含む。）のいずれかについて滅失以外の事由により所有権を有しなくなつた後には、その者は、当該著作権者の別段の意思表示がない限り、その他の複製物を保存してはならない。

（保守、修理等のための一時的複製）

第四十七条の四　記録媒体内蔵複製機器（複製の機能を有する機器であつて、その複製を機器に内蔵する記録媒体（以下この条において「内蔵記録媒体」という。）に記録して行うものをいう。次項において同じ。）の保守又は修理を行う場合には、その内蔵記録媒体に記録されている著作物は、必要と認められる限度において、当該内蔵記録媒体以外の記録媒体に一時的に記録し、及び当該保守又は修理の後に、当該内蔵記録媒体に記録することができる。

2　記録媒体内蔵複製機器に製造上の欠陥又は販売に至るまでの過程において生じた故障があるためこれを同種の機器と交換する場合には、その内蔵記録媒体に記録されている著作物は、必要と認められる限度において、当該内蔵記録媒体以外の記録媒体に一時的に記録し、及び当該同種の機器の内蔵記録媒体に記録することができる。

3　前二項の規定により内蔵記録媒体以外の記録媒体に著作物を記録した者は、これらの規定による保守若しくは修理又は交換の後には、当該記録媒体に記録された当該著作物の複製物を保存してはならない。

（送信の障害の防止等のための複製）

第四十七条の五　自動公衆送信装置等（自動公衆送信装置及び特定送信装置（電気通信回線に接続することにより、その記録媒体のうち特定送信（自動公衆送信以外の無線通信又は有線電気通信の送信で政令で定めるものをいう。以下この項において同じ。）の用に供する部分（第一号において「特定送信用記録媒体」という。）に記録され、又は当該装置に入力される情報の特定送信をする機能を有する装置をいう。）をいう。以下この条において同じ。）を他人の自動公衆送信等（自動公衆送信及び特定送信をいう。以下この条において同じ。）の用に供することを業として行う者は、次の各号に掲げる目的上必要と認められる限度において、当該自動公衆送信装置等により送信可能化等（送信可能化及び特定送信をし得るようにするための行為で政令で定めるものをいう。以下この条において同じ。）がされた著作物を、当該各号に定める記録媒体に記録することができる。

一　自動公衆送信等の求めが当該自動公衆送信装置等に集中することによる送信の遅滞又は当該自動公衆送信装置等の故障による送信の障害を防止すること　当該送信可能化等に係る公衆送信用記録媒体等（公衆送信用記録媒体及び特定送信用記録媒体をいう。次号において同じ。）以外の記録媒体であつて、当該送信可能化等に係る自動公衆送信等の用に供するためのもの

二　当該送信可能化等に係る公衆送信用記録媒体等に記録された当該著作物の複製物が滅失し、又は毀損した場合の復旧の用に供すること　当該公衆送信用記録媒体等以外の記録媒体（公衆送信用記録媒体等であるものを除く。）

2　自動公衆送信装置等を他人の自動公衆送信等の用に供することを業として行う者は、送信可能化等がされた著作物（当該自動公衆送信装置等により送信可能化等がされたものを除く。）の自動公衆送信等を中継するための送信を行う場合には、当該送信後に行われる当該著作物の自動公衆送信等を中継するための送信を効率的に行うために必要と認められる限度において、当該著作物を当該自動公衆送信装置等の記録媒体のうち当該送信の用に供する部分に記録することができる。

3　次の各号に掲げる者は、当該各号に定めるときは、その後は、当該各号に規定する規定の適用を受けて作成された著作物の複製物を保存してはならない。

一　第一項（第一号に係る部分に限る。）又は前項の規定により著作物を記録媒体に記録した者　これらの規定に定める目的のため当該複製物を保存する必要がなくなつたと認められるとき、又は当該著作物に係る送信可能化等が著作権を侵害するものであること（国外で行われた送信可能化等にあつては、国内で行われたとしたならば著作権の侵害となるべきものであること）を知つたとき。

二　第一項（第二号に係る部分に限る。）の規定により著作物を記録媒体に記録した者　同号に掲げる目的のため当該複製物を保存する必要がなくなつたと認められるとき。

（送信可能化された情報の送信元識別符号の検索等のための複製等）

第四十七条の六　公衆からの求めに応じ、送信可能化された情報に係る送信元識別符号（自動公衆送信の送信元を識別するための文字、番号、記号その他の符号をいう。以下この条において同じ。）を検索し、及びその結果を提供することを業として行う者（当該事業の一部を行う者を含み、送信可能化された情報の収集、整理及び提供を政令で定める基準に従つて行う者に限る。）は、当該検索及びその結果の提供を行うために必要と認められる限度において、送信可能化された著作物（当該著作物に係る自動公衆送信について受信者を識別するための情報の入力を求めることその他の受信を制限するための手段が講じられている場合にあつては、当該自動公衆送信の受信について当該手段を講じた者の承諾を得たものに限る。）について、記録媒体への記録又は翻案（これにより創作した二次的著作物の記録を含む。）を行い、及び公衆からの求めに応じ、当該求めに関する送信可能化された情報に係る送信元識別符号の提供と併せて、当該記録媒体に記録された当該著作物の複製物（当該著作物に係る当該二次的著作物の複製物を含む。以下この条において「検索結果提供用記録」という。）のうち当該送信元識別符号に係るものを用いて自動公衆送信（送信可能化を含む。）を行うことができる。ただし、当該検索結果提供用記録に係る著作物に係る送信可能化が著作権を侵害するものであること（国外で行われた送信可能化にあつては、国内で行われたとしたならば著作権の侵害となるべきものであること）を知つたときは、その後は、当該検索結果提供用記録を用いた自動公衆送信（送信可能化を含む。）を行つてはならない。

（情報解析のための複製等）

第四十七条の七　著作物は、電子計算機による情報解析（多数の著作物その他の大量の情報から、当該情報を構成する言語、音、影像その他の要素に係る情報を抽出し、比較、分類その他の統計的な解析を行うことをいう。以下この条において同じ。）を行うことを目的

とする場合には、必要と認められる限度において、記録媒体への記録又は翻案（これにより創作した二次的著作物の記録を含む。）を行うことができる。ただし、情報解析を行う者の用に供するために作成されたデータベースの著作物については、この限りでない。

（電子計算機における著作物の利用に伴う複製）

第四十七条の八　電子計算機において、著作物を当該著作物の複製物を用いて利用する場合又は無線通信若しくは有線電気通信の送信がされる著作物を当該送信を受信して利用する場合（これらの利用又は当該複製物の使用が著作権を侵害しない場合に限る。）には、当該著作物は、これらの利用のための当該電子計算機による情報処理の過程において、当該情報処理を円滑かつ効率的に行うために必要と認められる限度で、当該電子計算機の記録媒体に記録することができる。

（複製権の制限により作成された複製物の譲渡）

第四十七条の九　第三十一条第一項（第一号に係る部分に限る。以下この条において同じ。）、第三十二条、第三十三条第一項（同条第四項において準用する場合を含む。）、第三十三条の二第一項若しくは第四項、第三十四条第一項、第三十五条第一項、第三十六条第一項、第三十七条、第三十七条の二（第二号を除く。以下この条において同じ。）、第三十九条第一項、第四十条第一項若しくは第二項、第四十一条から第四十二条の二まで又は第四十六条から第四十七条の二までの規定により複製することができる著作物は、これらの規定の適用を受けて作成された複製物（第三十一条第一項、第三十五条第一項、第三十六条第一項又は第四十二条の規定に係る場合にあつては、映画の著作物の複製物（映画の著作物において複製されている著作物にあつては、当該映画の著作物の複製物を含む。以下この条において同じ。）を除く。）の譲渡により公衆に提供することができる。ただし、第三十一条第一項、第三十三条の二第一項若しくは第四項、第三十五条第一項、第三十七条第三項、第三十七条の二、第四十一条から第四十二条の二まで又は第四十七条の二の規定の適用を受けて作成された著作物の複製物（第三十一条第一項、第三十五条第一項又は第四十二条の規定に係る場合にあつては、映画の著作物の複製物を除く。）を、第三十一条第一項、第三十三条の二第一項若しくは第四項、第三十五条第一項、第三十七条第三項、第三十七条の二、第四十一条から第四十二条の二まで又は第四十七条の二に定める目的以外の目的のために公衆に譲渡する場合は、この限りでない。

（出所の明示）

第四十八条　次の各号に掲げる場合には、当該各号に規定する著作物の出所を、その複製又は利用の態様に応じ合理的と認められる方法及び程度により、明示しなければならない。

一　第三十二条、第三十三条第一項（同条第四項において準用する場合を含む。）、第三十三条の二第一項、第三十七条第一項、第四十二条又は第四十七条の規定により著作物を複製する場合

二　第三十四条第一項、第三十七条第三項、第三十七条の二、第三十九条第一項、第四十条第一項若しくは第二項又は第四十七条の二の規定により著作物を利用する場合

三　第三十二条の規定により著作物を複製以外の方法により利用する場合又は第三十五条、第三十六条第一項、第三十八条第一項、第四十一条若しくは第四十六条の規定により著作物を利用する場合において、その出所を明示する慣行があるとき。

2　前項の出所の明示に当たつては、これに伴い著作者名が明らかになる場合及び当該著作物が無名のものである場合を除き、当該著作物につき表示されている著作者名を示さなければならない。

3　第四十三条の規定により著作物を翻訳し、編曲し、変形し、又は翻案して利用する場合には、前二項の規定の例により、その著作物の出所を明示しなければならない。

（複製物の目的外使用等）

第四十九条　次に掲げる者は、第二十一条の複製を行つたものとみなす。

一　第三十条第一項、第三十一条第一項第一号、第三十三条の二第一項若しくは第四項、第三十五条第一項、第三十七条第三項、第三十七条の二本文（同条第二号に係る場合にあつては、同号。次項第一号において同じ。）、第四十一条から第四十二条の二まで、第四十二条の三第二項、第四十四条第一項若しくは第二項、第四十七条の二又は第四十七条の六に定める目的以外の目的のために、これらの規定の適用を受けて作成された著作物の複製物（次項第四号の複製物に該当するものを除く。）を頒布し、又は当該複製物によつて当該著作物を公衆に提示した者

二　第四十四条第三項の規定に違反して同項の録音物又は録画物を保存した放送事業者又は有線放送事業者

三　第四十七条の三第一項の規定の適用を受けて作成された著作物の複製物（次項第二号の複製物に該当するものを除く。）若しくは第四十七条の四第一項若しくは第二項の規定の適用を受けて同条第一項若しくは第二項に規定する内蔵記録媒体以外の記録媒体に一時的に記録された著作物の複製物を頒布し、又はこれらの複製物によつてこれらの著作物を公衆に提示した者

四　第四十七条の三第二項、第四十七条の四第三項又は第四十七条の五第三項の規定に違反してこれらの規定の複製物（次項第二号の複製物に該当するものを除く。）を保存した者

五　第四十七条の五第一項若しくは第二項又は第四十七条の七に定める目的以外の目的のために、これらの規定の適用を受けて作成された著作物の複製物（次項第六号の複製物に該当するものを除く。）を用いて当該著作物を利用した者

六　第四十七条の六ただし書の規定に違反して、同条本文の規定の適用を受けて作成された著作物の複製物（次項第五号の複製物に該当するものを除く。）を用いて当該著作物の自動公衆送信（送信可能化を含む。）を行つた者

七　第四十七条の八の規定の適用を受けて作成された著作物の複製物を、当該著作物の同条に規定する複製物の使用に代えて使用し、又は当該著作物に係る同条に規定する送信の受信（当該送信が受信者からの求めに応じ自動的に行われるものである場合にあ

つては、当該送信の受信又はこれに準ずるものとして政令で定める行為）をしないで使用して、当該著作物を利用した者

2　次に掲げる者は、当該二次的著作物の原著作物につき第二十七条の翻訳、編曲、変形又は翻案を行つたものとみなす。

一　第三十条第一項、第三十一条第一項第一号、第三十三条の二第一項、第三十五条第一項、第三十七条第三項、第三十七条の二本文、第四十一条又は第四十二条に定める目的以外の目的のために、第四十三条の規定の適用を受けて同条各号に掲げるこれらの規定に従い作成された二次的著作物の複製物を頒布し、又は当該複製物によつて当該二次的著作物を公衆に提示した者

二　第四十七条の三第一項の規定の適用を受けて作成された二次的著作物の複製物を頒布し、又は当該複製物によつて当該二次的著作物を公衆に提示した者

三　第四十七条の三第二項の規定に違反して前号の複製物を保存した者

四　第四十七条の六に定める目的以外の目的のために、同条の規定の適用を受けて作成された二次的著作物の複製物を頒布し、又は当該複製物によつて当該二次的著作物を公衆に提示した者

五　第四十七条の六ただし書の規定に違反して、同条本文の規定の適用を受けて作成された二次的著作物の複製物を用いて当該二次的著作物の自動公衆送信（送信可能化を含む。）を行つた者

六　第四十七条の七に定める目的以外の目的のために、同条の規定の適用を受けて作成された二次的著作物の複製物を用いて当該二次的著作物を利用した者

（著作者人格権との関係）

第五十条　この款の規定は、著作者人格権に影響を及ぼすものと解釈してはならない。

第四節　保護期間

（保護期間の原則）

第五十一条　著作権の存続期間は、著作物の創作の時に始まる。

2　著作権は、この節に別段の定めがある場合を除き、著作者の死後（共同著作物にあつては、最終に死亡した著作者の死後。次条第一項において同じ。）五十年を経過するまでの間、存続する。

（無名又は変名の著作物の保護期間）

第五十二条　無名又は変名の著作物の著作権は、その著作物の公表後五十年を経過するまでの間、存続する。ただし、その存続期間の満了前にその著作者の死後五十年を経過していると認められる無名又は変名の著作物の著作権は、その著作者の死後五十年を経過したと認められる時において、消滅したものとする。

2　前項の規定は、次の各号のいずれかに該当するときは、適用しない。

一　変名の著作物における著作者の変名がその者のものとして周知のものであるとき。

二　前項の期間内に第七十五条第一項の実名の登録があつたとき。

三　著作者が前項の期間内にその実名又は周知の変名を著作者名として表示してその著作物を公表したとき。

（団体名義の著作物の保護期間）

第五十三条　法人その他の団体が著作の名義を有する著作物の著作権は、その著作物の公表後五十年（その著作物がその創作後五十年以内に公表されなかつたときは、その創作後五十年）を経過するまでの間、存続する。

2　前項の規定は、法人その他の団体が著作の名義を有する著作物の著作者である個人が同項の期間内にその実名又は周知の変名を著作者名として表示してその著作物を公表したときは、適用しない。

3　第十五条第二項の規定により法人その他の団体が著作者である著作物の著作権の存続期間に関しては、第一項の著作物に該当する著作物以外の著作物についても、当該団体が著作の名義を有するものとみなして同項の規定を適用する。

（映画の著作物の保護期間）

第五十四条　映画の著作物の著作権は、その著作物の公表後七十年（その著作物がその創作後七十年以内に公表されなかつたときは、その創作後七十年）を経過するまでの間、存続する。

2　映画の著作物の著作権がその存続期間の満了により消滅したときは、当該映画の著作物の利用に関するその原著作物の著作権は、当該映画の著作物の著作権とともに消滅したものとする。

3　前二条の規定は、映画の著作物の著作権については、適用しない。

第五十五条　削除

（継続的刊行物等の公表の時）

第五十六条　第五十二条第一項、第五十三条第一項及び第五十四条第一項の公表の時は、冊、号又は回を追つて公表する著作物については、毎冊、毎号又は毎回の公表の時によるものとし、一部分ずつを逐次公表して完成する著作物については、最終部分の公表の時によるものとする。

2　一部分ずつを逐次公表して完成する著作物については、継続すべき部分が直近の公表の時から三年を経過しても公表されないときは、すでに公表されたもののうちの最終の部分をもつて前項の最終部分とみなす。

（保護期間の計算方法）

第五十七条　第五十一条第二項、第五十二条第一項、第五十三条第一項又は第五十四条第一項の場合において、著作者の死後五十年、著作物の公表後五十年若しくは創作後五十年又は著作物の公表後七十年若しくは創作後七十年の期間の終期を計算するときは、著作者が死亡した日又は著作物が公表され若しくは創作された日のそれぞれ属する年の翌年から起算する。

（保護期間の特例）

第五十八条　文学的及び美術的著作物の保護に関するベルヌ条約により創設された国際同盟の加盟国、著作権に関する世界知的所有権機関条約の締約国又は世界貿易機関の加盟国である外国をそれぞれ文学的及び美術的著作物の保護に関するベルヌ条約、著作権に関する

世界知的所有権機関条約又は世界貿易機関を設立するマラケシュ協定の規定に基づいて本国とする著作物（第六条第一号に該当するものを除く。）で、その本国において定められる著作権の存続期間が第五十一条から第五十四条までに定める著作権の存続期間より短いものについては、その本国において定められる著作権の存続期間による。

第五節　著作者人格権の一身専属性等

（著作者人格権の一身専属性）
第五十九条　著作者人格権は、著作者の一身に専属し、譲渡することができない。

（著作者が存しなくなつた後における人格的利益の保護）
第六十条　著作物を公衆に提供し、又は提示する者は、その著作物の著作者が存しなくなつた後においても、著作者が存しているとしたならばその著作者人格権の侵害となるべき行為をしてはならない。ただし、その行為の性質及び程度、社会的事情の変動その他によりその行為が当該著作者の意を害しないと認められる場合は、この限りでない。

第六節　著作権の譲渡及び消滅

（著作権の譲渡）
第六十一条　著作権は、その全部又は一部を譲渡することができる。
2　著作権を譲渡する契約において、第二十七条又は第二十八条に規定する権利が譲渡の目的として特掲されていないときは、これらの権利は、譲渡した者に留保されたものと推定する。

（相続人の不存在の場合等における著作権の消滅）
第六十二条　著作権は、次に掲げる場合には、消滅する。
一　著作権者が死亡した場合において、その著作権が民法（明治二十九年法律第八十九号）第九百五十九条（残余財産の国庫への帰属）の規定により国庫に帰属すべきこととなるとき。
二　著作権者である法人が解散した場合において、その著作権が一般社団法人及び一般財団法人に関する法律（平成十八年法律第四十八号）第二百三十九条第三項（残余財産の国庫への帰属）その他これに準ずる法律の規定により国庫に帰属すべきこととなるとき。
2　第五十四条第二項の規定は、映画の著作物の著作権が前項の規定により消滅した場合について準用する。

第七節　権利の行使

（著作物の利用の許諾）
第六十三条　著作権者は、他人に対し、その著作物の利用を許諾することができる。
2　前項の許諾を得た者は、その許諾に係る利用方法及び条件の範囲内において、その許諾に係る著作物を利用することができる。
3　第一項の許諾に係る著作物を利用する権利は、著作権者の承諾を得ない限り、譲渡することができない。
4　著作物の放送又は有線放送についての第一項の許諾は、契約に別段の定めがない限り、当該著作物の録音又は録画の許諾を含まないものとする。
5　著作物の送信可能化について第一項の許諾を得た者が、その許諾に係る利用方法及び条件（送信可能化の回数又は送信可能化に用いる自動公衆送信装置に係るものを除く。）の範囲内において反復して又は他の自動公衆送信装置を用いて行う当該著作物の送信可能化については、第二十三条第一項の規定は、適用しない。

（共同著作物の著作者人格権の行使）
第六十四条　共同著作物の著作者人格権は、著作者全員の合意によらなければ、行使することができない。
2　共同著作物の各著作者は、信義に反して前項の合意の成立を妨げることができない。
3　共同著作物の著作者は、そのうちからその著作者人格権を代表して行使する者を定めることができる。
4　前項の権利を代表して行使する者の代表権に加えられた制限は、善意の第三者に対抗することができない。

（共有著作権の行使）
第六十五条　共同著作物の著作権その他共有に係る著作権（以下この条において「共有著作権」という。）については、各共有者は、他の共有者の同意を得なければ、その持分を譲渡し、又は質権の目的とすることができない。
2　共有著作権は、その共有者全員の合意によらなければ、行使することができない。
3　前二項の場合において、各共有者は、正当な理由がない限り、第一項の同意を拒み、又は前項の合意の成立を妨げることができない。
4　前条第三項及び第四項の規定は、共有著作権の行使について準用する。

（質権の目的となつた著作権）
第六十六条　著作権は、これを目的として質権を設定した場合においても、設定行為に別段の定めがない限り、著作権者が行使するものとする。
2　著作権を目的とする質権は、当該著作権の譲渡又は当該著作権に係る著作物の利用につき著作権者が受けるべき金銭その他の物（出版権の設定の対価を含む。）に対しても、行なうことができる。ただし、これらの支払又は引渡し前に、これらを受ける権利を差し押えることを必要とする。

第八節　裁定による著作物の利用

（著作権者不明等の場合における著作物の利用）
第六十七条　公表された著作物又は相当期間にわたり公衆に提供され、若しくは提示されている事実が明らかである著作物は、著作権者の不明その他の理由により相当な努力を払つてもその著作権者と連絡することができない場合として政令で定める場合は、文化庁長官の裁定を受け、かつ、通常の使用料の額に相当するものとして文化庁長官が定める額の補償金を著作権者のために供託して、その裁定に係る利用方法により利用することができる。
2　前項の裁定を受けようとする者は、著作物の利用方法その他政令で定める事項を記載した申請書に、著作権者と連絡することができないことを疎明する資料その他政令で定める資料を添えて、これを文化庁長官に提出しなければならない。

3　第一項の規定により作成した著作物の複製物には、同項の裁定に係る複製物である旨及びその裁定のあつた年月日を表示しなければならない。

（裁定申請中の著作物の利用）

第六十七条の二　前条第一項の裁定（以下この条において単に「裁定」という。）の申請をした者は、当該申請に係る著作物の利用方法を勘案して文化庁長官が定める額の担保金を供託した場合には、裁定又は裁定をしない処分を受けるまでの間（裁定又は裁定をしない処分を受けるまでの間に著作権者と連絡をすることができるに至つたときは、当該連絡をすることができるに至つた時までの間）、当該申請に係る利用方法と同一の方法により、当該申請に係る著作物を利用することができる。ただし、当該著作物の著作者が当該著作物の出版その他の利用を廃絶しようとしていることが明らかであるときは、この限りでない。

2　前項の規定により作成した著作物の複製物には、同項の規定の適用を受けて作成された複製物である旨及び裁定の申請をした年月日を表示しなければならない。

3　第一項の規定により著作物を利用する者（以下「申請中利用者」という。）が裁定を受けたときは、前条第一項の規定にかかわらず、同項の補償金のうち第一項の規定により供託された担保金の額に相当する額（当該担保金の額が当該補償金の額を超えるときは、当該額）については、同条第一項の規定による供託を要しない。

4　申請中利用者は、裁定をしない処分を受けたとき（当該処分を受けるまでの間に著作権者と連絡をすることができるに至つた場合を除く。）は、当該処分を受けた時までの間における第一項の規定による著作物の利用に係る使用料の額に相当するものとして文化庁長官が定める額の補償金を著作権者のために供託しなければならない。この場合において、同項の規定により供託された担保金の額のうち当該補償金の額に相当する額（当該補償金の額が当該担保金の額を超えるときは、当該額）については、当該補償金を供託したものとみなす。

5　申請中利用者は、裁定又は裁定をしない処分を受けるまでの間に著作権者と連絡をすることができるに至つたときは、当該連絡をすることができるに至つた時までの間における第一項の規定による著作物の利用に係る使用料の額に相当する額の補償金を著作権者に支払わなければならない。

6　前三項の場合において、著作権者は、前条第一項又は前二項の補償金を受ける権利に関し、第一項の規定により供託された担保金から弁済を受けることができる。

7　第一項の規定により担保金を供託した者は、当該担保金の額が前項の規定により著作権者が弁済を受けることができる額を超えることとなつたときは、政令で定めるところにより、その全部又は一部を取り戻すことができる。

（著作物の放送）

第六十八条　公表された著作物を放送しようとする放送事業者は、その著作権者に対し放送の許諾につき協議を求めたがその協議が成立せず、又はその協議をすることができないときは、文化庁長官の裁定を受け、かつ、通常の使用料の額に相当するものとして文化庁長官が定める額の補償金を著作権者に支払つて、その著作物を放送することができる。

2　前項の規定により放送される著作物は、有線放送し、専ら当該放送に係る放送対象地域において受信されることを目的として自動公衆送信（送信可能化のうち、公衆の用に供されている電気通信回線に接続している自動公衆送信装置に情報を入力することによるものを含む。）を行い、又は受信装置を用いて公に伝達することができる。この場合において、当該有線放送、自動公衆送信又は伝達を行う者は、第三十八条第二項及び第三項の規定の適用がある場合を除き、通常の使用料の額に相当する額の補償金を著作権者に支払わなければならない。

（商業用レコードへの録音等）

第六十九条　商業用レコードが最初に国内において販売され、かつ、その最初の販売の日から三年を経過した場合において、当該商業用レコードに著作権者の許諾を得て録音されている音楽の著作物を録音して他の商業用レコードを製作しようとする者は、その著作権者に対し録音又は譲渡による公衆への提供の許諾につき協議を求めたが、その協議が成立せず、又はその協議をすることができないときは、文化庁長官の裁定を受け、かつ、通常の使用料の額に相当するものとして文化庁長官が定める額の補償金を著作権者に支払つて、当該録音又は譲渡による公衆への提供をすることができる。

（裁定に関する手続及び基準）

第七十条　第六十七条第一項、第六十八条第一項又は前条の裁定の申請をする者は、実費を勘案して政令で定める額の手数料を納付しなければならない。

2　前項の規定は、同項の規定により手数料を納付すべき者が国又は独立行政法人のうち業務の内容その他の事情を勘案して政令で定めるもの（第七十八条第五項及び第百七条第二項において「国等」という。）であるときは、適用しない。

3　文化庁長官は、第六十八条第一項又は前条の裁定の申請があつたときは、その旨を当該申請に係る著作権者に通知し、相当の期間を指定して、意見を述べる機会を与えなければならない。

4　文化庁長官は、第六十七条第一項、第六十八条第一項又は前条の裁定の申請があつた場合において、次の各号のいずれかに該当すると認めるときは、これらの裁定をしてはならない。

一　著作者がその著作物の出版その他の利用を廃絶しようとしていることが明らかであるとき。

二　第六十八条第一項の裁定の申請に係る著作権者がその著作物の放送の許諾を与えないことについてやむを得ない事情があるとき。

5　文化庁長官は、前項の裁定をしない処分をしようとするとき（第七項の規定により裁定をしない処分をする場合を除く。）は、あらかじめ申請者にその理由を通知し、弁明及び有利な証拠の提出の機会を与えなければならないものとし、当該裁定をしない処分をしたときは、理由を付した書面をもつて申請者にその旨を通知しなければならない。

6　文化庁長官は、第六十七条第一項の裁定をしたときは、その旨を官報で告示するとともに申請者に通知し、第六十八条第一項又は前条の裁定をしたときは、その旨を当事者に通知しなければならない。

7　文化庁長官は、申請中利用者から第六十七条第一項の裁定の申請を取り下げる旨の申出があつたときは、当該裁定をしない処分をするものとする。

8　前各項に規定するもののほか、この節に定める裁定に関し必要な事項は、政令で定める。

第九節　補償金等

（文化審議会への諮問）

第七十一条　文化庁長官は、第三十三条第二項（同条第四項において準用する場合を含む。）、第三十三条の二第二項、第六十七条第一項、第六十七条の二第四項、第六十八条第一項又は第六十九条の補償金の額を定める場合には、文化審議会に諮問しなければならない。

（補償金の額についての訴え）

第七十二条　第六十七条第一項、第六十七条の二第四項、第六十八条第一項又は第六十九条の規定に基づき定められた補償金の額について不服がある当事者は、これらの規定による裁定（第六十七条の二第四項に係る場合にあつては、第六十七条第一項の裁定をしない処分）があつたことを知つた日から六月以内に、訴えを提起してその額の増減を求めることができる。

2　前項の訴えにおいては、訴えを提起する者が著作物を利用する者であるときは著作権者を、著作権者であるときは著作物を利用する者を、それぞれ被告としなければならない。

（補償金の額についての異議申立ての制限）

第七十三条　第六十七条第一項、第六十八条第一項又は第六十九条の裁定又は裁定をしない処分についての行政不服審査法（昭和三十七年法律第百六十号）による異議申立てにおいては、その裁定又は裁定をしない処分に係る補償金の額についての不服をその裁定又は裁定をしない処分についての不服の理由とすることができない。ただし、第六十七条第一項の裁定又は裁定をしない処分を受けた者が著作権者の不明その他これに準ずる理由により前条第一項の訴えを提起することができない場合は、この限りでない。

（補償金等の供託）

第七十四条　第三十三条第二項（同条第四項において準用する場合を含む。）、第三十三条の二第二項、第六十八条第一項又は第六十九条の補償金を支払うべき者は、次に掲げる場合には、その補償金の支払に代えてその補償金を供託しなければならない。

一　著作権者が補償金の受領を拒み、又は補償金を受領することができない場合

二　その者が過失がなくて著作権者を確知することができない場合

三　その者がその補償金の額について第七十二条第一項の訴えを提起した場合

四　当該著作権を目的とする質権が設定されている場合（当該質権を有する者の承諾を得た場合を除く。）

2　前項第三号の場合において、著作権者の請求があるときは、当該補償金を支払うべき者は、自己の見積金額を支払い、裁定に係る補償金の額との差額を供託しなければならない。

3　第六十七条第一項、第六十七条の二第四項若しくは前二項の規定による補償金の供託又は同条第一項の規定による担保金の供託は、著作権者が国内に住所又は居所で知れているものを有する場合にあつては当該住所又は居所の最寄りの供託所に、その他の場合にあつては供託をする者の住所又は居所の最寄りの供託所に、それぞれするものとする。

4　前項の供託をした者は、すみやかにその旨を著作権者に通知しなければならない。ただし、著作権者の不明その他の理由により著作権者に通知することができない場合は、この限りでない。

第十節　登録

（実名の登録）

第七十五条　無名又は変名で公表された著作物の著作者は、現にその著作権を有するかどうかにかかわらず、その著作物についてその実名の登録を受けることができる。

2　著作者は、その遺言で指定する者により、死後においても前項の登録を受けることができる。

3　実名の登録がされている者は、当該登録に係る著作物の著作者と推定する。

（第一発行年月日等の登録）

第七十六条　著作権者又は無名若しくは変名の著作物の発行者は、その著作物について第一発行年月日の登録又は第一公表年月日の登録を受けることができる。

2　第一発行年月日の登録又は第一公表年月日の登録がされている著作物については、これらの登録に係る年月日において最初の発行又は最初の公表があつたものと推定する。

（創作年月日の登録）

第七十六条の二　プログラムの著作物の著作者は、その著作物について創作年月日の登録を受けることができる。ただし、その著作物の創作後六月を経過した場合は、この限りでない。

2　前項の登録がされている著作物については、その登録に係る年月日において創作があつたものと推定する。

（著作権の登録）

第七十七条　次に掲げる事項は、登録しなければ、第三者に対抗することができない。

一　著作権の移転（相続その他の一般承継によるものを除く。次号において同じ。）若しくは信託による変更又は処分の制限

二　著作権を目的とする質権の設定、移転、変更若しくは消滅（混同又は著作権若しくは担保する債権の消滅によるものを除く。）又は処分の制限

（登録手続等）

第七十八条　第七十五条第一項、第七十六条第一項、第七十六条の二第一項又は前条の登録は、文化庁長官が著作権登録原簿に記載して行う。

2　文化庁長官は、第七十五条第一項の登録を行なつたときは、その旨を官報で告示する。

3　何人も、文化庁長官に対し、著作権登録原簿の謄本若しくは抄本若しくはその附属書類の写しの交付又は著作権登録原簿若しくはその附属書類の閲覧を請求することができる。

4　前項の請求をする者は、実費を勘案して政令で定める額の手数料を納付しなければならない。

5　前項の規定は、同項の規定により手数料を納付すべき者が国等であるときは、適用しない。

6　第一項に規定する登録に関する処分については、行政手続法（平成五年法律第八十八号）第二章及び第三章の規定は、適用しない。

7　著作権登録原簿及びその附属書類については、行政機関情報公開法の規定は、適用しない。

8　著作権登録原簿及びその附属書類に記録されている保有個人情報（行政機関の保有する個人情報の保護に関する法律（平成十五年法律第五十八号）第二条第三項に規定する保有個人情報をいう。）については、同法第四章の規定は、適用しない。

9　この節に規定するもののほか、第一項に規定する登録に関し必要な事項は、政令で定める。

（プログラムの著作物の登録に関する特例）

第七十八条の二　プログラムの著作物に係る登録については、この節の規定によるほか、別に法律で定めるところによる。

第三章　出版権

（出版権の設定）

第七十九条　第二十一条に規定する権利を有する者（以下この章において「複製権者」という。）は、その著作物を文書又は図画として出版することを引き受ける者に対し、出版権を設定することができる。

2　複製権者は、その複製権を目的とする質権が設定されているときは、当該質権を有する者の承諾を得た場合に限り、出版権を設定することができるものとする。

（出版権の内容）

第八十条　出版権者は、設定行為で定めるところにより、頒布の目的をもつて、その出版権の目的である著作物を原作のまま印刷その他の機械的又は化学的方法により文書又は図画として複製する権利を専有する。

2　出版権の存続期間中に当該著作物の著作者が死亡したとき、又は、設定行為に別段の定めがある場合を除き、出版権の設定後最初の出版があつた日から三年を経過したときは、複製権者は、前項の規定にかかわらず、当該著作物を全集その他の編集物（その著作者の著作物のみを編集したものに限る。）に収録して複製することができる。

3　出版権者は、他人に対し、その出版権の目的である著作物の複製を許諾することができない。

（出版の義務）

第八十一条　出版権者は、その出版権の目的である著作物につき次に掲げる義務を負う。ただし、設定行為に別段の定めがある場合は、この限りでない。

一　複製権者からその著作物を複製するために必要な原稿その他の原品又はこれに相当する物の引渡しを受けた日から六月以内に当該著作物を出版する義務

二　当該著作物を慣行に従い継続して出版する義務

（著作物の修正増減）

第八十二条　著作者は、その著作物を出版権者があらためて複製する場合には、正当な範囲内において、その著作物に修正又は増減を加えることができる。

2　出版権者は、その出版権の目的である著作物をあらためて複製しようとするときは、そのつど、あらかじめ著作者にその旨を通知しなければならない。

（出版権の存続期間）

第八十三条　出版権の存続期間は、設定行為で定めるところによる。

2　出版権は、その存続期間につき設定行為に定めがないときは、その設定後最初の出版があつた日から三年を経過した日において消滅する。

（出版権の消滅の請求）

第八十四条　出版権者が第八十一条第一号の義務に違反したときは、複製権者は、出版権者に通知してその出版権を消滅させることができる。

2　出版権者が第八十一条第二号の義務に違反した場合において、複製権者が三月以上の期間を定めてその履行を催告したにもかかわらず、その期間内にその履行がされないときは、複製権者は、出版権者に通知してその出版権を消滅させることができる。

3　複製権者である著作者は、その著作物の内容が自己の確信に適合しなくなつたときは、その著作物の出版を廃絶するために、出版権者に通知してその出版権を消滅させることができる。ただし、当該廃絶により出版権者に通常生ずべき損害をあらかじめ賠償しない場合は、この限りでない。

第八十五条　削除

（出版権の制限）

第八十六条　第三十条第一項（第三号を除く。次項において同じ。）、第三十一条第一項、第三十二条、第三十三条第一項（同条第四項において準用する場合を含む。）、第三十三条の二第一項、第三十四条第一項、第三十五条第一項、第三十六条第一項、第三十七条第一項及び第三項、第三十七条の二、第三十九条第一項、第四十条第一項及び第二項、第四十一条から第四十二条の二まで並びに第四十六条から第四十七条の二までの規定は、出版権の目的となつている著作物の複製について準用する。この場合において、第三十五条第一項、第四十二条第一項及び第四十七条の二中「著作権者」とあるのは、「出版権者」と読み替えるものとする。

2　前項において準用する第三十条第一項、第三十一条第一項第一号、第三十三条の二第一項、第三十五条第一項、第三十七条第三項、第三十七条の二本文（同条第二号に係る場合にあつては、同号）、第四十一条から第四十二条の二まで又は第四十七条の二に定める目的以外の目的のために、これらの規定の適用を受けて作成された著作物の複製物を頒布し、又は当該複製物によつて当該著作物を公衆に提示した者は、第八十条第一項の複製を行つたものとみなす。

（出版権の譲渡等）
第八十七条　出版権は、複製権者の承諾を得た場合に限り、譲渡し、又は質権の目的とすることができる。

（出版権の登録）
第八十八条　次に掲げる事項は、登録しなければ、第三者に対抗することができない。
一　出版権の設定、移転（相続その他の一般承継によるものを除く。次号において同じ。）、変更若しくは消滅（混同又は複製権の消滅によるものを除く。）又は処分の制限
二　出版権を目的とする質権の設定、移転、変更若しくは消滅（混同又は出版権若しくは担保する債権の消滅によるものを除く。）又は処分の制限
2　第七十八条（第二項を除く。）の規定は、前項の登録について準用する。この場合において、同条第一項、第三項、第七項及び第八項中「著作権登録原簿」とあるのは、「出版権登録原簿」と読み替えるものとする。

第四章　著作隣接権

第一節　総則

（著作隣接権）
第八十九条　実演家は、第九十条の二第一項及び第九十条の三第一項に規定する権利（以下「実演家人格権」という。）並びに第九十一条第一項、第九十二条第一項、第九十二条の二第一項、第九十五条の二第一項及び第九十五条の三第一項に規定する権利並びに第九十四条の二及び第九十五条の三第三項に規定する報酬並びに第九十五条第一項に規定する二次使用料を受ける権利を享有する。
2　レコード製作者は、第九十六条、第九十六条の二、第九十七条の二第一項及び第九十七条の三第一項に規定する権利並びに第九十七条第一項に規定する二次使用料及び第九十七条の三第三項に規定する報酬を受ける権利を享有する。
3　放送事業者は、第九十八条から第百条までに規定する権利を享有する。
4　有線放送事業者は、第百条の二から第百条の五までに規定する権利を享有する。
5　前各項の権利の享有には、いかなる方式の履行をも要しない。
6　第二項から第四項までの権利（実演家人格権並びに第一項及び第二項の報酬及び二次使用料を受ける権利を除く。）は、著作隣接権という。

（著作者の権利と著作隣接権との関係）
第九十条　この章の規定は、著作者の権利に影響を及ぼすものと解釈してはならない。

第二節　実演家の権利

（氏名表示権）
第九十条の二　実演家は、その実演の公衆への提供又は提示に際し、その氏名若しくはその芸名その他氏名に代えて用いられるものを実演家名として表示し、又は実演家名を表示しないこととする権利を有する。
2　実演を利用する者は、その実演家の別段の意思表示がない限り、その実演につき既に実演家が表示しているところに従つて実演家名を表示することができる。
3　実演家名の表示は、実演の利用の目的及び態様に照らし実演家がその実演の実演家であることを主張する利益を害するおそれがないと認められるとき又は公正な慣行に反しないと認められるときは、省略することができる。
4　第一項の規定は、次の各号のいずれかに該当するときは、適用しない。
一　行政機関情報公開法、独立行政法人等情報公開法又は情報公開条例の規定により行政機関の長、独立行政法人等又は地方公共団体の機関若しくは地方独立行政法人が実演を公衆に提供し、又は提示する場合において、当該実演につき既にその実演家が表示しているところに従つて実演家名を表示するとき。
二　行政機関情報公開法第六条第二項の規定、独立行政法人等情報公開法第六条第二項の規定又は情報公開条例の規定で行政機関情報公開法第六条第二項の規定に相当するものにより行政機関の長、独立行政法人等又は地方公共団体の機関若しくは地方独立行政法人が実演を公衆に提供し、又は提示する場合において、当該実演の実演家名の表示を省略することとなるとき。

（同一性保持権）
第九十条の三　実演家は、その実演の同一性を保持する権利を有し、自己の名誉又は声望を害するその実演の変更、切除その他の改変を受けないものとする。
2　前項の規定は、実演の性質並びにその利用の目的及び態様に照らしやむを得ないと認められる改変又は公正な慣行に反しないと認められる改変については、適用しない。

（録音権及び録画権）
第九十一条　実演家は、その実演を録音し、又は録画する権利を専有する。
2　前項の規定は、同項に規定する権利を有する者の許諾を得て映画の著作物において録音され、又は録画された実演については、これを録音物（音を専ら影像とともに再生することを目的とするものを除く。）に録音する場合を除き、適用しない。

（放送権及び有線放送権）
第九十二条　実演家は、その実演を放送し、又は有線放送する権利を専有する。
2　前項の規定は、次に掲げる場合には、適用しない。
一　放送される実演を有線放送する場合
二　次に掲げる実演を放送し、又は有線放送する場合
イ　前条第一項に規定する権利を有する者の許諾を得て録音され、又は録画されている実演
ロ　前条第二項の実演で同項の録音物以外の物に録音され、又は録画されているもの

（送信可能化権）
第九十二条の二　実演家は、その実演を送信可能化する権利を専有する。
2　前項の規定は、次に掲げる実演については、適用しない。
一　第九十一条第一項に規定する権利を有する者の許諾を得て録画されている実演
二　第九十一条第二項の実演で同項の録音物以外の物

に録音され、又は録画されているもの

（放送のための固定）

第九十三条　実演の放送について第九十二条第一項に規定する権利を有する者の許諾を得た放送事業者は、その実演を放送のために録音し、又は録画することができる。ただし、契約に別段の定めがある場合及び当該許諾に係る放送番組と異なる内容の放送番組に使用する目的で録音し、又は録画する場合は、この限りでない。

2　次に掲げる者は、第九十一条第一項の録音又は録画を行なつたものとみなす。

一　前項の規定により作成された録音物又は録画物を放送の目的以外の目的又は同項ただし書に規定する目的のために使用し、又は提供した者

二　前項の規定により作成された録音物又は録画物の提供を受けた放送事業者で、これらをさらに他の放送事業者の放送のために提供したもの

（放送のための固定物等による放送）

第九十四条　第九十二条第一項に規定する権利を有する者がその実演の放送を許諾したときは、契約に別段の定めがない限り、当該実演は、当該許諾に係る放送のほか、次に掲げる放送において放送することができる。

一　当該許諾を得た放送事業者が前条第一項の規定により作成した録音物又は録画物を用いてする放送

二　当該許諾を得た放送事業者からその者が前条第一項の規定により作成した録音物又は録画物の提供を受けてする放送

三　当該許諾を得た放送事業者から当該許諾に係る放送番組の供給を受けてする放送（前号の放送を除く。）

2　前項の場合において、同項各号に掲げる放送において実演が放送されたときは、当該各号に規定する放送事業者は、相当な額の報酬を当該実演に係る第九十二条第一項に規定する権利を有する者に支払わなければならない。

（放送される実演の有線放送）

第九十四条の二　有線放送事業者は、放送される実演を有線放送した場合（営利を目的とせず、かつ、聴衆又は観衆から料金（いずれの名義をもつてするかを問わず、実演の提示につき受ける対価をいう。次条第一項において同じ。）を受けない場合を除く。）には、当該実演（著作隣接権の存続期間内のものに限り、第九十二条第二項第二号に掲げるものを除く。）に係る実演家に相当な額の報酬を支払わなければならない。

（商業用レコードの二次使用）

第九十五条　放送事業者及び有線放送事業者（以下この条及び第九十七条第一項において「放送事業者等」という。）は、第九十一条第一項に規定する権利を有する者の許諾を得て実演が録音されている商業用レコードを用いた放送又は有線放送を行つた場合（営利を目的とせず、かつ、聴衆又は観衆から料金を受けずに、当該放送を受信して同時に有線放送を行つた場合を除く。）には、当該実演（第七条第一号から第六号までに掲げる実演で著作隣接権の存続期間内のものに限る。次項から第四項までにおいて同じ。）に係る実演家に二次使用料を支払わなければならない。

2　前項の規定は、実演家等保護条約の締約国については、当該締約国であつて、実演家等保護条約第十六条1（a）（i）の規定に基づき実演家等保護条約第十二条の規定を適用しないこととしている国以外の国の国民をレコード製作者とするレコードに固定されている実演に係る実演家について適用する。

3　第八条第一号に掲げるレコードについて実演家等保護条約の締約国により与えられる実演家等保護条約第十二条の規定による保護の期間が第一項の規定により実演家が保護を受ける期間より短いときは、当該締約国の国民をレコード製作者とするレコードに固定されている実演に係る実演家が同項の規定により保護を受ける期間は、第八条第一号に掲げるレコードについて当該締約国により与えられる実演家等保護条約第十二条の規定による保護の期間による。

4　第一項の規定は、実演・レコード条約の締約国（実演家等保護条約の締約国を除く。）であつて、実演・レコード条約第十五条（3）の規定により留保を付している国の国民をレコード製作者とするレコードに固定されている実演に係る実演家については、当該留保の範囲に制限して適用する。

5　第一項の二次使用料を受ける権利は、国内において実演を業とする者の相当数を構成員とする団体（その連合体を含む。）でその同意を得て文化庁長官が指定するものがあるときは、当該団体によつてのみ行使することができる。

6　文化庁長官は、次に掲げる要件を備える団体でなければ、前項の指定をしてはならない。

一　営利を目的としないこと。

二　その構成員が任意に加入し、又は脱退することができること。

三　その構成員の議決権及び選挙権が平等であること。

四　第一項の二次使用料を受ける権利を有する者（以下この条において「権利者」という。）のためにその権利を行使する業務をみずから的確に遂行するに足りる能力を有すること。

7　第五項の団体は、権利者から申込みがあつたときは、その者のためにその権利を行使することを拒んではならない。

8　第五項の団体は、前項の申込みがあつたときは、権利者のために自己の名をもつてその権利に関する裁判上又は裁判外の行為を行う権限を有する。

9　文化庁長官は、第五項の団体に対し、政令で定めるところにより、第一項の二次使用料に係る業務に関して報告をさせ、若しくは帳簿、書類その他の資料の提出を求め、又はその業務の執行方法の改善のため必要な勧告をすることができる。

10　第五項の団体が同項の規定により権利者のために請求することができる二次使用料の額は、毎年、当該団体と放送事業者等又はその団体との間において協議して定めるものとする。

11　前項の協議が成立しないときは、その当事者は、政令で定めるところにより、同項の二次使用料の額について文化庁長官の裁定を求めることができる。

12　第七十条第三項、第六項及び第八項並びに第七十一条から第七十四条までの規定は、前項の裁定及び二次使用料について準用する。この場合において、第七十

条第三項中「著作権者」とあるのは「当事者」と、第七十二条第二項中「著作物を利用する者」とあるのは「第九十五条第一項の放送事業者等」と、「著作権者」とあるのは「同条第五項の団体」と、第七十四条中「著作権者」とあるのは「第九十五条第五項の団体」と読み替えるものとする。

13　私的独占の禁止及び公正取引の確保に関する法律（昭和二十二年法律第五十四号）の規定は、第十項の協議による定め及びこれに基づいてする行為については、適用しない。ただし、不公正な取引方法を用いる場合及び関連事業者の利益を不当に害することとなる場合は、この限りでない。

14　第五項から前項までに定めるもののほか、第一項の二次使用料の支払及び第五項の団体に関し必要な事項は、政令で定める。

（譲渡権）

第九十五条の二　実演家は、その実演をその録音物又は録画物の譲渡により公衆に提供する権利を専有する。

2　前項の規定は、次に掲げる実演については、適用しない。

一　第九十一条第一項に規定する権利を有する者の許諾を得て録画されている実演

二　第九十一条第二項の実演で同項の録音物以外の物に録音され、又は録画されているもの

3　第一項の規定は、実演（前項各号に掲げるものを除く。以下この条において同じ。）の録音物又は録画物で次の各号のいずれかに該当するものの譲渡による場合には、適用しない。

一　第一項に規定する権利を有する者又はその許諾を得た者により公衆に譲渡された実演の録音物又は録画物

二　第百三条において準用する第六十七条第一項の規定による裁定を受けて公衆に譲渡された実演の録音物又は録画物

三　第百三条において準用する第六十七条の二第一項の規定の適用を受けて公衆に譲渡された実演の録音物又は録画物

四　第一項に規定する権利を有する者又はその承諾を得た者により特定かつ少数の者に譲渡された実演の録音物又は録画物

五　国外において、第一項に規定する権利に相当する権利を害することなく、又は同項に規定する権利に相当する権利を有する者若しくはその承諾を得た者により譲渡された実演の録音物又は録画物

（貸与権等）

第九十五条の三　実演家は、その実演をそれが録音されている商業用レコードの貸与により公衆に提供する権利を専有する。

2　前項の規定は、最初に販売された日から起算して一月以上十二月を超えない範囲内において政令で定める期間を経過した商業用レコード（複製されているレコードのすべてが当該商業用レコードと同一であるものを含む。以下「期間経過商業用レコード」という。）の貸与による場合には、適用しない。

3　商業用レコードの公衆への貸与を営業として行う者（以下「貸レコード業者」という。）は、期間経過商業用レコードの貸与により実演を公衆に提供した場合には、当該実演（著作隣接権の存続期間内のものに限る。）に係る実演家に相当な額の報酬を支払わなければならない。

4　第九十五条第五項から第十四項までの規定は、前項の報酬を受ける権利について準用する。この場合において、同条第十項中「放送事業者等」とあり、及び同条第十二項中「第九十五条第一項の放送事業者等」とあるのは、「第九十五条の三第三項の貸レコード業者」と読み替えるものとする。

5　第一項に規定する権利を有する者の許諾に係る使用料を受ける権利は、前項において準用する第九十五条第五項の団体によつて行使することができる。

6　第九十五条第七項から第十四項までの規定は、前項の場合について準用する。この場合においては、第四項後段の規定を準用する。

第三節　レコード製作者の権利

（複製権）

第九十六条　レコード製作者は、そのレコードを複製する権利を専有する。

（送信可能化権）

第九十六条の二　レコード製作者は、そのレコードを送信可能化する権利を専有する。

（商業用レコードの二次使用）

第九十七条　放送事業者等は、商業用レコードを用いた放送又は有線放送を行つた場合（営利を目的とせず、かつ、聴衆又は観衆から料金（いずれの名義をもつてするかを問わず、レコードに係る音の提示につき受ける対価をいう。）を受けずに、当該放送を受信して同時に有線放送を行つた場合を除く。）には、そのレコード（第八条第一号から第四号までに掲げるレコードで著作隣接権の存続期間内のものに限る。）に係るレコード製作者に二次使用料を支払わなければならない。

2　第九十五条第二項及び第四項の規定は、前項に規定するレコード製作者について準用し、同条第三項の規定は、前項の規定により保護を受ける期間について準用する。この場合において、同条第二項から第四項までの規定中「国民をレコード製作者とするレコードに固定されている実演に係る実演家」とあるのは「国民であるレコード製作者」と、同条第三項中「実演家が保護を受ける期間」とあるのは「レコード製作者が保護を受ける期間」と読み替えるものとする。

3　第一項の二次使用料を受ける権利は、国内において商業用レコードの製作を業とする者の相当数を構成員とする団体（その連合体を含む。）でその同意を得て文化庁長官が指定するものがあるときは、当該団体によつてのみ行使することができる。

4　第九十五条第六項から第十四項までの規定は、第一項の二次使用料及び前項の団体について準用する。

（譲渡権）

第九十七条の二　レコード製作者は、そのレコードをその複製物の譲渡により公衆に提供する権利を専有する。

2　前項の規定は、レコードの複製物で次の各号のいずれかに該当するものの譲渡による場合には、適用しない。
一　前項に規定する権利を有する者又はその許諾を得た者により公衆に譲渡されたレコードの複製物
二　第百三条において準用する第六十七条第一項の規定による裁定を受けて公衆に譲渡されたレコードの複製物
三　第百三条において準用する第六十七条の二第一項の規定の適用を受けて公衆に譲渡されたレコードの複製物
四　前項に規定する権利を有する者又はその承諾を得た者により特定かつ少数の者に譲渡されたレコードの複製物
五　国外において、前項に規定する権利に相当する権利を害することなく、又は同項に規定する権利に相当する権利を有する者若しくはその承諾を得た者により譲渡されたレコードの複製物

（貸与権等）

第九十七条の三　レコード製作者は、そのレコードをそれが複製されている商業用レコードの貸与により公衆に提供する権利を専有する。
2　前項の規定は、期間経過商業用レコードの貸与による場合には、適用しない。
3　貸レコード業者は、期間経過商業用レコードの貸与によりレコードを公衆に提供した場合には、当該レコード（著作隣接権の存続期間内のものに限る。）に係るレコード製作者に相当な額の報酬を支払わなければならない。
4　第九十七条第三項の規定は、前項の報酬を受ける権利の行使について準用する。
5　第九十五条第六項から第十四項までの規定は、第三項の報酬及び前項において準用する第九十七条第三項に規定する団体について準用する。この場合においては、第九十五条の三第四項後段の規定を準用する。
6　第一項に規定する権利を有する者の許諾に係る使用料を受ける権利は、第四項において準用する第九十七条第三項の団体によつて行使することができる。
7　第五項の規定は、前項の場合について準用する。この場合において、第五項中「第九十五条第六項」とあるのは、「第九十五条第七項」と読み替えるものとする。

第四節　放送事業者の権利

（複製権）

第九十八条　放送事業者は、その放送又はこれを受信して行なう有線放送を受信して、その放送に係る音又は影像を録音し、録画し、又は写真その他これに類似する方法により複製する権利を専有する。

（再放送権及び有線放送権）

第九十九条　放送事業者は、その放送を受信してこれを再放送し、又は有線放送する権利を専有する。
2　前項の規定は、放送を受信して有線放送を行なう者が法令の規定により行なわなければならない有線放送については、適用しない。

（送信可能化権）

第九十九条の二　放送事業者は、その放送又はこれを受信して行う有線放送を受信して、その放送を送信可能化する権利を専有する。

（テレビジョン放送の伝達権）

第百条　放送事業者は、そのテレビジョン放送又はこれを受信して行なう有線放送を受信して、影像を拡大する特別の装置を用いてその放送を公に伝達する権利を専有する。

第五節　有線放送事業者の権利

（複製権）

第百条の二　有線放送事業者は、その有線放送を受信して、その有線放送に係る音又は影像を録音し、録画し、又は写真その他これに類似する方法により複製する権利を専有する。

（放送権及び再有線放送権）

第百条の三　有線放送事業者は、その有線放送を受信してこれを放送し、又は再有線放送する権利を専有する。

（送信可能化権）

第百条の四　有線放送事業者は、その有線放送を受信してこれを送信可能化する権利を専有する。

（有線テレビジョン放送の伝達権）

第百条の五　有線放送事業者は、その有線テレビジョン放送を受信して、影像を拡大する特別の装置を用いてその有線放送を公に伝達する権利を専有する。

第六節　保護期間

（実演、レコード、放送又は有線放送の保護期間）

第百一条　著作隣接権の存続期間は、次に掲げる時に始まる。
一　実演に関しては、その実演を行つた時
二　レコードに関しては、その音を最初に固定した時
三　放送に関しては、その放送を行つた時
四　有線放送に関しては、その有線放送を行つた時
2　著作隣接権の存続期間は、次に掲げる時をもつて満了する。
一　実演に関しては、その実演が行われた日の属する年の翌年から起算して五十年を経過した時
二　レコードに関しては、その発行が行われた日の属する年の翌年から起算して五十年（その音が最初に固定された日の属する年の翌年から起算して五十年を経過する時までの間に発行されなかつたときは、その音が最初に固定された日の属する年の翌年から起算して五十年）を経過した時
三　放送に関しては、その放送が行われた日の属する年の翌年から起算して五十年を経過した時
四　有線放送に関しては、その有線放送が行われた日の属する年の翌年から起算して五十年を経過した時

第七節　実演家人格権の一身専属性等

（実演家人格権の一身専属性）

第百一条の二　実演家人格権は、実演家の一身に専属し、譲渡することができない。

（実演家の死後における人格的利益の保護）

第百一条の三　実演を公衆に提供し、又は提示する者は、その実演の実演家の死後においても、実演家が生存しているとしたならばその実演家人格権の侵害となるべき行為をしてはならない。ただし、その行為の性質及び程度、社会的事情の変動その他によりその行為が当該実演家の意を害しないと認められる場合は、この限りでない。

第八節　権利の制限、譲渡及び行使等並びに登録

（著作隣接権の制限）

第百二条　第三十条第一項、第三十一条、第三十二条、第三十五条、第三十六条、第三十七条第三項、第三十七条の二（第一号を除く。次項において同じ。）、第三十八条第二項及び第四項、第四十一条から第四十二条の三まで、第四十四条（第二項を除く。）並びに第四十七条の四から第四十七条の八までの規定は、著作隣接権の目的となつている実演、レコード、放送又は有線放送の利用について準用し、第三十条第二項及び第四十七条の九の規定は、著作隣接権の目的となつている実演又はレコードの利用について準用し、第四十四条第二項の規定は、著作隣接権の目的となつている実演、レコード又は有線放送の利用について準用する。この場合において、同条第一項中「第二十三条第一項」とあるのは「第九十二条第一項、第九十九条第一項又は第百条の三」と、同条第二項中「第二十三条第一項」とあるのは「第九十二条第一項又は第百条の三」と読み替えるものとする。

2　前項において準用する第三十二条、第三十七条第三項、第三十七条の二若しくは第四十二条の規定又は次項若しくは第四項の規定により実演若しくはレコード又は放送若しくは有線放送に係る音若しくは影像（以下「実演等」と総称する。）を複製する場合において、その出所を明示する慣行があるときは、これらの複製の態様に応じ合理的と認められる方法及び程度により、その出所を明示しなければならない。

3　第三十三条の二第一項の規定により教科用図書に掲載された著作物を複製することができる場合には、同項の規定の適用を受けて作成された録音物において録音されている実演又は当該録音物に係るレコードを複製し、又は同項に定める目的のためにその複製物の譲渡により公衆に提供することができる。

4　視覚障害者等の福祉に関する事業を行う者で第三十七条第三項の政令で定めるものは、同項の規定により視覚著作物を複製することができる場合には、同項の規定の適用を受けて作成された録音物において録音されている実演又は当該録音物に係るレコードについて、複製し、又は同項に定める目的のために、送信可能化を行い、若しくはその複製物の譲渡により公衆に提供することができる。

5　著作隣接権の目的となつている実演であつて放送されるものは、専ら当該放送に係る放送対象地域において受信されることを目的として送信可能化（公衆の用に供されている電気通信回線に接続している自動公衆送信装置に情報を入力することによるものに限る。）を行うことができる。ただし、当該放送に係る第九十九条の二に規定する権利を有する者の権利を害することとなる場合は、この限りでない。

6　前項の規定により実演の送信可能化を行う者は、第一項において準用する第三十八条第二項の規定の適用がある場合を除き、当該実演に係る第九十二条の二第一項に規定する権利を有する者に相当な額の補償金を支払わなければならない。

7　前二項の規定は、著作隣接権の目的となつているレコードの利用について準用する。この場合において、前項中「第九十二条の二第一項」とあるのは、「第九十六条の二」と読み替えるものとする。

8　第三十九条第一項又は第四十条第一項若しくは第二項の規定により著作物を放送し、又は有線放送することができる場合には、その著作物の放送若しくは有線放送について、これを受信して有線放送し、若しくは影像を拡大する特別の装置を用いて公に伝達し、又はその著作物の放送について、これを受信して同時に専ら当該放送に係る放送対象地域において受信されることを目的として送信可能化（公衆の用に供されている電気通信回線に接続している自動公衆送信装置に情報を入力することによるものに限る。）を行うことができる。

9　次に掲げる者は、第九十一条第一項、第九十六条、第九十八条又は第百条の二の録音、録画又は複製を行つたものとみなす。

一　第一項において準用する第三十条第一項、第三十一条第一項第一号、第三十五条第一項、第三十七条第三項、第三十七条の二第二号、第四十一条から第四十二条の二まで、第四十二条の三第二項、第四十四条第一項若しくは第二項又は第四十七条の六に定める目的以外の目的のために、これらの規定の適用を受けて作成された実演等の複製物を頒布し、又は当該複製物によつて当該実演、当該レコードに係る音若しくは当該放送若しくは有線放送に係る音若しくは影像を公衆に提示した者

二　第一項において準用する第四十四条第三項の規定に違反して同項の録音物又は録画物を保存した放送事業者又は有線放送事業者

三　第一項において準用する第四十七条の四第一項若しくは第二項の規定の適用を受けて同条第一項若しくは第二項に規定する内蔵記録媒体以外の記録媒体に一時的に記録された実演等の複製物を頒布し、又は当該複製物によつて当該実演、当該レコードに係る音若しくは当該放送若しくは有線放送に係る音若しくは影像を公衆に提示した者

四　第一項において準用する第四十七条の四第三項又は第四十七条の五第三項の規定に違反してこれらの規定の複製物を保存した者

五　第一項において準用する第四十七条の五第一項若しくは第二項又は第四十七条の七に定める目的以外の目的のために、これらの規定の適用を受けて作成された実演等の複製物を用いて当該実演等を利用した者

六　第一項において準用する第四十七条の六ただし書の規定に違反して、同条本文の規定の適用を受けて作成された実演等の複製物を用いて当該実演等の送

信可能化を行つた者

七　第一項において準用する第四十七条の八の規定の適用を受けて作成された実演等の複製物を、当該実演等の同条に規定する複製物の使用に代えて使用し、又は当該実演等に係る同条に規定する送信の受信（当該送信が受信者からの求めに応じ自動的に行われるものである場合にあつては、当該送信の受信又はこれに準ずるものとして政令で定める行為）をしないで使用して、当該実演等を利用した者

八　第三十三条の二第一項又は第三十七条第三項に定める目的以外の目的のために、第三項若しくは第四項の規定の適用を受けて作成された実演若しくはレコードの複製物を頒布し、又は当該複製物によつて当該実演若しくは当該レコードに係る音を公衆に提示した者

（実演家人格権との関係）

第百二条の二　前条の著作隣接権の制限に関する規定（同条第七項及び第八項の規定を除く。）は、実演家人格権に影響を及ぼすものと解釈してはならない。

（著作隣接権の譲渡、行使等）

第百三条　第六十一条第一項の規定は著作隣接権の譲渡について、第六十二条第一項の規定は著作隣接権の消滅について、第六十三条の規定は実演、レコード、放送又は有線放送の利用の許諾について、第六十五条の規定は著作隣接権が共有に係る場合について、第六十六条の規定は著作隣接権を目的として質権が設定されている場合について、第六十七条、第六十七条の二（第一項ただし書を除く。）、第七十条（第三項及び第四項を除く。）、第七十一条から第七十三条まで並びに第七十四条第三項及び第四項の規定は著作隣接権者と連絡することができない場合における実演、レコード、放送又は有線放送の利用について、それぞれ準用する。この場合において、第六十三条第五項中「第二十三条第一項」とあるのは「第九十二条の二第一項、第九十六条の二、第九十九条の二又は第百条の四」と、第七十条第五項中「前項」とあるのは「第百三条において準用する第六十七条第一項」と読み替えるものとする。

（著作隣接権の登録）

第百四条　第七十七条及び第七十八条（第二項を除く。）の規定は、著作隣接権に関する登録について準用する。この場合において、同条第一項、第三項、第七項及び第八項中「著作権登録原簿」とあるのは、「著作隣接権登録原簿」と読み替えるものとする。

第五章　私的録音録画補償金

（私的録音録画補償金を受ける権利の行使）

第百四条の二　第三十条第二項（第百二条第一項において準用する場合を含む。以下この章において同じ。）の補償金（以下この章において「私的録音録画補償金」という。）を受ける権利は、私的録音録画補償金を受ける権利を有する者（以下この章において「権利者」という。）のためにその権利を行使することを目的とする団体であつて、次に掲げる私的録音録画補償金の区分ごとに全国を通じて一個に限りその同意を得て文化庁長官が指定するもの（以下この章において「指定管理団体」という。）があるときは、それぞれ当該指定管理団体によつてのみ行使することができる。

一　私的使用を目的として行われる録音（専ら録画とともに行われるものを除く。以下この章において「私的録音」という。）に係る私的録音録画補償金

二　私的使用を目的として行われる録画（専ら録音とともに行われるものを含む。以下この章において「私的録画」という。）に係る私的録音録画補償金

2　前項の規定による指定がされた場合には、指定管理団体は、権利者のために自己の名をもつて私的録音録画補償金を受ける権利に関する裁判上又は裁判外の行為を行う権限を有する。

（指定の基準）

第百四条の三　文化庁長官は、次に掲げる要件を備える団体でなければ前条第一項の規定による指定をしてはならない。

一　一般社団法人であること。

二　前条第一項第一号に掲げる私的録音録画補償金に係る場合についてはイ、ハ及びニに掲げる団体を、同項第二号に掲げる私的録音録画補償金に係る場合についてはロからニまでに掲げる団体を構成員とすること。

イ　私的録音に係る著作物に関し第二十一条に規定する権利を有する者を構成員とする団体（その連合体を含む。）であつて、国内において私的録音に係る著作物に関し同条に規定する権利を有する者の利益を代表すると認められるもの

ロ　私的録画に係る著作物に関し第二十一条に規定する権利を有する者を構成員とする団体（その連合体を含む。）であつて、国内において私的録画に係る著作物に関し同条に規定する権利を有する者の利益を代表すると認められるもの

ハ　国内において実演を業とする者の相当数を構成員とする団体（その連合体を含む。）

ニ　国内において商業用レコードの製作を業とする者の相当数を構成員とする団体（その連合体を含む。）

三　前号イからニまでに掲げる団体がそれぞれ次に掲げる要件を備えるものであること。

イ　営利を目的としないこと。

ロ　その構成員が任意に加入し、又は脱退することができること。

ハ　その構成員の議決権及び選挙権が平等であること。

四　権利者のために私的録音録画補償金を受ける権利を行使する業務（第百四条の八第一項の事業に係る業務を含む。以下この章において「補償金関係業務」という。）を的確に遂行するに足りる能力を有すること。

（私的録音録画補償金の支払の特例）

第百四条の四　第三十条第二項の政令で定める機器（以下この章において「特定機器」という。）又は記録媒体（以下この章において「特定記録媒体」という。）を購入する者（当該特定機器又は特定記録媒体が小売に供された後最初に購入するものに限る。）は、その購入に当たり、指定管理団体から、当該特定機器又は特定記録媒体を用いて行う私的録音又は私的録画に係

る私的録音録画補償金の一括の支払として、第百四条の六第一項の規定により当該特定機器又は特定記録媒体について定められた額の私的録音録画補償金の支払の請求があつた場合には、当該私的録音録画補償金を支払わなければならない。

2　前項の規定により私的録音録画補償金を支払つた者は、指定管理団体に対し、その支払に係る特定機器又は特定記録媒体を専ら私的録音及び私的録画以外の用に供することを証明して、当該私的録音録画補償金の返還を請求することができる。

3　第一項の規定による支払の請求を受けて私的録音録画補償金が支払われた特定機器により同項の規定による支払の請求を受けて私的録音録画補償金が支払われた特定記録媒体に私的録音又は私的録画を行う者は、第三十条第二項の規定にかかわらず、当該私的録音又は私的録画を行うに当たり、私的録音録画補償金を支払うことを要しない。ただし、当該特定機器又は特定記録媒体が前項の規定により私的録音録画補償金の返還を受けたものであるときは、この限りでない。

（製造業者等の協力義務）

第百四条の五　前条第一項の規定により指定管理団体が私的録音録画補償金の支払を請求する場合には、特定機器又は特定記録媒体の製造又は輸入を業とする者（次条第三項において「製造業者等」という。）は、当該私的録音録画補償金の支払の請求及びその受領に関し協力しなければならない。

（私的録音録画補償金の額）

第百四条の六　第百四条の二第一項の規定により指定管理団体が私的録音録画補償金を受ける権利を行使する場合には、指定管理団体は、私的録音録画補償金の額を定め、文化庁長官の認可を受けなければならない。これを変更しようとするときも、同様とする。

2　前項の認可があつたときは、私的録音録画補償金の額は、第三十条第二項の規定にかかわらず、その認可を受けた額とする。

3　指定管理団体は、第百四条の四第一項の規定により支払の請求をする私的録音録画補償金に係る第一項の認可の申請に際し、あらかじめ、製造業者等の団体で製造業者等の意見を代表すると認められるものの意見を聴かなければならない。

4　文化庁長官は、第一項の認可の申請に係る私的録音録画補償金の額が、第三十条第一項（第百二条第一項において準用する場合を含む。）及び第百四条の四第一項の規定の趣旨、録音又は録画に係る通常の使用料の額その他の事情を考慮した適正な額であると認めるときでなければ、その認可をしてはならない。

5　文化庁長官は、第一項の認可をしようとするときは、文化審議会に諮問しなければならない。

（補償金関係業務の執行に関する規程）

第百四条の七　指定管理団体は、補償金関係業務を開始しようとするときは、補償金関係業務の執行に関する規程を定め、文化庁長官に届け出なければならない。これを変更しようとするときも、同様とする。

2　前項の規程には、私的録音録画補償金（第百四条の四第一項の規定に基づき支払を受けるものに限る。）の分配に関する事項を含むものとし、指定管理団体は、第三十条第二項の規定の趣旨を考慮して当該分配に関する事項を定めなければならない。

（著作権等の保護に関する事業等のための支出）

第百四条の八　指定管理団体は、私的録音録画補償金（第百四条の四第一項の規定に基づき支払を受けるものに限る。）の額の二割以内で政令で定める割合に相当する額を、著作権及び著作隣接権の保護に関する事業並びに著作物の創作の振興及び普及に資する事業のために支出しなければならない。

2　文化庁長官は、前項の政令の制定又は改正の立案をしようとするときは、文化審議会に諮問しなければならない。

3　文化庁長官は、第一項の事業に係る業務の適正な運営を確保するため必要があると認めるときは、指定管理団体に対し、当該業務に関し監督上必要な命令をすることができる。

（報告の徴収等）

第百四条の九　文化庁長官は、指定管理団体の補償金関係業務の適正な運営を確保するため必要があると認めるときは、指定管理団体に対し、補償金関係業務に関して報告をさせ、若しくは帳簿、書類その他の資料の提出を求め、又は補償金関係業務の執行方法の改善のため必要な勧告をすることができる。

（政令への委任）

第百四条の十　この章に規定するもののほか、指定管理団体及び補償金関係業務に関し必要な事項は、政令で定める。

第六章　紛争処理

（著作権紛争解決あつせん委員）

第百五条　この法律に規定する権利に関する紛争につきあつせんによりその解決を図るため、文化庁に著作権紛争解決あつせん委員（以下この章において「委員」という。）を置く。

2　委員は、文化庁長官が、著作権又は著作隣接権に係る事項に関し学識経験を有する者のうちから、事件ごとに三人以内を委嘱する。

（あつせんの申請）

第百六条　この法律に規定する権利に関し紛争が生じたときは、当事者は、文化庁長官に対し、あつせんの申請をすることができる。

（手数料）

第百七条　あつせんの申請をする者は、実費を勘案して政令で定める額の手数料を納付しなければならない。

2　前項の規定は、同項の規定により手数料を納付すべき者が国等であるときは、適用しない。

（あつせんへの付託）

第百八条　文化庁長官は、第百六条の規定に基づき当事者の双方からあつせんの申請があつたとき、又は当事者の一方からあつせんの申請があつた場合において他の当事者がこれに同意したときは、委員によるあつせんに付するものとする。

2　文化庁長官は、前項の申請があつた場合において、事件がその性質上あつせんをするのに適当でないと認めるとき、又は当事者が不当な目的でみだりにあつせんの申請をしたと認めるときは、あつせんに付さないことができる。

（あっせん）

第百九条　委員は、当事者間をあつせんし、双方の主張の要点を確かめ、実情に即して事件が解決されるように努めなければならない。

2　委員は、事件が解決される見込みがないと認めるときは、あつせんを打ち切ることができる。

（報告等）

第百十条　委員は、あつせんが終わつたときは、その旨を文化庁長官に報告しなければならない。

2　委員は、前条の規定によりあつせんを打ち切つたときは、その旨及びあつせんを打ち切ることとした理由を、当事者に通知するとともに文化庁長官に報告しなければならない。

（政令への委任）

第百十一条　この章に規定するもののほか、あつせんの手続及び委員に関し必要な事項は、政令で定める。

第七章　権利侵害

（差止請求権）

第百十二条　著作者、著作権者、出版権者、実演家又は著作隣接権者は、その著作者人格権、著作権、出版権、実演家人格権又は著作隣接権を侵害する者又は侵害するおそれがある者に対し、その侵害の停止又は予防を請求することができる。

2　著作者、著作権者、出版権者、実演家又は著作隣接権者は、前項の規定による請求をするに際し、侵害の行為を組成した物、侵害の行為によつて作成された物又は専ら侵害の行為に供された機械若しくは器具の廃棄その他の侵害の停止又は予防に必要な措置を請求することができる。

（侵害とみなす行為）

第百十三条　次に掲げる行為は、当該著作者人格権、著作権、出版権、実演家人格権又は著作隣接権を侵害する行為とみなす。

一　国内において頒布する目的をもつて、輸入の時において国内で作成したとしたならば著作者人格権、著作権、出版権、実演家人格権又は著作隣接権の侵害となるべき行為によつて作成された物を輸入する行為

二　著作者人格権、著作権、出版権、実演家人格権又は著作隣接権を侵害する行為によつて作成された物（前号の輸入に係る物を含む。）を、情を知つて、頒布し、頒布の目的をもつて所持し、若しくは頒布する旨の申出をし、又は業として輸出し、若しくは業としての輸出の目的をもつて所持する行為

2　プログラムの著作物の著作権を侵害する行為によつて作成された複製物（当該複製物の所有者によつて第四十七条の三第一項の規定により作成された複製物並びに前項第一号の輸入に係るプログラムの著作物の複製物及び当該複製物の所有者によつて同条第一項の規定により作成された複製物を含む。）を業務上電子計算機において使用する行為は、これらの複製物を使用する権原を取得した時に情を知つていた場合に限り、当該著作権を侵害する行為とみなす。

3　次に掲げる行為は、当該権利管理情報に係る著作者人格権、著作権、実演家人格権又は著作隣接権を侵害する行為とみなす。

一　権利管理情報として虚偽の情報を故意に付加する行為

二　権利管理情報を故意に除去し、又は改変する行為（記録又は送信の方式の変換に伴う技術的な制約による場合その他の著作物又は実演等の利用の目的及び態様に照らしやむを得ないと認められる場合を除く。）

三　前二号の行為が行われた著作物若しくは実演等の複製物を、情を知つて、頒布し、若しくは頒布の目的をもつて輸入し、若しくは所持し、又は当該著作物若しくは実演等を情を知つて公衆送信し、若しくは送信可能化する行為

4　第九十四条の二、第九十五条の三第三項若しくは第九十七条の三第三項に規定する報酬又は第九十五条第一項若しくは第九十七条第一項に規定する二次使用料を受ける権利は、前項の規定の適用については、著作隣接権とみなす。この場合において、前条中「著作隣接権者」とあるのは「著作隣接権者（次条第四項の規定により著作隣接権とみなされる権利を有する者を含む。）」と、同条第一項中「著作隣接権」とあるのは「著作隣接権（同項の規定により著作隣接権とみなされる権利を含む。）」とする。

5　国内において頒布することを目的とする商業用レコード（以下この項において「国内頒布目的商業用レコード」という。）を自ら発行し、又は他の者に発行させている著作権者又は著作隣接権者が、当該国内頒布目的商業用レコードと同一の商業用レコードであつて、専ら国外において頒布することを目的とするもの（以下この項において「国外頒布目的商業用レコード」という。）を国外において自ら発行し、又は他の者に発行させている場合において、情を知つて、当該国外頒布目的商業用レコードを国内において頒布する目的をもつて輸入する行為又は当該国外頒布目的商業用レコードを国内において頒布し、若しくは国内において頒布する目的をもつて所持する行為は、当該国外頒布目的商業用レコードが国内で頒布されることにより当該国内頒布目的商業用レコードの発行により当該著作権者又は著作隣接権者の得ることが見込まれる利益が不当に害されることとなる場合に限り、それらの著作権又は著作隣接権を侵害する行為とみなす。ただし、国内において最初に発行された日から起算して七年を超えない範囲内において政令で定める期間を経過した国内頒布目的商業用レコードと同一の国外頒布目的商業用レコードを輸入する行為又は当該国外頒布目的商業用レコードを国内において頒布し、若しくは国内において頒布する目的をもつて所持する行為については、この限りでない。

6　著作者の名誉又は声望を害する方法によりその著作物を利用する行為は、その著作者人格権を侵害する行為とみなす。

（善意者に係る譲渡権の特例）

第百十三条の二　著作物の原作品若しくは複製物（映画の著作物の複製物（映画の著作物において複製されている著作物にあつては、当該映画の著作物の複製物を含む。）を除く。以下この条において同じ。）、実演の録音物若しくは録画物又はレコードの複製物の譲渡を

受けた時において、当該著作物の原作品若しくは複製物、実演の録音物若しくは録画物又はレコードの複製物がそれぞれ第二十六条の二第二項各号、第九十五条の二第三項各号又は第九十七条の二第二項各号のいずれにも該当しないものであることを知らず、かつ、知らないことにつき過失がない者が当該著作物の原作品若しくは複製物、実演の録音物若しくは録画物又はレコードの複製物を公衆に譲渡する行為は、第二十六条の二第一項、第九十五条の二第一項又は第九十七条の二第一項に規定する権利を侵害する行為でないものとみなす。

（損害の額の推定等）

第百十四条　著作権者、出版権者又は著作隣接権者（以下この項において「著作権者等」という。）が故意又は過失により自己の著作権、出版権又は著作隣接権を侵害した者に対しその侵害により自己が受けた損害の賠償を請求する場合において、その者がその侵害の行為によつて作成された物を譲渡し、又はその侵害の行為を組成する公衆送信（自動公衆送信の場合にあつては、送信可能化を含む。）を行つたときは、その譲渡した物の数量又はその公衆送信が公衆によつて受信されることにより作成された著作物若しくは実演等の複製物（以下この項において「受信複製物」という。）の数量（以下この項において「譲渡等数量」という。）に、著作権者等がその侵害の行為がなければ販売することができた物（受信複製物を含む。）の単位数量当たりの利益の額を乗じて得た額を、著作権者等の当該物に係る販売その他の行為を行う能力に応じた額を超えない限度において、著作権者等が受けた損害の額とすることができる。ただし、譲渡等数量の全部又は一部に相当する数量を著作権者等が販売することができないとする事情があるときは、当該事情に相当する数量に応じた額を控除するものとする。

2　著作権者、出版権者又は著作隣接権者が故意又は過失によりその著作権、出版権又は著作隣接権を侵害した者に対しその侵害により自己が受けた損害の賠償を請求する場合において、その者がその侵害の行為により利益を受けているときは、その利益の額は、当該著作権者、出版権者又は著作隣接権者が受けた損害の額と推定する。

3　著作権者又は著作隣接権者は、故意又は過失によりその著作権又は著作隣接権を侵害した者に対し、その著作権又は著作隣接権の行使につき受けるべき金銭の額に相当する額を自己が受けた損害の額として、その賠償を請求することができる。

4　前項の規定は、同項に規定する金額を超える損害の賠償の請求を妨げない。この場合において、著作権又は著作隣接権を侵害した者に故意又は重大な過失がなかつたときは、裁判所は、損害の賠償の額を定めるについて、これを参酌することができる。

（具体的態様の明示義務）

第百十四条の二　著作者人格権、著作権、出版権、実演家人格権又は著作隣接権の侵害に係る訴訟において、著作者、著作権者、出版権者、実演家又は著作隣接権者が侵害の行為を組成したもの又は侵害の行為によつて作成されたものとして主張する物の具体的態様を否認するときは、相手方は、自己の行為の具体的態様を明らかにしなければならない。ただし、相手方において明らかにすることができない相当の理由があるときは、この限りでない。

（書類の提出等）

第百十四条の三　裁判所は、著作者人格権、著作権、出版権、実演家人格権又は著作隣接権の侵害に係る訴訟においては、当事者の申立てにより、当事者に対し、当該侵害の行為について立証するため、又は当該侵害の行為による損害の計算をするため必要な書類の提出を命ずることができる。ただし、その書類の所持者においてその提出を拒むことについて正当な理由があるときは、この限りでない。

2　裁判所は、前項ただし書に規定する正当な理由があるかどうかの判断をするため必要があると認めるときは、書類の所持者にその提示をさせることができる。この場合においては、何人も、その提示された書類の開示を求めることができない。

3　裁判所は、前項の場合において、第一項ただし書に規定する正当な理由があるかどうかについて前項後段の書類を開示してその意見を聴くことが必要であると認めるときは、当事者等（当事者（法人である場合にあつては、その代表者）又は当事者の代理人（訴訟代理人及び補佐人を除く。）、使用人その他の従業者をいう。第百十四条の六第一項において同じ。）、訴訟代理人又は補佐人に対し、当該書類を開示することができる。

4　前三項の規定は、著作者人格権、著作権、出版権、実演家人格権又は著作隣接権の侵害に係る訴訟における当該侵害の行為について立証するため必要な検証の目的の提示について準用する。

（鑑定人に対する当事者の説明義務）

第百十四条の四　著作権、出版権又は著作隣接権の侵害に係る訴訟において、当事者の申立てにより、裁判所が当該侵害の行為による損害の計算をするため必要な事項について鑑定を命じたときは、当事者は、鑑定人に対し、当該鑑定をするため必要な事項について説明しなければならない。

（相当な損害額の認定）

第百十四条の五　著作権、出版権又は著作隣接権の侵害に係る訴訟において、損害が生じたことが認められる場合において、損害額を立証するために必要な事実を立証することが当該事実の性質上極めて困難であるときは、裁判所は、口頭弁論の全趣旨及び証拠調べの結果に基づき、相当な損害額を認定することができる。

（秘密保持命令）

第百十四条の六　裁判所は、著作者人格権、著作権、出版権、実演家人格権又は著作隣接権の侵害に係る訴訟において、その当事者が保有する営業秘密（不正競争防止法（平成五年法律第四十七号）第二条第六項に規定する営業秘密をいう。以下同じ。）について、次に掲げる事由のいずれにも該当することにつき疎明があつた場合には、当事者の申立てにより、決定で、当事者等、訴訟代理人又は補佐人に対し、当該営業秘密を当該訴訟の追行の目的以外の目的で使用し、又は当該営業秘密に係るこの項の規定による命令を受けた者以外の者に開示してはならない旨を命ずることができる。ただし、その申立ての時までに当事者等、訴訟代理人又は補佐人が第一号に規定する準備書面の閲読又は同号に規定する証拠の取調べ若しくは開示以外の方法により当該営業秘密を取得し、又は保有していた場合は、この限りでない。

一　既に提出され若しくは提出されるべき準備書面に当事者の保有する営業秘密が記載され、又は既に取り調べられ若しくは取り調べられるべき証拠（第百十四条の三第三項の規定により開示された書類を含む。）の内容に当事者の保有する営業秘密が含まれること。

二　前号の営業秘密が当該訴訟の追行の目的以外の目的で使用され、又は当該営業秘密が開示されることにより、当該営業秘密に基づく当事者の事業活動に支障を生ずるおそれがあり、これを防止するため当該営業秘密の使用又は開示を制限する必要があること。

2　前項の規定による命令（以下「秘密保持命令」という。）の申立ては、次に掲げる事項を記載した書面でしなければならない。

一　秘密保持命令を受けるべき者

二　秘密保持命令の対象となるべき営業秘密を特定するに足りる事実

三　前項各号に掲げる事由に該当する事実

3　秘密保持命令が発せられた場合には、その決定書を秘密保持命令を受けた者に送達しなければならない。

4　秘密保持命令は、秘密保持命令を受けた者に対する決定書の送達がされた時から、効力を生ずる。

5　秘密保持命令の申立てを却下した裁判に対しては、即時抗告をすることができる。

（秘密保持命令の取消し）

第百十四条の七　秘密保持命令の申立てをした者又は秘密保持命令を受けた者は、訴訟記録の存する裁判所（訴訟記録の存する裁判所がない場合にあつては、秘密保持命令を発した裁判所）に対し、前条第一項に規定する要件を欠くこと又はこれを欠くに至つたことを理由として、秘密保持命令の取消しの申立てをすることができる。

2　秘密保持命令の取消しの申立てについての裁判があつた場合には、その決定書をその申立てをした者及び相手方に送達しなければならない。

3　秘密保持命令の取消しの申立てについての裁判に対しては、即時抗告をすることができる。

4　秘密保持命令を取り消す裁判は、確定しなければその効力を生じない。

5　裁判所は、秘密保持命令を取り消す裁判をした場合において、秘密保持命令の取消しの申立てをした者又は相手方以外に当該秘密保持命令が発せられた訴訟において当該営業秘密に係る秘密保持命令を受けている者があるときは、その者に対し、直ちに、秘密保持命令を取り消す裁判をした旨を通知しなければならない。

（訴訟記録の閲覧等の請求の通知等）

第百十四条の八　秘密保持命令が発せられた訴訟（すべての秘密保持命令が取り消された訴訟を除く。）に係る訴訟記録につき、民事訴訟法（平成八年法律第百九号）第九十二条第一項の決定があつた場合において、当事者から同項に規定する秘密記載部分の閲覧等の請求があり、かつ、その請求の手続を行つた者が当該訴訟において秘密保持命令を受けていない者であるときは、裁判所書記官は、同項の申立てをした当事者（その請求をした者を除く。第三項において同じ。）に対し、その請求後直ちに、その請求があつた旨を通知しなければならない。

2　前項の場合において、裁判所書記官は、同項の請求があつた日から二週間を経過する日までの間（その請求の手続を行つた者に対する秘密保持命令の申立てがその日までにされた場合にあつては、その申立てについての裁判が確定するまでの間）、その請求の手続を行つた者に同項の秘密記載部分の閲覧等をさせてはならない。

3　前二項の規定は、第一項の請求をした者に同項の秘密記載部分の閲覧等をさせることについて民事訴訟法第九十二条第一項の申立てをした当事者のすべての同意があるときは、適用しない。

（名誉回復等の措置）

第百十五条　著作者又は実演家は、故意又は過失によりその著作者人格権又は実演家人格権を侵害した者に対し、損害の賠償に代えて、又は損害の賠償とともに、著作者又は実演家であることを確保し、又は訂正その他著作者若しくは実演家の名誉若しくは声望を回復するために適当な措置を請求することができる。

（著作者又は実演家の死後における人格的利益の保護のための措置）

第百十六条　著作者又は実演家の死後においては、その遺族（死亡した著作者又は実演家の配偶者、子、父母、孫、祖父母又は兄弟姉妹をいう。以下この条において同じ。）は、当該著作者又は実演家について第六十条又は第百一条の三の規定に違反する行為をする者又はするおそれがある者に対し第百十二条の請求を、故意又は過失により著作者人格権又は実演家人格権を侵害する行為又は第六十条若しくは第百一条の三の規定に違反する行為をした者に対し前条の請求をすることができる。

2　前項の請求をすることができる遺族の順位は、同項に規定する順序とする。ただし、著作者又は実演家が遺言によりその順位を別に定めた場合は、その順序とする。

3　著作者又は実演家は、遺言により、遺族に代えて第一項の請求をすることができる者を指定することができる。この場合において、その指定を受けた者は、当該著作者又は実演家の死亡の日の属する年の翌年から起算して五十年を経過した後（その経過する時に遺族が存する場合にあつては、その存しなくなつた後）においては、その請求をすることができない。

（共同著作物等の権利侵害）

第百十七条　共同著作物の各著作者又は各著作権者は、他の著作者又は他の著作権者の同意を得ないで、第百十二条の規定による請求又はその著作権の侵害に係る自己の持分に対する損害の賠償の請求若しくは自己の持分に応じた不当利得の返還の請求をすることができる。

2　前項の規定は、共有に係る著作権又は著作隣接権の侵害について準用する。

（無名又は変名の著作物に係る権利の保全）

第百十八条 無名又は変名の著作物の発行者は、その著作物の著作者又は著作権者のために、自己の名をもつて、第百十二条、第百十五条若しくは第百十六条第一項の請求又はその著作物の著作者人格権若しくは著作権の侵害に係る損害の賠償の請求若しくは不当利得の返還の請求を行なうことができる。ただし、著作者の変名がその者のものとして周知のものである場合及び第七十五条第一項の実名の登録があつた場合は、この限りでない。

2 無名又は変名の著作物の複製物にその実名又は周知の変名が発行者名として通常の方法により表示されている者は、その著作物の発行者と推定する。

第八章 罰則

第百十九条 著作権、出版権又は著作隣接権を侵害した者（第三十条第一項（第百二条第一項において準用する場合を含む。）に定める私的使用の目的をもつて自ら著作物若しくは実演等の複製を行つた者、第百十三条第三項の規定により著作権若しくは著作隣接権（同条第四項の規定により著作隣接権とみなされる権利を含む。第百二十条の二第三号において同じ。）を侵害する行為とみなされる行為を行つた者、第百十三条第五項の規定により著作権若しくは著作隣接権を侵害する行為とみなされる行為を行つた者又は次項第三号若しくは第四号に掲げる者を除く。）は、十年以下の懲役若しくは千万円以下の罰金に処し、又はこれを併科する。

2 次の各号のいずれかに該当する者は、五年以下の懲役若しくは五百万円以下の罰金に処し、又はこれを併科する。

一 著作者人格権又は実演家人格権を侵害した者（第百十三条第三項の規定により著作者人格権又は実演家人格権を侵害する行為とみなされる行為を行つた者を除く。）

二 営利を目的として、第三十条第一項第一号に規定する自動複製機器を著作権、出版権又は著作隣接権の侵害となる著作物又は実演等の複製に使用させた者

三 第百十三条第一項の規定により著作権、出版権又は著作隣接権を侵害する行為とみなされる行為を行つた者

四 第百十三条第二項の規定により著作権を侵害する行為とみなされる行為を行つた者

第百二十条 第六十条又は第百一条の三の規定に違反した者は、五百万円以下の罰金に処する。

第百二十条の二 次の各号のいずれかに該当する者は、三年以下の懲役若しくは三百万円以下の罰金に処し、又はこれを併科する。

一 技術的保護手段の回避を行うことを専らその機能とする装置（当該装置の部品一式であつて容易に組み立てることができるものを含む。）若しくは技術的保護手段の回避を行うことを専らその機能とするプログラムの複製物を公衆に譲渡し、若しくは貸与し、公衆への譲渡若しくは貸与の目的をもつて製造し、輸入し、若しくは所持し、若しくは公衆の使用に供し、又は当該プログラムを公衆送信し、若しくは送信可能化した者

二 業として公衆からの求めに応じて技術的保護手段の回避を行つた者

三 営利を目的として、第百十三条第三項の規定により著作者人格権、著作権、実演家人格権又は著作隣接権を侵害する行為とみなされる行為を行つた者

四 営利を目的として、第百十三条第五項の規定により著作権又は著作隣接権を侵害する行為とみなされる行為を行つた者

第百二十一条 著作者でない者の実名又は周知の変名を著作者名として表示した著作物の複製物（原著作物の著作者でない者の実名又は周知の変名を原著作物の著作者名として表示した二次的著作物の複製物を含む。）を頒布した者は、一年以下の懲役若しくは百万円以下の罰金に処し、又はこれを併科する。

第百二十一条の二 次の各号に掲げる商業用レコード（当該商業用レコードの複製物（二以上の段階にわたる複製に係る複製物を含む。）を含む。）を商業用レコードとして複製し、その複製物を頒布し、又はその複製物を頒布の目的をもつて所持し、又はその複製物を頒布する旨の申出をした者（当該各号の原盤に音を最初に固定した日の属する年の翌年から起算して五十年を経過した後において当該複製、頒布、所持又は申出を行つた者を除く。）は、一年以下の懲役若しくは百万円以下の罰金に処し、又はこれを併科する。

一 国内において商業用レコードの製作を業とする者が、レコード製作者からそのレコード（第八条各号のいずれかに該当するものを除く。）の原盤の提供を受けて製作した商業用レコード

二 国外において商業用レコードの製作を業とする者が、実演家等保護条約の締約国の国民、世界貿易機関の加盟国の国民又はレコード保護条約の締約国の国民（当該締約国の法令に基づいて設立された法人及び当該締約国に主たる事務所を有する法人を含む。）であるレコード製作者からそのレコード（第八条各号のいずれかに該当するものを除く。）の原盤の提供を受けて製作した商業用レコード

第百二十二条 第四十八条又は第百二条第二項の規定に違反した者は、五十万円以下の罰金に処する。

第百二十二条の二 秘密保持命令に違反した者は、五年以下の懲役若しくは五百万円以下の罰金に処し、又はこれを併科する。

2 前項の罪は、国外において同項の罪を犯した者にも適用する。

第百二十三条 第百十九条、第百二十条の二第三号及び第四号、第百二十一条の二並びに前条第一項の罪は、告訴がなければ公訴を提起することができない。

2 無名又は変名の著作物の発行者は、その著作物に係る前項の罪について告訴をすることができる。ただし、第百十八条第一項ただし書に規定する場合及び当該告訴が著作者の明示した意思に反する場合は、この限りでない。

第百二十四条 法人の代表者（法人格を有しない社団又は財団の管理人を含む。）又は法人若しくは人の代理人、使用人その他の従業者が、その法人又は人の業務

に関し、次の各号に掲げる規定の違反行為をしたときは、行為者を罰するほか、その法人に対して当該各号に定める罰金刑を、その人に対して各本条の罰金刑を科する。

一　第百十九条第一項若しくは第二項第三号若しくは第四号又は第百二十二条の二第一項　三億円以下の罰金刑

二　第百十九条第二項第一号若しくは第二号又は第百二十条から第百二十二条まで　各本条の罰金刑

2　法人格を有しない社団又は財団について前項の規定の適用がある場合には、その代表者又は管理人がその訴訟行為につきその社団又は財団を代表するほか、法人を被告人又は被疑者とする場合の刑事訴訟に関する法律の規定を準用する。

3　第一項の場合において、当該行為者に対してした告訴又は告訴の取消しは、その法人又は人に対しても効力を生じ、その法人又は人に対してした告訴又は告訴の取消しは、当該行為者に対しても効力を生ずるものとする。

4　第一項の規定により第百十九条第一項若しくは第二項又は第百二十二条の二第一項の違反行為につき法人又は人に罰金刑を科する場合における時効の期間は、これらの規定の罪についての時効の期間による。

附　則　抄

（施行期日）

第一条　この法律は、昭和四十六年一月一日から施行する。

（適用範囲についての経過措置）

第二条　改正後の著作権法（以下「新法」という。）中著作権に関する規定は、この法律の施行の際現に改正前の著作権法（以下「旧法」という。）による著作権の全部が消滅している著作物については、適用しない。

2　この法律の施行の際現に旧法による著作権の一部が消滅している著作物については、新法中これに相当する著作権に関する規定は、適用しない。

3　この法律の施行前に行われた実演（新法第七条各号のいずれかに該当するものを除く。）又はこの法律の施行前にその音が最初に固定されたレコード（新法第八条各号のいずれかに該当するものを除く。）でこの法律の施行の際現に旧法による著作権が存するものについては、新法第七条及び第八条の規定にかかわらず、著作権法中著作隣接権に関する規定（第九十四条の二、第九十五条、第九十五条の三第三項及び第四項、第九十七条並びに第九十七条の三第三項から第五項までの規定を含む。）を適用する。

（国等が作成した翻訳物等についての経過措置）

第三条　新法第十三条第四号に該当する著作物でこの法律の施行の際現に旧法による出版権が設定されているものについては、当該出版権の存続期間内に限り、同号の規定は、適用しない。

（法人名義の著作物等の著作者についての経過措置）

第四条　新法第十五条及び第十六条の規定は、この法律の施行前に創作された著作物については、適用しない。

（映画の著作物等の著作権の帰属についての経過措置）

第五条　この法律の施行前に創作された新法第二十九条に規定する映画の著作物の著作権の帰属については、なお従前の例による。

2　新法の規定は、この法律の施行前に著作物中に挿入された写真の著作物又はこの法律の施行前に嘱託によつて創作された肖像写真の著作物の著作権の帰属について旧法第二十四条又は第二十五条の規定により生じた効力を妨げない。

（自動複製機器についての経過措置）

第五条の二　著作権法第三十条第一項第一号及び第百十九条第二項第二号の規定の適用については、当分の間、これらの規定に規定する自動複製機器には、専ら文書又は図画の複製に供するものを含まないものとする。

（公開の美術の著作物についての経過措置）

第六条　この法律の施行の際現にその原作品が新法第四十五条第二項に規定する屋外の場所に恒常的に設置されている美術の著作物の著作権者は、その設置による当該著作物の展示を許諾したものとみなす。

（著作物の保護期間についての経過措置）

第七条　この法律の施行前に公表された著作物の著作権の存続期間については、当該著作物の旧法による著作権の存続期間が新法第二章第四節の規定による期間より長いときは、なお従前の例による。

（翻訳権の存続期間についての経過措置）

第八条　この法律の施行前に発行された著作物については、旧法第七条及び第九条の規定は、なおその効力を有する。

（著作権の処分についての経過措置）

第九条　この法律の施行前にした旧法の著作権の譲渡その他の処分は、附則第十五条第一項の規定に該当する場合を除き、これに相当する新法の著作権の譲渡その他の処分とみなす。

（合著作物についての経過措置）

第十条　この法律の施行前に二人以上の者が共同して創作した著作物でその各人の寄与を分離して個別的に利用することができるものについては、旧法第十三条第一項及び第三項の規定は、なおその効力を有する。

2　前項の著作物は、新法第五十一条第二項又は第五十二条第一項の規定の適用については、共同著作物とみなす。

（裁定による著作物の利用についての経過措置）

第十一条　新法第六十九条の規定は、この法律の施行前に国内において販売された商業用レコードに録音されている音楽の著作物の他の商業用レコードの製作のための録音については、適用しない。

2　旧法第二十二条ノ五第二項又は第二十七条第一項若しくは第二項の規定により著作物を利用することができることとされた者は、なお従前の例により当該著作物を利用することができる。

3　旧法第二十二条ノ五第二項又は第二十七条第二項の規定に基づき文化庁長官が定めた償金の額は、新法第六十八条第一項又は第六十七条第一項の規定に基づき文化庁長官が定めた補償金の額とみなして、新法第七十二条及び第七十三条の規定を適用する。

4　前項の場合において、当該償金の額について不服のある当事者が裁定のあつたことをこの法律の施行前に知つているときは、新法第七十二条第一項に規定する期間は、この法律の施行の日から起算する。

（登録についての経過措置）

第十二条　この法律の施行前にした旧法第十五条の著作権の登録、実名の登録及び第一発行年月日の登録に関する処分又は手続は、附則第十五条第三項の規定に該当する場合を除き、これらに相当する新法第七十五条から第七十七条までの登録に関する処分又は手続とみなす。

2　この法律の施行の際現に旧法第十五条第三項の著作年月日の登録がされている著作物については、旧法第三十五条第五項の規定は、なおその効力を有する。

（出版権についての経過措置）

第十三条　この法律の施行前に設定された旧法による出版権でこの法律の施行の際現に存するものは、新法による出版権とみなす。

2　この法律の施行前にした旧法第二十八条ノ十の出版権の登録に関する処分又は手続は、これに相当する新法第八十八条の登録に関する処分又は手続とみなす。

3　第一項の出版権については、新法第八十条から第八十五条までの規定にかかわらず、旧法第二十八条ノ三から第二十八条ノ八までの規定は、なおその効力を有する。

（削除）

第十四条　削除

（著作隣接権についての経過措置）

第十五条　この法律の施行前にした旧法の著作権の譲渡その他の処分で、この法律の施行前に行われた実演又はこの法律の施行前にその音が最初に固定されたレコードでこの法律の施行の日から新法中著作隣接権に関する規定が適用されることとなるものに係るものは、新法のこれに相当する著作隣接権の譲渡その他の処分とみなす。

2　前項に規定する実演又はレコードでこの法律の施行の際現に旧法による著作権が存するものに係る著作隣接権の存続期間は、旧法によるこれらの著作権の存続期間の満了する日が新法第百一条の規定による期間の満了する日後の日であるときは、同条の規定にかかわらず、旧法による著作権の存続期間の満了する日（その日がこの法律の施行の日から起算して五十年を経過する日後の日であるときは、その五十年を経過する日）までの間とする。

3　この法律の施行前に第一項に規定する実演又はレコードについてした旧法第十五条第一項の著作権の登録に関する処分又は手続は、これに相当する新法第百四条の著作隣接権の登録に関する処分又は手続とみなす。

4　附則第十条第一項及び第十二条第二項の規定は、第一項に規定する実演又はレコードについて準用する。

（複製物の頒布等についての経過措置）

第十六条　この法律の施行前に作成した著作物、実演又はレコードの複製物であつて、新法第二章第三節第五款（新法第百二条第一項において準用する場合を含む。）の規定を適用するとしたならば適法なものとなるべきものは、これらの規定に定める複製の目的の範囲内において、使用し、又は頒布することができる。この場合においては、新法第百十三条第一項第二号の規定は、適用しない。

（権利侵害についての経過措置）

第十七条　この法律の施行前にした旧法第十八条第一項若しくは第二項の規定に違反する行為又は旧法第三章に規定する偽作に該当する行為（出版権を侵害する行為を含む。）については、新法第十四条及び第七章の規定にかかわらず、なお旧法第十二条、第二十八条ノ十一、第二十九条、第三十三条、第三十四条、第三十五条第一項から第四項まで、第三十六条及び第三十六条ノ二の規定の例による。

（罰則についての経過措置）

第十八条　この法律の施行前にした行為に対する罰則の適用については、なお従前の例による。

附　則（平成二一年七月一〇日法律第七三号）　抄

（施行期日）

第一条　この法律は、平成二十二年四月一日から施行する。

平成二十一年六月十九日法律第五十三号の未施行内容

著作権法の一部を改正する法律

著作権法（昭和四十五年法律第四十八号）の一部を次のように改正する。

第七十条第二項中「第七十八条第五項」を「第七十八条第六項」に改める。

第七十八条第一項中「記載して」を「記載し、又は記録して」に改める。

第七十八条第九項を第七十八条第十項とする。

第八項を第九項とする。

第七項を第八項とする。

第六項を第七項とする。

第五項を第六項とする。

第四項を第五項とする。

第七十八条第三項中「交付又は」を「交付、」に改める。

第七十八条第三項中「閲覧」の下に「又は著作権登録原簿のうち磁気ディスクをもつて調製した部分に記録されている事項を記載した書類の交付」を加える。

第七十八条第二項中「行なつた」を「行つた」に改める。

第七十八条第三項を第七十八条第四項とする。

第七十八条第二項を第七十八条第三項とする。

第七十八条第一項の次に次の一項を加える。

2　著作権登録原簿は、政令で定めるところにより、その全部又は一部を磁気ディスク（これに準ずる方法により一定の事項を確実に記録しておくことができる物を含む。第四項において同じ。）をもつて調製することができる。

第八十八条第二項中「第二項」を「第三項」に改める。

第八十八条第二項中「第三項、第七項及び第八項」を「第二項、第四項、第八項及び第九項」に改める。

第百四条第一項中「第二項」を「第三項」に改める。

第百四条第一項中「第三項、第七項及び第八項」を「第二項、第四項、第八項及び第九項」に改める。

附　則（平成二一年六月一九日法律第五三号）　抄

（施行期日）

第一条　この法律は、平成二十二年一月一日から施行する。ただし、第七十条第二項、第七十八条、第八十八条第二項及び第百四条の改正規定並びに附則第六条の規定は、公布の日から起算して二年を超えない範囲内において政令で定める日から施行する。

（視覚障害者のための録音物の使用についての経過措置）

第二条　この法律の施行前にこの法律による改正前の著作権法（以下「旧法」という。）第三十七条第三項（旧法第百二条第一項において準用する場合を含む。）の規定の適用を受けて作成された録音物（この法律による改正後の著作権法（以下「新法」という。）第三十七条第三項（新法第百二条第一項において準用する場合を含む。）の規定により複製し、又は自動公衆送信（送信可能化を含む。）を行うことができる著作物、実演、レコード、放送又は有線放送に係るものを除く。）の使用については、新法第三十七条第三項及び第四十七条の九（これらの規定を新法第百二条第一項において準用する場合を含む。）の規定にかかわらず、なお従前の例による。

（裁定による著作物の利用等についての経過措置）

第三条　新法第六十七条及び第六十七条の二（これらの規定を新法第百三条において準用する場合を含む。）の規定は、この法律の施行の日以後に新法第六十七条第一項（新法第百三条において準用する場合を含む。）の裁定の申請をした者について適用し、この法律の施行の日前に旧法第六十七条第一項の裁定の申請をした者については、なお従前の例による。

（商業用レコードの複製物の頒布の申出についての経過措置）

第四条　新法第百二十一条の二の規定は、著作権法の一部を改正する法律（平成三年法律第六十三号）附則第五項又は著作権法及び万国著作権条約の実施に伴う著作権法の特例に関する法律の一部を改正する法律（平成六年法律第百十二号）附則第六項の規定によりその頒布又は頒布の目的をもってする所持について同条の規定を適用しないこととされる商業用レコードを頒布する旨の申出をする行為であって、この法律の施行後に行われるものについては、適用しない。

（罰則についての経過措置）

第五条　この法律の施行前にした行為に対する罰則の適用については、なお従前の例による。

大学関係六法〈第一版〉

平成22(2010)年9月2日　　　初版発行

編集代表　早田幸政

発 行 者　大塚智孝

発 行 所　株式会社エイデル研究所

〒102-0073

東京都千代田区九段北４－９－１　市ヶ谷 MS ビル４F

TEL：(03) 3234 － 4641

FAX：(03) 3234 － 4644

印刷所　シナノ印刷株式会社

 ISBN:978-4-87168-479-8　C2032

○大学が授業の一部を校舎及び附属施設以外の場所で行う場合について定める件……二三三
○大学基準協会の認証評価基準
・「大学基準」およびその解説……四七四
・学士課程基準……四七八
・修士・博士課程基準……四八二
・専門職学位課程基準……四八七
・短期大学基準……五二五
・法科大学院基準……五六九
・経営系専門職大学院基準……五九三
・公共政策系専門職大学院基準……六二六
○大学設置・学校法人審議会令……六七七
○大学設置・学校法人審議会の私立大学等関係委員の推薦に関する省令……六七八
○大学設置・学校法人審議会運営規則……六七九
○大学設置・学校法人審議会の議決の取扱いについて……六八〇
○大学設置基準……二一〇
○大学設置基準第二十五条第二項の規定に基づき、大学が履修させることができる授業について定める件……二三二
○大学設置基準第二十九条第一項の規定により、大学が単位を与えることのできる学修を定める件……二三二
○大学設置基準第五十三条の規定に基づき新たに大学等を設置し、又は薬学を履修する課程の修業年限を変更する場合の教員組織、校舎等の施設及び設備の段階的な整備について定める件……二三三
○大学設置分科会運営規則……六八〇
○大学設置分科会審査運営内規……六八一
○大学、大学院、短期大学及び高等専門学校の設置等に係る認可の基準……三〇九
○大学通信教育設置基準……二三五
○大学通信教育設置基準第七条の規定により、通信教育を行う大学が単位を与えることのできる学修を定める件……二三七
○大学等における技術に関する研究成果の民間事業者への移転の促進に関する法律……九九二
○大学等における技術に関する研究成果の民間事業者への移転の促進に関する法律施行令……九九五
○大学等における実験動物の取扱いに関する安全管理の徹底について……一一三七
○大学等における毒物及び劇物の適正な保管管理の徹底について……一一三四
○大学等における放射性同位元素等に関する安全管理の徹底について……一一〇三
○大学の教員等の任期に関する法律……七〇七
○大学の設置等の認可の申請及び届出に係る手続等に関する規則……二八四
○大学評価・学位授与機構の認証評価基準
・大学評価基準（機関別認証評価）付 選択的評価事項……四九五
・短期大学評価基準（機関別認証評価） 付 選択的評価事項……五一七
・高等専門学校評価基準（機関別認証評価） 付 選択的評価事項……五三九
・法科大学院評価基準要綱……五五四
○大学へ編入学できる専修学校の専門課程の総授業時数を定める件……三一八
○第三期科学技術基本計画……九四三
○短期大学が外国に学科その他の組織を設ける場合の基準……二五〇
○短期大学が授業の一部を校舎及び附属施設以外の場所で行う場合について定める件……二四九
○短期大学基準協会の認証評価基準
・短期大学評価基準……五〇九
○短期大学設置基準……二三八
○短期大学設置基準第十一条第二項の規定に基づき、短期大学が履修させることができる授業等について定める件……二四八
○短期大学設置基準第十五条第一項の規定により、短期大学が単位を与えることのできる学修を定める件……二四九
○短期大学設置基準第四十五条の規定に基づき、新たに短期大学等を設置する場合の教員組織、校舎等の施設及び設備の段階的な整備について定める件……二五〇

○短期大学通信教育設置基準……一二五一
○短期大学通信教育設置基準第七条の規定により、通信教育を行う短期大学が単位を与えることのできる学修を定める件……一二五四
○男女共同参画社会基本法……一二七八
○知的財産基本法……九九九
○地方公務員法……六九四
○地方公務員の育児休業等に関する法律……七八二
○地方独立行政法人法……六九
○地方独立行政法人法施行令……八四
○地方独立行政法人法施行規則……八七
○地方独立行政法人の設立、定款の変更及び解散の認可の基準……八八
○中央教育審議会令……六七四
○著作権法……一二八〇
○特定大学技術移転事業の実施に関する指針……九九七
○特定大学技術移転事業の実施に関する計画承認実施要綱……九九八
○特定胚の取扱いに関する指針……一二六〇
○独立行政法人国立高等専門学校機構法……一五二
○独立行政法人国立高等専門学校機構法施行令……一五八
○独立行政法人国立高等専門学校機構に関する省令……一六一
○独立行政法人国立大学財務・経営センター法……八二四
○独立行政法人国立大学財務・経営センター法施行令……八二七
○独立行政法人国立大学財務・経営センターに関する省令……八三〇
○独立行政法人大学入試センター法……一六六
○独立行政法人大学評価・学位授与機構法……一六三
○独立行政法人通則法……八九六
○独立行政法人等の保有する個人情報の保護に関する法律……八六四
○独立行政法人等の保有する個人情報の保護に関する法律施行令……八七三
○独立行政法人等の保有する情報の公開に関する法律……八八六
○独立行政法人等の保有する情報の公開に関する法律施行令……八九二
○独立行政法人日本学生支援機構法……四五〇
○独立行政法人日本学生支援機構法施行令……四五五
○独立行政法人日本学生支援機構に関する省令……四六一
○特許法（抄）……一〇〇三

【な行】

○日弁連法務研究財団の認証評価基準
・法科大学院評価基準……五四六
○日本学士院法……九二九
○日本学術会議法……九二六
○日本学術会議法施行令……九二八
○日本技術者教育認定機構の認証評価基準・分野別認定基準
・産業技術系専門職大学院基準……六三六
・日本技術者教育認定基準……六五七
・日本技術者教育認定基準（ソウル協定対応プログラム用）……六六七
・修士課程 日本技術者教育認定基準……六七〇
○日本高等教育評価機構の認証評価基準
・大学評価基準……五〇四
・短期大学評価基準……五三四
・ファッション・ビジネス系専門職大学院評価基準……六三二
○日本国憲法……三五
○日本助産評価機構の認証評価基準
・助産専門職大学院評価基準……六〇三
○日本私立学校振興・共済事業団法……八〇六
○日本私立学校振興・共済事業団法施行令……八一四
○日本私立学校振興・共済事業団法施行規則……八一七
○日本私立学校振興・共済事業団の財務及び会計に関する省令……八一九
○日本臨床心理士資格認定協会の認証評価基準
・臨床心理士養成のための大学院専門職学位課程評価基準要綱……六二一

【は行】

○廃棄物の処理及び清掃に関する法律……一二〇四